Udo Bühler

Brauerei- und Gaststättenrecht

Brauerei- und Gaststättenrecht

Höchst- und obergerichtliche Rechtsprechung

14., vollständig neu bearbeitete Auflage
2014

von

RA Professor Dr. Udo Bühler, Kerpen

RWS Verlag Kommunikationsforum GmbH · Köln

Die Deutsche Nationalbibliothek verzeichnet diese Publikation in der Deutschen Nationalbibliografie; detaillierte bibliografische Daten sind im Internet über http://dnb.d-nb.de abrufbar.

Postfach 27 01 25, 50508 Köln
E-Mail: info@rws-verlag.de, Internet: http://www.rws-verlag.de

Satz und Datenverarbeitung: SEUME Publishing Services GmbH, Erfurt
Druck und Bindung: Druckerei C.H. Beck, Nördlingen

Vorwort zur 14. Auflage

Das Recht des Getränkelieferungsvertrages umfasst Fragen der (Ausschließlichkeits-)Bindung von Getränken als Gegenleistung für die gewährte Absatzfinanzierung. Es ist paradigmatisch für den finanzierten Absatz. Juristisch rechnet es zum Vertriebsrecht, betriebswirtschaftlich zur Absatzwirtschaft. Schwerpunktmäßig sind Fragen des allgemeinen Zivilrechts, insbesondere der Inhaltskontrolle nach §§ 138 Abs. 1, 139 BGB und AGB-Recht, des Verbraucherkreditrechts, insbesondere im Zusammenhang mit Existenzgründern und Verbrauchern, sowie des europäischen und deutschen Kartellrechts angesprochen. Hinzu kommen Querverbindungen u. a. zum Pacht- und gewerblichem Mietrecht sowie zum Kreditsicherungsrecht.

Das vorliegende Skriptum wendet sich insbesondere an Brauereien sowie Getränkefachgroßhändler, Gastwirte und Hauseigentümer, deren anwaltliche Berater und die Gerichte. Die Lektüre ist aber auch für alle diejenigen von Interesse, die sich für Fragen des finanzierten Absatzes und der Produktbindung interessieren. Nur ausgewählt seien die Bereiche Energie und Kosmetikartikel genannt.

Mit der 14. Auflage 2013 wird wiederum ein vollständig überarbeitetes und wesentlich erweitertes Skriptum vorgelegt. Seit Erscheinen der Vorauflage ist eine Vielzahl obergerichtlicher Entscheidungen zu zahlreichen Einzelaspekten der rechtlichen Beurteilung von Getränkelieferungsverträgen ergangen. Wie auch bei den Vorauflagen beschränkt sich die Überarbeitung nicht auf die Berücksichtigung von in der Gerichts- und Beratungspraxis neu aufgeworfenen Fragen. Manches wurde deutlicher strukturiert und klarer als bislang herausgearbeitet. Trotz Kürzungen an etlichen Stellen hat der Umfang wiederum erheblich zugenommen. Inhaltlich seien folgende Änderungen besonders hervorgehoben:

Im ersten Hauptteil (§§ 2–7) wurden die allgemeinen Ausführungen zur AGB-rechtlichen Prüfung von Klauseln auf den neuesten Stand gebracht.

Den Schwerpunkt bildet weiterhin der zweite Hauptteil „Getränkelieferungsverträge". In einem ersten Abschnitt werden die Ausschließlichkeitsbindung und ihre Grenzen nach BGB behandelt. § 8 nimmt insbesondere zu den Charakteristika sowie zu Typus und Rechtsnatur des Getränkelieferungsvertrages Stellung. Die Ausführungen zu Inhalt und Umfang (§ 9) und zur Laufzeit der Ausschließlichkeitsbindung (§§ 10, 11) wurden in Aufbau und Inhalt neu konzipert.

Im zweiten Abschnitt werden weitere typische Regelungen zur Diskussion gestellt, eingangs der Problembereich Lieferweg (§ 12), gefolgt von Fragen im Zusammenhang mit dem Thema Preise (§ 13), der Übertragungsrechte (§ 14) und der Regelungen der Rechtsnachfolge auf Seiten des Gebundenen (§ 15) sowie des richtigen Vollzuges von Nachfolgeklauseln (§ 16).

Insbesondere für den Vertragsjuristen sind Fragen der Wirksamkeit von Sanktionsregelungen bei Leistungsstörungen wie Schadensersatz, Vertragsstrafe und Mindermengenausgleich von Interesse. Im dritten Abschnitt finden sich insgesamt vollständig überarbeitete Darstellungen zum Schadenersatz (§ 17), zur Vertragsstrafe (§ 18) und erheblich ausgebaut zum Mindermengenausgleich (§ 19). Die praktisch immer wieder bedeutsamen „sonstigen Klauseln" in Getränkelieferungsverträgen werden in § 20 umfassend angesprochen.

Der vierte Abschnitt ist dem Thema „Der Getränkelieferungsvertrag im Lichte des Verbraucherkreditrechts" gewidmet. Da es sich bei diesem Vertragstyp um ein Dauerschuldverhältnis handelt, sind die jeweils maßgeblichen Rechtsgrundlagen sorgfältig zu prüfen (§ 21): § 22" behandelt den sachlichen Anwendungsbereich des Verbraucherkreditrechts. Besonderes Augenmerk verdient naturgemäß die Prüfung des persönlichen Anwendungsbereichs des Verbraucherkreditrechts (§ 23). Zwar arbeiten Getränkelieferanten ganz überwiegend mit Unternehmergastwirten zusammen (§ 23 II). Soweit die Bezugsbindung aber über Eigentümererklärungen erfolgt, sind fundierte Kenntnisse des Verbraucherbegriffs erforderlich (§ 23 III). Dies gilt erst recht, soweit es sich um Existenzgründergastwirte handelt. Von Bedeutung sind dabei sowohl der Begriff des Existenzgründers im Allgemeinen (§ 23 IV) als auch Rechtsfragen des Schwellenwertes von 75.000,00 € nach § 512 BGB (§ 23 V). Form- und Inhaltsvorschriften im Zusammenhang mit dem bezugrechtlichen Teil des Getränkelieferungsvertrages werden in § 24 dargestellt. Wiederum einen Schwerpunkt bildet die Problematik der Widerrufsbelehrung im Hinblick auf das Damoklesschwert dauerhafter Widerruflichkeit bei fehlender bzw. fehlerhafter Widerrufsbelehrung (§ 25). Umfassend überarbeitet wurden auch die Ausführungen zum Widerruf und seinen Folgen (§ 26).

Auch zu den Fragen des Wettbewerbs- und Kartellrechts im fünften Abschnitt (§§ 27–29) gab es manches zu ergänzen.

Pflichtverletzungen und ihre Folge spielen in der Unternehmens- und Gerichtspraxis eine große Rolle. Daher wurden die entsprechenden Ausführungen im sechsten Abschnitt (§§ 30–34) auf den aktuellen Stand gebracht und – wo notwendig – erweitert.

Das Verhältnis des Getränkelieferanten-Eigentümer-Pächter weist eine Reihe von Besonderheiten auf. Ein neu aufgenommener siebter Abschnitt nimmt zu besonderen Fragen der Eigentümerbindung (§ 35) sowie im Zusammenhang von Getränkebezugsverpflichtungen und Pachtverträgen (§ 36) Stellung.

Die dingliche Sicherung von Bezugsbindungen durch Verbotsdienstbarkeiten wirft nicht nur im Zusammenhang mit der Bestellung, sondern auch der Durchsetzung entsprechender Rechte Fragen auf. Im achten Abschnitt (§§ 37, 38) werden diese nunmehr umfassend angesprochen.

Problemen der Finanzierung widmet sich der dritte Hauptteil. Im ersten Abschnitt „Allgemeine Fragen sowie Finanzierung von Unternehmerkunden" werden sowohl Grundlagen der Finanzierung (§ 39) als auch Spezialfragen im Zusammenhang mit Kündigung, Rücktritt und weiteren damit zusammenhängenden Fragen (§ 40) eingehend dargestellt.

Die Finanzierung von Existenzgründern und Verbrauchern hat nach der seit dem Sommer 2010 geltenden Rechtslage zu erheblichen „Nachjustierungen" geführt, die es umfassend aufzuzeigen galt. Die Anwendungsvoraussetzungen des Verbraucherkreditrechts (§ 41), Fragen der Schriftform, der Pflichtangaben und der Widerrufsinformation (§ 42) und der vorvertraglichen Informationen (§ 43) werden in einem zweiten Abschnitt ebenso dargestellt wie Sonderfragen im Zusammenhang mit verbundenen Verträgen und ähnlichen Geschäften (§ 44), weiteren Aspekten von Interesse in diesem Zusammenhang (§ 45) und dem Problemfeld Widerruf, Kündigung und Rücktritt (§ 46). Abschließend werden ausgewählte praktisch relevante Fragen des Rechts der Haustürgeschäfte in § 47 aufgegriffen.

Ein neuer vierter Hauptteil befasst sich mit den bei der Finanzierung durch Getränkelieferanten besonders wichtigen (Kredit-)Sicherheiten. Wesentlich ausgebaut dargestellt finden sich Fragen der Inventarsicherheiten (§ 48), des Schuldbeitritts (§ 49), der Bürgschaft (§ 50), der Grundschuld (§ 51), der Sicherungsabtretung/Verpfändung (§ 52) sowie des Schuldanerkenntnisses (§ 53).

In dem abschließenden fünften Hauptteil werden weitere Verträge von Interesse angesprochen. Im ersten Abschnitt erfolgen Hinweise zu Verträgen im Verhältnis Brauerei-Getränkefachgroßhändler. Dabei handelt es sich um Besonderheiten bei Getränkelieferungsverträgen zwischen Brauereien und Getränkefachgroßhändlern (§ 54) sowie Rechts- und Vertriebsfragen im Zusammenhang mit weiteren Verträgen in diesem Verhältnis (§ 55). § 56 behandelt Fragen der Automatenaufstellverträge. Da insofern interessante Parallelen zum Getränkelieferungsvertrag bestehen, erfolgte auch hier eine Neubearbeitung der Ausführungen.

Herzlich danken möchte ich allen, die mich bei meiner Arbeit insbesondere durch die Übersendung nicht selten unveröffentlichter Entscheidungen unterstützt haben. Ich darf auch weiterhin um Ihre Mithilfe bitten. Hinweise bitte ich zu senden an Rechtsanwalt Professor Dr. Udo Bühler, Haydnstraße 2, 50170 Kerpen (Sindorf), raprofbuehler@t-online.de.

Meinen Eltern, die mich stets unterstützt und gefördert haben und mir gleichzeitig den größtmöglichen Freiraum gewährt haben, verdanke ich mehr als allen anderen. Ihrem Andenken ist die Neuauflage in Liebe und Dankbarkeit gewidmet.

Kerpen, im Oktober 2013 *Udo Bühler*

Inhaltsverzeichnis

Rz. Seite

Vorwort zur 14. Auflage ... V

Abkürzungsverzeichnis ... LXXI

Literaturverzeichnis ... LXXVII

§ 1 Gegenstand der Erörterung ... 1.1 ... 1

Erster Hauptteil: AGB-rechtliche Grundfragen ... 1.5 ... 3

§ 2 Temporaler Anwendungsbereich ... 1.6 ... 4

I. Art. 229 § 5 Satz 1 EGBGB ... 1.6 ... 4
1. Grundsatz ... 1.6 ... 4
2. Konsequenzen ... 1.7 ... 4
3. Voraussetzung ... 1.8 ... 4
4. Umfang ... 1.9 ... 5

II. Art. 229 § 5 Satz 2 EGBGB ... 1.10 ... 5
1. Grundsatz ... 1.10 ... 5
2. Uraltverträge ... 1.11 ... 5
3. Dauerschuldverhältnisse und das Jahr 2002 ... 1.12 ... 6
4. Rechtslage seit dem 1.1.2003 ... 1.15 ... 6

III. Folgerungen für die Praxis ... 1.16 ... 6
1. Konsequenzen ... 1.16 ... 6
2. Entscheidungserheblichkeit ... 1.17 ... 6

§ 3 Sachlicher Anwendungsbereich ... 1.18 ... 7

I. Grundlagen ... 1.18 ... 7
1. Definition ... 1.18 ... 7
2. Normzweck ... 1.19 ... 7
3. Prüfung ... 1.20 ... 7
4. Klarstellungen/unerhebliche Umstände ... 1.21 ... 7
5. Wirksamkeit ... 1.24 ... 8
6. Beurteilungszeitpunkt ... 1.25 ... 8

		Rz.	Seite
II.	Zu den Tatbestandsvoraussetzungen im Einzelnen	1.26	8
	1. Vertragsbedingungen	1.26	8
	2. Vorformulierung	1.29	9
	3. Vielzahl von Verträgen	1.32	10
	4. Stellen	1.36	11
	5. Aushandeln	1.42	13
III.	Darlegung und Beweis	1.76	21
	1. Klauselgegner	1.76	21
	2. Verwender	1.80	22
IV.	Querschnittsthemen	1.84	22
	1. Mustertexte	1.84	22
	2. Verbandsmuster	1.88	24
	3. Vertragserstellungsprogramme	1.93	24
	4. Notarielle Vereinbarungen	1.94	24
	5. Regelungsalternativen	1.103	26
	6. Ergänzungsbedürftige Regelungen	1.109	28
§ 4	**Persönlicher Anwendungsbereich**	**1.120**	**31**
I.	Unternehmer	1.120	31
	1. Definition	1.120	31
	2. Geltungsbereich	1.121	31
	3. Voraussetzungen	1.122	32
	4. Verhältnis zum Kaufmannsbegriff	1.125	32
	5. Einzelfälle	1.128	33
	6. Vermögensverwaltung	1.130	33
	7. Strohmann/Scheinunternehmer	1.132	34
II.	Existenzgründer	1.133	34
	1. Grundsatz	1.133	34
	2. Vorbereitungsgeschäfte	1.136	35
§ 5	**Einbeziehung und Auslegung**	**1.137**	**35**
I.	Einbeziehung	1.137	35
	1. Vorrang der Individualabrede	1.137	35
	2. Überraschende Klauseln	1.140	36
II.	Auslegung	1.152	38
	1. Grundsatz	1.152	38

	Rz.	Seite
2. Nachprüfbarkeit	1.153	38
3. Objektive Auslegung	1.154	38
4. Unklarheitenregel	1.160	40
§ 6 Inhaltskontrolle	**1.168**	**42**
I. Persönlicher Schutzbereich der §§ 307–309 BGB	1.168	42
II. Schranken der Inhaltskontrolle, § 307 Abs. 3 BGB	1.169	42
1. Rechtsvorschriften	1.169	42
2. Gegenstand der Leistung sowie Art und Umfang der Gegenleistung	1.171	42
3. Leistungsbeschreibungen	1.173	43
4. Im Übrigen	1.177	44
III. Spezielle Klauselverbote und Unternehmerverkehr	1.178	44
1. § 310 Abs. 1 Satz 1 BGB	1.178	44
2. § 310 Abs. 1 Satz 2 BGB	1.179	45
3. § 309 BGB	1.181	45
4. § 308 BGB	1.185	47
IV. Inhaltskontrolle nach § 307 Abs. 2 BGB	1.186	47
1. Grundlagen	1.186	47
2. § 307 Abs. 2 Nr. 2 BGB	1.187	47
3. § 307 Abs. 2 Nr. 1 BGB	1.188	47
V. Transparenzgebot	1.191	49
1. Unternehmerverkehr	1.191	49
2. Konkurrenzen	1.193	49
3. Beurteilungsgrundsätze	1.196	50
4. Tatbestand	1.197	50
5. Fallgruppen	1.198	50
6. Grenzen	1.203	52
7. Rechtsfolgen eines Verstoßes	1.206	53
VI. Inhaltskontrolle nach § 307 Abs. 1 Satz 1 BGB	1.207	53
1. Unternehmerverkehr	1.207	53
2. Beurteilungsgrundsätze	1.208	53
3. Beurteilungszeitpunkt	1.212	54
4. Überprüfbarkeit	1.213	54
5. Voraussetzungen	1.214	54
6. Einzelfragen	1.217	55

		Rz.	Seite
§ 7	**Rechtsfolgen bei Nichteinbeziehung oder Unwirksamkeit von AGB**	**1.227**	**57**
I.	Wirksamkeit des Vertrages, § 306 Abs. 1 BGB	1.227	57
	1. Inhalt	1.227	57
	2. Grundsatz der Teilnichtigkeit	1.228	57
	3. Voraussetzungen	1.230	58
	4. Teilbarkeit	1.231	58
	5. Verbot der geltungserhaltenden Reduktion	1.237	60
	6. Fernliegende Auslegungsalternativen	1.242	61
	7. Vertrauens-/Verkehrsschutz	1.243	61
II.	Ergänzung des Vertragsinhalts, § 306 Abs. 2 BGB	1.246	62
	1. Grundsatz	1.246	62
	2. Dispositives Recht	1.248	62
	3. Ergänzende Vertragsauslegung	1.249	63
III.	Gesamtnichtigkeit, § 306 Abs. 3 BGB	1.269	68
	1. Inhalt	1.269	68
	2. Konkurrenzen	1.270	69
	3. Auslegung	1.273	69
	4. Anwendungsfälle	1.274	69
	5. Zeitpunkt	1.276	70
IV.	Schadensersatz wegen Verschuldens bei Vertragsverhandlungen	1.277	71
	1. Einführung	1.277	71
	2. Anwendungsbereich	1.278	71
	3. Tatbestandsvoraussetzungen	1.280	71
	4. Einwendungen	1.289	73
	5. Rechtsfolge	1.290	73
V.	Weitere Ansprüche in diesem Zusammenhang	1.293	74
	1. Geschäftsführung ohne Auftrag	1.293	74
	2. Ungerechtfertigte Bereicherung	1.294	74
	3. Kartellrecht	1.295	74
	4. Wettbewerbsrecht	1.296	75
VI.	Personale Teilunwirksamkeit	1.302	76
	1. Keine Gesamtnichtigkeit	1.302	76
	2. Bindung des Kunden	1.304	76
	3. Bindung des Verwenders	1.306	77

		Rz.	Seite
Zweiter Hauptteil: Getränkelieferungsverträge		**2.1**	**79**
Erster Abschnitt: Die Ausschließlichkeitsbindung und ihre Grenzen nach BGB		**2.1**	**79**
§ 8	**Charakteristika und Rechtsnatur**	**2.1**	**79**
I.	Begriff	2.1	79
II.	Typische Inhalte	2.2	79
	1. Wesentliche Vertragsbestandteile	2.2	79
	2. Ausschließlichkeitsbindung	2.3	80
	3. Sortimentsbindung	2.5	80
	4. Mitbezugsgestattung	2.9	81
	5. Bezugs- und Ausschankverpflichtung	2.10	81
	6. Mindestabnahmeverpflichtung	2.11	82
	7. Werbung	2.13	82
	8. Betriebspflicht	2.15	83
	9. Führung der Absatzstätte	2.18	83
	10. Lieferweg	2.19	84
III.	Berechtigte	2.21	84
IV.	Typus und Rechtsnatur	2.22	85
	1. Vertriebsvertrag	2.23	85
	2. Bezugsvertrag	2.24	85
	3. Gesamtbedarfsvertrag	2.25	85
	4. Rahmenvertrag	2.29	86
	5. Dauerschuldverhältnis	2.33	87
	6. Sukzessivlieferungsvertrag	2.38	88
	7. Wiederkehrschuldverhältnis	2.45	90
	8. Gemischter Vertrag	2.48	90
	9. Mehrere Verträge als zusammengesetzter Vertrag	2.51	91
	10. (Gesamt-)Mengenvertrag	2.57	92
§ 9	**Inhalt und Umfang der Ausschließlichkeitsbindung**	**2.61**	**93**
I.	Interessenlage	2.61	93
II.	Zulässigkeit	2.64	94
	1. Grundsatz	2.64	94
	2. Schranken	2.65	94

	Rz.	Seite
III. Grundlagen zur Prüfung nach AGB-Recht	2.66	94
1. Abgrenzung Individualregelung und AGB-Klausel	2.66	94
2. Prüfungsmaßstab	2.71	96
3. Grundsatz	2.72	96
4. Äuqivalenzprinzip	2.73	97
5. Änderungen der Ausschließlichkeit	2.75	97
6. Konkurrenzen	2.80	99
IV. Verdikt des § 138 Abs. 1 BGB	2.86	100
1. Fallgruppen im Überblick	2.86	100
2. Objektives Missverhältnis zwischen Leistung und Gegenleistung	2.87	101
3. Unvertretbare Einschränkung der wirtschaftlichen Bewegungsfreiheit	2.90	102
4. Knebelungsvertrag	2.93	103
5. Darlegungs- und Beweislast	2.97	104
V. Leistungen des Getränkelieferanten	2.98	104
1. Grundsatz	2.98	104
2. Praxishinweis	2.99	104
3. Fehlen einer Leistung	2.100	104
4. Art der Leistung	2.101	105
5. Umfang	2.104	106
6. Zinssatz	2.106	106
7. Kosten	2.109	107
8. Anschlussfinanzierung	2.110	107
9. Rückführung	2.111	108
VI. Bewertung der Leistungen des Getränkelieferanten	2.113	108
1. Gaststätteneinrichtung	2.113	108
2. Sicherungseigentum	2.116	109
3. Leihinventar	2.118	109
4. Ausbietungsgarantie	2.119	110
5. Zusammenrechnung	2.120	110
VII. Umfang der Getränkebezugsverpflichtung	2.121	110
1. Grundsatz	2.121	110
2. Sortimentsbindung	2.122	110
3. Gebindeart	2.127	111
4. Doppelbindung	2.128	112

	Rz.	Seite
VIII. Bewertung	2.129	112
1. Beurteilungszeitpunkt	2.129	112
2. Umstände in der Person des Verpflichteten	2.131	112
3. Mengenrelation	2.138	114
IX. Einschränkung der wirtschaftlichen Bewegungsfreiheit, Grundlagen	2.141	114
1. Beurteilungsgrundsätze	2.142	115
2. Vorgehensweise	2.145	115
3. Tatrichterliche Würdigung	2.148	117
X. Beurteilungskriterien	2.149	117
1. Umstände des Vertragsabschlusses	2.150	117
2. Sortimentsfestlegung	2.151	118
3. Sortimentsänderung	2.152	119
4. Absatzstätte	2.159	121
5. Ausschluss eines Fremdbezuges	2.163	121
6. Meistbegünstigungsregelung	2.164	122
7. Mitbezugsgestattung und Teilbindung	2.165	122
8. Verändertes Nachfrageverhalten	2.167	122
9. Periodische Mindestabnahmemenge	2.169	123
10. Laufzeit	2.178	126
11. Werbung	2.182	126
12. Lieferung	2.183	127
13. Preise, Rückvergütungen	2.185	127
14. Leistungen des Getränkelieferanten	2.188	128
15. Sicherheiten	2.189	128
16. Sanktionen	2.190	128
17. Alkoholkonsum	2.192	128
18. Fehlerhafte Widerrufsbelehrung	2.193	129
19. Schmiergeld	2.194	129
XI. Subjektiver Tatbestand	2.195	129
1. Grundsatz	2.195	129
2. Vermutung	2.197	130
3. Widerlegung	2.201	131
4. Zeitpunkt	2.203	131
XII. Rechtsfolgen bei Verstoß im Übrigen	2.205	132
1. Sittenwidrige Einzelregelungen	2.205	132
2. AGB-widrige Klauseln	2.206	132

		Rz.	Seite
§ 10	**Dauer der Ausschließlichkeitsbindung**	**2.212**	**134**
I.	Schranke des § 138 Abs. 1 BGB	2.213	134
	1. Erheblichkeit	2.213	134
	2. Beurteilungsgrundsätze	2.214	134
	3. Beurteilungskriterien	2.222	135
	4. Grundsatz	2.245	140
	5. Unbefristete Bezugsbindungen	2.248	141
	6. Befristete Bezugsbindungen	2.254	143
II.	Rechtsfolgen eines Verstoßes gegen § 138 Abs. 1 BGB	2.265	146
	1. Grundsatz der quantitativen Teilnichtigkeit	2.265	146
	2. Rückführung übermäßig langer Bezugsbindungen	2.272	148
	3. Umdeutung	2.290	153
III.	Inhaltskontrolle nach AGB-Recht	2.293	154
	1. Einführung	2.293	154
	2. Laufzeitregelungen und § 305 Abs. 1 BGB, Grundlagen	2.294	154
	3. Laufzeitregelungen in Getränkelieferungsverträgen und § 305 Abs. 1 BGB	2.301	156
	4. § 307 Abs. 3 BGB	2.304	157
	5. § 309 Nr. 9 a BGB	2.312	159
	6. § 307 Abs. 2 Nr. 2 BGB	2.321	161
	7. § 307 Abs. 2 Nr. 1 BGB	2.322	161
	8. Prüfungsmaßstab	2.347	167
	9. Beurteilungsgrundsätze	2.348	167
	10. Beurteilungskriterien	2.353	168
	11. Zehnjahresgrenze und § 307 Abs. 1 Satz 1 BGB	2.370	171
	12. Laufzeiten von mehr als zehn Jahren und § 307 Abs. 1 Satz 1 BGB	2.374	173
	13. Nichtbefristung	2.381	175
IV.	Rückführung übermäßig langer AGB-Laufzeiten	2.383	175
	1. Relevanz	2.383	175
	2. Altrechtslage	2.384	175
	3. Heutiger Standpunkt	2.387	176
	4. Konsequenzen	2.388	177
§ 11	**Weitere Fragen im Zusammenhang mit der Laufzeit**	**2.391**	**178**
I.	Verlängerung	2.391	178
	1. Grundsatz	2.391	178

		Rz.	Seite
	2. Nachtrag	2.392	178
	3. Vertragliche Neugestaltung	2.393	178
	4. Verlängerung bei nicht rechtzeitig erklärter Kündigung	2.394	178
	5. Offene Posten	2.402	181
	6. Rückvergütungsgutschrift	2.403	181
	7. Erweiterung der Absatzstätte	2.405	181
	8. Lieferunmöglichkeit	2.406	182
	9. Schließung der Absatzstätte	2.407	182
II.	Nichterreichen der vereinbarten Mengen	2.408	182
	1. Einführung	2.408	182
	2. Erfüllung	2.409	182
	3. Mengenvertrag	2.410	183
	4. Nichterreichen der vereinbarten periodischen Mindestbezugsmenge	2.414	184
III.	Anschlussverträge	2.415	184
	1. Interessenlage	2.415	184
	2. Grundsatz	2.416	185
	3. Begriff des Anschlussvertrages, Voraussetzungen	2.417	185
	4. Folge	2.419	185
	5. Prüfung	2.420	186
	6. Personenidentität	2.422	186
	7. Innerer Zusammenhang	2.426	187
	8. Bezugskontinuität	2.429	188
	9. Vermeidung der Zusammenrechnung	2.431	188
	10. Weitere Konsequenz	2.435	189
	11. Praxishinweis	2.436	189
	12. Weitere Rechtsprechung	2.438	190
IV.	Laufzeitbeginn und spätere Geschäftseröffnung	2.439	191
	1. Vertragsabschlussdatum	2.439	191
	2. Bestimmbarkeit	2.440	191
	3. Annahme	2.441	191
V.	Laufzeitende	2.442	191
	1. Betriebsaufgabe	2.442	191
	2. Veräußerung des Objektes	2.443	191
	3. Abschreibung	2.444	192
	4. Rückvergütungsgutschrift	2.445	192
	5. Bayrische Sudjahresregelung	2.446	192
	6. Umzug	2.447	192

	Rz.	Seite
VI. Vertragsübernahme	2.448	192
VII. Laufzeitendivergenzen	2.450	193
1. Interessenlage	2.451	193
2. Rechtliche Würdigung	2.452	193
Zweiter Abschnitt: Weitere typische Regelungen	**2.454**	**194**
§ 12 Lieferweg	**2.454**	**194**
I. Erforderlichkeit	2.454	194
II. Anfängliche Benennung	2.455	194
III. Änderungsvorbehalte	2.457	195
1. Erforderlichkeit	2.457	195
2. Individualvertragliche Änderungsvorbehalte	2.458	195
3. Änderungsvorbehalte und AGB-Recht	2.460	196
4. Lieferantenneubenennung	2.469	198
§ 13 Preise	**2.473**	**199**
I. (Anfangs-)Preise	2.473	199
1. Situation	2.473	199
2. Erforderlichkeit	2.474	199
3. Regelungsort	2.475	199
4. Auslegung und Einordnung	2.476	200
5. Bestimmbarkeit	2.478	200
6. Inhaltskontrolle	2.483	201
II. Preisvorbehaltsklauseln	2.484	201
1. Leistungsbestimmungsrechte (Preisvorbehalt Fall 1)	2.484	201
2. Leistungsbestimmungsrechte (Preisvorbehalt Fall 2)	2.487	202
III. Preisänderungsklauseln	2.491	202
1. Formulierung	2.491	202
2. Praktische Bedeutung und Erforderlichkeit	2.492	203
3. Prüfungsumfang	2.494	203
4. Zulässigkeit gegenüber Verbrauchern	2.495	204
5. Zulässigkeit gegenüber Unternehmern	2.499	205

		Rz.	Seite
§ 14	**Übertragungsrecht**	**2.506**	**208**
I.	Grundlagen	2.506	208
	1. Interessenlage	2.506	208
	2. Anwendungsfälle und Abgrenzung	2.508	209
	3. Exkurs Gesamtrechtsnachfolge	2.511	209
	4. Regelung	2.514	209
	5. Auslegung	2.515	210
II.	Zustimmung	2.516	210
	1. Erforderlichkeit	2.516	210
	2. Inhalt	2.518	210
	3. Form	2.519	211
III.	AGB-Klausel	2.520	211
	1. Sachlicher Anwendungsbereich	2.520	211
	2. Auslegung	2.521	211
	3. § 309 Nr. 10 BGB	2.522	211
	4. §§ 310 Abs. 1 Satz 2, 307 Abs. 1 Satz 1 BGB	2.524	212
§ 15	**Nachfolge aufseiten des Gebundenen**	**2.537**	**215**
I.	Grundlagen	2.537	215
	1. Praktische Bedeutung	2.537	215
	2. Fallkonstellationen	2.538	216
	3. Interessenlage	2.539	217
	4. Auslegung	2.540	217
	5. Kein Recht auf befreiende Schuldübernahme	2.541	217
	6. Schriftformerfordernis des § 34 GWB a. F.	2.542	217
II.	Verdikt des § 138 Abs. 1 BGB	2.546	219
	1. Grundlagen	2.546	219
	2. Überprüfbarkeit	2.549	219
III.	Inhaltskontrolle nach AGB-Recht	2.550	219
	1. Einbeziehung und Transparenz	2.550	219
	2. Grundsätzliche Zulässigkeit nach § 307 Abs. 1 Satz 1 BGB	2.553	220
	3. Keine Differenzierung nach der Rechtsstellung des Kunden	2.559	222
	4. Zulässigkeitsvoraussetzungen	2.560	223
	5. Anzeigepflicht	2.564	224

Rz. Seite

6. Mithaftklauseln 2.565 224
7. Bürgschaftsklauseln 2.574 226
8. Rechtsfolgen bei Verstoß 2.577 227

§ 16 Vollzug von Nachfolgeklauseln 2.579 227

I. Gestaltungsmöglichkeiten 2.579 227

II. Auslegung 2.580 228
1. Schuldbeitritt 2.581 228
2. Erfüllungsübernahme 2.582 228
3. Vertragsübernahme 2.583 228

III. Vertragsübernahme 2.585 229
1. Abwicklung 2.585 229
2. Kontrahierungsformen 2.586 229
3. Umfang der Übertragung 2.589 230
4. Anwendbares Recht 2.591 230
5. Hauptvertrag 2.592 231
6. Verbraucherkreditrecht, Grundlagen 2.593 231
7. Widerruf 2.599 232
8. Einwendungen 2.609 235
9. Sicherheiten 2.610 235

IV. Zustimmung des Getränkelieferanten 2.611 235
1. Keine Verpflichtung zur Zustimmung 2.611 235
2. Nachträgliche Trennung von Finanzierung und Bindung 2.613 236
3. Form 2.616 237
4. Schweigen 2.617 237
5. Freistellung 2.619 237

V. Konsequenzen 2.620 238
1. Bisheriger Vertrag 2.620 238
2. Haftung nach § 25 HGB 2.622 238
3. Insolvenzanfechtung 2.623 238

Dritter Abschnitt: Sanktionsregelungen bei Leistungsstörungen 2.624 238

§ 17 Schadensersatz 2.624 238

I. Einführung 2.624 238

		Rz.	Seite
II.	Haftung dem Grunde nach	2.625	239
	1. Abbedingung der Tatbestandsvoraussetzungen des § 281 BGB und § 307 Abs. 2 Nr. 1 BGB	2.625	239
	2. Transparenzgebot	2.628	240
	3. Kumulationsverbot	2.629	240
	4. Rechtsfolge	2.631	240
III.	Schadensersatzpauschalierungen	2.632	241
	1. Praktisches Bedürfnis	2.632	241
	2. Grundsatz	2.633	241
	3. Anwendungsbereich	2.634	241
	4. Beweis	2.635	241
	5. Vorbehalt der Berechnung eines höheren Schadens	2.636	242
	6. Abgrenzung	2.638	242
	7. Grundlagen der AGB-Kontrolle	2.650	246
IV.	Schranke des § 309 Nr. 5 a BGB	2.654	246
	1. Grundsatz	2.654	246
	2. Durchschnittsschaden	2.655	247
	3. Umfang	2.660	248
	4. Bereicherungsverbot	2.663	248
	5. Kappung	2.665	249
	6. Einwendungen	2.666	249
	7. Anerkannte Pauschalbeträge	2.667	250
	8. Anerkannte pauschale Prozentsätze	2.668	250
	9. Besonderheiten bei Biermischgetränken und alkoholfreien Getränken	2.670	251
	10. Steuern	2.671	251
V.	Schranke des § 309 Nr. 5 b BGB	2.672	251
	1. Bedeutung	2.672	251
	2. Temporaler Anwendungsbereich	2.673	252
	3. Zulässigkeit	2.674	252
	4. Darlegungs- und Beweislast	2.676	253
	5. Geltungserhaltende Reduktion	2.677	253
	6. Individualabrede	2.678	253
§ 18	**Vertragsstrafe**	**2.679**	**253**
I.	Einführung	2.679	253
II.	Grundlagen	2.680	253
	1. § 309 Nr. 6 BGB	2.680	253

		Rz.	Seite
	2. § 307 Abs. 3 BGB	2.684	254
	3. § 307 Abs. 2 Nr. 1 BGB i. V. m. §§ 339 Satz 1, 286 Abs. 4 BGB	2.685	254
	4. Transparenzgebot	2.689	255
	5. Kumulationsverbot	2.691	256
	6. § 307 Abs. 1 Satz 1 BGB	2.696	257
	7. Höhe	2.700	258
	8. Geltungserhaltende Reduktion	2.707	259
III.	Vertragsstrafe bei Fremdbezug	2.709	260
	1. Abgrenzung	2.709	260
	2. AGB und Einbeziehung	2.710	260
	3. § 309 Nr. 6 BGB	2.712	261
	4. § 307 Abs. 2 Nr. 1 BGB i. V. m. §§ 339 Satz 1, 286 Abs. 4 BGB	2.715	261
	5. Transparenzgebot	2.716	262
	6. § 307 Abs. 1 Satz 1 BGB	2.717	262
IV.	Einstellung des Getränkebezuges	2.726	263
	1. § 307 Abs. 2 Nr. 1 BGB	2.726	263
	2. § 307 Abs. 1 Satz 1 BGB	2.729	264
V.	Weitere Anwendungsfälle	2.732	265
	1. Verstoß gegen Rechtsnachfolgeklausel	2.732	265
	2. Vorzeitige Darlehensrückzahlung	2.733	265
§ 19	**Sanktionsregelungen bei Minderbezug**	**2.734**	**265**
I.	Einführung	2.734	265
	1. Wirtschaftlicher Hintergrund	2.734	265
	2. Bonus und Malus	2.737	266
	3. Ausgleichsregelungen im Überblick	2.740	267
	4. Grundsätzliche Zulässigkeit	2.742	268
II.	Ausgleichsregelung als AGB-Klausel	2.743	269
III.	Schadensersatz	2.745	269
	1. Abgrenzung	2.745	269
	2. Periodische Mindestmengen-/Gesamtmengenvereinbarung	2.747	270
	3. Inhaltskontrolle nach § 138 Abs. 1 BGB	2.748	271
	4. AGB-Klausel	2.749	271

		Rz.	Seite
5.	Verschuldensabhängigkeit	2.751	271
6.	Transparenzgebot	2.752	272
7.	Schranke des § 309 Nr. 5 a BGB	2.754	272
8.	Nachweis eines geringeren Schadens	2.759	273
9.	Rechtsfolge	2.761	273
IV.	Vertragsstrafe	2.763	274
1.	Abgrenzung	2.763	274
2.	Periodische Mindestmengen-/ Gesamtmengenvereinbarung	2.765	274
3.	AGB-Klausel	2.766	274
4.	§ 309 Nr. 6 BGB	2.767	275
5.	Verschuldensabhängigkeit	2.769	275
6.	Transparenzgebot	2.770	275
7.	Kumulationsverbot	2.771	275
8.	§ 307 Abs. 1 Satz 1 BGB allgemein	2.778	277
V.	Negative Umsatzpacht	2.779	277
1.	Inhalt	2.779	277
2.	Einordnung	2.781	277
3.	Wirksamkeit des Pacht- und Getränkelieferungsvertrages	2.782	277
4.	Inhaltskontrolle nach § 138 Abs. 1 BGB	2.783	278
5.	Mindestmengenvereinbarung	2.787	278
6.	Inhaltskontrolle nach AGB-Recht	2.788	279
7.	Konsequenzen	2.791	279
VI.	Anspruch sui generis	2.792	279
1.	Meinungsstand	2.792	279
2.	Mindestmengenvereinbarung	2.795	280
3.	Die Entscheidung des BGH vom 6.12.1989	2.796	280
4.	Das Urteil des OLG Köln vom 9.1.2007	2.805	283
5.	Inhaltskontrolle	2.807	283
6.	Leitbild des § 281 BGB	2.830	289
VII.	These vom Anspruch auf Investitionskostenausgleich	2.831	289
1.	Meinungsstand	2.831	289
2.	Grundsatz	2.834	290
3.	Parallele zur These vom Anspruch sui generis	2.835	290
4.	Abgrenzung	2.836	290
5.	Ausschluss der Inhaltskontrolle	2.837	291
6.	Verstoß gegen die vertragstypische Risikoverteilung	2.839	291

		Rz.	Seite
	7. Transparenzgebot	2.846	293
	8. § 307 Abs. 1 Satz 1 BGB	2.847	293
	9. Höhe der Ausgleichszahlung	2.851	294
	10. Verjährung	2.853	294
VIII.	Kumulative Sanktionen	2.854	294
	1. Inhalt	2.854	294
	2. Einbeziehung	2.858	295
	3. Verschuldenserfordernis	2.859	295
	4. Tranparenzgebot	2.861	296
	5. Kumulationsverbot	2.862	296
IX.	Vorbehalt der Gesamtmengenabrechnung bei Vertragsablauf	2.866	297
	1. Inhalt	2.866	297
	2. Abgrenzung	2.867	298
	3. Abrechnung	2.868	298
	4. Einbeziehung	2.870	299
	5. Hinausschieben der Fälligkeit	2.871	299
	6. Gesetzliches Leitbild	2.873	300
	7. Transparenzgebot	2.875	300
	8. Malus-Bonus-Verrechnung	2.876	301
	9. Verlängerung	2.878	301
X.	Nachverzinsung	2.882	302
	1. Situation	2.882	302
	2. Einbeziehung	2.883	302
	3. Inhaltskontrolle	2.884	302
§ 20	**Sonstige Klauseln**	**2.886**	**303**
I.	Stellung der Vertragspartner	2.887	303
	1. Inhalt	2.887	303
	2. Wirksamkeit	2.888	304
II.	Nachsicht	2.889	304
	1. Inhalt	2.889	304
	2. Wirksamkeit	2.890	304
III.	Schriftform	2.891	304
	1. Zweck	2.891	304
	2. Fallgruppen	2.892	304
	3. Auslegung	2.902	306

	Rz.	Seite
4. Einbeziehung	2.906	307
5. Inhaltskontrolle – Grundlagen	2.910	308
6. Einfache Schriftformklauseln	2.912	308
7. Qualifizierte = doppelte Schriftformklauseln	2.915	308
8. Vollständigkeitsklauseln	2.918	309
9. Bestätigungsklauseln	2.924	311
10. Vollmachtsbeschränkungsklauseln	2.927	311
11. Klauseln über die Form von Anzeigen und Erklärungen	2.932	312
IV. Vollmacht	2.936	313
1. Inhalt	2.936	313
2. Einbeziehung	2.937	313
3. Wirksamkeit von Abgabevollmachten	2.938	313
4. Wirksamkeit von Empfangsvollmachten	2.940	314
V. Salvatorische Klauseln	2.944	316
1. Zweck	2.944	316
2. Erforderlichkeit	2.945	316
3. Differenzierung	2.946	316
4. Erhaltungsklauseln	2.947	316
5. Ersetzungsklauseln	2.950	317
6. „soweit gesetzlich zulässig“	2.955	317
VI. Aufrechnungsausschluss	2.961	318
1. Inhalt	2.961	318
2. Wirksamkeit	2.962	318
VII. Zurückbehaltungsrecht	2.963	319
1. Inhalt	2.963	319
2. Wirksamkeit	2.964	319
VIII. Abwicklung des Zahlungsverkehrs	2.966	319
1. Einführung	2.966	319
2. Einzugsermächtigung/Basislastschrift	2.970	320
3. Abbuchungsauftrag/Firmenlastschrift	2.972	321
IX. Datenerhebung	2.973	321
1. Inhalt	2.973	321
2. Einbeziehung	2.974	321
3. Wirksamkeit	2.975	322
4. Ansprüche wegen rechtswidriger Datenübermittlung	2.976	322

	Rz.	Seite
X. Bearbeitungsentgelt	2.977	322
1. Inhalt	2.977	322
2. Mahnkostenklauseln	2.978	322
3. Sonstige Bearbeitungsentgeltklauseln	2.982	323
XI. Höhere Gewalt	2.983	323
1. Inhalt	2.983	323
2. Wirksamkeit	2.984	323
XII. Schiedsklauseln	2.985	323
1. Einbeziehung	2.985	323
2. Inhaltskontrolle	2.986	324
XIII. Gerichtsstand und Erfüllungsort	2.988	324
1. Inhalt	2.988	324
2. Einbeziehung	2.989	324
3. Inhaltskontrolle	2.990	324
Vierter Abschnitt: Der Getränkelieferungsvertrag im Lichte des Verbraucherkreditrechts	**2.994**	**325**
§ 21 Das maßgebliche Verbraucherkreditrecht im Zeitablauf	**2.994**	**325**
I. Grundlagen	2.994	325
1. Einführung	2.994	325
2. Maßgeblicher Zeitpunkt	2.995	325
3. Fokussierung	2.996	326
II. Rechtsänderungen seit dem 1.1.2002	2.997	326
1. 1. Januar 2002	2.997	326
2. 2. November 2002	2.1000	327
3. 8. Dezember 2004	2.1004	328
4. 1. April 2008	2.1006	328
5. 4. August 2009	2.1008	328
6. 11. Juni 2010	2.1009	328
7. 30. Juli 2010	2.1012	329
8. 4. August/4. November 2011	2.1013	329
§ 22 Sachlicher Anwendungsbereich	**2.1015**	**329**
I. Grundlagen	2.1015	329
1. Lieferung von Teilleistungen	2.1015	329

Rz. Seite

2. Regelmäßige Lieferung von Sachen gleicher Art 2.1017 330
3. Wiederkehrender Bezug von Sachen 2.1021 331

II. Bezugsverpflichtungen und § 510 Abs. 1 Satz 1 Nr. 3 BGB 2.1022 331
1. Europarechtliche Vorgaben 2.1022 331
2. Schutzzweck 2.1023 331
3. Grundsätze 2.1025 332
4. Getränkebezugsverpflichtungen 2.1035 334
5. Typenkombinationen 2.1038 335
6. Pachtverträge 2.1042 337
7. Bezugsverpflichtungen zu Gunsten Dritter 2.1043 337
8. Vertragsübernahme 2.1046 338
9. Vertragsbeitritt 2.1049 338
10. Schuldübernahme 2.1050 339
11. Schuldbeitritt 2.1053 339
12. Bürgschaft 2.1054 339
13. Vertragsänderungen 2.1055 340

III. Sachliche Bereichsausnahmen 2.1056 340
1. Bagatellklausel 2.1056 340
2. Notarielle Beurkundung 2.1057 340

§ 23 Persönlicher Anwendungsbereich 2.1060 341

I. Unternehmer 2.1060 341
1. Begrifflichkeit 2.1060 341
2. Grundsatz 2.1062 341
3. GmbH 2.1063 341
4. Unternehmergesellschaft 2.1066 342
5. Limited 2.1068 342
6. Eingetragener Idealverein 2.1069 343
7. Nicht eingetragener Idealverein 2.1071 343
8. Juristische Personen des öffentlichen Rechts 2.1073 344
9. Öffentlich-rechtliche Einrichtungen 2.1074 344
10. Scheinselbständige 2.1075 344
11. Scheinunternehmer 2.1076 344
12. Vorgetäuschte Unternehmereigenschaft 2.1078 344
13. Ich-AG 2.1080 345
14. Bestätigungsklauseln 2.1081 345
15. Vermutung 2.1083 345
16. Zweifelsfälle 2.1084 346
17. Ende der Unternehmereigenschaft 2.1085 346

		Rz.	Seite
II.	Verbraucher	2.1088	346
	1. Grundlagen	2.1088	346
	2. Praktische Bedeutung	2.1089	347
	3. Eigentümererklärungen	2.1090	347
	4. Geschäftsführende Gesellschafter von Personengesellschaften	2.1096	348
	5. Kommanditisten	2.1098	349
	6. Anteilserwerb bzw. Beteiligung an einer Gesellschaft	2.1099	349
	7. Gesellschaft bürgerlichen Rechts (GbR)	2.1100	349
	8. Vorgründungsgesellschaften	2.1108	351
	9. Zusammenschlüsse natürlicher Personen ohne eigene Rechtsfähigkeit	2.1110	351
	10. Miteigentümergemeinschaft	2.1111	352
III.	Existenzgründer	2.1112	352
	1. Einführung	2.1112	352
	2. Der Existenzgründer im Wandel der Zeit	2.1113	352
	3. Europarechtlicher Hintergrund	2.1116	353
	4. Praktische Bedeutung	2.1117	353
	5. Konsequenzen	2.1118	353
	6. Beurteilungszeitpunkt	2.1120	354
	7. Grundlagen der Beurteilung	2.1125	355
	8. Feste Zeitspanne	2.1130	356
	9. Maßgebliche Kriterien	2.1132	357
	10. Geschäfte nach Abschluss der Existenzgründungsphase	2.1150	361
	11. Scheinexistenzgründer	2.1151	361
	12. Darlegungs- und Beweislast	2.1152	362
	13. Wiederholte Existenzgründung in unterschiedlichen Branchen	2.1154	362
	14. Wiederholte Existenzgründung in derselben Branche	2.1165	365
	15. Wiederholte Existenzgründung bei bestehender Unternehmerschaft	2.1178	369
	16. Geschäftserweiterung	2.1183	370
	17. Umfang der gewerblichen Tätigkeit	2.1188	372
	18. Umstrukturierung	2.1189	372
	19. Umwandlung bzw. Änderung der Rechtsform	2.1190	372
	20. Änderung der Etablissementbezeichnung	2.1193	373
	21. Standortverlagerung	2.1194	373
	22. Folgeverträge	2.1195	374

	Rz.	Seite
23. Bestandsgastronomen	2.1197	374
24. Bindung durch mehrere Getränkelieferanten	2.1198	374
IV. Geschäftsvolumen über 75.000,00 €	2.1199	374
1. Einführung	2.1199	374
2. Europarechtlicher Hintergrund	2.1200	375
3. Normzweck	2.1201	375
4. Darlegungs- und Beweislast	2.1202	375
5. 75.000,00 €-Grenze und Verbraucher	2.1203	376
6. Anwendbarkeit auf Getränkelieferungsverträge	2.1204	376
7. Zweifache Anwendung	2.1205	376
8. Verbundene Verträge	2.1209	377
9. Zusammenrechnung von Finanzierungs- und Bindungsvolumen im Übrigen	2.1214	378
10. Einzelbetrachtung	2.1219	379
11. Mindestauftragsvolumen	2.1220	380
12. Kündigungsrecht	2.1225	381
13. Umsatzsteuer	2.1234	382
14. Anwendbarkeit auf Geschäftsvolumina über 75.000,00 €	2.1245	385
V. Nicht geschuldete Widerrufsbelehrung	2.1246	385
1. Hintergrund	2.1246	385
2. Betroffenheit	2.1247	386
3. Fallgruppen	2.1250	386
4. Zulässigkeit eines vertraglich begründeten Widerrufsrechts	2.1253	387
5. Annahme eines vertraglich begründeten Widerrufsrechts	2.1258	389
6. Fallgruppen von Interesse	2.1262	390
7. Folgen einer nicht gesetzeskonform gestalteten Belehrung	2.1271	393
8. Widerrufsausübung	2.1280	397
§ 24 Form- und Inhaltsvorschriften	**2.1282**	**397**
I. Schriftformerfordernis	2.1282	397
1. Einführung	2.1282	397
2. Schutzzweck	2.1283	398
3. Anwendungsbereich	2.1284	398
4. Umfang	2.1285	398
5. Anforderungen	2.1286	398

		Rz.	Seite
6.	Erleichterungen	2.1295	400
7.	Abdingbarkeit	2.1298	400
8.	Heilung	2.1299	400
9.	Rechtsfolge	2.1301	401
10.	Verwirkung	2.1302	401
11.	Unzulässige Rechtsausübung	2.1303	401
12.	Rückabwicklung	2.1306	402
II.	Pflichtangaben	2.1307	402
III.	Mitteilung des Vertragsinhaltes in Textform	2.1308	403
1.	Auslegung	2.1308	403
2.	Umfang	2.1309	403
3.	Durchsetzung	2.1310	403
4.	Rechtsfolgen bei Nichtbeachtung	2.1311	403
§ 25	**Widerrufsbelehrung**	**2.1312**	**403**
I.	Problemfeld nicht ordnungsgemäße Widerrufsbelehrung	2.1312	403
1.	Maßgebliches Recht	2.1312	403
2.	Damoklesschwert dauerhafter Widerruflichkeit	2.1313	404
3.	Situation	2.1316	405
4.	Darlegungs- und Beweislast	2.1318	405
5.	Verzicht	2.1319	406
6.	Schadensersatz	2.1321	406
7.	Wettbewerbsrecht	2.1327	407
8.	Beurteilungszeitpunkt	2.1328	408
9.	Nachträgliche Belehrung	2.1334	411
II.	Schutzwirkung des § 14 Abs. 1 BGB-InfoV	2.1339	412
1.	Rechtslage	2.1339	412
2.	Schutzzweck	2.1340	412
3.	Inhalt und Auslegung	2.1341	413
4.	Praktische Relevanz	2.1342	413
5.	Kritik	2.1343	413
6.	Entscheidungserheblichkeit	2.1344	414
7.	Aktuelle BGH-Rechtsprechung	2.1345	414
III.	Gesetzlichkeitsfiktion des § 360 Abs. 3 Satz 1 BGB	2.1348	415
1.	Grundsatz	2.1348	415
2.	Rang	2.1349	416

		Rz.	Seite
3.	Schutzzweck	2.1350	416
4.	Struktur des Musters	2.1351	416
5.	Voraussetzungen	2.1352	416
6.	Deutlichkeitsgebot	2.1353	417
7.	Inhaltliche Gestaltung	2.1354	418
8.	Äußere Gestaltung	2.1356	419
9.	Einwände	2.1358	420
10.	Abweichungen	2.1369	421
11.	Optionen	2.1370	422
IV.	Die eigenformulierte Widerrufsbelehrung, Grundlagen	2.1372	423
1.	Geltendes Recht	2.1372	423
2.	Die Anforderungen an eine ordnungsgemäße Widerrufsbelehrung nach § 360 Abs. 1 BGB im Überblick	2.1373	423
3.	Transparenzgebot	2.1374	424
4.	Deutlichkeitsgebot	2.1375	424
V.	Deutlichkeitsgebot und inhaltliche Gestaltung	2.1379	425
1.	Recht zum Widerruf	2.1379	425
2.	Allgemeine Inhaltsanforderungen	2.1380	425
3.	Grenzen	2.1381	426
4.	Konsequenzen	2.1382	426
5.	Überschrift	2.1384	426
6.	Widerrufsgegenstand	2.1385	427
7.	Widerrufsberechtigung	2.1388	427
8.	Ort und Datierung	2.1390	428
9.	Widerrufsausübung	2.1392	428
10.	Inbezugnahme nicht mehr geltender Gesetze	2.1395	429
11.	Unterschrift	2.1396	429
12.	Zusätze	2.1397	429
13.	Empfangsbestätigung	2.1401	431
14.	Doppelbelehrung	2.1406	432
15.	Sprache	2.1409	433
16.	Unklarheiten	2.1411	434
VI.	Deutlichkeitsgebot und äußere Gestaltung	2.1412	434
1.	Grundsatz	2.1412	434
2.	Geltungsbereich	2.1413	434
3.	Standort	2.1414	434
4.	Drucktechnische Hervorhebung	2.1415	434

		Rz.	Seite
5.	Besonderheiten bei in den Vertragstext integrierten Widerrufsbelehrungen	2.1420	435
6.	Unterschrift/Signatur	2.1424	437
VII.	Widerrufs(-erklärungs-)frist	2.1428	438
1.	Belehrungserfordernis	2.1428	438
2.	Schutzzweck	2.1429	438
3.	Geltendes Fristenregime	2.1430	438
4.	Vertragsschluss und Fristbeginn	2.1432	438
5.	Fristbeginn	2.1433	439
6.	Fallstricke	2.1435	439
7.	Konkretes Datum des Fristbeginns	2.1449	443
8.	Grundsätze der Fristberechnung	2.1451	444
9.	Hinweise zur Wahrung der Widerrufsfrist	2.1452	444
VIII.	Name und Anschrift des Widerrufsempfängers	2.1459	445
1.	Schutzzweck	2.1459	445
2.	Widerrufsempfänger	2.1460	445
3.	Name	2.1461	446
4.	Ladungsfähige Anschrift	2.1462	446
IX.	Form und Alternativen der Widerrufserklärung	2.1465	447
1.	Form	2.1465	447
2.	Überlassung von Gegenständen	2.1467	447
X.	Mitteilung der Belegunterlagen	2.1471	448
1.	Grund lagen	2.1471	448
2.	Qualität der Belegunterlagen	2.1472	448
3.	Verbleib der Unterlagen	2.1473	449
XI.	Weitere denkbare Inhaltsanforderungen	2.1475	449
1.	Rechtsfolgen des Widerrufs	2.1475	449
2.	Rückzahlungspflicht	2.1483	452
3.	Wertersatzpflicht	2.1486	453
4.	Informationspflichten	2.1492	454
5.	Personale Reichweite	2.1493	454
6.	Sachliche Reichweite	2.1496	455
§ 26	**Widerruf**	**2.1497**	**455**
I.	Verhältnis zu anderen Vorschriften	2.1497	455
1.	Nichtigkeits- und Anfechtungsgründe	2.1497	455
2.	§ 314 BGB	2.1498	456

		Rz.	Seite
II.	Widerrufsberechtigter	2.1499	456
	1. Mehrheit von Verbrauchern	2.1499	456
	2. Vertretung	2.1501	456
	3. Abtretung	2.1504	457
	4. Gesamtrechtsnachfolge	2.1505	457
III.	Widerrufsadressat	2.1506	457
	1. Grundsatz	2.1506	457
	2. Verbundenes Geschäft	2.1508	458
IV.	Widerrufsgegenstand	2.1509	458
	1. Grundsatz	2.1509	458
	2. Gesamtschuldnerschaft	2.1510	458
	3. Gemischte Verträge	2.1511	458
	4. Einzelkaufverträge	2.1513	459
V.	Widerrufserklärung	2.1514	459
	1. Rechtsnatur	2.1514	459
	2. Wahl	2.1515	459
	3. Konkretisierung	2.1516	459
	4. Erklärung	2.1518	460
	5. Zugang	2.1530	462
	6. Bedingung	2.1531	462
	7. Motive	2.1532	463
	8. Begründung	2.1533	463
	9. Objektiver Teilwiderruf	2.1534	463
	10. Subjektiver Teilwiderruf	2.1540	465
	11. Form	2.1543	465
	12. Widerruf des Widerrufs	2.1547	466
	13. Rückgewähr erbrachter Leistungen	2.1548	466
VI.	Widerrufsfrist	2.1549	466
	1. Voraussetzungen des Fristbeginns	2.1549	466
	2. Fristberechnung	2.1554	467
	3. Fristbeginn	2.1555	467
	4. Fristende	2.1556	467
	5. Fristwahrung	2.1558	468
VII.	Erlöschen des Widerrufsrechts	2.1560	468
	1. Verjährung	2.1560	468
	2. Ausschlussfrist	2.1561	468
	3. Erlöschensfrist	2.1562	469

	Rz.	Seite
4. Beginn der Erlöschensfrist	2.1567	470
5. Weitere Fragen von Interesse	2.1570	471
6. Verwirkung	2.1573	472
7. Widerruf in der Berufungsinstanz	2.1581	475
8. Widerruf und Zwangsvollstreckung	2.1583	476
9. (Rechts-)Missbrauch im Übrigen	2.1584	476
VIII. Darlegungs- und Beweislast	2.1588	477
1. Unternehmer	2.1588	477
2. Verbraucher/Existenzgründer	2.1589	478
IX. Folgen des Widerrufs	2.1590	478
1. Rechtsnatur	2.1590	478
2. Erfüllungsansprüche etc. vor Fristablauf	2.1592	478
3. Leistungsverweigerungsrecht	2.1593	479
X. Widerrufserstreckung	2.1595	479
1. Fragestellung	2.1595	479
2. Rechtsgrundlagen	2.1596	480
3. Salvatorische Klausel	2.1601	481
4. Treu und Glauben	2.1604	481
5. Revisibilität	2.1605	481
6. Personale Reichweite	2.1606	482
7. Sachliche Reichweite	2.1609	482
XI. Rückabwicklung	2.1624	486
1. Grundsatz	2.1624	486
2. Anspruchsgrundlage	2.1625	486
3. Ansprüche des Darlehensnehmers	2.1627	487
4. Ansprüche des Darlehensgebers	2.1629	487
5. Saldierung	2.1631	488
6. Darlegungs- und Beweislast	2.1633	489
7. Verbundene Verträge	2.1634	489
Fünfter Abschnitt: Fragen des Wettbewerbs- und Kartellrechts	**2.1636**	**489**
§ 27 Wettbewerbsrechtliche Fragestellungen	**2.1636**	**489**
I. Praktische Relevanz	2.1636	489
II. Fremdbezug und Fremdbelieferung	2.1637	489
1. Einordnung und Abgrenzung	2.1637	489

		Rz.	Seite
	2. Anspruchsziele	2.1641	490
	3. Verleiten zum Vertragsbruch	2.1642	491
	4. Ausnutzen fremden Vertragsbruchs	2.1646	492
III.	Fehlende oder fehlerhafte Widerrufsbelehrungen	2.1651	493
	1. Maßgebliches Recht	2.1651	493
	2. Geltendmachung	2.1653	493
	3. Wettbewerbswidrigkeit	2.1655	494
	4. Spürbarkeit	2.1660	496
	5. Wiederholungsgefahr	2.1663	496
	6. Rechtsmissbrauch	2.1664	496
	7. Inverkehrbringen von Fässern	2.1665	497
IV.	Einstweiliger Rechtsschutz	2.1667	497
§ 28	**Europäisches Kartellrecht**	**2.1668**	**497**
I.	Abgrenzung	2.1668	497
II.	Das Verbot wettbewerbsbeschränker Vereinbarungen	2.1670	498
	1. Schutzzweck und Systematik	2.1670	498
	2. Prüfungsrelevanz	2.1672	498
	3. Unternehmen und Unternehmensvereinigungen	2.1673	498
	4. Vereinbarung	2.1678	499
	5. Verhinderung, Einschränkung oder Verfälschung des Wettbewerbs	2.1683	500
	6. Relevanter Markt	2.1686	501
	7. Bezwecken oder Bewirken	2.1690	502
	8. Eignung zur Beeinträchtigung des zwischenstaatlichen Handels	2.1696	503
	9. Spürbarkeit	2.1701	505
	10. Darlegungs- und Beweislast	2.1708	506
	11. Freistellung (Art. 101 Abs. 3 AEUV)	2.1711	507
	12. Rechtsfolgen eines Verstoßes (Art. 101 Abs. 2 AEUV)	2.1717	508
III.	Rückblick	2.1728	510
	1. VO Nr. 67/67	2.1728	510
	2. Bündeltheorie	2.1730	510
	3. VO Nr. 1984/83	2.1739	513
	4. Bindungsgrad	2.1746	515
	5. De minimis-Bekanntmachung 1992	2.1750	516
	6. Weitere Ansätze	2.1751	516

	Rz.	Seite
IV. Urteil des EuGH in Sachen Delimitis ./. Henningerbräu	2.1752	516
1. Einführung	2.1752	516
2. Wesentlicher Inhalt	2.1753	517
3. Theorie der Gesamtmarktbetrachtung	2.1772	522
4. Offene Fragen	2.1773	522
V. Innerstaatliche Rechtsprechung	2.1775	523
1. Bundesgerichtshof	2.1775	523
2. Instanzgerichte	2.1781	525
VI. Tatsachenfeststellung	2.1782	525
1. Befund	2.1783	525
2. Tatsachenermittlung	2.1784	525
3. Darlegungs- und Beweislast	2.1788	526
4. Erleichterungen	2.1790	527
5. Ergebnis	2.1795	528
VII. Stellungnahmen der Kommission – Grundfragen	2.1799	529
1. Regelungsgegenstände	2.1799	529
2. Rechtsgrundlage	2.1800	529
3. Rechtsnatur	2.1801	530
4. Verhältnis zu den gesetzlichen Bestimmungen	2.1803	530
5. Vermutung	2.1804	530
6. Verbindlichkeit	2.1805	531
7. Angreifbarkeit	2.1807	531
8. Bedeutung für die Kommission	2.1808	531
9. Bindungswirkung/Vorgreiflichkeit für die Unionsgerichte	2.1813	533
10. Bedeutung für nationale Gerichte und Wettbewerbsbehörden	2.1814	533
VIII. Stellungnahmen der Kommission zu Art. 101 Abs. 1 AEUV	2.1821	536
1. Ältere Stellungnahme der Kommission von Interesse	2.1821	536
2. Aktuelle Stellungnahmen der Kommission	2.1831	538
IX. Stellungnahmen der Kommission zu Art. 101 Abs. 1 und 3 AEUV	2.1848	542
1. Einführung	2.1848	542

		Rz.	Seite
	2. Vertikalleitlinien 2000	2.1849	543
	3. Vertikalleitlinien 2010	2.1853	544
X.	Gruppenfreistellungsverordnungen	2.1861	545
	1. Rückblick	2.1861	545
	2. VO Nr. 330/2010	2.1875	548
XI.	Einzelfreistellung	2.1910	556
	1. Praktische Bedeutung	2.1910	556
	2. Freistellungsentscheidungen	2.1911	556
XII.	Biermarkt	2.1912	557
	1. Niederländisches Bierkartell	2.1912	557
	2. Übernahmen	2.1913	557
	3. Deutscher Biermarkt	2.1915	558
§ 29	**Der Getränkelieferungsvertrag im Lichte des nationalen Vertriebskartellrechts**	**2.1919**	**559**
I.	Verhältnis GWB-AEUV	2.1919	559
	1. Systemwechsel	2.1919	559
	2. Vorrang des EU-Kartellrechts	2.1921	559
	3. Kollisionsregelung des § 22 GWB	2.1926	560
	4. Gebot europarechtsfreundlicher Auslegung	2.1930	561
II.	Verbot wettbewerbsbeschränkender Vereinbarungen und abgestimmter Verhaltensweisen	2.1937	563
	1. Nationaler Sachverhalt	2.1937	563
	2. Grundsatz	2.1938	563
	3. Schutzzweck und Systematik	2.1939	563
	4. Relevanter Markt	2.1940	563
	5. Wettbewerbsbeschränkung	2.1941	563
	6. Spürbarkeit der Wettbewerbsbeschränkung	2.1942	563
	7. Darlegungs- und Beweislast	2.1947	565
	8. Freistellung	2.1950	565
	9. Verfahrensfragen	2.1955	566
	10. Folgen eines Verstoßes	2.1958	567
III.	Einzelfragen	2.1967	568
	1. Laufzeit	2.1967	568
	2. Eigentümererklärungen	2.1974	570
	3. Preise und Konditionen	2.1988	573

Rz. Seite

IV. Marktbeherrschung, wettbewerbsbeschränkendes Verhalten 2.1989 573
1. Anwendungsbereich 2.1989 573
2. Diskriminierungsverbot, Verbot unbilliger Behinderung 2.1990 573

V. Altproblem des Schriftformerfordernisses nach § 34 GWB a. F. 2.1993 574

VI. Vergaberecht 2.1996 575
1. Einführung 2.1996 575
2. Grundlagen 2.1997 575
3. Belieferung von Festwirten 2.1998 575
4. Vermietung/Verpachtung einer Veranstaltungshalle mit Gasträumen 2.1999 576

Sechster Abschnitt: Pflichtverletzungen und ihre Folgen 2.2000 576

§ 30 Berechnung des entgangenen Gewinns 2.2000 576

I. Grundlagen 2.2000 576
1. Einführung 2.2000 576
2. Gerichtliche Entscheidungspraxis 2.2001 576

II. Rechtlicher Rahmen 2.2003 577
1. Anspruchsgrundlage 2.2003 577
2. Rechtsgrundlagen der Schadensberechnung 2.2004 577

III. Ermittlung des entgangenen Gewinns 2.2005 577
1. Schadensersatz statt der Leistung 2.2005 577
2. Differenztheorie 2.2006 578
3. Differenzierung 2.2008 578
4. Ausgangspunkt Verkaufspreis 2.2011 579
5. Erlösschmälerungen 2.2016 580
6. Weitere Abzugspositionen 2.2018 581
7. Variable Kosten bei Brauereien 2.2023 582
8. Einwendungen 2.2035 584
9. Abzugspositionen zu Lasten des Getränkefachgroßhändlers 2.2039 585
10. Vorteilsausgleichung 2.2041 586
11. Umsatzsteuer 2.2045 587

	Rz.	Seite
IV. Darlegung und Beweis, Grundlagen	2.2047	587
1. Darlegung durch den Geschädigten	2.2047	587
2. Bestreiten durch den Schädiger	2.2055	589
3. Beweiserleichterung nach § 252 Satz 2 BGB	2.2056	589
4. Beweis oder Schätzung	2.2062	592
5. Darlegungs- und Beweislast zu Lasten des Schädigers	2.2066	593
6. Beweisergebnis	2.2067	594
7. Exkurs Verzugszinsen	2.2068	594
V. Darlegung und Beweis bei Schadenspauschalierung	2.2071	595
1. Wirtschaftliche Bedeutung	2.2071	595
2. Reichweite des § 309 Nr. 5 BGB	2.2072	595
3. Darlegungs- und Beweislast	2.2073	596
§ 31 Fremdbezug	**2.2084**	**599**
I. Grundlagen	2.2084	599
1. Gegenstand der Ausschließlichkeitsbindung	2.2084	599
2. Tatsachen	2.2085	600
3. Vertriebsmodell 2	2.2088	601
4. Anspruchsziele	2.2089	601
5. Anspruchsgegner	2.2090	601
6. Brauereifreiheit	2.2091	602
II. Unterlassung	2.2092	602
1. Anspruchsgrundlage	2.2092	602
2. Voraussetzungen	2.2093	602
3. Einwendungen	2.2095	602
4. Fremdbefüllung von Gasbehältern	2.2099	603
III. Auskunft	2.2100	604
1. Anspruchsziel	2.2100	604
2. Anspruchsgrundlage	2.2101	604
3. Voraussetzungen	2.2102	604
IV. Schadensersatz	2.2105	605
1. Anspruchsgrundlage	2.2105	605
2. Pflichtverletzung	2.2106	605
3. Verschulden	2.2107	605
4. Schaden	2.2108	605

		Rz.	Seite
V.	Vertragsstrafe	2.2112	606
VI.	Kündigung	2.2113	606
VII.	Durchsetzung	2.2114	606
	1. Respektierungsverfahren	2.2114	606
	2. Abmahnung	2.2115	607
	3. Einstweilige Verfügung	2.2116	607
	4. Klage	2.2124	608
	5. Zwangsvollstreckung	2.2131	610
§ 32	**Minderbezug**	**2.2132**	**610**
I.	Grundlagen	2.2132	610
	1. Wirksame Getränkebezugsverpflichtung	2.2132	610
	2. Mindest-/Gesamtmengenvereinbarung	2.2134	611
	3. Vereinbarung oder Klausel	2.2141	613
	4. Anrechnung	2.2145	614
	5. Fälligkeit	2.2146	614
	6. Umsatzsteuer	2.2147	614
	7. Bestreiten	2.2148	614
	8. Verjährung	2.2149	615
	9. Verwirkung	2.2150	615
	10. Rückzahlung	2.2151	615
	11. Sanktionen im Überblick	2.2152	615
II.	Auskunft	2.2153	615
III.	Schadensersatz	2.2154	615
	1. Anspruchsgrundlagen – Einführung	2.2154	615
	2. Abgrenzung Unmöglichkeit-Geschäftsgrundlage-Schuldnerverzug	2.2157	616
	3. Pflichtverletzung	2.2162	618
	4. Vertretenmüssen	2.2166	619
	5. Schuldnerverzug	2.2181	623
	6. Schadensersatzberechnung	2.2189	625
	7. Kündigung	2.2202	627
	8. Verjährung	2.2203	628
IV.	Vertragsstrafe	2.2204	628
V.	Nachverzinsung	2.2205	628
VI.	Streitwert	2.2206	628

		Rz.	Seite
§ 33	**Nichtweitergabe der Bezugsverpflichtung**	**2.2207**	**628**
I.	Schadensersatz	2.2207	628
	1. Anspruchsgrundlagen	2.2207	628
	2. Anspruchsgegner	2.2210	629
	3. Pflichten	2.2212	629
	4. Pflichtverletzung	2.2215	630
	5. Vertretenmüssen	2.2220	631
	6. (Ab-)Mahnung	2.2222	632
	7. Entbehrlichkeit einer Fristsetzung	2.2223	632
	8. Rücktrittserklärung	2.2225	633
	9. Schadensberechnung	2.2226	633
	10. Darlegungs- und Beweislast	2.2229	633
	11. Abzinsung	2.2230	634
	12. Mitverschulden	2.2231	634
II.	Vertragsstrafe	2.2232	634
	1. Anspruchsgrundlage	2.2232	634
	2. Verwirken	2.2233	634
	3. Pauschale	2.2235	635
	4. Weitere Rechtsprechung	2.2236	635
§ 34	**Kündigung**	**2.2237**	**635**
I.	Einführung	2.2237	635
II.	Ordentliche Kündigung	2.2238	635
	1. Grundsatz	2.2238	635
	2. Rechtsfolge	2.2239	635
	3. Kündigungsgrund	2.2240	636
III.	Außerordentliche Kündigung, Grundlagen	2.2245	636
	1. Grundsätze	2.2245	636
	2. Entbehrlichkeit einer vertraglichen Regelung	2.2248	637
	3. Rechtsgrundlage	2.2249	637
	4. Wichtiger Grund	2.2250	638
	5. Wesentlicher bzw. schwerwiegender Verstoß	2.2253	638
	6. Nachfristsetzung mit Ablehnungsandrohung oder Abmahnung	2.2254	638
	7. Kündigungserklärung	2.2257	639
	8. Kündigungserklärungsfrist	2.2259	640
	9. Rechtsfolge	2.2260	640

	Rz.	Seite
IV. Wichtige Gründe für die Kündigung durch den Getränkelieferanten	2.2261	640
1. Aufzählung	2.2261	640
2. Typische Kündigungsgründe	2.2262	640
3. Klauselwirksamkeit	2.2265	641
V. Kündigungsgründe für den Gebundenen	2.2266	641
1. Einführung	2.2266	641
2. Grundsätze	2.2267	641
3. Bezugsverpflichtung und Lieferverträge	2.2270	642
4. Finanzielle Leistungsfähigkeit	2.2274	643
5. Veränderungen im Nachfrageverhalten oder in der Lage des Objektes	2.2279	644
6. Veränderungen der gesetzlichen Rahmenbedingungen	2.2280	645
7. Veränderungen aus der Person des Gastwirts	2.2281	645
8. Mengenvertrag	2.2285	646
9. Vorzeitige Rückgewähr der Leistungen des Getränkelieferanten	2.2286	646
10. Darlehensrückzahlungsverplichtung auf Grund einer Teilkündigung	2.2293	648
11. Objektverlust	2.2294	648
12. Verhalten des Getränkelieferanten	2.2296	649
13. Nutzungsverhältnis	2.2304	650
14. Aufgabe bwz. Übergabe der Absatzstätte	2.2308	651
15. Rechtsnachfolge auf Seiten des Getränkelieferanten	2.2310	652
16. Gesamtrechtsnachfolge auf Seiten des Gebundenen	2.2320	654
VI. Ausschluss des Kündigungsrechts des Gebundenen	2.2321	654
1. Vertragsanpassung	2.2321	654
2. § 242 BGB	2.2322	654
VII. Rechtsfolge der Kündigung	2.2323	655
Siebter Abschnitt: Das Verhältnis Getränkelieferant-Eigentümer-Pächter	**2.2324**	**655**
§ 35 Die Eigentümerbindung	**2.2324**	**655**
I. Grundlagen	2.2324	655
1. Einführung	2.2324	655

	Rz.	Seite
2. Konstellationen	2.2325	655
3. Leistungen des Getränkelieferanten	2.2326	656
II. Eigentümererklärung	2.2327	656
1. Abgrenzung	2.2327	656
2. Zeitpunkt	2.2330	656
3. Differenzierung	2.2331	657
4. Form	2.2334	657
III. Pflichtenstellung des Hauseigentümers	2.2335	658
1. Grundsatz	2.2335	658
2. Typische Regelungen	2.2336	658
3. Risiken	2.2342	659
4. Darlehensverbindlichkeiten	2.2344	660
IV. Verdikt des § 138 Abs. 1 BGB	2.2345	660
1. Grundsatz	2.2345	660
2. Beurteilungsgrundsätze	2.2346	661
3. Beurteilungskriterien	2.2347	661
V. AGB-Recht	2.2359	663
1. Klausel	2.2359	663
2. Einbeziehung	2.2360	664
3. § 307 Abs. 3 Satz 1 BGB	2.2361	664
4. Transparenzgebot	2.2362	664
5. Laufzeit	2.2363	664
VI. Schriftformerfordernis des § 34 GWB a. F.	2.2365	665
1. Anwendungsbereich	2.2365	665
2. Tatbestandsvoraussetzungen	2.2367	665
VII. Verbraucherkreditrecht	2.2369	666
1. Anwendungsbereich	2.2369	666
2. Konsequenzen	2.2373	666
VIII. Rechte der Haustürgeschäfte	2.2375	667
1. Einführung	2.2375	667
2. Kollision	2.2376	667
IX. Kündigung	2.2377	667
1. Unmöglichkeit der Anschlussverpachtung	2.2377	667
2. Veräußerung der Immobilie	2.2378	667

		Rz.	Seite
X.	Verwaltungsvertrag	2.2381	668
	1. Situation	2.2381	668
	2. Gegenstand und Umfang der Verwaltungstätigkeit	2.2382	669
	3. Pflichten des Hauseigentümers	2.2384	669
	4. Wirksamkeit	2.2385	669
XI.	Miet-/Pachteintrittsrecht	2.2387	670
	1. Situation	2.2387	670
	2. Leistungen des Getränkelieferanten	2.2388	670
	3. Ausübung und Wirkung	2.2389	670
	4. AGB-Kontrolle	2.2390	670
XII.	Vorpacht-/Vormietrecht	2.2391	671
	1. Situation	2.2391	671
	2. Ausübung und Wirkung	2.2392	671
	3. Auslegung	2.2393	672
XIII.	Nachfolgerevers	2.2396	672
XIV.	Nachfolgerbenennungsrecht	2.2397	673
XV.	Weitere denkbare Inhalte von Eigentümererklärungen	2.2398	673
§ 36	**Getränkebezugverpflichtung und Pachtvertrag**	**2.2399**	**673**
I.	Pachtvertragliche Bezugspflichten zugunsten eines Getränkelieferanten	2.2400	673
	1. Situation	2.2400	673
	2. Pflichtenstellung des Verpächters	2.2401	674
	3. Bedeutung des § 328 BGB	2.2402	674
	4. Verdikt des § 138 Abs. 1 BGB	2.2408	675
	5. AGB	2.2413	676
	6. Schriftformerfordernis des § 34 GWB a. F.	2.2415	677
	7. Verbraucherkreditrecht	2.2419	678
II.	Anpachtungsvertrag	2.2422	678
	1. Situation	2.2422	678
	2. Vertragsgestaltung	2.2423	678
III.	(Unter-)Pacht- und Getränkelieferungsvertrag	2.2426	679
	1. Einführung	2.2426	679
	2. Vertragsgestaltung	2.2427	679

	Rz.	Seite
3. Verdikt des § 138 Abs. 1 BGB	2.2428	679
4. Laufzeiten	2.2430	680
5. Schriftformerfordernis des § 34 GWB a. F.	2.2433	680
6. Verbraucherkreditrecht	2.2435	681
7. Pachtzinshöhe	2.2437	681
8. Kündigung	2.2440	682
Achter Abschnitt: Dienstbarkeiten	**2.2442**	**682**
§ 37 Dingliche Sicherung der Bezugsbindung durch Dienstbarkeiten	**2.2442**	**682**
I. „Brauereigebundenheit“ der Absatzstätte	2.2442	682
II. Berechtigter	2.2443	683
III. Bestellung	2.2444	683
1. Eigentümerdienstbarkeit	2.2444	683
2. Eintragungsinteresse	2.2445	683
3. Belastungsumfang	2.2446	684
IV. Inhalt von Dienstbarkeiten	2.2447	684
1. Unterlassungsdienstbarkeiten	2.2447	684
2. Sicherungsdienstbarkeiten	2.2448	684
3. Isolierte Dienstbarkeiten	2.2450	685
4. Erzwingungsdienstbarkeiten	2.2451	685
5. Verbotsdienstbarkeiten	2.2452	685
V. Grunddienstbarkeiten	2.2454	686
1. Grundsatz	2.2454	686
2. Subjektiv-dingliches Recht	2.2455	686
3. Inhalt und Auslegung	2.2456	686
4. Vorteil	2.2458	687
VI. Verbotsdienstbarkeiten	2.2462	688
1. Zulässigkeit	2.2462	688
2. Scheingeschäft	2.2467	690
3. Wirksamkeit im Übrigen	2.2471	691
VII. Laufzeit	2.2472	691
1. Ältere Rechtsprechung des V. Zivilsenats	2.2473	691
2. Kritik	2.2475	692

		Rz.	Seite
	3. Neuere Rechtsprechung des V. Zivilsenats	2.2476	692
	4. Rechtsprechung insbesondere des VIII. Zivilsenats	2.2479	694
	5. Konsequenzen	2.2480	694
	6. Verdikt des § 138 Abs. 1 BGB	2.2484	694
	7. EU-Kartellrecht	2.2488	696
	8. Wirksamkeit im Übrigen	2.2490	697
VIII.	Fortdauer	2.2491	697
	1. Verfalldatum	2.2491	697
	2. Verjährung	2.2493	697
	3. Veräußerung	2.2494	698
	4. Lieferunmöglichkeit	2.2495	698
	5. Wegfall des Vorteils bei Grunddienstbarkeiten	2.2496	698
§ 38	**Verstoß gegen Dienstbarkeiten**	**2.2497**	**699**
I.	Auskunft	2.2497	699
II.	Unterlassung	2.2498	699
	1. Anspruchsgrundlage	2.2498	699
	2. Anspruchsberechtigter	2.2499	699
	3. Anspruchsgegner	2.2501	700
	4. Abmahnung	2.2505	700
	5. Verletzung	2.2506	701
	6. Anspruchsinhalt	2.2507	701
	7. Anspruchsausschluss	2.2509	701
	8. Darlegungs- und Beweislast	2.2510	701
	9. Einreden	2.2511	701
	10. Streitwert	2.2516	702
	11. Verhältnis zum Schadensersatzanspruch	2.2518	703
	12. Einstweiliger Rechtsschutz	2.2519	703
III.	Schadensersatz	2.2520	703
	1. Anspruchsgrundlagen	2.2520	703
	2. Tatbestandsvoraussetzungen	2.2521	703
IV.	Löschung	2.2522	704
	1. Grundlagen	2.2522	704
	2. Parteien	2.2523	704
	3. Anspruchsgrundlagen	2.2524	704
	4. Grunddienstbarkeiten	2.2527	704

	Rz.	Seite
5. Betriebsaufspaltung	2.2533	706
6. Klageantrag	2.2534	706
V. (Gegen-)Anspruch des Belasteten auf Rückgewähr/ Löschung bei Sicherungsdienstbarkeiten	2.2535	706
1. Grundsatz	2.2535	706
2. Grundbuchberichtigung	2.2536	707
3. Anspruchsgrundlagen im Übrigen	2.2538	707
4. Auslegung	2.2542	708
5. Wegfall des Sicherungszwecks	2.2543	708
6. Rechtsnachfolge	2.2545	709
7. Wegfall	2.2546	709
Dritter Hauptteil: Finanzierung	3.1	711
Erster Abschnitt: Allgemeine Fragen sowie Finanzierung von Unternehmerkunden	3.1	711
§ 39 Grundfragen der Finanzierung	3.1	711
I. Darlehensfinanzierung und Getränkelieferungsvertrag	3.1	711
1. Zweck	3.1	711
2. Darlehensvertrag	3.2	711
3. Besonderheiten des Brauereidarlehens	3.5	712
4. Verwendungszweck	3.9	713
5. Banklizenz	3.12	714
II. Erscheinungsformen	3.14	715
1. Abschreibungsdarlehen	3.15	715
2. Rückvergütungsdarlehen	3.19	716
3. Zuschüsse	3.20	716
4. Tilgungs- oder Teilzahlungsdarlehen	3.21	717
5. Kauffinanzierung/Teilzahlungskauf	3.27	718
6. Inventargestellung	3.28	718
7. Kostenbeteiligung	3.29	719
8. Wirtschaftliche Betrachtung	3.30	719
III. Abgrenzung/Auslegung	3.32	719
1. Abschreibungsdarlehen/Zuschuss	3.33	719
2. Darlehen/Leihe	3.38	720
3. Darlehen/Teilzahlungsgeschäft	3.39	721
4. Teilzahlungsgeschäft/Leihe	3.40	721
5. Leihe/Miete	3.41	721

		Rz.	Seite
IV.	Leistungserbringung	3.43	722
	1. Grundlagen	3.43	722
	2. Sonderfälle	3.44	722
	3. Finanzierungszusage und Abnahme der (Gegen-)Leistung	3.46	723
	4. Finanzierung und Getränkebezugsverpflichtung	3.49	723
	5. Nichterfüllung der Voraussetzungen der Darlehensgewährung aus vom Gastwirt nicht zu vertretenden Gründen	3.51	724
V.	Entgeltlichkeit	3.53	724
	1. Grundlagen	3.53	724
	2. Verzinslichkeit	3.54	724
	3. Getränkebezugsverpflichtung	3.55	724
VI.	Stellung des Zahlungsschuldners	3.57	725
	1. Einführung	3.57	725
	2. Zeitpunkt	3.59	726
	3. Mitdarlehensnehmer	3.60	726
	4. Schuldbeitritt/Schuldübernahme	3.61	726
	5. Vertragsbeitritt	3.62	727
	6. Darlegungs- und Beweislast	3.63	727
VII.	Sittenwidrigkeit	3.64	727
	1. Abgrenzung	3.64	727
	2. Betroffenheit	3.65	728
VIII.	Verbraucherkreditrecht	3.66	728
IX.	Rückführung und Erfüllung	3.68	728
	1. Tilgungsfinanzierung	3.69	729
	2. Rückvergütungsgutschriftenfinanzierung	3.76	730
	3. Abschreibungsfinanzierung	3.78	731
X.	Fälligkeit	3.82	732
XI.	Darlegung der Forderungshöhe	3.83	732
	1. Grundsatz	3.83	732
	2. Kontoentwicklung	3.84	732
	3. Saldoanerkenntnis	3.86	733
XII.	Einwendungen	3.87	733
	1. Erfüllung	3.87	733

		Rz.	Seite
	2. Gesamtschuldner	3.91	734
	3. Stundung	3.93	735
	4. Zurückbehaltungsrecht	3.95	736
	5. Erlass	3.96	736
	6. Verzicht	3.97	736
	7. Aufrechnung	3.98	737
	8. Verwirkung	3.101	737
	9. Gutschrift aus Inventarverwertung	3.102	737
XIII.	Weitere Fragen von Interesse	3.103	738
	1. Schuldanerkenntnis	3.103	738
	2. Mahnung	3.104	738
	3. Zinsen	3.105	738
	4. Rechtsschutzbedürfnis bei Teilwiderspruch	3.107	739
	5. Sofortiges Anerkenntnis	3.108	739
	6. Schadensersatzanspruch statt der Leistung nach § 105 InsO	3.109	739
§ 40	**Kündigung, Rücktritt und damit zusammenhängende Fragen**	**3.111**	**740**
I.	Ordentliche Kündigung durch den Getränkelieferanten	3.111	740
	1. Inhaltskontrolle	3.111	740
	2. Kündigungsdarlehen	3.112	740
	3. Abschreibungsdarlehen	3.113	741
II.	Außerordentliche Kündigung durch den Getränkelieferanten, allgemeine Fragen	3.114	741
	1. Inhaltskontrolle	3.114	741
	2. Konkurrenzen	3.121	743
	3. Verschulden	3.122	743
	4. Nachfristsetzung mit Ablehnungsandrohung oder Abmahnung	3.123	743
	5. Kündigungsandrohung	3.126	744
	6. Kündigungserklärung	3.127	744
	7. Zugang der Kündigungserklärung	3.128	744
	8. Mehrheit von Darlehensnehmern	3.129	744
	9. Kündigungserklärungsfrist	3.130	744
III.	Kündigung wegen Tilgungsrückstand/Ratenverzug sowie Verschlechterung der Vermögensverhältnisse	3.131	745
	1. Einführung	3.131	745

	Rz.	Seite
2. Kündigungsgrund	3.132	745
3. Wesentliche Verschlechterung der Vermögenslage	3.136	746
4. Gefährdung des Rückzahlungsanspruchs	3.137	747
5. Nachverzinsung	3.140	747
IV. Kündigung wegen Fremdbezuges	3.141	748
1. Praktische Bedeutung	3.141	748
2. Kündigungsgrund	3.142	748
3. Wesentlicher bzw. schwerwiegender Verstoß	3.144	748
V. Kündigung wegen Minderbezuges	3.145	748
1. Einführung	3.145	748
2. Kündigungsgrund	3.146	749
3. Standort	3.149	749
4. AGB-Kontrolle	3.150	750
5. Umfang der Abweichung vom vereinbarten Sollbezug	3.151	750
6. Verschulden	3.156	751
7. Rückzahlungsfrist	3.158	752
8. Nachfristsetzung mit Ablehnungsandrohung oder Abmahnung	3.159	752
9. Kündigungserklärungsfrist (§ 314 Abs. 3 BGB)	3.160	752
10. Wegfall der Kündigungsbefugnis	3.161	752
11. Rückforderung	3.164	753
VI. Weitere Kündigungsgründe für den Getränkelieferanten	3.165	754
1. Einstellung des Geschäftsbetriebes	3.165	754
2. Nichtweitergabe der Bezugsverpflichtung	3.167	754
3. Abnahmeverzug	3.169	755
VII. Fragen bei Kündigung des Darlehens durch einen Getränkelieferanten im Übrigen	3.170	755
1. Fälligstellung	3.170	755
2. Darlegungs- und Beweislast für die Erfüllung	3.171	755
3. Zinsen	3.174	756
4. Zuschuss	3.180	758
5. Abschreibungsdarlehen	3.183	758
6. Schadensersatzansprüche	3.185	759
VIII. Rücktritt beim Teilzahlungsgeschäft	3.186	759
1. Wahlrecht	3.186	759

	Rz.	Seite
2. Verfallklausel	3.187	759
3. Fälligkeit und Fristsetzung	3.188	759
4. Folgen des Rücktritts	3.189	760
5. Durchsetzung des Kaufpreisanspruchs	3.191	760
IX. Kündigung bei leihweiser Inventargestellung	3.198	761
1. Kündbarkeit	3.198	761
2. Abräumklausel	3.199	761
X. Auswirkungen auf die Bezugsverpflichtung	3.203	763
1. Einführung	3.203	763
2. Teilkündigung	3.204	763
3. Einordnung	3.206	763
4. Einbeziehung	3.207	764
5. Inhaltskontrolle	3.209	764
6. Minderbezug	3.216	767
7. Geltungserhaltende Reduktion	3.225	770
8. Kündigungserklärung	3.226	770
9. Konsequenzen einer unwirksamen Teilkündigung	3.229	771
XI. Kündigung durch den Darlehensnehmer	3.231	772
1. Ordentliche Kündigung	3.231	772
2. Vorzeitige Rückzahlung	3.239	773
3. Außerordentliche Kündigungsklauseln und Inhaltskontrolle	3.244	774
Zweiter Abschnitt: Finanzierung von Existenzgründern und Verbrauchern	**3.249**	**775**
§ 41 Anwendungsvoraussetzungen des Verbraucherkreditrechts	**3.249**	**775**
I. Temporaler Anwendungsbereich	3.249	775
1. Bedeutung der Alt- und Übergangsvorschriften	3.249	775
2. 11. Juni 2010	3.250	776
3. 30. Juli 2010	3.254	776
4. 4. August/4. November 2011	3.256	777
II. Zielvorgaben der Gesetzesänderungen insbesondere des Jahres 2010	3.259	777
1. Stufenmodell	3.259	777
2. Europarechtlicher Hintergrund	3.263	778

		Rz.	Seite
III.	Sachlicher Anwendungsbereich	3.264	778
	1. Verbraucherdarlehensvertrag	3.264	778
	2. Entgeltlicher Zahlungsaufschub	3.267	779
	3. Sonstige entgeltliche Finanzierungshilfe	3.270	780
	4. Teilzahlungsgeschäfte	3.273	780
	5. Vertragsübernahmen und -beitritte	3.274	780
IV.	Persönlicher Anwendungsbereich	3.275	781
	1. Verwendungszweck	3.275	781
	2. Maßgeblicher Zeitpunkt	3.279	782
	3. Einzelbetrachtung	3.282	783
	4. Unternehmerfinanzierungen	3.283	783
	5. Verbraucherfinanzierungen	3.284	783
	6. Existenzgründerfinanzierungen	3.288	784
§ 42	**Schriftformerfordernis, Pflichtangaben und Widerrufsinformation**	**3.310**	**789**
I.	Schriftformerfordernis	3.310	789
	1. Anwendbarkeit	3.310	789
	2. Normzweck	3.311	789
	3. Umfang	3.312	790
II.	Pflichtangaben, Grundfragen	3.320	791
	1. Rechtsgrundlage	3.320	791
	2. Anwendungsbereich	3.321	791
	3. Doppelung	3.322	792
	4. Rechtsfolgenwille	3.324	792
	5. Verwendungszweck	3.325	792
	6. Zeitpunkt	3.326	793
	7. Verständlichkeit	3.328	793
	8. Vollmacht	3.329	793
	9. Werbung	3.331	793
	10. Unterlassungsansprüche	3.332	794
III.	Zu den Pflichtangaben im Einzelnen	3.333	794
	1. Name und Anschrift des Darlehensgebers	3.333	794
	2. Name und Anschrift des Darlehensnehmers	3.335	794
	3. Art des Darlehens	3.339	795
	4. Effektiver Jahreszins	3.341	795
	5. Nettodarlehensbetrag	3.351	797
	6. Sollzinssatz	3.356	798
	7. Vertragslaufzeit	3.360	799

Rz. Seite

8. Betrag, Zahl und Fälligkeit der einzelnen Teilzahlungen 3.367 799
9. Gesamtbetrag 3.373 800
10. Auszahlungsbedingungen 3.386 802
11. Sonstige Kosten und die Bedingungen der Anpassung 3.403 805
12. Verzugszinssatz und die Art und Weise seiner etwaigen Anpassung sowie ggf. anfallende Verzugskosten 3.416 808
13. Warnhinweis zu den Folgen ausbleibender Zahlungen 3.419 808
14. Widerrufsrecht 3.423 809
15. Recht des Darlehensnehmers zur vorzeitigen Rückzahlung 3.424 809
16. Anspruch auf einen Tilgungsplan 3.428 810
17. Verfahren bei Kündigung des Darlehensvertrages 3.430 810
18. Sämtliche weiteren Vertragsbedingungen 3.435 811
19. Notarkosten 3.442 812
20. Weitere verlangte Sicherheiten und Versicherungen 3.445 812

IV. Widerrufsinformation 3.447 812
1. Rechtsgrundlage 3.447 812
2. Erforderlichkeit 3.448 812
3. Standort 3.455 814
4. Gestaltung 3.456 814
5. Inhaltsanforderungen im Überblick 3.457 814
6. Widerrufsfrist 3.458 815
7. Beginn der Widerrufsfrist 3.459 815
8. Modalitäten der Ausübung 3.471 817
9. Hinweis auf Verpflichtung zur Rückzahlung 3.473 817
10. Hinweis auf Verpflichtung zur Verzinsung und Angabe des Tageszinses 3.476 818
11. Ersatz von Aufwendungen an öffentliche Stellen 3.479 818
12. Rechtsfolgen bei Verstoß 3.480 819
13. Besonderheiten bei Nachholung 3.481 819
14. Gesetzlichkeitsfiktion 3.485 820

V. Heilung 3.497 822
1. Grundsatz 3.497 822
2. Anwendungsbereich 3.498 822
3. Zweck 3.503 823
4. Voraussetzungen 3.504 823

Rz. Seite

5. Allgemeine Wirkungen der Heilung ... 3.510 ... 824
6. Zinsreduktion ... 3.516 ... 826
7. Neuberechnung von Teilzahlungen ... 3.518 ... 826
8. Wegfall von Rechten ... 3.519 ... 827
9. Jederzeitiges Kündigungsrecht ... 3.523 ... 828
10. Anspruch auf Vertragsabschrift ... 3.524 ... 828
11. Nichtbeginn der Widerrufsfrist ... 3.525 ... 828

VI. Nachholung ... 3.527 ... 829
1. Anwendungsbereich ... 3.527 ... 829
2. Praktische Bedeutung ... 3.528 ... 829
3. Voraussetzungen ... 3.529 ... 829
4. Form ... 3.530 ... 830
5. Rechtsfolgen ... 3.531 ... 830

VII. Rechtsfolgen fehlender Pflichtangaben ... 3.535 ... 831
1. Grundlagen ... 3.535 ... 831
2. Unbeachtlichkeit ... 3.536 ... 831
3. Angaben gemäß Art. 247 §§ 7 und 8 EGBGB ... 3.539 ... 832
4. Widerruflichkeit ... 3.541 ... 832

VIII. Rechtsfolgen fehlerhafter Pflichtangaben ... 3.542 ... 832
1. Unproblematische Fallgruppen ... 3.542 ... 832
2. Pflichtangaben im Übrigen ... 3.546 ... 833

§ 43 Vorvertragliche Informationen ... 3.554 ... 835

I. Europäische Standardinformationen für Verbraucherkredite, Grundlagen ... 3.554 ... 835
1. Rechtsgrundlage ... 3.554 ... 835
2. Temporaler Anwendungsbereich ... 3.555 ... 835
3. Erforderlichkeit ... 3.556 ... 835
4. Verpflichtung ... 3.558 ... 836
5. Verzicht ... 3.559 ... 836
6. Bindung ... 3.560 ... 836
7. Zeitpunkt ... 3.564 ... 837
8. Vermeidung von Drucksituationen ... 3.572 ... 838
9. Inhalt ... 3.573 ... 838
10. Vermittlung ... 3.575 ... 839
11. Beweislast ... 3.576 ... 839
12. Nachweis ... 3.577 ... 839
13. Gesetzlichkeitsfiktion ... 3.578 ... 839
14. Rechtsfolgen bei Verstoß ... 3.588 ... 841

		Rz.	Seite
II.	Zu ausgewählten Angabeerfordernissen der Europäischen Standard-informationen	3.589	841
	1. Namen und Kontaktangaben des Kreditgebers/ Kreditvermitt lers	3.590	842
	2. Kreditart	3.592	842
	3. Gesamtkreditbetrag	3.597	843
	4. Bedingungen für die Inanspruchnahme	3.599	843
	5. Vertragslaufzeit	3.601	843
	6. Teilzahlungen	3.603	843
	7. Gesamtbetrag	3.605	844
	8. Gegenstand und Barzahlungspreis bei verbundenen Verträgen	3.607	844
	9. Sicherheiten	3.611	844
	10. Unmittelbare Kapitaltilgung	3.614	845
	11. Sollzinssatz	3.616	845
	12. Effektiver Jahreszins	3.618	845
	13. Kreditversicherung/Nebenleistung	3.620	846
	14. Führung eines oder mehrerer Konten	3.622	846
	15. Verwendung eines bestimmten Zahlungsmittels	3.624	846
	16. Sonstige Kosten im Zusammenhang mit dem Kreditvertrag	3.626	846
	17. Bedingungen zur Änderung von Kosten	3.628	847
	18. Notarkosten	3.630	847
	19. Verzugszinssatz und die Art und Weise seiner etwaigen Anpassung sowie ggf. anfallende Verzugskosten	3.632	847
	20. Warnhinweis zu den Folgen ausbleibender Zahlungen	3.634	847
	21. Widerrufsrecht	3.636	847
	22. Vorzeitige Rückzahlung	3.639	848
	23. Datenbankabfrage	3.641	848
	24. Recht auf Kreditvertragsentwurf	3.643	848
	25. Bindungszeitraum	3.645	849
III.	Anspruch auf Vertragsentwurf	3.647	849
	1. Rechtsgrundlage	3.647	849
	2. Wissenswertes	3.648	849
IV.	Erläuterungspflicht	3.654	850
	1. Rechtsgrundlage	3.654	850
	2. Entwicklung	3.655	850
	3. Rechtsprechung des BGH	3.657	850
	4. Modell des § 491a Abs. 3 BGB	3.663	852

		Rz.	Seite
	5. Angemessene Erläuterungen	3.668	853
	6. Verzicht	3.686	858
	7. Form	3.688	858
	8. Nachweis	3.691	859
	9. Keine Vertragsnichtigkeit	3.692	859
	10. Schadensersatz	3.693	860
	11. Rechtsbehelfe nach UWG	3.702	861
	12. Unterlassung	3.703	861
§ 44	**Verbundene Verträge und ähnliche Geschäfte**	**3.704**	**862**
I.	Verbundene Verträge	3.704	862
	1. Praktische Relevanz	3.704	862
	2. Persönlicher Anwendungsbereich	3.706	862
	3. Verknüpfung	3.708	863
	4. Wirtschaftliche Einheit	3.716	864
	5. Wirtschaftliche Einheit im Übrigen	3.726	866
	6. Pflichtangaben	3.739	870
	7. Europäische Standardinformationen für Verbraucherkredite	3.742	871
II.	Geschäfte nach § 359a BGB	3.743	871
	1. Situation	3.743	871
	2. Kritik	3.744	871
	3. Angegebenes Geschäft	3.745	871
	4. Verträge über Zusatzleistungen	3.750	872
III.	Erweiterte Widerrufsinformation	3.760	874
	1. Rechtsgrundlage	3.760	874
	2. Zweck	3.761	874
	3. Europarechtlicher Hintergrund	3.762	874
	4. Belehrungspflicht	3.763	875
	5. Gegenstand und Zeitpunkt der Belehrung	3.767	875
	6. Beurteilungsrisiko	3.769	876
	7. Überbelehrung	3.770	876
	8. Alternative Belehrung	3.774	877
	9. Allgemeine Inhaltsanforderungen	3.775	877
	10. Widerrufserstreckung	3.776	878
	11. Rechtsfolgen bei Verstoß	3.783	880
	12. Rückzahlung des Darlehens	3.784	880
	13. Beginn der Frist für die Erstattung	3.785	880
	14. Wertersatzpflicht	3.786	880
	15. Besonderheiten bei angegebenen Geschäften	3.789	881

		Rz.	Seite
	16. Besonderheiten bei Verträgen über Zusatzleistungen	3.793	882
	17. Gesetzlichkeitsfiktion	3.797	883
§ 45	**Weitere Fragen von Interesse**	**3.802**	**884**
I.	Teilzahlungsgeschäfte	3.802	884
	1. Rechtsgrundlage	3.802	884
	2. Sachlicher Anwendungsbereich	3.803	884
	3. Schriftformerfordernis	3.806	884
	4. Europäische Standardinformationen für Verbraucherkredite	3.808	885
	5. Pflichtangaben	3.812	885
	6. Widerrufsinformation	3.818	887
	7. Prüfung der Kreditwürdigkeit	3.822	887
II.	Darlehensvermittler	3.832	889
	1. Praktische Relevanz	3.832	889
	2. Darlehensvermittlungsvertrag	3.833	890
	3. Schriftform	3.845	892
	4. Pflichtangaben im Verbraucherdarlehensvertrag	3.846	892
	5. Vorvertragliche Informationen	3.849	892
III.	Weitere Erläuterungspflichten während des Vertragsverhältnisses	3.859	894
	1. Abschrift des Vertrages	3.859	894
	2. Tilgungsplan	3.860	895
	3. Unterrichtungspflichten während des Vertragsverhältnisses	3.866	896
§ 46	**Widerruf, Kündigung und Rücktritt**	**3.878**	**898**
I.	Widerruf	3.878	898
	1. Konkurrenz zum Widerrufsrecht bei Haustürgeschäften	3.878	898
	2. Widerrufsberechtigung	3.879	898
	3. Widerruf und Rückzahlung	3.880	899
	4. Rechtsfolgen eines Widerrufs	3.881	899
	5. Besonderheiten bei verbundenem Geschäft	3.888	901
II.	Kündigung durch den Darlehensgeber	3.902	904
	1. Überblick	3.902	904
	2. Temporaler Anwendungsbereich	3.903	904
	3. Sachlicher Anwendungsbereich	3.904	904

	Rz.	Seite
4. Persönlicher Anwendungsbereich	3.907	905
5. Kündigungs- und Leistungsverweigerungsrecht	3.909	905
6. Verzugszinsen	3.910	905
7. Verjährung	3.915	906
8. Kündigungsgrund Ratenverzug	3.917	906
9. Qualifizierte Mahnung mit Kündigungsandrohung und Nachfristsetzung	3.925	907
10. Gesprächsangebot	3.937	909
11. Rechtsfolgen eines Verstoßes	3.938	909
12. Abdingbarkeit	3.940	910
13. Kündigungsberechtigung	3.941	910
14. Kündigungserklärung	3.945	910
15. Kündigungserklärungsfrist	3.948	911
16. Verzug mit Restschuld	3.951	912
III. Kündigung durch den Darlehensnehmer	3.952	912
1. Allgemeine Kündigungsrechte	3.952	912
2. § 489 Abs. 1 Nr. 2 BGB a. F.	3.953	912
3. § 494 Abs. 6 Satz 1 BGB	3.954	913
4. § 500 Abs. 1 BGB	3.955	913
5. Vorzeitige Rückzahlung	3.959	914
IV. Rücktritt	3.965	914
1. Situation	3.965	914
2. Voraussetzungen	3.966	915
3. Risiko Rücktrittsfiktion	3.971	916
4. Rechtsfolgen unberechtigter Wiedersansichnahme	3.981	918
5. Reichweite der Fiktion	3.984	919
6. Vergütung des Verkaufswertes	3.985	919
7. Einzelzwangsvollstreckung	3.987	920
§ 47 Recht der Haustürgeschäfte	**3.994**	**921**
I. Anwendungsbereich	3.994	921
1. Sachlicher Anwendungsbereich	3.994	921
2. Persönlicher Anwendungsbereich	3.996	922
II. Tatbestandsvoraussetzungen des Haustürgeschäfts	3.999	922
1. Haustürsituation	3.999	922
2. Zum Vertragsabschluss bestimmt worden sein	3.1001	923
III. Widerrufsbelehrung	3.1008	925
1. Temporaler Anwendungsbereich	3.1008	925

	Rz.	Seite
2. Belehrungspflicht	3.1009	925
3. Inhaltsanforderungen	3.1010	925
4. Mitteilung der Belegunterlagen	3.1020	927
5. Nachträgliche Widerrufsbelehrung	3.1021	927
Vierter Hauptteil: Sicherheiten	**4.1**	**929**
§ 48 Inventarsicherheiten	**4.1**	**929**
I. Grundfragen	4.1	929
II. Sonderrechtsfähigkeit	4.3	929
1. Wesentliche Bestandteile	4.4	929
2. Scheinbestandteile	4.5	930
3. Nicht wesentliche Bestandteile	4.9	931
4. Zubehör	4.10	931
III. Rechtliche Einordnung von Gaststätteninventar	4.11	931
1. Bestandteilsrecht	4.12	932
2. Gaststätteninventar als Zubehör	4.20	934
3. Bierausschankanlage	4.25	935
4. Zwischenergebnis	4.26	935
IV. Rechtliche Gestaltungsoptionen	4.27	936
1. Sicherungsübereignung	4.28	936
2. Eigentumsvorbehalt	4.29	936
3. Direktübereignung/Lieferantenvereinbarung	4.30	937
4. Dreiersicherungsübereignung	4.31	937
5. Leihe	4.32	937
V. Werthaltigkeit	4.33	937
1. Einführung	4.33	937
2. Vorhandenes Inventar	4.34	938
3. Neuinventar	4.35	938
4. Zubehör	4.38	938
5. Kundeninsolvenz	4.39	938
6. Im Übrigen	4.40	939
7. Konsequenzen	4.41	939
VI. Gefahr des Bestehens eines gesetzlichen Verpächter-/ Vermieterpfandrechts	4.43	939
1. Einführung	4.43	939

	Rz.	Seite
2. Entstehung	4.44	940
3. Gestaltungsoptionen	4.46	941
4. Alternativen	4.49	941
5. Konsequenzen	4.50	942
6. Konkurrenzen	4.51	942
7. Pfandrechtswidrige Verfügungen	4.52	942
VII. Bestellung	4.54	943
1. Differenzierung	4.54	943
2. Regelungsort	4.55	943
3. Allgemeine Fehlerquellen	4.56	943
4. Sicherungszweckabrede	4.57	943
5. Bedingung	4.59	944
6. Konkretisierung	4.61	945
7. Übersicherung	4.66	946
8. Eigentumsvorbehalt	4.70	948
9. Insolvenzbeschlag	4.71	948
10. Verbraucherkreditrecht	4.72	948
11. Recht der Haustürgeschäfte	4.73	949
12. Leistungsverweigerungsrecht bei Direktübereignung	4.74	949
VIII. Enthaftung	4.75	950
1. Sicherungsübereignung	4.75	950
2. Vorübergehendes Entfernen	4.76	950
3. Wegfall der Sicherheit infolge gutgläubigen Erwerbs	4.77	950
4. Endgültiger Wegfall des Sicherungszwecks	4.83	952
IX. Versicherung	4.84	952
1. Bestellung	4.84	952
2. Sicherungsbestätigung	4.85	953
3. Laufende Kontrolle	4.86	953
4. Zahlungsverzug	4.87	953
X. Verwaltung	4.88	953
XI. Verwertung	4.89	954
1. Voraussetzungen	4.89	954
2. Verwertungsklauseln	4.93	954
3. Verwertungsbefugnis	4.97	955
4. Arten der Verwertung	4.98	956

		Rz.	Seite
	5. Aneignung durch Überlassung an den aktuellen Betreiber	4.102	956
	6. Kosten	4.104	957
	7. Herausgabe	4.105	957
XII.	Zubehör und Zwangsvollstreckung	4.107	958
	1. Rechtlicher Rahmen	4.107	958
	2. Haftungsverband	4.108	958
	3. Entfernung	4.110	959
	4. Zwangsvollstreckung	4.111	959
	5. Dritteigentum	4.112	959
XIII.	Insolvenz	4.117	960
	1. Insolvenzanfechtung	4.117	960
	2. Absonderungsrecht	4.119	961
	3. Vermieterpfandrecht	4.121	961
§ 49	**Schuldbeitritt**	**4.123**	**962**
I.	Grundlagen	4.123	962
	1. Rechtsnatur	4.123	962
	2. Abschluss	4.124	962
II.	Abgrenzung	4.125	962
	1. Vertragsbeitritt und Vertragspartnerschaft	4.125	962
	2. Bürgschaft	4.126	962
III.	Wirksamkeit	4.129	963
	1. Sittenwidrigkeit	4.129	963
	2. Klauselwirksamkeit	4.130	963
IV.	Verbraucherkreditrecht	4.131	964
	1. Abgrenzung	4.131	964
	2. Sachlicher Anwendungsbereich	4.132	964
	3. Persönlicher Anwendungsbereich	4.137	965
	4. Schriftform	4.149	969
	5. Pflichtangaben	4.157	971
	6. Widerrufsinformation	4.160	972
	7. Vorvertragliche Informationen	4.165	973
	8. Widerruf	4.166	973
	9. Kündigung	4.170	974
V.	Recht der Haustürgeschäfte	4.173	974

Rz. Seite

§ 50 Bürgschaft 4.174 975

I. Grundlagen 4.174 975
1. Person des Bürgen 4.174 975
2. Inhalt 4.176 975
3. Vertrag 4.178 975
4. Form 4.179 975
5. Werthaltigkeit und Bonität 4.180 976

II. Bürgschaftsformen 4.183 977
1. Selbstschuldnerische Bürgschaft 4.184 977
2. Höchstbetragsbürgschaft 4.185 977
3. Zeitbürgschaft 4.186 978
4. Mitbürgschaft 4.187 978
5. Ausfallbürgschaft 4.188 978
6. Bürgschaft auf erstes Anfordern 4.189 978

III. Zweckerklärung 4.190 979
1. Auslegung 4.190 979
2. Umfang 4.191 979
3. Klauselwirksamkeit weiter Zweckerklärungen 4.192 979

IV. Sittenwidrigkeit der Bürgschaft von (Ehe-)Partnern und Familien angehörigen 4.200 982
1. Krasse Überforderung 4.200 982
2. Beurteilungskriterien 4.202 982
3. Widerlegung 4.204 983
4. Rechtsprechung im Übrigen 4.209 984

V. Verbraucherkreditrecht 4.210 984
1. Sachlicher Anwendungsbereich 4.210 984
2. Persönlicher Anwendungsbereich 4.212 985
3. Schriftformerfordernis 4.213 985

VI. Recht der Haustürgeschäfte 4.215 986
1. Betroffenheit 4.215 986
2. Vertrag über eine entgeltliche Leistung 4.216 986
3. Haustürsituation 4.217 986
4. Widerrufsbelehrung 4.218 987

VII. Verwaltung 4.223 988
1. Haftungserweiterung 4.224 988

		Rz.	Seite
2.	Stundung und Tilgungsaussetzung	4.225	988
3.	Umschuldung	4.226	989
4.	Schuldübernahme	4.227	989
5.	Isolierte Abtretung	4.228	989
6.	Haftung des Gläubigers	4.229	989
VIII.	Verwertung	4.234	991
1.	Wahlrecht	4.235	991
2.	Aufgabe einer Sicherheit	4.236	991
3.	Fälligkeit der Bürgschaft	4.239	992
4.	Vertretenmüssen	4.244	993
5.	Verjährung	4.245	993
6.	Darlegung der Hauptforderung	4.246	994
7.	Ausfallbürgschaft	4.248	994
8.	Zeitbürgschaft und § 777 BGB	4.250	995
9.	Herausgabe der Bürgschaftsurkunde	4.253	996
IX.	Einreden des Hauptschuldners, die vom Bürgen geltend gemacht werden können	4.254	996
1.	Grundsatz	4.254	996
2.	Erfüllung der Hauptforderung	4.255	997
3.	Verjährung	4.256	997
4.	Verzicht auf Einreden des Hauptschuldners	4.261	998
5.	Verzicht auf Einreden des Bürgen	4.262	999
6.	Vollstreckungsbeschränkende Vereinbarung	4.265	1000
§ 51	**Grundschuld**	**4.266**	**1000**
I.	Grundlagen	4.266	1000
1.	Zweck	4.266	1000
2.	Grundbucheinsicht	4.267	1000
3.	Werthaltigkeit	4.268	1001
4.	Regelungsbedürftige Fragen	4.270	1001
II.	Sicherungsabrede	4.271	1002
1.	Einführung	4.271	1002
2.	Zweckabrede	4.272	1002
3.	Schadensersatzpflicht	4.273	1002
III.	Persönliche Haftung	4.274	1002
1.	Grundlagen	4.274	1002
2.	Inhaltskontrolle	4.276	1003

		Rz.	Seite
IV.	Bestellung	4.279	1004
	1. Buchgrundschuld	4.280	1004
	2. Briefgrundschuld	4.281	1005
V.	Abtretung	4.282	1005
	1. Allgemein	4.282	1005
	2. Zwischenverfügungen	4.283	1006
	3. Löschungsanspruch	4.285	1006
	4. Abtretung von Rückgewährsansprüchen	4.290	1007
	5. Insolvenz	4.292	1008
VI.	Verbraucherkreditrecht	4.293	1009
	1. Sachlicher Anwendungsbereich	4.293	1009
	2. Persönlicher Anwendungsbereich	4.294	1009
VII.	Recht der Haustürgeschäfte	4.295	1009
	1. Persönlicher Anwendungsbereich	4.295	1009
	2. Vertrag über eine entgeltliche Leistung	4.296	1009
	3. Widerrufsbelehrung	4.299	1010
	4. Widerruf	4.301	1010
VIII.	Verwaltung	4.302	1011
	1. Allgemeines	4.302	1011
	2. Veräußerung	4.303	1011
IX.	Grundschuld und Getränkelieferungsvertrag	4.304	1011
	1. Abstraktionsprinzip	4.304	1011
	2. Einrede der ungerechtfertigten Bereicherung	4.305	1012
X.	Verwertung	4.306	1012
	1. Anspruch auf Duldung der Zwangsvollstreckung	4.306	1012
	2. Verwertungsreife	4.307	1012
	3. Arten der Verwertung	4.310	1013
	4. Überlegenswertes	4.312	1013
	5. Ausbietungsgarantie	4.313	1013
	6. Kosten	4.315	1014
§ 52	**Sicherungsabtretung/Verpfändung**	**4.316**	**1014**
I.	Allgemeines	4.316	1014
	1. Abgrenzung	4.316	1014
	2. Abtretbarkeit	4.319	1015
	3. Bestellung	4.324	1016

	Rz.	Seite
4. Sicherungsabrede	4.330	1017
5. Werthaltigkeit	4.331	1017
6. Recht der Haustürgeschäfte	4.333	1018
7. Verwaltung	4.334	1018
8. Abtretung/Verpfändung und Getränkelieferungsvertrag	4.335	1018
9. Verwertung	4.336	1018
II. Abtretung/Verpfändung von Sparguthaben	4.337	1019
1. Gestellung	4.337	1019
2. Verwertung	4.339	1019
III. Abtretung des Rückkaufswertes bei Lebensversicherungen	4.340	1019
1. Gegenstand	4.340	1019
2. Werthaltigkeit	4.341	1019
3. Gestellung	4.342	1020
4. Sicherungsabrede	4.345	1021
5. Verwertung	4.347	1021
6. Insolvenz des Sicherungsgebers	4.354	1022
IV. Abtretung von Ansprüchen aus Bausparverträgen	4.355	1023
§ 53 Schuldanerkenntnis	**4.356**	**1023**
I. Grundlagen	4.356	1023
II. Inhalt	4.357	1023
1. Allgemein	4.357	1023
2. Exkurs Räumungstitel	4.358	1024
III. Wirksamkeit	4.359	1024
1. Sittenwidrigkeit	4.359	1024
2. AGB-Kontrolle	4.360	1024
IV. Verbraucherkreditrecht	4.361	1024
1. Sachlicher Anwendungsbereich	4.361	1024
2. Persönlicher Anwendungsbereich	4.362	1024
3. Pflichtangaben	4.363	1025
4. Widerrufsbelehrung	4.364	1025
V. Recht der Haustürgeschäfte	4.365	1025

		Rz.	Seite
Fünfter Hauptteil: Weitere Verträge von Interesse		**5.1**	**1027**
Erster Abschnitt: Verträge im Verhältnis Brauerei-Getränkefachgroßhändler		**5.1**	**1027**
§ 54	**Getränkelieferungsverträge Brauerei-Getränkefachgroßhändler**	**5.1**	**1027**
I.	Individualverträge	5.1	1027
	1. Prüfung nach § 138 Abs. 1 BGB	5.1	1027
	2. Laufzeit	5.3	1027
	3. § 139 BGB	5.5	1027
II.	Grundlagen der Prüfung nach AGB-Recht	5.6	1027
	1. Einbeziehung und Auslegung	5.6	1027
	2. Inhaltskontrolle	5.8	1028
III.	Ausgewählte Klauseln	5.10	1028
	1. Ausschließlichkeitsverpflichtung	5.10	1028
	2. Laufzeit	5.11	1028
	3. Mindestabnahmemenge	5.14	1029
	4. Nachfolgeklauseln	5.15	1029
	5. Schadensersatzpauschalierungsklauseln	5.16	1029
	6. Vertragsstrafenklausel	5.17	1029
	7. Mindermengenausgleichsklauseln	5.18	1030
	8. Teilkündigungsklauseln	5.22	1030
IV.	Kartellrecht	5.24	1031
V.	Verbraucherkreditrecht	5.25	1031
VI.	Mindermengenausgleich	5.26	1031
	1. Wirksame Bezugsverpflichtung	5.26	1031
	2. Anspruchsgrundlage	5.27	1031
	3. Voraussetzungen	5.28	1031
	4. Wegfall der Geschäftsgrundlage	5.36	1033
	5. Kündigung	5.40	1033
§ 55	**Weitere Verträge im Verhältnis Brauerei-Getränkefachgroßhändler**	**5.42**	**1034**
I.	Bierverlagsverträge	5.42	1034
	1. Zweck	5.42	1034

		Rz.	Seite
2.	Abgrenzung	5.43	1034
3.	Vertriebsrecht	5.44	1035
4.	Parallelvertrieb	5.48	1035
5.	Stellung des Getränkefachgroßhändlers	5.49	1036
6.	Konsequenzen	5.52	1036
7.	Nationales Vertriebskartellrecht	5.56	1037
8.	Inhaltskontrolle nach § 138 Abs. 1 BGB	5.63	1038
II.	Partnerschafts- oder Vertriebsabkommen	5.66	1039
1.	Rechtsnatur	5.66	1039
2.	Inhalt	5.67	1039
III.	Beteiligungsvereinbarung	5.70	1040
1.	Situation	5.70	1040
2.	Wirtschaftlicher Hintergrund	5.71	1041
3.	Formen	5.72	1041
4.	Inhalt	5.73	1041
5.	Vertragsgestaltung	5.75	1041
6.	Stellung des Getränkefachgroßhändlers	5.76	1042
7.	Unwiderruflichkeit der Lieferantenbenennung?	5.79	1042
8.	Absatzmeldungen	5.84	1043
9.	Risiken bei ergänzenden Getränkelieferungsverträgen des Getränkefachgroßhändlers	5.86	1044
IV.	Refinanzierungsvereinbarung	5.89	1045
1.	Situation	5.89	1045
2.	Rechtsnatur	5.92	1046
3.	Vertragsgestaltung	5.93	1046
4.	Refinanzierungsvolumen	5.94	1046
5.	Finanzierungskonditionen	5.95	1046
6.	Bindung	5.97	1047
7.	Kontrollrechte	5.99	1047
V.	Sicherheiten	5.100	1048
1.	Eigene Sicherheiten	5.101	1048
2.	Abgetretene Sicherheiten	5.102	1048
3.	Poolsicherheiten	5.106	1049
VI.	Risikobeteiligung	5.111	1050
1.	Situation	5.111	1050
2.	Inhalt	5.112	1050
3.	Regelungsbedürftige Fragen	5.113	1051

	Rz.	Seite
VII. Allgemeine Geschäftsbedingungen	5.116	1051
1. Einführung	5.116	1051
2. Praktische Bedeutung	5.117	1051
3. Einbeziehung	5.120	1052
4. Kollidierende AGB	5.136	1056
VIII. Leergut	5.143	1058
1. Einführung	5.143	1058
2. Rechtsnatur der Überlassung von Leergut	5.144	1058
3. Rückgabe	5.147	1059
4. Rücknahmeverpflichtung	5.149	1059
5. Nichterfüllung der Rückgabeverpflichtung	5.150	1060
6. Darlegung der Fehlmengen	5.158	1061
7. Saldenbestätigungen	5.159	1061
8. Konkrete Schadensberechnung	5.164	1063
9. Wiederbeschaffungsklauseln	5.171	1066
Zweiter Abschnitt: Sinnverwandte Verträge	**5.174**	**1067**
§ 56 Automatenaufstellverträge	**5.174**	**1067**
I. Grundlagen	5.174	1067
1. Einführung	5.174	1067
2. Charakteristika	5.175	1067
3. Rechtliche Einordnung	5.176	1068
4. Entsprechende Anwendung des Mietrechts	5.180	1068
II. Verdikt des § 138 Abs. 1 BGB	5.184	1069
1. Beurteilungsgrundsätze	5.184	1069
2. Rechtsfolgen eines Verstoßes	5.186	1070
III. Grundlagen der AGB-rechtlichen Betrachtung	5.190	1071
1. Praktische Relevanz	5.190	1071
2. Anwendungsbereich	5.191	1071
3. Einbeziehung und Auslegung	5.193	1072
4. Inhaltskontrolle	5.195	1072
5. Gesamtnichtigkeit	5.200	1073
IV. Inhalt und Umfang des ausschließlichen Aufstellrechts	5.208	1075
1. Inhalt	5.208	1075
2. Zulässigkeit nach § 307 Abs. 1 Satz 1 BGB	5.209	1075

	Rz.	Seite
3. Auswahl der Automatenart bzw. des Automatentyps	5.214	1076
4. Austausch der Automaten	5.218	1077
5. Musikdarbietung	5.222	1078
6. Erweiterung	5.224	1078
7. Betriebspflicht, Spielbereitschaft und Öffnungszeiten	5.228	1079
8. Zutrittsrecht	5.229	1079
9. Service und Wartung	5.230	1079
10. Betriebsstörungen	5.232	1079
11. Reparatur und Instandsetzung	5.234	1080
12. Beschädigungen	5.235	1080
13. Versicherung	5.237	1080
14. Garantie einer ununterbrochenen ganzjährigen Nutzung	5.240	1081
V. Dauer des Aufstellrechts	5.241	1081
1. Schranke des § 138 Abs. 1 BGB	5.241	1081
2. Wirksamkeitskontrolle nach AGB-Recht	5.245	1082
3. Laufzeiten	5.249	1082
4. Rückführung	5.253	1083
5. Verlängerungsfiktionen	5.255	1084
6. Kündigungsfristen	5.261	1085
7. Fragen im Zusammenhang mit zugrunde liegenden Nutzungsverhältnissen	5.263	1086
8. Anschlussvertrag	5.264	1086
9. Laufzeitendivergenzen	5.265	1086
VI. Entgeltregelungen	5.266	1086
1. Nutzungsentgelt	5.266	1086
2. Wirteanteil	5.268	1087
3. Entgeltgarantie	5.271	1087
4. Mietvergütung und § 138 Abs. 2 BGB	5.276	1088
5. Abrechnungsklauseln	5.277	1088
VII. Übertragungsrecht	5.280	1089
1. Inhalt	5.280	1089
2. Wirksamkeit	5.281	1089
VIII. Nachfolgeklauseln	5.284	1090
1. Inhalt	5.284	1090
2. Wirksamkeit von Nachfolgeklauseln im Allgemeinen	5.285	1090

		Rz.	Seite
	3. Gesamtschuldklauseln	5.297	1093
	4. Subsidiäre Ausfallhaftung	5.298	1094
	5. Bürgschaftsklauseln	5.299	1094
	6. Erklärte Zustimmung	5.300	1094
IX.	Schadensersatzklauseln	5.301	1094
	1. Schadensersatz	5.301	1094
	2. Schadensersatzpauschalierungen	5.302	1094
	3. Konkrete Schadensberechnung	5.311	1096
X.	Vertragsstrafenklauseln	5.314	1097
	1. § 307 Abs. 2 Nr. 1 BGB i. V. m. §§ 339 Satz 1, 286 Abs. 4 BGB	5.314	1097
	2. § 307 Abs. 1 Satz 1 BGB	5.317	1097
XI.	Kündigungsklauseln	5.335	1102
	1. Schließung der Gaststätte	5.335	1102
	2. Abräumrecht bei fehlender Rentabilität	5.336	1102
	3. Negative Auskunft	5.342	1103
	4. Insolvenz	5.343	1104
XII.	Schriftformerfordernis nach § 34 GWB a. F.	5.344	1104
XIII.	Pflichtverletzungen durch den Gastwirt oder sonstigen Betreiber und ihre Folgen	5.345	1104
	1. Vertragsbruch	5.345	1104
	2. Schadensersatz	5.350	1105
	3. Vertragsstrafe	5.365	1107
XIV.	Kündigung	5.368	1108
	1. Grundsatz	5.368	1108
	2. Kündigung durch den Verpächter	5.369	1109
	3. Außerordentliche fristlose Kündigung	5.370	1109
	4. Kündigung durch den Aufsteller	5.374	1109
	5. Kündigung durch den Gastwirt	5.379	1110

Anhang **1115**

Stichwortverzeichnis **1117**

Abkürzungsverzeichnis

a. A.	andere Ansicht
a. a. O.	am angegebenen Ort
ABl	Amtsblatt
Abs.	Absatz
AbzG	Abzahlungsgesetz
ÄndG	Änderungsgesetz
AEUV	Vertrag über die Arbeitsweise der Europäischen Union
a. F.	alte Fassung
AG	Aktiengesellschaft/Amtsgericht
AGB	Allgemeine Geschäftsbedingungen
AGBG	Gesetz zur Regelung des Rechts der Allgemeinen Geschäftsbedingungen
AGBGB	Ausführungsgesetz zum Bürgerlichen Gesetzbuch
Alt.	Alternative
Anm.	Anmerkung
Art.	Artikel
Aufl.	Auflage
AWD	Außenwirtschaftsdienst des Betriebs-Beraters
BAG	Bundesarbeitsgericht
BAGE	Amtliche Sammlung der Entscheidungen des BAG
bayr.	bayrisch
BB	Betriebs-Berater
BDSG	Bundesdatenschutzgesetz
BeckRS	Beck-Rechtsprechung (online)
Beschl.	Beschluss
BeurkG	Beurkundungsgesetz
BFH	Bundesfinanzhof
BGB	Bürgerliches Gesetzbuch
BGH	Bundesgerichtshof
BGB-InfoV	Verordnung über Informations- und Nachweispflichten nach bürgerlichem Recht

BGBl	Bundesgesetzblatt
BGH	Bundesgerichtshof
BGHZ	Amtliche Sammlung der Entscheidungen des BGH in Zivilsachen
BKartA	Bundeskartellamt
BMJ	Bundesministerium der Justiz
BNotO	Bundesnotarordnung
BT-Drucks.	Bundestags-Drucksache
BVerfG	Bundesverfassungsgericht
CISG	United Nations Convention on Contracts for the International Sale of Goods
DB	Der Betrieb
DNotZ	Deutsche Notar Zeitschrift
DWiR	Deutsche Zeitschrift für Wirtschafts recht (ab 1993 DZWir, ab 1999 DZWIR)
EG	Europäische Gemeinschaften
EGBGB	Einführungsgesetz zum Bürgerlichen Gesetzbuch
EG-Vertrag	Vertrag zur Gründung der Europäischen Wirtschaftsgemeinschaft
EG-VO	Verordnung der Europäischen Gemeinschaft
Einl.	Einleitung
Entsch.	Entscheidung
EuG	Europäisches Gericht erster Instanz
EuGH	Europäischer Gerichtshof
EuZW	Europäische Zeitschrift für Wirtschaftsrecht
EWG	Europäische Wirtschaftsgemeinschaft
EWiR	Entscheidungen zum Wirtschaftsrecht
EWS	Europäisches Wirtschafts- und Steuerrecht
FernAG	Fernabsatzgesetz
f./ff.	folgende/fortfolgende
Fußn.	Fußnote
GBO	Grundbuchordnung
GbR	Gesellschaft bürgerlichen Rechts
GBV	Verordnung über die Bestellung von Gefahrgutbeauftragten in Unternehmen
gem.	gemäß

GewO	Gewerbeordnung
GG	Grundgesetz
GKG	Gerichtskostengesetz
GmbH	Gesellschaft mit beschränkter Haftung
GmbHG	GmbH-Gesetz
GRUR	Gewerblicher Rechtsschutz und Urheberrecht
GRURInt	Gewerblicher Rechtsschutz und Urheberrecht, Internationaler Teil
GVBl	Gesetz und Verordnungsblatt
GVO	Gruppenfreistellungsverordnung
GWB	Gesetz gegen Wettbewerbsbeschränkungen
Halbs.	Halbsatz
HausTWG	Haustürwiderrufsgesetz
HGB	Handelsgesetzbuch
h. M.	herrschende Meinung
HWiG	Gesetz über den Widerruf von Haustürgeschäften
InsO	Insolvenzordnung
i. S. d./v.	im Sinne des/von
i. V. m.	in Verbindung mit
JurBüro	Das Juristische Büro
JuS	Juristische Schulung
JW	Juristische Wochenschrift
JZ	Juristenzeitung
KG	Kammergericht/Kommanditgsellschaft
KO	Konkursordnung
KostRspr	Kostenrechtsprechung, Nachschlagewerk
KMU	Vereinbarungen zwischen kleinen und mittleren Unternehmen
KWG	Gesetz über das Kreditwesen
LG	Landgericht
LM	Lindenmaier/Möhring, Nachschlagewerk des BGH
MarkenG	Markengesetz
MAR	Münzautomaten-Recht
MDR	Monatsschrift für Deutsches Recht
m. w. N.	mit weiteren Nachweisen

M. M. .... Mindermeinung
n. F. .... neue Fassung
NJOZ .... Neue Juristische Online Zeitschrift
NJW .... Neue Juristische Wochenschrift
NJW-RR .... NJW-Rechtsprechungs-Report Zivilrecht
Nr. .... Nummer
NVwZ .... Neue Zeitschrift für Verwaltungsrecht
NZG .... Neue Zeitschrift für Gesellschaftsrecht
NZM .... Neue Zeitschrift für Miet- Wohnungsrecht
OHG .... Offene Handelsgesellschaft
OLG .... Oberlandesgericht
OLGZ .... Entscheidungen der Oberlandesgerichte in Zivilsachen
OWiG .... Ordnungswidrigkeitsgesetz
PAngV .... Preisangabenverordnung
RG .... Reichsgericht
RGZ .... Amtliche Sammlung der Entscheidungen des RG in Zivilsachen
RIW .... Recht der internationalen Wirtschaft
rkr. .... rechtskräftig
Rpfleger .... Der Deutsche Rechtspfleger (Zeitschrift)
Rz. .... Randzahl
S. .... Seite
SEPA .... Single Euro Payments Area
SGB .... Sozialgesetzbuch
Slg. .... Sammlung
SMG .... Schuldrechtsmodernisierungsgesetz
UKlaG .... Unterlassungsklagengesetz
UmwG .... Umwandlungsgesetz
Urt. .... Urteil
UStG .... Umsatzsteuergesetz
UWG .... Gesetz gegen den unlauteren Wettbewerb
VerbrKrG .... Verbraucherkreditgesetz
VerbrKrG/ZPO ua ÄndG ..... Gesetz über Verbraucherkredite, zur Änderung der Zivilprozessordnung und anderer Gesetze

VerbrKrRL-UG	Gesetz zur Umsetzung der Verbraucherkreditrichtlinie, des zivilrechtlichen Teils der Zahlungsdiensterichtlinie sowie zur Neuordnung der Vorschriften über das Widerrufs- und Rückgaberecht
Verf.	Verfasser
VersR	Zeitschrift für Versicherungsrecht
vgl.	vergleiche
VKG	Verlagevertrieb
VO	Verordnung der Europäischen Union
VOBl	Verordnungsblatt
Vorbem.	Vorbemerkung
VuR	Verbraucher und Recht
VVG	Gesetz über den Verischerungsvertrag
WM	Wertpapier-Mitteilungen
WRP	Wettbewerb in Recht und Praxis
WuW	Wirtschaft und Wettbewerb
ZfIR	Zeitschrift für Immobilienrecht
Ziff.	Ziffer
ZGS	Zeitschrift für Vertragsgestaltung, Schuld- und Haftungsrecht
ZIP	Zeitschrift für Wirtschaftsrecht
ZMR	Zeitschrift für Miet- und Raumrecht
ZVG	Gesetz über die Zwangsversteigerung und die Zwangsverwaltung
ZPO	Zivilprozessordnung

Literaturverzeichnis

Monographien, Handbücher und Kommentare

Ahlert (Hrsg.)
Vertragliche Vertriebssysteme zwischen Industrie und Handel, 1981

Bamberger/Roth
BGB, Kommentar, Band 1, 3. Aufl., 2012

Baumbach/Hueck
GmbHG, Kommentar, 19. Aufl., 2010

Baumbach/Lauterbach/Albers/Hartmann
Zivilprozessordnung (ZPO), 70. Aufl., 2012

Bechtold
Kartellgesetz – Gesetz gegen Wettbewerbsbeschränkungen, 6. Aufl., 2010

Bechtold/Bosch/Brinker/HirsbrunnerNo
EG-Kartellrecht, Kommentar, 2. Aufl., 2009

Bühler
Die Beurteilung deutscher Bierlieferungsverträge nach Art. 85 Abs. 1 EWG-Vertrag, 1993 (zit.: Getränkelieferungsverträge)

Bühler
Brauerei- und Gaststättenrecht – Höchst- und obergerichtliche Rechtsprechung, 12. Aufl., 2009

Bülow/Artz
Verbraucherkreditrecht, 7. Aufl., 2011

Bunte/Sauter
EG-Gruppenfreistellungsverordnungen, Kommentar, 1988

Carls
Vertragshandbuch für Brauerei und Mälzerei, 4. Aufl., 1964

Erman
Bürgerliches Gesetzbuch (BGB), Kommentar, 13. Aufl., 2011

Degenhart
Staatsrecht I Staatsorganisationsrecht, 25. Aufl., 2009

Giesler
Praxishandbuch Vertriebsrecht, 2005

Horstemeier
Der Sukzessivlieferungsvertrag in Praxis und Rechtsprechung, Dissertation, 2006

Immenga/Mestmäcker
Wettbewerbsrecht, Kommentar, 4. Aufl., 2007, 5. Aufl., 2012

Köhler/Bornkamp
Gesetz gegen den unlauteren Wettbewerb UWG, PAngV, UKlaG, Kommentar, 28. Aufl., 2010

Langen/Bunte
Kommentar zum deutschen und europäischen Kartellrecht, 1998

Loewenheim/Meessen/Riesenkampff,
Kartellrecht, Band I: Europäisches Recht, 2005

Lutter/Hommelhoff
GmbH-Gesetz, Kommentar, 17. Aufl., 2009

Martinek/Semler/Flohr
Formularsammlung Vertriebsrecht, 2013

Martinek/Semler/Habermeier/Flohr
Handbuch des Vertriebsrechts, 3. Aufl., 2010

Müller/Bühler
Art. 85 EWGV und EG-Freistellungsverordnung Nr. 1984/83 zum Bierlieferungsvertrag, Erläuterungen für die Praxis, 10. Aufl., 1993

Münchener Kommentar
zum Bürgerlichen Gesetzbuch (BGB), Kommentar, 6. Aufl., 2011 ff.

Niederleithinger
Praxis und Grenzen der Ausschließlichkeitsverträge nach deutschem und europäischem Kartellrecht, RWS-Skript 142, 1984

Niederleithinger/Ritter
Die kartellrechtliche Entscheidungspraxis zu Liefer-, Vertriebs- und Franchiseverträgen, RWS-Skript 172, 2. Aufl., 1989

NomosKommentarBGB
2. Aufl., 2012

v. Olshausen/Schmidt
Automatenrecht, 1972

Palandt
Bürgerliches Gesetzbuch (BGB), Kommentar, 72. Aufl., 2013

Paulusch
Höchstrichterliche Rechtsprechung zum Brauerei- und Gaststättenrecht, RWS-Skript 96, 8. Aufl., 1994, 9. Aufl., 1996

Prütting/Wegen/Weinrauch
BGB, Kommentar, 5. Aufl., 2010

Raiser, L.
Das Recht der Allgemeinen Geschäftsbedingungen, 1935

Ringel
Die Rechtsnatur des Bierlieferungs- und Vorteilsgewährungsvertrages, 1999

Röder
Der Eintritt Dritter in Bierlieferungsverträge, 1997

Schöner/Stöber
Grundbuchrecht, 13. Aufl., 2004

Schulze-Besse
Der Bierlieferungsvertrag, 1908

Staudinger
BGB, Kommentar, 13. Aufl., 1993 ff., 14. Aufl., 2011 ff.

Streinz
Europarecht, 9. Aufl., 2012

Streit
Die Nichtigkeit, Sittenwidrigkeit und Aufhebbarkeit von Bierlieferungsverträgen unter Berücksichtigung des deutschen und europäischen Kartellrechts, 2001

Stresemann
Die Entwicklung des Berliner Flaschenbiergeschäfts, 1900

Thomas/Putzo
Zivilprozessordnung (ZPO), 34. Aufl., 2013

Ulmer/Brandner/Hensen
AGB-Recht, Kommentar, 11. Aufl., 2011

Wahl
Der Bierlieferungsvertrag, 3. Aufl., 1993

von Westphalen
Vertragsrecht und AGB-Klauselwerke, Loseblattsammlung, 28. Aufl., 2010

Wiedemann
Kommentar zu den Gruppenfreistellungsverordnungen des EWG-Kartellrechts, Bd. II, 1990

Wolf/Eckert/Ball
Handbuch des gewerblichen Miet-, Pacht- und Leasingrechts, 10. Aufl., 2009

Wolf/Lindacher/Pfeiffer
AGB-Recht, Kommentar, 5. Aufl., 2009

Zeller
Bierlieferungsrecht, Sammlung gerichtlicher Entscheidungen, Bd. 1 (1951–1976), Bd. 2 (1976–1981), Bd. 3 (1981–1986), Bd. 4 (1986–1991), (zit.: Zeller I–IV)

Zöller
Zivilprozessordnung, Kommentar, 28. Aufl., 2009

Aufsätze

Amann
Steuerung des Bierabsatzes durch Dienstbarkeiten, DNotZ 1986, 578

v. Braunmühl
Ausschließlichkeitsbindungen im Rahmen von Bierlieferungsverträgen, in Ahlert, Vertragliche Vertriebssysteme zwischen Industrie und Handel, 1981, 406

v. Braunmühl
Der Bierlieferungsvertrag nach dem Wettbewerbsrecht der EG, NJW 1985, 2071

v. Braunmühl
Inländische Alleinbezugsverträge für Bier und Art. 85 EWGV, WuW 1991, 888

Bühler
Bierbezugsverträge und EG-Recht, EuZW 1990, 86

Bühler
Rechtsprechungsübersicht Getränkebezugsvertrag 1991/92, BB 1994, 663

Bühler
Rechtsprechungsübersicht Getränkebezugsvertrag 1993/94, BB Beilage 11 zu Heft 33, 1997, 1

Bülow
Verbraucherschutz mittels Vertragsübernahme, WM 1995, 2089

Bülow
Neues Verbraucherkreditrecht in Etappen, NJW 2010, 1713

Derleder
Die vollharmonisierende Europäisierung des Rechts der Zahlungsdienste und des Verbraucherkredits, NJW 2009, 3195

Ebnet
Widerruf und Widerrufsbelehrung, NJW 2011, 1029

Ebenroth/Rapp
Alleinbezugsverträge und EG-Kartellrecht, JZ 1991, 962

Götz
Der Anschluß-Bierlieferungsvertrag, BB 1990, 1217

Heße/Niederhofer
Die Eigenverantwortung des Darlehensnehmers und die Erläuterungspflicht des Darlehensgebers nach § 491a Abs. 3 BGB, MDR 2010, 968

Jacob-Siebert/Reichl
Die neue Kommissionsbekanntmachung über Bierlieferungsverträge von geringer Bedeutung, EuZW 1992, 433

Jehle
Bierbezugsverträge und Gemeinschaftsrecht, EuZW 1991, 372

Kadel
Die englische Limited, MittBayNot 2006, 102

Kelch
Die Entwicklung der Brauereien in der Bundesrepublik 1989, Brauwelt 1990, 1814

Kelch
Fassbierabsatz der letzten zehn Jahren in Deutschland, Brauwelt 2004, 1692

Kelch
Die Entwicklung der Fassbieranteile von 2002 bis 2004, Brauwelt 2005, 1150

Köhler
Konkurrentenklage gegen die Verwendung unwirksamer Allgemeiner Geschäftsbedingungen?, NJW 2008, 177

Lindner
Die (nur) formell EG-rechtswidrige Subvention, GewArch 2008, 236

Lutz
Schwerpunkte der 7. GWB-Novelle, WuW 2005, 718

Masuch
Musterhafte Widerrufsbelehrung des Bundesjustizministeriums?, NJW 2002, 2931

Masuch
Neufassung des Musters für Widerrufsbelehrungen, BB 2005, 344

Masuch
Neues Muster für Widerrufsbelehrungen, NJW 2008, 1700

Nipperdey
Anmerkung zu RG, Urt. v. 15.5.1926 – 449/25 V, JW 1927, 120

Nöller
Regelungen zum Mehr- und Mindermengenausgleich in Getränkebezugsverträgen, Brauwelt 2011, 1184

Pluta
Deutsche Bierlieferungsverträge und Europäisches Wettbewerbsrecht, WRP 1990, 392

Polley/Seeliger
Die neue Gruppenfreistellungsverordnung für Vertikalverträge Nr. 2790/1999 – Ihre Praktische Anwendung –, WRP 2000, 1203

Pukall
Neue EU-Gruppenfreistellungsverordnung für Vertriebsbindungen, NJW 2000, 1375

Reiter
Die Neuregelung des Widerrufsrechts bei Sukzessiv-Lieferungsverträgen unter besonderer Berücksichtigung des Bierlieferungsvertrages, BB 1991, 2322

Rejschek
Wer den Schaden hat ..., Der Weihenstephaner, 1985, 132

Rohlfing
Präklusion des erstmals im Berufungsrechtszug ausgeübten Widerrufrechts?, NJW 2010, 1787

Sedemund
Bierlieferungsverträge und EG-Kartellrecht, NJW 1988, 3069

Schröder
Gesetz ... zur Neuordnung der Vorschriften über das Widerrufs- und Rückgaberecht, Rückblick und Ausblick, NJW 2010, 1933

Volmer
Für die Notarpraxis relevante Neuerungen im Recht des Verbraucherkredits, DNotZ 2010, 591

Vortmann
Existenzgründungsdarlehen im neuen Verbraucherkreditrecht, ZIP 1992, 229

Wahl
Der Bierlieferungsvertrag nach dem Wettbewerbsrecht der EG, NJW 1985, 534

Wahl
Der Bierlieferungsvertrag nach EG-Kartellrecht in der deutschen Rechtsprechung, NJW 1988, 1431

Walter/Maier
Die Sicherung von Bezugs- und Abnahmeverpflichtungen durch Dienstbarkeiten, NJW 1988, 377

Weitnauer
Anmerkung zu BGH, Urt. v. 19.2.1986 – VIII ZR 113/85, JZ 1986, 763

§ 1 Gegenstand der Erörterung

Von jeher hat die Rechtsstellung der Gastwirte die Rechtsprechung in besonderem Maße beschäftigt. Im Vordergrund der Entscheidungen des Reichsgerichts[1] und daran anknüpfend der des BGH stehen dabei die **Getränkelieferungsverträge**, d. h. die langfristigen und **mehr oder weniger ausschließlichen Bezugsbindungen** von Gastwirten an Brauereien und Getränkefachgroßhändler. In diesen Entscheidungen spiegelt sich der tief greifende Interessengegensatz wi3der zwischen den Getränkeherstellern und -lieferanten einerseits, die durch möglichst viele langfristige Absatzverträge die Grundlage für eine vorausschauende Produktions- und Investitionsplanung zu schaffen bemüht sind, und den Gastwirten andererseits, für die eine Bezugsbindung **oft die einzige Möglichkeit für Kreditaufnahme** und die Gegenleistung für sonstige finanzielle Leistungen sowie für Ausstattung, Renovierung und Ausbau ihrer Betriebe darstellt.[2] 1.1

Verträge im Verhältnis Brauerei-Getränkefachgroßhändler sowie **Bierverlagsverträge** sind nur selten Gegenstand gerichtlicher Auseinandersetzungen. Soweit Rechtsprechungsmaterial hierzu vorliegt, soll dieses berichtet werden.[3] 1.2

Auch **Automatenaufstellverträge** können zu einer bedenklichen Einengung der wirtschaftlichen Bewegungsfreiheit der Gastwirte führen, indem diese vor allem langfristig auf eine bestimmte Form der Betriebsführung festgelegt werden.[4] 1.3

Neben diesen im Vordergrund der Erörterungen stehenden Vertragstypen können andere aktuelle Fragen aus dem **Gastwirtsrecht** – etwa die **Haftung** in- und außerhalb eines Beherbergungsbetriebes – hier nicht angesprochen werden.[5] 1.4

---

1) RG, Urt. v. 15.5.1926 – V 429/25, JW 1927, 119 Nr. 2; RG, Urt. v. 22.3.1935 – VII 278/34, JW 1935, 2553 Nr. 1 RG, Urt. v. 23.9.1935 – VI 146/35, JW 1935, 3217 Nr. 1; und insbesondere RG, Urt. v. 30.10.1936 – VII 65/36, RGZ 152, 251 (Grundsatzentscheidung).

2) Siehe unten §§ 8–53.

3) Siehe unten §§ 54 und 55.

4) Siehe unten § 56.

5) Dazu noch *Paulusch*, Brauerei- und Gaststättenrecht, 6. Aufl., S. 157 f.

Erster Hauptteil: AGB-rechtliche Grundfragen

Höchstrichterliche Entscheidungen, die Getränkelieferungs- oder Automatenaufstellverträge auf ihre Vereinbarkeit mit den Vorschriften des AGB-Rechts zu prüfen hatten, gibt es nicht sehr zahlreich.[6] Ganz anders stellt sich das Bild zur **Instanzrechtsprechung** dar.[7] 1.5

---

6) Zu **Getränkelieferungsverträgen:** BGH, Urt. v. 30.3.1977 – VIII ZR 300/75, WM 1977, 641 = Zeller II, 433; BGH, Urt. v. 27.2.1985 – VIII ZR 85/84, NJW 1985, 2693 = Zeller III, 80; BGH, Urt. v. 30.9.1992 – VIII ZR 196/91, NJW 1993, 64; BGH, Urt. v. 15.4.1998 – VIII ZR 377/96, NJW 1998, 2286 = ZIP 1998, 1441; BGH, Urt. v. 25.4.2001 – VIII ZR 135/00, BGHZ 147, 279 = NJW 2001, 2331 = ZIP 2001, 1245.

Zu **Automatenaufstellverträgen:** BGH, Urt. v. 11.11.1968 – VIII ZR 151/66, BGHZ 51, 55 = NJW 1969, 460 = Zeller I, 118; BGH, Urt. v. 24.1.1973 – VIII ZR 147/71, WM 1973, 388 = Zeller I, 300; BGH, Urt. v. 27.11.1974 – VIII ZR 9/73, NJW 1975, 163 = Zeller I, 303; BGH, Urt. v. 18.5.1982 – KZR 14/81, BB 1983, 662 = Zeller III, 225; BGH, Urt. v. 6.10.1982 – VIII ZR 201/81, ZIP 1982, 1449 = Zeller III, 231; BGH, Urt. v. 14.6.1983 – KZR 19/82, WuW/E BGH 2037 = Zeller III, 251 und bei *Bunte*, AGBE IV Nr. 166 zu § 9; BGH, Urt. v. 29.2.1984 – VIII ZR 350/82, NJW 1985, 53 = ZIP 1984, 841 = Zeller III, 281; BGH, Urt. v. 11.7.1984 – VIII ZR 35/83, ZIP 1984, 1093 = Zeller III, 298; BGH, Urt. v. 21.3.1990 – VIII ZR 196/89, WM 1990, 1198 = Zeller IV, 292.

7) Zu **Getränkelieferungsverträgen:** OLG München, Urt. v. 31.1.1973 – 7 U 2372/72, MDR 1973, 761 = Zeller I, 321; OLG Frankfurt/M., Urt. v. 1.10.1987 – 6 U 88/87, NJW-RR 1988, 177 = Zeller IV, 47; OLG Frankfurt/M., Urt. v. 6.10.1988 – 6 U 59/88, GRUR 1989, 71; KG, Urt. v. 22.12.1988 – 2 U 1915/88, NJW-RR 1989, 630 = Zeller IV, 267; OLG Koblenz, Urt. v. 18.9.1990 – 3 U 1337/89; OLG Nürnberg, Urt. v. 25.2.1992 – 11 U 2744/91; OLG Nürnberg, Urt. v. 23.9.1992 – 9 U 893/92; OLG Düsseldorf, Urt. v. 18.2.1994 – 16 U 91/93; OLG München, Urt. v. 31.1.1995 – 25 U 3600/94, BeckRS 1995, 04936; OLG Hamm, Urt. v. 13.3.1995 – 2 U 139/94, NJW-RR 1996, 46; OLG Köln, Urt. v. 9.5.1995 – 3 U 144/94, NJW-RR 1995, 1516; OLG Karlsruhe, Urt. v. 6.2.1997 – 12 U 266/96; OLG Zweibrücken, Urt. v. 15.1.1998 – 4 U 213/96, OLGReport 1998, 161, rkr. durch Nichtannahmebeschl. des BGH v. 15.12.1998 – VIII ZR 50/98; OLG Naumburg, Urt. v. 19.3.1999 – 6 U 13/98, NJW-RR 2000, 720; OLG Hamm, Urt. v. 8.6.1998 – 31 U 4/98, rkr. durch Nichtannahmebeschl. d. BGH v. 15.9.1999 – VIII ZR 333/98; OLG Celle, Urt. v. 10.6.1998 – 13 U 158/97, NJW-RR 1999, 1143; OLG Stuttgart, Urt. v. 18.3.1999 – 13 U 188/98; OLG Schleswig, Urt. v. 20.5.1999 – 7 U 26/98, MDR 2000, 1311; OLG Düsseldorf, Urt. v. 8.11.1999 – 1 U 42/99; OLG Köln, Urt. v. 6.9.2000 – 17 U 46/99, BeckRS 2012, 09081; OLG Frankfurt/M., Urt. v. 30.11.2000 – 16 U 230/99, BGH – VIII ZR 5/01, Revisionsrücknahme; OLG Nürnberg, Urt. v. 29.6.2001 – 6 U 1762/00; OLG Karlsruhe, Urt. v. 18.10.2001 – 19 U 97/01, MDR 2002, 445; OLG Düsseldorf, Urt. v. 23.10.2001 – 4 U 57/01, BeckRS 2001, 30213450, rkr. durch Nichtannahmebeschl. d. BGH v. 7.5.2003 – VIII ZR 271/01; OLG Nürnberg, Urt. v. 5.2.2002 – 1 U 2314/01, NJW-RR 2002, 917; OLG Koblenz, Urt. v. 21.2.2002 – 5 U 677/01, NJOZ 2002, 837; OLG Hamm, Urt. v. 7.6.2002 – 29 U 88/01; OLG Rostock, Urt. v. 17.3.2003 – 3 U 107/02, BeckRS 2010, 27462; OLG Hamm, Urt. v. 28.4.2003 – 5 U 6/03; OLG Köln. Urt. v. 15.3.2004 – 5 U 145/99, BeckRS 2008, 09083; OLG Düsseldorf, Urt. v. 28.5.2004 – 15 U 193/03, sowie – 15 W 103/03; OLG Düsseldorf, Urt. v. 27.10.2004 – VI-U (Kart) 41/03; OLG Köln, Urt. v. 6.12.2006 – 1 U 14473/06, NJW-RR 2007, 498; OLG Köln, Urt. v. 9.1.2007 – 3 U 158/05, OLGReport 2007, 524; OLG Düsseldorf, Beschl. v. 8.6.2007 – 24 U 207/06, NZM 2008, 611; OLG Frankfurt/M., Urt. v. 13.11.2007 – 11 U 24/07, BeckRS 2007, 19024; OLG Zweibrücken, Urt. v. 6.7.2009 – 7 U 180/08; OLG Dresden, Urt. v. 29.10.2009 – 8 U 195/09; OLG Düsseldorf, Urt. v. 13.11.2009 – I-22 U 71/09, BeckRS 2012, 05469; OLG Köln, Urt. v. 20.10.2011 – 7 U 65/11, BeckRS 2012, 15923;

§ 2 Temporaler Anwendungsbereich

I. Art. 229 § 5 Satz 1 EGBGB

1. Grundsatz

1.6 Art. 229 § 5 Satz 1 EGBGB folgt im Wesentlichen dem allgemeinen Grundsatz des intertemporalen Privatrechts, nach dem neue Rechtsvorschriften erst auf solche Rechtsverhältnisse anzuwenden sind, die nach dem Zeitpunkt des Inkrafttretens der Änderung entstanden sind.

2. Konsequenzen

1.7 Auf vor dem 1.1.2002 entstandene Getränkelieferungsverträge war zunächst das bisherige AGB-Recht[8] weiter anzuwenden. AGB-Klauseln in Verträgen, die in dem Zeitraum vom 1.4.1977 bis zum 31.12.2001 geschlossen worden waren, waren daher grundsätzlich am Maßstab des AGBG zu prüfen.[9]

3. Voraussetzung

1.8 Voraussetzung ist, dass sich der gesamte Entstehungstatbestand des Schuldverhältnisses unter der Geltung des AGBG verwirklicht hatte. Wurde ein Vertrag nach dem Stichtag geändert oder trat ihm eine neue Vertragspartei bei, so galt

---

OLG Hamm, Urt. v. 10.5.2012 – I-22 U 203/11 (Brauerei-Getränkefachgroßhändler); OLG Oldenburg, Urt. v. 14.11.2012 – 5 U 56/11; OLG Köln, Urt. v. 18.4.2013 – 7 U 180/12, BeckRS 2013, 07760; LG Frankenthal, Urt. v. 4.2.1998 – 5 O. 1238/96; LG Berlin, Urt. v. 31.1.1990 – 99 O. 206/89, NJW-RR 1990, 820 = Zeller IV, 288; LG Köln, Urt. v. 3.7.2003 – 8 O. 315/02; LG Heidelberg, Urt. v. 20.2.2007 – 2 O. 294/06, NJW-RR 2007, 1552; LG Ulm, Urt. v. 26.8.2010 – 6 O. 162/09; LG Köln, Urt. v. 15.3.2011 21 O. 95/10; LG Ravensburg, Urt. v. 7.11.2011 – 6 O. 301/11; LG Berlin, Urt. v. 10.10.2012 – 10 O. 243/11; AG Ludwigslust, Urt. v. 16.2.2009 – 5 C 2/09, BeckRS 2009, 11036.

Zu **Automatenaufstellverträgen:** OLG Düsseldorf, Urt. v. 2.11.1972 – 10 U 84/72, MDR 1973, 224; OLG Hamburg, Urt. v. 2.11.1978 – 3 U 103/78; OLG Hamburg, Urt. v. 9.3.1983 – 5 U 114/82, ZIP 1983, 588; OLG Celle, Urt. v. 25.9.1987 – 2 U 267/86, NJW-RR 1988, 946; OLG Braunschweig, Urt. v. 20.4.1989 – 2 U 210/88, VersR 1990, 426; OLG Düsseldorf, Urt. v. 5.5.1994 – 10 U 238/93, BB 1994, 1739; OLG Rostock, Urt. v. 17.3.2003 – 3 U 107/02, BeckRS 2010, 27462; LG Ulm Münzautomaten-Recht (MAR) Januar 1987; LG Aachen, Urt. v. 25.3.1987 – 7 S 445/86, NJW-RR 1987, 948; LG Essen, Urt. v. 14.7.1989 – 1 S 177/89, MDR 1989, 996 = Zeller IV, 238; LG Konstanz, Urt. v. 28.1.2005 – 11 S 119/04, NJW-RR 2005, 991.

8) Zur Altrechtslage für Vertragsschlüsse vor Inkrafttreten des AGBG *Bühler,* Brauerei- und Gaststättenrecht, 12. Aufl. 2009, Rz. 18–23, jeweils m. w. N.

9) BGH, Urt. v. 13.7.2007 – V ZR 189/06, NJW-RR 2008, 172; OLG Frankfurt/M., Urt. v. 30.11.2000 – 16 U 230/99, BGH – VIII ZR 5/01, Revisionsrücknahme; OLG Köln, Urt. v. 9.1.2007 – 3 U 158/05, MDR 2007, 524; OLG Düsseldorf, Urt. v. 13.11.2009 – I-22 U 71/09; LG Heidelberg, Urt. v. 20.2.2007 – 2 O. 294/06, NJW-RR 2007, 1552.

für den Vertrag zwar grundsätzlich weiter altes Recht.[10] Wesentliche zeitliche oder sachliche Änderungen konnten es aber rechtfertigen, den geänderten Vertrag als **Neuvertrag** anzusehen oder einen stillschweigend auf die Geltung neuen Rechts gerichteten Parteiwillen anzunehmen.

4. Umfang

Die Geltung alten Rechts für vor dem 1.1.2002 entstandene Schuldverhältnisse beschränkt sich auf die in Art. 229 § 5 Satz 1 EGBGB genannten Gesetze und Verordnungen. Zu dem auf Altverträge weiter anzuwendenden Recht gehören als Teil der in Satz 1 in Bezug genommenen Regelungen auch Übergangsvorschriften des früheren Rechts, vor allem § 28 Abs. 2 AGBG und § 19 VerbrKrG. Im Übrigen gilt auch für alte Schuldverhältnisse neues Recht.[11] 1.9

II. Art. 229 § 5 Satz 2 EGBGB

1. Grundsatz

Nach Art. 229 § 5 Satz 2 EGBGB sind die darin genannten Rechtsvorschriften, insbesondere des BGB, ab dem **1.1.2003** auch auf Altdauerschuldverhältnisse anzuwenden, die vor dem 1.1.2002 begründet worden waren.[12] Zum Begriff des **Dauerschuldverhältnisses** im Zusammenhang mit Getränkelieferungsverträgen kann verwiesen werden.[13] Das entspricht der Überleitungsregel des Art. 171 EGBGB (vgl. auch Art. 229 § 3 EGBGB), regelt die Umstellung aber einfacher, indem auf die Schuldverhältnisse nach einer Übergangszeit von einem Jahr dann generell neues Recht gilt. 1.10

2. Uraltverträge

Da Art. 229 § 5 Satz 2 EGBGB – anders als Satz 1 – nicht auf § 28 Abs. 2 AGBG verweist, ist offen, ob das neue Recht ab dem 1.1.2003 auch dann gilt, wenn die Anwendbarkeit des AGBG durch die Übergangsvorschrift des § 28 1.11

---

10) BGH, Urt. v. 10.5.1995 – VIII ZR 264/94, BGHZ 129, 371; BGH, Urt. v. 7.2.2007 – VIII ZR 145/06, NJW-RR 2007, 668.

11) OLG Frankfurt/M., Urt. v. 30.11.2000 – 16 U 230/99, BGH – VIII ZR 5/01, Revisionsrücknahme; OLG Düsseldorf, Urt. v. 13.11.2009 – I-22 U 71/09.

12) BGH, Urt. v. 24.11.2009 – XI ZR 260/08, NJW 2010, 602 = ZIP 2010, 70 für Darlehensvertrag; BGH, Urt. v. 17.3.2010 – VIII ZR 253/08, NJW-RR 2010, 1329 für Sukzessivlieferungsvertrag; BGH, Urt. v. 8.12.2011 – VII ZR 111/11, NJW-RR 2012, 626; OLG Düsseldorf, Urt. v. 13.11.2009 – I-22 U 71/09; LG Ulm, Urt. v. 26.8.2010 – 6 O. 162/09.

13) Siehe unten § 8 IV 5; LG Heidelberg, Urt. v. 20.2.2007 – 2 O. 294/06, NJW-RR 2007, 1552.

Abs. 1 und 2 AGBG ausgeschlossen war.[14] Diese Frage dürfte im Zusammenhang mit Getränkelieferungsverträgen wohl nicht mehr relevant werden.

3. Dauerschuldverhältnisse und das Jahr 2002

1.12 a) **Rahmenvertrag.** Altes, nicht neues Recht gilt für solche Ansprüche aus Dauerschuldverhältnissen, die vor Ablauf des 1.1.2003 zu erfüllen waren.[15]

1.13 b) **Einzelvertrag.** Auf die in Vollzug des Getränkelieferungsvertrages als Rahmenvertrag[16] geschlossenen Einzelverträge (Kaufverträge über Getränke) war seit dem 1.1.2002 grundsätzlich neues Recht anzuwenden.

1.14 c) **Konsequenzen.** Im Jahre 2002 bestand ein unerfreuliches Nebeneinander von **neuem Recht (Einzelvertrag)** und **altem Recht (Rahmenvertrag).**[17]

4. Rechtslage seit dem 1.1.2003

1.15 Als Dauerschuldverhältnis ausgestaltete Rahmenverträge unterstehen seit dem 1.1.2003 ebenso wie die aufgrund des Rahmenvertrages abgeschlossenen Einzelverträge neuem Recht.

III. Folgerungen für die Praxis

1. Konsequenzen

1.16 Seit dem 1.1.2003 müssen alle noch in Kraft befindlichen Getränkelieferungsverträge und damit auch solche, die vor dem 1.1.2002 geschlossen worden sind, den Rechtsvorschriften des neuen Schuldrechts, insbesondere den §§ 305–310 BGB, entsprechen. Aus Vertragsklauseln in Altverträgen, die zum SMG abweichende Bestimmungen enthalten, können sonach seit dem 1.1.2003 keine Rechte mehr geltend gemacht werden.

2. Entscheidungserheblichkeit

1.17 Da altes und neues Recht durchweg inhaltsgleich sind, konnte und kann in der Regel offenbleiben, welches Recht anzuwenden ist.

---

14) BGH, Urt. v. 12.10.2007 – V ZR 283/06, NJW-RR 2008, 251; BGH, Urt. v. 9.6.2010 – VIII ZR 294/09, NJW 2010, 2877.

15) BGH, Urt. v. 13.7.2007 – V ZR 189/06, NJW-RR 2008, 172; OLG Köln, Urt. v. 9.1.2007 – 3 U 158/05, MDR 2007, 524; LG Heidelberg, Urt. v. 20.2.2007 – 2 O. 294/06, NJW-RR 2007, 1552.

16) Siehe unten § 8 IV 4.

17) Palandt-*Ellenberger*, BGB, Art. 229 § 5 EGBGB Rz. 7.

§ 3 Sachlicher Anwendungsbereich

I. Grundlagen

1. Definition

AGB sind alle für eine Vielzahl von Verträgen vorformulierten Vertragsbedingungen, die eine Vertragspartei (Verwender) der anderen Vertragspartei bei Abschluss eines Vertrages stellt (§ 305 Abs. 1 Satz 1 BGB), wobei gleichgültig ist, ob die Bestimmungen einen äußerlich gesonderten Bestandteil des Vertrages bilden oder in die Vertragsurkunde selbst aufgenommen werden, welchen Umfang sie haben, in welcher Schriftart sie verfasst sind und welche Form der Vertrag hat (§ 305 Abs. 1 Satz 2 BGB).[18] 1.18

2. Normzweck

Die §§ 305–310 BGB sollen verhindern, dass der AGB-Verwender, der die Vertragsgestaltungsfreiheit allein in Anspruch nimmt, den anderen Teil unter Abbedingung des dispositiven Rechts unangemessen benachteiligt.[19] 1.19

3. Prüfung

AGB liegen vor, wenn **kumulativ** fünf Voraussetzungen erfüllt sind. Das Vorliegen dieser Voraussetzungen ist für jede einzelne Klausel eines Vertragstextes gesondert zu prüfen und festzustellen.[20] Bezüglich des Aushandelns ergibt sich dies aus dem Wort „soweit" in § 305 Abs. 1 Satz 3 BGB.[21] 1.20

4. Klarstellungen/unerhebliche Umstände

a) Der **Umfang** des Klauselwerks ist gleichgültig. Auch einzelne Klauseln (Freizeichnung, Eigentumsvorbehalt), etwa ein Stempelaufdruck, eine Gerichtsstandsklausel im Briefkopf oder die Übernahme einer Mithaftung, können bei Erfüllung der Voraussetzungen des § 305 Abs. 1 BGB AGB sein.[22] Möglich ist auch, dass in einem individuell gestalteten Vertrag eine einzige Klausel AGB ist. 1.21

b) Die verwandte **Schriftart** ist unerheblich. Auch hand- oder maschinenschriftliche Texte sind daher bei Vorliegen der Voraussetzungen des § 305 1.22

---

18) BGH, Urt. v. 19.5.2005 – III ZR 437/04, NJW 2005, 2543.

19) BGH, Urt. v. 19.11.2009 – III ZR 108/08, NJW 2010, 1277 = ZIP 2009, 2446.

20) BGH, Urt. v. 8.11.1978 – IV ZR 179/77, NJW 1979, 367.

21) BGH, Urt. v. 6.3.1986 – III ZR 195/84, BGHZ 97, 212.

22) BGH, Urt. v. 8.6.1979 – V ZR 191/76, BGHZ 75, 15 = NJW 1979, 2387.

Abs. 1 Satz 1 BGB als AGB zu qualifizieren.[23] Daher lässt sich aus dem Merkmal der **Vorformulierung** auch nicht auf die Notwendigkeit schriftlicher Fixierung der Bedingungen als Voraussetzung der AGB-Definition schließen.[24] Entsprechendes gilt für handschriftliche **Zusätze**, wenn sie vom Verwender nach einem internen, sei es auch „im Kopf" vorformulierten Text in die Vertragsurkunde aufgenommen werden.[25]

1.23 c) **Form.** Darauf, dass die Vertragsbedingungen gedruckt, vervielfältigt, im Geschäftslokal des Verwenders ausgehändigt oder auf sonstige Weise äußerlich in ihrem Charakter als Regelung einer Vielzahl von Rechtsgeschäften erkennbar sind, kommt es für die AGB-Definition nicht an. Der Begriff der AGB erfordert nicht die Schriftform.[26] Es genügen auch vom Kunden beim Vertragsschluss mündlich akzeptierte Formulierungen.[27]

5. Wirksamkeit

1.24 Ob die Einbeziehungsvoraussetzungen erfüllt oder die Vorschriften über die Inhaltskontrolle beachtet sind, ist für die Annahme von AGB unerheblich.[28]

6. Beurteilungszeitpunkt

1.25 Der Verwender muss die Vertragsbestimmung im **Zeitpunkt des Vertragsabschlusses** oder bei der Unterlassungsklage im Zeitpunkt der Urteilsfällung für eine Vielzahl von Verträgen gedacht haben.[29]

II. Zu den Tatbestandsvoraussetzungen im Einzelnen

1. Vertragsbedingungen

1.26 Vertragsbedingungen sind Regelungen, die den Vertragsinhalt gestalten sollen. So, wenn der Text beim Durchschnittskunden den Eindruck hervorruft, der Verwender wolle vertraglich und damit verbindlich Rechte und Pflichten be-

---

23) BGH, Urt. v. 4.10.1995 – XI ZR 215/94, BGHZ 131, 55 = NJW 1996, 191; BGH, Urt. v. 7.11.1995 – XI ZR 235/94, NJW 1996, 249; BGH, Urt. v. 2.7.1998 – IX ZR 255/97, NJW 1998, 2815; BGH, Urt. v. 6.4.2005 – VIII ZR 27/04, NJW 2005, 1574; BGH, Urt. v. 15.4.2008 – X ZR 126/06, NJW 2008, 2250 = ZIP 2008, 1877.

24) BGH, Urt. v. 30.9.1987 – IVa ZR 6/86, NJW 1988, 410 = ZIP 1987, 1576 = Zeller IV, 34; BGH, Urt. v. 25.6.1992 – VII ZR 128/91, NJW 1992, 2759; BGH, Urt. v. 12.6.2001 – XI ZR 274/00, NJW 2001, 2635 = ZIP 2001, 1418.

25) BGH, Urt. v. 10.3.1999 – VIII ZR 204/98, NJW 1999, 2180 = ZIP 1999, 711.

26) BGH, Urt. v. 10.3.1999 – VIII ZR 204/98, NJW 1999, 2180 = ZIP 1999, 711; BGH, Urt. v. 12.6.2001 – XI ZR 274/00, NJW 2001, 2635 = ZIP 2001, 1418.

27) BGH, Urt. v. 30.9.1987 – IVa ZR 6/86, NJW 1988, 410 = ZIP 1987, 1576 = Zeller IV, 34; BGH, Urt. v. 12.6.2001 – XI ZR 274/00, NJW 2001, 2635 = ZIP 2001, 1418.

28) BGH, Urt. v. 12.6.2001 – XI ZR 274/00, NJW 2001, 2635 = ZIP 2001, 1418.

29) BGH, Urt. v. 4.5.2000 – VII ZR 53/99, NJW 2000, 2988; BGH, Urt. v. 13.9.2001 – VII ZR 487/99, NJW-RR 2002, 13.

gründen.[30] Gleichgültig ist, ob es sich um die Festlegung der Hauptleistung oder um Nebenbedingungen handelt.[31] „Vertragsbedingung" ist eine Klausel auch dann, wenn sie inhaltlich mit Vorschriften des dispositiven Gesetzesrechts übereinstimmt **(deklaratorische Klausel)**.[32]

Ein **internes** (Banken-)**Rundschreiben** mit verbindlichen Anweisungen zum Ablauf der Geschäftspraxis zwecks „Berücksichtigung einer restriktiven BGH-Rechtsprechung" ist zwar nicht als Vertragsbedingung i. S. d. § 305 Abs. 1 Satz 1 BGB einzuordnen. Es erfüllt aber den Umgehungstatbestand des § 306a BGB. Das Rundschreiben hat nämlich allein den Zweck, eine an sich unwirksame Formulargestaltung bei gleicher Interessenlage im wirtschaftlichen Ergebnis fortzuführen.[33] 1.27

Tatsachenbestätigungen sind Vertragsbedingungen, wenn sie einen vertraglichen Regelungsgehalt haben. Beispiele sind die Bestätigung, mündliche Abreden bestehen nicht[34] oder die Vertragsbedingungen seien im Einzelnen ausgehandelt. 1.28

2. Vorformulierung

a) **Begriff.** Als „vorformuliert" sind Vertragsbedingungen anzusehen, wenn sie **zeitlich** vor dem Vertragsschluss fertig formuliert vorliegen, um in künftige Verträge einbezogen zu werden.[35] Davon ist insbesondere dann auszugehen, wenn die Vertragsbedingungen in schriftlicher Form vorbereitet und für die Einbeziehung in abzuschließende Verträge bereitgestellt, also z. B. in Vertragsformulare aufgenommen oder im Geschäftslokal ausgehängt sind.[36] Vorformuliert sind somit alle zum Zweck künftiger Verwendung und damit **vor Vertragsschluss** in irgendeiner Weise vorbereiteten fertigen Vertragsbedingungen, die nicht in der konkreten Vertragsabschlusssituation spontan entwickelt werden, selbst wenn sie nur im **Kopf des Verwenders** oder seines Abschlussgehilfen oder als **Textbausteine** eines Computerprogramms oder sonstigen Datenträgers **gespeichert** sind.[37] Schon **eine** zur wiederkehrenden Verwendung for- 1.29

30) BGH, Urt. v. 8.3.2005 – XI ZR 154/04, NJW 2005, 1645; BGH, Urt. v. 4.2.2009 – VIII ZR 32/08, BGHZ 179, 314 = NJW 2009, 1337.

31) BGH, Urt. v. 10.11.1989 – V ZR 201/88, NJW 1990, 576.

32) BGH, Urt. v. 14.7.1988 – IX ZR 254/87, NJW 1988, 2951.

33) BGH, Urt. v. 8.3.2005 – XI ZR 154/04, NJW 2005, 1645.

34) BGH, Urt. v. 14.10.1999 – III ZR 203/98, NJW 2000, 2007 = ZIP 1999, 1887.

35) BGH, Urt. v. 7.11.1995 – XI ZR 235/94, NJW 1996, 249.

36) BGH, Urt. v. 3.4.1998 – V ZR 6/97, NJW 1998, 2600 = ZIP 1998, 1049.

37) BGH, Urt. v. 13.11.1997 – IX ZR 289/96, NJW 1998, 450 = ZIP 1998, 16; BGH, Urt. v. 10.3.1999 – VIII ZR 204/98, NJW 1999, 2180 = ZIP 1999, 711; BGH, Urt. v. 3.11.1999 – VIII ZR 269/98, BGHZ 143, 103 = NJW 2000, 1110 = ZIP 2000, 314; BGH, Urt. v. 19.5.2005 – III ZR 437/04, NJW 2005, 2543; OLG Hamm, Urt. v. 9.6.1986 – 15 U 239/85, NJW-RR 1987, 243.

mulierte **Klausel** genügt, um eine vorformulierte Vertragsbedingung in diesem Sinne anzunehmen.[38)]

1.30 b) **Form.** Auf welche Weise die jeweilige Klausel vorformuliert oder auf welche Weise sie in den Vertragstext aufgenommen wurde, ist unerheblich. Insbesondere ist **keine Schriftform erforderlich** (§ 305 Abs. 1 Satz 2 BGB).[39)]

1.31 c) AGB liegen ggf. auch insoweit vor, als eine – eingefügte – Klausel unter der Rubrik **„Sonstige Vereinbarungen"** niedergeschrieben wird.[40)]

3. Vielzahl von Verträgen

1.32 a) **Definition.** Bedingungen sind für eine Vielzahl von Verträgen aufgestellt, wenn sie entweder für eine unbestimmte Zahl künftiger Verwendungen oder für eine nicht ganz unbedeutende Zahl bestimmter Fälle bestimmt sind.[41)] Dafür genügt, dass der Inhalt der verwendeten Klauseln im Wesentlichen gleich ist.[42)] Ist – wie im Regelfall – der vorformulierte Text für eine **unbestimmte Zahl** künftiger Verwendungen bestimmt, so ist das Merkmal der Vielzahl schon deshalb erfüllt; darauf, in wie vielen Rechtsgeschäften der vorformulierte Text de facto Eingang gefunden hat, kommt es nicht an.[43)]

1.33 Die Vorschriften der §§ 307–309 BGB finden allerdings dann keine Anwendung, wenn die Vertragsbedingungen für einen **einzigen** geplanten **Vertragsabschluss** vorformuliert werden.[44)] Eine Klausel, die allein mit der Absicht entworfen wurde, in einen konkreten Einzelvertrag Eingang zu finden, wird auch nicht dadurch nachträglich zur AGB, dass sie später in weiteren Verträgen verwendet wird und erst dann als AGB einzustufen ist.[45)]

1.34 b) **Mehrverwendungsabsicht.** Entscheidend ist nach dem Wortlaut die **Absicht,** nicht die tatsächliche Serienverwendung.[46)] Hat der Verwender die Ver-

---

38) BGH, Urt. v. 25.6.1992 – VII ZR 128/91, NJW 1992, 2759; BGH, Urt. v. 26.9.1996 – VII ZR 318/95, NJW 1997, 135.

39) BGH, Urt. v. 28.1.1987 – IVa ZR 173/85, NJW 1987, 1636; BGH, Urt. v. 30.10.1991 – VIII ZR 51/91, NJW 1992, 746; BGH, Urt. v. 10.3.1999 – VIII ZR 204/98, NJW 1999, 2180 = ZIP 1999, 711; BGH, Urt. v. 3.11.1999 – VIII ZR 269/98, BGHZ 143, 103 = NJW 2000, 1110 = ZIP 2000, 314; BGH, Urt. v. 12.6.2001 – XI ZR 274/00, NJW 2001, 2635 = ZIP 2001, 1418.

40) BGH, Urt. v. 30.9.1987 – IVa ZR 6/86, NJW 1988, 410 = ZIP 1987, 1576 = Zeller IV, 34.

41) BGH, Urt. v. 15.4.1998 – VIII ZR 377/96, NJW 1998, 2286 = ZIP 1998, 1441.

42) BGH, Urt. v. 8.6.1979 – V ZR 191/76, NJW 1979, 2387; BGH, Urt. v. 3.4.1998 – V ZR 6/97, NJW 1998, 2600 = ZIP 1998, 1049.

43) BGH, Urt. v. 26.9.1996 – VII ZR 318/95, NJW 1997, 135; BGH, Urt. v. 3.4.1998 – V ZR 6/97, NJW 1998, 2600 = ZIP 1998, 1049.

44) BGH, Urt. v. 13.9.2001 – VII ZR 487/99, NJW-RR 2002, 13.

45) BGH, Urt. v. 2.3.1994 – XII ZR 175/92, WM 1994, 1136; BGH, Urt. v. 26.9.1996 – VII ZR 318/95, NJW 1997, 135.

46) BGH, Urt. v. 10.3.1999 – VIII ZR 204/98, NJW 1999, 2180 = ZIP 1999, 711.

tragsbedingungen selbst formuliert, kommt es auf seine Absicht zur mehrfachen Verwendung an.[47] Nicht notwendig ist, dass der Verwender die Vertragsbestimmung mehrmals zu gebrauchen gedenkt.[48] Vertragsbedingungen sind bereits dann vorformuliert, wenn mindestens ihre **dreimalige Verwendung beabsichtigt** ist.[49] Kann die Absicht einer mindestens dreimaligen Verwendung nachgewiesen werden, dann ist bereits die erste Verwendung der Klausel als AGB anzusehen.

Eine Verwendung gegenüber **verschiedenen Vertragspartnern** ist nicht erforderlich. Vielmehr ist die Dreifachverwendung gegenüber einer Vertragspartei ausreichend.[50] Dann muss es sich aber um materiell und zeitlich unterschiedliche Verträge handeln. 1.35

4. Stellen

a) Grundsatz. Die Vertragsbedingungen müssen der anderen Seite gestellt werden. Das ist der Fall, wenn der Verwender sie fertig in die Vertragsverhandlungen mit der anderen Partei einbringt.[51] Ob ein „Stellen" i. S. d. § 305 Abs. 1 Satz 1 BGB gegeben ist, muss im Wege der **Auslegung** unter Berücksichtigung des Normzwecks ermittelt werden. 1.36

b) Einseitige Auferlegung. Das Tatbestandsmerkmal „Stellen" darf nicht dahin missverstanden werden, dass die Vertragsbedingungen dem anderen Teil auferlegt, d. h. vom Verwender ohne reale Verhandlungsbereitschaft oder aufgrund entsprechender Machtpositionen einseitig durchgesetzt werden müssten. Eine derartige, den Anwendungsbereich des AGB-Rechts entgegen seinem Schutzzweck einschränkende Auslegung stünde in Widerspruch zu dem in § 305 Abs. 2 BGB vorausgesetzten Einbeziehungsvertrag. Auch liefe sie Gefahr, durch den ihr zugrundeliegenden strikten Gegensatz zum Aushandeln die Ausnahmevorschrift des § 305 Abs. 1 Satz 3 BGB leerlaufen zu lassen. Es reicht vielmehr schon aus, wenn eine Partei die Einbeziehung der vorformulierten Bedingungen in den Vertrag veranlasst.[52] 1.37

---

47) BGH, Urt. v. 29.5.1989 – II ZR 220/88, NJW 1989, 2683.

48) BGH, Urt. v. 24.11.2005 – VII ZR 87/04, WM 2006, 247.

49) BGH, Urt. v. 15.4.1998 – VIII ZR 377/96, NJW 1998, 2286 = ZIP 1998, 1441; BGH, Urt. v. 27.9.2001 – VII ZR 388/00, NJW 2002, 138 = ZIP 2001, 2288; BGH, Urt. v. 11.12.2003 – VII ZR 31/03, NJW 2004, 1454; BAG, Urt. v. 25.5.2005 – 5 AZR 572/04, ZIP 2005, 1699.

50) BGH, Urt. v. 11.12.2003 – VII ZR 31/03, NJW 2004, 1454.

51) BGH, Urt. v. 17.2.2010 – VIII ZR 67/09, BGHZ 184, 259 = NJW 2010, 1131 = ZIP 2010, 628.

52) BGH, Urt. v. 3.11.1999 – VIII ZR 269/98, BGHZ 143, 103 = NJW 2000, 1110 = ZIP 2000, 314; BGH, Beschl. v. 22.7.2009 – IV ZR 74/08, NJW-RR 2010, 39.

1.38 Die bloße **Bereitschaft zu Verhandlungen und Abänderungen** steht nicht entgegen.[53] „Gestellt" sind Klauseln auch dann, wenn sie auf Initiative einer Partei in den Vertrag erst nachträglich per **Vertragsänderung** einbezogen werden sollen, z. B. durch Aufdruck auf der Rechnung oder der Vertragsbestätigung, unabhängig davon, ob sie zum Vertragsinhalt werden.[54] Die von einem Unternehmer ständig verwendeten AGBs sind diesem auch dann zuzurechnen, wenn sie ein Vertragspartner in **„vorauseilendem Gehorsam"** in sein Vertragsangebot aufgenommen hat.[55]

1.39 **c) Zurechnung.** Vertragsbedingungen, die für eine Vielzahl von Verträgen vorformuliert sind, sind nur dann als AGB anzusehen, wenn sie eine Vertragspartei (Verwender) der anderen Vertragspartei bei Abschluss des Vertrages gestellt hat, wenn sie also ihrer Vertragsgestaltungsmacht zuzurechnen sind. Einerlei ist, von wem und in wessen Auftrag die Bestimmungen vorformuliert worden waren.[56] Bei Vertragsmustern, die für eine Vielzahl von (Kauf-)Verträgen konzipiert und auf dem Markt erhältlich sind, liegt entsprechend ein Einbeziehungsvorschlag auch dann vor, wenn er nicht von beiden Vertragspartnern, sondern nur von der einen Seite ausgeht, nicht selten inhaltlich dem **übereinstimmenden Willen beider Seiten,** so dass es weder sinnvoll noch geboten ist, einer Partei die Verantwortung für diesen Mustervertrag zuzuweisen. Sonach ist keine der beiden Parteien Verwender. Selbst wenn man eine Verwendereigenschaft nicht verneinen wollte, könnten die §§ 305–310 BGB zwischen Privatpersonen schon deshalb nicht angewendet werden, weil diese Bestimmungen – wie es auch bereits im Wortlaut des § 305 Abs. 1 Satz 1 BGB ihren Ausdruck gefunden hat – darauf abzielt, die Rechtsbeziehungen zwischen einem Verwender und einer anderen Vertragspartei, nicht aber zwischen zwei Verwendern zu regeln.[57]

1.40 **d) Durchsetzungsmacht.** Ein Stellen von Vertragsbedingungen setzt auch außerhalb des Anwendungsbereichs des § 310 Abs. 3 Nr. 1 BGB nicht voraus, dass ein Ungleichgewicht zwischen den Vertragsbeteiligten hinsichtlich der vertraglichen Durchsetzungsmacht besteht.[58] Verwender i. S. v. § 305 Abs. 1 Satz 1 BGB kann vielmehr auch eine Vertragspartei sein, die der anderen weder wirtschaftlich noch sonst überlegen ist.

53) BGH, Urt. v. 14.4.2005 – VII ZR 56/04, NJW-RR 2005, 1040.

54) BGH, Urt. v. 28.1.1987 – IVa ZR 173/85, NJW 1987, 1634.

55) BGH, Urt. v. 4.3.1997 – X ZR 141/95, NJW 1997, 2043; BGH, Urt. v. 9.3.2006 – VII ZR 268/04, NJW-RR 2006, 740.

56) BGH, Urt. v. 2.11.1983 – IVa ZR 86/82, NJW 1984, 360.

57) BGH, Urt. v. 17.2.2010 – VIII ZR 67/09, BGHZ 284, 259 = NJW 2010, 1131 = ZIP 2010, 628.

58) BGH, Urt. v. 17.2.2010 – VIII ZR 67/09, BGHZ 284, 259 = NJW 2010, 1131 = ZIP 2010, 628.

e) Es kommt nicht darauf an, welche Partei durch die Klausel **begünstigt** wird. Aus der Begünstigung allein kann nicht auf die Verwendereigenschaft geschlossen werden.[59] Die durch eine Klausel begünstigte Partei wird nicht dadurch zum Verwender, dass sie sich die Klausel während der Vertragsabwicklung „zu Nutze macht".[60] 1.41

5. Aushandeln

a) **Grundlagen.** Der Begriff des Aushandelns wird vom Gesetz nicht definiert. Aushandeln i. S. d. § 305 Abs. 1 Satz 3 BGB bedeutet mehr als Verhandeln. Es genügt nicht, dass das gestellte Formular dem Vertragspartner bekannt ist und nicht auf Bedenken stößt, dass der Inhalt lediglich erläutert oder erörtert wird und den Vorstellungen des Partners entspricht. Die Ausnahmevorschrift des § 305 Abs. 1 Satz 3 BGB ist nur dann erfüllt, wenn der Verwender den zunächst in seinen AGB enthaltenen **gesetzesfremden Kerngehalt**, also die den wesentlichen Inhalt der gesetzlichen Regelung ändernden oder ergänzenden Bestimmungen, **inhaltlich ernsthaft zur Disposition stellt** und dem Verhandlungspartner Gestaltungsfreiheit zur Wahrnehmung eigener Interessen einräumt mit zumindest der realen Möglichkeit, die inhaltliche Ausgestaltung der Vertragsbedingungen zu beeinflussen.[61] Dabei muss der gesamte Klauselinhalt, soweit er im Einzelnen vom dispositiven Recht abweicht, zur Disposition gestellt werden.[62] 1.42

Wer AGB oder Formularverträge verwendet, drückt damit regelmäßig aus, dass er nicht bereit ist, von seinen vorgedruckten, abschließend formulierten Konditionen abzuweichen. Diesen objektiven Erklärungswert muss der Verwender beseitigen, wenn er geltend macht, der Inhalt der Bedingungen sei entgegen dem äußeren Anschein im Einzelnen ausgehandelt. 1.43

b) **Voraussetzungen.** Die Abänderungsbereitschaft muss die konkret zu überprüfende Klausel betreffen. Ein **Aushandeln anderer Bestimmungen** genügt nicht.[63] 1.44

59) BGH, Urt. v. 24.5.1995 – XII ZR 172/94, BGHZ 130, 50; BGH, Urt. v. 4.3.1997 – X ZR 141/95, NJW 1997, 2043; BGH, Urt. v. 17.2.2010 – VIII ZR 67/09, BGHZ 284, 259 = NJW 2010, 1131 = ZIP 2010, 628.

60) BGH, Urt. v. 5.4.1984 – VII ZR 21/83, ZIP 1984, 1361 = NJW 1984, 2094; BGH, Urt. v. 17.2.2010 – VIII ZR 67/09, BGHZ 284, 259 = NJW 2010, 1131 = ZIP 2010, 628.

61) BGH, Urt. v. 3.4.1998 – V ZR 6/97, NJW 1998, 2600 = ZIP 1998, 1049; BGH, Urt. v. 3.11.1999 – VIII ZR 269/98, BGHZ 143, 103 = NJW 2000, 1110 = ZIP 2000, 314; BGH, Urt. v. 18.4.2002 – VII ZR 192/01, BGHZ 150, 299; BGH, Urt. v. 19.5.2005 – III ZR 437/04, NJW 2005, 2543; BGH, Urt. v. 18.3.2009 – XII ZR 200/06, NJW-RR 2009, 947.

62) BGH, Urt. v. 7.3.2013 – VII ZR 162/12, NJW 2013, 1431.

63) BGH, Urt. v. 14.5.1982 – V ZR 316/81, NJW 1982, 2309; BGH, Urt. v. 23.1.2003 – VII ZR 210/01, NJW 2003, 1805.

1.45 Der Verwender muss seine **Verhandlungsbereitschaft** über den Vertragsinhalt ernsthaft und **unzweideutig** tatsächlich und **ernsthaft erklären.**[64] Weder genügt eine **allgemein geäußerte Bereitschaft,** belastende Klauseln abzuändern,[65] noch, dass ein **Formular** dem Verhandlungspartner **bekannt** war, das trotz intensiver Erörterung nicht auf Bedenken stieß und seinen Vorstellungen entsprach. Dann hat sich der Verwendungsgegner nur „der vermeintlich besseren Einsicht gebeugt und damit den Vertragsbedingungen unterworfen".[66]

1.46 Eine Klausel soll nur dann inhaltlich zur Disposition gestellt sein, wenn dem Verwendungsgegner ein Entscheidungsspielraum dafür gelassen wird, ob die Klausel in ihrem gesetzesfremden Kerngehalt auch **gänzlich entfallen** kann.[67] Nicht erforderlich ist, dass der Verwender anbietet, auf die Klausel ggf. ganz zu verzichten. Er kann vielmehr – ohne dass dies der Klausel den Individualcharakter nimmt – darauf bestehen, dass die Änderung der einen Klausel zugunsten der Verwendergegenseite mit der Änderung einer anderen Klausel zu deren Lasten bzw. der Änderung des Entgelts verbunden wird.[68]

1.47 In einer Entscheidung vom 23.1.2003 verneinte der BGH das Kriterium der **Dispositionsbereitschaft.** Die Parteien hätten zwar die jeweiligen Klauseln erörtert und gemeinsam gelesen, die Ablehnung des Gegenvorschlags belege aber nur den vergeblichen Versuch der Kundin, die Vereinbarung zu beeinflussen. Die internen Randbemerkungen der Verwenderin zeigten, dass sie einzelne Änderungsvorschläge kategorisch abgelehnt habe. Dass die Verwenderin andere Änderungswünsche der Kundin umgesetzt hatte, war nicht ausschlaggebend.[69]

1.48 c) Die bloße **formularmäßige Erklärung** des Verwenders, er sei zu Änderungen seiner AGB bereit, vermag die tatsächliche Änderungsbereitschaft weder zu begründen noch nachzuweisen.[70] Zwischen den Parteien müssen **tatsächlich Verhandlungen** über die Vertragsbedingungen stattfinden.[71]

1.49 d) Schwierig können Fälle liegen, wenn es zu **Verhandlungen über Teilaspekte des Vertrages** gekommen ist, z. B. wenn die Parteien bei Vertragsabschluss

---

64) BGH, Urt. v. 15.12.1976 – IV ZR 197/75, NJW 1977, 624; BGH, Urt. v. 3.4.1998 – V ZR 6/97, NJW 1998, 2600 = ZIP 1998, 1049.

65) BGH, Urt. v. 14.4.2005 – VII ZR 56/04, NJW-RR 2005, 1040.

66) BGH, Urt. v. 9.10.1986 – VII ZR 245/85, NJW-RR 1988, 144; BGH, Urt. v. 25.6.1992 – VII ZR 128/91, NJW 1992, 2759.

67) BGH, Urteil 10.10.1991 – VII ZR 289/90, NJW 1992, 1111; BGH, Urt. v. 16.7.1998 – VII ZR 9/97, NJW 1998, 3488; BGH, Urt. v. 10.3.1999 – VIII ZR 204/98, NJW 1999, 2180 = ZIP 1999, 711.

68) BGH, Urt. v. 6.12.2002 – V ZR 220/02, BGHZ 153, 148 = NJW 2003, 1313 = ZIP 2003, 407.

69) BGH, Urt. v. 23.1.2003 – VII ZR 210/01, NJW 2003, 1805; vlg. auch BGH, Urt. v. 16.1.1985 – VIII ZR 153/83, NJW 1985, 853; BGH, Urt. v. 6.3.1986 – III ZR 195/84, NJW 1986, 1803.

70) BGH, Urt. v. 5.5.1986 – II ZR 150/85, NJW 1986, 2428; BGH, Urt. v. 29.4.1987 – VIII ZR 251/86, BGHZ 100, 373 = NJW 1987, 2011.

71) BGH, Urt. v. 14.4.2005 – VII ZR 56/04, NJW-RR 2005, 1040.

über den **Preis** oder über **einzelne Vertragsbedingungen**, etwa unterschiedliche Vertragslaufzeiten,[72] verhandelt haben und sich später die Frage stellt, ob eine bestimmte andere unverändert in den Vertrag übernommene Vertragsbedingung als „im Einzelnen ausgehandelt" angesehen werden kann. Voraussetzung dafür ist zunächst, dass die streitige Vertragsbedingung klar und verständlich formuliert ist und dass der Kunde, soweit es nicht der Fall ist, über ihren Inhalt und ihre rechtliche Tragweite im Ergebnis aufgeklärt wurde. Hinzukommen muss aber weiterhin, dass der Kunde **erkannt hat oder erkennen konnte**, dass zwischen der streitigen Vertragsbedingung und dem Verhandlungsergebnis zum Preis und zu den übrigen Vertragsbedingungen ein **Zusammenhang besteht**, der die Annahme rechtfertigt, dass auch die unverändert übernommene Bedingung Verhandlungsgegenstand war.

So liegt es, wenn die eine Vertragspartei, um eine von ihr vorformulierte Ver- 1.50
tragsbedingung unverändert durchzusetzen, **Preiszugeständnisse (Tarifwahl)** gemacht hat. Sind von dem Kunden Bedenken gegen mehrere Vertragsbedingungen erhoben worden und werden einzelne Bedingungen daraufhin verändert, so kann dies dafür sprechen, dass nicht nur diese, sondern auch die unverändert beibehaltenen Bedingungen als Individualabreden i. S. d. § 305 Abs. 1 Satz 3 BGB anzusehen sind.[73] Die Möglichkeit der **Kompensation** durch ein Nachgeben bei der Entgeltvereinbarung betrifft allerdings nur den Sonderfall einer einzigen vorformulierten Klausel.[74]

Unzureichend für ein Aushandeln ist auch ein **sinngemäßes Anpassen** der 1.51
Klausel an den vereinbarten Leistungsumfang.[75]

Eine **eingehende Erörterung** der einzelnen Konditionen und eine **Belehrung** 1.52
über ihre Rechtsfolgen werden als nicht ausreichend erachtet.[76] Mit der Vorlage eines vorformulierten Klauselwerks gibt der Verwender zu verstehen, dass er nicht bereit ist, von seinen Konditionen abzuweichen. Um diesen objektiven Erklärungstatbestand zu beseitigen, muss er zu erkennen geben, dass er auch eine aktive Einflussnahme des Partners auf den Inhalt der Vertragsbedingungen akzeptieren würde. Der Verwender muss zur Abänderung seiner Bedingungen bereit sein und der Geschäftspartner dies bei den Vertragsverhandlungen wissen, wofür der Verwender die Darlegungs- und Beweislast trägt.[77] Wer angeblich

72) BGH, Urt. v. 6.12.2002 – V ZR 220/02, BGHZ 153, 148 = NJW 2003, 1313 = ZIP 2003, 407; BGH, Urt. v. 13.11.1997 – X ZR 135/95, NJW 1998, 1066 = ZIP 1998, 336.

73) OLG Düsseldorf, Urt. v. 28.5.2004 – 15 U 193/03 – sowie – 15 W 103/03.

74) BGH, Urt. v. 27.3.1991 – IV ZR 90/90, NJW 1991, 1678.

75) BGH, Urt. v. 18.5.1995 – X ZR 114/93, WM 1995, 1455.

76) BGH, Urt. v. 23.1.2003 – VII ZR 210/01, BGHZ 153, 311 = NJW 2003, 1805 = ZIP 2003, 908.

77) BGH, Urt. v. 3.4.1998 – V ZR 6/97, NJW 1998, 2600 = ZIP 1998, 1049; BGH, Urt. v. 3.11.1999 – VIII ZR 269/98, BGHZ 143, 103 = NJW 2000, 1110 = ZIP 2000, 314; BGH, Urt. v. 6.12.2002 – V ZR 220/02, BGHZ 153, 148 = NJW 2003, 1313 = ZIP 2003, 407.

immer verhandlungsbereit ist, tatsächlich aber nie etwas ändert, kann sich auf § 305 Abs. 1 Satz 3 BGB nicht berufen.

1.53 e) Kein Aushandeln ist gegeben, wenn der Vertragspartner **vor die Wahl gestellt** wird, entweder die Bedingungen unverändert anzunehmen oder vom Vertrag Abstand zu nehmen.[78)]

1.54 **f) Unternehmerverkehr. aa) Meinungsstand.** Für den Unternehmerverkehr ist in Rechtsprechung und Literatur umstritten, ob ein individuelles Aushandeln auch dann vorliegen kann, wenn der Verwender eine bestimmte Klausel als unabdingbar erklärt.[79)]

1.55 **bb) Stellungnahme.** Auch bei Verträgen zwischen Unternehmern besteht keine Vermutung für eine Individualvereinbarung.[80)] Allerdings sollte genügen, dass der Verwender dem anderen Teil angemessene Verhandlungsmöglichkeiten einräumt und dieser seine Rechte in der konkreten Verhandlungssituation mit zumutbarem Aufwand selbst wahrnehmen konnte. In diesem Zusammenhang kann das Aushandeln auf sachlich zusammengehörige Regelungen oder den ganzen Vertrag ausstrahlen und eine erweiterte Anwendung des § 305 Abs. 1 Satz 3 BGB rechtfertigen.[81)] Liegen „besondere Umstände“[82)] vor und hat eine gründliche Erörterung des vorformulierten Textes stattgefunden, so kann ausnahmsweise auch eine unverändert übernommene Klausel als Individualvereinbarung angesehen werden. Dies etwa dann, wenn und soweit der Kunde einsieht und erkennt, dass die Klausel sachlich notwendig und adäquat ist.[83)]

1.56 Aus unternehmerischer Vorsicht ist allerdings zu beachten, dass die aktuelle Rechtsprechung des BGH eine deutliche Sprache spricht.[84)] Stellt danach ein AGB-Verwender ein von ihm vorformulierte Vertragsbedingung als „nicht verhandelbar“ dar und kommt es unter Beibehaltung dieser Bedingung – trotz Kritik daran und eigener juristischer Prüfung des Vertragswerks seitens des anderen Vertragsteils – später zum Vertragsabschluss, ohne dass der andere Vertragsteil jene Bedingung, etwa weil er an anderer Stelle des Vertragswerks eine ausreichende Kompensation erreicht hätte, in seinen eigenen Vertragswillen aufgenommen hat, so ist für die Annahme einer „im einzelnen ausgehandelten

78) BGH, Urt. v. 10.10.1991 – VII ZR 289/90, NJW 1992, 1107; BGH, Urt. v. 18.5.1995 – X ZR 114/93, WM 1995, 1455.

79) Bejahend BGH, Urt. v. 26.2.1992 – XII ZR 129/90, NJW 1992, 2283 (wohl obiter); Palandt-*Grüneberg*, BGB, § 305 Rz. 22. Dezidiert ablehnend dagegen BGH, Urt. v. 22.11.2012 – VII ZR 222/12, NJW 2013, 856. Vgl. auch BGH, Urt. v. 7.5.2008 – XII ZR 5/06, BeckRS 2008, 11746.

80) Palandt-*Grüneberg*, BGB, § 305 Rz. 22.

81) Palandt-*Grüneberg*, BGB, § 305 Rz. 22.

82) BGH, Urt. v. 3.11.1999, VIII ZR 269/98, BGHZ 143, 103 = NJW 2000, 1110 = ZIP 2000, 314.

83) BGH, Urt. v. 3.4.1998 – V ZR 6/97, NJW 1998, 2600 = ZIP 1998, 1049.

84) BGH, Urt. v. 22.11.2012 – VII ZR 222/12, NJW 2013, 856.

Vertragsbedingung", die der AGB-Kontrolle entzogen wäre (§§ 305 Abs. 1 Satz 3, 305b BGB), kein Raum.

g) Weitere Aspekte von Interesse. aa) Überzeugtsein. Die Frage, ob der Vertragspartner von der sachlichen Gerechtigkeit der Regelung überzeugt worden sein muss, wird von der Rechtsprechung unterschiedlich beantwortet.[85] **1.57**

bb) Ausstrahlungswirkung. Wenn über viele Verhandlungsrunden hinweg eine größere Zahl von Klauseln gestaltet, umgestaltet und neu systematisiert wurde, kann dies jedenfalls bei kurzen Verträgen indizieren, dass auch eine einzelne stehengebliebene Klausel nicht mehr gestellt, sondern ausgehandelt worden ist.[86] Dass sich der Vertragspartner über den Vertragsinhalt im Klaren war, reicht bei fehlender Abänderungsbereitschaft des Verwenders für ein Aushandeln nicht aus.[87] **1.58**

cc) Eine Klausel wird nicht dadurch zur Individualabrede, dass sie in eine separate, von beiden Parteien unterzeichnete **Zusatzvereinbarung**[88] oder in einen an den Kunden gerichteten **Brief** aufgenommen wird, dies selbst dann wenn es Kunden ausdrücklich freigestellt ist, eine vorgeschlagene formularmäßige Zusatzvereinbarung zu akzeptieren oder nicht.[89] Bedeutsam kann dies insbesondere im Zusammenhang mit **Briefvereinbarungen** werden. **1.59**

dd) Die **Übersendung „zur Durchsicht und Unterschrift"** genügt nicht.[90] **1.60**

ee) Unbeachtlich für die Abgrenzung zwischen AGB und Individualabrede sind die bloße **Erläuterung** des Klauselwerks durch den Verwender und der Umstand, dass der Kunde von dessen Inhalt im Einzelnen Kenntnis genommen hat und das Vertragsangebot sodann akzeptiert hat.[91] **1.61**

ff) Bei umfangreichen oder nicht leicht verständlichen Klauseln ist Voraussetzung, dass der Verwender die andere Vertragspartei im Einzelnen über Inhalt und Tragweite der Klauseln und über die bei allen denkbaren Fallgestaltungen eintretenden Rechtsfolgen belehrt hat. Eine solche **Belehrung** ist für die Annahme, sie seien von den Parteien ausgehandelt worden, zwar erforderlich, aber nicht ausreichend. Eine Belehrung über die rechtlichen Konsequenzen einer AGB-Klausel mag es zwar rechtfertigen, dass die Klausel nicht mehr gem. § 305c Abs. 1 BGB als „überraschend" und daher als unwirksam angesehen **1.62**

---

85) BGH, Urt. v. 5.12.1995 – X ZR 14/93, NJW-RR 1996, 783 (verneinend); BGH, Urt. v. 3.4.1998 – V ZR 6/97, NJW 1998, 2600 = ZIP 1998, 1049 (bejahend); BGH, Urt. v. 3.11.1999 – VIII ZR 269/98, BGHZ 143, 103 = NJW 2000, 1110 = ZIP 2000, 314 (bejahend).

86) Enger BGH, Urt. v. 3.4.1998 – V ZR 6/97, NJW 1998, 2600 = ZIP 1998, 1049.

87) BGH, Urt. v. 27.4.1988 – VIII ZR 84/87, NJW 1988, 2465 = ZIP 1988, 974.

88) BGH, Urt. v. 19.5.2005 – III ZR 437/04, NJW 2005, 2543.

89) BGH, Urt. v. 8.3.2005 – VIII ZB 55/04, NJW 2005, 1373; BGH, Urt. v. 19.5.2005 – III ZR 437/04, NJW 2005, 2543.

90) BGH, Urt. v. 18.11.1982 – VII ZR 305/81, NJW 1983, 385 = ZIP 1983, 76.

91) BGH, Urt. v. 27.4.1988 – VIII ZR 84/87, NJW 1988, 2465 = ZIP 1988, 974; BGH, Urt. v. 25.6.1992 – VII ZR 128/91, NJW 1992, 2759.

werden kann.[92] Zu einer Individualabrede i. S. d. § 305 Abs. 1 Satz 3 BGB wird sie dadurch aber nicht.[93]

1.63 gg) Kommt es im Einzelfall nach Abschluss des Vertrages zu Verhandlungen über eine AGB-Regelung, so kann in der einverständlichen **Bestätigung** ihres Inhalts eine Individualabrede liegen.[94] Dem Vorliegen einer Individualabrede steht nicht entgegen, dass die Vereinbarung in mehreren Verträgen mit verschiedenen Parteien gleichlautend getroffen wurde. Entscheidend ist, dass sie im konkreten Fall individuell ausgehandelt wurde.[95]

1.64 **h) Textänderungen. aa) Materielle Textänderungen.** Ein Aushandeln im Einzelnen ist zu bejahen, wenn die Vertragspartner im Rahmen von Verhandlungen über die Einbeziehung der AGB des einen Teils in den Vertrag zu materiellen Änderungen des vorformulierten Textes kommen.[96]

1.65 Sind am vorformulierten Text nachträgliche Veränderungen in hand- oder maschinenschriftlicher Form vorgenommen worden, so kann darin je nach Art oder Inhalt der Änderung ein **Indiz** dafür zu sehen sein, dass der Vertrag insoweit im Einzelnen ausgehandelt und zur Individualabrede geworden ist.[97] Ein Indiz dafür, dass eine Klausel für den Verwender verhandlungsfähig war, ist, dass **gleichartige Verträge jeweils abgeändert** abgeschlossen wurden; es sei denn, es ist stets dieselbe Klausel, die jeweils gleichlautend geändert oder ergänzt worden ist. Dagegen kann vor allem der Inhalt einer Klausel sprechen, wenn sie einseitig der Wahrung der Interessen des Verwenders dient und **erheblich von gesetzlichen Regelungen abweicht,** die den Vertragspartner schützen.[98]

1.66 Wird lediglich die Formulierung, nicht aber der wesentliche Inhalt einer Klausel abgeändert, so greift § 305 Abs. 1 Satz 3 BGB nicht ein.[99]

1.67 **bb) Im Übrigen.** Textänderungen sind allerdings nicht zwingend, um ein Aushandeln feststellen zu können.[100] Auch wenn der vorformulierte **Text unverändert** bleibt, kann ausnahmsweise eine Individualvereinbarung vorliegen, wenn der andere Teil nach gründlicher Erörterung von der Sachgerechtigkeit der Regelung überzeugt wird und ihr zustimmt. Der Vertragsinhalt muss dazu

---

92) BGH, Urt. v. 22.12.1992 – VI ZR 341/91, BGHZ 121, 107 = NJW 1993, 779.

93) BGH, Urt. v. 27.3.1991 – IV ZR 90/90, NJW 1991, 1678; BGH, Urt. v. 25.6.1992 – VII ZR 128/91, NJW 1992, 2759; BGH, Urt. v. 19.5.2005 – III ZR 437/04, NJW 2005, 2543.

94) OLG Hamm, Urt. v. 27.2.1981 – 4 RE-Miet 4/80, NJW 1981, 1049.

95) BGH, Urt. v. 26.2.1992 – XII ZR 129/90, NJW 1992, 2283.

96) BGH, Urt. v. 25.6.1987 – VII ZR 251/86, NJW 1988, 140; BGH, Urt. v. 3.4.1998 – V ZR 6/97, NJW 1998, 2600 = ZIP 1998, 1049; BGH, Urt. 23.1.2003 – VIII ZR 210/01, BGHZ 153, 311 = NJW 2003, 1805 = ZIP 2003, 908.

97) BGH, Urt. v. 26.2.1992 – XII ZR 129/90, NJW 1992, 2283.

98) BGH, Urt. v. 4.6.1981 – VII ZR 212/80, NJW 1981, 2343.

99) BGH, Urt. v. 18.5.1995 – X ZR 114/93, WM 1995, 1455.

100) BGH, Urt. v. 3.4.1998 – V ZR 6/97, NJW 1998, 2600 = ZIP 1998, 1049; BGH, Urt. v. 23.1.2003 – VII ZR 210/01, NJW 2003, 1805.

von beiden Seiten in ihren rechtsgeschäftlichen Gestaltungswillen aufgenommen worden sein und der Kunde darf sich nicht etwa aus Gründen der Zeitersparnis, der Rationalisierung oder des Fehlens akzeptabler Gegenvorschläge mit den vom Verwender vorgeschlagenen Vertragsbedingungen einverstanden erklärt haben. Ein solcher Ausnahmefall setzt voraus, dass der Verwender seine AGB zwar zur Disposition stellt, den Kunden dennoch zu unveränderter Akzeptanz bewegen kann, indem er ihn etwa von der sachlichen Notwendigkeit der Regelung überzeugt oder ihm beim Preis entgegenkommt.[101)] **Preiszugeständnisse** sind ein wichtiges Indiz dafür, dass die Voraussetzungen „besonderer" Umstände gegeben sind.

Unerheblich ist, ob die Änderungsmöglichkeit tatsächlich von einzelnen Kunden genutzt wurde, wie vom Verwender behauptet. Der BGH geht allein vom Verständnis eines durchschnittlichen Kunden aus.[102)] **1.68**

cc) Nachträgliche Änderungen. Eine AGB verliert ihren Klauselcharakter nicht allein dadurch, dass sie von den Parteien nachträglich geändert wird. Vielmehr muss die nachträgliche Änderung in einer Weise erfolgen, die es rechtfertigt, dass sie wie eine von vorne herein getroffene Individualvereinbarung zu behandeln ist. Das ist nicht der Fall, wenn der Verwender auch nach Vertragsschluss dem Vertragspartner keine Gestaltungsfreiheit eingeräumt und den gesetzesfremden Kerngehalt der Klausel nicht zur Disposition gestellt hat und die Parteien auf dieser Grundlage eine Einigung finden, mit der die nachteilige Wirkung der Klausel lediglich abgeschwächt wird. Denn in diesem Fall wirkt die zum Nachteil des Vertragspartners unangemessen ausgeübte Gestaltungsmacht des Verwenders fort.[103)] **1.69**

i) Unterschrift. Kein Indiz für ein individuelles Aushandeln ist der Umstand, dass die (gesondert zum Vertragstext überreichten) AGB von der anderen Vertragspartei zusätzlich zum eigentlichen Vertragstext unterzeichnet wurden **(Abzeichnung)**.[104)] Gleiches gilt für die Vertragsunterschrift. **1.70**

j) Reichweite des Aushandelns („soweit"). Die Mindestanforderungen an das Aushandeln i. S. d. § 305 Abs. 1 Satz 3 BGB sind gesetzlich dahin umschrieben, dass das Aushandeln sich jeweils auf bestimmte Vertragsbedingungen beziehen muss und nur insoweit zur Nichtanwendung des AGB-Rechts führt.[105)] Ein **1.71**

---

101) BGH, Urt. v. 3.4.1998 – V ZR 6/97, NJW 1998, 2600 = ZIP 1998, 1049; BGH, Urt. v. 3.11.1999 – VIII ZR 269/98, BGHZ 143, 103 = NJW 2000, 1110 = ZIP 2000, 314.

102) BGH, Urt. v. 18.12.1996 – IV ZR 60/96, NJW-RR 1997, 1000.

103) BGH, Urt. v. 7.3.2013 – VII ZR 162/12, NJW 2013, 1431.

104) BGH, Urt. v. 18.11.1982 – VII ZR 305/81, NJW 1983, 385 = ZIP 1983, 76; BGH, Urt. v. 27.4.1988 – VIII ZR 84/87, NJW 1988, 2465 = ZIP 1988, 974.

105) BGH, Urt. v. 17.5.1982 – VII ZR 316/81, ZIP 1982, 969; BGH, Urt. v. 25.5.1984 – III ZR 231/82, WM 1984, 1174; BGH, Urt. v. 11.10.1984 – VII ZR 248/83, WM 1984, 1610; BGH, Urt. v. 12.6.1985 – IVa ZR 261/83, BB 1986, 22; BGH, Urt. v. 19.6.1996 – VIII ZR 189/95, ZIP 1996, 1997.

Aushandeln einzelner Vertragsbedingungen ändert grundsätzlich nichts daran, dass die übrigen AGB bleiben.[106)]

1.72 Sind AGB bei einem früheren Vertragsabschluss individuell vereinbart worden, aber inhaltlich unverändert geblieben, reicht das bei einer **erneuten Verwendung** nicht für eine Bejahung von § 305 Abs. 1 Satz 3 BGB aus. Die Abänderungsbereitschaft muss also für den jeweiligen Vertrag festgestellt werden.[107)]

1.73 **k) Bestätigungen. aa)** Eine von der anderen Vertragspartei unterzeichnete **individuelle Erklärung,** der zur Folge alle Vertragsbedingungen ausgehandelt worden seien, hat keinerlei Beweiswert. Sie ist weder Beweis für das Vorliegen einer Individualvereinbarung, noch führt sie zu einer Beweislastumkehr.[108)] Eine entsprechende Versicherung ist auch nicht typischerweise richtig, sodass mit ihrer Hilfe kein Anscheinsbeweis erbracht werden kann. Ganz bedeutungslos müssen solche Erklärungen indessen nicht sein. Sind sie deutlich hervorgehoben, hand- oder maschinenschriftlich erst bei den Vertragsverhandlungen in den Vertragstext eingefügt oder von dem Kunden gesondert unterschrieben worden, so können sie als **Beweisanzeichen** immerhin zu der richterlichen Überzeugung beitragen, dass es sich bei den streitigen Vertragsbedingungen im konkreten Einzelfall um Individualabreden handelt.[109)]

1.74 **bb) Formularbestätigung.** Eine formularmäßige Bestätigung des Vertragspartners, der Vertrag sei im Einzelnen ausgehandelt, ist nach § 309 Nr. 12b BGB **auch im Falle gesonderter Unterschrift unwirksam**, unabhängig davon, ob es sich um eine Beweislastumkehr oder nur um ein vom Gericht frei zu würdigendes Beweisanzeichen handelt.[110)]

1.75 l) Selbst wenn geeignete Indizien festgestellt werden können, bleibt dem Kunden freilich die Möglichkeit, den **Anschein** individuellen Aushandelns dadurch zu **erschüttern**, dass er die tatsächliche Übereinstimmung der ihm gegenüber konzedierten Abweichungen mit denjenigen in anderen vom beklagten Verwender geschlossenen Verträgen nachweist. Lässt sich eine solche Übereinstimmung in nicht nur vereinzelten Fällen feststellen und gestattet sie den Rückschluss auf eine gewisse Planmäßigkeit des Vorgehens des Verwenders, so ist der auf eine Individualabrede hindeutende äußere Anschein widerlegt.[111)] Auch in diesem Fall kann der Verwender freilich den Nachweis führen, dass die

---

106) BGH, Urt. v. 6.3.1986 – III ZR 195/84, ZIP 1986, 698; BGH, Urt. v. 19.6.1996 – VIII ZR 189/95, ZIP 1996, 1997.

107) BGH, Urt. v. 8.11.1978 – IV ZR 179/77, NJW 1979, 367.

108) BGH, Urt. v. 15.1.1987 – I ZR 198/84, NJW 1987, 1641.

109) BGH, Urt. v. 15.12.1976 – IV ZR 197/75, NJW 1977, 624; OLG Hamm, Beschl. v. 27.2.1981 – 4 REMiet 4/80.

110) BGH, Urt. v. 18.11.1982 – VII ZR 305/81, NJW 1983, 385 = ZIP 1983, 76; BGH, Urt. v. 19.5.2005 – III ZR 437/04, NJW 2005, 2543.

111) BGH, Urt. v. 10.3.1999 – VIII ZR 204/98, NJW 1999, 2180 = ZIP 1999, 711.

inhaltliche Übereinstimmung jeweils auf dem Ergebnis des konkreten Aushandelns mit dem Vertragspartner beruht und den Änderungen nicht etwa vorformulierte Vertragsbedingungen mit der faktischen Bindungswirkung von AGB zugrunde lagen.

III. Darlegung und Beweis

1. Klauselgegner

a) Grundsatz. Der Klauselgegner hat die Darlegungs- und Beweislast für das Vorliegen der – vier positiven – Voraussetzungen des § 305 Abs. 1 Satz 1 BGB.[112] Regelmäßig wird der Verbraucher der ihm nach § 305 Abs. 1 Satz 1 BGB obliegenden Darlegungs- und Beweislast schon durch Hinweis auf die **äußere Form** – gedruckter oder sonst vervielfältigter Text – genügen können.[113] 1.76

b) Vorformulierung. Gleiches gilt nach den Grundsätzen des Beweises des ersten Anscheins (prima facie), wenn sich aus der **Fassung** der Klauseln die Absicht einer mehrfachen Verwendung ergibt.[114] Dabei kann bereits aus Inhalt und Gestaltung der Klauseln der äußere, vom Verwender zu widerlegende **Anschein** ergeben, dass sie zur Mehrfachverwendung vorformuliert sind. Hierbei wird aus der Typizität der Vertragsgestaltung abgeleitet, dass der Verwender die Bestimmung nicht nur für den Einzelfall entwickelt hat.[115] Demgegenüber gestattet die maschinenschriftliche Form eines Vertrages in einer einheitlichen, Haupt- und Nebenabreden enthaltenden Urkunde, für sich genommen, nicht ohne weiteres den Rückschluss auf den AGB-Charakter des Vertragsinhalts. Hier müssen vom Kunden weitere Umstände dargetan werden wie der Massencharakter von Geschäften der fraglichen Art aus der Sicht des Vertragspartners des Kunden, der nicht auf die individuelle Vertragssituation abgestimmte, formelhafte Vertragsinhalt oder die tatsächliche Übereinstimmung der von jenem verwendeten Vertragsbedingungen in nicht nur vereinzelten Fällen, wenn er seiner Beweisführungslast genügen oder den Anscheinsbeweis erbringen will.[116] 1.77

c) Vielzahlkriterium. Die Absicht der dreimaligen Verwendung wird damit belegt, dass die Klausel in insgesamt drei Verträgen (am selben Tag) verwendet 1.78

112) BGH, Urt. v. 3.11.1999 – VIII ZR 269/98, BGHZ 143, 103 = NJW 2000, 1110 = ZIP 2000, 314.

113) BGH, Urt. v. 14.5.1992 – VII ZR 204/90, BGHZ 118, 229 = NJW 1992, 2160; BGH, Urt. v. 3.4.1998 – V ZR 6/97, NJW 1998, 2600 = ZIP 1998, 1049; BGH, Urt. v. 17.2.2010 – VIII ZR 67/09, BGHZ 184, 259 = NJW 2010, 1131.

114) BGH, Urt. v. 27.11.2003 – VII ZR 53/03, BGHZ 157, 102 = NJW 2004, 502.

115) BGH, Urt. v. 14.5.1992 – VII ZR 204/90, BGHZ 118, 229 = NJW 1992, 2160; BGH, Urt. v. 27.11.2003 – VII ZR 53/03, BGHZ 157, 102 = NJW 2004, 502; BGH, Urt. v. 26.2.2004 – VII ZR 247/02, NJW-RR 2004, 814.

116) BGH, Urt. v. 14.5.1992 – VII ZR 204/90, BGHZ 118, 229 = NJW 1992, 2160; BGH; BGH, Urt. v. 3.4.1998 – V ZR 6/97, NJW 1998, 2600 = ZIP 1998, 1049; OLG Düsseldorf, Urt. v. 28.5.2004 – 15 U 193/03 – wie – 15 W 103/03.

wird. Dann wird (widerleglich) **vermutet**, dass sie nicht nur für einen bestimmten Vertrag, sondern für eine Vielzahl von Verträgen formuliert wurde.[117] Die nur einmal wiederholte Anwendung genügt ebenfalls nicht.[118]

1.79 d) **Stellen.** Wird ein gedrucktes Formular verwendet, so spricht der Beweis des ersten Anscheins auch für ein Stellen durch die Partei, die den Vordruck eingebracht hat. Der Verwender muss dann diesen Anschein widerlegen.[119]

2. Verwender

1.80 a) **Grundsatz.** Die Darlegungs- und Beweislast dafür, dass im konkreten Fall ein **Aushandeln** (§ 305 Abs. 1 Satz 3 BGB) der an sich vorformulierten Bedingungen stattgefunden hat, obliegt dem Verwender.[120]

1.81 b) Im **Unternehmerverkehr** kann der Beweis auch dadurch erbracht werden, dass im Anschluss an die Vertragsverhandlungen ein kurzes **Protokoll** darüber gefertigt und entweder von beiden Parteien gezeichnet oder von einer Partei der anderen als Bestandteil eines kaufmännischen Bestätigungsschreibens übersandt wird.

1.82 c) **Einzelheiten. aa)** Hat der Verwender im Abstand von drei Monaten zwei im Wesentlichen ähnliche Verträge mit dem gleichen Kunden geschlossen und behauptet er, eine bestimmte Klausel sei bei jedem dieser Verträge mit dem Kunden „im Einzelnen ausgehandelt" worden, so muss er auch für den **zweiten Vertragsschluss** beweisen, dass hierbei die Voraussetzungen für die Annahme einer Individualvereinbarung gegeben waren. Es genügt nicht, wenn der Verwender bei dem zweiten Vertragsschluss auf seine alten dem Kunden bekannten (und beim ersten Vertragsschluss individuell vereinbarten) AGB ausdrücklich Bezug nimmt und dieser sich mit ihnen einverstanden erklärt.[121]

1.83 **bb)** Je ungünstiger und **komplexer** die Regelung für den Kunden ist, umso höher sind die Anforderungen, die an den Nachweis des Aushandelns zu stellen sind.[122]

IV. Querschnittsthemen

1. Mustertexte[123]

1.84 a) **Vorformulierung.** § 305 Abs. 1 Satz 1 BGB verlangt weder nach seinem Wortlaut noch nach seinem Schutzzweck, dass derjenige, der die Bedingungen

117) BGH, Urt. v. 26.9.1996 – VII ZR 318/95, NJW 1997, 135.

118) BGH, Urt. v. 26.9.1996 – VII ZR 318/95, NJW 1997, 135.

119) BGH, Urt. v. 14.5.1992 – VII ZR 204/90, BGHZ 118, 229 = NJW 1992, 2160.

120) BGH, Urt. v. 3.4.1998 – V ZR 6/97, NJW 1998, 2600 = ZIP 1998, 1049; BGH, Urt. v. 3.11.1999 – VIII ZR 269/98, BGHZ 143, 103 = NJW 2000, 1110 = ZIP 2000, 314.

121) BGH, Urt. v. 8.11.1978 – IV ZR 179/77, NJW 1979, 367.

122) BGH, Urt. v. 3.12.1991 – XI ZR 77/91, ZIP 1992, 24.

123) Vgl. etwa das Muster eines Getränkelieferungsvertrages mit Darlehensgewährung bei *Gödde*, in: Martinek/Semler/Flohr, Formularsammlung Vertriebsrecht, § 21.

vorformuliert hat, und derjenige, der sie verwendet, verschiedene Personen sind.[124] Das Tatbestandsmerkmal „vorformuliert“ ist also dann erfüllt, wenn Getränkelieferanten ihre Vereinbarungen auf der Grundlage eigener oder fremder Mustertexte bzw. Textbausteine gestalten.

b) Vielzahl von Verträgen. Benutzt eine Vertragspartei die von Dritten für eine Mehrfachverwendung vorformulierten Bedingungen, so ist nicht erforderlich, dass die Partei selbst eine mehrfache Verwendung plant.[125] Dies gilt auch dann, wenn die Vertragspartei, die Klauseln stellt, diese **nur für einen Einzelfall einzusetzen** gedenkt.[126] **1.85**

c) Stellen. Wer einmalig ein gebräuchliches Vertragsmuster ganz oder teilweise benutzt, verwendet es i. S. d. § 305 Abs. 1 Satz 1 BGB.[127] Dies ist insbesondere auch dann der Fall, wenn Getränkelieferanten eigene oder fremde Mustertexte einsetzen. Für die Frage, wer eine Klausel gestellt hat und damit Verwender ist, kommt es nicht entscheidend darauf an, wer die Geschäftsbedingungen entworfen hat (**„geistiger Vater“**). Sind die Bedingungen von einem Dritten formuliert, ist für die Anwendbarkeit der §§ 305–310 BGB maßgebend, ob eine der Vertragsparteien sich die Bedingungen als von ihr gestellt **zurechnen** lassen muss. Zu fragen ist, auf welche Initiative der verwendete Formularvertrag in die Verhandlungen der Parteien eingebracht worden ist und wer seine Verwendung zum Vertragsschluss verlangt hat.[128] **1.86**

d) Aushandeln. Nicht ausreichend ist es, wenn **mehrere Vertragsentwürfe zur Auswahl** zugesendet werden.[129] Das bloße **Einräumen von Wahlmöglichkeiten** genügt dem Kriterium der Abänderungsbereitschaft selbst dann nicht, wenn die Varianten der Vertragsgestaltung von den Parteien eingehend mündlich erörtert wurden. Durch die Wahlmöglichkeit allein wird die Bestimmung nicht in den rechtsgeschäftlichen Gestaltungswillen aufgenommen. Es reicht nicht aus, dass der Verwender den gesetzesfremden Kerngehalt bei ablehnender Haltung des Vertragspartners zugunsten einer anderen, unabänderlich vorgefertigten Vertragsgestaltung entfallen lässt.[130] **1.87**

---

124) BGH, Beschl. v. 25.11.2004 – I ZB 16/04, ZIP 2005, 1604; BGH, Urt. v. 23.6.2005 – VII ZR 277/04, ZIP 2005, 1604; BGH, Urt. v. 24.11.2005 – VII ZR 87/04, WM 2006, 247.

125) BGH, Urt. v. 17.2.2010 – VIII ZR 67/09, BGHZ 184, 259 = NJW 2010, 1131 = ZIP 2010, 628.

126) BGH, Urt. v. 4.5.2000 – VII ZR 53/99, ZIP 2000, 1535, insoweit in BGHZ 144, 242 nicht abgedruckt; BGH, Beschl. v. 25.11.2004 – I ZB 16/04, ZIP 2005, 1604; BGH, Beschl. v. 23.6.2005 – VII ZR 277/04, ZIP 2005, 1604; BGH, Urt. v. 17.2.2010 – VIII ZR 67/09, BGHZ 284, 259 = NJW 2010, 1131 = ZIP 2010, 628.

127) BGH, Urt. v. 23.6.2005 – VII ZR 277/04, ZIP 2005, 1604; BGH, Urt. v. 17.2.2010 – VIII ZR 67/09, BGHZ 284, 259 = NJW 2010, 1131 = ZIP 2010, 628.

128) BGH, Urt. v. 17.2.2010 – VIII ZR 67/09, BGHZ 184, 259 = NJW 2010, 1131 = ZIP 2010, 628.

129) BGH, Urt. v. 18.5.1995 – X ZR 114/93, WM 1995, 1455.

130) BGH, Urt. v. 3.7.1985 – IVa ZR 246/83, NJW-RR 1986, 54.

2. Verbandsmuster

1.88 a) **Vielzahlkriterium.** Hat ein Verband ein Vertragsformular entwickelt und seinen Mitgliedern allgemein zur Verfügung empfohlen, so kann es sich um AGB auch dann handeln, wenn der Verwender das Formular **nur für einen Einzelfall einsetzt.**[131)]

1.89 b) **Stellen.** Es genügt, wenn Bedingungen verwendet werden, die ein Wirtschaftsverband zur Nutzung durch seine Mitglieder aufgestellt hat oder hat aufstellen lassen. Dies insbesondere dann, wenn sie in einem Formularbuch oder einer Sammlung von Musterbedingungen zur Verwendung bereitgestellt sind.

1.90 Empfehlen Verbände Vertragsformulare, sind sie nicht Verwender i. S. d. § 305 BGB. Als Empfehler können sie aber auf Unterlassung in Anspruch genommen werden (§ 1 UklaG).

1.91 c) **Aushandeln.** Kollektives Aushandeln auf Verbandsebene rechtfertigt die Anwendung des § 305 Abs. 1 Satz 3 BGB nicht, ist aber im Rahmen der Angemessenheitsprüfung zu berücksichtigen.[132)]

1.92 Werden die vorformulierten Vertragsbedingungen nicht einseitig auferlegt, sondern **einvernehmlich verwendet**, so kann die Frage, ob beide Parteien als Verwender anzusehen sind, im Ergebnis offenbleiben. Wie aus dem Wortlaut des § 305 Abs. 1 Satz 1 BGB hervorgeht, gelten die §§ 305–310 BGB allein im Verhältnis zwischen einem „Verwender" von AGB und einer „anderen Vertragspartei". Sind beide Parteien Verwender oder ist es keine von ihnen, so finden die Vorschriften über die Inhaltskontrolle keine Anwendung.[133)]

3. Vertragserstellungsprogramme

1.93 Wer als Getränkelieferant mit eigenen und insbesondere zugelieferten Vertragserstellungsprogrammen arbeitet, sieht sich bei Verwendung der Module naturgemäß der AGB-Problematik vollumfänglich ausgesetzt. Dies sowohl im Zusammenhang mit den Leistungs- und Getränkelieferungsverträgen einschließlich Widerrufsinformation(en) und Widerrufsbelehrung(en) als auch ergänzender Formulare, wie Verträge zur Bestellung von Sicherheiten.

4. Notarielle Vereinbarungen

1.94 a) **Einführung.** Getränkebezugsverpflichtungen werden nicht selten auch in notariellen Urkunden niedergelegt. Zu denken ist einerseits an die Beurkun-

---

131) BGH, Beschl. v. 23.6.2005 – VII ZR 277/04, ZIP 2005, 1604; BGH, Beschl. v. 25.11.2004 – I ZB 16/04, ZIP 2005, 1604; BGH, Urt. v. 17.2.2010 – VIII ZR 67/09, BGHZ 284, 259 = NJW 2010, 1131 = ZIP 2010, 628.

132) BGH, Urt. v. 15.12.1982 – VII ZR 92/82, BGHZ 86, 141 = NJW 1983, 1816.

133) BGH, Urt. v. 17.2.2010 – VIII ZR 67/09, BGHZ 184, 259 = NJW 2010, 1131 = ZIP 2010, 628.

dung einer Getränkebezugsverpflichtung im Zusammenhang mit dem Verkauf einer gastrogewerblich genutzten Immobilie, etwa auch durch einen Getränkelieferanten. Darüber hinaus werden Getränkebezugsverpflichtungen notariell im Zusammenhang mit notariellen (Schuld-)Anerkenntnissen beurkundet.

b) Grundsatz. § 305 Abs. 1 Satz 2 BGB normiert die Rechtsunerheblichkeit der Form, in der die Bestimmungen abgefasst sind. Daher können auch einer besonderen Form bedürftige Verträge, hier notarielle Verträge, AGB sein. Das AGB-Recht kann folglich auch für notariell beurkundete Verträge gelten, soweit diese AGB enthalten (Formularvertrag) oder in Bezug nehmen. **1.95**

c) Vorformulierung. Die Voraussetzung „Vorformulierung" bedarf wie stets der Feststellung. Nicht selten liegen zumindest teilweise eigenformulierte Textpassagen vor. **1.96**

d) Vielzahlkriterium. Benutzt eine Vertragspartei die von einem Dritten für eine mehrfache Verwendung formulierten Bedingungen, so ist schon nach dem Wortlaut des § 305 Abs. 1 Satz 1 BGB nicht erforderlich, dass die Partei selbst eine mehrfache Verwendung plant.[134] **1.97**

e) Stellen. aa) Grundsatz. Voraussetzung ist, dass die Regelung von einer Vertragspartei,[135] von einem Notar oder von einem sonstigen Dritten zur Verwendung in einer Vielzahl von Verträgen vorformuliert und von einer Partei gestellt ist.[136] Wird sie von einem Dritten, hier Notar, vorgeschlagen, so ist § 305 Abs. 1 BGB grundsätzlich nicht erfüllt. Soweit Vertragsbestimmungen auf Standardformularen eines Notars beruhen, liegen nicht allein deshalb AGB vor. Es kommt vielmehr darauf an, ob sich der Verwender das Verhalten des Notars **zurechnen** lassen muss.[137] **1.98**

bb) Ausnahme. Eine Ausnahme von der AGB-Neutralität interner Vertragsmuster, Vorlagen etc. ist dann geboten, wenn der Vertragsentwurf auf Veranlassung oder im Auftrag einer Partei nach deren Wünschen zur Verwendung auch für künftige Verträge oder zum Abschluss von Serienverträgen erstellt wurde.[138] Dem lässt sich der Fall der Einschaltung eines Hausnotars gleichstellen, wenn die ihn benennende Partei dessen Entwürfe kennt und sich zunutze machen will. Bei Einschaltung des Notars ist ein Stellen u. a. dann anzunehmen, wenn die Vertragspartei dem Notar den vorformulierten Vertrag zur Verfügung gestellt hat[139] **1.99**

---

134) BGH, Urt. v. 23.6.2005 – VII ZR 277/04, ZIP 2005, 1604; BGH, Urt. v. 24.11.2005 – VII ZR 87/04, WM 2006, 247; BGH, Urt. v. 17.2.2010 – VIII ZR 67/09, BGHZ 184, 259 = NJW 2010, 1131 = ZIP 2010, 628.

135) BGH, Urt. v. 4.6.1981 – VII ZR 212/80, NJW 1981, 2343.

136) BGH, Urt. v. 5.3.1991 – XI ZR 75/90, NJW 1991, 1677.

137) BGH, Urt. v. 13.9.2001 – VII ZR 487/99, MDR 2001, 1349.

138) BGH, Urt. v. 14.5.1992 – VII ZR 204/90, BGHZ 118, 229 = NJW 1992, 2160; BGH, Urt. v. 27.9.2001 – VII ZR 388/00, NJW 2002, 138 = ZIP 2001, 2288.

139) BGH, Urt. v. 30.10.1987 – V ZR 174/85, BGHZ 102, 152 = NJW 1988, 558 = ZIP 1988, 12.

oder der Notar auf Veranlassung einer Seite eingeschaltet wurde und in ihrem Auftrag und unter einseitiger Berücksichtigung ihrer Interessen das Vertragsformular entwickelt hat.[140)]

1.100 Sind Dritte, z. B. ein Notar oder Rechtsanwalt, so etwa bei der Beurkundung notarieller Grundstückskaufverträge mit zu übernehmender Getränkebezugsverpflichtung oder bei Pacht-/Miet-Verträgen zugunsten Dritter an der Vertragsgestaltung beteiligt, so ist festzustellen, ob und welche Partei die Vertragsbedingungen eingeführt hat: Hat der Dritte im Auftrag einer Vertragspartei ein Formular entwickelt, dann wird sein Handeln dem Auftraggeber zugerechnet.

1.101 f) **Aushandeln.** Auch im Unternehmerverkehr reicht es nicht aus, wenn die Vertragsbedingungen dem Kunden bei Vertragsabschluss von dem Verwender oder dem Notar vorgelesen worden sind.[141)]

1.102 Insbesondere bei notariell beurkundeten Verträgen, aber auch bei anderen Verträgen, kann es sich zur Erleichterung dieses Beweises empfehlen, in die Vertragsurkunde einen **Passus** aufzunehmen, in dem Gegenstand und Ergebnis der Verhandlungen kurz beschrieben werden, also etwa dargelegt wird, dass der Kunde auf bestimmte einzelne, für ihn risikoreiche Klauseln hingewiesen worden sei und er sich mit ihrer Geltung einverstanden erklärt habe, nachdem ihm in Bezug auf den **Preis** oder in Bezug auf **andere Vertragsbedingungen** ein Zugeständnis gemacht worden sei oder Einverständnis darüber bestanden habe, dass der Preis nur wegen der (für den Kunden risikoreichen) Klauseln habe so niedrig festgesetzt werden können.

5. Regelungsalternativen

1.103 a) **Grundlagen.** Bei einer Kombination von mehreren vorformulierten Regelungsalternativen mit einem Leerraum, der individuell ausgefüllt werden kann, oder vorgegebenen Alternativen, beispielsweise **Laufzeitvorgaben** zum Ankreuzen, handelt es sich um AGB, wenn die vorformulierten Alternativen im Vordergrund stehen und sie die individuellen Wahlmöglichkeiten überlagern. Hat der Vertragsgegner indes gleichzeitig die Möglichkeit, eine eigene Wahl unabhängig von den Vorgaben zu treffen, und macht er davon Gebrauch, liegen keine AGB vor.[142)] Nach neuerer Rechtsprechung[143)] seien die gewählten Bedingungen in letzterem Fall ausgehandelt.

---

140) BGH, Urt. v. 14.5.1992 – VII ZR 204/90, BGHZ 118, 229 = NJW 1992, 2160; BGH, Urt. v. 27.9.2001 – VII ZR 388/00, NJW 2002, 138 = ZIP 2001, 2288.

141) BGH, Urt. v. 30.10.1987 – V ZR 174/85, BGHZ 102, 152 = NJW 1988, 558 = ZIP 1988, 12; BGH, Urt. v. 20.11.2008 – III ZR 60/08, NJW 2009, 1199 = ZIP 2009, 872.

142) BGH, Urt. v. 7.2.1996 – IV ZR 16/95, NJW 1996, 1676; BGH, Urt. v. 18.12.1996 – IV ZR 60/96, NJW-RR 1997, 1000.

143) BGH, Urt. v. 20.12.2007 – III ZR 144/07, NJW 2008, 987.

b) Stellen oder Aushandeln. aa) Das „Stellen" entfällt nicht, wenn der Kunde zwischen verschiedenen Regelungsalternativen wählen kann oder der Formulartext die Aufforderung zu Änderungen oder Streichungen enthält. Vertragsbedingungen sind auch dann gestellt, wenn der Verwender ausdrücklich die Möglichkeit zur **Änderung oder Streichung** im Text einräumt[144)] oder verschiedene AGB alternativ anbietet.[145)] 1.104

bb) Die **Eröffnung von Wahlmöglichkeiten** in Bezug auf die vorformulierten Vertragsbedingungen oder dass einige Lücken **(Preis, Laufzeit)** individuell auszufüllen sind, macht die vom Kunden gewählte Alternative grundsätzlich noch nicht zur Individualabrede.[146)] Denn die vorgefertigten Vertragsgestaltungen sind selbst unabänderlich, sodass der Vertragspartner in Wahrheit keine Möglichkeit des Aushandelns besitzt.[147)] 1.105

Das „Stellen" entfällt erst dann, wenn der Kunde in der Auswahl der in Betracht kommenden Vertragstexte frei ist und insbesondere Gelegenheit erhält, alternativ eigene Textvorschläge mit der effektiven Möglichkeit ihrer Durchsetzung in die Verhandlung einzubringen, sodass die Einbeziehung auf einer freien Entscheidung beruht. Dann kann die **Auslegung** der Wahl durch den Kunden zur Annahme einer Individualabrede führen.[148)] An dem durch einseitige Ausnutzung der Vertragsgestaltungsfreiheit einer Vertragspartei zum Ausdruck kommenden Stellen vorformulierter Vertragsbedingungen fehlt es nämlich, wenn deren Einbeziehung sich als Ergebnis einer freien Entscheidung desjenigen darstellt, der vom anderen Vertragsteil mit dem Verwendungsvorschlag konfrontiert wird.[149)] Dazu genügt es allerdings nicht, dass der andere Vertragsteil lediglich die Wahl zwischen bestimmten, von der anderen Seite vorgegebenen Formularalternativen hat. Erforderlich ist vielmehr, dass er – wenn er schon auf die inhaltliche Gestaltung des vorgeschlagenen Formulartextes keinen Einfluss nehmen konnte – in der Auswahl der in Betracht kommenden 1.106

---

144) BGH, Urt. v. 29.4.1987 – VIII ZR 251/86, BGHZ 100, 373 = NJW 1987, 2011; BGH, Urt. v. 1.12.2005 – I ZR 103/04, NJW-RR 2006, 758.

145) BGH, Urt. v. 7.2.1996 – IV ZR 16/95, NJW 1996, 1676.

146) BGH, Urt. v. 29.4.1987 – VIII ZR 251/86, BGHZ 100, 373 = NJW 1987, 2011; BGH, Urt. v. 3.11.1999 – VIII ZR 269/98, BGHZ 143, 103 = NJW 2000, 1110 = ZIP 2000, 314; BGH, Urt. v. 19.5.2005 – III ZR 437/04, NJW 2005, 2543.

147) BGH, Urt. v. 19.12.1985 – VII ZR 267/84, WM 1986, 388; BGH, Urt. v. 5.5.1986 – II ZR 150/85, BGHZ 98, 28; BGH, Urt. v. 29.4.1987 – VIII ZR 251/86, BGHZ 100, 373 = NJW 1987, 2011; BGH, Urt. v. 10.10.1991 – VII ZR 289/90, WM 1992, 401; BGH, Urt. v. 7.2.1996 – IV ZR 16/95, NJW 1996, 1676; BGH, Urt. v. 3.11.1999 – VIII ZR 269/98, BGHZ 143, 103 = NJW 2000, 1110 = ZIP 2000, 314; BGH, Urt. v. 19.5.2005 – III ZR 437/04, NJW 2005, 2543.

148) BGH, Urt. v. 27.3.1991 – IV ZR 90/90, NJW 1991, 1678; BGH, Urt. v. 6.12.2002 – V ZR 220/02, BGHZ 153, 148 = NJW 2003, 1313 = ZIP 2003, 407.

149) BGH, Urt. v. 4.3.1997 – X ZR 141/95, WM 1997, 1586; BGH, Urt. v. 17.2.2010 – VIII ZR 67/09, BGHZ 284, 259 = NJW 2010, 1131 = ZIP 2010, 628.

Vertragstexte frei ist und insbesondere Gelegenheit erhält, alternativ eigene Textvorschläge mit der effektiven Möglichkeit ihrer Durchsetzung in die Verhandlungen einzubringen.[150)]

1.107 cc) Die gleichen Grundsätze gelten dann, wenn der Kunde die AGB mit Rücksicht darauf anerkennt, dass ihm der Verwender die Hauptleistung besonders günstig anbietet (**Tarifwahl**). Auch das reicht für sich genommen zur Bejahung des Individualcharakters der vorformulierten Vertragsteile nicht aus. Diesem Zusammenhang ist vielmehr dadurch Rechnung zu tragen, dass der Verwender sich hier ausnahmsweise unter Berufung auf § 306 Abs. 3 BGB vom ganzen Vertrag lösen kann, wenn die inhaltliche Überprüfung der AGB nach Maßgabe der §§ 307–309 BGB trotz günstigerer Gegenleistung zur Unwirksamkeit wesentlicher Teile des Klauselwerkes führen würde.

1.108 Nicht erforderlich ist, dass der Verwender anbietet, auf die Klausel ggf. ganz zu verzichten. Er kann vielmehr darauf bestehen, ohne dass dies der Klausel den Individualcharakter nimmt, dass die Änderung der einen Klausel zugunsten der Verwendergegenseite mit der Änderung einer anderen Klausel zu deren Lasten bzw. der **Änderung des Entgelts** verbunden wird.[151)] Erforderlich ist, dass die dann vorgenommene Ergänzung/Wahl einer zweiten Alternative nicht lediglich unselbständiger Art ist. Darüber hinaus muss die Wahlfreiheit des Kunden gewahrt bleiben; sie darf vor allem auch nicht durch eine bestimmte Gestaltung des Formulars eingegrenzt werden.[152)] Einem Aushandeln steht also nicht entgegen, dass die für den anderen Teil günstigere Alternative mit einem höheren Entgelt verbunden ist. Voraussetzung ist aber, dass die Wahlfreiheit des anderen Teils nicht durch Einflussnahme des Verwenders, sei es durch Gestaltung des Formulars, sei es in anderer Weise, überlagert wird.

6. Ergänzungsbedürftige Regelungen

1.109 a) **Grundlagen.** Ergänzungsbedürftige (Lückentext-)Formulare enthalten neben den vorformulierten Passagen Leerstellen, die noch ausgefüllt werden müssen.

1.110 b) **Vorformulierung.** Dem Merkmal „vorformuliert" steht nicht entgegen, dass eine Klausel – handschriftlich oder maschinenschriftlich – ergänzt werden muss (§ 305 Abs. 1 Satz 2 BGB).[153)]

150) BGH, Urt. v. 3.12.1991 – XI ZR 77/91, ZIP 1992, 24; BGH, Urt. v. 7.2.1996 – IV ZR 16/95, NJW 1996, 1676; BGH, Urt. v. 17.2.2010 – VIII ZR 67/09, BGHZ 284, 259 = NJW 2010, 1131 = ZIP 2010, 628; die Entscheidung bedarf allerdings einen Vertrag mit zwei Privatleuten.

151) BGH, Urt. v. 6.12.2002 – V ZR 220/02, BGHZ 153, 148 = NJW 2003, 1313 = ZIP 2003, 407.

152) BGH, Urt. v. 13.11.1997 – IX ZR 289/96, NJW 1998, 450 = ZIP 1998, 16.

153) BGH, Urt. v. 28.1.1987 – IVa ZR 173/85, NJW 1987, 1636; BGH, Urt. v. 30.10.1991 – VIII ZR 51/91, NJW 1992, 746; BGH, Urt. v. 10.3.1999 – VIII ZR 204/98, NJW 1999, 2180 = ZIP 1999, 711; BGH, Urt. v. 3.11.1999 – VIII ZR 269/98, BGHZ 143, 103 = NJW 2000, 1110 = ZIP 2000, 314; BGH, Urt. v. 12.6.2001 – XI ZR 274/00, NJW 2001, 2635 = ZIP 2001, 1418.

c) **Differenzierung.** Bei Vertragsmustern mit zu füllenden Lücken ist zunächst zwischen dem Aushandeln des vorgegebenen Textes und der individuellen Lückenfüllung zu unterscheiden. Weiter ist zu unterscheiden zwischen selbständigen und unselbständigen Ergänzungen, je nachdem, ob die Klausel der Verwendergegenseite eine „echte" Möglichkeit einräumt, auf den wesentlichen Inhalt der Klausel Einfluss zu nehmen (**selbständige Ergänzung**), oder ob der Verwendergegenseite der Inhalt der Ergänzung de facto vorgegeben wird (**unselbständige Ergänzung**).[154] 1.111

d) **Prüfungserforderlichkeit.** Sofern sich die Unangemessenheit einer Regelung gerade aus der Ergänzung ergibt, bedarf es nach Ansicht des BGH einer besonderen Prüfung, ob die Voraussetzungen einer AGB-Klausel gegeben sind.[155] 1.112

e) **Selbständige Ergänzungen. aa) Voraussetzungen.** Bei selbständigen Ergänzungen kann der Kunde die freie Stelle nach seiner freien Entscheidung ausfüllen. Vom Verwender vorformulierte Entscheidungsvorschläge sind nicht vorhanden. Dann stellt dieser Formularteil in der Regel keine AGB dar, weil der Verwender insoweit nicht einseitig von seiner Gestaltungsmacht Gebrauch gemacht hat.[156] Ändert oder ergänzt der Klauselgegner das Formular selbst, fehlt es an einer Vorformulierung.[157] 1.113

bb) Aushandlung und damit fehlende Vorformulierung. Sicherzustellen ist, dass die Wahlfreiheit des Kunden nicht durch die Einflussnahme des Verwenders in irgendeiner Weise – sei es durch die **Gestaltung des Formulars**, sei es in anderer Weise – beeinflusst wird. Wenn der Kunde z. B. bei einer **Tarifwahl** ohne Beeinflussung durch vorformulierte Entscheidungsvorschläge sich ein klares Bild über unterschiedliche Laufzeiten und die entsprechenden **Preisgestaltungen** verschaffen kann, bevor er die offenen Stellen des Formulars nach seiner freien Entscheidung ausfüllt, dann stellt seine Ergänzung keine AGB dar.[158] Eine selbständige und damit kontrollfreie Ergänzung bei einem Vertrag, der in einem vorformulierten Regelungsvorschlag eine Lücke für eine eigene, abweichende Gestaltung durch den Kunden vorsieht, setzt sonach voraus, dass die Kundendisposition nicht durch den Willen des Verwenders überlagert wird. Nach der Struktur der Klausel muss der Kunde eindeutig erkennen können, ob 1.114

---

154) BGH, Urt. v. 18.12.1996 – IV ZR 60/96, NJW-RR 1997, 1000.

155) BGH, Urt. v. 3.12.1991 – XI ZR 77/91, ZIP 1992, 24; BGH, Urt. v. 7.2.1996 – IV ZR 16/95, NJW 1996, 1676; BGH, Urt. v. 13.11.1997 – IX ZR 289/96, NJW 1998, 450 = ZIP 1998, 16; BGH, Urt. v. 10.3.1999 – VIII ZR 204/98, NJW 1999, 2180 = ZIP 1999, 711.

156) BGH, Urt. v. 13.11.1997 – IX ZR 289/96, NJW 1998, 450 = ZIP 1998, 16.

157) BGH, Urt. v. 7.2.1996 – IV ZR 16/95, NJW 1996, 1676; BGH, Urt. v. 13.11.1997 – IX ZR 289/96, NJW 1998, 450 = ZIP 1998, 16.

158) BGH, Urt. v. 6.12.2002 – V ZR 220/02, BGHZ 153, 148 = NJW 2003, 1313 = ZIP 2003, 407.

er ohne Rücksicht auf die Vorgaben des Verwenders eine eigene Wahl treffen kann.[159)] Dies gilt auch für **Laufzeitvorgaben zum Ankreuzen.**[160)]

1.115 **cc) Vorformulierung.** Auch selbständige Ergänzungen können vorformuliert sein, wenn dem Kunden durch das Formular oder durch die Vertragsverhandlung mit dem Verwender oder seinem Vertreter bestimmte Ausfüllungsalternativen nahegelegt werden.[161)] Eine Vorformulierung liegt auch dann vor, wenn der Verwender ein Formular üblicherweise oder gegenüber einer Mehrzahl von Kunden in gleicher Weise ergänzt oder ergänzen lässt und wenn der zu ergänzende Text nicht zum Gegenstand der Verhandlungen bei Vertragsabschluss gemacht wird. Als „vorformuliert" gelten auch die im Kopf des Verwenders oder seiner Mitarbeiter gespeicherten Klauseln.[162)] Selbst wenn der konkret zu beurteilende Zusatz nur in 15 % aller Verträge enthalten ist, ist der AGB-Charakter der Ergänzung zu bejahen, weil auch in dieser Konstellation „für eine Vielzahl von Verträgen vorformulierte Vertragsbedingungen" vorliegen.[163)]

1.116 Vorformuliert sind vermeintlich selbständige Ergänzungen, die der Verwendergegenseite zwar (scheinbar) die Auswahl zwischen mehreren Ergänzungsmöglichkeiten lassen, die vertraglichen Ergänzungen aber abschließend oder de facto vom Verwender vorgegeben sind oder durch die Vertragsverhandlung mit dem Verwender oder seinem Vertreter bestimmte Ausfüllungsalternativen nahegelegt werden. Solche Ergänzungen sind nicht wirklich ausgehandelt. **Art, Inhalt, Umfang und Form der Einfügung** können den Schluss auf eine Vorformulierung nahelegen.

1.117 **f) Unselbständige Ergänzungen. aa) Voraussetzungen.** Bei unselbständigen Ergänzungen ist die zu beanstandende Regelung in der Formularklausel selbst enthalten. Sie wird nur durch den Vertragsgegenstand im Einzelfall konkretisierende Ergänzungen vervollständigt. Die betreffende Klausel erhält erst durch die Ausfüllung der Leerstelle einen Sinn. Die Unangemessenheit der Regelung i. S. d. §§ 307–310 BGB kann sich unabhängig vom Inhalt der Ergänzung nur aus dem vorformulierten Teil der Klausel ergeben.

---

159) BGH, Urt. v. 7.2.1996 – IV ZR 16/95, NJW 1996, 1676; BGH, Urt. v. 15.12.1996 – IV ZR 60/96, NJW-RR 1997, 1000.

160) BGH, Urt. v. 12.3.2009 – III ZR 142/08, BGHZ 180, 144 = NJW 2009, 1738.

161) BGH, Urt. v. 3.12.1991 – XI ZR 77/91, ZIP 1992, 24; BGH, Urt. v. 7.2.1996 – IV ZR 16/95, NJW 1996, 1676; BGH, Urt. v. 15.12.1996 – IV ZR 60/96, NJW-RR 1997, 1000; BGH, Urt. v. 13.11.1997 – IX ZR 289/96, NJW 1998, 450 = ZIP 1998, 16; BGH, Urt. v. 18.4.2002 – XII ZR 192/01, BGHZ 150, 299, 302 f. = NJW 2002, 2388; BGH, Urt. v. 6.12.2002 – V ZR 220/02, BGHZ 153, 148 = NJW 2003, 1313 = ZIP 2003, 407; BGH, Urt. v. 25.10.2004 – II ZR 171/02, ZIP 2005, 27.

162) BGH, Urt. v. 13.11.1997 – IX ZR 289/96, NJW 1998, 450 = ZIP 1998, 16.

163) BGH, Urt. v. 10.3.1999 – VIII ZR 204/98, NJW 1999, 2180 = ZIP 1999, 711; BGH, Urt. v. 23.6.2010 – VIII ZR 230/09, NJW 2010, 3431.

Handelt es sich um unselbständige Ergänzungen, so wird die restliche Klausel durch das Ausfüllen beim Vertragsschluss nicht zur Individualvereinbarung, sondern bleibt AGB.[164] Hierzu rechnen auch Konstellationen, in denen der Verwender oder seine Mitarbeiter die Lücke in dem vom Verwender gewünschten Sinne ausfüllen[165] oder sie darauf hinwirken, dass der Text ohne individuelles Aushandeln entsprechend ergänzt wird.[166] 1.118

bb) Beispiele. Zu nennen sind u. a. der **Name der Vertragspartei,**[167] die Bezeichnung des **Vertragsobjektes**, die Nennung des **Vertragsgegenstandes**, Angaben zum **Vertragsbeginn,**[168] die Nennung des **aktuellen Listenpreises in einer Tagespreisklausel,**[169] die **Höhe der Schadenspauschale**, die Präzisierung einer **Vertragsstrafe**[170] – ist jedoch der gesamte „gesetzesfremde Kern", nämlich die Strafhöhe und ggf. die Verschuldensunabhängigkeit ausgehandelt worden, so ist die gesamte Vertragsstrafenregelung keine AGB[171] – und die **Zweckerklärung für Grundpfandrechte.** 1.119

§ 4 Persönlicher Anwendungsbereich

I. Unternehmer

1. Definition

§ 14 BGB definiert seit dem 30.6.2000 (FernabsatzG) den Unternehmer.[172] 1.120

2. Geltungsbereich

Diese Definition hat grundsätzlich Gültigkeit für das gesamte Zivil- und Zivilverfahrensrecht.[173] Somit bestimmt sich die Auslegung des Unternehmerbegriffs in § 310 BGB sowie u. a. in §§ 355, 491, 495, 510 BGB entsprechend.[174] 1.121

164) BGH, Urt. v. 23.6.2010 – VIII ZR 230/09, NJW 2010, 3431.

165) BGH, Urt. v. 2.7.1998 – IX ZR 255/97, NJW 1998, 2815; BGH, Urt. v. 10.3.1999 – VIII ZR 204/98, NJW 1999, 2180 = ZIP 1999, 711; BGH, Urt. v. 6.4.2005 – VIII ZR 27/04, NJW 2005, 1574.

166) BGH, Urt. v. 6.4.2005 – VIII ZR 27/04, NJW 2005, 1574; BGH, Urt. v. 23.6.2010 – VIII ZR 230/09, NJW 2010, 3431.

167) BGH, Urt. v. 30.10.1987 – V ZR 174/85, BGHZ 102, 152 = NJW 1988, 558 = ZIP 1988, 12.

168) BGH, Urt. v. 17.3.1993 – VIII ZR 180/92, NJW 1993, 1651; BGH, Urt. v. 6.4.2005 – VIII ZR 27/04, NJW 2005, 1574.

169) BGH, Urt. v. 18.5.1983 – VIII ZR 20/82, NJW 1983, 1603.

170) BGH, Urt. v. 17.12.1987 – VII ZR 307/86, NJW-RR 1988, 654.

171) BGH, Urt. v. 16.7.1998 – VII ZR 9/97, NJW 1998, 3488; BGH, Urt. v. 3.4.1998 – V ZR 6/97, NJW 1998, 2600 = ZIP 1998, 1049.

172) Zeitgleich wurde die Verbraucherdefinition des § 13 BGB eingefügt.

173) BGH, Beschl. v. 24.2.2005 – III ZB 36/04, ZIP 2005, 622; BAG, Urt. v. 25.5.2005 – 5 AZR 572/04, ZIP 2005, 1699.

174) Palandt-*Ellenberger*, BGB, § 14 Rz. 5 i. V. m. § 13 Rz. 7.

3. Voraussetzungen

1.122 a) Eine gewerbliche Tätigkeit setzt jedenfalls ein selbständiges und planmäßiges, auf eine gewisse Dauer angelegtes Anbieten entgeltlicher Leistungen am Markt voraus. Unternehmer ist, wer selbständig planmäßig und dauerhaft Leistungen gegen Entgelt am Markt anbietet.[175)]

1.123 b) Eine **Gewinnerzielungsabsicht** des Kaufmanns oder selbständigen Unternehmers ist im Bereich des Handels- bzw. Unternehmensrechts grundsätzlich verzichtbar. Eine Übertragung der Grundsätze des traditionellen Gewerbebegriffs des deutschen Handelsrechts auf den Unternehmerbegriff des § 14 BGB sind vom Unionsrecht Grenzen gezogen. Es genügt sonach die entgeltliche Leistungserbringung am Markt.[176)] Das entspricht nicht nur der höchstrichterlichen Rechtsprechung zum Unternehmerbegriff des Verbraucherkreditrechts,[177)] sondern ergibt sich auch aus dem Interesse des Gesetzgebers an einem wirksamen Verbraucherschutz. Vor diesem Hintergrund ist ein Verzicht auf die Gewinnerzielungsabsicht geboten, weil sie als rein unternehmensinterne Tatsache dem Verbraucher beim Vertragsschluss häufig verborgen bleiben wird. Letztlich ist dem Schutzbedürfnis des Verbrauchers Rechnung zu tragen, unabhängig davon, ob der Verkäufer mit einer in professioneller Weise betriebenen Geschäftstätigkeit Gewinn erzielen oder damit lediglich seine Kosten decken will.[178)]

1.124 c) Ob § 310 Abs. 1 BGB auch anzuwenden ist, wenn der Vertragspartner durch den Abschluss eines Formularvertrages erstmals Kaufmann wird, kann im Hinblick auf einen zweiten Vertrag dahinstehen, wenn dieser erst abgeschlossen wurde, als der Gastwirt bereits seit rund zwei Jahren Betreiber des Objektes war.[179)]

4. Verhältnis zum Kaufmannsbegriff

1.125 a) Streng voneinander zu unterscheiden sind die Begriffe des Unternehmers und des Kaufmanns. Die Ausübung jeglicher selbständig-beruflicher oder gewerblicher Tätigkeit lässt eine Person zum Unternehmer werden. Kaufmann wird sie aber erst, wenn sie ein Gewerbe betreibt, das in das Handelsregister eingetragen wurde (§ 2 HGB) oder nach Maßgabe des § 1 HGB einen kaufmännisch eingerichteten Gewerbebetrieb erfordert. Anders gewendet ist jeder Kaufmann Unternehmer, nicht aber jeder Unternehmer Kaufmann.

---

175) BGH, Urt. v. 29.3.2006 – VIII ZR 173/05, NJW 2006, 2250 = ZIP 2006, 1307.

176) BGH, Urt. v. 29.3.2006 – VIII ZR 173/05, NJW 2006, 2250 = ZIP 2006, 1307, beschränkt auf Verbrauchsgüterkauf.

177) BGH, Urt. v. 24.6.2003 – XI ZR 100/02, NJW 2003, 2742.

178) BGH, Urt. v. 29.3.2006 – VIII ZR 173/05, NJW 2006, 2250 = ZIP 2006, 1307.

179) OLG Düsseldorf, Urt. v. 18.2.1994 – 16 U 91/93.

b) Der Begriff des Unternehmers ist seit dem Handelsrechtreformgesetz mit Wirkung vom 1.7.1998 an die Stelle des Kaufmanns im früheren AGBG getreten. Dieser ist weiter als der des Kaufmanns, weil die Unternehmereigenschaft keine Eintragung im Handelsregister voraussetzt und auch der Kleingewerbetreibende Unternehmer ist. Damit ist zugleich auch der Anwendungsbereich des § 305 Abs. 2 und 3 und der §§ 308, 309 BGB enger geworden, weil sie nur noch auf Verbraucher und nicht mehr auf alle Nichtkaufleute anzuwenden sind.[180] 1.126

c) Der als Vertragspartner des Getränkelieferanten oder des Automatenaufstellers auftretende Gastwirt übt, selbst wenn er nicht im Handelsregister eingetragen und nur kleingewerblicher **(Minder-)Kaufmann** ist, eine gewerbliche Tätigkeit aus und ist damit Unternehmer i. S. d. §§ 310 Abs. 1, 14 BGB.[181] 1.127

5. Einzelfälle

a) **Idealvereine.** Eingetragene gemeinnützige Vereine sind juristische Personen und damit Unternehmer. 1.128

b) **Einrichtungen des öffentlichen Rechts.** Gleiches gilt für Einrichtungen des öffentlichen Rechts, die gegen ein Entgelt Leistungen für den Bürger erbringen. Anderes dagegen, wenn die Leistungsbeziehung ausschließlich öffentlich-rechtlich organisiert ist. 1.129

6. Vermögensverwaltung

a) Unter den Unternehmerbegriff fallen auch **gesetzliche Vermögensverwalter**, etwa Insolvenz-, Zwangs-, Nachlassverwalter und Testamentsvollstrecker, die ein Unternehmen verwalten.[182] 1.130

b) Die **Verwaltung** und Anlage **eigenen Vermögens**, etwa die Anlage von Geld in Miethäusern, erfüllt grundsätzlich nicht den Unternehmerbegriff.[183] Dies gilt jedoch nur, soweit der Eigentümer Leistungen, hier Wohnungen, nachfragt. Bietet er, etwa als Vermieter oder Verpächter im Wettbewerb mit anderen planmäßig Leistungen gegen ein Entgelt an, ist er nicht ohne weiteres, sondern nur bei einem planmäßigem Geschäftsbetrieb Unternehmer.[184] 1.131

---

180) Palandt-*Ellenberger*, BGB, § 14 Rz. 2.

181) BGH, Urt. v. 27.1.1993 – XII ZR 141/91, NJW-RR 1993, 519; OLG Düsseldorf, Urt. v. 23.11.1995 – 10 U 29/95, MDR 1996, 465.

182) Palandt-*Grüneberg*, BGB, § 310 Rz. 3 i. V. m. Palandt-*Ellenberger*, BGB, § 14 Rz. 2.

183) BGH, Urt. v. 23.10.2001 – XI ZR 63/01, NJW 2002, 368 = ZIP 2001, 2224; OLG Düsseldorf, Urt. v. 7.10.2004 – 10 U 70/04, NJW-RR 2005, 13. Zum Parallelproblem im Verbraucherschutzrecht § 26 III 3 b, jeweils m. w. N.

184) BGH, Urt. v. 23.10.2001 – XI ZR 63/01, NJW 2002, 368 = ZIP 2001, 2224; OLG Koblenz, Beschl. v. 10.1.2011 – 5 U 1353/10, NJW-RR 2011, 1203.

7. Strohmann/Scheinunternehmer

1.132 Wer seine Unternehmereigenschaft vortäuscht, kann sich gem. § 242 BGB weder auf das AGB-Recht noch auf verbraucherschützende Vorschriften berufen. Er ist also nicht Verbraucher.[185]

II. Existenzgründer

1. Grundsatz

1.133 Unternehmer- (§ 14 BGB) und nicht Verbraucherhandeln (§ 13 BGB) liegt schon dann vor, wenn das betreffende Geschäft im Zuge der Aufnahme einer gewerblichen oder selbständigen beruflichen Tätigkeit (sog. Existenzgründung) geschlossen wird. Hierfür sprechen insbesondere der Wortlaut der Verbraucherdefinition des § 13 BGB, der Schutzzweck dieser Vorschrift, ein Umkehrschluss aus § 512 BGB und die Rechtsprechung des EuGH zu vergleichbaren europarechtlichen Vorschriften. Nach dem Wortlaut der Verbraucherdefinition des § 13 BGB ist die **objektiv zu bestimmende Zweckrichtung des Verhaltens** entscheidend. Das Gesetz stellt auch nicht auf das Vorhandensein oder Nichtvorhandensein geschäftlicher Erfahrung, etwa aufgrund einer bereits ausgeübten gewerblichen Tätigkeit, ab. Rechtsgeschäfte im Zuge einer Existenzgründung, z. B. die Miete von Geschäftsräumen oder der Abschluss eines Franchisevertrages, sind daher nach den objektiven Umständen klar auf unternehmerisches Handeln ausgerichtet. Abzustellen ist auf den Beginn der unternehmerischen Tätigkeit. Es besteht kein Anlass, demjenigen Verbraucherschutz zu gewähren, der sich für eine bestimmte gewerbliche Tätigkeit entschieden hat und dieses vorbereitende oder unmittelbar eröffnende Geschäft abschließt. Denn er begibt sich damit in den unternehmerischen Geschäftsverkehr. Ein Existenzgründer agiert nicht mehr „von seiner Rolle als Verbraucher her". Er gibt dem Rechtsverkehr zu erkennen, dass er sich nunmehr dem Recht für Unternehmer unterwerfen und dieses seinerseits in Anspruch nehmen will.[186]

1.134 Wer beispielsweise im Jahre 2010 als Gesellschaft bürgerlichen Rechts (zusammen mit einem anderen Mitgesellschafter) die Eröffnung einer Gaststätte plante, zu diesem Zwecke zunächst Geschäftsräume angemietet hatte und anschließend vor Geschäftseröffnung mit einer Brauerei einen Getränkelieferungsvertrag abgeschlossen hatte, ist bei dem nachfolgenden Abschluss eines Automatenaufstellvertrages AGB-rechtlich Unternehmer.[187]

185) BGH, Urt. v. 13.3.2002 – VIII ZR 292/00, NJW 2002, 2030; BGH, Urt. v. 22.12.2004 – VIII ZR 91/04, NJW 2005, 1045.

186) BGH, Beschl. v. 24.2.2005 – III ZB 36/04, ZIP 2005, 622 = NJW 2005, 1273.

187) OLG Rostock, Urt. v. 17.3.2003 – 3 U 107/02, BeckRS 2010, 27462 (Automatenaufstellvertrag).

Dies erweist sich auch in der Parallele zum Handelsvertreterrecht als zutreffend. Das bedeutet, durch Abschluss des Getränkelieferungsvertrages wird der Gastwirt – auch bei erstmaliger Tätigkeit – gewerblich tätig, sodass § 14 BGB eingreift. Verträge eines Existenzgründers, die der erstmaligen Aufnahme unternehmerischer Tätigkeiten dienen, unterliegen daher nicht der vollen Inhaltskontrolle. Die Auffassung, dass derjenige (noch) kein Unternehmer sei, der erst durch den Vertrag kraft Gesetzes die Unternehmereigenschaft erlange, weil er bei seinem Entschluss, den Vertrag zu unterzeichnen, noch nicht Unternehmer gewesen sei,[188] ist daher nicht zu teilen. 1.135

2. Vorbereitungsgeschäfte

Rechtsgeschäfte, die die Entscheidung, ob es überhaupt zu einer Existenzgründung kommen soll, erst vorbereiten sollen, indem die betriebswirtschaftlichen Grundlagen dafür ermittelt werden, sind dem Verbraucherbereich zuzuordnen. Unerheblich ist dabei, ob der Handelnde subjektiv bereits fest zur Existenzgründung entschlossen ist, weil allein der objektive Zweck des Geschäftes ausschlaggebend ist.[189] 1.136

§ 5 Einbeziehung und Auslegung

I. Einbeziehung

1. Vorrang der Individualabrede

a) **§ 305b BGB** gilt, wie sich im Umkehrschluss aus § 310 Abs. 1 Satz 1 BGB ergibt, auch im **Unternehmerverkehr.**[190] 1.137

b) Führt die Auslegung zum Ergebnis, dass die Klausel einer daneben wirksam getroffenen Individualabrede unmittelbar oder mittelbar widerspricht, dann gilt die letztere. Der Verwender kann sich also einmal gegebenen Zusagen nicht durch AGB entziehen. 1.138

c) Zu Klauseln, die den Vorbehalt der Individualabrede nach § 305b BGB derart abbilden wie **„sofern nichts anderes vereinbart ist"** stellte der BGH fest: Dieser Einleitungssatz ruft beim Kunden keineswegs den Eindruck hervor, dass der vorformulierte Klauselteil praktisch nicht gelten soll, weil eben immer Abweichendes individuell vereinbart werden kann. Doch das zählt für die Auslegung oder für die Wirksamkeitskontrolle der betreffenden Klausel nicht. Vielmehr gilt das glatte Gegenteil: Der individualvertragliche Vorbehalt ist zu 1.139

188) OLG Frankfurt/M., Urt. v. 30.11.2000 – 16 U 230/99, BGH, VIII ZR 5/01, Revisionsrücknahme.

189) BGH, Urt. v. 15.11.2007 – III ZR 295/06, NJW 2008, 435 = ZIP 2008, 27.

190) BGH, Urt. v. 22.1.1990 – II ZR 15/89, NJW 1991, 641; BGH, Urt. v. 15.2.2007 – I ZR 40/04, NJW 2007, 2036.

ignorieren. Letztlich handelt es sich um eine Konsequenz der „kundenfeindlichsten" Auslegung.[191)]

2. Überraschende Klauseln

1.140 a) Bestimmungen, mit denen der Gastwirt redlicherweise nicht oder nicht an dieser Stelle eines (Formular-)Vertrages rechnen konnte und musste, werden von vornherein nicht Vertragsinhalt (**negative gesetzliche Einbeziehungsvoraussetzung**).[192)]

1.141 b) § 305c Abs. 1 BGB gilt auch im **Unternehmerverkehr.**[193)]

1.142 c) **Tatbestand.** Überraschende Bestimmungen, die nach den **Umständen,** insbesondere nach dem **äußeren Erscheinungsbild** des Vertrages so ungewöhnlich und unüblich sind (**Ungewöhnlichkeit**), dass der Vertragspartner mit ihnen vernünftigerweise nicht zu rechnen braucht, liegen dann vor, wenn ihnen ein **Überrumpelungs- oder Übertölpelungsmoment** innewohnt und zwischen ihrem Inhalt und den berechtigten Erwartungen des Kunden eine deutliche Diskrepanz besteht. Von Bedeutung sind der **Grad der Abweichung vom dispositiven Gesetzesrecht** und die **für den betroffenen Geschäftskreis übliche Gestaltung** einerseits sowie **Gang und Inhalt der Vertragsverhandlungen** und der **äußere Zuschnitt des Vertrages** andererseits.[194)] Eine generell nicht überraschende Klausel kann unter § 305c Abs. 1 BGB fallen, wenn sie nach dem Verlauf der Vertragsverhandlungen keinesfalls zu erwarten war.[195)]

1.143 Maßstab ist dabei die Erkenntnismöglichkeit des üblicherweise zu erwartenden Durchschnittskunden, nicht die des einzelnen Vertragspartners des AGB-Verwenders. Abzustellen ist also auf die Erkenntnismöglichkeiten der für Verträge dieser Art in Betracht zu ziehenden **Verkehrskreise.**[196)]

1.144 Diese **typisierende Betrachtungsweise** schließt indessen nicht aus, **konkrete Umstände (Begleitumstände)** – wie etwa mündliche Erörterungen bei Ver-

---

191) BGH, Urt. v. 21.4.2009 – XI ZR 78/08, BGHZ 180, 257 = NJW 2009, 2051 = ZIP 2009, 1106.

192) BGH, Urt. v. 22.12.1959 – VIII ZR 9/59, DB 1960, 231 = Zeller I, 98.

193) BGH, Urt. v. 21.11.1991 – IX ZR 60/91, ZIP 1992, 168; BGH, Urt. v. 18.5.1995 – IX ZR 108/94, BGHZ 130, 19 = NJW 1995, 2553 = ZIP 1995, 1244; BGH, Urt. v. 26.7.2012 – VII ZR 262/11, NJW-RR 2012, 1261.

194) BGH, Urt. v. 19.5.2004 – IV ZR 29/03, NJW-RR 2004, 1397; BGH, Urt. v. 22.11.2005 – XI ZR 226/04, NJW-RR 2006, 490 = ZIP 2006, 119.

195) BGH, Urt. v. 29.4.1987 – VIII ZR 251/86, BGHZ 100, 373 = NJW 1987, 2011.

196) BGH, Urt. v. 30.6.1995 – V ZR 184/94, NJW 1995, 2637 = ZIP 1995, 1359.

tragsschluss –, nach denen der Vertragspartner mit der verwendeten Klausel rechnen oder nicht rechnen musste, zu berücksichtigen.[197)]

d) **Einzelfälle.** Grundsätzlich gilt § 305c Abs. 1 BGB auch für **Überschriften im Vertrag.**[198)] Allerdings ist die Rechtsprechung nicht ganz einheitlich. **1.145**

Gleiches gilt, wenn die Klausel nach dem **Vertragstext falsch (systematisch sinnwidrig) eingeordnet** und dadurch geradezu „versteckt" wird.[199)] **1.146**

Auch der ungewöhnliche **äußere Zuschnitt der Klausel,** insbesondere ihre Unterbringung an unerwarteter Stelle, kann die Bestimmung zu einer ungewöhnlichen und damit überraschenden machen.[200)] **1.147**

e) **Wegfall der Überraschungswirkung.** Ist die Klausel **drucktechnisch so hervorgehoben,** dass eine Kenntnisnahme durch den Vertragspartner zu erwarten ist, so scheidet § 305c Abs. 1 BGB aus.[201)] Fettdruck oder ein besonders unterschriebenes Formular sind unter Umständen aber nicht ausreichend, um ein starkes Überraschungsmoment auszuschließen. Erforderlich ist in solchen Fällen grundsätzlich ein individueller Hinweis.[202)] Eine besondere drucktechnische Hervorhebung räumt das Überraschungselement auch dann nicht aus, wenn sich der Hinweis auch auf den unbedenklichen Teil der Klausel bezieht.[203)] **1.148**

Der Überraschungscharakter einer Klausel entfällt auch dann, wenn der Kunde von ihr vor oder bei Vertragsschluss **in sinnerfassender Weise Kenntnis genommen** hat. Dies gilt insbesondere dann, wenn er von ihr inhaltlich besonders in Kenntnis gesetzt worden ist.[204)] **1.149**

---

197) BGH, Urt. v. 29.4.1987 – VIII ZR 251/86, BGHZ 100, 373 = NJW 1987, 2011; BGH, Urt. v. 30.10.1987 – V ZR 174/85, BGHZ 102, 152 = NJW 1988, 558 = ZIP 1988, 12; BGH, Urt. v. 10.11.1989 – V ZR 201/88, NJW 1990, 576; BGH, Urt. v. 21.11.1991 – IX ZR 60/91, ZIP 1992, 168; BGH, Urt. v. 1.6.1994 – XI ZR 133/93, ZIP 1994, 1096; BGH, Urt. v. 18.5.1995 – IX ZR 108/94, BGHZ 130, 19 = NJW 1995, 2553 = ZIP 1995, 1244.

198) Zu § 133 BGB OLG Brandenburg, Urt. v. 23.11.1994 – 1 U 11/94, NJW-RR 1995, 1517.

199) BGH, Urt. v. 21.7.2010 – XII ZR 189/08, NJW 2010, 3152.

200) BGH, Urt. v. 3.5.1984 – VII ZR 80/82, NJW 1984, 2100; BGH, Urt. v. 1.6.1989 – X ZR 78/88, NJW 1989, 2255; BGH, Urt. v. 22.12.1992 – VI ZR 341/91, BGHZ 121, 107; KG, Urt. v. 29.1.2001 – 10 U 9612/99, NJW-RR 2002, 490.

201) BGH, Urt. v. 6.12.1984 – IX ZR 115/83, NJW 1985, 848; BGH, Urt. v. 21.6.2001 – IX ZR 69/00, ZIP 2001, 1408.

202) BGH, Urt. v. 21.6.2001 – IX ZR 69/00, ZIP 2001, 1408.

203) BGH, Urt. v. 20.3.2002 – IV ZR 93/01, NJW 2002, 2710 = ZIP 2002, 932.

204) BGH, Urt. v. 12.10.1959 – III ZR 48/58, BGHZ 31, 55; OLG Hamburg, Urt. v. 26.3.1999 – 1 U 162/98, NJW-RR 1999, 1506.

1.150 Die Anwendung von § 305c Abs. 1 BGB entfällt ebenfalls, wenn der Verwendungsgegner die Klausel kennt oder mit ihr rechnen muss, weil er die Klausel aus einem früheren Vertrag kennt.[205)]

1.151 Gleiches wird anzunehmen sein, wenn die Erklärung **allein aus der fraglichen Klausel besteht.** Zumeist handelt es sich um kurze, überschaubare und in ihrer sprachlichen Ausgestaltung nicht sonderlich anspruchsvolle Texte. Eine Überraschung wäre dann eher fernliegend.

II. Auslegung

1. Grundsatz

1.152 Ob eine AGB im Einzelfall zulässig ist, hängt von ihrem Inhalt ab, der durch Auslegung zu ermitteln ist.[206)]

2. Nachprüfbarkeit

1.153 Die Auslegung von AGB ist in der Revisionsinstanz in vollem Umfange nachprüfbar, wenn eine unterschiedliche Auslegung durch verschiedene Berufungsgerichte (mehrere Landgerichte, mehrere Oberlandesgerichte, ein Landgericht und ein Oberlandesgericht) denkbar ist. Auch die Auslegung der nur in einem Landgerichtsbezirk verwendeten AGB ist daher revisibel.[207)]

3. Objektive Auslegung

1.154 **a) Übereinstimmendes Verständnis.** Der objektiven Auslegung ist immer die Prüfung vorzuschalten, ob die fragliche Klausel von den Parteien übereinstimmend in einem bestimmten Sinn – abweichend vom Wortlaut der Klausel – verstanden worden ist. Ist das der Fall, geht der übereinstimmende Wille der Parteien nicht nur der Auslegung einer Individualvereinbarung, sondern auch der Auslegung der AGB vor.[208)] Eine Heranziehung des § 305c Abs. 2 BGB schei-

---

205) BGH, Urt. v. 26.10.2005 – VIII ZR 48/05, NJW 2006, 696 = ZIP 2006, 474; BGH, Urt. v. 9.12.2009 – XII ZR 109/08, NJW 2010, 671.

206) BGH, Urt. v. 8.10.2008 – XII ZR 84/06, NJW 2008, 3772 = ZIP 2009, 275, dazu EWiR 2009, 135 *(Bühler)*.

207) BGH, Urt. v. 20.10.2004 – VIII ZR 378/03, NJW 2005, 425; BGH, Urt. v. 5.7.2005 – X ZR 60/04, NJW 2005, 2919; BGH, Urt. v. 14.4.2010 – VIII ZR 123/09, NJW 2010, 2122 = ZIP 2010, 1349; BGH, Urt. v. 8.6.2011 – VIII ZR 305/10, NJW 2011, 2643 = ZIP 2011, 2014.

208) BGH, Urt. v. 22.3.2002 – V ZR 405/00, NJW 2002, 2102 = ZIP 2002, 1534; BGH, Urt. v. 12.10.2007 – V ZR 283/06, NJW-RR 2008, 251; BGH, Urt. v. 29.5.2009 – V ZR 201/08, NJW-RR 2010, 63.

det dann aus. Dabei sind auch die individuellen Umstände des konkreten Vertragsschlusses zu berücksichtigen.[209]

b) Inhalt. Als Erklärungen, die sich an eine Vielzahl von Personen richten, sind AGB weniger nach dem individuellen Empfängerhorizont des konkreten Vertragspartners als aus der Sicht der beteiligten Verkehrskreise auszulegen. Danach kommt es auf den objektivierten Empfängerhorizont des Durchschnittskunden (des angesprochenen Kundenkreises) an. Die Auslegung hat nach objektiven Maßstäben, d. h. nach dem typischen Verständnis verständiger und redlicher Vertragspartner unter Abwägung der Interessen der regelmäßig an Geschäften dieser Art beteiligten Verkehrskreise zu erfolgen.[210] **1.155**

c) Vorgehensweise. Die besonderen **Umstände des Einzelfalls,** der **tatsächliche Willen der Parteien** oder Umstände, die allein dem konkreten Vertragspartner bekannt waren, sind nicht zu berücksichtigen.[211] Das Verständnis des Regelungsinhalts der Klausel kann dabei mit einer sich nach objektiven Maßstäben richtenden und den **Wortlaut,** den **typischen wirtschaftlichen Zweck,** die **systematische Stellung** und die **in einschlägigen Kreisen herrschenden Anschauungen berücksichtigenden Auslegung** gewonnen werden.[212] **1.156**

d) Grenzen. Ebenso aber, wie eine AGB-Bestimmung nicht alle nur theoretisch denkbaren Ausnahmefälle berücksichtigen und für **atypische Sonderfälle** keine einschränkenden Regelungen enthalten muss,[213] bestehen Zweifel an einer interessengerechten und nach der Formulierung der Klausel naheliegenden **1.157**

---

209) BGH, Urt. v. 22.3.2002 – V ZR 405/00, NJW 2002, 2102 = ZIP 2002, 1534; BGH, Urt. v. 3.7.2002 – XII ZR 327/00, NJW 2002, 3232; BGH, Urt. v. 23.6.2004 – IV ZR 130/03, NJW 2004, 2589; BGH, Urt. v. 21.4.2009 – XI ZR 78/08, BGHZ 180, 257 = NJW 2009, 2051 = ZIP 2009, 1106; BGH, Urt. v. 16.6.2009 – XI ZR 145/08, NJW 2009, 3722 = ZIP 2009, 1703.

210) BGH, Urt. v. 27.9.2000 – VIII ZR 155/99, NJW 2001, 292; BGH, Urt. v. 22.12.2003 – VIII ZR 310/02; BGH, Urt. v. 19.1.2005 – XII ZR 107/01, NJW 2005, 1183 = ZIP 2005, 623; BGH, Urt. v. 17.7.2007 – VIII ZR 227/06, NJW-RR 2007, 1697; BGH, Urt. v. 17.12.2008 – VIII ZR 274/06, BGHZ 179, 186 = NJW 2009, 578 = ZIP 2009, 320; BGH, Urt. v. 21.10.2009 – VIII ZR 244/08, NJW 2010, 293; BGH, Urt. v. 24.3.2010 – III ZR 122/08, NJW-RR 2010, 1436; BGH, Urt. v. 7.12.2010 – XI ZR 3/10, NJW 2011, 1801 = ZIP 2011, 363; BGH, Urt. v. 7.6.2011 – XI ZR 388/10, NJW 2011, 2640 = ZIP 2011, 1299.

211) BGH, Urt. v. 17.2.1993 – VIII ZR 37/92, NJW 1993, 1381.

212) BGH, Urt. v. 19.6.1985 – VIII ZR 238/84, ZIP 1985, 402 = Zeller III, 328, dazu EWiR 1985, 527 *(Paulusch)*; BGH, Urt. v. 19.9.1985 – IX ZR 16/85, ZIP 1985, 1380; BGH, Urt. v. 30.10.1985 – VIII ZR 251/84, ZIP 1986, 95 = Zeller III, 330; BGH, Urt. v. 18.7.2007 – VIII ZR 227/06, NJW-RR 2007; BGH, Urt. v. 17.12.2008 – VIII ZR 274/06, BGHZ 179, 186 = NJW 2009, 578 = ZIP 2009, 320.

213) BGH, Urt. v. 28.1.1987 – VIII ZR 46/86, ZIP 1987, 373; BGH, Urt. v. 15.11.2007 – III ZR 247/06, NJW 2008, 360.

Auslegung nicht schon dann, wenn auch eine andere – aber **fernliegende und nicht interessengerechte – Auslegungsmöglichkeit** theoretisch denkbar ist.[214)]

1.158 Es muss auch nicht jede Einzelbestimmung für alle denkbaren Fälle passen. Dies ergibt sich aus der Natur der Formularbedingungen, die ihrem Wesen nach auf die Erfassung verschiedener Fälle angelegt sind.[215)]

1.159 Dass die Möglichkeit des Nachweises eines geringeren Schadens zugleich den Nachweis einschließt, dass überhaupt kein Schaden entstanden ist, liegt nach dem Wortlaut der Klausel und dem Zweck der Nachweismöglichkeit aus der Sicht eines verständigen, juristisch nicht vorgebildeten Vertragspartners des Klauselverwenders auf der Hand. Ein anderes Verständnis liegt angesichts seiner Sinnwidrigkeit fern und kann deshalb auch gemessen am Maßstab des § 305c Abs. 2 BGB für die Klauselauslegung als unbeachtlich betrachtet werden.[216)]

4. Unklarheitenregel

1.160 a) § 305c Abs. 2 BGB gilt unverändert auch im **Unternehmerverkehr.**[217)]

1.161 **b) Vorrang der Individualabrede.** Zweifel, die sich nicht bei der Auslegung der Klausel selbst, sondern aus einem Widerspruch zwischen den formular- und den individualvertraglichen Teilen der Vereinbarung ergeben, führen nicht zur Anwendung des § 305c Abs. 2 BGB, sondern zu derjenigen des **§ 305b BGB**, dem Vorrang der Individualabrede.[218)]

1.162 **c) Vorrang der Auslegung.** Zunächst ist der Inhalt der Klausel im Wege der Auslegung zu bestimmen. Ist eine Klausel mehrdeutig, ist zunächst zu prüfen, ob auch beide Auslegungsmöglichkeiten wirksam sind. Erst dann ist gem. § 305c Abs. 2 BGB die dem Verwendungsgegner günstigere Auslegung vorzuziehen.[219)]

1.163 **d) Vorgehensweise. aa) Völlig fernliegende Auslegungsmöglichkeiten**, von denen Störungen des Rechtsverkehrs nicht ernstlich zu besorgen sind, bleiben außer Betracht und begründen nicht die Unwirksamkeit.[220)]

1.164 **bb)** Zu beachten ist, dass § 305c Abs. 2 BGB als allgemeine **Auslegungsregel** zum Nachteil des Verwenders nur dann eingreift, wenn nach Ausschöpfung der in Betracht kommenden Auslegungsmöglichkeiten ein nicht behebbarer Zwei-

---

214) BGH, Urt. v. 2.7.1962 – VIII ZR 92/61, MDR 1962, 979 = Zeller I, 41; BGH, Urt. v. 11.7.1984 – VIII ZR 35/83, ZIP 1984, 1093 = Zeller III, 298; BGH, Urt. v. 9.7.1991 – XI ZR 72/90, ZIP 1991, 1054.

215) BGH, Urt. v. 10.11.1976 – VIII ZR 84/75, WM 1977, 112 = Zeller II, 23.

216) BGH, Urt. v. 14.4.2010 – VIII ZR 123/09, NJW 2010, 2122 = ZIP 2010, 1349.

217) BGH, Urt. v. 16.4.1986 – VIII ZR 79/85, ZIP 1986, 781 = Zeller III, 108.

218) BGH, Urt. v. 22.1.1990 – II ZR 15/89, WM 1990, 679.

219) BGH, Urt. v. 23.6.1993 – IV ZR 135/92, NJW 1993, 2369.

220) Siehe oben § 5 II 3 d.

fel bleibt, sodass **mindestens zwei Auslegungsergebnisse** rechtlich vertretbar sind. Es müssen also Zweifel im Sinne einer **objektiven Mehrdeutigkeit** verbleiben. Erst wenn eine Klärung nicht möglich ist, gehen bestehen bleibende Zweifel zu Lasten des Verwenders.[221)]

cc) Sowohl im Individualprozess als auch im Verbandsprozess (§ 1 UKlaG) ist **1.165** in zwei Schritten zu prüfen. Wenn mehrere Auslegungsalternativen bestehen, ist von der Auslegung auszugehen, die zur Unwirksamkeit der Klausel führt. Maßgeblich ist also die scheinbar **kundenfeindlichste** Auslegung, denn sie ist in Wahrheit dem Kunden günstigste. Wenn sich die Klausel im ersten Auslegungsschritt dagegen als wirksam erweist, ist die Unklarheitenregel „direkt" anzuwenden, d. h. es gilt die **kundenfreundlichste** Auslegung.[222)] Dieser Ansatz entspricht auch im Individualprozess dem Schutzzweck des § 305c Abs. 2 BGB und vermeidet entgegen der früheren h. M., die die kundenfeindlichste Auslegung auf den Verbandsprozess beschränken wollte, unterschiedliche Auslegungsergebnisse im Verbands- und Individualprozess.[223)]

e) Rechtsfolgen. aa) Ist die Klausel derart mehrdeutig, dass ihr auch nach **1.166** Ausschöpfen aller Auslegungsmöglichkeiten kein vertretbarer Sinn beigemessen werden kann, dann spricht vieles dafür, dass sie entweder schon nicht Vertragsbestandteil geworden ist oder am **Transparenzgebot** des § 307 Abs. 1 Satz 2 BGB scheitert.[224)]

bb) Kommt es zur Anwendung der Unklarheitenregel, so kann dies im Einzel- **1.167** fall – sofern nicht schon eine Einbeziehung im Übrigen zu verneinen ist – dazu führen, dass eine Klausel zu Lasten des Verwenders **ersatzlos entfällt**, wenn auch im Auslegungswege eine sich in vernünftigem Rahmen haltende Zahl von Bedeutungsmöglichkeiten nicht zu ermitteln ist.[225)]

---

221) BGH, Urt. v. 3.7.2002 – XII ZR 327/00, NJW 2002, 3232; BGH, Urt. v. 27.4.2004 – XI ZR 49/03, ZIP 2004, 1303; BGH, Urt. v. 23.6.2004 – IV ZR 130/03, NJW 2004, 2589; BGH, Urt. v. 15.11.2006 – VIII ZR 166/06, NJW 2007, 504 = ZIP 2007, 1118; BGH, Urt. v. 28.4.2009 – XI ZR 86/08, WM 2009, 1180; BGH, Urt. v. 21.10.2009 – VIII ZR 244/08; NJW 2010, 293; BGH, Urt. v. 29.6.2010 – XI ZR 104/08, NJW-RR 2011, 270; BGH, Urt. v. 17.2.2011 – III ZR 35/10, NJW 2011, 2122 = ZIP 2011, 621.

222) BGH, Urt. v. 19.11.2002 – X ZR 243/01, NJW 2003, 507; BGH, Urt. v. 17.12.2008 – VIII ZR 274/06, BGHZ 179, 186 = NJW 2009, 578 = ZIP 2009, 320; BGH, Urt. v. 29.4.2008 – KZR 2/07, NJW 2008, 2172 = ZIP 2009, 329; BGH, Urt. v. 21.4.2009 – XI ZR 78/08, BGHZ 180, 257 = NJW 2009, 2051 = ZIP 2009, 1106.

223) BGH, Urt. v. 29.4.2008 – KZR 2/07, NJW 2008, 2172 = ZIP 2009, 329.

224) BGH, Urt. v. 18.7.2007 – VIII ZR 227/06, NJW-RR 2007, 1697.

225) BGH, Urt. v. 29.2.1984 – VIII ZR 350/82, NJW 1985, 53 = ZIP 1984, 841 = Zeller III, 281; BGH, Urt. v. 21.11.1985 – VII ZR 22/85, NJW 1986, 924.

§ 6 Inhaltskontrolle

I. Persönlicher Schutzbereich der §§ 307–309 BGB

1.168 § 307 BGB schützt nur die andere Vertragspartei, nicht geschützt ist dagegen der Verwender.[226] Dieser kann sich daher nicht auf die Unwirksamkeit der von ihm selbst gestellten AGB berufen.[227] Gleiches gilt für die §§ 308 und 309 BGB.

II. Schranken der Inhaltskontrolle, § 307 Abs. 3 BGB

1. Rechtsvorschriften

1.169 Rechtsvorschriften i. S. v. § 307 Abs. 3 Satz 1 BGB sind ebenso wie bei § 307 Abs. 2 Nr. 1 BGB alle gültigen[228] Gesetze im materiellen Sinn, d. h. Parlamentsgesetze, Rechtsverordnungen und Satzungen, sowie die ungeschriebenen allgemeinen Rechtsgrundsätze, das Richterrecht und die Gesamtheit der aufgrund ergänzender Auslegung gem. §§ 157, 242 BGB und aus der Natur des jeweiligen Vertragsverhältnisses zu entnehmenden wesentlichen Rechte und Pflichten.[229]

1.170 Ohne eine entsprechend weite Auslegung des Begriffs der Rechtsvorschriften würden alle diejenigen Vertragstypen, die gesetzlich nicht besonders geregelt sind, wie etwa der Getränkelieferungsvertrag oder der Automatenaufstellvertrag, von vornherein der Inhaltskontrolle entzogen. Dies wäre aber mit dem Schutzzweck des AGB-Rechts nicht vereinbar, der darauf abzielt, mit Ausnahme von Leistung und Gegenleistung prinzipiell sämtliche AGB-Bestimmungen einer Angemessenheitskontrolle zu unterwerfen. § 307 Abs. 3 Satz 1 BGB kann daher nicht dahin ausgelegt werden, dass solche ungeregelten, neu entwickelten Vertragstypen von vornherein der Inhaltskontrolle entzogen sind.[230]

2. Gegenstand der Leistung sowie Art und Umfang der Gegenleistung

1.171 **a)** Vereinbarungen, die getroffen werden müssen, damit der Vertrag überhaupt zustande kommt, sind der Inhaltskontrolle nicht unterworfen. Dabei handelt es sich um die Vertragsbestimmungen, die den Gegenstand der (geschuldeten) Leistung und (Art und Umfang) der Gegenleistung betreffen. Hierfür gilt der Grundsatz der Privatautonomie. Er kann nicht durch Anwendung dispositiver

226) BGH, Urt. v. 30.10.1990 – IX ZR 9/90, NJW 1991, 353.

227) BT-Drucks. 7/3919, S. 23; BGH, Urt. v. 4.12.1986 – VII ZR 354/85, NJW 1987, 837; BGH, Urt. v. 4.12.1997 – VII ZR 187/96, NJW-RR 1998, 594; BGH, Urt. v. 2.4.1998 – XI ZR 79/97, NJW 1998, 2280 = ZIP 1998, 905.

228) BGH, Urt. v. 14.7.1988 – IX ZR 254/87, NJW 1988, 2951.

229) BGH, Urt. v. 9.4.2002 – XI ZR 245/01, NJW 2002, 1950 = ZIP 2002, 884.

230) BGH, Urt. v. 12.6.2001 – XI ZR 274/00, NJW 2001, 2635 = ZIP 2001, 1418.

Vorschriften ausgefüllt werden. Entsprechende Klauseln sind nicht kontrollfähig.[231)]

b) In einer auf Privatautonomie und freier Marktwirtschaft aufbauenden Rechtsordnung kann nicht staatlich vorgeschrieben werden, welche Gegenleistung zu erbringen ist. Für den „gerechten Preis" (iustum pretium) gibt es regelmäßig keine objektiven Maßstäbe, an die Stelle objektiver Gerechtigkeit tritt die Marktgerechtigkeit. Daraus folgt, dass auch das **Äquivalenzverhältnis** in gegenseitigen Verträgen nicht kontrolliert werden kann. Richterliche Interventionen in betriebswirtschaftliche Kostenkalkulation und Preisfindungsfragen sind in der geltenden Verfassungs- und Privatrechtsordnung unzulässig. Preise sind grundsätzlich nicht inhaltlich zu rechtfertigen, sondern müssen sich am Markt durchsetzen. Eine Inhaltskontrolle nach § 307 BGB scheidet aus. Allenfalls kann es zu einer allgemeinen Billigkeitskontrolle nach § 315 Abs. 3 BGB kommen, soweit diese ausnahmsweise eröffnet ist. Sonach ist auch das Äquivalenzverhältnis („Preisgerechtigkeit") grundsätzlich weder kontrollfähig (mangels rechtlicher Maßstäbe) noch kontrollbedürftig (wegen Marktregulierung). Zwar folgt dies nicht unmittelbar aus dem Normtext, aber immerhin aus der Gesetzesbegründung.[232)] Preis- und Entgeltvereinbarungen unterliegen nicht der Inhaltskontrolle, soweit sie Art und Umfang der Vergütung unmittelbar regeln.[233)] Hier soll der Markt über die Angemessenheit des Preises und sonstiger Konditionen entscheiden, eine Preiskontrolle durch die Gerichte scheidet aus.[234)] 1.172

3. Leistungsbeschreibungen

a) **Begriff.** Bei Leistungsbeschreibungen handelt es sich um Abreden, die Art, Umfang und Güte der geschuldeten Leistung unmittelbar festlegen. 1.173

b) Eine **Einbeziehungskontrolle** gem. §§ 305b, 305c Abs. 1 BGB ist möglich.[235)] 1.174

c) **Inhaltskontrolle. aa) § 307 Abs. 1 Satz 2 BGB** kann auch bei Klauseln, die das Preis- und Leistungsverhältnis betreffen, zur Unwirksamkeit führen, etwa weil die Klausel an **versteckter Stelle** erscheint. Das stellt § 307 Abs. 3 Satz 2 1.175

---

231) BGH, Urt. v. 23.6.1993 – IV ZR 135/92, NJW 1993, 2369; BGH, Urt. v. 29.4.2010 – Xa ZR 5/09, NJW 2010, 1958; BGH, Urt. v. 9.2.2011 – VIII ZR 295/09, NJW 2011, 1342 = ZIP 2011, 1151.

232) BT-Drucks. 7/3919, S. 22.

233) BGH, Urt. v. 8.10.2009 – III ZR 93/09, NJW 2010, 150; BGH, Urt. v. 24.3.2010 – III ZR 178/08, BGHZ 185, 96 = NJW 2010, 2789 = ZIP 2010, 1240.

234) BGH, Urt. v. 26.1.2001 – V ZR 452/99, ZIP 2001, 463; BGH, Urt. v. 12.6.2001 – XI ZR 274/00, NJW 2001, 2635 = ZIP 2001, 1418.

235) BGH, Urt. v. 18.5.1995 – IX ZR 108/94, BGHZ 130, 19 = NJW 1995, 2553 = ZIP 1995, 1244; BGH, Urt. v. 30.6.1995 – V ZR 184/94, BGHZ 130, 150 = NJW 1995, 2637 = ZIP 1995, 1359.

BGB durch seinen Verweis auf § 307 Abs. 1 und 2 BGB ausdrücklich klar. § 307 Abs. 3 BGB soll nach seinem Zweck nur die materielle (inhaltliche) Angemessenheitskontrolle, nicht aber eine formelle Verständlichkeits- und Transparenzprüfung ausschließen.[236)]

1.176 **bb) § 307 Abs. 1 Satz 1 BGB.** Leistungsbeschreibungen sind einer allgemeinen Inhaltskontrolle entzogen.[237)] Das Gesetz stellt es grundsätzlich den Vertragsparteien frei, Leistung und Gegenleistung im Vertrag selbst zu bestimmen. Daher unterliegen Leistungsbeschreibungen nicht der gesetzlichen Inhaltskontrolle gem. § 307 Abs. 3 BGB. Sie werden nicht durch Rechtsvorschriften geregelt, sondern sind von der den Parteien eingeräumten Vertragsfreiheit umfasst und lassen die für die Leistungen geltenden gesetzlichen Vorschriften unberührt. Gemeint ist der enge Bereich der Leistungsbezeichnungen, ohne deren Vorliegen mangels **Bestimmtheit oder Bestimmbarkeit** des wesentlichen Vertragsinhalts ein wirksamer Vertrag nicht mehr angenommen werden kann.

4. Im Übrigen

1.177 Klauseln, die das Hauptleistungsversprechen einschränken, verändern, ausgestalten oder modifizieren, die also den Gegenstand der Leistung und Gegenleistung abändern, sind dagegen der Inhaltskontrolle gem. §§ 307–309 BGB unterworfen.[238)]

III. Spezielle Klauselverbote und Unternehmerverkehr

1. § 310 Abs. 1 Satz 1 BGB

1.178 Für Getränkelieferungs- und Automatenaufstellverträge greifen die Klauselkataloge der §§ 308 und 309 BGB in aller Regel im Hinblick auf die Unternehmereigenschaft des Gastwirts (§ 14 BGB) nicht unmittelbar (§ 310 Abs. 1 Satz 1 BGB). Gegenüber nicht (gastro-)gewerblich tätigen Eigentümern und damit Verbrauchern (§ 13 BGB) sind die Klauselverbote nach §§ 308, 309 BGB dagegen unmittelbar anwendbar.

236) BGH, Urt. v. 14.4.1992 – XI ZR 196/91, ZIP 1992, 751.

237) BGH, Urt. v. 13.7.1994 – IV ZR 107/93, ZIP 1994, 1358; BGH, Urt. v. 24.3.1999 – IV ZR 90/98, NJW 1999, 2279, 2280; BGH, Urt. v. 12.6.2001 – XI ZR 274/00, NJW 2001, 2635 = ZIP 2001, 1418; BGH, Urt. v. 6.4.2005 – VIII ZR 27/04, NJW 2005, 1574; BGH, Urt. v. 15.11.2007 – III ZR 247/06, NJW 2008, 360; BGH, Urt. v. 29.4.2010 – Xa ZR 5/09, NJW 2010, 1958.

238) BGH, Urt. v. 23.6.1999 – IV ZR 136/98, NJW 1999, 3558; BGH, Urt. v. 10.12.2003 – IV ZR 217/02, NZV 2004, 397; BGH, Urt. v. 16.6.2004 – IV ZR 257/03, NJW-RR 2004, 1258; BGH, Urt. v. 26.9.2007 – IV ZR 252/06, NJW-RR 2008, 189; BGH, Urt. v. 24.6.2009 – IV ZR 212/07, NJW-RR 2009, 1625.

2. § 310 Abs. 1 Satz 2 BGB

a) Grundsatz. Über § 310 Abs. 1 Satz 2 BGB können jedoch die Wertungen der §§ 308 und 309 BGB unter angemessener Berücksichtigung der im Unternehmerverkehr geltenden Gewohnheiten und Gebräuche (§ 310 Abs. 1 Satz 2 Halbs. 2 BGB) im Rahmen der Generalklausel des § 307 Abs. 1 und 2 (Nr. 1 und 2) BGB Bedeutung erlangen.[239] Eine Inhaltskontrolle ist ausgeschlossen, wenn eine Regelung nicht als AGB, sondern gem. § 346 HGB als Handelsbrauch den Vertragsinhalt bestimmt.[240] 1.179

b) Handelsbrauch. Handelsbräuche sind bei der Inhaltskontrolle zu berücksichtigen, es sei denn, dass sie ausnahmsweise gegen Treu und Glauben verstoßen.[241] Ein Handelsbrauch setzt nach ständiger Rechtsprechung voraus, dass sich eine im Verkehr der Kaufleute untereinander verpflichtende Regelung herausgebildet hat, die auf einer gleichmäßigen, einheitlichen und freiwilligen tatsächlichen Übung beruht, die sich außerhalb eines angemessenen Zeitraumes für vergleichbare Geschäftsvorfälle gebildet hat und der eine einheitliche Auffassung der Beteiligten zugrunde liegt.[242] 1.180

3. § 309 BGB

a) Grundlagen. Der gem. § 310 Abs. 1 Satz 2 BGB mögliche Rückgriff auf den Auffangtatbestand der Generalklausel des § 307 Abs. 1 und 2 BGB bildet nunmehr ausdrücklich den **gesetzlichen Rahmen** sowie zugleich die **Schranke** für eine entsprechende Anwendung der Klauselverbote ohne Wertungsmöglichkeit des § 309 BGB im Rahmen der Generalklausel. Verstöße gegen die speziellen Klauselverbote des § 309 BGB sind in der Regel auf den Verkehr zwischen Unternehmern nicht übertragbar. Hinsichtlich der in § 309 BGB enthaltenen Klauselverbote ohne Wertungsmöglichkeit ist vielmehr für den jeweiligen Verbotstatbestand zu prüfen, ob sie im Unternehmerverkehr nach dem Schutzzweck und Gerechtigkeitsgehalt mittelbar im Rahmen einer Inhaltskontrolle nach § 307 BGB zu berücksichtigen sind (§ 307 Abs. 2 Nr. 1 BGB). 1.181

Eine undifferenzierte Anwendung des Regel-Ausnahme-Satzes lässt sich schwerlich mit der vom Gesetzgeber[243] geforderten Eigenständigkeit der Inhaltskontrolle im Unternehmerbereich und mit dem Umstand in Einklang bringen, dass einige der Klauselverbote in § 309 BGB typische Schutzvorschriften für den 1.182

239) BGH, Urt. v. 25.4.2001 – VIII ZR 135/00, BGHZ 147, 279 = NJW 2001, 2331 = ZIP 2001, 1245.

240) BGH, Urt. v. 23.4.1986 – IVa ZR 209/84, NJW-RR 1987, 94.

241) BGH, Urt. v. 5.6.1984 – X ZR 75/83, NJW 1984, 2160 = ZIP 1984, 966.

242) BGH, Urt. v. 25.11.1993 – VII ZR 17/93, NJW 1994, 654; BGH, Urt. v. 25.4.2001 – VIII ZR 135/00, BGHZ 147, 279 = NJW 2001, 2331 = ZIP 2001, 1245 (zehnjährige Bierbezugsverpflichtung).

243) BT-Drucks. 7/3919, S. 23 und BT-Drucks. 7/5422, S. 14.

Verbraucher sind (z. B. § 309 Nr. 1 und Nr. 9 a BGB). Ob ein Verstoß gegen ein konkreten Klauselverbot, hier des § 309 BGB, im unternehmerischen Verkehr den Verstoß gegen § 307 Abs. 1 oder Abs. 2 (Nr. 1) BGB „indiziert", kann somit nicht pauschal und schlagwortartig beantwortet werden. Vielmehr sind die konkrete Klausel und das konkrete Klauselverbot im Einzelfall zu würdigen. Unzulässig ist es jedenfalls, aufgrund allgemeiner Überlegungen, die sich nicht aus den Besonderheiten gerade des zu beurteilenden Vertrages ergeben, über die Generalklausel die gesetzgeberische Regelungsabsicht geradezu „auf den Kopf zu stellen".[244)]

1.183 **b) Vorgehensweise.** § 307 Abs. 2 BGB gilt auch im Verkehr zwischen Unternehmern. Verbote des § 309 BGB, die Konkretisierungen des § 307 Abs. 2 Nr. 1 und 2 BGB sind, sind daher grundsätzlich auch im Verkehr zwischen Unternehmern zu beachten. Allerdings sind wegen der besonderen Gegebenheiten des Verkehrs zwischen Unternehmern die Interessen der Beteiligten eigenständig zu beurteilen. Aus den Usancen des Verkehrs zwischen Unternehmern kann sich ergeben, dass Rechtsgedanken oder Rechte, die bei Verbrauchergeschäften wesentlich sind, im Verkehr zwischen Unternehmern einen anderen (geringeren) Stellenwert haben. Überdies kann der Verwender dartun, dass im Ergebnis keine unangemessene Benachteiligung des anderen Teils vorliegt.[245)]

1.184 **c) Konsequenzen.** Anwendbar über § 307 Abs. 2 Nr. 1 BGB sind die Klauselverbote des § 309 Nr. 3, 4,[246)] 5 a[247)] und 12 BGB. Andere Klauselverbote, etwa die des § 309 Nr. 2, 5 b, 6[248)], 9[249)] und 10[250)] BGB, finden im Unternehmerver-

---

244) BGH, Urt. v. 29.4.1987 – VIII ZR 251/86, BGHZ 100, 373 = NJW 1987, 2012; BGH, Urt. v. 4.12.1996 – XII ZR 193/95, NJW 1997, 739 = ZIP 1997, 282.

245) BGH, Urt. v. 19.9.2007 – VIII ZR 141/06, BGHZ 174, 1 = NJW 2007, 3774 = ZIP 2007, 2270.

246) BGH, Urt. v. 18.12.1985 – VIII ZR 47/85, NJW 1986, 842 = ZIP 1986, 371; BGH, Urt. v. 7.3.1991 – I ZR 157/89, NJW-RR 1991, 995.

247) Zu § 309 Nr. 5a BGB vgl. BGH, Urt. v. 28.5.1984 – III ZR 231/82, NJW 1984, 2941; BGH, Urt. v. 12.1.1994 – VIII ZR 165/92, BGHZ 124, 351 = NJW 1994, 1060 = ZIP 1994, 461 (Daihatsu); BGH, Urt. v. 20.3.2003 – I ZR 225/00, ZIP 2003, 1707; OLG Naumburg, Urt. v. 19.3.1999 – 6 U 13/98, NJW-RR 2000, 720; OLG Karlsruhe, Urt. v. 18.10.2001 – 19 U 97/01, BeckRS 2001, 30212399; OLG Frankfurt/M., Urt. v. 13.11.2007 – 11 U 24/07, BeckRS 2007, 19024. Zu § 309 Nr. 5b BGB vgl. BGH, Urt. v. 19.9.2001 – I ZR 343/98, NJW-RR 2002, 1027; BGH, Urt. v. 20.3.2003 – I ZR 225/00, ZIP 2003, 1707; OLG München, Urt. v. 31.1.1995 – 25 U 3600/94, BeckRS 1995, 04936; OLG Köln, Urt. v. 6.9.2000 – 17 U 46/99, BeckRS 2012, 09081; OLG Köln, Urt. v. 9.1.2007 – 3 U 158/05, BeckRS 2007, 04453; LG Ravensburg, Urt. v. 7.11.2011 – 6 O. 301/11.

248) BGH, Urt. v. 19.12.1977 – II ZR 202/76, NJW 1978, 636; BGH, Urt. v. 12.3.2003 – XII ZR 18/00, NJW 2003, 2158 = ZIP 2003, 1658; OLG Nürnberg, Urt. v. 25.2.1992 – 11 U 2744/91, BeckRS 1992, 31335912.

249) BGH, Urt. v. 17.12.2002 – X ZR 220/01, NJW 2003, 886 = ZIP 2003, 533, BGH, Urt. v. 8.12.2011 – VII ZR 111/11, NJW-RR 2012, 626.

kehr im Hinblick auf die dort geltenden Gewohnheiten und Gebräuche keine Anwendung. Allerdings ist dann die Prüfung des § 307 Abs. 1 BGB nicht gesperrt. Die Wertungen der speziellen Klauselverbote des § 309 BGB haben aber insofern weder indizielle noch mittelbare Bedeutung.

4. § 308 BGB

Die Klauselverbote des § 308 BGB sind in der Regel auf den unternehmerischen Verkehr übertragbar, weil in ihren Wertungsspielräumen die unternehmerischen Besonderheiten berücksichtigt werden können. Liegt ein Verstoß gegen § 308 BGB vor, so wird der Unternehmer gem. § 307 Abs. 1 BGB unangemessen benachteiligt. Folglich dürfte den Klauselverboten des § 308 BGB eine **Indiz**funktion im Rahmen des § 307 Abs. 2 Nr. 1 BGB zukommen. 1.185

IV. Inhaltskontrolle nach § 307 Abs. 2 BGB

1. Grundlagen

Die beiden Tatbestände des § 307 Abs. 2 Nr. 1 und 2 BGB sollen § 307 Abs. 1 BGB inhaltlich konkretisieren. Sie stellen gesetzliche Regelbeispiele einer unangemessenen Benachteiligung dar. Die sich aus dem Wortlaut („im Zweifel“) ergebende **Vermutung der Unwirksamkeit** ist widerleglich.[251)] Sie verschiebt die Beweis- und Argumentationslast. Sie entfällt, wenn eine Gesamtwürdigung aller Umstände ergibt, dass die Klausel den Kunden nicht unangemessen benachteiligt. 1.186

2. § 307 Abs. 2 Nr. 2 BGB

Diese Vorschrift soll verhindern, dass vertragswesentliche Rechte und Pflichten durch AGB ausgehöhlt werden (**Aushöhlungsverbot**). Hierzu gehören auch **grundsätzliche Lasten- und Risikoverteilungsgedanken.** Der Vertragszweck ist gefährdet, wenn dem Vertragspartner durch AGB solche Rechtspositionen genommen oder eingeschränkt werden, die ihm der Vertrag nach seinem Inhalt und Zweck zu gewähren hat. Dazu rechnen insbesondere die Pflichten, deren Erfüllung die ordnungsgemäße Abwicklung des Vertrages ermöglichen und auf deren Beachtung der Vertragspartner vertraut hat und auch vertrauen darf.[252)] 1.187

3. § 307 Abs. 2 Nr. 1 BGB

a) **Gesetzliche Regelung.** Den Vorschriften des dispositiven Rechts kommt bei der Inhaltskontrolle von AGB eine **Leitbildfunktion** zu. Ein **Indiz** für die 1.188

---

250) BGH, Urt. v. 29.2.1984 – VIII ZR 350/82, NJW 1985, 53 = Zeller III, 281 (Automatenaufstellvertrag); BGH, Urt. v. 15.4.1998 – VIII ZR 377/96, NJW 1998, 2286 = ZIP 1998, 1441; BGH, Urt. v. 9.6.2010 – XII ZR 171/08, NJW 2010, 3708 = ZIP 2010, 2102.

251) BGH, Urt. v. 13.7.2004 – KZR 10/03, BeckRS 2004, 09333 (str.).

252) Palandt-*Grüneberg*, BGB, § 307 Rz. 31 – 38.

fehlende Angemessenheit kann die **Abweichung von dispositiven gesetzlichen Bestimmungen** sein, soweit diese als Ausdruck des Gerechtigkeitsgebotes erscheinen.[253)]

1.189 Derartige Grundgedanken eines Rechtsbereichs müssen nicht in **Einzelbestimmungen, insbesondere den durch die Schuldrechtsreform geänderten Vorschriften des BGB,** niedergelegt sein, sie können sich auch aus **allgemeinen**, am Gerechtigkeitsgedanken ausgerichteten **Rechts- und Grundsätzen** ergeben, die durch **Auslegung, Analogie** oder **Rechtsfortbildung aus den gesetzlichen Vorschriften hergeleitet** werden.[254)] Zu ihnen gehören die **Regeln über den Wegfall der Geschäftsgrundlage (§ 313 BGB)**, der **Grundsatz „pacta sunt servanda"** und insbesondere das für schuldrechtliche gegenseitige Verträge wesentliche **Prinzip der Äquivalenz von Leistung und Gegenleistung,**[255)] auf das auch bei der Abwicklung gegenseitiger Verträge angemessen Rücksicht zu nehmen ist.[256)] Die Hauptbedeutung kommt dem gesetzlichen Leitbild für den Verkehr mit Unternehmern zu.

1.190 **b) Grenzen.** Vor Übertreibungen muss gewarnt werden. Zwar ist die Dispositivität des normierten Rechts selbstverständlich noch kein ausreichender Beleg dafür, dass es gerade auch durch AGB abgeändert werden kann. Aber weder verlangen § 307 Abs. 1 und 2 BGB – was angesichts des Zwecks von AGB sinnwidrig wäre – eine volle Übereinstimmung der Klausel mit dem dispositiven Recht,[257)] noch ist es Sinn der Inhaltskontrolle, eine vom Standpunkt des Verbrauchers aus optimale Gestaltung der Bedingungen zu erreichen.[258)] Folglich erfüllt nicht jede, sondern nur die mit den wesentlichen Grundgedanken nicht zu vereinbarende Abweichung die Voraussetzung des § 307 Abs. 2 Nr. 1 BGB. Erforderlich ist daher, dass in die rechtlich geschützten Interessen des Vertragspartners in nicht unerheblicher Weise eingegriffen wird. Bei gesetzlich ausdrücklich zugelassenen Änderungen ergibt sich aus der Fassung des Gesetzes, dass der formale Umstand der Abweichung allein noch nicht eine unange-

---

253) BGH, Urt. v. 18.3.1997 – XI ZR 117/96, NJW 1997, 1700 = ZIP 1987, 838; BGH, Urt. v. 14.7.1998 – XI ZR 272/97, NJW 1998, 3200 = ZIP 1998, 1631; BGH, Urt. v. 5.7.2005 – X ZR 60/04, NJW 2005, 2919; BGH, Urt. v. 27.6.2007 – VIII ZR 149/06, NJW 2007, 3637.

254) BGH, Urt. v. 21.12.1983 – VIII ZR 195/82, NJW 1984, 1182 = Zeller III, 426; BGH, Urt. v. 12.3.1987 – VII ZR 37/86, ZIP 1987, 640; BGH, Urt. v. 23.4.1991 – XI ZR 128/90, ZIP 1991, 792; BGH, Urt. v. 8.7.1993 – VII ZR 79/92, NJW 1993, 2738; BGH, Urt. v. 23.6.2010 – VIII ZR 230/09, NJW 2010, 3431.

255) BGH, Urt. v. 26.11.1984 – VIII ZR 214/83, ZIP 1985, 161 Zeller III, 309; BGH, Urt. v. 9.10.1985 – VIII ZR 217/84, ZIP 1985, 1398.

256) BGH, Urt. v. 5.4.1984 – VII ZR 196/83, NJW 1984, 2162.

257) BGH, Urt. v. 14.1.1987 – IVa ZR 130/85, NJW 1987, 2431; BGH, Urt. v. 5.10.1993 – XI ZR 35/93, ZIP 1993, 1609.

258) BGH, Urt. v. 18.12.1985 – IVa ZR 81/84, NJW 1986, 2369.

messene Benachteiligung indiziert.[259] Diese muss vielmehr am Maßstab des § 307 Abs. 1 BGB festgestellt werden.

V. Transparenzgebot

1. Unternehmerverkehr

a) Das Transparenzgebot (§ 307 Abs. 1 Satz 2 BGB) beansprucht grundsätzlich auch für den unternehmerischen Verkehr Geltung.[260] Doch ist der gewerblich tätige Vertragspartner nicht in gleicher Weise schutzwürdig und schutzbedürftig. Im Unternehmerverkehr sind die Anforderungen an die Formulierungsstringenz und die Transparenz einer Regelung nicht so hoch wie bei Verträgen mit Verbrauchern. Folge der erhöhten unternehmerischen Eigenverantwortlichkeit ist die Verpflichtung des Klauselgegners, zumutbare Anstrengungen zur Erfassung des Klauselinhalts auf sich zu nehmen.[261] 1.191

b) Als **Schranke** sind im Übrigen die im Unternehmerverkehr geltenden Gewohnheiten und Gebräuche (§ 310 Abs. 1 Satz 2 Halbs. 2 BGB) zu beachten. Allerdings entsprechen Verstöße gegen das Transparenzgebot nicht den Gebräuchen und Gepflogenheiten des Handelsverkehrs.[262] 1.192

2. Konkurrenzen

a) Konkretisierungen und damit **Spezialvorschriften** sind vorrangig heranzuziehen. 1.193

b) Das Transparenzgebot kann bereits im Rahmen der **Einbeziehung** – Kenntnisnahme in zumutbarer Weise – Bedeutung erlangen, wenn eine Regelung schlecht lesbar – Kleindruck etc. – ist oder durch Verweisungen auf andere Klauselwerke unklar ist, was genau gelten soll. Auch sind die Einbeziehungsvorschrift des **§ 305c Abs. 1 BGB**[263] und die Auslegungsregel des **§ 305c Abs. 2 BGB** zu beachten. Man kann sagen, dass die Unklarheitenregel dann mit dem Transparenzgebot konkurriert, wenn eine auslegungsbedürftige Klausel nicht nur in ihrem Randbereichen – dann Anwendung von § 305c Abs. 2 BGB –, 1.194

---

259) BT-Drucks. 14/1301, S. 45.

260) BGH, Urt. v. 16.5.2007 – XII ZR 13/05, NJW 2007, 2176; BGH, Urt. v. 9.12.2009 – XII ZR 109/08, BGHZ 183, 299 = NJW 2010, 671; BGH, Urt. v. 4.5.2011 – XII ZR 112/09, BeckRS 2011, 15216; BGH, Urt. v. 3.8.2011 – XII ZR 205/09, NJW 2012, 54; BGH, Urt. v. 26.9.2012 – XII ZR 112/10, NJW 2013, 41.

261) BGH, Urt. v. 1.2.1996 – I ZR 44/94, NJW 1996, 2374, 2375; BGH, Urt. v. 17.12.1998 – VII ZR 243/97, NJW 1999, 942 = ZIP 1999, 314; BGH, Urt. v. 16.5.2007 – XII ZR 13/05, NJW 2007, 2176; BGH, Urt. v. 7.5.2008 – XII ZR 5/06, BeckRS 2008, 11 746; OLG Düsseldorf, Urt. v. 28.5.2004 – 15 U 193/03 – sowie – 15 W 103/03.

262) BGH, Urt. v. 3.8.2011 – XII ZR 205/09, NJW 2012, 54.

263) Siehe oben § 5 I 2 c.

sondern in ihrem Begriffskern unklar ist, sodass erst dann die Wirksamkeitskontrolle einsetzt.[264)]

1.195 c) **§ 307 Abs. 3 BGB** soll nach seinem Zweck nur die Angemessenheitskontrolle, nicht aber eine Transparenzprüfung ausschließen.[265)]

3. Beurteilungsgrundsätze

1.196 Anders als durch die Vermutungen („im Zweifel") des § 307 Abs. 2 Nr. 1 und 2 BGB wird der richterlichen Beurteilung ein **Beurteilungsspielraum** eröffnet. Maßgebend sind **Verständnismöglichkeiten** und **Erwartungshorizont des durchschnittlichen Vertragspartners** im entsprechenden Geschäftskreis **(Verkehrskreis)**.[266)]

4. Tatbestand

1.197 Nach § 307 Abs. 1 Satz 2 BGB ist eine Klausel nur unwirksam, wenn der Verwendungsgegner durch die Intransparenz unangemessen benachteiligt wird.[267)] Dies ist der Fall, wenn die deutliche Gefahr einer inhaltlichen Benachteiligung des Verwendungsgegners besteht. Mit der Verletzung des Transparenzgebots geht in der Regel auch die Gefahr einer sachlichen Benachteiligung einher.[268)] Die gelegentlich vertretene Annahme, eine intransparente Gestaltung stelle stets eine unangemessene Benachteiligung dar, lässt sich weder mit dem Wortlaut noch mit der Entstehungsgeschichte vereinbaren. Vielmehr ist Voraussetzung, dass durch die Intransparenz der Klausel eine Benachteiligung der Rechtsstellung des Vertragspartners begründet wird.[269)]

5. Fallgruppen

1.198 a) **Mangelnde Klarheit und Verständlichkeit.** Zwar hat nicht jede Unklarheit einer Klausel die Anwendung des § 307 Abs. 1 Satz 2 BGB zur Folge; sonst wäre die Vorschrift des § 305c Abs. 2 BGB obsolet. Der Hauptanwendungsfall dürfte aber in den Fällen zu sehen sein, in denen auch die Unklarheitenregel des § 305c Abs. 2 BGB keine sinnvolle richterliche Auslegung mehr zulässt und damit schon nach früherer Rechtsprechung ein ersatzloser Wegfall der Klausel in Betracht kam.

---

264) Siehe oben § 5 II 4 e aa.

265) BGH, Urt. v. 12.10.2007 – V ZR 283/06, NJW-RR 2008, 251.

266) BGH, Urt. v. 23.2.2011 – XII ZR 101/09, NJW-RR 2011, 1144.

267) BGH, Urt. v. 23.2.2011 – XII ZR 101/09, NJW-RR 2011, 1144.

268) BGH, Urt. v. 8.10.1997 – IV ZR 220/96, NJW 1998, 454.

269) BGH, Urt. v. 17.12.2008 – VIII ZR 274/06, BGHZ 179, 186 = NJW 2009, 578 = ZIP 2009, 320; BGH, Urt. v. 23.2.2011 – XII ZR 101/09, NJW-RR 2011, 1144.

b) Eine Klausel genügt nur dann dem aus § 307 Abs. 1 Satz 2 BGB abzuleitenden **Bestimmtheitsgebot,** wenn sie im Rahmen des rechtlichen und tatsächlichen Zumutbaren die **Rechte und Pflichten** des Vertragspartners des Verwenders so klar und präzise wie möglich umschreibt. Dies gilt gem. § 307 Abs. 3 Satz 2 BGB auch für Klauseln, die an sich nach § 307 Abs. 3 Satz 1 BGB von der Inhaltskontrolle ausgenommen sind.[270] Mit dem Vertrag verbundene **Nachteile** und **Belastungen** sind – soweit erkennbar – offenzulegen, wie dies nach den Umständen erfordert werden kann. Der Verwender von Standardbedingungen ist gehalten, zwischen mehreren möglichen Klauselfassungen – soweit das ohne unangemessene Ausweitung des Textumfangs geht – diejenige zu wählen, bei der die kundenbelastende Wirkung einer Regelung nicht unterdrückt, sondern deutlich gemacht wird.[271] So liegt es, wenn die den Kunden **benachteiligende Wirkung** einer Regelung **durch die Klauselgestaltung verschleiert** wird, wie dies bei **Preisnebenabreden,** z. B. **Zinsklauseln,** nicht selten der Fall ist. Voraussetzungen und Ausmaß einer möglichen Zinsänderung müssen durch eine transparente Bezugnahme auf die relevanten Parameter deutlich gemacht und eine etwaige Pflicht der Bank zur Herabsetzung bei Sinken des Zinsniveaus eindeutig formuliert werden.[272] **1.199**

Die tatbestandlichen Voraussetzungen und Rechtsfolgen sind in einer Klausel so genau zu beschreiben, dass einerseits für den Verwender keine **ungerechtfertigten Beurteilungsspielräume** entstehen, andererseits aber auch sichergestellt ist, dass der Klauselgegner ohne fremde Hilfe möglichst klar und einfach seine Rechte feststellen kann und nicht davon abgehalten wird, sie auch selbständig durchzusetzen.[273] Zur unangemessenen Benachteiligung wird die Unklarheit beispielsweise dort, wo durch sie dem Verwender die Möglichkeit eröffnet wird, **begründete Ansprüche** unter Hinweis auf die Klauselgestaltung abzuwehren, oder der Kunde von der **Durchsetzung bestehender Rechte** von vornherein abgehalten wird.[274] Unbedenklich ist es dagegen, wenn auch die der **1.200**

---

270) BGH, Urt. v. 26.10.2005 – VIII ZR 48/05, NJW 2006, 996; BGH, Urt. v. 18.4.2007 – VIII ZR 117/06, NJW-RR 2007, 1286; BGH, Urt. v. 26.9.2007 – VIII ZR 143/06, NJW 2007, 3632; BGH, Urt. v. 21.7.2010 – XII ZR 189/08, NJW 2010, 3152; BGH, Urt. v. 7.12.2010 – XI ZR 3/10, BGHZ 187, 360 = NJW 2011, 1801 = ZIP 2011, 263.

271) BGH, Urt. v. 10.7.1990 – XI ZR 275/89, NJW 1990, 2383; BGH, Urt. v. 24.3.1999 – IV ZR 90/98, NJW 1999, 2279; BGH, Urt. v. 20.7.2005 – VIII ZR 121/04, NJW 2006, 46; BGH, Urt. v. 16.5.2007 – XII ZR 13/05, NJW 2007, 2176; BGH, Urt. v. 16.9.2009 – IV ZR 246/08, NJW-RR 2010, 99.

272) BGH, Urt. v. 21.4.2009 – XI ZR 78/08, BGHZ 180, 257 = NJW 2009, 2051 = ZIP 2009, 1106.

273) BGH, Urt. v. 26.9.2007 – VIII ZR 143/06, NJW 2007, 3632.

274) BGH, Urt. v. 27.9.2000 – VIII ZR 155/99, BGHZ 145, 203; BGH, Urt. v. 5.10.2005 – VIII ZR 382/04, NJW 2006, 211; BGH, Urt. v. 12.10.2005 – IV ZR 162/03, NJW 2005, 3559; BGH, Urt. v. 26.9.2007 – VIII ZR 143/06, NJW 2007, 3632; BGH, Urt. v. 5.3.2008 – VIII ZR 95/07, NJW 2008, 1438; BGH, Urt. v. 21.7.2010 – XII ZR 189/08, NJW 2010, 3152 = ZIP 2010, 1121.

Klausel zugrunde liegende Norm – hier § 354 HGB – keine größere Bestimmtheit aufweist.[275)]

1.201 Ist der Kunde nicht in der Lage, die sich aus der **künftigen Rechtsentwicklung** ergebenden Rechtsrisiken und die daraus resultierenden wirtschaftlichen Belastungen bei Abschluss des Vertrages „abschließend" zu ermitteln, so soll § 307 Abs. 1 Satz 2 BGB gleichfalls greifen.[276)]

1.202 c) **Gleicher Regelungsgegenstand.** Auch kann die **formale Aufteilung** eines an sich einheitlichen Regelungsgegenstandes auf verschiedene Klauseln, die sich an unterschiedlichen, in keinem erkennbaren Zusammenhang stehenden Stellen finden, oder durch die **Unterbringung** einer Klausel **an versteckter Stelle**, wo eine solche Regelung nicht erwartet wird, zur Intransparenz führen.[277)] Wenn nicht klar ist, welche von mehreren Klauseln mit dem gleichen Regelungsthema unter welchen Voraussetzungen gelten soll, liegt ein Verstoß gegen das Transparenzgebot vor. Folge ist, dass sämtliche gegenläufigen Regelungen unwirksam sind und sich der Inhalt des Vertrages allein nach den gesetzlichen Vorschriften richtet (§ 306 Abs. 2 BGB).[278)]

6. Grenzen

1.203 Bei der Grenzziehung ist Augenmaß gefragt: Aus zu viel Transparenz kann auch ein Übermaß an Regelungen mit der Folge der Intransparenz werden,[279)] so etwa, wenn man den Klauselverwender mit Hilfe des Transparenzgebots zu **Bestimmungen** zwingen wollte, die aus **Rechtsgrundsätzen ohne Weiteres ableitbar** sind.[280)]

1.204 Nicht notwendig ist es für den Verwender, jede AGB-Regelung „gleichsam mit einem umfassenden Kommentar zu versehen".[281)]

1.205 Auch die Anforderungen an die Deutlichkeit, mit der dem Kunden der Regelungsgehalt einer Klausel erkennbar sein muss, sollten **nicht überspannt** werden. So sind z. B. einfache Berechnungen unter Benutzung des kleinen Einmaleins auch dem AGB-Kunden zumutbar.[282)]

---

275) BGH, Urt. v. 20.7.2005 – VIII ZR 121/04, NJW 2006, 46.

276) BGH, Urt. v. 7.12.2010 – XI ZR 3/10, BGHZ 187, 360 = NJW 2011, 1801 = ZIP 2011, 263; BGH, Urt. v. 23.2.2011 – XII ZR 101/09, NJW-RR 2011, 1144.

277) Ulmer/Brandner/Hensen-*Fuchs*, § 307 Rz. 335a, m. w. N.

278) OLG München, Urt. v. 22.3.2012 – 23 U 4793/11, BB 2012, 2336.

279) BGH, Urt. v. 21.2.1990 – VIII ZR 216/89, ZIP 1990, 511; BGH, Urt. v. 5.10.2005 – VIII ZR 382/04, NJW 2006, 211.

280) BGH, Urt. v. 12.1.1994 – VIII ZR 165/92, NJW 1994, 1060 = ZIP 1994, 461.

281) BGH, Urt. v. 10.7.1990 – XI ZR 275/89, NJW 1990, 2383; BGH, Urt. v. 3.6.1998 – VIII ZR 317/97, NZM 1998, 710; BGH, Urt. v. 24.10.2002 – I ZR 3/00, CR 2003, 323.

282) BGH, Urt. v. 10.3.1993 – VIII ZR 85/92, NJW 1993, 3052 = ZIP 1993, 926; BGH, Urt. v. 23.2.2005 – VIII ZR 273/03, NJW-RR 2005, 902.

7. Rechtsfolgen eines Verstoßes

Eine unwirksame Klausel fällt ersatzlos weg; die entstehende Lücke wird nicht durch §§ 315, 316 BGB, sondern im Wege ergänzender Vertragsauslegung geschlossen.[283)] Zu prüfen ist ggf., ob Bestimmungen in unterschiedlichen Absätzen eines Paragraphen sowohl bei getrennter Betrachtung als auch bei einer Zusammenschau hinreichend transparent sind, etwa eine hinreichend klare Aussage über Zeitpunkt und Umfang der Renovierungspflicht des Mieters enthalten. Dies ist jedenfalls dann gewährleistet, wenn in der Fußnote auf einen Fristenplan Bezug genommen wird.[284)] 1.206

VI. Inhaltskontrolle nach § 307 Abs. 1 Satz 1 BGB

1. Unternehmerverkehr

§ 307 BGB gilt für Unternehmer nur mittelbar und in den Schranken des § 310 Abs. 1 Satz 2 BGB.[285)] 1.207

2. Beurteilungsgrundsätze

Vergleichsmaßstab für die Angemessenheitsprüfung ist in allen Fällen das ohne die AGB geltende **dispositive Recht.**[286)] Bei der Prüfung ist im Wesentlichen – jedenfalls für den Individualprozess – anerkannt, dass die Frage, ob eine Vertragsbestimmung den Partner des Verwenders unangemessen benachteiligt, nur aufgrund einer **Würdigung des gesamten Vertragsinhalts – und zwar seiner formular- wie seiner individualvertraglichen Teile** – beantwortet werden kann.[287)] 1.208

Im Rahmen der vorzunehmenden Interessenabwägung bedarf es einer **umfassenden Berücksichtigung der schutzwürdigen Interessen der beteiligten Parteien im Einzelfall.**[288)] 1.209

Auch im Verkehr mit Unternehmern ist nicht auf die Schutzbedürftigkeit im Einzelfall, sondern auf eine **überindividuelle, generalisierende Betrachtungs-** 1.210

---

283) BGH, Urt. v. 13.4.2010 – XI ZR 197/09, BGHZ 185, 166 = NJW 2010, 1742 = ZIP 2010, 1023.

284) BGH, Urt. v. 28.4.2004 – VIII ZR 230/03, NJW 2004, 2087; BGH, Urt. v. 23.6.2004 – VIII ZR 361/03, NJW 2004, 2586.

285) BGH, Urt. v. 6.4.2005 – XII ZR 308/02, NJW 2005, 206; BGH, Urt. v. 8.10.2008 – XII ZR 84/06, NJW 2008, 3772 = ZIP 2009, 275, dazu EWiR 2009, 135 *(Bühler)*.

286) BGH, Urt. v. 26.1.1994 – VIII ZR 39/93, NJW 1994, 1069.

287) BGH, Urt. v. 1.12.1981 – KZR 37/80, NJW 1982, 644; BGH, Urt. v. 9.11.1989 – IX ZR 269/87, NJW 1990, 761; BGH, Urt. v. 10.4.1990 – IX ZR 177/89, WM 1990, 1165; BGH, Urt. v. 5.4.2006 – VIII ZR 163/05, NJW 2006, 2116.

288) BGH, Urt. v. 3.11.1999 – VIII ZR 269/98, BGHZ 143, 103 = NJW 2000, 1110 = ZIP 2000, 314; BGH, Urt. v. 28.1.2003 – XI ZR 156/02, NJW 2003, 1447 = ZIP 2003, 617; BGH, Urt. v. 14.9.2005 – IV ZR 198/04, NJW-RR 2006, 1454.

weise abzustellen. Die Auswirkungen der Klausel im konkreten Einzelfall sind nicht maßgebend. Es kommt **insbesondere nicht** auf die **Individualinteressen** des einzelnen Vertragspartners an. Daher sind die **Interessen des Verwenders** gegenüber denen der typischerweise beteiligten Vertragspartner **abzuwägen.**[289)]

1.211 Das schließt allerdings die **Berücksichtigung der konkreten Vertragsgestaltung** in ihrer typischen Form nicht aus.[290)]

3. Beurteilungszeitpunkt

1.212 Abzustellen ist auf den Zeitpunkt des Vertragsschlusses. Maßgeblich sind die vorliegenden und erkennbaren Verhältnisse und Entwicklungen des konkreten Rechtsverhältnisses zu diesem Zeitpunkt, weil sich die Beteiligten auf die Wirksamkeit des Vertrages zu diesem Zeitpunkt einstellen können müssen.[291)]

4. Überprüfbarkeit

1.213 Ob die Voraussetzungen des § 307 Abs. 1 Satz 1 BGB erfüllt sind, ist eine revisible Rechtsfrage, keine Tatfrage.[292)]

5. Voraussetzungen

1.214 a) Eine Klausel ist **unangemessen** i. S. v. § 307 Abs. 1 Satz 1 BGB, wenn der Verwender die Vertragsgestaltung einseitig für sich in Anspruch nimmt und eigene Interessen missbräuchlich auf Kosten des Vertragspartners durchzusetzen versucht, ohne von vornherein die Interessen seines Partners hinreichend zu berücksichtigen und ihm einen angemessenen Ausgleich zuzugestehen.[293)]

1.215 b) Eine **Überschreitung der durch das Gesetzesrecht gezogenen Grenzen** erscheint grundsätzlich nur gerechtfertigt, wenn das Interesse des Kunden an der

---

289) BGH, Urt. v. 6.4.2005 – XII ZR 308/02, NJW 2005, 2006; BGH, Urt. v. 8.10.2008 – XII ZR 84/06, NJW 2008, 3772 = ZIP 2009, 275, dazu EWiR 2009, 135 *(Bühler)*.

290) Vgl. z. B. die unterschiedliche Beurteilung der schutzwürdigen Sicherungsinteressen bei der formularmäßigen Grundschuldbestellung in BGH, Urt. v. 18.12.1986 – IX ZR 11/86, NJW 1987, 904 = ZIP 1987, 439; BGH, Urt. v. 2.10.1990 – XI ZR 306/89, ZIP 1990, 1390 einerseits sowie BGH, Urt. v. 5.3.1991 – XI ZR 75/90, ZIP 1991, 503, andererseits.

291) BGH, Urt. v. 25.4.2001 – VIII ZR 135/00, BGHZ 147, 279 = NJW 2001, 2331 = ZIP 2001, 1245; BGH, Urt. v. 30.3.2010 – XI ZR 200/09, NJW 2010, 2041 = ZIP 2010, 1072.

292) BGH, Urt. v. 4.7.1997 – V ZR 405/96, NJW 1997, 3022 = ZIP 1998, 72.

293) BGH, Urt. v. 21.12.1983 – VIII ZR 195/82, NJW 1984, 1182 = Zeller III, 426; BGH, Urt. v. 30.10.1985 – VIII ZR 251/84, ZIP 1986, 95 = Zeller III, 330; BGH, Urt. v. 25.4.2001 – VIII ZR 135/00, BGHZ 147, 279 = NJW 2001, 2331 = ZIP 2001, 1245; BGH, Urt. v. 17.12.2002 – X ZR 220/01, NJW 2003, 886 = ZIP 2003, 533; BGH, Urt. v. 1.2.2005 – X ZR 10/04, NJW 2005, 1774; BGH, Urt. v. 19.12.2007 – XII ZR 61/05, NJW-RR 2008, 818; BGH, Urt. v. 17.9.2009 – III ZR 207/08, NJW 2010, 57; BGH, Urt. v. 8.12.2011 – VII ZR 111/11, NJW-RR 2012, 626.

Einhaltung dieser Grenzen durch ein gegenläufiges besonderes Verwenderinteresse deutlich überwogen wird.[294]

c) § 307 (Abs. 1) BGB setzt objektiv (nur) eine gegen Treu und Glauben verstoßende unangemessene Benachteiligung voraus und hat **kein subjektives Tatbestandsmerkmal.**[295] 1.216

6. Einzelfragen

a) Dabei sollte der AGB-Verwender grundsätzlich mit einem Argument unter keinen Umständen Gehör finden, demjenigen nämlich, die Verwendung nicht benachteiligender Klauseln müsse zu einer Erhöhung des Preises führen. Unbillige AGB darf es auch nicht zu billigen **Preisen** geben, wenn anders nicht jeder Maßstab relativiert und das Regelungsanliegen des AGB-Rechts grundsätzlich verfehlt werden soll.[296] 1.217

b) **Rationalisierungsinteressen** des Verwenders und sein Interesse an einer Vereinfachung von Arbeitsabläufen sind zwar im Rahmen der Angemessenheitsprüfung mit zu berücksichtigen.[297] Diese treten aber gegenüber höherrangigen Interessen des Kunden zurück. 1.218

c) Für die Entscheidung über die Unangemessenheit einer Klausel kommt es nur auf deren Inhalt und nicht darauf an, ob der Berechtigte – was gerade in Getränkelieferungs- und Automatenaufstellverträgen nicht ganz selten, aber stets erfolglos geltend gemacht wird – von der **Klausel** nicht in vollem Umfang **Gebrauch macht,**[298] oder **welche Auslegung er ihr im Streitverfahren** geben möchte.[299] Denn da der Verwender die Klausel zur Regelung einer Vielzahl von Fällen in seine AGB aufgenommen hat, ist nicht auf die **Handhabung und Auswirkung der Bestimmung im Einzelfall** abzustellen. Maßgeblich ist allein, 1.219

---

294) BGH, Urt. v. 17.1.1990 – VIII ZR 292/88, ZIP 1990, 237; BGH, Urt. v. 30.10.1991 – VIII ZR 51/91, ZIP 1992, 186; BGH, Urt. v. 28.1.1993 – I ZR 294/90, ZIP 1993, 703; BGH, Urt. v. 29.3.1994 – XI ZR 69/93, ZIP 1994, 690.

295) BGH, Beschl. v. 16.4.1996 – XI ZR 234/95, ZIP 1996, 957.

296) Dazu schon *L. Raiser*, S. 289 ff.; BGH, Urt. v. 12.5.1980 – VII ZR 166/79, NJW 1980, 1953 = ZIP 1980, 654 m. w. N.; BGH, Urt. v. 19.12.2007 – XII ZR 61/05, NJW-RR 2008, 818; BGH, Urt. v. 8.10.2008 – XII ZR 84/06, NJW 2008, 3772 = ZIP 2009, 275, dazu EWiR 2009, 135 *(Bühler)*.

297) BGH, Urt. v. 10.1.1996 – XII ZR 271/94, NJW 1996, 988 = ZIP 1996, 462; BGH, Urt. v. 29.5.2008 – III ZR 330/07, NJW 2008, 2495.

298) BGH, Urt. v. 28.10.1981 – VIII ZR 302/80, ZIP 1982, 64; BGH, Urt. v. 23.6.1993 – IV ZR 135/92, NJW 1993, 2369; BGH, Urt. v. 12.1.1994 – VIII ZR 165/92, NJW 1994, 1060 = ZIP 1994, 461.

299) BGH, Urt. v. 19.9.1985 – III ZR 213/83, ZIP 1985, 1253.

welche Verfahrens**möglichkeiten** ihm die Bestimmung nach Wortlaut und Sinn erlaubt.[300)]

1.220 **d)** Legt andererseits ein Verwender seine AGB bei der Abwicklung des Vertrages selbst in einem bestimmten Sinne aus, so soll er mit dem Vorbringen, die Klausel sei richtigerweise anders und zwar einschränkend auszulegen, wegen des **Verbots widersprüchlichen Verhaltens** nicht mehr gehört werden können.[301)]

1.221 **e) Summierungseffekt.** Eine zulässige Klausel kann gerade dadurch unzulässig sein, dass sie durch eine andere Klausel verstärkt oder überlagert wird und diese Gesamtheit unangemessen ist.[302)] Unerheblich ist dabei eine sprachliche oder räumliche Trennung, wenn ein einheitliches Konzept zugrunde liegt und eine „untrennbare Einheit“ aufgelöst würde.[303)]

1.222 Ein Summierungseffekt kann sich auch aus einer Kombination mit einer Individualvereinbarung ergeben,[304)] wobei die Individualklausel §§ 305–310 BGB nicht unterfällt, sondern nur gem. § 139 BGB unwirksam sein kann.[305)] Als praktisch bedeutsame Beispiele sind **salvatorische Erhaltungs- und Ersetzungsklauseln** zu nennen.[306)]

1.223 **f)** Benachteiligt eine Klausel den Partner des Verwenders unangemessen, so wird dies nicht dadurch ausgeglichen, dass diesem bei besonderen Sachlagen das **Recht zur außerordentlichen Kündigung** des Vertrages zur Verfügung steht.[307)]

300) BGH, Urt. v. 29.5.2008 – III ZR 330/07, NJW 2008, 2495; BGH, Urt. v. 28.10.1981 – VIII ZR 302/80, ZIP 1982, 64; BGH, Urt. v. 6.10.1982 – VIII ZR 201/81, NJW 1983, 159 = ZIP 1982, 1449 = Zeller III, 231; BGH, Urt. v. 19.5.1988 – I ZR 147/86, NJW 1988, 2888.

301) BGH, Urt. v. 16.9.1993 – VII ZR 206/92, ZIP 1993, 1713.

302) BGH, Urt. v. 3.11.1999 – VIII ZR 269/98, BGHZ 143, 103 = NJW 2000, 1110 = ZIP 2000, 314; (Optionsklausel in Tankstellenvertrag); BGH, Urt. v. 14.5.2003 – VIII ZR 308/02, NJW 2003, 2234 (Mietvertrag); BGH, Urt. v. 25.6.2003 – VIII ZR 335/02, NJW 2003, 3192 = ZIP 2003, 1301 (Mietvertrag); BGH, Urt. v. 28.4.2004 – VIII ZR 230/03, NJW 2004, 2087 (Mietvertrag); BGH, Urt. v. 23.6.2004 – VIII ZR 361/03, NJW 2004, 2586 (Mietvertrag); BGH, Urt. v. 6.4.2005 – XII ZR 308/02, NJW 2005, 2006 (Gaststättenpachtvertrag); BGH, Urt. v. 5.4.2006 – VIII ZR 163/05, NJW 2006, 2116 (Mietvertrag); BGH, Urt. v. 5.12.2006 – X ZR 165/03, NJW 2007, 997.

303) BGH, Urt. v. 28.7.2011 – VII ZR 207/09, NJW-RR 2011, 1526 = ZIP 2011, 1904 (Gewährleistungsbürgschaft).

304) BGH, Urt. v. 5.4.2006 – VIII ZR 163/05, NJW 2006, 2116 (Mietvertrag).

305) BGH, Urt. v. 14.1.2009 – VIII ZR 71/08, NJW 2009, 1075.

306) BGH, Urt. v. 6.4.2005 – XII ZR 308/02, NJW 2005, 2006 (Gaststättenpachtvertrag).

307) BGH, Urt. v. 8.10.1997 – IV ZR 220/96, NJW 1998, 454, 456 = ZIP 1997, 2123; BGH, Urt. v. 8.10.2003 – VIII ZR 55/03, NJW 2004, 1041; BGH, Urt. v. 15.11.2007 – III ZR 247/06, WM 2008, 308; BGH, Urt. v. 13.1.2010 – VIII ZR 81/08, NJW-RR 2010, 1202 = ZIP 2010, 1250.

g) Die **Üblichkeit** einer Klausel steht der Feststellung ihrer Unangemessenheit nicht entgegen.[308] 1.224

h) **Kompensation.** Aus der Pflicht zur Berücksichtigung des gesamten Vertragsinhaltes folgt, dass eine nachteilige Klausel sehr wohl durch Vorteile ausgeglichen werden kann, die der Verwender seinem Vertragspartner durch eine andere Klausel oder eine Individualabrede gewährt. Dann ist die (für sich allein genommene unzulässige) Klausel wirksam. Eine solche Kompensationswirkung kann allerdings nur dann anerkannt werden, wenn der anderweitig im Vertrag gewährte Vorteil einen Sachzusammenhang bzw. eine Wechselbeziehung mit der zu überprüfenden Bestimmung aufweist, es sich also um eine „konnexe" Bestimmung handelt.[309] 1.225

Ferner muss der Vorteil von solchem Gewicht sein, dass er einen angemessenen Ausgleich für die Benachteiligung des Vertragspartners gewährt. Anderenfalls unterliegt die Klausel insgesamt dem Nichtigkeitsverdikt. 1.226

§ 7 Rechtsfolgen bei Nichteinbeziehung oder Unwirksamkeit von AGB

I. Wirksamkeit des Vertrages, § 306 Abs. 1 BGB

1. Inhalt

In seiner ersten Alternative erfasst § 306 Abs. 1 BGB Fälle mangelnder Einbeziehung. Auch wenn die Einbeziehung von AGB-Klauseln wegen ihres überraschenden Charakters an § 305c Abs. 1 BGB scheitert, gilt § 306 Abs. 1 BGB. Praktisch im Vordergrund steht die Frage, welche Rechtsfolgen dann eintreten, wenn einzelne AGB-Klauseln an den §§ 307–309 BGB scheitern und daher unwirksam sind. 1.227

2. Grundsatz der Teilnichtigkeit

Der Gesetzgeber hat sich in § 306 Abs. 1 BGB im Grundsatz dafür entschieden, dass sich die Rechtsfolgen der AGB-Kontrolle auf die jeweils betroffenen Klauseln oder Klauselteile beschränken. Dies zeigt auch der Wortlaut der §§ 307–309 BGB.[310] Verstößt eine Klausel gegen eines der Verbote der §§ 308, 309 BGB oder gegen § 307 BGB, so ist die Klausel unwirksam, der Vertrag im Übrigen dagegen grundsätzlich wirksam.[311] Ist die Klausel als Einzelfallregelung nicht wichtig genug, so führt allein ihre mögliche Unwirksamkeit nicht 1.228

---

308) BGH, Urt. v. 8.10.2008 – XII ZR 84/06, NJW 2008, 3772 = ZIP 2009, 275, dazu EWiR 2009, 135 *(Bühler)*.

309) BGH, Urt. v. 6.5.1992 – VIII ZR 129/91, ZIP 1992, 771; BGH, Urt. v. 29.11.2002 – V ZR 105/02, NJW 2003, 889 = ZIP 2003, 535.

310) BGH, Urt. v. 14.5.2003 – VIII ZR 308/02, NJW 2003, 2234 = ZIP 2003, 1301; BGH, Urt. v. 8.5.2007 – K ZR 14/04, NJW 2007, 3568.

311) BGH, Urt. v. 8.5.2007 – KZR 14/04, NJW 2007, 3568.

zur Rechtsungültigkeit des Vertrages in seiner Gesamtheit.[312] Gesamtnichtigkeit ist nur unter den Voraussetzungen des § 306 Abs. 3 BGB anzunehmen.

1.229 Die Nichtigkeit ist **von Amts wegen** zu beachten. Zu ihrer **Heilung** bedarf es entsprechend § 141 BGB einer **Bestätigung** durch Individualvereinbarung.[313]

3. Voraussetzungen

1.230 Voraussetzung für eine Teilnichtigkeit ist, dass die Klausel zum einen teilbar ist und zum anderen keine unzulässige geltungserhaltende Reduktion vorliegt.[314]

4. Teilbarkeit

1.231 a) **Grundsatz.** Anerkannt ist, dass das Verbot der geltungserhaltenden Reduktion einer beanstandeten Klausel dann nicht gilt, wenn die Formularklausel nach ihrem Wortlaut aus sich heraus verständlich und sich sinnvoll in einen zulässigen und einen unzulässigen Regelungsteil trennen lässt. Dies ist vor § 306 Abs. 2 BGB zu prüfen. Enthält die Klausel neben den unwirksamen auch inhaltlich unbedenkliche, aus sich heraus verständliche, sprachlich und inhaltlich teilbare Bestimmungen, so bleiben diese auch dann wirksam, wenn sie den gleichen Sachkomplex betreffen.[315]

1.232 b) **Voraussetzung** für die Zerlegung ist, dass der unwirksame Bestandteil einfach weggestrichen werden kann (sog. **„Kulitest"**).[316] Dies gilt auch, wenn ein bestimmter Klauselteil, der nicht in einer verschiedene Alternativen nennenden Aufzählung steht, **ersatzlos gestrichen werden kann.**[317]

1.233 Soll die Umformulierung gerade dazu dienen, den Vertrag so zu gestalten, wie ihn sich die Parteien bei der Unterzeichnung vorgestellt haben, so bestehen keine Bedenken. Auch erscheint es ggf. nicht gerechtfertigt, aufgrund der

312) OLG Koblenz, Urt. v. 21.2.2002 – 5 U 677/01, NJOZ 2002, 837.

313) BGH, Urt. v. 10.5.1984 – I ZR 36/82, NJW 1985, 57.

314) BGH, Urt. v. 18.5.1995 – IX ZR 108/94, BGHZ 130, 19 = NJW 1995, 2553 = ZIP 1995, 1244.

315) BGH, Urt. v. 7.10.1981 – VIII ZR 214/80, ZIP 1981, 1338 = Zeller III, 206; BGH, Urt. v. 29.2.1984 – VIII ZR 350/82, NJW 1985, 53 = ZIP 1984, 841 = Zeller III, 281; BGH, Urt. v. 25.1.2006 – VIII ZR 3/05, NJW 2006, 1059.

316) BGH, Urt. v. 27.9.2000 – VIII ZR 155/99, NJW 2001, 292; BGH, Urt. v. 25.6.2003 – VIII ZR 344/02, NJW 2003, 2899; BGH, Urt. v. 28.4.2004 – VIII ZR 230/03, NJW 2004, 2087; BGH, Urt. v. 23.6.2004 – VIII ZR 361/03, NJW 2004, 2586; BGH, Urt. v. 6.4.2005 – XII ZR 158/01, NJW-RR 2006, 84; BGH, Urt. v. 23.11.2005 – VIII ZR 154/04, NJW 2006, 1056; BGH, Urt. v. 25.1.2006 – VIII ZR 3/05, NJW 2006, 1059; BGH, Urt. v. 18.4.2007 – VIII ZR 117/06, NJW-RR 2007; BGH, Urt. v. 8.10.2008 – XII ZR 84/06, NJW 2008, 3772 = ZIP 2009, 275, dazu EWiR 2009, 135 *(Bühler)*.

317) BGH, Urt. v. 28.5.1984 – III ZR 63/83, NJW 1984, 2816 = ZIP 1984, 1198; BGH, Urt. v. 31.10.1984 – VIII ZR 220/83, NJW 1985, 621; BGH, Urt. v. 18.1.1989 – VIII ZR 142/88, ZIP 1989, 311; BGH, Urt. v. 18.4.1989 – X ZR 31/88, ZIP 1989, 783 = Zeller IV, 70.

sprachlichen Zusammenfassung mehrerer Regelungsinhalte in einem Satz von einer einheitlichen Regelung auszugehen. Von dieser sprachlichen Zufälligkeit kann die sachliche Beurteilung der Frage, ob eine Trennbarkeit vorliegt, demnach nicht abhängen. Nicht selten wird durch die Umformulierung der Klausel und die Aufrechterhaltung des zulässigen Teils der Vertragsinhalt definiert, den der Vertragspartner sich selbst vorgestellt hat.[318)]

Teilbarkeit ist auch dann zu bejahen, wenn ein vernachlässigenswerter Teil der Klausel als intransparent gem. § 307 Abs. 1 Satz 2 BGB eingeordnet wird, was etwa dann gilt, wenn die **Intransparenz** sich auf einen erklärenden, aber unwirksamen **Klauselzusatz** bezieht.[319)] **1.234**

c) Grenzen. Der Trennung in einen zulässigen und in einen unzulässigen Regelungsfall kann sowohl die **sprachliche Fassung** als auch die Festlegung eines einheitlichen (Vertragsstrafen-)Betrages entgegenstehen.[320)] Der verbleibende Rest muss aus sich heraus noch sprachlich verständlich sein. Die Aufspaltung ist auch dann ausgeschlossen, wenn es sich um eine **kurze Regelung** handelt, weil diese nur um den Preis einer inhaltlichen Ergänzung aufrechterhalten werden könnte. Genau dies wäre aber eine unzulässige geltungserhaltende Reduktion.[321)] Die Teilbarkeit findet weiter ihre Grenzen, wenn **eine sprachliche Umgestaltung der Klausel** – etwa durch **Beifügung von Zusätzen** – erforderlich wird,[322)] die Klausel **einen völlig anderen als den ursprünglichen Sinn** erhält,[323)] und der aufrechterhaltene „Rest" der Klausel keine selbständige, im Gesamtgefüge des Vertrages **noch sinnvolle Bedeutung** hat.[324)] **1.235**

d) Personelle Teilbarkeit. Benutzt ein AGB-Verwender etwa dieselben Vertragsformulare in Geschäften mit Verbrauchern und mit Unternehmern, so können Vertragsklauseln, die in Verbraucherverträgen gegen §§ 308, 309 BGB verstoßen, im Unternehmerverkehr gleichwohl ihre Wirkung entfalten. Dies ist schon in den unterschiedlichen persönlichen Anwendungsbereichen der jewei- **1.236**

318) BGH, Urt. v. 16.1.1992 – IX ZR 113/91, NJW 1992, 896 = ZIP 1992, 233; BGH, Urt. v. 18.5.1995 – IX ZR 108/94, BGHZ 130, 19 = NJW 1995, 2553 = ZIP 1995, 1244.

319) BGH, Urt. v. 10.5.1984 – I ZR 36/82, NJW 1985, 57; BGH, Urt. v. 18.4.2007 – VIII ZR 117/06, NJW-RR 2007, 1286.

320) OLG Hamburg, Urt. 29.7.1999 – 3 U 171/98, OLGReport 2000, 67.

321) BGH, Urt. v. 18.2.2009 – VIII ZR 210/08, NJW 2009, 1408.

322) BGH, Urt. v. 7.6.1982 – VIII ZR 139/81, ZIP 1982, 965; weitergehend BGH, Urt. v. 18.5.1995 – IX ZR 108/94, BGHZ 130, 19 = NJW 1995, 2553 = ZIP 1995, 1244; BGH, Urt. v. 13.2.2001 – XI ZR 197/00, NJW 2001, 1419; BGH, Urt. v. 15.11.2006 – VIII ZR 3/06, BGHZ 170, 31 = NJW 2007, 674 = ZIP 2007, 131.

323) BGH, Urt. v. 27.4.1988 – VIII ZR 84/87, NJW 1988, 2465 = ZIP 1988, 974; BGH, Urt. v. 28.4.2004 – VIII ZR 230/03, NJW 2004, 2087; BGH, Urt. v. 23.6.2004 – IV ZR 130/03, NJW 2004, 2589; BGH, Urt. v. 11.10.2007 – III ZR 63/07, NJW-RR 2008, 134, 136.

324) BGH, Urt. v. 28.5.1984 – III ZR 63/83, NJW 1984, 2816 = ZIP 1984, 1198; BGH, Urt. v. 18.1.1989 – VIII ZR 142/88, ZIP 1989, 311; BGH, Urt. v. 18.4.1989 – X ZR 31/88, ZIP 1989, 783 = Zeller IV, 70; BGH, Urt. v. 15.5.1991 – VIII ZR 38/90, NJW 1991, 1750.

ligen Inhaltskontrollvorschriften begründet, gilt aber auch im Rahmen des § 307 BGB für die dort vorzunehmende unterschiedliche Bewertung gegenüber Verbrauchern bzw. Unternehmern.[325] Eine personelle Teilunwirksamkeit dürfte allenfalls bei einer grammatischen Teilbarkeit vertretbar sein und dies nur dann, wenn sie das Sinngefüge zugunsten und zu Lasten beider Vertragsteile nicht zerstört.

5. Verbot der geltungserhaltenden Reduktion

1.237 a) **Einführung.** Verstößt der Inhalt einer AGB teilweise gegen die §§ 307–310 BGB, so stellt sich die Frage, ob die unwirksame Klausel stets vollständig unwirksam ist (Kassation) oder ob nur der inkriminierte Teil der Klausel entfällt und der gerade noch zulässige Rest aufrechterhalten wird (geltungserhaltende Reduktion).

1.238 **b) Meinungsstand. aa) Herrschende Meinung. aaa) Inhalt.** Bereits zum AGBG war es zur gefestigten Rechtsprechung geworden, dass eine Rückführung der Klausel auf einen noch zulässigen Inhalt sowohl im Individualprozess als auch im Unterlassungsverfahren mit Sinn und Zielsetzung des AGBG unvereinbar war. Wenn sich eine AGB-Klausel wegen Verstoßes gegen §§ 307–309 BGB als unwirksam herausgestellt hat, kann sie, auch für den Fall, dass sich in ihr ein „Minus" verbirgt, das bei eigenständiger Überprüfung anhand der Maßstäbe der §§ 307–309 BGB wirksam sein würde, keinen Bestand mit dem Inhalt des „Minus" haben. Die Klausel ist grundsätzlich im Ganzen unwirksam.[326]

1.239 **bbb) Begründung.** Eine Reduktion der unwirksamen Klausel auf den mit dem AGB-Recht vereinbaren Regelungsgehalt sieht § 306 BGB nicht vor. Es ist nicht Aufgabe der Gerichte, für eine den Gegner des Klauselverwenders unangemessen benachteiligende und deshalb unwirksame Klausel eine Fassung zu finden, die einerseits dem Verwender möglichst günstig, andererseits gerade noch rechtlich zulässig sei. Anderenfalls würde dem Verwender ohne rechtfertigenden Grund das **Risiko von Übermaßregelungen** in seinen AGB genommen werden. Dies ist schon deshalb nicht hinzunehmen, weil für den Vertragspartner des Verwenders das mit dem Verstoß verbundene Risiko im Vorwege erkennbar sein muss, und zwar auch zur Höhe der finanziellen Folgen, wenn diese in den AGB ausdrücklich angesprochen werden.[327]

---

325) MünchKomm-*Basedow*, § 306 Rz. 19.

326) BGH, Urt. v. 3.11.1999 – VIII ZR 269/98, BGHZ 143, 103 = NJW 2000, 1110 = ZIP 2000, 314; BGH, Urt. v. 26.10.2005 – VIII ZR 48/05, NJW 2006, 996; BGH, Urt. v. 25.1.2006 – VIII ZR 3/05, NJW 2006, 1059; BGH, Urt. v. 8.10.2008 – XII ZR 84/06, NJW 2008, 3772 = ZIP 2009, 275, dazu EWiR 2009, 135 *(Bühler)*; BGH, Urt. v. 23.1.2013 – VIII ZR 80/12, NJW 2013, 991.

327) OLG Hamburg, Urt. v. 29.7.1999 – 3 U 171/98, OLGReport 2000, 67.

bb) Von einer durchaus beachtlichen Gruppe in der **Literatur** wird das Verbot der geltungserhaltenden Reduktion abgelehnt. Sie will der Gefahr der verbreiteten Verwendung unwirksamer Klauseln durch den Ausschluss der geltungserhaltenden Reduktion begegnen, indem sie in den Fällen, in denen der Verwender im Einzelfall die Unwirksamkeit der Klausel kannte oder sich dieser Kenntnis verschlossen hat, das Verbot wieder greifen lassen will.[328)] 1.240

c) Unternehmerverkehr. Die Zurückführung einer in ihrem Kern zu billigenden, jedoch in der konkreten Ausgestaltung zu weit gefassten Klausel auf ein angemessenes Maß ist auch im unternehmerischen Verkehr unzulässig.[329)] 1.241

6. Fernliegende Auslegungsalternativen

Eine Klausel, die nur in untypischen, vom Verwender nicht bedachten oder nicht für regelungsbedürftig gehaltenen untypischen Ausnahmefällen gegen die §§ 307–309 BGB verstößt, ist wirksam. Eine an Sinn und Zweck orientierte Auslegung ergibt, dass diese Sondersituationen von der Klausel nicht erfasst werden (sollen). Fernliegende Auslegungsmöglichkeiten sind von vornherein auszuschalten, weil und soweit von ihnen keine Störung des Rechtsverkehrs ernsthaft zu befürchten ist.[330)] 1.242

7. Vertrauens-/Verkehrsschutz

a) Änderung der Gesetzgebung. Wird eine im Zeitpunkt der Verwendung dem Stand der Gesetzgebung entsprechende Klausel durch eine Änderung der Gesetzgebung unwirksam, so muss der angemessene Teil der Regelung aus Gründen des Vertrauensschutzes im Wege ergänzender Vertragsauslegung auch dann aufrechterhalten werden, wenn die Klausel sprachlich nicht teilbar ist.[331)] 1.243

b) Selbst wenn sich die AGB erst aufgrund einer **Änderung der höchstrichterlichen Rechtsprechung** als unwirksam erweisen, ist dem Verwender grundsätzlich kein Vertrauensschutz zuzubilligen. Höchstrichterliche Urteile sind kein Gesetzesrecht und erzeugen damit keine vergleichbare Rechtsbindung. Gerichtliche Entscheidungen, die die Wirksamkeit eines Rechtsgeschäfts betreffen, wirken schon ihrer Natur nach auf einen in der Vergangenheit liegenden, in seiner rechtlichen Bewertung noch nicht abgeschlossenen Sachverhalt ein. Für diese grundsätzlich zulässige sogenannte **unechte Rückwirkung** können 1.244

---

328) U. a. *Lindacher*, in: Wolf/Lindacher/Pfeiffer, AGB-Recht, § 306 Rz. 31.

329) BGH, Urt. v. 25.1.2006 – VIII ZR 3/05, NJW 2006, 1059; BGH, Urt. v. 8.5.2007 – KZR 14/04, NJW 2007, 3568.

330) BGH, Urt. v. 12.3.2003 – XII ZR 18/00, NJW 2003, 2158 = ZIP 2003, 1658; BAG, Urt. v. 25.5.2005 – 5 AZR 572/04, NJW 2005, 3305.

331) BGH, Urt. v. 13.11.1997 – IX ZR 289/96, NJW 1998, 450 = ZIP 1998, 16; BAG, Urt. v. 12.1.2005 – 5 AZR 364/04, NJW 2005, 1820 = ZIP 2005, 633.

sich zwar im Einzelfall unter dem Gesichtspunkt des Vertrauensschutzes Schranken aus dem **Prinzip der Rechtssicherheit** ergeben. Das Risiko, dass eine zunächst unbeanstandete gebliebene Klausel in späteren höchstrichterlichen Entscheidungen wegen unangemessener Benachteiligung des Vertragspartners als unwirksam beurteilt wird, trägt aber grundsätzlich der Verwender. Ein Vertragspartner, der sich nicht mit der gesetzlichen Regelung begnügt und zur Erweiterung seiner Rechte den Weg der AGB wählt, wird in der Regel nicht dadurch in seinem schutzwürdigen Vertrauen beeinträchtigt, dass eine Klausel geraume Zeit unbeanstandet geblieben ist und erst nach Jahren gerichtlich für unwirksam erachtet wird. Somit greift über § 306 Abs. 2 BGB dispositives Gesetzesrecht.[332)]

1.245 c) Weiter ist es nicht Sinn und Zweck des § 306 BGB und des Verbots geltungserhaltender Reduktion, dem Kunden durch den ersatzlosen Wegfall von Klauseln **Vorteile zu verschaffen, die das Vertragsgefüge völlig einseitig zu seinen Gunsten verschieben.**[333)]

II. Ergänzung des Vertragsinhalts, § 306 Abs. 2 BGB

1. Grundsatz

1.246 Sind AGB mangels Einbeziehung nicht Vertragsbestandteil geworden oder im Hinblick auf die Inhaltskontrollschranken des AGB-Rechts (§§ 307–309 BGB) unwirksam, so richtet sich der Inhalt des Vertrags nach den gesetzlichen Vorschriften (§ 306 Abs. 2 BGB). Dies bedeutet in der Regel, dass anstelle der unwirksamen Klauseln das dispositive Recht tritt, vielfach in der Weise, dass die Klausel ersatzlos entfällt.[334)]

1.247 Auch unwirksame Klauseln, die den (Gegen-)Leistungsinhalt regeln sollten, führen nicht automatisch zu einer Gesamtnichtigkeit; vielmehr ist zunächst die Lücke durch das dispositive Recht oder durch ergänzende Vertragsauslegung zu schließen.[335)]

2. Dispositives Recht

1.248 Zum dispositiven Recht gehören nicht nur das **geschriebene Gesetzesrecht**, sondern auch die von der **Rechtsprechung herausgearbeiteten Rechtsgrund-**

---

332) BGH, Urt. v. 5.3.2008 – VIII ZR 95/07, NJW 2008, 1438 = ZIP 2008, 1121; BGH, Urt. v. 9.7.2008 – VIII ZR 181/07, NJW 2008, 2840; BGH, Urt. v. 8.10.2008 – XII ZR 84/06, BGHZ 178, 158 = NJW 2008, 3772 = ZIP 2009, 275.

333) BGH, Urt. v. 13.11.1997 – IX ZR 289/96, NJW 1998, 450 = ZIP 1998, 16.

334) BGH, Urt. v. 5.3.2008 – VIII ZR 95/07, NJW 2008, 1438 = ZIP 2008, 527.

335) BGH, Urt. v. 27.6.1995 – XI ZR 8/94, NJW 1995, 2221 = ZIP 1995, 1167; BGH, Urt. v. 14.5.1996 – XI ZR 257/94, NJW 1996, 2092.

sätze[336] sowie das Recht des **einschlägigen Vertragstyps** und damit die Gesamtheit der Rechte und Pflichten der Parteien, welche sich aus der Natur des Vertrages ergeben.[337]

3. Ergänzende Vertragsauslegung

a) **Grundsatz.** Sofern dispositives Recht im Rahmen der Lückenfüllung zur Verfügung steht, ist dieses heranzuziehen und es besteht unstreitig kein Raum für eine ergänzende Vertragsauslegung.[338] 1.249

b) **Zulässigkeit im Übrigen.** Nicht ausdrücklich in §§ 305–310 BGB, insbesondere § 306 BGB, geregelt ist die Frage, unter welchen Voraussetzungen die Lücke, die sich durch den Wegfall der AGB-Klausel in dem Vertrag ergibt, durch ergänzende Vertragsauslegung geschlossen werden kann.[339] Nach h. M. ist in Fällen, in denen eine Lücke in vorformulierten Verträgen nicht auf Einbeziehungs- oder Inhaltskontrollschranken des AGB-Rechts beruht, eine ergänzende Vertragsauslegung grundsätzlich zulässig.[340] Erst auf dieser Ebene schlägt das Verbot der geltungserhaltenden Reduktion durch.[341] Art. 6 Abs. 1 der Richtlinie 93/13/EWG steht der ergänzenden Vertragsauslegung nicht entgegen.[342] 1.250

c) **Begründung.** § 306 BGB schließt nach ständiger Rechtsprechung eine ergänzende Vertragsauslegung nicht aus, weil es sich auch bei den Bestimmungen der §§ 157, 133 BGB, in denen die ergänzende Vertragsauslegung ihre Grundlage hat, um gesetzliche Vorschriften i. S. d. § 306 Abs. 2 BGB handelt. Zwar scheint nach § 306 Abs. 2 BGB die ergänzende Vertragsauslegung grundsätzlich nur mangels dispositiven Rechts in Betracht zu kommen, soweit der ersatzlose Wegfall der Klausel nicht dem Parteiwillen entspricht. Aus der Entstehungsgeschichte des § 306 Abs. 2 BGB folgt aber, dass mit dem Hinweis auf die „gesetzlichen Vorschriften“ keine bewusste Absage gegen die ergänzende 1.251

336) BGH, Urt. v. 14.5.1996 – XI ZR 257/94, NJW 1996, 2092; BGH, Beschl. v. 11.7.1996, IX ZR 94/95, NJW 1996, 2786 = ZIP 1996, 1429; BGH, Urt. v. 27.11.1997 – GSZ 1 u. 2/97, NJW 1998, 671 = ZIP 1998, 235; BGH, Urt. v. 20.12.2000 – VII ZR 310/99, NJW 2001, 818 = ZIP 2001, 245.

337) BGH, Urt. v. 8.10.1998 – III ZR 278/97, ZIP 1998, 2097.

338) BGH, Urt. v. 14.5.1996 – XI ZR 257/94, NJW 1996, 2092; BGH, Urt. v. 11.7.1996 – IX ZR 74/95, NJW 1996, 2786 = ZIP 1996, 1429; BGH, Urt. v. 27.11.1997 – GSZ 1 u. 2/97, NJW 1998, 671 = ZIP 1998, 235; BGH, Urt. v. 20.12.2000 – VII ZR 310/99, NJW 2001, 818 = ZIP 2001, 245.

339) BGH, Urt. v. 27.9.2000 – VIII ZR 155/99, NJW 2001, 292, 293.

340) BGH, Urt. v. 22.12.2003 – VIII ZR 310/02; BGH, Urt. v. 18.7.2007 – VIII ZR 227/06, NJW-RR 2007, 1697; BGH, Urt. v. 14.3.2012 – VIII ZR 113/11, BGHZ 192, 372 = NJW 2012, 1865.

341) BGH, Urt. v. 14.3.2012 – XII ZR 44/10, NJW 2012, 2501.

342) BGH, Urt. v. 14.3.2012 – VIII ZR 113/11, BGHZ 192, 372 = NJW 2012, 1865.

Vertragsauslegung gewollt war. Darüber hinaus ist das grundsätzlich vorrangige dispositive Recht zunehmend auf den Verbraucherverkehr zugeschnitten und eignet sich im unternehmerischen Geschäftsverkehr nur bedingt zur Vertragsergänzung.[343)]

1.252 **d) Verschärfte Betrachtung.** Nach neuerer Rechtsprechung des VIII. Zivilsenats des BGH soll eine ergänzende Vertragsauslegung allerdings nur dann möglich sein, wenn der Fortfall der Klausel ein Ergebnis nach sich zieht, das den **beiderseitigen Interessen nicht mehr in vertretbarer Weise Rechnung trägt,** sondern den **Vertrag völlig einseitig zugunsten des Kunden verschiebt.**[344)] Davon könne aber nicht gesprochen werden, wenn eine unwirksame Preisanpassungsklausel in einem Dauerschuldverhältnis (§ 309 Nr. 9 BGB) enthalten ist, das mit einer Frist von drei Monaten gekündigt werden könne. Dann gelte der alte Preis weiter.[345)] Die bloße Behauptung, durch drohende Rückforderungsansprüche der Kundschaft in unzumutbarer Weise belastet zu sein, muss hinreichend tatsächlich vorgetragen werden. Sie allein reicht nicht für den Rückgriff auf eine ergänzende Vertragsauslegung aus.[346)]

1.253 Folgt man dieser verschärften Sichtweise, so käme es zum einen nicht mehr darauf an, was die Parteien hypothetisch vereinbart hätten, wenn sie die Existenz einer Vertragslücke bedacht hätten. Anders dagegen die Rechtsprechung des XI. Zivilsenat des BGH zu den inhaltlich vergleichbaren Zinsänderungsklauseln in Sparverträgen.[347)] Maßgeblich ist danach, welche Regelung von den Parteien in Kenntnis der Unwirksamkeit der vereinbarten Klausel nach dem Vertragszweck und angemessener Abwägung ihrer beiderseitigen Interessen nach Treu und Glauben (§ 242 BGB) als redliche Vertragspartner gewählt worden wäre. Zum anderen käme es nicht mehr darauf an, welches Ersatzergebnis

343) BGH, Urt. v. 29.4.2008 – KZR 2/07, NJW 2008, 2172 = ZIP 2009, 329; BGH, Urt. v. 17.12.2008 – VIII ZR 274/06, BGHZ 179, 186 = NJW 2009, 578 = ZIP 2009, 320; BGH, Urt. v. 15.7.2009 – VIII ZR 225/07, BGHZ 182, 59 = NJW 2009, 2662; BGH, Urt. v. 13.1.2010 – VIII ZR 81/08, NJW-RR 2010, 1202 = ZIP 2010, 1250.

344) BGH, Urt. v. 29.4.2008 – KZR 2/07, NJW 2008, 2172 = ZIP 2009, 329; BGH, Urt. v. 9.7.2008 – VIII ZR 181/07, NJW 2008, 2840 (weniger einschränkend); BGH, Urt. v. 17.12.2008 – VIII ZR 274/06, BGHZ 179, 186 = NJW 2009, 578 = ZIP 2009, 320; BGH, Urt. v. 15.7.2009 – VIII ZR 225/07, BGHZ 182, 59 = NJW 2009, 2662 = ZIP 2009, 1572; BGH, Urt. v. 21.10.2009 – VIII ZR 286/07, NJW 2010, 298; BGH, Urt. v. 28.10.2009 – VIII ZR 320/07, NJW 2010, 993 = ZIP 2010, 1245; BGH, Urt. v. 13.1.2010 – VIII ZR 81/08, NJW-RR 2010, 1202 = ZIP 2010, 1250; BGH, Urt. v. 14.7.2010 – VIII ZR 246/08, BGHZ 186, 180 = NJW 2011, 50 = ZIP 2010, 2153; BGH, Urt. v. 9.2.2011 – VIII ZR 295/09, NJW 2011, 1342 = ZIP 2011, 1151; BGH, Urt. v. 14.3.2012 – VIII ZR 113/11, NJW 2012, 1865.

345) BGH, Urt. v. 14.7.2010 – VIII ZR 246/08, BGHZ 186, 180 = NJW 2011, 50 = ZIP 2010, 2153.

346) BGH, Urt. v. 13.1.2010 – VIII ZR 81/08, NJW-RR 2010, 1202 = ZIP 2010, 1250.

347) BGH, Urt. v. 13.4.2010 – XI ZR 197/09, BGHZ 185, 166 = NJW 2010, 1742 = ZIP 2010, 1023; BGH, Urt. v. 21.12.2010 – XI ZR 52/08, NJW-RR 2011, 625 = ZIP 2011, 317.

bei abstrakt-genereller Betrachtung der Parteiinteressen angemessen erscheint. Eine Divergenzvorlage gem. § 132 Abs. 2 GVG bzw. ein dieser vorgelagertes Anfrageverfahren gem. § 132 Abs. 3 GVG wäre angezeigt.

e) **Fallgruppen.** Die ergänzende Vertragsauslegung kommt insbesondere in folgenden Situationen zur Anwendung.[348] 1.254

aa) Zur ersten Fallgruppe rechnen die Fälle, in denen ergänzende gesetzliche Regelungen, die nach § 306 Abs. 2 BGB an die Stelle der unwirksamen Klausel treten sollen, nicht zur Verfügung stehen.[349] Dies ist namentlich bei **gesetzlich nicht vertypten Verträgen** wie dem Getränkelieferungs- oder Automatenaufstellvertrag der Fall. Fehlen für eine Vertragsergänzung geeignete Vorschriften und ist die ersatzlose Streichung der Klausel – unter Berücksichtigung der typischen Interessenlage der Verwendergegenseite – keine interessengerechte Lösung, so ist die Lücke nach bisheriger Rechtsprechung durch ergänzende Vertragsauslegung zu schließen.[350] 1.255

bb) Als zweite Fallgruppe ist die Situation zu nennen, in denen AGB-Klauseln eine von den Parteien nicht bedachte Lücke enthalten oder eine solche Lücke später entsteht.[351] Dazu rechnen auch die Fälle, die darauf beruhen, dass sich die bei Vertragsschluss bestehenden **wirtschaftlichen oder rechtlichen Verhältnisse nachträglich ändern.** Wird eine im Zeitpunkt des Vertragsschlusses unbedenkliche Klausel durch Änderung der Rechtsprechung oder durch Gesetzesänderung unwirksam, so ist eine in der Klausel enthaltene, nicht zu beanstandende Teilregelung trotz des Verbots geltungserhaltender Reduktion aus Gründen des Vertrauensschutzes im Wege ergänzender Auslegung aufrecht zu erhalten.[352] 1.256

cc) Auch im Bereich des **§ 306 Abs. 2 BGB** kann sich drittens ein Bedürfnis nach ergänzender Vertragsauslegung ergeben, wenn die in der Norm vorausgesetzte Lücke nicht geschlossen werden kann, weil etwa bei atypischen Verträgen dispositive Normen fehlen oder auf den betreffenden Vertrag nicht passen.[353] 1.257

---

348) BGH, Urt. v. 4.7.2002 – VII ZR 502/99, BGHZ 151, 229.

349) BGH, Urt. v. 3.11.1999 – VIII ZR 269/98, BGHZ 143, 103 = NJW 2000, 1110 = ZIP 2000, 314; BGH, Urt. v. 4.7.2002 – VII ZR 502/99, NJW 2002, 3098 = ZIP 2002, 1690; BGH, Urt. v. 18.7.2007 – VIII 229/06, NJW-RR 2007, 1697; BGH, Urt. v. 29.4.2008 – KZR 2/07, NJW 2008, 2172 = ZIP 2009, 329.

350) BGH, Urt. v. 31.10.1984 – VIII ZR 220/83, NJW 1985, 621; BGH, Urt. v. 22.12.2003 – VIII ZR 310/02.

351) BGH, Urt. v. 5.10.1992 – II ZR 172/91, BGHZ 119, 305, 325 = NJW 1993, 57; BGH, Urt. v. 3.11.1999 – VIII ZR 269/98, BGHZ 143, 103 = NJW 2000, 1110 = ZIP 2000, 314; BGH, Urt. v. 29.4.2008 – KZR 2/07, NJW 2008, 2172 = ZIP 2009, 329.

352) BGH, Urt. v. 6.2.1985 – VIII ZR 15/84, NJW 1986, 124; BGH, Urt. v. 3.11.1999 – VIII ZR 269/98, BGHZ 143, 103 = NJW 2000, 1110 = ZIP 2000, 314; BGH, Urt. v. 22.12.2003 – VIII ZR 310/02; BGH, Urt. v. 25.11.2004 – I ZR 49/02, NJW-RR 2005, 687.

353) BGH, Urt. v. 18.7.2007 – VIII 229/06, NJW-RR 2007, 1697.

1.258 **dd)** Als weitere – vierte – Fallgruppe sind Situationen zu nennen, in denen die Unwirksamkeit einer Klausel nach **§ 306 Abs. 3 BGB** zur Unwirksamkeit des Vertrages führen würde, weil das Festhalten am Vertrag unter „Streichung" der unwirksamen Einzelklausel für eine Vertragspartei eine unzumutbare Härte darstellen würde, aber die andere Partei (in der Regel: Partner) an der Aufrechterhaltung des Vertrages ein berechtigtes Interesse hat.

1.259 **f) Ausschluss. aa) Planwidrige Unvollständigkeit.** Eine ergänzende Vertragsauslegung scheidet aus, wenn der AGB-Verwender die entsprechende Klausel **bewusst als abschließend formuliert** hat.[354)]

1.260 **bb)** Gleiches gilt, wenn zur Ausfüllung einer vertraglichen Regelungslücke **verschiedene Gestaltungsmöglichkeiten** in Betracht kommen und kein Anhaltspunkt dafür besteht, welche Regelung die Parteien getroffen hätten.[355)]

1.261 **g) Hypothetischer Parteiwille. aa) Ermittlung.** Dabei kommen – wie stets – nicht die Interessen der konkreten Parteien zum Zuge, sondern es ist vielmehr auf der Ebene der Abstraktion zu fragen, welche Lösung im Rahmen des konkreten Vertragstyps die Parteien allgemein gewählt hätten, die sie als allgemein angemessen erachten. Dieser Ansatzpunkt hat praktische Bedeutung etwa bei der Frage, welche Laufzeit eines Vertrages die Parteien vereinbart hätten (Willen und Interesse der typischerweise an Geschäften dieser Art beteiligten Verkehrskreise = objektiv-generalisierender Maßstab).[356)] Der zugrunde zu legende objektiv-generalisierende, auf den in den AGB zum Ausdruck kommenden, typischen Interessenkonflikt fokussierte und damit an den Interessen der typischerweise an Geschäften der betreffenden Art beteiligten Verkehrskreise ausgerichtete Maßstab, ermöglicht in besonderer Weise, auf die im Unternehmerverkehr geltenden Gewohnheiten und Gebräuche angemessen Rücksicht zu nehmen (§ 310 Abs. 1 Satz 2 Halbs. 2 BGB).[357)]

1.262 **bb)** Im Rahmen der ergänzenden Vertragsauslegung ist stets darauf zu achten, dass **im Vertrag selbst hinreichende Indizien** dafür vorhanden sind, welche Lösung die Parteien tatsächlich gewollt hätten, wenn ihnen die Lücke bewusst geworden wäre. Fehlt es daran, weil nach dem Inhalt des Vertrages mehrere Varianten in Betracht kommen, dann scheidet eine ergänzende Vertragsauslegung nach Maßgabe des hypothetischen Parteiwillens aus. Denn es ist dem Gericht

---

354) BGH, Urt. v. 4.7.2002 – VII ZR 502/99, NJW 2002, 3098 = ZIP 2002, 1690.

355) BGH, Urt. v. 3.11.1999 – VIII ZR 269/98, BGHZ 143, 103 = NJW 2000, 1110 = ZIP 2000, 314; BGH, Urt. v. 27.9.2000 – VIII ZR 155/99, NJW 2001, 292; BGH, Urt. v. 22.12.2003 – VIII ZR 310/02; BGH, Urt. v. 9.12.2004 – VII ZR 265/03, NJW-RR 2005, 458; BGH, Urt. v. 26.10.2005 – VIII ZR 48/05, NJW 2006, 996 = ZIP 2006, 474.

356) BGH, Urt. v. 3.11.1999 – VIII ZR 269/98, BGHZ 143, 103 = NJW 2000, 1110 = ZIP 2000, 314; BGH, Urt. v. 22.12.2003 – VIII ZR 90/02, NJW-RR 2004, 262; BGH, Urt. v. 26.1.2005 – VIII ZR 175/04, NJW 2005, 1040 = ZIP 2005, 442.

357) Ulmer/Brandner/Hensen-*Schmidt*, AGB-Recht, § 306 Rz. 31a.

verwehrt, sich über den erkennbaren Willen der Parteien im Rahmen der Lückenfüllung hinwegzusetzen.[358)]

cc) Hinter der zunehmend restriktiven Handhabung der ergänzenden Vertragsauslegung steht das **Äquivalenzprinzip**. Dieses fordert offenbar nur noch in den engen Grenzen des § 313 BGB eine Anpassung über §§ 157, 133 BGB. Im Einzelfall wird es nicht leicht sein, eine schwere Störung des Äquivalenzprinzips plausibel darzulegen.[359)] **1.263**

dd) In Dauerschuldverhältnissen soll bei **Nichtigkeit einer Preisanpassungsklausel** nach § 307 Abs. 1 Satz 1 oder Abs. 1 Satz 2 BGB eine ergänzende Vertragsauslegung dann nicht möglich sein, wenn es sich um kurzlaufende Verträge handelt. Dann könne dem Verwender zugemutet werden, an der „ursprünglichen Kalkulation" festgehalten zu werden.[360)] **1.264**

h) Abgrenzung zur geltungserhaltenden Reduktion. Während es bei der geltungserhaltenden Reduktion unwirksamer Klauseln um eine teilweise Aufrechterhaltung geht, sodass diese den rechtlichen Anforderungen gerade noch gerecht werden, bezweckt die ergänzende Vertragsauslegung die Herbeiführung eines angemessenen Interessenausgleichs. Auch setzt die geltungserhaltende Reduktion keine vertragliche Regelungslücke voraus; diese wird im Gegenteil gerade vermieden. Die ergänzende Vertragsauslegung orientiert sich am hypothetischen Parteiwillen, wohingegen die geltungserhaltende Reduktion vom tatsächlichen Parteiwillen ausgeht. Folglich verbietet es sich, eine geltungserhaltende Reduktion nur dann zuzulassen, wenn im Wege der ergänzenden Vertragsauslegung das gleiche Ergebnis zu erzielen wäre.[361)] **1.265**

Die geltungserhaltende Reduktion berücksichtigt einseitig die Interessen des AGB-Verwenders, indem sie eine unwirksame Klausel auf das gerade noch zulässige Maß zurückführt. Demgegenüber besteht der Ansatzpunkt einer ergänzenden Vertragsauslegung nach den §§ 133, 157 BGB darin, dass ein Ergebnis angestrebt wird, welches den beiderseitigen Interessen gerecht wird. Dogmatisch könnte man anfügen, dass die – unzulässige – geltungserhaltende Reduktion bereits das Ergebnis einer richterlichen Inhaltskontrolle darstellt, während **1.266**

---

358) BGH, Urt. v. 9.12.2004 – VII ZR 265/03, NJW-RR 2005, 458; BGH, Urt. v. 20.7.2005 – VIII ZR 397/03, ZIP 2005, 1824; BGH, Urt. v. 17.12.2008 – VIII ZR 274/06, BGHZ 179, 186 = NJW 2009, 578 = ZIP 2009, 320; BGH, Urt. v. 15.7.2009 – VIII ZR 225/07, BGHZ 182, 59 = NJW 2009, 2662 = ZIP 2009, 1572; BGH, Urt. v. 14.7.2010 – VIII ZR 246/08, BGHZ 186, 180 = NJW 2011, 50 = ZIP 2010, 2153.

359) BGH, Urt. v. 13.4.2010 – XI ZR 197/09, BGHZ 185, 166 = NJW 2010, 1742 = ZIP 2010, 1023.

360) BGH, Urt. v. 15.11.2007 – III ZR 247/06, NJW 2008, 360: Laufzeit zwischen 6 und 12 Monaten; BGH, Urt. v. 29.4.2008 – KZR 2/07, NJW 2008, 2172 = ZIP 2009, 329: Laufzeit nicht länger als 12 Monate; BGH, Urt. v. 15.7.2009 – VIII ZR 225/07, NJW 2009, 2262 = ZIP 2009, 1552: Laufzeit nicht länger als 2 Jahre.

361) MünchKomm-*Busche*, § 157 Rz. 36.

eine nach Maßgabe der §§ 157, 133 BGB ergänzend ausgelegte Klausel abschließend zu verstehen ist, also nicht mehr der Inhaltskontrolle unterworfen werden darf. Führt beispielsweise die Inhaltskontrolle dazu, dass die vom AGB-Recht vorgegebenen Laufzeitgrenzen überschritten sind, scheidet eine wie auch immer geartete „Ersatzlösung“ zur (zulässigen) Bindungsdauer aus.[362)]

1.267 i) **Rechtsfolge.** An die Stelle der unwirksamen Klausel tritt die Gestaltungsmöglichkeit, die die Parteien bei sachgerechter Abwägung der beiderseitigen Interessen gewählt hätten, wenn ihnen die Unwirksamkeit der AGB-Klausel bekannt gewesen wäre.[363)]

1.268 j) **Überprüfbarkeit.** Die von einem Oberlandesgericht durchgeführte ergänzende Vertragsauslegung unterliegt in vollem Umfang der revisionsgerichtlichen Überprüfung, weil es im Interesse der Rechtssicherheit erforderlich ist, eine allgemein verbindliche hypothetische Auslegung vorzunehmen, welche von den Individualinteressen der Parteien losgelöst ist.[364)]

III. Gesamtnichtigkeit, § 306 Abs. 3 BGB

1. Inhalt

1.269 Nach § 306 Abs. 3 BGB ist ausnahmsweise der Vertrag insgesamt unwirksam, wenn durch unwirksame Klauseln das Vertragsgleichgewicht grundlegend gestört ist und auch durch eine für diesen Fall vorgesehene ergänzende Vertragsauslegung nicht behoben werden kann. Voraussetzung ist eine besonders erhebliche, nicht vorhersehbare Äquivalenzstörung. Diese ist etwa anzunehmen, wenn feststeht, dass der Verwender den Vertrag ohne die fragliche Klausel nicht geschlossen hätte.[365)] Bei der Frage nach der Trennbarkeit einer einheitlichen Klausel ist stets i. S. v. § 306 Abs. 3 BGB zu bedenken, dass auch die Teilunwirksamkeit einer Klausel dazu führen kann, die ganze Klausel als unwirksam anzusehen, wenn der „Rest“ im Gesamtgefüge des Vertrages nicht mehr sinnvoll wäre.[366)]

---

362) BGH, Urt. v. 17.5.1982 – VII ZR 316/81, NJW 1982, 2309 (zu § 309 Nr. 9 a BGB); BGH, Urt. v. 3.11.1999 – VIII ZR 269/98, BGHZ 143, 103 = NJW 2000, 1110 = ZIP 2000, 314; OLG München, Urt. v. 19.6.2006 – U(K) 4252/07, BeckRS 2008, 12473.

363) BGH, Urt. v. 4.11.1992 – VIII ZR 235/91, NJW 1993, 326; BGH, Urt. v. 13.11.1997 – IX ZR 289/96, NJW 1998, 450 = ZIP 1998, 16; BGH, Urt. v. 29.4.2008 – KZR 2/07, NJW 2008, 2172 = ZIP 2009, 329; BGH, Urt. v. 9.7.2008 – VIII ZR 181/07, NJW 2008, 2840.

364) BGH, Urt. v. 13.4.2010 – XI ZR 197/09, BGHZ 185, 166 = NJW 2010, 1742 = ZIP 2010, 1023.

365) BGH, Urt. v. 11.11.1968 – VIII ZR 151/66, BGHZ 51, 55 = NJW 1969, 460 = Zeller I, 118 (Automatenaufstellvertrag); BGH, Urt. v. 1.2.1984 – VIII ZR 54/83, BGHZ 90, 69 = NJW 1984, 1177; BGH, Urt. v. 22.2.2002 – V ZR 26/01, NJW-RR 2002, 1136.

366) BGH, Urt. v. 11.10.2007 – III ZR 63/07, NJW-RR 2008, 134.

2. Konkurrenzen

a) Die §§ 305–310 BGB schließen in ihrem Anwendungsbereich als Spezialregelungen einen Rückgriff auf **§ 242 BGB** aus. Deshalb wäre es verfehlt, übermäßig belastende Klauseln für wirksam zu erachten und dem Verbraucher lediglich im Einzelfall die Berufung auf eine unangemessene Benachteiligung gem. § 242 BGB zu ermöglichen.[367] **1.270**

b) § 306 Abs. 3 BGB hat Vorrang vor der Anwendbarkeit der allgemeinen Lehre des Wegfalls der Geschäftsgrundlage (**§ 313 BGB**).[368] **1.271**

c) Vorgeschaltet bleibt stets eine nach **§ 306 Abs. 2 BGB** vorzunehmende Änderung des Vertrages. Von einer unzumutbaren Härte kann daher nur dann gesprochen werden, wenn die Möglichkeiten der Vertragsänderung über § 306 Abs. 2 BGB (dispositives Recht, ergänzende Vertragsauslegung) nicht greifen. Nur dann kann ein Festhalten am Vertrag für eine der Vertragsparteien eine unzumutbare Härte darstellen.[369] Dies gilt auch für unwirksame Klauseln, die den (Gegen-)Leistungsinhalt regeln.[370] **1.272**

3. Auslegung

Die Ausnahmebestimmung des § 306 Abs. 3 BGB ist **eng auszulegen**, weil sie die totale Nichtigkeit des Vertrages zur Folge hat.[371] Selbst wenn der Vertrag eine nicht ganz unwesentliche Änderung erfährt, muss noch keine Gesamtnichtigkeit eintreten, solange nur die wesentlichen Rechte und Pflichten der Vertragsparteien ganz oder in nur unbedeutend eingeschränkter Form erhalten bleiben.[372] **1.273**

4. Anwendungsfälle

Sind zahlreiche AGB-Klauseln unwirksam und erhielte der Vertrag durch Auslegung oder Fortfall dieser Klauseln einen wesentlich anderen Inhalt, so kann **1.274**

---

367) BGH, Urt. v. 8.10.2008 – XII ZR 84/06, NJW 2008, 3772 = ZIP 2009, 275, dazu EWiR 2009, 135 *(Bühler)*.

368) BGH, Urt. v. 24.11.1998 – X ZR 21/97, NJW-RR 1999, 923.

369) BGH, Urt. v. 22.2.2002 – V ZR 26/01, NJW-RR 2002, 1136.

370) BGH, Urt. v. 27.6.1995 – XI ZR 8/94, NJW 1995, 2221 = ZIP 1995, 1167; BGH, Urt. v. 14.5.1996 – XI ZR 257/94, NJW 1996, 2092; BGH, Urt. v. 26.4.2005 – XI ZR 289/04, NJW 2005, 3781 = ZIP 2005, 1021.

371) BGH, Urt. v. 14.5.1996 – XI ZR 257/94, NJW 1996, 2092; BGH, Urt. v. 20.3.2003 – I ZR 225/00, NJW 2003, 3049.

372) BGH, Urt. v. 29.2.1984 – VIII ZR 350/82, NJW 1985, 53 = ZIP 1984, 841 = Zeller III, 281; BGH, Urt. v. 30.6.1995 – V ZR 184/94, NJW 1995, 2637 = ZIP 1995, 1359.

der gesamte Vertrag nichtig sein.[373)] Denn das Gericht ist nicht befugt, durch Änderung des wesentlichen Inhalts des Vertrages den Parteien die von ihm für richtig gehaltene, von der bisherigen Fassung aber völlig abweichende Vertragsgestaltung aufzudrängen.[374)]

1.275 Für den Kunden bedeutet Nichtanwendbarkeit der AGB praktisch immer eine Verbesserung seiner Rechtsposition. Eine unbillige Härte kann sich aber daraus ergeben, dass der nach Wegfall der AGB maßgebliche Vertragsinhalt aus der Sicht des Kunden unklar ist und Ungewissheit und Streit über die beiderseitigen Rechte und Pflichten droht. Das kann zutreffen, wenn bei einem gesetzlich nicht geregelten Vertragstyp alle oder die Mehrzahl der AGB entfallen. Von dem Grundsatz der Gesamtnichtigkeit nach § 306 Abs. 3 BGB wollte der BGH früher bei einer Häufung nicht Vertragsbestandteil gewordener oder unwirksamer Klauseln eine Ausnahme machen. Dann sollten sich die Folgen für den Vertrag im Übrigen nicht allein nach § 306 (Abs. 3) BGB, sondern auch nach § 138 Abs. 1 BGB richten. Insbesondere wenn der Verwender das Regelwerk bewusst unübersichtlich, unklar oder verwirrend formuliert hatte und damit dem Verbraucher keine zumutbare Möglichkeit der Kenntnisnahme gegeben worden war, sollte sich die Unwirksamkeit des Vertrages aus § 138 Abs. 1 BGB ergeben.[375)]

5. Zeitpunkt

1.276 Maßgebend ist der Zeitpunkt, in welchem die Rechte aus dem Vertrag geltend gemacht werden; der Zeitpunkt des Vertragsschlusses ist irrelevant.[376)]

---

373) BGH, Urt. v. 11.11.1968 – VIII ZR 151/66, BGHZ 51, 55 = NJW 1969, 460 = Zeller I, 118 (Automatenaufstellvertrag); BGH, Urt. v. 6.10.1982 – VIII ZR 201/81, NJW 1983, 159 = ZIP 1982, 1449 = Zeller III, 231; BGH, Urt. v. 29.2.1984 – VIII ZR 350/82, NJW 1985, 53 = ZIP 1984, 841 = Zeller III, 281; BGH, Urt. v. 21.1.1987 – VIII ZR 169/86, WM 1987, 542 = Zeller IV, 322 (Bierverlagsvertrag); BGH, Urt. v. 20.3.2003 – I ZR 225/00, NJW-RR 2003, 1056 = ZIP 2003, 1707; BGH, Urt. v. 26.4.2005 – XI ZR 289/04, NJW 2005, 3781 = ZIP 2005, 1021; OLG Köln, Urt. v. 20.10.2011 – 7 U 65/11, BeckRS 2012, 15923 (Getränkelieferungsvertrag).

374) BGH, Urt. v. 26.10.2005 – VIII ZR 48/05, NJW 2006, 996.

375) BGH, Urt. v. 11.11.1968 – VIII ZR 151/66, BGHZ 51, 55 = NJW 1969, 460 = Zeller I, 118 (Automatenaufstellvertrag), in einem Fall, in dem das AGB-Recht (damals AGBG) keine Anwendung fand; BGH, Urt. v. 6.10.1982 – III ZR 201/81, NJW 1983, 159 (Automatenaufstellvertrag), wobei der BGH die Frage der Anwendbarkeit des AGBG offenließ; BGH, Urt. v. 29.2.1984 – VIII ZR 350/82, NJW 1985, 53 = ZIP 1984, 841 = Zeller III, 281 (Automatenaufstellvertrag). Vgl. dazu auch § 56 III 3, jeweils m. w. N.

376) BGH, Urt. v. 14.5.1996 – XI ZR 257/94, NJW 1996, 2092; BGH, Urt. v. 25.11.2004 – I ZR 49/02, NJW-RR 2005, 687.

IV. Schadensersatz wegen Verschuldens bei Vertragsverhandlungen

1. Einführung

In der Praxis nur selten beachtet wird, dass die Verwendung unwirksamer AGB-Klauseln nach ständiger Rechtsprechung des BGH einen Schadensersatzanspruch aus Verschulden bei Vertragsschluss gegenüber dem AGB-Verwender begründet.[377)] 1.277

2. Anwendungsbereich

Ein Schadensersatzanspruch wegen Vertragsverletzung nach §§ 241 Abs. 2, 311 Abs. 2 BGB gibt es in der Sache **nur bei Gesamtunwirksamkeit des Vertrages nach § 306 Abs. 3 BGB**. Der Grund hierfür ist, dass die Unwirksamkeit einer einstweiligen Klausel sich für den Partner positiv auswirkt, nur die Gesamtnichtigkeit nicht (unbedingt). 1.278

Nicht anders liegt es bei der schuldhaften Verwendung eines nach **§ 138 Abs. 1 BGB** wegen Benachteiligung des anderen Teils sittenwidrigen Vertrages (entschieden für einen Kaufvertrag über die Einrichtung zum Betrieb einer Gastwirtschaft). Der Haftungsgrund besteht in der Verletzung der vorvertraglichen Pflicht zur Rücksichtnahme gegenüber dem anderen Vertragsteil, in dem Vertrauen auf das Bestehen eines Vertragsverhältnisses erweckt worden ist. Hätte dieser auf die Wirksamkeit des Vertrages nicht vertrauen dürfen, so schließt dies seinen Anspruch nicht von vornherein aus, sondern führt nur zur Anwendung des § 254 BGB.[378)] 1.279

3. Tatbestandsvoraussetzungen

a) **Pflichtverletzung.** Nach § 241 Abs. 2 BGB kann das Schuldverhältnis nach seinem Inhalt jeden Teil zur Rücksicht auf die Rechte, Rechtsgüter und Interessen des anderen Teils verpflichten. Insoweit ist anerkannt, dass eine Vertragspartei den Vertragszweck nicht beeinträchtigen oder gefährden darf. Eine solche Beeinträchtigung vollzieht diejenige Vertragspartei, die unwirksame AGB-Klauseln verwendet und sich so rechtswidrig Vorteile gegenüber der Gegenseite zu verschaffen versucht; sie missachtet ihre vorvertragliche Pflicht zur Rücksichtnahme gegenüber ihrem Vertragspartner. 1.280

---

377) BGH, Urt. v. 28.5.1984 – III ZR 63/83, NJW 1984, 2816 = ZIP 1984, 1198; BGH, Urt. v. 14.6.1994 – XI ZR 210/93, NJW 1994, 2754 = ZIP 1994, 1350; BGH, Urt. v. 12.3.2008 – XII ZR 147/05, NJW 2008, 2254; BGH, Urt. v. 27.5.2009 – VIII 302/07, BGHZ 181, 188 = NJW 2009, 2590; BGH, Urt. v. 11.6.2010 – V ZR 85/09, NJW 2009, 2873 = ZIP 2010, 1854.

378) BGH, Urt. v. 12.11.1986 – VIII ZR 280/85, NJW 1987, 639 = ZIP 1987, 35 = Zeller III, 354, dazu EWiR 1986, 1173 *(Paulusch)*; BGH, Urt. v. 19.1.2001 – V ZR 437/99, NJW 2001, 1127 = ZIP 2001, 747.

1.281 Bei intransparenter Vertragsgestaltung ist an eine Verletzung der aus § 241 Abs. 2 BGB resultierende **Aufklärungspflicht** anzuknüpfen. Wenn dem Verwender die **Intransparenz** der Vertragsregelung erkennbar wird, dann ist eine Aufklärung geboten, um diesem Irrtum abzuhelfen. Die Aufklärungspflicht ergibt sich ggf. aus den besonderen Umständen, etwa aus der intellektuellen und wirtschaftlichen Überlegenheit, dem „Übergewicht" des Verwenders gegenüber seinem Kunden, sodass dann die Haftung auf Ersatz des Schadens dazu führt, von der (zu weitgehenden) Verbindlichkeit des Vertrages befreit zu werden.[379)]

1.282 Handelt es sich dagegen um ein **allgemeines Wirksamkeitshindernis**, das nicht dem Verantwortungsbereich einer Partei zuzuordnen ist, so besteht kein Anspruch aus Verschulden bei Vertragsschluss.[380)]

1.283 Dies gilt insbesondere für die Einhaltung von **Formvorschriften**, zu denen auch die Bestimmung des **§ 34 GWB a. F.** gehörte.[381)]

1.284 **b) Verschulden.** Sorgfältig ist zu prüfen, ob der Verwender die Pflichtverletzung zu vertreten hat (§§ 280 Abs. 1 Satz 2, 276 Abs. 1 Satz 1 BGB).

1.285 Auch der Verwender unwirksamer AGB kann sich bei Verschulden seinem Vertragspartner gegenüber schadensersatzpflichtig machen, wenn dieser im Vertrauen auf die Wirksamkeit der Klausel **nutzlose Aufwendungen** tätigt.[382)]

1.286 Bei Verwendung einer unwirksamen AGB-Klausel aus allgemein erhältlichen **Musterverträgen**, wie sie auch veröffentlicht werden oder von Verbänden zur Verfügung gestellt werden, bedarf es einer besonderen Prüfung, ob der Verwender die im Verkehr erforderliche Sorgfalt (§ 276 Abs. 2 BGB) außer Acht gelassen hat. Es würde zu hohe Anforderungen an seine Sorgfaltspflichten stellen, wenn man von ihm verlangen würde, jede Klausel eines allgemein erhältlichen Standardvertrages auf ihre Wirksamkeit hin zu überprüfen. Hinzukommt, dass die Unwirksamkeit möglicherweise im Zeitpunkt des Vertragsabschlusses noch nicht höchstrichterlich festgestellt war,[383)] und auch nicht evident war. Von Bedeutung sein kann auch, ob es sich etwa bei dem Verband um einen anerkannten Interessenverband handelt. Dieser wird auch nicht allein dadurch zum Erfüllungsgehilfen (§ 278 BGB), dass er die Klausel bereitgestellt hat. Keine Rolle spielt es, ob ein frei verfügbares Muster von der Homepage herunterge-

379) BGH, Urt. v. 19.5.2006 – V ZR 264/05, NJW 2006, 3139 = ZIP 2006, 2046; OLG Karlsruhe, Urt. v. 23.11.2006 – 9 U 59/06, NJW-RR 2007, 204.

380) BGH, Urt. v. 6.12.1991 – V ZR 310/89, NJW-RR 1992, 589.

381) OLG Hamm, Urt. v. 22.6.1993 – 19 U 35/93, NJW-RR 1994, 243; BGH, Urt. v. 6.12.1991 – V ZR 310/89, NJW-RR 1992, 589 (zu § 313 BGB a. F.).

382) BGH, Urt. v. 28.5.1984 – III ZR 63/83, NJW 1984, 2816 = ZIP 1984, 1198; BGH, Urt. v. 12.11.1986 – VIII ZR 280/85, NJW 1987, 639 = ZIP 1987, 35 = Zeller III, 354, dazu EWiR 1986, 1173 *(Paulusch)*; BGH, Urt. v. 23.6.2006 – V ZR 147/05, NJW 2006, 3054.

383) BGH, Urt. v. 27.5.2009 – VIII 302/07, BGHZ 181, 188 = NJW 2009, 2590.

laden oder ein Muster aus einem Praxishandbuch verwendet wird. Das Verschulden eines Buchautors wäre unzweifelhaft nicht über § 278 BGB zuzurechnen.

Die – vorwerfbare –, d. h. verschuldete Pflichtverletzung entfällt dann, wenn sich der AGB-Verwender in einem **Rechtsirrtum** befand. Daran sind indessen strenge Maßstäbe zu legen. Denn die gesamte höchstrichterliche Judikatur ist zu beachten, Rechtsrat ist einzuholen. Grundsätzlich ist daher bei der Verwendung von unwirksamen AGB-Klauseln eine Schadensersatzhaftung des AGB-Verwenders zu bejahen, weil in der überwältigenden Mehrzahl der Fälle die unwirksame Klauselfassung schlicht darauf beruht, dass der AGB-Verwender die BGH-Rechtsprechung nicht zeitnah – wenn denn überhaupt – zutreffend reflektiert.[384] 1.287

Am Verschulden fehlt es, wenn die später als unwirksam erachtete Klausel zur Zeit ihrer Verwendung noch unbeanstandet war. Gleiches gilt, wenn der BGH die Klausel nicht per se für unzulässig erachtet, sondern nur unter gewissen Voraussetzungen. Ebenso wird zu entscheiden sein, wenn das Unwirksamkeitsverdikt sehr auf sprachliche Differenzierungen der jeweiligen Klausel abstellt. Die Zahl der höchstrichterlichen Urteile zu dem jeweiligen Fragenkomplex spielt ebenfalls für die Beantwortung der Frage eine Rolle, ob der eingenommene Rechtsstandpunkt unvertretbar ist oder nicht. Ein Verschulden des Vermieters/Verwenders wurde in einem Fall abgelehnt, in dem dieser handschriftlich die entsprechende (unwirksame) Renovierungsklausel in den Mietvertrag eingefügt hatte, weil er in seiner Laiensicht meinte, es handele sich um eine Individualabrede. In dieser Ausgestaltung wäre die Klausel allemal wirksam gewesen, nicht aber als AGB.[385] 1.288

4. Einwendungen

Der Verwender kann nicht entgegenhalten, der Verbraucher habe sein Recht (trotz unwirksamer Klausel) verwirkt, weil er über lange Zeit beispielsweise die Miete vorbehaltlos gezahlt habe. Die eigene Pflichtverletzung lässt beim Schuldner des Schadensersatzanspruchs nach § 311 Abs. 2 BGB nämlich keinen Vertrauenstatbestand entstehen.[386] 1.289

5. Rechtsfolge

a) Ersatz des negativen Interesses. Die Schadensersatzhaftung zielt gem. § 311 Abs. 2 BGB grundsätzlich auf Ersatz des Negativinteresses. Daher sind die **Rechtsberatungskosten** grundsätzlich im Rahmen des Negativinteresses zu 1.290

384) Ulmer/Brandner/Hensen-*Fuchs*, AGB-Recht, Vorbem. vor § 307 Rz. 104.

385) BGH, Urt. v. 27.5.2009 – VIII ZR 302/07, BGHZ 181, 188 = NJW 2009, 2590.

386) BGH, Urt. v. 12.3.2008 – XII ZR 147/05, NJW 2008, 2254.

ersetzen.[387] Der Schadensersatzanspruch kann aber im konkreten Einzelfall das Erfüllungsinteresse erreichen und unter Umständen sogar übersteigen.[388]

1.291 b) Im Zusammenhang mit § 249 BGB ist zu beachten, dass der Schadensersatzanspruch wegen Verschuldens bei Vertragsschluss auch auf das positive Interesse gerichtet sein kann.[389] Das **Erfüllungsinteresse** ist dann zu erstatten, wenn der Vertrag ohne die unwirksamen AGB mit dem AGB-Verwender = Schädiger zu günstigeren Bedingungen zustande gekommen wäre. Unter dieser Voraussetzung ist dann ausnahmsweise eine schadensersatzrechtliche Differenzhypothese im Rahmen des § 249 BGB bezogen auf das Erfüllungsinteresse angezeigt und erforderlich, falls dem geschädigten Kunden der Nachweis gelingt, er sei in der Lage gewesen, einen günstigeren Kontrakt abzuschließen.[390]

1.292 c) Im Hinblick auf den **Schutzzweck der Norm** kann der Umfang der Ersatzpflicht eingeschränkt sein. Ist beispielsweise eine Bindungsfrist an ein Angebot entgegen § 308 Nr. 1 BGB zu lang, so sind vom Verwender nur solche Schäden zu erstatten, welche durch die überlange Bindung verursacht worden sind.[391]

V. Weitere Ansprüche in diesem Zusammenhang

1. Geschäftsführung ohne Auftrag

1.293 Hat der Vertragspartner im Hinblick auf eine unwirksame AGB nicht geschuldete Leistungen an den Verwender erbracht, so ist an Ansprüche aus Geschäftsführung ohne Auftrag zu denken.[392]

2. Ungerechtfertigte Bereicherung

1.294 In der vorgenannten Situation kommt neben der Leistung von Schadensersatz (entgangene Zinsen) auch eine Rückforderung des zu viel Geleisteten gem. §§ 812 ff. BGB in Betracht.[393]

3. Kartellrecht

1.295 Die Verwendung besonders belastender AGB durch marktstarke oder gar beherrschende Unternehmen kann gegen § 20 Abs. 1 GWB verstoßen bzw. den Tatbestand des § 19 Abs. 1, Abs. 2 Nr. 3 GWB erfüllen.[394] Eine kartellrecht-

---

387) Palandt-*Grüneberg*, BGB, § 311 Rz. 55.

388) BGH, Urt. v. 10.6.1999 – IX ZR 409/97, NJW 1999, 3335 = ZIP 1999, 1346; BGH, Urt. v. 6.6.2000 – XI ZR 235/99, NJW 2001, 1065.

389) Palandt-*Grüneberg*, BGB, § 311 Rz. 56.

390) BGH, Urt. v. 24.6.1998 – XII ZR 126/96, NJW 1998, 2900; BGH, Urt. v. 19.5.2006 – V ZR 264/05, NJW 2006, 3139 = ZIP 2006, 2046 L.

391) BGH, Urt. v. 11.6.2010 – V ZR 85/09, NJW 2010, 2873 = ZIP 2010, 1854.

392) BGH, Urt. v. 27.5.2009 – VIII ZR 302/07, BGHZ 181, 188 = NJW 2009, 2590.

393) BGH, Urt. v. 12.2.2009 – VII ZR 39/08, NJW 2009, 1664 = ZIP 2009, 814.

394) Ulmer/Brandner/Hensen-*Fuchs*, Vorbemerkungen vor § 307 Rz. 77.

liche Unterlassungsklage ist zwar nach §§ 19 Abs. 1, Abs. 2 Nr. 3, 33 Abs. 1 GWB möglich. Sie setzt aber den Nachweis einer marktbeherrschenden Stellung voraus. In der Praxis dürfte sie einen nur selten gangbaren Weg darstellen.[395)]

4. Wettbewerbsrecht

a) Schutzbereich. Die §§ 307–310 BGB enthalten auch Bestimmungen, welche das Marktverhalten i. S. d. §§ 3, 4 Nr. 2 und Nr. 11 UWG regeln. Dabei ist von einer Anspruchskonkurrenz auszugehen. 1.296

b) Verwendet ein Unternehmer nach den §§ 307–309 BGB unwirksame AGB, so kann er nach § 1 UKlaG auf Unterlassung in Anspruch genommen werden. **Anspruchsberechtigt** und damit klagebefugt sind nach § 3 Abs. 1 UKlaG Verbände. Dazu gehören Verbraucherverbände, Wirtschaftsverbände, Industrie- und Handelskammern sowie Handwerkskammern, nicht dagegen Mitbewerber des Unternehmers. 1.297

c) Als **Anspruchsgrundlage** für ein Vorgehen von Mitbewerbern und damit Marktteilnehmern i. S. d. § 2 Abs. 1 Nr. 2 UWG kommen §§ 3, 4 Nr. 2 und Nr. 11[396)], § 8 Abs. 1 und Abs. 3 Nr. 1 UWG (Unterlassung) und § 9 UWG (Schadensersatz) in Betracht. Die in diesem Zusammenhang stehenden Fragen sind sehr umstritten. Der BGH hat hierzu noch keine Stellungnahme abgegeben.[397)] 1.298

d) § 4 Nr. 11 UWG. Nicht nur bei den Vorschriften der §§ 307, 308 Nr. 1 BGB[398)] und bei § 309 Nr. 7a BGB[399)] handelt es sich um Marktverhaltensregelungen, sondern auch bei allen übrigen Verbotsnormen des AGB-Rechts.[400)] 1.299

Die Verwendung von AGB dürfte als Maßnahme der Absatzförderung zumindest auch mit dem Ziel der Kostenersparnis als geschäftliche Handlung i. S. d. § 2 Abs. 1 Nr. 1 UWG einzuordnen sein.[401)] Wenn wie im Zusammenhang mit der Verwendung rechtsfehlerhafter AGB üblich ein zivilrechtliches Klauselverbot die Durchsetzung relevanter Vertragsrechte einschränkt, so liegt regelmäßig auch eine spürbare Beeinträchtigung i. S. d. § 3 Abs. 2 Satz 1 UWG vor. 1.300

e) Unternehmerverkehr. Die Entscheidung des BGH vom 31.5.2012[402)] ist gegenüber Verbrauchern ergangen. Soweit sich die AGB auch an Unternehmer bzw. Existenzgründer wenden, stellt sich die Frage der Übertragbarkeit. Einem Rückgriff auf die zugrunde liegende Verbraucherschutzrichtlinie 2005/29/EG dürfte 1.301

395) BGH, Beschl. v. 6.11.1984 – KVR 13/83, NJW 1986, 846.

396) BGH, Urt. v. 31.5.2012 – I ZR 45/11, BeckRS 2012, 14988.

397) *Köhler*, NJW 2008, 177.

398) OLG Hamm, Urt. v. 12.1.2012 – I-14 U 107/11, BeckRS 2013, 01022.

399) BGH, Urt. v. 31.5.2012 – I ZR 45/11, NJW 2012, 3577.

400) BGH, Urt. v. 31.5.2012 – I ZR 45/11, NJW 2012, 3577.

401) BGH, Urt. v. 31.3.2010 – I ZR 34/08, NJW-RR 2010, 1631.

402) BGH, Urt. v. 31.5.2012 – I ZR 45/11, BeckRS 2012, 14988.

entgegenstehen, dass die Richtlinie nur das Verhältnis von Gewerbetreibenden gegenüber Verbrauchern regelt. Nach dem Erwägungsgrund 6 der Richtlinie ist es jedoch nicht unerwünscht, wenn die Richtlinie zumindest mittelbar auch zwischen Gewerbetreibenden einen lauterkeitsrechtlichen Schutz zur Folge hat.

VI. Personale Teilunwirksamkeit

1. Keine Gesamtnichtigkeit

1.302 a) **Grundsatz.** Erstreckt sich die Geltung einer AGB-Regelung auf beide Vertragsparteien und ist sie gegenüber dem Kunden wegen Verstoßes gegen §§ 307–309 BGB unwirksam, so folgt daraus keine Gesamtnichtigkeit. Ein Grund, den Verwender vor seinen eigenen Bedingungen zu schützen, besteht nicht.[403] Der Verwender bleibt also an unwirksame AGB gebunden. Er kann sich dann nach dem Prinzip von Treu und Glauben nicht auf die Unwirksamkeit seiner AGB berufen (§ 242 BGB).[404]

1.303 b) **Beispiele.** Eine zu lange **Vertragsdauer** kann nicht zugunsten des Verwenders gekürzt werden.[405] Daher steht ihm in diesem Fall kein ordentliches Kündigungsrecht zu.[406] Teilbarkeit ist dagegen zu bejahen, wenn ein vernachlässigenswerter Teil der Klausel als intransparent gem. § 307 Abs. 1 Satz 2 BGB eingeordnet wird, was etwa dann gilt, wenn die **Intransparenz** sich auf einen erklärenden, aber unwirksamen **Klauselzusatz** bezieht.[407]

2. Bindung des Kunden

1.304 a) **Grundsatz.** Enthält eine unwirksame Klausel auch Regelungen, die den Vertragspartner des Verwenders begünstigen, und wird der Kunde durch sie zu einem bestimmten Verhalten veranlasst oder bei ihm Vertrauen auf die Einhaltung eines seinem Schutz dienenden Verfahrens hervorgerufen worden ist, so kann sich der Kunde darauf berufen.[408]

1.305 b) **Beispiele.** Darf der Kunde nach der Klausel z. B. kündigen, ohne vorher eine Frist setzen zu müssen, und ist diese Klausel aus anderen Gründen unwirksam,

---

403) BGH, Urt. v. 30.10.1990 – IX ZR 9/90, NJW 1991, 353; BGH, Urt. v. 13.10.2004 – I ZR 249/01, NJW-RR 2005, 34.

404) BGH, Urt. v. 2.4.1998 – IX ZR 79/97, NJW 1998, 2280 = ZIP 1998, 905.

405) BGH, Urt. v. 22.2.2002 – V ZR 26/01, DB 2002, 1547.

406) OLG Düsseldorf, Urt. v. 28.4.1999 – 11 U 69/98, NJW-RR 2000, 279.

407) BGH, Urt. v. 10.5.1984 – I ZR 36/82, NJW 1985, 57; BGH, Urt. v. 18.4.2007 – VIII ZR 117/06, NJW-RR 2007, 1286.

408) BGH, Urt. v. 27.2.1985 – VIII ZR 328/83, NJW 1985, 1535 = ZIP 1985, 546; BGH, Urt. v. 25.3.1987 – VIII ZR 71/86, NJW 1997, 2506 = ZIP 1987, 916 = Zeller IV, 439; BGH, Urt. v. 4.12.1997 – VII ZR 187/96, NJW 1998, 2279.

so kann die Kündigung ohne Fristsetzung gleichwohl nach § 242 BGB wirksam sein.[409)]

3. Bindung des Verwenders

Ebenso kann es umgekehrt sein, dass sich der Verwender an das von ihm selbst vorgeschriebene Verfahren halten muss, obwohl die die regelnde Klausel aufgrund der Inhaltskontrolle wegfällt. Die Bejahung einer personalen Teilwirksamkeit beruht darauf, dass es keinen Grund gibt, den Verwender vor seinen eigenen Bedingungen zu schützen. Mit dieser Begründung hat der BGH einerseits die Klausel eines Pachtvertrages für unwirksam erklärt, die dem Verpächter die fristlose Kündigung gegenüber der Gesetzeslage erleichterte, andererseits dagegen den Verpächter für verpflichtet gehalten, das in derselben Klausel vorgesehene Verfahren der fristlosen Kündigung (Zahlungsaufforderungen, schriftliche Mahnung) zu beachten.[410)] Das alles rechtfertigt sich aus dem Grundsatz des Vertrauensschutzes für den Vertragspartner des Verwenders.[411)] 1.306

409) BGH, Urt. v. 27.4.1988 – VIII ZR 84/87, NJW 1988, 2465 = ZIP 1988, 974.

410) BGH, Urt. v. 25.3.1987 – VIII ZR 71/86, NJW 1987, 2506 (Gaststättenpachtvertrag); LG Ravensburg, Urt. v. 7.11.2011 – 6 O. 301/11.

411) BGH, Urt. v. 18.9.1997 – IX ZR 283/96, NJW 1997, 3372 = ZIP 1997, 1957; BGH, Urt. v. 14.10.2003 – XI ZR 121/02, NJW 2004, 161 = ZIP 2003, 2193.

Zweiter Hauptteil: Getränkelieferungsverträge

Erster Abschnitt: Die Ausschließlichkeitsbindung und ihre Grenzen nach BGB

§ 8 Charakteristika und Rechtsnatur

I. Begriff

Kernstück eines Getränkebezugs- und damit auch Getränkelieferungsvertrages ist eine in der Regel ausschließliche Getränkebezugsverpflichtung. Darunter ist die schuldrechtliche Vereinbarung zwischen einem Bindenden – insbesondere einem Unternehmen der Getränkebranche (Brauereien, Brunnen etc.), einem Getränkefachgroßhändler (Verleger) oder einem Dritten (Hauseigentümer, Vereine, Kommunen etc.) – und einem Gebundenen – insbesondere Pächter/Mieter, Hauseigentümer, Verein, Kommune, ausnahmsweise Getränkefachgroßhändler – über die ausschließliche Abnahme von Bier, Biermisch- und/oder alkoholfreien Getränken zu verstehen. Als Gegenleistung für das finanzielle Engagement des Bindenden – früher häufig ein Abschreibungsdarlehen oder die leih-/pacht-/mietweise Überlassung von Gaststätteninventar, heute darüber hinaus die Gewährung von Ratendarlehen oder Zuschüssen und die Zahlung von Rückvergütungen pro bezogener Getränkemenge bzw. die Übernahme einer Bürgschaft für Bankkredite,[1] wobei die verschiedenen Leistungen auch kombiniert werden – verpflichtet der Gebundene sich für einen vereinbarten Zeitraum zur laufenden Abnahme der den Gegenstand der (Ausschließlichkeits-)Bindung ausmachenden Getränke.[2] 2.1

II. Typische Inhalte

1. Wesentliche Vertragsbestandteile

Für gesetzlich nicht typisierte Verträge, wie den Getränkelieferungsvertrag, sind wesentliche Vertragsbestandteile die **Parteien**, die **Leistung** und die **Gegenleistung**.[3] Aus dem (Schrift-)Erfordernis des § 34 GWB a. F. ergaben sich keine Inhaltsanforderungen.[4] 2.2

1) Anders als in den Niederlanden ist in Deutschland die Übernahme einer entsprechenden Bürgschaft eher ungewöhnlich.

2) OLG München, Urt. v. 24.5.1968 – 8 U 2517/67, NJW 1968, 1880; OLG Zweibrücken, Urt. v. 6.7.2009 – 7 U 180/08; OLG Dresden, Urt. v. 29.10.2009 – 8 U 195/09.

3) BGH, Urt. v. 10.11.1976 – VIII ZR 84/75, WM 1977, 112 = Zeller II, 23.

4) BGH, Urt. v. 12.2.1980 – KZR 8/79, NJW 1980, 1529 = Zeller II, 141; BGH, Urt. v. 26.5.1981 – KZR 25/80, GRUR 1981, 675 = Zeller II, 184; BGH, Urt. v. 30.9.1992 – VIII ZR 196/91, BGHZ 119, 283 = NJW 1993, 64 = ZIP 1992, 1573; BGH, Urt. v. 14.1.1997 – KZR 36/95, NJW 1997, 2182 = ZIP 1997, 1169 (Brauerei-Getränkefachgroßhändler); OLG Frankfurt/M., Urt. v. 12.5.1998 – 11 U (Kart) 54/97; OLG Koblenz, Urt. v. 21.2.2002 – 5 U 677/01, NJOZ 2002, 837.

2. Ausschließlichkeitsbindung

2.3 Getränkelieferungsverträge enthalten regelmäßig eine Bezugsbindung mit einem Verkaufs- und Vertriebsverbot für Konkurrenzprodukte und damit eine Ausschließlichkeit.[5] Im Gegenzug für das finanzielle Engagement des Getränkelieferanten verpflichtet der Gastwirt sich, in der Absatzstätte den Gesamt- oder Teilbedarf an den zu beziehenden Getränken für eine bestimmte Zeit oder bis zur Abnahme einer vereinbarten Gesamtmenge ununterbrochen von dem Getränkelieferanten abzunehmen. In der Regel wird der Gastwirt zur Abnahme der Getränke für einen bestimmten Zeitraum verpflichtet **(Zeitvertrag)**. Die Abnahme einer bestimmten Menge ohne Laufzeitangabe dürfte heute eher ein Ausnahmefall sein. Diese Form der Kundenbindung fördert die Kundentreue, erleichtert die Vertragsdurchführung und vermeidet unnötige Kontrollen des Gastwirts zur Höhe des Lieferanteils.[6]

2.4 Die ausschließliche Bezugsverpflichtung ist **typusbestimmend** und einem Getränkelieferungsvertrag **vertragsimmanent**. Anders ist die Situation dagegen bei Vereinbarung eines Vorpachtrechts.[7]

3. Sortimentsbindung

2.5 a) **Regelung.** Zum Wesen einer ausschließlichen Getränkebezugsverpflichtung gehört die Festschreibung eines bestimmten Katalogs von Getränken, die ausschließlich über den Getränkelieferanten zu beziehen sind. Die einzelnen Biersorten (oder Marken) müssen im Getränkelieferungsvertrag nicht als solche aufgeführt werden. In der Regel erstreckt sich die Bezugsverpflichtung auf alle von dem Getränkelieferanten hergestellten bzw. vertriebenen Getränke. Bei Brauereien bezieht sich die Bezugsverpflichtung durchweg nicht nur auf die von ihr selbst hergestellten Erzeugnisse (Eigenware), sondern in gleicher Weise auch auf die von ihr vertriebenen Getränke (Handelsware). Bei Getränkefachgroßhändlern ergibt sich der Umfang der Bezugsverpflichtung zumeist aus dem in einer Sortimentsliste aufgeführten Getränkesortiment.

2.6 b) Gesetzliche Vorgaben für die **Bestimmbarkeit** der Ausschließlichkeitsbindung gibt es nicht. Hinzuweisen ist in diesem Zusammenhang aber auf Art. 5 Abs. 1 Satz 1 des Bayerischen AGBGB vom 20.9.1982,[8] wonach bei Fehlen einer Regelung für die abzunehmende Menge kraft gesetzlicher **Fiktion** der **Gesamtbedarf** abzunehmen ist, der sich in dem Gewerbebetrieb des Gastwirts während der Dauer des Vertragsverhältnisses ergibt.

---

5) OLG Hamm, Urt. v. 10.5.2012 – I-22 U 203/11 (Vertrag Brauerei-Getränkefachgroßhändler).

6) OLG Frankfurt/M., Urt. v. 13.11.2007 – 11 U 24/07, BeckRS 2007, 19024; *Gödde*, in: Martinek/Semler/Habermeier/Flohr, Vertriebsrecht, § 52 Rz. 1.

7) Siehe unten § 35 XI 3 a m. w. N.

8) Bayer. GVBl 1982, 803.

Lediglich die **EG-VO Nr. 1984/83** statuierte einen strikten Bestimmtheitsgrundsatz. Nach Art. 6 Abs. 1 EG-VO Nr. 1984/83 und den Ziffern 36, 40, 41 der dazu ergangenen Bekanntmachung mussten nicht nur die **Vertragswaren** unter Angabe der **Marke** oder der sonstigen Benennung, sondern auch das **Gastronomieobjekt** unter Angabe des Namens und der Lage spezifiziert sein. Maßgebliche rechtliche Bedeutung erlangte diese Hürde im Hinblick auf die durchweg zu verneinende Frage der Anwendbarkeit des sekundären europäischen Kartellrechts nicht.[9] Mit Außerkrafttreten des Art. 6 Abs. 1 EG-VO Nr. 1984/83 zum 1.6.2000 (Art. 13 Abs. 2 VO Nr. 2790/1999) hat sich diese Frage im Übrigen durch Zeitablauf erledigt.[10] 2.7

c) Praktisch macht es Sinn, **Inhalt und Umfang der (Ausschließlichkeits-) Bindung** soweit als möglich festzulegen.[11] Einzelheiten der im Zeitpunkt des Vertragsabschlusses aktuell gebundenen Getränke können sich entweder aus dem Vertrag selbst oder aus einer darin in Bezug genommenen und beigefügten **(Preis- und) Sortimentsliste** ergeben. Eine rechtliche Verpflichtung zur Aufführung sämtlicher Sorten besteht auch aus europakartellrechtlicher Sicht jedenfalls seit dem 1.6.2000 nicht mehr. 2.8

4. Mitbezugsgestattung

Die ausschließliche Bezugsverpflichtung ist ggf. im Wege einer Mitbezugsgestattung (Teilbindung) gelockert. Entsprechende Regelungen kommen in der Praxis sowohl hinsichtlich des Sortiments, der Gebinde als auch der erfassten (periodischen) Mengen vor. 2.9

5. Bezugs- und Ausschankverpflichtung

Mit der Verpflichtung zum ausschließlichen Bezug der gebundenen Getränke geht auch eine Bezugs- und Ausschankverpflichtung einher. Getränkelieferungsverträge verpflichten regelmäßig zum fortlaufenden bzw. ununterbrochenen Bezug der gebundenen Getränke. Dadurch soll der Gastwirt angehalten werden, die Gaststätte regelmäßig zu betreiben. Bei vorrübergehender oder gar endgültiger Einstellung des Gaststättenbetriebs kann er die Getränke nicht mehr, erst recht in dem vereinbarten Umfang abnehmen. Sinn der vertraglichen Regelung ist es durchweg, die Rückführung der finanziellen Vorleistungen des Getränkelieferanten innerhalb eines bestimmten Zeitraums durch Tilgung, Abschreibung oder Verrechnung mit Rückvergütungen auf die bezogenen Getränkemengen zu sichern. Daher ist der Vertragspartner des Getränkelieferanten nicht nur zum 2.10

---

9) Siehe unten § 28 III 3 c.

10) BGH, Urt. v. 22.10.1997 – VIII ZR 149/96, OLG Celle, Urt. v. 10.6.1998 – 13 U 158/97, NJW-RR 1999, 1143; OLG Düsseldorf, Urt. v. 8.11.1999 – 1 U 42/99.

11) OLG Nürnberg, Urt. v. 6.5.2004 – 13 U 52/04; *Paulusch*, Brauerei- und Gaststättenrecht, 9. Aufl. 1996, Rz. 102 f., 500.

ausschließlichen, sondern auch zum ununterbrochenen Bezug (Bezugsverpflichtung) und Ausschank (Ausschankverpflichtung) der gebundenen Getränke verpflichtet.[12] Aus Gründen unternehmerischer Vorsicht sollte klar geregelt werden, dass nicht nur eine Ausschließlichkeitsbindung, sondern darüber hinaus eine (Getränke-)Bezugsverpflichtung begründet werden soll.[13]

6. Mindestabnahmeverpflichtung

2.11 In der Vergangenheit war der Gastwirt zumeist nicht zur Abnahme bestimmter Mengen in bestimmten Zeiträumen verpflichtet. Dies war wirtschaftlich auch nicht erforderlich, weil die Vorleistungen der Getränkelieferanten sich im Hinblick auf den steigenden Getränkekonsum amortisierten. Ohne eine entsprechende vertragliche Regelung ist der Kunde nicht verpflichtet, innerhalb eines bestimmten Zeitraumes eine bestimmte Menge Getränke abzunehmen.[14]

2.12 Die Abnahme einer bestimmten Mindestmenge ist im Übrigen nicht typusbestimmend.[15] Die Festlegung einer Mindestmenge betrifft den Getränkelieferungsvertrag als **Rahmenvertrag**, nicht aber die jeweilige durch den einzelnen Kaufvertrag gem. §§ 433 ff. BGB fixierte Abrufmenge.[16]

7. Werbung

2.13 In Getränkelieferungsverträgen werden durchweg Fragen der Anbringung von Brauereiwerbung innerhalb des Gaststättenobjektes (Innendekoration) sowie der Außenwerbung im Außenbereich der Absatzstätte (Werbetransparente, Speisekartenkästen, Großschirme etc.) geregelt. Der Kunde wird verpflichtet, die Werbeanlagen zu unterhalten und die Biere in Markengläsern der Brauerei auszuschenken. Die Einräumung der Werbemöglichkeiten in der Absatzstätte und außen am Gaststättengebäude steht mit der Darlehensgewährung in einem Gegenseitigkeitsverhältnis. Die Brauerei hat das Recht zur Nutzung der Gaststätte als Werbeträger gleichsam mit der Darlehensgewährung erkauft.[17]

2.14 Traditionell stellten Getränkelieferanten eine Erstausstattung an Gläsern unentgeltlich zur Verfügung. Der Kauf weiterer Gläser wurde bezuschusst, ggf. auch in Abhängigkeit von der Abnahmemenge. Eigenwerbematerialien der Brauereien im Bereich der Außenwerbung wurden und werden nicht selten unentgeltlich (leih-

12) OLG Hamm, Urt. v. 10.5.2012 – I-22 U 203/11 (Vertrag Brauerei-Getränkefachgroßhändler).

13) BGH, Urt. v. 22.10.1997 – VIII ZR 149/96; OLG Zweibrücken, Urt. v. 15.1.1998 – 4 U 213/96, OLGReport 1998, 161, rkr. durch Nichtannahmebeschl. des BGH v. 15.12.1998 – VIII ZR 50/98; OLG Düsseldorf, Urt. v. 23.10.2001 – 4 U 57/01, BeckRS 2001, 30213450 = NJOZ 2003, 2554, rkr. durch Nichtannahmebeschl. d. BGH v. 7.5.2003 – VIII ZR 271/01.

14) BGH, Urt. v. 20.3.1953 – V ZR 123/51, BB 1953, 339 = Zeller I, 146.

15) a. A. NK-BGB/*Looschelders,* § 138 Rz. 163.

16) *von Westphalen*, Vertragsrecht und AGB-Klauselwerke, B Rz. 25.

17) BGH, Urt. v. 4.12.1996 – VIII ZR 360/95, NJW 1997, 933.

weise) zur Verfügung gestellt. Handelt es sich dagegen um spezifische Objektwerbung oder sonstige individuell vom Kunden veranlasste Außenwerbung, so werden entsprechende Kosten vom Getränkelieferanten allenfalls vorfinanziert. Auch insofern ist als Rückführungsalternative eine abnahmemengenbezogene Tilgung denkbar. Bei vorzeitiger Aufgabe hat der Kunde den noch nicht abgeschriebenen Restbetrag der Kosten der Werbeanlagen zu zahlen.

8. Betriebspflicht

Aus der Ausschließlichkeitsabrede folgt die Pflicht, die Absatzstätte im fraglichen Zeitraum zu betreiben oder betreiben zu lassen, um dem Getränkelieferanten die vertraglich vereinbarte Absatzchance und damit die Vertragserfüllung zu gewährleisten.[18] Die dem Mieter eines Gaststättenlokals formularvertraglich auferlagte „Betreibungspflicht während der gesetzlichen Öffnungszeiten" verstößt nicht gegen § 307 BGB, auch nicht bei gleichzeitigem Ausschluss von Konkurrenzschutz.[19] 2.15

Mit Formulierungen wie „gewährleistet" oder ähnlichen Wendungen wird klargestellt, dass der Kunde nicht nur für die Erfüllung der Getränkebezugsverpflichtung in eigener Person einzustehen hat. Auch die mittelbare Erfüllung der Getränkebezugsverpflichtung durch Dritte, insbesondere Pächter, denen der Kunde des Getränkelieferanten im Rahmen eines Pachtvertrages eine Getränkebezugsverpflichtung zu Gunsten des Getränkelieferanten auferlegt hat, wird erfasst.[20] Ähnliche Formulierungen finden sich im Vertriebsmodell 3 bei Refinanzierungsvereinbarungen zwischen Brauerei und Getränkefachgroßhändler. Auch hier kann der Getränkefachgroßhändler bei eigener Haftung die Getränkebezugsverpflichtung durch Dritte, nämlich die jeweiligen Betreiber, erfüllen lassen. 2.16

Als Einschränkungen sind Regelungen über einen wöchentlichen **Ruhetag** sowie **Betriebsferien** branchenüblich und werden zumeist auch in den Getränkelieferungsvertrag aufgenommen. 2.17

9. Führung der Absatzstätte

Um die Erfüllung der Verpflichtung zum Bezug und zum Ausschank der gebundenen Getränke zu gewährleisten, sehen Getränkelieferungsverträge Vorschriften über die Betriebsführung vor. Im Vordergrund stehen dabei Regelungen über die Gewährleistung eines fachgerechten Ausschanks und die kühle Lagerung der 2.18

18) OLG Hamm, Urt. v. 10.5.2012 – I-22 U 203/11 (Vertrag Brauerei-Getränkefachgroßhändler).

19) OLG Hamburg, Urt. v. 3.4.2002 – 4 U 236/01, BeckRS 2002, 30250729; OLG Düsseldorf, Urt. v. 18.12.2003 – 10 U 69/03, ZMR 2004, 508; vgl. auch OLG Naumburg, Urt. v. 15.7.2008 – 9 U 18/08, NZM 2008, 772.

20) Siehe unten § 36 I m. w. N.

Getränke. Ergänzt und abgesichert werden diese Regelungen durch ein Prüfungsrecht des Getränkelieferanten. Dieser ist berechtigt, sich über den Zustand der Getränkelagerräume, der Kühleinrichtungen, der Bierleitungen und der Schankanlagen zu vergewissern.

10. Lieferweg

2.19 Die Belieferung erfolgt entweder unmittelbar durch den Vertragspartner des Kunden, also die Brauerei (Vertriebsmodell 1) oder den Getränkefachgroßhändler (Vertriebsmodelle 3 und 4) oder – wie im Vertriebsmodell 2 – mittelbar durch einen im Vertrag benannten Getränkefachgroßhändler oder eine sonstige Vertriebsstelle.[21)]

2.20 Traditionell verfügten Brauereien über einen eigenen Fuhrpark, sodass entsprechende ausschließliche Bezugsbindungen über Bier auch als Getränkelieferungsverträge einzuordnen waren. Soweit dies heute noch der Fall ist oder auch über Spediteure, Logistiker oder Getränkefachgroßhändler bei weiter durch die Brauerei erfolgender Fakturierung gearbeitet wird, handelt es sich immer noch um klassische Getränkelieferungsverträge. Sind Gegenstand der Ausschließlichkeitsabrede über Bier und Biermischgetränke hinaus etwa alkoholfreie Getränke, so liegt ebenfalls ein Getränkelieferungsvertrag vor.

III. Berechtigte

2.21 Getränkelieferungsverträge weisen als Berechtigten sowohl Brauereien als auch Getränkefachgroßhändler aus. Während in den Vertriebsmodellen 1 und 2 Brauereien als Bindende auftreten, schließen in den Vertriebsmodellen 3 und 4 Getränkefachgroßhändler die Ausschließlichkeitsverträge ab. Sowohl nach Zahl als auch Umfang der gebundenen Getränkemenge dürften Ausschließlichkeitsvereinbarungen mit Getränkefachgroßhändlern als Bindenden überwiegen. Dieser Befund spiegelt sich nicht in der berichteten Rechtsprechung.[22)] Danach sind auch heute noch überwiegend Ausschließlichkeitsabreden über Getränke Gegenstand einer gerichtlichen Überprüfung, die als Bindenden Brauereien aufweisen. Daraus können allerdings keine Schlüsse auf eine etwaige rechtliche Angreifbarkeit auf von diesen geschlossene Ausschließlichkeitsverträge über Getränke gezogen werden.

---

21) Siehe unten § 55 I, II.

22) Zu der nicht besonders ergiebigen Rechtsprechung OLG Köln, Urt. v. 28.6.1989 – 2 U 93/88, NJW-RR 1989, 1336; OLG Brandenburg, Urt. v. 23.11.1994 – 1 U 11/94, NJW-RR 1995, 1517; OLG Düsseldorf, Urt. v. 18.4.2000 – 24 U 123/99, ZMR 2001, 102; OLG Düsseldorf, Urt. v. 23.10.2001 – 4 U 57/01, BeckRS 2001, 30213450 = NJOZ 2003, 2554, rkr. durch Nichtannahmebeschl. d. BGH v. 7.5.2003 – VIII ZR 271/01; OLG Düsseldorf, Urt. v. 16.1.2004 – I-14 U 156/03, BeckRS 2010, 24896, rkr. durch (Nichtzulassungs-) Beschl. d. BGH v. 19.10.2005 – VIII ZR 53/04; OLG Köln, Urt. v. 6.12.2006 – 11 U 73/06, NJW-RR 2007, 498; OLG Köln, Urt. v. 20.10.2011 – 7 U 65/11, BeckRS 2012, 15923; OLG Oldenburg, Urt. v. 14.11.2012 – 5 U 56/11; OLG Köln, Urt. v. 18.4.2013 – 7 U 180/12, BeckRS 2013, 07760; LG Köln, Urt. v. 4.2.1993 – 22 O. 369/91, NJW-RR 1994, 242.

IV. Typus und Rechtsnatur

Eine grundsätzliche Stellungnahme zur Rechtsnatur des Getränkelieferungsvertrages hat die höchstrichterliche Rechtsprechung bislang nicht für erforderlich gehalten.[23] 2.22

1. Vertriebsvertrag

Getränkelieferungsverträge rechnen zu den langfristigen (Allein-)Vertriebsverträgen.[24] 2.23

2. Bezugsvertrag

Der charakteristische Vertragsinhalt begründet die Annahme eines Bezugsvertrages. 2.24

3. Gesamtbedarfsvertrag

a) **Begriff.** Bei Gesamtbedarfsverträgen handelt es sich um Bezugsverträge, bei denen die Leistungsmenge sich nach dem Bedarf des Abnehmers richtet.[25] 2.25

b) **Einordnung.** Traditionell ist für den Getränkelieferungsvertrag die Offenheit/Unbestimmtheit der (Gesamt-)Abnahmemenge kennzeichnend. Ohne Festlegung einer bestimmten Menge ist der Vertrag auf die dauernde Abnahme der gebundenen Getränke gerichtet. Der Getränkelieferungsvertrag wird auf eine längere Zeit ohne Festlegung einer bestimmten Liefermenge geschlossen. Diese Liefermenge richtet sich nach dem jeweiligen Bedarf des Gebundenen.[26] Bestätigt wird dies durch die klarstellende Bestimmung des Art. 5 Abs. 1 Satz 1 des bayerischen AGBG vom 20.9.1982, wonach bei Fehlen einer Regelung über die abzunehmende Menge kraft gesetzlicher Fiktion der Gesamtbedarf abzunehmen ist, der sich in dem Gewerbebetrieb des Gastwirts während der Dauer des Vertragsverhältnisses ergibt.[27] 2.26

Ein Gesamtbedarfsvertrag liegt auch dann vor, wenn – aus kalkulatorischen Gründen – **periodische (Jahres-)Mindestabnahmemengen** vereinbart werden. Auch insofern handelt es sich um einen „rechtsoffenen Gesamtbedarfsvertrag", also einen Gesamtbedarfsvertrag mit halbseitig unbestimmter Liefermenge. 2.27

Wenn eine von vornherein fest bestimmte Gesamtabnahmemenge vereinbart ist **(Mengenvertrag)**, besteht (ggf. für die Laufzeit der Vereinbarung) ebenfalls eine 2.28

---

23) BGH, Urt. v. 10.11.1976 – VIII ZR 112/75, WM 1977, 220; BGH, Urt. v. 5.11.1980 – VIII ZR 232/79, NJW 1981, 679 = Zeller II, 72; BGH, Urt. v. 31.10.1984 – VIII ZR 229/83, WM 1985, 61; BGH, Urt. v. 29.5.1991 – VIII ZR 71/90, ZIP 1991, 960.

24) BGH, Urt. v. 13.3.1996 – VIII ZR 186/94, NJW 1996, 1541; OLG München, Urt. v. 31.1.1995 – 25 U 3600/94, BeckRS 1995, 04936.

25) Palandt-*Grüneberg*, BGB, Überblick vor § 311 Rz. 28.

26) OLG München, Urt. v. 24.5.1968 – 8 U 2517/67, NJW 1968, 1880; *Paulusch*, Brauerei- und Gaststättenrecht, 9. Aufl. 1996, Rz. 158.

27) Bayer. GVBl 1982, 803.

Gesamtabnahmeverpflichtung, solange die vereinbarte Gesamtmenge nicht erreicht ist.

4. Rahmenvertrag

2.29 a) **Begriff.** Grund- oder Rahmenverträge beschränken sich darauf, die beteiligten Parteien zum Abschluss einzelner Lieferverträge zu verpflichten und den „Rahmen" dieser Lieferverträge festzulegen. Sie begründen keine unmittelbaren Liefer- und Zahlungspflichten der Parteien, sondern sind auf den Abschluss wiederkehrender Lieferverträge während der Vertragsdauer gerichtet. Liefer- und Zahlungspflichten der Beteiligten kommen erst in Ausführung des Rahmenvertrages zustande. Sie setzen eine Bestellung voraus. Vertragsgegenstand sind weder eine feste Menge noch die periodische oder aperiodische Warenlieferung, sondern die Pflicht, über die im Rahmenvertrag nach Art, Preis und Menge eingegrenzten Vertragswaren einzelne Lieferverträge abzuschließen. Aus der Sicht des Einzelvertrages hat der Rahmenvertrag den Charakter eines Grund- oder Vorvertrages.[28)]

2.30 b) **Einordnung.** Spätestens seit einer Entscheidung des BGH aus dem Jahre 1996 steht fest, dass ein normaler Getränkelieferungsvertrag – bis zur Abnahme von 3.000 hl – kein Kaufvertrag über 3.000 hl Bier ist, sondern ein Rahmenvertrag, innerhalb dessen mit jedem Abruf einer Teilleistung noch zusätzlich ein Kaufvertrag und damit insgesamt zahlreiche Einzelkaufverträge geschlossen werden mit jeweiliger Belieferung und Bezahlung.[29)] Die Vereinbarung einer **Gesamtabnahmemenge** steht der Einordnung als Rahmenvertrag nicht entgegen.[30)]

2.31 c) **Abgrenzung.** Wird eine Mindestbezugsmenge festgelegt, kann die Abgrenzung zum Sukzessivlieferungsvertrag schwierig sein. Nach Ansicht des BGH spricht gegen das Sukzessivlieferungsverhältnis und für den Rahmenvertrag, wenn zwar eine Mindestabnahmemenge bestimmt wird, für den Fall des Minderbezugs aber keine Erfüllungsansprüche seitens des Lieferanten bestehen, sondern bloße Entschädigungsansprüche wegen der Verletzung der Bezugspflicht vorgesehen sind.[31)]

2.32 d) **Konsequenzen.** Der Rahmenvertrag wird durch den Abschluss selbständiger Einzelkaufverträge über die Lieferung von Getränken erfüllt. Hierauf hat der Getränkelieferant einen **Anspruch auf Erfüllung** und notfalls auf **Schadensersatz**

---

28) MünchKomm-*Schürnbrand*, BGB, § 510 Rz. 14.

29) BGH, Urt. v. 4.12.1996 – VIII ZR 360/95, NJW 1997, 933. Vgl. bereits BGH, Urt. v. 6.2.1985 – VIII ZR 15/84, NJW 1986, 124 = Zeller III, 349 (Alleinvertriebsvertrag über Maschinen).

30) BGH, Urt. v. 6.7.1988 – VIII ZR 6/88, NJW-RR 1988, 1322.

31) BGH, Urt. v. 4.12.1996 – VIII ZR 360/95, NJW 1997, 933. Vgl. auch BGH, Urt. v. 6.12.1989 – VIII ZR 310/88, BGHZ 109, 314 = NJW 1990, 567 = Zeller IV, 210; OLG Frankfurt/M., Urt. v. 30.11.2000 – 16 U 230/99, BGH, VIII ZR 5/01, Revisionsrücknahme nach Nichtannahmebeschluss, der ausnahmsweise begründet worden ist; OLG Düsseldorf, Urt. v. 28.5.2004 – 15 U 193/03 – sowie – 15 W 103/03 (Vertrag Brauerei-Getränkefachgroßhändler); OLG Düsseldorf, Urt. v. 13.11.2009 – I-22 U 71/09, BeckRS 2012, 05469.

statt der Leistung.[32] Die **Kündigung** des Rahmenvertrages gem. § 314 BGB kann sich auf Pflichtverletzungen bei den Einzelverträgen stützen. Die Regeln des **CISG** gelten für Kaufverträge dann nicht, wenn den einzelnen Kaufverträgen Vertriebs- oder Rahmenverträge zugrunde liegen.[33]

5. Dauerschuldverhältnis

a) **Begriff.** Begrifflich setzt ein Dauerschuldverhältnis voraus, dass ein dauerndes Verhalten oder wiederkehrende Leistungen geschuldet werden. Der Gesamtumfang der Leistung hängt von der Dauer der Rechtsbeziehung ab; er ist bei Eingehung des Vertragsverhältnisses unbestimmt. Bei einem Dauerschuldverhältnis entstehen während seiner Laufzeit ständig neue Leistungs-, Neben- und Schutzpflichten. Ein Dauerschuldverhältnis wird sonach durch seine zeitliche Dimension und das Merkmal ständiger Pflichtanspannung gekennzeichnet.[34] Je nach der Vertragskonstruktion kann auch nur ein Rahmenvertrag (Grundvertrag) vorliegen, der als Dauerschuldverhältnis zu charakterisieren ist, innerhalb dessen mit jedem Abruf einer Teilleistung noch zusätzlich ein einzelner Vertrag, z. B. Kaufvertrag, geschlossen wird. Ist dies nicht der Fall, handelt es sich um einen gewöhnlichen Kaufvertrag, der lediglich ratenweise zu erfüllen ist (Ratenlieferungsvertrag i. e. S.). 2.33

b) **Einordnung.** Ein Dauerschuldverhältnis ist bei Lieferverträgen anzunehmen, wenn sie auf unbestimmte Zeit oder auf bestimmte Zeit ohne Festlegung einer bestimmten Liefermenge geschlossen wurden.[35] 2.34

aa) **Regel.** Da es sich bei Getränkelieferungsverträgen regelmäßig um **Gesamtbedarfsverträge** handelt und damit eine bestimmte Liefermenge gerade nicht festgelegt ist, kann dieser Vertrag unter dem Typus des Dauerschuldverhältnisses subsumiert werden.[36] 2.35

---

32) BGH, Urt. v. 6.2.1985 – VIII ZR 15/84, NJW 1986, 124 = Zeller III, 349 (Alleinvertriebsvertrag über Maschinen).

33) *Schlechtriem/Schwenzer*, Kommentar zum Einheitlichen UN-Kaufrecht, 5. Aufl. 2008, Art. 1 Rz. 31.

34) Palandt-*Grüneberg*, BGB, § 314 Rz. 2.

35) Palandt-*Grüneberg*, BGB, Vorbem. § 311 Rz. 27.

36) BGH, Urt. v. 23.6.1960 – VIII ZR 115/59, NJW 1960, 1614 = Zeller I, 161; BGH, Urt. v. 10.3.1976 – VIII ZR 268/74, WM 1976, 508 = Zeller I, 327; BGH, Urt. v. 5.11.1980 – VIII ZR 232/79, NJW 1981, 679 = Zeller II, 72; BGH, Urt. v. 27.2.1985 – VIII ZR 85/84, NJW 1985, 2693 = Zeller, III, 80; BGH, Urt. v. 13.3.1996 – VIII ZR 186/94, NJW 1996, 1541 (Vertrag Brauerei-Getränkefachgroßhändler); BGH, Urt. v. 4.12.1996 – VIII ZR 360/95, NJW 1997, 933; BGH, Urt. v. 25.4.2001 – VIII ZR 135/00, BGHZ 147, 279 = NJW 2001, 2331 = ZIP 2001, 1245; OLG München, Urt. v. 31.1.1995 – 25 U 3600/94, BeckRS 1995, 04936; OLG Dresden, Urt. v. 13.7.2000 – 13 U 2964/99, rkr. durch Nichtannahmebeschl. d. BGH v. 9.1.2002 – VIII ZR 343/00; OLG Köln, Urt. v. 20.10.2011 – 7 U 65/11, BeckRS 2012, 15923; LG Regensburg, Urt. v. 18.6.2004 – 6 0.353/04 (2); *Paulusch*, Brauerei- und Gaststättenrecht, 9. Aufl. 1996, Rz. 265.

2.36 **bb) Ausnahme Mengenvertrag.** Sieht der Vertrag ausnahmsweise eine von vornherein festgelegte Liefer- und Abnahmemenge vor, so liegt kein Dauerschuldverhältnis vor.

2.37 **c) Konsequenzen.** Praktische Relevanz hat die Einordnung als Dauerschuldverhältnis etwa für die Prüfung des Übergangsrechts gem. **Art. 229 § 5 Satz 2 EGBGB,**[37] und nach Invollzugsetzung für die Anwendbarkeit der **Kündigungs**vorschrift des **§ 314 BGB.**[38]

6. Sukzessivlieferungsvertrag

2.38 **a) Begriff.** Hier wird ein einheitlicher (Rahmen-)Vertrag geschlossen, der zur Lieferung bzw. Abnahme einer **bestimmten**, manchmal mit einer **Höchst- oder Mindestmenge** bezeichneten Menge von Gattungssachen zur Deckung eines wechselnden Bedarfs des Abnehmers verpflichtet, mit der weiteren Maßgabe, dass in Abweichung von § 266 BGB Teilleistungen zu erbringen und zu bezahlen sind. Im Unterschied zu Teillieferungsverträgen (§ 510 Abs. 1 Satz 1 Nr. 2 BGB) ergibt sich der Leistungsumfang nicht unmittelbar und allein aus der Vereinbarung von Leistung und Gegenleistung, sondern auch aus der Länge der Vertragsdauer und den Abreden über den Umfang ggf. periodisch zu erbringender Leistungen. Das ist eindeutig bei unbefristeten Sukzessivlieferungsverträgen, gilt im Grundsatz aber auch für befristete Verträge trotz der hier gegebenen Bestimmbarkeit der beiderseitigen Leistungen. Dennoch geht es in diesem Fall nicht um die auf Teilleistungen verteilte Abnahme und Vergütung einer festen Warenmenge, sondern um die Deckung eines im Zeitablauf stets neu auftretenden periodischen oder aperiodischen Bedarfs.[39] Voraussetzung ist so wie noch, dass eine **Mengenvereinbarung** vorliegt. Diese Mengenvereinbarung kann eine periodische, wiederholt abzunehmende Mindestbezugsmenge und/oder eine Gesamtannahmemenge zum Gegenstand haben.[40]

2.39 **b) Arten.** Der Sukzessivlieferungsvertrag kommt in zwei Unterarten vor:[41] Beim **unechten Sukzessivlieferungsvertrag (Sukzessivlieferungsvertrag i. w. S.)** handelt es sich um einen **Bezugsvertrag (Dauerlieferungsvertrag)**, der auf unbestimmte, zumindest aber auf längere Zeit **ohne Festlegung einer bestimmten Liefermenge** geschlossen ist. Die Liefermenge richtet sich nach dem Bedarf des Abnehmers.

---

37) LG Regensburg, Urt. v. 18.6.2004 – 6 0.353/04 (2); LG Heidelberg, Urt. v. 20.2.2007 – 2 O. 294/06, NJW-RR 2007, 1551.

38) BGH, Urt. v. 5.11.1980 – VIII ZR 232/79, NJW 1981, 679 = Zeller II, 72; OLG Oldenburg, Urt. v. 14.11.2012 – 5 U 56/11; LG Heidelberg, Urt. v. 20.2.2007 – 2 O. 294/06, NJW-RR 2007, 1551.

39) MünchKomm-*Schürnbrand*, BGB, § 510 Rz. 13.

40) OLG Köln, Urt. v. 6.9.2000 – 17 U 46/99, BeckRS 2012, 09081.

41) Palandt-*Grüneberg*, BGB, Überblick vor § 311 Rz. 27.

Beim **echten Sukzessivlieferungsvertrag (Teillieferungsvertrag, Sukzessivlieferungsvertrag i. e. S.)** ist die Gesamtmenge von vornherein festgelegt (Gesamt-)Mengenvertrag). Lediglich die Zeit der Lieferung und meist auch die Bezahlung sind abweichend vom Regelfall (§§ 266, 271 BGB) nicht sofort und auf einmal, sondern auf einen unter Umständen längeren Zeitraum verteilt. 2.40

c) Einordnung. Fehlt es an einer Mengenvereinbarung, so lässt sich der Getränkelieferungsvertrag nicht unter den Begriff des Sukzessivlieferungsvertrages subsumieren. Im Übrigen können Getränkelieferungsverträge als echte oder unechte Sukzessivlieferungsverträge ausgestaltet sein.[42] Getränkelieferungsverträge sind in der **Regel unechte Sukzessivlieferungsverträge** mit dem Charakter eines echten Dauerschuldverhältnisses, wenn die Gesamtmenge bei Vertragsschluss offenbleibt. Sie sind – ausnahmsweise – echte Sukzessivlieferungsverträge ohne Dauerschuldcharakter, wenn sich der Gebundene nicht nur zu einer zeitlichen Bindung, sondern ausnahmsweise auch zur Abnahme einer Gesamtmindestmenge (**Mengenvertrag**) verpflichtet, die Gesamtmenge also von vornherein bestimmt ist und in Teilmengen abgerufen wird.[43] 2.41

d) Entscheidungserheblichkeit. Insolvenzrechtlich ist die Unterscheidung aufgrund von § 105 InsO (teilbare Leistung) heute ohne Bedeutung. 2.42

e) Konsequenzen. aa) Unechter Sukzessivlieferungsvertrag. Da insofern ein Dauerschuldverhältnis vorliegt, kommt bei Leistungsstörungen eine **außerordentliche Kündigung** (**§ 314 BGB**) in Betracht. **§ 510 Abs. 1 Satz 1 Nr. 3 BGB** ist anwendbar, unabhängig davon, ob der Vertrag Gesamt- oder periodische Mindestabnahmemengen vorsieht.[44] Ein unmittelbarer Anspruch auf Lieferung bestimmter Teilmengen wird nicht begründet. 2.43

bb) Echter Sukzessivlieferungsvertrag. Der über eine bestimmte Gesamtmenge geschlossene Ratenlieferungsvertrag ist kein Dauerschuldverhältnis.[45] Bei Leis- 2.44

---

42) Zu der insofern nicht durchweg widerspruchsfreien Rechtsprechung wird verwiesen auf BGH, Urt. v. 19.2.1986 – VIII ZR 113/85, NJW 1986, 1679; BGH, Urt. v. 6.12.1989 – VIII ZR 310/88, BGHZ 109, 314 = NJW 1990, 567 = Zeller IV, 210; BGH, Urt. v. 29.5.1991 – VIII ZR 71/90, ZIP 1991, 960; BGH, Urt. v. 10.5.1995 – VIII ZR 264/94, BGHZ 129, 371 = NJW 1995, 2290 = ZIP 2995, 996; BGH, Urt. v. 4.12.1996 – VIII ZR 360/95, NJW 1997, 933; OLG München, Urt. v. 24.5.1968 – 8 U 2517/67, NJW 1968, 1880; OLG Hamm, Urt. v. 8.6.1998 – 31 U 4/98, rkr. durch Nichtannahmebeschl. d. BGH v. 15.9.1999 – VIII ZR 333/98; OLG München, Urt. v. 14.4.1999 – 15 U 5558/98, rkr. durch Nichtannahmebeschl. d. BGH v. 9.3.2000 – VIII ZR 274/99; OLG Düsseldorf, Urt. v. 8.11.1999 – 1 U 42/99.

43) BGH, Urt. v. 31.10.1984 – VIII ZR 229/83, WM 1985, 61; OLG Köln, Urt. v. 6.9.2000 – 17 U 46/99, BeckRS 2012, 09081; OLG Düsseldorf, Urt. v. 26.11.2010 – I-22 U 97/10, BeckRS 2011, 07134.

44) BGH, Urt. v. 16.4.1986 – VIII ZR 79/85, BGHZ 97, 351 = NJW 1986, 1988 = ZIP 1986, 781 = Zeller III, 108; BGH, Urt. v. 3.11.1988 – I ZR 242/86, NJW 1989, 456; BGH, Urt. v. 6.7.1988 – VIII ZR 256/87, NJW 1988, 2877 = Zeller IV, 488; OLG München, Urt. v. 24.5.1968 – 8 U 2517/67, NJW 1968, 1880; OLG Köln, Beschl. v. 19.8.1996 – 1 W 72/96, BB 1996, 2661 = MDR 1997, 32; OLG Düsseldorf, Urt. v. 8.11.1999 – 1 U 42/99.

45) BGH, Urt. v. 5.11.1980 – VIII ZR 232/79, NJW 1981, 679 = Zeller II, 72.

tungsstörungen kommt also nicht die außerordentliche Kündigung (§ 314 BGB), sondern ein **Rücktritt (§§ 281, 323 BGB)** in Betracht.[46] Die Vorschrift des **§ 309 Nr. 9 a BGB** kann anwendbar sein.[47] Bei echten Sukzessivlieferungsverträgen ist für **§ 355 Abs. 4 Satz 2 BGB** (Erlöschensfrist) die letzte Lieferung maßgebend.[48] Dieser Vertragstypus ist unter **§ 510 Abs. 1 Satz 1 Nr. 2 BGB** zu subsumieren.[49]

7. Wiederkehrschuldverhältnis

2.45 a) **Begriff.** Von Wiederkehrschuldverhältnissen wird dann gesprochen, wenn der Umfang der beiderseitigen Leistungen nicht nur von der Zeitdauer, sondern innerhalb der einzelnen Zeitabschnitte ganz oder teilweise von der Höhe des tatsächlichen Verbrauchs und insoweit von dem Willen des Abnehmers abhängig ist. Im Unterschied zum Rahmenvertrag fehlt es hier aber an einer rechtlichen Bindung. Eine solche wird vielmehr erst durch den wiederholten Abschluss einzelner Lieferverträge begründet.[50]

2.46 b) **Einordnung.** Gegenstand der Darstellung sind (ausschließliche) Getränkebezugsverpflichtungen. Anders als bei freien Kundenbeziehungen dürfte eine Einordnung als Wiederkehrschuldverhältnis ausscheiden.

2.47 c) **Konsequenzen. § 510 (Abs. 1 Satz 1 Nr. 3) BGB** gilt nicht.[51]

8. Gemischter Vertrag

2.48 a) **Begriff.** Bei gemischten Verträgen (sog. Typenmischung in Form eines einzigen Vertrages im Gegensatz zu atypischen Verträgen) werden in der Regel in einem Vertrag Elemente verschiedener gesetzlich geregelter Vertragstypen kombiniert. Die einzelnen Leistungspflichten sind so miteinander verknüpft, dass sie nicht voneinander getrennt werden können, ohne das Gesamtgefüge des Vertragsverhältnisses zu zerstören.[52]

2.49 b) **Einordnung.** Beim Getränkelieferungsvertrag handelt sich in aller Regel um einen einheitlichen Vertrag, der auf die abschnittsweise Lieferung einer im Regelfall nach dem Bedarf des anderen Vertragsteils – Ausnahme: fest vereinbarte Bezugsmenge – für eine gewisse Zeit zu bestimmenden Menge an Getränken gerichtet ist. Der Vertrag setzt sich durchweg aus Elementen verschiedener gesetzlich geregelter Vertragstypen zusammen. Hinsichtlich der von dem Bindenden (Brauerei, Getränkefachgroßhändler, Dritter) zu erbringenden Leistungen ist an die gesetzlichen Modelle des Darlehensvertrages, des Teilzahlungsgeschäfts, des

---

46) BGH, Urt. v. 5.6.1991 – VIII ZR 168/90, NJW 1991, 2699; OLG München, Urt. v. 24.5.1968 – 8 U 2517/67, NJW 1968, 1880.

47) OLG Frankfurt/M., Urt. v. 1.10.1987 – 6 U 88/87, NJW-RR 1988, 177 = Zeller IV, 47.

48) BT-Drucks. 14/2658, S. 43 zu § 361 BGB a. F.

49) Bülow/Artz-*Artz*, Verbraucherkreditrecht, § 510 Rz. 33.

50) BGH, Urt. v. 2.2.1977 – VIII ZR 320/75, BGHZ 67, 389.

51) OLG Frankfurt/M., Urt. v. 19.4.1990 – 6 U 72/89, NJW-RR 1990, 1081.

52) RG, Urt. v. 16.11.1907 – V 102/70, RGZ 67, 101.

Bürgschaftsvertrages, des Leih-/Miet- oder Pachtvertrages oder auch des Kaufvertrages bezüglich beweglicher und unbeweglicher Sachen, hinsichtlich des bezugsrechtlichen Teils zunächst an den Ratenlieferungsvertrag, im Übrigen an den Kaufvertrag (hier über Getränke) zu denken. Insgesamt liegt also ein gemischter Vertrag vor.[53)]

c) **Konsequenzen.** Für jede Leistung sind die Vorschriften des entsprechenden Vertragstyps heranzuziehen.[54)] Geht es also um die Frage der Erforderlichkeit einer Widerrufsbelehrung hinsichtlich des bezugsrechtlichen Teils, so sind die Vorschriften des Ratenlieferungsvertrages, hier § 510 Abs. 1 Satz 1 Nr. 3 BGB, einschlägig. Geht es dagegen um die Pflichtangaben bei einem Darlehensvertrag mit einem Gastwirt als Existenzgründer, so ist über § 512 BGB § 492 Abs. 2 BGB mit den dort genannten Vorschriften maßgeblich. Sollten die bereitstehenden gesetzlichen Vorschriften ausnahmsweise kollidieren, ist die gesetzliche Vorschrift des Vertragstyps heranzuziehen, die den rechtlichen oder wirtschaftlichen Schwerpunkt des gemischten Vertrages bildet.[55)] 2.50

9. Mehrere Verträge als zusammengesetzter Vertrag

a) **Begriff.** Hier liegen mehrere durch den Parteiwillen verbundene, aber gedanklich voneinander trennbare Vereinbarungen vor.[56)] Bei zusammengesetzten Verträgen kann der Parteiwille mehrere Verträge derart zu einem Gesamtvertrag zusammenfassen, dass sie für die rechtliche Beurteilung eine Einheit bilden. Ob ein solcher einheitlicher Gesamtvertrag vorliegt, ist durch Auslegung (§§ 133, 157 BGB) zu entscheiden. 2.51

In den zusammengesetzten Vertrag kann auch der Vertrag mit einem **Dritten** einbezogen werden.[57)] Zu denken ist an eine Finanzierung durch einen Dritten, etwa ein Kreditinstitut (**Umwegfinanzierung**). 2.52

Da hier mehrere Verträge geschlossen werden, liegt **keine Typenmischung** im Sinne eines gemischten Vertrages vor.[58)] 2.53

b) **Einordnung.** Der Abschluss etwa eines Darlehensvertrages neben einem Getränkelieferungsvertrag ist zwar denkbar, in der Praxis aber die seltene Ausnahme. Dann kann der Getränkelieferant Darlehensgeber und zugleich Bindender 2.54

---

53) KG, Urt. v. 2.9.1937 – 23 U 2455/37; BGH, Urt. v. 15.11.2000 – VIII ZR 322/99, NJW-RR 2001, 987; OLG Dresden, Urt. v. 13.7.2000 – 13 U 2964/99, rkr. durch Nichtannahmebeschl. d. BGH v. 9.1.2002 – VIII ZR 343/00; OLG Dresden, Urt. v. 19.1.2001 – 8 U 1341/00; OLG Karlsruhe, Urt. v. 18.10.2001 – 19 U 97/01, BeckRS 2001, 30212399; OLG Rostock, Urt. v. 25.2.2009 – 2 U 5/09, BeckRS 2009, 10314 (Zuschussvertrag); OLG Oldenburg, Urt. v. 14.11.2012 – 5 U 56/11.

54) BGH, Urt. v. 13.9.2007 – I ZR 207/04, NJW 2008, 1072.

55) BGH, Urt. v. 8.10.2009 – III ZR 93/09, NJW 2010, 150.

56) Palandt-*Grüneberg*, BGB, Überblick vor § 311 Rz. 16.

57) BGH, Urt. v. 30.4.1976 – V ZR 143/75, NJW 1976, 1931.

58) Bülow/Artz-*Artz*, Verbraucherkreditrecht, § 491 Rz. 135.

sein (Vertragspartneridentität auf Gläubigerseite). Entsprechend ist die Situation im Zusammenhang mit **Umwegfinanzierungen**[59] sowie bei Bezugsverpflichtungen im Rahmen des **Franchising.**[60]

2.55 c) **Konsequenzen.** Beim zusammengesetzten Vertrag erstrecken sich die für einen Vertragsteil geltenden **Formvorschriften**, z. B. **§ 311b BGB,**[61] auf den Gesamtvertrag. Ein Vertrag über Grundstücksinventar ist auch dann formfrei, wenn die Preishöhe durch den gleichzeitigen Grundstückskaufvertrag beeinflusst wird.[62] In diesem Zusammenhang kann **§ 358 BGB** Bedeutung erlangen. Auch für die Abwicklung gem. **§§ 281, 323 BGB (Rücktritt)** bildet der Vertrag eine Einheit.[63] Zwei rechtlich selbständige Verträge können so miteinander verbunden sein, dass die Wirksamkeit und Durchführung des einen Vertrages **Geschäftsgrundlage (§ 313 BGB)** für den anderen ist.[64]

2.56 Schwierigkeiten können sich dann im Hinblick auf die Fragen des **Durchschlagens von Wirksamkeits- und Beendigungsgründen (Widerruf, Kündigung)** sowie den Geltungsanspruch des **§ 139 BGB** ergeben. In der Regel sind die Verträge voneinander unabhängig und rechtlich selbständig, und zwar auch dann, wenn zwischen ihnen ein tatsächlicher oder wirtschaftlicher Zusammenhang besteht. Der Parteiwille oder der Grundsatz von Treu und Glauben können zwischen den Verträgen eine Verbindung herstellen. Entscheidend ist, ob danach die einzelnen Verträge miteinander stehen und fallen sollen.[65]

10. (Gesamt-)Mengenvertrag

2.57 a) **Begriff.** Ein (Gesamt-)Mengenvertrag liegt vor, wenn eine fest bestimmte Gesamtmenge an Bier/Getränken abgenommen werden soll.

2.58 b) **Arten.** Denkbar ist sowohl der reine Mengenvertrag mit Angabe einer bestimmten abzunehmenden (Gesamt-)Menge[66] als auch eine Kombination einer vereinbarten periodischen – in der Regel jährlichen – Mindestabnahmemenge mit einer Gesamtabnahmemenge[67] oder einer Gesamtmindestabnahmemenge oder einer Laufzeit[68].

---

59) BGH, Urt. v. 14.6.1972 – VIII ZR 14/71, NJW 1972, 1459 = Zeller I, 212.

60) BGH, Urt. v. 14.12.1994 – VIII ZR 46/94, NJW 1995, 922 = ZIP 1995, 105.

61) BGH, Urt. v. 31.5.1974 – V ZR 111/72, BeckRS 1974, 31123412 = Zeller II, 135.

62) BGH, Urt. v. 6.12.1979 – VII ZR 313/78, BGHZ 76, 49.

63) BGH, Urt. v. 30.4.1976 – V ZR 143/75, NJW 1976, 1931.

64) OLG Celle, Urt. v. 1.6.1999 – 2 U 227/98, NJW-RR 2000, 873.

65) Palandt-*Grüneberg*, BGB, Überblick vor § 311 Rz. 16.

66) BGH, Urt. v. 23.11.1983 – VIII ZR 333/82, ZIP 1984, 335 = Zeller, III, 266; OLG Düsseldorf, Urt. v. 26.11.2010 – I-22 U 97/10, BeckRS 2011, 07134.

67) BGH, Urt. v. 22.2.1989 – VIII ZR 45/88, BGHZ 107, 67 = NJW 1989, 1669 = ZIP 1989, 450 = Zeller IV, 270 (Vertrag Brauerei-Getränkefachgroßhändler); KG, Urt. v. 22.12.1988 – 2 U 1915/88, NJW-RR 1989, 630; OLG Köln, Urt. v. 6.9.2000 – 17 U 46/99, BeckRS 2012, 09081.

68) BGH, Urt. v. 22.2.1989 – VIII ZR 45/88, BGHZ 107, 67 = NJW 1989, 1669 = ZIP 1989, 450 = Zeller IV, 270 (Vertrag Brauerei-Getränkefachgroßhändler).

c) **Einordnung.** Davon ist allerdings im Verhältnis zum Gastwirt regelmäßig nicht auszugehen.[69] 2.59

d) **Konsequenzen.** Da für die Laufzeit des Vertrages eine entsprechende Gesamtabnahmeverpflichtung vereinbart ist, liegt ein **Gesamtbedarfsvertrag** vor. Auch insofern handelt es sich um einen **Rahmenvertrag.**[70] Der über eine bestimmte Gesamtmenge geschlossene Ratenlieferungsvertrag ist kein **Dauerschuldverhältnis.**[71] Zur Einordnung als **Sukzessivlieferungsvertrag** vergleiche die Entscheidungen des BGH vom 5.11.1980 und vom 29.5.1991.[72] Es handelt sich um einen **Ratenlieferungsvertrag** i. S. d. § 510 Abs. 1 Satz 1 Nr. 3 BGB. 2.60

§ 9 Inhalt und Umfang der Ausschließlichkeitsbindung

I. Interessenlage

Die Getränkelieferanten sind im Hinblick auf eine vorausschauende Produktions-, Investitions- und Absatzplanung an möglichst umfänglichen und langfristigen Bezugsbindungen interessiert.[73] Die wirtschaftlichen Risiken, die sie dabei eingehen, sind nicht unerheblich. Da sie mit ihren Leistungen in **Vorleistung** gehen, ist das **Ausfallrisiko**, insbesondere im Fall der Insolvenz, hoch. Wertige Sicherheiten stehen im Regelfall nicht zur Verfügung. 2.61

Das finanzielle Engagement der Getränkelieferanten ermöglicht dem Gastwirt häufig erst den Eintritt in die Selbständigkeit, indem ihm das notwendige Startkapital für die **Existenzgründung** in der Gastronomiebranche bzw. die **Aufrechterhaltung des Geschäftsbetriebes**[74] von dem Getränkelieferanten zumindest teilweise wenn nicht ganz überwiegend zur Verfügung gestellt wird. Gleiches gilt für den etablierten Gastwirt, der Kapital zur Fortführung seines Betriebs, insbesondere durch Erweiterung, Umbau oder Verlagerung, anstrebt. Eine Kreditfinanzierung über Banken scheidet hier regelmäßig im Hinblick auf das schlechte Rating sowohl der Branche im Allgemeinen als auch nicht selten des Gastwirts im Besonderen und die Unmöglichkeit der Stellung hinreichender Sicherheiten aus.[75] 2.62

Nicht zu unterschätzen sind auch die Vorteile, die der Gastwirt im Zusammenhang mit der Rückführung der Finanzierung erhält. Nicht selten wird das Darlehen bzw. der Teilzahlungskaufpreis nicht – sei es in Raten, sei es bei Endfälligkeit 2.63

---

69) Der Einschätzung bei *von Westphalen*, Vertragsrecht und AGB-Klauselwerke, B Rz. 1, liegt wohl das Verhältnis Brauerei-Getränkefachgroßhändler zugrunde.

70) BGH, Urt. v. 5.11.1980 – VIII ZR 232/79, NJW 1981, 679 = Zeller II, 72; BGH, Urt. v. 4.12.1996 – VIII ZR 360/95, NJW 1997, 933; BGH, Urt. v. 6.2.1985 – VIII ZR 15/84, NJW 1986, 124 = Zeller III, 349 (Alleinvertriebsvertrag über Maschinen).

71) Palandt-*Grüneberg*, BGB, § 314 Rz. 2.

72) BGH, Urt. v. 29.5.1991 – VIII ZR 71/90, ZIP 1991, 960.

73) Vergleiche im Übrigen oben § 1.

74) Zu diesem Aspekt vgl. BGH, Urt. v. 8.12.2011 – VII ZR 111/11, NJW-RR 2012, 626.

75) OLG Düsseldorf, Urt. v. 13.11.2009 – I-22 U 71/09, BeckRS 2012, 05469.

– getilgt, sondern pro bezogenem und bezahltem hl intern gut-/abgeschrieben. Gleiches gilt für die interne Gutschrift einbehaltener Rückvergütungen.[76)]

II. Zulässigkeit

1. Grundsatz

2.64 Im Gaststättengewerbe sind Getränkelieferungsverträge mit auch langjähriger Bezugsbindung unter Einschluss einer Ausschließlichkeitsvereinbarung bekanntermaßen üblich. Sie bieten dem Getränkelieferanten eine sichere Absatzmöglichkeit mit den sich daraus ergebenden vielfältigen Vorteilen und geben auch dem Abnehmer Sicherheit für den Geschäftsbetrieb und eröffnen ihm die Möglichkeit, bei Vertragsabschluss sonstige erhebliche, anderweitig nicht oder jedenfalls nicht zu diesen Konditionen erhältliche Starthilfen zu erlangen, ohne die eine Aufnahme des Geschäftsbetriebes häufig gar nicht in Betracht kommen würde. Deshalb bestehen gegen solche Vereinbarungen **grundsätzlich keine Bedenken**.[77)]

2. Schranken

2.65 Die dem Gebundenen auferlegte Getränkebezugsverpflichtung schränkt diesen allerdings notwendigerweise in seiner **wirtschaftlichen Bewegungsfreiheit** und **Selbständigkeit** ein. Daher sind die Inhaltskontrollvorschriften der **§§ 138 Abs. 1, 307 BGB**[78)] zu beachten. Die AGB-rechtlichen Anforderungen an kartellrechtlich zulässige Ausschließlichkeitsbindungen dürfen nicht überspannt werden. Vielmehr sollte man diese grundsätzlich als wirksam ansehen.[79)]

III. Grundlagen zur Prüfung nach AGB-Recht

1. Abgrenzung Individualregelung und AGB-Klausel

2.66 Sieht man einmal von typischen Klauselregelungen, wie etwa Rechts- und Geschäftsnachfolge-, Schadensersatz-, Vertragsstrafen-, Ausgleichs-, Kündigungs-, Schriftform-, Aufrechnungsverbots- oder Gerichtsstandsklauseln sowie Widerrufsbelehrungen ab, so ist im Zusammenhang mit Getränkelieferungsverträgen Zurückhaltung bei der Annahme von AGB-Klauseln angebracht.[80)] Anders ist dagegen zu entscheiden, wenn Wortlaut und Erscheinungsbild des Vertrages auf

76) BGH, Urt. v. 16./17.9.1974 – VIII ZR 116/72, NJW 1974, 2089 = Zeller I, 241; BGH, Urt. v. 21.5.1975 – VIII ZR 215/72, WM 1975, 850 = Zeller I, 251; BGH, Urt. v. 25.4.2001 – VIII ZR 135/00, BGHZ 147, 279 = NJW 2001, 2331 = ZIP 2001, 1245; OLG Karlsruhe, Urt. v. 18.10.2001 – 19 U 97/01, BeckRS 2001, 30212399.

77) BGH, Urt. v. 4.7.1997 – V ZR 405/96, NJW 1997, 3304 = ZIP 1997, 1933; BGH, Urt. v. 25.4.2001 – VIII ZR 135/00, BGHZ 147, 279 = NJW 2001, 2331 = ZIP 2001, 1245.

78) Zur Altrechtslage nach AGBG *Bühler,* Brauerei- und Gaststättenrecht, 13. Aufl. 2011, § 9 IV 1, Rz. 475–482, jeweils m. w. N.

79) Wolf/Lindacher/Pfeiffer-*Dammann*, AGB-Recht, Klauseln B Rz. 322.

80) BGH, Urt. v. 8.4.1992 – VIII ZR 94/91, NJW 1992, 2145; *Paulusch*, Brauerei- und Gaststättenrecht, 9. Aufl. 1996, Rz. 74, 151, 428.

eine Vorformulierung für eine Vielzahl von Abschlusssituationen hindeuten.[81] Dies kann etwa dann der Fall sein, wenn die Formulierung „Der Darlehensnehmer" undifferenziert sowohl als Synonym für den Getränkeabnehmer als auch als Synonym für den Darlehensempfänger verwendet wird, obgleich es insgesamt konkret drei Darlehensnehmer gibt.[82]

Wenn auch die heute durchweg eingesetzten automatisierten Textverarbeitungssysteme den äußeren Anschein eines Formularvertrages und damit einer AGB-Klausel erwecken, so entspricht dies im Übrigen nicht den tatsächlichen Gegebenheiten. Aufgrund einer konkret-individuellen betriebswirtschaftlichen Analyse im Einzelfall, insbesondere von Standort, Konzept und Kreditwürdigkeit des Gastwirts einerseits und den marktstrategischen Überlegungen des Getränkelieferanten andererseits, wird im Rahmen des **Gastronomie-Mikromarketings** entsprechend den Wünschen des Gastwirts ein Finanzierungskonzept erarbeitet, das sich dann in rechtlichen Regelungen niederschlägt. Nicht selten geht dabei die Initiative vom Gastwirt aus. Dieser hat häufig bereits Investitions- und insbesondere Kaufentscheidungen verbindlicher Art getroffen, die es nunmehr (fremd) zu finanzieren gilt. Wenn nicht Getränkefachgroßhändler unmittelbar finanzieren, so vermitteln sie vielfach den Herstellerunternehmen, wie Brauereien und Brunnen, den Finanzierungswunsch des Gastwirts. Die Verhandlungen dauern nicht selten mehrere Monate. Sie schlagen sich in vielfach geänderten Vorüberlegungen, wie etwa Investitionsanträgen und ersten – noch unverbindlichen – Vertragsentwürfen, nieder. Der letztlich unterschriebene Vertrag bildet damit den Schlusspunkt. **2.67**

Dieses wiederholte „Hin und Her" ergibt sich nicht nur aus der notwendig unterschiedlichen Interessenlage von Getränkelieferanten einerseits und Kredit nachfragendem Gastwirt andererseits. Dahinter stehen auch betriebswirtschaftliche Überlegungen und nicht zuletzt die aus Rechtsgründen sowohl bei der Prüfung der Ausgewogenheit von Leistung und Gegenleistung bei § 138 Abs. 1 BGB[83] als auch der Angemessenheit von Leistung und Gegenleistung bei § 307 BGB zu beachtenden Rechtsgrenzen. **2.68**

Dass die wirtschaftlichen und rechtlichen Passagen im Einzelfall konkret-individuell ausgehandelt worden sind, lässt sich bei vorgedruckten Verträgen auch durch entsprechende Änderungen oder (handschriftliche) Ergänzungen **2.69**

---

81) BGH, Urt. v. 23.11.1983 – VIII ZR 333/82, ZIP 1984, 335 = Zeller, III, 266; BGH, Urt. v. 27.2.1985 – VIII ZR 85/84, NJW 1985, 2693 = Zeller, III, 80; BGH, Urt. v. 3.7.1996 – VIII ZR 92/95, NJW-RR 1996, 1394 (Zuschuss- und Getränkelieferungsvertrag); OLG Köln, Urt. v. 6.9.2000 – 17 U 46/99, BeckRS 2012, 09081; OLG Oldenburg, Urt. v. 14.11.2012 – 5 U 56/11.

82) LG Ravensburg, Urt. v. 7.11.2011 – 6 O. 301/11.

83) BGH, Urt. v. 16./17.9.1974 – VIII ZR 116/72, NJW 1974, 2089 = Zeller I, 241; BGH, Urt. v. 17.1.1979 – VIII ZR 262/77, NJW 1979, 865 = Zeller II, 224; BGH, Urt. v. 21.3.1990 – VIII ZR 49/89, NJW-RR 1990, 816 = Zeller IV, 227; BGH, Urt. v. 22.10.1997 – VIII ZR 149/96; BGH, Urt. v. 25.4.2001 – VIII ZR 135/00, BGHZ 147, 279 = NJW 2001, 2331 = ZIP 2001, 1245.

dokumentieren. Der dem Vertragsabschluss vorangehende Schriftverkehr unter Einschluss von E-Mails vermag weiteres Beweismaterial zu schaffen. Zum Nachweis des Aushandelns können Unterlagen vorgelegt werden, aus denen sich ein Aushandeln ergibt. So werden in der Praxis Reiseberichte, Aktennotizen etc. über den Gang der Verhandlungen zur Akte genommen und damit der Gesprächsverlauf in seinen wesentlichen Zügen dokumentiert. Hinzukommen die Aussagen der beteiligten Personen, insbesondere aufseiten der Getränkelieferanten. Der (AGB-)Schein, den zur Prüfung vorgelegte Verträge häufig vermitteln, trügt daher nicht selten.

2.70 Zu den zumeist individualvertraglich getroffenen Vereinbarungen gehören u. a. Regelungen hinsichtlich der Vertragspartner (Stellung, Haftung, Verantwortlichkeit etc.), der finanziellen und sonstigen Leistungen des Getränkelieferanten (Art, Höhe, Verzinsung, Rückführung etc.), Sicherheitenabsprachen (Art der Sicherheit, Sicherungsumfang, ggf. Freigabe, Verwertung etc.), Inhalt und Umfang der Ausschließlichkeitsbindung (Objekt, räumliche Umschreibung der Bezugsverpflichtung, Sortiment, (Teil-)Ausschließlichkeit, Laufzeit, vereinbarte Jahresmindest-/Gesamtbezugsmenge, Neu- oder Anschlussregelung etc.).[84)]

2. Prüfungsmaßstab

2.71 Werden Getränkelieferungsverträge mit Gastwirten als Unternehmern oder Existenzgründern oder mit Getränkefachgroßhändlern geschlossen, so ist über § 310 Abs. 1 Satz 2 BGB § 307 BGB Prüfungsmaßstab. Handelt es sich bei dem Getränkelieferungsvertrag dagegen um einen Vertrag mit einem nicht selbst bewirtschaftenden Hauseigentümer sowie Mithaftenden, etwa GmbH-Geschäftsführern oder GmbH-Gesellschaftern und damit Verbrauchern (§ 13 BGB), so beurteilt sich die AGB-rechtliche Inhaltskontrolle nach den §§ 307–309 BGB.

3. Grundsatz

2.72 Nach der Generalklausel des § 307 Abs. 1 Satz 1 BGB ist eine Bestimmung in AGB, in welcher der die Vertragsgestaltung für sich in Anspruch nehmende Getränkelieferant entgegen den Geboten von Treu und Glauben einseitig eigene Interessen auf Kosten des Vertragspartners – hier etwa des Gastwirts oder des Hauseigentümers – durchzusetzen sucht, ohne von vornherein auch dessen Belange hinreichend zu berücksichtigen, unangemessen, was zur Nichtigkeit der Klausel führt.[85)]

---

84) OLG Frankfurt/M., Urt. v. 30.11.2000 – 16 U 230/99, BGH, VIII ZR 5/01, Revisionsrücknahme nach Nichtannahmebeschluss, der ausnahmsweise begründet worden ist; OLG Karlsruhe, Urt. v. 18.10.2001 – 19 U 97/01, BeckRS 2001, 30212399.

85) BGH, Urt. v. 5.6.1997 – VII ZR 324/95, NJW 1997, 2598 = ZIP 1997, 1549; BGH, Urt. v. 17.12.2002 – X ZR 220/01, NJW 2003, 886 = ZIP 2003, 533; BGH, Urt. v. 17.9.2009 – III ZR 207/08, NJW 2010, 57.

4. Äuqivalenzprinzip

Die rechtliche Beurteilung des Getränkelieferungsvertrages richtet sich nach dem Äquivalenzprinzip. Einschränkungen der wirtschaftlichen Bewegungsfreiheit und damit der Selbständigkeit des Gastwirts sind danach nur dann zulässig sind, wenn der Verpflichtung des Gastwirts zur Getränkeabnahme hinreichende Gegenleistungen des Bindenden gegenüberstehen.[86] Die in der Übernahme der Getränkebezugsverpflichtung liegende Einschränkung der Vertragsfreiheit des Gastwirts ist somit nur zulässig, wenn Leistung und Gegenleistung in einem angemessenen Verhältnis stehen.[87] 2.73

Nach der Vorstellung der Parteien stellen die Leistungen des Getränkelieferanten das Äquivalent für die in der Bezugsbindung liegende Leistung des Gastwirts dar. Nicht selten finden sich für diese gemeinsame Einschätzung auch ausdrückliche Anhaltspunkte im Vertragstext. Danach steht die (befristete) Bezugsbindung einer Finanzierung in Form eines (Tilgungs-, Abschreibungs- oder Rückvergütungsgutschriften-)Darlehens oder einer leihweisen Inventargestellung gegenüber. Wirtschaftlich besteht zwischen beiden Leistungskomponenten eine Einheit, rechtlich handelt es sich insofern um ein gegenseitiges Austauschverhältnis. 2.74

5. Änderungen der Ausschließlichkeit

a) Änderungsvorbehalte und § 308 Nr. 4 BGB. § 308 Nr. 4 BGB ist über §§ 310 Abs. 1 Satz 2, 307 Abs. 2 Nr. 1 BGB auch im Unternehmerverkehr zu beachten.[88] Die Vorschrift stellt eine Ausprägung des Äquivalenzprinzips dar. Leistungsänderungsrechte des Verwenders zum Vorteil des Kunden reichen nicht aus, das für § 308 Nr. 4 BGB erforderliche „Mindestmaß“ an Kalkulierbarkeit und Transparenz sicherzustellen und zu verhindern, dass im Ergebnis doch eine Änderung vorgenommen wird, die für den Kunden nicht zumutbar ist.[89] 2.75

b) Zustimmungsfiktion. aa) § 308 Nr. 5 BGB. Auch im Unternehmerverkehr gilt § 308 Nr. 5 BGB. Prüfungsmaßstab bilden dann §§ 310 Abs. 1 Satz 2, 307 Abs. 2 Nr. 1, 308 Nr. 5 BGB.[90] § 308 Nr. 6 BGB hat das Konsensprinzip – Schweigen gilt nach § 308 Nr. 5 BGB als Zustimmung – im Auge. Wenn der Gastwirt durch eine ausdrücklich formulierte Klausel sowie aufgrund eines ent- 2.76

86) BGH, Urt. v. 16./17.9.1974 – VIII ZR 116/72, NJW 1974, 2089 = Zeller I, 241; BGH, Urt. v. 17.1.1979 – VIII ZR 262/77, NJW 1979, 865 = Zeller II, 224; BGH, Urt. v. 25.4.2001 – VIII ZR 135/00, BGHZ 147, 279 = NJW 2001, 2331 = ZIP 2001, 1245.

87) BGH, Urt. v. 16./17.9.1974 – VIII ZR 116/72, NJW 1974, 2089 = Zeller I, 241; BGH, Urt. v. 17.1.1979 – VIII ZR 262/77, NJW 1979, 865 = Zeller II, 224; BGH, Urt. v. 21.3.1990 – VIII ZR 49/89, NJW-RR 1990, 816 = Zeller IV, 227; BGH, Urt. v. 22.10.1997 – VIII ZR 149/96; BGH, Urt. v. 25.4.2001 – VIII ZR 135/00, BGHZ 147, 279 = NJW 2001, 2331 = ZIP 2001, 1245.

88) BGH, Urt. v. 30.6.2009 – XI ZR 364/08, ZIP 2009, 1558.

89) BGH, Urt. v. 15.11.2007 – III ZR 295/06, NJW 2008, 435 = ZIP 2008, 27.

90) BGH, Urt. v. 10.6.2008 – XI ZR 283/07, BGHZ 177, 69 = NJW 2008, 3348 = ZIP 2008, 1977.

sprechenden Hinweises i. S. d. § 308 Nr. 5 BGB auf die Befugnis aufmerksam gemacht wird, innerhalb angemessener Frist[91] der Änderung zu widersprechen oder ein Sonderkündigungsrecht in Anspruch zu nehmen, stellt sich die Frage, ob eine Änderungsbefugnis ohne Rücksicht auf das Merkmal der Zumutbarkeit in § 308 Nr. 4 BGB bei einem Getränkelieferungsvertrag in der Weise wirksam vereinbart werden kann, dass der Getränkelieferant von der fingierten Zustimmung nach § 308 Nr. 5 BGB Gebrauch machen kann. Hier hat der Gastwirt es in der Hand, aufgrund des ihm eingeräumten Widerspruchs- oder Sonderkündigungsrecht zu entscheiden, ob der Vertrag zu den geänderten Bedingungen fortgesetzt oder beendet wird.[92]

2.77 Allerdings ist eine Fiktionsklausel nach § 308 Nr. 5 BGB nur geeignet, solche Änderungen durch Schweigen zu ermöglichen, die nicht zu den essentialia negotii zählen, also Nebenpunkte betreffen. Voraussetzung im Übrigen ist ein Änderungsvertrag. Maßstab ist bei einer vom Verwender beabsichtigten Änderung eines Dauerschuldverhältnisses das nach § 307 Abs. 2 Nr. 1 BGB – ursprüngliche – **Äquivalenzverhältnis** von Leistung und Gegenleistung. Nur „weniger wichtige Änderungen" lassen sich somit im Rahmen der Zustimmungsfiktion des § 308 Nr. 5 BGB wirksam durchsetzen. Selbst rasante technische Veränderungen im Markt des Verwenders und eine „harte Wettbewerbssituation", mit der es Schritt zu halten gelte, sind für sich genommen noch kein Grund, außerhalb einer Änderungskündigung weitreichende Veränderungen des Vertragsgefüges zu bewirken.[93]

2.78 **bb)** Bemüht man **§ 307 Abs. 1 Satz 1 BGB** als Auffangtatbestand, so ist zu berücksichtigen, ob in der Klausel ein **Widerspruchsrecht** als Folge des § 308 Nr. 5 BGB verankert ist, sodass sich das Vertragsverhältnis zu den alten Bedingungen – und mit den alten Produkten – bis zur nächstmöglichen ordentlichen Kündigungsfrist fortsetzen würde. Der Gastwirt hat dann aufgrund der Klauselgestaltung das Recht, das bisherige Äquivalenzverhältnis durch rechtzeitigen Widerspruch zu wahren, sodass schon aus diesem Grund eine unangemessene Benachteiligung nach § 307 Abs. 1 Satz 1 BGB nicht zu erkennen ist. Auch wäre jeder andere Ansatz innovationsfeindlich (Folgenbetrachtung), weil eine sonst nur noch verbleibende Änderungskündigung durch den Getränkelieferanten nicht nur für diesen unverhältnismäßig aufwändig wäre, sondern auch zu Lasten des Gastwirts gehen könnte, dem sich Optionen zur Stärkung bzw. Wiedererlangung seines wirtschaftlichen Erfolges verschlössen.[94]

2.79 Bei Anwendung dieser relativ strikten Grundsätze der neueren Rechtsprechung ist bislang, insbesondere auch in dem hier interessierenden Zusammenhang, offen, inwieweit die Regelung des § 310 Abs. 1 Satz 2 Halbs. 2 BGB fruchtbar

91) BGH, Urt. v. 13.3.1999 – IV ZR 218/97, NJW 1999, 1865.
92) OLG Oldenburg, Urt. v. 14.11.2012 – 5 U 56/11.
93) BGH, Urt. v. 11.7.2007 – III ZR 63/07, NJW-RR 2008, 134.
94) Vgl. auch OLG Oldenburg, Urt. v. 14.11.2012 – 5 U 56/11; LG Köln, Urt. v. 20.11.2012 – 4 O. 455/11.

gemacht werden kann. Danach ist nämlich auf die im Handelsverkehr geltenden Gewohnheiten und Gebräuche angemessen Rücksicht zu nehmen.

6. Konkurrenzen

a) Verhältnis des § 138 Abs. 1 BGB zu §§ 307–310 BGB. Grundsätzlich sind die §§ 307–309 BGB vorrangig gegenüber § 138 Abs. 1 BGB zu prüfen. § 138 Abs. 1 BGB ist aber dann anwendbar, wenn die Individualvereinbarung sittenwidrig ist oder gegen Klauseln Bedenken bestehen, die nicht in den Schutzbereich der §§ 307–310 BGB fallen. Bei einem Missverhältnis von Leistung und Gegenleistung kann die Verwendung von unangemessenen AGB den Ausschlag für eine Bejahung des § 138 Abs. 1 BGB geben.[95] 2.80

§ 138 Abs. 1 BGB ist neben § 307 Abs. 1 BGB anwendbar.[96] Bei der Prüfung der Sittenwidrigkeit sind auch solche Klauseln zu berücksichtigen, die nach §§ 307–310 BGB unwirksam sind.[97] Allerdings stellt § 138 Abs. 1 BGB im objektiven Bereich höhere Anforderungen an die Feststellung der Nichtigkeit eines Vertrages als sie für die Unwirksamkeit einer Vertragsklausel nach § 307 Abs. 1 Satz 1 BGB gegeben sein müssen.[98] Sittenwidrigkeit erfordert eine grobe Interessenverletzung von erheblicher Stärke und in der Regel subjektive Vorwerfbarkeit. Dagegen setzt § 307 BGB objektiv (nur) eine gegen Treu und Glauben verstoßende unangemessene Benachteiligung voraus und hat kein subjektives Tatbestandsmerkmal.[99] Zudem verlangt § 307 BGB, wie sich aus dem Wort „unangemessen" ergibt, keine grobe Interessenverletzung von erheblicher Stärke voraus.[100] Die Wirksamkeitsschranke des § 138 Abs. 1 BGB liegt somit erheblich höher als die des § 307 Abs. 1 BGB.[101] Sind die Voraussetzungen des § 307 2.81

95) LG Köln, Urt. v. 15.3.2011 – 21 O. 95/10, BeckRS 2012, 02826, Vorinstanz zu OLG Köln, Urt. v. 20.10.2011 – 7 U 65/11, BeckRS 2012, 15923.

96) BGH, Urt. v. 18.9.1997 – IX ZR 283/96, BGHZ 136, 347 = NJW 1997, 3372 = ZIP 1997, 1957.

97) BGH, Urt. v. 10.7.1986 – III ZR 133/85, ZIP 1986, 1037; BGH, Urt. v. 5.3.1987 – III ZR 43/86, ZIP 1987, 903; BGH, Urt. v. 18.9.1997 – IX ZR 283/96, BGHZ 136, 347 = NJW 1997, 3372 = ZIP 1997, 1957.

98) BGH, Urt. v. 25.4.2001 – VIII ZR 135/00, BGHZ 147, 279 = NJW 2001, 2331 = ZIP 2001, 1245; BGH, Urt. v. 8.12.2011 – VII ZR 111/11, NJW-RR 2012, 626; OLG Köln, Urt. v. 9.5.1995 – 3 U 144/94, NJW-RR 1995, 1516; OLG Düsseldorf, Urt. v. 27.10.2004 – VI-U (Kart) 41/03, BeckRS 2005, 06685; OLG Düsseldorf, Urt. v. 13.11.2009 – I-22 U 71/09, BeckRS 2012, 05469; OLG Köln, Urt. v. 20.10.2011 – 7 U 65/11, BeckRS 2012, 15923; OLG Oldenburg, Urt. v. 14.11.2012 – 5 U 56/11; LG Ulm, Urt. v. 26.8.2010 – 6 O. 162/09.

99) BGH, Beschl. v. 16.4.1996 – XI ZR 234/95, ZIP 1996, 957; OLG Köln, Urt. v. 20.10.2011 – 7 U 65/11, BeckRS 2012, 15923.

100) BGH, Beschl. v. 16.4.1996 – XI ZR 234/95, ZIP 1996, 957; BGH, Urt. v. 25.4.2001 – VIII ZR 135/00, BGHZ 147, 279 = NJW 2001, 2331 = ZIP 2001, 1245; BGH, Urt. v. 8.12.2011 – VII ZR 111/11, NJW-RR 2012, 626.

101) BGH, Beschl. v. 16.4.1996 – XI ZR 234/95, ZIP 1996, 957; OLG Köln, Urt. v. 9.5.1995 – 3 U 144/94, NJW-RR 1995, 1516; OLG Düsseldorf, Urt. v. 27.10.2004 – VI-U (Kart) 41/03, BeckRS 2005, 06685.

Abs. 1 BGB nicht erfüllt, so ist § 138 Abs. 1 BGB erst recht nicht gegeben.[102] Daher ist die Gefahr, an der Nichtigkeitshürde des § 307 BGB zu scheitern, eher gegeben als dass die Nichtigkeitssanktion des § 138 Abs. 1 BGB eintritt.

2.82 Eine Anwendung des § 138 BGB kommt also nur in Betracht, wenn die Individualvereinbarung sittenwidrig ist. Ferner dann, wenn die AGB nicht wegen Benachteiligung des Kunden, sondern aus sonstigen Gründen anstößig sind.[103]

2.83 b) **Verhältnis des § 138 Abs. 1 BGB zu § 242 BGB.** § 138 Abs. 1 BGB und § 242 BGB haben gemeinsam, dass sie auf sozial unkorrektes Verhalten reagieren. Mit dem Kriterium der Sittenwidrigkeit legt § 138 Abs. 1 BGB dabei aber einen strengeren Maßstab an. Eine Treuwidrigkeit stellt hingegen in der Regel noch keinen Sittenverstoß dar.[104] § 138 Abs. 1 BGB führt zudem grundsätzlich zur Nichtigkeit, weshalb die Vorschrift Anwendungsvorrang vor § 242 BGB genießt.

2.84 c) **Verhältnis des § 138 Abs. 1 BGB zu § 138 Abs. 2 BGB.** Objektiv setzt § 138 Abs. 2 BGB das Vorliegen eines auffälligen Missverhältnisses zwischen Leistung und Gegenleistung voraus. Dazu ist ein Vergleich des objektiven Wertes der beiderseitigen Leistungen unter Zugrundelegung der bei Vertragsschluss bestehenden Verhältnisse erforderlich. Wirken bei dem Rechtsgeschäft mehrere Personen als Leistende, Vermittler oder in anderer Weise mit, so ist analog § 291 Abs. 1 Satz 2 StGB als Grundlage für die Feststellung des Missverhältnisses die Summe der Leistungen und Gegenleistungen heranzuziehen (sogenannte Additionsklausel).

2.85 d) **Verhältnis zu § 242 BGB.** Seit dem Inkrafttreten des Gesetzes zur Modernisierung des Schuldrechts am 1.1.2002 findet bei ausgehandelten Vertragsbedingungen eine Billigkeitskontrolle im Sinne einer allgemeinen, nicht auf die Besonderheiten des Falles bezogenen Angemessenheitsprüfung nach § 242 BGB nicht mehr statt.[105]

IV. Verdikt des § 138 Abs. 1 BGB

1. Fallgruppen im Überblick

2.86 Sittenwidrigkeit setzt stets eine grobe Interessenverletzung von erheblicher Stärke gegenüber einer Vertragsseite voraus.[106] Nur wenn ein **grobes bzw. auffälliges Missverhältnis** zwischen Leistung und Gegenleistung vorliegt, ist der Sittenwi-

102) BGH, Urt. v. 25.4.2001 – VIII ZR 135/00, BGHZ 147, 279 = NJW 2001, 2331 = ZIP 2001, 1245; OLG Karlsruhe, Urt. v. 18.10.2001 – 19 U 97/01, BeckRS 2001, 30212399.

103) OLG Köln, Urt. v. 20.10.2011 – 7 U 65/11, BeckRS 2012, 15923.

104) BAG, Urt. v. 14.5.1964 – 2 AZR 244/63, NJW 1964, 1542.

105) BAG, Urt. v. 25.5.2005 – 5 AZR 572/04, NJW 2005, 3305 = ZIP 2005, 1699; BGH, Urt. v. 8.10.2008 – XII ZR 66/06, NJW 2009, 433; LG Köln, Urt. v. 15.3.2011 – 21 O. 95/10, BeckRS 2012, 02826, Vorinstanz zu OLG Köln, Urt. v. 20.10.2011 – 7 U 65/11, BeckRS 2012, 15923.

106) BGH, Beschl. v. 16.4.1996 – XI ZR 234/95, ZIP 1996, 957.

drigkeitsausspruch im Zusammenhang mit Getränkelieferungsverträgen objektiv gerechtfertigt.[107] Sonach bedarf es der Feststellung, dass:

- Leistungen und Gegenleistungen nicht in einem angemessenen Verhältnis zueinander stehen **(Fallgruppe 1)**[108] und/oder
- die wirtschaftliche Bewegungsfreiheit des Gastwirts über Gebühr eingeschränkt wird **(Fallgruppe 2)**[109]

und er dadurch gegenüber dem Getränkelieferanten in eine wirtschaftliche Abhängigkeit gerät.[110]

2. Objektives Missverhältnis zwischen Leistung und Gegenleistung

Zum einen können Getränkelieferungsverträge als gegenseitige Verträge, auch wenn der Wuchertatbestand des § 138 Abs. 2 BGB nicht in allen Voraussetzungen erfüllt ist, als **wucherähnliches Rechtsgeschäft** nach § 138 Abs. 1 BGB sittenwidrig sein, wenn zwischen Leistung und Gegenleistung objektiv ein auffälliges Missverhältnis besteht und mindestens ein weiterer Umstand hinzukommt, der den Vertrag bei Zusammenfassung der objektiven und subjektiven Merkmale als sittenwidrig erscheinen lässt.[111] 2.87

Die rechtliche Beurteilung des Vertrages richtet sich nach dem **Äquivalenzprinzip.** Die in der Übernahme der Getränkebezugsverpflichtung liegende Einschränkung der Vertragsfreiheit des Gastwirts ist nur zulässig, wenn Leistung und Gegenleistung in einem ausgewogenen Verhältnis stehen. Entscheidend für das Vorliegen des objektiven Nichtigkeitstatbestandes der Sittenwidrigkeit nach § 138 Abs. 1 BGB ist also die Feststellung der Unausgewogenheit der beiderseitigen Leistungen.[112] 2.88

Insofern bedarf es einer Gegenüberstellung und Bewertung von Leistung und Gegenleistung. Dieses ist nicht nur denkbar im Zusammenhang mit dem finanziellen Engagement des Getränkelieferanten einerseits und Inhalt und Umfang der Getränkebezugsverpflichtung des Gebundenen andererseits. Praktische Relevanz kann diese Fallgruppe auch dann erlangen, wenn Getränkelieferanten in 2.89

107) BGH, Beschl. v. 16.4.1996 – XI ZR 234/95, ZIP 1996, 957; BGH, Urt. v. 25.4.2001 – VIII ZR 135/00, BGHZ 147, 279 = NJW 2001, 2331 = ZIP 2001, 1245.

108) Nachfolgend § 9 IV 2 und V-VIII.

109) Nachfolgend § 9 IV 3 und IX-X.

110) LG Köln, Urt. v. 15.3.2011 – 21 O. 95/10, BeckRS 2012, 02826, Vorinstanz zu OLG Köln, Urt. v. 20.10.2011 – 7 U 65/11, BeckRS 2012, 15923 zu § 307 BGB.

111) BGH, Urt. v. 10.2.2012 – V ZR 51/11, BeckRS 2012, 06739; OLG Köln, Urt. v. 20.10.2011 – 7 U 65/11, BeckRS 2012, 15923.

112) BGH, Urt. v. 16./17.9.1974 – VIII ZR 116/72, NJW 1974, 2089 = Zeller I, 241; BGH, Urt. v. 17.1.1979 – VIII ZR 262/77, NJW 1979, 865 = Zeller II, 224; BGH, Urt. v. 21.3.1990 – VIII ZR 49/89, NJW-RR 1990, 816 = Zeller IV, 227; BGH, Urt. v. 22.10.1997 – VIII ZR 149/96; BGH, Urt. v. 25.4.2001 – VIII ZR 135/00, BGHZ 147, 279 = NJW 2001, 2331 = ZIP 2001, 1245.

ihrem Eigentum stehende Immobilien an Erwerber veräußern unter Auferlegung einer Getränkebezugsverpflichtung und ggf. Bestellung einer sichernden Dienstbarkeit.[113]

3. Unvertretbare Einschränkung der wirtschaftlichen Bewegungsfreiheit

2.90 Darüber hinaus können Getränkelieferungsverträge gegen die guten Sitten verstoßen und damit nichtig sein, weil sie die **wirtschaftliche Bewegungsfreiheit** des Gastwirts in unvertretbarer Weise einengen und diesen dadurch in eine den Anschauungen des redlichen geschäftlichen Verkehrs nicht mehr zu vertretende Abhängigkeit von dem Getränkelieferanten bringen.[114]

2.91 In einem grundlegenden Urteil hat bereits das Reichsgericht ausgeführt, dass auch langfristige unkündbare Bezugsbindungen eines Gastwirts an einen Getränkelieferanten, sofern sie nur zeitlich begrenzt sind, dann nicht zu beanstanden sind, wenn sie nicht zu einer **Knebelung** des Gastwirts führen und ihn in seiner wirtschaftlichen Bewegungsfreiheit nicht so einengen, dass er seine Selbständigkeit ganz in die Hände des Getränkelieferanten gibt.[115] Nach ständiger Rechtsprechung des BGH sind zeitlich begrenzte Getränkelieferungsverträge nur dann nichtig, wenn sie die wirtschaftliche Bewegungsfreiheit des Gastwirts, seine Selbständigkeit und die Möglichkeit, sich veränderten Umständen in seiner Betriebsführung anzupassen, in einer Weise einengen, die mit den Anschauungen eines redlichen rechtsgeschäftlichen Verkehrs nicht zu vereinbaren ist.[116]

2.92 Dazu bedarf es einer **Prüfung sowohl in qualitativer als auch in quantitativer Hinsicht.**[117] **Je intensiver die Bindung** und **je länger der Zeitraum** sind, für den der Gastwirt eine Bezugsverpflichtung übernimmt, desto näher liegt der

---

113) BGH, Urt. v. 14.6.1972 – VIII ZR 14/71, NJW 1972, 1459 = Zeller I, 212; OLG Köln, Urt. v. 20.10.2011 – 7 U 65/11, BeckRS 2012, 15923.

114) OLG Oldenburg, Urt. v. 14.11.2012 – 5 U 56/11.

115) RG, Urt. v. 30.10.1936 – VII 65/36, RGZ 152, 251; BGH, Urt. v. 9.4.1970 – KZR 7/69, NJW 1970, 2157 = Zeller I, 64; BGH, Urt. v. 7.10.1970 – VIII ZR 202/68, NJW 1970, 2243 = Zeller I, 202; BGH, Urt. v. 14.6.1972 – VIII ZR 14/71, NJW 1972, 1459 = Zeller I, 212; BGH, Urt. v. 16./17.9.1974 – VIII ZR 116/72, NJW 1974, 2089 = Zeller I, 241; BGH, Urt. v. 24.3.1981 – KZR 18/80, WM 1981, 687; OLG München, Urt. v. 24.5.1968 – 8 U 2517/67, NJW 1968, 1880; OLG Köln, Urt. v. 9.5.1995 – 3 U 144/94, NJW-RR 1995, 1516.

116) BGH, Urt. v. 9.4.1970 – KZR 7/69, NJW 1970, 2157 = Zeller I, 64; BGH, Urt. v. 7.10.1970 – VIII ZR 202/68, NJW 1970, 2243 = Zeller I, 202; BGH, Urt. v. 14.6.1972 – VIII ZR 14/71, NJW 1972, 1459 = Zeller I, 212; BGH, Urt. v. 16./17.9.1974 – VIII ZR 116/72, NJW 1974, 2089 = Zeller I, 241; BGH, Urt. v. 24.3.1981 – KZR 18/80, WM 1981, 687; BGH, Urt. v. 25.4.2001 – VIII ZR 135/00, BGHZ 147, 279 = NJW 2001, 2331 = ZIP 2001, 1245; vgl. auch OLG Köln, Urt. v. 9.5.1995 – 3 U 144/94, NJW-RR 1995, 1516; OLG Schleswig, Urt. v. 14.6.2001 – 1 U 76/2000; OLG Köln, Urt. v. 6.12.2006 – 11 U 73/06, NJW-RR 2007, 498; OLG Düsseldorf, Urt. v. 13.11.2009 – I-22 U 71/09, BeckRS 2012, 05469.

117) LG Köln, Urt. v. 15.3.2011 – 21 O. 95/10, BeckRS 2012, 02826, Vorinstanz zu OLG Köln, Urt. v. 20.10.2011 – 7 U 65/11, BeckRS 2012, 15923.

Schluss, dass die wirtschaftliche Freiheit des Gastwirts in einer gegen die guten Sitten verstoßenden Weise beschränkt wird.[118)] Insofern kommt es nicht darauf an, ob der Getränkelieferungsvertrag unter Ausnutzung einer Zwangslage zustande gekommen ist, sondern wie sich die Vertragsbedingungen auf die unternehmerische Selbständigkeit des Gastwirts auswirken.[119)]

4. Knebelungsvertrag

Möglicherweise bedarf es einer eingehenderen Prüfung dann nicht, wenn Getränkelieferungsverträge als Knebelungsverträge i. S. d. § 138 Abs. 1 BGB einzuordnen und bereits deshalb generell nichtig wären. 2.93

a) **Begriff.** Knebelungsverträge sind Verträge, die die wirtschaftliche Freiheit des anderen Teils so sehr einschränken, dass dieser seine freie Selbstbestimmung ganz oder im Wesentlichen einbüßt. Sie sind sittenwidrig. Eine Schädigungsabsicht ist nicht erforderlich.[120)] 2.94

b) **Meinungsstand.** Vereinzelt wurde der Getränkelieferungsvertrag in der Vergangenheit als Knebelungsvertrag bezeichnet.[121)] Teilweise werden zwar der Automatenaufstellvertrag sowie der Getränkelieferungsvertrag in diesem Zusammenhang genannt, ohne diese Verträge aber dem Begriff zu unterwerfen.[122)] Andere behandeln selbst den sittenwidrigen Getränkelieferungsvertrag nicht als eine Erscheinungsform des Knebelungsvertrages.[123)] 2.95

c) **Stellungnahme.** Nach dem **Grundsatz der Vertragsfreiheit** (**§ 311 Abs. 1 BGB**) bestehen hinsichtlich der grundsätzlichen Zulässigkeit von Getränkelieferungsverträgen keine Bedenken.[124)] Bestätigt wird dies durch die gesetzliche Regelung in § 510 Abs. 1 Satz 1 Nr. 3, Abs. 2 BGB. Beim Getränkelieferungsvertrag spielen im Rahmen der schrankenziehenden Bestimmungen der §§ 138 Abs. 1, 307 BGB **Äquivalenz**gesichtspunkte und die Feststellung einer Vielzahl von **Beurteilungskriterien** eine große Rolle.[125)] Mit einer rein begrifflichen Einordnung als Knebelungsvertrag ist daher nichts gewonnen. Auf den Begriff sollte in diesem Zusammenhang verzichtet werden. 2.96

---

118) BGH, Urt. v. 2.10.1969 – KZR 10/68, NJW 1970, 279 = Zeller I, 195; BGH, Urt. v. 9.4.1970 – KZR 7/69, NJW 1970, 2157 = Zeller I, 64.

119) LG Köln, Urt. v. 15.3.2011 – 21 O. 95/10, BeckRS 2012, 02826, Vorinstanz zu OLG Köln, Urt. v. 20.10.2011 – 7 U 65/11, BeckRS 2012, 15923.

120) Palandt-*Ellenberger*, BGB, § 138 Rz. 39.

121) OLG Düsseldorf, Urt. v. 9.3.1971 – 21 U 110/70, MDR 1973, 222.

122) Palandt-*Ellenberger*, BGB, BGB, § 138 Rz. 39.

123) MünchKomm-*Armbrüster*, BGB, § 138 Rz. 75; NK-BGB/*Looschelders*, BGB, § 138 Rz. 164.

124) BGH, Urt. v. 25.4.2001 – VIII ZR 135/00, BGHZ 147, 279 = NJW 2001, 2331 = ZIP 2001, 1245; OLG München, Urt. v. 24.5.1968 – 8 U 2517/67, NJW 1968, 1880; OLG Düsseldorf, Urt. v. 27.10.2004 – VI-U (Kart) 41/03, BeckRS 2005, 06685; LG Köln, Urt. v. 20.11.2012 – 4 O. 455/11.

125) Siehe unten § 9 X jeweils m. w. N.

5. Darlegungs- und Beweislast

2.97 Die Darlegungs- und Beweislast für die Voraussetzungen des Nichtigkeitseinwandes nach § 138 Abs. 1 BGB trägt derjenige, der sich auf die Nichtigkeit des Rechtsgeschäfts beruft.[126] Dies gilt insbesondere dann, wenn der sich auf den Nichtigkeitseinwand Berufende bei Abschluss des Getränkelieferungsvertrages geschäftserfahren war und bereits seit mehreren Jahren eine Absatzstätte betrieben hatte.[127] Soweit nicht substantiiert etwas anderes vorgetragen wird, kann davon ausgegangen werden, dass die gegenseitigen Leistungspflichten der Parteien aufgrund der Vertragsverhandlungen im Vertrag ausgewogen vereinbart worden sind.

V. Leistungen des Getränkelieferanten

1. Grundsatz

2.98 Von besonderer, allerdings nicht allein maßgeblicher Bedeutung sind die **finanziellen oder auch sonstigen geldwerten Leistungen**, die der Ausschließlichkeitsbindung gegenüberstehen.[128]

2. Praxishinweis

2.99 Angesichts eines lebhaften (Finanzierungs-)Wettbewerbs der Getränkelieferanten werden Gastronomieobjekte heute in der Regel nicht unter-, sondern **überfinanziert**. Dies ist einer der Gründe dafür, dass das Nichtigkeitsverdikt zunehmend schon in der Instanzrechtsprechung ohne Erfolg vorgetragen wird.[129]

3. Fehlen einer Leistung

2.100 Getränkelieferungsverträge ohne Leistungen des Getränkelieferanten sind sittenwidrig und nichtig.[130]

---

126) Zu § 138 Abs. 1 BGB: BGH, Urt. v. 23.2.1995 – IX ZR 29/94, NJW 1995, 1425; OLG Düsseldorf, Urt. v. 16.1.2004 – I-14 U 156/03, BeckRS 2010, 24896, rkr. durch (Nichtzulassungs-)Beschl. d. BGH v. 19.10.2005 – VIII ZR 53/04; OLG Düsseldorf, Urt. v. 13.11.2009 – I-22 U 71/09, BeckRS 2012, 05469; OLG Köln, Urt. v. 20.10.2011 – 7 U 65/11, BeckRS 2012, 15923.

127) OLG Köln, Urt. v. 20.10.2011 – 7 U 65/11, BeckRS 2012, 15923.

128) So bereits *Paulusch*, Brauerei- und Gaststättenrecht, 9. Aufl. 1996, Rz. 274.

129) OLG München, Urt. v. 31.1.1995 – 25 U 3600/94, BeckRS 1995, 04936; OLG Hamm, Urt. v. 13.3.1995 – 2 U 139/94, NJW-RR 1996, 46; OLG Köln, Urt. v. 9.5.1995 – 3 U 144/94, NJW-RR 1995, 1516; OLG Hamm, Urt. v. 5.7.1995 – 30 U 331/93, ZMR 1995, 536; OLG Frankfurt/M., Urt. v. 30.11.2000 – 16 U 230/99, BGH, VIII ZR 5/01, Revisionsrücknahme nach Nichtannahmebeschluss, der ausnahmsweise begründet worden ist.

130) Vgl. BGH, Urt. v. 25.4.2001 – VIII ZR 135/00, BGHZ 147, 279 = NJW 2001, 2331 = ZIP 2001, 1245, im Zusammenhang mit § 307 Abs. 2 Nr. 2 BGB.

4. Art der Leistung

a) Allgemein. Hinsichtlich der typischerweise von Getränkelieferanten erbrachten Leistungen kann auf die bisherigen Ausführungen verwiesen werden.[131)] 2.101

b) Grundstückserwerb. Getränkelieferanten finanzieren immer wieder Erwerb, Ausstattung oder Erweiterung von Gaststättenobjekten. Dabei kann es sich um einen Immobilienerwerb von dritter Seite, aber auch wie nicht selten vom Getränkelieferanten handeln.[132)] 2.102

Lehrreich ist insofern eine Entscheidung des OLG Köln vom 20.10.2011.[133)] 2.103
Aufgrund der besonderen Umstände des Streitfalles berücksichtigte das Gericht nicht nur die vertraglich vereinbarten wechselseitigen Leistungspflichten, sondern zog auch die seitens des Getränkelieferanten im Zusammenhang mit dem Vertragsschluss erbrachten **weiteren Leistungen** mit heran. Der Getränkelieferungsvertrag und der im Zwangsversteigerungswege zustande gekommene Erwerb des Gaststättengrundstücks standen in einem unauslöslichen Zusammenhang. Sie bedingten sich wechselseitig und keiner der Verträge wäre ohne den jeweils anderen geschlossen worden. Unstreitig hatte der Getränkelieferant das vorher in seinem Eigentum stehende Grundstück um 108.000,00 € unter dem Verkehrswert an den Gastwirt veräußert (**Preisnachlass**). Hierzu war er als betreibender Gläubiger nur bereit, weil zugleich ein Getränkelieferungsvertrag geschlossen werden sollte. Ohne Abschluss des Getränkelieferungsvertrages hätte die Möglichkeit zu dem Erwerb der Immobilie zu dem in Rede stehenden Preis nicht bestanden. Umgekehrt hätte der isolierte Abschluss des Getränkelieferungsvertrages für den selbst betreibenden Neueigentümer der Immobilie insbesondere wirtschaftlich keinen Sinn ergeben. Dass der Eigentumserwerb letztlich aufgrund eines Zuschlages in der Zwangsversteigerung erfolgte, ist sonach unerheblich. Ohne die Abgabe des Gebots durch den Bevollmächtigten – wie treuhänderisch in der **Ausbietungsgarantie** konkludent vereinbart – hätte die aktuelle Eigentümerin das Grundstück nicht zu dem günstigen Preis erhalten. Schon deshalb kann auch nicht die Ausbietungsgarantie selber sittenwidrig sein. Neben dem deutlichen **Preisvorteil beim Erwerb** des Grundstücks war der Getränkelieferant bei der **Vermittlung der Finanzierung** behilflich und hatte die **Investitionskosten** im Vorfeld der Neuöffnung der Absatzstätte übernommen.

---

131) Siehe oben § 8 I m. w. N.

132) BGH, Urt. v. 8.4.1992 – VIII ZR 94/91, NJW 1992, 2145; LG Köln, Urt. v. 20.11.2012 – 4 O. 455/11.

133) OLG Köln, Urt. v. 20.10.2011 – 7 U 65/11, BeckRS 2012, 15923.

5. Umfang

2.104 Ist das höchstzulässige Maß einer Bezugsbindung zu würdigen, so kommt es (auch) auf den Umfang der Leistungen an.[134)] Je größer die vertraglich vereinbarten Leistungen des Getränkelieferanten sind, desto einschneidender können im Einzelfall die Bindungen sein, die der Gastwirt im Interesse einer sachgerechten Risikobegrenzung aufseiten des Getränkelieferanten hinnehmen muss.[135)]

2.105 Zu prüfen ist, welche Leistungen der bindende Teil **„nach dem Vertrag zu erbringen hat"**.[136)]

6. Zinssatz

2.106 Da die Bindungen des Gastwirts um so weiter gehen dürfen, als die Leistungen des Getränkelieferanten reichen, ist bei der Zurverfügungstellung eines Darlehens von Bedeutung, zu welchem Zinssatz dieses gewährt wird bzw., ob das Darlehen überhaupt verzinslich ist. Liegt der vereinbarte Vertragszins beispielsweise deutlich unterhalb des allgemeinen (Zins-)Marktniveaus, so ist das bei der Wertung von Leistung und Gegenleistung zu berücksichtigen.[137)]

2.107 Das Geschäft des Getränkelieferanten ist gerade nicht die Vergabe von Darlehen. Auch kann von ihm nicht verlangt werden, Getränke zum Selbstkostenpreis zu verkaufen. Vielmehr muss bei der Herstellung und dem Vertrieb der Getränke ein **Gewinn** erwirtschaftet werden.[138)] Die seitens der Gastwirte gelegentlich vorgetragene Behauptung, aus der Darlehensgewährung seien ihnen keine Vorteile entstanden, weil sie anderweitig nur geringfügig mehr Zinsen hätten zahlen müssen, verkennt, dass zum einen bereits in nur geringfügig günstigeren Konditionen ein Vorteil liegt, zum anderen auch regelmäßig nicht ersichtlich ist, dass der Gastwirt von dritter Seite einen Kredit in dieser Höhe überhaupt und ggf. ohne Sicherheiten erhalten hätte. Nach allgemeiner Lebenserfahrung hätte ein Kreditinstitut Sicherheiten gefordert. Dass und auf welche Weise der Gast-

---

134) BGH, Urt. v. 13.2.1985 – VIII ZR 154/84, NJW 1985, 2328; BGH, Urt. v. 25.4.2001 – VIII ZR 135/00, BGHZ 147, 279 = NJW 2001, 2331 = ZIP 2001, 1245.

135) BGH, Urt. v. 16./17.9.1974 – VIII ZR 116/72, NJW 1974, 2089 = Zeller I, 241; BGH, Urt. v. 21.5.1975 – VIII ZR 215/72, WM 1975, 850 = Zeller I, 251; BGH, Urt. v. 23.11.1983 – VIII ZR 333/82, ZIP 1984, 335 = Zeller III, 266; BGH, Urt. v. 27.2.1985 – VIII ZR 85/84, NJW 1985, 2693 = Zeller, III, 80; BGH, Urt. v. 22.10.1997 – VIII ZR 149/96; OLG Köln, Urt. v. 9.5.1995 – 3 U 144/94, NJW-RR 1995, 1516; OLG Düsseldorf, Urt. v. 22.4.1999 – 13 U 100/98; OLG Düsseldorf, Urt. v. 8.11.1999 – 1 U 42/99; OLG Köln, Urt. v. 6.12.2006 – 11 U 73/06, NJW-RR 2007, 498; LG Ulm, Urt. v. 26.8.2010 – 6 O. 162/09.

136) BGH, Urt. v. 23.11.1983 – VIII ZR 333/82, ZIP 1984, 335 = Zeller, III, 266; BGH, Urt. v. 17.12.2002 – X ZR 220/01, NJW 2003, 886 = ZIP 2003, 533. Zu § 307 BGB: Erman-*Roloff*, BGB, § 307 Rz. 94.

137) OLG Düsseldorf, Urt. v. 8.11.1999 – 1 U 42/99 (§ 307 BGB).

138) OLG Düsseldorf, Urt. v. 8.11.1999 – 1 U 42/99.

wirt solche hätte stellen können, hätte im Rahmen eines substantiierten Beklagtenvorbringens unter Beweisantritt dargetan und bewiesen werden müssen.[139)]

Die Überlassung eines Darlehens mit einer Summe von 60.000,00 DM bei einer Laufzeit von 10 Jahren mit einer relativ geringen Verzinsung von 2,5 % ist eine trotz der im Jahre 2010 gegebenen Niedrigzinsphase bei weitaus höheren Zinssätzen in den Vergangenheit eine günstige Gegenleistung, von der der Darlehensnehmer wirtschaftlich profitiert.[140)] Auch die Verpflichtung zur Zahlung von Zinsen, konkret in Höhe von 8 %, und die Auferlegung einer Getränkebezugsverpflichtung als „weitere Gegenleistung" begründen keine unangemessene Einengung der wirtschaftlichen Betätigungsfreiheit des Gastwirts.[141)] Eine unangemessene Benachteiligung käme unter diesem Gesichtspunkt nur in Betracht, wenn sich aus der Höhe des Darlehenszinses und des Bierpreises im Hinblick auf die Marktverhältnisse bei Vertragsschluss eine unbillige Belastung ergeben hätte. Auch insofern ist der Gastwirt darlegungs- und beweispflichtig.[142)] 2.108

7. Kosten

Getränkelieferanten nehmen bei Darlehens- und Getränkelieferungsverträgen durchweg keinen Abzug (Dissagio) vor, insbesondere wird das Darlehen zu 100 % ausgezahlt und mit der Auszahlung sind keine Kosten verbunden. Auch dies ist in die Angemessenheitsprüfung einzustellen. 2.109

8. Anschlussfinanzierung

Hat der Getränkelieferant den Gastwirt umfänglich finanziert und über Jahre hinweg die Finanzierungen immer wieder aufgestockt, den Tilgungszeitraum verlängert, was im Ergebnis zu einem Finanzierungsumfang in dem aktuell zu beurteilenden Darlehens- und Getränkelieferungsvertrag in Höhe von 250.000,00 € geführt hatte, und dem Gastwirt dadurch die Neueinrichtung des Gaststättenobjektes – ggf. wiederholt – ermöglicht, so kann sich jener nicht pauschal darauf berufen, es sei lediglich eine **„Umschuldung"** erfolgt. Dies insbesondere auch dann, wenn über den aktuellen Finanzierungsrahmen unter Aufhebung des vorhergehenden Vertrages eine neue vertragliche Regelung mit entsprechenden Rechten und Pflichten vereinbart worden ist.[143)] 2.110

139) OLG Zweibrücken, Urt. v. 6.7.2009 – 7 U 180/08.

140) LG Ulm, Urt. v. 26.8.2010 – 6 O. 162/09.

141) OLG Hamm, Urt. v. 10.5.2012 – I-22 U 203/11 (Vertrag Brauerei-Getränkefachgroßhändler). Vgl. auch BGH, Urt. v. 15.11.2000 – VIII ZR 322/99, NJW-RR 2001, 987 (9 %).

142) OLG Celle, Urt. v. 10.6.1998 – 13 U 158/97, NJW-RR 1999, 1143.

143) LG Köln, Urt. v. 20.11.2012 – 4 O. 455/11.

9. Rückführung

2.111 a) **Grundlagen.** Nicht zu unterschätzen sind die Vorteile, die der Gastwirt im Zusammenhang mit der Rückführung der Finanzierung erhält. Nicht selten wird das Darlehen bzw. der Teilzahlungskaufpreis nicht – sei es in Raten, sei es bei Endfälligkeit – getilgt, sondern im Rahmen von Aufgeldzahlungen pro bezogenen und bezahltem hl intern gutgeschrieben.[144] Denn dann hängt es von der Tüchtigkeit des Gastwirts ab, in welchem Zeitraum er das von dem Getränkelieferanten aufgenommene Darlehen tilgt.[145] Gleiches gilt für die interne Gutschrift einbehaltener Rückvergütungen. Eine solche Regelung ist für den Gastwirt vor allem dann besonders vorteilhaft, wenn der Getränkelieferant ihn nicht dazu verpflichtet, eine Mindestmenge innerhalb bestimmter Zeiträume abzunehmen.

2.112 b) Der Umstand, dass **Sondertilgungen** auf das Darlehen sich nicht auf die Dauer der Getränkebezugsverpflichtung auswirken, begründet weder eine Sittenwidrigkeit noch eine Unangemessenheit der Regelung. Auch bei „normalen" verzinslichen Darlehen mit einer bestimmten Laufzeit muss die Möglichkeit von Sondertilgungen und insbesondere deren zinsvermindernde Wirkung besonders vereinbart werden, weil die Zinsen das Entgelt des Darlehensgebers für die Hingabe der Kreditmittel darstellen.[146]

VI. Bewertung der Leistungen des Getränkelieferanten

1. Gaststätteneinrichtung

2.113 Bei der Bewertung kommt es u. a. auch auf den Wert der zur Verfügung gestellten Gaststätteneinrichtung sowie die Möglichkeit der unentgeltlichen Übernahme von Gegenständen nach Ablauf des Nutzungsrechts an.[147]

2.114 Soweit der Vertragspartner des Getränkelieferanten versucht, dessen Leistungen damit herabzumindern, dass er behauptet, das Inventar sei zur Zeit der Übergabe allenfalls x € wert gewesen, nicht aber den im Vertrag angesetzten Gebrauchswert von y € gehabt habe, hat er hierfür Beweis anzutreten.

2.115 Zu weiteren in diesem Zusammenhang interessierenden Fragen vergleiche aus der Rechtsprechung u. a. die Entscheidungen der OLG Düsseldorf, Koblenz, Köln und Saarbrücken.[148]

---

144) BGH, Urt. v. 16./17.9.1974 – VIII ZR 116/72, NJW 1974, 2089 = Zeller I, 241; BGH, Urt. v. 21.5.1975 – VIII ZR 215/72, WM 1975, 850 = Zeller I, 251; BGH, Urt. v. 25.4.2001 – VIII ZR 135/00, BGHZ 147, 279 = NJW 2001, 2331 = ZIP 2001, 1245.

145) BGH, Urt. v. 20.3.1953 – V ZR 123/51, BB 1953, 339.

146) AG Ludwigslust, Urt. v. 16.2009 – 5 C 2/09, BeckRS 2009, 11036.

147) BGH, Urt. v. 22.10.1997 – VIII ZR 149/96.

148) OLG Düsseldorf, Urt. v. 28.9.2001 – 5 U 13/99, S. 3, rkr. durch Nichtannahmebeschl. d. BGH v. 12.7.2000 – VIII ZR 236/99; OLG Koblenz, Urt. v. 21.2.2002 – 5 U 677/01, NJOZ 2002, 837; OLG Köln, Urt. v. 9.5.1995 – 3 U 144/94, NJW-RR 1995, 1516; OLG Saarbrücken, Beschl. v. 16.8.2005 – 1 W 198/05, BeckRS 2006, 03699.

2. Sicherungseigentum

Handelt es sich etwa um ein ungesichertes Darlehen oder um ein Darlehen, das lediglich durch eine Sicherungsübereignung von Gaststätteninventar abgesichert war, so sind engere Bindungen des Gastwirts an den Getränkelieferanten gerechtfertigt. Die Sicherungsübereignung von Gaststätteninventar stellt nämlich keine ausreichende Sicherung dar, weil dieses einem raschen Wertverlust unterliegt und nach kurzer Zeit praktisch keinen Wert mehr hat, was auch durch die festgelegte steuerliche Abschreibung mit 0,84 % monatlich nicht ausgeglichen werden kann.[149] 2.116

Da für die Beurteilung der Sittenwidrigkeit der **Zeitpunkt** der Vornahme des Rechtsgeschäfts maßgebend ist, kommt es nicht entscheidend darauf an, welchen Wert das Inventar und welchen Stand das Darlehen zurzeit noch hat, sondern nur darauf, mit welcher Entwicklung der Verhältnisse typischerweise zu rechnen war.[150] 2.117

3. Leihinventar

Bei Stellung von Leihinventar liegt wirtschaftlich nicht selten ein Abschreibungsdarlehen vor.[151] Zwar fällt die Stellung von Leihinventar an sich nicht so stark ins Gewicht, weil es mit fortschreitender Vertragszeit an Wert verliert. Hinzukommt ggebenenfalls, dass der Getränkelieferant als Verleiher nicht zum Austausch verpflichtet ist.[152] Dem ist allerdings entgegenzuhalten, dass der Gastwirt für eine Neuinventarisierung der Absatzstätte einen den seinerzeit angenommenen Zeitwert übersteigenden Betrag hätte aufwenden müssen, wozu er wirtschaftlich zumeist nicht in der Lage gewesen wäre. Konkret führte dies zur Bewertung des Fortführungswertes des Inventars im Zeitpunkt des Vertragsschlusses mit netto rund 36.000,00 €.[153] Im Übrigen ist zu berücksichtigen, dass bei der leihweisen Überlassung von an die Absatzstätte angepassten und sich in ordnungsgemäßem Zustand befindenden gebrauchtem Inventar eine Ersparnis in Höhe des Preises der Einrichtung der Absatzstätte mit neuen Gegenständen eingetreten ist.[154] 2.118

---

149) BGH, Urt. v. 15.11.2000 – VIII ZR 322/99, NJW-RR 2001, 987; OLG Köln, Urt. v. 6.12.2006 – 1 U 14473/06, NJW-RR 2007, 498; OLG Koblenz, Urt. v. 21.2.2002 – 5 U 677/01, NJOZ 2002, 837; AG Ludwigslust, Urt. v. 16.2.2009 – 5 C 2/09, BeckRS 2009, 11036. Zu § 307 BGB: BGH, Urt. v. 25.4.2001 – VIII ZR 135/00, BGHZ 147, 279 = NJW 2001, 2331 = ZIP 2001, 1245.

150) OLG Köln, Urt. v. 6.12.2006 – 1 U 14473/06, NJW-RR 2007, 498.

151) LG Köln, Urt. v. 15.3.2011 – 21 O. 95/10, BeckRS 2012, 02826, Vorinstanz zu OLG Köln, Urt. v. 20.10.2011 – 7 U 65/11, BeckRS 2012, 15923. Siehe unten § 39 III 2 m. w. N.

152) BGH, Urt. v. 21.1.1987 – VIII ZR 169/86, NJW-RR 1987, 628 (Bierverlagsvertrag).

153) LG Köln, Urt. v. 15.3.2011 – 21 O. 95/10, BeckRS 2012, 02826, Vorinstanz zu OLG Köln, Urt. v. 20.10.2011 – 7 U 65/11, BeckRS 2012, 15923.

154) OLG Karlsruhe, Urt. v. 18.10.2001 – 19 U 97/01, BeckRS 2001, 30212399.

4. Ausbietungsgarantie

2.119 Der Wert einer Ausbietungsgarantie ist nicht zu berücksichtigen. Diese wäre allenfalls wertneutral, stand ihr doch der Wert des erworbenen Grundbesitzes gegenüber.[155)]

5. Zusammenrechnung

2.120 Der Vorteil beim Erwerb des Grundstücks (hier 108.000,00 €) und der Wert des Inventars (konkret 35.850,00 €) sind zusammenzurechnen.[156)] Soweit weitere Positionen nicht beziffert werden können, bleiben diese außer Ansatz.

VII. Umfang der Getränkebezugsverpflichtung

1. Grundsatz

2.121 Bei der Prüfung der Ausgewogenheit der beiderseitigen Leistungen kommt dem Umfang der Ausschließlichkeitsbindung besondere Bedeutung zu.[157)]

2. Sortimentsbindung

2.122 a) **Grundsatz.** Ist das Sortiment breit gefächert, so können keine Wirksamkeitsbedenken erhoben werden.[158)] Nicht zu beanstanden ist, dass der Gastwirt, nachdem er zu Beginn des Vertrages eine bzw. mehrere Getränkemarken gewählt hat, an diese unternehmerische **Auswahlentscheidung** für die gesamte Laufzeit des Getränkelieferungsvertrages gebunden ist und andere Getränke nicht fremdbeziehen darf.[159)]

2.123 b) Hinsichtlich der Bezugsverpflichtung ist u. a. zu berücksichtigen, dass diese sich ggf. **nur auf Bier beschränkt.**[160)]

2.124 c) Unverkennbar ist jedenfalls, dass die Erstreckung der Bezugspflicht auf **nichtalkoholische Getränke**[161)] wegen des breiter gewordenen Produktangebotes der

---

155) OLG Oldenburg, Urt. v. 14.11.2012 – 5 U 56/11; LG Köln, Urt. v. 15.3.2011 – 21 O. 95/10, BeckRS 2012, 02826, Vorinstanz zu OLG Köln, Urt. v. 20.10.2011 – 7 U 65/11, BeckRS 2012, 15923.

156) LG Köln, Urt. v. 15.3.2011 – 21 O. 95/10, BeckRS 2012, 02826, Vorinstanz zu OLG Köln, Urt. v. 20.10.2011 – 7 U 65/11, BeckRS 2012, 15923.

157) OLG Düsseldorf, Urt. v. 19.1.1999 – U (Kart) 17/98, rkr. durch Nichtannahmebeschl. d. BGH v. 22.3.2000 – VIII ZR 60/99 (Vertrag Brauerei-Getränkefachgroßhändler); OLG Karlsruhe, Urt. v. 18.10.2001 – 19 U 97/01, BeckRS 2001, 30212399; OLG Koblenz, Urt. v. 21.2.2002 – 5 U 677/01, NJOZ 2002, 837; OLG Köln, Urt. v. 9.5.1995 – 3 U 144/94, NJW-RR 1995, 1516; *Paulusch*, Brauerei- und Gaststättenrecht, 9. Aufl. 1996, Rz. 107, 121.

158) OLG Oldenburg, Urt. v. 14.11.2012 – 5 U 56/11.

159) LG Köln, Urt. v. 15.3.2011 – 21 O. 95/10, BeckRS 2012, 02826, Vorinstanz zu OLG Köln, Urt. v. 20.10.2011 – 7 U 65/11, BeckRS 2012, 15923.

160) OLG Celle, Urt. v. 10.6.1998 – 13 U 158/97, NJW-RR 1999, 1143; OLG Oldenburg, Urt. v. 14.11.2012 – 5 U 56/11; LG Berlin, Urt. v. 31.1.1990 – 99 O. 206/89, NJW-RR 1990, 820 = Zeller IV, 288.

161) OLG Hamm, Urt. v. 13.3.1995 – 2 U 139/94, NJW-RR 1996, 46.

Brauereien (Eigen- und Handelsgetränke) und auch zur allseitigen Erleichterung der Betriebsabläufe etwa im Hinblick auf eingeschränkte Anlieferungszeiten in Innenstadtlagen im Laufe der Zeit so üblich geworden, dass auf sie bei der Bewertung der Angemessenheit von Leistung und Gegenleistung in der Rechtsprechung kaum noch abgestellt wird. So hat der BGH bereits in einem Urteil vom 31.1.1973 ausgeführt, dass die ausschließliche Bezugspflicht für alkoholfreie Getränke die wirtschaftliche Bewegungsfreiheit des Gastwirts nicht unzulässig einenge, weil sich die Verpflichtung allein auf die von der Brauerei vertriebenen Getränkesorten bezog.[162] Ggf. ist zu fragen, ob hinsichtlich der alkoholfreien Getränke überhaupt eine Mindestabnahmeverpflichtung besteht.[163]

d) Unbedenklich ist auch die Erstreckung auf benannte **Biermischgetränke.** 2.125
Hierbei handelt es sich weder um Bier noch um alkoholfreie Getränke.[164] Soweit ausnahmsweise eine AGB-Klausel vorliegen sollte, bedarf es nach § 307 Abs. 1 Satz 2 BGB eines ausdrücklichen Hinweises.

e) Nach der Rechtsprechung kann ein Getränkefachgroßhändler den Gastwirt 2.126
auf sein gesamtes Getränkesortiment sogar einschließlich der vertriebenen Weine und Spirituosen verpflichten.[165] Wollte man Brauereien hier anders behandeln, so ergäben sich sachlich nicht gerechtfertigte Benachteiligungen für Brauereien gegenüber Getränkefachgroßhändlern.[166]

3. Gebindeart

Regelmäßig enthalten Getränkelieferungsverträge Formulierungen zur Gebinde- 2.127
art, insbesondere zur Erstreckung der Bezugsverpflichtung auf Fass- und Flaschengebinde. Eine entsprechende Klarstellung ist sinnvoll, um eine vertrags- und interessengerechte Amortisation der Leistungen des Getränkelieferanten zu gewährleisten.

162) BGH, Urt. v. 31.1.1973 – VIII ZR 131/71, WM 1973, 357 = Zeller I, 220.

163) OLG Karlsruhe, Urt. v. 18.10.2001 – 19 U 97/01, BeckRS 2001, 30212399.

164) So auch *Gödde*, in: Martinek/Semmler/Habermeier/Flohr, Vertriebsrecht, § 52 Rz. 137, mit Hinweis auf eine Richtlinie des Deutschen Brauer-Bundes e. V. aus April 2005, wonach es sich bei Biermischgetränken um trinkfertige Mischungen von Bier und anderen Getränken auf der Basis von Bier handelt.

165) BGH, Urt. v. 31.1.1973 – VIII ZR 131/71, WM 1973, 357 = Zeller I, 220; OLG München, Urt. v. 30.9.1994 – 21 U 1742/94, BB 1995, 329.

166) RG, Urt. v. 23.9.1935 – VI 146/35, JW 1935, 3217 Nr. 1; BGH, Urt. v. 31.1.1973 – VIII ZR 131/71, WM 1973, 357 = Zeller I, 220; OLG München, Urt. v. 30.9.1994 – 21 U 1742/94, BB 1995, 329; OLG Karlsruhe, Urt. v. 18.10.2001 – 19 U 97/01, BeckRS 2001, 30212399; *Paulusch*, Brauerei- und Gaststättenrecht, 9. Aufl. 1996, Rz. 123. Zum Umfang des Sortiments (auch alkoholfreie Getränke) und § 34 GWB a. F. wird verwiesen auf LG Mannheim, Urt. v. 16.4.1999 – 7 O. 232/98 (Kart).

4. Doppelbindung

2.128 Werden für ein Gaststättenobjekt zwei Getränkelieferungsverträge abgeschlossen, so sollte klargestellt werden, dass eine entsprechende Mindestbezugsmenge für beide Verträge zusammen gilt.[167)]

VIII. Bewertung

1. Beurteilungszeitpunkt

2.129 a) **Grundsatz.** Nach h. M. sind der Beurteilung im Grundsatz die Verhältnisse bei Vornahme des Rechtsgeschäfts **(Vertragsschluss)**[168)] zugrunde zu legen. Unmaßgeblich sind daher der Zeitpunkt des Eintritts der Rechtswirkungen oder spätere Entwicklungen. Dies entspricht dem allgemeinen Rechtsgedanken, dass Schuldverhältnisse nach der Zeit ihrer Entstehung zu beurteilen sind (Art. 170 EGBGB).[169)] Davon gingen bereits die Verfasser des BGB aus (Motive II zu Entwurf I § 347 Seite 180 = Mugdan II, Seite 99).

2.130 b) **Konsequenzen.** Der (spätere) Eintritt der Rechtswirkungen ist ebenso unbeachtlich wie nachfolgende Entwicklungen. Daher wird ein Getränkelieferungsvertrag nicht nachträglich sittenwidrig, wenn sich wegen einer negativen Absatzentwicklung in der Absatzstätte ein Missverhältnis zwischen Leistung und Gegenleistung ergibt. Andererseits können freiwillige, nach Vertragsschluss erbrachte weitere Leistungen bei der rechtlichen Beurteilung des Vertrages nach § 138 Abs. 1 BGB nicht berücksichtigt werden.[170)]

2. Umstände in der Person des Verpflichteten

2.131 a) Das Gewicht der Leistung(en), die der Getränkelieferant für die Ausschließlichkeitsbindung gewährt, darf nicht isoliert von der Person des Gastwirts gesehen werden. Umstände, die in seiner Person begründet sind (Existenzgründung, Kreditwürdigkeit etc.), sind nämlich mit von maßgeblichem Einfluss bei der Prüfung der Ausgewogenheit von Leistung und Gegenleistung; so etwa, wenn der Gastwirt durch ein Darlehen erst in die Lage versetzt wird, das **Gaststättengrundstück zu erwerben** oder den **Betrieb zu übernehmen.**[171)]

---

167) OLG Köln, Urt. v. 28.6.1989 – 2 U 93/88, NJW-RR 1989, 1336.

168) BGH, Urt. v. 23.11.1983 – VIII ZR 333/82, ZIP 1984, 335 = Zeller III, 266; BGH, Urt. v. 3.11.1999 – VIII ZR 269/98, BGHZ 143, 103 = NJW 2000, 1110; BGH, Urt. v. 30.3.2010 – XI ZR 200/09, NJW 2010, 2041 = ZIP 2010, 1072.

169) RG, Urt. v. 30.10.1936 – VII 65/36, RGZ 152, 251; BGH, Urt. v. 11.11.1953 – II ZR 181/52, BGHZ 10, 391; BGH, Urt. v. 28.2.1989 – XI ZR 130/88, NJW 1989, 1276.

170) BGH, Urt. v. 15.4.1987 – VIII ZR 97/86, NJW 1987, 1878 = ZIP 1987, 855; BGH, Urt. v. 13.3.1997 – I ZR 215/94, NJW 1998, 156 = ZIP 1997, 1356.

171) BGH, Urt. v. 14.6.1972 – VIII ZR 14/71, NJW 1972, 1459 = Zeller I, 212; RG, Urt. v. 30.10.1936 – VII 65/36, RGZ 152, 251; *Paulusch*, Brauerei- und Gaststättenrecht, 9. Aufl. 1996, Rz. 105, 274.

b) Existenzgründung. Ermöglicht der Getränkelieferant dem Gastwirt durch eine Darlehensgewährung erst den Erwerb des Gaststättengrundstücks oder die Eröffnung des Betriebes, so können die Bindungen – und dazu gehört insbesondere auch die Dauer der unkündbaren Bezugsbindung – enger sein als in anderen Fällen, in denen der Gastwirt die Gastwirtschaft bereits betreibt. Es liegt dabei in der Natur der Sache und entspricht den legitimen Interessen der Getränkelieferanten an der Möglichkeit eines wirksamen Durchgreifens bei Leistungsstörungen – insbesondere in Zeiten einer stärkeren **Fluktuation** im Gaststättengewerbe –, dass der **Anfänger**, dessen **Leistungsfähigkeit** und **Vertragstreue** dem Getränkelieferanten noch nicht bekannt sind, u. U. mehr an Bindungen hinnehmen muss als ein bereits etablierter Gastwirt.[172] Hiermit einher geht die größere Gefahr von **Fehlinvestitionen, Forderungsausfällen, Wertberichtigungen** und allgemein **erhöhter Betreuungsaufwand.** 2.132

c) Damit kommt es auch maßgeblich auf die **Kreditwürdigkeit** des Verpflichteten an. 2.133

d) Zweifel hinsichtlich der – nicht nur gaststättenrechtlichen – **Zuverlässigkeit** sind mit einzustellen. 2.134

e) Das **Alter des Gastwirts** hat außer Ansatz zu bleiben. Wer bei Abschluss des Vertrages drei Jahre vor dem Erreichen des Rentenalters steht, wird hierdurch nicht schwerwiegend belastet. Darüber hinaus fällt dieser Umstand allein in den Verantwortungsbereich des Gastwirts, weil der Gastwirt selbst – ungleich zuverlässiger als der Getränkelieferant – beurteilen konnte, wie lang er altersgemäß zur Fortführung einer Absatzstätte in der Lage sein würde.[173] 2.135

f) Nicht ohne Belang für den Umfang und die Dauer der Bezugsbindung ist, ob der Gebundene die Absatzstätte **selbst betreibt** und daraus seinen Lebensunterhalt bestreitet oder ob etwa der Erwerber eines Gaststättengrundstücks an dem Ankauf vorwiegend aus anderen Gründen (Erweiterung seiner Fabrik) interessiert ist und die auf diesem Grundstück befindliche Absatzstätte nicht selbst betreiben will.[174] 2.136

g) Unter einem ganz anderen Gesichtspunkt hat der BGH die Verbots- und Sittenwidrigkeit eines Getränkelieferungsvertrages in einer Entscheidung vom 22.1.1987 geprüft. Dort ging es um die Lieferung von Bier an ein **Bordell**. Das Ergebnis des BGH, dass ein solcher Vertrag auch dann nicht nichtig ist, wenn 2.137

---

172) BGH, Urt. v. 14.6.1972 – VIII ZR 14/71, NJW 1972, 1459 = Zeller I, 212; BGH, Urt. v. 25.4.2001 – VIII ZR 135/00, BGHZ 147, 279 = NJW 2001, 2331 = ZIP 2001, 1245; RG, Urt. v. 30.10.1936 – VII 65/36, RGZ 152, 251; OLG Düsseldorf, Urt. v. 13.11.2009 – I-22 U 71/09, BeckRS 2012, 05469.

173) BGH, Urt. v. 22.10.1997 – VIII ZR 149/96.

174) BGH, Urt. v. 22.1.1975 – VIII ZR 243/73, NJW 1975, 163 = Zeller I, 351; OLG Düsseldorf, Urt. v. 8.11.1999 – 1 U 42/99; OLG Karlsruhe, Urt. v. 18.10.2001 – 19 U 97/01, BeckRS 2001, 30212399.

das Bordell in einer Gemeinde betrieben wird, in der die Ausübung der Prostitution gem. § 120 Abs. 1 Nr. 1 OWiG durch Polizeiverordnung verboten ist, kann kaum überraschen.[175)]

3. Mengenrelation

2.138 a) **Rückblick.** Aus der älteren Rechtsprechung sind noch bestimmte Mengenrelationen zwischen den gewährten Leistungen, insbesondere Darlehen einerseits und abzunehmender Getränkemenge bzw. Laufzeit andererseits, zu erinnern. So berichtete das OLG München im Zusammenhang in einem streitgegenständlichen Getränkelieferungsvertrag aus dem Jahre 1963 von einer Relation zwischen Darlehenshöhe und Bezugsverpflichtung in Anlehnung an eine vom Deutschen Brauer-Bund und dem Deutschen Hotel- und Gaststättenverband beschlossene Empfehlung von 8,00 DM Darlehen zu einem hl Bier.[176)] Auch das OLG Frankfurt hatte im Jahre 1962 im Zusammenhang mit einem Getränkelieferungsvertrag aus dem Jahre 1954 die vorgenannte Konditionenempfehlung der Verbände zur Zeitdauer von Getränkebezugsverpflichtungen zum Gegenstand, wonach Getränkelieferungsverträge auf der Basis einer Mengenrelation von 8,00 DM Darlehen pro hl Bier pro Jahr als angemessen angesehen wurden.[177)]

2.139 b) **Grundsatz.** Solche gemeinsamen Empfehlungen existieren schon seit Jahrzehnten nicht mehr. Sie wären heute wohl auch kartellrechtlich unzulässig. Jedenfalls sind sie ein Relikt aus längst vergangenen Zeiten, in denen sowohl der Wettbewerb zwischen den Getränkelieferanten als auch das Nachfrageverhalten der Gastwirte sich anders als heute darstellte sowie die zu bewältigenden Investitionen andere Größenordnungen hatten.[178)]

2.140 c) **Rechtsprechung.** Ein auffälliges Missverhältnis zwischen Leistung (Gewährung eines Darlehens in Höhe von 120.000,00 DM zu 4,08 % Zinsen effektiv) und der Leistung des Gastwirts (Pächters) konnte im Hinblick auf die vereinbarte Getränkemenge (Laufzeit von 10 Jahren, mindestens bis zur Abnahme von 1.200 hl Fassbier und 1.000 hl Flaschenbier sowie alkoholfreier Getränke) nicht angenommen werden.[179)]

IX. Einschränkung der wirtschaftlichen Bewegungsfreiheit, Grundlagen

2.141 Die Prüfung eines Getränkelieferungsvertrages auf eine etwaige Sittenwidrigkeit bzw. Unangemessenheit im Übrigen (Fallgruppe 2: unvertretbare Einschränkung der wirtschaftlichen Betätigungsfreiheit) muss besonders sorgfältig erfolgen.

---

175) BGH, Urt. v. 22.1.1987 – III ZR 1/86, WM 1987, 1106 = Zeller IV, 25.

176) OLG München, Urt. v. 11.1.1968 – 1 U 2037/67, NJW 1968, 650.

177) OLG Frankfurt/M., Urt. v. 26.6.1962 – 5 U 254/61, Brauwelt 1963, 985 = Zeller I, 166.

178) *Gödde*, in: Martinek/Semler/Habermeier/Flohr, Vertriebsrecht, § 52 Rz. 28.

179) OLG Düsseldorf, Urt. v. 16.1.2004 – I-14 U 156/03, BeckRS 2010, 24896, rkr. durch (Nichtzulassungs-)Beschl. d. BGH v. 19.10.2005 – VIII ZR 53/04.

1. Beurteilungsgrundsätze

a) **Umfassende Einzelfallprüfung.** Im Rahmen der vorzunehmenden Interessenabwägung bedarf es einer umfassenden Berücksichtigung der schutzwürdigen Interessen der beteiligten Parteien im jeweiligen Einzelfall.[180] 2.142

b) Festzustellen ist, ob sich aus der **Zusammenfassung von Inhalt, Motiv** und **Zweck des jeweiligen Vertrages** und den **Umständen seines Zustandekommens** ergeben, dass die Grenze der guten Sitten überschritten ist.[181] 2.143

c) Bei der Beurteilung, ob eine Bindung unausgewogen ist, sind **Zweck** und **Gesamtcharakter des jeweiligen Vertrages** zu berücksichtigen.[182] Nicht nur revisionsgerichtlich angreifbar sind daher Würdigungen, die nicht von einem **vollständigen** – festgestellten (!) – **Sachverhalt** ausgehen, die den **Gesamtkontext der Vertragsregelung** vernachlässigen oder etwa **sach- und zweckfremde Erwägungen** enthalten. 2.144

2. Vorgehensweise

a) **Einzelbetrachtung.** Zunächst ist zu prüfen, ob die Bestimmungen des Vertrages bei isolierter Betrachtung zu beanstanden sind.[183] Dabei kommt es **insbesondere** auf folgende Regelungen an: 2.145

- Gestattung des Mitbezugs anderer Getränke
- Mindestabnahmeverpflichtung
- Laufzeit
- Umfang der Leistungen des Getränkelieferanten
- ein etwaiges Lösungsrecht des Getränkelieferanten mit Fortdauer der Verpflichtung des Gastwirts

---

180) RG, Urt. v. 30.10.1936 – VII 65/36, RGZ 152, 251; BGH, Urt. v. 9.4.1970 – KZR 7/69, NJW 1970, 2157 = Zeller I, 64; RG, Urt. v. 15.6.1906 – II 514/05, RGZ 63, 390; RG, Urt. v. 22.3.1935 – VII 278/34, JW 1935, 2553 Nr. 1; RG, Urt. v. 23.9.1935 – VI 146/35, JW 1935, 3217 Nr. 1; RG, Urt. v. 3.12.1935 – VII 138/35, JW 1936, 569 Nr. 1; OLG Koblenz, Urt. v. 21.2.2002 – 5 U 677/01, NJOZ 2002, 837. Zu § 307 BGB: BGH, Urt. v. 3.11.1999 – VIII ZR 269/98, BGHZ 143, 103 = NJW 2000, 1110; BGH, Urt. v. 24.3.2010 – VIII ZR 304/08, NJW 2010, 2793.

181) RG, Urt. v. 16.11.1907 – V 102/07, RGZ 67, 101; RG, Urt. v. 30.10.1936 – VII 65/36, RGZ 152, 251; OLG Köln, Urt. v. 9.5.1995 – 3 U 144/94, NJW-RR 1995, 1516; OLG Köln, Urt. v. 6.12.2006 – 1 U 14473/06, NJW-RR 2007, 498; OLG Oldenburg, Urt. v. 14.11.2012 – 5 U 56/11; *Paulusch*, Brauerei- und Gaststättenrecht, 9. Aufl. 1996, Rz. 91.

182) BGH, Urt. v. 23.11.1983 – VIII ZR 333/82, ZIP 1984, 335 = Zeller III, 266; OLG München, Urt. v. 31.1.1995 – 25 U 3600/94, BeckRS 1995, 04936; OLG Karlsruhe, Urt. v. 4.3.1999 – 12 U 259/98, rkr. durch Nichtannahmebeschl. d. BGH v. 7.10.1999 – VIII ZR 125/99; OLG Düsseldorf, Urt. v. 27.10.2004 – VI-U (Kart) 41/03, BeckRS 2005, 06685. Zu § 307 BGB: BGH, Urt. v. 27.2.1985 – VIII ZR 85/84, NJW 1985, 2693 = Zeller, III, 80.

183) RG, Urt. v. 30.10.1936 – VII 65/36, RGZ 152, 251; OLG Köln, Urt. v. 9.5.1995 – 3 U 144/94, NJW-RR 1995, 1516; OLG Koblenz, Urt. v. 21.2.2002 – 5 U 677/01, NJOZ 2002, 837; OLG Oldenburg, Urt. v. 14.11.2012 – 5 U 56/11.

- Rechtsnachfolge[184)]
- Kündigung[185)]
- Schadensersatz[186)]
- Vertragsstrafen[187)]
- Sicherheiten[188)]

2.146 b) Im Rahmen einer **Gesamtbetrachtung** sämtlicher Vertragsregelungen sind – auch bei isolierter Unbedenklichkeit – in einer zweiten Prüfungsstufe Feststellungen zu der Frage erforderlich, ob die Regelungen insgesamt zu einer gravierenden Beschränkung der wirtschaftlichen Bewegungsfreiheit des Gastwirts führen. Dies ist dann der Fall, wenn die verschiedenen Vertragsregelungen für sich genommen noch nicht schlecht und unbillig sind, aber in ihrer Gesamtheit zu schwerwiegende Einschränkung der wirtschaftlichen Bewegungsfreiheit des Vertragspartners führen.[189)]

2.147 Notwendig ist eine Gegenüberstellung der insgesamt begründeten **gegenseitigen Rechte und Pflichten.**[190)] Bei der Abwägung sind nicht nur die aufseiten des Getränkelieferanten getätigten **Investitionen,** sondern der gesamte Vertragsinhalt und **zwar seine formular- wie auch individualvertraglichen**

---

184) OLG Köln, Urt. v. 20.10.2011 – 7 U 65/11, BeckRS 2012, 15923.

185) OLG Oldenburg, Urt. v. 14.11.2012 – 5 U 56/11.

186) OLG Köln, Urt. v. 20.10.2011 – 7 U 65/11, BeckRS 2012, 15923; OLG Oldenburg, Urt. v. 14.11.2012 – 5 U 56/11.

187) BGH, Urt. v. 6.12.1989 – VIII ZR 310/88, BGHZ 109, 314 = NJW 1990, 567 = Zeller IV, 210; BGH, Urt. v. 22.10.1997 – VIII ZR 149/96; OLG München, Urt. v. 31.1.1995 – 25 U 3600/94, BeckRS 1995, 04936; OLG Hamm, Urt. v. 13.3.1995 – 2 U 139/94, NJW-RR 1996, 46; OLG Köln, Urt. v. 9.5.1995 – 3 U 144/94, NJW-RR 1995, 1516; OLG Hamm, Urt. v. 5.7.1995 – 30 U 331/93, ZMR 1995, 536; OLG Schleswig, Urt. v. 14.6.2001 – 1 U 76/2000; OLG Koblenz, Urt. v. 21.2.2002 – 5 U 677/01, NJOZ 2002, 837; OLG Köln, Urt. v. 9.5.1995 – 3 U 144/94, NJW-RR 1995, 1516; OLG Köln, Urt. v. 20.10.2011 – 7 U 65/11, BeckRS 2012, 15923; *Paulusch*, Brauerei- und Gaststättenrecht, 9. Aufl. 1996, Rz. 275.

188) OLG Köln, Urt. v. 20.10.2011 – 7 U 65/11, BeckRS 2012, 15923.

189) RG, Urt. v. 30.10.1936 – VII 65/36, RGZ 152, 251; BGH, Urt. v. 10.11.1976 – VIII ZR 84/75, WM 1977, 112 = Zeller II, 23; BGH, Urt. v. 6.10.1982 – VIII ZR 201/81, NJW 1983, 159 = Zeller III, 231 (Automatenaufstellvertrag); BGH, Urt. v. 27.2.1985 – VIII ZR 85/84, NJW 1985, 2693 = Zeller, III, 80; BGH, Urt. v. 6.12.1989 – VIII ZR 310/88, BGHZ 109, 314 = NJW 1990, 567 = Zeller IV, 210; BGH, Urt. v. 22.10.1997 – VIII ZR 149/96; RG, Urt. v. 30.10.1936 – VII 65/36, RGZ 152, 251; OLG Köln, Urt. v. 9.5.1995 – 3 U 144/94, NJW-RR 1995, 1516; OLG Düsseldorf, Urt. v. 19.1.1999 – U (Kart) 17/98, rkr. durch Nichtannahmebeschl. d. BGH v. 22.3.2000 – VIII ZR 60/99 (Vertrag Brauerei-Getränkefachgroßhändler); OLG Schleswig, Urt. v. 14.6.2001 – 1 U 76/2000; OLG Koblenz, Urt. v. 21.2.2002 – 5 U 677/01, NJOZ 2002, 837; OLG Köln, Urt. v. 20.10.2011 – 7 U 65/11, BeckRS 2012, 15923; OLG Oldenburg, Urt. v. 14.11.2012 – 5 U 56/11.

190) BGH, Urt. v. 27.2.1985 – VIII ZR 85/84, NJW 1985, 2693 = Zeller, III, 80; BGH, Urt. v. 3.11.1999 – VIII ZR 269/98, BGHZ 143, 103 = NJW 2000, 1110; BGH, Urt. v. 17.12.2002 – X ZR 220/01, NJW 2003, 886 = ZIP 2003, 533; BGH, Urt. v. 8.12.2011 – VII ZR 111/11, NJW-RR 2012, 626.

Teile[191] zu würdigen. Klauseln, die nach § 305c Abs. 1 BGB nicht Vertragsbestandteil geworden sind oder einer Inhaltskontrolle nach §§ 307–309 BGB nicht standhalten, sind einzubeziehen.[192]

3. Tatrichterliche Würdigung

Handelt es sich um einen individuell ausgehandelten Vertrag, so kann dessen Auslegung durch den Tatrichter nur eingeschränkt, insbesondere auf die Berücksichtigung aller für die Auslegung erheblichen Umstände, nachgeprüft werden.[193] Bei der Prüfung der Frage, ob eine Bezugsbindung gegen die guten Sitten verstößt, räumt der BGH den Instanzgerichten einen gewissen Freiraum ein. Da diese Würdigung grundsätzlich Sache des Tatrichters ist,[194] der insoweit den Dingen nähersteht, und das Revisionsgericht diese Würdigung nur in beschränktem Umfang – unter dem Gesichtspunkt etwaiger Rechtsfehler – nachprüfen kann, bleibt es nicht aus, dass in höchstrichterlichen Entscheidungen Vertragsgestaltungen noch als haltbar bezeichnet werden, die das Revisionsgericht – hätte es selbst frei entscheiden können – anders beurteilt hätte. Bei der Heranziehung von Vergleichsfällen ist daher stets Vorsicht geboten. 2.148

X. Beurteilungskriterien

Im Einzelfall bedarf es einer sorgfältigen Prüfung sowohl in tatsächlicher als auch in rechtlicher Hinsicht, ob die nachfolgend nicht abschließend angeführten **objektiven Beurteilungskriterien** sowohl als einzelne als auch in ihrer Gesamtheit ermittelt werden können.[195] 2.149

1. Umstände des Vertragsabschlusses

Abzustellen ist auch auf die tatsächlichen Umstände, die den Vertragsabschluss begleitet haben und bei Vertragserfüllung weiter wirken.[196] Mit den Umständen 2.150

191) BGH, Urt. v. 6.12.1989 – VIII ZR 310/88, BGHZ 109, 314 = NJW 1990, 567 = Zeller IV, 210. Zu § 307 BGB: BGH, Urt. v. 25.4.2001 – VIII ZR 135/00, BGHZ 147, 279 = NJW 2001, 2331 = ZIP 2001, 1245; BGH, Urt. v. 6.12.2002 – V ZR 220/02, NJW 2003, 1313 = ZIP 2003, 407; BGH, Urt. v. 5.4.2006 – VIII ZR 163/05, NJW 2006, 2116 = ZIP 2006, 2046.

192) BGH, Urt. v. 18.9.1997 – IX ZR 283/96, NJW 1997, 3327 = ZIP 1997, 1957.

193) BGH, Urt. v. 21.10.1992 – VIII ZR 99/91, NJW-RR 1993, 562; OLG Zweibrücken, Urt. v. 15.1.1998 – 4 U 213/96, OLGReport 1998, 161, rkr. durch Nichtannahmebeschl. des BGH v. 15.12.1998 – VIII ZR 50/98.

194) RG, Urt. v. 22.3.1935 – VII 278/34, JW 1935, 2553 Nr. 1; RG, Urt. v. 30.10.1936 – VII 65/36, RGZ 152, 251; BGH, Urt. v. 13.7.1979 – V ZR 122/77, NJW 1979, 2149 = Zeller II, 287; BGH, Urt. v. 21.10.1992 – VIII ZR 99/91, NJW-RR 1993, 562; BGH, Urt. v. 22.10.1997 – VIII ZR 149/96; OLG Zweibrücken, Urt. v. 15.1.1998 – 4 U 213/96, OLGReport 1998, 161, rkr. durch Nichtannahmebeschl. d. BGH v. 15.12.1998 – VIII ZR 50/98.

195) OLG Koblenz, Urt. v. 21.2.2002 – 5 U 677/01, NJOZ 2002, 837.

196) RG, Urt. v. 16.11.1907 – V 102/07, RGZ 67, 101; OLG Düsseldorf, Urt. v. 27.10.2004 – VI-U (Kart) 41/03, BeckRS 2005, 06685.

beim Zustandekommen des Rechtsgeschäfts allein lässt sich eine Anwendung von § 138 Abs. 1 BGB allerdings nicht begründen. Auch wird sich daraus nur selten etwas für eine Vertragsnichtigkeit i. S. d. § 138 Abs. 1 BGB herleiten lassen.[197)] Zu berücksichtigen ist, ob der Vertrag etwa von einem **Rechtsanwalt** des Gastwirts ausgearbeitet worden ist.[198)]

2. Sortimentsfestlegung

2.151 Heißt es in einem Vertrag, dass der Gastwirt alle Biere und alkoholfreien Getränke „ausschließlich aus dem Sortiment eines benannten Getränkefachgroßhändlers nach dessen Weisung bzw. auf dem von diesem angegebenen Weg" zu beziehen habe, gefolgt von einer Aufzählung diverser Biere und alkoholfreier Getränke und wird diese Regelung durch eine Unterlassungsverpflichtung für Fremdbezug abgesichert, so bestehen keine durchgreifenden Wirksamkeitsbedenken. Der Vorwurf, der Getränkelieferant habe sich das Recht vorbehalten, beliebig die Sorten zu wechseln oder die Betreiberin willkürlich zu beliefern, entbehrt einer hinreichenden Grundlage. Die diversen Getränkesorten sind im Einzelnen festgelegt. Ein uneingeschränktes Recht des Getränkelieferanten, von dieser Auflistung abzuweichen, ist weder vorgesehen noch sonst ersichtlich. Zwar lässt die Formulierung die vorgegebenen Getränke seien „nach Weisung von …" zu beziehen, theoretisch ein Verständnis dahin zu, dass der Getränkelieferant zu entscheiden hätte, welche Getränke die Gaststättenbetreiberin wann abzunehmen hatte. Doch ist eine solche Interpretation im Gesamtkontext nicht haltbar. Zum einen bedeutet bereits die nachfolgende Wendung „bzw. auf dem von … angegebenen Weg" darauf hin, dass auch die Formulierung „nach Weisung …" allein auf den Lieferweg bezogen ist. Zum anderen würden die festgelegten Sanktionen für eine Unterschreitung der Mindestabnahmemenge kaum einen Sinn machen, wenn der Vertrag an anderer Stelle die Entscheidung über Art und Umfang der Getränkelieferungen allein in die Hand des Getränkelieferanten legen würde. Hinzukommt, dass in einer weiteren Klausel geregelt wurde, dass ein Wechsel der Biersorte vom Gastwirt nur dann abgelehnt werden konnte, wenn diese ihm nicht zumutbar war. Der **Vorbehalt der Zumutbarkeit** trägt den Interessen des Gaststättenbetreibers hinreichend Rechnung. Zwar fehlt eine Festschreibung eines bestimmten Katalogs von lieferbaren Bieren und alkoholfreien Getränken. Indes macht eine solche Festschreibung gerade das Wesen der im Grundsatz allgemein akzeptierten Kombination von Darlehens- und Getränkelieferungsvertrag aus. Zudem war in dem Vertrag eine breitgefächerte Angebotspalette niedergelegt. Daher konnte dem Getränkelieferanten auch nicht vorgeworfen werden, er habe die Gaststättenbetreiberin zu einem unattraktiven weil zu einseitigem Getränkeangebot gezwungen. Dies umso weniger,

197) OLG Köln, Urt. v. 9.5.1995 – 3 U 144/94, NJW-RR 1995, 1516.

198) RG, Urt. v. 22.3.1935 – VII 278/34, JW 1935, 2553 Nr. 1.

als in dem Vertrag eine Bindung für andere alkoholische Getränke als Bier nicht vorgesehen war. Der Gaststättenbetreiberin blieb damit ein nicht unerheblicher Freiraum, um in ihrem Getränkeangebot eigene Akzente zu setzen.[199)]

3. Sortimentsänderung

a) **Einführung.** Es liegt sowohl im Interesse des Getränkelieferanten als auch des Gastwirts, sich tatsächlichen und nicht lediglich behaupteten Änderungen des **Publikumsgeschmacks** anpassen zu können, um nachweislich wieder rentabel arbeiten zu können. Entsprechende Regelungen erzeugen nach der aktuellen Rechtsprechung des BGH unter dem Gesichtspunkt des § 307 BGB bzw. des § 138 Abs. 1 BGB einen „Erklärungs- bzw. Rechtfertigungsbedarf".[200)] 2.152

b) **Erweiterung.** Üblich und im beiderseitigen Interesse sinnvoll sind Regelungen, die eine Erweiterung des Getränkesortiments auf nach Vertragsschluss neu eingeführte Getränke ermöglichen. Die Praxis kennt Formulierungen wie „Das Getränkesortiment ergibt sich aus der jeweils aktuellen Sortiments (und Preis-)liste, derzeit in der Fassung vom …". 2.153

Wirksamkeitsbedenken ergeben sich jedenfalls dann nicht, wenn der Getränkelieferant damit versucht, bei Vertragsabschluss voraussehbare, aber noch nicht spezifizierbare Änderungen des Publikumsgeschmacks aufzufangen. Als faktische Grenze dürfte der Charakter der Absatzstätte, etwa als Pilspub, zu nennen sein. Handelt es sich insofern um Vertragsklauseln, die lediglich objektiv und allgemein gegebenen Veränderungen des Konsumverhaltens und damit der Publikumswünsche Rechnung tragen, so dürfte diesen auch aus **Äquivalenz**gesichtspunkten nichts entgegengehalten werden können. Erstreckt sich beispielsweise das gebundene Sortiment bislang lediglich auf Bier und ermöglicht die Erweiterungsklausel auch, Biermischgetränke und alkoholfreie Getränke aufzunehmen, so trägt sie nur voraussehbaren Änderungen des Konsumverhaltens Rechnung und liegt im beiderseitigen Interesse der Vertragsparteien, das bei Vertragsabschluss zugrunde gelegte Äquivalenzverhältnis von Leistung und Leistung auch dauerhaft im Sinne einer latenten Erfüllbarkeit zu gewährleisten. Letzteres wird man wohl auch dann annehmen können, wenn das gebundene Sortiment, insbesondere bei Brauereien, sich derzeit noch nicht auf eigene und vertriebene Produkte erstreckt, eine solche Erstreckung aber für beide Vertragsparteien voraussehbar erscheint. Die Zulässigkeit hängt nicht davon ab, dass das Getränk in derselben Produktionsstätte hergestellt wird. 2.154

c) **Änderungen der Sorten- oder Markenbezeichnung** bzw. der Ausstattung des Produkts stellen sich nicht als Erweiterung des Umfangs der Bezugsverpflichtung dar. Bleibt das Getränk nach seiner Rezeptur im Wesentlichen iden- 2.155

---

199) OLG Oldenburg, Urt. v. 14.11.2012 – 5 U 56/11.

200) Siehe oben § 9 III 5.

tisch und wird lediglich der Markenauftritt geändert, so bestehen auch unter Äquivalenzgesichtspunkten keine Bedenken.[201)] Anders dagegen, wenn die Klausel es ermöglicht, dass der Getränkelieferant einseitig ein A-Pils durch ein B-Pils ersetzten kann.

2.156 d) **Sorten-/Markenaustausch.** In der zuletzt genannten Fallgruppe könnte an einen Verstoß gegen das **Äquivalenz**prinzip gedacht werden. Dies erst recht, wenn etwa das Bier einer bestimmten Sorte (z. B. Pils) durch das Bier einer anderen Sorte (z. B. Weizen) ersetzt werden soll und es sich um ein sortentypisches Objekt (Beispiele Pilspub, Weizenbiergarten etc.) handelt. Nach der Rechtsprechung ist der Vorbehalt, dass der Verkäufer eine preislich und qualitativ gleichwertige Ware liefern darf, unwirksam.[202)]

2.157 Naturgemäß treten etwaige Bedenken zurück, wenn der Gastwirt nachweislich mit diesen Änderungen einverstanden ist. Letzteres lässt sich nicht nur durch Ergänzungen der vertraglichen Abreden, sondern auch durch entsprechende Bestellungen und Käufe durch den Gastwirt, auch bei Drittanbietern, nachweisen. Einigten sich die Parteien im Vertragsverlauf mündlich auf eine **Sortenauswechslung** zweier Biere, so handelte es sich um einen Punkt, der für die kartellrechtliche Bewertung ohne jegliche Bedeutung war und deshalb einer schriftlichen Niederlegung nicht bedurfte.[203)] Auch nach aktueller Rechtsprechung bestehen keine Wirksamkeitsbedenken hinsichtlich einer Sortimentsänderungsklausel.[204)]

2.158 e) **Gestaltungsrecht Nebensortiment.** Dem Argument, der Getränkelieferant könne über das ihm eingeräumte Gestaltungsrecht hinsichtlich des Nebensortiments eine Unterschreitung der Mindestabnahmemenge herbeiführen, um das Darlehen sofort fällig stellen zu können, ist das LG Köln zu Recht entgegengetreten.[205)] Zunächst betraf das Gestaltungsrecht lediglich das Nebensortiment. Die Mindestabsatzmenge bezog sich dagegen auf Fassbier und das gebundene Hauptprodukt. Zudem war der Getränkelieferant nach dem Klauseltext verpflichtet, bei der Wahrnehmung des Gestaltungsrechts die berechtigten Interessen des Gastwirts zu berücksichtigen und darauf zu achten, dass ihm keine wirtschaftlichen Nachteile entstehen.

---

201) Vgl. dazu die allerdings nicht mehr geltende Ziff. 40 letzter Satz der Bekanntmachung zur VO Nr. 1984/83.

202) BGH, Urt. v. 21.9.2005 – VIII ZR 284/04, NJW 2005, 3567 = ZIP 2005, 2262.

203) So die Rechtsprechung zu § 34 GWB a. F., u. a. BGH, Urt. v. 9.4.1970 – KZR 7/69, NJW 1970, 2157 = Zeller I, 64; BGH, Urt. v. 12.5.1976 – KZR 17/75, NJW 1976, 1743 = Zeller I, 140; BGH, Urt. v. 25.4.2001 – VIII ZR 135/00, BGHZ 147, 279 = NJW 2001, 2331 = ZIP 2001, 1245.

204) LG Köln, Urt. v. 15.3.2011 – 21 O. 95/10, BeckRS 2012, 02826, Vorinstanz zu OLG Köln, Urt. v. 20.10.2011 – 7 U 65/11, BeckRS 2012, 15923, zu § 307 Abs. 1 Satz 1 BGB.

205) LG Köln, Urt. v. 20.11.2012 – 4 O. 455/11.

4. Absatzstätte

a) Angabe. Im Getränkelieferungsvertrag erfolgt regelmäßig eine konkrete Angabe der gebundenen Absatzstätte(n) unter Angabe der postalischen Objektanschrift, möglichst auch der Gaststättenbezeichnung (Etablissementbezeichnung), und der Art des gastronomischen Betriebes wie beispielsweise Gaststätte, Schankwirtschaft, Restaurant, Cafe, Bistro etc. 2.159

b) Räumlicher Umfang. Dabei ist es rechtlich zulässig, die Abnahmeverpflichtung auf die gegenwärtig konzessionierten Räume einschließlich der Freiflächen auf dem Hausgrundstück, Außengastronomie in Form von Terrassen, Biergärten vor oder hinter dem Gebäude, Verkaufsstände im oder nahe des Eingangsbereichs etc. zu erstrecken. 2.160

c) Änderungen und Erweiterungen. Fraglich ist, ob die Erstreckung der Ausschließlichkeitsverpflichtung über die gegenwärtig konzessionierten Räume hinaus auf alle hiermit räumlich, organisatorisch und wirtschaftlich zusammenhängenden Ausschank- und Verkaufsstellen sowie Freiflächen auf dem Grundstück zulässig ist. Bei Klauseln, die die Ausschließlichkeit auch in Fällen der Veränderung, Erweiterung oder Verlegung der Absatzstätte auf künftig konzessionierte Objekte und Räume erstrecken, ist die Rechtsprechung des BGH zu Automatenaufstellverträgen zu berücksichtigen.[206)] Solche Klauseln halten einer Inhaltskontrolle nach § 307 Abs. 1 Satz 1 BGB jedenfalls dann nicht stand, wenn sie die Ausschließlichkeitsbindung auf Objekte erstrecken, die der Gastwirt während der Laufzeit des konkreten Getränkelieferungsvertrages anderweitig erwirbt oder pachtet/mietet. Keine Bedenken dürfte dagegen eine entsprechende „Statusklausel“ dann auslösen, wenn sie lediglich Fallgruppen des Umbaus und wohl auch des Anbaus sowie Änderungen des Konzepts erfasst, mag damit auch das Erfordernis einer Neukonzessionierung verbunden sein. 2.161

d) Außer-Haus-Lieferungen. Ebenfalls darf sich die Bezugsverpflichtung vereinbarungsgemäß auf Außer-Haus-Lieferungen durch den Gastwirt erstrecken, wie sie etwa bei Volks- oder Stadtfesten bzw. Vereinsbelieferungen vorkommen. Im Hinblick auf die Einbeziehungs- und Inhaltskontrollhürden der §§ 305c Abs. 1, 307 Abs. 1 Satz 2 BGB ist insofern auf eine eindeutige Regelung Wert zu legen. 2.162

5. Ausschluss eines Fremdbezuges

Nicht zu beanstanden ist, wenn der Gebundene andere Getränke nicht fremdbeziehen darf. Entsprechende Regelungen sind wesenstypisch für Ausschließlichkeitsverträge. Einer ausdrücklichen vertraglichen Regelung bedarf es daher nicht. Der Ausschluss eines Fremdbezuges liegt in der Natur der Ausschließlichkeitsbindung im Rahmen von Getränkelieferungsverträgen. Folglich kann dieser As- 2.163

206) Siehe unten § 56 IV 6 b.

pekt nicht zusätzlich als Argument für eine Einengung der unternehmerischen Bewegungsfreiheit des Gastwirts herangezogen werden.[207)]

6. Meistbegünstigungsregelung

2.164 Dies erhellt, warum das Fehlen einer Meistbegünstigungsregelung im Rahmen der Abwägung nicht zu Gunsten des Gebundenen geht.[208)]

7. Mitbezugsgestattung und Teilbindung

2.165 a) In der Praxis kommen verschiedene **Fallgestaltungen** vor. So finden sich Regelungen, die dem Gastwirt zugunsten anderer Lieferanten generell den Bezug einer bestimmten oder verschiedener bestimmter Sorten gestatten. Sinnvoller ist ein prozentualer Mitbezug bestimmter anderer Sorten oder besser Marken. Eher selten wird einem oder mehreren Lieferanten gestattet, prozentuale Anteile am Gesamtbedarf mitzuliefern.

2.166 b) **Mitbezugsgestattung.** Eine gewisse Bedeutung kommt in dem hier erörterten Zusammenhang dem Umstand zu, in welchem Maße dem Gastwirt auch bei Ausschließlichkeitsbindungen ein (prozentualer) Mitbezug anderer Biere/Getränke gestattet wird und er insoweit – tatsächliche – Publikumswünsche erfüllen kann.[209)] Da die Abhängigkeit des Gebundenen gelockert ist, rechtfertigt eine Teilbindung eine längere Dauer der Bezugspflicht.[210)] Allerdings verlangt § 138 Abs. 1 BGB nicht, dass dem Gastwirt allgemein ein Mitbezug anderer Getränke, in welchem Umfang auch immer gestattet sein muss, um die Sittenwidrigkeit zu vermeiden.

8. Verändertes Nachfrageverhalten

2.167 a) **Grundsatz.** Angebliche Änderungen im Publikumsgeschmack werden häufig und durchweg erfolglos gegenüber übernommenen Getränkebezugsverpflichtungen eingewandt. Allgemeine Behauptungen genügen insofern nicht. Konkrete Bezugspunkte zum zu beurteilenden Getränkelieferungsvertrag sind aufzuzeigen und ggf. zu beweisen. Darzulegen ist, warum sich innerhalb der Vertragslaufzeit ein derartiger Wandel vollziehen sollte oder gar vollzogen hat. Von Bedeutung sind insofern die Art der Absatzstätte und die vom Gastwirt bei Vertragsschluss

---

207) OLG Oldenburg, Urt. v. 14.11.2012 – 5 U 56/11; LG Köln, Urt. v. 15.3.2011 – 21 O. 95/10, BeckRS 2012, 02826, Vorinstanz zu OLG Köln, Urt. v. 20.10.2011 – 7 U 65/11, BeckRS 2012, 15923.

208) LG Köln, Urt. v. 15.3.2011 – 21 O. 95/10, BeckRS 2012, 02826, Vorinstanz zu OLG Köln, Urt. v. 20.10.2011 – 7 U 65/11, BeckRS 2012, 15923.

209) BGH, Urt. v. 7.10.1970 – VIII ZR 202/68, NJW 1970, 2243 = Zeller I, 202; BGH, Urt. v. 23.5.1973 – VIII ZR 164/71, WM 1973, 924 = Zeller I, 228; *Paulusch*, Brauerei- und Gaststättenrecht, 9. Aufl. 1996, Rz. 122, 132.

210) BGH, Urt. v. 7.10.1970 – VIII ZR 202/68, NJW 1970, 2243 = Zeller I, 202; BGH, Urt. v. 17.1.1979 – VIII ZR 262/77, NJW 1979, 865 = Zeller II, 224.

gewählte(n) Biermarke(n). Änderungen des Nachfrageverhaltens, die nicht mit der ausgeschenkten Marke zusammenhängen, z. B. der allgemeine Rückgang des Bierkonsums, fallen ohnehin allein in die vertragliche Risikosphäre eines jeden Gastwirtes.[211)]

b) Bezugsbindungen durch Getränkefachgroßhändler. Ob allein aus der Gestattung eines teilweisen Mitbezuges und der daraus resultierenden Möglichkeit, sich an – tatsächlich (!) – veränderte besondere **Publikumswünsche** anzupassen, bei der Bezugsbindung eines Gastwirts durch einen Getränkefachgroßhändler bei sonst angemessener Vertragsgestaltung regelmäßig keine Bedenken bestehen sollen,[212)] erscheint zweifelhaft. Dies zum einen im Hinblick auf das Jahr der Entscheidung. Der Getränkemarkt des Jahres 1951 kann mit dem von heute nur noch schwer verglichen werden. Hinzukommt, dass auch Brauereien über ein „gefächertes Angebot" verfügen. Nicht nur Eigen-, sondern auch Handelsbiere werden gebunden. Gelegentlich kommt auch eine ausschließliche oder auch nur sonstige (Mit-)Bindung von alkoholfreien Getränken hinzu.[213)] Allein der Umstand, dass Getränkefachgroßhändler Sortimenter sind, hat im Übrigen nicht zur Folge, dass sie regelmäßig in den von ihnen geschlossenen Ausschließlichkeitsvereinbarungen über Getränke einen Bezug von Drittgetränken zulassen. 2.168

9. Periodische Mindestabnahmemenge

a) Prüfungsmaßstab. aa) § 138 Abs. 1 BGB. Da die vereinbarten periodischen Mindestabnahmemengen in der Regel Individualvereinbarungen sind, ist § 138 Abs. 1 BGB Prüfungsmaßstab.[214)] 2.169

bb) § 307 BGB. Sind Mindestabnahmemengen ausnahmsweise formularmäßig vorgesehen, so ist § 307 BGB zu prüfen. Der Ausnahmebereich des **§ 307 Abs. 3 BGB** ist insbesondere in den Fällen einer formularmäßigen Mindestabnahmepflicht deswegen überschritten, weil die Festlegung der Mindestmenge den Getränkelieferungsvertrag als Rahmenvertrag betrifft, nicht aber die jeweils durch den einzelnen Kaufvertrag gem. §§ 433 ff. BGB fixierte Abrufmenge.[215)] 2.170

211) LG Köln, Urt. v. 15.3.2011 – 21 O. 95/10, BeckRS 2012, 02826, Vorinstanz zu OLG Köln, Urt. v. 20.10.2011 – 7 U 65/11, BeckRS 2012, 15923.

212) So – allerdings nur berichtend – *Paulusch*, Brauerei- und Gaststättenrecht, 9. Aufl. 1996, Rz. 109, unter Hinweis auf BGH, Urt. v. 23.11.1951 – I ZR 24/51, NJW 1952, 344 = Zeller I, 144.

213) Siehe oben § 9 VII 2 c.

214) BGH, Urt. v. 6.12.1989 – VIII ZR 310/88, BGHZ 109, 314 = NJW 1990, 567 = Zeller IV, 210, allerdings nur Jahresmenge; OLG München, Urt. v. 31.1.1995 – 25 U 3600/94, BeckRS 1995, 04936; OLG Hamm, Urt. v. 7.6.2002 – 29 U 88/01; OLG Düsseldorf, Urt. v. 13.11.2009 – I-22 U 71/09, BeckRS 2012, 05469; LG Köln, Urt. v.20.11.2006 – 20 O. 118/06; AG Ludwigslust, Urt. v. 16.2.2009 – 5 C 2/09, BeckRS 2009, 11036.

215) *von Westphalen*, Vertragsrecht und AGB-Klauselwerke, B Rz. 25.

2.171 cc) **§ 311a Abs. 1 i. V. m. § 275 Abs. 1 BGB** ist nicht einschlägig. Für die Annahme einer **anfänglichen Unmöglichkeit** wäre erforderlich, dass der im Vertrag vorgesehene Absatz von niemandem erbracht werden könnte. Diese Voraussetzungen liegen regelmäßig nicht vor, weil die Höhe des Getränkeabsatzes im Wesentlichen von der **Geschäftstüchtigkeit** und dem **Einsatz des Gastwirtes** geprägt wird.[216)]

2.172 b) **Individualregelung.** Vereinbarungen von Mindestabnahmemengen in einem Getränkelieferungsvertrag sind für sich betrachtet grundsätzlich nicht zu beanstanden. Allerdings dürfen auch derartige Vereinbarungen nicht zu gravierenden Beschränkungen der wirtschaftlichen Bewegungsfreiheit und Selbständigkeit des Gastwirts führen.[217)] Im Rahmen der Gesamtwürdigung kommt es u. a. auch darauf an, ob und inwieweit die Bezugsbindung möglicherweise besonders drückend, weil dem Gebundenen hohe Mindestbezugsmengen auferlegt werden.[218)]

2.173 Das **Fehlen einer vereinbarten Jahresmindestbezugsmenge** begründet jedenfalls keine Sittenwidrigkeit der Bezugsverpflichtung. Allerdings besteht dann auch lediglich eine Bezugsverpflichtung nach Bedarf, sodass – soweit kein Bedarf vorhanden ist – auch keine Abnahmepflicht gegeben ist.[219)]

2.174 c) **Erreichbarkeit. aa) Grundsatz.** Es ist festzustellen, ob die wirtschaftliche Bewegungsfreiheit des Gastwirts unvertretbar bzw. unangemessen eingeschränkt ist. Dies ist jedenfalls dann zu bejahen, wenn die „Zielvorgabe" so hoch angesetzt ist, dass der Gastwirt – unter Berücksichtigung aller Umstände – die Mindestabnahmemenge praktisch nicht erreichen kann.[220)] Die Vereinbarung einer im Hinblick auf die Absatzmöglichkeiten der Absatzstätte unrealistischen Mindestabnahmemenge in Verbindung mit einer empfindlichen Vertragsstrafe wurde als sittenwidrig angesehen.[221)]

---

216) OLG München, Urt. v. 31.1.1995 – 25 U 3600/94, BeckRS 1995, 04936.

217) OLG Düsseldorf, Urt. v. 13.11.2009 – I-22 U 71/09, BeckRS 2012, 05469; AG Saarbrücken, Urt. v. 18.12.1995 – 4 C 21/95. Ebenso *von Westphalen*, Vertragsrecht und AGB-Klauselwerke, B Rz. 25, im Zusammenhang mit § 307 BGB.

218) OLG Düsseldorf, Urt. v. 23.10.2001 – 4 U 57/01, BeckRS 2001, 30213450 = NJOZ 2003, 2554, rkr. durch Nichtannahmebeschl. d. BGH v. 7.5.2003 – VIII ZR 271/01; OLG Koblenz, Urt. v. 21.2.2002 – 5 U 677/01, NJOZ 2002, 837; OLG Düsseldorf, Urt. v. 16.1.2004 – I-14 U 156/03, BeckRS 2010, 24896, rkr. durch (Nichtzulassungs-)Beschl. d. BGH v. 19.10.2005 – VIII ZR 53/04.

219) RG, Urt. v. 30.10.1936 – VII 65/36, RGZ 152, 251; OLG München, Urt. v. 24.5.1968 – 8 U 2517/67, NJW 1968, 1880; OLG Düsseldorf, Urt. v. 23.10.2001 – 4 U 57/01, BeckRS 2001, 30213450 = NJOZ 2003, 2554, rkr. durch Nichtannahmebeschl. d. BGH v. 7.5.2003 – VIII ZR 271/01.

220) OLG Köln, Urt. v. 9.5.1995 – 3 U 144/94, NJW-RR 1995, 1516; OLG Düsseldorf, Urt. v. 13.11.2009 – I-22 U 71/09, BeckRS 2012, 05469.

221) OLG München, Urt. v. 31.1.1995 – 25 U 3600/94, BeckRS 1995, 04936; OLG Köln, Urt. v. 9.5.1995 – 3 U 144/94, NJW-RR 1995, 1516; OLG Saarbrücken, Beschl. v. 16.8.2005 – 1 W 198/05, BeckRS 2006, 03699; OLG Köln, Urt. v. 9.1.2007 – 3 U 158/05, BeckRS 2007, 04453; OLG Düsseldorf, Urt. v. 13.11.2009 – I-22 U 71/09, BeckRS 2012, 05469.

bb) Kriterien. Insofern kommt es u. a. auf die **Vorkenntnisse des Gastwirts** und die **bisherigen Absätze** in dem Objekt an.[222] Bedenken hinsichtlich des Umfangs und der Erreichbarkeit der vereinbarten Absatzmenge – konkret 900 hl Fassbier, begrenzt auf die Dauer von höchstens sechs Jahren – bestehen jedenfalls dann nicht, wenn die Absatzmenge der bereits in einem vorhergehenden Vertrag vereinbarten Hektoliterzahl entspricht[223] oder auf eigenen Berechnungen des Gastwirts beruht.[224] Weitere mit entscheidende Kriterien sind die **Person des Betreibers**, der **Standort**, die **Lage und Beliebtheit des Objektes**, die **tatsächlich konzessionierte Fläche**, die **Anzahl der Sitzplätze**, die **Betriebsgröße**, die **Betriebszeiten**, das **Betriebsmodell**, der **durchschnittliche Nettoverkaufspreis pro Liter**, der **Schankverlust**, die **Gewährung von Gratisgetränken** sowie eine **anderweitig begründete Attraktivität.**[225] 2.175

Eine unvertretbare Einschränkung der wirtschaftlichen Bewegungsfreiheit ist nur dann anzunehmen, wenn die Erreichung der vereinbarten Absatzmenge per se ausgeschlossen ist, insbesondere zwingende Hinderungsgründe entgegenstehen. Ein möglicher Verstoß gegen **ordnungsbehördliche Genehmigungen oder Auflagen** gehört nicht dazu. Es steht dem Betreiber grundsätzlich frei, ein Konzept zu wählen und die Absatzstätte so zu betreiben, dass der vertragliche Getränkeabsatz erreicht wird, ohne dass er wirtschaftlich unvertretbar eingeschränkt wird. Eine **Änderung des Konzepts**, die sich nachteilig auf den Verkauf der gebundenen Verträge auswirkt, wirkt zu Lasten des Betreibers. Insofern kommt es nicht auf die von einem Vorbetreiber erzielten Absatzzahlen und deren konkrete Verringerung nach einem Betreiberwechsel an.[226] 2.176

---

222) RG, Urt. v. 30.10.1936 – VII 65/36, RGZ 152, 251; BGH – VIII ZR 5/01, Revisionsrücknahme; BGH, Urt. v. 21.5.1975 – VIII ZR 215/72, WM 1975, 850 = Zeller I, 251; BGH, Urt. v. 21.5.1975 – VIII ZR 215/72, WM 1975, 850 = Zeller I, 251; BGH, Urt. v. 27.2.1985 – VIII ZR 85/84, NJW 1985, 2693 = Zeller, III, 80; BGH, Urt. v. 15.11.2000 – VIII ZR 322/99, NJW-RR 2001, 987; OLG Köln, Urt. v. 9.5.1995 – 3 U 144/94, NJW-RR 1995, 1516; OLG Frankfurt/M., Urt. v. 30.11.2000 – 16 U 230/99, BGH, VIII ZR 5/01, Revisionsrücknahme nach Nichtannahmebeschluss, der ausnahmsweise begründet worden ist; OLG Koblenz, Urt. v. 21.2.2002 – 5 U 677/01, NJOZ 2002, 837; OLG Saarbrücken, Beschl. v. 16.8.2005 – 1 W 198/05, BeckRS 2006, 03699; OLG Köln, Urt. v. 6.12.2006 – 11 U 73/06, NJW-RR 2007, 498; OLG Köln, Urt. v. 9.1.2007 – 3 U 158/05, BeckRS 2007, 04453; LG Ulm, Urt. v. 26.8.2010 – 6 O. 162/09.

223) BGH, Urt. v. 15.11.2000 – VIII ZR 322/99, NJW-RR 2001, 987; BGH, Urt. v. 17.12.2002 – X ZR 220/01, NJW 2003, 886 = ZIP 2003, 533; OLG Köln, Urt. v. 9.1.2007 – 3 U 158/05, BeckRS 2007, 04453; OLG Düsseldorf, Urt. v. 13.11.2009 – I-22 U 71/09, BeckRS 2012, 05469.

224) LG Köln, Urt. v. 20.11.2006 – 20 O. 118/06.

225) LG Ulm, Urt. v. 26.8.2010 – 6 O. 162/09; LG Köln, Urt. v. 15.3.2011 – 21 O. 95/10, BeckRS 2012, 02826, Vorinstanz zu OLG Köln, Urt. v. 20.10.2011 – 7 U 65/11, BeckRS 2012, 15923.

226) LG Köln, Urt. v. 15.3.2011 – 21 O. 95/10, BeckRS 2012, 02826, Vorinstanz zu OLG Köln, Urt. v. 20.10.2011 – 7 U 65/11, BeckRS 2012, 15923.

2.177 cc) **Darlegungs- und beweispflichtig** für die Nichterreichbarkeit ist der Gastwirt als derjenige, der sich auf die Nichtigkeit des Vertrages beruft. Das unternehmerische Risiko, zu dem die Unwägbarkeiten der künftigen Entwicklung des Getränkeabsatzes gehören, und das Risiko der Folgen einer Fehleinschätzung trägt daher grundsätzlich der Gastwirt. Anders ist ausnahmsweise dann zu entscheiden, wenn die vertraglich vereinbarten Getränkebezugsmengen auf einen Vorschlag des Getränkelieferanten beruhen.[227)]

10. Laufzeit

2.178 Im Rahmen der umfassenden **Gesamtwürdigung der Vertragsbedingungen** und sonstigen **Umstände im Einzelfall** kommt es insbesondere auf den zeitlichen Umfang der Bezugsbindung an.[228)]

2.179 a) **Existenzgründung.** Ermöglicht der Getränkelieferant dem Gastwirt durch eine Darlehensgewährung erst den Erwerb des Gaststättengrundstücks oder die Eröffnung des Betriebes, so können die Bindungen – und dazu gehört insbesondere auch die **Dauer** der unkündbaren Bezugsbindung – enger sein als in anderen Fällen, in denen der Gastwirt die Gastwirtschaft bereits betreibt.[229)]

2.180 Allerdings darf nicht verkannt werden, dass eine insbesondere über viele Jahre andauernde Bindung die wirtschaftliche Bewegungsfreiheit des Gastwirts nicht unerheblich einengen kann. Dies ergibt sich oftmals weniger aus der Laufzeit der Ausschließlichkeitsbindung, als vielmehr aus ihrem **Inhalt.**[230)]

2.181 b) **Länge.** Je länger die Bezugsbindung ist, desto näher liegt die Annahme, dass der Getränkelieferungsvertrag sittenwidrig ist.[231)]

11. Werbung

2.182 Rechtlich bestehen gegen entsprechende Verpflichtungen keine Bedenken, hat doch die Brauerei mit der Gewährung des Darlehens auch die Nutzung der Absatzstätte als Werbeträger erkauft.[232)] Auch aus **Äquivalenz**gesichtspunkten lässt sich hiergegen nichts Durchgreifendes einwenden.

---

227) OLG Koblenz, Urt. v. 21.2.2002 – 5 U 677/01, NJOZ 2002, 837; OLG Düsseldorf, Urt. v. 16.1.2004 – I-14 U 156/03, BeckRS 2010, 24896, rkr. durch (Nichtzulassungs-)Beschl. d. BGH v. 19.10.2005 – VIII ZR 53/04; OLG Köln, Urt. v. 9.1.2007 – 3 U 158/05, BeckRS 2007, 04453; OLG Düsseldorf, Urt. v. 13.11.2009 – I-22 U 71/09, BeckRS 2012, 05469; LG Ulm, Urt. v. 26.8.2010 – 6 O. 162/09.

228) OLG Düsseldorf, Urt. v. 13.11.2009 – I-22 U 71/09, BeckRS 2012, 05469.

229) RG, Urt. v. 30.10.1936 – VII 65/36, RGZ 152, 251.

230) *V. Braunmühl*, in: Ahlert, S. 405, 408 f.; *Paulusch*, Brauerei- und Gaststättenrecht, 9. Aufl. 1996, Rz. 122.

231) BGH, Urt. v. 2.10.1969 – KZR 10/68, NJW 1970, 279 = Zeller I, 195; OLG Celle, Urt. v. 10.6.1998 – 13 U 158/97, NJW-RR 1999, 1143.

232) BGH, Urt. v. 4.12.1996 – VIII ZR 360/95, NJW 1997, 933.

12. Lieferung

a) **Ersatzbelieferung.** Als unbedenklich stellt sich die Vertragsbestimmung dar, die gestattet, dass dem Gastwirt statt der Biere des Getränkelieferanten Erzeugnisse anderer Getränkelieferanten geliefert werden. Denn eine solche Ersatzleistung ist auf extreme Ausnahmesituationen beschränkt. Es ist nicht zu erkennen, dass sie jemals praktische Bedeutung gewonnen hätte oder gewinnen könnte. Letztlich hat die Vertragsbestimmung einen angemessenen Interessenausgleich im Auge.[233)] Problematisch wäre eine vorformulierte Klausel, wonach der Kunde bei Einstellung des Sudbetriebes ein an anderer Stelle gebrautes, vielleicht sogar anders heißendes Bier abnehmen muss.[234)] 2.183

b) **§ 34 GWB a. F.** Die Verpflichtung zu einer bestimmten Gesamtannahme besagte nicht, dass die Getränke nur von der „…-Brauerei oder von der …-Brauerei" bezogen werden konnten. Zum benannten **Lieferanten** wird verwiesen auf ein Urteil des LG Mannheim.[235)] 2.184

13. Preise, Rückvergütungen

a) **Preisvereinbarung.** Die Belieferung der Absatzstätte zu nicht „marktüblichen" Preisen und damit entsprechend auch zu Rückvergütungen bleibt außer Ansatz, weil sie sich nicht auf den Getränkelieferungsvertrag, sondern auf die in Vollzug desselben abzuschließenden Einzelkaufverträge.[236)] 2.185

b) **Preisänderung.** Preisänderungsklauseln sind auch dann unbedenklich, wenn sie keine Konkretisierung der Preiserhöhungsfaktoren enthalten und dem Partner des Klauselverwenders keine Lösungsmöglichkeit einräumen.[237)] Sollte der Getränkelieferant, was gelegentlich in Gerichtsverfahren behauptet wird und damit streitig ist, im Zuge der Durchführung des Getränkelieferungsvertrages tatsächlich deutlich überhöhte Getränkepreise berechnet haben, vermag dies dem zunächst rechtswirksam geschlossenen Vertrag nicht nachträglich die Wirksamkeit zu nehmen.[238)] 2.186

c) **Rückvergütung.** In die Waagschale mit einzulegen sind absolute und prozentuale Rückvergütungen.[239)] Dabei handelt es sich um Rabatte auf die Listen- 2.187

233) OLG Koblenz, Urt. v. 21.2.2002 – 5 U 677/01, NJOZ 2002, 837.

234) BGH, Urt. v. 10.3.1976 – VIII ZR 268/74, WM 1976, 508 = Zeller I, 327; OLG München, Urt. v. 31.1.1973 – 7 U 2372/72, MDR 1973, 761 = Zeller I, 321.

235) LG Mannheim, Urt. v. 16.4.1999 – 7 O. 232/98 (Kart).

236) BGH, Urt. v. 4.12.1996 – VIII ZR 360/95, NJW 1997, 933. Vergleiche im Übrigen RG, Urt. v. 30.10.1936 – VII 65/36, RGZ 152, 251; OLG Nürnberg, Urt. v. 29.6.2001 – 6 U 1762/00; OLG Koblenz, Urt. v. 21.2.2002 – 5 U 677/01, NJOZ 2002, 837; OLG Düsseldorf, Urt. v. 27.10.2004 – VI-U (Kart) 41/03, BeckRS 2005, 06685.

237) OLG Oldenburg, Urt. v. 14.11.2012 – 5 U 56/11; LG Köln, Urt. v. 15.3.2011 – 21 O. 95/10, BeckRS 2012, 02826, Vorinstanz zu OLG Köln, Urt. v. 20.10.2011 – 7 U 65/11, BeckRS 2012, 15923 zu § 307 Abs. 1 Satz 1 BGB. Siehe im Übrigen unten § 13 III 5.

238) OLG Oldenburg, Urt. v. 14.11.2012 – 5 U 56/11.

239) OLG Karlsruhe, Urt. v. 18.10.2001 – 19 U 97/01, BeckRS 2001, 30212399.

preise. Dass eine Tilgungsgutschrift für die gesamte Vertragslaufzeit festgeschrieben ist und nicht in Abhängigkeit zur einzel- oder gesamtwirtschaftlichen Preis- und Absatzentwicklung gewährt wird, ist kein die Sittenwidrigkeit begründender Umstand.[240)]

14. Leistungen des Getränkelieferanten

2.188 Insofern kann verwiesen werden.[241)]

15. Sicherheiten

2.189 Die Verpflichtung zur Bestellung einer (Grund-)Dienstbarkeit ist AGB-rechtlich schon deshalb nicht zu beanstanden, weil es sich um eine Individualabrede handelt.[242)]

16. Sanktionen

2.190 Sieht der Vertrag bei Nichteinhaltung der Mindestabnahmemenge Rechtsnachteile vor, so ist das nicht sittenwidrig.[243)] Bei einer unrealistischen Abnahmemenge in Verbindung mit einer empfindlichen **Vertragsstrafe** bei deren Nichtabnahme ist der Getränkelieferungsvertrag insofern als sittenwidrig einzustufen.[244)]

2.191 Ist in einem Gaststättenpachtvertrag zwischen Brauerei und Gastwirt die Pachtzinsbemessung mit dem Jahresbezug an Bier verknüpft, so verstößt die Vereinbarung einer „Pacht-Entschädigung“ für den Fall des Unterschreitens einer bestimmten jährlichen Abnahmemenge nicht gegen die guten Sitten.[245)]

17. Alkoholkonsum

2.192 Der Auffassung des Berufungsgerichts, der Gastwirt dürfe wegen der durch Alkoholgenuss ausgelösten gesellschaftlichen, gesundheitlichen und sozialen Probleme gerade auch junger Menschen nicht durch Vertragsstrafen oder Schadensersatzdrohungen zum Umsatz einer bestimmten Biermenge verpflichtet werden, erteilte der BGH eine deutliche Absage. Die Entscheidung, die Prohibition einzuführen, ist Sache des Gesetzgebers und nicht die des Richters. Sittenwidrigkeit unter dem Gesichtspunkt der – einmal unterstellten – Verletzung der Allgemeinheit oder Dritter kommt grundsätzlich nur in Betracht, wenn alle Beteilig-

---

240) LG Saarbrücken, Urt. v. 7.10.1996 – 1 O. 98/94.

241) Siehe oben § 9 V-VI.

242) OLG Köln, Urt. v. 20.10.2011 – 7 U 65/11, BeckRS 2012, 15923.

243) BGH, Urt. v. 6.12.1989 – VIII ZR 310/88, BGHZ 109, 314 = NJW 1990, 567 = Zeller IV, 210; OLG Schleswig, Urt. v. 14.6.2001 – 1 U 76/2000.

244) OLG München, Urt. v. 31.1.1995 – 25 U 3600/94, BeckRS 1995, 04936; OLG Köln, Urt. v. 9.5.1995 – 3 U 144/94, NJW-RR 1995, 1516; OLG Saarbrücken, Beschl. v. 16.8.2005 – 1 W 198/05, BeckRS 2006, 03699; OLG Köln, Urt. v. 9.1.2007 – 3 U 158/05, BeckRS 2007, 04453; OLG Düsseldorf, Urt. v. 13.11.2009 – I-22 U 71/09, BeckRS 2012, 05469.

245) BGH, Urt. v. 6.12.1989 – VIII ZR 310/88, BGHZ 109, 314 = NJW 1990, 567 = Zeller IV, 210.

ten sittenwidrig handeln, ihnen also die Tatsachen, die die Sittenwidrigkeit des Rechtsgeschäfts begründen, bekannt oder grob fahrlässig unbekannt sind; dazu fehlt es zumeist sowohl an Feststellungen als auch am Tatsachenvortrag.[246)]

18. Fehlerhafte Widerrufsbelehrung

Eine unrichtige Belehrung zu einem Widerrufsrecht (hier nach dem VerbrKrG) bewirkt keine unangemessene Benachteiligung.[247)] **2.193**

19. Schmiergeld

Zur Nichtigkeit von Bezugsverträgen mit ausländischen Unternehmen wegen Schmiergeldgewährung ist die BGH-Entscheidung vom 27.3.1968 zu berichten.[248)] **2.194**

XI. Subjektiver Tatbestand

1. Grundsatz

Geht es nicht so sehr um die Länge der Bezugsbindung, also die Beschränkung der wirtschaftlichen Bewegungsfreiheit des Gastwirts, als vielmehr um ein **auffälliges Ungleichgewicht zwischen Leistung und Gegenleistung (Fallgruppe 1)**, so ist nach ständiger Rechtsprechung des BGH die Anwendung des § 138 Abs. 1 BGB bei einem objektivem Missverhältnis der beiderseitigen Leistungen nur dann gerechtfertigt, wenn ein subjektives Tatbestandselement wie die **verwerfliche Gesinnung des Begünstigten** oder die **Unerfahrenheit des Vertragspartners** hinzutreten. Das ist insbesondere der Fall, wenn eine verwerfliche Gesinnung des Begünstigten hervorgetreten ist, weil er etwa die wirtschaftlich schlechtere Position des anderen Teils bewusst ausgenutzt oder sich zumindest leichtfertig der Erkenntnis verschlossen hat, dass sich der andere nur unter dem Zwang der Verhältnisse auf den für ihn ungünstigen Vertrag eingelassen hat.[249)] **2.195**

Den Anforderungen an die **Behauptungslast** ist genügt, wenn aus dem Kontext mit dem Parteivortrag zu einem groben Missverhältnis von Leistung und Gegenleistung ersichtlich ist, dass die benachteiligte Vertragspartei sich auf die darauf begründete Vermutung beruft.[250)] **2.196**

---

246) BGH, Urt. v. 6.12.1989 – VIII ZR 310/88, BGHZ 109, 314 = NJW 1990, 567 = Zeller IV, 210; OLG München, Urt. v. 31.1.1995 – 25 U 3600/94, BeckRS 1995, 04936; *Paulusch*, Brauerei- und Gaststättenrecht, 9. Aufl. 1996, Rz. 112 a. E.

247) LG Köln, Urt. v. 15.3.2011 – 21 O. 95/10, BeckRS 2012, 02826, Vorinstanz zu OLG Köln, Urt. v. 20.10.2011 – 7 U 65/11, BeckRS 2012, 15923 zu § 307 Abs. 1 Satz 1 BGB.

248) BGH, Urt. v. 27.3.1968 – I ZR 163/66, NJW 1968, 1572.

249) BGH, Urt. v. 6.12.1989 – VIII ZR 310/88, BGHZ 109, 314 = NJW 1990, 567 = Zeller IV, 210; BGH, Urt. v. 22.10.1997 – VIII ZR 149/96; OLG München, Urt. v. 30.9.1994 – 21 U 1742/94, BB 1995, 329; OLG München, Urt. v. 31.1.1995 – 25 U 3600/94, BeckRS 1995, 04936; OLG Saarbrücken, Urt. v. 16.8.2005 – 1 W 198/05, BeckRS 2006, 03699; OLG Düsseldorf, Urt. v. 13.11.2009 – I-22 U 71/09, BeckRS 2012, 05469; OLG Köln, Urt. v. 20.10.2011 – 7 U 65/11, BeckRS 2012, 15923.

250) BGH, Urt. v. 9.10.2009 – V ZR 178/08, NJW 2010, 363; BGH, Urt. v. 10.2.2012 – V ZR 51/11, BeckRS 2012, 06739.

2. Vermutung

2.197 a) **Grundsatz.** Bei einem **besonders groben Missverhältnis** von Leistung und Gegenleistung wird bei einem Vertrag mit einem **Verbraucher** (§ 13 BGB) die verwerfliche Gesinnung des begünstigten Vertragsteils vermutet.[251)] Eine solche Schlussfolgerung ist aufgrund eines besonders groben Äquivalenzmissverhältnisses selbst dann möglich, wenn der Begünstigte keine Kenntnis von den Wertverhältnissen hatte.[252)] Dabei handelt es sich um einen Ausnahmetatbestand, der nur für bestimmte Fallgruppen anzuerkennen ist.[253)]

2.198 b) **Stellung des Vertragspartners.** Die (tatsächliche) Vermutung greift nicht ein, wenn der Vertragspartner **Unternehmer** (§ 14 BGB) ist.[254)] Die Vermutung der verwerflichen Gesinnung gilt daher nicht für Personen, die weder Verbraucher (§ 13 BGB) noch Existenzgründer (§ 512 BGB) sind. Wer als „Kauffrau" und Konzessionsträgerin über Jahre hinweg ggf. sogar mehrere Gaststättenobjekte geführt hat, dem kommt die Vermutung der verwerflichen Gesinnung nicht zugute. Bei Vollkaufmannseigenschaft des Geschäftspartners wird sogar (widerleglich) vermutet, dass die persönlichen Voraussetzungen der Sittenwidrigkeit nicht vorliegen. Beim Minderkaufmann bleibt es bei der allgemeinen Beweislastregel, dass derjenige, der sich darauf beruft, die subjektiven Voraussetzungen der Sittenwidrigkeit darlegen und beweisen muss.[255)]

2.199 c) **Grundstücksgeschäfte. aa) Allgemein.** Bei Grundstücksgeschäften ist der Schluss auf eine verwerfliche Gesinnung des Begünstigten gerechtfertigt, wenn der Wert der Leistung knapp doppelt so hoch ist wie der Wert der Gegenleistung.[256)]

2.200 **bb) Ausbietungsgarantie.** Zu Fragen im Zusammenhang mit einer Ausbietungsgarantie kann auf die überzeugenden Ausführungen des OLG Köln in seinem Urteil vom 20.10.2011 verwiesen werden.[257)]

---

251) BGH, Urt. v. 6.12.1989 – VIII ZR 310/88, BGHZ 109, 314 = NJW 1990, 567 = Zeller IV, 210; BGH, Urt. v. 14.1.1991 – II ZR 112/90, WM 1991, 404; BGH, Urt. v. 19.1.2001 – V ZR 437/99, NJW 2001, 1127 = ZIP 2001, 747; OLG München, Urt. v. 30.9.1994 – 21 U 1742/94, BB 1995, 329; OLG München, Urt. v. 31.1.1995 – 25 U 3600/94, BeckRS 1995, 04936; OLG Düsseldorf, Urt. v. 13.11.2009 – I-22 U 71/09, BeckRS 2012, 05469; OLG Köln, Urt. v. 20.10.2011 – 7 U 65/11, BeckRS 2012, 15923.

252) BGH, Urt. v. 19.1.2001 – V ZR 437/99, BGHZ 146, 298 = NJW 2001, 1127 = ZIP 2001, 747; BGH, Urt. v. 19.7.2002 – V ZR 240/01, NJW 2002, 3165 = ZIP 2003, 80.

253) BGH, Urt. v. 14.7.2004 – XII ZR 352/00, NJW 2004, 3533, dazu EWiR 2005, 243 *(Bühler)*.

254) BGH, Urt. v. 11.1.1995 – VIII ZR 82/94, NJW 1995, 1019 = ZIP 1995, 383. OLG Köln, Urt. v. 20.10.2011 – 7 U 65/11, BeckRS 2012, 15923.

255) OLG Köln, Urt. v. 20.10.2011 – 7 U 65/11, BeckRS 2012, 15923.

256) BGH, Urt. v. 19.1.2001 – V ZR 437/99, BGHZ 146, 298 = NJW 2001, 1127 = ZPI 2001, 747; BGH, Urt. v. 10.2.2012 – V ZR 51/11, BeckRS 2012, 06739.

257) OLG Köln, Urt. v. 20.10.2011 – 7 U 65/11, BeckRS 2012, 15923.

3. Widerlegung

a) Grundsatz. Fehlt es an der objektiven Sittenwidrigkeit, so besteht auch keine Vermutung für eine verwerfliche Gesinnung des Getränkelieferanten. Darauf, ob das subjektive Element als widerlegt anzusehen war, kann es folglich nicht mehr ankommen.[258)] 2.201

b) Erschütterung. Die beweiserleichternde tatsächliche Vermutung ist vom Tatrichter im Bereich der Beweiswürdigung (§ 286 ZPO) zu berücksichtigen. Die aus einem groben Äquivalenzmissverhältnis begründete tatsächliche Vermutung einer verwerflichen Gesinnung des begünstigten Vertragsteils kommt dann nicht zum Tragen, wenn sie im Einzelfall durch besondere Umstände erschüttert ist und damit nicht die Schlussfolgerung auf eine verwerfliche Gesinnung eröffnet.[259)] Solche Umstände können sich namentlich aus sachgerechten, eine Übervorteilung regelmäßig ausschließenden Bemühungen zur Ermittlung eines den Umständen nach angemessenen Leistungsverhältnisses ergeben, wie etwa bei einem (fehlerhaften) Verkehrswertgutachten als Grundlage der Kaufpreisbemessung.[260)] Die die Vermutung erschütternden Umstände hat die von dem Missverhältnis begünstigte Vertragspartei darzulegen.[261)] 2.202

4. Zeitpunkt

a) Grundsatz. Für die Feststellung eines besonders groben Missverhältnisses von Leistung und Gegenleistung und die daran anknüpfende Schlussfolgerung einer verwerflichen Gesinnung sind die objektiven Werte der auszutauschenden Leistungen im Zeitpunkt des Vertragsschlusses maßgebend. Nachträgliche Veränderungen sind grundsätzlich ohne Bedeutung.[262)] 2.203

b) Ausnahme. Von nachfolgenden Änderungen der Umstände zu unterscheiden sind jedoch Änderungen des Rechtsgeschäfts selbst. Diese sind bei der Prüfung der Sittenwidrigkeit eines Vertrags zu beachten.[263)] Vereinbarungen, mit denen die Parteien die im Ursprungsvertrag vereinbarten Hauptleistungen (über den Kaufgegen-stand oder den Preis) ändern, müssen bei der Prüfung, ob das Rechtsgeschäft wegen eines auffälligen Missverhältnisses von Leistung und Ge- 2.204

258) LG Köln, Urt. v. 15.3.2011 – 21 O. 95/10, BeckRS 2012, 02826, Vorinstanz zu OLG Köln, Urt. v. 20.10.2011 – 7 U 65/11, BeckRS 2012, 15923.

259) BGH, Urt. v. 19.1.2001 – V ZR 437/99, BGHZ 146, 298 = NJW 2001, 1127 = ZIP 2001, 747; BGH, Urt. v. 5.10.2001 – V ZR 237/00, NJW 2002, 429; BGH, Urt. v. 29.6.2007 – V ZR 1/06, NJW 2007, 2841; BGH, Urt. v. 10.2.2012 – V ZR 51/11, BeckRS 2012, 06739.

260) BGH, Urt. v. 19.7.2002 – V ZR 240/01, NJW 2002, 3165.

261) BGH, Urt. v. 29.6.2007 – V ZR 1/06, NJW 2007, 2841; BGH, Urt. v. 10.2.2012 – V ZR 51/11, BeckRS 2012, 06739.

262) BGH, Urt. 5.10.2001 – V ZR 237/00, NJW 2002, 429; BGH, Urt. v. 10.2.2012 – V ZR 51/11, BeckRS 2012, 06739.

263) BGH, Urt. v. 29.6.2007 – V ZR 1/06, NJW 2007, 2841; BGH, Urt. v. 10.2.2012 – V ZR 51/11, BeckRS 2012, 06739.

genleistung nach § 138 Abs. 1 BGB nichtig ist, grundsätzlich berücksichtigt werden. Die Nichtigkeit des Vereinbarten bestimmt sich nach dem, was die Parteien vertraglich sich einander zu gewähren versprochen haben. Ändern die Parteien das vertragliche Leistungssoll, so verändern sie damit auch die Grundlage für die Beurteilung des Rechtsgeschäfts am Maßstab des § 138 Abs. 1 BGB.[264)]

XII. Rechtsfolgen bei Verstoß im Übrigen

1. Sittenwidrige Einzelregelungen

2.205 Aus Einzelbestimmungen, die an sich sittenwidrig sind, die aber im Wege der **Auslegung** oder der **Reduktion** (§ 242 BGB) auf ein vertretbares Maß zurückgeführt werden können oder denen der Gastwirt im Anwendungsfall mit dem **Arglisteinwand** begegnen kann, kann die Sittenwidrigkeit des gesamten Vertrages nicht hergeleitet worden, solange nur die Hauptpflichten der Vertragsparteien eindeutig und rechtswirksam festgelegt sind.[265)]

2. AGB-widrige Klauseln

2.206 **a) Mangelnde Einbeziehung. aa) Grundsatz.** Entsprechendes soll bei Klauseln gelten, mit denen der Gastwirt redlicherweise nicht oder nicht an dieser Stelle des Formularvertrages rechnen konnte und musste und die daher aus diesen Gründen als **überraschend** (Rechtsgedanke des § 305c Abs. 1 BGB) von vornherein nicht Vertragsinhalt geworden sind.[266)]

2.207 **bb) Stellungnahme.** Ob diese Rechtsprechung unter Berücksichtigung des Grundsatzes, dass unwirksame AGB-Klauseln im Zusammenwirken mit weiteren Belastungen des Vertragspartners die Nichtigkeit des Gesamtvertrages herbeiführen können, und bei Beachtung des Schutzzwecks des AGB-Rechts, das den Rechtsverkehr auch von Scheinbindungen des Kunden durch rechtlich unwirksame Klauseln freihalten will, noch aufrechterhalten werden kann, bleibt abzuwarten.[267)]

2.208 **b) § 306 BGB. aa) Grundsatz.** Unwirksame AGB-Klauseln, die für sich genommen nicht zur Nichtigkeit des Gesamtvertrages führen, können in Verbindung mit einer anderen besonderen Belastung des Vertragspartners die Sittenwidrigkeit des gesamten Vertrages begründen. Sinn des § 306 BGB ist es nämlich nicht, sitten-

---

264) BGH, Urt. v. 29.6.2007 – V ZR 1/06, NJW 2007, 2841; BGH, Urt. v. 10.2.2012 – V ZR 51/11, BeckRS 2012, 06739.

265) RG, Urt. v. 22.3.1935 – VII 278/34, JW 1935, 2553 Nr. 1; RG, Urt. v. 30.10.1936 – VII 65/36, RGZ 152, 251; BGH, Urt. v. 23.11.1951 – I ZR 24/51, NJW 1952, 344 = Zeller I, 144; BGH, Urt. v. 30.3.1977 – VIII ZR 300/75, WM 1977, 641 = Zeller II, 433; BGH, Urt. v. 21.3.1990 – VIII ZR 49/89, NJW-RR 1990, 816 = Zeller IV, 227.

266) BGH, Urt. v. 22.12.1959 – VIII ZR 9/59, DB 1960, 231 = Zeller I, 98.

267) BGH, Urt. v. 10.11.1976 – VIII ZR 84/75, WM 1977, 112 = Zeller II, 23; BGH, Urt. v. 28.1.1981 – VIII ZR 165/79, ZIP 1981, 385; BGH, Urt. v. 12.3.1987 – VII ZR 37/86, ZIP 1987, 640.

widrige Verträge „rein zu waschen". Deshalb sind in die Beurteilung der Sittenwidrigkeit auch die nach § 305c Abs. 1 BGB und § 307–309 BGB unwirksamen Klauseln mit einzubeziehen.[268)]

Sind **einzelne AGB-Klauseln** eines Vertrages nach §§ 307–310 BGB unwirksam, so richten sich die Folgen für den Vertrag im Übrigen vorrangig nach § 306 BGB. Grundsätzlich rechtfertigt die Unwirksamkeit einiger Formularbedingungen noch nicht die Annahme, der Vertrag sei in seiner Gesamtheit nichtig, so lange nur die wesentlichen Rechte und Pflichten der Vertragsparteien ganz oder in nur unbedeutend eingeschränkter Form erhalten bleiben.[269)] Selbst wenn die von dem Gastwirt genannten – nicht sehr zahlreichen und auch für die Vertragsdurchführung nicht übermäßig bedeutsamen – Klauseln einer Wirksamkeitskontrolle nicht standhielten, wären die daraus folgenden Umgestaltungen des (Gaststättenpacht-)Vertrages nicht von so einschneidender Bedeutung, dass von einer gänzlich neuen, von der bisherigen völlig abweichenden Vertragsgestaltung gesprochen werden könnte.[270)] 2.209

bb) Ausnahme. Allerdings macht der BGH davon bei einer Häufung unwirksamer oder nicht Vertragsbestandteil gewordener Klauseln eine Ausnahme (auch im Interesse des Kunden) bei gesetzlich nicht typisierten Verträgen. Sind so viele Klauseln unwirksam, dass der Vertrag nicht mehr „erkennbar" und der nach Wegfall der AGB maßgebliche Vertragsinhalt aus der Sicht des Kunden unklar ist, dann drohen Ungewissheit und Streit über die beiderseitigen Rechte und Pflichten. In diesem Fall sollen sich die Folgen für den Vertrag im Übrigen nicht allein nach § 306 BGB, sondern auch nach § 138 Abs. 1 BGB richten.[271)] Diese Frage kann in dem hier interessierenden Zusammenhang, insbesondere bei Automatenaufstellverträgen, Bedeutung erlangen.[272)] 2.210

c) Im Übrigen. Soweit einige AGB-Klauseln in Getränkelieferungsverträgen unwirksam sind, dürfte regelmäßig keine Gesamtnichtigkeit des Vertrages über § 306 Abs. 3 BGB anzunehmen sein. Zumeist ist dispositives Recht anwendbar 2.211

---

268) BGH, Urt. v. 10.7.1986 – III ZR 133/85, ZIP 1986, 1037; BGH, Urt. v. 5.3.1987 – III ZR 43/86, ZIP 1987, 903; BGH, Urt. v. 18.9.1997 – IX ZR 283/96, NJW 1997, 3327 = ZIP 1997, 1957; BGH, Urt. v. 14.10.2003 – XI ZR 121/02, NJW 2004, 161.

269) BGH, Urt. v. 29.2.1984 – VIII ZR 350/82, NJW 1985, 53 = Zeller III, 281 (Automatenaufstellvertrag); BGH, Urt. v. 6.12.1989 – VIII ZR 310/88, BGHZ 109, 314 = NJW 1990, 567 = Zeller IV, 210; OLG Köln, Urt. v. 20.10.2011 – 7 U 65/11, BeckRS 2012, 15923; OLG Oldenburg, Urt. v. 14.11.2012 – 5 U 56/11.

270) BGH, Urt. v. 6.12.1989 – VIII ZR 310/88, BGHZ 109, 314 = NJW 1990, 567 = Zeller IV, 210.

271) BGH, Urt. v. 11.11.1968 – VIII ZR 151/66, BGHZ 51, 55 = NJW 1969, 230 (Automatenaufstellvertrag); BGH, Urt. v. 6.10.1982 – VIII ZR 201/81, NJW 1983, 159 = Zeller III, 231 (Automatenaufstellvertrag); BGH, Urt. v. 18.9.1997 – IX ZR 283/96, NJW 1997, 3372 = ZIP 1997, 1957; vgl. auch OLG Köln, Urt. v. 20.10.2011 – 7 U 65/11, BeckRS 2012, 15923 (Getränkelieferungsvertrag).

272) Siehe § 7 III 1 und § 4 und § 56 III 5, jeweils m. w. N.

mit der Folge, dass jedenfalls ein Schadenersatz begründendes Recht zur außerordentlichen Kündigung (§ 314 BGB) des Dauerschuldverhältnisses gegeben ist.[273)]

§ 10 Dauer der Ausschließlichkeitsbindung

2.212 Das deutsche Zivilrecht kennt für (ausschließliche) Bier- und Getränkebezugsverpflichtungen keine gesetzlichen Laufzeitschranken. Grenzen der zulässigen Dauer der Bezugsbindung können sich allenfalls aus § 138 Abs. 1 BGB bzw. den Bestimmungen des AGB-Rechts ergeben.

I. Schranke des § 138 Abs. 1 BGB

1. Erheblichkeit

2.213 Die Dauer der Bezugsbindung hat eine zweifache Bedeutung. Zum einen kann sie maßgeblich sein bei der Abwägung der Gesamtumstände im Rahmen der Einzelfallprüfung.[274)] Zum anderen entspricht es der Lebenserfahrung, dass auch bei sonst nicht zu beanstandender Vertragsgestaltung alleine eine von vornherein übermäßig lange Dauer geeignet sein kann, den Gastwirt in seiner wirtschaftlichen Bewegungsfreiheit unzumutbar einzuengen.

2. Beurteilungsgrundsätze

2.214 Aus der höchstrichterlichen Rechtsprechung lassen sich verschiedene allgemeine Beurteilungsgrundsätze für die Feststellung der Voraussetzungen des Nichtigkeitseinwandes nach § 138 Abs. 1 BGB ableiten.[275)]

2.215 a) Zum Erfordernis einer **Einzelfallprüfung** wird verwiesen auf die BGH-Entscheidung vom 23.11.1983 und das Urteil des OLG Düsseldorf vom 27.10.2001.[276)]

2.216 b) Es bedarf einer unter Berücksichtigung von **Inhalt, Motiv und Zweck des jeweiligen Vertrages** vorzunehmenden **Abwägung der beiderseitigen schutzwürdigen Interessen im Einzelfall**, wobei die Dauer der zulässigen Bezugsbindung wesentlich von **Art und Umfang** der von dem Getränkelieferanten erbrachten Leistungen sowie von dem sachlichen **Umfang der Bindung** abhängt.[277)] Maßgebend sind also auch die **Gesamtumstände des Vertragsschlusses.**[278)]

---

273) OLG Köln, Urt. v. 20.10.2011 – 7 U 65/11, BeckRS 2012, 15923.

274) Siehe oben § 9 IV 3, § 9 IX 10.

275) Siehe oben § 9 IX 1.

276) BGH, Urt. v. 23.11.1983 – VIII ZR 333/82, ZIP 1984, 335 = Zeller III, 266; OLG Düsseldorf, Urt. v. 27.10.2001 – VI-U (Kart) 41/03.

277) BGH, Urt. v. 23.11.1983 – VIII ZR 333/82, ZIP 1984, 335 = Zeller III, 266; BGH, Urt. v. 25.4.2001 – VIII ZR 135/00, BGHZ 147, 279 = NJW 2001, 2331 = ZIP 2001, 1245; OLG Karlsruhe, Urt. v. 18.10.2001 – 19 U 97/01, BeckRS 2001, 30212399; OLG Düsseldorf, Urt. v. 27.10.2001 – VI-U (Kart) 41/03; OLG Oldenburg, Urt. v. 14.11.2012 – 5 U 56/11.

278) RG, Urt. v. 16.11.1907 – V 102/07, RGZ 67, 101; RG, Urt. v. 30.10.1936 – VII 65/36, RGZ 152, 251; BGH, Urt. v. 26.4.1995 – VIII ZR 124/94, NJW 1995, 2350 = ZIP 1995, 910.

c) **Gesamtcharakter des Vertrages.** Die Frage, welche höchstzulässige zeitliche Bindung der Getränkelieferant dem Gastwirt auferlegen kann, ohne sich dem Vorwurf eines sittenwidrigen Verhaltens auszusetzen, lasst sich **nicht allgemein und schematisch beantworten**. Dies hängt vielmehr von der **konkreten Ausgestaltung des Vertrages** in seinen einzelnen Bestimmungen und insbesondere davon ab, welcher Spielraum dem Gastwirt zur selbständigen und flexiblen Unternehmensführung verbleibt.[279] **2.217**

d) **Gesamtbetrachtung.** Die individualvertragliche Vereinbarung der Vertragslaufzeit ist ggf. auch im Rahmen einer zusammenhängenden Betrachtung in den Kontext anderer Vertragsregelungen, wie etwa Schadensersatz oder Rechtsnachfolge, zu stellen.[280] Zu betrachten ist die Laufzeit der Getränkebezugsverpflichtung einschließlich etwaiger verlängernder **Nachträge** sowie etwaiger **zurechenbarer Anschlussbindungen.**[281] **2.218**

e) Auch bei der Prüfung der Sittenwidrigkeit einer Laufzeitregelung nach § 138 Abs. 1 BGB bedarf es einer **Abwägung der Gesamtumstände des Einzelfalles.**[282] **2.219**

f) Maßgeblicher **Beurteilungszeitpunkt** ist der Zeitpunkt der Vornahme des Rechtsgeschäfts, also der Vertragsschluss. Auf den Zeitpunkt des Eintritts der Rechtswirkungen oder auf spätere Entwicklungen kommt es nicht an.[283] **2.220**

Bei der Prüfung ist ggf. auch zu beachten, dass der streitige Vertrag in einem der **neuen Bundesländer** zu einem Zeitpunkt geschlossen wurde (Anfang 1991), als die dortige künftige wirtschaftliche Entwicklung noch nicht absehbar war.[284] **2.221**

3. Beurteilungskriterien

Insofern kann zunächst nach oben verwiesen werden.[285] **2.222**

---

279) BGH, Urt. v. 23.11.1983 – VIII ZR 333/82, ZIP 1984, 335 = Zeller III, 266; BGH, Urt. v. 27.2.1985 – VIII ZR 85/84, NJW 1985, 2693 = Zeller III, 80; OLG Düsseldorf, Urt. v. 27.10.2001 – VI-U (Kart) 41/03.

280) RG, Urt. v. 30.10.1936 – VII 65/36, RGZ 152, 251; BGH, Urt. v. 27.2.1985 – VIII ZR 85/84, NJW 1985, 2693 = Zeller, III, 80; BGH, Urt. v. 22.10.1997 – VIII ZR 149/96; *Paulusch*, Brauerei- und Gaststättenrecht, 9. Aufl. 1996, Rz. 275.

281) BGH, Urt. v. 21.3.1990 – VIII ZR 49/89, NJW-RR 1990, 816 = Zeller IV, 227; OLG Frankfurt/M., Urt. v. 30.11.2000 – 16 U 230/99, BGH, VIII ZR 5/01, Revisionsrücknahme nach Nichtannahmebeschluss, der ausnahmsweise begründet worden ist; OLG Köln, Urt. v. 9.5.1995 – 3 U 144/94, NJW-RR 1995, 1516.

282) BGH, Urt. v. 23.11.1983 – VIII ZR 333/82, ZIP 1984, 335 = Zeller III, 266; BGH, Urt. v. 26.4.1995 – VIII ZR 124/94, NJW 1995, 2350 = ZIP 1995, 910.

283) BGH, Urt. v. 15.4.1987 – VIII ZR 97/86, NJW 1987, 1878 = ZIP 1987, 855; BGH, Urt. v. 13.3.1997 – I ZR 215/94, NJW 1998, 156 = ZIP 1997, 1356; RG, Urt. v. 15.6.1906 – II 514/05, RGZ 63, 390; RG, Urt. v. 16.11.1907 – V 102/70, RGZ 67, 101; RG, Urt. v. 15.5.1926 – V 429/25, JW 1927, 119, m. Anm. *Nipperdey*; RG, Urt. v. 22.3.1935 – VII 278/34, JW 1935, 2553 Nr. 1; OLG Köln, Urt. v. 6.12.2006 – 1 U 73/06, NJW-RR 2007, 498.

284) BGH, Urt. v. 13.3.1997 – I ZR 215/94, NJW 1998, 156 = ZIP 1997, 1356 (Tankstellenvertrag).

285) Siehe oben § 9 X; BGH, Urt. v. 23.11.1983 – VIII ZR 333/82, ZIP 1984, 335 = Zeller III, 266.

2.223 a) **Umstände in der Person des Verpflichteten.** Zu beachten ist, dass Getränkelieferanten in aller Regel ihre Leistung für die langfristige Bezugsbindung **bereits bei Vertragsabschluss erbringen** und damit dem Gastwirt vielfach die Betriebsaufnahme erst ermöglichen (**Existenzgründung**) bzw. die **Aufrechterhaltung des Geschäftsbetriebes**[286)] gewährleisten.[287)]

2.224 Eine andere **soziale Wirklichkeit** ist zu berücksichtigen. Von Bedeutung ist, ob der Gastwirt ein erfahrener Kaufmann (Unternehmer) ist.[288)] Handelt es sich bei dem Vertragspartner des Getränkelieferanten nicht um einen „klassischen Gastwirt", sondern etwa um eine Handelsgesellschaft, in deren Vermögen eine frühere Gesellschafterin des Getränkelieferanten als Abfindung für ihr Ausscheiden erhaltene Grundstück eingebracht hat gegen Übernahme einer dauerhaften Getränkebezugsverpflichtung, so bestehen keine Wirksamkeitsbedenken.[289)] Bei Grundstücksübertragungen ist es nicht anstößig, wenn zur Einhaltung eines bestimmten Nutzungszwecks der Erwerber zeitlich unbegrenzt gebunden wird.[290)] Da auch das Grundgesetz (Art. 14 GG) keine konkrete Werterhaltungsgarantie gegenüber Schwankungen auf dem Immobilienmarkt gibt, können denkbare Möglichkeiten künftiger Entwicklungen ein Rechtsgeschäft ohnehin nicht sittenwidrig machen.[291)]

2.225 Dagegen hat der BGH keine entscheidende Bedeutung dem Umstand beigemessen, ob der Gastwirt **Eigentümer oder Pächter** des Gaststättengrundstücks ist.[292)]

2.226 b) Zu den relevanten Beurteilungskriterien rechnen die **Umstände des Vertragsabschlusses.**[293)]

2.227 c) **Umfang der Getränkebezugsverpflichtung.** Die Dauer der zulässigen Bezugsbindung hängt darüber hinaus wesentlich von dem sachlichen **Umfang der Bindung** ab.[294)]

---

286) Zu diesem Aspekt vgl. BGH, Urt. v. 8.12.2011 – VII ZR 111/11, NJW-RR 2012, 626.

287) BGH, Urt. v. 14.6.1972 – VIII ZR 14/71, NJW 1972, 1459 = Zeller I, 212; *Paulusch*, Brauerei- und Gaststättenrecht, 9. Aufl. 1996, Rz. 105, 274.

288) RG, Urt. v. 22.3.1935 – VII 278/34, JW 1935, 2553 Nr. 1.

289) OLG Frankfurt/M., Beschl. v. 17.9.2009 – 22 U 3/08.

290) OLG Frankfurt/M., Beschl. v. 17.9.2009 – 22 U 3/08; vgl. zur grundbuchlich abgesicherte Verpflichtung, dauerhaft eine Kurpension zu betreiben, BGH, Urt. v. 6.7.1984 – V ZR 62/83, BeckRS 1984, 31073196.

291) BGH, Urt. v. 6.7.1984 – V ZR 62/83, BeckRS 1984, 31073196; OLG Frankfurt/M., Beschl. v. 17.9.2009 – 22 U 3/08.

292) BGH, Urt. v. 27.2.1985 – VIII ZR 85/84, NJW 1985, 2693 = Zeller, III, 80.

293) RG, Urt. v. 16.11.1907 – V 102/70, RGZ 67, 101; RG, Urt. v. 22.3.1935 – VII 278/34, JW 1935, 2553 Nr. 1.

294) BGH, Urt. v. 23.11.1983 – VIII ZR 333/82, ZIP 1984, 335 = Zeller III, 266; BGH, Urt. v. 25.4.2001 – VIII ZR 135/00, BGHZ 147, 279 = NJW 2001, 2331 = ZIP 2001, 1245; OLG Karlsruhe, Urt. v. 18.10.2001 – 19 U 97/01, BeckRS 2001, 30212399; OLG Düsseldorf, Urt. v. 27.10.2001 – VI-U (Kart) 41/03; OLG Oldenburg, Urt. v. 14.11.2012 – 5 U 56/11.

Im Zusammenhang mit der Feststellung einer nicht mehr hinnehmbaren Einschränkung der wirtschaftlichen Bewegungsfreiheit und Selbständigkeit wurde angesichts eines sich immer rascher ändernden **Konsumverhaltens** der Verbraucher gefordert, dass dem Gastwirt nicht die Möglichkeit genommen werden dürfe, das Angebot an der Nachfrage der Gäste zu orientieren.[295)] 2.228

Zur Sortimentserstreckung auf **alkoholfreie Getränke** kann auf eine Entscheidung des Reichsgerichts vom 23.9.1935 verwiesen werden.[296)] 2.229

d) Mitbezugsgestattung und Teilbindung. Zu den besonderen Umständen, die ausnahmsweise eine längere Laufzeit von bis zu 20 Jahren rechtfertigen können, zählt nach einer Entscheidung aus dem Jahre 1979, dass die Bindung sich nur auf einen Teil des Bedarfs bezieht, sodass die Abhängigkeit des Gastwirts von dem Getränkelieferanten von Anfang an lockerer war. Dann können längere Laufzeiten der Bezugsverpflichtung gerechtfertigt sein.[297)] 2.230

e) Periodische Mindestabnahmemenge. Die vereinbarte Mindestabnahmemenge muss innerhalb der die Grenzen des § 138 Abs. 1 BGB ausschöpfenden Vertragslaufzeit von dem Gastwirt realistischerweise abgenommen und abgesetzt werden können **(Erreichbarkeit)**.[298)] 2.231

f) Lieferung. Zur Problematik der **Lieferunmöglichkeit** wird verwiesen auf die Entscheidung des Reichsgerichts vom 7.4.1908 verwiesen.[299)] 2.232

g) Leistungen des Getränkelieferanten. aa) Für die Beurteilung nach § 138 Abs. 1 BGB ist allein entscheidend, welche Leistungen der Getränkelieferant vertraglich zu gewähren verpflichtet ist. Ob er sie tatsächlich erbracht hat, insbesondere, weil der Gastwirt seine periodische Mindestabnahmeverpflichtung nicht erfüllt hat, oder dieser es versäumt hat, seine Ansprüche durchzusetzen, ist grundsätzlich ohne Bedeutung.[300)] 2.233

bb) Die gelegentlich herangezogene Gewissheit des Gastwirtes, **gutes und konkurrenzfähiges Bier** zu erhalten, dürfte angesichts des Konkurrenzkampfes unter den Getränkelieferanten keine besondere, dem Gastwirt gewährte Vergünstigung, sondern eine bloße Selbstverständlichkeit darstellen.[301)] 2.234

---

295) BGH, Urt. v. 7.10.1970 – VIII ZR 202/68, NJW 1970, 2243 = Zeller I, 202.

296) RG, Urt. v. 23.9.1935 – VI 146/35, JW 1935, 3217 Nr. 1.

297) BGH, Urt. v. 17.1.1979 – VIII ZR 262/77, NJW 1979, 865 = Zeller II, 224; vgl. auch BGH, Urt. v. 7.10.1970 – VIII ZR 202/68, NJW 1970, 2243 = Zeller I, 202.

298) BGH, Urt. v. 23.11.1983 – VIII ZR 333/82, ZIP 1984, 335 = Zeller III, 266; BGH, Urt. v. 8.4.1992 – VIII ZR 94/91, NJW 1992, 2145; OLG München, Urt. v. 31.1.1995 – 25 U 3600/94, BeckRS 1995, 04936; OLG Düsseldorf, Urt. v. 8.11.1999 – 1 U 42/99; LG Köln, Urt. v. 4.2.1993 – 22 O. 369/91, NJW-RR 1994, 242.

299) RG, Urt. v. 7.4.1908 – III 315/07, RGZ 68, 229 = JW 1908, 401.

300) OLG Düsseldorf, Urt. v. 27.10.2004 – VI-U (Kart) 41/03, BeckRS 2005, 06685; *Paulusch*, Brauerei- und Gaststättenrecht, 9. Aufl. 1996, Rz. 129, 144.

301) RG, Urt. v. 22.3.1935 – VII 278/34, JW 1935, 2553 Nr. 1.

2.235 **cc)** Die Dauer der zulässigen Bezugsbindung hängt wesentlich, aber nicht allein von der **Art** der von dem Getränkelieferanten erbrachten Leistungen ab.[302] Zu den typischen Leistungen der Getränkelieferanten für eine langfristige Bezugsbindung des Gastwirts gehört die Gewährung von **Darlehen** oder die **Leihe** von Inventar.[303]

2.236 **dd)** Da es nur auf den Zeitpunkt der Vornahme des Rechtsgeschäfts ankommt, können auch **freiwillige, nach Vertragsabschluss** von dem Getränkelieferanten **erbrachte Leistungen** bei der Prüfung, ob der Vertrag dem Maßstab des § 138 Abs. 1 BGB standhält, nicht berücksichtigt werden.[304] Hinsichtlich dieser zusätzlichen Leistungen steht dem Vertragspartner nämlich kein durchsetzbarer Rechtsanspruch zu.[305] Wohl aber können zusätzliche Leistungen unter dem Gesichtspunkt einer **zeitlich begrenzten Aufrechterhaltung** des Vertrages Bedeutung gewinnen.[306]

2.237 **h) Bewertung. aa)** Da das Ausmaß der noch zulässigen Bindung u. a. von dem Wert der Leistungen abhängt, die der Getränkelieferant dem Gastwirt im Zusammenhang mit dem Abschluss des Getränkelieferungsvertrages gewährt, ist maßgeblicher Beurteilungszeitpunkt für den Wert der Leistungen der **Zeitpunkt des Zustandekommens** des Getränkelieferungsvertrages.[307]

2.238 **bb)** Die Dauer der zulässigen Bezugsbindung hängt auch wesentlich vom **Umfang** der von dem Getränkelieferanten erbrachten Leistung(en) ab.[308] Werden höhere Leistungen erbracht, so ist auch eine längere Laufzeit zulässig.[309] Je größer die vertraglich vereinbarten Leistungen sind, desto einschneidender können im Einzelfall die Bindungen sein, die der Gastwirt im Interesse einer sachgerechten Risikobegrenzung aufseiten des Getränkelieferanten hinnehmen

---

302) BGH, Urt. v. 23.11.1983 – VIII ZR 333/82, ZIP 1984, 335 = Zeller III, 266; BGH, Urt. v. 25.4.2001 – VIII ZR 135/00, BGHZ 147, 279 = NJW 2001, 2331 = ZIP 2001, 1245; OLG Köln, Urt. v. 9.5.1995 – 3 U 144/94, NJW-RR 1995, 1516.

303) BGH, Urt. v. 14.6.1972 – VIII ZR 14/71, NJW 1972, 1459 = Zeller I, 212; BGH, Urt. v. 27.2.1985 – VIII ZR 85/84, NJW 1985, 2693 = Zeller, III, 80; OLG Karlsruhe, Urt. v. 18.10.2001 – 19 U 97/01, BeckRS 2001, 30212399 (Leihe); *Paulusch*, Brauerei- und Gaststättenrecht, 9. Aufl. 1996, Rz. 128, 274.

304) BGH, Urt. v. 23.11.1983 – VIII ZR 333/82, ZIP 1984, 335 = Zeller III, 266; BGH, Urt. v. 15.4.1987 – VIII ZR 97/86, NJW 1987, 1878 = ZIP 1987, 855; BGH, Urt. v. 13.3.1997 – I ZR 215/94, NJW 1998, 156 = ZIP 1997, 1356.

305) BGH, Urt. v. 23.11.1983 – VIII ZR 333/82, ZIP 1984, 335 = Zeller III, 266.

306) BGH, Urt. v. 31.1.1973 – VIII ZR 131/71, WM 1973, 357 = Zeller I, 220; BGH, Urt. v. 23.11.1983 – VIII ZR 333/82, ZIP 1984, 335 = Zeller III, 266; BGH, Urt. v. 13.3.1997 – I ZR 215/94, NJW 1998, 156 = ZIP 1997, 1356.

307) BGH, Urt. v. 14.6.1972 – VIII ZR 14/71, NJW 1972, 1459 = Zeller I, 212.

308) BGH, Urt. v. 23.11.1983 – VIII ZR 333/82, ZIP 1984, 335 = Zeller III, 266; BGH, Urt. v. 25.4.2001 – VIII ZR 135/00, BGHZ 147, 279 = NJW 2001, 2331 = ZIP 2001, 1245; OLG Köln, Urt. v. 9.5.1995 – 3 U 144/94, NJW-RR 1995, 1516.

309) OLG Düsseldorf, Urt. v. 19.1.1999 – U (Kart) 17/98, rkr. durch Nichtannahmebeschl. d. BGH v. 22.3.2000 – VIII ZR 60/99 (Vertrag Brauerei ./. Getränkefachgroßhändler).

muss.[310)] Die Höhe des gewährten Darlehens oder der Wert des leihweise überlassenen Inventars bestimmen in besonderem Maße Ausgewogenheit von Leistung und Leistung und damit das Höchstmaß der zeitlichen Bezugsbindung, insbesondere dann, wenn der Gastwirt durch ein Darlehen erst in die Lage versetzt wird, das Gaststättengrundstück zu erwerben oder den Betrieb zu übernehmen.[311)]

cc) Je wertvoller das **nicht nur finanzielle Engagement** für den Gastwirt ist und je größer sich das von dem Getränkelieferanten übernommene **Risiko** darstellt, desto einschneidender können unter Umständen die von dem Wirt hinzunehmenden Bindungen sein.[312)] 2.239

dd) Da die Bindungen des Gastwirts um so weiter gehen dürfen, als die Leistungen des Getränkelieferanten reichen, ist bei der Zurverfügungstellung eines Darlehens von Bedeutung, zu welchem **Zinssatz** dieses gewährt wird. Liegt dieser beispielsweise deutlich unterhalb des allgemeinen (Zins-)Marktniveaus, so ist das bei der Wertung von Leistung und Leistung zu berücksichtigen. So wenn der vereinbarte Zinssatz unter dem – damals – marktüblichen Zins lag.[313)] 2.240

ee) Zur **Rückführung** einer Finanzierung, etwa durch **Tilgung** oder **Abschreibung**, wird auf die Entscheidung des BGH vom 25.4.2001 verwiesen.[314)] 2.241

ff) Trotz dieser maßgeblichen Bedeutung für die Ausgewogenheit der beiderseitigen Leistungen hat die höchstrichterliche Rechtsprechung es bisher vermieden, **schematisch Sätze** für die Relation zwischen Darlehenssumme oder Inventargestellung einerseits und Bezugsdauer andererseits aufzustellen. Mit Recht, denn die Ausgewogenheit hängt ganz maßgeblich auch von anderen Umständen ab, insbesondere der Gestaltung des Vertrages in seinen einzelnen Bestimmungen. 2.242

---

310) OLG Köln, Urt. v. 9.5.1995 – 3 U 144/94, NJW-RR 1995, 1516; LG Ulm, Urt. v. 26.8.2010 – 6 O. 162/09.

311) BGH, Urt. v. 14.6.1972 – VIII ZR 14/71, NJW 1972, 1459 = Zeller I, 212; BGH, Urt. v. 27.2.1985 – VIII ZR 85/84, NJW 1985, 2693 = Zeller, III, 80; OLG Karlsruhe, Urt. v. 18.10.2001 – 19 U 97/01, BeckRS 2001, 30212399 (Leihe); *Paulusch*, Brauerei- und Gaststättenrecht, 9. Aufl. 1996, Rz. 128, 274.

312) BGH, Urt. v. 17.10.1973 – VIII ZR 91/72, WM 1973, 1360 = Zeller I, 232; BGH, Urt. v. 23.11.1983 – VIII ZR 333/82, ZIP 1984, 335 = Zeller III, 266; BGH, Urt. v. 27.2.1985 – VIII ZR 85/84, NJW 1985, 2693 = Zeller III, 80; OLG Zweibrücken, Urt. v. 7.6.1999 – 7 U 4/97, OLGReport 2000, 153, rkr. durch Nichtannahmebeschl. d. BGH v. 23.2.2000 – VIII ZR 181/99; OLG Frankfurt/M., Urt. v. 30.11.2000 – 16 U 230/99, BGH, VIII ZR 5/01, Revisionsrücknahme nach Nichtannahmebeschluss, der ausnahmsweise begründet worden ist; LG Berlin, Urt. v. 31.1.1990 – 99 O. 206/89, NJW-RR 1990, 820 = Zeller IV, 288; LG Ulm, Urt. v. 26.8.2010 – 6 O. 162/09; *Paulusch*, Brauerei- und Gaststättenrecht, 9. Aufl. 1996, Rz. 128, 274.

313) BGH, Urt. v. 25.4.2001 – VIII ZR 135/00, BGHZ 147, 279 = NJW 2001, 2331 = ZIP 2001, 1245; OLG Karlsruhe, Urt. v. 18.10.2001 – 19 U 97/01, BeckRS 2001, 30212399.

314) BGH, Urt. v. 25.4.2001 – VIII ZR 135/00, BGHZ 147, 279 = NJW 2001, 2331 = ZIP 2001, 1245.

2.243 Die in einer Entscheidung aus dem Jahre **1983**[315] als erheblich bezeichneten Leistungen (z. B. **leihweise Gestellung** von **Inventar** im Wert von 3.700 DM, das nach 20 Jahren – dann aber weitgehend entwertet – in das **Eigentum** des Gastwirts **überging**) und die damit verbundene **Gewinnminderung** des Getränkelieferanten von 10 DM auf 8 DM je Hektoliter mögen für das Jahr des Vertragsabschlusses (1956) eine solche Bindung gerechtfertigt haben; unter heutigen Marktbedingungen ist dies nicht mehr der Fall. So ist in späteren Entscheidungen die kostenlose Überlassung von Leihinventar im Werte von 45.163 DM bzw. 28.000 DM nicht als so ungewöhnlich große Leistung angesehen worden, dass sie eine 20-jährige Bezugsbindung hätte rechtfertigen können.[316] Anders dürften Fallgestaltungen im Zusammenhang mit dem Verkauf eines Brauereigrundstücks zu beurteilen sein, die eine 20-jährige Bezugsbindung rechtfertigen können, vor dem Hintergrund des Umstandes, dass sich die Brauerei der mit dem Immobilieneigentum verbundenen Absatzmöglichkeit begibt.

2.244 **i) Sanktionen.** Zu berücksichtigen sind auch unverhältnismäßig hohe **Vertragsstrafen** sowie das Recht des Getränkelieferanten, unter Umständen durch einen anderen Getränkelieferanten zu liefern.[317]

4. Grundsatz

2.245 Auch langfristige Getränkebezugsverpflichtungen begründen noch keine Sittenwidrigkeit des Getränkelieferungsvertrages.[318] Es entspricht höchstrichterlicher Rechtsprechung, dass im Hinblick auf die allgemeine **Vertragsfreiheit** auch langfristige Getränkebezugsverträge nur dann gegen die guten Sitten verstoßen, wenn durch die Ausschließlichkeitsbindung und ihre Gestaltung im Einzelfall die **wirtschaftliche Bewegungsfreiheit** des Gebundenen in unvertretbarer Weise eingeengt wird und dieser dadurch in eine mit den Anschauungen des redlichen Geschäftsverkehrs nicht mehr zu vereinbarende Abhängigkeit von seinem Getränkelieferanten gerät. Die Tatsache, dass der Gastwirt über einen besonders langen Zeitraum gehindert ist, durch Wechsel des Getränkelieferanten oder durch Umgestaltung des Charakters seiner Gaststätte geänderten **Publikumswünschen**

315) BGH, Urt. v. 23.11.1983 – VIII ZR 333/82, ZIP 1984, 335 = Zeller III, 266.

316) BGH, Urt. v. 17.1.1979 – VIII ZR 262/77, NJW 1979, 865 = Zeller II, 224; BGH, Urt. v. 23.11.1983 – VIII ZR 333/82, ZIP 1984, 335 = Zeller III, 266.

317) RG, Urt. v. 7.4.1908 – III 315/07, RGZ 68, 229 = JW 1908, 401; RG, Urt. v. 3.6.1930 – VII 401/30 – VII 401/30, JW 1930, 347; RG, Urt. v. 23.9.1935 – VI 146/35, JW 1935, 3217 Nr. 1; BGH, Urt. v. 8.4.1992 – VIII ZR 94/91, NJW 1992, 2145; OLG Köln, Urt. v. 9.5.1995 – 3 U 144/94, NJW-RR 1995, 1516; LG Köln, Urt. v. 20.11.2006 – 20 O. 118/06.

318) RG, Urt. v. 16.11.1907 – V 102/07, RGZ 67, 101; RG, Urt. v. 15.5.1926 – V 429/25, JW 1927, 119, m. Anm. Nipperdey; RG, Urt. v. 22.3.1935 – VII 278/34, JW 1935, 2553 Nr. 1; BGH, Urt. v. 7.10.1970 – VIII ZR 202/68, NJW 1970, 2243 = Zeller I, 202; BGH, Urt. v. 14.6.1972 – VIII ZR 14/71, NJW 1972, 1459 = Zeller I, 212; OLG Düsseldorf, Urt. v. 2.11.1972 – 10 U 84/72, MDR 1973, 222; OLG Hamburg, Urt. v. 13.4.2000 – 3 U 124/99, rkr. durch Nichtannahmebeschl. d. BGH v. 26.6.2002 – VIII ZR 151/00.

Rechnung zu tragen, kann seine wirtschaftliche Selbständigkeit unzumutbar beschränken, **auch wenn er sich dieser Gefahr bei Vertragsabschluss noch nicht bewusst ist.**[319)]

Je stärker unter Berücksichtigung aller Umstände im jeweiligen **Einzelfall** die wirtschaftliche Bewegungsfreiheit des Gastwirts sachlich eingeschränkt ist, um so kürzer muss die Bindungsdauer sein, wenn der Vertrag mit den guten Sitten im Einklang stehen soll; je größer im **Wert die Leistungen** des Getränkelieferanten sind, um so einschneidender und längerfristiger können im Einzelfall die Bindungen sein.[320)] **2.246**

Je länger die Bezugsbindung ist, desto näher liegt die Annahme, dass der Getränkelieferungsvertrag sittenwidrig ist.[321)] Es entspricht der ständigen Rechtsprechung (des Reichsgerichts), dass ein Vertrag auch dann als sittenwidrig angesehen werden kann, wenn nur einer Partei ein unsittliches Verhalten zur Last fällt **(einseitige Sittenwidrigkeit)** und dies sich gegen die andere Partei richtet, wenn also weitgehende Eingriffe namentlich in die wirtschaftliche Freiheit der anderen Partei stattfinden.[322)] Darin allein, dass zeitlich beschränkte Getränkebezugsverpflichtungen zwischen einem Gastwirt und einem Getränkelieferanten unter Ausschluss anderen Getränkebezuges eingegangen werden, liegt aber kein solcher Eingriff. Das hat die Rechtsprechung auch dann anerkannt, wenn die Abnahmeverpflichtung im Zusammenhang mit einer Darlehensgewährung des Getränkelieferanten übernommen worden war, auch wenn jene Verpflichtung eine gewisse Zeit über die Rückzahlung des Darlehens hinaus dauern sollte.[323)] **2.247**

5. Unbefristete Bezugsbindungen

a) Ausgehend von diesen Erwägungen entspricht es seit jeher gefestigter Rechtsprechung, dass ein unkündbarer Getränkelieferungsvertrag mit zeitlich unbe- **2.248**

---

319) BGH, Urt. v. 14.6.1972 – VIII ZR 14/71, NJW 1972, 1459 = Zeller I, 212; BGH, Urt. v. 31.1.1973 – VIII ZR 131/71, WM 1973, 357 = Zeller I, 220; BGH, Urt. v. 16./17.9.1974 – VIII ZR 116/72, NJW 1974, 2089 = Zeller I, 241; BGH, Urt. v. 26.4.1995 – VIII ZR 124/94, NJW 1995, 2350 = ZIP 1995, 910; BGH, Urt. v. 25.4.2001 – VIII ZR 135/00, BGHZ 147, 279 = NJW 2001, 2331 = ZIP 2001, 1245; OLG Frankfurt/M., Urt. v. 30.11.2000 – 16 U 230/99, BGH, VIII ZR 5/01, Revisionsrücknahme nach Nichtannahmebeschluss, der ausnahmsweise begründet worden ist; OLG Köln, Urt. v. 9.5.1995 – 3 U 144/94, NJW-RR 1995, 1516.

320) BGH, Urt. v. 16./17.9.1974 – VIII ZR 116/72, NJW 1974, 2089 = Zeller I, 241; BGH, Urt. v. 23.11.1983 – VIII ZR 333/82, ZIP 1984, 335 = Zeller III, 266 (zu § 138 Abs. 1 BGB); BGH, Urt. v. 27.2.1985 – VIII ZR 85/84, NJW 1985, 2693 = Zeller, III, 80; LG Ulm, Urt. v. 26.8.2010 – 6 O. 162/09.

321) BGH, Urt. v. 2.10.1969 – KZR 10/68, NJW 1970, 279 = Zeller I, 195; BGH, Urt. v. 9.4.1970 – KZR 7/69, NJW 1970, 2157 = Zeller I, 64; OLG Celle, Urt. v. 10.6.1998 – 13 U 158/97, NJW-RR 1999, 1143.

322) RG, Urt. v. 23.9.1935 – VI 146/35, JW 1935, 3217 Nr. 1; RG, Urt. v. 30.10.1936 – VII 65/36, RGZ 152, 251.

323) Siehe unten § 11 VII m. w. N.

grenzter Bezugsbindung als sittenwidrig unwirksam ist und auch nicht mit zeitlich begrenzter Laufzeit aufrechterhalten werden kann.[324)]

2.249 Aus dem Umstand, dass die Rechtsprechung bei Wärmelieferungsverträgen einen Ausschluss des Rechts zur ordentlichen Kündigung für zulässig erachtet hat,[325)] lässt sich für eine etwaige Zulässigkeit unbefristeter Getränkebezugsbindungen schon deswegen nichts herleiten, weil dem Lieferanten von Fernwärme – anders als grundsätzlich den Getränkelieferanten – von vornherein nur ein regional eng begrenzter Markt zur Verfügung steht und er ein schutzwürdiges Interesse daran hat, seine weitgreifenden technischen Investitionen auf diesen konstant bleibenden Markt abzustellen.[326)]

2.250 b) Als unangemessen ist es zu beurteilen, wenn die Bezugsbindung **ohne zeitliche Begrenzung an die Dauer der Verpachtung einer Absatzstätte gekoppelt** ist und der Verpächter sich nur mittelbar durch eine zweckentfremdende Verpachtung der Räume (Aufgabe der Absatzstätte) von der Bezugsbindung lösen kann.[327)]

2.251 c) Dasselbe muss für eine Klausel gelten, mit der dem Verwender für den Fall fristgerechter Kündigung des Vertrages durch den anderen Teil das Recht eingeräumt wird, in ein „von dritter Seite gemachtes Angebot einzutreten".[328)]

2.252 d) Allerdings wird bei Fehlen einer ausdrücklichen zeitlichen Begrenzung stets im Rahmen der **Vertragsauslegung** zu prüfen sein, ob die Parteien nicht doch eine **Befristung** – etwa in Anlehnung an vergleichbare gesetzliche Regelungen (§§ 544, 1202 Abs. 2, 2044 Abs. 2 BGB) **auf längstens 30 Jahre** – gewollt haben.[329)]

2.253 e) Fehlen bei einem unbefristeten Dauerschuldverhältnis Vorschriften über ein **ordentliches Kündigungsrecht** und haben die Parteien die ordentliche Kündi-

324) RG, Urt. v. 29.5.1906 – II 507/05, RGZ 63, 333; RG, Urt. v. 15.6.1906 – II 514/05, RGZ 63, 390; RG, Urt. v. 16.11.1907 – V 102/70, RGZ 67, 101; RG, Urt. v. 30.11.1909 – VII 51/09, JW 1910, 62; RG, Urt. v. 5.2.1909 – III 145/08; RG, Urt. v. 30.11.1921 – V 265/21; RG, Urt. v. 15.5.1926 – V 429/25, JW 1927, 119, m. Anm. *Nipperdey*; BGH, Urt. v. 2.10.1969 – KZR 10/68, NJW 1970, 279 = Zeller I, 195; BGH, Urt. v. 14.6.1972 – VIII ZR 14/71, NJW 1972, 1459 = Zeller I, 212; BGH, Urt. v. 18.5.1979 – V ZR 70/78, BGHZ 74, 293 = NJW 1979, 2150 = Zeller II, 283; BGH, Urt. v. 13.7.1979 – V ZR 122/77, NJW 1979, 2150; BGH, Urt. v. 22.2.1980 – V ZR 135/76, WM 1980, 877 (Erbbaurechtsvertrag).

325) BGH, Urt. v. 22.1.1975 – VIII ZR 243/73, NJW 1975, 163 = Zeller I, 351.

326) BGH, Urt. v. 1.10.1976 – V ZR 10/76, NJW 1977, 761; BGH, Urt. v. 8.4.1988 – V ZR 120/87, NJW 1988, 2362 = Zeller IV, 182.

327) RG, Urt. v. 5.2.1909 – III 145/08; RG, Urt. v. 30.11.1921 – V 265/21; RG, Urt. v. 15.5.1926 – V 429/25, JW 1927, 119, m. Anm. *Nipperdey*; BGH, Urt. v. 2.10.1969 – KZR 10/68, NJW 1970, 279 = Zeller I, 195.

328) BGH, Urt. v. 31.3.1982 – I ZR 56/80, ZIP 1982, 702 = Zeller III, 220 (**Tankstellen-Stationärvertrag**).

329) RG, Urt. v. 15.5.1926 – V 429/25, JW 1927, 119 m. Anm. *Nipperdey*; zur **Kündigungsmöglichkeit** eines bayerischen Getränkelieferungsvertrages, dessen Dauer nicht bestimmt ist, vgl. Art. 5 Abs. 1 Satz 3 **bayer. AGBGB** (Bayer. GVBl 1982, 803).

gung nicht ausgeschlossen, besteht grundsätzlich die Möglichkeit, ein solches Dauerschuldverhältnis in entsprechender Anwendung der §§ 584, 624, 723 BGB ordentlich unter Einhaltung einer Frist zu kündigen.[330)]

6. Befristete Bezugsbindungen

a) **Grundsatz.** Die Vereinbarung befristeter Getränkelieferungsverträge ist grundsätzlich nicht zu beanstanden. Die Dauer der Vertragsbindung vermag für sich allein noch keine Sittenwidrigkeit zu begründen.[331)] **2.254**

b) Bei zeitlich begrenzten Bezugsbindungen ist die Rechtsprechung zunächst verhältnismäßig großzügig verfahren. So hat sie etwa bei einer Bezugsbindung, die in Zusammenhang mit einem für den Gastwirt besonders günstigen Grundstückskauf stand, eine Laufzeit von **30 Jahren** als vertretbar hingenommen.[332)] **2.255**

c) **20-Jahresgrenze.** Erstmals in einem Urteil aus dem Jahre 1970 hat der BGH einen Bezugszeitraum von 20 Jahren als die äußerste Grenze dessen bezeichnet, was in einem besonders gelagerten Fall – bei erheblichen Leistungen der Getränkelieferanten und einer nur hälftigen Bindung des Gastwirts, der den restlichen Teil seines Bedarfs bei einer anderen regionalen Brauerei decken durfte –, gerade noch zulässig ist. Zur Begründung führte er aus, dass der Gastwirt nicht in der Lage sei, über einen Zeitraum von 20 Jahren hinaus das Risiko der von ihm eingegangenen Bindung hinreichend zu erkennen und abzuschätzen. Bindungen, die diesen Zeitraum übersteigen, sind allein schon wegen ihrer übermäßig langen Dauer geeignet, die wirtschaftliche Bewegungsfreiheit des Gastwirts in unzumutbarer Weise einzuengen.[333)] Bei dieser höchstzulässigen Dauer von allenfalls 20 Jahren ist die Rechtsprechung in der Folgezeit verblieben. Allerdings müssen besondere Umstände vorliegen, um ausnahmsweise eine 20-jährige Be- **2.256**

---

330) BGH, Beschl. v. 15.9.2009 – VIII ZR 241/08, BeckRS 2009, 86578; BGH, Urt. v. 22.2.2012 – VIII ZR 34/11, NJW-RR 2012, 690.

331) BGH, Urt. v.7.10.1970 – VIII ZR 202/68, NJW 1970, 2243 = Zeller I, 202.

332) BGH, Urt. v. 20.10.**1959** – VIII ZR 136/58, LM BGB § 157 (Ge) Nr. 5 = DB 1959, 1367 = Zeller I, 266; BGH, Urt. v. 17.1.1979 – VIII ZR 262/77, NJW 1979, 865 = Zeller II, 224 (Teilbedarf); BGH, Urt. v. 23.11.**1983** – VIII ZR 333/82, ZIP 1984, 335 = Zeller III, 266.

333) BGH, Urt. v.7.10.**1970** – VIII ZR 202/68, NJW 1970, 2243 = Zeller I, 202; BGH, Urt. v. 14.6.1972 – VIII ZR 14/71, NJW 1972, 1459 = Zeller I, 212; BGH, Urt. v. 31.1.1973 – VIII ZR 131/71, WM 1973, 357 = Zeller I, 220; BGH, Urt. v. 16./17.9.1974 – VIII ZR 116/72, NJW 1974, 2089 = Zeller I, 241; BGH, Urt. v. 22.1.1975 – VIII ZR 243/73, NJW 1975, 163 = Zeller I, 351; BGH, Urt. v. 21.5.1975 – VIII ZR 215/72, WM 1975, 850 = Zeller I, 251; BGH, Urt. v. 17.1.1979 – VIII ZR 262/77, NJW 1979, 865 = Zeller II, 224; BGH, Urt. v. 18.5.1979 – V ZR 70/78, BGHZ 74, 293 = NJW 1979, 2150 = Zeller II, 283; BGH, Urt. v. 24.3.1980 – KZR 18/80, WM 1981, 687; BGH, Urt. v. 23.11.1983 – VIII ZR 333/82, ZIP 1984, 335 = Zeller III, 266; BGH, Urt. v. 27.2.1985 – VIII ZR 85/84, NJW 1985, 2693 = Zeller, III, 80; BGH, Urt. v. 8.4.1988 – V ZR 120/87, NJW 1988, 2362 = Zeller IV, 182; BGH, Urt. v. 21.3.1990 – VIII ZR 49/89, NJW-RR 1990, 816 = Zeller IV, 227; BGH, Urt. v. 8.4.1992 – VIII ZR 94/91, NJW 1992, 2145; OLG Zweibrücken, Urt. v. 7.6.**1999** – 7 U 4/97, OLGReport 2000, 153, rkr. durch Nichtannahmebeschl. d. BGH v. 23.2.2000 – VIII ZR 181/99.

zugsbindung zu rechtfertigen. Hierzu rechnen insbesondere ungewöhnlich hohe Leistungen des Getränkelieferanten.[334)]

2.257 Soweit der BGH in einem Urteil aus dem Jahre 1973[335)] eine Bindung von insgesamt **23 1/2 Jahren** als noch gerechtfertigt bezeichnet hat, handelt es sich um einen nicht verallgemeinerungsfähigen Sonderfall. Der Gastwirt hatte sich dort in einem gerichtlichen Vergleich, in dem er ersichtlich über den Umfang der von ihm einzugehenden Bindung und das damit verbundene Risiko aufgeklärt worden war, nach einer bereits verstrichenen Laufzeit von etwa 10 Jahren mit einer so langfristigen Bezugsbindung deswegen einverstanden erklärt, weil der Getränkelieferant die für ihn sehr wesentliche Zweckentfremdung eines Teiles der „gebundenen" Gastwirtschaft, ohne hierzu verpflichtet zu sein, nachträglich gestattet hatte. Im Übrigen wird auf die Rechtsprechung verwiesen.[336)]

2.258 **d) 15-Jahresgrenze.** Seit 1974 ist die höchstrichterliche Rechtsprechung erkennbar bemüht gewesen, im Hinblick auf den angesichts der intensiven Werbung häufiger wechselnden **Publikumsgeschmack** und die für den Gastwirt nicht selten mit einer Verminderung der **Ertragslage** verbundene **Änderung der Verkehrsführung** die Frist für die höchstzulässige Bezugsbindung weiter herabzusetzen.[337)]

2.259 Überblickt man diese Rechtsprechung und ergänzt sie durch diejenigen Fälle, in denen der BGH Revisionen gegen Berufungsurteile, die sich mit der höchstzulässigen Bezugsbindung befassen, mangels hinreichender Erfolgsaussicht ohne schriftliche Begründung nicht angenommen hat (§ 554b ZPO a. F.), so dürfte bei **sonst tragbaren Einzelbedingungen** und einer angemessenen Leistung eine **höchstzulässige Bindungsdauer von etwa 15 Jahren** dem derzeitigen Stand der Rechtsprechung entsprechen. Diese Größenordnung wurde explizit vom V. Zivilsenat im Zusammenhang mit der rechtlichen Beurteilung von Sicherungsabreden zur Bestellung von beschränkten persönlichen Dienstbarkeiten als für den Normalfall zu billigend genannt.[338)] Der damals u. a. für das Getränkelieferungsrecht

---

334) BGH, Urt. v. 14.6.1972 – VIII ZR 14/71, NJW 1972, 1459 = Zeller I, 212; OLG Frankfurt/M., Urt. v. 30.11.2000 – 16 U 230/99, BGH, VIII ZR 5/01, Revisionsrücknahme nach Nichtannahmebeschluss, der ausnahmsweise begründet worden ist.

335) BGH, Urt. v. 23.5.**1973** – VIII ZR 164/71, WM 1973, 924 = Zeller I, 228.

336) BGH, Urt. v. 5.10.**1966** – VIII ZR 75/64, Zeller I, 179 **25 Jahre**; BGH, Urt. v. 22.1.**1975** – VIII ZR 243/73, NJW 1975, 163 = Zeller I, 351: **36 Jahre**; BGH, Urt. v. 17.1.1979 – VIII ZR 262/77, NJW 1979, 865 = Zeller II, 224: **23 Jahre** (Teilbedarf).

337) BGH, Urt. v. 16./17.9.1974 – VIII ZR 116/72, NJW 1974, 2089 = Zeller I, 241 (**16 Jahre**); BGH, Urt. v. 21.5.1975 – VIII ZR 215/72, WM 1975, 850 = Zeller I, 251 (**15 Jahre**); BGH, Urt. v. 10.3.1976 – VIII ZR 268/74, WM 1976, 508 = Zeller I, 327 (**14 Jahre**); BGH, Urt. v. 18.5.1979 – V ZR 70/78, BGHZ 74, 293 = NJW 1979, 2150 = Zeller II, 283 (**15 Jahre**); BGH, Urt. v. 21.3.1990 – VIII ZR 49/89, NJW-RR 1990, 816 = Zeller IV, 227; BGH, Urt. v. 8.4.1992 – VIII ZR 94/91, NJW 1992, 2145 (**15 Jahre**); OLG Nürnberg, Urt. v. 29.6.2001 – 6 U 1762/00 (**25 Jahre, nichtig**); OLG Karlsruhe, Urt. v. 18.10.2001 – 19 U 97/01, BeckRS 2001, 30212399; OLG Köln, Urt. v. 9.1.2007 – 3 U 158/05, BeckRS 2007, 04453.

338) BGH, Urt. v. 18.5.1979 – V ZR 70/78, BGHZ 74, 293 = NJW 1979, 2150 = Zeller II, 283. Ähnlich der Kartellsenat BGH, Urt. v. 24.3.**1981** – KZR 18/80, WM 1981, 687.

zuständige VIII. Zivilsenat des BGH hat allerdings eine derartige Festlegung stets vermieden und auf die erforderliche Abwägung der schutzwürdigen Interessen der Vertragsparteien und die Notwendigkeit der Berücksichtigung von Inhalt, Motiv und Vertragszweck im Einzelfall hingewiesen.[339)] Lediglich in einem unveröffentlichten Urteil aus dem Jahre 1997 heißt es, „dass die Rechtsprechung des BGH inzwischen zu einer höchst zulässigen Bindungsdauer von 15 Jahren tendiert".[340)]

Bei der vergleichsweisen Heranziehung von älteren Entscheidungen zu § 138 Abs. 1 BGB ist insgesamt Vorsicht angebracht. Nicht nur die rechtlichen Beurteilungsmaßstäbe können sich – wie vorstehend skizziert – verfestigt, aber auch ggf. geändert haben. Auch ist die Prüfung der Angemessenheit der Laufzeit vor dem Hintergrund der jeweiligen Marktbedingungen im Zeitpunkt des Vertragsabschlusses zu würdigen. 2.260

e) Die **Instanzrechtsprechung** spiegelt ein ähnliches Bild.[341)] 2.261

f) Eine Bezugsbindungsdauer von **zehn Jahren** selbst in AGB ist regelmäßig unbedenklich.[342)] Sie kann erst recht den Vorwurf der sittenwidrigen Knebelung dann nicht rechtfertigen, wenn die Bezugsbindung des Gastwirts individualvertraglich vereinbart worden ist.[343)] Denn § 138 Abs. 1 BGB stellt schon im objektiven Bereich höhere Anforderungen an die Feststellung der Nichtigkeit eines Vertrages als § 307 Abs. 1 und 2 BGB und setzt eine grobe Interessenverletzung von erheblicher Stärke voraus.[344)] 2.262

---

339) BGH, Urt. v. 23.11.**1983** – VIII ZR 333/82, ZIP 1984, 335 = Zeller III, 226; BGH, Urt. v. 8.4.**1992** – VIII ZR 94/91, NJW 1992, 2145; BGH, Urt. v. 25.4.**2001** – VIII ZR 135/00, BGHZ 147, 279 = NJW 2001, 2331 = ZIP 2001, 1245.

340) BGH, Urt. v. 22.10.**1997** – VIII ZR 149/96.

341) OLG Köln, Urt. v. 9.5.**1995** – 3 U 144/94, NJW-RR 1995, 1516 (**10 Jahre**); OLG Zweibrücken, Urt. v. 7.6.**1999** – 7 U 4/97, OLGReport 2000, 153, rkr. durch Nichtannahmebeschl. BGH v. 23.2.2000 – VIII ZR 181/99 (**25 Jahre bei einem Verwaltungsvertrag i. V. m. Anschlussvertrag**); OLG Düsseldorf, Urt. v. 6.11.1999 – 1 U 42/99, rkr. durch Nichtannahmebeschl. d. BGH v. 23.2.2000 – VIII ZR 181/99; OLG Frankfurt/M., Urt. v. 30.11.**2000** – 16 U 230/99, BGH, VIII ZR 5/01, Revisionsrücknahme nach Nichtannahmebeschluss, der ausnahmsweise begründet worden ist (**15 Jahre**); OLG Schleswig, Urt. v. 14.4.**2001** – 1 U 76/2000 (**10 Jahre**); OLG Karlsruhe, Urt. v. 18.10.2001 – 19 U 97/01, BeckRS 2001, 30212399 (**11 Jahre und 10 Monate**); OLG Koblenz, Urt. v. 21.2.**2002** – 5 U 677/01, NJOZ 2002, 837 (**10 Jahre**); OLG Düsseldorf, Urt. v. 27.10.2004 – VI-U (Kart) 41/03, BeckRS 2005, 06685 (**10 Jahre**); LG Köln, Urt. v. 20.11.2012 – 4 O. 455/11 (**15 Jahre**).

342) BGH, Urt. v. 25.4.2001 – VIII ZR 135/00, BGHZ 147, 279 = NJW 2001, 2331 = ZIP 2001, 1245; OLG Köln, Urt. v. 6.9.2000 – 17 U 46/99, BeckRS 2012, 09081.

343) OLG Frankfurt/M., Urt. v. 29.6.2007 – 19 U 142/06, NJOZ 2007, 5354 = BeckRS 2007, 16524.

344) BGH, Urt. v. 25.4.2001 – VIII ZR 135/00, BGHZ 147, 279 = NJW 2001, 2331 = ZIP 2001, 1245; BGH, Urt. v. 8.12.2011 – VII ZR 111/11, NJW-RR 2012, 626; OLG Köln, Urt. v. 9.5.1995 – 3 U 144/94, NJW-RR 1995, 1516; OLG Düsseldorf, Urt. v. 27.10.2004 – VI-U (Kart) 41/03, BeckRS 2005, 06685; OLG Düsseldorf, Urt. v. 13.11.2009 – I-22 U 71/09, BeckRS 2012, 05469; OLG Köln, Urt. v. 20.10.2011 – 7 U 65/11, BeckRS 2012, 15923; OLG Oldenburg, Urt. v. 14.11.2012 – 5 U 56/11; LG Ulm, Urt. v. 26.8.2010 – 6 O. 162/09.

2.263 g) **Fünfjahresgrenze.** Die VO Nr. 1984/83 sowie die Nachfolgeregelung der VO Nr. 2790/1999 (Art. 5 a) sind nicht mehr in Kraft. Es stellt sich allenfalls die Frage, ob **Art. 5 Abs. 1 a VO Nr. 330/2010** eine Leitbildwirkung entfaltet, was zu einer Höchstbindungsdauer von fünf Jahren führen würde. Diese Frage ist zu verneinen.

2.264 Die Europäische Kommission geht davon aus, dass vertikale Wettbewerbsbeschränkungen grundsätzlich keine erheblichen Wettbewerbsbeeinträchtigungen bewirken. Die Verordnung soll deshalb lediglich solche Vertikalbindungen erfassen, die mit erheblicher Marktmacht verbunden sind. Außerhalb ihres Anwendungsbereichs dürfte sie daher – insbesondere hinsichtlich Getränkelieferungsverträge – keine Wirkung entfalten.[345)] Zudem deckt sich der Schutzzweck des Kartellrechts nicht mit dem des § 138 Abs. 1 BGB.[346)] Die Gründe, die eine mehr oder weniger lange Bezugsbindungsdauer rechtfertigen, sind in den praktischen Anwendungsfällen sehr unterschiedlich. Die Laufzeit ist zwar ein wesentliches, aber nicht das alleinige Kriterium. Das Ausmaß der zulässigen Bindung hängt ganz entscheidend von den Leistungen des Getränkelieferanten ab. Dies gilt auch dann, wenn alleine die Laufzeit angegriffen wird.[347)]

II. Rechtsfolgen eines Verstoßes gegen § 138 Abs. 1 BGB

1. Grundsatz der quantitativen Teilnichtigkeit

2.265 Hat die Prüfung einer individualvertraglich vereinbarten Laufzeit am Maßstab des § 138 Abs. 1 BGB einen Verstoß ergeben, so ist damit noch keine endgültige Nichtigkeit festzustellen. Vielmehr ist zu fragen, ob die Laufzeit des Vertrages im Wege **ergänzender Vertragsauslegung** auf eine zulässige Dauer herabgesetzt werden kann.

2.266 a) **Voraussetzungen.** Eine Aufspaltung kommt vor allem in Betracht, wenn eine Vertragsklausel wegen des Übermaßes der in ihr enthaltenen Rechte oder Pflichten nichtig ist und angenommen werden kann, dass die Parteien bei Kenntnis dieses Umstandes an ihrer Stelle eine auf das zulässige Maß beschränkte Regelung getroffen hätten.[348)]

2.267 Eine solche quantitative Teilbarkeit von Vertragsbestimmungen ist nur möglich, **wenn sich feststellen lässt, was die Parteien bei Kenntnis der Nichtigkeit einer Regelung an deren Stelle gesetzt hätten.** Das folgt aus Sinn und Zweck der Vorschrift des § 139 BGB, den hypothetischen Willen der Vertragsparteien zu verwirklichen.

345) *Pukall*, NJW 2000, 1375; Staudinger-*Sack*, BGB, § 138 Rz. 285; siehe unten § 10 III 7.

346) BGH, Urt. v. 19.10.1993 – KZR 3/92, NJW 1994, 384.

347) OLG Nürnberg, Urt. v. 1.12.1992 – 11 U 1682/92, RIW 1993, 327.

348) BGH, Urt. v. 5.6.1989 – II ZR 227/88, NJW 1989, 2681; BGH, Urt. v. 14.11.2000 – XI ZR 248/99, NJW 2001, 815 = ZIP 2001, 189; BGH, Urt. v. 17.10.2008 – V ZR 14/08, NJW 2009, 1135.

Wo dieser Wille nicht zu ermitteln ist, weil **mehrere Möglichkeiten** zur Ersetzung der nichtigen Bestimmung gegeben sind und keine Anhaltspunkte dafür bestehen, welche von ihnen die Parteien gewählt hätten, ist der Regelungsbereich der Vorschrift überschritten.[349)] In einem solchen Fall kommt nur ein **„Hinausstreichen"** der nichtigen Bestimmung oder aber die **Gesamtnichtigkeit** des Rechtsgeschäfts in Betracht.[350)] 2.268

b) Grenze. Der Grenze zwischen der Verwirklichung des hypothetischen Parteiwillens und einer unzulässigen richterlichen Vertragsgestaltung kommt bei sittenwidrigen Regelungen besondere Bedeutung zu. Könnte ein Gericht bereits daraus, dass eine von ihm erwogene Aufspaltung in einen wirksamen und einen nichtigen Teil zu einem vernünftigen Interessenausgleich führt, folgern, diese entspräche dem hypothetischen Willen der Parteien, verlören sittenwidrige Rechtsgeschäfte das Risiko, mit denen sie in der Folge der gesetzlich angeordneten Nichtigkeitssanktion behaftet sind.[351)] Der Begünstigte könnte nämlich damit rechnen, schlimmstenfalls durch gerichtliche Festsetzung das zu bekommen, was die Parteien nach Auffassung des Gerichts bei redlicher Denkweise als gerechten Interessenausgleich hätten akzeptieren sollen. Fast jede sittenwidrige Vertragsklausel ließe sich auf diese Weise im Wege der quantitativen Teilbarkeit aufrechterhalten. Hierzu darf eine entsprechende Anwendung von § 139 BGB nicht führen. Im Grundsatz ist deshalb von der Nichtigkeit einer sittenwidrigen Klausel auszugehen. Nur ausnahmsweise kommt eine Aufspaltung in einen wirksamen und einen unwirksamen Teil entsprechend § 139 BGB in Betracht, wenn konkrete, über allgemeine Billigkeitserwägungen hinausgehende Anhaltspunkte den Entschluss rechtfertigen, dass die Aufspaltung dem entspricht, was die Parteien bei Kenntnis der Nichtigkeit ihrer Vereinbarung geregelt hätten.[352)] 2.269

c) Tatsachenfeststellung. Das Gericht darf sich nicht willkürlich für eine von vielen alternativen Gestaltungsmöglichkeiten entscheiden, ohne andere zu erwägen und am **hypothetischen Parteiwillen** zu messen. § 139 BGB kann dann nicht mehr zu einer Aufrechterhaltung führen, wenn sich gar nicht mehr feststellen lasse, welche von mehreren Möglichkeiten die Parteien gewählt hätten, wenn ihnen die Sittenwidrigkeit der von ihnen zugrunde gelegten Klausel bekannt gewesen wäre.[353)] 2.270

d) Treu und Glauben (§ 242 BGB). Die Berufung auf die Gesamtnichtigkeit des Vertrages ist nicht treuwidrig. Sie lässt sich insbesondere nicht auf die Rechtspre- 2.271

---

349) BGH, Urt. v. 5.6.1989 – II ZR 227/88, NJW 1989, 2681.

350) BGH, Urt. v. 17.10.2008 – V ZR 14/08, NJW 2009, 1135.

351) BGH, Urt. v. 14.11.2000 – XI ZR 248/99, NJW 2001, 815 = ZIP 2001, 189.

352) BGH, Urt. v. 14.11.2000 – XI ZR 248/99, NJW 2001, 815 = ZIP 2001, 189; BGH, Urt. v. 17.10.2008 – V ZR 14/08, NJW 2009, 1135.

353) BGH, Urt. v. 14.11.2000 – XI ZR 248/99, NJW 2001, 815 = ZIP 2001, 189; BGH, Urt. v. 17.10.2008 – V ZR 14/08, NJW 2009, 1135.

chung des BGH stützen, wonach es einer Vertragspartei verwehrt ist, sich unter Berufung auf § 139 BGB ihrer Vertragspflichten insgesamt zu entledigen, wenn lediglich eine allein den anderen Teil begünstigende, abtrennbare Regelung unwirksam ist und dieser andere Teil am Vertrag festhalten will.[354)] Dieser Rechtsprechung liegt der Gedanke zugrunde, dass die Regelung des § 139 BGB offenkundig als Vorwand benutzt wird, um sich von einem missliebig gewordenen Vertrag zu lösen, wenn der sich auf die Gesamtnichtigkeit berufende Vertragspartner durch die unwirksame Regelung nicht nachteilig betroffen ist. Das kommt vor allem in Betracht, wenn die Regelung allein die andere Vertragspartei begünstigt oder wenn sie bei der Durchführung des Vertrages bedeutungslos geblieben ist.

2. Rückführung übermäßig langer Bezugsbindungen

2.272 a) **Einführung.** Ein wegen sittenwidriger Übervorteilung nichtiges Rechtsgeschäft kann grundsätzlich nicht in der Weise in ein wirksames Geschäft umgewandelt werden, dass die Leistungspflicht des Übervorteilten auf einen Teil beschränkt und damit auf ein erträgliches Maß zurückgeführt wird. Insoweit trägt die Vertragspartei in vollem Umfang das Risiko ihres sittenwidrigen Verhaltens, **ohne dass es darauf ankommt**, ob sich der Vertragspartner bei Vertragsabschluss eines Verstoßes des Rechtsgeschäfts gegen die guten Sitten zu seinem Nachteil **bewusst gewesen ist.**[355)]

2.273 b) **Rechtsprechung.** Bereits **1951** hatte der BGH[356)] die Möglichkeit erwogen, eine mit 25 Jahren unter Umständen übermäßig lange Bezugsbindung unter dem Gesichtspunkt von Treu und Glauben (§ 242 BGB) auf eine angemessene Laufzeit zurückzuführen. Erstmals hat der VIII. Zivilsenat des BGH in seiner Entscheidung vom **14.6.1972** diesen Gedanken aufgegriffen und unter rechtsähnlicher **Heranziehung des § 139 BGB** Getränkelieferungsverträge, die **lediglich** wegen ihrer übermäßig langen Laufzeit gegen die guten Sitten verstoßen, mit einer dem tatsächlichen oder zu vermutenden Parteiwillen entsprechenden Laufzeit aufrechterhalten. Der BGH hält seitdem in ständiger Rechtsprechung Getränkelieferungsverträge, die lediglich wegen ihrer übermäßig langen Lauf-

354) BGH, Urt. v. 17.10.2008 – V ZR 14/08, NJW 2009, 1135.

355) BGH, Urt. v. 21.3.1977 – II ZR 96/75, BGHZ 68, 204 = NJW 1977, 1233 = Zeller II, 203.

356) BGH, Urt. v. 23.11.1951 – I ZR 24/51, NJW 1952, 344 = Zeller I, 144; BGH, Urt. v. 11.11.1968 – VIII ZR 151/66, BGHZ 51, 55 = NJW 1969, 230 (Automatenaufstellvertrag). Vergleiche im Übrigen bereits RG, Urt. v. 15.5.1926 – V 429/25, JW 1927, 119 mit in diese Richtung gehender Anm. *Nipperdey*.

zeit gegen die guten Sitten verstoßen, mit einer dem tatsächlichen oder dem zu vermutenden Parteiwillen entsprechenden Laufzeit aufrecht.[357)]

c) **Begründung.** Anfangs begründete man die Aufrechthaltung damit, die Nichtigkeitsfolge bei Sittenwidrigkeit übermäßig langer Bezugsbindungen könnte zu einer sachlich nicht gerechtfertigten Benachteiligung derjenigen Getränkelieferanten führen, die im Vertrauen auf die früher großzügigere höchstrichterliche Rechtsprechung derartige Verträge abgeschlossen hatten und sich nunmehr – mit der Folge der völligen Nichtigkeit und der Notwendigkeit einer sachgerecht oft kaum noch durchzuführenden Rückabwicklung jedenfalls der Vorleistungen der Getränkelieferanten nach Bereicherungsgrundsätzen – dem Vorwurf der Sittenwidrigkeit ausgesetzt sehen. Die bei Nichtigkeit notwendige Rückabwicklung derartiger Verträge nach Bereicherungsgrundsätzen würde – die von der Nichtigkeitsfolge verschont bleibenden einzelnen Lieferverträge einmal ausgenommen –,[358)] deshalb auf erhebliche Schwierigkeiten stoßen, weil die Getränkelieferanten in aller Regel ihre Leistung für die langfristige Bezugsbindung bereits bei Vertragsabschluss erbringen und damit dem Gastwirt vielfach – rechnerisch kaum fassbar – die Betriebsaufnahme erst ermöglichen. 2.274

Davon abgesehen entspricht es auch **forensischer Erfahrung**, dass Gastwirte, wenn es nach zunächst reibungsloser Abwicklung eines Vertrages zu Streitigkeiten kommt und der Versuch, den Vertrag wegen arglistiger Täuschung anzufechten oder sich von ihm aus wichtigem Grunde zu lösen, fehlgeschlagen ist, sich nicht selten auf die Sittenwidrigkeit des Vertrages berufen, obwohl sie ihn zunächst nicht als anstößig und in ihrer wirtschaftlichen Bewegungsfreiheit einengend angesehen haben.[359)] 2.275

---

357) BGH, Urt. v. 14.6.1972 – VIII ZR 14/71, NJW 1972, 1459 = Zeller I, 212; BGH, Urt. v. 31.1.1973 – VIII ZR 131/71, WM 1973, 357 = Zeller I, 220; BGH, Urt. v. 16./17.9.1974 – VIII ZR 116/72, NJW 1974, 2089 = Zeller I, 241; BGH, Urt. v. 21.5.1975 – VIII ZR 215/72, WM 1975, 850 = Zeller I, 251; BGH, Urt. v. 17.1.1979 – VIII ZR 262/77, NJW 1979, 865 = Zeller II, 224; BGH, Urt. v. 13.3.1979 – KZR 23/77, NJW 1979, 1605; BGH, Urt. v. 18.5.1979 – V ZR 70/78, BGHZ 74, 293 = NJW 1979, 2150 = Zeller II, 283; BGH, Urt. v. 13.7.1979 – V ZR 122/77, NJW 1979, 2149; BGH, Urt. v. 23.11.1983 – VIII ZR 333/82, ZIP 1984, 335 = Zeller III, 266; BGH, Urt. v. 27.2.1985 – VIII ZR 85/84, NJW 1985, 2693 = Zeller III, 80; BGH, Urt. v. 21.3.1990 – VIII ZR 49/89, NJW-RR 1990, 816 = Zeller IV, 227; BGH, Urt. v. 8.4.1992 – VIII ZR 94/91, NJW 1992, 2145; BGH, Urt. v. 13.3.1997 – I ZR 215/94, NJW 1998, 156 = ZIP 1997, 1356; BGH, Urt. v. 22.10.1997 – VIII ZR 149/96; OLG Hamm, Urt. v. 13.3.1995 – 2 U 139/94, NJW-RR 1996, 46; OLG Zweibrücken, Urt. v. 7.6.1999 – 7 U 4/97, OLGReport 2000, 153, rkr. durch Nichtannahmebeschl. d. BGH v. 23.2.2000 – VIII ZR 183/99; OLG Düsseldorf, Urt. v. 8.11.1999 – 1 U 42/99; OLG Frankfurt/M., Urt. v. 30.11.2000 – 16 U 230/99, BGH, VIII ZR 5/01, Revisionsrücknahme nach Nichtannahmebeschluss, der ausnahmsweise begründet worden ist; OLG Nürnberg, Urt. v. 29.6.2001 – 6 U 1762/00; OLG Koblenz, Urt. v. 21.2.2002 – 5 U 677/01, NJOZ 2002, 837.

358) BGH, Urt. v. 4.12.1996 – VIII ZR 360/95, NJW 1997, 933, im Zusammenhang mit dem **Widerruf** einer Bezugsverpflichtung.

359) BGH, Urt. v. 8.4.1992 – VIII ZR 94/91, NJW 1992, 2145; *Paulusch*, Brauerei- und Gaststättenrecht, 9. Aufl. 1996, Rz. 144.

2.276 d) **Dogmatische Herleitung.** Mag diese Auffassung von einer Art **„quantitativen Teilnichtigkeit"** auch in ihrem dogmatischen Ansatz – der rechtsähnlichen Heranziehung des auf sachlich teilbare Rechtsgeschäfte zugeschnittenen § 139 BGB für Fälle einer übermäßig langen zeitlichen Bindung –[360] umstritten bleiben, so hat sie sich doch in der Praxis wie schon die Rechtsprechung des Reichsgerichts zur Höchstpreisüberschreitung und zu Wucherpreisen bewährt. Sie gewährt dem Gastwirt das, was er redlicherweise verlangen kann, trägt den schutzwürdigen Belangen der Getränkelieferanten Rechnung und vermeidet anders als das sich grundsätzlich aus § 138 Abs. 1 BGB ergebende **Prinzip des „Alles oder Nichts"** eine unbefriedigende und nur schwer durchzuführende Rückabwicklung. Von der kaum jemals zu treffenden Feststellung, welche Vertragsdauer die Parteien bei Kenntnis der Rechtsprechung zur zeitlichen Bezugsbindung vereinbart hätten, hat die Rechtsprechung von vornherein abgesehen, vielmehr auf den sog. hypothetischen Parteiwillen und damit auf eine vom Gericht vorzunehmende sachgerechte Interessenabwägung abgestellt.[361]

2.277 e) **Voraussetzungen. aa) Individuallaufzeit.** Dem steht selbst dann, wenn es sich bei der Vereinbarung im Übrigen um einen Formularvertrag handeln sollte, das **Verbot der geltungserhaltenden Reduktion** Allgemeiner Geschäftsbedingungen nicht entgegen, weil die **Vertragslaufzeit in der Regel** nicht selbst formularmäßig vereinbart ist. Dies gilt erst recht dann, wenn sie sich erst mittelbar aus der vertraglich vereinbarten **Abschreibung** des gestellten Inventars und der Menge des bezogenen Bieres ergibt.

2.278 **bb)** Die Anwendung des § 139 BGB kommt nur in Betracht, wenn **allein** die Vereinbarung einer zu langen Laufzeit zu beanstanden ist.[362] Verstoßen auch andere Vertragsregelungen gegen die guten Sitten und führt dies dazu, dass der Vertrag insgesamt – und nicht nur wegen seiner langen Laufzeit – unwirksam ist, so ist es nicht die Aufgabe des Gerichts, einen sittenwidrigen Getränkelieferungsvertrag mit vertretbarem Inhalt aufrechtzuerhalten. Diese Einschränkung bedeutet jedoch nicht, dass die Nichtigkeitsfolge schon dann zwingend eintritt, wenn neben der übermäßig langen Dauer nur wenige andere – möglicherweise sogar einer Einschränkung zugängliche – Formularklauseln zu beanstanden sind. Nur wenn der Getränkelieferungsvertrag auch ohne Berücksichtigung der Lauf-

---

360) BGH, Urt. v. 7.2.1962 – VIII ZR 161/61, NJW 1962, 734 m. w. N.

361) BGH, Urt. v. 14.6.1972 – VIII ZR 14/71, NJW 1972, 1459 = Zeller I, 212; BGH, Urt. v. 8.4.1992 – VIII ZR 94/91, NJW 1992, 2145; BGH, Urt. v. 22.10.1997 – VIII ZR 149/96; BGH, Urt. v. 17.10.2008 – V ZR 14/08, NJW 2009, 1135.

362) BGH, Urt. v. 14.6.1972 – VIII ZR 14/71, NJW 1972, 1459 = Zeller I, 212; BGH, Urt. v. 17.10.1973 – VIII ZR 91/72, WM 1973, 1360 = Zeller I, 232; BGH, Urt. v. 21.5.1975 – VIII ZR 215/72, WM 1975, 850 = Zeller I, 251; BGH, Urt. v. 27.2.1985 – VIII ZR 85/84, NJW 1985, 2693 = Zeller, III, 80; BGH, Urt. v. 22.10.1997 – VIII ZR 149/96; OLG Düsseldorf, Urt. v. 8.11.1999 – 1 U 42/99.

zeit insgesamt überzogen ist, kommt eine Reduzierung der Länge der Bezugsdauer nicht in Betracht.[363)]

cc) Überschreiten der zulässigen Laufzeit. Es versteht sich von selbst, dass die Möglichkeit der Rückführung auf eine angemessene Laufzeit dann ins Leere geht, wenn auch dieser angemessene Zeitraum im konkreten Fall bereits überschritten ist.[364)] 2.279

f) Konsequenzen. aa) Die Ausschließlichkeitsbindung kann mit einer unter Berücksichtigung der **bereits erbrachten und noch zu erbringenden Leistungen** noch als angemessen anzusehenden kürzeren Laufzeit aufrechterhalten werden.[365)] 2.280

bb) Laufzeitermittlung. Gelegentlich heißt es, dass die sittenwidrig lange Zeitvereinbarung „mit einer kürzeren, angemessenen Laufzeit" aufrechtzuerhalten sei.[366)] Aus dieser Formulierung könnte man entnehmen, dass die Zeitvereinbarung nicht mit der höchst zulässigen, sondern mit einer unter Umständen kürzeren, angemessenen Zeitdauer aufrechtzuerhalten sei. Dies wäre jedoch eine Überinterpretation der zitierten Formulierung des BGH. Tatsächlich hat der BGH in allen einschlägigen Entscheidungen die Zeitvereinbarung mit der nach seiner Ansicht höchst zulässigen Bindungsdauer aufrechterhalten.[367)] In dem Maße, in dem eine Zeitvereinbarung nicht gegen das sittlich-rechtliche Verbot übermäßiger zeitlicher Bindungen verstößt, ist sie rechtmäßig, und für die Nichtigkeitssanktion besteht insoweit kein Anlass. Das heißt, die Zeitvereinbarung bleibt bis zur höchst zulässigen Grenze wirksam. Dies entspricht im praktischen Ergebnis auch der Rechtsprechung und der herrschenden Lehre, die mit § 242 BGB oder mit § 139 BGB analog nur eine Überschreitung der höchstzulässigen Zeitdauer unterbinden.[368)] 2.281

Für eine weiterreichende Reduktion, z. B. aus generalpräventiven Gründen, besteht kein Anlass. Sie hätte außerdem Strafcharakter, wofür im Zivilrecht grundsätzlich kein Raum ist. Wenn die Zeitdauer der vereinbarten Bezugsbindung (auch) gegen das AGB-Recht verstößt, ist allerdings eine geltungserhaltende 2.282

363) BGH, Urt. v. 17.10.1973 – VIII ZR 91/72, WM 1973, 1360 = Zeller I, 232; BGH, Urt. v. 27.2.1985 – VIII ZR 85/84, NJW 1985, 2693 = Zeller, III, 80; OLG Koblenz, Urt. v. 21.2.2002 – 5 U 677/01, NJOZ 2002, 837.

364) BGH, Urt. v. 21.3.1990 – VIII ZR 49/89, NJW-RR 1990, 816 = Zeller IV, 227; OLG Zweibrücken, Urt. v. 7.6.1999 – 7 U 4/97, OLGReport 2000, 153, rkr. durch Nichtannahmebeschl. d. BGH v. 23.2.2000 – VIII ZR 181/99.

365) BGH, Urt. v. 16./17.9.1974 – VIII ZR 116/72, NJW 1974, 2089 = Zeller I, 241; BGH, Urt. v. 27.2.1985 – VIII ZR 85/84, NJW 1985, 2693 = Zeller, III, 80; BGH, Urt. v. 21.3.1990 – VIII ZR 49/89, NJW-RR 1990, 816 = Zeller IV, 227; OLG Frankfurt/M., Urt. v. 30.11.2000 – 16 U 230/99, BGH, VIII ZR 5/01, Revisionsrücknahme nach Nichtannahmebeschluss, der ausnahmsweise begründet worden ist; OLG Nürnberg, Urt. v. 29.6.2001 – 6 U 1762/00.

366) BGH, Urt. v. 1.10.1976 – V ZR 10/76, BGHZ 68, 1.

367) Staudinger-*Sack*, BGB, § 138 Rz. 280.

368) BGH, Urt. v. 14.6.1972 – VIII ZR 14/71, NJW 1972, 1459 = Zeller I, 212; BGH, Urt. v. 21.3.1990 – VIII ZR 49/89, NJW-RR 1990, 816 = Zeller IV, 227.

Reduktion nach h. M. nicht möglich. Dann ist die gesamte Zeitvereinbarung nichtig.[369)]

2.283 cc) Da es nur auf den **Zeitpunkt der Vornahme des Rechtsgeschäfts** ankommt, können **freiwillige, nach Vertragsabschluss** von dem Getränkelieferanten **erbrachte Leistungen** bei der Prüfung, ob der Vertrag dem Maßstab des § 138 Abs. 1 BGB standhält, nicht berücksichtigt werden.[370)]

2.284 Wohl aber können freiwillige nach Vertragsschluss erbrachte zusätzliche Leistungen unter dem Gesichtspunkt einer **zeitlich begrenzten Aufrechterhaltung** des Vertrages nach § 139 BGB Bedeutung gewinnen.[371)] Dies erscheint angemessen, weil der Getränkelieferant die Erbringung derartiger zusätzlicher Leistungen an eine Verlängerung der ursprünglich zulässigen Vertragsdauer hätte knüpfen können.[372)]

2.285 **dd) Kürzung der Leistungen.** Einen Rechtsfehler stellte es dagegen dar, wenn der Tatrichter gewissermaßen „Zug um Zug" mit der Verkürzung der Vertragsdauer auf ein angemessenes Maß zugleich im Wege „ergänzender Vertragsauslegung" die Leistungen des Getränkelieferanten entsprechend verringerte, also z. B. bei Verkürzung der Vertragslaufzeit von 20 auf 15 Jahre die nach dem Vertrag von dem Getränkelieferanten zu erbringende Leistung von 80.000 DM auf 60.000 DM herabsetzte. Auf diese Weise würde die Unausgewogenheit im Verhältnis von Dauer der Bezugsbindung und Leistung nicht beseitigt, sondern gerade perpetuiert. Die Laufzeitreduzierung hat vielmehr **unter unveränderter Aufrechterhaltung** der übrigen Teile der beiderseitigen vertraglichen Verpflichtungen, insbesondere auch der Leistungen des Getränkelieferanten, zu erfolgen, weil nur die einseitige Vertragsanpassung das zu beanstandende Missverhältnis auszugleichen vermag.[373)] Der Getränkelieferant kann sich insoweit nicht auf den Wechsel der Geschäftsgrundlage berufen.[374)]

2.286 ee) Werden andere Gründe, die die betroffenen Vereinbarungen als unangemessen im Sinne des AGB-Rechts erscheinen lassen können, nicht festgestellt,

---

369) BGH, Urt. v. 19.9.1983 – VIII ZR 84/82, NJW 1984, 48; BGH, Urt. v. 13.7.1994 – IV ZR 107/93, BGHZ 127, 35 = NJW 1994, 2693 = ZIP 1994, 1358.

370) BGH, Urt. v. 15.4.1987 – VIII ZR 97/86, NJW 1987, 1878 = ZIP 1987, 855; BGH, Urt. v. 13.3.1997 – I ZR 215/94, NJW 1998, 156 = ZIP 1997, 1356.

371) BGH, Urt. v. 31.1.1973 – VIII ZR 131/71, WM 1973, 357 = Zeller I, 220; BGH, Urt. v. 13.3.1997 – I ZR 215/94, NJW 1998, 156 = ZIP 1997, 1356; OLG Frankfurt/M., Urt. v. 30.11.2000 – 16 U 230/99.

372) *Paulusch*, Brauerei- und Gaststättenrecht, 9. Aufl. 1996, Rz. 131.

373) BGH, Urt. v. 27.2.1985 – VIII ZR 85/84, NJW 1985, 2693 = Zeller, III, 80; BGH, Urt. v. 8.4.1992 – VIII ZR 94/91, NJW 1992, 2145; OLG München, Urt. v. 18.11.1993 – U (K) 7229/92, WuW 1994, 768; OLG Frankfurt/M., Urt. v. 30.11.2000 – 16 U 230/99, BGH, VIII ZR 5/01, Revisionsrücknahme nach Nichtannahmebeschluss, der ausnahmsweise begründet worden ist.

374) BGH, Urt. v. 27.2.1985 – VIII ZR 85/84, NJW 1985, 2693 = Zeller, III, 80.

hat eine solche Reduzierung der vereinbarten Vertragslaufzeit auf die **Wirksamkeit der Vereinbarungen im Übrigen** keinen Einfluss.[375)]

ff) Bei einem **Abschreibungsdarlehen** kann die Rückführung der Vertragslaufzeit etwa in der Weise erfolgen, dass die Ausschließlichkeitsbindung nicht erst bei vollständiger, sondern bereits bei teilweiser Abschreibung endet. Dem steht nicht entgegen, dass danach die vollständige Abschreibung der von dem Getränkelieferanten zur Verfügung gestellten Gaststätteneinrichtung nicht mehr gesichert wäre. Bis zu dem erst nach vollständiger Abschreibung eintretenden Vertragsablauf verbleibt dem Getränkelieferanten nämlich nach dem Vertrag das Eigentum. Im Falle der fristlosen Kündigung steht ihm nach dem streitgegenständlichen Vertrag ein Anspruch auf Zahlung des noch nicht abgeschriebenen Restbetrages zu. Ebenso müsste sich der geltend gemachte Schadensersatzanspruch statt der Leistung reduzieren.[376)] 2.287

gg) **Pflichtverletzung.** Verletzt der Gastwirt vor Ablauf der zulässigen Frist seine Bezugsbindung, so haftet er auf Schadensersatz und Unterlassung wegen Verletzung der Bezugsbindung.[377)] 2.288

g) Die Rückführung einer übermäßig langen Laufzeit auf ein hinnehmbares Maß unterliegt der **revisionsgerichtlich nur eingeschränkt überprüfbaren tatrichterlichen Beurteilung.**[378)] 2.289

3. Umdeutung

Mit Hilfe einer Umdeutung i. S. v. § 140 BGB können sittenwidrig lange Bindungen nicht mit zulässiger Bindungsdauer aufrechterhalten werden. Eine Umdeutung nach § 140 BGB setzte voraus, dass nicht der von den Parteien erstrebte Erfolg, sondern nur das von ihnen gewählte rechtliche Mittel von der Rechtsordnung missbilligt wird.[379)] 2.290

Bei sittenwidrig langen Vertragsbindungen richtet sich der Vorwurf nicht gegen das von den Parteien gewählte Mittel, sondern gegen den erstrebten Erfolg, nämlich gegen die Zeitdauer der vertraglichen Bindung. Wenn das wirtschaftliche Ziel der Parteien nicht auf einem anderen rechtlichen Weg möglichst vollständig zu erreichen ist, sondern der wirtschaftliche Gehalt des sittenwidrigen Rechtsgeschäfts 2.291

---

375) BGH, Urt. v. 8.4.1992 – VIII ZR 94/91, NJW 1992, 2145; OLG Frankfurt/M., Urt. v. 30.11.2000 – 16 U 230/99, BGH, VIII ZR 5/01, Revisionsrücknahme nach Nichtannahmebeschluss, der ausnahmsweise begründet worden ist.

376) BGH, Urt. v. 22.10.1997 – VIII ZR 149/96.

377) BGH, Urt. v. 16./17.9.1974 – VIII ZR 116/72, NJW 1974, 2089 = Zeller I, 241; BGH, Urt. v. 21.5.1975 – VIII ZR 215/72, WM 1975, 850 = Zeller I, 251; BGH, Urt. v. 17.1.1979 – VIII ZR 262/77, NJW 1979, 865 = Zeller II, 224.

378) BGH, Urt. v. 27.2.1985 – VIII ZR 85/84, NJW 1985, 2693 = Zeller, III, 80; BGH, Urt. v. 8.4.1992 – VIII ZR 94/91, NJW 1992, 2145.

379) BGH, Urt. v. 21.3.1977 – II ZR 96/75, BGHZ 68, 204 = NJW 1977, 1233 = Zeller II, 203; BGH, Urt. v. 28.4.1986 – II ZR 254/85, NJW 1986, 2944.

rechtsgestaltend verändert werden müsste, ist für § 140 BGB kein Raum.[380] Dies wäre aber der Fall bei der Reduktion überlanger Bezugsbindungen. Der BGH hat die Nichtanwendbarkeit von § 140 BGB auf Rechtsgeschäfte, die wegen Unverhältnismäßigkeit sittenwidrig sind, ferner damit begründet, dass das sittenwidrige Rechtsgeschäft für den dadurch Begünstigten das Risiko verlöre, mit dem es durch die vom Gesetz angedrohte Nichtigkeitsfolge behaftet sein soll, wenn er damit rechnen könnte, schlimmstenfalls durch gerichtliche Festsetzung das zu bekommen, was gerade noch vertretbar und damit sittengemäß ist.[381]

2.292 Das ist in dieser Allgemeinheit nicht haltbar. Die Beispiele sittenwidrig langer Getränkelieferungsverträge zeigen, dass es durchaus Fälle gibt, in denen eine gerichtliche Reduzierung des Übermaßes auf das gerade noch vertretbare und sittengemäße Maß zumindest nicht generell durch den Zweck des § 138 BGB ausgeschlossen wird.[382]

III. Inhaltskontrolle nach AGB-Recht

1. Einführung

2.293 Im Zusammenhang mit Getränkelieferungsverträgen bedarf es einer besonders sorgfältigen Prüfung im Einzelfall, ob eine Laufzeitregelung als AGB i. S. d. § 305 Abs. 1 BGB angesehen werden kann.[383] Gerade die Länge der Getränkebezugsverpflichtung kann nämlich Ausfluss und Ergebnis einer individualvertraglichen Abrede zwischen den Parteien sein.[384]

2. Laufzeitregelungen und § 305 Abs. 1 BGB, Grundlagen

2.294 a) **Vorformulierung.** Nicht um eine vorformulierte Klausel i. S. v. § 305 Abs. 1 Satz 1 BGB handelt es sich dann, wenn das vom Kunden auszufüllende Blankett den Regelungsgehalt bestimmt, wie etwa das Ausfüllen der Laufzeit des Vertrages. Dies führt jedoch nur dann zur Annahme eines Individualvertrages, wenn die Kunde diese Ergänzung des Vertrages selbst inhaltlich beeinflussen konnte.[385]

2.295 b) **Stellen oder Aushandeln.** Zu prüfen ist, ob der Ergänzung der Vertragslaufzeit ein **selbständiger Sinngehalt** zukommt.[386]

---

380) BGH, Urt. v. 21.3.1977 – II ZR 96/75, BGHZ 68, 204 = NJW 1977, 1233 = Zeller II, 203.

381) BGH, Urt. v. 21.3.1977 – II ZR 96/75, BGHZ 68, 204 = NJW 1977, 1233 = Zeller II, 203.

382) Staudinger-*Sack*, BGB, § 138 Rz. 113.

383) OLG Karlsruhe, Urt. v. 4.3.1999 – 12 U 259/98, rkr. durch Nichtannahmebeschl. d. BGH v. 7.10.1999 – VIII ZR 125/99; LG Duisburg, Urt. v. 26.1.1988 – 8 O. 595/97.

384) OLG Celle, Urt. v. 4.10.1990 – 12 U 24/90, Zeller IV, 104.

385) OLG Frankfurt/M., Urt. v. 24.7.1997 – 1 U 45/96, NJW-RR 1997, 1485; OLG Frankfurt/M., Urt. v. 30.11.2000 – 16 U 230/99, BGH, VIII ZR 5/01, Revisionsrücknahme nach Nichtannahmebeschluss, der ausnahmsweise begründet worden ist.

386) BGH, Urt. v. 7.2.1996 – IV ZR 16/95, NJW 1996, 1676; BGH, Urt. v. 18.12.1996 – IV ZR 60/96, NJW-RR 1997, 1000; BGH, Urt. v. 13.11.1997 – X ZR 135/95, NJW 1998, 1066.

Können die Kunden **Beginn und Ende** eines Versicherungsverhältnisses selbst in Leerstellen eintragen, so wird ihnen nicht nur formal, sondern auch tatsächlich und unbeeinflusst durch Vorformulierungen die freie Wahl einer ihnen richtig erscheinenden Vertragsdauer gelassen. Somit liegt eine ausgehandelte Bestimmung vor. Dass die Leerstellen in über 90 % der Fälle mit einer Laufzeit von zehn Jahren ausgefüllt wurden, hat für die Beweislastverteilung keine Bedeutung.[387)] 2.296

Werden dem Vertragspartner vom Formular **Laufzeitvorgaben zum Ankreuzen** eröffnet, etwa die Wahl zwischen einer fünf- oder zehnjährigen Laufzeit, so lässt dies den AGB-Charakter in der Regel nicht entfallen.[388)] 2.297

Die durch eine **handschriftliche Ergänzung** eines Vertragsformulars – hier auf 48 Monate – festgesetzte Laufzeit kann nicht als AGB i. S. d. § 305 Abs. 1 BGB gewertet werden.[389)] 2.298

Enthält ein Formular **keine konkret vorformulierten Vorschläge** für eine bestimmte Laufzeit, so lässt es offen, für welche Laufzeit der Vertrag geschlossen werden soll. Damit ist dem Vertragspartner nicht nur rein formal, sondern auch tatsächlich und unbeeinflusst durch Vorformulierungen die freie Wahl einer ihm richtig erscheinenden Dauer der vertraglichen Verpflichtung gelassen. Die Leerstelle im vorgedruckten Text überlässt es dem Kunden, eine (Monats-)Zahl einzutragen, der seine eigene Entscheidung zugrunde liegt, sodass der Verwender des Formulars nicht einseitig von seiner Gestaltungsmacht Gebrauch gemacht hat. Die Länge der Vertragsdauer stellt eine individuell ausgehandelte Ergänzung i. S. d. § 305 Abs. 1 Satz 3 BGB dar. Kann der Kunde z. B. bei einer **Tarifwahl** ohne Beeinflussung durch vorformulierten Entscheidungsvorschläge sich ein klares Bild über unterschiedliche Laufzeiten und die entsprechenden **Preisgestaltungen** verschaffen, bevor er die offenen Stellen des Formulars nach seiner freien Entscheidung ausfüllt, so stellt seine Ergänzung keine AGB dar. Werden sonach unterschiedliche Laufzeiten für ein und denselben Vertrag mit unterschiedlichem Entgelt angeboten, dann ist dies hinzunehmen, weil dann ein Aushandeln angenommen werden kann.[390)] 2.299

In einem zwischen den Parteien geschlossenen Tankstellenvertrag mit Alleinbezugsverpflichtung war zunächst eine Laufzeit von fünf Jahren und elf Monaten vorgesehen. Im Anschluss daran bestand eine **Option zur Verlängerung** des Vertragsverhältnisses um weitere fünf Jahre. Die Optionsklausel enthielt als vorgegebenen Verlängerungszeitraum fünf Jahre. Das genaue Ende der Laufzeit musste handschriftlich in durch punktierte Linien gekennzeichnete Freiräume 2.300

---

387) BGH, Urt. v. 7.2.1996 – IV ZR 16/95, NJW 1996, 1676.

388) BGH, Urt. v. 3.12.1991 – XI ZR 77/91, ZIP 1992, 24; BGH, Urt. v. 7.2.1996 – IV ZR 16/95, NJW 1996, 1676; BGH, Urt. v. 18.12.1996 – IV ZR 60/96, NJW-RR 1997, 1000.

389) BGH, Urt. v. 13.11.1997 – X ZR 135/95, ZIP 1998, 336.

390) BGH, Urt. v. 6.12.2002 – V ZR 220/02, NJW 2003, 1313 = ZIP 2003, 407, kürzere Laufzeit eines Breitbandkabelvertrages gegen erhöhtes Nutzungsentgelt.

der vorgedruckten Klausel eingefügt werden. Nach Ansicht des BGH war die Optionsklausel unter AGB-rechtlichen Gesichtspunkten zu prüfen, weil die Dauer der Verlängerung mit fünf Jahren bereits vorformuliert war. Allein die Möglichkeit der Eintragung der Kalenderdaten rechtfertigt noch nicht die Einschätzung als individualvertragliche Abrede.[391)]

3. Laufzeitregelungen in Getränkelieferungsverträgen und § 305 Abs. 1 BGB

2.301 a) **Individualabrede (§ 305 Abs. 1 Satz 3 BGB).** Vor dem Hintergrund des tatsächlichen Regelablaufs von Verhandlungen über Getränkelieferungsverträge[392)] ist es nur erklärlich, wenn gerade von häufiger mit Fragen des Getränkelieferungsvertrages befassten Gerichten festgestellt wird, es spreche eine **tatsächliche Vermutung für ein individuelles Aushandeln** der Laufzeit i. S. d. § 305 Abs. 1 Satz 3 BGB.[393)]

2.302 Für eine Einordnung als Individualabrede sprechen eine Vertragslaufzeit von mindestens 10 Jahren, eine abzunehmende Mindesthektolitermenge von 1.100 hl, die Höhe des gewährten Darlehens und der Zinssatz; insofern handelt es sich um individuelle Umstände.[394)] Auch mögen ungewöhnliche („krumme") Laufzeiten (konkret 11 Jahre und 10 Monate) und das maschinenschriftliche Einsetzen dieser Laufzeit für eine Individualabrede sprechen.[395)] Ergibt sich die Laufzeit erst mittelbar aus der vertraglich vereinbarten **Abschreibung** des gestellten Inventars und der Menge des bezogenen Bieres, so spricht dies gegen den AGB-Charakter.[396)] Dagegen lässt sich allein aus der Laufzeit des Nutzungsvertrages, etwa eines Pacht- oder Mietvertrages, grundsätzlich nichts für eine Individualabrede ableiten.

2.303 b) **Kein Aushandeln.** Ein Aushandeln der Laufzeit liegt dann nicht vor, wenn der Getränkelieferant die Laufzeit **nachträglich** in den vorgedruckten Vertragstext **maschinenschriftlich einsetzt** und den Vertrag dem Gastwirt zur Unterzeichnung zuschickt, ohne dass vorher über die Laufzeit gesprochen worden ist. Es fehlt dann eine Bereitschaft zur Verhandlung über den von dem Getränkelieferanten einseitig festgelegten Vertragsinhalt.[397)]

---

391) BGH, Urt. v. 3.11.1999 – VIII ZR 269/98, BGHZ 143, 103 = NJW 2000, 1110.

392) Siehe oben § 9 III 1.

393) OLG Frankfurt/M., Urt. v. 6.10.1988 – 6 U 59/88, GRUR 1989, 71= Zeller IV, 47.

394) LG Ulm, Urt. v. 26.8.2010 – 6 O. 162/09.

395) OLG Karlsruhe, Urt. v. 18.10.2001 – 19 U 97/01, BeckRS 2001, 30212399.

396) BGH, Urt. v. 22.10.1997 – VIII ZR 149/96.

397) OLG Frankfurt/M., Urt. v. 1.10.1987 – 6 U 88/87, NJW-RR 1988, 177 = Zeller IV, 47; OLG Karlsruhe, Urt. v. 4.3.1999 – 12 U 259/98, rkr. durch Nichtannahmebeschl. d. BGH v. 7.10.1999 – VIII ZR 125/99; OLG Frankfurt/M., Urt. v. 30.11.2000 – 16 U 230/99, BGH, VIII ZR 5/01, Revisionsrücknahme nach Nichtannahmebeschluss, der ausnahmsweise begründet worden ist; LG Heidelberg, Urt. v. 20.2.2007 – 2 O. 294/06, NJW-RR 2007, 1551. Vgl. im Übrigen LG Köln, Urt. v. 15.3.2011 – 21 O. 95/10, BeckRS 2012, 02826, Vorinstanz zu OLG Köln, Urt. v. 20.10.2011 – 7 U 65/11, BeckRS 2012, 15923.

4. § 307 Abs. 3 BGB

a) Grundlagen. Vereinbarungen, die getroffen werden müssen, damit der Vertrag überhaupt zustande kommt, sind der Inhaltskontrolle nicht unterworfen. Dabei handelt es sich um die Vertragsbestimmungen, die den Gegenstand der (geschuldeten) Leistung und (Art und Umfang der) Gegenleistung betreffen. Hierfür gilt der Grundsatz der Privatautonomie. Er kann nicht durch Anwendung dispositiver Vorschriften ausgefüllt werden. Entsprechende Klauseln sind nicht kontrollfähig.[398)] 2.304

Ebenfalls unstreitig ist, dass **Leistungsbeschreibungen**, die den Kernbereich berühren und Art, Güte und **Umfang der Hauptleistung** unmittelbar festlegen, einer Inhaltskontrolle entzogen sind.[399)] 2.305

b) These. Richtigerweise dürften auch Laufzeitregelungen bei Getränkelieferungsverträgen über § 307 Abs. 3 BGB einer Inhaltskontrolle entzogen sein.[400)] Die Laufzeit der (Ausschließlichkeits-)Bindung konkretisiert den zeitlichen Umfang der Vertragsbindung. Sie spiegelt die Bereitschaft des Gebundenen zum Verzicht auf Wettbewerb und stellt seine vorrangige, von ihm angebotene Leistung dar. Lediglich ergänzend treten die sonstigen, eher nachrangigen Ergänzungen der Bindung hinzu. Angesichts des Verbotes unbefristeter Ausschließlichkeitsabreden, und der aus dem Äquivalenzgedanken im Rahmen der Prüfung nach §§ 138 Abs. 1, 307 Abs. 1 BGB geforderten Notwendigkeit der Gewährung einer hinreichenden Gegenleistung seitens des Getränkelieferanten, die im Ergebnis auch zur Einordnung des Getränkelieferungsvertrages als eines gemischten Vertrages führt, erscheint es vertretbar, die Laufzeitregelung sowohl juristisch als auch wirtschaftlich als „essentialia negotii" anzusehen mit der Konsequenz der Kontrollfreiheit nach § 307 Abs. 3 BGB. 2.306

c) Begründung. Neben den Bestimmungen über den Preis der vertraglichen Hauptleistungen sind auch solche Klauseln nicht kontrollfähig, die das Entgelt für eine zusätzlich angebotene Sonderleistung festlegen, wenn hierfür keine rechtlichen Regelungen bestehen.[401)] Mithin stellen im nicht preisregulierten Markt Preisvereinbarungen für Haupt- und Nebenleistungen im Allgemeinen weder eine Abweichung noch eine Ergänzung von Rechtsvorschriften dar und unterliegen daher nicht der Inhaltskontrolle.[402)] 2.307

---

398) BGH, Urt. v. 23.6.1993 – IV ZR 135/92, BGHZ 123, 83 = NJW 1993, 2369.

399) BGH, Urt. v. 23.6.1993 – IV ZR 135/92, BGHZ 123, 83 = NJW 1993, 2369; BGH, Urt. v. 13.7.1994 – IV ZR 107/93, BGHZ 127, 35 = NJW 1994, 2693 = ZIP 1994, 1358; BGH, Urt. v. 6.4.2005 – VIII ZR 27/04, NJW 2005, 1574; BGH, Urt. v. 29.4.2010 – Xa ZR 5/09, NJW 2010, 1958.

400) So der Verfasser wiederholt, u. a. im Rahmen eines Seminarvortrages am 13.9.2002 in Düsseldorf.

401) BGH, Urt. v. 14.10.1997 – XI ZR 167/96, BGHZ 137, 27.

402) BGH, Urt. v. 18.5.1999 – XI ZR 219/98, NJW 1999, 2276 = ZIP 1999, 1090 (Unwirksamkeit von Deaktivierungsgebühren eines Telekommunikationsunternehmens); BGH, Urt. v. 16.11.1999 – KZR 12/97, BGHZ 143, 128; BGH, Urt. v. 18.4.2002 – III ZR 199/01, NJW 2002, 2386 = ZIP 2002, 1152.

2.308 Für die Höhe des finanziellen Engagements des Getränkelieferanten sind Inhalt und Umfang und damit auch die Laufzeit der Bezugsverpflichtung von entscheidender Bedeutung. Den Parteien des Getränkelieferungsvertrages bleibt es unbenommen, die Höhe der Leistungen des Getränkelieferanten, etwa Darlehensvaluta, Verzinsung und Rückführung, frei zu vereinbaren. Ebenso frei sind sie bei der Festlegung der Dauer der Bezugsverpflichtung als (Gegen-)Leistung des Gastwirts sein. Bei diesen Aspekten handelt es sich um Regeln über Art und Umfang des geschuldeten Gegenstandes der Hauptleistung. Sie sind auch im Zusammenhang mit Getränkelieferungs- und Automatenaufstellverträgen einer Inhaltskontrolle nach § 307 Abs. 3 BGB entzogen und nicht kontrollfähig.[403)]

2.309 Anders wird freilich zu entscheiden sein, wenn „ohne wenn und aber" im Massengeschäft ohne detaillierte vertriebliche Vorgespräche und Feinabstimmung Gegenstände seitens der Getränkelieferanten zur Verfügung gestellt werden. Beispielhaft zu nennen sind Leih-, Miet- oder Festvereinbarungen über Ausschanktechnik (Theken, Kühlschränke, Zapfanlagen oder sonstige Ausschankhilfen) mit bestimmter Laufzeit.

2.310 d) Die **Rechtsprechung** hat demgegenüber die Kontrollfähigkeit von Laufzeitregelungen unter anderem mit Hinweis auf § 309 Nr. 9 a BGB bejaht. Einer Inhaltskontrolle unterworfen seien Abreden, die sich zwar mittelbar auf den Preis auswirken, an deren Stelle aber bei Fehlen einer vertraglichen Regelung dispositives Gesetzesrecht treten könne. Die Kontrollfähigkeit der Laufzeitregelungen der angesprochenen Massengeschäfte ergebe sich daraus, dass hierdurch von der gesetzlichen Regelung, die eine Laufzeit von unbestimmter Dauer mit der Möglichkeit zur ordentlichen Kündigung vorsieht, abgewichen werde.[404)]

2.311 e) **Stellungnahme.** Zum einen handelt es sich bei den vorgenannten Konstellationen um Massengeschäfte aus dem Bereich der Versicherungs- und Gestattungsverträge. Bei diesen geht es nur um das „ob" des Vertragsabschlusses, nicht dagegen um das „wie" der inhaltlichen Gestaltung, schon gar nicht in vergleichbarer Weise zum Getränkelieferungsvertrag. Insofern besteht eine Parallele zu der vorstehend gemachten Ausnahme für Massenverträge wie Miet- oder Leihverträge über Schankutensilien. Für den Regelfall eines Getränkelieferungsvertrages fehlt es aber an der Vergleichbarkeit. Gerade die Laufzeit ist wesentlicher Inhalt der Verhandlungen zum Abschluss eines Getränkelieferungsvertrages, bestimmt sie jedoch maßgeblich den Umfang der im Gegenzug auszuhandelnden Leistungen des Getränkelieferanten.[405)]

---

403) BGH, Urt. v. 23.6.1993 – IV ZR 135/92, BGHZ 123, 83 = NJW 1993, 2369.

404) BGH, Urt. v. 13.7.1994 – IV ZR 107/93, BGHZ 127, 35 = NJW 1994, 2693 = ZIP 1994, 1358; BGH, Urt. v. 18.12.1996 – IV ZR 60/96, NJW-RR 1997, 1000 (Versicherungsvertrag); BGH, Urt. v. 26.3.1997 – IV ZR 71/96, NJW 1997, 1849 = ZIP 1997, 1343; BGH, Urt. v. 6.12.2002 – V ZR 220/02, NJW 2003, 1313 = ZIP 2003, 407; BGH, Urt. v. 6.4.2005 – XII ZR 132/03, NJW 2005, 2225.

405) OLG Frankfurt/M., Urt. v. 6.10.1988 – 6 U 59/88, GRUR 1989, 71.

5. § 309 Nr. 9 a BGB

a) **Meinungsstand.** Teilweise wird die Auffassung vertreten, Getränkelieferungsverträge dürften gem. § 309 Nr. 9 a BGB nur auf **zwei Jahre** geschlossen werden. Dies unabhängig davon, ob der Bindende dem Kunden eine Leistung, insbesondere ein Darlehen, gewährt habe. Konsequenz wäre, dass jeder länger laufende Getränkelieferungsvertrag nichtig wäre. So wäre der Gastwirt weder verpflichtet über zwei Jahre hinaus Bier zu beziehen noch eine Gesamtabnahmemenge abzunehmen oder eine monatliche Bezugsmenge zu erfüllen.[406)] 2.312

Der BGH hat für einen vor Inkrafttreten des AGBG abgeschlossenen, aber noch nicht abgewickelten Getränkelieferungsvertrag ausgesprochen, dass der Abschluss von mehr als zwei Jahre dauernden, aber zeitlich immerhin begrenzten Bezugsverträgen zwischen einem Getränkelieferanten und einem Gastwirt, der (Minder-) Kaufmann war, nicht gegen das AGBG verstieß.[407)] Auch finden sich Entscheidungen, bei denen die Frage der Anwendbarkeit des § 309 Nr. 9 a BGB im Hinblick auf die Unternehmereigenschaft des Gebundenen **offengelassen** wurde.[408)] 2.313

b) **Entscheidungserheblichkeit. aa)** Abreden über die Laufzeit des Vertrages sind regelmäßig **Individualabreden**, sodass der Verbotstatbestand von § 309 Nr. 9 a BGB zumeist schon aus sachlichen Gründen (§ 305 Abs. 1 Satz 3 BGB) nicht herangezogen werden kann. 2.314

bb) Einer AGB-rechtlichen Inhaltskontrolle steht im Übrigen in der Praxis weit überwiegend die **Unternehmereigenschaft** (§§ 310 Abs. 1 Satz 1, 14 Abs. 1 BGB) der Gastwirte und Getränkehändler entgegen.[409)] Auch der Existenzgründer ist AGB-rechtlich Unternehmer.[410)] Der persönliche Anwendungsbereich des § 309 Nr. 9 a BGB ist also nur dann eröffnet, wenn Getränkelieferungsvereinbarungen mit Verbrauchern (§ 13 BGB) geschlossen werden. Zu denken ist an Verträge mit Hauseigentümern sowie Schuldübernahme- oder -beitrittserklärungen zu Getränkebezugsverpflichtungen durch GmbH-Geschäftsführer, GmbH-Gesellschafter, (Ehe-)Partner und Familienangehörige.[411)] 2.315

---

406) OLG Frankfurt/M., Urt. v. 1.10.1987 – 6 U 38/87, NJW-RR 1988, 177 = Zeller IV, 47; OLG Karlsruhe, Urt. v. 4.3.1999 – 12 U 259/98, rkr. durch Nichtannahmebeschl. d. BGH v. 7.10.1999 – VIII ZR 125/99.

407) BGH, Urt. v. 27.2.1985 – VIII ZR 85/84, NJW 1985, 2693 = Zeller III, 80.

408) OLG Frankfurt/M., Urt. v. 27.10.1987 – 14 U 129/86, NJW-RR 1988, 178 = Zeller IV, 167; OLG Frankfurt/M., Urt. v. 30.11.2000 – 16 U 230/99, BGH, VIII ZR 5/01, Revisionsrücknahme nach Nichtannahmebeschluss, der ausnahmsweise begründet worden ist; OLG Koblenz, Urt. v. 21.2.2002 – 5 U 677/01, NJOZ 2002, 837.

409) BGH, Urt. v. 27.2.1985 – VIII ZR 85/84, NJW 1985, 2693 = Zeller, III, 80; BGH, Urt. v. 25.4.2001 – VIII ZR 135/00, BGHZ 147, 279 = NJW 2001, 2331 = ZIP 2001, 1245; OLG Frankfurt/M., Urt. v. 1.10.1987 – 6 U 88/87, NJW-RR 1988, 177 = Zeller IV, 47; OLG Koblenz, Urt. v. 21.2.2002 – 5 U 677/01, NJOZ 2002, 837.

410) BGH, Beschl. v. 24.2.2005 – III ZB 36/04, BGHZ 162, 253 = NJW 2005, 1273 = ZIP 2005, 622.

411) OLG Frankfurt/M., Urt. v. 6.10.1988 – 6 U 59/88, GRUR 1989, 71= Zeller IV, 47.

2.316 c) **Stellungnahme.** Auch gegenüber den in den persönlichen Schutzbereich des § 309 Nr. 9 a BGB einbezogenen Personen dürfte die spezielle Laufzeitgrenze des § 309 Nr. 9 a BGB wohl nicht greifen.[412)]

2.317 Zunächst verpflichten sich Hauseigentümer regelmäßig nicht selbst zum Bezug von Getränken. Eine entsprechende Getränkebezugsverpflichtung dürfte aber Voraussetzung für die Anwendung des § 309 Nr. 9a BGB sein.

2.318 Die Ausnahmevorschrift des § 309 Nr. 9 a Halbs. 2 BGB ist weiter nicht einschlägig, weil es sich nicht um einen Vertrag über die Lieferung **„als zusammengehörig" verkaufter Sachen** handelt.[413)]

2.319 Entgegen Überschrift und Wortlaut ist die Bestimmung nicht auf typische Dauerschuldverhältnisse wie etwa Gebrauchsüberlassungsverträge in Form der Miete, Pacht, Leihe oder Automatenaufstellung sowie auf Darlehensverträge anzuwenden.[414)]

2.320 Zweifelhaft ist das Vorliegen einer **„regelmäßigen"** Lieferung. Bisher nicht entschieden ist dabei die – für § 1c Nr. 2 AbzG vom BGH[415)] ausdrücklich offengelassene – Frage, ob eine „regelmäßige" Lieferung von Waren auch dann vorliegt, wenn die Lieferungen nach dem Vertrag nicht zu fest bestimmten, periodisch wiederkehrenden Zeitpunkten, sondern auf Abruf nach dem jeweiligen Bedarf des Gastwirts erfolgen sollen. Für die Bejahung der Frage könnten immerhin neben dem in der Überschrift der gesetzlichen Bestimmung verwendeten Begriff des Dauerschuldverhältnisses[416)] der Schutzzweck der Vorschrift sprechen. Danach soll der Partner des Klauselverwenders vor einer Einschränkung seiner Dispositionsfreiheit durch besonders langfristige Bindungen bewahrt werden. Regelmäßigkeit bedeutet zwar nicht Gleichmäßigkeit.[417)] Der Umfang der Lieferungen und der zeitliche Abstand können variieren. Es muss aber überhaupt eine wiederkehrende Leistung gegeben sein.[418)] Bei Getränkelieferungsverträgen kann dies allenfalls bei der nur ausnahmsweise anzunehmenden Einordnung als echter Sukzessivlieferungsvertrag angenommen werden.[419)]

---

412) a. A. wohl Erman-*Roloff*, BGB, § 309 Rz. 126.

413) OLG Frankfurt/M., Urt. v. 1.10.1987 – 6 U 88/87, NJW-RR 1988, 177 = Zeller IV, 47.

414) BT-Drucks. 7/3919, S. 37; BGH, Urt. v. 13.2.1985 – VIII ZR 154/84, NJW 1985, 2328; BGH, Urt. v. 10.2.1993 – XII ZR 74/91, NJW 1993, 1134; BGH, Urt. v. 8.2.2012 – XII ZR 42/10, BeckRS 2012, 06742.

415) BGH, Urt. v. 15.10.1980 – VIII ZR 192/79, BGHZ 78, 248 = NJW 1981, 230 = ZIP 1980, 1094 = Zeller II, 68.

416) Zu § 11 Nr. 1 AGBG BGH, Urt. v. 29.10.1985 – X ZR 12/85, WM 1986, 73 = NJW-RR 1986, 211 = Zeller III, 180.

417) Erman-*Roloff*, BGB, § 309 Rz. 125.

418) BGH, Urt. v. 10.3.1993 – VIII ZR 85/92, NJW 1993, 2052 = ZIP 1993, 926, offen lassend.

419) OLG Frankfurt/M., Urt. v. 27.10.1987 – 14 U 129/86, NJW-RR 1988, 178 = Zeller IV, 167; OLG Stuttgart, Urt. v. 13.3.1992 – 2 U 221/91, NJW-RR 1992, 887 und 1088; siehe oben § 8 IV 6 c.

6. § 307 Abs. 2 Nr. 2 BGB

In dem – allerdings theoretischen – Fall, dass der Getränkelieferant überhaupt keine Leistung erbringen würde, wäre eine Getränkebezugsverpflichtung mit dem Grundgedanken des § 307 Abs. 2 Nr. 2 BGB nicht vereinbar, weil jedes schützenswerte Interesse des Getränkelieferanten an einer langfristigen Sicherung des Getränkebezuges fehlt.[420] 2.321

7. § 307 Abs. 2 Nr. 1 BGB

a) Einführung. Nach Art. 5 Abs. 1 a VO Nr. 330/2010 gilt die (Gruppen-)Freistellung nach Art. 2 VO Nr. 330/2010 dann nicht, wenn für die Vertikalvereinbarung (hier Getränkelieferungsvertrag) mit (unmittelbarem oder mittelbarem) Wettbewerbsverbot (hier ausschließliche Getränkebezugsverpflichtung) eine Laufzeit von mehr als fünf Jahren vereinbart wird. Zu fragen ist, ob die Laufzeitgrenze des Art. 5 Abs. 1 a VO Nr. 330/2010 im Rahmen des § 307 Abs. 2 Nr. 1 BGB schrankenziehende Wirkung hat. 2.322

b) Rückblick. Vom 1.1.1984 bis zum 31.5.2000 war die (Gruppenfreistellungs-) VO Nr. 1984/83 in Kraft. Sie sah für nur Bier betreffende Bezugsverpflichtungen eine Laufzeitgrenze von zehn Jahren vor (Art. 8 Abs. 1 d VO Nr. 1984/83). Für Getränkelieferungsverträge mit Bezugsverpflichtungen über Bier und andere Getränke statuierte Art. 8 Abs. 1 c VO Nr. 1984/83 eine Laufzeitgrenze von fünf Jahren. Da es sich hierbei um spezielle sekundärrechtliche Vorschriften des Unionskartellrechts handelte, stellte sich die Frage, ob diese Regelungen im Rahmen der Prüfung nach § 307 Abs. 1 BGB über § 307 Abs. 2 Nr. 1 BGB zu berücksichtigen waren. In der Instanzrechtsprechung wurde teilweise vertreten, den Vorschriften des sekundären Unionskartellrechts komme Leitbildfunktion zu. Bezugsbindungen durften danach nicht länger als zehn bzw. fünf Jahre andauern, ohne dass ein Verstoß gegen § 307 BGB vorliege.[421] Demgegenüber finden sich auch ablehnende Entscheidungen.[422] Der BGH konnte die Fragen dahinstehen lassen, weil sich die vereinbarten zehnjährige Laufzeiten der Getränkebezugsver- 2.323

420) BGH, Urt. v. 25.4.2001 – VIII ZR 135/00, BGHZ 147, 279 = NJW 2001, 2331 = ZIP 2001, 1245.

421) OLG Frankfurt/M., Urt. v. 30.11.2000 – 16 U 230/99, BGH, VIII ZR 5/01, Revisionsrücknahme nach Nichtannahmebeschluss, der ausnahmsweise begründet worden ist; LG Köln, Urt. v. 4.2.1993 – 22 O. 369/91, NJW-RR 1994, 242.

422) OLG Düsseldorf, Urt. v. 18.2.1994 – 16 U 91/93; OLG Karlsruhe, Urt. v. 15.10.2001 – 19 U 97/01, BeckRS 2001, 30212399.

pflichtung im Rahmen der Höchstlaufzeiten des Art. 8 Abs. 1 d VO Nr. 1984/83 hielten.[423)]

2.324 c) **Erheblichkeit.** Da die Laufzeit zumeist individuell vereinbart ist, kommt dem Meinungsstreit keine große praktische Bedeutung zu. Hinzukommt, dass es für Getränkelieferungsverträge seit dem 1.6.2000 im europäischen Kartellrecht keine speziellen Laufzeitschranken mehr gibt.[424)]

2.325 d) **§ 307 Abs. 2 Nr. 1 BGB.** Das Merkmal der gesetzlichen Regelung in § 307 Abs. 2 Nr. 1 BGB ist identisch mit dem Begriff der Rechtsvorschriften in § 307 Abs. 3 Satz 1 BGB.[425)] Es umfasst jede abstrakt-generelle Regelung, nicht nur Gesetze im formellen Sinne, sondern auch Gesetze im materiellen Sinn. Hierzu rechnet grundsätzlich auch das europäische Recht, soweit es unmittelbare Wirkung hat. Letzteres folgt für Verordnungen aus Art. 288 Abs. 2 Satz 2 AEUV.

2.326 Die widerlegliche Vermutung des § 307 Abs. 2 Nr. 1 BGB setzt voraus, dass im dispositiven Recht ein Leitbild vorhanden ist. Anders als im Miet- und Pachtrecht – dort zeigt im Übrigen § 544 BGB, dass eine langfristige Bindung dem gesetzlichen Leitbild der Miete/Pacht nicht widerspricht –, finden sich in deutschen Gesetzen keine speziellen expliziten Laufzeitschranken für Getränkelieferungsverträge. Insbesondere enthält § 309 Nr. 9 a BGB eine solche nicht.[426)]

2.327 e) **Fragestellung.** Da das primäre europäische Unionsrecht, insbesondere das Kartellverbot des Art. 101 Abs. 1 AEUV, insofern als Leitbild relevanter Normenkreis ausscheidet, und sekundärrechtliche (abgeleitete) Verordnungen i. S. d. Art. 288 Abs. 2 AEUV nicht vorhanden sind, bleibt zu fragen, ob den von der Kommission in Ausfüllung des Art. 101 Abs. 3 AEUV und gestützt auf die jeweiligen sekundärrechtlichen Ermächtigungsgrundlagen erlassenen Gruppenfreistellungsverordnungen Leitbildfunktion i. S. d. § 307 Abs. 2 Nr. 1 BGB zukommen kann.

2.328 **f) Stellungnahme. aa) Einordnung der VO Nr. 330/2010.** Bei der VO Nr. 330/2010 handelt es sich wie bei allen Gruppenfreistellungsverordnungen lediglich um Durchführungsregelungen. Diese werden von der Kommission, nicht etwa vom Europäischen Parlament und/oder dem Rat, auf der Basis einer dazu ermächtigenden Verordnung in Ausfüllung der Vorschrift des Art. 101 Abs. 3 AEUV erlassen. Die VO Nr. 330/2010 selbst enthält kein Verbot. Das

---

423) BGH, Urt. v. 25.4.2001 – VIII ZR 135/00, BGHZ 147, 279 = NJW 2001, 2331 = ZIP 2001, 1245; ebenso bereits BGH, Urt. v. 3.11.1999 – VIII ZR 269/98, BGHZ 143, 103 = NJW 2000, 1110, zu einem Tankstellenbelieferungsabkommen und Art. 12 Abs. 1 c EG-VO Nr. 1984/83; sowie BGH, Urt. v. 3.3.1997 – I ZR 215/94, NJW 1998, 156 = ZIP 1997, 1356; OLG München, Urt. v. 31.1.1995 – 25 U 3600/94, OLGReport.

424) OLG Frankfurt/M., Urt. v. 30.11.2000 – 16 U 230/99, BGH, VIII ZR 5/01, Revisionsrücknahme nach Nichtannahmebeschluss, der ausnahmsweise begründet worden ist.

425) Siehe oben § 6 II 1.

426) Siehe oben § 10 III 6.

Verbot ist vielmehr in Art. 101 Abs. 1 AEUV normiert und muss zunächst tatbestandlich festgestellt werden. Erst dann stellt sich die nachrangige Frage, ob die Freistellungsvoraussetzungen der VO Nr. 330/2010 in Ausgestaltung des Art. 101 Abs. 3 AEUV erfüllt sind. Denknotwendige Voraussetzung ist, dass der Tatbestand des Kartellverbots nach Art. 101 Abs. 1 AEUV festgestellt ist.[427)]

Jedenfalls seit der Entscheidung des EuGH in Sachen Delimitis ./. Henningerbräu vom 28.2.1991 dürfte feststehen, dass im Zusammenhang mit „deutschen" Getränkelieferungsverträgen die tatbestandlichen Voraussetzungen des Unionskartellverbots nach Art. 101 Abs. 1 AEUV nicht festgestellt werden können.[428)] Es geht nicht an, die zeitlichen Grenzen einer Freistellungsverordnung im innerstaatlichen Recht anzuwenden, ohne dass zunächst die Prämisse ihres Eingreifens, nämlich die Erfüllung des Verbotstatbestandes des Art. 101 Abs. 1 AEUV, festgestellt ist. 2.329

Mit einer Freistellungsverordnung kann – nicht zuletzt aus Kompetenzgründen – nichts „verboten" werden, sondern nur von dem Verbot nach Art. 101 Abs. 1 AEUV gemäß dessen Abs. 3 „freigestellt" werden. Die Berücksichtigung der in der Freistellungsverordnung genannten Höchstdauer der Vertragslaufzeit im Rahmen der Angemessenheitsprüfung nach § 307 BGB setzt mit anderen Worten voraus, dass der konkret zu beurteilende längerfristige Getränkelieferungsvertrag dem Verbotstatbestand des Art. 101 Abs. 1 AEUV unterfällt. Für die überwältigende Majorität der Brauereien in Deutschland ist das europäische Kartellrecht derzeitig tatbestandlich nicht erfüllt. Dies würde dann im Übrigen zur Anwendbarkeit eben dieser Verbotsnorm und Entbehrlichkeit eines zusätzlichen Kontrollinstruments in Gestalt des AGB-Rechts führen. 2.330

Anderenfalls (Folgenbetrachtung) würden die Beschränkungen des Unionskartellrechts unter unbegründet leichteren Voraussetzungen im innerstaatlichen Recht angewendet werden als dies im Rahmen des Art. 101 AEUV möglich ist. Etwaige Beweisschwierigkeiten, insbesondere auch die Beweisprobleme bei der Feststellung der schweren Marktzugänglichkeit,[429)] sind bei der Kontrolle nach § 307 BGB keine anderen als im Unionsrecht. Sie rechtfertigen auch keine andere Beurteilung.[430)] 2.331

bb) Verhältnis zur Inhaltskontrolle nach § 307 BGB. Es stellt sich die Frage, wie das Rangverhältnis zwischen den kartellrechtlichen Bestimmungen einerseits und den Grundsätzen der richterlichen Inhaltskontrolle andererseits ausgestaltet ist. 2.332

427) Siehe unten § 28 X 2 b.

428) Siehe unten § 28 IV 2.

429) Siehe unten § 28 VI 3 und 4.

430) BGH, Urt. v. 13.3.1997 – I ZR 215/94, NJW 1998, 156 = ZIP 1997, 1356.

2.333 Immer dann, wenn eine Klausel gegen ein kartellrechtliches Verbot verstößt, steht damit gleichzeitig fest, dass die Klausel auch nach § 307 Abs. 2 Nr. 1 BGB unwirksam ist.[431)] Soweit allerdings kartellrechtliche Verbotstatbestände nicht eingreifen, verbleibt es bei der allgemeinen richterlichen Inhaltskontrolle nach § 307 BGB ohne Präjudiz. Kartellbehördlichen und -gerichtlichen Entscheidungen kommt weder Rechtskraft noch auch nur eine Indizwirkung hinsichtlich der Angemessenheit nach §§ 307–309 BGB zu.[432)]

2.334 Umgekehrt sind ausdrücklich freigestellte Klauseln nicht stets von vornherein angemessen i. S. d. § 307 BGB. Zwar spricht hierfür eine Vermutung. Diese kann aber durch an anderer Stelle im Vertrag enthaltene Belastungen wieder entkräftet werden.[433)]

2.335 cc) **Rechtsnatur.** Sowohl die Vorgängerregelung des Art. 5 a VO Nr. 2790/1999 als auch die derzeit geltende Regelung des Art. 5 Abs. 1 a VO Nr. 330/2010 statuier(t)en lediglich eine allgemeine Laufzeitgrenze für Vertikalvereinbarungen. Damit besteht ein wesentlicher Unterschied zur VO Nr. 1984/83, die für die thematisch erfassten Bierlieferungs- und Tankstellenverträge mehrere spezielle sowie eine allgemeine Laufzeitgrenze enthielt. Demgegenüber handelte es sich sowohl bei der Nachfolgeverordnung VO Nr. 2790/99 als auch bei der geltenden Gruppenfreistellungsverordnung Nr. 330/2010 nur um sog. Schirmverordnungen. Sie enthielten bzw. enthalten keine branchenspezifischen Regelungen mehr. Vielmehr wird branchenübergreifend der Bereich vertikaler Vertriebsbindungen erfasst. Europäische Sonderregelungen für Getränkelieferungsverträge sind mit Inkrafttreten der VO Nr. 2790/99 am 1.6.2000 ersatzlos weggefallen. Der **Schirmcharakter** der Regelung dürfte ebenfalls der Annahme eines Leitbildes entgegenstehen.[434)]

2.336 Gegen eine Leitbildfunktion der VO Nr. 330/2010 spricht auch, dass diese gerade kein Verbot normiert, sondern Erlaubnisvoraussetzungen enthält.[435)] Bei den Regelungen der Gruppenfreistellungsverordnungen handelt es sich nicht um gesetzliche Regelungen i. S. v. § 307 Abs. 2 Nr. 1 BGB, d. h. um dispositive Normen und Rechtsgrundsätze des allgemeinen Vertragsrechts.

2.337 **dd)** Dies erhellt sich aus den unterschiedlichen **Schutzzweck**richtungen des AGB-Rechts einerseits und des Unionskartellrechts andererseits. Das AGB-Recht bezweckt ausschließlich den Schutz des Vertragspartners des AGB-Verwenders vor unangemessenen AGBs.[436)] § 307 BGB dient also nur der Kor-

431) BGH, Urt. v. 13.7.2004 – KZR 10/03, WRP 2004, 1378 – Citroen; BGH, Urt. v. 8.5.2007 – KZR 14/04, NJW 2007, 3568 – BMW.

432) BT-Drucks. 8/1925, S. 16; *von Westphalen*, Vertragsrecht und AGB-Klauselwerke, Vertragshändlerverträge, Rz. 14.

433) Ulmer/Brandner/Hensen-*Ulmer/Schäfer*, AGB-Recht, Besondere Vertragstypen Teil 2 (36) Rz. 14.

434) Immenga/Mestmäcker-*Veelken*, Wettbewerbsrecht, 4. Aufl. 2007, Vertikal-VO Rz. 55.

435) NK-BGB/*Kollmann*, § 307 Rz. 26.

436) RegE BT-Drucks. 7/3919, S. 15.

rektur fehlenden Aushandelns, nicht dem Schutz und der Durchsetzung allgemeiner Ziele der Rechtsordnung. Anders dagegen das europäische Kartellrecht. Insofern wird ausschließlich oder ganz überwiegend die Freiheit des Wettbewerbs oder des Güter- und Warenverkehrs geschützt. Insbesondere geht es in diesem Zusammenhang um die Marktzutrittschancen der Wettbewerber der bindenden Getränkelieferanten.[437)]

Das GWB etwa befasst sich mit Geschäftsbedingungen in unterschiedlichen Zusammenhängen. Es regelt einerseits die Zulassung von AGB, indem es in §§ 2, 3 GWB die Voraussetzungen für die Freistellung vom Kartellverbot des § 1 GWB vorsieht. Durch die Vereinheitlichung der AGB, die ohnehin im Allgemeinen nicht sehr wettbewerbsintensiv sind, soll ein übersichtliches Angebot ermöglicht und der Wettbewerb auf Qualität und Preis konzentriert werden. Andererseits sollen kleinere und mittlere Unternehmen durch die Vereinheitlichung ihrer AGB eine stärkere Position gegenüber einem marktstarken Anbieter oder Abnehmer erlangen können.[438)] 2.338

Wenn auch die Regelungen des Unionskartellrecht – mehr mittelbar und „reflexartig" – auch der Aufrechterhaltung der wirtschaftlichen Freiheit des Gastwirts zugutekommen, sollte bereits die gegenüber dem AGB-Recht unterschiedliche Schutzrichtung Anlass genug sein, die Wertungsgesichtspunkte der VO Nr. 330/2010 – die im Übrigen nicht zwischen individualvertraglicher und formularmäßiger Vereinbarung differenziert – nicht auf die AGB-rechtliche Inhaltskontrolle zu übertragen. § 307 BGB dient nur der Korrektur fehlenden Aushandelns, nicht der Durchsetzung allgemeiner Ziele der Rechtsordnung, wie der Freiheit des Wettbewerbs oder des Güter- und Warenverkehrs. 2.339

Entgegen einem verbreiteten Missverständnis ist der Verbraucherschutz auch nicht unmittelbarer Zweck des (europäischen) Kartellrechts. Der Verbraucher wird nur mittelbar insofern geschützt, als ihm die Vorteile eines intensiven Wettbewerbs zugutekommen.[439)] 2.340

Außerdem ist denkbar, dass die Klausel zwar gegen Art. 101 Abs. 1 AEUV verstößt, aber unabhängig von dem Eingreifen der Gruppenfreistellung jedenfalls unmittelbar die Voraussetzungen des Art. 101 Abs. 3 AEUV erfüllt. Art. 5 (Abs. 1 a) VO Nr. 330/2010 ist also nicht so zu verstehen, dass von Gesetzes wegen bei Vereinbarung einer entsprechenden Klausel immer das Verbot des Art. 101 Abs. 1 AEUV und die Nichtigkeitsfolge des Art. 101 Abs. 2 AEUV eingreifen, sondern nur in dem Sinne, dass die Gruppenfreistellung nach der VO Nr. 330/2010 nicht eingreift. 2.341

---

437) 18. Erwägungsgrund der VO Nr. 1984/83; AG Ludwigslust, Urt. v. 16.2.2009 – 5 C 2/09, BeckRS 2009, 11036.

438) Immenga/Mestmäcker-*Möschel*, Wettbewerbsrecht, § 2 Abs. 2 GWB Rz. 5.

439) *Bechtold*, Kartellgesetz GWB, Einführung Rz. 51.

2.342 ee) Die Gruppenfreistellung setzt insofern in der Tat „zwingend" die Einhaltung der Höchstdauer von fünf Jahren voraus. Im Rahmen von § 307 Abs. 1 Satz 1 BGB ist aber eine **umfassende Wertung** aller Interessen beider Parteien anzustellen. Die Feststellung der (Un-)Angemessenheit der Vertragsdauer hängt davon ab, welche Leistungen in Form von Darlehen und/oder Ausstattung der Absatzstätte der Getränkelieferant erbracht hat und ob die Bezugsverpflichtung dem Wirt Raum lässt für eine Anpassung an geänderte Gebräuche und Wünsche des Publikums. Im Rahmen dieser Angemessenheitsprüfung kann die kartellrechtliche Antwort nur eine von mehreren sein, die bei der Bilanzierung der Interessen zu beachten ist.

2.343 Dies entspricht auch allgemeiner kartellrechtlicher Betrachtung. Ebenso wie nach § 307 BGB ist auch kartellrechtlich eine Klausel nicht isoliert zu bewerten. Vielmehr ist zu berücksichtigen, wie sie sich in das gesamte Gefüge der Geschäftsbeziehungen eingliedert und ob bei einer zusammenfassenden Betrachtung der beiderseitigen Rechte und Pflichten davon die Rede sein kann, dass die Handlungsfreiheit des abhängigen Unternehmens in unangemessener Weise eingeschränkt und dadurch eigene Interessen des Marktbeherrschers durchgesetzt werden sollen.[440)]

2.344 **ff) Ergebnis.** Folglich kommt Art. 5 Abs. 1 a VO Nr. 330/2010 keine Indiz-/ Leitbildfunktion zu.

2.345 g) Gleiches gilt im Zusammenhang mit **§ 138 Abs. 1 BGB**. Die Laufzeit ist zwar ein wesentliches, aber nicht das alleinige Kriterium und das auch zeitliche Ausmaß der zulässigen Bindung hängt mitentscheidend von den **Leistungen** des Getränkelieferanten ab.[441)]

2.346 **h) Verträge auf unbestimmte Zeit.** Die Frage, ob Art. 5 Abs. 1 a VO Nr. 330/2010 über § 307 Abs. 2 Nr. 1 BGB im Zusammenhang mit Getränkelieferungsverträgen auf unbestimmte Zeit Relevanz erlangen kann, ist zu verneinen. Zum einen werden Getränkelieferungsverträge ganz überwiegend auf bestimmte Zeit abgeschlossen. Zum anderen wäre ein auf unbestimmte Zeit abgeschlossener Vertrag nichtig, ein Pachtvertrag jedenfalls nach den gesetzlichen Bestimmungen des § 580a BGB i. V. m. § 581 BGB kündbar, entweder nach Tagen oder nach Wochen berechnet, je nachdem nach welchem zeitlichen Raster die zu zahlende Pacht/Miete für die Gastwirtschaft bemessen ist.[442)] Im Übrigen können die vorstehend zur Fünfjahresgrenze des Art. 5 Abs. 1 a VO Nr. 330/2010 angeführten (Gegen-)Argumente auch hier fruchtbar gemacht werden.[443)]

---

440) BGH, Urt. v. 1.12.1981 – KZR 37/80, NJW 1982, 644; *Bechtold*, Kartellgesetz GWB, § 20 Rz. 72.

441) Siehe oben § 10 I 3 g.

442) *von Westphalen*, Vertragsrecht und AGB-Klauselwerke, B Rz. 12.

443) Siehe oben § 10 III 7 g.

8. Prüfungsmaßstab

Bei formularmäßigen Festlegungen der Laufzeit ist wegen §§ 310 Abs. 1, 14 Abs. 1 BGB nicht § 309 Nr. 9 BGB, sondern § 307 BGB Prüfungsmaßstab.[444) 2.347

9. Beurteilungsgrundsätze

a) Ob eine die Laufzeit eines Vertrages betreffende Klausel den Vertragspartner des Verwenders in diesem Sinne entgegen den Geboten von Treu und Glauben unangemessen benachteiligt, ist mit Hilfe einer **umfassenden Abwägung der schützenswürdigen Interessen beider Parteien im Einzelfall** festzustellen.[445)] 2.348

b) **Umfang.** Es bedarf einer Würdigung des Einzelfalls nach **Inhalt, Motiv** und **Zweck des Vertrages** sowie den **Umständen seines Zustandekommens.**[446)] 2.349

c) **Einzelbetrachtung.** Abzustellen ist auf die **konkrete Ausgestaltung des Vertrages** in seinen einzelnen Bestimmungen und insbesondere darauf, welcher Spielraum dem Gastwirt zur selbständigen und flexiblen Unternehmensführung verbleibt.[447)] 2.350

d) **Gesamtbetrachtung.** Im Rahmen der Abwägung sind der Zweck und der **Gesamtcharakter** des jeweiligen Vertrages zu berücksichtigen.[448)] Bei dieser Abwägung sind nicht nur die aufseiten des Verwenders getätigten **Investitionen,** sondern der **gesamte Vertragsinhalt** zu berücksichtigen. Notwendig ist eine Gegenüberstellung der insgesamt begründeten gegenseitigen **Rechte und Pflichten.**[449)] Zu betrachten ist die Laufzeit der Getränkebezugsverpflichtung einschließlich etwaiger verlängernder **Nachträge**[450)] sowie etwaiger zurechenbarer **Anschlussbindungen.**[451)] 2.351

---

444) Palandt-*Grüneberg*, BGB, § 307 Rz. 78.

445) BGH, Urt. v. 3.11.1999 – VIII ZR 269/98, BGHZ 143, 103 = NJW 2000, 1110; BGH, Urt. v. 25.4.2001 – VIII ZR 135/00, BGHZ 147, 279 = NJW 2001, 2331 = ZIP 2001, 1245; BGH, Urt. v. 8.12.2011 – VII ZR 111/11, NJW-RR 2012, 626.

446) BGH, Urt. v. 27.2.1985 – VIII ZR 85/84, NJW 1985, 2693 = Zeller, III, 80; BGH, Urt. v. 2.12.1992 – VIII ARZ 5/92, NJW 1993, 532; BGH, Urt. v. 25.4.2001 – VIII ZR 135/00, BGHZ 147, 279 = NJW 2001, 2331 = ZIP 2001, 1245.

447) BGH, Urt. v. 25.4.2001 – VIII ZR 135/00, BGHZ 147, 279 = NJW 2001, 2331 = ZIP 2001, 1245.

448) BGH, Urt. v. 27.2.1985 – VIII ZR 85/84, NJW 1985, 2693 = Zeller, III, 80; BGH, Urt. v. 2.12.1992 – VIII ARZ 5/92, NJW 1993, 532. In diesen Entscheidungen wird aber mit der Formel von Inhalt, Motiv und Zweck des Vertrages eine allzu enge Anlehnung an § 138 Abs. 1 BGB gesucht.

449) BGH, Urt. v. 3.11.1999 – VIII ZR 269/98, BGHZ 143, 103 = NJW 2000, 1110; BGH, Urt. v. 17.12.2002 – X ZR 220/01, NJW 2003, 886 = ZIP 2003, 533; BGH, Urt. v. 19.12.2007 – XII ZR 61/05, NJW-RR 2007, 818.

450) OLG Frankfurt/M., Urt. v. 30.11.2000 – 16 U 230/99, BGH, VIII ZR 5/01, Revisionsrücknahme nach Nichtannahmebeschluss, der ausnahmsweise begründet worden ist.

451) OLG Frankfurt/M., Urt. v. 30.11.2000 – 16 U 230/99, BGH, VIII ZR 5/01, Revisionsrücknahme nach Nichtannahmebeschluss, der ausnahmsweise begründet worden ist; OLG Düsseldorf, Urt. v. 27.10.2004 – VI-U (Kart) 41/03, BeckRS 2005, 06685.

2.352 e) Maßgeblicher **Beurteilungszeitpunkt** ist der Zeitpunkt der Vornahme des Rechtsgeschäfts.[452)]

10. Beurteilungskriterien

2.353 Hinsichtlich der relevanten Beurteilungskriterien kann zunächst nach oben verwiesen werden.[453)]

2.354 a) **Umstände in der Person des Verpflichteten. aa) Existenzgründung.** Zunächst von Bedeutung ist der Umstand, dass die Finanzierung des Gastwirts häufig dem Aufbau und der Fortführung der Gastwirtschaft dient. Es liegt dabei in der Natur der Sache und entspricht den legitimen Interessen der Getränkelieferanten an der Möglichkeit eines wirksamen Durchgreifens bei Leistungsstörungen, insbesondere in Zeiten einer stärkeren **Fluktuation** im Gaststättengewerbe, dass der Anfänger, dessen Leistungsfähigkeit und Vertragstreue dem Getränkelieferant noch nicht bekannt sind, u. U. mehr an Bindungen hinnehmen muss als ein bereits etablierter Gastwirt. In einem solchen Fall sind im Regelfall engere Bindungen des Gastwirts an den Getränkelieferanten gerechtfertigt.[454)] Beispiel: Die Bezugsbindung stellte die Leistung des Gebundenen für die Zurverfügungstellung eines Darlehens – hier: insgesamt 175.000,00 DM – dar, das der Gebundene nach dem unwidersprochen gebliebenen Vortrag des Bindenden selbst aufzubringen nicht in der Lage war und welches ihm erst den Betrieb der Absatzstätte ermöglichte.

2.355 **bb)** Es entspricht nicht nur praktischer Erfahrung, sondern auch richterlicher Einschätzung, dass eine erhebliche Mehrzahl der Gastwirtsdarlehen von Personen nachgefragt wird, denen es an der **Kreditwürdigkeit** fehlt.[455)]

2.356 b) Die Dauer der zulässigen Bezugsbindung hängt darüber hinaus wesentlich von dem sachlichen **Umfang der Bindung** ab.[456)] Von Bedeutung ist, ob die Bezugsverpflichtung lediglich **Bier** zum Gegenstand hat.[457)]

---

452) BGH, Urt. v. 25.4.2001 – VIII ZR 135/00, BGHZ 147, 279 = NJW 2001, 2331 = ZIP 2001, 1245.

453) Siehe oben § 10 I 3.

454) BGH, Urt. v. 25.4.2001 – VIII ZR 135/00, BGHZ 147, 279 = NJW 2001, 2331 = ZIP 2001, 1245.

455) BGH, Urt. v. 25.4.2001 – VIII ZR 135/00, BGHZ 147, 279 = NJW 2001, 2331 = ZIP 2001, 1245.

456) BGH, Urt. v. 25.4.2001 – VIII ZR 135/00, BGHZ 147, 279 = NJW 2001, 2331 = ZIP 2001, 1245; OLG Karlsruhe, Urt. v. 18.10.2001 – 19 U 97/01, BeckRS 2001, 30212399.

457) OLG Frankfurt/M., Urt. v. 30.11.2000 – 16 U 230/99, BGH, VIII ZR 5/01, Revisionsrücknahme nach Nichtannahmebeschluss, der ausnahmsweise begründet worden ist.

c) Periodische Mindestabnahmemenge. aa) Grundsatz. Die Vereinbarung einer Mindestabnahmeverpflichtung stößt grundsätzlich auf keine Bedenken.[458)] 2.357

bb) Menge. Im Rahmen der Prüfung einer Laufzeitklausel kommt der Menge Bedeutung zu.[459)] Der BGH sah in dem streitgegenständlichen Zehnjahresvertrag mit einer vereinbarten Mindestabnahmepflicht von 4.000 hl **(Mengenvertrag)** keine unzumutbare Benachteiligung des Gastwirts. Der Gastwirt hatte nämlich zuvor bereits eine andere Absatzstätte betrieben, auf die im Vertrag ausdrücklich Bezug genommen worden war. Deshalb konnte davon ausgegangen werden, dass er die Absatzmöglichkeiten für die Absatzstätte beurteilen konnte und sich nur auf einen erzielbaren Absatz eingelassen hatte.[460)] 2.358

d) Unbedenklich ist die Festsetzung der **Abnahmepreise** durch den Getränkelieferanten. Hier wie auch im Zusammenhang mit der Mindestabnahmeverpflichtung weist der BGH deutlich darauf hin, dass die **vertragliche Erwähnung des Umstandes „Altobjekt" und „Altkunde" von besonderer Bedeutung** ist.[461)] Dieses sollte sich also sowohl im Leistungsantrag als auch insbesondere im Vertrag selbst niederschlagen. 2.359

e) **Leistungen des Getränkelieferanten.** Bei der Interessenabwägung ist aufseiten des Getränkelieferanten insbesondere das Maß der **Investitionen** zu betrachten. Von besonderer, allerdings nicht allein maßgeblicher Bedeutung sind die **finanziellen** oder auch **sonstigen geldwerten Leistungen**, die der Ausschließlichkeitsbindung gegenüberstehen. Maßgeblich ist, welche Leistungen **vertraglich vereinbart** sind.[462)] 2.360

Die Dauer der zulässigen Bezugsbindung hängt auch von der **Art** der erbrachten Leistungen ab.[463)] 2.361

f) Bewertung. aa) Wie auch im Zusammenhang mit § 138 Abs. 1 BGB kommt es auf den **Umfang** der Leistungen an. Je größer die vertraglich vereinbarten Leistungen des Getränkelieferanten sind, desto einschneidender können im Ein- 2.362

---

458) BGH, Urt. v. 25.4.2001 – VIII ZR 135/00, BGHZ 147, 279 = NJW 2001, 2331 = ZIP 2001, 1245; BGH, Urt. v. 17.12.2002 – X ZR 220/01, NJW 2003, 886 = ZIP 2003, 533; OLG Düsseldorf, Urt. v. 13.11.2009 – I-22 U 71/09, BeckRS 2012, 05469.

459) OLG Düsseldorf, Urt. v. 8.11.1999 – 1 U 42/99.

460) BGH, Urt. v. 25.4.2001 – VIII ZR 135/00, BGHZ 147, 279 = NJW 2001, 2331 = ZIP 2001, 1245.

461) BGH, Urt. v. 25.4.2001 – VIII ZR 135/00, BGHZ 147, 279 = NJW 2001, 2331 = ZIP 2001, 1245.

462) BGH, Urt. v. 25.4.2001 – VIII ZR 135/00, BGHZ 147, 279 = NJW 2001, 2331 = ZIP 2001, 1245.

463) BGH, Urt. v. 25.4.2001 – VIII ZR 135/00, BGHZ 147, 279 = NJW 2001, 2331 = ZIP 2001, 1245.

zelfall die Bindungen sein, die der Gastwirt im Interesse einer sachgerechten Risikobegrenzung aufseiten des Getränkelieferanten hinnehmen muss.[464)]

2.363 **bb)** Positiv ist zu berücksichtigen, wenn der Getränkelieferant – wie in der Regel – mit seinen Leistungen in **Vorleistung** tritt und diese Leistung während der Laufzeit des Getränkelieferungsvertrages **amortisiert** werden soll. Die höchstzulässige Dauer der Vertragslaufzeit ist demzufolge davon abhängig, welcher **Kapitalaufwand** dem die Vertragslaufzeit vorgebenden Vertragsteil für die Erfüllung dieses Vertrages entsteht. Hohe Entwicklungs- oder Vorhaltekosten, die sich nur bei längerer Vertragsdauer amortisieren, rechtfertigen daher regelmäßig eine längerfristige Bindung des anderen Teils an den Vertrag.

2.364 **cc)** Da die Bindungen des Gastwirts um so weiter gehen dürfen, als die Leistungen des Getränkelieferanten reichen, ist bei der Zurverfügungstellung eines Darlehens von Bedeutung, zu welchem **Zinssatz** dieses gewährt wird.[465)] Liegt dieser beispielsweise deutlich unterhalb des allgemeinen (Zins-)Marktniveaus, so ist dieser **Zinsvorteil** bei der Wertung von Leistung und Leistung zu berücksichtigen.[466)] Liegt der vereinbarte Zinssatz unter dem – damals – marktüblichen Zins, so ist er selbst dann als solcher unbedenklich, wenn eine Verzinsung von jährlich 8 % ausbedungen war.[467)]

2.365 **dd)** Zur **Rückführung** einer Finanzierung wird auf die BGH-Entscheidung vom 25.4.2001 verwiesen.[468)]

2.366 **ee)** Steht der Bezugspflicht als Leistung eine **Vergütungsvorauszahlung** von 80.000,00 DM netto gegenüber, was einem längerfristigen unverzinslichen Darlehen entspricht, und kommen ein unstreitig **„denkbar niedriger Pachtzins"**, eine **Festschreibung** desselben auf zehn Jahre und ein dem Gastwirt **günstiger Pachtzinsanpassungsmechanismus** – Erhöhung der Festpacht erst dann, wenn der Lebenshaltungskostenindex gegenüber dem Stand von Februar 2001 um mehr als

---

464) BGH, Urt. v. 3.11.1999 – VIII ZR 269/98, BGHZ 143, 103 = NJW 2000, 1110; BGH, Urt. v. 25.4.2001 – VIII ZR 135/00, BGHZ 147, 279 = NJW 2001, 2331 = ZIP 2001, 1245; BGH, Urt. v. 6.12.2002 – V ZR 220/02, NJW 2003, 1313 = ZIP 2003, 407; BGH, Urt. v. 17.12.2002 – X ZR 220/01, NJW 2003, 886 = ZIP 2003, 533; BGH, Urt. v. 11.1.2006 – VIII ZR 396/03, NJW-RR 2006, 615; BGH, Urt. v. 21.12.2011 – VIII ZR 262/09, NJW-RR 2012, 249 (Wärmelieferungsvertrag); OLG Frankfurt/M., Urt. v. 30.11.2000 – 16 U 230/99, BGH, VIII ZR 5/01, Revisionsrücknahme nach Nichtannahmebeschluss, der ausnahmsweise begründet worden ist; OLG Oldenburg, Urt. v. 14.11.2012 – 5 U 56/11; LG Heidelberg, Urt. v. 20.2.2007 – 2 O. 294/06, NJW-RR 2007, 1552.

465) OLG Oldenburg, Urt. v. 14.11.2012 – 5 U 56/11.

466) OLG Düsseldorf, Urt. v. 8.11.1999 – 1 U 42/99.

467) BGH, Urt. v. 25.4.2001 – VIII ZR 135/00, BGHZ 147, 279 = NJW 2001, 2331 = ZIP 2001, 1245.

468) BGH, Urt. v. 25.4.2001 – VIII ZR 135/00, BGHZ 147, 279 = NJW 2001, 2331 = ZIP 2001, 1245.

10 % gestiegen ist – hinzu, so kann das Unwirksamkeitsverdikt des § 307 Abs. 1 Satz 1 BGB nicht angenommen werden.[469)]

Zu einem **abzuschreibenden Zuschuss** sowie einem **niedrigen Entgelt für Nutzungsüberlassung** wird kann ein Urteil des OLG Frankfurt vom 30.11.2000 berichtet werden.[470)] 2.367

ff) Von Bedeutung kann auch eine etwaige **Absicherung** einer Darlehensverbindlichkeit sein. Handelt es sich etwa um ein ungesichertes Darlehen oder um ein Darlehen, das lediglich durch eine **Sicherungsübereignung von Gaststätteninventar** abgesichert war, so sind engere Bindungen des Gastwirts an den Getränkelieferanten gerechtfertigt. Die Sicherungsübereignung von Gaststätteninventar stellt nämlich keine ausreichende Sicherung dar, weil dieses relativ rasch an Wert verliert, was auch durch die festgelegte **steuerliche Abschreibung** mit 0,84 % monatlich nicht ausgeglichen werden kann.[471)] 2.368

g) **Kündbarkeit.** Die fehlende Möglichkeit einer vorzeitigen Kündigung führt nicht zu einer unangemessenen Benachteiligung. Der Vortrag des Gastwirts, er werde dadurch in seiner Dispositionsfreiheit eingeschränkt, er erlange aus dem Getränkelieferungsvertrag keine wesentlichen Vorteile und habe möglicherweise die Absatzchancen bei Vertragsschluss nicht einschätzen können, ist unerheblich, weil diese Aspekte in seinen Risikobereich fallen. Es gehört zu seinen Obliegenheiten, vor Abschluss des Getränkelieferungsvertrages dessen Konditionen zu prüfen und abzuwägen, ob es sich um einen für ihn günstigen Vertrag handelt. Dies vor allem dann, wenn der streitgegenständliche Vertrag lediglich eine bereits bestehende Regelung verlängert und ergänzt und der Gastwirt die streitgegenständliche Absatzstätte bereits seit vielen Jahren betreibt.[472)] 2.369

11. Zehnjahresgrenze und § 307 Abs. 1 Satz 1 BGB

a) **Rechtsprechung. aa) Inhalt.** Ob der zulässigen Dauer von Getränkelieferungsverträgen zwischen Kaufleuten, soweit die Laufzeit ausnahmsweise in AGB vereinbart wurde, nach Inkrafttreten des AGBG engere Grenzen als zuvor gesetzt waren, hatte der BGH zunächst offenlassen können.[473)] Mit seinem Urteil vom **25.4.2001** hat der **BGH** entschieden, dass eine AGB-Laufzeit in einem Getränkelieferungsvertrag über **zehn Jahre** den Gastwirt, der den Vertrag als Unternehmer i. S. d. §§ 310 Abs. 1, 14 Abs. 1 BGB abgeschlossen hat, jedenfalls im 2.370

469) OLG Nürnberg, Urt. v. 29.6.2001 – 6 U 1762/00.

470) OLG Frankfurt/M., Urt. v. 30.11.2000 – 16 U 230/99, BGH, VIII ZR 5/01, Revisionsrücknahme nach Nichtannahmebeschluss, der ausnahmsweise begründet worden ist.

471) BGH, Urt. v. 15.11.2000 – VIII ZR 322/99, NJW-RR 2001, 987; BGH, Urt. v. 25.4.2001 – VIII ZR 135/00, BGHZ 147, 279 = NJW 2001, 2331 = ZIP 2001, 1245.

472) OLG Zweibrücken, Urt. v. 6.7.2009 – 7 U 180/08.

473) BGH, Urt. v. 27.2.1985 – VIII ZR 85/84, NJW 1985, 2693 = Zeller, III, 80.

Regelfall nicht unangemessen benachteiligt.[474] Entsprechend urteilt auch die vorher bzw. später ergangene obergerichtliche Rechtsprechung.[475]

2.371 **bb) Begründung.** Da dem Gastwirt im Zusammenhang mit einem Getränkelieferungsvertrag regelmäßig ein Darlehen zur Verfügung gestellt wird, das dem Aufbau und der Fortführung der Gastwirtschaft dient und das durch den kontinuierlichen Getränkebezug **amortisiert** wird, ist eine solche Bindung unter Berücksichtigung der im Unternehmerverkehr geltenden **Gewohnheiten und Gebräuche (§ 310 Abs. 1 Satz 2 Halbs. 2 BGB)** sowie der beiderseitigen Interessen und Bedürfnisse der Parteien hinzunehmen.[476] Über § 310 Abs. 1 Satz 2 Halbs. 2 BGB können die Wertungen der §§ 308 und 309 BGB unter angemessener Berücksichtigung der im Unternehmerverkehr geltenden Gewohnheiten und Gebräuche im Rahmen der Generalklausel des § 307 Abs. 1 und 2 (Nr. 1 und 2) BGB Bedeutung erlangen.[477] Eine Inhaltskontrolle ist daher ausgeschlossen, wenn eine Regelung gem. § 346 HGB als **Handelsbrauch** den Vertragsinhalt bestimmt.[478] Ein Handelsbrauch setzt nach ständiger Rechtsprechung voraus, dass sich eine im Verkehr der Kaufleute untereinander verpflichtende Regelung herausgebildet hat, die auf einer gleichmäßigen, einheitlichen und freiwilligen tatsächlichen Übung beruht, die sich außerhalb eines angemessenen Zeitraumes für vergleichbare Geschäftsvorfälle gebildet hat und der eine einheitliche Auffassung der Beteiligten zugrunde liegt.[479]

2.372 **b) Schrifttum. aa) Inhalt.** Soweit in der Literatur vereinzelt differenziert wird – zehn Jahre bei Leistung (Darlehen, Leistungen im Übrigen), sonst fünf Jahre –,[480] wird auch insofern dem BGH grundsätzlich zugestimmt. Doch sollte danach der vom BGH aufgestellte Grundsatz nicht auf solche Fälle erstreckt werden, in denen es an einer entsprechenden **Darlehensgewährung fehlt.** Vielmehr könne

474) BGH, Urt. v. 25.4.2001 – VIII ZR 135/00, BGHZ 147, 279 = NJW 2001, 2331 = ZIP 2001, 1245; *Bühler*, Anm. BGHReport 2001, 581.

475) OLG Köln, Urt. v. 6.9.2000 – 17 U 46/99, BeckRS 2012, 09081; OLG Frankfurt/M., Urt. v. 30.11.2000 – 16 U 230/99, BGH, VIII ZR 5/01, Revisionsrücknahme nach Nichtannahmebeschluss, der ausnahmsweise begründet worden ist; OLG Karlsruhe, Urt. v. 18.10.2001 – 19 U 97/01, BeckRS 2001, 30212399; OLG Koblenz, Urt. v. 21.2.2002 – 5 U 677/01, NJOZ 2002, 837; OLG Hamm, Urt. v. 28.4.2003 – 5 U 6/03; OLG Düsseldorf, Urt. v. 28.5.2004 – 15 U 193/03 – sowie – 15 W 103/03 (Vertrag Brauerei-Getränkefachgroßhändler); OLG Zweibrücken, Urt. v. 6.7.2009 – 7 U 180/08; OLG Düsseldorf, Urt. v. 13.11.2009 – I-22 U 71/09, BeckRS 2012, 05469; OLG Köln, Urt. v. 20.10.2011 – 7 U 65/11, BeckRS 2012, 15923; OLG Oldenburg, Urt. v. 14.11.2012 – 5 U 56/11.

476) BGH, Urt. v. 25.4.2001 – VIII ZR 135/00, BGHZ 147, 279 = NJW 2001, 2331 = ZIP 2001, 1245; *Bühler*, Anm. BGHReport 2001, 581.

477) BGH, Urt. v. 25.4.2001 – VIII ZR 135/00, BGHZ 147, 279 = NJW 2001, 2331 = ZIP 2001, 1245.

478) BGH, Urt. v. 23.4.1986 – IVa ZR 209/84, NJW-RR 1987, 94.

479) BGH, Urt. v. 25.11.1993 – VII ZR 17/93, NJW 1994, 654; BGH, Urt. v. 25.4.2001 – VIII ZR 135/00, BGHZ 147, 279 = NJW 2001, 2331 = ZIP 2001, 1245.

480) U. a. Wolf/Lindacher/Pfeiffer-*Dammann*, AGB-Recht, Klauseln B Rz. 331.

man beim Fehlen einer Darlehensgewährung oder sonstigen Leistung des Getränkelieferanten in Anlehnung an § 624 BGB bereits eine Bindungsdauer von mehr als fünf Jahren nur aus besonderen Gründen als angemessen einstufen können.

bb) Stellungnahme. Dieser Auffassung liegt der zutreffende Gedanke zugrunde, dass nicht jede AGB-Laufzeit von bis zu zehn Jahren unbedenklich ist. AGB-Laufzeiten von zehn Jahren stellen nur dann eine nicht unangemessene Benachteiligung des Gebundenen dar, wenn ihnen entsprechend umfängliche Leistungen des Getränkelieferanten gegenüberstehen. Dieser Ansatz führt im Ergebnis zu einer ggf. kommunizierenden Reduktion der AGB-Laufzeit im Verhältnis zu den ihr gegenüberstehenden Leistungen. 2.373

12. Laufzeiten von mehr als zehn Jahren und § 307 Abs. 1 Satz 1 BGB

a) These. Auch lange Laufzeiten von mehr als zehn Jahren können im Hinblick auf die Notwendigkeit einer angemessenen Amortisation von Investitionen, Entwicklungs- oder Vorhaltekosten des Getränkelieferanten wirksam sein.[481)] 2.374

b) Rechtsprechung. Bei der Vereinbarung von Laufzeiten von 10 Jahren und mehr ist zu berücksichtigen, dass es aufseiten des Klauselverwenders in der Regel besonderer Umstände bedarf, die eine Laufzeit von 10 Jahren und mehr rechtfertigen können.[482)] Dabei könnte der vom BGH nicht nur in der Grundsatzentscheidung zum Getränkelieferungsvertrag angesprochene **Amortisationsgedanke**[483)] fruchtbar gemacht werden. Bei Dauerschuldverhältnissen, die nicht auf Warenabsatz gerichtet sind, ist die höchstzulässige Dauer der Vertragslaufzeit davon abhängig, welcher **Kapitalaufwand** dem die Laufzeit vorgebenden Vertragsteil für die Erfüllung des Vertrages entsteht (**Amortisations**gesichtspunkt).[484)] 2.375

Insofern ist anerkannt, dass die formularmäßige Vereinbarung einer **12-jährigen Laufzeit** eines Mietvertrages über eine neue **Fernsprechnebenstellenanlage** 2.376

---

481) BGH, Urt. v. 4.7.1997 – V ZR 405/96, NJW 1997, 3022 = ZIP 1998, 72; BGH, Urt. v. 25.4.2001 – VIII ZR 135/00, BGHZ 147, 279 = NJW 2001, 2331 = ZIP 2001, 1245; BGH, Urt. v. 17.12.2002 – X ZR 220/01, NJW 2003, 886 = ZIP 2003, 533.

482) BGH, Urt. v. 4.7.1997 – V ZR 405/96, NJW 1997, 3022 = ZIP 1998, 72; BGH, Urt. v. 25.4.2001 – VIII ZR 135/00, BGHZ 147, 279 = NJW 2001, 2331 = ZIP 2001, 1245; BGH, Urt. v. 17.12.2002 – X ZR 220/01, NJW 2003, 886 = ZIP 2003, 533.

483) BGH, Urt. v. 25.4.2001 – VIII ZR 135/00, BGHZ 147, 279 = NJW 2001, 2331 = ZIP 2001, 1245; vgl. auch BGH, Urt. v. 3.11.1999 – VIII ZR 269/98, BGHZ 143, 103 = NJW 2000, 1110; BGH, Urt. v. 21.12.2011 – VIII ZR 262/09, NJW-RR 2012, 249 (Wärmelieferungsvertrag).

484) BGH, Urt. v. 3.11.1999 – VIII ZR 269/98, BGHZ 143, 103 = NJW 2000, 1110; BGH, Urt. v. 21.12.2011 – VIII ZR 262/09, NJW-RR 2012, 249 (Wärmelieferungsvertrag).

rechtlich nicht zu beanstanden ist, wenn ihr entsprechende Vorhaltekosten des bindenden Teils gegenüberstehen.[485)]

2.377 Bei der Inhaltskontrolle einer **20-jährigen** Vertragslaufzeitklausel einer Vereinbarung über **Telekommunikationsanlagen** kommt es nicht darauf an, ob der Vermarkter bei seiner Kalkulation einen Gewinn erstmals im 15. Vertragsjahr erwirtschaften kann. Bei der Interessenabwägung ist aufseiten des **Kabelanschlussanbieters** zu berücksichtigen, dass er hohe Entwicklungs- und Vorhaltekosten aufwenden muss, die sich nur bei längerer Vertragsdauer amortisieren. Entscheidend ist, ob generell eine 20-jährige Vertragsbindung erforderlich ist, damit die Vermarktung von Telekommunikationsanlagen in der vorliegenden Weise wirtschaftlich sinnvoll ist. Soweit dies weder vorgetragen, noch sonst ersichtlich ist, führt dies zur Nichtigkeit der Klausel nach § 307 BGB.[486)]

2.378 Bei einem **Tankstellenvertrag** mit einer Laufzeit von **15 Jahren** sei zu berücksichtigen, dass der Vertragsschluss in den neuen Bundesländern zu einem Zeitpunkt erfolgte (Anfang 1991), als die dortige wirtschaftliche Entwicklung noch nicht absehbar war. Deshalb wurden keine durchgreifenden Wirksamkeitsbedenken formuliert.[487)]

2.379 In Vertiefung dieses Gedankens hat sich der BGH in einem nicht veröffentlichten (Prozesskostenhilfe-)Beschluss vom 26.6.2002 zu einem **25 Jahre** dauernden Alleinbezugsvertrag zwischen einem Mineralölunternehmen und einem **Tankstellenstationär** geäußert. Im Hinblick auf die erheblichen Investitionen des Mineralölunternehmens in Höhe von 3,14 Mio. DM äußerte er gegen die Länge der Bezugsdauer keine Bedenken.[488)]

2.380 c) **Folgerungen.** Es spricht einiges dafür, den vom BGH wiederholt genannten Amortisationsgedanken als maßgeblichen Faktor im Rahmen der Konkretisierung des im Einzelfall vorzunehmenden Abwägungsprozesses mit einzustellen. Überträgt man diesen Ansatz auf vergleichbare Situationen, etwa auch die des selbst bewirtschaftenden Hauseigentümers, ggf. auch die des nicht selbst bewirtschaftenden Hauseigentümers, so ist festzuhalten, dass selbst bei klauselmäßiger Formulierung der Laufzeit Bindungszeiten von über zehn Jahren jedenfalls dann nach § 307 Abs. 1 Satz 1 BGB keine unangemessene Benachteiligung des Klausel-

---

485) BGH, Urt. v. 13.2.1985 – VIII ZR 154/84, NJW 1985, 2328; BGH, Urt. v. 10.2.1993 – XII ZR 74/91, NJW 1993, 1133 – Breitbandkabel (**12 Jahre**); zu einer **10-Jahres-Laufzeitklausel** in einem **Wartungsvertrag** für eine **gekaufte Telefonanlage** BGH, Urt. v. 17.12.2002 – X ZR 220/01, NJW 2003, 886 = ZIP 2003, 533. Zu **Verbrauchserfassungsgeräten** siehe BGH, Urt. v. 9.12.2007 – XII ZR 61/05, NJW-RR 2008, 818.

486) BGH, Urt. v. 4.7.1997 – V ZR 405/96, NJW 1997, 3304 = ZIP 1997, 1933; BGH, Urt. v. 6.12.2002 – V ZR 220/02, NJW 2003, 1313 = ZIP 2003, 407 (**25 Jahre**).

487) BGH, Urt. v. 13.3.1997 – I ZR 215/94, NJW 1998, 156 = ZIP 1997, 1356; BGH, Beschl. v. 26.6.2002 – VIII ZR 151/00 (**25 Jahre**); OLG Hamburg, Urt. v. 13.4.2000 – 3 U 124/99, rkr. durch Nichtannahmeb. d. BGH v. 26.6.2002 – VIII ZR 151/00 (**20 Jahre**).

488) BGH, Beschl. v. 26.6.2002 – VIII ZR 151/00.

gegners darstellen können, wenn sie zur Amortisation der seitens des Bindenden erbrachten erheblichen (Vor-)Leistungen wirtschaftlich erforderlich sind.[489)]

13. Nichtbefristung

a) 309 Nr. 9 a BGB. Ein auf unbestimmte Zeit abgeschlossener Vertrag, der nicht automatisch nach zwei Jahren ausläuft, muss nicht gegen § 309 Nr. 9 a BGB verstoßen. Ausreichend ist, wenn dem Vertragspartner das Recht vorbehalten wird, zum Ablauf von zwei Jahren ordentlich zu kündigen.[490)] 2.381

b) § 306 Abs. 2 BGB. Auch wenn sich die Unwirksamkeit der Laufzeitvereinbarung aus § 307 BGB ergibt, führt die Anwendung des § 306 Abs. 2 BGB nicht notwendig zu dem Ergebnis, dass ein Getränkelieferungsvertrag, bei dem die gelieferte Menge in Unabhängigkeit von der Vertragsdauer bestimmt wird, als Dauerschuldverhältnis unbefristet und deshalb ordentlich kündbar ist.[491)] Nach der Mindermeinung komme eine Kündigung analog § 580a Abs. 1 Nr. 3 BGB in Betracht, die sich dann gem. § 139 BGB auch auf den Darlehensvertrag beziehe.[492)] 2.382

IV. Rückführung übermäßig langer AGB-Laufzeiten

1. Relevanz

Angesichts des Befundes, dass Laufzeitregelungen in Getränkelieferungsverträgen **nur ausnahmsweise formularmäßig getroffen** werden,[493)] ist das Rechtsprechungsmaterial zur Frage der Erstreckung des Verbotes geltungserhaltender Reduktion auf Formularlaufzeitregelungen in dem hier interessierenden Zusammenhang gering. 2.383

2. Altrechtslage

a) Meinungsstand. aa) Verträge, die vor Inkrafttreten des AGBG abgeschlossen wurden. Der BGH hatte für einen vor Inkrafttreten des AGBG abgeschlossenen, aber noch nicht abgewickelten Getränkelieferungsvertrag ausgesprochen, dass der Abschluss von mehr als zwei Jahre dauernden, aber zeitlich immerhin begrenzten Bezugsverträgen zwischen einem Getränkelieferanten und einem Gastwirt, der (Minder-)Kaufmann war, nicht gegen § 9 AGBG verstieß. Für diesen Sonderfall hat er das Eingreifen des Verbots der geltungserhaltenden Reduktion mit der Erwägung verneint, die Aufrechterhaltung des früheren Zustandes bedeute keinen unerträglichen Widerspruch zu den grundlegenden Wer- 2.384

---

489) OLG Karlsruhe, Urt. v. 18.10.2001 – 19 U 97/01, BeckRS 2001, 30212399 (**11 Jahre**); OLG Koblenz, Urt. v. 21.2.2002 – 5 U 677/01, NJOZ 2002, 837 (**20 Jahre**).

490) BGH, Urt. v.17.5.1982 – VII ZR 316/81, NJW 1982, 2309; OLG Frankfurt/M., Urt. v. 6.1.1987 – 14 U 166/85, NJW-RR 1987, 438.

491) BGH, Urt. v. 27.2.1985 – VIII ZR 85/84, NJW 1985, 2693 = Zeller, III, 80; a. A. OLG Frankfurt/M., Urt. v. 27.10.1987 – 14 U 129/86, NJW-RR 1988, 178 = Zeller IV, 167.

492) KG, Urt. v. 22.12.1988 – 2 U 1915/88, NJW-RR 1989, 630.

493) *Paulusch*, Brauerei- und Gaststättenrecht, 9. Aufl. 1996, Rz. 74, 151, 428.

tungsmaßstäben des AGBG. Dann war unter Berücksichtigung der beiderseits erbrachten und noch zu erbringenden Leistungen der Bezugsvertrag mit einer noch als angemessen anzusehenden kürzeren Laufzeit aufrechtzuerhalten.[494)]

2.385 **bb) Spätere Rechtsprechung.** Unter Berücksichtigung der beiderseits erbrachten und noch zu erbringenden Leistungen wurde der Bezugsvertrag mit einer noch als angemessen anzusehenden kürzeren Laufzeit **aufrechterhalten.**[495)] Wurden andere Gründe, die die betroffenen Vereinbarungen als unangemessen i. S. d. AGB-Rechts erscheinen lassen können, nicht festgestellt, hatte eine solche Reduzierung der vereinbarten Vertragslaufzeit auf die Wirksamkeit der Vereinbarungen im Übrigen keinen Einfluss.[496)]

2.386 **b) Grenzen.** Eine teilweise Aufrechterhaltung schied allerdings aus, wenn der Vertrag aufgrund zahlreicher zu beanstandender Klauseln insgesamt überzogen war.[497)] Voraussetzung für eine Reduzierung war, dass die überlange Dauer den einzigen Grund der Nichtigkeit darstellte. Dabei sollte es allerdings nicht schaden, wenn sich in dem Vertrag noch andere – möglicherweise ganz wenige und ihrerseits eine Einschränkung zugängliche – anstößige Klauseln finden ließen. Eine geltungserhaltende Reduktion sollte vielmehr nur dann ausscheiden, wenn der Vertrag aufgrund zahlreicher zu beanstandender Klauseln „insgesamt überzogen war, sodass die notwendigen Änderungen zu einer gänzlichen neuen, von der bisherigen völlig abweichenden Vertragsgestaltung führen würden, die von dem Parteiwillen nicht mehr getragen wäre.[498)] Ferner war zu beachten, dass die dem Gastwirt zugeflossenen Vorteile bei Herabsetzung der Laufzeit nicht entsprechend gekürzt werden dürfen.[499)]

3. Heutiger Standpunkt

2.387 Abgesehen von dem allgemeinen, aus dem Schutzzweck der Inhaltskontrolle abgeleiteten Bedenken gegen eine geltungserhaltende Reduktion, setzt sich diese Rechtsprechung dem Einwand aus, dass die teilweise Aufrechterhaltung unangemessener AGB schon nach früherem Recht mit der offenen Inhaltskontrolle von AGB und der damit verbundenen Unwirksamkeitsfolge nicht zu vereinbaren war.[500)]

494) BGH, Urt. v. 27.2.1985 – VIII ZR 85/84, NJW 1985, 2693 = Zeller III, 80.

495) OLG Frankfurt/M., Urt. v. 30.11.2000 – 16 U 230/99, BGH, VIII ZR 5/01, Revisionsrücknahme nach Nichtannahmebeschluss, der ausnahmsweise begründet worden ist; OLG Koblenz, Urt. v. 21.2.2002 – 5 U 677/01, NJOZ 2002, 837: geltungserhaltende Redukion auf eine Vertragsdauer von zehn Jahren analog § 139 BGB.

496) BGH, Urt. v. 8.4.1992 – VIII ZR 94/91, NJW 1992, 2145; OLG Frankfurt/M., Urt. v. 30.11.2000 – 16 U 230/99, BGH, VIII ZR 5/01, Revisionsrücknahme nach Nichtannahmebeschluss, der ausnahmsweise begründet worden ist.

497) BGH, Urt. v. 27.2.1985 – VIII ZR 85/84, NJW 1985, 2693 = Zeller, III, 80.

498) BGH, Urt. v. 13.3.1979 – KZR 23/77, NJW 1979, 1605.

499) BGH, Urt. v. 8.4.1992 – VIII ZR 94/91, NJW 1992, 2145 (zu § 138 Abs. 1 BGB).

500) Ulmer/Brandner/Hensen-*Schmidt*, AGB-Recht, § 306 Rz. 15.

4. Konsequenzen

a) § 309 Nr. 9 a BGB. Eine gegen § 309 Nr. 9 a BGB verstoßende Laufzeitregelung ist insgesamt nichtig und nicht nur insoweit unwirksam, als die Kündigung für mehr als zwei Jahre ausgeschlossen wird.[501)] 2.388

b) § 307 Abs. 1 Satz 1 BGB. aa) § 309 Nr. 9 a BGB ist kein tauglicher Maßstab. 2.389
Dies schon deshalb nicht, weil die Grenzen der Vorschrift für zahlreiche Vertragstypen gar nicht passen und das Risiko, eine nach § 309 Nr. 9 a BGB unwirksame Klausel zu verwenden, auf null reduziert wäre. Vielmehr könnten Laufzeit und Kündigungsfrist ausnahmsweise danach bemessen werden, wie es billigem Ermessen entspreche. Dabei könnten die typischen AGB-Laufzeiten (zehn Jahre) solcher Verträge als Vorlage dienen, sofern diese Zeiten nicht schon Elemente der Sittenwidrigkeit in sich tragen.[502)]

bb) Ergänzende Vertragsauslegung und Verbot der geltungserhaltenden 2.390
Reduktion. Zu den gesetzlichen Vorschriften i. S. d. § 306 Abs. 2 BGB gehören zwar auch die §§ 157, 133 BGB über die ergänzende Vertragsauslegung.[503)] Eine übermäßig lange Laufzeit kann aber im Rahmen von § 306 Abs. 2 BGB nicht im Wege ergänzender Vertragsauslegung in eine wirksame – kürzere – umgewandelt werden. Nur so kann dem Gedanken der AGB-Vorschriften Rechnung getragen werden, dass dem Kunden nicht zuzumuten ist, den wirksamen Rest der Klausel selbst zu ermitteln. Zudem soll der Verwender aus einer unzulässigen Klausel keine Vorteile (hier: Wirksamwerden des Restes) ziehen. Eine teilweise Aufrechterhaltung einer unwirksamen Laufzeitklausel würde dem Ziel des AGB-Rechts zuwiderlaufen, auf einen angemessenen Inhalt der in der Praxis verwendeten oder empfohlenen AGB hinzuwirken und dem Kunden die Möglichkeit sachgerechter Informationen über die ihm aus dem vorformulierten Vertrag erwachsenen Rechte und Pflichten zu verschaffen. Sie liefe auf eine geltungserhaltende Reduktion hinaus. Eine nach § 307 Abs. 1 Satz 1 BGB zu beanstandende Laufzeitklausel ist daher regelmäßig unwirksam und entfällt ersatzlos. Eine zu lange Vertragsdauer kann sonach nicht gekürzt werden.

---

501) BGH, Urt. v. 17.5.1982 – VII ZR 316/81, NJW 1982, 2309; BGH, Urt. v. 4.11.1992 – VIII ZR 235/91, NJW 1993, 326; OLG Frankfurt/M., Urt. v. 1.10.1987 – 6 U 88/87, NJW-RR 1988, 177 = Zeller IV, 47.

502) BGH, Urt. v.17.5.1982 – VII ZR 316/81, NJW 1982, 2309; BGH, Urt. v. 6.11.1985 – IVa ZR 96/84, NJW 1986, 1173; BGH, Urt. v. 13.7.1994 – IV ZR 107/93, BGHZ 127, 35 = NJW 1994, 2693 = ZIP 1994, 1358; BGH, Urt. v. 3.11.1999 – VIII ZR 269/98, BGHZ 143, 103 = NJW 2000, 1110; OLG Karlsruhe, Urt. v. 4.3.1999 – 12 U 259/98, rkr. durch Nichtannahmebeschl. d. BGH v. 7.10.1999 – VIII ZR 25/99. a. A. OLG Frankfurt/M., Urt. v. 27.10.1987 – 14 U 129/86, NJW-RR 1988, 178 = Zeller IV, 167. Ist die Laufzeit von höchstens zwei Jahren im Zeitpunkt des Prozessierens bereits abgelaufen, so könne der Getränkelieferant keine Rechte mehr geltend machen.

503) BGH, Urt. v. 29.4.2008 – KZR 2/07, NJW 2008, 2172; BGH, Urt. v. 17.12.2008 – VIII ZR 274/06, NJW 2009, 578; BGH, Urt. v. 15.7.2009 – VIII ZR 225/07, NJW 2009, 2662; BGH, Urt. v. 13.1.2010 – VIII ZR 81/08, ZIP 2010, 1250.

Kurz: **Ist die Laufzeitregelung unwirksam, kommt eine geltungserhaltende Reduktion auf das gerade noch zulässige Maß nicht in Betracht.**[504)]

§ 11 Weitere Fragen im Zusammenhang mit der Laufzeit

I. Verlängerung

1. Grundsatz

2.391 Soweit gem. **§ 138 Abs. 1 BGB** die Höchstdauer von maximal 20 Jahren erreicht ist, ist eine – wie auch immer geartete – Verlängerungsklausel nicht geeignet, die ohnehin schon überlange Bindungsfrist noch zusätzlich zu verlängern.[505)]

2. Nachtrag

2.392 Wird eine (zulässige) Getränkebezugsverpflichtung durch einen Nachtrag um weitere fünf Jahre und damit auf insgesamt 15 Jahre verlängert, so bestehen im Falle einer Individualvereinbarung keine Bedenken.[506)] Handelt es sich im zuletzt angesprochen Fall dagegen um eine klauselartig formulierte Laufzeit, so verstößt diese gegen § 307 Abs. 1 Satz 1 BGB.[507)]

3. Vertragliche Neugestaltung

2.393 Wird im Rahmen einer vertraglichen Neugestaltung die ursprüngliche Bezugsdauer in der Weise faktisch vertraglich verlängert, dass sie nun zwar ab der erstmaligen Begründung der Bezugspflicht, nicht aber ab dem Zeitpunkt der Vertragsänderung zehn Jahre überschreitet, so hat der Gastwirt jedenfalls die Möglichkeit gehabt, im Hinblick auf einen noch als angemessen anzusehenden Zeitraum eine erneute Entscheidung über seine Bindung zu treffen. Dann bestehen AGB-rechtlich keine Bedenken gegen die insgesamt den Zeitraum von zehn Jahren überschreitende Bezugsverpflichtung.[508)]

4. Verlängerung bei nicht rechtzeitig erklärter Kündigung

2.394 **a) Individuallaufzeit.** Unwirksam ist eine Regelung, die eine automatische Verlängerung vorsieht, sofern nicht eine der Vertragsparteien innerhalb bestimmter Frist kündigt, in einem Bezugsvertrag, der wegen seiner übermäßig langen

---

504) BGH, Urt. v. 3.11.1999 – VIII ZR 269/98, BGHZ 143, 103 = NJW 2000, 1110; BGH, Urt. v. 22.2.2002 – V ZR 26/01, NJW-RR 2002, 1136, 1137; BGH, Urt. v. 19.12.2007 – XII ZR 61/05, NJW-RR 2008, 818; BGH, Urt. v. 21.12.2011 – VIII ZR 262/09, NJW-RR 2012, 249 (Wärmelieferungsvertrag).

505) BGH, Urt. v. 8.4.1988 – V ZR 120/87, NJW 1988, 2362 = Zeller IV, 182.

506) OLG Frankfurt/M., Urt. v. 30.11.2000 – 16 U 230/99, BGH, VIII ZR 5/01, Revisionsrücknahme nach Nichtannahmebeschluss, der ausnahmsweise begründet worden ist.

507) OLG Frankfurt/M., Urt. v. 30.11.2000 – 16 U 230/99, BGH, VIII ZR 5/01, Revisionsrücknahme nach Nichtannahmebeschluss, der ausnahmsweise begründet worden ist.

508) AG Ludwigslust, Urt. v. 16.2.2009 – 5 C 2/09, BeckRS 2009, 11036.

Bindungsfrist sittenwidrig ist. Auch wenn die Bindung auf einen zulässigen Zeitraum zurückgeführt werden kann, verlängert sich der Vertrag nach Ablauf der reduzierten Bindungsfrist nicht automatisch mangels Kündigung durch den Gastwirt. Vereinbaren die Parteien eines im Hinblick auf die Laufzeitregelung – 30 Jahre – der Getränkebezugsverpflichtung sittenwidrigen und damit nichtigen Getränkelieferungsvertrag, dass der Vertrag sich nach seinem Ablauf um einen weiteren Zeitraum – hier jeweils fünf Jahre – verlängert, wenn er (der Pachtvertrag) nicht innerhalb bestimmter Frist gekündigt wird, so ist auch diese Verlängerungsklausel unwirksam (§ 139 BGB).[509] Das ist nur folgerichtig, weil dann, wenn die Reduzierung den Rahmen des zeitlich höchstens Zulässigen ausschöpft, der Gastwirt durch eine automatische Verlängerung doch wieder in den sittenwidrigen Bereich hinein belastet würde.

b) AGB-Klausel. aa) Eine derartige Verlängerungsklausel verstößt nicht gegen **§ 308 Nr. 5 BGB**. Sie enthält nämlich keine fingierte Erklärung des Kunden. Vielmehr beruht die Vertragsverlängerung bei nicht rechtzeitiger Kündigung auf der bereits bei Abschluss des Vertrages für diesen Fall getroffenen Vereinbarung.[510] § 308 Nr. 5 BGB greift auch dann nicht ein, wenn vom Verwender vorformulierte Erklärungen des Kunden bereits mit der Einbeziehung der AGB abgegeben und wirksam werden sollen. Dies gilt insbesondere auch bei Klauseln, nach denen mangels rechtzeitiger Kündigung durch den Kunden eine Vertragsverlängerung eintritt. Anderenfalls würden Ungereimtheiten im Verhältnis zu § 309 Nr. 9 b BGB auftreten.[511] **2.395**

bb) § 309 Nr. 9 b BGB ist selbst auf den Existenzgründer nicht unmittelbar anwendbar (§ 310 Abs. 1 Satz 2 BGB). Anders dagegen bei Verbrauchern (§ 13 BGB), wie etwa Hauseigentümern, GmbH-Geschäftsführern oder GmbH-Gesellschaftern, (Ehe-)Partnern oder Familienangehörigen, die für eine Getränkebezugsverpflichtung mit entsprechender Verlängerungsklausel eine Mithaftungserklärung etwa im Rahmen eines Schuldbeitritts abgeben. **2.396**

Das Merkmal **„Lieferung"** verlangt eine auf Übereignung gerichtete Überlassung. § 309 Nr. 9 b BGB gilt daher nicht für Gebrauchsüberlassungsverträge wie etwa Miete, Pacht und Leihe. Dies bedeutet aber nicht, dass nach dem Willen des Gesetzgebers für sie strengere Regeln gelten sollen. Der Gesetzgeber hat bewusst alle Mietverträge aus der Regelung ausgenommen mit der Konsequenz, dass er für diese nicht einmal Verlängerungsklauseln um mehr als ein Jahr generell verbieten wollte.[512] **2.397**

509) BGH, Urt. v. 8.4.1988 – V ZR 120/87, NJW 1988, 2362 = Zeller IV, 182.

510) BGH, Urt. v. 4.12.1996 – XII ZR 193/95, NJW 1997, 739 = ZIP 1997, 282; BGH, Urt. v. 15.4.2010 – Xa ZR 89/09, NJW 2010, 2942.

511) BGH, Urt. v. 29.4.1987 – VIII ZR 251/86, BGHZ 100, 370 = NJW 1987, 2012 = ZIP 1987, 784.

512) BGH, Urt. v. 29.4.1987 – VIII ZR 251/86, BGHZ 100, 370 = NJW 1987, 2012 = ZIP 1987, 784; BGH, Urt. v. 4.12.1996 – XII ZR 193/95, NJW 1997, 739 = ZIP 1997, 282.

2.398 Die Dauer von etwaigen Verlängerungsklauseln ist gem. § 309 Nr. 9 b BGB mit maximal einem Jahr vorgegeben. Es handelt sich hierbei um eine **Höchstfrist**. Sie gilt auch bei individuell vereinbarter Erstlaufzeit. Das Klauselverbot erfasst nicht nur die unmittelbar der Primärlaufzeit folgende Verlängerungsperiode, sondern jede weitere vorgesehene stillschweigende Vertragsverlängerung. Die Jahresfrist der Nr. 9 b beginnt mit Ablauf der Erstlaufzeit bzw. des vorhergehenden Verlängerungszeitraums. Zwar können AGB grundsätzlich auch eine stillschweigende Verlängerung auf unbestimmte Zeit vorsehen. In diesem Fall muss aber für die Kunden die Möglichkeit der ordentlichen Kündigung spätestens zum Ablauf des ersten bzw. jedes weiteren Verlängerungsjahres gewährleistet werden.[513)] § 309 Nr. 9 b BGB gilt nicht nur für stillschweigende Vertragsverlängerungen, sondern auch für Klauseln, die dem Verwender eine einseitige Verlängerungsmöglichkeit durch ausdrückliche Erklärung gewähren.[514)]

2.399 **cc) § 307 Abs. 1 Satz 1 BGB.** Bei der in § 309 Nr. 9 a BGB angeordneten Höchstlaufzeit von zwei Jahren und der Obergrenze von einem Jahr für Verlängerungen nach § 309 Nr. 9 b BGB handelt es sich um eine gesetzgeberische Wertung, die auch in die Interessenabwägung im Rahmen des § 307 Abs. 1 Satz 1 BGB einzubeziehen ist.[515)]

2.400 Allerdings entspricht es allgemeiner Meinung, dass dieser Tatbestand nur in sehr engen Grenzen im Rahmen der Abwägung der beiderseitigen Interessen zu berücksichtigen ist. Dies schließt zwar nicht aus, dass eine Klausel, die nach ihrem Regelungsgehalt in den Anwendungsbereich des speziellen Klauselverbots fällt, dennoch aus besonderen, von der Verbotsnorm nicht erfassten Gründen nach der Generalklausel des § 307 Abs. 1 Satz 1 BGB unwirksam sein kann. Dabei darf aber die gesetzgeberische Regelungsabsicht nicht „auf den Kopf gestellt werden". Die Einschränkung seiner Dispositionsfreiheit, die der Kunde aufgrund der Verlängerungsklausel hinnehmen muss, ist daher für sich allein kein hinreichender Grund, die Klausel nach der Generalklausel des § 307 Abs. 1 Satz 1 BGB als unwirksam anzusehen.[516)] Dies führt zu der Feststellung, dass – Einheitlichkeit des (verlängerten) Vertrages vorausgesetzt – die formularmäßig zulässigen Höchstfristen nicht im Rahmen einer Verlängerungsklausel überschritten werden dürfen. Die Zehnjahresgrenze für AGB-Laufzeiten ist also insofern als Kappungsgrenze zu betrachten.[517)]

---

513) Staudinger-*Coester-Waltjen*, BGB, § 309 Nr. 9 Rz. 19.

514) BGH, Urt. v. 3.11.1999 – VIII ZR 269/98, BGHZ 143, 103 = NJW 2000, 1110, für den Unternehmerverkehr.

515) BGH, Urt. v. 4.12.1996 – XII ZR 193/95, NJW 1997, 739 = ZIP 1997, 282; BGH, Urt. v. 6.12.2002 – V ZR 220/02, NJW 2003, 1313 = ZIP 2003, 407; BGH, Urt. v. 15.4.2010 – Xa ZR 89/09, NJW 2010, 2942.

516) BGH, Urt. v. 4.12.1996 – XII ZR 193/95, NJW 1997, 739 = ZIP 1997, 282.

517) BGH, Urt. v. 19.12.2007 – XII ZR 61/05, NJW-RR 2008, 818; a. A. noch BGH, Urt. v. 23.11.1983 – VIII ZR 333/82, ZIP 1984, 335 = Zeller, III, 266.

Demgegenüber sind formularmäßige Laufzeitklauseln mit einer Vertragslaufzeit von 10 Jahren und kündigungsabhängiger **Verlängerung um jeweils ein Jahr** mit einer Kündigungsfrist von 10 Monaten zum Jahresablauf nicht unangemessen i. S. d. § 307 Abs. 1 Satz 1 BGB.[518)] 2.401

5. Offene Posten

Das Reichsgericht hatte einen Fall zu beurteilen, in dem das Darlehen beiderseits zehn Jahre unkündbar sein sollte und die entsprechende Bezugsverpflichtung darüber hinaus weiterlaufen sollte, wenn nach Ablauf der zehn Jahre der Wirt noch Beträge an Darlehen, Warenforderungen oder Vertragsstrafen schuldig sein sollte.[519)] 2.402

6. Rückvergütungsgutschrift

Soll das Darlehen vereinbarungsgemäß durch eine an die verkaufte Menge Getränke anknüpfende Rückvergütung getilgt werden, besteht kein schutzwürdiges Interesse des Getränkelieferanten daran, die Bezugsbindung über den Tilgungszeitpunkt aufrechtzuerhalten. Ist die Laufzeitregelung unwirksam, kommt eine geltungserhaltende Reduktion nicht in Betracht.[520)] Die Laufzeit eines Vertrages lässt sich nicht mit der Erwägung verlängern, das gewährte Darlehen könne auf dem vertraglich vorgesehenen Wege der Verrechnung mit den Rückvergütungen an den Gastwirt nicht innerhalb von zehn Jahren getilgt werden.[521)] 2.403

Mit Fragen der Laufzeit „bis zur Tilgung des Darlehens und der gesamten restlichen Forderungen, mindestens aber auf die Dauer des Pachtverhältnisses" befasste sich das OLG Hamm in einer Entscheidung vom 27.9.1991.[522)] 2.404

7. Erweiterung der Absatzstätte

Eine Vertragsverlängerungsklausel für den Fall, dass die (Telekommunikations-) Anlage während der Vertragslaufzeit erweitert wird, genüge dem Transparenzgebot des § 307 Abs. 1 Satz 2 BGB jedenfalls dann nicht, wenn keine Begrenzung nach dem Aufwandsvolumen der Erweiterung oder eine maximale Vertragslaufzeit vorgegeben sind.[523)] 2.405

---

518) BGH, Urt. v. 8.12.2011 – VII ZR 111/11, NJW-RR 2012, 626 (Mastkükenbrüterei).

519) RG, Urt. v. 23.9.1935 – VI 146/35, JW 1935, 3217 Nr. 1; ähnlich RG, Urt. v. 30.10.1936 – VII 65/36, RGZ 152, 251.

520) BGH, Urt. v. 3.11.1999 – VIII ZR 269/98, BGHZ 143, 103 = NJW 2000, 1110.

521) OLG Düsseldorf, Urt. v. 27.10.2004 – VI-U (Kart) 41/03, BeckRS 2005, 06685.

522) OLG Hamm, Urt. v. 27.9.1991 – 20 U 106/91, rkr. durch Nichtannahmebeschl. d. BGH v. 21.10.1992 – VIII ZR 223/91.

523) OLG Düsseldorf, Urt. v. 31.7.2003 – 10 U 171/02, NJW-RR 2003, 1496.

8. Lieferunmöglichkeit

2.406 Vertragsklauseln des Inhalts, dass sich die Laufzeit des Getränkelieferungsvertrages bei vorrübergehendem Lieferunvermögen des Getränkelieferanten verlängert, sind nach § 307 Abs. 1 Satz 1 BGB unangemessen und nichtig. Zwar kann vorgesehen werden, dass der Getränkelieferant bei vorübergehender Unmöglichkeit Erzeugnisse anderer Firmen liefern kann. Eine Verlängerung der Laufzeit darf damit aber nicht verbunden sein.[524)]

9. Schließung der Absatzstätte

2.407 Vertragsklauseln, nach denen sich die Getränkebezugsverpflichtung bei vorübergehender längerer Schließung der Absatzstätte um diesen Zeitraum verlängern soll, bedürfen einer differenzierten Betrachtung. Unbedenklich dürften sie dann sein, wenn der Verlängerungsgrund allein im Risikobereich des Gastwirts liegt und auch von ihm zu vertreten ist. Anderenfalls dürften die Kappungsgrenzen für Individuallaufzeiten nach § 138 Abs. 1 BGB von in der Regel 15 Jahren und bei AGB-Laufzeiten nach § 307 Abs. 1 Satz 1 BGB von in der Regel zehn Jahren greifen. Im Übrigen könnten entsprechende Regelungen unter dem Damoklesschwert unbefristeter Laufzeiten angreifbar sein.

II. Nichterreichen der vereinbarten Mengen

1. Einführung

2.408 Die Vereinbarung, dass die Bezugspflicht nach Abnahme von … Hektoliter endet, ist im Grunde kaufmännisch gerechter als eine Vertragszeit. Dauert die Abnahme dieser Menge länger, verlängert sich die Bezugsverpflichtung von allein. Geht es schneller, ist der Gebundene eher wieder frei. Ersteres ist allerdings aus rechtlichen Gründen zweifelhaft.

2. Erfüllung

2.409 Wird die Gesamtabnahmemenge vor Ablauf der vereinbarten Laufzeit erreicht, so endet die Bezugsverpflichtung.[525)] Anders dürfte zu entscheiden sein, wenn die vertraglichen Regelungen ein Weiterlaufen der Bezugsverpflichtung bis zum definierten Vertragsende vorsehen.

---

524) BGH, Urt. v. 27.2.1985 – VIII ZR 85/84, NJW 1985, 2693 = Zeller III, 80; OLG Frankfurt/M., Urt. v. 30.11.2000 – 16 U 230/99, BGH, VIII ZR 5/01, Revisionsrücknahme nach Nichtannahmebeschluss, der ausnahmsweise begründet worden ist.

525) OLG Hamm, Urt. v. 8.6.1998 – 31 U 4/98, rkr. durch Nichtannahmebeschl. d. BGH v. 15.9.1999 – VIII ZR 333/98: zehn Jahre, mindestens jedoch so lange, bis 3.700 hl bezogen worden waren; OLG Karlsruhe, Urt. v. 4.3.1999 – 12 U 259/98, rkr. durch Nichtannahmebeschl. d. BGH v. 7.10.1999 – VIII ZR 125/99.

3. Mengenvertrag

a) **Grundsatz.** Die von der Rechtsprechung entwickelten Laufzeitgrenzen gelten auch im Falle des Nichterreichens der Gesamtmenge.[526)] Durch Koppelung einer unkündbaren Bezugszeit mit einer Mindestabnahmemenge kann der Getränkelieferant die zeitliche Begrenzung einer noch zulässigen Bezugsbindung nicht umgehen. Die Bezugsbindung endet mit dem Zeitablauf, ohne dass es darauf ankommt, ob die Menge abgenommen ist. 2.410

b) **Verlängerung.** Gelegentlich finden sich in Getränkelieferungsverträgen mit der Verpflichtung zur Abnahme einer Gesamtabnahmemenge, ggf. auch nach Sorten gesplittet, Formulierungen hinsichtlich der Laufzeit, dass sich die benannte Laufzeit ggf. **„mindestens jedoch bis zur Abnahme von ...** hl ..." verlängere.[527)] Diese Formulierung soll jedenfalls dann zu keinem automatischen Wegfall der Mindestabnahmeverpflichtung nach Ablauf der benannten Laufzeit führen, wenn eine Zusammenschau mit anderen Regelungen des Getränkelieferungsvertrages ergebe, dass bei Nichterreichen der vereinbarten Abnahmemenge für jeden fehlenden hl eine Deckungsausgleichszahlung zu entrichten sei. Einerseits ergäbe es keinen Sinn, von einer Nichterreichung der Abnahmemenge zu sprechen und dafür eine Ausgleichszahlung zu verlangen, auf der anderen Seite aber den Gebundenen in zeitlicher Hinsicht uneingeschränkt an die Mindestabnahmeverpflichtung zu binden.[528)] 2.411

c) Soweit Verträge bestimmte Laufzeiten **(Zeitvertrag)** und gleichzeitig eine **Verlängerung bis zur Abnahme einer bestimmten (Gesamt-)Abnahmemenge** enthalten, bestehen jedenfalls in den nach § 138 Abs. 1 BGB bzw. § 307 BGB geltenden Laufzeitgrenzen keine Bedenken hinsichtlich der Wirksamkeit der 2.412

---

526) BGH, Urt. v. 7.10.1970 – VIII ZR 202/68, NJW 1970, 2243 = Zeller I, 202; BGH, Urt. v. 17.1.1979 – VIII ZR 262/77, NJW 1979, 865 = Zeller II, 264; BGH, Urt. v. 8.4.1992 – VIII ZR 94/91, NJW 1992, 2145.

527) BGH, Urt. v. 7.10.1970 – VIII ZR 202/68, NJW 1970, 2243 = Zeller I, 202; BGH, Urt. v. 14.6.1972 – VIII ZR 14/71, NJW 1972, 1459 = Zeller I, 212; BGH, Urt. v. 27.2.1985 – VIII ZR 85/84, NJW 1985, 2693 = Zeller, III, 80; BGH, Urt. v. 30.9.1992 – VIII ZR 196/91, BGHZ 119, 283 = NJW 1993, 64 = ZIP 1992, 1573; KG, Urt. v. 22.12.1988 – 2 U 1915/88, NJW-RR 1989, 630; OLG Hamm, Urt. v. 8.6.1998 – 31 U 4/98, rkr. durch Nichtannahmebeschl. d. BGH v. 15.9.1999 – VIII ZR 333/98: zehn Jahre, mindestens jedoch so lange, bis 3.700 hl bezogen worden waren; OLG Karlsruhe, Urt. v. 4.3.1999 – 12 U 259/98, rkr. durch Nichtannahmebeschl. d. BGH v. 7.10.1999 – VIII ZR 125/99; OLG Düsseldorf, Urt. v. 28.5.2004 – 15 U 193/03 – sowie – 15 W 103/03 (Vertrag Brauerei-Getränkefachgroßhändler); LG Köln, Urt. v. 4.2.1993 – 22 O. 369/91, NJW-RR 1994, 242; LG Freiburg, Urt. v. 28.7.2006 – 12 0. 118/05.

528) LG Köln, Urt. v. 15.3.2011 – 21 O. 95/10, BeckRS 2012, 02826, Vorinstanz zu OLG Köln, Urt. v. 20.10.2011 – 7 U 65/11, BeckRS 2012, 15923.

Ausschließlichkeitsabrede.[529] Damit die Regelung nicht gem. § 305c Abs. 2 BGB zu Lasten des Getränkelieferanten ausgelegt werden kann, sollte durch die Verwendung der Worte „mindestens" oder „längstens" klargestellt werden, ob der Vertrag mit Abnahme der vereinbarten Menge oder erst mit Zeitablauf erfüllt ist. Ein entsprechender Zusatz vermeidet auch Angriffe im Hinblick auf das Transparenzgebot (§ 307 Abs. 1 Satz 2 BGB).

2.413 d) Wird dem Abnehmer ein **Kündigungsrecht** nach Ablauf der Höchstlaufzeit nur eingeräumt, falls eine bestimmte Gesamtmenge abgenommen ist, so ist dies nach § 138 Abs. 1 BGB bzw. § 307 BGB unwirksam.[530]

4. Nichterreichen der vereinbarten periodischen Mindestbezugsmenge

2.414 Unzulässig ist eine Verlängerung der Laufzeit eines Getränkelieferungsvertrages für den Fall des Nichterreichens der vereinbarten periodischen (Mindest-)Abnahmemenge.[531]

III. Anschlussverträge

1. Interessenlage

2.415 Angesichts des harten Konkurrenzkampfes zwischen den Getränkelieferanten und insbesondere im Hinblick auf die von der Rechtsprechung vorgenommene Herabsetzung der höchstzulässigen Dauer der Bezugsbindung entspricht es dem verständlichen Anliegen der Getränkelieferanten, Gastwirte im Interesse einer kontinuierlichen Absatzplanung schon vor Ablauf der Bezugsfrist – zumeist gegen weitere Leistungen – zum Eingehen einer neuen Bezugsbindung zu veranlassen und damit einen nahtlosen Übergang sicherzustellen. Dies deckt sich häufig auch dem eigenen Anliegen der Gastwirte, nach Ablauf einer gewissen Zeit ihre Bezugsverpflichtung zur Grundlage neuer Kreditgewinnung oder zur Erlangung anderer vermögensmäßiger Vorteile von den Getränkelieferanten zu verwerten.[532]

---

529) OLG Zweibrücken, Urt. v. 15.1.1998 – 4 U 213/96, OLGReport 1998, 161, rkr. durch Nichtannahmebeschl. des BGH v. 15.12.1998 – VIII ZR 50/98: zehn Jahre, mindestens bis zur Abnahme von 1.500 hl; OLG Hamm, Urt. v. 8.6.1998 – 31 U 4/98, rkr. durch Nichtannahmebeschl. d. BGH v. 15.9.1999 – VIII ZR 333/98; OLG Karlsruhe, Urt. v. 4.3.1999 – 12 U 259/98, rkr. durch Nichtannahmebeschl. d. BGH v. 7.10.1999 – VIII ZR 125/99; OLG Düsseldorf, Urt. v. 16.1.2004 – I-14 U 156/03, BeckRS 2010, 24896, rkr. durch (Nichtzulassungs-)Beschl. d. BGH v. 19.10.2005 – VIII ZR 53/04; LG Heidelberg, Urt. v. 20.2.2007 – 2 O. 294/06, NJW-RR 2007, 1551.

530) BGH, Urt. v. 7.10.1970 – VIII ZR 202/68, NJW 1970, 2243 = Zeller I, 202; BGH, Urt. v. 14.6.1972 – VIII ZR 14/71, NJW 1972, 1459 = Zeller I, 212; BGH, Urt. v. 23.11.1983 – VIII ZR 333/82, ZIP 1984, 335 = Zeller III, 266 (zu § 138 Abs. 1 BGB); BGH, Urt. v. 8.4.1992 – VIII ZR 94/91, NJW 1992, 2145.

531) OLG Düsseldorf, Urt. v. 28.5.2004 – 15 U 193/03 – sowie – 15 W 103/03 (Vertrag Brauerei-Getränkefachgroßhändler); LG Köln, Urt. v. 4.2.1993 – 22 O. 369/91, NJW-RR 1994, 242.

532) BGH, Urt. v. 16./17.9.1974 – VIII ZR 116/72, NJW 1974, 2089 = Zeller I, 241.

2. Grundsatz

Zu beachten ist, dass durch den Abschluss eines Anschlussvertrages nicht die von der Rechtsprechung entwickelten Höchstgrenzen für Individuallaufzeiten bzw. AGB-Laufzeiten von Bezugsbindungen überschritten werden dürfen. Insofern kommt es entscheidend darauf an, ob der Folgevertrag als eigenständiger Vertrag mit einer eigenen (Höchst-)Laufzeit anzusehen ist, oder ob die Laufzeiten beider Verträge unter dem Gesichtspunkt des Anschlussvertrages zusammenzurechnen sind.[533)] 2.416

3. Begriff des Anschlussvertrages, Voraussetzungen

Die Dauer einer Getränkebezugsverpflichtung, die in mehreren nacheinander abgeschlossenen Verträgen vereinbart wird, ist dann einheitlich zu bewerten, wenn: 2.417

- eine **Identität** zwischen **den Parteien** des Ausgangsvertrages und des Folgevertrages besteht,
- zwischen den einzelnen Verträgen ein **innerer Zusammenhang** festzustellen ist, insbesondere die weitere Bezugsverpflichtung **relativ kurz nach Abschluss der ersten Vereinbarung geschlossen wird,**
- und die mehreren Bezugsverpflichtungen **nahtlos aneinander anschließen** sollen, der Folgevertrag also **an das Auslaufen des Ausgangsvertrages unmittelbar anknüpft (Bezugskontinuität).**[534)]

Ein Anschlussvertrag im Rechtssinne liegt sonach nur dann vor, wenn relativ kurz nach Abschluss des vorhergehenden Vertrages mit Bezugsbindung ein weiteres finanzielles Engagement mit der Vereinbarung einer weiteren Bezugsverpflichtung mit der-/denselben Personen eingegangen wird, wobei die folgende Bezugsverpflichtung erst im Anschluss an die Laufzeit des vorhergehenden Vertrages wirksam werden soll. 2.418

4. Folge

Dann wäre die Laufzeit der Getränkebezugsverpflichtung einschließlich etwaiger verlängernder **Nachträge** sowie etwaiger **zurechenbarer Anschlussbindungen** zu 2.419

533) BGH, Urt. v. 14.6.1972 – VIII ZR 14/71, NJW 1972, 1459 = Zeller I, 212; BGH, Urt. v. 16./17.9.1974 – VIII ZR 116/72, NJW 1974, 2089 = Zeller I, 241; BGH, Urt. v. 21.3.1990 – VIII ZR 49/89, NJW-RR 1990, 816 = Zeller IV, 227; OLG Düsseldorf, Urt. v. 8.3.1990 – 12 U 45/89, Zeller IV, 421.

534) BGH, Urt. v. 16./17.9.1974 – VIII ZR 116/72, NJW 1974, 2089 = Zeller I, 241; BGH, Urt. v. 21.5.1975 – VIII ZR 215/72, WM 1975, 850 = Zeller I, 251; BGH, Urt. v. 21.3.1990 – VIII ZR 49/89, NJW-RR 1990, 816 = Zeller IV, 227; OLG Hamm, Urt. v. 13.3.1995 – 2 U 139/94, NJW-RR 1996, 46; OLG Frankfurt/M., Urt. v. 30.11.2000 – 16 U 230/99, BGH, VIII ZR 5/01, Revisionsrücknahme nach Nichtannahmebeschluss, der ausnahmsweise begründet worden ist; LG Köln, Urt. v. 20.11.2012 – 4 O. 455/11.

betrachten. Nach ständiger Rechtsprechung des BGH werden Alt- und Neuvertrag betreffend ihrer Laufzeit dann als **einheitlicher Vertrag** zusammengezählt.[535)]

5. Prüfung

2.420 Im Wege der **Auslegung** ist zunächst zu klären, ob ein Anschlussvertrag vorliegt.[536)]

2.421 Maßgebend sind auch insoweit die der Beurteilung durch den **Tatrichter** unterliegenden **Besonderheiten des jeweiligen Einzelfalles.**[537)] Nach einem Urteil des OLG Düsseldorf vom 8.3.1990 habe Bedeutung, auf wessen Initiative der weitere Vertrag zustande gekommen ist. Ein Gastwirt könne nach Treu und Glauben nicht erwarten, dass er ein zweites Darlehen ohne Gegenleistung von dem Getränkelieferanten erhalte.[538)]

6. Personenidentität

2.422 a) **Allgemein.** Besteht der Ausgangsvertrag mit einem Gastwirt und wird der Folgevertrag mit mehreren Vertragsbeteiligten geschlossen, zu denen der bisher Gebundene nicht rechnet, so scheidet eine einheitliche Betrachtung der Vertragsverhältnisse mangels Personenidentität aus.[539)]

2.423 b) **Teilidentität.** Anders wird zu entscheiden sein, wenn der bisher Gebundene auch dem Folgevertrag als Vertragspartner angehört (Beispiel: Familiennachfolge bei Folgevertrag mit weiteren Familienangehörigen, insbesondere Kindern und Geschwistern, bei erneuter Bindung des bisherigen Vertragspartners). Dann dürfte insofern eine Zusammenrechnung unter dem Gesichtspunkt der teilweisen personellen Identität möglich sein.

2.424 c) Abzugrenzen davon sind die Fälle der **Gesamtrechtsnachfolge.** Verlängert beispielsweise die Tochter als Erbin eines noch langfristig gebundenen Gastwirts nach dessen Tod die Bezugsbindung unter Aufrechterhaltung der noch bestehenden Leistungen des Getränkelieferanten, so ist der Folgevertrag hinsichtlich einer Laufzeit gesondert zu bewerten.[540)]

535) BGH, Urt. v. 14.6.1972 – VIII ZR 14/71, NJW 1972, 1459 = Zeller I, 212; BGH, Urt. v. 16./17.9.1974 – VIII ZR 116/72, NJW 1974, 2089 = Zeller I, 241; BGH, Urt. v. 21.3.1990 – VIII ZR 49/89, NJW-RR 1990, 816 = Zeller IV, 227 (zu § 138 Abs. 1 BGB).

536) BGH, Urt. v. 16./17.9.1974 – VIII ZR 116/72, NJW 1974, 2089 = Zeller I, 241; OLG Düsseldorf, Urt. v. 27.10.2004 – VI-U (Kart) 41/03, BeckRS 2005, 06685.

537) BGH, Urt. v. 21.5.1975 – VIII ZR 215/72, WM 1975, 850 = Zeller I, 251.

538) OLG Düsseldorf, Urt. v. 8.3.1990 – 12 U 45/89, Zeller IV, 421.

539) BGH, Urt. v. 21.3.1990 – VIII ZR 49/89, NJW-RR 1990, 816 = Zeller IV, 227; OLG Düsseldorf, Urt. v. 27.10.2004 – VI-U (Kart) 41/03, BeckRS 2005, 06685.

540) BGH, Urt. v. 16./17.9.1974 – VIII ZR 116/72, NJW 1974, 2089 = Zeller I, 241; BGH, Urt. v. 21.5.1975 – VIII ZR 215/72, WM 1975, 850 = Zeller I, 251; *Paulusch*, Brauerei- und Gaststättenrecht, 9. Aufl. 1996, Rz. 153.

d) Vertriebsmodell 3. Schließt sich der streitgegenständliche Bierlieferungsvertrag vom April 1998 zwischen einer Brauerei und einem selbst bewirtschaftenden Hauseigentümer an einen Getränkelieferungsvertrag zwischen dem nunmehr benannten Getränkefachgroßhändler und dem Hauseigentümer an, der sich schon seit 1992 zur Abnahme und damit praktisch zum – wenn auch nicht ausschließlichen (85 %) – Vertrieb von Bier der Brauerei verpflichtet hatte, so könnte die Annahme eines Anschlussvertrages gerechtfertigt sein. Aus wirtschaftlicher Sicht handelt es sich um ein Vertragsverhältnis mit der Brauerei selbst. Diese hatte dem Getränkefachgroßhändler nämlich die Gelder bereitgestellt, die dem Hauseigentümer dann im Gegenzug zu seiner Abnahmeverpflichtung darlehensweise überlassen worden waren. Dies kann – zumal der vertragliche Verwendungszweck des von der Brauerei gewährten Darlehens ausdrücklich darin bestand, den noch offenen Kredit des Hauseigentümers bei dem Getränkefachgroßhändler abzulösen – nahelegen, beide Verträge als Einheit zu begreifen, sodass man bei der Addition der jeweiligen Fristen zu einer weit mehr als zehnjährigen Bindungswirkung zu Lasten des Gebundenen gelangte.[541] **2.425**

7. Innerer Zusammenhang

Innerer Grund für die Zusammenrechnung der einzelnen Verträge ist der Umstand, dass der Gastwirt infolge der noch bestehenden längeren Bindung gar nicht in der Lage war, sich im Hinblick auf eine starke Abhängigkeit von dem erstbindenden Getränkelieferanten erfolgreich mit einem Finanzierungswunsch an einen anderen Getränkelieferanten zu wenden.[542] Nicht entscheidend ist, ob die Verträge äußerlich Teil eines einheitlichen Geschäftsabschlusses waren.[543] **2.426**

Ein **erheblicher zeitlicher Abstand** zwischen dem Altvertrag und dem Neuabschluss sowie **fehlende sachliche Verbindungen und Bezugnahmen** auf die frühere Vereinbarung werden gegen eine Addition der Laufzeiten sprechen.[544] **2.427**

Wird die Bezugsbindung dagegen – wenn auch gegen Gewährung weiterer Leistungen, ggf. im Rahmen einer Gesamtfinanzierung – bereits **alsbald nach Vertragsabschluss** unter entsprechender Neufestsetzung der Gesamtlaufzeit verlängert oder vorgesehen, dass im Anschluss an den bestehenden Vertrag der Gastwirt **2.428**

541) OLG Koblenz, Urt. v. 21.2.2002 – 5 U 677/01, NJOZ 2002, 837.

542) BGH, Urt. v. 16./17.9.1974 – VIII ZR 116/72, NJW 1974, 2089 = Zeller I, 241; OLG Hamm, Urt. v. 13.3.1995 – 2 U 139/94, NJW-RR 1996, 46.

543) BGH, Urt. v. 21.3.1990 – VIII ZR 49/89, NJW-RR 1990, 816 = Zeller IV, 227 (zu § 138 Abs. 1 BGB).

544) BGH, Urt. v. 14.6.1972 – VIII ZR 14/71, NJW 1972, 1459 = Zeller I, 212; BGH, Urt. v. 16./17.9.1974 – VIII ZR 116/72, NJW 1974, 2089 = Zeller I, 241; BGH, Urt. v. 21.3.1990 – VIII ZR 49/89, NJW-RR 1990, 816 = Zeller IV, 227.

eine weitere Getränkemenge abzunehmen hat, so wird in der Regel ein hinsichtlich der Bezugsdauer einheitlich zu bewertender Vertrag vorliegen.[545)]

8. Bezugskontinuität

2.429 Entscheidend ist nicht die Vereinbarung der Fortsetzung des Leistungsaustausches aus dem vorhergehenden Vertrag, sondern das Anknüpfen an den regulären Auslauf der Bezugsbindung des vorhergehenden Vertrages zu einem Zeitpunkt, zu dem dieser ohnehin noch lange Geltung hätte und zu dem die Verhandlungsposition des Gebundenen infolgedessen gegenüber dem Bindenden schwach war.[546)] Eine einheitliche Bewertung der Einzelverträge hinsichtlich der höchst zulässigen Vertragsdauer ist jedenfalls dann geboten, wenn Verträge bereits nach wenigen Jahren Laufzeit und lange vor Ablauf der Bezugsverpflichtung verlängert werden. Dann ist es dem Gebundenen wegen der langen Laufzeit des/der noch bestehenden Vertrages/Verträge gar nicht möglich gewesen, in Vertragsverhandlungen über einen Getränkebezug mit einem anderen Getränkelieferanten zu treten.[547)] Dabei ist wie stets für die Beurteilung der Sittenwidrigkeit der jeweilige Zeitpunkt der Vertragsabschlüsse maßgeblich.[548)]

2.430 **Nachträge** zu bestehenden Getränkelieferungsverträgen führen häufig zu einer Zusammenrechnung.[549)]

9. Vermeidung der Zusammenrechnung

2.431 Diese Voraussetzungen verneinte das OLG Hamm zu Recht in einem Fall, in dem der Vertrag bereits 12 Jahre Geltung hatte. Die neu vereinbarte Bezugsbindung knüpfte nicht an das Auslaufen des ersten Vertrages an. Vielmehr wurde dessen **Auflösung** vereinbart. Dies stehe einer Zusammenrechnung der Bezugsbindungslaufzeiten der Verträge entgegen.[550)] Gleiches ist anzunehmen,

545) BGH, Urt. v. 14.6.1972 – VIII ZR 14/71, NJW 1972, 1459 = Zeller I, 212; BGH, Urt. v. 16./17.9.1974 – VIII ZR 116/72, NJW 1974, 2089 = Zeller I, 241; BGH, Urt. v. 21.3.1990 – VIII ZR 49/89, NJW-RR 1990, 816 = Zeller IV, 227; LG Düsseldorf, Urt. v. 8.3.2012 – 9 O. 187/11.

546) BGH, Urt. v. 16./17.9.1974 – VIII ZR 116/72, NJW 1974, 2089 = Zeller I, 241; BGH, Urt. v. 13.7.1979 – V ZR 122/77, NJW 1979, 2149 = Zeller II, 287; OLG Hamm, Urt. v. 13.3.1995 – 2 U 139/94, NJW-RR 1996, 46; LG Düsseldorf, Urt. v. 8.3.2012 – 9 O. 187/11; LG Köln, Urt. v. 20.11.2012 – 4 O. 455/11.

547) LG Düsseldorf, Urt. v. 8.3.2012 – 9 O. 187/11.

548) LG Düsseldorf, Urt. v. 8.3.2012 – 9 O. 187/11.

549) OLG Frankfurt/M., Urt. v. 30.11.2000 – 16 U 230/99, BGH, VIII ZR 5/01, Revisionsrücknahme nach Nichtannahmebeschluss, der ausnahmsweise begründet worden ist.

550) OLG Hamm, Urt. v. 13.3.1995 – 2 U 139/94, NJW-RR 1996, 46. Vgl. im Übrigen OLG Düsseldorf, Urt. v.19.1.1999 – U(Kart) 17/98, rkr. durch Nichtannahmebeschl. d. BGH v. 22.3.2000 – VIII ZR 60/99 (Vertrag Brauerei-Getränkefachgroßhändler); LG Köln, Urt. v. 20.11.2012 – 4 O. 455/11.

wenn der Getränkelieferant den Gastwirt vor Abschluss des zweiten Vertrages ohne Sanktionen aus der alten Verpflichtung entlassen hat.[551)]

Die Entscheidung des OLG Hamm weist den Weg zu einer zulässigen Vertragsverlängerung. Um eine Addition der Vertragslaufzeiten zu vermeiden, sollte der Vertragsbeginn des Folgevertrages nicht an das Auslaufen der Bezugsverbindung aus dem Ausgangsvertrag anknüpfen. Bezugnahmen auf das Ende der Laufzeit älterer Verträge sind zu vermeiden. Unschädlich sind dagegen Bezugnahmen auf noch bestehende Leistungen aus dem Altvertrag. Diese können mit aktuellen Salden in die neue (Gesamt-)Finanzierung eingestellt werden. Jedenfalls sinnvoll ist es, wenn der Folgevertrag eine Regelung des Inhalts enthält, dass mit rechtswirksamem Abschluss die Auflösung des bisherigen oder aller bestehenden älteren Bezugsverträge vereinbart wird (Indizfunktion).[552)] 2.432

Dem Getränkelieferanten bleibt es in diesem Zusammenhang unbenommen, darüber hinaus offene Ansprüche aus der Geschäftsbeziehung, wie etwa aus Warenlieferung, Ausgleichsansprüche wegen Nichterfüllung des bezugsrechtlichen Teils des Getränkelieferungsvertrages, Pacht/Miete i. w. S. und im Übrigen, in ein Darlehen umzuwandeln (§ 311 Abs. 1 BGB) und dieses in die neue Gesamtfinanzierung einzustellen. 2.433

Dagegen hindert eine **Übertragung des Grundeigentums** bezüglich der streitgegenständlichen Gastronomie von der Voreigentümerin auf die Nacheigentümerin eine Zusammenrechnung nicht.[553)] 2.434

10. Weitere Konsequenz

Können die Voraussetzungen eines Anschlussvertrages bejaht werden, dann ist es allerdings auch konsequent, bei der Abwägung der beiderseitigen Interessen die Leistungen des Getränkelieferanten insgesamt, d. h. unter **Einschluss der späteren Leistungen**, zu berücksichtigen. Zu Gunsten des Getränkelieferanten wird deshalb ggf. zu berücksichtigen sein, dass die Verlängerung der Vertragslaufzeit nicht nur im Zusammenhang mit einer bloßen Umschuldung stand, sondern auch neue Darlehen oder sonstige finanzielle Leistungen erbracht wurden.[554)] 2.435

11. Praxishinweis

Es ist nicht zu verkennen, dass die referierte Rechtsprechung für die Vertragspraxis Schwierigkeiten mit sich bringt: Zum einen wird sich der Getränkelieferant oft gehindert sehen, einen schon relativ kurze Zeit nach Abschluss des Erstver- 2.436

551) OLG Suttgart, Urt. v. 25.11.1988 – 2 U 12/88, Zeller IV, 54; LG Düsseldorf, Urt. v. 8.3.2012 – 9 O. 187/11.

552) OLG Hamm, Urt. v. 13.3.1995 – 2 U 139/94, NJW-RR 1996, 46; vgl. auch OLG Frankfurt/M., Urt. v. 13.11.2007 – 11 U 24/07, BeckRS 2007, 19024.

553) LG Düsseldorf, Urt. v. 8.3.2012 – 9 O. 187/11.

554) LG Düsseldorf, Urt. v. 8.3.2012 – 9 O. 187/11.

trages neu auftretenden Investitions- oder Kreditbedarf des Gastwirts zu befriedigen, wenn sich eine Leistung in Form der Verlängerung der Bezugsbindung nicht wirksam realisieren lässt. Zum anderen ist für die Vertragsschließenden schwer abschätzbar, wann im Einzelfall der „innere Zusammenhang" beider Vereinbarungen und damit die Voraussetzungen für eine Zusammenrechnung von Ursprungs- und Anschlussvertrag bejaht werden müssen.

2.437 Unter diesen Umständen ist der im Schrifttum gemachte Vorschlag beachtenswert, Verlängerungsverträge grundsätzlich und unabhängig von der bereits verstrichenen Laufzeit des Erstvertrages zuzulassen, die zulässige Dauer der Anschlussvereinbarung jedoch stets auf die Höchstfrist von etwa 15 bis maximal 20 Jahren – und zwar unter Einrechnung des noch nicht abgelaufenen Teils des Ursprungsvertrages – zu begrenzen.[555)] Dies hat den Vorzug der Praktikabilität und Berechenbarkeit. Der denkbare Einwand, dass sich bei der Beurteilung der Wirksamkeit des Anschlussvertrages die schon verstrichene Zeit des Erstvertrages nicht einfach „vergessen" lasse, verliert an Gewicht, wenn man sich vergegenwärtigt, dass es bei der Prüfung nach § 138 Abs. 1 BGB doch in erster Linie – unter dem Gesichtspunkt einer unzumutbaren Beschränkung des Gastwirts und der Unüberschaubarkeit sich wandelnder Verhältnisse – um die Bindung für die Zukunft geht. Die gegenteilige Sicht würde den Einwand provozieren, wieso denn die Rechtsprechung in den Fällen, in denen die Voraussetzungen für die Zusammenrechnung von vorhergehendem Vertrag und Anschlussvertrag nicht gegeben sind, den bereits abgelaufenen Teil der Ursprungsvereinbarung ebenfalls außer Betracht lässt. Im Übrigen trägt der Vorschlag nicht einseitig Interessen des Getränkelieferanten Rechnung, sondern kann – im Vergleich zur bisherigen Judikatur – in bestimmten Fällen zu einer Besserstellung des Gastwirts führen: Der noch nicht abgelaufene Teil des Erstvertrages ist danach bei der Bemessung der Höchstfrist der Anschlussvereinbarung auch dann zu berücksichtigen, wenn Anhaltspunkte für eine Addition der Laufzeiten beider Verträge auf der Grundlage der bislang praktizierten Auffassung nicht bestehen.[556)]

12. Weitere Rechtsprechung

2.438 Aus der Rechtsprechung sind weitere Entscheidungen von Interesse zu berichten.[557)]

555) *Götz*, BB 1990, 1217; OLG Düsseldorf, Urt. v. 8.3.1990 – 12 U 45/89, Zeller IV, 421; OLG Hamm, Urt. v. 13.3.1995 – 2 U 139/94, NJW-RR 1996, 46.

556) *Paulusch*, Brauerei- und Gaststättenrecht, 9. Aufl. 1996, Rz. 154.

557) OLG Zweibrücken, Urt. v. 7.6.1999 – 7 U 4/97, OLGReport 2000, 153, rkr. durch Nichtannahmebeschl. d. BGH v. 23.2.2000 – VIII ZR 181/99.

IV. Laufzeitbeginn und spätere Geschäftseröffnung

1. Vertragsabschlussdatum

Bei der Feststellung der relevanten Dauer der Bezugsverpflichtung ist für deren Beginn grundsätzlich auf das Vertragsabschlussdatum abzustellen. Dies muss auch im Falle einer Vertragsänderung gelten, soweit eine Bezugspflicht durch diese gegenüber der ursprünglichen Vereinbarung nachträglich verlängert wird.[558] 2.439

2. Bestimmbarkeit

In einer Entscheidung des BGH zu einer Laufzeitklausel in einem Wartungsvertrag für eine gekaufte Telefonanlage, die bis zum Ende des zehnten Jahres galt, das auf die Betriebsbereitschaft folgte, hat der BGH keine Wirksamkeitsbedenken hinsichtlich der Bestimmbarkeit angenommen.[559] Dies dürfte auf Regelungen des Laufzeitbeginns in Getränkelieferungsverträgen zu übertragen sein, etwa den Fall, dass die Laufzeit erst ab Eröffnung einer noch zu errichtenden bzw. zu renovierenden Absatzstätte beginnt.[560] 2.440

3. Annahme

Zum Vertragsbeginn bei vermeintlich verspäteter Annahme (§ 147 Abs. 2 BGB) des Vertrages kann die Entscheidung des OLG Düsseldorf vom 13.11.2009 berichtet werden.[561] 2.441

V. Laufzeitende

1. Betriebsaufgabe

Zur Betriebsaufgabe wird verwiesen auf eine BGH-Entscheidung vom 8.4.1988 und ein Urteil des OLG Frankfurt vom 30.11.2000.[562] 2.442

2. Veräußerung des Objektes

Die Ausschließlichkeitsverpflichtung endet mit Veräußerung des Objektes.[563] 2.443

---

558) AG Ludwigslust, Urt. v. 16.2.2009 – 5 C 2/09, BeckRS 2009, 11036.

559) BGH, Urt. v. 17.12.2002 – X ZR 220/01, NJW 2003, 886 = ZIP 2003, 533.

560) OLG Düsseldorf, Urt. v. 23.10.2001 – 4 U 57/01, BeckRS 2001, 30213450 = NJOZ 2003, 2554, rkr. durch Nichtannahmebeschl. d. BGH v. 7.5.2003 – VIII ZR 271/01.

561) OLG Düsseldorf, Urt. v. 13.11.2009 – I-22 U 71/09, BeckRS 2012, 05469.

562) BGH, Urt. v. 8.4.1988 – V ZR 120/87, NJW 1988, 2362 = Zeller IV, 182; OLG Frankfurt/M., Urt. v. 30.11.2000 – 16 U 230/99, BGH, VIII ZR 5/01, Revisionsrücknahme nach Nichtannahmebeschluss, der ausnahmsweise begründet worden ist.

563) OLG Düsseldorf, Urt. v. 23.10.2001 – 4 U 57/01, BeckRS 2001, 30213450 = NJOZ 2003, 2554, rkr. durch Nichtannahmebeschl. d. BGH v. 7.5.2003 – VIII ZR 271/01.

3. Abschreibung

2.444 Ergibt sich die Vertragslaufzeit mittelbar aus der vertraglich vereinbarten Abschreibung des gestellten Inventars und der Menge der bezogenen Getränke, so kann dies im Einzelfall dazu führen, dass die Ausschließlichkeitsbindung nicht erst bei vollständiger, sondern bereits bei teilweiser Abschreibung endet.[564)]

4. Rückvergütungsgutschrift

2.445 Die Laufzeit eines Vertrages lässt sich nicht mit der Erwägung verlängern, das gewährte Darlehen könne auf dem vertraglich vorgesehenen Wege der Verrechnung mit den Rückvergütungen an den Gastwirt nicht innerhalb von zehn Jahren getilgt werden.[565)]

5. Bayrische Sudjahresregelung

2.446 Ggf. kommt es auf die bayerische Sudjahresregelung (Art. 5 bay. AGBGB) an.

6. Umzug

2.447 Der Verpflichtete kann sich durch einen Umzug nicht von einer aktuell als lästig empfundenen Bezugsbindung lösen. Dies gilt insbesondere dann, wenn der Name der Absatzstätte, das Personal und die Betriebsart erhalten bleiben.[566)]

VI. Vertragsübernahme

2.448 Tritt der Käufer einer Gastwirtschaft in der Weise in den Getränkebezugsvertrag des Verkäufers mit einem Getränkelieferanten ein, dass der Vertragspartner unter Aufrechterhaltung der Identität des Vertrages ausgewechselt wird,[567)] so soll – ohne Rücksicht auf den Eintrittszeitpunkt – die vereinbarte Laufzeit des Ursprungsvertrages (im konkreten Fall 30 Jahre) dafür maßgebend sein, ob die Bezugsbindung allein wegen ihrer Dauer sittenwidrig ist.[568)] Eine sittenwidrige Gesamtlaufzeit lässt sich also nicht durch die Vertragsübernahme eines Nachfolgers in zwei für sich betrachtet zulässige Laufzeiten aufteilen.

---

564) BGH, Urt. v. 27.2.1985 – VIII ZR 85/84, NJW 1985, 2693 = Zeller, III, 80; BGH, Urt. v. 22.10.1997 – VIII ZR 149/96, zu § 138 Abs. 1 BGB; OLG München, Urt. v. 24.5.1968 – 8 U 2517/67, NJW 1968, 1880; OLG Zweibrücken, Urt. v. 7.6.1999 – 7 U 4/97, OLGReport 2000, 153, rkr. durch Nichtannahmebeschl. d. BGH v. 23.2.2000 – VIII ZR 183/99; OLG Frankfurt/M., Urt. v. 30.11.2000 – 16 U 230/99, BGH, VIII ZR 5/01, Revisionsrücknahme nach Nichtannahmebeschluss, der ausnahmsweise begründet worden ist; OLG Düsseldorf, Urt. v. 23.10.2001 – 4 U 57/01, BeckRS 2001, 30213450 = NJOZ 2003, 2554, rkr. durch Nichtannahmebeschl. d. BGH v. 7.5.2003 – VIII ZR 271/01.

565) OLG Düsseldorf, Urt. v. 27.10.2004 – VI-U (Kart) 41/03, BeckRS 2005, 06685.

566) LG Köln, Urt. v. 18.2.1999 – 22 O. 369/98.

567) BGH, Urt. v. 20.6.1985 – IX ZR 173/84, NJW 1985, 2528.

568) BGH, Urt. v. 8.4.1988 – V ZR 120/87, NJW 1988, 2362 = Zeller IV, 182.

Ob etwas anderes gilt, wenn die Vertragsübernahme durch Aufhebung des alten und Abschluss eines neuen Vertrages erfolgt, hat der V. Zivilsenat des BGH nicht zu entscheiden brauchen. Es könnte als unbefriedigend empfunden werden, wenn allein die Wahl der „rechtstechnischen Konstruktion“ zu unterschiedlichen Rechtsfolgen führen würde. Möglicherweise bietet sich für derartige Fälle eine Prüfung nach ähnlichen Kriterien wie bei den sog. Anschlussverträgen an.[569)] 2.449

VII. Laufzeitendivergenzen

Fraglich erscheint, ob und in welchem Umfang der Getränkelieferant von vornherein eine zeitliche Bindung festlegen kann, die bei normalerweise zu erwartendem Umsatz die Rückzahlung des Darlehens voraussichtlich übersteigen wird. 2.450

1. Interessenlage

Auch Getränkelieferanten mit einem strikten Forderungsmanagement verzeichnen anhaltend hohe Forderungsausfälle, weil Gastwirte ihren Tilgungsverpflichtungen nicht hinreichend nachkommen. Tilgungsrückstände entstehen infolge verspäteter sowie ganz oder teilweise ausgefallener Zahlungen. Dieses latente **Ausfallrisiko** realisiert sich nicht erst seit Inkrafttreten der Insolvenzordnung am 1.1.1999, sondern stellt ein bereits seit Anfang des vergangenen Jahrhunderts bekanntes Problem dar. Getränkelieferanten sind daher daran interessiert, die Darlehensvaluta in kürzeren Zeiträumen als die vereinbarte Laufzeit des Vertrages zurückzuerhalten. In derartigen Fällen kann der Gastwirt in die Lage geraten, nach Darlehensrückzahlung über längere Zeit hinaus weder von dem Getränkelieferanten, an den er noch gebunden ist, noch von einem anderen Getränkelieferanten, an die er sich binden will, Kredite zu erlangen. Andererseits entspricht es praktischer Erfahrung, dass der Getränkelieferant nicht nur zu Beginn oder gegen Ende der vertraglichen Bindung, sondern im Ergebnis mehr oder weniger durchgehend mit Tilgungsaussetzungen bzw. Tilgungsrückständen rechnen muss.[570)] 2.451

2. Rechtliche Würdigung

Diese Interessenlage gilt es sowohl im Rahmen der Beurteilung nach § 138 Abs. 1 BGB als auch der Angemessenheitskontrolle nach § 307 Abs. 1 Satz 1, insbesondere über § 307 Abs. 2 Nr. 2 BGB, zu würdigen. Die Beschränkung des legitimen Anliegens des Gastwirts, seine Bezugsbindung in nicht allzu großen Zeitabständen für die Erlangung eines Gegenwertes einzusetzen, gebietet eine sorgfältige Prüfung, ob in derartigen Fällen eine den normalen Rückzahlungszeitraum übersteigende Bezugsbindung gegen die guten Sitten verstößt und damit die Vertragsdauer entsprechend zurückgeführt werden muss.[571)] 2.452

---

569) Siehe oben § 11 III 9.

570) *Gödde*, in: Martinek/Semler/Habermeier/Fohr, Vertriebsrecht, § 52 Rz. 29.

571) RG, Urt. v. 30.10.1936 – VII 65/36, RGZ 152, 251; RG, Urt. v. 14.1.1938 – VII 107/37.

2.453 Vorrangig kommt es auf die **Äquivalenz** von Leistung und Gegenleistung an.[572] Im Rahmen der Interessenabwägung sind Angemessenheit bzw. Ausgewogenheit auf das Verhältnis von Tilgungsdauer zur Vertragslaufzeit zu beziehen. Dazu bedarf es einer Betrachtung im Einzelfall. Keine Bedenken hinsichtlich der Wirksamkeit der Bezugsverpflichtung bestehen, wenn diese zweidreiviertel Jahre über den die Darlehenstilgung vertragsmäßig vorgesehenen Zeitraum hinausreicht,[573] die Bezugsverpflichtung eine Dauer von zehn Jahren hat, während sich die Verpflichtung zur monatlichen Ratenzahlung lediglich über sieben Jahre hinzieht.[574] Jedenfalls unzulässig dürfte es sein, wenn die Vertragsdauer die vorgesehene Tilgungszeit um mehr als das Doppelte überschreitet.[575]

Zweiter Abschnitt: Weitere typische Regelungen

§ 12 Lieferweg

I. Erforderlichkeit

2.454 Eine Regelung des Liefer- oder Vertriebsweges ist notwendiger Bestandteil eines jeden Getränkelieferungsvertrages. Die Belieferung erfolgt unmittelbar durch den Vertragspartner des Kunden Vertriebsmodell 1 oder durch den Getränkefachgroßhändler oder eine sonstige Vertriebsstelle (Vertriebsmodelle 3 bis 4). Im Vertriebsmodell 2 schließt zwar die Brauerei bzw. ein sonstiger Getränkehersteller den „Getränkelieferungsvertrag“[576], die Belieferung erfolgt aber über benannte selbständig anbietende und fakturierende Getränkefachgroßhändler.

II. Anfängliche Benennung

2.455 Regelmäßig liegt eine Individualregelung vor. Auch dann, wenn der Bindende, etwa die Brauerei im Vertriebsmodell 2, durch eine offene Formulierung (mit Leerstelle) eine zunächst unbestimmte Lieferantenbenennung vorgenommen hat, dürften im Ergebnis durchweg die Voraussetzungen eines Aushandelns i. S. d. § 305 Abs. 1 Satz 3 BGB festzustellen sein. Bei der Ergänzung handelt es sich um eine selbständige Ergänzung, der ein eigener Sinngehalt zukommt. Der Gastwirt wird in eigener Kompetenz entscheiden, mit welchem Getränkefachgroßhändler er zusammenarbeiten möchte. Dies schon vor dem Hintergrund des Umstandes, dass die Frage der Konditionen (Preise, Rückvergütungen, Skonto etc.)

---

572) BGH, Urt. v. 18.5.1979 – V ZR 70/78, BGHZ 74, 293 = NJW 1979, 2150 = Zeller II, 283; OLG Hamm, Urt. v. 8.6.1998 – 31 U 4/98, rkr. durch Nichtannahmebeschl. d. BGH v. 15.9.1999 – VIII ZR 333/98; OLG Düsseldorf, Urt. v.8.11.1999 – 1 U 42/99; OLG Hamm, Urt. v. 7.6.2002 – 29 U 88/01.

573) OLG Düsseldorf, Urt. v. 8.11.1999 – 1 U 42/99.

574) OLG Dresden, Urt. v. 29.10.2009 – 8 U 195/09; vgl. auch BGH, Urt. v. 25.4.2001 – VIII ZR 135/00, BGHZ 147, 279 = NJW 2001, 2331 = ZIP 2001, 1245.

575) So LG Konstanz, Urt. v. 28.1.2005 – 11 S 119/04, NJW-RR 2005, 991 (Automatenaufstellvertrag).

576) Hier wäre wohl richtiger von „Getränkebezugsvertrag“ zu sprechen.

für ihn von grundlegender wirtschaftlicher Bedeutung ist. Nur äußerst ausnahmsweise dürfte der sachliche Anwendungsbereich des AGB-Rechts (§ 305 Abs. 1 BGB) eröffnet sein.

Prüfungsmaßstab ist daher das BGB, insbesondere **§ 315 BGB.** 2.456

III. Änderungsvorbehalte

1. Erforderlichkeit

In der Praxis ergibt sich sowohl im Vertriebsmodell 1 als auch im Vertriebsmodell 2 die Notwendigkeit, Lieferwegänderungen vertraglich zuzulassen. So möchte sich die Brauerei im Vertriebsmodell 1 die Option vorbehalten, ins Vertriebsmodell 2 zu wechseln und einen selbständigen Absatzmittler, insbesondere Getränkefachgroßhändler, mit der Belieferung des Kunden zu betrauen. Im Vertriebsmodell 2 können sich sowohl aus Sicht der Brauerei als auch des gebundenen und finanzierten Gastwirts Gründe ergeben, die eine Neuregelung des Lieferweges sinnvoll erscheinen lassen. Im erstgenannten Fall findet man beispielsweise die Formulierung „Die Belieferung erfolgt durch die Brauerei direkt oder durch einen noch zu benennenden Getränkefachgroßhändler." Im zweiten Fall wird eine Widerruflichkeit der Lieferantenbenennung durch Formulierungen wie „bis auf Weiteres", „derzeit" oder „zur Zeit" gewählt. Die Interessenlage der Beteiligten ist insbesondere in der letztgenannten Fallkonstellation sehr unterschiedlich. 2.457

2. Individualvertragliche Änderungsvorbehalte

a) Inhaltskontrolle. Das BGB sieht vor, dass einer Vertragspartei (§ 315 BGB) oder einem Dritten (§ 317 BGB) vertraglich das Recht eingeräumt werden kann, die Leistung oder die Gegenleistung (§ 316 BGB) zu bestimmen, den Preis oder sonstige Konditionen nachträglich zu ändern oder eine andere für das Rechtsverhältnis erhebliche Bestimmung zu treffen. In der Rechtsprechung ist auch bezüglich individualvertraglich vereinbarter einseitiger Bestimmungsrechte anerkannt, dass Anlass, Richtlinien und Grenzen der Ausübung möglichst konkret anzugeben sind.[577)] 2.458

b) Lückenschließung. Eine entstandene Lücke kann nicht durch ein einseitiges Leistungsbestimmungsrecht nach §§ 316, 315 Abs. 1 BGB geschlossen werden. § 316 BGB stellt eine nur im Zweifel eingreifende gesetzliche Auslegungsregel dar, der gegenüber die Vertragsauslegung den Vorrang hat. Eine Vertragslücke kann nicht durch den Rückgriff auf § 316 BGB geschlossen werden, wenn und weil dies dem Interesse der Parteien und ihrer Willensrichtung typischerweise nicht entspricht. Im Wege der ergänzenden Vertragsauslegung kann allerdings kein Leistungsbestimmungsrecht nach § 315 Abs. 1 BGB zugebilligt werden. Das einseitige Leistungsbestimmungsrecht des Klauselverwenders entfällt mit Unwirk- 2.459

577) BGH, Urt. v. 24.11.1988 – III ZR 188/87, NJW 1989, 222.

samkeit der Klausel ersatzlos. Vorrangig sind die Regeln über die ergänzende Vertragsauslegung heranzuziehen, wofür die den Gegenstand der Leistung und die das Verhältnis der Parteien prägenden Umstände maßgeblich sind. Denn diese bestimmen den Inhalt der von den Parteien getroffenen Absprachen und bilden in aller Regel eine hinreichende Grundlage für die Festlegung der interessengerechten Gegenleistung. Entscheidend ist danach, welche Regelung von den Parteien in Kenntnis der Unwirksamkeit der vereinbarten Klauseln nach dem Vertragszweck und angemessene Abwägung ihrer beiderseitigen Interessen nach Treu und Glauben (§ 242 BGB) als redliche Vertragspartner gewählt worden wäre.[578)]

3. Änderungsvorbehalte und AGB-Recht

2.460 a) **Einbeziehung.** Eine überraschende Klausel wird bereits nach § 305c Abs. 1 BGB nicht Vertragsbestandteil.[579)]

2.461 b) **Inhaltskontrolle.** Lässt sich ein AGB-Verwender ein einseitiges (Leistungs-) Bestimmungsrecht formularmäßig gewähren, unterliegt die Klausel der Inhaltskontrolle.

2.462 aa) Erstens gilt das Verbot von Änderungsvorbehalten nach **§ 308 Nr. 4 BGB** nach §§ 310 Abs. 1, 307 Abs. 2 Nr. 1 BGB auch im **Unternehmerverkehr**, wobei aber keine Indizwirkung besteht.[580)]

2.463 Der BGH hält die Einräumung und nähere Ausgestaltung einseitiger **Leistungsbestimmungsrechte** insbesondere dann für überprüfbar, wenn sie sich auf das Entgelt beziehen und dies auch dann, wenn die Parteien individualvertraglich keine Preisbestimmung getroffen haben.[581)] Davon geht auch das Gesetz aus, das in § 308 Nr. 4 BGB (Änderungsvorbehalt) und § 309 Nr. 1 BGB (Verbot kurzfristiger Preiserhöhung) zwei Sonderfälle einseitiger Leistungsbestimmungsrechte geregelt hat.[582)]

2.464 Wenn der Gebundene durch eine ausdrücklich formulierte Klausel sowie aufgrund eines entsprechenden Hinweises i. S. d. § 308 Nr. 5 BGB auf die Befugnis aufmerksam gemacht wird, innerhalb angemessener Frist, der **Änderung zu widersprechen oder** ein **Sonderkündigungsrecht** in Anspruch zu nehmen, stellt sich die Frage, ob das angesprochene Konsensprinzip – Schweigen gilt

---

578) BGH, Urt. v.13.4.2010 – XI ZR 197/09, NJW 2010, 1742.

579) OLG Düsseldorf, Urt. v. 17.2.2000 – 10 U 100/98, NJW-RR 2000, 1681.

580) BGH, Urt. v. 30.6.2009 – XI ZR 364/08, NJW-RR 2009, 1641 = ZIP 2009, 1558.

581) BGH, Urt. v. 20.7.2005 – VIII ZR 121/04, BGHZ 164, 11 = NJW-RR 2005, 1495 = ZIP 2005, 1785 (Kfz-Vertragshändler).

582) BGH, Urt. v. 9.7.1981 – VII ZR 139/80, NJW 1981, 2351; BGH, Urt. v. 18.5.1983 – VIII ZR 83/82, ZIP 1983, 825; BGH, Urt. v. 16.1.1985 – VIII 153/83, BGHZ 93, 252 = NJW 1985, 853 = ZIP 1985, 284 = Zeller III, 310 (Kfz-Vertragshändler); BGH, Urt. v. 6.3.1986 – III ZR 195/84, ZIP 1986, 698; BGH, Urt. v.12.1.1994 – VIII ZR 165/92, BGHZ 124, 351 = NJW 1994, 1060 = ZIP 1994, 461 (Daihatsu); BGH, Urt. v. 21.9.2005 – VIII ZR 38/05, NJW-RR 2005, 1717.

dann nach § 308 Nr. 5 BGB als Zustimmung – durch das **Äquivalenz**prinzip und das Merkmal der Zumutbarkeit unterlaufen wird, wie es § 308 Nr. 4 BGB im Auge hat.[583)]

bb) Zweitens könnte das Transparenzgebot des **§ 307 Abs. 1 Satz 2 BGB** zu beachten sein, wonach Leistungsbestimmungsrechte Anlass, Grund und Grenzen der Ausübung festzulegen haben. **2.465**

cc) Drittens unterliegen Einräumung und Ausgestaltung eines einseitigen Leistungsbestimmungsrechts der Inhaltskontrolle nach **§§ 310 Abs. 1 Satz 2, 307 Abs. 1 Satz 1 BGB.**[584)] Die Einräumung eines Bestimmungsrechts stellt nämlich eine Abweichung von der gesetzlichen Regelung dar, dass Rechte und Pflichten einschließlich von Leistung und Gegenleistung nach § 311 Abs. 1 BGB grundsätzlich durch vertragliche Vereinbarungen festgelegt werden. Die Einräumung eines Leistungsbestimmungsrechts muss auch im Unternehmerverkehr durch schwerwiegende Gründe gerechtfertigt sein. Voraussetzungen und Umfang des Leistungsbestimmungsrechts sind tatbestandlich hinreichend zu konkretisieren.[585)] **2.466**

Im Rahmen der Angemessenheitsprüfung bedarf es allerdings einer besonders sorgfältigen Abwägung im Einzelfall, ob der Vorbehalt der Lieferantenänderung nicht hingenommen werden muss. Schon die **Auswahl des – nachträglich im Vertrag benannten – Getränkefachgroßhändlers** erfolgt regelmäßig auf Initiative des Gastwirts. Sein primäres Interesse geht darauf, seinen Finanzierungsbedarf möglichst günstig zu decken. Deshalb wendet er sich an ihm bekannte Getränkefachgroßhändler, die im Rahmen eines harten Konditionenwettbewerbs die finanziellen Wünsche des Gastwirts an verschiedene Brauereien rückkoppeln. Dies unabhängig davon, oder der Getränkefachgroßhändler in den Vertriebsmodellen 2, 3 oder 4 arbeitet. Erst wenn das Finanzierungskonzept und vor allen Dingen das vom Gastwirt gewünschte Preiskonzept hinsichtlich der Belieferung durch den Getränkefachgroßhändler und der von diesem gezahlten Rückvergütungen feststehen, ist der Gastwirt abschlussbereit. Die Frage, welche Getränke letztlich Gegenstand der Ausschließlichkeitsbindung sind, ist – aus Sicht der markenführenden Unternehmen leider – oft nachrangig. Dies unabhängig davon, ob – wie häufig – der Getränkefachgroßhändler sich selbst, allerdings mit von seinen Partnern in der Getränkewirtschaft refinanzierten Leistungen (Vertriebsmodell 3, ggf. auch 4) beim Gastwirt finanziell engagiert, oder ob die Brauerei unmittelbar den Bezugsvertrag mit dem Gastwirt schließt (Vertriebsmodell 2). **2.467**

---

583) BGH, Urt. v.13.3.1999 – IV ZR 218/97, NJW 1999, 1865.

584) BGH, Urt. v. 9.7.1981 – VII ZR 139/80, NJW 1981, 2351; BGH, Urt. v. 18.5.1983 – VIII ZR 83/82, NJW 1983, 1854; BGH, Urt. v. 20.7.2005 – VIII ZR 121/04, BGHZ 164, 11 = NJW-RR 2005, 1495 = ZIP 2005, 1785 (Kfz-Vertragshändler).

585) BGH, Urt. v. 20.7.2005 – VIII ZR 121/04, BGHZ 164, 11 = NJW-RR 2005, 1495 = ZIP 2005, 1785 (Kfz-Vertragshändler).

2.468 Der Hinweis in einigen Entscheidungen[586] die Möglichkeit des Widerrufs zu der Lieferantenbenennung könne sich für den Bezugsverpflichteten deshalb besonders nachteilig auswirken, weil er möglicherweise eine langjährig gewachsene und günstig gestaltete Lieferbeziehung zu einem Getränkefachgroßhändler beenden und nun zu einem anderen, von der Brauerei benannten Getränkefachgroßhändler wechseln müsse, der nicht zu denselben günstigen Bedingungen liefern könne, geht an der heutigen Realität vorbei.

4. Lieferantenneubenennung

2.469 a) **Hintergrund.** Anlass des Wunsches des Gastwirts, den benannten Getränkefachgroßhändler zu wechseln, ist zumeist der Umstand, dass ihm im Vertriebsmodell 2 von Mitbewerbern des benannten Getränkefachgroßhändlers günstigere Konditionen angeboten werden. Die Mitbewerber sind aber nicht in die Gesamtfinanzierung mit eingebunden, sodass ihre Belastung geringer und damit ihre Verfügungsmasse für Rückvergütungen höher ist.

2.470 b) **Praktische Bedeutung.** Die Fälle einer nachträglichen Neubestimmung des Lieferanten durch die Brauerei sind in der Praxis äußerst selten. Die Fälle der **Rechtsnachfolge auf Getränkefachgroßhändlerseite** sind insofern auszuscheiden.

2.471 c) **Rechtsgrundlage.** Soweit im Getränkelieferungsvertrag oder etwa in einer Partnerschaftsvereinbarung geregelt ist, ob und unter welchen Voraussetzungen die Brauerei von ihrem Lieferantenbenennungsrecht Gebrauch machen kann, sind entsprechende Regelungen vorrangig heranzuziehen. Im Übrigen dürfte, ggf. auch ergänzend, eine **Vertragsanpassung** nach den Grundsätzen des Wegfalls der Geschäftsgrundlage (§ 313 BGB Abs. 1 BGB) zu prüfen sein.

2.472 d) **Geschäftsgrundlage.** Maßgeblich ist auf den Zeitpunkt des Vertragsabschlusses abzustellen. Dass die zum damaligen Zeitpunkt einvernehmlich oder gar auf Wunsch des Gastwirts vorgenommene Lieferantenbenennung sich nachträglich aus Sicht des Gastwirts ungünstig darstellt, ist juristisch unerheblich. Nachträgliche Angriffe gegen die anfängliche Lieferantenbenennung sind auch deshalb wenig glaubhaft, weil der Gastwirt sich dadurch selbst dem Einwand des widersprüchlichen Verhaltens (§ 242 BGB) aussetzt. Die vertragliche Benennung erfolgt auf seinen ausdrücklichen Wunsch hin. Er kann auch nicht nachträglich einwenden, dies sei unbewusst geschehen. Seine spätere Motivation, die Klausel als unwirksam darzustellen, überzeugt nicht, ist doch die (Preis-)Bindung an den einvernehmlich benannten Getränkefachgroßhändler eine zwingende Konsequenz der Vorverlagerung seiner unternehmerischen Entscheidung, eine Ausschließlichkeitsbindung auf einen bestimmten Zeitraum hin einzugehen.

---

586) OLG Koblenz, Urt. v. 18.9.1990 – 3 U 1337/89; OLG Koblenz, Urt. v. 21.2.2002 – 5 U 677/01, NJOZ 2002, 837.

§ 13 Preise

I. (Anfangs-)Preise

1. Situation

Bevor auf etwaige rechtliche Hürden hingewiesen wird, ist es hilfreich, sich zunächst die tatsächliche Situation vor Augen zu halten. Angesichts des lebhaften (Preis-)Wettbewerbs nutzt der Gastwirt seine Chance, zu ihm günstigen Bedingungen einkaufen zu können, bereits intensiv in der Verhandlungsphase. Sowohl im Direktgeschäft zwischen direkt beliefernder Brauerei und Gebundenem als auch im Indirektgeschäft – dann zwischen Getränkefachgroßhändler und Betreiber – finden neben den Finanzierungsgesprächen eingehende Gespräche über Preise und damit im Zusammenhang stehende Rückvergütungen statt. Dabei spielt es für den Gebundenen auch eine Rolle, ob und inwieweit der Bindende bzw. der Lieferant zu Serviceleistungen, etwa unentgeltlicher Inventargestellung oder Unterstützung in Fragen der Schankhygiene, bereit und in der Lage ist. Die Benennung des Getränkefachgroßhändlers im Vertrag Brauerei – Gastwirt stellt damit nur einen Schlusspunkt dar. 2.473

2. Erforderlichkeit

Preisregelungen sind zwar schon aus Gründen der Praktikabilität, insbesondere im Vertriebsmodell 2, sinnvoll.[587)] Notwendig, insbesondere gesetzlich vorgeschrieben waren und sind sie aber nicht. Bei Fehlen einer Preisklausel würden sich die Preise für die zu liefernden Getränke gem. § 315 BGB nach billigem Ermessen bestimmen. Selbst das kartellrechtliche Schriftformerfordernis des § 34 GWB a. F. stellte insofern keine Inhaltsanforderungen auf.[588)] 2.474

3. Regelungsort

Soweit Brauereien den finanzierten und gebundenen Gastwirt selbst beliefern (Vertriebsmodell 1) bzw. Getränkefachgroßhändler entsprechend mit oder ohne Refinanzierung durch die Getränkewirtschaft agieren (Vertriebsmodelle 3 und 4), enthalten die entsprechenden Getränkelieferungsverträge regelmäßig eine Regelung hinsichtlich der vereinbarten Preise und ggf. auch der Rückvergütungen. Teilweise finden sich diese Preisregelungen im **Vertrag** selbst, häufiger in in Bezug genommenen **Preislisten** (für Gastronomiekunden, Ganterpreisliste) oder in in Bezug genommenen **Sortiments- und Preislisten**. Diese werden ergänzt durch die jeweils gültigen **Liefer- und Zahlungsbedingungen** des Getränkelieferanten, ggf. auch durch seine **Allgemeinen Geschäftsbedingungen** im Übrigen. 2.475

---

587) OLG Nürnberg, Urt. v. 6.5.2004 – 13 U 52/04.

588) Siehe *Bühler,* Brauerei- und Gaststättenrecht, 12. Aufl. 2009, Rz. 1970–1973, 1999–2001, jeweils m. w. N.

4. Auslegung und Einordnung

2.476 Bei den in Getränkelieferungsverträgen verwendeten **Preisklauseln** kann es sich um einseitige Leistungsbestimmungsrechte i. S. d. §§ 315, 316 BGB handeln, weil auf die konkrete Preisbestimmung bei Vertragsschluss überhaupt verzichtet wird (**Preisvorbehalt Fall 1**)[589)]. Denkbar und praktisch häufig im Vertriebsmodell 2 ist eine Preisklausel, nach der Preise und (Rück-)Vergütungen noch zwischen Gastwirt und beliefernden Getränkefachgroßhändler vereinbart werden müssen (**Preisvorbehalt Fall 2**).

2.477 Unter **Preisnebenabreden** werden schließlich Abreden verstanden, die sich zwar mittelbar auf den Preis auswirken, an deren Stelle aber bei Fehlen einer wirksamen vertraglichen Regelung dispositives Gesetzesrecht treten kann.[590)]

5. Bestimmbarkeit

2.478 Auch wenn **§ 34 GWB a. F.**[591)] für seit dem 1.1.1999 geschlossene Getränkelieferungsverträge nicht mehr gilt,[592)] so sollte doch die Bestimmbarkeit der jeweils gültigen Preise in jedem Zeitpunkt der Laufzeit des Vertrages gewährleistet sein.[593)]

2.479 Keine Bedenken bestehen, wenn auf Preise Bezug genommen wird, die sich aus bekannten **(Sortiments-) und Preislisten** ergeben.[594)]

2.480 Die schriftliche Vereinbarung der „bei dem Getränkelieferanten **üblichen Preise**" genügte dem § 34 GWB a. F., solange nicht feststand, dass die Parteien tatsächlich etwas anderes, insbesondere etwas Konkreteres vereinbart hatten.[595)] Ebenfalls unbedenklich sind vertragliche Formulierungen wie „allgemeine Preise" oder „ortsübliche Preise".[596)]

2.481 Erfolgt die Belieferung der Gaststätte im Vertriebsmodell 2 und damit nicht durch die Brauerei, so sind Preise, Rückvergütungen und sonstige Liefer- und Zahlungsbedingungen zwischen dem beliefernden Getränkefachgroßhändler und dem Kunden auszuhandeln. Im Hinblick auf das Kartellverbot des § 1 GWB darf die Brauerei nicht in die Preisgestaltung eingreifen. Eine entsprechende Preis-

---

589) OLG Oldenburg, Urt. v. 14.11.2012 – 5 U 56/11.

590) BGH, Urt. v. 17.9.2009 – Xa ZR 40/08, NJW 2009, 3570 = ZIP 2009, 2247; BGH, Urt. v. 24.3.2010 – VIII ZR 178/08, NJW 2010, 2789 = ZIP 2010, 1240.

591) Siehe *Bühler*, Brauerei- und Gaststättenrecht, 13. Aufl. 2011, Rz. 888–894, jeweils m. w. N.

592) Siehe *Bühler*, Brauerei- und Gaststättenrecht, 12. Aufl. 2009, Rz. 1960 f., jeweils m. w. N.

593) BGH, Urt. v. 1.12.1977 – KZR 6/76, NJW 1978, 822 = Zeller II, 90; *Paulusch*, Brauerei- und Gaststättenrecht, 9. Aufl. 1996, Rz. 335. Zu den Problemen im Zusammenhang mit dem kartellrechtlichen Schriftformerfordernis des § 34 GWB a. F. siehe *Bühler*, Brauerei- und Gaststättenrecht, 12. Aufl. 2009, Rz. 1970–1973, jeweils m. w. N.

594) OLG Stuttgart, Urt. v. 18.3.1999 – 13 U 188/98; BGH, Urt. v. 22.10.1997 – VIII ZR 149/96.

595) BGH, Urt. v. 28.9.1982 – KZR 13/81, WuW/E BGH 1988 = Zeller III, 140.

596) BGH, Urt. v. 30.9.1992 – VIII ZR 196/91, BGHZ 119, 283 = NJW 1993, 64 = ZIP 1992, 1573; BGH, Urt. v. 28.4.1999 – XII ZR 150/97, BGHZ 141, 257 = NJW 1999, 3187.

klausel könnte folgenden Wortlaut haben. „Die Preise richten sich nach der jeweils gültigen, schriftlich festgelegten Preisliste des Getränkefachgroßhändlers“.[597)]

Hinzutreten können **Rückvergütungen** als Rabatte auf die Listen-/Grundpreise. Der sich daraus errechnende Betrag stellt den vereinbarten Preis dar. Werden Rückvergütungen einvernehmlich neu festgesetzt oder vereinbarungsgemäß einseitig oder aus berechtigtem Grund neu berechnet, so liegt im Ergebnis eine Preisänderung vor. Wegen des individualrechtlichen Hintergrundes stellt sich insofern das Problem der Zulässigkeit von Preisänderungsklauseln[598)] nicht. 2.482

6. Inhaltskontrolle

Preis- und (Rück-)Vergütungsvereinbarungen sind gem. **§ 307 Abs. 3 BGB** dem kontrollfreien Bereich zuzuordnen.[599)] Sie unterliegen nicht der Angemessenheitskontrolle, sondern nur dem Transparenzgebot (§§ 307 Abs. 3 Satz 2, Abs. 1 Satz 2 BGB).[600)] Preisnebenabreden sind demgegenüber einer Inhaltskontrolle zugänglich, wie § 309 Nr. 1 BGB zeigt. 2.483

II. Preisvorbehaltsklauseln

1. Leistungsbestimmungsrechte (Preisvorbehalt Fall 1)

a) **Inhalt.** Hierzu rechnen zunächst die Fälle, in denen der Preis nach Vertragsschluss einseitig durch **eine der Vertragsparteien** bestimmt werden kann.[601)] 2.484

Ebenfalls unter den Begriff des Preisvorbehalts sind Regelungen einzuordnen, bei denen die Vertragsparteien sich auf eine Festlegung des Preises durch die eine Partei, etwa den Getränkelieferanten, im **Zusammenwirken mit einem Dritten**, z. B. einem Pächter der Gaststätte, geeinigt haben.[602)] 2.485

b) **§ 315 BGB** setzt voraus, dass die Parteien vereinbart haben, eine von ihnen solle nach Abschluss des Vertrages die Leistung bestimmen.[603)] § 315 BGB in unmittelbarer Anwendung ist gegenüber **§§ 19 Abs. 2 Nr. 2, 33 GWB** nicht subsidiär. § 315 Abs. 3 BGB stellt eine Regelung des Vertragsrechts dar, der ein hoher Gerechtigkeitsgehalt zukommt. Sie ermöglicht es dem der Leistungsbe- 2.486

597) OLG Hamm, Urt. v. 13.3.1995 – 2 U 139/94, NJW-RR 1996, 46 zu § 34 GWB a. F.; OLG Oldenburg, Urt. v. 14.11.2012 – 5 U 56/11.

598) Siehe unten § 13 III.

599) BGH, Urt. v. 8.10.2009 – III ZR 93/09, NJW 2010, 150; BGH, Urt. v. 24.3.2010 – VIII ZR 178/08, NJW 2010, 2789 = ZIP 2010, 1240.

600) BGH, Urt. v. 26.10.2005 – VIII ZR 48/05, BGHZ 165, 12 = NJW 2006, 996 = ZIP 2006, 474.

601) BGH, Urt. v. 6.3.1979 – KZR 12/78, NJW 1979, 2247 = Zeller II, 111; BGH, Urt. v. 23.11.1983 – VIII ZR 333/82, ZIP 1984, 335 = Zeller III, 266; BGH, Urt. v. 25.3.1990 – KZR 17/79, LM GWB § 34 Nr. 14.

602) BGH, Urt. v. 30.9.1992 – VIII ZR 196/91, BGHZ 119, 283 = NJW 1993, 64 = ZIP 1992, 1573.

603) BGH, Urt. v. 19.11.2008 – VIII ZR 138/07, NJW 2009, 504 = ZIP 2009, 323.

stimmung Unterworfenen, die vorgenommene Bestimmung gerichtlich auf ihre Billigkeit überprüfen und durch (gestaltendes) Urteil neu treffen zu lassen (§ 315 Abs. 3 Satz 2 BGB). Demgegenüber ist der Beseitigungs- und Unterlassungsanspruch gem. §§ 19 Abs. 2 Nr. 2, 33 GWB ein deliktischer Anspruch.

2. Leistungsbestimmungsrechte (Preisvorbehalt Fall 2)

2.487 a) **Beispiel.** „Die Preise richten sich nach der jeweils gültigen, schriftlich festgelegten Preisliste des Getränkefachgroßhändlers".[604)]

2.488 b) Zur Wirksamkeitskontrolle nach **§ 34 Satz 3 GWB a. F.** kann verwiesen werden.[605)]

2.489 c) Erfolgt die Belieferung durch den Getränkehersteller nicht direkt, sondern beispielsweise durch einen Getränkefachgroßhändler, also im Vertriebsmodell 2, so ist die Regelung der Preise einschließlich der (Rück-)Vergütungen sowie der Lieferbedingungen im Verhältnis zwischen Getränkefachgroßhändler und Gastwirt unmittelbar vorzunehmen. Schon nach früherem **Kartellrecht** (§ 15 GWB a. F., § 14 GWB a. F.) konnten Preisregelungen insofern nicht zwischen der bindenden Brauerei und dem Gastwirt unmittelbar erfolgen.[606)]

2.490 Nach dem seit dem 1.7.2005 geltenden Kartellrecht statuiert in **§ 1 GWB** ein entsprechendes Regelungsverbot. Die Preise für das gebundene Sortiment sind insbesondere im Vertriebsmodell 2 zwischen dem Getränkefachgroßhändler und dem Gastwirt unmittelbar und eigenverantwortlich auszuhandeln. Der Brauerei bzw. anderen Getränkeherstellern ist es kartellrechtlich verwehrt, in diese Preisgestaltungshoheit, etwa durch Vorgaben oder vertragliche Regelungen, einzugreifen.

III. Preisänderungsklauseln

1. Formulierung

2.491 In der Formulierung im Einzelnen unterschiedlich wird der Gastwirt zumeist verpflichtet, die Getränke „zu den jeweils gültigen Preisen", „zum Tagespreis", „gemäß der jeweils gültigen Sortiments- und Preisliste", „zu den von dem Getränkelieferanten (allgemein) festgesetzten Preisen" oder „nach der jeweiligen Preisliste" zu beziehen.

---

604) OLG Hamm, Urt. v. 13.3.1995 – 2 U 139/94, NJW-RR 1996, 46; OLG Oldenburg, Urt. v. 14.11.2012 – 5 U 56/11.

605) OLG Hamm, Urt. v. 13.3.1995 – 2 U 139/94, NJW-RR 1996, 46. Nach Auffassung des Gerichts handelte es sich dabei um eine zulässige Bezugnahme i. S. d. § 34 Satz 3 GWB a. F. Voraussetzung war lediglich, dass die Preislisten tatsächlich existierten, schriftlich fixiert waren und allen Beteiligten jederzeit zugänglich waren. Siehe *Bühler*, Brauerei- und Gaststättenrecht, 12. Aufl. 2009, Rz. 2010 f., jeweils m. w. N.

606) *Bühler*, Brauerei- und Gaststättenrecht, 12. Aufl. 2009, Rz. 1910 f., jeweils m. w. N., sowie Rz. 2012 m. w. N.

2. Praktische Bedeutung und Erforderlichkeit

Herausragende Bedeutung für beide Vertragsparteien kommt in Getränkeliefe- 2.492
rungsverträgen, wie auch in sonstigen langfristigen Bezugsverträgen und anderen Dauerschuldverhältnissen, den Preisänderungsklauseln zu. Angesichts der Laufzeit der Verträge sind derartige Klauseln für die Getränkelieferanten kaum verzichtbar, wenn sie nicht den Weg der Individualvereinbarung gehen wollen. Im praktischen Ergebnis bewirkt eine Preisänderungsklausel im Getränkelieferungsvertrag als Rahmenvertrag, dass auch die geänderten Preise Gegenstand der abzuschließenden Einzelkaufverträge werden. Entsprechende Regelungen liegen einerseits im Interesse des Getränkelieferanten, der auf diese Weise seine Gewinnspanne für die Vertragslaufzeit möglichst konstant halten will, andererseits auch im Interesse des Kunden, der so verhindern kann, dass Preiserhöhungen bereits vorsorglich in den Vertrag mit aufgenommen werden.[607] Daher besteht für Preisänderungsklauseln insbesondere bei langjährigen Verträgen wie Getränkelieferungsverträgen ein anerkennungswertes Bedürfnis.[608]

Änderungen des Preises bewirken an sich auch eine Verschiebung des Äquivalenz- 2.493
verhältnisses. Damit bleibt nur das wenig hilfreiche, aufwendige und sehr kundenunfreundliche Instrument einer **Änderungskündigung**. Diese unterliegt allerdings während der Laufzeit des Vertrages den Restriktionen des § 314 BGB.[609] Die Lösung ist in einer AGB-rechtlich zulässigen Preisanpassungsklausel zu sehen. Eine vom Verwender ausgehende Preisanpassung rechtfertigt kaum jemals den Rückgriff auf ein fristloses Kündigungsrecht, um dem Kunden die Möglichkeit, aber auch sozusagen die „Pflicht" einzuräumen, aus dem Vertrag wegen der Preisanpassung „auszusteigen".[610]

3. Prüfungsumfang

Einräumung und Ausgestaltung eines einseitigen Leistungsbestimmungsrechts 2.494
sind, auch wenn sie den Preis betreffen, nicht gem. **§ 307 Abs. 3 Satz 2 BGB** der Inhaltskontrolle entzogen, sondern grundsätzlich nach § 307 Abs. 1 Satz 1 und 2 BGB überprüfbar, soweit sie nicht bereits § 309 Nr. 1 BGB unterfallen.

---

607) BGH, Urt. v. 15.11.2007 – III ZR 247/06, NJW 2008, 360.

608) BGH, Urt. v. 16.1.1985 – VIII ZR 153/83, BGHZ 93, 252 = NJW 1985, 853 = Zeller III, 310 („laut jeweils gültiger V-Preisliste").

609) BGH, Urt. v. 15.11.2007 – III ZR 295/06, NJW 2008, 435 = ZIP 2008, 27.

610) BGH, Urt. v. 10.6.2008 – XI ZR 211/07, WM 2008, 1493; BGH, Urt. v. 13.4.2010 – XI ZR 197/09, NJW 2010, 1742.

Eine Preisänderungsklausel weicht nämlich von dem Grundsatz ab, dass in der Regel Leistung und Gegenleistung im Vertrag festzulegen sind.[611)]

4. Zulässigkeit gegenüber Verbrauchern

2.495 Die Rechtsprechung des BGH zur Inhaltskontrolle einseitiger Preisbestimmungsrechte setzte mit zwei Entscheidungen zu einer Preiserhöhungsklausel in einem Zeitschriftenabonnementsvertrag ein und zur sog. **Tagespreisklausel** in den Neuwagen-Verkaufsbedingungen.[612)] In beiden Fällen verwarf der VIII. Zivilsenat die Klausel, weil ihre uneingeschränkte Fassung dem Verwender beliebige – auch durch einen zwischenzeitlichen Kostenanstieg nicht gedeckte – Preiserhöhungen ermöglichte, ohne dem Vertragspartner unter bestimmten Voraussetzungen die **Möglichkeit zu einer Lösung von dem Vertrag einzuräumen.** Maßgeblich ist die konkrete Ausgestaltung des Vertrages. Keine hinreichende Kompensation einer unangemessen benachteiligenden Preisanpassungsklausel liegt dann vor, wenn dem Kunden das Recht zur Lösung vom Vertrag nicht spätestens gleichzeitig mit der Preiserhöhung, sondern erst nach deren Wirksamwerden zugebilligt wird.[613)]

2.496 Fortgeführt wurde diese Rechtsprechung zunächst durch die Entscheidung des BGH vom 21.9.2005. Darin wird eine sog. **Kostenelementeklausel** in einem Gaslieferungsvertrag zwischen einem Unternehmer und einem Verbraucher mit einer Ausschließlichkeit über zehn Jahre nicht allein im Hinblick auf ihre Transparenz, sondern auch im Übrigen als Preisnebenabrede der Inhaltskontrolle nach § 307 Abs. 1 und 2 BGB unterworfen und im konkreten Fall als unangemessene Regelung eingeordnet.[614)]

2.497 Auch ein **Kündigungsrecht** des Kunden für den Fall, dass eine Preisanpassung zu einer Erhöhung von mehr als 5 % des bisherigen Vertragspreises führt, ist in der Regel nicht geeignet, die Unangemessenheit der Klausel nach § 307 Abs. 1

611) BGH, Urt. v. 21.9.2005 – VIII ZR 284/04, NJW 2005, 3567 = ZIP 2005, 2262 – Flüssiggas I; BGH, Urt. v. 13.12.2006 – VIII ZR 25/06, NJW 2007, 1054 – Flüssiggas II; BGH, Urt. v. 17.12.2008 – VIII ZR 274/06, NJW 2009, 578; BGH, Urt. v.15.7.2009 – VIII ZR 225/07, NJW 2009, 630; BGH, Urt. v.13.1.2010 – VIII ZR 81/08, ZIP 2010, 1250; OLG Oldenburg, Urt. v. 14.11.2012 – 5 U 56/11.

612) BGH, Urt. v. 11.6.1980 – VIII ZR 174/79, NJW 1980, 2518 = ZIP 1980, 765; BGH, Urt. v. 7.10.1981 – VIII ZR 229/80, ZIP 1982, 71.

613) BGH, Urt. v. 11.6.1980 – VIII ZR 174/79, NJW 1980, 2518 = ZIP 1980, 765; BGH, Urt. v. 29.10.1985 – X ZR 12/85, WM 1986, 73 = Zeller III, 180; BGH, Urt. v. 26.5.1986 – VIII ZR 218/85, NJW 1986, 3134 = ZIP 1986, 919; BGH, Urt. v. 13.12.2006 – VIII ZR 25/06, NJW 2007, 1054 – Flüssiggas II; BGH, Urt. v. 13.1.2010 – VIII ZR 81/08, ZIP 2010, 1250.

614) BGH, Urt. v. 21.9.2005 – VIII ZR 284/04, NJW 2005, 3567 = ZIP 2005, 2262 – Flüssiggas I; BGH, Urt. v. 13.12.2006 – VIII ZR 25/06, NJW 2007, 1054 – Flüssiggas II; BGH, Urt. v.11.7.2007 – III ZR 63/07, NJW-RR 2008, 134 – Internetprovider; BGH, Urt. v. 15.11.2007 – III ZR 295/06, NJW 2008, 435 = ZIP 2008, 27 – Pay-TV; BGH, Urt. v.19.12.2007 – XII ZR 61/05, NJW-RR 2008, 818; BGH, Urt. v.13.1.2010 – VIII ZR 81/08, ZIP 2010, 1250; BGH, Urt. v. 27.1.2010 – VIII ZR 326/08, NJW-RR 2010, 1205.

Satz 1 BGB zu beseitigen. Diese Regel gilt allerdings nicht immer, sondern ist abhängig von der konkreten Ausgestaltung des Kündigungsrechts, wobei die Interessen beider Parteien gegeneinander abzuwägen sind.[615] Die Einräumung eines Kündigungsrechts steht dem Unwirksamkeitsverdikt nur dann entgegen, wenn sie so gestaltet ist, dass der Verbraucher sich rechtzeitig, d. h. vor dem Wirksamwerden der Preisanpassung, aus dem Vertrag lösen kann.

Setzt der Kunde das Vertragsverhältnis nach vorheriger Information über eine Preisanpassung stillschweigend fort, ohne dieser i. S. d. **§ 308 Nr. 5 BGB** zu widersprechen, so ändert das an dem Unwirksamkeitsverdikt nichts. Diese auf einer Fiktion aufbauende Verbotsnorm – Schweigen gilt als Genehmigung einer Vertragsänderung – darf sich nicht auf wesentliche Vertragsbestandteile, hier den Preis, beziehen.[616] 2.498

5. Zulässigkeit gegenüber Unternehmern

a) Meinungsstand. aa) Ältere Rechtsprechung. Der BGH hat Preisänderungsklauseln in zwischen Unternehmern (§§ 310 Abs. 1, 14 Abs. 1 BGB) geschlossenen langfristigen Bezugsverträgen selbst dann passieren lassen, wenn in ihnen die **Preiserhöhungsfaktoren nicht angegeben** sind und dem Kunden ein **Lösungsrecht** für den Fall erheblicher Preissteigerungen **nicht zugestanden** war. Er stellte dabei das eine Mal auf die Gebräuche des Unternehmerverkehrs und die Besonderheiten des – dort geschlossenen – Werkvertrages,[617] das andere Mal auf die Langfristigkeit des Bezugsvertrages, die gleichgelagerten und damit einer Festsetzung nicht wettbewerbsgerechter Preise entgegenwirkenden Interessen der Vertragsparteien, weiterhin die erheblichen **Vorleistungen** des Lieferanten – eines Mineralölunternehmens – und die Besonderheiten bei der Verwendung der Klausel im Unternehmerverkehr (Möglichkeit des sog. **seitengleichen Regresses**) ab. Eine in AGB enthaltene Preiserhöhungsklausel ist bei längerfristigen Verträgen mit einem Unternehmer daher nicht unwirksam nach § 307 BGB.[618] 2.499

bb) Jüngere Rechtsprechung. Dagegen ist der BGH in einer späteren Entscheidung zu diesem Problemkreis in einem Fall, in dem die vorgenannten Besonderheiten der Vertragsgestaltung allerdings fehlten, auch für den unternehmerischen Geschäftsverkehr dabei geblieben, dass formularmäßige einseitige Leistungsänderungsrechte grundsätzlich nur wirksam sind, wenn die Klausel schwerwiegende Änderungsgründe nennt, also etwa die Preisänderungsfaktoren konkre- 2.500

615) BGH, Urt. v. 11.7.2007 – III ZR 63/07, NJW-RR 2008, 134.

616) BGH, Urt. v. 11.7.2007 – III ZR 63/07, NJW-RR 2008, 134.

617) BGH, Urt. v. 27.9.1984 – X ZR 12/84, BGHZ 92, 200 = NJW 1985, 426 = ZIP 1985, 40 = Zeller III, 304 (Zündholzschachtel).

618) BGH, Urt. v. 16.1.1985 – VIII 153/83, BGHZ 93, 252 = NJW 1985, 853 = ZIP 1985, 284 = Zeller III, 310 (Kfz-Vertragshändler). So auch zu Getränkelieferungsverträgen LG Köln, Urt. v. 15.3.2011 – 21 O. 95/10, BeckRS 2012, 02826, Vorinstanz zu OLG Köln, Urt. v. 20.10.2011 – 7 U 65/11, BeckRS 2012, 15923; zweifelnd Erman-*Saenger*, BGB, § 309 Rz. 17.

tisiert, und in ihren Voraussetzungen und Folgen erkennbar die Interessen des Vertragspartners angemessen berücksichtigt.[619] Auch gegenüber Unternehmern seien Preiserhöhungsklauseln unwirksam, die beliebige Preissteigerungen vorsehen oder der weiteren Gewinnerzielung dienen.[620] Einige Jahre später forderte der BGH ein berechtigtes Interesse des Verwenders, eine hinreichende Transparenz einer Preisanpassung durch Konkretisierung der Voraussetzungen und Rechtsfolgen sowie die Wahrung der Interessen des Vertragspartners.[621]

2.501 **b) Stellungnahme.** Durch die Aufnahme einer Preisänderungsklausel haben die Parteien des Getränkelieferungsvertrages gezeigt, dass der Vertragspartner und nicht der Getränkelieferant Preisänderungen tragen soll. Aus der Aufnahme einer Preisänderungsklausel bei Vertragsschluss wird deutlich, dass sich die Parteien von dem lebensnahen Bewusstsein haben leiten lassen, dass Preisänderungen im Laufe des auf unbestimmte, ggf. auf längere Zeit angelegten Bezugsverhältnisses zu erwarten sind und deshalb der Gefahr einer zukünftigen Äquivalenzstörung in angemessener Weise zu begegnen ist.[622] Dabei geht das (dispositive) Recht grundsätzlich von einer bindenden Preisvereinbarung der Parteien aus. Es ist Sache des Verkäufers, wie er den Preis kalkuliert. Er trägt das Risiko einer auskömmlichen Kalkulation und auch das Risiko, dass sich die verwendete Berechnungsgrundlage als unzutreffend erweist.[623] Gerade die Fallgestaltungen der berichteten Entscheidungen aus den Jahren 1984 und 1985 lassen gewisse Ähnlichkeiten mit den bei Abschluss von Getränkelieferungsverträgen oft gegebenen Sachverhalten erkennen, wenn auch die zahlreichen stark fallbezogenen Gesichtspunkte vorschnelle Verallgemeinerungen nicht zulassen und die Entwicklung der höchstrichterlichen Rechtsprechung zu Preisanpassungsklauseln im Geschäftsverkehr zwischen Unternehmern kaum als abgeschlossen bezeichnet werden kann.

2.502 Die Zulässigkeit eines einseitigen Preisänderungsrechts, das keine Einschränkungen, insbesondere keine Konkretisierung der Preiserhöhungsfaktoren enthält und dem Partner des Klauselverwenders auch keine Lösungsmöglichkeit einräumt, wird nicht ohne Berücksichtigung der **Art des konkreten Vertrages, der typischen Interessen der Vertragschließenden** und der **die jeweilige Klausel begleitenden Regelungen** beurteilt werden können.[624] Im Ergebnis hat der BGH die

---

619) BGH, Urt. v. 12.1.**1994** – VIII ZR 165/92, BGHZ 124, 351 = NJW 1994, 1060 = ZIP 1994, 461 (Daihatsu); BGH, Urt. v. 6.10.1999 – VIII ZR 125/98, BGHZ 142, 358 = NJW 2000, 515 (Vertragshändler).

620) BGH, Urt. v. 12.1.1994 – VIII ZR 165/92, BGHZ 124, 351 = NJW 1994, 1060 = ZIP 1994, 461 (Daihatsu).

621) BGH, Urt. v. 6.10.**1999** – VIII ZR 125/98, BGHZ 142, 358 = NJW 2000, 515 (KFZ-Vertragshändler); BGH, Urt. v. 20.7.**2005** – VIII ZR 121/04, BGHZ 164, 11 = NJW-RR 2005, 1495 = ZIP 2005, 1785 (Kfz-Vertragshändler).

622) Zu diesem Aspekt vgl. BGH, Urt. v. 23.1.2013 – VIII ZR 80/12, BeckRS 2013, 02661.

623) BGH, Urt. v. 23.1.2013 – VIII ZR 80/12, BeckRS 2013, 02661.

624) BGH, Urt. v. 16.1.1985 – VIII 153/83, BGHZ 93, 252 = NJW 1985, 853 = ZIP 1985, 284 = Zeller III, 310 (Kfz-Vertragshändler).

zitierte Preisanpassungsklausel für wirksam gehalten. Er hat dabei auf mehrere Besonderheiten des konkreten Vertragsverhältnisses abgestellt und ausdrücklich angemerkt, dass dieses seiner Struktur nach dem Bierlieferungsvertrag ähnlich sei. Unter anderem hat er ausgeführt, der Schmiermittelhersteller könne sich nicht damit zufrieden geben, sein Produkt den Händlern und Werkstattbetrieben zu verkaufen, sondern müsse im Interesse einer ungestörten und beiderseits wirtschaftlich erfolgreichen Vertragsdurchführung darauf bedacht sein, seinen Abnehmern nicht durch das Verlangen nicht wettbewerbsgerechter Preise den Absatz an den Letztverbraucher zu erschweren. Außerdem habe der Schmiermittelhersteller erhebliche Vorleistungen in Form von Darlehen und Geräteausrüstungen erbracht. Diese fänden ihr Äquivalent in dem Abschluss langfristiger Absatzverträge, die ihrerseits Voraussetzung für eine vorausschauende Produktions- und Investitionsplanung des Schmiermittelherstellers seien. Überdies könne das Gebot, in einer einseitigen Preisänderungsklausel die preisbildenden Faktoren hinreichend zu konkretisieren, nur so weit reichen, wie der Klauselverwender die zumutbare Möglichkeit hierzu habe. Fraglich sei aber bereits, ob die Elemente der zukünftigen Kostenentwicklung in einer den Zeitraum vieler Jahre abdeckenden Klausel zusammengefasst werden könnten. Keinesfalls sei es möglich, dem – nicht von vorne herein unangemessenen – Interesse des Klauselverwenders, die Preisgestaltung auch an der Wettbewerbssituation auf dem Markt auszurichten, in einer solchen Klausel Geltung zu verschaffen.[625)]

Ausgehend von diesen Grundsätzen ist zu berücksichtigen, dass die Parteien eine langfristige Bindung über die Lieferung von Getränken eingehen wollten, bei denen von vornherein klar sein musste, dass sich die Preise im Verlauf der Vertragsdauer – auch kurzfristig – ändern würden. Zudem erbringt der Getränkelieferant durchweg erhebliche Vorleistungen zu Gunsten des Gastwirts. Die Preise in jedem Einzelfall neu auszuhandeln, wäre ersichtlich unwirtschaftlich und nicht interessengerecht. Im Übrigen bleibt dem Gastwirt die Kontrollmöglichkeit des § 315 Abs. 3 BGB.[626)] 2.503

c) **Konsequenzen.** Nach diesen Maßstäben dürfte gegen die große Mehrzahl der derzeit verwendeten P-reisanpassungsklauseln nichts zu erinnern sein. Der Getränkelieferant muss im Interesse einer ungestörten und beiderseits wirtschaftlich erfolgreichen Vertragsdurchführung darauf bedacht sein, seinem Vertragspartner das Geschäft nicht durch das Verlangen überhöhter Preise zu erschweren. Durchweg hat er nicht unerhebliche Vorleistungen erbracht. Dies rechtfertigt es, ihm durch eine Bezugsverpflichtung des Gaststättenbetreibers einen langfristigen und wirtschaftlich sinnvollen Absatzweg zu sichern. Dabei muss ihm die Möglichkeit erhalten bleiben, auf Veränderungen der Wettbewerbssituation 2.504

625) BGH, Urt. v. 16.1.1985 – VIII ZR 153/83, BGHZ 93, 252 = NJW 1985, 853 = Zeller III, 310.

626) LG Köln, Urt. v. 15.3.2011 – 21 O. 95/10, BeckRS 2012, 02826, Vorinstanz zu OLG Köln, Urt. v. 20.10.2011 – 7 U 65/11, BeckRS 2012, 15923.

und der für seine Getränke bedeutsamen preisbildenden Faktoren sachgerecht zu reagieren. Die einschlägigen Parameter in einer Preisänderungsklausel abstrakt und viele Jahre vorher zueinander in Beziehung zu setzen, erscheint schon angesichts der Getränkevielfalt nicht möglich.[627)]

2.505 Nach hier vertretener Auffassung sind Preisänderungsklauseln in Getränkelieferungsverträgen daher auch gegenüber Unternehmerkunden wirksam. Daher stellen sich die etwa im Zusammenhang mit Energieversorgungsverträgen mit Sonderkunden aufgeworfenen Fragen[628)] – Recht des Sonderkunden, unwirksame Preiserhöhungen, die zu einem dem vereinbarten Anfangspreis übersteigenden Preis führen, innerhalb eines Zeitraums von drei Jahren nach Zugang der jeweiligen Jahresrechnung, in der die Preiserhöhung erstmals berücksichtigt worden ist, zu beanstanden; Rückzahlungsanspruch gem. § 812 Abs. 1 Satz 1 Fall 1 BGB; Verbleib des Kalkulations- und damit auch das Kostensteigerungsrisikos grundsätzlich bei dem Energieversorgungsunternehmen; Verpflichtung des Energieversorgers zur Herausgabe der von dem Kunden rechtsgrundlos gezahlte Erhöhungsbeträge; kein Ausschluss gem. § 818 Abs. 3 BGB; Beginn der Verjährung von Rückzahlungsansprüchen erst mit der Erteilung der Jahresabrechnung – in diesem Zusammenhang nicht.

§ 14 Übertragungsrecht

I. Grundlagen

1. Interessenlage

2.506 Regelungen zur Übertragung der Lieferechte des Getränkelieferanten eröffnen aus Sicht des Gastwirts für ihn möglicherweise Optionen, ein umfänglicheres Getränkesortiment als bislang zu erhalten. Vielleicht fürchtet er aber auch, dass der übernehmende Getränkelieferant das bekannte Sortiment nicht mehr (in vollem Umfang) anbieten wird. Auch sind dem Gastwirt die Person des neuen Vertragspartners, insbesondere seine Zuverlässigkeit, Kundentreue, sein (ggf. inaktives) Forderungsmanagement, seine Lieferzuverlässigkeit und sein persönliches Engagement nicht gleichgültig.

2.507 Dem steht das Interesse des Getränkelieferanten gegenüber, durch den Verkauf insbesondere des finanzierten und gebundenen Kundenstammes ein wertiges Lieferrecht zu realisieren. Getränkelieferanten, die stark gastronomieorientiert sind und mit erheblichem finanziellen Aufwand langfristige und auch im Übrigen umfängliche Lieferrechte erworben haben, möchten diese bestmöglich verwerten können. Daher geht deren Interesse dahin, vorsorglich eine Nachfolgeregelung

627) OLG Oldenburg, Urt. v. 14.11.2012 – 5 U 56/11.

628) Vgl. insofern BGH, Urt. v. 23.5.2012 – VIII ZR 210/11, NJW 2012, 2647; BGH, Urt. v. 14.3.2012 – VIII ZR 113/11, BGHZ 192, 372 = NJW 2012, 1865; BGH, Urt. v. 14.3.2012 – VIII ZR 93/11, BeckRS 2012, 07968; BGH, Urt. v. 23.1.2013 – VIII ZR 80/12, BeckRS 2013, 02661.

auf ihrer Seite (Übertragungsrecht) aufzunehmen, um im Falle der Aktualisierung der Regelung ohne Komplikationen Kundenbeziehungen, insbesondere zu Vertragskunden, reibungslos übertragen zu können.

2. Anwendungsfälle und Abgrenzung

Als eine der denkbaren Fallgruppen ist der **Verkauf** zu nennen. Daneben werden weitere Konstellationen praktisch.[629] 2.508

Zur **Ablösung der Lieferrechte** wird verwiesen auf ein Urteil des OLG Hamm vom 8.6.1998.[630] 2.509

Mit Fragen des Rechts zur **Mitbelieferung** befasst sich das Urteil des OLG Zweibrücken vom 15.1.1998.[631] 2.510

3. Exkurs Gesamtrechtsnachfolge

a) Fallgruppen. Zunächst ist an eine (aktienrechtliche) **Verschmelzung** zu denken. Gesetzliche Folge ist die gesetzliche Gesamtrechtsnachfolge in das Vermögen der übertragenen Gesellschaft. Sämtliche Aktiva und Passiva des Getränkelieferanten und damit auch etwa bestehende vertragliche Rechte gegenüber Gastwirten gehen über, ohne dass es dazu der Mitwirkung des Gastwirts bedarf. Sein Wille ist insofern unerheblich.[632] 2.511

Gleiches gilt für den Fall der **Umwandlung**, etwa einer Aktiengesellschaft in eine Kommanditgesellschaft auf Aktien.[633] 2.512

b) Zu den insofern praktisch relevanten Fragen der **Aktivlegitimation** wird auf die Entscheidung des OLG Nürnberg vom 6.5.2004 verwiesen.[634] 2.513

4. Regelung

Einer ausdrücklichen vertraglichen Regelung bedarf es nicht.[635] 2.514

---

629) BGH, Urt. v. 15.4.1998 – VIII ZR 377/96, NJW 1998, 2286 = ZIP 1998, 1441; OLG München, Urt. v. 14.4.1999 – 5 U 5558/98, rkr. durch Nichtannahmebeschl. d. BGH v. 9.3.2000 – VIII ZR 274/99.

630) OLG Hamm, Urt. v. 8.6.1998 – 31 U 4/98, rkr. durch Nichtannahmebeschl. d. BGH v. 15.9.1999 – VIII ZR 333/98.

631) OLG Zweibrücken, Urt. v. 15.1.1998 – 4 U 213/96, OLGReport 1998, 161, rkr. durch Nichtannahmebeschl. d. BGH v. 15.12.1998 – VIII ZR 50/98.

632) OLG Zweibrücken, Urt. v. 24.6.1997 – 5 U 36/96; OLG Zweibrücken, Urt. v. 15.1.1998 – 4 U 213/96, OLGReport 1998, 161 rkr. durch Nichtannahmebeschl. des BGH v. 15.12.1998 – VIII ZR 50/98; OLG Zweibrücken, Urt. v. 7.6.1999 – 7 U 4/97, OLGReport 2000, 153, rkr. durch Nichtannahmebeschl. d. BGH v. 23.2.2000 – VIII ZR 181/99.

633) OLG Brandenburg, Urt. v. 10.3.1998 – 6 U 159/97, rkr. durch Nichtannahmebeschl. d. BGH v. 21.4.1999 – VIII ZR 300/98.

634) OLG Nürnberg, Urt. v. 6.5.2004 – 13 U 52/04.

635) BGH, Urt. v. 25.4.2001 – VIII ZR 135/00, BGHZ 147, 279 = NJW 2001, 2331 = ZIP 2001, 1245; OLG Zweibrücken, Urt. v. 15.1.1998 – 4 U 213/96, OLGReport 1998, 161, rkr. durch Nichtannahmebeschl. d. BGH v. 15.12.1998 – VIII ZR 50/98.

5. Auslegung

2.515 Fehlt es im Vertragstext – der die Vermutung der Vollständigkeit und Richtigkeit für sich hat – an eindeutigen Anhaltspunkten etwa für die Auslegung, dass auch ein Rechtsnachfolger die Absatzstätte mit Getränken aus dem Getränkeprogramm des übertragenen Getränkelieferanten beliefern muss, so scheidet eine solche Auslegung aus. Sie würde auch nicht das typische, für den Vertragsgegner erkennbare Interesse des übertragenden Getränkelieferanten berücksichtigen, bestehende Bezugsverpflichtungen in weitgehendem Umfang auf einen etwaigen Rechtsnachfolger übertragen zu können. Die übernommene Verpflichtung stellt nämlich einen nicht unerheblichen Vermögenswert dar, der bei der Bemessung des Kaufpreises berücksichtigt wird. Dieser Vermögenswert wäre für den übertragenden Getränkelieferanten nicht mehr kalkulierbar, wenn er nicht von der Laufzeit der Bezugsverpflichtung, sondern von dem – bei Vertragsschluss nicht vorhersehbaren – Fortbestand des Getränkelieferanten abhängig gemacht würde.[636)]

II. Zustimmung

1. Erforderlichkeit

2.516 Die Übertragung der Rechte des Getränkelieferanten aus dem Getränkelieferungsvertrag im Wege der **Einzelrechtsnachfolge** (Singularsukzession) auf einen Dritten, insbesondere einen anderen Getränkelieferanten, bedarf der Zustimmung des Gastwirts als Schuldner (**§ 415 Abs. 1 BGB**).[637)]

2.517 Bei der **Gesamtrechtsnachfolge** (Übergang auf einen Erben im Erbfall (§ 1922 BGB), Rechtsübergang durch Verschmelzung oder Umwandlung) gehen dagegen die Rechte und Pflichten aus dem Vertrag kraft Gesetzes auf den jeweiligen Rechtsnachfolger über. Es bedarf weder der Zustimmung des Gastwirts noch seiner Mitwirkung im Übrigen.[638)] Seitens des Getränkelieferanten erfolgen lediglich karstellende Hinweise zur aktuellen Gläubigerstellung.

2. Inhalt

2.518 Vertragsübertragungsklauseln ersetzen formularmäßig das Genehmigungserfordernis des § 415 Abs. 1 BGB.[639)]

---

636) BGH, Urt. v. 15.4.1998 – VIII ZR 377/96, NJW 1998, 2296 = ZIP 1998, 1441.

637) BGH, Urt. v. 9.6.2010 – XII ZR 171/08, NJW 2010, 3708 = ZIP 2010, 2102 (Gewerbemietraumrecht).

638) OLG Zweibrücken, Urt. v. 24.6.1997 – 5 U 36/96; OLG Zweibrücken, Urt. v. 15.1.1998 – 4 U 213/96, OLGReport 1998, 161 rkr. durch Nichtannahmebeschl. des BGH v. 15.12.1998 – VIII ZR 50/98; OLG Zweibrücken, Urt. v. 7.6.1999 – 7 U 4/97, OLGReport 2000, 153, rkr. durch Nichtannahmebeschl. d. BGH v. 23.2.2000 – VIII ZR 181/99.

639) BGH, Urt. v. 9.6.2010 – XII ZR 171/08, NJW 2010, 3708 = ZIP 2010, 2102 (Gewerbemietraumrecht).

3. Form

Die gem. § 182 Abs. 2 BGB formfreie Genehmigung kann auch durch **schlüssige Handlung** erfolgen, etwa durch Fortsetzung der Getränkeabnahme nach Anzeige der Brauereiveräußerung.[640] 2.519

III. AGB-Klausel

1. Sachlicher Anwendungsbereich

Zunächst ist zu prüfen, ob das Übertragungsrecht in den sachlichen Anwendungsbereich des § 305 Abs. 1 BGB fällt. Wenn sich auch aus der äußeren Form des Vertragstextes sowie aus dem Umstand, dass der Geschäftsführer des beklagten Getränkelieferanten den Vertragstext zu einem Notartermin mitgebracht hatte, eine Vorformulierung ergibt, so steht damit aber noch nicht fest, dass die Rechtsnachfolgeklausel i. S. d. § 305 Abs. 1 Satz 1 BGB für eine Vielzahl von Verträgen vorformuliert worden war. Ob dies der Fall ist, muss im Einzelfall unter Berücksichtigung aller Umstände geprüft werden. Der Umstand, dass die Klausel auch in einem weiteren, von den Parteien abgeschlossenen, später allerdings nicht durchgeführten Vertrag enthalten war, reicht hierfür nicht aus, weil die untere Grenze für eine Vielzahl von Verwendungsfällen jedenfalls nicht unter drei beabsichtigten Verwendungen anzusetzen ist.[641] 2.520

2. Auslegung

Bei der Prüfung der Wirksamkeit eines Übertragungsrechts als Individualabrede ist im Wege der Auslegung gem. §§ 133, 157 BGB insbesondere unter Berücksichtigung der Begleitumstände sowie des mit dem Übertragungsrecht verfolgten individuellen Zwecks und der beiderseitigen Interessenlage der Vertragsparteien zu ermitteln, ob der Verpflichtete nach Einstellung des Brauereibetriebes grundsätzlich nunmehr Biere und Getränke des Rechtsnachfolgers abzunehmen hat.[642] 2.521

3. § 309 Nr. 10 BGB

a) Persönlicher Anwendungsbereich. Eine Verbrauchereigenschaft ist allenfalls bei **Eigentümererklärungen** oder **Mithaftungserklärungen Dritter** denkbar. § 309 Nr. 10 BGB gilt allerdings auch im **Unternehmerverkehr** (§ 310 Abs. 1 Satz 2 BGB).[643] 2.522

---

640) OLG Nürnberg, Urt. v. 10.5.1965 – 5 U 29/65, NJW 1965, 1919.

641) BGH, Urt. v. 15.4.1998 – VIII ZR 377/96, NJW 1998, 2296 = ZIP 1998, 1441.

642) BGH, Urt. v. 15.4.1998 – VIII ZR 377/96, NJW 1998, 2296 = ZIP 1998, 1441.

643) BGH, Urt. v. 29.2.1984 – VIII ZR 350/82, NJW 1985, 53 = Zeller III, 281 (Automatenaufstellvertrag); BGH, Urt. v. 15.4.1998 – VIII ZR 377/96, NJW 1998, 2286 = ZIP 1998, 1441; BGH, Urt. v. 9.6.2010 – XII ZR 171/08, NJW 2010, 3708 = ZIP 2010, 2102 (Gewerbemietraumrecht).

2.523 b) **Inhalt.** § 309 Nr. 10 BGB missbilligt solche Klauseln nicht allgemein, sondern nur dann, wenn sie Kauf-, Dienst- oder Werkverträge betreffen. Danach ist die Klausel nur wirksam, wenn der Nachfolger namentlich benannt wird oder wenn dem anderen Teil bei Eintritt des Nachfolgers ein Recht zur sofortigen Vertragsbeendigung eingeräumt wird. Der Getränkelieferungsvertrag rechnet jedenfalls nicht zu den in dem speziellen Klauselverbot genannten Vertragstypen. Dies könnte allenfalls hinsichtlich der Darlehenskomponente anders zu beurteilen sein.

4. §§ 310 Abs. 1 Satz 2, 307 Abs. 1 Satz 1 BGB

2.524 a) **Grundsatz.** Bereits ein Umkehrschluss aus § 309 Nr. 10 BGB zeigt, dass formularmäßige Vertragsübertragungsklauseln gegenüber einem Unternehmer nicht generell eine unangemessene Benachteiligung darstellen. Im Rahmen einer **Interessenabwägung** bedarf es einer Prüfung der jeweiligen **Umstände des Einzelfalles.** Zugunsten des AGB-Verwenders ist das Interesse an einer Bestandsübertragung zu beachten, zugunsten des AGB-Gegners das Interesse, sich über die Zuverlässigkeit und Solvenz des Übernehmers Gewissheit verschaffen zu können. Die Zulässigkeit einer nicht von § 309 Nr. 10 BGB gedeckten Vertragsübertragung ist daher zu bejahen, wenn ein berechtigtes Interesse aufseiten des Verwenders besteht und die Interessen des Partners nicht (wesentlich) beeinträchtigt werden. Das Interesse des AGB-Verwenders ist höher zu bewerten, wenn der Vertrag eine besonders lange (verbleibende) Laufzeit hat und je stärker die Bindung des AGB-Gegners, z. B. durch eine langfristige Ausschließlichkeitsbindung, ist. Eine solche Beeinträchtigung liegt z. B. auch vor, wenn der Vertragsinhalt aufgrund des Wechsels des Verwenders sich ändern würde.[644)]

2.525 b) **Rechtsprechung. aa) Entwicklung.** In einem vor Inkrafttreten des AGBG ergangenen Urteil hat der BGH die in einem formularmäßigen Getränkelieferungsvertrag enthaltene Befugnis des Getränkelieferanten, den Vertrag mit sämtlichen Rechten und Pflichten auf einen anderen Getränkelieferanten zu übertragen, im Hinblick auf das schützenswerte Interesse des Getränkelieferanten, zusammen mit seinem Geschäftsbetrieb auch den vertraglich gebundenen **Kundenstamm** mit zu übertragen, dann unbeanstandet gelassen, wenn der sonstige Vertragsinhalt – insbesondere hinsichtlich der **Braustelle und** der **Biermarke** – unberührt bleibt.[645)]

2.526 Im Zusammenhang mit einem auf mehrere Jahre abgeschlossenen **Automatenaufstellvertrag**, der neben mietvertraglichen Elementen auch personenbezogene Merkmale aufwies, führte der BGH dagegen aus, dass eine Vertragsübertragungsklausel ohne Widerspruchsrecht des Gastwirts unwirksam sei, weil dieser typischerweise ein besonderes Interesse daran habe, sich über die **Zulässigkeit** und

644) BGH, Urt. v. 9.6.2010 – XII ZR 171/08, NJW 2010, 3708 = ZIP 2010, 2102 (Gewerbemietraumrecht).

645) BGH, Urt. v. 10.3.1976 – VIII ZR 268/74, WM 1976, 508 = Zeller I, 327; OLG München, Urt. v. 31.1.1973 – 7 U 2372/72, MDR 1973, 761 = Zeller I, 321, als Vorinstanz.

Solvenz des neuen Vertragspartners Gewissheit zu verschaffen. Auch wurde die Einseitigkeit der Klausel zu Lasten des Gastwirts beanstandet.[646)]

Ist diese Befugnis des Getränkelieferanten dagegen nicht auf den Fall der Übertragung ihres Geschäftsbetriebes beschränkt und macht die Klausel auch keine Ausnahme für den Fall eines mit der Übertragung der Betriebsrechte auf einen anderen Getränkelieferanten verbundenen Wechsels der Biersorten, hatte der BGH zunächst Bedenken angemeldet, die er allerdings letztlich – weil für die Frage der Gesamtnichtigkeit des Vertrages ohne Bedeutung – offenlassen konnte.[647)] **2.527**

bb) Aktuell. Diese Frage ist vom BGH im Jahre 1998 dahingehend entschieden worden, dass ein formularmäßig vereinbartes generelles unbeschränktes Übertragungsrecht die Interessen des Gastwirts entgegen den Geboten von Treu und Glauben unangemessen benachteiligt und damit unwirksam ist, weil es Fälle des Rechtsübergangs auf andere Getränkelieferanten einbezieht, bei denen sich die Durchführung des Getränkelieferungsvertrages inhaltlich entscheidend zum Nachteil des Gastwirts ändern würde. Mit der Vertragsklausel „Die Rechte und Pflichten gehen auf die jeweiligen Rechtsnachfolger über und werden von ihnen übernommen." werde dem Getränkelieferanten auch die Befugnis eingeräumt, die Rechte ohne jede Einschränkung auf einen Rechtsnachfolger zu übertragen, somit auch bei Einstellung des Braubetriebs, bei Verlegung der Braustelle oder bei Änderung der Biermarke. Jede inhaltlich entscheidende Veränderung der Vertragsdurchführung sei eine unangemessene Benachteiligung des Gastwirts. Sehe der Vertrag die Lieferung der Hauptbiermarke des Verwenders (ohne diese namentlich zu nennen) vor, so wäre dieser Inhalt bei einem anderen Verwender ein anderer. Räumt das Übertragungsrecht die Befugnis ein, die Rechte aus einem Getränkelieferungsvertrag unabhängig davon zu übertragen, ob hiermit ein **Wechsel der Biersorte** verbunden ist, so verstoße dies gegen § 307 Abs. 1 BGB.[648)] **2.528**

Der Gastwirt, der sich langfristig an eine bestimmte Brauerei bindet, dürfe darauf vertrauen, dass auch bei einem von ihm hinzunehmenden Besitzerwechsel aufseiten der Brauerei die Vertragsdurchführung selbst unberührt bleibe. Entscheide die Brauerei sich zur **Aufhebung** oder zur **Verlegung der alten Braustätte und** zu einer **Änderung der Biermarke**, so brauche dies der Gastwirt, selbst wenn das nunmehr angebotene Bier qualitativ gleichwertig ist, in der Regel nicht hinzunehmen. Für den **Publikumsgeschmack** und damit den **Kundenkreis** eines Gastwirts seien vor allem die in der Absatzstätte ausgeschenkten Biersorten von maßgeblicher Be- **2.529**

646) BGH, Urt. v. 29.2.**1984** – VIII ZR 350/82, NJW 1985, 53 = Zeller III, 281 (Automatenaufstellvertrag); BGH, Urt. v. 11.7.**1984** – VIII ZR 35/83, ZIP 1984, 1093 = Zeller III, 298 281 (Automatenaufstellvertrag); BGH, Urt. v. 21.3.**1990** – VIII ZR 49/89, NJW-RR 1990, 816 = Zeller IV, 227 (Automatenaufstellvertrag).

647) BGH, Urt. v. 27.2.**1985** – VIII ZR 85/84, NJW 1985, 2693 = Zeller III, 80.

648) BGH, Urt. v. 15.4.**1998** – VIII ZR 377/96, NJW 1998, 2296 = ZIP 1998, 1441. Vgl. auch BGH, Urt. v. 9.6.2010 – XII ZR 171/08, NJW 2010, 3708 = ZIP 2010, 2102 (Gewerbemietraumrecht).

deutung. Dies gelte insbesondere bei kleinen und mittelständigen Brauereien mit begrenztem Einzugsgebiet. Diese im Wesentlichen auch heute noch gültigen Erwägungen träfen in gleicher Weise für den Fall zu, dass eine Brauerei unter Einstellung ihres Braubetriebes von einer anderen Brauerei übernommen wird, sodass nur noch deren Biere geliefert werden können. Auch hier sei dem Gastwirt der Vertrieb einer anderen Biermarke grundsätzlich nicht zuzumuten, weil hierdurch in seine gewachsenen Kundenbeziehungen eingegriffen werde und die Gefahr bestünde, dass es aufgrund des Wechsels der Biermarke zu einem Ausbleiben von Gästen und damit zu einem Umsatzverlust der Absatzstätte komme.[649)]

2.530 cc) Die Entscheidung ruft in mehrfacher Hinsicht **Kritik** hervor. Ein Vergleich der Entscheidung des BGH aus dem Jahre 1998 mit der Vorgängerentscheidung aus dem Jahre 1976 macht deutlich, dass es dem BGH weniger auf die Verlegung der Braustelle oder auf die Einstellung des Braubetriebes ankommt. Entscheidend ist vielmehr der Wechsel der Biermarke (vom BGH als Biersorte bezeichnet). Allein dieser Wechsel begründe nach der Rechtsprechung des BGH die Gefahr des Ausbleibens der Gäste und des Umsatzverlustes für den Gastwirt. Da der Vertrieb einer anderen Biermarke dem Gastwirt nicht zuzumuten sei, falle die Interessenabwägung letztlich zu seinen Gunsten aus.

2.531 Warum der Publikumsgeschmack der ausgeschenkten Biersorten gerade bei kleinen und mittelständischen Brauereien von maßgeblicher Bedeutung sein soll, bleibt unerfindlich. Sollte damit ein besonderer Schutz dieser Brauereien beabsichtigt gewesen sein, so bewirkt die Entscheidung gerade das Gegenteil, nämlich eine weitgehende Unverkäuflichkeit dieser Brauereien. Ohne die Möglichkeit der Sortimentsumstellung lässt sich weder der Kauf betriebswirtschaftlich darstellen noch können später Synergien gehoben werden.

2.532 Wird der Braubetrieb eingestellt und das verpflichtete Bier, das nicht unter einer Herkunftsbezeichnung auf dem Markt ist, von der übernehmenden Brauerei unter Beibehaltung der **Rezeptur**, der **Sorte** und der **Markenbezeichnung** weiterhin eingebraut, so ist auch kein Sachgrund ersichtlich, warum dem Gastwirt ein Sonderkündigungsrecht zustehen sollte. Unter den genannten Voraussetzungen lässt sich nämlich keine geschmackliche Veränderung des Produktes feststellen. Deshalb greift entgegen dem BGH auch nicht das Argument des Publikumsgeschmacks. Im Übrigen liegt weder eine Änderung der Sorte noch der Marke vor. Dies gilt auch dann, wenn die übernehmende Brauerei bei Identität im Übrigen die Markenbezeichnung ändert.[650)]

---

649) BGH, Urt. v. 15.4.1998 – VIII ZR 377/96, NJW 1998, 2296 = ZIP 1998, 1441; OLG Karlsruhe, Urt. v. 6.2.1997 – 12 U 266/96.

650) A. A. BGH, Urt. v. 15.4.1998 – VIII ZR 377/96, NJW 1998, 2296 = ZIP 1998, 1441; OLG Karlsruhe, Urt. v. 6.2.1997 – 12 U 266/96; OLG Zweibrücken, Urt. v. 15.1.1998 – 4 U 213/96, OLGReport 1998, 161, rkr. durch Nichtannahmebeschl. d. BGH v. 15.12.1998 – VIII ZR 50/98; LG Frankenthal, Urt. v. 4.2.1998 – 5 O. 1238/96.

Die vorbezeichneten Entscheidungen beruhen auf einer **Verkennung und Verwechslung der Begriffe „Sorte" und „Marke"**. Insofern zutreffend erläuterte Ziffer 40 letzter Satz der Bekanntmachung zur VO Nr. 1984/83, dass die bloße Änderung der Marke oder der sonstigen Benennung eines im Übrigen unverändert bleibenden Getränks keine Ausdehnung der Ausschließlichkeitsverpflichtung darstellt.[651] 2.533

Anders zu entscheiden könnten dagegen Sachverhalte sein, in denen sich die Ausschließlichkeitsbindung auf Biere bezieht, die unter einer **Herkunftsbezeichnung** eingebraut werden. Allerdings bedarf es auch insofern einer besonders sorgfältigen Prüfung im Einzelfall. Selbst dann, wenn nicht die Marke des gebundenen Bieres, sondern das finanzielle Engagement der – ggf. refinanzierenden – Brauerei ausschlaggebendes Motiv für den Abschluss des Getränkelieferungsvertrages gewesen sein sollte, muss die Bedeutung von **entlokalisierenden Hinweisen** beachtet werden. Dies insbesondere bei sog. einfachen geografischen Herkunftsbezeichnungen i. S. d. § 127 Abs. 1 Markengesetz. Soweit es sich um qualifizierte Herkunftsangaben handelt, ist an die Bestimmungen der EG-VO Nr. 2081/92 zum Schutz von geografischen Herkunftsangaben zu denken. Nur in letzterem Fall handelt es sich um Angaben, bei welchen die Herkunft der Ware zugleich auf eine besondere Beschaffenheit schließen lässt. 2.534

d) **Praxishinweis.** Will man ein Übertragungsrecht des Getränkelieferanten in den Getränkelieferungsvertrag aufnehmen, so muss die Rechtsprechung des BGH vom 15.4.1998 berücksichtigt werden. Die Regelung sollte daher sowohl einen Wechsel der Biermarke ausschließen als auch die Einschränkung enthalten, dass die Qualität der gelieferten Produkte sich nicht zum Nachteil des Gebundenen verändern darf. 2.535

e) **Kündbarkeit.** Dem Gastwirt darf weiter das Recht zur fristlosen Kündigung nicht abgeschnitten sein.[652] 2.536

§ 15 Nachfolge aufseiten des Gebundenen

I. Grundlagen

1. Praktische Bedeutung

Getränkelieferungsverträge enthalten zumeist eine Klausel des Inhalts, dass der Kunde, d. h. der Gastwirt oder Hausgeigentümer, bei Aufgabe des Betriebs oder Veräußerung der Besitzung seine Vertragspflichten sowohl hinsichtlich der Erfüllung der Getränkeabnahmeverpflichtung als auch der Verpflichtungen im Übrigen, insbesondere der Verpflichtung zur Rückzahlung des Darlehens, seinem Rechts-, Geschäfts- oder Besitznachfolger aufzuerlegen hat. 2.537

---

651) OLG Düsseldorf, Urt. v. 8.3.1990 – 12 U 45/89.

652) BGH, Urt. v. 15.4.1998 – VIII ZR 377/96, NJW 1998, 2296 = ZIP 1998, 1441.

2. Fallkonstellationen

2.538 Verschiedene Situationen sind zu unterscheiden, wobei die folgenden Hinweise nicht abschließend zu verstehen sind.

- Übertragung von einem selbst bewirtschaftenden Eigentümer an einen anderen selbst bewirtschaftenden Eigentümer[653)]
- Übertragung von einem selbst bewirtschaftenden Eigentümer an einen nicht selbst bewirtschaftenden Eigentümer[654)]
- Verpachtung/Vermietung durch einen bislang selbst bewirtschaftenden Eigentümer[655)]
- Übertragung von einem nicht selbst bewirtschaftenden Eigentümer, insbesondere einem Getränkelieferanten, an einen selbst bewirtschaftenden Eigentümer[656)]
- **Auferlegungspflichten**, die ein nicht selbst bewirtschaftender Eigentümer im Rahmen einer **Eigentümererklärung** übernommen hat, und Verpachtung/Vermietung[657)]
- Betriebseinstellung durch bislang selbst bewirtschaftenden Eigentümer[658)]
- Pächterwechsel.[659)]

---

653) BGH, Urt. v. 31.1.1973 – VIII ZR 131/71, WM 1973, 357 = Zeller I, 220; BGH, Urt. v. 6.10.1982 – VIII ZR 201/81, NJW 1983, 159 = Zeller III, 231 (Automatenaufstellvertrag); BGH, Urt. v. 23.11.1983 – VIII ZR 333/82, ZIP 1984, 335 = Zeller III, 266; BGH, Urt. v. 3.7.1991 – VIII ZR 201/90, NJW 1991, 2903 = ZIP 1991, 1011 = Zeller IV, 124; BGH, Urt. v. 21.10.1992 – VIII ZR 99/91, NJW-RR 1993, 562; BGH, Urt. v. 25.4.2001 – VIII ZR 135/00, BGHZ 147, 279 = NJW 2001, 2331 = ZIP 2001, 1245; OLG Koblenz, Urt. v. 5.6.1997 – 5 U 7/97, NJW-RR 1998, 1525, rkr. durch Nichtannahmebeschl. d. BGH v. 10.10.1997 – VIII ZR 198/97; OLG Celle, Urt. v. 10.6.1998 – 13 U 158/97, NJW-RR 1999, 1143; OLG Schleswig, Urt. v. 20.5.1999 – 7 U 26/98, MDR 2000, 1311.

654) BGH, Urt. v. 17.10.1973 – VIII ZR 91/72, WM 1973, 1360 = Zeller I, 232; OLG Düsseldorf, Urt. v. 23.10.2001 – 4 U 57/01, BeckRS 2001, 30213450 = NJOZ 2003, 2554, rkr. durch Nichtannahmebeschl. d. BGH v. 7.5.2003 – VIII ZR 271/01 (bei anschließender Weiterverpachtung).

655) OLG Stuttgart, Beschl. v. 26.7.1985 – 2 W 45/85, WRP 1986, 119; OLG Frankfurt/M., Urt. v. 30.11.1988 – 17 U 194/87, NJW-RR 1989, 1082 = Zeller IV, 56.

656) BGH, Urt. v. 8.4.1992 – VIII ZR 94/91, NJW 1992, 2145.

657) RG, Urt. v. 1.11.1904 – 150/04 III, JW 1905, 19; OLG Köln, Urt. v. 9.5.1995 – 3 U 144/94, NJW-RR 1995, 1516; OLG Düsseldorf, Urt. v. 22.4.1999 – 13 U 100/98; OLG Köln, Urt. v. 6.12.2006 – 1 U 14473/06, NJW-RR 2007, 498.

658) BGH, Urt. v. 27.2.1985 – VIII ZR 85/84, NJW 1985, 2693 = Zeller III, 80; LG Berlin, Urt. v. 31.1.1990 – 99 O. 206/89, NJW-RR 1990, 820 = Zeller IV, 288.

659) BGH, Urt. v. 24.1.1973 – VIII ZR 147/71, WM 1973, 388 = Zeller I, 300 (Automatenaufstellvertrag); BGH, Urt. v. 10.11.1976 – VIII ZR 84/75, WM 1977, 112 = Zeller II, 23 (Automatenaufstellvertrag); BGH, Urt. v. 6.6.1979 – VIII ZR 281/78, WM 1979, 918 = Zeller II, 53 (Automatenaufstellvertrag); BGH, Urt. v. 6.10.1982 – VIII ZR 201/81, NJW 1983, 159 = Zeller III, 231 (Automatenaufstellvertrag); BGH, Urt. v. 29.2.1984 – VIII ZR 350/82, NJW 1985, 53 = Zeller III, 281 (Automatenaufstellvertrag); OLG München, Urt. v. 1.10.1985 – 25 U 3981/85, NJW-RR 1986, 150 = Zeller III, 96; LG Freiburg, Urt. v. 28.7.2006 – 12 0. 118/05.

3. Interessenlage

Entsprechende Klauseln scheinen für den Gastwirt eine nicht unerhebliche Einschränkung seiner wirtschaftlichen Bewegungsfreiheit zur Folge haben. Zunächst scheint es, als sei ihm die Aufgabe der Absatzstätte während der Vertragslaufzeit erschwert und die Weitergabe der Verpflichtungen mit besonderen Risiken verbunden. Auch werde er durch die Nachfolgeverpachtung dadurch besonders belastet, dass auch seine Nachfolger auf Finanzierungen seitens der Getränkelieferanten angewiesen sind. Eine solche erfolgt aber nur, wenn das zur Verfügung stehende (Pacht-)Objekt bindungsfrei ist.[660] 2.539

4. Auslegung

Ob die Berechtigung des Gastwirts anzuerkennen ist, ohne ausdrückliche Klausel die aus dem Darlehensvertrag resultierende Verpflichtung auf seinen Nachfolger zu übertragen, erscheint zweifelhaft und ist im Ergebnis deswegen zu verneinen, weil auch die Bank immer ein vitales Interesse daran hat, wer ihr Schuldner ist. Gerade die Darlehensgewährung beruht auf einer umfassenden Bonitätsprüfung.[661] Zumeist ergibt die Auslegung, dass die Vereinbarung dahin zielt, das Darlehen in erster Linie aus den Erträgen des Betriebs der Absatzstätte zu tilgen. 2.540

5. Kein Recht auf befreiende Schuldübernahme

Dem Betreiber einer Absatzstätte steht kein Recht zu, sich im Wege einer befreienden Schuldübernahme von seinen Verpflichtungen, sei es der eingegangenen Bezugsverpflichtung, sei es seinen Tilgungs- und Zinsverpflichtungen aus dem gewährten Darlehen, zu entledigen.[662] 2.541

6. Schriftformerfordernis des § 34 GWB a. F.

Der BGH hatte zunächst angenommen, die Vereinbarung des alten mit einem neuen Pächter einer Absatzstätte über die Übernahme einer Bezugspflicht gegenüber der Brauerei aufgrund einer Nachfolgeklausel im Pachtvertrag bedurfte nicht der Schriftform, weil die Kartellbehörde ihre Kontrollbefugnisse durch Ein- 2.542

660) BGH, Urt. v. 17.10.1973 – VIII ZR 91/72, WM 1973, 1360 = Zeller I, 232; BGH, Urt. v. 6.10.1982 – VIII ZR 201/81, NJW 1983, 159 = Zeller III, 231 (Automatenaufstellvertrag); BGH, Urt. v. 23.11.1983 – VIII ZR 333/82, ZIP 1984, 335 = Zeller III, 266; OLG Köln, Urt. v. 6.12.2006 – 1 U 14473/06, NJW-RR 2007, 498.

661) BGH, Urt. v. 15.11.2000 – VIII ZR 322/99, NJW-RR 2001, 987.

662) BGH, Urt. v. 15.11.2000 – VIII ZR 322/99, NJW-RR 2001, 987.

sicht in den Vertrag zwischen der Brauerei und dem früher Verpflichteten ausüben konnten.[663)]

2.543 Dagegen hatte er später § 34 GWB a. F. angewandt, wenn in einen Alleinvertriebsvertrag anstelle eines Konzernunternehmens ein Schwesterunternehmen eintrat, weil die Beurteilung der wettbewerblichen Auswirkungen der Vertriebsbindung von maßgebender Bedeutung wäre.[664)] Dabei hatte er sich gegenüber seiner früheren Entscheidung dahin abgegrenzt, dass dort aufgrund des vorgelegten schriftlichen Vertrages der jeweils Verpflichtete hätte festgestellt werden können, während hier der Übernehmer der Vertriebsbindung nicht bezeichnet wäre. In weiteren Entscheidungen war die Formbedürftigkeit im Falle des Vertragsbeitritts oder der Vertragsübernahme[665)] sowie der Erfüllungsübernahme (§ 329 BGB) bejaht worden.[666)] Dabei reichte es für die Erfüllung des Formerfordernisses aus, wenn im Folgevertrag auf den ersten Vertrag deutlich Bezug genommen wurde.[667)]

2.544 Ähnlich wie im Mietrecht der Eintritt eines neuen anstelle des bisherigen Mieters der Form des § 550 BGB bedarf,[668)] sollte auch auf die Übernahme einer wettbewerbsbeschränkenden Getränkebezugspflicht durch einen Dritten das Schriftformgebot des § 34 GWB a. F. schon deshalb angewandt werden, weil die Kartellbehörde dem schriftlichen Erstvertrag in aller Regel nicht entnehmen konnte, ob und in welchem Umfang der Übernehmer einer Bezugsbindung unterlag.[669)]

2.545 Die aus Anlass der Übertragung einer gepachteten Gaststätte mündlich getroffene Vereinbarung einer **Abstandszahlung** zur Abgeltung des Geschäftswertes und des Inventars war nichtig, wenn der Pachtvertrag eine Getränkebezugsverpflichtung enthielt.[670)]

---

663) BGH, Urt. v. 6.11.1972 – KZR 65/71, GRUR 1978, 319; ebenso noch BGH, Beschl. v. 2.7.1987 – III ZR 186/86, BGHR GWB § 34 – Getränkebezugsverpflichtung 1 = Zeller IV, 496; OLG Stuttgart, Urt. v. 20.1.1989 – 2 U 259/88, WuW/E OLG 4677 = Zeller IV, 496.

664) BGH, Urt. v. 1.12.1977 – KZR 6/76, NJW 1978, 822 = Zeller II, 90.

665) BGH, Urt. v. 17.12.1985 – KZR 4/85, NJW-RR 1986, 724 = Zeller III, 181; BGH, Urt. v. 15.11.2000 – VIII ZR 322/99, NJW-RR 2001, 987; OLG Schleswig, Urt. v. 7.1.2000 – 11 U 204/98.

666) BGH, Urt. v. 23.3.1982 – KZR 18/81, NJW 1982, 2066 = Zeller III, 209; ebenso für die Weitergabe einer Getränkebezugsverpflichtung an einen Nachfolger OLG Hamm, Urt. v. 13.1.1995 – 7 U 121/94, NJW-RR 1995, 745, und LG Köln, Urt. v. 4.2.1993 – 22 O. 369/91, NJW-RR 1994, 242.

667) BGH, Urt. v. 15.5.1990 – X ZR 82/88, WM 1990, 1573; offengelassen von OLG Frankfurt/M., Urt. v. 12.5.1998 – 11 U (Kart) 54/97.

668) BGH, Urt. v. 29.11.1978 – VIII ZR 263/77, NJW 1979, 369 = Zeller II, 449.

669) *Bühler*, Brauerei- und Gaststättenrecht, 12. Aufl. 2009, Rz. 1983, m. w. N.

670) OLG Hamm, Urt. v. 13.1.1995 – 7 U 121/94, NJW-RR 1995, 745.

II. Verdikt des § 138 Abs. 1 BGB

1. Grundlagen

Keinen rechtlichen Bedenken unterliegt die vertragliche Verpflichtung, die Getränkebezugspflicht an einen Geschäftsnachfolger weiterzugeben.[671] 2.546

Eine Rechtsnachfolgeklausel mit der Verpflichtung, sowohl die Bezugsverpflichtung als auch eine noch offene Darlehensrestforderung auf einen Nachfolger in den Gaststättenbetrieb zu übertragen, kann nur dann sittenwidrig sein, wenn es an einer Leistung für denjenigen fehlt, der sich hinsichtlich der Weitergabeverpflichtungen gebunden hat.[672] Etwaige Bedenken kommen dann nicht zum Tragen, wenn der Gebundene das Darlehen als Leistung für der Bezugsverpflichtung erhalten hat, ihm mit der jeweils abgenommenen Getränkemenge die Tilgung des Kredites erleichtert wird und zudem die Beendigung der Bezugspflicht nicht noch zusätzlich von einer Gesamtmindestabnahme abhängig gemacht ist.[673] 2.547

Als sittenwidrig anzusehen ist dagegen die Kombination einer Nachfolgeklausel mit einer **Vertragsstrafenklausel**, durch die dem Gastwirt praktisch die Aufgabe, die Veräußerung oder die Weiterverpachtung der Absatzstätte verwehrt wird. Ggf. ist aber an eine ergänzende Vertragsauslegung gem. §§ 133, 157 BGB zu denken.[674] 2.548

2. Überprüfbarkeit

Handelt es sich um einen individuell ausgehandelten Vertrag, kann dessen Auslegung durch den Tatrichter nur eingeschränkt, insbesondere auf die Berücksichtigung aller für die Auslegung erheblichen Umstände, nachgeprüft werden.[675] 2.549

III. Inhaltskontrolle nach AGB-Recht

1. Einbeziehung und Transparenz

a) Um die Einbeziehungshürde der Nichtigkeit wegen einer überraschenden Klausel (§ 305c Abs. 1 BGB) und eine Nichtigkeit wegen Intransparenz (§ 307 Abs. 1 Satz 2 BGB) zu vermeiden, empfiehlt es sich, die Rechts- und Geschäftsnachfolge im Getränkelieferungsvertrag ausdrücklich zu regeln. Dadurch wird dem Kunden die Verpflichtung zur Übertragung deutlich vor Augen geführt. Auch wird er im Übrigen zu einem vertragsgemäßen Verhalten angehalten. 2.550

---

671) OLG Köln, Urt. v. 9.5.1995 – 3 U 144/94, NJW-RR 1995, 1516; OLG Düsseldorf, Urt. v. 27.10.2004 – VI-U (Kart) 41/03, BeckRS 2005, 06685; OLG Köln, Urt. v. 6.12.2006 – 1 U 14473/06, NJW-RR 2007, 498.

672) OLG Köln, Urt. v. 6.12.2006 – 1 U 14473/06, NJW-RR 2007, 498; AG Ludwigslust, Urt. v. 16.2.2009 – 5 C 2/09, BeckRS 2009, 11036.

673) BGH, Urt. v. 27.2.1985 – VIII ZR 85/84, NJW 1985, 2693 = Zeller, III, 80; AG Ludwigslust, Urt. v. 16.2.2009 – 5 C 2/09, BeckRS 2009, 11036.

674) BGH, Urt. v. 8.4.1992 – VIII ZR 94/91, NJW 1992, 2145.

675) BGH, Urt. v. 10.11.1976 – VIII ZR 115/75, BGHZ 67, 312 = NJW 1977, 381 (Automatenaufstellvertrag); BGH, Urt. v. 21.10.1992 – VIII ZR 99/91, NJW-RR 1993, 562.

2.551 b) **Auslegung.** Enthält der Getränkelieferungsvertrag verschiedene Regelungen zur Rechtsnachfolge, so scheitert eine Einbeziehung nach **§ 305c Abs. 2 BGB** nur dann, wenn die Regelungen in ihrem Kernbereich unklar sind. Lässt sich den Klauseln mit ausreichender Deutlichkeit entnehmen, dass sich der Begriff Rechtsnachfolger auf eine Veräußerung, Verpachtung und Überlassung des Wirtschaftsbetriebs oder auf eine Rechtsnachfolge aus sonstigen Gründen bezieht, so bestehen keine Bedenken.[676)]

2.552 Zur Frage, ob eine Vereinbarung dahin zu verstehen ist, der Gastwirt habe die Verpflichtung übernommen, den ausschließlichen Bezug der Getränke über den Getränkelieferanten auch im Falle der **Veräußerung** des Gastronomieobjektes zu gewährleisten, hat der OLG Düsseldorf wie folgt Stellung genommen. Zunächst ist im Wege der Auslegung zu ermitteln, ob der Gastwirt verpflichtet ist sicherzustellen, dass der Nachfolger auch den Getränkelieferungsvertrag übernimmt. Geht der Gastwirt gegenüber einem Getränkelieferanten die Verpflichtung ein, ausschließlich Getränke über den fraglichen Getränkelieferanten zu beziehen und auszuschenken bzw. ausschenken zu lassen, so erledigt sich diese Verpflichtung, wenn der Gastwirt die Absatzstätte veräußert. Der nicht selten verwendete Begriff „eintreten" ist unscharf und nach der Unklarheitenregel des § 305c Abs. 2 BGB gegen den Klauselverwender auszulegen. Der Gastwirt hat also nicht dafür zu sorgen, dass sich auch sein Nachfolger an die relevante Vereinbarung hält. Das gilt selbst dann, wenn es im Kopf der Vereinbarung heißt, die Abrede werde zwischen der Beklagten „bzw. gegen deren Rechtsnachfolger" und der Klägerin „bzw. deren Rechtsnachfolger" getroffen. Denn angesichts der besonderen wirtschaftlichen Bedeutung einer Ausschließlichkeitsbindung kann dem Getränkelieferanten zugemutet werden, eine Verpflichtung des Gastwirts zur Erstreckung der Bindung auf seinen Nachfolger eindeutig klarzustellen.[677)]

2. Grundsätzliche Zulässigkeit nach § 307 Abs. 1 Satz 1 BGB

2.553 a) **Meinungsstand.** aa) **Einschränkende Auffassungen.** Der BGH hatte Nachfolgeklauseln zunächst als besonders drückend, wenn auch nicht schlechthin zu beanstandend bewertet. Für den Gastwirt sei die Rechtsnachfolgeklausel mit einer nicht unerheblichen Einschränkung seiner wirtschaftlichen Bewegungsfreiheit verbunden, weil ihm die Aufgabe der Gaststätte während der Vertragslaufzeit erschwert werde. Geschäftsnachfolger seien meist auf ein Brauereidarlehen angewiesen und somit nur an einem bindungsfreien Pachtobjekt interessiert.[678)] Im

676) OLG Celle, Urt. v. 10.6.1998 – 13 U 158/97, NJW-RR 1999, 1143.

677) OLG Düsseldorf, Urt. v. 23.10.2001 – 4 U 57/01, BeckRS 2001, 30213450 = NJOZ 2003, 2554, rkr. durch Nichtannahmebeschl. d. BGH v. 7.5.2003 – VIII ZR 271/01.

678) BGH, Urt. v. 23.11.1983 – VIII ZR 333/82, ZIP 1984, 335 = Zeller III, 266; OLG Köln, Urt. v. 9.5.1995 – 3 U 144/94, NJW-RR 1995, 1516. Kritisch auch OLG Schleswig, Urt. v. 20.5.1999 – 7 U 26/98, MDR 2000, 1311.

Rahmen der Prüfung nach § 307 Abs. 1 Satz 1 BGB komme es nach Auffassung der Instanzrechtsprechung auf alle **Umstände des Einzelfalles** an, um feststellen zu können, ob eine Nachfolgeklausel wirksam sei.[679)] Unter Beachtung aller Umstände des Einzelfalles soll auch der **Umfang der Bezugspflicht** (Bier und/oder alkoholfreie Getränke etc.) von Belang sein, weil sonst der Nachfolger möglicherweise keine Chance habe, seine eigenen Vorstellungen von der Gestaltung einer Absatzstätte durchzusetzen und die Chancen des veräußerungswilligen Gastwirts unangemessen i. S. v. § 307 Abs. 1 Satz 1 BGB eingeschränkt würden.[680)]

bb) Herrschende Meinung. Nach herrschender Auffassung, insbesondere des BGH, bestehen gegen die Zulässigkeit von Nachfolgeklauseln auf Seiten des Gebundenen grundsätzlich keine Bedenken. Allerdings sind gewisse Zulässigkeitshürden zu beachten.[681)] 2.554

b) Begründung. Entsprechende Regelungen werden für Getränkelieferanten wegen der **Fluktuation** im Gaststättengewerbe und der **Gefahr des Leerlaufens** der Bezugsbindung bei Weiterübertragung der Absatzstätte, sei es schuldrechtlich, sei es sachenrechtlich, für unverzichtbar gehalten.[682)] 2.555

Letztlich entscheidend ist jedoch eine andere Überlegung. Durch die Nachfolgeklausel wird dem Gebundenen keine zusätzliche Belastung auferlegt, weil die Nichtübertragung der Bezugspflicht keine weitergehenden Rechtsfolgen auslöst als die Nichterfüllung des Vertrages selbst. Vielmehr eröffnet sie dem Gebundenen die Möglichkeit, die Bezugsverpflichtung durch einen Dritten erfüllen zu können. Schon sehr früh hatte der BGH nämlich erkannt, dass derartige Klauseln nur formal eine Pflicht des Gebundenen sind, ihn in Wirklichkeit jedoch begünstigen. Hat der Gastwirt nämlich das Recht, aus einem langjährigen (Miet-) Vertrag gegen die Stellung eines – hier – Ersatzmieters auszusteigen, so hat er 2.556

---

679) OLG Celle, Urt. v. 10.6.1998 – 13 U 158/97, NJW-RR 1999, 1143; LG Berlin, Urt. v. 31.1.1990 – 99 O. 206/99, NJW-RR 1990, 820 = Zeller IV, 288.

680) *von Westphalen*, Vertragsrecht und AGB-Klauselwerke, B Rz. 29.

681) BGH, Urt. v. 18.12.1970 – IV ZR 1082/68, NJW 1971, 505; BGH, Urt. v. 10.11.1976 – VIII ZR 115/75, BGHZ 67, 312 = NJW 1977, 381 (Automatenaufstellvertrag); BGH, Urt. v. 23.11.1983 – VIII ZR 333/82, ZIP 1984, 335 = Zeller III, 266; BGH, Urt. v. 27.2.1985 – VIII ZR 85/84, NJW 1985, 2693 = Zeller, III, 80; BGH, Urt. v. 22.10.1997 – VIII ZR 149/96; BGH, Urt. v. 15.11.2000 – VIII ZR 322/99, NJW-RR 2001, 987; BGH, Urt. v. 25.4.2001 – VIII ZR 135/00, BGHZ 147, 279 = NJW 2001, 2331 = ZIP 2001, 1245; OLG Köln, Urt. v. 9.5.1995 – 3 U 144/94, NJW-RR 1995, 1516; LG Berlin, Urt. v. 31.1.1990 – 99 O. 206/89, NJW-RR 1990, 820 = Zeller IV, 288; BGH, Urt. v. 22.10.1997 – VIII ZR 149/96; LG Köln, Urt. v. 3.7.2003 – 8 O. 315/02.

682) BGH, Urt. v. 10.11.1976 – VIII ZR 115/75, BGHZ 67, 312 = NJW 1977, 381 (Automatenaufstellvertrag); BGH, Urt. v. 27.2.1985 – VIII ZR 85/84, NJW 1985, 2693 = Zeller, III, 80; BGH, Urt. v. 25.4.2001 – VIII ZR 135/00, BGHZ 147, 279 = NJW 2001, 2331 = ZIP 2001, 1245; OLG Düsseldorf, Urt. v. 8.3.1990 – 12 U 45/89, Zeller IV, 421; OLG Köln, Urt. v. 9.5.1995 – 3 U 144/94, NJW-RR 1995, 1516; LG Berlin, Urt. v. 31.1.1990 – 99 O. 206/89, NJW-RR 1990, 820 = Zeller IV, 288.

nicht nur eine entsprechende Verpflichtung, sondern auch das Recht, dies zu tun und damit selbst aus dem (Miet-)Vertrag freizukommen.[683)]

2.557 Gibt der Gastwirt die Gastwirtschaft auf, bevor der Getränkelieferungsvertrag sein Ende gefunden hat, so wird der Vertragspartner des Getränkelieferanten von seinen Bezugspflichten nach den allgemeinen Grundsätzen des schuldrechtlichen Leistungsstörungsrechts oft nicht befreit werden. In einem solchen Fall stellt die Nachfolgeklausel den Gastwirt nicht schlechter, als er ohne sie stünde. Seine Lage wird im Gegenteil jedenfalls dann verbessert, wenn der Getränkelieferant aufgrund der Klausel einen ihm präsentierten Nachfolger nicht – zumindest nicht ohne sachgerechte Gründe – ablehnen kann. Auf diese Weise erlangt der Gastwirt eine Befreiung von seinen Bezugspflichten, die er nach dem allgemeinen Schuldrecht nicht beanspruchen könnte. Für diesen Fall kann daher auch AGB-rechtlich gegen die Nachfolgeklausel ernstlich nichts eingewendet werden. In Wirklichkeit eröffnet eine Rechtsnachfolgeklausel dem Gebundenen die – sonst nicht gegebene – Möglichkeit, sich seiner langfristig übernommenen Ausschließlichkeitsbindung durch eine wirksame Rechtsnachfolgegestaltung zu entledigen. Die Klausel, nach der der Gastwirt bei einer Veräußerung oder Überlassung der Absatzstätte die Bezugsbindung auf einen Dritten zu übertragen hat, hält sonach grundsätzlich einer Inhaltskontrolle nach § 307 BGB stand.[684)]

2.558 Nachfolgeklauseln sind im Übrigen auch deshalb nicht grundsätzlich unzumutbar, weil es dem Nachfolger unbenommen bleibt, den Vorteil seines Rechtsvorgängers in Gestalt der Leistungen des Getränkelieferanten auf sich zu übertragen, indem er beispielsweise den Aufpreis für die Gaststätte nur um einen etwa noch offenen Darlehensbetrag reduziert akzeptiert.[685)]

3. Keine Differenzierung nach der Rechtsstellung des Kunden

2.559 Der BGH differenziert im Rahmen der Interessenabwägung zu Recht nicht zwischen Grundstückseigentümern einerseits und Pächtern einer Absatzstätte andererseits. Es gibt keinen Erfahrungssatz, dass die Verpflichtung zur Übertragung der Bezugsverpflichtung auf einen Geschäftsnachfolger für den Eigentümer besonders gravierend ist. Damit geht die aktuelle Rechtsprechung in bewusster Abweichung von früheren Entscheidungen,[686)] wonach die Belastung für den Pächter größer als für den Eigentümer sei, weil der Pächter für die Fort-

683) BGH, Urt. v. 18.12.1970 – IV ZR 1082/68, NJW 1971, 505; BGH, Urt. v. 27.2.1985 – VIII ZR 85/84, NJW 1985, 2693 = Zeller, III, 80; BGH, Urt. v. 22.10.1997 – VIII ZR 149/96; LG Köln, Urt. v. 3.7.2003 – 8 O. 315/02.

684) BGH, Urt. v. 15.11.2000 – VIII ZR 322/99, NJW-RR 2001, 987; BGH, Urt. v. 25.4.2001 – VIII ZR 135/00, BGHZ 147, 279 = NJW 2001, 2331 = ZIP 2001, 1245.

685) LG Saarbrücken, Urt. v. 7.10.1996 – 1 O. 98/94.

686) BGH, Urt. v. 24.1.1973 – VIII ZR 147/71, WM 1973, 388 = Zeller I, 300 (Automatenaufstellvertrag, Pächter); BGH, Urt. v. 6.6.1979 – VIII ZR 281/78, WM 1979, 918 = Zeller II, 53 (Automatenaufstellvertrag, Pächter).

führung der Absatzstätte nicht sorgen könne, nunmehr von einer gleichartigen Belastung für Eigentümer und Pächter aus. Auch wenn ein Geschäftsnachfolger in aller Regel an der Anpachtung eines bindungsfreien Gaststättenobjekts interessiert sei, um Finanzierungsmittel eines anderen Getränkelieferanten in Anspruch nehmen zu können, falle die Suche nach einem Pächter, der eine bestehende Bezugsbindung zu übernehmen bereit sei, dem Eigentümer des Grundstücks nicht schwerer als dem ausscheidenden Pächter.[687)]

4. Zulässigkeitsvoraussetzungen

a) **Überblick.** Die Beurteilung erfordert eine Würdigung des Einzelfalls, insbesondere der beiderseitigen Vertragspflichten, im Hinblick auf die schutzwürdigen Interessen der Parteien.[688)] Nachfolgeklauseln sind zulässig, soweit das Recht zur außerordentlichen Kündigung unberührt bleibt (1) und die sonstige Vertragsgestaltung dem Gastwirt einen ausreichenden Freiheitsraum belässt, was vor allem auch die Möglichkeit einschließt, ohne Zustimmung des Getränkelieferanten die Verpflichtungen auf einen Rechtsnachfolger übertragen zu können (2).[689)] **2.560**

b) **Kündbarkeit.** Die Wirksamkeit der Nachfolgeklausel wird nicht dadurch in Frage gestellt, dass die Klausel ein solches Kündigungsrecht aus wichtigem Grund nicht ausdrücklich einräumt. Vielmehr besteht die Möglichkeit zur vorzeitigen Vertragsbeendigung auch dann, wenn eine vertragliche Regelung fehlt.[690)] **2.561**

Ein aus § 314 BGB resultierendes Kündigungsrecht kann dem Gastwirt nicht in wirksamer Weise genommen werden, sofern ihm die weitere Erfüllung des Vertrages schlechterdings nicht mehr zugemutet werden kann.[691)] **2.562**

Ist § 314 (insbesondere § 314 Abs. 1 Satz 2) BGB materiell erfüllt, so läuft die Nachfolgeklausel faktisch ins Leere.[692)] **2.563**

---

687) BGH, Urt. v. 6.10.1982 – VIII ZR 201/81, NJW 1983, 159 = Zeller III, 231 (Automatenaufstellvertrag, Eigentümer); BGH, Urt. v. 23.11.1983 – VIII ZR 333/82, ZIP 1984, 335 = Zeller III, 266.

688) BGH, Urt. v. 23.11.1983 – VIII ZR 333/82, ZIP 1984, 335 = Zeller III, 266; BGH, Urt. v. 27.2.1985 – VIII ZR 85/84, NJW 1985, 2693 = Zeller, III, 80; OLG Celle, Urt. v. 10.6.1998 – 13 U 158/97, NJW-RR 1999, 1143.

689) BGH, Urt. v. 31.1.1973 – VIII ZR 131/71, WM 1973, 357 = Zeller I, 220; BGH, Urt. v. 23.11.1983 – VIII ZR 333/82, ZIP 1984, 335 = Zeller III, 266; BGH, Urt. v. 27.2.1985 – VIII ZR 85/84, NJW 1985, 2693 = Zeller, III, 80; OLG Celle, Urt. v. 10.6.1998 – 13 U 158/97, NJW-RR 1999, 1143.

690) BGH, Urt. v. 29.2.1984 – VIII ZR 350/82, NJW 1985, 53 = Zeller III, 281 (Automatenaufstellvertrag); BGH, Urt. v. 27.2.1985 – VIII ZR 85/84, NJW 1985, 2693 = Zeller, III, 80; BGH, Urt. v. 25.4.2001 – VIII ZR 135/00, BGHZ 147, 279 = NJW 2001, 2331 = ZIP 2001, 1245; OLG Zweibrücken, Urt. v. 15.1.1998 – 4 U 213/96, OLGReport 1998, 161, rkr. durch Nichtannahmebeschl. d. BGH v. 15.12.1998 – VIII ZR 50/98.

691) BGH, Urt. v. 25.4.2001 – VIII ZR 135/00, BGHZ 147, 279 = NJW 2001, 2331 = ZIP 2001, 1245.

692) So im Ergebnis bereits *Paulusch*, Brauerei- und Gaststättenrecht, 9. Aufl. 1996, Rz. 286.

5. Anzeigepflicht

2.564 Sieht die Rechtsnachfolgeklausel die Verpflichtung vor, eine beabsichtigte Veräußerung, Vermietung, Verpachtung oder sonstige Überlassung der Absatzstätte an andere Personen dem Getränkelieferanten schriftlich anzuzeigen, so bestehen keine Wirksamkeitsbedenken. Der Getränkelieferant hat ein berechtigtes Interesse daran, rechtzeitig über eine anstehende Rechts- oder Geschäftsnachfolge unterrichtet zu werden. Die Verpflichtung zur Anzeige der Nachfolge ist im Regelfall nicht als unangemessen i. S. v. § 307 Abs. 1 Satz 1 BGB anzusehen.[693] Insofern ist der Getränkelieferant nämlich berechtigt, die sich aus der Aufzwingung eines Nachfolgers ergebende Gefährdung seines Erfüllungsinteresses durch die Anordnung der fortbestehenden (Mit-)Haftung des ausscheidenden Gastwirts berechtigterweise auszugleichen.[694]

6. Mithaftklauseln

2.565 a) **Auslegung.** Tritt ein Rechtsnachfolger in die Rechte und Pflichten aus einem Getränkelieferungsvertrag ein, so bedingt dies grundsätzlich die Enthaftung des scheidenden Vertragspartners. Enthält der Vertrag keine anderslautenden Passagen, so liegt auch keine möglicherweise angreifbare Gesamtschuldklausel vor.[695]

2.566 b) **Inhalt.** Vereinzelt finden sich Klauseln, nach denen der Gastwirt selbst dann als Gesamtschuldner weiter haften soll, wenn der Getränkelieferant der Nachfolge zugestimmt hat.

2.567 c) **Inhaltskontrolle.** Im Hinblick auf § 307 Abs. 1 Satz 1 BGB könnten durchgreifende Wirksamkeitsbedenken gegen derartige Nachfolgeklauseln dann bestehen, wenn der Rechtsvorgänger in der Mithaft für die vom Rechtsnachfolger übernommenen Verbindlichkeiten bliebe. Darin könnte eine erhebliche Belastung und Einschränkung der unternehmerischen Bewegungsfreiheit liegen, die sich rechtlich als unangemessene Übersicherung darstellen könnte.

2.568 Eine Klausel, die den Gastwirt selbst dann gesamtschuldnerisch neben dem Nachfolger weiter haften lassen will, wenn der Vertragspartner der Nachfolge zugestimmt hat, ist in einem Automatenaufstellvertrag für unwirksam erklärt worden.[696]

2.569 Rechtsnachfolgeklauseln mit Zustimmungsvorbehalt können auch in Getränkelieferungsverträgen formularmäßig nicht wirksam vereinbart werden, weil die

---

693) BGH, Urt. v. 25.4.2001 – VIII ZR 135/00, BGHZ 147, 279 = NJW 2001, 2331 = ZIP 2001, 1245; AG Ludwigslust, Urt. v. 16.2.2009 – 5 C 2/09, BeckRS 2009, 11036.

694) *Paulusch*, Brauerei- und Gaststättenrecht, 9. Aufl. 1996, Rz. 290 a. E.

695) LG Köln, Urt. v. 15.3.2011 – 21 O. 95/10, BeckRS 2012, 02826, Vorinstanz zu OLG Köln, Urt. v. 20.10.2011 – 7 U 65/11, BeckRS 2012, 15923.

696) BGH, Urt. v. 29.2.1984 – VIII ZR 350/82, NJW 1985, 53 = Zeller III, 281 (Automatenaufstellvertrag). Vgl. auch den ausdrücklichen Hinweis in BGH, Urt. v. 25.4.2001 – VIII ZR 135/00, BGHZ 147, 279 = NJW 2001, 2331 = ZIP 2001, 1245.

tragenden Erwägungen der zitierten Entscheidung zum Automatenaufstellvertrag auch insofern gelten. Gelingt die Verpflichtung des Nachfolgers, so darf der Verwender sich in diesem Fall nicht den ausscheidenden Wirt als Gesamtschuldner mit dem Übernehmer gemeinsam sichern.[697)]

Die übermäßige Sicherung des Getränkelieferanten durch **„Sammeln" von immer mehr Vertragsschuldnern,** je öfter eine Rechtsnachfolge stattfindet und die unangemessene Belastung des Gastwirts, der auf die Fortführung der Absatzstätte und damit auf die Entstehung von Ansprüchen des Getränkelieferanten keinen Einfluss hat, gelten für den Automatenaufstell- und den Getränkelieferungsvertrag gleichermaßen. Diese Klauseln verstoßen gegen § 307 Abs. 1 Satz 1 BGB, weil der Gastwirt dann weiterhin auf Erfüllung haftet und damit das **Insolvenzrisiko** des Nachfolgers trägt. Hier liegt eine zu beanstandende unangemessene **Übersicherung** vor. Dabei ist entscheidend, dass das Bonitäts- und Insolvenzrisiko des Nachfolgers – bei Zustimmungsvorbehalt und erklärter Zustimmung – ausschließlich Sache des Getränkelieferanten ist. Der ausgeschiedene Gastwirt hat hierauf – weder direkt noch indirekt – irgendeinen Einfluss, zumal Gaststätten, wie die Erfahrung lehrt, in ihrem wirtschaftlichen Erfolg in entscheidendem Maße von Ruf und Ansehen des Gastwirts abhängen. 2.570

Der Ansicht der Rechtsprechung ist entgegen gelegentlich zu hörender Kritik zuzustimmen: Die Kumulation von Verpflichtung des Gastwirts zur Weitergabe der Bezugsbindung **und** fortbestehender (Mit-)Haftung belastet ihn über die gesetzliche Rechtsfolge einer Nichterfüllung der Bezugspflicht hinaus in unangemessener Weise. Er bekommt zwar die Chance, bei vertragsgemäßer Fortsetzung des Bezuges durch den Nachfolger von der eigenen Erfüllungs- und ggf. Schadensersatzpflicht entlastet zu werden, hat aber auch das – in dieser Branche nicht ganz fernliegende – Risiko zu tragen, dass er bei mangelnder Vertragstreue des Nachfolgers selbst in die Haftung genommen wird und mit seinem Ausgleichsanspruch gem. § 426 Abs. 2 BGB ausfällt. Das allein belastet ihn aber jedenfalls nicht mehr als die gesetzliche Schadensersatzpflicht nach § 281 BGB. Hinzukommt die – von ihm zuvor zu erfüllende – Verpflichtung, einen Nachfolger beizubringen, der die bestehende Bezugspflicht übernimmt, wobei im Rahmen der Angemessenheitsbeurteilung das Gewicht dieser zusätzlichen Verpflichtung für den Fall ihrer Erfüllung und nicht für den ihrer vertragswidrigen Nichterfüllung ins Kalkül zu ziehen ist. Diese Verpflichtung ist dem Gesetz als Sanktionsfolge eines vorzeitigen Bezugsabbruchs fremd, und dem lässt sich nicht entgegenhalten, sie sei nur die Folge des vertragswidrigen Verhaltens des Gastwirts, nicht aber die der Klauselgestaltung; denn bei der Angemessenheitsprüfung sind gerade für den Eintritt des Schadensersatzfalles 2.571

697) BGH, Urt. v. 31.1.1973 – VIII ZR 131/17, WM 1973, 357 = Zeller I, 220; vgl. auch den ausdrücklichen Hinweis in BGH, Urt. v. 25.4.2001 – VIII ZR 135/00, BGHZ 147, 279 = NJW 2001, 2331 = ZIP 2001, 1245; OLG Schleswig, Urt. v. 20.5.1999 – 7 U 26/98, MDR 2000, 1311.

als Folge einer Vertragswidrigkeit die gesetzliche und die formularvertragliche Regelung miteinander zu vergleichen, und dieser Vergleich ergibt die Mehrbelastung des Gastwirts durch die AGB-Klausel. Der ausscheidende Gastwirt wird nämlich oft einem potenziellen Nachfolger, der in eine bestehende Bezugsbindung eintreten soll, wirtschaftliche Zugeständnisse machen müssen, die er einem Nachfolger, der eine nicht „brauereigebundene" Absatzstätte übernimmt und sich durch Abschluss eines neuen Getränkelieferungsvertrages eine Kreditgrundlage schaffen kann, nicht einzuräumen braucht.[698)]

2.572 Dieser den Gastwirt benachteiligenden Wirkung der Nachfolge- und Weiterhaftungsklausel steht jedenfalls dann kein überwiegendes Verwenderinteresse gegenüber, wenn nach dem Inhalt der Klausel die Zustimmung des Getränkelieferanten zum Eintritt des Nachfolgers erforderlich ist. Denn dann hatte er Gelegenheit, seine Einschätzung der Seriosität und Solvenz des Nachfolgers bereits in seine Zustimmungsentscheidung einzubeziehen.

2.573 Dem zu missbilligenden **„Sammeln"** von immer mehr **Gesamtschuldnern** für jeden neuen Nachfolgefall sollte auch nicht allein mit dem Rechtsmissbrauchseinwand (§ 242 BGB) entgegengewirkt werden. Ihm unter Ausschluss der Unwirksamkeitsfolge des § 307 BGB Geltung zu verleihen, erscheint nur dort angebracht, wo der ungerechtfertigte Verwendervorteil und die unangemessene Benachteiligung des Vertragspartners die ganz außerordentliche mit der Verwendung der Klausel nicht beabsichtigte Folge in besonderen Extremfällen sind. Das ist bei den **Mitklauseln** anders: Sie sind auf die „Doppelbelastung" des Gastwirts durch die Pflicht zur Nachfolgerstellung bei fortbestehender Mithaft einerseits sowie Vermehrung der haftenden Gesamtschuldner für jeden Nachfolgefall andererseits geradezu angelegt. Dem muss mit dem scharfen Schwert des § 307 Abs. 1 BGB gegengesteuert werden.[699)]

7. Bürgschaftsklauseln

2.574 a) **Inhalt.** Seltener sind Nachfolgeklauseln, bei denen der bisherige Vertragspartner in unterschiedlichen Formen seine Stellung aufgibt und in die Position eines Bürgen einrückt.

2.575 b) **Einbeziehung.** Eine Bürgschaftsklausel wird teilweise als überraschende Klausel i. S. d. § 305c Abs. 1 BGB angesehen.[700)] Ggf. ist die Unklarheitenregel des § 305c Abs. 2 BGB zu prüfen.[701)]

698) OLG Köln, Urt. v. 9.5.1995 – 3 U 144/94, NJW-RR 1995, 1516.

699) So *Paulusch*, Brauerei- und Gaststättenrecht, 9. Aufl. 1996, Rz. 290.

700) *von Westphalen*, Vertragsrecht und AGB-Klauselwerke, B Rz. 33; A Rz. 21.

701) OLG Celle, Urt. v. 10.6.1998 – 13 U 158/97, NJW-RR 1999, 1143; OLG Düsseldorf, Urt. v. 23.10.2001 – 4 U 57/01, BeckRS 2001, 30213450 = NJOZ 2003, 2554, rkr. durch Nichtannahmebeschl. d. BGH v. 7.5.2003 – VIII ZR 271/01.

c) **Inhaltskontrolle.** Zwar mag es Gründe geben, Bürgschaftsklauseln günstiger als Gesamtschuldnerklauseln zu beurteilen. Bei einer selbstschuldnerischen Bürgschaft unter Verzicht auf die Einrede der Vorausklage dürften aber die Unterschiede zur Gesamtschuldsituation eher zu vernachlässigen sein. Daher erscheint es angebracht, Bürgschaftsklauseln ähnlich wie Mithaftklauseln kritisch zu sehen.[702] 2.576

8. Rechtsfolgen bei Verstoß

a) **§ 306 Abs. 1 BGB.** Die Unwirksamkeit einer Rechtsnachfolgeklausel berührt die Wirksamkeit des Vertrages im Übrigen nicht.[703] 2.577

b) **Teilbarkeit.** Wenn eine Nachfolgeklausel sowohl zugunsten des Getränkelieferanten als auch des Gastwirts textiert ist – also sowohl Übertragungsrecht als auch Nachfolgeklausel ist –, stellt sich die Frage, ob im Blick auf die Unwirksamkeit der den Getränkelieferanten begünstigenden Klausel eine Teilbarkeit der Gesamtklausel i. S. v. § 306 Abs. 2 BGB vorliegt. Die Antwort hängt in erster Linie von dem Wortlaut der Klausel ab, weil es entscheidend darauf ankommt, ob der verbleibende „Rest" der Klausel aus sich heraus verständlich und einer selbständigen Inhaltskontrolle zugänglich ist. Dies dürfte im Zweifel zu verneinen sein, weil das Schwergewicht einer Nachfolgeklausel, welche sowohl den Getränkelieferanten als auch den Gastwirt erfassen will, in der Regelung liegt, dass die Interessen beider Vertragsparteien gleichermaßen berücksichtigt werden sollen. Dann aber wäre es im Ergebnis eine unzulässige geltungserhaltende Reduktion, wenn die Teilbarkeit der Klausel einseitig zum Nachteil des Gastwirts gereicht.[704] 2.578

§ 16 Vollzug von Nachfolgeklauseln

I. Gestaltungsmöglichkeiten

Soweit es im Streifall darauf ankommt, muss im Wege der Auslegung geklärt werden, ob die Rechtsnachfolgeklausel aufseiten des Gebundenen die Möglichkeit einräumt, die Verpflichtungen aus dem Vertrag dem Geschäftsnachfolger im Wege der befreienden **Schuldübernahme gem. § 415 BGB** aufzuerlegen, ob die Vertragsverpflichtungen lediglich durch eine **kumulative Schuldübernahme (Schuldbeitritt)** übertragen werden dürfen oder ob als weitere – besonders nahe liegende Möglichkeit – eine **Vertragsübernahme** in Betracht kommt.[705] 2.579

702) Siehe oben § 15 III 7 c.

703) AG Ludwigslust, Urt. v. 16.2.2009 – 5 C 2/09, BeckRS 2009, 11036.

704) *von Westphalen*, Vertragsrecht und AGB-Klauselwerke., B Rz. 32.

705) BGH, Urt. v. 21.10.1992 – VIII ZR 99/91, NJW-RR 1993, 562; BGH, Urt. v. 15.11.2000 – VIII ZR 322/99, NJW-RR 2001, 987; OLG Schleswig, Urt. v. 7.1.2000 – 11 U 204/98.

II. Auslegung

2.580 Welche Gestaltungsform im Einzelfall dem Willen der Beteiligten entspricht, ist durch Auslegung der getroffenen Parteiabreden zu ermitteln.[706)]

1. Schuldbeitritt

2.581 Hat der Anspruchsgegner (Sohn des Hauseigentümers) gemäß Vereinbarung die zwischen dem Getränkefachgroßhändler (Kläger) und einem Vormieter seiner Mutter vereinbarten Getränkebezugsverpflichtung in vollem Umfang anerkannt, so ist die Vereinbarung als Schuldbeitritt zu verstehen. Dies ergibt sich aus dem Wortlaut („dieser Beitritt"). Der Schuldbeitritt bewirkt, dass die dadurch entstandene Verpflichtung den gleichen Inhalt und die gleiche Beschaffenheit wie die des vorherigen Schuldners hat. Beitretender und bisheriger Schuldner sind somit Gesamtschuldner i. S. d. §§ 421 ff. BGB.[707)]

2. Erfüllungsübernahme

2.582 Bei der Erfüllungsübernahme verpflichtet sich der Dritte nur gegenüber dem Schuldner, dessen Schuld zu übernehmen. Der Gläubiger hat folglich keinen Anspruch gegen den Dritten. Zur Auslegung als Erfüllungsübernahme (§ 329 BGB) wird verwiesen auf ein Urteil des OLG Frankfurt vom 12.5.1998.[708)]

3. Vertragsübernahme

2.583 Bei der Übernahme von Getränkebezugsverpflichtungen im Zusammenhang mit dem **Erwerb einer Absatzstätte** kommt eine Vertragsübernahme besonders oft in Betracht. Eine Vertragsklausel, wonach die eine Partei als Erwerber mit schuldbefreiender Wirkung für den Veräußerer in alle Rechte und Pflichten eintritt, legt, zumal sich der Erwerb von Rechten nur durch Einzelabtretungen bewerkstelligen lässt, eine Vertragsübernahme nahe. Eine Vertragsübernahme wahrt die Interessen beider Seiten, weil der Veräußerer gegenüber dem Gläubiger entpflichtet wird, während der Erwerber neben den Pflichten auch die vertragsgemäßen Rechte erlangt. Für eine Vertragsübernahme spricht auch, dass der beurkundende Notar im Rahmen der Vereinbarung beauftragt wurde, die eine

706) BGH, Urt. v. 3.7.1996 – VIII ZR 92/95, NJW-RR 1996, 1394 (Zuschuss- und Getränkelieferungsvertrag); BGH, Urt. v. 3.12.1997 – XII ZR 6/96, NJW 1998, 531 = ZIP 1998, 391 (Gaststättenmietvertrag).

707) OLG Düsseldorf, Urt. v. 16.1.2004 – I-14 U 156/03, BeckRS 2010, 24896, rkr. durch (Nichtzulassungs-)Beschl. d. BGH v. 19.10.2005 – VIII ZR 53/04.

708) OLG Frankfurt/M., Urt. v. 12.5.1998 – 11 U (Kart) 54/97.

Partei von der „Vertragsübernahme“ in Kenntnis zu setzen und die Annahme der Regelung durch sie herbeizuführen.[709)]

Eine Vertragsübernahme – und nicht nur eine kumulative oder befreiende Schuldübernahme – wird weiter oft dann in Betracht kommen, wenn ein Dritter, etwa ein Erwerber der Absatzstätte, in den Getränkelieferungsvertrag mit allen Rechten und Pflichten eintritt (Betreiberwechsel),[710)] denn der Übergang auch der Rechte des bisherigen Eigentümers und Bezugsverpflichteten auf den Dritten lässt sich allein mit einem Schuldbeitritt nicht bewerkstelligen. In einem solchen Fall begründet auch die Übernahmeerklärung für den Eintretenden die Verpflichtung zum wiederkehrenden Bezug von Sachen i. S. d. § 510 Abs. 1 Satz 1 Nr. 3 BGB. 2.584

III. Vertragsübernahme

1. Abwicklung

Die Vertragsübernahme als eine im Gesetz nicht besonders geregelte Form der Rechtsnachfolge bedarf stets der Mitwirkung aller drei daran Beteiligten, also des ausscheidenden, des übernehmenden und des verbleibenden Vertragsteils.[711)] 2.585

2. Kontrahierungsformen

Mehrere Möglichkeiten kommen in Betracht: Zum einen kann der Getränkelieferungsvertrag zwischen den bisherigen Parteien durch Vertrag zwischen diesen beendet und sodann ein neuer Getränkelieferungsvertrag mit dem Inhalt des bisherigen durch einen weiteren Vertrag mit dem neuen Vertragspartner (Gastwirt, Hauseigentümer etc.) geschlossen werden. Zum anderen besteht die Möglichkeit, dass der Parteiwechsel durch Vertrag zwischen dem aus dem Getränkelieferungsverhältnis ausscheidenden bisherigen Vertragspartner und dem neu eintretenden mit Zustimmung der verbleibenden Partei (Getränkelieferant) vereinbart wird. 2.586

709) BGH, Urt. v. 21.10.1992 – VIII ZR 99/91, NJW-RR 1993, 562; BGH, Urt. v. 10.5.1995 – VIII ZR 264/94, BGHZ 129, 371 = NJW 1995, 2290 = ZIP 2995, 996; BGH, Urt. v. 15.11.2000 – VIII ZR 322/99, NJW-RR 2001, 987; OLG Celle, Urt. v. 10.6.1998 – 13 U 158/97, NJW-RR 1999, 1143; OLG Saarbrücken, Urt. v. 11.10.1995 – 1 U 864/94 – 129; OLG Düsseldorf, Urt. v. 28.5.2004 – 15 U 193/03 sowie – 15 W 103/03 (Vertrag Brauerei-Getränkefachgroßhändler).

710) BGH, Urt. v. 21.10.1992 – VIII ZR 99/91, NJW-RR 1993, 562; OLG Saarbrücken, Urt. v. 11.10.1995 – 1 U 864/94 – 129.

711) OLG Düsseldorf, Urt. v. 20.12.1999 – 24 U 186/98, NJW-RR 2001, 641.

2.587 Es macht keinen Unterschied, welche der möglichen Kontrahierungsformen („dreiseitiger" Vertrag;[712] Vereinbarung zwischen zwei Beteiligten unter Zustimmung des Dritten) die Parteien wählen.[713]

2.588 Eine Vertragsübernahme kann auch in der Weise erfolgen, dass der Dritte den Getränkelieferungsvertrag dadurch übernimmt, dass er den Geschäftsbetrieb seines Vorgängers, etwa einer Gesellschaft, und damit den Getränkelieferungsvertrag übernimmt und der Getränkelieferant diesem zustimmt.

3. Umfang der Übertragung

2.589 **a) Differenzierung.** Nicht selten legen Nachfolgeregelungen den bisherigen Kunden auch die Verpflichtung auf, dem Geschäftsnachfolger die Bezugsverpflichtung in der Weise schriftlich aufzuerlegen, dass der Getränkelieferant berechtigt ist, vom Geschäftsnachfolger unmittelbar Erfüllung zu verlangen. Insofern ist zu unterscheiden zwischen der Rechtsnachfolge in die Darlehens- und/oder sonstigen Leistungsverpflichtungen einerseits und der Rechtsnachfolge in die Bezugsverpflichtung andererseits.[714]

2.590 **b) Finanzierung.** Im Wege der Auslegung ist zu ermitteln, ob die Übertragung neben dem getränkebezugsrechtlichen Teil auch den darlehensrechtlichen Teil der Vereinbarung der Parteien betrifft. Nach dem Wortlaut der Nachfolgeklausel besteht ggf. keine Verpflichtung zur Übertragung bzw. Übernahme der (Alt-)Darlehensverbindlichkeiten des früheren Gaststättenbetreibers auf seinen Nachfolger. Dann ist zu klären, in welchem Umfang der Vertragsübernehmende Altverbindlichkeiten des Übertragenden übernimmt.

4. Anwendbares Recht

2.591 Zwar regelt das BGB die Abtretung einzelner Forderungen und die Übernahme einzelner Schulden; es fehlt aber an einer ausdrücklichen Regelung über die rechtsgeschäftliche Übertragung eines Schuldverhältnisses im Ganzen, d. h. den Eintritt einer Vertragspartei anstelle der bisherigen. Im Wege der Rechtsfortbildung ist hierfür die Vertragsübernahme entwickelt worden (§ 311 Abs. 1 BGB).[715]

---

712) BGH, Urt. v. 3.7.1996 – VIII ZR 92/95, NJW-RR 1996, 1394 (Zuschuss- und Getränkelieferungsvertrag); BGH, Urt. v. 3.12.1997 – XII ZR 6/96, NJW 1998, 531 = ZIP 1998, 391 (Gaststättenmietvertrag); OLG Saarbrücken, Urt. v. 11.10.1995 – 1 U 864/94 – 129.

713) BGH, Urt. v. 20.6.1985 – IX ZR 173/84, NJW 1985, 2528 (Mietvertrag); BGH, Urt. v. 27.11.1985 – VIII ZR 316/84, NJW 1986, 918 = ZIP 1986, 164 (Leasingvertrag; OLG Koblenz, Urt. v. 5.6.1997 – 5 U 7/97, NJW-RR 1998, 1525, rkr. durch Nichtannahmebeschl. d. BGH v. 10.10.1997 – VIII ZR 198/97; OLG Brandenburg, Urt. v. 15.9.2010 – 3 U 117/09, BeckRS 2010, 26527 (Mietvertrag).

714) Siehe oben § 15 III 6; BGH, Urt. v. 25.4.2001 – VIII ZR 135/00, BGHZ 147, 279 = NJW 2001, 2331 = ZIP 2001, 1245; OLG Celle, Urt. v. 10.6.1998 – 13 U 158/97, NJW-RR 1999, 1143; LG Freiburg, Urt. v. 28.7.2006 – 12 0. 118/05.

715) BGH, Urt. v. 20.6.1985 – IX ZR 173/84, NJW 1985, 2528.

5. Hauptvertrag

Sollte der Hauptvertrag (Getränkelieferungsvertrag) nichtig sein, so gehen Schuldübernahme, Schuldbeitritt und/oder Vertragsübernahme ins Leere.[716] 2.592

6. Verbraucherkreditrecht, Grundlagen

a) Sachlicher Anwendungsbereich. Bei Getränkelieferungsverträgen sind § 510 Abs. 1 Satz 1 Nr. 3 BGB bzw. § 495 BGB auf den (verfügenden) Übernahmevertrag aus Schutzzweckgesichtspunkten entsprechend anwendbar.[717] 2.593

b) Persönlicher Anwendungsbereich. Liegen die persönlichen Anwendungsvoraussetzungen – hier Existenzgründereigenschaft – in der Person des Übernehmenden vor, so ist § 512 BGB anzuwenden.[718] Wird die Bezugsverpflichtung von einem Dritten im Rahmen einer bereits ausgeübten gewerblichen Tätigkeit übernommen (§ 14 BGB), so scheidet § 512 BGB aus.[719] 2.594

c) Schriftform. aa) Anforderungen. Da das Schutzbedürfnis mithaftender Personen bei anfänglicher gesamtschuldnerischer Haftung oder späterer gesamtschuldnerischer Haftung (Schuld- oder Vertragsbeitritt) bzw. Übernahme der Verpflichtungen aus einem Ratenlieferungsvertrag (Schuld- oder Vertragsübernahme) nicht geringer ist als das des ursprünglichen Vertragspartners, gilt das Schriftformerfordernis im Hinblick auf die ihm innewohnende Informations- und Warnfunktion in gleicher Weise.[720] Dem Mithaftenden ist der vollständige Vertragsinhalt schriftlich mitzuteilen, damit ihm vor Augen geführt wird, in welchem Umfang er in Haftung steht. In der Praxis erfolgt dies durch Inbezugnahme und Beifügung des jeweiligen „Ausgangs-/Haupt-/Ursprungsvertrages".[721] 2.595

bb) Heilung. Im Zusammenhang mit der vertraglichen Übernahme einer Getränkebezugsverpflichtung sprach der BGH die Frage einer entsprechenden Anwendung der Heilungsvorschrift des § 6 Abs. 2 VerbrKrG bei Formnichtigkeit des Übernahmevertrages zwar an. Er verwies insofern aber darauf, dass § 2 2.596

716) BGH, Urt. v. 21.10.1992 – VIII ZR 99/91, NJW-RR 1993, 562; OLG Düsseldorf, Urt. v. 16.1.2004 – I-14 U 156/03, BeckRS 2010, 24896, rkr. durch (Nichtzulassungs-)Beschl. d. BGH v. 19.10.2005 – VIII ZR 53/04.

717) BGH, Urt. v. 10.5.1995 – VIII ZR 264/94, BGHZ 129, 371 = NJW 1995, 2290 = ZIP 1995, 996; BGH, Urt. v. 26.5.1999 – VIII ZR 141/98, BGHZ 142, 23 = NJW 1999, 2664 = ZIP 1999, 1169.

718) BGH, Urt. v. 10.5.1995 – VIII ZR 264/94, BGHZ 129, 371 = NJW 1995, 2290 = ZIP 2995, 996; OLG Köln, Beschl. v. 19.8.1996 – 1 W 72/96, BB 1996, 2661 = MDR 1997, 32.

719) BGH, Urt. v. 17.4.1996 – VIII ZR 44/95, NJW 1996, 2094 = ZIP 1996, 1012; OLG Düsseldorf, Urt. v. 20.12.1999 – 24 U 186/98, NJW-RR 2001, 641; OLG Frankfurt/M., Urt. v. 17.3.2000 – 11 U (Kart) 29/99, BGH, VIII ZR 101/00, Revisionsrücknahme.

720) BGH, Urt. v. 10.5.1995 – VIII ZR 264/94, BGHZ 129, 371 = NJW 1995, 2290 = ZIP 2995, 996.

721) BGH, Urt. v. 25.2.1997 – XI ZR 49/96, NJW 1997, 1443 = ZIP 1997, 642 (zum kreditrechtlichen Teil); BGH, Urt. v. 26.5.1999 – VIII ZR 141/98, BGHZ 142, 23 = NJW 1999, 2664 = ZIP 1999, 1169 (zum kreditrechtlichen Teil).

VerbrKrG lediglich auf § 4 Abs. 1 Satz 1 und § 4 Abs. 3 VerbrKrG Bezug nahm. Letztlich entschied er die Frage nicht.[722)]

2.597 d) **Pflichtangaben.** Hinsichtlich des bezugsrechtlichen Teils bestehen keine Angabeerfordernisse.

2.598 e) **Widerrufsbelehrung.** Anzugebender Widerrufsadressat ist der Getränkelieferant, weil der Übernehmer allein mit ihm – und nicht mit dem ausscheidenden Vertragspartner – in das für die Anwendung der §§ 1c, 1b AbzG typische Lieferanten-/Bezieher-Verhältnis tritt.[723)] Zur fehlerhaften Widerrufsbelehrung vergleiche im Übrigen die Entscheidungen des OLG Koblenz und des OLG Frankfurt.[724)]

7. Widerruf

2.599 a) **Ausschluss des Widerrufsrechts. aa)** Das Gesetz kennt keinen Erlöschenstatbestand **„Vertragsübernahme"**. Ein mangels ordnungsgemäßer Widerrufsbelehrung schwebend unwirksamer Getränkelieferungsvertrag wurde nicht dadurch voll wirksam, dass er von einem nicht schutzbedürftigen Dritten (hier: einer GmbH, vgl. § 8 AbzG i. V. m. §§ 6 Abs. 1 HGB, 13 Abs. 3 GmbHG) übernommen wurde.[725)]

2.600 **bb)** Die Schutzbedürftigkeit war zwar Voraussetzung für das Entstehen des Widerrufsrechts, nicht aber für sein Fortbestehen. Das Widerrufsrecht erlosch daher nicht, wenn der zunächst Schutzbedürftige später im Handelsregister als Kaufmann eingetragen wurde.[726)]

2.601 **cc)** Anders ist dies nur, wenn die Erklärungen über die Vertragsübernahme eine **Bestätigung** des alten Vertrages entsprechend §§ 141 Abs. 1, 144 Abs. 1 BGB enthalten oder als Neuabschluss eines Getränkelieferungsvertrages gewertet bzw.

---

722) BGH, Urt. v. 10.5.1995 – VIII ZR 264/94, BGHZ 129, 371 = NJW 1995, 2290 = ZIP 2995, 996.

723) BGH, Urt. v. 3.7.1991 – VIII ZR 201/90, NJW 1991, 2903 = ZIP 1991, 1011 = Zeller IV, 124; BGH, Urt. v. 8.10.1992 – IX ZR 98/91, NJW-RR 1993, 243; OLG Frankfurt/M., Urt. v. 17.3.2000 – 11 U (Kart) 29/99, BGH – VIII ZR 101/00, Revisionsrücknahme.

724) OLG Koblenz, Urt. v. 5.6.1997 – 5 U 7/97, NJW-RR 1998, 1525, rkr. durch Nichtannahmebeschl. d. BGH v. 10.10.1997 – VIII ZR 198/97; OLG Frankfurt/M., Urt. v. 30.11.2000 – 16 U 230/99, BGH, VIII ZR 5/01, Revisionsrücknahme nach Nichtannahmebeschluss, der ausnahmsweise begründet worden ist.

725) BGH, Urt. v. 17.4.1996 – VIII ZR 44/95, NJW 1996, 2094 = ZIP 1996, 1012; zu einer unter das VerbrKrG fallenden Vertragsübernahme BGH, Urt. v. 10.5.1995 – VIII ZR 264/94, BGHZ 129, 371 = NJW 1995, 2290 = ZIP 2995, 996; OLG Frankfurt/M., Urt. v. 17.3.2000 – 11 U (Kart) 29/99, BGH, VIII ZR 101/00, Revisionsrücknahme.

726) BGH, Urt. v. 28.11.1994 – VIII ZR 315/93, WM 1995, 334; BGH, Urt. v. 10.5.1995 – VIII ZR 264/94, BGHZ 129, 371 = NJW 1995, 2290 = ZIP 2995, 996; BGH, Urt. v. 17.4.1996 – VIII ZR 44/95, NJW 1996, 2094 = ZIP 1996, 1012.

in einen solchen **umgedeutet** werden können.[727] Denkbar ist es nämlich, dass in der Situation der Vertragsübernahme die Parteien nicht nur den alten Vertrag in seinen Bestand übernehmen wollten, sondern einen neuen Getränkelieferungsvertrag schließen wollten (**Neuabschluss**). Dafür müssten jedoch entsprechende Anhaltspunkte gegeben sein.

b) Widerrufsberechtigung.[728] Insofern ist zu differenzieren. **aa) Übernahmeerklärung.** Unabhängig von der Widerruflichkeit des übernommenen Vertrags kann sich ein originäres Widerrufsrecht des übernehmenden Vertragsteils bezüglich des Übernahmevertrages ergeben, wenn der Übernehmer in den persönlichen Schutzbereich des Verbraucherkreditrechts fällt.[729] 2.602

bb) Übernommener Vertrag. aaa) Der übernommene Getränkelieferungsvertrag wird durch die Übernahme inhaltlich nicht verändert. Die mit der Vertragsübernahme herbeigeführte Einzelrechtsnachfolge bewirkt lediglich die Auswechslung des Vertragspartners unter Aufrechterhaltung der Identität des Vertrags.[730] Ein unter der Geltung des AbzG geschlossener Getränkelieferungsvertrag, der mangels ordnungsgemäßer Widerrufsbelehrung des Bezugsverpflichteten schwebend unwirksam war, wurde nicht dadurch voll wirksam, dass er nach Inkrafttreten des VerbrKrG von einem Dritten übernommen wurde und dieser die Vertragsübernahme nicht (mehr) widerrufen konnte.[731] Denn da der Rechtsnachfolger eben die Rechtsstellung erlangte, die der ausscheidende Vertragspartner innehatte, wurde ein schwebend unwirksamer Vertrag grundsätzlich in seiner Schwebelage übernommen und die schwebende Unwirksamkeit selbst dann nicht durch bloße Auswechslung des Vertragspartners behoben, wenn der Eintretende nicht zu dem durch das Widerrufsrecht geschützten Personenkreis gehörte. 2.603

727) BGH, Urt. v. 10.5.1995 – VIII ZR 264/94, BGHZ 129, 371 = NJW 1995, 2290 = ZIP 2995, 996; BGH, Urt. v. 28.11.1994 – VIII ZR 315/93, WM 1995, 334; BGH, Urt. v. 17.4.1996 – VIII ZR 44/95, NJW 1996, 2094 = ZIP 1996, 1012; OLG Frankfurt/M., Urt. v. 17.3.2000 – 11 U (Kart) 29/99, BGH, VIII ZR 101/00, Revisionsrücknahme.

728) BGH, Urt. v. 3.7.1991 – VIII ZR 201/90, NJW 1991, 2903 = ZIP 1991, 1011 = Zeller IV, 124; BGH, Urt. v. 22.1.1992 – VIII ZR 374/89, NJW-RR 1992, 593; BGH, Urt. v. 8.10.1992 – IX ZR 98/91, NJW-RR 1993, 243; BGH, Urt. v. 10.5.1995 – VIII ZR 264/94, BGHZ 129, 371 = NJW 1995, 2290 = ZIP 1995, 996; OLG Düsseldorf, Urt. v. 13.4.1984 – 16 U 166/83, WM 1984, 1220 = Zeller III, 50; OLG Stuttgart, Beschl. v. 26.7.1985 – 2 W 45/85, WRP 1986, 119; OLG München, Urt. v. 1.10.1985 – 25 U 3981/85, NJW-RR 1986, 150 = Zeller III, 96; OLG Frankfurt/M., Urt. v. 30.11.1988 – 17 U 194/87, NJW-RR 1989, 1082 = Zeller IV, 56.

729) Siehe oben § 16 III 6 b m. w. N.

730) BGH, Urt. v. 10.5.1995 – VIII ZR 264/94, BGHZ 129, 371 = NJW 1995, 2290 = ZIP 1995, 996.

731) BGH, Urt. v. 10.5.1995 – VIII ZR 264/94, BGHZ 129, 371 = NJW 1995, 2290 = ZIP 2995, 996.

2.604 **bbb) Übergegangene Widerrufsberechtigung.** Mit Übernahme des Vertrages durch einen **Existenzgründer oder Verbraucher** geht daher auch das Widerrufsrecht über, aber wegen § 511 BGB mit neuer Frist.[732)]

2.605 Wird die Bezugsverpflichtung dagegen von einem Dritten im Rahmen einer bereits ausgeübten gewerblichen Tätigkeit als **Unternehmer** (§ 14 BGB) übernommen, so besteht an sich keine Widerrufsmöglichkeit für den Übernehmer. Insofern stehen die §§ 413, 399 BGB entgegen.[733)] Nach h. M.[734)] besteht aber auch bei fehlender Verbraucher-/Existenzgründerqualifikation des Übernehmers die Unwirksamkeit des Vertrages bei noch nicht abgelaufener Widerrufsfrist fort. Danach kann sich ein im Sinne des Verbraucherkreditrechts nicht schutzbedürftiger Übernehmer einer Getränkebezugsverpflichtung auf die dem Übergeber zuteil gewordene mangelhafte Widerrufsbelehrung berufen. Da die Vertragsübernahme den Inhalt und die rechtliche Beschaffenheit des übernommenen Vertrages unberührt lässt und das Gesetz einen „Erlöschenstatbestand" Vertragsübernahme hinsichtlich des Widerrufsrechts des Altschuldners nicht kennt, geht Letzteres auf den Übernehmer ungeachtet seiner Schutzbedürftigkeit über.[735)]

2.606 **c) Schuldübernahme.** In der Situation des § 415 BGB soll der Schuldübernahmevertrag selbst nicht widerruflich sein, es sei denn, es liegt ein Umgehungstatbestand (§ 511 Satz 2 BGB) vor.[736)] Für das Widerrufsrecht des Altschuldners ändert sich nichts, wenn er selbst die Schuldübernahme mit dem Dritten vereinbart und der Unternehmer als Gläubiger genehmigt. Das Vertragsverhältnis zwischen Unternehmer und Altschuldner bleibt nämlich im Übrigen bestehen. Ein etwaiges Widerrufsrecht des Hauptschuldners bleibt umgekehrt von der Schuldübernahme unberührt.[737)]

2.607 **d) Vertragsbeitritt.** Beim Vertragsbeitritt steht dem Beitretenden ein eigenes Widerrufsrecht zu, soweit er Existenzgründer oder Verbraucher ist.[738)]

---

732) Streitig, wie hier OLG Koblenz, Urt. v. 5.6.1997 – 5 U 7/97, NJW-RR 1998, 1525, rkr. durch Nichtannahmebeschl. d. BGH v. 10.10.1997 – VIII ZR 198/97; OLG Frankfurt/M., Urt. v. 17.3.2000 – 11 U (Kart) 29/99, BGH, VIII ZR 101/00, Revisionsrücknahme.

733) BGH, Urt. v. 17.4.1996 – VIII ZR 44/95, NJW 1996, 2094 = ZIP 1996, 1012, unter Zurückweisung der Kritik von *Bülow*, WM 1995, 2089; OLG Düsseldorf, Urt. v. 20.12.1999 – 24 U 186/98, NJW-RR 2001, 641; OLG Frankfurt/M., Urt. v. 17.3.2000 – 11 U (Kart) 29/99, BGH, VIII ZR 101/00, Revisionsrücknahme.

734) BGH, Urt. v. 10.5.1995 – VIII ZR 264/94, BGHZ 129, 371 = NJW 1995, 2290 = ZIP 1995, 996.

735) BGH, Urt. v. 17.4.1996 – VIII ZR 44/95, NJW 1996, 2094 = ZIP 1996, 1012; OLG Frankfurt/M., Urt. v. 17.3.2000 – 11 U (Kart) 29/99, BGH, VIII ZR 101/00, Revisionsrücknahme.

736) Bülow/Artz-*Bülow*, Verbraucherkreditrecht, § 495 Rz. 84.

737) Bülow/Artz-*Bülow*, Verbraucherkreditrecht, § 495 Rz. 84.

738) BGH, Urt. v. 17.4.1996 – VIII ZR 44/95, NJW 1996, 2094 = ZIP 1996, 1012; OLG Frankfurt/M., Urt. v. 17.3.2000 – 11 U (Kart) 29/99, BGH, VIII ZR 101/00, Revisionsrücknahme; *Paulusch*, Brauerei- und Gaststättenrecht, 9. Aufl. 1996, Rz. 189 f., 196.

e) Widerrufsadressat. Auch bei der Vertrags-/Schuldübernahme ist Widerrufsgegner der Getränkelieferant, weil der Übernehmer allein mit ihm – und nicht mit dem ausscheidenden Vertragspartner – in das für die Anwendung der § 510 Abs. 1 Satz 1 Nr. 3 BGB typische Lieferanten-/Bezieher-Verhältnis tritt.[739] 2.608

8. Einwendungen

Dem Vertragsübernehmer stehen über die Rechte aus § 417 Abs. 1 BGB hinaus auch die Gestaltungsrechte des früheren Vertragspartners zu. Etwa kann er sich darauf berufen, dass die Getränkebezugsverpflichtung vor Wirksamwerden der Vertragsübernahme – durch konkludent erteilte Genehmigung des Gläubigers – infolge von ihm nicht zu vertretender Unmöglichkeit erloschen ist.[740] 2.609

9. Sicherheiten

Besondere Sorgfalt muss im Zusammenhang mit bestehenden Sicherheiten gezeigt werden. Zu fragen ist, ob diese weiterhin und damit unabhängig von dem Wechsel in der Person des bisherigen Vertragspartners als Sicherheit dienen bzw. dienen können. Im Zusammenhang mit **Bürgschaften** ist zu beachten, dass die Übernahme der Hauptschuld grundsätzlich den Bürgen von seiner Haftung befreit (§ 418 Abs. 1 Satz 1 BGB), es sei denn, dass er in die Schuldübernahme eingewilligt hat (§ 418 Abs. 1 Satz 3 BGB). Eine Schuld- und erst recht Vertragsübernahme ohne Zustimmung des Bürgen führt folglich zum Untergang bestehender Bürgschaften für den Getränkelieferungsvertrag im Verhältnis zum Vertragsübernehmer. 2.610

IV. Zustimmung des Getränkelieferanten

1. Keine Verpflichtung zur Zustimmung

Es fragt sich, ob der Getränkelieferant verpflichtet ist, einer zwischen dem bisherigen Vertragspartner und dem Geschäftsnachfolger vereinbarten Übernahme zuzustimmen. Der BGH lehnt dies zutreffend ab. Dem Betreiber einer Gaststätte steht kein Rechtsanspruch zu, sich im Wege einer befreienden Schuldübernahme von seinen Verpflichtungen aus einem gewährten Darlehen oder einer eingegangenen Bezugsverpflichtung zu befreien. Der Getränkelieferant ist in seiner Entscheidung über die Genehmigung einer Schuldübernahme im Hinblick auf die für ihn möglicherweise nachteiligen Folgen frei. Es kann von ihm auch nicht verlangt werden, die Zuverlässigkeit und Bonität eines ihm unbekannten neuen Vertragspartners überprüfen zu müssen. Er muss auch im Hinblick auf mögliche Risiken einer befreienden Schuldübernahme nicht auf die weitere Haftung seines Vertragspartners verzichten und einen ihm unbekannten Geschäftsnachfolger als künftigen 2.611

739) BGH, Urt. v. 3.7.1991 – VIII ZR 201/90, NJW 1991, 2903 = ZIP 1991, 1011 = Zeller IV, 124; BGH, Urt. v. 8.10.1992 – IX ZR 98/91, NJW-RR 1993, 243; OLG Frankfurt/M., Urt. v. 17.3.2000 – 11 U (Kart) 29/99, BGH – VIII ZR 101/00, Revisionsrücknahme.

740) OLG Saarbrücken, Urt. v. 11.10.1995 – 1 U 864/94 – 129.

Schuldner akzeptieren. Es widerspräche dem erkennbaren Interesse des Getränkelieferanten, einer Übernahme der (Darlehens-)Schuld durch einen Geschäftsnachfolger bereits dann zustimmen zu müssen, wenn er gegen diesen nichts vorbringen kann. Dem steht auch nicht entgegen, dass zur Sicherung der Darlehensverbindlichkeit Gaststätteninventar übereignet worden war. Dieses stellt nämlich im Regelfall keine ausreichende Absicherung dar. Dies selbst dann, wenn durch einen Verkauf der sicherungsübereigneten Thekenanlage im Februar 1998 noch ein Erlös von 11.500 DM erzielt werden konnte. Sieht daher die im Entwurf vom bisherigen Betreiber vorgelegte Rechtsnachfolgevereinbarung eine befreiende Übernahme der bestehenden Darlehensverbindlichkeit durch einen Rechtsnachfolger vor, so ist der Getränkelieferant nicht verpflichtet, ihr zuzustimmen. Vielmehr hat er das Recht, auf der **Weiterhaftung** des bekannten Altschuldners für sämtliche Verbindlichkeiten aus dem geschlossenen Vertrag zu bestehen.[741)]

2.612 Es stellt auch keine unzulässige Rechtsausübung i. S. d. **§ 242 BGB** dar, wenn der Getränkelieferant auf einer Fortdauer der Haftung des bekannten Gastwirts besteht und sich nicht auf eine befreiende Schuldübernahme durch den ihm bisher unbekannten Geschäftsnachfolger einlässt, wenn bereits seit vielen Monaten aufgrund **Minderbezuges** eine Kündigung des Darlehens möglich war, für deren Folgen der Rechtsnachfolger hätte einstehen müssen. Dass der ausscheidende Kunde auf das **Bonitäts-** und **Insolvenzrisiko** des Nachfolgers weder direkt noch indirekt Einfluss hat, ist ohne Belang. Der Einwand, der Rechtsvorgänger könne das Darlehen nur deshalb abtragen, weil er mit dem Getränkebezug und dem Betreiben der Absatzstätte Gewinn machen könne, er also den Abtrag des Darlehens weiter erwirtschaften könne, geht fehl. Dies selbst dann, wenn es sich bei dem Darlehen um ein Abschreibungsdarlehen handeln sollte, das durch Getränkebezug abgetragen werden sollte.[742)]

2. Nachträgliche Trennung von Finanzierung und Bindung

2.613 Im Ergebnis kann die Ausschließlichkeitsverpflichtung auf den Rechtsnachfolger auch ohne Zustimmung des Getränkelieferanten wirksam übertragen werden, während die sonstigen (insbesondere Darlehens-)Verpflichtungen mangels Zustimmung des Getränkelieferanten beim Rechtsvorgänger verbleiben. Damit stellt sich die Frage der grundsätzlichen Trennbarkeit beider Teile des Getränkelieferungsvertrages.

2.614 Der BGH bejaht diese Möglichkeit. Auch wenn die Gewährung des Darlehens und die Bezugsverpflichtung eine wirtschaftliche Einheit bilden und in der Regel in einem (gemischten) Vertrag zusammengefasst sind, ist eine nachträgliche Trennung der zunächst zusammengefassten Vertragsteile und die Erfüllung des darlehens- und des bezugsrechtlichen Teils durch verschiedene Schuldner rechtlich

---

741) BGH, Urt. v. 15.11.2000 – VIII ZR 322/99, NJW-RR 2001, 987.

742) BGH, Urt. v. 15.11.2000 – VIII ZR 322/99, NJW-RR 2001, 987.

zulässig. Beide Verpflichtungen können ohne Schwierigkeiten von verschiedenen Schuldnern erfüllt werden.[743)]

Daran ändert auch die Tatsache nichts, dass die Bezugsverpflichtung eine Leistung für die Bereitstellung und Gewährung des Darlehens darstellt und beide Leistungen eine wirtschaftliche Einheit bilden. Zwar bleibt dann weiterhin der bisherige Darlehensnehmer zur Rückzahlung verpflichtet, während der Gaststättenübernehmer nunmehr die Bezugsverpflichtung einzuhalten hat. Auch gehen die Vorstellungen der Vertragspartner mit Sicherheit dahin, dass das gewährte Darlehen, das dem Erwerb von Gaststätteneinrichtungen diente, in erster Linie aus den Erträgnissen der Absatzstätte getilgt werden sollte. Allerdings dient schon allein die Übertragung der Bezugsverpflichtung den Interessen des bisherigen Gaststätteninhabers. Durch das Recht zur Übertragung seiner Bezugsverpflichtung wird ihm zumindest die – sonst nicht vorhandene – Möglichkeit eingeräumt, die Absatzstätte zu veräußern oder an Dritte zu überlassen, diese mit der Bezugspflicht zu belasten und sich bei den Getränkelieferanten um eine völlige Entlassung aus seiner Bezugspflicht zu bemühen.[744)] **2.615**

3. Form

Die Zustimmung des Getränkelieferanten ist grundsätzlich entsprechend § 182 Abs. 2 BGB formfrei wirksam.[745)] **2.616**

4. Schweigen

Bloßes Schweigen ist in der Regel keine Willenserklärung, sondern das Gegenteil einer Erklärung. Wer schweigt, setzt im Allgemeinen keinen Erklärungstatbestand. Vielmehr bringt er weder Zustimmung noch Ablehnung zum Ausdruck. Schweigen auf ein Angebot zur Änderung oder Aufhebung eines Vertrages gilt grundsätzlich nicht als Zustimmung.[746)] **2.617**

Allerdings ist eine **konkludente Zustimmung** möglich, etwa dadurch, dass der Dritte von dem Getränkelieferanten beliefert wird und Warenlieferungen an diesen fakturiert werden. **2.618**

5. Freistellung

Scheitert eine Vertragsübernahme daran, dass der Vertragspartner der ausscheidungswilligen Partei die hierzu erforderliche Zustimmung verweigert, ist der Übernehmer entsprechend § 415 Abs. 3 Satz 2 BGB im Zweifel verpflichtet, den ausscheidungswilligen Vertragspartner von Verbindlichkeiten aus dem mit ihm **2.619**

---

743) BGH, Urt. v. 21.10.1992 – VIII ZR 99/91, NJW-RR 1993, 562; BGH, Urt. v. 15.11.2000 – VIII ZR 322/99, NJW-RR 2001, 987; OLG Düsseldorf, Urt. v. 28.5.2004 – 15 U 193/03 sowie – 15 W 103/03 (Vertrag Brauerei-Getränkefachgroßhändler).

744) BGH, Urt. v. 15.11.2000 – VIII ZR 322/99, NJW-RR 2001, 987.

745) BGH, Urt. v. 18.10.1995 – VIII ZR 149/94, MDR 1996, 132.

746) Palandt-*Grüneberg*, BGB, Einführung vor § 116 Rz. 7, 11.

fortbestehenden Vertragsverhältnis freizustellen (**Erfüllungsübernahme** nach § 329 BGB).[747)]

V. Konsequenzen

1. Bisheriger Vertrag

2.620 a) **Grundsatz.** Die Identität des übernommenen Vertrages bleibt auch nach einer Vertragsübernahme erhalten. Daher gelten AGB fort.[748)]

2.621 b) **Vertragsdauer.** Insofern kann verwiesen werden.[749)]

2. Haftung nach § 25 HGB

2.622 Die Übernahme eines Handelsgeschäfts unter Fortführung einer bloßen Geschäfts- oder Etablissementsbezeichnung löst keine Haftung nach § 25 Abs. 1 HGB aus. Auf die Fortführung einer Etablissements- oder Geschäftsbezeichnung kann diese Vorschrift auch nicht entsprechend angewandt werden.[750)]

3. Insolvenzanfechtung

2.623 Auch im Zusammenhang mit Vertragsübernahmen droht das Damoklesschwert der Insolvenzanfechtung. Vor vorschnellen Entscheidungen ist zu warnen. Eine mittelbare objektive Gläubigerbenachteiligung ist nämlich gegeben, wenn durch die angefochtene Rechtshandlung eine Forderung des Anfechtungsgegners, die im Falle der Eröffnung des Insolvenzverfahren eine bloße Insolvenzforderung gewesen wäre, zur Masseverbindlichkeit aufgewertet wird. Eine Vertragsübernahme kann als unentgeltliche Leistung (§ 134 InsO) anfechtbar sein. Ob sie unentgeltlich ist, ist grundsätzlich nach dem Verhältnis von Leistung und Gegenleistung in dem übernommenen Vertrag zu beurteilen.[751)]

Dritter Abschnitt: Sanktionsregelungen bei Leistungsstörungen

§ 17 Schadensersatz

I. Einführung

2.624 Getränkelieferungsverträge enthalten zumeist Schadensersatzregelungen zur Sanktionierung der praktisch häufigsten Verstöße gegen die Getränkebezugsverpflichtung. Zu nennen sind insbesondere Fremdbezug,[752)] Nichteinhaltung

---

747) BGH, Urt. v. 1.2.2012 – VIII ZR 307/10, NJW 2012, 1718.

748) OLG Frankfurt/M., Urt. v. 20.2.1995 – 18 U 43/94, NJW-RR 1996, 172.

749) Siehe oben § 11 VI m. w. N.

750) OLG Köln, Urt. v. 2.12.2011 – 20 U 134/10, NJW-RR 2012, 679; FG Münster, Urt. v. 2.4.2012 – 4 K 562/09, BeckRS 2012, 05407.

751) BGH, Urt. v. 26.4.2012 – IX ZR 146/11, NZI 2012, 562.

752) OLG Karlsruhe, Urt. v. 18.10.2001 – 19 U 97/01, BeckRS 2001, 30212399.

des vereinbarten Lieferweges,[753] Einstellung des Getränkebezugs,[754] Aufgabe der Absatzstätte, Minderbezug[755] und Nichtweiterübertragung der Bezugsverpflichtung[756]. Weitere – nicht benannte – Vertragsverstöße werden durch Formulierungen wie „insbesondere" oder „unter anderem" erfasst.

II. Haftung dem Grunde nach

1. Abbedingung der Tatbestandsvoraussetzungen des § 281 BGB und § 307 Abs. 2 Nr. 1 BGB

a) Wie auch in anderen Fällen einer Überbürdung einer verschuldensunabhängigen Risikohaftung durch AGB wird auch in Getränkelieferungsverträgen eine Schadensersatzhaftung ohne Verschulden an § 307 Abs. 2 Nr. 1 BGB scheitern, weil ein Schadensersatzverlangen des Getränkelieferanten sich regelmäßig nur auf § 281 Abs. 1 BGB gründen lässt und das **Verschuldenserfordernis** zum gesetzlichen Leitbild dieser Vorschrift gehört (vgl. §§ 280 Abs. 1, 276 BGB).[757] Da das Verschuldenserfordernis zum Kernbereich der Schadensersatzhaftung gehört, ist es auch nicht ausreichend, wenn die Klausel einen Nachweis fehlenden Verschuldens nicht ausdrücklich ausschließt.[758] Höherrangige Interessen des Getränkelieferanten, die ausnahmsweise eine Abweichung von dem Verschuldenserfordernis rechtfertigen könnten, sind durchweg nicht anzunehmen.[759] Daher genügt die Verwendung des Wortes „vertragswidrig" nicht. Diese Formulierung bezieht sich auf die Pflichtverletzung und nicht auf das Vertretenmüssen.[760] **2.625**

b) Dem Getränkelieferanten ist es im Allgemeinen zuzumuten, entsprechend § 281 Abs. 1 BGB zu verfahren, die **Mahnung** zur Obliegenheit kann auch im **2.626**

---

753) BGH, Urt. v. 15.11.2000 – VIII ZR 322/99, NJW-RR 2001, 987.

754) OLG Celle, Urt. v. 10.6.1998 – 13 U 158/97, NJW-RR 1999, 1143.

755) OLG Köln, Urt. v. 9.1.2007 – 3 U 158/05, BeckRS 2007, 04453.

756) BGH, Urt. v. 23.11.1983 – VIII ZR 333/82, ZIP 1984, 335 = Zeller, III, 266 (Eigentümererklärung); OLG Celle, Urt. v. 10.6.1998 – 13 U 158/97, NJW-RR 1999, 1143; LG Berlin, Urt. v. 31.1.1990 – 99 O. 206/89, NJW-RR 1990, 820 = Zeller IV, 288.

757) BGH, Urt. v. 23.4.1991 – XI ZR 128/90, NJW 1991, 1886; BGH, Urt. v. 1.4.1992 – XII ZR 100/91, NJW 1992, 1761; BGH, Urt. v. 9.7.1992 – VII ZR 7/92, NJW 1992, 3158; BGH, Urt. v. 3.7.1996 – VIII ZR 92/95, NJW-RR 1996, 1394; BGH, Urt. v. 15.11.2000 – VIII ZR 322/99, NJW-RR 2001, 987; OLG München, Urt. v. 31.1.1995 – 25 U 3600/94, BeckRS 1995, 04936, das § 9 Abs. 1 AGBG anwendete; OLG Frankfurt/M., Urt. v. 13.11.2007 – 11 U 24/07, BeckRS 2007, 19024; OLG Düsseldorf, Urt. v. 13.11.2009 – I-22 U 71/09, BeckRS 2012, 05469; OLG Oldenburg, Urt. v. 14.11.2012 – 5 U 56/11; OLG Köln, Urt. v. 18.4.2013 – 7 U 180/12, BeckRS 2013, 07760. Vgl. bereits *Paulusch*, Brauerei- und Gaststättenrecht, 9. Aufl. 1996, Rz. 302.

758) OLG Düsseldorf, Urt. v. 13.11.2009 – I-22 U 71/09, BeckRS 2012, 05469; OLG Köln, Urt. v. 18.4.2013 – 7 U 180/12, BeckRS 2013, 07760.

759) OLG Düsseldorf, Urt. v. 13.11.2009 – I-22 U 71/09, BeckRS 2012, 05469.

760) A. A. LG Köln, Urt. v. 15.3.2011 – 21 O. 95/10, BeckRS 2012, 02826, Vorinstanz zu OLG Köln, Urt. v. 20.10.2011 – 7 U 65/11, BeckRS 2012, 15923.

Unternehmerverkehr nicht formularmäßig abgedungen werden (§§ 307 Abs. 2 Nr. 1, 309 Nr. 4 BGB).[761)]

2.627 c) Gleiches gilt für das Erfordernis der **Nachfristsetzung.**[762)]

2. Transparenzgebot

2.628 Heißt es in einer Kündigungsklausel, dass die Kündigung nicht etwaige Schadensersatzansprüche beseitigt, so bestehen hinsichtlich der Bestimmtheit der Schadensersatzklausel letztlich keine Bedenken.[763)]

3. Kumulationsverbot

2.629 a) **Kündigung.** Grundsätzlich kann der Getränkelieferant den hinsichtlich seines Leistungsinteresses bestehenden Schadensersatzanspruch wegen vorzeitiger Auflösung des Dauerschuldverhältnisses kumulativ mit der in der Regel außerordentlichen Kündigung geltend machen. Dies folgt jedenfalls aus § 314 Abs. 4 BGB. Auch kann es der Getränkelieferant dabei belassen, entweder den Schadensersatzanspruch gem. § 281 BGB geltend zu machen oder sich auch auf sein Kündigungsrecht zu berufen.

2.630 b) **Im Übrigen.** Eine Schadensersatzklausel kann allerdings nach § 307 Abs. 1 Satz 1 (und 2) BGB unwirksam sein, wenn der Vertrag insgesamt die Geltendmachung verschiedener Sanktionen ermöglicht, ohne das Nebeneinander hinreichend deutlich abzugrenzen. Dabei kommt es nicht auf das tatsächlich kumulative Praktizieren der Sanktionen an.[764)] Sieht der Getränkelieferungsvertrag dagegen vor, dass die eine Sanktion (Mindermengenausgleich) entfällt, soweit der Getränkelieferant Schadensersatz geltend macht, so bestehen auch insofern keine Bedenken.[765)]

4. Rechtsfolge

2.631 Einer Klauselunwirksamkeit berührt den Getränkelieferungsvertrag im Übrigen nicht (§ 306 Abs. 1 Fall 2 BGB). Der Inhalt des Vertrages richtet sich nach den gesetzlichen Vorschriften (§ 306 Abs. 2 Fall 2 BGB).[766)] Unbenommen bleibt es dem Getränkelieferanten, seinen Schadensersatz dann konkret nach den Vorschriften des BGB zu berechnen.[767)]

---

761) BGH, Urt. v. 18.12.1985 – VIII ZR 47/85, NJW 1986, 842 = ZIP 1986, 371; BGH, Urt. v. 7.3.1991 – I ZR 157/89, NJW-RR 1991, 995; OLG Köln, Urt. v. 18.4.2013 – 7 U 180/12, BeckRS 2013, 07760.

762) BGH, Urt. v. 18.12.1985 – VIII ZR 47/85, NJW 1986, 842 = ZIP 1986, 371; OLG Köln, Urt. v. 18.4.2013 – 7 U 180/12, BeckRS 2013, 07760.

763) BGH, Urt. v. 22.10.1997 – VIII ZR 149/96.

764) OLG Frankfurt/M., Urt. v. 13.11.2007 – 11 U 24/07, BeckRS 2007, 19024.

765) LG Berlin, Urt. v. 10.10.2012 – 10 O. 243/11.

766) OLG Köln, Urt. v. 18.4.2013 – 7 U 180/12, BeckRS 2013, 07760.

767) OLG Köln, Urt. v. 18.4.2013 – 7 U 180/12, BeckRS 2013, 07760.

III. Schadensersatzpauschalierungen

1. Praktisches Bedürfnis

Schadensersatzpauschalierungen, wie sie hinsichtlich des entgangenen Gewinns (§ 252 BGB) in Formularverträgen weitgehend üblich sind, erweisen sich schon wegen der Schwierigkeiten der konkreten Schadensberechnung[768)] für eine rationelle Vertragsabwicklung weithin als notwendig.[769)] Gegenüber einer konkreten Schadensberechnung hat die Schadensersatzpauschale vor allem den Vorteil, dass Einblicke in die Preiskalkulation des Getränkelieferanten vermieden werden.[770)] 2.632

2. Grundsatz

Der Gesetzgeber erkennt in § 309 Nr. 5 BGB an, dass es berechtigte Interessen für eine Pauschalierung des Anspruchs auf Schadensersatz gibt. Anstelle langwieriger Streitigkeiten über die Schadenshöhe sorgt eine angemessene Pauschalierung für schnelle Klarheit. Auch wird dem Partner das Risiko einer Vertragsverletzung schnell deutlich. Das Gesetz zieht aber dort eine Grenze, wo der Verwender eine nicht mehr sachgerechte Höhe der Pauschalierung vorgibt.[771)] 2.633

3. Anwendungsbereich

Praktisch wird auch der Fall, dass die Parteien einen nach dem Gesetz gegebenen Anspruch lediglich mit Blick auf die Höhe regeln, indem sie eine Pauschale vorsehen.[772)] 2.634

4. Beweis

Mit der gesetzlich eröffneten Möglichkeit einer Schadensersatzpauschalierung ist keine Beweislastumkehr, sondern lediglich eine Beweiserleichterung zu Gunsten des Getränkelieferanten verbunden. Ihm obliegt es, Tatsachen vorzutragen und ggf. unter Beweis zu stellen, dass die vereinbarte Pauschale den branchentypischen Durchschnittsgewinn nicht übersteigt. Anders als bei der konkreten Schadensersatzberechnung muss der Getränkelieferant nicht seinen konkreten Schaden vortragen, insbesondere nicht seine Kostenrechnung und Preiskalkulation offenlegen.[773)] 2.635

768) Siehe unten § 30 III jeweils m. w. N.

769) *Paulusch*, Brauerei- und Gaststättenrecht, 9. Aufl. 1996, Rz. 297.

770) BGH, Urt. v. 10.11.1976 – VIII ZR 115/75, BGHZ 67, 312 = NJW 1977, 381 (Automatenaufstellvertrag); LG Berlin, Urt. v. 10.10.2012 – 10 O. 243/11. Vgl. auch OLG München, Urt. v. 29.9.1994 – U(K) 7111/93, NJW 1995, 733.

771) BGH, Urt. v. 22.2.1989 – VIII ZR 45/88, BGHZ 107, 67 = NJW 1989, 1669 = ZIP 1989, 450 = Zeller IV, 270 (Vertrag Brauerei-Getränkefachgroßhändler).

772) OLG Karlsruhe, Urt. v. 18.10.2001 – 19 U 97/01, BeckRS 2001, 30212399.

773) BGH, Urt. v. 10.11.1976 – VIII ZR 115/75, BGHZ 67, 312 = NJW 1977, 381 (Automatenaufstellvertrag); LG Berlin, Urt. v. 10.10.2012 – 10 O. 243/11. Vgl. auch OLG München, Urt. v. 29.9.1994 – U(K) 7111/93, NJW 1995, 733.

5. Vorbehalt der Berechnung eines höheren Schadens

2.636 Zumeist findet sich in Getränkelieferungsverträgen die Klausel, dass die Berechnung eines (konkret) höheren Schadens vorbehalten bleibt. Durch eine Schadensersatzpauschalierung wird nicht ausgeschlossen, dass der Getränkelieferant im Einzelfall einen ihm entstandenen konkret höheren Schaden geltend machen kann. Allerdings muss er hierfür die notwendigen Beweise antreten und erbringen. Eine Beschränkung der Rechte des Getränkelieferanten auf die Pauschale würde dem Zweck des Schadensersatzrechts widersprechen. Im Hinblick auf §§ 305c Abs. 1, 307 Abs. 1 Satz 2 BGB ist darauf zu achten, dass der Vorbehalt des Nachweises eines höheren Schadens ausdrücklich und deutlich im Vertrag formuliert ist.[774)]

2.637 Behält sich der Getränkelieferant ein Wahlrecht zwischen der Geltendmachung der vereinbarten Pauschale und des tatsächlichen Schadens vor, so hält die Klausel einer Inhaltskontrolle stand. Insbesondere liegt keine unbillige Beweiserleichterung zu Gunsten des Getränkelieferanten vor. Zwar mag dem Vertragspartner der Nachweis eines gegenüber der Pauschale niedrigeren Schadens schwer fallen. Aber auch der Getränkelieferant muss einen über die Pauschale hinausgehenden Schaden seinerseits darlegen und ggf. beweisen und dafür seine Kalkulation offenlegen.[775)]

6. Abgrenzung

2.638 a) Es bedarf ggf. sorgfältiger Prüfung, ob Schadensersatzpauschalierungen nicht tatsächlich **verdeckte Vertragsstrafenversprechen** enthalten.[776)]

2.639 b) **Zweck.** Während die Schadenspauschalierung allein die Schadensregulierung erleichtern und die Möglichkeit einer Schadloshaltung ohne Einzelnachweis eröffnen soll,[777)] hat die **Vertragsstrafe** einen doppelten Zweck:[778)] Erstens besteht ihr Zweck darin, die Erfüllung der Hauptverbindlichkeit als „Druckmittel" zu si-

774) OLG Koblenz, Urt. v. 16.11.1999 – 3 U 45/99, NJW-RR 2000, 871.

775) LG Berlin, Urt. v. 10.10.2012 – 10 O. 243/11. Vgl. auch OLG München, Urt. v. 29.9.1994 – U(K) 7111/93, NJW 1995, 733.

776) BGH, Urt. v. 27.11.1974 – VIII ZR 9/73, NJW 1975, 163 = Zeller I, 303 (Automatenaufstellvertrag); OLG München, Urt. v. 31.1.1995 – 25 U 3600/94, BeckRS 1995, 04936; OLG Karlsruhe, Urt. v. 4.3.1999 – 12 U 259/98, rkr. durch Nichtannahmebeschl. d. BGH v. 7.10.1999 – VIII ZR 125/99; OLG Karlsruhe, Urt. v. 18.10.2001 – 19 U 97/01, BeckRS 2001, 30212399; OLG Nürnberg, Urt. v. 5.2.2002 – 1 U 2314/01, NJW-RR 2002, 917; OLG Köln, Urt. v. 9.1.2007 – 3 U 158/05, BeckRS 2007, 04453; OLG Frankfurt/M., Urt. v. 13.11.2007 – 11 U 24/07, BeckRS 2007, 19024; OLG Zweibrücken, Urt. v. 6.7.2009 – 7 U 180/08; OLG Düsseldorf, Urt. v. 13.11.2009 – I-22 U BeckRS 2012, 05469; OLG Köln, Urt. v. 18.4.2013 – 7 U 180/12, BeckRS 2013, 07760.71/09,

777) OLG München, Urt. v. 31.1.1995 – 25 U 3600/94, BeckRS 1995, 04936; OLG Düsseldorf, Urt. v. 13.11.2009 – I-22 U 71/09, BeckRS 2012, 05469; OLG Köln, Urt. v. 18.4.2013 – 7 U 180/12, BeckRS 2013, 07760.

778) OLG Nürnberg, Urt. v. 25.2.1992 – 11 U 2744/91, BeckRS 1992, 31335912; OLG Nürnberg, Urt. v. 5.2.2002 – 1 U 2314/01, NJW-RR 2002, 917; OLG Düsseldorf, Beschl. v. 8.6.2007 – 24 U 207/06, NZM 2008, 611 (Pacht- und Getränkelieferungsvertrag).

chern.[779] Praktisch bedeutsam ist die Vertragsstrafe daher zur Abwehr von Fremd- und Minderbezügen. Sie soll dem Gläubiger zweitens im Falle einer Leistungsstörung den Schadensbeweis ersparen.[780] Insofern besteht zur Schadensersatzpauschalierung Zweckidentität.[781] Was gewollt ist, ist im Wege der Auslegung zu ermitteln.

c) **Auslegung.** Der gewählte **Wortlaut** ist für das eine wie für das andere ein gewisses Indiz. So deuten die Formulierungen „Schadensersatz“,[782] „entgangener Gewinn“, „… **entschädigung**“[783] und ähnliche auf eine **Schadensersatzpauschale** hin.[784] 2.640

Für die Einordnung als **Vertragsstrafe** spricht zunächst die unmissverständliche Bezeichnung mit dem Rechtsbegriff „Vertragsstrafe“. Nennt die Klausel die Voraussetzungen des Anspruchs, so ist dies ein Indiz für eine Vertragsstrafe. Der mögliche Schaden, der durch die festgesetzte Summe ausgeglichen werden soll, wird nicht konkretisiert. Die festgesetzte Summe lässt keine irgendwie nachvollziehbare Relation zu Art oder Höhe eines tatsächlichen Schadenbetrages erkennen, obwohl dies ohne weiteres möglich gewesen wäre. Je stärker sich eine Betragsnennung von dem zu erwartenden Schaden entfernt, desto mehr spricht für eine Vertragsstrafe. Außerdem findet sich eine gesonderte Regelung, wonach die Verpflichtung zum Ersatz des „dadurch entstehenden Schadens“ im Übrigen gegeben sein soll. Gerade weil in dem nachfolgenden Satz Schadensersatzansprüche noch gesondert behandelt wurden, kam der gewählten Bezeichnung besondere Bedeutung zu. Hierdurch wurde eine zweckentsprechende Wortwahl und bewusste Differenzierung durch den Klauselverwender nahegelegt. Zudem ließ die erhebliche Höhe des Vertragsstrafenbetrages erkennen, dass bei seiner Bemessung vor allem die einer Vertragsstrafe immanente Abschreckungs- und Bestrafungsfunktion im Vordergrund des Regelungsinteresses gestanden hatte. 2.641

---

779) OLG Nürnberg, Urt. v. 25.2.1992 – 11 U 2744/91, BeckRS 1992, 31335912; OLG Düsseldorf, Urt. v. 13.11.2009 – I-22 U 71/09, BeckRS 2012, 05469; OLG Köln, Urt. v. 18.4.2013 – 7 U 180/12, BeckRS 2013, 07760.

780) BGH, Urt. v. 20.1.2000 – VII ZR 46/98, NJW 2001, 2106.

781) OLG Nürnberg, Urt. v. 25.2.1992 – 11 U 2744/91, BeckRS 1992, 31335912; OLG Köln, Urt. v. 9.1.2007 – 3 U 158/05, BeckRS 2007, 04453.

782) OLG Köln, Urt. v. 6.9.2000 – 17 U 46/99, BeckRS 2012, 09081.

783) BGH, Urt. v. 23.11.1983 – VIII ZR 333/82, ZIP 1984, 335 = Zeller, III, 266; BGH, Urt. v. 6.12.1989 – VIII ZR 310/88, BGHZ 109, 314 = NJW 1990, 567 = Zeller IV, 210; OLG Frankfurt/M., Urt. v. 30.11.2000 – 16 U 230/99, BGH, VIII ZR 5/01, Revisionsrücknahme nach Nichtannahmebeschluss, der ausnahmsweise begründet worden ist; OLG Düsseldorf, Urt. v. 28.5.2004 – 15 U 193/03 – sowie – 15 W 103/03 (Vertrag Brauerei-Getränkefachgroßhändler); OLG Düsseldorf, Urt. v. 13.11.2009 – I-22 U 71/09, BeckRS 2012, 05469; OLG Köln, Urt. v. 18.4.2013 – 7 U 180/12, BeckRS 2013, 07760.

784) OLG Karlsruhe, Urt. v. 18.10.2001 – 19 U 97/01, BeckRS 2001, 30212399; OLG Koblenz, Urt. v. 21.2.2002 – 5 U 677/01, NJOZ 2002, 837; OLG Nürnberg, Urt. v. 25.2.1992 – 11 U 2744/91, BeckRS 1992, 31335912; OLG Köln, Urt. v. 9.1.2007 – 3 U 158/05, BeckRS 2007, 04453; OLG Zweibrücken, Urt. v. 6.7.2009 – 7 U 180/08.

Wird neben der „Pauschale" ein Schadensersatzanspruch erwähnt, so spreche dies für das Vorliegen einer Vertragsstrafe.[785)]

2.642 Lässt sich auf der Grundlage des Wortlauts keine eindeutige Abgrenzung vornehmen, ist auf den erkennbaren **Sinn und Zweck** der Regelung abzustellen. Maßgeblich ist, ob die Klausel die Erfüllung der vertraglichen geschuldeten Leistung sichern und auf den Vertragspartner einen möglichst wirkungsvollen Druck ausüben soll, die übernommenen Pflichten einzuhalten – dann liegt eine Vertragsstrafe vor – oder ob sie der vereinfachten Durchsetzung eines als bestehend vorausgesetzten Schadensersatzanspruches dienen soll – dann handelt es sich um eine Schadenspauschalierungsabrede. Letztlich sind alle Umstände des Einzelfalles heranzuziehen.[786)] Ausschlaggebend ist letztlich, ob es sich um den ernsthaften Versuch einer antezipierten Schätzung des typischerweise zu erwartenden Schadens – sowohl hinsichtlich der Berechnung als auch hinsichtlich der Höhe – handelt oder nicht.[787)]

2.643 **d) Kritik.** Da dem Wortlaut der Klausel eine entscheidende Bedeutung zukommt, hängt die Einordnung oft von der redaktionellen Geschicklichkeit ihres Verfassers ab. Auch lässt sich nicht leugnen, dass jede Schadenspauschalierung stets auch als Zwang zur ordentlichen Erfüllung, jede Vertragsstrafe stets auch als Vereinfachung der Schadensregulierung sowohl vom Verwender gemeint als auch vom Kunden empfunden werden kann. Die insoweit anknüpfende Rechtsprechung führt daher nicht durchweg zu überzeugenden Ergebnissen.

2.644 **e) Weitere Ansatzpunkte.** Angesichts dieser Problemlage werden in Rechtsprechung und Literatur weitere Hilfskriterien diskutiert, die vornehmlich auf die Angemessenheit der Rechtsfolge abstellen. Dabei ist zu beachten, dass von der Unterscheidung abhängt, ob die streitige Klausel gem. § 309 Nr. 6 BGB (als Vertragsstrafe) schlechthin unwirksam oder ob sie gem. § 309 Nr. 5 BGB (als Schadensersatzpauschalierung) an sich wirksam und unwirksam nur dann ist, wenn mit ihr „zu viel" verlangt wird.

2.645 **aa)** Nach einer ersten Meinungsgruppe[788)] sei immer dann eine Vertragsstrafe als vereinbart anzusehen, wenn die streitige Klausel entweder für die durch sie geregelten Fälle als generell unangemessen erscheint oder wenn die Höhe des festge-

---

785) OLG Nürnberg, Urt. v. 25.2.1992 – 11 U 2744/91, BeckRS 1992, 31335912; OLG Hamburg, Urt. v. 29.7.1999 – 3 U 171/98, MDR 2000, 513; OLG Karlsruhe, Urt. v.20.8.1999 – 15 U 43/98, WRP 2000, 565; OLG Düsseldorf, Urt. v. 13.11.2009 – I-22 U 71/09, BeckRS 2012, 05469.

786) Einerseits BGH, Urt. v. 20.1.2000 – VII ZR 46/98, NJW 2000, 2106, andererseits BGH, Urt. v. 8.3.2005 – XI ZR 154/04, NJW 2005, 1645 = ZIP 2005, 798; OLG Zweibrücken, Urt. v. 6.7.2009 – 7 U 180/08; OLG Düsseldorf, Urt. v. 13.11.2009 – I-22 U 71/09, BeckRS 2012, 05469.

787) OLG Köln, Urt. v. 24.4.1974 – 16 U 115/73, NJW 1974, 1953; OLG Düsseldorf, Urt. v. 13.11.2009 – I-22 U 71/09, BeckRS 2012, 05469.

788) MünchKomm-*Wurmnest*, BGB, § 309 Nr. 5 Rz. 6 m. w. N.

setzten Betrages von vorne herein keine erkennbare Relation zur Höhe des normalerweise eintretenden Schadens aufweist. Eine Schadensersatzpauschalierung sei dagegen anzunehmen, wenn die Fixierung eines im Falle der Nicht- oder Schlechterfüllung zu zahlenden Betrages nach der Art des Vertrages und den typischerweise gegebenen Interessen der Beteiligten an sich vernünftig ist und deshalb nur die Höhe des Betrages einer richterlichen Kontrolle anhand der Maßstäbe des § 309 Nr. 5 BGB bedürfe. Hiervon könne ausgegangen werden, wenn der Verwender dem Kunden den Gegenbeweis im Einzelfall nach § 309 Nr. 5 b BGB einräumt. Übersteigt eine „Pauschale“ sonach deutlich den mutmaßlichen Schaden, sei sie also auch nach der Einschätzung der Parteien nicht als Versuch einer antezipierten Schadensschätzung anzusehen, so handele es sich um eine Vertragsstrafe.

bb) Erfüllt eine Klausel beide Begriffe, so müsse sie nach Auffassung des OLG Celle[789] auch die Anforderungen von § 309 Nr. 5 und 6 BGB einhalten. Hiergegen spricht, dass der Wortlaut des Gesetzes eine Abgrenzung beider Tatbestände verlangt.[790] Zudem sind Vertragsstrafen keine Schadensersatzpauschalierungen und auch in der Höhe nicht auf den typischen Schaden begrenzt. Sie sind vom Gesetzgeber ganz bewusst nicht auf ein bestimmtes Verhältnis zum erwartbaren Schaden festgelegt worden. **2.646**

cc) Nach einer anderen, in der Literatur vertretenen Auffassung[791] sei wegen § 305c Abs. 2 BGB im Zweifel von derjenigen Auslegung auszugehen, bei der die Klausel unwirksam ist. Ist die Klausel weder dem gewählten Wortlaut nach noch ihrem erkennbaren Sinn und Zweck nach eindeutig, sei die Deutung vorzunehmen, die der Verwendergegenseite günstiger ist. Dies werde in der Regel die Schadensersatzpauschale sein. Ist die Klausel also weder als Schadenspauschale noch als Vertragsstrafe unwirksam, so sei nach § 305c Abs. 2 BGB im Zweifel von einer Schadenspauschale auszugehen, weil diese im Gegensatz zur Vertragsstrafe keinen neuen Anspruchsgrund schaffe. **2.647**

dd) Eine weitere Meinung nimmt bei nicht eindeutiger Formulierung der Klausel und nicht behebbaren Abgrenzungsschwierigkeiten zwischen Vertragsstrafen und Schadensersatzpauschalierungen gem. § 305c Abs. 2 BGB zu Lasten des Verwenders umgekehrt eine Vertragsstrafe an.[792] **2.648**

f) Entscheidungserheblichkeit. Jedenfalls im **Unternehmerverkehr** dürfte eine Abgrenzung zwischen Vertragsstrafe einerseits und Schadensersatz andererseits zumeist nicht entscheidungserheblich sein, weil auch dort Vertragsstrafenrege- **2.649**

789) OLG Celle, Urt. v. 12.2.2004 – 11 U 140/03, NJOZ 2004, 991.

790) MünchKomm-*Wurmnest*, BGB, § 309 Nr. 6 Rz. 6.

791) Wolf/Lindacher/Pfeiffer-*Dammann*, AGB-Recht, § 309 Nr. 5 Rz. 38.

792) OLG Nürnberg, Urt. v. 5.2.2002 – 1 U 2314/01, NJW-RR 2002, 917; OLG Nürnberg, Urt. v. 6.5.2004 – 13 U 52/04.

lungen grundsätzlich zulässig sind und für die Überprüfung nach § 307 Abs. 1 BGB dieselben Grundsätze anzulegen sind.[793)]

7. Grundlagen der AGB-Kontrolle

2.650 a) **§ 305 BGB.** Schadenersatzpauschalierungsklauseln dürften zumeist bereits aufgrund ihres abstrakten Inhalts und ihres äußeren Erscheinungsbildes als AGB i. S. d. § 305 Abs. 1 Satz 1 BGB zu qualifizieren sein.[794)]

2.651 b) **§ 309 Nr. 5 BGB.** Die – zweifache – Schranke des § 309 Nr. 5 BGB gilt im **Unternehmerverkehr** entsprechend. Über § 310 Abs. 1 Satz 2 Halbs. 1 BGB ist der Rechtsgedanke des § 309 Nr. 5 a BGB heranzuziehen.[795)] Gleiches gilt für § 309 Nr. 5 b BGB.[796)]

2.652 Obliegt die Betriebspflicht bei mehreren Vertragspartnern, etwa einer GmbH und dem im Darlehens- und Getränkelieferungsvertrag als Mitdarlehensnehmer weiter benannten Geschäftsführer der GmbH, allein der juristischen Person, so richtet sich die Sanktionsklausel für den Fall des Fremd- oder Minderbezuges allein gegen die juristische Person als Betreiberin des Gaststättenobjektes. Diese ist als Unternehmerin (§ 14 Abs. 1 BGB) einzuordnen.[797)]

2.653 c) **§ 307 BGB.** Aufgrund der Vertragsfreiheit (§ 311 Abs. 1 BGB) sind Abreden, die die Höhe des Schadens pauschalieren, grundsätzlich zulässig.

IV. Schranke des § 309 Nr. 5 a BGB

1. Grundsatz

2.654 Gem. § 309 Nr. 5 a BGB ist die Festlegung eines Pauschalbetrages unwirksam, wenn der festgelegte Betrag höher ist als derjenige Schaden oder diejenige Wertminderung, die „nach dem gewöhnlichen Lauf der Dinge“ zu erwarten sind oder „gewöhnlich“ eintreten. Die Regelung der Nr. 5 knüpft in sprachlicher Hinsicht an die Formulierung an, die § 252 BGB zur Umschreibung desjenigen Gewinns verwendet, der als "mit Wahrscheinlichkeit" entgangen vom Schadensersatzgläubiger ersetzt verlangt werden darf, ohne dass er insoweit einen vollen Beweis zu

793) OLG Zweibrücken, Urt. v. 6.7.2009 – 7 U 180/08; *von Westphalen*, Vertragsrecht und AGB-Klauselwerke, B Rz. 26 zu Schadensersatzpauschalen und Rz. 27 zu Vertragsstrafen.

794) OLG Oldenburg, Urt. v. 14.11.2012 – 5 U 56/11; LG Ulm, Urt. v. 26.8.2010 – 6 O. 162/09.

795) BGH, Urt. v. 28.5.1984 – III ZR 231/82, NJW 1984, 2941; BGH, Urt. v.12.1.1994 – VIII ZR 165/92, BGHZ 124, 351 = NJW 1994, 1060 = ZIP 1994, 461 (Daihatsu); BGH, Urt. v. 20.3.2003 – I ZR 225/00, ZIP 2003, 1707; OLG Karlsruhe, Urt. v. 18.10.2001 – 19 U 97/01, BeckRS 2001, 30212399; OLG Frankfurt/M., Urt. v. 13.11.2007 – 11 U 24/07, BeckRS 2007, 19024.

796) BGH, Urt. v. 19.9.2001 – I ZR 343/98, NJW-RR 2002, 1027; BGH, Urt. v. 20.3.2003 – I ZR 225/00, ZIP 2003, 1707; OLG München, Urt. v. 31.1.1995 – 25 U 3600/94, BeckRS 1995, 04936; OLG Naumburg, Urt. v. 19.3.1999 – 6 U 13/98, NJW-RR 2000, 720; OLG Köln, Urt. v. 6.9.2000 – 17 U 46/99, BeckRS 2012, 09081; OLG Köln, Urt. v. 9.1.2007 – 3 U 158/05, BeckRS 2007, 04453; LG Ravensburg, Urt. v. 7.11.2011 – 6 O. 301/11.

797) OLG Oldenburg, Urt. v. 14.11.2012 – 5 U 56/11.

führen bräuchte.[798)] Eine Schadensersatzpauschale ist überhöht, wenn der Getränkelieferant sich einen Betrag ausbedingt, der den Schaden übersteigt, der nach dem gewöhnlichen Lauf der Dinge zu erwarten ist. Dieser § 252 Satz 2 BGB nachgebildete Grundsatz erfordert eine generalisierende Betrachtung.

2. Durchschnittsschaden

a) **Grundsatz.** Die Schadensersatzpauschalierung erstreckt sich im Zweifel auf den Ersatz des gesamten bei dem Verwender typischerweise eintretenden Schadens. Dies fordert der anzulegende **generalisierende**, am Durchschnitt orientierte **Maßstab**. Die Schadensersatzpauschale ist möglichst genau dem tatsächlich zu erwartenden Durchschnittsschaden anzupassen. 2.655

b) Aus diesem Grund verbietet sich in der Regel eine **Einheitspauschale.** Wird sie dennoch vorgesehen, hat sie sich an dem niedrigsten in Betracht kommenden Durchschnittsschaden auszurichten.[799)] 2.656

c) **Unternehmerverkehr.** Der BGH lehnt es ab, bei der Höhe der Pauschale besondere Bedürfnisse des Unternehmerverkehrs zu berücksichtigen.[800)] Er differenziert nicht zwischen Unternehmern und Verbrauchern. Vielmehr hat er in einem obiter dictum erklärt, dass der Vertragspartner des Klauselverwenders nur eine am Durchschnittsschaden orientierte Schadenersatzpauschale gegen sich gelten zu lassen brauche, „und zwar auch dann, wenn er selbst Kaufmann ist“. 2.657

d) **Alternativen.** Die Pauschale muss entweder dem **typischen Durchschnittsschaden des Unternehmers**[801)] oder dem **branchentypischen Durchschnittsschaden**[802)] entsprechen. 2.658

e) **Branchentypischer Durchschnittsschaden.** Will der Getränkelieferant im Rechtsstreit nicht seine Kalkulationsgrundlage offenlegen, so wird er auf den branchentypischen Durchschnittsschaden abstellen.[803)] Der erste Anschein spricht dann für eine vergleichbare Gewinnspanne und damit Schäden bei Gewinnausfällen. Im Übrigen ist der Verwender auch bei der Zugrundelegung branchenüblicher Durchschnittsschäden nicht gehindert, unterschiedliche, von ihm bediente Geschäftspachten zu einer einheitlichen Pauschale zusammenzufassen, vorausge- 2.659

798) BGH, Urt. v. 28.5.1984 – III ZR 231/82, NJW 1984, 2941.

799) BGH, Urt. v. 16.1.1984 – II ZR 100/83, NJW 1984, 2093; BGH, Urt. v. 21.3.1990 – VIII ZR 49/89, NJW-RR 1990, 816 = Zeller IV, 227.

800) BGH, Urt. v. 10.11.1976 – VIII ZR 115/75, BGHZ 67, 312 = NJW 1977, 381 (Automatenaufstellvertrag); BGH, Urt. v.12.1.1994 – VIII ZR 165/92, BGHZ 124, 351 = NJW 1994, 1060 = ZIP 1994, 461 (Daihatsu); BGH, Urt. v. 21.12.1995 – VII ZR 286/94, NJW 1996, 1209 = ZIP 1996, 508; BGH, Urt. v. 11.1.1997 – XI ZR 13/97, NJW 1998, 592 = ZIP 1998, 20; BGH, Urt. v. 2.3.1999 – XI ZR 81/98, NJW-RR 1999, 842.

801) BGH, Urt. v. 21.12.1995 – VII ZR 286/94, NJW 1996, 1209 = ZIP 1996, 508.

802) BGH, Urt. v. 16.1.1984 – II ZR 100/83, NJW 1984, 2093.

803) BGH, Urt. v. 10.11.1976 – VIII ZR 115/75, BGHZ 67, 312 = NJW 1977, 381 (Automatenaufstellvertrag).

setzt, die Pauschale ist auch für die Geschäftspartei mit der geringsten Schadenshöhe noch angemessen. Das bedeutet, dass der in den AGB festgesetzte Betrag mit dem Durchschnittsgewinn zu vergleichen ist, der nach der Schätzung eines informierten Beobachters in der betreffenden Branche normalerweise entsteht, wenn die Voraussetzungen, an die die Zahlungspflicht des Kunden geknüpft ist, erfüllt sind.[804)]

3. Umfang

2.660 a) **Grundsatz.** Stets ist das Nichterfüllungsinteresse durch das Erfüllungsinteresse begrenzt, weil der Getränkelieferant – auch im Rahmen von § 309 Nr. 5 a BGB – nur das Recht hat, so gestellt zu werden, wie er stände, wenn der Gastwirt ordnungsgemäß seine Abnahmepflichten erfüllt hätte.[805)] Sobald die Pauschale über das Erfüllungsinteresse hinausgeht, ist sie unwirksam; ein wesentliches Übersteigen ist nicht erforderlich.

2.661 b) Die Pauschale ist überhöht, wenn der Getränkelieferant Schadenspositionen einbezieht, die nach der gesetzlichen Regel nicht ersatzfähig sind und entweder durch die vertragliche Regelung oder in AGB ersatzfähig gestellt werden. Die **Einbeziehung nicht ersetzbarer Positionen**, wie etwa **Bearbeitungskosten,** macht die Klausel unwirksam.[806)] Dazu rechnen allerdings nicht etwaige **Rechtsverfolgungskosten**, deren Anfall und Höhe in der Regel durch den Einzelfall geprägt sind und die sich deshalb vorab noch nicht verlässlich einschätzen lassen.[807)]

2.662 c) Unzulässig ist es auch, **Schadenspositionen Dritter** in die Pauschale mit einzubeziehen. Dies gilt insbesondere im Vertriebsmodell 2, falls die Brauerei bei der Schadenspauschalierung Preise bzw. Preislisten des Getränkefachgroßhandels zugrunde legen sollte.[808)]

4. Bereicherungsverbot

2.663 a) **Grundsatz.** Eine Pauschalierung, die zu einer Bereicherung führt, weil sie den nach dem gewöhnlichen Lauf der Dinge zu erwartenden Schaden übersteigt, widerspricht wesentlichen Grundgedanken des Schadensersatzrechts (**§ 307 Abs. 2 Nr. 1 BGB**) und ist in sachlicher Übereinstimmung mit § 309 Nr. 5 a BGB auch

---

804) BGH, Urt. v. 16.1.1984 – II ZR 100/83, NJW 1984, 2093.

805) BGH, Urt. v. 28.5.1984 – III ZR 231/82, NJW 1984; BGH, Urt. v. 30.9.1992 – VIII ZR 196/91, BGHZ 119, 283 = NJW 1993, 64 = ZIP 1992, 1573; OLG Karlsruhe, Urt. v. 18.10.2001 – 19 U 97/01, BeckRS 2001, 30212399; OLG Köln, Urt. v. 15.3.2004 – 5 U 145/99, BeckRS 2008, 09083.

806) Palandt-*Grüneberg*, BGB, § 309 Rz. 26.

807) BGH, Urt. v.14.4.2010 – VIII ZR 123/09, NJW 2010, 2122.

808) OLG Karlsruhe, Urt. v. 18.10.2001 – 19 U 97/01, BeckRS 2001, 30212399. Siehe unten § 17 III 8 w. m. N.

zwischen Unternehmern unwirksam.[809] Bei der Bemessung der Höhe der Pauschalierung der dem Grunde nach ersatzfähigen oder wirksam ersatzfähig gestellten Schadensposition darf der Verwender also **stets zu wenig, niemals aber zu viel fordern.**[810]

b) **Praxishinweis.** Soweit der Beklagte vorbringt, die Höhe des von dem Getränkelieferanten geltend gemachten pauschalierten Schadensersatzes stehe in keinem Verhältnis zu einem etwaigen dem Getränkelieferanten tatsächlich entstandenen Schaden, hat der Getränkelieferant unter Antritt von Sachverständigenbeweis vorzutragen, dass die Differenz zwischen dem Vertrags- oder Herstellerpreis unter Ansatz nur der variablen Kosten bei der Getränkeherstellung schon im maßgeblichen Jahre und auch in der Folgezeit über der vereinbarten Pauschale gelegen habe. Einem Beweisantrag des Getränkelieferanten, dass die Pauschalierung sich im Rahmen des gewöhnlichen zu erwartenden Schadens halte, ist nachzugehen.[811] 2.664

5. Kappung

Der Unwirksamkeitsgrund des § 309 Nr. 5 a BGB greift nur ein, wenn die Pauschale bei genereller Betrachtung ohne Berücksichtigung der Umstände des Einzelfalles überhöht ist. Maßgeblich ist dabei nicht der tatsächlich verlangte Schadensbetrag, sondern derjenige, der nach dem Inhalt der Klausel verlangt werden kann. Eine überhöhte Pauschale bleibt auch dann im Ganzen unwirksam, wenn der Verwender sie im Einzelfall auf eine angemessene Höhe reduzieren will.[812] 2.665

6. Einwendungen

Abweichungen aufgrund besonderer (atypischer) Umstände des Einzelfalles müssen und können nur über den **Gegenbeweis** nach § 309 Nr. 5 b BGB korrigiert werden. Im Gegensatz zu § 309 Nr. 5 b BGB erfordert § 309 Nr. 5 a BGB eine objektive Prüfung. Die Umstände des konkreten Einzelfalles, mögen sie für den Eintritt eines besonders hohen oder auch eines besonders niedrigen Schadens sprechen, bleiben daher außer Betracht. Die **besonderen Verhältnisse** wie die Ertragssituation des Betriebes, die Person des Geschäftsinhabers oder auch der Einwand, im konkreten Einzelfall sei ein niedrigerer Schaden entstanden, können daher nicht berücksichtigt werden. 2.666

---

809) BGH, Urt. v. 28.5.1984 – III ZR 231/82, NJW 1984; BGH, Urt. v.12.1.1994 – VIII ZR 165/92, BGHZ 124, 351 = NJW 1994, 1060 = ZIP 1994, 461 (Daihatsu).

810) OLG Karlsruhe, Urt. v. 18.10.2001 – 19 U 97/01, BeckRS 2001, 30212399.

811) BGH, Urt. v. 10.11.1976 – VIII ZR 115/75, BGHZ 67, 312 = NJW 1977, 381 (Automatenaufstellvertrag); BGH, Urt. v. 3.11.1999 – VIII ZR 269/98, BGHZ 143, 103 = NJW 2000, 1110; BGH, Urt. v. 15.11.2000 – VIII ZR 322/99, NJW-RR 2001, 987.

812) BGH, Urt. v. 28.10.1981 – VIII ZR 302/80, NJW 1982, 870; OLG Frankfurt/M., Urt. v. 15.6.1982 – 11 U 01/82, NJW 1982, 2564.

7. Anerkannte Pauschalbeträge

2.667 Folgende absoluten Beträge sind im Zusammenhang mit Schadensersatzpauschalen für den entgangenen Gewinn pro hl Bier aus der Rechtsprechung als anerkannt zu berichten: „30,00 DM/hl",[813] 40,00 DM je hl Fassbier und 5,00 DM je Kasten Flaschenbier",[814] „50 DM/hl",[815] „80 DM/hl"[816] sowie „60,00 €/hl"[817].

8. Anerkannte pauschale Prozentsätze

2.668 Als prozentuale Schadensersatzpauschalen sind in den letzten Jahren – zum Teil wiederholt – im Zusammenhang mit Schadensersatzpauschalen für den entgangenen Gewinn pro hl Bier als zulässig angesehen worden: „20 % der jeweiligen Einkaufspreise gemäß der jeweils gültigen Preisliste",[818] 25 % des Brauereiabgabepreises"[819] bzw. des jeweiligen Biereinkaufspreises,[820] bzw. des „jeweiligen Listenpreises[821] für einen hl P-Exportbier im Fass"[822] „28 % des jeweiligen ...-Abgabepreises (inklusive der jeweiligen Umsatzsteuer)"[823], „30 %" des Tagespreises bzw. des gültigen Verkaufs- bzw. Listenpreises"[824] sowie „50 % des jeweiligen Einzelhandelslistenpreises für Fassbier der Sorte Pilsener".[825]

---

813) LG Köln, Urt. v. 4.2.1993 – 22 O. 369/91, NJW-RR 1994, 242.

814) OLG Koblenz, Urt. v. 21.2.2002 – 5 U 677/01, NJOZ 2002, 837; LG Ulm, Urt. v. 26.8.2010 – 6 O. 162/09.

815) BGH, Urt. v. 3.7.1996 – VIII ZR 92/95, NJW-RR 1996, 1394; OLG München, Urt. v. 31.1.1995 – 25 U 3600/94, BeckRS 1995, 04936; OLG Düsseldorf, Urt. v. 8.11.1999 – 1 U 42/99; OLG Düsseldorf, Urt. v. 13.11.2009 – I-22 U 71/09, BeckRS 2012, 05469; LG Frankenthal, Urt. v. 4.2.1998 – 5 O. 1238/96.

816) BGH, Urt. v. 15.11.2000 – VIII ZR 322/99, NJW-RR 2001, 987, obiter dictum; LG Köln, Urt. v. 4.2.1993 – 22 O. 369/91, NJW-RR 1994, 242.

817) LG Berlin, Urt. v. 10.10.2012 – 10 O. 243/11.

818) KG, Urt. v. 22.12.1988 – 2 U 1915/88, NJW-RR 1989, 630; OLG Celle, Urt. v. 10.6.1998 – 13 U 158/97, NJW-RR 1999, 1143; OLG Düsseldorf, Urt. v. 19.1.1999 – U (Kart) 17/98, rkr. durch Nichtannahmebeschl. d. BGH v. 22.3.2000 – VIII ZR 60/99 (Vertrag Brauerei-Getränkefachgroßhändler); OLG Köln, Urt. v. 6.9.2000 – 17 U 46/99, BeckRS 2012, 09081.

819) OLG Nürnberg, Urt. v. 23.9.1992 – 9 U 893/92; OLG München, Urt. v. 31.1.1995 – 25 U 3600/94, BeckRS 1995, 04936; OLG Zweibrücken, Urt. v. 6.7.2009 – 7 U 180/08.

820) OLG Köln, Urt. v. 9.1.2007 – 3 U 158/05, BeckRS 2007, 04453.

821) OLG Oldenburg, Urt. v. 14.11.2012 – 5 U 56/11;

822) BGH, Urt. v. 6.12.1989 – VIII ZR 310/88, BGHZ 109, 314 = NJW 1990, 567 = Zeller IV, 210, allerdings bei Annahme einer negativen Umsatzpacht. Der BGH musste im Ergebnis nicht Stellung nehmen.

823) OLG Stuttgart, Urt. v. 18.3.1999 – 13 U 188/98.

824) OLG Karlsruhe, Urt. v. 18.10.2001 – 19 U 97/01, BeckRS 2001, 30212399; OLG Zweibrücken, Urt. v. 6.7.2009 – 7 U 180/08; LG Berlin, Urt. v. 10.10.2012 – 10 O. 243/11 (Schadensersatz).

825) OLG Frankfurt/M., Urt. v. 30.11.2000 – 16 U 230/99, BGH, VIII ZR 5/01, Revisionsrücknahme nach Nichtannahmebeschluss, der ausnahmsweise begründet worden ist; kritisch OLG Frankfurt/M., Urt. v. 13.11.2007 – 11 U 24/07, BeckRS 2007, 19024, allerdings musste die Frage nicht entschieden werden.

Soweit vereinzelt eine Pauschale in Höhe von **30 %** als unwirksam angesehen wird,[826)] wird verkannt, dass die Regelung in der Entscheidung des OLG Karlsruhe nicht 30 % des Bierpreises des Getränkelieferanten, sondern 30 % des Preises der fremdbezogenen Getränke zum Gegenstand hatte und das OLG Karlsruhe diese Preise des Fremdlieferanten als für die Schadensberechnung der Klägerin „völlig untauglich" erachtete. Ob ein Schadensersatz in Höhe von 30 % der Brauereiabgabepreise angemessen wäre, hat das OLG Karlsruhe dagegen nicht geprüft.[827)] **2.669**

9. Besonderheiten bei Biermischgetränken und alkoholfreien Getränken

Die vorstehend berichteten absoluten und prozentualen Schadensersatzpauschalen für Bier dürften sich auf Biermischgetränke übertragen lassen, für alkoholfreie Getränke müssten sie naturgemäß deutlich niedriger angesetzt werden.[828)] **2.670**

10. Steuern

Auf den Gewinn anfallende Steuern sind vom Schädiger nur dann zu ersetzen, wenn der Geschädigte sie auch auf die Schadensersatzleistung entrichten muss. Dies führt zu einer differenzierten Betrachtung. Bei der Pauschale des Nichterfüllungsschadens entspricht der branchentypische Durchschnittsschaden im Wesentlichen der üblichen Gewinnspanne. Das ist der Bruttogewinn grundsätzlich ohne Berücksichtigung der **Umsatzsteuer**, weil der Schadensersatzanspruch wegen fehlenden Leistungsaustausches nicht der Umsatzsteuer unterliegt.[829)] Demgegenüber ist die **Gewerbesteuer** zu ersetzen.[830)] **2.671**

V. Schranke des § 309 Nr. 5 b BGB

1. Bedeutung

Eine nach § 309 Nr. 5 b BGB zulässige Klausel befreit nur von dem konkreten Nachweis des eingetretenen Schadens. Von den weiteren Voraussetzungen für das Entstehen eines Schadensersatzanspruchs befreit diese Bestimmung nicht.[831)] **2.672**

---

826) So *von Westphalen*, Vertragsrecht und AGB-Klauselwerke, B Rz. 26, unter Hinweis auf OLG Karlsruhe, Urt. v. 18.10.2001 – 19 U 97/01, BeckRS 2001, 30212399.

827) OLG Zweibrücken, Urt. v. 6.7.2009 – 7 U 180/08.

828) *Gödde*, in: Martinek/Semler/Habermeier/Fohr, Vertriebsrecht, § 52 Rz. 189.

829) BGH, Urt. v. 26.2.1997 – VIII ZR 128/96, ZIP 1997, 734; OLG Köln, Urt. v. 6.9.2000 – 17 U 46/99, BeckRS 2012, 09081; a. A. OLG Jena, Urt. v. 26.4.2005 – 8 U 702/04, DAR 2005, 399: einschließlich Umsatzsteuer.

830) KG, Urt. v. 22.3.1973 – 12 U 1490/72, VersR 1973, 1030.

831) OLG München, Urt. v. 31.1.1995 – 25 U 3600/94, BeckRS 1995, 04936.

2. Temporaler Anwendungsbereich[832)]

2.673 Zu beachten ist, dass Pauschalierungsklauseln in Getränkelieferungsverträgen, die vor dem 1.1.2002 geschlossen worden sind, seit dem 1.1.2003 dem aktuell geltenden Recht zu entsprechen haben.[833)] Anderenfalls können aus ihnen keine Rechte mehr abgeleitet werden. Allerdings dürfte dies in der Praxis wohl kaum Auswirkungen haben.

3. Zulässigkeit

2.674 Die positive Fassung des § 309 Nr. 5 b BGB fordert eine ausdrückliche Gestattung des Nachweises, d. h. einen unzweideutigen, für den Rechtsunkundigen ohne Weiteres verständlichen Hinweis, dass ihm der Nachweis offensteht, es sei kein oder ein wesentlich niedriger Schaden als die Pauschale entstanden. Gleichwohl muss der Gesetzeswortlaut nicht zwingend verwendet werden. Entscheidend kommt es nur darauf an, dass die Möglichkeit des Nachweises eines niedrigeren Schadens – in Umkehr der bisherigen Rechtslage – im Wortlaut der Klausel ausdrücklich verankert wird. Es ist ausreichend, wenn die gewählte Formulierung auch einem rechtsunkundigen Vertragspartner unzweideutig den ohne Weiteres verständlichen Hinweis gibt, er könne den Gegenbeweis führen, dass dem Verwender ein Schaden überhaupt nicht oder in geringerem Umfang entstanden sei. Selbst wenn der Klausel ihrem Wortlaut nach ein ausdrücklicher Hinweis fehlt, dass dem anderen Vertragsteil auch der Nachweis gestattet ist, dass ein Schaden überhaupt nicht entstanden ist, so ist der Tatbestand des § 309 Nr. 5 b BGB nicht erfüllt. Die Zulassung des Nachweises muss danach in der Klauselformulierung zwar ausdrücklich angesprochen sein. Mit welchen Formulierungen dies zu geschehen hat, insbesondere ob der Klauselverwender sich dabei zwingend des Gesetzeswortlauts bedienen muss, lässt der Gesetzestext aber offen.[834)] Wird der Kunde im Getränkelieferungsvertrag darüber informiert, dass er den Gegenbeweis eines geringeren Schadens erbringen kann, so umfasst die Formulierung auch den Fall, dass überhaupt kein Schaden entstanden ist.

2.675 Schadensersatzpauschalierungen sind im Unternehmerverkehr jedenfalls dann nicht zu beanstanden, wenn sie dem Schädiger den Gegenbeweis eines nicht oder jedenfalls nicht in dieser Höhe entstandenen Schadens ausdrücklich eröffnen und damit der Vorgängerregelung des § 11 Nr. 5 b AGBGB entsprechen. Grund dafür ist, dass der Unternehmer dieses ausdrücklichen Hinweises aufgrund seiner Erfahrung nicht bedarf.[835)]

---

832) Zur Altrechtslage nach § 11 Nr. 5 b AGBG siehe *Bühler,* Brauerei- und Gaststättenrecht, 12. Aufl. 2009, Rz. 1088, m. w. N.

833) OLG Köln, Urt. v. 9.1.2007 – 3 U 158/05, BeckRS 2007, 04453.

834) BGH, Urt. v. 14.4.2010 – VIII ZR 123/09, NJW 2010, 2122.

835) BGH, Urt. v. 19.9.2001 – I ZR 343/98, NJW-RR 2002, 1027; BGH, Urt. v. 20.3.2003 – I ZR 225/00, NJW-RR 2003, 1056; OLG Köln, Urt. v. 9.1.2007 – 3 U 158/05, BeckRS 2007, 04453.

4. Darlegungs- und Beweislast

Beweispflichtig für den geringeren Schaden ist der Klauselgegner. 2.676

5. Geltungserhaltende Reduktion

Ein Verstoß gegen § 309 Nr. 5 b BGB macht die Klausel im Ganzen unwirksam. 2.677

6. Individualabrede

Auch bei einer Individualabrede steht dem Schuldner der Nachweis offen, dass dem Gläubiger tatsächlich ein geringerer Schaden entstanden ist. 2.678

§ 18 Vertragsstrafe

I. Einführung

Die Vertragsstrafe rechnet zu den branchenüblichen Sanktionsregelungen für Verstöße gegen die Bezugsverpflichtung, insbesondere bei **Fremdbezug,**[836] **Einstellung des Getränkebezuges,**[837] **Nichteinhaltung des Vertriebsweges, Minderbezug**[838] sowie **Nichtweiterübertragung der Bezugsverpflichtung.**[839] 2.679

II. Grundlagen

1. § 309 Nr. 6 BGB

a) **Normzweck.** Der Vertragspartner des AGB-Verwenders soll davor geschützt werden, dass sich der Verwender mittels Vertragsstrafe einen ungerechtfertigten Gewinn verschafft, weil diese vom Entstehen eines konkreten Schadens unabhängig ist.[840] 2.680

---

836) BGH, Urt. v. 14.7.1980 – KZR 19/79, WM 1980, 1309 = Zeller II, 155; BGH, Urt. v. 7.10.1970 – VIII ZR 202/68, NJW 1970, 2243 = Zeller I, 202; BGH, Urt. v. 30.9.1992 – VIII ZR 196/91, BGHZ 119, 283 = NJW 1993, 64 = ZIP 1992, 1573; OLG Nürnberg, Urt. v. 5.2.2002 – 1 U 2314/01, NJW-RR 2002, 917. Zu Eigentümererklärungen vgl. u. a. BGH, Urt. v. 14.7.1980 – KZR 19/79, WM 1980, 1309 = Zeller II, 155 (mit zusätzlichem Verwaltungsvertrag).

837) OLG Nürnberg, Urt. v. 5.2.2002 – 1 U 2314/01, NJW-RR 2002, 917.

838) OLG Nürnberg, Urt. v. 25.2.1992 – 11 U 2744/91, BeckRS 1992, 31335912; OLG Düsseldorf, Urt. v. 5.5.1994 – 10 U 238/93, BB 1994, 1739 (Automatenaufstellvertrag); OLG Karlsruhe, Urt. v. 4.3.1999 – 12 U 259/98, rkr. durch Nichtannahmebeschl. d. BGH v. 7.10.1999 – VIII ZR 125/99; OLG Karlsruhe, Urt. v. 18.10.2001 – 19 U 97/01, BeckRS 2001, 30212399; OLG Nürnberg, Urt. v. 5.2.2002 – 1 U 2314/01, NJW-RR 2002, 917; OLG Düsseldorf, Urt. v. 16.1.2004 – I-14 U 156/03, BeckRS 2010, 24896, rkr. durch (Nichtzulassungs-)Beschl. d. BGH v. 19.10.2005 – VIII ZR 53/04. OLG Nürnberg, Urt. v. 6.5.2004 – 13 U 52/04; LG Köln, Urt. v. 15.3.2011 – 21 O. 95/10, BeckRS 2012, 02826, Vorinstanz zu OLG Köln, Urt. v. 20.10.2011 – 7 U 65/11, BeckRS 2012, 15923; OLG Köln, Urt. v. 18.4.2013 – 7 U 180/12, BeckRS 2013, 07760; LG Berlin, Urt. v. 10.10.2012 – 10 O. 243/11.

839) LG Berlin, Urt. v. 31.1.1990 – 99 O. 206/89, NJW-RR 1990, 820 = Zeller IV, 288.

840) BT-Drucks. 7/3919, S. 30.

2.681 b) **Persönlicher Anwendungsbereich.** Auf Verbraucher ist § 309 Nr. 6 BGB naturgemäß anwendbar.[841] Gegenüber nicht betreibenden Hauseigentümern gilt daher das Klauselverbot des § 309 Nr. 6 BGB. Vertragsstrafenregelungen in Getränkelieferungsverträgen mit Hauseigentümern sind daher nur dann wirksam, wenn die Vertragsstrafe individuell ausgehandelt worden ist.

2.682 Auf den Verkehr zwischen Unternehmern kann die auf den Schutz des Verbrauchers zugeschnittene Vorschrift des § 309 Nr. 6 BGB nicht übertragen werden.[842]

2.683 c) **§ 307 Abs. 2 Nr. 1 BGB.** § 309 Nr. 6 BGB kommt im Rahmen des § 307 Abs. 2 Nr. 1 BGB auch keine Leitbildfunktion zu.

2. § 307 Abs. 3 BGB

2.684 Ein Vertragsstrafenversprechen kann in einem engen Zusammenhang zu den der Inhaltskontrolle entzogenen Preisvereinbarungen stehen. Dies unterwirft das Versprechen aber nicht § 307 Abs. 3 BGB. Wie § 309 Nr. 6 BGB zeigt, ist ein solcher enger Zusammenhang zwischen Vertragsstrafenversprechen und Preisvereinbarung kein Grund, das Vertragsstrafenversprechen der Inhaltskontrolle zu entziehen.[843]

3. § 307 Abs. 2 Nr. 1 BGB i. V. m. §§ 339 Satz 1, 286 Abs. 4 BGB

2.685 a) **Grundsatz.** Hinsichtlich einer Vertragsstrafenklausel hat der BGH entschieden, dass auch im Unternehmerverkehr[844] eine von § 339 Satz 1 BGB abweichende **verschuldensunabhängige** Vertragsstrafe nur dann wirksam vereinbart werden kann, wenn gewichtige Umstände die Abweichung vom dispositiven Gesetzesrecht mit Recht und Billigkeit noch vereinbar erscheinen lassen, die Haftung des Vertragsstrafenschuldners also durch sachliche Gründe gerechtfertigt ist.[845]

2.686 Das Verschuldenserfordernis des § 339 Satz 1 BGB als Verwirkungsvoraussetzung muss freilich nicht ausdrücklich in der Klausel genannt werden. Vielmehr ist ausreichend, dass es der Klausel im Wege der **Auslegung** entnommen werden

---

841) OLG Karlsruhe, Urt. v. 4.3.1999 – 12 U 259/98, rkr. durch Nichtannahmebeschl. d. BGH v. 7.10.1999 – VIII ZR 125/99.

842) BGH, Urt. v. 19.12.1977 – II ZR 202/76, NJW 1978, 636; BGH, Urt. v. 12.3.2003 – XII ZR 18/00, NJW 2003, 2158 = ZIP 2003, 1658; OLG Nürnberg, Urt. v. 25.2.1992 – 11 U 2744/91, BeckRS 1992, 31335912.

843) BGH, Urt. v. 3.4.1998 – V ZR 6/97, WM 1998, 1289.

844) BGH, Urt. v. 18.4.1984 – VIII ZR 50/83, NJW 1985, 57 (Gaststättenpachtvertrag); BGH, Urt. v. 3.4.1998 – V ZR 6/97, NJW 1998, 2600 = ZIP 1998, 1049.

845) BGH, Urt. v. 26.9.1996 – VII ZR 318/95, NJW 1997, 135; BGH, Urt. v. 26.5.1999 – VIII ZR 102/98, NJW 1999, 2662 = ZIP 1999, 1266; BGH, Urt. v. 12.3.2003 – XII ZR 18/00, NJW 2003, 2158.

kann.[846] Denkbar ist, dass die Klausel stillschweigend das gesetzliche Leitbild als selbstverständlich voraussetzt. Nicht ausräumbare Unklarheiten gehen allerdings zu Lasten des Verwenders (§ 305c Abs. 2 BGB).[847]

b) Rechtsprechung zu Getränkelieferungsverträgen. Gewichtige Gründe für eine verschuldensunabhängige Haftung sind bei Getränkelieferungsverträgen[848] als auch bei Automatenaufstellverträgen ausgeschlossen.[849] Als gewichtiges Verwenderinteresse genügt jedenfalls nicht schon das allgemeine Interesse an der Sicherung der Vertragserfüllung.[850] 2.687

Ob die Klausel, dass eine Vertragsstrafe **„für jeden Fall der Zuwiderhandlung"** anfallen soll, regelmäßig dahin zu verstehen sei, dass das Element des Verschuldens (§ 339 Satz 1 BGB, § 890 Abs. 1 Satz 1 ZPO) als „gesetzliches Leitbild" insoweit vorausgesetzt werde,[851] erscheint zweifelhaft.[852] Das OLG Koblenz hat sie als verschuldensunabhängige Vertragsstrafenabrede ausgelegt und damit im Hinblick auf § 339 Satz 2 BGB für unwirksam erklärt.[853] 2.688

4. Transparenzgebot

Vertragsstrafen müssen nach Voraussetzungen und Inhalt dem Bestimmtheitsgebot und damit § 307 Abs. 1 Satz 2 BGB entsprechen. Verstöße, die die Vertragsstrafe auslösen, müssen für den betroffenen Kunden konkret aus der Klausel erkennbar sein. Die pauschale Formulierung, dass bei Nichteinhaltung des Vertrags eine Vertragsstrafe fällig wird, ist nicht hinreichend.[854] 2.689

Die Klausel, dass eine Vertragsstrafe **„für jeden Fall der Zuwiderhandlung"** anfallen soll, begründet Zweifel im Hinblick auf die Wirksamkeit nach § 307 Abs. 1 Satz 2 BGB. 2.690

---

846) OLG Celle, Urt. v. 25.9.1987 – 2 U 267/86, NJW-RR 1988, 946 = Zeller IV, 248 (Automatenaufstellvertrag); OLG Frankfurt/M., Urt. v. 13.11.2007 – 11 U 24/07, BeckRS 2007, 19024.

847) BGH, Urt. v. 3.4.1998 – V ZR 6/97, NJW 1998, 3488 = ZIP 1998, 1049; BGH, Urt. v. 13.12.2001 – VII ZR 432/00, NJW 2002, 1274; OLG Nürnberg, Urt. v. 5.2.2002 – 1 U 2314/01, NJW-RR 2002, 917.

848) OLG Nürnberg, Urt. v. 25.2.1992 – 11 U 2744/91, BeckRS 1992, 31335912; OLG Nürnberg, Urt. v. 5.2.2002 – 1 U 2314/01, NJW-RR 2002, 917; OLG Düsseldorf, Beschl. v. 8.6.2007 – 24 U 207/06, NZM 2008, 611 (Pacht- und Getränkelieferungsvertrag); OLG Oldenburg, Urt. v. 14.11.2012 – 5 U 56/11.

849) OLG Celle, Urt. v. 25.9.1987 – 2 U 267/86, NJW-RR 1988, 946 = Zeller IV, 248; LG Aachen, Urt. v. 25.7.1987 – 7 S 445/86, NJW-RR 1987, 948.

850) OLG Nürnberg, Urt. v. 5.2.2002 – 1 U 2314/01, NJW-RR 2002, 917; OLG Düsseldorf, Beschl. v. 8.6.2007 – 24 U 207/06, NZM 2008, 611 (Pacht- und Getränkelieferungsvertrag).

851) OLG Köln, Urt. v. 30.3.2007 – 6 U 207/06, NJOZ 2008, 184; OLG Frankfurt/M., Urt. v. 13.11.2007 – 11 U 24/07, BeckRS 2007, 19024.

852) OLG Düsseldorf, Beschl. v. 8.6.2007 – 24 U 207/06, NZM 2008, 611 (Pacht- und Getränkelieferungsvertrag).

853) OLG Koblenz, Urt. v. 30.9.2010 – 2 U 1388/09, BeckRS 2010, 29330.

854) OLG Hamburg, Urt. v. 6.1.1988 – 4 U 36/87, NJW-RR 1988, 651 (Pachtvertrag).

5. Kumulationsverbot

2.691 a) **Grundsatz.** Auch im Unternehmerverkehr verstößt eine Klausel, die eine kumulative Geltendmachung von Ansprüchen auf Vertragsstrafe und pauschaliertem Schadensersatz ermöglicht, gegen das Anrechnungsverbot des § 340 Abs. 2 BGB. Bereits § 309 Nr. 6 BGB läuft auf ein Verbot der Kumulierung von Schadensersatzansprüchen und Vertragsstrafen hinaus.[855] Eine entsprechende Regelung kann weder durch AGB noch durch Individualabrede wirksam getroffen werden.[856] Dies auch dann, wenn es für den Verwender besonders schwierig ist, Vertragsverletzungen des anderen Teils festzustellen und den sich hieraus ergebenden Schaden zu berechnen.[857]

2.692 **b) Ausnahmen vom Kumulationsverbot. aa)** Die Zusammenfassung einzelner Handlungen zu einer rechtlichen Einheit ist – auch in AGB – disponibel (**Verzicht auf die Einrede des Fortsetzungszusammenhangs**). Die bei Maßgeblichkeit jeden Einzelfalles entstehende Belastung bedarf aber ggf. einer besonderen Rechtfertigung, um der Inhaltskontrolle gem. § 307 Abs. 1 Satz 1 BGB standzuhalten.[858] Eine unangemessene Benachteiligung ist zu verneinen, wenn **besondere Interessen des AGB-Verwenders**, wie etwa der der Durchsetzung eines pauschalierten Schadensersatzes dienende Zweck der Vertragsstrafe, eine Kumulierung bei **Mehrverstößen** zu rechtfertigen vermögen.[859]

2.693 **bb)** Ein anzuerkennendes Bedürfnis für die Kumulation von Schadensersatz- und Vertragsstrafenansprüchen besteht zudem dann, wenn der **Sicherungszweck für die Zukunft nicht entfallen** ist.[860]

2.694 **c) Rechtsprechung zu Getränkelieferungsverträgen.** Das Verbot der Kumulation von Schadensersatz und Vertragsstrafe (§§ 340 Abs. 2, 341 Abs. 2 BGB) gilt grundsätzlich auch zwischen Unternehmern und ist nicht abdingbar.[861] Die **Anrechnungs**pflicht nach §§ 340 Abs. 2, 341 Abs. 2 BGB ist zu beachten, unabhängig davon, ob Schadensersatz wegen Nichterfüllung oder wegen Schlechter-

855) BGH, Urt. v. 21.11.1991 – I ZR 87/90, NJW 1992, 1096.

856) BGH, Urt. v. 24.6.2009 – VIII ZR 332/07, NJW-RR 2009, 1404.

857) BGH, Urt. v. 21.11.1991 – I ZR 87/90, NJW 1992, 1096.

858) BGH, Urt. v. 10.12.1992 – I ZR 186/90, NJW 1993, 721 = ZIP 1993, 292.

859) BGH, Urt. v. 10.12.1992 – I ZR 186/90, NJW 1993, 721 = ZIP 1993, 292; BGH, Urt. v. 28.1.1993 – I ZR 294/90, NJW 1993, 1786 = ZIP 1993, 703 (Handelsvertretervertrag).

860) BGH, Urt. v. 21.11.1991 – I ZR 87/90, NJW 1992, 1096.

861) BGH, Urt. v. 27.11.1974 – VIII ZR 9/73, NJW 1975, 163 = Zeller I, 303 (Automatenaufstellvertrag); BGH, Urt. v. 29.2.1984 – VIII ZR 350/82, NJW 1985, 53 = Zeller III, 281 (Automatenaufstellvertrag); BGH, Urt. v. 30.9.1992 – VIII ZR 196/91, BGHZ 119, 283 = NJW 1993, 64 = ZIP 1992, 1573; OLG Düsseldorf, Urt. v. 5.5.1994 – 10 U 238/93, BB 1994, 1739 (Automatenaufstellvertrag); OLG Nürnberg, Urt. v. 5.2.2002 – 1 U 2314/01, NJW-RR 2002, 917.

füllung inklusive entsprechender Pauschalierungen verlangt wird.[862] Anderenfalls käme es zu einer über den Ersatz des erlittenen Schadens hinausgehenden **Bereicherung des Verwenders**, die dem Schadensersatzrecht fremd ist, und die durch sein Interesse an der Erfüllungssicherung nicht gerechtfertigt werden kann.[863]

Ein anzuerkennendes Bedürfnis für die Kumulation von Schadensersatz- und Vertragsstrafenansprüchen besteht allerdings dann, wenn der **Sicherungszweck für die Zukunft nicht entfallen** ist.[864] **2.695**

6. § 307 Abs. 1 Satz 1 BGB

a) **Grundlagen.** Im **Unternehmerverkehr** unterliegen Vertragsstrafenklauseln der Inhaltskontrolle gem. § 307 BGB.[865] Allerdings ist die **größere Geschäftsgewandtheit** des Klauselgegners zu berücksichtigen.[866] Dass Vertragsstrafen unter Kaufleuten und damit Unternehmern nicht anrüchig sind, sondern im Gegenteil der erwünschten Beschleunigung des kaufmännischen Verkehrs dienen, zeigt § 348 HGB. **2.696**

Da nach § 341 Abs. 1 BGB, anders als nach § 340 Abs. 1 BGB, die Vertragsstrafe neben der Erfüllung verlangt werden kann, ist dem Gläubiger die Durchsetzung seiner Ansprüche aus der nicht fristgerechten Erfüllung erheblich erleichtert.[867] Nicht geregelt ist der Fall, dass dem Gläubiger ein Schadensersatzanspruch statt der Leistung zusteht. Da dieser an die Stelle des Erfüllungsanspruchs tritt, kann er entsprechend der Regelung des § 341 Abs. 1 BGB neben der verwirkten Strafe für nicht gehörige Erfüllung verlangt werden.[868] **2.697**

Die §§ 340, 341 BGB regeln das Verhältnis der verwirkten Strafe zum Erfüllungs- und Schadensersatzanspruch. Gem. § 340 Abs. 2 BGB kann der Gläubiger zwischen Vertragsstrafe und Schadensersatz wählen. Der Strafanspruch besteht auch dann, wenn kein Schaden entstanden ist.[869] **2.698**

---

862) BGH, Urt. v. 27.11.1974 – VIII ZR 9/73, NJW 1975, 163 = Zeller I, 303 (Automatenaufstellvertrag); BGH, Urt. v. 27.11.1974 – VIII ZR 9/73, NJW 1975, 163 = Zeller I, 303 (Automatenaufstellvertrag); BGH, Urt. v. 29.2.1984 – VIII ZR 350/82, NJW 1985, 53 = Zeller III, 281 (Automatenaufstellvertrag); OLG Nürnberg, Urt. v. 25.2.1992 – 11 U 2744/91, BeckRS 1992, 31335912.

863) BGH, Urt. v. 27.11.1974 – VIII ZR 9/73, NJW 1975, 163 = Zeller I, 303 (Automatenaufstellvertrag); OLG Nürnberg, Urt. v. 25.2.1992 – 11 U 2744/91, BeckRS 1992, 31335912.

864) BGH, Urt. v. 14.7.1980 – KZR 19/79, WM 1980, 1309 = Zeller II, 155; BGH, Urt. v. 29.2.1984 – VIII ZR 350/82, NJW 1985, 53 = Zeller III, 281 (Automatenaufstellvertrag).

865) BGH, Urt. v. 14.7.1980 – KZR 19/79, WM 1980, 1309 = Zeller II, 155; BGH, Urt. v. 21.3.1990 – VIII ZR 49/89, NJW-RR 1990, 816 = Zeller IV, 227; BGH, Urt. v. 30.9.1992 – VIII ZR 196/91, BGHZ 119, 283 = NJW 1993, 64 = ZIP 1992, 1573.

866) BT-Drucks. 7/3919, S. 14.

867) BGH, Urt. v. 15.3.1990 – IX ZR 44/89, NJW-RR 1990, 811.

868) BGH, Urt. v. 25.3.1963 – II ZR 83/62, NJW 1963, 1197.

869) BGH, Urt. v. 27.11.1974 – VIII ZR 9/73, NJW 1975, 163 = Zeller I, 303 (Automatenaufstellvertrag).

2.699 **b) Rechtsprechung zu Getränkelieferungsverträgen.** Zwar gelten diese Grundsätze auch im Zusammenhang mit Vertragsstrafenklauseln im Unternehmerverkehr.[870)] Hinsichtlich der formularmäßigen Vereinbarung einer Vertragsstrafe für den Fall einer Verletzung der Ausschließlichkeitsbindung bestehen aber keine Wirksamkeitsbedenken. Der Getränkelieferant hat das Recht, seine Rechte aus der Bezugsbindung des Kunden durch eine Vertragsstrafe abzusichern.[871)] Dies hat für den Getränkelieferanten den erheblichen Vorteil, dass er allein den Vertragsverstoß, nicht aber die Höhe des konkreten Schadens nachweisen muss.

7. Höhe

2.700 **a) Grundlagen.** Entscheidend ist zunächst, dass die Klausel eine **Abstufung** der Vertragsstrafe nach der jeweiligen **Schwere der Vertragsverletzung** vornimmt.[872)]

2.701 b) Mit der Formulierung **„für jeden Fall des Verstoßes"** liegt eine undifferenzierte Regelung vor, die weder nach der Schwere oder der Zielrichtung, noch nach der Verschuldensform unterscheidet. Diese benachteiligt den Vertragspartner des Klauselverwenders unangemessen. So, wenn eine nur beispielhafte Aufzählung ohne Anspruch auf Vollständigkeit eine Vielzahl von unterschiedlich gewichtigen Sachverhalten nennt, sowohl die Reichweite des Verstoßes als auch ein möglicher Schaden überschaubar sowie das Verschulden des Verletzers im Regelfall als gering anzusehen waren.[873)]

2.702 c) Ist eine Vertragsstrafe **„für jeden Fall der Zuwiderhandlung"** vereinbart, so entsteht der Anspruch auf Zahlung der Vertragsstrafe jeweils neu. Die zu zahlende Gesamtstrafe erhöht sich. Daher ist ein formularmäßiges Vertragsstrafenversprechen auch noch nicht deswegen unangemessen, weil die Klauselgestaltung bei **wiederholten Pflichtverletzungen** zu einer **Erhöhung der verwirkten Strafe** führt.[874)]

2.703 **d) Bereicherungsverbot.** Die Vertragsstrafe darf auch im Unternehmerverkehr nicht der Schöpfung neuer Geldquellen des Verwenders dienen.[875)]

---

870) BGH, Urt. v. 14.7.1980 – KZR 19/79, WM 1980, 1309 = Zeller II, 155; BGH, Urt. v. 21.3.1990 – VIII ZR 49/89, NJW-RR 1990, 816 = Zeller IV, 227; BGH, Urt. v. 30.9.1992 – VIII ZR 196/91, BGHZ 119, 283 = NJW 1993, 64 = ZIP 1992, 1573.

871) BGH, Urt. v. 14.7.1980 – KZR 19/79, WM 1980, 1309 = Zeller II, 155; BGH, Urt. v. 12.3.2003 – XII ZR 18/00, NJW 2003, 2158 = ZIP 2003, 1658; OLG Nürnberg, Urt. v. 22.2.1973 – 2 U 98/72, NJW 1973, 1974. Zu Individualregelungen und § 138 Abs. 1 BGB vgl. BGH, Urt. v. 30.3.1977 – VIII ZR 300/75, WM 1977, 641 = Zeller II, 433.

872) BGH, Urt. v. 12.1.1994 – VIII ZR 165/92, BGHZ 124, 351 = NJW 1994, 1060 = ZIP 1994, 461 (Daihatsu).

873) OLG Hamburg, Urt. v. 29.7.1999 – 3 U 171/98, MDR 2000, 513.

874) BGH, Urt. v. 28.1.1993 – I ZR 294/90, NJW 1993, 1786 = ZIP 1993, 703 (Handelsvertretervertrag).

875) BGH, Urt. v. 7.5.1997 – VIII ZR 349/96, NJW 1997, 3233 = ZIP 1997, 1240; BGH, Urt. v. 3.4.1998 – V ZR 6/97, NJW 1998, 2600, im Streitfall allerdings nicht angenommenen; BGH, Urt. v. 23.1.2003 – VII ZR 210/01, NJW 2003, 1805.

e) **Rechtsprechung zu Getränkelieferungsverträgen.** aa) Das Bereicherungsverbot ist zu beachten.[876)] 2.704

bb) Zur Verhältnismäßigkeit allgemein im Zusammenhang mit § 138 Abs. 1 BGB kann auf die Rechtsprechung verwiesen werden.[877)] Von einer unangemessen hoch angesetzten Strafe, die die Unwirksamkeit zur Folge hat, ist auszugehen, wenn die Sanktion **außer Verhältnis zum Gewicht des Vertragsverstoßes** und dessen Folgen für den Vertragspartner steht. Dies ist dann der Fall, wenn die Höhe der Vertragsstrafe nicht an das Gewicht des Vertragsverstoßes anknüpft, wegen fortschreitender Dauer des vertragswidrigen Zustandes kontinuierlich steigt und wenn weder eine zeitliche noch eine summenmäßige Beschränkung vorgesehen ist. Dann liegt die unangemessene Benachteiligung des Vertragsstrafenschuldners vor allem in der Gefahr, dass die ständig wachsende Vertragsstrafe seine eigenen Vertragsansprüche aufzehren, außer Verhältnis zum möglichen Schaden des Vertragsstrafengläubigers geraten und diesem sogar eine von seinem Sachinteresse nicht mehr gedeckten Vermögensquelle eröffnen kann.[878)] Entscheidend ist, dass der Getränkelieferant in der Klausel eine **Abstufung** der Vertragsstrafe nach der jeweiligen **Schwere der Vertragsverletzung** vornimmt.[879)] 2.705

Kann nach dem Getränkelieferungsvertrag ein Verstoß gegen die vertraglichen Pflichten sowohl mit einer Rückforderung des **Zuschusses** in voller Höhe als auch der Geltendmachung eines Vertragsstrafenanspruchs geahndet werden, so liege ein Verstoß gegen § 307 Abs. 2 Nr. 1 i. V. m. § 309 Nr. 5 und 6 BGB vor. Dies jedenfalls dann, wenn nach der Klausel jeder, auch nur ein geringer Verstoß gegen den Vertrag zur Rückforderung des gesamten **Zuschusses** berechtige.[880)] 2.706

8. Geltungserhaltende Reduktion

Eine vorformulierte, zu hoch bemessene Vertragsstrafe ist nichtig. Sie kann nicht nach den allein auf Individualvereinbarungen zugeschnittenen Regeln des § 343 Abs. 1 BGB herabgesetzt werden, weil dies eine der AGB-Kontrolle wesensfremde Berücksichtigung der konkreten Umstände des Einzelfalles erforderte.[881)] § 348 2.707

876) BGH, Urt. v. 30.9.1992 – VIII ZR 196/91, BGHZ 119, 283 = NJW 1993, 64 = ZIP 1992, 1573; BGH, Urt. v. 7.5.1997 – VIII ZR 349/96, NJW 1997, 3233 = ZIP 1997, 1240; BGH, Urt. v. 3.4.1998 – V ZR 6/97, NJW 1998, 2600, im Streitfall allerdings nicht angenommen; BGH, Urt. v. 23.1.2003 – VII ZR 210/01, NJW 2003, 1805; OLG Düsseldorf, Beschl. v. 8.6.2007 – 24 U 207/06, NZM 2008, 611 (Pacht- und Getränkelieferungsvertrag).

877) BGH, Urt. v. 30.3.1977 – VIII ZR 300/75, WM 1977, 641 = Zeller II, 433.

878) OLG Düsseldorf, Beschl. v. 8.6.2007 – 24 U 207/06, NZM 2008, 611 (Pacht- und Getränkelieferungsvertrag).

879) LG Berlin, Urt. v. 31.1.1990 – 99 O. 206/89, NJW-RR 1990, 820 = Zeller IV, 288.

880) KG, Urt. v. 22.6.1987 – 4 U 4205/86; LG Berlin, Urt. v. 31.1.1990 – 99 O. 206/89, NJW-RR 1990, 820 = Zeller IV, 288.

881) OLG Nürnberg, Urt. v. 25.2.1992 – 11 U 2744/91, BeckRS 1992, 31335912; OLG Hamburg, Urt. v. 29.7.1999 – 3 U 171/98, MDR 2000, 513.

HGB schließt die Anwendbarkeit von § 343 BGB ohnehin aus.[882] Eine Herabsetzung nach § 343 BGB kommt auch deshalb nicht in Betracht, weil diese eine grundsätzlich wirksame, nur für die konkrete Störung zu hohe Vertragsstrafenvereinbarung voraussetzt. Auch bestünde die Gefahr, dass das Gesetz leer laufen würde.[883]

2.708 Angesichts der für AGB-Bestimmungen gebotenen abstrakt-generellen Wirksamkeitskontrolle führt die zu weit gehende Regelung auch dann zur Nichtigkeit der gesamten Klausel, wenn in der konkreten Fallgestaltung die hohe Vertragsstrafe sogar angemessen sein könnte. Denn eine geltungserhaltende Reduktion auf das noch vertretbare Regelmaß lässt sich nicht durch eine sprachliche Trennung der Klausel herstellen und kommt im Übrigen nicht in Betracht.[884]

III. Vertragsstrafe bei Fremdbezug

1. Abgrenzung

2.709 Ggf. bedarf es sorgfältiger Prüfung, ob eine (bloße) Schadenspauschale oder nicht tatsächlich ein verdecktes Vertragsstrafenversprechen vorliegt.[885] Wird in der Klausel der Begriff „Entschädigung“ verwendet, so kann eine Vertragsstrafenregelung vorliegen. Hierfür kann sprechen, dass dem Getränkelieferanten durch einen Fremdbezug über die Nichtabnahme hinaus entstehender Schaden nicht ersichtlich und auch nicht vorgetragen ist. Nach ihrem Sinn soll die Klausel allein dazu dienen, den Gastwirt durch Androhung einer Vertragsstrafe als Sanktion zu zwingen, nicht bei Dritten Getränke zu beziehen.[886]

2. AGB und Einbeziehung

2.710 a) Zur Prüfung der Voraussetzungen des **§ 305 Abs. 1 Satz 1 BGB** kann auf ein Urteil des OLG Düsseldorf vom 28.5.2004 verwiesen werden.[887]

2.711 b) **Einbeziehung.** Die Vertragsstrafenklausel ist nach dem Erwartungshorizont eines vernünftigen Gastwirts nicht überraschend i. S. d. **§ 305c Abs. 1 BGB.**[888]

882) OLG Düsseldorf, Urt. v. 14.3.1984 – 11 U 6/84, Zeller IV, 545.

883) BGH, Urt. v. 18.11.1982 – VII ZR 305/81, NJW 1983, 385; BGH, Urt. v. 23.1.2003 – VII ZR 210/01, NJW 2003, 1805; OLG Hamburg, Urt. v. 29.7.1999 – 3 U 171/98, MDR 2000, 513.

884) OLG Hamburg, Urt. v. 29.7.1999 – 3 U 171/98, MDR 2000, 513.

885) BGH, Urt. v. 14.7.1980 – KZR 19/79, WM 1980, 1309 = Zeller II, 155; BGH, Urt. v. 15.11.2000 – BeckRS 2001VIII ZR 322/99, NJW-RR 2001, 987; OLG Karlsruhe, Urt. v. 18.10.2001 – 19 U 97/01, 30212399; OLG Frankfurt/M., Urt. v. 13.11.2007 – 11 U 24/07, BeckRS 2007, 19024; OLG Köln, Urt. v. 18.4.2013 – 7 U 180/12, BeckRS 2013, 07760.

886) OLG Köln, Urt. v. 18.4.2013 – 7 U 180/12, BeckRS 2013, 07760.

887) OLG Düsseldorf, Urt. v. 28.5.2004 – 15 U 193/03 sowie – 15 W 103/03.

888) OLG Düsseldorf, Urt. v. 18.2.1994 – 16 U 91/93; OLG Hamburg, Urt. v. 29.7.1999 – 3 U 171/98, MDR 2000, 513.

3. § 309 Nr. 6 BGB

a) **Unternehmerverkehr.** Auf den Verkehr zwischen Unternehmern kann die auf den Schutz des Verbrauchers zugeschnittene Vorschrift des § 309 Nr. 6 BGB nicht übertragen werden. 2.712

Ob dies auch dann anzunehmen ist, wenn der Vertragspartner durch den Abschluss eines Formularvertrages erstmals Unternehmer wird **(Existenzgründer)**, kann im Hinblick auf einen zweiten Vertrag dahinstehen, weil dieser erst abgeschlossen wurde, als die Beklagten bereits seit rund zwei Jahren Gastwirte und Betreiber des Objektes waren.[889)] Bei Verträgen mit Verbrauchern (§ 13 BGB), insbesondere mit Hauseigentümern, müssen Vertragsstrafen individuell vereinbart werden. 2.713

b) § 309 Nr. 6 BGB ist jedenfalls materiell dann nicht anwendbar, wenn der auslösende Grund allein in der Tatsache des vertragswidrigen Bezuges fremder Getränke, nicht aber in der Nichtabnahme der vertraglichen Menge **(Minderbezug)** liegt.[890)] 2.714

4. § 307 Abs. 2 Nr. 1 BGB i. V. m. §§ 339 Satz 1, 286 Abs. 4 BGB

Eine Vertragsstrafenklausel[891)] darf ebenso wie eine Schadensersatzpauschalierungsklausel[892)] **nicht verschuldensunabhängig** gestaltet sein. Dies gilt sowohl für den Fall des Fremdbezuges als auch den der Einstellung des Getränkebezuges im Übrigen.[893)] Entgegenstehende besondere Sachgründe, die geeignet wären, die Unwirksamkeitsvermutung des § 307 Abs. 2 Nr. 1 BGB auszuräumen, sind insofern nicht ersichtlich.[894)] Lässt die Klausel dem Wortlaut nach offen, wann „für jeden vertragswidrig bezogenen hl eine Entschädigung zu zahlen ist", wird also der Begriff „vertragswidrig" nicht erläutert bzw. eingegrenzt, so geht dies gemäß § 305c Abs. 2 BGB zu lasten des Getränkelieferanten als Verwender. Folge ist die Einordnung als schuldensunabhängige Vertragsstrafe mit den bekannten Konsequenzen.[895)] 2.715

---

889) OLG Düsseldorf, Urt. v. 18.2.1994 – 16 U 91/93.

890) BGH, Urt. v. 14.7.1980 – KZR 19/79, WM 1980, 1309 = Zeller II, 155.

891) BGH, Urt. v. 14.7.1980 – KZR 19/79, WM 1980, 1309 = Zeller II, 155; BGH, Urt. v. 18.4.1984 – VIII ZR 50/83, WM 1984, 931 = Zeller III, 342 (Gaststättenpachtvertrag); BGH, Urt. v. 30.9.1992 – VIII ZR 196/91, BGHZ 119, 283 = NJW 1993, 64 = ZIP 1992, 1573; OLG Nürnberg, Urt. v. 5.2.2002 – 1 U 2314/01, NJW-RR 2002, 917; OLG Nürnberg, Urt. v. 25.2.1992 – 11 U 2744/91, BeckRS 1992, 31335912; OLG Düsseldorf, Beschl. v. 8.6.2007 – 24 U 207/06, NZM 2008, 611 (Pacht- und Getränkelieferungsvertrag); OLG Köln, Urt. v. 18.4.2013 – 7 U 180/12, BeckRS 2013, 07760; LG Aachen, Urt. v. 25.3.1987 – 7 S 445/86, NJW-RR 1987, 948 (Automatenaufstellvertrag).

892) BGH, Urt. v. 15.11.2000 – VIII ZR 322/99, NJW-RR 2001, 987.

893) Einerseits BGH, Urt. v. 30.9.1992 – VIII ZR 196/91, BGHZ 119, 283 = NJW 1993, 64 = ZIP 1992, 1573, andererseits OLG Nürnberg, Urt. v. 5.2.2002 – 1 U 2314/01, NJW-RR 2002, 917.

894) OLG Nürnberg, Urt. v. 5.2.2002 – 1 U 2314/01, NJW-RR 2002, 917.

895) OLG Köln, Urt. v. 18.4.2013 – 7 U 180/12, BeckRS 2013, 07760.

5. Transparenzgebot

2.716 Die Vertragsstrafe muss nach Voraussetzungen und Inhalt dem **Bestimmtheitsgebot** entsprechen. Verstöße, die die Vertragsstrafe auslösen, müssen für den Betroffenen konkret erkennbar sein. Eine Klausel, die pauschal bestimmt, dass bei Nichteinhaltung des Vertrages eine Vertragsstrafe fällig ist, ist daher wegen Unbestimmtheit nach § 307 Abs. 1 Satz 2 BGB unwirksam.[896)]

6. § 307 Abs. 1 Satz 1 BGB

2.717 a) **Grundsatz.** Eine Klausel, die bei einem Verstoß gegen eine zulässige Bezugs- und Ausschließlichkeitsbindung eine Vertragsstrafe vorsieht, ist grundsätzlich nicht nach § 307 Abs. 1 Satz 1 BGB zu beanstanden. Ausschließlichkeitsbindungen sichern nämlich nicht nur die Abnahme der Leistung, sondern auch eine Wettbewerbsstellung. Dies gilt insbesondere für den Fall der Sicherung einer Ausschließlichkeitsvereinbarung gegen Fremdbezug.[897)]

2.718 b) **Kumulation. aa) Grundsatz.** Ein Bedürfnis für die Kumulation von Schadensersatz- und Vertragsstrafenansprüchen besteht grundsätzlich im Geschäftsverkehr der Unternehmer bei Dauerschuldverhältnissen, insbesondere bei Getränkelieferungsverträgen. Hier will der Verwender sich mit der Kumulation gegen den Bezug fremder Getränke sichern. Ebenso wie in den Bereichen des Wettbewerbsrechts sowie bei Patent- und Lizenzverletzungen ist ein **Bedürfnis** für die Kumulation von Schadensersatz- und Vertragsstrafenansprüchen anzuerkennen, aber **nur dann, wenn der Sicherungszweck für die Zukunft nicht entfallen ist.**[898)]

2.719 **bb) Ausnahme.** Eine unzulässige Kumulation von Schadensersatzanspruch bei Minderabnahme und Vertragsstrafe bei Fremdbezug liegt jedenfalls dann nicht vor, wenn in der Vertragsstrafenregelung eine **Anrechnung** des geschuldeten Schadensersatzes vorgesehen ist.[899)]

2.720 c) **Höhe.** Ein **Schadensnachweis** ist auch insofern nicht entbehrlich.[900)]

---

896) OLG Karlsruhe, Urt. v. 4.3.1999 – 12 U 259/98, rkr. durch Nichtannahmebeschl. d. BGH v. 7.10.1999 – VIII ZR 125/99; *Paulusch*, Brauerei- und Gaststättenrecht, 9. Aufl. 1996, Rz. 125.

897) BGH, Urt. v. 30.3.1977 – VIII ZR 300/75, WM 1977, 641 = Zeller II, 433; BGH, Urt. v. 14.7.1980 – KZR 19/79, WM 1980, 1309 = Zeller II, 155; BGH, Urt. v. 30.6.1987 – KZR 7/86, NJW-RR 1988, 39; BGH, Urt. v. 30.9.1992 – VIII ZR 196/91, BGHZ 119, 283 = NJW 1993, 64 = ZIP 1992, 1573; BGH, Urt. v. 28.1.1993 – I ZR 294/90, NJW 1993, 1786 = ZIP 1993, 703 (Handelsvertretervertrag); BGH, Urt. v. 12.3.2003 – XII ZR 18/00, NJW 2003, 2158; OLG Nürnberg, Urt. v. 22.2.1973 – 2 U 98/72, NJW 1973, 1974.

898) BGH, Urt. v. 14.7.1980 – KZR 19/79, WM 1980, 1309 = Zeller II, 155; BGH, Urt. v. 29.2.1984 – VIII ZR 350/82, NJW 1985, 53 = Zeller III, 281 (Automatenaufstellvertrag); BGH, Urt. v. 21.11.1991 – I ZR 87/90, NJW 1992, 1096.

899) OLG Zweibrücken, Urt. v. 6.7.2009 – 7 U 180/08.

900) OLG Karlsruhe, Urt. v. 18.10.2001 – 19 U 97/01, BeckRS 2001, 30212399.

Auch unter dem Gesichtspunkt der **Verhältnismäßigkeit** begegnet die Vertragsstrafe jedenfalls dann keinen Bedenken, wenn sie den Gewinn bei vertragsgemäßen Verhalten nicht übersteigt.[901] Eine Vereinbarung in einem Gaststättenpachtvertrag, nach der bei jeder Zuwiderhandlung gegen eine Getränkebezugsverpflichtung eine Vertragsstrafe in Höhe von 2.500,00 € verwirkt sein sollte, wurde als unangemessen angesehen.[902] 2.721

Entscheidend ist, dass der Getränkelieferant in der Klausel eine **Abstufung** der Vertragsstrafe nach der jeweiligen **Schwere der Vertragsverletzung** vornimmt.[903] 2.722

Wirksamkeitserhaltend ist der Umstand, dass vertraglich bei Überschreiten der vereinbarten Mindestabnahmemenge ein **Bonus**, eine **(erhöhte) Rückvergütung** oder eine **Provision** gezahlt wird.[904] 2.723

d) **Absolute Pauschalen.** Eine Pauschale in Höhe von **35,00 DM/hl"** ist zulässig.[905] 2.724

e) **Prozentuale Pauschalen.** Zulässig ist eine Pauschale in Höhe von **„25 %** des vereinbarten Tagespreises"[906] bzw. des „Biereinkaufspreises"[907]. Zu einer Pauschale in Höhe von **„20 %** des ortsüblichen Abgabepreise" kann auf die Rechtsprechung verwiesen werden.[908] 2.725

IV. Einstellung des Getränkebezuges

1. § 307 Abs. 2 Nr. 1 BGB

a) Eine Vertragsklausel des Inhalts, dass die Vertragsstrafe bei Einstellung des Getränkebezugs fällig wird ohne (ausdrücklichen) Hinweis auf das erforderliche Verschulden ist wegen Verstoßes gegen das gesetzliche **Leitbild des Verschuldens** (§ 307 Abs. 2 Nr. 1 BGB i. V. m. §§ 339 Satz 1, 286 Abs. 4 BGB) unwirksam. Im Übrigen dürfte es bereits an einer wirksamen Einbeziehung i. S. d. § 305c Abs. 2 BGB fehlen.[909] 2.726

b) **Eintrittsrecht.** Lässt sich ein Getränkelieferant im Getränkelieferungsvertrag für den Fall der Einstellung des Getränkebezuges formularmäßig eine verschul- 2.727

---

901) OLG Nürnberg, Urt. v. 5.2.2002 – 1 U 2314/01, NJW-RR 2002, 917; OLG Düsseldorf, Beschl. v. 8.6.2007 – 24 U 207/06, NZM 2008, 611 (Pacht- und Getränkelieferungsvertrag).

902) OLG Düsseldorf, Beschl. v. 8.6.2007 – 24 O. 2007/06, NZM 2008, 611 (Pacht- und Getränkelieferungsvertrag).

903) LG Berlin, Urt. v. 31.1.1990 – 99 O. 206/89, NJW-RR 1990, 820 = Zeller IV, 288.

904) OLG Oldenburg, Urt. v. 14.11.2012 – 5 U 56/11.

905) BGH, Urt. v. 30.9.1992 – VIII ZR 196/91, BGHZ 119, 283 = NJW 1993, 64 = ZIP 1992, 1573.

906) BGH, Urt. v. 30.3.1977 – VIII ZR 300/75, WM 1977, 641 = Zeller II, 433.

907) OLG Düsseldorf, Urt. v. 14.3.1984 – 11 U 6/84, Zeller IV, 545.

908) KG, Urt. v. 22.12.1988 – 2 U 1915/88, NJW-RR 1989, 630 = Zeller IV, 267.

909) OLG Nürnberg, Urt. v. 5.2.2002 – 1 U 2314/01, NJW-RR 2002, 917.

densunabhängige Vertragsstrafe[910] versprechen und behält er sich zudem das Recht vor, bei jeder Einstellung des Getränkebezuges in das Miet-/Pachtverhältnis des Gastwirts mit einem Dritten einzutreten, so könnte er zum einen in das Pachtverhältnis eintreten und zum anderen daneben eine je nach noch offener Laufzeit unter Umständen hohe Vertragsstrafe fordern, ohne dass er sich eventuelle Vorteile aus der weiteren Unterverpachtung anrechnen lassen müsste. Dies verstößt gegen § 307 Abs. 2 Nr. 1, Abs. 1 Satz 1 BGB.[911]

2.728 c) Eine einseitige Belastung des Gastwirts wird auch nicht dadurch aufgehoben, dass der **Nachweis eines geringeren Schadens** nicht ausgeschlossen ist. Das bei einer Schadenspauschalierung erhebliche Argument – vgl. **§§ 307 Abs. 2 Nr. 1, 309 Nr. 5 b BGB** – spielt bei der Vertragsstrafe keine Rolle, weil dieser Einwand der Vertragsstrafe nicht entgegengesetzt werden kann. Eine unverhältnismäßige Vertragsstrafe kann, soweit es sich beim Schuldner nicht um einen Kaufmann (§ 348 HGB) handelt, nur gem. § 343 Abs. 1 BGB auf einen angemessenen Betrag herabgesetzt werden. Bei der Beurteilung der Angemessenheit ist der dem Gläubiger entstandene Schaden ein Gesichtspunkt neben weiteren, wie z. B. Verschulden und wirtschaftliche Lage des Schuldners. Dass der Nichtausschluss eines Gesichtspunktes, der möglicherweise im Zusammenhang mit anderen zu einer Herabsetzung der Vertragsstrafe führt, keinen Ausgleich für die unangemessene Benachteiligung darstellt, bedarf keiner weiteren Erörterung.[912]

2. § 307 Abs. 1 Satz 1 BGB

2.729 a) **Inhaltskontrolle.** Auch unter dem Gesichtspunkt der **Verhältnismäßigkeit** begegnet eine Vertragsstrafenklausel jedenfalls dann keinen Bedenken, wenn die Vertragsstrafe den **Gewinn bei vertragsgemäßen Verhalten nicht übersteigt.**[913]

2.730 Eine auf 30 % des von der Brauerei festgesetzten Verkaufspreises (Brauereiabgabepreises) abzielende Vertragsstrafe ist angesichts der in dieser Branche üblichen – relativ hohen – Gewinnspannen nicht nach § 307 Abs. 1 Satz 1 BGB zu beanstanden.[914] Entgegen gelegentlichen Missdeutungen in der Literatur hat das OLG Nürnberg nicht eine Pauschale in Höhe von 30 % für unwirksam erklärt, sondern vielmehr die verschuldensunabhängige Entstehung einer solchen Vertragsstrafe. Dass die streitgegenständliche Schadenspauschale in Höhe von 30 % des Verkaufspreises den der Brauerei tatsächlich entstandenen Schaden, maßgeblich den entgangenen Gewinn, wesentlich übersteigen würde, ist nicht ersichtlich gewesen. Eine solche Spanne ist vor dem Hintergrund der vom BGH für den entsprechenden Schadensersatzanspruch anerkannten Berechnungs-

910) Konkret in Höhe von 30 % des Verkaufspreises der noch abzunehmenden Getränkemenge.

911) OLG Nürnberg, Urt. v. 5.2.2002 – 1 U 2314/01, NJW-RR 2002, 917.

912) OLG Nürnberg, Urt. v. 5.2.2002 – 1 U 2314/01, NJW-RR 2002, 917.

913) OLG Nürnberg, Urt. v. 5.2.2002 – 1 U 2314/01, NJW-RR 2002, 917.

914) OLG Nürnberg, Urt. v. 5.2.2002 – 1 U 2314/01, NJW-RR 2002, 917.

grundsätze, keineswegs unüblich und unangemessen i. S. d. § 307 Abs. 1 Satz 1 BGB.[915)]

b) Eine **geltungserhaltende Reduktion** ist auch im Unternehmerverkehr unzulässig. Eine vorformulierte, zu hoch bemessene Vertragsstrafe ist daher nichtig. Sie kann nicht nach den allein auf Individualvereinbarungen zugeschnittenen Regeln des § 343 BGB herabgesetzt werden, weil diese eine der AGB-Kontrolle wesensfremde Berücksichtigung der konkreten Umstände des Einzelfalles erforderte.[916)] 2.731

V. Weitere Anwendungsfälle

1. Verstoß gegen Rechtsnachfolgeklausel

Trifft den bisherigen Betreiber die – wirksame – Verpflichtung zur Übertragung der Ausschließlichkeitsregelung hinsichtlich des Getränkebezuges auf einen Rechtsnachfolger und hat er diesem eine solche nicht rechtlich wirksam auferlegt, so kann ein auf den pauschalen Mindestschaden gerichteter Vertragsstrafenanspruch gem. **§ 307 Abs. 2 Nr. 1 BGB** nicht bestehen, weil er, ebenso wie ein etwaiger Schadensersatzanspruch statt der Leistung, abweichend vom gesetzlichen Leitbild des Verschuldens nach § 286 Abs. 4 BGB **verschuldensabhängig** gestaltet sein muss.[917)] 2.732

2. Vorzeitige Darlehensrückzahlung

Eine Vertragsstrafenklausel ist im Hinblick auf § 307 Abs. 1 Satz 1 BGB dann nicht zu beanstanden, wenn sie den Getränkelieferanten für den Fall schützen soll, dass sich der Gastwirt durch vorzeitige Rückzahlung des von dem Getränkelieferanten gewährten Darlehens aus der Bezugsverpflichtung zu lösen versucht.[918)] 2.733

§ 19 Sanktionsregelungen bei Minderbezug

I. Einführung

1. Wirtschaftlicher Hintergrund

Getränkelieferanten engagieren sich im Absatzweg Gastronomie finanziell, indem sie umfängliche Finanz- und Sachleistungen erbringen. Zu nennen sind u. a. Darlehen, Zuschüsse, die Gestellung von Leihinventar und die Zahlung von (Rück-)Vergütungen.[919)] Dies alles geschieht, um möglichst langfristige 2.734

---

915) OLG Zweibrücken, Urt. v. 6.7.2009 – 7 U 180/08.

916) OLG Nürnberg, Urt. v. 5.2.2002 – 1 U 2314/01, NJW-RR 2002, 917.

917) BGH, Urt. v. 10.12.1992 – I ZR 186/90, NJW 1993, 721 = ZIP 1993, 292; BGH, Urt. v. 28.1.1993 – I ZR 294/90, NJW 1993, 1786 = ZIP 1993, 703 (Handelsvertretervertrag); ZIP 1993, 703; OLG Düsseldorf, Urt. v. 18.2.1994 – 16 U 91/93.

918) OLG Düsseldorf, Urt. v. 18.2.1994 – 16 U 91/93.

919) Siehe oben § 8 I.

und/oder umfängliche Getränkeabnahmeverpflichtungen auch vor dem Hintergrund einer drohenden Unwirksamkeit gem. §§ 138 Abs. 1, 307 BGB zu erreichen. Dem steht der Wunsch des Gastwirts gegenüber, möglichst umfänglich finanziert zu werden, was sich in optimistischen Einschätzungen seiner gastrogewerblichen Zukunft darstellt.

2.735 Der Umfang der von Getränkelieferanten gewährten finanziellen Leistungen sowie ihre Konditionen hängen entscheidend von der voraussichtlich erzielbaren Getränkeabnahmemenge in den einzelnen (Kalender-)Jahren der Vertragslaufzeit, aber auch insgesamt (Gesamtlaufzeit) ab. Der bisherige oder bei einem neuen Betrieb der voraussichtlich zu erwartende Getränkeabsatz ist für den Getränkelieferanten die wesentliche Kalkulationsgrundlage im Rahmen der Rentabilitätsprüfung des anstehenden Geschäftsabschlusses. Das Streben der Gastwirte geht nicht selten dahin, tatsächlich oder vermeintlich notwendige Finanzierungen durch ebenso überhöhte wie unrealistische Absatzerwartungen zu unterlegen. Sowohl betriebswirtschaftlich als auch juristisch ist es daher angezeigt, unrealistische Absatzprognosen des Gastwirts auf ein vertretbares (erreichbares) Maß zu stutzen, um eine Kapitalfehlleitung in Form der Überfinanzierung zu vermeiden.

2.736 Betriebswirtschaftlich muss sich das finanzielle Engagement sowohl ex ante rechnen lassen, was zu entsprechenden (internen) Kalkulationen aufseiten der Getränkelieferanten führt. Im Nachhinein (Nachkontrolle, hl-Soll-Ist-Vergleich) ist zu fragen, ob dem finanziellen Engagement auch die kalkulierten Absätze gegenüberstehen. Immer wieder ergibt die hl-Nachkalkulation ein nicht unerhebliches Abweichen von den Planzahlen des Getränkelieferanten. Das Objekt stellt sich damit als nachträglich überfinanziert dar. Daraus folgt die Frage der Zulässigkeit der Berechnung eines **Mindermengenausgleichs (Malus)**. Ziel ist es, das **Vorleistungsrisiko** wenigstens teilweise zu kompensieren. Diese überwiegend (betriebs-)wirtschaftlich motivierten Überlegungen der Getränkelieferanten sind in jeder Hinsicht nachvollziehbar.

2. Bonus und Malus

2.737 Im umgekehrten Fall der Überschreitung der vereinbarten (Mindest-)Abnahmemenge besteht die Möglichkeit, dem Gastwirt die nunmehr nicht mehr vorhandene hl-Belastung in Form einer Vergütung (**Bonus**, Provision) oder einer höheren **Rückvergütung** pro abgenommenen (und bezahltem) hl zukommen zu lassen.[920] Ob es bei Abschreibungsdarlehen neben dem Malus auch einen Bonus geben kann, ist zweifelhaft.

920) BGH, Urt. v. 3.7.1996 – VIII ZR 92/95, NJW-RR 1996, 1394; OLG Brandenburg, Urt. v. 23.11.1994 – 1 U 11/94, NJW-RR 1995, 1517; OLG München, Urt. v. 31.1.1995 – 25 U 3600/94, BeckRS 1995, 04936 (Bonuszins); OLG Frankfurt/M., Urt. v. 13.11.2007 – 11 U 24/07, BeckRS 2007, 19024; LG Frankfurt/M., Beschl. v. 28.3.2003 – 2/1 S 313/02; LG Köln, Urt. v. 20.11.2006 – 20 O. 118/06.

Eine rechtliche Verpflichtung zur Gewährung eines Bonus, insbesondere in **Höhe** des jeweiligen Malusbetrages, besteht nicht.[921] Dies auch deshalb, weil sich Malus und Bonus unterschiedlich errechnen und daher nicht nur im Vertriebsmodell 2 der Höhe nach voneinander abweichen können.[922] 2.738

Aus der **Rechtsprechung** können einige Entscheidungen zu Bonus-Malus-Regelungen berichtet werden.[923] 2.739

3. Ausgleichsregelungen im Überblick

a) Einige Formen des Nachjustierens scheiden in der Praxis zumeist aus. Dies gilt insbesondere für die außerordentliche Kündigung des Getränkelieferungsvertrages. Eine Rückholung von Gaststätteninventar verursacht erhebliche Kosten und begründet einen höheren Neuinvestitionsbedarf. Eine Leistungsanpassung scheidet zumeist deshalb aus, weil der Gebundene nicht in der Lage ist, die Vorleistungen des Getränkelieferanten an diesen entsprechend zurückzuerstatten, insbesondere zurückzuzahlen. Die Umwandlung eines unverzinslichen Gutschriftendarlehens in ein verzinsliches Tilgungsdarlehen setzt die Zustimmung des Gastwirts voraus. Gleiches gilt für die entsprechenden Situationen bei Zuschussfinanzierungen, wenn diese in rückzahlbare, (höher) verzinsliche Darlehen umgewandelt werden sollen. 2.740

b) Das Getränkelieferungsrecht kennt daher eine Vielzahl von **Sanktionen** bei Unterschreitung der vereinbarten Mindestabnahmemenge zum Ausgleich der effektiven Kapitalfehlleitung. Zu nennen sind Ausgleichsregelungen wie Schadensersatz[924], Vertragsstrafe[925], das Recht zur Nachverzinsung[926] sowie zur vollständigen und insbesondere teilweisen Kündigung des Vertrages[927]. Sprachlich wird von „Malus", „Mindermengenausgleich", „Mengenausgleich", „Ausgleichszahlung"[928], 2.741

---

921) A. A. wohl *Gödde*, in: Martinek/Semmler/Habermeier/Flohr, Vertriebsrecht, § 52 Rz. 200.

922) Insofern zutreffend *Nöller*, Brauwelt 2011, 1186.

923) BGH, Urt. v. 3.7.1996 – VIII ZR 92/95, NJW-RR 1996, 1394 (Zuschuss- und Getränkelieferungsvertrag); OLG Karlsruhe, Urt. v. 27.1.1993 – 6 U 182/92; OLG Brandenburg, Urt. v. 23.11.1994 – 1 U 11/94, NJW-RR 1995, 1517; OLG München, Urt. v. 31.1.1995 – 25 U 3600/94, BeckRS 1995, 04936 (Bonuszins); OLG Frankfurt/M., Urt. v. 13.11.2007 – 11 U 24/07, BeckRS 2007, 19024; LG Köln, Urt. v. 20.11.2006 – 20 O. 118/06.

924) BGH, Urt. v. 22.10.1997 – VIII ZR 149/96; OLG München, Urt. v. 31.1.1995 – 25 U 3600/94, BeckRS 1995, 04936; OLG Köln, Urt. v. 6.9.2000 – 17 U 46/99, BeckRS 2012, 09081; OLG Frankfurt/M., Urt. v. 30.11.2000 – 16 U 230/99, BGH, VIII ZR 5/01, Revisionsrücknahme nach Nichtannahmebeschluss, der ausnahmsweise begründet worden ist; OLG Karlsruhe, Urt. v. 18.10.2001 – 19 U 97/01, BeckRS 2001, 30212399;.

925) OLG Karlsruhe, Urt. v. 4.3.1999 – 12 U 259/98, rkr. durch Nichtannahmebeschl. d. BGH v. 7.10.1999 – VIII ZR 125/99.

926) OLG München, Urt. v. 31.1.1995 – 25 U 3600/94, BeckRS 1995, 04936; OLG Hamm, Urt. v. 10.5.2012 – I-22 U 203/11 (Vertrag Brauerei-Getränkefachgroßhändler).

927) Siehe unten § 40 VI 2 jeweils m. w. N.

928) OLG Oldenburg, Urt. v. 14.11.2012 – 5 U 56/11.

„Deckungsbeitragsausgleich“[929], „Deckungskostenbeitragsausgleich“, „(Ausfall-) Entschädigung“[930] oder dergleichen gesprochen. Die zu zahlenden Ausgleichsbeträge werden überwiegend in konkreten Eurobeträgen[931], teilweise aber auch prozentual[932] ausgewiesen. Hinzutreten ggf. noch Regelungen über den Vortrag von periodischen Mindermengenansprüchen auf den Zeitpunkt des Vertragsendes, ergänzt durch Verlängerungsklauseln.[933]

4. Grundsätzliche Zulässigkeit

2.742 Gegenüber Mindermengenausgleichsregelungen im Allgemeinen dürfte grundsätzlich nichts zu erinnern sein, wenn sie juristisch unangreifbar gestaltet sind, insbesondere die Schranken der zulässigen Vertragsgestaltung im Allgemeinen und im Zusammenhang mit Getränkelieferungsverträgen im Besonderen beachtet wurden. Dabei wird zu berücksichtigen sein, dass die inhaltliche Ausgestaltung entsprechender Ausgleichsregelungen in der Praxis sowohl im zeitlichen Rückblick als auch aktuell sehr unterschiedlich ist. Dies zeigt den Weg zu einer differenzierten juristischen Beurteilung.

---

929) BGH, Beschl. v. 14.7.1999 – VIII ZR 60/99, BeckRS 1999, 30066756 (Vertrag Brauerei-Getränkefachgroßhändler); OLG Düsseldorf, Urt. v. 19.1.1999 – U (Kart) 17/98, rkr. durch Nichtannahmebeschl. d. BGH v. 22.3.2000 – VIII ZR 60/99 (Vertrag Brauerei-Getränkefachgroßhändler); OLG Köln, Urt. v. 9.1.2007 – 3 U 158/05, BeckRS 2007, 04453; LG Köln, Urt. v. 15.3.2011 – 21 O. 95/10, BeckRS 2012, 02826, Vorinstanz zu OLG Köln, Urt. v. 20.10.2011 – 7 U 65/11, BeckRS 2012, 15923.

930) BGH, Urt. v. 23.11.1983 – VIII ZR 333/82, ZIP 1984, 335 = Zeller, III, 266; BGH, Urt. v. 6.12.1989 – VIII ZR 310/88, BGHZ 109, 314 = NJW 1990, 567 = Zeller IV, 210; OLG Köln, Urt. v. 6.9.2000 – 17 U 46/99, BeckRS 2012, 09081; OLG Frankfurt/M., Urt. v. 30.11.2000 – 16 U 230/99, BGH, VIII ZR 5/01, Revisionsrücknahme nach Nichtannahmebeschluss, der ausnahmsweise begründet worden ist; OLG Düsseldorf, Urt. v. 28.5.2004 – 15 U 193/03 – sowie – 15 W 103/03 (Vertrag Brauerei-Getränkefachgroßhändler); OLG Düsseldorf, Urt. v. 13.11.2009 – I-22 U 71/09, BeckRS 2012, 05469.

931) BGH, Urt. v. 23.11.1983 – VIII ZR 333/82, ZIP 1984, 335 = Zeller, III, 266 (20 DM/hl); BGH, Urt. v. 3.7.1996 – VIII ZR 92/95, NJW-RR 1996, 1394 (Malus/Bonus 53,30 DM zzgl. gesetzlicher Umsatzsteuer); OLG Brandenburg, Urt. v. 23.11.1994 – 1 U 11/94, NJW-RR 1995, 1517 (12,50 DM); OLG Düsseldorf, Urt. v. 28.5.2004 – 15 U 193/03 – sowie – 15 W 103/03 (Vertrag Brauerei-Getränkefachgroßhändler: 30 DM/hl); OLG Frankfurt/M., Urt. v. 13.11.2007 – 11 U 24/07, BeckRS 2007, 19024 (35 DM/hl); OLG Düsseldorf, Urt. v. 13.11.2009 – I-22 U 71/09, BeckRS 2012, 05469 (50 DM/hl).

932) BGH, Urt. v. 6.12.1989 – VIII ZR 310/88, BGHZ 109, 314 = NJW 1990, 567 = Zeller IV, 210 (25 % des Listenpreises für 1 hl P-Exportbier im Faß); OLG Düsseldorf, Urt. v. 19.1.1999 – U (Kart) 17/98, rkr. durch Nichtannahmebeschl. d. BGH v. 22.3.2000 – VIII ZR 60/99 (20 % des Einkaufspreises); OLG Köln, Urt. v. 6.9.2000 – 17 U 46/99, BeckRS 2012, 09081 (20 % des jeweiligen Einkaufspreises); OLG Karlsruhe, Urt. v. 18.10.2001 – 19 U 97/01, BeckRS 2001, 30212399 (25 % des Tagespreises); OLG Köln, Urt. v. 9.1.2007 – 3 U 158/05, BeckRS 2007, 04453 (25 % des Einkaufspreises).

933) OLG Köln, Urt. v. 9.1.2007 – 3 U 158/05, BeckRS 2007, 04453.

II. Ausgleichsregelung als AGB-Klausel

Für eine AGB sprechen zumeist der abstrakte Inhalt und das äußere Erscheinungsbild der Regelung.[934)] Dagegen handelt es sich bei einer vorformulierten Regelung einer „Pachtentschädigung" in Höhe von 25 % der nicht erreichten Abnahme an Bier durch den Pächtergastwirt um eine **unselbständige Ergänzung** und damit um eine AGB-Klausel.[935)] Zur Subsumtion unter **§ 305 Abs. 1 Satz 1 BGB** bei Verwendung eines gedruckten Formulars, das ersichtlich für eine Vielzahl von Verträgen i. S. d. § 305 Abs. 1 Satz 1 BGB bestimmt und von dem Getränkelieferanten gestellt worden war, vergleiche auch die Entscheidung des OLG Nürnberg vom 25.2.1992.[936)] 2.743

Genauerer Prüfung bedarf die Frage, ob ein **„Aushandeln"** i. S. d. § 305 Abs. 1 Satz 3 BGB vorliegt. Daran dürfte es zumeist fehlen.[937)] Das OLG Düsseldorf verneinte dies in einer Entscheidung im Jahre 2009 für eine Malusregelung folgenden Inhalts „Wird diese Mindestbezugsmenge um 15 % jährlich, erstmals nach Ablauf von zwei Vertragsjahren, unterschritten, so zahlt die … zur Ausgleichung der Differenz zwischen Mindestbezugsmenge und tatsächlich bezogener Hektolitermenge an … eine Entschädigung von netto 50,00 DM pro hl Differenz."[938)] 2.744

III. Schadensersatz

1. Abgrenzung

Die Formulierungen **„Schadensersatz"**,[939)] **„entgangener Gewinn"**, **„Entschädigung"**[940)] und ähnliche sprechen für eine Schadensersatzpauschale. Gleiches 2.745

934) OLG Köln, Urt. v. 6.9.2000 – 17 U 46/99, BeckRS 2012, 09081; OLG Düsseldorf, Urt. v. 13.11.2009 – I-22 U 71/09, BeckRS 2012, 05469 (Schadensersatz); insofern zutreffend LG Köln, Urt. v. 20.11.2006 – 20 O. 118/06 (Investitionskostenausgleich); OLG Oldenburg, Urt. v. 14.11.2012 – 5 U 56/11; LG Ravensburg, Urt. v. 7.11.2011 – 6 O. 301/11.

935) BGH, Urt. v. 6.12.1989 – VIII ZR 310/88, BGHZ 109, 314 = NJW 1990, 567 = Zeller IV, 210.

936) OLG Nürnberg, Urt. v. 25.2.1992 – 11 U 2744/91, BeckRS 1992, 31335912.

937) OLG Karlsruhe, Urt. v. 4.3.1999 – 12 U 259/98, rkr. durch Nichtannahmebeschl. d. BGH v. 7.10.1999 – VIII ZR 125/99; OLG Frankfurt/M., Urt. v. 30.11.2000 – 16 U 230/99, BGH, VIII ZR 5/01, Revisionsrücknahme nach Nichtannahmebeschluss, der ausnahmsweise begründet worden ist; OLG Köln, Urt. v. 9.1.2007 – 3 U 158/05, BeckRS 2007, 04453; OLG Frankfurt/M., Urt. v. 13.11.2007 – 11 U 24/07, BeckRS 2007, 19024; OLG Düsseldorf, Urt. v. 13.11.2009 – I-22 U 71/09, BeckRS 2012, 05469; OLG Köln, Urt. v. 20.10.2011 – 7 U 65/11, BeckRS 2012, 15923 läßt offen.

938) OLG Düsseldorf, Urt. v. 13.11.2009 – I-22 U 71/09, BeckRS 2012, 05469; ebenso bereits OLG Düsseldorf, Urt. v. 28.5.2004 – 15 U 193/03 – sowie – 15 W 103/03 (Vertrag Brauerei-Getränkefachgroßhändler).

939) OLG Köln, Urt. v. 6.9.2000 – 17 U 46/99, BeckRS 2012, 09081.

940) BGH, Urt. v. 6.12.1989 – VIII ZR 310/88, BGHZ 109, 314 = NJW 1990, 567 = Zeller IV, 210; OLG Frankfurt/M., Urt. v. 30.11.2000 – 16 U 230/99, BGH, VIII ZR 5/01, Revisionsrücknahme nach Nichtannahmebeschluss, der ausnahmsweise begründet worden ist; OLG Düsseldorf, Urt. v. 28.5.2004 – 15 U 193/03 – sowie – 15 W 103/03 (Vertrag Brauerei-Getränkefachgroßhändler); OLG Düsseldorf, Urt. v. 13.11.2009 – I-22 U 71/09, BeckRS 2012, 05469.

dürfte wohl auch für eine hl-bezogene Pauschalierung, etwa „… €/hl“ oder „… % des Einzelhandelslistenpreises“, gelten.[941] Geht die Regelung von einem anderweitig geregelten Rechtsgrund aus, so spricht viel dafür, dass es sich um eine Schadenspauschalierung handelt.[942]

2.746 Auch die Bezeichnung als **„Deckungsbeitragsausgleichszahlung“** oder ähnliche Begrifflichkeiten[943]sprechen für diese Einordnung.[944] Erstens wird hier auf die für die Errechnung des entgangenen Gewinns maßgebliche Deckungsbeitragsrechnung[945] abgestellt. Zweitens finden sich insofern nicht selten ergänzende Formulierungen, wonach die Berechnung eines weitergehenden Schadens vorbehalten bleibt. Drittens ist dies auch deshalb anzunehmen, weil die Mindermenge jeweils am Jahresende festgestellt und abgerechnet werden sollte und konnte und ein weiterer Schadensersatzanspruch darüber hinaus nicht mehr bestand.[946] Dies gilt insbesondere auch für Getränkebezugsverpflichtungen, die unter anwaltlicher und/oder notarieller Beratung individuell „lange und zäh“ ausgehandelte Regelungen für einen speziellen Einzelfall enthalten.[947]

2. Periodische Mindestmengen-/Gesamtmengenvereinbarung

2.747 Logischerweise können Ausgleichsansprüche wegen Minderabnahme nur bei Vorliegen eines wirksamen Getränkelieferungsvertrages[948] mit entsprechender und ebenfalls wirksamer, insbesondere erreichbarer[949] Minder-/Gesamtmengenvereinbarung geltend gemacht werden. Die Vereinbarung einer im Hinblick auf die Absatzmöglichkeiten der Absatzstätte unrealistischen Absatzmenge in Verbindung mit Ausgleichsansprüchen bei Nichtabnahme wurde in einigen Entscheidungen als sittenwidrig angesehen.[950] Dies insbesondere bei Getränke-

941) BGH, Urt. v. 30.3.1977 – VIII ZR 300/75, WM 1977, 641 = Zeller II, 433; OLG Karlsruhe, Urt. v. 18.10.2001 – 19 U 97/01, BeckRS 2001, 30212399; OLG Nürnberg, Urt. v. 6.5.2004 – 13 U 52/04.

942) OLG Karlsruhe, Urt. v. 18.10.2001 – 19 U 97/01, BeckRS 2001, 30212399; OLG Nürnberg, Urt. v. 6.5.2004 – 13 U 52/04; OLG Düsseldorf, Urt. v. 13.11.2009 – I-22 U 71/09, BeckRS 2012, 05469.

943) Siehe oben § 19 I 3 b m. w. N.

944) OLG Köln, Urt. v. 18.4.2013 – 7 U 180/12, BeckRS 2013, 07760.

945) Siehe unten § 30 III 6 b bb m. w. N.

946) OLG Köln, Urt. v. 9.1.2007 – 3 U 158/05, BeckRS 2007, 04453; OLG Frankfurt/M., Urt. v. 13.11.2007 – 11 U 24/07, BeckRS 2007, 19024.

947) OLG Frankfurt/M., Beschl. v. 17.9.2009 – 22 U 3/08.

948) OLG Köln, Urt. v. 9.1.2007 – 3 U 158/05, BeckRS 2007, 04453.

949) OLG Köln, Urt. v. 9.1.2007 – 3 U 158/05, BeckRS 2007, 04453.

950) OLG Saarbrücken, Beschl. v. 16.8.2005 – 1 W 198/05, BeckRS 2006, 03699; OLG Düsseldorf, Urt. v. 13.11.2009 – I-22 U 71/09, BeckRS 2012, 05469. Siehe oben § 9 XI 9 c jeweils m. w. N.

lieferungsverträgen mit Nichtbetreibern (**Eigentümererklärungen**), etwa Vereinen und Hauseigentümern.[951)]

3. Inhaltskontrolle nach § 138 Abs. 1 BGB

Sieht der Vertrag bei Nichteinhaltung der Mindestabnahmemenge Rechtsnachteile vor, so ist das nicht sittenwidrig.[952)] 2.748

4. AGB-Klausel

Durchweg dürfte es sich bei der Ausgleichsregelung um eine AGB-Klausel i. S. d. § 305 Abs. 1 Satz 1 BGB handeln.[953)] 2.749

Einen interessanten und beifallswürdigen Ansatz vertritt das OLG Düsseldorf in einem Urteil vom 13.11.2009.[954)] Das Gericht hatte eine Malusklausel zu prüfen, in der der Getränkelieferant eine „Entschädigung" im Falle des Minderbezuges verlangte, ohne dass die Klausel ein Verschuldenserfordernis nannte. Nach dem äußeren Erscheinungsbild des Getränkelieferungsvertrages war von AGB auszugehen. Das Vorbringen des Getränkelieferanten zur Voraussetzung des Aushandelns (§ 305 Abs. 1 Satz 3 BGB) wurde als nicht hinreichend angesehen. Voraussetzung ist nämlich, dass der gesetzesfremde Kern nachweislich inhaltlich ernsthaft zur Disposition gestellt und dem Verwendungsgegner eine inhaltliche Gestaltung der Regelung ermöglicht worden ist. Zutreffend sah das OLG Düsseldorf in der Einräumung eines Anspruchs auf „Entschädigung", ohne dass dies an ein Verschulden geknüpft wurde, einen gesetzesfremden Kern. Damit war die Möglichkeit zu einer umfassenden Inhaltskontrolle eröffnet. 2.750

5. Verschuldensabhängigkeit

Der Klauselverwender wird gut daran tun, eine formularmäßige Schadensersatzpauschale wegen Minderbezuges nicht verschuldensunabhängig auszugestalten. § 280 Abs. 1 Satz 2 BGB enthält zwar insofern eine Erleichterung der Darlegungs- und Beweislast zugunsten des Getränkelieferanten. Die Vorschrift dispensiert aber nicht Regelungen über eine verschuldensunabhängige Haftung. 2.751

---

951) OLG Köln, Urt. v. 9.5.1995 – 3 U 144/94, NJW-RR 1995, 1516; OLG Saarbrücken, Beschl. v. 16.8.2005 – 1 W 198/05, BeckRS 2006, 03699; OLG Köln, Urt. v. 6.12.2006 – 1 U 14473/06, NJW-RR 2007, 498; LG Köln, Urt. v. 20.11.2006 – 20 O. 118/06 (Investitionskostenausgleich).

952) BGH, Urt. v. 6.12.1989 – VIII ZR 310/88, BGHZ 109, 314 = NJW 1990, 567 = Zeller IV, 210; OLG Schleswig, Urt. v. 14.6.2001 – 1 U 76/2000.

953) OLG Karlsruhe, Urt. v. 4.3.1999 – 12 U 259/98, rkr. durch Nichtannahmebeschl. d. BGH v. 7.10.1999 – VIII ZR 125/99; OLG Düsseldorf, Urt. v. 28.5.2004 – 15 U 193/03 sowie – 15 W 103/03 (Vertrag Brauerei-Getränkefachgroßhändler); OLG Köln, Urt. v. 9.1.2007 – 3 U 158/05, BeckRS 2007; OLG Oldenburg, Urt. v. 14.11.2012 – 5 U 56/11. Siehe oben § 19 II 2 jeweils m. w. N.

954) OLG Düsseldorf, Urt. v. 13.11.2009 – I-22 U 71/09, BeckRS 2012, 05469.

Verschuldensunabhängige Schadensersatzregelungen halten einer Inhaltskontrolle nach §§ 307 Abs. 2 Nr. 1, 286 Abs. 4 BGB nicht stand.[955)]

6. Transparenzgebot

2.752 a) Inhalt und Umfang einer Schadensersatzklausel sollten bestimmbar sein.[956)] Dies gilt ggf. auch für prozentuale Pauschalierungsklauseln.[957)]

2.753 b) Im Übrigen ist ggf. die Fallgruppe der gleichen Regelungsgegenstände[958)] zu prüfen. Ist nicht klar, welche von mehreren Klauseln mit dem gleichen Regelungsthema unter welchen Voraussetzungen gelten soll, soll ein Verstoß gegen das Transparenzgebot vorliegen. Folge ist, dass beide gegenläufigen Regelungen unwirksam sind und sich der Inhalt des Vertrages allein nach den gesetzlichen Vorschriften richtet (§ 306 Abs. 2 BGB).[959)] Teilweise wird in der Instanzrechtsprechung auch eine Nichtigkeit wegen **Perplexität** angenommen. Allerdings muss die Auslegung insofern zur Perplexität der Regelungen führen. Der Getränkelieferant kann dann eine fehlende Unwirksamkeit der Regelungen nicht dadurch umgehen, dass er sich auf die Regelung beruft, die für den in Anspruch Genommenen günstiger ist.[960)]

7. Schranke des § 309 Nr. 5 a BGB

2.754 a) **Unternehmerverkehr.** Die Vorschrift des § 309 Nr. 5 a BGB ist auch im Unternehmerverkehr zu beachten.[961)]

2.755 b) Der Berechnung des zu zahlenden Schadensersatzes können die **jeweils gültigen Preise** zugrundegelegt werden, wenn der Vertrag eine Abrechnung nach dem jeweiligen Biereinkaufspreis – Preisliste Gastronomie – vorsieht und gegen

955) OLG München, Urt. v. 31.1.1995 – 25 U 3600/94, BeckRS 1995, 04936; OLG Frankfurt/M., Urt. v. 13.11.2007 – 11 U 24/07, BeckRS 2007, 19024; OLG Düsseldorf, Urt. v. 13.11.2009 – I-22 U 71/09, BeckRS 2012, 05469; OLG Oldenburg, Urt. v. 14.11.2012 – 5 U 56/11; AG Ludwigslust, Urt. v. 16.2.2009 – 5 C 2/09, BeckRS 2009, 11036. Vgl. bereits *Paulusch*, Brauerei- und Gaststättenrecht, 9. Aufl. 1996, Rz. 302. Siehe oben § 17 II 1 a m. w. N.

956) BGH, Urt. v. 3.7.1996 – VIII ZR 92/95, NJW-RR 1996, 1394; BGH, Urt. v. 22.10.1997 – VIII ZR 149/96; OLG Karlsruhe, Urt. v. 4.3.1999 – 12 U 259/98, rkr. durch Nichtannahmebeschl. d. BGH v. 7.10.1999 – VIII ZR 125/99; *Paulusch*, Brauerei- und Gaststättenrecht, 9. Aufl. 1996, Rz. 125.

957) BGH, Urt. v. 23.11.1983 – VIII ZR 333/82, ZIP 1984, 335 = Zeller, III, 266, spricht das Problem nicht an; BGH, Urt. v. 3.7.1996 – VIII ZR 92/95, NJW-RR 1996, 1394 (Zuschuss- und Getränkelieferungsvertrag), lässt offen. Anders OLG Frankfurt/M., Urt. v. 13.11.2007 – 11 U 24/07, BeckRS 2007, 19024.

958) Siehe oben § 6 V 5 c m. w. N.

959) OLG München, Urt. v. 22.3.2012 – 23 U 4793/11, BB 2012, 2336 (Handelsvertretervertrag).

960) LG Ravensburg, Urt. v. 7.11.2011 – 6 O. 301/11.

961) OLG Karlsruhe, Urt. v. 18.10.2001 – 19 U 97/01, BeckRS 2001, 30212399; OLG Frankfurt/M., Urt. v. 13.11.2007 – 11 U 24/07, BeckRS 2007, 19024. Siehe oben § 17 III 8 c m. w. N.

die Wirksamkeit dieser Preisanpassungsklausel keine durchgreifenden Einwendungen erhoben werden.[962)]

c) Im **Vertriebsmodell 2** darf die Brauerei nicht die Preise des Getränkefachgroßhändlers zugrunde legen.[963)] 2.756

d) Hinsichtlich einer Pauschalierung auf **25 %** des jeweiligen Biereinkaufspreises[964)] bzw. 30 % des Tagespreises[965)] bestehen keine Bedenken. 2.757

e) Der Anspruch ist um die **Umsatzsteuer** zu kürzen, denn der dem Getränkelieferanten zustehende Schadensersatzanspruch unterliegt nicht der Umsatzsteuerpflicht.[966)] 2.758

8. Nachweis eines geringeren Schadens

a) Wird die Möglichkeit des Nachweises eines geringeren Schadens nicht explizit ausgeschlossen – die ausdrückliche Zulassung des Gegenbeweises eines niedrigeren Schadens ist nicht erforderlich –, so bestehen keine Wirksamkeitsbedenken im Hinblick auf **§§ 310 Abs. 1 Satz 2, 309 Nr. 5 b BGB.**[967)] Das OLG München hatte in einer Entscheidung aus dem Jahre 1995 keine Bedenken gegen eine Malusklausel in der es hieß, der Getränkelieferant „kann … berechnen". Hierdurch sei nicht der Eindruck einer endgültigen, **einen Gegenbeweis** ausschließenden Festlegung erweckt worden. Vielmehr habe die Klausel dem Gastwirt das Recht eingeräumt, Einwendungen gegen die Höhe des Anspruchs geltend zu machen.[968)] 2.759

b) Unangemessen i. S. d. § 307 Abs. 1 Satz 1 BGB ist es, dass der Getränkelieferant die vertragswidrig bezogene Getränkemenge verbindlich festlegen darf, wenn es dem Gastwirt nicht binnen acht Tagen gelungen ist, hierzu beweiskräftige Angaben zu machen.[969)] 2.760

9. Rechtsfolge

a) Auch im Unternehmerverkehr scheidet eine geltungserhaltende Reduktion aus. Damit sind entsprechend gestaltete Klauseln als solche nichtig.[970)] 2.761

---

962) OLG Köln, Urt. v. 9.1.2007 – 3 U 158/05, BeckRS 2007, 04453.

963) OLG Karlsruhe, Urt. v. 18.10.2001 – 19 U 97/01, BeckRS 2001, 30212399. Siehe oben § 17 IV 3 c m. w. N.

964) OLG Köln, Urt. v. 9.1.2007 – 3 U 158/05, BeckRS 2007, 04453.

965) OLG Karlsruhe, Urt. v. 18.10.2001 – 19 U 97/01, BeckRS 2001, 30212399.

966) OLG Köln, Urt. v. 9.1.2007 – 3 U 158/05, BeckRS 2007, 04453. Siehe oben § 17 IV 10 m. w. N.

967) OLG Köln, Urt. v. 9.1.2007 – 3 U 158/05, BeckRS 2007, 04453; LG Köln, Urt. v. 15.3.2011 – 21 O. 95/10, BeckRS 2012, 02826, Vorinstanz zu OLG Köln, Urt. v. 20.10.2011 – 7 U 65/11, BeckRS 2012, 15923.

968) OLG München, Urt. v. 31.1.1995 – 25 U 3600/94, BeckRS 1995, 04936.

969) OLG Koblenz, Urt. v. 21.2.2002 – 5 U 677/01, NJOZ 2002, 837.

970) OLG Nürnberg, Urt. v. 25.2.1992 – 11 U 2744/91, BeckRS 1992, 31335912.

2.762 b) Eine nichtige Mindermengenausgleichsregelung ist nicht wichtig genug, als dass allein ihre mögliche Unwirksamkeit die Rechtsgültigkeit des Getränkelieferungsvertrages in seiner Gesamtheit beeinflussen könnte.[971)]

IV. Vertragsstrafe

1. Abgrenzung

2.763 a) **Einführung.** Ggf. bedarf es sorgfältiger Prüfung, ob eine (bloße) Schadenspauschale oder nicht tatsächlich ein verdecktes Vertragsstrafenversprechen vorliegt.[972)] Während die Schadenspauschalierung allein den Schadensbeweis ersparen soll, hat die Vertragsstrafe einen doppelten Zweck.[973)]

2.764 b) **Einzelfälle.** Wird die zu leistende Zahlung ausdrücklich als „Vertragsstrafe" bezeichnet, so ist hiervon auszugehen.[974)] Nennt die Klausel die Voraussetzungen des Anspruchs, so soll dies ein Indiz für eine Vertragsstrafe sein.[975)] Gleiches soll gelten, wenn keine jährliche Mindestabnahmemenge vereinbart worden ist, sondern ein (Gesamt-)**Mengenvertrag** vorliegt.[976)] Eine Vertragsstrafe ist insbesondere dann anzunehmen, wenn die Regelung als Druckmittel für die Erfüllung der Abnahmeverpflichtung dienen soll.[977)]

2. Periodische Mindestmengen-/Gesamtmengenvereinbarung

2.765 Logischerweise können Ausgleichsanprüche wegen Minderabnahme nur bei Vorliegen eines wirksamen Getränkelieferungsvertrages mit entsprechender und ebenfalls wirksamer Minder-/Gesamtmengenvereinbarung geltend gemacht werden.[978)]

3. AGB-Klausel

2.766 Zur Subsumtion unter § 305 Abs. 1 Satz 1 BGB bei Verwendung eines gedruckten Formulars, das ersichtlich für eine Vielzahl von Verträgen i. S. d. § 305 Abs. 1 Satz 1 BGB bestimmt und von dem Getränkelieferanten gestellt worden war, vergleiche die Entscheidung des OLG Nürnberg vom 25.2.1992.[979)]

---

971) OLG Koblenz, Urt. v. 21.2.2002 – 5 U 677/01, NJOZ 2002, 837; OLG Düsseldorf, Urt. v. 19.1.1999 – U (Kart) 17/98, rkr. durch Nichtannahmebeschl. d. BGH v. 22.3.2000 – VIII ZR 60/99 (Vertrag Brauerei-Getränkefachgroßhändler); AG Ludwigslust, Urt. v. 16.2.2009 – 5 C 2/09, BeckRS 2009, 11036.

972) Siehe oben § 17 III 6 m. w. N.

973) OLG München, Urt. v. 31.1.1995 – 25 U 3600/94, BeckRS 1995, 04936.

974) OLG Nürnberg, Urt. v. 5.2.2002 – 1 U 2314/01, NJW-RR 2002, 917.

975) OLG Karlsruhe, Urt. v. 18.10.2001 – 19 U 97/01, BeckRS 2001, 30212399.

976) OLG Nürnberg, Urt. v. 6.5.2004 – 13 U 52/04.

977) OLG Nürnberg, Urt. v. 25.2.1992 – 11 U 2744/91, BeckRS 1992, 31335912.

978) Siehe oben § 19 III 2 m. w. N.

979) OLG Nürnberg, Urt. v. 25.2.1992 – 11 U 2744/91, BeckRS 1992, 31335912.

4. § 309 Nr. 6 BGB

Gegenüber Verbrauchern, etwa bei **Eigentümererklärungen**, gilt die Inhaltsschranke des § 309 Nr. 6 BGB.[980] 2.767

Auf den Verkehr mit Unternehmern und damit auch Gastwirten kann die auf den Schutz des Verbrauchers zugeschnittene Vorschrift des § 309 Nr. 6 BGB dagegen gem. § 310 Abs. 1 Satz 2 BGB nicht übertragen werden.[981] Prüfungsmaßstab ist dann § 307 BGB.[982] 2.768

5. Verschuldensabhängigkeit

Auch im Zusammenhang mit Minderbezugsausgleichsregelungen, die als Vertragsstrafe einzuordnen sind, ist das Leitbild des Verschuldens (§§ 307 Abs. 2 Nr. 1, 339 Satz 1, 286 Abs. 4 BGB) zu beachten.[983] 2.769

6. Transparenzgebot

Zur Unbestimmtheit der Formulierung „vorstehende Bestimmung" kann auf eine Entscheidung des OLG Karlsruhe vom 4.3.1999 verwiesen werden.[984] 2.770

7. Kumulationsverbot

a) Das Verbot der Kumulation von Schadensersatz und Vertragsstrafe nach § 340 Abs. 2 BGB gilt auch im **Unternehmerverkehr.**[985] 2.771

b) Vermeidung einer Kumulation. Eine unzulässige Kumulation scheidet allerdings dann aus, wenn der Vertrag eindeutige Regelungen zum Verhältnis der verschiedenen Sanktionsklauseln zueinander enthält. Klare Anrechnungsbestimmungen können insofern nützlich sein.[986] 2.772

Sieht ein Getränkelieferungsvertrag vor, dass Schadensersatz und ein Mindermengenausgleich nebeneinander geltend gemacht werden können, so ist dies dann unschädlich, wenn der Vertrag ausdrücklich regelt, dass der Mindermengenausgleich entfällt, soweit der Getränkelieferant Schadensersatz geltend macht. Insofern liegt auch kein Verstoß gegen das Transparenzgebot (§ 307 Abs. 1 2.773

---

980) OLG Karlsruhe, Urt. v. 4.3.1999 – 12 U 259/98, rkr. durch Nichtannahmebeschl. d. BGH v. 7.10.1999 – VIII ZR 125/99.

981) OLG Nürnberg, Urt. v. 25.2.1992 – 11 U 2744/91, BeckRS 1992, 31335912.

982) OLG Nürnberg, Urt. v. 5.2.2002 – 1 U 2314/01, NJW-RR 2002, 917.

983) OLG Nürnberg, Urt. v. 25.2.1992 – 11 U 2744/91, BeckRS 1992, 31335912; OLG Nürnberg, Urt. v. 5.2.2002 – 1 U 2314/01, NJW-RR 2002, 917. Siehe oben § 18 II 3 m. w. N.

984) OLG Karlsruhe, Urt. v. 4.3.1999 – 12 U 259/98, rkr. durch Nichtannahmebeschl. d. BGH v. 7.10.1999 – VIII ZR 125/99.

985) OLG Nürnberg, Urt. v. 5.2.2002 – 1 U 2314/01, NJW-RR 2002, 917.

986) OLG Zweibrücken, Urt. v. 6.7.2009 – 7 U 180/0 (Vertragsstrafe); LG Frankfurt/M., Beschl. v. 28.3.2003 – 2/1 S 313/02.

Satz 2 BGB) vor. Maßstab ist nämlich insofern ein aufmerksamer und sorgfältiger Vertragspartner.[987)]

2.774 c) **Zulässige Kumulation.** § 341 Abs. 2 BGB zeigt, dass der Gläubiger die Strafe wegen nicht gehöriger Erfüllung (§ 280 Abs. 1, Abs. 2 i. V. m. §§ 286, 437 Nr. 3, 634 Nr. 4 BGB) und **Erfüllung** abweichend von § 340 BGB nebeneinander fordern kann (Kumulation).

2.775 d) **Unzulässige Kumulation. aa) Grundsatz.** Anders ist dann zu entscheiden, wenn mehrere Sanktionen kumulieren (können). Dann gilt die Unwirksamkeitsfolge nach § 307 Abs. 1 Satz 1 BGB.[988)] Dies auch dann, wenn sich dahinter faktisch ein sog. **Graubezug** (Vertrieb der gebundenen Getränke unter Missachtung der im Getränkelieferungsvertrag vorgeschriebenen Einkaufswege, insbesondere des benannten Getränkefachgroßhändlers im Vertriebsmodell 2) verbirgt.[989)] Hierzu rechnen nicht nur die Sachverhalte der Kumulation im engeren Sinne, wenn wegen der Nichterfüllung des bindungsrechtlichen Teiles des Getränkelieferungsvertrages mehrere Sanktionen, etwa (pauschalierter) Schadensersatz und Mindermengenausgleich (Malus) nebeneinander geltend gemacht werden (können). Auch dürfen die vertraglichen Regelungen nicht dazu führen, dass bei einem Abschreibungsdarlehen die vertraglich vorgesehene Abschreibung unterbleibt und gleichzeitig für die Mindermenge Sanktionsregelungen wie etwa Malus und (pauschalierter) Schadensersatz berechnet werden können.

2.776 Zum Wegfall des **Sicherungszwecks für die Zukunft** und zu den besonderen Belastungen eines Eigentümers und Verpächters einer Absatzstätte aus einer Vertragsstrafenregelung in Verbindung mit dem Vertragsinhalt im Übrigen, insbesondere einer Nachfolgeklausel, vergleiche die Entscheidung des OLG Düsseldorf vom 5.5.1994.[990)]

2.777 **bb) Ausnahme.** Eine Vertragsstrafenklausel unter dem Vorbehalt eines weiteren Schadensersatzanspruchs soll wirksam sein, wenn ein entsprechendes Gleichgewicht aus Finanzierung und Bindung besteht.[991)]

---

987) LG Berlin, Urt. v. 10.10.2012 – 10 O. 243/11.

988) OLG Nürnberg, Urt. v. 25.2.1992 – 11 U 2744/91, BeckRS 1992, 31335912; OLG Düsseldorf, Urt. v. 5.5.1994 – 10 U 238/93, BB 1994, 1739 (Automatenaufstellvertrag). Vergleiche hierzu bereits oben § 18 II 5 d cc m. w. N.

989) OLG Nürnberg, Urt. v. 25.2.1992 – 11 U 2744/91, BeckRS 1992, 31335912.

990) OLG Düsseldorf, Urt. v. 5.5.1994 – 10 U 238/93, BB 1994, 1739 (Automatenaufstellvertrag).

991) OLG Düsseldorf, Urt. v. 16.1.2004 – I-14 U 156/03, BeckRS 2010, 24896, rkr. durch (Nichtzulassungs-)Beschl. d. BGH v. 19.10.2005 – VIII ZR 53/04.

8. § 307 Abs. 1 Satz 1 BGB allgemein

Eine Klausel, die bei einem Verstoß gegen eine zulässige Bezugs- und Ausschließlichkeitsbindung in Form der Minderabnahme eine Vertragsstrafe vorsieht, ist grundsätzlich nicht nach § 307 Abs. 1 Satz 1 BGB zu beanstanden.[992] 2.778

V. Negative Umsatzpacht

1. Inhalt

In einem Gaststättenpachtvertrag aus dem Jahre 1986 hieß es in § 13 unter der Überschrift „Vertragsstrafe bzw. "Pacht"-Entschädigung bei Minderung": "Soweit die von der Verpächterin gem. § 2 vorausgesetzte Jahresabnahme nicht erreicht wird, ist die Verpächterin berechtigt, für jeden an der vorgenannten Umsatzmenge fehlenden hl eine jährlich einmalige „Pacht"-Entschädigung in Höhe von 25 % des jeweiligen Listenpreises für einen hl P-Exportbier im Fass zu erheben."[993] 2.779

Aktuell finden sich in Pacht- und Getränkelieferungsverträgen Formulierungen eines **Pachtaufschlags** etwa folgenden Inhalts: „Bei der Bemessung des Pachtzinses gehen die Vertragsparteien übereinstimmend davon aus, dass im Pachtobjekt jährlich mindestens x hl Fassbier umgesetzt werden. Wird diese vorausgesetzte Jahresmindestbezugsmenge nicht erreicht, ist die Brauerei berechtigt, für jeden an der vorgenannten Jahresmindestbezugsmenge fehlenden hl Fassbier einen kalenderjährlich zu berechnenden Pachtaufschlag in Höhe von y € zuzüglich gesetzlicher Umsatzsteuer zu verlangen." 2.780

2. Einordnung

Zur Abgrenzung zwischen Vertragsstrafe, Schadenspauschale und einer „Pacht-Entschädigung" als „negativer Umsatzpacht" bejahte der BGH im Jahre 1989 das Letztere.[994] Hiervon kann nur dann gesprochen werden, wenn die Höhe des Pachtzinses an die Bierabnahmemenge gebunden ist und für Mindermengen ein Pachtzinsaufschlag vereinbart ist.[995] 2.781

3. Wirksamkeit des Pacht- und Getränkelieferungsvertrages

Wiederum ist die Wirksamkeit des Pacht- und Getränkelieferungsvertrages konstitutiv. 2.782

---

992) OLG Nürnberg, Urt. v. 5.2.2002 – 1 U 2314/01, NJW-RR 2002, 917; LG Köln, Urt. v. 15.3.2011 – 21 O. 95/10, BeckRS 2012, 02826, Vorinstanz zu OLG Köln, Urt. v. 20.10.2011 – 7 U 65/11, BeckRS 2012, 15923. Siehe oben § 18 II 3 a m. w. N.

993) BGH, Urt. v. 6.12.1989 – VIII ZR 310/88, BGHZ 109, 314 = NJW 1990, 567 = Zeller IV, 210.

994) BGH, Urt. v. 6.12.1989 – VIII ZR 310/88, BGHZ 109, 314 = NJW 1990, 567 = Zeller IV, 210.

995) OLG Köln, Urt. v. 9.1.2007 – 3 U 158/05, BeckRS 2007, 04453.

4. Inhaltskontrolle nach § 138 Abs. 1 BGB

2.783 a) Ist in einem Gaststättenpachtvertrag zwischen Brauerei und Gastwirt die Pachtzinsbemessung mit dem Jahresbezug an Bier verknüpft, so verstößt die Vereinbarung einer „Pacht-Entschädigung“ für den Fall des Unterschreitens einer bestimmten jährlichen Abnahmemenge nicht gegen die guten Sitten.[996)]

2.784 b) Der Auffassung des Berufungsgerichts, der Gastwirt dürfe wegen der durch **Alkoholgenuss** ausgelösten gesellschaftlichen, gesundheitlichen und sozialen Probleme gerade auch junger Menschen nicht durch Vertragsstrafen oder Schadensersatzdrohungen zum Umsatz einer bestimmten Biermenge verpflichtet werden, erteilte der BGH eine deutliche Absage. Die Entscheidung, die Prohibition einzuführen, ist Sache des Gesetzgebers und nicht die des Richters. Sittenwidrigkeit unter dem Gesichtspunkt der – einmal unterstellten – Verletzung der Allgemeinheit oder Dritter kommt grundsätzlich nur in Betracht, wenn alle Beteiligten sittenwidrig handeln, ihnen also die Tatsachen, die die Sittenwidrigkeit des Rechtsgeschäfts begründen, bekannt oder grob fahrlässig unbekannt sind; dazu fehlt es zumeist sowohl an Feststellungen als auch am Tatsachenvortrag.[997)]

2.785 c) Ein **besonders grobes Missverhältnis** von Leistung und Gegenleistung (Fallgruppe 1), bei dessen Vorliegen die verwerfliche Besinnung des begünstigten Vertragsteils vermutet werden kann,[998)] konnte bei der nach dem Vortrag des beklagten Pächters nach einem „Minderbezug“ von ca. 100 hl sich ergebenden Erhöhung des Pachtzinses um etwas über 80 % nicht angenommen werden.[999)]

2.786 d) Die Vereinbarung einer derartigen „negativen“ Umsatzpacht ist wirtschaftlich sinnvoll und interessengerecht, wenn der Verpächter einen Teil des von ihm aus der Verpachtung erstrebten Entgelts über den Gewinn aus dem mit dem Pächter getätigten **Umsatzgeschäften** erhalten soll.[1000)]

5. Mindestmengenvereinbarung

2.787 Der BGH verneint im Ergebnis eine Mindestabnahmeverpflichtung im Umfang von 200 hl/Jahr.[1001)]

996) BGH, Urt. v. 6.12.1989 – VIII ZR 310/88, BGHZ 109, 314 = NJW 1990, 567 = Zeller IV, 210.

997) BGH, Urt. v. 6.12.1989 – VIII ZR 310/88, BGHZ 109, 314 = NJW 1990, 567 = Zeller IV, 210; OLG München, Urt. v. 31.1.1995 – 25 U 3600/94, BeckRS 1995, 04936; *Paulusch*, Brauerei- und Gaststättenrecht, 9. Aufl. 1996, Rz. 112 a. E.

998) Siehe oben § 9 XI 2 a.

999) BGH, Urt. v. 6.12.1989 – VIII ZR 310/88, BGHZ 109, 314 = NJW 1990, 567 = Zeller IV, 210.

1000) BGH, Urt. v. 6.12.1989 – VIII ZR 310/88, BGHZ 109, 314 = NJW 1990, 567 = Zeller IV, 210.

1001) BGH, Urt. v. 6.12.1989 – VIII ZR 310/88, BGHZ 109, 314 = NJW 1990, 567 = Zeller IV, 210. Ebenso bereits BGH, Urt. v. 27.2.1985 – VIII ZR 85/84, NJW 1985, 2693 = Zeller III, 80.

6. Inhaltskontrolle nach AGB-Recht

a) § 305 Abs. 1 Sätze 1 und 3 BGB. Wird die Berechnungsgrundlage zwischen den Parteien individuell vereinbart und maschinenschriftlich in dem ansonsten vorgedruckten Vertragstext eingesetzt, so liegt keine Formularklausel vor.[1002] 2.788

b) Die Erhöhung des Pachtzinses bei Minderabnahme unterliegt der Inhaltskontrolle nach § 307 BGB grundsätzlich nur, soweit es die Koppelung von Abnahme und Pachtzins betrifft. Dagegen ist eine Kontrolle nach **§ 307 Abs. 3 Satz 1 BGB** vorbehaltlich des § 307 Abs. 3 Satz 2 BGB ausgeschlossen, soweit es um die Höhe des Pachtzinses geht.[1003] 2.789

c) Im Hinblick auf **§ 307 Abs. 1 Satz 1 BGB** sah der BGH keine Wirksamkeitsbedenken.[1004] Zwar deutete der BGH an, dass die Auferlegung einer unangemessen hohen Pflicht zur Mindestabnahme gegen § 307 BGB verstoßen könne.[1005] Er prüfte diese Frage aber nicht eingehend. Ebenfalls ohne Stellungnahme blieb die **Höhe** der Pachtentschädigung mit **25 %** des jeweiligen Listenpreises für einen hl „P-Exportbier".[1006] 2.790

7. Konsequenzen

Enthält beispielsweise ein Pacht- und Getränkelieferungsvertrag im Rahmen der Vorschriften für den Pachtzins die Formulierung, dass neben dem Pachtzins der Absatz einer jährlichen Mindestmenge von x hl der vereinbarten Getränke Pachtentgelt ist und für den Fall des Nichterreichens dieser Mindestmenge als Ausgleich für entgangenes Pachtentgelt je hl Fehlmenge eine Zahlung in Höhe von y % des jeweils gültigen Listepreises der Verpächterin für einen hl z-Pils zuzüglich gesetzlicher Mehrwertsteuer zu leisten ist, so bestehen hiergegen keine Rechtsbedenken. 2.791

VI. Anspruch sui generis

1. Meinungsstand

a) These. Die Problematik der Zulässigkeit von Mindermengenausgleichsregelungen zeigt sich gleichsam im Brennglas dann, wenn die Regelung die Möglichkeit eröffnet, in Fällen, in denen es an einer vertraglichen Vereinbarung einer (pe- 2.792

1002) BGH, Urt. v. 6.12.1989 – VIII ZR 310/88, BGHZ 109, 314 = NJW 1990, 567 = Zeller IV, 210.

1003) BGH, Urt. v. 3.4.1998 – V ZR 6/97, WM 1998, 1289; offengelassen in BGH, Urt. v. 6.12.1989 – VIII ZR 310/88, BGHZ 109, 314 = NJW 1990, 567 = Zeller IV, 210.

1004) Ebenso LG Köln, Urt. v. 15.3.2011 – 21 O. 95/10, BeckRS 2012, 02826, Vorinstanz zu OLG Köln, Urt. v. 20.10.2011 – 7 U 65/11, BeckRS 2012, 15923, allerdings ohne Begründung.

1005) BGH, Urt. v. 6.12.1989 – VIII ZR 310/88, BGHZ 109, 314 = NJW 1990, 567 = Zeller IV, 210; vgl. auch OLG Köln, Urt. v. 18.4.2013 – 7 U 180/12, BeckRS 2013, 07760.

1006) BGH, Urt. v. 6.12.1989 – VIII ZR 310/88, BGHZ 109, 314 = NJW 1990, 567 = Zeller IV, 210.

riodischen Mindest-/Gesamt-)Abnahmemenge fehlt, einen Ausgleichsanspruch zu statuieren, der unabhängig davon eingreifen soll, ob der Gebundene das Nichterreichen der kalkulierten Sollbezugsmenge zu vertreten, insbesondere die Nichtabnahme verschuldet hat. Bei dem Ausgleichsanspruch soll es sich um einen verschuldensunabhängigen, vertraglich begründeten Anspruch sui generis handeln.

2.793 Begründet wird dieser Ansatz damit, Vertragsregelungen über Ausgleichsforderungen für Minderbezüge seien nach der Rechtsprechung dann unbedenklich, wenn keine Mindestbezugspflicht begründet werde, sondern die vereinbarte Mindestbezugsmenge als gemeinsame Kalkulationsgrundlage der erbrachten Leistung festgelegt werde. Nach dem Rechtsgedanken der vorstehend berichteten Entscheidung des BGH vom 6.12.1989 seien auch Malusforderungen bei Unterschreitung des vereinbarten Mindestbezuges nach §§ 138 Abs. 1, 307 BGB nicht zu beanstanden, wenn der Gastwirt nicht zur Abnahme einer Mindestmenge verpflichtet werde, er aber einen Ausgleich dafür zu zahlen habe, dass sich die gemeinsam festgelegte Absatzerwartung nicht erfüllt habe. Die Malusregelung sei im Übrigen nur dann angemessen i. S. d. § 307 BGB, wenn im Vertrag ausdrücklich eine Anrechnung des Malus auf einen zu leistenden Schadensersatz wegen Fremd- oder Minderbezuges vorgesehen sei.[1007)]

2.794 **b) Gegenthese.** Die These vom vertraglichen Ausgleichsanspruch sui generis überzeugt nicht.[1008)] Dies insbesondere aus folgenden Gründen und unabhängig davon, ob der Vertragspartner ein Gaststättenobjekt als Unternehmer oder Existenzgründer betreibt oder als Verbraucher eine Eigentümererklärung abgegeben hat.

2. Mindestmengenvereinbarung

2.795 Möglicherweise kann die Einbeziehung einer Deckungsausgleichsregelung schon daran scheitern, dass – gelegentlich auch wiederholt – im Vertrag davon gesprochen wird, die Vertragsparteien **gingen davon aus**, dass jährlich im Vertragsobjekt eine bestimmte Menge Getränke zum Ausschank gebracht werde, an anderer Stelle aber davon gesprochen wird, es gäbe eine vertraglich vereinbarte Mindestbezugsmenge. Insofern ist ggf. auch ein Verstoß gegen das **Transparenzgebot** (§ 307 Abs. 1 Satz 2 BGB) zu prüfen.

3. Die Entscheidung des BGH vom 6.12.1989

2.796 Die als Beleg herangezogene Entscheidung des BGH aus dem Jahre 1989 trägt die These vom Anspruch sui generis nicht.

1007) *Gödde*, in: Martinek/Semmler/Habermeier/Flohr, Vertriebsrecht, § 52 Rz. 200, m. Hinweisen auf BGH, Urt. v. 6.12.1989 – VIII ZR 310/88, BGHZ 109, 314 = NJW 1990, 567 = Zeller IV, 210, und BGH, Urt. v. 27.2.1985 – VIII ZR 85/84, NJW 1985, 2693 = Zeller III, 80; OLG Frankfurt/M., Urt. v. 13.11.2007 – 11 U 24/07, BeckRS 2007, 19024.

1008) So jetzt auch OLG Köln, Urt. v. 18.4.2013 – 7 U 180/12, BeckRS 2013, 07760.

a) Mindestmengenvereinbarung. Die Widersprüchlichkeit der Annahmen der These vom Anspruch sui generis unter Hinweis auf die benannte BGH-Entscheidung – einerseits werde keine Mindestbezugspflicht begründet, andererseits wird von einer vereinbarten Mindestbezugsmenge gesprochen – wird deutlich, wenn man bedenkt, dass in dem vom BGH 1989 entschiedenen Fall gar keine vertragliche Mindestabnahmeverpflichtung des Pächters (Gastwirts) festgestellt werden konnte. 2.797

b) Gemeinsame Kalkulationsgrundlage. Richtig ist lediglich, dass es in dem damals streitgegenständlichen Vertrag in § 2 Abs. 2 heißt „Bei der Bemessung des Pachtzinses wurde davon ausgegangen, dass über das Pachtobjekt jährlich mindestens 200 hl Bier durch unmittelbaren Bezug von der ... (Klägerin, Brauerei) umgesetzt werden." Sowohl die Formulierung des § 2 Abs. 2 („... wurde davon ausgegangen, ...") als auch insbesondere des § 13 „Soweit die von der Verpächterin gem. § 2 vorausgesetzte Jahresabnahmemenge nicht erreicht wird, ist die Verpächterin berechtigt, ...") sprechen eher für eine einseitige Kalkulation und nicht etwa – so die These vom Anspruch sui generis – von einer gemeinsamen Kalkulationsgrundlage. Letztlich hat der BGH die Anwendbarkeit des § 313 BGB offengelassen. 2.798

Die Behauptung, es liege eine „gemeinsame Kalkulationsgrundlage für die erbrachte Leistung" vor,[1009)] muss auch tatsächlich hinterfragt werden. Zutreffend daran ist allenfalls, dass der Getränkelieferant sein finanzielles Engagement entsprechend rechnet (kalkuliert).[1010)] Diese Vorkalkulation entspricht nachvollziehbaren wirtschaftlichen Überlegungen und ist betriebswirtschaftlich darstellbar.[1011)] Rechtlich handelt es sich aber um einseitige und zumal interne Überlegungen auf der Ebene der bloßen Motivation der Finanzierungsentscheidung. Diese werden regelmäßig nicht – weder ausdrücklich noch im Wege der Auslegung – und schon gar nicht gemeinsam mit erklärt. Eine Anfechtung wegen Irrtums, insbesondere nach § 119 Abs. 1 BGB, scheidet daher aus. Es fehlt jedenfalls an einer nachzuweisenden identischen Geschäftsgrundlage aufseiten des Gastwirts i. S. d. § 313 Abs. 1 BGB. Der Gastwirt hätte auch nicht im Sinne dieser Bestimmung bei Vorhersehung der Minderbezüge auf einen entsprechenden Finanzierungsanteil (freiwillig) verzichtet. Vielmehr hat sich hier gerade das Risiko der **Vorleistung** realisiert, das die langanhaltende Bindung rechtfertigt. Dies zeigt auch die Formulierung des § 313 Abs. 1 BGB a. E. Im Übrigen müsste dann auch dem Gebundenen ein entsprechendes Leistungsanpassungsrecht, insbesondere das Recht zur außerordentlichen fristlosen Kündigung, eingeräumt werden. 2.799

1009) *Gödde*, in: Martinek/Semmler/Habermeier/Flohr, Vertriebsrecht, § 52 Rz. 200, spricht von „gemeinsamer Festlegung".

1010) *Gödde*, in: Martinek/Semmler/Habermeier/Flohr, Vertriebsrecht, § 52 Rz. 200, spricht erhellender Weise im zweiten Halbsatz nur noch von der Kalkulation des Getränkelieferanten. Die behauptete „Gegenkalkulation" des Gebundenen wird nicht mehr erwähnt.

1011) Siehe oben § 19 I 1 jeweils m. w. N.

2.800 c) **Übertragbarkeit.** Der streitgegenständliche Vertrag datierte aus dem Jahre 1986. Zum damaligen Zeitpunkt mag es zwar bei einigen (eher größeren) Brauereien erste Überlegungen gegeben haben, die Ergebnisse der Deckungsbeitragsrechnung als Teil des internen Rechnungswesens „auf die juristische Ebene anzuheben", um damit nachträgliche Erhöhungen der kalkulierten hl-Belastung „nachjustieren" zu können. Die Ausführungen des BGH sind aber in dem hier interessierenden Zusammenhang nicht verallgemeinerungsfähig.

2.801 Erstens gelten sie nur für Pacht- und Getränkelieferungsverträge. Damals war dieser Ansatz weder branchenüblich noch wurde er im Zusammenhang mit Leistungs- und Getränkelieferungsverträgen in Form der Darlehens-, Kauf- oder Leih- und Getränkelieferungsverträge praktiziert. Zweitens liegen in den aktuell relevanten Fallgestaltungen durchweg Jahresmindestbezugsmengenvereinbarungen oder Gesamtmengenvereinbarungen vor. Drittens geht es nicht um die Kalkulation der Pachtzinshöhe, sondern den Ausgleich für fehlgeschlagene Finanzierungskosten. Viertens dürfte der Ansatz des BGH nicht im Vertriebsmodell 2 anwendbar sein. Fünftens dürfte dem BGH die aktuell diskutierte Problematik wohl kaum bei seiner Entscheidungsfindung bewusst gewesen sein. Daher handelt es sich um eine singuläre Ausnahmeentscheidung, die nicht auf andere Sachverhalte übertragbar ist. Erhellenderweise heißt es in der von der Gegenmeinung mit als Beleg angeführten Entscheidung des OLG Köln vom 9.1.2007[1012)] auch ausdrücklich, dass die von der klagenden Brauerei[1013)] zur Stützung ihrer Auffassung zitierte Entscheidung des BGH vom 6.12.1989 einen nicht mit dem zu beurteilenden Sachverhalt vergleichbaren Fall betreffe, in dem die Parteien die Höhe des Pachtzinses an die Bierabnahmemengen gebunden und für Mindermengen einen Pachtzinsaufschlag vereinbart hatten.

2.802 d) Würde man die These von der „gemeinsamen Kalkulationsgrundlage" im Übrigen ernst nehmen, so müssten sich die Getränkelieferanten konsequenterweise auch dem **Rechtsfolgenregime des § 313 BGB** unterwerfen. Dieses sieht in § 313 Abs. 1 BGB die Möglichkeit der Vertragsanpassung und bei Unmöglichkeit derselben bzw. Unzumutbarkeit für einen der Beteiligten die Möglichkeit des Rücktritts (§ 313 Abs. 3 Satz 1 BGB) bzw. bei Dauerschuldverhältnissen wie hier das Recht zur Kündigung (§ 313 Abs. 3 Satz 2 BGB) vor. Die Rechtsfolge Deckungs- (kosten-)beitragsausgleich kennt § 313 BGB nicht.

2.803 e) **Höhe.** Der Begriff der „**Entschädigung**"[1014)] in § 13 des streitgegenständlichen Vertrages der BGH-Entscheidung aus dem Jahre 1989 stellt entsprechend dem Rechtsgedanken des Art. 14 Abs. 3 GG ein Minus zum Schadensersatz dar. Diese

1012) OLG Köln, Urt. v. 9.1.2007 – 3 U 158/05, BeckRS 2007, 04453.

1013) DOM-Brauerei.

1014) OLG Düsseldorf, Urt. v. 28.5.2004 – 15 U 193/03 – sowie – 15 W 103/03 (Vertrag Brauerei-Getränkefachgroßhändler): 15,00 €/hl.; OLG Düsseldorf, Urt. v. 13.11.2009 – I-22 U 71/09, BeckRS 2012, 05469.

durch den Getränkelieferanten verursachte Unsicherheit geht im Rahmen einer Anspruchskappung im Zweifel nach § 305c Abs. 2 BGB zu seinen Lasten.

Im Rahmen einer Mindermengenausgleichsregelung können die Grundsätze über die Anhebung des Streitwertes um im Regelfall 15 % bei Fremdbezug nicht gelten.[1015] 2.804

4. Das Urteil des OLG Köln vom 9.1.2007

Die These vom Ausgleichsanspruch sui generis kann sich weiter nicht auf ein Urteil des OLG Köln vom 9.1.2007[1016] stützen. Im Gegenteil kann die Entscheidung als Beleg für die hier vorgetragene Kritik angeführt werden. 2.805

Der streitgegenständliche Getränkelieferungsvertrag enthielt zunächst eine (wirksame) Verpflichtung zur Abnahme einer bestimmten Getränkebezugsmenge (§ 4 des Vertrages). Zwar wird hier (§ 5 des Vertrages) ein pauschalierter Deckungsbeitragsausgleich in Höhe von 25 % der für den Gastwirt jeweils geltenden Biereinkaufspreise geprüft. Ausdrücklich verneint das Gericht aber die These, der zu beurteilende Sachverhalt sei mit dem der BGH-Entscheidung aus dem Jahre 1989 vergleichbar. Die Deckungsbeitragsausgleichsregelung in § 5 wird zudem als pauschalierter Schadensersatz eingeordnet.[1017] Grund ist die zutreffende Einschätzung, dass mit diesem Anspruch Nachteile des Getränkelieferanten durch die Abnahme einer geringeren als der vorausgesetzten Menge Bier, also der insoweit diesem entstandene Schaden, ausgeglichen werden sollte. Daher prüft das Gericht die Ausgleichsklausel nach den einschlägigen Bestimmungen (§§ 310 Abs. 1 Satz 2, 309 Nr. 5 (b) BGB) auf ihre Wirksamkeit, ohne die Unwirksamkeit feststellen zu können.[1018] Da das OLG Köln die Frage des Vertretenmüssens ungeprüft gelassen hat, kann daraus nichts zugunsten der These vom Anspruch sui generis abgeleitet werden. 2.806

5. Inhaltskontrolle

a) **Grundsatz.** Zwar gilt der Grundsatz der Vertragsfreiheit (§ 311 Abs. 1 BGB). Zu beachten sind aber die schrankenziehenden Bestimmungen über die Inhaltskontrolle, insbesondere § 138 Abs. 1 BGB sowie §§ 307–310 BGB. Zu den nicht abdingbaren Vorschriften i. S. d. § 307 Abs. 2 Nr. 1 BGB rechnen auch die Grundsätze über den Wegfall der Geschäftsgrundlage gem. § 313 BGB.[1019] 2.807

1015) Siehe unten § 31 VII 4 a.

1016) OLG Köln, Urt. v. 9.1.2007 – 3 U 158/05, BeckRS 2007, 04453.

1017) OLG Köln, Urt. v. 9.1.2007 – 3 U 158/05, BeckRS 2007, 04453; OLG Frankfurt/M., Urt. v. 13.11.2007 – 11 U 24/07, BeckRS 2007, 19024; OLG Düsseldorf, Urt. v. 13.11.2009 – I-22 U 71/09, BeckRS 2012, 05469.

1018) Ebenso OLG Düsseldorf, Urt. v. 13.11.2009 – I-22 U 71/09, BeckRS 2012, 05469.

1019) Palandt-*Grüneberg*, BGB, § 307 Rz. 32 m. w. N.

2.808 b) **§ 307 Abs. 3 BGB.** Die Mindestabnahmeverpflichtung konkretisiert bzw. erweitert im Zweifel die vertragliche Getränkebezugsverpflichtung. Sie ist eine Ergänzung der Bezugsverpflichtung, nicht dagegen eine Hauptleistungspflicht i. S. d. § 307 Abs. 3 Satz 1 BGB. Dies mag anders sein bei Getränkelieferungsverträgen zwischen Brauereien und Getränkefachgroßhändlern.

2.809 c) Soweit die These vom Anspruch sui generis, sei es tatbestandlich, sei es hinsichtlich der Rechtsfolgen, hinter dem Regime des § 313 BGB zurückbleibt, ist bereits eine Klauselnichtigkeit gem. **§§ 307 Abs. 2 Nr. 1, 313 BGB** anzunehmen. Besondere Beachtung findet dabei das in § 313 Abs. 3 BGB gesetzlich vorgegebene Rechtsfolgenregime der vorrangigen Leistungsanpassung und hilfsweise des Kündigungsrechts bei Dauerschuldverhältnissen. Mag Ersteres nicht möglich oder einem Teil nicht zumutbar sein, so verbleibt bei Dauerschuldverhältnissen das **Recht zur Kündigung**. Anderenfalls ist die Ausgleichsklausel nichtig gem. §§ 307 Abs. 2 Nr. 1, 313 BGB.

2.810 d) Ausschließlichen Bezugsbindungen über Getränke ist eine Mindestabnahmeverpflichtung zwar nicht immanent.[1020] Jedenfalls bei einer „vereinbarten Mindestbezugsmenge als gemeinsamer Kalkulationsgrundlage der erbrachten Leistung" ist aber von einer entsprechenden **Pflicht** (§ 280 Abs. 1 Satz 1 BGB) zur Getränkeabnahme auszugehen.

2.811 Wird eine Mindestbezugsmenge – auch im vorstehend berichteten Sinne – vereinbart respektive gemeinsam kalkuliert, so ist die Folge der Mindestbezugsverpflichtung zwingend. Eine vertragliche Disponibilität besteht nicht. Der Getränkelieferant müsste den Nachweis der Vereinbarung einer entsprechenden Mindestbezugsmenge führen. Erfüllt der Gastwirt während des festgelegten Zeitraums seine Abnahmeverpflichtung nicht, so gründen sich die Rechtsfolgen der Verletzung einer derartigen vertraglichen Zeitbestimmung in der Regel auf Verzug.[1021]

2.812 e) **Einordnung.** Jedenfalls die in manchen Mindermengenausgleichsregelungen verwendeten Begriffe „Deckungsbeitragsausgleich",[1022] „Deckungskostenbeitragsausgleich" etc. legen im Rahmen der Auslegung die Annahme einer Schadensersatzklausel nahe.[1023] Allerdings kann insofern auch ein Vertragsstrafenversprechen vorliegen.

2.813 Nach der Auslegungsregel des § 305c Abs. 2 BGB ist im Zweifel von einer **Vertragsstrafen**klausel auszugehen mit den dann geltenden Inhaltsschranken. Die

1020) Siehe oben § 8 II 6.

1021) BGH, Urt. v. 6.2.1985 – VIII ZR 15/84, NJW 1986, 124 = Zeller III, 349 (Alleinvertriebsvertrag über Maschinen) = Zeller III, 349; OLG München, Urt. v. 31.1.1995 – 25 U 3600/94, BeckRS 1995, 04936.

1022) OLG Köln, Urt. v. 9.1.2007 – 3 U 158/05, BeckRS 2007, 04453.

1023) Siehe oben § 19 III 1 m. w. N. Vgl. OLG Köln, Urt. v. 9.1.2007 – 3 U 158/05, BeckRS 2007, 04453; LG Köln, Urt. v. 15.3.2011 – 21 O. 95/10, BeckRS 2012, 02826, Vorinstanz zu OLG Köln, Urt. v. 20.10.2011 – 7 U 65/11, BeckRS 2012, 15923.

Parallele zur Vertragsstrafe liegt auf der Hand. Der Minderbezug stellt einen Teil der nicht gehörigen Vertragserfüllung dar. Nach § 341 Abs. 1 BGB kann die Vertragsstrafe statt und nicht neben der Erfüllung verlangt werden. Der Getränkelieferant macht mit dem Anspruch sui generis gerade einen Ausgleichsanspruch neben der Erfüllung des Vertrages geltend. Dieser Ausgleichsanspruch stellt ein Druckmittel dar, den Gastwirt zur gehörigen Erfüllung seiner Vertragspflichten zu veranlassen.[1024)] Diese Frage kann im Ergebnis allerdings letztlich dahinstehen.[1025)]

f) Verschuldenserfordernis. Eine entsprechende Ausgleichsregelung könnte gem. **§§ 307 Abs. 2 Nr. 1, 286 Abs. 4 BGB** auch deshalb unwirksam sein, weil sie einen Ausgleichsanspruch unabhängig vom Verschulden statuiert. Eine in AGB enthaltene Verpflichtung zum Schadensersatz bzw. zur Zahlung einer Vertragsstrafe, die verschuldensunabhängig gestaltet ist, verstößt gegen § 307 Abs. 2 Nr. 1 BGB. Sie weicht von wesentlichen Rechten und Pflichten der gesetzlichen Regelungen ab, weil nach den generellen Grundsätzen des Haftungsrechts der Schuldner nur haftet, wenn er den Schaden bzw. den Anfall der Vertragsstrafe zu vertreten hat. Dieser Grundsatz ist ein wesentlicher Grundgedanke des Bürgerlichen Rechts und gilt als Ausdruck der Gerechtigkeit. Das Verschuldenserfordernis gehört bei Schadensersatz- und Vertragsstrafenverlangen wegen Verletzung vertraglicher Pflichten (§§ 280, 281 BGB) zum gesetzlichen Leitbild, welches auch im Rahmen von Getränkelieferungsverträgen zu beachten ist. Ist in Getränkelieferungsverträgen vorgesehen, dass der Getränkelieferant berechtigt ist, für nicht abgenommene Getränke einen Ausgleichsbetrag zu berechnen, liegt ein Verstoß gegen § 307 Abs. 2 Nr. 1 BGB vor, wenn die Zahlungspflicht verschuldensunabhängig bestehen soll.[1026)] 2.814

Knüpft die Malusklausel lediglich an den Minderbezug an, so setzt sie ein Verschulden des Gastwirts nicht voraus. Dieser würde danach selbst dann haften, wenn eine Bewirtung etwa infolge von Feuer-, Wasser- oder Sturmschäden nicht möglich gewesen wäre. Im Hinblick darauf, dass das Verschuldenserfordernis zum Kernbereich der Schadensersatzhaftung gehört, ist es auch nicht ausreichend, dass die Klausel einen Nachweis fehlenden Verschuldens nicht ausdrücklich ausschließt. Höherrangige Interessen des Getränkelieferanten, die ausnahmsweise ein Abweichen von dem Verschuldenserfordernis rechtfertigen könnten, müssten vorgetragen und festgestellt werden. Ersichtlich sind sie jedenfalls nicht.[1027)] 2.815

1024) OLG Nürnberg, Urt. v. 25.2.1992 – 11 U 2744/91, BeckRS 1992, 31335912.

1025) Siehe oben § 17 III 6.

1026) OLG Nürnberg, Urt. v. 25.2.1992 – 11 U 2744/91, BeckRS 1992, 31335912; OLG München, Urt. v. 31.1.1995 – 25 U 3600/94, BeckRS 1995, 04936, das § 9 Abs. 1 AGBG anwendete; OLG Frankfurt/M., Urt. v. 13.11.2007 – 11 U 24/07, BeckRS 2007, 19024; OLG Zweibrücken, Urt. v. 6.7.2009 – 7 U 180/08; OLG Düsseldorf, Urt. v. 13.11.2009 – I-22 U 71/09, BeckRS 2012, 05469.

1027) OLG Düsseldorf, Urt. v. 13.11.2009 – I-22 U 71/09, BeckRS 2012, 05469.

2.816 Wenn die Rechtsprechung verschuldensunabhängige Deckungsausgleichsansprüche im Verhältnis Brauerei-Getränkefachgroßhändler als sittenwidrig und nichtig angesehen hat,[1028)] dann muss dies erst recht im Verhältnis Getränkelieferant-Gastwirt gelten.

2.817 Da sowohl die Ausgleichsregelung als auch der Abrechnungsschriftverkehr und entsprechende Klagebegehren durchweg, wenn nicht ausdrücklich dann doch konkludent, auf Minderbezug und nicht Fremdbezug gestützt werden, kann dahinstehen, ob für den gravierenden Fall des Fremdbezuges hiervon eine Ausnahme zu machen ist.

2.818 Sieht dies Malusklausel vor, dass die Abrechnung über die Minderabnahme jeweils zum Ende eines Kalenderjahres vorgenommen wird und sind die sich daraus ergebenden Rechnungsbeträge sofort zur Zahlung fällig gestellt, so greift das Unwirksamkeitsverdikt. Nicht ausreichend ist es, wenn die Klausel einen Nachweis fehlenden Verschuldens nicht ausdrücklich ausschließt.[1029)]

2.819 g) **Folgenbetrachtung.** Auch im Ergebnis dürfte es kaum denkbar sein, extra wenn nicht kontra legem einen Vertragsanspruch sui generis zu postulieren. Er liefe im Ergebnis auf eine **verschuldensunabhängige Garantiehaftung** mit geringeren Voraussetzungen als ein Schadensersatzanspruch hinaus.[1030)] Eine solche strikte Rechtsfolge kann grundsätzlich nur vom Gesetzgeber statuiert werden. Individualvertraglich setzt sie eine ausdrückliche Garantiererklärung voraus. Hierfür ist Voraussetzung, dass der Kunde dafür einstehen will, in jedem Fall pro Jahr oder insgesamt ein bestimmtes hl-Volumen Getränke abzusetzen. Dies ist regelmäßig nicht anzunehmen.[1031)] Im Übrigen wird man auf den Deckungsausgleichsanspruch argumentum a maiore ad minus und damit erst recht die für Schadensersatzansprüche und Schadensersatzpauschalierungen geltenden Inhaltsschranken anwenden müssen.

2.820 Zwar kann eine Vertragsstrafe unabhängig von einem Verschulden versprochen werden.[1032)] Sie ähnelt aber dann einem Garantieversprechen. Erforderlich ist hierfür grundsätzlich eine Individualvereinbarung. Im Übrigen kann das Verschuldenserfordernis durch AGB nur abbedungen werden, wenn bei dem betreff-

---

1028) BGH, Beschl. v. 14.7.1999 – VIII ZR 60/99, BeckRS 1999, 30066756 (Vertrag Brauerei-Getränkefachgroßhändler); OLG Naumburg, Urt. v. 7.9.1995 – 2 U 6/93, rkr. durch Nichtannahmebeschl. d. BGH v. 3.7.1996 – VIII ZR 281/95; OLG Düsseldorf, Urt. v. 19.1.1999 – U (Kart) 17/98, rkr. durch Nichtannahmebeschl. d. BGH v. 22.3.2000 – VIII ZR 60/99; OLG Düsseldorf, Urt. v. 28.5.2004 – 15 U 193/03 – sowie – 15 W 103/03 (§ 307 Abs. 1 Satz 1 BGB).

1029) OLG Düsseldorf, Urt. v. 13.11.2009 – I-22 U 71/09, BeckRS 2012, 05469; OLG Köln, Urt. v. 18.4.2013 – 7 U 180/12, BeckRS 2013, 07760.

1030) OLG München, Urt. v. 31.1.1995 – 25 U 3600/94, BeckRS 1995, 04936.

1031) BGH, Urt. v. 22.2.1989 – VIII ZR 45/88, BGHZ 107, 67 = NJW 1989, 1669 = ZIP 1989, 450 = Zeller IV, 270 (Vertrag Brauerei-Getränkefachgroßhändler); OLG München, Urt. v. 31.1.1995 – 25 U 3600/94, BeckRS 1995, 04936.

1032) BGH, Urt. v. 28.1.1997 – XI ZR 42/96, NJW-RR 1997, 686.

enden Vertragstyp gewichtige Gründe für eine verschuldensunabhängige Haftung vorliegen. Dies ist beim Getränkelieferungsvertrag nicht der Fall.[1033] Als gewichtiges Verwenderinteresse genügt jedenfalls nicht schon das allgemeine Interesse an der Sicherung der Vertragserfüllung.[1034]

Für den Fall des Fremdbezuges mag dies anders zu beurteilen sein. Für den hier in Rede stehenden „minder schweren Fall" des Minderbezuges ist kein vorrangiges Verwenderinteresse erkennbar. Sollte sich hinter dem festgestellten Minderbezug ein Fremdbezug verbergen, sei es ein „echter Fremdbezug" durch den Bezug nicht zugelassener Getränke **(Schwarzbezug)**[1035] oder ein „unechter Fremdbezug" durch den Bezug der gebundenen Getränke über andere Lieferanten **(Graubezug)**[1036], so stehen dem Getränkelieferanten die für den Fall des Fremdbezuges vorgesehenen Rechtsbehelfe (Abmahnung, einstweilige Verfügung, (Unterlassungs-, Wiederaufnahme-, Schadensersatz-)Klage) zur Verfügung. Liegt tatsächlich lediglich ein Minderbezug vor, so ist auch an die Möglichkeit der **Leistungsanpassung** zu denken.[1037] 2.821

Daneben verbleiben dem Getränkelieferanten die übrigen Möglichkeiten der Vertragsanpassung. So können Zuschüsse in rückzahlbare Darlehen umgewandelt werden, an die Stelle von Darlehen, die durch Abschreibung oder Rückvergütungsgutschriften zurückgeführt werden, können Tilgungsdarlehen treten, nicht verzinsliche finanzielle Leistungen können verzinst werden, verzinsliche Leistungen können höher verzinst werden etc. Diese Optionen muss der Getränkelieferant durch AGB-rechtlich zulässige Klauseln im Vertrag antezipieren. Anderenfalls bedarf er einer vertragsändernden Zustimmungserklärung des Gastwirts. 2.822

h) Bilanz. Kein hinreichender Sachgrund ist jedenfalls die ggf. individuell auf Seiten des Getränkelieferanten offenkundig werdende Notwendigkeit, eine drohende Insolvenz durch „Bilanzkosmetik" dadurch vorerst abzuwenden, dass Ausgleichsforderungen gegen Dritte postuliert werden. 2.823

i) Kompensation. aa) Die unangemessene Benachteiligung des Gastwirts durch eine verschuldensunabhängige Deckungsbeitragsausgleichsklausel wird nicht da- 2.824

1033) OLG Nürnberg, Urt. v. 25.2.1992 – 11 U 2744/91, BeckRS 1992, 31335912; OLG Nürnberg, Urt. v. 5.2.2002 – 1 U 2314/01, NJW-RR 2002, 917; OLG Düsseldorf, Beschl. v. 8.6.2007 – 24 U 207/06, NZM 2008, 611 (Pacht- und Getränkelieferungsvertrag); OLG Düsseldorf, Urt. v. 13.11.2009 – I-22 U 71/09, BeckRS 2012, 05469; LG Aachen, Urt. v. 25.7.1987 – 7 S 445/86, NJW-RR 1987, 948 (Automatenaufstellvertrag); *Gödde,* in: Martinek/Semler/Habermeier/Flohr, Vertriebsrecht, § 52 Rz. 194 m. w. N. Fn. 444.

1034) OLG Nürnberg, Urt. v. 5.2.2002 – 1 U 2314/01, NJW-RR 2002, 917; OLG Düsseldorf, Beschl. v. 8.6.2007 – 24 U 207/06, NZM 2008, 611 (Pacht- und Getränkelieferungsvertrag).

1035) OLG Hamm, Urt. v. 8.6.1998 – 31 U 4/98, rkr. durch Nichtannahmebeschl. d. BGH v. 15.9.1999 – VIII ZR 333/98.

1036) OLG Koblenz, Urt. v. 21.2.2002 – 5 U 677/01, NJOZ 2002, 837.

1037) Siehe unten § 40 X 6 b.

durch vermieden, dass ein Recht zur außerordentlichen **Kündigung** nicht ausgeschlossen wird. Ebenfalls wird die einseitige Belastung des Gastwirts nicht dadurch aufgehoben, dass der Nachweis eines geringeren Schadens nicht ausgeschlossen ist.[1038)]

2.825 **bb)** Da im Rahmen der Angemessenheitsprüfung nach § 307 BGB grundsätzlich keine Kompensation mit etwaigen Vorteilen, insbesondere Preisvorteilen wie **Rückvergütungen** oder **Boni**, stattfindet,[1039)] kann ein Entgegenkommen des Getränkelieferanten bei Übererfüllung in Form eines Bonus bzw. einer (Rück-)Vergütung auch dann nicht „gegengerechnet" werden, wenn sich Deckungsausgleichsbetrag und Bonus betragsmäßig decken sollten.

2.826 **j) Höhe. aa) Einführung.** Da der Hintergrund des von der Mindermeinung postulierten Lösungsansatzes weniger rechtliche Überlegungen als vielmehr betriebswirtschaftlich-kalkulatorische Ziele sind, stellt sich die tatsächliche Problematik, dass in der Getränkebranche hinsichtlich der Höhe der von den Getränkelieferanten zu erbringenden Leistungen keine verbindlichen Vorgaben bestehen.[1040)]

2.827 Im Rahmen des **Gastronomie-Mikromarketings** ist eine konkret-individuelle Finanzierungsentscheidung seitens des Getränkelieferanten unter Berücksichtigung der Objekt-Lage-Konzept-Subjekt-Situation zu treffen. Hinzukommt, dass ein eventuell für den Fall des Mehrbezuges vorgesehener **Bonus** der Höhe nach nicht etwa einem Malus in der Situation des Minderbezuges zu entsprechen hat. Je nach Ausgestaltung des Absatzes in den verschiedenen Vertriebsmodellen mit und ohne Einschaltung des Getränkefachgroßhandels und damit mit und ohne Berücksichtigung der verschiedenen Formen der zwischen Brauereien und Getränkefachgroßhändlern praktizierten internen Refinanzierungsausgleiche ergäben sich sowohl für den Gastwirt als auch für die angerufenen Gerichte nicht nachprüfbare und damit verifizierbare Unsicherheiten.

2.828 **bb) Zulässigkeit.** Rechtlich stellt sich die Frage der Beachtung des Transparenzgebotes (§ 307 Abs. 1 Satz 2 BGB). Soweit pauschaliert werden sollte, sind die entsprechenden gesetzlichen Grenzen zu beachten (§§ 307 Abs. 2 Nr. 1, 309 Nr. 5 a und b BGB). Im Übrigen wären ggf. die von der Rechtsprechung entwickelten Grundsätze zur Berechnung des konkreten Nichterfüllungsschadens[1041)] sowie über die **Darlegungs- und Beweislast**[1042)] einschließlich der Besonderheiten bei Pauschalierungen[1043)] entsprechend zu beachten.

1038) OLG Nürnberg, Urt. v. 25.2.1992 – 11 U 2744/91, BeckRS 1992, 31335912.

1039) Siehe oben § 6 VI 6 h.

1040) Siehe oben § 9 VIII 3 a.

1041) Siehe unten § 30 III.

1042) Siehe unten § 30 IV.

1043) Siehe unten § 30 V.

k) Möglichkeit des Gegenbeweises. aa) Leitbild. Sollte die These vom Ausgleichsanspruch sui generis im Ergebnis darauf hinausläuft, dass der Gebundene unabhängig vom Vertretenmüssen, insbesondere verschuldensunabhängig und auch ohne Möglichkeit des Gegenbeweises gleichsam garantieartig in Anspruch genommen werden könnte, so müsste eine Klauselnichtigkeit nach §§ 307 Abs. 2 Nr. 1, 309 Nr. 5 a und/oder b, 309 Nr. 6, 339 Satz 1 BGB geprüft werden.[1044] 2.829

6. Leitbild des § 281 BGB

Im Rahmen der Prüfung nach § 307 Abs. 2 Nr. 1 BGB bedarf es im Übrigen grundsätzlich auch der Einhaltung des Nachfristerfordernisses. § 281 BGB setzt für den Schadensersatzanspruch „Schadensersatz statt Leistung" eine erfolglose Fristsetzung voraus. Hierauf kann nicht verzichtet werden.[1045] Sieht die Malusklausel nur vor, dass die Minderabnahmen zum Ende des Jahres abzurechnen sind und die sich daraus ergebenden Rechnungsbeträge sofort zur Zahlung fällig sein sollen, so greift das Unwirksamkeitsverdikt des § 307 Abs. 2 Nr. 1 BGB.[1046] 2.830

VII. These vom Anspruch auf Investitionskostenausgleich

1. Meinungsstand

a) **These.** Im Schrifttum wird neuerdings postuliert, der Getränkelieferant habe einen Anspruch auf Zahlung eines Investitionskostenausgleichs, wenn das Mengenziel nicht erreicht worden sei. Die Frage des Verschuldens „an der Störung der Geschäftsgrundlage spiele dabei keine Rolle."[1047] Im Unterschied zur These vom Anspruch sui generis setzt diese Auffassung allerdings die Vereinbarung einer Sollbezugsmenge voraus.[1048] Dabei sei das Lösungsmodell „weniger im rechtlichen Bereich anzusiedeln, sondern es sei eine kaufmännisch-kalkulatorische Regelung vorzunehmen".[1049] 2.831

Als Beispiel wird folgende Klausel angeführt: „Der Gastwirt und die Brauerei gehen **einvernehmlich davon** aus, dass in der Absatzstätte jährlich mindestens x hl Bier abgesetzt werden können.[1050] Bei Unterschreitung dieser Bezugs- 2.832

1044) OLG München, Urt. v. 31.1.1995 – 25 U 3600/94, BeckRS 1995, 04936 (§ 307 Abs. 1 Satz 1 BGB); OLG Naumburg, Urt. v. 7.9.1995 – 2 U 6/93, rkr. durch Nichtannahmebeschl. d. BGH v. 3.7.1996 – VIII ZR 281/95 (Vertrag Brauerei-Getränkefachgroßhändler); OLG Düsseldorf, Urt. v. 13.11.2009 – I-22 U 71/09, BeckRS 2012, 05469, LG Köln, Urt. v. 15.3.2011 – 21 O. 95/10, BeckRS 2012, 02826, Vorinstanz zu OLG Köln, Urt. v. 20.10.2011 – 7 U 65/11, BeckRS 2012, 15923.

1045) Siehe oben § 17 II 1 c m. w. N.

1046) OLG Köln, Urt. v. 18.4.2013 – 7 U 180/12, BeckRS 2013, 07760.

1047) *Nöller*, Brauwelt 2011, 1184, 1185, 1186.

1048) *Nöller*, Brauwelt 2011, 1184.

1049) *Nöller*, Brauwelt 2011, 1186.

1050) Dabei übersieht diese Meinung bereits, dass durch eine entsprechende Formulierung gar keine Mindestabnahmeverpflichtung begründet wird. Vgl. § 32 I 2 b m. w. N.

menge ist die Brauerei unabhängig von einem Verschulden des Gastwirts zur Wiederherstellung der Angemessenheit ihrer bereits erbrachten vertraglichen Leistungen berechtigt, für jeden hl Bier, um den die Bezugsmenge unterschritten wird, eine Ausgleichszahlung in Höhe von y € zu verlangen. Wird die Bezugsmenge überschritten, erhält der Gastwirt einen Bonus von z € pro mehr bezogenem hl."[1051]

2.833 **b) Gegenthese.** Der vorgeschlagene Weg mag betriebswirtschaftlich sinnvoll sein. Juristisch kann er keinen Bestand haben. Die vorgetragene Argumentation ist nicht nur mangels hinreichender Belege nicht nachprüfbar, sondern auch durchgängig angreifbar. Sie beruht auf einem Wunschdenken und läuft nicht selten auf Zirkelschlüsse hinaus. Unverständlich ist, dass die dem Verfasser wohl bekannt sein dürfende Entscheidung des OLG Frankfurt hierzu vom 13.11.2007[1052] weder berichtet noch berücksichtigt wird.

2. Grundsatz

2.834 Es ist zwar richtig, dass im Rahmen der Vertragsfreiheit auch „nicht normierte Vertragsgestaltungen"[1053] denkbar sind. Aber auch insofern gelten die Schranken der Inhaltskontrolle im Allgemeinen und im Besonderen.

3. Parallele zur These vom Anspruch sui generis

2.835 Soweit diese Ansicht inhaltsgleiche Begründungen wie die These vom Anspruch sui generis enthält, kann auf die vorstehenden Ausführungen, insbesondere zur behaupteten **gemeinsamen Kalkulation**, zum **Vorrang des Rechtsfolgenregimes des § 313 BGB** – hier Kündigung und nicht Ausgleichszahlung – sowie der **Verschuldensabhängigkeit**,[1054] verwiesen werden.[1055]

4. Abgrenzung

2.836 Zu Fragen der Abgrenzung zum Schadensersatz bzw. zur Vertragsstrafe kann verwiesen werden.[1056] Selbst das OLG Frankfurt nimmt in seiner Entscheidung vom 13.11.2007 eine Schadensersatzpauschale an.[1057]

1051) *Nöller*, Brauwelt 2011, 1184; OLG Brandenburg, Urt. v. 23.11.1994 – 1 U 11/94, NJW-RR 1995, 1517. Ähnlich OLG Frankfurt/M., Urt. v. 13.11.2007 – 11 U 24/07, BeckRS 2007, 19024, allerdings ohne Bezugsverpflichtung.

1052) OLG Frankfurt/M., Urt. v. 13.11.2007 – 11 U 24/07, BeckRS 2007, 19024.

1053) So die Formulierung von *Nöller*, Brauwelt 2011, 1184.

1054) OLG Frankfurt/M., Urt. v. 13.11.2007 – 11 U 24/07, BeckRS 2007, 19024.

1055) Siehe oben § 19 VI 3 b und d sowie 5 c ff., jeweils m. w. N.

1056) *Nöller*, Brauwelt 2011, 1186.

1057) OLG Frankfurt/M., Urt. v. 13.11.2007 – 11 U 24/07, BeckRS 2007, 19024.

5. Ausschluss der Inhaltskontrolle

Die These vom Anspruch auf Investitionskostenausgleich läuft im Ergebnis auf einen Ausschluss der Inhaltskontrolle der zugrunde liegenden AGB-Klausel hinaus. Dieses ist nur im Rahmen des § 307 Abs. 3 Satz 1 BGB denkbar. 2.837

Unter § 307 Abs. 3 Satz 1 BGB fallen nach der Rechtsprechung weder Klauseln, die unmittelbar den Preis der vertraglichen Hauptleistung regeln, noch solche, die das Entgelt für eine rechtlich nicht geregelte, zusätzlich angebotene Sonderleistung bestimmen.[1058] Hat die Regelung hingegen kein Entgelt für eine Leistung, die dem Kunden auf rechtsgeschäftlicherweise Grundlage erbracht wird, zum Gegenstand, sondern wälzt der Verwender durch die Bestimmung allgemeine Betriebskosten, den Aufwand zur Erfüllung seiner Pflichten oder für Tätigkeiten, die im eigenen Interesse liegen, auf den Kunden ab, so ist sie kontrollfähig. Solche (Preis-)Nebenabreden werden durch § 307 Abs. 3 Satz 1 BGB nicht der AGB-Kontrolle entzogen.[1059] Im Übrigen liefe es im Ergebnis auf eine Kontrollfreiheit praktisch jeder neben die Hauptleistung tretende Entgeltregelung hinaus. Entscheidend ist, ob es sich bei der in Rede stehenden „Gebühr" um die Festlegung des Preises für eine vom Klauselverwender angebotene vertragliche Leistung handelt.[1060] 2.838

6. Verstoß gegen die vertragstypische Risikoverteilung

Zu fragen ist, ob die These vom Anspruch auf Investitionskostenausgleich nicht bereits deshalb fehl geht, weil sie gegen **§ 307 Abs. 2 Nr. 2 BGB** verstößt. 2.839

a) **Grundlagen.** Die Vorschrift gilt auch im Verkehr zwischen Unternehmern. Sie greift tatbestandlich ein, wenn die grundsätzliche Lasten- und Risikoverteilung in Frage gestellt ist.[1061] Der Vertragszweck ist gefährdet, wenn der Verwender durch eine Klauselgestaltung versucht, sich von wesentlichen Risiken freizuzeichnen, die nach dispositivem Recht oder diesem gleichzustellenden Richterrecht in seinen Gefahrenbereich fallen.[1062] 2.840

b) **Risikoverteilung.** Dass der Getränkelieferant zu Beginn der Geschäftsbeziehung in **Vorleistung** geht und damit auch das entsprechende Vorleistungs-/Investitionsrisiko trägt, mag zwar betriebswirtschaftlich bedenklich sein. Juristisch ist es aber der Rechtfertigungsgrund dafür, dass Getränkelieferanten lang- 2.841

1058) BGH, Urt. v. 7.6.2011 – XI ZR 388/10, NJW 2011, 2640 = ZIP 2011, 1299.

1059) BGH, Urt. v. 21.4.2009 – XI ZR 78/08, BGHZ 180, 257 = NJW 2009, 2379 = ZIP 2009, 908; BGH, Urt. v. 7.12.2010 – XI ZR 3/10, NJW 2011, 1801 = ZIP 2011, 263; BGH, Urt. v. 13.1.2011 – III ZR 78/10, NJW 2011, 1726; BGH, Urt. v. 7.12.2010 – XI ZR 3/10, NJW 2011, 1801 = ZIP 2011, 263.

1060) BGH, Urt. v. 7.12.2010 – XI ZR 3/10, NJW 2011, 1801 = ZIP 2011, 263; BGH, Urt. v. 7.12.2010 – XI ZR 3/10, NJW 2011, 1801 = ZIP 2011, 263.

1061) Siehe oben § 6 IV 2.

1062) Palandt-*Grüneberg*, BGB, § 307 Rz. 31 – 38.

fristige Ausschließlichkeitsverträge über Getränke überhaupt abschließen dürfen. Der Umstand der Vorleistungen seitens der Getränkelieferanten und der Gedanke der Amortisation dieser Leistungen sind prägend für die gesamte Rechtsprechung zum Getränkelieferungsrecht. Er spiegelt sich auch in dem Umstand, dass das Vorleistungsrisiko ursprünglich durchweg durch die Getränkelieferanten schon deshalb getragen wurden, weil die finanziellen Leistungen nicht getilgt, sondern über Abschreibungen pro Getränkeeinheit bzw. gewährte und einbehaltene Rückvergütungen zurückgeführt wurden.[1063)]

2.842 Zu fragen ist, ob der Getränkelieferant einen Anspruch darauf hat, sein Vorleistungsrisiko zu reduzieren,[1064)] innerhalb der Laufzeit des Vertrages seine Investition zu amortisieren oder jedenfalls bei Vertragsende als „fehlgeleitete Leistung"[1065)] wegen Zweckverfehlung zurückzufordern. Allerdings ist das Rechtsfolgenregime des § 313 BGB vorrangig zu § 812 Abs. 1 Satz 2 Alt. 2 BGB.[1066)] Dass der Getränkelieferant das Vorleistungsrisiko zu tragen hat, ist für den Getränkelieferungsvertrag konstitutiv, weil nur für diesen Fall eine (Ausschließlichkeits-)Bindung zulässig ist. Anderenfalls wäre der Vertrag bereits von Anfang an nichtig (§§ 138 Abs. 1, 307 Abs. 1 Satz 1 BGB).[1067)] Mit der Minderabnahme realisiert sich das unternehmerische Risiko des Getränkelieferanten.[1068)] Dies auch dann, wenn es sich nicht um eine Abschreibungs- oder Rückvergütungsgutschriftenfinanzierung, sondern um eine Tilgungsfinanzierung handelt.

2.843 c) **Folgenbetrachtung.** Nimmt man die von der Gegenmeinung genannte Begründung, es ergebe sich aus der Natur der Sache, dass keiner der Vertragspartner genau wisse, ob der Wiederverkäufer als Gegenleistung die vereinbarte Getränkemenge während der Vertragszeit auch abnehme,[1069)] dann liefe diese Auffassung auf eine Garantiehaftung hinaus. Auch insofern bestehen die bereits angeführten Bedenken.[1070)]

2.844 Hinzukommt, dass in der Praxis nicht selten lediglich ein Minderbezug in Form des **Graubezug**es vorliegt. Dabei werden die gebundenen Getränke unter Nichteinhaltung des (im Vertriebsmodell 2) vorgegebenen Vertriebsweges unter Vermeidung von Kostenbelastungen des Getränkefachgroßhändlers durch Zah-

1063) BGH, Urt. v. 25.4.2001 – VIII ZR 135/00, BGHZ 147, 279 = NJW 2001, 2331 = ZIP 2001, 1245; OLG Koblenz, Urt. v. 21.2.2002 – 5 U 677/01, NJOZ 2002, 837.

1064) So *Nöller*, Brauwelt 2011, 1184.

1065) So *Nöller*, Brauwelt 2011, 1184, unter Hinweis auf das Bereicherungsrecht, allerdings ohne Belege.

1066) Ständige Rspr. des BGH, u. a. BGH, Urt. v. 17.6.1992 – XII ZR 253/90, NJW 1992, 2690.

1067) Siehe oben u. a. § 9 I m. w. N.

1068) *von Westphalen*, Vertragsrecht und AGB-Klauselwerke, A Rz. 12, zum Automatenaufstellvertrag; OLG Hamburg, Urt. v. 9.3.1983 – 5 U 114/82, NJW 1983, 1502 = ZIP 1983, 588 (Automatenaufstellvertrag).

1069) So auch *Nöller*, Brauwelt 2011, 1184.

1070) Siehe oben § 19 VI 5 g m. w. N.

lung von hl-bezogenen Kostenbeteiligungen geliefert. Damit werden Rückvergütungspotentiale im Verhältnis Getränkefachgroßhändler-Gastwirt gehoben. Zu fragen ist, ob die wirtschaftliche Nichteffektivität der gewählten Vertriebsart verschuldensunabhängig zu Lasten des Gebundenen abgesichert werden darf. Dies ist zu verneinen.

Sollte sich hinter einer verschuldensunabhängigen Mindermengenausgleichsregelung tatsächlich ein Fremdbezug verbergen, so dürfte das Vorgenannte erst recht gelten. 2.845

7. Transparenzgebot

Wird die **Art und Weise der Anpassung** der vertraglichen Leistungen offengelassen[1071] oder unklar geregelt, so liegt ein Verstoß gegen das Transparenzgebot vor. 2.846

8. § 307 Abs. 1 Satz 1 BGB

a) Der nicht belegte Hinweis auf Regelungen beim Leasing von Kraftfahrzeugen geht mangels Vergleichbarkeit fehl. Weiterhin ist er den vorstehend angesprochenen Bedenken ausgesetzt. 2.847

b) Eine **Kompensation** durch die Gewährung eines **Bonus** hilft insofern nicht. Zum einen gibt es im Rahmen der Inhaltskontrolle nach AGB-Recht grundsätzlich keine Kompensation.[1072] Zum anderen könnten und sollten die Beträge von Malus und Bonus deutlich voneinander abweichen.[1073] Häufig dürfte es insofern an einer transparenten Klauselgestaltung fehlen. 2.848

c) **Kumulationsverbot.** Ebenfalls klargestellt werden muss das Verhältnis zur Geltendmachung eines konkreten Schadensersatzanspruchs.[1074] 2.849

d) **Anrechnung.** Nach der Gegenauffassung soll der Getränkelieferant bei einem verschuldeten Minderbezug stets Schadensersatz verlangen können.[1075] Eine Anrechnung sieht die zugrunde gelegte Klausel aber nicht vor. Da in beiden Fällen die Finanzierungskosten eingestellt werden, führt auch dies zur Klauselnichtigkeit. 2.850

1071) So richtig *Nöller*, Brauwelt 2011, 1185 f.

1072) Siehe oben § 6 VI 6 h m. w. N. sowie § 19 VI 5 i m. w. N.

1073) Insofern zutreffend *Nöller*, Brauwelt 2011, 1186.

1074) OLG Frankfurt/M., Urt. v. 13.11.2007 – 11 U 24/07, BeckRS 2007, 19024; So auch *Nöller*, Brauwelt 2011, 1186 f. Allerdings fehlt die notwendige Einschränkung in der von ihm zugrunde gelegten Klausel.

1075) *Nöller*, Brauwelt 2011, 1186.

9. Höhe der Ausgleichszahlung

2.851 a) **AGB-Klausel.** Entgegen der These vom Anspruch auf Investitionskostenausgleich ist die Findung der Höhe der Ausgleichszahlung nicht zwingend individuell ausgehandelt.[1076] In der Praxis finden sich auch insofern Pauschalierungsklauseln. Die Ausgleichsregelung erfüllt durchweg die Voraussetzungen des § 305 Abs. 1 Satz 1 BGB. Die Angabe zur Höhe derselben muss unter den Voraussetzungen der §§ 305b, 305 Abs. 1 Satz 3 BGB nachweislich und anfänglich individuell ausgehandelt worden sein.

2.852 b) **Grenzen der §§ 309 Nr. 5 a und b BGB.** Wenn aus Gründen der Vereinfachung gerundete oder angenäherte Malusbeträge angenommen werden, sind die Grundsätze über eine zulässige Pauschalierung über § 307 Abs. 2 Nr. 1 BGB erst recht zu beachten.[1077]

10. Verjährung

2.853 Zu Fragen der Verjährung wird auf die Rechtsprechung verwiesen.[1078]

VIII. Kumulative Sanktionen

1. Inhalt

2.854 Gelegentlich finden sich Klauseln, in denen ein Malus in ein umfasserendes Sanktionensystem eingebettet ist. Aus der Rechtsprechung lassen sich beispielhaft folgende Sachverhalte berichten.

2.855 Nach § 5 des streitgegenständlichen Getränkelieferungsvertrages aus dem Jahr 1991, überschrieben mit „Vertragsverstöße, Schadensersatz" stand dem Getränkelieferanten gem. § 5 Abs. 1 das Recht zu, einen pauschalierten Schadensersatz für nicht bezogene Getränke in Höhe von 50,00 DM/hl zu fordern. § 5 Abs. 2 des Vertrages war wie folgt formuliert „Verletzt der Kunde seine aus diesem Vertrag … gegenüber bestehenden rechtlichen Verpflichtungen, kann … unabhängig von der Geltendmachung des pauschalierten Schadensersatzes den gewährten Zuschuss zurückfordern. Im Falle eines Verstoßes gegen die Mindestabnahmeverpflichtung … gilt dies nur bei einer Minderabnahme von mehr als 20 % …" Bei mehrmaligem Verstoß gegen die Mindestabnahmeverpflichtung war der Getränkelieferant ferner berechtigt, den gesamten Vertrag unter Einhaltung einer Frist von vier Wochen aufzukündigen und von dem Kunden auch den Anteil des Zuschusses zurückzuverlagen, der – gemessen an der Gesamthöhe des Zuschusses –

1076) So aber die Annahme von *Nöller*, Brauwelt 2011, 1186.

1077) Kritisch zur 50 %-Pauschale OLG Frankfurt/M., Urt. v. 13.11.2007 – 11 U 24/07, BeckRS 2007, 19024; im Ergebnis blieb die Frage offen.

1078) LG Köln, Urt. v. 20.11.2006 – 20 O. 118/06.

dem Verhältnis der nicht erfüllten Abnahmemenge bzw. Abnahmedauer zur Gesamtverpflichtung entsprach (§ 5 Abs. 3).[1079)]

In einem Getränkelieferungsvertrag aus dem Jahre 1996 war in Nummer 4 eine Ausgleichszahlung für den Fall des Minderbezuges vorgesehen. Nach Nummer 7 des Vertrages konnte der Getränkelieferant für den Fall des Nichtbezuges oder des Fremdbezuges sowie für jeden sonstigen vertragswidrig nicht bezogenen hl Bier einen pauschalierten Schadensersatz verlangen.[1080)] Ein Getränkelieferungsvertrag Brauerei-Getränkefachgroßhändler sah für den Fall der Unterschreitung der jährlichen Mindestabnahmemenge eine Ausfallentschädigung in Höhe von 15,00 €/hl je nicht abgenommenen hl, ein Recht zur Teilkündigung des Darlehens sowie eine Verlängerung der Abnahmeverpflichtung bis zum Erreichen der Gesamtmindestabnahmemenge vor.[1081)] 2.856

Zu denken ist auch an die Formulierung **„Weitergehende Schadensersatzansprüche bleiben vorbehalten."**[1082)] 2.857

2. Einbeziehung

Enthalten Getränkelieferungsverträge sowohl eine Regelung zum Mindermengenausgleich als auch zum Schadensersatz und wird das Verhältnis der Klauseln nicht eindeutig geregelt, so könnte es bereits wegen Widersprüchlichkeit an einer wirksamen Einbeziehung fehlen (**§ 305c Abs. 2 BGB**).[1083)] 2.858

3. Verschuldenserfordernis

Unabhängig davon, ob man die Mindermengenausgleichsregelung als Schadensersatz[1084)] oder als Vertragsstrafe[1085)] einordnet, ist das Leitbild des Verschuldens zu beachten.[1086)] Dies muss erst Recht in der Situation der Kumulation von Sanktionen gelten. 2.859

1079) BGH, Urt. v. 3.7.1996 – VIII ZR 92/95, NJW-RR 1996, 1394 (Zuschuss- und Getränkelieferungsvertrag).

1080) OLG Frankfurt/M., Urt. v. 13.11.2007 – 11 U 24/07, BeckRS 2007, 19024. Ähnlich LG Frankfurt/M., Beschl. v. 28.3.2003 – 2/1 S 313/02.

1081) OLG Düsseldorf, Urt. v. 28.5.2004 – 15 U 193/03 – sowie – 15 W 103/03 (Vertrag Brauerei-Getränkefachgroßhändler).

1082) OLG Frankfurt/M., Urt. v. 30.11.2000 – 16 U 230/99, BGH, VIII ZR 5/01, Revisionsrücknahme nach Nichtannahmebeschluss, der ausnahmsweise begründet worden ist; OLG Karlsruhe, Urt. v. 18.10.2001 – 19 U 97/01, BeckRS 2001, 30212399; OLG Düsseldorf, Urt. v. 16.1.2004 – I-14 U 156/03, BeckRS 2010, 24896, rkr. durch (Nichtzulassungs-) Beschl. d. BGH v. 19.10.2005 – VIII ZR 53/04; OLG Frankfurt/M., Urt. v. 13.11.2007 – 11 U 24/07, BeckRS 2007, 19024.

1083) BGH, Urt. v. 3.7.1996 – VIII ZR 92/95, NJW-RR 1996, 1394 (Zuschuss- und Getränkelieferungsvertrag); OLG Düsseldorf, Urt. v. 28.5.2004 – 15 U 193/03 – sowie – 15 W 103/03 (Vertrag Brauerei-Getränkefachgroßhändler).

1084) Siehe oben § 19 III 1 jeweils m. w. N.

1085) Siehe oben § 19 IV 1 m. w. N.

1086) OLG Frankfurt/M., Urt. v. 13.11.2007 – 11 U 24/07, BeckRS 2007, 19024.

2.860 Ein Nicht- oder Fremdbezug muss nicht per se schuldhaft sein. Jedenfalls ist für den Tatbestand des Nichtbezuges nicht absehbar, aus welchen Gründen der Getränkebezug unterblieb. Es kann durchaus Fälle geben, in denen der Gastwirt nicht einmal aus Fahrlässigkeit keine Getränke von dem Getränkelieferanten bezieht. Dabei ist es auch nicht Sache des Vertragspartners des Verwenders, derartige Sachverhalte im Vorhinein theoretisch zu konstruieren. Entscheidend ist vielmehr, dass die angesprochene Bestimmung eine Prüfung des Verschuldens nicht voraussetzt und sich eine solche auch nicht im Wege der Auslegung ergibt.[1087)]

4. Tranparenzgebot

2.861 Manche Mindermengenausgleichsregelungen lassen auch nicht klar erkennen, in welchem Verhältnis etwa eine Schadensersatzverpflichtung zu einer Zahlungsverpflichtung wegen Minderbezuges steht. Das Transparenzgebot verlangt insofern, dass der Verwender die Rechte und Pflichten des Vertragspartners möglichst klar und durchschaubar darstellt.[1088)] Unerheblich ist, ob der Getränkelieferant in der Vergangenheit nur nach einer der denkbaren Anspruchsgrundlagen abgerechnet hat. Dem Transparenzgebot entspricht es nämlich nicht, wenn nach dem Wortlaut zwei oder mehrere Klauseln kumulativ anwendbar sind, wenn der Gastwirt kein Bier bezogen hat.[1089)] Kann der Getränkelieferant für den Fall, dass die Mindestabsatzerwartungen unterschritten wurde, sowohl eine Ausgleichszahlung als auch Schadensersatz verlangen und lässt der Wortlaut der Vereinbarung offen, wie die Sanktionen zueinander stehen, ob eine Anrechnung stattfindet und ob ein zwingendes Oder-Verhältnis zwischen den Klauseln besteht, liegt ein Verstoß gegen das Transparenzgebot vor.[1090)]

5. Kumulationsverbot

2.862 a) **Grundsatz.** Insbesondere im Zusammenhang mit der Vertragsstrafe ist anerkannt, dass mehrere Sanktionsmöglichkeiten nicht kumulieren dürfen.[1091)] Im Rahmen der Inhaltskontrolle nach § 307 Abs. 1 Satz 1 BGB ist ggf. das Kumulationsverbot zu beachten. Das Nebeneinander von Klauseln, die Schadensersatz wegen Minderabnahme und pauschalierten Schadensersatz beinhalten, ist wegen unangemessener Benachteiligung unwirksam. Ein Verstoß gegen § 307 Abs. 1 Satz 1 BGB kann dann vorliegen, wenn die Sanktionen für den Fall

1087) OLG Frankfurt/M., Urt. v. 13.11.2007 – 11 U 24/07, BeckRS 2007, 19024.

1088) BGH, Urt. v. 9.5.2001 – IV ZR 121/00, BGHZ 147, 354 = NJW 2001, 2014 = ZIP 2001, 1052.

1089) OLG Frankfurt/M., Urt. v. 13.11.2007 – 11 U 24/07, BeckRS 2007, 19024.

1090) BGH, Urt. v. 23.11.1983 – VIII ZR 333/82, ZIP 1984, 335 = Zeller, III, 266, spricht das Problem nicht an; BGH, Urt. v. 3.7.1996 – VIII ZR 92/95, NJW-RR 1996, 1394 (Zuschuss- und Getränkelieferungsvertrag), konnte offen lassen. Wie hier OLG Frankfurt/M., Urt. v. 13.11.2007 – 11 U 24/07, BeckRS 2007, 19024.

1091) Siehe oben § 19 IV 7 m. w. N.

der Nicht-/Schlechterfüllung des Getränkelieferungsvertrages (Schadensersatz, Vertragsstrafe, Kündigung) so ausgestaltet sind, dass sie zwar nicht tatsächlich, aber theoretisch kumulativ geltend gemacht werden können.[1092)]

Auch wenn die Zielsetzung der Vereinbarung eines **Bonus** bzw. **Malus** bei Über- bzw. Unterschreitung einer bestimmten Abnahmemenge darin besteht, einen Anreiz zum Bezug der Getränke zu schaffen und damit den Gewinn zu sichern, so kommt es gleichwohl beim Zusammentreffen des Malus wegen Minderbezuges mit der Schadensersatzverpflichtung bei Fremdbezug, für die gleichfalls berechtigte Interessen des Getränkelieferanten bejaht werden können, zu einem nicht gerechtfertigten Vorteil des Getränkelieferanten und einem entsprechenden Nachteil des Vertragspartners dadurch, dass der Getränkelieferant sowohl den Ersatz seines Schadens als auch die Zahlung des Malus beanspruchen kann. Der Vertrag müsste daher nach Treu und Glauben einer Anrechnung des Malus auf den zu leistenden Schaden vorsehen. Ist dies nicht der Fall, so ist die Malusregelung unwirksam.[1093)] 2.863

b) Die in einem Abrechnungsschreiben vorgenommene **Beschränkung** auf die Geltendmachung eines Schadensersatzes steht dem Unwirksamkeitsverdikt nicht entgegen. Es entspricht ständiger höchstrichterlicher Rechtsprechung, dass es auf die Handhabung und Auswirkungen der Bestimmung im Einzelfall nicht ankommt. Maßgeblich ist allein, welche Verfahrensmöglichkeiten die unwirksame Bestimmung nach Wortlaut und Sinn erlaubt.[1094)] 2.864

Es kommt also nicht darauf an, dass der Getränkelieferant der Auffassung ist und diese ggf. im Prozess auch vorträgt, dass eine Anrechnung vorzunehmen wäre. Bei der Überprüfung der Klausel spielt nur der Wortlaut eine Rolle, der ggf. für eine Anrechnung nichts hergibt. Selbst wenn das dem Wortlaut nach unklar wäre, ginge dies gem. § 305c Abs. 2 BGB zu Lasten des Getränkelieferanten.[1095)] 2.865

IX. Vorbehalt der Gesamtmengenabrechnung bei Vertragsablauf

1. Inhalt

Einige Ausgleichsregelungen sehen vor, dass während der Vertragslaufzeit angefallene Mindermengen allgemein oder auch nur auf Wunsch des Gastwirts[1096)] vorgetragen werden und eine Verlängerung des Vertrages verlangt werden kann. Nicht selten verzichtet der Getränkelieferant dann jedenfalls faktisch auf 2.866

1092) OLG Karlsruhe, Urt. v. 18.10.2001 – 19 U 97/01, BeckRS 2001, 30212399; OLG Frankfurt/M., Urt. v. 13.11.2007 – 11 U 24/07, BeckRS 2007, 19024; LG Frankfurt/M., Beschl. v. 28.3.2003 – 2/1 S 313/02.

1093) LG Frankfurt/M., Beschl. v. 28.3.2003 – 2/1 S 313/02.

1094) Siehe oben § 6 VI 6 c m. w. N.

1095) AG Frankfurt/M., Urt. v. 23.8.2002 – 301 C 572/02 (98) als Vorinstanz zu LG Frankfurt/M., Beschl. v. 28.3.2003 – 2/1 S 313/02.

1096) OLG Köln, Urt. v. 9.1.2007 – 3 U 158/05, BeckRS 2007, 04453.

die Geltendmachung periodischer Mindermengenausgleichsbeträge und verlangt diese erst bei Vertragsende, häufig für mehrere Jahre rückwirkend, indem er sich auf die neben der jährlich vereinbarten Jahresmindestbezugsmenge auch vereinbarte und mit dieser ggf. nicht zwingend identische Gesamtabnahmemenge stützt.

2. Abgrenzung

2.867 Unbedenklich sind insofern Minderausgleichsregelungen, die sich auf eine (Gesamt-)Menge beziehen ohne Unterlegung durch periodisch (jährliche) Mindestabnahmeverpflichtungen.[1097]

3. Abrechnung

2.868 a) **Einführung.** Grundsätzlich begründet das Periodenende die Verpflichtung des Getränkelieferanten, etwaige Fehlmengen zeitnah zu ermitteln und abzurechnen.[1098] In diesem Zusammenhang finden sich gelegentlich Klauseln, nach denen die Abrechnung des Mindermengenausgleichs nicht nur bei Mengenverträgen, sondern auch bei Verträgen mit Kalender-/Vertragsjahresbezug die Abrechnung erst mit Ende des Vertrages erfolgen kann. Teilweise sind entsprechende Regelungen an verschiedenen Stellen und damit wiederholt zu finden. Die Abrechnung kann danach jedenfalls als Option für den Getränkelieferanten bis an das Vertragende hinausgeschoben werden. Soweit es sich nicht um reine (Gesamt-)Mengenverträge handelt, können sich rechtliche Bedenken erheben.[1099]

2.869 b) **Auslegung.** Beim Zusammentreffen von vereinbarter Jahresmindestbezugsmenge (konkret mindestens 360 hl Fassbier) und vertraglicher Gesamtmindestabnahmemenge (konkret 3.600 hl auf zehn Jahre verteilt in gleichgroßen Teilmengen von jeweils 360 hl) entsteht gelegentlich Streit über die Berechtigung zur Minderbezugsabrechnung, wenn diese vor Ablauf des Vertrages vorgenommen wird. Hierzu lassen sich der Rechtsprechung folgende Grundsätze entnehmen:[1100] Da die vertraglich vereinbarte Ausgleichsregelung auch die Erfüllung der Getränkebezugsverpflichtung sicherstellen sollte, kann unbedenklich davon ausgegangen werden, dass etwaige Mindermengen nicht erst bei Beendigung des Vertrages frühestens nach zehn Jahren, sondern auf der Grundlage der Jahresmindestbezugsmenge nach Maßgabe der vertraglichen Regelung alljährlich ermittelt und nach Ablauf eines jeden Jahres jeweils neu abgerechnet werden sollten. Der Umstand, dass sowohl die jährliche Mindestabnahmeverpflichtung als auch die Ausgleichsregelung in derselben Vorschrift des Vertrages

1097) *Nöller*, Brauwelt 2011, 1186.

1098) OLG Köln, Urt. v. 6.9.2000 – 17 U 46/99, BeckRS 2012, 09081.

1099) OLG Köln, Urt. v. 6.9.2000 – 17 U 46/99, BeckRS 2012, 09081.

1100) OLG Köln, Urt. v. 6.9.2000 – 17 U 46/99, BeckRS 2012, 09081.

niedergelegt sind, rechtfertigt ohne weiteres die Annahme, dass die Berechnung des Ausgleiches auf den alljährlich auf der Grundlage der jährlichen Mindestabnahmemengen zu ermittelnden und ermittelten Mindermengenbezug abzustellen ist. Zwar geht bei der Auslegung von Verträgen ein übereinstimmender Wille der Parteien dem Wortlaut des Vertrages und jeder anderen Interpretation vor und setzt sich auch gegenüber einem völlig eindeutigen Vertragswortlaut durch. Insofern ist aber der in Anspruch Genommene darlegungs- und beweispflichtig, dass eine etwaige Gesamtfehlmenge erst nach Beendigung des Vertrages zu ermitteln und abzurechnen ist. Soweit ein entsprechender Sachvortrag überhaupt substantiiert erfolgt, ist bei der Beweiswürdigung von Zeugenaussagen ggf. zu beachten, ob der Zeuge etwa im Streit bei dem Getränkelieferanten ausgeschieden ist, dieser auch mit dem Getränkelieferanten hierüber einen Rechtsstreit geführt hat, sich von jenem ungerecht behandelt fühlt und anhaltend verärgert über die Umstände des Ausscheidens aus dem Unternehmen ist. Zweifel an der Glaubwürdigkeit des Zeugen können auch dann angebracht sein, wenn er nach seiner Ladung mit dem in Anspruch Genommenen telefoniert und mit diesem über seine Aussage gesprochen hat. Dann kann der Zeugenaussage nur ein geringer Beweiswert beigemessen werden, so dass die Beweiskraft der Vertragsurkunde, nämlich die durch §§ 440 Abs. 2, 292 ZPO begründete Vermutung der Verbindlichkeit des Vertragstextes, dadurch nicht nachhaltig erschüttert wird.

4. Einbeziehung

Es könnte bereits an einer wirksamen Einbeziehung fehlen. Zu denken ist an die Einbeziehungshürde der überraschenden Klausel nach **§ 305c Abs. 1 BGB**, im Übrigen an die Unklarheitenregelung des **§ 305c Abs. 2 BGB**. **2.870**

5. Hinausschieben der Fälligkeit

Ausgleichsansprüche wegen jährlich vereinbarten Mindestbezuges werden mit Ablauf eines jeden Jahres fällig (§ 271 Abs. 1 BGB).[1101] Zwar könnte man insofern an die Möglichkeit der Leistungsbestimmung und damit des Hinausschiebens des Zeitpunkts für die Leistung nach § 271 Abs. 1 Fall 1 BGB denken. Klauseln, die aber unbestimmt oder unangemessen lange Leistungsfristen vorsehen, sind gegenüber Verbrauchern gem. § 308 Nr. 1 BGB unwirksam.[1102] **2.871**

Aber auch gegenüber Unternehmern müssen sich gem. §§ 310 Abs. 1, 307 Abs. 1 Satz 1 BGB Klauseln im Rahmen des Angemessenen halten.[1103] Dies dürfte jedenfalls deshalb zweifelhaft sein, weil einerseits Bezugspunkt ein Zeitraum ist, der beispielsweise bei einem Zehnjahresvertrag einem Zehntel der Gesamtlaufzeit entspricht, die Klausel aber andererseits dem Getränkelieferanten **2.872**

1101) OLG Köln, Urt. v. 6.9.2000 – 17 U 46/99, BeckRS 2012, 09081.

1102) Palandt-*Grüneberg*, BGB, § 271 Rz. 4.

1103) Palandt-*Grüneberg*, BGB, § 308 Rz. 10.

die Option eröffnet, den Ausgleichsbetrag insgesamt erst zum Vertragsende nach zehn Jahren abzurechnen. Der in der Abrechnung des jährlichen Minderbezuges liegende Appell an den Gastwirt, sich vertragskonform zu verhalten, verhallt daher ggf. ungehört. Dieser läuft Gefahr, sich am Ende der vertraglich vereinbarten Zeit der Zusammenarbeit einem hohen, weil kumulierten Ausgleichsanspruch des Getränkelieferanten für die Gesamtlaufzeit ausgesetzt zu sehen. Dies erscheint nicht interessengerecht und ist zudem unangemessen.[1104)]

6. Gesetzliches Leitbild

2.873 a) **Vorbehalt.** Soweit es sich bei der Malusklausel um eine Vertragsstrafe handeln sollte,[1105)] dürfte § 341 Abs. 3 BGB zu beachten sein. Eine Klausel, die in Abweichung von § 341 Abs. 3 BGB auf das Erfordernis des Vorbehalts der Vertragsstrafe völlig verzichtet, hält der Inhaltskontrolle nicht stand.[1106)] Da die Rechtsprechung § 341 Abs. 3 BGB hinsichtlich des Zeitpunktes allerdings nur als Zweckmäßigkeitsvorschrift ansieht,[1107)] ist eine Regelung in AGB, die den Vorbehalt auch noch nach der Erfüllungsannahme bis zur Schlusszahlung zulässt, wirksam.[1108)]

2.874 b) **Verjährung.** Jedenfalls seit der Schuldrechtsreform gehört das gesetzliche Verjährungsrecht mit der Regelverjährung von drei Jahren zum gesetzlichen Wertungsmodell.[1109)] Gibt die Mindermengenausgleichsregelung dem Getränkelieferanten die Option, nach seiner Wahl die Ausgleichszahlung entweder jährlich oder bei Beendigung des Vertrages in Rechnung zu stellen, so wird dem Gebundenen im Ergebnis die Möglichkeit genommen, gegenüber einzelnen Abrechnungen den Verjährungseinwand mit Erfolg zu erheben. Dies dürfte im Hinblick auf § 307 Abs. 2 Nr. 1 BGB unzulässig sein. Die Klausel ermöglicht es dem Getränkelieferanten, noch viele Jahre nach Ende der jeweiligen Abrechnungsperiode längst abgelaufene Abrechnungszeiträume in Ansatz zu bringen.

7. Transparenzgebot

2.875 Wird die Art und Weise der Anpassung der vertraglichen Leistungen während der Gesamtlaufzeit offengelassen oder unklar geregelt, so liegt ein Verstoß gegen das Transparenzgebot vor.[1110)]

1104) Palandt-*Grüneberg*, BGB, § 308 Rz. 10.

1105) Siehe oben § 19 IV 1 jeweils m. w. N.

1106) BGH, Urt. 18.11.1982 – VII ZR 305/81, BGHZ 85, 305 = NJW 1983, 385.

1107) BGH, Urt. v. 12.10.1978 – VII ZR 139/75, BGHZ 72, 222 = NJW 1979, 212.

1108) BGH, Urt. v. 12.10.1978 – VII ZR 139/75, BGHZ 72, 222 = NJW 1979, 212; BGH, Urt. 18.11.1982 – VII ZR 305/81, BGHZ 85, 305 = NJW 1983, 385.

1109) Palandt-*Grüneberg*, BGB, § 307 Rz. 29.

1110) A. A. *Nöller*, Brauwelt 2011, 1186.

8. Malus-Bonus-Verrechnung

Eine Verpflichtung zum Ausgleich über längere Zeiträume besteht nur bei einem **(Gesamt-)Mengenvertrag.** Sieht der Getränkelieferungsvertrag nicht ausdrücklich etwas anderes vor, so besteht kein Anspruch des Gebundenen, dass in einem Jahr angefallene Malusbeträge mit eventuellen, zumal potentiellen Bonusbeträgen aus dem Folgejahr verrechnet werden. Auch aus §§ 138 Abs. 1, 307 Abs. 1 Satz 1 BGB ergibt sich nichts anderes. Dies ist eine zwingende Folge des Umstandes der Wahl der jeweiligen Abrechnungsperiode. Im Übrigen begründet eine unternehmerische Fehlentscheidung des Gastwirts weder eine Unwirksamkeit des Vertrages noch ein Recht zu dessen Kündigung. Etwas anderes gilt nur dann, wenn die Nichterreichbarkeit der Abnahmemenge für den Getränkelieferanten bei Vertragsabschluss offensichtlich gewesen sein sollte. Hierfür ist der Gastwirt darlegungs- und beweispflichtig.[1111] 2.876

Im Übrigen steht auch bei periodischen Mindestbezugsmengen, insbesondere jährlichen Mindestbezugsmengen, der Anfall eines Bonus unter der Voraussetzung, dass die Gesamthektoliterbelastung des Getränkelieferanten zum Wegfall gekommen ist. Dies setzt naturgemäß das Erreichen der Gesamtmindestabnahmemenge voraus, die sich ggf. aus einer Multiplikation der vereinbarten Jahresmindestbezugsmenge mit der Laufzeit ergibt. 2.877

9. Verlängerung

a) Läuft die Klausel im Ergebnis auf eine Verlängerung der die zulässigen Laufzeitgrenzen ausschöpfenden Dauer des Getränkelieferungsvertrages hinaus, so dürfte auch dies im Rahmen der Folgenbetrachtung zu würdigen sein. Auch bei einer solchen Vertragsgestaltung endet die Bezugsbindung mit Zeitablauf, ohne dass es darauf ankommt, ob die Menge abgenommen ist.[1112] 2.878

b) Das **Kumulationsverbot** dürfte jedenfalls dann verletzt sein, wenn aufgrund der Mindermengenausgleichsregelung in Verbindung mit anderen Regelungen des Vertrages eine Verpflichtung des Gastwirts sowohl zur Zahlung des **Mindermengenausgleichs** als auch zur Abnahme der in Rede stehenden Menge **(Erfüllung)** anzunehmen ist.[1113] 2.879

Zweifel gehen insofern gem. § 305c Abs. 2 BGB zu Lasten des Getränkelieferanten. Im Übrigen wäre auch das Transparenzgebot des § 307 Abs. 1 Satz 2 BGB verletzt.[1114] 2.880

1111) OLG Zweibrücken, Urt. v. 6.7.2009 – 7 U 180/08. Insofern zutreffend *Nöller*, Brauwelt 2011, 1184.

1112) Siehe oben § 11 II 3 und 4; OLG Düsseldorf, Urt. v. 8.11.1999 – 1 U 42/99; LG Köln, Urt. v. 4.2.1993 – 22 O. 369/91, NJW-RR 1994, 242.

1113) LG Frankfurt/M., Beschl. v. 28.3.2003 – 2/1 S 313/02; zu einer Vertragsstrafenklausel mit einer Mindestabnahmeverpflichtung von 1.000 hl.

1114) OLG Nürnberg, Urt. v. 25.2.1992 – 11 U 2744/91, BeckRS 1992, 31335912.

2.881 Unangemessen ist beispielsweise eine Kumulation von Sanktionen bei Unterschreitung der jährlichen Mindestabnahmemenge, konkret einer **Ausfallentschädigung** in Höhe von **15,00 €/hl** je nicht abgenommenen hl, das Recht zur **Teilkündigung** des Darlehens sowie eine **Verlängerung der Abnahmeverpflichtung** bis zum Erreichen der Gesamtmindestabnahmemenge.[1115)]

X. Nachverzinsung

1. Situation

2.882 Gelegentlich sehen Getränkelieferungsverträge für den Fall der Nichteinhaltung der vertraglich vereinbarten (Jahres-/Gesamt-)Mindestabnahmemenge die Möglichkeit einer Nachverzinsung vor.[1116)] Praktisch wird diese Frage insbesondere bei Abschreibungs- und Zuschussfinanzierungen.

2. Einbeziehung

2.883 Wird in einem Getränkelieferungsvertrag die Finanzierung ggf. auch wiederholt als „zinslos" bezeichnet und eröffnet der Vertrag gleichwohl die Möglichkeit, die (interne) Zinsbelastung zu berechnen, so ergibt bereits die Auslegung (§§ 133, 157; § 305c Abs. 1 BGB), dass es an einer wirksamen Einbeziehung fehlt. Im Übrigen ist die Wirksamkeitshürde des Transparenzgebots des § 307 Abs. 1 Satz 2 BGB zu beachten.

3. Inhaltskontrolle

2.884 a) **Rechtsprechung.** Wirksamkeitsbedenken äußerte das OLG Koblenz zu Recht in einem Fall, in dem der Gastwirt im Falle einer zu geringen Bierabnahme Zinsen nicht nur auf den – mangels ausreichender Abnahme – nicht ordnungsgemäß getilgten (abgeschriebenen) Darlehensteil, sondern auch auf den Darlehenssaldo insgesamt und damit rückwirkend zu zahlen hatte.[1117)] Das OLG München ließ es dahingestellt bleiben, ob die bei Unterschreitung des vorausgesetzten Bezugs eintretenden vertraglichen Folgen (Verzinsung des Darlehens, pauschalierter Schadensersatz) bereits zu einem auffälligen Missverhältnis zwischen Leistung und Gegenleistung (§ 138 Abs. 1 BGB) führen können.[1118)] Tritt eine Verzinsungspflicht für einen Investitionskostenzuschuss erst dann ein, wenn bei Vertragsende bzw. vorzeitigem Vertragsende dieser

---

1115) OLG Düsseldorf, Urt. v. 28.5.2004 – 15 U 193/03 – sowie – 15 W 103/03 (Vertrag Brauerei-Getränkefachgroßhändler).

1116) OLG München, Urt. v. 31.1.1995 – 25 U 3600/94, BeckRS 1995, 04936; OLG Hamm, Urt. v. 10.5.2012 – I-22 U 203/11 (Vertrag Brauerei-Getränkefachgroßhändler).

1117) OLG Koblenz, Urt. v. 21.2.2002 – 5 U 677/01, NJOZ 2002, 837.

1118) OLG München, Urt. v. 31.1.1995 – 25 U 3600/94, BeckRS 1995, 04936. Dort auch zur Frage einer eventuellen Verjährung oder Verwirkung.

nicht vollständig abgeschrieben sein sollte, so bestehen keine Wirksamkeitsbedenken im Hinblick auf das Transparenzgebot (§ 307 Abs. 1 Satz 2 BGB).[1119]

b) Stellungnahme. Grundsätzlich können gegenüber Ansprüchen auf Nachverzinsung keine durchgreifenden Wirksamkeitseinwände erhoben werden. Wird ein Abschreibungsdarlehen oder ein Zuschuss innerhalb der Vertragslaufzeit durch Getränkebezug nicht vereinbarungsgemäß getilgt, so erscheint es interessengerecht, auf den nicht zurückgeführten Darlehensteil bzw. den nicht abgeschriebenen Zuschuss ab Auszahlung Zinsen berechnen zu können. Allerdings ist im Einzelfall zu prüfen, ob die Nachverzinsungsklausel das geltende Verjährungsregime berücksichtigt. Ggf. dürften sich über § 307 Abs. 2 Nr. 1 BGB dieselben verjährungsrechtlichen Einwände erheben, die gegen den Vorbehalt der Gesamtfehlmengenabrechnung vorgetragen werden können. Dies jedenfalls dann, wenn die Regelung es ermöglicht, nicht abgerechnete und damit auch verjährungseinredebehaftete Teilperioden am Vertragsende kumulativ abzurechnen (§ 307 Abs. 1 Satz 1 BGB).[1120] Ist die Klausel dagegen eindeutig – sonst könnte § 307 Abs. 1 Satz 2 BGB eingreifen – so zu verstehen, dass sich die Nachverzinsung nur auf die letzten drei Jahre bezieht, hält sie einer Inhaltskontrolle stand. Eine entsprechende Abrechungspraxis ist wie stets nicht ausreichend. 2.885

§ 20 Sonstige Klauseln

Getränkelieferungsverträge enthalten zumeist eine Reihe allgemeiner Bestimmungen. Diese finden sich entweder im Getränkelieferungsvertrag selbst, zumeist am Ende (sogenannte Schlussbestimmungen) oder in eigenständigen AGB, die durch Inbezugnahme Vertragsbestandteil werden. Diesen Regelungen ist gemeinsam, dass sie der Vereinfachung der Vertragsabwicklung dienen und eine schnelle Durchsetzung vertraglicher Ansprüche fördern. Der Getränkelieferant kann mit ihrer Hilfe berechtigte Ansprüche, gleich welcher Art, erleichtert gerichtlich durchsetzen. 2.886

I. Stellung der Vertragspartner

1. Inhalt

In Getränkelieferungsverträgen wird zumeist ausdrücklich noch einmal klargestellt, dass bei mehreren Vertragspartnern auf Kundenseite eine Teilschuld nicht gewollt ist. Der Vertrag erhält sowohl den Hinweis auf die gesamtschuldnerische Haftung i. S. d. § 421 BGB als auch auf eine Gesamtgläubigerstellung i. S. d. § 428 BGB. 2.887

1119) OLG Hamm, Urt. v. 10.5.2012 – I-22 U 203/11 (Vertrag Brauerei-Getränkefachgroßhändler).

1120) Siehe oben § 19 IX 6 b m. w. N.

2. Wirksamkeit

2.888 Wirksamkeitsbedenken bestehen insofern nicht.

II. Nachsicht

1. Inhalt

2.889 Geringfügige Vertragsverstöße gegen die vereinbarte Jahresmindestabnahmemenge oder gegen die Ausschließlichkeitsbindung ziehen häufig nicht sofort die an sich möglichen Sanktionspotentiale nach dem Vertrag bzw. dem Gesetz nach sich. Vielmehr wird zunächst die weitere Entwicklung der Zusammenarbeit abgewartet. Mit einer Nachsichtsklausel wird dem Kunden der Einwand genommen, der Getränkelieferant hätte seine Rechte früher geltend machen müssen.

2. Wirksamkeit

2.890 Wirksamkeitsbedenken bestehen nicht.

III. Schriftform

1. Zweck

2.891 Alle Schriftformklauseln haben zunächst den Zweck, die Beachtlichkeit „formlosen" Verhaltens herabzustufen. Sie wollen den Inhalt der AGB „schützen", allerdings nicht einen bestimmten anderen Inhalt an die Stelle des Individualverhaltens setzen.

2. Fallgruppen

2.892 **a) Einfache Schriftformklauseln. aa) Begriff.** Hier handelt es sich um Regelungen, die nur schriftlich abgefasste und zugegangene Erklärungen als wirksam anerkennen wollen. Mündliche (Zusatz-)Abreden sollen unwirksam sein. Einfache Schriftformklauseln liegen immer dann vor, wenn eine Klausel für Erklärungen oder Abreden der Parteien die Einhaltung der Schriftform vorschreibt.[1121)]

2.893 **bb) Beispiele** sind Klauseln wie „Ergänzende/modifizierende Abreden setzen die Einhaltung der Schriftform voraus.", „Vereinbarungen oder Änderungen sind nur in schriftlicher Form gültig."[1122)], „Mündliche Abreden bedürfen zu ihrer Wirksamkeit der Schriftform.", „Unsere Außendienstmitarbeiter sind nicht berechtigt, von diesem Formular abweichende Zusagen zu machen" oder „Alle Vereinbarungen sind schriftlich zu treffen."

1121) BGH, Urt. v. 26.11.1984 – VIII ZR 214/83, NJW 1985, 623 = ZIP 1985, 161 = Zeller III, 309; BGH, Urt. v. 27.9.2000 – VIII ZR 155/99, NJW 2001, 292.

1122) BGH, Urt. v. 27.9.2000 – VIII ZR 155/99, NJW 2001, 292; BGH, Urt. v. 27.2.2007 – XI ZR 195/05, BGHZ 171, 180 = NJW 2007, 2106 = ZIP 2007, 619.

b) Qualifizierte Schriftformklauseln. aa) Begriff. Eine qualifizierte = doppelte Schriftformklausel schreibt nicht nur für Vertragsänderungen der Schriftform vor, sondern unterstellt auch Änderungen der Schriftformklausel ihrerseits der Schriftform. 2.894

bb) Beispiele. „Änderungen der Schriftformklausel bedürfen der Schriftform." 2.895

c) Vollständigkeitsklauseln. aa) Begriff. Vollständigkeitsklauseln sollen eine Bestätigung für die negative Tatsache liefern, dass die Parteien keine weiteren, aus der Vertragsurkunde nicht ersichtlichen schriftlichen oder mündlichen Abreden getroffen haben. Die Vollständigkeitsklausel gilt für alle Nebenabreden vor und bei Vertragsschluss und für nachträgliche Änderungen.[1123] 2.896

bb) Beispiele. „Mündliche Nebenabreden bestehen nicht",[1124] „Mündliche Nebenabreden sind nicht getroffen.", „Weitere Vereinbarungen sind nicht getroffen.", „Außerhalb dieses Vertrages sind keine mündlichen Abreden getroffen." 2.897

d) Bestätigungsklauseln. aa) Begriff. Sie ergänzen die einfache Schriftformklausel und machen die Wirksamkeit von (späteren) Vereinbarungen außerhalb der Vertragsurkunde konstitutiv von einer schriftlichen Bestätigung (durch den Verwender) abhängig.[1125] 2.898

bb) Beispiele. „Mündliche Abmachungen haben ohne schriftliche Bestätigung keine Gültigkeit.", „Mündliche Zusagen oder den Vertragstext modifizierende bzw. ergänzende Abreden sind abhängig von einer schriftlichen Bestätigung seitens des Verwenders.", „Mündliche Zusagen sind abhängig von einer schriftlichen Bestätigung.", „In diesem Vertrag sind alle Vereinbarungen der Parteien vollständig niedergelegt. Nebenabreden sind nicht getroffen. Änderungen oder Ergänzungen dieses Vertrages sollen nur gültig sein, wenn sie in gleicher Weise wie dieser Vertrag schriftlich zustande kommen." 2.899

e) Vollmachtsbeschränkungsklauseln. Die Vertretungsmacht eines für den Verwender tätigen Dritten (Mitarbeiter) soll dahin eingeschränkt werden, dass dieser zu mündlichen Nebenabreden nicht in der Lage sei ggf. mit dem Zusatz, dass ohne Einhaltung der Form oder überhaupt den Vertragstext modifizierende Zusätze der Bestätigung durch den Geschäftsherrn bedürfen. Beabsichtigt ist sonach eine Einschränkung der Erklärungsvertretungsmacht. 2.900

f) Klauseln über die Form von Anzeigen und Erklärungen aa) Begriff. Hiernach verpflichtet der AGB-Verwender seinen Kunden, bestimmte Erklärungen im Zusammenhang mit der Abwicklung des Vertrages in Schriftform abzugeben. Das Schriftformerfordernis wird auf einseitige Erklärungen des Kunden wie Rücktritt, Kündigung, Minderung, Mahnung, Fristsetzung, Mängelanzeigen, 2.901

1123) BGH, Urt. v. 26.11.1984 – VIII ZR 214/83, NJW 1985, 623 = ZIP 1985, 161 = Zeller III, 309.

1124) BGH, Urt. v. 14.10.1999 – III ZR 203/98, NJW 2000, 2007.

1125) OLG Rostock, Beschl. v. 19.5.2009 – 3 U 16/09, NJW 2009, 3376.

Abtretungsanzeigen, Abruf oder sonstige Mitteilungen erstreckt. Erfasst werden Anzeigen oder Erklärungen des AGB-Kunden jeder Art im Rahmen der Abwicklung, Durchführung oder Beendigung des Vertragsverhältnisses unabhängig davon, ob die Äußerungen rechtsgeschäftlicher, geschäftsähnlicher oder tatsächlicher Art oder für die Rechtsentstehung, Rechtsausübung oder sonstige Rechtswahrnehmung von Bedeutung sind. Solche Klauseln stellen eine strengere Form als die Schriftform für Anzeigen und Erklärungen des Kunden in Abweichung von §§ 127, 126 BGB oder besondere Zugangserfordernisse in Abweichung von §§ 130, 131 BGB auf.[1126)]

bb) Beispiele. „Eine Kündigung hat schriftlich zu erfolgen."

3. Auslegung

2.902 a) **Grundsatz.** Die Parteien können aufgrund der Vertragsfreiheit bestimmen, dass ein gesetzlich nicht formbedürftiges Rechtsgeschäft in einer bestimmten Form abgeschlossen werden soll. Sie können dabei an die gesetzlich vorgeschriebenen fünf Formen anknüpfen. Jedoch ist es ihnen unbenommen, andere Formen als Wirksamkeitsvoraussetzungen zu bestimmen, z. B. eingeschriebener Brief.

2.903 b) **Alternativen.** Falls eine Formvereinbarung vorliegt, muss festgestellt werden, ob diese Form Wirksamkeitsvoraussetzung sein **(konstitutiv)** oder lediglich der Beweiserleichterung oder der Klarstellung dienen soll **(dekalaratorisch)**; denn gem. § 125 Satz 2 BGB hat der rechtsgeschäftlich bedingte Formmangel nur im Zweifel die Nichtigkeit des gesamten Vertrages zur Folge, wie auch § 127 Satz 1 BGB zeigt.

2.904 Eine deklaratorische Schriftform liegt dann vor, wenn die Parteien die Schriftform deswegen gewählt haben, um damit **Beweiszwecken** zu dienen.[1127)] Trifft dies zu, dann spielt die Nichteinhaltung der Form keine entscheidende Rolle, weil dann beide Parteien einen Anspruch darauf haben, dass die fehlende Form nachgeholt wird.[1128)] Dies ist vor allem dann anzunehmen, wenn die Parteien den Vertrag einvernehmlich – trotz der fehlenden Schriftform – in Vollzug gesetzt haben.[1129)] **Beispiel:** Mit einem Übergabe-Einschreiben (früher Einschreiben mit Rückschein) wollen die Parteien in der Regel nur den sicheren Zugang der Erklärung beim Empfänger und den Nachweis des Zugangs erreichen. Des-

1126) Palandt-*Grüneberg*, BGB, § 309 Rz. 112.

1127) BGH, Urt. v. 8.10.2008 – XII ZR 66/06, NJW 2009, 433.

1128) BGH, Urt. v. 18.3.1964 – VIII ZR 281/62, NJW 1964, 1269.

1129) BGH, Urt. v. 27.1.1997 – II ZR 213/95, NJW-RR 1997, 669; BGH, Urt. v. 8.10.2008 – XII ZR 66/06, NJW 2009, 433.

halb hat die Form nur Beweisfunktion und beeinträchtigt die Wirksamkeit einer in anderer Weise zugegangenen Erklärung nicht.[1130)]

c) Im Zweifel. Führt die Auslegung der Formvereinbarung zu keinem abschließenden Ergebnis, ob es sich um eine konstitutive oder deklaratorische Form handelt, so ist gem. § 125 Satz 2 BGB davon auszugehen, dass die vereinbarte Form Wirksamkeitsvoraussetzung für das gesamte Rechtsgeschäft ist.[1131)] Ebenso ist bei vereinbarter Beurkundung der Vertrag im Zweifel nicht geschlossen, bis die Beurkundung erfolgt ist (§ 154 Abs. 2 BGB). 2.905

4. Einbeziehung

a) § 305b BGB. aa) Unternehmerverkehr. Das Vorrangprinzip des § 305b BGB gilt uneingeschränkt auch für den Geschäftsverkehr zwischen Unternehmern.[1132)] 2.906

bb) Grundsatz. Selbst wenn ein Vertrag eine wirksame Schriftformklausel enthält, setzen sich individuelle Vertragsabreden nach dem Vorrangprinzip des § 305b BGB durch. Von den Vertragsparteien können damit Schriftformklauseln aufgehoben werden, indem sie abweichende Abreden mündlich treffen. Deshalb stehen Schriftformklauseln jedweder Art der Wirksamkeit einer formlosen Abmachung gegenüber dem Vertragspartner und dem Verwender oder seinem Vertreter grundsätzlich nicht entgegen.[1133)] 2.907

cc) Konsequenzen. Die Parteien können jederzeit die **Formvereinbarung aufheben.** Dies kann **auch stillschweigend** geschehen, z. B. dadurch, dass sie einen Vertrag schließen, der der vereinbarten Form nicht genügt. Die übereinstimmend gewollte mündliche Vereinbarung macht das Formgebot hinfällig. Haben die Parteien im Rahmen von AGB eine Schriftform von Nebenabreden vereinbart, so ist eine von ihnen getroffene Individualabrede also ohne diese Form trotzdem wirksam. Durch die Abrede wird gleichzeitig die Schriftformklausel stillschweigend abbedungen.[1134)] 2.908

b) § 305c Abs. 1 BGB. In ihrer allgemeinen Verbreitung sind Schriftformklauseln in der Regel nicht als überraschende Klausel nach § 305c Abs. 1 BGB unwirksam. 2.909

1130) BGH, Urt. v. 22.4.1996 – II ZR 65/95, NJW-RR 1996, 866; BGH, Urt. v. 12.1.2004 – XII ZR 214/00, NJW 2004, 1320.

1131) Palandt-*Ellenberger*, BGB, § 125 Rz. 17.

1132) BGH, Urt. v. 22.1.1990 – II ZR 15/89, NJW 1991, 641; BGH, Urt. v. 15.2.2007 – I ZR 40/04, NJW 2007, 2036.

1133) BGH, Urt. v. 15.5.1991 – VIII ZR 38/90, NJW 1991, 1750; BGH, Urt. v. 12.12.2001 – XII ZR 351/99, NJOZ 2002, 833; BGH, Urt. v. 21.9.2005 – XII ZR 312/02, NJW 2006, 138; BGH, Urt. v. 8.10.2008 – XII ZR 66/06, NJW 2009, 433.

1134) BGH, Urt. v. 15.5.1991 – VIII ZR 38/90, NJW 1991, 1750; BGH, Urt. v. 12.12.2001 – VIII ZR 351/99, BeckRS 2001, 30226437; BGH, Urt. v. 21.9.2005 – XII ZR 312/02, BGHZ 164, 133 = NJW 2006, 138; BGH, Urt. v. 8.10.2008 – XII ZR 66/09, NJW 2009, 433.

5. Inhaltskontrolle – Grundlagen

2.910 **a) Kontrollfähigkeit.** Ergibt sich die Notwendigkeit der Schriftform bereits aus gesetzlichen Vorschriften wie § 550 BGB, so haben Schriftformklauseln nur klarstellende Natur. Der BGH ließ offen, ob eine AGB-Schriftformklausel, die lediglich das Formgebot des § 550 BGB bzw. des § 34 GWB a. F. wiederholte, nach § 307 Abs. 3 Satz 1 BGB der Inhaltskontrolle entzogen war.[1135)]

2.911 **b) Transparenzgebot.** Diese Irreführung des Vertragspartners benachteiligt ihn unangemessen i. S. v. § 307 Abs. 1 Satz 2 BGB, weil sie intransparent ist. Der Klauselgegner wird davon abgehalten, sich auf die Rechte zu berufen, die ihm aufgrund einer wirksamen mündlichen Vereinbarung zustehen.[1136)]

6. Einfache Schriftformklauseln

2.912 **a) Einbeziehung.** Hat der Verwender mündlich einen Vertrag abgeschlossen oder mündliche Erklärungen gegenüber dem Vertragspartner abgegeben, so ist diese Individualabrede allein wirksam. Sind abweichende Regelungen in den AGB enthalten, so sind diese gem. **§ 305b BGB** unwirksam.[1137)]

2.913 Voraussetzung des Vorrangs individueller Vertragsabreden ist nur, dass die Individualvereinbarung ihrerseits wirksam ist. Ist gesetzlich eine Form vorgeschrieben, so hat die den Vertrag modifizierende Individualabrede diese einzuhalten.[1138)]

2.914 **b) § 307 Abs. 1 Satz 1 BGB.** Schriftformklauseln, die lediglich der Beweissicherung dienen sollen, sind grundsätzlich wirksam.[1139)]

7. Qualifizierte = doppelte Schriftformklauseln

2.915 **a) Einbeziehung.** Qualifizierte Schriftformklauseln sind im Hinblick auf **§ 305b BGB** nicht geeignet, abweichenden Individualabreden des Verwenders selbst oder seiner über unbeschränkte Vertretungsmacht verfügenden Repräsentanten die Wirksamkeit zu nehmen. Kategorisch stellt der BGH fest, dass eine – nachzuweisende – mündliche Abrede Vorrang genießt. Auch der Zweck einer Schriftformklausel führt nicht dazu, dass die mündlich vereinbarte Änderung keinen Vorrang vor kollidierenden AGB's entfaltet. Dabei kommt es im Rahmen einer mündlichen Vereinbarung nicht darauf an, ob den Parteien die Kollision mit

---

1135) Einerseits BGH, Urt. v. 21.9.2005 – XII ZR 312/02, NJW 2006, 138, andererseits BGH, Urt. v. 26.11.1984 – VIII ZR 214/83, NJW 1985, 623 = ZIP 1985, 161 = Zeller III, 309.

1136) BAG, Urt. v. 20.5.2008 – 9 AZR 382/07, NJW 2009, 316; OLG Rostock, Beschl. v. 19.5.2009 – 3 U 16/09, NJW 2009, 3376.

1137) BGH, Urt. v. 20.10.1994 – III ZR 76/94, NJW-RR 1995, 179; BGH, Urt. v. 21.9.2005 – XII ZR 312/02, NJW 2006, 138.

1138) Bamberger/Roth-*Schmidt*, BGB, § 305b Rz. 18.

1139) MünchKomm-*Basedow*, BGB, § 305b Rz. 12.

den AGB bewusst war, und auch nicht darauf, ob von der Schriftformklausel bewusst abgewichen werden sollte. Allein die Existenz einer mündlichen Abrede reicht im Rahmen des § 305b BGB aus.[1140)]

b) Die Klausel verstößt gegen das gesetzliche Leitbild des Vorrangs der Individualabrede (**§§ 307 Abs. 2 Nr. 1, 305b BGB**) mit der Folge der Unwirksamkeit.[1141)] 2.916

c) Die Unwirksamkeit folgt auch aus **§ 307 Abs. 1 Satz 1 BGB.**[1142)] 2.917

8. Vollständigkeitsklauseln

a) **§ 309 Nr. 12 Satz 1 b BGB. aa) Unternehmerverkehr.** Die Vorschrift gilt gem. §§ 310 Abs. 1, 307 Abs. 2 Nr. 1 BGB auch im Unternehmerverkehr.[1143)] 2.918

bb) Tatbestand. Zwar handelt es sich bei der Klausel um eine Tatsachenbestätigung i. S. d. § 309 Nr. 12 Satz 1 b BGB. Von der angeordneten Unwirksamkeitsfolge werden aber solche Tatsachenbestätigungen nicht erfasst, die nur die ohnehin bestehende Beweislastverteilung wiederholen. Die Bestimmung, dass mündliche Nebenabreden nicht bestehen, gibt lediglich die ohnehin eingreifende **Vermutung der Vollständigkeit der Vertragsurkunde** wieder und lässt dem AGB-Kunden den Gegenbeweis offen. Diese Beweislastverteilung betrifft nicht nur solche Nebenabreden, die schon bei Vertragsschluss getroffen worden sind, sondern auch **nachträgliche Änderungen** des Ursprungsvertrages, wie etwa Stundungsabreden, sonstige Vereinbarungen zur Geltendmachung von Rechten und/oder Einwendungen. Dass es sich bei dem zugrunde liegenden Rechtsverhältnis um ein Dauerschuldverhältnis handelt, ändert daran nichts.[1144)] 2.919

§ 309 Nr. 12 Satz 1 b BGB findet im Übrigen jedenfalls dann keine Anwendung, wenn die Klausel lediglich auf die Dokumentation eines Geschehens abzielt. Denn die schriftliche Fixierung von Vertragsabreden vermag sich sowohl zugunsten als auch zu Lasten des Verwendungsgegners auswirken.[1145)] 2.920

1140) BGH, Urt. v. 28.4.1983 – VII ZR 246/82, NJW 1983, 1853; BGH, Urt. v. 21.9.2005 – VIII ZR 312/02, NJW 2006, 138.

1141) BGH, Urt. v. 21.9.2005 – VIII ZR 312/02, NJW 2006, 138.

1142) BGH, Beschl. v. 20.6.1991 – BLw 2/91, NJW-RR 1991, 1290; BGH, Urt. v. 21.9.2005 – VIII ZR 312/02, NJW 2006, 138.

1143) BGH, Urt. v. 17.2.1964 – II ZR 98/62, BGHZ 41, 151 = NJW 1964, 1123; BGH, Urt. v. 7.10.1981 – VIII ZR 229/80, NJW 1982, 331; BGH, Urt. v. 26.11.1984 – VIII ZR 214/83, NJW 1985, 623 = ZIP 1985, 161 = Zeller III, 309 (Klausel 3); BGH, Urt. v. 26.3.1986 – VIII ZR 85/85, NJW 1986, 1809; BGH, Urt. v. 24.6.1987 – I ZR 127/85, BGHZ 101, 172 = NJW 1988, 640; BGH, Urt. v. 5.10.2005 – VIII ZR 16/05, NJW 2006, 47 = ZIP 2006, 235.

1144) BGH, Urt. v. 14.10.1999 – III ZR 203/98, NJW 2000, 207 = ZIP 1999, 1887.

1145) Palandt-*Grüneberg*, BGB, § 309 Rz. 108.

2.921 b) **§§ 307 Abs. 2 Nr. 1, 305b BGB.** Vollständigkeitsklauseln sind auch im **Unternehmerverkehr** grundsätzlich wirksam.[1146] Erweckt die Klausel dagegen den Eindruck, als könnte sie nicht durch eine die Schriftform nicht wahrende Vereinbarung abbedungen werden, so käme sie dann einer konstitutiven Schriftformklausel gleich, weil bei einer solchen Klausel Änderungen und Ergänzungen des Vertrags ohne Beachtung der Schriftform unwirksam wären. Dies widerspräche dem in § 305b BGB niedergelegten Grundsatz des Vorrangs der Individualvereinbarung. Unwirksam ist deshalb eine Schriftformklausel, wenn sie dazu dient, nach Vertragsschluss getroffene Individualvereinbarungen zu unterlaufen, indem sie beim anderen Vertragsteil den Eindruck erweckt, eine mündliche Abrede sei entgegen § 305b BGB unwirksam. Solche Klauseln sind geeignet, den Vertragspartner von der Durchsetzung der ihm zustehenden Rechte abzuhalten und damit unwirksam.[1147] Die Bedeutung der Schriftformklausel liegt in einer stets unzutreffenden Belehrung über die Rechtslage.[1148]

2.922 c) **§ 307 Abs. 1 Satz 1 BGB.** Insofern ist zu differenzieren. **aa) Deklaratorische Schriftformklauseln**, die lediglich der Beweissicherung dienen sollen, sind grundsätzlich wirksam. Dann spielt die Nichteinhaltung der Form keine entscheidende Rolle. Deklaratorische Schriftformklauseln wiederholen lediglich die **Vermutung der Vollständigkeit und Richtigkeit der Urkunde** und zielen lediglich darauf ab, die ohnehin bestehende Rechtslage widerzuspiegeln, wonach außerhalb der schriftlich abgefassten Urkunde keine weiteren Vereinbarungen getroffen worden sind.[1149] Eine Beweislastverlagerung zum Nachteil des Partners ist nicht festzustellen. Die gesetzliche Beweislast für (mündliche) Nebenabreden liegt nach den allgemeinen Grundsätzen bereits bei demjenigen, der sich auf sie beruft.[1150]

2.923 **bb)** Anders ist für **konstitutive Schriftformklauseln** zu entscheiden. Sie verstoßen dagegen gegen §§ 305b, 307 und 309 Nr. 12 BGB, soweit sie eine **unwiderlegliche Vermutung** begründen wollen und damit der Rückgriff auf § 305b BGB gesperrt wird.[1151]

1146) BGH, Urt. v. 7.10.1981 – VIII ZR 229/80, BGHZ 82, 21 = NJW 1982, 331; BGH, Urt. v. 31.10.1984 – VIII ZR 226/83, NJW 1985, 320 (Klausel 3); BGH, Urt. v. 26.3.1986 – VIII ZR 85/85, NJW 1986, 1809.

1147) BGH, Urt. v. 10.5.2007 – VII ZR 288/05, NJW 2007, 3712, 3713; BAG, Urt. v. 20.5.2008 – 9 AZR 382/07, NJW 2009, 316.

1148) BGH, Urt. v. 10.5.2007 – VII ZR 288/05, BGHZ 172, 237 = NJW 2007, 3712.

1149) BGH, Urt. v. 14.10.1999 – III ZR 203/98, NJW 2000, 207.

1150) BGH, Urt. v. 19.6.1985 – VIII ZR 238/84, NJW 1985, 2329.

1151) Palandt-*Grüneberg*, BGB, § 305b Rz. 5.

9. Bestätigungsklauseln

a) Einbeziehung. Soweit Bestätigungsklauseln die Verbindlichkeit individueller mündlicher Zusagen des Verwenders von einer schriftlichen Bestätigung abhängig machen, verstoßen sie gegen **§ 305b BGB.**[1152)] 2.924

b) §§ 307 Abs. 2 Nr. 1, 305b BGB. Formularklauseln, die für Nebenabreden und nachträgliche Änderungen konstitutiv die Einhaltung der Schriftform fordern oder die Wirksamkeit mündlicher Abreden von einer schriftlichen Bestätigung abhängig machen, sind nach §§ 307 Abs. 2 Nr. 1, 305b BGB unwirksam.[1153)] Insofern liegt nämlich ein Verstoß gegen das gesetzliche Leitbild des Vorrangs der Individualabrede vor.[1154)] 2.925

c) § 306 Abs. 2 BGB. Ist etwa ein Bestätigungsvorbehalt unwirksam, so gilt nach § 306 Abs. 2 BGB dispositives Recht.[1155)] 2.926

10. Vollmachtsbeschränkungsklauseln

a) Einführung. Die Frage nach der Wirksamkeit einer entsprechenden Klausel kann sich erst dann stellen, wenn das eingeschaltete Personal nach allgemeinen Grundsätzen überhaupt Vertretungsmacht besitzt. Soweit dem Vertreter für mündliche Zusatzabreden oder nach dem Vertragsmuster nicht vorgesehene Ergänzungen und Abweichungen gleich welcher Form weder Vollmacht zukommt noch Vertretungsmacht kraft Rechtsscheins zu bejahen ist, mangelt es an einer Wirksamkeit „im Übrigen". Die Geltung mündlicher Absprachen bzw. von Sonderzusagen gleich welcher Art scheitert hier bereits am Erfordernis einschlägiger Vertretungsmacht.[1156)] 2.927

b) Differenzierung. Bei den vom Unternehmer erteilten Vollmachten ist zu unterscheiden. Sie sind grundsätzlich hinsichtlich ihrer Ausgestaltung kontrollfrei, weil der Verwender hier nicht fremde, sondern ausschließlich eigene rechtsgeschäftliche Gestaltungsmacht in Anspruch nimmt.[1157)] 2.928

aa) Rechtsgeschäftliche Erklärungen von Personen, die nicht vertretungsberechtigt sind, sind aufgrund der Schriftform- bzw. Bestätigungsklausel grundsätzlich nur wirksam, wenn sie in der Schriftform abgegeben oder bestätigt worden sind. § 307 Abs. 2 Nr. 1 BGB steht der Wirksamkeit nicht entgegen, 2.929

1152) BGH, Urt. v. 28.4.1983 – VII ZR 246/82, NJW 1983, 1853.

1153) BGH, Urt. v. 25.2.1982 – VII ZR 268/81, NJW 1982, 1389; BGH, Beschl. v. 20.10.1994 – III ZR 76/94, NJW-RR 1995, 179.

1154) BGH, Urt. v. 15.2.1995 – VIII ZR 93/94, NJW 1995, 1488 = ZIP 1995, 1197; BGH, Urt. v. 21.5.2005 – XII ZR 312/02, NJW 2006, 138.

1155) *von Westphalen*, Klauseln, Schriftformklauseln Rz. 40.

1156) Palandt-*Grüneberg*, BGB, § 307 Rz. 147.

1157) Palandt-*Grüneberg*, BGB, § 307 Rz. 147.

weil der Verwender ein berechtigtes Interesse daran hat, sich vor unkontrollierten Zusagen nicht bevollmächtigter Personen zu schützen.[1158)]

2.930 **bb)** Hat der für den Verwender rechtsgeschäftlich handelnde Vertreter nach den allgemeinen Regeln des **BGB bzw. HGB Vertretungsmacht,** so enthält die Schriftform- bzw. Bestätigungsklausel in den AGB eine Beschränkung dieser Vertretungsmacht. Die Wirksamkeit dieser Beschränkung bestimmt sich nach **§ 307 Abs. 2 Nr. 1 BGB.** Ist der Umfang der Vertretungsmacht gesetzlich bestimmt, wie etwa bei einem Geschäftsführer einer GmbH (§ 35 GmbHG), einem Prokuristen (§ 48 HGB) oder einem Handlungsbevollmächtigten (§ 54 HGB), so ist die AGB-Klausel gem. § 307 Abs. 2 Nr. 1 BGB unwirksam. Mit der gesetzlichen Festlegung des Umfangs der Vertretungsmacht soll nämlich den Bedürfnissen des Rechtsverkehrs nach Rechtssicherheit und Rechtsklarheit Rechnung getragen werden. Eine Beschränkung wäre demnach mit diesem wesentlichen Grundgedanken der gesetzlichen Regelung nicht zu vereinbaren.[1159)]

2.931 Ist der Vertreter nach den allgemeinen Regeln über die **Duldungs- oder Anscheinsvollmacht** bevollmächtigt, so ist die Klausel gem. § 307 Abs. 2 Nr. 1 BGB ebenfalls unwirksam, es sei denn, der Vertragspartner kannte die Beschränkung oder sie war für ihn ohne Weiteres erkennbar.

11. Klauseln über die Form von Anzeigen und Erklärungen

2.932 **a) § 309 Nr. 13 BGB. aa) § 307 Abs. 3 Satz 1 BGB.** § 309 Nr. 13 BGB gilt nach § 307 Abs. 3 Satz 1 BGB nicht, wenn die Form ohne das Zugangserfordernis bereits kraft Gesetzes besteht.[1160)]

2.933 **bb) § 309 Nr. 13 BGB** gilt auch nicht entsprechend im Unternehmerverkehr.[1161)] Ein Gegenschluss aus § 309 Nr. 13 BGB ergibt zudem, dass das Schriftformerfordernis für einseitige Erklärungen des Kunden wie Rücktritt oder Kündigung, aber auch für Mitteilungen mit den §§ 307–310 BGB unvereinbar ist.[1162)] Soweit § 309 Nr. 13 BGB persönlich anwendbar ist, darf die Form des eingeschriebenen Briefes formularmäßig nicht vorgeschrieben werden.[1163)] Dies, obgleich die Einhaltung dieser Form aus Beweisgründen meist ratsam ist.

2.934 Der Zugang kann aber nicht dadurch beschränkt werden, dass die Erklärung nur bei einem bestimmten Dritten abzugeben ist oder zu einer bestimmten **Tageszeit** einzugehen hat. Ebenso kann der Zugang nicht von der **tatsächlichen**

1158) BGH, Urt. v. 24.10.1979 – VIII ZR 235/78, NJW 1980, 234.

1159) OLG Stuttgart, Urt. v. 19.10.1984 – 2 U 39/84, BB 1984, 2218.

1160) NK-BGB/*Kollmann,* § 309 Rz. 233.

1161) NK-BGB/*Kollmann,* § 309 Rz. 240.

1162) BGH, Urt. v. 18.1.1989 – VIII ZR 142/88, NJW-RR 1989, 625; BGH, Urt. v. 10.2.1999 – IV ZR 324/97, NJW 1999, 1633 = ZIP 1999, 1008.

1163) BGH, Urt. v. 28.2.1985 – IX ZR 92/84, NJW 1985, 2585.

Kenntnisnahme durch den Verwender abhängig gemacht werden. Folglich kann er nicht daran geknüpft werden, dass die Erklärung bei einer bestimmten Stelle, wie etwa der Geschäftsführung, der Hauptverwaltung oder der Zentrale eingeht.[1164] Die Organisation innerbetrieblicher Abläufe hat den Verbraucher nicht zu interessieren.

b) **§ 306 Abs. 2 BGB.** Eine nach § 309 Nr. 13 BGB unwirksame Klausel würde nach § 306 Abs. 2 BGB durch die gesetzlichen Vorschriften ersetzt, die für Erklärungen und Anzeigen des Kunden nur selten die Schriftform vorsehen, z. B. im Mietrecht nach § 568 Abs. 1 BGB. Für eine Aufrechterhaltung der Klausel im Wege ergänzender Vertragsauslegung ist kein Raum.[1165] 2.935

IV. Vollmacht

1. Inhalt

Bei Getränkelieferungsverträgen stehen dem Getränkelieferanten auf der anderen Vertragsseite nicht selten mehrere Personen gegenüber. Ziel von Vollmachtsklauseln ist es insofern, die Vertragsabwicklung zu vereinfachen, etwa indem bei gegenseitiger Bevollmächtigung Leistungen an jeden Vertragspartner erbracht werden oder Erklärungen von jedem und gegenüber jedem Vertragspartner abgegeben werden können. Der Verwender befreit sich etwa mit Empfangsvollmachtsklauseln von der Pflicht, jedem seiner Vertragspartner gegenüber eine Kündigung auszusprechen. 2.936

2. Einbeziehung

Eine überraschende Klausel i. S. d. **§ 305c Abs. 1 BGB** liegt vor, wenn eine Vollmachtserteilung bei dem entsprechenden Geschäftstyp oder nach den individuellen Vereinbarungen und den konkreten Umständen an sich nicht zu erwarten ist oder von ihrem Umfang her Geschäfte erlaubt, mit denen nicht gerechnet werden muss.[1166] 2.937

3. Wirksamkeit von Abgabevollmachten

a) **Grundlagen.** Die Wirksamkeit der gegenseitigen Erteilung von Abgabevollmachten ist unterschiedlich danach zu beurteilen, ob die Klausel sich auf Fragen der Vertragsbegründung oder der Durchsetzung bezieht. Beispielsweise sind AGB-Klauseln, mit denen sich mehrere Darlehensnehmer gegenseitig bevollmächtigen, weitere Darlehen aufzunehmen oder Stundungen oder Laufzeitverlängerungen zu beantragen, nach § 307 Abs. 1 Satz 1 BGB unzulässig. Die unangemessene Benachteiligung des nicht persönlich handelnden Kreditnehmers 2.938

1164) Erman-*Saenger*, BGB, § 309 Rz. 158.

1165) Ulmer/Brandner/Hensen-*Habersack*, AGB-Recht, § 309 Nr. 13 Rz. 11.

1166) BGH, Urt. v. 9.4.1987 – III ZR 84/86, NJW 1987, 2011.

ergebe sich daraus, dass ihm durch die Klausel unkalkulierbar Haftungsrisiken und Kosten aufgebürdet würden.[1167)] Anders ist dagegen zu entscheiden, wenn sich die Abgabevollmacht auf die Abwicklung eines bestehenden Vertrages beschränkt und in diesem Zusammenhang keine neuen Verpflichtungen begründet werden können. Dann bestehen keine Wirksamkeitsbedenken.

2.939 **b) Teilbarkeit.** Die Rechtswirksamkeit von Abgabevollmachtsklauseln beurteilt sich losgelöst von der von Empfangsvollmachtsklauseln, weil es sich um inhaltlich teilbare Klauseln handelt.[1168)]

4. Wirksamkeit von Empfangsvollmachten

2.940 **a) § 308 Nr. 6 BGB.** Eine Formularklausel über die gegenseitige Erteilung einer Empfangsvollmacht verstößt nicht gegen das Verbot einer Zugangsfiktion nach § 308 Nr. 6 BGB. Aufgrund der Bevollmächtigung vertreten die Mieter sich beim Empfang von Willenserklärungen gegenseitig nach § 164 Abs. 3 BGB. Damit wird der Zugang von Willenserklärungen nicht fingiert.[1169)]

2.941 **b) Wohnraummietverträge. aa) § 307 Abs. 2 Nr. 1 BGB.** Eine solche Klausel stellt auch keine unangemessene Benachteiligung der Mieter i. S. d. § 307 Abs. 2 Nr. 1 BGB dar. Zwar sind nach der gesetzlichen Regelung gegenüber dem Mieter abzugebende Erklärungen an alle Mitmieter zu richten, wenn eine Personenmehrheit die Sache angemietet hat. Dies folgt aus der Einheitlichkeit des Mietverhältnisses und daraus, dass alle Mitmieter gemeinschaftlich die Mieterseite des bestehenden Mietverhältnisses bilden. Doch ist die Vollmacht einzelner, für eine Personenmehrheit Willenserklärungen entgegenzunehmen, dem Gesetz nicht fremd. Dies belegen § 125 Abs. 2 Satz 3 HGB, § 28 Abs. 2 BGB, § 78 Abs. 2 Satz 2 AktG, § 35 Abs. 2 Satz 3 GmbHG, § 1629 Abs. 1 Satz 2 BGB und § 25 Abs. 1 Satz 3 GenG. Aus diesen Bestimmungen wird der allgemeine Rechtsgrundsatz (Rechtsanalogie) abgeleitet, dass einer Personenmehrheit eine Willenserklärung durch Abgabe gegenüber einem Gesamtvertreter zugeht. Auch bei einer Personenmehrheit entspricht die ausdrückliche Vereinbarung einer gegenseitigen Empfangsvollmacht damit dem gesetzlichen Leitbild.[1170)]

2.942 **bb) § 307 Abs. 1 Satz 1 BGB.** Eine Empfangsbevollmächtigung kommt einer Zugangsfiktion nach § 309 Nr. 6 BGB nahe. Gleichwohl benachteiligt eine

---

1167) BGH, Urt. v. 22.6.1989 – III ZR 72/88, BGHZ 108, 98 = NJW 1989, 2383; BGH, Urt. v. 22.1.1991 – XI ZR 111/90, NJW 1991, 923 = ZIP 1991, 224.

1168) BGH, Beschl. v. 10.9.1997 – VIII ARZ 1/97, BGHZ 136, 314 = NJW 1997, 3437 = ZIP 1998, 27.; Urt. v. 26.1.2004 – 8 U 117/03, BeckRS 2005, 03422; OLG Saarbrücken, Urt. v. 15.1.1998 – 4 U 213/96, rkr. durch Nichtannnahmebeschl. d. BGH v. 15.12.1998 – VIII 50/98.

1169) BGH, Beschl. v. 10.9.1997 – VIII ARZ 1/97, BGHZ 136, 314 = NJW 1997, 3437 = ZIP 1998, 27.

1170) BGH, Beschl. v. 10.9.1997 – VIII ARZ 1/97, BGHZ 136, 314 = NJW 1997, 3437 = ZIP 1998, 27.

Klausel über die Empfangsvollmacht nicht unangemessen. Das gemeinsame Anmieten und Wohnen ist nämlich Ausdruck eines Näheverhältnisses. Deshalb haben Empfangsvollmachten auch keine große praktische Bedeutung, solange die Mieter in der Wohnung zusammenleben. Schriftliche Erklärungen des Vermieters an mehrere Mieter werden in diesem Fall auch ohne Empfangsvollmacht gegenüber allen Mietern wirksam, wenn die Erklärung in den Briefkasten eingeworfen oder einem der Mieter übergeben wird. Die Mitmieter sind nämlich füreinander Empfangsboten. Der Zugang an einen Mieter führt mithin dazu, dass die Mitmieter die Möglichkeit der Kenntnisnahme erhalten. Damit ist für jeden der Mieter die Zugangsvoraussetzung erfüllt. Praktisch bedeutsam wird deshalb eine erteilte Empfangsvollmacht erst nach dem Auszug eines Mieters. Soweit dem Mieter nach dem Verlassen der Mietwohnung Nachteile daraus entstehen, dass die Mitmieter aufgrund der erteilten Empfangsvollmacht Erklärungen auch mit Wirkung für ihn entgegennehmen, kann er sich hiergegen durch einen Widerruf der erteilten Vollmacht schützen. Grundsätzlich ist eine Vollmacht frei widerruflich (§ 168 Satz 2 BGB). Auch wenn im Einzelfall etwas anderes anzunehmen ist, verbleibt jedenfalls das Recht zum Widerruf aus wichtigem Grund. Der Auszug stellt einen wichtigen Grund dar. Das hiernach verbleibende Restrisiko einer wechselseitig erteilten Empfangsvollmacht kann Mietern unter Berücksichtigung auch der Interessen des Vermieters zugemutet werden. Dies gilt auch dann, wenn die Vollmacht Willenserklärungen des Vermieters erfasst, zumal der Mieter dann, wenn er bereits aus der Wohnung ausgezogen ist, regelmäßig kein eigenes Interesse mehr an der Fortsetzung des Mietverhältnisses hat. Ihm drohen typischerweise auch keine Nachteile, wenn er von seinen Mitmietern nicht oder nicht unverzüglich über die Kündigung unterrichtet wird.[1171)]

c) **Im Übrigen.** Bei einer Übertragung der Rechtsprechung zu Wohnraum- 2.943
mietverträgen auf andere Sachverhalte ist allerdings Vorsicht geboten. Entsprechende Vollmachtsklauseln in Ratenkreditverträgen sind nach **§ 307 Abs. 1 Satz 1 BGB** unwirksam.[1172)] Anders dürfte nur dann zu entscheiden sein, wenn die Klausel eine Auslegung zulässt, wonach sich die gegenseitige Empfangsvollmacht bei Darlehensverträgen nur auf das Vertragsverhältnis und auf die Abwicklung des Vertrages bezieht. Ebenfalls unwirksam ist die gegenseitige Bevollmächtigung von Grundschuldbestellern zur Entgegennahme und Abgabe von Erklärungen zu Gunsten des Gläubigers oder Notars.[1173)]

1171) BGH, Beschl. v. 10.9.1997 – VIII ARZ 1/97, BGHZ 136, 314 = NJW 1997, 3437 = ZIP 1998, 27.

1172) BGH, Urt. v. 22.6.1989 – III ZR 72/88, BGHZ 108, 98 = NJW 1989, 2383; BGH, Urt. v. 20.1.1993 – VIII ZR 10/92, NJW 1993, 1061, zu Vorinstanz OLG Frankfurt/M., Urt. v. 19.12.1991 – 6 U 108/90, NJW-RR 1992, 396; BGH, Urt. v. 9.7.2002 – XI 323/01, NJW 2002, 2866 = ZIP 2002, 1524.

1173) Palandt-*Grüneberg*, BGB, § 307 Rz. 146.

V. Salvatorische Klauseln

1. Zweck

2.944 Die Parteien haben Zweifel an der Gültigkeit einzelner Vertragsbestimmungen. Sie möchten den Rückgriff auf § 139 BGB vermeiden. Dies ist grundsätzlich möglich, weil es sich bei § 139 BGB um abdingbares Recht handelt.[1174)]

2. Erforderlichkeit

2.945 Die bloße Feststellung, dass im Falle der Unwirksamkeit einer AGB-Klausel der Vertrag im Übrigen wirksam bleibt, ist jedenfalls für den reinen AGB-Vertrag so wirksam wie überflüssig, weil sie der gesetzlichen Anordnung des § 306 Abs. 1 BGB entspricht.[1175)]

3. Differenzierung

2.946 Salvatorische Klauseln bestehen in der Praxis meist aus einer Kombination von Erhaltungsklausel (bezogen auf den für sich gültigen Vertragsrest) und Ersetzungsklausel (bezogen auf die nichtige Teilregelung).[1176)]

4. Erhaltungsklauseln

2.947 a) **Begriff.** Erhaltungsklauseln bringen zum Ausdruck, dass die Beteiligten nicht die von § 139 BGB vorgesehene Rechtsfolge, sondern die Restgültigkeit wollen.[1177)]

2.948 b) **Wirkung.** Erhaltungsklauseln entbinden in der Regel nicht von der gem. § 139 BGB vorzunehmenden Abwägung. Der BGH sieht die Wirkung einer formularmäßig geregelten Erhaltungsklausel nur in einer **Beweislastumkehr.** Abweichend von der Regel des § 139 BGB liegt die Darlegungs- und Beweislast für die Voraussetzungen der Gesamtnichtigkeit bei der Partei, die entgegen der Erhaltungsklausel den Vertrag als ganzen für unwirksam hält. Bei Fehlen einer salvatorischen Erhaltungsklausel ist die Vertragspartei, die das teilnichtige Geschäft aufrechterhalten will, darlegungs- und beweispflichtig.[1178)]

2.949 c) **Inhaltskontrolle.** Auch in AGB kann rechtswirksam vereinbart werden, dass die Unwirksamkeit einzelner Bestimmungen die Gültigkeit des Vertrages im Übrigen nicht berührt. Diese Rechtsfolge ergibt sich bereits aus § 306 Abs. 1 BGB.[1179)] Dem wird man ganz allgemein bis zur Grenze des § 306 Abs. 3 BGB

1174) BGH, Urt. v. 9.10.1975 – III ZR 31/73, NJW 1977, 38.

1175) Bamberger/Roth-*Schmidt*, BGB, § 306 Rz. 17.

1176) Palandt-*Ellenberger*, BGB, § 139 Rz. 17.

1177) BGH, Urt. v. 15.3.1989 – VIII ZR 62/88, NJW-RR 1989, 800.

1178) BGH, Urt. v. 24.9.2002 – KZR 10/01, NJW 2003, 347; BGH, Urt. v. 15.6.2005 – VIII ZR 271/04, NJW-RR 2005, 1534; BGH, Urt. v. 25.7.2007 – XII ZR 143/05, NJW 2007, 3202.

1179) BGH, Urt. v. 6.4.2005 – XII ZR 132/03, NJW 2005, 2225.

folgen dürfen. Nur die Sanktion der Gesamtnichtigkeit eines Vertrages kann nicht durch eine Erhaltungsklausel beseitigt werden. Das ist stets zu bedenken, weil es die praktische Nutzlosigkeit der Klausel belegt.

5. Ersetzungsklauseln

a) Begriff. Ersetzungsklauseln bestimmen darüber hinaus, was anstelle der nichtigen Vertragsbestimmung gelten soll. Es soll der Vertrag dann – entgegen § 139 BGB – mit dem vereinbarten zulässigen Inhalt Gültigkeit haben. Ersetzungsklauseln zielen also darauf ab, dass der Verwender oder auch beide Parteien berechtigt und verpflichtet sind, bei Unwirksamkeit einer Klausel den Vertrag so zu ergänzen, dass die neue Klausel dem „wirtschaftlich Gewollten in zulässiger Weise am nächsten kommt". 2.950

b) Wirkung. Hier ist diejenige Partei, die den ganzen Vertrag verwerfen will, darlegungs- und beweispflichtig.[1180] 2.951

c) Inhaltskontrolle. aa) §§ 307 Abs. 2 Nr. 1, 306 Abs. 2 BGB. Salvatorische Klauseln, wonach im Falle der Unwirksamkeit nicht das dispositive Recht, sondern eine Regelung maßgebend sein soll, deren wirtschaftlicher Erfolg dem der unwirksamen soweit wie möglich entspricht, verdrängen die Sanktionsfolge des § 306 Abs. 2 BGB und sind daher nach § 307 Abs. 2 Nr. 1 BGB regelmäßig unwirksam.[1181] Grund dafür ist die durch die Ersetzungsklausel bewirkte völlige Veränderung des Vertrages, z. B. durch erhebliche Störung des Synallagma.[1182] 2.952

bb) § 307 Abs. 1 Satz 2 BGB. Ersetzungsklauseln sind ggf. auch mit dem Transparenzgebot unvereinbar.[1183] 2.953

d) Rechtsfolge bei Verstoß. Enthält die salvatorische Klausel sowohl eine Erhaltungs- als auch eine Ersetzungsklausel, bleibt die Erhaltungsklausel im Hinblick auf die inhaltliche Trennbarkeit beider Klauseln rechtswirksam.[1184] 2.954

6. „soweit gesetzlich zulässig"

a) Beispiele. „Schadensersatzansprüche sind ausgeschlossen, soweit dies gesetzlich zulässig ist." 2.955

b) Einbeziehung. aa) Salvatorische Klauseln, die der Verwender seinen AGB hinzufügt verstoßen gegen das Verständlichkeitsgebot des **§ 305c Abs. 1 BGB.** 2.956

1180) BGH, Urt. v. 25.7.2007 – XII ZR 143/05, NJW 2007, 3202.

1181) BGH, Urt. v. 6.10.1982 – VIII ZR 201/81, NJW 1983, 159 = Zeller III, 231 (Automatenaufstellvertrag); BGH, Urt. v. 6.4.2005 – XII ZR 132/03, NJW 2005, 2225.

1182) BGH, Urt. v. 29.11.1989 – VIII ZR 28/88, BGHZ 109, 240 = NJW 1990, 716; BGH, Urt. v. 11.10.1995 – VIII ZR 25/94, NJW 1996, 773.

1183) Bamberger/Roth-*Schmidt*, BGB, § 306 Rz. 20 m. w. N. zum Streitstand.

1184) BGH, Urt. v. 27.9.2000 – VIII ZR 155/99, NJW 2001, 292; BGH, Urt. v. 6.4.2005 – XII ZR 132/03, NJW 2005, 2225.

2.957 **bb) § 305c Abs. 2 BGB.** Dieser Klauselzusatz führt trotz fehlender Konkretisierung der Reichweite der Klausel nicht zu ihrer Mehrdeutigkeit, weil er deutlich zum Ausdruck bringt, dass die Regelung so weitreichen soll, wie es die gesetzlichen Vorschriften gestatten.[1185)]

2.958 **c) Inhaltskontrolle. aa) §§ 307 Abs. 2 Nr. 1, 306 Abs. 2 BGB.** Die vorgenannten Bestimmungen sind verletzt.[1186)]

2.959 **bb)** Der salvatorische Zusatz steht – im Rahmen der gebotenen kundenfeindlichsten Auslegung – auch nicht im Einklang mit dem Transparenzgebot des **§ 307 Abs. 1 Satz 2 BGB.**[1187)]

2.960 **cc) § 307 Abs. 1 Satz 1 BGB.** Die strenge Prüfung des Klauselzusatzes gilt auch im **Unternehmerverkehr.**[1188)] Entsprechende salvatorische Klauselzusätze stehen der Unwirksamkeit einer zu weitreichenden Klausel nicht entgegen.[1189)]

VI. Aufrechnungsausschluss

1. Inhalt

2.961 Mit Aufrechnungsausschlussklauseln soll verhindert werden, dass sich der Rechtsstreit durch Erhebung vermeintlicher (Gegen-)Forderungen verzögert.

2. Wirksamkeit

2.962 Nach **§ 309 Nr. 3 BGB** sind Aufrechnungsverbote grundsätzlich zulässig. Diese Vorschrift gilt über § 307 Abs. 2 Nr. 1 BGB auch im Unternehmerverkehr.[1190)] Nur der Aufrechnungsausschluss mit unbestrittenen oder rechtskräftig festgestellten Forderungen ist verboten. Aufrechnungsverbote bezwecken nämlich die raschere Durchsetzung der eigenen Ansprüche, weil eine Verzögerung durch die Geltendmachung von Gegenrechten ausgeschlossen wird. Aus dieser Zweckbestimmung ergeben sich die Grenzen des Aufrechnungsverbots. Sind die Gegenforderungen unbestritten oder rechtskräftig festgestellt, kann ihre Geltendmachung keine Verzögerung bewirken. Der Verwender besitzt dann ein berechtigtes Interesse, seinem Vertragspartner die Befugnis zu nehmen, die

---

1185) MünchKomm-*Basedow*, BGB, § 305c Rz. 31.

1186) Wolf/Lindacher/Pfeiffer-*Dammann*, AGB-Recht, Klauseln T Rz. 30.

1187) BGH, Urt. v. 26.11.1984 – VIII ZR 214/83, NJW 1985, 623 = ZIP 1985, 161 = Zeller III, 309; BGH, Urt. v. 4.11.1992 – VIII ZR 235/91, NJW 1993, 326; BGH, Urt. v. 5.12.1995 – X ZR 14/93, NJW-RR 1996, 783; BGH, Urt. v. 13.11.1997 – IX ZR 289/96, NJW 1998, 450.

1188) BGH, Urt. v. 5.12.1995 – X ZR 14/93, NJW-RR 1996, 783.

1189) OLG Hamm, Urt. v. 18.2.1983 – 20 U 174/82, BeckRS 1983, 31381256.

1190) BGH, Urt. v. 16.10.1984 – IV ZR 97/83, BGHZ 92, 316 = NJW 1985, 319; BGH, Urt. v. 19.6.1984 – X ZR 93/83, NJW 1984, 2406; BGH, Urt. v. 27.6.2007 – XII ZR 54/05, NJW 2007, 3421.

unstreitige Gegenforderung mittels Aufrechnung auf dem einfachen Weg der Selbsthilfe durchzusetzen.[1191)]

VII. Zurückbehaltungsrecht

1. Inhalt

Auch eine Klausel, wonach Zurückbehaltungsrechte ausgeschlossen werden, soll verhindern, dass sich der Rechtsstreit durch die Erhebung unberechtigter (Gegen-)Forderungen verzögert. 2.963

2. Wirksamkeit

a) **§ 309 Nr. 2 b BGB.** Nach § 309 Nr. 2 b BGB ist eine Vertragsklausel, die das Zurückbehaltungsrecht des Kunden ausschließt oder einschränkt, soweit dieses auf demselben Vertragsverhältnis beruht, unwirksam. Bei einem Getränkelieferungsvertrag mit einem Hauseigentümer (Verbraucher, § 13 BGB) kann sich der Getränkelieferant folglich auf den Ausschluss des Zurückbehaltungsrechts nicht berufen, soweit dies aus demselben Vertragsverhältnis beruht. Allerdings gilt die Vorschrift nicht im Unternehmerverkehr. 2.964

b) **§ 307 BGB.** Jedenfalls im Unternehmerverkehr ist die formularmäßige Abbedingung der §§ 273, 320 BGB und damit das Zurückschneiden des Zurückbehaltungsrechts auf das Bestehen von unstreitigen, rechtskräftig festgestellten und auch anerkannten Gegenforderungen wirksam.[1192)] Für Vorleistungsklauseln muss aber ein sachlicher Grund vorliegen.[1193)] 2.965

VIII. Abwicklung des Zahlungsverkehrs

1. Einführung

Auch in der Getränkewirtschaft ist es üblich, regelmäßig anfallende Forderungen, etwa aus Finanzierung (Tilgungsraten sowie Zinsraten, Annuitäten), aus Warenlieferung oder Pacht i. w. S., einzuziehen. Sei es im Getränkelieferungsvertrag, sei es in den AGB des Getränkelieferanten finden sich Lastschriftklauseln. Diese bringen nicht unerhebliche Rationalisierungseffekte sowie Organisations- und Kostenvorteile mit sich. Wegen des taggenau kalkulierbaren Geldeingangs ergeben sich Liquiditäts- und Zinsvorteile. Organisatorische Vereinfachungen in Buchhaltung und Mahnwesen sind möglich.[1194)] Der Kunde hat bei dieser Form der bargeldlosen Zahlung den Vorteil, dass er die Fälligkeitstermine nicht überwachen muss und sich passiv verhalten kann. 2.966

1191) Ulmer/Brandner/Hensen-*Schäfer*, AGB-Recht, § 309 Nr. 3 Rz. 11.

1192) BGH, Urt. v. 3.12.1991 – XI ZR 300/90, NJW 1992, 555; BGH, Urt. v. 15.12.2010 – XII ZR 132/09, NJW 2011, 514.

1193) BGH, Urt. v. 4.3.2010 – III ZR 79/09, BGHZ 184, 345 = NJW 2010, 1449.

1194) BGH, Urt. v. 29.5.2008 – III ZR 330/05, NJW 2008, 2495.

2.967 Handelt es sich bei der Lastschriftklausel um eine **Einzugsermächtigung**, so wird das Verfahren vom Zahlungsempfänger in Gang gesetzt.[1195] Während der Zahlungspflichtige die Einzugsermächtigung gegenüber seinem Gläubiger erteilt, gibt er gegenüber seiner Bank keine Erklärung zum Einzug.[1196] Der Zahlungspflichtige kann seiner Kontobelastung ohne Fristbindung widersprechen und Wiedergutschrift verlangen, ohne das Insolvenzrisiko des Verwenders tragen zu müssen.

2.968 Liegt eine Lastschriftklausel in Form eines **Abbuchungsauftrag**es vor, so muss der Zahlungspflichtige die Belastung aufgrund des von ihm erteilten Abbuchungsauftrages gegen sich gelten lassen. Diese ist nicht mehr rückgängig zu machen, weil die Bank sein Konto mit seiner Zustimmung belastet.[1197]

2.969 Ab dem 1.2.2014 müssen Überweisungen und Lastschriften gem. Art. 6 SEPA-Verordnung[1198] im Einklang mit den Vorschriften dieser Verordnung ausgeführt werden. Insofern wird zwischen SEPA-**Basislastschriften** (gegenüber Verbrauchern) und SEPA-**Firmenlastschriften** (gegenüber Unternehmern) unterschieden. Allerdings kann die SEPA-Basislastschrift auch im Unternehmerverkehr verwendet werden. Bei der SEPA-Basislastschrift ist ein Anspruch des Zahlers auf Erstattung ausgeschlossen, wenn er ihn nicht innerhalb von acht Wochen ab dem Zeitpunkt der Belastung des betreffenden Zahlungsbetrags gegenüber seinem Zahlungsdienstleister geltend macht (§ 675x Abs. 4 BGB). Im SEPA-Firmenlastschriftverfahren ist kein Erstattungsanspruch vorgesehen.

2. Einzugsermächtigung/Basislastschrift

2.970 a) **Verbraucher.** Einzugsermächtigungsklauseln gegenüber Verbrauchern, etwa finanzierten nichtbetreibenden Hauseigentümern, sind weder nach § 309 Nr. 3 BGB noch nach § 309 Nr. 2 BGB zu beanstanden.[1199] Im Hinblick auf die Widerruflichkeit der Einzugsermächtigung ergeben sich auch aus § 307 Abs. 1 Satz 1 BGB keine Wirksamkeitsbedenken.[1200] Allerdings muss dem Kunden zwischen Zugang der Rechnung und Einzug des Rechnungsbetrages eine Frist von fünf Werktagen zur Prüfung der Rechnung bleiben.[1201]

1195) BGH, Urt. v. 10.1.1996 – XII ZR 271/94, NJW 1996, 988 = ZIP 1996, 462.

1196) BGH, Urt. v. 10.1.1996 – XII ZR 271/94, NJW 1996, 988 = ZIP 1996, 462.

1197) BGH, Urt. v. 10.1.1996 – XII ZR 271/94, NJW 1996, 988 = ZIP 1996, 462; BGH, Urt. v. 29.5.2008 – III ZR 330/07, NJW 2008, 2495.

1198) Verordnung (EU) Nr. 260/2012, ABl EG Nr. L 94/22.

1199) Staudinger-*Coester-Waltjen*, BGB, § 309 Nr. 3 Rz. 12; Bamberger/Roth/*Becker*, BGB, § 309 Nr. 2 Rz. 6.

1200) BGH, Urt. v. 10.1.1996 – XII ZR 271/94, NJW 1996, 988 = ZIP 1996, 462; BGH, Urt. v. 29.5.2008 – III ZR 330/07, NJW 2008, 2495.

1201) BGH, Urt. v. 23.1.2003 – III ZR 54/02, NJW 2003, 1237.

b) Unternehmer. Erst recht bestehen gegen die formularmäßige Verpflichtung eines Unternehmers zur Erteilung einer Einzugsermächtigung keine AGB-rechtlichen Bedenken.[1202] 2.971

3. Abbuchungsauftrag/Firmenlastschrift

Die AGB-rechtliche Beurteilung für den Abbuchungsauftrag kann entgegen früherer Rechtsprechung[1203] nicht mehr anders ausfallen. Würde der BGH seine bislang auf § 307 Abs. 1 Satz 1 BGB gestützten Einwände trotz der Vorabautorisierung im SEPA-Verfahren durchhalten, dann wäre dieser Gesichtspunkt auch gegenüber der vergleichbaren Konstruktion des SEPA-Verfahrens einzuwenden. Dies aber würde diametral dem Zweck der in das deutsche Recht umgesetzten Zahlungsdiensterichtlinie – Vollharnomisierung des Zahlungsverkehrs innerhalb des SEPA-Raums) – zuwiderlaufen.[1204] Firmenlastschriften müssen daher aus AGB-rechtlichen Gründen nicht mehr gesondert unterzeichnet werden. 2.972

IX. Datenerhebung

1. Inhalt

Mit einer Datenschutzklausel erklärt der Kunde schriftlich gem. § 4 Abs. 1 BDSG seine Einwilligung zur Erhebung, Verarbeitung und Nutzung seiner persönlichen und vertragsbezogenen Daten. Die Verarbeitung umfasst gem. § 3 Abs. 4 BDSG das Speichern, Verändern, Übermitteln, Sperren und Löschen personenbezogener Daten i. S. d. § 3 Abs. 1 BDSG. Einige Klauseln enthalten auch die Ermächtigung, Daten über die Vertragsaufnahme bzw. die Abwicklung des Vertragsverhältnisses an Auskunfteien, etwa die Schufa, oder Inkassodienste zu melden, soweit die geschuldete Leistung trotz Fälligkeit nicht erbracht worden ist und die weiteren Voraussetzungen des § 28a Abs. 1 Satz 1 Nr. 1–5 BDSG vorliegen. 2.973

2. Einbeziehung

Für die Einbeziehung gelten die §§ 305 Abs. 2 und 3, 305c Abs. 1 BGB neben der Sondervorschrift des § 4a BDSG für die Einwilligung. 2.974

1202) BGH, Urt. v. 29.5.2008 – III ZR 330/07, NJW 2008, 2495; BGH, Urt. v. 14.10.2009 – VIII ZR 96/07, NJW 2010, 1275.

1203) BGH, Urt. v. 21.4.1998 – XI ZR 258/97, BGHZ 138, 321 = NJW 1998, 1939 = ZIP 1998, 949; BGH, Urt. v. 29.5.2008 – III ZR 330/07, NJW 2008, 2495; BGH, Urt. v. 14.10.2009 – VIII ZR 96/07, NJW 2010, 1275.

1204) BGH, Urt. v. 13.12.2012 – IX ZR 1/12, NJW-RR 2013, 950.

3. Wirksamkeit

2.975 Eine neugefasste Schufa-Klausel ist unbedenklich.[1205] Gleiches gilt für die Einwilligung zur Erfassung personenbezogener Daten des Kunden.[1206]

4. Ansprüche wegen rechtswidriger Datenübermittlung

2.976 § 823 Abs. 2 BGB i. V. m. §§ 28 Abs. 1 Nr. 2, 35 BDSG gibt einen Widerrufsanspruch, aus der entsprechenden Anwendung der §§ 12, 823, 1004 BGB i. V. m. §§ 28, 35 BDSG folgt ein Anspruch auf Beseitigung der durch eine unzulässige Datenübermittlung entstandenen Störung.[1207] Ist die Forderung im Hinblick auf eine erhobene Einrede der Verjährung nicht mehr durchsetzbar, so sind entsprechende Ansprüche im Regelfall gegeben.[1208]

X. Bearbeitungsentgelt

1. Inhalt

2.977 Bearbeitungsentgeltklauseln dienen der Klarstellung, wer die mit der Erstellung des Vertrages und seiner Abwicklung verbundenen Kosten zu tragen hat. Als denkbare Kostenpositionen sind insbesondere die Kosten für die Bestellung von Sicherheiten, z. B. Gerichts- und Notarkosten für die Bestellung, Abtretung oder Löschung von Grundpfandrechten oder Dienstbarkeiten, Avalprovisionen bei Bankbürgschaften, Kosten für Sachverständige im Zusammenhang mit der Bewertung oder Verwertung von Gaststätteninventar, Verwertungskosten in der Insolvenz nach § 171 Abs. 2 InsO etc. zu denken.

2. Mahnkostenklauseln

2.978 Eine formularmäßige Mahnkostenklausel ist grundsätzlich zulässig. Allerdings sind einige Schranken zu beachten.

2.979 a) Bei pauschalierten Mahnentgelten muss wegen § 309 Nr. 4 BGB klargestellt sein, dass die **erste (verzugsbegründende) Mahnung** kostenfrei ist.[1209]

2.980 b) **§ 309 Nr. 5 a BGB.** Eine Mahnpauschale von 15,00 € ist überhöht, eine von 2,50 € wohl noch angemessen.[1210]

1205) BGH, Urt. v. 23.1.2003 – III ZR 54/02, NJW 2003, 1237 = ZIP 2003, 350.

1206) BGH, Urt. v. 16.7.2008 – VIII ZR 348/06, ZIP 2008, 1826.

1207) BGH, Urt. v. 7.7.1983 – III ZR 159/82, NJW 1984, 436; OLG Frankfurt/M., Urt. v. 19.11.2012 – 23 U 68/12, NJW-RR 2013, 566.

1208) BGH, Urt. v. 7.7.1983 – III ZR 159/82, NJW 1984, 436; OLG Frankfurt/M., Urt. v. 19.11.2012 – 23 U 68/12, NJW-RR 2013, 566.

1209) BGH, Urt. v. 31.10.1984 – VIII ZR 226/83, NJW 1985, 320.

1210) Erman-*Saenger*, BGB, § 309 Rz. 47 m. w. N. zum Streitstand.

c) **§ 309 Nr. 5 b BGB.** Ihre Wirksamkeit setzt gem. § 309 Nr. 5 b BGB voraus, dass sie die Nachweisführung gestattet, ein Schaden sei überhaupt nicht oder nicht in der Höhe des Pauschalbetrages entstanden.[1211)] 2.981

3. Sonstige Bearbeitungsentgeltklauseln

Klauseln in AGB von Kreditinstituten, in denen für die Bearbeitung und Überwachung von Pfändungsmaßnahmen gegen den Kunden von diesen ein Entgelt (15,00 € pro Pfändung bei Bearbeitung von Pfändungs- und Überweisungsbeschlüssen) erhoben wird, verstoßen gegen § 307 BGB.[1212)] 2.982

XI. Höhere Gewalt

1. Inhalt

In Fällen höherer Gewalt, z. B. bei Arbeitskampfmaßnahmen oder im Falle sonstiger, vom Kunden nicht zu vertretender Umstände, soll sich dieser nicht auf Nichterfüllung des Getränkelieferungsvertrages durch den Getränkelieferanten berufen können. Insbesondere soll ihm kein Kündigungsrecht aus wichtigem Grund nach § 314 BGB zustehen. Der Getränkelieferant ist in diesen Fällen von seiner Leistungspflicht befreit. Er hat allerdings das Recht, den Kunden durch einen Dritten (andere Brauerei, bei Belieferung durch den Getränkefachgroßhändler ein anderer Getränkefachgroßhändler) nach seiner Wahl auf eigene Rechnung mit gleichwertigen Erzeugnissen beliefern zu lassen (sogenannte Aushilfslieferungen). 2.983

2. Wirksamkeit

Insofern bestehen keine Wirksamkeitsbedenken. 2.984

XII. Schiedsklauseln

1. Einbeziehung

Überraschend i. S. v. **§ 305c Abs. 1 BGB** wird die Vereinbarung eines Schiedsgerichts als solche zwischen Unternehmern nur ganz ausnahmsweise sein, wenn der Ausschluss der staatlichen Gerichtsbarkeit in der betreffenden Branche oder zwischen den beteiligten Parteien völlig unüblich ist. Dies kann selbst bei Verbraucherverträgen regelmäßig nicht angenommen werden.[1213)] 2.985

1211) BGH, Urt. v. 23.11.2005 – VIII ZR 154/04, NJW 2006, 1056.

1212) BGH, Urt. v. 18.5.1999 – XI ZR 219/98, BGHZ 141, 380 = NJW 1999, 2276 = ZIP 1999, 1090.

1213) BGH, Urt. v. 13.1.2005 – III ZR 265/03, NJW 2005, 1125: Schiedsvereinbarung mit einem Verbraucher, bei der die Formerfordernisse des § 1031 Abs. 5 ZPO erfüllt werden, weil diese dem Schutz des Verbrauchers vor Überrumpelung Rechnung tragen sollen.

2. Inhaltskontrolle

2.986 a) **§ 309 Nr. 12 BGB.** Eine Schiedsgutachtenklausel über die Feststellung des Zeitwertes einer zurückzugebenden Sache kann gegen das Verbot der Beweislaständerung verstoßen.[1214]

2.987 b) **§ 307 BGB.** Im Verkehr zwischen Unternehmern sind Schiedsklauseln schon wegen des gemeinsamen Interesses an einer raschen Streiterledigung mit § 307 BGB grundsätzlich vereinbar.[1215]

XIII. Gerichtsstand und Erfüllungsort

1. Inhalt

2.988 Üblicherweise erfassen Gerichtsstandsklauseln Regelungen zur örtlichen Zuständigkeit. Vereinzelt wird auch die sachliche Zuständigkeit des Amtsgerichts bei Streitwerten über 5.000,00 € vereinbart (prorogiert). Dies kann aus Zeit- und Kostengründen sinnvoll sein.

2. Einbeziehung

2.989 Gerichtsstandsklauseln sind im unternehmerischen Verkehr mit Hinblick auf den hohen Verbreitungsgrad nicht überraschend, jedenfalls dann, wenn sie auf das Gericht prorogieren, bei dem der Verwender seinen allgemeinen Gerichtsstand hat, oder die Zuständigkeit des Gerichts der Zweigniederlassung bestimmen, von der ausgeschlossen wird.[1216]

3. Inhaltskontrolle

2.990 a) **§ 307 Abs. 2 Nr. 1 BGB i. V. m. §§ 38 Abs. 2 und Abs. 3 Nr. 2, 29 Abs. 2 ZPO.** Gerichtsstands- und Erfüllungsortvereinbarungen sind nach §§ 38 Abs. 1, 29 Abs. 2 ZPO nur mit Kaufleuten, juristischen Personen des öffentlichen Rechts oder öffentlich-rechtlichen Sondervermögen zulässig. Im Zusammenhang mit Getränkelieferungsverträgen stellt sich diese Situation nur für im Handelsregister eingetragene Kaufleute und für alle Handelsgesellschaften, die Formkaufleute nach § 6 HGB sind, damit beispielsweise für die GmbH, die AG, die OHG und die KG, sowie für öffentlich-rechtliche Körperschaften. Der praktische Anwendungsbereich von Gerichtsstandsklauseln ist daher begrenzt.

2.991 In diesen Grenzen sind anfängliche Gerichtsstands- und Erfüllungsortklauseln grundsätzlich zulässig.[1217] Dies auch dann, wenn sie zugleich gegenüber Verbrauchern verwandt werden.[1218]

1214) Ulmer/Brandner/Hensen-*Schmidt*, AGB-Recht, Teil 3 (8) Rz. 2.

1215) BGH, Urt. v. 13.1.2005 – III ZR 265/03, NJW 2005, 1125.

1216) Palandt-*Grüneberg*, BGB, § 305c Rz. 5.

1217) OLG Schleswig, Urt. v. 21.6.2006 – 2 W 88/06, NJW 2006, 3361.

1218) OLG Frankfurt/M., Urt. v. 3.2.1998 – 5 U 267/96, MDR 1998, 664.

Es genügt nicht, dass die Vereinbarung den Zusatz „soweit gesetzlich zulässig" oder eine ähnliche salvatorische Klausel enthält, ohne sich ausdrücklich auf die Ausnahmefälle nach § 38 Abs. 3 ZPO zu beschränken.[1219] 2.992

b) § 307 Abs. 1 Satz 1 BGB. Gerichtsstandsklauseln, die an den Sitz des Verwenders, den Erfüllungsort oder an den Ort des Vertragsschlusses anknüpfen, verstoßen nicht gegen § 307Abs. 1 Satz 1 BGB.[1220] Eine vom Firmensitz abweichende Gerichtsstandsklausel soll wegen des generellen Prüfungsmaßstabs auch dann wirksam sein, wenn sie den konkreten Unternehmervertragspartner nicht unangemessen benachteiligt.[1221] Die Vereinbarung eines Gerichtsstandes, der weder mit dem Vertragsinhalt noch mit dem Geschäftssitz des Verwenders im Zusammenhang steht, soll unwirksam sein.[1222] 2.993

Vierter Abschnitt: Der Getränkelieferungsvertrag im Lichte des Verbraucherkreditrechts

§ 21 Das maßgebliche Verbraucherkreditrecht im Zeitablauf

I. Grundlagen

1. Einführung

Im Hinblick auf die Rechtsnatur der Getränkelieferungsverträge als Dauerschuldverhältnisse und die praktische Bedeutung von Vertrags-/Schuldübernahmen kommt der Ermittlung des zeitlichen Anwendungsbereiches und damit der Abgrenzung der Geltungsbereiche der maßgeblichen gesetzlichen Vorgaben besondere praktische Bedeutung zu. Früher waren diese Fragen in Nebengesetzen wie dem AbzG[1223] und dem VerbrKrG[1224] geregelt. Später galten die Bestimmungen des BGB, zeitweise ergänzt um die Regelungen der BGB-InfoV in den jeweiligen Fassungen. Aktuell sind die Vorschriften des BGB und des EGBGB maßgebend. 2.994

2. Maßgeblicher Zeitpunkt

Abzustellen war/ist auf den Zeitpunkt des Zustandekommens des Getränkelieferungsvertrages. Maßgeblich ist daher der Zeitpunkt des Zugangs der jeweils 2.995

1219) OLG Hamm, Urt. v. 18.2.1983 – 20 U 174/82, BeckRS 1983, 31381256.

1220) OLG Köln, Urt. v. 20.6.1989 – 24 U 44/89, ZIP 1989, 1068; OLG Hamburg, Urt. v. 26.3.1999 – 1 U 162/98, NJW-RR 1999, 1506.

1221) OLG Hamburg, Urt. v. 26.3.1999 – 1 U 162/98, NJW-RR 1999, 1506; a. A. OLG Köln, Urt. v. 20.6.1989 – 24 U 44/89, ZIP 1989, 1068.

1222) OLG Köln, Urt. v. 20.6.1989 – 24 U 44/89, BeckRS 1989, 31145969 = ZIP 1989, 1068; LG Konstanz, Urt. v. 23.6.1983 – 3 HO 31/83, BB 1983, 1372.

1223) *Bühler*, Brauerei- und Gaststättenrecht, 13. Aufl. 2011, § 24 I, Rz. 1356–1361, jeweils m. w. N.

1224) *Bühler*, Brauerei- und Gaststättenrecht, 13. Aufl. 2011, § 24 II und III, Rz. 1362–1369, jeweils m. w. N.

letzten Willenserklärung, sei es des Getränkelieferanten, sei es des Kunden. Das VerbrKrG war sonach auf Verträge anzuwenden, die spätestens am 30.9.2000, 24:00 Uhr, gem. § 151 BGB zustande gekommen waren.[1225)]

3. Fokussierung

2.996 Die rechtliche Ausgestaltung der in diesem Zusammenhang interessierenden Regelungen war immer mangelhaft. Lange Zeit herrschte ein schwer durchschaubares Durcheinander.[1226)] Folgende ausgewählte Hinweise zu den zahlreichen Gesetzesänderungen müssen genügen. Ausgangspunkt der Darstellung ist jeweils das Datum des Inkrafttretens der Änderung. Dabei liegt der Fokus auf dem hinsichtlich des Bindungsteils von Getränkelieferungsverträgen maßgeblichen Regelungen.[1227)]

II. Rechtsänderungen seit dem 1.1.2002

1. 1. Januar 2002

2.997 a) **Rechtslage.** Durch das Gesetz zur Modernisierung des Schuldrechts (**SMG**) trat das VerbrKrG außer Kraft (Art. 6 Nr. 3 SchuRModG) und das Recht der Widerrufsbelehrung wurde neu gefasst. Die früheren Regelungen der §§ 361a, 361b BGB zum Widerrufsrecht wurden in die §§ 355, 356 BGB a. F. überführt. Neu aufgenommen wurde die Regelung des § 355 Abs. 3 BGB a. F., die eine einheitliche **Frist von sechs Monaten** bestimmte, nach deren Ablauf das Widerrufsrecht des Verbrauchers erlöschen sollte, unabhängig davon, ob er nicht oder nicht ordnungsgemäß über sein Widerrufsrecht belehrt worden war. Die Vorschriften über den sachlichen und persönlichen Anwendungsbereich des Verbraucherkreditrechts fanden sich nunmehr in §§ 505, 507 BGB a. F.

2.998 Zu diesem Datum traten die Ermächtigungsgrundlage des Art. 245 (Nr. 1) EGBGB sowie die erste Fassung der **BGB-InfoV** in Kraft. Art. 245 EGBGB ermächtige das Bundesministerium der Justiz, durch Rechtsverordnung Inhalt und Gestaltung der dem Verbraucher gem. § 355 BGB a. F. mitzuteilenden Belehrung über das Widerrufsrecht festzulegen. Ausweislich der Begründung[1228)] erfolgte dies im Hinblick auf die Einschätzung, dass es dem Unternehmer angesichts der zunehmenden Informationspflichten zunehmend schwerer falle, diese Informationslast fehlerfrei nachzukommen. In § 14 BGB-InfoV wurde das Muster einer Widerrufsbelehrung nach § 355 BGB abgedruckt.

1225) Palandt-*Grüneberg*, BGB, Vorbem. vor § 355 Rz. 6.

1226) Palandt-*Grüneberg*, BGB, Vorbem. vor § 355 Rz. 1.

1227) Zu den hinsichtlich des finanztechnischen Teils des Getränkelieferungsvertrages maßgeblichen Fragen siehe unten § 41 I, jeweils m. w. N.

1228) BT-Drucks. 14/7052, S. 208.

b) Zeitlicher Anwendungsbereich. Aus dem Umstand des Inkrafttretens des SMG am 1.1.2002 sowie aus Art. 229 § 5 Satz 1 EGBGB im Gegenschluss folgt, dass für Schuldverhältnisse, die nach dem 31.12.2001 entstanden sind, grundsätzlich ausschließlich neues Recht zur Anwendung kommt. 2.999

2. 2. November 2002

a) **Rechtslage.** Zu diesem Datum traten die Änderungen u. a. der §§ 355, 495, 505 und 506 BGB a. F. in Kraft (Art. 229 § 9 Abs. 1 Satz 1 Nr. 2 EGBGB) (**OLG-VertretungsänderungsG**). Damit wurde auch § 495 Abs. 2 BGB a. F. gestrichen, wonach ein Widerruf als nicht erfolgt galt, den der Darlehensnehmer erst nach Empfang des Darlehens erklärte, wenn der Darlehensnehmer das Darlehen nicht innerhalb von zwei Wochen zurückzahlte. Weitere Änderungen von Interesse waren der Wegfall des Erfordernisses der zweiten Unterschrift unter die Belehrung, die Einfügung des § 355 Abs. 3 Satz 3 BGB a. F. (**dauerhaftes Widerrufsrecht bei fehlender oder nicht ordnungsgemäßer Widerrufsbelehrung**) und die Anfügung der Absätze 2–4 zu § 506 BGB a. F. 2.1000

Die Zweite Verordnung zur Änderung der BGB-InfoV führte ein Formular für die Widerrufsbelehrung ein. Gem. **§ 14 Abs. 1 BGB-InfoV** sollte das Muster (hier gemäß Anlage 2), das nach den Gestaltungshinweisen der BGB-InfoV formuliert worden war, den Anforderungen des § 355 Abs. 2 BGB a. F. und den diesen ergänzenden Vorschriften des BGB genügen (Schutzfunktion). Im Übrigen beurteilte sich die Frage der Fehlerhaftigkeit bei Einsatz individuell gestalteter Belehrungen weiterhin nach den gesetzlichen Vorgaben des BGB.[1229] 2.1001

b) Zeitlicher Anwendungsbereich. Für Getränkelieferungsverträge war § 355 BGB a. F. in der Fassung vom 1.8.2002 anwendbar, wenn diese ab dem **2.11.2002** abgeschlossen worden waren (Art. 25 OLG-Vertretungsänderungsgesetz). Verträge, die bis zum 1.11.2002 abgeschlossen worden waren, blieben von der Gesetzesänderung unberührt. Die §§ 355, 358 BGB a. F. in der Fassung des OLG-VertrÄmdG fanden aufgrund Art. 229 § 9 EGBGB, der Art. 229 § 5 EGBGB vorgeht,[1230] auf alle seit dem 2.11.2002 geschlossenen Verträge Anwendung. 2.1002

c) **Konsequenzen.** Folglich standen und ggf. stehen Getränkelieferungsverträge, die seit dem **2.11.2002** unter Nichtbelehrung oder fehlerhafter Belehrung abgeschlossen worden sind, unter dem **Damoklesschwert der dauerhaften Widerruflichkeit**, damals nach § 355 Abs. 3 Satz 3 BGB a. F. 2.1003

1229) BT-Drucks. 14/9266, S. 46.

1230) BGH, Urt. v. 13.6.2006 – XI ZR 94/05, NJW 2006, 3349 = ZIP 2006, 1942.

3. 8. Dezember 2004

2.1004 a) **Rechtslage.** Durch das **Fernabsatzänderungsgesetz** wurde u. a. der § 355 Abs. 3 BGB a. F. geändert.

2.1005 b) **Zeitlicher Anwendungsbereich.** Erfasst werden nur die ab diesem Datum abgeschlossenen Verträge (Art. 229 § 11 Abs. 1 Satz 1 EGBGB).

4. 1. April 2008

2.1006 a) **Rechtslage.** Aufgrund einer Dritten Verordnung zur Änderung der BGB-InfoV wurde nach Überschreiten der Umsetzungsfrist (9.10.2004) der Text der Musterwiderrufsbelehrung geändert. Die Frage, ob die unter Verwendung der Mustewiderrufsbelehrung nach Anlage 2 abgeschlossenen Verträge rechtswirksam waren, wurde aber nicht gelöst.

2.1007 b) **Zeitlicher Anwendungsbereich.** Die alten Muster durften danach noch bis zum 30.9.2008 verwendet werden (§ 16 BGB-InfoV).

5. 4. August 2009

2.1008 Durch ein Gesetz vom 29.7.2009[1231)] wurde das Muster für die Widerrufsbelehrung gemäß Anlage 2 zu § 14 Abs. 1 und 3 BGB-InfoV zum 4.8.2009 geändert.

6. 11. Juni 2010

2.1009 a) **Rechtslage.** Das Gesetz zur Umsetzung der Verbraucherkreditrichtlinie, des zivilrechtlichen Teils der Zahlungsdiensterichtlinie sowie zur Neuordnung der Vorschriften über das Widerrufs- und Rückgaberecht vom 29.6.2009 **(VerbrKrRL-UG)** änderte u. a. die Bestimmungen der §§ 355, 359 BGB und fügte die §§ 359a, 360 BGB ein. Der Regelungsgehalt von § 14 Abs. 1–3 BGB-InfoV findet sich nunmehr in **§ 360 Abs. 3 BGB**. Das für Getränkelieferungsverträge hinsichtlich der bezugsrechtlichen Komponente ggf. maßgebliche **Belehrungsmuster** wurde als Anlage 1 zu Art. 246 § 2 Abs. 3 Satz 1 EGBGB normiert. Das VerbrKrRL-UG hob zu diesem Datum auch § 14 BGB-InfoV auf.

2.1010 b) **Zeitlicher Anwendungsbereich.** Vorschriften, die durch das VerbrKrRL-UG geändert wurden, aber nicht Zahlungsdienste betrafen, traten am 11. Juni 2010 in Kraft. Die Übergangsvorschrift des Art. 229 § 22 Abs. 2 EGBGB gilt für die vor dem 11. Juni 2010 entstandenen Schuldverhältnisse, die von dem vorgenannten Gesetz erfasst werden, aber nicht die Ausführung von Zahlungsvorgängen (Art. 229 § 22 Abs. 1 EGBGB) zum Gegenstand haben, insbesondere Verbraucherverträge mit Widerrufsrecht und Ratenlieferungsverträge.[1232)]

1231) BGBl. I, S. 2413.

1232) Palandt-*Sprau*, BGB, Art. 229 § 22 EGBGB Rz. 3.

c) Normlücke. Die Fiktion des § 360 Abs. 3 BGB gilt aber nur für die Zeit seit Inkrafttreten des VerKrRLUÄndG, also seit dem **30.7.2010.**[1233] Da das Muster aus dem Gesetzesentwurf von März 2010 erneute Gesetzesänderungen voraussetzte, die nicht vor dem 9.6.2010 in Kraft treten konnten und tatsächlich erst am 30.7.2010 in Kraft getreten sind, konnte das Muster für die Übergangszeit zwischen dem **11.6.2010** und dem Inkrafttreten der neuen gesetzlichen Bestimmungen am **30.7.2010** nicht benutzt werden. In dieser Phase hatte der kreditgewährende Getränkelieferant die Unterrichtung selbst zu formulieren.[1234] 2.1011

7. 30. Juli 2010

Durch das **VerbrKrRL-UÄndG** sind mit Wirkung vom 30.7.2010 die §§ 358 Abs. 2 und 359a BGB erneut geändert worden. 2.1012

8. 4. August/4. November 2011

a) Rechtslage. Die bislang letzte Änderung der gesetzlichen Grundlagen erfolgte mit dem Gesetz zur Anpassung der Vorschriften über den Wertersatz bei Widerruf von Fernabsatzverträgen und über verbundene Verträge vom 27.7.2011,[1235] das am 4.8.2011 in Kraft trat. Entsprechend der Empfehlung des Bundesrates[1236] erstreckt sich das Gesetz auf alle Widerrufsrechte und änderte die §§ 357 Abs. 3, 358 und 359a Abs. 3 BGB erneut. 2.1013

b) Zeitlicher Anwendungsbereich. Die Altvorschriften hatten noch bis zum **4.11.2011** Gültigkeit (Art. 229 § 27 EGBGB). Die Übergangsfrist bezweckt den Schutz des Unternehmers und soll eine Anpassung der Geschäftspraxis an die neuen Muster ermöglichen. Entsprechend Art. 229 § 11 Abs. 2 EGBGB ist allerdings zu fordern, dass die verwendeten Muster vor dem 5.8.2011 hergestellt worden sind; die Beweislast trägt der Verwender. Für Verträge, die nach dem 4.11.2011 abgeschlossen werden, gilt die Norm nicht. Maßgeblich ist wiederum das Wirksamwerden der Annahmeerklärung.[1237] 2.1014

§ 22 Sachlicher Anwendungsbereich

I. Grundlagen

1. Lieferung von Teilleistungen

a) Begriff. Wird eine von vornherein fest bestimmte Menge geschuldet, die in Teilleistungen/Teilmengen zu liefern ist, so handelt es sich um einen Raten- 2.1015

1233) Bülow/Artz-*Bülow*, Verbraucherkreditrecht, § 495 Rz. 89l.

1234) *Bülow*, NJW 2010, 1713; *Schröder*, NJW 2010, 1933.

1235) BGBl I, 1600.

1236) BR-Drucks. 855/10, S. 2.

1237) Palandt-*Grüneberg*, BGB, Art. 229 § 27 EGBGB Rz. 1.

lieferungsvertrag i. S. d. § 510 Abs. 1 Satz 1 Nr. 1 BGB.[1238] Voraussetzung ist also der Verkauf einer Sachgesamtheit in einem Vertrag. Hieran fehlt es, wenn die Gesamtlieferung aufgrund einzelner Verträge über die jeweiligen Teillieferungen erfolgt.[1239]

2.1016 b) **Einordnung.** Dies dürfte im Zusammenhang mit Getränkelieferungsverträgen nur äußerst ausnahmsweise der Fall sein. Zwar mag man an (Gesamt-) Mengenverträge denken. Aber auch insofern wird weder eine Sachgesamtheit verkauft noch liegt ein einzelner Kaufvertrag vor. Von „Teillieferungen" kann nicht gesprochen werden.

2. Regelmäßige Lieferung von Sachen gleicher Art

2.1017 a) **Begriff.** § 510 Abs. 1 Satz 1 Nr. 2 BGB erfasst Verträge, die dazu bestimmt sind, ein regelmäßig neu entstehendes Bedürfnis des Verbrauchers durch wiederholte Lieferungen zu befriedigen.[1240] Den Schwerpunkt bilden unbefristete oder befristete Sukzessivlieferungsverträge,[1241] in denen sich der Verkäufer zur regelmäßigen Lieferung gleichartiger Sachen verpflichtet.

2.1018 Das Merkmal der **Regelmäßigkeit** ist zunächst – ebenso wie von der h. M. zu § 1c AbzG – in Anlehnung an die Rechtsprechung zu § 197 BGB a. F. (= § 197 Abs. 2 BGB) dahin auszulegen, dass die einzelnen Lieferungen nicht denselben **Umfang** haben müssen. Eine „Regelmäßigkeit" der Lieferung setzt wie bei § 510 Abs. 1 Satz 1 Nr. 1 BGB notwendig eine mehrmalige Leistung des Verkäufers voraus. Regelmäßigkeit bedeutet die Lieferung in bestimmten **Zeitabschnitten** oder innerhalb bestimmter **Zeiträume.** Sie erfordert aber keine in zeitlicher Hinsicht stets gleich bemessenen Abstände, sodass es der Feststellung genauer, periodisch wiederkehrender Termine nicht notwendig bedarf. Verträge, bei denen sich Zeitpunkt und Häufigkeit der Lieferungen nach dem schwankenden Bedarf des Kunden richten, werden daher von Nr. 2 des § 510 Abs. 1 Satz 1 BGB nicht erfasst.[1242] Die abweichende, erweiternde Auslegung von § 309 Nr. 9 BGB, die als „regelmäßig" eine dauernde oder in bestimmten Zeitabständen erfolgende Lieferung auch dann ansieht, wenn die Zeitabstände nicht von gleicher Dauer sind,[1243] ist für § 510 Abs. 1 Satz 1 Nr. 2 BGB nicht zu übernehmen, weil hier mit Rücksicht auf die Auffangvorschrift des § 510 Abs. 1 Satz 1 Nr. 3 BGB für eine weite Auslegung kein Bedürfnis besteht. Am Erfordernis fester, periodisch wiederkehrender Liefertermine ist in Überein-

1238) Palandt-*Grüneberg*, BGB, Überblick vor § 311 Rz. 27.

1239) MünchKomm-*Schürnbrand*, BGB § 510 Rz. 18.

1240) BGH, Urt. v. 2.2.1977 – VIII ZR 320/75, NJW 1977, 714.

1241) MünchKomm-*Schürnbrand*, BGB, § 510 Rz. 19.

1242) Streitig, wie hier MünchKomm-*Schürnbrand*, BGB, § 510 Rz. 20.

1243) Palandt-*Grüneberg*, BGB, § 309 Rz. 79.

stimmung mit § 197 Abs. 2 BGB daher auch für § 510 Abs. 1 Satz 1 Nr. 2 BGB festzuhalten.[1244]

Hinsichtlich der Tatbestandsvoraussetzung **Sachen gleicher Art** ist bei Lieferung von Warensortimenten zu beachten, dass die unterschiedliche Zusammensetzung der Einzellieferungen je nach den Bedürfnissen des Käufers der Anwendung des § 510 Abs. 1 Satz 1 Nr. 2 BGB nicht entgegensteht.[1245] 2.1019

b) Einordnung. Die Annahme eines (echten) Sukzessivlieferungsvertrages i. e. S. dürfte im Zusammenhang mit Getränkelieferungsverträgen nur eine seltene Ausnahme darstellen.[1246] Deshalb handelt es sich regelmäßig bei Getränkelieferungsverträgen nicht um Verträge i. S. d. § 510 Abs. 1 Satz 1 Nr. 2 BGB. 2.1020

3. Wiederkehrender Bezug von Sachen

§ 510 Abs. 1 Satz 1 Nr. 3 BGB enthält einen die beiden anderen Tatbestände ergänzenden Unterfall des § 510 BGB.[1247] Insofern kommt es nicht auf die Regelmäßigkeit der Lieferung an. Entscheidend ist allein die wiederkehrende Erwerbs- oder Bezugsverpflichtung des Verbrauchers. Den Hauptanwendungsbereich bilden **Rahmenverträge.** 2.1021

II. Bezugsverpflichtungen und § 510 Abs. 1 Satz 1 Nr. 3 BGB

1. Europarechtliche Vorgaben

Die Verbraucherkreditrichtlinie erfasst Ratenlieferungsverträge nicht. Daher ist es dem nationalen Gesetzgeber gestattet, diese Verträge nach seinem Ermessen auszugestalten. Er kann sie insbesondere teilweise wie Kreditgeschäfte behandeln.[1248] 2.1022

2. Schutzzweck

Der Verbraucher soll vor **übereilter Bindung** in Fällen langfristiger Erwerbsverpflichtungen geschützt werden, in denen ihn die sich insgesamt ergebende finanzielle Belastung nicht sofort in voller Höhe trifft, sondern sich entsprechend dem Empfang der einzelnen Leistungen auf die Vertragslaufzeit verteilt. Durch Einräumung eines **Widerrufsrechts (§ 510 Abs. 1 Satz 1 BGB)** wird ihm eine **Überlegungsfrist** gegeben, wenn er sich nach besserer Einsicht vom Ver- 2.1023

1244) Bülow/Artz-*Artz,* Verbraucherkreditrecht, § 510 Rz. 34.

1245) MünchKomm-*Schürnbrand*, BGB, § 510 Rz. 21.

1246) Siehe oben § 8 IV 6 c.

1247) Palandt-*Grüneberg,* BGB, Überblick vor § 311 Rz. 28.

1248) MünchKomm-*Schürnbrand*, BGB, § 510 Rz. 3.

trag lösen will. Außerdem soll er durch die **Form des § 510 Abs. 2 BGB** informiert und gewarnt werden.[1249)]

2.1024 Vor einer **langen Bindung** schützt § 510 BGB nicht. Insoweit können § 138 Abs. 1 BGB oder § 309 Abs. 9 BGB helfen.[1250)] Das Widerrufsrecht des Verbrauchers entsteht daher auch nicht neu für jede einzelne Teillieferung oder Bezugsvereinbarung, sondern beschränkt sich auf die mit ordnungsgemäßer Belehrung beginnende Frist von zwei Wochen (§ 355 Abs. 2 Satz 1 BGB) nach Abgabe seiner auf den Abschluss des Getränkelieferungsvertrages gerichteten Willenserklärung.[1251)]

3. Grundsätze

2.1025 a) § 510 Abs. 1 Satz 1 (Nr. 3) BGB enthält **keine Legaldefinition.** Vielmehr wird lediglich der sachliche und persönliche Anwendungsbereich der Vorschrift – Vertrag zwischen einem Unternehmer und einem Verbraucher bzw. einem Existenzgründer – festgestellt. Er ist daher im Gegensatz zu Getränkelieferungsverträgen zwischen zwei Unternehmern (Brauereien, anderen Unternehmen der Getränkebranche und Getränkefachgroßhändlern) zu sehen, bei denen ein abweichender Vertragsinhalt, insbesondere durch AGB, möglich ist.[1252)]

2.1026 b) Schon nach dem Wortlaut muss eine **Verpflichtung zum wiederkehrenden** Erwerb oder **Bezug** von Sachen begründet sein, was bei Getränkelieferungsverträgen durchweg anzunehmen ist.[1253)] Bei **Eigentümererklärungen** bedarf es im Hinblick auf die unterschiedlichen Fallkonstellationen und den Inhalt der übernommenen Verpflichtungen[1254)] einer Differenzierung. Diese Erklärungen fallen nur dann in den sachlichen Anwendungsbereich des Verbraucherkreditrechts, wenn der Hauseigentümer zumindest potentiell eine Getränkebezugsverpflichtung in eigener Person übernimmt. Wo es an einer rechtlichen **Bindung** fehlt, ist die Vorschrift nicht einschlägig.[1255)]

2.1027 c) Den Hauptanwendungsfall des § 510 Abs. 1 Satz 1 Nr. 3 BGB bilden **Rahmenverträge** wie Getränkelieferungsverträge, sofern und soweit – wie hier durchweg

---

1249) BGH, Urt. v. 5.11.1997 – VIII ZR 351/96, NJW 1998, 540; OLG Koblenz, Urt. v. 5.6.1997 – 5 U 7/97, NJW-RR 1998, 1525, rkr. durch Nichtannahmebeschl. d. BGH v. 10.10.1997 – VIII ZR 198/97.

1250) Bülow/Artz-*Artz*, Verbraucherkreditrecht, § 510 Rz. 5.

1251) MünchKomm-*Schürnbrand*, BGB, § 510 Rz. 1.

1252) Palandt-*Weidenkaff*, BGB, § 510 Rz. 2.

1253) BGH, Urt. v. 19.2.1986 – VIII ZR 113/85, NJW 1986, 1697; BGH, Urt. v. 6.12.1989 – VIII ZR 310/88, BGHZ 109, 314 = NJW 1990, 567 = Zeller IV, 210; BGH, Urt. v. 10.5.1995 – VIII ZR 264/94, BGHZ 129, 371 = NJW 1995, 2290 = ZIP 2995, 996; BGH, Urt. v. 4.12.1996 – VIII ZR 360/95, NJW 1997, 933; OLG Hamm, Urt. v. 28.7.1992 – 19 U 193/92, NJW 1992, 3179 = ZIP 1991, 1224.

1254) Siehe oben § 15 I 2 sowie unten § 35 III 1–2a.

1255) Bülow/Artz-*Artz*, Verbraucherkreditrecht, § 510 Rz. 41.

– damit die Verpflichtung des Absatzmittlers zum Bezug von Waren des Vertragspartners verbunden ist.[1256)]

d) Unerheblich ist ebenfalls, ob die Getränkelieferungen aufgrund eines **Rahmen-** oder eines **Sukzessivlieferungsvertrages** erbracht werden. 2.1028

e) Einer **ausschließlichen Bezugsverpflichtung** bedarf es nicht. 2.1029

f) Einzelheiten der Bezugsverpflichtung, u. a. **Vertragspartner, Umfang (z. B. Gesamt- oder Mindestabnahmemenge)** und **Preise** oder die Möglichkeit, jederzeit zu kündigen, müssen noch nicht feststehen.[1257)] Wenn auch die Person des Vertragspartners und der nähere Umfang der Bezugsverpflichtung noch nicht feststehen, so haben die Parteien doch keine Möglichkeit mehr, die Getränke auf dem freien Markt zu erwerben. Dies spricht dafür, die Vorschrift des § 510 Abs. 1 Satz 1 Nr. 3 BGB zumindest entsprechend heranzuziehen.[1258)] Die Vorschrift greift daher auch dann ein, wenn der Bezug nach dem **wechselnden Bedarf** des Verpflichteten zu erfolgen hat.[1259)] § 510 Abs. 1 Satz 1 Nr. 3 BGB setzt nicht voraus, dass eine **Mindestabnahme-** oder **Gesamtabnahmemenge** auferlegt worden ist.[1260)] § 510 Abs. 1 Satz 1 Nr. 3 BGB erfasst also sowohl Verträge mit vereinbarter periodischer Mindestabnahmemenge als auch (Gesamt-)Mengenverträge.[1261)] 2.1030

g) Unerheblich und damit abweichend von der Inhaltskontrolle nach §§ 138 Abs. 1, 307 BGB sind der **Wert** der dem Bezugsverpflichteten zufließenden **Leistungen** und seine **persönliche Schutzbedürftigkeit.**[1262)] 2.1031

1256) BGH, Urt. v. 19.2.1986 – VIII ZR 113/85, NJW 1986, 1697 = ZIP 1986, 505 = Zeller III, 102, dazu EWiR 1986, 313 *(Paulusch)*; BGH, Urt. v. 6.12.1989 – VIII ZR 310/88, BGHZ 109, 314 = NJW 1990, 567 = Zeller IV, 210; BGH, Urt. v. 10.5.1995 – VIII ZR 264/94, BGHZ 129, 371 = NJW 1995, 2290 = ZIP 2995, 996.

1257) OLG Köln, Beschl. v. 19.8.1996 – 1 W 72/96, BB 1996, 2661 = MDR 1997, 32.

1258) BGH, Urt. v. 6.7.1988 – VIII ZR 256/87, NJW 1988, 2877 = Zeller IV, 488; OLG Köln, Beschl. v. 19.8.1996 – 1 W 72/96, BB 1996, 2661 = MDR 1997, 32.

1259) BGH, Urt. v. 16.4.1986 – VIII ZR 79/85, BGHZ 97, 351 = NJW 1986, 1988 = ZIP 1986, 781 = Zeller III, 108; BGH, Urt. v. 6.7.1988 – VIII ZR 256/87, NJW 1988, 2877 = Zeller IV, 488; BGH, Urt. v. 6.7.1988 – VIII ZR 6/88, NJW-RR 1988, 1322; BGH, Urt. v. 3.11.1988 – I ZR 242/86, NJW 1989, 456; OLG Köln, Beschl. v. 19.8.1996 – 1 W 72/96, BB 1996, 2661 = MDR 1997, 32.

1260) BGH, Urt. v. 6.7.1988 – VIII ZR 256/87, NJW 1988, 2877 = Zeller IV, 488; OLG München, Urt. v. 24.5.1968 – 8 U 2517/67, NJW 1968, 1880; OLG Köln, Beschl. v. 19.8.1996 – 1 W 72/96, BB 1996, 2661 = MDR 1997, 32.

1261) BGH, Urt. v. 19.2.1986 – VIII ZR 113/85, NJW 1986, 1697; BGH, Urt. v. 6.12.1989 – VIII ZR 310/88, BGHZ 109, 314 = NJW 1990, 567 = Zeller IV, 210; BGH, Urt. v. 10.5.1995 – VIII ZR 264/94, BGHZ 129, 371 = NJW 1995, 2290 = ZIP 2995, 996; BGH, Urt. v. 4.12.1996 – VIII ZR 360/95, NJW 1997, 933; OLG Hamm, Urt. v. 28.7.1992 – 19 U 193/92, NJW 1992, 3179 = ZIP 1991, 1224; *Paulusch*, Brauerei- und Gaststättenrecht, 9. Aufl. 1996, Rz. 158.

1262) BGH, Urt. v. 16.4.1986 – VIII ZR 79/85, BGHZ 97, 351 = NJW 1986, 1988 = ZIP 1986, 781 = Zeller III, 108; BGH, Urt. v. 22.1.1992 – VIII ZR 374/89, NJW-RR 1992, 593.

2.1032 h) Nichts anderes gilt, wenn die Getränkebezugsverpflichtung des Gastwirts in einem anderen, dem Wortlaut des § 1 AbzG an sich nicht unterfallenden Vertrag – etwa als Leistung für die Gewährung eines **Darlehens** oder die **Verpachtung** oder **Vermittlung einer Absatzstätte** – vereinbart wird.[1263)] Auch hier wird entscheidend nach dem Schutzzweck des § 1c AbzG allein sein müssen, dass eine langfristige – allerdings kaufrechtliche – Bezugsverpflichtung eingegangen wird, nicht dagegen, ob dies in einem Vertrag geschieht, der seinem Leistungsgegenstand nach selbst nicht unter das AbzG fällt.[1264)]

2.1033 i) **Aufspaltung in zwei Verträge.** Die nur formelle Aufspaltung funktionell zusammengehöriger Vertragsgegenstände in mehreren Vertragsurkunden steht unter Berücksichtigung des § 511 Satz 2 BGB der Anwendung des § 510 BGB nicht entgegen. Das Eingreifen der §§ 358–359a BGB setzt voraus, dass in Verbindung mit dem Ratenlieferungsvertrag ein Darlehensvertrag geschlossen wird, der mit jenem eine wirtschaftliche Einheit i. S. v. § 358 Abs. 3 BGB bildet oder einer der Tatbestände des § 359a Abs. 1 oder 2 BGB vorliegt.[1265)]

2.1034 j) **Darlegungs- und Beweislast.** Darlegungs- und beweispflichtig hinsichtlich des Vorliegens der Voraussetzungen des § 510 Abs. 1 Satz 1 (Nr. 3) BGB in Bezug auf den konkreten Vertrag ist der Verbraucher.[1266)] Ihm obliegt es, seine Eigenschaft als Verbraucher oder Existenzgründer zu behaupten und ggf. zu beweisen. Im letzten Fall ist es sodann Sache des Unternehmers, bei Überschreiten der Größengrenze von 75.000,00 € (§ 512 BGB) nachzuweisen.[1267)]

4. Getränkebezugsverpflichtungen

2.1035 a) **Anwendbarkeit. aa) Rückblick.** Sachliche Anwendungsvoraussetzung schon des **§ 1c Nr. 3 AbzG** als der ursprünglichen Vorgängervorschrift war, dass Getränkelieferungsverträge eine Verpflichtung zum wiederkehrenden Erwerb oder Bezug von Sachen zum Gegenstand hatten. Der BGH hatte diese Frage im Hinblick auf den Wortlaut, die Entstehungsgeschichte und den rechts-

---

1263) BGH, Urt. v. 19.2.1986 – VIII ZR 113/85, NJW 1986, 1697; BGH, Urt. v. 16.4.1986 – VIII ZR 79/85, BGHZ 97, 351 = NJW 1986, 1988 = ZIP 1986, 781 = Zeller III, 108; BGH, Urt. v. 3.11.1988 – I ZR 242/86, NJW 1989, 456; BGH, Urt. v. 27.4.1994 – VIII ZR 223/93, NJW 1994, 1800 = ZIP 1994, 884.

1264) BGH, Urt. v. 22.1.1992 – VIII ZR 374/89, NJW-RR 1992, 593.

1265) MünchKomm-*Schürnbrand*, BGB, § 510 Rz. 33.

1266) MünchKomm-*Schürnbrand*, BGB, § 510 Rz. 44.

1267) MünchKomm-*Schürnbrand*, BGB, § 510 Rz. 44.

politischen Zweck der in § 1c Nr. 3 AbzG getroffenen Regelung bejaht und an dieser Auffassung in ständiger Rechtsprechung festgehalten.[1268)]

bb) § 2 Nr. 3 VerbrKrG enthielt eine mit § 1c Nr. 3 AbzG wörtlich übereinstimmende Regelung. Insoweit hatte sich am sachlichen Anwendungsbereich des VerbrKrG auf Verpflichtungen zum wiederkehrenden Bezug von Waren gegenüber dem AbzG nichts geändert.[1269)] 2.1036

b) Geltendes Recht. Angesichts der inhaltlichen Kontinuität des **§ 510 Abs. 1 Satz 1 Nr. 3 BGB** mit § 1c Nr. 3 AbzG und § 2 Nr. 3 VerbrKrG sind Entscheidungen zur Altrechtslage weiterhin von Bedeutung.[1270)] 2.1037

5. Typenkombinationen

a) Anerkannte Fallgruppen. Häufige Typenkombination sind **Darlehens**- und Getränkelieferungsverträge,[1271)] (Inventar-)**Kauf**- und Getränkelieferungsverträge,[1272)] **Leih**- und Getränkelieferungsverträge,[1273)] **Pacht**- und Getränkelieferungsverträge sowie **Miet**- und Getränkelieferungsverträge.[1274)] 2.1038

1268) BGH, Urt. v. 15.10.1980 – VIII ZR 192/79, BGHZ 78, 248 = NJW 1981, 230 = ZIP 1980, 1094 = Zeller II, 68; BGH, Urt. v. 11.3.1981 – VIII ZR 296/79, WM 1981, 589; BGH, Urt. v. 19.2.1986 – VIII ZR 113/85, NJW 1986, 1697; BGH, Urt. v. 16.4.1986 – VIII ZR 79/85, BGHZ 97, 351 = NJW 1986, 1988 = ZIP 1986, 781 = Zeller III, 108; BGH, Urt. v. 3.7.1991 – VIII ZR 201/90, NJW 1991, 2903 = ZIP 1991, 1011 = Zeller IV, 124; BGH, Urt. v. 22.1.1992 – VIII ZR 374/89, NJW-RR 1992, 593; BGH, Urt. v. 27.4.1994 – VIII ZR 223/93, NJW 1994, 1800 = ZIP 1994, 884; BGH, Urt. v. 10.5.1995 – VIII ZR 264/94, BGHZ 129, 371 = NJW 1995, 2290 = ZIP 2995, 996; BGH, Urt. v. 17.4.1996 – VIII ZR 44/95, NJW 1996, 2094 = ZIP 1996, 1012; BGH, Urt. v. 4.12.1996 – VIII ZR 360/95, NJW 1997, 933.

1269) BGH, Urt. v. 10.5.1995 – VIII ZR 264/94, BGHZ 129, 371 = NJW 1995, 2290 = ZIP 2995, 996; BGH, Urt. v. 5.11.1997 – VIII ZR 351/96, NJW 1998, 540; OLG Frankfurt/M., Urt. v. 6.12.1994 – 11 U (Kart) 73/94; OLG Köln, Beschl. v. 19.8.1996 – 1 W 72/96, BB 1996, 2661 = MDR 1997, 32; OLG Koblenz, Urt. v. 5.6.1997 – 5 U 7/97, NJW-RR 1998, 1525, rkr. durch Nichtannahmebeschl. d. BGH v. 10.10.1997 – VIII ZR 198/97.

1270) MünchKomm-*Schürnbrand*, BGB, § 510 Rz. 2.

1271) OLG Hamm, Urt. v. 27.9.1991 – 20 U 106/91, rkr. durch Nichtannahmebeschl. d. BGH v. 21.10.1992 – VIII ZR 223/91; a. A. OLG München, Urt. v. 26.4.1977 – 14 O. 431/77, NJW 1977, 1691, 1692, unter Hinweis auf die Gesetzesmaterialien zum AbzG. Danach sollten Getränkelieferungsverträge nach Absicht des Rechtsausschusses des Deutschen Bundestages nicht unter diese Vorschrift fallen. *Reich*, JZ 1975, 554; *Löwe,* NJW 1974, 2262.

1272) BGH, Urt. v. 19.2.1986 – VIII ZR 113/85, BGHZ 97, 127 = NJW 1986, 1697 = ZIP 1986, 505 = Zeller III, 102; BGH, Urt. v. 16.4.1986 – VIII ZR 79/85, BGHZ 97, 351 = NJW 1986, 1988 = ZIP 1986, 781 = Zeller III, 108; BGH, Urt. v. 10.5.1995 – VIII ZR 264/94, BGHZ 129, 371 = NJW 1995, 2290 = ZIP 2995, 996; BGH, Urt. v. 4.12.1996 – VIII ZR 360/95, NJW 1997, 933.

1273) BGH, Urt. v. 6.12.1989 – VIII ZR 310/88, BGHZ 109, 314 = NJW 1990, 567 = Zeller IV, 210.

1274) BGH, Urt. v. 6.7.1988 – VIII ZR 256/87, NJW 1988, 2877 = Zeller IV, 488; OLG Köln, Beschl. v. 19.8.1996 – 1 W 72/96, BB 1996, 2661 = MDR 1997, 32; OLG Frankfurt/M., Urt. v. 12.5.1998 – 11 U (Kart) 54/97.

2.1039 b) Auch die in einem **Grundstückskaufvertrag** dem Käufer als Leistung für die Stundung eines Kaufpreisteils auferlegte Getränkebezugsverpflichtung fiel unter § 1c Nr. 3 AbzG und konnte von ihm gem. § 1b AbzG widerrufen werden, wenn er nicht als Kaufmann im Handelsregister eingetragen war.[1275)]

2.1040 Zwar fand § 1 AbzG auf Grundstücksverkäufe keine Anwendung,[1276)] auch wenn die Entrichtung des Kaufpreises in Teilzahlungen vereinbart war. Das besagte aber noch nicht, dass die Voraussetzungen des § 1c Nr. 3 AbzG auch dann nicht vorlagen, wenn der Käufer als Leistung für die Übertragung des Grundeigentums die Verpflichtung zum wiederkehrenden Bezug von Sachen übernahm. Der Schutzzweck der §§ 1b, 1c AbzG, der dem Käufer eine kurze nachträgliche Überlegungsfrist einräumen wollte, und die andernfalls bestehende Manipulationsgefahr erforderten es, dem Käufer auch hier ein Widerrufsrecht zuzugestehen. Die an der Rechtsprechung des BGH geübte Kritik,[1277)] bei Grundstückskäufen mache der Zwang zur notariellen Beurkundung die Einräumung einer weiteren Überlegungsfrist entbehrlich, konnte nicht überzeugen. Die Erforderlichkeit einer notariellen Beurkundung brachte – allenfalls – eine „vorherige", also vor Vertragsschluss anzustellende „Überlegung" mit sich, während die Vorschriften der §§ 1b, 1c AbzG gerade eine nachträgliche Überlegungsfrist gewähren wollten.[1278)]

2.1041 c) **Reichweite.** Bei **gemischten Verträgen**, wie Getränkelieferungsverträgen, gelten die Verbraucherschutzbestimmungen nur für den Teil des Vertrages, der die entsprechenden Tatbestandsvoraussetzungen erfüllt, nicht aber für die sonstigen Bestandteile des (einheitlichen) Vertrages.[1279)] Soweit Geschäfte i. S. d. § 510 Abs. 1 Satz 1 Nr. 3 BGB im Einzelfall zugleich die Voraussetzungen eines Verbraucherdarlehensvertrages (§§ 491–505 BGB) oder einer sonstigen Finanzierungshilfe (§§ 506–509 BGB) erfüllen, kommen die insgesamt geltenden zusätzlichen Schutzvorschriften zur Anwendung.[1280)]

1275) BGH, Urt. v. 19.2.1986 – VIII ZR 113/85, BGHZ 97, 127 = NJW 1986, 1697 = ZIP 1986, 505 = Zeller III, 102; BGH, Urt. v. 8.10.1992 – IX ZR 98/91, NJW-RR 1992, 243.

1276) BGH, Urt. v. 18.9.1970 – V ZR 174/67, WM 1970, 1362.

1277) *Weitnauer*, JZ 1986, 763.

1278) BGH, Urt. v. 15.10.1980 – VIII ZR 192/79, BGHZ 78, 248 = NJW 1981, 230 = ZIP 1980, 1094 = Zeller II, 68; BGH, Urt. v. 22.1.1992 – VIII ZR 374/89, NJW-RR 1992, 593; BGH, Urt. v. 10.5.1995 – VIII ZR 264/94, BGHZ 129, 371 = NJW 1995, 2290 = ZIP 2995, 996; BGH, Urt. v. 17.4.1996 – VIII ZR 44/95, NJW 1996, 2094 = ZIP 1996, 1012.

1279) BGH, Urt. v. 16.4.1986 – VIII ZR 79/85, BGHZ 97, 351 = NJW 1986, 1988 = ZIP 1986, 781 = Zeller III, 108; BGH, Urt. v. 6.12.1989 – VIII ZR 310/88, BGHZ 109, 314 = NJW 1990, 567 = Zeller IV, 210; OLG Köln, Beschl. v. 19.8.1996 – 1 W 72/96, BB 1996, 2661 = MDR 1997, 32.

1280) Bülow/Artz-*Artz*, Verbraucherkreditrecht, § 510 Rz. 11.

6. Pachtverträge

Der Pachtvertrag an sich, insbesondere der Anpachtungsvertrag, unterfällt nicht § 510 Abs. 1 Satz 1 Nr. 3 BGB. Er bedarf keiner Widerrufsbelehrung.[1281)] 2.1042

7. Bezugsverpflichtungen zu Gunsten Dritter

Höchstrichterlich[1282)] noch nicht entschieden ist die Frage, ob § 510 Abs. 1 Satz 1 Nr. 3 BGB auch dann anwendbar ist, wenn der Abnehmer sich zu einem Getränkebezug nicht gegenüber seinem Vertragspartner – z. B. dem Verpächter –, sondern gegenüber einem Dritten – etwa einem Getränkelieferanten – verpflichtet. Man wird bezweifeln dürfen, ob dies einen entscheidungserheblichen Unterschied macht. Nach seinem Wortlaut setzte die Vorgängervorschrift des § 1c Nr. 3 AbzG allein die auf den Abschluss eines der dort genannten Geschäfte gerichtete Willenserklärung des Käufers voraus. Dass dieser sich zum Bezug gerade von seinem Vertragspartner verpflichtete, verlangte die Vorschrift nicht. Für das Schutzbedürfnis des Käufers war es ohne Belang, ob er sich verpflichtete, langfristig Getränke von seinem Vertragspartner oder von einem Dritten zu beziehen. Für § 510 Abs. 1 Satz 1 Nr. 3 BGB dürfte Entsprechendes gelten. 2.1043

Für die hier vertretene Ansicht spricht auch die Haltung, die der BGH im Falle des **Schuldbeitritts** zu der in einem Pachtvertrag übernommenen Getränkebezugsverpflichtung eingenommen hat. Wenn auch die Schuldmitübernahme den Beitretenden nicht zum Vertragspartner macht, so rechtfertigte sich die jedenfalls entsprechende Anwendung des § 1c Nr. 3 AbzG doch daraus, dass der Beitretende dieselbe Verpflichtung zum wiederkehrenden Bezug von Sachen auf sich nimmt wie der bisherige Alleinschuldner; das Schutzbedürfnis beider unterscheidet sich nicht.[1283)] 2.1044

Unerheblich ist, ob die in dem Vertrag enthaltene Bezugsverpflichtung nur gegenüber dem Vermieter/Verpächter oder dem Getränkelieferanten besteht, und ob durch diese Klausel dem Dritten ein eigenes Recht (§ 328 BGB) zugestanden wird.[1284)] 2.1045

1281) OLG Hamm, Urt. v. 5.7.1995 – 30 U 331/93, ZMR 1995, 536; OLG Düsseldorf, Urt. v. 18.4.2000 – 24 U 123/99, ZMR 2001, 103.

1282) Vgl. aber OLG Hamm, Urt. v. 28.7.1992 – 19 U 193/92, NJW 1992, 3179 = ZIP 1991, 1224; OLG Köln, Beschl. v. 19.8.1996 – 1 W 72/96, BB 1996, 2661 = MDR 1997, 32.

1283) BGH, Urt. v. 6.12.1989 – VIII ZR 310/88, BGHZ 109, 314 = NJW 1990, 567 = Zeller IV, 210; BGH, Urt. v. 8.10.1992 – IX ZR 98/91, NJW-RR 1993, 243; OLG Düsseldorf, Urt. v. 13.4.1984 – 16 U 166/83, WM 1984, 1220 = Zeller III, 50; OLG Düsseldorf, Urt. v. 3.12.1987 – 10 U 126/87, NJW-RR 1988, 948 = Zeller IV, 41.

1284) OLG Köln, Beschl. v. 19.8.1996 – 1 W 72/96, BB 1996, 2661 = MDR 1997, 32.

8. Vertragsübernahme

2.1046 a) Erfasst wird die vertragliche Übernahme einer Getränkebezugspflicht.[1285)]

2.1047 b) § 510 Abs. 1 Satz 1 Nr. 3 BGB gilt im Zusammenhang mit Getränkebezugsverträgen grundsätzlich auch für die **(notarielle) Vertragsübernahme,**[1286)] jedenfalls dann, wenn die Vertragsübernahme durch dreiseitige Vereinbarung zwischen dem Ausscheidenden, dem Verbleibenden und dem eintretenden Teil vereinbart wird.[1287)]

2.1048 Auch in dem Fall, dass die Übernahme durch Vertrag zwischen ursprünglichem Vertragspartner des Getränkelieferanten und dem eventuell künftigen Vertragspartner desselben unter Zustimmung des Getränkelieferanten zustande kommen soll (§ 415 BGB analog) wird im Hinblick auf das Umgehungsverbot des § 511 Satz 2 BGB die analoge Anwendung der §§ 491–512 BGB auf den Übernahmevertrag bejaht. Maßgeblich ist das Schutzbedürfnis des Übernehmers. Dieses ist ebenso groß wie das des Verbrauchers, der durch den Abschluss eines Vertrages belastet werde. Entscheidend sei allein, ob der übernommene Vertrag inhaltlich den Schutzbereich des Gesetzes unterfällt. Dabei greift das Verbraucherkreditrecht in dem Umfang ein, in dem er im Zeitpunkt der Vertragsübernahme – nicht bei Abschluss des übernommenen Vertrags – gesetzlich gewährleistet wird.[1288)]

9. Vertragsbeitritt

2.1049 Gleiches gilt für den Vertragsbeitritt bzw. -eintritt.[1289)]

1285) BGH, Urt. v. 3.7.1991 – VIII ZR 201/90, NJW 1991, 2903 = ZIP 1991, 1011 = Zeller IV, 124; BGH, Urt. v. 22.1.1992 – VIII ZR 374/89, NJW-RR 1992, 593; BGH, Urt. v. 8.10.1992 – IX ZR 98/91, NJW-RR 1992, 243; BGH, Urt. v. 10.5.1995 – VIII ZR 264/94, BGHZ 129, 371 = NJW 1995, 2290 = ZIP 2995, 996; BGH, Urt. v. 17.4.1996 – VIII ZR 44/95, NJW 1996, 2094 = ZIP 1996, 1012; OLG Düsseldorf, Urt. v. 13.4.1984 – 16 U 166/83, WM 1984, 1220 = Zeller III, 50; OLG Stuttgart, Beschl. v. 26.7.1985 – 2 W 45/85, WRP 1986, 119; OLG München, Urt. v. 1.10.1985 – 25 U 3981/85, NJW-RR 1986, 150 = Zeller III, 96; OLG Frankfurt/M., Urt. v. 30.11.1988 – 17 U 194/87, NJW-RR 1989, 1082 = Zeller IV, 56.

1286) BGH, Urt. v. 10.5.1995 – VIII ZR 264/94, BGHZ 129, 371 = NJW 1995, 2290 = ZIP 2995, 996; OLG Koblenz, Urt. v. 5.6.1997 – 5 U 7/97, NJW-RR 1998, 1525, rkr. durch Nichtannahmebeschl. d. BGH v. 10.10.1997 – VIII ZR 198/97; OLG Köln, Beschl. v. 19.8.1996 – 1 W 72/96, BB 1996, 2661 = MDR 1997, 32.

1287) BGH, Urt. v. 10.5.1995 – VIII ZR 264/94, BGHZ 129, 371 = NJW 1995, 2290 = ZIP 2995, 996; OLG Koblenz, Urt. v. 5.6.1997 – 5 U 7/97, NJW-RR 1998, 1525, rkr. durch Nichtannahmebeschl. d. BGH v. 10.10.1997 – VIII ZR 198/97; OLG Düsseldorf, Urt. v. 20.12.1999 – 24 U 186/98, NJW-RR 2001, 641.

1288) BGH, Urt. v. 10.5.1995 – VIII ZR 264/94, BGHZ 129, 371 = NJW 1995, 2290 = ZIP 2995, 996; BGH, Urt. v. 26.5.1999 – VIII ZR 141/98, BGHZ 142, 23 = NJW 1999, 2664 = ZIP 1999, 1169 (zum kreditrechtlichen Teil, offenlassend).

1289) BGH, Urt. v. 17.4.1996 – VIII ZR 44/95, NJW 1996, 2094 = ZIP 1996, 1012.

10. Schuldübernahme

a) **§ 414 BGB.** Auch auf die Schuldübernahme einer Getränkebezugsverpflichtung dürfte § 510 Abs. 1 Satz 1 Nr. 3 BGB zumindest analoge Anwendung finden, wenn im Hinblick auf den Neuschuldner (**Einzelbetrachtung**) die Voraussetzungen der §§ 512, 510 BGB vorliegen.[1290] 2.1050

b) **§ 415 BGB.** Im Fall des § 415 BGB erfolgt die befreiende Schuldübernahme durch Vertrag zwischen Alt- und Neuschuldner unter Genehmigung des Gläubigers. Nach der ganz herrschenden Verfügungstheorie enthält der Übernahmevertrag zwischen Altschuldner und Neuschuldner eine Verfügung über die Forderung, die der Genehmigung des Gläubigers bedarf. Es fehlt danach an einem (Darlehens-)Vertrag zwischen Gläubiger und Neuschuldner. Nach h. M. führt dies grundsätzlich zur Ausschaltung der §§ 491–512 BGB. Wenn allerdings die Schuldübernahme gem. § 415 Abs. 1 BGB auf Initiative des Gläubigers erfolgt, wird wegen des Umgehungsverbots des § 511 Satz 2 BGB die analoge Anwendung der §§ 491–512 BGB bejaht.[1291] 2.1051

Nach der Mindermeinung ist der Umgehungstatbestand des § 511 Satz 2 BGB auch dann gegeben, wenn die Vertragsgestaltung nach § 415 Abs. 1 BGB nicht vom Gläubiger veranlasst worden ist. Danach sind auch bei der befreienden Schuldübernahme gem. § 415 Abs. 1 BGB wie im Falle des § 414 BGB die §§ 491–512 BGB entsprechend anzuwenden.[1292] 2.1052

11. Schuldbeitritt

Auch für den Schuldbeitritt zu einer Getränkebezugsverpflichtung gilt § 510 Abs. 1 Satz 1 Nr. 3 BGB.[1293] 2.1053

12. Bürgschaft

Die Beteiligung Dritter an einem Getränkelieferungsvertrag in Form einer Bürgschaft, ein wohl eher theoretischer Fall, ist dem Schutzbereich der Vorschrift entzogen.[1294] 2.1054

1290) BGH, Urt. v. 10.5.1995 – VIII ZR 264/94, BGHZ 129, 371 = NJW 1995, 2290 = ZIP 2995, 996.

1291) *Kurz*, DNotZ 1997, 552.

1292) Staudinger-Kessal-*Wulf*, BGB, § 491 Rz. 22, m. w. N.

1293) BGH, Urt. v. 6.12.1989 – VIII ZR 310/88, BGHZ 109, 314 = NJW 1990, 567 = Zeller IV, 210; BGH, Urt. v. 22.1.1992 – VIII ZR 374/89, NJW-RR 1992, 593; BGH, Urt. v. 8.10.1992 – IX ZR 98/91, NJW-RR 1992, 243; BGH, Urt. v. 17.4.1996 – VIII ZR 44/95, NJW 1996, 2094 = ZIP 1996, 1012; OLG Düsseldorf, Urt. v. 13.4.1984 – 16 U 166/83, WM 1984, 1220 = Zeller III, 50; OLG Düsseldorf, Urt. v. 3.12.1987 – 10 U 126/87, NJW-RR 1988, 948 = Zeller IV, 41; OLG Rostock, Urt. v. 25.2.2009 – 2 U 5/09, BeckRS 2009, 10314.

1294) MünchKomm-*Schürnbrand*, BGB, § 510 Rz. 10.

13. Vertragsänderungen

2.1055 Auf Vertragsänderungen ist § 510 Abs. 1 Satz 1 Nr. 3 BGB bei Personenidentität nicht anwendbar.[1295)]

III. Sachliche Bereichsausnahmen

1. Bagatellklausel

2.1056 Nach aktuell geltender Rechtslage greift die Bagatellklausel der §§ 510 Abs. 1 Satz 2, 491 Abs. 2 Nr. 1 BGB auch insofern.[1296)]

2. Notarielle Beurkundung

2.1057 Die Ausnahmeregelung der §§ 510 Abs. 1 Satz 2, 491 Abs. 3 BGB erfasst in Abweichung von den Vorgängerbestimmungen der §§ 505 Abs. 1 Satz 2, 491 Abs. 3 Nr. 1 BGB a. F. nicht mehr notariell beurkundete Getränkelieferungsverträge.

2.1058 Da einerseits § 510 Abs. 1 Satz 2 BGB der Wertung zum Durchbruch verhilft, dass der Verbraucher bei Abschluss eines Getränkelieferungsvertrages nicht schutzwürdiger ist als bei Abschluss einer Finanzierungshilfe und der Gesetzgeber, andererseits eine weitergehende Änderung nicht beabsichtigt war, wird vertreten, dass in diesen Fällen entsprechend § 495 Abs. 3 Nr. 2 BGB weiterhin das Widerrufsrecht entfalle.[1297)] Hintergrund ist die Annahme des Gesetzgebers, es bestehe kein praktisches Bedürfnis für eine entsprechende Ausnahmeregelung.[1298)] Jedenfalls im Zusammenhang mit Getränkelieferungsverträgen haben notariell beurkundete Getränkebezugsverpflichtungen durchaus praktische Bedeutung.[1299)] Die in § 510 Abs. 1 Satz 2 BGB angeordnete entsprechende Anwendung des § 491 Abs. 3 BGB insbesondere auch für notariell beurkundete Getränkelieferungsverträge führt zu Anwendungsschwierigkeiten. Gleiches gilt für gerichtlich protokollierte Verträge. Fraglich ist nämlich, welche Angaben der notariell beurkundete Getränkelieferungsvertrag enthalten muss, damit die Ausnahme eingreift. Zwar entfällt der in § 491 Abs. 3 BGB genannte Sollzinssatz, weil es bei Getränkelieferungsverträgen, denen die Kreditierungsfunktion fehlt, nichts Vergleichbares gibt. Die in der Vorschrift gleichfalls genannten Kosten des Darlehens könnten möglicherweise bei Ratenlieferungsverträgen eine Entsprechung haben. Die Angabe über die Voraussetzungen möglicher Änderungen der Kosten könnte Schwierigkeiten bereiten im Hinblick auf die Möglichkeit, die Preise für die

---

1295) Vgl. dazu die nicht überzeugende Entscheidung des OLG Nürnberg, Urt. v. 6.5.2004 – 13 U 52/04.

1296) Zur Altrechtslage nach VerbrKrG *Bühler*, Brauerei- und Gaststättenrecht, 13. Aufl. 2011, § 25 III 1 a, Rz. 1431.

1297) MünchKomm-*Schürnbrand*, BGB, § 510 Rz. 32.

1298) BT-Drucks. 14/7052, S. 203.

1299) Vgl. dazu nur die unter § 22 II 5 b berichtete Rechtsprechung.

Getränke zu erhöhen. Allerdings sieht § 510 BGB insofern keine Pflichtangaben vor. Die Ausnahmevorschrift ist vielmehr den Besonderheiten bei Ratenlieferungsverträgen anzupassen.[1300)]

Aus Gründen unternehmerischer Vorsicht ist daher bei notariell beurkundeten Getränkelieferungsverträgen bis auf weiteres auch hinsichtlich des bezugsrechtlichen Teils das aktuelle Verbraucherkreditrecht zu beachten. 2.1059

§ 23 Persönlicher Anwendungsbereich

I. Unternehmer

1. Begrifflichkeit

a) Die mit Wirkung zum 30.6.2000 in das BGB eingefügten **Legaldefinitionen** der §§ 13 und 14 BGB haben grundsätzlich Gültigkeit für das gesamte Zivil- und Zivilverfahrensrecht.[1301)] 2.1060

b) Der Begriff des Unternehmers i. S. d. § 14 BGB ist auch für § 510 Abs. 1 Satz 1 BGB maßgeblich.[1302)] 2.1061

2. Grundsatz

Die Zusammenarbeit mit Unternehmern (§ 14 BGB) fällt nicht unter das Verbraucherkreditrecht.[1303)] 2.1062

3. GmbH

a) Verträge mit einer **GmbH** werden bereits nach dem Gesetzeswortlaut nicht erfasst.[1304)] 2.1063

b) **Einmann-GmbH.** Regelmäßig steht der Verwendungszweck des Darlehens oder der Finanzierungshilfe einer Anwendung entgegen. Aber auch für den Fall, dass der Kredit ausnahmsweise privaten Zwecken des GmbH-Gesellschafters zu dienen bestimmt ist, muss es im Hinblick auf die Stellung der Gesellschaft als Partei des Vertrages bei der Nichtgeltung des Gesetzes bewenden. Die rechtliche Verselbständigung juristischer Personen gegenüber ihren Gesellschaftern kann 2.1064

1300) Staudinger-*Kessal-Wulf*, BGB, § 510 Rz. 4.

1301) BGH, Beschl. v. 24.2.2005 – III ZB 36/04, BGHZ 162, 253 = NJW 2005, 1273 = ZIP 2005, 622.

1302) BGH, Urt. v. 14.12.1994 – VIII ZR 46/94, NJW 1995, 922 = ZIP 1995, 105; BGH, Urt. v. 10.5.1995 – VIII ZR 264/94, BGHZ 129, 371 = NJW 1995, 2290 = ZIP 2995, 996; OLG Frankfurt/M., Urt. v. 6.12.1994 – 11 U (Kart) 73/94.

1303) BGH, Urt. v. 23.10.2001 – XI ZR 63/01, NJW 2002, 368 = ZIP 2001, 2224 (§ 1 VKG); LG Düsseldorf, Urt. v. 11.5.2011 – 7 O. 285/09, BeckRS 2011, 24525. Zur Altrechtslage nach AbzG (§ 8) *Bühler*, Brauerei- und Gaststättenrecht, 13. Aufl. 2011, § 23 II 1, Rz. 1441 m. w. N.

1304) BGH, Urt. v. 23.10.2001 – XI ZR 63/01, NJW 2002, 368 = ZIP 2001, 2224 (§ 1 VKG).

insbesondere nicht unter Rückgriff auf das Umgehungsverbot des § 511 Satz 2 BGB überspielt werden. Dies auch deshalb, weil mit der Anwendung des § 511 Satz 2 BGB Zurückhaltung geboten ist, soweit es um den persönlichen Anwendungsbereich der Verbraucherkreditvorschriften geht.[1305)]

2.1065 c) Auch die **Vor-GmbH** ist nach herrschender Lehre als Unternehmer anzusehen. Ihr Ziel ist es allein, eine juristische Person zu werden. Da die Geschäftstätigkeit auf eine gewerbliche Tätigkeit gerichtet ist, ist sie nicht schutzwürdig. Zudem ist der notarielle Abschluss des Gründungsvertrages bereits Gewerbeausübung und hinreichendes Indiz für den Abschluss der Existenzgründungsphase.[1306)] Bei der Vor-GmbH ist das Verbraucherkreditrecht auch nicht bezogen auf ihre Gesellschafter anwendbar.[1307)]

4. Unternehmergesellschaft

2.1066 a) Die Unternehmergesellschaft (UG haftungsbeschränkt) nach § 5a GmbHG, die deutsche Antwort auf die Limited, verzichtet auf das Mindeststammkapital von 25.000,00 €, wie es nach § 5 Abs. 1 GmbHG an sich zwingend für die Gründung einer GmbH vorgeschrieben ist. Sie ermöglicht es, kapitalschwachen Existenzgründern das Haftungsrisiko zu begrenzen.

2.1067 b) Auf die Unternehmergesellschaft ist das Verbraucherkreditrecht und damit auch § 512 BGB nicht anwendbar. Bei dieser Gesellschaftsform handelt es sich nämlich nicht um eine eigenständige Rechtsform, sondern nur um eine Unterform der GmbH. Sie ist als GmbH Kaufmann kraft Rechtsform (§ 13 Abs. 3 GmbHG i. V. m. § 6 Abs. 2 HGB), gem. § 13 Abs. 1 GmbHG juristische Person und damit Unternehmer i. S. d. § 14 Abs. 1 BGB, soweit sie in Ausübung einer gewerblichen Tätigkeit ein Rechtsgeschäft abschließt bzw. Leistungen gegen Entgelt anbietet.[1308)]

5. Limited

2.1068 Die Limited, eine Kapitalgesellschaft englischen Rechts, ist für Existenzgründer interessant (gewesen), weil sie kein Mindeststammkapital kennt und schneller und kostengünstiger als die GmbH gegründet werden kann. Sie ist grundbuch- und insolvenzfähig. Im Unterschied zur GmbH gibt es keine Vorgesellschaft der Limited. Unterliegt das jeweilige handelsrechtliche Rechtsgeschäft des Limited deutschen Rechts (Wirkungsstatut), so ist sie als Handelsgesellschaft an-

---

1305) Bülow/Artz-*Artz,* Verbraucherkreditrecht, § 511 Rz. 28.

1306) Bülow/Artz-*Artz,* Verbraucherkreditrecht, § 512 Rz. 6; a. A. noch BGH, Urt. v. 15.1.1987 – III ZR 222/85, NJW 1987, 1698, zu § 8 AbzG.

1307) Bülow/Artz-*Artz,* Verbraucherkreditrecht, § 512 Rz. 6.

1308) Baumbach/Hueck-*Fastrich,* GmbHG, § 5a Rz. 7.

zusehen und Kaufmann i. S. d. HGB.[1309] Die (Einmann-)Limited ist als juristische Person (legal entity) und damit als Unternehmer zu qualifizieren. Daher scheidet eine Anwendung des § 512 BGB aus.[1310]

6. Eingetragener Idealverein

a) **Grundsatz.** In Konsequenz des Wortlauts der §§ 13, 14 Abs. 1 BGB scheiden juristische Personen und damit nach h. M. auch eingetragene Idealvereine als Normadressaten aus. Hätte der Gesetzgeber den Verbraucherbegriff anders verstanden wissen wollen, so hätte er ihn modifizieren müssen. Daher kann nicht ausschlaggebend sein, ob der eingetragene Idealverein bereits Unternehmer i. S. d. § 14 BGB oder eher von seiner Stellung im Wirtschaftsleben her als Verbraucher zu behandeln ist.[1311] 2.1069

b) Davon ist nach h. M. auch bei **kleinen eingetragenen Idealvereinen** mit nur wenigen Mitgliedern, ohne erkennbaren organisatorischen Apparat und mit einer erwerbswirtschaftlichen Tätigkeit nur geringen Umfangs sowie bei einer Kirchengemeinde keine Ausnahme zu machen. Über die vorstehend genannten Gründe hinaus spricht für die h. M. der Zweck des § 13 BGB, den Unternehmensbegriff entsprechend dem europäischen Verständnis zu vereinheitlichen. Eine analoge Anwendung auf andere als natürliche Personen ist ausgeschlossen, weil dadurch die europäische Begrifflichkeit verlassen und folglich der Normzweck des § 13 BGB verletzt würde. 2.1070

7. Nicht eingetragener Idealverein

a) Solange der (Ideal-)Verein noch nicht eingetragen ist, ist er ein **Vor-Verein.** Er ist in dieser Phase noch nicht rechtsfähig und kann bei einem entsprechenden Bindungswillen wie eine Gesellschaft bürgerlichen Rechts zu behandeln sein. Auf den nicht rechtsfähigen Idealverein – für den nach h. M. entgegen § 54 Satz 1 BGB die Vorschriften der §§ 21–53 BGB und nicht gesellschaftsrechtliche Vorschriften gelten – scheidet aufgrund des kooperativen Elementes eine Analogie zu den natürlichen Personen aus. 2.1071

b) Eine Vergleichbarkeit mit einer natürlichen Person i. S. d. § 13 BGB ist nicht gegeben. Der einzige Unterschied zum eingetragenen Verein liegt in der fehlenden Registereintragung. Ansatzpunkte für eine Differenzierung nach dem Zweck der Tätigkeit sind weder ersichtlich noch praktisch handhabbar. Auch fehlt es an einer vergleichbaren Schutzbedürftigkeit mit natürlichen Personen. Das Verbraucherkreditrecht und damit insbesondere § 512 BGB findet 2.1072

1309) Lutter/Hommelhoff-*Bayer*, GmbHG, Anhang II zu § 4a Rz. 10, 13.

1310) *Kadel*, MittBayNot 2006, 102.

1311) Erman-*Saenger*, BGB, § 13 Rz. 5.

daher keine Anwendung. Der Vor-Verein ist als Unternehmer i. S. d. § 14 BGB einzuordnen.

8. Juristische Personen des öffentlichen Rechts

2.1073 Gelegentlich werden Getränkelieferungsverträge mit Gebietskörperschaften wie Gemeinden und Personalkörperschaften wie Kammern sowie Anstalten, etwa Universitäten, geschlossen. So wie noch ist Vertragspartner des Getränkelieferanten eine juristische Person, die bei Ausübung ihrer beruflichen Tätigkeit i. S. d. § 14 Abs. 1 BGB tätig wird. Das Verbraucherkreditrecht ist daher nicht – auch nicht analog – anwendbar.[1312)]

9. Öffentlich-rechtliche Einrichtungen

2.1074 Auch öffentlich-rechtliche Einrichtungen sind Unternehmer i. S. d. § 14 BGB, wenn sie ihre Leistungen privatrechtlich anbieten.

10. Scheinselbständige

2.1075 Bei Scheinselbständigen handelt es sich um Erwerbstätige, die von ihrem Auftraggeber durch Vertrag als Selbständige behandelt werden, faktisch aber wie abhängig Beschäftigte arbeiten. Scheinselbständige können den Schutz des Verbraucherkreditrechts in Anspruch nehmen. Zu prüfen sind die Voraussetzungen des § 512 BGB.[1313)]

11. Scheinunternehmer

2.1076 a) Scheinunternehmer ist eine natürliche Person, die aus der Perspektive eines neutralen Beobachters beim Vertragsschluss in Ausübung ihrer gewerblichen oder selbständigen beruflichen Tätigkeit handelt, obwohl die objektiv das Rechtsgeschäft als Verbraucher abschließt.

2.1077 b) Handelt es sich bei der betreffenden natürlichen Person um einen potentiellen Unternehmer, gibt es eine insbesondere gewerbliche Tätigkeit, der das Geschäft zugeordnet werden kann, so büßt die Person infolge des professionellen Auftretens den Schutz des Verbraucherschutzrechts ein. Sie muss sich als Unternehmer behandeln lassen und kann keinen Verbraucherschutz für das an sich privat motivierte Rechtsgeschäft beanspruchen.

12. Vorgetäuschte Unternehmereigenschaft

2.1078 a) Bei vorgetäuschter Unternehmereigenschaft ist ggf. zu prüfen, ob nicht ein **Scheingeschäft** i. S. d. § 117 Abs. 1 BGB vorliegt. Dies ist dann nicht der Fall,

1312) Staudinger-*Kessal-Wulf*, BGB, § 491 Rz. 18.

1313) Erman-*Saenger*, BGB, § 14 Rz. 15.

wenn die mit dem Getränkelieferungsvertrag verbundenen Rechtsfolgen von den Parteien, insbesondere auch von dem Gastwirt, gewollt waren. Ein Strohmann-Geschäft ist nämlich ernstlich gewollt, weil sonst der damit erstrebte wirtschaftliche Zweck nicht oder nicht in rechtsbeständiger Weise erreicht würde.[1314)]

b) Tritt eine natürliche Person als **Strohmann** für einen anderen auf, so ist der Strohmann weder Verbraucher noch Existenzgründer. Die §§ 491–512 BGB finden keine Anwendung. Das Vorschieben eines Strohmanns geschieht nämlich im rechtsgeschäftlichen Verkehr nicht zum Schein. Wer seine Unternehmereigenschaft vortäuscht, etwa als Strohmann oder sonstiger Scheinunternehmer, kann sich gem. § 242 BGB nicht auf verbraucherschützende Vorschriften berufen.[1315)] **2.1079**

13. Ich-AG

Bezieher eines Existenzgründerzuschusses (§ 421l Abs. 1 Satz 1 SGB III a. F.[1316)] bzw. aktuell eines Gründungszuschusses (§ 93 SGB III) waren und sind bei Rechtsgeschäften Unternehmer, denn der Existenzgründerzuschuss wurde nur für die wirklich selbständige berufliche Tätigkeit gewährt.[1317)] **2.1080**

14. Bestätigungsklauseln

a) Eine **vorformulierte Klausel**, durch die sich der Unternehmer vom Verbraucher bestätigen lässt, dass das Darlehen für eine bereits ausgeübte gewerbliche (oder selbständige berufliche) Tätigkeit bestimmt sein soll, ist wegen Verstoßes gegen § 309 Nr. 12 Satz 1 b BGB unwirksam. **2.1081**

b) Auch eine Individualabrede wird wohl nach § 511 Satz 1 BGB keine Wirksamkeit entfalten. **2.1082**

15. Vermutung

Umstritten ist, ob die von einem Unternehmer vorgenommenen Rechtsgeschäfte analog § 344 Abs. 1 HGB im Zweifel dem unternehmerischen Bereich zuzurechnen sind.[1318)] **2.1083**

1314) BGH, Urt. v. 13.3.2002 – VIII ZR 292/00, NJW 2002, 2030 = ZIP 2002, 930 (Leasingvertrag) zu § 1 VerbrKrG; BGH, Urt. v. 22.12.2004 – VIII ZR 91/04, NJW 2005, 1045; BGH, Urt. v. 12.12.2012 – VIII ZR 89/12, BeckRS 2013, 01095.

1315) BGH, Urt. v. 13.3.2002 – VIII ZR 292/00, NJW 2002, 2030 = ZIP 2002, 930 (Leasingvertrag) zu § 1 VerbrKrG; BGH, Urt. v. 22.12.2004 – VIII ZR 91/04, NJW 2005, 1045.

1316) Die Altregelung lief zum 30. Juni 2006 aus.

1317) Erman-*Saenger*, BGB, § 14 Rz. 15 m. w. N.

1318) Verneinend u. a. Palandt-*Ellenberger*, BGB, § 13 Rz. 3; bejahend Bülow/Artz-*Artz*, Verbraucherkreditrecht, § 491 Rz. 47a.

16. Zweifelsfälle

2.1084 Nach sorgfältiger Prüfung sollte bei nicht zu beseitigenden Zweifeln von einer Existenzgründereigenschaft ausgegangen werden.[1319)]

17. Ende der Unternehmereigenschaft

2.1085 a) **Geschäftsaufgabe.** Die unternehmerische Tätigkeit endet, wenn der Unternehmer nachhaltig keine Umsätze mehr generiert. Typische Beendigungshandlungen[1320)] seitens des Gastwirts sind die nach außen erkennbare Einstellung des Geschäftsbetriebs. Indizien hierfür können u. a. die Rückkehr in den Herkunftsstaat des Gastwirts, der Verkauf des Betriebs, die Auflösung des Unternehmens, die – auch unberechtigte – Veräußerung des betriebsnotwendigen Inventars, eine Unterverpachtung mit und ohne Abwicklung der Rechtsnachfolgeklausel, ggf. auch eine Ablösezahlung durch vermeintliche Nachfolgebetreiber sein. Hat der Getränkelieferant beispielsweise berechtigt wegen tatsächlicher Einstellung des Getränkebezuges gekündigt, so dürfte dies ein Indiz für den Wegfall der Unternehmereigenschaft sein.

2.1086 b) **Abgrenzung.** Die Beendigung der unternehmerischen Tätigkeit kann aber nicht bereits dann angenommen werden, wenn ein Unternehmer nur **vorübergehend** keine Leistungen mehr erbringt. Eine nur vorübergehende Einstellung der Unternehmertätigkeit ist anzunehmen, wenn eine aus den Begleitumständen belegbare Absicht des Unternehmers feststellbar ist, die unternehmerische Tätigkeit, d. h. das Bewirken von Umsätzen, wieder aufnehmen zu wollen. Hierfür muss ein auf die Ausführung von Umsätzen angelegtes Handeln erkennbar sein.[1321)]

2.1087 c) **Konsequenzen.** Ratenzahlungsvereinbarungen, Teilzahlungsvergleiche, Stundungsabreden etc. im Vorfeld der Geschäftsaufgabe unterliegen somit nicht dem Verbraucherkreditrecht. Bei zeitlich nachfolgenden Vereinbarungen ist grundsätzlich von einer Verbrauchereigenschaft auszugehen, soweit nicht erneut die Voraussetzungen des § 512 BGB erfüllt sind.[1322)]

II. Verbraucher

1. Grundlagen

2.1088 § 510 Abs. 1 Satz 1 BGB stellt klar, dass es sich um ein Geschäft zwischen einem Verbraucher (§ 13 BGB) und einem Unternehmer (§ 14 BGB) handeln muss. Es muss also ein **Verbrauchervertrag** vorliegen. Anders als zu Zeiten des § 8 AbzG

1319) *Reiter*, BB 1991, 2322.

1320) Vgl. zu einzelnen Aspekten Staudinger-*Kannowski*, BGB, § 13 Rz. 61; Staudinger-*Habermann*, BGB, § 14 Rz. 51.

1321) Vgl. zu Beginn und Ende der Unternehmereigenschaft einer Kapitalgesellschaft die Verfügung der OFD Koblenz v. 25.10.2006 S 7104 A-St 44 3, BeckVerw 081374.

1322) Siehe unten § 23 III 13 und 14 jeweils m. w. N.

und des § 2 VerbrKrG[1323] wird nur der unternehmerisch handelnde Lieferant, nicht aber der privat handelnde Anbieter erfasst.[1324]

2. Praktische Bedeutung

Die Frage, ob beim Abschluss von Getränkelieferungsverträgen den Getränkelieferanten Verbraucher gegenüberstehen können, stellt sich bei der Zusammenarbeit mit Hauseigentümern, Schuldbeitretenden/-übernehmenden und bei der Gestellung von Sicherheiten, wenn dritte Personen als Bürgen oder sonstige Sicherungsgeber auftreten, soweit eine Haustürwiderrufssituation (§ 312 Abs. 1 Satz 1 BGB) vorliegen sollte. Dabei werden nicht selten Sachverhalte praktisch, in denen neben einer Gesellschaft eine weitere Person eine Verpflichtung übernimmt.[1325] 2.1089

3. Eigentümererklärungen

a) Vertragspartner eines Getränkelieferungsvertrages sind in der Praxis nicht selten auch nicht selbst bewirtschaftende Eigentümer eines Gaststättenobjektes, die die Frage der Belieferung mit einem Getränkelieferanten im Rahmen von Eigentümererklärungen vereinbaren und im Falle der Vermietung oder Verpachtung dem jeweiligen Mieter/Pächter Getränkeabnahmeverpflichtungen zugunsten des Getränkelieferanten auferlegen.[1326] 2.1090

b) Vermögensverwaltung. Ob ein Vermieter als Verwalter eigenen Vermögens als Verbraucher (§ 13 BGB) oder im Hinblick auf den mit der Vermietung verbundenen organisatorischen und zeitlichen Aufwand und das dadurch vermittelte Bild eines planmäßigen Geschäftsbetriebs als Unternehmer (§ 14 BGB) anzusehen ist, muss nach den Umständen des Einzelfalles entschieden werden.[1327] 2.1091

Bei der Verwaltung privaten Vermögens ist zu prüfen, ob dabei eine Intensität erreicht wird, die eine Bewertung als gewerbsmäßige Tätigkeit rechtfertigt. Grundsätzlich gehört die Verwaltung eigenen Vermögens, selbst wenn es eine beträchtliche Höhe erreicht hat und seine weitere Mehrung durch Anlagegeschäfte angestrebt wird, zum privaten Bereich. Ebenso muss die Errichtung von (Geschäfts-)Häusern zum Zwecke der späteren Vermietung und Verpachtung für sich gesehen keine gewerbliche Betätigung bedeuten, sondern ist vornehmlich als Nutzung des Eigentums am Grundstück zu betrachten. Der Vermieter von Wohnungen hat gewöhnlich nicht die Absicht, sich aus der Vermietung eine 2.1092

1323) BGH, Urt. v. 12.6.1991 – VIII ZR 256/90, NJW 1991, 2901 = ZIP 1991, 1218.

1324) Bülow/Artz-*Artz*, Verbraucherkreditrecht, § 510 Rz. 23.

1325) Siehe unten § 23 II 4.

1326) Siehe unten § 36 I.

1327) OLG Düsseldorf, Beschl. v. 12.1.2010 – 24 U 72/09, BeckRS 2010, 13332: Verbrauchereigenschaft bejaht für den Testamentsvollstrecker einer Erbengemeinschaft, der er selbst angehört.

berufsmäßige Erwerbsquelle zu verschaffen. Erfordert der Umfang der zur Vermögensverwaltung entfalteten Tätigkeit dagegen einen planmäßigen Geschäftsbetrieb wie etwa eine büro- und geschäftsmäßige Organisation, so wird von einer beruflich betriebenen Vermögensverwaltung auszugehen sein. Die Höhe der verwalteten Werte ist dabei allerdings nicht maßgeblich.[1328] Der Umstand, dass der Hauseigentümer zur Umsatzsteuer optiert hat, dürfte ein wenn auch nur schwaches Indiz für die Unternehmereigenschaft sein.

2.1093 c) **Konsequenzen.** Bei Bezugsbindungen zwischen Getränkelieferanten und nicht betreibenden Hauseigentümern sowie Automatenaufstellern ist sonach zu unterscheiden. Handeln diese bei Abschluss der Vereinbarung mit den Getränkelieferanten nicht (eigengastro-)gewerblich, so sind sie als Verbraucher (§ 13 BGB) zu betrachten. Anders dagegen bei gewerblicher Tätigkeit im Übrigen. Insofern bedarf es zur Feststellung der Intensität quantitativer Feststellungen, insbesondere eines erhöhten Einsatzes von Personal- und Betriebsmitteln.

2.1094 Der Abschluss eines Pachtvertrages dürfte noch nicht ausreichen, um eine Unternehmereigenschaft des Verpächters i. S. d. § 14 BGB zu begründen. Dies auch bei Ausweis der Umsatzsteuer. Ob § 328 BGB dazu Anlass gibt, die Unternehmereigenschaft des Getränkelieferanten zu Lasten des Verpächters zuzurechnen, erscheint eher fernliegend. Offenbleiben mag die Frage, ob § 511 BGB zu einer entsprechenden Auslegung Anlass gibt. Auch die Rechtsprechung zum kartellrechtlichen Schriftformerfordernis des § 34 GWB a. F. verneinte insofern die Unternehmereigenschaft.[1329]

2.1095 d) Handelt es sich bei dem Hauseigentümer um einen eingetragenen **Verein** oder eine **Kommune**, so fehlt es an der Verbrauchereigenschaft. Das Verbraucherkreditrecht kommt nicht zur Anwendung.

4. Geschäftsführende Gesellschafter von Personengesellschaften

2.1096 Geschäftsführende Gesellschafter einer OHG oder KG sind im Hinblick auf die Selbstorganschaft nicht weisungsgebunden. Daher sind sie in der Regel Unternehmer. Das Verbraucherkreditrecht findet daher nicht Anwendung.

2.1097 Bei der **GmbH & Co. KG** entscheidet die Gesellschafterstellung in der Komplementär-GmbH, sodass deren Geschäftsführer bzw. Alleingesellschafter nicht in den Schutzbereich des Verbraucherkreditrechts fallen. Dies soll allerdings nach Auffassung des BGH dann nicht gelten, wenn der geschäftsführende Ge-

1328) BGH, Urt. v. 10.6.1974 – VII ZR 44/73, BGHZ 63, 32 = NJW 1974, 1462; BGH, Urt. v. 25.4.1988 – II ZR 185/87, BGHZ 104, 205 = NJW 1988, 2039; BGH, Urt. v. 23.9.1992 – IV ZR 196/91, BGHZ 119, 252 = NJW 1992, 3342; BGH, Urt. v. 23.10.2001 – XI ZR 63/01, BGHZ 149, 80, = NJW 2002, 368 (§ 1 VerKrG); OLG Düsseldorf, Beschl. v. 12.1.2010 – 24 U 72/09, BeckRS 2010, 13332.

1329) Siehe oben § 35 VI 1 b; OLG Düsseldorf, Urt. v. 9.7.1968 – U (Kart), WRP 1968, 335 = Zeller I, 115.

sellschafter einer GmbH & Co. KG die Haftungsmitübernahme für den Fall erklärt, dass die neu gegründete Gesellschaft das Darlehen zur Anschubfinanzierung aufgenommen hat.[1330]

5. Kommanditisten

Dass der Gastwirt eingetragener Kaufmann war, ergab sich weder aus seiner Stellung als **Kommanditist** einer GmbH & Co. KG noch als Gesellschafter und Geschäftsführer der Komplementär-GmbH.[1331] Auch nach geltendem Recht dürfte selbst ein Kommanditist mit Verwaltungsbefugnissen als Verbraucher einzuordnen sein. 2.1098

6. Anteilserwerb bzw. Beteiligung an einer Gesellschaft

Gelegentlich werden Kredite auch aufgenommen, um damit Anteile an einer Gesellschaft zu erwerben bzw. darin eine unternehmerische Position zu bekleiden. Der Kredit ist dann für die Aufnahme einer gewerblichen Tätigkeit bestimmt und als Existenzgründerdarlehen einzuordnen, solange der Kreditnehmer nicht vorher bereits unternehmerisch, sondern nur mit Kapital an einer Gesellschaft beteiligt war, und die Voraussetzung des § 512 BGB vorliegen.[1332] 2.1099

7. Gesellschaft bürgerlichen Rechts (GbR)

a) Schließen sich mehrere natürliche Personen zusammen, ohne dass sie als Gesellschaft i. S. d. Gesellschaftsrechts einzuordnen sind, so ist nach den Grundsätzen der **Einzelbetrachtung** für jede Person der persönliche Anwendungsbereich des Verbraucherkreditrechts zu prüfen. 2.1100

b) Außengesellschaft. aa) Meinungsstand. Während die Einordnung der Innengesellschaft als Verbraucher und damit potentiellem Existenzgründer unstreitig ist, werden im Zusammenhang mit der Außengesellschaft unterschiedliche Auffassungen vertreten. Nach h. M. ist auch insofern die Anwendbarkeit des Verbraucherkreditrechts zu bejahen.[1333] Nach einer in der Literatur vertretenen Auffassung sei die Außengesellschaft Unternehmer i. S. d. § 14 Abs. 2 BGB.[1334] Wieder andere wollen nach dem Zweck der Gesellschaft differenzieren.[1335] Dies 2.1101

1330) BGH, Urt. v. 24.7.2007 – XI ZR 208/06, NJW-RR 2007, 1673 = ZIP 2007, 1850.

1331) BGH, Urt. v. 30.9.1992 – VIII ZR 196/91, BGHZ 119, 283 = NJW 1993, 64 = ZIP 1992, 1573; OLG Koblenz, Urt. v. 25.3.1994 – 2 U 1573/92, NJW 1994, 2099.

1332) OLG Celle, Urt. v. 22.9.2010 – 3 U 75/10, ZIP 2011, 70.

1333) BGH, Urt. v. 23.10.2001 – XI ZR 63/01, NJW 2002, 368 = ZIP 2001, 2224; OLG Koblenz, Urt. v. 17.10.2002 – 5 U 263/02, NJOZ 2002, 2732; LG Düsseldorf, Urt. v. 11.5.2011 – 7 O. 285/09, BeckRS 2011, 24525.

1334) Staudinger-*Habermann*, BGB, § 14 Rz. 66.

1335) Staudinger-*Kessal-Wulf*, BGB, § 491 Rz. 26.

soll dann nicht gelten, wenn an der GbR eine Kapitalgesellschaft ganz überwiegend, nämlich 92 %, beteiligt ist.[1336)]

2.1102 **bb) Stellungnahme.** Normadressat des Verbraucherkreditrechtes ist nicht nur eine einzelne natürliche Person, sondern auch eine Mehrzahl von natürlichen Personen, die sich zu einer GbR zusammengeschlossen haben, wenn der Zweck des Rechtsgeschäfts nicht einer gewerblichen oder selbständigen beruflichen Tätigkeit dient (§ 14 Abs. 1 BGB). Dies unabhängig davon, ob es sich um eine Innengesellschaft oder eine mit Rechtspersönlichkeit ausgestatte Außengesellschaft handelt.[1337)]

2.1103 Dagegen spricht nicht, dass § 13 BGB, anders als § 14 BGB, die rechtsfähige Personengesellschaft nicht erwähnt. Handelt es sich um eine Gesellschaft bürgerlichen Rechts (GbR), so ist zunächst davon auszugehen, dass sie keine juristische Person ist. Dies gilt nicht nur für Innengesellschaften, sondern ebenso für nach außen auftretende Gesellschaften und auch eine unternehmenstragende GbR. Die Verbrauchereigenschaft verliert die natürliche Person auch nicht dadurch, dass sie mit anderen zusammen handelt, etwa in einfacher Rechtsgemeinschaft oder als Mitglied einer Erbengemeinschaft oder einer Gütergemeinschaft.

2.1104 Nichts Anderes gilt für das Handeln natürlicher Personen als Mitglied von BGB-Gesellschaften. Auch wenn sie nach Ansicht des BGH rechtsfähig sind, sind sie keine juristischen Personen im technischen Sinne und können deshalb Verbraucher sein. Rechtsfähige Personengesellschaften werden zwar in der Regel zu gewerblichen oder selbständigen beruflichen Zwecken tätig und sind deshalb im Ergebnis keine Verbraucher. Möglich ist das aber.

2.1105 Die Anerkennung der Rechtsfähigkeit macht die GbR gerade nicht zu einer juristischen Person. Ihr Handeln und das Gesellschafterhandeln bleiben vielmehr Handeln natürlicher Personen. Wollte man dies anders sehen, müsste zwischen Gemeinschaften und BGB-Innengesellschaften ohne Rechtsfähigkeit auf der einen und BGB-Außengesellschaften mit Rechtsfähigkeit auf der anderen Seite differenziert werden, auch wenn die Mitglieder dieser Vereinigungen in allen Fällen gleichermaßen schutzbedürftig sind. Nichts spricht dafür, dass der Gesetzgeber, dem die Änderung der Rechtsprechung zur Rechtsfähigkeit der GbR bei der Verabschiedung des Verbraucherkreditrechts bekannt war, dies gewollt haben könnte mit der Folge, dass sogar Ehegatten- oder Gelegenheitsgesellschaften dem Schutz des Verbraucherkreditrechts entzogen wären. Da es für die Anwendbarkeit des Verbraucherkreditrechts allein auf dessen Schutzzweck ankommt, spielt es auch keine Rolle, wie eine GbR im Einzelfall intern strukturiert ist, insbesondere, ob ihre Organisation kooperative Merkmale aufweist.

1336) LG Düsseldorf, Urt. v. 11.5.2011 – 7 O. 285/09, BeckRS 2011, 24525.

1337) BGH, Urt. v. 23.10.2001 – XI ZR 63/01, NJW 2002, 368 = ZIP 2001, 2224, zu § 1 VerbrKrG; OLG Koblenz, Urt. v. 17.10.2002 – 5 U 263/02, NJOZ 2002, 2732.

Dafür spricht auch, dass ein Handeln natürlicher Personen nicht allein deshalb aus dem Anwendungsfall der Vorschriften zur Umsetzung der EG-Verbraucherschutzrichtlinien[1338] herausfallen darf, weil (nur) das deutsche Recht in bestimmten Formen des gemeinsamen Handelns die Verfolgung eines Gesellschaftszwecks sieht und deshalb eine GbR mit eigener Rechtsfähigkeit annimmt. Die Verbraucherschutzrichtlinie hat den Begriff der natürlichen Person stets nur als Gegensatz zu dem der juristischen Person verwendet. Auch die Anerkennung der Rechtsfähigkeit der Außen-GbR führt zu keinem anderen Ergebnis, weil diese nicht den Status einer juristischen Person besitzt, wie auch § 11 Abs. 2 Nr. 1 InsO zeigt. Eine Unterscheidung nach der inneren Struktur der GbR wäre der Rechtssicherheit und -klarheit abträglich und ist deswegen abzulehnen.[1339] 2.1106

c) Werden BGB-Gesellschaften zu kommerziellen Zwecken gegründet, so liegt auch kein Fall der Umgehung i. S. d. § 511 Satz 2 BGB vor.[1340] 2.1107

8. Vorgründungsgesellschaften

a) Die noch nicht wirksame kaufmännische Personengesellschaft (OHG, KG), die ihre Geschäfte noch nicht begonnen hat (§ 123 Abs. 2 HGB), ist noch Gesellschaft bürgerlichen Rechts und vom Schutzzweck des Verbraucherkreditrechts erfasst.[1341] 2.1108

Schließen sich mehrere Personen zwecks späterer Gründung einer Personengesellschaft im Übrigen zusammen, so dürfte das Gleiche gelten.[1342]

b) Die akzessorische Mithaftung der Gesellschaft von Personenhandelsgesellschaften begründet nicht den Umgehungstatbestand des § 511 Satz 2 BGB.[1343] 2.1109

9. Zusammenschlüsse natürlicher Personen ohne eigene Rechtsfähigkeit

Bei Mehrheiten natürlicher Personen ohne gesellschaftsrechtliche Verbindung ist hinsichtlich jeder einzelnen Person (**Einzelbetrachtung**) zu prüfen, ob die Voraussetzungen des § 512 BGB erfüllt sind.[1344] 2.1110

1338) Siehe unten § 41 II 2 m. w. N.

1339) BGH, Urt. v. 23.10.2001 – XI ZR 63/01, NJW 2002, 368 = ZIP 2001, 2224, zu § 1 VerbrKrG.

1340) BGH, Urt. v. 18.7.2006 – XI ZR 143/05, NJW 2006, 2980 = ZIP 2006, 1622; BGH, Urt. v. 22.11.2006 – VIII ZR 72/06, BGHZ 170, 67 = NJW 2007, 759 = ZIP 2007, 235.

1341) Bülow/Artz-*Artz*, Verbraucherkreditrecht, § 512 Rz. 6.

1342) So etwa Bülow/Artz-*Artz*, Verbraucherkreditrecht, § 512 Rz. 6; a. A. Staudinger-*Kessal-Wulf*, BGB, § 491 Rz. 29.

1343) BGH, Urt. v. 18.7.2006 – XI ZR 143/05, NJW 2006, 2980 = ZIP 2006, 1622; BGH, Urt. v. 22.11.2006 – VIII ZR 72/06, BGHZ 170, 67 = NJW 2007, 759 = ZIP 2007, 235.

1344) Staudinger-*Kessal-Wulf*, BGB, § 491 Rz. 20.

10. Miteigentümergemeinschaft

2.1111 Die Miteigentümergemeinschaft dürfte dann ein Verbraucher i. S. d. § 13 BGB sein, wenn an ihr nicht ausschließlich Unternehmer beteiligt sind und sie zu privaten Zwecken handelt.[1345)]

III. Existenzgründer

1. Einführung

2.1112 § 512 BGB erweitert den persönlichen Anwendungsbereich der §§ 491–511 BGB auf natürliche Personen, die sich ein Darlehen, einen Zahlungsaufschub oder eine sonstige Finanzierungshilfe für die Aufnahme einer gewerblichen oder selbständigen beruflichen Tätigkeit gewähren lassen oder zu diesem Zweck einen Ratenlieferungsvertrag schließen, es sei denn, der Nettodarlehensbetrag oder Barzahlungspreis übersteigt 75.000,00 €. Während der Verbraucherbegriff des § 13 BGB die solchermaßen definierten Existenzgründer nicht erfasst,[1346)] entspricht die Ausdehnung des persönlichen Schutzbereichs der §§ 495–509 BGB und die damit verbundene Anerkennung eines vergleichbaren Schutzbedürfnisses auch auf Seiten der Existenzgründer der verbraucherkreditrechtlichen Tradition in Deutschland. Damit geht der deutsche Gesetzgeber über das von der Verbraucherkreditrichtlinie 87/102/EWG Geforderte hinaus. Selbst wenn es sich um einen schutzwürdigen Existenzgründer i. S. d. § 512 BGB handelt, wird dieser nicht zum Verbraucher,[1347)] er bleibt Unternehmer.

2. Der Existenzgründer im Wandel der Zeit

2.1113 a) Dem Getränkelieferungsvertrag kam als einem in der Absatzwirtschaft verbreiteten Vertragstyp während der Geltung des § 1c **AbzG** wegen seines umfassenderen persönlichen Anwendungsbereichs erhebliche Bedeutung zu.

2.1114 b) Das hatte sich bereits seit der Geltung des **VerbrKrG** geändert. Hinsichtlich des persönlichen Anwendungsbereichs hatte der Gesetzgeber durch die Verwendung der Begriffe Unternehmer und Verbraucher klargestellt, dass die Tradition von § 1c AbzG, der keine entsprechende Einschränkung kannte, nicht fortgesetzt werden sollte. Sofern diese Verträge – wie wohl regelmäßig – der gewerblichen Tätigkeit des Gastwirts zuzurechnen sind, wurden sie in Abweichung von §§ 1c, 8 AbzG nur noch insoweit erfasst, als sie der Existenzgründung dienten und die Summe aller vom Existenzgründer bis zum frühestmöglichen Kündigungszeitpunkt zu entrichtenden Teilzahlungen 50.000,00 € nicht

1345) Str., OLG München, Beschl. v. 25.9.2008 – 32 Wx 118/08, NJW 2008, 3574.

1346) BGH, Beschl. v. 24.2.2005 – III ZR 36/04, BGHZ 162, 253 = NJW 2005, 1273 = ZIP 2005, 622.

1347) BGH, Beschl. v. 24.2.2005 – III ZR 36/04, BGHZ 162, 253 = NJW 2005, 1273 = ZIP 2005, 622.

überstieg. Eine Bezugsverpflichtung, die der Aufnahme einer gewerblichen Tätigkeit, also der Existenzgründung dient, fiel nicht unter die Ausnahmeregelung des früheren § 1 Abs. 1 a. E. VerbrKrG.[1348)]

c) Ausweislich der Beratungen im Rahmen der Schuldrechtsmodernisierung sollte der Existenzgründer nach § 507 BGB a. F. zwar weiterhin, allerdings vermindert geschützt werden.[1349)] In deutlicher Distanzierung von der unter Geltung des VerbrKrG h. M. entzog § 507 **BGB** a. F., auch im Rahmen der Existenzgründung geschlossene Ratenlieferungsverträge dem Schutzbereich des § 505 BGB a. F., wenn ihr Volumen den Betrag von 50.000,00 € überstieg. Die aktuellen Entsprechungen finden sich in §§ 510, 512 BGB mit dem nunmehrigen Schwellenwert von 75.000,00 €. Im Vergleich zu §§ 1c, 8 AbzG bedeutet dies eine wesentliche Einschränkung, waren doch nach § 8 AbzG nur eingetragene Kaufleute vom Schutzbereich ausgenommen. **2.1115**

3. Europarechtlicher Hintergrund

Die Verbraucherkreditrichtlinie 87/102/EWG hingegen erfasst nach ihren Art. 2 Abs. 1, 3a nur Verbraucher. Da die Richtlinie aber einen Schutz weiterer Personenkreise nicht ausschließen will, die Problematik vielmehr ungeregelt lässt, ist die überschießende Umsetzung der Vorgaben auf Existenzgründer auch vor dem Hintergrund der in Art. 22 Abs. 1 Verbraucherkreditrichtlinie angestrebten Vollharmonisierung europarechtlich unbedenklich.[1350)] **2.1116**

4. Praktische Bedeutung

Die Frage des personellen Anwendungsbereichs des Verbraucherkreditrechts im Rahmen der Existenzgründervorschrift des § 512 BGB stellt sich sowohl bei Einzelpersonen, die Getränkelieferungsverträge mit Getränkelieferanten abschließen, als auch in der Situation der Vertragspartnerschaft, der Vertragsübernahme und des Vertragsbeitritts. **2.1117**

5. Konsequenzen

a) **Einordnung.** Ein Existenzgründer wird durch § 512 BGB nicht Verbraucher (§ 13 BGB), sondern bleibt auch bei der Existenzgründung Unternehmer (§ 14 BGB). Er wird, soweit § 512 BGB anwendbar ist und die Voraussetzungen der Bestimmung erfüllt sind, bei dem Gründungsgeschäft dem Verbraucher lediglich in der rechtlichen Behandlung gleichgestellt.[1351)] **2.1118**

1348) BGH, Urt. v. 14.12.1994 – VIII ZR 46/94, NJW 1995, 922 = ZIP 1995, 105.

1349) BT-Drucks. 11/8274, S. 20 f.

1350) MünchKomm-*Schürnbrand*, BGB, § 512 Rz. 1 m. w. N.

1351) BGH, Beschl. v. 24.2.2005 – III ZB 36/04, BGHZ 162, 253 = NJW 2005, 1273 = ZIP 2005, 622; BGH, Urt. v. 15.11.2007 – III ZR 295/06, NJW 2008, 435 = ZIP 2008, 27.

2.1119 b) Die Ausdehnung des Verbraucherschutzes auf Existenzgründer beschränkt sich auf den sachlichen Anwendungsbereich des Verbraucherkreditrechts und bringt **keinen allgemeinen Rechtsgedanken** zum Ausdruck, was sich bereits aus der systematischen Stellung des § 512 BGB als Ausnahmeregelung ergibt. In anderen Bereichen des Verbraucherprivatrechts, etwa dem AGB-Recht, wird der Existenzgründer nämlich als Unternehmer i. S. d. § 14 BGB eingeordnet, weil das Geschäft einer aufzunehmenden gewerblichen (oder selbständigen beruflichen) Tätigkeit dient.[1352)]

6. Beurteilungszeitpunkt[1353)]

2.1120 a) **Grundsatz.** Bei der Frage, ob die aufgrund einer Bezugsverpflichtung i. S. d. § 510 Abs. 1 Satz 1 Nr. 3 BGB zu erwerbenden Sachen für eine bereits ausgeübte gewerbliche oder selbständige berufliche Tätigkeit bestimmt sind, ist nicht auf den Zeitpunkt der Erfüllung dieser Verpflichtung – also des vorgesehenen zukünftigen Bezuges der Waren –, sondern auf den des **Vertragsschluss**es abzustellen. Das ergab sich zum VerbrKrG daraus, dass das Merkmal der „bereits ausgeübten" Tätigkeit an den Vertragsschluss anknüpfte und daher nicht bejaht werden konnte, wenn der Verwendungszweck für den Leistungsgegenstand in einer erst zukünftigen gewerblichen Nutzung lag.[1354)]

2.1121 b) **Exkurs.** Dagegen ist im Rahmen des § 16 Abs. 2 UWG maßgebender Zeitpunkt der Beurteilung (der Verbrauchereigenschaft) nicht der Zeitpunkt des Vertragsabschlusses. Vielmehr ist auf den Zeitpunkt abzustellen, in dem der Geworbene erstmals durch das Absatzkonzept des Veranstalters in der Weise angesprochen wird, dass die Werbung unmittelbar in die Abnahme des Produkts einmünden soll.[1355)]

2.1122 c) **Konsequenzen.** Wird ein Existenzgründergastwirt in der Phase der Existenzgründung mit dem Versprechen einer künftigen Darlehensgewährung geworben, so ist maßgeblicher Beurteilungszeitpunkt für die Existenzgründereigenschaft nicht der später abgeschlossene Darlehens- und Getränkelieferungsvertrag, sondern der Zeitpunkt der vorhergehenden **(ersten) Ansprache.** Gleiches dürfte für **Vorverträge** in diesem Zusammenhang gelten. So wie noch dürfte auch an einen Umgehungstatbestand i. S. d. § 511 Satz 2 BGB zu denken sein.

1352) BGH, Beschl. v. 24.2.2005 – III ZB 36/04, BGHZ 162, 253 = NJW 2005, 1273 = ZIP 2005, 622; BGH, Urt. v. 15.11.2007 – III ZR 295/06, NJW 2008, 435 = ZIP 2008, 27.

1353) Zur Altrechtslage nach AbzG *Bühler*, Brauerei- und Gaststättenrecht, 13. Aufl. 2011, § 23 IV 3 a, Rz. 1500.

1354) BGH, Urt. v. 14.12.1994 – VIII ZR 46/94, NJW 1995, 922 = ZIP 1995, 105; BGH, Urt. v. 5.6.1996 – VIII ZR 151/95, BGHZ 133, 71 = NJW 1996, 2156 = ZIP 1996, 1209; BGH, Urt. v. 26.5.1999 – VIII ZR 141/98, BGHZ 142, 23 = NJW 1999, 2664 = ZIP 1999, 1169; BGH, Urt. v. 24.7.2007 – XI ZR 208/06, NJW-RR 2007, 1673 = ZIP 2007, 1850.

1355) BGH, Beschl. v. 24.2.2011 – 5 StR 514/09, NJW 2011, 1236.

Da entscheidend auf den Abschluss des Verbraucherkreditvertrages bzw. die Begründung der Getränkebezugsverpflichtung abzustellen ist, kommen sowohl die **Darlehensauszahlung** als auch die spätere **Erfüllung der Bezugsverpflichtung** nicht in Betracht.[1356)] 2.1123

Bei **Vertragsverlängerungen** kommt es sonach auf den Zeitpunkt der Verlängerungsvereinbarung an. Da die Existenzgründungsphase zu diesem Zeitpunkt längst abgeschlossen ist, ist das Verbraucherkreditrecht nicht erneut anwendbar.[1357)] 2.1124

7. Grundlagen der Beurteilung

a) **Problem.** Das geltende Recht[1358)] (§ 512 BGB) nimmt nicht zu der Frage Stellung, wann der Zeitraum der Existenzgründungsphase endet. Diese Frage ist zwar Gegenstand der Reformdiskussionen des Jahres 2010 gewesen.[1359)] Im Hinblick auf die Abgrenzungsschwierigkeiten[1360)] sah der Gesetzgeber aber von einer Regelung ab. 2.1125

b) Soweit vereinzelt überlegt worden ist, beim Begriff der **„gewerblichen Tätigkeit"** anzusetzen und einen einheitlichen Gewerbebegriff im öffentlichen Recht (Gewerberecht), Steuerrecht und Handelsrecht zur Abgrenzung heranzuziehen,[1361)] konnte dem weder damals wie heute zugestimmt werden. Erstens dürften die verschiedenen Gewerbebegriffe in den jeweiligen Rechtsgebieten unterschiedliche Begriffsinhalte aufweisen, sodass es bereits an einer Übertragbarkeit fehlt. Zweitens dürften dem die unterschiedlichen Schutzzwecke des Gewerbebegriffs entgegenstehen. 2.1126

c) **Aufnahme.** Daher erscheint es zutreffend, bei dem geschriebenen Tatbestandsmerkmal „Aufnahme" anzusetzen. Dies entspricht auch dem Schutzzweck des Verbraucherkreditrechts. Eine Tätigkeit soll aufgenommen sein, wenn der Existenzgründer nach außen hin seine Bereitschaft signalisiert, am Markt aufzutreten (erste Voraussetzung) und die angebotene Leistung potentiell verfügbar ist 2.1127

1356) BGH, Urt. v. 14.12.1994 – VIII ZR 46/94, NJW 1995, 922 = ZIP 1995, 105 (Franchisevertrag).

1357) OLG Düsseldorf, Urt. v. 22.11.2005 – 24 U 44/05, BeckRS 2005, 14749.

1358) Das AbzG stellt auf den Beginn der gewerblichen Tätigkeit ab; *Bühler*, Brauerei- und Gaststättenrecht, 13. Aufl. 2011, § 26 IV 4 a, Rz. 1506, m. w. N. Nach §§ 1 Abs. 1 a. E., 3 Abs. 1 Nr. 2 VerbrKrG war der Beginn der unternehmerischen Tätigkeit maßgebend; *Bühler*, Brauerei- und Gaststättenrecht, 13. Aufl. 2011, § 26 IV 4 b, Rz. 1507, m. w. N.

1359) Begründung RegE BT-Drucks. 16/11643, S. 82 ff.

1360) BR-Drucks. 848/08, S. 12 f.

1361) *Vortmann*, ZIP 1992, 229.

(zweite Voraussetzung). Entscheidend ist sonach nicht die Bereitschaft an sich, sondern die Tatsache, dass diese nach außen deutlich wird.[1362)]

2.1128 **d)** Für die Abgrenzung ist nicht der innere Wille des Handelnden entscheidend, sondern es gilt ein objektiver Maßstab. Ob eine Tätigkeit als selbständige zu qualifizieren ist, richtet sich nach dem durch **Auslegung** zu ermittelnden Inhalt des Rechtsgeschäfts, in die erforderlichenfalls die Begleitumstände einzubeziehen sind.[1363)]

2.1129 Es müssen – nach außen erkennbar – **Umstände (Indizien)** festgestellt werden können, welche sowohl von einiger **Dauer** als auch von einiger **Intensität** waren/sind. Die Existenzgründungsphase muss daher zu einem gewissen Abschluss gekommen sein. Nur dann ist der Schluss gerechtfertigt, es handele sich um die Aufnahme einer gewerblichen Tätigkeit. Maßgebend kommt es deshalb auch nicht auf die Sicht des Unternehmers, sondern auf die **Verkehrsanschauung** an. Hierzu bedarf es einer sorgfältigen **Prüfung im Einzelfall.**

8. Feste Zeitspanne

2.1130 **a) Rechtsprechung.** Liegt der Zeitpunkt der **Gewerbeanmeldung** im Zeitpunkt der (Beitritts-)Vereinbarung (zu einem Leasingvertrag) schon **sieben Wochen zurück,** so sollte die Existenzgründungsphase zumindest dann abgeschlossen sein, wenn die Gewerbeanmeldung dem Zweck diente, dem Lebensgefährten die Fortführung seiner Geschäfte nach der Insolvenz seines Unternehmens zu ermöglichen.[1364)] Demgegenüber stellte das KG auf den Ablauf von **sechs Monaten** seit dem Kauf eines Geschäftslokals ab und verneinte die erneute Existenzgründereigenschaft.[1365)] Dass die Eintrittsvereinbarung erst **einige Wochen** nach dem Erwerb der Absatzstätte geschlossen wurde, sei unschädlich. Das Geschäft **(Schuldbeitritt)** müsse nicht vor dem Beginn der Tätigkeit abgeschlossen sein, es müsse nur mit der Aufnahme im Zusammenhang stehen. Es komme auch nicht darauf an, ob der Eintretende zuvor schon eine Absatzstätte geführt habe oder aber gleichzeitig eine weitere Absatzstätte führte. Entscheidend sei, dass er mit dem Kauf der Absatzstätte ein neues Geschäft aufgemacht habe.[1366)]

1362) BGH, Urt. v. 14.12.1994 – VIII ZR 46/94, NJW 1995, 922 = ZIP 1995, 105; OLG Hamm, Urt. v. 28.7.1992 – 19 U 193/92, NJW 1992, 3179 = ZIP 1991, 1224; OLG Oldenburg, Urt. v. 11.4.2000 – 12 U 54/99, WM 2000, 1935; OLG Düsseldorf, Urt. v. 24.8.2004 – 21 U 19/04.

1363) BGH, Urt. v. 15.11.2007 – III ZR 295/06, NJW 2008, 435 = ZIP 2008, 17; BGH, Beschl. v. 24.2.2011 – 5 StR 514/09, NJW 2011, 1236.

1364) BGH, Urt. v. 13.3.2002 – VIII ZR 292/00, NJW 2002, 2030 = ZIP 2002, 930 (Beitritt Leasingvertrag). Vgl. im Übrigen OLG Düsseldorf, Urt. v. 22.11.2005 – 24 U 44/05, BeckRS 2005, 14749 (Beitritt Leasingvertrag).

1365) KG, Urt. v. 26.1.2004 – 8 U 117/03, BeckRS 2005, 03422 (Darlehen).

1366) OLG Rostock, Urt. v. 25.2.2009 – 2 U 5/09, BeckRS 2009, 10314.

b) Stellungnahme. Im Zusammenhang mit **Zeitfenstern** ist vor einer Verallgemeinerung zu warnen. Die zitierte Entscheidung des BGH aus dem Jahre 2002 dürfte wohl nicht verallgemeinerungsfähig sein, sondern sich nur vor dem Hintergrund der Umstände des zu entscheidenden Einzelfalles rechtfertigen lassen.[1367] Allenfalls mag in den genannten Fällen der Ablauf der angeführten Zeiträume ein – wenn auch wohl nur schwaches – Indiz für die Annahme des Abschlusses der Existenzgründungsphase gewesen sein. Da es je nach Art der angestrebten Tätigkeit und individuellen Situation des Existenzgründers sehr unterschiedlich lange und komplexe Aufnahmephasen zur Existenzgründung geben kann, eignet sich die Festlegung eines allgemein gültigen Zeitraumes für die Annahme der Beendigung der Existenzgründungsphase nicht. 2.1131

9. Maßgebliche Kriterien

Die Frage der relevanten Beurteilungskriterien ist umstritten. **a)** Höchstrichterlich entschieden ist, dass Rechtsgeschäfte, die die **Entscheidung, ob es überhaupt zu einer Existenzgründung kommen soll,** erst vorbereiten sollen, indem die **betriebswirtschaftlichen Grundlagen** dafür ermittelt werden, noch der Existenzgründungsphase zuzurechnen sind. Richtigerweise liegt hier noch ein Verbraucherhandeln vor. Da es auf den objektiven Zweck des Rechtsgeschäfts ankommt, ist es unerheblich, ob der Existenzgründer subjektiv bereits fest zu einer Existenzgründung entschlossen war. Entscheidend ist vielmehr, dass die getroffene Maßnahme noch nicht Bestandteil der Existenzgründung selbst gewesen war, sondern sich im Vorfeld einer solchen bewegte. Dann ist sie dem privaten Bereich zuzuordnen.[1368] 2.1132

b) Vorbereitungshandlungen und **Hilfstätigkeiten zum eigentlichen Geschäft**, wie das Anmieten von Räumen, das Eröffnen eines Geschäftskontos, das Einstellen von Personal, die Auftragsvergabe hinsichtlich von Drucksachen wie Werbematerial oder Briefpapier, die Anschaffung von Einrichtungsgegenständen oder Fahrzeugen sowie der Abschluss erster Kaufverträge etc. reichen nicht aus, die Existenzgründungsphase bereits als abgeschlossen zu qualifizieren. Solche Handlungen gehören nicht zur eigentlichen Ausübung des angestrebten Geschäftes.[1369] 2.1133

Dem kann auch nicht entgegengehalten werden, dass der Anschaffung der **Grundausstattung** zumeist eine eingehende Beratung durch einen Unternehmensberater oder die Industrie- und Handelskammer vorausgegangen sei, was 2.1134

1367) MünchKomm-*Schürnbrand*, BGB, § 512 Rz. 3 mit Fn. 12.

1368) BGH, Urt. v. 15.11.2007 – III ZR 295/06, NJW 2008, 435 = ZIP 2008, 27; BGH, Beschl. v. 24.2.2011 – 5 StR 514/09, NJW 2011, 1236.

1369) Staudinger-*Kessal-Wulf*, BGB, § 512 Rz. 7. Anders noch zum AbzG OLG Karlsruhe, Urt. v. 4.3.1999 – 12 U 259/98, rkr. durch Nichtannahmebeschl. des BGH v. 7.10.1999 – VIII ZR 125/99.

auf eine ausreichende Erfahrung des Existenzgründers schließe und ihn somit nicht mehr schutzbedürftig erscheinen lasse.[1370] Erstens handelt es sich um typische Vorbereitungshandlungen. Zweitens muss es nicht zu der angenommenen Beratung durch Dritte gekommen sein. Drittens ist die interne vorbereitende Erkundigung zu trennen von der Aufnahme der Geschäftstätigkeit nach außen. So mag die Kalkulation der Preise nicht nur sinnvoll und durch ggf. kompetente Berater vorbereitend begleitet worden sein. Solange die Preise aber nicht in entsprechenden Unterlagen (Getränke- und Speisekarte etc.) vorliegen und einem potentiellen Gast zugänglich sind, bleiben sie noch im Bereich des forum internum. Viertens kann die rein vorbereitende Informationsgewinnung unter Einschaltung von kompetenten Dritten nicht zwingend mit tatsächlich gewonnenen Kenntnissen kaufmännischen Wissens gleichgestellt werden. Anderenfalls wäre jede Person, die sich vorbereitend zu einer etwaigen Existenzgründung beraten lässt oder auch nur entsprechend (im Internet) recherchiert, allein schon deshalb aus dem Anwendungsbereich des § 512 BGB ausgenommen.

2.1135 c) Aus einer **unterlassenen Gewerbeanmeldung** kann nicht hergeleitet werden, dass die Existenzgründungsphase noch andauert oder bereits beendet ist.[1371]

2.1136 d) Auf den Zeitpunkt der **Anmeldung des Gewerbes** ist nicht abzustellen, weil dieser Zeitpunkt nicht hinreichend aussagekräftig ist.[1372]

2.1137 e) Die **Konzessionserteilung** hatte schon nach dem VerbrKrG nur eine beschränkte Aussagekraft in Bezug darauf, ob die angestrebte Tätigkeit bereits aufgenommen ist. Zunächst handelt es sich um ein formales Kriterium. Im Rahmen der Prüfung nach § 512 BGB fordern aber Wortlaut und Normzweck eine materielle Betrachtung. Gegen das Kriterium spricht auch, dass ggf. noch eine gewisse Zeit vergeht, bis die Tätigkeit nach der Konzessionserteilung tatsächlich aufgenommen wird. Diese These ist auch im Hinblick auf die unterschiedlichen Arten der Konzession und die Rechtsschutzmöglichkeiten kaum sachgerecht.[1373] Im Rahmen des § 512 BGB ist also nicht nach der Konzessionsträgerschaft zu fragen, sondern danach, ob die in Rede stehende Person **Betreiber** ist.

2.1138 f) Das Geschäft (der Vertrag) muss nicht vor dem Beginn der Tätigkeit abgeschlossen sein. Es muss nur mit der Aufnahme in Zusammenhang stehen, z. B. Ergänzung der Erstausstattung einer Werkstatt in angemessen kurzer Zeit nach Eröffnung. Die Beurteilung braucht sich folglich nicht mit der derjenigen gem. **§ 123 Abs. 2 HGB** zu decken, bei der bereits Verhandlungen über den Kauf eines Betriebsgrundstückes oder die Vorbereitung des Abschlusses eines notariellen Kaufvertrages genügen.[1374]

1370) So aber *Vortmann*, ZIP 1992, 229.

1371) MünchKomm-*Schürnbrand*, BGB, § 512 Rz. 3.

1372) OLG Düsseldorf, Urt. v. 22.11.2005 – 24 U 44/05, BeckRS 2005, 14749.

1373) OLG Düsseldorf, Urt. v. 22.11.2005 – 24 U 44/05, BeckRS 2005, 14749.

1374) BGH, Urt. v. 26.4.2004 – II ZR 120/02, ZIP 2004, 1208.

g) Abzulehnen ist auch die Meinung, wonach es auf die **Eintragung im Handelsregister** ankomme. Schon im Zusammenhang mit § 8 AbzG, der die Eintragung ins Handelsregister als formales Kriterium hinsichtlich der Anwendbarkeit des Gesetzes statuierte, war Kritik hinsichtlich dieses formalen Ansatzes geäußert worden. Heute steht die Eintragung ins Handelsregister bei gewerblicher Tätigkeit in Frage. In den Fällen des § 1 Abs. 1 HGB hat sie nur deklaratorische Bedeutung. Ggf. vergeht auch noch eine gewisse Zeit, bis die Tätigkeit nach der Konzessionserteilung tatsächlich aufgenommen wird.[1375] 2.1139

h) Noch nicht hinreichend sein sollen ebenfalls operative Funktionen wie bloße **Werbeaktivitäten**, die Versendung von Prospektmaterial, das Freischalten einer Angebotsseite im Internet oder Kundenbesuche.[1376] Anders wird dagegen möglicherweise zu entscheiden sein, wenn zwischen der Geschäftseröffnung und den Werbeaktivitäten ein direkter raum-zeitlicher Zusammenhang der Gestalt besteht, dass gleichzeitig die entsprechende unternehmerische Leistung angeboten werden kann. Letzteres dürfte erst recht dann gelten, wenn die Werbung auf das Kerngeschäft des Unternehmens bezogen ist.[1377] 2.1140

i) Die **Aufnahme der Produktion** kann ein Indiz dafür sein, dass das Ende der Existenzgründungsphase erreicht ist.[1378] Allerdings muss insofern differenziert werden. Dient die Produktion noch nicht der angestrebten künftigen Tätigkeit, sondern werden lediglich Materialien vorbereitet, so liegen lediglich vorbereitende Hilfstätigkeiten vor und die Gründungsphase ist noch nicht beendet. Anders dagegen, wenn die Produktionsaufnahme bereits der Abarbeitung der ersten Aufträge dient und diese auch Gegenstand der Hauptleistung des angestrebten Geschäftes sind; dann ist die Existenzgründungsphase abgeschlossen. 2.1141

j) Ob der **erste Geschäftsabschluss**, z. B. erster Kaufvertrag etc., unabhängig von seiner zivilrechtlichen Wirksamkeit (§ 158 Abs. 1 BGB), bereits getätigt worden ist, erscheint noch nicht hinreichend. Dabei handelt es sich um typische Vorbereitungshandlungen. Dies gilt insbesondere für die **Erstbestellung von Getränken**, vor allem, wenn es sich um Gratisware handelt. 2.1142

k) Abzustellen ist vielmehr auf den **Beginn des Anbietens von Dienstleistungen** und die **Bereitschaft am Markt aufzutreten** und die **potentielle Verfügbarkeit der angebotenen Leistung.** Die gewerbliche Tätigkeit ist spätestens mit der **Eröffnung des Ladenlokals** aufgenommen und damit ist die Existenzgründungsphase jedenfalls dann nach außen erkennbar abgeschlossen.[1379] 2.1143

1375) OLG Düsseldorf, Urt. v. 22.11.2005 – 24 U 44/05, BeckRS 2005, 14749.

1376) Str., BGH, Urt. v. 13.3.2002 – VIII ZR 292/00, NJW 2002, 2030 = ZIP 2002, 930 (Leasingvertrag) lässt offen.

1377) Bülow/Artz-*Artz*, Verbraucherkreditrecht, § 512 Rz. 8.

1378) OLG Hamm, Urt. v. 28.7.1992 – 19 U 193/92, NJW 1992, 3179 = ZIP 1992, 1224.

1379) OLG Hamm, Urt. v. 28.7.1992 – 19 U 193/92, NJW 1992, 3179 = ZIP 1991, 1224; OLG Düsseldorf, Urt. v. 22.11.2005 – 24 U 44/05, BeckRS 2005, 14749.

2.1144 Für dieses Verständnis spricht der **Wortlaut** des § 512 BGB, der die Kredite zum Ausgangspunkt nimmt, die für die Aufnahme einer gewerblichen (oder selbständigen beruflichen) Tätigkeit bestimmt sind. Eine Tätigkeit ist aufgenommen, wenn der Gegenstand, auf den sie sich bezieht, auf Verlangen Dritter am Markt erhältlich ist. Nach dem **Normzweck** der §§ 491–511 BGB ist darauf abzustellen, ob der Kredit den bislang nicht oder unselbständigen Kreditnehmer in die Lage versetzen soll, sich durch Gründung eines eigenen Unternehmens selbständig zu machen bzw. durch Gesellschaftsbeitritt eine Unternehmerstellung zu erlangen, oder ob er dem weiteren Ausbau, eines bereits begonnenen, nach außen in Erscheinung getretenen Geschäftsbetriebes dienen soll. Dieser Ansatz ermöglicht auch eine flexible Handhabung und Abgrenzung unter Berücksichtigung branchenspezifischer Besonderheiten. Wer sein Geschäftslokal der Öffentlichkeit zugänglich macht und Produkte oder Dienstleistungen anbietet, ist nicht mehr schutzbedürftig i. S. d. § 512 BGB. Sollte der Kreditnehmer aus Übermut seine Räumlichkeiten ohne entsprechende Vorbereitung zu früh öffnen, so wäre er ebenfalls nicht schutzwürdig, weil das Verbraucherkreditrecht mit § 512 BGB zwar den Unerfahrenen, nicht aber den Ungeduldigen oder Unfähigen schützen will.

2.1145 **l)** Eine mehr oder weniger lange, möglichst schon nachhaltige **Erfahrungen** vermittelnde Tätigkeit in der gewählten Branche ist schon nach dem Wortlaut des § 512 BGB nicht erforderlich. Dieses Kriterium ist unbestimmt und daher nicht praktikabel. Anderenfalls würde der Schutzzweck des § 512 BGB mehr als notwendig überdehnt. Jedenfalls handelt es sich nicht um ein notwendiges Kriterium.

2.1146 **m)** Abzulehnen ist die These, dass bereits **Umsätze** aus dem Gewerbebetrieb gemacht worden sein müssen, um vom Abschluss der Gründungsphase ausgehen zu können. Anderenfalls könnte sich letztlich derjenige, der aufgrund mangelnder Befähigung oder anderer Umstände keinen Umsatz generiert, im Ergebnis auf unbestimmte Zeit auf den Schutz des § 512 BGB berufen. Dies würde dem Wortlaut der Vorschrift widersprechen, weil zu deren Anwendung die betreffende Tätigkeit noch nicht ausgeübt werden darf.

2.1147 **n)** Der Ansatz, darauf abzustellen, ob die Existenz des neuen Unternehmens dauerhaft gesichert ist, insbesondere die **Gewinnschwelle überschritten** ist,[1380] ist ebenfalls wenig weiterführend.[1381] Das Kriterium der „Gewinnschwelle" war bereits mit dem Wortlaut der §§ 1 Abs. 1, 3 Abs. 1 Nr. 2 VerbrKrG nicht zu vereinbaren, unbestimmt und unpraktikabel. Auch stellte sich die Frage, wie mit defizitär handelnden Unternehmern zu verfahren wäre, wenn auf den Ge-

1380) *Scholz*, DB 1993, 261.

1381) Bülow/Artz-*Artz*, Verbraucherkreditrecht, § 512 Rz. 8.

winn abgestellt wird. Vom Wortlaut des § 512 BGB dürfte dieser Ansatz erst recht nicht gedeckt sein.[1382)]

o) Zweifelhaft ist auch, den Abschluss der Existenzgründungsphase auf den Zeitpunkt festzulegen, zu dem das Unternehmen **dauerhaft gesichert** ist. Ein solcher Ansatz dürfte mit dem Wortlaut des § 512 BGB nicht zu vereinbaren sein, weil die Existenzgründungsphase zu weit nach vorne verlagert würde. Der Ansatz ist auch unpraktikabel und fördert die Rechtsunsicherheit, weil nicht klar ist, ab wann eine entsprechende Sicherung des Geschäftes gegeben ist. Im Ergebnis würde ein defizitär handelnder Unternehmer dauerhaft Existenzgründer bleiben.[1383)] 2.1148

p) Ebenso wenig kann maßgeblich sein, ob bereits der deliktische Schutz aus § 823 Abs. 1 BGB wegen Verletzung des **Rechts am eingerichteten und ausgeübten Gewerbebetrieb** in Anspruch genommen werden kann. Dass der Existenzgründer bereits über einen nach § 823 Abs. 1 BGB schutzfähigen eingerichteten und ausgeübten Gewerbebetrieb verfügt, d. h. über eine aus sachlichen und persönlichen Mitteln gebildete, nach außen in Erscheinung tretende funktionale Einheit verfügt, bietet zwar eine Orientierungshilfe, ist aber angesichts der deliktischen Funktion dieses Begriffs letztlich nicht entscheidend. Während § 823 Abs. 1 BGB dem Schutz der Fortführung einer bereits ausgeübten Tätigkeit auf der Basis der bereits durchgeführten Betriebsabläufe dienen soll, setzt das Verbraucherkreditrecht wesentlich früher an, in dem es den unerfahrenen Existenzgründer bei der Aufnahme seiner Tätigkeit vor vorschnellen Kreditentscheidungen schützen soll. 2.1149

10. Geschäfte nach Abschluss der Existenzgründungsphase

Die Existenzgründungsphase kann abgeschlossen sein, selbst wenn die dafür erforderliche Grundausstattung aus eigenen Mitteln erworben wurde. Danach vergebene Kredite zur Deckung weiteren Kreditbedarfs sind regelmäßig keine Existenzgründerkredite mehr. Dies unabhängig davon, ob die Aufnahme der gewerblichen Tätigkeit erst kurze Zeit zurückliegt oder nicht.[1384)] 2.1150

11. Scheinexistenzgründer

Ist der Kredit für eine gewerbliche Tätigkeit bestimmt, die eine natürliche Person als **Strohmann** für einen anderen aufnimmt, ist der Strohmann grundsätzlich nicht Verbraucher und damit Existenzgründer. Denn das Vorschieben eines Strohmanns erfolgt im rechtsgeschäftlichen Verkehr nicht zum Schein; vielmehr ist das 2.1151

1382) OLG Düsseldorf, Urt. v. 22.11.2005 – 24 U 44/05, BeckRS 2005, 14749.

1383) OLG Düsseldorf, Urt. v. 22.11.2005 – 24 U 44/05, BeckRS 2005, 14749.

1384) BGH, Urt. v. 3.11.1999 – VIII ZR 35/99, NJW-RR 2000, 719 = ZIP 2000, 670 (Getränkehandel); OLG Düsseldorf, Urt. v. 10.2.1995 – 17 U 191/95, WM 1995, 1142.

Strohmanngeschäft ernstlich gewollt, weil sonst der damit erstrebte wirtschaftliche Zweck nicht oder nicht in rechtsbeständiger Weise erreicht wird.[1385)]

12. Darlegungs- und Beweislast[1386)]

2.1152 a) Die Darlegungs- oder Beweislast war nach dem Wortlaut des früheren § 1 Abs. 1 **VerbrKrG** („es sei denn") dahingehend verteilt, dass der Kreditgeber zu beweisen hatte, der Kredit sei für eine bereits ausgeübte gewerbliche oder selbständige berufliche Tätigkeit bestimmt gewesen.[1387)] Für Existenzgründergeschäfte bestand also bis zum Inkrafttreten des SMG eine gesetzlich angeordnete Beweislastumkehr. Das Gesetz war im Zweifel anwendbar, insbesondere dann, wenn der Existenzgründungszweck nicht bewiesen war.[1388)]

2.1153 b) **§ 512 BGB** enthält keine eine Beweislastumkehr andeutende Formulierung. Hinsichtlich der Existenzgründereigenschaft trifft die Beweislast aufgrund der bewussten[1389)] Rechtsänderung den Existenzgründer. Er muss also darlegen und beweisen, dass der Kredit der Aufnahme dient.[1390)]

13. Wiederholte Existenzgründung in unterschiedlichen Branchen

2.1154 a) Im Zusammenhang mit § 8 **AbzG** ließ eine (vorherige) Eintragung in einem anderen Tätigkeitsfeld den Schutz entfallen. Der Umstand, dass die Kaufmannseigenschaft sich auf ein anderes als das streitgegenständliche Gebiet (keine Branchenidentität), hier: Gaststättenbetrieb oder Gaststättenverpachtung, bezog, stand dem Ausschluss des AbzG nach § 8 AbzG nicht entgegen. Es kam lediglich auf die formelle Eintragung als Kaufmann im Handelsregister an, damit der Vertragspartner durch einen Blick in das Handelsregister entscheiden konnte, ob er das AbzG beachten musste oder nicht. Insofern ist die heutige Regelung für Getränkelieferanten ungünstiger als die formale Betrachtungsweise des § 8 AbzG.

2.1155 **b) VerbrKrG. aa) Meinungsstand.** Um ein von der Ausnahmeregelung des § 1 Abs. 1 VerbrKrG erfassten Verbrauchergeschäft im Existenzgründungsstadium handelte es sich nach **h. M.** auch dann, wenn der Existenzgründer zwar

1385) BGH, Urt. v. 13.3.2002 – VIII ZR 292/00, NJW 2002, 2030 = ZIP 2002, 930.

1386) Zur Altrechtslage nach AbzG *Bühler*, Brauerei- und Gaststättenrecht, 13. Aufl. 2011, § 26 IV 8 a m. w. N.

1387) BGH, Urt. v. 10.5.1995 – VIII ZR 264/94, BGHZ 129, 371 = NJW 1995, 2290 = ZIP 2995, 996; BGH, Urt. v. 12.6.1996 – VIII ZR 248/95, ZIP 1996, 1336; BGH, Urt. v. 26.5.1999 – VIII ZR 141/98, BGHZ 142, 23 = NJW 1999, 2664 = ZIP 1999, 1169; OLG Celle, Urt. v. 4.1.1995 – 2 U 262/93, WM 1996, 943.

1388) OLG Celle, Urt. v. 4.1.1995 – 2 U 262/93, WM 1996, 943; OLG Celle, Urt. v. 29.1.1997 – 2 U 38/96, NJW-RR 1997, 1144; OLG Düsseldorf, Urt. v. 9.7.2002 – 24 U 167/01, OLGReport 2001, 204.

1389) BT-Drucks. 14/6857, S. 33 und 65. Anders noch der Regierungsentwurf.

1390) MünchKomm-*Schürnbrand*, BGB, § 512 Rz. 9.

bereits über ein gewerbliches Unternehmen verfügte, die Kreditmittel aber zum Aufbau eines neuen, mit dem ersten **nicht in sachlichem Zusammenhang stehenden, klar abgegrenzten** gewerblichen oder selbständigen beruflichen Unternehmen bestimmt waren.[1391] Dies sollte erst recht dann gelten, wenn der Existenzgründer das andere gewerbliche Unternehmen bei Vertragsabschluss nicht mehr betrieb.[1392] Aufmerken lässt, dass die Rechtsprechung für das Recht der Haustürgeschäfte eine gegenteilige Ansicht vertrat.[1393]

Dafür wurde das **Wortlaut**argument des § 1 Abs. 1 a. E. VerbrKrG genannt, wonach ein privater Verbraucherkredit nur dann nicht vorlag, wenn die als Verbraucher in Betracht kommende natürliche Person den Kredit für **„ihre bereits ausgeübte"**, d. h. für eine konkrete, schon bestehende gewerbliche oder selbständige berufliche Tätigkeit aufnahm.[1394] **2.1156**

Zwischen der Neugründung und der zunächst ausgeübten Geschäftstätigkeit sei eine **zeitliche Zäsur** zu fordern. Eine unmittelbar erneute Existenzgründung direkt im Anschluss an die bisherige Tätigkeit sei nicht zu privilegieren. Fielen beide Verträge trotz wirtschaftlicher Einheit in zeitlicher Hinsicht auseinander, so bliebe es für den Erstvertrag bei der Anwendung des Verbraucherkreditrechts.[1395] **2.1157**

Bei **fremdfinanzierten** Existenzgründungen sei der Anwendungsbereich wieder eröffnet.[1396] Nicht wenige verneinten die erneute Anwendbarkeit des Verbraucherkreditrechts in diesen Fällen mangels objektiver – nicht individueller – **Schutzbedürftigkeit im Einzelfall.**[1397] **2.1158**

c) Geltendes Recht. aa) Meinungsstand. Aktuelles Rechtsprechungsmaterial liegt zu dieser Frage soweit ersichtlich nicht vor. Teilweise wird § 512 BGB herangezogen.[1398] Dafür könnte sprechen, dass sich spezifische rechtliche Kenntnisse des Verbrauchers, z. B. hinsichtlich der Widerruflichkeit des Ver- **2.1159**

1391) BGH, Urt. v. 14.12.1994 – VIII ZR 46/94, NJW 1995, 922 = ZIP 1995, 105; BGH, Urt. v. 5.2.1997 – VIII ZR 14/96, WM 1997, 1353 (Franchisvertrag); BGH, Urt. v. 5.11.1997 – VIII ZR 351/96, NJW 1998, 540, in BGHZ 137, 114 nicht abgedruckt (Franchisvertrag); BGH, Urt. v. 3.11.1999 – VIII ZR 35/99, NJW-RR 2000, 719 = ZIP 2000, 670 – Getränkehandel; BGH, Urt. v. 22.12.1999 – VIII ZR 124/99, NJW-RR 2000, 1221 = ZIP 2000, 491; BGH, Urt. v. 13.3.2002 – VIII ZR 292/00, NJW 2002, 2030 = ZIP 2002, 930, OLG Frankfurt/M., Urt. v. 6.12.1994 – 11 U (Kart) 73/94; OLG Frankfurt/M., Urt. v. 12.5.1998 – 11 U (Kart) 54/97; OLG Schleswig, Urt. v. 14.6.2001 – 1 U 76/2000.

1392) OLG Hamm, Urt. v. 28.7.1992 – 19 U 193/92, NJW 1992, 3179 = ZIP 1991, 1224.

1393) BGH, Urt. v. 4.5.1994 – XII ZR 24/93, ZIP 1994, 1189.

1394) Zu Recht kritisch zu Argumentation und Ergebnis OLG Celle, Urt. v. 4.1.1995 – 2 U 262/93, WM 1996, 943.

1395) OLG Brandenburg, Urt. v. 27.4.1995 – 8 U 55/94, OLGReport 1995, 141 (läßt offen).

1396) OLG Köln, Urt. v. 5.12.1994 – 12 U 68/94, ZIP 1994, 1931.

1397) OLG Nürnberg, Urt. v. 17.1.1995 – 11 U 2737/94, WM 1995, 481.

1398) Palandt-*Weidenkaff*, BGB, § 512 Rz. 3.

trages, oder das Vorhandensein oder Fehlen geschäftlicher Erfahrung, auf den Verbraucherstatus einer natürlichen Person nicht auswirken.[1399)] Im Schrifttum wird überwiegend eine **teleologische Reduktion** des § 512 BGB vertreten.[1400)] Vereinzelt wird differenziert: Eine teleologische Reduktion sei dann angezeigt, wenn ein seit Jahren – eventuell sogar in mehreren Branchen – sehr erfolgreicher Unternehmer ein weiteres Unternehmen gründet und dafür ein Darlehen in Höhe von 70.000,00 € aufnimmt. Etwas anderes sei es aber, wenn ein beruflich oder geschäftlich unerfahrener Kleingewerbetreibender mit geringen eigenen Mitteln nur für kurze Zeit sein Glück in der Selbständigkeit gesucht habe und binnen kurzer Zeit gescheitert sei. Wenn er dann später einen zweiten Anlauf unternehme und auf anderem Gebiet ein neues Unternehmen gründet und dafür einen Existenzgründungskredit aufnehme, sei der Anwendungsbereich des § 512 BGB eröffnet. Das gleiche gelte auch, wenn jemand nach langjähriger, vielleicht jahrzehntelanger unternehmerischer Abstinenz unter völlig anderen persönlichen Voraussetzungen und gänzlich anderen wirtschaftlichen Rahmenbedingungen ein weiteres Mal in seinem Leben ein Unternehmen gründe.[1401)]

2.1160 **bb) Stellungnahme.** Zustimmung verdient die These von der telologischen Reduktion. Der von der ersten Meinung jedenfalls auch vertretene transaktionsbezogene Ansatz lässt sich dem **Wortlaut** des § 512 BGB nicht entnehmen. Auch stellt sich die Frage, ob die These vom transaktionsbezogenen Ansatz nicht im Ergebnis einen **Zirkelschluss** darstellt. Da der Wortlaut beide Interpretationen zulässt, ist er letztlich nicht entscheidend. Aus dem anderslautenden Wortlaut des § 1 Abs. 1 a. E. VerbrKrG kann nichts Gegenteiliges abgeleitet werden. Daher ist auch die Rechtsprechung zum früheren VerbrKrG nicht mehr heranzuziehen. Der offene Wortlaut auch des § 512 BGB („einer“) zwingt nicht zu der Auslegung der h. M.

2.1161 Die **historische** Interpretation zeigt, dass nach der formalen Betrachtungsweise des § 8 AbzG eine **Voreintragung** im Handelsregister auch dann schadete, wenn sie sich auf eine **andere Branche** bezog. Der Mehrfachexistenzgründer war also nicht geschützt.

2.1162 Auch die Entstehungsgeschichte des VerbrKrG gab hierüber keinen unmittelbaren Aufschluss.[1402)] Der **Gesetzgeber** hatte ebenfalls nicht vor, eine erneute Existenzgründung zu schützen. Vielmehr hatte er im Auge, speziell die erste Kreditaufnahme oder den ersten Abschluss eines Ratenlieferungsvertrages für

---

1399) BGH, Urt. v. 15.11.2007 – III ZR 295/06, NJW 2008, 435 = ZIP 2008, 27.

1400) Vgl. u. a. Bülow/Artz-*Artz*, Verbraucherkreditrecht, § 512 Rz. 7.

1401) NK-BGB/*Krämer*/*Müller*, § 512 Rz. 9.

1402) OLG Celle, Urt. v. 4.1.1995 – 2 U 262/93, WM 1996, 943.

die Aufnahme einer beruflichen Tätigkeit als Risikofaktor zu sehen, vor dem der Kreditnehmer geschützt werden solle.[1403)]

Der These, auch die mehrfache Existenzgründung falle immer wieder unter den Verbraucherschutz, sofern nur für die Neugründung **spezifische Kenntnisse** erlernt werden müssten, ist zu widersprechen. Ein Textilhändler, der nun in die Computerbranche wechseln will, handelt gewiss nicht mehr „von seiner Rolle als Verbraucher her", sondern sollte inzwischen zumindest allgemeine Geschäftserfahrung und kaufmännisches Know-how erworben haben. Eine solche Überdehnung des Verbraucherschutzes ist nicht gerechtfertigt. Geschützt wird nur der Unerfahrene. Von einer **Schutzbedürftigkeit** kann nicht ausgegangen werden, weil der Gastwirt durch seine erste Tätigkeit Kenntnisse und Erfahrungen im geschäftlichen Bereich sammeln konnte. Anderenfalls (Folgenbetrachtung) würde der Anwendungsbereich des § 512 BGB von der Person des Existenzgründers auf die von ihm jeweils ausgeübte Tätigkeit verlagert, obwohl der Schutz des Gesetzes allein auf die Person und ihre Erfahrenheit im geschäftlichen Verkehr abzielt. Das Gesetz will den Existenzgründer nicht vor den Risiken bewahren, die mit jeder neuen Tätigkeit verbunden sind, sondern betrachtet speziell die Kreditaufnahme oder den Abschluss des Ratenlieferungsvertrages als Risikofaktor. **2.1163**

Ebenso der BGH im Zusammenhang mit **Haustürgeschäften.**[1404)] Danach finden die Vorschriften über den Widerruf von Haustürgeschäften, aktuell § 312 BGB, auch dann keine Anwendung, wenn ein selbständig erwerbstätiger Kunde den Vertrag zur Vorbereitung einer weiteren, bisher nicht ausgeübten Erwerbstätigkeit abschließt. Wegen der auf typische Fälle zugeschnittenen Regelung des Rechts der Haustürgeschäfte kommt es nicht darauf an, ob der selbständig erwerbstätige Kunde im Einzelfall wegen seiner Unerfahrenheit schutzwürdig erscheint oder den Vertrag in einer konkreten Überrumpelungssituation abgeschlossen hat. **2.1164**

14. Wiederholte Existenzgründung in derselben Branche

Weiter ist die Wiederaufnahme einer unterbrochenen gewerblichen Tätigkeit in derselben Branche, also bei Gewerbeidentität, umstritten. Diese Fallgruppe hat angesichts der Fluktuation im Gastronomiegewerbe besondere Bedeutung. **2.1165**

a) **VerbrKrG. aa)** Während der Geltung des VerbrKrG bejahte die h. M. grundsätzlich eine erneute Existenzgründung. Hatte der Verbraucher eine gleichartige Tätigkeit schon ausgeübt, diese aber wieder aufgegeben und bestand bei der Neugründung keine **Kontinuität**, so war erneut eine Existenzgründungssituation **2.1166**

1403) BR-Drucks. 848/08, S. 12; BT-Drucks. 11/8274, S. 20 f; Begründung RegE BT-Drucks. 16/11643, S. 96.

1404) BGH, Urt. v. 4.5.1994 – XII ZR 24/83, NJW 1994, 2759 = ZIP 1994, 1189.

gegeben. Ob ausnahmsweise Kontinuität zwischen der durch den Kredit geförderten und einer früher bereits ausgeübten Tätigkeit noch als gegeben angesehen werden konnte, sei von Fall zu Fall aufgrund der **konkreten Umstände des Einzelfalles** zu beurteilen gewesen. Ein Handelnder konnte sonach mehrfach in den Genuss verbraucherschützender Normen kommen.[1405)]

2.1167 **bb)** In der Rechtsprechung fanden sich auch Entscheidungen, die danach fragten, ob der Kreditnehmer lediglich kurze **Zeit** eine Absatzstätte betrieben hatte, sodass in diesem Bereich noch keine ausreichende Erfahrungen gesammelt werden konnten oder ob zwischen der Aufgabe der einen und Eröffnung einer neuen Absatzstätte ein längerer Zeitraum lag. So in Extremsituationen, wenn z. B. der Existenzgründer nach mehrjähriger Abstinenz wieder unternehmerisch tätig werde. Hatte er noch keine ausreichenden **Erfahrungen** sammeln können, so erlangte er wieder den Status des Existenzgründers.[1406)]

2.1168 **cc)** Das OLG Celle sah auch im Falle wiederholter Existenzgründung grundsätzlich den persönlichen Anwendungsbereich des VerbrKrG als eröffnet an. Allerdings könnte unter dem Gesichtspunkt der **Kontinuität** und damit des engen Zusammenhangs zwischen der früheren Tätigkeit (hier Aufgabe des früheren Gaststättenbetriebes vor eineinhalb Jahren) und der aktuellen Kreditgewährung etwas anderes im Einzelfall anzunehmen sein.[1407)]

2.1169 **dd)** Vereinzelt wurde danach differenziert, ob bereits **Erfahrungen** im Zusammenhang mit einer Kreditaufnahme gemacht worden waren. War dies nicht der Fall, so konnte dem in dieser Hinsicht erstmaligen Kreditnehmer nicht von vornherein die Schutzwürdigkeit versagt werden.[1408)]

2.1170 **ee)** Andere bejahten eine erneute Existenzgründung dann, wenn der Gastwirt die erste Tätigkeit **aus persönlichen Gründen** (Krankheit), nicht aus wirtschaftlichen Gründen, aufgegeben hatte und einige Zeit später eine neue Ab-

---

1405) BGH, Urt. v. 5.11.1997 – VIII ZR 351/96, NJW 1998, 540; OLG Köln, Urt. v. 5.12.1994 – 12 U 68/94, ZIP 1994, 1931; OLG Frankfurt/M., Urt. v. 6.12.1994 – 11 U (Kart) 73/94; OLG Celle, Urt. v. 4.1.1995 – 2 U 262/93, WM 1996, 943; OLG Nürnberg, Urt. v. 17.1.1995 – 11 U 2737/94, WM 1995, 481; OLG Frankfurt/M., Urt. v. 12.5.1998 – 11 U (Kart) 54/97.

1406) BGH, Urt. v. 3.11.1999 – VIII ZR 35/99, NJW-RR 2000, 719 = ZIP 2000, 670 – Getränkehandel; BGH, Urt. v. 22.12.1999 – VIII ZR 124/99, NJW-RR 2000, 1221 = ZIP 2000, 491; OLG Frankfurt/M., Urt. v. 6.12.1994 – 11 U (Kart) 73/94 (Zeitraum von **vier Jahren** (vorher) eine Gaststätte geführt und diese Tätigkeit erst **vier bis fünf Wochen** vor seiner Beitrittserklärung beendet hat); OLG Nürnberg, Urt. v. 17.1.1995 – 11 U 2737/94, WM 1995, 481; OLG Düsseldorf, Urt. v. 10.2.1995 – 17 U 191/95, WM 1995, 1142; OLG Brandenburg, Urt. v. 27.4.1995 – 8 U 55/94, OLGReport 1995, 141 (offen lassend); OLG Schleswig, Urt. v. 21.11.1997 – 14 U 90/96, OLGZ 1998, 41; OLG Frankfurt/M., Urt. v. 12.5.1998 – 11 U (Kart) 54/97.

1407) OLG Celle, Urt. v. 4.1.1995 – 2 U 262/93, WM 1996, 943; insofern ähnlich BGH, Urt. v. 14.12.1994 – VIII ZR 46/94, NJW 1995, 922 = ZIP 1995, 105; BGH, Urt. v. 5.11.1997 – VIII ZR 351/96, NJW 1998, 540.

1408) OLG Hamm, Urt. v. 28.7.1992 – 19 U 193/92, NJW 1992, 3179 = ZIP 1991, 1224.

satzstätte wiedereröffnete. Dies selbst für den Fall, dass er sich als besonders erfahrener Gastwirt bezeichnete.[1409)]

b) Geltendes Recht. aa) Streitstand. Das Meinungsbild zu § 512 BGB entspricht im Wesentlichen dem zur früheren Rechtslage.[1410)] **2.1171**

bb) Stellungnahme. Das Gesetz spricht von „die Aufnahme" und nicht von „einer Aufnahme" oder „Aufnahmen". Damit ist schon zweifelhaft, ob die erneute Existenzgründung (Wiederaufnahme bzw. Neuaufnahme) darunter zu subsumieren ist. Nach dem **Wortlaut** kommt es auch nicht auf die individuelle Schutzbedürftigkeit an. Das Gesetz fordert explizit keine fortdauernde Schutzbedürftigkeit. Das Gesetz zielt auf die Person und ihre Erfahrungen ab und nicht auf die Tätigkeit der Existenzgründung. **2.1172**

Der Schutz des Gesetzes stellt allein auf die Erfahrenheit der Person ab. Hat der Existenzgründer diese **Erfahrungen** und verfügt er über eine allgemeine Geschäftserfahrenheit, so bedarf er keines besonderen Schutzes mehr. Ihm fehlt nicht die Geschäftsgewandtheit, die normalerweise in der Phase der Existenzgründung nicht festzustellen ist. Ein Existenzgründer agiert nicht mehr „von seiner Rolle als Verbraucher her". In derselben Branche ergeben sich ohnedies keine neuartigen Risiken. Gerade weil das Gesetz speziell die Kreditaufnahme oder den Abschluss von Ratenlieferungsverträgen als Risikofaktor sieht, vor dem der Existenzgründer geschützt werden müsse, und nicht etwa das allgemeine (Lebens-)Risiko, zeigt, dass es keines Schutzes mehr bedarf, wenn der Kreditnehmer sich lediglich innerhalb der Risiken der ihm bereits bekannten Branche bewegt. Nach der teleologischen Auslegung des Gesetzes fehlt es in dieser Fallgruppe erst recht an der Schutzbedürftigkeit.[1411)] **2.1173**

Diese **teleologische Reduktion** setzt allerdings voraus, dass ein Zusammenhang zwischen den bestehenden gewerblichen Unternehmen nicht nur im Sinne einer Branchenidentität, sondern auch **Statusidentität** (selbständiger Gastwirt) festgestellt werden kann.[1412)] **2.1174**

Soweit demgegenüber vereinzelt auf den **Zeitfaktor** abgestellt wird und § 512 BGB jedenfalls dann wieder für anwendbar erklärt wird, wenn der Handelnde nach jahrelanger Abstinenz wieder unternehmerisch tätig werde,[1413)] kann dem nicht gefolgt werden. Der Wortlaut des § 512 BGB gibt keinen Hinweis auf eine zeitliche Komponente. Auch sind die bislang hierzu genannten Zeitrahmen – von wenigen Wochen bis hin zu „jahrelanger Abstinenz" – derart unbestimmt, **2.1175**

1409) OLG Frankfurt/M., Urt. v. 6.12.1994 – 11 U (Kart) 73/94; OLG Köln, Urt. v. 5.12.1994 – 12 U 68/94, ZIP 1994, 1931; ablehnend OLG Nürnberg, Urt. v. 17.1.1995 – 11 U 2737/94, WM 1995, 481.

1410) Siehe vorstehend § 23 III 13 b aa jeweils m. w. N.

1411) Vgl. auch OLG Köln, Urt. v. 20.10.2011 – 7 U 65/11, BeckRS 2012, 15923.

1412) OLG Frankfurt/M., Urt. v. 12.5.1998 – 11 U (Kart) 54/97.

1413) NK-BGB/*Krämer*/*Müller*, § 512 Rz. 9.

dass sie der Rechtsunsicherheit Vorschub leisteten und damit als nicht praktikabel abzulehnen sind.

2.1176 Für die Anwendung des § 512 BGB ist es auch unerheblich, ob die Betriebsaufgabe aus wirtschaftlichen oder persönlichen Gründen erfolgt ist. **Gründe** für eine entsprechende Differenzierung ergeben sich weder aus dem Wortlaut noch dem Normzweck. Im Übrigen ändert die **Geschäftsaufgabe** gleich aus welchem Grunde nichts daran, dass bereits Erfahrungen durch die vormalige selbständige gewerbliche Tätigkeit gesammelt worden sind. Auch erscheint eine entsprechende Unterscheidung wenig praktikabel, selbst wenn man berücksichtigt, dass den Existenzgründer die Darlegungs- und Beweislast hierfür treffen würde. Anderenfalls könnte sich jeder Existenzgründer, unabhängig davon, wie lange auch sein früheres Unternehmen bereits bestanden hat und wie erfolgreich er tätig gewesen ist, bei späteren Neugründungen auf den Verbraucherschutz berufen.[1414)]

2.1177 cc) **Entscheidungserheblichkeit.** Die zum VerbrKrG vertretene h. M. und die auch diesseits vertretene Lehre von der teleologischen Reduktion des § 512 BGB führen nicht selten zu gleichen Ergebnissen. Hintergrund ist das von der höchstrichterlichen Rechtsprechung zum Parallelproblem der wiederholten Existenzgründung in unterschiedlichen Branchen statuierte Erfordernis eines sachlichen Zusammenhangs und einer klaren Abgrenzung der Tätigkeiten.[1415)] Lehrreich dazu ist eine Entscheidung des LG Köln vom 15.3.2011.[1416)] Das Gericht vermag der Behauptung des Gastwirts, seine mit dem streitgegenständlichen Getränkelieferungsvertrag aufgenommene Tätigkeit stehe mit ihren früheren gastro-gewerblichen Tätigkeiten nicht im Zusammenhang und sei davon klar abgegrenzt, nicht zu folgen. Im Zeitpunkt des Vertragsschlusses (am 5.8.2004) war der Kläger unstreitig Betreiber einer anderen Absatzstätte, die er erst im September 2004 geschlossen hatte. Zwischen neuer und alter Tätigkeit bestand ein so enger zeitlicher Zusammenhang, dass ein geradezu übergangsloser Wechsel von der alten zur neuen Betriebsstätte vorlag. Der bereits am 11.11.2004 aufgenommene Betrieb der Absatzstätte B stellte nach seinem Inhalt nach auch eine gleichartige Tätigkeit gegenüber dem Betrieb der Absatzstätte A dar. Der Vortrag des Klägers, beide Betriebe unterschieden sich in Größe und Angebot, vermochte daran nichts zu ändern. Im Kern stellten beide Betriebe sehr ähnliche Anforderungen an den jeweiligen Betreiber, sodass auch bei in Teilen abweichendem Charakter eine vergleichbare Tätigkeit zu bejahen war. Aufgrund des fast nahtlosen Übergangs vom Betrieb der einen Absatzstätte zum Betrieb

1414) BGH, Beschl. v. 24.2.2005 – III ZB 36/04, BGHZ 162, 253 = NJW 2005, 1273 = ZIP 2005, 622.

1415) Siehe oben § 23 III 13 m. w. N.

1416) LG Köln, Urt. v. 15.3.2011 – 21 O. 95/10, BeckRS 2012, 02826, Vorinstanz zu OLG Köln, Urt. v. 20.10.2011 – 7 U 65/11, BeckRS 2012, 15923.

der anderen waren beiden Tätigkeiten nicht klar voneinander abgrenzbar. Der Kläger hatte lediglich die Stätte seiner selbständigen und gewerblichen Tätigkeit gewechselt, die Tätigkeit selbst aber fortgeführt. Zwischen beiden Betätigungen lag kein erkennbarer Einschnitt, der eine klare Abgrenzung möglich gemacht hätte.

15. Wiederholte Existenzgründung bei bestehender Unternehmerschaft

Zu fragen ist, wie Sachverhalte zu beurteilen sind, in denen eine Person bereits gewerblich oder selbständig beruflich tätig ist und nunmehr parallel dazu in derselben oder einer anderen Branche ein weiteres Geschäft gründet. 2.1178

a) VerbrKrG. aa) Das OLG Nürnberg stellte auf die **Schutzbedürftigkeit** des Kreditnehmers **im Einzelfall** ab und verneinte die Anwendbarkeit mangels objektiver – nicht individueller – Schutzbedürftigkeit. Bei einer erneuten Existenzgründung sei § 1 Abs. 1 a. E. VerbrKrG grundsätzlich nicht anwendbar gewesen. § 1 Abs. 1 VerbrKrG sei nach dem Schutzzweck des Gesetzes dahin auszulegen, dass solche Kreditverträge ausschieden, mit denen ein Gewerbetreibender oder bereits selbständig beruflich Tätiger den Aufbau eines weiteren, auch branchenfremden, Geschäftszweiges finanzieren wollte. Grundsätzlich sollte der private Verbraucher geschützt werden, der in der Regel nach seiner Ausbildung und Erfahrung Ausmaß und Auswirkung einer Verschuldung nicht abzuschätzen vermochte. Gewerbetreibende oder freiberuflich Tätige waren insoweit nicht schutzbedürftig; sie verfügten bereits über geschäftliche Erfahrung.[1417)] 2.1179

bb) Demgegenüber wurde auch in dieser Konstellation die Anwendbarkeit des VerbrKrG unter Hinweis darauf bejaht, dass derjenige, der eine neue, für ihn branchenfremde gewerbliche oder selbständige berufliche Tätigkeit beginne, ebenso unerfahren und schutzbedürftig sei, wie ein Privatmann. Jedenfalls sei das Verbraucherkreditrecht anwendbar, solange die Tätigkeiten nicht im Zusammenhang stünden und deutlich voneinander abgegrenzt seien.[1418)] 2.1180

b) Geltendes Recht. aa) Beide Auffassungen werden mit unterschiedlicher Begründung noch heute vertreten.[1419)] 2.1181

bb) Stellungnahme. Nach zutreffender Auffassung fällt die wiederholte Existenzgründung bei bestehender Unternehmerschaft so wie noch nicht in den Schutzbereich des § 512 BGB. Das Gesetz zielt auf die Person und ihre Erfahrungen ab und nicht auf die Tätigkeit der Existenzgründung. Unter Geltung des § 8 AbzG war der Prüfungsmaßstab strenger; eine Voreintragung ließ den – 2.1182

1417) OLG Nürnberg, Urt. v. 17.1.1995 – 11 U 2737/94, WM 1995, 481.

1418) BGH, Urt. v. 5.11.1997 – VIII ZR 351/96, NJW 1998, 540; OLG Hamm, Urt. v. 28.7.1992 – 19 U 193/92, NJW 1992, 3179 = ZIP 1991, 1224.

1419) OLG Köln, Urt. v. 20.10.2011 – 7 U 65/11, BeckRS 2012, 15923; Bülow/Artz-*Artz*, Verbraucherkreditrecht, § 512 Rz. 7, einerseits, MünchKomm-*Schürnbrand*, BGB, § 512 Rz. 5, andereseits.

erneuten – Schutz nicht entstehen. Betrachtet man das gesamte unternehmerische Handeln und nicht nur das einzelne neu hinzukommende Geschäft, so liegt lediglich eine **Ausweitung** der unternehmerischen Tätigkeit vor. Der Unternehmer, der Neuunternehmen errichtet, erschafft sich einen kleinen Konzern und besitzt typischerweise gerade die Geschäftsgewandheit, wie sie in der Phase der Existenzgründung fehlen mag. Den Mehrfachgründer als Verbraucher anzusehen bedeutete einen **überschießenden Schutz**, der über das gesetzgeberische Anliegen hinausginge. In diesen Fällen besitzt der Handelnde gerade über hinreichende unternehmerische Erfahrungen. Der Gesetzgeber wollte mit der Vorgängerregelung zum heutigen § 512 BGB gerade die Konzernbildung mit Hilfe von Existenzgründerkrediten ausschließen.[1420)] Zwar bezieht sich diese Erwägung in erster Linie auf die Wertgrenze. Man wird aber wohl annehmen können, dass sich dieser Gedanke im Grundsatz auf die gesamte Regelung erstrecken soll.

16. Geschäftserweiterung

2.1183 a) **Abgrenzung.** Zunächst ist zu fragen, inwieweit sich eine Geschäftserweiterung von einer Existenzgründung unterscheidet. Eine Geschäftserweiterung ist gegeben, wenn der Handelnde die bisherige, beschränkte Angebotspalette seines Gewerbebetriebes in vergleichsweise geringfügigen Umfang durch eine Produktvariation oder Produktdiversifikation erweitert. Demgegenüber kann man von Existenzgründung erst dann sprechen, wenn die bereits ausgeübte Tätigkeit mit der neuen Tätigkeit nicht im Zusammenhang steht und davon klar abgegrenzt ist.[1421)]

2.1184 Ein Indiz für eine bloße Erweiterung ist z. B. das Unterschreiben nicht nur mit eigenem Namen, sondern auch mit dem Namen des bestehenden Betriebes.[1422)] Hierzu bedarf es einer umfänglichen Prüfung anhand von Indizien und Hilfskriterien wie gemeinsamen Gattungsbegriffen oder Teilbranchen für die verschiedenen Tätigkeiten.[1423)]

2.1185 b) Stellt sich die neue Tätigkeit des Gastwirts lediglich als Erweiterung seiner bisherigen Tätigkeit dar, so liegt Unternehmerhandeln vor. Auf Geschäfte, die

---

1420) BT-Drucks. 11/8274, S. 20 f.

1421) BGH, Urt. v. 3.11.1999 – VIII ZR 35/99, NJW-RR 2000, 719 = ZIP 2000, 670 (Getränkehandel).

1422) BGH, Urt. v. 3.11.1999 – VIII ZR 35/99, NJW-RR 2000, 719 = ZIP 2000, 670 (Getränkehandel).

1423) Existenzgründung: BGH, Urt. v. 14.12.1994 – VIII ZR 46/94, NJW 1995, 922 = ZIP 1995, 105: Einzelhändler für Schreib- und Spielwaren, der einen Franchisevertrag für ein Gebäudereinigungskonzept eingeht; OLG Hamm, Urt. v. 28.7.1992 – 19 U 193/92, NJW 1992, 3179 = ZIP 1992, 1224: freiberufliche „Stil- und Farbberaterin", die ein Damenbekleidungsgeschäft eröffnet; dagegen bloße Geschäftserweiterung im Fall BGH, Urt. v. 3.11.1999 – VIII ZR 35/99, NJW-RR 2000, 719 = ZIP 2000, 670.

im Rahmen einer Erweiterung einer schon bestehenden Geschäftes getätigt werden, findet § 512 BGB keine Anwendung. Der weitere Ausbau eines bestehenden Geschäftsbetriebes, seine räumliche Erweiterung und jedwede – erkannte oder unerkannte bzw. bewusste oder unbewusste – Betriebsänderung – Beispiel: Abschluss eines Leasingvertrages über Getränkeautomaten durch einen Getränkehändler – fallen ebenso wenig wie die Übernahme eines zusätzlichen Betriebs – wo auch immer – erneut unter den Existenzgründerbegriff des § 512 BGB.[1424)]

Schon nach dem AbzG war die Art der Kaufmannstätigkeit unbeachtlich.[1425)] **2.1186** Für diese Interpretation sprechen der Wortlaut des § 512 BGB, der nur die Aufnahme einer entsprechenden Tätigkeit erfasst, sowie die Gesetzesbegründung, die auf die Gründung einer einfachen gewerblichen Tätigkeit, nicht dagegen auf die Bildung von Konzernen unter dem Schutz des Verbraucherkreditrechts abstellt.[1426)]

Die Zweckbestimmung bezieht sich hier nicht auf die „Aufnahme" einer Tätigkeit i. S. d. § 512 BGB. **2.1187** Bei einer Erweiterung hat der Handelnde, der bereits Unternehmer i. S. d. § 14 BGB ist, die Vorbereitungsphase hinter sich gebracht. Der Vorgang birgt ein geringeres Risiko als eine Existenzgründung, weil der Unternehmer die Erweiterung einerseits ausreichend planen kann und andererseits beim Aufbau des Unternehmens hinreichend unternehmerische Kenntnisse erlangt hat. Es besteht kein Anlass, die Person zu schützen, die bereits ein Unternehmen betreibt und dieses lediglich erweitert. Bei einem solchen Geschäft geht es nicht um die „Aufnahme" einer Tätigkeit i. S. d. § 512 BGB. Bei einer Erweiterung handelt es sich vielmehr um eine schon früher aufgenommene Tätigkeit. Die Privilegierung von Existenzgründern hat den Zweck, diese aufgrund ihrer Unerfahrenheit zu schützen. Bei einer Erweiterung hatte der Gastwirt aber schon Gelegenheit, Kenntnisse zu erwerben. Somit erscheint eine andauernde Privilegierung nicht angemessen. Dafür können im Einzelfall sowohl die Vertragsformulierung („seit dem 1.1.1990 als … gewerblich … tätig") als auch eine Gewerbeummeldung mit dem Inhalt „Erweiterung der Betriebstätigkeit" sprechen.

1424) BGH, Urt. v. 3.11.1999 – VIII ZR 35/99, NJW-RR 2000, 719 = ZIP 2000, 670 – Getränkehandel; BGH, Urt. v. 22.12.1999 – VIII ZR 124/99, NJW-RR 2000, 1221 = ZIP 2000, 491; OLG Frankfurt/M., Urt. v. 6.12.1994 – 11 U (Kart) 73/94; OLG Düsseldorf, Urt. v. 10.2.1995 – 17 U 191/95, NJW-RR 1996, 759; OLG Frankfurt/M., Urt. v. 12.5.1998 – 11 U (Kart) 54/97; OLG Brandenburg, Urt. v. 15.12.1998 – 6 U 1/98, OLG-Report 1999, 137; OLG Düsseldorf, Urt. v. 24.8.2004 – 21 U 19/04; LG Köln, Urt. v. 15.3.2011 – 21 O. 95/10, BeckRS 2012, 02826.

1425) OLG Frankfurt/M., Urt. v. 6.10.1988 – 6 U 59/88, GRUR 1989, 71 = Zeller IV, 47.

1426) Begründung RegE BT-Drucks. 16/11643, S. 96.

17. Umfang der gewerblichen Tätigkeit

2.1188 Auch dann, wenn die bisherige gewerbliche Tätigkeit nur einen geringen Umfang gehabt hat, wird nicht erneut der Anwendungsbereich des § 512 BGB eröffnet. Es reicht aus, wenn die bisherige Tätigkeit überhaupt geeignet gewesen ist, zu einer Erfahrenheit im geschäftlichen Verkehr zu führen. Daher ist es irrelevant, ob das gastronomische Konzept bzw. der Betriebstyp in welche Richtung auch immer geändert wird und/oder die Ausstattung oder der gewerbliche Auftritt verändert werden. Ausschlaggebend ist allein, dass die bisherige geschäftliche Tätigkeit geeignet war, Kenntnisse und Erfahrungen in der Führung eines gastronomischen Betriebes zu gewinnen.[1427)]

18. Umstrukturierung

2.1189 Dient die Kreditaufnahme zur Umstrukturierung einer bereits ausgeübten gewerblichen oder selbständigen beruflichen Tätigkeit, so ist der Schutzbereich des § 512 BGB nicht erneut eröffnet. Dies auch dann, wenn der Sachverhalt sich weder als Geschäftserweiterung noch als Vergrößerung des Umfangs der gewerblichen Tätigkeit darstellt. Zunächst kann insofern bereits nicht von einer „Aufnahme einer gewerblichen oder selbständigen beruflichen Tätigkeit" i. S. d. § 512 BGB gesprochen werden, weil der Betrieb bereits besteht. Auch bezieht sich die Umstrukturierung in aller Regel lediglich auf die innere Struktur, etwa personelle und/oder organisatorische Maßnahmen.

19. Umwandlung bzw. Änderung der Rechtsform

2.1190 a) Denkbar ist, dass die Rechtsform eines bestehenden gastronomischen Betriebes umgewandelt wird und im Zuge dieser Umwandlung ein Kredit aufgenommen wird, etwa die Überführung eines einzelkaufmännischen Gewerbes in eine GmbH.

2.1191 b) Die Umwandlung in eine andere Rechtsform bzw. die Änderung der Rechtsform eines Unternehmens fallen schon dem Wortlaut nach nicht unter § 512 BGB, weil hier keine Aufnahme einer gewerblichen oder selbständigen beruflichen Tätigkeit vorliegt. Im Fall einer Umwandlung wird die bereits vorhandene Existenz mit einem anderen „Mantel" versehen. Es ändert sich lediglich die Erscheinungsform, in der das Unternehmen nach außen auftritt. Jedoch repräsentieren weiterhin dieselben Personen die Gesellschaft und vertreten diese.[1428)]

2.1192 Auch aus Schutzzweckerwägungen ist die Anwendung des § 512 BGB nicht geboten. Die handelnde Person ist bereits Unternehmer i. S. d. § 14 Abs. 1 BGB. Ob durch eine Umwandlung bzw. Änderung der Rechtsform Risiken, etwa Haftungs- oder Beteiligungsrisiken entstehen, kann offenbleiben. Jeden-

---

1427) Staudinger-*Kessal-Wulf*, BGB, § 512 Rz. 10.

1428) Staudinger-*Kessal-Wulf*, BGB, § 512 Rz. 10.

falls agiert hier ein Unternehmer selbst bei kreditfinanzierten Maßnahmen nicht mehr aus der Position eines Existenzgründers heraus. Im Gegenteil versucht er nicht selten – etwa durch die Umwandlung in eine GmbH – Haftungsrisiken zu minimieren.

20. Änderung der Etablissementbezeichnung

Auch dann, wenn ein bereits bestehender gastronomischer Betrieb mit einer neuen Etablissementbezeichnung versehen wird und in diesem Zusammenhang ein Kredit aufgenommen wird, bleibt § 512 BGB nicht anwendbar. Zwar mag das Risiko begründet sein, dass infolge der Änderung der Etablissementbezeichnung der Kundenzuspruch nachlässt. Dies ist aber zum einen ein aus Sicht des Handelnden voraussehbares Risiko. Dem kann er auch durch geeignete Maßnahmen entgegensteuern. Jedenfalls hat er die Änderung der Etablissementbezeichnung zu vertreten (§ 276 BGB). Im Übrigen lässt sich die Umbenennung schon dem Wortlaut nach nicht unter § 512 BGB subsumieren. Eine andere Auslegung würde die Grenzen des möglichen Wortsinns überschreiten. Ein eventuell sich abzeichnendes Risiko ist auch nicht hinreichend, um eine erneute Existenzgründungssituation annehmen zu können. Hier liegt eine freiwillige und bewusste unternehmerische Entscheidung vor. Anderenfalls könnte der Gastwirt durch kreditfinanzierte Änderungen der Etablissementbezeichnungen wiederholt in den Schutzbereich des Verbraucherkreditrechts gelangen. Dieses ist vom Normzweck nicht erfasst. 2.1193

21. Standortverlagerung

Verlagert ein Gastwirt mit oder ohne Mitnahme der Etablissementbezeichnung sein Unternehmen an einen anderen Standort und nimmt er hierzu finanzielle Mittel auf, so ist § 512 BGB im Regelfall nicht anwendbar. Dem stehen sowohl der Wortlaut der Vorschrift („Aufnahme" im Gegensatz zur Weiterführung) als auch der Umstand entgegen, dass es sich insofern um eine wenn auch räumlich verlagerte Fortsetzung der bisherigen unternehmerischen Tätigkeit handelt. Auch verfügt der Gastwirt über ausreichende Erfahrungen, um die Risiken einer Neuerschließung des Marktes abschätzen zu können. Daher ist ihm kein erneuter Schutz einzuräumen. Zwar mag es dem Gastwirt einige Mühe kosten, einen neuen Markt zu erschließen. Dieser Befund basiert aber auf einer wiederum eigenen unternehmerischen Entscheidung, die er in eigener Verantwortung nach Abwägung des Für und Widers getroffen hat. Dies auch dann, wenn ihn äußere Umstände, wie etwa ein Umsatzrückgang, hierzu veranlasst haben mögen. Insofern wird man die Rechtsprechung zum außerordentlichen Kündigungsrecht entsprechend heranziehen können.[1429] 2.1194

1429) Siehe unten § 34 V 4–6.

22. Folgeverträge

2.1195 a) **Folgebindungen** oder **Anschlussfinanzierungen** werden bei Personenidentität aufseiten des Kunden nicht erfasst. Auch insofern gilt der Grundsatz der **Einzelbetrachtung.** Ob dies auch dann gilt, wenn ausnahmsweise ein Anschlussvertrag im Rechtssinne vorliegt,[1430)] dürfte keinen Unterschied machen. Eine etwaige Zusammenrechnung nach § 138 Abs. 1 BGB hat andere Voraussetzungen und einen abweichenden Normzweck als § 512 BGB. Daher dürfte es nicht möglich sein, „Rosinen zu picken" und über eine Zusammenrechnung der Laufzeit(en) erneut in den Anwendungsbereich des Verbraucherkreditrechts zu gelangen.

2.1196 b) Im Regelfall werden **Saisonbetriebe** auch mit „durchlaufenden" Getränkelieferungsverträgen finanziert und gebunden. Besonderheiten dieser Objekttypen wird dann etwa bei Fälligkeitszeitpunkten der Tilgungsraten und/oder der Pacht Rechnung getragen. Dann bestehen insofern keine Abweichungen im Zusammenhang mit § 512 BGB. Werden Saisongeschäfte dagegen ausnahmsweise mit kurzlaufenden „Saisonverträgen" gebunden, so stellt sich ggf. die Frage der erneuten Anwendbarkeit des § 512 BGB.

23. Bestandsgastronomen

2.1197 Betreibt der Gastwirt bei Abschluss des streitgegenständlichen Vertrages und Übernahme einer Getränkebezugsverpflichtung schon eine Absatzstätte an einem anderen Ort, dient der Vertrag einer bereits ausgeübten gewerblichen oder selbständigen beruflichen Tätigkeit, sodass er nicht die persönlichen Voraussetzungen des Verbraucherkreditrechts erfüllt.[1431)]

24. Bindung durch mehrere Getränkelieferanten

2.1198 Schließen verschiedene Getränkefachgroßhändler jeweils mit ein- und demselben Kunden als Existenzgründer Getränkelieferungsverträge, so ist im Zeitablauf zu prüfen, ob die Existenzgründungsphase bereits abgeschlossen ist.[1432)]

IV. Geschäftsvolumen über 75.000,00 €

1. Einführung

2.1199 Der die Verbrauchereigenschaft im Allgemeinen ausschließende Bezug zu einer (hier) gewerblichen Tätigkeit ist nach § 512 BGB unerheblich, wenn die Gewährung des Darlehens oder die Finanzierungshilfe oder der Abschluss des Ratenlie-

1430) Siehe oben § 11 III 3 – 8.

1431) OLG Frankfurt/M., Urt. v. 12.5.1998 – 11 U (Kart) 54/97; LG Köln, Urt. v. 15.3.2011 – 21 O. 95/10, BeckRS 2012, 02826.

1432) Siehe oben § 23 III 9 k.

ferungsvertrages für die Aufnahme einer solchen Tätigkeit bestimmt sind und der Nettodarlehensbetrag oder Barzahlungspreis 75.000,00 € übersteigt.

2. Europarechtlicher Hintergrund[1433)]

Da die Erweiterung des Verbraucherbegriffs auf Existenzgründer nicht in der Verbraucherkreditrichtlinie 87/102/EWG angelegt ist, bewegt sich die Höchstgrenze von 75.000,00 € möglicherweise jenseits der durch Art. 15 der Richtlinie eingeräumten Option, sodass Art. 2 Abs. 1 f nicht berührt ist. Die Regelung des deutschen Rechts ist jedenfalls grundfreiheitenkonform.[1434)] 2.1200

3. Normzweck

Mit der 75.000,00 €-Grenze des § 512 BGB soll die Ausweitung der Norm verhindert werden **(teleologische Restriktion)**, insbesondere sollen gewerbliche Großkredite in Verbindung mit der Gründung von Handelsgesellschaften nicht erfasst werden. In Anlehnung an die Altregelung des § 8 AbzG[1435)] sollen insbesondere kleingewerbliche Kreditnehmer, etwa Landwirte, Freiberufler und sonstige Kleingewerbetreibende, das Gesetz für sich beanspruchen können.[1436)] § 512 BGB will den Existenzgründer nicht vor den Risiken bewahren, die mit jeder neuen Tätigkeit verbunden sind, sondern betrachtet speziell die Kreditaufnahme oder den Abschluss des Ratenlieferungsvertrages als Risikofaktor. 2.1201

4. Darlegungs- und Beweislast

Ist streitig, ob das Mindestvolumen von 75.000,00 € überschritten ist, trägt der Unternehmer, nicht aber der Existenzgründer die Beweislast.[1437)] Dies folgt aus der Gesetzesformulierung „es sei denn", die den zweiten Halbsatz einleitet und diesen als Ausnahmetatbestand kennzeichnet.[1438)] Gleiches gilt für die Frage, ob der Kredit der Fortsetzung oder Erweiterung einer bereits aufgenommenen beruflichen oder gewerblichen Tätigkeit dient. 2.1202

1433) Siehe bereits oben § 23 IV 3.

1434) BT-Drucks. 11/8274, S. 20 f.

1435) Zur Altrechtslage nach VerbrKrG *Bühler*, Brauerei- und Gaststättenrecht, 13. Aufl. 2011, § 23 V 1 a, Rz. 1589 f., m. w. N.

1436) Begründung RegE BT-Drucks. 16/11643, S. 96; a. A. MünchKomm-*Schürnbrand*, BGB, § 512 Rz. 6.

1437) BT-Drucks. 14/6857, S. 65.

1438) Begründung RegE BT-Drucks. 16/11643, S. 82 f., 96.

5. 75.000,00 €-Grenze und Verbraucher

2.1203 Die Wertgrenze von 75.000,00 € gilt nicht für Verbraucher. Die Ausnahmevorschrift des § 512 BGB erfasst ausschließlich Existenzgründer.[1439)]

6. Anwendbarkeit auf Getränkelieferungsverträge[1440)]

2.1204 In deutlicher Distanzierung von der unter Geltung des VerbrKrG h. M. entzieht § 512 BGB ebenso wie die Vorgängerregelung des § 507 BGB a. F. im Rahmen der Existenzgründung geschlossene Ratenlieferungsverträge und damit auch Getränkelieferungsverträge dem Schutzbereich des § 510 BGB, wenn ihr Volumen den Betrag von 75.000,00 € übersteigt.[1441)] Die Formulierung „Nettodarlehensbetrag oder Barzahlungspreis" stützt die hier vertretene Auffassung. Die Entstehungsgeschichte des nunmehrigen § 510 Abs. 1 Satz 1 Nr. 3 BGB zeigt, dass die Regelung auch im Zusammenhang mit Getränkelieferungsverträgen Anwendung finden sollte. Mit der ausdrücklichen Verankerung der Ratenlieferungsverträge im Wortlaut des § 512 BGB hat der Gesetzgeber eine eindeutige Entscheidung getroffen.[1442)] Im Übrigen ist weder aus Schutzzweckgesichtspunkten noch mangels einer Vergleichbarkeit mit Franchiseverträgen eine einschränkende Interpretation geboten.

7. Zweifache Anwendung

2.1205 a) Damit stellt sich die auch praktisch bedeutsame und bislang in der Rechtsprechung soweit ersichtlich noch nicht behandelte Frage, ob bei Getränkelieferungsverträgen § 512 BGB für das Finanzierungs- und das Bindungsvolumen jeweils Bedeutung erlangen kann.

2.1206 b) Man könnte die These vertreten, § 512 BGB sei nur dann anwendbar, wenn sowohl hinsichtlich des Finanzierungsbetrages als auch des Bindungsvolumens jeweils die Grenze von 75.000,00 € überschritten sei.[1443)] Demgegenüber steht der Ansatz, bei Getränkelieferungsverträgen den Schwellenwert gesondert, also sowohl im Hinblick auf den Finanzierungsteil (Übersteigen etwa des Nettodarlehensbetrages von 75.000,00 €) als auch hinsichtlich des Bindungsteils (Mindestauftragsvolumen von 75.000,00 € (§ 510 Abs. 1 Satz 1 Nr. 3 BGB)), zu prüfen.[1444)]

1439) Staudinger-*Kessal-Wulf*, BGB, § 512 Rz. 2.

1440) Zur Altrechtslage nach VerbrKrG *Bühler*, Brauerei- und Gaststättenrecht, 13. Aufl. 2011, § 26 V 4 a, Rz. 1597.

1441) BT-Drucks. 14/7052, S. 203.

1442) BT-Drucks. 14/7052, S. 203.

1443) Ähnlich *Paulusch*, 8. Aufl. 1994, S. 103, zu § 3 Abs. 1 Nr. 2 VerbrKrG.

1444) So wohl im Ergebnis auch Erman-*Saenger*, BGB., Vorbem. § 488 Rz. 25.

c) Für die zweifach-getrennte Anwendung spricht die Formulierung „oder“ in § 512 BGB. Auch ist § 512 BGB an die Stelle von zwei nach VerbrKrG getrennte Vorschriften – einerseits §§ 3 Abs. 1 Nr. 2, 1 Abs. 1 VerbrKrG, andererseits § 2 (Nr. 3) VerbrKrG – getreten. Gegen die erstgenannte These lässt sich zudem anführen, dass sie entgegen dem Gesetzeswortlaut des § 512 BGB auf eine Verdoppelung des Schwellenwertes auf 150.000,00 € hinausliefe. Folglich ist ein Übersteigen der Wertgrenze sowohl für den Getränkebezugsteil als auch für den Darlehensteil gesondert zu prüfen. 2.1207

d) **Konsequenzen.** Der hier vertretene Ansatz einer zweifach-getrennten Anwendung des § 512 BGB bei Getränkelieferungsverträgen kann im Ergebnis dazu führen, dass entweder der finanztechnische Teil oder der bezugstechnische Teil oder auch beide Teile nicht unter das Verbraucherkreditrecht fallen. 2.1208

8. Verbundene Verträge

Bei der Frage, ob der Schwellenwert des § 512 BGB im Rahmen verbundener Geschäfte i. S. d. § 358 BGB Anwendung findet, sind verschiedene Aspekte voneinander abzugrenzen. 2.1209

a) § 512 BGB verweist ebenso wie schon § 507 BGB a. F. hinsichtlich des Anwendungsbereichs auf die verbraucherkreditrechtlichen Regelungen der §§ 491–511 BGB (§§ 491–506 BGB a. F.). Dem Wortlaut nach wären die Regelungen über verbundene Geschäfte (§§ 358, 359 BGB) somit nicht erfasst. Daher ist umstritten, ob im Sonderfall des verbundenen Geschäfts eine Zusammenrechnung möglich ist.[1445] Die Vorschriften über verbundene Verträge (§§ 358, 359 BGB), die von Verträgen zwischen „Verbrauchern“ (§ 13 BGB) und „Unternehmern“ (§ 14 BGB) sprechen, finden keine Erwähnung. Sie sind daher nach dem Wortlaut des § 512 BGB nur über die in § 511 BGB und § 512 BGB enthaltenen Bezugnahmen anwendbar. Der Gesetzgeber wollte allerdings nur die Regelungssystematik, nicht aber den Inhalt ändern. Eine Nichtberücksichtigung der §§ 358, 359 BGB dürfte, weil die Vorgängervorschrift des § 9 VerbrKrG auf Existenzgründergeschäfte unbeschränkt Anwendung fand, auf einem **Redaktionsversehen** beruhen.[1446] Sonach sind die §§ 358, 359 BGB auch auf mit Existenzgründern geschlossene Verträge anwendbar. 2.1210

b) Damit stellt sich die Frage, ob der Schwellenwert des § 512 BGB für die verbundenen Verträge jeweils getrennt erreicht werden muss oder ob eine Zusammenrechnung möglich ist.[1447] 2.1211

§ 512 BGB stellt durch seinen Verweis auf das Verbraucherkreditrecht nach §§ 491–511 BGB erkennbar auf das Widerrufsrecht des § 355 BGB ab. Dies 2.1212

1445) MünchKomm-*Habersack*, BGB, § 358 Rz. 18, m. w. N.

1446) Bülow/Artz-*Artz*, Verbraucherkreditrecht, § 512 Rz. 3.

1447) MünchKomm-*Habersack*, BGB, § 358 Rz. 1.

wird durch § 510 Abs. 1 Satz 1 a. E. BGB bestätigt. Die Widerrufsrechte rekurrieren auf den jeweiligen Vertrag. Zudem hat die Judikatur im Zusammenhang verschiedener Finanzierungen für die Feststellung der für den Wegfall des Verbraucherschutzes maßgeblichen Wertgrenze des § 512 BGB jede auf den Abschluss eines Vertrages gerichtete Willenserklärung gesondert bewertet.[1448] Für eine **Einzelbetrachtung** in sachlicher Hinsicht sprechen auch die Regelungen über die Widerrufserstreckung in § 358 Abs. 1 und 2 BGB. Die §§ 358, 359 BGB sollen den Verbraucher gerade vor Risiken schützen, die ihm durch die Aufspaltung eines wirtschaftlich einheitlichen Vertrages in ein Bargeschäft und einen damit verbundenen Darlehensvertrag drohen.[1449]

2.1213 Sowohl dem Schutzgedanken des § 512 BGB als auch dem der §§ 358, 359 BGB dürfte es widersprechen, im Wege der Addition „überschießende" Volumina auf den jeweils anderen (verbundenen Vertrag) aus dem persönlichen Anwendungsbereich des Verbraucherkreditrechts herauszuheben. Dies dürfte wohl auch dann anzunehmen sein, wenn man sich insofern ergänzend für eine Verdopplung des Schwellenwertes auf 150.000,00 € ausspräche. Im Ergebnis bleibt es daher bei einer Einzelbetrachtung mit den bereits weiter oben für den Getränkelieferungsvertrag aufgezeigten – ggf. unterschiedlichen – Konsequenzen.[1450]

9. Zusammenrechnung von Finanzierungs- und Bindungsvolumen im Übrigen

2.1214 **a) Einführung.** Getränkelieferungsverträge weisen mit ihrer von der Rechtsprechung seit Jahrzehnten im Hinblick auf eine Vermeidung der Nichtigkeitssanktionen der §§ 138 Abs. 1, 307 BGB geforderten hinreichenden Leistung des Getränkelieferanten und der daraus resultierenden Rechtsnatur eines **gemischten Vertrages** eine gewisse Ähnlichkeit zu verbundenen Verträgen auf. Beim Getränkelieferungsvertrag müssen die Finanzierungs- bzw. Bindungskomponenten allerdings nicht in einem einheitlichen Vertrag (einer Vertragsurkunde) formuliert sein. Denkbar ist es durchaus, dass die Finanzierung des Existenzgründers im Rahmen eines Darlehensvertrages erfolgt, der Bindung dagegen ein separater Getränkebezugs-/lieferungsvertrag zugrunde liegt. Dabei können Kreditgeber und Bindender identisch sein, sie müssen es aber nicht. Letzteres ist insbesondere dann anzunehmen, wenn die Bindung durch den Getränkelieferanten, die Finanzierung durch ein Kreditinstitut erfolgt (**Umwegfinanzierung).** In all diesen Fallgruppen besteht eine Parallele zu § 358 Abs. 3 Satz 2 Fall 1 BGB.

1448) OLG Brandenburg, Urt. v. 31.8.2005 – 3 U 17/05, NJW 2006, 159.

1449) Palandt-*Grüneberg*, BGB, § 358 Rz. 1.

1450) Siehe oben § 23 IV 7 d.

Aber auch im Regelfall des Getränkelieferungsvertrages in der Form einer einheitlichen Urkunde könnte der Rechtsgedanke des § 358 Abs. 3 Satz 2 Fall 1 BGB effektuiert werden. Der Zusammenhang zwischen Finanzierung und Bindung ist also nicht lediglich ein wirtschaftlicher, sondern ein rechtlicher. Ohne Finanzierung gibt es keine wirksame Bindung. Auch aus Sicht des Existenzgründers stehen Finanzierung und Bindung in einem untrennbaren Zusammenhang. Der Existenzgründer weiß, dass der Getränkelieferant nur gegen Übernahme einer Ausschließlichkeitsbindung über Getränke bereit ist, sich finanziell zu engagieren. Der Existenzgründer sieht sehr wohl die ihn mit Vertragsabschluss treffende doppelte Belastung sowohl im finanztechnischen als auch insbesondere im bezugstechnischen Sinn. 2.1215

b) These. Es erscheint daher denkbar, diese rechtlich gebotene Verbindung in einem Vertragswerk hinsichtlich der Anwendung des § 512 BGB auch (binnen-) gesamtheitlich zu betrachten. 2.1216

c) Stellungnahme. Dem können nicht die vom OLG Brandenburg,[1451)] vorgetragenen Argumente entgegengehalten werden. Wiederum besteht eine Gesetzeslücke. Der Gesetzgeber hat die nahe liegende Zusammenrechnung unbewusst nicht angeordnet.[1452)] Das Argument, Umgehungen des Verbraucherschutzes müssten abgewendet werden, trägt insofern nicht. Hier fordert die Rechtsprechung selbst seit Jahrzehnten eine Äquivalenz von Leistung und Gegenleistung und dies im Regelfall in einem Vertrag. Von einer insbesondere gewillkürten Aufspaltung kann nicht die Rede sein. Entscheidend dürften aber die im Zusammenhang mit dem verbundenen Geschäft und § 512 BGB vorgetragenen Gegenargumente sein.[1453)] 2.1217

Sonach bleibt es bei dem bereits skizzierten Ergebnis der getrennten, aber zweifachen Anwendung des § 512 BGB auf den Getränkelieferungsvertrag, einerseits hinsichtlich der Finanzierungskomponente, andererseits hinsichtlich der Bezugskomponente.[1454)] 2.1218

10. Einzelbetrachtung

Ebenso wie bei der subjektiven Voraussetzung der Existenzgründereigenschaft bedarf es auch für die Frage des Geschäftsvolumens (des beitretenden Mitverpflichteten) einer isolierten Prüfung (Einzelbetrachtung) des Vorliegens der Existenzgründereigenschaft. 2.1219

1451) OLG Brandenburg, Urt. v. 5.5.1999 – 13 U 135/98, WM 1999, 2208; OLG Brandenburg, Urt. v. 31.8.2005 – 3 U 17/05, NJW 2006, 159.

1452) Begründung des Rechtsausschusses, BT-Drucks. 11/8274, S. 24.

1453) Siehe oben § 23 IV 8.

1454) Siehe oben § 23 IV 7 d.

11. Mindestauftragsvolumen

2.1220 a) An die Stelle des Barzahlungspreises (§ 506 Abs. 4 Satz 2 BGB, § 507 Abs. 2 Satz 4 BGB, Art. 247 § 12 EGBGB) muss insoweit in entsprechender Anwendung des § 510 Abs. 1 Satz 3 BGB das vertraglich vorgesehene Mindestauftragsvolumen treten. Damit ist die vertraglich vorgesehene Mindestverpflichtung gemeint.[1455)]

2.1221 Im Zusammenhang mit Getränkelieferungsverträgen kann die Vorschrift jedenfalls dann herangezogen werden, wenn es sich entweder um Laufzeitverträge mit periodischen Mindestabnahmemengen oder (Gesamt-)Mengenverträge handelt. Soweit es sich bei Getränkelieferungsverträgen um Laufzeitverträge handelt und diese eine vereinbarte periodische Mindestbezugsmenge haben, ist der Berechnung vereinfacht die Formel „periodische Mindestbezugsmenge x Laufzeit x „Nettopreis" (Gastronomiegrundpreisliste abzüglich erlösschmälernder Elemente wie Rückvergütungen etc.) zugrunde zu legen.[1456)] Da insofern von Nettopreisen auszugehen ist, handelt es sich um einen „Netto-netto-Preis". Bei Mengenverträgen tritt an die Stelle der beiden ersten Faktoren die vertragliche Gesamtmenge.

2.1222 Bei der Distribution über selbständige Getränkefachgroßhändler (Vertriebsmodell 2) sind die jeweiligen „Netto-netto-Preise" des Getränkefachgroßhändlers einzustellen.

2.1223 b) § 510 Abs. 1 Satz 3 BGB stellt klar, dass an die Stelle des Nettodarlehensbetrages die Summe aller bis zum **frühestmöglichen Kündigungszeitpunkt** zu entrichtenden Teilzahlungen tritt.[1457)]

2.1224 Welcher **Kündigungszeitpunkt** anzunehmen ist, bestimmt das Gesetz nicht. Maßgeblich kann nur eine ordentliche Kündigung des Verbrauchers sein, weil von vornherein bestimmbare Kriterien der Vertragswirksamkeit feststehen müssen. Abzustellen ist daher nicht auf eine außerordentliche Kündigung nach § 314 BGB.[1458)]

1455) BT-Drucks. 14/7052, S. 203.

1456) So grundsätzlich auch für einen Getränkelieferungsvertrag zwischen Getränkefachgroßhändler und Gastwirt das LG Köln, Urt. v. 15.3.2011 – 21 O. 95/10, BeckRS 2012, 02826, Vorinstanz zu OLG Köln, Urt. v. 20.10.2011 – 7 U 65/11, BeckRS 2012, 15923.

1457) BGH, Urt. v. 3.7.2003 – I ZR 270/01, NJW 2003, 3202; BGH, Urt. v. 5.2.2004 – I ZR 90/01, NJW 2005, 66 = NJW-RR 2004, 841.

1458) BGH, Urt. v. 28.1.1997 – XI ZR 42/96, NJW-RR 1997, 686; BGH, Urt. v. 30.7.1997 – VIII ZR 244/96, NJW 1997, 3169 = ZIP 1997, 1694.

12. Kündigungsrecht

a) Ein Kündigungsrecht kann sich aus einer **Vereinbarung** ergeben.[1459] Ohne Anhaltspunkte für eine entsprechende Regelung kann davon aber nicht ausgegangen werden. 2.1225

b) Ein gesetzliches, ordentliches Kündigungsrecht speziell für Getränkelieferungsverträge besteht nicht.[1460] 2.1226

c) Fraglich ist, ob insofern **§ 500 Abs. 1 Satz 2 BGB analog** heranzuziehen ist.[1461] Dafür könnte die systematische Nähe der Ratenlieferungsverträge des § 510 BGB zu den Finanzierungshilfen sprechen. Selbst dann verlangte der Wortlaut der Norm aber einen unbestimmten Rückzahlungszeitpunkt. Davon ist im Zusammenhang mit Getränkelieferungsverträgen zumeist nicht auszugehen, weil diese Verträge durchweg nicht auf unbestimmte Zeit abgeschlossen werden.[1462] Auch die Gesetzesmaterialien enthalten für eine entsprechende Anwendung keine Anhaltspunkte.[1463] 2.1227

d) Soweit man mit Blick auf die systematische Nähe der Ratenlieferungsverträge des § 510 BGB zu den Finanzierungshilfen einen Rückgriff auf §§ 488 Abs. 3, **489 Abs. 1 Nr. 2 (a. F.)**, Abs. 3 **BGB** annehme könnte,[1464] ist auch dieser Ansatz nicht zielführend. Weder aus § 505, insbesondere Abs. 1 Satz 2 und 3, BGB a. F. noch aus dem Verweis in § 506 BGB a. F. auf die §§ 491–505 BGB a. F. ließ und lässt sich eine entsprechende Analogie rechtfertigen. Im Gegenteil war und ist ein **Umkehrschluss** gerechtfertigt. Bei § 489 BGB (a. F.). handelte es sich um eine allgemeine Vorschrift. Hierzu hätte es einer ausdrücklichen Anordnung des Gesetzgebers bedurft. Der Regierungsentwurf (RE) hatte in § 491 Abs. 1 Satz 2 BGB bestimmt: „Verbraucher im Sinne dieses Titels ist über § 13 hinaus auch, wer sich ein Darlehen für die Aufnahme einer gewerblichen oder selbständigen Tätigkeit gewähren lässt (Existenzgründer)".[1465] 2.1228

Da der Titel die §§ 488–506 RE umfasste, hätten dadurch auch Existenzgründer ein Kündigungsrecht nach § 489 Abs. 1 Nr. 2 BGB gehabt. Ob diese Änderung gegenüber dem damals geltenden Recht gewollt gewesen ist, ist den Materialien nicht zu entnehmen. Um „Aufweichungen" des Verbraucherbegriffs (§ 13 BGB) zu vermeiden, wurde die Frage der Existenzgründer auf Anregung des Bundes- 2.1229

1459) BGH, Urt. v. 3.7.2003 – I ZR 270/01, NJW 2003, 3202; BGH, Urt. v. 5.2.2004 – I ZR 90/01, NJW 2005, 66 = NJW-RR 2004, 841.

1460) Staudinger-*Kessal-Wulf*, BGB, § 510 Rz. 4.

1461) So MünchKomm-*Schürnbrand*, BGB, § 510 Rz. 30.

1462) Siehe oben § 34 II 3 c.

1463) Hinweis auf Begründung RegE BT-Drucks. 16/11643, S. 85.

1464) So noch Palandt-*Weidenkaff*, 69. Aufl., § 505 Rz. 18.

1465) BT-Drucks. 14/6040, S. 255.

rates in einer eigenen Vorschrift geregelt und in den vierten Untertitel eingestellt.[1466]

2.1230 Nunmehr gelten zwar die Vorschriften des Verbraucherkreditrechts (§§ 491–511 BGB) für Existenzgründer entsprechend. Hierzu rechnet aber § 489 Abs. 1 Nr. 2 BGB nach Wortlaut und Systematik nicht. Im Übrigen sind Getränkelieferungsverträge nach ständiger Rechtsprechung des BGH gerade im Hinblick auf die Vorleistungen von Getränkelieferanten grundsätzlich nicht ordentlich kündbar.[1467]

2.1231 e) Zu prüfen ist, ob **§ 500 Abs. 2 BGB** bei der Berechnung des Mindestauftragsvolumens heranzuziehen ist. Diese Vorschrift begründet das Recht des Darlehensnehmers, einen unbefristeten oder befristeten Verbraucherdarlehensvertrag auch ohne Kündigung vorzeitig vollständig oder teilweise zu erfüllen.[1468]

2.1232 Dieses Recht bezieht sich nicht nur auf die Rückzahlungsforderung, sondern auch auf andere Verpflichtungen, die Verbindlichkeiten aus dem Verbraucherdarlehensvertrag sind.[1469]

2.1233 Soweit nicht etwas anderes vereinbart ist und auch nicht die Voraussetzungen des § 314 BGB zugunsten des Existenzgründers vorliegen, steht diesem kein Recht entsprechend § 500 Abs. 2 BGB zu. Auch aus dieser Vorschrift kann daher keine Kappung des berechneten Geschäftsvolumens abgeleitet werden.

13. Umsatzsteuer

2.1234 a) **Überblick.** Bei der Berechnung der Wertgrenzen im Verbraucherkreditrecht ist umstritten, in wie fern die Umsatzsteuer zu berücksichtigen ist.

2.1235 Im Rahmen des § 491 Abs. 2 Nr. 1 BGB ermittelt sich der Nettodarlehensbetrag grundsätzlich aus dem Gesamt-/Bruttodarlehensbetrag. Beim Zahlungsaufschub gem. § 506 Abs. 1 BGB kommt es auf den Betrag an, den der Verbraucher bei sofortiger Zahlung zu entrichten hätte. Bei Teilzahlungsgeschäften ist der Barzahlungspreis als Bezugspunkt für die Berechnung der Bagatellgrenze heranzuziehen (§ 506 Abs. 4 Satz 2 Halbs. 1 BGB). Darunter versteht man den Preis, den der Verbraucher zu zahlen hätte, wenn kein Zahlungsaufschub vereinbart worden wäre. Dazu ist auch die Umsatzsteuer zu zählen. Handelt es sich um sonstige Finanzierungshilfen, so ist auf den Anschaffungspreis abzustellen, den der Verbraucher für den Erwerb der Sache hätte aufwenden müssen (§ 506 Abs. 4 Satz 2 Halbs. 2 BGB); auch insofern ist die Umsatzsteuer mit einzubeziehen.

1466) BT-Drucks. 14/6857, S. 32 f., 64 f.

1467) Siehe unten § 34 V 9.

1468) Palandt-*Weidenkaff*, BGB, § 500 Rz. 3.

1469) Palandt-*Weidenkaff*, BGB, § 500 Rz. 3.

b) Zwar geht bei Ratenlieferungsverträgen i. S. d. § 510 BGB der Verweis auf die Bagatellgrenze gem. § 510 Abs. 1 Satz 2 BGB ins Leere, weil sich bei dieser Art von Verträgen weder ein Nettodarlehensbetrag noch ein Barzahlungspreis ermitteln lässt. Gerade aus diesem Grund legt aber § 510 Abs. 1 Satz 3 BGB fest, dass der Nettodarlehensbetrag die Summe aller vom Verbraucher bis zum frühestmöglichen Kündigungszeitpunkt zu entrichtenden Teilzahlungen entspricht. 2.1236

c) Meinungsstand. Der BGH hat zum AbzG entschieden, dass der Barzahlungspreis die Umsatzsteuer beinhalten müsse.[1470)] 2.1237

Nach anderer Ansicht habe die umsatzsteuerrechtliche Behandlung des Barzahlungspreises in § 491 Abs. 2 Nr. 1 BGB und § 512 BGB unterschiedlich stattzufinden. Im Rahmen der Ermittlung der Obergrenze des § 512 BGB sei die gem. § 15 UStG als Vorsteuer abzuziehende und zu verrechnende Umsatzsteuer, die im Anschaffungspreis enthalten sei, nicht einzubeziehen. Danach sei der Barzahlungspreis in § 512 BGB der Nettoanschaffungspreis, den der vorsteuerabzugsberechtigte Existenzgründer aufzubringen habe. Dies solle auch dann gelten, wenn der existenzgründende Teilzahlungskäufer als Kleinunternehmer gem. § 19 Abs. 1 UStG nicht vorsteuerabzugsberechtigt sei, weil auch in diesem Fall die Umsatzsteuer zur Betriebsausgabe zähle und den Gewinn mindere. Somit seien die umsatzsteuerrechtlichen Verhältnisse des Existenzgründers ohne Belang. Die Berücksichtigung der Umsatzsteuer diene dem Schutz des Verbrauchers, der über den Preis informiert werden solle, den er tatsächlich leisten müsste und nicht lediglich über einen Verrechnungspreis. Jedoch sei der Schutz des Verbrauchers als existenzgründender Teilzahlungskäufer bei der Feststellung der Wertgrenze in § 512 BGB gerade kein Auslegungskriterium, sondern der Existenzgründer würde vom Schutz des Verbraucherkreditrechts im Gegenteil ausgeschlossen. Die Rechtsprechung zum AbzG könne nicht herangezogen werden, weil sie nach heutiger Rechtslage keine Bedeutung mehr für den Schwellenwert des § 512 BGB haben könne. Auch gebiete es der Verbraucherschutz, die Umsatzsteuer nicht hinzuzurechnen, weil die Obergrenze für Existenzgründungskredite aufgrund des üblicherweise höheren Finanzierungsbedarfs zu niedrig angesetzt sei.[1471)] 2.1238

Demgegenüber zieht die wohl h. M. die Umsatzsteuer in die Berechnung der Wertgrenze des § 512 BGB mit ein. Maßgeblich für die Wertfeststellung sei der Anschaffungswert der dem Existenzgründer zum Gebrauch überlassenen Sache, den er bei eigenem Erwerb der Sache gegen Barzahlung und damit einschließ- 2.1239

1470) BGH, Urt. v. 17.4.1991 – VIII ZR 12/90, NJW-RR 1991, 1011; BGH, Urt. v. 12.12.1973 – VIII ZR 183/72, NJW 1974, 365; OLG Karlsruhe, Urt. v. 23.5.1973 – 5 U 179/72, NJW 1973, 2067; jeweils zum AbzG sowie OLG Karlsruhe, Urt. v. 15.7.1998 – 1 U 49/98, WM 1998, 2156, zum VerbrKrG.

1471) Bülow/Artz-*Artz*, Verbraucherkreditrecht, § 512 Rz. 17.

lich Umsatzsteuer hätte entrichten müssen. Dies gelte auch dann, wenn der Käufer zum Vorsteuerabzug berechtigt sei, was bei Verbrauchern, die sich in der Existenzgründungsphase befinden, denkbar wäre, und ihm die Umsatzsteuer im Ergebnis wirtschaftlich nicht belaste, weil sie lediglich einen Durchlaufposten darstelle. Entscheidend sei, dass die Umsatzsteuer vom Verbraucher aufzubringen sei und Teil des von ihm zu finanzierenden Betrages sei. Auch spreche die einheitliche Handhabung des Begriffs des Barzahlungspreises innerhalb des BGB für die Einbeziehung der Umsatzsteuer.[1472)]

2.1240 **d) Stellungnahme.** Der Gesetzeswortlaut gibt keine Anhaltspunkte für eine Interpretation in die eine oder andere Richtung. Der Begriff des Barzahlungspreises sollte innerhalb des Gesetzes (BGB) einheitlich gehandhabt werden. Barzahlungspreis ist der Preis, den der Verbraucher zu entrichten hätte, wenn er bei Übergabe der Sache oder Erbringung der Leistung sofort in voller Höhe fällig würde (§ 1a Abs. 1 Satz 3 AbzG, § 4 Abs. 1 Satz 4 Nr. 2 a VerbrKrG, Art. 247 § 12 Abs. 1 Satz 2 Nr. 2 a EGBGB). Der Barzahlungspreis muss die vom Verbraucher zu zahlende Umsatzsteuer enthalten (§ 1 Abs. 1 Satz 1 PAngV) und dies auch dann, wenn der Verbraucher zum Vorsteuerabzug berechtigt ist. In jedem Fall ist seitens des Existenzgründers der Bruttopreis aufzubringen, unabhängig davon, ob er zum Vorsteuerabzug berechtigt ist.

2.1241 Auch im Rahmen des § 249 Abs. 2 Satz 2 BGB ist bei Schadensersatz lediglich Voraussetzung, dass die Umsatzsteuer tatsächlich angefallen ist. Es genügt, wenn die Verpflichtung zur Zahlung die Umsatzsteuer umfasst. Nicht erforderlich ist, dass die Umsatzsteuer bereits gezahlt worden ist. Ist der Geschädigte zum Vorsteuerabzug berechtigt, so besteht wegen Vorteilsausgleichung keine Ersatzpflicht. Dem Verbraucherkreditrecht ist der Gedanke der Vorteilsausgleichung jedoch fremd.

2.1242 In jedem Fall ist seitens des Gastwirts der Bruttopreis aufzubringen, unabhängig davon, ob er zum Vorsteuerabzug berechtigt ist. Die Umsatzsteuer ist regelmäßig Teil des zu finanzierenden Betrages. Insofern handelt es sich um allgemeine und damit analogiefähige Erwägungen.

2.1243 Auch der vermeintliche Schutzzweckansatz, die Vorschrift sei weit auszulegen, verfängt nicht. Zum einen ist § 512 BGB als Ausnahmeregelung nach allgemeinen Grundsätzen eher eng auszulegen. Die von der h. M. bereits im Zusammenhang mit den subjektiven Voraussetzungen des Existenzgründerbegriffs vertretene weite Interpretation kann nicht ein weiteres Mal dadurch erweitert und im Ergebnis überdehnt werden, dass die begrenzende Einschränkung über den Schwellenwert des § 512 BGB erneut extensiv ausgelegt wird. Hinzukommt, dass die ursprünglich mit 100.000,00 DM/50.000,00 € angesetzte Grenze seit dem 30.7.2010 auf 75.000,00 € erhöht worden ist.

1472) Staudinger-*Kessal-Wulf*, BGB., § 512 Rz. 3.

Gerade dem Schutzzweck des § 512 BGB würde es widersprechen, wenn dem Kreditnehmer nicht der gesamte Umfang dessen, was er in seine Finanzierungsüberlegungen einzubeziehen hat, deutlich würde. Dies zeigt auch der Umstand, dass der Existenzgründer sich den berechtigten Forderungen seiner Gläubiger auf Zahlung des Bruttopreises ausgesetzt sieht und diesen auch nicht entgegenhalten kann, dass er irgendwann einmal Vorsteuer ziehen könne. Dies auch vor dem Hintergrund, dass die Vorsteuererklärungen und damit entsprechende Erstattungen nicht selten erst im Rahmen des gesetzlich Möglichen nach Monaten abgegeben werden bzw. erfolgen. Auch insofern kennt das Recht keine „Einrede zu erwartender Vorsteuererstattung". Außerdem wird das Betriebsstättenfinanzamt intern Verrechnungen mit Steuerforderungen vornehmen, sodass es faktisch häufig nicht zu einer tatsächlichen Erstattung kommt. **2.1244**

14. Anwendbarkeit auf Geschäftsvolumina über 75.000,00 €

Ausgenommen vom Schutzbereich sind solche Existenzgründungsgeschäfte, bei denen das Mindestauftragsvolumen 75.000,00 € übersteigt. Nach der Ausnahmeregelung des § 512 Halbs. 2 BGB ist nicht jeder Existenzgründer schutzbedürftig. In Anlehnung an die alte Regelung von § 8 AbzG ist nur der kleingewerbliche Kreditnehmer geschützt. Wer in der Existenzgründungsphase Kredite in größerem Umfang – hier über 75.000,00 € –, aufnimmt, wird kraft Gesetzes als nicht schutzbedürftig angesehen. Insofern kommt es bei der pauschalen Betrachtung nicht auf einen durchaus denkbaren kleingewerblichen Zuschnitt des zu gründenden Unternehmens im Einzelfall an. Der Gesetzgeber mag zwar bestimmte Anschauungsfälle im Sinn gehabt haben, hat es aber gleichwohl und aus Gründen der Rechtssicherheit und Praktikabilität zu Recht bei einem umfassenden Ausnahmetatbestand bewenden lassen, welcher nunmehr nicht im Wege **teleologischer Reduktion** seines wesentlichen Anwendungsbereichs beraubt werden darf. Anderenfalls würden auch Handelsgesellschaften unter den Schutz des § 512 BGB fallen. Auch die Verbraucherkreditrichtlinie 87/102/EWG steht dem nicht entgegen, sieht sie einen Schutz der Existenzgründer gar nicht vor.[1473] **2.1245**

V. Nicht geschuldete Widerrufsbelehrung

1. Hintergrund

Die Verwendung einer an sich nicht erforderlichen Widerrufsbelehrung[1474] kann sowohl rechtliche als auch betriebswirtschaftliche Gründe haben. Rechtlich will der Verwender „auf der sicheren Seite" sein. Betriebswirtschaftlich mag es sinnvoll erscheinen, auf die zeitaufwändige Prüfung des sachlichen und **2.1246**

1473) Bülow/Artz-*Artz*, Verbraucherkreditrecht, § 512 Rz. 15.

1474) Einführend *Ebnet*, NJW 2011, 1029.

insbesondere des persönlichen Anwendungsbereichs des Verbraucherkreditrechts zu verzichten.

2. Betroffenheit

2.1247 Im Recht des Getränkelieferungsvertrages i. w. S. lässt sich eine vielfache Betroffenheit feststellen.

2.1248 a) **Getränkelieferungsverträge.** Die Problematik stellt sich zum einen, wenn eine Widerrufsbelehrung im Zusammenhang mit Getränkelieferungsverträgen erteilt wird, ohne dass dem Belehrten nach den gesetzlichen Regelungen ein Widerrufsrecht zusteht.[1475)] Zwei Sachverhaltskonstellationen sind zu unterscheiden. Einerseits fehlt es am persönlichen Anwendungsbereich des Verbraucherkreditrechts bei Widerrufsbelehrungen von Gastwirten, die bereits Unternehmer sind oder als Existenzgründer über § 512 BGB nicht belehrungsbedürftig sind. Andererseits ist in diesem Zusammenhang an Getränkelieferungsverträge mit nicht betreibenden Hauseigentümern zu denken, bei denen die Unternehmereigenschaft zweifelhaft ist.

2.1249 b) **Haftungserklärungen.** Praktische Bedeutung erlangt das Problemfeld der nicht geschuldeten Belehrung zum anderen im Zusammenhang mit Haftungserklärungen von Drittsicherungsgebern, insbesondere bei **Bürgschaften, Schuldbeitritten** und **Grundschuldbestellungen.**[1476)] Hier sieht sich der Getränkelieferant als Sicherungsnehmer bzw. Kreditgeber aus Gründen der Vorsicht ggf. veranlasst, ohne nähere Prüfung einer **Haustür-** (§ 312 BGB) und/oder **Finanzierungssituation** (§§ 495, 506, 507 BGB) vorsorglich eine Widerrufsbelehrung beizufügen.

3. Fallgruppen

2.1250 Erstens sind Fälle zu nennen, in denen es am **persönlichen Anwendungsbereich** des Verbraucherkreditrechts fehlt, weil der Vertragspartner nicht Verbraucher oder Existenzgründer ist (§§ 510 Abs. 1 Satz 1 Nr. 3, 14, 13, 512 BGB)

1475) BGH, Urt. v. 15.10.1980 – VIII ZR 192/79, BGHZ 78, 248 = NJW 1981, 230 = ZIP 1980, 1094 = Zeller II, 68; BGH, Urt. v. 30.6.1982 – VIII ZR 115/81, NJW 1982, 2313 = ZIP 1982, 1212; OLG Köln, Urt. v. 28.6.1989 – 2 U 93/88, NJW-RR 1989, 1336; OLG Hamm, Urt. v. 27.9.1991 – 20 U 106/91, rechtskräftig durch Nichtannahmebeschluss des BGH vom 21.10.1992 – VIII ZR 223/81; OLG Düsseldorf, Urt. v. 9.7.2002 – 24 U 167/01, OLGReport 2001, 204; KG, Urt. v. 26.1.2004 – 8 U 117/03, BeckRS 2005, 03422; OLG Naumburg, Urt. v. 8.1.2008 – 9 U 129/07; LG Köln, Urt. v. 15.3.2011 – 21 O. 95/10, BeckRS 2012, 02826, Vorinstanz zu OLG Köln, Urt. v. 20.10.2011 – 7 U 65/11, BeckRS 2012, 15923.

1476) OLG München, Urt. v. 28.6.2001 – 24 U 129/00, WM 2003, 1324 (Bürgschaft); OLG Naumburg, Urt. v. 8.1.2008 – 9 U 129/07 (Bürgschaft); OLG Köln, Urt. v. 22.7.2009 – 27 U 5/09, BeckRS 2009, 86422 (Schuldbeitritt); OLG Frankfurt/M., Urt. v. 21.9.2011 – 9 U 53/10, BeckRS 2011, 24261 (Schuldbeitritt); OLG Nürnberg, Urt. v. 10.1.2012 – 14 U 1314/11, BeckRS 2012, 01727 (Schuldbeitritt).

bzw. die 75.000,00 €-Grenze des § 512 BGB überschritten ist (**personal nicht geschuldete Belehrung**).[1477)]

Für eine zweite Fallgruppe ist typusbestimmend, dass die **sachlichen Voraussetzungen** eines Widerrufsrechts nach dem Verbraucherkreditrecht nicht gegeben sind (**sachlich nicht geschuldete Belehrung**).[1478)] Zu nennen sind insbesondere Widerrufsbelehrungen aus unternehmerischer Vorsicht im Zusammenhang mit **Bürgschaften** und **Schuldbeitritten**, bei denen das Vorliegen einer **Haustürsituation** i. S. d. § 312 BGB[1479)] zweifelhaft sein könnte, oder **notarielle Verträge mit Getränkebezugsverpflichtungen.** 2.1251

Drittens treten **Kombinationen** der vorgenannten Fallgruppen auf.[1480)] 2.1252

4. Zulässigkeit eines vertraglich begründeten Widerrufsrechts

Genauerer Prüfung bedarf die Frage, ob durch eine Widerrufsbelehrung ein vertragliches Widerrufsrecht eingeräumt wird. 2.1253

a) Meinungsstand. Der BGH hatte in einem Urteil vom 15.10.1980 noch offengelassen, ob die bei unklarer Rechtslage in einem Getränkelieferungsvertrag aufgenommene „Belehrung über das Widerrufsrecht" als Vereinbarung eines vertraglichen Widerrufsrechts auszulegen ist.[1481)] In der Instanzrechtsprechung wurde teilweise die Meinung vertreten, eine vom Unternehmer rechtsirrtümlich oder auch vorsorglich erteilte Widerrufsbelehrung habe generell keine Rechtswirksamkeit. Sie begründe weder ein Widerrufsrecht noch entfalte sie weitergehende Wirkungen. Die Mitteilung über ein gesetzliches Widerrufsrecht 2.1254

1477) BGH, Urt. v. 15.10.1980 – VIII ZR 192/79, BGHZ 78, 248 = NJW 1981, 230 = ZIP 1980, 1094 = Zeller II, 68; BGH, Urt. v. 22.12.1999 – VIII ZR 124/99, NJW-RR 2000, 1221 = ZIP 2000, 491; OLG München, Urt. v. 28.6.2001 – 24 U 129/00, WM 2003, 1324; KG, Urt. v. 26.1.2004 – 8 U 117/03, BeckRS 2005, 03422; OLG Naumburg, Beschl. v. 24.10.2008 – 1 W 11/08, BeckRS 2008, 25865; LG Köln, Urt. v. 15.3.2011 – 21 O. 95/10, BeckRS 2012, 02826, Vorinstanz zu OLG Köln, Urt. v. 20.10.2011 – 7 U 65/11, BeckRS 2012, 15923.

1478) BGH, Urt. v. 15.10.1980 – VIII ZR 192/79, BGHZ 78, 248 = NJW 1981, 230 = ZIP 1980, 1094 = Zeller II, 68; BGH, Urt. v. 30.6.1982 – VIII ZR 115/81, NJW 1982, 2313 = ZIP 1982, 1212; OLG Köln, Urt. v. 28.6.1989 – 2 U 93/88, NJW-RR 1989, 1336; OLG München, Urt. v. 28.6.2001 – 24 U 129/00, WM 2003, 1324; OLG Naumburg, Urt. v. 8.1.2008 – 9 U 129/07; LG Berlin, Urt. v. 29.1.2002 – 10 O. 367/01.

1479) Siehe unten § 47 I jeweils m. w. N.

1480) BGH, Urt. v. 15.10.1980 – VIII ZR 192/79, BGHZ 78, 248 = NJW 1981, 230 = ZIP 1980, 1094 = Zeller II, 68; KG, Urt. v. 26.1.2004 – 8 U 117/03, BeckRS 2005, 03422.

1481) BGH, Urt. v. 15.10.1980 – VIII ZR 192/79, BGHZ 78, 248 (insoweit nicht abgedruckt) = NJW 1981, 230 = ZIP 1980, 1094 = Zeller II, 68.

gehe ins Leere, wenn es ein solches nicht gibt.[1482] Ganz überwiegend bejaht die Rechtsprechung dagegen grundsätzlich die Möglichkeit der Einräumung eines vertraglichen Widerrufsrechts. Bei dem Hinweis auf das Widerrufsrecht handele es sich nicht lediglich um eine für den Vertragsinhalt bedeutungslose Belehrung. Der Vertragspartner dürfe annehmen, er schließe ein Geschäft ab, das er widerrufen kann. Dies unabhängig davon, ob der konkrete Vertrag nach den gesetzlichen Bestimmungen widerruflich ist. Zumeist wird er die gesetzlichen Widerrufsregeln gar nicht kennen, sodass er auch keinen Bezug zu diesen herstellen wird. Nach dem Empfängerhorizont werde somit mit einer – auch irrtümlichen – Widerrufsbelehrung ein vertragliches Widerrufsrecht begründet.[1483]

2.1255 **b) Stellungnahme.** Ob immer dann, wenn ein gesetzliches Widerrufsrecht nicht besteht, aus der Erteilung einer Widerrufsbelehrung auf die Einräumung eines vertraglichen Widerrufsrechts geschlossen werden kann, erscheint durchaus zweifelhaft. Dies hätte nämlich zur Folge, dass es auf die Voraussetzungen des gesetzlichen Widerrufsrechts nicht mehr ankäme und die betreffenden Vorschriften letztlich leerliefen. Ein solches Ergebnis dürfte mit Blick auf die gesetzlichen Regelungen des Widerrufsrechts, die an bestimmte tatbestandliche Merkmale anknüpfen, zumindest Bedenken begegnen.[1484]

2.1256 Widerrufsbelehrungen hinsichtlich einer Bezugsverpflichtung sowie einer Bürgschafts- oder Schuldbeitrittserklärung zu einer Bezugsverpflichtung sind im Gegensatz zu der Widerrufsinformation hinsichtlich der Finanzierung (§ 492 Abs. 2 BGB i. V. m. Art. 247 § 6 Abs. 2 EGBGB) nicht Bestandteil der eigentlichen Vertragserklärungen. Diese Belehrungen sind insbesondere nicht

1482) OLG München, Urt. v. 28.6.2001 – 24 U 129/00, WM 2003, 1324; LG Berlin, Urt. v. 9.12.1993 – 58 S 99/93, NJW-RR 1994, 692; LG Berlin, Urt. v. 29.1.2002 – 10 O. 367/01; LG Köln, Urt. v. 15.3.2011 – 21 O. 95/10, BeckRS 2012, 02826, Vorinstanz zu OLG Köln, Urt. v. 20.10.2011 – 7 U 65/11, BeckRS 2012, 15923; OLG Köln, Urt. v. 20.10.2011 – 7 U 65/11, BeckRS 2012, 15923.

1483) BGH, Urt. v. 30.6.1982 – VIII ZR 115/81, NJW 1982, 2313 = ZIP 1982, 1212 (vertragliches Rücktrittsrecht); BGH, Urt. v. 22.12.1999 – VIII ZR 124/99, NJW-RR 2000, 1221 = ZIP 2000, 491; BGH, Urt. v. 16.5.2006 – XI ZR 6/04, NJW 2006, 2099 = ZIP 2006, 1187; BGH, Urt. v. 9.12.2009 – VIII ZR 219/08, NJW 2010, 989 = ZIP 2010, 734; BGH, Beschl. v. 15.12.2009 – XI ZR 141/09, BeckRS 2010, 01712; BGH, Urt. v. 6.12.2011 – XI ZR 401/10, NJW 2012, 1066 = ZIP 2012, 262 (Schuldbeitritt); BGH, Urt. v. 6.12.2011 – XI ZR 442/10, BeckRS 2012, 03073 (Schuldbeitritt); BGH, Urt. v. 22.5.2012 – II ZR 88/11, BeckRS 2012, 16122; OLG Köln, Urt. v. 28.6.1989 – 2 U 93/88, NJW-RR 1989, 1336 (AbzG); OLG Hamm, Urt. v. 27.9.1991 – 20 U 106/91, rkr. durch Nichtannahmebeschl. d. BGH v. 21.10.1992 – VIII ZR 223/91; OLG Düsseldorf, Urt. v. 9.7.2002 – 24 U 167/01, OLGReport 2001, 204; KG, Urt. v. 26.1.2004 – 8 U 117/03, BeckRS 2005, 03422; OLG Naumburg, Urt. v. 8.1.2008 – 9 U 129/07, im konkreten Fall aber angenommen; OLG Köln, Urt. v. 22.7.2009 – 27 U 5/09, BeckRS 2009, 86422 (Schuldbeitritt); OLG Hamm, Urt. v. 4.2.2010 – 27 U 14/09; OLG Nürnberg, Urt. v. 10.1.2012 – 14 U 1314/11, BeckRS 2012, 01727 (Schuldbeitritt).

1484) BGH, Urt. v. 6.12.2011 – XI ZR 401/10, NJW 2012, 1066 = ZIP 2012, 262 (Schuldbeitritt); BGH, Urt. v. 6.12.2011 – XI ZR 442/10, BeckRS 2012, 03073 (Schuldbeitritt).

Teil des Vertragsabschlusstatbestandes. Vielmehr treten sie als geschäftsähnliche Handlungen neben den Vertragsschluss. Die jeweiligen Verträge kommen unabhängig von der Belehrung zustande.[1485)]

Gleichwohl bleibt es den Vertragspartnern aufgrund der **Vertragsfreiheit** unbenommen, ein Widerrufsrecht auch für nicht unter §§ 312, 355 BGB fallende Rechtsgeschäfte vertraglich zu vereinbaren.[1486)] Wollte man den Vertragspartner trotz entsprechender Belehrung kein Widerrufsrecht zugestehen, läge ein Anfechtungsrecht nach §§ 119 (Abs. 2), 123 BGB nahe.[1487)] Bei wirksamer Anfechtung würde sich die Wirksamkeit der übrigen Vereinbarungen nach § 139 BGB richten. Danach hat die (Teil-)Anfechtung der Widerrufsrechtsbegründung, die naturgemäß nur sinnvoll ist, wenn das Widerrufsrecht ausgeübt worden ist oder noch ausgeübt werden könnte, grundsätzlich die Unwirksamkeit des gesamten Vertrages zur Folge, weil der Vertragspartner bei Vertragsschluss nicht davon ausgehen musste, eine endgültige Bindung eingegangen zu sein.[1488)] 2.1257

5. Annahme eines vertraglich begründeten Widerrufsrechts

a) AGB-Charakter. Sowohl für die Situation der Erstbelehrung als auch die der nachträglichen Belehrung gilt: Bei Regelungen über ein vertraglich eingeräumtes, gesetzlich nicht als erforderlich angesehenes Widerrufsrecht geht der BGH von vorformulierten Klauseln i. S. d. **§ 305 Abs. 1 Satz 1 BGB** aus.[1489)] 2.1258

b) Auslegung. Im Wege der Auslegung ist zu ermitteln, ob ein Widerrufsrecht eingeräumt werden sollte. 2.1259

aa) Erstbelehrung. Insbesondere das **Erklärungsbewusstsein** auf Seiten des Getränkelieferanten bedarf einer besonderen Prüfung.[1490)] 2.1260

bb) Nachträgliche Belehrung. Es gilt der Grundsatz der objektiven Auslegung. Folglich sind entsprechende Klauseln ausgehend von den Interessen, Vorstellungen und Verständnismöglichkeiten eines rechtlich nicht vorgebildeten Durchschnittskunden einheitlich so auszulegen, wie sie von verständigen und redlichen Vertragspartnern unter Abwägung der Interessen der normalerweise beteiligten Verkehrskreise verstanden werden. Außer Betracht zu bleiben haben 2.1261

1485) Bülow/Artz-*Bülow*, Verbraucherkreditrecht, § 495 Rz. 91.

1486) BGH, Urt. v. 6.12.2011 – XI ZR 401/10, NJW 2012, 1066 = ZIP 2012, 262 (Schuldbeitritt); BGH, Urt. v. 6.12.2011 – XI ZR 442/10, BeckRS 2012, 03073 (Schuldbeitritt).

1487) MünchKomm-*Masuch*, BGB, § 360 Rz. 15.

1488) MünchKomm-*Masuch*, BGB, § 360 Rz. 15.

1489) BGH, Urt. v. 13.1.2009 – XI ZR 118/08, NJW-RR 2009, 709 = ZIP 2009, 362; BGH, Beschl. v. 15.12.2009 – XI ZR 141/09, BeckRS 2010, 01712; BGH, Urt. v. 6.12.2011 – XI ZR 401/10, NJW 2012, 1066 = ZIP 2012, 262 (Schuldbeitritt); BGH, Urt. v. 6.12.2011 – XI ZR 442/10, BeckRS 2012, 03073 (Schuldbeitritt); BGH, Urt. v. 6.12.2011 – XI ZR 401/10, NJW 2012, 1066.

1490) Verneinend OLG Köln, Urt. v. 20.10.2011 – 7 U 65/11, BeckRS 2012, 15923.

dabei Verständnismöglichkeiten, die zwar theoretisch denkbar, praktisch aber fern liegend und nicht ernstlich in Erwägung zu ziehen sind. Erfüllt der Unternehmer in der Situation der Erstbelehrung bei Erteilung der Widerrufsbelehrung nur eine vermeintliche Rechtspflicht, so fehlt es in der Situation der nachträglichen Belehrung in der Regel sowohl am **Geschäftswillen** als auch am (potentiellen) Bewusstsein, eine rechtsgeschäftliche Erklärung abgeben zu wollen (**Erklärungsbewusstsein**). Dann fehlt es bereits an der erforderlichen Willenserklärung des Unternehmers. Mit der nachträglichen Zusendung einer objektiv nicht gebotenen Widerrufsbelehrung wird daher im Regel- und Zweifelsfall kein vertragliches Widerrufsrecht begründet.[1491)]

6. Fallgruppen von Interesse

2.1262 a) **Bedingtheit.** Soll das vertraglich eingeräumte Widerrufsrecht nur dann gelten, wenn auch der sachliche Anwendungsbereich des Verbraucherschutzrechts, zumeist des Rechts der Haustürgeschäfte, eröffnet ist (§ 312 BGB Abs. 1 Satz 1 BGB), so bedarf es einer eindeutigen Regelung in diesem Sinne. Anderenfalls ist dem Verbraucher ein uneingeschränktes, voraussetzungsloses Widerrufsrecht eingeräumt worden.[1492)]

2.1263 b) **Umfang.** Ist streitig, ob sich die Widerrufsbelehrung auch auf die streitgegenständliche Verpflichtungserklärung erstreckt, so ist bei fortbestehenden Zweifeln die Unklarheitenregel des § 305c Abs. 2 BGB anzuwenden mit dem Ergebnis, dass im Zweifel ein Widerrufsrecht besteht.[1493)] Bezieht sich die Widerrufsbelehrung auf eine darin zitierte „Verpflichtungserklärung", die unter demselben Datum von dem Verbraucher unterzeichnet und in der Überschrift ausdrücklich als so benannte streitgegenständliche bezeichnet ist, so ist dem Verbraucher insoweit ein Widerrufsrecht eingeräumt.[1494)]

2.1264 c) **Normennennung.** Umstritten ist, ob ein vertragliches Widerrufsrecht auch dann anzunehmen ist, wenn ggf. einzelne Rechtsvorschriften genannt oder auch

1491) BGH, Urt. v. 22.12.1999 – VIII ZR 124/99, NJW-RR 2000, 1221 = ZIP 2000, 491; OLG Köln, Urt. v. 28.6.1989 – 2 U 93/88, NJW-RR 1989, 1336 (AbzG); BGH, Urt. v. 6.12.2011 – XI ZR 401/10, NJW 2012, 1066 = ZIP 2012, 262 (Schuldbeitritt); BGH, Urt. v. 6.12.2011 – XI ZR 442/10, BeckRS 2012, 03073 (Schuldbeitritt); OLG Hamm, Urt. v. 27.9.1991 – 20 U 106/91, rkr. durch Nichtannahmebeschl. d. BGH v. 21.10.1992 – VIII ZR 223/91; OLG Düsseldorf, Urt. v. 9.7.2002 – 24 U 167/01, OLGReport 2001, 204; KG, Urt. v. 26.1.2004 – 8 U 117/03, BeckRS 2005, 03422; OLG Naumburg, Urt. v. 8.1.2008 – 9 U 129/07, im konkreten Fall aber angenommen; LG Berlin, Urt. v. 29.1.2002 – 10 O. 367/01.

1492) BGH, Urt. v. 6.12.2011 – XI ZR 401/10, NJW 2012, 1066; OLG Köln, Urt. v. 22.7.2009 – 27 U 5/09, BeckRS 2009, 86422 (Schuldbeitritt); OLG Frankfurt/M., Urt. v. 21.9.2011 – 9 U 53/10, BeckRS 2011, 24261 (Schuldbeitritt). OLG Nürnberg, Urt. v. 10.1.2012 – 14 U 1314/11, BeckRS 2012, 01727 (Schuldbeitritt).

1493) OLG Nürnberg, Urt. v. 10.1.2012 – 14 U 1314/11, BeckRS 2012, 01727 (Schuldbeitritt).

1494) OLG Nürnberg, Urt. v. 10.1.2012 – 14 U 1314/11, BeckRS 2012, 01727 (Schuldbeitritt).

nur allgemein auf Regelungen des früheren Rechts hingewiesen wird. So etwa bei Widerrufsbelehrungen unter Verweis auf nicht mehr geltende Gesetze (AbzG, VerbrKrG, ggf. unter konkreter Inbezugnahme einzelner Bestimmungen dieser Gesetze.[1495]

In der Rechtsprechung wird hierzu die Auffassung vertreten, die Annahme eines vertraglichen Widerrufsrechts scheide insofern aus. Verweist die Widerrufsbelehrung etwa auf die Vorschriften der §§ 312d, 355 Abs. 3 BGB, so sei davon auszugehen, dass ein Widerrufsrecht nur dann eingeräumt werden solle, wenn sich ein solches nach den gesetzlichen Bestimmungen ergibt. Es seien keine Anhaltspunkte dafür erkennbar, dass ein darüber hinausgehendes vertragliches Widerrufsrecht, unabhängig von dem Vorliegen der gesetzlichen Voraussetzungen, vereinbart werden solle.[1496] Dem wird im Schrifttum mit der Begründung widersprochen, der Verbraucher messe der Nennung von Normen keine nähere Bedeutung bei, es komme ihm allein auf die Einräumung des Widerrufsrechts an.[1497] Schließlich findet sich die These, die Inbezugnahme des nicht mehr geltenden AbzG mache die Widerrufsbelehrung fehlerhaft.[1498] **2.1265**

d) Rückdatierung. Auf ein vertragliches Widerrufsrecht kann sich der Gastwirt nur stützen, wenn ihm ein solches eingeräumt worden ist. Rückdatierungen dienen in diesem Zusammenhang gerade umgekehrt dazu, ein etwa gegebenes gesetzliches Widerrufsrecht auszuschließen. Ob das gesetzliche Widerrufsrecht durch eine Rückdatierung umgangen (§ 511 Satz 2 BGB) werden kann, ist letztlich unerheblich, wenn ein gesetzliches Widerrufsrecht nicht gegeben ist. Entscheidend ist allein, dass der gemeinsame, von den Vertragsparteien erklärte Wille, ein vermeintliches gesetzliches Widerrufsrecht nicht wirksam werden zu lassen, ausschließt, dass dem Gastwirt ein vertragliches Recht zum Widerruf eingeräumt worden ist. Jedenfalls in dieser Fallkonstellation kann nicht ein vertragliches Widerrufsrecht angenommen werden.[1499] **2.1266**

e) Personal nicht geschuldete Widerrufsbelehrungen. aa) Einführung. Um sicher zu gehen, dass keine Nichtverbraucher/-existenzgründer begünstigt werden, nimmt der Unternehmer gelegentlich in den Text der Widerrufsbelehrung oder auch in den Vertragstext einschließlich der AGB einen Hinweis auf, **2.1267**

1495) OLG Düsseldorf, Urt. v. 9.7.2002 – 24 U 167/01, OLGReport 2001, 204.

1496) OLG Frankfurt/M., Urt. v. 30.12.2009 – 23 U 16/08, BeckRS 2010, 01864, als Vorinstanz zu BGH, Urt. v. 22.5.2012 – II ZR 14/10, NJW 2013, 155 (Schuldbeitritt). Vgl. im Übrigen OLG Hamm, Urt. v. 27.9.1991 – 20 U 106/91, rkr. durch Nichtannahmebeschl. d. BGH v. 21.10.1992 – VIII ZR 223/91; Vorinstanz zu BGHZ 119, 283, wo allerdings zu dem Problem nicht Stellung genommen worden ist; OLG Düsseldorf, Urt. v. 9.7.2002 – 24 U 167/01, OLGReport 2001, 204.

1497) Staudinger-*Kaiser*, BGB, § 355 Rz. 13.

1498) LG Berlin, Urt. v. 9.12.1993 – 58 S 99/93, NJW-RR 1994, 692; BGH, Urt. v. 24.4.2007 – XI ZR 17/06, BGHZ 172, 147 = NJW 2007, 2401 = ZIP 2007, 1200.

1499) OLG Köln, Urt. v. 28.6.1989 – 2 U 93/88, NJW-RR 1989, 1336 (AbzG).

dass nur Verbrauchern bzw. Existenzgründern ein Widerrufsrecht zusteht (eingeräumt werden soll). Ist der Vertragspartner weder Verbraucher (§ 13 BGB) noch Existenzgründer (§ 512 BGB), sondern Unternehmer (§ 14 BGB), handelt es sich um die Fallgruppe der personal nicht geschuldeten Belehrung.[1500]

2.1268 **bb) Meinungsstand.** Belehrt der Getränkelieferant über ein Widerrufsrecht, obwohl er dazu mangels gesetzlicher Vorgabe nicht verpflichtet ist, insbesondere der persönliche Anwendungsbereich des Verbraucherkreditrechts über § 512 BGB nicht eröffnet ist, so soll nach einer Entscheidung des LG Köln eine solche nicht geschuldete Belehrung über ein tatsächlich nicht bestehendes Recht nicht zu dessen Entstehung führen. Damit stehe dem Gastwirt weder ein gesetzliches noch ein vertragliches Widerrufsrecht zu. Letzteres wäre im Übrigen auch nicht inhalts- und umfangsgleich mit dem gesetzlichen Recht.[1501] Demgegenüber geht die h. M. davon aus, dass auch insofern die Grundsätze über die Einräumung eines vertraglichen Widerrufsrechts gelten.[1502] Allerdings dürften insbesondere (auch Minder-)Kaufleute im Sinne des HGB einen solchen Hinweis nach ihrem objektiven Erklärungshorizont häufig nicht als dahingehendes Angebot verstehen können.[1503]

2.1269 **f) Vorbehalt der personalen Anwendbarkeit.** Enthält eine Widerrufsbelehrung den einleitenden Satz „Verbraucher haben das folgende Widerrufsrecht“, so enthält die Überschrift keine Abänderung von etwaigen gesetzlichen Mustern, weil sie sich außerhalb des eigentlichen Textes der Belehrung befindet. Die Überschrift ist nicht Teil der Widerrufsbelehrung selbst. Die Widerrufsbelehrung wird auch nicht dadurch unklar oder unverständlich, dass der Vertragspartner auf den persönlichen Geltungsbereich des Widerrufsrechts hingewiesen wird. Für einen Hinweis auf den persönlichen Anwendungsbereich des Widerrufsrechts gilt das Deutlichkeitsgebot des § 360 Abs. 1 Satz 1 BGB nicht. Dieses bezieht sich nach dem Wortlaut und nach Sinn und Zweck nur auf die eigentliche Widerrufsbelehrung und nicht darauf, wem ein Widerrufsrecht zusteht. Der Unternehmer hat auch nicht dafür einzustehen, dass ein Verbraucher sich irrtümlich nicht für einen Verbraucher und damit für nicht widerrufsberechtigt hält. Der Verbraucher muss die Belehrung ohne Weiteres und ohne Behinderung zur Kenntnis nehmen können. Wie er sie interpretiert und ob er sie überhaupt zur Kenntnis nimmt, liegt nicht im Verantwortungsbereich des Unter-

1500) Siehe oben § 23 V 3 m. w. N.

1501) LG Köln, Urt. v. 15.3.2011 – 21 O. 95/10, BeckRS 2012, 02826, Vorinstanz zu OLG Köln, Urt. v. 20.10.2011 – 7 U 65/11, BeckRS 2012, 15923.

1502) BGH, Urt. v. 9.11.2011 – I ZR 123/10, NJW 2012, 1814 (§ 312c BGB). Noch offen gelassen von OLG Naumburg, Beschl. v. 24.10.2008 – 1 W 11/08, BeckRS 2008, 25865.

1503) OLG München, Urt. v. 28.6.2001 – 24 U 129/00, WM 2003, 1324.

nehmers. Der Unternehmer braucht nicht zu prüfen, ob die Adressaten der Widerrufsbelehrung Verbraucher oder Unternehmer sind.[1504)]

Entsprechende Formulierungen dürften allenfalls dann zulässig sein, wenn der Unternehmer die Verbraucher-/Existenzgründerstellung erläutert. Wird dagegen der Widerrufsbelehrung lediglich der Zusatz vorangestellt, „Verbraucher/Existenzgründer haben folgendes Widerrufsrecht", dann dürfte gegen § 360 Abs. 1 Satz 2 Nr. 1 BGB verstoßen worden sein. Danach muss die Belehrung dem Verbraucher darüber unterrichten, dass ihm überhaupt ein Widerrufsrecht zusteht. Hierfür genügt es nicht, abstrakt darauf hinzuweisen, dass „einem Verbraucher" ein Widerrufsrecht zusteht, ohne zumindest zu erläutern, unter welchen Voraussetzungen der Kunde als Verbraucher anzusehen ist.[1505)] Hierfür spricht auch die Formulierung in der Musterbelehrung zu Art. 246 § 2 Abs. 3 Satz 1 EGBGB Anlage 1 („Sie" können ...). Im Übrigen sind das Deutlichkeitsgebot (§ 360 Abs. 1 Satz 1 BGB) sowie die Rechtsprechung zur Zulässigkeit von Zusätzen zu beachten.[1506)] 2.1270

7. Folgen einer nicht gesetzeskonform gestalteten Belehrung

a) Meinungsstand im Rückblick. Sehr umstritten war, ob bei Bejahung eines freiwillig oder vorsorglich vertraglich eingeräumten Widerrufsrechts die Inhaltsanforderungen des jeweiligen gesetzlichen Widerrufsrechts und ggf. darüber hinaus einzelne oder gar alle Regelungen des Verbraucherkreditrechts Anwendung finden sollten.[1507)] 2.1271

In der Rechtsprechung insbesondere zum Kapitalanlagerecht fand sich die Auffassung, auch die nicht geschuldete Belehrung habe den Inhaltsanforderungen des §§ 312, 355, 360 BGB zu genügen.[1508)] Dies habe jedenfalls dann zu gelten, wenn die Parteien für nicht unter die §§ 312, 355 BGB fallende Rechtsgeschäfte ein Widerrufsrecht nach den gesetzlichen Vorgaben vereinbart hatten.[1509)] Andere Gerichte wendeten die „nächstliegenden gesetzlichen Widerrufsrechte" an.[1510)] Weiter wurde vertreten, es könne im Hinblick auf die Auslegungsregel des § 305c Abs. 2 BGB (analog) beispielsweise die Anwendbarkeit der §§ 497, 2.1272

1504) BGH, Urt. v. 9.11.2011 – I ZR 123/10, NJW 2012, 1814 (§ 312c BGB).

1505) BGH, Urt. v. 1.12.2010 – VIII ZR 82/10, NJW 2011, 1061 = ZIP 2011, 178.

1506) BGH, Urt. v. 9.11.2011 – I ZR 123/10, NJW 2012, 1814 (§ 312c BGB).

1507) *Bühler*, Brauerei- und Gaststättenrecht, 13. Aufl. 2011, § 28 II 9 a, Rz. 1709–1712, jeweils m. w. N.

1508) OLG Köln, Urt. v. 22.7.2009 – 27 U 5/09, BeckRS 2009, 86422 (Schuldbeitritt); OLG Hamm, Urt. v. 4.2.2010 – 27 U 14/09, BeckRS 2010, 13096 (Schuldbeitritt); OLG Frankfurt/M., Urt. v. 21.9.2011 – 9 U 53/10, BeckRS 2011, 24261 (Schuldbeitritt). Vgl. auch *Ebnet*, NJW 2011, 1029, 1031.

1509) OLG Frankfurt/M., Urt. v. 21.9.2011 – 9 U 53/10, BeckRS 2011, 24261 (Schuldbeitritt).

1510) OLG Hamm, Urt. v. 4.2.2010 – 27 U 14/09 für die Regelungen des Fernabsatzes, obwohl allenfalls ein Haustürwiderruf in Betracht kam.

498 BGB – über § 512 BGB – eröffnet sein.[1511] Die Konsequenzen wären weitreichend gewesen. Einerseits hätte das Textformerfordernis der §§ 355 Abs. 3 Satz 1, 126b BGB gegolten. Andererseits hätten Fehler eine dauerhafte Widerruflichkeit nach § 355 Abs. 4 Satz 3 BGB begründet.[1512]

2.1273 Demgegenüber hielt die überwiegende Meinung zwar die Geltung einiger Bestimmungen des Verbraucherkreditrechts für möglich, im Regelfall wurde die Anwendbarkeit aber abgelehnt.[1513] Zwar könnten die Parteien ein Widerrufsrecht auch nach den für das gesetzliche Widerrufsrecht geltenden Vorschriften vereinbaren.[1514] Ob die Rechtsprechung zu Gesellschaftsbeitritten in diesem Zusammenhang übertragbar war, erschien zweifelhaft. Die Formulierung in der Überschrift „für Haustürgeschäfte“ dürfte nicht genügen. Sie reichte nicht aus, um einen Vertragswillen der Parteien annehmen zu können, dass die gesetzlichen Vorschriften für Haustürgeschäfte auch dahin gelten sollen, wenn die Voraussetzungen des § 312 Abs. 1 Satz 1 BGB gar nicht vorlagen.[1515] Ein vertraglich eingeräumtes Widerrufsrecht musste sich daher auch nicht in jedem Fall an den gesetzlichen Bestimmungen, insbesondere an den §§ 312, 355, 360 BGB, für eine ordnungsgemäße Widerrufsbelehrung messen lassen.[1516] Die von der Gegenauffassung als Begründung herangezogene Entscheidung des BGH vom 9.12.2009[1517]

1511) OLG Frankfurt/M., Urt. v. 15.1.1999 – 12 U 24/98 (HausTWG); KG, Urt. v. 26.1.2004 – 8 U 117/03, BeckRS 2005, 03422; LG Berlin, Urt. v. 29.1.2002 – 10 O. 367/01; ähnlich LG Düsseldorf, Urt. v. 24.11.2011 – 3 O. 63/11.

1512) OLG Köln, Urt. v. 22.7.2009 – 27 U 5/09, BeckRS 2009, 86422 (Schuldbeitritt); OLG Hamm, Urt. v. 4.2.2010 – 27 U 14/09, BeckRS 2010, 13096 (Schuldbeitritt); LG Duisburg, Urt. v. 9.12.2010 – 8 S 51/10, BeckRS 2010, 30167 (Schuldbeitritt).

1513) BGH, Urt. v. 22.12.1999 – VIII ZR 124/99, NJW-RR 2000, 1221 = ZIP 2000, 491, für Belehrung „gem. Verbraucherkreditgesetz“. So wohl auch BGH, Urt. v. 30.6.1982 – VIII ZR 115/81, NJW 1982, 2313, für Belehrung mit dem Hinweis „Widerrufsrecht nach dem AbzG“; KG, Urt. v. 26.1.2004 – 8 U 117/03, BeckRS 2005, 03422 (Darlehen); OLG Naumburg, Urt. v. 8.1.2008 – 9 U 129/07; OLG Suttgart, Beschl. v. 29.6.2010 – 6 W 15/10; OLG Nürnberg, Urt. v. 10.1.2012 – 14 U 1314/11, BeckRS 2012, 01727 (Schuldbeitritt); LG Berlin, Urt. v. 29.1.2002 – 10 O. 367/01; LG Krefeld, Urt. v. 26.10.2006 – 3 O. 43/06, BeckRS 2007, 17915; LG Köln, Urt. v. 15.3.2011 – 21 O. 95/10, BeckRS 2012, 02826, Vorinstanz zu OLG Köln, Urt. v. 20.10.2011 – 7 U 65/11, BeckRS 2012, 15923.

1514) OLG München, Urt. v. 28.6.2001 – 24 U 129/00, WM 2003, 1324 (Bürgschaft); OLG Naumburg, Urt. v. 8.1.2008 – 9 U 129/07 (Bürgschaft); OLG Köln, Urt. v. 22.7.2009 – 27 U 5/09, BeckRS 2009, 86422 (Schuldbeitritt); OLG Frankfurt/M., Urt. v. 21.9.2011 – 9 U 53/10, BeckRS 2011, 24261 (Schuldbeitritt); OLG Nürnberg, Urt. v. 10.1.2012 – 14 U 1314/11, BeckRS 2012, 01727 (Schuldbeitritt).

1515) OLG Nürnberg, Urt. v. 10.1.2012 – 14 U 1314/11, BeckRS 2012, 01727.

1516) OLG Naumburg, Beschl. v. 24.10.2008 – 1 W 11/08, BeckRS 2008, 25865; OLG Nürnberg, Urt. v. 10.1.2012 – 14 U 1314/11, BeckRS 2012, 01727; OLG Köln, Urt. v. 20.10.2011 – 7 U 65/11, BeckRS 2012, 15923; a. A. *Ebnet*, NJW 2011, 1029; Palandt-*Grüneberg*, BGB, § 355 Rz. 16.

1517) BGH, Urt. v. 9.12.2009 – VIII ZR 219/08, NJW 2010, 989 = ZIP 2010, 734.

befasste sich nämlich mit dem gesetzlichen und nicht mit dem vertraglichen Widerrufsrecht.[1518)]

Aufgrund der Vertragsfreiheit können die Vertragspartner nicht nur ein Widerrufsrecht auch für nicht unter §§ 312, 355 BGB fallende Rechtsgeschäfte vertraglich vereinbaren, sondern für die nähere Ausgestaltung und die Rechtsfolgen auf die §§ 355, 357 BGB verweisen.[1519)] Inhalt und Umfang der Inbezugnahme sind auch insofern im Wege der **Auslegung** zu ermitteln. Ob mit der vertraglichen Einräumung eines Widerrufsrechts die Geltung einiger oder gar sämtlicher den Verbraucher schützenden Rechtsnormen der §§ 492–512 BGB, etwa Schriftform, Pflichtangaben oder Kündigungsvorschriften, verbunden ist, erscheint fernliegend.[1520)] Im Regelfall dürfte sich ein entsprechender Rechtsfolgenwille nicht ermitteln lassen.[1521)] **2.1274**

b) Aktuelle Rechtsprechung. Mit übereinstimmenden Urteilen vom 22.5.2012 hat der BGH zwar klargestellt, dass für nicht geschuldete Widerrufsbelehrungen stets die gleichen Gestaltungsanforderungen gelten wie für geschuldete Widerrufsbelehrungen. Allerdings bedarf es konkreter Anhaltspunkte dafür, dass bei Fehlen der Voraussetzungen eines gesetzlichen Widerrufsrechts, hier mangels Haustürsituation, die Frist für die Ausübung des Widerrufsrechts nur dann in Gang gesetzt werden soll, wenn der Unternehmer dem Verbraucher zusätzlich eine Belehrung erteilt hat, die den Anforderungen für ein gesetzliches Widerrufsrecht, konkret nach §§ 312, 355 BGB, entspricht. Für die Annahme, dass der Fristbeginn auch im Falle eines möglicherweise vereinbarten vertraglichen Widerrufsrechts von einer den Anforderungen für ein gesetzliches Widerrufsrecht genügenden Belehrung abhängig sein soll, reicht es nicht aus, dass sich der Unternehmer bei der Formulierung der Widerrufsbelehrung an den Vorgaben des gesetzlichen Widerrufsrechts orientiert hat und im Falle des Eingreifens eines gesetzlichen Widerrufsrechts mit der Belehrung die gesetzlichen Anforderungen erfüllen wollte.[1522)] **2.1275**

Wird dem Vertragspartner vertraglich ein Widerrufsrecht eingeräumt, das ihm nach dem Gesetz nicht zusteht, z. B. weil der Vertragsschluss außerhalb einer „Haustürsituation" erfolgt und es daher an der vom Gesetz typisierten Situation eines strukturellen Ungleichgewichts fehlt, kann nicht ohne Weiteres davon ausgegangen werden, dass sich die Vertragspartner gleichwohl in einer solchen **2.1276**

1518) OLG Nürnberg, Urt. v. 10.1.2012 – 14 U 1314/11, BeckRS 2012, 01727.

1519) BGH, Urt. v. 6.12.2011 – XI ZR 401/10, NJW 2012, 1066 = ZIP 2012, 262 (Schuldbeitritt); BGH, Urt. v. 6.12.2011 – XI ZR 442/10, BeckRS 2012, 03073 (Schuldbeitritt).

1520) LG Köln, Urt. v. 15.3.2011 – 21 O. 95/10, BeckRS 2012, 02826, Vorinstanz zu OLG Köln, Urt. v. 20.10.2011 – 7 U 65/11, BeckRS 2012, 15923.

1521) BGH, Urt. v. 22.12.1999 – VIII ZR 124/99, NJW-RR 2000, 1221 = ZIP 2000, 491.

1522) BGH, Urt. v. 22.5.2012 – II ZR 88/11, BeckRS 2012, 16122 (Schuldbeitritt); BGH, Urt. v. 22.5.2012 – II ZR 14/10, NJW 2013, 155 (Schuldbeitritt).

Situation begegnen. Sie sind vielmehr grundsätzlich als vom Gesetz gleichgewichtig eingeschätzte Vertragspartner anzusehen. Dann bestimmt sich der Inhalt des Widerrufsrechts aber auch ausschließlich durch Auslegung ihrer vertraglichen Vereinbarung.

2.1277 Ob konkrete Anhaltspunkte in der getroffenen Vereinbarung vorliegen, dass zwar das Widerrufsrecht als solches von den gesetzlichen Voraussetzungen unabhängig sein soll, gleichwohl aber die für die Ausübung des Widerrufsrechts vereinbarte Frist nur dann in Gang gesetzt werden soll, wenn der Unternehmer eine Widerrufsbelehrung erteilt hat, die den Anforderungen für ein gesetzliches Widerrufsrecht entsprechen, bedarf besonderer Feststellung. Ein vernünftiger Empfänger der Widerrufsbelehrung kann den Formulierungen der Widerrufsbelehrung zumeist nicht entnehmen, dass ihm der Unternehmer für den Fall, dass ein gesetzliches Widerrufsrecht nicht besteht, vertraglich ein unbefristetes Widerrufsrecht einräumen wollte. Für die gegenteilige Auslegung reicht es nicht aus, dass sich der Unternehmer bei den Formulierungen an den Vorgaben des gesetzlichen Widerrufsrechts orientiert hat. Dies ist ersichtlich lediglich dem Umstand geschuldet, dass die Widerrufsbelehrung für den Fall des Eingreifens einer gesetzlichen Verpflichtung zur Belehrung in das Formular aufgenommen wurde, und besagt deshalb nichts für einen Willen des Unternehmers, nicht bestehende Belehrungspflichten übernehmen und erfüllen zu wollen. Ebenso folgt aus der Tatsache, dass der Unternehmer selbstverständlich beabsichtigte, im Falle des Eingreifens eines gesetzlichen Widerrufsrechts mit der Belehrung die gesetzlichen Anforderungen zu erfüllen, aus der Sicht eines verständigen Empfängers ein Anhaltspunkt dafür, dass er sein (möglicherweise vertragliches) Widerrufsrecht unter anderen als den formulierten Voraussetzungen werde ausüben können.[1523)]

2.1278 c) **Stellungnahme.** Der aktuellen Rechtsprechung des BGH ist zuzustimmen. aa) **Grundsatz.** Liegt ein gesetzlicher Belehrungsfall vor, so hat die Belehrung den gesetzlichen Vorgaben zu genügen.[1524)] Daraus folgt im Gegenschluss, dass im Übrigen der Geltungsbereich des Verbraucherkreditrechts nicht eröffnet ist. Ein Verstoß gegen gesetzliche Vorgaben im Übrigen kann ebenfalls nicht festgestellt werden, sodass eine Nichtigkeit nach § 494 Abs. 1 BGB ausscheidet. Tragfähige Differenzierungsgründe zwischen den Fallgruppen insbesondere der Entbehrlichkeit einer Widerrufsbelehrung aus persönlichen oder sachlichen Gründen sind nicht ersichtlich. Eine Kompensation des Fehlers beim Inhalt der Belehrung durch die Einräumung eines Widerrufsrechts scheidet zwar aus.[1525)]

1523) BGH, Urt. v. 22.5.2012 – II ZR 88/11, BeckRS 2012, 16122 (Schuldbeitritt); BGH, Urt. v. 22.5.2012 – II ZR 14/10, NJW 2013, 155 (Schuldbeitritt).

1524) BGH, Urt. v. 23.6.2009 – XI ZR 156/08, NJW 2009, 3020 = ZIP 2009, 1512; BGH, Urt. v. 9.12.2009 – VIII ZR 219/08, NJW 2010, 989 = ZIP 2010, 734; vgl. auch OLG Köln, Urt. v. 20.10.2011 – 7 U 65/11, BeckRS 2012, 15923.

1525) So zutreffend Staudinger-*Kessal-Wulf*, BGB, § 511 Rz. 3.

Dies kann aber nur in den Fällen gesetzlich geforderter Widerrufsbelehrungen gelten. Somit bleibt die nicht geschuldete Belehrung auch dann folgenlos, wenn sie den Inhaltsanforderungen der gesetzlichen Vorgaben nicht entspricht.

bb) Ausnahme. Anders ist dagegen zu entscheiden, wenn es sich um eine **nachträgliche Belehrung** i. S. v. § 355 Abs. 2 Sätze 3 und 4 BGB handelt. Lässt die Auslegung eine entsprechende Auslegung zu, so muss den gesetzlichen Anforderungen genügt werden.[1526] 2.1279

8. Widerrufsausübung

a) Verhält sich die Widerrufsbelehrung nicht zu den Modalitäten der Widerrufsausübung und den Rechtsfolgen einer Widerrufserklärung, so bestimmen sich diese nach den gesetzlichen Regelungen über das jeweilige Widerrufsrecht, von dessen Bestehen bei der Belehrung ausgegangen worden ist bzw. welches am ehesten in Betracht zu ziehen war.[1527] 2.1280

b) **Praxishinweis.** Selbst wenn dem Gastwirt vertraglich ein Widerrufsrecht eingeräumt worden sein sollte, müsste dieses innerhalb der in der Widerrufsbelehrung genannten Frist ausgeübt werden. Jedenfalls daran wird es zumeist fehlen.[1528] 2.1281

§ 24 Form- und Inhaltsvorschriften

I. Schriftformerfordernis

1. Einführung

Getränkelieferungsverträge mit Verbrauchern – natürliche Personen gelten bei einer Existenzgründung nach § 512 BGB als Verbraucher – bedürfen gem. § 510 Abs. 2 Satz 1 BGB der Schriftform des § 126 BGB.[1529] Die Regelung entspricht den früheren Vorschriften der §§ 1c, 1a Abs. 1 Satz 1 AbzG und §§ 2, 4 Abs. 1 Satz 1 VerbrKrG. Unabhängig davon sollten Getränkelieferungverträge auch mit Unternehmern, für die das gesetzliche Schriftformerfordernis nicht gilt, schon aus Gründen der Beweissicherung und der erleichterten Durchsetzbarkeit von Ansprüchen schriftlich abgeschlossen und der gesamte Inhalt der Abreden in einer Vertragsurkunde dokumentiert werden. 2.1282

1526) BGH, Beschl. v. 15.2.2011 – XI ZR 148/10, BeckRS 2011, 06776.

1527) OLG Hamm, Urt. v. 4.2.2010 – 27 U 14/09, BeckRS 2010, 13096; OLG Frankfurt/M., Urt. v. 25.5.2011 – 9 U 43/10, BeckRS 2011, 16037 = ZIP 2011, 2016; OLG Brandenburg, Urt. v. 6.4.2011 – 7 U 137/10, BeckRS 2011, 08302; enger OLG Naumburg, Beschl. v. 24.10.2008 – 1 W 11/08, BeckRS 2008, 25865.

1528) OLG Köln, Urt. v. 20.10.2011 – 7 U 65/11, BeckRS 2012, 15923. Vgl. auch BGH, Urt. v. 22.5.2012 – II ZR 88/11, BeckRS 2012, 16122.

1529) MünchKomm-*Schürnbrand*, BGB, § 510 Rz. 34.

2. Schutzzweck

2.1283 Das gesetzliche Schriftformerfordernis für Ratenlieferungsverträge soll den Verbraucher sowohl über die Vertragskonditionen informieren als auch ihn vor übereilten und unüberlegten Vertragsschlüssen warnen und ihm damit die Entscheidung über die Ausübung des Widerrufsrechts erleichtern.[1530]

3. Anwendungsbereich

2.1284 Erfasst wird der wiederkehrende Bezugspflichten begründende **Rahmenvertrag**, nicht aber die zu seiner Durchführung geschlossenen Einzelverträge.[1531]

4. Umfang

2.1285 Anders als nach der Rechtslage nach dem AbzG bedarf nunmehr auch die Willenserklärung des Getränkelieferanten der Schriftform.[1532] Die Schriftform gilt für den gesamten Vertragsinhalt des Getränkelieferungsvertrages, insbesondere auch für die Getränkebezugsverpflichtung.[1533]

5. Anforderungen

2.1286 a) **Grundsatz.** Erforderlich ist die eigenhändige Unterschrift beider Vertragspartner oder ihrer Vertreter unter der Vertragsurkunde, in der die Erklärungen beider Vertragsparteien enthalten sein müssen (§ 126 Abs. 2 Satz 1 BGB).[1534]

2.1287 Zur Wahrung der Schriftform müssen Angebot und Annahme schriftlich erklärt werden und dem anderen Vertragspartner in der Form des § 510 Abs. 2 Satz 1 BGB zugehen (§ 126 Abs. 2 Satz 1 BGB). Bei gleichlautenden Urkunden genügt die Unterzeichnung auf der für die andere Partei bestimmten Urkunde (§ 126 Abs. 2 Satz 2 BGB).

2.1288 b) **Einzelfragen.** Das Schriftformerfordernis steht dem konkludenten **Verzicht auf den Zugang** der Annahmeerklärung gem. § 151 BGB nicht entgegen.[1535] Wird die Annahmeerklärung per **Telefax** übermittelt, so ist das Formerfordernis des § 126 Abs. 2 BGB nicht gewahrt mit der Nichtigkeitsfolge des § 125 Satz 1

1530) BGH, Urt. v. 5.11.1997 – VIII ZR 351/96, NJW 1998, 540; BGH, Urt. v. 24.6.2003 – XI ZR 100/02, NJW 2003, 2742 = ZIP 2003, 1494; BGH, Urt. v. 6.12.2005 – XI ZR 139/05, NJW 2006, 681, 683 = ZIP 2006, 224; OLG Koblenz, Urt. v. 5.6.1997 – 5 U 7/97, NJW-RR 1998, 1525, rkr. durch Nichtannahmebeschl. d. BGH v. 10.10.1997 – VIII ZR 198/97.

1531) MünchKomm-*Schürnbrand*, BGB, § 510 Rz. 34.

1532) Bülow/Artz-*Artz*, Verbraucherkreditrecht, § 510 Rz. 8.

1533) Gödde, in: Martinek/Semler/Habermeier/Flohr, Vertriebsrecht, § 52 Rz. 23.

1534) BGH, Urt. v. 26.5.1999 – VIII ZR 141/98, BGHZ 142, 23 = NJW 1999, 2664 = ZIP 1999, 1169 (zum kreditrechtlichen Teil); BGH, Urt. v. 18.12.2002 – XII ZR 253/01, NJW 2003, 1248.

1535) BGH, Urt. v. 27.4.2004 – XI ZR 49/03, ZIP 2004, 1303.

BGB.[1536] Abweichend von § 126 Abs. 2 BGB ist ein formgültiger Vertragsschluss durch **Briefwechsel** möglich (§ 127 Abs. 2 Satz 1 BGB).

Die **Aushändigung** der gegengezeichneten Urkunde ist nicht Teil des Formerfordernisses, sondern ggf. eine Frage des Zustandekommens des Vertrages. Sie gehört nicht zum Vertragsabschlusstatbestand, der durch Unterschrift des Verbrauchers und Erklärung des Getränkelieferanten vollzogen ist. Die Wirksamkeit des Getränkelieferungsvertrages wird dadurch nicht berührt, auch wenn der Getränkelieferant die Aushändigung nicht beweisen kann.[1537] Die Aushändigung beeinflusst aber den Beginn des Laufs der Widerrufsfrist (§ 355 Abs. 3 Satz 2 BGB). **2.1289**

Für die Wahrung der Schriftform genügt die Anfertigung einer von beiden Parteien unterschriebenen Urkunde, ohne dass es darauf ankommt, in wessen **Besitz** diese anschließend verbleibt.[1538] **2.1290**

Auch bei einer **Rückdatierung** bestehen keine Wirksamkeitsbedenken, soweit der Vertrag die Schriftform im Übrigen wahrt.[1539] **2.1291**

Ebenso wie in dem Fall, in dem blanko geleistete Unterschriften nachträglich ein Text vorangestellt wird, ist der Formvorschrift auch dann genügt, wenn eine schon unterzeichnete Urkunde nachträglich durch einen Zusatz bzw. eine **Änderung** ergänzt wird, der einvernehmlich in den Text eingefügt wird und räumlich der Unterschrift der Vertragsparteien vorausgeht.[1540] Jedenfalls sollten textliche Änderungen, die vor, bei oder nach der Unterzeichnung des Vertrages erfolgen, von sämtlichen Vertragspartnern abgezeichnet (parafiert) werden. Aus Beweisgründen sollte auch das Datum angegeben werden. **2.1292**

Das Fehlen einer ordnungsgemäßen **Belehrung über das Widerrufsrecht** berührt nicht die Schriftform, sondern führt nur dazu, dass die Widerrufsfrist nicht läuft.[1541] **2.1293**

c) Praxishinweis. Entsprechend dem Schutzzweck des Schriftformerfordernisses wird dem Verbraucher in der Vertragspraxis der Getränkelieferanten der vollständige Vertragsinhalt schriftlich mitgeteilt. Nur so kann er zuverlässig beurteilen, auf welche Verpflichtungen er sich einlässt. **2.1294**

1536) BGH, Urt. v. 30.7.1997 – VIII ZR 244/96, NJW 1997, 3169 = ZIP 1997, 1694; BGH, Urt. v. 6.12.2005 – XI ZR 139/05, NJW 2006, 681, 683 = ZIP 2006, 224.

1537) Bülow/Artz-*Artz*, Verbraucherkreditrecht, § 492 Rz. 35.

1538) BGH, Urt. v. 14.7.2004 – XII ZR 68/02, NJW 2004, 2962 = ZIP 2004, 2142.

1539) OLG Köln, Urt. v. 28.6.1989 – 2 U 93/88, NJW-RR 1989, 1336.

1540) OLG Köln, Urt. v. 28.6.1989 – 2 U 93/88, NJW-RR 1989, 1336.

1541) MünchKomm-*Schürnbrand*, BGB, § 510 Rz. 34.

6. Erleichterungen

2.1295 a) Die für Verbraucherdarlehen geltenden Erleichterungen bei der Vertragsabwicklung gem. § 492 Abs. 1 Satz 2 und 3 BGB sind auf den Getränkelieferungsvertrag nicht (analog) anwendbar.[1542] In Ermangelung eines ausdrücklichen Verweises auf diese Regelungen gelangen die allgemeinen Vorschriften über die Schriftform zur Anwendung. Ein **Redaktionsversehen** anzunehmen, ist nach der Integration des VerbrKrG in das BGB und der damit einhergehenden neuen Systematik des Rechts der Verbraucherkreditverträge ausgeschlossen. In der Neufassung spricht der Gesetzgeber nämlich ohne konkrete Bezugnahme auf § 492 Abs. 1 BGB allgemein von der „schriftlichen Form". In den Gesetzesmaterialien ist in diesem Zusammenhang nur von der Übernahme des § 4 Abs. 1 Satz 1 VKG die Rede. Daraus muss der Schluss gezogen werden, dass die Formerleichterungen des § 492 Abs. 1 Satz 3 BGB keine Anwendung finden sollen.

2.1296 b) Der Abschluss eines Getränkelieferungsvertrages ist nach dem Grundsatz des § 126 Abs. 3 BGB auch in **elektronischer Form** (§ 126a BGB) möglich. § 510 Abs. 2 Satz 1 BGB schließt dies nicht aus.[1543]

2.1297 c) Nach § 510 Abs. 2 Satz 2 BGB kann vom Schriftformerfordernis abgewichen werden, wenn dem Verbraucher die Möglichkeit verschafft wird, die Vertragsbestimmungen einschließlich der AGB bei Vertragsschluss abzurufen und in wiedergabefähiger Form zu speichern.[1544] Damit ist eine Anwendung der in § 492 Abs. 2 BGB in Bezug genommenen Pflichtangaben nach §§ 6–13 EGBGB nicht verbunden.

7. Abdingbarkeit

2.1298 Ein formularmäßiger Verzicht auf den Zugang der Annahmeerklärung in AGB zu Verbraucherkreditverträgen ist jedenfalls dann wegen Verstoßes gegen § 307 Abs. 1 BGB unwirksam, wenn sich der Kreditgeber nicht zugleich verpflichtet, den Kreditnehmer unverzüglich Mitteilung über die Annahme des Vertragsangebots oder dessen Verweigerung zu machen.[1545]

8. Heilung

2.1299 a) **Empfang oder Inanspruchnahme.** Ein formnichtiger Getränkelieferungsvertrag wird nicht dadurch geheilt, dass die vereinbarten Leistungen erbracht

1542) MünchKomm-*Schürnbrand*, BGB, § 510 Rz. 34.

1543) BGH, Urt. v. 5.2.2004 – I ZR 90/01, NJW 2005, 66 = NJW-RR 2004, 841, zur Altrechtslage.

1544) BT-Drucks. 14/6857, S. 34 f.

1545) OLG Düsseldorf, Urt. v. 30.4.2002 – 24 U 174/01, NJW-RR 2003, 126, 127; OLG Düsseldorf, Urt. v. 4.5.1999 – 24 U 44/98, OLG-Report 2000, 91.

werden. § 494 Abs. 2 Satz 1 BGB ist ebenso wie § 507 Abs. 2 BGB nicht entsprechend anwendbar.[1546)]

b) Beiderseitige vollständige Erfüllung. Nachdem das Widerrufsrecht des Verbrauchers nach § 355 Abs. 4 BGB anders als noch unter Geltung des § 7 Abs. 2 Satz 3 VerbrKrG nicht mehr durch beiderseitige vollständige Erfüllung erlischt, lässt sich zwar hieraus eine Heilung des Formmangels nicht mehr ableiten. Dies vermag aber nichts daran zu ändern, dass sich der von § 510 Abs. 2 Satz 1 BGB bezweckte Übereilungsschutz mit beiderseits vollständiger Erfüllung erledigt hat. Unter der genannten Voraussetzung ist deshalb in der Geltendmachung des Formmangels eine nach § 242 BGB unzulässige missbräuchliche Rechtsausübung zu sehen.[1547)] Allerdings dürfte es in diesem Zusammenhang regelmäßig an dem Erfordernis der beiderseitig vollständigen Leistungserbringung fehlen. 2.1300

9. Rechtsfolge

Der Mangel der Schriftform führt nach § 125 Satz 1 BGB zur Nichtigkeit des formbedürftigen Vertrages.[1548)] 2.1301

10. Verwirkung

Die Verwirkungsgrundsätze gelten jedenfalls für Einwendungen nicht, die sich aus der Verletzung gesetzlicher Formvorschriften ergeben. Dies folgt daraus, dass die Einhaltung gesetzlicher Formerfordernisse im Interesse der Rechtssicherheit liegt und es deshalb nicht angeht, sie aus allgemeinen Billigkeitserwägungen unbeachtet zu lassen.[1549)] 2.1302

11. Unzulässige Rechtsausübung

a) Grundsatz. Ein Mangel der durch Gesetz vorgeschriebenen Form kann bei fehlender Heilung des Vertrags nur ausnahmsweise wegen unzulässiger Rechtsausübung (§ 242 BGB) unbeachtlich sein. Ein solcher Ausnahmefall wird dann bejaht, wenn eine Partei sich unter Berufung auf den Formmangel ihren vertraglichen Verpflichtungen entziehen will, obwohl sie aus dem nichtigen Vertrag längere Zeit beträchtliche geldwerte oder auch mittelbare Vorteile gezogen hat.[1550)] 2.1303

1546) Palandt-*Weidenkaff*, BGB, § 510 Rz. 7.

1547) MünchKomm-*Schürnbrand*, BGB, § 510 Rz. 36.

1548) Palandt-*Weidenkaff*, BGB, § 510 Rz. 7.

1549) BGH, Urt. v. 16.7.2004 – V ZR 222/03, NJW 2004, 3330.

1550) BGH, Urt. v. 28.1.1993 – IX ZR 259/91, ZIP 1993, 424; BGH, Urt. v. 30.7.1997 – VIII ZR 244/96, NJW 1997, 3169 = ZIP 1997, 1694; BGH, Urt. v. 26.5.1999 – VIII ZR 141/98, BGHZ 142, 23 = NJW 1999, 2664 = ZIP 1999, 1169 (zum kreditrechtlichen Teil); OLG Düsseldorf, Hinweisbeschl. v. 2.3.2010 – 24 U 136/09, BeckRS 2010, 22287 = ZIP 2010, 2104.

2.1304 b) **Treuwidrige Berufung auf die Formnichtigkeit im Übrigen.** Zweifelhaft ist, ob der **Verbraucher** treuwidrig handelt, wenn er sich angesichts eines beiderseits vollständigen abgewickelten Vertragsverhältnisses auf den Formmangel beruft.[1551)]

2.1305 Der **Unternehmer** kann treuwidrig handeln, wenn er gegenüber dem Verbraucher, der die Erfüllung des formnichtigen Vertrages – wohl für die Zukunft – verlangt, die Formnichtigkeit geltend macht, weil § 510 Abs. 2 Satz 1 BGB allein dem Schutz des Verbrauchers dient.[1552)]

12. Rückabwicklung

2.1306 Nicht ausdrücklich geregelt sind die Rückabwicklungsfolgen des formnichtigen Vertrags. Unter Geltung des VerbrKrG erschien es geboten, anstelle des Rückgriffs auf das Bereicherungsrecht in erster Linie die dem Käuferschutz dienenden Rechtsfolgen eines Widerrufs zur Geltung zu bringen, um so eine Schlechterstellung des Käufers bei Formnichtigkeit im Vergleich zum widerrufenen Vertrag zu vermeiden. Nunmehr hat es mit Blick auf die dem Verbraucher ungünstigen Rechtsfolgen des § 357 Abs. 3 BGB bei der Rückabwicklung nach §§ 812 ff. BGB zu bewenden.[1553)]

II. Pflichtangaben

2.1307 Das Schriftformerfordernis des § 510 Abs. 2 Satz 1 BGB,[1554)] das im Übrigen nicht für Getränkelieferungsverträge zwischen zwei Unternehmern gilt, stellt keine Anforderungen an einen bestimmten Inhalt des Vertrages auf. Der Getränkelieferungsvertrag muss auch nach geltendem Recht keinen bestimmten Inhalt aufweisen. Ein abweichender Vertragsinhalt, insbesondere durch AGB, ist daher mit den Einschränkungen der §§ 307–309 BGB zulässig.[1555)] Hierfür spricht: Zum einen verweist § 510 Abs. 2 BGB nicht auf § 492 Abs. 2 BGB. Die Mindestangabeerfordernisse der §§ 492 Abs. 2, 507 Abs. 2 Satz 1 BGB finden daher keine Anwendung. Zum anderen gibt es in § 510 Abs. 2 BGB, insbesondere in § 510 Abs. 2 Satz 3 BGB, eine eigenständige Regelung. § 507 Abs. 2 Satz 1 BGB ist auch nicht entsprechend anwendbar. Sonach bestehen hinsichtlich der Getränkelieferungsverträge auch keine vorvertraglichen Informationspflichten.

1551) Bülow/Artz-*Artz*, Verbraucherkreditrecht, § 510 Rz. 14a m. w. N.

1552) Bamberger/Roth-*Möller*, BGB, § 510 Rz. 17.

1553) Bülow/Artz-*Artz*, Verbraucherkreditrecht, § 510 Rz. 14a f.

1554) Zur Altrechtslage nach AbzG, VerbrKrG und zu § 505 Abs. 1 Satz 2 und 3 BGB a. F. *Bühler*, Brauerei- und Gaststättenrecht, 13. Aufl. 2011, § 27 II 1, Rz. 1667–1669, jeweils m. w. N.

1555) Palandt-*Weidenkaff*, BGB, § 510 Rz. 7.

III. Mitteilung des Vertragsinhaltes in Textform[1556)]

1. Auslegung

§ 510 Abs. 2 Satz 3 BGB bezieht sich auch auf § 510 Abs. 2 Satz 1 BGB, wenn der Vertrag in Schriftform geschlossen wurde. § 510 BGB nimmt nicht mehr Bezug auf § 492 Abs. 3 BGB. Die vormalige gesetzliche Regelung sollte indes nicht verändert werden. Richtigerweise wird man § 510 Abs. 2 Satz 3 BGB so zu verstehen haben, dass der Unternehmer dem Verbraucher den Vertragsinhalt nicht nur in dem Fall, dass gemäß Satz 2 BGB das Schriftformerfordernis nach Satz 1 nicht zu beachten ist, sondern stets – zumindest – in Textform nach § 126b BGB mitzuteilen hat.[1557)] 2.1308

2. Umfang

Die Mitteilung muss die Vertragserklärungen beider Parteien enthalten.[1558)] Hierzu rechnen auch die Allgemeinen Geschäftsbedingungen. 2.1309

3. Durchsetzung

Auf die Mitteilung des Vertragsinhalts in Textform hat der Verbraucher einen klagbaren Anspruch, den er einer Zahlungsklage des Unternehmers einredeweise entgegenhalten kann. Bei Verschulden besteht ein Schadensersatzanspruch aus § 280 Abs. 1 BGB.[1559)] 2.1310

4. Rechtsfolgen bei Nichtbeachtung

Das Unterlassen der Mitteilung führt zwar nicht zur Vertragsnichtigkeit.[1560)] Es hat aber nach § 355 Abs. 3 Satz 2 BGB zur Folge, dass die Widerrufsfrist nicht läuft, weil die Mitteilung des Vertragsinhalts zur Erfüllung der Belehrungsverpflichtungen des Unternehmers gehört.[1561)] 2.1311

§ 25 Widerrufsbelehrung

I. Problemfeld nicht ordnungsgemäße Widerrufsbelehrung

1. Maßgebliches Recht

Die Frage der Ordnungsgemäßheit der Widerrufsbelehrung richtet sich nach dem im Zeitpunkt des Vertragsschlusses anwendbaren Recht. Dieses hat in den vergangenen Jahren wiederholte Änderungen erfahren.[1562)] Soweit nachfolgend 2.1312

1556) Zur Altrechtslage *Bühler*, Brauerei- und Gaststättenrecht, 13. Aufl. 2011, § 27 III 1, Rz. 1671.

1557) Palandt-*Weidenkaff*, BGB, § 510 Rz. 7.

1558) Palandt-*Weidenkaff*, BGB, § 510 Rz. 7.

1559) MünchKomm-*Schürnbrand*, BGB, § 510 Rz. 38.

1560) Palandt-*Weidenkaff*, BGB, § 510 Rz. 7.

1561) Bülow/Artz-*Artz*, Verbraucherkreditrecht, § 510 Rz. 15.

1562) Siehe oben § 21.

kein anderer Hinweis erfolgt, wird auf die seit dem **11.6.2010** geltende Rechtslage (Art. 229 § 22 Abs. 2 EGBGB) abgestellt.

2. Damoklesschwert dauerhafter Widerruflichkeit

2.1313 **a) Grundsatz.** Steht einem Verbraucher (§ 13 BGB) bzw. im Zusammenhang mit Getränkelieferungsverträgen dem Existenzgründer (§§ 512, 510 Abs. 1 Satz 1 Nr. 3 BGB) ein Widerrufsrecht nach § 355 BGB zu, so ist er hierüber vom Getränkelieferanten, einem Unternehmer (§ 14 Abs. 1 BGB), gem. § 355 Abs. 2 Satz 1 BGB zu belehren. § 355 BGB verlangt, dass dem Verbraucher eine „den Anforderungen des § 360 Abs. 1 BGB entsprechende" Widerrufsbelehrung in Textform mitgeteilt wird, um die Widerrufsfrist auf die Regelfrist von 14 Tagen zu beschränken (§ 355 Abs. 2 Satz 1 BGB), den Beginn der Widerrufsfrist festzulegen (§ 355 Abs. 3 Satz 1 BGB) und dem Verbraucher den Widerruf unbefristet zu erlauben, wenn er nicht oder nicht ordnungsgemäß belehrt worden ist (§ 355 Abs. 4 Satz 3 BGB).

2.1314 **b) Weitere Konsequenzen.** Nach **§ 355 Abs. 4 Satz 3 BGB**, der für alle Widerrufsrechte gilt, erlischt das gesetzliche Widerrufsrecht nur, wenn der Unternehmer dem Verbraucher eine Belehrung übermittelt hat, die den Anforderungen des § 360 Abs. 1 BGB entspricht. Nur dann wird der Verbraucher entsprechend dem Schutzzweck des Widerrufsrechts in die Lage versetzt, zu entscheiden, ob er sein Widerrufsrecht ausüben will. Eine Belehrung, die diesen Anforderungen objektiv nicht entspricht, ist nicht geeignet, zum Wegfall des diesbezüglichen Widerrufsrechts zu führen. Wenn der Verbraucher nicht oder nicht ordnungsgemäß belehrt worden ist, beginnt die Widerrufsfrist nicht zu laufen, sodass das Widerrufsrecht auch nicht erlischt.[1563] Damit können Getränkelieferungsverträge seit dem Inkrafttreten des OLG-VertretungsänderungsG am **2.11.2002** unter dem Damoklesschwert stehen, dass das Widerrufsrecht trotz Ablauf der Sechs-Monats-Frist nicht erlischt, weil der Kunde nicht oder nicht ordnungsgemäß belehrt worden ist.

2.1315 Welche Konsequenzen eine fehlende oder fehlerhafte Widerrufsbelehrung hat, zeigt sich darin, dass weder die reguläre Widerrufsfrist von 14 Kalendertagen (§ 355 Abs. 2 Satz 1 BGB) noch die verlängerte Frist von einem Monat (§ 355 Abs. 2 Satz 3 BGB) in Gang gesetzt wird. Selbst die Höchstfrist von sechs Monaten nach § 355 Abs. 4 Satz 1 BGB greift in diesem Fall nicht.

1563) BGH, Urt. v. 10.7.1996 – VIII ZR 213/95, BGHZ 133, 220 = NJW 1996, 2865 = ZIP 1996, 1657; BGH, Urt. v. 23.6.2009 – XI ZR 156/08, NJW 2009, 3020 = ZIP 2009, 1512; BGH, Urt. v. 23.9.2010 – VII ZR 6/10, BGHZ 187, 97 = NJW 2010, 3503 = ZIP 2010, 2052; BGH, Urt. v. 18.1.2011 – XI ZR 356/09, WM 2011, 451.

3. Situation

Die gerichtsfeste Formulierung von Widerrufsbelehrungen war und ist eine besondere Herausforderung. Getränkelieferanten haben als Unternehmer, die unter Umständen widerrufliche Getränkelieferungsverträge mit Existenzgründern abschließen, ein elementares Interesse daran, ihren Belehrungspflichten ordnungsgemäß nachzukommen. Die wiederholten gesetzlichen Änderungen[1564] waren weder in sich konsistent noch anwenderfreundlich formuliert. 2.1316

Welche Schwierigkeiten selbst Kreditinstitute mit den Neuregelungen des Jahres 2010 auch vor dem Hintergrund der nunmehr gesetzlichen Muster zur Widerrufsinformation haben, erschließt sich aus einer Stellungnahme des Zentralen Kreditausschusses, einem Zusammenschluss der fünf Spitzenverbände der Deutschen Kreditwirtschaft, aus dem Frühjahr 2010 zum Entwurf der Bundesregierung über ein Gesetz zur Einführung einer Musterwiderrufsinformation für Verbraucherverträge, zur Änderung der Vorschriften über das Widerrufsrecht bei Verbraucherdarlehensverträgen und zur Änderung des Darlehensvermittlungsrechts. Dort heißt es auszugsweise wörtlich „... Die bei der Formulierung zu beachtenden gesetzlichen Regelungen sind derart kompliziert, dass es selbst spezialisierten Juristen kaum möglich ist, rechtssichere Informationstexte zu formulieren. Die ordnungsgemäße Information des Verbrauchers über sein Widerrufsrecht ist aber Voraussetzung für den Beginn der Widerrufsfrist ... Gleichwohl ist anzumerken, dass auch die korrekte Verwendung des Musters, das inhaltlich an vielen Stellen an die konkreten Umstände des Einzelfalls anzupassen ist, sehr schwierig sein kann. Aufgrund der Vielzahl der Gestaltungsmöglichkeiten sind Anwendungsfehler, die jeweils ein zeitlich unbefristetes Widerrufsrecht nach sich ziehen, vorprogrammiert. ...“[1565] Dies dürfte erst recht für die vielgestaltigen Formen der Finanzierung und/oder Bindung von Existenzgründern und Hauseigentümern im Zusammenhang mit Getränken gelten. 2.1317

4. Darlegungs- und Beweislast

Der Getränkelieferant trägt die Darlegungs- und Beweislast für das Eingreifen der regulären Widerrufsfrist von 14 Tagen nach § 355 Abs. 2 Satz 1 und 3 BGB sowie für den Beginn der Widerrufsfrist und damit für das Vorliegen einer ordnungsgemäßen Widerrufsbelehrung gem. §§ 355 Abs. 2 Satz 1, 355 Abs. 1, 126b BGB (§ 355 Abs. 3 Satz 3 BGB).[1566] 2.1318

1564) Siehe oben § 21.

1565) BR-Drucks. 157/10 v. 7.5.2010, Stellungnahme des Zentralen Kreditausschusses, S. 2.

1566) BGH, Urt. v. 10.5.1995 – VIII ZR 264/94, BGHZ 129, 371 = NJW 1995, 2290 = ZIP 2995, 996; OLG Nürnberg, Urt. v. 6.5.2004 – 13 U 52/04.

5. Verzicht

2.1319 a) Ein Verzicht auf die Widerrufsbelehrung, auf das Widerrufsrecht selbst oder auf ein nach § 355 Abs. 4 Satz 3 BGB unbefristetes Widerrufsrecht ist unwirksam. Dies folgt aus dem speziellen Umgehungsverbot des § 511 Satz 1 BGB.

2.1320 b) Eine **Verlängerung der Widerrufsfrist** kann dagegen wirksam vereinbart werden.[1567)]

6. Schadensersatz

2.1321 a) **Anspruchsgrundlage.** Verstößt der Unternehmer vorsätzlich oder fahrlässig gegen seine Belehrungspflicht, kann der Verbraucher Schadensersatz wegen **Verschuldens bei Vertragsschluss** gem. §§ 280 Abs. 1 Satz 1, 311 Abs. 2 Nr. 1, 241 Abs. 2 BGB verlangen.[1568)]

2.1322 b) **Rechtspflicht.** Soweit ein Widerrufsrecht nach §§ 510 Abs. 1 Satz 1 Nr. 3, 355 BGB besteht, ist der Verbraucher hierüber vom Unternehmer zu belehren. Hierbei handelt es sich um eine Rechtspflicht des Unternehmers. § 312 Abs. 2 Satz 1 BGB stellt dies ausdrücklich für den Bereich der Haustürgeschäfte klar. Dabei dürfte es sich um einen verallgemeinerungsfähigen Rechtsgedanken handeln. Der Verbraucher hat sonach einen Rechtsanspruch auf Erteilung einer ordnungsgemäßen Widerrufsbelehrung. Der Unternehmer macht sich bei Verletzung dieser Rechtspflicht schadensersatzpflichtig.

2.1323 c) **Vertretenmüssen.** Voraussetzung einer Haftung des Unternehmers ist weiter, dass dieser seine Pflicht **schuldhaft**, d. h. vorsätzlich oder fahrlässig, verletzt hat.[1569)] Umstritten ist, wie mit dem Haftungsausschluss nach § 280 Abs. 1 Satz 2 BGB bei fehlendem Vertretenmüssen umzugehen ist. Die Rechtsprechung hält am Verschuldenserfordernis des § 276 Abs. 1 Satz 1 BGB fest und belässt es bei der Beweislastumkehr des § 280 Abs. 1 Satz 2 BGB.[1570)] Der Unternehmer muss das Unterlassen der Widerrufsbelehrung daher fahrlässig oder vorsätzlich verschuldet haben. Für eine verschuldensunabhängige Haftung fehle es an einer hinreichenden Grundlage.[1571)] In Altfällen dürfte man dem Unternehmer keine fahrlässige Pflichtverletzung vorwerfen können, wenn er sich an die gesetzlichen Vorgaben gehalten hat.[1572)]

1567) BGH, Urt. v. 13.1.2009 – XI ZR 118/08, NJW-RR 2009, 709 = ZIP 2009, 362.

1568) BGH, Urt. v. 19.9.2006 – XI ZR 204/04, BGHZ 169, 109 = NJW 2007, 357 = ZIP 2006, 2262; BGH, Urt. v. 26.2.2008 – XI ZR 74/06, NJW 2008, 1585 = ZIP 2008, 686.

1569) BGH, Urt. v. 19.9.2006 – XI ZR 204/04, BGHZ 169, 109 = NJW 2007, 357 = ZIP 2006, 2262.

1570) BGH, Urt. v. 19.9.2006 – XI ZR 204/04, BGHZ 169, 109 = NJW 2007, 357 = ZIP 2006, 2262; BGH, Urt. v. 26.2.2008 – XI ZR 74/06, NJW 2008, 1585 = ZIP 2008, 686.

1571) BGH, Urt. v. 19.9.2006 – XI ZR 204/04, BGHZ 169, 109 = NJW 2007, 357 = ZIP 2006, 2262; BGH, Urt. v. 26.2.2008 – XI ZR 74/06, NJW 2008, 1585 = ZIP 2008, 686.

1572) Siehe unten § 25 II 3 m. w. N.

d) Kausalität. Der Verbraucher muss die Kausalität der Pflichtverletzung für den entstandenen Schaden vollumfänglich beweisen; es besteht also keine (widerlegbare) Vermutung der Kausalität zu Lasten des Unternehmers.[1573] Die Annahme beratungsgerechten Verhaltens kann den Kausalitätsnachweis in den fraglichen Fällen nicht erleichtern, weil mit der Widerrufsbelehrung keine Beratung mit Ziel auf ein bestimmtes Verhalten geschuldet ist, sondern eine im Ergebnis offene Information, welche tatsächlich auch in der Mehrzahl der Fälle nicht zu einer Ausübung des Widerrufrechts führt.[1574] **2.1324**

e) Schaden. Ersatzfähig sind nur solche Schäden, vor deren Eintritt der Verbraucher durch die Belehrung bewahrt werden sollte.[1575] Auch besteht Uneinigkeit über den Umfang und die Art des zu ersetzenden Schadens sowie den für die Schadensermittlung relevanten Zeitpunkt.[1576] **2.1325**

f) Zur Haftung des **Rechtsanwalts** aus **positiver Vertragsverletzung,** der bei der Überprüfung eines Gaststättenübernahmevertrages nicht erkennt, dass der Übernehmer berechtigt ist, seine darin enthaltene Willenserklärung zur Übernahme von Pflichten aus einem Getränkebezugsvertrag zu widerrufen, vergleiche die Rechtsprechung des BGH vom 8.10.1992.[1577] **2.1326**

7. Wettbewerbsrecht

Für die Praxis von größter Bedeutung ist darüber hinaus, dass es ohne Ausnahme von Bagatellfällen[1578] – anders bei fehlender Wettbewerbsrelevanz – als wettbewerbswidrig gem. §§ 3, 4 Nr. 11, 5, 5a Abs. 3 Nr. 5 UWG anzusehen ist, wenn der Verbraucher nicht oder fehlerhaft über sein Widerrufsrecht belehrt wird.[1579] Der Unternehmer kann daher insbesondere von Mitbewerbern oder Verbraucherschutzverbänden abgemahnt und gem. § 8 UWG auf Unterlassung in Anspruch genommen werden. **2.1327**

1573) BGH, Urt. v. 19.9.2006 – XI ZR 204/04, BGHZ 169, 109 = NJW 2007, 357 = ZIP 2006, 2262; BGH, Urt. v. 26.2.2008 – XI ZR 74/06, NJW 2008, 1585 = ZIP 2008, 686.

1574) OLG München, Urt. v. 27.4.2006 – 19 U 371/04, NJW 2006, 1811; OLG Celle, Urt. v. 3.4.2006 – 3 W 35/06, NJW 2006, 1817.

1575) Erman-*Kindl*, BGB, § 314 Rz. 17.

1576) MünchKomm-*Masuch*, BGB, § 355 Rz. 50 – 57, jeweils m. w. N.

1577) BGH, Urt. v. 8.10.1992 – IX ZR 98/91, NJW-RR 1992, 243.

1578) *Köhler/Bornkamp*, UWG, § 4 Rz. 11.170 f.

1579) *Köhler/Bornkamp*, UWG, § 4 Rz. 11.170 f; siehe unten § 27 III.

8. Beurteilungszeitpunkt

2.1328 **a) Grundsatz.** Eine verfrühte Widerrufsbelehrung ist unwirksam und nicht geeignet, die Widerrufsfrist in Gang zu setzen.[1580] § 355 BGB legt zwar den Beginn der Widerrufsfrist auf den Erhalt der Widerrufsbelehrung fest (§ 355 Abs. 3 Satz 1 BGB) und erlaubt eine Belehrung spätestens bis zum Vertragsschluss (§ 355 Abs. 2 Satz 1 BGB) oder unverzüglich nach Vertragsschluss (§ 355 Abs. 2 Satz 2 BGB) sowie eine Nachbelehrung noch nach Vertragsschluss (§ 355 Abs. 2 Sätze 3 und 4 BGB).

2.1329 **b) Frühester Zeitpunkt.** Die gesetzliche Regelung in § 355 Abs. 2 Satz 1 BGB verhält sich zwar mit der Formulierung „spätestens bei Vertragsschluss" zum Endzeitpunkt einer möglichen Widerrufsbelehrung. Das Gesetz regelt aber nicht ausdrücklich, wann dem Verbraucher diese Belehrung frühestens mitgeteilt werden kann. Dies wird im Regelfall des § 355 Abs. 2 Satz 1 BGB mit dem Vertragsschluss zusammenfallen. Anders als in der Situation von Fernabsatzverträgen über Dienstleistungen, für die § 312d Abs. 2 BGB den Beginn der Widerrufsfrist an den Vertragsschluss anknüpft, ist dies aber nicht zwingend. § 355 Abs. 3 BGB nennt als Bezugspunkte des Widerrufs nämlich allein die Willenserklärung des Verbrauchers (sei es sein Antrag, sei es die durch ihn erklärte Annahme), nicht hingegen den Vertrag.[1581] Aus dem systematischen Zusammenhang zu § 355 Abs. 1 Satz 1 BGB folgt weiter, dass der Widerruf sich auf die auf den Abschluss des Vertrages gerichtete Willenserklärung des Verbrauchers beziehen muss. Das legt nahe, dass dem Verbraucher zugleich oder jedenfalls im Zusammenhang mit der Abgabe dieser Erklärung eine Belehrung über die Widerrufsmöglichkeit zu erteilen ist. Auch würde es dem Schutzzweck der Norm widersprechen, eine gesetzlich vorgeschriebene Belehrung über das dem Verbraucher zustehende Widerrufsrecht seiner auf den Abschluss des Vertrages gerichteten Willenserklärung bereits vor deren Abgabe zu ermöglichen. Die Belehrung soll nämlich dem Verbraucher sein Widerrufsrecht klar und deutlich vor Augen halten. Dieses Ziel wird nur dann erreicht, wenn die Belehrung sich auf eine konkrete Vertragserklärung des Verbrauchers bezieht. Das setzt voraus, dass der Verbraucher eine solche Vertragserklärung bereits abgegeben hat oder zumindest zeitlich mit der Belehrung abgibt. Denn nur unter dieser Voraussetzung steht ihm eine Entscheidungsfreiheit zu, die durch die Gewährung einer nachträglichen Überlegungsfrist wiederhergestellt werden soll. Dagegen ist eine Widerrufsbelehrung, die dem Verbraucher bereits vor der Abgabe der Vertragserklärung erteilt worden ist, von vornherein mit dem mit zunehmendem zeit-

---

1580) BGH, Urt. v. 4.7.2002 – I ZR 55/00, NJW 2002, 3396 = ZIP 2002, 1730 (§ 312 BGB); BGH, Urt. v. 10.3.2009 – XI ZR 33/08, BGHZ 180, 123 = NJW 2009, 3572 = ZIP 2009, 952; BGH, Urt. v. 23.9.2010 – VII ZR 6/10, BGHZ 187, 97 = NJW 2010, 3503 = ZIP 2010, 2052, zu §§ 312, 355 Abs. 1 und 2 BGB a. F.

1581) BGH, Urt. v. 23.9.2010 – VII ZR 6/10, BGHZ 187, 97 = NJW 2010, 3503 = ZIP 2010, 2052, zu §§ 312, 355 Abs. 1 und 2 BGB a. F.

lichen Abstand immer größer werdenden Risiko behaftet, dass dieser sie zum Zeitpunkt der Abgabe der Vertragserklärung bereits wieder vergessen hat. Nur eine zusammen mit der Abgabe der Vertragserklärung oder in nahem zeitlichen Zusammenhang damit nachfolgend erteilte Belehrung erfüllt ihren Zweck, die Entscheidungsfreiheit des Verbrauchers durch eine nachträgliche Überlegungsfrist wiederherzustellen. Eine vorher erteilte Belehrung entspricht sonach nicht den gesetzlichen Erfordernissen.[1582] Im Ergebnis darf die Widerrufsbelehrung daher frühestens zeitgleich mit der Abgabe der Vertragserklärung des Existenzgründers bzw. Verbrauchers erfolgen.

c) Es besteht auch keine Veranlassung, dies in den Fällen anders zu beurteilen, **2.1330** in denen es zum Vertragsschluss erst durch eine **später nachfolgende Annahmeerklärung des Unternehmers** kommt. Bereits die Systematik des Gesetzes zeigt, dass auch dann die Widerrufsfrist grundsätzlich bereits mit der bei der Abgabe des Angebots erfolgten Mitteilung der Widerrufsbelehrung beginnt. § 312d Abs. 2 BGB geht davon aus, dass die Widerrufsfrist abweichend von § 355 Abs. 3 Satz 1 BGB nicht vor Erfüllung der Informationspflichten gem. Art. 246 §§ 2, 1 Abs. 1 und 2 EGBGB und damit nicht vor dem Tage des Vertragsschlusses beginnt. Daraus, dass diese Regelung ausdrücklich als Abweichung von § 355 Abs. 3 Satz 1 BGB bezeichnet wird, folgt, dass letztere Vorschrift gerade nicht den Beginn der Frist mit dem Tage des Vertragsschlusses vorsieht. Der Sonderregel in § 312d Abs. 2 BGB hätte es sonst nicht bedurft. Dieser Gesetzesaufbau zeigt weiter, dass die Erwähnung eines Vertrages in § 312 BGB ebenso wie in § 312d BGB lediglich den Anwendungsbereich der Widerrufsvorschriften beschreibt, nicht aber den wirksamen Abschluss des jeweiligen Vertrages als Voraussetzung für ein Widerrufsrecht erfordert. Gleiches gilt für den Verweis auf die Rücktrittsvorschriften in § 357 BGB. Deren Rückgewährregeln kommen ohnehin nur zum Tragen, wenn bereits Leistungen ausgetauscht worden sind. Das ist auch im Falle eines Widerrufs binnen 14 Tagen nach Vertragsschluss weder zwingend noch regelmäßig der Fall. Von diesem Verständnis ging ersichtlich auch die BGB-InfoV in der bis zum 10.6.2010 geltenden Fassung aus. Dafür spricht auch die seit dem 11.6.2010 geltende gesetzliche Vorschrift des Art. 246 § 2 Abs. 3 Satz 1 EGBGB mit ihrer Anlage 1 i. V. m. den Gestaltungshinweisen 1 und 3 (b) bb). Daraus folgt insbesondere, dass die Widerrufsbelehrung auch vor Vertragsschluss im Zusammenhang mit der Abgabe der Vertragserklärung des Verbrauchers erteilt werden kann. Auch ist nicht ersichtlich, dass der Gesetzgeber mit Einführung dieser Musterwiderrufsbelehrung, die der BGB-InfoV nachgebildet ist, den Inhalt des § 355 BGB a. F. sachlich hat ändern wollen. Zwar ist zum gleichen Zeitpunkt auch § 355 BGB a. F. textlich geändert worden.

1582) BGH, Urt. v. 4.7.2002 – I ZR 55/00, NJW 2002, 3396 = ZIP 2002, 1730; BGH, Urt. v. 10.3.2009 – XI ZR 33/08, BGHZ 180, 123 = NJW 2009, 3572 = ZIP 2009, 952; BGH, Urt. v. 23.9.2010 – VII ZR 6/10, BGHZ 187, 97 = NJW 2010, 3503 = ZIP 2010, 2052, zu §§ 312, 355 Abs. 1 und 2 BGB a. F.

Auch hier gibt es aber keine Anhaltspunkte dafür, dass damit eine inhaltliche Veränderung im Hinblick auf den Beginn des Laufs der Widerrufsfrist verbunden sein sollte.[1583)]

2.1331 Eine richtlinienkonforme Auslegung im Hinblick auf die zugrunde liegende Richtlinie 85/577/EWG bestätigt dieses Auslegungsergebnis. Die Richtlinie sieht in Art. 1 Abs. 2 ausschließlich vor, dass ein bindendes Angebot widerrufen werden kann. Die Widerrufsbelehrung ist dem Verbraucher nach Art. 4 Satz 3 c der Richtlinie zum Zeitpunkt der Abgabe seines Angebots auszuhändigen. Der Verbraucher besitzt das Recht, von der eingegangenen Verpflichtung innerhalb von mindestens sieben Tagen nach Erteilung dieser Belehrung zurückzutreten (Art. 5 Abs. 1 Satz 1 der Richtlinie). Noch deutlicher wird dieser Mechanismus in dem Entwurf für eine Richtlinie des Europäischen Parlaments und des Rates über Rechte der Verbraucher vom 8.10.2008, der unter anderem die Richtlinie 85/577/EWG ersetzen soll. Dort ist in Art. 12 Abs. 2 vorgesehen, dass im Fall eines außerhalb von Geschäftsräumen geschlossenen Vertrags die Widerrufsfrist an dem Tag zu laufen beginnt, an dem der Verbraucher das Bestellformular unterzeichnet hat. In Art. 15b wird als Wirkung des Widerrufs das Ende der Verpflichtungen der Vertragsparteien zum Abschluss eines Vertrages außerhalb von Geschäftsräumen, sofern der Verbraucher ein Angebot abgegeben hat, genannt. Anhaltspunkte dafür, dass der deutsche Gesetzgeber über die Vorgaben der Richtlinie 85/577/EWG hinaus den Beginn der Widerrufsfrist in diesen Fällen auf den Vertragsschluss hat hinausschieben wollen, sind nicht erkennbar. Eine Abweichung zugunsten des Verbrauchers wäre nach Art. 8 der Richtlinie zwar möglich. Es gibt aber keinen Anhaltspunkt dafür, dass bei der Umsetzung der Richtlinie in diesem Punkt hiervon Gebrauch gemacht werden sollte.[1584)]

2.1332 Folglich kommt es nicht rein formal auf die Reihenfolge von Vertragserklärung und Widerrufsbelehrung an. Vielmehr ist von einer zulässigen Gleichzeitigkeit beider Handlungen nach der gebotenen wertenden Betrachtung auch dann auszugehen, wenn die Widerrufsbelehrung der Vertragserklärung des Verbrauchers zwar vorangeht, letztere aber ohne Unterbrechung des Geschehensablaufs nachfolgt.

2.1333 **d) Annahme durch den Unternehmer.** Zur Erreichung des Schutzzwecks der Regelung ist es gleichgültig, ob die vom Verbraucher zu widerrufende Willenserklärung bereits vom Gewerbetreibenden (Unternehmer) angenommen worden ist oder ob der Verbraucher lediglich nach § 147 Abs. 2 BGB an seinen Antrag gebunden ist. Hat der Verbraucher eine solche für ihn bindende, auf den Vertragsabschluss eines Vertrages gerichtete Willenserklärung abgegeben und ist

---

1583) BGH, Urt. v. 23.9.2010 – VII ZR 6/10, BGHZ 187, 97 = NJW 2010, 3503 = ZIP 2010, 2052.

1584) BGH, Urt. v. 23.9.2010 – VII ZR 6/10, BGHZ 187, 97 = NJW 2010, 3503 = ZIP 2010, 2052.

ihm bei der Abgabe eine Widerrufsbelehrung ausgehändigt worden, in der er ordnungsgemäß über sein Widerrufsrecht belehrt worden ist, hat er ab diesem Zeitpunkt ausreichend Gelegenheit, ohne (den) Druck (einer Haustürsituation) seine Entscheidung zu überdenken.[1585] Dies ergibt auch der Umkehrschluss aus § 312d Abs. 2 BGB.

9. Nachträgliche Belehrung[1586]

a) Situation. Hier belehrt der Unternehme den Verbraucher nicht gem. § 355 Abs. 2 Satz 1 und 2 BGB rechtzeitig, nämlich „spätestens bei Vertragsschluss" über sein Widerrufsrecht. Dann kann der Unternehmer diesen Mangel auch später beheben, um die Widerrufsfrist in Gang zu setzen. Er kann die versäumte oder nicht ordnungsgemäß erteilte Belehrung nach § 355 Abs. 2 Satz 3 BGB nachholen. Die Widerrufsbelehrung gehört nämlich nicht zum Vertragsabschlusstatbestand und braucht nicht notwendig zeitgleich damit erteilt zu werden. Die Widerrufsfrist beträgt dann einen Monat. 2.1334

b) Temporaler Anwendungsbereich. Nach Art. 229 § 9 Abs. 2 EGBGB ist eine nachträgliche Widerrufsbelehrung auch im Bezug auf vor dem Inkrafttreten des Schuldrechtsmodernisierungsgesetzes (am 1.1.2002) geschlossene Altverträge möglich.[1587] Wurde die erforderliche Widerrufsbelehrung erst nach Vertragsschluss und nach dem 1.8.2002 (für Bürgschaftsverträge in Haustürsituationen) oder nach dem 1.11.2002 (für alle sonstigen Verbrauchergeschäfte und damit auch für Getränkelieferungsverträge) erteilt, gilt § 355 Abs. 2 BGB i. d. F. vom 1.8.2002 somit uneingeschränkt auch für davor, frühestens am 1.1.2002 abgeschlossene Verträge. 2.1335

c) Begriff. Von einer wirksamen nachträglichen Belehrung kann allerdings nur die Rede sein, wenn die nachträglich abgegebene Erklärung überhaupt einen für den Verbraucher erkennbaren **Bezug** zu der früheren Vertragserklärung aufweist, deren Belehrungsmangel im Nachhinein ausgeglichen werden soll. Das ergibt sich schon aus dem Begriff der „Nachbelehrung", folgt aber auch aus dem Deutlichkeitsgebot des § 355 Abs. 2 Satz 2 BGB, das nicht nur die äußerliche Gestaltung, sondern auch die inhaltliche Abfassung der Widerrufsbelehrung betrifft und für die nachträgliche Belehrung ebenso gilt wie für die rechtzeitige.[1588] 2.1336

d) Inhaltsanforderungen. An die nachträgliche Belehrung sind inhaltlich die gleichen Anforderungen zu stellen wie an eine rechtzeitige Belehrung. Sie muss umfassend, inhaltlich richtig, unmissverständlich und für den Verbraucher ein- 2.1337

1585) BGH, Urt. v. 23.9.2010 – VII ZR 6/10, BGHZ 187, 97 = NJW 2010, 3503 = ZIP 2010, 2052.

1586) Zu der bis zum 29.7.2010 geltenden Rechtslage *Bühler*, Brauerei- und Gaststättenrecht, 13. Aufl. 2011, Rz. 1685–1687, jeweils m. w. N.

1587) BGH, Urt. v. 26.10.2010 – XI ZR 367/07, NJW-RR 2011, 403.

1588) BGH, Urt. v. 26.10.2010 – XI ZR 367/07, NJW-RR 2011, 403.

deutig sein. Der Verbraucher soll dadurch nicht nur von seinem Widerrufsrecht Kenntnis erlangen, sondern auch in die Lage versetzt werden, dieses auszuüben.[1589] Daher sind sämtliche Regelungen nach § 360 Abs. 1 BGB zu beachten. Die Einhaltung des Deutlichkeitsgebots setzt insbesondere voraus, dass die nachträgliche Belehrung nach § 355 Abs. 2 Satz 1 BGB einen erkennbaren **Bezug zu einer konkreten früheren Vertragserklärung** des Verbrauchers aufweist. Eine Unterschrift des Verbrauchers ist nicht erforderlich.[1590] Dabei lässt der BGH es offen, ob bei schriftlichen Verträgen der nach § 355 Abs. 2 Satz 3 BGB erforderliche Hinweis zu erfolgen hat.[1591]

2.1338 e) **Gesetzlichkeitsfiktion.** Verwendet der Unternehmer gegenüber dem Verbraucher für die Nachbelehrung ein Formular, das textliche Abweichungen gegenüber der Musterbelehrung der Anlage 2 zu § 14 Abs. 1 und Abs. 3 BGB-InfoV in der Fassung der Zweiten Verordnung zur Änderung der BGB-Informationspflichten-Verordnung vom 1.8.2002 enthält, ist ihm eine Berufung auf § 14 Abs. 1 und Abs. 3 BGB-InfoV in der damaligen Fassung schon aus diesem Grunde verwährt.[1592]

II. Schutzwirkung des § 14 Abs. 1 BGB-InfoV

1. Rechtslage

2.1339 Da eine ordnungsgemäße Belehrung angesichts der zunehmenden Komplexität der gesetzlichen Regelungen schwierig geworden war, hatte der Gesetzgeber das Bundesjustizministerium (BMJ) im Rahmen der Schuldrechtsreform in Art. 245 Nr. 1 EGBGB ermächtigt, Inhalt und Gestaltung der Belehrung über das verbraucherschützende Widerrufsrecht festzulegen.[1593] Von dieser Ermächtigung machte das BMJ mit der Zweiten Verordnung zur Änderung der BGB-InfoV, in Kraft getreten am **2.11.2002**, Gebrauch und ergänzte die BGB-InfoV um einen § 14 sowie die hier interessierende Anlage 2.[1594]

2. Schutzzweck

2.1340 Zweck dieser Bestimmung der BGB-InfoV war es, die Rechtsunsicherheit einzugrenzen, die vor allem dadurch entstanden war, dass die im Schuldrechtsmoder-

---

1589) BGH, Urt. v. 26.10.2010 – XI ZR 367/07, NJW-RR 2011, 403; BGH, Beschl. v. 15.2.2011 – XI ZR 148/10, BeckRS 2011, 06776; BGH, Urt. v. 28.6.2011 – XI ZR 349/10, NJW-RR 2012, 183 = ZIP 2011, 1858.

1590) BGH, Urt. v. 26.10.2010 – XI ZR 367/07, NJW-RR 2011, 403; BGH, Beschl. v. 15.2.2011 – XI ZR 148/10, BeckRS 2011, 06776; BGH, Urt. v. 28.6.2011 – XI ZR 349/10, NJW-RR 2012, 183 = ZIP 2011, 1858.

1591) BGH, Urt. v. 28.6.2011 – XI ZR 349/10, NJW-RR 2012, 183 = ZIP 2011, 1858.

1592) BGH, Urt. v. 28.6.2011 – XI ZR 349/10, NJW-RR 2012, 183 = ZIP 2011, 1858.

1593) Siehe oben § 21 II 1 a m. w. N.

1594) Siehe oben § 21 II 2 a m. w. N.

nisierungsgesetz ursprünglich vorgesehene Höchstfrist von sechs Monaten für das Widerrufsrecht bei mangelhafter Belehrung durch das OLG-Vertretungsänderungs G aufgehoben worden war und dem Verbraucher seither ein zeitlich unbefristetes Lösungsrecht zustand, wenn er nicht oder nicht ordnungsgemäß belehrt worden ist (§ 355 Abs. 3 Satz 3 Halbs. 1 BGB a. F.).[1595]

3. Inhalt und Auslegung

In § 14 Abs. 1 BGB-InfoV war bestimmt, dass der Unternehmer den Anforderungen des § 355 Abs. 2 BGB a. F. und den diesen ergänzenden Vorschriften des BGB genügte, wenn er zur Widerrufsbelehrung das amtliche Muster der Anlage 2 in Textform verwendete. Dadurch sollte den Unternehmen ein Anreiz gegeben werden, die Belehrungsmuster bei der Vertragsabwicklung einzusetzen. Die Muster entfalteten Schutzfunktion, soweit ihre Inhalte beachtet wurden. Infolge des Anpassungsbedarfs der Muster auf dem konkreten Fall und zahlreicher Punkte, in welchen die Vereinbarkeit der Belehrungsmuster mit den gesetzlichen Vorgaben fraglich war, war schnell zweifelhaft geworden, inwieweit das gesetzgeberische Ziel – Rechtssicherheit – tatsächlich erreicht worden war.[1596] **Sachliche Änderungen hoben die Schutzwirkung auf.** Die Verwendung der Muster war den Unternehmen freigestellt. 2.1341

4. Praktische Relevanz

Auch in der Getränkewirtschaft griffen Getränkelieferanten den vermeintlichen Strohhalm der Schutzwirkung des § 14 Abs. 1 BGB-InfoV auf und gestalteten die Widerrufsbelehrung entsprechend dem Muster der Anlage 2 der BGB-InfoV. Dies in der Hoffnung, der zunehmend strengeren Rechtsprechung an die Ordnungsgemäßheit der Widerrufsbelehrung entgehen zu können und sich nicht mehr der Mühsal einer eigenverantwortlichen Gestaltung des Belehrungstextes unterziehen zu müssen. 2.1342

5. Kritik

Die Musterwiderrufsbelehrung nach Anlage 2 der BGB-InfoV war von Anfang an in Rechtsprechung und Lehre umfassender Kritik ausgesetzt.[1597] Diese verstummte auch nach der Reform des Jahres 2008 nicht.[1598] 2.1343

1595) *Masuch*, BB 2005, 344.

1596) *Masuch*, BB 2005, 344, m. w. N. in Fn. 5.

1597) Vgl. hierzu *Bühler*, Brauerei- und Gaststättenrecht, 13. Aufl. 2011, § 28 IV 2, Rz. 1726–1736 und § 28 IV 6, Rz. 1744–1749, jeweils m. w. N.

1598) Vgl. *Bühler*, Brauerei- und Gaststättenrecht, 13. Aufl. 2011, § 28 IV 3 und 4, Rz. 1737–1742, jeweils m. w. N.

6. Entscheidungserheblichkeit

2.1344 Die Frage eines dauerhaften Widerrufsrechts nach § 355 Abs. 3 Satz 3 BGB a. F. stellt sich für Getränkelieferungsverträge, die im Zeitraum zwischen dem Inkrafttreten der Zweiten Verordnung zur Änderung der BGB-InfoV am **2.11.2002** bis zum Außerkrafttreten der BGB-InfoV am **11.6.2010** unter Verwendung des Musters der Anlage 2 (oder Anlage 3) der BGB-InfoV geschlossen worden sind, soweit dieses nicht entsprechend den gesetzlichen Bestimmungen und der dazu ergangenen Rechtsprechung gestaltet worden ist.

7. Aktuelle BGH-Rechtsprechung

2.1345 a) **Einführung.** Nach einem Urteil des BGH vom 15.8.2012[1599] haben Mängel in der Widerrufsbelehrung, konkret die Verwendung des Wortes „frühestens" und damit ein Verstoß gegen die Anforderungen des in § 355 Abs. 2 Satz 1 BGB a. F. geregelten Deutlichkeitsgebots, nicht zur Folge, dass die Widerrufsfrist aktuell gem. § 355 Abs. 4 Satz 3 BGB wegen nicht ordnungsgemäßer Belehrung über das Widerrufsrecht nicht erloschen wäre. Vielmehr kann sich der Unternehmer auf die Schutzfunktion des § 14 Abs. 1 BGB-InfoV während des Zeitraums ihrer Geltung und damit bis zum 11.6.2010 berufen. Voraussetzung ist, dass er das in Anlage 2 zu § 14 Abs. 1 BGB-InfoV geregelte Muster für die Widerrufsbelehrung in der bis zum 31.3.2008 geltenden Fassung verwendet hat.

2.1346 b) **Begründung.** Die Gesetzlichkeitsfiktion, die der Verordnungsgeber der Musterbelehrung durch § 14 Abs. 1 BGB-InfoV beigelegt hat, werde trotz der hier in Rede stehenden Abweichung vom Deutlichkeitsgebot des § 355 Abs. 2 Satz 1 BGB a. F. von der Ermächtigungsgrundlage des Art. 245 Nr. 1 EGBGB a. F. gedeckt. Unter Hinweis auf die Gesetzesmaterialien[1600] betont der BGH den Schutzzweck der Norm. Danach habe der Gesetzgeber dem Verordnungsgeber zwar den Auftrag erteilt, bei einem Gebrauch machen von der Ermächtigung den gesetzlich erforderlichen Inhalt einer Widerrufsbelehrung in korrekter Weise in die von ihm zu gestaltende Belehrung einfließen zu lassen und darüber eine ordnungsgemäße Information des Verbrauchers über dessen Widerrufsrecht zu gewährleisten. Der vorrangig mit der Ermächtigung und dem darin enthaltenen Gestaltungsauftrag verfolgte Zweck, die Geschäftspraxis der Unternehmer zu vereinfachen sowie Rechtssicherheit herzustellen und in der Folge die Rechtspflege zu entlasten, würde jedoch verfehlt, wenn sich der Unternehmer auf die Gesetzlichkeitsfiktion der von ihm verwendeten Musterbelehrung nicht berufen könnte. Das gelte umso mehr, als dem Verordnungsgeber aufgetragen war, neben dem Interesse des Verbrauchers an der korrekten Belehrung auch das Interesse an einer Vereinfachung und Vereinheitlichung

1599) BGH, Urt. v. 15.8.2012 – VIII ZR 378/11, NJW 2012, 3298.

1600) BT-Drucks. 14/7052, Seite 208.

der Belehrungsgestaltung und ihrer Handhabbarkeit und Verständlichkeit Raum zu geben. Dass der Verordnungsgeber, der davon ausgegangen ist, die Musterwiderrufsbelehrung brauche nicht umfassend über jedes Detail bei jeder denkbaren Fallgestaltung zu belehren, sondern müsse dem Verbraucher nur grundsätzlich seine Rechte verdeutlichen,[1601)] den ihm eröffneten Gestaltungsspielraum bei Abfassung der Musterbelehrung überschritten hätte, sei nicht ersichtlich. Zudem sollte der Verordnungsgeber, um das vom Gesetzgeber mit der Verordnungsermächtigung verfolgte Programm effektiv verwirklichen zu können, nämlich den Gebrauch von Widerrufsbelehrungen zu vereinfachen und rechtssicher zu machen, auch berechtigt sein, die von ihm einheitlich festzulegende Widerrufsbelehrung eines Streit über ihre Ordnungsmäßigkeit zu entziehen und ihr dazu etwa die gewählte Gesetzlichkeitsfiktion beizulegen. Dem sei er mit § 14 Abs. 1 BGB-InfoV und dem darin in Bezug genommenen Belehrungsmuster in rechtszulässiger Weise nachgekommen.[1602)]

c) Anmerkung. Die Entscheidung schafft die von der Praxis gewünschte Rechtssicherheit. Gleichwohl gibt sie Anlass zu ergänzenden Hinweisen. Das Urteil setzt sich kaum mit den hierzu vertretenen Gegenauffassungen auseinander.[1603)] Zweifelhaft ist, ob der Verordnungsgeber nach dem Willen des Gesetzgebers[1604)] den Umfang der Widerrufsbelehrung sollte herabsetzen können. Auch der zutreffende Hinweis des VIII. Zivilsenats, dass die Entscheidung altes Recht betrifft, ist zu beachten. Die streitgegenständliche Widerrufsbelehrung stammte aus dem November 2006. Der Verordnungsgeber hat den Text der Musterbelehrung mit Wirkung zum 1.4.2008 nachgebessert und dabei die beanstandete Angabe, die Widerrufsfrist beginne „frühestens“ mit Erhalt der Belehrung, gestrichen. In Erinnerung zu rufen ist erneut, dass jede Abweichung vom amtlichen Muster schädlich ist und einen Vertrauensschutz ausschließt. **2.1347**

III. Gesetzlichkeitsfiktion des § 360 Abs. 3 Satz 1 BGB

1. Grundsatz

Die zum bisherigen Recht bestehenden Zweifel an der Wirksamkeit des § 14 BGB-InfoV sollen hinsichtlich der für Bezugsbindungen notwendigen Widerrufsbelehrung durch den Gesetzesrang des § 360 Abs. 3 Satz 1 BGB beseitigt worden sein.[1605)] Die Regelung trat am 30.7.2010 in Kraft[1606)] und entspricht dem bisherigen § 14 Abs. 1–3 BGB-InfoV. Verwendet der Getränkelieferant **2.1348**

1601) BT-Drucks. 16/3595, Seite 2.

1602) BGH, Urt. v. 15.8.2012 – VIII ZR 378/11, NJW 2012, 3298.

1603) Vgl. dazu *Bühler*, Brauerei- und Gaststättenrecht, 13. Aufl. 2011, § 28 IV 2, Rz. 1726–1736, § 28 IV 4, Rz. 1739–1742, und § 28 IV 6, Rz. 1744–1749, jeweils m. w. N.

1604) BT-Drucks. 14/7052, Seite 208.

1605) Begründung RegE BT-Drucks. 16/11643, S. 109.

1606) Siehe oben § 21 II 6 c jeweils m. w. N.

zur Belehrung das Muster der Anlage 1 zu Art. 246 § 2 Abs. 3 Satz 1 EGBGB unter korrekter Umsetzung der Gestaltungshinweise und im Rahmen des Gestaltungsspielraums des § 360 Abs. 3 Satz 3 BGB, so genügt er damit nach § 360 Abs. 3 Satz 1 BGB den Anforderungen des § 360 Abs. 1 BGB sowie den ergänzenden Vorschriften des BGB.

2. Rang

2.1349 Durch die Aufnahme dieser Regelung in das BGB und unter Berücksichtigung des Umstandes, dass auch die Musterbelehrungen nunmehr in den Anlagen zu Art. 246 EGBGB geregelt sind, ergibt sich, dass beide Regelungen als **formelles Gesetz** einzuordnen sind.[1607)]

3. Schutzzweck

2.1350 Durch die Bereitstellung von Mustern soll es dem Unternehmer zur Vereinfachung der Geschäftspraxis, mittelbar aber auch zur Entlastung der Rechtspflege, erleichtert werden, dem Verbraucher eine fehlerfreie Belehrung zu erteilen.[1608)]

4. Struktur des Musters

2.1351 Das Muster der Anlage 1 zu Art. 246 § 2 Abs. 3 EGBGB ist wie alle anderen Muster nach dem Baukastensystem aufgebaut. Zur Ausfüllung enthalten die Anlagen 14 Gestaltungshinweise. Das Muster ändert nichts daran, dass für die endgültige Festlegung des Belehrungstextes eine sorgfältige rechtliche Beratung unverzichtbar ist. Dies muss sich auch auf die Festlegung des Zeitpunkts der Übergabe der Belehrung erstrecken, weil von ihm die Dauer der Frist abhängt.[1609)]

5. Voraussetzungen

2.1352 Auf den Schutz der jeweils geltenden Regelungen kann sich der Unternehmer nur dann berufen, wenn er ein Formular verwendet, das den Vorgaben in der jeweils geltenden Fassung sowohl **inhaltlich** als auch in der **äußeren Gestaltung** voll-

1607) Palandt-*Grüneberg*, BGB, § 360 Rz. 7.

1608) Beschlussempfehlung und Bericht des Rechtsausschusses, BT-Drucks. 14/7052, S. 208, zur Verordnungsermächtigung in Art. 245 EGBGB.

1609) Palandt-*Grüneberg*, BGB, Art. 246 § 2 Rz. 11 EGBGB.

ständig entspricht.[1610] Voraussetzung des Eintritts der Gesetzlichkeitsfiktion ist, dass die Belehrung unverändert und entsprechend den Gestaltungshinweisen ausgefüllt und verwandt wird.[1611] Bereits geringste Abweichungen vom Muster führen zum Verlust der Schutzwirkung nach § 360 Abs. 3 Satz 1 BGB.[1612] Damit ist aber noch nicht das Verdikt der dauerhaften Widerruflichkeit des § 355 Abs. 4 Satz 3 BGB endgültig ausgesprochen. Eine fehlerhafte und damit angreifbare Widerrufsbelehrung liegt vielmehr nur vor, wenn zugleich ein Verstoß gegen § 360 Abs. 1 BGB sowie ergänzende Spezialregelungen festzustellen sind.[1613]

6. Deutlichkeitsgebot

Nach Wortlaut, Systematik und Normzweck ist § 360 Abs. 3 BGB nachrangig **2.1353**
zu dem kräftig wieder belebten und das gesamte Recht der Widerrufsbelehrung fundamental regelnden Gebot der Deutlichkeit. Dieses ist nunmehr in § 360 Abs. 1 Satz 1 bzw. § 360 Abs. 2 Satz 1 BGB verankert und zwingend ausgestaltet in den jeweiligen Sätzen 2 dieser Absätze. Das Deutlichkeitsgebot, das auch seine Ergänzung im Transparenzgebot des § 307 Abs. 1 Satz 2 BGB findet, dürfte als überlagernde Auslegungsmaxime der Gesetzlichkeitsfiktion des § 360 Abs. 3 BGB Schranken ziehen können. Zu welchen Konsequenzen dies im Einzelfall führen kann, hat der BGH eindrucksvoll in seiner Entscheidung vom 1.12.2010 ausgeführt. Wenn auch die Entscheidung noch zu Anlage 2 zu § 14 Abs. 1 BGB-InfoV ergangen ist, so lassen sich daraus doch deutlich warnende Winke entnehmen.[1614] Die Existenz der Musterbelehrungen mit Gesetzlichkeitsfiktion ändert nichts an dem Erfordernis einer deutlich gestalteten Belehrung, bei dem es vor allem dann verbleibt, wenn der Unternehmer von den Belehrungsmustern abweicht.

1610) So die ständige Rechtsprechung zu § 14 Abs. 1 und 3 BGB-InfoV und das Muster der Anlage 2 hierzu, vgl. u. a. BGH, Urt. v. 12.4.2007 – VII ZR 122/06, BGHZ 172, 58 = NJW 2007, 1946 = ZIP 2007, 1067; BGH, Urt. v. 10.3.2009 – XI ZR 33/08, BGHZ 180, 123 = NJW 2009, 3572 = ZIP 2009, 952; BGH, Urt. v. 23.6.2009 – XI ZR 156/08, NJW 2009, 3020 = ZIP 2009, 1512; BGH, Urt. v. 9.12.2009 – VIII ZR 219/08, NJW 2010, 989 = ZIP 2010, 734; BGH, Urt. v. 1.12.2010 – VIII ZR 82/10, NJW 2011, 1061 = ZIP 2011, 178; BGH, Urt. v. 2.2.2011 – VIII ZR 103/10, NJW-RR 2011, 765 = ZIP 2011, 572; BGH, Urt. v. 28.6.2011 – XI ZR 349/10, NJW-RR 2012, 183 = ZIP 2011, 1858.

1611) BGH, Urt. v. 12.4.2007 – VII ZR 122/06, BGHZ 172, 58 = NJW 2007, 1946 = ZIP 2007, 1067; BGH, Urt. v. 9.12.2009 – VIII ZR 219/08, NJW 2010, 989 = ZIP 2010, 734; BGH, Urt. v. 1.12.2010 – VIII ZR 82/10, NJW 2011, 1061 = ZIP 2011, 178; BGH, Urt. v. 2.2.2011 – VIII ZR 103/10, NJW-RR 2011, 765 = ZIP 2011, 572.

1612) BGH, Urt. v. 1.12.2010 – VIII ZR 82/10, NJW 2011, 1061 = ZIP 2011, 178; BGH, Urt. v. 2.2.2011 – VIII ZR 103/10, NJW-RR 2011, 785 = ZIP 2011, 572.

1613) BGH, Urt. v. 2.2.2011 – VIII ZR 103/10, NJW-RR 2011, 785 = ZIP 2011, 572.

1614) BGH, Urt. v. 1.12.2010 – VIII ZR 82/10, NJW 2011, 1061.

7. Inhaltliche Gestaltung

2.1354 a) **Grundlagen.** Der Unternehmer darf nur die gemäß den amtlichen Gestaltungshinweisen erforderlichen und darin benannten Anpassungen vornehmen. Verändert er das Belehrungsmuster darüber hinaus inhaltlich, entfällt die Gesetzlichkeitsfiktion, selbst wenn es sich um inhaltlich geringfügige Änderungen handelt oder die Änderungen der Korrektur von Fehlern dienen. Dies folgt aus einem Umkehrschluss aus § 360 Abs. 3 Satz 3 BGB.[1615] Der Unternehmer kann sich nicht auf die Gesetzlichkeitsfiktion berufen, wenn er das Muster inhaltlich ergänzt oder verändert.[1616] Gleiches gilt, wenn er sich nur teilweise an der Musterbelehrung orientiert, etwa deren Vorgaben nur hinsichtlich des Beginns der Widerrufsfrist übernimmt, im Übrigen aber abweichend (wenn auch gesetzeskonform) informiert.[1617] Dass der Verordnungs- bzw. Gesetzgeber später selbst entsprechende Zusätze und sonstige Formulierungen aufgenommen hat, steht nicht entgegen.[1618]

2.1355 b) **Rechtsprechung.** Auf die Schutzwirkung des § 14 Abs. 1 (und Abs. 3) BGB-InfoV konnte sich nur berufen, wer ein Formular verwandte, das dem Muster der Anlage 2 zu § 14 Abs. 1 (und Abs. 3) BGB-InfoV in der bis zum 31.3.2008 geltenden Fassung vollständig entsprochen hatte.[1619] Danach genügte die **Überschrift „Widerrufsrecht"** nicht dem Gesetz und war auch nicht hinreichend deutlich. Nicht genügend war es auch, wenn die vorgeschriebene **Überschrift „Widerrufsbelehrung"** und die die Belehrung gliedernden **Zwischenüberschriften** „Widerrufsrecht", „Widerrufsfolgen" und „finanzierte Geschäfte" (jetzt „Besondere Hinweise") fehlten. Enthielt die Widerrufsbelehrung stattdessen nur die einzige Überschrift „Widerrufsrecht", so wurde durch diese Überschrift verschleiert, dass der Verbraucher nicht nur ein Widerrufsrecht hatte, sondern auch erhebliche Pflichten im Falle der Ausübung dieses Rechts.[1620] Bei Belehrungen über das Widerrufsrecht für finanzierte Geschäfte war Satz 2 des Gestaltungshinweises 9 der Musterbelehrung anzugeben.[1621] Sah das Muster vor, dass die Belehrung sich konkret an den Adressaten der Widerrufsbelehrung („Sie") wendete, konnte dieser nicht abstrakt formuliert („Verbraucher") werden,

---

1615) H. M., Staudinger-*Kaiser*, BGB, § 360 Rz. 95; a. A. zu dem letztgenannten Aspekt Bülow/Artz-*Bülow*, Verbraucherkreditrecht, § 495 Rz. 107.

1616) BGH, Urt. v. 28.6.2011 – XI ZR 349/10, NJW-RR 2012, 183 = ZIP 2011, 1858.

1617) BGH, Urt. v. 2.2.2011 – VIII ZR 103/10, NJW-RR 2011, 785 = ZIP 2011, 572.

1618) BGH, Urt. v. 28.6.2011 – XI ZR 349/10, NJW-RR 2012, 183 = ZIP 2011, 1858.

1619) BGH, Urt. v. 9.12.2009 – VIII ZR 219/08, NJW 2010, 989 = ZIP 2010, 734; BGH, Urt. v. 1.12.2010 – VIII ZR 82/10, NJW 2011, 1061.

1620) BGH, Urt. v. 1.12.2010 – VIII ZR 82/10, NJW 2011, 1061 = ZIP 2011, 178.

1621) BGH, Urt. v. 1.12.2010 – VIII ZR 82/10, NJW 2011, 1061 = ZIP 2011, 178.

ohne den Begriff „Verbraucher" zu erläutern.[1622] Zu weiteren Abweichungen vergleiche die umfängliche Rechtsprechung.[1623]

8. Äußere Gestaltung

a) **Grundlagen.** In ihrer äußeren Gestaltung muss die Belehrung aber nicht zwingend dem Mustertext entsprechen.[1624] Bei Format und Schriftgröße sind Abweichungen nach § 360 Abs. 3 Satz 3 BGB zulässig (vgl. auch Gestaltungshinweis 8f). Allerdings nur, wenn sie mit dem Deutlichkeitsgebot des § 360 Abs. 1 Satz 1 BGB vereinbar sind.[1625] Zusätze wie die Firma, ein Kennzeichen oder Ähnliches sind statthaft. Verwirrende Zusätze heben dagegen die Schutzwirkung auf. Enthält der Text neben der Belehrung noch weitere Angaben, so muss sich die Belehrung hiervon deutlich abheben. **2.1356**

b) **Rechtsprechung.** Auch bei der äußeren Gestaltung war den Anforderungen der Anlage 2 zu § 14 Abs. 1 BGB-InfoV in der für den Vertragsschluss maßgeblichen Fassung, hilfsweise den gesetzlichen Anforderungen nach BGB, zu entsprechen. Die Widerrufsbelehrung musste – auch bei Verwendung des Textes der Musterbelehrung – **deutlich gestaltet** sein (§ 355 Abs. 2 Satz 1 BGB a. F.). Daran fehlte es erstens, wenn die in der Musterbelehrung vorgeschriebene **Überschrift „Widerrufsbelehrung"** nicht vorhanden ist. Dadurch war für den Verbraucher schon nicht hinreichend deutlich, dass die (kleingedruckten) Ausführungen unter der Überschrift „Widerrufsrecht" eine für den Verbraucher wichtige Belehrung enthielten, und zwar nicht nur über sein Widerrufsrecht, sondern auch über die mit der Ausübung des Rechts verbundenen Pflichten. Darüber hinaus durfte die Widerrufsbelehrung für einen durchschnittlichen Verbraucher nicht **nur mit großer Mühe lesbar** sein, weil die Schrift extrem klein war und jegliche **Untergliederung des Textes** fehlte. So, wenn die in der Musterbelehrung vorgeschriebenen **Zwischenüberschriften** und auch jegliche Absätze fehlten. Dadurch wurde insbesondere nicht deutlich, dass sich unter der Überschrift „Widerrufsrecht" auch Ausführungen zu den Widerrufsfolgen und zu den finanzierten Geschäften verbargen und an welcher Textstelle die betreffenden Ausführungen begannen und endeten. Insbesondere die für den Verbraucher nachteiligen Widerrufsfolgen mussten deutlich gestaltet angesprochen werden.[1626] **2.1357**

1622) BGH, Urt. v. 9.12.2009 – VIII ZR 219/08, NJW 2010, 989 = ZIP 2010, 734.

1623) Siehe oben § 25 II 7 a m. w. N. sowie u. a. BGH, Urt. v. 28.6.2011 – XI ZR 349/10, NJW-RR 2012, 183 = ZIP 2011, 1858.

1624) OLG Düsseldorf, Hinweisbeschl. v. 2.3.2010 – 24 U 136/09, BeckRS 2010, 22287 = ZIP 2010, 2104.

1625) BGH, Urt. v. 1.12.2010 – VIII ZR 82/10, NJW 2011, 1061 = ZIP 2011, 178.

1626) BGH, Urt. v. 13.1.2009 – XI ZR 118/08, NJW-RR 2009, 709 = ZIP 2009, 362; BGH, Urt. v. 1.12.2010 – VIII ZR 82/10, NJW 2011, 1061 = ZIP 2011, 178; OLG Düsseldorf, Hinweisbeschl. v. 2.3.2010 – 24 U 136/09, BeckRS 2010, 22287 = ZIP 2010, 2104.

9. Einwände

2.1358 a) **Praktikabilität.** Angesichts der verschiedenen Gestaltungshinweise und der Wahlmöglichkeiten des Unternehmers ist es nicht einfach, dass Muster für den jeweiligen Vertrag vollständig und damit ordnungsgemäß zu übernehmen. Unvermeidbare Anwendungsfehler drohen daher. Die Überführung von Teilen der BGB-InfoV in das EGBGB stellt nur einen vermeintlichen Fortschritt dar. Jedenfalls ist der Unternehmer nach Lektüre des BGB nicht mehr in der Lage, auch nur die ungefähre Dimension seiner Informationspflichten zu erfassen.[1627)]

2.1359 b) **Europarecht.** Abzuwarten bleibt, ob die Gesetzlichkeitsfiktion der Musterbelehrungen auch angesichts der Anforderungen der Fernabsatzrichtlinie an eine Widerrufsbelehrung vor dem EuGH standhalten wird.[1628)]

2.1360 c) **Wortlaut.** Zweifel ergeben sich aus dem Wortlaut des § 360 Abs. 3 Satz 1 und 2 BGB („dieses Gesetzes"). Insofern kommt die ausdrückliche Regelung des § 312 Abs. 2 Satz 1 BGB in Betracht. Ausweislich der Gesetzesmaterialien ist auch an § 355 Abs. 2 bzw. § 356 Abs. 1 Satz 2 Nr. 1 BGB zu denken.[1629)] Zu fragen ist aber, ob das EGBGB darunter zu subsumieren ist. Immerhin handelt es sich dabei um eine eigenständige gesetzliche Regelung.

2.1361 Würde man den Gesetzgeber ernst nehmen (können), so wäre eine Auslegung der maßgeblichen Bestimmungen des BGB und des EGBGB durch die dritte Staatsgewalt wohl nicht mehr, allenfalls eingeschränkt, möglich. Insofern bestehen rechtsstaatliche Bedenken unter anderem im Hinblick auf das **Gewaltenteilungsprinzip**. Angesichts der durch den Gesetzgeber seit Jahren veranlassten Unsicherheiten in diesem Bereich und zur Abwendung einer verfassungsgerichtlichen Überprüfung könnte die Rechtsprechung sich veranlasst sehen, die Bestimmungen des EGBGB äußerst strikt anzuwenden. Ob das mit Sinn und Zweck des § 360 Abs. 3 BGB und dem Grundsatz der Verhältnismäßigkeit konform geht, bleibt abzuwarten.

2.1362 d) **Widerrufsrecht.** Im Zusammenhang mit dem Fristbeginn wird weiterhin die Formulierung „nach Erhalt dieser Belehrung" gebraucht (Abs. 1 Satz 2). Der Hinweis lässt sich wohl mit § 355 Abs. 3 Satz 1 und § 187 Abs. 1 BGB, wonach die Frist frühestens am Tag nach Erhalt der Belehrung beginnt, in Einklang bringen.[1630)]

2.1363 Der fehlende Hinweis auf §§ 188 Abs. 2, 193 BGB dürfte wohl zu vernachlässigen sein.

2.1364 e) **Widerrufsfolgen.** Die unpräzise Angabe „ggf." hinsichtlich der Widerrufsfolgen (Abs. 2 Satz 1) dürfte nicht zwingende Vorgaben betreffen.

1627) MünchKomm-*Schürnbrand*, BGB, Art. 246 Rz. 2.

1628) Erman-*Saenger*, BGB, § 360 Rz. 12.

1629) Begründung RegE BT-Drucks. 16/11643, S. 73 f.

1630) Palandt-*Grüneberg*, BGB, Art. 246 § 2 Rz. 11.

Die Formulierung zu den Widerrufsfolgen „auf unsere Kosten“ in Abs. 2 Satz 5 ist missverständlich, weil sie aus Sicht des Verbrauchers dahingehend verstanden werden könnte, dass er jedenfalls einen Teil der Kosten zu tragen hat. **2.1365**

Schwerwiegender dürfte die Fehlerhaftigkeit der Musterbelehrung hinsichtlich der Widerrufsfolgen im Zusammenhang mit den im Getränkelieferungsrecht praktischen Schuldbeitritten, Schuldübernahmen, Vertragsbeitritten und Vertragsübernahmen sein. Hier treffen den Beitretenden bzw. Übernehmenden keine Rückzahlungsverpflichtungen. **2.1366**

Weiterhin dürften die bereits gegen den Gestaltungshinweis 10 in der Fassung der dritten BGB-InfoV erhobenen Bedenken[1631)] gegenüber der nunmehrigen Fassung des Eingangssatzes des Gestaltungshinweises 12 zu dem Muster für die Widerrufsbelehrung nach Anlage 1 zu Art. 246 § 2 Abs. 3 Satz 1 EGBGB fortbestehen. Die Formulierung „wenn kein verbundenes Geschäft vorliegt“ könnte Bedenken im Hinblick auf die Verteilung der Darlegungs- und Beweislast nach § 355 Abs. 3 Satz 3 BGB auslösen, weil entgegen § 358 Abs. 5 BGB dem Verbraucher das Subsumtionsrisiko auferlegt wird, ob ein verbundenes Geschäft vorliegt.[1632)] **2.1367**

Die Formulierung in Gestaltungshinweis 12 Abs. 2 „Wenn Sie eine vertragliche Bindung ...“ könnte missverständlich sein. Nach Wegfall des § 358 Abs. 2 Satz 3 BGB a. F. besteht die Gefahr, dass der Wortlaut der Belehrung dahingehend verstanden wird, dass dem Verbraucher tatsächlich ein weiteres Widerrufsrecht eingeräumt wird. **2.1368**

10. Abweichungen

Die Übereinstimmung einer von den Mustern abweichenden Belehrung mit den Vorgaben des § 360 Abs. 1 und 2 BGB und der sie ergänzenden Vorschriften des BGB ist vollumfänglich durch die Gerichte zu überprüfen.[1633)] Die Gerichte prüfen dabei die Übereinstimmung mit dem Gesetz und nicht die Übereinstimmung des Textes mit der Musterbelehrung.[1634)] Die Musterbelehrungen legen das BGB auch nicht in dem Sinne authentisch aus, dass sie in Zweifelsfällen und bei Divergenzen wiedergäben, was das Gesetz verlangt. Das überspannte die Bedeutung der Musterbelehrungen und den Anwendungsbereich des § 360 Abs. 3 BGB. Diese Vorschrift räumt bei der Kollision des BGB mit der im Gesetzesrang erhobenen Musterbelehrung zwar der Musterbelehrung Vorrang ein, tut es aber nur zu Gunsten des Unternehmers, der den Verbraucher auf Grundlage der Musterbelehrung unterrichtet. Hingegen ordnet § 360 Abs. 3 BGB keinen ge- **2.1369**

1631) *Masuch,* NJW 2008, 1700.

1632) Zu § 312c BGB BGH, Urt. v. 9.12.2009 – VIII ZR 219/08, NJW 2010, 989 = ZIP 2010, 734.

1633) BGH, Urt. v. 23.6.2009 – XI ZR 156/08, NJW 2009, 3020 = ZIP 2009, 1512.

1634) OLG Koblenz, Urt. v. 21.7.2005 – 2 U 44/05, NJW 2005, 3430 (zu § 14 Abs. 1 BGB-InfoV a. F.).

nerellen Vorrang des Musters gegenüber dem BGB i. S. einer echten Normenkollision an.[1635]

11. Optionen

2.1370 Die Musterbelehrungen sind lediglich „Muster“, deren sich der Getränkelieferant bedienen kann, aber nicht bedienen muss.[1636] Eine von den Mustern abweichende Belehrung über das Widerrufsrecht ist daher nicht schon wegen der Abweichung unwirksam.[1637] Den Getränkelieferanten stehen damit zwei Optionen zur Verfügung. Einerseits kann er – wie bereits vorher – auf der Grundlage der gesetzlichen Bestimmungen und der dazu ergangenen Rechtsprechung eigenformulierte Widerrufsbelehrungen verwenden.[1638] Andererseits besteht seit dem 30.7.2010 die Möglichkeit, sich bei Verwendung des Musters der Anlage 1 zu Art. 246 § 2 Abs. 3 Satz 1 EGBGB auf die **Gesetzlichkeitsfiktion** des § 360 Abs. 3 Satz 1 BGB zu berufen.[1639] Es bleibt dem Getränkelieferanten ggf. unbenommen, die Widerrufsbelehrung nachzuholen (§ 355 Abs. 2 Satz 3 BGB).[1640]

2.1371 Die Verwendung der gesetzlichen Muster ist sonach fakultativ. Die Unternehmer können weiter ihre eigenen Texte verwenden. Verzichtet der Unternehmer auf die durch die Muster vorgegebene Orientierung und damit auch auf die Schutzwirkung des § 360 Abs. 3 (Satz 1 Nr. 1) BGB oder gelingt es ihm nicht, den Mustern und den hierzu vorliegenden Gestaltungshinweisen konforme Belehrungen zu schaffen, so bleibt ihm als **Auffangtatbestand** der Einwand, das vorgelegte Muster entspreche jedenfalls den von der Rechtsprechung im Übrigen entwickelten Kriterien. Eine Widerrufsbelehrung ist also nicht schon wegen ihrer Abweichung von den Mustern, sondern nur bei Verstoß gegen § 360 BGB, den sonstigen gesetzlichen Anforderungen und die hierzu ergangenen oder noch ergehenden Rechtsprechung des BGH unwirksam. Diese Situation stellt sich insbesondere auch dann, wenn die strengen Voraussetzungen der Fiktionstatbestände nicht erfüllt sind.[1641]

1635) Staudinger-*Kaiser*, BGB, § 360 Rz. 97.

1636) BGH, Urt. v. 23.6.2009 – XI ZR 156/08, NJW 2009, 3020 = ZIP 2009, 1512; OLG Koblenz, Urt. v. 21.7.2005 – 2 U 44/05, NJW 2005, 3430; OLG Düsseldorf, Hinweisbeschl. v. 2.3.2010 – 24 U 136/09, BeckRS 2010, 22287 = ZIP 2010, 2104.

1637) OLG Koblenz, Urt. v. 21.7.2005 – 2 U 44/05, NJW 2005, 3430 (zu § 14 Abs. 1 BGB-InfoV a. F.).

1638) Siehe dazu § 25 IV-IX.

1639) Siehe dazu § 25 III jeweils m. w. N.

1640) Siehe oben § 25 I 9 jeweils m. w. N.

1641) BGH, Urt. v. 1.12.2010 – VIII ZR 82/10, NJW 2011, 1061 = ZIP 2011, 178; BGH, Urt. v. 2.2.2011 – VIII ZR 103/10, NJW-RR 2011, 785 = ZIP 2011, 572.

IV. Die eigenformulierte Widerrufsbelehrung, Grundlagen

1. Geltendes Recht

Aktuell beurteilt sich die Frage, ob die Belehrung den gesetzlichen Vorgaben entspricht, bei eigenformulierten Widerrufsbelehrungen nach § 360 Abs. 1, Abs. 3 Satz 1 BGB. 2.1372

2. Die Anforderungen an eine ordnungsgemäße Widerrufsbelehrung nach § 360 Abs. 1 BGB im Überblick

Nach § 355 Abs. 3 Satz 1 BGB beginnt die Widerrufsfrist erst zu laufen und beträgt nach § 355 Abs. 2 Satz 1 BGB nur dann 14 Tage, wenn der Unternehmer dem Verbraucher eine Widerrufsbelehrung in Textform übermittelt hat, die allen Anforderungen des § 360 BGB entspricht und keine unzulässigen Zusätze enthält. Dies bedeutet: 2.1373

- dem Verbraucher ist eine deutlich gestaltete Belehrung über sein Widerrufsrecht (§ 360 Abs. 1 Satz 1 BGB) mitzuteilen,
- die ihm entsprechend den Erfordernissen des eingesetzten Kommunikationsträgers seine wesentlichen Rechte deutlich macht (§ 360 Abs. 1 Satz 1 BGB),
- und dies in der Textform des § 126b BGB (§ 355 Abs. 2 Satz 1, Abs. 3 Satz 1 BGB), sodass es einer Unterschrift nicht bedarf.
- Da Getränkelieferungsverträge mit Existenzgründern bzw. Verbrauchern dem gesetzlichen Schriftformerfordernis des § 510 Abs. 2 Satz 1 BGB unterliegen, muss dem Vertragspartner des Getränkelieferanten eine Vertragsurkunde, sein schriftlicher Antrag oder eine Abschrift einer dieser beiden Urkunden zur Verfügung gestellt werden (§ 355 Abs. 3 Satz 2 BGB).
- Die Belehrung muss einen Hinweis auf das Recht zum Widerruf enthalten (§ 360 Abs. 1 Satz 2 Nr. 1 BGB),
- den weiteren Hinweis, dass der Widerruf keiner Begründung bedarf (§§ 360 Abs. 1 Satz 2 Nr. 2, 355 Abs. 1 Satz 2 Halbs. 1 BGB).
- Anzugeben sind Namen und ladungsfähige Anschrift desjenigen, gegenüber dem der Widerruf zu erklären ist (§ 360 Abs. 1 Satz 2 Nr. 3 BGB).
- Die Widerrufsbelehrung muss darüber hinaus einen Hinweis auf die 14-Tage-Frist (§§ 360 Abs. 1 Satz 2 Nr. 4, 355 Abs. 2 Satz 1 BGB),
- den Fristbeginn (§ 360 Abs. 1 Satz 2 Nr. 4 BGB)
- sowie die genaue Angabe des Vertrages enthalten, auf den sie sich bezieht.
- Weiter muss die Widerrufsbelehrung die Regelung des § 360 Abs. 1 Satz 2 Nr. 2 BGB wiedergeben, wonach die Widerruferklärung in Textform (§ 126b BGB) erfolgen kann (§ 360 Abs. 1 Satz 2 Nr. 4 BGB),

- sowie einen Hinweis darauf enthalten, dass bereits die rechtzeitige Absendung der Widerrufserklärung die Frist wahrt (§ 360 Abs. 1 Satz 2 Nr. 4 BGB).
- Ggf. ist § 358 Abs. 5 BGB zu beachten.[1642]

3. Transparenzgebot

2.1374 Enthält beispielsweise eine Widerrufsbelehrung keinen ausreichenden Hinweis auf den Beginn der Widerrufsfrist und trägt sie damit nicht den gesetzlichen Anforderungen Rechnung, die an eine Belehrung gestellt werden (§ 360 Abs. 1 Satz 2 Nr. 4 BGB bzw. § 360 Abs. 2 Satz 2 Nr. 5 BGB), so begründet die formularmäßige Verwendung der nicht den Anforderungen des Gesetzes entsprechenden Belehrung zudem die Gefahr der Irreführung der Verbraucher und benachteiligt diese unangemessen (§ 307 Abs. 1 Satz 2 BGB).[1643]

4. Deutlichkeitsgebot

2.1375 a) **Schutzzweck.** Wie insbesondere die doppelte Anführung des Wortes „deutlich“ in § 360 Abs. 1 Satz 1 BGB zeigt, hat das Deutlichkeitserfordernis wieder an Bedeutung gewonnen. § 360 Abs. 1 Satz 1 BGB fordert eine Widerrufsbelehrung, die einerseits deutlich gestaltet ist und andererseits den Verbraucher entsprechend den Erfordernissen des eingesetzten Kommunikationsträgers seine wesentlichen Rechte deutlich macht. Die vorgeschriebene (früher drucktechnisch) deutliche Gestaltung soll ebenso wie früher die gesonderte Unterschrift des Verbrauchers unter der Widerrufsbelehrung die erhöhte Aufmerksamkeit hervorrufen und den Verbraucher unübersehbar auf sein Widerrufsrecht hinweisen.

2.1376 b) **Geltungsanspruch. aa) Widerrufsbelehrung.** Gestaltet der Unternehmer eigenständig Widerrufsbelehrungen, gilt das Deutlichkeitsgebot uneingeschränkt.

2.1377 **bb) Bestätigungen, Vertragstext.** Das Erfordernis der deutlichen Gestaltung bezieht sich nur auf die Widerrufsbelehrung (ggf. einschließlich der Unterschrift), nicht auf die Empfangsbestätigung, die Aushändigungsbestätigung oder auf den Vertragstext.[1644]

2.1378 c) **Zeitpunkt.** Bei der Beurteilung der Frage, ob eine Widerrufsbelehrung deutlich gestaltet ist, ist allein auf den Zeitpunkt abzustellen, zu dem der Verbraucher von der Belehrung anlässlich ihrer Aushändigung Kenntnis nehmen kann.[1645]

1642) Siehe unten § 44 III jeweils m. w. N.

1643) BGH, Urt. v. 9.12.2009 – VIII ZR 219/08, NJW 2010, 989 = ZIP 2010, 734.

1644) BGH, Urt. v. 27.4.1994 – VIII ZR 223/93, NJW 1994, 1800 = ZIP 1994, 884.

1645) BGH, Urt. v. 31.10.2002 – I ZR 132/00, NJW-RR 2003, 1481.

V. Deutlichkeitsgebot und inhaltliche Gestaltung

1. Recht zum Widerruf

Der Gesetzgeber normiert mit den Vorschriften der §§ 355 Abs. 3 Satz 1, 360 Abs. 1 Satz 1 und 2, insbesondere Nr. 1, BGB als Leitlinie, dass der Verbraucher umfassend über sein Recht zum Widerruf unterrichtet werden muss. Der Gesetzeszweck geht dahin, dem Verbraucher nicht nur die Kenntnis vom Bestehen eines Widerrufsrechts zu verschaffen, sondern ihn auch zur Ausübung seines Widerrufsrechts in die Lage zu versetzen.[1646) 2.1379

2. Allgemeine Inhaltsanforderungen

Der Unternehmer muss den Verbraucher darüber aufklären, dass dieser ein Recht zum Widerruf des Vertrages hat. Bereits nach dem Gesetzeswortlaut kann dieses nicht an Voraussetzungen geknüpft werden. Die Widerrufsbelehrung muss das Recht zum beliebigen und an keine Voraussetzungen gebundenen Widerruf geben.[1647)] In Satz 1 der Musterbelehrung heißt es daher „Sie können Ihre Vertragserklärung … widerrufen." Der Verbraucher soll durch eine möglichst umfassende, unmissverständliche und für ihn eindeutige Belehrung nicht nur von seinem Recht zum Widerruf Kenntnis erlangen,[1648)] sondern auch in die Lage versetzt werden, dieses auszuüben.[1649)] 2.1380

1646) BGH, Urt. v. 4.7.2002 – I ZR 55/00, NJW 2002, 3396 = ZIP 2002, 1730; BGH, Urt. v. 13.1.2009 – XI ZR 118/08, NJW-RR 2009, 709 = ZIP 2009, 362; BGH, Urt. v. 10.3.2009 – XI ZR 33/08, BGHZ 180, 123 = NJW 2009, 3572 = ZIP 2009, 952; BGH, Urt. v. 23.6.2009 – XI ZR 156/08, NJW 2009, 3020 = ZIP 2009, 1512; OLG Frankfurt/M., Urt. v. 17.3.2000 – 11 U (Kart) 29/99, BGH, VIII ZR 101/00, Revisionsrücknahme.

1647) BGH, Urt. v. 17.12.1992 – I ZR 73/91, ZIP 1993, 361; BGH, Urt. v. 27.4.1994 – VIII ZR 223/93, NJW 1994, 1800 = ZIP 1994, 884; BGH, Urt. v. 4.7.2002 – I ZR 55/00, NJW 2002, 3396 = ZIP 2002, 1730; BGH, Urt. v. 18.10.2004 – II ZR 352/02, NJW-RR 2005, 180 = ZIP 2004, 2319.

1648) BGH, Urt. v. 14.6.1984 – III ZR 110/83, ZIP 1984, 932 = Zeller III, 67; BGH, Urt. v. 15.1.1987 – III ZR 222/85, ZIP 1987, 699; BGH, Urt. v. 17.12.1992 – I ZR 73/91, ZIP 1993, 361; BGH, Urt. v. 27.4.1994 – VIII ZR 223/93, NJW 1994, 1800 = ZIP 1994, 884; BGH, Urt. v. 4.7.2002 – I ZR 55/00, NJW 2002, 3396 = ZIP 2002, 1730; BGH, Urt. v. 12.4.2007 – VII ZR 122/06, BGHZ 172, 58 = NJW 2007, 1946 = ZIP 2007, 1067; BGH, Urt. v. 13.1.2009 – XI ZR 118/08, NJW-RR 2009, 709 = ZIP 2009, 362; BGH, Urt. v. 10.3.2009 – XI ZR 33/08, BGHZ 180, 123 = NJW 2009, 3572 = ZIP 2009, 952; BGH, Urt. v. 23.9.2010 – VII ZR 6/10, BGHZ 187, 97 = NJW 2010, 3503 = ZIP 2010, 2052; OLG Hamm, Urt. v. 13.3.1995 – 2 U 139/94, NJW-RR 1996, 46; OLG Düsseldorf, Urt. v. 9.7.2002 – 24 U 167/01, OLGReport 2001, 204.

1649) BGH, Urt. v. 12.4.2007 – VII ZR 122/06, BGHZ 172, 58 = NJW 2007, 1946 = ZIP 2007, 1067; BGH, Urt. v. 13.1.2009 – XI ZR 118/08, NJW-RR 2009, 709 = ZIP 2009, 362; BGH, Urt. v. 10.3.2009 – XI ZR 33/08, BGHZ 180, 123 = NJW 2009, 3572 = ZIP 2009, 952; BGH, Urt. v. 22.5.2012 – II ZR 1/11, NJW-RR 2012, 1197; BGH, Urt. v. 22.5.2012 – II ZR 88/11, BeckRS 2012, 16122 (Schuldbeitritt); BGH, Urt. v. 22.5.2012 – II ZR 14/10, NJW 2013, 155 (Schuldbeitritt); OLG Düsseldorf, Hinweisbeschl. v. 2.3.2010 – 24 U 136/09, BeckRS 2010, 22287 = ZIP 2010, 2104.

3. Grenzen

2.1381 Schon dem Wortlaut des § 360 Abs. 1 Satz 1 BGB („wesentliche Rechte") nach ist die Belehrungspflicht in zweifacher Hinsicht beschränkt. Zum einen bezieht sich das Belehrungserfordernis nur auf die **Rechte**, nicht dagegen auf die Pflichten im Zusammenhang mit der Rückabwicklung.[1650] Zum anderen muss auch nur über die „**wesentlichen**" Rechte informiert werden. Daher muss der Unternehmer die Rechtslage nicht vollständig und umfassend darstellen. Es genügt, wenn er dem Verbraucher dessen wesentliche Rechte vor Augen führt. Weder der Unternehmer noch der Verbraucher sollen durch eine in jeder Hinsicht vollständige und umfassende Darstellung der Rechtslage überfordert werden.[1651]

4. Konsequenzen

2.1382 Bestimmte Anforderungen, wie über das „Recht zum Widerruf" zu belehren ist, enthält der Wortlaut des Gesetzes nicht. Daher sollte nach altem Recht auch der Hinweis genügen, dass die Willenserklärung des Käufers erst wirksam werde, wenn sie nicht widerrufen werde.[1652] Von der älteren Rechtsprechung wurden an die Deutlichkeit der Widerrufsbelehrung keine übertriebenen Anforderungen gestellt.[1653]

2.1383 Nach Maßgabe des § 360 Abs. 1 Satz 1 BGB muss die Belehrung (nur) das an Informationen umfassen, was erforderlich ist, um dem Berechtigten seine Rechte deutlich zu machen. Dazu gehört alles, was für seine Entscheidung über einen Widerruf Bedeutung haben kann. Zugleich darf die Belehrung nichts enthalten, was die vom Gesetz bezweckte Verdeutlichung des Widerrufsrechts beeinträchtigen könnte. **Zusätze**, die den Verbraucher ablenken, verwirren oder die zu Missverständnissen führen könnten, sind verboten. Ebenso wenig darf die Belehrung in sich widersprüchlich sein.

5. Überschrift

2.1384 Weder § 355 BGB noch § 360 Abs. 1 BGB fordern, dass die Belehrung mit „Widerrufsbelehrung" überschrieben wird, wie dies die Musterbelehrung vorsieht.[1654] Die hinreichende Klarheit und Deutlichkeit einer Widerrufsbelehrung wird nicht dadurch beseitigt, dass der Unternehmer die Überschrift „Verbraucher haben das folgende gesetzliche Widerrufsrecht" voranstellt. Es handelt sich auch nicht um einen unzulässigen Zusatz, sondern um eine zulässige Ergänzung, die

1650) Siehe unten § 25 XI 1–3 m. w. N.

1651) Begründung RegE BT-Drucks. 16/11643, S. 74.

1652) Nicht beanstandet in BGH, Urt. v. 7.5.1986 – I ZR 95/84, NJW 1987, 125 = ZIP 1986, 1279 = Zeller III, 110.

1653) BGH, Urt. v. 27.4.1994 – VIII ZR 223/93, NJW 1994, 1800 = ZIP 1994, 884.

1654) Siehe oben § 25 III 7 b m. w. N.

den Inhalt der Widerrufsbelehrung verdeutlicht. Die Überschrift ist auch nicht Teil der Widerrufsbelehrung.[1655)]

6. Widerrufsgegenstand

a) Willenserklärung. Nach OLG Hamm handelte es sich bei dem fehlenden Hinweis, dass es um den Widerruf der Willensklärung des Gastwirts gehe, um eine unschädliche Auslassung. Auch Widerrufsbelehrungen seien auslegungsfähig (§§ 133, 157 BGB). Die Unklarheit könne im Wege der Auslegung geklärt werden. Der Umstand, dass der Käufer auf die Widerruflichkeit gerade seiner Erklärung hingewiesen werden soll, konnte danach auch einer – nahe liegenden – Auslegung der Vertragsurkunde entnommen werden.[1656)] Diese Rechtsauffassung dürfte aktuell im Hinblick auf die gesetzlichen Vorschriften im Besonderen (Anlage 1 zu Art. 246 § 2 Abs. 3 Satz 1 EGBGB, § 360 Abs. 1 Satz 1 BGB) und im Allgemeinen (§§ 305c Abs. 2, 307 Abs. 1 Satz 2 BGB) nicht mehr vertretbar sein. 2.1385

b) Konkreter Vertrag. Aus der Belehrung sollte ersichtlich sein, auf welchen Vertrag sie sich bezieht.[1657)] Demnach ist eine Belehrung für mehrere oder künftige Verträge unwirksam. 2.1386

c) Nur Bezugsverpflichtung. Fehlerhaft kann eine Widerrufsbelehrung dann sein, wenn sie nicht lediglich die erfasste Bezugsverpflichtung (§ 510 Abs. 1 Satz 1 Nr. 3 BGB), sondern den gesamten Vertrag als widerruflich bezeichnet. Beispielsweise ist der Pachtvertrag – nach dem Verbraucherkreditrecht – gar nicht widerruflich, weil er kein Kreditgeschäft darstellt.[1658)] Die Widerrufsbelehrung soll den Verbraucher über seine gesetzlichen Rechte aufklären. Will der Unternehmer - in der Weise voneinander abhängig machen, dass die wegen des Widerrufs unwirksam gewordene Bezugsverpflichtung auch das andere Geschäft gem. § 139 BGB unwirksam machen soll (**Durchschlagsklausel**), dann gehört eine solche Erklärung nicht in die Widerrufsbelehrung, sondern ist Teil des Vertrages. Solche Verknüpfungen in der Widerrufsbelehrung sind gesetzeswidrig, weil sie geeignet sind, den Verbraucher von der Ausübung seiner Rechte abzuhalten.[1659)] 2.1387

7. Widerrufsberechtigung

a) Grundsatz. § 360 Abs. 1 Satz 2 Nr. 1 BGB verlangt, dass die Belehrung dem Verbraucher darüber informieren muss, dass ihm überhaupt ein Widerrufsrecht zusteht. Hierfür genügt es nicht, abstrakt darauf hinzuweisen, dass „einem Ver- 2.1388

1655) BGH, Urt. v. 9.11.2011 – I ZR 123/10, NJW 2012, 1814 (§ 312c BGB).

1656) OLG Hamm, Urt. v. 13.3.1995 – 2 U 139/94, NJW-RR 1996, 46.

1657) BGH, Urt. v. 7.5.1986 – I ZR 95/84, NJW 1987, 125 = ZIP 1986, 1279 = Zeller III, 110; BGH, Urt. v. 8.7.1993 – I ZR 202/91, NJW 1993, 2868 = ZIP 1993, 1552.

1658) Siehe oben § 22 II 6.

1659) OLG Düsseldorf, Urt. v. 18.4.2000 – 24 U 123/99, ZMR 2001, 102.

braucher“ ein Widerrufsrecht zusteht, ohne zumindest zu erläutern, unter welchen Voraussetzungen der Kunde als Verbraucher anzusehen ist.[1660] Hierfür spricht auch die Formulierung in der Musterbelehrung zu Art. 246 § 2 Abs. 3 Satz 1 EGBGB („Sie“ können ...).

2.1389 **b) Vertragspartnerschaft.** Besteht eine Vertragspartnerschaft, so hat jeder Vertragspartner ein isoliertes Widerrufsrecht, soweit er Verbraucher ist.[1661] Hierüber ist er zu belehren. Insbesondere auch darüber, dass er dieses Recht unbeschadet des Widerrufsrechts anderer Schuldner ausüben darf. Durch die Formulierung der Widerrufsbelehrung sollte klargestellt werden, dass die Wirksamkeit des Widerrufs des einen nicht den Widerruf des anderen voraussetzt.

8. Ort und Datierung

2.1390 Angaben hierzu müssen am Ende der Widerrufsbelehrung nicht erfolgen.[1662] Eine Verpflichtung zur Abgabe folgt nach geltendem Recht weder aus §§ 312, 355, 360 Abs. 1 und 2 BGB noch bei schriftformbedürftigen Verträgen wie Getränkelieferungsverträgen (§ 510 Abs. 2 Satz 1 BGB) aus § 126 BGB.[1663]

2.1391 Der Verbraucher kann den Beginn der Widerrufsfrist auch ohne Angabe des Datums bestimmen. Er weiß, wann ihm die Belehrung ausgehändigt worden ist. Soweit er befürchten muss, dieses Datum innerhalb der Widerrufsfrist zu vergessen, steht es ihm frei, es sich zu notieren (§ 277 BGB, § 254 BGB analog).[1664] Grundsätzlich ist eine Belehrung also auch ohne Datumsangabe wirksam. Bei Haustürgeschäften mag dies anders sein.[1665]

9. Widerrufsausübung

2.1392 Ein Formular zur Erklärung des Widerrufs muss dem Verbraucher vom Unternehmer nicht zur Verfügung gestellt werden.

2.1393 Die Belehrung muss darüber informieren, dass die Erklärung ohne Angabe von Gründen widerrufen werden kann (§ 360 Abs. 1 Satz 2 Nr. 2 BGB).

2.1394 Die Angabe einer **Telefonnummer** in der Belehrung kann die Gefahr bergen, dass der Verbraucher meint, sein Widerrufsrecht wirksam telefonisch ausüben zu können.[1666] Der Zusatz führt in die Irre und verstößt gegen das Deutlich-

---

1660) BGH, Urt. v. 1.12.2010 – VIII ZR 82/10, NJW 2011, 1061 = ZIP 2011, 178.

1661) Siehe unten § 26 II 1 m. w. N.

1662) Zutreffend könne nach Gestaltungshinweis 14 Ort, Datum und Unterschriftenleiste entfallen. Dort auch zu den ersatzweise vorzunehmenden Angaben.

1663) OLG Frankfurt/M. Beschl. v. 11.6.2007 – 9 U 109/06, WM 2007, 2151.

1664) OLG Frankfurt/M. Beschl. v. 11.6.2007 – 9 U 109/06, WM 2007, 2151.

1665) Palandt-*Grüneberg*, BGB, § 360 Rz. 2 m. w. N.

1666) KG, Beschl. v. 7.9.2007 – 5 W 266/07, NJW-RR 2008, 352; OLG Hamm, Urt. v. 2.7.2009 – 4 U 43/09, NJW-RR 2010, 253.

keitsgebot des § 360 Abs. 1 Satz 1 BGB mit der Folge der Unwirksamkeit der Widerrufsbelehrung. Ebenso irreführend und unzulässig ist es, wenn der Unternehmer zusätzlich zur ordnungsgemäßen Widerrufsbelehrung (mit einem Hinweis auf die erforderliche Textform des Widerrufs) in seinen **AGB** eine Telefonnummer für die Widerrufserklärung nennt.[1667)]

10. Inbezugnahme nicht mehr geltender Gesetze

Die Inbezugnahme des nicht mehr geltenden AbzG soll die Widerrufsbelehrung fehlerhaft gemacht haben (zw.).[1668)] **2.1395**

11. Unterschrift

§ 360 Abs. 1 Satz 1 BGB verlangt lediglich eine deutlich gestaltete Widerrufsbelehrung. Er fordert keine Unterschrift des Verbrauchers unter der Widerrufsbelehrung. Dies hindert den Unternehmer aber nicht daran, eine Unterschrift des Verbrauchers unter der Widerrufsbelehrung zu verlangen, wie dies auch die Musterbelehrung nach Anlage 1 zu Art. 246 Abs. 3 Satz 1 EGBGB i. V. m. Gestaltungshinweis 14 vorsieht. Die Unterschrift lenkt den Verbraucher nicht vom Inhalt der Belehrung ab.[1669)] Daher kann die Widerrufsbelehrung auch heute noch Zeilen für Angaben zu Ort, Datum und Unterschrift des Verbrauchers vorsehen. Im Hinblick auf die den Getränkelieferanten nach § 355 Abs. 3 Satz 3 BGB treffende Beweislast zur Frage des Fristbeginns ist die Unterschrift auch weiterhin empfehlenswert.[1670)] Hinzukommt, dass eine Unterschrift auch für die Frage der deutlichen Gestaltung und Erkennbarkeit der Widerrufsbelehrung von Vorteil ist.[1671)] **2.1396**

12. Zusätze

a) **Rückblick.** In der Rechtsprechung war bereits für die Widerrufsbelehrung nach § 1b Abs. 2 und 3 AbzG anerkannt, dass Zusätze nicht schlechthin unzulässig sind.[1672)] Gleiches ergab sich aus dem früheren § 14 Abs. 3 a. E. BGB-InfoV. Daran hatte sich durch das in § 2 Abs. 1 Satz 3 HWiG a. F. normierte Zusatzverbot nichts geändert.[1673)] Dieses Zusatzverbot war nämlich nur aufgenommen worden, um die vom Gesetz bezweckte Verdeutlichung des Rechts zum **2.1397**

1667) OLG Hamm, Urt. v. 2.7.2009 – 4 U 43/09, NJW-RR 2010, 253.

1668) LG Berlin, Urt. v. 9.12.1993 – 58 S 99/93, NJW-RR 1994, 692. Siehe oben § 23 V 6 c m. w. N.

1669) BGH, Urt. v. 13.1.2009 – XI ZR 508/07, BeckRS 2009, 05418; BGH, Urt. v. 13.1.2009 – XI ZR 509/07, BeckRS 2009, 05536.

1670) BGH, Urt. v. 10.3.2009 – XI ZR 33/08, BGHZ 180, 123 = NJW 2009, 3572 = ZIP 2009, 952.

1671) BGH, Urt. v. 31.10.2002 – I ZR 132/00, NJW-RR 2003, 1481.

1672) BGH, Urt. v. 7.5.1986 – I ZR 95/84, NJW 1987, 125 = ZIP 1986, 1279 = Zeller III, 110.

1673) BGH, Urt. v. 24.4.2007 – XI ZR 191/06, NJW 2007, 2762.

Widerruf nicht zu beeinträchtigen. Zudem hat der BGH dieses Verbot einer **teleologischen Reduktion** unterzogen. Dies im Hinblick auf den Zweck der Widerrufsbelehrung und des Zusatzverbotes. Zulässig sind ihrem Zweck entsprechend danach inhaltlich zutreffende Erläuterungen, die dem Verbraucher die Rechtslage nach dem Widerruf seiner Vertragserklärung verdeutlichen und die **Belehrung** nicht unübersichtlich machen.[1674)]

2.1398 **b) Verständlichkeit.** Die Belehrung muss insgesamt gut verständlich sein.[1675)] Verwirrende, ablenkende oder zu Missverständnissen führende Zusätze sind unzulässig.[1676)] Maßstab ist ein unbefangener durchschnittlicher Verbraucher.[1677)] Es genügt die Gefahr einer Ablenkung oder Irreführung. Darauf, dass der Verbraucher im Einzelfall tatsächlich irregeleitet wurde, kommt es nicht an.[1678)]

2.1399 **c) Gesetzlich nicht vorgeschriebene Ergänzungen.** Ergänzungen waren und sind dagegen zulässig, soweit dem Deutlichkeitsgebot des § 360 Abs. 1 Satz 1 BGB Rechnung getragen wird. Als zulässige Zusätze können solche Ergänzungen hingenommen werden, die die Widerrufsbelehrung in ihrem gebotenen Inhalt verdeutlichen und für ihr Verständnis und ihre Wirksamkeit maßgeblich sind, und die den Verbraucher zumindest nicht verwirren oder ablenken.[1679)] Eine erteilte Widerrufsbelehrung genügt auch dann den gesetzlichen Anforderungen, wenn sie inhaltlich richtige, vom Gesetz her jedoch nicht erforderliche Erläuterungen enthält.[1680)]

2.1400 **d) Leistungsvorbehalt.** Stellt der Getränkelieferant die Erbringung seiner Leistungen unter den Vorbehalt der Nichtausübung des Widerrufsrechts, so darf

---

1674) BGH, Urt. v. 24.4.2007 – XI ZR 191/06, NJW 2007, 2762; BGH, Urt. v. 11.3.2008 – XI ZR 317/06, NJW 2008, 1728.

1675) BGH, Urt. v. 12.4.2007 – VII ZR 122/06, BGHZ 172, 58 = NJW 2007, 1946 = ZIP 2007, 1067; BGH, Urt. v. 10.3.2009 – XI ZR 33/08, BGHZ 180, 123 = NJW 2009, 3572 = ZIP 2009, 952; BGH, Urt. v. 9.12.2009 – VIII ZR 219/08, NJW 2010, 989 = ZIP 2010, 734.

1676) BGH, Urt. v. 8.7.1993 – I ZR 202/91, NJW 1993, 2868 = ZIP 1993, 1552; BGH, Urt. v. 11.3.2008 – XI ZR 317/06, NJW 2008, 1728; BGH, Urt. v. 13.1.2009 – XI ZR 118/08, NJW-RR 2009, 709 = ZIP 2009, 362; BGH, Urt. v. 10.3.2009 – XI ZR 33/08, BGHZ 180, 123 = NJW 2009, 3572 = ZIP 2009, 952; BGH, Urt. v. 9.12.2009 – VIII ZR 219/08, NJW 2010, 989 = ZIP 2010, 734; BGH, Urt. v. 26.10.2010 – XI ZR 367/07, NJW-RR 2011, 403.

1677) BGH, Urt. v. 10.3.2009 – XI ZR 33/08, BGHZ 180, 123 = NJW 2009, 3572; BGH, Urt. v. 23.6.2009 – XI ZR 156/08, NJW 2009, 3020 = ZIP 2009, 1512; BGH, Urt. v. 9.12.2009 – XIII ZR 219/08, NJW 2010, 989 = ZIP 2010, 734.

1678) BGH, Urt. v. 8.7.1993 – I ZR 202/91, NJW 1993, 2868 = ZIP 1993, 1552; BGH, Urt. v. 4.7.2002 – I ZR 55/00, NJW 2002, 3396 = ZIP 2002, 1730; BGH, Urt. v. 23.6.2009 – XI ZR 156/08, NJW 2009, 3020 = ZIP 2009, 1512.

1679) BGH, Urt. v. 30.9.1992 – VIII ZR 196/91, BGHZ 119, 283 = NJW 1993, 64 = ZIP 1992, 1573; BGH, Urt. v. 8.7.1993 – I ZR 202/91, NJW 1993, 2868 = ZIP 1993, 1552; BGH, Urt. v. 4.7.2002 – I ZR 55/00, NJW 2002, 3396 = ZIP 2002, 1730; BGH, Urt. v. 11.3.2008 – XI ZR 317/06, NJW 2008, 1728; BGH, Urt. v. 13.1.2009 – XI ZR 118/08, NJW-RR 2009, 709 = ZIP 2009, 362; BGH, Urt. v. 9.11.2011 – I ZR 123/10, NJW 2012, 1814 (§ 312c BGB).

1680) BGH, Urt. v. 11.11.2008 – XI ZR 269/06, ZIP 2009, 64.

dieser Leistungsvorbehalt nicht in die Widerrufsbelehrung aufgenommen werden. Der zutreffende Standort ist der Getränkelieferungsvertrag.

13. Empfangsbestätigung

a) Zulässigkeit. Die Empfangsbestätigung darf nicht Bestandteil der Widerrufsbelerhrung sein, sondern muss hiervon deutlich abgesetzt sein.[1681] 2.1401

b) Inhaltskontrolle. Nach § 309 Nr. 12 Satz 1 b, Satz 2 BGB ist die Bestätigung der Aushändigung nur rechtswirksam, wenn es sich um ein **gesondert unterschriebene**s und vom weiteren Vertragstext **deutlich abgesetzt**es Empfangsbekenntnis handelt, das keine sonstigen Erklärungen enthält.[1682] Dies gilt auch im Unternehmerverkehr.[1683] Die unter der Empfangsbestätigung zu leistende Unterschrift darf sich daher weder zugleich auf die vertragliche Vereinbarung noch zugleich auf die Widerrufsbelehrung beziehen. Wird mehr als der bloße Empfang bestätigt, so ist die Bestätigung nach § 309 Nr. 12 Satz 1 b BGB nichtig.[1684] 2.1402

c) Konsequenzen. aa) Integrierte Empfangsbestätigung. Unzulässig ist ein mit der Widerrufsbelehrung verbundenes Empfangsbekenntnis jedenfalls dann, wenn für den durchschnittlichen Kunden für die konkrete Ausgestaltung der Vertragsurkunde der Eindruck erweckt wird, es handle sich um eine einheitliche, ihrem Inhalt nach näher bestimmte Widerrufsbelehrung, und die Bestätigung deshalb geeignet ist, von der Belehrung als solche abzulenken. Diese Voraussetzungen sind erfüllt, wenn durch die drucktechnische Gestaltung der im Fließtext abgefassten, d. h. nicht weiter untergliederten Widerrufsbelehrung, insgesamt der Charakter einer einheitlichen Erklärung erweckt wird, der durch das Vorhandensein lediglich einer einzigen, sowohl die eigentliche Belehrung als auch die Empfangsbestätigung abdeckenden Unterschriftszeile innerhalb einer den gesamten Textblock umgebenden Umrandung noch verstärkt wird.[1685] 2.1403

bb) Kenntnisnahmevermerk/Empfangsbestätigung im Übrigen. Mit entsprechenden Erklärungen wird der Verbraucher auf die Widerrufsbelehrung lediglich gesondert hingewiesen und um die Erklärung gebeten, dass er um sein Widerrufs- 2.1404

1681) BGH, Urt. v. 13.1.2009 – XI ZR 118/08, NJW-RR 2009, 709 = ZIP 2009, 362; BGH, Urt. v. 10.3.2009 – XI ZR 33/08, BGHZ 180, 123 = NJW 2009, 3572 = ZIP 2009, 952.

1682) BGH, Urt. v. 29.4.1987 – VIII ZR 251/86, BGHZ 100, 370 = NJW 1987, 2012 = ZIP 1987, 784; BGH, Urt. v. 24.3.1988 – III ZR 21/87, NJW 1988, 2106 = ZIP 1988, 559.

1683) BGH, Urt. v. 5.10.2005 – VIII ZR 16/05, NJW 2006, 47.

1684) BGH, Urt. v. 8.7.1993 – I ZR 202/91, NJW 1993, 2868 = ZIP 1993, 1552.

1685) BGH, Urt. v. 8.7.1993 – I ZR 202/91, NJW 1993, 2868 = ZIP 1993, 1552; BGH, Urt. v. 13.1.2009 – XI ZR 118/08, NJW-RR 2009, 709 = ZIP 2009, 362; BGH, Urt. v. 26.10.2010 – XI ZR 367/07, NJW-RR 2011, 403.

recht weiß.[1686] Der Text könnte beispielsweise lauten „Der Empfang wird hiermit bestätigt."

2.1405 Ein Kenntnisnahmevermerk oder eine Empfangsbestätigung stehen der Ordnungsgemäßheit der Widerrufsbelehrung nicht entgegen. Die Widerrufsbelehrung darf zwar nach §§ 355, 360 Abs. 1 Satz 1 BGB grundsätzlich keine anderen Erklärungen enthalten, um die vom Gesetz bezweckte Verdeutlichung des Rechts zum Widerruf nicht zu beeinträchtigen. Hierzu gehört aber der Zusatz, der Verbraucher habe von der Widerrufsbelehrung Kenntnis genommen, nicht. Ihm kommt kein weiterer Erklärungsinhalt zu, als dass der Verbraucher auf die Widerrufsbelehrung – neben dem eigentlichen Vertragsinhalt – gesondert hingewiesen worden ist und er um sein Widerrufsrecht weiß.[1687] Daher empfiehlt der BGH einen Kenntnisnahmevermerk aus Beweisgründen ausdrücklich.[1688]

14. Doppelbelehrung

2.1406 **a) Verbundener Vertrag.** Die zweifache Belehrung sowohl für das Kreditgeschäft als auch für das kreditierte Geschäft wurde lange Zeit kritisch gesehen. Der Verbraucher müsste bei einem kreditfinanzierten verbundenen Geschäft stets zwei Widerrufsbelehrungen erhalten, und zwar eine nach § 9 Abs. 2 Satz 2 VerbrKrG mit dem Hinweis auf die Folgen des Widerrufs für das verbundene Geschäft und eine (nach § 2 Abs. 1 HWiG a. F.) ohne diesen Zusatz. Dass dies für rechtsunkundige Verbraucher verwirrend sei, liege auf der Hand.[1689]

2.1407 Um dies zu vermeiden, sei eine einzige Widerrufsbelehrung mit einem Hinweis auf die Folgen des Widerrufs für das verbundene Geschäft sinnvoll. § 358 Abs. 5 BGB schreibt einen entsprechenden Hinweis sogar für alle Widerrufsbelehrungen vor. Es könne auch keine Rede davon sein, dass der Zusatz in der Widerrufsbelehrung gegen das Transparenzgebot verstoße. Da es dem Verbraucher in aller Regel darum gehe, sich gerade von dem nachträglich als ungünstig oder lästig beurteilten finanzierten Geschäft zu lösen, sei der Hinweis nicht nur nicht geeignet, den Verbraucher davon abzuhalten, von seinem Widerrufsrecht Gebrauch zu machen, sondern im Gegenteil in besonderem Maße geeignet, den Verbraucher in die Lage zu versetzen, seine Interessen sachgerecht wahrzunehmen und ihn zu einem Widerruf zu veranlassen.[1690]

1686) BGH, Urt. v. 13.1.2009 – XI ZR 118/08, NJW-RR 2009, 709 = ZIP 2009, 362; BGH, Urt. v. 10.3.2009 – XI ZR 33/08, BGHZ 180, 123 = NJW 2009, 3572 = ZIP 2009, 952.

1687) BGH, Urt. v. 13.1.2009 – XI ZR 118/08, NJW-RR 2009, 709 = ZIP 2009, 362; BGH, Urt. v. 10.3.2009 – XI ZR 33/08, BGHZ 180, 123 = NJW 2009, 3572 = ZIP 2009, 952.

1688) BGH, Urt. v. 26.5.2009 – VI ZR 191/08, NJW 2009, 3572.

1689) Jeweils zum finanzierten Fondbeitritt BGH, Urt. v. 24.4.2007 – XI ZR 191/06, NJW 2007, 2762; BGH, Urt. v. 11.3.2008 – XI ZR 317/06, NJW 2008, 1728; OLG Celle, Urt. v. 9.8.2006 – 3 U 112/06, BeckRS 2006, 10614.

1690) BGH, Urt. v. 24.4.2007 – XI ZR 191/06, NJW 2007, 2762; OLG Dresden, Urt. v. 17.10.2006 – 12 U 1069/06; OLG Frankfurt/M., Urt. v. 11.1.2007 – 15 U 113/06.

b) Getränkelieferungsvertrag. aa) Rückblick.[1691] Ebenfalls war zum früheren Recht umstritten, ob Darlehens- und Getränkelieferungsverträge einer Widerrufsbelehrung sowohl hinsichtlich des kreditrechtlichen als auch hinsichtlich des bezugsrechtlichen Teils des einheitlichen Vertrages bedurft haben,[1692] und wie eine einheitliche Widerrufsbelehrung zu gestalten gewesen ist.[1693] § 355 Abs. 1 BGB a. F. sprach für eine einheitliche Belehrung. 2.1408

bb) Geltendes Recht. Aktuell dürfte sich die Streitfrage erledigt haben. Jedenfalls seit dem 30.7.2010 steht fest, dass es bei einem Getränkelieferungsvertrag im Regelfall des einheitlichen (gemischten) Vertrages nur dann mehrerer „Belehrungen" bedarf, wenn sowohl für den bezugsrechtlichen Teil (Widerrufsbelehrung) als auch für den kreditrechtlichen Teil (Widerrufsinformation) jeweils eine Widerruflichkeit besteht, weil die sachlichen und persönlichen Voraussetzungen des Verbraucherkreditrechts erfüllt sind.[1694] Nach geltendem Recht besteht auch im Regelfall des einheitlichen Darlehens- und Getränkelieferungsvertrages grundsätzlich eine Doppelbelehrungspflicht. Allerdings ist konsequenterweise jeweils der Schwellenwert des § 512 BGB zu prüfen.[1695] 2.1408a

15. Sprache

Die Belehrung ist in deutscher Sprache abzufassen. Auch bei Ausländern besteht keine Verpflichtung, den Vertragstext und insbesondere die Widerrufsbelehrung in deren jeweiliger Landessprache abzufassen. Die Verwendung eines Textes in einer anderen Sprache ist nur zulässig, wenn der Verbraucher die Sprache beherrscht und die Verhandlungen in dieser Sprache geführt worden sind oder der Vertrag in dieser Sprache abgefasst ist.[1696] 2.1409

Grundsätzlich muss man eine Erklärung, die in bewusster Unkenntnis ihres Inhalts unterzeichnet wird, gegen sich gelten lassen. Dies gilt auch für einen Ausländer, der einen Vertrag unterzeichnet, obschon er der deutschen Sprache nicht mächtig ist. Auch derjenige hat kein Anfechtungsrecht, der einen Vertrag unterschreibt, obwohl er einzelne Regelungen nicht verstanden hat.[1697] 2.1410

1691) Zur Altrechtslage *Bühler*, Brauerei- und Gaststättenrecht, 12. Aufl. 2009, Rz. 1538–1541, jeweils m. w. N.

1692) Ablehnend OLG Frankfurt/M., Urt. v. 17.3.2000 – 11 U (Kart) 29/99, BGH, VIII ZR 101/00, Revisionsrücknahme.

1693) OLG Koblenz, Urt. v. 5.6.1997 – 5 U 7/97, NJW-RR 1998, 1525, rkr. durch Nichtannahmebeschl. d. BGH v. 10.10.1997 – VIII ZR 198/97; LG Frankfurt/M., Urt. v. 1.6.1994 – 2/6 O. 952/93, als Vorinstanz zu OLG Frankfurt/M., Urt. v. 6.12.1994 – 11 U (Kart) 73/94.

1694) Zur Altrechtslage *Bühler*, Brauerei- und Gaststättenrecht, 12. Aufl. 2009, Rz. 1538–1541, jeweils m. w. N.

1695) Siehe oben § 23 IV 7 jeweils m. w. N.

1696) LG Köln, Urt. v. 8.3.2002 – 32 S 66/01, NJW-RR 2002, 1491.

1697) Palandt-*Ellenberger*, BGB, § 119 Rz. 9.

16. Unklarheiten

2.1411 Unklarheiten gehen zu Lasten des Unternehmers, weil dies einen Fall unzureichender Belehrung darstellt.

VI. Deutlichkeitsgebot und äußere Gestaltung

1. Grundsatz

2.1412 Die Belehrung ist gem. § 360 Abs. 1 Satz 1 BGB so zu gestalten, dass sie entsprechend den Erfordernissen des jeweils eingesetzten Kommunikationsträgers auch geeignet ist, die Aufmerksamkeit des Verbrauchers zu erregen.

2. Geltungsbereich

2.1413 Das Erfordernis der deutlichen Gestaltung bezieht sich nur auf die Widerrufsbelehrung, nicht auf die Empfangsbestätigung und die Aushändigungsbestätigung oder auf den Vertragstext.[1698)]

3. Standort

2.1414 Der Verbraucher ist über sein Widerrufsrecht im Anschluss an den Getränkelieferungsvertrag gesondert zu belehren.

4. Drucktechnische Hervorhebung[1699)]

2.1415 a) **Grundsatz.** Die Widerrufsbelehrung muss drucktechnisch deutlich gestaltet sein. Eine bestimmte **Art** der Hervorhebung ist gesetzlich nicht vorgeschrieben.

2.1416 b) **Überschrift.** Allein die Hervorhebung der Überschrift genügt nicht.[1700)]

2.1417 c) Eine Belehrung auf der ansonsten leeren **Rückseite** des Bestellformulars ist ausreichend, selbst wenn der Vertragstext auf der Vorderseite keinen Hinweis auf die Belehrung enthält.[1701)]

2.1418 d) **Anlage.** Dagegen dürfte der Abdruck der Belehrung auf einem besonderen, mit der Vertragsurkunde verbundenem oder dieser beigefügtem Blatt – zumal, wenn es mit einem auffälligen Druckbild versehen oder seine Überschrift unterstrichen ist – in der Regel ausreichen, weil auch die räumliche Trennung vom

1698) BGH, Urt. v. 27.4.1994 – VIII ZR 223/93, NJW 1994, 1800 = ZIP 1994, 884.

1699) Zu den Problemen im Zusammenhang mit der seit dem 1.10.2000 nicht mehr erforderlichen „drucktechnisch" deutlichen Gestaltung wird verwiesen auf *Bühler*, Brauerei- und Gaststättenrecht, 12. Aufl. 2009, Rz. 1469 – 1478, jeweils m. w. N.

1700) OLG Stuttgart, Urt. v. 31.8.1992 – 6 U 69/92, NJW 1992, 3245.

1701) BGH, Urt. v. 31.10.2002 – I ZR 132/00, NJW-RR 2003, 1481.

übrigen Vertragstext eine der Möglichkeiten zur deutlichen Hervorhebung darstellt.[1702)]

e) **Verbundene Verträge.** Praktische Bedeutung erlangt die Verpflichtung zur deutlichen Heraushebung im Zusammenhang mit verbundenen Verträgen, weil hier zwei Verträge vorliegen. Mit dem Deutlichkeitsgebot (§ 360 Abs. 1 Satz 1 BGB) ist es erst recht unvereinbar, wenn eine Belehrung, die erst in der Gesamtschau eine unmissverständliche und lückenlose Information ergibt, auf die Urkunden zweier Verträge aufgespalten wird.[1703)] Dies wird besonders deutlich, wenn der zeitliche Abstand zwischen dem Abschluss des Darlehensvertrages und des finanzierten Geschäftes etwa mehrere Wochen beträgt.[1704)] Mit zunehmendem zeitlichen Abstand steigt das Risiko, dass die Belehrung zum Zeitpunkt des Abschlusses des Darlehensvertrages bereits in Vergessenheit geraten ist.[1705)] 2.1419

5. Besonderheiten bei in den Vertragstext integrierten Widerrufsbelehrungen

a) **Situation.** In manchen Entscheidungen ergab sich das Problem der deutlichen Heraushebung der Belehrung gegenüber anderen Textteilen gerade daraus, dass die Widerrufsbelehrung in den Text der Vertragsurkunde eingebettet war **(Ein-Urkunden-Modell)**. 2.1420

b) **Grundsatz.** Voraussetzung einer deutlichen Gestaltung ist dann, dass die Widerrufsbelehrung sich aus dem Vertragstext **deutlich heraushebt** und so die Rechtslage unübersehbar zur Kenntnis bringt.[1706)] Es ist nicht nur eine räumliche Trennung vom übrigen Vertragstext erforderlich, sondern auch die besondere Kenntlichmachung durch ein auffälliges Druckbild, etwa durch Einrahmung oder Fettdruck. Eine deutliche Gestaltung ist also dann zu verneinen, 2.1421

1702) OLG Stuttgart, Urt. v. 31.8.1992 6 U 69/72, NJW 1992, 3245; OLG Hamm, Urt. v. 13.3.1995 – 2 U 139/94, NJW-RR 1996, 46.

1703) BGH, Urt. v. 23.6.2009 – XI ZR 156/08, NJW 2009, 3020 = ZIP 2009, 1512.

1704) BGH, Urt. v. 23.6.2009 – XI ZR 156/08, NJW 2009, 3020 = ZIP 2009, 1512.

1705) BGH, Urt. v. 4.7.2002 – I ZR 55/00, NJW 2002, 3396 = ZIP 2002, 1730; BGH, Urt. v. 23.6.2009 – XI ZR 156/08, NJW 2009, 3020 = ZIP 2009, 1512.

1706) BGH, Urt. v. 20.12.1989 – VIII ZR 145/88, NJW-RR 1990, 368; OLG Hamm, Urt. v. 27.9.1991 – 20 U 106/91, rkr. durch Nichtannahmebeschl. d. BGH v. 21.10.1992 – VIII ZR 123/91; BGH, Urt. v. 23.6.2009 – XI ZR 156/08, BGH, Urt. v. 23.6.2009 – XI ZR 156/08, NJW 2009, 3020 = ZIP 2009, 1512.

wenn sich die Widerrufsbelehrung harmonisch und kaum auffällig in das optische Bild der gesamten Vertragsurkunde einfügt.[1707)]

2.1422 c) **Mittel** der Hervorhebung sind daher beispielhaft die Abgrenzung vom übrigen Vertrag durch eine breite durchgezogene Trennungslinie, die Überschrift „Widerrufsbelehrung“, Fettdruck oder Farbdruck, große Lettern, Sperrschrift, gegenüber dem sonstigen Vertragstext deutlich vergrößerte Buchstaben sowie eine gesondert zu leistende Unterschrift.[1708)] Eine „Hervorhebung“ gerade durch Wahl einer deutlich kleineren Drucktype als in den anderen Teilen des Formulars hat die Judikatur jedenfalls nicht akzeptiert.[1709)] Befindet sich in geringem Abstand ein anderer Text, der aufgrund seiner Gestaltung stärker ins Auge springt als die Belehrung, so ist § 360 Abs. 1 Satz 1 BGB verletzt.[1710)]

2.1423 d) **Umrahmung.** Eine Umrahmung der Widerrufsbelehrung ist zwar hilfreich,[1711)] nach § 360 Abs. 1 Satz 1 BGB aber **nicht zwingend.**[1712)] Auch mögen die Musterbelehrungen in den Anlagen 2 und 3 der früheren BGB-InfoV ebenso wie die entsprechenden Muster in den Anlagen 1 und 2 zu Art. 246 EGBGB für die Widerrufsbelehrung eine Umrahmung vorsehen und bei der Würdigung nach § 360 Abs. 3 BGB Bedeutung erlangen. Wer sich aber – was möglich ist – bei der Gestaltung der Widerrufsbelehrungen außerhalb der nunmehr gesetzlichen Vorgaben bewegt, hat „lediglich“ den Anforderungen des Deutlichkeitsgebots (§ 360 Abs. 1 Satz 1 BGB) zu genügen. Ob sich die Umrahmung der Widerrufsbelehrungen durchsetzen wird, mag die Zukunft erweisen. Eine Umrahmung verfehlt ihr Ziel, wenn noch andere Vertragsteile in derselben Weise oder sogar noch stärker hervorgehoben wurden.[1713)]

1707) BGH, Urt. v. 7.5.1986 – I ZR 95/84, NJW 1987, 125 = ZIP 1986, 1279 = Zeller III, 110; BGH, Urt. v. 20.12.1989 – VIII ZR 145/88, NJW-RR 1990, 368; BGH, Urt. v. 27.4.1994 – VIII ZR 223/93, NJW 1994, 1800 = ZIP 1994, 884; BGH, Urt. v. 25.4.1996 – X ZR 139/94, NJW 1996, 1964 = ZIP 1996, 1138; BGH, Urt. v. 12.5.1998 – XI ZR 285/97, NJW 1998, 2438 = ZIP 1998, 1185; BGH, Urt. v. 18.10.2004 – II ZR 352/02, NJW-RR 2005, 180 = ZIP 2004, 2319; OLG Hamm, Urt. v. 13.3.1995 – 2 U 139/94, NJW-RR 1996, 46; BGH, Urt. v. 23.6.2009 – XI ZR 156/08, NJW 2009, 3020 = ZIP 2009, 1512.

1708) BGH, Urt. v. 24.6.2004 – III ZR 104/03, NJW 2004, 3183 = ZIP 2004, 1605; BGH, Urt. v. 23.6.2009 – XI ZR 156/08, NJW 2009, 3020 = ZIP 2009, 1512; OLG Düsseldorf, Hinweisbeschl. v. 2.3.2010 – 24 U 136/09, BeckRS 2010, 22287 = ZIP 2010, 2104.

1709) BGH, Urt. v. 25.4.1996 – X ZR 139/94, NJW 1996, 1964 = ZIP 1996, 1138.

1710) BGH, Urt. v. 20.12.1989 – VIII ZR 145/88, NJW-RR 1990, 368; BGH, Urt. v. 27.4.1994 – VIII ZR 223/93, NJW 1994, 1800 = ZIP 1994, 884; BGH, Urt. v. 25.4.1996 – X ZR 139/94, NJW 1996, 1964 = ZIP 1996, 1138; OLG Naumburg, Urt. v. 7.1.1994 – 3 U 84/93, NJW-RR 1994, 337.

1711) BGH, Urt. v. 20.12.1989 – VIII ZR 145/88, NJW-RR 1990, 368.

1712) So wohl auch Staudinger-*Kaiser,* BGB, § 360 Rz. 11.

1713) OLG Naumburg, Urt. v. 7.1.1994 – 3 U 84/93, NJW-RR 1994, 377.

6. Unterschrift/Signatur[1714)]

a) **Gesetzeskritik.** Um die nachträgliche Widerrufsbelehrung nicht daran scheitern zu lassen, dass der Verbraucher die gesonderte Unterschrift unter die Belehrung verweigert, wurde das Erfordernis der gesonderten Unterschrift durch Art. 25 Nr. 6 a des OLG-VertretungsänderungsG mit Wirkung ab dem 2.11.2002 gestrichen. Der Vorschlag des Bundesrats, die gesonderte Unterschrift lediglich bei nachgeholten Belehrungen entfallen zu lassen,[1715)] fand im Vermittlungsausschuss kein Gehör,[1716)] weil dadurch der säumige Unternehmer gegenüber dem rechtzeitig belehrenden Unternehmen begünstigt worden wäre. Die Kenntnisnahme, welche das Erfordernis der „zweiten Unterschrift" sicherstellen sollte, wird nicht mehr verlangt. Grund hierfür ist die gesetzliche Regelung, nach der eine versäumte oder nicht ordnungsgemäß erteilte Belehrung nachgeholt werden kann. Um eine nachträgliche Belehrung zu erleichtern, ist auf das Erfordernis der Unterzeichnung generell verzichtet worden. **2.1424**

Soweit der aktuellen Regelung entgegengehalten wird, sie stelle einen erheblichen Eingriff in den Verbraucherschutz dar, weil zu befürchten sei, dass die Belehrung über das Widerrufsrecht in der Fülle weiterer Mitteilungen „untergehe" und vom Verbraucher nicht mehr wahrgenommen werde,[1717)] ist dem zunächst vom Standpunkt des geltenden Rechts (de lege ferenda) wohl nichts Durchgreifendes entgegenzuhalten. Auch eröffnet das Deutlichkeitsgebot in seinen beiden Aspekten einen hinreichenden Verbraucherschutz. Zudem bleibt es dem Unternehmer unbenommen, außerhalb des § 360 Abs. 3 BGB die entsprechenden Belehrungen unterschreiben zu lassen.[1718)] **2.1425**

b) Wegen der **Darlegungs- und Beweislast** ist es aber zudem zweckmäßig, dass der Unternehmer eine bei ihm verbleibende Kopie der Belehrung vom Kunden mit Datumsangabe gesondert und damit getrennt von der Empfangsbestätigung unterzeichnen lässt.[1719)] **2.1426**

c) Die **Empfangsbestätigung**[1720)] muss dagegen weiterhin gesondert unterschrieben oder gem. § 126a BGB mit einer qualifizierten elektronischen Signatur versehen werden, um wirksam zu sein (§ 309 Nr. 12 Satz 2 BGB). Auch das **2.1427**

1714) Zur Rechtslage bis zum 1.11.2002 mit dem Doppelerfordernis einer gesonderten Unterschrift bzw. später einer qualifizierten elektronischen Signatur *Bühler*, Brauerei- und Gaststättenrecht, 12. Aufl. 2009, Rz. 1479 – 1491, jeweils m. w. N., sowie 13. Aufl., Rz. 1814, 1824, jeweils m. w. N.

1715) BT-Drucks. 14/9531, S. 3.

1716) Beschlussempfehlung BT-Drucks. 14/9633, S. 3.

1717) Erman-*Saenger*, BGB, § 360 Rz. 9.

1718) BGH, Urt. v. 10.3.2009 – XI ZR 33/08, BGHZ 180, 123 = NJW 2009, 3572 = ZIP 2009, 952; BGH, Urt. v. 26.5.2009 – XI ZR 242/08, BeckRS 2009, 16010.

1719) BGH, Urt. v. 10.3.2009 – XI ZR 33/08, BGHZ 180, 123 = NJW 2009, 3572 = ZIP 2009, 952.

1720) Siehe hierzu bereits § 25 V 13 m. w. N.

Empfangsbekenntnis muss deutlich vom übrigen Vertragstext abgesetzt sein. Die Unterschrift muss den Anforderungen des § 126 BGB genügen. Das zusammen mit der Widerrufsbelehrung unterschriebene Empfangsbekenntnis ist unwirksam. Wird mehr bestätigt als der bloße Empfang, so ist die Bestätigung nichtig.[1721)]

VII. Widerrufs(-erklärungs-)frist

1. Belehrungserfordernis[1722)]

2.1428 Zum notwendigen Inhalt einer Widerrufsbelehrung gehört die Angabe der – jeweiligen – Widerrufsfrist (§ 360 Abs. 1 Satz 2 Nr. 4 BGB). Dem entspricht Satz 1 der Musterbelehrung mit dem Hinweis auf die 14-tägige Regelwiderrufsfrist des § 355 Abs. 2 Satz 1 BGB.[1723)] Dauert die Widerrufsfrist gem. § 355 Abs. 2 Satz 3 und 4 BGB einen Monat, muss der Unternehmer auch hierauf hinweisen.[1724)]

2. Schutzzweck

2.1429 Zweck der 14-tägigen Regelwiderrufsfrist des § 355 Abs. 2 Satz 1 BGB ist es zum einen, dem Verbraucher eine hinreichend bemessene Frist einzuräumen, um seine Vertragsabschlussentscheidung überprüfen und ggf. rückgängig machen zu können. Zum anderen soll der Unternehmer möglichst schnell Gewissheit darüber erhalten, ob sich der Verbraucher vom Vertrag lösen will.

3. Geltendes Fristenregime[1725)]

2.1430 a) **Anfängliche Widerrufsbelehrung.** Der Verbraucher kann die auf den Abschluss des Getränkelieferungsvertrages gerichtete Willenserklärung im Fall anfänglicher ordnungsgemäßer Belehrung binnen einer Frist von **14 Tagen** (§ 355 Abs. 2 Satz 1 Halbs. 1 BGB) widerrufen.

2.1431 b) **Nachträgliche Widerrufsbelehrung.** Im Fall der nachträglichen Belehrung beträgt die Widerrufsfrist **einen Monat** (§ 355 Abs. 2 Satz 3 BGB).

4. Vertragsschluss und Fristbeginn

2.1432 Im Hinblick auf den eindeutigen Wortlaut des § 355 Abs. 2 Satz 1 BGB („spätestens bei Vertragsschluss“) dürfte sich die Frage, ob die Regelfrist auch dann gilt, wenn Vertragsschluss und nachfolgende Belehrung einen einheitlichen Vorgang bilden, erledigt haben. Dann gilt die Monatsfrist des § 355 Abs. 2 Satz 3 BGB.

1721) BGH, Urt. v. 8.7.1993 – I ZR 202/91, NJW 1993, 2868 = ZIP 1993, 1552.

1722) Zur früher geltenden Rechtslage *Bühler,* Brauerei- und Gaststättenrecht, 13. Aufl. 2011, Rz. 1837, 1957, jeweils m. w. N.

1723) „Sie können Ihre Vertragserklärung innerhalb von [14 Tagen] … widerrufen“.

1724) OLG Hamburg, Urt. v. 24.8.2006 – 3 U 103/06, NJW-RR 2007, 839; KG, Beschl. v. 5.12.2006 – 5 W 295/06, ZGS 2007, 114.

1725) Zur früher geltenden Rechtslage *Bühler,* Brauerei- und Gaststättenrecht, 13. Aufl. 2011, Rz. 1837, 1957, jeweils m. w. N.

5. Fristbeginn

a) **Grundsatz.** § 360 Abs. 1 Satz 2 Nr. 4 BGB lässt es genügen, dass das den Fristenlauf auslösende Ereignis, nämlich die Aushändigung der Vertragsurkunde mit der Widerrufsbelehrung, unzweideutig benannt wird.[1726)] Dieses Ereignis muss auch vom Verbraucher ermittelt werden können.[1727)] An dieser Stelle – Gestaltung der Widerrufsbelehrung – kommt es zur Vermeidung von Fehlern nur darauf an, dass die richtige Widerrufsfrist angegeben wird. Maßstab ist die Sicht eines unbefangenen durchschnittlichen Verbrauchers[1728)] unter Berücksichtigung des allgemeinen Sprachgebrauchs.[1729)] 2.1433

b) Wenn allerdings nähere Angaben über den Fristbeginn gemacht werden, so müssen sie **rechtlich zutreffend** sein und dürfen zu keinen Missverständnissen Anlass geben. So legt die Formulierung, die Widerrufsfrist beginne **„ab heute"** (= Tag der Vertragsaushändigung), das unrichtige Verständnis nahe, dieser Tag werde bei der Berechnung der Wochenfrist wie im Falle des § 187 Abs. 2 BGB mitgezählt, während tatsächlich die Widerrufsfrist nach § 187 Abs. 1 BGB erst mit dem auf die Aushändigung der Vertragsurkunde folgenden Tag beginnt (§ 188 Abs. 2 BGB).[1730)] 2.1434

6. Fallstricke

Bei Getränkelieferungsverträgen hängt der Beginn der Widerrufsfrist gem. §§ 510 Abs. 2 Satz 1, 355 Abs. 3 Satz 2 BGB von weiteren Voraussetzungen ab. Die Widerrufsfrist beginnt nicht, bevor dem Verbraucher auch eine Vertragsurkunde, der schriftliche Antrag des Verbrauchers oder eine Abschrift der Vertragsurkunde oder des Antrags zur Verfügung gestellt wird. Daraus können sich Schwierigkeiten bei der ordnungsgemäßen Gestaltung der Widerrufsbelehrung ergeben, insbesondere bei Verwendung des Wortes „frühestens". 2.1435

a) Die Formulierung **„frühestens mit Erhalt dieser Belehrung"** führt in die Irre. Eine entsprechende Belehrung ist hinsichtlich des Beginns der Frist unzu- 2.1436

1726) BGH, Urt. v. 27.4.1994 – VIII ZR 223/93, NJW 1994, 1800 = ZIP 1994, 884; BGH, Urt. v. 5.11.1997 – VIII ZR 351/96, NJW 1998, 540; BGH, Urt. v. 9.12.2009 – VIII ZR 219/08, NJW 2010, 989 = ZIP 2010, 734; BGH, Urt. v. 23.9.2010 – VII ZR 6/10, BGHZ 187, 97 = NJW 2010, 3503 = ZIP 2010, 2052; OLG Düsseldorf, Hinweisbeschl. v. 2.3.2010 – 24 U 136/09, BeckRS 2010, 22287 = ZIP 2010, 2104.

1727) BGH, Urt. v. 24.3.2009 – XI ZR 456/07, NJW-RR 2009, 1275 = ZIP 2009, 1054.

1728) BGH, Urt. v. 10.3.2009 – XI ZR 33/08, BGHZ 180, 123 = NJW 2009, 3572 = ZIP 2009, 952; BGH, Urt. v. 23.6.2009 – XI ZR 156/08, NJW 2009, 3020 = ZIP 2009, 1512; BGH, Urt. v. 9.12.2009 – VIII ZR 219/08, NJW 2010, 989 = ZIP 2010, 734.

1729) BGH, Urt. v. 15.6.1983 – IVa ZR 81/82, NJW 1983, 2638; BGH, Urt. v. 10.3.2009 – XI ZR 33/08, BGHZ 180, 123 = NJW 2009, 3572 = ZIP 2009, 952; BGH, Urt. v. 23.6.2009 – XI ZR 156/08, NJW 2009, 3020 = ZIP 2009, 1512; BGH, Urt. v. 9.12.2009 – VIII ZR 219/08, NJW 2010, 989 = ZIP 2010, 734.

1730) BGH, Urt. v. 27.4.1994 – VIII ZR 223/93, NJW 1994, 1800 = ZIP 1994, 884; BGH, Urt. v. 10.5.1995 – VIII ZR 264/94, BGHZ 129, 371 = NJW 1995, 2290 = ZIP 2995, 996.

reichend und kann den Lauf der Frist nicht gem. § 355 Abs. 3 Satz 1 BGB in Gang setzen. Der Verbraucher wird über den nach § 355 Abs. 2 BGB maßgeblichen Beginn der Widerrufsfrist nicht richtig belehrt, weil die Belehrung nicht umfassend ist. Der Verbraucher kann der Verwendung des Wortes „frühestens" zwar entnehmen, dass der Beginn des Fristlaufs noch von weiteren Voraussetzungen abhängt, wird jedoch im Unklaren gelassen, um welche Voraussetzungen es sich dabei handelt. Damit wird nicht deutlich über den Fristbeginn informiert, erst recht dann nicht, wenn der Fristbeginn an weitere Voraussetzungen anknüpft.[1731)]

2.1437 b) Bei einer Mehrzahl von Voraussetzungen genügt der bloße Hinweis, die Frist beginnt **„frühestens mit Erhalt dieser Belehrung in Textform"** nicht; es müssen vielmehr sämtliche für den Fristbeginn erforderlichen Ereignisse genannt werden. Nur dann ist der Verbraucher richtig über den Beginn der Widerrufsfrist nach § 355 Abs. 2 Satz 1 BGB belehrt. Die Widerrufsbelehrung ist dann missverständlich, wenn sie den Eindruck erweckt, die Belehrung sei bereits dann erfolgt, wenn der Verbraucher sie lediglich zur Kenntnis nehme, ohne dass sie ihm entsprechend den gesetzlichen Anforderungen in Textform mitgeteilt worden sei. Dies gilt jedenfalls dann, wenn es möglich ist, die gesetzlichen Voraussetzungen für den Beginn des Laufs der Frist – wenn auch ggf. unter Verweis auf die gesetzlichen Vorschriften – in kurzer Form anzugeben und dem Verbraucher dadurch zu verdeutlichen, woraus sich die weiteren Voraussetzungen für den Fristlauf ergeben. Der Verbraucher wird durch das Wort „frühestens" zu der Fehlannahme verleitet, dass der Fristbeginn von weiteren Voraussetzungen als dem Erhalt der Widerrufsbelehrung abhänge.[1732)]

2.1438 c) Nicht gegen das Deutlichkeitsgebot verstößt dagegen die Formulierung „Der Lauf der Frist beginnt **frühestens**, wenn Ihnen diese Belehrung über Ihr Widerrufsrecht ausgehändigt worden ist, **jedoch nicht bevor** Sie die von uns gegengezeichnete Ausfertigung des Darlehensvertrags erhalten haben." Aus dem Zusammenhang wird deutlich, dass für den Fristbeginn die Aushändigung der Belehrung maßgeblich ist, es sei denn, die Vertragsurkunde wird erst zu einem

1731) BGH, Urt. v. 9.12.2009 – VIII ZR 219/08, NJW 2010, 989 = ZIP 2010, 734; BGH, Urt. v. 29.4.2010 – I ZR 66/08, NJW 2010, 3566 = ZIP 2010, 2249; BGH, Urt. v. 1.12.2010 – VIII ZR 82/10, NJW 2011, 1061 = ZIP 2011, 178; BGH, Urt. v. 2.2.2011 – VIII ZR 103/10, NJW-RR 2011, 785 = ZIP 2011, 572; BGH, Urt. v. 28.6.2011 – XI ZR 349/10, NJW-RR 2012, 183 = ZIP 2011, 1858, BGH, Urt. v. 15.8.2012 – VIII ZR 378/11, NJW 2012, 3298. Zu einer **Nachbelehrung**; OLG Jena, Urt. v. 28.9.2010 – 5 U 57/10, BeckRS 2010, 25722.

1732) BGH, Urt. v. 9.12.2009 – VIII ZR 219/08, NJW 2010, 989 = ZIP 2010, 734, zum Fernabsatzgeschäft (§§ 312c Abs. 2, 312e Abs. 1 Satz 1 BGB und Anlage 3 Abs. 2 und 3 BGB-InfoV einschließlich des Gestaltungshinweises 2 Satz 2 in der Fassung v. 4.3.2008); BGH, Urt. v. 29.4.2010 – I ZR 66/08, NJW 2010, 3566 = ZIP 2010, 2249; BGH, Urt. v. 1.12.2010 – VIII ZR 82/10, NJW 2011, 1061 = ZIP 2011, 178; BGH, Urt. v. 2.2.2011 – VIII ZR 103/10, NJW-RR 2011, 785 = ZIP 2011, 572; BGH, Urt. v. 28.6.2011 – XI ZR 349/10, NJW-RR 2012, 183 = ZIP 2011, 1858.

späteren Zeitpunkt übergeben. Der Hinweis auf den Fristbeginn erst mit Übergabe der Vertragsurkunde sei zulässig, weil so der Lauf der Widerrufsfrist zugunsten des Verbrauchers hinausgeschoben wird.[1733)]

d) Hinreichend ist der knappe Hinweis mit den Worten „des **Erhalts dieser Belehrung in Textform**", wie er sich in der geänderten Anlage 3 zu § 14 Abs. 2 und 3 BGB-InfoV in der Fassung vom 4.3.2008 fand. So wird dem Verbraucher verdeutlicht, dass die Widerrufsfrist erst und nur dann zu laufen beginnt, wenn ihm die Belehrung in einer bestimmten Form zugegangen ist.[1734)] 2.1439

e) Wenn als Beginn der Widerrufsfrist i. S. d. § 7 Abs. 2 Satz 2 VerbrKrG die „Aushändigung der **Durchschrift** dieser Information über das Recht zum Widerruf" bezeichnet wurde, so lag darin nicht etwa deshalb eine Irreführung, weil keine „Durchschrift", sondern eines der drei Formulare übersandt worden war.[1735)] Dies dürfte auch auf die Neuregelung in § 355 Abs. 3 Satz 1 BGB übertragbar sein, in der eine „Mitteilung in Textform" gefordert wird. 2.1440

f) Die Formulierung „Der Lauf der Frist für den Widerruf beginnt **einen Tag, nachdem dem Darlehensnehmer diese Belehrung mitgeteilt und eine Vertragsurkunde, der schriftliche Darlehensantrag oder eine Abschrift der Vertragsurkunde oder des Darlehensantrags zur Verfügung gestellt wurde.**" genügt nicht. Der Fehler in der Belehrung über den maßgeblichen Fristbeginn liegt darin, dass der Belehrung nicht eindeutig zu entnehmen ist, dass der Lauf der Widerrufsfrist erst beginnt, wenn der Verbraucher nicht nur die Belehrung ausgehändigt erhält, sondern auch im Besitz seiner eigenen Vertragserklärung ist.[1736)] Die Formulierung lege das Verständnis nahe, die Widerrufsfrist beginne, unabhängig von der eigenen Willenserklärung (Annahme des Darlehensangebots) des Verbrauchers, schon einen Tag, nachdem ihm das mit der Widerrufsbelehrung versehene Darlehensangebot zugegangen sei.[1737)] 2.1441

1733) BGH, Urt. v. 13.1.2009 – XI ZR 118/08, NJW 2009, 709 = ZIP 2009, 362; BGH, Urt. v. 26.5.2009 – VIII ZR 142/08, BeckRS 2009, 16010; BGH, Urt. v. 2.2.2011 – VIII ZR 103/10, NJW-RR 2011, 785 = ZIP 2011, 572; BGH, Urt. v. 28.6.2011 – XI ZR 349/10, NJW-RR 2012, 183 = ZIP 2011, 1858.

1734) BGH, Urt. v. 9.12.2009 – VIII ZR 219/08, NJW 2010, 989 = ZIP 2010, 734.

1735) BGH, Urt. v. 12.5.1998 – XI ZR 285/97, NJW 1998, 2438 = ZIP 1998, 1185; OLG Frankfurt/M., Urt. v. 17.3.2000 – 11 U (Kart) 29/99, BGH, VIII ZR 101/00, Revisionsrücknahme.

1736) Gestaltungshinweis 3a der Musterbelehrung wiederholt den Wortlaut des § 355 Abs. 3 Satz 2 BGB („Die Frist beginne jedoch nicht, bevor Ihnen auch eine Vertragsurkunde, Ihr schriftlicher Antrag oder eine Abschrift der Vertragsurkunde oder des Antrags zur Verfügung gestellt worden ist.").

1737) BGH, Urt. v. 10.3.2009 – XI ZR 33/08, BGHZ 180, 123 = NJW 2009, 3572 = ZIP 2009, 952, zu einem Verbraucherdarlehensvertrag. Aktuell ist die Widerrufsbelehrung durch eine Pflichtangabe nach § 495 Abs. 2 Satz 1 Nr. 1 BGB i. V. m. Art. 247 § 6 Abs. 2 EGBGB ersetzt worden.

2.1442 g) Die Verständlichkeit soll nach einer Entscheidung des OLG Hamm durch die Formulierung „Der Lauf der Frist beginnt einen **Tag, nachdem** dem Darlehensnehmer die Belehrung mitgeteilt und eine Vertragsurkunde oder der schriftliche Darlehensantrag zur Verfügung gestellt wurde." nicht gewahrt werden, weil danach der Fristbeginn vor der Vertragserklärung des Verbrauchers liegen könnte.[1738)] Dem ist das OLG Düsseldorf zu Recht entgegengetreten.[1739)] Ein fehlerhafter Eindruck könne nur dann erweckt werden, wenn die Formulierung gelautet hätte „am Tag, an dem …". Durch die Worte „am Tag, nach dem …" ist für den durchschnittlichen Verbraucher hinreichend deutlich zum Ausdruck gebracht worden, dass die Frist am Tag nach der Mitteilung der Belehrung und der Aushändigung der Vertragsurkunde beginnt. An dieser Beurteilung ändert auch nichts der Umstand, dass eine präzisere Formulierung der Widerrufsbelehrung möglich gewesen wäre, etwa mit den Worten „Die Frist beginnt an dem Tag, der dem Tag folgt, an dem diese Belehrung ausgehändigt und eine Abschrift der Vertragsurkunde ausgehändigt wurde."

2.1443 h) Das Gleiche gilt für den Fall, dass es zum Vertragsschluss erst durch eine später nachfolgende **Annahmeerklärung** des Unternehmens kommt.[1740)]

2.1444 i) Nicht hinreichend ist die Formulierung **„Fristbeginn ab Eingang der Vertragsurkunde beim Unternehmer"**.[1741)]

2.1445 j) Die Formulierung in einer notariellen Urkunde, der Darlehens- und Getränkelieferungsvertrag werde **„mit Abschluss dieses Vertrages"** verbindlich, genügt den Anforderungen wohl nicht. Dies gilt erst recht dann, wenn die Belehrung zwei verschiedene Zeitpunkte für den Beginn der Widerrufsfrist nennt. Dann ist die Belehrung über den Fristbeginn widersprüchlich und irreführend.

2.1446 k) Widersprüchlich und fehlerhaft ist es, wenn hinsichtlich des Fristbeginns auf die **Aushändigung der Vertragsurkunde** respektive **Genehmigung** des Vertrages abgestellt wird.[1742)]

1738) OLG Hamm, Urt. v. 14.5.2009 – 4 U 16/09, NJW-RR 2010, 700.

1739) OLG Düsseldorf, Hinweisbeschl. v. 2.3.2010 – 24 U 136/09, BeckRS 2010, 22287 = ZIP 2010, 2104.

1740) BGH, Urt. v. 23.9.2010 – VII ZR 6/10, BGHZ 187, 97 = NJW 2010, 3503 = ZIP 2010, 2052.

1741) BGH, Urt. v. 18.4.2005 – II ZR 224/04, NJW-RR 2005, 1217; BGH, Urt. v. 24.3.2009 – XI ZR 456/07, NJW-RR 2009, 1275 = ZIP 2009, 1054.

1742) BGH, Urt. v. 18.10.2004 – II ZR 352/02, NJW-RR 2005, 180 = ZIP 2004, 2319; OLG Koblenz, Urt. v. 5.6.1997 – 5 U 7/97, NJW-RR 1998, 1525, rkr. durch Nichtannahmebeschl. des BGH v. 10.10.1997 – VIII ZR 198/97; OLG Düsseldorf, Urt. v. 18.4.2000 – 24 U 123/99, ZMR 2001, 102.

l) Missverständlich ist es, wenn ein Vertrag von mehreren Personen unterschrieben wird und auf Grund der Formulierung (**„ab Unterzeichnung“**) und der Positionierung der Unterschriftszeilen auf einem die Belehrung enthaltenen Formular für den einzelnen Verbraucher unklar bleibt, ob die Frist mit seiner Unterzeichnung, mit der Unterzeichnung durch den Vertragspartner, bereits mit der Aushändigung der Widerrufsbelehrung[1743)] oder mit der „Annahme durch die Beteiligungsgesellschaft“[1744)] zu laufen beginnt. **2.1447**

m) Die Formulierung, dass die Widerrufsfrist frühestens beginne „wenn Ihnen diese Belehrung über Ihr Widerrufsrecht ausgehändigt worden ist, jedoch nicht, bevor Sie die von uns gegengezeichnete **Ausfertigung** des Darlehensvertrags erhalten haben“ ist hinreichend verständlich (§ 360 Abs. 1 Satz 1 BGB). Das dadurch bewirkte Hinausschieben des Fristbeginns entspreche dem Interesse des Kunden.[1745)] Hierbei ist allerdings zu beachten, dass die Entscheidung einen Haustürwiderruf betraf. Für einen Verbrauchervertrag in dem hier interessierenden Zusammenhang müsste der Verbraucher seine Vertragserklärung bereits abgegeben haben.[1746)] **2.1448**

7. Konkretes Datum des Fristbeginns

a) Grundsatz. Konkrete Kalenderdaten oder Wochentage brauchen nicht genannt zu werden, selbst wenn dies ausnahmsweise möglich ist.[1747)] Der genaue Zeitpunkt des Fristbeginns (0:00 Uhr am nachfolgenden Tag) muss sonach nicht genannt werden.[1748)] **2.1449**

b) Einzelfälle. Unbedenklich ist, wenn in der Widerrufsbelehrung an zwei Stellen das Datum „8.8.1994“ genannt ist. Dadurch wird nicht der Eindruck erweckt, dass die Widerrufsfrist entgegen § 187 Abs. 1 BGB schon an diesem und nicht erst am darauf folgenden Tag zu laufen beginnt.[1749)] **2.1450**

1743) BGH, Urt. v. 18.4.2005 – II ZR 224/04, NJW-RR 2005, 1217 = ZIP 2005, 1124.

1744) BGH, Urt. v. 18.10.2004 – II ZR 352/02, NJW-RR 2005, 180 = ZIP 2004, 2319.

1745) BGH, Urt. v. 26.5.2009 – VIII ZR 142/08, BeckRS 2009, 16010.

1746) BGH, Urt. v. 13.1.2009 – XI ZR 118/08, NJW-RR 2009, 709 = ZIP 2009, 362.

1747) BGH, Urt. v. 27.4.1994 – VIII ZR 223/93, NJW 1994, 1800 = ZIP 1994, 884; OLG Koblenz, Urt. v. 25.3.1994 – 2 U 1573/92, NJW 1994, 2099; OLG Düsseldorf, Hinweisbeschl. v. 2.3.2010 – 24 U 136/09, BeckRS 2010, 22287 = ZIP 2010, 2104.

1748) BGH, Urt. v. 27.4.1994 – VIII ZR 223/93, NJW 1994, 1800 = ZIP 1994, 884; BGH, Urt. v. 10.5.1995 – VIII ZR 264/94, BGHZ 129, 371 = NJW 1995, 2290 = ZIP 2995, 996; OLG Hamm, Urt. v. 13.3.1995 – 2 U 139/94, NJW-RR 1996, 46 (nicht abgedruckt); OLG Frankfurt/M., Urt. v. 17.3.2000 – 11 U (Kart) 29/99, BGH, VIII ZR 101/00, Revisionsrücknahme; BGH, Urt. v. 23.9.2010 – VII ZR 6/10, BGHZ 187, 97 = NJW 2010, 3503 = ZIP 2010, 2052.

1749) BGH, Urt. v. 5.11.1997 – VIII ZR 351/96, NJW 1998, 540.

8. Grundsätze der Fristberechnung

2.1451 Über den Inhalt der §§ 187 Abs. 1, 188 Abs. 2, 193 BGB, aus denen sich Beginn und Ende der Widerrufsfrist ergeben, ist nicht zusätzlich zu belehren.[1750)]

9. Hinweise zur Wahrung der Widerrufsfrist

2.1452 **a) Hinweis auf rechtzeitige Absendung des Widerrufs. aa) Erforderlichkeit.** Wie auch schon nach § 1b Abs. 2 Satz 2 i. V. m. Satz 1 AbzG und § 7 Abs. 2 Satz 2 und Abs. 1 VerbrKrG[1751)] muss die Widerrufsbelehrung den Hinweis enthalten, dass zur Fristwahrung gem. § 355 Abs. 1 Satz 2 Halbs. 2 BGB die rechtzeitige Absendung des Widerrufs genügt.[1752)] Nur so kann die Widerrufsfrist in Lauf gesetzt werden (§ 355 Abs. 3 Satz 1 BGB).

2.1453 **bb) Absendung.** Zum Begriff der „Absendung" in der Widerrufsbelehrung führt das LG Stuttgart[1753)] im Zusammenhang mit dem inhaltsgleichen Begriff des früheren § 2 Abs. 1 Satz 1 HWiG aus, dass dieser nicht durch das Wort „Einsendung" ersetzt werden könne. Die Formulierung „Einsendung" des Widerrufs sei missverständlich und mehrdeutig. Denn nach wörtlicher Betrachtungsweise könne unter „Einsendung" sowohl das Absenden einer Sache als auch deren Eingang beim Empfänger verstanden werden. Im Gegensatz dazu lasse der Begriff des „Absendens" nur eine Auslegung zu, nämlich die, dass eine Sache aus dem eigenen Herrschaftsbereich hinaus auf den Weg zum Empfänger gebracht werde.

2.1454 cc) Der bloße Hinweis, das Widerrufsschreiben sei **„binnen Wochenfrist abzusenden"**, reicht nicht aus.[1754)]

2.1455 **dd)** Bei entgeltlicher oder unentgeltlicher **Überlassung von Gegenständen** im Rahmen Getränkelieferungsverträgen könnte der Widerruf auch durch Rücksendung bzw. Rücknahmeverlangen erklärt werden. Allerdings ist insofern zu differenzieren. Nach diesseits vertretener Auffassung ist bei Widerrufsbelehrungen im Zusammenhang mit Leih- und Getränkelieferungsverträgen eine Modifizierung des im Übrigen verwandten Belehrungsmusters angezeigt.[1755)]

2.1456 **b) Widerrufsgrund.** Hält sich die Widerrufsbelehrung an die gesetzlichen Vorgaben insbesondere dergestalt, dass der Widerruf auch „ohne Begründung" ausgeübt werden kann, so wird dadurch nicht der Eindruck erweckt, es müsse

---

1750) BGH, Urt. v. 27.4.1994 – VIII ZR 223/93, NJW 1994, 1800 = ZIP 1994, 884; BGH, Urt. v. 23.9.2010 – VII ZR 6/10, BGHZ 187, 97 = NJW 2010, 3503 = ZIP 2010, 2052.

1751) BGH, Urt. v. 7.12.1989 – I ZR 237/87, ZIP 1990, 329; BGH, Urt. v. 21.10.1992 – VIII ZR 99/91, NJW-RR 1993, 562; BGH, Urt. v. 25.4.1996 – X ZR 139/94, NJW 1996, 1964 = ZIP 1996, 1138.

1752) BGH, Urt. v. 25.4.1996 – X ZR 139/94, NJW 1996, 1964 = ZIP 1996, 1138 (zu § 1b AbzG). Vgl. aktuell Satz 3 der Musterbelehrung.

1753) LG Stuttgart, Urt. v. 15.12.1994 – 16 S 233/94.

1754) BGH, Urt. v. 25.4.1996 – X ZR 139/94, NJW 1996, 1964 = ZIP 1996, 1138.

1755) Siehe unten § 25 IX 2 b und c m. w. N.

sehr wohl ein Grund zum Widerruf genannt werden, dieser brauche nur nicht ausgeführt zu werden („Grund ohne Begründung"). Eine entsprechende Lesart ist abwegig und widerspricht dem Wortlaut sowie dem Sinn und Zweck des Gesetzes.[1756)]

c) Unzulässig ist der **Zusatz** „Die Erklärung (des Widerrufs) muss dem Erklärungsempfänger jedoch (innerhalb der Frist) zugehen". Geht der Widerruf nämlich auf dem Postwege verloren, bleibt die Widerrufsfrist gewahrt, wenn der Verbraucher den Widerruf unverzüglich wiederholt, nachdem er vom fehlenden Zugang Kenntnis erlangt hat.[1757)] **2.1457**

d) **Form der Widerrufserklärung.** Enthält die Widerrufsbelehrung den Hinweis, dass die Willenserklärung in Textform oder durch Rücksendung der Sache widerrufen werden kann, dann sind die nach dem Gesetz zulässigen Formen des Widerrufs hinreichend genau bezeichnet. Der Hinweis auf die Fristwahrung („rechtzeitige Absendung des Widerrufs") durch beide Arten (Textform, Rücksendung/Rückgabe) ist eindeutig. Einer Wiederholung der Widerrufsformen bedarf es nicht.[1758)] **2.1458**

VIII. Name und Anschrift des Widerrufsempfängers

1. Schutzzweck

Die Belehrung hat den Verbraucher darüber zu informieren, dass und wie er seine auf den Vertragsschluss gerichtete Willenserklärung widerrufen kann (§ 360 Abs. 1 Satz 2 Nr. 3 BGB). **2.1459**

2. Widerrufsempfänger[1759)]

Der Widerruf ist gem. § 355 Abs. 1 Satz 2 Halbs. 1 BGB gegenüber „dem" Unternehmer zu erklären. Das ist unscharf, weil Widerrufsempfänger – insbesondere bei verbundenen Verträgen i. S. d. § 358 BGB – auch **ein anderer** als der im Verbrauchervertrag unmittelbar beteiligte Unternehmer sein kann.[1760)] Eine wesentliche Erschwerung für den Verbraucher, seinen Widerruf dem richtigen Adressaten zuzuleiten, wird dadurch nicht begründet. Es steht im betriebswirtschaftlichen Belieben des Unternehmers, wie er die Abwicklung organisiert **2.1460**

1756) OLG Düsseldorf, Hinweisbeschl. v. 2.3.2010 – 24 U 136/09, BeckRS 2010, 22287 = ZIP 2010, 2104.

1757) LG Berlin, Urt. v. 3.11.2005 – 5 O. 261/05, NJW-RR 2006, 639; OLG Dresden, Urt. v. 20.10.1999 – 8 U 2081/99, NJW-RR 2000, 354.

1758) OLG Düsseldorf, Hinweisbeschl. v. 2.3.2010 – 24 U 136/09, BeckRS 2010, 22287 = ZIP 2010, 2104.

1759) Siehe unten § 26 III jeweils m. w. N.

1760) BGH, Urt. v. 14.6.1984 – III ZR 110/83, ZIP 1984, 932 = Zeller III, 67; BGH, Urt. v. 3.7.1991 – VIII ZR 201/90, NJW 1991, 2903 = ZIP 1991, 1011 = Zeller IV, 124; BGH, Urt. v. 11.4.2002 – I ZR 306/99, NJW 2002, 2391. Vgl. im Übrigen § 26 III 2 jeweils m. w. N.

und dabei die **Empfangszuständigkeit** für Widerrufe bestimmt. Der Privatautonomie sind bei dieser Bestimmung keine Grenzen gesetzt. Es können auch mehrere Erklärungsempfänger genannt werden. Die Angabe ist bindend.[1761)]

3. Name

2.1461 Ob die nach älterer Rechtsprechung noch zulässige Bezeichnung einer Brauerei mit „B.“[1762)] nach geltendem Recht noch zulässig wäre, erscheint zweifelhaft. Allerdings war in der Widerrufsbelehrung in Wirklichkeit die Brauerei konkret benannt gewesen. Lediglich aus Gründen der Neutralisierung (Schwärzung) war daraus „B.“ geworden.

4. Ladungsfähige Anschrift

2.1462 a) **Grundsatz.** Die Widerrufsbelehrung muss gem. § 360 Abs. 1 Satz 2 Nr. 3 BGB auch die ladungsfähige Anschrift desjenigen enthalten, gegenüber dem der Widerruf zu erklären ist. Die Angabe der Anschrift des Widerrufsempfängers ist erforderlich, damit der Verbraucher, insbesondere wenn der am Vertrag beteiligte Unternehmer einen Dritten als Empfangsvertreter oder Empfangsboten benannt hat, keinem Zweifel unterliegt, an wen er den Widerruf zu richten hat.[1763)]

2.1463 b) Die bloße Angabe des **Postfach**s war seit Inkrafttreten des § 14 Abs. 4 BGB-InfoV am 2.11.2002 nicht mehr hinreichend.[1764)] Dies gilt erst recht nach geltendem Recht. Der Hinweis auf das Postfach genügt nicht. Vielmehr ist die ladungsfähige Anschrift, d. h. die Hausanschrift des Widerrufsadressaten, anzugeben. Aktuell folgt dies aus dem Gestaltungshinweis 4 zum Muster für die Widerrufsbelehrung nach Anlage 1 zu Art. 246 § 2 Abs. 3 Satz 1 EGBGB.

2.1464 c) **Standort.** Die ladungsfähige Anschrift muss vollständig in der Widerrufsbelehrung genannt werden. Dass sie an anderer Stelle des die Belehrung enthaltenden Vertragsformulars steht, genügt nicht.[1765)]

1761) OLG Hamm, Urt. v. 28.9.2009 – 4 U 13/09, NJW-RR 2009, 1707.

1762) OLG Frankfurt/M., Urt. v. 6.10.1988 – 6 U 59/88, GRUR 1989, 71 = Zeller IV, 47.

1763) BGH, Urt. v. 11.4.2002 – I ZR 306/99, NJW 2002, 2391; BGH, Urt. v. 25.1.2012 – VIII ZR 95/11, NJW 2012, 1065.

1764) OLG Koblenz, Urt. v. 9.1.2006 – 12 U 740/04, NJW 2006, 919; OLG Saarbrücken, Urt. v. 12.8.2010 – 8 U 347/09, BeckRS 2010, 28227. Anders bei Fernabsatzverträgen: BGH, Urt. v. 11.4.2002 – I ZR 306/99, NJW 2002, 2391; BGH, Urt. v. 25.1.2012 – VIII ZR 95/11, NJW 2012, 1065.

1765) OLG Bamberg, Urt. v. 19.7.2000 – 3 U 205/99, BeckRS 2000, 14328; überholt OLG Frankfurt/M., Urt. v. 6.10.1988 – 6 U 59/88, GRUR 1989, 71 = Zeller IV, 47.

IX. Form und Alternativen der Widerrufserklärung[1766)]

1. Form

Eine Erklärung, was unter dem Begriff der „**Textform**" zu verstehen ist, ist nicht erforderlich.[1767)] 2.1465

Die Angabe einer **Telefonnummer** kann irreführend sein, weil dadurch für den Verbraucher der Eindruck erweckt wird, er könne den Widerruf entgegen § 355 Abs. 1 Satz 2 BGB auch telefonisch erklären und nicht nur in Textform.[1768)] Dieser irreführende Zusatz verstößt auch gegen das Deutlichkeitsgebot des § 360 Abs. 1 Satz 1 BGB und macht die Angabe unwirksam. 2.1466

2. Überlassung von Gegenständen

a) **Problemstellung.** Getränkelieferanten überlassen ihren Kunden Inventar nicht nur auf der Grundlage von Darlehens- und Inventarvorfinanzierungen, sondern auch im Zusammenhang mit Leih-, Pacht- oder Miet- und Getränkelieferungsverträgen. Damit stellt sich die Frage, ob in sämtlichen Vertragssituationen mit einer einheitlichen Widerrufsbelehrung gearbeitet werden kann. Zweifel könnten sich aus den Bestimmungen der § 355 Abs. 1 Satz 2 Halbs. 1 i. V. m. § 356 Abs. 2 Satz 1 BGB ergeben, wonach ein Widerruf auch durch Rücksendung bzw. Rücknahmeverlangen ausgeübt werden kann. 2.1467

b) **Grundlagen.** Sowohl die Rücksendung als auch das Rücknahmeverlangen für den Fall, dass die Sache nicht als Paket versandt werden kann und zur Abholung bereit gehalten wird, kommen nur bei **beweglichen Sachen** in Betracht.[1769)] 2.1468

c) **Konsequenzen.** Zutreffend erscheint es, wie folgt zu differenzieren: 2.1469
aa) **Vermietung und Verpachtung.** Miet- oder Pachtverträge, mit denen die Absatzstätte zur Nutzung überlassen wird, bedürfen keiner Widerrufsbelehrung.[1770)] Belehrungsbedürftig sind Miet- oder Pachtverhältnisse nur, soweit sie zusätzlich eine Getränkebezugsverpflichtung enthalten.[1771)] Das Belehrungserfordernis ergibt sich aus § 510 Abs. 1 Satz 1 Nr. 3 BGB im Hinblick auf die

---

1766) Zur Altrechtslage bis zum 30.9.2000 *Bühler*, Brauerei- und Gaststättenrecht, 12. Aufl. 2009, Rz. 1542 m. w. N.

1767) OLG München, Urt. v. 22.6.2004 – 13 U 2315/04, NJW-RR 2005, 573. Nach BGH, Urt. v. 9.12.2009 – VIII ZR 219/08, NJW 2010, 989 = ZIP 2010, 734, kann eine Erläuterung, etwa in den AGB, erfolgen. Zwingend scheint sie wohl nicht zu sein. Weder § 360 Abs. 1 Satz 2 Nr. 2 BGB noch die Musterbelehrung verlangen einen Hinweis auf das Erfordernis des § 126b BGB, dass der Widerruf den Erklärenden und dem Abschluss der Erklärung erkennen lassen muss.

1768) OLG Frankfurt/M., Urt. v. 17.6.2004 – 6 U 158/03; KG, Beschl. v. 7.9.2007 – 5 W 266/07, NJW-RR 2008, 352; OLG Hamm, Urt. v. 2.7.2009 – 4 U 43/09, NJW-RR 2010, 253.

1769) Begründung der Dritten Verordnung zur Änderung der BGB-InfoV, Bundesanzeiger v. 14.3.2008, S. 963 unter Ziff. III 1 a.

1770) Siehe oben § 22 II 6 m. w. N.

1771) Siehe oben § 22 II 5 a m. w. N.

Verpflichtung zum wiederkehrenden Getränkebezug. Da sich die Widerrufsalternative Rücksendung bzw. Rückgabe schon sprachlogisch nur auf bewegliche Sachen und damit auch auf Lieferverträge und nicht auf Grundstücke und Gebäude bezieht,[1772] bestehen hinsichtlich der Gestaltung von Widerrufsbelehrungen bezüglich des bezugsrechtlichen Vertragsteils bei Pacht- bzw. Miet- und Getränkelieferungsverträgen keine Abweichungen gegenüber der Situation bei Darlehens- und Getränkelieferungsverträgen.

2.1470 **bb) Leihweise Inventargestellung.** Anders ist dagegen bei **Leih- und Getränkelieferungsverträgen** zu entscheiden. Unabhängig davon, ob der Getränkelieferant Ausschanktheken, Kühlschränke, eine Biergartenbestuhlung mit Tischen, Stühlen und Bänken oder sonstiges Gaststättengroß- oder -kleininventar unentgeltlich überlassen hat, kann insofern der Widerruf auch durch Rücksendung oder – wie wohl eher – durch Rücknahmeverlangen ausgeübt werden. Dies ist bei der Gestaltung der Widerrufsbelehrung zu berücksichtigen.

X. Mitteilung der Belegunterlagen

1. Grundlagen

2.1471 Im Hinblick auf das Schriftformerfordernis bei Ratenlieferungsverträgen (§ 510 Abs. 2 Satz 1 BGB) fordert § 355 Abs. 3 Satz 2 BGB bei Getränkelieferungsverträgen ebenso wie § 492 Abs. 1 Satz 1 BGB für Verbraucherdarlehensverträge zusätzlich zu der Zurverfügungstellung der Widerrufsbelehrung auch eine Aushändigung der Vertragsurkunde bzw. der gleichgestellten Vertragsunterlagen.[1773] Damit genügt auch eine Aushändigung des Antrages des Verbrauchers, vorausgesetzt er enthält alle Vertragsbedingungen.[1774]

2. Qualität der Belegunterlagen

2.1472 Die Aushändigung einer Kopie, eines Durchschlages oder einer anderen „Textform" reicht aus, weil § 355 Abs. 3 Satz 2 BGB nichts darüber sagt, dass die Widerrufsbelehrung lediglich dann ordnungsgemäß ist, wenn dem Verbraucher das Original der Widerrufsbelehrung übergeben wurde. Auch aus Sinn und Zweck der Widerrufsbelehrung ergibt sich nichts Gegenteiliges.[1775]

1772) Siehe oben § 25 IX 2 b m. w. N.

1773) OLG Jena, Urt. v. 28.9.2010 – 5 U 57/10, BeckRS 2010, 25722.

1774) Palandt-*Grüneberg*, BGB, § 355 Rz. 20.

1775) BGH, Urt. v. 12.5.1998 – XI ZR 285/97, NJW 1998, 2438 = ZIP 1998, 1185; BGH, Urt. v. 10.3.2009 – XI ZR 33/08, BGHZ 180, 123 = NJW 2009, 3572 = ZIP 2009, 952. Vergleiche auch den Gestaltungshinweis 3a der Musterbelehrung.

3. Verbleib der Unterlagen

a) Grundsatz. Der Begriff „Mitteilung" nach § 355 Abs. 3 Satz 1 BGB bedeutet, dass ein Exemplar der Widerrufsbelehrung nebst der Vertragsunterlagen bei dem Verbraucher dauerhaft verbleiben muss.[1776)] Nimmt der Unternehmer die Belehrung in Papierform nach einmal erfolgter Aushändigung wieder an sich, kann die Frist erst zu laufen beginnen, wenn der Verbraucher die Belehrung zum dauerhaften Verbleib, jedenfalls aber zum Verbleib bei ihm bis zum Ende der Widerrufsfrist, zurückerhält.[1777)] 2.1473

b) Besonderheiten bei Mitverpflichtung. Für den Vertragsschluss mit mehreren Verbrauchern/Existenzgründern bedeutet dies, dass jedem Einzelnen von diesen nach Unterzeichnung eine gesonderte Abschrift der Vertragsunterlagen (Vertragserklärung, Vertrag) ausgehändigt wird, um den Lauf der Widerrufsfrist in Gang zu setzen. Hinsichtlich des kreditrechtlichen Teils bedarf es stattdessen der Erfüllung des Pflichtangabenerfordernisses nach § 492 Abs. 2 BGB. Anderenfalls beginnt die Widerrufsfrist nicht zu laufen (§ 495 Abs. 2 Nr. 2 b BGB). Damit dürfte wohl eine Vertragspraxis nicht mehr vereinbar sein, bei der bei gemeinsamer Vertragsunterzeichnung und eingeräumten Mitbesitz (§ 866 BGB) an einer einzigen Widerrufsbelehrung, etwa bei Ehepartnern, die in häuslicher Gemeinschaft leben und die die Widerrufsbelehrung gemeinsam unterschrieben haben, eine Fehlerfreiheit anzunehmen.[1778)] 2.1474

XI. Weitere denkbare Inhaltsanforderungen

1. Rechtsfolgen des Widerrufs

a) Meinungsstand. Umstritten ist, ob die Widerrufsbelehrung für Getränkebezugsverpflichtungen zwingend einen Hinweis auf die Rechtsfolgen und die damit verbundenen Pflichten des Verbrauchers voraussetzt. Einige sehen einen entsprechenden Hinweis als nicht erforderlich an.[1779)] Von anderen wird insofern eine umfängliche Belehrung verlangt.[1780)] Wieder andere fordern bei Ratenlieferungsverträgen einen überblickartigen Hinweis auf die Hauptrechtsfolgen.[1781)] Im Übrigen wird in Anlehnung an das Muster nach Anlage 1 zu Art. 246 § 2 Abs. 3 Satz 1 EGBGB eine auf die dort in den Sätzen 1 und 2 sowie 7 und 8 angesprochene Rechtsfolgen reduzierte Widerrufsbelehrung verlangt.[1782)] 2.1475

1776) BGH, Urt. v. 12.5.1998 – XI ZR 285/97, NJW 1998, 2438 = ZIP 1998, 1185.

1777) Erman-*Saenger*, BGB, § 355 Rz. 12 m. w. N.

1778) a. A. noch LG Oldenburg, Urt. v. 18.8.1998 – 1 S 90/98, NJW-RR 1999, 1734.

1779) MünchKomm-*Masuch*, BGB, § 360 Rz. 23.

1780) jurisPK/*Wildemann*, Rz. 15.

1781) Staudinger-*Kaiser*, BGB, § 360 Rz. 58.

1782) *Gödde*, in: Martinek/Semler/Flohr, Formularsammlung Vertriebsrecht, § 21 Rz. 121.

2.1476 **b) Stellungnahme.** § 510 Abs. 1 Satz 1 BGB verweist hinsichtlich des Widerrufsrechts auf § 355 BGB und damit auf § 360 BGB. Nach § 360 Abs. 1 Satz 1 BGB genügt es, dass die Widerrufsbelehrung dem Verbraucher seine (auch nur wesentlichen) Rechte deutlich macht.[1783] Auch der Aufzählungskatalog des § 360 Abs. 1 Satz 2 BGB schreibt ebenso wie der des § 360 Abs. 2 Satz 2 BGB eine Aufklärung über die den Verbraucher betreffenden Pflichten nicht vor. Vielmehr bedarf es nach § 360 Abs. 1 Satz 2 Nr. 1 BGB lediglich eines Hinweises auf das Recht zum Widerruf. Dass nach § 360 BGB ein Hinweis auf die Rechtsfolgen kein zwingendes Element einer Widerrufsbelehrung ist, lässt sich mit dem abschließenden Charakter des § 360 Abs. 1 Satz 2 BGB begründen. Der Zweck des § 360 BGB, dem Unternehmer vorbehaltlich ergänzender Spezialregelungen einen umfassenden Überblick über die Belehrungserfordernisse zu geben,[1784] spricht für eine abschließende Regelung. In diese Richtung weist auch die Entstehungsgeschichte, weil der Gesetzgeber die früheren Belehrungserfordernisse nach § 355 Abs. 2 Satz 1 BGB a. F. in ihrer Auslegung durch die Gerichte lediglich übersichtlich zusammenfassen, nicht jedoch inhaltlich ausdehnen wollte.[1785] Auch eine richtlinienkonforme Auslegung führt zu keinem anderen Ergebnis.[1786] Gestaltungshinweis 5 zeigt, dass der Hinweis auf die Widerrufsfolgen entfallen kann, wenn die beiderseitigen Leistungen erst nach Ablauf der Widerrufsfrist erbracht werden. In systematischer Hinsicht liegt ein Umkehrschluss aus § 312 Abs. 2 Satz 2 (und Satz 3) BGB nahe, weil anderenfalls die Spezialregelung für Haustürgeschäfte nicht erforderlich gewesen wäre.[1787] Der Zweck der Widerrufsbelehrung steht dem ebenfalls nicht entgegen. Zwar kann der Verbraucher eine sinnvolle Abwägung des Für und Wider eines Widerrufs nur in Kenntnis der Rechtsfolgen vornehmen. Diese Kenntnis wird aber über die Regelung in § 312 Abs. 2 BGB sowie die Informationspflichten nach § 312c Abs. 1 i. V. m. Art. 246 § 1 Abs. 1 Nr. 10, § 1 Abs. 1 EGBGB sichergestellt. § 312e Abs. 5 Satz 1 und 2 BGB stützen die hier vertretene Auffassung. Ein Interesse des Verbrauchers an der Belehrung über Widerrufsfolgen kann nur bestehen, wenn und soweit diese Folgen tatsächlich eintreten können.

2.1477 Der Unternehmer muss auch die komplizierte Rechtslage nicht vollständig und umfassend darstellen. Eine vollständige Information begründet im Gegenteil die Gefahr, den Verbraucher mit einer Vielzahl von für ihn nicht verständlichen Informationen zu überfordern und dadurch zu verwirren. Daher lässt sich auch keine umfassende Verpflichtung begründen, über die Rechtsfolgen des Widerrufs im Zusammenhang mit Ratenlieferungsverträgen zu belehren.

1783) Siehe oben § 25 V 1–4 jeweils m. w. N.

1784) Begründung RegE BT-Drucks. 16/11643, S. 71, 73.

1785) Begründung RegE BT-Drucks. 16/11643, S. 74.

1786) MünchKomm-*Masuch*, BGB, § 360 Rz. 16.

1787) MünchKomm-*Masuch*, BGB, § 360 Rz. 23; a. A. jurisPK/*Wildemann* Rz. 15.

Soweit eine Belehrung in eingeschränktem Umfang über die sogenannten „Hauptrechtsfolgen" gefordert wird, ist dem über die vorgenannte Argumentation hinaus entgegenzuhalten: Zunächst ist zu fragen, was unter „Hauptrechtsfolgen" zu verstehen sein soll. Darunter soll die Pflicht zur Nutzungsherausgabe oder (*Unterstreichung vom Verfasser*) zum Nutzungsersatz zu verstehen sein.[1788] 2.1478

Allerdings ergeben sich keine sachlichen Differenzierungsansätze für eine auch nur auf die „Hauptrechtsfolgen" begrenzte Informationspflicht. Auch sind die Ergebnisse dieser Auffassung befremdlich. So wäre zu fragen, ob im Zusammenhang mit Getränkelieferungsverträgen die Gewinne aus dem Bierverkauf herauszugeben wären. Dagegen spricht aber bereits, dass die infolge des Rahmenvertrages abgeschlossenen Einzelkaufverträge nicht widerruflich sind.[1789] Zudem könnte sich ein Rechtsfolgenbelehrungserfordernis insofern kontraproduktiv auswirken, als der durch die §§ 510 Abs. 1 Satz 1 Nr. 3, 355 BGB Geschützte von einem Widerruf abgehalten werden könnte. 2.1479

Weiter ist zu berücksichtigen, dass Getränkelieferungsverträge zumeist eine **Leistungsvorbehalt**klausel i. S. d. § 308 Nr. 1 BGB enthalten. Dann werden die Leistungen beider Vertragsparteien erst nach Ablauf der Widerrufsfrist erbracht. Daraus könnte gefolgert werden, dass bei entsprechender Vertragsgestaltung ein Rechtsfolgenhinweis nicht erforderlich ist.[1790] Allerdings könnte dies im Lichte eines Urteils des BGH vom 2.2.2011[1791] anders zu beurteilen sein. Danach kommt es nicht darauf an, ob vertragliche Leistungen nach der beabsichtigten Vertragsgestaltung vor Ablauf der Widerrufsfrist ausgeschlossen sein sollten, sondern ob sie nach der tatsächlichen Vertragsgestaltung und insbesondere der Vertragsabwicklung auch ausgeschlossen waren. Kann der Getränkelieferant nicht mit Sicherheit ausschließen, dass er oder auch der Vertragspartner Leistungen vor Ablauf der Widerrufsfrist erbringen, wie dies beispielsweise bei vorzeitiger Zahlung der Darlehensvaluta der Fall ist, so könnte es aus unternehmerischer Vorsicht angezeigt sein, eine Widerrufsfolgenbelehrung aufzunehmen. Anderenfalls bestünde ein dauerhaftes Widerrufsrecht. Der in Orientierung an die Muster der Widerrufsbelehrung nach Anlage 1 zu Art. 246 § 2 Abs. 3 Satz 1 EGBGB i. V. m. Gestaltungshinweis 5 verbleibende Text zu Abs. 2 („Widerrufsfolgen") umfasste dann lediglich die beiden ersten und die beiden letzten Sätze des Abs. 2 des vorbenannten Musters. 2.1480

Der so sich ergebende Text ist allerdings vor dem Hintergrund eines Darlehens- und Getränkelieferungsvertrages nicht nachvollziehbar. Die hier in Rede stehende Rechtsfolgenbelehrung kann sich lediglich auf den bezugsrechtlichen Teil beziehen. Soweit der Vertrag hinsichtlich der Darlehenskomponente be- 2.1481

1788) Staudinger-*Kaiser,* BGB, § 360 Rz. 76.

1789) Siehe unten § 26 IV 4 m. w. N. und § 26 X 7 d aa, Rz. 2050 f., jeweils m. w. N.

1790) Begründung RegE BT-Drucks. 16/11643, S. 69.

1791) BGH, Urt. v. 2.2.2011 – VIII ZR 103/10, NJW-RR 2011, 785.

lehrungsbedürftig ist, muss der Vertrag eine entsprechende Widerrufsinformation mit einem Rechtsfolgenteil enthalten. Logischerweise kann es die hier angesprochenen Rechtsfolgen wie Leistungsrückgewähr und Nutzungsherausgabe, insbesondere Verzinsung sowie Ersatz von Gebrauchsvorteilen, nicht geben. Auch gibt es keine Verpflichtung zur Erstattung von Zahlungen. Insbesondere sind die bereits abgewickelten Einzelkaufverträge vom Widerruf des bezugsrechtlichen Teils nicht umfasst.[1792)]

2.1482 c) **Freiwillige Rechtsfolgenbelehrung.** Gleichwohl bleibt es dem Unternehmer unbenommen, ohne gesetzliche Verpflichtung und damit freiwillig eine Rechtsfolgenbelehrung vorzunehmen. Diese darf sich allerdings nicht auf die Pflichten des Verbrauchers beschränken, sondern muss auch seine Rechte umfassen.[1793)] Eine erteilte Widerrufsbelehrung genügt auch dann den gesetzlichen Anforderungen, wenn sie inhaltlich richtige, vom Gesetz her jedoch nicht erforderliche Erläuterungen enthält. Dies gilt für inhaltlich sinnvolle Ergänzungen der Widerrufsbelehrung, die den rechtsunkundigen Verbraucher auf die weiteren Rechtsfolgen seines Widerrufs hinweisen und ihm somit dessen besondere Tragweite und Bedeutung verdeutlichen.[1794)]

2. Rückzahlungspflicht

2.1483 a) **Rückblick.** Die Vorschrift des **§ 7 Abs. 3 VerbrKrG** war auf die langfristigen Lieferverträge nach § 2 VerbrKrG nicht anwendbar. Dies ergab sich aus § 2 VerbrKrG, der nur die Absätze 1, 2 und 4, nicht aber Absatz 3 des § 7 VerbrKrG für entsprechend anwendbar erklärte. Demzufolge hing die Wirksamkeit des Widerrufs einer vertraglich übernommenen Bezugspflicht nicht davon ab, dass der Übernehmer die zugleich übernommene Darlehensverbindlichkeit des Altschuldners binnen zwei Wochen nach Erklärung des Widerrufs erfüllte.[1795)]

2.1484 Durch das Gesetz zur Modernisierung des Schuldrechts hatte sich an der Rechtslage in diesem Punkt nichts geändert. **§ 505 BGB a. F.**, der die Regelung des alten § 2 VerbrKrG aufnahm, enthielt wiederum keinen Verweis auf den § 495 Abs. 2 BGB a. F., der an die Stelle des alten § 7 Abs. 3 VerbrKrG getreten war.[1796)]

1792) Siehe unten § 26 IV 4 m. w. N. sowie insbesondere § 26 X 7 d aa jeweils m. w. N.

1793) BGH, Urt. v. 12.4.2007 – VII ZR 122/06, BGHZ 172, 58 = NJW 2007, 1946 = ZIP 2007, 1067, zu § 312 Abs. 2 BGB; OLG Dresden, Urt. v. 28.5.2009 – 8 U 1530/08, BeckRS 2010, 29023.

1794) BGH, Urt. v. 11.11.2008 – XI ZR 269/06, ZIP 2009, 64.

1795) BGH, Urt. v. 14.12.1994 – VIII ZR 46/94, NJW 1995, 922 = ZIP 1995, 105; BGH, Urt. v. 10.5.1995 – VIII ZR 264/94, BGHZ 129, 371 = NJW 1995, 2290 = ZIP 2995, 996; OLG Koblenz, Urt. v. 5.6.1997 – 5 U 7/97, NJW-RR 1998, 1525 rkr. durch Nichtannahmebeschl. d. BGH v. 10.10.1997 – VIII ZR 198/97.

1796) OLG Koblenz, Urt. v. 5.6.1997 – 5 U 7/97, NJW-RR 1998, 1525, rkr. durch Nichtannahmebeschl. d. BGH v. 10.10.1997 – VIII ZR 198/97.

b) Geltendes Recht. Für Ratenlieferungsverträge (§ 510 Abs. 1 Satz 1 Nr. 3 BGB) wird alleinig auf § 355 BGB verwiesen. Enthält die Belehrung einen Hinweis auf Rechtsfolgen, die der Widerruf gar nicht auslöst, wie etwa auf eine nicht bestehende Rückzahlungspflicht, so ist die Belehrung wegen Verstoßes gegen das Deutlichkeitsgebot des § 360 Abs. 1 Satz 1 BGB insgesamt unwirksam. Beispiel: „Der Widerruf gilt als nicht erfolgt, wenn das Darlehen nicht binnen zwei Wochen zurückgezahlt wird."[1797] **2.1485**

3. Wertersatzpflicht

a) Einführung. Hat der Gastwirt vom Getränkelieferanten Sachen etwa aufgrund eines Leihvertrages oder eines verbundenen Vertrages erhalten, müssen diese bei einem Widerruf zurückgewährt werden. Insofern finden die Vorschriften über das gesetzliche Rücktrittsrecht entsprechende Anwendung. Abweichend von den allgemeinen Rechtsfolgen eines Rücktritts (§ 346 Abs. 2 Satz 1 Nr. 3 BGB) hat der Widerrufende Wertersatz für eine durch die bestimmungsgemäße Ingebrauchnahme der Sache entstandene Verschlechterung zu leisten. **2.1486**

b) Rückblick. Der nach § 357 Abs. 3 Satz 1 BGB a. F. bis zum **4.8.2011** zusätzlich erforderliche Hinweis auf die Möglichkeit, die Wertersatzpflicht zu vermeiden, ist bewusst gestrichen worden, weil er praktisch kaum handhabbar war.[1798] **2.1487**

c) Erforderlichkeit. aa) Bei dem Hinweis nach **§ 357 Abs. 3 Satz 1 BGB** auf die Wertersatzverpflichtung für eine Sachverschlechterung, soweit diese auf einen Umgang mit der Sache zurückzuführen ist, der über die Prüfung der Eigenschaften und der Funktionsweise hinausgeht, handelt es sich um eine reine Obliegenheit des Unternehmers, deren Befolgung allein in seinem Interesse liegt. Dass § 357 Abs. 3 Satz 1 Nr. 1 BGB den Verbraucher abweichend von § 346 Abs. 2 Satz 1 Nr. 3 BGB zum Wertersatz für die Verschlechterung der Sache durch den sich an die Prüfung anschließenden Gebrauch schon dann verpflichtet, wenn er auf diese Pflicht – auch außerhalb der Widerrufsbelehrung – „in Textform ... hingewiesen worden ist"[1799] legt es nahe, dass ein Hinweis auf die Wertersatzpflicht insgesamt entbehrlich ist. Die Musterbelehrung über das Widerrufs- und das Rückgaberecht enthält zwar eine Belehrung über die Wertersatzpflicht bei Verschlechterungen. Sie ist aber kein ausschlaggebendes Indiz. Daher ist dieser Hinweis kein zwingender Bestandteil einer Widerrufsbelehrung. **2.1488**

1797) BGH, Urt. v. 14.6.2004 – II ZR 395/04, NJW 2004, 2731; BGH, Urt. v. 24.4.2007 – XI ZR 191/06, NJW 2007, 2762; BGH, Urt. v. 13.1.2009 – XI ZR 118/08, NJW-RR 2009, 709 = ZIP 2009, 362; BGH, Urt. v. 26.10.2010 – XI ZR 367/07, NJW-RR 2011, 403; OLG Jena, Urt. v. 28.9.2010 – 5 U 57/10, BeckRS 2010, 25722; LG Düsseldorf, Urt. v. 24.11.2011 – 3 O. 63/11.

1798) RegE 17/5097, S. 17.

1799) RegE 17/5097, S. 28.

Fehlt der Hinweis, beginnt gleichwohl die Widerrufsfrist zu laufen und das Widerrufsrecht erlischt nach § 355 Abs. 4 Satz 1 BGB spätestens sechs Monate nach Vertragsschluss.[1800)]

2.1489 Wenn die beiderseitigen Leistungen erst nach Ablauf der Widerrufsfrist erbracht werden – so zumeist bei Getränkelieferungsverträgen, dann bedarf es im Übrigen mangels eines Interesses des Verbrauchers keines Hinweises auf die Rechtsfolgen des § 357 Abs. 1 und 3 BGB (Rechtsgedanke des zum 11.6.2010 eingefügten Satzes 3 des § 312 Abs. 2 BGB, Gestaltungshinweis 5 der Musterbelehrung nach Anlage 1 zu Art. 246 § 2 Abs. 3 Satz 1 EGBGB).[1801)] Aufgrund dieser Regelung sieht Gestaltungshinweis 5 der Musterwiderrufsbelehrung Anlage 1 zu Art. 246 § 2 Abs. 3 Satz 1 EGBGB vor, dass der Hinweis auf die Widerrufsfolgen entfallen kann, wenn die beiderseitigen Leistungen erst nach Ablauf der Widerrufsfrist erbracht werden. Entsprechendes gilt, wenn eine Rückabwicklung nicht in Betracht kommt, z. B. bei der Beibringung einer Bürgschaft.

2.1490 **bb)** Der gem. **§ 357 Abs. 3 Satz 3 BGB** erforderliche Hinweis ist ebenfalls keine Wirksamkeitsvoraussetzung für eine ordnungsgemäße Belehrung.[1802)] Dies verdeutlicht bereits die Formulierung „oder hiervon anderweitig Kenntnis erlangt hat."

2.1491 **d)** Da die Verpflichtung zum Wertersatz bei bestimmungsgemäßem Gebrauch nach § 357 Abs. 3 Satz 1 BGB nur in Betracht kommt, wenn spätestens bei Vertragsschluss in Textform auf diese Rechtsfolge hingewiesen wurde, sollte bei Widerrufsbelehrungen im Zusammenhang mit **Leih- und Getränkelieferungsverträgen** ein entsprechender Hinweis in der Widerrufsbelehrung erfolgen.

4. Informationspflichten

2.1492 Bei Getränkelieferungsverträgen bestehen keine besonderen vertraglichen Informationspflichten im Sinne von Pflichtangaben. Die Regelung des § 495 Abs. 2 Satz 2 BGB a. F. ist aufgehoben worden. Den qualitativen Unterschied zwischen der Widerrufsbelehrung und den sonstigen Voraussetzungen für den Beginn der Widerrufsfrist bestätigt § 355 Abs. 4 Satz 3 BGB.[1803)]

5. Personale Reichweite

2.1493 Die praktischen Auswirkungen eines Widerrufs durch einen von mehreren Gesamtschuldnern können vertraglich geregelt werden. Gangbar ist auch der Weg,

1800) MünchKomm-*Masuch*, BGB, § 360 Rz. 24.

1801) Begründung RegE BT-Drucks. 16/11643, S. 69. BGH, Urt. v. 2.2.2011 – VIII ZR 103/10, NJW-RR 2011, 785 = ZIP 2011, 572.

1802) Staudinger-*Kaiser*, BGB, § 355 Rz. 37.

1803) MünchKomm-*Masuch*, BGB, § 355 Rz. 54.

zugunsten des Getränkelieferanten ein Kündigungsrecht zu vereinbaren. Im Übrigen gilt § 139 BGB.[1804)]

Allerdings muss die Regelung im Vertrag selbst getroffen werden. Die Frage, welche Auswirkungen sich ergeben, wenn nur einer von mehreren Widerrufsberechtigten den Widerruf erklärt, darf nicht Gegenstand der Widerrufsbelehrung sein. Anderenfalls ist diese angreifbar. 2.1494

Unbenommen bleibt es den Parteien, den Widerruf eines Gesamtschuldners mit Einzel- oder Gesamtwirkung auszustatten. Angesichts der Vielgestaltigkeit der Abschlusssituationen und der nur schwer einschätzbaren Widerrufssituationen bedarf die Gestaltung einer entsprechenden Regelung größter Sorgfalt. Im Zweifel erscheint es sinnvoll, darauf zu verzichten und eine Lösung über § 139 BGB zu suchen. 2.1495

6. Sachliche Reichweite

Ebenfalls sollten in der Widerrufsbelehrung Hinweise zu den sachlichen Auswirkungen des Widerrufs unterbleiben.[1805)] Die Erstreckung des Widerrufs auf andere Teile des Getränkelieferungsvertrages ist nämlich nicht gesetzlich vorgesehen, sondern beurteilt sich nach § 139 BGB. Insofern bedarf es einer Prüfung nach den Umständen des Einzelfalles unter Berücksichtigung des hypothetischen Parteiwillens. Auch muss ein Einheitlichkeitswille der Parteien festgestellt werden. Diese auf den Einzelfall abstellenden Grundsätze würden nicht beachtet, wenn man über die gesetzlichen Erfordernisse hinaus auch ein Belehrungserfordernis hinsichtlich der Widerrufserstreckung nach § 139 BGB statuieren würde. Auch bestünde die Gefahr einer Überbelehrung mit der Konsequenz einer dauerhaften Widerruflichkeit nach § 355 Abs. 4 Satz 3 BGB bei nicht ordnungsgemäßer Beurteilung der Sach- und Rechtslage. Daher sind im Ergebnis entsprechende Regelungen nicht in den Text der Widerrufsbelehrung aufzunehmen. Zutreffender Ort ist der Getränkelieferungsvertrag. 2.1496

§ 26 Widerruf

I. Verhältnis zu anderen Vorschriften

1. Nichtigkeits- und Anfechtungsgründe

Das Widerrufsrecht des Verbrauchers besteht grundsätzlich auch bei einem unwirksamen bzw. vernichtbaren Vertrag **(Wahlrecht)**.[1806)] Auch ist in der Zivilrechtsdogmatik seit langem anerkannt, dass auch nichtige Rechtsgeschäfte 2.1497

1804) Siehe unten § 26 X 6.

1805) OLG Düsseldorf, Urt. v. 18.4.2000 – 24 U 123/99, ZMR 2001, 103, zu den Auswirkungen des Widerrufs auf den Pachtvertrag. Siehe unten § 26 X 7 jeweils m. w. N.

1806) BGH, Urt. v. 25.11.2009 – VIII ZR 318/08, BGHZ 183, 235 = NJW 2010, 610 = ZIP 2010, 136.

angefochten werden können (sog. **Doppelwirkungen im Recht**). Für den Widerruf eines nichtigen Vertrages gilt unter dogmatischen Gesichtspunkten nichts anderes als auch für dessen Anfechtung.[1807)]

2. § 314 BGB

2.1498 Für die Anerkennung eines Kündigungsrechts aus wichtigem Grund dürfte nach geltendem Recht kein Bedürfnis bestehen.

II. Widerrufsberechtigter

1. Mehrheit von Verbrauchern

2.1499 a) **These.** Bei Vertragspartnerschaft hat nach herrschender und richtiger Ansicht jeder Vertragspartner ein eigenständiges Widerrufsrecht (**isoliertes Widerrufsrecht**, § 425 Abs. 1 BGB), soweit er Verbraucher ist.[1808)] Dieses Recht darf er nach freiem Ermessen unbeschadet des Widerrufsrechts anderer Schuldner ausüben.

2.1500 b) **Begründung.** Der Verbraucherschutz ist nur dann umfassend, wenn jeder einzelne zum Widerruf berechtigte Verbraucher allein und unabhängig von den Vertragspartnern im Übrigen die Entscheidung treffen kann, ob er das Widerrufsrecht ausübt. Die Verweisung in § 357 Abs. 1 Satz 1 BGB auf die Vorschriften über den gesetzlichen Rücktritt und damit auch auf § 351 BGB steht dieser Interpretation nicht entgegen. Nach der amtlichen Überschrift handelt es sich bei der Vorschrift des § 357 BGB zwar um eine Rechtsfolgen- und nicht um eine Rechtsgrundverweisung. § 351 BGB betrifft aber die Ausübung bzw. das Erlöschen des Rücktrittsrechts und enthält keine Aussage hinsichtlich der Rechtsfolgen. Da der Anwendungsbereich des § 351 BGB im Hinblick auf das Widerrufs- rechts aus teleologischen Gründen ohnehin nicht unerheblich eingeschränkt werden müsste, sprechen die besseren Gründe dafür, § 351 BGB von vornherein als nicht von der Verweisung umfasst anzusehen.

2. Vertretung

2.1501 a) **Grundsatz.** § 166 Abs. 1 BGB erfasst nicht den Fall, dass die Gültigkeit eines Vertrages oder seine Wirkungen von persönlichen Eigenschaften wie z. B. der Verbrauchereigenschaft, abhängt. Hier entscheiden ausschließlich die Verhältnisse des Vertretenen, weil es sich nicht um die Vornahme, sondern um die Wirkung des Geschäfts handelt.[1809)]

1807) BGH, Urt. v. 25.11.2009 – VIII ZR 318/08, BGHZ 183, 235 = NJW 2010, 610 = ZIP 2010, 136.

1808) Wie hier u. a. Bülow/Artz-*Bülow,* Verbraucherkreditrecht, § 495 Rz. 162; a. A. Staudinger-*Kaiser,* BGB,§ 355 Rz. 43.

1809) Erman-*Maier-Reimer*, BGB, § 166 Rz. 4.

b) **Konsequenzen.** Bei rechtsgeschäftlichem Handeln unter Einschaltung eines Vertreters steht das Widerrufsrecht dem Vertretenen als Partei des Getränkelieferungsvertrages zu, soweit er Verbraucher/Existenzgründer ist. Die Verbrauchereigenschaft des Vertreters ist im Unterschied zu derjenigen des Vertretenen für das Widerrufsrecht grundsätzlich ohne Belang.[1810)] 2.1502

c) Das Widerrufsrecht steht im Falle des § 1357 Abs. 1 Satz 2 BGB nicht nur dem vertragsschließenden, sondern auch dem mitverpflichteten **Ehegatten** zu.[1811)] Abweichend von § 351 Satz 1 BGB kann hier jeder Ehepartner den Widerruf mit Gesamtwirkung erklären. 2.1503

3. Abtretung

Wenn der Verbraucher den Anspruch abtritt und der Zessionar nicht Verbraucher ist; bleibt das Widerrufsrecht beim Verbraucher (Zedenten). Die Widerrufsberechtigung kann nur mit allen Rechten und Pflichten aus dem Vertrag, nicht aber isoliert, übertragen werden, weil es sich um unselbständiges Gestaltungsrecht handelt.[1812)] In jedem Falle ausgeschlossen ist ein Übergang des Widerrufsrechts auf einen Unternehmer i. S. v. § 14 BGB. Insofern stehen die §§ 413, 399 BGB entgegen. 2.1504

4. Gesamtrechtsnachfolge

Da die Erben, auch wenn sie nicht Verbraucher sind, an die Stelle der Vertragspartei des Verbrauchervertrages treten, steht auch ihnen das Widerrufsrecht zu.[1813)] 2.1505

III. Widerrufsadressat

1. Grundsatz

Der Widerruf ist gegenüber dem Unternehmer auszuüben (§ 355 Abs. 1 Satz 2 Halbs. 1 BGB).[1814)] Der Widerruf hat somit gegenüber dem Getränkelieferanten als Gläubiger der Getränkebezugsverpflichtung zu erfolgen.[1815)] 2.1506

Unter Umständen kann der Verkäufer als Empfangsbote des Unternehmers diesem den Zugang eines Widerrufs vermitteln.[1816)] 2.1507

1810) Palandt-*Weidenkaff*, BGB, § 510 Rz. 5.

1811) Palandt-*Grüneberg*, BGB, § 355 Rz. 3.

1812) Palandt-*Grüneberg*, BGB, § 355 Rz. 3.

1813) Palandt-*Grüneberg*, BGB, § 355 Rz. 3.

1814) BGH, Urt. v. 18.10.1989 – VIII ZR 225/88, NJW 1990, 320 = ZIP 1990, 1138 = Zeller IV, 88.

1815) BGH, Urt. v. 18.10.1989 – VIII ZR 325/88, NJW 1990, 320 = ZIP 1990, 1138 = Zeller IV, 88.

1816) BGH, Urt. v. 11.10.1995 – VIII ZR 325/94, BGHZ 131, 66, 71 = ZIP 1995, 1808. Vgl. auch BGH, Urt. v. 25.1.2012 – VIII ZR 95/11, NJW 2012, 1065.

2. Verbundenes Geschäft

2.1508 Wie sich nunmehr aus dem Wortlaut des § 358 Abs. 2 BGB („auf Grund des § 495 Absatz 1") ergibt, setzt die Widerrufserstreckung nach § 358 Abs. 1 BGB eine wirksame Ausübung des Widerrufsrechts voraus. Daher muss der Widerruf gegenüber dem nach § 360 Abs. 1 Satz 2 Nr. 3 BGB in der Widerrufsbelehrung als Widerrufsempfänger benannten Person und damit in der Regel gegenüber dem Darlehensgeber erfolgen. Doch ist ein dem Unternehmer gegenüber erklärter Widerruf des Verbraucherdarlehensvertrages als Widerruf des finanzierten Vertrages auszulegen.[1817)]

IV. Widerrufsgegenstand

1. Grundsatz

2.1509 Gegenstand des Widerrufs ist die auf den Abschluss des Vertrages gerichtete Willenserklärung (§ 355 Abs. 1 Satz 1 BGB),[1818)] die die Verpflichtung zum wiederkehrenden Bezug von Sachen zum Gegenstand (§ 510 Abs. 1 Satz 1 Nr. 3 BGB) hat.[1819)]

2. Gesamtschuldnerschaft

2.1510 Bei Bestehen einer Gesamtschuldnerschaft ist Widerrufsgegenstand die auf den Vertragsabschluss gerichtete Willenserklärung des jeweiligen Gesamtschuldners (**Einzelbetrachtung**).[1820)]

3. Gemischte Verträge

2.1511 **a) Grundsatz.** Bei gemischten Verträgen gelten die in § 510 BGB genannten Bestimmungen des Gesetzes nur für den Vertragsteil, der die Tatbestandselemente des § 510 (Abs. 1 Satz 1 Nr. 3) BGB erfüllt, nicht aber für die sonstigen Bestandteile des (einheitlichen) Vertrages.[1821)] Dies gilt auch dann, wenn der

---

1817) MünchKomm-*Habersack*, BGB, § 358 Rz. 65.

1818) BGH, Urt. v. 23.9.2010 – VII ZR 6/10, BGHZ 187/97 = NJW 2010, 3503 = ZIP 2010, 2052.

1819) MünchKomm-*Schürnbrand*, BGB, § 510 Rz. 41.

1820) BGH, Urt. v. 5.6.1996 – VIII ZR 151/95, BGHZ 133, 71 = NJW 1996, 2156 = ZIP 1996, 1209; BGH, Urt. v. 10.7.1996 – VIII ZR 213/95, BGHZ 133, 220 = NJW 1996, 2865 = ZIP 1996, 1657.

1821) BGH, Urt. v. 16.4.1986 – VIII ZR 79/85, BGHZ 97, 351 = NJW 1986, 1988 = ZIP 1986, 781 = Zeller III, 108; BGH, Urt. v. 26.10.1990 – V ZR 22/89, BGHZ 112, 376 = NJW 1991, 917 = Zeller IV, 106 (Grundstückskaufvertrag und Getränkelieferungsvertrag); BGH, Urt. v. 3.7.1991 – VIII ZR 201/90, NJW 1991, 2903 = ZIP 1991, 1011 = Zeller IV, 124 (Darlehensvertrag und Getränkelieferungsvertrag); OLG Hamm, Urt. v. 28.7.1992 – 19 U 193/92, NJW 1992, 3179 = ZIP 1992, 1224.

Gastwirt die Getränke nicht von der Brauerei, sondern von einem durch diesen benannten Getränkefachgroßhändler beziehen muss (Vertriebsmodell 2).[1822)]

b) Werden **mehrere,** aber voneinander abhängige (getrennte) **Verträge**, ggf. auch **verbundene Verträge**, geschlossen, von denen der eine Darlehensvertrag (§ 495 Abs. 1 BGB), der andere Ratenlieferungsvertrag (§ 510 Abs. 1 Satz 1 BGB) ist, so liegen zwei Widerrufsgegenstände vor.[1823)] **2.1512**

4. Einzelkaufverträge

Das Widerrufsrecht besteht nur für den Getränkelieferungsvertrag als solchen. Es entsteht daher nicht jeweils neu für jede einzelne Teillieferung oder Bezugsvereinbarung. Ist das Widerrufsrecht hinsichtlich des Getränkelieferungsvertrages nach § 510 Abs. 1 Satz 1 Nr. 3 BGB durch Fristablauf erloschen, sind sämtliche auf Grundlage dieses Vertrages geschlossenen Einzelverträge auch nicht mehr mittelbar widerruflich.[1824)] **2.1513**

V. Widerrufserklärung

1. Rechtsnatur

Der Widerruf erfolgt durch eine einseitige, empfangsbedürftige (§ 130 Abs. 1 BGB) Willenserklärung, für die die Vorschrift des § 349 BGB gilt. **2.1514**

2. Wahl

Der Verbraucher hat die Wahl, ob er den Vertragsschluss anficht oder von seinem Widerrufsrecht nach § 355 BGB Gebrauch macht.[1825)] Ergibt sich aus dem Vorbringen des Verbrauchers nicht eindeutig, auf welches Lösungsrecht er sich stützt, ist im Zweifel davon auszugehen, dass er den für ihn günstigeren Rechtsbehelf wählt. Dies soll regelmäßig das Widerrufsrecht sein. Nach den Änderungen durch das SMG dürften insofern Zweifel angebracht sein.[1826)] **2.1515**

3. Konkretisierung

Der Widerruf muss den **Vertrag** so bezeichnen, dass dieser identifiziert werden kann. Es muss deutlich sein, bezüglich welchen konkreten Vertrages der Widerruf erfolgt; dies gilt insbesondere auch für den konkludenten Widerruf. **2.1516**

1822) OLG Hamm, Urt. v. 28.7.1992 – 19 U 193/92, NJW 1992, 3179 = ZIP 1991, 1224.

1823) BGH, Urt. v. 14.12.1994 – VIII ZR 46/94, NJW 1995, 922 = ZIP 1995, 105; BGH, Urt. v. 4.12.1996 – VIII ZR 360/95, NJW 1997, 933.

1824) Siehe unten § 26 X 7 d aa jeweils m. w. N.

1825) Siehe oben § 26 I 1 m. w. N.

1826) MünchKomm-*Masuch*, BGB, § 355 Rz. 33 m. w. N.

2.1517 Ebenso muss die **Person,** die den Widerruf erklärt, erkennbar sein.[1827)] Dies ergibt sich aus § 126b BGB.

4. Erklärung

2.1518 a) **Grundsatz.** Der ausdrückliche Gebrauch des Wortes „Widerruf" ist nach allgemeiner Ansicht nicht erforderlich. Dies zeigt auch die Zulassung des konkludenten Widerrufs durch Rücksendung der Sache in § 355 Abs. 1 Satz 2 BGB. Ausreichend, aber auch erforderlich, ist es, wenn der Widerrufende deutlich zum Ausdruck bringt, dass er den Vertragsschluss nicht mehr gegen sich gelten lassen will[1828)] bzw. dass er den Vertrag nicht durchführen will.[1829)]

2.1519 b) **Kündigung/Rücktritt.** Wegen der für den Verbraucher ggf. günstigeren Rechtsfolgen kann je nach den Umständen des Einzelfalles auch eine Kündigungs- oder Rücktrittserklärung genügen. Beispielsweise ist eine „sofortige Kündigung" als Widerruf auszulegen.[1830)]

2.1520 Umgekehrt hat der BGH entschieden, dass ein nicht fristgerecht erklärter Widerruf ggf. als Rücktritt[1831)] bzw. als Kündigung[1832)] qualifiziert werden könne (**Umdeutung**), sofern die entsprechenden sonstigen Voraussetzungen des Rücktritts bzw. der Kündigung vorliegen.[1833)]

2.1521 c) **Anfechtung.** Auch eine „Anfechtungserklärung" des Verbrauchers wegen arglistiger Täuschung und Irrtums kann als Widerrufserklärung ausgelegt werden, weil der Verbraucher hiermit zugleich hinreichend deutlich macht, dass er einen etwaigen Vertrag nicht gelten lassen will.[1834)]

2.1522 d) **Rücksendung und Rücknahmeverlangen. aa) Anwendungsbereich.** Ein (konkludenter) Widerruf durch Rücksendung (§ 355 Abs. 1 Satz 2 Halbs. 1

1827) Staudinger-*Kaiser,* BGB,§ 355 Rz. 25.

1828) BGH, Urt. v. 3.7.1991 – VIII ZR 201/90, NJW 1991, 2903 = ZIP 1991, 1011 = Zeller IV, 124; BGH, Urt. v. 21.10.1992 – VIII ZR 143/91, NJW 1993, 128; BGH, Urt. v. 25.4.1996 – X ZR 139/94, NJW 1996, 1964 = ZIP 1996, 1138; OLG Köln, Beschl. v. 19.8.1996 – 1 W 72/96, BB 1996, 2661 = MDR 1997, 32.

1829) BGH, Urt. v. 21.10.1992 – VIII ZR 99/91, NJW-RR 1993, 562; BGH, Urt. v. 27.4.1994 – VIII ZR 223/93, NJW 1994, 1800 = ZIP 1994, 884; BGH, Urt. v. 25.4.1996 – X ZR 139/94, NJW 1996, 1964 = ZIP 1996, 1138.

1830) BGH, Urt. v. 29.1.1986 – VIII ZR 49/85, ZIP 1986, 507; BGH, Urt. v. 16.4.1986 – VIII ZR 79/85, BGHZ 97, 351 = NJW 1986, 1988 = ZIP 1986, 781 = Zeller III, 108; OLG Köln, Beschl. v. 19.8.1996 – 1 W 72/96, BB 1996, 2661 = MDR 1997, 32; OLG Düsseldorf, Urt. v. 18.4.2000 – 24 U 123/99, ZMR 2001, 102; OLG München, Urt. v. 22.6.2004 – 13 U 2315/04, NJW-RR 2005, 573.

1831) BGH, Urt. v. 30.6.1982 – VIII ZR 115/81, ZIP 1982, 1212.

1832) BGH, Urt. v. 10.3.1983 – VII ZR 302/82, NJW 1983, 1489.

1833) OLG Hamm, Urt. v. 27.9.1991 – 20 U 106/91, rkr. durch Nichtannahmebeschl. des BGH v. 21.10.1992 – VIII ZR 223/91.

1834) BGH, Urt. v. 2.5.2007 – XII ZR 109/04, NJW 2007, 2110.

BGB) bzw. durch Rücknahmeverlangen (§ 356 Abs. 2 Satz 1 2. Alt. BGB) kommt nur bei **Leih- und Getränkelieferungsverträgen** in Betracht.[1835] Die Rücksendung bzw. Rückgabe gelieferter Getränke ist dagegen durchweg nicht als Widerruf auszulegen. Zum einen können weder die einzelne Bestellung noch alle vorhergehenden Einzelkaufverträge über Getränke widerrufen werden.[1836] Zum anderen muss für den Getränkelieferanten erkennbar sein, auf welchen Vertrag sich der Widerruf bezieht.[1837] Dass dürfte durchweg nicht der Fall sein. Die Rücksendung bzw. Rückgabe von Vollgut wie etwa bei Reklamationen oder Kommissionsware kann nämlich auch aus nicht verbraucherkreditrechtlichen Gründen erfolgen.

bb) **Versandfähigkeit.** Eine **Rücksendung** setzt voraus, dass ein Versand unter Einhaltung bestimmter Höchstmaße möglich ist.[1838] Auch wenn das Gesetz lediglich von der Versendung „als Paket" spricht, muss wohl im Interesse des Verbrauchers, dem die Ausübung des Rechts nicht erschwert werden soll, auch nach Wegfall des Postmonopols zunächst weiterhin auf die Möglichkeit eines Versands durch die Deutsche Post AG und damit deren für die Paketbeförderung zuständige Tochter DHL abgestellt werden. Nach den maßgeblichen Bedingungen sind das Paketgewicht und das Paketmaß begrenzt. Grundsätzlich scheidet ein Transport durch Postpaket bei einem Gewicht über 31,5 kg oder bei Überschreitung der Höchstmaße von 120 x 60 x 60 cm aus. Als Maxitransport werden sperrige Gegenstände bis zu einem Gewicht von 100 kg transportiert, wenn sie das Höchstmaß von 600 x 230 x 200 cm bzw. das Volumen von vier Kubikmeter nicht überschreiten und von zwei Personen getragen werden können.[1839] 2.1523

Sind die Höchstwerte überschritten und kommt ein Postversand nicht in Betracht, reduziert sich die Verpflichtung des Verbrauchers auf das **Rücknahmeverlangen** und die Bereithaltung der Sache zur Abholung (Holschuld des Unternehmers).[1840] 2.1524

cc) **Erkennbarkeit.**[1841] Wirksam ist ein Widerruf durch Rücksendung der Sache nur, wenn der Getränkelieferant erkennen kann, auf welchen Vertrag sich der konkludente Widerruf bezieht. Weiter muss der Widerruf die Person des Erklärenden erkennen lassen. Insofern ist die Namensangabe als Absender des Postpakets hinreichend. 2.1525

1835) Siehe oben § 25 IX 2 c bb.

1836) BGH, Urt. v. 4.12.1996 – VIII ZR 360/95, NJW 1997, 933 = ZIP 1997, 593. Siehe oben § 26 IV 4 m. w. N. und § 26 X 7 d aa, jeweils m. w. N.

1837) Siehe oben § 26 V 3 m. w. N.

1838) Erman-*Saenger*, BGB, § 357 Rz. 6.

1839) So berichtet von Erman-*Saenger*, BGB, § 356 Rz. 8.

1840) Erman-*Saenger*, BGB, § 357 Rz. 7.

1841) Siehe oben § 26 V 3 m. w. N.

2.1526 e) **Prozess.** Auch in dem klageweise verfolgten Begehren auf Feststellung der Unwirksamkeit der Bezugsvereinbarung ist ein Widerruf der auf den Abschluss des Vertrages gerichteten Willenserklärung zu sehen.[1842)]

2.1527 Ebenso liegt es bei dem **Widerspruch gegen einen Mahnbescheid,**[1843)] etwa im Fall der Geltendmachung eines Malusbetrages.[1844)]

2.1528 Ein Widerruf kann auch in der **Anzeige der Verteidigungsbereitschaft** des auf Grund eines Schuldbeitritts in Anspruch genommenen Verbrauchers im Rahmen eines schriftlichen Vorverfahrens gem. § 276 Abs. 1 Satz 1 ZPO zu sehen sein.[1845)]

2.1529 Zur Interpretation einer **Klageerwiderung** oder der **Übergabe eines Schriftsatzes in der mündlichen Verhandlung vor Gericht** ausführlich die BGH-Entscheidung vom 10.7.1996.[1846)] Lässt beispielsweise die **Berufungsbegründung** hinreichend deutlich den Willen erkennen, dass die Klage auch auf ein Widerrufsrecht (nach dem AbzG) gestützt sein soll, so ist dies als ausreichende Widerrufserklärung anzusehen.[1847)]

5. Zugang

2.1530 Der Verbraucher hat den Zugang seines Widerrufs, einer empfangsbedürftigen Willenserklärung, gegenüber dem Unternehmer herbeizuführen.

6. Bedingung

2.1531 Als Gestaltungsrecht ist der Widerruf bedingungsfeindlich und nach seinem Wirksamwerden selbst unwiderruflich. Zulässig ist dagegen ein **Eventualwiderruf** für den Fall, dass die vom Verbraucher primär geltend gemachte Rechtsverteidigung, z. B. der Vertrag sei nichtig, erfolglos bleibt.

1842) BGH, Urt. v. 17.4.1996 – VIII ZR 44/95, NJW 1996, 2094 = ZIP 1996, 1012.

1843) BGH, Urt. v. 5.6.1996 – VIII ZR 151/95, BGHZ 133, 71 = NJW 1996, 2156 = ZIP 1996, 1209; OLG Karlsruhe, Urt. v. 25.2.1997 – 8 U 32/96, WM 1997, 1340.

1844) BGH, Urt. v. 5.6.1996 – VIII ZR 151/95, BGHZ 133, 71 = NJW 1996, 2156 = ZIP 1996, 1209; *Paulusch*, Brauerei- und Gaststättenrecht, 9. Aufl. 1996, Rz. 217.

1845) OLG Karlsruhe, Urt. v. 25.2.1997 – 8 U 32/96, WM 1997, 1340.

1846) BGH, Urt. v. 10.7.1996 – VIII ZR 213/95, BGHZ 133, 220 = NJW 1996, 2865 = ZIP 1996, 1657.

1847) BGH, Urt. v. 3.7.1991 – VIII ZR 201/90, NJW 1991, 2903 = ZIP 1991, 1011 = Zeller IV, 124; BGH, Urt. v. 21.10.1992 – VIII ZR 99/91, NJW-RR 1993, 562.

7. Motive

Auf die Beweggründe kommt es nicht an. Auch ein willkürlicher Widerruf ist grundsätzlich beachtlich.[1848] Daher berechtigen sowohl formale Verstöße gegen die Grundsätze über eine ordnungsgemäße Widerrufsbelehrung als auch sachfremde Motive bei einer fehlenden oder fehlerhaften Widerrufsbelehrung im Rahmen des § 355 Abs. 4 Satz 3 BGB zum fortdauernden Widerruf. 2.1532

8. Begründung

Gerade weil dem Verbraucher der Widerruf möglich sein soll, ohne dass hierfür ein besonderer Grund vorliegt, braucht dieser keine Begründung zu enthalten (§ 355 Abs. 1 Satz 2 Halbs. 1 BGB).[1849] 2.1533

9. Objektiver Teilwiderruf

a) Fragestellung. Gemischte Verträge wie Getränkelieferungsverträge können sowohl sachlich als auch persönlich (§ 512) dem Verbraucherkreditrecht unterfallen. Daher bedarf es ggf. sowohl hinsichtlich der verbraucherkreditrechtlichen Komponente einer Widerrufsinformation als auch hinsichtlich der bezugsrechtlichen Verpflichtung einer Widerrufsbelehrung.[1850] Denkbar ist es, dass der Verbraucher nur die Getränkebezugsverpflichtung oder nur die kreditrechtlichen Verpflichtungen widerruft. Fraglich ist, ob dies rechtlich möglich ist. 2.1534

b) Auslegung. Der BGH sah keine Bedenken, die Widerrufserklärung bei **Vertragsübernahme** einer Getränkebezugsverpflichtung trotz der anderslautenden Formulierung („… widerrufen … den Darlehens- und Getränkelieferungsvertrag …".) nicht auf den übernommenen Vertrag, sondern auf die Vertragsübernahme selbst zu beziehen (§§ 133, 157 BGB). Dafür sprach auch, dass die Prozessbeteiligten und die Vorinstanzen ebenso wie die Revisionserwiderung den Widerruf stets in diesem Sinne verstanden hatten. Daneben kann auch der übernommene Vertrag widerrufen werden.[1851] 2.1535

c) Meinungsstand. Teilweise wird vertreten, eine nur teilweise Ausübung des Widerrufsrechts komme nicht in Betracht, wenn ein Widerrufsrecht für den gesamten Vertrag oder für einen Vertragsteil eines einheitlichen gemischten Ver- 2.1536

1848) BGH, Urt. v. 3.7.1991 – VIII ZR 201/90, NJW 1991, 2903 = ZIP 1991, 1011 = Zeller IV, 124; OLG Koblenz, Urt. v. 25.3.1994 – 2 U 1573/92, WM 1994, 2031; OLG Köln, Beschl. v. 19.8.1996 – 1 W 72/96, BB 1996, 2661 = MDR 1997, 32.

1849) BGH, Urt. v. 29.1.1986 – VIII ZR 49/85, ZIP 1986, 507; BGH, Urt. v. 21.10.1992 – VIII ZR 99/91, NJW-RR 1993, 562.

1850) Siehe oben § 25 V 14 b bb m. w. N.

1851) BGH, Urt. v. 10.5.1995 – VIII ZR 264/94, BGHZ 129, 371 = NJW 1995, 2290 = ZIP 2995, 996.

trages gegeben sei.[1852] Das Gesetz habe den Widerruf als Vertragslösungsrecht, nicht als Vertragsänderungsrecht ausgestaltet. Wäre ein allgemeines Teilwiderrufsrecht anerkannt, dann hätte es der Verbraucher in der Hand, die von den Parteien vereinbarten Vertragszusammenhänge zu zerreißen und das **Äquivalenz**gefüge des Vertrages zu zerstören; dem Unternehmer würde dadurch ein Vertrag mit einem Inhalt aufgezwungen, den er so nie abgeschlossen hätte (**Folgenbetrachtung**). Dass ein Teilwiderruf wegen der vertragshindernden Wirkung nicht zulässig sei, zeigten auch § 311 Abs. 1 BGB, der für die Inhaltsänderung eines Vertrages einen Vertrag vorschreibe, und § 315 BGB, nach dem ein Gestaltungsrecht zur näheren Bestimmung des Vertragsinhalts voraussetze, dass die Parteien ein solches Leistungsbestimmungsrecht vereinbart haben.[1853] Dies gelte insbesondere für **verbundene Verträge.**[1854]

2.1537 Nach h. M.[1855] ist ein (objektiver) Teilwiderruf nur hinsichtlich des dem Verbraucherkreditrecht unterfallenden Teiles des (Getränkelieferungs-)Vertrages möglich und auch erforderlich. Der Widerruf erstreckt sich nur auf den widerruflichen Vertragsteil. Die Vertragswirksamkeit im Übrigen beurteilt sich nach § 139 BGB. Diese Auffassung wird im Zusammenhang mit gemischten Verträgen teilweise auch von denjenigen vertreten, die im Übrigen der vorgenannten Mindermeinung zuzurechnen sind.[1856]

2.1538 d) **Stellungnahme.** Für die h. M. spricht der Umstand, dass sie eine größere Einzelfallgerechtigkeit herbeiführt. Selbst die Vorschriften über die Widerrufserstreckung bei verbundenen Verträgen (§ 358 Abs. 1 und 2 BGB) gelten nur, soweit sachlich und persönlich ein Verbrauchervertrag vorliegt. Dies wird durch die Neufassung des § 358 Abs. 2 („aufgrund des § 495 Abs. 1" BGB) nunmehr auch ausdrücklich klargestellt.

2.1539 e) **Praxishinweis.** Die Getränkebezugsverpflichtung steht mit dem finanziellen Leistungen des Getränkelieferanten in einem Gegenseitigkeitsverhältnis.[1857] Wird ein Teil des Schuldverhältnisses i. w. S. widerrufen, so dürfte dies regelmäßig zur Unwirksamkeit des Vertrages insgesamt führen. Etwas anderes gilt, wenn die Parteien hierüber eine abweichende vertragliche Regelung getroffen haben.

1852) So Staudinger-*Kaiser*, BGB, § 355 Rz. 27, 28.

1853) BGH, Urt. v. 3.7.1991 – VIII ZR 201/90, NJW 1991, 2903 = ZIP 1991, 1011 = Zeller IV, 124.

1854) MünchKomm-*Habersack*, BGB, § 358 Rz. 74; a. A. noch BGH, Urt. v. 14.6.1984, III ZR 81/83, NJW 1984, 2292 (§ 6 AbzG).

1855) Die nachfolgenden Hinweise beschränken sich auf die Rechtsprechung zum Getränkelieferungsvertrag. BGH, Urt. v. 26.10.1990 – V ZR 22/89, BGHZ 112, 376 = NJW 1991, 917 = Zeller IV, 106 (Grundstückskaufvertrag und Getränkelieferungsvertrag); BGH, Urt. v. 3.7.1991 – VIII ZR 201/90, NJW 1991, 2903 = ZIP 1991, 1011 = Zeller IV, 124 (Darlehensvertrag und widerrufener Getränkelieferungsvertrag). Vgl. im Übrigen unten § 26 X 7 jeweils m. w. N.

1856) Bülow/Artz-*Bülow*, Verbraucherkreditrecht, § 495 Rz. 68.

1857) Siehe unten § 39 I 3 c m. w. N., und § 26 X 7 c aa m. w. N.

10. Subjektiver Teilwiderruf

a) Widerrufsberechtigung. aa) Grundsatz. Wie bereits ausgeführt,[1858)] kann jeder Verbraucher/Existenzgründer unabhängig von einem etwaigen Widerrufsrecht von Mitvertragspartnern sein Widerrufsrecht isoliert ausüben. 2.1540

bb) Vertreter. Ob die Vollmacht des Vertreters auch die Ausübung des Widerrufsrechts im Namen des Vertretenen umfasst, hängt vom Umfang der Vollmacht ab. Hat der Vertreter den Verbrauchervertrag ohne Vollmacht des vertretenen Verbrauchers geschlossen, so steht das Widerrufsrecht dem falsus procurator zu, sofern dieser die persönlichen Voraussetzungen eines Verbrauchers erfüllt. Lehnt der vermeintlich Vertretene die Genehmigung des Vertrages ab, so kann er in analoger Anwendung des § 355 Abs. 1 Satz 1 BGB das Widerrufsrecht auch seinerseits ausüben, um seiner Haftung aus § 179 Abs. 1 BGB zu entgehen.[1859)] 2.1541

b) Der Widerruf kann **gegenüber mehreren Unternehmern** nur einheitlich ausgeübt werden. Er muss gegenüber allen Unternehmern erklärt werden, um wirksam zu werden. Der Widerruf wird in dem Zeitpunkt wirksam, in dem die Widerrufserklärung dem Letzten der Widerrufsgegner zugeht.[1860)] 2.1542

11. Form

a) **Grundsatz.** Die Widerrufserklärung ist an keine Form gebunden. 2.1543

b) **Alternativen.** § 355 Abs. 1 Satz 2 Halbs. 1 BGB schreibt aus Beweisgründen die Varianten des Widerrufs in Textform und damit auch Schriftform sowie bei beweglichen Sachen die Rücksendung der Sache vor. Die Rückgabe steht der Rücksendung gleich.

c) **Textform.** Neben der schriftlichen Erklärung ist auch der Widerruf durch Fax oder E-Mail zulässig. Die Erklärung muss aber den Anforderungen des § 126b BGB genügen. 2.1544

d) **Unterschrift.** Die Erklärung bedarf weder einer eigenhändigen Unterschrift i. S. v. § 126 Abs. 1 BGB noch – wie auch der Umkehrschluss aus § 126a Abs. 1 BGB deutlich macht – einer elektronischen Signatur; sie muss den Erklärenden zweifelsfrei erkennen lassen. 2.1545

e) Es genügt, wenn der Widerruf in Anwesenheit des Vertragspartners **mündlich zu Gerichtsprotokoll** erklärt wird[1861)] oder in einem in mündlicher Ver- 2.1546

1858) Siehe oben § 26 II 1 jeweils m. w. N.

1859) BGH, Urt. v. 13.3.1991 – XII ZR 71/90, NJW-RR 1991, 1074 (§ 312 BGB); BGH, Urt. v. 2.5.2000 – XI ZR 150/99, NJW 2000, 2268 (§ 312 BGB).

1860) Staudinger-*Kaiser*, BGB, § 355 Rz. 44.

1861) BGH, Urt. v. 24.4.1985 – VIII ZR 73/84, ZIP 1985, 807.

handlung dem Gericht übergebenen Schriftsatz erfolgt, von dem der Getränkelieferant, ggf. sein Anwalt, Kenntnis erhalten hat.[1862)]

12. Widerruf des Widerrufs

2.1547 Ist der Widerruf durch Zugang einer entsprechenden Erklärung wirksam geworden, kann er nicht mehr einseitig zurückgenommen werden. Es gibt also beispielsweise keinen „Widerruf einer Kündigung", keinen „Widerruf eines Widerrufs" oder etwa einen „Rücktritt vom Rücktritt". Nach Vornahme des Gestaltungsrechts ist dieses verbraucht.[1863)]

13. Rückgewähr erbrachter Leistungen

2.1548 Im Falle des Widerrufs ist ein Darlehen zurückzuzahlen bzw. erbrachte Leistungen sind zurückzugewähren. Davon hängt die Wirksamkeit des Widerrufs allerdings nicht ab.[1864)]

VI. Widerrufsfrist

1. Voraussetzungen des Fristbeginns

2.1549 Der Fristbeginn wird durch insgesamt drei Umstände markiert.[1865)]

2.1550 a) **Erteilung einer ordnungsgemäßen Widerrufsbelehrung.** Nach dem eindeutigen Wortlaut des § 355 Abs. 3 Satz 1 BGB („wenn") beginnt die Widerrufsfrist nicht erst mit Abschluss des Vertrages zu laufen, sondern bereits mit dem Zeitpunkt, indem dem Verbraucher eine den Anforderungen des § 360 Abs. 1 BGB entsprechende Belehrung über sein Widerrufsrecht in Textform (§ 126b BGB) – ggf. auch im Wege der Nachholung – mitgeteilt worden ist.

2.1551 b) Dies erfordert auch den **Zugang** der Belehrung in Textform.[1866)] Die Möglichkeit, eine im Internet veröffentlichte Widerrufserklärung zu speichern oder zu reproduzieren, genügt nicht.[1867)]

2.1552 c) Auf die **Annahmeerklärung** des Unternehmers und das Wirksamwerden des Vertrages kommt es, wie sich aus Anlage 1 zu Art. 246 EGBGB und dem

---

1862) BGH, Urt. v. 6.12.1989 – VIII ZR 310/88, BGHZ 109, 314 = NJW 1990, 567 = Zeller IV, 210; BGH, Urt. v. 3.7.1991 – VIII ZR 201/90, NJW 1991, 2903 = ZIP 1991, 1011 = Zeller IV, 124; BGH, Urt. v. 21.10.1992 – VIII ZR 99/91, NJW-RR 1993, 562; BGH, Urt. v. 10.7.1996 – VIII ZR 213/95, BGHZ 133, 220 = NJW 1996, 2865 = ZIP 1996, 1657.

1863) Bülow/Artz-*Bülow*, Verbraucherkreditrecht, § 495 Rz. 40.

1864) Vgl. auch oben § 25 XI 2 b m. w. N.

1865) Zur Altrechtslage nach AbzG bzw. VerbrKrG wird verwiesen auf *Bühler*, Brauerei- und Gaststättenrecht, 12. Aufl. 2009, Rz. 1596 f., jeweils m. w. N.

1866) BGH, Urt. v. 29.4.2010 – I ZR 66/08, NJW 2010, 3566 = ZIP 2010, 2249.

1867) OLG Naumburg, Urt. v. 13.7.2007 – 4 U 14/07, NJW-RR 2008, 776.

Umkehrschluss aus § 312d Abs. 2 BGB ergibt, nicht an.[1868] Die tragenden Gründe dieser zu einem Haustürgeschäft ergangenen Entscheidung sind verallgemeinerungsfähig.[1869] Dies entspricht im Wesentlichen der Rechtslage nach dem AbzG. Danach begann die Widerrufsfrist nach § 1a Abs. 2 AbzG mit Aushändigung der darin genannten Abschrift zu laufen. Im Übrigen war in § 1a Abs. 3 AbzG von einer „Abschrift der Urkunde" die Rede.[1870]

d) **Zurverfügungstellung eines Vertragsbelegs.** Im Hinblick auf das Schriftformerfordernis bei Ratenlieferungsverträgen (§ 510 Abs. 2 Satz 1 BGB) fordert § 355 Abs. 3 Satz 2 BGB bei Getränkelieferungsverträgen ebenso wie § 492 Abs. 1 Satz 1 BGB für Verbraucherdarlehensverträge zusätzlich zu der Zurverfügungstellung der Widerrufsbelehrung auch eine Aushändigung der Vertragsurkunde bzw. der gleichgestellten Vertragsunterlagen.[1871] Damit genügt auch eine Aushändigung des Antrages des Verbrauchers, vorausgesetzt er enthält alle Vertragsbedingungen.[1872] 2.1553

2. Fristberechnung

Die Fristberechnung erfolgt hinsichtlich der 14-Tage-Frist nach §§ 187 Abs. 1, 188 Abs. 1 BGB bzw. hinsichtlich der Monatsfrist nach §§ 187 Abs. 1, 188 Abs. 2 1. Alt. und Abs. 3, 193 BGB. 2.1554

3. Fristbeginn

Für die Berechnung des Fristbeginns ist es unerheblich, um welchen Wochentag es sich handelt. Die Widerrufsfrist beginnt in dem zuletzt genannten Fall erst mit dem auf die Aushändigung der Widerrufsbelehrung folgenden Tag (0:00 Uhr). 2.1555

4. Fristende

a) Die **14-Tage-Frist** endet mit dem Ablauf des 14. Tages beginnend mit dem Folgetag des Tages, an welchem die letzte für den Fristbeginn erforderliche Voraussetzung erfüllt wird. Der Tag des Fristendes ist sonach der gleiche Wo- 2.1556

1868) BGH, Urt. v. 18.10.2004 – II ZR 352/02, NJW-RR 2005, 180 = ZIP 2004, 2319.

1869) BGH, Urt. v. 18.10.2004 – II ZR 352/02, NJW-RR 2005, 180 = ZIP 2004, 2319; BGH, Urt. v. 12.4.2007 – VII ZR 122/06, BGHZ 172, 58 = NJW 2007, 1946 = ZIP 2007, 1067, läst offen; BGH, Urt. v. 23.9.2010 – VII ZR 6/10, BGHZ 187, 97 = NJW 2010, 3503 = ZIP 2010, 2052.

1870) BGH, Urt. v. 10.5.1995 – VIII ZR 264/94, BGHZ 129, 371 = NJW 1995, 2290 = ZIP 2995, 996; OLG Hamm, Urt. v. 13.3.1995 – 2 U 139/94, NJW-RR 1996, 46.

1871) BGH, Urt. v. 13.1.2009 – XI ZR 118/08, NJW-RR 2009, 709 = ZIP 2009, 362; OLG Jena, Urt. v. 28.9.2010 – 5 U 57/10, BeckRS 2010, 25722; OLG Köln, Urt. v. 25.1.2012 – 13 U 30/11, BeckRS 2012, 09575.

1872) Palandt-*Grüneberg*, BGB, § 355 Rz. 20.

chentag wie derjenige, an welchem das die Frist auslösende Ereignis eintritt, jedoch zwei Wochen später.

2.1557 b) Die **Monatsfrist** endet mit Ablauf desjenigen Tages des Folgemonats, der durch seine Zahl dem Tag des Fristbeginns entspricht bzw. – falls der Folgemonat kürzer ist – mit dem Ablauf des letzten Tages des Folgemonats (§ 188 Abs. 3 BGB). Fällt das Fristende auf einen Samstag oder Sonntag oder auf einen staatlichen Feiertag am Wohnsitz des Verbrauchers, so endet die Frist nach § 193 BGB erst am nächsten Werktag.[1873)]

5. Fristwahrung

2.1558 a) Zur Wahrung der Widerrufsfrist genügt die **rechtzeitige Absendung des Widerrufs** vor Fristablauf (§§ 355 Abs. 1 Satz 2 Halbs. 2, 121 Abs. 1 Satz 2 BGB). Dass dieser erst mit Zugang beim Unternehmer wirksam wird (§ 130 BGB), steht nicht entgegen.

2.1559 b) **Zugang.** Der Widerruf wird als empfangsbedürftige Willenserklärung nach § 130 BGB erst wirksam, wenn er dem Unternehmer zugegangen ist. Dies ergibt sich aus § 121 Abs. 1 Satz 2 BGB. Geht der Widerruf auf dem Postwege **verloren**, so bleibt die Widerrufsfrist gewahrt, wenn der Verbraucher den Widerruf unverzüglich wiederholt – hier einen Tag später, nachdem er vom fehlenden Zugang Kenntnis erlangt hat.[1874)] Nur im Falle der Rücksendung wird der Widerruf wegen der Gefahrtragung des Unternehmers auch wirksam, wenn die Sache während des Transports verloren geht.[1875)]

VII. Erlöschen des Widerrufsrechts[1876)]

1. Verjährung

2.1560 Die Gestaltungsverjährung nach § 218 Abs. 1 BGB ist auf Rücktrittsrechte wegen Leistungsstörungen beschränkt und erfasst das im Belieben des Verbrauchers stehende Widerrufsrecht des § 355 BGB nicht.[1877)]

2. Ausschlussfrist

2.1561 Die 14-tägige Regelwiderrufsfrist des § 355 Abs. 3 Satz 1 und 2 BGB und die einmonatige Widerrufsfrist des § 355 Abs. 3 Satz 3 und 4 BGB sind Ausschlussfristen. Innerhalb dieser Fristen muss das Widerrufsrecht ausgeübt werden. Er-

---

1873) Palandt-*Grüneberg*, BGB, § 355 Rz. 5.

1874) OLG Dresden, Urt. v. 20.10.1999 – 8 U 2081/99, NJW-RR 2000, 354.

1875) Palandt-*Grüneberg*, BGB, § 355 Rz. 10.

1876) Zu weiteren, nicht mehr aktuellen Ausschlussgründen kann verwiesen werden auf *Bühler*, Brauerei- und Gaststättenrecht, 13. Aufl. 2011, Rz. 2002–2007, jeweils m. w. N.

1877) Staudinger-*Kaiser*, BGB, § 355 Rz. 82.

klärt der Verbraucher den Widerruf nicht bis zum Fristablauf, entfällt das Widerrufsrecht.

3. Erlöschensfrist

a) **Rückblick.** Nach § 7 Abs. 2 Satz 3 2. Alt. VerbrKrG schied seit dem **1.1.1992** ein Widerrufsrecht bei nicht ordnungsgemäßer und erst recht bei fehlender Belehrung dann aus, wenn bereits **ein Jahr** nach Abgabe der auf den Abschluss des Kreditvertrages gerichteten Willenserklärung verstrichen war. Durch das Gesetz zur Modernisierung des Schuldrechts wurde diese Frist in § 355 Abs. 3 Satz 1 BGB a. F. seit dem **1.1.2002** auf **sechs Monate** verkürzt.[1878)] 2.1562

Diese Regelung wurde bereits wenige Monate nach Inkrafttreten des SMG auf der Grundlage des OLG-VertretungsänderungsG mit Wirkung ab dem **2.11.2002** (Art. 229 § 9 Abs. 1 Satz 1 Nr. 2 EGBGB) dahingehend geändert, dass bei fehlender oder fehlerhafter Widerrufsbelehrung ein **dauerhaftes Widerrufsrecht** gegeben war (§ 355 Abs. 3 Satz 3 BGB a. F.). Auslöser war eine Entscheidung des EuGH vom 13.12.2001[1879)] zur Widerrufbarkeit eines Realkreditvertrages und zur unzulässigen Befristung des Widerrufsrechts bei **Haustürgeschäften.** Danach war der nationale Gesetzgeber nicht berechtigt, das für Haustürgeschäfte geltende Widerrufsrecht entgegen der Haustürgeschäfterichtlinie 85/577/EWG durch eine Befristung einzuschränken. Der Verbraucher werde nicht hinreichend geschützt, weil er ein Widerrufsrecht nicht ausüben könne, wenn es ihm nicht bekannt sei. Allerdings beschränkte der (deutsche) Gesetzgeber sich nicht darauf, eine Ausnahmeregelung für Haustürgeschäfte einzuführen. Vielmehr ging er weit über die EU-Vorgaben hinaus und ließ einheitlich für alle Sachverhaltsgestaltungen und sämtliche Verträge die Befristung des Widerrufsrechts entfallen. 2.1563

b) **Geltendes Recht.** Aktuell gibt es zwar eine gesetzliche Ausschlussfrist von spätestens sechs Monaten nach Vertragsschluss (§ 355 Abs. 4 Satz 1 BGB). Diese Ausschlussfrist hat aber nur marginale Bedeutung. Seit Inkrafttreten des Gesetzes und damit bis auf den heutigen Tag steht dem Verbraucher/Existenzgründer, der nicht oder fehlerhaft belehrt worden ist, sonach ein **dauerhaftes Widerrufsrecht** während der gesamten Vertragslaufzeit zu (§ 355 Abs. 4 Satz 3 BGB). 2.1564

Auf die **Kausalität** der Missverständlichkeit der Widerrufsbelehrung für das Unterlassen eines fristgemäßen Widerrufs kommt es nicht an. Allein der Um- 2.1565

1878) *Bühler,* Brauerei- und Gaststättenrecht, 12. Aufl. 2009, Rz. 1611–1613.

1879) EuGH, Urt. v. 13.12.2001 – Rs. C-481/99, **Heininger**, NJW 2002, 281 = ZIP 2002, 31, zu § 7 Abs. 2 VerbrKrG; EuGH, Urt. v. 10.4.2008 – Rs. C-412/06 – Hamilton, NJW 2008, 1865 = ZIP 2009, 772.

stand einer nicht ordnungsgemäßen Belehrung rechtfertigt die Zubilligung der Ausübung des Widerrufs auch noch nach Ablauf der gesetzlichen Frist.[1880)]

2.1566 c) **De lege ferenda** wäre es sehr zu begrüßen, die derzeitige, überschießende Gesetzesregelung wieder auf das Notwendige zu begrenzen. Art. 9 Abs. 1 **Verbraucherrechterichtlinie vom 25.10.2011,**[1881)] die innerhalb von zwei Jahren umzusetzen ist, sieht ein Widerrufsrecht von 14 Tagen für Fernabsatzverträge und außerhalb von Geschäftsräumen geschlossene Verträge vor (Art. 9 Abs. 2 Richtlinie). Hat der Gewerbetreibende den Verbraucher nicht gem. Art. 6 Abs. 1 h Richtlinie über sein Widerrufsrecht aufgeklärt, so läuft die Widerrufsfrist nach Art. 10 Abs. 1 der Richtlinie zwölf Monate später ab.

4. Beginn der Erlöschensfrist

2.1567 a) Ist die Erklärung von einem **vollmachtlosen Vertreter** abgegeben worden, so beginnt die Erlöschensfrist nicht schon mit der Erklärung des Vertreters, sondern erst mit der Genehmigung durch den Verbraucher. Denn es kommt entscheidend auf den Zeitpunkt an, zu dem die Erklärung nach dem rechtsgeschäftlichen Willen des Verbrauchers erkennbar so geäußert wird, dass an ihrer Endgültigkeit kein Zweifel möglich ist.[1882)] Etwas anderes folgt auch nicht aus der Rückwirkungsfiktion des § 184 Abs. 1 BGB i. V. m. § 177 Abs. 1 BGB. Sie gilt nämlich nur im Zweifel und demzufolge dann nicht, wenn sich aus dem Gesetzeszweck Einschränkungen der Rückwirkung ergeben. Ausnahmen von der Rückwirkung der Genehmigung von Verpflichtungsgeschäften werden beispielsweise angenommen, wenn die Rückwirkung eine unzulässige Verkürzung von Fristen zur Folge hätte. So liegt es auch bei der Widerrufsfrist des § 355 Abs. 2 Satz 1 BGB, wobei davon auszugehen ist, dass die Frage der Genehmigungsrückwirkung für die 14-tägige Frist nach § 355 Abs. 2 Satz 1 BGB und die Halbjahresfrist nach § 355 Abs. 4 Satz 1 BGB – ungeachtet der unterschiedlichen Anknüpfungspunkte für den Fristbeginn – nicht differenzierend beantwortet werden kann.[1883)]

2.1568 b) Bei dem **Schuldbeitritt** zu künftigen Verbindlichkeiten – hier: aufgrund eines Rahmenvertrages zu in der Zukunft abzuschließenden, ratenweise zu erfüllenden Einzelkaufverträgen – beginnt die Widerrufsfrist des § 355 Abs. 2 Satz 1 BGB mit der Abgabe der Beitrittserklärung. Der spätere Abschluss der Einzelverbindlichkeiten ist dann ohne Bedeutung, weil es an einer erneuten Willens-

---

1880) BGH, Urt. v. 23.6.2009 – XI ZR 156/08, NJW 2009, 3020 = ZIP 2009, 1512; OLG Oldenburg, Urt. v. 9.3.2006 – 1 U 134/05, NJW 2006, 3076.

1881) ABl EU L 304/64 v. 22.11.2011.

1882) BGH, Urt. v. 10.5.1995 – VIII ZR 264/94, BGHZ 129, 371 = NJW 1995, 2290 = ZIP 2995, 996.

1883) BGH, Urt. v. 10.5.1995 – VIII ZR 264/94, BGHZ 129, 371 = NJW 1995, 2290 = ZIP 2995, 996.

erklärung des Beitretenden fehlt. Dies kann zwar dazu führen, dass der Beitretende aufgrund des an seine Willenserklärung gebundenen Beginns der Widerrufsfrist unter Umständen ungünstiger gestellt ist, als er stünde, wenn er seinen Schuldbeitritt erst in unmittelbarem zeitlichen Zusammenhang mit dem Vertragsabschluss erklären würde. Im Einzelfall kann dies dazu führen, dass sein Widerrufsrecht erlischt, bevor die Schuld, der er beigetreten ist, entstanden ist. Hieraus kann zugleich folgen, dass die Widerrufsfrist für ihn früher abläuft als für den eigentlichen Vertragspartner, für dessen Verbindlichkeit er haftet, soweit Letzterer gleichfalls dem persönlichen Anwendungsbereich des VerbrKrG unterfällt. Dies alles ist jedoch eine notwendige Folge des Umstandes, dass die Widerrufsfrist für jeden der Beteiligten jeweils nur an dessen Willenserklärung anknüpft und von anderen Erklärungen zeitlich unabhängig ist.[1884)] Der Wortlaut des § 355 Abs. 2 Satz 1 BGB ist insoweit eindeutig und auch das Schutzbedürfnis des Beitretenden legt im Rahmen der nur entsprechenden Anwendung des § 355 BGB auf den Schuldbeitritt kein anderes Ergebnis nahe. Denn da ein wirksamer Schuldbeitritt zu einer künftigen Verbindlichkeit deren genügend bestimmte Bezeichnung voraussetzt, ist der Beitretende bereits bei Abgabe der Beitrittserklärung in der Lage, die Risiken seiner Willenserklärung abzuschätzen.[1885)]

c) Handelt es sich bei dem Getränkelieferungsvertrag ausnahmsweise um einen **echten Sukzessivlieferungsvertrag**[1886)], so kommt es für den Beginn der Sechsmonatsfrist nach § 355 Abs. 4 Satz 1 BGB auf den Eingang der letzten Teilleistung an.[1887)] **2.1569**

5. Weitere Fragen von Interesse

a) **Vertragsübernahme.** Das Gesetz kennt keinen Erlöschenstatbestand „Vertragsübernahme“.[1888)] **2.1570**

b) **Schuldbeitritt.** Mangels einer ordnungsgemäßen Widerrufsbelehrung kann der Beitretende seine Erklärung selbst dann noch nach längerer Zeit widerrufen, wenn der bisherige Alleinschuldner belehrt worden ist und von seinem Widerrufsrecht keinen Gebrauch gemacht hat. Denn es geht um die Widerruflichkeit der Schuldmitübernahme selbst und nicht um eine irgendwie geartete „Bestandskraft“ des Vertrages, zu dessen Pflichten der Beitritt erklärt wird. Folglich kann **2.1571**

1884) BGH, Urt. v. 10.7.1996 – VIII ZR 213/95, BGHZ 133, 120 = NJW 1997, 2865 = ZIP 1996, 1657.

1885) BGH, Urt. v. 9.12.1958 – VIII ZR 80/56, NJW 1959, 291.

1886) Siehe oben § 8 IV 6 c.

1887) Begründung RegE zum FernAbsG, BT-Drucks. 14/2658, S. 43.

1888) Einzuleiten siehe oben § 17 III 6 a m. w. N. BGH, Urt. v. 17.4.1996 – VIII ZR 44/95, NJW 1996, 2094 = ZIP 1996, 1012; zu einer unter das VerbrKrG fallenden Vertragsübernahme BGH, Urt. v. 10.5.1995 – VIII ZR 264/94, BGHZ 129, 371 = NJW 1995, 2290 = ZIP 2995, 996; OLG Frankfurt/M., Urt. v. 17.3.2000 – 11 U (Kart) 29/99, BGH, VIII ZR 101/00, Revisionsrücknahme.

es entscheidend auch nur allein auf die Belehrung des Beitretenden ankommen.[1889)]

2.1572 c) **Faktische Beendigung.** Es versteht sich auch von selbst, dass bei einer ungenügenden Widerrufsbelehrung der Gastwirt seine Abschlusserklärung selbst dann noch widerrufen kann, wenn der Pachtvertrag über die Absatzstätte „faktisch beendet" ist und die Vertragsparteien nur noch über Schadensersatz- und Vertragsstrafenansprüche des Getränkelieferanten streiten.[1890)] Dazu bedarf es nicht der in der zitierten Entscheidung bemühten Schutzbedürftigkeit des Gastwirts noch im Stadium der Vertragsabwicklung. Ersatzansprüche statt der Leistung können dem Getränkelieferanten schon deshalb nicht zugestanden haben, weil der Gastwirt wegen der Widerruflichkeit seiner Vertragserklärung nie etwas geschuldet hat, sodass ihm im Rechtssinne auch nichts „unmöglich werden" und er die Erfüllung ebenso wenig „unberechtigt verweigern" konnte.

6. Verwirkung

2.1573 a) **Anwendbarkeit.** Auch wenn sich die einschlägigen Bestimmungen darauf beschränken, das Erlöschen des Widerrufsrechts entweder bei Fristablauf (§ 355 Abs. 4 Satz 1 BGB) oder in den Fällen nicht ordnungsgemäßer Belehrung (§ 355 Abs. 4 Satz 3 BGB) zu regeln, kann das Recht doch auch aus sonstigen Gründen wegfallen oder sich im Einzelfall als undurchführbar erweisen.[1891)] Das gilt nach der Neufassung des § 355 Abs. 4 BGB im besonderen Maße, weil das Widerrufsrecht danach in Fällen fehlender oder nicht ordnungsgemäßer Belehrung zeitlich unbefristet besteht (§ 355 Abs. 4 Satz 3 BGB). Dann sind die Voraussetzungen der Verwirkung zu prüfen.[1892)]

2.1574 b) **Voraussetzungen.** Eine Verwirkung des Widerrufsrechts ist allerdings nur in eng begrenzten Ausnahmefällen denkbar. Der Einwand der Verwirkung kann nur erhoben werden, wenn der Verbraucher trotz Kenntnis vom Widerrufsrecht längere Zeit (**Zeitmoment**) hiervon keinen Gebrauch macht und der Unternehmer sich darauf einrichten durfte und eingerichtet hat, dass mit der Ausübung des Widerrufs auch in Zukunft nicht zu rechnen ist (**Vertrauenstatbestand als Umstandsmoment**).[1893)] Aus dem Verhalten des Widerrufsberechtigten muss objek-

---

1889) BGH, Urt. v. 6.12.1989 – VIII ZR 310/88, BGHZ 109, 314 = NJW 1990, 567 = Zeller IV, 210.

1890) OLG Frankfurt/M., Urt. v. 18.3.1993 – 6 U 191/91, rkr. durch Nichannahmebeschl. d. BGH v. 27.4.1994 – VIII ZR 124/93.

1891) MünchKomm-*Masuch*, BGB, § 355 Rz. 64; a. A. Staudinger-*Kaiser*, BGB, § 355 Rz. 85.

1892) Streitig, wie hier MünchKomm-*Masuch*, BGB, § 355 Rz. 77; a. A. Bülow/Artz-*Bülow*, Verbraucherkreditrecht, § 495 Rz. 53.

1893) BGH, Urt. v. 21.7.2003 – II ZR 387/02, NJW 2003, 2821, 2823 = ZIP 2003, 1592; BGH, Urt. v. 14.6.2004 – II ZR 395/01, NJW 2004, 2731 = ZIP 2004, 1402; BGH, Urt. v. 18.10.2004 – II ZR 352/02, NJW-RR 2005, 180 = ZIP 2004, 2319; OLG Köln, Urt. v. 25.1.2012 – 13 U 30/11, BeckRS 2012, 09575.

tiv der Verzicht auf die Widerrufserklärung hervorgehen („beredtes Schweigen“) und der Widerrufsgegner muss sich darauf eingerichtet haben.[1894)]

c) **Zeitmoment.** Die erforderliche Zeitdauer, die seit der Möglichkeit der Geltendmachung des Rechts verstrichen sein muss, richtet sich nach den Umständen des Einzelfalls. Zu berücksichtigen sind vor allem die Art und Bedeutung des Anspruchs, die Intensität des von dem Berechtigten geschaffenen Vertrauenstatbestandes und das Ausmaß der Schutzbedürftigkeit des Verpflichteten. Ein Verhalten des Berechtigten, das einem konkludenten Verzicht nahekommt, mindert die erforderliche Zeitdauer. Die Schutzbedürftigkeit des Verpflichteten wird wesentlich bestimmt durch den Umfang seiner Vertrauenssituation und seinen Informationsstand.[1895)] **2.1575**

Jedenfalls kann der **Zeitablauf** allein bei fehlerhafter oder unterbliebener Belehrung die Verwirkung nicht begründen. Hatte es der Getränkelieferant an einer § 1b Abs. 2 Satz 2 AbzG genügenden Belehrung fehlen lassen, so stand dem Gastwirt die Möglichkeit des Widerrufs (hinsichtlich der Bezugsvereinbarung, nicht der bereits erfolgten Einzellieferungen!) auch noch nach längerer Zeit der Vertragsdurchführung zu. Dabei handelt es sich um die vom Gesetz gewollte Folge der unterbleibenden oder fehlerhaften Belehrung.[1896)] **2.1576**

Bei Altverträgen stand auch eine lange Zeit der Vertragsdurchführung der Möglichkeit des Widerrufs grundsätzlich nicht entgegen.[1897)] Selbst bei einem Zeitablauf von mehr als zehn Jahren lehnte der BGH eine Verwirkung ab.[1898)] Anders das OLG Köln in der berichteten Entscheidung für einen Widerruf sieben Jahre nach Vertragsschluss und fast fünf Jahre nach vollständiger Vertrabsabwicklung. Insofern kommt es nicht darauf an, ob der Widerrufende von dem trotz Fristablauf tatsächlich noch aus rechtlichen Gründen fortbestehenden Widerrufsrecht Kenntnis hatte.[1899)] Das ist jedenfalls dann unbedenklich, wenn es nicht um eine (vollständig) fehlende, sondern um eine formale miss- **2.1577**

1894) BGH, Urt. v. 27.3.2001 – VI ZR 12/00, NJW 2001, 2535; BGH, Urt. v. 18.10.2001 – I ZR 91/99, NJW 2002, 669 = ZIP 2002, 400.

1895) OLG Köln, Urt. v. 25.1.2012 – 13 U 30/11, BeckRS 2012, 09575, m. w. N.

1896) BGH, Beschl. v. 13.1.1983 – III ZR 30/82, WM 1983, 317; BGH, Urt. v. 19.2.1986 – VIII ZR 113/85, BGHZ 97, 127 = NJW 1986, 1697 = ZIP 1986, 505 = Zeller III, 102; BGH, Urt. v. 16.4.1986 – VIII ZR 79/85, BGHZ 97, 351 = NJW 1986, 1988 = ZIP 1986, 781 = Zeller III, 108; BGH, Urt. v. 3.7.1991 – VIII ZR 201/90, NJW 1991, 2903 = ZIP 1991, 1011 = Zeller IV, 124; BGH, Urt. v. 22.1.1992 – VIII ZR 374/89, NJW-RR 1992, 593; BGH, Urt. v. 30.9.1992 – VIII ZR 196/91, BGHZ 119, 283 = NJW 1993, 64 = ZIP 1992, 1573; BGH, Urt. v. 21.10.1992 – VIII ZR 99/91, NJW-RR 1993, 562.

1897) BGH, Urt. v. 10.5.1995 – VIII ZR 264/94, BGHZ 129, 371 = NJW 1995, 2290 = ZIP 2995, 996; BGH, Urt. v. 4.12.1996 – VIII ZR 360/95, NJW 1997, 933; BGH, Urt. v. 17.10.2006 – XI ZR 205/05, NJW-RR 2005, 180 = ZIP 2007, 18.

1898) BGH, Urt. v. 2.7.2001 – II ZR 304/02, BGHZ NJW 2001, 2718 = ZIP 2001, 1364; BGH, Urt. v. 18.10.2004 – II ZR 352/02, NJW-RR 2005, 180 = ZIP 2004, 2319.

1899) BGH, Urt. v. 16.3.2007 – V ZR 190/06, NJW 2007, 2183.

verständliche und allein deshalb nicht ordnungsgemäße Widerrufsfrist geht.[1900] Ein Ausschluss des Widerrufsrechts ist aus Gründen von Treu und Glauben (Verwirkung) jedenfalls dann möglich, wenn zur Zeit des Widerrufs bereits 99,6 % des zehnjährigen Bindungszeitraumes abgelaufen sind.[1901] Ebenso ist der Widerruf eines Leasingvertrages wegen fehlerhafter Widerrufsbelehrung sechs Jahre nach Vertragsschluss und vier Jahre nach vollständiger Vertragsabwicklung verwirkt.[1902]

2.1578 **d) Umstandsmoment. aa) Fehlende Widerrufsbelehrung.** Der Unternehmer kann sich nicht auf ein schutzwürdiges Vertrauen berufen, wenn er keine Widerrufsbelehrung erteilt hat.[1903] Der Verbraucher weiß regelmäßig wegen der Widerrufsbelehrung nicht, dass er den Vertrag nach Ablauf der in der Belehrung genannten Frist überhaupt noch widerrufen kann.[1904] Nach Sinn und Zweck des Widerrufsrechts soll es ausschließlich vom freien Willen des Verbrauchers abhängen, ob er seine Willenserklärung endgültig wirksam werden lassen will oder nicht. Unerheblich ist es, dass der Verbraucher über Jahre hinweg den Vertrag vollzogen hat und welche Gründe für den Widerruf ausschlaggebend sind. Der Annahme einer Verwirkung steht im Übrigen entgegen, dass der Unternehmer die Belehrung nach § 355 Abs. 2 Satz 3 BGB nachholen kann. Dadurch kann er eine Widerrufsfrist von einem Monat in Lauf setzen. Wegen dieser Möglichkeit, selbst für klare Verhältnisse zu sorgen, kommt Verwirkung nur bei Uraltverträgen in Betracht.

2.1579 **bb) Erfüllung.** Bei vollständiger, beiderseitiger Erfüllung sämtlicher Vertragspflichten aus dem Vertrag dürfte demgegenüber auch das sogenannte Umstandsmoment erfüllt sein. Dem steht auch nicht § 355 Abs. 4 Satz 3 BGB entgegen. Diese Vorschrift bedeutet lediglich, dass das Widerrufsrecht des nicht ordnungsgemäß belehrten Verbrauchers keiner gesetzlichen Ausübungs- oder Ausschlussfrist (§ 355 Abs. 1 Satz 2, Abs. 4 Satz 1 BGB) unterliegt, nicht aber, dass es ungeachtet der Grundsätze von Treu und Glauben (§ 242 BGB) gleichsam unbegrenzt ausgeübt werden könnte. Insofern gelten für ein unbefristetes Widerrufsrecht prinzipiell die gleichen Beschränkungen wie für andere, nicht an die Einhaltung bestimmter Fristen gebundene Gestaltungsrechte.[1905]

2.1580 **cc) Fehlerhafte Widerrufsbelehrung.** Ist dem Verbraucher eine Widerrufsbelehrung erteilt worden, so bedarf es der Differenzierung. Zu fragen ist, ob der durchschnittliche Verbraucher über das Bestehen eines befristeten Widerrufs-

1900) OLG Frankfurt/M., Urt. v. 25.10.2010 – 9 U 59/00, NJW-RR 2001, 1279 (§ 312 BGB); OLG Köln, Urt. v. 25.1.2012 – 13 U 30/11, BeckRS 2012, 09575.

1901) OLG Hamm, Urt. v. 5.7.1995 – 30 U 331/93, ZMR 1995, 536.

1902) KG, Urt. v. 16.8.2012 – 8 U 101/12, BeckRS 2012, 21953.

1903) BGH, Urt. v. 17.10.2006 – XI ZR 205/05, NJW-RR 2005, 180 = ZIP 2007, 18.

1904) BGH, Urt. v. 12.12.2005 – II ZR 327/04, NJW 2006, 497 = ZIP 2006, 221.

1905) OLG Köln, Urt. v. 25.1.2012 – 13 U 30/11, BeckRS 2012, 09575.

rechts als solchen im Unklaren gelassen wird. Belehrungen, die das Widerrufsrecht von irgendwelchen Bedingungen abhängig machen oder an seine Ausübung unzulässige, nachteilige Rechtsfolgen knüpfen, können kein Vertrauenstatbestand zu Gunsten des Unternehmers begründen. Dies etwa dann, wenn die Belehrung eine fehlerhafte und deshalb unwirksame Einschränkung dahingehend enthält, dass der Widerruf als nicht erfolgt gilt, wenn das Darlehen nicht binnen zwei Wochen zurückgezahlt wird.[1906)] Anderes ist dagegen zu entscheiden, wenn der Verbraucher aufgrund der Fehlerhaftigkeit der Belehrung keinen Anlass zu der Annahme hat, nach Ablauf der genannten Frist stehe ihm noch ein Widerrufsrecht zu. Der formale, eine bloße Ungenauigkeit in der Darstellung des Fristbeginns darstellende Fehler einer Widerrufsbelehrung führt nicht zu einer sachlichen Verfälschung der Belehrung über das Widerrufsrecht und hat deshalb keinen Einfluss auf die Entscheidung des Verbrauchers gehabt, an dem Geschäft festzuhalten. Auch besteht keine Verpflichtung des Unternehmers, die Belehrung nachzuholen. Ebenfalls unerheblich ist, dass im Zeitpunkt des Widerrufs die handelsrechtlichen Aufbewahrungsfristen des § 257 Abs. 4 HGB noch nicht abgelaufen waren.[1907)]

7. Widerruf in der Berufungsinstanz

a) Meinungsstand. Auch auf der Grundlage des Konzepts der schwebenden Wirksamkeit wird vereinzelt[1908)] vertreten, das Widerrufsrecht unterliege prozessualen Restriktionen. Bei einem erst nach Abschluss der ersten Instanz während des Laufs der Berufungs(-begründungs-)frist ausgeübten verbraucherrechtlichen Widerruf handele es sich nicht um eine erstmals im Berufungsrechtszug „vorgetragene" neue Tatsache, die dem eingeschränkten Novenausschluss des § 531 Abs. 2 ZPO unterfalle, sondern um eine erst in der Berufungsinstanz „geschaffene" neue Tatsache, die nicht mehr berücksichtigt werden könne, weil das Berufungsverfahren nach der ZPO-Reform keine vollständige Tatsacheninstanz mehr sei, sondern vor allem der Fehlerkontrolle und -beseitigung diene. Dieser Rechtsprechung wird in der Literatur widersprochen. Habe der Verbraucher zunächst keinen Gebrauch von seinem Widerrufsrecht gemacht und sich auf die Erhebung anderer Einwände gegen den Erfüllungsanspruch des Unternehmers beschränkt, so bleibe er auch nach einer etwaigen Verurteilung in erster Instanz zum Widerruf berechtigt, sofern die Frist hierfür noch nicht abgelaufen sei.[1909)] 2.1581

b) Stellungnahme. Praktische Bedeutung erlangt der Meinungsstreit in Fällen fehlender bzw. nicht ordnungsgemäßer Widerrufsbelehrung. Der zweitgenann- 2.1582

1906) BGH, Urt. v. 12.12.2005 – II ZR 327/04, NJW 2006, 497 = ZIP 2006, 221.

1907) OLG Köln, Urt. v. 25.1.2012 – 13 U 30/11, BeckRS 2012, 09575.

1908) OLG München, Beschl. v. 15.10.2009 – 17 U 3897/09, BeckRS 2010, 01802.

1909) *Rohlfing*, NJW 2010, 1787.

ten Auffassung dürfte zu folgen sein. Die zivilprozessuale Regelung des § 531 Abs. 2 ZPO steht der Berücksichtigung des diesbezüglichen Tatsachenvortrags im Berufungsverfahren nicht entgegen, weil es sich nicht um ein „neues Angriffs- und Verteidigungsmittel" im Sinne dieser Vorschrift handelt. Die zivilprozessualen Präklusionsvorschriften können den Verbraucher nämlich nur dazu anhalten, auf ein bereits ausgeübtes Widerrufsrecht rechtzeitig hinzuweisen. Sie dürfen aber nicht dazu führen, dass er die Widerrufsfrist nicht voll ausschöpfen kann. Wenn dem nicht oder nicht richtig belehrten Verbraucher das Widerrufsrecht aus Gründen des Verbraucherschutzes nicht schon im Wege der Rechtskraftpräklusion entzogen werden darf, dann muss die Ausübung des Widerrufsrechts erst recht auch nach Abschluss der ersten Instanz und vor Eintritt der Rechtskraft möglich sein. Die Möglichkeit einer prozessualen Präklusion widerspräche sowohl dem Wortlaut des § 355 Abs. 4 Satz 3 BGB als auch dem Zweck des unbefristeten Widerrufsrechts, dem nicht oder fehlerhaft belehrten Verbraucher seine Rechte zu erhalten.

8. Widerruf und Zwangsvollstreckung

2.1583 Selbst nach rechtskräftiger Verurteilung kann der Verbraucher sein Widerrufsrecht noch ausüben, sofern die Widerrufsfrist noch läuft. Auch diese Frage hat bei fehlenden oder fehlerhaften Widerrufsbelehrungen Bedeutung. Auf den Widerruf kann er sich dann ggf. im Wege der Vollstreckungsgegenklage nach § 767 Abs. 1 ZPO berufen, ohne dass § 767 Abs. 2 ZPO dem entgegensteht.[1910] Dies ist Folge der Konstruktion des Widerrufsrechts nach § 355 Abs. 1 BGB als modifiziertem Rücktrittsrecht. Trotz Widerruflichkeit bleibt der Vertrag zunächst voll wirksam. Erst die Ausübung des Widerrufsrechts begründet eine (rechtsvernichtende) Einwendung gegen den Erfüllungsanspruch des Unternehmers.[1911] Hinzukommt, dass es dem Schutzzweck der Regelungen über die Widerrufsfrist widerspräche, dem Verbraucher im Erkenntnisverfahren zu einer Entscheidung über den Widerruf zu zwingen, solange die Widerrufsfrist fortdauert.

9. (Rechts-)Missbrauch im Übrigen

2.1584 **a) Grundsatz.** Der Widerruf kann sich nur ausnahmsweise als unzulässige Rechtsausübung darstellen. Der Einzelwiderruf ist ausgeschlossen, wenn die

1910) Staudinger-*Kaiser*, BGB, § 355 Rz. 38.

1911) Siehe unten § 26 IX 1 m. w. N.

Voraussetzungen einer missbräuchlichen Rechtsausübung i. S. d. § 242 BGB erfüllt sind.[1912)]

b) Einzelfragen. aa) Ein Ausschluss des verbraucherschützenden, voraussetzungslosen Widerrufsrechts aus § 355 BGB wegen eigener **Vertragsuntreue des Verbrauchers** kommt nur ganz ausnahmsweise in Betracht, etwa dann, wenn der Verbraucher den Unternehmer bei Vertragsschluss arglistig getäuscht hat.[1913)] Zu denken ist an die Nichterteilung einer Widerrufsbelehrung durch die wahrheitswidrige Erklärung, Unternehmer zu sein.[1914)] **2.1585**

bb) Da es auf die **Motive** des Gastwirts für die Ausübung des Widerrufsrechts nicht ankommt,[1915)] liegt insofern keine unzulässige Rechtsausübung vor.[1916)] **2.1586**

cc) Erst recht reicht das **Fehlen eines Sachgrundes** für den Widerruf nicht aus. Wie das Fehlen einer Begründungspflicht für den Widerruf[1917)] zeigt, soll der Verbraucher in seiner Entscheidung über das Festhalten am Vertrag frei sein. Auch ein willkürlicher Widerruf ist grundsätzlich beachtlich.[1918)] **2.1587**

VIII. Darlegungs- und Beweislast

1. Unternehmer

Der Unternehmer trägt nach § 355 Abs. 3 Satz 3 BGB die Beweislast für alle Tatsachen, aus denen er den Fristbeginn für das Eingreifen der regulären Widerrufsfrist von 14 Tagen nach § 355 Abs. 2 Satz 1 und 2 BGB sowie für deren Beginn herleiten will, insbesondere für ihren Zeitpunkt und ihre Mitteilung, sowie die ihm günstige Tatsache, dass das Widerrufsrecht erloschen ist.[1919)] **2.1588**

1912) BGH, Urt. v. 22.1.1992 – VIII ZR 374/89, NJW-RR 1992, 593; BGH, Urt. v. 30.9.1992 – VIII ZR 196/91, BGHZ 119, 283 = NJW 1993, 64 = ZIP 1992, 1573; BGH, Urt. v. 21.10.1992 – VIII ZR 99/91, NJW-RR 1993, 562; OLG Hamm, Urt. v. 28.7.1992 – 19 U 193/92, NJW 1992, 3179 = ZIP 1992, 1224; OLG Hamm, Urt. v. 5.7.1995 – 30 U 331/93, ZMR 1995, 536; AG Bielefeld, Urt. v. 20.8.2008 – 15 C 297/08, BeckRS 2009, 76016.

1913) BGH, Urt. v. 25.11.2009 – VIII ZR 318/08, BGHZ 183, 235 = NJW 2010, 610 = ZIP 2010, 136.

1914) BGH, Urt. v. 25.11.2009 – VIII ZR 318/08, BGHZ 183, 235 = NJW 2010, 610 = ZIP 2010, 136; OLG Koblenz, Urt. v. 25.3.1994 – 2 U 1573/92, WM 1994, 2031 (zur Kaufmannseigenschaft nach AbzG).

1915) Siehe oben § 26 V 7 m. w. N.

1916) OLG Koblenz, Urt. v. 25.3.1994 – 2 U 1573/92, WM 1994, 2031 (zur Kaufmannseigenschaft nach AbzG).

1917) Siehe oben § 26 V 8.

1918) BGH, Urt. v. 3.7.1991 – VIII ZR 201/90, NJW 1991, 2903 = ZIP 1991, 1011 = Zeller IV, 124; OLG Koblenz, Urt. v. 25.3.1994 – 2 U 1573/92, WM 1994, 2031; OLG Köln, Beschl. v. 19.8.1996 – 1 W 72/96, BB 1996, 2661 = MDR 1997, 32.

1919) Begründung RegE BT-Drucks. 16/11643, S. 107.

2. Verbraucher/Existenzgründer

2.1589 Verbraucher bzw. Existenzgründer haben die Beweislast für:

- das Eingreifen des Widerrufsrechts, insbesondere auch für die Unternehmereigenschaft des Vertragspartners und die eigene Qualifikation als Verbraucher/Existenzgründer[1920];
- die Ausübung des Widerrufsrechts (Inhalt, fristgerechte Absendung, Form) und den Zugang der Widerrufserklärung beim Unternehmer.

IX. Folgen des Widerrufs

1. Rechtsnatur

2.1590 Das Widerrufsrecht ist seit dem 1.10.2000 ein **Gestaltungsrecht**, seinem Inhalt nach ein besonders ausgestaltetes **gesetzliches Rücktrittsrecht** und damit eine **rechtsvernichtende Einwendung,**[1921] die **von Amts wegen** zu beachten ist.

2.1591 Nach dem seit dem vorgenannten Datum maßgeblichen **Konzept der schwebenden Wirksamkeit** ist ein Vertrag, für den ein Widerrufsrecht besteht, bis zur Ausübung des Widerrufsrechts schwebend wirksam, verbunden mit einem einseitigen Auflösungsrecht mit **ex-nunc-Wirkung** (§ 355 Abs. 1 Satz 1 BGB „nicht mehr gebunden").[1922]

2. Erfüllungsansprüche etc. vor Fristablauf

2.1592 Die Bindung beider Vertragsparteien tritt nicht erst mit Ablauf der Widerrufsfrist, sondern unmittelbar mit Vertragsschluss ein (§ 271 Abs. 1 BGB), vorbehaltlich des Lösungsrechts des Verbrauchers durch fristgerechten Widerruf. Die Erfüllungspflicht gilt auch zu Lasten des Verbrauchers. Damit sind sämtliche Ansprüche, also Primäransprüche (Erfüllungsansprüche) sowie Sekundäransprüche (Schadensersatzansprüche), gegeneinander vom Zeitpunkt des Vertragsabschlusses an gegeben.[1923]

1920) BGH, Urt. v. 30.9.2009 – VIII ZR 7/09, NJW 2009, 3780 = ZIP 2010, 334.

1921) BGH, Urt. v. 17.3.2004 – VIII ZR 265/03, NJW-RR 2004, 1058 = ZIP 2004, 1157; BGH, Urt. v. 13.4.2011 – VIII ZR 220/10, BGHZ 189, 196 = NJW 2011, 2278 = ZIP 2011, 1317.

1922) OLG Koblenz, Urt. v. 9.1.2006 – 12 U 740/04, NJW 2006, 919.

1923) Zur Altrechtslage (Folge der schwebenden Unwirksamkeit analog § 177 BGB war, dass, auch wenn der Widerruf noch nicht erklärt war, weder Erfüllung noch Schadensersatz statt der Leistung verlangt werden konnte.) *Bühler,* Brauerei- und Gaststättenrecht, 12. Aufl. 2009, Rz. 1649 f., jeweils m. w. N.

3. Leistungsverweigerungsrecht

a) Unternehmer. aa) Grundsatz. Das Widerrufsrecht des Verbrauchers begründet für den Unternehmer grundsätzlich kein Leistungsverweigerungsrecht.[1924] 2.1593

bb) Abbedingung. Hinsichtlich einer Vertragsklausel des Inhalts, dass die Leistungen des Getränkelieferanten erst nach Ablauf der Widerrufsfrist erbracht werden (**Leistungsvorbehalt**), bestehen keine Bedenken. Sie ist bei Getränkelieferungsverträgen üblich. Ihre Zulässigkeit ergibt sich aus § 308 Nr. 1 Halbs. 2 BGB.[1925] Ein Verstoß gegen § 511 Satz 1 BGB liegt darin nicht.

b) Verbraucher. Dem Verbraucher steht nach zutreffender Ansicht bis zum Ablauf der Widerrufsfrist kein Leistungsverweigerungsrecht zu. Sein Widerrufsrecht gibt ihm **keine dilatorische Einrede,** solange er davon keinen Gebrauch macht.[1926] Ist dem Verbraucher allerdings noch keine Widerrufsbelehrung erteilt worden, so kann er ein Leistungsverweigerungsrecht auch auf seinen Anspruch auf Aushändigung einer Widerrufsbelehrung stützen. 2.1594

X. Widerrufserstreckung

1. Fragestellung

Zu fragen ist, ob das durch Verweisung auf § 355 BGB gewährte Widerrufsrecht sich auf den ganzen Vertrag oder nur auf den in § 510 Abs. 1 Nr. (1–)3 BGB genannten Teil bezieht. Die Frage hatte sich schon zu § 1c AbzG gestellt, war dort aber dadurch entschärft worden, dass die Vorschrift des § 1b Abs. 4 AbzG den Widerruf auch auf eine mit dem Liefervertrag im Zusammenhang stehende Vereinbarung über Dienst- und Werkleistungen des Verkäufers erstreckt hatte. Für das geltende Recht ist von der Begrenzung der Widerrufswirkung auf die in § 510 Abs. 1 Satz 1 BGB genannten Vertragsteile auszugehen. Das rechtliche Schicksal der restlichen Vertragsteile bestimmt sich im Falle des Widerrufs nach **§ 139 BGB**; im Zweifel sind danach auch die sonstigen Vertragsbestandteile nach erfolgtem Widerruf unwirksam.[1927] Die Unwirksamkeit eines Vertragsteils führt im Regelfall nach § 139 BGB zur Unwirksamkeit des Vertrages insgesamt, weil nach dem mutmaßlichen Willen der Vertragsparteien und ihrer Interessenlage davon auszugehen sein wird, dass Leistung und Gegenleistung in einem untrennbaren Verhältnis zueinander stehen. Die vertragliche Einheit führt dazu, dass § 139 BGB heranzuziehen ist, wenn ein Teilvertrag 2.1595

1924) Streitig. Wie hier Bülow/Artz-*Bülow*, Verbraucherkreditrecht, § 495 Rz. 41.

1925) Wie hier Staudinger-*Kaiser*, BGB, § 355 Rz. 26.

1926) Wie hier MünchKomm-*Masuch*, BGB, § 355 Rz. 37.

1927) BGH, Urt. v. 14.12.1994 – VIII ZR 46/94, NJW 1995, 922 = ZIP 1995, 105; BGH, Urt. v. 4.12.1996 – VIII ZR 360/95, NJW 1997, 933. Zur **sachlichen Reichweite des Widerrufs** siehe unten § 26 X 9.

wirksam ist. Auch Gestaltungsrechte, wie insbesondere Rücktritt und Kündigung, wirken sich in der Regel auf die Vertragseinheit aus.

2. Rechtsgrundlagen

2.1596 Abzugrenzen ist das Verhältnis der §§ 139, 306 Abs. 1, 358 Abs. 1 und 2 BGB.

2.1597 a) **Gemischte Verträge.** Wird die bezugsrechtliche Komponente des Getränkelieferungsvertrages (zu Recht) widerrufen, so scheidet ein Einwendungsdurchgriff nach § 358 Abs. 1 BGB mangels Vorliegens eines verbundenen Vertrages aus.[1928] Damit ist § 139 BGB zu prüfen.

2.1598 Der Getränkelieferungsvertrag, ein gemischter Vertrag,[1929] kann hinsichtlich des bezugsrechtlichen Teils in den sachlichen Schutzbereich des Verbraucherkreditrechts fallen.[1930] Hinsichtlich der finanziellen Gegenleistung in Form von Darlehen oder Teilzahlungsgeschäften kann in den Grenzen des § 512 BGB ebenfalls der Anwendungsbereich des Verbraucherkreditrechts eröffnet sein.[1931] Darauf, ob die Vertragsteile in einer einheitlichen oder in verschiedenen Vertragsdokumenten niedergelegt worden oder ob sie in sonstiger Weise formal isolierbar sind, kommt es nicht an. Auch die Vereinbarung eines einheitlichen Entgelts steht dem Recht auf (Teil-)Widerruf nicht notwendig entgegen.[1932] Die Wirksamkeit des Rechtsgeschäfts richtet sich auch bei gemischten Verträgen grundsätzlich nach § 139 BGB. Allerdings dürfte insofern die Besonderheit bestehen, dass wegen des Verbraucherschutzzwecks entgegen der Auslegungsregel des § 139 BGB grundsätzlich vom Fortbestand des Vertrages im Übrigen auszugehen ist. Eine Gesamtunwirksamkeit tritt nur dann ein, wenn die Aufrechterhaltung nach hypothetischem Parteiwillen ausscheidet.[1933]

2.1599 b) **Verbundenes Geschäft.** In der Situation des verbundenen Geschäfts sind die Regelungen des § 358 Abs. 1 und 2 BGB vorrangige Spezialvorschriften zu § 139 BGB.[1934] Soweit dies im Zusammenhang mit Getränkelieferungsverträgen ausnahmsweise der Fall ist, ist wie folgt zu unterscheiden: Wird der bezugsrechtliche Teil des Getränkelieferungsvertrages (zu Recht) widerrufen, so erstreckt sich die Widerrufswirkung gem. § 358 Abs. 1 BGB auf einen damit

1928) MünchKomm-*Habersack*, BGB, § 358 Rz. 16.

1929) Siehe oben § 8 IV 8 b jeweils m. w. N.

1930) Siehe oben § 22 II jeweils m. w. N.

1931) Siehe unten § 41 III jeweils m. w. N.

1932) BGH, Urt. v. 12.11.1980 – VIII ZR 338/79, BGHZ 78, 375 = NJW 1981, 453.

1933) BGH, Urt. v. 16.1.1992 – IX ZR 113/91, ZIP 1992, 933, zu der Frage, ob die Bestimmung des § 306 Abs. 1 BGB nach dem VerbrKrG widerrufene Willenserklärungen überhaupt erfasst und nicht jedenfalls dann unanwendbar ist, wenn anderenfalls § 139 BGB zum Nachteil des Kunden verdrängt und damit der Schutzzweck des § 306 Abs. 1 BGB gefährdet würde; vgl. im Übrigen BGH, Urt. v. 14.12.1994 – VIII ZR 46/94, NJW 1995, 922 = ZIP 1995, 105.

1934) NK-BGB/*Faust*,§ 139 Rz. 14.

verbundenen Verbraucherdarlehensvertrag. Gleiches gilt in der Situation der Inventarvorfinanzierung gem. §§ 507, 506 Abs. 1, 358 Abs. 1 BGB. So wie noch ist gegebenenfalls § 359a Abs. 1 BGB heranzuziehen.[1935)]

Widerruft der Gastwirt den Verbraucherdarlehensvertrag so folgt die Widerrufserstreckung auf den Getränkelieferungsvertrag (im engeren Sinne) aus § 358 Abs. 2 BGB. 2.1600

3. Salvatorische Klausel

Zu beachten ist, dass die Bestimmung des § 139 BGB durch eine salvatorische Klausel, nach der die Unwirksamkeit einzelner Regelungen die Wirksamkeit des Vertrages im Übrigen nicht berührt, zulässigerweise abbedungen worden sein kann, wenn auch nicht stets und zwingend abbedungen sein wird.[1936)] 2.1601

Allerdings kann ein Vertrag trotz salvatorischer Klausel gem. § 139 BGB insgesamt nichtig sein, wenn eine wesentliche Vertragsbestimmung unwirksam ist und durch die Teilnichtigkeit der Gesamtcharakter des Vertrages verändert werden würde.[1937)] 2.1602

Bei Vorliegen einer **salvatorischen Klausel** ist ggf. zu prüfen, ob die Rechtswirkungen des § 139 BGB nicht ausgeschlossen sind. Ggf. gibt die Klausel nur wieder, was kraft Gesetzes für vorformulierte Vertragsregelungen gem. § 306 Abs. 1 BGB ohnehin gilt. Auf Vertragsbestimmungen, die den Leistungsumfang, hier Bezugsverpflichtung, festlegen, kann sie nicht angewandt werden, wenn der nichtige Teil eines Vertrages dem übrigen Teil des Rechtsgeschäfts den Boden entzieht. Das ist dann der Fall, wenn die widerrufene Bezugsverpflichtung nicht ersetzt werden kann.[1938)] 2.1603

4. Treu und Glauben

Die Berufung des Widerrufenden auf die Rechtswirkungen des § 139 BGB kann in Bezug auf einen Pachtvertrag gegen die Grundsätze von Treu und Glauben (§ 242 BGB) verstoßen.[1939)] 2.1604

5. Revisibilität

Ob ein i. S. d. § 139 BGB einheitliches Rechtsgeschäft vorliegt, hat der **Tatrichter** danach zu beurteilen, ob die Vereinbarungen inhaltlich so eng mitein- 2.1605

1935) MünchKomm-*Habersack*, BGB, § 358 Rz. 9.

1936) BGH, Urt. v. 11.10.1995 – VIII ZR 25/94, WM 1996, 22.

1937) BGH, Urt. v. 4.12.1996 – VIII ZR 360/95, NJW 1997, 933.

1938) OLG Düsseldorf, Urt. v. 18.4.2000 – 24 U 123/99, ZMR 2001, 102.

1939) OLG Düsseldorf, Urt. v. 23.3.1999 – 24 U 26/98; OLG Düsseldorf, Urt. v. 18.4.2000 – 24 U 123/99, ZMR 2001, 102.

ander verbunden waren, dass sie nach dem Willen der Vertragsparteien miteinander **stehen und fallen sollten.**[1940)]

6. Personale Reichweite

2.1606 a) Zur Beurteilung der Frage, ob der Vertrag mit einem anderen **Gesamtschuldner**, der nicht widerrufen hat, bestehen bleibt, ist § 139 BGB heranzuziehen. Folge ist, dass die Vermutung für die Unwirksamkeit des gesamten Vertrages streitet.[1941)] Haften beispielsweise Gesellschafter als Gesamtschuldner, so dürfte nach § 139 BGB eine Vermutung dafür sprechen, dass der Widerruf eines Gesellschafters zur Unwirksamkeit des gesamten Vertrages führt. Eine salvatorische Klausel kann diese Vermutung umkehren.

2.1607 Hat der Getränkelieferant den Willen, das Vertragsverhältnis nur mit beiden Verpflichteten gemeinsam durchzuführen, sollte im Vertragstext darauf hingewiesen werden, dass der Widerruf eines Verpflichteten auch zur Unwirksamkeit des Getränkelieferungsvertrages mit dem anderen Verpflichtenden führt (**personale Durchschlagsklausel**).

2.1608 b) Erfolgt der Widerruf der Mitverpflichtung, so wird regelmäßig auch der mit der **GmbH** geschlossene Vertrag erfasst.[1942)]

7. Sachliche Reichweite

2.1609 a) **Einführung.** Folgeprobleme bringt der wirksame Widerruf einer Bezugsverpflichtung immer dann mit sich, wenn sie in einem Gesamtzusammenhang mit weiteren, ihrerseits nicht unter das Verbraucherschutzrecht fallenden gegenseitigen Rechten und Pflichten eingebettet ist. Zu fragen ist dann, ob das durch Verweisung auf § 355 BGB gewährte Widerrufsrecht sich auf den ganzen Vertrag oder nur auf den in § 510 Abs. 1 BGB genannten Teil bezieht. Praktische Bedeutung hat diese Frage bei gemischten Verträgen wie Getränkelieferungsverträgen insbesondere dann, wenn der Vertrag nur hinsichtlich des bezugsrechtlichen oder des kreditrechtlichen Teils widerruflich ist.[1943)]

2.1610 b) **Grundsatz.** Das rechtliche Schicksal der restlichen Vertragsteile bestimmt sich im Falle des Widerrufs nach § 139 BGB. Im Zweifel sind danach auch die sonstigen Vertragsbestandteile nach erfolgtem Widerruf unwirksam. Nur die Teile des Vertrages i. S. d. § 510 Abs. 1 (Nr. 1–3) BGB werden von dem Wider-

1940) BGH, Urt. v. 25.5.1983 – VIII ZR 51/82, NJW 1983, 2027 = Zeller III, 39; BGH, Urt. v. 4.12.1996 – VIII ZR 360/95, NJW 1997, 933.

1941) BGH, Urt. v. 16.4.1986 – VIII ZR 79/85, BGHZ 97, 351 = NJW 1986, 1988 = ZIP 1986, 781 = Zeller III, 108; BGH, Urt. v. 6.12.1989 – VIII ZR 310/88, BGHZ 109, 314 = NJW 1990, 567 = Zeller IV, 210; BGH, Urt. v. 8.10.1990 – VIII ZR 176/89, ZIP 1990, 1406; BGH, Urt. v. 3.7.1991 – VIII ZR 201/90, NJW 1991, 2903 = ZIP 1991, 1011 = Zeller IV, 124.

1942) Bülow/Artz-*Bülow*, Verbraucherkreditrecht, § 495 Rz. 81.

1943) Bülow/Artz-*Bülow*, Verbraucherkreditrecht, § 495 Rz. 68.

ruf erfasst und sind rückabzuwickeln, die kreditrechtlicher oder kreditähnlicher Natur sind. Ist der Vertrag insgesamt unwirksam, so finden die §§ 812 ff. BGB Anwendung.[1944)]

c) **Einzelfälle zur Gesamtwirkung.** **aa**) Diese ist insbesondere dann anzunehmen, wenn die **tatrichterliche Würdigung** ergibt, dass der Bindende dem Gebundenen das **Darlehen** nicht gewährt hätte, wenn dieser nicht als Gegenleistung die Bezugsverpflichtung eingegangen wäre. Da die ausschließliche Getränkebezugsverpflichtung Gegenleistung des Gebundenen für das finanzielle Engagement des Getränkelieferanten ist, stehen beide Elemente im **Synallagma**. Eine Nichtigkeit des die Getränkelieferung regelnden Vertragsteils hat daher grundsätzlich die Nichtigkeit des gesamten Rechtsgeschäfts zur Folge (§ 139 BGB).[1945)] **2.1611**

bb) Bei der Vereinbarung einer Getränkebezugspflicht unter gleichzeitigem Abschluss etwa eines **Pachtvertrages** über die Absatzstätte wird oft die Annahme nahe liegen, dass kein Teil ohne den anderen vorgenommen sein würde.[1946)] Im Beispielsfall war die pachtweise Überlassung der Absatzstätte nicht nach dem AbzG widerruflich, sondern lediglich nach § 139 BGB unwirksam. Rechtsfolge ist dann, dass der Pachtvertrag mit dem Widerruf der Bezugspflicht von Anfang an unwirksam ist.[1947)] **2.1612**

cc) In der Regel ist wohl davon auszugehen, dass der Vermieter den **Mietvertrag** nicht ohne Übernahme des Getränkebezugsrechts abgeschlossen hätte, jedenfalls dann, wenn er sich ansonsten gegenüber einem Getränkelieferanten schadensersatzpflichtig gemacht hätte.[1948)] **2.1613**

1944) Zum AbzG: BGH, Urt. v. 25.5.1983 – VIII ZR 51/82, NJW 1983, 2027 = Zeller III, 39; BGH, Urt. v. 16.4.1986 – VIII ZR 79/85, BGHZ 97, 351 = NJW 1986, 1988 = ZIP 1986, 781 = Zeller III, 108; BGH, Urt. v. 6.12.1989 – VIII ZR 310/88, BGHZ 109, 314 = NJW 1990, 567 = Zeller IV, 210; BGH, Urt. v. 8.10.1992 – IX ZR 98/91, NJW-RR 1992, 243. Ebenso für den Schuldbeitritt allein zum darlehensrechtlichen Teil eines finanzierten Abzahlungskaufs BGH, Urt. v. 26.4.1994 – XI ZR 184/93, ZIP 1994, 773. Vergleich im Übrigen zum Franchisevertrag BGH, Urt. v. 14.12.1994 – VIII ZR 46/94, NJW 1995, 922 = ZIP 1995, 105. Zum Getränkelieferungsvertrag BGH, Urt. v. 26.10.1990 – V ZR 22/89, NJW 1991, 917 = Zeller IV, 106; BGH, Urt. v. 4.12.1996 – VIII ZR 360/95, NJW 1997, 933; OLG Köln, Beschl. v. 19.8.1996 – 1 W 72/96, BB 1996, 2661 = MDR 1997, 32.

1945) BGH, Urt. v. 26.10.1990 – V ZR 22/89, BGHZ 112, 376 = NJW 1991, 917 = Zeller IV, 106; BGH, Urt. v. 3.7.1991 – VIII ZR 201/90, NJW 1991, 2903 = ZIP 1991, 1011 = Zeller IV, 124; BGH, Urt. v. 4.12.1996 – VIII ZR 360/95, NJW 1997, 933; OLG Oldenburg, Urt. v. 14.11.2012 – 5 U 56/11; LG Düsseldorf, Urt. v. 24.11.2011 – 3 O. 63/11.

1946) BGH, Urt. v. 8.10.1990 – VIII ZR 176/89, ZIP 1990, 1406; BGH, Urt. v. 26.10.1990 – V ZR 22/89, NJW 1991, 917 = Zeller IV, 106; OLG Düsseldorf, Urt. v. 29.10.1996 – 24 U 189/95; OLG Düsseldorf, Urt. v. 23.3.1999 – 24 U 26/98; OLG Düsseldorf, Urt. v. 18.4.2000 – 24 U 123/99, ZMR 2001, 102.

1947) OLG Düsseldorf, Urt. v. 9.7.2002 – 24 U 167/01, OLGReport 2001, 204.

1948) OLG Köln, Beschl. v. 19.8.1996 – 1 W 72/96, BB 1996, 2661 = MDR 1997, 32.

2.1614 **dd)** Ob im Falle des Widerrufs nicht nur die Bezugsverpflichtung isoliert wegfällt, sondern auch der **Grundstückskaufvertrag** hinfällig wird, ist an § 139 BGB zu messen.[1949)]

2.1615 **ee)** Zu Gaststättenpacht- und **Inventarkaufverträgen** vergleiche das OLG Celle in seinem Urteil vom 1.6.1999.[1950)]

2.1616 **ff)** Bei **verbundenen Verträgen** führt der Widerruf des Bindungsvertrages zeitgleich dazu, dass die Bindung an den anderen Vertrag entfällt (**Widerrufserstreckung** nach § 358 Abs. 1 BGB). Dies gilt auch im umgekehrten Fall (Widerrufserstreckung nach § 358 Abs. 2 BGB).[1951)] Gleiches ist anzunehmen, wenn das finanzierte Geschäft **notariell beurkundet** ist.[1952)]

2.1617 **gg)** Bei Verbindung einer Bezugsverpflichtung mit einer **Sicherungsdienstbarkeit** i. S. d. §§ 1018, 1019, 1090 BGB, die ein Getränkevertriebsverbot für andere Marken enthält, gilt ebenfalls § 139 BGB.[1953)]

2.1618 **hh)** Ist bei Abschluss eines Getränkebezugs- und Darlehensvertrages auf dem Gaststättengrundstück zugunsten des Getränkelieferanten eine **Grundschuld** „als Sicherheit für sämtliche Verpflichtungen aus diesem Vertrag" eingetragen worden, so hängt nach Widerruf der Bezugsverpflichtung und Wegfall der Darlehensvereinbarung gem. § 139 BGB der Anspruch auf Löschung der Grundschuld von der – vom **Tatrichter** zu treffenden – Feststellung ab, ob die Grundschuld auch der Sicherung der Rückabwicklungsansprüche hinsichtlich der von dem Getränkelieferanten erbrachten Leistungen dienen sollte.[1954)]

2.1619 **ii)** Der **Schuldbeitritt** ist nicht Teil des Getränkelieferungsvertrages, sondern Sicherungsmittel hinsichtlich der Verpflichtung des Verbrauchers. Die Anwendung des § 139 BGB hängt davon ab, ob der Hauptvertrag auch ohne den Schuldbeitritt abgeschlossen worden wäre. Der Widerruf des Beitretenden beseitigt nicht den Vertrag, zu dem beigetreten worden ist, wenn es an einem einheitlichen Rechtsgeschäft fehlt.

1949) BGH, Urt. v. 26.10.1990 – V ZR 22/89, NJW 1991, 917 = Zeller IV, 106; BGH, Urt. v. 3.7.1991 – VIII ZR 201/90, NJW 1991, 2903 = ZIP 1991, 1011 = Zeller IV, 124; BGH, Urt. v. 8.10.1992 – IX ZR 98/91, NJW-RR 1993, 243.

1950) OLG Celle, Urt. v. 1.6.1999 – 2 U 227/98, NJW-RR 2000, 873.

1951) BGH, Urt. v. 10.3.2009 – XI ZR 33/08, BGHZ 180, 123 = NJW 2009, 3572 = ZIP 2009, 952; BGH, Urt. v. 15.12.2009 – XI ZR 45/09, NJW 2010, 531 = ZIP 2010, 220; BGH, Urt. v. 18.1.2011 – XI ZR 356/09, NJW 2011, 1063 = ZIP 2011, 656.

1952) BGH, Urt. v. 25.4.2006 – XI ZR 193/04, BGHZ 165, 252 = NJW 2006, 1788 = ZIP 2006, 940, zu einem finanzierten Geschäft als Haustürgeschäft, bei dem an sich an § 312 Abs. 3 Nr. 3 BGB eine Unwiderruflichkeit gegeben ist.

1953) BGH, Urt. v. 22.1.1992 – VIII ZR 374/89, NJW-RR 1992, 593; BGH, Urt. v. 15.4.1998 – VIII ZR 377/96, NJW 1998, 2286 = ZIP 1998, 1441.

1954) BGH, Urt. v. 3.7.1991 – VIII ZR 201/90, NJW 1991, 2903 = ZIP 1991, 1011 = Zeller IV, 124.

d) Einzelkaufverträge. aa) Keine Rückwirkung. Die Einordnung des Getränkelieferungsvertrages als **Rahmenvertrag**[1955)] hat zur Folge, dass die Nichtigkeit des Vertrages, etwa nach § 138 Abs. 1 oder § 307 Abs. 1 BGB, oder hier der Widerruf des Getränkelieferungsvertrages nicht etwa unmittelbar auf die über die Lieferung von Getränken abgeschlossenen Einzelkaufverträge durchschlagen. Der Widerruf wirkt nur schuldrechtlich, nicht dinglich. Er hebt weder den Vertrag noch etwaige Verfügungen auf, sondern beendet lediglich die beiderseitigen Leistungspflichten. Zutreffend hat der BGH entschieden, dass der Getränkelieferungsvertrag (als Rahmenvertrag) und die bereits vollzogenen Einzelkaufverträge kein einheitliches Rechtsgeschäft i. S. d. § 139 BGB bilden. Insofern besteht in der Regel nur ein eingeschränktes Abhängigkeitsverhältnis. Daher scheidet eine Rückabwicklung der Einzelkaufverträge bei Nichtigkeit oder im Falle des Widerrufs aus.[1956)] 2.1620

Der Widerruf der Bezugsverpflichtung und damit des Rahmenvertrages lässt ebenso wie die Nichtigkeit des Getränkelieferungsvertrages bereits abgewickelte Liefer-/Kaufverträge unberührt. Die Parteien setzen mit jedem in Erfüllung der Bezugsverpflichtung abgeschlossenen Einzelkaufvertrag einen eigenständigen Rechtsgrund für den Austausch der jeweiligen beiderseitigen Leistungen. Dieser begründet für beide Vertragspartner das Recht, die Leistung des anderen einschließlich eines darin enthaltenen Gewinns zu behalten. Die gegenteilige Ansicht geht auch über den Zweck des Verbraucherkreditrechts (damals AbzG) hinaus, das den Käufer nur vor wiederkehrenden zukünftigen Zahlungspflichten schützen will und deshalb den Widerruf und die Rückabwicklung selbst eines zunächst widerruflichen Vertrages ausschloss, wenn die beiderseits geschuldeten Leistungen erbracht seien (§ 1b Abs. 2 Satz 5 AbzG).[1957)] Dies gilt nach der BGH-Entscheidung ausdrücklich auch für den Fall, dass die Belieferung der Absatzstätte nicht zu marktüblichen Preisen erfolgt ist.[1958)] 2.1621

bb) Künftige Verträge. Die Verpflichtung zum künftig fällig werdenden Bezug und damit zum Abschluss von Kaufverträgen über Getränke entfällt. Der Widerrufende ist von künftigen Abnahme- und Leistungspflichten befreit. 2.1622

cc) Umgekehrte Situation. Die **Unwirksamkeit oder Fehlerhaftigkeit eines Einzelvertrages** im Anwendungsbereich des Rahmenvertrages berührt nicht die Wirksamkeit des Rahmenvertrages. Ob eine Vertragsverbindung gewollt ist, hat die Auslegung zu ergeben.[1959)] Die Niederlegung der Verträge in einer Urkunde ist ein gewichtiges Indiz bzw. eine widerlegliche Vermutung für eine 2.1623

1955) Siehe oben § 8 IV 4 b m. w. N.

1956) BGH, Urt. v. 4.12.1996 – VIII ZR 360/95, NJW 1997, 933.

1957) BGH, Urt. v. 4.12.1996 – VIII ZR 360/95, NJW 1997, 933; BGH, Urt. v. 23.7.1997 – VIII ZR 130/96, NJW 1997, 3304.

1958) BGH, Urt. v. 4.12.1996 – VIII ZR 360/95, NJW 1997, 933.

1959) BGH, Urt. v. 10.1.1990 – VIII ZR 337/88, NJW-RR 1990, 442.

gewollte Einheit.[1960)] Die Niederlegung in getrennten Urkunden begründet dagegen die Vermutung, dass keine Einheit beabsichtigt ist.[1961)] Lässt sich eine vertragliche Einheit nicht feststellen, kommt immerhin noch in Betracht, dass der eine Vertrag Geschäftsgrundlage (§ 313 BGB) für den anderen ist.[1962)]

XI. Rückabwicklung

1. Grundsatz

2.1624 Mit Zugang des wirksamen Widerrufs wandelt sich das Vertragsverhältnis **ex nunc** in ein gesetzliches **Rückabwicklungsschuldverhältnis** gem. §§ 357 Abs. 1 Satz 1, 346 ff. BGB,[1963)] gerichtet auf Rückgewähr des Geleisteten. Lediglich die primären Leistungspflichten entfallen, und zwar ex nunc.[1964)] Insbesondere wirkt der Widerruf nicht dinglich. Er hebt weder den Vertrag noch etwaige Verfügungen auf, sondern beendet lediglich die beiderseitigen Leistungspflichten.

2. Anspruchsgrundlage

2.1625 a) Steht und fällt der nicht widerrufene Vertrag(-steil) mit dem widerrufenen Vertrag(-steil) i. S. d. § 139 BGB, so wird der mitfallende, nicht widerrufene Vertrag(-steil) nach **Bereicherungsrecht** (§ 139 BGB i. V. m. §§ 812 ff. BGB) rückabgewickelt.[1965)] Die allgemeinen Vorschriften der §§ 812 ff., 819 Abs. 1, 818 Abs. 2–4, 292, 987 ff. BGB – und ggf. § 816 Abs. 1 BGB bei anderen Vertragsverhältnissen – erlauben hier einen sachgerechten Interessenausgleich.[1966)]

1960) BGH, Urt. v. 22.5.1970 – V ZR 130/67, NJW 1970, 1414; BGH, Urt. v. 9.7.1992 – IX ZR 209/91, NJW 1992, 3237.

1961) BGH, Urt. v. 20.11.1953 – V ZR 124/52, NJW 1954, 308; BGH, Urt. v. 14.7.1961 – VIII ZR 57/60, NJW 1961, 1764.

1962) BGH, Urt. v. 23.2.1977 – VIII ZR 124/75, NJW 1977, 848.

1963) BGH, Urt. v. 10.3.2009 – XI ZR 33/08, BGHZ 180, 123 = NJW 2009, 3572 = ZIP 2009, 952; BGH, Urt. v. 18.1.2011 – XI ZR 356/09, NJW 2011, 1063 = ZIP 2011, 656; BGH, Urt. v. 13.4.2011 – VIII ZR 220/10, BGHZ 189, 196 = NJW 2011, 2278 = ZIP 2011, 1317; LG Düsseldorf, Urt. v. 24.11.2011 – 3 O. 63/11.

1964) BGH, Urt. v. 10.3.2009 – XI ZR 33/08, BGHZ 180, 123 = NJW 2009, 3572 = ZIP 2009, 952; BGH, Urt. v. 18.1.2011 – XI ZR 356/09, NJW 2011, 1063 = ZIP 2011, 656; OLG Koblenz, Urt. v. 9.1.2006 – 12 U 740/04, NJW 2006, 919.

1965) BGH, Urt. v. 25.5.1983 – VIII ZR 51/82, NJW 1983, 2027 = Zeller III, 39; BGH, Urt. v. 11.3.1988 – V ZR 27/87, NJW 1988, 3011; BGH, Urt. v. 8.10.1990 – VIII ZR 247/89, BGHZ 112, 288 = NJW 1991, 102; BGH, Urt. v. 26.10.1990 – V ZR 22/89, BGHZ 112, 376 = NJW 1991, 917 = Zeller IV, 106 (Grundstückskaufvertrag und Getränkelieferungsvertrag); BGH, Urt. v. 14.12.1994 – VIII ZR 46/94, NJW 1995, 922 = ZIP 1995, 105; BGH, Urt. v. 4.12.1996 – VIII ZR 360/95, NJW 1997, 933; BGH, Urt. v. 5.11.1997 – VIII ZR 351/96, NJW 1998, 540; OLG Düsseldorf, Urt. v. 18.4.2000 – 24 U 123/99, ZMR 2001, 102 (Pachtvertrag).

1966) BGH, Urt. v. 25.5.1983 – VIII ZR 51/82, NJW 1983, 2027 = Zeller III, 39; BGH, Urt. v. 3.7.1991 – VIII ZR 201/90, NJW 1991, 2903 = ZIP 1991, 1011 = Zeller IV, 124.

b) Praktische Unterschiede im Vergleich zur vertraglichen Regelung ergeben sich indessen nur dort, wo sich der Wert der nicht mehr herausgabefähigen und deshalb nach § 818 Abs. 2 BGB auszugleichenden Leistungen mit der für sie vertraglich vereinbarten Gegenleistung nicht deckt. Die dann den Partner des widerrufenden Teils möglicherweise treffende Rückgewährspflicht hat ihren Grund letztlich darin, dass der von ihm vertraglich ausbedungenen Leistung des Widerrufenden wegen des Fehlens der gesetzlich vorgeschriebenen Belehrung rückwirkend die Legitimation entzogen wird. **2.1626**

3. Ansprüche des Darlehensnehmers

a) Empfangene Leistungen auf Seiten des Darlehensgebers sind die vom Darlehensnehmer entrichteten **Tilgungs-** und **Zinszahlungen** sowie die **Sicherheit.** Der Darlehensnehmer kann daher nach Widerruf der Darlehenserklärung vom Darlehensgeber die aus seinem eigenen Vermögen erbrachten Tilgungs- und Zinsleistungen zurückfordern sowie die Rückabtretung gewährter Sicherheiten, etwa der Rechte aus einer Kapitallebensversicherung, verlangen.[1967)] **2.1627**

b) Umstritten ist, ob der Darlehensgeber eine **Überlassungsentschädigung** für die an ihn geleisteten Tilgungen und Zinsen schuldet. Dagegen könnte § 346 Abs. 2 Nr. 1 BGB sprechen. Nach Auffassung des BGH sollen Banken als Darlehensgeber verpflichtet sein, für die Gebrauchsvorteile Zinsen in Höhe von 5 Prozentpunkten über dem Basiszinssatz zu zahlen. Der Anspruch folge aus §§ 357, 346 Abs. 1 BGB. Zwar seien nach § 346 Abs. 1 BGB nur tatsächlich gezogene Nutzungen herauszugeben. Bei Zahlungen an eine Bank bestehe aber eine tatsächliche Vermutung dafür, dass die Bank Nutzungen im Wert des üblichen Verzugszinssatzes in Höhe von 5 Prozentpunkten über dem Basiszins gezogen habe, die sie als Nutzungsersatz (§ 818 Abs. 1 BGB) herauszugeben habe.[1968)] **2.1628**

4. Ansprüche des Darlehensgebers

a) Der Darlehensnehmer hat die **Nettodarlehenssumme** empfangen und muss diese an den Darlehensgeber nach Widerruf herausgeben. Zurückzuzahlen ist unstreitig der noch nicht getilgte bzw. sonst zurückgeführte Teil des Darlehens. Dies gilt auch bei Abschreibungs-/Rückvergütungsdarlehen. Die bei Abschreibungsfinanzierungen übliche Tilgungsbestimmung schließt es aus, die sich aus dem Getränkebezug ergebenden Abschreibungsbeträge nachträglich auf die Zinsforderungen zu verrechnen. **2.1629**

b) Zinsen. Auf die noch offene Darlehensvaluta sind Zinsen zu entrichten. Ob und in welchem Umfang die §§ 812, 818 BGB einen Zinsanspruch des Getränke- **2.1630**

1967) BGH, Urt. v. 24.4.2007 – XI ZR 17/06, BGHZ 172, 147 = NJW 2007, 2401 = ZIP 2007, 1200.

1968) BGH, Urt. v. 24.4.2007 – XI ZR 17/06, BGHZ 172, 147 = NJW 2007, 2401 = ZIP 2007, 1200.

lieferanten für die Zeit rechtfertigen, in der ihm das Kapital ohne Rechtsgrund vorenthalten wird, ließ der BGH in dem vorgenannten Urteil ausdrücklich offen. Zu ersetzen sind aber jedenfalls die aus dem Kapital tatsächlich gezogenen Nutzungen. Dabei besteht eine Vermutung dafür, dass Nutzungen im Wert der sonst überlicherweise zu zahlenden Zinsen gezogen worden sind, wenn das Kapital, wie etwa bei dessen Einsatz als Betriebsmittel, in einer Art und Weise verwendet worden ist, die nach der Lebenserfahrung einen bestimmten wirtschaftlichen Vorteil erwarten lässt.[1969)] Seit dem 30. Juli 2010 ist zu beachten, dass § 495 Abs. 2 Nr. 3 Halbs. 2 BGB die Anwendung des § 346 Abs. 2 Satz 2 Halbs. 2 BGB auf grundpfandrechtlich gesicherte Verbraucherdarlehensverträge einschränkt. Dies sei nach Auffassung des Gesetzgebers von der Verbraucherkreditrichtlinie gefordert.[1970)] Damit erfolgt die Verzinsung bei Widerruf nicht mehr nach dem vertraglich vereinbarten Zinssatz. Soweit nicht der Ausnahmefall des grundpfandrechtlich gesicherten Darlehens vorliegt, steht dem Darlehensnehmer aktuell somit nicht mehr das Recht zu, nachzuweisen, der Marktzins sei niedriger als der Vertragszins gewesen oder das Darlehen sei ohne Inanspruchnahme auf seinem Konto verblieben.

5. Saldierung

2.1631 Im Rahmen der bereicherungsrechtlichen Rückabwicklung sind Leistung und Gegenleistung zu saldieren, d. h. der Bereicherungsanspruch ist auf Herausgabe oder Wertersatz des Überschusses der Aktiv- über die Passivposten gerichtet. Als Aktivposten zugunsten des Getränkelieferanten sind in den bereicherungsrechtlichen Saldo neben der **Darlehensforderung** die **marktüblichen Zinsen**[1971)] für den Betriebsmittelkredit als Wert der aus dem Kapital gezogenen **Nutzungen** einzustellen. Letzteres unabhängig davon, ob die konkrete Absatzstätte mit geschäftlichem Erfolg geführt wurde.

2.1632 Passivposten zugunsten des Darlehensnehmers sind die tatsächlichen Tilgungsraten, die vereinbarte Abschreibung je hl sowie eine übliche Vergütung für die dem Getränkelieferanten mit dem Abschluss des Liefervertrages eingeräumten Werbemöglichkeiten in und an der Absatzstätte.[1972)] Die Einräumung der Werbemöglichkeit wird nämlich regelmäßig mit der Darlehensgewährung im Gegenseitigkeitsverhältnis stehen. Dabei ist auf den Wert der Werbemöglichkeiten und nicht auf den möglicherweise geringeren Wert der von der Brauerei tatsächlich durchgeführten Werbung abzustellen.

1969) BGH, Urt. v. 4.12.1996 – VIII ZR 360/95, NJW 1997, 933.

1970) Begründung RegE BT-Drucks. 16/11643, S. 83.

1971) BGH, Urt. v. 12.11.2002 – XI ZR 47/01, BGHZ 152, 331 = NJW 2003, 422 = ZIP 2003, 64; LG Düsseldorf, Urt. v. 24.11.2011 – 3 O. 63/11.

1972) BGH, Urt. v. 4.12.1996 – VIII ZR 360/95, NJW 1997, 933.

6. Darlegungs- und Beweislast

Die Darlegungs- und Beweislast für den Umfang der vom Widerrufenen rechtsgrundlos erlangten **Gebrauchsvorteile** liegt beim Getränkelieferanten.[1973)] 2.1633

7. Verbundene Verträge

a) **Grundsatz.** Soweit bereits Leistungen erbracht worden sind, bedarf es einer Rückabwicklung. Nach § 358 Abs. 4 Satz 1 Halbs. 1 BGB gilt die die Rückabwicklung nach erfolgtem Widerruf regelnde Vorschrift des § 357 BGB auch für den verbundenen (nicht widerrufenen) Vertrag. Hinsichtlich des widerrufenen Vertrags versteht sich die Geltung des § 357 BGB von selbst.[1974)] 2.1634

b) **Einwendungsdurchgriff.** Die in § 510 Abs. 1 Satz 1 BGB geregelten Ratenlieferungsverträge unterliegen nicht § 359 BGB. Indes bedeutet dies allein, dass ein Vertrag i. S. d. § 510 BGB nicht als Verbraucherdarlehensvertrag i. S. v. § 359 BGB gilt. Die Finanzierung eines Ratenlieferungsvertrages durch einen Darlehensvertrag kann dagegen ohne weiteres den §§ 358, 359 BGB unterliegen. Werden etwa im Rahmen einer Existenzgründung die Bezugsverpflichtungen eines Franchisenehmers durch Darlehen finanziert, so handelt es sich, das Vorliegen einer wirtschaftlichen Einheit unterstellt, um verbundene Verträge.[1975)] 2.1635

Fünfter Abschnitt: Fragen des Wettbewerbs- und Kartellrechts

§ 27 Wettbewerbsrechtliche Fragestellungen

I. Praktische Relevanz

In der Getränkewirtschaft stellen sich wettbewerbsrechtliche Fragestellungen unter anderem bei Fremdbezug, Fremdbelieferung, Nichtbeachtung der Vorschriften über den Verbraucher-/Existenzgründerschutz oder auch dem Verkauf von Kegfässern ohne Mindesthaltbarkeitsdatum an Endverbraucher. 2.1636

II. Fremdbezug und Fremdbelieferung

1. Einordnung und Abgrenzung

Ein **Fremdbezug** liegt vor, wenn der Gastwirt seine vertraglichen Verpflichtungen gegenüber dem Getränkelieferanten verletzt, indem er andere als die nach der Ausschließlichkeitsabrede zulässigen Getränke von Dritten bezieht. Dabei kann es sich sowohl um den Bezug nicht zugelassener Getränke („echter 2.1637

1973) OLG Düsseldorf, Urt. v. 18.4.2000 – 24 U 123/99, ZMR 2001, 102.

1974) Zu Fragen der Rückabwicklung eines verbundenen Vertrages kann verwiesen werden auf OLG Karlsruhe, Urt. v. 28.4.1998 – 1 U 252/97, rkr. durch Nichtannahmebeschl. d. BGH v. 22.9.1999 – VIII ZR 373/98.

1975) MünchKomm-*Habersack*, BGB, § 359 Rz. 9.

Fremdbezug" in Form des **Schwarzbezuges**[1976) als auch um einen „unechten Fremdbezug" handeln, bei dem im Vertriebsmodell 2 zwar die gebundenen Getränke bestellt werden, allerdings erfolgt deren Bezug über andere Lieferanten (**Graubezug**).[1977) Bei Fremdbezug gehen kalkulierte Umsatzerlöse und damit Deckungsbeiträge verloren. Damit stellen sich Fragen der Berechnung des entgangenen Gewinns im Allgemeinen[1978) sowie im Besonderen im Zusammenhang mit der Durchsetzung von Schadensersatzansprüchen.[1979)

2.1638 Insbesondere in der Situation des unechten Fremdbezuges (Graubezug) liegt ein Fall der **Fremdbelieferung** vor. Dabei wird der gebundene Gastwirt durch nicht autorisierte, insbesondere auch im Vertriebsmodell 2 nicht in den Verträgen zwischen Brauerei und Gastwirt benannte Getränkefachgroßhändler beliefert. Bei der Fremdbelieferung treten als dritte Lieferanten insbesondere weitere, nicht selten kleinere Getränkefachgroßhändler oder – eher selten – sonstige direkt beliefernde Brauereien auf. Da sich diese nicht an den Finanzierungen insbesondere der Brauerei beteiligt haben, werden hier nicht selten wider jeder betriebswirtschaftlicher Vernunft kaum betriebswirtschaftlich darstellbare (Rück-)Vergütungen angeboten, um ins Liefergeschäft zu kommen. Insofern stellen sich die hier angesprochenen wettbewerbsrechtlichen Fragen.

2.1639 Weiter ist daran zu erinnern, dass es auch Fremdbezugsituationen gibt, ohne dass von einer Fremdbelieferung gesprochen werden kann. Zu denken ist an den Kauf von Kegs in Abholmärkten oder im Lebensmittelhandel. Diese Sachverhalte rufen wiederum nach vertragsrechtlichen Sanktionen.[1980)

2.1640 Schließlich stellen sich sowohl beim Fremdbezug als auch bei der Fremdbelieferung Fragen des Steuerstrafrechts und der Umsatzsteuersubsidiärhaftung. Dies insbesondere bei „beleglosen Verkäufen" bzw. bei nicht hinreichend dokumentierten Warenumsatzgeschäften.

2. Anspruchsziele

2.1641 Ebenso wie im Zusammenhang mit dem Thema Fremdbezug[1981) hat der Getränkelieferant im Fall der Fremdbelieferung Ansprüche auf Unterlassung, Auskunft und Schadensersatz gegen den Drittlieferanten. Allerdings stützt er sich insofern auf das Wettbewerbsrecht. Verfahrensrechtlich stehen ihm die

1976) OLG Hamm, Urt. v. 8.6.1998 – 31 U 4/98, rkr. durch Nichtannahmebeschl. d. BGH v. 15.9.1999 – VIII ZR 333/98.

1977) OLG Koblenz, Urt. v. 21.2.2002 – 5 U 677/01, NJOZ 2002, 837. Siehe bereits oben § 19 VI 5 f.

1978) Siehe unten § 30 III jeweils m. w. N.

1979) Siehe unten § 31 IV jeweils m. w. N.

1980) Siehe unten § 27 II 7 und § 31 II-VI jeweils m. w. N.

1981) Siehe unten § 31 I 4.

üblichen Mittel (Abmahnung, einstweilige Verfügung, Klage)[1982] zur Verfügung.

3. Verleiten zum Vertragsbruch

a) **Grundsatz.** Ein Getränkelieferant, der in Kenntnis der bereits bestehenden Bezugsbindung einen Gastwirt zum Vertragsbruch verleitet, um ihn seinerseits zu binden, handelt grundsätzlich wettbewerbswidrig (**§§ 3, 4 Nr. 1 und 10 UWG**).[1983] Dieser „Verwilderung der Sitten beim Kampf der Getränkelieferanten um Absatzstätten" ist Einhalt zu gebieten.[1984] **2.1642**

Der Verpächter eines Lokals handelt allerdings grundsätzlich nicht sittenwidrig (§ 1 UWG, § 826 BGB), wenn er das Pachtverhältnis fristgerecht kündigt, um den Pächter zum Abschluss eines neuen Pachtvertrages zu veranlassen, in dem ihm das alleinige Recht zur Automatenaufstellung eingeräumt wird, mit der zwangsläufigen Folge, dass ein ohne seine Beteiligung vom Pächter mit einem Dritten abgeschlossene Automatenaufstellvertrag mit längerer Laufzeit nicht fortgesetzt werden kann.[1985] **2.1643**

b) **Freistellen von Schadensersatzansprüchen.** Wer gegenüber einem durch einen Getränkelieferungsvertrag wirksam Gebundenen die Verpflichtung übernimmt, diesen von jeglichen Schadensersatzansprüchen Dritter freizustellen, soweit diese von dem Vertragsberechtigten geltend gemacht werden, dürfte ebenfalls unlauter handeln.[1986] **2.1644**

c) Das sog. **Ausspannen von Kunden eines Mitbewerbers,** also die Verleitung zur Vertragsauflösung ohne Vertragsbruch, gehört grundsätzlich zum Wesen des Wettbewerbs, und zwar selbst dann, wenn es zielbewusst und planmäßig geschieht. Es ist deshalb durchaus als zulässig anzusehen, um den Kunden eines Mitbewerbers zu werben, selbst wenn dieser noch vertraglich an den Mitbewerber gebunden ist. Wettbewerbswidrig wird das Ausspannen erst dann, wenn besondere Umstände hinzutreten, die den Wettbewerb verfälschen. Unter Berücksichtigung dieser Grundsätze wurde das Verhalten eines Außendienstmitarbeiters eines Getränkelieferanten, welches sich dieser zurechnen lassen musste, nicht als wettbewerbswidrig angesehen und konnte daher nicht zu einer Schadensersatzverpflichtung des Getränkelieferanten führen. Der Außendienstmitarbeiter hatte auf Frage des Gastwirts lediglich erklärt, er werde sich bei einem Rechtsanwalt erkundigen. Später zeigte der Außendienstmitarbeiter ein Schreiben dieses Anwalts mit der Erklärung, man könne ohne Schaden aus **2.1645**

1982) Siehe unten § 31 VII.

1983) OLG Frankfurt/M., Urt. v. 6.10.1988 – 6 U 59/88, GRUR 1989, 71 = Zeller IV, 47.

1984) OLG Düsseldorf, Urt. v. 30.4.2002 – 20 U 15/02, NJW-RR 2003, 104.

1985) BGH, Urt. v. 24.4.1997 – I ZR 210/94, NJW 1998, 76 (Automatenaufstellvertrag).

1986) BGH, Urt. v. 4.5.1973 – I ZR 11/72, GRUR 1974, 97 mit kritischer Anmerkung *Fischötter*.

dem Vertrag herauskommen. Die Initiative zur Vertragskündigung ging von dem Gastwirt aus. Dass der Außendienstmitarbeiter insofern behilflich war, als er eine – übrigens für den Gastwirt positive – Auskunft bei dem Justitiar des Wirtschaftsverbandes des Getränkelieferanten einholte, konnte dem Getränkelieferanten nicht zur Last gelegt werden. Der Getränkelieferant hatte auch selbst nichts unternommen, um mit unlauteren Mitteln zu der Kündigung des Vertrages zu drängen.[1987)]

4. Ausnutzen fremden Vertragsbruchs

2.1646 a) **Grundsatz.** Das bloße Ausnutzen eines fremden Vertragsbruchs, ohne den vertraglich Gebundenen zu dem Vertragsbruch zu verleiten, ist grundsätzlich nicht unlauter, wenn nicht besondere, die Unlauterkeit begründende Umstände hinzutreten. Dem liegt der Gedanke zugrunde, dass die schuldrechtliche Bindung zwischen dem Wettbewerber und seinem Vertragspartner Dritten gegenüber im Allgemeinen keine rechtlichen Wirkungen zu entfalten vermag und dass die Annahme eines Wettbewerbsverstoßes schon bei Ausnutzen fremden Vertragsbruchs gewissermaßen zu einer Verdinglichung der schuldrechtlichen Verpflichtungen führen würde.[1988)]

2.1647 b) **Ausnahmen.** Hiervon hat die Rechtsprechung im Zusammenhang mit Getränkelieferungsverträgen in einigen Konstellationen Ausnahmen anerkannt. Als Umstände, die einzeln oder in ihrer Gesamtheit die Unlauterkeit des Ausnutzens eines Vertragsbruchs begründen können, wurden in der Rechtsprechung im Zusammenhang mit Getränkelieferungsverträgen genannt:

2.1648 Ein Ausnahmefall kann erstens dann vorliegen, wenn der Gastwirt gegenüber einem Getränkelieferanten erhebliche Zahlungsrückstände hat und die nunmehr eingegangene Bezugsbindung in erster Linie dazu dienen soll, durch einen Aufschlag auf den jeweiligen Bezugspreis die Schulden abzubauen und dem Getränkelieferanten die Einleitung einer Zwangsvollstreckung zu ersparen.[1989)]

2.1649 Zweitens hat der BGH unter Hinweis auf die Üblichkeit ausschließlicher Bierbezugsverpflichtungen und deren allgemeiner Respektierung dem Umstand ein besonderes Gewicht beigemessen, dass der Beklagte in Kenntnis der Sachlage mit der Belieferung des Gastwirts die Erfüllung von Darlehensverpflichtungen

---

1987) LG Nürnberg-Fürth, Urt. v. 21.4.1994 – 4 O. 2162/93.

1988) BGH, Urt. v. 1.12.1999 – I ZR 130/96, BGHZ 143, 232 = NJW 2000, 2504 = ZIP 2000, 1175; BGH, Urt. v. 11.1.2007 – I ZR 96/04, NJW 2007, 2999; BGH, Urt. v. 11.9.2008 – I ZR 74/06, NJW 2009, 1504; LG Aschaffenburg, Urt. v. 21.3.1991 – 1 HKO 48/91, Zeller, IV, 380.

1989) BGH, Urt. v. 16.10.1956 – I ZR 2/55, BB 1956, 1088 = Zeller I, 388.

gefährdete, die der Gastwirt im Rahmen des Getränkelieferungsvertrages übernommen hatte.[1990]

Schließlich sah der BGH in einer weiteren Entscheidung besondere Umstände als gegeben an, weil der Nutznießer des Vertragsbruchs zwar die vertragliche Bindung und damit auch den Vertragsbruch nicht kannte, er aber damit rechnen musste und durch sein vorgelegtes verlockendes Vertragsangebot die Betreiber der Absatzstätte dazu verleitete, sich mit wahrheitsgemäßen Angaben über die vertragliche Bindung zurückzuhalten. Damit hatte er nach Auffassung des BGH grob fährlässig gehandelt und in entscheidender Weise an dem Zustandekommen des Vertragsbruchs objektiv mitgewirkt.[1991] 2.1650

III. Fehlende oder fehlerhafte Widerrufsbelehrungen

1. Maßgebliches Recht

Der auf Wiederholungsgefahr gestützte **Unterlassungsanspruch** (§ 8 Abs. 1 UWG) besteht nur, wenn das beanstandete Verhalten auch schon zur Zeit der Begehung nach der damals geltenden Fassung des UWG wettbewerbswidrig war, weil es anderenfalls an der erforderlichen Wiederholungsgefahr fehlt.[1992] Dies dürfte in dem hier interessierenden Zusammenhang zumeist nicht der Fall sein. Der Begriff der geschäftlichen Handlung i. S. d. § 2 Abs. 1 Nr. 1 UWG 2008 ist nämlich nicht enger als der der Wettbewerbshandlung nach § 2 Abs. 1 Nr. 1 UWG 2004.[1993] 2.1651

Die Voraussetzungen des Unterlassungsanspruchs (§ 8 Abs. 1 und 3 Nr. 1 UWG) sind gleich geblieben. Die den Rechtsbruchtatbestand regelnde Bestimmung des § 4 Nr. 11 UWG ist durch die UWG-Novelle 2008 in ihrem Wortlaut nicht geändert worden.[1994] 2.1652

2. Geltendmachung

a) Geschäftliche Handlung. Die Geltendmachung von (bestehenden oder angeblichen) Vertragsansprüchen stellt für sich gesehen keine geschäftliche Handlung i. S. d. § 2 Abs. 1 Nr. 1 UWG dar. Etwas anderes gilt dann, wenn der 2.1653

1990) BGH, Urt. v. 28.3.1969 – I ZR 33/67, NJW 1969, 1293 = Zeller I, 445; LG Aschaffenburg, Urt. v. 21.3.1991 – 1 HKO 48/91, Zeller, IV, 380; zweifelhaft daher OLG München, Urt. v. 9.7.1992 – U (K) 5146/91, OLGReport 1992, 199, und bei *Bühler*, BB 1994, 663; BGH, Urt. v. 4.5.1973 – I ZR 11/72, MDR 1973, 739 = Zeller I, 467 (Automatenaufstellvertrag).

1991) BGH, Urt. v. 4.5.1973 – I ZR 11/72, GRUR 1974, 97 mit kritischer Anmerkung *Fischötter*.

1992) BGH, Urt. v. 20.1.2011 – I ZR 122/09, NJW 2011, 929; BGH, Urt. v. 9.11.2011 – I ZR 123/10, NJW 2012, 1814 (§ 312c BGB).

1993) BGH, Urt. v. 15.1.2009 – I ZR 141/06, GRUR 2009, 1881; BGH, Urt. v. 29.4.2010 – I ZR 66/08, NJW 2010, 3566 = ZIP 2010, 2249.

1994) BGH, Urt. v. 29.4.2010 – I ZR 66/08, NJW 2010, 3566 = ZIP 2010, 2249.

Unternehmer es von vornherein darauf angelegt hat, Kunden über das Bestehen eines Vertrages zu täuschen oder sie durch Irreführung zum Vertragsschluss zu veranlassen und er mittels Geltendmachung der (wirklichen oder angeblichen) Vertragsansprüche die Früchte seines Tuns ernten möchte.[1995)]

2.1654 b) **Mitbewerber.** Antragsbefugt ist jeder Mitbewerber (§§ 2 Abs. 1 Nr. 3, 8 Abs. 3 Nr. 1 UWG). Dazu muss der Antragsteller Unternehmer i. S. d. § 14 BGB sein. Eine gewerbliche Tätigkeit setzt ein selbständiges und planmäßiges, auf eine gewisse Dauer angelegtes Anbieten entgeltlicher Leistungen am Markt voraus. Die Tätigkeit darf nicht bloß gelegentlich erfolgen. Eine Gewinnerzielungsabsicht ist – jedenfalls im Lauterkeitsrecht – nicht erforderlich.[1996)]

3. Wettbewerbswidrigkeit

2.1655 a) **Unzulässige Beeinflussung der Entscheidungsfreiheit** (§§ 3, 4 Nr. 1 UWG). Dies ist bei planmäßigem und systematischem Behaupten eines vorhergehenden Vertragsschlusses und der Geltendmachung angeblicher vertraglicher Ansprüche denkbar.[1997)]

2.1656 b) **Ausnutzung der Rechtsunkenntnis (§§ 3, 4 Nr. 2 UWG).** Die „Ausnutzung der Rechtsunkenntnis" gehörte in der früheren Rechtsprechung zu den anerkannten Fallgruppen des § 1 UWG a. F.[1998)] Doch lässt sich diese Rechtsfigur nicht ohne Weiteres in § 4 Nr. 2 UWG integrieren. Denn die geschäftliche Unerfahrenheit von Verbrauchern kann sich zwar auch in Rechtsunkenntnis äußern. Beurteilungsmaßstab im Wettberwerbsrecht ist aber der **durchschnittlich informierte, aufmerksame und verständige Durchschnittsverbraucher.**[1999)] Auszugehen ist also von dem Stand der Rechtskenntnis, der bei einem solchen Verbraucher vorausgesetzt werden kann. Dabei dürfen allerdings keine zu hohen Anforderungen gestellt werden. Insbesondere kann keine genauere Kenntnis von Rechtsvorschriften und ihrer Auslegung durch die Gerichte erwartet werden.[2000)] Dementsprechend liegt keine Ausnutzung der geschäftlichen Unerfahrenheit i. S. v. § 4 Nr. 2 UWG vor, wenn der Unternehmer weiß oder damit rechnen muss, dass seine (potentiellen) Vertragspartner nicht die zur Beurteilung einer bestimmten Frage erforderlichen Rechtskenntnisse haben, und er somit lediglich seine überlegene Rechtskenntnis ausnutzt. Da andere Beurteilungsgrundlagen in Betracht kommen, ist mangels Regelungslücke kein Raum für eine Analogie. Die unzureichende Belehrung ist folglich nicht schon

---

1995) BGH, Urt. v. 26.4.2001 – I ZR 314/98, WM 2001, 1528.

1996) OLG Hamm, Urt. v. 26.5.2011 – 4 U 35/11, BeckRS 2011, 17466 (italienisches Restaurant als Antragstellerin).

1997) BGH, Urt. v. 26.1.1995 – I ZR 39/93, WRP 1995, 389.

1998) BGH, Urt. v. 4.7.2002 – I ZR 55/00, NJW 2002, 3396 = ZIP 2002, 1730.

1999) BGH, Urt. v. 9.11.2011 – I ZR 123/10, NJW 2012, 1814 (§ 312c BGB).

2000) BGH, Urt. v. 3.5.2007 – I ZR 19/05, GRUR 2007, 978.

deshalb unlauter i. S. d. § 4 Nr. 2 UWG, weil die Gefahr begründet wird, dass der Kunde von seinem Widerrufsrecht nicht Gebrauch macht und der Unternehmer diese Rechtskenntnis zu seinem Vorteil ausnutzt.[2001)]

c) **Rechtsbruch (§§ 3, 4 Nr. 11 UWG).** Soweit der Verbraucher über ein bestehendes Widerrufsrecht i. S. d. § 355 BGB zu belehren ist, ist eine unterbliebene, falsche oder unvollständige Belehrung nach § 4 Nr. 11 UWG unlauter und beeinträchtigt die Interessen des Verbrauchers spürbar i. S. d. § 3 Abs. 1 bzw. Abs. 2 Satz 1 UWG.[2002)] **2.1657**

Die Verwendung von Vertragsformularen, die den Vertragspartner über ein ihm durch Gesetz eingeräumtes Widerrufsrecht entgegen den gesetzlichen Vorschriften nicht, nicht vollständig oder nicht richtig belehren und die geeignet sind, den Verbraucher, weil er die Rechtslage nicht überblickt, von der Ausübung seines Widerrufsrechtes abzuhalten, ist wettbewerbswidrig. Unzutreffende Widerrufsbelehrungen begründen die Gefahr, dass der die Rechtslage nicht überblickende Verbraucher in der irrigen Annahme, die Frist sei bereits verstrichen, davon absieht, von seinem Widerrufsrecht Gebrauch zu machen. Dem Verbraucher werden durch diese Vorgehensweise Informationen vorenthalten, die er für seine geschäftliche Entscheidung benötigt.[2003)] **2.1658**

Unzulässig ist es, die Belehrung über den **Beginn der Widerrufsfrist** zu unterlassen.[2004)] Der Tatbestand des Rechtsbruchs ist ebenfalls erfüllt, wenn in den AGB eine Widerrufsbelehrung (mit Verweis auf die vormalige BGB-InfoV) zu einem Zeitpunkt mitgeteilt wird, indem die BGB-InfoV (hier seit dem 11.6.2010) überholt und damit nicht mehr der **aktuellen Rechtslage** entsprach. Dass der Verstoß möglicherweise nur versehentlich erfolgt ist, ist ebenso unerheblich wie der Umstand, dass an anderer Stelle die richtige Fassung der Belehrung zu finden war. Der Unterlassungsanspruch ist nämlich nicht verschuldensabhängig.[2005)] Unzulässig ist auch der **Verweis auf eine nicht mehr existente Paragraphenkette.**[2006)] Die Verwendung **zweier sich widersprechender und teilweise nicht ordnungsgemäßer Widerrufsbelehrungen** begründet ebenfalls den Tatbestand des Rechtsbruchs.[2007)] **2.1659**

2001) BGH, Urt. v. 3.5.2007 – I ZR 19/05, GRUR 2007, 978.

2002) BGH, Urt. v. 29.4.2010 – I ZR 66/08, NJW 2010, 3566 = ZIP 2010; BGH, Urt. v. 9.11.2011 – I ZR 123/10, NJW 2012, 1814 (§ 312c BGB).

2003) BGH, Urt. v. 11.4.2002 – I ZR 306/99, NJW 2002, 2391; BGH, Urt. v. 4.7.2002 – I ZR 55/00, NJW 2002, 3396 = ZIP 2002, 1730; BGH, Urt. v. 29.4.2010 – I ZR 66/08, NJW 2010, 3566 = ZIP 2010, 2249; OLG Hamm, Urt. v. 13.10.2011 – I-4 U 99/11, BeckRS 2011, 25912.

2004) BGH, Urt. v. 7.11.1996 – I ZR 138/94, NJW 1997, 1780.

2005) OLG Hamm, Urt. v. 26.5.2011 – 4 U 35/11, BeckRS 2011, 17466 (italienisches Restaurant als Antragstellerin).

2006) OLG Hamm, Urt. v. 13.10.2011 – I-4 U 99/11, BeckRS 2011, 25912.

2007) OLG Hamm, Urt. v. 26.5.2011 – 4 U 35/11, BeckRS 2011, 17466; OLG Hamm, Urt. v. 24.5.2012 – I-4 U 48/12, BeckRS 2012, 13246.

4. Spürbarkeit

2.1660 a) **Einführung.** Hinzukommen musste nach § 3 UWG 2004, dass das Verhalten geeignet war, den Wettbewerb im Sinne dieser Vorschrift zum Nachteil der Mitbewerber und der Verbraucher mehr als nur unerheblich zu beeinträchtigen. Nach geltendem Recht (§ 1 Abs. 1 und 2 Satz 1 UWG 2008) sind die Spürbarkeitsbestimmungen festzustellen.[2008)]

2.1661 b) **Grundsatz.** Im Falle der fehlerhaften Verwendung einer Widerrufsbelehrung liegt kein bloßer Bagatellfall i. S. v. § 3 Abs. 1 UWG vor.[2009)]

2.1662 Gegen die Annahme einer nur unerheblichen Beeinflussung des Wettbewerbs i. S. d. § 3 UWG 2004 bzw. einer fehlenden Spürbarkeit des Verstoßes i. S. d. § 3 Abs. 2 Satz 1 UWG 2008 spricht ggf. der Umstand, dass nicht lediglich die gebotene Belehrung unterlassen wurde, sondern eine Belehrung erteilt wurde, in der die Reichweite des Widerrufsrechts des Verbrauchers unzutreffend dargestellt war und diese unrichtige Information geeignet war, dem Verbraucher insofern zu schaden, als sie ihn von der Ausübung eines ihm zustehenden Rechts zur Lösung vom Vertrag abhalten konnte.[2010)]

5. Wiederholungsgefahr

2.1663 Die Wiederholungsgefahr wird durch den Verstoß indiziert. Sie entfällt nicht dadurch, dass der Antragsgegner den Verstoß nach der Abmahnung umgehend entfernt und die alte Widerrufsbelehrung gelöscht hat. Die Wiederholungsgefahr kann regelmäßig nur durch die Abgabe einer strafbewehrten Unterlassungserklärung beseitigt werden.[2011)]

6. Rechtsmissbrauch

2.1664 Von einem Rechtsmissbrauch (§ 8 Abs. 4 UWG) ist auszugehen, wenn das beherrschende Motiv des Gläubigers bei der Geltendmachung des Unterlassungsanspruchs insbesondere ein Gebührenerzielungs- oder Kostenbelastungsinteresse ist und gegen den Zuwiderhandelnden vorwiegend Ansprüche auf Ersatz von Kosten der Rechtsverfolgung oder Zahlung von Vertragsstrafen entstehen sollen. Das Vorliegen einer überwiegend sachfremden Motivation für die Abmahntätigkeit hat der Antragsgegner darzulegen und glaubhaft zu machen.[2012)]

2008) BGH, Urt. v. 29.4.2010 – I ZR 66/08, NJW 2010, 3566 = ZIP 2010, 2249.

2009) OLG Hamm, Urt. v. 26.5.2011 – 4 U 35/11, BeckRS 2011, 17466 (italienisches Restaurant als Antragstellerin); OLG Hamm, Urt. v. 13.10.2011 – I-4 U 99/11, BeckRS 2011, 25912; OLG Hamm, Urt. v. 24.5.2012 – I-4 U 48/12, BeckRS 2012, 13246.

2010) BGH, Urt. v. 29.4.2010 – I ZR 66/08, NJW 2010, 3566 = ZIP 2010, 2249.

2011) OLG Hamm, Urt. v. 26.5.2011 – 4 U 35/11, BeckRS 2011, 17466; OLG Hamm, Urt. v. 13.10.2011 – I-4 U 99/11, BeckRS 2011, 25912.

2012) OLG Hamm, Urt. v. 26.5.2011 – 4 U 35/11, BeckRS 2011, 17466.

7. Inverkehrbringen von Fässern

Ein Getränkefachgroßhändler, der Bierfässer, auf denen das Mindesthaltbarkeitsdatum nicht angegeben ist, eigenmächtig mit einem Mindesthaltbarkeitsdatum versieht und die so gekennzeichneten Fässer an Endverbraucher vertreibt, verstößt gegen geltendes Lebensmittelrecht und handelt damit rechtswidrig. Dieses Verhalten begründet auch den Vorwurf der Wettbewerbswidrigkeit.[2013] 2.1665

Zum Inverkehrbringen von Fassbier durch Getränkefachgroßhändler, ohne dass Vertriebsvereinbarungen bestehen, kann ein Urteil des KG vom 27.1.2004 benannt werden.[2014] 2.1666

IV. Einstweiliger Rechtsschutz

Soll eine einstweilige Verfügung erfolgreich sein, so muss unverzüglich gehandelt werden. Zwischen der Kenntnis des Wettbewerbsverstoßes und der Beantragung einer einstweiligen Verfügung darf maximal ein Zeitraum von einem Monat liegen. Die **Vermutung der Dringlichkeit** gem. § 12 Abs. 2 UWG ist im Regelfall widerlegt, wenn der Antragsteller erst mehr als einen Monat nach Kenntniserlangung von der Wettbewerbshandlung einen Antrag auf Erlass einer einstweiligen Verfügung stellt, und keine diese Verzögerung rechtfertigenden Gründe bestehen.[2015] 2.1667

§ 28 Europäisches Kartellrecht

I. Abgrenzung

Im primären europäischen Kartellrecht kommen als **Prüfungsmaßstab** für Getränkelieferungsverträge zum einen das allgemeine Verbot wettbewerbs- und handelsbeschränkender Vereinbarungen (Art. 101 AEUV), zum anderen das Verbot des Missbrauchs marktbeherrschender Macht (Art. 102 AEUV) in Betracht.[2016] Beide Vorschriften schließen sich nicht gegenseitig aus, sondern können im Einzelfall nebeneinander anwendbar sein. Zu denken ist etwa an den Missbrauch einer marktbeherrschenden Stellung, die auf einer Kartellabsprache mehrerer Unternehmen beruht.[2017] Während Art. 101 AEUV an zwei- bzw. mehrseitige Maßnahmen anknüpft, sanktioniert Art. 102 AEUV einseitige Maßnahmen. Im Rahmen einer wertenden Betrachtung bedarf es der Prüfung, wo der Schwerpunkt der Vorwerfbarkeit liegt. 2.1668

2013) OLG Düsseldorf, Urt. v. 2.8.2008 – U(Kart) 15/00, LMRR 2000, 141; OLG Köln, Urt. v. 22.6.2001 – 6 U 59/01, LMRR 2001, 63.

2014) KG, Urt. v. 27.1.2004 – 27 U 252/03.

2015) OLG Koblenz, Urt. v. 23.2.2011 – IX W 698/10, NJW-RR 2011, 624.

2016) *Paulusch*, Brauerei- und Gaststättenrecht, 9. Aufl. 1996, Rz. 363.

2017) EuGH, Urt. v. 13.2.1979 – C-85/76, Slg. 1979, 461 – Hoffmann-La Roche.

2.1669 Art. 102 AEUV über die missbräuchliche Ausnutzung einer marktbeherrschenden Stellung dürfte sowohl im Hinblick auf das Polypol der Anbieter (Brauereien, sonstige Getränkehersteller, Getränkefachgroßhändler) als auch auf den intensiven Wettbewerb kaum praktisch werden. Im Übrigen verlangt die Rechtsprechung insofern einen Marktanteil von mehr als 50 %.[2018)] Demgegenüber wird nach deutschem Recht (§ 18 Abs. 4 GWB) eine Marktbeherrschung bereits dann vermutet, wenn das Unternehmen einen Marktanteil von mindestens 40 % hat. Allerdings ist die Vermutung widerleglich.

II. Das Verbot wettbewerbsbeschränker Vereinbarungen

1. Schutzzweck und Systematik

2.1670 Zweck des Art. 101 AEUV ist nicht der Schutz des Wettbewerbs um seiner selbst Willen. Ziel des Wettbewerbsrechts ist vielmehr die Errichtung eines Systems unverfälschten Wettbewerbs in der Europäischen Union. Künstliche oder willkürliche Eingriffe der Unternehmen sind abzuwehren.

2.1671 Der Aufbau des Art. 101 AEUV folgt einem **Regel-Ausnahme-Verhältnis.** Während in Abs. 1 dargelegt wird, welches wettbewerbsschädliche Verhalten durch die Norm grundsätzlich verboten ist (Verbotstatbestand), formuliert Abs. 3 einige Voraussetzungen, bei deren Vorliegen das Verbot des Abs. 1 ausnahmsweise nicht gilt (Freistellung).[2019)]

2. Prüfungsrelevanz

2.1672 Die Wirksamkeit von Getränkelieferungsverträgen ist nicht nur an § 138 Abs. 1 BGB bzw. § 307 BGB zu messen, sondern auch nach Art. 101 Abs. 1 AEUV und § 1 GWB zu prüfen. Unter diesem Gesichtspunkt kommt es darauf an, ob die Marktzugänglichkeit für Wettbewerber in unzulässiger Weise erschwert wird.

3. Unternehmen und Unternehmensvereinigungen

2.1673 a) **Einführung.** Das Kartellverbot gilt nur für Unternehmen und Unternehmensvereinigungen. Mit diesen Begriffen wird festgelegt, wer die Anforderungen des Art. 101 Abs. 1 AEUV einhalten muss und wessen Verhalten grundsätzlich außerhalb des Anwendungsbereichs des Wettbewerbsrechts steht.

2.1674 b) **Begriff.** Entsprechend dem Zweck des Wettbewerbsrechts wird ein weites Verständnis zugrunde gelegt. Als Unternehmen gilt jedes Rechtssubjekt, das eine kommerzielle oder wirtschaftliche Tätigkeit ausübt (Art. 1 des Protokolls 22 zum EWR-Abkommen). Unter wirtschaftlicher Tätigkeit ist jedes Anbieten von Produkten oder Dienstleistungen auf einem **Markt** zu verstehen.[2020)] Herr-

2018) EuGH, Urt. v. 3.7.1991 – C-62/86, EuZW 1992, 21 – AKZO.

2019) Dasselbe gilt im deutschen Recht für das Verhältnis des § 1 GWB zu den §§ 2 und 3 GWB.

2020) EuGH, Urt. v. 12.9.2000 – C-180/98, Slg. 2000 I 6451 – Pavlov.

schend ist ein **funktionaler Unternehmensbegriff.**[2021] Als Unternehmen i. S. d. Art. 101 Abs. 1 AEUV wird jede eine wirtschaftliche Tätigkeit ausübende Einheit, unabhängig von ihrer Rechtsform und der Art ihrer Finanzierung, angesehen. Die Größe des Unternehmens spielt keine Rolle. Auszuklammern ist die private Vermögensverwaltung, solange sie nicht in gewerblichen Unternehmen verselbständigt wird.

c) **Staatliche Einrichtungen** und Behörden können jedenfalls dann Unternehmen sein, solange sie nicht rein hoheitlich handeln oder Waren zu sozialen Zwecken erwerben. **2.1675**

d) Art. 101 Abs. 1 AEUV erfasst nach Sinn und Zweck alle wirtschaftlichen Einheiten, die sich, wie immer, an wettbewerbsbeschränkenden Verträgen beteiligen können. Unternehmen können daher auch rechtsfähige und nicht rechtsfähige **Vereine** sein. **2.1676**

e) **Konzernprivileg.** Das Kartellverbot gilt nicht für Vereinbarungen und aufeinander abgestimmte Verhaltensweisen innerhalb eines Unternehmensverbundes. Hier fehle es aufgrund der einheitlichen Willensbildung im Konzern an einer „Vereinbarung" zwischen Unternehmen.[2022] **2.1677**

4. Vereinbarung

a) **Voraussetzungen.** Die erforderliche Willensübereinstimmung kann ausdrücklich oder konkludent erfolgen.[2023] Im Hinblick auf die durch Art. 101 Abs. 2 AEUV angeordnete Nichtigkeitsfolge bedarf es allerdings keines Rechtsbindungswillens. **2.1678**

Häufig werden Kartellverträge im Bewusstsein geschlossen, dass ihnen im Hinblick auf die jeweiligen Kartellverbote (Art. 101 AEUV, § 1 GWB) keine rechtliche **Bindungswirkung** zukommt. Dieses Bewusstsein steht der Annahme einer Vereinbarung nicht entgegen, wenn im Übrigen die Voraussetzungen eines zivilrechtlichen Vertrages erfüllt sind. Erforderlich sind aber jedenfalls eine tatsächliche Bindungswirkung und ein darauf gerichteter Wille. **2.1679**

Die **Form**, in der die Vereinbarung abgeschlossen wurde, ist gleichgültig. Schriftlichkeit ist nicht erforderlich. **2.1680**

b) **Anwendungsfälle.** Unter den Begriff der Vereinbarung fallen nicht nur horizontale Vereinbarungen (zwischen Wettbewerbern), sondern auch **vertikale Vereinbarungen** (zwischen Nichtwettbewerbern), also Vereinbarungen, die zwischen Unternehmen geschlossen werden, die auf verschiedenen Wirtschaftsstufen tätig sind. Typische Beispiele sind Vereinbarungen zwischen Anbietern **2.1681**

2021) EuGH, Urt. v. 23.4.1991 – C-41/90, Slg. 1991 I 1979 – Höfner und Elser.

2022) EuGH, Urt. v. 24.10.1996 – C-73/95, Slg. 1996 I 5457 – Viao.

2023) EuGH, Urt. v. 25.10.1983 – 3 C 107/82, Slg. 1983, 3151 – AEG-Telefunken.

einer Ware und Abnehmern des zu vertreibenden Produkts (Händlern etc.), insbesondere Vertriebsverträge, in den unterschiedlichsten Formen. Dazu rechnen sowohl **Alleinbezugsvereinbarungen**[2024)] als auch **Alleinvertriebsvereinbarungen, selektive Vertriebsbindungen** und bindende **Preisempfehlungen**. Diese können den Herstellerwettbewerb **(inter-brand-Wettbewerb)**[2025)] oder auch den Wettbewerb der Händler **(intra-brand-Wettbewerb)** beeinträchtigen. Da zwischen Unternehmen im Vertikalverhältnis kein aktueller Wettbewerb besteht, werden sie als weniger schädlich eingeschätzt; dies zeigt das Wertungsmodell der Gruppenfreistellungsverordnung Nr. 330/2010.

2.1682 c) **Zweigleisiger Vertrieb.** Zu beachten ist, dass eine vertikale Vereinbarung nur dann vorliegt, wenn die beteiligten Unternehmen weder in einem tatsächlichen noch in einem potentiellen Wettbewerbsverhältnis zueinander stehen. Das hat zur Folge, dass beispielsweise in Fällen des „zweigleisigen" Vertriebs („dual distribution") die Vertriebsvereinbarungen des Anbieters nicht in den Genuss des 15 %-Schwellenwertes gelangen, sondern anhand des Maßstabes für Vereinbarungen unter Wettbewerbern (10 %) zu beurteilen sind.

5. Verhinderung, Einschränkung oder Verfälschung des Wettbewerbs

2.1683 a) Geschützt wird nicht nur der aktuelle, sondern auch der **potentielle Wettbewerb.** Insofern müssen **Anhaltspunkte** dafür festgestellt werden können, dass ohne die Vereinbarung andere Unternehmen die notwendigen zusätzlichen Investitionen und andere erforderliche Umstellungskosten auf sich nehmen würden, um in den in den Markt einzutreten. Dieser Einschätzung müssen **realistische Erwägungen** zugrunde liegen. Die rein theoretische Möglichkeit eines Marktzutritts reicht hierzu nicht aus.[2026)]

2.1684 Potentieller Wettbewerb durch ein noch nicht im gleichen Markt tätiges Unternehmen kann bejaht werden, wenn eine gewisse sachliche und räumliche Nähe zum relevanten Markt besteht und ein Marktzutritt in angemessener Zeit möglich ist.[2027)]

2.1685 b) **Eignung zur Wettbewerbsbeschränkung.** Es kommt nicht darauf an, ob Auswirkungen auf Dritte tatsächlich eintreten. Vielmehr genügt bereits die

---

2024) Beispiel: Das französische Vertriebsunternehmen Consten und der deutsche Fernseh- und Rundfunkgerätehersteller Grundig schließen einen Vertriebsvertrag ab, der eine Ausschließlichkeitsklausel enthält; EuGH, Urt. v. 13.7.1966 – Rs 56 und 58/64, Slg. 1966, 322 = NJW 1966, 1585 – Consten und Grundig.

2025) Beispiel: Festlegung des Verkaufspreises des Vertriebsunternehmens durch den Hersteller (**Preisbindung der zweiten Hand**). Es handelt sich um eine unzulässige Kernbeschränkung nach Art. 4a VO Nr. 330/2010.

2026) EuG, Urt. v. 15.9.1998 – T-374, 375 und 388/94, Slg. 1998 II 3141 – European Night Services (ENS).

2027) EuGH, Urt. v. 28.2.1991 – C-234/89, Slg. 1991 I 935 = EuZW 1991, 376 – Delimitis ./. Henningerbräu.

bloße Eignung der Wettbewerbsbeschränkung zur Hervorrufung der fraglichen Auswirkungen auf Dritte, weil sich Art. 101 Abs. 1 AEUV damit begnügt, dass die Wettbewerbsbeschränkung bewirkt ist.[2028)]

6. Relevanter Markt

a) **Bedeutung.** Die Abgrenzung des relevanten Marktes hat in den letzten Jahren in der Praxis zu Art. 101 AEUV zunehmende Bedeutung erlangt. Erstens wird bei der Prüfung der **Spürbarkeit der Wettbewerbsbeschränkung** vorrangig auf die Marktanteile der an einer wettbewerbsbeschränkenden Maßnahme beteiligten Unternehmen abgestellt. Marktanteile können aber nur auf sachlich, räumlich und ggf. auch zeitlich möglichst genau abgegrenzten Märkten bestimmt werden.[2029)] Die Abgrenzung des relevanten Marktes spielt im Rahmen von Art. 101 AEUV zweitens eine Rolle bei der Unterscheidung zwischen **aktuellem und potentiellen Wettbewerb**, drittens im Rahmen der **Zwischenstaatlichkeitsklausel** sowie viertens bei der Prüfung, ob eine bestimmte Wettbewerbsbeschränkung nach **Art. 101 Abs. 3 AEUV** freistellungsfähig ist, weil dies u. a. davon abhängt, ob den beteiligten Unternehmen durch die wettbewerbsbeschränkende Maßnahme Möglichkeiten eröffnet werden, für einen wesentlichen Teil der betreffenden Waren den Wettbewerb auszuschalten (vgl. zu Letzterem Art. 3 VO Nr. 330/2010). 2.1686

b) **Sachlich relevanter Markt.** Ein räumlich gesonderter Markt lässt sich ohne vorherige sachliche Marktabgrenzung nicht feststellen (Ziff. 8 Bekanntmachung zur Definition des relevanten Marktes 1997). Zur Abgrenzung des sachlich relevanten Marktes sowohl auf Nachfrage- als auch auf Angebotsseite wendet die Kommission das **Konzept der funktionellen Austauschbarkeit (Bedarfsmarktkonzept)** an. 2.1687

c) **Räumlich relevanter Markt.** Räumlich relevanter Markt ist das Gebiet, auf dem der Anbieter an seine Kunden verkauft (Ziff. 8 Bekanntmachung zur Definition des relevanten Marktes 1997). Im Vertikelbereich ist bislang – anders als möglicherweise bei horizontalen Bindungen – eine regionale oder lokale Betrachtungsweise unzulässig. 2.1688

d) **Zeitlich relevanter Markt.** Unter dem zeitlich relevanten Markt versteht man den Zeitraum, für den die wettbewerbsbeschränkenden Auswirkungen einer Maßnahme zu untersuchen sind. Auch hier gilt, dass die Unternehmen ihre Märkte in erster Linie selbst definieren, sodass sich der zeitlich relevante Markt grundsätzlich mit der Geltungsdauer der fraglichen wettbewerbsbeschränkenden Maßnahme deckt. Die zeitliche Marktabgrenzung spielt außerdem gele- 2.1689

2028) EuGH, Urt. v. 21.1.1999 – C-215, 216/96, Slg. 1999 I 135, 161 = EuZW 1999, 212 – Bagnasco.

2029) Art. 3 Abs. 1 VO Nr. 330/2010; Ziff. 90 Vertikalleitlinien 2000.

gentlich noch eine Rolle, wenn bestimmte Märkte nur vorübergehend stattfinden, vor allem also bei Messen, Volksfesten und vergleichbaren Veranstaltungen.[2030)]

7. Bezwecken oder Bewirken

2.1690 a) **Bezwecken.** Bezweckt ist eine Wettbewerbsbeschränkung, wenn sie auf einer entsprechenden Absicht der beteiligten Unternehmen beruht.[2031)] Ob die Wettbewerbsbeschränkung bezweckt ist, bestimmt sich danach, ob sie objektiv geeignet ist, eine Beeinträchtigung des Wettbewerbs herbeizuführen. Auszugehen ist dabei vom Inhalt der Absprache.[2032)] Steht der wettbewerbsbeschränkende Zweck fest, so ist die Prüfung der tatsächlichen Auswirkungen auf den Wettbewerb entbehrlich. Der Umstand, dass in Art. 101 Abs. 1 AEUV Zweck und Wirkung der fraglichen Maßnahme gleichberechtigt nebeneinander stehen, belegt dies. Es genügt also bereits die Feststellung eines wettbewerbsbeschränkenden Zweckes einer Maßnahme, ohne dass es noch zusätzlich auf die Prüfung ihrer tatsächlichen Auswirkungen auf den Markt ankäme. Nur soweit die Abrede der Parteien keinen solchen Zweck besitzt, sind die Auswirkungen der Vereinbarung auf den Wettbewerb im entsprechenden Markt zu untersuchen.[2033)]

2.1691 Faktisch wird dies bei **Kernbeschränkungen** (Art. 4 VO Nr. 330/2010) wie etwa Preis-, Mengen-, Kunden- oder Gebietsabsprachen angenommen. Hier wird die Absicht der Unternehmen unterstellt, weil eine fehlende Kenntnis der Beteiligten bei diesen gravierenden Wettbewerbsverstößen nicht plausibel ist.[2034)]

2.1692 b) **Bewirken. aa)** Kann einer Maßnahme kein wettbewerbsbeschränkender Zweck beigemessen werden, so ist zu prüfen, ob sie eine Wettbewerbsbeschränkung bewirkt. Die Auswirkungen der Vereinbarung oder der abgestimmten Verhaltensweise sind in einem Vergleich der tatsächlichen Wettbewerbsverhältnisse mit den hypothetischen Wettbewerbsverhältnissen ohne die Vereinbarung oder die abgestimmte Verhaltensweise zu prüfen. „Bewirkt" ist eine Wettbewerbsbeschränkung, wenn der tatsächliche oder potentielle Wettbewerb derart beeinträchtigt ist, dass mit hinreichender Wahrscheinlichkeit eine **nega-**

2030) Immenga/Mestmäcker-*Emmerich*, Wettbewerbsrecht, Art. 101 Abs. 1 AEUV, Rz. 170.

2031) EuGH, Urt. v. 13.6.1966 – 56/65, Slg. 1966, 282, Société Techniqe Miniere.

2032) EuGH, Urt. v. 30.6.1966 – Rs 56 und 58/65, Slg. 1966, 281 = NJW 1966, 1585 – LTM ./. Maschinenbau Ulm.

2033) EuGH, Urt. v. 30.6.1966 – Rs 56 und 58/65, Slg. 1966, 281 = NJW 1966, 1585 – LTM ./. Maschinenbau Ulm; EuGH, Urt. v. 13.7.1966 – Rs 56 und 58/64, Slg. 1966, 322 = NJW 1966, 1585 – Consten und Grundig; EuGH, Urt. v. 28.2.1991 – C-234/89, Slg. 1991 I 935 = EuZW 1991, 376 – Delimitis ./. Henningerbräu; EuG, Urt. v. 15.9.1998 – T-374 und 375, 384 und 388/94, Slg. 1998 II 3141, 3223 – European Night Services (ENS).

2034) Ziff. 23 Leitlinien der Kommission zu Art. 81 Abs. 3 EGV.

tive Beeinflussung der Marktverhältnisse zu erwarten ist.[2035] Die Prüfung muss den **wirtschaftlichen und rechtlichen Gesamtzusammenhang** der zu prüfenden Handlung berücksichtigen.[2036]

bb) Dabei kommt es insbesondere auf **Art** und **Menge** der betroffenen Erzeugnisse, die **Marktstellung** der Beteiligten, die Eingebundenheit einer Vereinbarung in ein **Vertragsnetz** gleichartiger Verträge und die **Offenheit des betroffenen Marktes** bzw. **Möglichkeiten des Marktzugangs für Dritte an.**[2037] **2.1693**

cc) Nachweis. Der Nachweis einer bewirkten Wettbewerbsbeschränkung erfordert in der Regel die Durchführung einer aufwändigen **Marktanalyse**. Auch eine bloße „bewirkte" Beschränkung kann nicht ohne intensive Prüfung der konkreten Marktverhältnisse angenommen werden.[2038] Die Auswirkungen der vereinbarten Zusammenarbeit auf die davon betroffenen Märkte sind zu analysieren und positive und negative Effekte einander gegenüberzustellen (Prüfung der materiellen Wettbewerbsbeschränkung). Vereinbarungen, die markterschließende, wettbewerbsbelebende oder marktdurchdringende Wirkungen auslösen oder selbst Ausdruck wirksamen Wettbewerbs sind, fallen von vorne herein nicht unter Art. 101 Abs. 1 AEUV. **2.1694**

Der EuGH hält den Nachweis der tatsächlich eingetretenen wettbewerbsbeschränkenden Wirkung einer Vereinbarung für **verzichtbar,** weil Art. 101 AEUV sowohl tatsächliche als auch rein potentielle wettbewerbswidrige Auswirkungen verbietet.[2039] Für das Bewirken der Wettbewerbsbeschränkung ist eine **zuverlässige Prognose** einer solchen Wirkung ausreichend. **2.1695**

8. Eignung zur Beeinträchtigung des zwischenstaatlichen Handels[2040]

a) Funktion. Die Zwischenstaatlichkeitsklausel ist zum einen materielles **Tatbestandsmerkmal.** Dem entspricht es, dass das Merkmal zumeist erst nach den anderen Voraussetzungen des Tatbestandes geprüft wird. Zum anderen soll sie eine implizite **Kollisionsnorm** darstellen.[2041] Das Tatbestandsmerkmal der Be- **2.1696**

2035) Ziff. 23 Leitlinien der Kommission zur Anwendung von Art. 81 Abs. 3 EGV.

2036) EuGH, Urt. v. 12.12.1967 – Rs 23/67, Slg. 1967, 544 = NJW 1968, 368 = Zeller I – Brasserie de Haecht; uGH, Urt. v. 25.11.1971 – Rs 22/71, Slg. 1971, 949 = NJW 1972, 1640 – Béguelin.

2037) EuGH, Urt. v. 30.6.1966 – Rs 56 und 58/65, Slg. 1966, 281 = NJW 1966, 1585 – LTM ./. Maschinenbau Ulm; EuGH, Urt. v. 10.7.1980 – Rs 99/79, Slg. 1980, 2511 NJW 1981, 1151 – Lancôme/Etos; EuGH, Urt. v. 28.2.1991 – C-234/89, Slg. 1991 I 935 = EuZW 1991, 376 – Delimitis ./. Henningerbräu.

2038) EuGH, Urt. v. 28.2.1991 – C-234/89, Slg. 1991 I 935 = EuZW 1991, 376 – Delimitis ./. Henningerbräu.

2039) EuGH, Urt. v. 28.5.1998 – C-7/95P, Slg. 1998, I 3111 – John Deere; Kommission ABl 1975 L 228/3, 8.

2040) Dazu ausführlich *Bühler*, Getränkelieferungsverträge, S. 83 – 102.

2041) Immenga/Mestmäcker-*Zimmer*, Wettbewerbsrecht, Art. 101 Abs. 1 AEUV, Rz. 194.

einträchtigung des Handels zwischen den Mitgliedstaaten grenzt den Anwendungsbereich des Art. 101 AEUV von vergleichbaren Regelungen der nationalen Kartellrechte ab (Art. 3 Abs. 2 VO Nr. 1/2003).

2.1697 b) **Definition.** Nach der vom Gerichtshof entwickelten Formel liegt eine Beeinträchtigung des Handels zwischen den Mitgliedstaaten vor, wenn eine wettbewerbsbeschränkende Maßnahme unter Berücksichtigung der Gesamtheit objektiver rechtlicher oder tatsächlicher Umstände mit hinreichender Wahrscheinlichkeit erwarten lässt, dass sie unmittelbar oder mittelbar, tatsächlich oder der Möglichkeit nach (potentiell) den Warenverkehr zwischen Mitgliedstaaten in einer Weise beeinflusst, die der Verwirklichung der Ziele eines einheitlichen zwischenstaatlichen Marktes nachteilig sein könnte. Die weite Formulierung der Zwischenstaatlichkeitsklausel hat zu einem erheblichen Bedeutungsverlust dieser Tatbestandsvoraussetzung geführt und damit das Gewicht des europäischen Kartellrechts im Verhältnis zum Kartellrecht der Mitgliedstaaten entschieden erhöht.

2.1698 c) **Nachweis.** Dem Wortlaut der Zwischenstaatlichkeitsklausel entsprechend kommt es nach der Rechtsprechung des Gerichtshofs nicht darauf an, dass der zwischenstaatliche Handel tatsächlich beeinträchtigt wird.[2042)] Entscheidend ist nur, dass die Absprache hierzu geeignet ist bzw. eine Gefahr der Beeinträchtigung begründet.

2.1699 d) **Sitz der beteiligten Unternehmen.** An der Erfüllung der Zwischenstaatlichkeitsklausel bestehen keine Zweifel, wenn die beteiligten Unternehmen ihren Sitz in verschiedenen EU-Mitgliedstaaten haben und sich ein wettbewerbsbeschränkendes Verhalten in mindestens zwei Mitgliedstaaten auswirkt (**Auswirkungsprinzip**, vgl. § 130 Abs. 2 GWB). Aber auch Vereinbarungen zwischen Unternehmen aus einem Mitgliedstaat oder mit Unternehmen aus Drittstaaten unterliegen dem EU-Kartellrecht, wenn sie in irgendeiner Weise unmittelbar oder mittelbar den zwischenstaatlichen Handel beeinflussen können.[2043)]

2.1700 Maßnahmen, deren wettbewerbsbeschränkende Wirkung sich auf das **gesamte Hoheitsgebiet eines Mitgliedstaates** erstrecken, sind in der Regel zur Beeinträchtigung des Handels zwischen den Mitgliedstaaten geeignet, weil sie schon ihrem Wesen nach die **Abschottung** nationaler Märkte verfestigen und die gewünschte Marktintegration verhindern können.[2044)]

2042) EuGH, Urt. v. 14.12.1983 – Rs C-319/82, Slg. 1983, 4173 = NJW 1984, 555 – Kerpen & Kerpen.

2043) Immenga/Mestmäcker-*Zimmer*, Wettbewerbsrecht, Art. 101 Abs. 1 AEUV, Rz. 214–229 m. w. N.

2044) EuGh, Urt. v. 17.10.1972 – 8/72, Slg. 1972, 977 – Cementhandelaren; EuGH, Urt. v. 23.11.2006 – Rs C-238/05, Slg. 2006, I-11 125 – Asnef-Eqiifax; EuGH, Urt. v. 24.9.2009, verbundene Rs C 125/133/135 und 137/07, Slg. 2009, I-8681 – Erste Bank der österreichischen Sparkassen ./. Kommission.

9. Spürbarkeit

a) Bedeutung. Der Gerichtshof hat in seiner Entscheidungspraxis schon sehr früh das den Anwendungsbereich des Kartellverbots **einschränkende, ungeschriebene Tatbestandsmerkmal** der Spürbarkeit anerkannt **(sog. de minimis- oder Bagatellregel).** Danach kann nur diejenige unternehmerische Zusammenarbeit gegen Art. 101 Abs. 1 AEUV verstoßen, deren wettbewerbs- und handelsbeschränkende Konsequenzen als spürbar, d. h. nicht bloß als geringfügig bzw. unbedeutend, einzustufen sind.[2045] 2.1701

b) Erheblichkeit. Die ungeschriebene Tatbestandsrestriktion der Spürbarkeit hat Bedeutung sowohl für die Wettbewerbsbeschränkung als auch für die Eignung der Beeinträchtigung des Handels zwischen den Mitgliedstaaten.[2046] 2.1702

c) Spürbarkeit der Wettbewerbsbeeinträchtigung. Maßstab für die Feststellung der Spürbarkeit einer Wettbewerbsbeschränkung ist die hypothetische Situation ohne die fragliche Wettbewerbsbeschränkung, d. h. bei Wettbewerb, auf dem jeweils relevanten Markt.[2047] 2.1703

d) Beurteilungskriterien. aa) Gesamtbetrachtung. Die **Unionsgerichte** orientieren sich sehr an individuellen Gegebenheiten des Einzelfalles und stellen auf eine Gesamtbetrachtung aller wirtschaftlichen und rechtlichen Umstände ab.[2048] Daneben kommt es auf die **Marktkonzentration**, die **Marktstellung** der an einer Vereinbarung Beteiligten und **Verbraucherpräferenzen** an.[2049] 2.1704

Die **Kommission** interpretiert das Tatbestandsmerkmal dagegen überwiegend, aber keineswegs ausschließlich, quantitativ. Zunächst zog sie neben den Marktanteilen auch die Umsätze der an der fraglichen Maßnahme beteiligten Unternehmen heran, während sie heute allein auf **Marktanteile** abstellt.[2050] 2.1705

2045) Ständige Rechtsprechung, u. a. EuGH, Urt. v. 30.6.1966 – Rs 56 und 58/65, Slg. 1966, 281 = NJW 1966, 1585 – LTM ./. Maschinenbau Ulm; EuGH, Urt. v. 14.12.1983 – Rs 319/82, Slg. 1983, 4173 = NJW 1984, 555 – Kerpen & Kerpen.

2046) OLG Düsseldorf, Beschl. v. 10.6.2005 – VI-2 Kart 12/04 (V), WuW/E 2006 DE-R 1610 – Filigranbetondecken; Ziff. 12 Satz 2 und 13 Satz 2 Leitlinien über den Begriff der Beeinträchtigung des zwischenstaatlichen Handels 2004; *Bühler*, Getränkelieferungsverträge, S. 188–312.

2047) EuGH, Urt. v. 30.6.1966 – Rs 56 und 58/65, Slg. 1966, 281 = NJW 1966, 1585 – LTM ./. Maschinenbau Ulm; EuGH, Urt. v. 9.7.1969 – Rs 5/69, Slg. 1969, 295 = NJW 1969, 1550 – Völk ./. Vervaecke; EuGH, Urt. v. 25.11.1971 – Rs 22/71, Slg. 1971, 949 = NJW 1972, 1640 – Béguelin; EuGH, Urt. v. 19.10.1980 – Rs 209–215 und 218/78, Slg. 1980, 3125 -Van Landewyck.

2048) EuGH, Urt. v. 30.6.1966 – Rs 56 und 58/65, Slg. 1966, 281 = NJW 1966, 1585 – LTM ./. Maschinenbau Ulm.

2049) EuGH, Urt. v. 28.2.1991 – C-234/89, Slg. 1991 I 935 = EuZW 1991, 376 – Delimitis ./. Henningerbräu.

2050) Ziff. 31, 47 Satz 1, 48 Sätze 1–3 Leitlinien über den Begriff der Beeinträchtigung des zwischenstaatlichen Handels 2004.

2.1706 **bb) Marktanteil.** Auch wenn eine Festlegung auf bestimmte Schwellenwerte vermieden wird, so lassen manche Entscheidungen doch erkennen, dass ein gemeinsam oder sogar ein einzeln erreichter **5 %**-Marktanteil der Beteiligten Spürbarkeit nahelegt.[2051)] In einem großen, vom Vorhandensein vieler Marken geprägten Markt können marktabschottende Maßnahmen auch bei Anteilen der Beteiligten in der Größenordnung von **3 bis 3,5 %** das Spürbarkeitskriterium erfüllen, insbesondere wenn sie damit Marktanteile der übrigen Konkurrenten übertreffen und große Umsätze aufweisen.[2052)] Bei Marktanteilen, die kleiner als **1 %** sind, soll es dagegen an der Spürbarkeit in aller Regel fehlen.[2053)]

2.1707 e) **Beweis.** Der Tatbestand des Art. 101 Abs. 1 AEUV ist nur dann erfüllt, wenn sowohl eine spürbare Wettbewerbsbeeinträchtigung als auch spürbare Auswirkungen auf den innergemeinschaftlichen Handel festgestellt werden können. Eine mögliche Beeinträchtigung des zwischenstaatlichen Handels entbindet nicht von dem Nachweis der Spürbarkeit, denn nur im Falle der Spürbarkeit ist eine kartellrechtlich relevante Beeinträchtigung des zwischenstaatlichen Handels gegeben und zu unterbinden.[2054)]

10. Darlegungs- und Beweislast

2.1708 a) **Grundsatz.** Die Beweislast ist in Art. 2 Satz 1 VO Nr. 1/2003 klar und eindeutig verteilt. Parteien und Behörden und damit auch die Kommission, die eine Verletzung von Art. 101 Abs. 1 AEUV geltend macht, tragen hierfür die Beweislast. Dies zeigt auch der Erwägungsgrund 5 der VO Nr. 1/2003.

2.1709 b) **Zwischenstaatlichkeit.** In Fällen, die sich ausschließlich, zumindest aber schwerpunktmäßig in einem Mitgliedsstaat auswirken, verlangt der Gerichtshof, dass die Abrede, auch wenn sie sich nur auf das Hoheitsgebiet eines Staats erstreckt, eine **Abschottungswirkung** zur Folge hat.[2055)] Die Darlegungs- und Beweisanforderungen in dieser Hinsicht sind hoch, deutlich höher als in der Vergangenheit. Der Gerichtshof hat in der Entscheidung Bagnasco deutlich gemacht, dass die Abschottungswirkung nicht vorliegt, wenn Unternehmen aus anderen Mitgliedsstaaten ungeachtet der angegriffenen Vereinbarung in der Lage sind, ihre Waren oder Dienstleistungen im betroffenen Mitgliedsstaat anzubieten.

2051) EuGH, Urt. v. 1.7.1978 – Rs 19/77, Slg. 1978, 131 – Miller; EuGH, Urt. v. 25.10.1983 – Rs 107/82, Slg. 1983, 3151 = NJW 1984, 1281 – AEG.

2052) EuGH, Urt. v. 7.6.1983 – Rs 100/80, Slg. 1983, 1825 – Musique Diffusion Française.

2053) EuGH, Urt. v. 6.7.1969 – Rs 5/69, Slg. 1969, 295 = NJW 1969, 1550 – Völk ./. Vervaecke; EuGH, Urt. v. 6.5.1971 -Rs 1/71, Slg. 1971, 351 – Cadillon ./. Höss; EuGH, Urt. v. 25.11.1971 – Rs 22/71, Slg. 1971, 949 = NJW 1972, 1640 – Béguelin.

2054) EuGH, Urt. v. 25.11.1971 – Rs 22/71, Slg. 1971, 949 = NJW 1972, 1640 – Béguelin.

2055) EuGH, Urt. v. 21.1.1999 – C-215, 216/96, Slg. 1999 I 135, 161 = EuZW 1999, 212 – Bagnasco.

c) Die Anforderungen insbesondere des ungeschriebenen Tatbestandmerkmals der **Spürbarkeit** sind erheblich und in den letzten Jahren ständig gewachsen. Da insbesondere Unternehmen, die ein Verstoß gegen Art. 101 Abs. 1 AEUV behaupten, nicht über die Ermittlungsbefugnisse der Kartellbehörde verfügen, wird dieser Beweis nicht selten nicht geführt werden können. Kann der Beweis nicht geführt werden bzw. kommt es zu einer **non-liquet-Situation,** so trägt die beweisbelastete Partei das Risiko, dass ihre Behauptung der Zuwiderhandlung gegen das Kartellverbot zurückgewiesen wird. 2.1710

11. Freistellung (Art. 101 Abs. 3 AEUV)

a) Systematik. aa) System der Legalausnahme. Während nach der VO Nr. 17/62[2056] die Freistellung nur durch Gruppenfreistellung aufgrund einer Gruppenfreistellungsverordnung oder Einzelfreistellung aufgrund einer Einzelfreistellungsentscheidung (Beschluss i. S. d. Art. 288 Abs. 4 AEUV) der Kommission gewährt werden konnte (vgl. Art. 101 Abs. 3 AEUV „wird erklärt"), wirkt Art. 101 Abs. 3 AEUV nach Art. 1 Abs. 2 VO Nr. 1/2003[2057] seit dem **1.5.2004** direkt. Liegen die Voraussetzungen des Art. 101 Abs. 3 AEUV vor, so ist die Vereinbarung vom Verbot des Art. 101 Abs. 1 AEUV freigestellt **(Legalausnahme)**. Dies hat die Folge, dass auch dieser Absatz des Kartellverbotes **unmittelbar anwendbar** ist (Art. 1 Abs. 1 VO Nr. 1/2003). 2.1711

bb) Das Freistellungsmonopol der Kommission besteht nur noch hinsichtlich der Gruppenfreistellung. Die Unternehmen sowie nationale Kartellbehörden und Gerichte sind ermächtigt und verpflichtet, selbst zu prüfen, ob die fragliche Vereinbarung die vier Voraussetzungen des Art. 101 Abs. 3 AEUV erfüllt. Das bisherige Anmeldeverfahren ist einer **„Selbstveranlagung"** der Unternehmen gewichen. 2.1712

cc) Dezentralisierung der Kartellrechtsanwendung. Die Durchsetzung der Art. 101 und 102 AEUV liegt damit nicht länger nahezu ausschließlich bei der Kommission (Art. 4 VO Nr. 1/2003). Die nationalen Wettbewerbsbehörden (Art. 5 VO Nr. 1/2003) und Gerichte (Art. 6 VO Nr. 1/2003) müssen nunmehr ebenfalls und uneingeschränkt diese Bestimmungen anwenden und durchsetzen (Erwägungsgründe 6–9, 34 f). Sie sind zur einheitlichen Anwendung der unionsrechtlichen Wettbewerbsregeln verpflichtet (Art. 16 VO Nr. 1/2003) und wenden dabei ihr nationales Verfahrensrecht an. Die Kommission will sich auf die Formulierung der Wettbewerbspolitik, die Koordinierung des Netzwerkes der Kartellbehörden und die Entscheidung von Einzelfällen mit besonderer Bedeutung konzentrieren. 2.1713

2056) *Bühler,* Brauerei- und Gaststättenrecht, 13. Aufl. 2011, Rz. 2322 m. w. N.

2057) ABl EG Nr. L 1/1 v. 4.1.2003.

2.1714 b) **Gruppenfreistellung.** Der Wegfall der Freistellung nach Art. 4 VO Nr. 330/2010 insgesamt bedeutet ebenfalls nicht automatisch Unwirksamkeit des ganzen Vertrages. Vielmehr wirkt sich der Wegfall der Freistellung unmittelbar nur auf die Teile des Vertrages aus, die, weil wettbewerbsbeschränkend und den zwischenstaatlichen Handel berührend, gegen Art. 101 Abs. 1 AEUV verstoßen und weder durch die Gruppenfreistellung noch – was gesondert festgestellt werden muss – unmittelbar nach Art. 101 Abs. 3 AEUV freigestellt sind. Sie sind nach Art. 101 Abs. 2 AEUV unwirksam. Ob der Vertrag auch im Übrigen, soweit er nicht gegen Art. 101 Abs. 1 AEUV verstößt, unwirksam ist, richtet sich nach nationalem Recht.[2058)]

2.1715 Die im Zusammenhang mit Getränkelieferungsverträgen aktuell geltende Gruppenfreistellungsverordnung Nr. 330/2010[2059)] muss den primärrechtlichen Rahmen des Art. 101 Abs. 3 AEUV einhalten. Sie kann nicht etwas erlauben, was nach Art. 101 Abs. 3 AEUV verboten ist.

2.1716 c) **Darlegungs- und Beweislast.** Wer sich auf die Voraussetzungen einer Gruppenfreistellungsverordnung beruft oder eine Einzelfreistellungsentscheidung nach Art. 101 Abs. 3 AEUV begehrt, trägt hierfür die Darlegungs- und Beweislast.

12. Rechtsfolgen eines Verstoßes (Art. 101 Abs. 2 AEUV)

2.1717 a) **Überblick.** Verstöße gegen Art. 101 AEUV lösen öffentlich-rechtliche und zivilrechtliche Rechtsfolgen aus.

2.1718 b) **Öffentlich-rechtliche Rechtsfolgen.** Soweit es um die öffentlich-rechtlichen Rechtsfolgen eines Verstoßes gegen Art. 101 AEUV geht, ist die VO Nr. 1/2003 zu beachten. Gem. Art. 7 VO Nr. 1/2003 stellt die Kommission den Verstoß gegen Art. 101 AEUV im Verwaltungsverfahren fest und **untersagt** das wettbewerbsschädliche Verhalten durch Beschluss gem. Art. 288 Abs. 4 AEUV. Unter Umständen wird die Untersagung mit einer Abstellungsverfügung kombiniert, in der die detaillierten Maßnahmen aufgeführt sind, mit denen der Verstoß abzustellen ist.

2.1719 Weit wichtiger sind die im Ordnungswidrigkeitenverfahren festgelegten **Geldbußen** gem. Art. 23 VO Nr. 1/2003, deren Höhe sich nach der Schwere des Verstoßes und seiner Dauer richtet. Die Obergrenze für jedes beteiligte Unternehmen liegt bei 10 % seines Gesamtumsatzes im letzten Geschäftsjahr. Unter den Voraussetzungen der Kronzeugenregelung[2060)] wird auf die Verhängung von Geldbußen verzichtet.

2058) Immenga/Mestmäcker-*Schmidt*, Wettbewerbsrecht, Art. 101 Abs. 2 AEUV Rz. 21, 23.

2059) ABl EU Nr. L 102/1 ff. v. 23.4.2010.

2060) Mitteilung der Kommission über den Erlass und die Ermäßigung von Geldbußen im Kartellverfahren, ABl 2006, C 298/17. Vgl. auch Bundeskartellamt, Bekanntmachung Nr. 9/2006 vom 7.3.2006 über den Erlass und die Reduktion von Geldbußen in Kartellsachen – Bonusregelung.

c) Zivilrechtliche Rechtsfolgen. aa) Grundsatz. Die zivilrechtlichen Rechtsfolgen eines Verstoßes gegen das Kartellverbot ergeben sich aus Art. 101 Abs. 2 AEUV und aus dem Recht der Mitgliedstaaten. Art. 101 Abs. 2 AEUV ordnet an, dass Vereinbarungen, Beschlüsse oder Verhaltensweisen, die gegen Art. 101 Abs. 1 AEUV verstoßen und nicht freigestellt sind bzw. freistellungsfähig sind, nichtig sind. Verlangt eine Partei Erfüllung, so kann die andere die Nichtigkeit einwenden. 2.1720

bb) Geltendmachung. Sofern der Tatbestand des Art. 101 Abs. 1 AEUV erfüllt ist und die betroffene Vereinbarung die Gewährung einer Freistellung nach Art. 101 Abs. 3 AEUV nicht rechtfertigen kann, kann die Nichtigkeit nach Art. 101 Abs. 2 AEUV von **jedermann** geltend gemacht werden. 2.1721

cc) Umfang. Da diese Nichtigkeit **absolut** ist, erfasst sie die betroffene Vereinbarung in allen ihren vergangenen oder zukünftigen Wirkungen.[2061)] Damit werden auch **Folgeverträge** von der Nichtigkeitsfolge erfasst, etwa Verträge zwischen einem am Kartell beteiligten Hersteller und seinem direkten Abnehmer. 2.1722

Die **Nichtigkeit kraft Gesetzes** (Art. 101 Abs. 2 AEUV, ggf. i. V. m. § 134 BGB) einer Vereinbarung betrifft nur die von dem Verbot nach Art. 101 Abs. 1 AEUV erfassten Teile der Vereinbarung. Die Nichtigkeit reicht soweit, wie es für die Durchsetzung des Verbots des Art. 101 Abs. 1 AEUV notwendig ist, aber auch nicht weiter. 2.1723

dd) Teilnichtigkeit. Der gesamte Vertrag ist nur dann nichtig, wenn sich die verbotenen Teile nicht von den übrigen Teilen der Vereinbarung trennen lassen.[2062)] Können die betreffenden Teile von der Vereinbarung gelöst werden, so sind die Auswirkungen der Nichtigkeit auf die übrigen Bestandteile des Vertrages oder auf andere vertragliche Verpflichtungen nicht nach Unionsrecht, sondern nach nationalem Recht, hier **§ 139 BGB**, zu beurteilen.[2063)] Der von der Nichtigkeit nicht erfasste Teil der Vereinbarung bleibt nur dann gültig, wenn diese Rechtsfolge dem hypothetischen Parteiwillen entspricht. 2.1724

ee) Vertragslücken. Bestehen aufgrund der Teilnichtigkeit erhebliche Vertragslücken, ist im Wege der **ergänzenden Vertragsauslegung** zu prüfen, welche Regelungen die Parteien gerechterweise bei Kenntnis der Teilnichtigkeit 2.1725

2061) EuGH, Urt. v. 13.7.2006 – C-295-C-298/04, Slg. 2006 I 6619 – Manfredi; EuGH, Urt. v. 11.9.2008 – C-279/06, EuZW 2008, 688 – CESPA.

2062) EuGH, Urt. v. 30.6.1966 – Rs 56 und 58/65, Slg. 1966, 281 = NJW 1966, 1585 – LTM ./. Maschinenbau Ulm; EuGH, Urt. v. 28.2.1991 – C-234/89, Slg. 1991 I 935 = EuZW 1991, 376 – Delimitis ./. Henningerbräu; EuGH, Urt. v. 11.9.2008 – C-279/06, EuZW 2008, 688 – CESPA.

2063) EuGH, Urt. v. 11.9.2008 – C-279/06, EuZW 2008, 688 – CESPA; OLG Koblenz, Urt. v. 21.2.2002 – 5 U 677/01, NJOZ 2002, 837.

getroffen hätten. Entgegen dem Wortlaut des § 139 BGB ist das Rechtsgeschäft sonach nur in Ausnahmefällen gesamtnichtig.

2.1726 ff) **Heilung.** Sollte die Nichtigkeit der betreffenden Klausel(n) zu einer Unwirksamkeit des gesamten Vertrages führen, so ist es eine Frage des nationalen Rechts, ob durch Aufhebung dieser Klausel(n) der Vertrag als Ganzes wirksam werden könne. Das Europarecht steht einer solchen Heilung während der Vertragslaufzeit ex nunc durch Aufhebung wettbewerbsbeschränkender Klauseln jedenfalls nicht entgegen.

2.1727 gg) **Ansprüche.** Dritten, die durch Wettbewerbsverstöße betroffen sind, stehen Ansprüche auf **Beseitigung, Unterlassung** und **Schadensersatz** (§ 33 Abs. 1 Satz 1, Abs. 1 Satz 3 und Abs. 3 GWB) zu.

III. Rückblick

1. VO Nr. 67/67[2064)]

2.1728 Nach der VO Nr. 67/67 vom 22.3.1967 waren alle Getränkelieferungsverträge, die in den Anwendungsbereich der Verordnung fielen, vom Kartellverbot befreit und damit wirksam. Es bestand sonach keine Notwendigkeit, das europäische Kartellrecht bei Abschluss innerstaatlicher Getränkelieferungsverträge zu beachten.

2.1729 Die EU-kartellrechtliche Beurteilung von Getränkelieferungsverträgen geriet in den Folgejahren, insbesondere seit etwa 1983, gleichwohl zunehmend in einige Unsicherheit. Nachfolgend werden einige Gründe für diese Irritationen aufgezeigt.

2. Bündeltheorie

2.1730 a) **Hintergrund.** Es liegt auf der Hand, dass ein einzelner Getränkelieferungsvertrag oder eine abgestimmte Verhaltensweise für sich selbst gesehen keine wettbewerbliche Auswirkung hat, aber in der Gesamtheit gleichartiger im Markt vorhandener Vereinbarungen eine solche Wirkung haben könnte. Ebenso wird die Eignung zur spürbaren Beeinträchtigung des zwischenstaatlichen Handels dem einzelnen Getränkelieferungsvertrag zwischen einem Unternehmer und einem Gastwirt desselben Mitgliedstaates bei isolierter Betrachtung wenn nicht stets, so doch in aller Regel fehlen.[2065)]

2.1731 Um ein Leerlaufen der unionsrechtlichen Kartellregelung – die verhindern sollte, dass private Handelsschranken dort aufgerichtet werden, wo mit der Errichtung des Gemeinsamen Marktes die hoheitlichen Schranken fielen – zu vermei-

---

2064) ABl EG 1967, 849.

2065) BGH, Urt. v. 25.5.1988 – VIII ZR 360/86, ZIP 1988, 1182; OLG Karlsruhe, Urt. v. 30.1.1990 – 8 U 204/89, EuZW 1990, 102 = Zeller IV, 91.

den, entschied sich der Gerichtshof schon frühzeitig[2066] für die „Bündeltheorie", die er später wiederholt bestätigte.[2067] Sie ist heute weitgehend anerkannt. Auf ihre Grundlage haben sich auch der BGH und das Bundeskartellamt gestellt.[2068]

b) Inhalt. Mit der Bündeltheorie wertet der Gerichtshof die wettbewerbsbeschränkende Wirkung rein innerstaatlicher Vertriebsverträge rechtlich auf. Bei der Beurteilung eines einzelnen Vertrages sind dessen „Wirkungen in dem Rahmen zu betrachten …, in dem sie auftreten, d. h. in dem wirtschaftlichen und rechtlichen Gesamtzusammenhang, in dem die Vereinbarungen … stehen und **zusammen mit anderen** zu einer **kumulativen** Auswirkung auf den Wettbewerb führen können" (*Hervorhebungen vom Verf.*). **2.1732**

c) Fallgruppen. Zwei Ausprägungen der Bündeltheorie lassen sich unterscheiden: **aa)** Es kann vorkommen, dass ein- und dasselbe Unternehmen ein weit reichendes Netz von identischen Vertikalverträgen geschaffen hat. In diesem Fall darf die Beurteilung der wettbewerbsbeschränkenden Auswirkungen selbstredend nicht bei einem einzigen Vertrag stehenbleiben, sondern muss auch die Existenz der übrigen Verträge berücksichtigen. Selbst wenn die individuelle Verhandlungsfreiheit eines gebundenen Vertragspartners durch den einzelnen Vertrag kaum spürbar betroffen ist, mag die kumulative Wirkung der übrigen Verträge die Annahme einer bewirkten Wettbewerbsbeschränkung rechtfertigen.[2069] **2.1733**

bb) Von weitaus größerem Interesse ist die zweite Variante der Bündeltheorie, die bereits in der Entscheidung Brasserie De Haecht angedeutet wurde. Danach sind bei der Beurteilung kumulativer Beschränkungseffekte nicht nur diejenigen Verträge zu berücksichtigen, die von ein- und demselben Unternehmen geschaffen wurden, sondern darüber hinaus auch die völlig unabhängig hiervon entstandenen **parallelen Vertragswerke der Wettbewerber**. Die zweite Fallgruppe betrifft nicht die Bündelung der von einem Unternehmen abgeschlossenen Verträge, sondern die Möglichkeit, die im Markt vorhandener Verträge **2.1734**

2066) EuGH, Urt. v. 12.12.1967 – Rs 23/67, Slg. 1967, 544 = NJW 1968, 368 = Zeller I – Brasserie de Haecht.

2067) EuGH, Urt. v. 1.2.1977 – Rs 47/76, Slg. 1977, 65 = NJW 1977, 2020 = Zeller II, 26 – Brauerei Concordia; EuGH, Urt. v. 28.2.1991 – C-234/89, Slg. 1991 I 935 = EuZW 1991, 376 – Delimitis ./. Henningerbräu; EuG, Urt. v. 8.6.1995 – Rs. T-7/93, Slg. 1995 II 1533 – Langnese-Iglo.

2068) BGH, Urt. v. 26.2.1970 – KZR 5/69, NJW 1970, 1131 = Zeller I, 118; BKartA, Beschl. v. 8.2.1983 – B 5 327375 – AZ 49/80, WuW/E BKartA 2010; *Niederleithinger*, S. 39 ff., 49 ff.

2069) EuGH, Urt. v. 13.7.1966 – Rs 56 und 58/64, Slg. 1966, 322 = NJW 1966, 1585 – Consten und Grundig; EuGH, Urt. v. 11.4.1974 – Rs 8/74, Slg. 1974, 837 = NJW 1975, 515 – Dassonville; EuGH, Urt. v. 19.4.1998 – Rs 27/87, Slg. 1988, 1919 = NJW 1989, 3084 – Erauw-Jacquery ./. La Hesbignonne.

mit Ausschließlichkeitsbindungen zusammenzufassen und in ihrer Gesamtauswirkung zu prüfen.[2070]

2.1735 d) **Konsequenzen.** Dieses Abstellen auf die kumulativen Auswirkungen aller gleichartigen Verträge ermöglicht die Anwendung des Art. 101 Abs. 1 AEUV auch auf den einzelnen Alleinbezugsvertrag. Dies selbst dann, wenn die von dem Gastwirt abzunehmenden Getränke nur einen verschwindenden Teil des gesamten Absatzmarktes ausmachen.

2.1736 e) **Argumentationswert.** Mit der Bündeltheorie lässt sich weder tatsächlich noch rechtlich und schon gar nicht alleinig eine Beurteilung nach Art. 101 Abs. 1 AEUV begründen. Ein erster Hinweis auf den geringen Aussagewert der Bündeltheorie lässt sich der ständigen Rechtsprechung des Gerichtshofs entnehmen. Einer falsch verstandenen Bündeltheorie, nach der allein das Bestehen eines Bündels von Getränkelieferungsverträgen die Anwendbarkeit des Art. 101 Abs. 1 EG begründe, wird eine deutliche Absage erteilt. Vielmehr sei das Bestehen gleichartiger Verträge **nur ein Beurteilungskriterium**, dem darüber hinaus noch keine maßgebliche Bedeutung zukomme.[2071] Mag zwar der „Bündeltheorie" im Ausgangspunkt noch durchaus zugestimmt werden können, so kann aus diesem theoretischen rechtsmethodischen Ansatz heraus aber nichts für die Feststellung der Spürbarkeit der geschriebenen Tatbestandsvoraussetzungen des Art. 101 Abs. 1 AEUV gewonnen werden.[2072]

2.1737 Dieses Ergebnis belegte auch der **Erwägungsgrund 3** der VO Nr. 1984/83. Dort hieß es „Wettbewerbsbeschränkende Vereinbarungen **können** mithin auch im Vertikalbereich und auch ohne Import- oder Exportbeschränkungen zur Beeinträchtigung des zwischenstaatlichen Handels geeignet sein, wenn sie mit

2070) EuGH, Urt. v. 30.6.1966 – Rs 56 und 58/65, Slg. 1966, 281 = NJW 1966, 1585 – LTM ./. Maschinenbau Ulm; EuGH, Urt. v. 12.12.1967 – Rs 23/67, Slg. 1967, 544 = NJW 1968, 368 = Zeller I – Brasserie de Haecht; EuGH, Urt. v. 18.3.1970 – Rs 43/69, Slg. 1970, 127 = NJW 1970, 2181 – Bilger ./. Jehle; EuGH, Urt. v. 25.11.1971 – Rs 22/71, Slg. 1971, 949 = NJW 1972, 1640 – Béguelin.; EuGH, Urt. v. 1.2.1977 – Rs 47/76, Slg. 1977, 65 = NJW 1977, 2020 = Zeller II, 26 – Brauerei Concordia; EuGH, Urt. v. 11.12.1980 – Rs 31/80, Slg. 1980, 3775 – L`Oréal ./. De Nieuwe Amck; EuGH, Urt. v. 28.2.1991 – C-234/89, Slg. 1991 I 935 = EuZW 1991, 376 – Delimitis ./. Henningerbräu; EuGH, Urt. v. 11.9.2008 – C-279/06, EuZW 2008, 688 – CESPA.

2071) EuGH, Urt. v. 12.12.1967 – Rs 23/67, Slg. 1967, 544 = NJW 1968, 368 = Zeller I – Brasserie de Haecht; EuGH, Urt. v. 28.2.1991 – C-234/89, Slg. 1991 I 935 = EuZW 1991, 376 – Delimitis ./. Henningerbräu; EuGH, Urt. v. 11.9.2008 – C-279/06, EuZW 2008, 688 – CESPA; OLG Frankfurt/M. Beschl. v. 15.10.1998 – 11 W (Kart) 24/98; OLG Frankfurt/M., Urt. v. 17.3.2000 – 11 U (Kart) 29/99, BGH – VIII ZR 101/00, Revisionsrücknahme; OLG Düsseldorf, Urt. v. 27.10.2004 – VI-U (Kart) 41/03, BeckRS 2005, 06685; ebenso die Kommission, Entsch. v. 24.2.1999, ABl Nr. L 88/26, 44 – Whitbread (Einzelfreistellung).

2072) OLG Frankfurt/M. Beschl. v. 15.10.1998 – 11 W (Kart) 24/98; OLG Frankfurt/M., Urt. v. 17.3.2000 – 11 U (Kart) 29/99, BGH, VIII ZR 101/00, Revisionsrücknahme; *Bühler*, Getränkelieferungsverträge, S. 207–221.

Parallelverträgen auch anderer Produzenten eine kumulative Wirkung haben, die über das Gebiet des Mitgliedstaats hinausgeht."

Nach aktueller Entscheidungspraxis soll die Anwendung der Bündeltheorie zudem voraussetzen, dass die konkrete Vereinbarung einen **erheblichen Beitrag** zur Wirkung des Bündels leistet.[2073)] 2.1738

3. VO Nr. 1984/83[2074)]

a) **Einführung.** Mit Inkrafttreten der VO Nr. 1984/83 am 1.1.1984 entstanden weitere Irritationen. Nach dieser Verordnung waren Getränkelieferungsverträge nur noch freigestellt, wenn Alleinbezugsverträge für Bier höchstens auf die Dauer von zehn Jahren, Alleinbezugsverträge für Bier und andere Getränke sowie solche nur für alkoholfreie Getränke höchstens auf die Dauer von fünf Jahren abgeschlossen wurden. Die Bezugsbindung musste durch Sortenangaben präzisiert werden. Künftige Produkte des Anbieters durften nicht Gegenstand der Bezugsverpflichtung sein. 2.1739

b) **Meinungsstand.** Ob, in welchem Umfang und mit welchen Folgen auch Getränkelieferungsverträge zwischen einer Brauerei und einem Gastwirt desselben EU-Mitgliedstaats von dem allgemeinen Verbot wettbewerbs- und handelsbeschränkender Vereinbarungen gemäß dem damaligen Art. 85 Abs. 1 EWG-Vertrag erfasst wurden, war im Anschluss an die genannte EU-Verordnung hoch streitig geworden. Aus dem Umfang der Gruppenfreistellungsverordnung wurden im Schrifttum und in der Instanzrechtsprechung sehr unterschiedliche Schlüsse hinsichtlich des Anwendungsbereichs der Verbotsnorm des Art. 85 Abs. 1 EWG-Vertrag gezogen.[2075)] 2.1740

c) **Stellungnahme.**[2076)] Allein aus dem Vorhandensein einer Freistellungsverordnung, die sich ausdrücklich auf Getränkelieferungsverträge bezog, ergab sich nicht, dass diese Verträge das Kartellverbot in seiner jeweils geltenden Fas- 2.1741

2073) EuGH, Urt. v. 28.2.1991 – C-234/89, Slg. 1991 I 935 = EuZW 1991, 376 – Delimitis ./. Henningerbräu; EuGH, Urt. v. 7.12.2000 – C-214/99, Slg. 2000 I 11121 = EuZW 2001, 631 – Neste.

2074) ABl EG v. 30.6.1983 Nr. L 173/5.

2075) Aus dem **Schrifttum** einerseits *Niederleithinger*, S. 49 ff., 57 ff.; *Wiedemann*, Einl. GVO 1983/83, Rz. 9 ff., 20–22, S. 100 ff., 109 f.; *v. Braunmühl*, NJW 1985, 2071; *Sedemund*, NJW 1988, 3069; *Pluta*, WRP 1990, 392; *Bühler*, EuZW 1990, 86; und andererseits z. B. *Wahl*, S. 31 ff.; *ders.*, NJW 1985, 534; *ders.*, NJW 1988, 1431. Aus der **Instanzrechtsprechung** z. B. einerseits OLG Hamm, Urt. v. 5.8.1986 – 4 U 228/86, Zeller III, 114, OLG Hamm, Urt. v. 5.5.1987 – 4 U 64/87, GRUR 1987, 842 = Zeller IV, 29; andererseits OLG Stuttgart, Beschl. v. 26.7.1985 – 2 W 45/85, WRP 1986, 119. Eine Zusammenstellung nicht veröffentlichter Entscheidungen findet sich bei *Müller/Bühler*, D II und III; *Jehle*, EuZW 1991, 372, 373 Fußn. 5, 6; *Wahl*, S. 37 ff.; *ders.*, NJW 1988, 1431; *Sedemund*, NJW 1988, 3069, *Bunte/Sauter*, III 2 Rz. 15, S. 281.

2076) Eingehend hierzu *Bühler*, Getränkelieferungsverträge, S. 221–226.

sung erfüllten.[2077] Entscheidend für die Anwendbarkeit des Kartellverbots ist unverändert diese Vorschrift selbst.[2078] Dies hatte auch die Kommission gesehen: Alleinbezugsvereinbarungen zwischen Unternehmen aus einem Mitgliedstaat „können" von dem Verbot erfasst werden (Erwägungsgrund 3). Daher hatte es die Kommission nicht für erforderlich gehalten, die nicht vom Kartellverbot erfassten Vereinbarungen ausdrücklich von den umschriebenen Gruppen auszunehmen.

2.1742 Ob vertragliche Vereinbarungen sich im Rahmen der jeweils geltenden Freistellungsverordnungen, früher der EG-VO Nr. 1984/83, heute der VO Nr. 330/2010, halten, ist daher ohne jede Bedeutung. Darin werden Freistellungen unabhängig davon ausgesprochen, ob überhaupt eine spürbare Beeinträchtigung vorliegt, prozessual also festgestellt worden ist. Die Tatsache, dass eine Vereinbarung nicht die Voraussetzungen einer Gruppenfreistellungsverordnung erfüllt, ist für sich allein nicht aussagekräftig.[2079] Selbst nach der Bekanntmachung der Kommission zu dieser Verordnung sollte das Vorliegen einer spürbaren Wettbewerbsbeschränkung erst deren Anwendungsbereich eröffnen.[2080]

2.1743 Eine Vereinbarung, die nicht alle Voraussetzungen erfüllt, die in einer Freistellungsverordnung vorgegeben sind, fällt aber nur dann unter das Verbot des Art. 101 Abs. 1 AEUV, wenn sie eine spürbare Einschränkung des Wettbewerbs innerhalb des Gemeinsamen Marktes bezweckt oder bewirkt und geeignet ist, den Handel zwischen den Mitgliedstaaten spürbar zu beeinträchtigen.[2081]

2.1744 Gruppenfreistellungsverordnungen kommen häufig zur Anwendung, wenn Vereinbarungen Wettbewerbsbeschränkungen enthalten, die unter Art. 101 Abs. 1 AEUV fallen. Oftmals ist es dann praktischer, zunächst zu prüfen, ob diese Verordnungen auf eine bestimmte Vereinbarung anwendbar sind, um bejahendenfalls eine komplexe wirtschaftliche und rechtliche Prüfung der Frage, ob die Voraussetzungen für die Anwendung des Art. 101 Abs. 1 AEUV erfüllt sind, entbehrlich zu machen.[2082]

2.1745 Unstreitig sind die Bestimmungen der VO Nr. 330/2010 nur dann zu beachten, wenn die **Tatbestandsvoraussetzungen** der Normen des primären Unionskar-

---

2077) OLG Köln, Urt. v. 28.6.1989 – 2 U 93/88, NJW-RR 1989, 1336; *Sedemund*, NJW 1988, 3069; *Pluta*, WRP 1990, 396.

2078) OLG München, Urt. v. 18.1.2001 – U (K) 5630/99, WuW/E DE-R 968; *Niederleithinger*, S. 7.

2079) OLG München, Urt. v. 18.1.2001 – U (K) 5630/99, WuW/E DE-R 968.

2080) OLG München, Urt. v. 18.1.2001 – U (K) 5630/99, WuW/E DE-R 968; *Polley/Seeliger*, WRP 2000, 1203.

2081) EuGH, Urt. v. 2.4.2009 – C-260/07, Slg. I 2009, 2464 = EuZW 2009, 374.

2082) EuGH, Urt. v. 2.4.2009 – C-260/07, Slg. I 2009, 2464 = EuZW 2009, 374.

tellrechts erfüllt sind. Vorrangig ist dabei an das Kartellverbot zu denken.[2083] Auch kann der Anwendungsbereich des Art. 101 Abs. 1 AEUV, einer Norm des primären Unionsrechts, nicht durch eine Verordnung der Kommission i. S. d. Art. 288 Abs. 2 AEUV, also einer nachrangigen Vorschrift des sekundären Unionsrechts, geändert werden. Normen des sekundären Unionsrechts können von Rechts wegen keinen Einfluss auf die Anwendung des primären Unionsrechts haben.

4. Bindungsgrad

a) Einführung. Die Kommission ging Ende der siebziger Jahre bzw. Ende der achtziger Jahre des vergangenen Jahrhunderts davon aus, dass in Deutschland rund 60 % der Gastwirte mit einem Marktanteil von 25 % an deutsche Brauereien gebunden seien.[2084] Dies führte dazu, dass der Bindungsgrad vereinzelt in der Rechtsprechung herangezogen wurde.[2085] **2.1746**

b) Stellungnahme: Dem Bindungsgrad wurde zu Recht keine Bedeutung beigemessen.[2086] Durchweg wurden nur berichtete, aber nicht festgestellte, veraltete und auch im Übrigen nicht aussagekräftige Bindungsgrade ohne jeden logischen Beweiswert wiederholend behauptet, für die keine Anhaltspunkte in veröffentlichten und insbesondere aktuellen Untersuchen vorlagen.[2087] **2.1747**

Der Bindungsgrad verändert sich ständig. Die im Jahre 1988 genannte Zahl von 50 % bis 60 % des in der Bundesrepublik angeblich brauereigebundenen Marktes,[2088] wurde kurze Zeit später bereits in Zweifel gezogen. Nach der 1990 veröffentlichten Untersuchung der Kommission über den Biermarkt der Gemeinschaft sollte das Absatzbindungssystem in Deutschland 25 % des Bierabsatzes ausmachen.[2089] **2.1748**

Nach dem Urteil des Gerichtshofs vom 28.2.1991 ist im Übrigen das Verhältnis der gebundenen zu den nicht gebundenen Verkaufsstellen nur eines von mehreren Merkmalen, die gegeben sein müssen, um die wettbewerbs- und handelsbeschränkende Wirkung einer Alleinbezugsvereinbarung feststellen zu können.[2090] Die Vereinigung beider Teile Deutschlands war dabei noch nicht **2.1749**

2083) OLG München, Urt. v. 18.1.2001 – U (K) 5630/99, WuW/E DE-R 968.

2084) 17. Wettbewerbsbericht 1978, S. 37; 20. Wettbewerbsbericht 1990, S. 78 f; Kommission, WuW 1991, 35.

2085) Nachweise bei *Bühler*, Getränkelieferungsverträge, S. 226 Fußn. 4; *Wahl*, NJW 1985, 534; *ders.*, NJW 1988, 1431.

2086) Ausführlich *Bühler*, Getränkelieferungsverträge, S. 228–244 m. w. N.

2087) OLG München, Urt. v. 18.1.2001 – U (K) 5630/99, WuW/E DE-R 968.

2088) So z. B. *Wahl*, S. 32 f.

2089) Presseinformation der Kommission IP (90) 472 v. 14.6.1990; *Jehle*, EuZW 1991, 372; auch Schlussanträge des Generalanwalts *van Gerven* in der Rechtssache Delemitis ./. Henningerbräu – Slg. 1991, 935, 968.

2090) *Ebenroth/Rapp*, JZ 1991, 962.

berücksichtigt. Aktuell trifft diese Einschätzung ebenfalls zu, dass die in Deutschland praktizierten Getränkelieferungsverträge nach den Kriterien der Kommission im Hinblick auf die Marktanteilsschwelle von 30 % unbedenklich sind.[2091)]

5. De minimis-Bekanntmachung 1992[2092)]

2.1750 Eine andere Beurteilung war auch nicht aufgrund der de minimis-Bekanntmachung 1992 gerechtfertigt.[2093)] Jedenfalls konnte dieser Bagatellbekanntmachung kein dahingehender Regelungsgehalt zukommen, dass alle Vereinbarungen, die die genannten Kriterien (Marktanteil bzw. Jahresausstoß sowie Laufzeit) nicht erfüllen, automatisch unter den Anwendungsbereich des Kartellverbots fielen. Vielmehr blieb es bei dem Grundsatz, dass dann, wenn ein Vertrag nicht die Voraussetzungen der Gruppenfreistellungsverordnung erfüllt und deshalb nicht (bereits) freigestellt ist, die tatbestandlichen Voraussetzungen des Kartellverbots zu prüfen sind.[2094)]

6. Weitere Ansätze

2.1751 Auch die übrigen **(Differenzierungs-)Ansätze** konnten nicht überzeugen.[2095)]

IV. Urteil des EuGH in Sachen Delimitis ./. Henningerbräu

1. Einführung

2.1752 Die Anwendbarkeit des Kartellverbots auf deutsche Getränkelieferungsverträge wurde vom Gerichtshof in der Sache **„Delimitis ./. Henningerbräu"** am **28.2.1991** auf Vorlage des OLG Frankfurt im Wege des Vorabentscheidungsverfahrens (Art. 267 AEUV) beurteilt.[2096)] Das Urteil hat die über viele Jahre bestehende (Rechts-)Unsicherheit bei der Beurteilung deutscher Getränkelieferungsverträge nach primärem europäischen Kartellrecht weitestgehend beseitigt. Zu begrüßen ist, dass der Gerichtshof zum Kernproblem der Beeinträchtigung des Marktzugangs durch den einzelnen Getränkelieferungsvertrag im Zusammenhang mit anderen Alleinbezugsverträgen „Extrempositionen" eine Absage erteilt hat, wonach alle Getränkelieferungsverträge in Deutschland dem Kartellverbot unterfallen sollten.

2091) Immenga/Mestmäcker-*Emmerich*, Wettbewerbsrecht, 4. Aufl. 2007, Art. 81 Abs. 1 EG-Vertrag, Rz. 245.

2092) ABl EG Nr. C 121/2 v. 13.5.1992.

2093) OLG München, Urt. v. 18.1.2001 – U (K) 5630/99, WuW/E DE-R 968.

2094) OLG München, Urt. v. 18.1.2001 – U (K) 5630/99, WuW/E DE-R 968.

2095) *Bühler*, Getränkelieferungsverträge, S. 244–271.

2096) OLG Frankfurt/M., Urt. v. 13.7.1989 – 6 U 69/88 (Kart), WuW/E OLG 4420 = Zeller IV, 75; *Pluta*, WRP 1990, 392; *Bühler*, EuZW 1990, 86; *v. Braunmühl*, WuW 1991, 888; *Jehle*, EuZW 1991, 372; *Ebenroth/Rapp*, JZ 1991, 962.

2. Wesentlicher Inhalt

a) Bezwecken einer Wettbewerbsbeeinträchtigung. Bemerkenswert ist die Feststellung, dass eine Alleinbezugsverpflichtung (ohne Kernbeschränkungen, insbesondere ohne absoluten **Gebietsschutz** für den belieferten Gastwirt) weder als solche noch im Übrigen eine „bezweckte" Wettbewerbsbeschränkung beinhaltet. 2.1753

b) Bewirken einer Wettbewerbsbeeinträchtigung. Sodann war zu klären, ob der Marktzugang durch weitere, neben dem zu prüfenden Vertrag bestehende gleichartige Verträge oder Vertragsnetze beeinträchtigt war. Der Gerichtshof berücksichtigt die wettbewerblichen Vorteile und nimmt damit bereits auf der Tatbestandsebene eine Art **wettbewerblicher Bilanzierung** vor. Die Vereinbarung bietet dem Anbieter den Vorteil einer gewissen Absatzgarantie, weil der Abnehmer sich aufgrund der Exklusivbindung auf die Vermarktung seines Produkts konzentrieren kann. Getränkelieferungsverträge seien aber auch für den Abnehmer vorteilhaft, soweit sie ihm den Zugang zum Markt für den Vertrieb von Getränken unter günstigen Bedingungen und mit einer Bezugsgarantie ermöglichten. 2.1754

Angesichts dieser wettbewerbspolitischen Äquivalenz sei eingehend zu prüfen, wie sich der Vertrag in Verbindung mit anderen gleichartigen Verträgen auf die Möglichkeit der Mitbewerber, auf dem Markt Fuß zu fassen und ihren Marktanteil zu vergrößern und folglich auf das Sortiment der den Verbrauchern angebotenen Waren auswirke. Diese Prüfung setzt zunächst die Abgrenzung des relevanten Marktes voraus. 2.1755

c) Relevanter Markt. aa) Sachlich relevanter Markt. aaa) Getränkemarkt. Es gibt keinen einheitlichen Getränkemarkt. Vielmehr bestehen eigene Märkte, z. B. für Eierlikör und andere Liköre,[2097)] für Whiskey und Gin[2098)] sowie für Bier, weil man einen Biertrinker nicht auf Mineralwasser, Milch oder Whiskey verweisen kann. 2.1756

bbb) Markt für den Vertrieb von Bier in Gaststätten.[2099)] Der Biermarkt bildet keine Einheit. Zu unterscheiden sind jedenfalls zwei Märkte. Einerseits der Markt, auf dem Bier für Gaststätten und Schanklokale vertrieben wird. Andererseits der Einzelhandelsmarkt für Bier. Dies deshalb, weil der Vertrieb von Bier über Gaststätten und Schanklokale mit besonderen Dienstleistungen verbunden ist, sodass sich für ihn eigenständige Vertriebswege herausgebildet haben. Diese Beurteilung liegt auch den Entscheidungen der Kommission zur 2.1757

2097) Kommission, Entsch. v. 24.7.1974, ABl EG 1974 Nr. L 237/12, 14 – Advocat Zwrate Kip.

2098) Kommission, Entsch. v. 13.12.1985, ABl EG 1985 Nr. L 369/19, 24 – Whiskey und Gin.

2099) Dazu eingehend *Bühler*, Getränkelieferungsverträge, S. 103 – 187.

kartellrechtlichen Beurteilung von Getränkelieferungsverträgen englischer Brauereien aus dem Jahre 1999 zugrunde.[2100)]

2.1758 **bb) Örtlich relevanter Markt.** Maßgeblich ist der **nationale** – also weder ein regionaler noch der Gemeinsame – Markt für den Vertrieb von Bier in Gaststätten (insbesondere Schankwirtschaften und Speiselokale).

2.1759 **cc) Zeitlich relevanter Markt.** Die Feststellung der Tatbestandsvoraussetzungen des Kartellverbots verlangt zudem eine zeitaktuelle Betrachtung des relevanten Marktes.[2101)]

2.1760 **d) Zweistufige Prüfung.** Die Prüfung der **Auswirkungen der Alleinbezugsvereinbarung** auf diesen Markt hat in zwei Stufen zu erfolgen, wobei auf der ersten die allgemeinen Marktverhältnisse und Wettbewerbsbedingungen und auf der zweiten der Beitrag der betroffenen Brauerei zur eventuellen Marktabschottung zu untersuchen sind.

2.1761 **e) Allgemeine Marktverhältnisse und Wettbewerbsbedingungen. aa)** Zunächst ist zu klären, ob das Bestehen mehrerer Getränkelieferungsverträge den **Zugang** zu dem relevanten Markt **beeinträchtigt**. Das hängt wiederum von **verschiedenen Faktoren** ab, die zum Teil mit den schon von dem Generalanwalt *Roemer* in dem Verfahren Brasserie de Haecht[2102)] zur Spürbarkeitsvoraussetzung erwähnten Merkmalen übereinstimmen, nämlich:

- (1) von der Art und Bedeutung des Vertragsnetzes (alle gleichartigen Verträge, die eine bedeutende Zahl von Verkaufsstellen an einige inländische Erzeuger binden), wofür der Gerichtshof, **ohne sich auf einen Prozentgrenzwert des – ständig veränderlichen – Bindungsgrads festzulegen**, als **Kriterien** die Zahl der gebundenen im Verhältnis zu der Zahl der nicht gebundenen Gaststätten, die Dauer der Bezugsverpflichtungen, die von ihnen erfasste Biermenge und deren Verhältnis zu der über nicht gebundene Verkaufsstellen abgesetzten Menge nennt, und
- (2) von weiteren Umständen, die die Möglichkeit des Marktzugangs beeinflussen, so der **tatsächlichen Möglichkeit neuer Mitbewerber**, sich in das Vertragsnetz durch den Erwerb einer Brauerei einzugliedern oder es durch Eröffnung neuer Gaststätten (wieso eigentlich nicht auch durch Abschluss von Getränkelieferungsverträgen mit bestehenden Gaststätten?) zu umgehen, sowie den **Wettbewerbsbedingungen auf dem relevanten Markt** (Zahl

2100) Kommission, Entsch. v. 24.2.1999 – IV/35.079/F3, Whitebread, ABl EG Nr. L 88/26 v. 31.3.1999; Kommission, Entsch. v. 16.6.1999 – IV/36.081/F3, Bass.

2101) *Bühler*, Getränkelieferungsverträge, S. 162–187 m. w. N.

2102) *Niederleithinger*, S. 52 f.; *Jehle*, EuZW 1991, 372.

und Größe der Erzeuger, Sättigungsgrad des Marktes, Markentreue der Verbraucher).[2103)]

bb) Weitere Faktoren sind die **Existenz von Getränkefachgroßhändlern**, die vertraglich nicht an Brauereien gebunden sind, und die den Zugang eines neuen Anbieters zu diesem Markt erleichtern können.[2104)] Aufschlussreich sind in diesem Zusammenhang die Entscheidungen der Kommission in den Sachen „Interpreneur" und „Spring – Spring". Dabei ging es um die Beurteilung von Bezugsvereinbarungen in Pachtverträgen auf Großhandelsebene in Großbritannien. Die zu prüfenden Vereinbarungen wurden von einer eigenständigen Schankstättenkette angemeldet, die zu keinem Braukonzern gehört. Danach wird die kumulative Wirkung des Bündels von Vertriebsvereinbarungen einer Brauerei durch Pachtverträge auf Großhandelsebene nicht verstärkt, sondern vielmehr vermindert, weil der Zugang eines neuen Erzeugers zu diesem Markt potentiell erleichtert wird. Es kann daher davon ausgegangen werden, dass die Pachtverträge mit Bezugsbindung, die eine selbst ungebundene Schankstättenkette interessierten Wirten anbietet, eher den Wettbewerb im Markt fördern, als erheblich zur Marktabschottung beitragen (Ziff. 61 und 62 der Entscheidung). Vereinbarungen, mit denen eine auf der Großhandelsstufe tätige unabhängige Unternehmung Schankbetriebe an sich bindet, sind, was die Liefervereinbarungen mit Brauereien anbelangt, deren jeweiligem System von Vereinbarungen mit Bezugsbindungen nicht zuzurechnen (Ziff. 63 der Entscheidung).[2105)] Hinzukommen die **gesetzlichen Regelungen zur Errichtung von Verkaufsstellen**. 2.1762

Wie auch die aktuelle Marktentwicklung zeigt, scheint die **Markentreue** eher behauptet, wenn nicht sogar nur heraufbeschworen zu sein. Nur am Rande sei bemerkt, dass die oft hervorgehobene besondere Markentreue der deutschen Biertrinker, die nach Ansicht des Gerichtshofs offenbar ein die Abschottung des deutschen Marktes verstärkender Umstand sein soll, nicht auf einer Marktabschließung, sondern auf der Kaufentscheidung der Verbraucher beruht.[2106)] 2.1763

2103) Kommision, Entscheidung v. 24.2.1999, ABl Nr. L 88/26 – Whitbread (Einzelfreistellung) und Ziff. 121 Vertikalleitlinien 2000, wonach auf insgesamt acht allgemeine Prüfungskriterien für die Beurteilung der Wettbewerbswirkungen abzustellen sei. Im Einzelfall seien hiernach zu prüfen a) die Marktstellung des Anbieters, b) die Marktstellung von Wettbewerbern, c) die Marktstellung des Abnehmers, d) Marktzutrittsschranken, e) die Marktreife, f) Handelsstufe, g) die Beschaffenheit des Produktes sowie h) sonstige Faktoren.

2104) *v. Braunmühl*, WuW 1991, 889.

2105) Kommission, Entsch. v. 29.6.2000 – IV/36.456/F3 – Interpreneur, und – IV/36.492/F3 – Spring – Spring, WuW 2000, 1152.

2106) *Ebenroth/Rapp*, JZ 1991, 962; *Paulusch*, Brauerei- und Gaststättenrecht, 9. Aufl. 1996, Rz. 384; *Bühler*, Getränkelieferungsverträge, S. 295 f m. w. N.

2.1764 cc) Der deutsche Biermarkt ist weiter insgesamt von einer hohen Zahl von Übernahmen von Brauereien und Getränkefachgroßhändlern durch Wettbewerber in- und ausländischer Provenienz, einen erbitterten Konkurrenzkampf um neue Kunden und einen hohen Sättigungsgrad geprägt. Auch deshalb dürfte es an einer schweren Marktzugänglichkeit fehlen.[2107)]

2.1765 dd) **Zwischenergebnis.** Ergibt die überaus aufwändige[2108)] Prüfung, dass das Vertragsbündel nicht die kumulative Wirkung der Marktabschottung für neue Mitbewerber hat, dann scheidet eine Anwendung des Art. 101 Abs. 1 AEUV auf den Einzelvertrag bereits aus.

2.1766 f) **Beitrag des Vertragsbündels der betroffenen Brauerei zur Markabschottung: aa)** Nur wenn der relevante Markt schwer zugänglich ist, muss in einer zweiten Stufe der Beitrag der betroffenen Brauerei zu der kumulativen Wirkung des Vertragsnetzes untersucht werden. Die Marktabschließungswirkung soll (nur) denjenigen Brauereien **zugerechnet** werden, die dazu in erheblichem Maße beitragen, während die Getränkelieferungsverträge von Brauereien, deren Beitrag unerheblich ist, nicht unter den Verbotstatbestand fallen. Ist dies für das Vertragssystem einer Brauerei zu bejahen, so gilt das dann auch für seine einzelnen Bestandteile, d. h. für die einzelnen Verträge.

2.1767 bb) **Kriterien.** Erneut nennt der Gerichtshof **zwei Kriterien,** nämlich

- (1) die **Stellung der Vertragspartner auf dem Markt** (Marktanteil der Brauerei oder der Gruppe, der sie angehört, sowie Zahl der an sie gebundenen Verkaufsstellen im Verhältnis zur Gesamtzahl der Gaststätten auf dem relevanten Markt) und
- (2) die **Vertragsdauer** als wesentliches Kriterium für die Feststellung einer (spürbaren) Wettbewerbsbeschränkung, deren – verglichen mit der Durchschnittsdauer auf dem Markt – „offensichtlich unverhältnismäßig(e)" Länge die Anwendbarkeit des Art. 101 Abs. 1 AEUV auf den einzelnen Vertrag zur Folge haben soll; auch Brauereien mit verhältnismäßig geringem Marktanteil, aber langjährigen Bindungszeiten ihrer Verträge könnten zu einer ebenso erheblichen Marktabschließung beitragen wie eine Brauerei mit starker Marktstellung, die ihre Verkaufsstellen in kürzeren Zeitabständen aus der Bindung entlasse.[2109)]

2.1768 cc) **Gleichartige Verträge.** Außerdem dürfen immer nur die Auswirkungen **gleichartiger** Verträge berücksichtigt werden. Verwendet z. B. eine Brauerei

---

2107) Gödde, in: Martinek/Semler/Habermeier/Flohr, Vertriebsrecht, § 52 Rz. 5, 173.

2108) *v. Braunmühl*, WuW 1991, 888.

2109) Ebenso Kommission, Entscheidung v. 24.2.1999, ABl Nr. L 88/26 – Whitbread (Einzelfreistellung); EuG, Urt. v. 5.7.2001 – T-25/99, Slg. 2001 II 1881 – Roberts ./. Greene King; EuG, Urt. v. 23.10.2003 – T-65/98, Slg. 2003 II 4653 – Van den Bergh Foods Limited.

Verträge mit unterschiedlicher Vertragsdauer oder Bindungswirkung, so müssen diese Verträge getrennt gewürdigt werden.[2110)]

dd) Eine sog. **Öffnungsklausel**, die dem Wiederverkäufer den Getränkebezug aus anderen Mitgliedstaaten erlaubt und damit den Geltungsbereich des Wettbewerbsverbots einschränkt, führt nach Ansicht des Gerichtshofs wegen Nichtvorliegens einer Beeinträchtigung des zwischenstaatlichen Handels zur Unanwendbarkeit des Art. 101 Abs. 1 AEUV, wenn sie den Lieferanten aus anderen Mitgliedstaaten die tatsächliche und nicht nur hypothetische und wirtschaftlich bedeutungslose Belieferungsmöglichkeit der betreffenden Verkaufsstelle gewährleistet. Das soll davon abhängen, ob der Wiederverkäufer nach dem Wortlaut der Klausel Konkurrenzbiere nur selbst in anderen Mitgliedstaaten kaufen (sehr geringer Öffnungsgrad) oder auch von Drittunternehmen eingeführte Biere verkaufen darf (größerer Öffnungsgrad) und ob die Öffnungsklausel durch eine dem Gastwirt auferlegte – zumal sanktionsbewehrte – **Mindestabnahmemenge**, deren Bedeutung im Verhältnis zum üblichen Bierumsatz in der fraglichen Gaststätte zu prüfen ist, ihre wirtschaftliche Bedeutung wieder verliert. 2.1769

Für Brauereien, die Handelswaren binden, dürfte dieses erst recht gelten. Ebenfalls ist insofern an die Würdigung der Beiträge des (selbständigen) Getränkefachgroßhandels zu denken.[2111)] 2.1770

ee) Seit Jahren ist ein Streitpunkt gewesen, ob auch **kleinere Brauereien** mit einem entsprechend geringeren Bestand an längerfristigen Alleinbezugsverträgen sich in derselben Weise wie große Brauereien als „Teil des Bündels" behandeln lassen müssen. Vom ursprünglichen Verständnis der **Bündeltheorie** ausgehend hätte es nach deren Ratio allein auf das „Bündel" ankommen und gleichgültig sein müssen, wie groß oder klein die einzelnen Teile des Bündels sind.[2112)] In seinem Urteil vom 28.2.1991 sieht der Gerichtshof dies mit guten Gründen anders, wenn er verlangt, dass auf der **zweiten Prüfungsstufe** der Beitrag der betroffenen Brauerei zur Marktabschottungswirkung festgestellt wird, und diejenigen Brauereien von dem Verbotstatbestand ausnimmt, deren Beitrag zur kumulativen Marktabschließung nur unerheblich ist. 2.1771

2110) EuGH, Urt. v. 7.12.2000 – C-214/99, Slg. 2000 I 11121 = EuZW 2001, 631 – Neste; ebenso der Generalanwalt *Feinelly* in der vorgenannten Rechtssache.

2111) *Gödde*, in: Martinek/Semler/Habermeier/Flohr, Vertriebsrecht, § 52 Rz. 5, 173.

2112) *Jakob-Siebert/Reichl*, EuZW 1992, 433.

3. Theorie der Gesamtmarktbetrachtung

2.1772 Der Gerichtshof legt im Ergebnis ähnliche Kriterien an wie die diesseits vertretene Theorie der Gesamtmarktbetrachtung.[2113)] Danach kommt es erstens auf die **Struktur der deutschen Brauwirtschaft** und damit u. a. auf die Zahl der Braustätten, die Größenstruktur, die Marktanteile und den Außenhandel an.[2114)] Zweitens sind die möglichen **Distributionswege** von Bedeutung.[2115)] Drittens sind **sonstige Wettbewerbsparameter**, wie etwa die Stellung der Endverbraucher, die Wettbewerbssituation, die wirtschaftliche Lage der Anbieter, das Bestehen von staatlichen Marktzutrittsbeschränkungen und Möglichkeiten der Kooperation, zu würdigen.[2116)] Viertens ist nach dem konkret-individuellen **Vertragsinhalt** zu fragen.[2117)]

4. Offene Fragen

2.1773 Das Urteil weist einen schwer nachvollziehbaren Widerspruch auf, wenn in den Erwägungsgründen 24 und 25 auf **die Getränkelieferungsverträge** (Plural!) der jeweiligen Brauerei, in dem Entscheidungsausspruch 1 dagegen auf den **einzelnen streitigen Vertrag** (Singular!) abgestellt wird (ebenso im Erwägungsgrund 27).[2118)] Es liegt auf der Hand und bedarf keiner näheren Begründung, dass es einen erheblichen Unterschied macht und zu ganz unterschiedlichen Ergebnissen führen kann, ob die Summe aller Getränkelieferungsverträge der betreffenden Brauerei oder nur der einzelne streitige Vertrag als Parameter für die Feststellung des Beitrags zur Marktabschließungswirkung gewählt wird. Im Schrifttum ist das Urteil des Gerichtshofs daher auch zum Teil im einen, zum Teil im anderen Sinne verstanden worden.[2119)] Teilweise wird auch empfohlen, auf **beide Aspekte** abzuheben,[2120)] was wenig Sinn zu machen scheint, weil dann, wenn bereits der einzelne Getränkelieferungsvertrag als die naturgemäß kleinere Größe die Voraussetzung des erheblichen Marktabschottungsbeitrages erfüllt, dies erst recht auf das Bündel aller Verträge der betroffenen Brauerei zutreffen muss.

2113) *Bühler*, Getränkelieferungsverträge, S. 272–312.

2114) *Bühler*, Getränkelieferungsverträge, S. 33–49.

2115) *Bühler*, Getränkelieferungsverträge, S. 50–61.

2116) *Bühler*, Getränkelieferungsverträge, S. 62–83.

2117) *Bühler*, Getränkelieferungsverträge, S. 272–312 m. w. N.

2118) *v. Braunmühl*, WuW 1991, 888; *Niederleithinger*, EWiR 1992, 47; *Jakob-Siebert/Reichl*, EuZW 1992, 433.

2119) So referieren *Jakob-Siebert/Reichl*, EuZW 1992, 433; *v. Braunmühl*, WuW 1991, 888, ein Abstellen auf „die" Verträge, *Ebenroth/Rapp*, JZ 1991, 962, dagegen ein solches auf den Einzelvertrag.

2120) So *Jakob-Siebert/Reichl*, EuZW 1992, 433.

In der Tat fragt sich, welchen Sinn es haben soll, auf der vom Gerichtshof dargestellten ersten Prüfungsstufe zunächst alle Getränkelieferungsverträge zu einem Bündel zusammenzuschnüren, um so zu einer effizienten Anwendung des Merkmals der spürbaren Beeinträchtigung des zwischenstaatlichen Handels zu gelangen, und sodann in einem zweiten Prüfungsschritt das Bündel wieder vollständig in seine Einzelteile aufzulösen mit dem, wie angenommen werden darf, regelmäßigen Ergebnis, dass der Marktabschließungsbeitrag des einzelnen streitigen Getränkelieferungsvertrags die Erheblichkeitsgrenze nicht erreicht.[2121)] Nach *Niederleithinger*[2122)] wäre damit die Bündeltheorie aufgegeben. 2.1774

V. Innerstaatliche Rechtsprechung

1. Bundesgerichtshof

a) In einer dem Urteil des Gerichtshofs nachfolgenden Entscheidung des **Kartellsenats** des BGH vom 15.10.1991 wurden die für den Entscheidungsausspruch niedergelegten Grundsätze auf einen einzelnen Vertrag einer großen Brauerei übertragen. Dem streitgegenständlichen Getränkelieferungsvertrag wurde aufgrund der Laufzeit von etwas mehr als fünf Jahren die Eignung abgesprochen, wesentlich zu „der" – richtig wäre angesichts der insofern nicht erfolgten Tatsachenfeststellungen „einer" gewesen – Abschottungswirkung beizutragen. Nach Ansicht des Gerichts kommt es dann, wenn der streitige Getränkelieferungsvertrag nicht in erheblichem Maße zur Marktabschließung beiträgt, nicht mehr darauf an, wie viele Gaststätten das Brauereiunternehmen durch weitere Getränkelieferungsverträge an sich gebunden hat. Die „ergänzende" Anführung „der" Getränkelieferungsverträge der Brauerei in den Entscheidungsgründen des Gerichtshofes bedeute nicht, dass die Getränkelieferungsverträge einer Brauerei, die eine verhältnismäßig große Zahl von Gaststätten an sich gebunden habe, von vornherein nichtig seien.[2123)] 2.1775

Das Urteil ist in Teilen des Schrifttums und, wie zu vernehmen war, auch bei der Kommission[2124)] auf einige Verwunderung gestoßen. *Niederleithinger*[2125)] vertritt die Auffassung, der Kartellsenat habe den Gerichtshof „mit hoher Wahrscheinlichkeit ... gründlich missverstanden". Allerdings muss der Kritik entgegengehalten werden, dass der BGH nur die Leitlinien des Delimitis-Urteils des Gerichtshofs angewandt hat. 2.1776

Noch in einem anderen Punkt hat das Urteil des Kartellsenats nicht leicht von der Hand zu weisende Kritik hervorgerufen: Die klagende Brauerei hatte im 2.1777

2121) *Jakob-Siebert/Reichl*, EuZW 1992, 433.

2122) *Niederleithinger*, S. 48.

2123) BGH, Urt. v. 15.10.1991 – KZR 25/90, NJW 1992, 1546.

2124) *Jakob-Siebert/Reichl*, EuZW 1992, 433.

2125) *Niederleithinger*, S. 47.

Jahre 1989 den fünfthöchsten Jahresausstoß an Bier in Bayern und gehörte einer Gruppe an, die 1989 den zweitgrößten Marktanteil in der Bundesrepublik Deutschland hatte.[2126)]

2.1778 Für Brauereien mit geringem Marktanteil, aber einem Bestand an überdurchschnittlich langen Alleinbezugsverträgen hatte der Gerichtshof angenommen, dass auch deren Verträge unter das Kartellverbot fallen können (Erwägungsgrund 26). Der BGH will daraus offenbar den Umkehrschluss ziehen, dass Brauereien mit großem Marktanteil, aber unterdurchschnittlich langen Getränkelieferungsverträgen vom Verbotstatbestand ausgenommen seien. Das kann sich nicht auf eine Aussage im Urteil des Gerichtshofs stützen. Der Gegenschluss wäre dann kaum gerechtfertigt, wenn das zusätzliche Kriterium der Vertragsdauer nicht der Einengung, sondern allein der Erweiterung des Anwendungsbereiches des Kartellverbots dienen sollte. Dafür könnte sprechen, dass der Gerichtshof den Marktabschließungsbeitrag kleinerer Brauereien, die Verträge mit langen Bindungszeiten schließen, demjenigen einer größeren Brauerei, „die ihre Verkaufsstellen normalerweise in **kürzeren** Zeitabständen aus der Bindung entlässt" *(Hervorhebung vom Verf.)*, gleichstellen, offenbar also von der **Anwendbarkeit** des Verbotstatbestandes auf die Getränkelieferungsverträge der **letzteren** Gruppe ausgehen will.[2127)]

2.1779 Im Übrigen ist von der Kritik mit einem Fragezeichen versehen worden, ob der streitige – auf 5 1/4 Jahre abgeschlossene – Vertrag, der immerhin die Grenze des Art. 8 Abs. 1 Nr. c der VO (EWG) Nr. 1984/83 überschreitet, als „verhältnismäßig kurz" bezeichnet werden kann und ob eine jährliche **Mindestabnahmemenge** von 360 hl „verhältnismäßig klein" genannt werden darf.[2128)]

2.1780 **b)** Nach der Rechtsprechung des **VIII. Zivilsenats** bestehen hinsichtlich der streitgegenständlichen Situationen und Verträge keine EU-kartellrechtlichen Bedenken.[2129)]

2126) *Kelch*, Brauwelt 1990, 1814; *Jakob-Siebert/Reichl*, EuZW 1992, 433.

2127) Deshalb gegen den Umkehrschluss *Niederleithinger*, S. 48.

2128) *Niederleithinger*, S. 48; *Jakob-Siebert/Reichl*, EuZW 1992, 433, nach denen diese Mindestabnahmemenge mehr als das Doppelte des durchschnittlichen Gaststättenabsatzes von nur etwa 160 hl pro Jahr betrage. Anders *Köhler*, LM EWG-Vertrag Nr. 27; BGH, Urt. v. 25.4.2001 – VIII ZR 135/00, BGHZ 147, 279 = NJW 2001, 2331 = ZIP 2001, 1245.

2129) BGH, Urt. v. 22.1.1992 – VIII ZR 374/89, NJW-RR 1992, 593; BGH, Urt. v. 8.4.1992 – VIII ZR 94/91, NJW 1992, 2145; OLG Düsseldorf, Urt. v. 19.1.1999 – U (Kart) 17/98, rkr. durch Nichtannahmebeschl. d. BGH v. 22.3.2000 – VIII ZR 60/99 (Vertrag Brauerei-Getränkefachgroßhändler); OLG Frankfurt/M., Urt. v. 17.3.2000 – 11 U (Kart) 29/99, BGH, VIII ZR 101/00, Revisionsrücknahme; OLG Frankfurt/M., Urt. v. 30.11.2000 – 16 U 230/99, BGH, VIII ZR 5/01, Revisionsrücknahme nach Nichtannahmebeschluss, der ausnahmsweise begründet worden ist.

2. Instanzgerichte

Die Instanzrechtsprechung legt das zweistufige Prüfungsverfahren zugrunde. In keinem zu entscheidenden Fall wurde die behauptete EU-Kartellrechtswidrigkeit festgestellt.[2130] 2.1781

VI. Tatsachenfeststellung

Die Tatsachenfeststellung bereitet bei Kartellrechtsnormen und damit auch bei Art. 101 Abs. 1 AEUV nicht selten Schwierigkeiten.[2131] 2.1782

1. Befund

Das geforderte – zweistufige – Prüfungsverfahren verlangt eine umfassende **Darlegung** einer Vielzahl von Kriterien. Es kann nicht verwundern, dass die nationalen Gerichte auch nach der Entscheidung des Gerichtshofes vom 28.2.1991 nur sehr selten zur Anwendung des Art. 101 Abs. 1, 2 AEUV auf inländische Getränkelieferungsvereinbarungen gelangt sind. 2.1783

2. Tatsachenermittlung

Das aufgegebene Prüfungsverfahren (über-)fordert ersichtlich nicht nur die Parteien, sondern auch die Tatsacheninstanzen,[2132] zumal eine Fülle von Kriterien zu untersuchen ist, zu denen gesicherte Daten nicht bekannt, jedenfalls aber nicht veröffentlicht sind. 2.1784

Gelegentliche und zumal Jahrzehnte zurückliegende Veröffentlichungen aus den beteiligten Verkehrskreisen[2133] und die kaum bekannt gewordene Untersuchung der Biermärkte der Europäischen Union durch die Kommission[2134] 2.1785

2130) OLG Stuttgart, Urt. v. 2.10.1992 – 2 U 207/91, NJW-RR 1993, 937; OLG Nürnberg, Urt. v. 1.12.1992 – 11 U 1682/92, RIW 1993, 327; OLG Düsseldorf, Urt. v. 19.10.1993 – U Kart 1/93; OLG München, Urt. v. 18.11.1993 – U (K) 7229/92, WuW 1994, 768; OLG Düsseldorf, Urt. v. 18.2.1994 – 16 U 91/93; OLG München, Urt. v. 22.9.1994 – 6 U 2018/94, in Zusammenhang mit einer beschränkten persönlichen Dienstbarkeit; OLG Frankfurt/M., Urt. v. 6.12.1994 – 11 U (Kart) 73/94; OLG München, Urt. v. 31.1.1995 – 25 U 3600/94, BeckRS 1995, 04936; OLG Hamm, Urt. v. 13.3.1995 – 2 U 139/94, NJW-RR 1996, 46 (nicht abgedruckt); OLG München, Urt. v. 18.1.2001 – U (K) 5630/99, WuW/E DE-R 968; OLG Schleswig, Urt. v. 14.6.2001 – 1 U 76/2000; OLG Hamm, Urt. v. 7.6.2002 – 29 U 88/01; OLG Düsseldorf, Urt. v. 27.10.2004 – VI-U (Kart) 41/03, BeckRS 2005, 06685; LG Köln, Urt. v. 4.2.1993 – 22 O. 369/91, NJW-RR 1994, 242; LG Ulm, Urt. v. 26.8.2010 – 6 O. 162/09. Zu älteren Entscheidungen *Bühler*, BB 1994, 663, 667 Fußn. 57 m. w. N., sowie *Müller/Bühler*, Art. 85 EWGV und EG-Freistellungsverordnung Nr. 1984/83 zum Getränkelieferungsvertrag, 10. Aufl., D I 50 ff.

2131) Eingehend hierzu *Bühler*, Getränkelieferungsverträge, S. 313–334.

2132) *v. Braunmühl*, WuW 1991, 888; *Köhler*, LM EWG-Vertrag Nr. 27.

2133) *Kelch*, Brauwelt 1990, 1814.

2134) 20. Wettbewerbsbericht der Kommission, 1990, Tz. 395, sowie Pressemitteilung der Kommission IP (90) 472 v. 14.6.1990.

reichen nicht aus, um die erforderlichen Feststellungen zu treffen. Unabhängig davon dürften die Veröffentlichungen allein schon wegen ihres Alters heute nicht mehr verwertbar sein.

2.1786 Nach den Schlussanträgen des Generalanwalts *van Gerven* in der Rechtssache Delimitis ./. Henningerbräu[2135)] hat die Kommission auf Frage des Gerichtshofes einräumen müssen, dass ihr „fast keine" Informationen über die vom vorlegenden OLG Frankfurt genannten Kriterien zur Verfügung stünden. Mit den vom Gerichtshof entwickelten Kriterien dürfte dies kaum anders sein.

2.1787 Die gelegentlichen Veröffentlichungen etwa zur Entwicklung des Fassbierabsatzes bzw. der Fassbieranteile[2136)] sind kaum verwertbar. Erstens liegt ihnen nicht der (europa-)kartellrechtlich sachlich relevante nationale Gastronomiemarkt zugrunde, sondern lediglich ein Teil desselben, betreffend Fassbieranteile. Zweitens werden in der offiziellen Statistik keine Erhebungen über die Fassbieranteile mehr durchgeführt. Die letzte Erfassung erfolgte für das Jahr 1992. Drittens dürfte der Fassbieranteil angesichts der negativen Entwicklung im Absatzsegment Gastronomie zwischenzeitlich weiter zurückgegangen sein. Viertens handelt es sich in erheblichem Umfang um Einschätzungen, nicht aber um unangreifbare Tatsachenfeststellungen.

3. Darlegungs- und Beweislast

2.1788 a) **Grundsatz.** Nach den Grundsätzen der Verteilung der Darlegungs- und Beweislast ist derjenige darlegungs- und beweispflichtig, der sich auf die Nichtigkeitsfolge des Art. 101 Abs. 2 AEUV beruft.[2137)]

2.1789 b) Den nach den vorgenannten Kriterien zu stellenden Anforderungen an einen hinreichend substantiierten Sachvortrag insbesondere über den **Beitrag** des jeweils gegenständlichen Getränkelieferungsvertrages zu einer ebenfalls festzustellenden Marktabschottung wird der Sachvortrag häufig auch nach einem entsprechenden richterlichen Hinweis nicht gerecht. So beschränkt er sich gelegentlich auf die Behauptung, auf dem bundesdeutschen Markt bestehe eine Bindung an langfristigen Verträgen von „etwa" bzw. „ca." … Prozent. Nicht

---

2135) Slg. 1991, 935, 968.

2136) *Kelch*, Brauwelt 2004, 1692; *ders.*, Brauwelt 2005, 1150.

2137) BGH, Urt. v. 26.2.1970 – KZR 5/69, NJW 1970, 1131 = Zeller I, 118; BGH, Urt. v. 8.4.1992 – VIII ZR 94/91, NJW 1992, 2145; BGH, Urt. v. 13.3.1997 – I ZR 215/94, NJW 1998, 156 = ZIP 1997, 1556; OLG Köln, Urt. v. 28.6.1989 – 2 U 93/88, NJW-RR 1989, 1336; OLG Düsseldorf, Urt. v. 6.11.1999 – 1 U 42/99; OLG München, Urt. v. 18.1.2001 – U (K) 5630/99, WuW/E DE-R 968; *Bühler*, Getränkelieferungsverträge, S. 313 f., 323 m. w. N.

nur der Vortrag zum Bindungsgrad ist insofern angreifbar,[2138] sondern es wird auch nicht hinreichend deutlich, was der jeweils Darlegungs- und Beweispflichtige unter „langfristigen Verträgen" verstehen will. Letzteres ist insofern von Bedeutung, als es sich bei dem Verhältnis der gebundenen zu den nicht gebundenen Verkaufsstellen nur um eines von mehreren Merkmalen handelt, die gegeben sein müssen, um die wettbewerbs- und handelsbeschränkenden Wirkung einer Alleinbezugsvereinbarung feststellen zu können.[2139]

4. Erleichterungen

a) Der in der Literatur vorgeschlagene Weg, wonach der Gastwirt mit der Behauptung eines bestimmten Prozentsatzes der durch Getränkelieferungsverträge an Brauereien gebundenen Verkaufsstellen seiner **Substantiierungslast** genügen soll,[2140] erscheint nicht gangbar,[2141] fehlt es doch bereits an der (alleinigen) Erheblichkeit dieses Kriteriums.[2142] An die Darlegung und den Nachweis der spürbaren Beeinträchtigung des zwischenstaatlichen Handels können auch bei einer Beweisnot des Gastwirts keine geringeren Anforderungen als sonst gestellt werden.[2143] 2.1790

b) Der **„Sphärengedanke"**, nach dem die Beweislast demjenigen auferlegt werden soll, in dessen Einflusssphäre sich ein Vorgang ereignet hat,[2144] wird dem Gastwirt nennenswerte Beweiserleichterungen kaum verschaffen können. Zum einen liegt keine der insofern anerkannten Fallgruppen vor. Zum anderen liegen zahlreiche der vom Gerichtshof für maßgeblich gehaltenen Kriterien nicht im Sinne dieser Theorie in der Sphäre der Brauerei.[2145] 2.1791

c) Es kommt hinzu, dass auch veröffentlichte Daten angesichts ihrer ständigen Veränderlichkeit die eigenen Feststellungen durch die Gerichte nicht entbehrlich machen werden, zumal der im Schrifttum gemachte Vorschlag, Markterhebungen der Kommission als offenkundige Tatsachen i. S. d. **§ 291 ZPO** zu be- 2.1792

2138) Siehe oben § 28 III 4 b; OLG Stuttgart, Urt. v. 2.10.1992 – 2 U 207/91, NJW-RR 1993, 937; OLG Nürnberg, Urt. v. 1.12.1992 – 11 U 1682/92, RIW 1993, 327; OLG Hamm, Urt. v. 13.3.1995 – 2 U 139/94, NJW-RR 1996, 46; OLG München, Urt. v. 18.1.2001 – U (K) 5630/99, WuW/E DE-R 968; LG Köln, Urt. v. 4.2.1993 – 22 O. 369/91, NJW-RR 1994, 242.

2139) OLG München, Urt. v. 18.1.2001 – U (K) 5630/99, WuW/E DE-R 968; *Ebenroth/Rapp*, JZ 1991, 962.

2140) So z. B. *Bunte/Sauter*, III 2 Rz. 14, S. 280 f.

2141) Ablehnend auch *Wiedemann*, Einl. GVO 1984/83, Rz. 21, S. 109 f; *Bühler*, Getränkelieferungsverträge, S. 319–323.

2142) Siehe oben § 28 III 4 b m. w. N.

2143) BGH, Urt. v. 26.2.1970 – KZR 5/69, NJW 1970, 1131 = Zeller I, 118; OLG Köln, Urt. v. 28.6.1989 – 2 U 93/88, NJW-RR 1989, 1336; *Ebenroth/Rapp*, JZ 1991, 962.

2144) Thomas/Putzo-*Reichold*, ZPO, Vorbem. § 284 Rz. 25–35.

2145) *Ebenroth/Rapp*, JZ 1991, 962.

handeln,[2146] sich mit der herkömmlichen sehr engen Definition des Begriffs der Allgemeinkundigkeit auseinander setzen muss.[2147]

2.1793 Weiter betrifft § 291 ZPO lediglich die Notwendigkeit des Beweises, nicht aber die der Darlegung. Von der Darlegungslast kann § 291 ZPO nicht befreien. Im Übrigen könnte man den Tatbestand des § 291 ZPO wohl kaum annehmen. Die Unsicherheiten über die insofern maßgeblichen tatsächlichen Beurteilungsgrundlagen stehen der Annahme einer Allgemein- und Gerichtskundigkeit entgegen.[2148]

2.1794 So hat es auch der BGH zum Nachteil des Gastwirts ausgehen lassen, wenn sich aus dem Parteivortrag nicht das Vorliegen der vom Gerichtshof genannten Kriterien ergibt.[2149] Das könnte auch weiterhin den Nichtigkeitseinwand des Gastwirts ins „Land der Theorie" verbannen.[2150]

5. Ergebnis

2.1795 Im Ergebnis kann nicht davon gesprochen werden, dass die Anforderungen an die Darlegungs- und Beweislast des Gastwirts überzogen sind. Dass mit der Darlegung der maßgeblichen Kriterien erhebliche Schwierigkeiten verbunden sind, weil nach den vom Gerichtshof aufgestellten Grundsätzen eine Fülle von Kriterien zu untersuchen ist, zu denen gesicherte (aktuelle) Daten nicht vorliegen, vermag hieran nichts zu ändern.[2151]

2.1796 Angesichts des intensiven Wettbewerbs auf dem deutschen Gastronomiemarkt und der geringen Marktanteile selbst der „größten" Brauereien, ggf. unter maßgeblicher Beteiligung ausländischer Brauereigruppen von unter 10 % des deutschen Gesamtausstoßes[2152] und des Umstandes, dass gerade größere Brauereien bzw. Brauereigruppen über im Verhältnis zu anderen deutschen Brauereien erheblich geringere Anteile am relevanten deutschen Gastronomiemarkt haben, ist die Einschätzung von *Paulusch*[2153] weiterhin zutreffend, dass das europäische Kartellrecht für die hier untersuchten Vertragsgestaltungen kaum in Betracht kommen wird.

2146) *Jehle*, EuZW 1991, 372.

2147) *Thomas/Putzo-Reichold*, ZPO, § 291 Rz. 1.

2148) *Bühler*, Getränkelieferungsverträge, S. 322.

2149) BGH, Urt. v. 8.4.1992 – VIII ZR 94/91, NJW 1992, 2145; BGH, Urt. v. 26.10.2000 – IX ZR 227/99, NJW 2001, 1136 = ZIP 2001, 31.

2150) *Paulusch*, EuGH EWiR 1991, 371; in der Tendenz wohl ähnlich *Ebenroth/Rapp*, JZ 1991, 962.

2151) BGH, Urt. v. 26.2.1970 – KZR 5/69, NJW 1970, 1131 = Zeller I, 118; BGH, Urt. v. 8.4.1992 – VIII ZR 94/91, NJW 1992, 2145; OLG München, Urt. v. 8.6.1989 – U (K) 5966/88, WuW/E OLG 4415; OLG München, Urt. v. 18.1.2001 – U (K) 5630/99, WuW/E DE-R 968.

2152) *Jakob-Siebert/Reichl*, EuZW 1992, 433.

2153) *Paulusch*, Brauerei- und Gaststättenrecht, 9. Aufl. 1996, Rz. 363.

So gehört wenig Phantasie zu der **Prognose**, dass die Gerichte auch in Zukunft wie schon bisher[2154] auf die Grundsätze der Verteilung der Darlegungs- und Beweislast rekurrieren werden. 2.1797

Das wird begrüßen, wer den Getränkelieferungsvertrag für ein unverzichtbares Absatzinstrument[2155] und die Rechtsprechungsgrundsätze des Gerichtshofs für zurückhaltend ausgedrückt wenig praktikabel hält. Das Ergebnis mag auch demjenigen tolerierbar erscheinen, dem forensische Erfahrung die Vermutung nahelegt, dass der Nichtigkeitseinwand des Gastwirts in der Regel weniger der Sorge um die Marktzutrittschancen ausländischer Mitbewerber seines Vertragspartners als vielmehr dem Wunsch entspringt, sich von einer unliebsam gewordenen Bindung zu befreien und die verlockender erscheinenden Leistungen einer anderen selbstredend inländischen Brauerei in Anspruch zu nehmen.[2156] 2.1798

VII. Stellungnahmen der Kommission – Grundfragen

1. Regelungsgegenstände

Unsicherheiten bei der Anwendung des primären Kartellrechts, insbesondere des Art. 101 AEUV, versucht die Kommission durch den Erlass von Bekanntmachungen, Empfehlungen und Leitlinien entgegenzuwirken. Dies sowohl bezüglich des materiellen Rechts[2157] als auch des Verfahrensrechts.[2158] 2.1799

2. Rechtsgrundlage

Art. 288 Abs. 5 und Art. 292 Satz 4 AEUV ermächtigen zum Erlass von Empfehlungen und Stellungnahmen. Diese bedürfen keiner besonderen Rechtsgrundlage.[2159] Darüber hinaus soll die Kommission zum Erlass von Leitlinien befugt sein, wenn ihr primär- oder sekundärrechtlich eine entsprechende Über- 2.1800

2154) OLG Hamm, Urt. v. 5.8.1986 – 4 U 228/86, NJW 1988, 1473 = Zeller III, 114; OLG München, Urt. v. 8.6.1989 – U (K) 5966/88, WuW/E OLG 4415; OLG Köln, Urt. v. 28.6.1989 – 2 U 93/88, NJW-RR 1989, 1336 = Zeller IV, 198; OLG Frankfurt/M., Urt. v. 21.9.1989 – 6 U 74/89, WM 1990, 119; OLG Karlsruhe, Urt. v. 30.1.1990 – 8 U 204/89, EuZW 1990, 102 = Zeller IV, 91; w. N. bei *Wiedemann*, Einl. GVO 1984/83, Rz. 20, S. 109.

2155) *Köhler*, LM EWG-Vertrag Nr. 27; *v. Braunmühl*, in: Ahlert, S. 410; *Pukall*, NJW 2000, 1375.

2156) *v. Braunmühl*, WuW 1991, 898; *Jehle*, EuZW 1991, 372.

2157) Leitlinien über den Begriff der Beeinträchtigung des zwischenstaatlichen Handels in den Art. 81 und 82 des Vertrags, ABl Nr. C101/81-96 v. 27.4.2004; Leitlinien zur Anwendung von Art. 101 Abs. 3 AEUV 2004, ABl Nr. 3 101/97-118 v. 27.4.2004.

2158) Bekanntmachung der Kommission über die Zusammenarbeit zwischen der Kommission und den Gerichten der EU-Mitgliedstaaten bei der Anwendung der Art. 81 und 82 des Vertrags, ABl Nr. C 101/54-64 v. 27.4.2004.

2159) Vgl. in diesem Zusammenhang Art. 33 VO Nr. 1/2003, der sich auf alle „sachdienlichen Vorschriften" erstreckt.

wachungs- oder Lenkungsfunktion zukommt.[2160] Gleiches soll gelten, wenn der Erlass von Leitlinien der Selbstbindung bei der Ermessensausübung dient,[2161] soweit der Kommission das Recht zukommt, verbindliche Weisungen zu erteilen.

3. Rechtsnatur[2162]

2.1801 Bei Stellungnahmen und Bekanntmachungen handelt es sich nicht um Rechtsnormen. Im Gegensatz zu Gruppenfreistellungsverordnungen sind Leitlinien und damit auch Bekanntmachungen keine bindenden Rechtsnormen, weder für Unternehmen noch für Behörden und Gerichte. Die Bezeichnung ist ohne Bedeutung.

2.1802 Systematisch sind sie als **Stellungnahmen** (Art. 288 Abs. 5 Fall 2 AEUV) und damit **tertiäres Unionsrecht** einzuordnen. Bekanntmachungen, Leitlinien etc. können keine unmittelbaren Rechtswirkungen beanspruchen. Sie lassen sich als eine **Art Auskunft** der Kommission über ihre rechtliche Sichtweise einordnen. Die Kommission fasst insofern ihre bisherige Praxis zusammen bzw. erläutert, in welcher Form sie zukünftig zu entscheiden gedenkt. Daher besteht eine gewisse Nähe zu Verwaltungsvorschriften nach deutschem Recht.[2163]

4. Verhältnis zu den gesetzlichen Bestimmungen

2.1803 Da es sich bei Leitlinien und Bekanntmachungen nicht um Rechtsnormen handelt, können diese in Kraft befindliche Rechtsvorschriften nicht inhaltlich abändern, sondern lediglich interpretieren oder Hinweise zu ihrer Auslegung geben.[2164] Sie greifen der Auslegung von Art. 101 AEUV durch die Unionsgerichte nicht vor (Ziff. 6 Bagatellbekanntmachung 2001).

5. Vermutung

2.1804 Teilweise finden sich in den Leitlinien auch Vermutungsregeln.[2165]

2160) Schlussanträge der Generalanwältin Kukott vom 6.9.2012 in der Rechtssache Expedia (C-226/11), BeckRS 2012, 81830, zu Art. 105 i. V. m. Art. 292 Satz 4 AEUV zu dem Bereich des Wettbewerbsrechts mit Verweis auf EuGH, Urt. v. 14.12.2000 – C-344/98, EuZW 2001, 113 – Masterfoods.

2161) EuGH, Urt. v. 5.10.2000 – C-288/96, BeckRS 2004, 76019 – Deutschland/Kommission.

2162) *Bühler*, Getränkelieferungsverträge, S. 305 f und 255 f.

2163) Immenga/Mestmäcker-*Ehricke*, Wettbewerbsrecht, 4. Aufl 2007, Art. 87 Abs. 3 EG-Vertrag, Rz. 4.

2164) EuG, Urt. v. 21.9.2005 – T-87/05, Tz. 63 f – EDP.

2165) Ziff. 3 Satz 2, 52 Abs. 1 Leitlinien über den Begriff der Beeinträchtigung des zwischenstaatlichen Handels 2004.

6. Verbindlichkeit[2166)]

Bevor man sich mit dem Problemfeld der Verbindlichkeit näher auseinandersetzt, sollte die Anwendbarkeit sowohl aus zeitlicher als auch aus sachlicher Sicht genauer geprüft werden.[2167)] 2.1805

Schon nach Art. 288 Abs. 5 AEUV sind Empfehlungen und Stellungnahmen nicht verbindlich. Dies wird teilweise bereits im Wortlaut klargestellt.[2168)] Die Wahl der Form ebenfalls stellt ein bloßes Indiz dar. Sie lässt aber nicht zwingend auf eine Verbindlichkeit schließen.[2169)] Die Bedeutung einer Veröffentlichung in den Amtsblättern der EU ist wohl unterschiedlich zu behandeln. Ein Abdruck in der Reihe C spricht wohl eher gegen eine Verbindlichkeit. Anders ist dies bei einer Veröffentlichung in der Reihe L zu sehen.[2170)] 2.1806

7. Angreifbarkeit

Da es sich nicht um Gesetzgebungsakte, sondern um bloße sonstige Rechtsakte handelt, die ohne Beteiligung der Mitgliedstaaten (im Rat) erlassen werden, können sie nach Art. 263 Abs. 1 Satz 1 AEUV auch nicht vor dem Gerichtshof angefochten werden. 2.1807

8. Bedeutung für die Kommission

a) Orientierungs-/Interpretations-/Auslegungshilfe. Die Kommission hat ihre Stellungnahmen als Auslegungshilfe zu beachten. So enthalten die Leitlinien über die Beeinträchtigung des zwischenstaatlichen Handels 2004 auf der Grundlage der Rechtsprechung der Unionsgerichte Auslegungsgrundsätze. Die gilt auch im Zusammenhang mit Stellungnahmen zu Art. 101 Abs. 3 AEUV.[2171)] Erklärtes Ziel ist es, die Methodik zur Anwendung des Begriffs der Beeinträchtigung des zwischenstaatlichen Handels darzustellen und eine Anleitung und Orientierung für seine Anwendung zu bieten. Die Leitlinien gelten nur für den **Regelfall**; sie erheben nicht den Anspruch auf Vollständigkeit.[2172)] Allenfalls 2.1808

2166) *Bühler*, Getränkelieferungsverträge, S. 311 f.

2167) EuG, Urt. v. 9.7.2007 – T-282/06, BeckRS 2008, 70203 – San Chemical. Zur Unverbindlichkeit der Bekanntmachung der Kommission über die Zusammenarbeit zwischen der Kommission und den Gerichten der EU-Mitgliedstaaten bei der Anwendung der Art. 81 und 82 des Vertrages, ABl Nr. C 101/54-64 v. 27.4.2004. Vgl. dort Ziff. 20 Abs. 2 sowie die Ziff. 20 Abs. 1, 23 und 24.

2168) EuGH, Urt. v. 13.12.2012 – C-226/11, EuZW 2013, 114 – Expedia, zur de Minimis-Bekanntmachung.

2169) EuGH, Urt. v. 13.12.1989 – C-322/88, EuZW 1990, 95 – Grimaldi; EuG, Urt. v. 20.5.2010 – T-258/06, NZBau 2010, 510 – Deutschland/Kommission.

2170) EuGH, Urt. v. 12.5.2011 – C-410/09, BeckRS 2011, 80520 – Polska Telefonia Cyfrowa; EuGH, Urt. v. 13.12.2012 – C-226/11, EuZW 2013, 114 – Expedia.

2171) Immenga/Mestmäcker-*Ellger*, Wettbewerbsrecht, Art. 101 Abs. 3 AEUV, Rz. 75.

2172) Ziff. 3 Leitlinien über die Beeinträchtigung des zwischenstaatlichen Handels 2004.

haben sie eine gewisse **Indizwirkung.**[2173] Auch aus der „Master Foods"-Entscheidung des EuGH[2174] ergibt sich keine weitergehende Bindungswirkung der Leitlinien.[2175]

2.1809 **b) Verbindlichkeit. aa) Grundsatz.** Leitlinien begründen (nur) zu Lasten der Kommission eine Verbindlichkeit.[2176]

2.1810 **bb) Konsequenzen.** Eine Bekanntmachung führt hinsichtlich der Tatbestandsrestriktion der Spürbarkeit zu einer **Selbstbindung** der Kommission.[2177] Diese kann gegen Maßnahmen von Unternehmen, die die Bagatellkriterien erfüllen, nicht einschreiten.[2178] Damit wird die einheitliche Anwendung des EU-Rechts in den Mitgliedstaaten gewährleistet. Dies schafft **Rechtssicherheit** und begründet **Vertrauen**, auch bei der nach Art. 101 Abs. 3 AEUV erforderlichen **Selbstbeurteilung** durch die Unternehmen.[2179] Allerdings verbleiben Unsicherheiten, insbesondere im Zusammenhang mit der Definition des relevanten Marktes, der Spürbarkeit und den Voraussetzungen einer Freistellung nach Art. 101 Abs. 3 AEUV.[2180] Naturgemäß kann die Kommission ihre Stellungnahmen von Zeit zu Zeit überprüfen und an aktuelle Entwicklungen anpassen. Ziff. 4 Satz 2 Vertikalleitlinien 2010 verdeutlicht dies.

2.1811 Nach dem Grundsatz des Vertrauensschutzes hat die Kommission bei der Ausübung ihres **Aufgreifermessen**s und der Verhängung von **Geldbußen** ihre Verlautbarungen zu beachten. Folge ist, dass die Kommission von den in den Leitlinien geäußerten Rechtsmeinungen nicht willkürlich, also ohne Sachgrund, sondern nur unter Angabe der Gründe und Beachtung des Gleichbehandlungsgrundsatzes abweichen darf. Da die Verwaltungspraxis sich aber weiter entwickeln können muss, ist es der Kommission gestattet, aus sachlich gerechtfertigtem Grund ihre Rechtsauffassung zu ändern. Ein solcher Grund kann etwa in einer Entscheidung des Gerichtshofs liegen, mit der die Leitlinie nicht verein-

---

2173) Ziff. 3 und 53 Satz 2 Leitlinien über die Beeinträchtigung des zwischenstaatlichen Handels 2004.

2174) EuGH, Urt. v. 14.12.2000 – C-344/98, Slg. I 2000, 11369 – Masterfoods ./. HB Ice Cream.

2175) OLG Düsseldorf, Beschl. v. 10.6.2005 – VI-2 Kart 12/04 (V), WuW/E 2006 DE-R 1610 – Fliligranbetondecken.

2176) Ziff. 3 Leitlinien über die Beeinträchtigung des zwischenstaatlichen Handels 2004; Ziff. 17, 21 Bekanntmachung der Kommission über die Zusammenarbeit zwischen der Kommission und den Gerichten der EU-Mitgliedstaaten bei der Anwendung der Art. 81 und 82 des EG-Vertrages 2004.

2177) EuG, Urt. v. 10.7.2012 – T-304/08, EuZW 2012, 666.

2178) Ziff. 4 Vertikalleitlinien 2000; Ziff. 4 Satz 1 Bagatellbekanntmachung 2001.

2179) Immenga/Mestmäcker-*Ellger*, Wettbewerbsrecht, Art. 101 Abs. 3 AEUV, Rz. 75.

2180) *Bechtold/Bosch/Brinker/Hirsbrunner*, EG-Kartellrecht, VO 1/2003 Rz. 36 f.

bar ist, oder in einer Neuausrichtung oder Modifikation der Wettbewerbspolitik der Kommission.[2181)]

Überdies will die Kommission gegen Unternehmen, die irrtümlich und gutgläubig von der Erfüllung der Voraussetzungen einer Stellungnahme der Kommission ausgehen, keine Geldbußen verhängen.[2182)] Entsprechende Regelungen finden sich sowohl in Ziff. 4 Satz 1 Bagatellbekanntmachung 2001 als auch in Ziff. 50 letzter Satz der Leitlinien über den Begriff der Beeinträchtigung des zwischenstaatlichen Handels 2004. Gutgläubigkeit liegt allerdings dann nicht vor, wenn der Irrtum fahrlässig begangen wurde (Ziff. 5 Bagatellbekanntmachung 1997). 2.1812

9. Bindungswirkung/Vorgreiflichkeit für die Unionsgerichte

Stellungnahmen und Bekanntmachungen geben lediglich die Auffassung der Kommission wieder, ohne der Rechtsprechung der Unionsgerichte vorzugreifen.[2183)] Die Aufgabe dieser Gerichte besteht nämlich gerade darin, über die Rechtmäßigkeit der Beschlüsse (Art. 288 Abs. 4 AEUV) und der sonstigen Handlungen (Art. 288 Abs. 5 AEUV) zu wachen. 2.1813

10. Bedeutung für nationale Gerichte und Wettbewerbsbehörden

a) Orientierungs-/Interpretations-/Auslegungshilfe. Leitlinien enthalten eine Reihe von Beurteilungskriterien, Beispielskatalogen und Erfahrungssätzen. Diese werden vom Bundeskartellamt ebenso wie von den deutschen Gerichten in ihrer Entscheidungspraxis (mit-)berücksichtigt.[2184)] Zwar besteht grundsätzlich keine Vermutungsregelung. Allerdings ist wohl anzunehmen, dass sich die mitgliedstaatlichen Gerichte und Wettbewerbsbehörden an den einschlägigen Leit- 2.1814

2181) EuG, Urt. v. 28.9.2004 – T-310/00, Slg II 2004, 3256 = WuW 2004, 1200 – MCI; Ziff. 4 Satz 1 Bagatellbekanntmachung 2001.

2182) Ziff. 4 Satz 2 Bagatellbekanntmachung 2001.

2183) EuGH, Urt. v. 7.3.2002 – C-310/99, BeckRS 2004, 76246; EuG, Urt. v. 14.5.1997 – T-77/94, Slg. 1997 II 759 – VGB; Generalanwalt Warner in der Rechtssache 19/77, Slg. 1978, 131 – Miller; Generalanwältin Kokott in der Rechtssache C-226/11, BeckRS 2012, 81830 – Expedia; EuGH, Urt. v. 6.11.2012 – C-199/11, EuZW 2013, 24 – Otis u. a. Vgl. auch Ziff. 6 Bekanntmachung zur Definition des relevanten Marktes 1997, Ziff. 5 Leitlinien über den Begriff der Beeinträchtigung des zwischenstaatlichen Handels 2004, Ziff. 6 Bagatellbekanntmachung 2001, und zu Art. 101 Abs. 3 AEUV Ziff. 7 Satz 3 Leitlinien zur Anwendung von Art. 81 Abs. 3 EGV 2004, Ziff. 4 Vertikalleitlinien 2000.

2184) EuG, Urt. v. 19.5.2010 – T-11/05, ABl. C 174/29 – Wielandwerke; EuGH, Urt. v. 13.12.2012 – C-226/11, EuZW 2013, 114 – Expedia. Vgl. zu Art. 101 EUV Ziff. 4 Satz 3 Bagatellbekanntmachung 2001; Ziff. 4 Satz 3 Leitlinien zur Anwendung von Art. 81 Abs. 3 EGV 2004; Ziff. 3 Satz 5 Leitlinien über den Begriff der Beeinträchtigung des zwischenstaatlichen Handels 2004.

linien der Kommission bei der Auslegung von Art. 101 Abs. 3 AEUV orientieren und nicht ohne triftigen Grund von ihnen abweichen werden.[2185)]

2.1815 Stellungnahmen und Bekanntmachungen können durchaus als Leitlinien für die Anwendung des Unionsrechts durch andere Behörden und Gerichte dienen. So ist beispielsweise die Kronzeugenregelung der Kommission[2186)] von einer Reihe von Mitgliedstaaten übernommen worden.

2.1816 **b) Verbindlichkeit. aa) Grundsatz.** Leitlinien sind von einzelstaatlichen Gerichten und Behörden zu berücksichtigen, nicht dagegen rechtsverbindlich zu befolgen.[2187)] Dies folgt bereits aus dem Umstand, dass Leitlinien keine Rechtsnormen enthalten. Sie stellen allenfalls Vertrauensnormen dar, die einen Hinweis auf die zu beachtende Praxis enthalten. Es handelt sich dabei lediglich um Meinungsäußerungen der Kommission. Sie stellen lediglich berücksichtigungsfähige, keinesfalls aber für nationale Gerichte und Kartellbehörden bindende Voten dar. Da Bekanntmachungen schon auf europäischer Ebene keine materiell-rechtliche Wirkung zukommt, können sie erst recht keine verbindlichen Vorgaben für die Auslegung der entsprechenden nationalen Rechtsvorschriften machen. Auch unter Berücksichtigung der für die Betrachtung des zeitlich relevanten Marktes geltenden Kriterien sind sie durchweg nicht (mehr) verwertbar, meist auch zu unpräzise und den zu beurteilenden streitigen Sachverhalt nicht treffend.[2188)] Ein einzelstaatliches Gericht ist – anders als bei der verbindlichen Auslegung des Unionsrechts durch die Unionsgerichte – nicht an die Stellungnahmen der Kommission gebunden.[2189)] Eine Verpflichtung zur Berücksichtigung ergibt sich auch nicht nach den Grundsätzen der richtlinienkonformen Interpretation. Daher sind nationale Gerichte und Behörden befugt, von den Leitlinien der Kommission abzuweichen.[2190)] Dabei dürfen die nationalen Stellen vor allem nationale Besonderheiten als Grund für die Abwei-

2185) Immenga/Mestmäcker-*Ellger*, Wettbewerbsrecht, Art. 101 Abs. 3 AEUV, Rz. 75.

2186) Ziff. 37 der Bekanntmachung der Kommission über die Zusammenarbeit innerhalb des Netzes von Wettbewerbsbehörden, ABl 2004 C 101/43.

2187) EuGH, Urt. v. 13.12.2012 – C-226/11, EuZW 2013, 114 – Expedia. Vgl. zu Art. 101 Abs. 1 AEUV Ziff. 3 Satz 5 Leitlinien über den Begriff der Beeinträchtigung des zwischenstaatlichen Handels 2004, Ziff. 6 Bagatellbekanntmachung 2001; zu Art. 101 Abs. 3 AEUV vgl. Ziff. 4 Satz 3 Leitlinien zur Anwendung von Art. 81 Abs. 3 EGV 2004; im Übrigen Ziff. 42 Satz 2 Bekanntmachung der Kommission über die Zusammenarbeit zwischen der Kommission und den Gerichten der EU-Mitgliedstaaten bei der Anwendung der Art. 81 und 82 des EG-Vertrages 2004.

2188) BGH, Urt. v. 9.5.1985 – I ZR 99/83, NJW 1985, 2895.

2189) Vgl. Ziff. 29 Satz 2 der Bekanntmachung der Kommission über die Zusammenarbeit zwischen der Kommission und den Gerichten der EU-Mitgliedstaaten bei der Anwendung der Art. 81 und 82 des EG-Vertrages 2004 vom 27.4.2004, ABl. EU Nr. C101/58, sowie Ziff. 19 Satz 1.

2190) EuGH, Urt. v. 13.12.2012 – C-226/11, EuZW 2013, 114 – Expedia.

chung einbringen.[2191] Denkbar ist auch, dass die nationalen Stellen einen Verstoß gegen primäres oder sekundäres EU-Recht feststellen; dieses begründet allerdings eine Verpflichtung zur Vorlage nach Art. 267 AEUV.

Ziff. 4 der Leitlinien über den Begriff der Beeinträchtigung des zwischenstaatlichen Handels 2004 sagt dementsprechend: „Die vorliegenden Leitlinien … sollen auch den Gerichten und Behörden der Mitgliedstaaten Anleitung bei der Anwendung von Art. 101 Abs. 1 und 3 AEUV geben, binden diese aber nicht." Ebenso wenig wie Rechtsnormen sind Leitlinien bindende Entscheidungen der Kommission i. S. v. Art. 16 VO Nr. 1/2003. Aus Art. 16 Abs. 1 VO Nr. 1/2003 und der diesem zugrunde liegenden „Masterfoods"-Rechtsprechung des Gerichtshofs,[2192] nach der die nationalen Behörden und Gerichte auch einen Widerspruch zu beabsichtigten Entscheidungen der Kommission vermeiden müssen, folgt nichts anderes, weil Voraussetzung jeweils die Einleitung eines konkreten Verfahrens ist, während Meinungsäußerungen der Kommission ohne konkreten Fallbezug nicht erfasst werden. **2.1817**

bb) Verwaltungspraxis. Die Kommission ist zwar die in erster Linie zur Beurteilung der Vereinbarkeit von vertraglichen Vereinbarungen mit Art. 101, 102 AEUV berufene Behörde. An deren Verwaltungspraxis ist das innerstaatliche Gericht aber nicht gebunden. Die Verwaltungspraxis ist ebenfalls lediglich ein für das Gericht berücksichtigungsfähiger und keineswegs bedeutungsloser tatsächlicher Umstand.[2193] Entscheidend für die Anwendbarkeit der Verbotsnorm des Art. 101 AEUV ist unverändert eben diese Vorschrift selbst.[2194] **2.1818**

cc) Faktische Verbindlichkeit. Gleichwohl entfalten die Leitlinien eine faktische Wirkung. Dies gilt sowohl gegenüber den nationalen Wettbewerbsbehörden als auch den betroffenen Unternehmen und ihren Beratern, die sich nach dem System der Selbstveranlagung[2195] an dem Inhalt der Leitlinien orientieren. Auch bei der Auslegung der an das europäische Recht angeglichenen Vorschriften des GWB kommt den Leitlinien erhebliches argumentatives Gewicht zu. Dies insbesondere dann, wenn sie eine (langjährige) Rechtsprechung und Verwaltungspraxis zum europäischen Wettbewerbsrecht wiederspiegeln und auf dieser Basis die allgemeinen Anforderungen an eine Freistellung konkretisieren.[2196] Die nationalen Wettbewerbsbehörden werden zudem im Hinblick auf das Recht des ersten Zugriffs – wenn die Kommission ein eigenes Verfahren einleitet, endet die Zuständigkeit der nationalen Behörde (Art. 11 Abs. 6 VO **2.1819**

2191) Schlussanträge Generalanwältin Kokott i. S. Expedia, BeckRS 2012, 81830.

2192) EuGH, Urt. v. 14.12.2000 – C-344/98, Slg. 2000 I 11369 – Masterfoods/HB Ice Cream.

2193) BGH, Urt. v. 9.5.1985 – I ZR 99/83, NJW 1985, 2895.

2194) *Niederleithinger*, S. 7; OLG München, Urt. v. 18.1.2001 – U (K) 5630/99, WuW/E DE-R 968.

2195) Siehe oben § 28 II 11 a bb.

2196) Immenga/Mestmäcker-*Fuchs*, Wettbewerbsrecht, § 2 GWB Rz. 39.

Nr. 1/2003) – die Leitlinien der Kommission in ihre Überlegungen jedenfalls mit einstellen.[2197)]

2.1820 **dd)** Eine rechtliche Bindung ergibt sich mit Blick auf einen **Kommissionsbeschluss** (Art. 288 Abs. 4 AEUV) nur dann, wenn die Kommission ein konkretes Verfahren eingeleitet hat. So ordnet auch Art. 16 Abs. 1 Satz 1 VO Nr. 1/2003 eine Bindung nationaler Gerichte nur in Bezug auf Vereinbarungen, Beschlüsse oder Verhaltensweisen an, die „bereits Gegenstand einer Entscheidung der Kommission" sind. Und Satz 2 der Vorschrift gibt den nationalen Gerichten auf, es zu vermeiden, Entscheidungen zu erlassen, die einer Entscheidung zuwiderlaufen, die die Kommission „in einem von ihr eingeleiteten Verfahren" zu erlassen beabsichtigt.

VIII. Stellungnahmen der Kommission zu Art. 101 Abs. 1 AEUV

1. Ältere Stellungnahme der Kommission von Interesse

2.1821 a) **Bagatellbekanntmachung 1986.** Zwar war durch **Ziff. 16** klargestellt worden, dass diese Bagatellbekanntmachung selbst für die quantitative Bestimmung der Spürbarkeit einer Beeinträchtigung des zwischenstaatlichen Handels nicht mehr herangezogen werden konnte, wenn der relevante Markt durch die Existenz paralleler Vereinbarungen geprägt war. Denn dort war der Fall der Bündelung der Vertriebsnetze mehrerer Hersteller ausgeklammert.[2198)] Das bedeutete aber nicht, dass die Spürbarkeit der Wettbewerbsbeeinträchtigung in diesem Bereich ohne Bedeutung war.[2199)] Die gegenteilige Auffassung hätte den vom Gerichtshof und der Kommission aufgestellten allgemeinen Grundsätzen widersprochen.[2200)]

2.1822 b) **De minimis-Bekanntmachung 1992.**[2201)] **aa)** Im Anschluss an das Urteil des Gerichtshofs in der Sache Delimitis ./. Henningerbräu hatte die Kommission im Mai 1992 eine Bekanntmachung zur Änderung der am 13.4.1984 veröffentlichten Bekanntmachung zu den VO Nr. 1983/83 und Nr. 1984/83 beschlossen, mit der eine Klarstellung über die Anwendung des europäischen Kartellrechts auf Getränkelieferungsverträge kleinerer und mittlerer Brauereien beabsichtigt war.

2.1823 **bb)** Zu beachten war, dass die neu gefasste **Ziff. 40** nur für Brauereien, nicht dagegen für Getränkefachgroßhändler galt. Die Einfügung der Ziff. 40 zur

2197) Immenga/Mestmäcker-*Immenga/Mestmäcker*, Wettbewerbsrecht, Einleitung EU D Rz. 10.

2198) *Ebenroth/Rapp*, JZ 1991, 962; *Jakob-Siebert/Reichl*, EuZW 1992, 433.

2199) *Bunte/Sauter*, III 2 Rz. 15, S. 281.

2200) EuGH, Urt. v. 9.7.1969 – Rs 5/69, Slg. 1969, 295 = NJW 1969, 1550 – Völk ./. Vervaecke; *Niederleithinger/Ritter*, S. 57; *Wiedemann*, Einl. GVO 1983/83, Rz. 16, S. 106.

2201) ABl EG Nr. C 121/2 v. 13.5.1992, WuW 1992, 614; dazu *Jakob-Siebert/Reichl*, EuZW 1992, 433.

(größen-)differenzierten Beurteilung von Getränkelieferungsverträgen war rechtsdogmatisch angreifbar und mit einer Vielzahl von Auslegungsproblemen behaftet. Sie führte zu sinnwidrigen Ergebnissen und erwies sich letztlich als nur scheinbare Rechtswohltat.[2202)]

cc) Die sog. „de minimis-Bekanntmachung“ ergänzte die bisher vorliegende und fügte ihr eine neue Ziff. 40 ein. Sie setzte bei dem vom Gerichtshof für die **zweite Prüfungsstufe** (Beitrag der Brauerei zur kumulativen Wirkung des Vertragsnetzes) als maßgeblich genanntes Merkmal der Stellung der Vertragspartner auf dem relevanten Markt an und bezeichnet **drei „de minimis“-Kriterien**, bei deren Vorliegen ein Getränkelieferungsvertrag grundsätzlich nicht unter Art. 101 Abs. 1 AEUV fallen sollte, nämlich einem **Marktanteil** der **Brauerei** auf dem relevanten Markt von höchstens 1 %, einen **Jahresausstoß** der Brauerei von nicht mehr 200.000 hl Bier und keine längere **Laufzeit** der Ausschließlichkeitsvereinbarung als 7 1/2 Jahre im Falle des Bezuges von Bier und anderen Getränken bzw. 15 Jahre im Falle des alleinigen Bezuges von Bier. Im Einzelfall behielt sich die Kommission vor, auch Vereinbarungen von Unternehmen, die diese Kriterien nicht erfüllen, als nur unerheblichen Beitrag einzustufen, so insbesondere bei einer vergleichsweise geringen Zahl gebundener Verkaufsstellen. **2.1824**

Das 1 %-Marktanteilskriterium sollte bei dem relativ geringen – etwa 35 %igen – Anteil des deutschen Gaststättenmarkts am Gesamtmarkt und dem geringen Konzentrationsgrad der deutschen Brauwirtschaft[2203)] von einer erheblich größeren Zahl deutscher Brauereien unterschritten werden als dies in anderen Mitgliedstaaten der Fall ist.[2204)] **2.1825**

Das Kriterium des **Jahresausstoßes** von nicht mehr als 200.000 hl sollte verhindern, dass ein allzu großes Segment des Biermarktes aus dem Anwendungsbereich des Kartellverbots herausfiel.[2205)] Auf dem deutschen Braumarkt sollten allerdings von über 1.100 Braustätten (noch ohne neue Bundesländer) nur knapp 100 den Schwellenausstoß von 200.000 hl pro Jahr erreichen.[2206)] **2.1826**

Mit dem **Laufzeit**kriterium schließlich legte die Kommission den vom Gerichtshof verwendeten Begriff der „offensichtlich unverhältnismäßig langen“ Dauer der Bezugsbindung dahin aus, dass er erst bei einer mehr als 50 %igen Überschreitung der in Art. 8 Abs. 1 Nr. c und d der VO (EWG) Nr. 1984/83 genannten Höchstlaufzeiten als erfüllt anzusehen war. **2.1827**

2202) Ausführlich dazu *Bühler*, Getränkelieferungsverträge, insbesondere S. 244–267, sowie S. 194, 200.

2203) Pressemitteilung der Kommission IP (90) 472 v. 14.6.1990.

2204) *Jakob-Siebert/Reichl*, EuZW 1992, 433.

2205) Pressemitteilung der Kommission IP (92) 350 v. 5.5.1992.

2206) *Jakob-Siebert/Reichl*, EuZW 1992, 433.

2.1828 dd) **Aussagewert.** Der Bekanntmachung kam **keine Indizfunktion** zu. Es verblieb bei dem Grundsatz, dass dann, wenn ein Vertrag nicht die Voraussetzungen der Gruppenfreistellungsverordnung erfüllte und deshalb nicht (bereits) gem. Art. 101 Abs. 3 AEUV freigestellt war, die tatbestandlichen Voraussetzungen des Art. 101 Abs. 1 AEUV zu prüfen waren. Dem Umstand, dass die in der Bekanntmachung bei dem Alleinbezug von Bier und anderen Getränken genannte Höchstdauer von siebeneinhalb Jahren überschritten wird, konnte daher auch nicht für sich allein als aussagekräftiges Indiz für das Vorliegen eines erheblichen Beitrages zur Marktabschottungswirkung gewertet werden.[2207)]

2.1829 ee) **Einzelfallprüfung.** Die Besonderheiten der streitgegenständlichen Bezugsverpflichtung mussten berücksichtigt werden.[2208)] Von Bedeutung sein konnten u. a. der Zuschnitt der Gaststätten, der sich daraus ergebende Bier-/Getränkeanteil etwa bei Fast-Food-Lokalen und der Anteil von nichtalkoholischen Getränken an der Gesamtabnahmemenge.[2209)]

2.1830 c) **Bagatellbekanntmachung 1997.**[2210)] Der Erlass der neu gefassten (allgemeinen) Bagatellbekanntmachung berührte die speziellere de minimis-Bekanntmachung nicht. Für Getränkelieferungsverträge bedeutsam waren die **Ziff. 19** und **20**. Wie sich aus Ziff. 20 b ergab, behielt sich die Kommission vor, auch gegen Vereinbarungen zwischen kleinen und mittleren Unternehmen (KMU) vorzugehen, wenn der Wettbewerb auf dem relevanten Markt durch die kumulativen Auswirkungen nebeneinander bestehender Netze gleichartiger Vereinbarungen beschränkt wurde, die von mehreren Herstellern errichtet worden waren. Für die Freistellung war danach die Einstufung eines Unternehmens als kleines und mittleres Unternehmen gemäß der Empfehlung der Kommission vom 3.4.1996 maßgeblich. Hiernach richtete sich die Frage, ob ein Bagatellfall vorlag, allein nach den **Marktanteilen** der beteiligten Unternehmen. Eine Eignung zur spürbaren Beeinträchtigung des zwischenstaatlichen Handels konnte bei kleineren und mittleren Unternehmen nur ausnahmsweise festgestellt werden (Ziff. 3 Satz 4 Bagatellbekanntmachung 1997).

2. Aktuelle Stellungnahmen der Kommission

2.1831 a) **Bekanntmachung zur Definition des relevanten Marktes 1997.**[2211)]
aa) **Grundlagen.** Zur Definition des relevanten Marktes im Sinne des Wettbewerbsrechts der Union liegt eine Bekanntmachung der Kommission aus dem Jahre 1997 vor. Die Bekanntmachung vermittelt lediglich die methodischen Grundsätze für die Definition des Marktes. Sie kann die eigentliche Marktab-

2207) OLG München, Urt. v. 18.1.2001 – U (K) 5630/99, WuW/E DE-R 968.

2208) EuGH, Urt. v. 7.12.2000 – C-214/99, Slg. 2000 I 11121 = EuZW 2001, 631 – Neste.

2209) OLG München, Urt. v. 18.1.2001 – U (K) 5630/99, WuW/E DE-R 968.

2210) ABl EG Nr. C 372/13 ff. v. 9.12.1997.

2211) ABl EG Nr. C 372/5 ff. v. 9.12.1997.

grenzung nicht ersetzen. Unter II wird der sachlich und räumlich relevante Markt definiert, unter III finden sich Kriterien und Nachweise für die Definition relevanter Märkte, unter IV werden Ausführungen zur Berechnung der Marktanteile gemacht. Es fällt auf, dass eine Vielzahl unbestimmter Rechtsbegriffe zur Bestimmung des relevanten Marktes eingeführt wird, ohne dass die Kommission diese auch nur ansatzweise definiert und auf die Gewichtung der Einflussgrößen eingeht. Unklar bleibt das Verhältnis zur Definition des relevanten (Bier-)Marktes nach der Entscheidung des Gerichtshofs in dem Urteil in der Sache „Delimitis ./. Henningerbräu".

bb) Sachlich relevanter Markt. In Ziff. 7 heißt es „Der sachlich relevante Produktmarkt umfasst sämtliche Erzeugnisse oder Dienstleistungen, die von den Verbrauchern hinsichtlich ihrer Eigenschaften, Preise und ihres vorgesehenen Verwendungszwecks als **austauschbar** oder substituierbar angesehen werden." Um die Austauschbarkeit von Produkten **aus der Sicht der Nachfrager** festzustellen, wird mittels des sog. **„10 %-Tests"** geprüft, ob ein ausreichender Teil der Kunden eines Unternehmens auf ein Konkurrenzprodukt ausweichen würde, wenn das betreffende Unternehmen seine Preise um 5 bis 10 % erhöhte. Dieser Test ist im Wesentlichen an die Praxis der US-amerikanischen Kartellbehörde angelehnt.[2212)] 2.1832

cc) Räumlich relevanter Markt. Ein räumlich gesonderter Markt lässt sich ohne vorherige sachliche Marktabgrenzung nicht feststellen (Ziff. 8). 2.1833

b) Bagatellbekanntmachung 2001.[2213)] **aa) Einführung.** Die Bekanntmachung ist eine zusätzliche Regelung, mit der anhand von **Marktanteilsschwellen** angegeben wird, wann eine **spürbare Wettbewerbsbeschränkung** gem. Art. 101 Abs. 1 AEUV nicht vorliegt (Ziff. 2 Satz 1). Wie die Kommission ausdrücklich hervorhebt, bedeutet diese Definition aber nicht, dass Vereinbarungen zwischen Unternehmen, deren Marktanteile über den in dieser Bekanntmachung festgelegten Schwellen liegen, den Wettbewerb spürbar beeinträchtigen (Ziff. 2 Satz 2). Solche Vereinbarungen können trotzdem nur geringfügige Auswirkungen auf den Wettbewerb haben und daher nicht dem Verbot des Art. 101 Abs. 1 AEUV unterliegen (Ziff. 2 Satz 3). Ferner können Vereinbarungen außerhalb des Anwendungsbereichs des Art. 101 Abs. 1 AEUV liegen, wenn sie nicht geeignet sind, den **Handel zwischen Mitgliedstaaten spürbar zu beeinträchtigen** (Ziff. 3 Satz 1). Diese Frage wird von der Bekanntmachung nicht behandelt (Ziff. 3 Satz 2). Die Bekanntmachung macht somit keine Angaben dazu, wann keine spürbaren Auswirkungen auf den zwischenstaatlichen Handel vorliegen (Ziff. 3 Satz 4). 2.1834

2212) BGH, Urt. v. 16.11.2000 – I ZR 34/98, NJW-RR 2001, 827.

2213) ABl EG Nr. C 368/13 ff. v. 22.12.2001.

2.1835 **bb)** Die Kommission ist der Auffassung, dass Vereinbarungen zwischen kleinen und mittleren Unternehmen (KMU) nur selten geeignet sind, den Handel zwischen Mitgliedstaaten spürbar zu beeinträchtigen (Ziff. 3 Satz 3). Diese Vereinbarungen fallen nach Auffassung der Kommission aktuell generell nicht mehr in den Anwendungsbereich des Art. 101 Abs. 1 AEUV, sodass sich bei solchen Vereinbarungen die Frage der Spürbarkeit der Wettbewerbsbeschränkung nicht mehr stellt (Ziff. 3 Satz 3).[2214)]

2.1836 **cc) Marktanteil.** Anders als die vorausgegangenen Bagatellbekanntmachungen stellt die aktuelle Bagatellbekanntmachung 2001 allein auf Marktanteile ab.

2.1837 Abweichend von der Bagatellbekanntmachung 1997 unterscheidet die Kommission nunmehr zwischen Vereinbarungen zwischen Wettbewerbern **(horizontale Vereinbarungen)** und Nichtwettbewerbern **(vertikale Vereinbarungen).** Im ersten Fall soll die Grenze **10 %** Marktanteil betragen (Ziff. 7 Satz 1 a), im zweiten Fall **15 %** (Ziff. 7 Satz 1 b). Bei einem Getränkelieferungsvertrag zwischen einem Getränkelieferanten und einem Gastwirt handelt es sich um eine Vereinbarung zwischen Nichtwettbewerbern. Bei Abgrenzungsschwierigkeiten gilt die 10 %-Schwelle (Ziff. 7 Satz 2). Grund der unterschiedlichen Marktanteilsschwellen sind die größeren Gefahren horizontaler Vereinbarungen. Außerdem wird der positive Einfluss vertikaler Vereinbarungen so berücksichtigt (Ziff. 6 der Mitteilung der Kommission über die Änderung der Bagatellbekanntmachung ABl 1997 C 29/3). Für die Ermittlung der Marktanteile werden die Marktanteile verbundener Unternehmen einbezogen (Ziff. 12, **Verbundklausel**).

2.1838 Das **Erreichen oder Überschreiten der Marktanteilsschwellen bedeutet nicht automatisch, dass Spürbarkeit gegeben ist** (Ziff. 2). Vielmehr muss in diesen Fällen aufgrund der konkreten Marktauswirkungen geprüft werden, ob sich die Wettbewerbsbeschränkung ausnahmsweise doch nicht spürbar auswirkt. Allerdings dürfte sich bei Überschreiten der Marktanteilsschwellen eine Beweislastumkehr ergeben.[2215)]

2.1839 **dd) Parallele Netze.** Die Bagatellbekanntmachung trägt der kumulativen Wirkung von Vertragsbündeln **(Bündeltheorie)** insofern Rechnung, als bei Beschränkung des Wettbewerbs durch Vereinbarungen, die verschiedene Anbieter für den Verkauf von Waren oder Dienstleistungen geschlossen haben (kumulativer Marktabschottungseffekt durch nebeneinander bestehende Netze von Vereinbarungen, die ähnliche Wirkungen auf den Markt haben) die in Ziff. 7 genannten Marktanteilsschwellen auf **5 %** herabgesetzt werden (Ziff. 8 Satz 2). Damit ist bei Getränkelieferungsverträgen die Marktanteilsschwelle auf 5 % herabgesetzt. Liegt der Marktanteil der Beteiligten höchstens bei 5 %, dann

2214) 31. Wettbewerbsbericht 2001, 2002, S. 30. Ziff. 11 Vertikalleitlinien 2000.

2215) Ziff. 9.96 ff. Vertikalleitlinien 2010.

fehlt nach Ansicht der Kommission der Abschottungseffekt bezüglich dieser Verträge, sodass sie insoweit nicht unter Art. 101 AEUV fallen. Inhaltsgleich ist die Regelung der Ziff. 134 Vertikalleitlinien 2010. Diese Absenkung des Marktanteils auf 5 % war allerdings nach Auffassung der Kommission für die deutsche Brauwirtschaft nicht von Bedeutung, wie sich zum einen aus der Anmerkung (1) zu dieser Ziff., zum anderen aus dem Hinweis auf Ziff. 143 der Vertikalleitlinien 2000 ergibt.

Handelt es sich um Netze einer Vielzahl paralleler Vereinbarungen, so gilt zusätzlich eine Schwelle von **30 %** für den kumulativen Abschottungseffekt der parallelen Netze. Dies bedeutet, dass die Kommission gegen die an den einzelnen Vereinbarungen beteiligten Unternehmen erst einschreiten will, wenn die 30 %-Grenze überschritten ist. Vorausgesetzt zudem, dass der Marktanteil der an den einzelnen Vereinbarungen beteiligten Unternehmen seinerseits zusammen mindestens 5 % beträgt (Ziff. 8 Satz 3). **2.1840**

ee) **Schranke Kernbeschränkungen.** Ziff. 11 erklärt diese Marktanteilsschwellen als nicht relevant für sog. Kernbeschränkungen („schwarze Klauseln"). Dann liegt nicht nur eine bezweckte Wettbewerbsbeschränkung vor, sondern angesichts der dann durchweg anzunehmenden Spürbarkeit besteht auch nicht die Möglichkeit der Freistellung. Zwischen **Wettbewerbern** gelten Regelungen als Kernbeschränkungen, die die Festsetzung von Preisen, die Beschränkung der Produktion und des Absatzes sowie die Aufteilung von Märkten und Kunden bezwecken.[2216] **2.1841**

c) Empfehlung betreffend kleine und mittlere Unternehmen (KMU) 2003.[2217] Nach Art. 2 des Anhangs der aktuell geltenden Empfehlung aus dem Jahre 2003 gelten nunmehr folgende Schwellenwerte für Vereinbarungen zwischen kleinen und mittleren Unternehmen als jeweilige Obergrenze: höchstens 250 Mitarbeiter, Jahresumsatz von höchstens 50 Mio. € oder eine Jahresbilanzsumme von höchstens 43 Mio. € sowie Unabhängigkeit von Großunternehmen.[2218] **2.1842**

d) Leitlinien über den Begriff der Beeinträchtigung des zwischenstaatlichen Handels 2004.[2219] **aa) Spürbarkeit.** Die Leitlinien enthalten Regeln über die Spürbarkeit einer Beeinträchtigung des zwischenstaatlichen Handels. Die Kommission hat ihre Haltung zur Spürbarkeit des Handels zwischen den Mitgliedstaaten in ihren Leitlinien zum zwischenstaatlichen Handel zusammengefasst (Ziff. 24). An der Spürbarkeit der Beeinträchtigung des Handels zwischen den Mitgliedsstaaten soll es fehlen, wenn die beanstandbare Vereinbarung oder **2.1843**

2216) EuG, Urt. v. 15.9.1998, Slg. 1998 II-3146 – ENS.

2217) Empfehlung 2003/361, ABl EG Nr. L 124/36 v. 20.5.2003.

2218) Ebenso Ziff. 11 Vertikalleitlinien 2000 und Ziff. 3 Satz 4 Bagatellbekanntmachung 2001.

2219) ABl EG Nr. C 101/81, v. 27.4.2004.

abgestimmte Verhaltensweise aufgrund der **schwachen Marktstellung** der beteiligten Unternehmen den fraglichen Produktmarkt nur geringfügig beeinträchtigt (Ziff. 44 Satz 2). Je stärker die Marktstellung der beteiligten Unternehmen ist, umso größer soll die Wahrscheinlichkeit sein, dass eine Beeinträchtigung des Handels zwischen den Mitgliedsstaaten durch die Tatbestandshandlung als spürbar einzustufen sei (Ziff. 45 Satz 3).

2.1844 Unabhängig von Marktanteilen ist von spürbarer Handelsbeeinträchtigung auszugehen, wenn die Vereinbarung **10 %** des zwischen zwei Mitgliedsstaaten betreffenden Handels mit dem betreffenden Produkt erfasst (Ziff. 52). Die Kommission wird die **Vermutung** auch dann anwenden, wenn während zweier aufeinanderfolgender Kalenderjahre der genannte Schwellenwert für den Marktanteil um höchstens 10 % und der Schwellenwert für den Marktanteil um höchstens zwei Prozentpunkte **überschritten** werden (Ziff. 52 Abs. 2 Satz 1). Sind die genannten Schwellen überschritten und ist die Vereinbarung ihrem Wesen nach geeignet, sich auf den Handel zwischen Mitgliedsstaaten auszuüben, so geht die Kommission davon aus, dass die Beeinträchtigung spürbar ist.

2.1845 Bei **vertikalen Vereinbarungen** darf der **Jahresumsatz** des Anbieters oder bei mehreren Anbietern der Anbieter mit den von der Vereinbarung erfassten Waren in der Europäischen Union nicht den Betrag von **40 Mio. €** überschreiten (Ziff. 52 Satz 1 b Unterabs. 2 Satz 1, vgl. auch Ziff. 53 Satz 1).

2.1846 An der Spürbarkeit der Auswirkungen einer wettbewerbsbeschränkenden Vereinbarung auf den Handel zwischen den Mitgliedsstaaten mangelt es, wenn eine Beschränkung sich nur auf einem **nationalen Markt** auswirkt und die Auswirkung auf die Tätigkeit von ausländischen Unternehmen in diesem nationalen Markt gering ist.[2220)]

2.1847 **bb) Bedeutung.** Die Leitlinien gelten nur für den Regelfall. Sie sind weder nach oben oder nach unten abschließend (Ziff. 3). Sie haben nur die Wirkung einer widerleglichen Vermutung. Im Anwendungsbereich der Positivvermutung bei Überschreitung der Marktanteilsschwelle haben die Leitlinien allenfalls Indizwirkung (Ziff. 3 und 53 Satz 2). Die Leitlinien sollen den nationalen Wettbewerbsbehörden und Gerichten eine Orientierung für Anwendung des Art. 101 Abs. 1 AEUV geben. Sie entfalten für diese aber keine Bindungswirkung (Ziff. 3). Die Leitlinien haben auch keine Bindungswirkung für den Gerichtshof. Lediglich die Kommission ist in den Grenzen ihrer Aussagen gebunden.

IX. Stellungnahmen der Kommission zu Art. 101 Abs. 1 und 3 AEUV

1. Einführung

2.1848 Von großer praktischer Bedeutung für die Auslegung und Anwendung von Art. 101 AEUV im Zusammenhang mit Getränkelieferungsverträgen sind die

2220) *Bechtold/Bosch/Brinker/Hirsbrunner*, EG-Kartellrecht, Art. 81 Rz. 112.

jeweils geltenden Vertikalleitlinien, die die Kommission im Hinblick auf die eigenständige Anwendung der Freistellungsvoraussetzungen durch Unternehmen, Wettbewerbsbehörden und Gerichte der Mitgliedstaaten erlassen hat.[2221)] Die Vertikalleitlinien behandeln sowohl die Anwendung des Kartellverbots des Art. 101 Abs. 1 AEUV auf die von ihnen erfassten speziellen Sachbereiche; sie geben in diesem Rahmen aber auch Hinweise, wie die Freistellungsvoraussetzungen des Art. 101 Abs. 3 AEUV zu präzisieren sind.[2222)]

2. Vertikalleitlinien 2000[2223)]

a) **Bedeutung.** In diesen Leitlinien wurden insbesondere die Anwendung der Gruppenfreistellungsverordnung Nr. 2790/1999 einschließlich ihres Entzuges und der Nichtanwendbarkeitserklärung sowie vor allem auch die Behandlung vertikaler Beschränkungen außerhalb des Anwendungsbereichs der Gruppenfreistellungsverordnung erläutert. Die Leitlinien lösten die Bekanntmachung zur Alleinvertriebs- und Alleinbezugs-VO Nr. 1983/83 und 1984/83 ab. **2.1849**

b) **Inhalt.** Die Kommission ging nach **Ziff. 11** davon aus, dass Vereinbarungen zwischen kleineren und mittleren Unternehmen (KMU) selten geeignet sind, den Handel zwischen den Mitgliedstaaten spürbar zu beeinträchtigen. **2.1850**

Für den deutschen Biermarkt war die **Ziff. 143** von besonderer Bedeutung. Betrug der Marktanteil des größten Lieferanten weniger als 30 % und der Marktanteil der fünf größten Lieferanten zusammen weniger als 50 % des Marktes, so war eine einfache oder kumulative wettbewerbswidrige Wirkung unwahrscheinlich. Gelinge es einem potentiellen Wettbewerber nicht, in den Markt einzusteigen und rentabel zu wirtschaften, so dürfte dies auf andere Faktoren als Wettbewerbsverbote, z. B. Präferenzen der Verbraucher, zurückzuführen sein. Probleme für den Wettbewerb seien ferner unwahrscheinlich in einem Markt, in dem sich z. B. 50 Firmen, von denen keine einen nennenswerten Marktanteil hält, einen erbitterten Konkurrenzkampf lieferten. **2.1851**

c) **Aussagewert.** Bei dieser Mitteilung handelte es sich um eine Kommentierung der europäischen Wettbewerbspolitik zu vertikalen Vereinbarungen aus Sicht der Kommission. Diese wurde weniger von juristischen als vielmehr von wirtschaftlich/wirtschaftspolitischen Überlegungen getragen. So sollte das Vorliegen einer spürbaren Wettbewerbsbeschränkung erst den Anwendungsbereich der Leitlinien eröffnen.[2224)] Gemäß Ziff. 9 bedurfte es im Übrigen einer Prüfung der Tatbestandsvoraussetzungen des Art. 101 Abs. 1 AEUV. **2.1852**

2221) Immenga/Mestmäcker-*Ellger*, Wettbewerbsrecht, Art. 101 Abs. 3 AEUV, Rz. 72.

2222) Immenga/Mestmäcker-*Ellger*, Wettbewerbsrecht, Art. 101 Abs. 3 AEUV, Rz. 86, 90.

2223) ABl EG Nr. C 291/1 ff. v. 13.10.2000.

2224) *Polley/Seeliger*, WRP 2000, 1203; OLG München, Urt. v. 18.1.2001 – U (K) 5630/99, WuW/E DE-R 968.

3. Vertikalleitlinien 2010[2225)]

2.1853 a) **Temporaler Anwendungsbereich.** Seit dem **1.6.2010** gelten die Vertikalleitlinien 2010.

2.1854 b) Zur Berechnung der Marktanteile bedarf es zunächst einer Abgrenzung des sachlich und räumlich **relevanten Marktes.** Orientierungshilfen bietet die Bekanntmachung der Kommission über die Definition des relevanten Marktes (Ziff. 86).

2.1855 c) In den **sachlich relevanten Markt** werden sämtliche Produkte einbezogen, die aus Sicht der Kunden als austauschbar angesehen werden (Ziff. 88).[2226)]

2.1856 d) **Marktanteil.** In Ziff. 90 ist festgehalten, dass der jeweilige Marktanteil der beteiligten Unternehmen unter den genannten Schwellenwerten liegen muss, wenn eine vertikale Vereinbarung zwischen drei Parteien (Brauerei/Herstellerunternehmen/Getränkefachgroßhändler-Gastwirt) abgeschlossen wird, die auf unterschiedlichen Handelsstufen tätig sind.

2.1857 e) **Berechnung.** Bei der Berechnung der Marktanteile (Ziff. 93–95) sind die Marktanteilsgrenzen nach Auffassung der Kommission nicht als absolute Grenzen zu betrachten. Vielmehr spielen die konkreten Auswirkungen, die die Abreden auf den Markt ausüben, eine Rolle. Dabei müssen die wettbewerbsfördernden und die wettbewerbswidrigen Wirkungen gegeneinander abgewogen werden.[2227)]

2.1858 f) **Schwellenwerte.** Vorbehaltlich der in der Bagatellbekanntmachung 2001 genannten Voraussetzungen die Kernbeschränkungen und die Problematik der kumulativen Wirkung betreffend, fallen vertikale Vereinbarungen zwischen Unternehmen, die nicht im Wettbewerb miteinander stehen und deren jeweiliger Marktanteil am relevanten Markt weniger als **15 %** beträgt, grundsätzlich nicht unter das Verbot von Art. 101 Abs. 1 AEUV (Ziff. 9 Satz 1). Für Vereinbarungen zwischen Wettbewerbern gilt beim Marktanteil eine Bagatellschwelle von **10 %** bezogen auf den gemeinsamen Anteil der Unternehmen an den betreffenden relevanten Märkten. Dies impliziert jedoch nicht die Vermutung, dass vertikale Vereinbarungen zwischen Unternehmen mit einem höheren Marktanteil automatisch gegen Art. 101 Abs. 1 AEUV verstoßen (Ziff. 9 Satz 2). Auch Vereinbarungen zwischen Unternehmen, die die Marktanteilsschwelle von 15 % überschreiten, haben möglicherweise keine merklichen Auswirkungen auf den Handel zwischen den Mitgliedsstaaten oder stellen keine spürbare Wettbewerbsbeschränkung dar (Ziff. 9 Satz 3). Derartige Vereinbarungen sind in ihrem rechtlichen und wirtschaftlichen Zusammenhang zu prüfen (Ziff. 9 Satz 4).

2225) ABl EU Nr. C 130/1 ff. v. 19.5.2010.

2226) *Bühler*, Getränkelieferungsverträge, S. 163 f m. w. N.

2227) ABl EG Nr. L 186/1 ff. v. 19.7.1999.

g) Besonderheiten von Interesse. Für den deutschen Biermarkt ist nunmehr die **Ziff. 135** von besonderer Bedeutung. Beträgt der Marktanteil der größten Lieferanten weniger als 30 % und der Marktanteil der fünf größten Lieferanten zusammen weniger als 50 % des Marktes, sei eine einfache oder kumulative wettbewerbswidrige Wirkung unwahrscheinlich. Gelinge es einem potentiellen Wettbewerber nicht, in den Markt einzusteigen und rentabel zu wirtschaften, dürfte dies auf andere Faktoren als Marktzwang, z. B. Präferenzen der Verbraucher, zurückzuführen sein. Im Gegensatz zur Vorgängerregelung (Ziff. 143 Vertikalleitlinien 2000) findet sich in der aktuellen Fassung allerdings nicht mehr die Einschätzung, dass Probleme für den Wettbewerb ferner in einem Markt unwahrscheinlich seien, in dem sich z. B. 50 Firmen, von denen keine einen nennenswerten Marktanteil halte, einen erbitterten Konkurrenzkampf lieferten. **2.1859**

Die Kommission stellt klar, dass Vereinbarungen zwischen kleinen und mittleren Unternehmen (**KMU**) grundsätzlich nicht unter Art. 101 Abs. 1 AEUV fallen. Vorbehaltlich der Bestimmungen über gravierende Wettbewerbsbeschränkungen und die kumulative Wirkung vertikaler Vereinbarungen sind diese nicht vom europäischen Kartellrecht und damit insbesondere von Art. 101 Abs. 1 AEUV erfasst (Ziff. 11 Satz 1). In Fällen, in denen solche Vereinbarungen dennoch den Verbotstatbestand erfüllen, hat die Kommission angekündigt, „in der Regel" wegen des mangelnden Interesses kein Prüfverfahren einzuleiten, es sei denn, die betreffenden Unternehmen haben eine beherrschende Marktstellung inne (Ziff. 11 Satz 2). **2.1860**

X. Gruppenfreistellungsverordnungen

1. Rückblick

a) VO Nr. 67/67/EWG.[2228] **aa) Anwendbarkeit auf Alleinbezugsvereinbarungen.** Die VO Nr. 67/67/EWG der Kommission vom 22.3.1967 bezog sich ihrem Wortlaut (Art. 1 Abs. 1 VO Nr. 67/67/EWG) nach zwar nur auf Alleinvertriebsvereinbarungen. Sie wurde durch den EuGH entgegen der Auffassung der Kommission aber auch auf Alleinbezugsverträge erstreckt.[2229] **2.1861**

bb) Nationale Sachverhalte. Art. 1 Abs. 2 VO Nr. 67/67/EWG habe nicht den Ausschluss derartiger Vereinbarungen von der Gruppenfreistellung bezweckt, weil rein innerstaatliche Alleinbezugsverpflichtungen „in der Regel hinsichtlich ihrer Auswirkungen auf den Handelsverkehr zwischen den Mitgliedstaaten als so harmlos anzusehen sind, dass sie nicht von einem Verbot freigestellt zu werden brauchen, das sie nur ausnahmsweise trifft". Es bestand auch „kein Be- **2.1862**

2228) ABl EG 1967, 849.

2229) EuGH, Urt. v. 1.2.1977 – Rs 47/76, Slg. 1977, 65 = NJW 1977, 2020 = Zeller II, 26 – Brauerei Concordia.

dürfnis“, Vereinbarungen innerhalb eines Mitgliedstaats in diese Verordnung einzubeziehen, weil sie „nur ausnahmsweise geeignet sind, den Handel zwischen Mitgliedstaaten zu beeinträchtigen“.[2230)]

2.1863 Auch der BGH hatte wiederholt ausgeführt, dass die durch die üblich gewordenen Bezugsbindungen verursachte Marktaufteilung zwar als unerfreulich anzusehen, aber nicht mehr aufhaltbar wäre.[2231)] Auf diese Weise „profitierten“ auch Getränkelieferungsverträge – wie andere Alleinbezugsvereinbarungen – von der Gruppenfreistellung in der VO Nr. 67/67.[2232)]

2.1864 cc) **Kein Anmeldeerfordernis.** Wenn bei Erfüllung eines Getränkelieferungsvertrages die Waren die Staatsgrenzen nicht zu überschreiten brauchten, waren diese Verträge nach der VO Nr. 17/62[2233)] von der Anmeldung befreit und bis zur Feststellung der Nichtigkeit durch die nationalen Behörden – und dazu gehören auch die Gerichte der ordentlichen Gerichtsbarkeit – als wirksam zu behandeln. Zu berücksichtigen war dabei, dass nach Art. 4 Abs. 2 Nr. 1 VO Nr. 17/62 von der Anmeldung unter anderem Vereinbarungen befreit waren, die „nicht die Ein- oder Ausfuhr zwischen Mitgliedstaaten betrafen“.[2234)]

2.1865 dd) Die VO Nr. 67/67/EWG ist nach mehr als fünfzehnjähriger Laufzeit am 30.6.1983 außer Kraft getreten.

2.1866 b) **VO Nr. 1984/83.**[2235)] An die Stelle der VO Nr. 67/67 trat am **1.7.1983** die (spezielle) (Gruppenfreistellungs-)Verordnung Nr. 1984/83, zu der die Kommission eine – wohl im Rang veröffentlichter Verwaltungsgrundsätze stehende – **erläuternde Bekanntmachung** erlassen hatte, mit der sie die wesentlichen Gesichtspunkte darlegte, nach denen sie beurteilte, ob derartige Vereinbarungen von der genannten Verordnung gedeckt waren.[2236)]

2.1867 aa) **Temporaler Anwendungsbereich.** Nach den Übergangsvorschriften waren vor dem 31.12.1983 in Kraft getretene Getränkelieferungsverträge bis zum **31.12.1988** von dem Verbot des Art. 101 Abs. 1 AEUV ausgenommen, wenn sie die Voraussetzungen der VO Nr. 67/67/EWG erfüllten (Art. 15 Abs. 2 VO Nr. 1984/83). Vor dem 1.7.1983 in Kraft getretene und nach dem 31.12.1988 endende Verträge waren hinsichtlich der Laufzeitbegrenzungen ausgenommen, wenn die Brauerei den Gastwirt vor dem 1.1.1989 aus allen Wettbewerbsbeschränkungen entlassen hatte, die nach dem Titel II der neuen Gruppenfrei-

---

2230) EuGH, Urt. v. 1.2.1977 – Rs 47/76, Slg. 1977, 65 = NJW 1977, 2020 = Zeller II, 26 – Brauerei Concordia.

2231) BGH, Urt. v. 28.3.1969 – I ZR 33/67, NJW 1969, 1293 = Zeller I, 445.

2232) *Niederleithinger*, S. 79.

2233) ABl EG v. 21.2.1962 Nr. 13/204.

2234) EuGH, Urt. v. 18.3.1970 – Rs 43/69, Slg. 1970, 127 = NJW 1970, 2181 – Bilger ./. Jehle.

2235) ABl EG v. 30.6.1983 Nr. L 173/5.

2236) ABl EG v. 13.4.1984 Nr. C 101/2.

stellungsverordnung einer Freistellung entgegenstanden (Art. 15 Abs. 3 VO Nr. 1984/83).

Art. 19 Abs. 2 VO Nr. 1984/83 sah ein Auslaufen der Freistellungsregelung zum **31.12.1997** vor. Die **Geltung** dieser Verordnung wurde zunächst durch eine (Änderungs-)Verordnung[2237)] um zwei Jahre bis zum **31.12.1999** verlängert. Eine weitere Verlängerung folgte aus Art. 12 Abs. 1 der nachfolgenden (allgemeinen) (Gruppenfreistellungs-)VO Nr. 2790/1999, wonach die VO Nr. 1984/83 bis zum **31.5.2000** weitergalt.[2238)] **2.1868**

Außerdem sah die letztgenannte Verordnung in Art. 12 Abs. 2 eine Übergangsfrist bis zum **31.12.2001** vor, während derer das Kartellverbot nicht für die am 31.5.2000 bereits in Kraft befindlichen Vereinbarungen galt, die zwar nicht die Freistellungsvoraussetzungen dieser Verordnung, wohl aber die der VO Nr. 1984/83 erfüllten.[2239)] **2.1869**

bb) Inhalt.[2240)] Nach Art. 6 VO Nr. 1984/83 wurde zwar das Kartellverbot auf Getränkelieferungsverträge mit Alleinbezugsverpflichtung für nicht anwendbar erklärt. Dies galt aber nur, wenn dem Wiederverkäufer lediglich bestimmte Wettbewerbsbeschränkungen (Art. 7 VO Nr. 1984/83) und keine anderen ausschließlichen Warenbezugspflichten als für Getränke oder Dienstleistungen (Art. 8 Abs. 1 Nr. a VO Nr. 1984/83) auferlegt wurden und wenn die Vereinbarung bei einer nur Bier betreffenden Bezugspflicht für einen Zeitraum **(Laufzeit)** von nicht mehr als zehn Jahren (Art. 8 Abs. 1 Nr. d VO Nr. 1984/83), bei Bezugsverträgen über Bier und andere Getränke für einen Zeitraum von nicht mehr als fünf Jahren geschlossen wurde (Art. 8 Abs. 1 Nr. c VO Nr. 1984/83). Besonderes galt, wenn der Lieferant dem Abnehmer die Absatzstätte verpachtete (Art. 8 Abs. 2 VO Nr. 1984/83). Hinsichtlich der Laufzeit war insbesondere der „50 %ige Zuschlag“ nach der de minimis-Bekanntmachung 1992 zu beachten.[2241)] **2.1870**

Diese Freistellungsvorschrift erfasste nur Verträge zwischen Anbietern und Abnehmern. Also war nur das Vertragsverhältnis Getränkelieferant-Gastwirt geregelt. Für das Verhältnis Getränkelieferant-Hauseigentümer galt Art. 6 Abs. 1 EG-VO Nr. 1984/83 nicht, weil der Hauseigentümer in der Regel kein Unternehmer ist – er bewirtschaftet das Objekt nicht selbst – und im Übrigen auch nicht immer als Abnehmer anzusehen ist. **2.1871**

2237) EG VO Nr. 1582/97 v. 30.7.1997, ABl EG Nr. L 214/27 v. 6.8.1997.

2238) EuGH, Urt. v. 2.4.2009 – C-260/07, Slg. I 2009, 2464 = EuZW 2009, 374.

2239) EuGH, Urt. v. 11.9.2008 – C-279/06, Slg. I 2008, 6716 = EuZW 2008, 668 – CEPSA.

2240) Zu Einzelheiten vgl. die Kommentierung bei *Bunte/Sauter*, III 2 Rz. 19 ff., S. 284 ff., insbes. S. 289 ff.; *Wiedemann*, Einl. GVO 1983/83, Rz. 16, S. 117 ff.; *Müller/Bühler*, F I – VI.

2241) Siehe oben § 28 VIII 1 b cc.

2.1872 Ein Getränkelieferungsvertrag erfüllte nur dann das **Spezifizierung**serfordernis des Art. 6 Abs. 1 VO Nr. 1984/83 und genoss damit nur dann den Schutz der Gruppenfreistellung, wenn sich das von der Bezugsbindung erfasste Sortiment aus dem Vertragstext selbst, nicht etwa nur aus einer jeweils gültigen – vom Lieferanten einseitig veränderbaren – Preisliste der Brauerei ergab.[2242] Damit war wohl nicht die Bezugnahme im Vertragstext auf eine Sortimentsliste, die einseitig erweitert werden konnte, ausgeschlossen.[2243]

2.1873 In § 40 Satz 4 der ergänzend erlassenen Bekanntmachung hieß es wörtlich „Die **Änderung der Marke** oder der sonstigen Benennung eines im Übrigen unverändert bleibenden Getränks stellt keine solche Ausdehnung der Alleinbezugsverpflichtung dar."

2.1874 **c) VO Nr. 2790/1999.**[2244] Vom **1.6.2000 bis zum 31.5.2010** galt die (allgemeine) (Gruppenfreistellungs-)VO Nr. 2790/1999. Diese Gruppenfreistellungsverordnung hatte keine praktische Relevanz im Zusammenhang mit Getränkelieferungsverträgen. Erstens wäre Voraussetzung gewesen, dass die vorrangig festzustellenden Tatbestandsmerkmale des Kartellverbots des Unionskartellrechts nach Art. 101 Abs. 1 AEUV festgestellt werden konnten, was durchgängig nicht der Fall war.[2245] Zweitens enthielt diese Verordnung keine speziellen Regelungen für Getränkelieferungsverträge (**Schirmcharakter**).[2246]

2. VO Nr. 330/2010[2247]

2.1875 **a) Temporaler Anwendungsbereich.** Grundlage der aktuellen sekundär-kartellrechtlichen Beurteilung von Getränkelieferungsverträgen ist die (allgemeine) (Gruppenfreistellungs-)VO Nr. 330/2010, in Kraft getreten am **1.6.2010.** Art. 9 VO Nr. 330/2010 enthält eine Übergangsregelung. Die Gültigkeit der Verordnung ist gem. Art. 10 VO Nr. 330/2010 bis zum **31.5.2022** befristet.

2.1876 **b) Nachrang.** Die Prüfung der Bestimmungen ist mangels Vorliegens der Voraussetzungen des primären EU-Kartellrechts, insbesondere des Art. 101 Abs. 1 AEUV, an sich obsolet. Wegen der nachrangigen Bedeutung kann auf die Gruppenfreistellungsverordnung nur dann zurückgegriffen werden, wenn ein

---

2242) EuGH, Urt. v. 28.2.1991 – C-234/89, Slg. 1991 I 935 = EuZW 1991, 376 – Delimitis ./. Henningerbräu.

2243) *Jehle*, EuZW 1991, 372.

2244) ABl EG Nr. L 336/21 ff. v. 29.12.1999.

2245) Siehe oben § 28 IV und V.

2246) Zu Einzelheiten wird verwiesen auf *Bühler*, Bauerei- und Gaststättenchrect, 12. Aufl. 2009, Rz. 1862–1882 m. w. N.

2247) ABl EU Nr. L 102/1 v. 23.4.2010.

Getränkelieferungsvertrag unter Art. 101 Abs. 1 AEUV fällt (Ziff. 8 Satz 2 Vertikalleitlinien 2010, vgl. auch Erwägungsgrund 9 VO Nr. 330/2010).[2248)]

Angesichts eines **schrumpfenden Gesamtbiermarktes** in Deutschland wachsen jedenfalls aus diesem Grunde die Marktanteile einzelner Brauereigruppen unabhängig vom Unternehmenswachstum, sei es durch Markterfolge, sei es durch Übernahme von Mitbewerbern bedingt. Damit könnten einige wenige gastronomiemarktmächtige Brauereien in die Situation kommen, die VO Nr. 330/2010 jedenfalls aus unternehmerischer Vorsicht zu beachten. 2.1877

c) **Schirmcharakter.** Da es sich um eine für alle vertikalen Wettbewerbsbeschränkungen geltende Freistellungsverordnung handelt, fehlen branchenspezifische Regelungen. Daher kommt der Verordnung auch keine Leitbildfunktion für die Höchstdauer von Getränkelieferungsverträgen zu.[2249)] 2.1878

d) **Konkurrenzen.** Die Gruppenfreistellungsverordnung soll durch die Kartellverfahrensverordnung Nr. 1/2003 offenbar nicht beeinflusst werden.[2250)] 2.1879

e) **Vertikalvereinbarung.** Die VO Nr. 330/2010 bezieht sich nur auf vertikale Vereinbarungen und aufeinander abgestimmte Verhaltensweisen. Die Unternehmen müssen sonach auf verschiedenen Wirtschaftsstufen und nicht miteinander im Wettbewerb stehen. Dies verdeutlichen sowohl der Titel der Gruppenfreistellungsverordnung als auch der Text (Art. 2 Abs. 1 und 4 VO Nr. 330/2010) sowie die Erwägungsgründe und die ErmächtigungsVO Nr. 1215/1999.[2251)] 2.1880

f) **Wettbewerbsverbot. aa) Grundsatz.** Bezugsverpflichtungen sind innerhalb des Anwendungsbereichs der VO Nr. 330/2010 als „Wettbewerbsverbote“ entsprechend der Definition des Art. 1 d VO Nr. 330/2010 freigestellt, nach Art. 5 Abs. 1 a VO Nr. 330/2010 aber nur für einen Maximalzeitraum von fünf Jahren (Laufzeit). 2.1881

bb) Einzelfragen. Ausschließliche Bezugsverpflichtungen zu Lasten des Abnehmers sind grundsätzlich Wettbewerbsverbote. Sie hindern den Abnehmer daran, konkurrierende Waren von Dritten zu beziehen.[2252)] Ein mittelbares Wettbewerbsverbot kann insbesondere vorliegen, wenn dem Abnehmer ein Darlehen oder andere Vorteile eingeräumt werden, und diese Vorteile gekündigt werden können, wenn der Abnehmer Wettbewerbstätigkeiten entfaltet.[2253)] 2.1882

2248) OLG München, Urt. v. 18.1.2001 – U (K) 5630/99, WuW/E DE-R 968, zur VO Nr. 1984/83; Immenga/Mestmäcker-*Ellger*, Wettbewerbsrecht, Art. 101 Abs. 3 AEUV, Rz. 76.

2249) Siehe oben § 10 III 7 jeweils m. w. N.

2250) Erwägungsgrund Nr. 10 der VO Nr. 1/2003.

2251) Immenga/Mestmäcker-*Veelken*, Wettbewerbsrecht, 4. Aufl. 2007, Vertikal-VO Rz. 8.

2252) *Bechtold/Bosch/Brinker/Hirsbrunner*, EG-Kartellrecht, Art. 1 VO 2790/1999 Rz. 6.

2253) *Bechtold/Bosch/Brinker/Hirsbrunner*, EG-Kartellrecht, Art. 1 VO 2790/1999 Rz. 5.

2.1883 Die schwierige Abgrenzungsfrage, in welchem Umfang **nicht ausschließliche, aber doch quantitativ erhebliche Bezugsverpflichtungen** zulässig sind, löst die Definition dadurch, dass nur Bezugsverpflichtungen **von mehr als 80 %** vom Begriff des Wettbewerbsverbotes erfasst werden (Ziff. 66 Satz 1 Vertikalleitlinien 2010). Das wird so präzisiert, dass alle unmittelbaren oder mittelbaren Verpflichtungen des Abnehmers, mehr als 80 % seiner auf der Grundlage des Einkaufswertes (Beschaffungswertes) des vorherigen Kalenderjahres berechneten gesamten Einkäufe von Vertragswaren sowie deren Substitute vom Anbieter (hier Brauerei, Getränkefachgroßhändler) oder von einem von ihm bezeichneten Unternehmen (andere Brauerei; Getränkefachgroßhändler, insbesondere im Vertriebsmodell 2) zu beziehen, als Wettbewerbsverbot qualifiziert werden. Liegen bei Abschluss der Vereinbarung keine Einkaufsdaten des Käufers für das Vorjahr vor, kann der Jahresbedarf geschätzt werden (Ziff. 6 Vertikalleitlinien 2010). In Umkehrung des Art. 5 Abs. 1 VO Nr. 330/2010 bedeutet das, dass es zulässig ist, wenn einem Abnehmer auferlegt wird, z. B. 75 % seines Bedarfes an Waren vom Anbieter oder einem von ihm benannten Unternehmen zu beziehen. Auf die Dauer einer solchen (bis zu 80 %igen) Bezugsverpflichtung kommt es dabei nicht an.[2254)] In diesem Umfang sind auch Bezugsverpflichtungen **zugunsten Dritter** möglich.[2255)]

2.1884 **g) Persönlicher Geltungsbereich.** Im Hinblick auf den Abschluss von Getränkelieferungsverträgen sind die Regelungen über vertikale Vereinbarungen zwischen **Nichtwettbewerbern** von besonderer Bedeutung (Gegenschluss aus Art. 2 Abs. 4 Satz 1 VO Nr. 330/2010).

2.1885 Grundsätzlich ist die VO Nr. 330/2010 als Vertikal-Gruppenfreistellungsverordnung auf Vereinbarungen zwischen **Wettbewerbern** nicht anzuwenden. Vertikale Vereinbarungen zwischen Wettbewerbern sind ausdrücklich von der Freistellung ausgeschlossen (Art. 2 Abs. 4 Satz 1 VO Nr. 330/2010, Ziff. 27 Satz 1 Vertikalleitlinien 2010). Ein solcher Fall dürfte u. a. bei einer Vereinbarung zwischen Brauereien vorliegen, wobei die eine Brauerei als Produzent von Bier, die andere als Händler dieses Bieres auftritt. Gleiches könnte im Verhältnis zwischen Getränkefachgroßhändlern (unterschiedlicher Größe) oder zwischen Brauereien und Getränkefachgroßhändlern praktisch werden. Dann ist ggf. Art. 2 Abs. 4 Satz 2 a VO Nr. 330/2010 (Ziff. 28 Vertikalleitlinien 2010) zu beachten. Danach gilt die Freistellung gleichwohl, wenn Wettbewerber eine nicht gegenseitige vertikale Vereinbarung treffen und der Anbieter zugleich Hersteller und Händler von Waren ist, der Abnehmer dagegen Händler, jedoch kein Wettbewerber auf der Herstellungsebene.

2.1886 **h) Sachlich relevanter Markt.** Die Kommission lehnt eine **Substituierbarkeit** von Bier und alkoholfreien Getränken ebenso wie der Gerichtshof in der Sache

---

2254) *Bechtold/Bosch/Brinker/Hirsbrunner*, EG-Kartellrecht, Art. 1 VO 2790/1999 Rz. 6.
2255) *Bechtold/Bosch/Brinker/Hirsbrunner*, EG-Kartellrecht, Art. 1 VO 2790/1999 Rz. 6.

„Delimitis ./. Henningerbräu" ab (Ziff. 89 Satz 1 Vertikalleitlinien 2010).[2256] Konsequenterweise muss dann der Marktanteil für jedes Produkt getrennt ermittelt werden. Handelt es sich um eine gemischte Bezugsbindung (in einem Getränkelieferungsvertrag), die sowohl Bier als auch alkoholfreie Getränke erfasst, so kann dies zu einer unterschiedlichen rechtlichen Beurteilung führen.

i) Marktanteil. aa) Berechnung. Die Kommission geht von Art. 3 Abs. VO Nr. 330/2010 aus und prüft in vier Schritten: 2.1887

- (1) Ermittlung des Marktanteils: Überschreitet der Anteil am relevanten Markt nicht die 30 %-Schwelle, so fällt die betreffende vertikale Vereinbarung unter die VO Nr. 330/2010,
- soweit sie (2) keine Kernbeschränkung nach Art. 4 VO Nr. 330/2010 enthält.
- (3) Beträgt der Anteil am relevanten Markt mehr als 30 %, so kommt es auf die Vereinbarkeit der zu prüfenden Regelung mit Art. 101 Abs. 1 AEUV an.
- (4) Verstößt die Regelung gegen Art. 101 Abs. 1 AEUV, so ist zu prüfen, ob die allgemeinen Freistellungsvoraussetzungen der Art. 101 Abs. 3 AEUV vorliegen.

Die realistische Beurteilung der Wettbewerbsquellen und des daraus folgenden Wettbewerbsdrucks erfordert eine umfassende Würdigung aller Auswirkungen, die die wettbewerbsbeschränkende Vereinbarung auf die Parameter des Wettbewerbs ausübt.[2257] Das Erreichen und Überschreiten der Marktanteilsschwellen bedeutet nicht automatisch, dass die Spürbarkeit der Wettbewerbsbeschränkung gegeben ist (Ziff. 2 Bagatellbekanntmachung 2001). Vielmehr muss in diesen Fällen aufgrund der konkreten Marktauswirkungen geprüft werden, ob sich die Wettbewerbsbeschränkung ausnahmsweise doch nicht spürbar auswirkt. 2.1888

bb) Schwellenwerte. Bei einem Marktanteil von bis zu **10 %** sowohl auf Anbieter- als auch auf Abnehmerseite (Art. 3 Abs. 1 VO Nr. 330/2010; Ziff. 23 Satz 2, 87 Satz 1, 110 b Vertikalleitlinien 2010) bedarf es keiner (Gruppen-)Freistellung. Bei Marktanteilen von mehr als 10 % bis einschließlich **30 %** sind die Inhaltsschranken der VO Nr. 330/2010 zu beachten. Für Verträge von Unternehmen über der 30 %-Marktanteilsschwelle bedarf es einer Einzelfreistellung. Einzelheiten zu den Berechnungsmodalitäten des Marktanteils enthalten Art. 7 VO Nr. 330/2010 sowie die Ziff. 93–95 Vertikalleitlinien 2010. Für Vereinbarungen zwischen kleinen und mittleren Unternehmen ist es in der Regel nicht notwendig, Marktanteile zu berechnen (Ziff. 87 Satz 2 Vertikalleitlinien 2010). 2.1889

2256) a. A. *Bühler*, Getränkelieferungsverträge, S. 166 m. w. N.; ebenso BGH, Urt. v. 16.11.2000 – I ZR 34/98, NJW-RR 2001, 827 zur – bejahten – Warenähnlichkeit von Wein und Mineralwasser i. S. d. § 14 Abs. 2 MarkenG.

2257) Ziff. 108 Leitlinien zur Anwendung von Art. 101 Abs. 3 AEUV.

2.1890 cc) **Parallelvereinbarungen. aaa)** Die Kommission hat mit Rücksicht auf die großen Beweisprobleme, die der Delimitis-Test notwendigerweise mit sich bringt, den Versuch unternommen, die maßgeblichen Kriterien weiter zu quantifizieren. Maßgebend sind zum einen Ziff. 131 ff., 128, 179 Vertikalleitlinien 2010, zum anderen Ziff. 8 der Bagatellbekanntmachung 2001.

2.1891 **bbb)** Aus den **Vertikalleitlinien 2010** ergibt sich, dass die Kommission bei vertikalen Vereinbarungen weiter zwischen Verträgen mit einer Laufzeit von weniger als einem Jahr, von ein bis fünf Jahren und von mehr als fünf Jahren sowie nach dem Marktanteil der Anbieter differenzieren will (Ziff. 131, 133, 179 Vertikalleitlinien 2010). Bedeutsam könnte in diesem Zusammenhang die **Ziff. 135** der Vertikalleitlinien 2010 sein.[2258] Beträgt hiernach der Marktanteil des größten Anbieters weniger als 30 % und decken die fünf größten Anbieter zusammen weniger als 50 % des Marktes ab, so ist eine einfache oder kumulative wettbewerbswidrige Wirkung unwahrscheinlich (Ziff. 135 Satz 1 der Vertikalleitlinien 2010). Gelingt es einem potentiellen Wettbewerber nicht, in den Markt einzusteigen und rentabel zu wirtschaften, dürfte dies auf andere Faktoren als Markenzwang (z. B. Präferenzen der Verbraucher) zurückzuführen sein (Ziff. 135 Satz 2 der Vertikalleitlinien 2010). Damit entfällt auch die Grundvoraussetzung für die Anwendung der Ziff. 8 der Bagatellbekanntmachung 2001, sodass die Marktanteilsschwelle nicht auf 5 % herabgesetzt wird. Damit könnte wieder die an sich für Vereinbarungen zwischen Nichtwettbewerbern geltende Marktanteilsschwelle von 15 % heranzuziehen sein.

2.1892 **ccc)** Gemäß **Ziff. 8** Satz 1 der **Bagatellbekanntmachung 2001** wird bei einer möglichen Beschränkung des Wettbewerbs durch die gleichzeitige Wirkung von Parallelvereinbarungen, die in Ziff. 7 dieser Bekanntmachung genannte Marktanteilsschwelle auf **5 %** herabgesetzt. Bei einzelnen Lieferanten oder Händlern mit einem Marktanteil, der 5 % nicht überschreitet, ist in der Regel nicht davon auszugehen, dass sie wesentlich zu dem kumulativen Abschottungseffekt beitragen (Ziff. 8 Satz 2 Bagatellbekanntmachung 2001). Im Übrigen ist es unwahrscheinlich, dass ein kumulativer Abschottungseffekt vorliegt, wenn **weniger als 30 %** des relevanten Marktes von nebeneinander bestehenden (Netzen von) Vereinbarungen, die ähnliche Wirkungen auf den Markt haben, abgedeckt wird (Ziff. 8 Satz 3 Bagatellbekanntmachung 2001). Kumulative Wirkungen von Vertragsnetzen aus gleichartigen Vereinbarungen ziehen mit anderen Worten nach Meinung der Kommission einen Abschottungseffekt nur dann nach sich, wenn mindestens 30 % des relevanten Marktes von den Vertragsnetzen abgedeckt sind. Ist dies der Fall, so werden die Marktabschottungseffekte ferner allein denjenigen Unternehmen zugerechnet, deren Marktanteil mindestens 5 % beträgt.[2259]

2258) Siehe oben § 28 IX 3 g.

2259) Immenga/Mestmäcker-*Emmerich*, Wettbewerbsrecht, Art. 101 Abs. 1 AEUV Rz. 184.

j) Kernbeschränkungen. aa) Gefahr. Enthält die Vereinbarung eine sog. **schwarze Klausel** (Art. 4 VO Nr. 330/2010), so scheidet eine Freistellung aus (Ziff. 47 Satz 1 Vertikalleitlinien 2010). Liegt ein Fall des Art. 4 VO Nr. 330/ 2010 vor, ohne dass eine der Unterausnahmen zum Tragen kommt, so entfällt die Freistellung für alle Wettbewerbsbeschränkungen der betroffenen Vereinbarung, und zwar auch für solche, die an sich freigestellt wären. Die in lit. a)–e) angeführten Beschränkungen haben nach Einschätzungen des Verordnungsgebers keine positiven Wirkungen i. S. d. Art. 101 Abs. 3 AEUV und sind daher von dem Vorteil der Gruppenfreistellung auszuschließen (Erwägungsgrund 10). In den Leitlinien werden sie als Kernbeschränkungen bezeichnet, gemeinhin spricht man von schwarzen Klauseln. Ist in einer vertikalen Vereinbarung eine Kernbeschränkung enthalten, so gilt die Freistellung des Art. 2 VO Nr. 330/ 2010 für den gesamten Vertrag nicht (Ziff. 10 b, 70 Vertikalleitlinien 2010, sog. **Alles-oder-nichts-Prinzip**). Nach Ziff. 11 der Bagatellbekanntmachung 2001 ist bei Kernbeschränkungen ausdrücklich keine Ausnahme von einer spürbaren Wettbewerbsbeschränkung im Hinblick auf die in der Bekanntmachung dargestellten Marktanteilsschwellen vorgesehen.[2260] 2.1893

bb) Schwarze Klauseln. Zu den schwarzen Klauseln gehören sämtliche direkten oder indirekten Fest- oder Mindest**preisbindungen** zu Lasten des Abnehmers (Art. 4 a VO Nr. 330/2010; Ziff. 48 Vertikalleitlinien 2010). Sowohl **gebiets-** als auch **kundenbezogene Verkaufsbeschränkungen** sind grundsätzlich unzulässig (Art. 4 b VO Nr. 330/2010; Ziff. 50, 51 Vertikalleitlinien 2010). Nur bei Vorliegen eines eng umrissenen Ausnahmetatbestandes nach Art. 4 b VO Nr. 330/2010 werden diese Vereinbarungen nicht als schwarze Klauseln angesehen (Ziff. 51 Satz 1 Vertikalleitlinien 2010). Nach der ersten Ausnahme (Art. 4 b i VO Nr. 330/2010; Ziff. 51 Satz 2 Vertikalleitlinien 2010) ist das Verbot des aktiven Verkaufs außerhalb eines zugewiesenen Vertragsgebietes grundsätzlich möglich, jedoch nur bezogen auf Gebiete, die anderen Händlern exklusiv zugewiesen oder die sich der Lieferant selbst vorbehalten hat. Die zweite Ausnahme gilt entsprechend für **Kundengruppenschutzklauseln**. Diese stellen keine schwarzen Klauseln dar, soweit hierdurch nur der aktive Verkauf an Kundengruppen untersagt wird, die sich der Lieferant reserviert bzw. anderen exklusiven Abnehmern zugewiesen hat. Beschränkungen des Passivverkaufs sind hingegen immer unzulässig. 2.1894

Nicht als schwarze Klausel wird die dem Großhandel auferlegte Verpflichtung angesehen, nicht direkt an Endverbraucher zu liefern (Art. 4b ii VO Nr. 330/ 2010). Das Gleiche gilt für das Verbot der Belieferung nicht autorisierter Händler (Außenseiter) im Rahmen eines **selektiven Vertriebssystems** (Art. 4b iii VO Nr. 330/2010, Ziff. 55 Satz 4 Vertikalleitlinien 2010). 2.1895

2260) Ziff. 10 Vertikalleitlinien 2010.

2.1896 Anders als bei Getränkelieferungsverträgen fehlt für Kernbeschränkungen eine positive Aussage der Kommission im Hinblick auf eine unbedenkliche Marktanteilsschwelle. Im Hinblick auf den Charakter der Vorschriften als Ausnahmeregelungen erscheint eine enge Auslegung geboten.

2.1897 **k) Wettbewerbsverbote im Übrigen.** Art. 5 VO Nr. 330/2010 regelt Wettbewerbsverbote im Übrigen. Die hiernach nicht freigestellten Beschränkungen sind jedoch vom Rest der Vereinbarung abtrennbar und führen nicht zum Verlust der Freistellung für die gesamte Vereinbarung (Prinzip der „**Abtrennbarkeit**“) (Ziff. 71 Vertikalleitlinien 2010).

2.1898 **l) Laufzeit. aa) Grundlagen.** Art. 5 Abs. 1 a VO Nr. 330/2010 statuiert eine Laufzeitgrenze von fünf Jahren. Wettbewerbsverbote, die für fünf Jahre oder einen kürzeren Zeitraum vereinbart werden, sind damit freigestellt, wenn keine Anhaltspunkte dafür vorliegen, dass der Abnehmer daran gehindert wird, das Wettbewerbsverbot nach Ablauf des Fünf-Jahres-Zeitraums tatsächlich zu beenden (Ziff. 66 Vertikalleitlinien 2010). Hintergrund auch der geltenden Laufzeitgrenze ist die oligopolistische Marktsituation in Großbritannien. Angesichts der in Deutschland zu findenden ganz anderen Marktsituation und der erheblichen vertragsspezifischen Investitionen der Getränkelieferanten erheben sich gegen die Laufzeitschranke von fünf Jahren keine Bedenken.[2261)]

2.1899 **bb) Eigen- und Pachtobjekte.** Die Laufzeitgrenze von fünf Jahren gilt allerdings dann nicht, wenn beispielsweise Bier und andere Getränke in einer Absatzstätte verkauft werden, die einer Brauerei oder einem Getränkefachgroßhändler gehören oder die über einen langjährigen Miet- oder Pachtvertrag an diese gebunden ist (Art. 5 Abs. 2 VO Nr. 330/2010, Ziff. 67 Vertikalleitlinien 2010). Dann ist die Bezugsbindung mit dem Gastwirt maximal auf die Dauer möglich, während derer die Absatzstätte betrieben wird.

2.1900 **cc) Umfang des Wettbewerbsverbotes.** Wie sich aus Ziff. 66 Sätze 1–4 Vertikalleitlinien 2010 ergibt, fallen Wettbewerbsverbote, die nicht mehr als **80 %** der Vertragswaren erfassen, nicht unter die Gruppenfreistellungsverordnung.[2262)] Insofern sind also unbestimmte Laufzeiten oder Laufzeiten von mehr als fünf Jahren möglich.

2.1901 **dd) Verlängerungsklauseln.** Wettbewerbsverbote, die über einen Zeitraum von fünf Jahren hinaus stillschweigend verlängert werden können, sind unzulässig (Art. 5 Abs. 1 UA 2 VO Nr. 330/2010, Ziff. 66 Satz 6 Vertikalleitlinien 2010). Eine stillschweigende Verlängerung liegt auch vor, wenn eine Erklärung einer der Vertragspartner für die Beendigung erforderlich ist. Sogenannte „Ever-

2261) *Pukall*, NJW 2000, 1375; Langen/Bunte-*Nolte*, Kartellrecht, Art. 81 Fallgruppen Rz. 683; Loewenheim/Meessen/Riesenkampff-*Baron*, Kartellrecht, Rz. 279.

2262) Siehe oben § 28 X 2 f bb.

green-Klauseln“ sind daher nicht freigestellt.[2263] Die Fünf-Jahres-Grenze dürfte insgesamt dann nicht anwendbar sein, wenn der Vertrag zwar für die ersten fünf Jahre eine gesamtumfängliche Bezugsverpflichtung vorsieht, dem Gebundenen aber ab dem sechsten Vertragsjahr die Möglichkeit eingeräumt wird, zumindest 20 % seiner Vertragsware von einem Dritten zu beziehen. Diese Reduktion des Bindungsumfangs muss allerdings bereits anfänglich vertraglich vereinbart sein; ein Änderungsvertrag oder ein Nachtrag dürfte nicht genügen.

Nicht von der Freistellung erfasst ist die Einräumung von einseitigen Verlängerungsoptionen. Eine reine Verhandlungspflicht dürfte hingegen zulässig sein.[2264] 2.1902

ee) **Einvernehmliche Verlängerung.** Den Vertragspartnern ist eine ausdrückliche Verlängerung des Wettbewerbsverbotes freigestellt. Allerdings dürfen keine Gründe vorliegen, welche den Käufer daran hindern, seine Zustimmung zu verweigern. Hierzu finden sich in den Vertikalleitlinien 2010 ausdrückliche benannte Gründe, die als unzulässig angesehen werden. 2.1903

Gemäß Ziff. 66 Satz 7 Vertikalleitlinien 2010 soll die Tilgung des Darlehens durch den Abnehmer diesen nicht daran hindern, das Wettbewerbsverbot nach Ablauf von fünf Jahren effektiv beenden zu können, etwa durch steigende Darlehensraten oder einen erhöhten Zinssatz. 2.1904

Nach Ziff. 66 Satz 8 Vertikalleitlinien 2010 soll ein Abnehmer die Möglichkeit haben, Ausrüstungen, die er vom Anbieter erhalten hat und die nicht vertragsspezifisch sind, nach dem Ende des Wettbewerbsverbots zum Marktwert zu übernehmen. 2.1905

ff) **Umgehung.** Ziff. 67 Satz 5 Vertikalleitlinien 2010 weist ausdrücklich darauf hin, dass „künstliche Konstruktionen“ nicht helfen. Sie können z. B. vorliegen, wenn Unterpachtverhältnisse mit Dritten, aber am Wettbewerbsverbot interessierten Personen allein zu dem Zweck begründet werden, ein länger laufendes Wettbewerbsverbot formal zu legitimieren.[2265] Auch die zeitlich begrenzte Übertragung von Eigentumsrechten an Räumlichkeiten und Grundstücken des Händlers an den Anbieter, mit der die Fünf-Jahres-Frist umgangen werden soll, fällt nicht unter die Ausnahmebestimmung. 2.1906

m) Arbeiten **Getränkehersteller untereinander** oder Getränkehersteller mit Getränkefachgroßhändlern beim Absatz von Getränken an Endverbraucher zusammen, so ist europakartellrechtlich insbesondere an folgende Regelungen zu denken: Art. 1 Abs. 1 a VO Nr. 330/2010 definiert den Begriff der **„vertikalen Vereinbarung“**. Ob ein **„verbundenes Unternehmen“** vorliegt, ist gemäß den Fallgruppen des Art. 1 Abs. 2 VO Nr. 330/2010 zu beurteilen. Von besonderer Bedeutung kann **Ziff. 95** der Vertikalleitlinien 2010 sein. Ist danach der Her- 2.1907

2263) EuG, Urt. v. 8.6.1995 – Rs. T-7/93, Slg. 1995 II 1533 – Langnese-Iglo.

2264) *Polley/Seeliger*, WRP 2000, 1203.

2265) *Bechtold/Bosch/Brinker/Hirsbrunner*, EG-Kartellrecht, Art. 5 VO 2790/1999, Rz. 9.

steller eines Endprodukts zugleich als Händler auf dem Markt tätig **(zweigleisiger Vertrieb)**, so müssen bei der Marktabgrenzung und der Berechnung des Marktanteils die Waren mit einbezogen werden, die der Hersteller über vertikal integrierte Händler und Handelsvertreter verkauft (siehe Art. 7c VO Nr. 330/2010). „Integrierte Händler" sind verbundene Unternehmen i. S. d. Art. 1 Abs. 2 VO Nr. 330/2010. Für die Abgrenzung des Marktes und die Berechnung der Marktanteile ist in diesem Zusammenhang unerheblich, ob der integrierte Händler auch Produkte von Wettbewerbern verkauft (Fn. 1 zu Ziff. 95 Vertikalleitlinien 2010).

2.1908 n) Die **nationalen Gerichte** dürfen die Tragweite der Freistellungsverordnungen nicht ändern. Die Kommission teilt mit ihnen zwar die Befugnis zur Anwendung der Art. 101 Abs. 1, 102 AEUV, ist aber zum Erlass von Entscheidungen gem. Art. 101 Abs. 3 AEUV ausschließlich befugt. Die Ausdehnung des Geltungsbereiches der Freistellungsverordnungen auf Vereinbarungen, die nicht darunter fallen, wäre daher ein Eingriff in die Rechtsetzungsbefugnis der Kommission.

2.1909 Eine Bindung der Zivilgerichte tritt gleichwohl ein, wenn eine „Entscheidung der Kommission" vorliegt (Art. 16 Abs. 1 VO Nr. 1/2003, § 33 Abs. 4 GVG).[2266)]

XI. Einzelfreistellung

1. Praktische Bedeutung

2.1910 Angesichts der freien Zugänglichkeit des Biermarktes in Deutschland bei hoher Wettbewerbsintensität dürfte der Kartelltatbestand des Art. 101 Abs. 1 AEUV auch weiterhin kaum praktische Bedeutung erlangen. Anders ist dies in zahlreichen europäischen Biermärkten, wie etwa in Großbritannien, Irland, den Niederlanden und Frankreich. Insofern ergab sich bereits die Notwendigkeit, Einzelfreistellungen (Art. 101 Abs. 3 AEUV) zu erlangen.

2. Freistellungsentscheidungen

2.1911 Die Entscheidungspraxis der Kommission, die sich Ende der 90er Jahre insbesondere mit der kartellrechtlichen Beurteilung von Getränkelieferungsverträgen britischer Brauereien befasst hatte, folgt den vom Gerichtshof aufgestellten Grundsätzen.[2267)]

2266) Immenga/Mestmäcker-*Schmidt*, Wettbewerbsrecht, Art. 101 Abs. 2 AEUV Rz. 11.

2267) 28. Wettbewerbsbericht 1998, S. 184 f – Greene King/Roberts; Kommission, Entsch. v. 24.2.1999 – IV/35.079/F3, Whitebread, ABl EG Nr. L 88/26 ff. v. 31.3.1999, Kommission, Entsch. v. 16.6.1999 – IV/36.081/F3, Bass, ABl EG Nr. L 186/1 ff. v. 19.7.1999; Kommission, Entsch. v. 16.6.1999, ABl EG Nr. L 186/28, 41 ff. – Scottish and Newcastle; Kommission, Entsch. v. 29.6.2000 – IV/36.456/F3 – Interpreneur, und – IV/36.492/F3 – Spring – Spring, ABl EG Nr. L 195/49, 55 f., WuW 2000, 1152 ff.; Kommission, Entsch. v. 5.12.2001, ABl 2002 EG Nr. L 253/21 – Luxemburgische Brauereien.

XII. Biermarkt

1. Niederländisches Bierkartell

Die Kommission hat im Jahre 2007 gegen die niederländischen Brauereien Heineken, Grolsch und Bavaria wegen Beteiligung an einem Bierkartell in den Niederlanden Geldbußen in Höhe von insgesamt 273,78 Mio. € verhängt. Grund waren Verstöße gegen wettbewerbsbeschränkende Geschäftspraktiken nach Art. 101 AEUV. Die Brauereien hatten gemeinsam mit der InBev, die aufgrund einer Kronzeugenregelung straffrei blieb, Bierpreise, Preisveränderungen und Rabatte heimlich abgestimmt. Die Absprachen betrafen sowohl das Gaststättengewerbe als auch den Einzelhandel einschließlich Handelsmarken. Im Marktsegment des Gaststättengewerbes vereinbarten die Brauereien anhand sog. „Staffelrabatte" Preisnachlässe für Gaststätten und damit das Hauptelement der Preisgestaltung. Zudem gilt es als erwiesen, dass sie gelegentlich auch andere AGB für einzelne Kunden im niederländischen Gaststättensegment abstimmten und die Kunden sowohl im Gaststätten- als auch im Einzelhandelssegment untereinander aufteilten. Die höchste Geldbuße erhielt mit einer Summe von rund 219 Mio. € der Konzern Heineken, Grolsch wurde eine Geldbuße in Höhe von fast 32 Mio. € auferlegt und Bavaria eine Geldbuße in Höhe von rund 23 Mio. €.[2268] Die hiergegen gerichteten Klagen der Brauereien Heineken und Bavaria blieben in beiden Instanzen im Wesentlichen ohne Erfolg.[2269] 2.1912

2. Übernahmen

a) International. Nach der Übernahme von Scottish-Newcastle im Jahre 2007 teilen sich Carlsberg und Heineken mehr als zwei Drittel des europäischen Biermarktes auf.[2270] 2.1913

b) National. Die Kommission genehmigte die Übernahme von Getränke Essmann durch die Radeberger-Gruppe. Die Übernahme habe keine erhebliche Beeinträchtigung des wirksamen Wettbewerbs im europäischen Wirtschaftsraum zur Folge gehabt. Der Zusammenschluss habe den Marktanteil des fusionierten Unternehmens nur geringfügig erhöht, sodass die Marktstellung der Radeberger-Gruppe kaum beeinflusst worden sei. Der gemeinsame Marktanteil werde in Niedersachsen und Bremen bei knapp 15 % liegen und in den anderen Bundesländern, in denen Essmann tätig ist (Niedersachsen, Nordrhein-Westfalen und Sachsen-Anhalt), weniger als 15 % betragen. Der Verbraucher könne also auch nach dem Zusammenschluss zwischen verschiedenen Anbietern wählen.[2271] 2.1914

2268) EuZW 2007, 354.

2269) EuGH, Urt. v. 20.12.2012 – C-452/11 P und C-445/11 P, becklink 1024147.

2270) INSIDE 2008 Nr. 548, S. 2.

2271) Pressemitteilung v. 27.3.2008, EuZW 2008, 261.

3. Deutscher Biermarkt

2.1915 a) Im Jahre 2000 war der deutsche Biermarkt nicht nur als solcher, sondern auch im Vergleich zu anderen relevanten Biermärkten in der Welt (USA, Großbritannien, Niederlande etc.) durch eine hohe Anzahl von Brauereien und Braustätten bei jeweils sehr geringen Marktanteilen gekennzeichnet. Die Braustätten wiesen eine sehr heterogene Struktur auf und leisteten sich einen erbitterten Konkurrenzkampf, ohne dass dieser im Ergebnis zu nennenswerten Marktanteilen führte.[2272)]

2.1916 b) Nach *Gödde*[2273)] stellte sich die Situation im Jahre 2008 wie folgt dar: In Deutschland gab es zu diesem Zeitpunkt mehr als 1.300 Brauereien und Braustätten mit mehr als 5.000 verschiedenen Biermarken, darunter mit leicht steigender Tendenz 450 Gasthausbrauereien. Anders als in anderen führenden Bierländern der Welt hatten die drei größten Braugruppen, die Radeberger Gruppe KG, die AB InBev und die Bitburger Braugruppe GmbH auf dem Biermarkt in Deutschland nur einen Marktanteil von zusammen 32 %. Der Marktanteil der führenden Radeberger Gruppe auf dem deutschen Biermarkt lag bei ca. 14 %. Demgegenüber beherrschten in den USA drei Brauereien mit 78 % den Markt, ebenso in den Niederlanden drei Brauereien mit zusammen 75 % Marktanteil. Demgegenüber hatten die fünf größten deutschen Brauereigruppen bzw. Brauereien lediglich zusammen einen Marktanteil im Inland von ca. 47 %, die zehn größten deutschen Brauereigruppen bzw. Brauereien von ca. 66 %. Dies bei einer latent schwierigen und zunehmend problematischer werdenden Entwicklung mit sinkendem Bierverbrauch und damit einhergehenden rückläufigen Bierausstoßzahlen. Der jährliche Pro-Kopf-Verbrauch ist seit Jahrzehnten rückläufig. Als Ursachen sind unter anderem veränderte Konsumverhalten, die demografische Entwicklung, der Fitness- und Gesundheitstrend, schnelllebiger Konzepte, Werbe- und Verkaufsbeschränkungen, wie etwa Warnhinweise und Rauchverbote, zu nennen. Dies führte zu erheblichen Überkapazitäten in der Brauwirtschaft mit negativen Auswirkungen auf die Ertragslage. Weniger als 25 % des Bierabsatzes würden über Gaststätten und andere Gastronomieobjekte vertrieben. Hinzukomme, dass eine Vielzahl dieser Objekte von freien Gastronomiekunden betrieben wird. Hier soll es dem Getränkelieferanten nicht zugemutet werden, den Verkauf konkurrierender Getränke in den Räumlichkeiten und auf den Grundstücken dulden zu müssen, die sein Eigentum sind bzw. deren Hauptmieter/Hauptpächter er ist.

2.1917 Diese Grundsätze dürften dann entsprechend geltend, wenn der Abnehmer seine Produkte über mobile Verkaufsstellen, wie etwa Ausschankwagen etc., verkauft, die im Eigentum des Getränkelieferanten stehen und die dieser von nicht mit dem Abnehmer verbundenen Dritten gemietet oder gepachtet hat.

2272) Ziff. 143 Vertikalleitlinien 2000; *Pukall*, NJW 2000, 1376.

2273) *Gödde*, in: Martinek/Semler/Habermeier/Flohr, Vertriebsrecht, § 52 Rz. 2–5.

Auch hier schlage der negative Absatztrend durch. Die Anzahl der Gaststätten ist rückläufig, die Besucherfrequenz abnehmend. Ein Sterben traditioneller bierorientierter „Kneipentypen" ist festzustellen. Hohe und zunehmende Investitionskosten bei der Einrichtung neuer Gaststätten, gepaart mit steigenden Forderungsausfällen, ließen die Investitionsbereitschaft der Getränkebranche insgesamt zurückgehen. 2.1918

§ 29 Der Getränkelieferungsvertrag im Lichte des nationalen Vertriebskartellrechts

I. Verhältnis GWB-AEUV

1. Systemwechsel

Die siebte GWB-Novelle, in Kraft getreten am **1.7.2005**, führte infolge der Anpassung an das europäische Wettbewerbsrecht zu einem Systemwandel für das Recht der wettbewerbsbeschränkenden Vereinbarungen und Verhaltensweisen. Die §§ 1–18 GWB a. F. wurden gestrichen. Die neuen §§ 1 und 2 GWB folgen im Regelungsgehalt Art. 101 AEUV. Im Bereich der vertikalen Vereinbarungen gab es neben dem Verbot vertikaler Preis- und Inhaltsbindungen des § 14 GWB a. F. für andere vertikale Wettbewerbsbeschränkungen eine bloße Missbrauchsaufsicht nach § 16 GWB a. F. Diese setzte ihre grundsätzliche Zulässigkeit voraus und löste kein Freistellungsbedürfnis aus.[2274] 2.1919

Die Sonderregelung für Vertikalverträge in § 16 GWB a. F. entfiel. Diese Verträge fallen nunmehr unter § 1 GWB.[2275] Dazu gehört auch der Übergang von dem damaligen System des Verbots mit Erlaubnisvorbehalt zur Legalausnahme. Danach sind Verbots- (§ 1 GWB) und Ausnahmetatbestand (§§ 2, 3 GWB) als materiell-rechtliche Einheit anzuwenden. 2.1920

2. Vorrang des EU-Kartellrechts

a) Art. 101 AEUV. aa) Grundsatz. Art. 3 VO Nr. 1/2003 ordnete das materiell-rechtliche Verhältnis zwischen Art. 101 AEUV und dem GWB grundsätzlich neu. Soweit eine Vereinbarung geeignet ist, den Handel zwischen den Mitgliedstaaten zu beeinträchtigen (Anwendungsschwelle des EU-Wettbewerbsrechts), müssen die nationalen Wettbewerbsbehörden auch Art. 101 AEUV anwenden **(Dezentralisierung der Kartellrechtsanwendung).** Art. 3 Abs. 1 VO Nr. 1/2003 verpflichtet die nationalen Wettbewerbsbehörden und Gerichte sonach, neben dem einzelstaatlichen Wettbewerbsrecht auch die Art. 101 und 102 AEUV anzuwenden, wenn deren Voraussetzungen – Eignung zur Beeinträchtigung des zwischenstaatlichen Handels – vorliegen. 2.1921

2274) *Bechtold,* Kartellgesetz GWB, § 1 Rz. 1.

2275) Zu der bis zum 30.6.2005 geltenden Rechtslage *Bühler,* Brauerei- und Gaststättenrecht, 12. Aufl. 2009, Rz. 1899–1911, 1957, jeweils m. w. N.

2.1922 **bb) Konsequenzen.** Sonach kann eine Vereinbarung aufgrund nationalen Rechts nur noch dann verboten werden, wenn sie auch nach Art. 101 AEUV verboten ist. Nur soweit wettbewerbsbeschränkende Vereinbarungen und Verhaltensweisen bzw. der Missbrauch einer marktbeherrschenden Stellung nicht den zwischenstaatlichen Handel beeinflussen bzw. ein Unternehmenszusammenschluss sich außerhalb der jeweiligen Umsatzkriterien befindet, bleibt Regelungsspielraum für nationales Recht. Art. 3 VO Nr. 1/2003 und § 22 GWB sind dann nicht anwendbar.

2.1923 Umgekehrt können das nationale Recht und die nationalen Wettbewerbsbehörden und Gerichte eine Vereinbarung nicht unbeanstandet lassen, wenn sie gegen Art. 101 AEUV verstößt. Das Unionsrecht setzt sich also in jedem Fall durch. Soweit europäisches Recht eingreift, ist von dessen **Anwendungsvorrang** auszugehen. Dies ergibt sich auch aus Art. 3 Abs. 2 Satz 1 VO Nr. 1/2003 bzw. § 22 Abs. 2 Satz 1 GWB.

2.1924 **cc) Ausnahme.** Lediglich im Hinblick auf diejenigen Vereinbarungen die (rein) **lokale** oder allenfalls **regionale Bedeutung** haben und die deshalb die Anwendungsschwelle des Unionsrechts nicht erreichen, bleibt Raum für nationales Wettbewerbsrecht und für wettbewerbspolitische Wertungen, die von denen des Unionsrechts abweichen. Insofern sind die nationalen Wettbewerbsbehörden und -gerichte berechtigt und verpflichtet, allein die Bestimmungen des nationalen Wettbewerbsrechts (GWB) anzuwenden, wenn die Zwischenstaatlichkeitsklausel nicht erfüllt ist. Im Hinblick auf die Rechtsprechung des Gerichtshofs verbleibt wenig Raum für die alleinige Anwendung der nationalen Wettbewerbsordnungen. Allerdings sind im Hinblick auf die weite Auslegung der Zwischenstaatlichkeitsklausel durch den Gerichtshof nur wenige Fallkonstellationen denkbar, in denen allein die Bestimmungen des GWB zur Anwendung gelangen.

2.1925 **b) Art. 102 AEUV.** Diese Verdrängungswirkung gilt nicht für den Missbrauch einer marktbeherrschenden Stellung. Art. 3 Abs. 2 Satz 2 VO Nr. 1/2003 nimmt einseitige Handlungen von Unternehmen von der Vorrangwirkung des Art. 3 Abs. 2 Satz 1 VO Nr. 1/2003 aus. Dies gilt insbesondere für die **Missbrauchsaufsicht** nach §§ 19, 20 GWB. In diesem Zusammenhang ist auch § 20 Abs. 1 GWB zu nennen. Insoweit bleibt § 20 GWB weiterhin anwendbar (deutsche Klausel, Erwägungsgrund 8).

3. Kollisionsregelung des § 22 GWB

2.1926 **a) Grundlagen.** Das Verhältnis des materiellen Rechts zum europäischen Wettbewerbsrecht ist innerstaatlich in § 22 GWB, dem Spiegelbild zu Art. 3 VO Nr. 1/2003, geregelt. Aus § 22 Abs. 1 Satz 2 und Abs. 3 Sätze 1 und 2 GWB folgt die Verpflichtung zur parallelen Anwendung des europäischen und deutschen Wettbewerbsrechts **(Prinzip der Doppelprüfung).**

b) Zwischenstaatliche Sachverhalte. Soweit die zur Bewertung stehenden Verhaltensweisen geeignet sind, den zwischenstaatlichen Handel (spürbar) zu beeinträchtigen, fallen sie in den Anwendungsbereich des Art. 101 AEUV. Diese Sachverhalte müssen nicht notwendig grenzüberschreitend sein.[2276)] 2.1927

Ist europäisches Recht anwendbar, so besitzt dieses Vorrang (Art. 3 Abs. 1, Abs. 2 Satz 1 VO Nr. 1/2003, § 22 Abs. 1 Satz 2 GWB) **(Vorrangprinzip)**. Gem. § 22 Abs. 1 Satz 1 GWB ist die Anwendung des GWB dann fakultativ. Die deutschen Kartellbehörden und Gerichte müssen aber, wenn sie das GWB anwenden, parallel dazu auch Art. 101 AEUV prüfen (§ 22 Abs. 1 Satz 2 GWB und Art. 3 Abs. 1 Satz 1 VO Nr. 1/2003). 2.1928

Greift bei einer den zwischenstaatlichen Handel betreffenden Vereinbarung oder abgestimmten Verhaltensweise das Verbot des Art. 101 AEUV nicht ein, darf auch nationales Kartellrecht zumindest hierauf nicht angewandt werden. § 22 Abs. 2 GWB bekräftigt den Vorrang des Unionsrechts **(Sperrwirkung)**. 2.1929

4. Gebot europarechtsfreundlicher Auslegung

a) Einführung. Der Regierungsentwurf zur siebten GWB-Novelle hatte in § 23 GWB-E noch eine Verpflichtung der Kartellbehörden und Gerichte vorgesehen, bei der Anwendung des Kartellverbots und des Verbots des Missbrauchs einer marktbeherrschenden Stellung die Grundsätze des europäischen Wettbewerbsrechts maßgeblich zugrunde zu legen. Dann wäre die Frage, ob den Bestimmungen des Unionsrechts ausnahmsweise[2277)] eindeutig dahingehend zu beantworten, dass das nationale Recht eine Bindung vorschreibt.[2278)] 2.1930

b) Stellungnahme. Wird deutsches Kartellrecht parallel zu Art. 101, 102 AEUV angewendet, dürfte sich das Gebot einer europarechtsfreundlichen Auslegung nationalen Rechts bereits aus dem primären Unionsrecht ergeben. Nationale Behörden und Gerichte sind auf Grund der Loyalitätspflicht (Grundsatz der Unionstreue) nach Art. 4 Abs. 3 EUV gehalten, die europäischen Standards einzuhalten.[2279)] 2.1931

§ 22 Abs. 1 GWB konkretisiert ebenso wie auch Art. 3 Abs. 1 VO Nr. 1/2003 den Grundsatz des Vorrangs des Unionsrechts, soweit sein Anwendungsbereich eröffnet ist. Beide Bestimmungen schreiben die europarechtsfreundliche Auslegung als Maxime der Beurteilung wettbewerbsbeschränkender Vereinbarungen vor. § 23 GWB-E wurde im Vermittlungsverfahren zwar fallen gelassen. 2.1932

2276) EuGH, Urt. v. 9.11.1983 – Rs 322/81, Slg. 1983, 3461 – Michelin; EuGH, Urt. v. 28.1.1986 – Rs 161/84, Slg. 1986 I 353 = NJW 1986, 1415 – Pronuptia; Kommission, ABl EG 1981 Nr. L 362 – Flachglas.

2277) Siehe oben § 28 VII 10 b aa jeweils m. w. N.

2278) EuGH, Urt. v. 13.12.2012 – C-226/11, EuZW 2013, 113 – Expedia.

2279) Str., vgl. u. a. Immenga/Mestmäcker-*Ellger*, Wettbewerbsrecht, Art. 101 Abs. 3 AEUV, Rz. 73, 74.

Aus der Begründung des Regierungsentwurfs und dem Zweck der GWB-Novelle folgt aber, dass ein- und dieselbe Vorschrift des GWB nicht in unterschiedlicher Weise interpretiert und angewendet werden soll, je nachdem, ob der zu beurteilende Sachverhalt geeignet ist, den zwischenstaatlichen Handel zu beeinträchtigen oder nicht (**Einheitlichkeit des deutschen Wettbewerbsrechts**).[2280)]

2.1933 Um eine unterschiedliche Behandlung kleiner und mittlerer Unternehmen zu vermeiden und gleiche Bedingungen im Binnenmarkt zu schaffen, sind lokale und regionale Sachverhalte nach der Gesetzesbegründung nicht anders zu behandeln als solche mit grenzüberschreitenden Auswirkungen.[2281)]

2.1934 Aber auch ohne die Vorschrift des § 23 GWB-E erscheint bei der Anwendung der §§ 1, 2 und 19 GWB jedenfalls eine weitgehende Berücksichtigung der Grundsätze des europäischen Wettbewerbsrechts unter Einschluss der Entscheidungspraxis der europäischen Institutionen geboten und sachgerecht. Ausschlaggebend für die Streichung der Norm war nämlich eine Stellungnahme des Bundesrates, in der es heißt: „Dass das künftig eng an das europäische Recht angepasste Kartellgesetz im Lichte eben dieser europäischen Regeln auszulegen sein wird, ist eine methodische Selbstverständlichkeit".[2282)]

2.1935 Im Übrigen entspricht es dem Grundanliegen der Novelle, eine „Synchronisierung" des deutschen mit dem europäischen Wettbewerbsrecht zu gewährleisten.[2283)] Da die §§ 1, 2 GWB die Bestimmungen des Art. 101 Abs. 1 und 3 AEUV fast wörtlich übernehmen – in § 1 GWB fehlen nur die Regelbeispiele des Art. 101 Abs. 1 a-e AEUV –, sind für ihre materielle Auslegung die EU-rechtlichen Interpretationen zu Art. 101 Abs. 1 und 3 AEUV maßgeblich.

2.1936 c) **Folgerungen.** Hieraus ergibt sich die Verpflichtung des Rechtsanwenders zur EU-rechtskonformen Auslegung des GWB, zumindest der parallel ausgestalteten Regelungen, auch im nicht-zwischenstaatlichen Bereich. Auslegungsmaßstab sind in erster Linie die Art. 101, 102 AEUV im Lichte der **Rechtsprechung des Gerichtshofs.** Zu berücksichtigen sind daneben die Auslegung durch die Kommission, die sich vor allem in bestandskräftigen **Beschlüssen** (Art. 288 Abs. 4 AEUV) und damit konkret-individuellen Einzelfallentscheidungen, den **Gruppenfreistellungsverordnungen** (Art. 288 Abs. 2 AEUV) und den **Stellungnahmen** (Art. 288 Abs. 5 Fall 2 AEUV) wiederfindet.[2284)] Art. 2 VO Nr. 1/2003 legt dies ausdrücklich fest.

2280) Begründung Regierungsentwurf BT-Drucks. 15/3640, S. 22 und 32 („Gleichklang").

2281) Begründung Regierungsentwurf BT-Drucks. 15/3640, S. 21; *Lutz*, WuW 2005, 719.

2282) BT-Drucks. 441/04, S. 5 f.

2283) *Lutz*, WuW 2005, 718.

2284) OLG München, Urt. v. 1.8.2002 – U (K) 5658/01, WuW/E DE-R 991; OLG Düsseldorf, Beschl. v. 10.6.2005 – VI-2 Kart 12/04 (V), WuW/E 2006 DE-R 1610 – Filigranbetondecken. Siehe oben § 28 IV, VII, VIII 2, IX 3, X 2 und XI 2.

II. Verbot wettbewerbsbeschränkender Vereinbarungen und abgestimmter Verhaltensweisen

1. Nationaler Sachverhalt

Bedeutung hat das deutsche Wettbewerbsrecht nur mehr bei Sachverhalten, die rein lokale oder regionale Auswirkungen haben und keine zwischenstaatliche Relevanz aufweisen. Für die Anwendung des § 1 GWB kommt es nicht auf die Beeinträchtigung des zwischenstaatlichen Handels an. 2.1937

2. Grundsatz

Wettbewerbsbeschränkende Vereinbarungen oder abgestimmte Verhaltensweisen sind grundsätzlich verboten (§ 1 GWB). 2.1938

3. Schutzzweck und Systematik

§ 1 GWB verfolgt stärker den Gedanken des Schutzes des Vertragspartners. Während in § 1 GWB der Verbotstatbestand normiert ist, finden sich in §§ 2 und 3 GWB Voraussetzungen, bei deren Vorliegen das Verbot des § 1 GWB ausnahmsweise im Wege einer Freistellung nicht gilt. 2.1939

4. Relevanter Markt

Wie bislang ist im Vertikalbereich – anders möglicherweise bei horizontalen Bindungen – eine regionale Betrachtungsweise unzulässig. Daran hat sich nichts geändert. 2.1940

5. Wettbewerbsbeschränkung

Nachdem durch die siebte GWB-Novelle § 1 GWB auf horizontale und vertikale Vereinbarungen von Unternehmen durch Streichung des bisher geltenden Tatbestandsmerkmals „miteinander im Wettbewerb stehenden" gleichermaßen anwendbar ist, spielt die frühere Abgrenzung zwischen § 1 GWB und §§ 14–16 GWB a. F. keine Rolle mehr.[2285] 2.1941

6. Spürbarkeit der Wettbewerbsbeschränkung

a) Für die Anwendung des § 1 GWB kommt es nicht auf die Beeinträchtigung des zwischenstaatlichen Handels an, sodass nur die Grundsätze für die Spürbarkeit der Wettbewerbsbeeinträchtigung auf das deutsche Recht übertragbar sind.[2286] 2.1942

2285) Zur Altrechtslage *Bühler*, Brauerei- und Gaststättenrecht, 12. Aufl. 2009, Rz. 1899–1910, 1964 f.

2286) *Bechtold*, Kartellgesetz GWB, § 1 Rz. 37.

2.1943 Die Notwendigkeit der Feststellung der tatbestandlichen Voraussetzung einer spürbaren Wettbewerbsbeschränkung ergibt sich aus einer **teleologischen Auslegung**. Da mit der Novellierung des GWB eine Anpassung an das europäische Wettbewerbsrecht beabsichtigt war, müssen die Vorschriften im Lichte des europäischen Rechts ausgelegt werden. Die Streichung des zunächst vorgesehenen § 23 GWB-E, der die europafreundliche Auslegung und Anwendung ausdrücklich festlegen sollte, im Vermittlungsausschuss im Bundesrat, hat daran nichts geändert.[2287)] Daher muss auch nach § 1 GWB i. V. m. Art. 101 Abs. 1 AEUV ebenso wie bisher tatsächlich festgestellt werden, ob der streitgegenständliche Getränkelieferungsvertrag eine spürbare Wettbewerbsbeschränkung bewirkt.

2.1944 **b) Bagatellbekanntmachung 2007.**[2288)] **aa) Einführung.** Mit der Bagatellbekanntmachung Nr. 18/2007 vom 13.3.2007 hat das Bundeskartellamt ähnlich wie die Kommission seine Einschätzung kundgetan, wann es Wettbewerbsbeschränkungen grundsätzlich für unproblematisch hält.

2.1945 **bb) Inhalt.** Danach wird das Bundeskartellamt bei „nicht-horizontalen" Vereinbarungen von der Einleitung eines Verfahrens regelmäßig absehen, wenn der „von jedem … beteiligten Unternehmen gehaltene Marktanteil auf keinem der betroffenen Märkte **15 %** überschreitet" (Rn. 9). Bei Zweifeln über die Zuordnung zum Bereich horizontaler oder nicht-horizontaler Vereinbarungen soll die 10 %-Schwelle gelten (Rn. 10). Besteht der Verdacht kumulativer Abschottungseffekte mehrerer nebeneinander existierender **Vertragsnetze** im Umfang von insgesamt wenigstens **30 %** des betroffenen Marktes, ist die Marktanteilsschwelle für ein Eingreifen der Kartellbehörde auf **5 %** abgesenkt (Rn. 11). Im Übrigen behält sich das Amt vor, in Ausnahmefällen schon unterhalb der genannten Schwelle einzugreifen. Ein solcher Ausnahmefall soll beispielsweise dann vorliegen, wenn von der Wettbewerbsbeschränkung zu erwarten ist, dass sich für Lieferanten oder Abnehmer die Austauschbedingungen auf dem Markt insgesamt verschlechtern werden (Rn. 12). Von der Wirkung der Bekanntmachung endgültig ausgenommen sind sog. **Kernbeschränkungen**. Hierunter versteht die Bekanntmachung horizontale oder nicht-horizontale Vereinbarungen, die unmittelbar oder mittelbar eine Festsetzung von Dritten gegenüber zu berechnenden **Preisen** oder Preisbestandteilen oder eine Beschränkung von Produkten, Bezug oder Absatz, insbesondere durch Aufteilung von Versorgungsquellen, Märkten oder Abnehmern, bezwecken oder bewirken (Rn. 13–15).

2.1946 **cc) Aussagewert.** Die Bagatellbekanntmachung soll den Unternehmen bei der notwendig gewordenen **Selbsteinschätzung** helfen. Sie bindet das Bundeskartellamt, nicht die Gerichte.

2287) *Lutz*, WuW 2005, 718.

2288) Bundesanzeiger Nr. 61 v. 26.3.2007, S. 3342.

7. Darlegungs- und Beweislast

a) Die Darlegungs- und Beweislast liegt gem. Art. 2 Satz 1 VO Nr. 1/2003 bei der Partei oder Behörde, die den Vorwurf einer Zuwiderhandlung gegen § 1 GWB erhebt.[2289] **2.1947**

Nach der Begründungserwägung 5 zur VO Nr. 1/2003 lässt deren Art. 2 die nationalen Rechtsvorschriften über das Beweismaß unberührt. Diese Formulierung legt es nahe, dass die VO Nr. 1/2003 insgesamt, insbesondere auch Art. 2, keinerlei Vorgaben für die mitgliedsstaatlichen Rechtsvorschriften über Beweiserhebung, Beweisführung, Beweismaß enthalten. Auch der Untersuchungsgrundsatz, der die mitgliedsstaatlichen Gerichte und Wettbewerbsbehörden von Amts wegen zur Durchführung von Ermittlungen verpflichtet, bleibt danach in vollem Umfang unberührt.[2290] **2.1948**

b) Die Gerichte sind auch nicht gem. **§ 57 GWB** gehalten, von Amts wegen auf eine Aufklärung über die Spürbarkeit einer Beeinträchtigung des zwischenstaatlichen Handels hinzuwirken. Dies insbesondere dann, wenn der Sachverhalt – wie häufig – völlig unaufgeklärt ist und nicht lediglich ergänzende Ermittlungen anzustellen sind. Es ist nicht Aufgabe der Gerichte, eine „erste Sachaufklärung“ durchzuführen oder diese durch geeignete Hinweise und Auflagen zu veranlassen.[2291] **2.1949**

8. Freistellung

a) **§ 2 Abs. 1 GWB** enthält eine als **Generalklausel** formulierte Ausnahme vom Kartellverbot. Sie übernimmt die jeweils zwei positiven und negativen Freistellungsvoraussetzungen des Art. 101 Abs. 3 AEUV und erstreckt sie auf die Fälle, in denen es an einer Eignung zur Beeinträchtigung des zwischenstaatlichen Handels fehlt.[2292] **2.1950**

Auch im Rahmen des § 2 Abs. 1 GWB kommt es nicht darauf an, ob die Vereinbarung zwischenstaatliche Relevanz hat oder nicht. Zu prüfen sind die in § 2 Abs. 1 GWB genannten Freistellungsvoraussetzungen. Die Freistellungsvoraussetzungen des § 2 Abs. 1 GWB müssen im Einzelnen nur geprüft werden, wenn eine Gruppenfreistellungsverordnung nicht anwendbar ist oder ihre Anwendbarkeit jedenfalls nicht zweifelsfrei feststeht. Die Prüfung der General- **2.1951**

2289) OLG Düsseldorf, Beschl. v. 10.6.2005 – VI-2 Kart 12/04 (V), WuW/E 2006 DE-R 1610 – Fliligranbetondecken.

2290) *Bechtold/Bosch/Brinker/Hirsbrunner*, EG-Kartellrecht, Art. 2 VO 1/2003 Rz. 33.

2291) OLG Düsseldorf, Beschl. v. 10.6.2005 – VI-2 Kart 12/04 (V), WuW/E 2006 DE-R 1610 – Fliligranbetondecken.

2292) Begründung Regierungsentwurf BT-Drucks. 15/3640, S. 24, 26, 44.

klausel erübrigt sich somit, wenn die Bedingungen der nach § 2 Abs. 2 GWB entsprechend anwendbaren VO Nr. 330/2010 erfüllt sind.[2293)]

2.1952 b) **§ 2 Abs. 2 Satz 1 GWB** erweitert im Wege einer **dynamischen Verweisung** den – kraft Unionsrechts auf Vereinbarungen mit zwischenstaatlicher Relevanz begrenzten – Geltungsbereich der jeweils geltenden Gruppenfreistellungsverordnung auch auf Vereinbarungen ohne zwischenstaatliche Relevanz.[2294)] Konsequenz der unmittelbaren Geltung der Freistellungsnorm des § 2 Abs. 1 GWB und des dynamischen Verweises des § 2 Abs. 2 GWB ist, dass die Unternehmen selbst die kartellrechtliche Zulässigkeit der getroffenen Abreden beurteilen müssen.[2295)]

2.1953 Zu prüfen ist also, ob es eine einschlägige Freistellungsverordnung gibt. Hier ist an die VO Nr. 330/2010 zu denken. Hinweise zur Auslegung der entsprechend anzuwendenden VO Nr. 330/2010 lassen sich (ebenso zu wie § 2 Abs. 1 GWB) den einschlägigen Bekanntmachungen und Leitlinien der Kommission entnehmen. Bindungswirkung kommt ihnen allerdings nicht zu.[2296)]

2.1954 c) Die **Darlegungs- und Beweislast** liegt bei dem Unternehmen.[2297)] Das Vorliegen der vier Freistellungsvoraussetzungen wird vermutet,[2298)] wenn eine Gruppenfreistellungsverordnung auf die Vereinbarung anwendbar ist und deren Voraussetzungen erfüllt sind.

9. Verfahrensfragen

2.1955 a) Aktuell haben die mitgliedstaatlichen Gerichte nach **Art. 15 Abs. 4 VO Nr. 1/2003** die Möglichkeit, auf die besondere Expertise der Kommission bei der Anwendung und Durchsetzung des Art. 101 AEUV zurückzugreifen.[2299)]

2.1956 b) In jedem Fall bleiben die Gerichte befugt, den Gerichtshof mit der Bitte um eine **Vorabentscheidung** nach Art. 267 AEUV anzurufen. Dies stellt Art. 16 Abs. 1 Satz 4 VO Nr. 1/2003 ausdrücklich, jedoch nur deklaratorisch klar. Die Befugnis ergibt sich ohne weiteres aus dem Primärrecht.[2300)]

2.1957 c) Auch deutsche Gerichte sind bei der Anwendung einer Gruppenfreistellungsverordnung im Wege der Verweisung in § 2 Abs. 2 GWB bei nationalen Sachverhalten, die nach § 1 GWB zu beurteilen sind, zur **Vorlage** an den Ge-

2293) *Bechtold,* Kartellgesetz GWB, § 2 Rz. 8.

2294) Regierungsbegründung BT-Drucks. 15/3640, S. 25 und 44.

2295) *Bechtold,* Kartellgesetz GWB, § 2 Rz. 2.

2296) *Bechtold,* Kartellgesetz GWB, § 2 Rz. 3.

2297) *Bechtold,* Kartellgesetz GWB, § 2 Rz. 5, 7.

2298) So die Rechtslage im Unionsrecht, vgl. nur die Leitlinien der Kommission zu Art. 101 Abs. 3 AEUV, ABl 2004 Nr. C 101/97 Rz. 35.

2299) *Bechtold/Bosch/Brinker/Hirsbrunner,* EG-Kartellrecht, Art. 1 VO 1/2003 Rz. 58.

2300) *Bechtold/Bosch/Brinker/Hirsbrunner,* EG-Kartellrecht, Art. 16 VO 1/2003 Rz. 10.

richtshof berechtigt, wenn es um die Auslegung der Gruppenfreistellungsverordnung geht. Daraus dürfte sich auch bei rein nationalen Sachverhalten ohne zwischenstaatliche Relevanz jedenfalls eine faktische Bindung an die Rechtsprechung des Gerichtshofs zur Auslegung der Gruppenfreistellungsverordnungen ergeben.[2301)]

10. Folgen eines Verstoßes

a) Grundsatz. Als zivilrechtliche Folge eines Kartellrechtsverstoßes tritt die Unwirksamkeit der kartellrechtswidrigen Klausel (Bezugsbindung) ein (§ 134 BGB i. V. m. § 1 GWB). **2.1958**

b) Salvatorische Klauseln verschieben lediglich die Darlegungs- und Beweislast für die Gesamtnichtigkeit des Vertrages zu Lasten desjenigen, der den Vertrag als Ganzes für unwirksam hält.[2302)] **2.1959**

c) Geltungserhaltende Reduktion. aa) Einführung. Von der Frage der Teilnichtigkeit ist diejenige nach der Zulässigkeit einer geltungserhaltenden Reduktion zu unterscheiden. **2.1960**

bb) Grundsatz. Grundsätzlich ist bei einem die kartellrechtlichen Grenzen überschreitenden Wettbewerbsverbot eine geltungserhaltende Reduktion nicht möglich.[2303)] Grund dafür sei, dass das Gericht nicht rechtsgestaltend auf den Vertragsinhalt einwirken dürfe. **2.1961**

cc) Ausnahme. Soweit dieser Sondergesichtspunkt der nachträglichen Kartellrechtswidrigkeit nicht eingreift, kommt die Rechtsprechung mit Recht zu differenzierenden Ergebnissen. Der BGH hat bei der kartellrechtlichen Beurteilung eines Altvertrages über Stromlieferungen eine „möglichst schonende **Anpassung**" befürwortet.[2304)] Ebenso hat er ein für einen unzulässigen **Zeitraum** vereinbarte Wettbewerbsverbot auf das zulässige Maß zurückgeführt.[2305)] Dies erscheint insofern gerechtfertigt, als die Kartellrechtswidrigkeit hier nur aus der langen Laufzeit, nicht aus dem übrigen Inhalt der Vereinbarung herrührte.[2306)] Darüber hinaus steht das Verbot der geltungserhaltenden Reduktion der Umformulierung einer Regelung nicht im Wege, wenn die Umformulierung dazu dienen soll, dass der Vertrag seinen hauptsächlichen Leistungsinhalt behält.[2307)] **2.1962**

Hier ist nicht zu entscheiden, ob eine kartellrechtswidrige Klausel andere Teile des Vertrages infiziert. Vielmehr ist eine Aussage darüber zu treffen, ob eine **2.1963**

2301) EuGH, Urt. v. 14.12.2006 – C-217/05, Slg. I 2006, 12018 = NJW 2007, 3706 – CEPSA.

2302) BGH, Urt. v. 24.9.2002 – KZR 10/01, NJW 2003, 347.

2303) BGH, Urt. v. 10.12.2008 – KZR 54/08, NJW 2009, 1751.

2304) BGH, Urt. v. 10.2.2004 – KZR 14/02, NJW-RR 2004, 839.

2305) BGH, Urt. v. 29.5.1984 – KZR 28/83, WuW/E BGH 2090.

2306) Immenga/Mestmäcker-*Zimmer*, Wettbewerbsrecht, § 1 GWB Rz. 222.

2307) BGH, Urt. v. 7.12.2010 – KZR 71/08, NJW-RR 2011, 835.

kartellrechtswidrige Vertragsbestimmung in quantitativer oder qualitativer Hinsicht so „reduziert“ werden kann, dass sie im Einklang mit dem Recht steht. Zu erinnern ist an § 306 Abs. 2 BGB, wonach unwirksame Klauseln durch die gesetzliche Regelung ersetzt werden. Diese Wertung des Zivilrechts, die sich auf die Tragweite AGB-rechtlicher Unwirksamkeitsgründe bezieht, muss im Kartellrecht zwar nicht notwendigerweise Beachtung finden. Freilich sprechen aber gute Gründe dafür, den leitenden Gesichtspunkt der bürgerlich-rechtlichen Regel auch bei der kartellrechtlichen Behandlung in Rechnung zu stellen: Es soll nicht dadurch ein Anreiz zur Verwendung unzulässiger Bestimmungen gesetzt werden, dass diese Bestimmungen im Fall ihrer Unzulässigkeit lediglich auf das höchst zulässige Maß reduziert werden. Hieraus folgt, dass eine geltungserhaltende Reduktion jedenfalls dort in Betracht zu ziehen ist, wo kartellrechtliche Wirksamkeitshindernisse bei Vertragsschluss noch nicht bestanden.[2308)]

2.1964 d) Fraglich ist, ob hinsichtlich der Abwicklung des **Restvertrages** die Grundsätze der Rechtsprechung zu sittenwidrigen Bezugsbindungen (Rückführung) zum Tragen kommen.[2309)]

2.1965 e) Zwar ist im Hinblick auf den Schutzzweck des Kartellverbots der **Einwand des Rechtsmissbrauchs** gegenüber der Berufung auf die Nichtigkeit grundsätzlich unbeachtlich.[2310)]

2.1966 Im Hinblick auf eine **salvatorische Klausel** kann der Getränkelieferant jedoch ggf. nach dem Grundsatz von Treu und Glauben (§ 242 BGB) von der Gegenseite verlangen, dass diese an der Herstellung eines EU-rechtskonformen Zustandes mitwirkt.[2311)]

III. Einzelfragen

1. Laufzeit

2.1967 a) **These.** Gem. Art. 5 Abs. 1 a VO Nr. 330/2010 scheinen Getränkebezugsbindungen höchstens auf die Dauer von fünf Jahren freigestellt zu sein. Bei wörtlicher Auslegung des § 1 GWB könnte daher die These formuliert werden, Getränkelieferungsverträge seien nach deutschem Kartellrecht nicht mehr mit einer Laufzeit von mehr als fünf Jahren rechtswirksam abzuschließen.

2.1968 b) **Stellungnahme.** Diesem Ansatz ist zu widersprechen. Hiergegen sprechen Anlass und Ziel der siebten GWB-Novelle, ausschließlich die Angleichung des deutschen Kartellrechts an die Fortentwicklung des europäischen Wettbewerbsrechts zu bewerkstelligen.[2312)]

2308) Immenga/Mestmäcker-*Zimmer*, Wettbewerbsrecht, § 1 GWB Rz. 222.

2309) OLG München, Urt. v. 18.1.2001 – U (K) 5630/99, WuW/E DE-R 968.

2310) OLG München, Urt. v. 18.1.2001 – U (K) 5630/99, WuW/E DE-R 968.

2311) OLG München, Urt. v. 18.1.2001 – U (K) 5630/99, WuW/E DE-R 968.

2312) Siehe oben § 29 I 4 b.

Entsprechend dem Grundanliegen der siebten GWB-Novelle die Regelungen des nationalen und europäischen Wettbewerbsrechts anzugleichen, müssen die aktuell geltenden Vorschriften des GWB, hier § 1 GWB, im Lichte des europäischen Rechts ausgelegt werden.[2313)] Ausweislich der Begründung der Novelle dürfen wettbewerbsbeschränkende Vereinbarungen, die nicht nach Art. 101 AEUV verboten sind, auch nicht über eine (erweiternde) Interpretation § 1 GWB unterworfen und damit verboten werden.[2314)] 2.1969

Daher ist an die zu Art. 101 Abs. 1 AEUV entwickelten Rechtsgrundsätze anzuknüpfen. Entsprechend der ständigen Rechtsprechung des Gerichtshofs ist die **Spürbarkeit** sowohl der Wettbewerbsbeeinträchtigung als auch des Handels zwischen den Mitgliedstaaten festzustellen.[2315)] 2.1970

Die Nichtaufnahme des § 23 GWB-E des Regierungsentwurfs zur europafreundlichen Auslegung im Vermittlungsausschuss auf Wunsch der Bundesländer führt nicht zu einer abweichenden Beurteilung, sondern stützt diese Interpretation.[2316)] 2.1971

Nach der Rechtsprechung des Gerichtshof in der Rechtssache Delemitis ./. Henningerbräu[2317)] und den verschiedenen aktuellen Verlautbarungen der Kommission[2318)] lässt sich bei genetischer, europasystematischer und teleologischer Interpretation nicht die These ableiten, Bezugsbindungen mit einer Laufzeit von mehr als fünf Jahren verstießen gegen § 1 GWB. 2.1972

Dieses Ergebnis wird auch von der aktuellen Praxis bestätigt. Nach Inkrafttreten des GWB in der Fassung der siebten GWB-Novelle haben weder deutsche Gerichte noch Kartellbehörden die Laufzeit von Getränkelieferungsverträgen im Hinblick auf § 1 GWB in Zweifel gezogen. Eine Verkürzung der Laufzeit auf fünf Jahre würde auch dem zunehmenden Finanzierungsbedarf der Gastwirte einerseits und den höheren Anforderungen an die Amortisation der Leistungen der Getränkelieferanten andererseits nicht gerecht werden. Letztlich wäre eine entsprechende Forderung auch nicht im Interesse der Gastwirte, die anderenfalls die gewährte Leistung wohl in Tilgung als auch Verzinsung in kürzeren Zeiträumen kaum noch erwirtschaften könnten. Auch zeigt ein Blick in die Vertriebs- und Vertragspraxis, dass § 1 GWB in der Fassung der Novelle nicht zu einer Reduzierung der Laufzeit von Getränkelieferungsverträgen geführt hat.[2319)] 2.1973

2313) Siehe oben § 29 I 4 b.

2314) *Gödde*, in: Martinek/Semler/Habermeier/Flohr, Vertriebsrecht, § 52 Rz. 182.

2315) *Lutz*, WuW 2005, 719.

2316) *Lutz*, WuW 2005, 725.

2317) Siehe oben § 28 IV.

2318) Siehe oben § 28 VIII 2, und XI.

2319) *Gödde*, in: Martinek/Semler/Habermeier/Flohr, Vertriebsrecht, § 52 Rz. 184.

2. Eigentümererklärungen[2320)]

2.1974 **a) Unternehmensbegriff. aa) Grundlagen.** Der Unternehmensbegriff des § 2 Abs. 1 GWB entspricht dem des Art. 101 Abs. 1 AEUV. Daher kann auf die Ausführungen im Zusammenhang mit Art. 101 Abs. 1 AEUV verwiesen werden.[2321)] Der Unternehmensbegriff des GWB ist unabhängig von dem anderer Gesetze, insbesondere von § 14 BGB, zu definieren.[2322)] Auch im Zusammenhang mit § 1 GWB vertritt die h. M. einen **funktionalen Unternehmensbegriff.**[2323)]

2.1975 Nach ständiger Rechtsprechung des BGH ist der Unternehmensbegriff weit zu verstehen. Jede Tätigkeit im geschäftlichen Verkehr genügt. Umfang, Nachhaltigkeit und Planmäßigkeit spielen bei der Begriffsbestimmung keine Rolle.[2324)] Auch Ein-Personen-Unternehmen werden vom GWB erfasst.[2325)]

2.1976 Die Absicht der Gewinnerzielung ist kein für den Unternehmensbegriff wesentliches Merkmal, denn auch gemeinnützige Organisationen können als Marktteilnehmer auftreten und Wettbewerbsbeschränkungen bewirken.[2326)]

2.1977 Im Ergebnis lässt sich der Begriff des Unternehmens definieren als jede selbständige und nicht lediglich dem privaten Verbrauch dienende Tätigkeit im geschäftlichen Verkehr.[2327)]

2.1978 Bei der Abgrenzung zwischen privaten und gewerblichen Anbietern der gleichen Leistung kommt es für die Subsumtion unter dem Begriff des „Unternehmens" nicht darauf an, dass die Privatpersonen regelmäßig tätig werden.[2328)] Es ist auch nicht erforderlich, dass die das „Unternehmen" begründende Tätigkeit hauptberuflich betrieben wird.[2329)] Privatpersonen können allerdings durchaus als Unternehmen anzusehen sein, wenn sie Waren oder Leistungen anbieten. Denn in dieser Funktion geht der Schutz ihrer Handlungsfreiheit dem der Wettbewerbsfreiheit nicht vor.[2330)]

2.1979 **bb) Private Personen.** Folge des funktionalen Unternehmerbegriffs ist, dass der private Verbrauch sowie die private Vermögensanlage – soweit sie nicht

---

2320) Zum Parallelproblem bei § 34 GWB a. F. *Bühler,* Brauerei- und Gaststättenrecht, 12. Aufl. 2009, Rz. 1902, 1966, 1985–1988, jeweils m. w. N.

2321) Siehe oben § 28 II 3.

2322) Immenga/Mestmäcker-*Zimmer*, Wettbewerbsrecht, § 1 GWB Rz. 27.

2323) Immenga/Mestmäcker-*Zimmer*, Wettbewerbsrecht, § 1 GWB Rz. 27.

2324) Immenga/Mestmäcker-*Zimmer*, Wettbewerbsrecht, § 1 GWB Rz. 32, 33, 35.

2325) Immenga/Mestmäcker-*Zimmer*, Wettbewerbsrecht, § 1 GWB Rz. 37, 52.

2326) Immenga/Mestmäcker-*Zimmer*, Wettbewerbsrecht, § 1 GWB Rz. 56.

2327) Immenga/Mestmäcker-*Zimmer*, Wettbewerbsrecht, § 1 GWB Rz. 38.

2328) OLG Düsseldorf, Urt. v. 9.7.1968 – U (Kart), WRP 1968, 335 = Zeller I, 115 (Gaststättenpachtvertrag).

2329) Immenga/Mestmäcker-*Zimmer*, Wettbewerbsrecht, § 1 GWB Rz. 35.

2330) Immenga/Mestmäcker-*Zimmer*, Wettbewerbsrecht, § 1 GWB Rz. 28, 34, 38.

mittels gewerblicher Unternehmen erfolgen – aus dem Anwendungsbereich des GWB ausgeklammert sind.[2331)]

cc) Körperschaften und Anstalten des öffentlichen Rechts, sonstige öffentlich-rechtliche Einrichtungen und staatliche Behörden sowie Beliehene können dagegen, soweit sie nicht rein hoheitlich handeln oder Waren zu sozialen Zwecken erwerben, als Unternehmen i. S. d. § 1 GWB angesehen werden.[2332)] Auch der Fiskus kann Unternehmen i. S. d. GWB sein, wenn er sich im Geschäftsverkehr betätigt. So etwa die Bundeswehrverwaltung (Wehrbereichsverwaltung), wenn sie eine Kantine vermietet oder verpachtet.[2333)] 2.1980

b) Konsequenzen. aa) Hauseigentümer als Vermieter oder Verpächter. Unternehmer ist danach eine Privatperson, die Gewerberäume vermietet oder eine Absatzstätte verpachtet.[2334)] Grundsätzlich kommt ein Gaststättenverpächter bzw. Gaststättenvermieter als Unternehmer in Frage, weil es nach den Definitionen gem. § 1 GWB nicht auf die Rechtsform, die Art der Organisation oder die Größe des Unternehmens ankommt. Entscheidend ist, dass eine wirtschaftliche Tätigkeit im geschäftlichen Verkehr vorliegt, die sich nicht auf eine reine private Vermögensverwaltung beschränkt. 2.1981

Nach einer Entscheidung des BGH verwertet der Eigentümer eines Hauses, indem er als Vermieter oder Verpächter einem Gewerbetreibenden ein Geschäftslokal überlässt, sein Eigentum im geschäftlichen Bereich, sodass er im Bezug auf die Vermietung und Verpachtung als Unternehmer anzusehen ist und deshalb auch bei Abschluss eines langfristigen Automatenaufstellvertrages für die Absatzstätte als Unternehmer tätig wird.[2335)] Zwar lässt der BGH hier offen, ob alleine das Verpachten für die Annahme der Unternehmereigenschaft ausreicht. Er stellt aber auf die Kombination aus Verpachtung und Abschluss eines Automatenaufstellvertrages für die Annahme der Unternehmereigenschaft ab.[2336)] Aus der Urteilsbegründung wird deutlich, dass hiernach wohl schon allein das Vermieten und Verpachten an einen Gewerbetreibenden Teilnahme am geschäftlichen Verkehr bedeutet. Im Ergebnis dürfte der BGH den Unternehmensbegriff weit auslegen. 2.1982

Enger erscheint dagegen eine frühere Entscheidung des BGH.[2337)] Danach reichte es für die Annahme der Unternehmereigenschaft nicht aus, dass sich ein 2.1983

2331) Immenga/Mestmäcker-*Zimmer*, Wettbewerbsrecht, § 1 GWB Rz. 28.

2332) Immenga/Mestmäcker-*Zimmer*, Wettbewerbsrecht, § 1 GWB Rz. 30, 56, 58, 61, 62.

2333) Immenga/Mestmäcker-*Zimmer*, Wettbewerbsrecht, § 1 GWB Rz. 58.

2334) OLG Düsseldorf, Urt. v. 9.7.1968 – U (Kart), WRP 1968, 335 = Zeller I, 115 (Gaststättenpachtvertrag).

2335) BGH, Urt. v. 11.4.1978 – KZR 1/77, WM 1978, 796 (Automatenaufstellvertrag); dazu *Bühler*, Brauerei- und Gaststättenrecht, 12. Aufl. 2009, Rz. 2618.

2336) BGH, Urt. v. 11.4.1978 – KZR 1/77, WM 1978, 796 (Automatenaufstellvertrag).

2337) BGH, Urt. v. 25.11.1965 – KZR 11/64, NJW 1966, 652 = Zeller I, 46.

Verpächter lediglich verpflichtet hatte, für die Weitergabe der Vertragspflichten auf nachfolgende Pächter zu sorgen, weil die wirtschaftliche Wechselwirkung zwischen dieser Vereinbarung einerseits und den Austauschverträgen des Verpächters mit dem Pächter sowie des Pächters mit dem Getränkelieferanten andererseits nicht der Vereinbarung selbst den Charakter eines Austauschvertrages verleihen. Maßgeblich ist, dass eine wirtschaftliche Tätigkeit ausgeübt wird. Eine solche liegt insbesondere dann, aber nicht ausschließlich vor, wenn das Angebot von oder die Nachfrage nach Waren und Dienstleistungen vorliegt. Es muss ein gewisser Zusammenhang von Leistung und Gegenleistung bestehen. Im Falle des Hauseigentümers als Verpächter greift dieser derartig in die Vertragsbeziehung ein, dass durch seine „Weitergabe der Verpflichtungen" erst die neuen Vertragsparteien zueinander finden. Da der Begriff des Unternehmens weit ausgelegt wird, könnte in dem Fall, dass der Verpächter derart in geschäftliche Vorgänge eingreift, dass er Leistung und Gegenleistung zueinander bringt, eine wirtschaftliche Tätigkeit und damit Unternehmereigenschaft angenommen werden, weil er durch das Verpachten seiner Absatzstätte selber Teil von Nachfrage und Angebot am Markt wird. Dies muss erst recht gelten, wenn zusätzlich etwa Automatenaufstellverträge geschlossen werden.

2.1984 **bb) Vereine.** Unternehmen können auch rechtsfähige und nicht rechtsfähige Vereine sein. Idealvereine sind dagegen nicht Unternehmen, soweit sie nicht wirtschaftlich tätig sind und nur die nicht wirtschaftlichen Anliegen ihrer Mitglieder verfolgen; anderes gilt bei wirtschaftlichen Aktivitäten solcher Vereine.[2338)]

2.1985 **Sportvereine** werden zwar in der Regel als Idealvereine gegründet (§ 21 BGB). Sie entwickeln sich aber in der Praxis häufig zu bedeutenden Wirtschaftssubjekten und können daher grundsätzlich unternehmerisch tätig werden. Bei Amateursportvereinen ist die Unternehmereigenschaft zu bejahen, wenn sie sich auf dem Markt für Sportveranstaltungen betätigen, nicht aber, wenn sie lediglich die Interessen ihrer Mitglieder auf sportlichem Gebiet vertreten.[2339)]

2.1986 Für den Amateursportverein, der als Eigentümer einer Absatzstätte verpachtet, muss das Gleiche gelten. Denn die Verpachtung dient nicht der Verfolgung sportlicher Interessen seiner Mitglieder, sondern ist vielmehr in dem oben dargestellten engen Maße in das Zusammenbringen von Nachfrage und Angebot eingebunden und stellt eine wirtschaftliche Betätigung dar.

2.1987 **cc) Kommunen.** Auch eine Kommune kommt grundsätzlich als Unternehmer in Betracht, solange sie nicht nur soziale Aufgaben verfolgt. Verpachtet sie als Eigentümerin in der genannten Konstellation eine Absatzstätte, übt sie ent-

---

2338) *Bechtold,* Kartellgesetz GWB, § 1 Rz. 8.

2339) Immenga/Mestmäcker-*Zimmer*, Wettbewerbsrecht, § 1 GWB Rz. 59.

sprechend einem privaten Eigentümer eine wirtschaftliche Tätigkeit aus und ist als Unternehmen zu betrachten.[2340)]

3. Preise und Konditionen

Mit der Streichung des Empfehlungsverbots der §§ 22, 23 GWB a. F. (hier i. V. m. dem ebenfalls gestrichenen § 14 GWB a. F.) greifen die allgemeinen Vorschriften des GWB ein. Dies sind die §§ 1 und 2 GWB. Ein spezielles Empfehlungsverbot gibt es nicht mehr.[2341)] 2.1988

IV. Marktbeherrschung, wettbewerbsbeschränkendes Verhalten[2342)]

1. Anwendungsbereich

Wie Art. 102 AEUV enthalten die §§ 18–20 GWB ein grundsätzliches Verbot missbräuchlichen Verhaltens bei marktbeherrschender Stellungoder relativer oder überlegener Marktmacht. Freistellungsmöglichkeiten bestehen nicht, die VO Nr. 330/2010 gilt nicht. Die Vorschriften des europäischen und deutschen Kartellrechts gelten parallel. 2.1989

2. Diskriminierungsverbot, Verbot unbilliger Behinderung

Verstößt die Vereinbarung einer Bezugsbindung nicht gegen Unionsrecht, sind auch im Übrigen unbeschadet der Frage, ob das innerstaatliche Recht gem. Art. 3 Abs. 2 Satz 2 VO 1/2003 strengere Anforderungen stellen darf als das Unionsrecht, keine Gründe ersichtlich, warum in einer Bezugsbindung eine unbillige Behinderung i. S. d. § 20 Abs. 1 GWB a. F. liegen sollte.[2343)] 2.1990

Vermarktet der Eigentümer oder berechtigter Besitzer eines Grundstücks seine Flächen über unternehmenseigene Gesellschaften, die verschiedene, über die bloße Vermietung der Flächen hinausgehende Leistungen erbringen, darf der Mietvertrag nach einer Entscheidung des OLG München vom 14.3.2013[2344)] grundsätzlich keine Klausel enthalten, die Mieter für bestimmte Leistungen zum Bezug bei unternehmenseigenen Gesellschaften verpflichtet. In dem streitgegenständlichen Fall hatte der Kläger, der Freistaat Bayern, Räumlichkeiten in der Münchener Residenz vermietet. Seit 2008 verpflichtete er die Mieter, für die Bewirtschaftung von Veranstaltungen ausschließlich ein bestimmtes Unternehmen zu beauftragen, das wiederum dem Kläger gegenüber verpflichtet ist, bei solchen Veranstaltungen ausschließlich Getränke eines unselbständigen 2.1991

2340) *Bechtold*, Kartellgesetz GWB, § 1 Rz. 10, 11.

2341) Amtliche Begründung, BR-Drucks. 441/04, S. 50 f.

2342) Zur Altrechtslage *Bühler*, Brauerei- und Gaststättenrecht, 12. Aufl. 2009, Rz. 1957.

2343) BGH, Beschl. v. 11.11.2008 – KVR 17/08, NJW 2009, 1753.

2344) OLG München, Urt. v. 14.3.2013 – U 1891/12 Kart, BeckRS 2013, 07113, mit Anm. *Nemeczek*, GRUR-Prax 2013, 260.

Wirtschaftsunternehmens des Klägers auszuschenken. Die Beklagte veranstaltete seit 1997 Konzerte in der Liegenschaft, welche jeweils eine Brauerei als Sponsor unterstützt und deren Bier dabei ausgeschenkt wurde. Nach erfolgloser Abmahnung verweigerte die Brauerei, die die Beklagte für die Veranstaltung des Jahres 2009 engagiert hatte, die vereinbarte Sponsorenzahlung in Höhe von 17.000,00 €. Die Beklagte stornierte drei Termine. In den Allgemeinen Geschäftsbedingungen des Klägers war für diesen Fall eine Ausfallentschädigung in Höhe der vereinbarten Grundmiete vorgesehen.

2.1992 Das OLG München gab der Berufung statt. Die Klageansprüche seien durch Aufrechnung mit einem kartellrechtlichen Schadensersatzanspruch des Beklagten nach §§ 33 Abs. 3 Satz 1, 20 Abs. 1 GWB (a. F.) erloschen. Durch das Verbot, bei Veranstaltungen im streitgegenständlichen Objekt Getränke anderer Brauereien auszuschenken, behindere der Kläger die Beklagte unbillig und verstoße so gegen das gem. § 130 GWB auch für Unternehmen der öffentlichen Hand geltende Verbot des § 20 Abs. 1 GWB a. F. Dem Kläger komme eine marktbeherrschende Stellung (§ 19 Abs. 2 Satz 2 Nr. 2 GWB a. F.) für die Bereitstellung der Flächen in München und dessen näherer Umgebung zu. Durch das Verbot nehme der Kläger der Beklagten die Möglichkeit, eigenverantwortlich darüber zu entscheiden, welches Bier bei ihrer Veranstaltung ausgeschenkt wird. Die Beklagte könne infolgedessen keine Sponsorenleistungen von Brauereien erlangen und werde dadurch objektiv in ihren Wettbewerbsmöglichkeiten behindert. Durch sein Bezugsverbot greife der Kläger auf die in den nachgelagerten Märkten des Getränkebezugs tätigen Unternehmen durch; dies sei mit den Zielsetzungen des Kartellrechts nicht vereinbar. Im Ergebnis darf nach dieser Rechtsprechung der (Miet-)Vertrag keine Klausel enthalten, die den Mieter für bestimmte Leistungen zum Bezug bei unternehmenseigenen Gesellschaften verpflichtet. Der Eigentümer oder berechtigte Besitzer muss daher den Verkauf unternehmensfremder Leistungen zulassen, unberührt davon bleibt, dass § 20 Abs. 1 GWB a. F. den Normadressaten grundsätzlich nicht daran hindert, seinen Vertrieb auch über unternehmenseigene Tochtergesellschaften zu organisieren.[2345)]

V. Altproblem des Schriftformerfordernisses nach § 34 GWB a. F.

2.1993 Den Schwerpunkt in der Anwendung des deutschen Kartellrechts auf Getränkelieferungsverträge bildete lange Zeit die Rechtsprechung über die nach § 34 GWB a. F. vorgeschriebene Einhaltung der Schriftform. Im Rahmen der sechsten GWB-Novelle war § 34 GWB a. F. mit Wirkung zum **1.1.1999** gestrichen worden. Für Verträge, die vor diesem Datum geschlossen worden waren, führte allein der Wegfall des Schriftformerfordernisses nicht zur nachträglichen Wirk-

2345) BGH, Urt. v. 24.9.2002 – KZR 38/99, NJW-RR 2003, 834.

samkeit. Denn die Gültigkeit eines Rechtsgeschäfts bestimmt sich nach den Formvorschriften, die bei seiner Vornahme galten (**„tempus regit actum“**).[2346)]

Damit unterlagen alle ab 1.1.1999 geschlossenen Getränkelieferungsverträge nicht mehr dem kartellrechtlichen Schriftformerfordernis. Unberührt blieb das seit dem 1.1.1991 bestehende Schriftformerfordernis (§ 2 Nr. 3 VerbrKrG i. V. m. § 4 Abs. 1 Satz 1 VerbrKrG, aktuell § 510 Abs. 2 Satz 1 BGB). **2.1994**

Die Möglichkeit einer nach Wegfall des Formerfordernisses vorgenommenen **Bestätigung** des nichtigen Rechtsgeschäfts nach § 141 BGB bestand weiter. Dies setzte allerdings voraus, dass die objektiven und subjektiven Tatbestandsmerkmale des § 141 BGB gegeben waren. Ob alleine das weitere Praktizieren eines – formnichtigen – Vertrages genügte, war zweifelhaft.[2347)] **2.1995**

VI. Vergaberecht

1. Einführung

Schließen Getränkelieferanten, insbesondere Brauereien, Getränkelieferungsverträge mit Komunen oder sonstigen öffentlichen Auftraggebern, stellt sich die Frage, ob seitens der Vertragspartner der Getränkelieferanten Vergaberecht zu beachten sind. **2.1996**

2. Grundlagen

Zum Vergaberecht rechnen sämtliche Vorschriften, die öffentliche Auftraggeber berücksichtigen müssen, wenn sie Verträge über Warenlieferungen, Dienst- oder Werkleistungen gegen Entgelt abschließen. Nach § 102 GWB unterliegt nur die Vergabe öffentlicher Aufträge dem **Vergabenachprüfungsverfahren** (§ 102 GWB). Gem. § 99 Abs. 1 GWB ist unter einem **öffentlichen Auftrag** die entgeltliche Beschaffung einer Leistung durch den öffentlichen Auftraggeber zu verstehen. **2.1997**

3. Belieferung von Festwirten

Ein Vertrag, in welchem eine Gemeinde einer Brauerei das Exklusivrecht einräumt, einen Festwirt bei einer von der Gemeinde veranstalteten Festwoche mit Bier zu beliefern und in welchem die Gemeinde ihrerseits sich dazu verpflichtet, dem Festwirt vertraglich aufzuerlegen, nur dieses Bier auszuschen- **2.1998**

2346) BGH, Urt. v. 2.2.1999 – KZR 51/97, WM 1999, 1371; BGH, Urt. v. 9.3.1999 – KZR 23/97, DB 1999, 1318; BGH, Urt. v. 25.4.2001 – VIII ZR 135/00, BGHZ 147, 279 = NJW 2001, 2331 = ZIP 2001, 1245; BGH, Urt. v. 24.9.2003 – X ZR 234/00, WM 2004, 346; OLG Schleswig, Urt. v. 7.1.2000 – 11 U 204/98.

2347) BGH, Urt. v. 2.2.1999 – KZR 51/97, WM 1999, 1371; OLG Düsseldorf, Urt. v. 13.2.1996 – U (Kart) 4/95, WuW 1997, 242.

ken, stellt mangels Beschaffungsvorgang keinen öffentlichen Vertrag i. S. d. § 99 Abs. 1 GWB dar.[2348)]

4. Vermietung/Verpachtung einer Veranstaltungshalle mit Gasträumen

2.1999 Die Vermietung/Verpachtung eines Geländes als solches unterfällt nicht dem Vergaberecht. Anknüpfungspunkt für die Anwendung des Vergaberechts können nur die weiteren Vertragsbedingungen sein. Führen diese Konditionen des Vertrages zu einer Einordnung als Dienstleistungskonzession i. S. d. Art. 1 Abs. 4 Richtlinie 2004/18/EG, gelten für deren Überprüfung die Vorschriften über die Nachprüfung durch die Vergabekammern (§§ 102–115a GWB) nicht.[2349)]

Sechster Abschnitt: Pflichtverletzungen und ihre Folgen

§ 30 Berechnung des entgangenen Gewinns

I. Grundlagen

1. Einführung

2.2000 Bei Nichterfüllung der Getränkebezugsverpflichtung kann der Getränkelieferant als Schadensersatz den entgangenen Gewinn (§ 252 BGB) verlangen. Dies unabhängig davon, welche Art des Vertragsverstoßes vorliegt. Die praktische Bedeutung kann nicht hoch genug eingeschätzt werden.[2350)] Gelegentlich bestehen Unsicherheiten bei der Berechnung der Höhe des Schadensersatzes, der Getränkelieferanten bei Vertragsverstößen durch den Gastwirt zusteht.

2. Gerichtliche Entscheidungspraxis

2.2001 Die Zahl der veröffentlichten Entscheidungen ist erstaunlich gering. Die Gründe hierfür sind vielfältig. Eine konkrete Schadensersatzberechnung setzt im Hinblick auf den Abzug ersparter Aufwendungen voraus, dass die entsprechenden betriebswirtschaftlichen Zahlen schnell und zuverlässig ermittelt werden können. Einige Getränkeliefereranten verfügen nicht über ein hinreichend aussagekräftiges internes Rechnungswesen (Kostenrechnung im Sinne von Kostenarten- und Kostenstellenrechnung zwecks Zurechnung und Verteilung der angefallenen Kosten) zur Ermittlung des betrieblichen Erfolges. Auch müssen Geschäftsinterna wie die Kalkulation, die Abnehmer und die Lieferanten offengelegt werden. Die konkrete Schadensersatzberechnung führt im Ergebnis dazu, dass – auch in einer öffentlichen Gerichtsverhandlung – ggf. die Preiskalkulation des Lieferanten darzulegen ist. Diese Scheu ist aber unbegründet, weil

2348) OLG München, Beschl. v. 22.1.2012 – Verg 17/11, BeckRS 2012, 03166.

2349) OLG Düsseldorf, Beschl. v. 28.3.2012 – VII-Verg 37/11, BeckRS 2012, 10229.

2350) Siehe oben § 17 I.

in der öffentlichen Gerichtsverhandlung nicht die einzelnen zur Begründung der Berechnung des **Deckungsbeitrag**es und damit des entgangenen Gewinns virulenten Zahlen – insbesondere umfassend – ausgebreitet werden.

Überdies können sich trotz der Möglichkeit der Schadensschätzung nach § 287 (Abs. 2) ZPO[2351)] Beweisschwierigkeiten im Zusammenhang mit der Berechnung des Schadensersatzes ergeben. Daher arbeitet die Praxis häufig mit Schadensersatzpauschalierungen. Die Prozesserfahrung zeigt des Weiteren, dass nicht wenige Getränkelieferanten sehr zurückhaltend sind, bei sich im Prozess abzeichnender Nichtigkeit ihrer pauschalen Schadensersatzklauseln zu einer konkreten Schadensberechnung überzugehen.[2352)] 2.2002

II. Rechtlicher Rahmen

1. Anspruchsgrundlage

Will der Getränkelieferant Schadensersatz statt der Leistung, d. h. den sog. Nichterfüllungsschaden, geltend machen, müssen wegen § 280 Abs. 3 BGB die zusätzlichen Voraussetzungen der §§ 281 ff. BGB vorliegen. Daraus folgt zugleich, dass es sich bei § 280 Abs. 1 BGB auch in diesen Fällen um die Haftungsnorm handelt, deren Voraussetzungen (Schuldverhältnis, Pflichtverletzung, Vertretenmüssen) ebenfalls gegeben sein müssen. Soweit nicht vertragliche Regelungen vorhanden sind, ist Anspruchsgrundlage § 280 Abs. 1, 3 BGB i. V. m. §§ 281, 283 BGB.[2353)] 2.2003

2. Rechtsgrundlagen der Schadensberechnung

Die Schadensermittlung vollzieht sich nach §§ 249 Abs. 1, 252 Satz 2 BGB. 2.2004

III. Ermittlung des entgangenen Gewinns

1. Schadensersatz statt der Leistung

Gem. § 326 BGB a. F. konnte als Schadensersatz statt der Leistung die Differenz zwischen dem Interesse an der Vertragserfüllung und der ersparten Leistung verlangt werden.[2354)] Nunmehr ergibt sich diese Rechtsfolge aus § 281 2.2005

2351) BGH, Urt. v. 22.2.1989 – VIII ZR 45/88, BGHZ 107, 67 = NJW 1989, 1669 = ZIP 1989, 450 = Zeller IV, 270 (Vertrag Brauerei-Getränkefachgroßhändler); BGH, Urt. v. 6.7.1993 – VI ZR 228/92, NJW 1993, 2673; BGH, Urt. v. 3.7.1996 – VIII ZR 92/95, NJW-RR 1996, 1394 (Zuschuss- und Getränkelieferungsvertrag); BGH, Urt. v. 6.2.2001 – VI ZR 339/99, NJW 2001, 1640; OLG Karlsruhe, Urt. v. 18.10.2001 – 19 U 97/01, BeckRS 2001, 30212399; OLG Zweibrücken, Urt. v. 6.7.2009 – 7 U 180/08; OLG Hamm, Urt. v. 10.5.2012 – I-22 U 203/11 (Vertrag Brauerei-Getränkefachgroßhändler). BGH, Urt. v. 3.7.1996 – VIII ZR 92/95, NJW-RR 1996, 1394.

2352) OLG Nürnberg, Urt. v. 5.2.2002 – 1 U 2314/01, NJW-RR 2002, 917.

2353) OLG Köln, Urt. v. 18.4.2013 – 7 U 180/12, BeckRS 2013, 07760.

2354) BGH, Urt. v. 22.2.1989 – VIII ZR 45/88, BGHZ 107, 67 = NJW 1989, 1669 = ZIP 1989, 450 = Zeller IV, 270 (Vertrag Brauerei-Getränkefachgroßhändler).

Abs. 1 BGB, der den Begriff des „Schadensersatzes wegen Nichterfüllung" durch den des „Schadensersatzes statt der Leistung" ersetzt hat. Eine Änderung des Umfanges der Schadensersatzpflicht ist damit nicht verbunden.

2. Differenztheorie

2.2006 a) **Inhalt.** Zu ersetzen ist das (volle) Erfüllungsinteresse. Der Getränkelieferant ist so zu stellen, wie er stehen würde, wenn der Vertrag ordnungsgemäß erfüllt worden wäre.[2355)] Dazu bedarf es der Bildung einer Vermögensdifferenz zwischen dem gedachten Zustand, dessen Herstellung nach § 249 Abs. 1 BGB geschuldet wird, und dem Istzustand.

2.2007 b) **Gesamtvermögensvergleich.** Bei der Schadensberechnung hat der Gläubiger einen Gesamtvergleich zwischen der aktuellen Vermögenslage und jener bei hypothetisch korrekter Erfüllung vorzunehmen. Sämtliche Vor- und Nachteile, die sich aus der gescheiterten Vertragsdurchführung ergeben, sind einzubeziehen. Leistung, Gegenleistung und etwaige Folgeschäden stellen bloße Rechnungsposten dar.[2356)]

3. Differenzierung

2.2008 Im Unternehmerverkehr entspricht es dem gewöhnlichen Lauf, dass der Unternehmer Waren zum Marktpreis kaufen oder verkaufen kann.[2357)] Der Unternehmer kann daher als Schaden die **Differenz zwischen Marktpreis bzw. Vertragspreis und Selbstkosten** fordern.[2358)]

2.2009 Im Rahmen der Schadensersatzberechnung nach § 252 Satz 2 Fall 1 BGB („nach dem gewöhnlichen Lauf der Dinge") ist je Bindenden (Brauerei, Getränkehersteller; Getränkefachgroßhändler), Vertriebsmodell[2359)] und Sortiment der **Unterschied** zwischen dem (besonderen) **Vertrags-/Verkaufspreis** und **Herstellungspreis (Selbstkosten)**[2360)] bzw. zwischen **Vertrags-/Verkaufspreis**

2355) LG Freiburg, Urt. v. 28.7.2006 – 12 0. 118/05.

2356) BGH, Urt. v. 24.9.1999 – V ZR 71/99, WM 1999, 2505; BGH, Urt. v. 26.10.2000 – IX ZR 227/99, NJW 2001, 1136 = ZIP 2001, 31.

2357) BGH, Urt. v. 19.10.2005 – VIII ZR 392/03, NJW-RR 2006, 243.

2358) BGH, Urt. v. 2.3.1988 – VIII ZR 380/86, NJW 1988, 2234; BGH, Urt. v. 1.3.2001 – III ZR 361/99, NJW-RR 2001, 985.

2359) Zum Vertriebsmodell 1 vgl. LG Berlin, Urt. v. 10.10.2012 – 10 O. 243/11.

2360) BGH, Urt. v. 22.2.1989 – VIII ZR 45/88, BGHZ 107, 67 = NJW 1989, 1669 = ZIP 1989, 450 = Zeller IV, 270 (Vertrag Brauerei-Getränkefachgroßhändler); BGH, Urt. v. 15.11.2000 – VIII ZR 322/99, NJW-RR 2001, 987.

und billigerem **Einkaufspreis** zu ermitteln.[2361] Bereits diese Unterscheidung führt hinsichtlich der Höhe des entgangenen Gewinns zu erheblichen Abweichungen zwischen Brauereien und Getränkefachgroßhändlern.

Daher gibt es kein einheitliches Berechnungsschema. Vielmehr bedarf es in jedem Einzelfall im Hinblick auf die unterschiedlichen Deckungsbeiträge je nach Absatzkanal, Umfang des gebundenen Sortiments (Eigen-/Handelsware), Gebinde (Fass- oder Flaschenbier) und Abrechnungsperiode ((Rumpf-)Kalenderjahr) der mehrfachen Differenzierung. Diese ist betriebswirtschaftlich durch entsprechend aufgebaute, hinreichend tief strukturierte und aussagekräftige, nicht zwingend EDV-gestützte oder mehrstufige **Deckungsbeitragsrechnung** zu unterlegen. Sollte der Getränkelieferant hierzu nicht in der Lage sein, bleibt ihm nur die Abrechnung eines pauschalierten Schadensersatzanspruchs. Diese setzt allerdings eine entsprechende Vereinbarung voraus, die der Inhaltskontrolle standhält. 2.2010

4. Ausgangspunkt Verkaufspreis

a) Grundsatz. Ausgangspunkt jeder Schadensberechnung bzw. der Bestimmung entgangener Deckungsbeiträge sind die zu erwartenden Umsatzerlöse aus dem Verkauf selbst hergestellter und gehandelter Getränke. Maßgeblich ist die dem Vertrag beigefügte (ursprüngliche) Preisliste. Im Übrigen sind die Verkaufspreise für die abgerechneten Jahre zugrundezulegen.[2362] 2.2011

Ergeben sich die Preise aus einer **Preisliste**, so fehlt es hinsichtlich der Höhe des Schadensersatzes nicht an der **Bestimmtheit**, wenn im Vertrag kein Bierpreis als Multiplikator genannt wird. War zwischen den Parteien klar, dass die Abnahmeverpflichtung durch Bezug des billigsten Bieres erfüllt werden konnte, so kann von vornherein die ungünstigste Auslegung, dass sich der Schadensersatzanspruch aus dem Preis eines teuren oder des teuersten Bieres berechnet, nicht in Frage kommen.[2363] 2.2012

b) Preisänderungen. Nur wirksam gewordene Preisänderungen können berücksichtigt werden.[2364] Es gibt keinen Grundsatz, dass nach der Lebenserfahrung solche Preisänderungen notwendigerweise erfolgt sind. Vielmehr bedarf 2.2013

2361) BGH, Urt. v. 22.2.1989 – VIII ZR 45/88, BGHZ 107, 67 = NJW 1989, 1669 = ZIP 1989, 450 = Zeller IV, 270 (Vertrag Brauerei-Getränkefachgroßhändler); OLG Naumburg, Urt. v. 19.3.1999 – 6 U 13/98, NJW-RR 2000, 720; OLG Düsseldorf, Urt. v. 16.1.2004 – I-14 U 156/03, BeckRS 2010, 24896, rkr. durch (Nichtzulassungs-)Beschl. d. BGH v. 19.10.2005 – VIII ZR 53/04; OLG Hamm, Urt. v. 10.5.2012 – I-22 U 203/11 (Vertrag Brauerei-Getränkefachgroßhändler).

2362) BGH, Urt. v. 22.2.1989 – VIII ZR 45/88, BGHZ 107, 67 = NJW 1989, 1669 = ZIP 1989, 450 = Zeller IV, 270 (Vertrag Brauerei-Getränkefachgroßhändler); OLG Köln, Urt. v. 9.1.2007 – 3 U 158/05, BeckRS 2007, 04453.

2363) OLG Stuttgart, Urt. v. 18.3.1999 – 13 U 188/98.

2364) OLG Köln, Urt. v. 9.1.2007 – 3 U 158/05, BeckRS 2007, 04453.

es eines entsprechenden Vortrages des Gläubigers über Art und Umfang tatsächlich vorgenommener Preisänderungen. Nicht zugrunde gelegt werden kann jedenfalls der im Zeitpunkt der Schadensberechnung (1985) geltende durchschnittliche Verkaufspreis (90,00 DM/hl). Vielmehr bedarf es eines konkreten Vortrages über Art und Umfang der tatsächlich vorgenommenen Preisänderungen. Eine vorgelegte Aktennotiz über eine Preiserhöhung des Schädigers gegenüber einem Dritten reicht hierfür nicht aus. Gleichwohl muss dies nicht zur Klageabweisung insgesamt führen. Denn die bei Vertragsschluss vereinbarten Abgabepreise sind ggf. der dem Vertrag beigefügten **Preisliste** zu entnehmen und die Feststellungen zu den hiervon abweichenden ersparten Kosten sind auf der Grundlage der von der geschädigten Brauerei alternativ auch für das Jahr 1976 gestellten Deckungsbeitragsrechnung zu treffen.[2365)]

2.2014 c) **Durchschnittspreis.** Kann der Schädiger seine Bezugspflicht auch durch ausschließliche Bestellung des billigsten Bieres erfüllen, so kann der Geschädigte seiner Schadensberechnung nicht den Durchschnittspreis für die bisher vom Schädiger regelmäßig abgenommenen Biersorten zugrunde legen.[2366)]

2.2015 Gleichwohl macht dies die Feststellung zur Schadenshöhe nicht unmöglich. Der Preis des billigsten Bieres des Geschädigten konnte der vereinbarten Preisliste (1976) entnommen werden und der auf ihn entfallene Deckungsbeitrag – ggf. unter Vornahme eines geringen Abschlags auf die von der Geschädigten für 1976 angestellten Berechnung – geschätzt (§ 287 ZPO) oder mit Hilfe eines Sachverständigen festgestellt werden.

5. Erlösschmälerungen

2.2016 a) **Grundsatz.** Maßgeblich ist allein die **Vertragslage**. Zu prüfen ist, welche **Preisnachlässe** nach dem Vertrag bzw. ergänzenden Unterlagen, z. B. Schriftverkehr, vorgesehen sind. Die Behauptung, die Brauerei sei hiernach von ihren Preislisten abgewichen, ist unerheblich. Maßgebend ist, welchen Preis der Gastwirt zu zahlen gehabt hätte, denn er schuldet den Ersatz des sein Vertragsverhältnis betreffenden Interesses.[2367)]

2.2017 b) **Konkrete Abzugspositionen.** Abzuziehen sind **(Rück-)Vergütungen, Rabatte** und andere Erlösschmälerungen. **Skonto** ist nicht abzuziehen, weil es nur im Falle rechtzeitiger Zahlung zu gewähren ist. **Naturalrabatte (Gratisware)**

2365) BGH, Urt. v. 22.2.1989 – VIII ZR 45/88, BGHZ 107, 67 = NJW 1989, 1669 = ZIP 1989, 450 = Zeller IV, 270 (Vertrag Brauerei-Getränkefachgroßhändler).

2366) BGH, Urt. v. 22.2.1989 – VIII ZR 45/88, BGHZ 107, 67 = NJW 1989, 1669 = ZIP 1989, 450 = Zeller IV, 270 (Vertrag Brauerei-Getränkefachgroßhändler).

2367) OLG Köln. Urt. v. 15.3.2004 – 5 U 145/99, BeckRS 2008, 09083.

stellen eine weitere Erlösschmälerung dar. Sie entfallen naturgemäß bei Nichtabnahme.[2368)]

6. Weitere Abzugspositionen

a) **Differenzierung.** Die Brauerei braucht sich nach gefestigter Rechtsprechung von den entgangenen Verkaufspreisen als ersparte Aufwendungen in der Regel nur die sog. **variablen Kosten (Spezialkosten)** anrechnen und im Rahmen der **Vorteilsausgleichung** als erspart abziehen zu lassen, die die Ausführung gerade des konkreten Auftrages erfordert.[2369)] Die sog. **fixen Kosten (Generalkosten, Sowieso-Kosten)** bleiben dagegen als Element der Schadensberechnung dann unberücksichtigt, wenn der Brauerei ausreichende Produktionskapazitäten zur Verfügung standen, um ohne Investitionen im Bereich der fixen Kosten außer ihrer weiteren Kundschaft auch noch den vereinbarten Getränkebezug durch den vertragsbrüchigen Gastwirt mitbefriedigen zu können.[2370)] Somit sind bei der Berechnung des entgangenen Gewinns den Erlösen nur die variablen Kosten gegenüberzustellen, nicht aber die Fixkosten. Folglich kommt es nicht auf eine „Nettogewinnmarge", sondern auf den entgangenen **Deckungsbeitrag** an.[2371)] 2.2018

b) **Begründung. aa) Juristisch.** Zwar sind auch die fixen Kosten Gegenstand der Preiskalkulation des Herstellers/Verkäufers. Der Getränkelieferant ist aber im Rahmen des Schadensersatzes „statt der Leistung" so zu stellen, wie er bei ordnungsgemäßer Erfüllung durch den Gebundenen gestanden hätte (§ 252 Satz 2 BGB). Auch in diesem Falle wären die fixen Kosten jedenfalls dann nicht höher gewesen als bei der unterbliebenen Abnahme, wenn der Brauerei ausreichende Produktionskapazitäten zur Verfügung standen, um ohne Investitionen im Bereich der fixen Kosten außer ihrer weiteren Kundschaft auch noch den vertragsgemäßen Getränkebezug durch den schädigenden Gastwirt mit befriedigen zu können. Folglich mindert sich der Schadensersatzanspruch des Herstellers/Verkäufers wegen Nichterfüllung in der Regel nur um die besonderen Aufwendungen (Spezialkosten), die die Ausführung gerade des einzelnen Auf- 2.2019

2368) LG Amberg, Urt. v. 31.10.1983 – 1 O. 941/82, Zeller III, 340; rechtskräftig bestätigt durch OLG Nürnberg, Urt. v. 6.7.1984 – I U 3935/83, Zeller III, 346.

2369) OLG Hamm, Urt. v. 10.5.2012 – I-22 U 203/11 (Vertrag Brauerei-Getränkefachgroßhändler).

2370) BGH, Urt. v. 22.2.1989 – VIII ZR 45/88, BGHZ 107, 67 = NJW 1989, 1669 = ZIP 1989, 450 = Zeller IV, 270 (Vertrag Brauerei-Getränkefachgroßhändler); BGH, Urt. v. 30.9.1992 – VIII ZR 196/91, BGHZ 119, 283 = NJW 1993, 64 = ZIP 1992, 1573; BGH, Urt. v. 1.3.2001 – III ZR 361/99, NJW-RR 2001, 985; OLG Karlsruhe, Urt. v. 4.3.1999 – 12 U 259/98, rkr. durch Nichtannahmebeschl. d. BGH v. 7.10.1999 – VIII ZR 125/99, OLG Düsseldorf, Beschl. v. 5.9.2002 – 10 W 131/01; OLG Köln. Urt. v. 15.3.2004 – 5 U 145/99, BeckRS 2008, 09083; OLG Hamm, Urt. v. 10.5.2012 – I-22 U 203/11 (Vertrag Brauerei-Getränkefachgroßhändler); LG Berlin, Urt. v. 10.10.2012 – 10 O. 243/11.

2371) LG Berlin, Urt. v. 10.10.2012 – 10 O. 243/11.

trages erfordert, während die Generalkosten als Element der Schadensberechnung regelmäßig ausscheiden, weil sie anfallen, einerlei, ob es zur Vertragserfüllung kommt oder nicht.[2372)]

2.2020 bb) **Betriebswirtschaftlich.** Diese Differenzierung zwischen variablen und fixen Kosten folgt – wie vorstehend ausgeführt – juristisch daraus, dass letztere regelmäßig anfallen, einerlei, ob es zur Vertragserfüllung kommt oder nicht. Betriebswirtschaftlich findet sie ihre Rechtfertigung darin, dass der sich aus der Differenz zwischen den entgehenden Verkaufserlösen und den einzusparenden variablen Kosten ergebende sog. **Deckungsbeitrag (I)** zur Deckung der verschiedenen fixen Kosten dient.[2373)] Der Deckungsbeitrag je Einheit, hier hl, wird aus dem Stückpreis abzüglich variabler Stückkosten errechnet. Zieht man vom Deckungsbeitrag die verschiedenen fixen Kosten (der Periode) ab, so erhält man das **Betriebsergebnis** (Gewinn/Verlust).

2.2021 c) Unter den **fixen Kosten** (Generalkosten) sind diejenigen zu verstehen, die mit der Aufrechterhaltung der Betriebsbereitschaft, mit der Unterhaltung der Be- und Vertriebsanlagen sowie mit der Betriebsführung und der Verwaltung zusammenhängen, auch wenn diese Gegenstand der Preiskalkulation waren.

2.2022 d) **Maßgeblicher Zeitpunkt.** Für die Selbstkosten ist auf den Zeitpunkt der Anschaffung (Herstellung etc.) abzustellen.

7. Variable Kosten bei Brauereien

2.2023 Nachfolgend wird vorrangig auf die Berechnung des entgangenen Gewinns durch Brauereien abgestellt.

2.2024 a) **Grundsatz.** Da die Brauerei nicht besser stehen darf, als sie bei ordnungsgemäßer Erfüllung gestanden hätte, ist ein Schadensersatzanspruch um die Aufwendungen zu mindern, die die Brauerei infolge der Nichtabnahme erspart hat. Abzuziehen sind die variablen, d. h. die auftragsbezogenen Kosten, nicht etwa ein abstrakter Aufwand, der kalkulatorisch in den Produktpreis einfließt.

2.2025 b) **Ausgewählte Abzugspositionen.** Als anzurechnende ersparte Aufwendungen (Selbstkosten) kommen die variablen Kosten aus allen Bereichen in Betracht.

2372) RG JW 1936, 797; BGH, Urt. v. 22.2.1989 – VIII ZR 45/88, BGHZ 107, 67 = NJW 1989, 1669 = ZIP 1989, 450 = Zeller IV, 270 (Vertrag Brauerei-Getränkefachgroßhändler); BGH, Urt. v. 1.3.2001 – III ZR 361/99, NJW-RR 2001, 985; LG Berlin, Urt. v. 10.10.2012 – 10 O. 243/11.

2373) *Rejschek*, Der Weihenstephaner, 1985, 132; BGH, Urt. v. 22.2.1989 – VIII ZR 45/88, BGHZ 107, 67 = NJW 1989, 1669 = ZIP 1989, 450 = Zeller IV, 270 (Vertrag Brauerei-Getränkefachgroßhändler); BGH, Urt. v. 22.10.1997 – VIII ZR 149/96; LG Berlin, Urt. v. 10.10.2012 – 10 O. 243/11.

aa) Zu nennen sind die **Herstell- und Abfüllkosten,**[2374] z. B. Rohstoffe (Malz, Hopfen), Wasser[2375], ggf. Kohlensäure und Wasser (Gewinnung, Filtration), die Kosten der Abfüllung (Caps, Etiketten, Gebinde), Energiekosten (Strom und Heizung),[2376] bei Direktbelieferung (Vertriebsmodell 1) die Kosten für Verladung und Versand (Transport),[2377] **Biersteuer**).[2378] Im Verhältnis Brauerei-Getränkefachgroßhändler kommt es insofern auf die entsprechenden Kosten bis zur Rampe an.[2379] 2.2026

bb) Weiter sind ggf. auch die **Einkaufspreise bei Handelsware** abzuziehen.[2380] 2.2027

cc) Finanzierung. Brauereileistungen (Investitionskosten) pro hl sind nur in Abzug zu bringen, wenn sie gerade durch das betreffende Geschäft verursacht wurden.[2381] 2.2028

Ein gewährter **Zuschuss** ist außer Ansatz zu lassen. Denn dadurch, dass die jeweiligen Gutschriften infolge der Nichtabnahme des Bieres entfallen sind, spart die Brauerei nichts, weil das „als verlorenes zinsloses Darlehen" hingegebene Geld für die Brauerei „weg ist, gleichgültig ob der Schädiger das Bier abnimmt oder nicht".[2382] 2.2029

Ebenfalls zu den variablen Kosten rechnen die **kalkulatorischen Finanzierungskosten (Zinsen, Abschreibungen,**[2383] **Wagnisse)**, die sich aus dem finanziellen 2.2030

2374) Vgl. zu diesen Positionen im Rahmen der bilanziellen Betrachtung die für Brauereien mit einem Jahresausstoß von maximal 100.000 hl geltenden Pauschalbewertungssätze gemäß Archivmitteilung Nr. 08/2013 des Bayerischen Landesamtes für Steuern vom 6. Mai 2013, soweit im Rahmen der Buchführung besondere Kostenrechnungen oder diesen vergleichbare Unterlagen erstellt werden.

2375) OLG Hamm, Urt. v. 10.5.2012 – I-22 U 203/11 (Vertrag Brauerei-Getränkefachgroßhändler).

2376) OLG Hamm, Urt. v. 10.5.2012 – I-22 U 203/11 (Vertrag Brauerei-Getränkefachgroßhändler).

2377) LG Amberg, Urt. v. 31.10.1983 – 1 O. 941/82, Zeller III, 340; rechtskräftig bestätigt durch OLG Nürnberg, Urt. v. 6.7.1984 – I U 3935/83, Zeller III, 346.

2378) LG Freiburg, Urt. v. 28.7.2006 – 12 0. 118/05.

2379) OLG Köln, Urt. v. 9.1.2007 – 3 U 158/05, BeckRS 2007, 04453.

2380) OLG Düsseldorf, Urt. v. 16.1.2004 – I-14 U 156/03, BeckRS 2010, 24896, rkr. durch (Nichtzulassungs-)Beschl. d. BGH v. 19.10.2005 – VIII ZR 53/04; OLG Köln. Urt. v. 15.3.2004 – 5 U 145/99, BeckRS 2008, 09083; LG Freiburg, Urt. v. 28.7.2006 – 12 0. 118/05.

2381) BGH, Urt. v. 1.3.2001 – III ZR 361/99, NJW-RR 2001, 985.

2382) OLG Nürnberg, Urt. v. 6.7.1984 – 1 U 3935/83, Zeller III, 346.

2383) OLG Hamm, Urt. v. 10.5.2012 – I-22 U 203/11 (Vertrag Brauerei-Getränkefachgroßhändler).

Engagement der Brauerei auf Grundlage des Getränkelieferungsvertrages ergeben.[2384)]

2.2031 Zu nennen ist die **kalkulatorische Verzinsung** des sich bei Wegfall der Belieferung verringernden betriebsnotwendigen Umlaufvermögens. Regelmäßig entnimmt der Sachverständige für die kalkulatorischen Zinsen auf das Umlaufvermögen dessen Wert der Handelsbilanz des Geschädigten für die entsprechenden Jahre, ohne zu überprüfen, ob die Werte der Vorräte so angenommen sind, wie dies nach Gesetz (hier AktG) zulässig ist. Da eine solche Überprüfung nach der einleuchtenden Darlegung des Sachverständigen jedoch nur mit unverhältnismäßigen Mitteln möglich wäre und allenfalls zu einer Erhöhung um – damals – Pfennige führen konnte, kann im Rahmen einer Schadensschätzung nach § 287 ZPO davon abgesehen werden.[2385)]

2.2032 **dd)** In Betracht kommen weiter **Zinsvergünstigungen**, die **(interne) Abschreibung** der gewährten Darlehen, aber auch ergänzende konkrete Leistungen im Einzelfall wie Gläsererstausstattung, Übernahme der Kosten für Anzeigen und sonstige Verkaufshilfen.[2386)] Hinzukommen können „Kosten für Kundendienst", „Service- und Werbematerial".

2.2033 **ee) Personalkosten.** Der BGH hat die Frage offengelassen, ob die Auffassung zutrifft, zumindest Personalkosten könnten nicht ohne weiteres ohne Rücksicht auf den erzielten Produktionsausstoß als fixe Kosten betrachtet werden. Mit diesem nicht näher substantiierten Vortrag genügte jedenfalls der darlegungspflichtige Schädiger seiner Darlegungslast nicht.[2387)]

2.2034 **c) Niederlassung.** Bei Vorhandensein einer Niederlassung muss die Brauerei in ihrer Berechnung der ersparten variablen Kosten auch diejenigen der Niederlassung mit berücksichtigen.[2388)]

8. Einwendungen

2.2035 **a) Tatsächlicher Gewinn.** Die Verpflichtung des Gastwirts beschränkt sich nicht darauf, der Brauerei einen von ihr im abgelaufenen Zeitraum bei unter-

---

2384) BGH, Urt. v. 22.2.1989 – VIII ZR 45/88, BGHZ 107, 67 = NJW 1989, 1669 = ZIP 1989, 450 = Zeller IV, 270 (Vertrag Brauerei-Getränkefachgroßhändler); LG Freiburg, Urt. v. 28.7.2006 – 12 0. 118/05: „Finanzierungskosten" und „interne Abschreibung" sollen bei der Schadensberechnung nicht als Spezialkosten anzusetzen sein. Es handele sich vielmehr um bei der Schadensberechnung auszuscheidende Generalkosten (zw.).

2385) OLG Nürnberg, Urt. v. 6.7.1984 – 1 U 3935/83, Zeller III, 346.

2386) BGH, Urt. v. 22.2.1989 – VIII ZR 45/88, BGHZ 107, 67 = NJW 1989, 1669 = ZIP 1989, 450 = Zeller IV, 270 (Vertrag Brauerei-Getränkefachgroßhändler).

2387) BGH, Urt. v. 22.2.1989 – VIII ZR 45/88, BGHZ 107, 67 = NJW 1989, 1669 = ZIP 1989, 450 = Zeller IV, 270 (Vertrag Brauerei-Getränkefachgroßhändler).

2388) OLG Nürnberg, Urt. v. 6.7.1984 – 1 U 3935/83, Zeller III, 346.

stellter Getränkeabnahme voraussichtlich erzielten Reingewinn (Rohertrag) in der Weise zu bezahlen, dass ein tatsächlich durch Getränkeverkauf angefallener Gewinn zugrunde gelegt wird. Es kommt daher auch nicht darauf an, ob und ggf. in welcher Höhe die Brauerei in dem fraglichen Zeitraum durch den Verkauf von Getränken einen Gewinn erzielt hat. Maßgeblich ist vielmehr, was der Brauerei infolge des unterbliebenen Leistungsaustauschs tatsächlich entgangen ist.[2389)] 2.2036

b) **Interessewegfall.** Der Einwand des Gastwirts, dem Getränkelieferanten sei schon deshalb kein Schaden entstanden, weil er in Wahrheit an der Vertragserfüllung (ab eines bestimmten Zeitpunktes) kein Interesse gehabt habe, geht ins Leere. Durchweg wird diese Behauptung nicht unter Beweis gestellt. Im Übrigen dürfte sie in der Regel im deutlichen Gegensatz zu dem Prozessverhalten des Getränkelieferanten stehen. Dies insbesondere dann, wenn er den Gastwirt sofort auf Vertragserfüllung, respektive Unterlassung von Fremdbezug, in Anspruch genommen hat, nachdem jener die Getränkeabnahme verweigert hatte.[2390)] 2.2037

c) **Konzernverbund.** Zu Besonderheiten der Berechnung des entgangenen Gewinns bei Zulieferung im Rahmen eines Konzernverbundes wird verwiesen auf die Entscheidung des OLG Köln vom 15.3.2004.[2391)] 2.2038

9. Abzugspositionen zu Lasten des Getränkefachgroßhändlers

a) **Grundsatz.** Die vorstehenden Ausführungen[2392)] gelten entsprechend, wenn Getränkefachgroßhändler im Absatzweg Gastronomie in den Vertriebsmodellen 3 und 4 arbeiten, also selbst binden und finanzieren. Naturgemäß ergeben sich Abweichungen, etwa im Bereich Herstellung und Abfüllung. Der Getränkefachgroßhändler kann als Verkäufer seinen Schaden als Differenz zwischen seinem Einkaufspreis (Gestehungskosten) und dem Vertragspreis (entgangener Gewinn) oder zwischen dem (niedrigerem) Marktpreis und dem Vertragspreis (hypothetisches Deckungsgeschäft) verlangen.[2393)] Allerdings können auch insofern variable Kosten anzurechnen sein, wenn der Getränkefachgroßhändler **Haus- oder Eigenmarken** herstellt oder im **Lohnbrau** herstellen lässt oder über eine eigene Produktion von alkoholfreien (Erfrischungs-)Getränken verfügt. 2.2039

2389) OLG Köln. Urt. v. 15.3.2004 – 5 U 145/99, BeckRS 2008, 09083.

2390) OLG Köln. Urt. v. 15.3.2004 – 5 U 145/99, BeckRS 2008, 09083.

2391) OLG Köln. Urt. v. 15.3.2004 – 5 U 145/99, BeckRS 2008, 09083.

2392) Siehe oben § 30 III 5–8.

2393) BGH, Urt. v. 22.2.1989 – VIII ZR 45/88, BGHZ 107, 67 = NJW 1989, 1669 = ZIP 1989, 450 = Zeller IV, 270 (Vertrag Brauerei-Getränkefachgroßhändler); OLG Hamm, Urt. v. 10.5.2012 – I-22 U 203/11 (Vertrag Brauerei-Getränkefachgroßhändler).

2.2040 **b) Konkrete Abzugspositionen.** Als variable Kosten sind – unabhängig vom Vertriebsmodell – jedenfalls die Kosten für Verladung und Transport zu nennen.

10. Vorteilsausgleichung

2.2041 **a) Abzinsung. aa) Grundsatz.** Soweit Schadensersatz für noch nicht fällige Leistungen verlangt wird, ist der Nichtfälligkeit dadurch Rechnung zu tragen, dass der auf die Gesamtlaufzeit berechnete Schaden abgezinst wird.[2394)]

2.2042 Auf die Inanspruchnahme von Bankkredit kommt es bei der Abzinsung nicht an. Diese dient nur dazu, den Vorteil einer Zinsanlage für Geld auszugleichen, das dem Gläubiger vor der Fälligkeit bereits zur Verfügung steht. Der Gastwirt kann daher nicht mit der Behauptung gehört werden, der Getränkelieferant habe mit einem Bankkredit gearbeitet und der Abzinsungssatz betrage mindestens 8 %.[2395)]

2.2043 **bb) Umfang.** Die sachgerechte Abzinsung ist nach den **Umständen des Einzelfalles** zu ermitteln.[2396)] Branchenüblich ist es, den Abzinsungsfaktor in Anlehnung an die durchschnittliche Verzinsung für Betriebskredite mit 5 % anzugeben. Ein Abzinsungssatz von 3,5 % ist nicht zu beanstanden.[2397)]

2.2044 **b) Im Übrigen.** Getränkebezugsverträge sind subjekt- und nicht objektgebunden.[2398)] Da die vertragliche Bezugsverpflichtung an die Person des Vertragspartners gebunden ist, kommt eine Anrechnung im Wege der Vorteilsausgleichung schon deshalb nicht in Betracht, weil die Erlöse aus einer neuen Vertragsbeziehung mit dem Nachfolger des früheren Betreibers nicht auch durch dessen Pflichtverletzung kausal verursacht worden sind. Hätte der Nachfolger nicht die streitgegenständliche Absatzstätte übernommen, so hätte er einen Bezugsvertrag mit dem Getränkelieferanten auch für eine andere Absatzstätte eingehen können.[2399)]

2394) OLG Düsseldorf, Urt. v. 8.11.1999 – 1 U 42/99; OLG Hamm, Urt. v. 10.5.2012 – I-22 U 203/11 (Vertrag Brauerei-Getränkefachgroßhändler); LG Freiburg, Urt. v. 28.7.2006 – 12 0. 118/05.

2395) OLG Frankfurt/M., Urt. v. 30.11.2000 – 16 U 230/99, BGH, VIII ZR 5/01, Revisionsrücknahme nach Nichtannahmebeschluss, der ausnahmsweise begründet worden ist; LG Freiburg, Urt. v. 28.7.2006 – 12 0. 118/05.

2396) BGH, Urt. v. 12.6.1985 – VIII ZR 148/84, ZIP 1985, 868; BGH, Urt. v. 22.10.1997 – VIII ZR 149/96; BGH, Urt. v. 26.10.2000 – IX ZR 227/99, NJW 2001, 1136 = ZIP 2001, 31; OLG Frankfurt/M., Urt. v. 30.11.2000 – 16 U 230/99, BGH, VIII ZR 5/01, Revisionsrücknahme nach Nichtannahmebeschluss, der ausnahmsweise begründet worden ist.

2397) LG Freiburg, Urt. v. 28.7.2006 – 12 0. 118/05.

2398) Vgl. § 37 I 1 m. w. N.

2399) LG Berlin, Urt. v. 10.10.2012 – 10 O. 243/11.

11. Umsatzsteuer

a) Allgemein. Nach § 252 Satz 1 BGB ist grundsätzlich der Nettogewinn zu ersetzen. Das Schadensersatzrecht beruht – soweit nichts anderes geregelt ist – auf der konkreten Schadensberechnung, die einen vollständigen Schadensausgleich anstrebt, den Geschädigten aber nicht bereichern will. Steuern sind daher prinzipiell nur zu ersetzen, wenn sie vom Geschädigten tatsächlich zu entrichten sind. Da der entgangene Gewinn nicht der Umsatzsteuer unterliegt, ist bei der Schadensberechnung auf die Nettopreise abzustellen.[2400] 2.2045

b) Bei Pauschalierung. Ungeachtet der Tatsache, dass die Schadensersatzpauschale aus dem Bruttopreis vereinbart wurde, kann nur der **Nettobetrag** verlangt werden; denn geltend gemacht wird – nicht zu versteuernder – Schadensersatz und nicht das Entgelt aus Umsatzgeschäften.[2401] 2.2046

IV. Darlegung und Beweis, Grundlagen

1. Darlegung durch den Geschädigten

Schwierigkeiten macht gelegentlich die hinreichende Darlegung der Voraussetzungen des Schadensersatzanspruchs.[2402] 2.2047

a) Grundsatz. Die Tatsachen, aus denen sich die Prognose eines zukünftigen Gewinns ergibt, muss der Getränkelieferant darlegen[2403] und in den durch § 287 ZPO gezogenen Grenzen beweisen.[2404] Dabei kann er sich jedoch auf die Behauptung und den Nachweis derjenigen Tatsachen beschränken, bei deren Vorliegen die Vermutung des § 252 Satz 2 BGB eingreift (sog. **Anknüpfungstatsachen**).[2405] 2.2048

b) Gesamtvermögensvergleich. Insofern kann verwiesen werden.[2406] 2.2049

c) Konkret. Von dem Getränkelieferanten muss sonach vorgetragen werden, wie sich das Vermögen bei ordnungsgemäßer Vertragserfüllung entwickelt hätte. Dem ist die tatsächliche Vermögenslage gegenüberzustellen. Das Herausgreifen einzelner Positionen ergibt keinen schlüssigen Vortrag. Der Getränkelieferant hat seine Gewinnmargen nach Abzug berücksichtigungsfähiger Kos- 2.2050

2400) BGH, Urt. v. 11.2.1987 – VIII ZR 27/86, NJW 1987, 1690; BGH, Urt. v. 21.11.1991 – VII ZR 4/90, NJW 1992, 1620; BGH, Urt. v. 1.3.2001 – III ZR 361/99, NJW-RR 2001, 985; OLG Köln, Urt. v. 9.1.2007 – 3 U 158/05, BeckRS 2007, 04453.

2401) OLG Stuttgart, Urt. v. 18.3.1999 – 13 U 188/98.

2402) OLG Frankfurt/M., Urt. v. 13.11.2007 – 11 U 24/07, BeckRS 2007, 19024.

2403) Ständige Rechtsprechung, vgl. u. a. BGH, Urt. v. 5.5.1970 – VI ZR 212/68, BGHZ 54, 45 = NJW 1970, 1411; BGH, Urt. v. 6.2.2007 – X ZR 117/04, NJW 2007, 1806.

2404) BGH, Urt. v. 10.2.2004 – VI ZR 94/03, BGHZ 158, 60 = NJW 2004, 1389.

2405) Ständige Rechtsprechung, vgl. u. a. BGH, Urt. v. 5.5.1970 – VI ZR 212/68, BGHZ 54, 45 = NJW 1970, 1411; BGH, Urt. v. 6.2.2007 – X ZR 117/04, NJW 2007, 1806.

2406) Siehe oben § 30 III 2 b m. w. N.

ten unter Vorlage von Belegen, etwa Lieferscheinen, substantiiert darzulegen.[2407] Dazu muss er zur Höhe der entgangenen Erlöse und der hiervon abzuziehenden variablen Kosten hinreichend substantiiert vortragen.

2.2051 Dass der Schaden mit einem Gegenanspruch zu verrechnen ist, ändert an der dem Geschädigten obliegenden Darlegungs- und Beweislast nichts.[2408]

2.2052 Nach Zurückverweisung ist ergänzender Sachvortrag zur Schadenshöhe möglich.[2409]

2.2053 Ist der Schaden hinreichend substantiiert dargelegt worden, so ist es nicht zu beanstanden, wenn der Getränkelieferant in seiner Klage von einem durchschnittlichen monatlichen Bezug von … hl und damit von einem Schaden in Höhe von … €/Monat ausgeht.[2410]

2.2054 Der Schaden kann durch Vorlage der Bilanz bzw. Gewinn- und Verlustrechnung dargelegt und bewiesen werden, wenn auf ihrer Grundlage, ggf. unter Heranziehung zusätzlicher Umstände, die zukünftige Geschäftsentwicklung nach **§ 287 ZPO** geschätzt werden kann.[2411] Im Einzelfall können Umstände dafür sprechen, dass der entgangene Gewinn niedriger ist als ihn die letzte Bilanz ausweist. Indizien hierfür sind eine Branchenkrise oder auch nachlassende Leistungskraft oder Leistungswilligkeit des Geschädigten. Die Vorlage der Bilanz genügt allerdings nicht als Anknüpfungstatsache für eine Schadensschätzung nach § 287 ZPO, wenn es sich bei dem Geschädigten um einen **Existenzgründer** handelt. Darüber hinaus sind weitere Umstände darzulegen und zu beweisen, um die zukünftige Geschäftsentwicklung erkennen zu lassen. Als Beispiele zu nennen sind Marktstudien oder Unterlagen über die Gewinnentwicklung in der Branche. Insofern dürfen die Anforderungen allerdings nicht überspannt werden.[2412]

2407) OLG Düsseldorf, Urt. v. 16.1.2004 – I-14 U 156/03, BeckRS 2010, 24896, rkr. durch (Nichtzulassungs-)Beschl. d. BGH v. 19.10.2005 – VIII ZR 53/04.

2408) BGH, Urt. v. 24.9.1999 – V ZR 71/99, WM 1999, 2505; OLG Düsseldorf, Urt. v. 8.11.1999 – 1 U 42/99.

2409) BGH, Urt. v. 26.10.2000 – IX ZR 227/99, NJW 2001, 1136 = ZIP 2001, 31.

2410) LG Freiburg, Urt. v. 28.7.2006 – 12 0. 118/05.

2411) BGH, Urt. v. 22.2.1989 – VIII ZR 45/88, BGHZ 107, 67 = NJW 1989, 1669 = ZIP 1989, 450 = Zeller IV, 270 (Vertrag Brauerei-Getränkefachgroßhändler); BGH, Urt. v. 6.7.1993 – VI ZR 228/92, NJW 1993, 2673; BGH, Urt. v. 3.7.1996 – VIII ZR 92/95, NJW-RR 1996, 1394 (Zuschuss- und Getränkelieferungsvertrag); BGH, Urt. v. 6.2.2001 – VI ZR 339/99, NJW 2001, 1640; OLG Karlsruhe, Urt. v. 18.10.2001 – 19 U 97/01, BeckRS 2001, 30212399; OLG Hamm, Urt. v. 10.5.2012 – I-22 U 203/11 (Vertrag Brauerei-Getränkefachgroßhändler).

2412) BGH, Urt. v. 6.7.1993 – VI ZR 228/92, NJW 1993, 2673; BGH, Urt. v. 3.3.1998 – VI ZR 385/96, NJW 1998, 1634.

2. Bestreiten durch den Schädiger

Ein schlüssiger Vortrag des Getränkelieferanten muss seitens des Gastwirts hinreichend bestritten werden, um nicht als zugestanden zu gelten (§ 138 Abs. 3 ZPO). Darauf wird das Instanzgericht hinweisen (§ 139 ZPO).[2413] Der Gastwirt kann sich nicht damit begnügen, den Vortrag des Getränkelieferanten mit Nichtwissen (§ 138 Abs. 4 ZPO) zu bestreiten, wenn dieser zum Beweis seines Vortrages die entsprechenden Belege, z. B. Lieferscheine mit Preisen, zur Akte gereicht hat. Es obliegt dann gem. § 138 Abs. 2 ZPO dem Gastwirt, substantiiert darzulegen, dass die genannten Preise und erzielten Verkaufspreise insgesamt nicht zutreffend sind. Wenn der beklagte Gastwirt dies trotz Hinweises des erstinstanzlichen Gerichts im Urteil nicht getan hat, bedarf es keines weiteren Hinweises durch das Berufungsgericht. Damit ist von den Preisangaben gemäß Sachvortrag zur Berechnung des entgangenen Gewinns auszugehen.[2414] 2.2055

3. Beweiserleichterung nach § 252 Satz 2 BGB

a) **Grundlagen.** § 252 Satz 2 BGB erleichtert ebenso wie § 287 ZPO dem Geschädigten den Schadensnachweis. Die Schadensberechnung erfolgt aber nicht abstrakt. Bei der abstrakten Berechnung genügt die Darlegung eines typischen Geschehensablaufs. Wenn das Gesetz bestimmt, dass sich der entgangene Gewinn nach dem gewöhnlichen Lauf der Dinge[2415] bzw. nach den besonderen Umständen des konkreten Falls bestimmt, so liegt darin auch keine materiellrechtliche Begrenzung des Schadensersatzanspruchs für Eintritt und Höhe des entgangenen Gewinns. Es handelt sich ausschließlich um eine **Beweiserleichterung** in Gestalt einer **widerlegbaren gesetzlichen Vermutung** hinsichtlich Eintritt (**Kausalität**) und Umfang (**Höhe**) des entgangenen Gewinns.[2416] Die Beweiserleichterung beruht auf der Vermutung, dass der Gläubiger aus dem nicht durchgeführten Vertrag den in seiner Branche üblichen Gewinn gemacht hätte.[2417] Sie gilt daher für Unternehmer, nicht aber für Verbraucher. Der Geschädigte ist nicht gehindert, konkret nachzuweisen, dass er einen Gewinn gemacht hätte, der über das in § 252 Satz 2 BGB Vorgesehene hinausgeht. Den 2.2056

2413) OLG Frankfurt/M., Urt. v. 13.11.2007 – 11 U 24/07, BeckRS 2007, 19024.

2414) OLG Düsseldorf, Urt. v. 16.1.2004 – I-14 U 156/03, BeckRS 2010, 24896, rkr. durch (Nichtzulassungs-)Beschl. d. BGH v. 19.10.2005 – VIII ZR 53/04.

2415) Tatsachen, die zum „gewöhnlichen Verlauf der Dinge“ gehören, brauchen nicht bewiesen zu werden. BGH, Urt. v. 17.12.1963 – V ZR 186/61, NJW 1964, 661. Ebenso § 309 Nr. 5 a BGB.

2416) BGH, Urt. v. 27.5.1998 – VIII ZR 362/96, NJW 1998, 2901.

2417) BGH, Urt. v. 19.10.2005 – VIII ZR 392/03, NJW-RR 2006, 243.

Beweis der dafür erforderlichen Tatsachen erleichtert § 287 ZPO.[2418] Daher bleibt es dem Geschädigten unbenommen, bis zur Grenze der adäquaten Kausalität auch Ersatz für außergewöhnliche Gewinne zu fordern. Hierzu muss er den konkreten Nachweis führen, dass sie ohne den zum Ersatz verpflichteten Umstand eingetreten wären.[2419]

2.2057 Die Beweiserleichterung des § 252 Satz 2 BGB geht über den Anscheinsbeweis hinaus, begründet aber keine unwiderlegliche Vermutung. Zur Widerlegung genügt daher nicht bereits der Nachweis einer lediglich ernsthaften Möglichkeit, dass der Gewinn nicht entstanden sein könnte.[2420]

2.2058 b) Wird der entgangene Gewinn gem. **§ 252 Satz 2 Fall 2 BGB** „nach den besonderen Umständen, insbesondere nach den getroffenen Anstalten und Vorkehrungen" berechnet, so liegt eine **konkrete Schadensberechnung** vor. Folge ist, dass zwar unverändert die Gewinnerwartung als wahrscheinlich unterstellt werden kann, hingegen diejenigen Umstände, die die besonderen Umstände, also die speziellen Anstalten und Vorkehrungen betreffen, vom Gläubiger aber konkret nachgewiesen werden müssen.[2421] Dies folgt daraus, dass der nach den besonderen Umständen verlangte Gewinnentgang den nach dem gewöhnlichen Verlauf der Dinge entstehenden übersteigt. Bei der konkreten Schadensberechnung hat der Getränkelieferant im Einzelnen darzulegen, inwieweit sich die Vermögenslage bei korrekter Erfüllung des Getränkelieferungsvertrages positiv entwickelt hätte. Bei der stets zulässigen konkreten Schadensermittlung muss der Gläubiger aber Geschäftsinterna (Kalkulation, Abnehmer, Lieferanten) offenlegen. Überdies können sich trotz § 287 ZPO Beweisschwierigkeiten ergeben.

2.2059 c) **§ 252 Satz 2 Fall 1 BGB.**[2422] Soweit der Gewinnentgang „nach dem gewöhnlichen Verlauf der Dinge" berechnet wird, besteht Einvernehmen darüber, dass die diesen Verlauf begründenden Tatsachen keines vollen Beweises bedür-

---

2418) BGH, Urt. v. 22.2.1989 – VIII ZR 45/88, BGHZ 107, 67 = NJW 1989, 1669 = ZIP 1989, 450 = Zeller IV, 270 (Vertrag Brauerei-Getränkefachgroßhändler); BGH, Urt. v. 6.7.1993 – VI ZR 228/92, NJW 1993, 2673; BGH, Urt. v. 3.7.1996 – VIII ZR 92/95, NJW-RR 1996, 1394 (Zuschuss- und Getränkelieferungsvertrag); BGH, Urt. v. 6.2.2001 – VI ZR 339/99, NJW 2001, 1640; OLG Karlsruhe, Urt. v. 18.10.2001 – 19 U 97/01, BeckRS 2001, 30212399; OLG Hamm, Urt. v. 10.5.2012 – I-22 U 203/11 (Vertrag Brauerei-Getränkefachgroßhändler).

2419) BGH, Urt. v. 16.3.1959 – III ZR 20/58, BGHZ 29, 393 = NJW 1959, 1079; BGH, Urt. v. 24.4.1979 – VI ZR 204/76, BGHZ 74, 221 = NJW 1979, 1403; BGH, Urt. v. 29.11.1982 – III ZR 80/82, NJW 1983, 758.

2420) Ständige Rechtsprechung, u. a. BGH, Urt. v. 19.10.2005 – VIII ZR 392/03, NJW-RR 2006, 243.

2421) BGH, Urt. v. 19.6.1951 – I ZR 118/50, BGHZ 2, 310 = NJW 1951, 918.

2422) OLG Karlsruhe, Urt. v. 4.3.1999 – 12 U 259/98, rkr. durch Nichtannahmebeschl. d. BGH v. 7.10.1999 – VIII ZR 225/99; LG Berlin, Urt. v. 10.10.2012 – 10 O. 243/11.

fen.[2423] Dies bedeutet im Ergebnis, dass der in den vertraglichen Regelungen festgesetzte Betrag mit dem Durchschnittsschaden zu vergleichen ist, der nach der Schätzung eines informierten Beobachters in der betreffenden Branche normalerweise entsteht, wenn die Voraussetzungen, an die die Zahlungspflicht des Schädigers geknüpft ist, erfüllt sind (sog. **branchenüblicher Durchschnittsschaden**).[2424] Ungeachtet dessen bleibt dem Schuldner die Möglichkeit, diese Vermutung beweismäßig zu widerlegen.

d) Zwischen der konkreten und der „abstrakten" Schadensberechnung hat der Gläubiger die **Wahl.**[2425] Er kann auch noch im Prozess von der einen zur anderen Schadensberechnung übergehen, ohne dass hierin eine Klageänderung i. S. d. § 263 ZPO liegt. Ein einheitlicher Schaden kann aber stets nur nach der einen oder der anderen Methode berechnet werden. Nur wenn ein Schaden aus mehreren selbständigen Positionen besteht, dürfen beide Berechnungsarten nebeneinander angewandt werden. **2.2060**

e) Verhältnis zu § 287 ZPO. § 252 Satz 2 BGB erleichtert dem Geschädigten den Beweis, dass und in welcher Höhe ihm ein Gewinn entgangen ist. Ohne diese Bestimmung müsste er nach allgemeinen Beweislastgrundsätzen den vollen Nachweis erbringen, dass ihm ein Gewinn in der geltend gemachten Höhe entgangen ist. § 287 ZPO würde ihm lediglich die Beweisführung erleichtern. Im praktischen Ergebnis besteht allerdings regelmäßig kaum ein Unterschied, ob dem Geschädigten bei der Beweisführung mit § 252 Satz 2 BGB oder mit § 287 ZPO geholfen wird.[2426] Soweit es auf „besondere Umstände" ankommt, aus denen sich wahrscheinlich ein Gewinn ergeben hätte, gelten für die Feststellung dieser Umstände die Beweiserleichterungen des § 287 ZPO. Im Ergebnis dürfte sich § 252 Satz 2 BGB als Norm begreifen lassen, die das durch § 287 ZPO eröffnete freie Ermessen des Gerichts konkretisiert und präzisiert. Dabei stellt die Rechtsprechung in neuerer Zeit für die Anknüpfungstatsachen auf § 287 ZPO und für das darauf aufbauende Wahrscheinlichkeitsurteil auf § 252 Satz 2 BGB ab.[2427] Am ehesten wird man § 252 Satz 2 BGB als zusätzliche Mahnung an das Gericht ansehen können, die Beweiserfordernisse gering zu halten. Die Beweiserleichterung nach § 252 Satz 2 BGB geht jedenfalls über die des Anscheinbeweises hinaus; zur Widerlegung genügt also nicht schon der Nachweis einer ernsthaften Möglichkeit, der Gewinn könne nicht entstanden sein. **2.2061**

2423) BGH, Urt. v. 17.12.1963 – V ZR 186/61, NJW 1964, 661.

2424) BGH, Urt. v. 16.1.1984 – II ZR 100/83, NJW 1984, 2093.

2425) LG Berlin, Urt. v. 10.10.2012 – 10 O. 243/11.

2426) Staudinger-*Schiemann*, BGB, § 252 Rz. 18.

2427) BGH, Urt. v. 3.3.1998 – VI ZR 385/96, NJW 1998, 1634; BGH, Urt. v. 27.9.2001 – IX ZR 281/00, NJW 2002, 825.

4. Beweis oder Schätzung

2.2062 a) **Einführung.** Soweit der Beklagte (Gastwirt, Getränkefachgroßhändler) substantiiert bestreitet, bedarf es der Nachprüfung durch Erhebung des von dem Getränkelieferanten angebotenen Beweises (Zeugenvernehmung, Sachverständigengutachten), ggf. einer gerichtlichen Schätzung nach § 287 ZPO.

2.2063 b) **Bedeutung des § 287 ZPO.** Eine wesentliche Erleichterung der Beweisführung bewirkt § 287 ZPO. Danach kann das Gericht nach freier Überzeugung entscheiden, ob ein Schaden entstanden ist und welche Höhe dieser bejahendenfalls hat. Insbesondere ist das Gericht nicht verpflichtet, alle möglichen Beweismittel auszuschöpfen (§ 287 Abs. 1 Satz 2 ZPO). Die Hauptbedeutung des § 287 ZPO liegt darin, dass das Gericht von der Entstehung eines Schadens und seiner Höhe nicht voll überzeugt sein muss. Eine, prozentual allerdings nicht näher konkretisierbare, überwiegende Wahrscheinlichkeit genügt.[2428)] Im Gegensatz zu § 286 ZPO muss nur eine überwiegende Wahrscheinlichkeit für den Schaden und seine Höhe stehen.[2429)] § 287 ZPO trägt damit insbesondere den Schwierigkeiten Rechnung, die sich daraus ergeben, dass der Geschädigte immer auch einen hypothetischen Kausalverlauf beweisen muss. Im Rahmen dessen ist die Frage zu beantworten, wie sich die Dinge ohne das schädigende Ereignis entwickelt hätten. Das Gericht hat insofern eine freiere Stellung und ist an die Beweisanträge und die Regelung der Beweislasten nicht gebunden.[2430)] § 252 Satz 2 BGB lässt es beim entgangenen Gewinn ausreichen, dass der Schaden wahrscheinlich zu erwarten ist. Voraussetzung ist jedoch, dass der Geschädigte den Schaden substantiiert vorträgt. Unterlässt er dies trotz eines entsprechenden Hinweises des Gerichts, so besteht kein Anlass, ihm über § 287 ZPO zu helfen.[2431)] Zudem ist für eine auf § 287 ZPO gestützte Schätzung dann kein Raum, wenn der Schaden ohne Schwierigkeiten exakt berechnet werden kann.

2.2064 c) **Anerkannte Fallgruppen.** § 287 ZPO wird von der Rechtsprechung im Zusammenhang mit der Berechnung des entgangenen Gewinns von Getränkelieferanten herangezogen.[2432)] Da die Ermittlung des wegen Unterschreitens einer vereinbarten Mindestabnahmemenge entgangenen Gewinns (einer Brauerei) regelmäßig schwierig und aufwendig ist, bietet sich eine Schadensschätzung gem. § 287 (Abs. 2) ZPO an. Dies zum einen dann, wenn es sich um einen lediglich verhältnismäßig geringfügigen Mindestschaden – hier: 12.920 DM –

2428) BGH, Urt. v. 16.10.2001 – VI ZR 408/00, BGHZ 149, 63 = NJW 2002, 128; BGH, Urt. v. 18.3.2004 – IX ZR 55/00, NJW 2004, 1521.

2429) BGH, Urt. v. 23.10.2003 – IX ZR 249/02, NJW 2004, 444; BGH, Urt. v. 18.3.2004 – IX ZR 255/05, NJW 2004, 1521.

2430) BGH, Urt. v. 7.7.1970 – VI ZR 233/69, NJW 1970, 1970; BGH, Urt. v. 5.11.1992 – IX ZR 12/62, NJW 1993, 734.

2431) BGH, Urt. v. 6.2.2007 – X ZR 117/04, NJW 2007, 1806.

2432) BGH, Urt. v. 3.7.1996 – VIII ZR 92/95, NJW-RR 1996, 1394 (Zuschuss- und Getränkelieferungsvertrag).

handelt.[2433] Die Einholung eines Sachverständigengutachtens zum Beweis der Angaben der Brauerei, die variablen Kosten pro hl Bier beliefen sich auf insgesamt lediglich 20,35 €, ist auch dann nicht erforderlich, wenn § 287 Abs. 2 ZPO den Weg zu einer Schätzung eröffnet. Danach kann davon ausgegangen werden, dass die variablen Kosten bei der Herstellung von Bier im streitgegenständlichen Fall jedenfalls nicht über 57,00 € lagen, so dass bei einem Verkaufspreis an den Getränkefachgroßhandel von 117,00 € der in Ansatz gebrachte Ausfallschaden in Höhe von 60,00 €/hl zugrunde gelegt werden konnte.[2434]

d) Sowohl der Umstand der Schätzung als auch das Ergebnis unterliegen der Prüfung nach § 529 Abs. 1 Nr. 1 ZPO. Die Berechnungen hinsichtlich des durch die Pflichtverletzung des Hauptschuldners entstandenen Schadens gelten auch für die Haftung des Beitretenden.[2435] **2.2065**

5. Darlegungs- und Beweislast zu Lasten des Schädigers

Die Darlegungs- und Beweislast dafür, dass bestimmte **fixe Kosten**, z. B. ein Teil der Personalkosten, ausnahmsweise gerade durch die konkrete Lieferung nicht generell entstanden wären, weil der Verkäufer keine hinreichenden Produktionskapazitäten hatte, um den Bedarf des Käufer mit zu befriedigen, trägt der schädigende Vertragspartner.[2436] Bei bestehenden Überkapazitäten besteht hierfür eine widerlegliche Vermutung. Will der Gastwirt diese nicht gegen sich gelten lassen, ist er insofern darlegungs- und beweispflichtig.[2437] Geht es nur um eine vergleichsweise geringe Liefermenge und verfügt die Brauerei über un- **2.2066**

2433) BGH, Urt. v. 22.2.1989 – VIII ZR 45/88, BGHZ 107, 67 = NJW 1989, 1669 = ZIP 1989, 450 = Zeller IV, 270 (Vertrag Brauerei-Getränkefachgroßhändler); BGH, Urt. v. 6.7.1993 – VI ZR 228/92, NJW 1993, 2673; BGH, Urt. v. 3.7.1996 – VIII ZR 92/95, NJW-RR 1996, 1394 (Zuschuss- und Getränkelieferungsvertrag); BGH, Urt. v. 6.2.2001 – VI ZR 339/99, NJW 2001, 1640; OLG Karlsruhe, Urt. v. 18.10.2001 – 19 U 97/01, BeckRS 2001, 30212399; OLG Zweibrücken, Urt. v. 6.7.2009 – 7 U 180/08; OLG Hamm, Urt. v. 10.5.2012 – I-22 U 203/11 (Vertrag Brauerei-Getränkefachgroßhändler). BGH, Urt. v. 3.7.1996 – VIII ZR 92/95, NJW-RR 1996, 1394.

2434) OLG Hamm, Urt. v. 10.5.2012 – I-22 U 203/11 (Vertrag Brauerei-Getränkefachgroßhändler).

2435) OLG Düsseldorf, Urt. v. 16.1.2004 – I-14 U 156/03, BeckRS 2010, 24896, rkr. durch (Nichtzulassungs-)Beschl. d. BGH v. 19.10.2005 – VIII ZR 53/04.

2436) BGH, Urt. v. 22.2.1989 – VIII ZR 45/88, BGHZ 107, 67 = NJW 1989, 1669 = ZIP 1989, 450 = Zeller IV, 270 (Vertrag Brauerei-Getränkefachgroßhändler); BGH, Urt. v. 17.7.2001 – X ZR 71/99, NJW 2001, 2535 = ZIP 2001, 2053; OLG Naumburg, Urt. v. 19.3.1999 – 6 U 13/98, NJW-RR 2000, 720; LG Freiburg, Urt. v. 28.7.2006 – 12 0. 118/05; LG Berlin, Urt. v. 10.10.2012 – 10 O. 243/11.

2437) BGH, Urt. v. 22.2.1989 – VIII ZR 45/88, BGHZ 107, 67 = NJW 1989, 1669 = ZIP 1989, 450 = Zeller IV, 270 (Vertrag Brauerei-Getränkefachgroßhändler); BGH, Urt. v. 1.3.2001 – III ZR 361/99, NJW-RR 2001, 985.

bestritten nicht ausgelastete Produktionskapazitäten, ist für die Annahme solcher zusätzlicher Fixkosten nichts ersichtlich.[2438)]

6. Beweisergebnis

2.2067 Ein Gewinnentgang von 146,00 DM pro hl, von einer Brauerei berechnet, ist nicht unüblich, sogar noch niedrig, weil in einer anderen Sache die Brauerei G. einen Rohgewinn je hl von 236,00 DM geltend machte.[2439)] In einem anderen Verfahren hatte die Brauerei unbestritten vorgetragen, dass vom entgangenen Nettoerlös von 185,00 DM/hl lediglich ersparte Kosten in Höhe von 48,33 DM (für Malz- und Hopfeneinsatz sowie sonstige Braustoffe) abzuziehen gewesen seien.[2440)]

7. Exkurs Verzugszinsen

2.2068 Der Brauerei steht kraft Gesetzes ein Anspruch auf Verzugszinsen zu. Ein weiterer – bestrittener – Verzugsschaden, der von dieser aus dem Gesichtspunkt des entgangenen Gewinns begehrt wird, ist jedoch zu versagen. Zwar geht die Schadensberechnung nach § 252 Satz 2 Fall 1 BGB von dem regelmäßigen Verlauf im Unternehmerverkehr aus, dass der Unternehmer gewisse Geschäfte im Rahmen seines Gewerbes tätigt und daraus Gewinne erzielt. Ihre Grundlage ist aber das Abstellen auf den gewöhnlichen Lauf der Dinge. Dabei werden typische Situationen des Handelsverkehrs prima facie als gewinnversprechend behandelt.

2.2069 Die Rechtsprechung wendet die Schadensberechnung nach § 252 Satz 2 Fall 1 BGB in solchen Fällen an, in denen einem Kaufmann ein Geschäft vereitelt worden ist, welches das typische Handelsgeschäft seines Gewerbes ist, dessen Abschluss dem regelmäßigen Verlauf seines Gewerbes entspricht und das einen typischen Gewinn abwirft.[2441)] Der Einsatz von Geldmitteln entspricht aber nicht dem typischen Handelsgeschäft einer Brauerei (zw.). Insoweit kann nicht von einem für eine Brauerei typischen Gesamtverlauf mit typischer Gewinnaussicht ausgegangen werden.

2.2070 Selbst wenn man als typische Merkmale für die Bestimmung des Schadens die zur fraglichen Zeit **üblichen Erträge der einzelnen Geldanlageformen** ansehen wollte und das Gericht bei der Bemessung des Durchschnittsgewinns weit-

---

2438) LG Berlin, Urt. v. 10.10.2012 – 10 O. 243/11.

2439) So der BGH im Verfahren OLG Frankfurt/M., Urt. v. 30.11.2000 – 16 U 230/99, BGH, VIII ZR 5/01, Revisionsrücknahme nach Nichtannahmebeschl., der ausnahmsweise begründet worden ist; unter Hinweis auf die Sache BGH, Urt. v. 25.4.2001 – VIII ZR 135/00, BGHZ 147, 279 = NJW 2001, 2331 = ZIP 2001, 1245; OLG Karlsruhe, Urt. v. 18.10.2001 – 19 U 97/01, BeckRS 2001, 30212399.

2440) OLG Nürnberg, Urt. v. 5.2.2002 – 1 U 2314/01, NJW-RR 2002, 917.

2441) BGH, Urt. v. 1.2.1974 – IV 2/72, BGHZ 62, 103 = NJW 1974, 895.

gehend von der Möglichkeit einer Schätzung gem. § 287 ZPO Gebrauch machen kann, bleibt der weiter begehrte Zinsanspruch ohne Erfolg. Auch bei der Schadensberechnung nach § 252 Satz 2 Fall 1 BGB muss der Geschädigte solche konkreten Umstände darlegen und beweisen, von denen die Schadensberechnung abhängt. Insoweit bedarf es auch bei der Berechnung der **Substantiierung.** Ebenso enthebt die Anwendung des § 287 ZPO den Geschädigten nicht von der Notwendigkeit, dem Gericht die zur Wahrheitsfindung **erforderlichen Unterlagen beizubringen,** ohne die eine richterliche Schätzung in der Luft schweben würde.[2442] Es bedarf einer genauen Substantiierung, etwa zum damaligen Durchschnittsgewinn.[2443]

V. Darlegung und Beweis bei Schadenspauschalierung

1. Wirtschaftliche Bedeutung

2.2071 Eine konkrete Schadensersatzberechnung setzt im Hinblick auf die Ausführungen zum Abzug ersparter Aufwendungen voraus, dass die entsprechenden betriebswirtschaftlichen Zahlen hinreichend schnell und zuverlässig ermittelt werden können. Auch führt sie im Ergebnis dazu, dass – ggf. auch in einer öffentlichen Gerichtsverhandlung – die Preiskalkulation des Lieferanten offengelegt werden müsste. Daher arbeitet die Praxis häufig mit Schadensersatzpauschalierungen. Die entsprechenden Pauschalen können zugrunde gelegt werden, soweit die Pauschalierung den von der Rechtsprechung zu § 309 Nr. 5 a und b BGB entwickelten Grundsätzen entspricht.[2444]

2. Reichweite des § 309 Nr. 5 BGB

2.2072 § 309 Nr. 5 BGB setzt sowohl das Bestehen einer Anspruchsgrundlage, auf die der Schadensersatzanspruch gestützt werden kann, als auch das Bestehen eines ersatzfähigen Schadens voraus. Eine nach § 309 Nr. 5 a BGB zulässige Klausel befreit daher nur von dem konkreten Nachweis des eingetretenen Schadens. Von den weiteren Voraussetzungen für das Entstehen eines Schadensersatzanspruchs befreit diese Klausel nicht.[2445]

2442) BGH, Urt. v. 1.2.1974 – IV 2/72, BGHZ 62, 103 = NJW 1974, 895; BGH, Urt. v. 22.2.1989 – VIII ZR 45/88, BGHZ 107, 67 = NJW 1989, 1669 = ZIP 1989, 450 = Zeller IV, 270 (Vertrag Brauerei-Getränkefachgroßhändler).

2443) LG Amberg, Urt. v. 31.10.1983 – 1 O. 941/82, Zeller III, 337; rechtskräftig bestätigt durch OLG Nürnberg, Urt. v. 6.7.1984 – I U 3935/83, Zeller III, 341.

2444) Siehe oben § 17 IV 7, und IV 8.

2445) BGH, Urt. v. 6.2.1985 – VIII ZR 15/84, NJW 1986, 124 = Zeller III, 349 (Alleinvertriebsvertrag über Maschinen); BGH, Urt. v. 8.3.2005 – XI ZR 154/04, NJW 2005, 1645; OLG München, Urt. v. 31.1.1995 – 25 U 3600/94, BeckRS 1995, 04936.

3. Darlegungs- und Beweislast

2.2073 **a) Vorbringen des Schädigers.** Gelegentlich wird seitens des Schädigers vorgebracht, die Höhe des von der Brauerei geltend gemachten pauschalierten Schadensersatzanspruchs stehe in keinem Verhältnis zu einem etwaigen der Brauerei tatsächlich entstandenen Schaden.

2.2074 **b) Meinungsstand. aa) Rechtsprechung.** Nach einer Entscheidung des BGH aus der Zeit vor Inkrafttreten des AGBG müsse der Verwender nachweisen, dass eine Pauschale dem typischen Schadenumfang entspreche. Er brauche aber vor Gericht nicht die Einzelheiten seiner Kostenrechnung und Preiskalkulation offenzulegen, sondern nur den branchenüblichen Durchschnittsgewinn. Insofern genüge der Verwender seiner Darlegungs- und Beweislast, wenn er „im Ansatz nachprüfbare" Tatsachen vortrage sowie ggf. Beweise, denen entnommen werden könne, dass in der Branche im Allgemeinen ein Gewinn erwirtschaftet werde, der mit dem Pauschalbetrag im Wesentlichen übereinstimme.[2446)] Anders sei dagegen zu entscheiden, wenn die Schadensersatzpauschale ungewöhnlich hoch sei. Dann könne das Vorbringen des Klauselverwenders nur unter der Voraussetzung als schlüssig eingestuft werden, dass er die Angemessenheit darlege.[2447)]

2.2075 **bb) Literatur.** Zu Recht wird dem unter Hinweis auf den klaren Wortlaut des § 309 Nr. 5 a BGB entgegengetreten, wonach die Darlegungs- und Beweislast für die Überhöhung der sich darauf berufende Klauselgegner trage.[2448)] Andere[2449)] folgen grundsätzlich dem Ansatz, dass der Verwendungsgegner die Darlegungs- und Beweislast für die Umstände trägt, welche die Unangemessenheit der Pauschale begründen. Habe der andere Vertragsteil im Falle der fehlenden Zugangsmöglichkeit zu den Rechnungsfaktoren die Überhöhung der Pauschale plausibel dargelegt, so obliege es dem Verwender, die gegen eine Überhöhung sprechenden Gründe vorzutragen und zu beweisen.

2.2076 **c) Stellungnahme.** Nach dem klaren Wortlaut des § 309 Nr. 5 a BGB trifft den Klauselgegner die Darlegungs- und Beweislast für eine etwaige Überhöhung der Pauschale. Die erstgenannte Entscheidung des BGH stammt noch aus der Zeit vor dem Erlass des AGBG. Allerdings lässt die Entscheidung die Tendenz erkennen, die Darlegungs- und Beweislast dem AGB-Verwender aufzuerlegen.[2450)] Angesichts des Gesetzeswortlauts und der Entstehungsgeschichte kann die Entscheidung allerdings nicht ohne Weiteres auf § 309 Nr. 5 a BGB

2446) BGH, Urt. v. 10.11.1976 – VIII ZR 115/75, BGHZ 67, 312 = NJW 1977, 381 (Automatenaufstellvertrag).

2447) BGH, Urt. v. 3.11.1999 – VIII ZR 35/99, NJW-RR 2000, 719 = ZIP 2000, 670 (Automatenaufstellvertrag Automatenaufsteller – Getränkefachgroßhändler).

2448) Statt vieler Staudinger-*Coester-Waltjen*, BGB, § 309 Nr. 5 Rz. 18.

2449) Vgl. u. a. Wolf/Lindacher/Pfeiffer-*Dammann*, § 309 Nr. 5 Rz. 84 f.

2450) Vgl. auch OLG Frankfurt/M., Urt. v. 15.6.1982 – 11 U 1/82, NJW 1982, 2564.

übertragen werden. Der ursprüngliche Entwurf zur Vorgängervorschrift des § 11 Nr. 5 AGBG sah eine Regelung vor, die die Beweislast dem Verwender auferlegt hätte. Die dann verabschiedete (heutige) Fassung hat aber das „es sei denn" durch ein „wenn" ersetzt, was den Schluss zulässt, dass die Beweislast beim Schädiger liegt. In jüngeren Entscheidungen hat der BGH die Frage, ob der Verwender die Angemessenheit der Schadenspauschale oder sein Vertragspartner die Unangemessenheit beweisen muss, ausdrücklich offengelassen. Jedenfalls dann, wenn die Schadenspauschale ungewöhnlich hoch sei, könne das Vorbringen des Klauselverwenders nur unter der Voraussetzung als schlüssig eingestuft werden, dass er die Angemessenheit darlege.[2451)] Zu berücksichtigen wird sein, dass in den vergleichbaren Fällen der Abwicklungspauschalen nach § 308 Nr. 7 BGB die Rechtsprechung die Darlegungs- und Beweislast der Verwendergegenseite auferlegt.[2452)]

Entscheidend ist grundsätzlich, dass die Verwendergegenseite eine Einwendung gegen das auf die Schadensersatzpauschale gestützte Anspruchsbegehren des Klauselverwenders erhebt und somit bereits nach den allgemeinen Regelungen für die Einwendung darlegungs- und beweispflichtig ist. Die Bedeutung der Streitfrage relativiert sich zudem in der Praxis. Denn unabhängig von der Stellungnahme hierzu sollte feststehen, dass der Getränkelieferant nicht gezwungen werden kann, im Rechtsstreit seine konkreten Kalkulationsunterlagen offenzulegen – auch nicht über die **Grundsätze der sekundären Darlegungslast**,[2453)] will man nicht eine maßgebende Motivation der Pauschalierung übergehen.[2454)] Bei Offenlegung der Kalkulationsgrundlagen würden Unternehmen benachteiligt, die betriebswirtschaftlich besonders gut aufgestellt sind und über ein entsprechendes Wissen verfügen. Die Verteilung der Darlegungs- und Beweislast im Rahmen des § 309 Nr. 5 a BGB darf weder zu einer Ausforschung führen noch dazu zwingen, entweder die Zahlen offenzulegen oder sich an den branchenbetriebstypischen Durchschnittskosten ausrichten zu müssen. In der Rechtsprechung wird eine sekundäre Darlegungslast nur ausnahmsweise angenommen, etwa bei der Veruntreuung anvertrauter Gelder. Vielmehr ist umgekehrt davon auszugehen, dass die Aufdeckung von Betriebsinterna jedenfalls dann, wenn zwischen den Prozessparteien ein Wettbewerbsverhältnis besteht – etwa zwischen Brauereien und Getränkefachgroßhändlern –, nicht zumutbar ist, weil dadurch die Erfolgsaussichten eines Unternehmens im Wettbewerb nachhaltig beeinträchtigt werden könnten. Aber auch dann, wenn zwischen den 2.2077

2451) BGH, Urt. v. 7.10.1981 – VIII ZR 229/80, NJW 1982, 331; BGH, Urt. v. 3.11.1999 – VIII ZR 269/98, BGHZ 143, 103 = NJW 2000, 1110; OLG Karlsruhe, Urt. v. 18.10.2001 – 19 U 97/01, BeckRS 2001, 30212399; OLG Frankfurt/M., Urt. v. 13.11.2007 – 11 U 24/07, BeckRS 2007, 19024.

2452) BGH, Urt. v. 29.5.1991 – IV ZR 187/90, NJW 1991, 2763.

2453) OLG Naumburg, Urt. v. 19.3.1999 – 6 U 13/98, NJW-RR 2000, 720.

2454) BGH, Urt. v. 8.10.1969 – VIII ZR 20/68, NJW 1970, 29.

Parteien kein Wettbewerbsverhältnis besteht, kann die Offenlegung der Kalkulation nicht zumutbar sein. Es muss nämlich gewährleistet sein, dass die Kalkulation nicht in falsche Hände gerät. Eine Verschwiegenheitspflicht der Prozessparteien besteht nämlich nicht. Eine Begutachtung in der Form, dass nur der Gutachter Einsicht in die erforderlichen Unterlagen erhält, ist prozessual unzulässig. Diese Vorgehensweise würde gegen den Grundsatz des rechtlichen Gehörs (Art. 103 Abs. 1 GG) verstoßen. Im Übrigen spricht gegen eine „Auskunftspflicht" die Überlegung, dass die Vereinbarung einer Schadenspauschale gerade dazu dienen soll, den Nachweis des tatsächlich entstandenen Schadens zu erleichtern. Es wäre dann widersprüchlich, über den Weg der sekundären Darlegungslast doch wieder den Tatsachenvortrag zu verlangen, den die Vereinbarung der Pauschale ersetzen soll.[2455)]

2.2078 Dies kann vom Getränkelieferanten erst recht nicht verlangt werden, weil es nicht gerade auf den ihm entgangenen Gewinn, sondern auf die Situation in der jeweiligen Branche ankommt. Auch von der Verwendergegenseite kann eine derartige Darlegung bereits wegen Unzumutbarkeit nicht erwartet werden, will man sie nicht in eine aussichtslose Beweislage drängen, die die diesbezügliche Klauselkontrolle ad absurdum führte.[2456)]

2.2079 Auch müssten in kritischen Fällen völlig unterschiedliche Maßstäbe zur Schlüssigkeit i. S. d. §§ 300, 301 ZPO eines auf die Klausel sich stützenden Sachvortrages angelegt werden, je nachdem, ob die Angemessenheit der Pauschale auf den ersten Blick plausibel erscheint oder nicht.

2.2080 d) **Praxishinweis.** Will der Schädiger die Klausel im Hinblick auf die Höhe angreifen und macht er ihre Unwirksamkeit geltend, so trägt er hierfür die Darlegungs- und Beweislast. Ein einfaches Bestreiten, dass sich die Pauschale am durchschnittlichen Schaden ausrichte, genügt regelmäßig nicht. Von dem Schädiger kann verlangt werden, dass er ein Mindestmaß an Tatsachen zur Untermauerung seines Vorbringens des Einwandes einer überhöhten Pauschale vorträgt. Hohe Anforderungen an die Erfüllung der Darlegungspflicht sind indes nicht zu stellen. Der belegbare Verweis auf Mitbewerber des Geschädigten, die niedrigere Pauschalen verlangen, dürfte genügen.

2.2081 Anschließend ist es Aufgabe des Geschädigten, anhand nachprüfbarer Angaben die branchenüblichen Gewinne oder Schäden vorzutragen. Pauschalen in Höhe der branchenüblichen Gewinne oder Schäden kann der Verwender nach § 309 Nr. 5 a BGB immer fordern. Für die Schlüssigkeit der Klage (als Voraussetzung für den Erlass eines Versäumnisurteils) ist es ausreichend, dass der Verwender sich auf die Pauschale beruft. Fordert der Verwender wesentlich höhere als die

2455) OLG Naumburg, Urt. v. 19.3.1999 – 6 U 13/98, NJW-RR 2000, 720.

2456) BGH, Urt. v. 10.11.1976 – VIII ZR 115/75, BGHZ 67, 312 = NJW 1977, 381 (Automatenaufstellvertrag).

branchenüblichen Sätze, muss er deren Berechtigung in jedem Falle und mittels eines detaillierten Sachvortrages nachweisen.

Vermag der Geschädigte ein verständlich aufgemachtes Zahlenwerk etwa seines Wirtschaftsverbandes vorzulegen, so sollte sich eine Beweisaufnahme durch Einholung eines Sachverständigengutachtens erübrigen.[2457] Die Geltendmachung ungewöhnlich hoher Pauschalen ist nur unter gleichzeitiger substantiierter Darlegung rechtfertigender Einzelheiten schlüssig. Dann bedarf es ggf. einer Beweisaufnahme, soweit nicht die Möglichkeiten der Schadensschätzung nach § 287 ZPO gegeben sind. 2.2082

Wird seitens des Schadensersatzschuldners vorgebracht, die Höhe des von dem Gläubiger geltend gemachten pauschalierten Schadensersatzes stehe in keinem Verhältnis zu einem etwaigen, ihm tatsächlich entstandenen Schaden und hat der Gläubiger unter **Antritt von Sachverständigenbeweis** vorgetragen, dass die Differenz zwischen dem Vertrags- und Herstellungspreis unter Ansatz nur der variablen Kosten bei der Bierherstellung schon im Jahre 1993 und auch in der Folgezeit weit über 80 DM je Hektoliter gelegen habe, so ist dem **Beweisantrag** des Schadensersatzgläubigers, dass die Pauschalierung sich im Rahmen des gewöhnlich zu erwartenden Schadens halte, nachzugehen.[2458] Dann liegt es an der Brauerei unter Antritt von Sachverständigenbeweis vorzutragen, dass die Differenz zwischen dem Vertrags- und dem Herstellungspreis unter Ansatz nur der variablen Kosten bei der Bierherstellung schon vor den abgerechneten Jahren über dem geltend gemachten Pauschalbetrag lag. Einem entsprechenden Beweisantrag der Brauerei, dass sich die Pauschalierung im Rahmen des gewöhnlich zu erwartenden Schadens halte, ist nachzugehen.[2459] 2.2083

§ 31 Fremdbezug

I. Grundlagen

1. Gegenstand der Ausschließlichkeitsbindung

Unklarheiten können sich ggf. daraus ergeben, dass: 2.2084

- nicht ermittelbar ist, welches Bier der Gastwirt zu beziehen hat, z. B. nur das von der Brauerei hergestellte (Eigen-) oder auch das von ihr vertriebene (Handels-)Bier,[2460]

2457) BGH, Urt. v. 3.11.1999 – VIII ZR 35/99, NJW-RR 2000, 719 = ZIP 2000, 670 (Automatenaufsteller ./. Getränkefachgroßhändler).

2458) BGH, Urt. v. 15.11.2000 – VIII ZR 322/99, NJW-RR 2001, 987.

2459) BGH, Urt. v. 10.11.1976 – VIII ZR 115/75, BGHZ 67, 312 = NJW 1977, 381 (Automatenaufstellvertrag); BGH, Urt. v. 3.11.1999 – VIII ZR 269/98, BGHZ 143, 103 = NJW 2000, 1110; BGH, Urt. v. 15.11.2000 – VIII ZR 322/99, NJW-RR 2001, 987.

2460) *Paulusch*, Brauerei- und Gaststättenrecht, 9. Aufl. 1996, Rz. 103.

- nicht festgestellt werden kann, ob und in welchem Umfang der Gastwirt ggf. hinsichtlich des Bezuges anderer alkoholischer und nicht alkoholischer Getränke gebunden sein soll,[2461)]
- dem Vertrag nicht zu entnehmen ist, welche **Sorten/Marken** Gegenstand der Ausschließlichkeitsbindung sein sollen,[2462)]

2. Tatsachen

2.2085 a) **Wahrnehmung.** Anders als früher scheint die Sensibilität für anfänglichen oder nachträglichen Fremdbezug zunehmend verloren zu gehen. Bereits bei Vertragsschluss ergeben sich gelegentlich erkennbare, aber seitens des Getränkelieferanten nicht erkannte Abweichungen zwischen dem vertraglich intendierten Sortiment und dem vom Gastwirt tatsächlich angebotenen bzw. nachgefragten. Regelungen über Mitbezugsgestattungen fehlen. Nach Vertragsschluss werden Zufallsfunde (wie etwa nicht zulässige Getränke auf der Getränkekarte, am Zapfhahn oder im Lagerraum) unbewusst oder bewusst (?) nicht zur Kenntnis genommen. Abweichungen zwischen den vereinbarten und den tatsächlichen Bezugsmengen werden nicht zum Anlass genommen, die Qualität des Vertriebsweges und der Kundenbeziehung zu hinterfragen. Änderungen im Bestellverhalten wie geringer werdende Mengen und längere Lieferintervalle werden klaglos „zur Kenntnis genommen“. Kontrollen der Voll- und Leergutentwicklung fehlen. Dies gilt insbesondere für Brauereien, die nicht selbst beliefern (Vertriebsmodell 2 bis 4)und daher auf Informationen der Getränkefachgroßhändler angewiesen sind. Stattdessen wird die Nichtrückführung ausgereichter Finanzierungen mangels hinreichender Abschreibungen bzw. Rückvergütungsgutschriften aktenmäßig abgearbeitet, was zu nicht kalkulierten höheren Endsalden führt. Auch die Abrechnung von Mindermengenausgleichen leistet einen insofern schädlichen Beitrag, als sie im Ergebnis letztlich die Verwilderung der Absatz- und Vertriebsstrukturen fördert. Nicht eingegangene Beteiligungsbeträge und nicht hinreichend zurückgeführte Refinanzierungen belegen diesen Befund. Insgesamt dürften die „Vertriebssitten“ durch Fremdbezug weit mehr verwildert sein, als dies der allgemeinen Erkenntnis entspricht. Sowohl außergerichtlich als auch gerichtlich müsste wesentlich häufiger wegen Fremdbezuges vorgegangen werden.

2.2086 Vorbeugend ist hier eine erhöhte Sensibilität des Außendienstes gefordert. Das Vorhandensein eines Vertriebscontrollings und die nachgelagerte Abrechnung von offenen Darlehensposten bzw. Mindermengenausgleichen setzen nicht an der Ursache des Übels an. Einige Probleme sind fast strukturimmanent durch Einschaltung selbständiger Getränkefachgroßhändler. Andere ließen sich auch in den Vertriebsmodellen 2 und 3 im allseitigen Interesse präventiv vermeiden.

2461) *Paulusch*, Brauerei- und Gaststättenrecht, 9. Aufl. 1996, Rz. 103.

2462) OLG Zweibrücken, Urt. v. 24.6.1997 – 5 U 36/96.

b) Ermittlung. Bevor sich die Frage eines rechtlichen Vorgehens wegen Fremdbezuges stellt, muss das vermeintliche Anspruchsbegehren des Getränkelieferanten hinreichend tatsächlich belegt sein. Fotos über Fremdanlieferungen sind hilfreich. Testkäufer und Detektive können eingeschaltet werden. Die Fassnummernkontrolle kann Tatsachenmaterial ergeben. Gleiches gilt für Datenaustauschsysteme (Beispiel GEDAT). Die Beobachtungen von Außendienstmitarbeitern, – so noch vorhanden – Fahrern und dritten Zeugen sind zu protokollieren und ggf. mit Fotos ergänzend zu belegen. Eine saubere und umfassende tatsächliche Vorbereitung eines Vorgehens wegen Fremdbezuges erleichtert nicht nur die Durchsetzung entsprechender Ansprüche, sondern vermeidet auch die Geltendmachung lästiger und mit zahlreichen Rechtsproblemen behafteter Mindermengenausgleichsansprüche.[2463] 2.2087

3. Vertriebsmodell 2

Zum Fremdbezug bei Indirektbelieferung vergleiche ein Urteil des OLG Koblenz vom 21.2.2002.[2464] 2.2088

4. Anspruchsziele

Jeder Fremdbezug stellt einen Verstoß gegen die Pflichten aus dem Getränkelieferungsvertrag (§§ 281, 280 BGB) dar. Dabei kann das Begehren des Getränkelieferanten auf Auskunft, Unterlassung, Schadensersatz sowie ggf. auch Kündigung gerichtet sein.[2465] 2.2089

5. Anspruchsgegner

Ansprüche wegen Fremdbezuges können bestehen gegen: 2.2090

- den Eigentümer eines Objektes,[2466]
- den Betreiber[2467]
- sowie Mitbewerber des Getränkelieferanten.[2468]

2463) Siehe oben § 19 jeweils m. w. N.

2464) OLG Koblenz, Urt. v. 21.2.2002 – 5 U 677/01, NJOZ 2002, 837.

2465) BGH, Urt. v. 25.4.2001 – VIII ZR 135/00, BGHZ 147, 279 = NJW 2001, 2331 = ZIP 2001, 1245; OLG Köln, Urt. v. 28.6.1989 – 2 U 93/88, NJW-RR 1989, 1336; OLG Frankfurt/M., Urt. v. 13.11.2007 – 11 U 24/07, BeckRS 2007, 19024.

2466) OLG Düsseldorf, Urt. v. 1.10.2003 – I-15 U 227/02.

2467) OLG Hamm, Urt. v. 27.9.1991 – 20 U 106/91, rkr. durch Nichtannahmebeschl. d. BGH v. 21.10.1992 – VIII ZR 223/91; OLG München, Urt. v. 9.7.1992 – U (K) 5146/91, OLGReport 1992, 199; OLG Koblenz, Urt. v. 5.6.1997 – 5 U 7/97, NJW-RR 1998, 1525, rkr. durch Nichtannahmebeschl. d. BGH v. 10.10.1997 – VIII ZR 198/97; OLG Düsseldorf, Urt. v. 27.10.2004 – VI-U (Kart) 41/03, BeckRS 2005, 06685.

2468) OLG München, Urt. v. 9.7.1992 – U (K) 5146/91, OLGReport 1992, 199; OLG Koblenz, Urt. v. 5.6.1997 – 5 U 7/97, NJW-RR 1998, 1525, rkr. durch Nichtannahmebeschl. d. BGH v. 10.10.1997 – VIII ZR 198/97.

6. Brauereifreiheit

2.2091 Der Begriff „Brauereifreiheit" eines Gaststättenobjektes ist jedenfalls ungenau. Getränkebezugsverpflichtungen lasten nicht gleichsam „objektbezogen" bzw. „verdinglicht" auf einem Grundstück selbst. Verpflichtet ist lediglich der Partner der jeweiligen schuldrechtlichen Abrede.[2469] Daran ändert auch eine Verpachtung des Gaststättenobjektes nichts, soweit darin nicht ausdrücklich die Bezugsverpflichtung übernommen wird. Die schuldrechtliche Bezugsverpflichtung eines Gaststättenbetreibers verpflichtet nicht den Eigentümer, so dass die Zusicherung, das Pachtobjekt sei verpflichtungsfrei gegenüber jeglichen Getränkelieferanten, zutreffend ist. Eine Anfechtung wegen arglistiger Täuschung scheidet daher aus.[2470]

II. Unterlassung

1. Anspruchsgrundlage

2.2092 Der Anspruch auf Unterlassung des Ausschankes der Getränke anderer Getränkelieferanten stützt sich auf § 1004 Abs. 1 Satz 2 BGB analog in Verbindung mit den entsprechenden Regelungen des streitgegenständlichen Getränkelieferungsvertrages.[2471]

2. Voraussetzungen

2.2093 Die für den Unterlassungsanspruch erforderliche **Wiederholungsgefahr** ergibt sich aufgrund einer diesbezüglichen tatsächlichen **Vermutung**, die durch die vorangegangene rechtswidrige Beeinträchtigung des Getränkelieferungsvertrages durch Fremdbezug begründet wird.[2472]

2.2094 An die Widerlegung der materiellen Anspruchsvoraussetzung der Wiederholungsgefahr durch den Störer sind hohe Anforderungen zu stellen. Das bloße Versprechen, die störende Handlung nicht mehr vorzunehmen, räumt die Wiederholungsgefahr in der Regel nicht aus.[2473]

3. Einwendungen

2.2095 Der Hinweis auf eine **Erkrankung** des beklagten Gastwirts oder der Hinweis darauf, der Unterlassungsantrag sei gegen ihn persönlich gerichtet, obgleich er auf die Vorgänge in der Absatzstätte während des Zeitraums seiner Erkrankung keinen Einfluss habe, gehen ins Leere.[2474]

2469) Siehe unten § 37 I 1 und 2, jeweils m. w. N.

2470) BGH, Urt. v. 3.6.1987 – VIII ZR 158/86, WM 1987, 1288 = Zeller IV, 157.

2471) AG Ludwigslust, Urt. v. 16.2.2009 – 5 C 2/09, BeckRS 2009, 11036.

2472) BGH, Urt. v. 12.12.2003 – V ZR 98/03, NJW 2004, 1035.

2473) BGH, Urt. v. 30.10.1998 – V ZR 64/98, NJW 1999, 356.

2474) AG Ludwigslust, Urt. v. 16.2.2009 – 5 C 2/09, BeckRS 2009, 11036.

2.2096 Ebenfalls unerheblich ist es, wenn der Getränkelieferungsvertrag nur die Bezugsverpflichtung regelt und sich nicht ausdrücklich zu dem Ausschank von Getränken in der Gaststätte verhält. Wenn der Gastwirt keine anderen Getränke als solche des Getränkelieferanten bezieht, kann er solche anderen Getränke auch nicht ausschenken.

2.2097 Die **Art des Fremdbezuges** ist dabei aus denselben Gründen unerheblich. Selbst wenn der Gastwirt die Getränke von dritter Seite geschenkt bekommen haben sollte (**Gratisgetränke**), wäre darin ein Fremdbezug zu sehen. Denn bei einem Ausschank dieser anderen Getränke wäre ein Absatz des Getränkelieferanten in dem Umfang nicht möglich, der mit der Bezugsverpflichtung gerade abgesichert werden soll.[2475)]

2.2098 Der Umstand, dass der von der Brauerei eingeschaltete Getränkefachgroßhändler einzelne Getränke zeitweise nicht liefern konnte, berechtigt den Gastwirt letztlich nicht dazu, im Wege der **Selbsthilfe** ohne Weiteres andere Getränke eines anderen Getränkelieferanten zu beziehen. Sowohl § 281 BGB für einen Schadensersatz wegen Nichterfüllung als auch § 314 BGB für die Kündigung eines Dauerschuldverhältnisses setzen nämlich voraus, dass zuvor eine Nachfrist für die begehrte Handlung oder aber eine Abmahnung hinsichtlich eines vertragswidrigen Verhaltens erfolgt.[2476)]

4. Fremdbefüllung von Gasbehältern

2.2099 Stellt ein Lieferant von Flüssiggas Kunden im Rahmen eines Gaslieferungsvertrages, der die Kunden verpflichtet, ihren Bedarf an Flüssiggas allein bei ihm zu decken, gegen Nutzungsentschädigung Gasbehälter zur Verfügung, die nach den vertraglichen Vereinbarungen Eigentum des Lieferanten sind und bleiben, so erfüllt eine auf Veranlassung eines Kunden durch einen anderen Gaslieferanten ohne Einwilligung des Eigentümers vorgenommene Befüllung des Gasbehälters den Tatbestand einer Eigentumsbeeinträchtigung i. S. d. § 1004 Abs. 1 BGB. Der Eigentümer ist nicht gem. § 1004 Abs. 2 BGB zur Duldung einer solchen „Fremdbefüllung" verpflichtet, weil sie nach seinem Vertrag mit dem Kunden keine bestimmungsgemäße Nutzung des Gasbehälters ist.[2477)]

2475) AG Ludwigslust, Urt. v. 16.2.2009 – 5 C 2/09, BeckRS 2009, 11036.

2476) OLG Frankfurt/M., Urt. v. 6.10.1988 – 6 U 59/88, GRUR 1989, 71 = Zeller IV, 47; AG Ludwigslust, Urt. v. 16.2.2009 – 5 C 2/09, BeckRS 2009, 11036. Vergleiche im Übrigen OLG München, Urt. v. 9.7.1992 – U (K) 5146/91, OLGReport 1992, 199; OLG Koblenz, Urt. v. 5.6.1997 – 5 U 7/97, NJW-RR 1998, 1525, rkr. durch Nichtannahmebeschl. d. BGH v. 10.10.1997 – VIII ZR 198/97; OLG Köln, Urt. v. 15.3.2004 – 5 U 145/99, BeckRS 2008, 09083.

2477) BGH, Urt. v. 15.9.2003 – II ZR 367/02, NJW 2003, 3702.

III. Auskunft[2478)]

1. Anspruchsziel

2.2100 Da der Getränkelieferant naturgemäß unverschuldet in Unkenntnis hinsichtlich der fremdbezogenen Getränkemenge ist, steht ihm ein Auskunftsanspruch über die von dem Vertragspartner anderweitig bezogenen Getränkemengen zu, wenn ein Getränkelieferungsvertrag mit einer Ausschließlichkeitsvereinbarung abgeschlossen worden ist.[2479)]

2. Anspruchsgrundlage

2.2101 Grundlage ist mangels spezialgesetzlicher Normen der allgemeine Auskunftsanspruch nach **§ 242 BGB**.[2480)]

3. Voraussetzungen

2.2102 **a)** Voraussetzung ist zunächst eine bereits bestehende, sei es vertragliche, sei es gesetzliche **Sonderverbindung**. Zu prüfen ist also ggf. die Wirksamkeit des Getränkelieferungsvertrages.[2481)]

2.2103 Dabei reicht ein Vertragsverhältnis zur Begründung nicht aus, weil ansonsten ein dem BGB nicht bekannter allgemeiner Auskunftsanspruch entstehen würde. Für das Vorliegen einer Sonderverbindung ist vielmehr erforderlich, dass eine überwiegende Wahrscheinlichkeit für das Bestehen des durch die Auskunftserteilung geltend gemachten Anspruchs gegeben ist. Nach der Rechtsprechung des BGH stellt ein gesetzliches Schuldverhältnis aus unerlaubter Handlung eine solche Sonderverbindung dar.[2482)]

2.2104 **b)** Weiter muss der Auskunftsberechtigte in entschuldbarer Weise über Bestehen oder Umfang seines Rechts im Unwissen sein und schließlich der Verpflichtete die zur Beseitigung der Ungewissheit erforderliche Auskunft unschwer geben kann.[2483)]

2478) OLG Karlsruhe, Urt. v. 18.10.2001 – 19 U 97/01, BeckRS 2001, 30212399; LG Saarbrücken, Urt. v. 4.11.1987 – 7 O. 135/86, Zeller, IV, 390.

2479) OLG Hamm, Urt. v. 13.3.1995 – 2 U 139/94, NJW-RR 1996, 46.

2480) OLG Hamm, Urt. v. 13.3.1995 – 2 U 139/94, NJW-RR 1996, 46; OLG Koblenz, Urt. v. 5.6.1997 – 5 U 7/97, NJW-RR 1998, 1525, rkr. durch Nichtannahmebeschl. d. BGH v. 10.10.1997 – VIII ZR 198/97; OLG Karlsruhe, Urt. v. 18.10.2001 – 19 U 97/01, BeckRS 2001, 30212399; OLG Koblenz, Urt. v. 21.2.2002 – 5 U 677/01, NJOZ 2002, 837.

2481) OLG Hamm, Urt. v. 13.3.1995 – 2 U 139/94, NJW-RR 1996, 46; OLG Karlsruhe, Urt. v. 18.10.2001 – 19 U 97/01, BeckRS 2001, 30212399.

2482) BGH, Urt. v. 28.11.1989 – VI ZR 63/89, NJW 1990, 1358.

2483) OLG Hamm, Urt. v. 13.3.1995 – 2 U 139/94, NJW-RR 1996, 46; OLG Koblenz, Urt. v. 5.6.1997 – 5 U 7/97, NJW-RR 1998, 1525, rkr. durch Nichtannahmebeschl. d. BGH v. 10.10.1997 – VIII ZR 198/97; OLG Karlsruhe, Urt. v. 18.10.2001 – 19 U 97/01, BeckRS 2001, 30212399; OLG Düsseldorf, Urt. v. 27.10.2004 – VI-U (Kart) 41/03, BeckRS 2005, 06685.

IV. Schadensersatz

1. Anspruchsgrundlage

Zu denken ist zunächst an die §§ 280, 281 BGB.[2484] Im Übrigen steht dem Getränkelieferanten ggf. nach den Grundsätzen der **positiven Vertragsverletzung** ein Schadensersatzanspruch gegen den Gebundenen zu, weil dieser gegen die Ausschließlichkeitsabrede verstoßen hat.[2485] 2.2105

2. Pflichtverletzung

Die gelegentlich erhobene Behauptung, bei dem konkret gerühmten Vertragsverstößen habe es sich um die einzigen Fälle von Fremdbezug gehandelt, erscheint kaum glaubhaft. Da der Getränkelieferant die Absatzstätte sicher nicht täglich kontrolliert hat, wäre es ein sehr großer Zufall, wenn immer genau zu den Zeitpunkten, als Fremdbier ausgeschenkt wurde, dies von Mitarbeitern des Getränkelieferanten bemerkt wurde. Wesentlich lebensnäher erscheint dagegen eine nicht unerhebliche „Dunkelziffer" von nicht entdeckten Fällen von Fremdbezug. Im Übrigen müsste der in Anspruch Genommene seine Behauptung, es habe keine weiteren Fälle gegeben, unter Beweis stellen.[2486] 2.2106

3. Verschulden

Das Verschulden ergibt sich aus der Umkehr der Darlegungs- und Beweislast nach § 280 Abs. 1 Satz 2 BGB.[2487] 2.2107

4. Schaden

a) Absolute Pauschalen. Pauschalen in Höhe von **„80 DM/hl"**[2488] bzw. **„50 DM/hl"**[2489] sind zulässig. 2.2108

b) Prozentuale Pauschalen. aa) Grundsatz. Eine auf **30 %**[2490] bzw. **25 %** des jeweiligen Listenpreises[2491] angesetzte Pauschale ist zulässig. 2.2109

bb) Vertriebsmodell 2: Fraglich könnte sein, ob Brauereien im Direktgeschäft mit Indirektbelieferung sich bei der prozentualen Schadenspauschalierung in 2.2110

2484) OLG Frankfurt/M., Urt. v. 13.11.2007 – 11 U 24/07, BeckRS 2007, 19024.

2485) OLG Hamm, Urt. v. 13.3.1995 – 2 U 139/94, NJW-RR 1996, 46, OLG Karlsruhe, Urt. v. 18.10.2001 – 19 U 97/01, BeckRS 2001, 30212399.

2486) LG Köln, Urt. v. 15.3.2011 – 21 O. 95/10, BeckRS 2012, 02826, Vorinstanz zu OLG Köln, Urt. v. 20.10.2011 – 7 U 65/11, BeckRS 2012, 15923.

2487) OLG Frankfurt/M., Urt. v. 13.11.2007 – 11 U 24/07, BeckRS 2007, 19024.

2488) BGH, Urt. v. 15.11.2000 – VIII ZR 322/99, NJW-RR 2001, 987.

2489) OLG München, Urt. v. 31.1.1995 – 25 U 3600/94, BeckRS 1995, 04936.

2490) OLG Zweibrücken, Urt. v. 6.7.2009 – 7 U 180/08.

2491) OLG Oldenburg, Urt. v. 14.11.2012 – 5 U 56/11 (Vertrag Getränkefachgroßhändler-Gastwirt).

Höhe von 30 %[2492] an den (Listen-)Preisen des benannten Getränkefachgroßhändlers orientieren dürfen. Dies hat das OLG Karlsruhe zutreffend verneint, fehlt es doch hier an jedem Bezug zu dem der Brauerei konkret entstandenen Schaden. In einem Getränkebezugsvertrag ist eine Klausel, wonach der Gaststättenbetreiber bei Bezug fremder Erzeugnisse des Tagespreises der von dritter Seite bezogenen Getränke als Schadensersatz zu zahlen hat, unwirksam, weil diese Art der Berechnung jede Beziehung zu dem der Brauerei entstandenen Schaden vermissen lässt.[2493]

2.2111 c) **Differenzierung.** Bei der konkreten Berechnung des Schadens differiert die Höhe des Schadensersatzes danach, ob ein echter oder unechter Fremdbezug vorliegt.[2494]

V. Vertragsstrafe

2.2112 Insofern kann verwiesen werden.[2495]

VI. Kündigung

2.2113 Zur Frage einer Kündbarkeit wegen Fremdbezuges kann ebenfalls verwiesen werden.[2496]

VII. Durchsetzung

1. Respektierungsverfahren

2.2114 Sind Brauereien bzw. Getränkefachgroßhändler jeweils Mitglied in demselben Wirtschaftsverband, so besteht dort in der Regel die Möglichkeit, ein Respektierungsverfahren einzuleiten. Dabei legt derjenige, der sich durch eine Fremdbelieferung durch den Antragsgegners in der Durchsetzung seiner Rechte aus einem wirksamen Getränkelieferungsvertrag beeinträchtigt sieht, diesen dem Verband mit der Bitte um Prüfung und Hinweis an den Mitbewerber vor.

2492) Ebenso das OLG Nürnberg, Urt. v. 5.2.2002 – 1 U 2314/01, NJW-RR 2002, 917, im Zusammenhang mit einer Vertragsstrafe.

2493) OLG Karlsruhe, Urt. v. 18.10.2001 – 19 U 97/01, BeckRS 2001, 30212399.

2494) Siehe oben § 17 IV 3 c.

2495) Siehe oben § 18 III jeweils m. w. N. Vgl. auch der Rechtsprechung BGH, Urt. v. 14.7.1980 – KZR 19/79, WM 1980, 1309 = Zeller II, 155; BGH, Urt. v. 30.9.1992 – VIII ZR 196/91, BGHZ 119, 283 = NJW 1993, 64 = ZIP 1992, 1573; OLG Nürnberg, Urt. v. 5.2.2002 – 1 U 2314/01, NJW-RR 2002, 917; OLG Düsseldorf, Urt. v. 18.2.1994 – 16 U 91/93; OLG Karlsruhe, Urt. v. 18.10.2001 – 19 U 97/01, BeckRS 2001, 30212399; OLG Frankfurt/M., Urt. v. 13.11.2007 – 11 U 24/07, BeckRS 2007, 19024.

2496) Siehe unten § 40 IV jeweils m. w. N.

2. Abmahnung

Eine weitere Möglichkeit des außergerichtlichen Vorgehens stellt die Abmahnung dar. Das Abmahnschreiben enthält die deutliche Aufforderung an den Adressaten, den Fremdbezug sofort einzustellen und die als Anlage beigefügte strafbewehrte Unterlassungsverpflichtungserklärung kurzfristig zurückzusenden. Zum Inhalt der **Unterlassungsverpflichtungserklärung** gehört sowohl die Unterlassung des Fremdbezuges als auch der Zahlung einer Vertragsstrafe für den Fall des erneuten Verstoßes. Zur Vorbereitung des weiteren gerichtlichen Vorgehens wird der Adressat der Abmahnung auch aufgefordert, Auskunft über Umfang und Zusammensetzung der fremdbezogenen Getränkemengen nach Marken, Sorten und Gebinden sowie über den Bezugsweg zu geben. Üblich ist es auch, die Geltendmachung von ggf. bereits spezifizierten Schadensersatzansprüchen anzudrohen. 2.2115

3. Einstweilige Verfügung

a) **Situation.** Bleiben das Respektierungsschreiben und/oder eine Abmahnung ohne Erfolg, so muss gerichtliche Hilfe in Anspruch genommen werden. Im Rahmen des vorläufigen Rechtsschutzes können entsprechende gerichtliche Anträge gestellt werden. Eine Verpflichtung, vorab ein einstweiliges Verfügungsverfahren durchzuführen, besteht allerdings nicht. Bei besonderer Hartnäckigkeit der Gegenseite ist das Verfahren auch überflüssig. 2.2116

b) **Verfügungsgrund.** aa) **Grundsatz.** Der Erlass einer einstweiligen Verfügung setzt **Eilbedürftigkeit** voraus. Zwischen der nachweislichen Feststellung des Fremdbezuges und dem Antrag auf Erlass einer einstweiligen Verfügung sollte allenfalls ein Zeitraum von bis zu vier Wochen liegen. Anderenfalls ist der Antrag bereits wegen Nichtvorliegens eines Verfügungsgrundes kostenpflichtig als unbegründet abzuweisen. 2.2117

bb) **Weitere Fragen.** Der Verfügungsbeklagte kann sich nicht darauf zurückziehen, aufgrund einer **Erkrankung** in näherer Zukunft den Gaststättenbetrieb nicht selbständig führen zu können. Auch dann muss er die Einhaltung der vereinbarten Getränkebezugsverpflichtung gewährleisten, wobei von ihm eingeschaltete Hilfsperonen als Erfüllungsgehilfen (§ 278 BGB) anzusehen sind. 2.2118

Auch scheitert die Annahme eines Verfügungsgrundes nicht daran, dass der Getränkelieferant als Verfügungskläger nicht näher dargetan hat, worin ein ihm bei Verletzung der Bezugsverpflichtung entstehender **Schaden** liegt. Ein solcher ergibt sich vielmehr nach der Natur der Sache daraus, dass der Verfügungsbeklagte bei einem Fremdbezug von Getränken in entsprechendem Umfang keine Produkte des Verfügungsklägers abnimmt und diesem damit die ansonsten von dem Verfügungsbeklagten zu leistenden Entgelte entgehen.[2497)] 2.2119

2497) OLG Frankfurt/M., Urt. v. 6.10.1988 – 6 U 59/88, GRUR 1989, 71 = Zeller IV, 47; AG Ludwigslust, Urt. v. 16.2.2009 – 5 C 2/09, BeckRS 2009, 11036.

2.2120 Ein Verweis des Verfügungsklägers auf die **alternative Geltendmachung** der ihm aus einer Verletzung der Bezugsverpflichtung entstehender **Schäden** kommt ebenfalls nicht in Betracht. Anderenfalls ließe sich die Annahme eines Verfügungsgrunds praktisch immer verneinen.[2498)]

2.2121 c) **Verfügungstenor.** Die einstweilige Verfügung ist darauf gerichtet, dass dem Gastwirt unter Androhung eines Ordnungsgeldes, ersatzweise eine Ordnungshaft, der Bezug dritter Getränke untersagt wird. Gleiches gilt ggf. für mitbenutzte Schanktechnik. Abweichungen des Urteilstenors vom Klageantrag sind im Rahmen der Ausübung des gerichtlichen Ermessens gem. § 938 Abs. 1 ZPO zulässig. Grundlage der Androhung der Ordnungsmittel für den Fall der Zuwiderhandlung gegen das Unterlassungsgebot ist § 890 Abs. 2 ZPO. Eine Entscheidung über die **vorläufige Vollstreckbarkeit** ist nicht erforderlich, weil sich dies im Rahmen des einstweiligen Rechtsschutzes aus der Natur des Verfahrens ergibt und daher in der Entscheidungsformel nicht ausdrücklich ausgesprochen zu werden braucht.[2499)]

2.2122 d) **Verfahren.** Im Regelfall wird über den Antrag auf Erlass einer einstweiligen Verfügung kurzfristig und damit spätestens einen Tag nach Eingang bei Gericht (Anhängigkeit) durch Beschluss und damit ohne mündliche Verhandlung entschieden. Dieser kann dann durch den Gerichtsvollzieher zugestellt werden. Ordnet das Gericht dagegen von sich aus oder auf Antrag einen Termin zur mündlichen Verhandlung an, so ist dieser umgehend zu bestimmen; im Regelfall erfolgt die Terminierung innerhalb eines Zeitraums von zwei Wochen nach Anhängigkeit des Antrages.

2.2123 e) **Abschlusserklärung.** Das gerichtliche einstweilige Verfügungsverfahren endet ohne nachfolgende Klage in der Hauptsache, wenn der Verfügungsbeklagte eine Abschlusserklärung unterschreibt. Anderenfalls steht dem Getränkelieferanten der Klageweg (wieder) offen.

4. Klage

2.2124 a) **Klagehäufung.** Zumeist wird der Getränkelieferant in seiner Hauptsacheklage Klageanträge auf Unterlassung des Fremdbezuges, Wiederaufnahme des vertragsgemäßen Bezuges, ggf. Auskunft sowie darüber hinaus Schadensersatz, etwa im Wege einer Stufenklage, erheben.[2500)]

2.2125 b) **Klageart.** Soweit der Getränkelieferant den ihm durch den Bruch der Bezugsverpflichtung entstandenen Schaden gegenwärtig nicht beziffern kann, weil er zunächst die mit seinem Klageantrag zu 1) begehrte Auskunft braucht,

2498) AG Ludwigslust, Urt. v. 16.2.2009 – 5 C 2/09, BeckRS 2009, 11036; Baumbach/Lauterbach/Albers/*Hartmann*, ZPO, § 935 Rz. 16.

2499) Baumbach/Lauterbach/Albers/*Hartmann*, ZPO, § 922 Rz. 13.

2500) OLG Düsseldorf, Urt. v. 27.10.2004 – VI-U (Kart) 41/03, BeckRS 2005, 06685.

so ist eine Feststellungsklage (§ 256 Abs. 1 ZPO) statthaft. Eine Stufenklage mit unbeziffertem Leistungsantrag ist nicht – vorrangig – zu erheben.[2501)]

c) **Tenor.** Im Rahmen des Auskunftsantrages kann der Beklagte auch zur Abgabe einer Eidesstattlichen Versicherung verpflichtet werden, selbst dann, wenn er eine Auskunft erteilt hat. Besteht nämlich Grund zu der Annahme, dass die Angaben nicht mit der erforderlichen Sorgfalt gemacht wurden und damit nicht wahrheitsgemäß sind, so hat der Beklagte zu Protokoll an Eides Statt zu versichern, dass er seine Angaben nach bestem Wissen und Gewissen so vollständig gemacht hat, wie er dazu in der Lage war. **2.2126**

d) **Streitwert.** aa) Grundlage der Streitwertfestsetzung ist § 48 Abs. 1 Satz 1 GKG i. V. m. § 3 ZPO.[2502)] Klagt der Getränkelieferant auf Feststellung der Verpflichtung des Gastwirts zur Abnahme von Getränken. Vergleichbares wird oft für den Antrag gelten, den Bezug von Fremdgetränken zu verbieten, mit dem mittelbar zumeist dasselbe wirtschaftliche Ziel erreicht werden soll,[2503)] so besteht bei Parteien wie Gerichten nicht selten eine gewisse Unsicherheit über die Höhe des Streitwertes. Der Streitwert bemisst sich in solchen Fällen nicht nach § 9 ZPO, weil zwar die Abnahme der Getränke die Verpflichtung zu seiner Bezahlung zur Folge hat, ein Urteil aber hinsichtlich des nicht miteingeklagten Kaufpreises keine Rechtskraft bewirkt. Der Streitwert ist vielmehr gem. § 3 ZPO nach dem Interesse des Getränkelieferanten an der Getränkeabnahme zu schätzen. Die Instanzrechtsprechung geht dabei teilweise von dem während der streitigen Zeit der Bezugsbindung des Getränkelieferanten entgehenden Gewinn,[2504)] teilweise auch von dem während der verbleibenden Zeit zu erwartenden Umsatz aus.[2505)] **2.2127**

In Übereinstimmung mit einer vermittelnden Meinung[2506)] richtet der BGH die Bemessung des Streitwertes am **Gewinnentgang** des Getränkelieferanten aus, berücksichtigt aber dessen Interesse an der langfristigen Sicherung eines kontinuierlichen Absatzes und an der mit dem Absatz seiner Produkte verbundenen Werbewirkung mit einem deutlichen Aufschlag von im Regelfall etwa 15 %.[2507)] **2.2128**

2501) OLG Hamm, Urt. v. 13.3.1995 – 2 U 139/94, NJW-RR 1996, 46; OLG Düsseldorf, Urt. v. 27.10.2004 – VI-U (Kart) 41/03, BeckRS 2005, 06685.

2502) AG Ludwigslust, Urt. v. 16.2.2009 – 5 C 2/09, BeckRS 2009, 11036.

2503) *Paulusch*, Brauerei- und Gaststättenrecht, 9. Aufl. 1996, Rz. 432.

2504) OLG Karlsruhe, Urt. v. 1.2.1985 – 15 U 119/84, NJW 1985, 2722 = Zeller II, 76; OLG Zweibrücken, Urt. v. 15.1.1998 – 4 U 213/96, OLGReport 1998, 161, rkr. durch Nichtannahmebeschl. des BGH v. 15.12.1998 – VIII ZR 50/98; LG Frankenthal, Urt. v. 4.2.1998 – 5 O. 1238/96.

2505) OLG Neustadt, Beschl. v. 28.11.1961 – 2 W 112/61, MDR 1962, 413.

2506) OLG Bamberg, Beschl. v. 14.7.1977 – 3 W 22/77, MDR 1977, 935; OLG Braunschweig, Beschl. v. 25.10.1978 – 2 O. 69/74, JurBüro 1979, 436; OLG Hamm, Beschl. v. 10.12.2007 – 5 W 104/07.

2507) Derartige Berechnungen liegen den – nicht veröffentlichten – Streitwertbeschlüssen in den Sachen BGH, Urt. v. 27.4.1994 – VIII ZR 223/93, NJW 1994, 1800 = ZIP 1994, 884, und BGH, Urt. v. 1.6.1994 – VIII ZR 242/92, zugrunde; OLG Zweibrücken, Urt. v. 24.6.1997 – 5 U 36/96.

2.2129 **bb)** Ausschlaggebend für die Streitwertfestsetzung ist die zu schätzende Beeinträchtigung, die von dem beanstandeten Verfahren verständlicherweise zu besorgen ist und die mit der begehrten Maßnahme beseitigt werden soll.[2508] In Ermangelung genügender tatsächlicher Anhaltspunkte für eine Schätzung dahingehend, welchen Umfang ein Fremdbezug von Getränken seitens des Verfügungsbeklagten zu Lasten des Verfügungsklägers annehmen könnte, werde analog § 23 Abs. 3 Satz 2 Halbs. 2 RVG ein Wert von 4.000,00 € zugrunde gelegt.[2509]

2.2130 cc) Die enthaltene Androhung eines Ordnungsmittels wird darüber hinaus streitwertmäßig nicht erfasst, weil sie nicht den Anspruch selbst betrifft, sondern der Vollstreckung zuzurechnen ist.[2510]

5. Zwangsvollstreckung

2.2131 Im Unterlassungsverfahren hatte der Getränkelieferant zunächst ein Urteil im einstweiligen Verfügungsverfahren erwirkt, wonach dem Gastwirt unter Androhung von Ordnungsgeld untersagt worden war, nicht von dem Getränkelieferant bezogene Getränke zum Ausschank zu bringen. Den diesbezüglichen Vollstreckungsantrag wies das Gericht nach Vernehmung von Zeugen zurück, weil nicht feststehe, dass der Gastwirt überhaupt noch Betreiber der Absatzstätte war.[2511]

§ 32 Minderbezug

I. Grundlagen

1. Wirksame Getränkebezugsverpflichtung

2.2132 a) **Grundsatz.** Ersatzansprüche wegen Nichtabnahme von Getränken setzen eine wirksame Getränkebezugsverpflichtung voraus.[2512]

2508) Zöller-*Herget*, ZPO, § 9 Rz. 16 Stichwort „Unterlassung".

2509) AG Ludwigslust, Urt. v. 16.2.2009 – 5 C 2/09, BeckRS 2009, 11036.

2510) AG Ludwigslust, Urt. v. 16.2.2009 – 5 C 2/09, BeckRS 2009, 11036.

2511) OLG Köln, Beschl. v. 28.9.1998 – 5 W 54/98.

2512) OLG München, Urt. v. 31.1.1995 – 25 U 3600/94, BeckRS 1995, 04936; OLG Karlsruhe, Urt. v. 4.3.1999 – 12 U 259/98, rkr. durch Nichtannahmebeschl. d. BGH v. 7.10.1999 – VIII ZR 124/99; OLG Celle, Urt. v. 10.6.1998 – 13 U 158/97, NJW-RR 1999, 1143; OLG Düsseldorf, Urt. v. 8.11.1999 – 1 U 42/99; OLG Frankfurt/M., Urt. v. 17.3.2000 – 11 U (Kart) 29/99, rkr. durch Nichtannahmebeschl. d. BGH v. 19.12.2000 – VIII ZR 101/00; OLG Frankfurt/M., Urt. v. 30.11.2000 – 16 U 230/99, BGH, VIII ZR 5/01, Revisionsrücknahme nach Nichtannahmebeschluss, der ausnahmsweise begründet worden ist; OLG Karlsruhe, Urt. v. 18.10.2001 – 19 U 97/01, BeckRS 2001, 30212399; OLG Düsseldorf, Urt. v. 13.11.2009 – I-22 U 71/09, BeckRS 2012, 05469; LG Köln, Urt. v. 4.2.1993 – 22 O. 369/91, NJW-RR 1994, 242; LG Köln, Urt. v. 20.11.2006 – 20 O. 118/06.

b) Erreichbarkeit. Bei einer unrealistischen Abnahmemenge in Verbindung mit einer empfindlichen **Vertragsstrafe** bei deren Nichtabnahme ist der Getränkelieferungsvertrag insofern als sittenwidrig einzustufen.[2513)] 2.2133

2. Mindest-/Gesamtmengenvereinbarung[2514)]

a) **Bestimmbarkeit.** Es liegt im allseitigen Interesse, sowohl das „Ob" als auch das „Wie" einer (periodischen) Mindestabnahmeverpflichtung möglichst genau zu vereinbaren. Dies auch deshalb, weil schriftliche Vereinbarungen die Vermutung der Vollständigkeit und Richtigkeit für sich haben. Daher sollte die Mindestabnahmemenge nach Umfang (Gesamt-, Jahres- oder Monatsmenge, Menge für ein Rumpfgeschäftsjahr) und Zusammensetzung (Fass-/Flaschenbier, Biersorten, Biermarken) so genau wie möglich angegeben werden. 2.2134

b) Bei Unsicherheiten ist im Wege der **Auslegung** zu ermitteln, **ob** und **in welchem Umfang** Mindestabnahmemengen vereinbart sind. So ist zu klären, ob die Vereinbarung der Mindestabnahmemenge als fest bestimmtes oder als lediglich anzustrebendes Vertragsziel auszulegen ist.[2515)] Zur **Mehrdeutigkeit** der Formulierungen „**vorausgesetzt** jährlich x hl Bier" bzw. „120 hl jährlich oder 10 hl monatlich" vergleiche die Rechtsprechung.[2516)] Zu einem Fall, in dem die Pachtzinshöhe von der „vorausgesetzten" Jahresabnahme abhängen sollte, siehe die BGH-Entscheidung vom 6.12.1989.[2517)] 2.2135

Wenig hilfreich ist auch die Formulierung „Die Kunden **schätzen** den jährlichen Gesamt-Bierumsatz auf mindestens 800 hl … Unterschreiten die Kunden die obige Absatzmenge nachhaltig, so steht der Brauerei auch die Möglichkeit offen, ihre Leistung für die Zukunft nach billigem Ermessen zu beschränken." Nach Auffassung des OLG Karlsruhe[2518)] spreche gerade die Verwendung des noch ausfüllungsbedürftigen Begriffs des nachhaltigen Unterschreitens gegen eine festgelegte Mindestabnahmeverpflichtung. Die Anpassung der Leistungen des Getränkelieferanten bei Unterschreiten des erwarteten Getränkebezuges 2.2136

2513) OLG München, Urt. v. 31.1.1995 – 25 U 3600/94, BeckRS 1995, 04936; OLG Köln, Urt. v. 9.5.1995 – 3 U 144/94, NJW-RR 1995, 1516; OLG Saarbrücken, Beschl. v. 16.8.2005 – 1 W 198/05, BeckRS 2006, 03699; OLG Köln, Urt. v. 9.1.2007 – 3 U 158/05, BeckRS 2007, 04453; OLG Düsseldorf, Urt. v. 13.11.2009 – I-22 U 71/09, BeckRS 2012, 05469.

2514) Zu letzterer OLG Düsseldorf, Urt. v. 8.11.1999 – 1 U 42/99; OLG Nürnberg, Urt. v. 6.5.2004 – 13 U 52/04; LG Köln, Urt. v. 4.2.1993 – 22 O. 369/91, NJW-RR 1994, 242; LG Köln, Urt. v. 20.11.2006 – 20 O. 118/06.

2515) Paulusch, Brauerei- und Gaststättenrecht, 9. Aufl. 1996, Rz. 125.

2516) BGH, Urt. v. 27.2.1985 – VIII ZR 85/84, NJW 1985, 2693 = Zeller III, 80; OLG Frankfurt/M., Urt. v. 30.11.2000 – 16 U 230/99, BGH, VIII ZR 5/01, Revisionsrücknahme nach Nichtannahmebeschluss, der ausnahmsweise begründet worden ist.

2517) BGH, Urt. v. 6.12.1989 – VIII ZR 310/88, BGHZ 109, 314 = NJW 1990, 567 = Zeller IV, 210.

2518) OLG Karlsruhe, Urt. v. 18.10.1984 – 12 U 81/84, Zeller IV, 551.

steht im Übrigen auch aus sich heraus der Annahme eines garantierten Mindestbezuges entgegen. Denn sollten die beklagten Gastwirte für einen bestimmten jährlichen Mindestbezug letztlich in Form einer Ausgleichszahlung einstehen müssen, war damit das Gleichgewicht der beiderseitigen Leistungen während der Vertragsdauer noch gewährleistet.

2.2137 Werden nur **unverbindlich gemeinsame Erwartungen formuliert**, so reicht dies nicht. Beispiel hierfür ist die Formulierung „Der Getränkelieferant und der Gastwirt gehen **einvernehmlich davon aus**, dass in der Absatzstätte jährlich mindestens x hl Bier abgesetzt werden können."[2519] Ein „einvernehmliches Davon-Ausgehen" ist etwas anderes als eine vertragliche Pflicht, eine bestimmte Mindestmenge an Getränken pro Jahr zu beziehen. Daher spricht schon der Wortlaut gegen eine Mindestabnahmeverpflichtung. Der Sinn dieser Formulierung erschließt sich ggf. aus dem Vertrag im Übrigen. Ergibt sich daraus, dass die genannte Bezugsmenge auf der von dem Getränkelieferanten zu erbringenden Leistung beruht, so ergibt sich daraus, dass die „Leistung" mit der vorgesehenen Absatzmenge verknüpft wird. Der Getränkelieferant sollte – ohne Mindestbezugsverpflichtung der Gegenseite – seinerseits nicht mehr an die von ihm „zu erbringende" Leistung gebunden sein, wenn die vorgesehene Absatzmenge nicht erreicht wurde.[2520]

2.2138 Fehlt eine ausdrückliche Vereinbarung über eine Mindestabnahmemenge, so kann im Rahmen der Auslegung auf die Regelungen für die Rückzahlung des Darlehens und Investitionskostenzuschusses (Darlehen: jährliche Mindesttilgungen in Höhe von 2.500,00 €, vorrangig durch Verrechnung einer Rückvergütung zu zahlen und im Übrigen Ausgleich durch eine Differenzrate; Investitionskostenzuschuss: Abschreibung in 24,5 gleichen monatlichen Beträgen und ggf. Rückzahlung des Restes) abgestellt werden. Ebenso ist eine vertragliche Kündigungsmöglichkeit für den Fall zu prüfen, dass in einem Zeitraum von mindestens 12 aufeinander folgenden Monaten im Durchschnitt weniger als zehn hl Fassbier im Monat über den vereinbarten Bezugsweg bezogen wurden. Eine verbindliche Absprache über den Bezug einer bestimmten Mindestmenge ist damit aber nicht verbunden.[2521]

2519) OLG Brandenburg, Urt. v. 10.3.1998 – 6 U 159/97, rkr. durch Nichtannahmebeschl. des BGH v. 21.4.1999 – VIII ZR 300/98; OLG Stuttgart, Urt. v. 18.3.1999 – 13 U 188/98; OLG Düsseldorf, Urt. v. 23.10.2001 – 4 U 57/01, BeckRS 2001, 30213450 = NJOZ 2003, 2554, rkr. durch Nichtannahmebeschl. d. BGH v. 7.5.2003 – VIII ZR 271/01; OLG Karlsruhe, Urt. v. 27.9.2012 – 9 U 188/10, NJW-RR 2013, 467. Zu Fällen, in denen es bereits an einer Einigung über eine Mindestabnahmeverpflichtung fehlte, OLG Düsseldorf, Urt. v. 23.10.2001 – 4 U 57/01, BeckRS 2001, 30213450 = NJOZ 2003, 2554, rkr. durch Nichtannahmebeschl. d. BGH v. 7.5.2003 – VIII ZR 271/01; OLG Nürnberg, Urt. v. 6.5.2004 – 13 U 52/04.

2520) OLG Karlsruhe, Urt. v. 28.4.1998 – 1 U 252/97.

2521) OLG Hamm, Urt. v. 10.5.2012 – I-22 U 203/11 (Vertrag Brauerei-Getränkefachgroßhändler).

c) **Nachtrag.** Die Vereinbarung einer Abnahmemenge kann naturgemäß auch durch einen Nachtrag erfolgen.[2522)] 2.2139

d) Der bloße Minderbezug kann nicht als **Antrag auf Abänderung des Vertrages** aufgefasst werden. Demzufolge kann auch in der bloßen Hinnahme eines Minderbezuges keine Annahme durch schlüssiges Verhalten gesehen werden.[2523)] 2.2140

3. Vereinbarung oder Klausel

a) **Einführung.** Ohne eine entsprechende vertragliche Regelung ist der Kunde nicht verpflichtet, innerhalb eines bestimmten Zeitraumes eine bestimmte Menge Getränke abzunehmen.[2524)] Die Abnahme einer bestimmten Mindestmenge ist im Übrigen nicht Typus bestimmend.[2525)] Die Festlegung einer Mindestmenge betrifft den Getränkelieferungsvertrag als **Rahmenvertrag**, nicht aber die jeweilige durch den einzelnen Kaufvertrag gem. §§ 433 ff. BGB fixierte Abrufmenge.[2526)] 2.2141

b) **Indiviualabrede versus AGB-Klausel. aa) Regel.** Die Mindest-/Gesamtmenge dürfte zumeist individuell verhandelt worden sein.[2527)] 2.2142

bb) **Ausnahmen.** Allerdings ist auch Rechtsprechung zu berichten, die insofern einen AGB-Charakter der Mindestabnahmeregelung angenommen hat.[2528)] Bestand hinsichtlich der Abnahmemenge aufgrund des Investitionsvolumens des Getränkelieferanten kein Diskussionsspielraum und wurde diese wie auch bei anderen Verträgen mit einem ähnlichen Investitionsvolumen von dem Getränkelieferanten vorgegeben, dann wurde über die Abnahmemenge nicht verhandelt, wenn über sie auch gesprochen wurde. Noch weniger wurde die Abnahmemenge i. S. d. § 305 Abs. 1 Satz 3 BGB ausgehandelt. Unmaßgeblich ist, ob der Getränkelieferant die Abnahmemenge von einem anderen übernommen hatte.[2529)] Lezteres dürfte im Vertriebsmodell 3 praktisch werden, wenn Getränkefachgroßhändler die Regelungen aus der Refinanzierungsvereinbarung mit dem Getränkehersteller übernehmen. 2.2143

2522) OLG Nürnberg, Urt. v. 6.5.2004 – 13 U 52/04.

2523) OLG Koblenz, Urt. v. 11.6.1999 – 8 U 1021/98, NJW-RR 2001, 348.

2524) BGH, Urt. v. 20.3.1953 – V ZR 123/51, BB 1953, 339 = Zeller I, 146.

2525) a. A. NK-BGB/*Looschelders*, BGB, § 138 Rz. 163.

2526) *von Westphalen*, Vertragsrecht und AGB-Klauselwerke, B Rz. 25.

2527) RG, Urt. v. 30.10.1936 – VII 65/36, RGZ 152, 251; BGH, Urt. v. 25.4.2001 – VIII ZR 135/00, BGHZ 147, 279 = NJW 2001, 2331 = ZIP 2001, 1245; OLG München, Urt. v. 31.1.1995 – 25 U 3600/94, BeckRS 1995, 04936; OLG Köln, Urt. v. 6.9.2000 – 17 U 46/99, BeckRS 2012, 09081; LG Köln, Urt. v. 20.11.2006 – 20 O. 118/06.

2528) BGH, Urt. v. 3.7.1996 – VIII ZR 92/95, NJW-RR 1996, 1394; OLG Nürnberg, Urt. v. 23.9.1992 – 9 U 893/92, dazu *Bühler*, BB 1994, 663; OLG Stuttgart, Urt. v. 18.3.1999 – 13 U 188/98; OLG Köln, Urt. v. 6.9.2000 – 17 U 46/99, BeckRS 2012, 09081; offen lassend OLG Karlsruhe, Urt. v. 27.1.1993 – 6 U 182/92.

2529) OLG Karlsruhe, Urt. v. 4.3.1999 – 12 U 259/98, rkr. durch Nichtannahmebeschl. d. BGH v. 7.10.1999 – VIII ZR 125/99.

2.2144 Findet sich im Text des Getränkelieferungsvertrages wiederholt des Wort **„Zusicherung“**, sei es als Substantiv, Verb oder Adjektivattribut, so spricht dies für eine Vorformulierung i. S. d. § 305 Abs. 1 Satz 1 BGB. Ein verstärkter Rechtsbindungswille zu Lasten des Gebundenen kann daraus nicht abgeleitet werden, schon gar in individuell erklärter Natur. Dies muss erst recht gelten, wenn es sich bei dem Gebundenen um einen Nichtbetreiber, etwa einen Verein oder einen Hauseigentümer, handelt.

4. Anrechnung

2.2145 Flaschenbierbezüge können im Hinblick auf den geringeren Deckungsbeitrag nur anteilig auf die vereinbarte Mindestbezugsmenge angerechnet werden.

5. Fälligkeit

2.2146 Das Nichterreichen der vereinbarten Jahresmindestbezugsmenge ist regelmäßig abzurechnen. Gleiches gilt für vereinbarte Bonuszahlungen. Hinsichtlich der Malusforderungen ginge anderenfalls auch die Appellfunktion der Berechnung des Malus ins Leere. Im Vertriebsmodell 2 ist dazu die entsprechende Absatzmeldung des Getränkefachgroßhändlers erforderlich. Verzögerte oder fehlerhafte Absatzmitteilungen belasten die Buchhaltung der Brauereien erheblich. Nicht selten sind infolge fehlerhafter Absatzmitteilungen Malusabrechnungen zu stornieren und neu zu erstellen. Zur ganzjährigen bzw. anteiligen Abrechnung der Minderbezüge wird verwiesen auf die Entscheidung des OLG Zweibrücken vom 6.7.2009.[2530)]

6. Umsatzsteuer

2.2147 Handelt es sich – wie zumeist – bei Malusberechnungen um die Geltendmachung eines Schadensersatzes, so darf keine Umsatzsteuer berechnet werden. Im Übrigen und insbesondere auch bei Bonuszahlungen besteht dagegen eine Umsatzsteuerpflicht.

7. Bestreiten

2.2148 In einem Urteil des LG Marburg vom 14.12.2007 heißt es: „Der Beklagte hat den von der Klägerin behaupteten Minderbezug in 2004 nicht substantiiert bestritten. Auf der Grundlage der vertraglichen Regelung ist die Berechnung der Klägerin korrekt. Die vom Beklagten reklamierte „Doppelbuchung“ hat die Klägerin unwidersprochen damit erklärt, dass ein zunächst versuchter Zahlungseingang zurückgelaufen ist.“[2531)]

2530) OLG Zweibrücken, Urt. v. 6.7.2009 – 7 U 180/08.
2531) LG Marburg, Urt. v. 14.2.2007 – 2 O. 243/06.

8. Verjährung

Insofern kann auf ein Urteil des LG Köln vom 20.11.2006 verwiesen werden.[2532] 2.2149

9. Verwirkung

Zu den Voraussetzungen einer Verwirkung, wenn der Gebundene mit seiner Abnahmeverpflichtung in Verzug war und der Bindende ihm laufend die Minderabnahmen mitgeteilt hatte.[2533] 2.2150

10. Rückzahlung

Als Anspruchsgrundlage kommt § 812 Abs. 1 Satz 1 Fall 1 BGB in Betracht. Insofern ist dann inzident die entsprechende Malusregelung als Rechtsgrund zu prüfen.[2534] 2.2151

11. Sanktionen im Überblick

Das Nichterreichen der vereinbarten Mindestabnahmemenge kann unterschiedliche vertragliche Sanktionen zur Folge haben. Zu nennen sind Kündigung, Leistungsanpassungen wie Teilkündigung des Darlehens bzw. der Leistungen sowie eine höhere Verzinsung, eine Vertragsverlängerung, die Zahlung von Ausgleichsbeträgen (Malus), Schadensersatz und Vertragsstrafe. 2.2152

II. Auskunft

Nach **§ 242 BGB** besteht eine Auskunftspflicht, wenn die zwischen den Parteien bestehenden Rechtsbeziehungen es mit sich bringen, dass der Berechtigte in entschuldbarer Weise über Bestehen oder Umfang seines Rechtes im Ungewissen ist und der Verpflichtete die zur Beseitigung der Ungewissheit erforderliche Auskunft unschwer geben kann.[2535] 2.2153

III. Schadensersatz

1. Anspruchsgrundlagen – Einführung

a) Wie immer sind **vertragliche Regelungen** vorrangig.[2536] 2.2154

2532) LG Köln, Urt. v. 20.11.2006 – 20 O. 118/06.

2533) OLG München, Urt. v. 31.1.1995 – 25 U 3600/94, BeckRS 1995, 04936.

2534) OLG Hamm, Urt. v. 7.6.2002 – 29 U 88/01.

2535) OLG Hamm, Urt. v. 13.3.1995 – 2 U 139/94, NJW-RR 1996, 46; OLG Köln, Urt. v. 18.4.2013 – 7 U 180/12, BeckRS 2013, 07760.

2536) OLG Karlsruhe, Urt. v. 4.3.1999 – 12 U 259/98, rkr. durch Nichtannahmebeschl. d. BGH v. 7.10.1999 – VIII ZR 125/99.

2.2155 b) Für die Annahme eines Schadensersatzanspruches aus selbständigem **Garantieversprechen** ist Voraussetzung, dass der Kunde dafür einstehen will, in jedem Fall pro Geschäftsjahr ein bestimmtes hl-Volumen Getränke abzusetzen. Dies ist regelmäßig nicht anzunehmen.[2537)] Im Verhältnis Brauerei-Getränkefachgroßhändler könnte dies anders zu beurteilen sein.

2.2156 c) Die Grundsätze über die **positive Vertragsverletzung** können nicht herangezogen werden.[2538)] Die Abnahme der Getränke stellt nämlich nicht die Verletzung einer vertraglichen Nebenleistungs- oder Verhaltenspflicht[2539)] dar; sie ist vielmehr eine **Hauptleistungspflicht.**[2540)] Als Verhaltenspflicht kann zwar eine besondere Treuepflicht in Betracht kommen, die verletzt sein kann, wenn der Kunde schuldhaft die vereinbarten Abnahmezahlen nicht einhält und dadurch bei dem Bindenden Produktionsausfall, Material- und Personalkosten sowie Einnahmeausfall verursacht. Von einer derartigen besonderen Treuepflicht kann aber regelmäßig nicht ausgegangen werden. Eine solche kann nur dann bestehen, wenn das wirtschaftliche Wohlergehen des einen Partners von der Geschäftstätigkeit des anderen abhängt.[2541)]

2. Abgrenzung Unmöglichkeit-Geschäftsgrundlage-Schuldnerverzug

2.2157 a) **Grundlagen.** § 283 BGB i. V. m. § 275 Abs. 1 BGB und § 280 Abs. 1–3 BGB greift nur bei **Unmöglichkeit** ein. Ist der Erfolg wirklich Vertragsinhalt geworden, passt das Unmöglichkeitsrecht. Allein durch Zeitablauf oder Ablauf des „Erfüllungszeitraums" tritt allerdings grundsätzlichlich noch keine Unmöglichkeit ein. Die geschuldete Leistungshandlung (Getränkeabnahme) vermag zwar noch vorgenommen werden können, doch kann sie den vertagsgemäßen Erfolg nicht mehr erreichen (**Zweckstörung** i. S. d. § 313 BGB). Unmöglichkeit infolge Zeitablaufs ist dann gegeben, wenn die Leistung nicht mehr nachholbar ist. Zu fragen ist, wer nach der vertraglichen Regelung das Risiko

---

2537) BGH, Urt. v. 22.2.1989 – VIII ZR 45/88, BGHZ 107, 67 = NJW 1989, 1669 = ZIP 1989, 450 = Zeller IV, 270 (Vertrag Brauerei-Getränkefachgroßhändler); OLG München, Urt. v. 31.1.1995 – 25 U 3600/94, BeckRS 1995, 04936.

2538) A. A. OLG Frankfurt/M., Urt. v. 30.11.2000 – 16 U 230/99, BGH, VIII ZR 5/01, Revisionsrücknahme nach Nichtannahmebeschluss, der ausnahmsweise begründet worden ist; OLG Karlsruhe, Urt. v. 18.10.2001 – 19 U 97/01, BeckRS 2001, 30212399.

2539) BGH, Urt. v. 6.2.1985 – VIII ZR 15/84, NJW 1986, 124 (Alleinvertriebsvertrag über Maschinen) = Zeller III, 349; OLG München, Urt. v. 31.1.1995 – 25 U 3600/94, BeckRS 1995, 04936, mit zweifelhafter Begründung.

2540) OLG Düsseldorf, Urt. v. 8.11.1999 – 1 U 42/99.

2541) BGH, Urt. v. 3.7.1996 – VIII ZR 92/95, NJW-RR 1996, 1394; OLG Düsseldorf, Urt. v. 8.11.1999 – 1 U 42/99.

zu tragen hat. Entscheidend für die Abgrenzung zum Schuldnerverzug sind die tatrichterlichen Feststellungen.[2542)]

b) **Absolute Fixgeschäfte**, die nur einen Sonderfall der Zweckstörung darstellen, sind auch bei zeitgebundenen Dauerschuldverhältnissen mit zeitabschnittsweise zu erbringenden Leistungen denkbar. Ein absolutes Fixgeschäft liegt vor, wenn die Einhaltung der Leistungszeit so wesentlich ist, dass die verspätete Leistung keine Erfüllung mehr darstellt.[2543)] Voraussetzung ist, dass der genaue Leistungszeitpunkt für den Zweck der Leistungspflicht und der Erfüllbarkeit so große Bedeutung hat, dass das Verstreichen des Termins die Leistung unmöglich macht. Bei Dauerschuldverhältnissen dürfte es sich häufiger um absolute Fixgeschäfte handeln, weil bei ihnen die einmal verzögerte Leistung in der Regel nicht mehr nachgeholt werden kann. Eine Leistungsverzögerung kann dann zur Teilunmöglichkeit führen.[2544)] 2.2158

c) Im Gegensatz dazu steht das **relative Fixgeschäft**. Dieses unterscheidet sich vom absoluten Fixgeschäft dadurch, dass bei ihm an sich auch nach Überschreitung des vertraglich fixierten Leistungszeitpunkts eine Erfüllung noch möglich ist, nur entspricht diese im Regelfall nicht dem Interesse des Gläubigers. Daher gewährt ihm das Gesetz die Möglichkeit, sich kurzfristig vom Vertrag zu lösen (§ 323 Abs. 2 Nr. 2 BGB; § 376 HGB). 2.2159

Ob ein relatives Fixgeschäft vorliegt, nach dem die Einhaltung der Leistungszeit so wesentlich war, dass mit der zeitgerechten Leistung das Geschäft „stehen und fallen" sollte, kann im Regelfall dahinstehen. Denn beim relativen Fixgeschäft kann der Getränkelieferant als Gläubiger nur gemäß § 323 Abs. 2 Nr. 2, Abs. 1 BGB ein sofortiges Rücktrittsrecht geltend machen, nicht aber sofort Schadensersatz ohne Nachfristsetzung verlangen.[2545)] 2.2160

2542) BGH, Urt. v. 6.2.1985 – VIII ZR 15/84, NJW 1986, 124 = Zeller III, 349 (Alleinvertriebsvertrag über Maschinen) = Zeller III, 349; BGH, Urt. v. 22.2.1989 – VIII ZR 45/88, BGHZ 107, 67 = NJW 1989, 1669 = ZIP 1989, 450 = Zeller IV, 270 (Vertrag Brauerei-Getränkefachgroßhändler); BGH, Urt. v. 3.7.1996 – VIII ZR 92/95, NJW-RR 1996, 1394; BGH, Urt. v. 22.10.1997 – VIII ZR 149/96; BGH, Beschl. v. 14.7.1999 – VIII ZR 60/99, BeckRS 1999, 30066756 (Vertrag Brauerei-Getränkefachgroßhändler); OLG Düsseldorf, Urt. v. 19.1.1999 – U (Kart) 17/98, rkr. durch Nichtannahmebeschl. d. BGH v. 22.3.2000 – VIII ZR 60/99 (Vertrag Brauerei-Getränkefachgroßhändler); OLG Karlsruhe, Urt. v. 4.3.1999 – 12 U 259/98, rkr. durch Nichtannahmebeschl. d. BGH v. 7.10.1999 – VIII ZR 125/99; OLG Düsseldorf, Urt. v. 8.11.1999 – 1 U 42/99; OLG Hamm, Urt. v. 10.5.2012 – I-22 U 203/11 (Vertrag Brauerei-Getränkefachgroßhändler); LG Köln, Urt. v. 4.2.1993 – 22 O. 369/91, NJW-RR 1994, 242.

2543) BGH, Urt. v. 25.1.2001 – I ZR 287/98, NJW 2001, 2878; BGH, Urt. v. 28.4.2009 – Xa ZR 113/08.

2544) BGH, Urt. v. 16.9.1987 – IVb 27/86, BGHZ 101, 325 = NJW 1988, 251.

2545) OLG Köln, Urt. v. 18.4.2013 – 7 U 180/12, BeckRS 2013, 07760; MünchKomm-*Ernst*, BGB, § 281 Rz. 59.

2.2161 d) **Konsequenzen.** Die vom Getränkelieferanten gewählte Regelung kann im Ergebnis auf höhere Anwendungshürden für die Geltendmachung eines Schadensersatzes statt der Leistung hinauslaufen. Es gilt dann nicht § 283 BGB (Unmöglichkeit), sondern § 281 BGB (Schuldnerverzug).

3. Pflichtverletzung

2.2162 a) **Grundlagen.** Die Nichterfüllung einer vertraglichen oder gesetzlichen Leistungspflicht, worunter auch die Leistungsverzögerung fällt, stellt eine Pflichtverletzung dar. Haben die Vertragsparteien eine periodische Mindestbezugsmenge bzw. eine Gesamtmindestbezugsmenge vereinbart, so liegt in der Nichtabnahme dieser Menge eine Pflichtverletzung.[2546] Dem Getränkelieferanten können dann Schadensersatzansprüche (§§ 280 Abs. 1 Satz 1, Abs. 2, 281 BGB) zustehen.[2547] Dabei ist nicht die Bestellung der Sollbezugsmenge, sondern die Abnahme als Erfüllung der Verpflichtung anzusehen.

2.2163 Wird weder eine Jahresmindestbezugsmenge noch eine Gesamtabnahmemenge vereinbart und ergibt sich diese auch nicht aus einer (Abschreibungs-)Finanzierung, so hat der Gastwirt nur einen vorhandenen Bedarf bei dem Getränkelieferanten zu beziehen. Hat der Gastwirt keinen Bedarf, so braucht er auch nichts abzunehmen.[2548]

2.2164 b) **Unmöglichkeit.** Schon die Nichtleistung bei Fälligkeit stellt eine Pflichtverletzung i. S. d. § 280 Abs. 1 Satz 1 BGB dar. Sie begründet aber nicht allein, sondern nur beim Hinzutreten weiterer Voraussetzungen einen Schadensersatzanspruch.[2549] Ob eine Handlung des Gebundenen das Leistungshindernis verursacht hat oder nicht, ist lediglich für die Frage der Entlastung des Schuldners gem. § 280 Abs. 1 Satz 2 BGB von Bedeutung und damit vom Schuldner und nicht vom Getränkelieferanten als Gläubiger darzulegen und zu beweisen. Diese spezielle Pflichtverletzung im Fall der nachträglich eingetretenen Unmöglichkeit verdrängt die in § 280 Abs. 1 Satz 1 BGB enthaltene allgemeine Voraussetzung einer Pflichtverletzung. Diese braucht dann nicht mehr geprüft zu werden.[2550] Der Getränkelieferant muss in der Situation der Unmöglichkeit nur darlegen und ggf. beweisen, dass ein Leistungshindernis, hier nach § 275 Abs. 1 BGB, eingetreten ist.

2546) Unklar insofern *Gödde*, in: Martinek/Semmler/Habermeier/Flohr, Vertriebsrecht, § 52 Rz. 201.

2547) BGH, Urt. v. 17.1.1979 – VIII ZR 262/77, NJW 1979, 865 = Zeller II, 264; BGH, Urt. v. 15.11.2000 – VIII ZR 322/99, NJW-RR 2001, 987.

2548) OLG München, Urt. v. 24.5.1968 – 8 U 2517/67, NJW 1968, 1880; OLG Düsseldorf, Urt. v. 23.10.2001 – 4 U 57/01, BeckRS 2001, 30213450 = NJOZ 2003, 2554, rkr. durch Nichtannahmebeschl. d. BGH vom 7.5.2003 – VIII ZR 271/01.

2549) Palandt-*Grüneberg*, BGB, § 280 Rz. 13.

2550) MünchKomm-*Ernst*, BGB, § 283 Rz. 4.

c) Schuldnerverzug. Die Feststellung einer Pflichtverletzung des Gastwirts ist, wie sich aus § 280 Abs. 3 BGB ergibt, auch Voraussetzung für den Anspruch aus § 281 BGB. 2.2165

4. Vertretenmüssen

a) Allgemein. Die in dem Minderbezug liegende objektive Pflichtverletzung ist dem Gastwirt nur dann zuzurechnen, wenn er die Minderabnahme zu vertreten hat (**§§ 276, 278 BGB**). 2.2166

b) Verschuldensvermutung. Auch im Rahmen der Geltendmachung von (pauschalierten) Schadensersatzansprüchen auf vertraglicher Grundlage gilt hinsichtlich des erforderlichen Verschuldens die Verschuldensvermutung des § 280 Abs. 1 Satz 2 BGB.[2551)] Die Vorschrift eröffnet die Möglichkeit des Entlastungsbeweises.[2552)] Das Nichtvertretenmüssen ist damit ein Einwendungstatbestand. 2.2167

c) Darlegungs- und Beweislast. aa) Grundlagen. Soweit Sanktionen bei Nichteinhaltung der Mindestabnahmeverpflichtung ein Verschulden voraussetzen, ist grundsätzlich der in Anspruch Genommene für nicht zu vertretende Umstände darlegungs- und beweispflichtig.[2553)] Die bloße Behauptung, er habe so viele Vertragsgetränke wie möglich abgesetzt, ein Unterschreiten der Mindestabnahmemenge beruhe nicht auf der Außerachtlassung der erforderlichen Sorgfalt, genügt ebenso wenig, wie die Schilderung, in einer Absatzstätte dieser Größe und Einrichtung sei ein Ausschank von 400 hl nicht zu erreichen. Ob und welche Bemühungen der Gastwirt zur Steigerung des Absatzes vergeblich unternommen haben will, ist darzutun und ggf. zu beweisen.[2554)] 2.2168

bb) Unmöglichkeit. Bei einem Anspruch aus §§ 280 Abs. 1 und 3, 283 BGB kann sich der in Anspruch Genommene nur entlasten, wenn er darlegt und im Streitfall beweist, dass er den Eintritt des Leistungshindernisses nicht zu vertreten hat. Das Vertretenmüssen bezieht sich auf die Gründe, die zum Entfallen der Leistungspflicht geführt haben. Misslingt der Entlastungsbeweis, hat der Gläubiger einen Anspruch auf Schadensersatz statt der Leistung. Ob dieser sich aus § 281 BGB oder § 283 BGB ergibt, kann offenbleiben.[2555)] 2.2169

2551) OLG Frankfurt/M., Urt. v. 30.11.2000 – 16 U 230/99, BGH, VIII ZR 5/01, Revisionsrücknahme nach Nichtannahmebeschluss, der ausnahmsweise begründet worden ist.

2552) OLG Hamm, Urt. v. 10.5.2012 – I-22 U 203/11 (Vertrag Brauerei-Getränkefachgroßhändler).

2553) OLG Nürnberg, Urt. v. 23.9.1992 – 9 U 893/92, dazu *Bühler*, BB 1994, 663.

2554) BGH, Urt. v. 6.12.1989 – VIII ZR 310/88, BGHZ 109, 314 = NJW 1990, 567 = Zeller IV, 210; OLG Nürnberg, Urt. v. 23.9.1992 – 9 U 893/92, dazu *Bühler*, BB 1994, 663; OLG Zweibrücken, Urt. v. 6.7.2009 – 7 U 180/08; OLG Frankfurt/M., Urt. v. 30.11.2000 – 16 U 230/99, BGH, VIII ZR 5/01, Revisionsrücknahme nach Nichtannahmebeschluss, der ausnahmsweise begründet worden ist.

2555) Palandt-*Grüneberg*, BGB, § 283 Rz. 2.

2.2170 cc) **Schuldnerverzug.** Die Darlegungs- und Beweislast für die Erfüllung der Abnahmeverpflichtung liegt aufseiten des Gebundenen. Ein bloßes Bestreiten genügt insofern nicht. Vielmehr verlangt ein substantiierter Beklagtenvortrag Ausführungen zum Umfang der Erfüllung der Abnahmeverpflichtung.[2556)]

2.2171 d) **Feststellung.** Die Frage, ob der Gastwirt die Beendigung des Bezuges zu vertreten hat, bedarf einer besonders genauen Prüfung. Es kann nicht per se von einem Verschulden ausgegangen werden. Jedenfalls ist für den Tatbestand des Nichtbezuges nicht absehbar, aus welchen Gründen keine Vertragsgetränke von dem Getränkelieferanten bezogen worden sind. Es kann durchaus Fälle geben, in der der Gastwirt nicht einmal aus Fahrlässigkeit keine Getränke bezieht.[2557)]

2.2172 e) **Erreichbarkeit. aa) Grundsatz.** Mangels (nachträglicher) Erreichbarkeit der Menge kann ein Vertretenmüssen entfallen.[2558)]

2.2173 bb) **Verträge Brauerei-Getränkefachgroßhändler.** Da es Brauereien insofern um die Erschließung neuer Absatzmärkte geht und der qualifizierte Getränkefachgroßhandel durchweg über entsprechende (Orts-)Kenntnisse verfügen dürfte, ist insofern ein strengerer Maßstab anzulegen. Dem Kriterium der Erreichbarkeit dürfte daher durchweg keine Bedeutung zukommen. Schließen Brauereien mit Getränkefachgroßhändlern Getränkelieferungsverträge, so möchten sie Absatzpotentiale für ihre Getränkemarken sichern. Der Getränkefachgroßhandel soll im Rahmen seiner Markterschließungsfunktion zu einer stärkeren Durchdringung der von ihm bearbeiteten Märkte mit den Getränken der Brauerei beitragen. Damit stehen Art und Umfang der Markterschließung regelmäßig in der Kompetenz und der Verantwortung. Soweit Mengen vereinbart werden, geht es somit nicht um die Erreichung konkreter, insbesonderer messbarer Bedarfe. Daher wird der Getränkefachgroßhändler durchweg das Nichterreichen der vereinbarten Mindestabnahmemenge zu vertreten haben.

2.2174 f) **Vertretenmüssen.** Voraussetzung ist, dass die vereinbarte Mindestmenge ohne weiteres für ein Geschäft des betreffenden Typs erreichbar ist und auch keine sonstigen vom Verpflichteten nicht zu vertretenden Umstände für den Rückgang des Umsatzes vorliegen.[2559)]

2556) BGH, Urt. v. 22.2.1989 – VIII ZR 45/88, BGHZ 107, 67 = NJW 1989, 1669 = ZIP 1989, 450 = Zeller IV, 270 (Vertrag Brauerei-Getränkefachgroßhändler); OLG Frankfurt/M., Urt. v. 30.11.2000 – 16 U 230/99, BGH, VIII ZR 5/01, Revisionsrücknahme nach Nichtannahmebeschluss, der ausnahmsweise begründet worden ist; OLG Zweibrücken, Urt. v. 6.7.2009 – 7 U 180/08.

2557) OLG Frankfurt/M., Urt. v. 13.11.2007 – 11 U 24/07, BeckRS 2007, 19024.

2558) *von Westphalen*, Vertragsrecht und AGB-Klauselwerke, B Rz. 25.

2559) BGH, Urt. v. 27.2.1985 – VIII ZR 85/84, NJW 1985, 2693; OLG München, Urt. v. 31.1.1995 – 25 U 3600/94, BeckRS 1995, 04936; OLG Köln, Urt. v. 9.5.1995 – 3 U 144/94, NJW-RR 1995, 1516; OLG Saarbrücken, Beschl. v. 16.8.2005 – 1 W 198/05, BeckRS 2006, 03699; OLG Köln, Urt. v. 9.1.2007 – 3 U 158/05, BeckRS 2007, 04453; OLG Düsseldorf, Urt. v. 13.11.2009 – I-22 U 71/09, BeckRS 2012, 05469.

aa) Rechtsprechung. Das Nichterreichen der vereinbarten (Mindest-)Bezugsmenge hat der Gastwirt nicht nur bei **Fremdbezug** und **Einstellung des Geschäftsbetriebs**, sondern insbesondere auch bei **Minderbezug** grundsätzlich zu vertreten.[2560] Dass bei frühzeitiger Einstellung des Getränkebezuges ein sehr hoher Schadensersatzanspruch bzw. eine sehr hohe Vertragsstrafe anfallen würde, ist vor allem insofern unschädlich, als derartige Ansprüche ein Verschulden (§ 276 BGB) des Gastwirts voraussetzen.[2561] Führt der Gastwirt nicht nur die streitgegenständlichen Getränke, sondern im Rahmen einer **Mitbezugsgestattung** auch andere Getränke im selben Gebinde von Mitbewerbern der Brauerei, so ist ebenfalls ein Vertretenmüssen anzunehmen. In den Risikobereich des Gebundenen fallen Umstände wie eine **schlechte Geschäftsentwicklung** oder **bauliche Mängel** einer angepachteten Absatzstätte.[2562] 2.2175

bb) Negative Umsatzpacht. Gehen eine Brauerei und ein Gastwirt in einem Gaststättenpachtvertrag bei der Festlegung der im Vertrag als Grundlage der Pachtzinsbemessung genannten Jahresbezugsmenge übereinstimmend, aber irrtümlich, davon aus, dass diese Abnahmemenge jährlich in der Absatzstätte umgesetzt werden kann, so kann dies eine Anpassung des Vertrages nach den Grundsätzen fehlender Geschäftsgrundlage (§ 313 Abs. 1 und 2 BGB) rechtfertigen, wenn die Brauerei bei Unterschreitung der Jahresbezugsmenge berechtigt sein sollte, einen erhöhten Pachtzins zu verlangen. Bei der Festlegung der in der Pachtzinsvereinbarung genannten Jahresbezugsmenge waren beide Parteien nach ihrem jeweiligen Vortrag davon ausgegangen, dass dieser Umsatz in dem Gaststättenobjekt erzielt werden konnte. Für die Brauerei folgte dies aus ihrer Behauptung, die Vorpächterin habe einen derartigen Umsatz erreicht, hieran orientiere sie sich bei Neuverpachtungen. Hinsichtlich des Pächters soll sich diese Erwartung aus seinem Vortrag, er habe sich aus Unerfahrenheit auf diese Bezugsmenge eingelassen, habe ableiten lassen (zw.). Wegen seines Einflusses auf die **Pachtzinshöhe** habe es sich bei dem von den Parteien erwarteten, zu erzielenden Jahresumsatz um eine wesentliche Voraussetzung des Geschäfts gehandelt. Sie könne auch nicht allein dem Risikobereich des Pächters zugewiesen werden und aus diesem Grunde unberücksichtigt bleiben. Zwar wird der von einem Pächter erzielte oder zu erzielende Umsatz in einer Gastwirtschaft oft sein Risiko sein, weil der in einer bestimmten Absatzstätte allgemein zu erreichende und so „verobjektivierte" Bierumsatz von den Parteien 2.2176

2560) OLG Düsseldorf, Urt. v. 8.11.1999 – 1 U 42/99; OLG Köln, Urt. v. 9.1.2007 – 3 U 158/05, BeckRS 2007, 04453; OLG Zweibrücken, Urt. v. 6.7.2009 – 7 U 180/08. Siehe unten § 37 III 2 b, Rz. 2620. A. A., jedenfalls unklar, *Gödde*, in: Martinek/Semmler/Habermeier/Flohr, Vertriebsrecht, § 52 Rz. 201, mit fehlgehenden Hinweisen („deshalb") auf OLG München und („Im Gegensatz dazu …") auf OLG Köln.

2561) OLG Zweibrücken, Urt. v. 6.7.2009 – 7 U 180/08.

2562) OLG Hamm, Urt. v. 10.5.2012 – I-22 U 203/11 (Vertrag Brauerei-Getränkefachgroßhändler).

einverständlich zur Grundlage ihrer Preisvereinbarung gemacht worden sei. Ob ein beiderseitiger Irrtum über die Geschäftsgrundlage vorgelegen habe, ließ der BGH im Ergebnis aber offen.[2563)]

2.2177 **g) Nichtvertretenmüssen. aa) Grundlagen.** Ein Nichtvertretenmüssen ist anzunehmen, wenn zu Gunsten des Inanspruchgenommenen ein wichtiger Grund zur Kündigung (§ 314 BGB) oder der Tatbestand des Wegfalls der Geschäftsgrundlage (§ 313 BGB)[2564)] festgestellt werden kann. Dazu bedarf es der Feststellung objektiver, also nicht in der Person und den Fähigkeiten des jeweiligen Gastwirts liegender Gründe, auf Grund derer der vereinbarte Mindestabsatz nicht erreicht werden konnte.[2565)] Die festzustellende Unzumutbarkeit der Getränkeabnahme kann von dem Getränkelieferanten nicht mit dem Argument entkräftet werden, schließlich habe der Gastwirt bei Vertragsbeginn – wie sich zwischenzeitlich herausgestellt habe – zu hohe Vorleistungen erhalten.

2.2178 **bb) Einzelfälle.** Nicht verschuldete und damit nicht zu vertretende Minderbezüge sind bei **nachweislich festgestellten Änderungen des Publikumsgeschmacks** oder **Absatzrückgängen infolge geänderter Verkehrsführung** denkbar, wofür der Gastwirt darlegungs- und beweispflichtig ist. Hat der Gastwirt keinen Bedarf, so braucht er auch nichts abzunehmen.[2566)]

2.2179 Dem Gastwirt steht es ggf. nach dem Vertrag frei, den Gaststättenbetrieb einzustellen und das Objekt (hier Hausboot) für andere Zwecke zu verwenden. Diese ihm freistehende **Betriebsaufgabe**[2567)] kann der Gastwirt dann innerhalb der von Treu und Glauben gesetzten Grenzen in der Form vollziehen, dass er das **Objekt veräußert.**[2568)]

2.2180 Zur **Nichtbelieferung mit Drittgetränken** wird auf die Entscheidung des OLG Düsseldorf vom 8.1.1999 verwiesen.[2569)]

2563) BGH, Urt. v. 6.12.1989 – VIII ZR 310/88, BGHZ 109, 314 = NJW 1990, 567 = Zeller IV, 210; OLG Nürnberg, Urt. v. 23.9.1992 – 9 U 893/92, dazu *Bühler*, BB 1994, 663.

2564) OLG Nürnberg, Urt. v. 23.9.1992 – 9 U 893/92, dazu *Bühler*, BB 1994, 663; OLG Düsseldorf, Urt. v. 8.11.1999 – 1 U 42/99.

2565) OLG Nürnberg, Urt. v. 23.9.1992 – 9 U 893/92, dazu *Bühler*, BB 1994, 663.

2566) OLG München, Urt. v. 24.5.1968 – 8 U 2517/67, NJW 1968, 1880; OLG Düsseldorf, Urt. v. 23.10.2001 – 4 U 57/01, BeckRS 2001, 30213450 = NJOZ 2003, 2554, rkr. durch Nichtannahmebeschl. d. BGH v. 7.5.2003 – VIII ZR 271/01.

2567) OLG Hamm, Urt. v. 10.5.2012 – I-22 U 203/11 (Vertrag Brauerei-Getränkefachgroßhändler).

2568) OLG Frankfurt/M., Urt. v. 30.11.2000 – 16 U 230/99, BGH, VIII ZR 5/01, Revisionsrücknahme nach Nichtannahmebeschluss, der ausnahmsweise begründet worden ist; OLG Düsseldorf, Urt. v. 8.11.1999 – 1 U 42/99.

2569) OLG Düsseldorf, Urt. v. 8.11.1999 – 1 U 42/99.

5. Schuldnerverzug

a) Grundsatz. Die allgemeinen Voraussetzungen – Pflichtverletzung, Vertretenmüssen, Mahnung sowie Nachfristsetzung – sind festzustellen. Sie können auch im Unternehmerverkehr nicht abbedungen werden.[2570] Insofern ist der Getränkelieferant ebenso darlegungs- und beweispflichtig wie für eine etwaige Entbehrlichkeit wegen Interessewegfalls (§ 281 Abs. 2 BGB).[2571] 2.2181

b) Selbst wenn eine **Mahnung** im Hinblick auf § 286 Abs. 2 Nr. 1 BGB bei vereinbarten Jahresmindestbezugsmengen mit Ablauf des (Kalender-)Jahres bzw. bei Mengenverträgen mit bestimmten Laufzeiten entbehrlich sein sollte, bleibt es im Regelfall bei dem Erfordernis einer vorherigen Mahnung. Diese muss nach Fälligkeit erklärt werden (§ 286 Abs. 1 Satz 1 BGB). 2.2182

Eine Mahnung ist gem. § 286 Abs. 2 Nr. 3 BGB entbehrlich, wenn der Gebundene die Erfüllung der Abnahmeverpflichtung ernsthaft und endgültig verweigert und sich zudem durch die Veräußerung des Gaststättengrundstücks ohne Weitergabe der Bezugsverpflichtung die weitere Abnahme von Getränken des Getränkelieferanten unmöglich gemacht hat.[2572] 2.2183

c) Nachfristsetzung/Abmahnung. Grundsätzlich besteht auch die Obliegenheit zur Nachfristsetzung (§ 281 Abs. 1 Satz 1, Abs. 3 BGB),[2573] etwa durch eine schriftliche Aufforderung zur Wiederaufnahme des Bezuges unter Fristsetzung.[2574] Der Lieferant kann bei entsprechender Vereinbarung nach Ablauf eines Monats oder nach einigen Monaten seinen entgangenen Gewinn als Schadensersatz statt der Leistung berechnen.[2575] 2.2184

d) Ggf. ist eine **Entbehrlichkeit** der Nachfristsetzung gem. §§ 281 Abs. 2, 323 Abs. 2 Nr. 1 BGB zu prüfen.[2576] 2.2185

2570) Siehe oben § 17 II 1 m. w. N.

2571) OLG München, Urt. v. 31.1.1995 – 25 U 3600/94, BeckRS 1995, 04936.

2572) BGH, Urt. v. 22.2.1989 – VIII ZR 45/88, BGHZ 107, 67 = NJW 1989, 1669 = ZIP 1989, 450 = Zeller IV, 270 (Vertrag Brauerei-Getränkefachgroßhändler); BGH, Urt. v. 3.7.1996 – VIII ZR 92/95, NJW-RR 1996, 1394 (Zuschuss- und Getränkelieferungsvertrag); OLG Düsseldorf, Urt. v. 8.11.1999 – 1 U 42/99.

2573) BGH, Urt. v. 22.2.1989 – VIII ZR 45/88, BGHZ 107, 67 = NJW 1989, 1669 = ZIP 1989, 450 = Zeller IV, 270 ((Mengen-)Vertrag Brauerei-Getränkefachgroßhändler); BGH, Urt. v. 3.7.1996 – VIII ZR 92/95, NJW-RR 1996, 1394 (Zuschuss- und Getränkelieferungsvertrag).

2574) OLG Hamm, Urt. v. 10.5.2012 – I-22 U 203/11 (Vertrag Brauerei-Getränkefachgroßhändler).

2575) LG Köln, Urt. v. 4.2.1993 – 22 O. 369/91, NJW-RR 1994, 242 (nicht abgedruckt).

2576) BGH, Urt. v. 22.2.1989 – VIII ZR 45/88, BGHZ 107, 67 = NJW 1989, 1669 = ZIP 1989, 450 = Zeller IV, 270 (Vertrag Brauerei-Getränkefachgroßhändler); BGH, Urt. v. 3.7.1996 – VIII ZR 92/95, NJW-RR 1996, 1394 (Zuschuss- und Getränkelieferungsvertrag); OLG München, Urt. v. 31.1.1995 – 25 U 3600/94, BeckRS 1995, 04936 (nicht abgedruckt); OLG Düsseldorf, Urt. v. 8.11.1999 – 1 U 42/99; OLG Köln, Urt. v. 18.4.2013 – 7 U 180/12, BeckRS 2013, 07760.

2.2186 **aa) Endgültige Erfüllungsverweigerung.** An das Vorliegen einer § 281 Abs. 2 Alt. 1 BGB entsprechenden Erfüllungsverweigerung sind strenge Anforderungen zu stellen. Die Weigerung des Schuldners muss als sein letztes Wort aufzufassen sein.[2577)] Eine endgültige und ernsthafte Leistungsverweigerung lässt sich auch nicht daraus herleiten, der Schuldner habe immer wieder deutlich zu verstehen gegeben, er sei nicht in der Lage, die vereinbarte Mindestabnahmemenge (in seiner Gaststätte) zu erfüllen. Denkbar ist nämlich in diesem Zusammenhang auch, dass er Bier abnimmt, ohne dieses in seiner eigenen Gaststätte zu verbrauchen. Ggf. kann auch das bisherige Verhalten und der Schriftverkehr zwischen den Beteiligten (Abmahnung bezüglich eines Fremdbezuges unter Hinweis auf die „bislang positive Zusammenarbeit" etc.) nicht als hinreichend betrachtet werden.[2578)]

2.2187 **bb) Besondere Umstände.** Auch an die Entbehrlichkeit der Fristsetzung wegen besonderer Umstände gemäß § 281 Abs. 2 Alt. 2 BGB sind besondere Anforderungen zu stellen. Bei Vereinbarung einer jährlichen Mindestabnahmemenge liegt zwar eine Leistungsverpflichtung vor, die kalendermäßig bestimmt ist. Diese macht aber eine Fristsetzung nicht entbehrlich. Insbesondere kann nicht davon ausgegangen werden, dass die Parteien hierdurch ein absolutes Fixgeschäft vereinbart hätten. Dies läge nur dann vor, wenn die Einhaltung der Leistungszeit nach dem Zweck des Vertrages und der gegebenen Interessenlage für den Gläubiger derart wesentlich ist, dass eine verspätete Erfüllung keine Erfüllung mehr darstellt.[2579)]

2.2188 **e) Praxishinweis.** Bei Wirksamkeitsbedenken hinsichtlich einer klauselmäßigen Mindermengenausgleichsregelung kann nur dann zur Schadensberechnung auf gesetzlicher Grundlage übergegangen werden, wenn die Voraussetzungen des § 281 Abs. 1 Satz 1 BGB erfüllt sind. Daher muss grundsätzlich eine angemessene Frist zur Leistung bzw. Nacherfüllung gesetzt werden. Bei einer nicht erfüllten Jahresmindestbezugsverpflichtung dürfte eine Fristsetzung von ein bis drei Monaten mehr als hinreichend sein.[2580)] Wird eine zu kurze Frist gesetzt, wird eine angemessene Frist in Lauf gesetzt. Entbehrlich dürfte die Nachfristsetzung etwa bei Einstellung des Betriebes, Fremdbezug sowie bei Veräußerung des Gaststättengrundstücks ohne Weitergabe der Bezugsverpflichtung sein, weil dann die weitere Abnahme von Getränken des Getränkelieferanten unmöglich gemacht wird.[2581)] Weiter ist zu denken an eine Kündi-

---

2577) Palandt-*Grüneberg*, BGB, § 281 Rz. 14.

2578) OLG Köln, Urt. v. 18.4.2013 – 7 U 180/12, BeckRS 2013, 07760.

2579) OLG Köln, Urt. v. 18.4.2013 – 7 U 180/12, BeckRS 2013, 07760.

2580) LG Köln, Urt. v. 4.2.1993 – 22 O. 369/91, NJW-RR 1994, 242.

2581) BGH, Urt. v. 22.2.1989 – VIII ZR 45/88, BGHZ 107, 67 = NJW 1989, 1669 = ZIP 1989, 450 = Zeller IV, 270 (Vertrag Brauerei-Getränkefachgroßhändler); BGH, Urt. v. 3.7.1996 – VIII ZR 92/95, NJW-RR 1996, 1394 (Zuschuss- und Getränkelieferungsvertrag); OLG Düsseldorf, Urt. v. 8.11.1999 – 1 U 42/99.

gung, Anfechtung oder den Widerruf der Bezugsverpflichtung durch den Gastwirt.

6. Schadensersatzberechnung

a) Maßgeblichkeit der Mindestabnahmemenge. aa) Differenzierung. Der Getränkelieferant kann als Schadensersatz seinen entgangenen Gewinn ggf. nicht nach der vereinbarten Mindestabnahmemenge berechnen. Dies gilt jedenfalls dann, wenn die zeitliche Bindung an die Grenze des noch Zulässigen ging.[2582] 2.2189

In anderen Fällen kommt es darauf an, ob die Vereinbarung der Mindestabnahmemenge als festbestimmtes (Mengenvertrag) oder – wie nicht selten – als lediglich anzustrebendes Vertragsziel auszulegen ist.[2583] Diese Frage kann sich sowohl bei Getränkelieferungsverträgen mit vereinbarten Jahresmindestbezugsmengen als auch bei Gesamtmengenverträgen ergeben. 2.2190

bb) Fallgruppe 1. Ergibt die Auslegung, dass die Menge lediglich als Ziel- oder Kündigungsmenge zu verstehen ist, so bemisst sich der erstattungsfähige Schaden nach dem Umsatz, den der Gastwirt innerhalb der Bezugszeit voraussichtlich tatsächlich erzielt hätte (§ 252 Satz 2 BGB). Damit ist die Höhe des Schadensersatzes bei vertragswidriger Beendigung des Bezuges durch den Gastwirt nicht in jedem Falle nach einer Mindestabnahmemenge, sondern unter Umständen danach zu berechnen ist, welche Getränkemenge der Gastwirt bei reibungsloser Vertragsdurchführung auf der Grundlage der **bisherigen tatsächlichen durchschnittlichen Jahresabnahme** voraussichtlich zur Deckung seines Bedarfs bezogen hätte.[2584] Als Berechnungsgrundlage des Schadensersatzanspruchs wegen Minderbezuges kommen dann nicht die vertraglich fixierten Hektoliter, sondern die durchschnittlich bislang bezogenen Hektoliter für die Restlaufzeit der Bezugsverpflichtung in Betracht,[2585] wobei diese ggf. entsprechend § 139 BGB zu kürzen ist.[2586] 2.2191

2582) LG Köln, Urt. v. 4.2.1993 – 22 O. 369/91, NJW-RR 1994, 242.

2583) Siehe oben § 32 I 2.

2584) BGH, Urt. v. 17.1.1979 – VIII ZR 262/77, NJW 1979, 865 = Zeller II, 224; BGH, Urt. v. 23.11.1983 – VIII ZR 333/82, ZIP 1984, 335 = Zeller III, 266; BGH, Urt. v. 27.2.1985 – VIII ZR 85/84, NJW 1985, 2693; OLG Karlsruhe, Urt. v. 1.4.1987 – 1 U 146/86, Zeller IV, 153; OLG Karlsruhe, Urt. v. 4.3.1999 – 12 U 259/98, rkr. durch Nichtannahmebeschl. d. BGH v. 7.10.1999 – VIII ZR 125/99; OLG Düsseldorf, Urt. v. 8.11.1999 – 1 U 42/99; LG Köln, Urt. v. 4.2.1993 – 22 O. 369/91, NJW-RR 1994, 242; LG Berlin, Urt. v. 10.10.2012 – 10 O. 243/11; Paulusch, Brauerei- und Gaststättenrecht, 9. Aufl. 1996, Rz. 299, 125.

2585) OLG Hamm, Urt. v. 10.5.2012 – I-22 U 203/11 (Vertrag Brauerei-Getränkefachgroßhändler).

2586) LG Köln, Urt. v. 4.2.1993 – 22 O. 369/91, NJW-RR 1994, 242.

2.2192 Die Berechnung auf der Grundlage der tatsächlichen Bezugsmenge stellt keine unangemessene Benachteiligung i. S. d. § 307 Abs. 1 Satz 1 BGB dar. Vielmehr stellt sie eine Begünstigung dar. Orientierungsmaßstab ist das vertraglich Vereinbarte, dass der Vertragspartner des Getränkelieferanten auch bei ordnungsgemäßer Vertragsdurchführung mindestens hätte leisten müssen. Die Berechnung anhand der tatsächlichen Bezugsmenge begegnet auch dann keinen Bedenken, wenn die tatsächliche Menge mehr oder weniger deutlich über der vereinbarten liegt. Es liegt nämlich im Risikobereich des Gaststättenbetreibers, wenn er nach dem Ende einer starken Absatzperiode seine Absatzstätte aufgibt, anstatt sie weiter zu führen mit der Folge, dass weiterhin nur die vertraglich vereinbarten Mindestbezugsmengen abgenommen werden müssen.[2587)]

2.2193 In diesem Zusammenhang ist es unerheblich, dass eine bestimmte Mindestabnahmeverpflichtung nicht vereinbart worden ist. Denn der Getränkelieferant berechnet seinen Schaden nicht auf der Grundlage einer solchen Mindestabnahmeverpflichtung, sondern anhand des zu erwartenden Getränkeabsatzes, den der in Anspruch Genommene bei Aufrechterhaltung seiner Ausschankverpflichtung voraussichtlich vorgenommen hätte. Gleiches gilt für den Vortrag hypothetischer Sachverhalte.[2588)]

2.2194 cc) **Fallgruppe 2.** Diese Rechtsprechung sollte allerdings nicht dahin missverstanden werden – zumindest ist dies so nie ausgesprochen worden –, als komme stets nur eine Schadensberechnung auf der Grundlage der bisherigen tatsächlichen durchschnittlichen Abnahme bis zur Beendigung der Vertragsbeziehungen in Betracht. Ist zweifelsfrei eine festbestimmte (Mindest-)Abnahmemenge vereinbart worden und stößt sie auch im Zusammenhang mit der Laufzeit des Vertrages nicht auf Bedenken unter dem Gesichtspunkt der §§ 138 Abs. 1, 307 Abs. 1 Satz 1 BGB (höchst zulässige Bezugszeit), so ist nicht einsichtig, wieso der Getränkelieferant den ihm entgangenen Gewinn nicht aus der Differenz zwischen der vereinbarten Mindestabnahme und der tatsächlich abgenommenen Menge sollte errechnen dürfen.[2589)]

2.2195 **b) Wahlrecht.** Manche Getränkelieferungsverträge enthalten eine Vertragsklausel des Inhalts, dass der Getränkelieferant wahlweise den Schaden nach der vereinbarten Mindestabnahmemenge oder nach dem durchschnittlichen Getränkebezug in der Vergangenheit berechnen kann. Häufig wird dabei auf einen Zeitraum von drei Jahren, ggf. auch auf einen kürzeren Zeitraum abgestellt. Auch diese Regelung dient der Erleichterung der Durchsetzung eines Schadensersatzanspruchs, weil sie es ermöglicht, auf einen konkreten Schadensnachweis im Einzelfall zu verzichten.

2587) LG Berlin, Urt. v. 10.10.2012 – 10 O. 243/11.

2588) OLG Hamm, Urt. v. 10.5.2012 – I-22 U 203/11 (Vertrag Brauerei-Getränkefachgroßhändler).

2589) *Paulusch*, Brauerei- und Gaststättenrecht, 9. Aufl. 1996, Rz. 126.

c) Zur **Ermittlung des tatsächlichen Bedarfs** kann auf Entscheidungen des OLG Karlsruhe vom 4.3.1999 und des OLG Köln vom 9.1.2007 verwiesen werden.[2590] 2.2196

d) Zum **Bestreiten mit Nichtwissen** (§ 138 Abs. 4 ZPO) durch den Schädiger ist die Entscheidung des OLG Frankfurt vom 30.11.2000 zu berichten.[2591] 2.2197

e) **Belieferung durch Getränkefachgroßhändler.** Erfolgt die Belieferung des Gastwirts nach der Vereinbarung Brauerei-Gastwirt unter Einschaltung eines Getränkefachgroßhändlers (Vertriebsmodell 2), so kann die Brauerei allenfalls den sich nach ihrer Behauptung beim Verkauf von Flaschenbier an den Großhandel ergebenden „Deckungsbeitrag" – konkret in Höhe von 40,77 DM je Hektoliter nicht abgenommenen Bieres – ersetzt verlangen. Dies auch deshalb, weil es dem Gastwirt freistand, seine Bezugsverpflichtung vollständig durch die Abnahme von Flaschenbier zu erfüllen.[2592] 2.2198

f) **Darlegungs- und Beweislast.** Soweit der Gewinnentgang „nach dem gewöhnlichen Verlauf der Dinge" (§ 252 Satz 2 BGB) berechnet wird, besteht Einvernehmen darüber, dass die diesen Verlauf begründenden Tatsachen keines Beweises bedürfen.[2593] Ungeachtet dessen bleibt dem Schuldner die Möglichkeit, diese Vermutung beweismäßig zu widerlegen. Das einfache Bestreiten, dass sich die Pauschale am durchschnittlichen Schaden ausrichte, genügt regelmäßig nicht. 2.2199

g) Da die Ermittlung des wegen Unterschreitens einer vereinbarten Mindestabnahmemenge entgangenen Gewinns (einer Brauerei) regelmäßig schwierig und aufwendig ist, bietet sich eine Schadensschätzung gem. § 287 ZPO jedenfalls dann an, wenn es sich um einen lediglich verhältnismäßig geringfügigen Mindestschaden – hier: 12.920 DM – handelt.[2594] 2.2200

h) **Abzinsung.** Der Gesamtbetrag ist abzuzinsen.[2595] 2.2201

7. Kündigung

Für den Zeitraum ab Kündigung des Getränkelieferungsvertrages kann kein Schadensersatz berechnet werden.[2596] 2.2202

2590) OLG Karlsruhe, Urt. v. 4.3.1999 – 12 U 259/98, rkr. durch Nichtannahmebeschl. d. BGH v. 7.10.1999 – VIII ZR 125/99; OLG Köln, Urt. v. 9.1.2007 – 3 U 158/05, BeckRS 2007, 04453.

2591) OLG Frankfurt/M., Urt. v. 30.11.2000 – 16 U 230/99, BGH, VIII ZR 5/01, Revisionsrücknahme nach Nichtannahmebeschluss, der ausnahmsweise begründet worden ist.

2592) BGH, Urt. v. 22.10.1997 – VIII ZR 149/96.

2593) BGH, Urt. v. 17.12.1963 – V ZR 186/61, NJW 1964, 661.

2594) BGH, Urt. v. 3.7.1996 – VIII ZR 92/95, NJW-RR 1996, 1394; OLG Zweibrücken, Urt. v. 6.7.2009 – 7 U 180/08.

2595) BGH, Urt. v. 22.10.1997 – VIII ZR 149/96; OLG Düsseldorf, Urt. v. 8.11.1999 – 1 U 42/99; OLG Frankfurt/M., Urt. v. 30.11.2000 – 16 U 230/99, BGH, VIII ZR 5/01, Revisionsrücknahme nach Nichtannahmebeschluss, der ausnahmsweise begründet worden ist.

2596) BGH, Urt. v. 3.7.1996 – VIII ZR 92/95, NJW-RR 1996, 1394.

8. Verjährung

2.2203 Hinsichtlich der Fälligkeit der Schadensersatzansprüche wegen Nichterfüllung der vereinbarten Jahresmindestbezugsmengen ist auf das jeweilige „Jahr" zustellen. Aus Gründen der Kostenersparnis sollte dies nicht das Vertragsjahr, sondern das Kalenderjahr sein. Notwendig verbunden ist damit in der Regel die Abrechnung von Rumpfgeschäftsjahren am Anfang und am Ende der Vertragslaufzeit. Die regelmäßige Verjährungsfrist beträgt nach § 195 BGB drei Jahre. Diese beginnt mit dem Schluss des Jahres, in dem der Anspruch entstanden ist und der Getränkelieferant von dem den Anspruch begründenden Umständen und der Person des Schuldners Kenntnis erlangt oder ohne grobe Fahrlässigkeit erlangen konnte (§ 199 Abs. 1 BGB).

IV. Vertragsstrafe

2.2204 Auf bereits in anderem Zusammenhang berichtete Entscheidungen sei hingewiesen.[2597]

V. Nachverzinsung

2.2205 Die Frage, ob bereits ein einmaliger Verstoß gegen die Abnahmeverpflichtung eine Zinsanpassung für die gesamte Restlaufzeit des Darlehens auszulösen vermag, konnte das OLG München in seiner Entscheidung vom 31.1.1995 offenlassen, weil jedenfalls ein mehrmonatiger Minderbezug anzunehmen war.[2598]

VI. Streitwert

2.2206 Grundlage der Streitwertbemessung können § 41 Abs. 1 GKG bzw. § 48 GKG i. V. m. § 9 ZPO sein.

§ 33 Nichtweitergabe der Bezugsverpflichtung

I. Schadensersatz

1. Anspruchsgrundlagen

2.2207 a) Zunächst sind **vertragliche Ansprüche** zu prüfen.[2599] Der Anspruch ergibt sich aus dem Getränkelieferungsvertrag, ggf. in Ergänzung mit §§ 339, 340 Abs. 1 und 2 BGB.[2600]

2597) OLG Nürnberg, Urt. v. 25.2.1992 – 11 U 2744/91, BeckRS 1992, 31335912; OLG Köln, Urt. v. 9.5.1995 – 3 U 144/94, NJW-RR 1995, 1516; OLG Karlsruhe, Urt. v. 4.3.1999 – 12 U 259/98, rkr. durch Nichtannahmebeschl. d. BGH v. 7.10.1999 – VIII ZR 125/99; OLG Karlsruhe, Urt. v. 18.10.2001 – 19 U 97/01, BeckRS 2001, 30212399; OLG Nürnberg, Urt. v. 5.2.2002 – 1 U 2314/01, NJW-RR 2002, 917; OLG Nürnberg, Urt. v. 6.5.2004 – 13 U 52/04.

2598) OLG München, Urt. v. 31.1.1995 – 25 U 3600/94, BeckRS 1995, 04936.

2599) BGH, Urt. v. 16./17.9.1974 – VIII ZR 116/72, NJW 1974, 2089, = Zeller I, 241; OLG Frankfurt/M., Urt. v. 30.11.2000 – 16 U 230/99, BGH, VIII ZR 5/01, Revisionsrücknahme nach Nichtannahmebeschluss, der ausnahmsweise begründet worden ist.

2600) OLG Schleswig, Urt. v. 7.1.2000 – 11 U 204/98.

b) Im Übrigen kann als Anspruchsgrundlage eine **positive Vertragsverletzung** (§§ 280 Abs. 1 und 3, 281 BGB) in Betracht kommen.[2601)] 2.2208

c) Anspruchsgrundlage für einen Schadensersatzanspruch wegen Pflichtverletzung des Notars ist **§ 19 Abs. 1 Satz 3 BNotO i. V. m. § 839 BGB.**[2602)] 2.2209

2. Anspruchsgegner

a) Ansprüche des Getränkelieferanten richten sich bei einer Eigentumsübertragung gegen den **Veräußerer.**[2603)] Zum **nicht selbst betreibenden Eigentümer** kann auf die Rechtsprechung verwiesen werden.[2604)] 2.2210

b) Mit der Frage eines etwaigen Schadensersatzanspruches des Getränkelieferanten gegen den **bisherigen Pächter** setzen sich einige obergerichtliche Entscheidungen auseinander.[2605)] 2.2211

3. Pflichten

a) Zur Frage, ob eine Vereinbarung dahin zu verstehen ist, der Gastwirt habe die Verpflichtung übernommen, den ausschließlichen Bezug der Getränke über den Getränkelieferanten auch im Falle der Veräußerung des Gastronomieobjektes zu gewährleisten, nimmt das OLG Düsseldorf in einem Urteil vom 23.10.2001 Stellung.[2606)] Dort auch zu der Auffassung, eine wenn auch nur persönlich eingegangene Verpflichtung des Gastwirts, ausschließlich Getränke über den Getränkelieferanten zu beziehen, impliziere die Nebenverpflichtung, 2.2212

2601) BGH, Urt. v. 16./17.9.1974 – VIII ZR 116/72, NJW 1974, 2089 = Zeller I, 241; OLG Frankfurt/M., Urt. v. 30.11.2000 – 16 U 230/99, BGH, VIII ZR 5/01, Revisionsrücknahme nach Nichtannahmebeschluss, der ausnahmsweise begründet worden ist; LG Freiburg, Urt. v. 28.7.2006 – 12 0. 118/05.

2602) OLG Schleswig, Urt. v. 19.6.2003 – 11 U 188/01.

2603) BGH, Urt. v. 16./17.9.1974 – VIII ZR 116/72, NJW 1974, 2089 = Zeller I, 241; BGH, Urt. v. 9.7.1985 – KZR 8/84, BB 1985, 1687 = Zeller III, 172; OLG Frankfurt/M., Urt. v. 30.11.2000 – 16 U 230/99, BGH, VIII ZR 5/01, Revisionsrücknahme nach Nichtannahmebeschluss, der ausnahmsweise begründet worden ist; OLG Düsseldorf, Urt. v. 23.10.2001 – 4 U 57/01, BeckRS 2001, 30213450 = NJOZ 2003, 2554, rkr. durch Nichtannahmebeschl. d. BGH v. 7.5.2003 – VIII ZR 271/01.

2604) OLG Karlsruhe, Urt. v. 28.4.1998 – 1 U 252/97, rkr. durch Nichtannahmebeschl. d. BGH v. 22.9.1999 – VIII ZR 373/98; OLG Düsseldorf, Urt. v. 16.1.2004 – I-14 U 156/03, BeckRS 2010, 24896, rkr. durch (Nichtzulassungs-)Beschl. d. BGH v. 19.10.2005 – VIII ZR 53/04; LG Freiburg, Urt. v. 28.7.2006 – 12 0. 118/05.

2605) OLG Düsseldorf, Urt. v. 1.10.2003 – 15 U 227/02; OLG Köln, Urt. v. 6.12.2006 – 1 U 14473/06, NJW-RR 2007, 498.

2606) OLG Düsseldorf, Urt. v. 23.10.2001 – 4 U 57/01, BeckRS 2001, 30213450 = NJOZ 2003, 2554, rkr. durch Nichtannahmebeschl. d. BGH v. 7.5.2003 – VIII ZR 271/01.

den Betrieb fortzusetzen oder eben nicht ohne Weiterleitung der Ausschließlichkeitsbindung zu veräußern.[2607)]

2.2213 **b) Eigentumserklärung.** Zu etwaigen (Bezugs-/Auferlegungs-)Pflichten des Hauseigentümers und Verkäufers von Inventar gegenüber dem Getränkelieferanten in Anerkennung der von dem Getränkelieferanten erbrachten Leistungen kann auf eine Entscheidung des OLG Karlsruhe vom 28.4.1998 verwiesen werden.[2608)]

2.2214 c) Der **Beitritt** führt lediglich dazu, dass der Beitretende im Umfang des bisherigen Schuldners haftet. War der bisherige Schuldner nicht zum Getränkebezug verpflichtet, so ist dies der Beitretende ebenfalls nicht.[2609)] Auch dann, wenn der Beitretende nicht verpflichtet ist, selbst Getränke abzunehmen, so muss daraus nicht folgen, dass er im Rahmen des Schuldbeitritts davon befreit ist, Schadensersatz in Geld zu leisten, sollte der Hauptschuldner gegen seine vertraglichen Bezugspflichten verstoßen. Unter Berücksichtigung von Wortlaut sowie Sinn und Zweck der Vereinbarung kann sich ergeben, dass es dem Getränkelieferanten gerade darauf ankam, seine aus dem Vertrag mit dem Erstschuldner (Vormieter) bestehenden Ansprüche durch einen zusätzlichen Schuldner zu sichern.[2610)]

4. Pflichtverletzung

2.2215 **a) Veräußerung. aa)** Zur Haftung des Veräußerers im Hinblick auf eine Grundstücksveräußerung ohne Weitergabe der Bezugsverpflichtung können mehrere Entscheidungen berichten.[2611)]

2.2216 **bb)** Nach § 19 Abs. 1 BNotO ist der **Notar** zum Schadensersatz verpflichtet, wenn er vorsätzlich oder fahrlässig die ihm einem anderen gegenüber obliegende Amtspflicht verletzt. Bei Abfassung eines notariellen Grundstückskaufvertrages ist der Notar verpflichtet, alle rechtlichen Voraussetzungen für den von den Vertragsparteien gewünschten Erfolg zu schaffen und die gesetzlichen

2607) OLG Düsseldorf, Urt. v. 8.11.1999 – 1 U 42/99; OLG Düsseldorf, Urt. v. 23.10.2001 – 4 U 57/01, BeckRS 2001, 30213450 = NJOZ 2003, 2554, rkr. durch Nichtannahmebeschl. d. BGH v. 7.5.2003 – VIII ZR 271/01.

2608) OLG Karlsruhe, Urt. v. 28.4.1998 – 1 U 252/97, rkr. durch Nichtannahmebeschl. d. BGH v. 22.9.1999 – VIII ZR 373/98.

2609) OLG Düsseldorf, Urt. v. 16.1.2004 – I-14 U 156/03, BeckRS 2010, 24896, rkr. durch (Nichtzulassungs-)Beschl. d. BGH v. 19.10.2005 – VIII ZR 53/04.

2610) OLG Düsseldorf, Urt. v. 16.1.2004 – I-14 U 156/03, BeckRS 2010, 24896, rkr. durch (Nichtzulassungs-)Beschl. d. BGH v. 19.10.2005 – VIII ZR 53/04.

2611) BGH, Urt. v. 16./17.9.1974 – VIII ZR 116/72, NJW 1974, 2089 = Zeller I, 241; OLG Frankfurt/M., Urt. v. 30.11.2000 – 16 U 230/99, BGH, VIII ZR 5/01, Revisionsrücknahme nach Nichtannahmebeschluss, der ausnahmsweise begründet worden ist; OLG Düsseldorf, Urt. v. 23.10.2001 – 4 U 57/01, BeckRS 2001, 30213450 = NJOZ 2003, 2554, rkr. durch Nichtannahmebeschl. d. BGH v. 7.5.2003 – VIII ZR 271/01.

Formerfordernisse zu beachten. So wie noch ist Voraussetzung eines Schadensersatzanspruches, dass der Notar bei Abfassung und Beurkundung des Grundstückskaufvertrages seine **Amtspflicht verletzt** hat, die ihm gegenüber dem Getränkelieferanten obliegt. Nach ständiger Rechtsprechung des BGH obliegen dem Notar Amtspflichten nicht nur gegenüber den unmittelbar an der Beurkundung Beteiligten und gegenüber den mittelbar Beteiligten, die anlässlich des Amtsgeschäftes für einen anderen im eigenen Interesse mit dem Notar Verbindung aufnehmen, sondern auch gegenüber sonstigen Dritten, die keine am Amtsgeschäft Beteiligten sind, aber nach dem Zweck des Geschäfts von ihm unmittelbar betroffen sind. Dritte i. S. d. § 19 BNotO sind nicht nur die am Amtsgeschäft unmittelbar Beteiligten oder sonst gem. § 17 BeurkG zu belehrenden Personen, sondern alle, deren Interesse durch das Amtsgeschäft nach dessen besonderer Natur berührt wird und in deren Rechtskreis eingegriffen werden kann. Dies gilt auch, wenn der Dritte durch die Amtsausübung nur mittelbar berührt wird und bei der Beurkundung nicht zugegen war. Die Frage, ob eine Amtspflicht gegenüber einem Dritten besteht, ist danach zu beantworten, ob die Amtspflicht den Schutz des Dritten bezweckt oder mitbezweckt. Schutzbedürftig sind diejenigen, die auf die Zuverlässigkeit der Beurkundung angewiesen sind und hierauf vertrauend am Rechtsverkehr teilnehmen.[2612)]

Werden von dem beurkundenden Notar bei der Gestaltung der Urkunde Fehler begangen, so kann dies zwar eine Amtspflichtverletzung gegenüber den Vertragsparteien bedeuten, nicht aber gegenüber der Gläubigerin einer der Vertragsparteien.[2613)] **2.2217**

b) Zur Pflichtverletzung bei **Unterverpachtung** ist ein Urteil des OLG Köln vom 6.12.2006 zu berichten.[2614)] **2.2218**

Hat der Vertragspartner des Getränkelieferanten den letzten Betreiber der Absatzstätte nicht auf Einhaltung des Getränkebezugs verpflichtet, so ist die diesbezügliche Behauptung des Getränkelieferanten wie auch die, dass der letzte Betreiber mit einem anderen Getränkelieferanten kontrahiert und keine Getränke von dem Getränkelieferanten bezogen habe, ggf. hinreichend substantiiert zu bestreiten.[2615)] **2.2219**

5. Vertretenmüssen

a) Verkauft ein Gastwirt das Gaststättengrundstück, ohne entsprechend seiner vertraglichen Verpflichtung gegenüber dem Getränkelieferanten darauf hinzu- **2.2220**

2612) OLG Schleswig, Urt. v. 19.6.2003 – 11 U 188/01.

2613) OLG Koblenz, Urt. v. 5.4.1995 – 1 U 49/94, DNotZ 1996, 128; OLG Schleswig, Urt. v. 19.6.2003 – 11 U 188/01.

2614) OLG Köln, Urt. v. 6.12.2006 – 1 U 14473/06, NJW-RR 2007, 498.

2615) LG Freiburg, Urt. v. 28.7.2006 – 12 0. 118/05.

wirken, dass der Erwerber die Getränkebezugsverpflichtung übernimmt, und wird dadurch eine weitere Getränkeabnahme unmöglich, so stellt dies gegenüber dem Getränkelieferanten eine schuldhafte positive Vertragsverletzung (§ 280 Abs. 1 BGB) dar.[2616)]

2.2221 b) Das Versehen des beurkundenden **Notars** wird dem Grundstücksveräußerer nicht gem. § 278 BGB zugerechnet. Dies deshalb, weil der Notar bei der Beurkundung, dabei insbesondere bei der Bestimmung des Inhalts und der Ausdehnung des Urkundsgeschäfts ebenso wie bei notwendigen Belehrungen, unabhängig und allein in Ausübung seines öffentlichen Amtes handeln soll.

6. (Ab-)Mahnung

2.2222 Eine (Ab-)Mahnung ist entbehrlich, wenn der Gebundene die Erfüllung der Abnahmeverpflichtung ernsthaft und endgültig verweigert und sich zudem durch die Veräußerung des Gaststättengrundstücks ohne Weitergabe der Bezugsverpflichtung die weitere Abnahme von Getränken der Bindenden unmöglich gemacht hat.[2617)]

7. Entbehrlichkeit einer Fristsetzung

2.2223 Die nach § 281 Abs. 1 Satz 1 BGB grundsätzlich erforderliche Fristsetzung kann gem. § 281 Abs. 2 BGB entbehrlich sein. Hinsichtlich der künftigen Getränkeabnahme besteht zwar noch keine Fälligkeit. Insoweit findet aber § 323 Abs. 4 BGB analog Anwendung.[2618)]

2.2224 Besondere Umstände i. S. d. § 281 Abs. 2 BGB liegen jedenfalls dann vor, wenn die Bezugsverpflichtung nicht vom selbst bewirtschaftenden Hauseigentümer auf den Gaststättenpächter übertragen worden ist, dieser mit einem anderen Getränkelieferanten kontrahiert und keine Getränke mehr von dem Getränkelieferanten bezieht. Dieses rechtfertigt unter Abwägung der beiderseitigen Interessen die sofortige Geltendmachung des Schadensersatzes auch für Getränkebezug in der Zukunft. Im Übrigen hat der zur Auferlegung der Bezugsverpflichtung verpflichtete Hauseigentümer durch sein entgegengesetztes Verhalten

---

2616) BGH, Urt. v. 16./17.9.1974 – VIII ZR 116/72, NJW 1974, 2089 = Zeller I, 241; BGH, Urt. v. 6.2.1985 – VIII ZR 15/84, NJW 1986, 124 = Zeller III, 349 (Alleinvertriebsvertrag über Maschinen); OLG Frankfurt/M., Urt. v. 30.11.2000 – 16 U 230/99, BGH, VIII ZR 5/01, Revisionsrücknahme nach Nichtannahmebeschluss, der ausnahmsweise begründet worden ist; OLG Düsseldorf, Urt. v. 23.10.2001 – 4 U 57/01, BeckRS 2001, 30213450 = NJOZ 2003, 2554, rkr. durch Nichtannahmebeschl. d. BGH v. 7.5.2003 – VIII ZR 271/01.

2617) BGH, Urt. v. 9.7.1985 – KZR 8/84, BB 1985, 1687 = Zeller III, 172; BGH, Urt. v. 15.11.2000 – VIII ZR 322/99, NJW-RR 2001, 987.

2618) Palandt-*Grüneberg*, BGB, § 281 Rz. 8a; LG Freiburg, Urt. v. 28.7.2006 – 12 0. 118/05.

selbst zu erkennen gegeben, dass er die Getränkelieferungen als Leistung der Klägerin endgültig und ernsthaft ablehnt.[2619)]

8. Rücktrittserklärung

Der Verkäufer eines Gaststättenunternehmens hatte in der Klageschrift erklärt, **2.2225**
er mache den in Zahlungsverzug geratenen Käufer „für den entstandenen Schaden haftbar". Der BGH[2620)] führte aus, dass die Wertung, in der Klageschrift liege eine Schadensersatzansprüche ausschließende Rücktrittserklärung gem. § 326 BGB a. F., die gesetzliche Auslegungsregeln der §§ 133, 157 BGB verletzt.

9. Schadensberechnung

Dem Getränkelieferanten steht gegen den Veräußerer ein Schadensersatzan- **2.2226**
spruch in Gestalt **entgangenen Gewinns** (§ 252 BGB) dem Grunde nach dafür zu, dass dieser bei Veräußerung des Gaststättengrundstücks seinen Rechtsnachfolgern nicht die Übernahme der Getränkebezugsverpflichtung auferlegt hat und diese den Neuabschluss einer solchen Getränkebezugsverpflichtung gegenüber dem Getränkelieferanten verweigert haben.[2621)]

Zum entgangenen Gewinn bei **fehlender Weiterbetriebsmöglichkeit** hat sich **2.2227**
das OLG Düsseldorf in einem Urteil vom 1.10.2003 geäußert.[2622)]

Zur **Schadenspauschalierung** für den Fall der Geltendmachung eines Scha- **2.2228**
densersatzes wegen Nichtweitergabe der Getränkebezugsverpflichtung kann auf das Urteil des OLG Frankfurt vom 30.11.2000 verwiesen werden.[2623)]

10. Darlegungs- und Beweislast

Zu Fragen der Darlegungs- und Beweislast äußerte der BGH sich in einem Ur- **2.2229**
teil vom 26.10.2000.[2624)]

2619) LG Freiburg, Urt. v. 28.7.2006 – 12 0. 118/05.

2620) BGH, Urt. v. 6.7.1988 – VIII ZR 256/87, NJW 1988, 2877 = Zeller IV, 488.

2621) BGH, Urt. v. 16./17.9.1974 – VIII ZR 116/72, NJW 1974, 2089 = Zeller I, 241; OLG Frankfurt/M., Urt. v. 30.11.2000 – 16 U 230/99, BGH, VIII ZR 5/01, Revisionsrücknahme nach Nichtannahmebeschluss, der ausnahmsweise begründet worden ist.

2622) OLG Düsseldorf, Urt. v. 1.10.2003 – I-15 U 227/02.

2623) OLG Frankfurt/M., Urt. v. 30.11.2000 – 16 U 230/99, BGH, VIII ZR 5/01, Revisionsrücknahme nach Nichtannahmebeschluss, der ausnahmsweise begründet worden ist.

2624) BGH, Urt. v. 26.10.2000 – IX ZR 227/99, NJW 2001, 1136 = ZIP 2001, 31.

11. Abzinsung

2.2230 Die sachgerechte Abzinsung ist nach den Umständen des Einzelfalles zu ermitteln.[2625] Zur **Vorgehensweise** vergleiche die BGH-Entscheidung vom 15.11.2000.[2626]

12. Mitverschulden

2.2231 Insofern kann auf das bereits berichtete Urteil des OLG Frankfurt vom 30.11.2000 verwiesen werden.[2627]

II. Vertragsstrafe

1. Anspruchsgrundlage

2.2232 Näheres hierzu findet sich in dem Urteil des OLG Schleswig vom 7.1.2000.[2628]

2. Verwirken

2.2233 a) Ein Vertragsstrafenanspruch scheidet aus, wenn der Verpflichtete das Gaststättenobjekt im Hinblick auf die ihn treffende Pflicht, die Getränkebezugsverpflichtung weiterzugeben, so wie vereinbart veräußert hat.[2629]

2.2234 b) Der Tatbestand der Vertragsstrafe ist durch den **Formmangel** eines Rechtsgeschäfts nicht verwirklicht. Diesen hat der bisherige Betreiber dann nicht zu vertreten, wenn er Laie ist und sich bei der Erfüllung seiner Vertragsschuld, gemessen an den im konkreten Fall nach § 276 Abs. 1 BGB geltenden Anforderungen, sorgfältig zum Zwecke der Beurkundung an einen Notar gewandt hat. Für ein etwaiges Versehen des Notars braucht der bisherige Betreiber nicht einzustehen, weil der Notar bei der Beurkundung, dabei insbesondere bei der Bestimmung des Inhalts und Ausdehnung des Urkundsgeschäfts ebenso wie bei notwendigen Belehrungen unabhängig und allein in Ausübung seines öffentlichen Amtes handelt, nicht dagegen als Erfüllungsgehilfe (§ 278 BGB) der Beteiligten.[2630]

2625) BGH, Urt. v. 26.10.2000 – IX ZR 227/99, NJW 2001, 1136 = ZIP 2001, 31.

2626) BGH, Urt. v. 15.11.2000 – VIII ZR 322/99, NJW-RR 2001, 987.

2627) OLG Frankfurt/M., Urt. v. 30.11.2000 – 16 U 230/99, BGH, VIII ZR 5/01, Revisionsrücknahme nach Nichtannahmebeschluss, der ausnahmsweise begründet worden ist.

2628) OLG Schleswig, Urt. v. 7.1.2000 – 11 U 204/98.

2629) OLG Düsseldorf, Urt. v. 18.2.1994 – 16 U 91/93; OLG Düsseldorf, Urt. v. 28.9.1999 – 5 U 13/99, rkr. durch Nichtannahmebeschl. d. BGH v. 12.7.2000 – VIII ZR 236/99.

2630) BGH, Urt. v. 15.10.1992 – IX ZR 43/92, NJW 1993, 648; OLG Düsseldorf, Urt. v. 18.2.1994 – 16 U 91/93.

3. Pauschale

Überträgt der bisher Gebundene im Rahmen einer Rechtsnachfolge die Ausschließlichkeitsregelung für Getränke rechtlich nicht wirksam an einen Geschäftsnachfolger, so ist grundsätzlich der auf den pauschalierten Mindestschaden gerichtete Vertragsstrafenanspruch gegeben. Allerdings bedarf es insofern ebenso wie für einen Schadensersatzanspruch (statt der Leistung) eines Verschuldens.[2631)] 2.2235

4. Weitere Rechtsprechung

Auf bereits in anderem Zusammenhang berichtete Entscheidungen sei hingewiesen.[2632)] 2.2236

§ 34 Kündigung

I. Einführung

Ist das Verhältnis zwischen den Parteien eines Getränkelieferungsvertrages konfliktbelastet, so stellt sich die Frage, ob die Zusammenarbeit abweichend von dem ursprünglich vorgesehenen Vertragsende vorzeitig durch Kündigung beendet werden kann. Kündigungsmöglichkeiten können sich sowohl aus dem Getränkelieferungsvertrag als auch aus dem Gesetz ergeben. Grundsätzlich kann beiden Parteien des Getränkelieferungsvertrages ein Kündigungsrecht zustehen. In der Praxis überwiegt die Kündigung durch Getränkelieferanten. 2.2237

II. Ordentliche Kündigung

1. Grundsatz

Da Getränkelieferungsverträge regelmäßig befristet sind und damit eine feste Vertragslaufzeit aufweisen, enden sie durch Zeitablauf. Eine ordentliche Kündigung scheidet bei einer festen Vertragslaufzeit aus.[2633)] 2.2238

2. Rechtsfolge

Eine ordentliche Kündigung beendet den Getränkelieferungsvertrag vor Ablauf der vertraglich vereinbarten Laufzeit zu einem bestimmten Zeitpunkt. Einer 2.2239

2631) BGH, Urt. v. 10.12.1992 – I ZR 186/90, NJW 1993, 721 = ZIP 1993, 292; BGH, Urt. v. 28.1.1993 – I ZR 294/90, NJW 1993, 1786 = ZIP 1993, 703 (Handelsvertretervertrag); OLG Düsseldorf, Urt. v. 18.2.1994 – 16 U 91/93.

2632) BGH, Urt. v. 14.7.1980 – KZR 19/79, WM 1980, 1309 = Zeller II, 155; OLG Zweibrücken, Urt. v. 15.1.1998 – 4 U 213/96, OLGReport 1998, 161, rkr. durch Nichtannahmebeschl. des BGH v. 15.12.1998 – VIII ZR 50/98.

2633) BGH, Urt. v. 12.3.2003 – XII ZR 18/00, NJW 2003, 2158 = ZIP 2003, 1658; BGH, Urt. v. 2.3.2004 – XI ZR 288/02.

Regelung des Rechts zur ordentlichen Kündigung bedarf es somit grundsätzlich nicht.

3. Kündigungsgrund

2.2240 a) **Differenzierung.** Die Berechtigung zur ordentlichen Kündigung des Getränkelieferungsvertrages kann sich sowohl aus dem Vertrag selbst als auch aus dem Gesetz ergeben.

2.2241 b) **Vertragliche Regelung. aa) Grundsatz.** Ein ordentliches Kündigungsrecht besteht nur dann, wenn es vertraglich vereinbart worden ist[2634)] oder sich aus dem Gesetz ergibt.

2.2242 **bb)** Hierzu rechnen auch die Fälle, in denen der Getränkelieferant den Vertragspartner ausdrücklich ein **Sonderkündigungsrecht** eingeräumt hat. Dann können der Getränkelieferant, der Kunde oder auch beide Vertragspartner eine Vertragsbeendigung vor Ablauf der ursprünglich vereinbarten Vertragslaufzeit durch Kündigung herbeiführen. In der Praxis kommen Sonderkündigungsrechte nur selten vor. Sie können das Äquivalenzverhältnis von Leistung und Gegenleistung erheblich stören.

2.2243 cc) **Schranke.** Von der Möglichkeit der ordentlichen Kündigung, die in einem Gaststättenpachtvertrag ohne Einschränkung vorgesehen ist, darf die Verpächterin (Brauerei) nur aus triftigem Grund Gebrauch machen, wenn ihr Verhandlungsführer bei Vertragsschluss Bedenken der Verpächter mit dem Hinweis zerstreut, sie werde nicht ohne berechtigten Grund kündigen.[2635)]

2.2244 c) **§ 500 Abs. 1 BGB.** Ob Existenzgründergastwirten (§ 512 BGB), Hauseigentümern und anderen Verbrauchern (§ 13 BGB) wie mithaftenden GmbH-Geschäftsführern oder GmbH-Gesellschaftern ein ordentliches Kündigungsrecht analog § 500 Abs. 1 BGB zusteht,[2636)] dürfte in der Praxis keine große Bedeutung haben. Getränkelieferungsverträge sind nämlich durchweg nicht unbefristet im Sinne dieser Vorschrift.

III. Außerordentliche Kündigung, Grundlagen

1. Grundsätze

2.2245 Da Leistungs- und Getränkelieferungsverträge zumeist befristet sind und kein ordentliches Kündigungsrecht vorsehen, ist zu prüfen, ob einer der Vertragsparteien nach § 314 BGB das Recht zusteht, den Getränkelieferungsvertrag aus wichtigem Grunde ohne Einhaltung einer Kündigungsfrist mit sofortiger Wirkung zu beenden.

2634) Palandt-*Weidenkaff*, BGB, § 510 Rz. 9.

2635) OLG München, Urt. v. 13.3.1991 – 7 U 3096/90, NJW-RR 1992, 1037.

2636) So Palandt-*Weidenkaff*, BGB, § 510 Rz. 9.

Dauerschuldverhältnisse sind im Rahmen einer außerordentlichen Kündigung aus wichtigem Grund kündbar, wenn dem Kündigenden die Fortsetzung des Vertragsverhältnisses unter Berücksichtigung aller Umstände des Einzelfalles und unter Abwägung der beiderseitigen Interessen nicht zugemutet werden kann. Dauerschuldverhältnisse wie der Getränkelieferungsvertrag gründen schon wegen ihrer langen Dauer auf einem gegenseitigen Vertrauensverhältnis. Schon früher konnten sie in entsprechender Anwendung des § 626 Abs. 1 BGB von jeder Partei aus wichtigem Grund gekündigt werden.[2637] Diese Kündigungsbefugnis ist das notwendige Korrelat zur langfristigen Bindung des Gastwirts an den Getränkelieferanten.[2638] **2.2246**

Dies ist im Allgemeinen nur dann anzunehmen, wenn die Gründe, auf die die Kündigung gestützt wird, im Risikobereich des Kündigungsgegners liegen. Wird der Kündigungsgrund hingegen aus Vorgängen hergeleitet, die dem Einfluss des Kündigungsgegners entzogen sind und aus der eigenen Interessensphäre des Kündigenden herrühren, rechtfertigt dies nur in Ausnahmefällen die fristlose Kündigung.[2639] **2.2247**

2. Entbehrlichkeit einer vertraglichen Regelung

Wie alle Dauerschuldverhältnisse können langfristige Getränkelieferungsverträge aus wichtigem Grund auch ohne vertragliche Regelung fristlos gekündigt werden.[2640] **2.2248**

3. Rechtsgrundlage

Soweit es sich, wie wohl in der Regel, bei Getränkelieferungsverträgen um Dauerschuldverhältnisse handelt, gelten seit dem 1.1.2002 die nunmehr in **§ 314 BGB** für die außerordentliche Kündigung von Dauerschuldverhältnissen aus wichtigem Grund aufgestellten Regeln auch für Getränkelieferungsverträge.[2641] **2.2249**

2637) BGH, Urt. v. 15.4.1998 – VIII ZR 377/96, NJW 1998, 2286 = ZIP 1998, 1441; LG Zweibrücken, Urt. v. 15.1.1998 – 4 U 213/96, rkr. durch Nichtannahmebeschl. d. BGH v. 15.12.1998 – VIII ZR 50/98; OLG Zweibrücken, Urt. v. 7.6.1999 – 7 U 4/97, OLGReport 2000, 153, rkr. durch Nichtannahmebeschl. d. BGH v. 23.2.2000 – VIII ZR 181/99.

2638) BGH, Urt. v. 25.4.2001 – VIII ZR 135/00, BGHZ 147, 279 = NJW 2001, 2331 = ZIP 2001, 1245; OLG Oldenburg, Urt. v. 14.11.2012 – 5 U 56/11.

2639) BGH, Urt. v. 11.11.2010 – III ZR 57/10, BeckRS 2010, 30051; OLG Düsseldorf, Urt. v. 8.11.1999 – 1 U 42/99.

2640) BGH, Urt. v. 20.3.1953 – V ZR 123/51, BB 1953, 339 = Zeller I, 146; BGH, Urt. v. 21.5.1975 – VIII ZR 215/72, WM 1975, 850 = Zeller I, 251; BGH, Urt. v. 10.3.1976 – VIII ZR 268/74, WM 1976, 508 = Zeller I, 327; BGH, Urt. v. 5.11.1998 – III ZR 226/97, NJW 1999, 276 = ZIP 1999, 72; BGH, Urt. v. 25.4.2001 – VIII ZR 135/00, BGHZ 147, 279 = NJW 2001, 2331 = ZIP 2001, 1245; OLG Oldenburg, Urt. v. 14.11.2012 – 5 U 56/11.

2641) Regierungsentwurf des BMJ zum SMG, S. 408, 409; BGH, Urt. v. 25.4.2001 – VIII ZR 135/00, BGHZ 147, 279 = NJW 2001, 2331 = ZIP 2001, 1245.

4. Wichtiger Grund

2.2250 a) **§ 314 Abs. 1 BGB.** Voraussetzung ist, dass die Durchführung des Vertrages durch – in der Regel – außerhalb der Verantwortung des Verpflichteten liegende Umstände erheblich gefährdet wird und ihm daher ein Festhalten am Vertrag nach Treu und Glauben nicht zuzumuten ist. Dabei können solche Umstände keine Berücksichtigung finden, die in den Risikobereich desjenigen fallen, der die Unzumutbarkeit geltend macht und sich vom Vertrag lösen will. Anderenfalls würde dies zu einer Beseitigung der im Vertrag angelegten Risikoverteilung führen.[2642]

2.2251 b) Ein Kündigungsgrund kann sich ferner ergeben, wenn die Geschäftsgrundlage des Vertrages weggefallen ist und eine Vertragsanpassung nicht möglich ist (§ 313 Abs. 3 Satz 2 BGB). Ein **Wegfall der Geschäftsgrundlage** scheidet allerdings dann aus, wenn es sich um Umstände handelt, die ausschließlich oder überwiegend in die Risikosphäre einer Partei fallen.[2643]

2.2252 c) **Nachprüfbarkeit.** Die **tatrichterliche Entscheidung**, ob ein wichtiger Grund zur fristlosen Kündigung vorliegt, unterliegt nur eingeschränkt der revisionsrechtlichen Nachprüfung.[2644]

5. Wesentlicher bzw. schwerwiegender Verstoß

2.2253 Sowohl gem. § 138 Abs. 1 BGB als auch nach § 307 BGB berechtigen nur wesentliche oder schwerwiegende Vertragsverstöße zur fristlosen Kündigung.[2645] Diese Einschränkung der Kündigungsbefugnis muss sich aus der Kündigungsregelung selbst ergeben.[2646] Einmalige Verstöße dürfen daher nicht sanktioniert werden.[2647]

6. Nachfristsetzung mit Ablehnungsandrohung oder Abmahnung

2.2254 a) **Grundsatz.** Zu beachten ist, dass der außerordentlichen Kündigung wegen einer Vertragsverletzung des anderen Teils regelmäßig nach § 314 Abs. 2 Satz 1

2642) BGH, Urt. v. 4.7.1997 – V ZR 405/96, NJW 1997, 3022 = ZIP 1998, 72.

2643) BGH, Urt. v. 11.11.2010 – III ZR 57/10, BeckRS 2010, 30051.

2644) BGH, Urt. v. 20.5.2003 – XI ZR 50/02, NJW 2003, 2674 = ZIP 2003, 1336; BGH, Urt. v. 2.3.2004 – XI ZR 288/02, NJW-RR 2004, 873 = WM 2004, 828.

2645) BGH, Urt. v. 7.10.1970 – VIII ZR 202/68, NJW 1970, 2243 = Zeller I, 202; BGH, Urt. v. 14.6.1972 – VIII ZR 14/71, NJW 1972, 1459 = Zeller I, 212; BGH, Urt. v. 23.11.1983 – VIII ZR 333/82, ZIP 1984, 335 = Zeller III, 266; BGH, Urt. v. 8.4.1992 – VIII ZR 94/91, NJW 1992, 2145; OLG Düsseldorf, Urt. v. 27.10.2004 – VI-U (Kart) 41/03, BeckRS 2005, 06685; OLG Oldenburg, Urt. v. 14.11.2012 – 5 U 56/11; LG Berlin, Urt. v. 31.1.1990 – 99 O. 206/89, NJW-RR 1990, 820 = Zeller IV, 288.

2646) RG, Urt. v. 23.9.1935 – VI 146/35, JW 1935, 3217 Nr. 1; RG, Urt. v. 30.10.1936 – VII 65/36, RGZ 152, 251; BGH, Urt. v. 17.10.1973 – VIII ZR 91/72, WM 1973, 1360 = Zeller I, 232; BGH, Urt. v. 27.2.1985 – VIII ZR 85/84, NJW 1985, 2693 = Zeller III, 80.

2647) OLG Oldenburg, Urt. v. 14.11.2012 – 5 U 56/11.

BGB der erfolglose Ablauf einer zur Abhilfe bestimmten Frist mit Ablehnungsandrohung oder eine Abmahnung vorauszugehen hat. Macht sich der Getränkelieferant einer Verletzung seiner Vertragspflichten schuldig, so ist eine Kündigung aus wichtigem Grund regelmäßig erst nach Setzung einer Nachfrist zulässig, weil erst eine erfolglose Nachfristsetzung Klarheit darüber schafft, ob das Vertrauensverhältnis schlechthin und unheilbar zerstört ist.[2648)] Erst danach können die abgemahnten Vertragsverletzungen Anlass für eine außerordentliche Kündigung sein. In aller Regel reicht allein ein vertragswidriges Verhalten für eine fristlose Kündigung noch nicht aus. Vielmehr entspricht es einem allgemeinen Rechtsgrundsatz, dass bei Dauerschuldverhältnissen eine außerordentliche Kündigung grundsätzlich erst dann in Betracht kommt, wenn der andere Vertragsteil nachdrücklich auf die Folgen seiner Vertragswidrigkeit hingewiesen worden ist.

Jedenfalls dann, wenn der Getränkelieferungsvertrag eine Erstreckungswirkung von Erklärungen auf die weiteren Vertragspartner vorsieht, wirkt die Abmahnung auch gegenüber diesen.[2649)] **2.2255**

b) **Ausnahme.** Etwas anderes gilt ausnahmsweise dann, wenn die Vertrauensgrundlage der Rechtsbeziehung derart erschüttert ist, dass sie auch durch die Nachfristsetzung mit Ablehnungsandrohung oder Abmahnung nicht wieder hergestellt werden kann (§§ 314 Abs. 2 Satz 2, 323 Abs. 2 Nr. 3 BGB).[2650)] Zu nennen sind Sachverhalte, in denen der Gebundene die Erfüllung der Getränkebezugsverpflichtung ernsthaft und endgültig verweigert oder etwa durch Veräußerung oder (Unter-)Verpachtung des Gaststättenobjektes ohne gleichzeitig wirksame Weitergabe der Getränkebezugsverpflichtung die weitere Abnahme der Getränke unmöglich gemacht hat. **2.2256**

7. Kündigungserklärung

a) Zu Problemen des **Zugangs** wird auf ein Urteil des OLG Düsseldorf vom 27.10.2004 verwiesen.[2651)] **2.2257**

b) **Umdeutung.** Eine unwirksame außerordentliche Kündigung kann grundsätzlich nur dann in eine wirksame ordentliche Kündigung umgedeutet werden, wenn es ersichtlich der Wille des Kündigenden war, sich – wann auch immer – **2.2258**

2648) Vgl. im Übrigen BGH, Urt. v. 7.10.1970 – VIII ZR 202/68, NJW 1970, 2243 = Zeller I, 202; BGH, Urt. v. 10.3.1976 – VIII ZR 268/74, WM 1976, 508 = Zeller I, 327; OLG Hamm, Urt. v. 8.6.1998 – 31 U 4/98, rkr. durch Nichtannahmebeschl. d. BGH v. 15.9.1999 – VIII ZR 333/98; OLG Koblenz, Urt. v. 21.2.2002 – 5 U 677/01, NJOZ 2002, 837.

2649) LG Münster, Urt. v. 18.8.2006 – 16 O. 105/06.

2650) BGH, Urt. v. 10.3.1976 – VIII ZR 268/74, WM 1976, 508 = Zeller I, 327; BGH, Urt. v. 11.2.1981 – VIII ZR 312/79, WM 1981, 331 = Zeller II, 72; BGH, Urt. v. 2.3.2004 – XI ZR 288/02. Siehe unten § 40 II 1 h und II 4 m. w. N.

2651) OLG Düsseldorf, Urt. v. 27.10.2004 – VI-U (Kart) 41/03, BeckRS 2005, 06685.

vom Vertrag zu lösen.[2652] Eine Umdeutung setzt weiter voraus, dass das Rechtsgeschäft, in das umgedeutet wird, zulässig ist.

8. Kündigungserklärungsfrist

2.2259 Das Kündigungsrecht muss innerhalb einer angemessenen Frist nach Kenntniserlangung des Kündigungsgrundes ausgeübt werden (§ 314 Abs. 3 BGB). Wegen der Vielgestaltigkeit von Dauerschuldverhältnissen ist eine einheitliche Bemessung der Frist ausgeschlossen.[2653]

9. Rechtsfolge

2.2260 Anders als die ordentliche Kündigung führt die außerordentliche Kündigung des Getränkelieferungsvertrages zur sofortigen Beendigung des Vertragsverhältnisses.

IV. Wichtige Gründe für die Kündigung durch den Getränkelieferanten

1. Aufzählung

2.2261 Im Interesse des Getränkelieferanten liegt es, die praktisch bedeutsamen (wichtigen) Gründe zur (außerordentlichen) Kündigung des Getränkelieferungsvertrages im Vertrag selbst aufzählend zu benennen und interessengerecht auszugestalten. In der Regel enthalten Getränkelieferungsverträge einen Katalog nicht abschließend benannter wichtiger Gründe (Formulierung „insbesondere“), die den Getränkelieferanten zur fristlosen Kündigung berechtigen.[2654] Dadurch wird klargestellt, dass die benannten Kündigungsgründe nur beispielhaft aufgeführt worden sind; daneben bleibt die Möglichkeit, wegen weiterer wichtiger Gründe nach § 314 BGB das Vertragsverhältnis zu kündigen.

2. Typische Kündigungsgründe

2.2262 Üblicherweise werden folgende wichtige Gründe im Zusammenhang mit der Verletzung von insbesondere vertraglichen Pflichten benannt und rechtfertigen eine außerordentliche Kündigung des Getränkelieferungsvertrages aus wichtigem Grund:

2.2263 a) **Bezugsverpflichtung.** Zu nennen sind Nichtaufnahme des Getränkebezuges, Fremdbezug,[2655] Nichteinhaltung des vereinbarten Lieferweges im Vertriebsmodell 2, Einstellung des Getränkebezugs bzw. des gastronomischen Betriebes, Nichteröffnung oder Einstellung des Gaststättenbetriebs, Nichtertei-

2652) BGH, Urt. v. 12.1.1981 – VIII ZR 332/79, NJW 1981, 676.

2653) Palandt-*Grüneberg*, BGB, § 314 Rz. 10.

2654) OLG Düsseldorf, Urt. v. 26.11.2010 – I-22 U 97/10, BeckRS 2011, 07134.

2655) Siehe unten § 40 IV 2 jeweils m. w. N.

lung der Konzession bzw. Entziehung der Konzession,[2656] Minderbezug,[2657] Nichtauferlegung der Getränkebezugsverpflichtung als eigene Verpflichtung des Geschäftsnachfolgers bei Veräußerung oder (Unter-)Verpachtung des Objektes oder Geschäftsübergang im Übrigen.[2658]

b) Finanzierung und Sicherheiten. Insofern kann auf die späteren Ausführungen verwiesen werden.[2659] 2.2264

3. Klauselwirksamkeit

Bei den vertraglichen Regelungen zur außerordentlichen Kündigung des Getränkelieferungsvertrages handelt es sich zumeist um AGB (§ 305 Abs. 1 Satz 1 und 2 BGB). Daher müssen die benannten Kündigungsgründe der Einbeziehungs- und Inhaltskontrolle nach AGB-Recht standhalten. Sollte es an einer wirksamen Einbeziehung fehlen oder eine Inhaltskontrollvorschrift verletzt worden sein, so ist die Unwirksamkeit des benannten Kündigungsgrundes anzunehmen (§ 306 Abs. 1 BGB). Es bleibt dem Getränkelieferanten wie auch ggf. seinem Kunden unbenommen, sich durch erneute wirksame Kündigung, gestützt auf andere benannten Kündigungsgründe, sonst nach § 314 BGB, vom Vertrag zu lösen. 2.2265

V. Kündigungsgründe für den Gebundenen

1. Einführung

Auch Kunden des Getränkelieferanten können sich von dem Vertrag grundsätzlich gestützt auf § 314 BGB aus wichtigem Grund ohne Einhaltung einer Kündigungsfrist mit sofortiger Wirkung lösen. Im Ergebnis scheitert der Wunsch nach Beendigung der vertraglichen Zusammenarbeit zumeist daran, dass kein wichtiger Grund i. S. d. § 314 BGB festgestellt werden kann. Je nach Fallkonstellation stellen die sich in diesem Abschnitt angesprochenen Fragen bei Prüfung der Tatbestandsvoraussetzung des Vertretenmüssens. 2.2266

2. Grundsätze

Es entspricht den Besonderheiten der Getränkelieferungsverträge, dass der Getränkelieferant in aller Regel einen Teil seiner Leistungen (Darlehen, Inventargestellung etc.) am Beginn des Vertragsverhältnisses erbringt, und zwar in 2.2267

2656) Zur Fragen der Gewerbeuntersagung wegen Unzuverlässigkeit i. S. d. § 35 GewO bei Eröffnung des Insolvenzverfahrens (§ 12 GewO) vgl. OVG Koblenz, Urt. v. 3.11.2010 – 6 A 10676/10, NVwZ-RR 2011, 229.

2657) Beispielhaft OLG Koblenz, Urt. v. 21.2.2002 – 5 U 677/01, NJOZ 2002, 837: Gesamtabnahmemenge von 2.000 hl, Kündigungsrecht des Getränkelieferanten bei weniger als 150 hl/Jahr.

2658) Siehe unten § 40 V 2 m. w. N.

2659) Siehe unten § 40 VI 2 jeweils m. w. N.

der Erwartung der Einhaltung der Bezugsbindung während der gesamten künftigen Laufzeit durch den Gastwirt. Damit ermöglicht der Getränkelieferant dem Gastwirt die Eröffnung, Erweiterung oder die Fortführung des Gaststättenbetriebes. Der Getränkelieferant tritt mit seinen Leistungen in Vorlage (**Vorleistungsgedanke**). Aus dieser besonderen Sachlage heraus folgt, dass Kündigungen durch den Gebundenen aus wichtigem Grund nur in eng begrenzten Ausnahmefällen sachlich gerechtfertigt sind.

2.2268 Als Kündigungsgründe scheiden somit alle Umstände aus, die allein im jeweiligen Risikobereich der anderen Vertragspartei liegen.[2660] Grundsätzlich kann eine Kündigung daher nicht auf Umstände gestützt werden, die in den Risikobereich des Gastwirts fallen.[2661] Als Kündigungsgründe kommen zudem nur solche Gründe in Betracht, die gleichsam zur Geschäftsgrundlage (§ 313 BGB) des Vertrages geworden sind.[2662] Daher steht dem Gastwirt ein Kündigungsrecht nach § 314 BGB nur zu, wenn ihm die weitere Vertragserfüllung schlechthin nicht mehr zugemutet werden kann.[2663] Hieran sind strenge Anforderungen zu stellen.[2664]

2.2269 Zu berücksichtigen ist weiter, dass der Erfolg einer jeden Absatzstätte auch und ganz wesentlich von der Persönlichkeit des jeweiligen Gastwirts und der Befähigung des von ihm angestellten Personals bestimmt wird.[2665]

3. Bezugsverpflichtung und Lieferverträge

2.2270 a) **Grundsatz.** Die Kündigung des Getränkelieferungsvertrages als Rahmenvertrag[2666] kann auf Pflichtverletzungen bei den Einzelkaufverträgen gestützt werden.

2.2271 b) **(Gesamt-)Mengenvertrag. aa) Einführung.** Besteht ein (Gesamt-)Mengenvertrag und damit echter Sukzessivlieferungsvertrag, so ist bei Leistungsstörungen nicht § 314 BGB anwendbar. Vielmehr kommen die Vorschriften über den Rücktritt (§§ 281, 323 BGB) in Betracht.[2667] Praktisch kann diese Frage

2660) OLG Düsseldorf, Urt. v. 8.11.1999 – 1 U 42/99.

2661) BGH, Urt. v. 4.7.1997 – V ZR 405/96, NJW 1997, 3022 = ZIP 1998, 72.

2662) BGH, Urt. v. 21.5.1975 – VIII ZR 215/72, WM 1975, 850 = Zeller I, 251; BGH, Urt. v. 25.4.2001 – VIII ZR 135/00, BGHZ 147, 279 = NJW 2001, 2331 = ZIP 2001, 1245.

2663) BGH, Urt. v. 21.5.1975 – VIII ZR 215/72, WM 1975, 850 = Zeller I, 251; BGH, Urt. v. 25.4.2001 – VIII ZR 135/00, BGHZ 147, 279 = NJW 2001, 2331 = ZIP 2001, 1245.

2664) BGH, Urt. v. 10.3.1976 – VIII ZR 268/74, WM 1976, 508 = Zeller I, 327; BGH, Urt. v. 22.10.1997 – VIII ZR 149/96; BGH, Urt. v. 25.4.2001 – VIII ZR 135/00, BGHZ 147, 279 = NJW 2001, 2331 = ZIP 2001, 1245; OLG Zweibrücken, Urt. v. 24.6.1997 – 5 U 36/96; OLG Oldenburg, Urt. v. 14.11.2012 – 5 U 56/11.

2665) OLG Düsseldorf, Urt. v. 1.10.2003 – I-15 U 227/02.

2666) Siehe oben § 8 IV 4 b m. w. N.

2667) Siehe oben § 8 IV 6 f bb m. w. N.

für Getränkelieferungsverträge zwischen Getränkeherstellern, insbesondere Brauereien, und Getränkefachgroßhändlern werden.

bb) Rückblick. Vor der Schuldrechtsreform hatte der Getränkelieferant bei Leistungsstörungen, die sich auf eine Rate bezogen, neben den die jeweilige Rate betreffenden Rechtsbehelfen die Möglichkeit, unter entsprechender Heranziehung des § 326 BGB a. F. (bei Verzug)[2668] bzw. bei Mangelhaftigkeit einer Rate nach den Grundsätzen der positiven Vertragsverletzung[2669] die Möglichkeit, sich vom Gesamtvertrag auch bezüglich noch ausstehender Raten in Form eines Rücktritts zu lösen. Die bereits ordnungsgemäß erbrachten Raten sollten davon allerdings nicht erfasst werden, der Rücktritt wirkte ex nunc.[2670] 2.2272

cc) Geltendes Recht. Aktuell wird man dem Getränkelieferanten jedenfalls unter den Voraussetzungen des § 323 Abs. 5 Satz 1 BGB nach seiner Wahl den Rücktritt vom gesamten Vertrag auch unter Einbeziehung bereits erbrachter Teilleistungen zugestehen müssen. Daneben kann sich auch bei Nichtvorliegen der Voraussetzungen dieser Vorschrift ein Rücktrittsrecht analog § 324 BGB ergeben, wenn dem Getränkelieferanten wegen Verletzung der Leistungstreuepflicht durch Zerstörung des Vertrauens in die ordnungsgemäße Erbringung künftiger Raten das besondere Festhalten am Vertrag unzumutbar ist. Will man in diesem Fall die Lösung vom Vertrag weiterhin auf künftige Raten beschränken, was bei Nichtvorliegen der Voraussetzungen des § 323 Abs. 5 Satz 1 BGB durchaus interessengerecht erscheint, ob dann nicht eine analoge Anwendung des § 314 BGB die methodisch überzeugendere Lösung wäre, verglichen mit einem Rücktrittsrecht analog § 324 BGB, das – in der Rechtsfolge systemwidrig – nur für die Zukunft wirken soll. Auf Tatbestandsseite dürften sich insoweit zwischen § 314 Abs. 1 i. V. m. Abs. 2 BGB und § 324 BGB jedenfalls keine wesentlichen Unterschiede ergeben. 2.2273

4. Finanzielle Leistungsfähigkeit

a) Für seine **finanzielle Leistungsfähigkeit** hat der Gastwirt einzustehen (§ 276 Abs. 1 Satz 1 BGB). Als Geldleistungsschuldner trägt er das Risiko der Geldbeschaffung und Finanzierung. 2.2274

b) Aus diesem Grunde rechtfertigt der Umstand, dass die Absatzstätte – aus welchen Gründen auch immer – nicht mehr **rentabel** geführt werden kann, eine Kündigung aus wichtigem Grunde nicht.[2671] 2.2275

2668) BGH, Urt. v. 5.11.1980 – VIII ZR 232/79, NJW 1981, 679 = Zeller II, 72.

2669) BGH, Urt. v. 4.11.1976 – VIII ZR 112/75, BeckRS 1976, 31122472.

2670) BGH, Urt. v. 5.11.1980 – VIII ZR 232/79, NJW 1981, 679 = Zeller II, 72.

2671) BGH, Urt. v. 22.1.1975 – VIII ZR 243/73, NJW 1975, 163 = Zeller I, 351.

2.2276 c) Ebenso wie im Rahmen des § 543 BGB kommen auch zu niedrige **Umsätze** und eine unrentable Betriebsführung nicht als Kündigungsgrund in Betracht.[2672] Anders kann dies aber sein, wenn die Vertragsparteien den in einer bestimmten Absatzstätte zu erzielenden Getränkeumsatz einverständlich zur Grundlage ihrer Preisvereinbarung machen, sich aber in ihren Erwartungen beiderseits irren. Hier kann eine schwerwiegende Störung des **Äquivalenz**verhältnisses die Anpassung nach den Grundsätzen über das Fehlen der **Geschäftsgrundlage** rechtfertigen.[2673]

2.2277 d) Auch eine **drohende Insolvenz** berechtigt den Gastwirt nicht zur Kündigung.[2674]

2.2278 e) Bei ausdrücklicher Vereinbarung einer **Betriebspflicht** rechtfertigt auch die **Ertragssituation**, wonach eine Vertretung des erkrankten Pächters durch einen Dritten als unwirtschaftlich erscheint, keine andere Beurteilung. Da die Geschäftsentwicklung auch die Notwendigkeit der Inanspruchnahme einer Hilfskraft dem unternehmerischen Risiko des Pächters zuzuordnen ist, entfällt die vertraglich vereinbarte Betriebspflicht auch dann nicht, wenn die Fortführung des Betriebes zur Folge hat, dass nur Verluste erwirtschaftet werden, sodass es vorteilhafter wäre, das Objekt zu schließen.[2675]

5. Veränderungen im Nachfrageverhalten oder in der Lage des Objektes

2.2279 Entsprechendes gilt, wenn der Gastwirt wegen einer Änderung des **Publikumsgeschmacks**, obwohl die gelieferten Getränke einwandfrei sind, eine Umsatzeinbuße hinnehmen muss,[2676] oder sich eine **geänderte Verkehrslage** nachteilig auf seine Erträge auswirkt. Ausnahmen von diesen Grundsätzen gelten nur dann, wenn die Vertragsparteien die **Rentabilität** der Absatzstätte, ihre Verkehrslage oder sonstige wesentliche Umstände ausdrücklich zur Geschäftsgrundlage erhoben haben.[2677]

2672) OLG Düsseldorf, Urt. v. 14.3.1984 – 11 U 6/84, Zeller IV, 545; OLG Düsseldorf, Urt. v. 10.2.1994 – 10 U 50/93, ZMR 1994, 402; OLG Celle, Urt. v. 10.6.1998 – 13 U 158/97, NJW-RR 1999, 1143; LG Köln, Urt. v. 14.9.2010 – 22 O. 38/10; BGH, Urt. v. 16.2.2000 – XII ZR 179/97, NJW 2000, 1714 = ZIP 2000, 887; BGH, Urt. v. 19.7.2000 – XII ZR 176/98, NJW-RR 2000, 1535 = ZIP 2000, 1530.

2673) BGH, Urt. v. 6.12.1989 – VIII ZR 310/88, BGHZ 109, 314 = NJW 1990, 567 = Zeller IV, 210; OLG Nürnberg, Urt. v. 23.9.1992 – 9 U 893/92, bei *Bühler*, BB 1994, 663 f.

2674) BGH, Urt. v. 27.2.1985 – VIII ZR 85/84, NJW 1985, 2693 = Zeller III, 80; BGH, Urt. v. 7.10.2004 – I ZR 18/02, NJW 2005, 1360 = ZIP 2005, 534.

2675) OLG Düsseldorf, Urt. v. 18.12.2003 – 10 U 69/03; OLG Düsseldorf, Beschl. v. 25.7.2008 – 24 W 53/08, MDR 2008, 1204; teilweise a. A. OLG Düsseldorf, Urt. v. 23.10.2001 – 4 U 57/01, BeckRS 2001, 30213450 = NJOZ 2003, 2554, rkr. durch Nichtannahmebeschl. d. BGH v. 7.5.2003 – VIII ZR 271/01.

2676) BGH, Urt. v. 31.5.1965 – VIII ZR 110/63, BB 1965, 809 = Zeller I, 367 (Vertrag Brauerei-Getränkefachgroßhändler); BGH, Urt. v. 10.3.1976 – VIII ZR 268/74, WM 1976, 508 = Zeller I, 327.

2677) BGH, Urt. v. 22.1.1975 – VIII ZR 243/73, NJW 1975, 163 = Zeller I, 351.

6. Veränderungen der gesetzlichen Rahmenbedingungen

Umsatzrückgänge als Folge eines gesetzlich eingeführten **Rauchverbots** in öffentlichen Absatzstätten begründen keinen Schadensersatzanspruch gegen den Verpächter. Ein Rauchverbot in öffentlichen Absatzstätten stellt keinen Mangel des Pachtgegenstandes dar. Die mit dem gesetzlichen Rauchverbot zusammenhängende Gebrauchsbeschränkung beruht nicht auf der konkreten Beschaffenheit der Pachtsache, sondern bezieht sich auf die Art und Weise der Betriebsführung des Mieters oder Pächters. Die Folgen eines gesetzlichen Rauchverbots in Absatzstätten fallen daher allein in das wirtschaftliche Risiko des Pächters. Der Verpächter der Absatzstätte ist auch nicht verpflichtet, auf Verlangen des Pächters durch bauliche Maßnahmen die Voraussetzungen zu schaffen, dass dieser einen gesetzlich zulässigen Raucherbereich einrichten kann. Denn auch eine solche Verpflichtung würde einen Mangel der Pachtsache voraussetzen, der hier nicht gegeben ist.[2678] Folglich geben entsprechend veranlasste Umsatzrückgänge dem Gastwirt auch kein Recht zur Kündigung des Getränkelieferungsvertrages. 2.2280

7. Veränderungen aus der Person des Gastwirts

a) Die **Abmeldung des Gaststättengewerbes** infolge **Erreichens des Rentenalters** begründet kein Recht zur Kündigung aus wichtigem Grund. Die altersmäßige Befähigung des Gastwirts zur Fortführung der Absatzstätte fällt in seinen Risikobereich. Im Übrigen bleibt es ihm unbenommen, seine Getränkebezugsverpflichtung durch eine andere Person, auch einen möglichen Rechtsnachfolger, erfüllen zu lassen.[2679] 2.2281

b) Gesundheit. aa) Grundlagen. Zu prüfen ist, ob der Gastwirt seine vertraglich übernommenen Verpflichtungen weiterhin erfüllen kann und ob er die Nicht-/Schlechterfüllung zu verantworten hat. Dabei kommt es auf das Vertretenmüssen i. S. d. § 314 BGB und nicht i. S. d. § 280 Abs. 1 Satz 2 BGB an. Insbesondere ist das Abwägungsgebot des § 314 Abs. 1 Satz 2 BGB zu beachten. Die Darlegungs- und Nachweispflicht liegt beim Gastwirt. Umstände in der Person des Gastwirts wie etwa gesundheitliche Probleme, Alter, wirtschaftliche Probleme oder selbst eine nachweislich erfolglose Suche nach einem Nachfolger scheiden damit aus. Beispielsweise berechtigt eine schwere Erkrankung des Betriebsinhabers diesen nicht zur fristlosen Kündigung. Das Risiko, dass seine Arbeitskraft erhalten bleibt, trägt grundsätzlich jeder Unternehmer selbst. Ohne Hinzutreten weiterer Umstände kann er dieses Risiko auch nicht über 2.2282

2678) BGH, Urt. v. 13.7.2011 – XII ZR 189/09, BeckRS 2011, 21250.

2679) BGH, Urt. v. 22.10.1997 – VIII ZR 149/96.

§ 242 BGB auf seinen Vertragspartner abwälzen. Selbst schwere Erkrankungen des Betriebsinhabers berechtigen diesen nicht zur fristlosen Kündigung.[2680)]

2.2283 Dafür spricht auch die Parallele zum Miet-/Pachtrecht. Trotz der weitgefassten Generalklausel im § 543 Abs. 1 BGB wird eine schwere Erkrankung des Mieters, die ihn an der Nutzung des Mietobjektes hindert, nicht als ein die außerordentliche Kündigung des Mietverhältnisses rechtfertigender Grund angesehen; das Verwendungsrisiko trägt allein der Mieter (§ 537 Abs. 1 BGB).[2681)]

2.2284 **bb)** Diese Überlegungen gelten erst recht, wenn es sich um eine **Eigentümererklärung** handelt, in der formuliert ist „... zu beziehen oder beziehen zu lassen". Dadurch wird dem selbst bewirtschaftenden Hauseigentümer die Verpachtung als Option aufgezeigt. Ähnliches gilt auch bei Vorhandensein einer Rechts- oder Geschäftsnachfolgeklausel.

8. Mengenvertrag

2.2285 Die Vereinbarung einer Gesamtmindestabnahmemenge in einem auf zwanzig Jahre geschlossenen Getränkelieferungsvertrag steht einer Kündigung des Gastwirts zum Vertragsende nicht entgegen, auch wenn er die Gesamtmenge nicht angenommen hat. Nach Ablauf der Vertragszeit kann ein Kündigungsrecht des Verpflichteten also nicht davon abhängig gemacht werden, dass eine bestimmte Gesamtmenge bezogen wurde.[2682)]

9. Vorzeitige Rückgewähr der Leistungen des Getränkelieferanten

2.2286 **a)** Noch heute kursiert gelegentlich die Fehlvorstellung, etwa die vorzeitige Rückzahlung eines gewährten Darlehens bzw. der Inventarvorfinanzierung oder die Rückgabe der Leihgegenstände oder die vorzeitige Entlassung aus der übernommenen Bürgschaft gebe dem Gastwirt das Recht, sich durch Kündigung von der Bezugsbindung zu befreien. Die praktische Bedeutung dieser Fragestellung ist erheblich, zumal in diesem Zusammenhang nicht selten seitens der Gastwirte die Behauptung aufgestellt wird, eine entsprechende Abrede sei getroffen worden.[2683)]

2.2287 **b) Meinungsstand.** Die Vertreter der Mindermeinung stützen sich auf ältere Entscheidungen des OLG Düsseldorf. Dieses Gericht vertrat in einer Entscheidung aus dem Jahre 1970 die Auffassung, dass im Hinblick auf das Gegen-

2680) Erman-*Jendrek*, BGB, 12. Aufl. 2008, vor § 535 Rz. 51, zum Automatenaufstellvertrag.

2681) OLG Düsseldorf, Urt. v. 6.6.2000 – 24 U 186/99, NZM 2001, 669.

2682) BGH, Urt. v. 7.10.1970 – VIII ZR 202/68, NJW 1970, 2243 = Zeller I, 202; BGH, Urt. v. 14.6.1972 – VIII ZR 14/71, NJW 1972, 1459 = Zeller I, 212; BGH, Urt. v. 17.1.1979 – VIII ZR 262/77, NJW 1979, 865 = Zeller II, 224; BGH, Urt. v. 23.11.1983 – VIII ZR 333/82, ZIP 1984, 335 m. w. N. = Zeller III, 266; BGH, Urt. v. 8.4.1992 – VIII ZR 94/91, NJW 1992, 2145. Siehe oben § 11 II 3 a.

2683) OLG Celle, Urt. v. 10.6.1998 – 13 U 158/97, NJW-RR 1999, 1143.

seitigkeitsverhältnis der beiderseitigen Verpflichtungen die Bezugsbindung nur bei einer ausdrücklichen Vertragsregelung fortbestehe. Mit Rückzahlung des Darlehens sei die Leistung des Getränkelieferanten unmöglich geworden. Diese nachträglich eingetretene Unmöglichkeit sei von keiner Partei zu vertreten. Damit verliere der Getränkelieferant nach § 324 BGB a. F. seinen Anspruch auf die Gegenleistung und damit auf Erfüllung des Getränkebezugs.[2684)] Ähnlich das OLG Düsseldorf in einer späteren Entscheidung, nach der es jedenfalls dann gegen § 242 BGB verstoße, den Wirt oder Darlehensnehmer oder, wenn der Darlehensnehmer der Verpächter der Absatzstätte ist, den Wirt und ihn an der Bezugsverpflichtung nach Rückzahlung des Darlehens festzuhalten, wenn gegen Vereinbarung einer Bezugsverpflichtung für eine bestimmte Dauer ein jederzeit kündbares Darlehen zu banküblichen Bedingungen gewährt worden sei.[2685)]

Nach zutreffender **h. M.** bleibt der Gastwirt bei vorzeitiger Rückzahlung des Darlehens auch weiterhin an die vereinbarte Bezugsverpflichtung gebunden. Ein Kündigungsrecht steht ihm nicht zu.[2686)] **2.2288**

c) **Begründung.** Dass schlechthin die etwa vorzeitige Darlehensrückzahlung nicht von der Bezugsbindung befreit, liegt im Wesen derartiger Getränkelieferungsverträge. Die langfristige Bindung stellt nämlich das Äquivalent für die Aufwendungen des Getränkelieferanten dar, der rechtlos gestellt wäre, wenn sich sein Vertragspartner seiner Verpflichtungen durch vorzeitige Darlehensrückzahlung oder etwa Rückgabe des Leihinventars möglicherweise schon kurz nach Abschluss des Vertrages und insbesondere mit von einem konkurrierenden Getränkelieferanten zur Verfügung gestellten Mitteln, z. B. eines sich refinanzierenden Getränkefachgroßhändlers, entledigen könnte.[2687)] Die eigenverantwortlich vom Gebundenen getroffene Entscheidung, das Darlehen vorzeitig **2.2289**

2684) OLG Düsseldorf, Urt. v. 4.5.1970 – 16 U 236/69, MDR 1971, 840 = Zeller I, 71.

2685) OLG Düsseldorf, Urt. v. 21.10.1980 – U (Kart) 11/80, MDR 1980, 398 = Zeller II, 246.

2686) RG, Urt. v. 16.11.1907 – V 102/70, RGZ 67, 101; RG, Urt. v. 22.3.1935 – VII 278/34, JW 1935, 2553 Nr. 1; RG, Urt. v. 30.10.1936 – VII 65/36, RGZ 152, 251; BGH, Urt. v. 7.10.1970 – VIII ZR 202/68, NJW 1970, 2243 = Zeller I, 202; BGH, Urt. v. 25.4.2001 – VIII ZR 135/00, BGHZ 147, 279 = NJW 2001, 2331 = ZIP 2001, 1245; KG, Urt. v. 2.9.1937 – 23 U 2455/37; OLG Nürnberg, Urt. v. 3.12.1954 – 3 U 179/54, NJW 1955, 386; OLG Hamburg, Urt. v. 28.4.1978 – 14 U 35/76; OLG Düsseldorf, Urt. v. 14.3.1984 – 11 U 6/84, Zeller IV, 545; OLG Stuttgart, Urt. v. 2.9.1986 – 12 U 307/85, Zeller IV, 149; OLG Celle, Urt. v. 7.4.1987 – 18 U 24/86, Zeller IV, 234; OLG Düsseldorf, Urt. v. 18.2.1994 – 16 U 91/93; OLG Düsseldorf, Urt. v. 8.11.1999 – 1 U 42/99; OLG Zweibrücken, Urt. v. 6.7.2009 – 7 U 180/08; LG Freiburg, Urt. v. 28.7.2006 – 12 0. 118/05; LG Köln, Urt. v.20.11.2006 – 20 O. 118/06; AG Ludwigslust, Urt. v. 16.2.2009 – 5 C 2/09, BeckRS 2009, 11036; *Paulusch*, Brauerei- und Gaststättenrecht, 9. Aufl. 1996, Rz. 164.

2687) BGH, Urt. v. 25.4.2001 – VIII ZR 135/00, BGHZ 147, 279 = NJW 2001, 2331 = ZIP 2001, 1245; OLG Düsseldorf, Urt. v. 18.2.1994 – 16 U 91/93; LG Freiburg, Urt. v. 28.7.2006 – 12 0. 118/05; *Paulusch*, Brauerei- und Gaststättenrecht, 9. Aufl. 1996, Rz. 164.

freiwillig zurückzuzahlen, kann im Ergebnis nicht zu Lasten des Getränkelieferanten gehen. Hinzukommt, dass Getränkelieferanten anders als Kreditinstitute ihr Erfüllungsinteresse nicht durch Vereinbarung einer Vorfälligkeitsentschädigung absichern.

2.2290 Dies gilt auch gegenüber Verbrauchern und Existenzgründern.[2688)]

2.2291 d) Eine Anpassung der Laufzeit nach den Grundsätzen über den Wegfall der Geschäftsgrundlage (§ 313 BGB) scheidet entgegen einer vereinzelt vertretenen Meinung,[2689)] aus. Insofern bedürfte es einer sorgfältigen Prüfung, ob überhaupt die Voraussetzungen des § 313 Abs. 1 BGB gegeben sind. Ein Sachgrund, das Rechtsinstitut der Störung der Geschäftsgrundlage dann zu bemühen, wenn die vorzeitige Rückzahlung im ersten Drittel der vorgesehenen Vertragslaufzeit erfolgt, ist nicht ersichtlich. Mit Fug und Recht könnte man den gleichen Ansatz – ebenfalls nicht begründbar – für das letzte Drittel der vereinbarten Laufzeit wählen.

2.2292 e) Es bleibt dem Getränkelieferanten unbenommen, das eigenverantwortliche Verhalten des Gastwirts zum Anlass zu nehmen, diesem weitere Leistungen zukommen zu lassen. Zu denken ist insbesondere an eine Erhöhung des (Rück-)Vergütungssatzes. Eine gesetzliche Verpflichtung dazu besteht aber nicht.

10. Darlehensrückzahlungsverplichtung auf Grund einer Teilkündigung

2.2293 Die auf einer wirksam erklärten Teilkündigung des Darlehens[2690)] beruhende Rückzahlungspflicht gibt dem Gastwirt kein Kündigungsrecht.[2691)] Er hat die Ursache für die vorzeitige Darlehenstilgung gesetzt (§ 280 Abs. 1 Satz 2 BGB).[2692)]

11. Objektverlust

2.2294 a) Die **Gewerbeabmeldung** bzw. das **Erlöschen der Konzession** berechtigen regelmäßig nicht zur Kündigung des Getränkelieferungsvertrages.[2693)]

2.2295 b) War die Absatzstätte durch **Kriegseinwirkung** oder durch **Brand** zerstört und fehlen dem Gastwirt bzw. dem durch die Bezugsbindung verpflichteten Grundeigentümer die Mittel zum Wiederaufbau, so kann ihm ein Recht zur

2688) Siehe unten § 42 III 15 b bb.

2689) *Gödde*, in: Martinek/Semler/Habermeier/Flohr, Vertriebsrecht, § 52 Rz. 219.

2690) Siehe unten § 40 X 2 und 6 c, jeweils m. w. N.

2691) Anders wohl noch BGH, Urt. v. 23.11.1951 – I ZR 24/51, NJW 1952, 344 = Zeller I, 144; BGH, Urt. v. 23.6.1960 – VIII ZR 115/59, NJW 1960, 1614 = Zeller I, 161; BGH, Urt. v. 7.10.1970 – VIII ZR 202/68, NJW 1970, 2243 = Zeller I, 202.

2692) LG Freiburg, Urt. v. 28.7.2006 – 12 0. 118/05.

2693) LG Münster, Urt. v. 18.8.2006 – 16 O. 105/06.

Kündigung aus wichtigem Grund zustehen.[2694] Diese Befugnis, sofern noch nicht ausgeübt, erlischt aber dann, wenn die Absatzstätte wieder aufgebaut worden ist. Errichtet der Grundeigentümer das Haus wieder, ohne eine Absatzstätte zu etablieren, so kann er sich auf diese Weise der Bezugspflicht nicht entziehen.

12. Verhalten des Getränkelieferanten

a) Getränkelieferungsverträge sind in aller Regel nicht als Alleinvertriebssysteme ausgestaltet,[2695] sodass der Gastwirt aus der **Belieferung von Konkurrenten** durch den Getränkelieferanten kein Kündigungsrecht herleiten kann. Nur äußerst selten wird eine örtliche Verkehrssitte festzustellen sein, die es dem Getränkelieferanten verbietet, dem durch einen langjährigen Getränkelieferungsvertrag mit ihm verbundenen Wirt durch Belieferung benachbarter Absatzstätten Konkurrenz zu machen.[2696] 2.2296

b) Mit der Frage der **Unmöglichkeit der Weiterbelieferung** mit bestimmten Bieren setzte sich das OLG Düsseldorf in einem Urteil vom 18.12.2003 auseinander.[2697] 2.2297

c) Ist der **Vorbehalt der Lieferung anderer Produkte** wirksam vereinbart, so dürfte dem Gastwirt ein Recht zur fristlosen Kündigung zustehen, wenn sich die ersatzweise gelieferten Produkte in erheblichem Maße von den eigentlich vorgesehenen nachweislich unterscheiden oder wenn infolge der Ersatzlieferung ein Umsatzrückgang eintritt oder droht.[2698] 2.2298

d) Macht sich der Getränkelieferant etwa durch eine für den gebundenen Gastwirt nachteilige **Preisgestaltung**[2699] einer Verletzung seiner Vertragspflichten schuldig, so ist eine Kündigung aus wichtigem Grund,[2700] die in derartigen Fällen an die Stelle der Rücktrittsbefugnis des § 323 Abs. 1 BGB tritt, regelmäßig erst nach Setzung einer **Nachfrist** zulässig, weil erst eine erfolglose Nachfrist- 2.2299

2694) BGH, Urt. v. 20.3.1953 – V ZR 123/51, BB 1953, 339 = Zeller I, 146; zu einem Wegfall der Bezugsverpflichtung bei Beschädigung des Gaststättenanwesens und Unzumutbarkeit seiner Wiederherstellung vgl. auch OLG Saarbrücken, Urt. v. 11.10.1995 – 1 U 864/94-129, das § 323 BGB a. F. anwendete.

2695) *v. Braunmühl*, in: Ahlert, S. 412.

2696) OLG Nürnberg, Urt. v. 10.5.1965 – 5 U 29/65, NJW 1965, 1919; OLG Koblenz, Urt. v. 21.2.2002 – 5 U 677/01, NJOZ 2002, 837.

2697) OLG Düsseldorf, Urt. v. 18.12.2003 – 10 U 69/03.

2698) Wolf/Lindacher/Pfeiffer-*Dammann*, AGB-Recht, Klauseln B Rz. 325.

2699) BGH, Urt. v. 21.5.1975 – VIII ZR 215/72, WM 1975, 850 = Zeller I, 251.

2700) OLG Oldenburg, Urt. v. 14.11.2012 – 5 U 56/11.

setzung Klarheit darüber schafft, ob das Vertrauensverhältnis schlechthin und unheilbar zerstört ist.[2701)]

2.2300 e) Im **Vertriebsmodell 2** kann der Gastwirt im Fall **unangemessener Preisforderungen** einen Austausch des Getränkefachgroßhändlers verlangen. Kommt dem der Getränkelieferant nicht nach, könnte der Gebundene das gesamte Vertragswerk kündigen und sich den Freiraum für den Abschluss eines neuen Liefervertrages schaffen.[2702)]

2.2301 f) Hinsichtlich der **fehlerhaften Abrechnung** u. a. von Rückvergütungen (Rabatte auf den Listenpreis) wird verwiesen auf ein Urteil des OLG Düsseldorf vom 27.10.2004.[2703)]

2.2302 g) Zu (angeblichen) Problemen in der **Zusammenarbeit Brauerei-Getränkefachgroßhändler** im **Vertriebsmodell 2** kann Näheres einem Urteil des OLG Koblenz vom 21.2.2002 entnommen werden.[2704)]

2.2303 h) **Streitigkeiten zwischen den Vertragsparteien** rechtfertigen eine Kündigung aus wichtigem Grunde auch dann nicht, wenn der Getränkelieferant wiederholt – möglicherweise sogar von einer fehlerhaften, aber nicht von vornherein unvertretbar erscheinenden Rechtsauffassung ausgehend – den Gastwirt mit Zahlungsklagen überzieht; entscheidend dürfte sein, ob das Verhalten der Vertragspartei den Schluss auf fehlende Vertragstreue zulässt.[2705)] So auch im Zusammenhang mit dem Kündigungsgrund des § 543 BGB: Bloße Meinungsverschiedenheiten genügen nicht. Selbst wenn zwischen den Vertragsparteien mehrere Rechtsstreitigkeiten geführt werden, so ist doch keine Zerrüttung des Vertrauensverhältnisses anzunehmen. Etwas anderes kann nur dann anzunehmen sein, wenn trotz mehrfacher Beschwerde erhebliche Mängel nicht beseitigt werden.[2706)]

13. Nutzungsverhältnis

2.2304 Offen war lange Zeit die Frage, ob der Gastwirt sich von dem Getränkelieferungsvertrag dann lösen kann, wenn er eine über die **Laufzeit des Miet-/Pachtvertrages** hinsichtlich der Absatzstätte **hinausgehende Bezugsbindung** eingegangen war und der Hauseigentümer nunmehr den Pachtvertrag fristgemäß beendet.

2701) BGH, Urt. v. 10.3.1976 – VIII ZR 268/74, WM 1976, 508 = Zeller I, 327. Vgl. im Übrigen BGH, Urt. v. 7.10.1970 – VIII ZR 202/68, NJW 1970, 2243 = Zeller I, 202; OLG Koblenz, Urt. v. 21.2.2002 – 5 U 677/01, NJOZ 2002, 837.

2702) BGH, Urt. v. 7.10.1970 – VIII ZR 202/68, NJW 1970, 2243 = Zeller I, 202; OLG Koblenz, Urt. v. 21.2.2002 – 5 U 677/01, NJOZ 2002, 837.

2703) OLG Düsseldorf, Urt. v. 27.10.2004 – U (Kart) 41/03, BeckRS 2005, 06685.

2704) OLG Koblenz, Urt. v. 21.2.2002 – 5 U 677/01, NJOZ 2002, 837.

2705) BGH, Urt. v. 1.12.1977 – KZR 6/76, NJW 1978, 822 = Zeller II, 90.

2706) OLG Düsseldorf, Urt. v. 10.2.1994 – 10 U 50/93, ZMR 1994, 402.

Ob der Getränkelieferungsvertrag von dem Bestand des Nutzungsvertrages abhängt, muss die **Vertragsauslegung** im Einzelfall ergeben. Eine derartige Abhängigkeit ist für immerhin denkbar gehalten worden.[2707] 2.2305

Für den Getränkelieferungsvertrag hat der BGH entschieden, dass der **Bestand des über die Absatzstätte mit einem Dritten geschlossenen Nutzungsverhältnisses** regelmäßig in den Risikobereich des Gastwirts fällt, wenn sich dem Vertrag keine gegenteiligen Anhaltspunkte entnehmen lassen. Ist dies nicht der Fall, so gibt die Beendigung des Nutzungsverhältnisses, etwa durch fristgerechte Kündigung oder wegen einer Vertragsverletzung fristlos, dem Gastwirt nicht das Recht, sich auf einen Wegfall der Geschäftsgrundlage zu berufen und den Getränkelieferungsvertrag fristlos zu kündigen. Das gilt selbst dann, wenn dem Getränkelieferanten die Eigentumsverhältnisse bei Abschluss des Getränkelieferungsvertrages bekannt sind bzw. dieser weiß, dass die Laufzeit des Miet- oder Pachtverhältnisses vor Ablauf der Bezugsverpflichtung endet.[2708] 2.2306

Dieses Ergebnis rechtfertigt sich nicht nur aus der Erwägung, dass das Weiterverwendungsrisiko beim Kauf (der bezogenen Getränke) in der Regel der Käufer trägt, sondern vor allem aus dem Umstand, dass es in erster Linie der Gastwirt ist, der auf Abschluss und Bestand des über die Absatzstätte geschlossenen Nutzungsvertrages Einfluss hat. 2.2307

14. Aufgabe bzw. Übergabe der Absatzstätte

Da der wirtschaftliche Erfolg des Gaststättenbetriebes in den Risikobereich des Gastwirts fällt, stellt die **Aufgabe bzw. Übergabe des Betriebes** durch den Gastwirt aus eigenem Entschluss erst recht keinen wichtigen Grund dar.[2709] 2.2308

Besteht eine **Betriebspflicht**, kann gegen die Wirksamkeit der Nachfolgeklausel noch nichts mit Erfolg eingewandt werden. Gleiches gilt, wenn die Vereinbarung dahin zu verstehen ist, der Gastwirt habe die Verpflichtung übernommen, den ausschließlichen Bezug der Getränke über den Getränkelieferanten auch im Falle der **Veräußerung** des Gastronomieobjektes zu gewährleisten. Anders, wenn es dem Verpflichteten freigestanden hat, den Gaststättenbetrieb einzustellen und das Objekt für andere Zwecke zu verwenden. Eine freistehende Betriebsaufgabe kann dann innerhalb der von Treu und Glauben gesetzten Grenzen in der Form vollzogen werden, dass das Objekt veräußert wird.[2710] Die eigenverantwortliche Beendigung der selbständigen gastronomischen Tätig- 2.2309

2707) BGH, Urt. v. 23.6.1960 – VIII ZR 115/59, NJW 1960, 1614 = Zeller I, 161.

2708) BGH, Urt. v. 27.2.1985 – VIII ZR 85/84, NJW 1985, 2693 = Zeller III, 80; OLG Düsseldorf, Urt. v. 8.11.1999 – 1 U 42/99.

2709) OLG Celle, Urt. v. 10.6.1998 – 13 U 158/97, NJW-RR 1999, 1143; OLG Düsseldorf, Urt. v. 8.11.1999 – 1 U 42/99.

2710) OLG Düsseldorf, Urt. v. 23.10.2001 – 4 U 57/01, BeckRS 2001, 30213450 = NJOZ 2003, 2554, rkr. durch Nichtannahmebeschl. d. BGH v. 7.5.2003 – VIII ZR 271/01.

keit durch Aufgabe bzw. Übergabe der Absatzstätte rechtfertigt daher keine fristlose Kündigung des Getränkelieferungsvertrages.

15. Rechtsnachfolge auf Seiten des Getränkelieferanten

2.2310 a) Rechtsnachfolgeregelungen aufseiten des Getränkelieferanten in Form von **Übertragungs**rechten, seien sie individualvertraglich ausgehandelt oder als Klausel vereinbart, sind nur dann wirksam, wenn dem Gastwirt in bestimmten Fällen ein Recht zur fristlosen Kündigung – wenn auch ungeschrieben – verbleibt.[2711)]

2.2311 Hinter der Problematik der Rechtsnachfolge auf Seiten des Getränkelieferanten können sich sehr unterschiedliche **Fallgestaltungen** verbergen, von denen nachfolgend nur einige exemplarisch angesprochen werden können.

2.2312 b) Nach der Entscheidung des BGH vom 15.4.1998[2712)] soll dem Gastwirt jedenfalls in zwei Fällen eine Kündigungsbefugnis zustehen. Zum einen dann, wenn die **alte Braustelle aufgehoben oder verlegt** wird **und** es zu einer **Änderung der Biermarke** kommt. Zum anderen bei Einstellung des **Braubetriebes** infolge einer Übernahme durch eine andere Brauerei mit der Konsequenz, dass nur noch deren Biere geliefert werden können.[2713)]

2.2313 c) **Stellungnahme.** Vor einer unbedachten Übernahme dieser Rechtsprechung muss gewarnt werden.[2714)] Jedenfalls unbedenklich dürfte es sein, wenn im Getränkelieferungsvertrag, etwa eines Getränkefachgroßhändlers, lediglich bestimmte Sorten festgeschrieben sind, ohne dass eine Markenkonkretisierung erfolgt ist. Gleiches dürfte für Verträge von Getränkeherstellern (Brauereien etc.) gelten, wenn das Sortiment der jeweiligen „Gruppe" benannt worden ist und sich die Veränderung lediglich im Rahmen der erkennbaren Sortimentsstruktur bewegt.

2.2314 Wird der Braubetrieb eingestellt und das verpflichtete Bier, das nicht unter einer Herkunftsbezeichnung auf dem Markt ist, von der übernehmenden Brauerei unter Beibehaltung der **Rezeptur**, der **Sorte** und der **Markenbezeichnung** weiterhin eingebraut, so ist kein Sachgrund ersichtlich, warum dem Gastwirt ein Kündigungsrecht zustehen sollte. Unter den genannten Voraussetzungen lässt

2711) Siehe oben § 14 IV 4 b bb m. w. N.

2712) BGH, Urt. v. 15.4.1998 – VIII ZR 377/96, NJW 1998, 2296 = ZIP 1998, 1441.

2713) BGH, Urt. v. 10.3.1976 – VIII ZR 268/74, WM 1976, 508 = Zeller I, 327; BGH, Urt. v. 15.4.1998 – VIII ZR 377/96, NJW 1998, 2296 = ZIP 1998, 1441; OLG Karlsruhe, Urt. v. 6.2.1997 – 12 U 266/96; OLG Zweibrücken, Urt. v. 15.1.1998 – 4 U 213/96, OLGReport 1998, 161, rkr. durch Nichtannahmebeschl. d. BGH v. 15.12.1998 – VIII ZR 50/98; LG Frankenthal, Urt. v. 4.2.1998 – 5 O. 1238/96; offengelassen in OLG Zweibrücken, Urt. v. 7.6.1999 – 7 U 4/97, OLGReport 2000, 153, rkr. durch Nichtannahmebeschl. d. BGH v. 23.2.2000 – VIII ZR 181/99.

2714) Eingehend siehe oben § 14 IV 4 b bb jeweils m. w. N.

sich nämlich keine geschmackliche Veränderung des Produktes feststellen. Deshalb greift entgegen dem BGH auch nicht das Argument des **Publikumsgeschmacks**. Im Übrigen liegt weder eine Änderung der Sorte noch der Marke vor. Warum beide Kriterien insbesondere bei kleinen und mittelständischen Brauereien mit begrenztem Einzugsgebiet maßgeblich sein sollen, bleibt unerfindlich.

Dies gilt auch dann, wenn die übernehmende Brauerei bei Identität im Übrigen die Markenbezeichnung ändert.[2715)] In dieser Fallgruppe steht dem Gastwirt also auch dann, wenn eine Änderung des Sortiments weder individualvertraglich geregelt noch sich im Wege der ergänzenden Vertragsauslegung ermitteln lässt,[2716)] keine Kündigungsbefugnis zu.[2717)] **2.2315**

Ein Kündigungsrecht kann nicht allein durch eine bloße Rechtsnachfolge aufseiten des Getränkelieferanten entstehen, so wenn die fusionierende Brauerei noch in der Lage ist, die vertraglich vereinbarten Biere zu liefern.[2718)] **2.2316**

Anders zu entscheiden könnten dagegen Sachverhalte sein, in denen sich die Ausschließlichkeitsbindung auf Getränke bezieht, die unter einer **Herkunftsbezeichnung** hergestellt werden. Allerdings bedarf es auch insofern einer besonders sorgfältigen Prüfung im Einzelfall, ob dem Gastwirt bei Einstellung des Betriebes und Auswechslung des gebundenen Getränkes ein Kündigungsrecht zusteht. **2.2317**

Möglicherweise bestehen auch Anhaltspunkte dafür, dass es dem Gastwirt in erster Linie auf den Erhalt der (finanziellen) **Leistungen** ankam und ihm der Brauort des angebotenen Bieres und seine Bezeichnung gleichgültig gewesen sind.[2719)] **2.2318**

d) Verwirkung. Das Kündigungsrecht muss durch den Gastwirt innerhalb angemessener Frist ausgeübt werden.[2720)] Wird eine Kündigung damit begründet, wegen Verlegung der Braustätte habe sich der Geschmack des Bieres verändert, so muss die Kündigung zeitnah erklärt werden. Wird dieser Kündigungsgrund **2.2319**

2715) a. A. BGH, Urt. v. 15.4.1998 – VIII ZR 377/96, NJW 1998, 2296 = ZIP 1998, 1441; OLG Karlsruhe, Urt. v. 6.2.1997 – 12 U 266/96; OLG Zweibrücken, Urt. v. 15.1.1998 – 4 U 213/96, OLGReport 1998, 161, rkr. durch Nichtannahmebeschl. d. BGH v. 15.12.1998 – VIII ZR 50/98; LG Frankenthal, Urt. v. 4.2.1998 – 5 O. 1238/96.

2716) OLG Karlsruhe, Urt. v. 6.2.1997 – 12 U 266/96.

2717) a. A. OLG Zweibrücken, Urt. v. 7.6.1999 – 7 U 4/97, OLGReport 2000, 153, rkr. durch Nichtannahmebeschl. d. BGH v. 23.2.2000 – VIII ZR 181/99.

2718) So zutreffend OLG Zweibrücken, Urt. v. 7.6.1999 – 7 U 4/97, OLGReport 2000, 153, rkr. durch Nichtannahmebeschl. d. BGH v. 23.2.2000 – VIII ZR 181/99.

2719) OLG Zweibrücken, Urt. v. 7.6.1999 – 7 U 4/97, OLGReport 2000, 153, rkr. durch Nichtannahmebeschl. d. BGH v. 23.2.2000 – VIII ZR 181/99.

2720) BGH, Urt. v. 10.3.1976 – VIII ZR 268/74, WM 1976, 508 = Zeller I, 327; BGH, Urt. v. 15.4.1998 – VIII ZR 377/96, NJW 1998, 2286 = ZIP 1998, 1441.

erst fünf Jahre nach der Verlegung der Braustätte im Rahmen einer Kündigung geltend gemacht, ist das Kündigungsrecht verwirkt.[2721)]

16. Gesamtrechtsnachfolge auf Seiten des Gebundenen

2.2320 Durch eine Gesamtrechtsnachfolge auf Seiten des Gebundenen i. S. d. Umwandlungsgesetzes (UmwG) ändert sich für den Getränkelieferanten des übertragenden Rechtsträgers der Vertragspartner. Bei Getränkelieferungsverträgen handelt es sich um Dauerschuldverhältnisse, bei denen es auf die Bonität des Vertragspartners entscheidend ankommt. Ergibt eine Einzelfallprüfung, dass Auswirkungen auf die geschuldete oder zu fordernde Leistung bestehen, so kann dem Getränkelieferanten ein Kündigungsrecht aus wichtigem Grund nach § 314 BGB zustehen.[2722)] Soweit nach § 22 UmwG Sicherheit verlangt werden kann, dürften die wirtschaftlichen Interessen des Getränkelieferanten als hinreichend gewahrt anzusehen sein. Dann scheidet ein Kündigungsrecht aus. Auch insofern muss allerdings glaubhaft gemacht werden, dass die Erfüllung der Forderung gefährdet wird. Der Anspruch auf Sicherheitsleistung richtet sich gegen denjenigen Rechtsträger, gegen den sich der Anspruch primär richtet (§ 133 Abs. 1 Satz 2 Halbs. 2 UmwG).

VI. Ausschluss des Kündigungsrechts des Gebundenen

1. Vertragsanpassung

2.2321 Ausnahmsweise entfällt das Kündigungsrecht, wenn sich die Störung durch **Anpassung des Vertrages** an die veränderten Verhältnisse beseitigen lässt und beiden Parteien die Fortsetzung des Vertrages zuzumuten ist. So, wenn die Auferlegung der weiterbestehenden Bezugsverpflichtung an den Nachfolger dem bisherigen Betreiber ohne Weiteres möglich gewesen wäre, eine derartige Weiterverpflichtung in dem Vorgängervertrag auch ausdrücklich normiert war ebenso wie in dem streitgegenständlichen Vertrag und der Getränkelieferant auch bereit gewesen wäre, den Bezugsvertrag mit dem Übernehmer der Absatzstätte fortzuführen.[2723)]

2. § 242 BGB

2.2322 Ist für den Gastwirt bereits bei Vertragsschluss abzusehen, dass er drei Jahre später das **Rentenalter** erreichen wird und geht er gleichwohl eine zeitlich weiterreichende Bezugsbindung ein, so kann einer Kündigung der Ausschließ-

---

2721) OLG Celle, Urt. v. 4.10.1990 – 12 U 24/90, Zeller IV, 104.

2722) So allgemein BGH, Urt. v. 26.4.2002 – LwZR 20/01, NJW 2002, 2168 (Landpachtvertrag).

2723) BGH, Urt. v. 11.2.1958 – VIII ZR 12/57, NJW 1958, 785; OLG Düsseldorf, Urt. v. 8.11.1999 – 1 U 42/99.

lichkeitsbindung wegen Erreichens des Rentenalters und einer hierdurch veranlassten **Aufgabe der Absatzstätte** nicht nur entgegengehalten werden, dass gar kein Kündigungsgrund besteht, sondern der außerordentlichen Kündigung steht auch der Einwand des widersprüchlichen Verhaltens entgegen.[2724)]

VII. Rechtsfolge der Kündigung

Nach wirksamer Kündigung des Getränkelieferungsvertrages besteht keine Abnahmeverpflichtung mehr.[2725)] 2.2323

Siebter Abschnitt: Das Verhältnis Getränkelieferant-Eigentümer-Pächter

§ 35 Die Eigentümerbindung

I. Grundlagen

1. Einführung

Im Fokus der Absatzbemühungen der Getränkelieferanten stehen interessante Konzepte mit geeigneten Betreibern. Unabdingbare Voraussetzung des Absatzerfolges ist aber das Vorhandensein eines gastronomisch genutzten bzw. nutzbaren Objektes. Der Weg zu interessanten Absatzstätten führt somit über den – jeweiligen – Hauseigentümer. 2.2324

2. Konstellationen

Eigentümerbindungen können in sehr unterschiedlichen Konstellationen auftreten,[2726)] unabhängig davon, ob es sich bei den Eigentümern um **private (Haus-) Eigentümer**[2727)] oder etwa **Städte und Gemeinden,**[2728)] **Vereine**[2729)] oder **Kirchengemeinden**[2730)] handelt. 2.2325

2724) BGH, Urt. v. 22.10.1997 – VIII ZR 149/96.

2725) BGH, Urt. v. 3.7.1996 – VIII ZR 92/95, NJW-RR 1996, 1394 (Zuschuss- und Getränkelieferungsvertrag).

2726) Siehe oben § 15 I 2 m. w. N.

2727) BGH, Urt. v. 25.11.1965 – KZR 11/64, NJW 1966, 652 = Zeller I, 46; BGH, Urt. v. 9.4.1970 – KZR 7/69, NJW 1970, 2157 = Zeller I, 64; BGH, Urt. v. 14.7.1980 – KZR 19/79, WM 1980, 1309 = Zeller II, 155 (mit zusätzlichem Verwaltungsvertrag); BGH, Urt. v. 25.11.1987 – VIII ZR 283/86, NJW 1988, 703 = Zeller IV, 173; BGH, Urt. v. 3.7.1996 – VIII ZR 92/95, NJW-RR 1996, 1394; OLG Karlsruhe, Urt. v. 1.4.1987 – 1 U 146/86, Zeller IV, 153; OLG Köln, Urt. v. 9.5.1995 – 3 U 144/94, NJW-RR 1995, 1516; OLG Koblenz, Urt. v. 21.2.2002 – 5 U 677/01, NJOZ 2002, 837; OLG Köln, Urt. v. 6.12.2006 – 11 U 73/06, NJW-RR 2007, 498; LG Berlin, Urt. v. 9.6.2000 – 5 O. 495/99, ZMR 2000, 827.

2728) OLG Zweibrücken, Urt. v. 7.6.1999 – 7 U 4/97, OLG-Report 2000, 153, rkr. durch Nichtannahmebeschl. d. BGH v. 23.2.2000 – VIII ZR 181/99.

2729) OLG Hamm, Urt. v. 13.3.1995 – 2 U 139/94, NJW-RR 1996, 46; OLG Karlsruhe, Urt. v. 27.9.2012 – 9 U 188/10, NJW-RR 2013, 467.

2730) OLG Hamm, Urt. v. 5.7.1995 – 30 U 331/93, ZMR 1995, 536.

3. Leistungen des Getränkelieferanten

2.2326 Um das Ziel der Absatzgenerierung über den Eigentümer zu erreichen, erbringt der Getränkelieferant nicht selten umfängliche Leistungen an diesen. In Betracht kommen die allgemein üblichen Leistungen,[2731)] insbesondere **Zuschüsse**[2732)] oder **Darlehen**, aber auch **Pacht-/Mietausfallbürgschaften**[2733)] **(Rück-)Vergütungen**, die **leihweise Inventargestellung**, die **Unterstützung bei der Pächtersuche**[2734)], die Übernahme der **Hausverwaltung** und grundsätzlich alle sonstigen denkbaren Leistungen, etwa auch der **Ausgleich von Nachteilen aus der Vermietung/Verpachtung** (konkret mindestens 500,00 € pro Monat, d. h. für die vereinbarte Bezugsdauer von zehn Jahren 60.000,00 €).[2735)] In Betracht kommt auch die Gewährung eines sog. **Haustrunks.**[2736)]

II. Eigentümererklärung

1. Abgrenzung

2.2327 Die Praxis kennt den Begriff der Eigentümererklärung bzw. der **Hauseigentümervereinbarung** in sehr unterschiedlichen Konstellationen. Zum einen versteht man darunter die vorstehend angesprochenen Formen in Gestalt eines Leistungs- und Getränkebezugsvertrages, insbesondere eines Darlehens- bzw. Zuschuss- und Getränkebezugsvertrages. Zum anderen fallen hierunter auch etwa **Verwaltungsverträge** bzw. **(Pacht-)Vermitt-lungsverträge**, mit denen der Getränkelieferant den Hauseigentümer bei der Suche nach geeigneten Pächtern unterstützt.

2.2328 Wie vielgestaltig der Begriff der Hauseigentümererklärung ist, zeigt der Umstand, dass darunter auch der Verzicht des Hauseigentümers gegenüber dem Getränkelieferanten auf sein Verpächterpfandrecht im Zusammenhang mit Sicherungsübereignung von Gaststätteninventar fallen kann.

2.2329 Weniger gebräuchlich, aber durchaus nicht gänzlich unüblich ist es, die vertragliche Verpflichtung zur Eintragung einer beschränkten persönlichen Dienstbarkeit zur dinglichen Absicherung der Lieferrechte des Getränkelieferanten in die Form einer Hauseigentümererklärung zu kleiden.

2. Zeitpunkt

2.2330 Einerseits werden Hauseigentümervereinbarungen präventiv zwischen Getränkelieferanten und Hauseigentümer geschlossen, um jedenfalls schuldrechtlich

2731) Siehe oben § 8 I.

2732) BGH, Urt. v. 3.7.1996 – VIII ZR 92/95, NJW-RR 1996, 1394.

2733) OLG Köln, Urt. v. 18.8.1997 – 11 U 73/06, BeckRS 1997, 31051607.

2734) BGH, Urt. v. 2.10.1969 – KZR 10/68, NJW 1970, 279 = Zeller I, 195.

2735) OLG Köln, Urt. v. 6.12.2006 – 1 U 14473/06, NJW-RR 2007, 498.

2736) AG Hof, Urt. v. 29.6.1998 – 14 C 1918/97.

„den Fuß in der Tür des Objektes zu haben“. Andererseits kann es Sinn machen, eine bestehende Pächterbindung vorsorglich, etwa im Hinblick auf sich abzeichnende Betreiberwechsel, durch Einbeziehung des nicht betreibenden Hauseigentümers abzusichern.[2737)]

3. Differenzierung

a) Grundsatz. Sowohl für die betriebswirtschaftliche Einschätzung als auch für die rechtliche Würdigung kommt es entscheidend darauf an, ob der Hauseigentümer das Vertragsobjekt selbst betreibt oder nicht. Im ersten Fall ist der Hauseigentümer Konzessionsträger und folglich gastrogewerblich tätig. Hier wird er nachfolgend als selbst bewirtschaftender Hauseigentümer bezeichnet. Im zweiten Fall betreibt der Hauseigentümer das Vertragsobjekt, sei es in einem bereits gastronomisch genutzten Betrieb, sei es einen künftig für diesen Verwendungszweck vorgesehenen Betrieb, nicht selbst. Vielmehr verpachtet bzw. vermietet er diesen bzw. hat solches vor. Der Hauseigentümer ist insofern jedenfalls derzeit nicht (mehr) gastrogewerblich tätig. Konzessionsträger ist der jeweilige Pächter bzw. Mieter. Diese Fallgruppe soll nachfolgend als nicht selbst bewirtschaftende Hauseigentümer bezeichnet werden. 2.2331

b) Selbst bewirtschaftende Hauseigentümer. Hinsichtlich selbst bewirtschaftender Eigentümer bestehen sowohl hinsichtlich der Vertragsgestaltung als auch im Übrigen keine Besonderheiten.[2738)] Insofern kann auf die bisherigen Ausführungen verwiesen werden.[2739)] 2.2332

c) Nicht selbst bewirtschaftende Hauseigentümer. Nachfolgend sollen ausgewählte Fragen im Zusammenhang mit nicht selbst bewirtschaftenden Eigentümern angesprochen werden. 2.2333

4. Form

Zur Übernahme einer Getränkebezugsverpflichtung beim Grundstückskauf, einer etwaigen Formbedürftigkeit nach § 311b BGB und dem Anwendungsbe- 2.2334

2737) OLG Karlsruhe, Urt. v. 28.4.1998 – 1 U 252/97, rkr. durch Nichtannahmebeschl. d. BGH v. 22.9.1999 – VIII ZR 373/98.

2738) BGH, Urt. v. 14.7.1980 – KZR 19/79, WM 1980, 1309 = Zeller II, 155; OLG Düsseldorf, Urt. v. 23.10.2001 – 4 U 57/01, BeckRS 2001, 30213450 = NJOZ 2003, 2554, rkr. durch Nichtannahmebeschl. d. BGH v. 7.5.2003 – VIII ZR 271/01; OLG Koblenz, Urt. v. 21.2.2002 – 5 U 677/01, NJOZ 2002, 837; OLG Schleswig, Urt. v. 19.6.2003 – 11 U 188/03, mit Vorinstanz LG Kiel, Urt. v. 7.11.2001 – 12 O. 202/01; OLG Düsseldorf, Urt. v. 1.10.2003 – I-15 U 227/02; OLG Düsseldorf, Urt. v. 23.10.2001 – 4 U 57/01, BeckRS 2001, 30213450 = NJOZ 2003, 2554, rkr. durch Nichtannahmebeschl. d. BGH v. 7.5.2003 – VIII ZR 271/01; OLG Düsseldorf, Urt. v. 27.10.2004 – VI-U (Kart) 41/03, BeckRS 2005, 06685, mit Vorinstanz LG Köln, Urt. v. 3.7.2003 – 8 O. 315/02.

2739) Siehe oben §§ 8–34 jeweils m. w. N.

reich des § 139 BGB nahm der BGH in einem Urteil vom 31.5.1974[2740] Stellung.

III. Pflichtenstellung des Hauseigentümers

1. Grundsatz

2.2335 Den nicht selbst bewirtschaftenden Hauseigentümer trifft naturgemäß keine Verpflichtung, die vertraglich gebundenen Getränke selbst zu beziehen. Sein Obligo besteht vielmehr darin, dafür zu sorgen und sicherzustellen, dass die jeweiligen Betreiber (Pächter, Mieter etc.) des Vertragsobjektes die vertraglich gebundenen Getränke in dem vorgeschriebenen Umfang (Sortiment, Menge) und auf den vorgegebenen Lieferweg beziehen.[2741] Er hat nämlich sowohl ein Sortimentsbestimmungsrecht als auch das Entscheidungsrecht über den damit verbundenen Lieferweg.

2. Typische Regelungen

2.2336 Die Pflichtenstellung des Eigentümers kann sehr unterschiedlich ausgestaltet sein. Insbesondere kann die Vertragsauslegung zu dem Ergebnis führen, dass dem Hauseigentümer in genau benannten Sachverhaltskonstellationen (Rückfall der Getränkebezugsverpflichtung auf diesen) oder auch anfänglich latent eine Eigenbetriebsverpflichtung trifft. Nur beispielhaft seien die folgenden Gestaltungsvarianten angesprochen.

2.2337 a) **Auferlegungspflicht.** Eine häufige Variante stellt sich dergestalt dar, dass der Hauseigentümer nicht in eigener Person eine Getränkebezugsverpflichtung übernimmt. Man könnte insofern von einer ruhenden Getränkebezugsverpflichtung sprechen. Vielmehr hat er lediglich die Getränkebezugsverpflichtung seinen gegenwärtigen oder künftigen Pächtern/Mietern oder sonstigen Rechts- oder Geschäftsnachfolgern aufzuerlegen und für deren Einhaltung zu sorgen.[2742]

2740) BGH, Urt. v. 31.5.1974 – V ZR 111/72, BeckRS 1974, 31123412 = Zeller II, 135.

2741) BGH, Urt. v. 3.7.1996 – VIII ZR 92/95, NJW-RR 1996, 1394; OLG Karlsruhe, Urt. v. 1.4.1987 – 1 U 146/86, Zeller IV, 153.

2742) BGH, Urt. v. 25.11.1965 – KZR 11/64, NJW 1966, 652 = Zeller I, 46; BGH, Urt. v. 9.4.1970 – KZR 7/69, NJW 1970, 2157 = Zeller I, 64; BGH, Urt. v. 14.7.1980 – KZR 19/79, WM 1980, 1309 = Zeller II, 155; BGH, Urt. v. 27.2.1985 – VIII ZR 85/84, NJW 1985, 2693 = Zeller, III, 80; BGH, Urt. v. 25.11.1987 – VIII ZR 283/86, BGHZ 102, 237 = NJW 1988, 703 = Zeller IV, 173; BGH, Urt. v. 3.7.1996 – VIII ZR 92/95, NJW-RR 1996, 1394; OLG Karlsruhe, Urt. v. 1.4.1987 – 1 U 146/86, Zeller IV, 153; OLG Köln, Urt. v. 18.8.1997 – 11 U 73/06, BeckRS 1997, 31051607; OLG Karlsruhe, Urt. v. 28.4.1998 – 1 U 252/97, rkr. durch Nichtannahmebeschl. d. BGH v. 22.9.1999 – VIII ZR 373/98; OLG Zweibrücken, Urt. v. 7.6.1999 – 7 U 4/97, OLGReport 2000, 153, rkr. durch Nichtannahmebeschl. d. BGH v. 23.2.2000 – VIII ZR 181/99; LG Berlin, Urt. v. 9.6.2000 – 5 O. 495/99, ZMR 2000, 827; LG Nürnberg-Fürth, Urt. v. 13.11.2002 – 3 O. 6360/01.

b) Nachfolgeregelung bei Betreiberwechsel. Praktisch wurde zweitens auch eine Eigentümererklärung, wonach einem nachfolgenden Pächter/Mieter aufzuerlegen war, in den bestehenden Getränkelieferungsvertrag mit dem derzeitigen Pächter/Mieter bei vorzeitiger Beendigung des Nutzungsverhältnisses einzutreten.[2743)] 2.2338

c) Nachfolgeregelung mit potentieller Eigenverpflichtung. Drittens verpflichtet sich der Eigentümer einer Absatzstätte, alle vertraglichen Verpflichtungen aus einem Getränkelieferungsvertrag an einen Rechtsnachfolger des Pächters zu übergeben. Ggf. geht die Verpflichtung auch dahin, dass er die Bewirtschaftung selbst übernimmt.[2744)] Praktisch kann dies insbesondere dann werden, wenn der aktuell nicht mehr betreibende Hauseigentümer das Objekt früher selbst betrieben hat. 2.2339

d) Anfänglich latente Betriebspflicht. Viertens verpflichtet sich der Eigentümer wahlweise, das Objekt selbst zu betreiben, übernimmt aber auch die Verpflichtung, diese einem Pächter/Mieter aufzuerlegen.[2745)] Typisch sind Formulierungen wie „… zu beziehen oder beziehen zu lassen" bzw. „… dafür einzustehen, dass …". 2.2340

e) Rechtsnachfolgeregelung. Denkbar ist auch, dass der Hauseigentümer verpflichtet ist, die vorstehend angesprochenen Pflichten einem etwaigen Voll- oder Teilrechtsnachfolger in Eigentum oder Besitz aufzuerlegen. 2.2341

3. Risiken

a) Interessenlage. Der vorstehende Überblick zeigt bereits, dass die naturgemäß nicht immer deckungsgleiche Interessenlage des Getränkelieferanten einerseits und des Hauseigentümers andererseits an die Verhandlung und Vertragsgestaltung entsprechender Eigentümererklärungen besondere Anforderungen stellt. Dies auch deshalb, weil eine Vielzahl bekannter und möglicherweise auch nur denkbarer Risiken insbesondere aus der Person des jeweiligen Betreibers mit bedacht werden müssen. 2.2342

b) Gleichlauf. Die Rechtsposition des Getränkelieferanten sowohl gegenüber dem nicht betreibenden Hauseigentümer als auch gegenüber dem betreibenden Pächter/Mieter hängt grundlegend davon ab, dass Inhalt und Umfang der Getränkebezugsverpflichtung in den jeweiligen Vereinbarungen inhaltsgleich for- 2.2343

2743) BGH, Urt. v. 25.11.1965 – KZR 11/64, NJW 1966, 652 = Zeller I, 46.

2744) OLG Köln, Urt. v. 9.5.1995 – 3 U 144/94, NJW-RR 1995, 1516; OLG Karlsruhe, Urt. v. 28.4.1998 – 1 U 252/97, rkr. durch Nichtannahmebeschl. d. BGH v. 22.9.1999 – VIII ZR 373/98; OLG Köln, Urt. v. 6.12.2006 – 11 U 73/06, NJW-RR 2007, 498.

2745) BGH, Urt. v. 14.7.1980 – KZR 19/79, WM 1980, 1309 = Zeller II, 155; BGH, Urt. v. 3.7.1996 – VIII ZR 92/95, NJW-RR 1996, 1394 (Zuschuss- und Getränkelieferungsvertrag); OLG Hamm, Urt. v. 5.7.1995 – 30 U 331/93, ZMR 1995, 536; OLG Köln, Urt. v. 6.12.2006 – 1 U 14473/06, NJW-RR 2007, 498.

muliert werden. Dies empfiehlt sich auch für etwaige Sanktionen für den Fall der Nicht- oder Schlechterfüllung der Getränkebezugsverpflichtung wie etwa pauschalierten Schadensersatz, Mindermengenausgleich oder Vertragsstrafe. Insofern genügt es aber aus Sicht des Getränkelieferanten, dass entsprechend klar formulierte und im Übrigen rechtlich unangreifbare Formulierungen in der Hauseigentümererklärung enthalten sind.

4. Darlehensverbindlichkeiten

2.2344 Den Absatzinteressen des Getränkelieferanten ist an sich mit einer wirksamen Begründung bzw. Übertragung der Getränkebezugsverpflichtung auf den jeweiligen Betreiber bzw. Rechts- oder Geschäftsnachfolger genüge getan. Die Tilgungs- und Zinszahlungsverpflichtungen aus ausgereichten Darlehen gehen weiterhin zu Lasten des nicht betreibenden Hauseigentümers. Allerdings sind auch Konstellationen denkbar, in denen der Getränkelieferant bewusst oder unbewusst den Hauseigentümer verpflichtet, nicht nur die Bezugsverpflichtung, sondern auch die Zahlungsverpflichtungen aus dem ausgereichten Darlehen einem etwaigen Nachfolger des derzeitigen Pächters/Mieters als eigene Verbindlichkeit aufzuerlegen. Gleiches gilt dann, wenn die Auslegung des Getränkelieferungsvertrages eine Verpflichtung des Hauseigentümers zur Auferlegung der Abnahme- und Finanzierungsverpflichtungen für den Fall einer Voll- oder Teilrechtsnachfolge in Besitz oder Eigentum zulässt.

IV. Verdikt des § 138 Abs. 1 BGB

1. Grundsatz

2.2345 Verpflichtungserklärungen des Eigentümers bzw. Verpächters einer Absatzstätte, der diese nicht selbst betreibt, aber in die Getränkebezugs- und Darlehensverpflichtung einbezogen wird, können wegen Sittenverstoßes unwirksam sein.[2746)] Diese müssen nämlich während der vereinbarten Bezugsdauer im Falle des Verkaufs des Grundstücks einen erheblichen Preisabschlag hinnehmen oder bei Weiterverpachtung einen günstigeren Pachtzins einräumen, weil Gastwirte bei Übernahme einer Absatzstätte häufig auf Finanzierungsleistungen von Getränkelieferanten angewiesen sind.[2747)]

2746) OLG Köln, Urt. v. 9.5.1995 – 3 U 144/94, NJW-RR 1995, 1516; OLG Düsseldorf, Urt. v. 22.4.1999 – 13 U 100/98; OLG Köln, Urt. v. 6.12.2006 – 1 U 14473/06, NJW-RR 2007, 498; offen lassend OLG Schleswig, Urt. v. 29.6.1987 – 16 U 344/87, Zeller IV, 240.

2747) OLG Köln, Urt. v. 9.5.1995 – 3 U 144/94, NJW-RR 1995, 1516; OLG Köln, Urt. v. 6.12.2006 – 1 U 14473/06, NJW-RR 2007, 498.

2. Beurteilungsgrundsätze

Erforderlich sind eine **umfassende Abwägung der Umstände des Einzelfalls** sowie eine **Gesamtbetrachtung** aller Vertragsregelungen.[2748)] 2.2346

3. Beurteilungskriterien

a) Person des Verpflichteten. Dass der Eigentümer zum Zeitpunkt des Abschlusses des Vertrages nicht Betreiber der Absatzstätte war, ist unschädlich, denn auch der Eigentümer und Verpächter kann grundsätzlich Bezugsverträge für das Gaststättenobjekt abschließen und sich verpflichten, die Bezugsverpflichtung Pächtern aufzuerlegen.[2749)] Der Eigentümer kann seine Verpflichtung durch Dritte erfüllen lassen. Diese sind seine Erfüllungsgehilfen, für deren Verschulden er, auch wenn ihn selbst kein Verschulden trifft, einzustehen hat (§ 278 BGB). Da das Institut des Erfüllungsgehilfen gesetzlich vorgesehen ist, kann insofern kein Sittenverstoß festgestellt werden.[2750)] 2.2347

b) Im Rahmen der Abwägung nach § 138 Abs. 1 BGB ist die **Einseitigkeit der Vertragsstellung** ein Element, das die Sittenwidrigkeit verstärkt.[2751)] 2.2348

c) Die vereinbarte **Laufzeit** der Bezugsverpflichtung von zehn Jahren ist für sich gesehen unbedenklich.[2752)] 2.2349

d) Leistungen des Getränkelieferanten. aa) Grundsatz. Eigentümererklärungen sind nur dann nicht sittenwidrig i. S. d. § 138 Abs. 1 BGB und damit rechtswirksam, wenn der Getränkelieferant dem Eigentümer eine hinreichende Leistung erbringt. Wird der Getränkelieferant lediglich bei dem Zustandekommen des Pachtvertrages vermittelnd tätig, so genügt dies nicht.[2753)] 2.2350

bb) Zurechnung. Soweit der Getränkelieferant dem Pächter, der ihm gegenüber eine der mit dem Verpächter getroffenen Vereinbarung entsprechende Getränkebezugsverpflichtung eingegangen ist, im Rahmen der mit diesem geschlossenen Verträge Vorteile eingeräumt haben sollte, sollen diese nur im Verhältnis zu dem Pächter, nicht aber zum Verpächter Berücksichtigung fin- 2.2351

2748) OLG Köln, Urt. v. 9.5.1995 – 3 U 144/94, NJW-RR 1995, 1516; OLG Düsseldorf, Urt. v. 22.4.1999 – 13 U 100/98; OLG Köln, Urt. v. 6.12.2006 – 1 U 14473/06, NJW-RR 2007, 498.

2749) BGH, Urt. v. 25.11.1965 – KZR 11/64, NJW 1966, 652 = Zeller I, 46; OLG Köln, Urt. v. 9.5.1995 – 3 U 144/94, NJW-RR 1995, 1516; OLG Düsseldorf, Urt. v. 22.4.1999 – 13 U 100/98.

2750) OLG Düsseldorf, Urt. v. 25.1.1990 – 10 U 134/89, Zeller IV, 287.

2751) OLG Köln, Urt. v. 6.12.2006 – 1 U 14473/06, NJW-RR 2007, 498.

2752) OLG Köln, Urt. v. 9.5.1995 – 3 U 144/94, NJW-RR 1995, 1516; OLG Köln, Urt. v. 6.12.2006 – 1 U 14473/06, NJW-RR 2007, 498.

2753) BGH, Urt. v. 2.10.1969 – KZR 10/68, NJW 1970, 279 = Zeller I, 195.

den; denn sie seien dem Verpächter nicht zugutegekommen.[2754] Allerdings darf nicht verkannt werden, dass dieser strenge Ansatz durchaus zweifelhaft erscheint, kommen doch Leistungen an den Pächter/Mieter mittelbar dem Hauseigentümer oder Verpächter zugute, zumal der Pächter die Absatzstätte oftmals ohne das finanzielle Engagement der Getränkelieferanten nicht betreiben und damit den Pachtzins nicht erwirtschaften kann. Hier ist eine umfassende Beurteilung der Umstände im Einzelfall geboten.[2755]

2.2352 e) **Umfang der Auferlegungsverpflichtung.** Hinsichtlich der Angreifbarkeit nach § 138 Abs. 1 BGB ist zwischen Hauseigentümererklärungen, die sich auf die Verpflichtung zur Weitergabe der Bezugsverpflichtung beschränken, und solchen zu unterscheiden, die darüber hinausgehend auch eine Verpflichtung des Hauseigentümers zur Übertragung etwaiger Darlehensverbindlichkeiten des derzeitigen Pächters/Mieters gegenüber dem Getränkelieferanten auf dessen Geschäfts- oder Rechtsnachfolger als eigene Verbindlichkeit bzw. auf Voll- oder Teilrechtsnachfolger in Besitz oder Eigentum des Hauseigentümers erstrecken.

2.2353 aa) Die Verpflichtung zur Weitergabe der Bezugsverpflichtung für den Fall des Pächterwechsels ist als solche nicht sittenwidrig.[2756]

2.2354 bb) Wird dem Eigentümer dagegen zusätzlich noch die Verpflichtung auferlegt, die Verpflichtungen aus einem **Darlehensvertrag** des Getränkelieferanten mit dem Pächter/Mieter auf dessen Nachfolger sowie auch auf Voll- oder Teilrechtsnachfolger in Besitz oder Eigentum des Hauseigentümers zu übertragen, so verstößt diese Regelung im Rahmen der gebotenen Gesamtbetrachtung gegen § 138 Abs. 1 BGB. Hierdurch wird die **Weiterveräußerung** des Objektes wesentlich **erschwert**, ohne das dem eine unmittelbare Gegenleistung des Getränkelieferanten gegenüberstünde.[2757] Letzteres sei nur dann unbedenklich, wenn ein angemessener Ausgleich durch eine Leistung erfolge.[2758] Bei der Abwägung fiel zu Lasten des Getränkelieferanten weiter ins Gewicht, dass dieser sich noch nicht einmal verpflichtet hatte, einen von dem Eigentümer oder dem Pächter gestellten Nachpächter zu akzeptieren und mit ihm den Bezugsvertrag fortzusetzen.[2759]

2754) OLG Köln, Urt. v. 9.5.1995 – 3 U 144/94, NJW-RR 1995, 1516; OLG Karlsruhe, Urt. v. 28.4.1998 – 1 U 252/97, rkr. durch Nichtannahmebeschl. d. BGH v. 22.9.1999 – VIII ZR 337/98; OLG Köln, Urt. v. 6.12.2006 – 1 U 14473/06, NJW-RR 2007, 498.

2755) So zu Recht *Gödde*, in: Martinek/Semler/Habermeier/Fohr, Vertriebsrecht, § 52 Rz. 32.

2756) OLG Köln, Urt. v. 9.5.1995 – 3 U 144/94, NJW-RR 1995, 1516; OLG Düsseldorf, Urt. v. 27.10.2004 – VI-U (Kart) 41/03, BeckRS 2005, 06685; OLG Köln, Urt. v. 6.12.2006 – 1 U 14473/06, NJW-RR 2007, 498.

2757) OLG Düsseldorf, Urt. v. 22.4.1999 – 13 U 100/98.

2758) OLG Köln, Urt. v. 6.12.2006 – 1 U 14473/06, NJW-RR 2007, 498.

2759) OLG Düsseldorf, Urt. v. 22.4.1999 – 13 U 100/98.

f) Sanktionen. aa) Vertragsstrafenklauseln in einem Getränkelieferungsvertrag sind für sich betrachtet grundsätzlich nicht zu beanstanden. Allerdings dürfen auch derartige Vereinbarungen nicht zu gravierenden Beschränkungen der wirtschaftlichen Bewegungsfreiheit und Selbständigkeit des Gastwirts führen. So kann die Vereinbarung einer im Hinblick auf die Absatzmöglichkeiten der Absatzstätte unrealistische Mindestabnahmemenge i. V. m. einer empfindlichen Vertragsstrafe bei deren Nichtabnahme ebenso als sittenwidrig anzusehen sein wie die Kombination einer Vertragsstrafenklausel mit einer **Nachfolgeklausel**, durch die dem Gastwirt praktisch die Aufgabe der Veräußerung oder die Weiterverpachtung der Absatzstätte verwehrt wird.[2760)] 2.2355

Die für den Fall des Fremdbezuges vorgesehene Vertragsstrafe in Höhe von 30 % des Rechnungsbetrages konnte im Rahmen der Prüfung der Sittenwidrigkeit mit herangezogen werden.[2761)] 2.2356

bb) Schadensersatz. Das OLG Köln nahm in einem Urteil vom 18.8.1997 zu einer Eigentümererklärung mit Auferlegungsverpflichtung gegen Übernahme einer **Mietausfallbürgschaft** für maximal sechs Monate ebenfalls einen strengen Standpunkt ein. Die Klage der Brauerei auf Leistung von Schadensersatz in Höhe von ca. 200.000,00 € wegen Nichtweitergabe der Bezugsverpflichtung wurde mit der Begründung abgewiesen, dem Hauseigentümer sei es regelmäßig wirtschaftlich nicht zumutbar, ein Mietobjekt deshalb für eine geringere Miete anzubieten, damit die Bezugsverpflichtung des vorherigen Mieters weitergegeben werden könne. Der hieraus erwachsende Nachteil werde durch die Mietausfallbürgschaft nicht aufgewogen.[2762)] 2.2357

g) Rechtsfolge. Beschränkt sich die Auferlegungsverpflichtung nicht auf die Getränkebezugsverpflichtung, so erfasst die Sittenwidrigkeit der Vereinbarung die gesamte Eigentümererklärung, sodass diese als Ganzes nichtig ist.[2763)] 2.2358

V. AGB-Recht

1. Klausel

Für ein individuelles Aushandeln i. S. d. **§ 305 Abs. 1 Satz 3 BGB** bedarf es auch bei einer Eigentümererklärung, die dem äußeren Erscheinungsbild nach 2.2359

2760) OLG Schleswig, Urt. v. 29.6.1987 – 16 U 344/87, Zeller IV, 240; OLG Saarbrücken, Beschl. v. 16.8.2005 – 1 W 198/05, BeckRS 2006, 03699; OLG Köln, Urt. v. 9.5.1995 – 3 U 144/94, NJW-RR 1995, 1516.

2761) RG, Urt. v. 7.4.1908 – III 315/07, RGZ 68, 229 = JW 1908, 401; RG, Urt. v. 3.6.1930 – VII 401/30; RG, Urt. v. 23.9.1935 – VI 146/35, JW 1935, 3217 Nr. 1.

2762) OLG Köln, Urt. v. 18.8.1997 – 11 U 73/06, BeckRS 1997, 31051607.

2763) OLG Düsseldorf, Urt. v. 22.4.1999 – 13 U 100/98; OLG Köln, Urt. v. 6.12.2006 – 1 U 14473/06, NJW-RR 2007, 498.

eine von dem Getränkelieferanten gestellte AGB ist, eines konkreten Vortrages des darlegungspflichtigen Getränkelieferanten.[2764)]

2. Einbeziehung

2.2360 Im Zusammenhang mit Hauseigentümererklärungen muss ggf. die Einbeziehungshürde des § 305c Abs. 1 BGB genommen werden. Beispielhaft dann, wenn einem Hauseigentümer, der ein Objekt noch nie selbst betrieben hat oder erkennbar, etwa im Hinblick auf sein Alter oder seinen Gesundheitszustand, die Selbstbewirtschaftung aufgegeben hat, in einer Vereinbarung zumindest auch eine Verpflichtung zur Selbstbewirtschaftung auferlegt wird.[2765)]

3. § 307 Abs. 3 Satz 1 BGB

2.2361 Eine Inhaltskontrolle scheidet nach § 307 Abs. 3 Satz 1 BGB nicht aus, weil es kein gesetzliches Leitbild gibt, an dem der Vertrag gesondert gemessen werden könnte.[2766)]

4. Transparenzgebot

2.2362 Nach Inhalt und Wortlaut der Vertragsbedingungen sollte deutlich werden (können), ob diese nur auf Verträge mit Gaststätteneigentümern oder auch auf Verträge mit Pächtern zugeschnitten sind. Aus der Formulierung „Vermieter" lässt sich nicht schließen, in welcher Rechtsposition die Absatzstätte, in der die Automaten aufgestellt sind, betrieben werden muss.[2767)]

5. Laufzeit

2.2363 a) **§ 309 Nr. 9 a BGB.** § 309 Nr. 9 a BGB erklärt AGB-Laufzeiten in Verträgen für unwirksam, die die regelmäßige Lieferung von Waren zum Gegenstand haben. Insofern stellt sich eine Vielzahl von Problemen. Erstens muss es sich bei dem nicht bewirtschaftenden Hauseigentümer um einen Verbraucher i. S. d. § 13 BGB handeln. Diese Frage dürfte grundsätzlich zu bejahen sein.[2768)] Zweitens könnte im Hinblick auf die Mitformulierung von gegenwärtigen oder künftigen Eigenbetriebsverpflichtungen die Frage aufzuwerfen sein, ob nicht das Umgehungsverbot des § 306a BGB tangiert ist. Drittens stellt sich die Frage, ob nicht jedenfalls die Laufzeit der Getränkebezugsverpflichtung individuell

2764) OLG Köln, Urt. v. 6.12.2006 – 11 U 73/06, NJW-RR 2007, 498. BGH, Urt. v. 3.7.1996 – VIII ZR 92/95, NJW-RR 1996, 1394, geht von einem vorformulierten Vertag aus.

2765) Siehe oben § 35 III 2 c und insbesondere d jeweils m. w. N.

2766) OLG Köln, Urt. v. 6.12.2006 – 1 U 14473/06, NJW-RR 2007, 498 (obiter dictum).

2767) BGH, Urt. v. 10.11.1976 – VIII ZR 84/75, WM 1977, 112 = Zeller II, 23 (Automatenaufstellvertrag).

2768) Siehe oben § 10 III 5 b bb m. w. N., sowie § 23 II 3 m. w. N.

ausgehandelt worden ist (§ 305 Abs. 1 Satz 3 BGB).[2769] Viertens ist bejahendenfalls zu dem Problem Stellung zu nehmen, ob § 309 Nr. 9 a BGB Getränkebezugsverpflichtungen erfasst.[2770]

b) Verlängerungsklauseln. Zur Frage der Wirksamkeit von Verlängerungsklauseln für den Fall der nicht rechtzeitig erklärten Kündigung kann verwiesen werden.[2771] 2.2364

VI. Schriftformerfordernis des § 34 GWB a. F.

1. Anwendungsbereich

a) Sachlicher Anwendungsbereich. Da ausschließliche Lieferrechte den Eigentümer darin beschränken, in seinem Objekt andere Getränke von Dritten zu beziehen bzw. beziehen zu lassen, unterlagen derartige Vereinbarungen aus der Zeit vor dem 1.1.1999 wegen § 18 Abs. 1 Nr. 2 GWB a. F. der Missbrauchsaufsicht durch die Kartellbehörde und damit auch der Schriftform des § 34 GWB a. F. 2.2365

b) Persönlicher Anwendungsbereich. Die einseitige Verpflichtung des nicht unternehmerisch tätigen Hauseigentümers (Verpächters), dem jeweiligen Pächter der auf dem Grundstück betriebenen Absatzstätte eine Bezugsverpflichtung aufzuerlegen, fiel nicht unter § 34 GWB a. F.[2772] 2.2366

2. Tatbestandsvoraussetzungen

Hatte ein Grundeigentümer sich dem Getränkelieferanten gegenüber verpflichtet, dem jeweiligen Pächter der auf dem Grundstück betriebenen Absatzstätte eine Bezugsbindung an den Getränkelieferanten aufzuerlegen, so war insoweit – unbeschadet der Frage, ob in einem solchen Fall der Grundstückseigentümer überhaupt Unternehmer war – die Schriftform deswegen entbehrlich, weil es an einer Vereinbarung über Waren und gewerbliche Leistungen fehlte.[2773] 2.2367

Räumte der Hauseigentümer selber dem Getränkelieferanten ein ausschließliches Bezugsrecht ein und verpflichtete er sich gleichzeitig, seine Vertragspflichten an den jeweiligen Gaststättenpächter in seinem Haus weiterzugeben, so war die Schriftform des § 34 GWB a. F. zu beachten. Etwas anderes konnte allerdings dann gelten, wenn der Grundstückseigentümer diese Verpflichtung zur Auferlegung der Bezugsbindung im Rahmen von geschäftlichen Beziehungen, die er zu dem Getränkelieferanten unterhält, übernommen hatte.[2774] 2.2368

2769) Siehe oben § 10 III 2 und 3 jeweils m. w. N., sowie § 10 III 5 b aa m. w. N.

2770) Siehe oben § 10 III 5 c jeweils m. w. N.

2771) Siehe oben § 11 I 4 b jeweils m. w. N.

2772) Erman-*Dickersbach*, BGB, Vorbemerkung § 581 Rz. 4.

2773) BGH, Urt. v. 25.11.1965 – KZR 11/64, NJW 1966, 652 = Zeller I, 46.

2774) BGH, Urt. v. 14.7.1980 – KZR 19/79, WM 1980, 1309 = Zeller II, 155.

VII. Verbraucherkreditrecht

1. Anwendungsbereich

2.2369 **a) Sachlicher Anwendungsbereich.** Eigentümererklärungen haben jedenfalls nach dem Wortlaut des § 510 Abs. 1 Satz 1 Nr. 3 BGB die „Verpflichtung zum wiederkehrenden Erwerb oder Bezug von Sachen" zum Gegenstand. Diese Vorschrift verlangt nicht, dass der Verbraucher die Sachen selbst beziehen muss. Dies gilt erst recht dann, wenn die Hauseigentümervereinbarung so formuliert ist, dass sie eine bereits vorhandene oder künftig praktisch werdende Eigenbezugsverpflichtung zum Gegenstand hat. Somit fallen Eigentümererklärungen hinsichtlich des bezugsrechtlichen Teils in den sachlichen Anwendungsbereich des Verbraucherkreditrechts.

2.2370 Soweit den Hauseigentümer anfänglich seine Verpflichtung zur Darlehensrückführung, sei es ratenweise, sei es mit Endfälligkeit, auferlegt wird, ist der sachliche Anwendungsbereich des Verbraucherkreditrechts hinsichtlich der kreditrechtlichen Komponente über § 491 Abs. 1 BGB eröffnet.

2.2371 Im Übrigen ist sowohl hinsichtlich des kreditrechtlichen als auch des bezugsrechtlichen Teils ggf. das Verbot abweichender Vereinbarungen des § 511 BGB zu beachten. Der Vertragsgestaltung werden auch insofern Grenzen auferlegt. Latente bzw. potentielle Eigenbezugsverpflichtungen bzw. Eigenkreditverpflichtungen führen daher zur anfänglichen Anwendbarkeit des Verbraucherkreditrechts im jeweiligen Zusammenhang.

2.2372 **b) Persönlicher Anwendungsbereich.** Der nicht bewirtschaftende Hauseigentümer ist grundsätzlich Verbraucher i. S. d. § 13 BGB.[2775)] Dem steht auch nicht entgegen, dass der Hauseigentümer im Verhältnis zum Pächter möglicherweise als Unternehmer angesehen werden könnte.[2776)] Der Anwendungsbereich der Ausnahmevorschrift des § 512 BGB ist mangels Existenzgründereigenschaft nicht eröffnet. Dies auch nicht durch Vertragsgestaltungen, nach denen den Hauseigentümer eine latente oder potentielle Eigenbetriebsverpflichtung trifft. Insofern setzt wiederum § 511 BGB der Vertragsgestaltung Schranken.

2. Konsequenzen

2.2373 **a) Widerrufsbelehrung.** Die Hauseigentümererklärung bedarf jedenfalls hinsichtlich des bezugsrechtlichen Teils grundsätzlich (Grenze nach § 512 BGB) einer Widerrufsbelehrung. Dies gilt auch für Nachträge und Anschlussvereinbarungen. § 312 Abs. 2 Satz 2 BGB ist sonach nicht anwendbar. Daher bedarf es keiner Belehrung über etwaige Widerrufsrechtsfolgen.[2777)]

2775) Siehe oben § 23 III 3 jeweils m. w. N.

2776) Siehe unten § 36 I 6 m. w. N.

2777) Siehe oben § 25 XI 1 jeweils m. w. N.

b) Widerrufsinformation. Hinsichtlich der ggf. vorhandenen kreditrechtlichen Komponente ist das Verbraucherkreditrecht voll umfänglich zu beachten.[2778] 2.2374

VIII. Rechte der Haustürgeschäfte

1. Einführung

Besonders sorgfältig sollte im Zusammenhang mit Hauseigentümererklärungen geprüft werden, ob insofern nicht die Voraussetzungen eines Haustürgeschäfts i. S. d. § 312 Abs. 1 Satz 1 Nr. 1 BGB mit der Konsequenz der Erforderlichkeit einer Widerrufsbelehrung (§ 312 Abs. 1 Satz 1 BGB) und den ggf. nach § 312 Abs. 2 Sätze 2 und 3 BGB zu beachtenden Besonderheiten erfüllt sind.[2779] 2.2375

2. Kollision

Ist der Getränkelieferungsvertrag zugleich ein Haustürgeschäft (§ 312 BGB),[2780] gelten allein die §§ 510 Abs. 1, 355 BGB, sofern er auf das Geschäft im Einzelfall anwendbar ist. Dann gilt § 312 BGB nicht (§ 312a BGB).[2781] 2.2376

IX. Kündigung

1. Unmöglichkeit der Anschlussverpachtung

Die Kündigung aus wichtigem Grunde kann gerechtfertigt sein, wenn der durch Bezugspflicht gebundene Eigentümer von vornherein – wie dem Getränkelieferanten bekannt ist – die Absatzstätte nicht selbst führen, sondern sie nur verpachten und die Bezugspflicht an den Pächter weitergeben wollte, nunmehr aber trotz zumutbarer Bemühungen nicht in der Lage ist, einen Anschlusspachtvertrag abzuschließen; in derartigen Fällen kann dem Grundstückseigentümer eine Übernahme der Absatzstätte in eigener Regie ausschließlich zu dem Zweck, die Bezugsverpflichtung gegenüber dem Getränkelieferanten zu erfüllen, nicht zugemutet werden.[2782] 2.2377

2. Veräußerung der Immobilie

Betreibt ein **Grundstückseigentümer** auf seinem Grundstück eine der Getränkebezugspflicht unterliegende Absatzstätte und **veräußert** er unter Aufgabe der Absatzstätte sein Grundstück freihändig, um einer drohenden Enteignung 2.2378

2778) Siehe unten §§ 41 – 45 jeweils m. w. N.

2779) Siehe unten § 47 I-II jeweils m. w. N.

2780) Siehe unten § 47 II jeweils m. w. N.

2781) Palandt-*Weidenkaff*, BGB, § 510 Rz. 8.

2782) BGH, Urt. v. 23.6.1960 – VIII ZR 115/59, NJW 1960, 1614 = Zeller I, 161.

zuvorzukommen, so rechtfertigt dies nicht eine Kündigung des Getränkelieferungsvertrages aus wichtigem Grunde.[2783)]

2.2379 In einem so gelagerten Fall ist der Gastwirt schlechthin gehindert, sein Grundstück, auch wenn die Enteignung unmittelbar bevorsteht, an den durch die Enteignung Begünstigten freihändig zu verkaufen. Die unter dem Gesichtspunkt der schuldhaften Verwirkung einer **Vertragsstrafe** angestellte Erwägung, der Gastwirt habe vorsätzlich die Belieferungsmöglichkeit durch den Getränkelieferanten vereitelt und könne sich auf den Gesichtspunkt einer sog. **überholenden Kausalität** deswegen nicht berufen, weil diese nur bei Schadensersatzansprüchen, nicht aber bei der Verwirkung einer Vertragsstrafe in Betracht komme, mag bei vordergründiger Betrachtung zunächst befremdlich erscheinen. Das gilt auch für den Hinweis, städtebauliche Zwecke zu verfolgen, sei nicht Aufgabe des Gastwirts. Hinter beiden Entscheidungen steht jedoch die zutreffende Erwägung, dass der durch eine Getränkebezugsverpflichtung gebundene Grundeigentümer dem Getränkelieferanten Gelegenheit geben muss, in einem förmlichen Enteignungsverfahren seine durch die Inanspruchnahme des Gaststättengrundstücks etwa ausgelösten Erstattungsansprüche geltend machen zu können. Insoweit müssen die Interessen des Enteignenden an einem freihändigen Erwerb der Grundstücke hinter den Belangen des Getränkelieferanten zurücktreten. Dem in derartigen Fällen verhältnismäßig geringen Verschulden des Gastwirts und dem Gedanken des hypothetischen Geschehensablaufs hat die Rechtsprechung dadurch Rechnung getragen, dass sie die Vertragsstrafe gem. § 343 BGB angemessen herabgesetzt hat.[2784)]

2.2380 Im Übrigen wird auf die Rechtsprechung verwiesen.[2785)]

X. Verwaltungsvertrag

1. Situation

2.2381 In der Praxis findet sich als eine Sonderform der Hauseigentümererklärung der Verwaltungsvertrag, in dem der Getränkelieferant den Hauseigentümer von diesen Aufgaben entlastet. In Extremsituationen kann der Getränkelieferant zum praktisch und rechtlich ausschließlichen Ansprechpartner des Pächters werden. Die Grenze zur Anpachtung wird damit erreicht.

2783) BGH, Urt. v. 27.11.1968 – VIII ZR 9/67, NJW 1969, 461 = Zeller I, 285; BGH, Urt. v. 16./17.9.1974 – VIII ZR 116/72, NJW 1974, 2089 = Zeller I, 241; OLG Düsseldorf, Urt. v. 23.10.2001 – 4 U 57/01, BeckRS 2001, 30213450 = NJOZ 2003, 2554, rkr. durch Nichtannahmebeschl. d. BGH v. 7.5.2003 – VIII ZR 271/01.

2784) BGH, Urt. v. 18.11.1982 – VII ZR 305/81, ZIP 1983, 76.

2785) OLG Hamm, Urt. v. 8.6.1998 – 31 U 4/98, rkr. durch Nichtannahmebeschl. d. BGH v. 15.9.1999 – VIII ZR 333/98.

2. Gegenstand und Umfang der Verwaltungstätigkeit

Zu den denkbaren Inhalten der grundsätzlich dem Hauseigentümer als Verpächter obliegenden Verwaltungstätigkeiten rechnen unter anderem die Suche nach einem geeigneten Pächter, die Führung der Vertragsverhandlungen mit Pachtbewerbern, die Gestaltung des Pachtvertrages, die Abwicklung von Mängeln oder Schäden, die Erstellung der Betriebskostenabrechnungen, die Einziehung der Pacht sowie der Betriebskostenvorauszahlungen, die Geltendmachung von Betriebskostennachzahlungen, das entsprechende Forderungsmanagement bis hin zur gerichtlichen Geltendmachung, die Überwachung der Erfüllung der Vertragspflichten durch den Pächter im Übrigen, die Suche nach geeigneten Nachfolgebetreibern sowie ggf. eine entsprechende (Vor-)Auswahl, die Übergabe des Pachtobjektes, die Kündigung des Pachtobjektes einschließlich der Rücknahme des Objektes nebst Erstellung der entsprechenden Protokolle.[2786] 2.2382

Weitere zusätzliche finanzielle Leistungen des Getränkelieferanten wie eine **Ausfallbürgschaft**, die unentgeltliche Zurverfügungstellung eines Pachtvertrages, der unentgeltliche Einzug der Pachten etc. sind denkbar.[2787] Vereinzelt verauslagen die Getränkelieferanten auch zinslos oder zinsgünstig den Umbau des Pachtobjektes und/oder die Einrichtung bzw. Modernisierung desselben. Diese Vorfinanzierung kann dauerhaft und damit auf eigene Kosten des Getränkelieferanten oder nur vorübergehend und dann darlehens- oder zuschussweise finanziert sein. 2.2383

3. Pflichten des Hauseigentümers

Im Gegenzug für die Verwaltung verpflichtet sich der Hauseigentümer, den Pächtern/Mietern eine Getränkebezugsverpflichtung in vertraglich festgelegtem Umfang (Sortiment, ggf. Menge, Lieferweg etc.) zu Gunsten des Getränkelieferanten aufzuerlegen und die Werbung für die Produkte zu dulden. Nur ausnahmsweise finden sich (Gesamtabnahme-)Mengenvereinbarungen.[2788] 2.2384

4. Wirksamkeit

a) **Laufzeit.** Die Frage, ob ein Verwaltungsvertrag wegen überlanger Laufzeit sittenwidrig und nichtig ist, beurteilt sich nach den allgemeinen Grundsätzen.[2789] Sollte es sich bei der Laufzeit um eine Klausel i. S. d. § 305 Abs. 1 2.2385

2786) BGH, Urt. v. 14.7.1980 – KZR 19/79, WM 1980, 1309 = Zeller II, 155.

2787) OLG Zweibrücken, Urt. v. 7.6.1999 – 7 U 4/97, OLGReport 2000, 153, rkr. durch Nichtannahmebeschl. d. BGH v. 23.2.2000 – VIII ZR 181/99 (25 Jahre).

2788) BGH, Urt. v. 14.7.1980 – KZR 19/79, WM 1980, 1309 = Zeller II, 155.

2789) OLG Zweibrücken, Urt. v. 7.6.1999 – 7 U 4/97, OLGReport 2000, 153, rkr. durch Nichtannahmebeschl. d. BGH v. 23.2.2000 – VIII ZR 181/99. Siehe oben § 10 I jeweils m. w. N.

Satz 1 BGB handeln, so dürfte die Rechtsprechung zu § 307 Abs. 1 Satz 1 BGB zu beachten sein.[2790]

2.2386 **b) Im Übrigen.** Da Inhalt und Umfang des Verwaltungsvertrages gesetzlich nicht geregelt sind, scheidet eine AGB-Kontrolle im Übrigen durchweg aus (§ 307 Abs. 3 Satz 1 BGB). Damit verbleibt es bei der allgemeinen Inhaltskontrolle nach § 138 Abs. 1 BGB.[2791]

XI. Miet-/Pachteintrittsrecht

1. Situation

2.2387 Das Miet-/Pachteintrittsrecht stellt einen weiteren Anwendungsfall der Hauseigentümererklärung dar. Der Getränkelieferant erreicht hierdurch in gewisser Weise eine faktische „Gebundenheit", wenn es ihm gelingt, mit dem Eigentümer/Verpächter/Vermieter des Gaststättenobjekts ein Eintrittsrecht in der Form zu vereinbaren, dass ihm bei einem Ausscheiden des bisherigen Pächters das Recht zur Unterpachtung oder jedenfalls zur Bestimmung eines Nachfolgepächters **(Nachfolgerevers)** zugestanden wird.[2792] Auf diese Weise wird der Getränkelieferant in die Lage versetzt, sich einen Unterpächter aussuchen bzw. einen Nachfolgepächter bestimmen zu können, der bereit ist, ihm gegenüber eine Getränkebezugsverpflichtung einzugehen.

2. Leistungen des Getränkelieferanten

2.2388 Als Gegenleistung übernimmt der Getränkelieferant nicht selten dem Eigentümer gegenüber etwaige offene Pachtrückstände des ausscheidenden Gastwirts, bisweilen auch den Ausfall bis zu einer Neuverpachtung.

3. Ausübung und Wirkung

2.2389 Der Getränkelieferant übt sein Eintrittsrecht mit einseitiger, bedingungsfeindlicher und empfangsbedürftiger Willenserklärung gegenüber dem Hauseigentümer aus. Mit Zugang dieser Erklärung tritt er in den bestehenden Nutzungsvertrag anstelle des bisherigen Betreibers ein. Die Vertragsbestimmungen gelten fort, es sei denn, der Getränkelieferant einigt sich mit dem Hauseigentümer über neue (Teil-)Regelungen.

4. AGB-Kontrolle

2.2390 Bei Unterzeichnung einer als „Miet- bzw. Pachteintrittsvereinbarung" überschriebenen Erklärung braucht der unterzeichnende Vermieter ohne besonde-

---

2790) Siehe oben § 10 III 5–13 jeweils m. w. N.

2791) Siehe oben § 35 IV jeweils m. w. N.

2792) BGH, Urt. v. 8.4.1987 – VIII ZR 138/86; BGH, Urt. v. 18.7.2001 – XII ZR 183/98; OLG Nürnberg, Urt. v. 5.2.2002 – 1 U 2314/01, NJW-RR 2002, 917.

ren Hinweis nicht damit zu rechnen, dass der Text die Erklärung enthält, der Unterzeichnende verpflichtet sich – bei Nichteintritt des Vertragspartners oder eines von diesem benannten Dritten in das bestehende Mietverhältnis –, die von dem Vertragspartner in das Mietobjekt eingebrachte Gaststätteneinrichtung zu übernehmen und den Darlehenssaldo des bisherigen Mieters bei dem Vertragspartner auszugleichen; denn es handelt sich um eine überraschende Klausel i. S. d. § 305c Abs. 1 BGB.[2793)]

XII. Vorpacht-/Vormietrecht

1. Situation

Bei Vereinbarung eines gesetzlich ebenfalls nicht geregelten Vorpacht-/Vor- 2.2391
mietrechts liegt wiederum ein Anwendungsfall der Hauseigentümererklärung vor. Ziel ist es, eine faktische Gebundenheit des Objektes herbeizuführen. Getränkelieferanten lassen sich von dem Eigentümer einer Absatzstätte vertraglich ein Vorpachtrecht einräumen, um dieses ausüben zu können, wenn der Gaststätteneigentümer mit einem Dritten einen Pachtvertrag über die Absatzstätte abschließt. Das Vorpachtrecht etc. räumt dem Getränkelieferanten das vertragliche Recht ein, durch einseitige, bedingungsfeindliche und empfangsbedürftige Erklärung gegenüber dem Verpächter, in ein Pachtverhältnis, wie es der Verpächter mit dem Dritten abgeschlossen hat, einzutreten.

2. Ausübung und Wirkung

Der Getränkelieferant übt sein Recht durch einseitige, bedingungsfeindliche 2.2392
und empfangsbedürftige Erklärung gegenüber dem Hauseigentümer aus. Wie auch beim Miet- oder Pachteintrittsrecht kann der Getränkelieferant lediglich über das „ob" der Ausübung entscheiden. Inhaltliche Änderungen des Pachtverhältnisses mit dem zunächst angedachten Pächter/Mieter sind nicht möglich. Daher ist die Ausübung des Vorpachtrechts unwirksam, wenn der Berechtigte es ablehnt, die mit seiner Erklärung ausgelösten Pflichten zu tragen. In entsprechender Anwendung der §§ 464–467 BGB entfallen nur solche Regelungen, die nicht wesensmäßig zum Pachtvertrag gehören und darin einen Fremdkörper darstellen.[2794)] Anders ist dagegen zu entscheiden, wenn die Eigentümererklärung dieses allgemein zulässt oder bereits bestimmte Neuregelungen vorsieht. Naturgemäß sind einvernehmliche Änderungen stets möglich.

2793) LG Berlin, Urt. v. 9.6.2000 – 5 O. 495/99, ZMR 2000, 827.

2794) BGH, Urt. v. 25.11.1987 – VIII ZR 283/86, BGHZ 102, 237 = NJW 1988, 703 = Zeller IV, 173.

3. Auslegung

2.2393 a) **Bezugsverpflichtung.** Vereinbart der Gaststätteneigentümer mit dem Pächter eine Getränkebezugsverpflichtung bei einem anderen Getränkehersteller, so entsteht die Frage, ob sich dies auch gegenüber dem das Vorpachtrecht ausübenden Getränkelieferanten auswirkt. Der BGH hat dies bejaht und entschieden, dass einem Pachtvertrag zwischen Gaststätteneigentümer und vorpachtberechtigten Getränkelieferant nicht von vornherein immanent sei, dass bei Neuverpachtung der Absatzstätte keine Bier- oder Getränkebezugsverpflichtung des neuen Pächters gegenüber einem Dritten mit Wirkung für den Vorpachtberechtigten vereinbart werden könne; dazu bedürfe es vielmehr einer ausdrücklichen Absprache im Vorpachtvertrag. Sonst würde der Gaststätteneigentümer ohne ausdrückliche Vereinbarung auf dem „versteckten Weg über die Vorpacht" zeitlich praktisch unbegrenzt an die Vorpachtberechtigte als Getränkelieferantin gebunden.[2795)]

2.2394 b) **Vormietrecht.** Steht einem Getränkelieferanten, der Gaststättenräume gemietet hat, ein Vormietrecht zu, dann ist er verpflichtet, wenn er in den Mietvertrag mit einem anderen Getränkelieferanten eintritt, sowohl die dort niedergelegte Verpflichtung zur Neueinrichtung der Gaststätte als auch zum Getränkebezug zu übernehmen, weil diese keine Fremdkörper in den Mietvertrag darstellen. Die Übernahme einer Bezugsverpflichtung mit einem anderen Getränkelieferanten soll auch nicht gem. § 138 Abs. 1 BGB nichtig sein. Vielmehr sei bereits fraglich, ob durch die Übernahme dieser Verpflichtung überhaupt das Vormietrecht des berechtigten Getränkelieferanten beeinträchtigt worden ist. Der Berechtigte sei nämlich durch die Regelung nicht gehindert worden, sein Vormietrecht auszuüben. Er soll lediglich, falls er dieses Recht ausübe, gehalten sein, Getränke des Mitbewerbers zum Ausschank zu bringen.[2796)] Ein entsprechend verstandenes Vormietrecht dürfte allerdings für den berechtigten Getränkelieferanten wirtschaftlich ohne jedes Interesse sein.

2.2395 c) Das vereinbarte Vorpachtrecht kann – falsch bezeichnet – im Einzelfall eine **Verlängerungsoption** darstellen.[2797)]

XIII. Nachfolgerevers

2.2396 Eine weitere Unterart der Eigentümererklärung ist der sog. „Nachfolgerevers". Darin verspricht der Hauseigentümer und Verpächter dem Getränkelieferanten im Falle der Nachfolge auf Pächterseite, den ganzen Vertrag oder nur die Bezugspflicht jedem neuen Pächter aufzuerlegen. Gelegentlich wird diese Ver-

---

2795) BGH, Urt. v. 25.11.1987 – VIII ZR 283/86, BGHZ 102, 237 = NJW 1988, 703 = Zeller IV, 173.

2796) OLG Frankfurt/M., Urt. v. 27.10.1987 – 14 U 129/86, NJW-RR 1988, 178 = Zeller IV, 167.

2797) OLG Hamm, Urt. v. 5.7.1995 – 30 U 331/93, ZMR 1995, 536.

pflichtung mit einem Pacht- oder Mieteintrittsrecht des Getränkelieferanten gekoppelt. Nachteilig ist das fehlende Mitspracherecht des Getränkelieferanten bei der Auswahl des neuen Betreibers.

XIV. Nachfolgerbenennungsrecht

Ziel einer Eigentümererklärung in Form des (Pächter-/Mieter-)Nachfolgerbenennungsrechts ist es, sei es anfänglich, sei es in der Situation des Betreiberwechsels, den qualitativen Vorgaben des Getränkelieferanten hinsichtlich der Person des Betreibers, insbesondere hinsichtlich Gastroaffinität und Bonität, Rechnung zu tragen. Je nach Vertragsinhalt besteht auch eine Verpflichtung zur Suche geeigneter Betreiber. Angesichts des „Überangebotes“ an nicht qualifizierten Bewerbern einerseits und der Vielzahl nicht mehr besetzungsfähiger Objekte andererseits übernehmen Getränkelieferanten heute durchweg keine „Garantie“ hinsichtlich der Bonität der Interessenten. Die Übernahme von Pachtausfallgarantien bzw. Pachtbürgschaften bezüglich etwaiger Pachtausfälle ist daher ebenfalls ein Relikt aus der Vergangenheit. 2.2397

XV. Weitere denkbare Inhalte von Eigentümererklärungen

Angesichts der skizzierten Probleme bei der Pächtersuche haben früher denkbare Formen von Eigentümererklärungen wie die **Pachtvermittlungsvollmacht** oder der **Pachtvermittlungsauftrag** heute erheblich an praktischer Bedeutung verloren.[2798] 2.2398

§ 36 Getränkebezugverpflichtung und Pachtvertrag

Mit Pachtverträgen sind häufig Bezugsverpflichtungen des Pächters verbunden. In der Praxis sind Getränkebezugsverpflichtungen der Gaststättenpächter von besonderer Bedeutung. Derartige Bezugsverpflichtungen des Pächters können auf verschiedene Weise begründet werden. Die nachfolgend angesprochenen Fallgruppen verstehen sich daher nur beispielhaft. 2.2399

I. Pachtvertragliche Bezugspflichten zugunsten eines Getränkelieferanten

1. Situation

Gelegentlich sind Bezugsbindungen nicht Inhalt eines unmittelbar zwischen Getränkelieferanten und Betreiber abgeschlossenen Vertrages, sondern Bestandteil eines Vertrages zugunsten eines – möglicherweise erst noch zu benennenden – Getränkefachlieferanten als Dritten (§ 328 BGB). Beispielsweise stellt ein Getränkelieferant einen von ihm ausgearbeiteten Pachtvertrag einem Eigentü- 2.2400

2798) Vgl. zur Pachtvermittlung u. a. BGH, Urt. v. 2.10.1969 – KZR 10/68, NJW 1970, 279 = Zeller I, 195.

mer und damit künftigen Verpächter einer Absatzstätte zur Verfügung und baut in diesen eine Bezugsbindung des Pächters zu seinen Gunsten ein.[2799)]

2. Pflichtenstellung des Verpächters

2.2401 Zu den Pflichten des Hauseigentümers kann auf die vorherigen Ausführungen verwiesen werden.[2800)]

3. Bedeutung des § 328 BGB

2.2402 a) Gegen die **Auslegung** als Vertrag zugunsten Dritter nach § 328 Abs. 1 und 2 BGB spricht nicht, dass nur die Parteien des Pachtverhältnisses als solche benannt werden. Hinreichend ist, wenn der Pachtvertrag zahlreiche Regelungen zugunsten des Getränkelieferanten enthält. Zu nennen sind u. a. eine Getränkebezugsverpflichtung sowie die Absicherung derselben durch eine Kaution.[2801)]

2.2403 b) **Wirksamkeit. aa) Bestimmtheit.** Der Getränkelieferant braucht nicht im Vertrag selbst bestimmt zu sein. Es genügt, wenn seine Person bestimmbar ist. Es kann dann die zu begünstigende Person auch nach dem Abschluss des Vertrages noch bestimmt werden.[2802)]

2.2404 **bb) Regelungen zu Lasten Dritter.** Eine solche Vertragsgestaltung ist dann zulässig, wenn sie keine Verpflichtungen des Getränkelieferanten enthält und sich damit nicht als unwirksamer Vertrag zu Lasten Dritter darstellt.[2803)]

2.2405 Die selbstverständliche Belieferungspflicht gegenüber dem Gastwirt schadet insoweit nicht, wenn sie nicht ausdrücklich vertraglich geregelt und in Einzelheiten ausgestaltet ist.[2804)]

2.2406 c) **Rechtsstellung des Getränkelieferanten.** Bei dem in diesem Zusammenhang durchweg anzunehmenden echten (berechtigenden) Vertrag zugunsten Dritter erwirbt der Getränkelieferant einen eigenen Anspruch gegen den Gastwirt (§ 328 Abs. 1 BGB). Dieser Erwerb erfolgt unmittelbar, sodass sein Forderungsrecht des Dritten niemals zum Vermögen des Eigentümers gehört hat. Der begünstigte Getränkelieferant rückt also nicht in die Stelle eines Vertrags-

2799) BGH, Urt. v. 25.11.1965 – KZR 11/64, NJW 1966, 652 = Zeller I, 46; OLG Hamm, Urt. v. 5.7.1995 – 30 U 331/93, ZMR 1995, 536.

2800) Siehe oben § 35 III 1 und 2 jeweils m. w. N.

2801) AG Saarbrücken, Urt. v. 18.12.1995 – 4 C 21/95.

2802) AG Saarbrücken, Urt. v. 18.12.1995 – 4 C 21/95.

2803) BGH, Urt. v. 25.11.1965 – KZR 11/64, NJW 1966, 652 = Zeller I, 46; BGH, Urt. v. 2.10.1969 – KZR 10/68, NJW 1970, 279 = Zeller I, 195; BGH, Urt. v. 9.4.1970 – KZR 7/69, NJW 1970, 2157 = Zeller I, 64; BGH, Urt. v. 6.11.1972 – KZR 65/71, GRUR 1978, 319 = Zeller I, 124; OLG München, Urt. v. 30.9.1994 – 21 U 1742/94, BB 1995, 329; OLG Hamm, Urt. v. 5.7.1995 – 30 U 331/93, ZMR 1995, 536.

2804) OLG Nürnberg, Urt. v. 6.5.2004 – 13 U 52/04; *Paulusch*, Brauerei- und Gaststättenrecht, 9. Aufl. 1996, Rz. 98.

schließenden ein, er hat aber ein eigenes Forderungsrecht.[2805] Folglich steht dem Getränkelieferanten ein eigener Anspruch auf Erfüllung (Einhaltung) der Getränkebezugsverpflichtung nach Inhalt und Umfang, insbesondere hinsichtlich der Menge, zu. Bei Nicht- oder Schlechterfüllung gegebene Sekundäransprüche auf Schadensersatz oder Vertragsstrafe stehen ebenfalls dem Getränkelieferanten unmittelbar zu; eine Abtretung oder die Geltendmachung eines fremden Rechts scheiden daher aus.

d) Auskunft. Hauseigentümern steht, die Erfüllung der übernommenen Weitergabeverpflichtung unterstellt, ein vertraglicher Auskunftsanspruch betreffend die vom Pächter/Mieter des Objektes bezogene Getränkemenge zu.[2806] **2.2407**

4. Verdikt des § 138 Abs. 1 BGB

a) Einführung. Dem Verpächter/Vermieter steht es grundsätzlich frei, dem Pächter/Mieter die Nutzung des Objekts nur in einem bestimmten Umfang oder mit bestimmten Beschränkungen und Verpflichtungen zu gewähren. Dazu gehört auch die Regelung des Getränkebezugs hinsichtlich des Sortiments und des Lieferweges[2807] oder der Aufstellung von Automaten. Hiergegen lässt sich unter dem Gesichtspunkt der Sittenwidrigkeit ohne Hinzutreten besonderer Umstände nichts erinnern. Die Auferlegung einer ausschließlichen Bezugsverpflichtung zugunsten eines Getränkelieferanten in einem Pacht-/Mietvertrag zwischen Hauseigentümer und Pächter/Mieter ist daher grundsätzlich zulässig.[2808] Eine andere rechtliche Beurteilung kann sich nach den Grundsätzen des Wegfalls der Geschäftsgrundlage (§ 313 BGB) bei Wegfall oder Unwirksamkeit der Abnahmeverpflichtung des Verpächters/Vermieters ergeben.[2809] Für Mietverträge gilt Entsprechendes.[2810] **2.2408**

b) Leistungsverhältnis. Bei der Prüfung einer Ausschließlichkeitsbindung im Rahmen eines (Pacht-)Vertrages zugunsten Dritter (§ 328 BGB) ist auf das in der Regel maßgebliche Verhältnis zwischen dem Gebundenen (Pächter) und dem Versprechensempfänger (Verpächter, Eigentümer) abzustellen.[2811] Bei einer **2.2409**

2805) BGH, Urt. v. 9.4.1970 – KZR 7/69, NJW 1970, 2157 = Zeller I, 64; OLG Karlsruhe, Urt. v. 1.4.1987 – 1 U 146/86, Zeller IV, 153; AG Saarbrücken, Urt. v. 18.12.1995 – 4 C 21/95, vgl. auch LG Frankfurt/M., Beschl. v. 28.3.2003 – 2/1 S 313/02.

2806) OLG Düsseldorf, Urt. v. 25.1.1990 – 10 U 134/89, Zeller IV, 287, mit Vorinstanz.

2807) BGH, Urt. v. 14.7.1980 – KZR 19/79, WM 1980, 1309 = Zeller II, 155. Siehe oben § 35 I 1.

2808) BGH, Urt. v. 9.4.1970 – KZR 7/69, NJW 1970, 2157 = Zeller I, 64; BGH, Urt. v. 14.7.1980 – KZR 19/79, WM 1980, 1309 = Zeller, II, 155; OLG München, Urt. v. 30.9.1994 – 21 U 1742/94, BB 1995, 329.

2809) BGH, Urt. v. 9.4.1970 – KZR 7/69, NJW 1970, 2157 = Zeller I, 64.

2810) *Gödde*, in: Martinek/Semler/Habermeier/Fohr, Vertriebsrecht, § 52 Rz. 33.

2811) OLG München, Urt. v. 30.9.1994 – 21 U 1742/94, BB 1995, 329, mit teilweise abl. Anm. *Niebling*, BB 1995, 330; OLG Hamm, Urt. v. 5.7.1995 – 30 U 331/93, ZMR 1995, 536.

derartigen Vertragsgestaltung muss sich der Getränkelieferant also hinsichtlich der Frage, ob die ihm als begünstigtem Dritten zugutekommende Bezugsbindung gegen § 138 Abs. 1 BGB verstößt, so behandeln lassen, als sei er selbst Vertragspartei des Gastwirts.[2812] Anders soll dies sein, wenn die **tatrichterliche Würdigung** ergibt, dass der Getränkelieferant am Abschluss eines Pachtvertrages und bei dessen Ausgestaltung nicht in einer für seine Einbeziehung in das Leistungsverhältnis zwischen Pächter und Verpächter ausschlaggebenden Weise mitgewirkt hat.[2813]

2.2410 c) **Leistungen.** Zu Leistungen an den Pächter, die vereinbarungsgemäß an den Verpächter und Hauseigentümer ausgezahlt wurden, siehe ein Urteil des OLG Karlsruhe.[2814]

2.2411 d) **Laufzeit.** Um die Nichtigkeitssanktion einer **unbefristeten** und nach § 138 Abs. 1 BGB nichtigen Getränkebezugsverpflichtung zu vermeiden, bedarf es besonderer Sorgfalt bei der Vertragsgestaltung. Unbedenklich sind **feste Laufzeiten.** Bei Vereinbarung einer sittenwidrig langen Bezugsbindung sind auch Bierbezugsverpflichtungen in Verträgen zugunsten Dritter sittenwidrig und nichtig.[2815] Ist die Bezugsbindung ohne zeitliche Begrenzung an die **Dauer der Verpachtung** einer Absatzstätte gekoppelt und kann der Verpächter (Hauseigentümer) sich nur mittelbar durch eine zweckentfremdende Verpachtung der Räume (Aufgabe der Absatzstätte) von der Bezugsbindung lösen, so ist die Laufzeitvereinbarung nichtig.[2816]

2.2412 Laufzeiten mit **Verlängerungsklauseln** bedeuten im Ergebnis eine unbefristete und damit sittenwidrige Bezugsbindung; sie gilt es zu vermeiden. Gleiches gilt für einseitige **Optionsrechte** zugunsten des Verpächters/Vermieters. Optionsrechte zur Verlängerung des Pacht-/Mietvertrages, die dem Pächter/Mieter eingeräumt worden sind, sind dagegen unbedenklich.[2817]

5. AGB

2.2413 a) **Einbeziehung.** Im Zusammenhang mit § 305 Abs. 1 BGB können sich zwei Fragen ergeben. Übernimmt der Verpächter eine von dem Getränkelieferanten gestaltete und sei es in der Eigentümererklärung, sei es im Übrigen als Muster zur Verfügung gestellte Bezugsregelung, so dürften die Voraussetzungen einer Klausel i. S. d. § 305 Abs. 1 Satz 1 BGB jedenfalls dann erfüllt sein, wenn die

2812) BGH, Urt. v. 2.10.1969 – KZR 10/68, NJW 1970, 279 = Zeller I, 195.

2813) BGH, Urt. v. 9.4.1970 – KZR 7/69, NJW 1970, 2157 = Zeller I, 64.

2814) OLG Karlsruhe, Urt. v. 28.4.1998 – 1 U 252/97, rkr. durch Nichtannahmebeschl. d. BGH v. 22.9.1999 – VIII ZR 337/98.

2815) BGH, Urt. v. 9.4.1970 – KZR 7/69, NJW 1970, 2157 = Zeller I, 64.

2816) BGH, Urt. v. 2.10.1969 – KZR 10/68, NJW 1970, 279 = Zeller I, 195.

2817) BGH, Urt. v. 9.4.1970 – KZR 7/69, NJW 1970, 2157 = Zeller I, 64; OLG München, Urt. v. 30.9.1994 – 21 U 1742/94, BB 1995, 329.

Regelung nicht nachweislich Gegenstand einer Aushandlungsvereinbarung i. S. d. § 305 Abs. 1 Satz 3 BGB gewesen ist. Zum personalen Anwendungsbereich des AGB-Rechts wird festzustellen sein, dass der Pächter, sei es als Unternehmer, sei es als Existenzgründer, dem Schutz des AGB-Rechts gem. § 310 Abs. 1 Satz 1 und 2 BGB nur eingeschränkt unterliegt.

b) Inhaltskontrolle. Gegen die Verpflichtung des Gastwirts, die in der Absatzstätte benötigten Getränke beim Verpächter oder bei einem von diesem benannten Dritten zu beziehen, bestehen keine grundsätzlichen Bedenken. Eine solche Verpflichtung kann wirksam auch mittels Formularvertrages oder AGB übernommen werden.[2818)] **2.2414**

6. Schriftformerfordernis des § 34 GWB a. F.

Für die Frage, ob die Schriftform des § 34 GWB a. F. im Zusammenhang mit Verträgen zugunsten Dritter eingehalten war, musste allein auf das Vertragsverhältnis zwischen Schuldner und Versprechensempfänger abgestellt werden, weil der berechtigte Dritte (Getränkelieferant) nicht Vertragspartei war, sondern nur ein vom Versprechensempfänger „abgespaltenes Forderungsrecht" innehatte.[2819)] **2.2415**

Bedenken hinsichtlich der Formwirksamkeit bestanden nicht, wenn die Vertragsurkunde neben dem Getränkelieferanten und dem Wiederverkäufer auch eine dritte Person aufseiten des Wiederverkäufers als Vertragspartei nannte, ohne dass diese dritte Person die Vertragsurkunde mit unterzeichnet hatte. Denn dies hatte allenfalls zur Folge, dass der Vertrag zwischen dem Getränkelieferanten und dem Wiederverkäufer zustande gekommen war, nicht aber, dass von einer Gesamtnichtigkeit des Vertrages auszugehen war. Für eine solche Konsequenz bestand nach Sinn und Zweck des § 34 GWB a. F. kein Anlass.[2820)] Ein solcher Schriftformmangel erfasste nicht nur die wettbewerbsbeschränkende Klausel selbst, sondern grundsätzlich den ganzen Vertrag, dessen integrierender Bestandteil sie war.[2821)] **2.2416**

Die eigentlichen Verpachtungsbestimmungen unterlagen nicht dem Formzwang nach §§ 16 Nr. 1, 34 GWB a. F. Die **Verpachtung** als solche konnte nicht als ein zur Bezugsregelung dazugehöriger und von ihr abhängiger Bestandteil der Ausschließlichkeitsvereinbarung angesehen werden.[2822)] **2.2417**

In einem **Mietvertrag** war auf einen bestehenden Getränkelieferungsvertrag hingewiesen worden. Ein Verstoß gegen den Gesichtspunkt des Schriftformer- **2.2418**

2818) Erman-*Dickersbach*, BGB, vor § 581 Rz. 41.

2819) BGH, Urt. v. 9.4.1970 – KZR 7/69, NJW 1970, 2157 = Zeller I, 64.

2820) OLG Frankfurt/M., Urt. v. 1.10.1987 – 6 U 38/87, NJW-RR 1988, 177 = Zeller IV, 36.

2821) OLG Hamm, Urt. v. 5.7.1995 – 30 U 331/93, ZMR 1995, 536.

2822) OLG Hamm, Urt. v. 5.7.1995 – 30 U 331/93, ZMR 1995, 536.

fordernisses nach § 34 GWB a. F. lag darin nicht. Zwar war der Getränkelieferungsvertrag dem Mietvertrag nicht beigefügt. Das Gericht legte den Hinweis aber als Erfüllungsübernahme aus und entschied, dass die konkrete Vereinbarung, nämlich die Übernahme der Erfüllung der bestehenden Getränkebezugsverpflichtung, in die Vertragsurkunde vollständig aufgenommen worden war. Dass sich die konkrete Vereinbarung erst aufgrund einer Auslegung der Vertragsurkunde feststellen ließ, war unschädlich.[2823)]

7. Verbraucherkreditrecht

2.2419 a) **Anwendungsbereich.** Nach hier vertretener Auffassung fallen pachtvertragliche Bezugsklauseln in Pachtverträgen zu Gunsten von Getränkelieferanten in den sachlichen Anwendungsbereich des § 510 Abs. 1 Satz 1 Nr. 3 BGB.[2824)]

2.2420 Ob auch der persönliche Anwendungsbereich des Verbraucherkreditrechts eröffnet ist, bedarf besonderer Prüfung.[2825)]

2.2421 b) **Widerrufsadressat.** Die Frage des zu benennenden Widerrufsempfängers bedarf besonderer Beachtung.[2826)]

II. Anpachtungsvertrag

1. Situation

2.2422 Die unmittelbare bzw. direkte Anpachtung von Objekten durch einen Getränkelieferanten kann im Hinblick auf die daran anschließende Unterverpachtung unter Auferlegung einer Getränkebezugsverpflichtung auch heute noch Sinn machen. Allerdings sind die Pacht- und insbesondere Ausfallrisiken zu kalkulieren.

2. Vertragsgestaltung

2.2423 a) **Allgemein.** Zu beachten sind die Bestimmungen des Pacht- und ergänzenden Mietrechts. Ggf. sollte klargestellt werden, dass der Getränkelieferant die Vertragsprodukte auch tatsächlich im Objekt uneingeschränkt vertreiben bzw. vertreiben lassen kann. Dies auch deshalb, um den Verpächter daran „zu erinnern", dass im Grundbuch noch eine beschränkte persönliche Dienstbarkeit zu Gunsten eines anderen Getränkelieferanten eingetragen ist.

2.2424 b) **Bezugsverpflichtung.** In einem Anpachtungsvertrag eines Getränkelieferanten (konkret Getränkefachgroßhändlers) ist eine Regelung einer Getränkebezugsverpflichtung sinnlos und läuft leer, weil der Getränkelieferant über die

2823) OLG Frankfurt/M., Urt. v. 12.5.1998 – 11 U (Kart) 54/97.

2824) Siehe oben § 22 II 7 jeweils m. w. N.

2825) Siehe wiederum oben § 23 II 3 e jeweils m. w. N.

2826) Siehe oben § 25 VIII 2 jeweils m. w. N.

Belieferung der Absatzstätte selbst bestimmt und im Fall der Unterverpachtung den Gastwirt entsprechend binden kann und muss; eine Abmachung mit dem Hauptverpächter (Eigentümer) nützt ihm insoweit nichts. Eine Getränkebezugsverpflichtung, die der Pächter des Objektes, der selbst der begünstigte Getränkefachgroßhändler ist, mit dem Verpächter abschließt, geht ins Leere.[2827)]

c) Ob sie wegen Nichtigkeit des bezugsrechtlichen Teiles auch ihrerseits nichtig war, beurteilte sich nach **§ 139 BGB**. Bestanden keine Bedenken hinsichtlich der Wirksamkeit der **salvatorischen Klauseln**, so war eine Gesamtnichtigkeit des Pachtvertrages gem. § 139 Satz 2 BGB zu verneinen.[2828)] 2.2425

III. (Unter-)Pacht- und Getränkelieferungsvertrag

1. Einführung

Absatzstätten- und Hotelpachtverträge sind grundsätzlich Pachtverträge für gewerblich genutzte Räume, in denen eine Gaststätte oder ein Hotel betrieben werden soll. Diese können mit oder ohne Inventar verpachtet werden, auch wenn das Inventar erst von Dritten erworben wird.[2829)] Die Gestaltung, die Abwicklung und auch die Durchführung von Pachtverträgen sind besonders zeitaufwändig. Sie setzt zudem umfängliche rechtliche Kenntnisse voraus. 2.2426

2. Vertragsgestaltung

Verpachten Getränkelieferanten eigene oder angepachtete Objekte als (Hauptpächter) des Gaststättenobjektes und legen im (Unter-)Pachtvertrag dem Gaststättenbetreiber eine Bezugsverpflichtung auf, so gilt es, Besonderheiten zu beachten. 2.2427

3. Verdikt des § 138 Abs. 1 BGB

a) **Leistungen des Getränkelieferanten.** Auch wenn besondere Leistungen, etwa eine Darlehensgewährung, ein im Verhältnis zum Anpachtzins reduzierter Unterpachtzins, eine Rückvergütung oder sonstige Eventualleistungen, nicht erbracht werden, soll es genügen, dass der Getränkelieferant die Räume für den Betrieb einer Absatzstätte angepachtet (Anpachtrisiko), die für den Gaststättenbetrieb notwendigen Einrichtungsgegenstände zur Verfügung gestellt hat und auch die Prüfung des Vertrages im Übrigen keine Anhaltspunkte für eine 2.2428

2827) OLG Hamm, Urt. v. 5.7.1995 – 30 U 331/93, ZMR 1995, 536.

2828) OLG Hamm, Urt. v. 5.7.1995 – 30 U 331/93, ZMR 1995, 536.

2829) OLG Düsseldorf, Urt. v. 9.12.1993 – 10 U 42/93, NJW-RR 1994, 399.

sittenwidrige Bindung i. S. d. § 138 Abs. 1 BGB ergibt.[2830] Dafür soll sprechen, dass eine Getränkebezugsverpflichtung ohne gleichzeitige Gewährung eines Darlehens wirksam begründet werden könne.

2.2429 b) **Im Übrigen.** Dem Verpächter steht es grundsätzlich frei, dem Pächter die Nutzung des Pachtobjekts nur in einem bestimmten Umfang oder mit bestimmten Beschränkungen und Verpflichtungen zu gewähren. Dazu gehört auch die Regelung des Getränkebezugs (Sortiment, Lieferweg etc.), der Werbung hierfür oder der Aufstellung von Automaten. Hiergegen lässt sich unter dem Gesichtspunkt der Sittenwidrigkeit ohne Hinzutreten besonderer Umstände nichts erinnern.

4. Laufzeiten

2.2430 a) Bei Pachtverträgen wird die Dauer der ausschließlichen Getränkebezugsverpflichtung ohne zeitliche Begrenzung für die gesamte Dauer des Pachtverhältnisses vereinbart. Ist die vereinbarte Pachtzeit – hier fünf Jahre – nicht zu beanstanden, so gilt dies auch für die damit verbundene Bindungsdauer.

2.2431 b) Steht es dem Pächter frei, das ihm eingeräumte **Optionsrecht** auszuüben, so hängt die längere Dauer der mit dem Pachtverhältnis verknüpften Bezugsverpflichtung allein vom Willen des Verpflichteten ab. Hiergegen bestehen keine Wirksamkeitsbedenken.[2831]

2.2432 c) Heißt es in einer **Verlängerungsklausel** „Nach Ablauf der zehn Jahre werden neue Pachtverhandlungen geführt. Kommt eine Einigung nicht zustande, so ist die Industrie- und Handelskammer … ersucht, einen Sachverständigen zu bestellen, dessen Entscheidung bindend ist", und kommt es nach Ablauf des Pachtvertrages auf ein Verlängerungsverlangen des Pächters hin nicht zu einer Einigung, so ist die Verlängerungsklausel mangels hinreichender Bestimmtheit unwirksam. Dem Dritten ist nämlich nicht nur die Bestimmung einzelner Leistungen aus dem Pachtvertrag überlassen worden, sondern die Bestimmung des ganzen Vertragsinhalts. Weder aus dem Inhalt der Vereinbarung noch aus einer dispositiven Vorschrift lassen sich Wertmaßstäbe für die Inhaltsbestimmung des Vertrages herleiten, sodass es an der erforderlichen **Bestimmbarkeit** fehlt.[2832]

5. Schriftformerfordernis des § 34 GWB a. F.

2.2433 Pacht- und Getränkelieferungsverträge bedurften regelmäßig der Schriftform des § 34 GWB a. F. Diese Schriftform war grundsätzlich nicht eingehalten,

2830) BGH, Urt. v. 30.3.1977 – VIII ZR 300/75, WM 1977, 641 = Zeller II, 433; OLG Hamm, Urt. v. 19.1.1987 – 7 W 57/86, Zeller IV, 150; OLG München, Urt. v. 30.9.1994 – 21 U 1742/94, BB 1995, 329.

2831) OLG München, Urt. v. 30.9.1994 – 21 U 1742/94, BB 1995, 329; OLG München, Urt. v. 18.1.2001 – U (K) 5630/99, WuW/E DE-R 968.

2832) BGH, Urt. v. 27.1.1971 – VIII ZR 151/69, BGHZ 55, 248.

wenn nicht alle Absprachen zur Bezugsbindung, insbesondere auch eine mit ihr in unmittelbarem wirtschaftlichem Zusammenhang stehende Darlehensgewährung, schriftlich gefasst waren, wobei Verweisung auf eine in anderer Urkunde fixierte Absprache allerdings genügte.

Wurde beispielsweise im Unterpachtvertrag lediglich auf den Hauptpachtvertrag Bezug genommen, so genügte eine solche **Bezugnahme** den Anforderungen des **§ 34 Satz 3 GWB a. F.** grundsätzlich nicht.[2833] 2.2434

6. Verbraucherkreditrecht

a) Widerrufsbelehrung. Im Hinblick auf die bezugsrechtliche Komponente des Pacht- und Getränkelieferungsvertrages bedarf es ggf. einer Widerrufsbelehrung.[2834] 2.2435

b) Widerruf. Zu den insofern interessanten Fragen kann auf das Urteil des OLG Düsseldorf vom 18.4.2000 verwiesen werden.[2835] 2.2436

7. Pachtzinshöhe

a) Grundsatz. Die Höhe des vereinbarten Miet- oder Pachtzinses kann unter dem Gesichtspunkt eines auffälligen Missverhältnisses zwischen Leistung und Gegenleistung die Nichtigkeitsfolge des § 138 Abs. 1 BGB auslösen. Bei gewerblichen Mietverträgen geht die Rechtsprechung davon aus, dass ein auffälliges Missverhältnis vorliegt, wenn die vereinbarte Miete (entsprechend bei der Pacht) um knapp 100 % höher (oder niedriger) ist als der objektive Marktwert der Gebrauchsüberlassung. Marktwert ist der übliche Wert, der für eine vergleichbare Leistung auf dem Markt zu zahlen ist. Bei Miet- oder Pachtverhältnissen ist der Marktwert der Nutzungsüberlassung regelmäßig anhand der Miete oder Pacht zu ermitteln, die für vergleichbare Objekte erzielt wird.[2836] Gibt es ausnahmsweise keine geeigneten Vergleichsobjekte, ist es regelmäßig angebracht, einen mit der konkreten Marktsituation vertrauten Sachverständigen beurteilen zu lassen, welche Miete für dieses Objekt erzielt werden kann.[2837] 2.2437

b) Dagegen ist die sog. **EOP-Methode** (an der Ertragskraft orientierte Pachtwertfindung), die auf Initiative verschiedener Gaststättenverbände zur Ermittlung der marktüblichen Pacht für Räume zum Betrieb einer Absatzstätte empfohlen wurde, aus Rechtsgründen nicht geeignet, den zum Vergleich heranzu- 2.2438

2833) OLG Frankfurt/M., Urt. v. 17.3.2000 – U (Kart) 29/99, BGH, VIII ZR 101/00, Revisionsrücknahme.

2834) Siehe oben § 22 II 5 m. w. N.

2835) OLG Düsseldorf, Urt. v. 18.4.2000 – 24 U 123/99, ZMR 2001, 102.

2836) BGH, Urt. v. 13.6.2001 – XII ZR 49/99, WM 2001, 2391 = ZIP 2001, 1633, dazu EWiR 2001, 1035 *(Bühler)*.

2837) BGH, Urt. v. 10.7.2002 – XII ZR 314/00, NZM 2002, 822.

ziehenden objektiven Pachtwert zu ermitteln. Diese Methode bietet keine Gewähr für eine dem objektiven Marktverhältnissen entsprechende Bewertung der Gaststättenpacht. Bei Anwendung der EOP-Methode würde die gesetzliche Risikoverteilung, nach der der Pächter das volle Verwendungsrisiko für die Absatzstätte trägt, unzulässigerweise auf den Verpächter verlagert.[2838)]

2.2439 c) Ebenso wenig geeignet ist die von der EOP-Methode als Reaktion auf die vorgenannte Entscheidung des BGH abgeleitete sog. **„indirekte Vergleichswertmethode“**, die sich in dem vom BGH beanstandeten Kern nicht von der EOP-Methode unterscheidet.[2839)] Der BGH hat daher Urteile, die auf einer nach der EOP-Methode erstattetes Sachverständigengutachten gestützt waren, aufgehoben.[2840)]

8. Kündigung

2.2440 a) Zur Kündigung des Pachtvertrages wegen **Verstoßes gegen die Getränkebezugsverpflichtung** wird auf die Entscheidung des OLG München vom 30.9.1994 verwiesen.[2841)]

2.2441 b) **Zur Nichtzahlung der Pacht** vergleiche die Entscheidung des LG Münster vom 18.8.2006.[2842)]

Achter Abschnitt: Dienstbarkeiten

§ 37 Dingliche Sicherung der Bezugsbindung durch Dienstbarkeiten

I. „Brauereigebundenheit“ der Absatzstätte

2.2442 Bei manchen Getränkelieferanten ist die Vorstellung anzutreffen, die „Brauereigebundenheit“ der Absatzstätte laste gewissermaßen „objektbezogen“ und „verdinglicht“ auf dem Gaststättengrundstück selbst und gehe bei einer Verpachtung auf den Pächter über. Davon kann keine Rede sein. Als schuldrechtliche Verpflichtung trifft die Getränkebezugspflicht grundsätzlich allein den Partner des Bezugsvertrages mit dem Getränkelieferanten.[2843)] Sie ist wie die Konzession subjektgebunden. Die Ausschließlichkeitsbindung findet mit Veräußerung

2838) BGH, Urt. v. 28.4.1999 – XII ZR 150/97, BGHZ 141, 257 = NJW 1999, 3187.

2839) BGH, Urt. v. 13.6.2001 – XII ZR 49/99, WM 2001, 2391 = ZIP 2001, 1633, dazu EWiR 2001, 1035 *(Bühler)*.

2840) BGH, Urt. v. 28.4.1999 – XII ZR 150/97, BGHZ 141, 257 = NJW 1999, 3187; BGH, Urt. v. 13.6.2001 – XII ZR 49/99, WM 2001, 2391 = ZIP 2001, 1633, dazu EWiR 2001, 1035 *(Bühler)*.

2841) OLG München, Urt. v. 30.9.1994 – 21 U 1742/94, BB 1995, 329.

2842) LG Münster, Urt. v. 18.8.2006 – 16 O. 105/06.

2843) BGH, Urt. v. 3.6.1987 – VIII ZR 158/86, WM 1987, 1288 = Zeller IV, 157; OLG Nürnberg, Urt. v. 5.2.2002 – 1 U 2314/01, NJW-RR 2002, 917.

des Objektes ihr Ende.[2844] Selbst wenn der Gebundene (Gastwirt, Grundstückseigentümer) sich verpflichtet hat, die Bezugsverpflichtung bei einer Verpachtung oder einem Verkauf des Anwesens seinem Nachfolger aufzuerlegen, erwachsen dem Getränkelieferanten Rechte daraus nur ihm – nicht dem Nachfolger – gegenüber, wenn er es versäumt, die Bezugsverpflichtung durch Vereinbarung an den Nachfolger weiterzugeben.[2845]

II. Berechtigter

Bei der Grunddienstbarkeit (§§ 1018–1029 BGB) steht dieses Recht dem jeweiligen Eigentümer eines anderen Grundstücks zu. Bei einer beschränkten persönlichen Dienstbarkeit (§§ 1090–1093 BGB) ist dagegen eine individuell bestimmte natürliche oder juristische dritte Person berechtigt („herrschend"). Die letztgenannte Dienstbarkeit ist grundsätzlich nicht übertragbar (§ 1092 Abs. 1 Satz 1 BGB), während die Grunddienstbarkeit bei einem Verkauf des herrschenden Grundstücks übergeht. 2.2443

III. Bestellung

1. Eigentümerdienstbarkeit

§ 889 BGB macht deutlich, dass dem Gesetz ein Ausschluss des Bestehens dinglicher Rechte an eigenen Grundstücken nicht fremd ist. Auch steht das in § 873 BGB aufgestellte Erfordernis einer Einigung zwischen zwei Personen der Bestellung einer Eigentümerdienstbarkeit nicht entgegen. Die Bestellung von Eigentümerdienstbarkeiten ist daher zulässig. Ein besonderes Interesse im Einzelfall muss für eine solche Eigentümerdienstbarkeit nicht bestehen und erst recht nicht im Grundbuchverfahren nachgewiesen werden. Ohne jedes Interesse an der Bestellung muss aber die Eigentümerdienstbarkeit wie jede andere scheitern. 2.2444

2. Eintragungsinteresse

Die Bestellung einer beschränkten persönlichen Dienstbarkeit für den (Mit-) Eigentümer des belasteten Grundstücks ist etwa zulässig, wenn sie mit Rücksicht auf eine beabsichtigte Veräußerung des Grundstücks geschieht und aus diesem Grund ein Bedürfnis für die Bestellung besteht. Für die Wirksamkeit einer beschränkten persönlichen Dienstbarkeit genügt ein eigenes schutzwürdiges wirtschaftliches oder ideelles Interesse des Berechtigten oder ein entspre- 2.2445

2844) OLG Düsseldorf, Urt. v. 23.10.2001 – 4 U 57/01, BeckRS 2001, 30213450 = NJOZ 2003, 2554, rkr. durch Nichtannahmebeschl. d. BGH v. 7.5.2003 – VIII ZR 271/01.

2845) BGH, Urt. v. 3.6.1987 – VIII ZR 158/86, WM 1987, 1288 = Zeller IV, 157.

chendes fremdes, das er fördern will; ein besonderes Bestellungsinteresse im Übrigen ist nicht erforderlich.[2846)]

3. Belastungsumfang

2.2446 Die Eintragung hat auf dem Grundbuchblatt des dienenden Grundstücks in Abteilung II zu erfolgen (§ 10 GBV). Der räumliche Belastungsumfang ergibt sich aus den angegebenen Flurstücknummern.

IV. Inhalt von Dienstbarkeiten

1. Unterlassungsdienstbarkeiten

2.2447 Inhaltlich sind Dienstbarkeiten auf einen Verzicht des Berechtigten, nicht dagegen auf ein positives Tun gerichtet.

2. Sicherungsdienstbarkeiten

2.2448 Für eine Sicherungsdienstbarkeit ist typisch, dass sie eine schuldrechtliche Vereinbarung sichern soll.[2847)] Soweit eine Sicherungsdienstbarkeit bestellt worden ist – dies ist im Wege der **Auslegung** zu ermitteln –, lassen sich von der Dienstbarkeit als dinglichem Recht weitere Rechtsverhältnisse unterscheiden.[2848)] Abzugrenzen sind nämlich[2849)] die Dienstbarkeit, der Getränkelieferungsvertrag, aus dem sich die Verpflichtung zum Bezug der Getränke ergibt, und der Sicherungsvertrag, welcher die Dienstbarkeit und die Getränkebezugsverpflichtung verknüpft.[2850)]

2.2449 Die Sicherungsdienstbarkeit ähnelt sonach einer Sicherungsgrundschuld, bei der der Darlehensvertrag über die Sicherungsvereinbarung mit der Grundschuld verbunden wird. Dabei handelt es sich im Regelfall um einen Getränkelieferungsvertrag. Dieser Vertrag wird durch eine Sicherungsabrede mit der Dienstbarkeit verbunden. Mängel des Getränkelieferungsvertrages schlagen im Hinblick auf das Abstraktionsprinzip grundsätzlich nicht auf die wirksame Bestellung der Dienstbarkeit durch. Soweit nicht die Ausnahmetatbestände des Bedingungszusammenhangs, der Geschäftseinheit oder der Sittenwidrigkeit ge-

---

2846) BGH, Urt. v. 11.3.1964 – V ZR 78/62, BGHZ 41, 209 = NJW 1964, 1226; BGH, Urt. v. 8.3.1988 – V ZR 120/87, NJW 1988, 2362; BGH, Beschl. v. 14.7.2011 – V ZB 271/10, NJW 2011, 3517; OLG Nürnberg, Urt. v. 26.10.2012 – 2 U 50/11, BeckRS 2013, 01075.

2847) BGH, Urt. v. 18.5.1979 – V ZR 70/78, BGHZ 74, 293 = NJW 1979, 2150 = Zeller II, 283, BGH, Urt. v. 29.1.1988 – V ZR 310/86, NJW 1988, 2364 = Zeller IV, 302; BGH, Urt. v. 8.4.1988 – V ZR 120/87, NJW 1988, 2362 = Zeller IV, 182.

2848) BGH, Urt. v. 29.1.1988 – V ZR 310/86, NJW 1988, 2364 = Zeller IV, 302; BGH, Urt. v. 22.1.1992 – VIII ZR 374/89, NJW-RR 1992, 593.

2849) *Amann*, DNotZ 1988, 578.

2850) OLG München, Urt. v. 4.6.2003 – U (K) 3241/03, NJW-RR 2004, 164.

rade im Vollzug der Leistung vorliegen, können sich Angriffspunkte gegen die Wirksamkeit der Dienstbarkeit allenfalls aus der Sicherungsabrede ergeben.

3. Isolierte Dienstbarkeiten

Fehlen ein Getränkelieferungsvertrag bzw. eine Sicherungsabrede, dann liegt eine isolierte Dienstbarkeit vor. Diese Unterart der Dienstbarkeit soll den Abschluss einer vertraglichen Abrede gerade erst vorbereiten oder erzwingen oder doch Konkurrenzlieferungen vom dienenden Grundstück fernhalten.[2851)] 2.2450

4. Erzwingungsdienstbarkeiten

Erzwingungsdienstbarkeiten als Anwendungsfall der isolierten Dienstbarkeiten haben den Zweck, den Abschluss einer Getränkebezugsverpflichtung vorzubereiten oder zu erzwingen oder Konkurrenzlieferungen vom dienenden Grundstück fernzuhalten.[2852)] Der Zweck derartiger Dienstbarkeiten besteht auch darin, dass der Berechtigte nicht gezwungen ist, alle anderen Mitbewerber zu unterbieten oder mit dem Günstigsten zumindest gleichzuziehen.[2853)] Dem Berechtigten obliegt je nach Inhalt der Eintragung auch die Bestimmung des Bezugsweges.[2854)] 2.2451

5. Verbotsdienstbarkeiten

Ein Mittel zur dinglichen Sicherung aktueller oder künftiger schuldrechtlicher Bezugsbindungen bietet die Dienstbarkeit. Der Zweck derartiger Dienstbarkeiten besteht u. a. darin, dass der Berechtigte nicht gezwungen ist, alle anderen Mitbewerber zu unterbieten oder mit den Günstigsten zumindest gleichzuziehen.[2855)] 2.2452

2851) BGH, Urt. v. 3.5.1985 – V ZR 55/84, NJW 1985, 2474 = Zeller III, 374, dazu EWiR 1985, 477 *(Paulusch)*; BGH, Urt. v. 29.1.1988 – V ZR 310/86, NJW 1988, 2364 = Zeller IV, 302; BGH, Urt. v. 8.4.1988 – V ZR 120/87, NJW 1988, 2362 = Zeller IV, 182; BGH, Urt. v. 20.1.1989 – V ZR 181/87, WM 1989, 723 = Zeller IV, 313; BGH, Urt. v. 22.1.1992 – VIII ZR 374/89, NJW-RR 1992, 593; OLG Nürnberg, Urt. v. 21.1.1999 – 2 U 2341/98; OLG Karlsruhe, Urt. v. 14.5.2008 – 6 U 122/07, BeckRS 2008, 13504; OLG München, Urt. v. 4.6.2003 – U (K) 3241/03, NJW-RR 2004, 164; LG Essen, Urt. v. 25.9.2007 – 19 O. 289/07; OLG Nürnberg, Urt. v. 26.10.2012 – 2 U 50/11, BeckRS 2013, 01075.

2852) BGH, Urt. v. 3.5.1985 – V ZR 55/84, NJW 1985, 2474 = Zeller III, 374. OLG Karlsruhe, Urt. v. 30.1.1990 – 8 U 204/89, EuZW 1990, 102 = Zeller IV, 91; OLG München, Urt. v. 4.6.2003 – U (K) 3241/03, NJW-RR 2004, 164; OLG Karlsruhe, Urt. v. 14.5.2008 – 6 U 122/07, BeckRS 2008, 13504; OLG Nürnberg, Urt. v. 26.10.2012 – 2 U 50/11, BeckRS 2013, 01075; LG Düsseldorf, Urt. v. 8.3.2012 – 9 O. 187/11.

2853) OLG Nürnberg, Urt. v. 21.1.1999 – 2 U 2341/98.

2854) OLG München, Urt. v. 4.6.2003 – U (K) 3241/03, NJW-RR 2004, 164; LG Essen, Urt. v. 25.9.2007 – 19 O. 289/07.

2855) OLG Nürnberg, Urt. v. 21.1.1999 – 2 U 2341/98.

2.2453 Bei einer Verbotsdienstbarkeit handelt es sich um einen Anwendungsfall der Unterlassungsdienstbarkeit. Diese kann sowohl als Sicherungs- als auch als isolierte Dienstbarkeit ausgestaltet sein. Damit kann sie sich inhaltlich auch als Erzwingungsdienstbarkeit darstellen.

V. Grunddienstbarkeiten

1. Grundsatz

2.2454 Nach § 1018 Alt. 2 BGB kann ein Grundstück in der Weise belastet werden, dass auf dem Grundstück gewisse Handlungen, die nach dem Bestimmtheitsgrundsatz genau zu bezeichnen sind, nicht vorgenommen werden dürfen, die der Grundstückseigentümer sonst Kraft seines Eigentums vornehmen dürfte. Der Eigentümer kann sich insbesondere verpflichten, auf seinem Grundstück überhaupt keinen Gewerbebetrieb zu errichten.[2856)] Die Grunddienstbarkeit gilt nach §§ 96, 93 BGB als wesentlicher Bestandteil des herrschenden Grundstücks.[2857)]

2. Subjektiv-dingliches Recht

2.2455 Die Grunddienstbarkeit ist ihrem Wesen nach subjektiv dinglich; sie steht daher dem jeweiligen Eigentümer eines bestimmten Grundstücks oder grundstücksgleichen Rechts zu. Damit unterscheidet sie sich von der beschränkten persönlichen Dienstbarkeit, deren Inhaber eine bestimmte (natürliche oder juristische Person) ist. Berechtigt ist der jeweilige Eigentümer des herrschenden Grundstücks. Eine Grunddienstbarkeit ist folglich auch nicht schon deshalb unwirksam, weil sie von einer Rechtsvorgängerin der Klägerin am eigenen Grundstück bestellt worden ist.[2858)]

3. Inhalt und Auslegung

2.2456 Der Inhalt einer Dienstbarkeit ergibt sich aus der Eintragung im Grundbuch einschließlich des nach § 874 BGB wirksam in Bezug genommenen Bewilligungstextes und etwaiger Karten. Lagepläne und Skizzen können (und müssen) formgerecht (§ 9 Abs. 1 Satz 3 BeurkG) zum Inhalt der Bewilligung gemacht werden.

2.2457 Entsprechend dem grundbuchrechtlichen Bestimmtheits- und Publizitätsgrundsatz ist der Rechtsinhalt einer Grunddienstbarkeit (§ 1018 BGB) so ge-

2856) BGH, Urt. v. 24.9.1982 – V ZR 96/81, NJW 1983, 115; OLG München, Urt. v. 4.6.2003 – U (K) 3241/03, NJW-RR 2004, 164; OLG Nürnberg, Urt. v. 26.10.2012 – 2 U 50/11, BeckRS 2013, 01075.

2857) BGH, Urt. v. 17.2.2012 – V ZR 102/11, BGHZ 192, 335 = NJW-RR 2012, 845.

2858) BGH, Urt. v. 2.3.1984 – V ZR 155/83, BeckRS 1984, 31074126.

nau zu bezeichnen, dass er durch Auslegung feststellbar ist.[2859] Ergibt die Auslegung, dass der Inhalt der Grunddienstbarkeit mehrdeutig oder nicht vollständig geregelt ist, liegt eine Verletzung des Bestimmtheitsgrundsatzes vor. Dabei ist für die Auslegung nach § 133 BGB auf Wortlaut und Sinn abzustellen, wie er sich für einen unbefangenen Betrachter als nächstliegende Bedeutung der Erklärung ergibt.[2860]

4. Vorteil

a) Grundlagen. Nach § 1019 Satz 1 BGB kann die Grunddienstbarkeit nur in einer Belastung bestehen, die für die Benutzung des Grundstücks des Berechtigten einen Vorteil bietet. Hierfür genügt ein wirtschaftlicher Vorteil für die Benutzung des herrschenden Grundstücks nach dessen Lage, Beschaffenheit und Zweckbestimmung.[2861] Ausreichend ist auch ein mittelbarer Vorteil wie die Förderung des Gewerbebetriebs auf dem herrschenden Grundstück. Der Vorteil muss gerade für die Benutzung des Grundstücks des Berechtigten bestehen, sich also gerade auf seine allgemeinen Grundstückssituation in Verbindung mit dem in der Grunddienstbarkeitsbestellung verfolgten Zweck ergeben. Eine unmittelbare Nachbarschaft des Grundstücks ist nicht notwendig. Auch eine Grunddienstbarkeit, die einem Gewerbebetrieb, hier einer Brauerei, dient, kann bei entsprechender Zweckbestimmung des herrschenden Grundstücks diesem selbst einen Vorteil gewähren. Ein rein persönlicher Vorteil für den gegenwärtigen Eigentümer genügt nicht. Soll die Grunddienstbarkeit einem Gewerbebetrieb dienen, so wird als Voraussetzung verlangt, dass das herrschende Grundstück für dieses Gewerbe besonders eingerichtet ist oder zumindest eingerichtet werden soll und diese Einrichtung auf Dauer eine Gewähr für die Beibehaltung des Betriebs bildet.[2862] 2.2458

Dies gilt sowohl für Benutzungs- als auch für Unterlassungsdienstbarkeiten, also auch für Wettbewerbsbeschränkungen. Bei einem Verbot zum Schutz des Gewerbes ist für die Ausgestaltung als Grunddienstbarkeit erforderlich, dass das herrschende Grundstück für das Gewerbe, das auf dem dienenden Grundstück untersagt werden soll, speziell auf eine die Dauer des Betriebes garantierende Weise eingerichtet ist, wie z. B. mit einer entsprechenden Produktionsstätte. Entscheidend ist, dass die betriebliche Einrichtung dem herrschenden Grund- 2.2459

2859) OLG München, Beschl. v. 10.3.2011 – 34 Wx 55/11, NJW-RR 2011, 1431.

2860) OLG München, Beschl. v. 10.3.2012 – 34 Wx 55/11, NJW-RR 2011, 1441.

2861) BGH, Urt. v. 24.9.1982 – V ZR 96/81, NJW 1983, 115; OLG Nürnberg, Urt. v. 26.10.2012 – 2 U 50/11, BeckRS 2013, 01075.

2862) OLG Nürnberg, Urt. v. 26.10.2012 – 2 U 50/11, BeckRS 2013, 01075.

stück als Eigenschaft mit gewisser Dauerhaftigkeit anhaftet und damit seinen Charakter prägt. Allgemeine betriebliche Einrichtungen genügen nicht.[2863)]

2.2460 Ein solcher Vorteil ergibt sich daraus, dass einerseits durch den Abschluss eines Bierbezugsvertrages der Absatz des gebrauten Biers gesichert werden kann und andererseits unerwünschte Konkurrenz auf dem Gaststättengrundstück durch den Verkauf konkurrierender Biermarken verhindert werden kann.[2864)] Auch eine Überlassung des Grundstücks an Nutzungsberechtigte steht nicht entgegen.[2865)]

2.2461 b) **Künftige Vorteile.** Im Rahmen des § 1019 Satz 1 BGB ist anerkannt, dass nach Veränderung der gegenwärtigen Verhältnisse auch künftige Vorteile genügen, aber nicht jede vage Möglichkeit ausreicht, sondern nur solche Vorteile genügen, mit denen nach objektiven Anhaltspunkten in einem normalen und regelmäßigen Verlauf der Dinge gerechnet werden kann.[2866)] Auch für künftige Zwecke kann daher eine Grunddienstbarkeit bestellt werden. Allerdings reicht nicht jede abstrakte Möglichkeit aus, sondern es genügen nur solche Vorteile, mit denen nach objektiven Anhaltspunkten bei einem normalen und regelmäßigen Verlauf der Dinge gerechnet werden kann. Es reicht aus, wenn auf dem herrschenden Grundstück ein Gewerbebetrieb erst errichtet und dadurch erst in Zukunft die objektive Grundlage geschaffen werden soll, um die Grunddienstbarkeit ausüben zu können. Dies ändert aber nichts an der Notwendigkeit, dass das herrschende Grundstück für das Gewerbe besonders eingerichtet ist oder im Falle der Bestellung für künftige Zwecke wenigstens die Absicht besteht.[2867)]

VI. Verbotsdienstbarkeiten

1. Zulässigkeit

2.2462 Zwar entspricht es dem Wesen der Dienstbarkeit ((§ 1090 Abs. 1 i. V. m.) § 1018 BGB), dass sie nur die Beschränkung der Eigentümerbefugnisse zum tatsächlichen Gebrauch des belasteten Grundstücks, nicht dagegen eine Einschränkung der rechtsgeschäftlichen Verfügungsfreiheit des Grundeigentümers zum Inhalt haben kann.[2868)] Eine Bezugsbindung, d. h. die Verpflichtung eines Grund-

2863) OLG München, Urt. v. 26.6.1983 – 25 U 5210/82, MDR 1983, 934 = Zeller III, 360; OLG München, Beschl. v. 28.10.2011 – 34 Wx 19/11, BeckRS 2011, 27047.

2864) OLG Karlsruhe, Urt. v. 30.1.1990 – 8 U 204/89, EuZW 1990, 102 = Zeller IV, 91; OLG München, Urt. v. 4.6.2003 – U (K) 3241/03, NJW-RR 2004, 164; OLG Nürnberg, Urt. v. 26.10.2012 – 2 U 50/11, BeckRS 2013, 01075.

2865) OLG Nürnberg, Urt. v. 26.10.2012 – 2 U 50/11, BeckRS 2013, 01075.

2866) OLG Nürnberg, Urt. v. 26.10.2012 – 2 U 50/11, BeckRS 2013, 01075.

2867) OLG München, Beschl. v. 28.10.2011 – 34 Wx 19/11, BeckRS 2011, 27047.

2868) BGH, Beschl. v. 30.1.1959 – V ZB 31/58, BGHZ 29, 244 = NJW 1959, 670 = Zeller I, 333; BGH, Urt. v. 6.12.1961 – V ZR 186/60, WM 1962, 376 = Zeller I, 340; BGH, Urt. v. 2.3.1984 – V ZR 155/83, BeckRS 1984, 31074126.

stückseigentümers, auf dem Grundstück keine anderen Waren als die eines bestimmten Herstellers oder Lieferanten zu vertreiben, kann nicht Gegenstand einer Dienstbarkeit sein, weil das Recht zur freien Auswahl des Warenlieferanten kein Ausschluss des Eigentumsrechts am Grundstück ist. Vertragliche Regelungen, die den Grundeigentümer zum Bezug bestimmter Waren verpflichten, können daher nicht durch Dienstbarkeiten dinglich abgesichert werden.[2869)]

Wohl aber hat der BGH – wenn auch nach anfänglichem Zögern[2870)] – eine Vertragsgestaltung für zulässig gehalten, nach der dem belasteten Grundeigentümer verboten wird, auf dem Gaststättengrundstück Getränke zu verkaufen, verbunden mit der schuldrechtlichen Gestattung, Getränke des Begünstigten zu vertreiben, solange er seiner Bezugspflicht diesem gegenüber nachkommt (sog. allgemeine **„Verbotsdienstbarkeit" mit Erlaubnisvorbehalt**, (§ 1090 Abs. 1 i. V. m.) § 1018 Alt. 2 BGB).[2871)] Ergibt die Auslegung des Inhalts der Dienstbarkeit auf der Grundlage der Grundbucheintragung und der darin in Bezug genommenen Eintragungsbewilligung, dass dem Getränkelieferanten das ausschließliche Recht zustehen soll, auf dem belasteten Grundstück Biersorten jeder Art zu vertreiben oder vertreiben zu lassen, so bedingt dieses Recht zwar als Kehrseite das entsprechende Vertriebsverbot für andere (§§ 1090 Abs. 2, 1027, 1004 BGB). Derartige Dienstbarkeiten sind aber zulässig.[2872)] Ein Verbot, durch das dem Eigentümer untersagt wird, auf seinem Grundstück überhaupt Bier zu vertreiben, ist etwas anderes als die Bindung an einen bestimmten Hersteller oder Lieferanten. Unerheblich ist dabei, dass die vorliegende Form einer Dienstbarkeit mittelbar doch zu einer Beeinträchtigung des Rechts zur freien Lieferantenauswahl führen kann. Selbst wenn der eigentliche Zweck einer Dienstbarkeitsbestellung in der Absicherung einer schuldrechtlichen Bezugsverpflichtung besteht, ist gegen eine solche „Sicherungsdienstbarkeit" nichts einzuwenden.[2873)] 2.2463

Die – in ihrer Kompliziertheit vielleicht nicht von vornherein verständliche – Konstruktion trägt dem Bestreben der Rechtsprechung Rechnung, grundsätzlich keine Dienstbarkeit zur Sicherung einer schuldrechtlichen Verpflichtung des Grundeigentümers zuzulassen. Im wirtschaftlichen Ergebnis wird die- 2.2464

2869) BGH, Beschl. v. 30.1.1959 – V ZB 31/58, BGHZ 29, 244 = NJW 1959, 670 = Zeller I, 333; BGH, Urt. v. 18.5.1979 – V ZR 70/78, BGHZ 74, 293 = NJW 1979, 2150 = Zeller II, 283; BGH, Urt. v. 25.3.1980 – KZR 17/79, NJW 1981, 343 = Zeller II, 147; BGH, Urt. v. 3.5.1985 – V ZR 55/84, NJW 1985, 2474 = Zeller III, 374.

2870) BGH, Urt. v. 22.1.1975 – VIII ZR 243/73, NJW 1975, 163 = Zeller I, 351.

2871) BGH, Urt. v. 18.5.1979 – V ZR 70/78, BGHZ 74, 293 = NJW 1979, 2150 = Zeller II, 283.

2872) BGH, Beschl. v. 30.1.1959 – V ZB 31/58, BGHZ 29, 244 = NJW 1959, 670 = Zeller I, 333; BGH, Urt. v. 6.12.1961 – V ZR 186/60, NJW 1962, 486; BGH, Urt. v. 5.10.1979 – V ZR 178/78, NJW 1980, 179.

2873) BGH, Urt. v. 3.5.1985 – V ZR 55/84, NJW 1985, 2474 = Zeller III, 374.

ses Ziel allerdings durch die Verknüpfung von dinglichem Verbot und schuldrechtlicher Gestattung doch erreicht.[2874)]

2.2465 Unerheblich ist, dass die Dienstbarkeit mittelbar zu einer Beeinträchtigung des Rechts zur freien **Lieferantenauswahl** führt.[2875)]

2.2466 Die Wirksamkeit der Grundstücksbelastung hängt nicht davon ab, ob der Eigentümer die im Falle eines Vertragsbruches durch eine Geltendmachung der sachenrechtlichen Unterlassungspflicht beruhenden Nachteile nur durch eine Wiederaufnahme des Getränkebezuges oder etwa auch durch eine Änderung der Grundstücksbenutzung vermeiden kann. Allein diese Auffassung führt auch zu sachgerechten Ergebnissen. Jede Pflicht zum Unterlassen führt notwendigerweise zu einer mehr oder weniger starken Einengung des Spielraums des Verpflichteten. Die Grenze zur „formellen" Unterlassungsdienstbarkeit, die „materiell" ein positives Tun zum Gegenstand hat, dort ziehen zu wollen, wo dem Eigentümer des dienenden Grundstücks keine ausreichenden Entscheidungsmöglichkeiten mehr verbleiben und sein Tun – ob gewollt oder ungewollt – zwangsläufig in eine bestimmte Richtung gedrängt wird, brächte ganz erhebliche Abgrenzungsschwierigkeiten mit sich und wäre praktisch kaum durchführbar.[2876)]

2. Scheingeschäft

2.2467 Die Problematik des Scheingeschäftes (§ 117 Abs. 1 BGB) kann sich sowohl im Zusammenhang mit der Rechtsnatur als Unterlassungsdienstbarkeit im Allgemeinen als auch der Verbotsdienstbarkeit im Besonderen stellen.

2.2468 a) **Unterlassungsdienstbarkeit.** Regelmäßig ist der Leistungsinhalt der Dienstbarkeit auf ein Unterlassen gerichtet. Dann stellt sich die Problematik einer eventuellen Nichtigkeit als Scheingeschäft (§ 117 Abs. 1 BGB) nicht.[2877)] Anders wäre zu entscheiden, wenn der Leistungsinhalt der Dienstbarkeit in einem positiven Tun läge. Dies wäre der Fall, wenn die Verbotsdienstbarkeit alle Brauereierzeugnisse außer denen der Brauerei beträfe. Hier würde in Wirklichkeit zu einem direkten Getränkebezug der Erzeugnisse der begünstigten Brauerei aufgefordert. Erfasst die Verbotsdienstbarkeit dagegen alle Brauereierzeugnisse ohne Ausnahme, so liegt eine zulässige Unterlassungsverpflichtung vor. Verbietet der Inhalt der Dienstbarkeit dagegen alle Getränke eines bestimmten

---

2874) BGH, Urt. v. 25.3.1980 – KZR 17/79, NJW 1981, 343 = Zeller II, 147; OLG München, Urt. v. 4.6.2003 – U (K) 3241/03, NJW-RR 2004, 164.

2875) BGH, Urt. v. 3.5.1985 – V ZR 55/84, NJW 1985, 2474 = Zeller III, 374, dazu EWiR 1985, 477 (*Paulusch*); OLG München, Urt. v. 4.6.2003 – U (K) 3241/03, NJW-RR 2004, 164; LG Essen, Urt. v. 25.9.2007 – 19 O. 289/07.

2876) BGH, Urt. v. 2.3.1984 – V ZR 155/83, BeckRS 1984, 31074126.

2877) OLG Karlsruhe, Urt. v. 15.11.1977 – 13 U 39/77, BeckRS 1977, 01894 (Vertragshändlervertrag).

Herstellers, so sieht das dingliche Rechtsgeschäft im Ergebnis den Bezug dieser Getränke vor. Dies kann nicht gesetzlich zulässiger Inhalt einer Verbotsdienstbarkeit sein. Dann wäre der Tatbestand des Scheingeschäfts gegeben, weil mit dem Bezug einer bestimmten Marke etwas anderes vereinbart wäre als im Grundbuch mit dem Verbot anderer Biermarken stünde.

Hintergrund dieser Differenzierung ist das Abstraktionsprinzip. Danach sind auf der dinglichen Ebene des Rechtsgeschäfts alle Getränke des Herstellers erfasst. Was ergänzend schuldrechtlich zwischen den Parteien vereinbart oder konkludent durch den Dienstbarkeitsberechtigten geduldet wird, betrifft das dingliche Rechtsgeschäft nicht. 2.2469

b) Verbotsdienstbarkeit. Das wegen der Unmöglichkeit einer unmittelbaren dinglichen Sicherung der Bezugspflicht notwendige Ausweichen in die Unterlassungsdienstbarkeit ist auch dann ernstlich gewollt, wenn die umfassende dingliche Unterlassungspflicht durch schuldrechtliche Ausübungsregelungen wieder eingeschränkt wird.[2878] 2.2470

3. Wirksamkeit im Übrigen

Auch darüber hinaus sind keine Nichtigkeitsgründe ersichtlich, insbesondere liegt nach der Rechtsprechung weder eine unzulässige Gesetzesumgehung noch ein Verstoß gegen die guten Sitten vor. Dies gilt erst Recht für die ohne Bezugsverpflichtung bestellte Dienstbarkeit (isolierte Dienstbarkeit).[2879] 2.2471

VII. Laufzeit

Ein Wandel hat sich in der Rechtsprechung des BGH zu der Frage vollzogen, ob die Grundsätze über die zulässigen Höchstlaufzeiten von Getränkelieferungsverträgen den Bestand der sichernden Dienstbarkeit beeinflussen, auch wenn diese nicht im Wege einer auflösenden Bedingung (§ 158 BGB) oder Befristung (§§ 163, 158 Abs. 2 BGB) an die Dauer des Bezugsvertrages geknüpft ist. 2.2472

1. Ältere Rechtsprechung des V. Zivilsenats

In früheren Entscheidungen hatte der V. Zivilsenat des BGH darauf abgestellt, dass die Dienstbarkeit im Ergebnis der Sicherung einer schuldrechtlichen Getränkebezugspflicht diene und daher auch nicht weiter reichen könne als diese. Zeitlich unbegrenzte Dienstbarkeiten auf „immerwährende Zeit" seien daher unwirksam (§ 138 Abs. 1 BGB). Der Eigentümer sei nicht zur Bestellung einer 2.2473

2878) BGH, Urt. v. 2.3.1984 – V ZR 155/83, BeckRS 1984, 31074126.

2879) BGH, Urt. v. 18.5.1979 – V ZR 70/78, BGHZ 74, 293 = NJW 1979, 2150 = Zeller II, 283; BGH, Urt. v. 25.3.1980 – KZR 17/79, NJW 1981, 343 = Zeller II, 147; BGH, Urt. v. 2.3.1984 – V ZR 155/83, BeckRS 1984, 31074126; BGH, Urt. v. 3.5.1985 – V ZR 55/84, NJW 1985, 2474 = Zeller III, 374.

zeitlich unbefristeten Dienstbarkeit verpflichtet, wenn die Getränkelieferungsverpflichtung zeitlich befristet ist. Zeitlich übermäßig lange Dienstbarkeiten seien nur mit einer Beschränkung auf die höchstzulässige schuldrechtliche Bezugsbindung eintragungsfähig bzw. nach § 139 BGB aufrechtzuerhalten.[2880] Die Rechtsprechung zur Laufzeitbegrenzung für Getränkelieferungsverträge wurde auf eine damit zusammenhängende Sicherungsabrede auf Bestellung einer Dienstbarkeit übertragen.[2881] Dies wurde vereinzelt so verstanden, dass die zeitlich begrenzte Bezugsverpflichtung nicht durch zeitlich unbeschränkte Dienstbarkeiten gesichert werden konnte.

2.2474 In diese Richtung ging auch noch die Entscheidung des BGH vom 29.1.1988, wo es heißt: „Sollte diese **Sicherungsvereinbarung** eine nach § 138 Abs. 1 BGB und der hierzu ergangenen Rechtsprechung des BGH zum Getränkelieferungsvertrag zulässige Grenze in zeitlicher Hinsicht überschritten haben …, so käme weiter in Betracht, die Sicherungsabrede entsprechend den Grundsätzen der Rechtsprechung auf eine zulässige Zeitdauer zurückzuführen, wenn dies dem tatsächlichen oder vermuteten Willen entspricht."[2882]

2. Kritik

2.2475 Diese Interpretation würde dem **Abstraktionsprinzip** widersprechen.[2883] Dieses führt gerade dazu, dass trotz Unwirksamkeit des Getränkelieferungsvertrages die Dienstbarkeit als dingliches Recht bestehen bleibt. Ähnlich wie bei der Grundschuld kann eine zeitlich unbegrenzte Dienstbarkeit auch zur Sicherung zeitlich befristeter Lieferverträge bestellt werden. Hierbei ist erforderlich, aber auch ausreichend, dass die Löschung der Dienstbarkeit durch schuldrechtliche Rückgewährsansprüche sichergestellt ist.

3. Neuere Rechtsprechung des V. Zivilsenats

2.2476 Eine Wende kündigte sich bereits mit der Entscheidung vom **3.5.1985** an: Dort war zugunsten einer Brauerei eine beschränkte persönliche Dienstbarkeit eingetragen, nach der sie **„auf immerwährende Zeit"** das Recht haben sollte, auf dem belasteten Grundstück Getränke zu vertreiben oder vertreiben zu lassen; eine schuldrechtliche Bezugsverpflichtung hatte der Grundstückseigentümer

---

2880) So der BGH zu beschränkt persönlichen Sicherungsdienstbarkeiten mit Laufzeiten von (mehr als) 20 Jahren: BGH, Urt. v. 18.5.1979 – V ZR 70/78, BGHZ 74, 293 = NJW 1979, 2150 = Zeller II, 283; BGH, Urt. v. 13.7.1979 – V ZR 122/77, NJW 1979, 2149 = Zeller II, 287; BayObLG, Urt. v. 7.5.1981 – BReg 2 Z 104/80, MDR 1981, 759 = Zeller II, 293.

2881) BGH, Urt. v. 18.5.1979 – V ZR 70/78, BGHZ 74, 293 = NJW 1979, 2150 = Zeller II, 283.

2882) BGH, Urt. v. 29.1.1988 – V ZR 310/86, NJW 1988, 2364 = Zeller IV, 302.

2883) So später dann auch BGH, Urt. v. 8.4.1988 – V ZR 120/87, NJW 1988, 2362 = Zeller IV, 182.

aber nicht übernommen. Daraus schloss der BGH, dass dann die zeitlich unbeschränkte Geltungsdauer auch nicht zur Sittenwidrigkeit führe, weil eine Dienstbarkeit keinen zeitlichen Grenzen unterliege und es an der Bestellung zur Sicherung einer – zeitlich nur befristet zulässigen – Bezugsbindung gerade fehle.[2884)] Das war zwar sicherlich in sich „stimmig", harmonierte aber nicht ganz mit den vorangegangenen Entscheidungen.

In der Entscheidung vom **29.1.1988**[2885)] gab der V. Zivilsenat des BGH seine These von der Übertragbarkeit der Rechtsprechung über die zulässigen Höchstlaufzeiten von Getränkelieferungsverträgen auf den Bestand der sichernden Dienstbarkeiten auf. Lediglich in den Fallgruppen des Bedingungszusammenhangs und der Geschäftseinheit könne ausnahmsweise anders zu entscheiden sein. **2.2477**

Der V. Zivilsenat des BGH hat dann mit Urteil vom **8.4.1988** unter ausdrücklicher Abkehr von seinem Urteil vom 13.7.1979 erneut zu der Problematik Stellung genommen.[2886)] Er weist darauf hin, dass zwischen dem schuldrechtlichen Bezugsvertrag, der schuldrechtlichen Sicherungsabrede und der Dienstbarkeit unterschieden werden müsse, und stellt nunmehr die **Abstraktheit** der dinglichen Dienstbarkeitsbestellung stärker in den Vordergrund. Aus ihr folge, dass die Nichtigkeit (§ 138 Abs. 1 BGB) des der Dienstbarkeitsbestellung zugrunde liegenden Kausalgeschäfts nicht ohne Weiteres auch zur Nichtigkeit der abstrakten Dienstbarkeitsbestellung führe. Weiter ergebe sich aus ihr, dass eine unbedingte und unbefristete Dienstbarkeit unbedenklich auch bestellt werden könne, um damit eine noch abzuschließende Bezugsbindung abzusichern. Nur in Ausnahmefällen, dann nämlich, wenn die Sittenwidrigkeit gerade im Vollzug der Leistung liege, weil mit dem dinglichen Rechtsvorgang sittenwidrige Zwecke verfolgt würden oder in ihm die Sittenwidrigkeit begründet sei, treffe die Nichtigkeitsfolge auch das dingliche Geschäft. Ein schuldrechtlicher Anspruch auf Aufhebung der Dienstbarkeit komme allerdings in Betracht, wenn der Bezugsvertrag nach Ablauf seiner zulässigen Höchstlaufzeit unwirksam und der Getränkelieferant nach Erreichen des Sicherungszwecks – ähnlich wie bei einer Sicherungsgrundschuld – verpflichtet sei, die Dienstbarkeit an den Sicherungsgeber zurückzugewähren; das hänge von dem – vom Tatrichter noch durch Auslegung zu ermittelnden – Inhalt der Sicherungsvereinbarung ab.[2887)] **2.2478**

2884) BGH, Urt. v. 3.5.1985 – V ZR 55/84, NJW 1985, 2474 = Zeller III, 374, dazu EWiR 1985, 477 *(Paulusch)*.

2885) BGH, Urt. v. 29.1.1988 – V ZR 310/86, NJW 1988, 2364 = Zeller IV, 302.

2886) BGH, Urt. v. 8.4.1988 – V ZR 120/87, NJW 1988, 2362 = Zeller IV, 182.

2887) BGH, Urt. v. 13.7.1979 – V ZR 122/77, NJW 1979, 2149 = Zeller II, 287. Fortgeführt wurde diese Rechtsprechung in BGH, Urt. v. 20.1.**1989** – V ZR 181/87, WM 1989, 723 = Zeller IV, 313.

4. Rechtsprechung insbesondere des VIII. Zivilsenats

2.2479 Der VIII. Zivilsenat des BGH hat sich dieser Rechtsprechung im Jahre **1992** angeschlossen.[2888)]

5. Konsequenzen

2.2480 a) **Maßgeblicher Zeitpunkt.** Für die Frage der Wirksamkeit einer Dienstbarkeit ist auf den Zeitpunkt ihrer **Bestellung** abzuheben.[2889)]

2.2481 b) **Grundsatz.** Zeitlich begrenzte Bezugsverpflichtungen können durch zeitlich unbeschränkte Dienstbarkeiten gesichert werden.

2.2482 c) **Nachträgliche schuldrechtliche Vereinbarung.** Für den Bestand des einmal vollwirksam begründeten dinglichen Rechts ist es ohne Bedeutung, ob eine später vereinbarte Getränkebezugsverpflichtung, zu deren Sicherung die Dienstbarkeit nunmehr eingesetzt wird, wirksam begründet worden ist.

2.2483 d) Die möglicherweise als unbefriedigend empfundene Konsequenz dieser Rechtsprechung, dass der Grundstückseigentümer und Gastwirt trotz Unwirksamkeit der schuldrechtlichen Bezugsverpflichtung **„faktisch"** an den Dienstbarkeitsberechtigten gebunden bleiben kann, ist die notwendige Folge des Abstraktionsprinzips. Sie kann durch Vereinbarung einer Bedingung oder Befristung bei der Dienstbarkeitsbestellung oder eines Rückgewähranspruchs gegen den Getränkelieferanten bei Unwirksamkeit oder Beendigung der schuldrechtlichen Bezugspflicht vermieden werden.[2890)]

6. Verdikt des § 138 Abs. 1 BGB

2.2484 a) **Grundsatz.** Der Bestellung der Dienstbarkeit muss keine schuldrechtliche Bezugsverpflichtung zugrunde liegen.[2891)] In dem vom BGH 1985 entschiede-

2888) BGH, Urt. v. 22.1.1992 – VIII ZR 374/89, NJW-RR 1992, 593; BGH, Urt. v. 15.4.1998 – VIII ZR 377/96, NJW 1998, 2296 = ZIP 1998, 1441; OLG Karlsruhe, Urt. v. 30.1.1990 – 8 U 204/89, EuZW 1990, 102 = Zeller IV, 91; OLG Zweibrücken, Urt. v. 23.3.2000 – 4 U 150/99, OLGReport 2000, 499; OLG München, Urt. v. 4.6.2003 – U (K) 3241/03, NJW-RR 2004, 164; OLG Karlsruhe, Urt. v. 14.5.2008 – 6 U 122/07, BeckRS 2008, 13504; LG Essen, Urt. v. 25.9.2007 – 19 O. 289/07.

2889) BGH, Urt. v. 8.4.1988 – V ZR 120/87, NJW 1988, 2362 = Zeller IV, 182; BGH, Urt. v. 22.1.1992 – VIII ZR 374/89, NJW-RR 1992, 593; OLG Zweibrücken, Urt. v. 23.3.2000 – 4 U 150/99, OLGReport 2000, 499.

2890) BGH, Urt. v. 22.1.1992 – VIII ZR 374/89, NJW-RR 1992, 593; OLG Zweibrücken, Urt. v. 23.3.2000 – 4 U 150/99, OLGReport 2000, 499; OLG München, Urt. v. 4.6.2003 – U (K) 3241/03, NJW-RR 2004, 164; OLG Karlsruhe, Urt. v. 14.5.2008 – 6 U 122/07, BeckRS 2008, 13504.

2891) BGH, Urt. v. 3.5.1985 – V ZR 55/84, NJW 1985, 2474 = Zeller III, 374, dazu EWiR 1985, 477 *(Paulusch)*; BGH, Urt. v. 29.1.1988 – V ZR 310/86, NJW 1988, 2364 = Zeller IV, 302; BGH, Urt. v. 8.4.1988 – V ZR 120/87, NJW 1988, 2362 = Zeller IV, 182; BGH, Urt. v. 22.1.1992 – VIII ZR 374/79, NJW-RR 1992, 593; OLG Nürnberg, Urt. v. 21.1.1999 – 2 U 2341/98; OLG Karlsruhe, Urt. v. 14.5.2008 – 6 U 122/07, BeckRS 2008, 13504; OLG München, Urt. v. 4.6.2003 – U (K) 3241/03, NJW-RR 2004, 164; LG Essen, Urt. v. 25.9.2007 – 19 O. 289/07; OLG Nürnberg, Urt. v. 26.10.2012 – 2 U 50/11, BeckRS 2013, 01075.

nen Sachverhalt sicherte die Dienstbarkeit keine Bezugsverpflichtung. Eine Sicherungsabrede war nicht getroffen worden. Vielmehr diente die Dienstbarkeit lediglich als Mittel dazu, überhaupt eine (künftige) Bezugsverpflichtung zu erzielen. Diese Erzwingungsdienstbarkeit als Anwendungsfall der isolierten Dienstbarkeit hat der BGH nicht beanstandet. Eine unbefristete und unbedingt bestellte Dienstbarkeit ist somit nicht allein deshalb sittenwidrig und nichtig, weil damit der Zweck verfolgt wird, eine noch abzuschließende Bezugsbindung abzusichern.[2892]

Insbesondere ist dem im Schrifttum[2893] teilweise gemachten Vorschlag, auf isolierte Dienstbarkeiten § 138 Abs. 1 BGB anzuwenden und sie im Wege einer geltungserhaltenden Reduktion auf eine zulässige Dauer zu reduzieren, ist nicht zu folgen. Auch das Argument der Mindermeinung, solche Dienstbarkeiten führten wirtschaftlich betrachtet so gut wie immer zu immerwährenden Bezugspflichten, soweit nicht der Geschäftsbetrieb aufgegeben werde, findet in der Rechtsprechung keine Anerkennung. **2.2485**

b) **Ausnahme.** Aber auch von der Wirksamkeit einer zugleich geschlossenen schuldrechtlichen Vereinbarung (Getränkelieferungsvertrag, Sicherungsabrede) ist das dingliche Recht in seinem Bestand **grundsätzlich unabhängig**, wenn nicht ausnahmsweise die Bezugsvereinbarung als **Bedingung** Inhalt des dinglichen Rechts selbst geworden ist (§ 158 Abs. 2 BGB),[2894] eine – nur höchst selten vorkommende – **Geschäftseinheit** zwischen schuldrechtlichem und dinglichem Recht besteht (§ 139 BGB)[2895] oder die **Sittenwidrigkeit gerade im Vollzug der Leistung liegt**, weil mit dem dinglichen Rechtsvorgang sittenwidrige Zwecke verfolgt würden oder in ihm die Sittenwidrigkeit begründet wäre.[2896] **2.2486**

Der Ausnahmetatbestand einer Sittenwidrigkeit, die gerade im Vollzug der Leistung liege,[2897] ist nur im Hinblick auf seine Natur als Ausnahmetatbestand äußerst zurückhaltend heranzuziehen. Die Ausführungen des BGH verdeutlichen auch, dass es sehr unterschiedliche Beweggründe für die Bestellung einer solchen Dienstbarkeit auf Seiten des Berechtigten geben kann, die gerade nicht sittenwidrig sind. Dazu gehört u. a. das Motiv, einen Getränkelieferungsvertrag **2.2487**

2892) BGH, Urt. v. 29.1.1988 – V ZR 310/86, NJW 1988, 2364 = Zeller IV, 302.

2893) U. a. *Amann*, DNotZ 1988, 578, 581 ff.

2894) BGH, Urt. v. 13.7.1979 – V ZR 122/77, NJW 1979, 2149 = Zeller II, 287; BGH, Urt. v. 29.1.1988 – V ZR 310/86, NJW 1988, 2364 = Zeller IV, 302; OLG München, Urt. v. 4.6.2003 – U (K) 3241/03, NJW-RR 2004, 164.

2895) BGH, Urt. v. 29.1.1988 – V ZR 310/86, NJW 1988, 2364 = Zeller IV, 302; OLG München, Urt. v. 4.6.2003 – U (K) 3241/03, NJW-RR 2004, 164.

2896) BGH, Urt. v. 29.1.1988 – V ZR 310/86, NJW 1988, 2364 = Zeller IV, 302; BGH, Urt. v. 8.4.1988 – V ZR 120/87, NJW 1988, 2362 = Zeller IV, 182; BGH, Urt. v. 20.1.1989 – V ZR 181/87, WM 1989, 723 = Zeller IV, 313; OLG München, Urt. v. 4.6.2003 – U (K) 3241/03, NJW-RR 2004, 164.

2897) Siehe oben § 37 VI 4 c m. w. N.

erzwingen zu wollen. Auch ist es ein zulässiges Motiv für den Berechtigten, sich durch die Dienstbarkeit unerwünschte Konkurrenz fernzuhalten.[2898] Darüber hinaus wird zu berücksichtigen sein, dass es im ureigensten Interesse von Brauereien liegt, an Brauereieigenimmobilien entsprechende Dienstbarkeiten eintragen zu lassen. Dies gilt auch für den Fall der Veräußerung, jedenfalls dann, wenn wie zumeist die Dienstbarkeit bei der Bemessung des Grundstückspreises mit eingepreist worden ist, so dass der Verkaufspreis für das Grundstück niedriger ist als für ein Grundstück ohne eine entsprechende Belastung. Auch weiß der Erwerber der Immobilie regelmäßig von der bestehenden Berechtigung. Dies ergibt sich entweder aus einer Voreintragung und damit aus dem Grundbuch oder aus den notariellen Unterlagen (Grundstückskaufvertrag, Eintragungsbewilligung).

7. EU-Kartellrecht

2.2488 **a) Eintragungszeitpunkt.** Hinsichtlich der EU-kartellrechtlichen Einwände (Art. 101 AEUV; Art. 8 Abs. 1 c VO Nr. 1984/83, Art. 5 a VO Nr. 2790/1999, Art. 5 Abs. 1 a VO Nr. 330/2010) wird insbesondere zu beachten sein, dass es auf die Rechtslage zur Zeit der Bestellung und Eintragung der streitgegenständlichen Dienstbarkeit ankommt. Eine Vielzahl von Dienstbarkeiten ist vor dem 1.7.1983 und damit unter Geltung der VO Nr. 67/67/EWG eingetragen worden. Damals waren Getränkebezugsverpflichtungen wie Alleinbezugsvereinbarungen im Übrigen vom Kartellverbot freigestellt.[2899] Dies muss auch für Dienstbarkeiten gelten.[2900] Da Dienstbarkeiten regelmäßig keine Getränkebezugsverpflichtungen enthalten, konnte die am 1.7.1983 in Kraft getretene VO Nr. 198483 den Bestand einer seit diesem Datum dinglich wirksam eingetragenen Dienstbarkeit nicht berühren.[2901] Zudem fehlt es an der Erfüllung der Tatbestandsvoraussetzungen des Kartellverbots des Art. 101 Abs. 1 AEUV.[2902]

2.2489 **b) Im Übrigen.** Die Frage, ob Dienstbarkeiten gegen Art. 101 AEUV verstoßen, kann zumeist offengelassen werden.[2903] Im Übrigen dürften auch die tatbestandlichen Voraussetzungen der Vorschrift nicht erfüllt sein.[2904]

2898) BGH, Urt. v. 29.1.1988 – V ZR 310/86, NJW 1988, 2364 = Zeller IV, 302; OLG Karlsruhe, Urt. v. 14.5.2008 – 6 U 122/07, BeckRS 2008, 13504.

2899) Siehe oben § 28 III 1.

2900) OLG München, Urt. v. 4.6.2003 – U (K) 3241/03, NJW-RR 2004, 164.

2901) BGH, Urt. v. 22.1.1992 – VIII ZR 374/89, NJW-RR 1992, 593; OLG München, Urt. v. 4.6.2003 – U (K) 3241/03, NJW-RR 2004, 164.

2902) Siehe unten § 28 IV 2.

2903) BGH, Urt. v. 22.1.1992 – VIII ZR 374/89, NJW-RR 1992, 593.

2904) OLG Nürnberg, Urt. v. 21.1.1999 – 2 U 2341/98.

8. Wirksamkeit im Übrigen

Gelegentlich im Zusammenhang mit isolierten Dienstbarkeiten geäußerte weitere Wirksamkeitsbedenken (u. a. Bestimmtheitsgrundsatz, § 16 Nr. 2 GWB a. F., §§ 7–10 GewO) werden durchweg als nicht erheblich angesehen.[2905] **2.2490**

VIII. Fortdauer

1. Verfalldatum

Das BGB kennt kein „Verfalldatum" für dingliche Rechte. Dies gilt auch, wenn sich aus dem zugrunde liegenden Rechtsverhältnis etwas anderes ergibt.[2906] Die Vorschrift des § 902 Abs. 1 Satz 1 BGB zur Unverjährbarkeit eingetragener Rechte bezweckt die Verhinderung inhaltsentleerter Rechte. Das Schutzbedürfnis fortschreitender Unsicherheit, welches grundsätzlich die Verjährung befriedigt, besteht hier nicht, weil die Rechtslage durch die Publizität im Grundbuch klar ist. Der Anspruch des Berechtigten einer Dienstbarkeit auf Beseitigung bzw. Unterlassung der Beeinträchtigung des Rechts nach § 1004 BGB verjährt jedenfalls dann nicht, wenn es um die Verwirklichung des Rechts selbst, und nicht nur um eine Störung in der Ausübung geht.[2907] **2.2491**

Etwas anderes ergibt sich aber für die aus dem dinglichen Recht fließenden Ansprüche. Sie unterliegen den allgemeinen Verjährungsregeln, wie aus §§ 902 Abs. 1 Satz 2, 1028 BGB folgt.[2908] **2.2492**

2. Verjährung

Gem. §§ 1090 Abs. 2, 1028 Abs. 1 BGB erlischt eine Dienstbarkeit, wenn auf dem belasteten Grundstück eine die Dienstbarkeit beeinträchtigende Anlage errichtet worden ist, soweit der Bestand der Anlage mit ihr in Widerspruch steht, kraft Gesetzes zu dem Zeitpunkt, zu dem der Anspruch auf Beseitigung der Beeinträchtigung verjährt.[2909] Dann bedarf es allerdings besonderer Prüfung, ob eine Verjährung auch subjektiv (Kenntniserlangung) gegeben ist (§ 199 Abs. 1 Nr. 2 BGB). Gegebenenfalls dürfte dem Verjährungseinwand (§ 214 Abs. 1 BGB) auch durchgreifend der Einwand des Rechtsmissbrauchs (§ 242 **2.2493**

2905) BGH, Urt. v. 18.5.1979 – V ZR 70/78, BGHZ 74, 293 = NJW 1979, 2150 = Zeller II, 283; BGH, Urt. v. 25.3.1980 – KZR 17/79, WM 1980, 1293 = Zeller II, 147; BGH, Urt. v. 15.4.1998 – VIII ZR 377/96, NJW 1998, 2296 = ZIP 1998, 1441; OLG München, Urt. v. 22.9.1994 – 6 U 2018/94; BayObLG, Urt. v. 27.3.1997 – 2 ZBR 139/96, NJW-RR 1997, 912; OLG Nürnberg, Urt. v. 21.1.1999 – 2 U 2341/98; OLG München, Urt. v. 4.6.2003 – U (K) 3241/03, NJW-RR 2004, 164.

2906) BGH, Urt. v. 18.5.1979 – V ZR 70/78, BGHZ 74, 293 = NJW 1979, 2150 = Zeller II, 283; BGH, Urt. v. 22.1.1992 – VIII ZR 374/89, NJW-RR 1992, 593.

2907) BGH, Urt. v. 22.10.2010 – V ZR 43/10, BGHZ 187, 185 = NJW 2011, 518.

2908) BGH, Urt. v. 22.10.2010 – V ZR 43/10, BGHZ 187, 185 = NJW 2011, 518.

2909) OLG Saarbrücken, Urt. v. 5.11.2008 – 1 U 147/08, NJOZ 2009, 4561 = BeckRS 2008, 24745.

BGB) entgegengehalten werden können. Dies etwa dann, wenn der Dienstbarkeitenberechtigte formal auf die Geltendmachung seiner Unterlassungsansprüche aus einer Verbotsdienstbarkeit in der Vergangenheit deshalb verzichtet hat, weil in der Absatzstätte seine Produkte zum Ausschank gebracht worden sind. Damit ist eine Dienstbarkeit zu löschen, wenn der Unterlassungs- bzw. Beseitigungsanspruch wegen des unerlaubten Ausschanks von Getränken oder des Handels mit denselben aller Art verjährt ist.

3. Veräußerung

2.2494 An der Wirksamkeit der Dienstbarkeit ändert sich durch eine Veräußerung des belasteten Grundstücks nichts.[2910)] Eine derartige Grundstücksbelastung soll nämlich regelmäßig nicht nur verhindern, dass sich der Eigentümer vorzeitig von seinen schuldrechtlichen Bezugsverpflichtungen lossagt, sondern sie soll den Begünstigten im Falle des Grundstückverkaufs auch ein Mittel gegen den Erwerber in die Hand geben, welches diesen zur Aufnahme eigener vertraglicher Beziehungen veranlasst. Gerade der letzte Gesichtspunkt ist für die von den Getränkelieferanten angestrebte langfristige Absatzsicherung von besonderer Bedeutung. Allein durch schuldrechtliche Abreden hätte der Möglichkeit eines Wechsels in der Eigentümerstellung nur unvollkommen Rechnung getragen werden können, weil die Vereinbarung, die Bezugsverpflichtung in einem solchen Fall an den Erwerber weiterzugeben, diesem gegenüber rechtlich unverbindlich wäre.[2911)]

4. Lieferunmöglichkeit

2.2495 Ohne Bedeutung für den Bestand der Dienstbarkeit ist es grundsätzlich, dass die Getränke nicht mehr geliefert werden können.[2912)]

5. Wegfall des Vorteils bei Grunddienstbarkeiten

2.2496 Eine zu Lasten eines Gaststättengrundstücks eingetragene Grunddienstbarkeit des Inhalts, dass dort ohne Zustimmung des jeweiligen Eigentümers des herrschenden Grundstückes keine Getränke vertrieben werden dürfen, wird unwirksam, wenn die Brauerei auf dem herrschenden Grundstück eingestellt ist, keine konkreten Pläne für eine Wiederaufnahme des Betriebs der Brauerei in ab-

---

2910) BGH, Urt. v. 2.3.1984 – V ZR 155/83, BeckRS 1984, 31074126; OLG Zweibrücken, Urt. v. 23.3.2000 – 4 U 150/99, OLGReport 2000, 499; OLG München, Urt. v. 4.6.2003 – U (K) 3241/03, NJW-RR 2004, 164.

2911) BGH, Urt. v. 2.3.1984 – V ZR 155/83, BeckRS 1984, 31074126.

2912) OLG Düsseldorf, Urt. v. 27.12.1978 – 9 U 99/78, Zeller, II, 281; OLG Zweibrücken, Urt. v. 23.3.2000 – 4 U 150/99, OLGReport 2000, 499.

sehbarer Zeit bestehen und dort nur noch ein Getränkehandel stattfindet.[2913)] Der endgültige Wegfall des Vorteils der Grunddienstbarkeit für das herrschende Grundstück (§ 1019 Satz 1 BGB) kann aufgrund erheblicher Veränderungen der tatsächlichen Verhältnisse seit Bestellung der Grunddienstbarkeit und einer nicht nachhaltig vorangetriebenen und zudem mehrfach wechselnden Planung in Betracht kommen.[2914)]

§ 38 Verstoß gegen Dienstbarkeiten

I. Auskunft

Mit Fragen der Auskunft bei Verstoß gegen eine Dienstbarkeit haben sich verschiedene OLG befasst.[2915)] 2.2497

II. Unterlassung

1. Anspruchsgrundlage

Der Unterlassungsanspruch kann sich aus §§ (1090 Abs. 2,) 1027, 1004 Abs. 1 Satz 2 BGB ergeben.[2916)] 2.2498

2. Anspruchsberechtigter

Der Anspruch auf Unterlassung steht nur dem dinglichen Inhaber der beschränkten persönlichen Dienstbarkeit zu. Voraussetzung ist also eine entsprechende Bestellung des dinglichen Rechts bzw. seine dingliche Übertragung. Die bloße **Überlassung zur Ausübung** einer Dienstbarkeit genügt nicht. Da es sich insofern um lediglich schuldrechtlich wirkende Abreden handelt, könnten diese auch nicht im Grundbuch eingetragen werden.[2917)] 2.2499

Anspruchsberechtigt kann eine Brauerei auch dann werden, wenn sie eine andere Brauerei übernimmt. Sie wird dann im Wege der Verschmelzung Inhaberin der beschränkten persönlichen Dienstbarkeit (§§ 1092 Abs. 2, 1059a Abs. 1 Nr. 1 BGB). Allerdings kann gem. § 1092 Abs. 1 Satz 2 BGB die Ausübung einer beschränkten persönlichen Dienstbarkeit einem anderen überlassen werden, wenn die Überlassung der Dienstbarkeit gestattet ist. Mit der Übertragung der Aus- 2.2500

2913) OLG Düsseldorf, Urt. v. 27.12.1978 – 9 U 99/78, Zeller, II, 281; OLG Zweibrücken, Urt. v. 23.3.2000 – 4 U 150/99, OLGReport 2000, 499.

2914) Im Ergebnis allerdings angesichts der Gesamtumstände und der Besonderheiten des Einzelfalles nach umfänglicher Beweiswürdigung verneinend OLG Nürnberg, Urt. v. 26.10.2012 – 2 U 50/11, BeckRS 2013, 01075.

2915) OLG Düsseldorf, Urt. v. 1.10.2003 – I-15 U 227/02; OLG Nürnberg, Urt. v. 6.5.2004 – 13 U 52/04.

2916) BGH, Urt. v. 3.5.1985 – V ZR 55/84, NJW 1985, 2474 = Zeller III, 374; LG Coburg, Urt. v. 30.1.2003 – 33 S 134/02; OLG Karlsruhe, Urt. v. 14.5.2008 – 6 U 122/07, BeckRS 2008, 13504; LG Düsseldorf, Urt. v. 8.3.2012 – 9 O. 187/11.

2917) LG Düsseldorf, Urt. v. 8.3.2012 – 9 O. 187/11.

übung erlangt man allerdings kein dingliches Recht oder ein diesem angenähertes eigenes Ausübungsrecht an der Dienstbarkeit, sondern nur eine obligatorische Rechtsstellung.[2918)]

3. Anspruchsgegner

2.2501 a) **Veräußerung.** Zum Anspruch gegen den **Veräußerer** wird auf ein Urteil des OLG Düsseldorf vom 1.10.2003 verwiesen.[2919)] Der Unterlassungsanspruch richtet sich in dem Fall, dass der Eigentumswechsel im Grundbuch noch nicht durch Umschreibung vollzogen ist, der Käufer gleichwohl bereits das Recht hat, das Grundstück zu nutzen, gegen den **Käufer.** Mithin kann der Grundstücksverkäufer nicht auf Unterlassung von Störungen in Anspruch genommen werden.[2920)]

2.2502 b) **Vermietung/Verpachtung.** Der Unterlassungsanspruch kann auch im Falle der Vermietung oder Verpachtung gegen den **Eigentümer** des dienenden Grundstücks geltend gemacht werden. Etwas anderes gilt nur dann, wenn dargetan werden kann, dass es dem Beklagten unmöglich wäre, seinen Mietern/Pächtern die Benutzung zu untersagen.[2921)]

2.2503 Ansprüche können zudem gegen den **Betreiber** geltend gemacht werden.[2922)] Die Nutzungsbeschränkung durch die Dienstbarkeit wirkt auch zu Lasten von **Mietern/Pächtern** des Grundstücks, unabhängig davon, ob sie diese bei Anmietung/Anpachtung kannten.[2923)]

2.2504 c) **Mitbewerber.** Zu Fragen der Passivlegitimation von Mitbewerbern des Getränkelieferanten äußerten sich einige OLG-Entscheidungen.[2924)]

4. Abmahnung

2.2505 Abzumahnen sind die entsprechend Verpflichteten/Störer.[2925)]

2918) LG Düsseldorf, Urt. v. 8.3.2012 – 9 O. 187/11.

2919) OLG Düsseldorf, Urt. v. 1.10.2003 – I-15 U 227/02.

2920) BGH, Urt. v. 10.7.1998 – V ZR 60/97, ZIP 1998, 1757.

2921) BGH, Urt. v. 27.5.1959 – V ZR 78/58, NJW 1959, 2013; BGH, Urt. v. 2.3.1984 – V ZR 155/83, BeckRS 1984, 31074126.

2922) OLG München, Urt. v. 9.7.1992 – U (K) 5146/91, OLGReport 1992, 199; OLG Koblenz, Urt. v. 5.6.1997 – 5 U 7/97, NJW-RR 1998, 1525, rkr. durch Nichtannahmebeschl. d. BGH v. 10.10.1997 – VIII ZR 198/97; OLG Düsseldorf, Urt. v. 27.10.2004 – VI-U (Kart) 41/03, BeckRS 2005, 06685.

2923) OLG Nürnberg, Urt. v. 21.1.1999 – 2 U 2341/98.

2924) OLG München, Urt. v. 9.7.1992 – U (K) 5146/91, OLGReport 1992, 199; OLG Koblenz, Urt. v. 5.6.1997 – 5 U 7/97, NJW-RR 1998, 1525, rkr. durch Nichtannahmebeschl. d. BGH v. 10.10.1997 – VIII ZR 198/97.

2925) OLG Düsseldorf, Urt. v. 1.10.2003 – I-15 U 227/02.

5. Verletzung

Das absolut dingliche Recht wird dadurch verletzt, dass der Eigentümer/Störer ohne Erlaubnis des Getränkelieferanten Getränke und Brauereierzeugnisse anderer Getränkelieferanten und Hersteller auf dem genannten Grundstück ausschenkt bzw. dieses zulässt.[2926] 2.2506

6. Anspruchsinhalt

Aufgrund der eingetragenen Dienstbarkeit kann der **Verkauf** von Getränken auf dem in Rede stehenden Grundstück untersagt werden.[2927] 2.2507

Dem Berechtigten obliegt je nach Inhalt der Eintragung auch die Bestimmung des Bezugsweges.[2928] 2.2508

7. Anspruchsausschluss

Von der Untersagung auszunehmen ist der **Fremdbezug** von (einzelnen) Getränken oder der Bezug über nicht benannte Vertriebswege dann, wenn er längere Zeit geduldet worden ist (§ 1004 Abs. 2 BGB).[2929] 2.2509

8. Darlegungs- und Beweislast

Hierzu kann ein Urteil des OLG Frankfurt berichtet werden.[2930] 2.2510

9. Einreden

a) Vertrag. Gegen einen Unterlassungsanspruch können Einreden aus eventuell vorhandenen schuldrechtlichen Beziehungen der Parteien oder aus der Sicherungsabrede erhoben werden.[2931] 2.2511

b) Der Durchsetzung der Rechte aus einer Dienstbarkeit steht grundsätzlich nicht der gelegentlich erhobene **Schikaneeinwand** (§ 226 BGB) entgegen. Durchweg verfolgen die Dienstbarkeitsberechtigten mit ihren Klagen keineswegs den – ausschließlichen – Zweck, den Dienstbarkeitsverpflichteten zu schädigen. Der Druck ist eine Folge der wirksamen Dienstbarkeit. Eine faktische Notwendigkeit zum Betrieb einer Gastwirtschaft besteht seitens des Verpflichteten nicht.[2932] 2.2512

2926) LG Coburg, Urt. v. 30.1.2003 – 33 S 134/02.

2927) OLG Karlsruhe, Urt. v. 14.5.2008 – 6 U 122/07, BeckRS 2008, 13504.

2928) OLG München, Urt. v. 4.6.2003 – U (K) 3241/03, NJW-RR 2004, 164; LG Essen, Urt. v. 25.9.2007 – 19 O. 289/07.

2929) LG Essen, Urt. v. 25.9.2007 – 19 O. 289/07.

2930) OLG Frankfurt/M., Urt. v. 30.11.2000 – 16 U 230/99, BGH, VIII ZR 5/01, Revisionsrücknahme nach Nichtannahmebeschluss, der ausnahmsweise begründet worden ist.

2931) OLG Karlsruhe, Urt. v. 26.8.1988 – 10 U 274/87, BB 1989, 942.

2932) OLG München, Urt. v. 4.6.2003 – U (K) 3241/03, NJW-RR 2004, 164.

2.2513 Geht der Klageantrag auf Untersagung des Ausschanks jeglicher Getränke und nicht etwa auf Untersagung des Ausschanks von Getränken, die nicht aus dem Hause der Dienstbarkeitsberechtigten stammen, und wird dieser trotz eines entsprechenden gerichtlichen Hinweises nicht umgestellt, so soll für diesen Antrag ein **Rechtsschutzbedürfnis** bestehen. Im Übrigen verstoße der Antrag wegen seiner weiteren Fassung gegen das Schikaneverbot.[2933)]

2.2514 c) **Verjährung.** Insofern kann verwiesen werden.[2934)]

2.2515 d) **Schonende Ausübung.** Der Berechtigte einer Grunddienstbarkeit ist zur schonenden Ausübung verpflichtet und unterliegt insoweit den Grundsätzen von Treu und Glauben. Der Eigentümer soll in der Benutzung nur soweit eingeschränkt werden, als es zur sachgemäßen Rechtsausübung notwendig ist. Ggf. kann der Belastete verlangen, dass der Berechtigte es unterlässt, Rechte aus der Gewerbebeschränkung herzuleiten (§§ 1020, 242 BGB). Insofern bedarf es einer Interessenabwägung zur Feststellung, ob eine Beschränkung der Grunddienstbarkeit geboten ist.[2935)]

10. Streitwert

2.2516 a) Der Streitwert bemisst sich nach **§ 3 ZPO.** § 7 ZPO ist auf Grunddienstbarkeiten[2936)], nicht dagegen auf beschränkte persönliche Dienstbarkeiten anwendbar.[2937)]

2.2517 b) Entscheidend für den Streitwert ist, was der Getränkelieferant begehrt und mit seinem Angriff erreichen will. Ist das Interesse des Getränkelieferanten darauf gerichtet, dass der Beklagte wie bislang seine Getränke ausschließlich über ihn bezieht, so ist es für die Wertbemessung des Interesses des Getränkelieferanten unerheblich, auf welchem Wege er sein Interesse durchsetzen wollte. Es kommt sonach nicht etwa darauf an, dass eine Untersagungsverfügung zur sofortigen Einstellung des Geschäftsbetriebes geführt hätte. Dies mag zwar richtig sein, es erlangt aber Bedeutung nur für das nicht zur Debatte stehende Interesse des Beklagten an einer Klageabweisung. Die Parteien haben nicht spiegelbildliche Interessen, sodass das Interesse des Getränkelieferanten an einer Verurteilung dem Interesse des Beklagten an einer Klageabweisung entspräche. Hinsichtlich der konkreten Höhe des Interesses des Getränkelieferanten sind bei der Wertschätzung neben dem entgangenen Gewinn noch andere Faktoren (Werbewirkung, Stetigkeit des Umsatzes) zu berücksichtigen. Kon-

---

2933) LG Düsseldorf, Urt. v. 8.3.2012 – 9 O. 187/11.

2934) Siehe oben § 37 VIII 2 m. w. N.

2935) OLG Nürnberg, Urt. v. 26.10.2012 – 2 U 50/11, BeckRS 2013, 01075, im Ergebnis verneinend.

2936) OLG Nürnberg, Urt. v. 26.10.2012 – 2 U 50/11, BeckRS 2013, 01075.

2937) OLG Hamm, Beschl. v. 10.12.2007 – 5 W 104/07.

kret schätzte das Gericht den Gegenstandswert auf das Doppelte des vermutlichen Gewinns und damit auf 382.771,20 €.[2938)]

11. Verhältnis zum Schadensersatzanspruch

Eine Verweisung auf einen Schadensersatzanspruch würde dem konkreten Eil- 2.2518
begehren der (Verfügungs-)Klägerin nicht Genüge tun. Ihr Ziel ist es, den Bestand der Bezugsbindung zu sichern. Dies in ihrem eigenen, rechtlich nicht zu missbilligenden wirtschaftlichen Interesse. Sie erlangt so nicht etwa Befriedigung in der Form einer Verpflichtung der (Verfügungs-)Beklagten, hinzukommt eine bestimmte Menge Bieres zu einem bestimmten Preis abzunehmen. Die (Verfügungs-)Klägerin würde nur dann treuwidrig handeln, wenn sie ihre dingliche Rechtsstellung dazu auszunutzen versuchte, einen Getränkebezug zu unangemessenen Bedingungen zu verlangen. Dies musste von der (Verfügungs-)Beklagten glaubhaft gemacht werden.[2939)]

12. Einstweiliger Rechtsschutz

Im Verfahren auf Erlass einer einstweiligen Verfügung liegt der Streitwert un- 2.2519
ter dem der Hauptsache, weil das für das Eilverfahren maßgebende Interesse des Klägers an der Sicherung im Regelfall das Befriedigungsinteresse nicht erreicht. Grundsätzlich wird es mit 1/3 des Hauptsachewertes anzusetzen sein. Das Gericht setzte das Interesse der Klägerin allerdings mit 1/2 des Hauptsachewertes an, weil die einstweilige Verfügung der Verwirklichung des Hauptsachebegehrens nahe kam.[2940)]

III. Schadensersatz

1. Anspruchsgrundlagen

Zu denken ist zunächst an §§ 281, 323 BGB.[2941)] Denkbare weitere Anspruchs- 2.2520
grundlagen sind § 823 Abs. 1 und 2 BGB.[2942)]

2. Tatbestandsvoraussetzungen

Voraussetzung ist, dass der Störer eine Pflicht aus dem Schuldverhältnis ver- 2.2521
letzt hat, etwa durch einen Bezug von dritter Seite.[2943)] Zu § 823 Abs. 1 BGB wird verwiesen auf ein Urteil des OLG Düsseldorf vom 1.10.2003.[2944)]

2938) OLG Hamm, Beschl. v. 10.12.2007 – 5 W 104/07.

2939) LG Essen, Urt. v. 25.9.2007 – 19 O. 289/07.

2940) OLG Hamm, Beschl. v. 10.12.2007 – 5 W 104/07.

2941) OLG Nürnberg, Urt. v. 6.5.2004 – 13 U 52/04.

2942) OLG Nürnberg, Urt. v. 6.5.2004 – 13 U 52/04.

2943) OLG Nürnberg, Urt. v. 6.5.2004 – 13 U 52/04.

2944) OLG Düsseldorf, Urt. v. 1.10.2003 – 15 U 227/02.

IV. Löschung

1. Grundlagen

2.2522 Ein Löschungsanspruch in Bezug auf eine Dienstbarkeit besteht, wenn diese entweder unwirksam zustande gekommen ist, aus sonstigen Nichtigkeitsgründen nichtig ist oder vertragliche Ansprüche auf Löschung der Dienstbarkeit bestehen. Grundlage der Prüfung sind vor allem die notarielle Eintragungsbewilligung, der Grundbuchauszug, ergänzende, ggf. notarielle Kaufverträge, Pacht- oder Mietverträge, Sicherungsabreden sowie Getränkebelieferungsverträge.

2. Parteien

2.2523 Der Löschungsanspruch ist vom Eigentümer des dienenden Grundstücks gegen den Eigentümer des herrschenden Grundstücks geltend zu machen.[2945)]

3. Anspruchsgrundlagen

2.2524 a) **Sicherungsabrede.** Ein Anspruch auf Löschung kann sich aus einer auch konkludent abgeschlossenen Sicherungsabrede ergeben.[2946)] Voraussetzung ist, dass sich aus der Sicherungsabrede ein entsprechender Löschungsinhalt im Wege der Auslegung ermitteln lässt.

2.2525 b) **Gesetz.** Gesetzliche Anspruchsgrundlage für die Löschung einer eingetragenen Dienstbarkeit ist § 894 BGB.[2947)]

2.2526 c) **Bereicherungsrecht.** Kann der Zweck der Eintragung der Dienstbarkeit nicht mehr erreicht werden, so ist an eine Leistungskondiktion nach § 812 Abs. 1 Satz 2 Fall 2 BGB zu denken, gerichtet auf Löschung der Dienstbarkeit. An einer Leistung des Grundstückeigentümers dürfte es jedenfalls dann fehlen, wenn die Eintragung der Dienstbarkeit zu einem Zeitpunkt erfolgte, in dem die Brauerei selbst noch Eigentümer des Grundstücks war.

4. Grunddienstbarkeiten

2.2527 a) **Fehlen oder Wegfall des Vorteils. aa) Endgültiger Wegfall des Vorteils.** Eine Grunddienstbarkeit ist löschungsreif, wenn wegen wesentlicher Veränderungen auf dem herrschenden Grundstück für dieses der Vorteil aus dem Betrieb endgültig weggefallen ist. Der endgültige Wegfall des Vorteils führt bei Grunddienstbarkeiten dazu, dass diese ganz (§ 1019 Satz 1 BGB) oder teilweise

---

2945) OLG Nürnberg, Urt. v. 26.10.2012 – 2 U 50/11, BeckRS 2013, 01075.

2946) BGH, Urt. v. 29.1.1988 – V ZR 310/86, NJW 1988, 2364 = Zeller IV, 302; BGH, Urt. v. 8.4.1988 – V ZR 120/87, NJW 1988, 2362 = Zeller IV, 182; BGH, Urt. v. 20.1.1989 – V ZR 181/87, WM 1989, 723 = Zeller IV, 313; BGH, Urt. v. 22.1.1992 – VIII ZR 374/89, NJW-RR 1992, 593; OLG Nürnberg, Urt. v. 26.10.2012 – 2 U 50/11, BeckRS 2013, 01075.

2947) OLG Nürnberg, Urt. v. 26.10.2012 – 2 U 50/11, BeckRS 2013, 01075.

(§ 1019 Satz 2 BGB) nichtig sind.[2948] Die Stilllegung eines Brauereibetriebs auf dem herrschenden Grundstück über einen langen Zeitraum wegen dessen Verlagerung in eine moderne Braustätte genügt dann nicht, wenn konkrete Planungen für die Errichtung einer neuen – auch wesentlich kleineren – Braustätte auf dem herrschenden Grundstück entfaltet werden und damit gerechnet werden kann, dass mit der Umsetzung der Planungen in absehbarer Zeit begonnen wird.[2949]

Eine Grunddienstbarkeit erlischt, wenn infolge Veränderung eines der betroffenen Grundstücke ihre Ausübung dauernd ausgeschlossen ist oder der Vorteil für das herrschende Grundstück infolge grundlegender Änderung der tatsächlichen Verhältnisse oder der rechtlichen Grundlage objektiv und endgültig wegfällt. Hierfür trägt der Kläger die Darlegungs- und Beweislast.[2950] Da erst der objektive und endgültige Wegfall des Vorteils den Untergang des Rechts bewirkt, ist eine dauernde Einstellung des begünstigten Betriebes erforderlich. 2.2528

bb) Veränderung maßgeblicher Verhältnisse. Gegebenenfalls ist gegenüber Grunddienstbarkeiten einzuwenden, dass der Kläger wegen nicht entwicklungsbedingter unvorhersehbarer Veränderungen verlangen kann, dass die Dienstbarkeitsberechtigte auf die Ausübung der Dienstbarkeit verzichtet (§ 242 BGB). Bei Unverhältnismäßigkeit von Nutzen und Beeinträchtigung kann Löschung der Grunddienstbarkeit oder Verzicht auf die Grunddienstbarkeit verlangt werden. 2.2529

Inhalt und Umfang einer Dienstbarkeit sind nicht von vorne herein für alle Zeiten festgelegt. Sie können sich immer nach dem jeweiligen Bedürfnis des herrschenden Grundstücks und Berücksichtigung der technischen und wirtschaftlichen Entwicklung ändern, insbesondere auch mit einer Bedarfssteigerung wachsen.[2951] Nicht entwicklungsbedingte unvorhersehbare Veränderungen können jedoch nur in Ausnahmefällen dazu führen, dass der Ausübung der Dienstbarkeit durch den Berechtigten der Einwand unzulässiger Rechtsausübung entgegensteht. Dies dann, wenn die Ausübung der Dienstbarkeit aufgrund der veränderten Umstände für den Berechtigten nur noch geringfügigen Nutzen bietet und sich andererseits die Nachteile für das dienende Grundstück so erheblich vermehrt haben, dass der Vorteil außer Verhältnis zum Schaden steht.[2952] 2.2530

cc) Eine **Verkleinerung des herrschenden Grundstücks** und die aktuell überwiegende tatsächliche Nutzung des ursprünglich herrschenden Grundstücks 2.2531

2948) OLG München, Beschl. v. 30.6.2010 – 34 Wx 57/10, NJW-RR 2011, 97.

2949) OLG Nürnberg, Urt. v. 26.10.2012 – 2 U 50/11, BeckRS 2013, 01075.

2950) OLG Nürnberg, Urt. v. 26.10.2012 – 2 U 50/11, BeckRS 2013, 01075 m. w. N.

2951) OLG Nürnberg, Urt. v. 26.10.2012 – 2 U 50/11, BeckRS 2013, 01075, m. w. N.

2952) OLG Nürnberg, Urt. v. 26.10.2012 – 2 U 50/11, BeckRS 2013, 01075, allerdings im Ergebnis verneinend.

durch Wohnbebauung lässt eine Brauereidienstbarkeit nicht erlöschen. Denn gem. § 1025 BGB besteht die Grunddienstbarkeit bei Teilung des Grundstücks fort und erlischt für die übrigen Teile, wenn sie nur einem Teil zum Vorteil gereicht.[2953)]

2.2532 b) **Konsequenzen.** Bei Fehlen oder endgültigem Wegfall des Vorteils hat die Grunddienstbarkeit einen unzulässigen Inhalt (§ 53 Abs. 1 Satz 2 GBO). Ggf. ist die Eintragung auch gegenstandslos (§§ 84–87 GBO). Grundbuchverfahrensrechtlich kann eine gegenstandslose Eintragung nach § 84 Abs. 2 GBO von Amts wegen oder auf Antrag (§ 22 GBO) gelöscht werden. An den Nachweis der Unrichtigkeit sind strenge Anforderungen zu stellen. Bei einem ursprünglichen Fehlen des Vorteils muss sich dies aus der Einigung, wie sie aus dem Grundbuch hervorgeht, ergeben.[2954)] Ein zivilverfahrensrechtliches Urteil über Ansprüche aus §§ 1027, 1004 BGB entfaltet keine Bindungswirkung.[2955)]

5. Betriebsaufspaltung

2.2533 Umstritten ist, ob im Falle einer Betriebsaufspaltung nach § 123 UmwG eine beschränkte persönliche Dienstbarkeit im Wege der Gesamtrechtsnachfolge nach § 1059a Abs. 1 Nr. 1 BGB übertragen werden kann.[2956)]

6. Klageantrag

2.2534 Mit der Klage wird beantragt, den Beklagten zu verurteilen, der Löschung der Dienstbarkeit zuzustimmen und die Eintragung der Rechtsänderung im Grundbuch zu bewilligen.[2957)]

V. (Gegen-)Anspruch des Belasteten auf Rückgewähr/Löschung bei Sicherungsdienstbarkeiten

1. Grundsatz

2.2535 Soweit nicht – ausnahmsweise – kraft ausdrücklicher oder konkludenter Vereinbarung oder unter den Gesichtspunkten des Bedingungseintritts, der Befristung, der Geschäftseinheit oder der Zweckerreichung[2958)] ein Löschungsanspruch gegeben ist, besteht selbst bei Nichtvorhandensein eines Getränkebezugsvertrages oder Ablauf eines auf eine längst zulässige Dauer abgeschlossenen Getränkebezugsvertrages weiterhin ein Unterlassungsanspruch des durch die Dienstbarkeit Begünstigten.

2953) OLG Nürnberg, Urt. v. 26.10.2012 – 2 U 50/11, BeckRS 2013, 01075.

2954) OLG München, Beschl. v. 30.6.2010 – 34 Wx 57/10, NJW-RR 2011, 97.

2955) OLG Frankfurt/M., Beschl. v. 18.8.2009 – 20 W 143/05, BeckRS 2009, 26379.

2956) Staudinger-*Mayer*, BGB, § 1092 Rz. 18 m. w. N.

2957) OLG Nürnberg, Urt. v. 26.10.2012 – 2 U 50/11, BeckRS 2013, 01075.

2958) Siehe unten § 37 VI 6.

2. Grundbuchberichtigung

Nach h. M., insbesondere auch der des BGH, bleibt eine zur Sicherung bestellte Dienstbarkeit trotz Nichtigkeit des Getränkelieferungsvertrages wirksam.[2959] Allenfalls besteht ein schuldrechtlicher Anspruch auf Löschung.[2960] 2.2536

Ein Anspruch auf Löschung einer Dienstbarkeit besteht grundsätzlich nicht. Ist sie wirksam entstanden, steht das Grundbuch mit der Rechtslage (nach wie vor) in Einklang. Die Dienstbarkeit ist auch nach wie vor gültig, denn sie unterliegt keinerlei zeitlichen Grenzen und das Ende der Abnahmeverpflichtung hat auf ihren Bestand keinen Einfluss. Daher kann grundsätzlich keine Zustimmung zur Berichtigung des Grundbuchs nach **§ 894 BGB** verlangt werden, weil dessen Inhalt im Einklang mit der wirklichen Rechtslage steht. Dies insbesondere auch dann, wenn die Dienstbarkeit selbst weder eine Befristung noch eine Verknüpfung zum Getränkelieferungsvertrag enthält und auch bei ihrer Bestellung weder ausdrücklich noch konkludent Rückgewähransprüche noch schuldrechtliche Löschungsansprüche vereinbart worden sind. Hierfür spricht auch die Vermutung der Vollständigkeit und Richtigkeit der notariellen Urkunde.[2961] 2.2537

3. Anspruchsgrundlagen im Übrigen

a) **Einführung.** Eine unbefristete oder befristete Dienstbarkeit kann nur dann vorzeitig gelöscht werden, wenn ein vertraglicher Rückgewährs- bzw. schuldrechtlicher Löschungsanspruch besteht. Nur dann kommt eine nachträgliche zeitliche Anpassung an die Bezugsdauer aus dem Getränkelieferungsvertrag in Betracht. Die Beweislast hierfür liegt bei dem Eigentümer des belasteten Grundstücks. Dies insbesondere auch dann, wenn die Brauerei bis zur Bestellung der Dienstbarkeit Grundstückseigentümer gewesen ist. Gerade dann dient die Dienstbarkeit der Abwehr unerwünschter Konkurrenz in der Zukunft auf dem ehemaligen Brauereigaststättengrundstück. Ein schuldrechtlicher Anspruch auf vorzeitige Aufhebung der Dienstbarkeit scheidet dann aus.[2962] 2.2538

b) Ein Anspruch auf Löschung der Dienstbarkeit aus Bereicherungsrecht (§§ 812 ff. BGB) wird nur dann in Betracht kommen, wenn der Sicherungsvertrag als solcher unwirksam ist. Ist hingegen die Laufzeit des Getränkelieferungsvertrages unwirksam, so ergibt sich der schuldrechtliche Rückgewährsanspruch aus dem Sicherungsvertrag.[2963] 2.2539

2959) BGH, Urt. v. 29.1.1988 – V ZR 310/86, NJW 1988, 2364 = Zeller IV, 302; LG Köln, Urt. v. 20.11.2012 – 4 O. 455/11.

2960) BGH, Urt. v. 29.1.1988 – V ZR 310/86, NJW 1988, 2364 = Zeller IV, 302.

2961) OLG München, Urt. v. 4.6.2003 – U (K) 3241/03, NJW-RR 2004, 164.

2962) OLG Karlsruhe, Urt. v. 30.1.1990 – 8 U 204/89, EuZW 1990, 102 = Zeller IV, 91; OLG Karlsruhe, Urt. v. 14.5.2008 – 6 U 122/07, BeckRS 2008, 13504.

2963) BGH, Urt. v. 29.1.1988 – V ZR 310/86, NJW 1988, 2364 = Zeller IV, 302.

2.2540 Kann der Zweck der Eintragung der Dienstbarkeit nicht mehr erreicht werden, so ist an eine Leistungskondiktion nach § 812 Abs. 1 Satz 2 Fall 2 BGB zu denken, gerichtet auf Löschung der Dienstbarkeit. An einer Leistung des Grundstückeigentümers dürfte es jedenfalls dann fehlen, wenn die Eintragung der Dienstbarkeit zu einem Zeitpunkt erfolgte, in dem die Brauerei selbst noch Eigentümer des Grundstücks war.

2.2541 c) Ein Anspruch auf Löschung der Dienstbarkeit aus Bereicherungsrecht (§§ 812 ff. BGB) wird nur dann in Betracht kommen, wenn der Sicherungsvertrag als solcher unwirksam ist. Ist hingegen die Laufzeit des Getränkelieferungsvertrages unwirksam, so ergibt sich der schuldrechtliche Rückgewährsanspruch aus dem Sicherungsvertrag.[2964)]

4. Auslegung

2.2542 Ein vertraglicher oder bereicherungsrechtlicher Anspruch auf Aufhebung/Löschung der Dienstbarkeit ist daher nur gegeben, wenn die Auslegung der Sicherungsvereinbarung ergibt, dass der Getränkelieferant sie bei Beendigung der Bezugsverpflichtung zurückzugewähren hat, oder wenn der Zweck der Dienstbarkeit sich ausschließlich in der Sicherung der bestimmten Bezugsverpflichtung erschöpft.[2965)]

5. Wegfall des Sicherungszwecks

2.2543 Je nach Ausgestaltung des Sicherungsvertrages lässt sich die Frage beantworten, ob der Sicherungszweck entfallen ist und deshalb ein Rückgewährsanspruch besteht.[2966)]

2.2544 Dabei werden folgende **Sicherungszwecke** für zulässig erachtet:

- Die Dienstbarkeit kann der Absicherung der Bezugsverpflichtung aus einem oder mehreren Getränkebezugsverträgen dienen.[2967)]
- Die Dienstbarkeit kann kumulativ und alternativ dem Zweck dienen, Druck auf den Rechtsnachfolger des Sicherungsgebers auszuüben, einen Getränkelieferungsvertrag abzuschließen.[2968)]

2964) BGH, Urt. v. 29.1.1988 – V ZR 310/86, NJW 1988, 2364 = Zeller IV, 302.

2965) BGH, Urt. v. 22.1.1992 – VIII ZR 374/89, NJW-RR 1992, 593; BGH, Urt. v. 15.4.1998 – VIII ZR 377/96, NJW 1998, 2286 = ZIP 1998, 1441; OLG Zweibrücken, Urt. v. 23.3.2000 – 4 U 150/99, OLGReport 2000, 499; OLG Karlsruhe, Urt. v. 14.5.2008 – 6 U 122/07, BeckRS 2008, 13504.

2966) BGH, Urt. v. 29.1.1988 – V ZR 310/86, NJW 1988, 2364 = Zeller IV, 302; BGH, Urt. v. 8.4.1988 – V ZR 120/87, NJW 1988, 2362 = Zeller IV, 182.

2967) *Amann*, DNotZ 1988, 581.

2968) BGH, Urt. v. 29.1.1988 – V ZR 310/86, NJW 1988, 2364 = Zeller IV, 302.

- Schließlich kann eine Sicherungsdienstbarkeit ferner, sei es alternativ, sei es kumulativ, den Zweck haben, eine unerwünschte Konkurrenz auf dem Gaststättengrundstück zu verhindern, falls der Getränkelieferant nicht mehr dessen Eigentümer ist.[2969)]

6. Rechtsnachfolge

Wird ein mit einer Unterlassungsdienstbarkeit belastetes Grundstück (des Getränkelieferanten) oder eines sonstigen Eigentümers veräußert, so besteht mit dem Erwerber – jedenfalls zunächst – weder ein Getränkelieferungsvertrag noch ein Sicherungsvertrag. Der Erwerber des mit der Unterlassungsdienstbarkeit belasteten Grundstücks kann die dem Veräußerer zustehenden Rückgewährs- oder Löschungsansprüche daher nur dann geltend machen, wenn sie ihm mitabgetreten wurden oder er in die durch die Sicherungsvereinbarung begründeten schuldrechtlichen Beziehungen vertraglich eingetreten ist bzw. wenn er eine entsprechende neue Sicherungsvereinbarung mit dem Dienstbarkeitsberechtigten abgeschlossen hat.[2970)] 2.2545

7. Wegfall

Ist die Dienstbarkeit Teil des Kaufpreises und damit der Leistung für die Übereignung des Grundstücks gewesen, so scheidet ein schuldrechtlicher Anspruch auf vorzeitige Aufhebung der Dienstbarkeit aus.[2971)] 2.2546

2969) BGH, Urt. v. 8.4.1988 – V ZR 120/87, NJW 1988, 2362 = Zeller IV, 182.

2970) *Amann*, DNotZ 1988, 581; BGH, Urt. v. 3.5.1985 – V ZR 55/84, NJW 1985, 2474 = Zeller III, 374; BGH, Urt. v. 8.4.1988 – V ZR 120/87, NJW 1988, 2362 = Zeller IV, 182; BGH, Urt. v. 20.1.1989 – V ZR 181/87, WM 1989, 723 = Zeller IV, 313.

2971) OLG München, Urt. v. 4.6.2003 – U (K) 3241/03, NJW-RR 2004, 164.

Dritter Hauptteil: Finanzierung

Erster Abschnitt: Allgemeine Fragen sowie Finanzierung von Unternehmerkunden

§ 39 Grundfragen der Finanzierung

I. Darlehensfinanzierung und Getränkelieferungsvertrag

1. Zweck

Die Gewährung von Darlehen durch Getränkelieferanten im Rahmen eines Leistungs- und Getränkelieferungsvertrages dient aus Sicht des Getränkelieferanten der Sicherstellung bzw. Förderung des Getränkeabsatzes. Für den Darlehensnehmer ermöglicht sie eine preisgünstige Fremdfinanzierung, die ihm im Hinblick auf seine Bonität anderweitig zumeist nicht zur Verfügung steht.[1] 3.1

2. Darlehensvertrag

a) **Allgemein.** § 488 Abs. 1 BGB definiert den Gelddarlehensvertrag als zweiseitigen Vertrag, der den Darlehensgeber zur Verfügungstellung eines Geldbetrages in Gestalt der Verschaffung von Eigentum an Bargeld bzw. der Forderungsinhaberschaft an Buchgeld, den Darlehensnehmer zur Rückzahlung und bei entsprechender Abrede zur Entrichtung des vereinbarten Zinses verpflichtet.[2] Beim entgeltlichen Darlehensvertrag handelt es sich um einen gegenseitigen Vertrag, wobei im Gegenseitigkeitsverhältnis einerseits das Verschaffen und Belassen des Geldes (Kapital), andererseits die Aufnahme der vereinbarten Geldsumme und die Bestellung der vereinbarten Sicherheiten stehen. Den Darlehensnehmer trifft eine synallagmatische Hauptpflicht zur Zinszahlung (§ 488 Abs. 1 Satz 2 Fall 1 BGB). Kennzeichnend für den Darlehensvertrag ist die **Vorleistung** des Darlehensgebers, weil er den Darlehensbetrag zunächst in das Eigentum des Darlehensnehmers überführt und erst bei Laufzeitende in einer Summe bzw. bei Tilgungsdarlehen nach und nach Rückerstattung verlangen kann. 3.2

b) **Rechtsnatur.** Der Darlehensvertrag ist ein **Dauerschuldverhältnis.**[3] Dies folgt daraus, dass sowohl der Umfang der Belassungspflicht des Darlehensgebers als auch derjenige einer etwaigen Zinspflicht des Darlehensnehmers zeitabhängig ist. 3.3

c) **Gegenseitiger Vertrag.** Beim gegenseitigen (vollkommen zweiseitigen) Vertrag stehen die beiderseitigen Verpflichtungen in einem Abhängigkeitsver- 3.4

1) Siehe oben § 8 I m. w. N.

2) BGH, Urt. v. 27.3.1985 – VIII ZR 75/84, NJW 1985, 2417.

3) Palandt-*Weidenkaff*, BGB, Vorbemerkungen vor § 488 Rz. 4.

hältnis zueinander. Jeder Vertragspartner verspricht seine Leistung um der Gegenleistung willen; die Leistung des einen ist Entgelt für die des anderen.[4)]

3. Besonderheiten des Brauereidarlehens

3.5 a) **Allgemein.** Die darlehensweise Finanzierung durch Getränkelieferanten weist historisch die Besonderheit auf, dass die Tilgung regelmäßig im Wesentlichen durch die Getränkeabnahme erfolgte. Inhalt und Umfang der Getränkebezugsverpflichtung, insbesondere die Absicherung durch entsprechende Mindestabnahmemengen, dienen auch dazu, die Rückerstattung des Darlehens sicherzustellen.

3.6 b) **Rechtsnatur.** Darlehens- und Getränkelieferungsvertrag sind gekoppelte Geschäfte, wobei zutreffend von einem einheitlichen typengemischten Vertrag ausgegangen wird.[5)] Dies entspricht der ständigen Rechtsprechung.[6)]

3.7 c) **Gegenseitiger Vertrag.** Durchweg stellt die Übernahme der Getränkebezugsverpflichtung die „Gegenleistung" für die Darlehensgewährung dar, wobei beide Verpflichtungen im **Synallagma** stehen sollen.[7)] Hierfür sprechen ggf. die Formulierung des streitgegenständlichen Vertrages („Abnahmeverpflichtung als Gegenleistung für die zugesagten Leistungen"), aber auch der im Vergleich zum freien Kundenverhältnis höhere Getränkebezugspreis, der sich aus den zusätzlichen Leistungen des Getränkelieferanten, wie etwa Darlehensgewährung und/oder Inventargestellung, begründet.[8)] Ebenso stehen Getränkebezugsverpflichtungen einerseits und Verpflichtungen aus **Gaststättenpachtverträgen** andererseits im Gegenseitigkeitsverhältnis.[9)] Auch ist der h. M. jedenfalls für den Fall zuzustimmen, dass die Rückführung der Darlehensvaluta durch Abschreibung oder Rückvergütungsgutschriften erfolgt.

---

4) BGH, Urt. v. 15.11.2000 – VIII ZR 322/99, NJW-RR 2001, 987; BGH, Urt. v. 25.4.2001 – VIII ZR 135/00, BGHZ 147, 279 = NJW 2001, 2331 = ZIP 2001, 1245.

5) Siehe oben § 8 IV 8 b m. w. N.

6) BGH, Urt. v. 21.10.1992 – VIII ZR 99/91, NJW-RR 1993, 562; BGH, Urt. v. 15.11.2000 – VIII ZR 322/99, NJW-RR 2001, 987; a. A. noch OLG Nürnberg, Urt. v. 3.12.1954 – 3 U 179/54 = Zeller I, 23.

7) BGH, Urt. v. 1.3.1978 – VIII ZR 70/77, NJW 1978, 1519 = Zeller II, 38; BGH, Urt. v. 6.2.1985 – VIII ZR 15/84, NJW 1986, 124 = Zeller III, 349 (Alleinvertriebsvertrag über Maschinen), dazu EWiR 1985, 263 *(Paulusch)*; BGH, Urt. v. 21.10.1992 – VIII ZR 99/91, NJW-RR 1993, 562; BGH, Urt. v. 15.11.2000 – VIII ZR 322/99, NJW-RR 2001, 987. OLG München, Urt. v. 24.5.1968 – 8 U 2517/67, NJW 1968, 1880; OLG München, Urt. v. 31.1.1995 – 25 U 3600/94, BeckRS 1995, 04936; OLG Hamm, Urt. v. 8.6.1998 – 31 U 4/98, rkr. durch Nichtannahmebeschl. d. BGH v. 15.9.1999 – VIII ZR 333/98; OLG Rostock, Urt. v. 25.2.2009 – 2 U 5/09, BeckRS 2009, 10314 (Zuschussvertrag); OLG Zweibrücken, Urt. v. 6.7.2009 – 7 U 180/08; OLG Dresden, Urt. v. 29.10.2009 – 8 U 195/09; OLG Oldenburg, Urt. v. 14.11.2012 – 5 U 56/11.

8) OLG Zweibrücken, Urt. v. 6.7.2009 – 7 U 180/08; OLG Dresden, Urt. v. 29.10.2009 – 8 U 195/09.

9) BGH, Urt. v. 25.11.1987 – VIII ZR 283/86, NJW 1988, 703 = Zeller IV, 173.

Anders dürfte ggf. zu entscheiden sein, wenn der Gastwirt das Darlehen tilgen muss. Gegen das Vorliegen eines Synallagmas im technischen Sinne spricht, dass die Rechtsprechung eine Reihe von Ausnahmen anerkannt hat, in denen sich das Darlehensgeschäft anders als der Getränkelieferungsvertrag im Übrigen entwickeln kann. So bestehen bei Veräußerung und sonstiger Übertragung einer Gaststätte durch den bisherigen Betreiber hinsichtlich einer Trennung des bislang einheitlichen Darlehens- und Getränkelieferungsvertrages dahingehend, dass der Übernehmer die Getränkebezugsverpflichtung übernimmt, wohingegen die Darlehensverbindlichkeiten mangels Zustimmung des Getränkelieferanten beim Rechtsvorgänger verbleiben, keine Wirksamkeitsbedenken.[10] Zudem führt eine (vorzeitige) Rückführung der Darlehensverbindlichkeit nicht zur Beendigung der Getränkebezugsverpflichtung, insbesondere gibt sie dem Gastwirt kein Recht zur außerordentlichen Kündigung.[11] Zu den Fallgruppen, in denen sich das Darlehen in der Regel weitestgehend unabhängig vom Schicksal des Getränkelieferungsvertrages entwickelt, gehört die Möglichkeit der Kündigung des Darlehensvertrages wegen Nichterfüllung der Mindestabnahmeverpflichtung.[12] 3.8

4. Verwendungszweck

a) **Allgemein.** Zwar obliegt es den Parteien eines Darlehensvertrages grundsätzlich, frei darüber zu entscheiden, ob der Darlehensnehmer die Mittel beliebig verwenden kann oder zweckgebunden einsetzen muss. Zu den zweckgebundenen Darlehen zählen insbesondere aber allgemeine **Betriebsmittelkredite**. Die Angabe eines betrieblich veranlassten Verwendungszwecks, wie etwa Eröffnung, Betriebserweiterung, Renovierung, Umbau, Anschaffung von Gaststätteninventar, Finanzierung des Kaufpreises des von dem Lieferanten gekauften Inventars oder Ablösung, Ausgleich von Verbindlichkeiten des Kunden, allgemein die Förderung der Absatzstätte im Rahmen der betrieblichen Nutzung, ist nicht nur die steuerliche Anerkennung geboten, sondern auch sinnvoll, damit der Darlehensnehmer Darlehenszinsen als Betriebsausgaben geltend machen kann. 3.9

Die konkrete Nennung des Verwendungszwecks hat darüber hinaus Bedeutung für die Heranziehung der Sondervorschriften des Verbraucherkreditrechts.[13] Praktisch bedeutsam werden kann dies sowohl im Zusammenhang mit der Prü- 3.10

---

10) Siehe oben § 16 IV 2; BGH, Urt. v. 21.10.1992 – VIII ZR 99/91, NJW-RR 1993, 562; BGH, Urt. v. 15.11.2000 – VIII ZR 322/99, NJW-RR 2001, 987; OLG Düsseldorf, Urt. v. 28.5.2004 – 15 U 193/03 sowie – 15 W 103/03 (Vertrag Brauerei-Getränkefachgroßhändler).

11) Siehe oben § 34 V 9 m. w. N.

12) Siehe unten § 40 V 2 m. w. N.; OLG Koblenz, Urt. v. 11.6.1999 – 8 U 1021/98, NJW-RR 2001, 348.

13) Siehe unten § 40 IV 1 m. w. N.

fung des persönlichen Anwendungsbereichs (Stichwort: Existenzgründereigenschaft) als auch des Vorliegens eines verbundenen Geschäfts mit den sich daraus ergebenden Anforderungen an Auswahl und Inhalt der Widerrufsinformation. Sollte es nach Widerruf zur Rückabwicklung kommen, so kommt dem Nachweis einer betrieblichen Nutzung des Kapitals bei der Berechnung des Nutzungsvorteils Bedeutung zu.[14)]

3.11 b) **Vereinbarungsdarlehen.** Nicht selten wandeln Getränkelieferanten Schulden ihres Vertragspartners, insbesondere aus Warenlieferung und Pacht/Miete, in ein Darlehen um. Begrifflich liegt ein Vereinbarungsdarlehen vor, weil die Parteien eine bereits bestehende Schuld in eine solche aus Darlehen „umwandeln". Dabei handelt es sich um eine Vertragsänderung gem. § 311 Abs. 1 Fall 2 BGB. Der bisherige Schuldgrund wird zwar nicht ausgetauscht, die fortbestehende ursprüngliche Schuld wird aber lediglich dem Darlehensvertragsrecht unterstellt, wobei vorhandene Sicherheiten weiter haften.

5. Banklizenz

3.12 Fraglich könnte sein, ob die Vergabe von Darlehen durch Getränkelieferanten einer Banklizenz gem. §§ 1 Abs. 1 Nr. 2, 32 KWG bedarf. Hier könnte man sich auf den Standpunkt stellen, dass die Vergabe von Darlehen durch Getränkelieferanten deshalb nicht gewerbsmäßig i. S. d. § 1 KWG erfolge, weil mit der Darlehensvergabe trotz deren Entgeltlichkeit keine eigenständigen Erwerbszwecke verfolgt, sondern lediglich der Absatz der Getränke gefördert werden soll.[15)] Allerdings kann man insofern auch einen strengeren Standpunkt einnehmen. Danach kommen als Darlehensgeber nicht nur Banken, Sparkassen oder sonstige Kreditinstitute i. S. d. § 1 KWG, sondern auch Unternehmer (§§ 14, 491 BGB) in Betracht, deren Geschäftstätigkeit zwar nicht auf Bankgeschäfte gerichtet ist, die aber Darlehen im Rahmen der gewerblichen Tätigkeit einem anderen gewähren. Dabei soll eine erstmalige Darlehensvergabe ausreichen.[16)] Kennzeichnend für einen Unternehmer ist, dass er im Wettbewerb mit anderen Unternehmern Leistungen gegen Entgelt anbietet.

3.13 Auf den Meinungsstreit dürfte es allerdings nicht ankommen, weil bei Fehlen einer etwa erforderlichen Genehmigung bei einer Kreditgewährung ohne Erlaubnis nach KWG kein Verstoß gegen ein Verbotsgesetz i. S. d. § 134 BGB und damit keine Nichtigkeit des Vertrages festgestellt werden kann. Das Fehlen einer schriftlichen Erlaubnis der Bundesanstalt für Finanzaufsicht (BaFin) für Bankgeschäfte i. S. d. § 1 KWG ist daher im Ergebnis ohne Bedeutung.[17)]

---

14) BGH, Urt. v. 4.12.1996 – VIII ZR 360/95, NJW 1997, 933.

15) So Staudinger-*Freitag*, BGB, § 488 Rz. 96; ebenso die BAFIN.

16) BGH, Urt. v. 9.12.2008 – XI ZR 513/07, BGHZ 179, 126 = NZG 2009, 273 = ZIP 2009, 261.

17) Staudinger-*Sack/Seibl*, BGB, § 134 Rz. 179 m. w. N. auf die BGH-Rechtsprechung.

II. Erscheinungsformen

Je nach der Art der Rückführung unterscheidet man – ggf. auch in Kombination – verschiedene Erscheinungsformen. 3.14

1. Abschreibungsdarlehen

a) Grundlagen. Klassisch handelt(e) es sich bei Darlehensfinanzierungen in der Getränkewirtschaft um Abschreibungsdarlehen. Dabei erfolgt die Tilgung des Darlehens im Wesentlichen durch den Getränkebezug. Für jeden bezogenen und bezahlten Hektoliter wird der vereinbarte Eurobetrag, in der Regel vierteljährlich und ggf. nach Vorlage der Absatzmeldungen des Getränkefachgroßhändlers, auf das geführte Finanzierungskonto als Tilgung gebucht und damit „intern" gutgeschrieben (**hl-bezogene Abschreibung**).[18] 3.15

Bei einer **Festabschreibung** wird für die Dauer des Bezuges der gebundenen Getränke ein feststehender Betrag zum Jahresende, ggf. auch zeitanteilig (pro rata temporis), gutgebracht.[19] Bei ordnungsgemäßer Erfüllung muss nichts zurückgezahlt werden. Es erfolgt weder eine monatliche Zahlung von Raten noch eine Endfälligstellung. Abschreibungsdarlehen werden vielmehr intern von dem Getränkelieferanten über die vereinbarte Laufzeit abgeschrieben entsprechend der Abnahme der gebundenen Getränke. Bei ihnen entspricht die Vertragslaufzeit des Darlehens der Laufzeit des Bezugsvertrages, weil die hl-Gutschriften längstens auf die vereinbarte Dauer des Getränkebezugs erteilt werden. Dies gilt auch für Festabschreibungsdarlehen. 3.16

b) Tilgung durch Aufgeld. Der Begriff des „Aufgeldes"[20] ist mehrdeutig. Im Regelfall wird darunter ein Betrag verstanden, den der Kunde des Getränkelieferanten zusätzlich zu bestehenden Zahlungsverpflichtungen aus Lieferung leistet, um insbesondere rückständige Ansprüche des Getränkelieferanten aus dem Liefergeschäft abzutragen. Im Zusammenhang mit der Rückführung der 3.17

---

18) RG, Urt. v. 30.10.1936 – VII 65/36, RGZ 152, 251, dort etwas irreführend als **Aufgeld**zahlung bezeichnet; BGH, Urt. v. 26.10.2000 – IX ZR 227/99, NJW 2001, 1136 = ZIP 2001, 31; OLG Brandenburg, Urt. v. 10.3.1998 – 6 U 159/97, rkr. durch Nichtannahmebeschl. des BGH v. 21.4.1999 – VIII ZR 300/98 (Vertrag Brauerei-Getränkefachgroßhändler); OLG Koblenz, Urt. v. 11.6.1999 – 8 U 1021/98, NJW-RR 2001, 348; OLG Düsseldorf, Urt. v. 1.9.1999 – 5 U 13/99, rkr. durch Nichtannahmebeschl. d. BGH v. 12.7.2000 – XIII ZR 236/99; OLG Frankfurt/M., Urt. v. 30.11.2000 – 16 U 230/99, BGH, VIII ZR 5/01, Revisionsrücknahme nach Nichtannahmebeschluss, der ausnahmsweise begründet worden ist; OLG Köln, Urt. v. 6.9.2000 – 17 U 46/99, BeckRS 2012, 09081; OLG Koblenz, Urt. v. 21.2.2002 – 5 U 677/01, NJOZ 2002, 837; OLG Düsseldorf, Urt. v. 28.5.2004 – 15 U 193/03 – sowie – 15 W 103/03 (Vertrag Brauerei-Getränkefachgroßhändler); OLG Frankfurt/M., Urt. v. 29.6.2007 – 19 U 142/06, NJOZ 2007, 5354 = BeckRS 2007, 16524; OLG Düsseldorf, Urt. v. 13.11.2009 – I-22 U 71/09, BeckRS 2012, 05469.

19) OLG Düsseldorf, Urt. v. 26.11.2010 – I-22 U 97/10, BeckRS 2011, 07134 (Provisionsvorauszahlung); OLG Karlsruhe, Urt. v. 27.9.2012 – 9 U 188/10, NJW-RR 2013, 467; OLG Hamm, Urt. v. 10.5.2012 – I-22 U 203/11 (Brauerei-Getränkefachgroßhändler).

20) BGH, Urt. v. 20.3.1953 – V ZR 123/51, BB 1953, 339 = Zeller I, 146.

Finanzierung bedarf es der Formulierung „Tilgung durch Aufgeld“ nicht (mehr). Aufschläge für finanzierte Gastronomiekunden sind in den jeweiligen Abgabepreisen berücksichtigt.

3.18 c) **Zins.** Abschreibungsdarlehen sind regelmäßig, jedenfalls zunächst,[21)] zinslos. Dies muss aber nicht so sein. Wirtschaftlich sollte auch eine Verzinsung vereinbart werden.

2. Rückvergütungsdarlehen[22)]

3.19 Bei dieser Unterart des Darlehens müssen auf den gewährten Betrag[23)] wie beim Abschreibungsdarlehen keine monatlichen Raten bezahlt werden. Die Tilgung des Darlehens erfolgt durch Einbehalt und Verrechnung einer (ggf. angesammelten) Rückvergütung bzw. Provision, die der Getränkelieferant zusätzlich zu dem Darlehen als weitere Leistung etablierten Gastwirten und insbesondere selbst betreibenden Hauseigentümern gewährt.[24)] Die Tilgung erfolgt je nach der Höhe des Getränkeabsatzes. Je höher die Absätze sind, desto schneller tilgt sich das Darlehen. Dabei können **Mindesttilgungen** vereinbart sein, etwa dergestalt, dass zum Periodenende, etwa zum Jahresende, eine **Differenzrate** zu zahlen ist.[25)]

3. Zuschüsse

3.20 Die Ausführungen zum Abschreibungsdarlehen gelten mit gewissen Modifikationen auch für (Investitionskosten-)Zuschüsse.[26)] Zuschussfinanzierungen

---

21) OLG München, Urt. v. 31.1.1995 – 25 U 3600/94, BeckRS 1995, 04936.

22) OLG Düsseldorf, Urt. v. 26.11.2010 – I-22 U 97/10, BeckRS 2011, 07134 (Provisionsvorauszahlung); LG Köln, Urt. v. 3.7.2003 – 8 O. 315/02, als Vorinstanz zu OLG Düsseldorf, Urt. v. 27.10.2004 – VI-U (Kart) 41/03, BeckRS 2005, 06685.

23) Dieser stellt sich ggf. auch sog. **Rückvergütungsvorauszahlung** dar. Vgl. OLG Düsseldorf, Urt. v. 26.11.2010 – I-22 U 97/10, BeckRS 2011, 07134.

24) OLG Düsseldorf, Urt. v. 27.10.2004 – VI-U Kart) 41/03, BeckRS 2005, 06685; OLG Düsseldorf, Urt. v. 26.11.2010 – I-22 U 97/10, BeckRS 2011, 07134. OLG Hamm, Urt. v. 10.5.2012 – I-22 U 203/11 (Brauerei-Getränkefachgroßhändler).

25) BGH, Urt. v. 25.4.2001 – VIII ZR 135/00, BGHZ 147, 279 = NJW 2001, 2331 = ZIP 2001, 1245; OLG Karlsruhe, Urt. v. 28.4.1998 – 1 U 252/97, rkr. durch Nichtannahmebeschl. d. BGH v. 22.9.1999 – VIII ZR 373/98; OLG Koblenz, Urt. v. 11.6.1999 – 8 U 1021/98, NJW-RR 2001, 348; OLG Hamm, Urt. v. 10.5.2012 – I-22 U 203/11 (Brauerei-Getränkefachgroßhändler).

26) BGH, Urt. v. 14.6.1972 – VIII ZR 14/71, NJW 1972, 1459 = Zeller I, 212; BGH, Urt. v. 30.9.1992 – VIII ZR 196/91, BGHZ 119, 283 = NJW 1993, 64 = ZIP 1992, 1573; BGH, Urt. v. 3.7.1996 – VIII ZR 92/95, NJW-RR 1996, 1394; OLG Nürnberg, Urt. v. 6.7.1984 – 1 U 3935/83, Zeller III, 346; KG, Urt. v. 22.6.1987 – 4 U 4205/86; OLG Zweibrücken, Urt. v. 15.1.1998 – 4 U 213/96, OLG-Report 1998, 161, rkr. durch Nichtannahmebeschl. d. BGH v. 15.12.1998 – VIII ZR 250/98; OLG Köln, Urt. v. 6.9.2000 – 17 U 46/99, BeckRS 2012, 09081; OLG Düsseldorf, Urt. v. 27.10.2004 – VI-U (Kart) 41/03, BeckRS 2005, 06685; OLG Karlsruhe, Urt. v. 27.9.2012 – 9 U 188/10, NJW-RR 2013, 467; OLG Hamm, Urt. v. 10.5.2012 – I-22 U 203/11 (Brauerei-Getränkefachgroßhändler); LG Berlin, Urt. v. 31.1.1990 – 99 O. 206/89, NJW-RR 1990, 820 = Zeller IV, 288; LG Tübingen, Urt. v. 4.9.1991 – 6 S 167/91, NJW-RR 1992, 112.

werden im Regelfall zinslos gewährt. Zwingend ist dies aber nicht. Eine Verpflichtung zur Rückzahlung besteht nur dann, wenn die Getränkebezugsverpflichtung nicht erfüllt wird, der Vertrag gekündigt wird und der Vertrag eine entsprechende Rückzahlungsverpflichtung jedenfalls im Wege der Auslegung enthält. Dann ist der noch nicht abgeschriebene Teil des Investitionskostenzuschusses zuzüglich Umsatzsteuer und einer Verzinsung von 8 % seit der Auszahlung zurückzuzahlen (**Nachverzinsung**).

4. Tilgungs- oder Teilzahlungsdarlehen

a) Grundlagen. Bei Tilgungs- oder Teilzahlungsdarlehen erbringt der Darlehensnehmer während der Laufzeit Rückzahlungen auf die Hauptschuld. Damit reduzieren sich sowohl das Risiko des Darlehensgebers als auch die Zinslast des Darlehensnehmers nach und nach. 3.21

b) Arten. In dieser Unterart des **Ratendarlehens** verpflichtet der Getränkelieferant sich, dem Darlehensnehmer, insbesondere einem Existenzgründer, einen Geldbetrag in vereinbarter Höhe zur Verfügung zu stellen und zur Nutzung zu überlassen. Dient das Darlehen der Inventarfinanzierung, kauft der Darlehensnehmer das Inventar in der Regel selbst beim Inventarlieferanten. Der Darlehensnehmer verpflichtet sich, den geschuldeten Zins zu entrichten und den Geldbetrag in Raten zurückzuzahlen. 3.22

Einen Sonderfall des Tilgungsdarlehens stellt das **Annuitäten-/Amortisationsdarlehen** dar. Hier hat der Darlehensnehmer für die gesamte Laufzeit bis zur vollständigen Tilgung eine stets gleich bleibende Jahresleistung zu erbringen, indem er regelmäßig feste Raten zahlt. Im Zeitlauf verschiebt sich allerdings fortlaufend das Verhältnis zwischen Zins und Tilgung dergestalt, dass der Zinsanteil der einzelnen Rate entsprechend sinkt, wohingegen der Tilgungsanteil beständig anwächst.[27)] Hier besteht eine Parallele zum Realkredit.[28)] Da gem. § 289 Satz 1 BGB das Verbot von Zinseszinsen besteht, darf auf die jeweilige Rate kein Zins berechnet werden, sondern lediglich auf den darin enthaltenen Tilgungsanteil. 3.23

Darüber hinaus gibt es – allerdings eher selten, häufiger dagegen im Verhältnis zu Getränkefachgroßhändlern – **tilgungsfreie/endfällige Darlehen.** Charakteristisch hierfür ist, dass während der Laufzeit des Vertrages keinerlei Tilgungszahlungen zu leisten sind und der Darlehensnehmer die Valuta erst am Ende der Vertragslaufzeit in einem Einmalbetrag zurückzuzahlen hat. Da der Darlehensgeber insofern während der gesamten Vertragslaufzeit das volle Bonitätsrisiko trägt, werden hier in der Regel höhere Zinsen fällig. 3.24

---

27) BGH, Urt. v. 27.1.1998 – XI ZR 158/97, NJW 1998, 1062 = ZIP 1998, 418.

28) Bülow/Artz-*Bülow*, Verbraucherkreditrecht, § 491 Rz. 107c.

3.25 c) Eine eventuell zusätzlich geleistete **Rückvergütung** kann als Rechnungsstellungssofortrabatt in Abzug gebracht, periodisch ausbezahlt oder auch als Tilgung gebucht werden.[29)]

3.26 d) **Zinszahlungen.** In der Praxis findet sich das Ratendarlehen mit festen Tilgungsraten und gesondert – sei es monatlich,[30)] in der Regel quartalsweise, seltener halbjährlich oder jährlich – zu zahlenden Zinsen.[31)]

5. Kauffinanzierung/Teilzahlungskauf

3.27 In diesem Fall verkauft der Getränkelieferant zuvor nach Auswahl durch den Kunden beim Inventarlieferanten gekauftes bzw. beim Getränkelieferanten vorhandenes (Lagerinventar) oder bereits im Objekt befindliches Gaststätteninventar zu dem angegebenen Kaufpreis zuzüglich der gesetzlichen Umsatzsteuer an den Kunden.[32)] Der Kaufpreis wird von dem Getränkelieferanten vorfinanziert **(Vorleistung).** Auch insofern gibt es die vorstehend berichteten Rückführungsalternativen.[33)] Gelegentlich wird vereinbart, dass die Umsatzsteuer außerhalb der Ratenzahlungsabsprache gesondert ausgeglichen werden soll (sog. **Umsatzsteuersondertilgung**). Der Verkauf erfolgt grundsätzlich unter Eigentumsvorbehalt. Eine nachträgliche einseitige Umetikettierung der ursprünglichen Rechtsnatur des Vertrages ändert an dieser nichts.[34)]

6. Inventargestellung

3.28 Bei der Inventarüberlassung in Form der Leihe oder (seltener) der Miete stellt der Getränkelieferant Gaststätteneinrichtung, Schanktechnik, Außenwerbung etc. leih- bzw. mietweise zur Verfügung.[35)] Das (Voll-)Eigentum bleibt jedenfalls zunächst bei dem Getränkelieferanten. Inventargestellungen finden sich ohne oder mit Erwerbsverpflichtung durch den Kunden.

---

29) OLG Karlsruhe, Urt. v. 28.4.1998 – 1 U 252/97, rkr. durch Nichtannahmebeschl. d. BGH v. 22.9.1999 – VIII ZR 373/98; LG Berlin, Urt. v. 10.10.2012 – 10 O. 243/11.

30) BGH, Urt. v. 26.10.2000 – IX ZR 227/99, NJW 2001, 1136 = ZIP 2001, 31; BGH, Urt. v. 15.11.2000 – VIII ZR 322/99, NJW-RR 2001, 987; KG, Urt. v. 22.12.1988 – 2 U 1915/88, NJW-RR 1989, 630; OLG Brandenburg, Urt. v. 23.11.1994 – 1 U 11/94, NJW-RR 1995, 1517; OLG Karlsruhe, Urt. v. 18.10.2001 – 19 U 97/01, BeckRS 2001, 30212399; OLG Köln, Urt. v. 9.1.2007 – 3 U 158/05, BeckRS 2007, 04453; OLG Zweibrücken, Urt. v. 6.7.2009 – 7 U 180/08; OLG Dresden, Urt. v. 29.10.2009 – 8 U 195/09.

31) KG, Urt. v. 22.12.1988 – 2 U 1915/88, NJW-RR 1989, 630 = Zeller IV, 267.

32) BGH, Urt. v. 7.10.1970 – VIII ZR 202/68, NJW 1970, 2243 = Zeller I, 202; BGH, Urt. v. 25.4.2001 – VIII ZR 135/00, BGHZ 147, 279 = NJW 2001, 2331 = ZIP 2001, 1245; OLG Brandenburg, Urt. v. 23.11.1994 – 1 U 11/94, NJW-RR 1995, 1517.

33) Siehe oben § 39 II 1-4.

34) OLG Brandenburg, Urt. v. 23.11.1994 – 1 U 11/94, NJW-RR 1995, 1517.

35) BGH, Urt. v. 23.11.1983 – VIII ZR 333/82, ZIP 1984, 335 = Zeller, III, 266; BGH, Urt. v. 27.2.1985 – VIII ZR 85/84, NJW 1985, 2693 = Zeller, III, 80; OLG Frankfurt/M., Urt. v. 13.11.2007 – 11 U 24/07, BeckRS 2007, 19024; OLG Dresden, Urt. v. 29.10.2009 – 8 U 195/09.

7. Kostenbeteiligung

Praktisch werden können Kostenbeteiligungen an Werbeanlagen, Schanktechnik, Insertionskosten, Spannbändern und/oder Ausstattungen etc. 3.29

8. Wirtschaftliche Betrachtung

Die verschiedenen Finanzierungs- und insbesondere Rückführungsformen unterscheiden sich wirtschaftlich selbst bei gleicher Hektoliterbelastung erheblich. Bei Tilgungsfinanzierungen hat der Gastwirt einen höheren Liquiditätsbedarf, das Ausfallrisiko des Getränkelieferanten und sein Bedarf an Sicherheiten steigen. 3.30

Rückvergütungsgutschriften- und Abschreibungsfinanzierungen erfolgen bei Direktbelieferung zumeist brutto, Tilgungsfinanzierungen verstehen sich dagegen zumeist netto.[36] 3.31

III. Abgrenzung/Auslegung

Eine klare Begrifflichkeit erleichtert nicht nur die Rechtsdurchsetzung. Sie macht auch eine zutreffende und ggf. auch einheitlich Buchung von Bilanzpositionen, etwa als „Bierlieferungsrechte und Darlehen“ bzw. „Ausleihungen“ möglich. 3.32

1. Abschreibungsdarlehen/Zuschuss

a) Grundlagen. Bei Zuschüssen bedarf es der Abgrenzung zum Abschreibungsdarlehen.[37] Sollen die Finanzmittel endgültig beim Empfänger verbleiben, dann liegt ein Zuschuss vor. Anders ist zu entscheiden, wenn sie zurückzuzahlen sind; dann handelt es sich um ein Darlehen. Ein Darlehen liegt auch dann vor, wenn es zinslos gewährt wird. 3.33

Je nach Sachverhalt wird man folgende Kriterien mit einstellen können: Ein Zuschuss findet sich eher im Absatzweg Lebensmittelhandel sowie im Bereich des Sponsorings, Abschreibungsdarlehen sind dagegen für den Absatzweg Gastronomie typisch. Ein Zuschuss wird in der Regel für den bloßen Erwerb einer Absatzchance gezahlt. Er ist in der Regel nicht erfolgsabhängig und insbesondere nicht durch eine Mindestabnahmeverpflichtung unterlegt.[38] Bei Abschreibungsdarlehen ist am Ende der Vertragslaufzeit der noch nicht abgeschriebene Teil des Darlehens zurückzuzahlen.[39] Der Zuschuss ist dagegen im Regelfall „verloren“, so dass auch dann, wenn sich die Absatzerwartungen des Getränkelieferanten nicht erfüllt haben, keine Rückzahlungsverpflichtung am 3.34

36) BGH, Urt. v. 15.12.2012 – VII ZR 99/10, NJW 2013, 678.

37) BGH, Urt. v. 26.10.2000 – IX ZR 227/99, NJW 2001, 1136 = ZIP 2001, 31.

38) LG Berlin, Urt. v. 31.1.1990 – 99 O. 206/89, NJW-RR 1990, 820 = Zeller IV, 288.

39) LG Saarbrücken, Urt. v. 7.10.1996 – 1 O. 98/94.

Ende der Vertragslaufzeit besteht. Mangels entgegenstehender ausdrücklicher Abrede wird ein Zuschuss nicht getilgt, wenn auch aus bilanziellen Gründen erfolgt eine „interne Abschreibung“, sei es hektoliterbezogen, sei es pro rata temporis. **Zinsen** finden sich eher beim Abschreibungsdarlehen, sie sind aber auch beim Zuschuss denkbar.

3.35 **b) Weitere Aspekte.** Für die Auslegung einer finanziellen Zuwendung als (Abschreibungs-)Darlehen und nicht als (verlorener) Zuschuss sprechen sowohl die Verpflichtung, eine Bürgschaft zu bestellen als auch eine im Vertrag zur vorzeitigen Kündigung des Betrages enthaltene Regelung.[40)]

3.36 Nicht entscheidend ist die Wortwahl der Vereinbarung. Wird eine Rückzahlungsvereinbarung geschlossen, so handelt es sich bei der gewährten Zuwendung nicht um einen „verlorenen“ Zuschuss. Wird der „Zuschuss“ durch den Bezug von Getränken „abgeschrieben“, so kann rechtlich ein Darlehen vorliegen. Ein Gelddarlehen liegt nämlich vor, wenn das Recht zur zeitlich begrenzten Kapitalnutzung eingeräumt wird. Soll der nicht abgeschriebene Zuschussrest am Ende der Laufzeit zurückgezahlt werden, handelt es sich von Beginn an um ein entsprechend zeitlich begrenztes Kapitalnutzungsrecht. Dies gilt insbesondere dann, wenn im Hinblick auf die vereinbarte Gesamtabnahmemenge und die vertraglich festgesetzte, hl-bezogene und einzubehaltende Gutschrift ein Gesamtbetrag errechenbar ist, der den Zuschussbetrag (netto) übersteigt. Auch spricht ein Kündigungsrecht des Getränkelieferanten für den Fall des Minderbezuges oder einer Aufgabe der Gaststätte dafür, dass ein Darlehensvertrag vorliegt, wenn in diesen Fällen der noch offene Zuschussrest fällig ist oder fällig gestellt werden kann. Die Entgeltlichkeit der Kreditgewährung folgt daraus, dass sie im Gegenseitigkeitsverhältnis mit der Getränkeabnahmeverpflichtung steht.[41)]

3.37 Zu beachten ist, dass bei einer Tilgung durch Rückvergütungsgutschriften die Einordnung als Abschreibungsdarlehen nicht durchweg zutreffend ist und daher vermieden werden sollte.

2. Darlehen/Leihe

3.38 Wird Gaststätteninventar in einem Getränkelieferungsvertrag unter Verwendung der Worte „unentgeltliche Nutzungsüberlassung“ zur Verfügung gestellt, so deutet dies zunächst auf das Rechtsinstitut der Leihe hin. Der Gesamtzusammenhang mit anderen Vorschriften des Vertrages kann aber zu der Auslegung führen, dass wirtschaftlich ein Abschreibungsdarlehen gemeint ist. Dies folgt zwanglos daraus, dass sich bei Umlage des angenommenen Inventarwer-

---

40) OLG Frankfurt/M., Urt. v. 30.11.2000 – 16 U 230/99, BGH, VIII ZR 5/01, Revisionsrücknahme nach Nichtannahmebeschluss, der ausnahmsweise begründet worden ist.

41) OLG Rostock, Urt. v. 25.2.2009 – 2 U 5/08.

tes (hier 80.000,00 €) über eine Rückvergütung (hier 25,00 €/hl) genau die vertraglich vereinbarte Menge (hier 3.200 hl) ergibt, ab deren Erreichen dem Gastwirt eine Rückvergütung zustehen soll.[42] Im Übrigen kann auf ein Urteil des OLG Schleswig verwiesen werden.[43]

3. Darlehen/Teilzahlungsgeschäft

Insofern ist der **Trennungsgrundsatz** zu beachten. Danach ist rechtlich und wirtschaftlich grundsätzlich strikt zwischen dem Finanzierungsgeschäft und dem mit den aufgenommenen Mitteln vom Darlehensnehmer finanzierten Geschäft zu unterscheiden.[44] Bestätigt wird dies durch die verschiedenen Vorschriften über die Durchbrechung dieses Grundsatzes, u. a. §§ 358–359a BGB. Während beim Kaufvertrag ein dauerhafter Leistungsaustausch beabsichtigt ist, wird beim Darlehensvertrag lediglich ein vorübergehender Verbleib der Finanzierungsmittel beim Darlehensnehmer angestrebt. 3.39

4. Teilzahlungsgeschäft/Leihe

Ungeachtet der irreführenden Vertragsüberschrift als „Leih- bzw. Getränkelieferungsvertrag“ kann die Auslegung ergeben, dass der Sache nach ein Ratenzahlungskauf (aktuell Teilzahlungsgeschäft, § 507 BGB) mit Tilgungsabrede vorliegt. Hierfür sprechen auch die in Vollzug der Vereinbarung erfolgte Erstellung einer Rechnung und der Umsatzsteuerausweis, die Wendungen „Kaufpreisschuld“, „verkaufter Gegenstand“ und die „Umwandlung der Kaufpreisschuld in ein Darlehen“.[45] 3.40

5. Leihe/Miete

a) Grundlagen. Leihe ist die unentgeltliche Überlassung einer in der Regel beweglichen Sache zum Gebrauch für eine bestimmte oder unbestimmte Zeit (§ 598 BGB). Bei der Leihe beschränkt sich die Gebrauchsgestattungspflicht auf die Überlassung des Besitzes und das Unterlassen von Besitzstörungen. Anders als bei der Miete (§ 535 Abs. 1 Satz 2 BGB) ist der Verleiher also nicht verpflichtet, die Sache in einen gebrauchsfähigen Zustand zu versetzen und sie während der Vertragslaufzeit instand zu halten. Im Übrigen unterscheidet sich die Leihe von der Miete durch ihre Unentgeltlichkeit (§ 598 BGB im Gegensatz zu § 535 Abs. 2 BGB). Die Haftung des Getränkelieferanten als Verleiher ist auf Vorsatz und grobe Fahrlässigkeit beschränkt (§ 599 BGB). Dies gilt nicht nur gegenüber dem Gastwirt als Entleiher, sondern auch gegenüber dritten 3.41

---

42) LG Köln, Urt. v. 15.3.2011 – 21 O. 95/10.

43) OLG Schleswig, Urt. v. 14.6.2001 – 1 U 76/2000.

44) BGH, Urt. v. 8.6.1978 – III ZR 136/76, BGHZ 72, 92 = NJW 1978, 2145.

45) BGH, Urt. v. 25.4.2001 – VIII ZR 135/00, BGHZ 147, 279 = NJW 2001, 2331 = ZIP 2001, 1245; OLG Brandenburg, Urt. v. 23.11.1994 – 1 U 11/94, NJW-RR 1995, 1517.

Personen, die nach den Grundsätzen des Vertrages mit Schutzwirkung für Dritte in den Leihvertrag einbezogen sind, zumindest wenn ihnen bekannt ist, dass der mitbenutzte Gegenstand entliehen ist.[46] Der Entleiher hat daher die gewöhnlichen Kosten der Erhaltung der geliehenen Sache zu tragen und darf diesen nur in vertragsgemäßem Umfang gebrauchen (§§ 601 Abs. 1, 603 Satz 1 BGB). Insbesondere darf der Entleiher die Sache nicht ohne Erlaubnis des Verleihers einem Dritten überlassen (§ 603 Satz 2 BGB). Auch sonstige Kosten können dem Entleiher vertraglich nicht auferlegt werden. Mangels vertraglicher Regelungen zur Rückgabepflicht und zum Kündigungsrecht gelten die Bestimmungen der §§ 604 und 605 BGB.

3.42 Insofern kann eine Entscheidung des OLG Frankfurt vom 30.11.2000 berichtet werden.[47]

IV. Leistungserbringung

1. Grundlagen

3.43 § 488 Abs. 1 Satz 1 BGB setzt voraus, dass der Darlehensgeber verpflichtet wird, dem Darlehensnehmer einen Geldbetrag in der vereinbarten Höhe zur Verfügung zu stellen. Allerdings trifft den Darlehensgeber lediglich eine bloße Wertverschaffungspflicht, mit der er nach der Natur des Darlehens in Vorleistung zu treten hat. Außerdem muss die Darlehensvaluta nicht notwendig an den Darlehensnehmer selbst fließen. Prinzipiell kann sie auf dessen Veranlassung an einen Dritten gezahlt werden.[48] Nach Auszahlung des Darlehens wird das Rücktrittsrecht des Darlehensnehmers nach § 323 BGB durch das Kündigungsrecht aus § 314 BGB verdrängt.[49]

2. Sonderfälle

3.44 **a) Aufrechnung.** Darüber hinaus kann der Darlehensgeber gegen einen Darlehensauszahlungsanspruch des Darlehensnehmers aufrechnen, sofern ihm individualvertraglich unzweifelhaft eine entsprechende Befugnis eingeräumt worden ist.[50]

3.45 **b) Umschuldung.** Enthält der Darlehensvertrag eine Verrechnungsabrede, so liegt ein sog. Umschuldungsdarlehen vor. Dieses unterfällt prinzipiell den gesetzlichen Regelungen über Darlehensverträge.[51] Mit der Verrechnung ist der

46) OLG Köln, Urt. v. 4.6.1986 – 13 U 270/85, NJW-RR 1988, 157.

47) OLG Frankfurt/M., Urt. v. 30.11.2000 – 16 U 230/99, BGH, VIII ZR 5/01, Revisionsrücknahme nach Nichtannahmebeschluss, der ausnahmsweise begründet worden ist.

48) OLG Oldenburg, Urt. v. 14.11.2012 – 5 U 56/11.

49) Palandt-*Weidenkaff,* BGB, § 488 Rz. 21.

50) OLG Oldenburg, Urt. v. 14.11.2012 – 5 U 56/11.

51) BGH, Urt. v. 26.2.2002 – XI ZR 226/01, BeckRS 2003, 03242467; OLG Oldenburg, Urt. v. 14.11.2012 – 5 U 56/11.

vereinbarte Darlehensbetrag dem Darlehensnehmer tatsächlich zur Verfügung gestellt worden.

3. Finanzierungszusage und Abnahme der (Gegen-)Leistung

a) Allgemein. Der Getränkelieferant hat seine finanztechnischen Leistungen bereits mit der Erteilung der Finanzierungszusage im Getränkelieferungsvertrag und der Bereitstellung der Leistung erbracht. Die Leistungsgewährung als solche stellt insofern lediglich eine Vollzugsmaßnahme dar. 3.46

b) Verweigerung der Abnahme. Vor allem bei verzinslichen Darlehen besteht nach Sinn und Zweck des Vertrages eine Abnahmepflicht. Sollte der Darlehensnehmer die Annahme der Leistung des Getränkelieferanten ablehnen, so kann er dadurch nicht die Wirksamkeit des Getränkelieferungsvertrages insgesamt, insbesondere der Getränkebezugsverpflichtung, unterlaufen. Er ist nämlich bereits mit Abschluss des Vertrages gebunden. Dass er später die vereinbarte Leistung nicht mehr entgegennehmen will, ist unerheblich. 3.47

Die Nichtabnahme des Darlehens hat zur Folge, dass Schadensersatzansprüche aus §§ 280 Abs. 1 und 3, 281 oder §§ 280 Abs. 1 und 2, 286 BGB und ein Rücktrittsrecht aus § 323 BGB entstehen können. 3.48

4. Finanzierung und Getränkebezugsverpflichtung

a) Einbeziehungskontrolle und § 305c Abs. 1 BGB. Um nicht an der Einbeziehungshürde der überraschenden Klausel nach § 305c Abs. 1 BGB zu scheitern, empfiehlt es sich, im Hinblick auf die Rechtsprechung zum Darlehensvorvertrag eine klarstellende Formulierung aufzunehmen. Hat sich in einem als **Darlehensvorvertrag** bezeichneten Vertrag der Getränkelieferant zu einer Darlehensgewährung bereiterklärt, so kann eine in diesem Vertrag enthaltene Klausel, nach der der Gastwirt unabhängig von der Inanspruchnahme dieses Darlehens eine Bezugsbindung eingeht, deswegen überraschend sein, weil er zwar mit einer Leistung für die Inanspruchnahme des Darlehens rechnen, nicht aber davon ausgehen muss, dass ihn die Bezugsbindung auch ohne Inanspruchnahme des Darlehens endgültig trifft. Im Übrigen war die Klausel auch deshalb überraschend, weil die Überschrift des Vertrages „Darlehensvorvertrag" nicht erkennen ließ, dass die Verpflichtung zum Getränkebezug wesentlicher Vertragsinhalt war.[52] 3.49

b) Inhaltskontrolle. Zu § 307 Abs. 1 BGB in diesem Zusammenhang wird auf die Ausführungen bei *von Westphalen* verwiesen.[53] 3.50

---

52) BGH, Urt. v. 1.3.1978 – VIII ZR 70/77, NJW 1978, 1519 = Zeller II, 38; OLG Düsseldorf, Urt. v. 8.11.1999 – 1 U 42/99; LG Heidelberg, Urt. v. 20.2.2007 – 2 O. 294/06, NJW-RR 2007, 1551.

53) *von Westphalen*, Vertragsrecht und AGB-Klauselwerke., B Rz. 42.

5. Nichterfüllung der Voraussetzungen der Darlehensgewährung aus vom Gastwirt nicht zu vertretenden Gründen

3.51 a) **Grundsatz.** Soll in einem Formularvertrag, nach dem der lang andauernden Verpflichtung zum Warenbezug als Leistung die Gewährung eines – unter Umständen – zinslosen Darlehens gegenübersteht, die Bezugspflicht auch dann bestehen bleiben, wenn der Bezugsverpflichtete die **Voraussetzungen für die Darlehensgewährung** aus von ihm nicht zu vertretenden Gründen nicht zu erfüllen vermag, so verstößt eine derartige Regelung gegen das Äquivalenzprinzip und ist nach § 307 Abs. 1 Satz 1 BGB unwirksam.[54)]

3.52 **b) Nichtgewährung der Finanzierung bei Umwegfinanzierung.** Verpflichtet sich der Getränkelieferant beim Abschluss eines Darlehensvertrages dem Wirt gegenüber, das Darlehen zu beschaffen, kann der Getränkelieferant den Wirt daran festhalten, wenn der Abschluss eines Darlehensvertrages aus Gründen unterbleibt, die der Wirt zu vertreten hatte. Die Getränkebezugsverpflichtung bleibt bestehen, wenn das Darlehen von einem Dritten zu gewähren war aber aus Gründen in der Person des Darlehensnehmers versagt worden ist (§ 362 Abs. 2 BGB).[55)]

V. Entgeltlichkeit

1. Grundlagen

3.53 Begrifflich setzen nicht nur der Verbraucherdarlehensvertrag (§ 491 Abs. 1 BGB),[56)] sondern auch der allgemeine Darlehensvertrag eine Entgeltlichkeit voraus. Diese besteht regelmäßig in der Verpflichtung zur Zahlung von Zinsen (§ 488 Abs. 1 Satz 2, Abs. 2 BGB). Zwingend ist dies aber nicht. Daher fallen auch unverzinsliche Darlehen unter den Darlehensbegriff.

2. Verzinslichkeit

3.54 Unter Entgelt ist zunächst jede Art von Gegenleistung des Darlehensnehmers für die Kreditgewährung zu verstehen. Die Art des Entgelts (Zinsen, sonstige laufzeitabhängige Kosten, laufzeitunabhängige Kosten) ist unerheblich.

3. Getränkebezugsverpflichtung

3.55 Wird ein zinsloses **(Abschreibungs-)Darlehen** als Leistung für den Abschluss einer Getränkebezugsverpflichtung zur Verfügung gestellt, so ist die Geträn-

---

54) BGH, Urt. v. 16.10.1996 – VIII ZR 54/96, NJW-RR 1997, 304 (Tankstellenvertrag); KG, Urt. v. 22.12.1988 – 2 U 1915/88, NJW-RR 1989, 630 = Zeller IV, 267; OLG Düsseldorf, Urt. v. 28.5.2004 – 15 U 193/03, sowie – 15 W 103/03, (Vertrag Brauerei-Getränkefachgroßhändler); LG Heidelberg, Urt. v. 20.2.2007 – 2 O. 294/06, NJW-RR 2007, 1551.

55) OLG München, Urt. v. 24.5.1968 – 8 U 2517/67, NJW 1968, 1880.

56) BGH, Urt. v. 9.12.2008 – XI ZR 513/07, BGHZ 179, 126 = BeckRS 2009, 04578 = ZIP 2009, 261.

kebezugsverpflichtung das Entgelt und gleichsam ein „Zinsersatz".[57] Dies gilt unabhängig davon, ob die Valuta bei Nichterfüllung der Getränkebezugsverpflichtung nachträglich verzinslich gestellt ist. Auch wenn das Darlehen zinslos gewährt wird, unterfällt es dem Geltungsbereich des Kreditrechts, soweit die nach dieser Vorschrift erforderliche Entgeltlichkeit durch die Getränkebezugsverpflichtung kompensiert wird.

Dies ist auch auf rückzahlbare zinsfreie **Zuschüsse** im Rahmen eines Getränkelieferungsvertrages zu übertragen.[58] 3.56

VI. Stellung des Zahlungsschuldners

1. Einführung

Ein Anspruch auf Rückzahlung des zur Verfügung gestellten Darlehens gem. § 488 Abs. 1 Satz 2 Fall 2 BGB steht einem Getränkelieferanten gegen eine bestimmte Person nur dann zu, wenn diese Allein- oder Mitvertragspartner eines Darlehens- und Getränkelieferungsvertrages von Anfang gewesen oder jedenfalls nachträglich, auch im Wege eines Nachtrages, geworden ist **(Vertragspartnerschaft)** oder lediglich der Darlehensverbindlichkeit anfänglich oder nachträglich im Wege des **Schuldbeitritts** übernommen hat, ggf. auch in der Form der **Schuldübernahme**. Zu unterscheiden ist sonach zwischen dem anfänglichen gemeinsamen Abschluss eines Darlehens- und Getränkelieferungsvertrages **(gleichgründige Gesamtschuld)** und der ggf. auch nur kurzzeitig späteren Übernahme einer Mitverpflichtung **(Sicherungsgesamtschuld)**. Ein weiterer Differenzierungsansatz ergibt sich aus der Notwendigkeit des Inhalts der **Mithaftungserklärung des (Gesellschafter-)Geschäftsführers**[59]. Hier kann es sich zum einen lediglich um einen Schuldbeitritt bzw. eine Schuldübernahme, zumeist zum Finanzierungsteil des Getränkelieferungsvertrages,[60] zum anderen aber auch um einen Vertragsbeitritt bzw. eine Vertragsübernahme zum Getränkelieferungsvertrag insgesamt handeln. 3.57

§ 488 Abs. 1 Satz 2 Fall 2 BGB scheidet demgegenüber aus, wenn der in Anspruch Genommene nur im Rahmen einer **Bürgschaft** akzessorisch für eine fremde Schuld haften sollte. Ob es sich bei der Verpflichtung des in Anspruch Genommenen lediglich um eine Bürgschaftshaftung handelt, bei der nach dem Willen der Vertragsparteien nur akzessorisch für eine fremde Schuld gehaftet werden sollte, beurteilt sich nach Wortlaut des Vertrages und der Interessenlage, 3.58

57) OLG Rostock, Urt. v. 25.2.2009 – 2 U 5/08; OLG Brandenburg, Urt. v. 23.11.1994 – 1 U 11/94, NJW-RR 1995, 1517; a. A. Erman-*Saenger*, BGB, § 491 Rz. 6.

58) OLG Köln, Urt. v. 6.9.2000 – 17 U 46/99, BeckRS 2012, 09081.

59) OLG Köln, Urt. v. 28.6.1989 – 2 U 93/88, NJW-RR 1989, 1336.

60) Hierauf liegt der Schwerpunkt der Ausführungen in § 49.

welche für die Abgrenzung zwischen selbständiger und angelehnter Schuld bedeutsam ist.[61)]

2. Zeitpunkt

3.59 Maßgebend sind die zum **Zeitpunkt der Darlehensgewährung** erkennbaren Verhältnisse der dem Getränkelieferanten gegenüberstehenden Personen.

3. Mitdarlehensnehmer

3.60 Zu prüfen ist, ob die miteinbezogene Person ein **eigenes sachliches oder persönliches Interesse** an der Darlehensaufnahme hatte, etwa weil sie Geschäftsführer einer ebenfalls als Darlehensnehmer mitverpflichteten GmbH war, die zudem eine 100prozentige Tochtergesellschaft einer GmbH & Co. KG war, an der der in Anspruch Genommene als Kommanditist beteiligt war.[62)] Weiter kommt es darauf an, ob sie als im Wesentlichen **gleichberechtigter Partner** über die **Auszahlung und Verwendung der Darlehensvaluta mitentscheiden** konnte,[63)] ob sie den Vertrag bzw. einen Nachtrag als „Darlehensnehmer" mitunterzeichnet, sowohl im **Vertragsrubrum** als auch im **Unterschriftenbereich** ggf. an erster Stelle genannt ist sowie als Gesamtschuldner bezeichnet wird.[64)] Weitere für eine Vertragspartnerstellung sprechende Umstände können sein, dass auch die weitere Person das Objekt **mitbetrieben** hat. Dass die andere Person Pächter des Objektes oder alleiniger Konzessionsinhaber war, ist insofern unerheblich. Pächter und Betreiber einer Gaststätte müssen nämlich nicht personenidentisch sein. Auch aus dem Umstand, wer Waren geordert hat, folgt nicht zwingend, dass die jeweils andere Person nicht Mitinhaber der Gaststätte ist. Wer seine Arbeitskraft jedenfalls überwiegend in den Gaststättenbetrieb einbringt, insbesondere ohne hierfür ein Entgelt zu erhalten, ist ebenfalls als Vertragspartner anzusehen.[65)]

4. Schuldbeitritt/Schuldübernahme

3.61 Abzugrenzen ist die Position eines Vertragspartners, etwa die eines Mitdarlehensnehmers, von der eines **bloß Mithaftenden**. Diese Frage beurteilt sich an den für den Kreditgeber erkennbaren Verhältnissen auf Seiten der weiteren Person. Die Abgrenzung zur Mitdarlehensnehmerschaft muss unter Berücksichtigung der allen Beteiligten erkennbaren wirtschaftlichen Interessen der gemeinsamen Ver-

---

61) BGH, Urt. v. 19.9.1985 – VII ZR 338/84, NJW 1986, 580; OLG Oldenburg, Urt. v. 14.11.2012 – 5 U 56/11.

62) BGH, Urt. v. 4.12.2001 – XI ZR 56/01, NJW 2002, 744 = ZIP 2002, 210; BGH, Urt. v. 25.1.2005 – XI ZR 325/03, NJW 2005, 973 = ZIP 2005, 607; OLG Oldenburg, Urt. v. 14.11.2012 – 5 U 56/11.

63) OLG Oldenburg, Urt. v. 14.11.2012 – 5 U 56/11.

64) OLG Oldenburg, Urt. v. 14.11.2012 – 5 U 56/11.

65) OLG Düsseldorf, W. V. 3.3.2004 – I – 16 W 14/04.

tragspartner erfolgen. Diese kann nicht durch Formulierungen wie z. B. „Mitdarlehensnehmer“, „Mitantragsteller“, „Mitschuldner“ überspielt werden.[66]

5. Vertragsbeitritt

In der Situation des Vertragsbeitritts wird der Beitretende wie bei der anfänglichen Vertragspartnerschaft vollumfänglich Vertragspartner mit allen Rechten und Pflichten. Zentrales Abgrenzungskriterium ist, ob der Beitretende noch über die Verwendung der Valuta mitentscheiden kann oder ob sie schon zweckentsprechend eingesetzt ist.[67] Im Übrigen sind die Umstände des Einzelfalles zu prüfen. Im Rahmen der **Auslegung** sind u. a. von Bedeutung die vollständige und paritätische Benennung im Rubrum, die Verpflichtung zur Erfüllung sämtlicher bindungsbezogener Pflichten (Betriebspflicht, Öffnungszeiten, Lüften, Qualität, Abnahmemenge, Unterlassung von Fremdbezug etc.) und die eigenhändige Unterschrift. Die Urkunde hat die Vermutung der Vollständigkeit und Richtigkeit für sich. **3.62**

6. Darlegungs- und Beweislast

Ist streitig, ob der Inanspruchgenommene nur Mithaftender oder Mitdarlehensnehmer ist, trägt der Getränkelieferant als Kreditgeber die Darlegungs- und Beweislast.[68] Spricht der Wortlaut des vorformulierten Darlehensvertrags für ihn, so hat der Schuldner allerdings nach den Regeln über die **sekundäre Darlegungslast** darzutun, dass er nicht das für eine Mitdarlehensnehmerschaft notwendige **Eigeninteresse** an der Kreditaufnahme besaß, weil der Kredit ihm von Anfang an weder ganz noch teilweise zugutegekommen ist.[69] **3.63**

VII. Sittenwidrigkeit

1. Abgrenzung

Bei einem Mitdarlehensnehmer kommt eine Sittenwidrigkeit des Darlehensvertrages grundsätzlich nicht in Betracht.[70] **3.64**

---

66) BGH, Urt. v. 4.12.2001 – XI ZR 56/01, NJW 2002, 744 = ZIP 2002, 210; BGH, Urt. v. 28.5.2002 – XI ZR 205/01, NJW 2002, 2705 = ZIP 2002, 1482; OLG Düsseldorf, W. V. 3.3.2004 – I – 16 W 14/04.

67) BGH, Urt. v. 6.10.1998 – XI ZR 244/97, NJW 1999, 135 = ZIP 1998, 1905; BGH, Urt. v. 13.11.1999 – XI ZR 20/99, NJW 2000, 575 = ZIP 2000, 228; BGH, Urt. v. 4.12.2001 – XI ZR 56/01, NJW 2002, 744 = ZIP 2002, 210; BGH, Urt. v. 28.5.2002 – XI ZR 205/01, NJW 2002, 2705 = ZIP 2002, 1482; BGH, Urt. v. 23.3.2004 – XI ZR 114/03, NJW-RR 2004, 924 = ZIP 2004, 1039.

68) OLG Oldenburg, Urt. v. 14.11.2012 – 5 U 56/11.

69) BGH, Urt. v. 16.12.2008 – XI ZR 454/07, NJW 2009, 1494 = ZIP 2009, 655.

70) BGH, Urt. v. 14.11.2000 – XI ZR 248/99, NJW 2001, 815 = ZIP 2001, 189; BGH, Urt. v. 4.12.2001 – XI ZR 56/01, NJW 2002, 744 = ZIP 2002, 210; BGH, Urt. v. 28.5.2002 – XI ZR 205/01, NJW 2002, 2705 = ZIP 2002, 1482.

2. Betroffenheit

3.65 Die von der höchstrichterlichen Rechtsprechung zur Sittenwidrigkeit von Mithaftungsübernahmen naher Angehöriger entwickelten Grundsätze gelten nicht nur gegenüber Kreditinstituten, sondern auch gegenüber gewerblichen oder beruflichen Kreditgebern im Sinne des Kreditrechts. Dies gilt jedenfalls dann, wenn sie ihre laufenden Einkünfte ganz oder teilweise aus Geldgeschäften ziehen und als Unternehmer i. S. d. § 14 BGB anzusehen sind.[71)] Ersteres dürfte bei Getränkelieferanten durchweg zu verneinen sein, weil ihre unternehmerische Tätigkeit nicht auf die Erzielung von Zinseinnahmen aus Kreditierung, sondern auf das Generieren von Umsatzerlösen aus dem Verkauf von Getränken gerichtet ist.

VIII. Verbraucherkreditrecht

3.66 Darlehen zwischen Getränkelieferanten (Brauereien, Getränkefachgroßhändlern) und Personen, die eine Gaststätte betreiben, werden durchweg von Unternehmern abgeschlossen. Daher sind die besonderen Schutzvorschriften der §§ 491–509 BGB grundsätzlich nicht anwendbar.[72)] Nach diesseitiger Einschätzung gilt dies in erheblich mehr als 90 % der Finanzierungsfälle. Weder muss der Vertrag schriftlich abgeschlossen werden noch sind bestimmte Pflichtangaben gefordert. Eine Widerrufsinformation ist ebenfalls entbehrlich. Die Sondervorschrift hinsichtlich der Vollmachten zum Abschluss eines Verbraucherdarlehensvertrages (§ 492 Abs. 4 BGB) gilt nicht. Anwendbar sind die allgemeinen Vorschriften des Darlehensrechts (§§ 488–490 BGB) für Unternehmerdarlehensverträge.

3.67 Gleichwohl sollten aus Beweisgründen der Abschluss des Vertrages als solcher sowie der Inhalt der Vereinbarung schriftlich fixiert werden. Um ggf. den Nachweis einer Individualabrede (§§ 305 Abs. 1 Satz 3, 305b BGB) auch hinsichtlich des Finanzierungsteils des Getränkelieferungsvertrages leichter führen zu können, sollten entsprechende Vertragsentwürfe nebst Schriftverkehr, Aktennotizen und Reiseberichten zur Akte genommen werden.[73)]

IX. Rückführung und Erfüllung

3.68 Unerheblich ist, ob das Darlehen durch Zahlung von Geld oder durch den Bezug von Waren getilgt wird. Daher sind auch Abschreibungs- und (Rück-)Vergütungsgutschriftenfinanzierungen erfasst. Beide Darlehenstypen sind grundsätzlich endfällige Finanzierungen. Anders ist für „verlorene" Zuschüssen ohne Rückzahlungsklausel zu entscheiden.[74)]

71) BGH, Urt. v. 13.11.2001 – XI ZR 82/01, NJW 2002, 746 = ZIP 2002, 123.

72) Erman-*Saenger*, BGB, § 14 Rz. 2.

73) *Gödde*, in: Martinek/Semler/Habermeier/Flohr, Vertriebsrecht, § 52 Rz. 44.

74) *Gödde*, in: Martinek/Semler/Habermeier/Flohr, Vertriebsrecht, § 52 Rz. 72.

1. Tilgungsfinanzierung

a) Rückführungszeitraum. Ein Getränkelieferungsvertrag muss hinsichtlich der Rückführung des ausgereichten Darlehens keine ausdrückliche Regelung über den Zeitraum enthalten, in dem dieses zurückgezahlt werden soll. Ausreichend ist jedenfalls, wenn die Darlehensvaluta nebst monatlichen Tilgungsraten und Tilgungszeitpunkt, ggf. unter Hinweis auf monatlich zu zahlende gesonderte Zinsraten, angegeben ist. Dann ergibt sich der Rückführungszeitraum aus der errechneten Zahl der monatlichen Raten.[75] 3.69

b) Aufhebung der Ratenzahlungsabrede. Heben die Parteien eine Bezugsverpflichtung und eine damit zusammenhängende Ratenzahlungsabsprache einvernehmlich mit der Folge auf, dass der bislang Gebundene keine Getränke mehr zu beziehen braucht, dann entfällt auch die Berechtigung des ehemaligen Kunden, das Darlehen in Monatsraten zurückzuzahlen. Für einen entsprechenden Zusammenhang zwischen Bezugs- und Ratenzahlungsverpflichtung sprechen das Korrespondenzverhältnis der beiden Verpflichtungen sowie der Umstand, dass sie in den Verträgen durch die Bezeichnung „als Gegenleistung" ausdrücklich in ein Gegenseitigkeitsverhältnis gestellt wurden.[76] Einer gesonderten Kündigung wegen der noch offenen Beträge bedarf es dann nicht mehr. 3.70

c) Leistung an Erfüllungsstatt. Zur Auslegung der Abrede in einem Kaufvertrag bezüglich des Inventars zwischen dem Kunden des Getränkelieferanten und einem Dritten, wonach der Kunde seinen Kaufpreisanspruch gegen den Dritten an den Getränkelieferanten abtritt gegen Gutschrift auf seinem Darlehenskonto als Vereinbarung einer Leistung an Erfüllungsstatt i. S. d. §§ 362 Abs. 1, 364 Abs. 1 BGB: Eine Leistung an Erfüllungsstatt (§ 364 Abs. 1 BGB) ist nur dann anzunehmen, wenn davon auszugehen ist, dass der Gläubiger bei verständiger Würdigung das volle Verwendungs- und Verwertungsrisiko für den ursprünglich nicht geschuldeten Leistungsgegenstand übernehmen will. Hiervon ist auszugehen, wenn ausweislich der Vertragsurkunden die Gutschrift auf dem Darlehenskonto des Kunden unabhängig von der Durchsetzbarkeit der abgetretenen Darlehensforderung erfolgen sollte. Die Bonität des Dritten sollte hierbei keine Rolle spielen.[77] 3.71

Mit Fragen des Erlöschens einer Darlehensschuld eines Gastwirts durch Abtretung einer Kaufpreisforderung gem. §§ 362 Abs. 1, 374 Abs. 1 BGB befasste sich das OLG Düsseldorf in einem Urteil vom 24.8.2004.[78] 3.72

d) § 367 Abs. 2 BGB. Der Darlehensnehmer, der behauptet, eine anderweitige Anrechnung i. S. v. § 367 Abs. 2 BGB getroffen zu haben, muss diesen Vortrag 3.73

---

75) OLG Dresden, Urt. v. 29.10.2009 – 8 U 195/09.

76) OLG Brandenburg, Urt. v. 23.11.1994 – 1 U 11/94, NJW-RR 1995, 1517.

77) OLG Düsseldorf, Urt. v. 24.8.2004 – 21 U 19/04.

78) OLG Düsseldorf, Urt. v. 24.8.2004 – 21 U 19/04.

hinreichend unter Beweis stellen. Insofern obliegt es ihm, die Durchschriften der Überweisungsaufträge oder die entsprechenden Kontoauszüge vorzulegen, weil die Darlegungs- und Beweislast ihn als denjenigen trifft, der sich auf seine vom Gesetz abweichende Anrechnungsvereinbarung beruft.[79)]

3.74 e) **Herausgabe von Zinsvorteilen.** Hat der Darlehensnehmer die empfangene Darlehensvaluta für seine Zwecke genutzt, so hat er darüber hinaus diesen Gebrauchsvorteil zu ersetzen. Maßgeblich ist grundsätzlich der vertraglich vereinbarte Zinssatz oder bei einem entsprechenden Nachweis auf den marktüblichen Zins (§ 346 Abs. 2 Satz 2 Halbs. 1 BGB).[80)] Auch wenn der Gesetzgeber den Widerruf eines Verbraucherdarlehensvertrages vor Augen hatte,[81)] gilt die Ausnahme des § 346 Abs. 2 Satz 2 Halbs. 2 BGB für alle entgeltlichen Darlehensverträge. Dies greift einerseits zu weit, weil entgegen dem gesetzgeberischen Motiv auch Darlehen zu gewerblichen Zwecken privilegiert werden. Andererseits ist nicht verständlich, warum der Nachweis eines geringeren objektiven Wertes nur bei Darlehen, nicht aber bei Veräußerungsgeschäften möglich sein soll.[82)]

3.75 f) Zu weiteren Fragen der Rückführung bei Tilgungsfinanzierungen wird auf die obergerichtliche Rechtsprechung verwiesen.[83)]

2. Rückvergütungsgutschriftenfinanzierung

3.76 a) Zu **§ 367 Abs. 1 BGB** ist eine Entscheidung des LG Berlin aus dem Jahre 2002 von Interesse.[84)]

3.77 b) **Jährliche Mindesttilgung bei Hauseigentümervereinbarung und Betreiberwechsel.** In dem Urteil des OLG Karlsruhe vom 28.4.1998[85)] zugrunde liegenden Sachverhalt hatte sich der Eigentümer im Rahmen einer Hauseigentümervereinbarung gegenüber der Brauerei verpflichtet, bei Neuverpachtung der Gaststätte vor Ablauf der vorgesehenen Pachtzeit dem neuen Pächter auf-

---

79) LG Berlin, Urt. v. 29.1.2002 – 10 0. 367/01.

80) BGH, Urt. v. 16.5.2006 – XI ZR 6/04, BGHZ 168, 1 = NJW 2006, 2099 = ZIP 2006, 1187.

81) BT-Drucks. 14/9266, S. 45.

82) Erman-*Röthel*, BGB, § 346 Rz. 17 m. w. N.

83) OLG Saarbrücken, Urt. v. 15.1.1998 – 4 U 213/96, OLGReport 1998, 161, rkr. durch Nichtannahmebeschl. des BGH v. 15.12.1998 – VIII 50/98; OLG Karlsruhe, Urt. v. 28.4.1998 – 1 U 252/97, rkr. durch Nichtannahmebeschl. d. BGH v. 22.9.1999 – VIII ZR 373/98; OLG München, Urt. v. 14.4.1999 – 15 U 5558/98, rkr. durch Nichtannahmebeschl. d. BGH v. 9.3.2000 – VIII ZR 274/99; OLG Düsseldorf, Urt. v. 28.9.2001 – 5 U 13/99, rkr. durch Nichtannahmebeschl. d. BGH v. 12.7.2000 – VIII ZR 236/99; OLG Düsseldorf, Urt. v. 24.8.2004 – 21 U 19/04.

84) LG Berlin, Urt. v. 29.1.2002 – 10 0. 367/01.

85) OLG Karlsruhe, Urt. v. 28.4.1998 – 1 U 252/97, rkr. durch Nichtannahmebeschl. d. BGH v. 22.9.1999 – VIII ZR 373/98.

zuerlegen, die Verpflichtung des Vorpächters gegenüber der Brauerei zu übernehmen oder selbst die Bezugsverpflichtung zu erfüllen, wenn er die Gaststätte betreiben sollte. Nach Kündigung des Vertrages mit dem Vorpächter verhielt der Hauseigentümer sich entsprechend und bezog die gebundenen Getränke über den genannten Getränkefachgroßhändler. Nach erfolgter Neuverpachtung und Erfüllung der Getränkebezugsverpflichtung durch den Nachpächter forderte die Brauerei gleichzeitig von dem Vorpächter das volle Darlehen zurück, ohne Rückvergütungsgutschriften zu erteilen. Das Gericht sah darin einen Verstoß gegen Treu und Glauben. Die Brauerei sei verpflichtet, auf die Darlehensschuld des Vorpächters fiktive Rückvergütungen in der mit dem Vorpächter vereinbarten Höhe für den Bezug ihrer Erzeugnisse anzurechnen.

3. Abschreibungsfinanzierung

a) Auslegung. Die Vereinbarung der Rückzahlungsmodalität „Abnahme von Bier" stellt keine Erfüllungsabrede i. S. d. § 362 BGB dar. Sie räumt dem Gastwirt lediglich die Befugnis ein, seiner grundsätzlich gegebenen Geldrückzahlungsverpflichtung durch Abnahme der vereinbarten Mindestbezugsmenge Bier zu entsprechen. Hierfür spricht bereits der Umstand, dass der Mindestbezug nach dem Darlehensvertrag in Geld „umgerechnet" wird, was überflüssig wäre, sofern das Darlehen allein durch die Abnahme der festgesetzten Biermenge hätte „zurückgezahlt" werden sollen. Dabei kann dahingestellt bleiben, ob es sich bei dieser Abrede um eine Leistung an Erfüllung statt (§ 364 BGB) oder erfüllungshalber handelt. Jedenfalls ist der Gastwirt im Fall des Nichterreichens der vertraglich vereinbarten Mindestabnahmemenge verpflichtet, den Differenzbetrag zwischen der vereinbarten monatlichen oder jährlichen Rückzahlung und der in Geld umgerechneten tatsächlichen Bezugsmenge in diesem Zeitraum durch Zahlung auszugleichen (**Differenzrate**). Hierdurch wird die Rückführung des Darlehens innerhalb des Bindungszeitraums, die sich aus dem Quotienten zwischen der jährlichen Abnahme von Bier (Jahresmindestabnahmemenge x Abschreibungsmenge) und der Darlehenshöhe ergibt, vereinbarungsgemäß sichergestellt.[86)] 3.78

b) Anrechnung. Die sich aus dem Getränkebezug ergebenden Abschreibungsbeträge werden regelmäßig auf das gewährte Kapital angerechnet. Daher scheidet eine nachträgliche Verrechnung auf Zinsforderungen aus, es sei denn, eine andere Tilgungsbestimmung ist getroffen worden. 3.79

c) Nichtigkeit der Bezugsabrede. Ist der Getränkelieferungsvertrag nichtig, wird auch die Darlehensrückzahlung, soweit sie als Aufschlag auf den Getränkepreis erfolgen soll, berührt. Entweder ist auch der Darlehensvertrag aufgrund § 139 BGB nichtig und es stehen dem Getränkelieferanten deshalb Ansprüche 3.80

86) OLG Koblenz, Urt. v. 11.6.1999 – 8 U 1021/98, NJW-RR 2001, 348.

aus §§ 812 ff. BGB zu oder die Darlehensrückzahlung ist nach § 313 BGB bzw. § 242 BGB an die neue Lage anzupassen, weil die Grundlage der Rückzahlungsweise (die Bezugsverpflichtung) entfallen ist.[87)]

3.81 d) **Gutschriften zum Jahresende.** Nicht zu beanstanden ist, dass der Getränkelieferant die Abrechnungen über bezogene Getränkemengen jeweils erst zum Ende eines jeden Jahres vornimmt, weil ihm nicht zugemutet werden kann, monatlich oder in noch kürzeren Abständen abzurechnen. Insoweit wäre es Aufgabe der Gegenseite gewesen, im Einzelnen darzulegen, aufgrund welcher Umstände sich bereits zu einem früheren Zeitpunkt erkennbar ein berücksichtigungsfähiges Guthaben zu seinen Gunsten ergeben habe.[88)]

X. Fälligkeit

3.82 Es bleibt den Parteien eines Getränkelieferungsvertrages unbenommen, Ansprüche aus der Geschäftsbeziehung, etwa aus Warenlieferung, Nichterfüllung des bezugsrechtlichen Teils des Vertrages, Pacht/Miete i. w. S. sowie im Übrigen, in ein Darlehen umzuwandeln (sog. **Vereinbarungsdarlehen**, § 311 Abs. 1 BGB). Unabhängig davon, ob man hierin eine Schuldabänderung, eine kausale Schuldumschaffung oder aber eine abstrakte Schuldumschaffung sieht, hat eine entsprechende Vereinbarung zur Folge, dass die aus dem anderen Rechtsgrund gegebene Fälligkeit nunmehr einer neuen Fälligkeit unterliegt, insbesondere auch durch Einräumung einer Teilzahlungsabrede hinausgeschoben ist.[89)]

XI. Darlegung der Forderungshöhe

1. Grundsatz

3.83 Nach allgemeinen Grundsätzen hat der Darlehensgeber die Fälligkeit seines vertraglichen oder sich aus § 488 Abs. 1 Satz 2 BGB ergebenden Rückzahlungsanspruchs[90)] und damit den Ablauf der vereinbarten Laufzeit oder die Wirksamkeit der Kündigung zu beweisen. Dies gilt auch im Rahmen einer außerordentlichen Kündigung nach § 314 BGB.[91)]

2. Kontoentwicklung

3.84 Die Höhe des Darlehensrückzahlungsanspruchs ist anhand der vorgelegten Kontoentwicklung substantiiert darzutun. Aus den vorgelegten Buchungsunterlagen muss sich der Anfangssaldo konkret ergeben. Es genügt im Übrigen, wenn unwidersprochen unter Hinweis auf die genannten Buchungsunterlagen

---

87) Erman-*Saenger*, BGB, Vorbem. § 488 Rz. 23.

88) LG Berlin, Urt. v. 29.1.2002 – 10 0. 367/01.

89) LG Karlsruhe, Urt. v. 16.6.1988 – 4 O. 574/86, Zeller IV, 251.

90) LG Freiburg, Urt. v. 28.7.2006 – 12 0. 118/05.

91) OLG Düsseldorf, Urt. v. 26.11.2010 – I-22 U 97/10, BeckRS 2011, 07134.

vorgetragen wird, dass zuzüglich Zinsen und unter Anrechnung der vom Pächter geleisteten Zahlungen ein konkreter Zwischensaldo vorhanden war, der auch der Klageforderung zugrunde liegt. Dies hat der Schuldner, der aus seinen eigenen Unterlagen die Richtigkeit dieser Angaben ohne weiteres überprüfen kann, ggf. zu bestreiten. Sonst gilt § 138 Abs. 3 ZPO.[92)]

Die Vorlage einer „offenen Posten-Liste" und des „Ausdrucks aus der Buchhaltung" zu einer angeblich aktuell noch bestehenden Darlehensschuld genügen für einen substantiierten und schlüssigen Vortrag. Aus der erstgenannten Liste allein lässt sich dagegen die behauptete Darlehensschuld noch nicht schlüssig erklären. Soweit der in Anspruch Genommene sich im wesentlichen darauf beschränkt, pauschal zu rügen, diese Anlagen seien „rätselhaft" und deshalb nicht geeignet, die Klageforderung zu begründen, handelt es sich um ein pauschales Bestreiten. Dieses genügt nach den konkreten Umständen nicht, um den Vortrag zur Höhe der Klageforderung den Boden zu entziehen. Zum einen lässt sich aus dem „Ausdruck aus der Buchhaltung" selbst ohne vertiefte buchhalterische Vorbildung entnehmen, auf welche Weise die Klageforderung errechnet worden ist. Zum anderen obliegt es dem in Anspruch Genommenen, konkret die Erfüllung eines Darlehensrückzahlungsanspruchs vorzutragen und erforderlichenfalls zu beweisen.[93)] 3.85

3. Saldoanerkenntnis

Bei periodisch übersandten Rechnungsabschlüssen führt bei einer entsprechenden Regelung in den AGB des Getränkelieferanten ein fehlender Widerspruch zu einer Anerkenntniserklärung hinsichtlich des ausgewiesenen Saldos.[94)] 3.86

XII. Einwendungen

1. Erfüllung

a) Grundsatz. Grundsätzlich hat der Darlehensnehmer die Erfüllung eines Darlehensrückzahlungsanspruchs vorzutragen und erforderlichenfalls zu beweisen.[95)] 3.87

b) Abschreibungsfinanzierung. aa) Grundsatz. Eine Partei genügt ihrer Darlegungslast, wenn sie Tatsachen vorträgt, die in Verbindung mit einem Rechtssatz geeignet sind, das geltend gemachte Recht als in ihrer Person entstanden erscheinen zu lassen, wobei unerheblich ist, wie wahrscheinlich die Darstellung ist, und ob sie auf eigenem Wissen oder einer Schlussfolgerung aus Indizien be- 3.88

---

92) OLG Düsseldorf, Urt. v. 28.9.2001 – 5 U 13/99, rkr. durch Nichtannahmebeschl. d. BGH v. 12.7.2000 – VIII ZR 236/99; LG Marburg, Urt. v. 14.2.2007 – 2 O. 243/06.

93) OLG Oldenburg, Urt. v. 14.11.2012 – 5 U 56/11.

94) LG Berlin, Urt. v. 29.1.2002 – 10 0. 367/01.

95) OLG Oldenburg, Urt. v. 14.11.2012 – 5 U 56/11.

steht. Der Pflicht zur Substantiierung ist dann nicht genügt, wenn das Gericht aufgrund einer Darstellung nicht beurteilen kann, ob die gesetzlichen Voraussetzungen für die an eine Behauptung geknüpften Rechtsfolgen erfüllt sind.[96)]

3.89 **bb) Betreiber.** Die Darlegungs- und Beweislast für die Erfüllung eines von einem Getränkelieferanten gewährten Abschreibungsdarlehens liegt beim Gastwirt. Soweit die Rückzahlung nämlich nicht im Wege der Verrechnung entsprechend der Menge abgenommener Getränke erfolgt, muss die Rückzahlung in bar erfolgen. Es ist Sache des Gastwirts, eine Tilgung – ggf. größeren Ausmaßes – durch Bezug einer größeren Menge Getränke darzulegen und ggf. zu beweisen. Dies ist ihm auch keinesfalls unmöglich oder unzumutbar. Er ist wegen der Tilgungswirkung (§ 362 Abs. 1 BGB) gehalten, die Belege über die Getränkelieferungen aufzubewahren, um den Umfang seiner Darlehensrückzahlung im Wege der Tilgung belegen zu können.[97)]

3.90 **cc) Nicht selbst bewirtschaftender Eigentümer.** Ob diese Grundsätze für einen Darlehens- und Getränkelieferungsvertrag mit einem nicht selbst bewirtschaftenden Hauseigentümer gelten, bedarf ggf. besonderer Prüfung.[98)] Das der Darlehensnehmer infolge Verpachtung des Objektes keinen Einblick in die Zahlen seines Pächters hat, fällt jedenfalls dann allein in seinen Risikobereich, wenn er die Gaststätte verpachtet anstelle sie selbst zu betreiben. Ggf. hatte er die Verträge so auszugestalten, dass ihm die notwendigen Informationen zufließen.[99)] Im Rahmen seiner Substantiierungspflicht muss der nicht selbst bewirtschaftende Hauseigentümer konkret benennen, zu welchem Zeitpunkt und welche Produkte sein Pächter abgenommen hat. Es genügt nicht, dass dieser irgendwelche Produkte des Getränkelieferanten bezog, um der Getränkebezugsverpflichtung nachzukommen. Der konkrete Zeitpunkt der Lieferung muss jedenfalls dann vorgetragen werden, wenn es darum geht, beurteilen zu können, ob dieser vor einer Kündigung lag.[100)]

2. Gesamtschuldner

3.91 **a) Grundsatz.** Jeder Gesamtschuldner trägt die Darlegungs- und Beweislast für die Behauptung, dass der durch einen Kontoauszug ausgewiesene und von dem Getränkelieferanten geltend gemachte Betrag nicht richtig ist. Er kann sich nicht darauf beschränken, die Richtigkeit der in den Kontoauszügen aus-

---

96) Ständige Rechtsprechung, u. a. BGH, Beschl. v. 9.2.2009 – II ZR 77/08, NJW 2009, 2137 = ZIP 2009, 1031; OLG Düsseldorf, Urt. v. 26.11.2010 – I-22 U 97/10, BeckRS 2011, 07134.

97) LG Landau, Urt. v. 26.9.1994 – 4 O. 999/93.

98) OLG München, Urt. v. 14.4.1999 – 15 U 5558/98, rkr. durch Nichtannahmebeschl. d. BGH v. 9.3.2000 – VIII ZR 274/99.

99) OLG Düsseldorf, Urt. v. 26.11.2010 – I-22 U 97/10, BeckRS 2011, 07134.

100) OLG Düsseldorf, Urt. v. 26.11.2010 – I-22 U 97/10, BeckRS 2011, 07134.

gewiesenen Zahlen zu bestreiten. Ein Bestreiten ist insbesondere dann nicht ausreichend, wenn sich Gesamtschuldner gegenseitig bevollmächtigt haben, unwiderruflich allein rechtsverbindliche Erklärungen gegenüber dem Getränkelieferanten mit Wirkung für alle Vertragspartner entgegennehmen oder abgeben zu können. Eine entsprechende Klausel ist in jedem Fall insoweit wirksam, als sich die Gesamtschuldner gegenseitig zur Entgegennahme rechtsverbindlicher Erklärungen bevollmächtigt haben. Dahingestellt bleiben kann, ob auch die Bevollmächtigung zur Abgabe von rechtsverbindlichen Erklärungen wirksam ist,[101] denn es handelt sich um eine teilbare Klausel mit der Folge, dass die gegenseitige Bevollmächtigung zur Entgegennahme rechtsverbindlicher Erklärungen auch bei einer eventuellen Unwirksamkeit der übrigen Klausel wirksam ist und bleibt.[102]

b) Interne Schuldübernahmeerklärung. Entsprechende Erklärungen wirken nicht zu Lasten des Gläubigers. Solche Vereinbarungen entfalten keine Außenwirkung. Dies verdeutlichen die Vorschriften der §§ 415, 416 BGB. Dazu bedarf es einer ausdrücklichen, jedenfalls konkludenten Erklärung (Genehmigung) des Gläubigers. Die Nichtreaktion auf ein Schreiben eines Gesamtschuldners genügt nicht. Bloßes Schweigen ist in der Regel keine Willenserklärung (§ 415 Abs. 2 Satz 2 Halbs. 2, § 416 Abs. 1 Satz 2 BGB), sondern das Gegenteil einer Erklärung. Wer schweigt, setzt im Allgemeinen keinen Erklärungstatbestand. Er bringt weder Zustimmung noch Ablehnung zum Ausdruck. Schweigen auf ein Angebot zur Änderung oder Aufhebung eines Vertrages gilt grundsätzlich nicht als Zustimmung. Den Getränkelieferanten trifft auch keine Ablehnungspflicht. Sein Schweigen stellt entsprechend der Wertung des § 415 Abs. 2 Satz 2 Halbs. 2 und des § 25 Abs. 1 HGB (die Fortführung eines Handelsgeschäfts stellt keine Schuldübernahme, sondern nur einen Schuldbeitritt dar), keine Zustimmung zur Schuldübernahme dar. Dem Umstand, dass der Gläubiger einem Gesamtschuldner keine Kontoauszüge zugesandt hat, kommt schon deshalb keine Bedeutung zu, weil jener nach seinen eigenen Angaben während des gesamten Vertragsverhältnisses keine Kontoauszüge erhalten hat[103] **3.92**

3. Stundung

Eine Stundung schiebt die Fälligkeit hinaus und beendet den Verzug des Hauptschuldners.[104] Ein nicht unterschriebenes Schriftstück, hier Gesprächs- **3.93**

101) Siehe oben § 20 IV 3 a.

102) BGH, Beschl. v. 10.9.1997 – VIII ARZ 1/97, BGHZ 136, 314 = NJW 1997, 3437 = ZIP 1998, 27.; Urt. v. 26.1.2004 – 8 U 117/03, BeckRS 2005, 03422; OLG Saarbrücken, Urt. v. 15.1.1998 – 4 U 213/96, rkr. durch Nichtannnahmebeschl. d. BGH v. 15.12.1998 – VIII 50/98.

103) KG, Urt. v. 26.1.2004 – 8 U 117/03.

104) OLG Köln, (Hinweis-)Beschl. v. 17.1.2011 – 5 U 138/10, BeckRS 2011, 18445.

protokoll, begründet nicht den Beweis einer Stundungsabrede; dies zeigt bereits § 154 Abs. 2 BGB.[105] Gegen eine Stundung eines Darlehensrückzahlungsanspruchs spricht, dass der Hauptschuldner im Falle der Nichtzahlung weiter für die Folgen seiner Leistungsverzögerung einstehen muss, insbesondere als Mindestschaden Verzugszinsen (§ 288 Abs. 1 BGB) zu zahlen hat. Hinzukommt das Interesse des Getränkelieferanten, sich bei zweifelhafter Bonität des Hauptschuldners offensichtlich nicht der Möglichkeit begeben zu wollen, mit Aussicht auf Erfolg gegen einen Bürgen vorzugehen.[106]

3.94 Ggf. bedarf es der Abgrenzung zu einer **vollstreckungsbeschränkenden Vereinbarung.**[107]

4. Zurückbehaltungsrecht

3.95 Das Ausbleiben der Richtigstellung fehlerhafter Verbuchungen mag zwar als Geltendmachung eines Zurückbehaltungsrechts interpretiert werden. Dieses führt aber nicht zur Klageabweisung, sondern lediglich zu einer Zug-um-Zug-Verurteilung (§ 274 Abs. 1 BGB). Letzteres setzt eine ausurteilungsfähige Bezeichnung der Gegenansprüche voraus. Besonderer Prüfung bedarf die Konnexität nach § 273 Abs. 1 BGB. Diese ist gegeben, wenn zwischen beiden Ansprüchen ein „innerer natürlicher wirtschaftlicher Zusammenhang" in der Weise besteht, dass es gegen Treu und Glauben verstieße, wenn der eine Anspruch ohne Rücksicht auf den anderen durchgesetzt werden könnte. Daran fehlt es, wenn wirtschaftlich getrennte Rechtsbeziehungen zu verschiedenen Gaststättenobjekten bestehen.[108]

5. Erlass

3.96 Mit der Frage, ob in einer Vereinbarung, dass die Vollstreckung aus dem zu leistenden Anerkenntnis damit hinsichtlich Hauptforderung, Zinsen und Kosten erledigt sein sollte, lediglich die Abrede einer **Vollstreckungsbeschränkung** oder aber ein bedingter Teilerlass der verbürgten Darlehensforderung zu sehen ist, befasste sich eine Entscheidung des OLG Köln vom 9.3.2011.[109]

6. Verzicht

3.97 Zu einem möglichen Verzicht auf etwaige Rechte, hier allerdings aufschiebend bedingt durch die Zahlung von 130.000,00 € (§ 158 Abs. 1 BGB), wobei die

105) OLG Brandenburg, Urt. v. 23.11.1994 – 1 U 11/94, NJW-RR 1995, 1517; OLG Schleswig, Urt. v. 14.6.2001 – 1 U 76/2000.

106) OLG Köln, Beschl. v. 9.3.2011 – 5 U 138/10, BeckRS 2011, 18428.

107) BGH, Urt. v. 29.4.1987 – VIII ZR 258/86, NJW-RR 1987, 907.

108) OLG Brandenburg, Urt. v. 23.11.1994 – 1 U 11/94, NJW-RR 1995, 1517.

109) OLG Köln, (Hinweis-)Beschl. v. 17.1.2011 – 5 U 138/10, BeckRS 2011, 18445; OLG Köln, Beschl. v. 9.3.2011 – 5 U 138/10, BeckRS 2011, 18428.

Zahlung unstreitig nicht erfolgt ist, so dass die Bedingung nicht eingetreten war und der Verzicht somit nicht wirksam geworden war, nimmt das OLG Düsseldorf in einem Urteil aus dem Jahre 2001 Stellung.[110)]

7. Aufrechnung

a) Dort auch zur Aufrechnung mit einem (Gegen-)Schadensersatzanspruch des Gastwirts gegen den Getränkelieferanten wegen „Vereitelung" der Darlehensrückzahlung, so dass dieser Eigentümer des Inventars geblieben sei und dem Gastwirt aufgrund von dessen höherer Werthaltigkeit ein Schaden entstanden sei, der aber letztlich nicht gegeben war, weil ein die getroffene Vereinbarung beeinträchtigendes Verhalten des Getränkelieferanten nicht vorlag.[111)] 3.98

b) In der Gerichtspraxis wird nicht selten erstmals in der Berufungsinstanz die (Hilfs-)Aufrechnung mit angeblichen Gegenansprüchen erklärt. Häufig scheitert dies am Nichtvorliegen der Voraussetzungen des § 533 ZPO. Im Übrigen werden nicht selten weder hinreichend schlüssig noch hinreichend substantiierte angebliche Gegenforderungen vorgetragen.[112)] 3.99

Rechnet der in Anspruch Genommene gegen die Hauptforderung aus Darlehen mit einem hilfsweise geltend gemachten Anspruch auf, so ist bei der **Streitwertfestsetzung** § 45 Abs. 3 GKG zu beachten. Insofern genügt es, dass das Gericht die Hilfsaufrechnung als nicht genügend substantiiert ansieht.[113)] 3.100

8. Verwirkung

Der Umstand der Nichtversendung von **Kontoauszügen** ist schon deshalb nicht geeignet, einen Vertrauenstatbestand zu schaffen, wenn der Gesamtschuldner während des gesamten Vertragsverhältnisses keine Kontoauszüge erhalten hat.[114)] 3.101

9. Gutschrift aus Inventarverwertung

Insofern können aus der Rechtsprechung einige Urteile berichtet werden.[115)] 3.102

---

110) OLG Düsseldorf, Urt. v. 28.9.2001 – 5 U 13/99, rkr. durch Nichtannahmebeschl. d. BGH v. 12.7.2000 – VIII ZR 236/99.

111) OLG Düsseldorf, Urt. v. 28.9.2001 – 5 U 13/99, rkr. durch Nichtannahmebeschl. d. BGH v. 12.7.2000 – VIII ZR 236/99.

112) OLG Oldenburg, Urt. v. 14.11.2012 – 5 U 56/11.

113) OLG Oldenburg, Urt. v. 14.11.2012 – 5 U 56/11.

114) KG, Urt. v. 26.1.2004 – 8 U 117/03.

115) BGH, Urt. v. 15.11.2000 – VIII ZR 322/99, WM 2001, 1028; OLG Frankfurt/M., Urt. v. 29.6.2007 – 19 U 142/06, NJOZ 2007, 5354 = BeckRS 2007, 16524; LG Berlin, Urt. v. 29.1.2002 – 10 0.367/01.

XIII. Weitere Fragen von Interesse

1. Schuldanerkenntnis

3.103 Eine Aufstellung früherer Verbindlichkeiten kann als konstitutives Schuldanerkenntnis gewertet werden. Ob die Vertragsparteien ein Anerkenntnis gewollt haben und ggf. welcher Art, ist durch Auslegung zu ermitteln. Dabei sind vor allem der mit dem Anerkenntnis verfolgte Zweck, die beiderseitigen Interessenlagen und die allgemeine Verkehrsauffassung über die Bedeutung eines solchen Anerkenntnisses maßgebend. Rechnen die Parteien einer laufenden Geschäftsbeziehung zu einem bestimmten Zeitpunkt ab und legen sie das Ergebnis in Form einer Vereinbarung fest, damit der Gläubiger sich zur Rechtfertigung seiner Ansprüche nur noch auf diese Vereinbarung zu berufen braucht, so handelt es sich in der Regel um ein konstitutives Anerkenntnis.[116)] Dies ist insbesondere dann anzunehmen, wenn dem Vertragstext zufolge die Finanzierung der Gaststätte auf eine neue Grundlage gestellt werden sollte. Indizien hierfür sind der Umstand, dass ein früheres Darlehen durch ein neues ersetzt werden soll, sowie die Verrechnung von Malusabrechnungen mit Rückvergütungsansprüchen. Darin kommt deutlich der Wille zum Ausdruck, durch die wechselseitige Bestätigung eines Saldos eine verlässliche und für beide Seiten verbindliche Grundlage für die weitere Geschäftsbeziehung zu schaffen.[117)]

2. Mahnung

3.104 Von einer verzugsbegründenden Mahnung kann nur dann gesprochen werden, wenn der Gläubiger unzweideutig zum Ausdruck bringt, dass er die geschuldete Leistung verlangt.[118)] Endet ein Schreiben mit der Bitte um Stellungnahme unter Fristsetzung, ohne dass auf rechtliche Weiterungen hingewiesen wird, wenn bis zum gesetzten Datum keine Leistung erfolgt, so kann nicht von einer Mahnung gesprochen werden.[119)]

3. Zinsen

3.105 a) **Vertragszinsen.** Vertragszinsen werden insbesondere in der Situation der Nachverzinsung wegen Minderbezuges geltend gemacht. Ggf. ist durch Auslegung der Klageschrift zu ermitteln, ob es sich nicht um gesetzliche Zinsen handelt. Für ersteres kann eine vertragliche Regelung, für letzteres die Koppelung an den Basiszinssatz sprechen.[120)]

---

116) BGH, Beschl. v. 24.10.1985 – III ZR 35/85, BeckRS 1985, 31068832; OLG Oldenburg, Urt. v. 14.11.2012 – 5 U 56/11.

117) OLG Oldenburg, Urt. v. 14.11.2012 – 5 U 56/11.

118) OLG Frankfurt/M., Urt. v. 19.11.2012 – 23 U 68/12, BeckRS 2012, 25293.

119) OLG Brandenburg, Urt. v. 23.11.1994 – 1 U 11/94, NJW-RR 1995, 1517; OLG Schleswig, Urt. v. 14.6.2001 – 1 U 76/2000.

120) OLG Oldenburg, Urt. v. 14.11.2012 – 5 U 56/11.

b) Verzugszinsen. Der Zinssatz in Höhe von acht Prozentpunkten über dem Basiszinssatz gem. § 247 BGB (§ 288 Abs. 2 BGB) gilt nur für Entgeltforderungen. Eine Entgeltforderung liegt nur vor, wenn die Geldforderung die Gegenleistung für eine von dem Gläubiger erbrachte oder zu erbringende Leistung darstellt.[121)] Der Anspruch auf Rückzahlung eines Darlehens hat keinen Entgeltcharakter. Gleiches gilt für Forderungen aus Bürgschaft.[122)] Daher bleibt es bei der Regelung der §§ 291 Satz 2, 288 Abs. 1 Satz 2 BGB, wonach der Zinssatz für das Jahr fünf Prozentpunkte über dem Basiszinssatz gem. § 247 BGB beträgt.[123)] 3.106

4. Rechtsschutzbedürfnis bei Teilwiderspruch

Das Rechtsschutzbedürfnis zur Geltendmachung des vollen Betrages ist gegeben, auch wenn der Beklagte in dem vorangegangenen Mahnverfahren nur einen Teilwiderspruch eingelegt hat. Zum einen hatte die Klägerin erst mit Ablauf von mehr als einem Jahr nach Eingang des Widerspruchs die Fortsetzung des Verfahrens beantragt und war damit gem. § 701 ZPO wegen Ablaufs der Sechs-Monats-Frist von der Erlangung eines Vollstreckungsbescheides ausgeschlossen. Zum anderen wäre auch der Teilwiderspruch mangels klar abgrenzbaren Teils des Anspruchs als unbegrenzt eingelegt zu betrachten gewesen.[124)] 3.107

5. Sofortiges Anerkenntnis

Bei übereinstimmender Erledigungserklärung mit Kostenentscheidung nach § 91a, 92 Abs. 1, 269 ZPO greift der Rechtsgedanke des § 93 ZPO zugunsten des Gastwirts (Beklagten) nicht ein, wenn er zur Darlehensrückzahlungsklage angesichts bestehenden Verzugs Veranlassung gegeben hat.[125)] 3.108

6. Schadensersatzanspruch statt der Leistung nach § 105 InsO

Zu den Substantierungsanforderungen im Rahmen der Geltendmachung eines Ersatzanspruchs statt der Leistung nach § 105 InsO: Ein Getränkelieferant hatte im Zusammenhang mit einem Getränkelieferungsvertrag u. a. ein Darlehen gewährt, das während der Vertragsdauer in gleichbleibenden jährlichen Raten, jeweils am Ende eines Kalenderjahres intern getilgt werden sollte. Der Insolvenzverwalter hatte die Erfüllung des Vertrages abgelehnt und von dem Gebundenen die Zahlung des Restsaldos aus der Zeit der anteilig abzuschreibenden Leistung verlangt. 3.109

---

121) BGH, Urt. v. 21.4.2010 – XII ZR 10/08, NJW 2010, 1872.

122) OLG Düsseldorf, Urt. v. 6.12.2008 – I-10 U 238/06, WM 2009, 449.

123) OLG Oldenburg, Urt. v. 14.11.2012 – 5 U 56/11.

124) LG Berlin, Urt. v. 29.1.2002 – 10 0. 367/01.

125) LG Freiburg, Urt. v. 28.7.2006 – 12 O. 118/05.

3.110 Der Substantierungspflicht genügt nicht, wer lediglich vorträgt, er hätte bei Fortsetzung des Vertrages mit dem Gemeinschuldner bis zum vertraglichen Laufzeitende durch Erfüllung der Vertragsverpflichtungen einen Gesamtbetrag in Höhe von 50.00 € tilgen können, ohne insoweit eine Zahlung zu leisten. Der Nachteil, der darin liegt, dass der von der Gemeinschuldnerin geforderte Betrag sofort zurückzuzahlen ist, statt die Nutzung des Kapitals durch Kauf von Getränken im Laufe von sieben Jahren zu vergüten, ist bereits durch die aus Rechtsgründen gebotene **Abzinsung** des geltend gemachten Anspruchs ausgeglichen. Durch die vorzeitige Beendigung des Vertrages ist nämlich die Abnahmeverpflichtung weggefallen. Damit besteht nun die Möglichkeit, eine Bindung an einen anderen Getränkelieferanten einzugehen und im Zusammenhang damit eventuell eine entsprechende Geldleistung zu erhalten. Ggf. besteht auch die Möglichkeit, auf dem freien Markt wirtschaftlich günstigere Verträge abzuschließen. Hierzu bedarf es eines umfassenden Tatsachenvortrags.[126)]

§ 40 Kündigung, Rücktritt und damit zusammenhängende Fragen

I. Ordentliche Kündigung durch den Getränkelieferanten

1. Inhaltskontrolle

3.111 Das Recht, den Vertrag zu kündigen, kann vereinbart sein nach Frist, Termin und Form der Erklärung.[127)]

2. Kündigungsdarlehen

3.112 Ein Getränkelieferant kann ein Darlehen nicht nur ordentlich kündigen, wenn der Getränkelieferungsvertrag eine entsprechende Regelung aufweist, sondern auch kraft Gesetzes nach § 488 Abs. 3 BGB. Ist ein Darlehen nach Ablauf der (zehnjährigen) ausschließlichen Getränkebezugsverpflichtung nicht getilgt und soll dieses ab diesem Zeitpunkt unter Fortfall der Ausschließlichkeitsbindung[128)] durch weiteren Getränkebezug bis zum Erreichen der Gesamtmindestabnahmemenge fortlaufend getilgt werden, so besteht mit Ablauf der ausschließlichen Getränkebezugsverpflichtung keine bestimmte Laufzeit mehr. Vielmehr verlängert sich das Vertragsverhältnis auf unbestimmte Dauer, weil der Umfang des Getränkebezugs und damit der Umfang der Tilgung vollständig in den Händen des bislang ausschließlich Gebundenen liegen. Daher ist das Darlehen jedenfalls ab diesem Zeitpunkt als ein solches i. S. d. § 488 Abs. 3 Satz 1 BGB anzusehen, bei dem für die Rückerstattung keine Zeit bestimmt ist. Folglich kann es nach **§ 488 Abs. 3 Satz 2 BGB** durch beide Vertragsparteien

126) BGH, Urt. v. 26.10.2000 – IX ZR 227/99, NJW 2001, 1136 = ZIP 2001, 31.

127) Palandt-*Weidenkaff*, BGB, § 510 Rz. 9.

128) Vgl. hierzu auch OLG Düsseldorf, Urt. v. 26.11.2010 – I-22 U 97/10, BeckRS 2011, 07134.

ordentlich mit einer Frist von drei Monaten gekündigt werden. Etwas anderes gilt nur dann, wenn dieses gesetzliche Kündigungsrecht durch den Darlehens- und Getränkebezugsvertrag ausgeschlossen ist. Hierzu bedarf es allerdings einer eindeutigen – konkret nicht angenommenen – Regelung. Aus der Regelung, dass das Recht zur ordentlichen Kündigung ausgeschlossen werden sollte, lässt sich diese (konkludente) Vereinbarung nicht entnehmen. Darin ist lediglich geregelt, in welchen Fällen das Darlehen ohne Einhaltung einer Kündigungsfrist zurückgefordert werden kann. Aus dem Umstand, dass die Parteien genauer bestimmt haben, in welchen Fällen ein Recht zur fristlosen Kündigung besteht, folgt nicht im Umkehrschluss, dass sie damit das gesetzliche Recht zur ordentlichen Kündigung ausschließen wollten. Die entsprechende Regelung lässt sich gerade nicht dahin verstehen, dass damit sämtliche Kündigungsmöglichkeiten abschließend geregelt sein sollten.[129)]

3. Abschreibungsdarlehen

Der Darlehensgeber kann nicht einen Betrag, der nach den vertraglichen Vereinbarungen nur unter besonderen Voraussetzungen gezahlt werden sollte, durch „Kündigung" zahlbar machen.[130)] 3.113

II. Außerordentliche Kündigung durch den Getränkelieferanten, allgemeine Fragen

1. Inhaltskontrolle

a) § 307 Abs. 2 Nr. 1 BGB. aa) Leitbild des § 314 BGB. Da Darlehens- und Getränkelieferungsverträge ein Dauerschuldverhältnis begründen,[131)] ist § 314 BGB als Vergleichsmaßstab heranzuziehen. Jede Abweichung stellt nach § 307 Abs. 2 Nr. 1 BGB einen Verstoß gegen das gesetzliche Leitbild des § 314 BGB dar.[132)] 3.114

bb) Verschulden. Formularmäßig ist es auch durch § 307 Abs. 2 Nr. 1 BGB nicht geboten, dass der Getränkelieferant die für die außerordentliche Kündigung erforderlichen Tatbestandsvoraussetzungen unter Beachtung der Tatbestandselemente der §§ 281, 323 BGB formuliert.[133)] 3.115

cc) Nachfristsetzung mit Ablehnungsandrohung oder Abmahnung. Bei Verletzung vertraglicher Pflichten darf formularmäßig gem. §§ 307 Abs. 2 3.116

---

129) OLG Düsseldorf, Urt. v. 26.11.2010 – I-22 U 97/10, BeckRS 2011, 07134.

130) OLG Düsseldorf, Urt. v. 1.9.1999 – 5 U 13/99, rkr. durch Nichtannahmebeschl. d. BGH v. 12.7.2000 – XIII ZR 236/99.

131) Siehe oben § 8 IV 5 b m. w. N.

132) OLG Oldenburg, Urt. v. 14.11.2012 – 5 U 56/11; LG Heidelberg, Urt. v. 20.2.2007 – 2 O. 294/06, NJW-RR 2007, 1551.

133) OLG München, Urt. v. 27.2.2008 – 7 U 4392/07, NJW-RR 2009, 57.

Nr. 1, 314 Abs. 2 Satz 1 BGB nicht auf das Erfordernis einer vorherigen erfolglosen Abmahnung oder den Ablauf einer zur Abhilfe bestimmten Frist verzichtet werden.[134] Hintergrund hierfür ist, dass dem Schuldner in der Regel eine zweite Chance zur Beseitigung der Pflichtverletzung gewährt werden soll. So auch § 323 Abs. 1 BGB für den Fall des Rücktritts und § 281 BGB für den Fall des Schadensersatzes statt der Leistung.

3.117 **b) § 307 Abs. 1 Satz 1 BGB. aa) Kündigungsgrund.** Behält der Getränkelieferant sich vor, den Vertrag mit dem Gastwirt unter bestimmten Voraussetzungen zu kündigen, belastet dies den Gastwirt jedenfalls nicht über Gebühr. Die Kündigungsgründe heben überwiegend auf eine wesentliche Änderung der Verhältnisse ab, die die Belange des Getränkelieferanten nicht unerheblich berühren, und sind deshalb durchweg sachgerecht.

3.118 **bb) Einseitige Berechtigung.** Darin, dass in einem **Gaststättenpachtvertrag** den Verpächtern, nicht aber den Pächtern, zum Teil über die gesetzlichen Gründe hinausgehende Auflösungsgründe zugebilligt wurden, lag kein Verstoß gegen § 138 Abs. 1 BGB.[135]

3.119 **cc) Wesentlicher bzw. schwerwiegender Verstoß.** Sowohl gem. § 138 Abs. 1 BGB als auch nach § 307 BGB berechtigen nur wesentliche oder schwerwiegende Vertragsverstöße zur fristlosen Kündigung.[136] Diese Einschränkung der Kündigungsbefugnis muss sich aus der Kündigungsregelung selbst ergeben.[137] Einmalige Verstöße dürfen daher nicht sanktioniert werden.[138]

3.120 **dd) Vertretenmüssen.** Im Hinblick auf die noch zu erörternde Frage, welche Auswirkungen die Kündigung der Leistungen, insbesondere des Darlehens, auf die Getränkebezugsverpflichtung hat,[139] scheint es angezeigt, die Befugnis zur außerordentlichen Kündigung des Getränkelieferungsvertrages durch den Getränkelieferanten unter die Voraussetzung zu stellen, dass der Kunde die Kündigung zu vertreten hat. Damit wird auch dem von der Rechtsprechung aufge-

---

134) BGH, Urt. v. 12.3.2003 – VIII ZR 2/02, NJW-RR 2003, 928; OLG Oldenburg, Urt. v. 14.11.2012 – 5 U 56/11. Vgl. im Übrigen oben § 34 III 6 jeweils m. w. N.

135) OLG Hamm, Urt. v. 8.6.1998 – 31 U 4/98, rkr. durch Nichtannahmebeschl. d. BGH v. 15.9.1999 – VIII ZR 333/98.

136) BGH, Urt. v. 7.10.1970 – VIII ZR 202/68, NJW 1970, 2243 = Zeller I, 202; BGH, Urt. v. 14.6.1972 – VIII ZR 14/71, NJW 1972, 1459 = Zeller I, 212; BGH, Urt. v. 23.11.1983 – VIII ZR 333/82, ZIP 1984, 335 = Zeller III, 266; BGH, Urt. v. 8.4.1992 – VIII ZR 94/91, NJW 1992, 2145; OLG Düsseldorf, Urt. v. 27.10.2004 – VI-U (Kart) 41/03, BeckRS 2005, 06685; OLG Oldenburg, Urt. v. 14.11.2012 – 5 U 56/11; LG Berlin, Urt. v. 31.1.1990 – 99 O. 206/89, NJW-RR 1990, 820 = Zeller IV, 288.

137) RG, Urt. v. 23.9.1935 – VI 146/35, JW 1935, 3217 Nr. 1; RG, Urt. v. 30.10.1936 – VII 65/36, RGZ 152, 251; BGH, Urt. v. 17.10.1973 – VIII ZR 91/72, WM 1973, 1360 = Zeller I, 232; BGH, Urt. v. 27.2.1985 – VIII ZR 85/84, NJW 1985, 2693 = Zeller III, 80.

138) OLG Oldenburg, Urt. v. 14.11.2012 – 5 U 56/11.

139) Siehe unten § 40 X m. w. N.

stellten Erfordernis eines wesentlichen bzw. schwerwiegenden Verstoßes gegen die vertragliche Verpflichtung Rechnung getragen.

2. Konkurrenzen

Einerseits ist zwischen ordentlichen Kündigungsgründen zu unterscheiden, seien sie vertraglich vereinbart oder dem Gesetz zu entnehmen. Andererseits stehen dem Getränkelieferanten neben den Rechten nach § 490 BGB auch außerordentliche gesetzliche Kündigungsmöglichkeiten aus wichtigem Grund nach §§ 313, 314 BGB zu. Dies ist unabhängig davon, ob sie im Getränkelieferungsvertrag ausdrücklich benannt sind oder nicht. § 490 Abs. 3 BGB stellt dies ausdrücklich klar. 3.121

3. Verschulden

Der zur Kündigung berechtigende wichtige Grund kann in einer Pflichtverletzung des anderen Teils liegen (vgl. § 314 Abs. 2 BGB), aber auch in sonstigen Umständen, die das Festhalten am Vertrag für die kündigende Partei unzumutbar machen. Daher ist ein Verschulden des Kündigungsgegners weder erforderlich noch in jedem Fall ausreichend.[140] 3.122

4. Nachfristsetzung mit Ablehnungsandrohung oder Abmahnung

a) **Unterscheidung.** Ob eine Fristsetzung oder eine Abmahnung auszusprechen ist, richtet sich nach der Art der Pflichtverletzung (§ 281 Abs. 3 BGB). Bei leistungsbezogenen Haupt- oder Nebenpflichten kommt eher eine Fristsetzung, bei nicht leistungsbezogenen Nebenpflichten, insbesondere Verhaltens- und Schutzpflichten, kommt eher eine Abmahnung in Betracht. 3.123

b) **Abmahnung.** Für eine Abmahnung nach § 314 BGB genügt die bloße Rüge vertragswidrigen Verhaltens nicht. Darüber hinaus muss aus der Erklärung des Gläubigers für den Schuldner deutlich werden, dass die weitere vertragliche Zusammenarbeit auf dem Spiel steht und er für den Fall weiterer Verstöße mit rechtlichen Konsequenzen rechnen muss. 3.124

c) **Entbehrlichkeit.** An die Voraussetzungen einer endgültigen und ernsthaften Erfüllungsverweigerung nach §§ 314 Abs. 2 Satz 2, 323 Abs. 2 Nr. 1 BGB sind strenge Anforderungen zu stellen.[141] Sie liegt nur vor, wenn der Schuldner eindeutig die Erfüllung seiner Vertragspflichten ablehnt und dies auch als sein letztes Wort verstanden wissen will.[142] 3.125

---

140) BGH, Urt. v. 14.6.1972 – VIII ZR 153/71, DB 1972, 2054.

141) BGH, Urt. v. 3.7.1996 – VIII ZR 92/95, NJW-RR 1996, 1394; BGH, Urt. v. 12.10.2011 – VIII ZR 3/11, BeckRS 2011, 26461.

142) BGH, Urt. v. 29.6.2011 – VIII ZR 202/10, NJW 2011, 2872 = ZIP 2011, 1824; BGH, Urt. v. 12.10.2011 – VIII ZR 3/11, BeckRS 2011, 26461.

5. Kündigungsandrohung

3.126 Eine ausdrückliche Kündigungsandrohung ist nicht mehr erforderlich. Im Hinblick auf § 314 Abs. 2 BGB macht es aber aus unternehmerischer Vorsicht Sinn, die Kündigung ausdrücklich anzudrohen, um dem Schuldner deutlich vor Augen zu führen, dass die weitere vertragliche Zusammenarbeit auf dem Spiel steht und er für den Fall weiterer Verstöße mit rechtlichen Konsequenzen rechnen muss.[143)]

6. Kündigungserklärung[144)]

3.127 Da für die Kündigung grundsätzlich Formfreiheit gilt, kann auch eine ordentliche Kündigung nach § 488 Abs. 3 BGB **konkludent** erklärt werden. Eine konkludente Kündigungserklärung kann in der Geltendmachung des Rückzahlungsanspruchs, etwa durch Zustellung der Klage auf Rückerstattung oder eines entsprechenden Mahnbescheides oder durch ein sonstiges Verlangen auf Rückerstattung, der Zwangsvollstreckung oder einer Aufrechnungserklärung liegen.[145)] In Betracht kommt auch eine Anspruchsbegründung, in der der Gläubiger sich unter anderem auf sein Recht zur ordentlichen Kündigung beruft.[146)]

7. Zugang der Kündigungserklärung

3.128 Ob der zur Rückzahlung Verpflichtete das Kündigungsschreiben erhalten hat, kann im Falle der Klageerhebung auf Rückzahlung dahinstehen.[147)]

8. Mehrheit von Darlehensnehmern

3.129 Mehreren Darlehensnehmern gegenüber kann als Gesamtschuldnern nur in der Weise gekündigt werden, dass die Kündigung einheitlich gegenüber allen Gesamtschuldnern erklärt wird.[148)] Bei (Ehe-)Partnern bedarf es eines an beide Kündigungsgegner adressierten Schreibens. Die Kündigung ist insgesamt nur wirksam, wenn sie allen Vertragsparteien zugeht. Gegenüber Existenzgründern und Verbrauchern ist § 498 BGB zu beachten.[149)]

9. Kündigungserklärungsfrist

3.130 Während die Kündigung nach § 490 BGB an keine Frist gebunden ist und daher fristlos möglich ist, muss das allgemeine Kündigungsrecht nach § 314 BGB

---

143) BGH, Urt. v. 12.10.2011 – VIII ZR 3/11, NJW 2012, 53.

144) Siehe oben § 34 III 7 jeweils m. w. N.

145) OLG Köln, (Hinweis-)Beschl. v. 17.1.2011 – 5 U 138/10, BeckRS 2011, 18445.

146) KG, Urt. v. 26.1.2004 – 8 U 117/03; OLG Düsseldorf, Urt. v. 26.11.2010 – I-22 U 97/10, BeckRS 2011, 07134.

147) KG, Urt. v. 26.1.2004 – 8 U 117/03. Vgl. auch § 34 III 7 a m. w. N.

148) BGH, Urt. v. 9.7.2002 – XI ZR 323/01, NJW 2002, 2866 = ZIP 2002, 1524.

149) Siehe unten § 46 II 15 b jeweils m. w. N.

innerhalb einer angemessenen Frist nach Kenntniserlangung des Kündigungsgrundes ausgeübt werden (§ 314 Abs. 3 BGB). Wegen der Vielgestaltigkeit von Dauerschuldverhältnissen ist eine einheitliche Bemessung der Frist ausgeschlossen.[150] Bei der Fristlänge kann § 626 Abs. 2 BGB nicht entsprechend angewandt werden.[151]

III. Kündigung wegen Tilgungsrückstand/Ratenverzug sowie Verschlechterung der Vermögensverhältnisse

1. Einführung

Der Getränkelieferant kann bei Darlehensverträgen mit bestimmten Laufzeiten außerordentlich kündigen, wenn folgende Kündigungsgründe vorliegen: Wiederholter Zahlungsverzug mit Zins- und Tilgungsleistungen, Verfall der Vermögensverhältnisse des Darlehensnehmers sowie Verschlechterung der Werthaltigkeit gestellter Sicherheiten (§ 490 Abs. 1 BGB), unrichtige Angaben des Darlehensnehmers über seine Vermögensverhältnisse, sofern die Angaben für die Kreditentscheidung von Bedeutung waren (§§ 490 Abs. 3, 314 BGB),[152] und fehlende Bereitschaft zur Stellung von Ersatzsicherheiten (§§ 314, 490 BGB). 3.131

2. Kündigungsgrund

a) Ratenverzug. aa) Allgemeines. Der Verzug mit Tilgungs- und/oder Zinsraten berechtigt zur Kündigung.[153] Soweit Zahlungen nicht geleistet werden, tritt infolge der kalendermäßigen Leistungsbestimmung i. S. d. § 286 Abs. 2 Nr. 1 BGB durch bloße Nichtzahlung Verzug ein. Der Verzug betrifft jedoch nur die einzelnen trotz Fälligkeit nicht entrichteten Raten, nicht dagegen den Restsaldo. Mit dieser Restschuld kann der Darlehensnehmer erst nach nochmaliger Mahnung in Verzug geraten.[154] 3.132

bb) Optionen. Der Getränkelieferant kann dann entweder die restliche Darlehensvaluta fällig stellen oder aber den gesamten Getränkelieferungsvertrag kündigen. Bei Unternehmerkunden fordern weder das Gesetz noch die Rechtsprechung den Verzug mit einer bestimmten Anzahl von Teilzahlungen noch das Erreichen einer bestimmten Rückstandsquote hinsichtlich der Darlehensvaluta insgesamt. Aus dem Rechtsgedanken der §§ 498 Satz 1 Nr. 1 a. A., 543 3.133

150) Palandt-*Grüneberg*, BGB, § 314 Rz. 10.

151) BGH, Urt. v. 25.11.2010 – Xa ZR 48/09, NJW 2011, 1438.

152) BGH, Urt. v. 19.9.1979 – III ZR 93/76, NJW 1980, 399.

153) KG, Urt. v. 22.12.1988 – 2 U 1915/88, NJW-RR 1989, 630 = Zeller IV, 267; OLG Düsseldorf, Urt. v. 16.1.2004 – I-14 U 156/03, BeckRS 2010, 24896, rkr. durch (Nichtzulassungs-)Beschl. d. BGH v. 19.10.2005 – VIII ZR 53/04.

154) OLG Frankfurt/M., Urt. v. 19.11.2012 – 23 U 68/12, NJW-RR 2013, 566 (zu § 497 BGB a. F.).

Abs. 2 Satz 1 Nr. 3 a BGB lässt sich aber als Orientierungswert ein Tilgungsrückstand mit jedenfalls zwei Tilgungsraten ableiten.[155)]

3.134 b) Unmittelbar drohende Zahlungsunfähigkeit[156)], eine nachträgliche Verschlechterung der Vermögensverhältnisse, die Nichtbestellung, der Wegfall der Sicherheiten, die Veränderung der Werthaltigkeit gestellter Sicherheiten, die Zahlungseinstellung (Vermögensverfall)[157)] sowie weitere negative Veränderungen der Vermögensverhältnisse sind typische benannte Kündigungsgründe.[158)] Die vertragliche Regelung dieser Kündigungsgründe entspricht nicht nur der Gesetzeslage (§§ 307 Abs. 2 Nr. 1, 490 Abs. 1 und 3, 313, 314 BGB). Sie begegnet auch deshalb keinen durchgreifenden Bedenken, weil der Getränkelieferungsvertrag gerade darauf fußt, dass durch den Gaststättenbetrieb mit der fortlaufenden Getränkeabnahme ein Entgelt für die Leistungsgewährung erwirtschaftet wird. Diesem Mechanismus wird durch die vorgenannten Kündigungsgründe der Boden entzogen.[159)] Tritt in den Vermögensverhältnissen des Darlehensnehmers oder der Werthaltigkeit einer für ein Darlehen bestellte Sicherheit eine wesentliche Verschlechterung ein, so kann der Darlehensgeber auch zu einer teilweisen Kündigung des Darlehens berechtigt sein.[160)]

3.135 c) **Antrag auf Eröffnung des Insolvenzverfahrens.** Sowohl die Stellung des Insolvenzantrages als auch die Insolvenzeröffnung gewähren dem Lieferanten das Recht, die von ihm gewährte Finanzierung zu kündigen.[161)] Allerdings dürften insolvenzabhängige **Lösungsklauseln**, die an den Insolvenzantrag oder die Insolvenzeröffnung anknüpfen, bei Verträgen über die fortlaufende Lieferung von Waren nach § 119 InsO unwirksam sein, wenn sie im Voraus die Anwendung des § 103 InsO ausschließen. Dies gilt nur dann nicht, wenn die Vereinbarung einer gesetzlich vorgesehenen Lösungsmöglichkeit entspricht.[162)]

3. Wesentliche Verschlechterung der Vermögenslage

3.136 Die Vermögenslage des Schuldners muss sich wesentlich verschlechtern. Dies ist der Fall, wenn sie sich so zu Ungunsten des Schuldners ändert, dass die Rückzahlung des Darlehens gefährdet ist. Gerät der Gastwirt mit der Darlehensrückzahlung in Rückstand, so ist eine Fälligstellung des gesamten Restdar-

155) BGH, Urt. v. 1.10.1987 – III ZR 175/86, NJW-RR 1988, 763.

156) BGH, Urt. v. 20.5.2003 – XI ZR 50/02, NJW 2003, 276.

157) OLG Oldenburg, Urt. v. 14.11.2012 – 5 U 56/11.

158) OLG Dresden, Urt. v. 13.7.2000 – 13 U 2964/99, rkr. durch Nichtannahmebeschl. d. BGH v. 9.1.2002 – VIII ZR 343/00; OLG Oldenburg, Urt. v. 14.11.2012 – 5 U 56/11; LG Münster, Urt. v. 18.8.2006 – 16 O. 105/06.

159) OLG Oldenburg, Urt. v. 14.11.2012 – 5 U 56/11.

160) OLG Celle, Urt. v. 1.7.2009 – 3 U 37/09, NJW-RR 2010, 406.

161) OLG Oldenburg, Urt. v. 14.11.2012 – 5 U 56/11.

162) BGH, Urt. v. 15.11.2012 – XI ZR 169/11, NZM 2013, 200.

lehens nur dann zulässig, wenn der Rückstand ein gewisses Ausmaß erreicht und dem Gastwirt erfolglos eine Nachfrist gesetzt worden ist.[163] Vergleiche dazu bei Verbraucherfinanzierungen auch § 309 Nr. 4 i. V. m. § 308 Nr. 2 BGB. Denn die **Verfall-/Vorfälligkeitsklausel** steht bei Dauerschuldverhältnissen unter dem Vorbehalt, dass nach dem Grundsatz von Treu und Glauben nicht schon jede geringfügige Vertragsverletzung zur Rückforderung des Restdarlehens berechtigt.[164]

4. Gefährdung des Rückzahlungsanspruchs

§ 490 Abs. 1 BGB gewährt dem Darlehensgeber ein außerordentliches Kündigungsrecht nur unter der weiteren Voraussetzung, dass die Rückerstattung des Darlehens durch den Kündigungsgrund gefährdet wird. **3.137**

Im Hinblick auf die Formulierung „einzutreten droht" muss der Darlehensgeber den tatsächlichen Eintritt der wesentlichen Vermögensverschlechterung nicht abwarten, sondern hat bereits dann ein außerordentliches Kündigungsrecht, wenn sich die daraus folgende Gefährdung zur Rückzahlung des Darlehens für den Darlehensgeber sichtbar abzeichnet.[165] Wie das Wort „durch" zeigt, ist zusätzlich zu verlangen, dass die Gefährdung der Rückzahlung des Darlehens gerade aufgrund der Verschlechterung der Vermögenslage des Darlehensnehmers eintritt. **3.138**

Die entsprechenden Umstände einschließlich der Gefährdung der Rückzahlung des Darlehens hat der Getränkelieferant darzulegen und zu beweisen. Zunächst ist an Fälle akuter Ausfallgefährdung zu denken. Dieser Tatbestand muss entweder objektiv vorliegen oder der Getränkelieferant muss diesen durch pflichtgemäß ausgeübtes Ermessen unter Wahrung der Interessen des Darlehensnehmers zutreffend angenommen haben. Im Hinblick auf die besonders einschneidende Wirkung der Kündigung auf die wirtschaftliche und soziale Handlungsfähigkeit des Darlehensnehmers bedarf es einer überzeugenden Prognose hinsichtlich der aktuellen und drohenden Vermögensverschlechterung und des Gefährdungspotentials für den Rückzahlungsanspruch. Ein bloßer Verdacht rechtfertigt die Kündigung nicht. Entsprechende tatsächliche Umstände vorzutragen und zu beweisen dürfte nicht immer leicht sein. **3.139**

5. Nachverzinsung

Sieht die Kündigungsklausel das Recht der Nachverzinsung vor, ohne dass die Getränkebezugsverpflichtung mit der Kündigung zum Wegfall kommt, so **3.140**

163) RG, Urt. v. 30.10.1936 – VII 65/36, RGZ 152, 251.

164) BGH, Urt. v. 17.10.1973 – VIII ZR 91/72, WM 1973, 1360 = Zeller I, 232; BGH, Urt. v. 21.5.1975 – VIII ZR 215/72, WM 1975, 850 = Zeller I, 251.

165) BT-Drucks. 14/6040, S. 254.

dürften Wirksamkeitsbedenken bestehen.[166] Zu denken ist an §§ 305b, 305c Abs. 1, 307 Abs. 2 Nr. 2, 307 Abs. 1 Satz 2 und Satz 1 BGB.

IV. Kündigung wegen Fremdbezuges

1. Praktische Bedeutung

3.141 Die Kündigung von Getränkelieferungsverträgen bei Fremdbezug und damit die Fälligstellung etwaiger offener Darlehensbeträge dürfte in der Praxis eher die Ausnahme sein. Eine Kündigung würde den Interessen des Getränkelieferanten diametral entgegenlaufen und den vertragsbrüchigen Gastwirt „belohnen".

2. Kündigungsgrund

3.142 Bezieht ein Abnehmer aufgrund einer wirksamen Ausschließlichkeitsbindung die Getränke von einer nicht vereinbarten Bezugsquelle, so liegt darin grundsätzlich eine von ihm zu vertretende Pflichtverletzung. Diese stellt einen wichtigen Grund für eine außerordentliche Kündigung dar.[167]

3.143 Bestand eine Getränkebezugsverpflichtung nach dem Vertrag nur „während der fest vereinbarten Pachtzeit", war diese aber längst abgelaufen und für den Fall einer Fortsetzung des Pachtverhältnisses von der Möglichkeit einer Neufestsetzung der Bezugsverpflichtung kein Gebrauch gemacht worden, so rechtfertigt sich die fristlose Kündigung des Gaststättenpachtvertrages allerdings nicht aus einem angeblichen Fremdbezug.[168]

3. Wesentlicher bzw. schwerwiegender Verstoß

3.144 Klauseln, die eine sofortige Fälligstellung des Restdarlehens bei schuldhaftem Fremdbezug anordnen, dürften jedenfalls dann unbedenklich sein, wenn sie einer Auslegung im Sinne einer Beschränkung auf Vertragsverletzungen von einigem Gewicht, die die Durchführung des Vertrages gefährden, zugänglich sind.[169]

V. Kündigung wegen Minderbezuges

1. Einführung

3.145 Viele Darlehens- und Getränkelieferungsverträge enthalten wegen der großen praktischen Bedeutung des Minderbezuges ein entsprechendes ausdrückliches

---

166) KG, Urt. v. 22.12.1988 – 2 U 1915/88, NJW-RR 1989, 630 = Zeller IV, 267.

167) OLG München, Urt. v. 30.9.1994 – 21 U 1742/92, BB 1995, 329.

168) OLG Hamm, Urt. v. 4.11.1994 – 30 U 185/94; OLG Hamm, Urt. v. 8.6.1998 – 31 U 4/98, rkr. durch Nichtannahmebeschl. d. BGH v. 15.9.1999 – VIII ZR 333/98; OLG Koblenz, Urt. v. 21.2.2002 – 5 U 677/01, NJOZ 2002, 837.

169) Zu dieser Auslegungsmöglichkeit BGH, Urt. v. 31.10.1984 – VIII ZR 226/83, NJW 1985, 320 = ZIP 1984, 1485 = Zeller III, 306, betreffend Ziff. 15 der im Möbelhandel verwendeten AGB.

Kündigungsrecht. Bei Unterschreitung der vereinbarten periodischen, insbesondere jährlichen, Mindestabnahmemenge ist der Getränkelieferant berechtigt, das Tilgungs- oder Abschreibungsdarlehen, ggf. auch den gewährten Zuschuss, mit einer bestimmten Frist zu einem bestimmten Zeitpunkt unter Verzicht auf seine Lieferrechte zu kündigen und die Restvaluten zur sofortigen Rückzahlung fällig zu stellen. Die wichtigsten, insofern denkbaren Fragen der Inhaltskontrolle (§ 138 Abs. 1 BGB, § 307 BGB) werden nachfolgend angesprochen.[170)]

2. Kündigungsgrund

a) Periodische Mindestbezugsmenge. Ist Gegenstand des Getränkelieferungsvertrages beispielsweise eine monatliche,[171)] vierteljährliche oder jährliche Mindestbezugsmenge, so kommt bei wiederholtem Minderbezug eine außerordentliche Kündigung in Betracht.[172)] 3.146

b) Mengenvertrag. Haben die Parteien eine Gesamtabnahmemenge vereinbart, welche während der Vertragslaufzeit in Teilmengen abzunehmen ist, so kann ein Minderbezug dann eine Kündigung rechtfertigen, wenn der Abnehmer für die Folgen des Minderbezuges einzustehen hat.[173)] 3.147

c) Kombination von Mengenvertrag mit periodischer Mindestbezugsmenge. Hierzu können mehrere Entscheidungen berichtet werden.[174)] 3.148

3. Standort

Das Sonderkündigungsrecht wegen Unterschreitung der vereinbarten Mindestbezugsmenge wird im Getränkelieferungsvertrag regelmäßig im Zusammenhang mit den Kündigungsrechten im Übrigen geregelt. Dies ist auch sachlich geboten, weil die Mehrzahl der dort genannten Kündigungsrechte im Zusammenhang mit der Nicht- oder Schlechterfüllung des getränkebezugsrechtlichen Teiles des Vertrages stehen. Eines Hinweises im Zusammenhang mit der Vereinbarung der Mindestabnahmemenge oder gar im Zusammenhang mit der 3.149

170) Siehe im Übrigen nachfolgend § 40 X 4 jeweils m. w. N.

171) OLG Koblenz, Urt. v. 11.6.1999 – 8 U 1021/98, NJW-RR 2001, 348; LG Heidelberg, Urt. v. 20.2.2007 – 2 O. 294/06, NJW-RR 2007, 1551.

172) BGH, Urt. v. 3.7.1996 – VIII ZR 92/95, NJW-RR 1996, 1394 (Zuschuss- und Getränkelieferungsvertrag); OLG München, Urt. v. 31.1.1995 – 25 U 3600/94, BeckRS 1995, 04936; OLG Düsseldorf, Urt. v. 28.5.2004 – 15 U 193/03, sowie – 15 W 103/03 (Vertrag Brauerei-Getränkefachgroßhändler); OLG Zweibrücken, Urt. v. 6.7.2009 – 7 U 180/08.

173) BGH, Urt. v. 15.11.2000 – VIII ZR 322/99, NJW-RR 2001, 987.

174) OLG Düsseldorf, Urt. v. 25.1.1990 – 10 U 134/89, Zeller IV, 287, wobei sich der Sachverhalt erst aus dem Urteil der Vorinstanz erschließt; vgl. dazu LG Duisburg, Urt. v. 7.6.1989 – 17 O. 434/88, Zeller IV, 279. OLG Koblenz, Urt. v. 21.2.2002 – 5 U 677/01, NJOZ 2002, 837: Gesamtabnahmemenge von 2.000 hl, Kündigungsrecht des Getränkelieferanten bei weniger als 150 hl/Jahr. LG Freiburg, Urt. v. 28.7.2006 – 12 0. 118/05.

Leistungsgewährung bedarf es auch im Hinblick auf §§ 305c Abs. 1, 307 Abs. 1 Satz 2 BGB nicht.

4. AGB-Kontrolle

3.150 Sieht der Getränkelieferungsvertrag bei Unterschreitung der vereinbarten Jahresmindestbezugsmenge verschiedene Sanktionsmöglichkeiten vor, etwa das Recht zur außerordentlichen fristlosen Kündigung, das Recht zur Leistungsanpassung oder das Recht zur Teilkündigung, so können ggf. überraschende bzw. versteckte Klauseln vorliegen. Dann stellt sich die Frage einer wirksamen Einbeziehung (§ 305c Abs. 1 BGB) sowie der Inhaltskontrolle nach § 307 Abs. 1 Satz 2 und Abs. 1 Satz 1 BGB.

5. Umfang der Abweichung vom vereinbarten Sollbezug

3.151 a) **Grundsatz.** Nicht jede Unterschreitung der Mindestabnahmeverpflichtung rechtfertigt – auch AGB-rechtlich – eine außerordentliche Kündigung. Ein Getränkelieferungsvertrag kann allein schon deshalb sittenwidrig (§ 138 Abs. 1 BGB) sein, weil der Getränkelieferant sich in ihm die Befugnis ausbedungen hat, selbst bei geringen Vertragsverletzungen das in dem Vertrag vorgesehene Darlehen einzuziehen und trotzdem den Gastwirt an der Getränkebezugsverpflichtung festzuhalten.[175)] Nur schwerwiegende Verstöße gegen die (Mindest-)Abnahmepflicht rechtfertigen daher ein fristloses Kündigungsrecht des Getränkelieferanten.[176)]

3.152 b) **Abweichungsgrad.** Bedenken hinsichtlich der Wirksamkeit einer entsprechenden Klausel bestehen jedenfalls dann nicht, wenn die vereinbarte Menge um den im Vertrag festgelegten Prozentsatz, etwa **25 %,** unterschritten worden ist und die Klausel jedenfalls die Auslegung zulässt, dass die Getränkebezugsverpflichtung mit Rückführung der erbrachten Leistungen erlischt (Vollkündigung).[177)]

3.153 Keine Wirksamkeitsbedenken bestehen auch hinsichtlich der Möglichkeit, das Darlehen anteilig zu kündigen, wenn die auf 150 hl Fassbier pro Halbjahr festgelegte Mindestabnahmemenge um mehr als **20 %** unterschritten, d. h. vom Gastwirt im Halbjahr weniger als 120 hl abgenommen wird. Auch diese Rege-

175) RG, Urt. v. 23.9.1935 – VI 146/35, JW 1935, 3217 Nr. 1; RG, Urt. v. 30.10.1936 – VII 65/36, RGZ 152, 251; BGH, Urt. v. 17.10.1973 – VIII ZR 91/72, WM 1973, 1360 = Zeller I, 232; OLG München, Urt. v. 9.7.1992 – U (K) 5146/91, OLGReport München 1992, 199; OLG Düsseldorf, Urt. v. 27.10.2004 – VI-U (Kart) 41/03, BeckRS 2005, 06685 (offenlassend).

176) *von Westphalen*, Vertragsrecht und AGB-Klauselwerke, B Rz. 35.

177) BGH, Urt. v. 15.11.2000 – VIII ZR 322/99, NJW-RR 2001, 987; OLG Celle, Urt. v. 10.6.1998 – 13 U 158/97, NJW-RR 1999, 1143; LG Freiburg, Urt. v. 28.7.2006 – 12 0. 118/05.

lung dient dem berechtigten Interesse des Getränkelieferanten an einer Absicherung des Darlehens und hält einer Inhaltskontrolle nach § 307 BGB stand. Die Vertragsklausel unterlag dabei umso weniger Bedenken, als nach den Zahlen der Jahre 2000 und 2001 ein Halbjahresabsatz von mindestens 120 hl ohne weiteres zu erreichen gewesen ist.[178)]

c) **Dauer.** Die Unterschreitung der vereinbarten Mindestbezugsmenge muss auch zeitlich einen gewissen Umfang erreicht haben.[179)] Keine Wirksamkeitsbedenken bestehen gegen Regelungen, wonach der Abweichungsgrad bezogen auf die vereinbarte Abrechnungsperiode erreicht sein muss. In dem häufigen Fall der Vereinbarung einer jährlichen Mindestabnahmeverpflichtung dürfte aber auch eine Unterschreitung der vereinbarten Mindestbezugsmenge im Durchschnitt eines Zeitraums von sechs Monaten zulässig sein. Dies jedenfalls dann, wenn der Abweichungsgrad mindestens 25 % beträgt. **3.154**

d) **Mehrmaliger Verstoß.** Hinsichtlich einer Klausel, die den Getränkelieferanten bei mehrmaligem Verstoß des Gastwirts gegen eine Mindestabnahmeverpflichtung zur Leistungsanpassung berechtigte, äußerte der BGH keine Bedenken.[180)] **3.155**

6. Verschulden

Eine außerordentliche Kündigung (nach § 314 Abs. 1 BGB) setzt nicht zwingend eine Vertrags- bzw. Pflichtverletzung der anderen Seite voraus. Grundsätzlich genügt auch ein sonstiger Grund i. S. d. § 314 Abs. 1 BGB.[181)] Selbst dann, wenn der Getränkelieferant den Fall des Minderbezuges selbständig vertraglich geregelt hat, lässt sich gegen die Wirksamkeit einer entsprechenden Kündigungsregelung im Rahmen der vorstehend skizzierten Aspekte nichts erinnern. Wird dagegen Schadensersatz geltend gemacht (§ 314 Abs. 4 BGB), so haben entsprechende Regelungen das Verschuldenserfordernis zu beachten.[182)] **3.156**

In Getränkelieferungsverträgen findet sich vielfach eine vertragliche Regelung des Inhalts, dass die Rechte aus dem Getränkelieferungsvertrag und insbesondere die Bezugsverpflichtung bestehen bleiben, wenn der Gastwirt die Kündigung aus wichtigem Grund zu vertreten hat. Diese Vertragsklausel dürfte auch im Hinblick auf § 307 Abs. 1 BGB Bestand haben.[183)] **3.157**

---

178) OLG Düsseldorf, Urt. v. 27.10.2004 – VI-U (Kart) 41/03, BeckRS 2005, 06685. Ebenso bereits OLG Düsseldorf, Urt. v. 25.1.1990 – 10 U 134/89, Zeller IV, 287.

179) LG Berlin, Urt. v. 31.1.1990 – 99 O. 206/89, NJW-RR 1990, 820 = Zeller IV, 288.

180) BGH, Urt. v. 3.7.1996 – VIII ZR 92/95, NJW-RR 1996, 1394 (Zuschuss- und Getränkelieferungsvertrag).

181) OLG München, Urt. v. 27.2.2008 – 7 U 4932/07, NJW-RR 2009, 57.

182) Siehe oben § 19 III 5 jeweils m. w. N.

183) LG Marburg, Urt. v. 14.2.2007 – 2 O. 243/06.

7. Rückzahlungsfrist

3.158 Bei der Formulierung eines solchen Kündigungsrechts (für den ganzen Vertrag) ist zu bedenken, ob man dem Kunden zwei oder drei Monate Zeit für die unerwartete Rückzahlung einräumen sollte.[184)] Zwingende Wirksamkeitsvoraussetzung ist dies aber nicht.[185)]

8. Nachfristsetzung mit Ablehnungsandrohung oder Abmahnung

3.159 Die Kündigung bedarf grundsätzlich einer vorherigen erfolglosen Nachfristsetzung mit Ablehnungsandrohung oder Abmahnung (§ 314 Abs. 2 Satz 1 BGB). Ob über den Ausnahmetatbestand des § 314 Abs. 2 Satz 2 BGB hinaus entsprechend dem Rechtsgedanken des § 286 Abs. 2 Nr. 1 BGB jedenfalls nach Ablauf der vereinbarten Periode auch ohne vorherige Abmahnung möglich ist, erscheint jedenfalls vertretbar. Aus Gründen unternehmerischer Vorsicht sollte der Verpflichtete ausdrücklich aufgefordert werden, seine Absatzbemühungen zu verstärken, um die vereinbarte Mindestbezugsmenge zu erreichen, verbunden mit dem Hinweis, anderenfalls werde der Getränkelieferant seine Rechte ausüben (müssen).

9. Kündigungserklärungsfrist (§ 314 Abs. 3 BGB)

3.160 Kündigt der Getränkelieferant wegen Nichterfüllung einer Mindestabnahmeverpflichtung fristlos, dann hat der BGH auf ein solches Vertragsverhältnis seine ständige Rechtsprechung zum Handelsvertreterrecht, nach der eine außerordentliche Kündigung innerhalb angemessener Frist nach Kenntnisnahme von dem Kündigungsgrund ausgesprochen werden muss und ein **zweimonatiges Zuwarten** in der Regel nicht mehr als angemessene Zeitspanne zur Aufklärung des Sachverhalts und zur Überlegung der daraus zu ziehenden Folgerungen angesehen werden kann, entsprechend übertragen.[186)]

10. Wegfall der Kündigungsbefugnis

3.161 a) **Vertragsanpassung.** Allerdings entfällt das Kündigungsrecht, wenn sich die Störung durch Anpassung des Vertrages an die veränderten Verhältnisse beseitigen lässt und beiden Parteien die Fortsetzung des Vertrages zuzumuten ist,

---

184) OLG Düsseldorf, Urt. v. 25.1.1990 – 10 U 134/89, Zeller IV, 287.

185) a. A. *Gödde*, in: Martinek/Semler/Habermeier/Flohr, Vertriebsrecht, § 52 Rz. 198.

186) BGH, Urt. v. 14.4.1983 – I ZR 37/81, WM 1983, 20; BGH, Urt. v. 12.3.1992 – I ZR 117/90, WM 1992, 1440, BGH, Urt. v. 15.12.1993 – VIII ZR 157/92, NJW 1994, 722 = ZIP 1994, 293; OLG Zweibrücken, Urt. v. 15.1.1998 – 4 U 213/96, rkr. durch Nichtannahmebeschl. d. BGH v. 15.12.1998 – VIII ZR 50/98; OLG Hamm, Urt. v. 8.6.1998 – 31 U 4/98, rkr. durch Nichtannahmebeschl. d. BGH v. 15.9.1999 – VIII ZR 333/98; großzügiger *Gödde*, in: Martinek/Semler/Habermeier/Flohr, Vertriebsrecht, § 52 Rz. 198: drei Monate.

etwa im Wege des Vollzuges einer vertraglichen Rechtsnachfolgeregelung.[187] Der Vorrang der Vertragsanpassung folgt aus § 313 Abs. 3 Satz 1 und 2 BGB i. V. m. der Gesetzesbegründung, wonach eine Kündigung nicht in Frage kommt, wenn tatbestandlich (auch) eine Störung der Geschäftsgrundlage vorliegt und diese durch zumutbare Anpassung nach § 313 Abs. 1 BGB beseitigt werden kann.[188]

b) Ausschluss. Ein Kündigungsrecht wegen Minderbezuges, das nicht an die 3.162
Unterschreitung eines Jahresbezuges geknüpft ist, sondern bereits an die Unterschreitung der festgesetzten monatlichen Bezugsmenge im Durchschnitt der letzten drei Monate, entsteht monatlich, jedenfalls aber vierteljährlich neu. Hiervon kann jederzeit Gebrauch gemacht werden, ohne dass dem § 242 BGB entgegensteht. In der langjährigen Hinnahme der Unterschreitung einer monatlichen Mindestbezugsmenge liegt kein stillschweigender Ausschluss der Kündigungsbefugnis des Getränkelieferanten.[189]

c) Verwirkung. Ggf. sind die Voraussetzungen einer Verwirkung zu prüfen, 3.163
wenn der Gebundene mit seiner Abnahmeverpflichtung in Verzug war und der Bindende ihm laufend die Minderabnahmen mitgeteilt hatte, ohne Minderbezugsabrechnungen zu erstellen.[190] Der Getränkelieferant kann sein Kündigungsrecht verwirkt haben, wenn er bei Unterschreitung einer vereinbarten jährlichen Mindestabnahmemenge erst Monate nach Ablauf eines Vertragsjahres kündigt.[191] Ist Bezugsperiode das Sudjahr (1. September des Jahres bis zum 31. August des Folgejahres), so bestehen hinsichtlich einer mit Schreiben vom 18. Oktober des Nachfolgejahres erklärten Kündigung wegen Minderbezuges schon im Hinblick auf den Gesichtspunkt des Zeitmoments keine Anhaltspunkte für die Annahme einer Verwirkung.[192]

11. Rückforderung

Soweit eine Rückzahlungsverpflichtung vereinbart worden ist, kann ein **Zu-** 3.164
schuss nur entsprechend dem Teil des noch nicht erfüllten Getränkelieferungsvertrages zurückgefordert werden.[193]

---

187) OLG Düsseldorf, Urt. v. 8.11.1999 – 1 U 42/99.

188) Begründung RegE SchuldrechtsmodernisierungsG, BT-Drucks. 14/6040, S. 177. Vgl. auch BGH, Urt. v. 31.5.1990 – I ZR 233/88, NJW 1991, 1478.

189) OLG Koblenz, Urt. v. 11.6.1999 – 8 U 1021/98, NJW-RR 2001, 348.

190) OLG München, Urt. v. 31.1.1995 – 25 U 3600/94, BeckRS 1995, 04936.

191) BGH, Urt. v. 15.12.1993 – VIII ZR 157/92, NJW 1994, 722 = ZIP 1994, 293; OLG Koblenz, Urt. v. 11.6.1999 – 8 U 1021/98, NJW-RR 2001, 348.

192) LG Freiburg, Urt. v. 28.7.2006 – 12 0. 118/05.

193) LG Berlin, Urt. v. 31.1.1990 – 99 O. 206/89, NJW-RR 1990, 820 = Zeller IV, 288.

VI. Weitere Kündigungsgründe für den Getränkelieferanten

1. Einstellung des Geschäftsbetriebes

3.165 Soweit ein **Zuschuss** in voller Höhe bei Verletzung des Getränkelieferungsvertrages vom Gastwirt zurückgefordert wird, liegt darin eine nach § 307 Abs. 2 Nr. 1 (i. V. m. § 309 Nr. 5 und 6) BGB zu beanstandende unangemessene Benachteiligung, wenn und soweit eine solche Regelung als Vertragsstrafe zu qualifizieren ist.[194] Nach dem Wortlaut der Klausel gaben auch nur geringe Verstöße gegen den Vertrag das Recht, den gesamten Zuschuss zurückzufordern. So hätte beispielsweise die Einstellung des Getränkebezuges kurz vor Ende der Laufzeit genügt. Darin sah das Gericht eine unangemessene Benachteiligung.

3.166 Bei Schließung eines Gaststättenbetriebes, zu dessen Finanzierung ein Darlehen ausgereicht worden ist, ist dem Getränkelieferanten ein weiteres Festhalten an dem Vertrag nicht mehr zuzumuten.[195] Ebenfalls berechtigen eine Gewerbeabmeldung bzw. ein Erlöschen der Konzession zur Kündigung des Vertrages. Behauptet der Gastwirt vertragskonformes Verhalten, so ist er hierfür darlegungs- und beweispflichtig.[196]

2. Nichtweitergabe der Bezugsverpflichtung

3.167 a) **Kündigungsgrund.** Zum Recht des Getränkelieferanten, einen Vertrag fristlos zu kündigen, wenn der Gastwirt die Voraussetzungen einer – wirksamen – Rechtsnachfolgeklausel nicht beachtet und der Getränkelieferant der Vertragsübernahme u. a. deshalb nicht zustimmt, weil bereits seit vielen Monaten aufgrund Minderbezuges eine Kündigung des Darlehens möglich war, kann auf die Rechtsprechung verwiesen werden.[197]

3.168 b) **Abmahnung.** Lehnt es der Vertragspartner endgültig ab, etwa die Bezugsverpflichtung unter Fortbestand der eigenen Haftung für die Darlehensschuld auf den Geschäftsnachfolger zu übertragen, so wäre eine nochmalige schriftliche Abmahnung sinnlos. Sie ist dann nach § 314 Abs. 2 Satz 2 i. V. m. § 323 Abs. 2 BGB entbehrlich.[198]

---

194) LG Berlin, Urt. v. 31.1.1990 – 99 O. 206/89, NJW-RR 1990, 820 = Zeller IV, 288.

195) BGH, Urt. v. 17.10.1973 – VIII ZR 91/72, WM 1973, 1360 = Zeller I, 232; OLG Dresden, Urt. v. 13.7.2000 – 13 U 2964/99, rkr. durch Nichtannahmebeschl. d. BGH v. 9.1.2002 – VIII ZR 343/00; OLG Düsseldorf, Urt. v. 26.11.2010 – I-22 U 97/10, BeckRS 2011, 07134; OLG Oldenburg, Urt. v. 14.11.2012 – 5 U 56/11; LG Berlin, Urt. v. 10.10.2012 – 10 O. 243/11.

196) OLG Düsseldorf, Urt. v. 26.11.2010 – I-22 U 97/10, BeckRS 2011, 07134.

197) BGH, Urt. v. 3.7.1996 – VIII ZR 92/95, NJW-RR 1996, 1394; BGH, Urt. v. 15.11.2000 – VIII ZR 322/99, NJW-RR 2001, 987. Vgl. im Übrigen OLG Frankfurt/M., Urt. v. 30.11.2000 – 16 U 230/99, BGH, VIII ZR 5/01, Revisionsrücknahme nach Nichtannahmebeschluss, der ausnahmsweise begründet worden ist.

198) Wie vorstehend.

3. Abnahmeverzug

Ein Abnahmeverzug, d. h. der Verzug mit der Abnahme der Getränke, kann dagegen nicht zu einer Kündigung des Darlehens führen, das bisher vom Gastwirt entsprechend den jeweils fälligen Raten zurückgeführt und somit vertragsgerecht getilgt wurde.[199] **3.169**

VII. Fragen bei Kündigung des Darlehens durch einen Getränkelieferanten im Übrigen

1. Fälligstellung

(Erst) Mit wirksamer (ordentlicher bzw. außerordentlicher) Kündigung ist der Restdarlehensbetrag grundsätzlich sofort und in einer Summe zur Rückzahlung fällig.[200] **3.170**

2. Darlegungs- und Beweislast für die Erfüllung

a) **Grundsatz.** Es entspricht allgemeinen Grundsätzen, dass der Darlehensnehmer die Beweislast für die obligationsgemäße Erfüllung der Leistung auch dann trägt, wenn der Gläubiger aus der Nichterfüllung oder der nicht ordnungsgemäßen Erfüllung neue Ansprüche, etwa eine Schadensersatzforderung, herleitet.[201] Dies muss **erst recht** gelten, wenn der Gläubiger noch den ursprünglichen Erfüllungsanspruch geltend macht und er aus der Nichterfüllung Rechte – etwa das Kündigungsrecht – herleitet.[202] Da dem Schuldner der Beweis der Erfüllung obliegt, braucht der Gläubiger auch nicht das Ausbleiben der Leistung zu beweisen. Deshalb muss nicht der Gläubiger, der Schadensersatz wegen verspäteter Erfüllung fordert, beweisen, wie groß der Rückstand ist. Vielmehr muss in einem Streit hierüber der Schuldner, der behauptet, alles bezahlt zu haben, beweisen, was er bezahlt hat. **3.171**

Entsprechendes kommt in der Vorschrift des § 543 Abs. 4 Satz 2 BGB zum Ausdruck, die den **verallgemeinerungsfähigen Rechtsgedanken** enthält, dass der Schuldner auch im Fall der Kündigung die Darlegungs- und Beweislast für die Erfüllung trägt. Anderenfalls könnten sich erhebliche Wertungswidersprü- **3.172**

---

199) LG Heidelberg, Urt. v. 20.2.2007 – 2 O. 294/06, NJW-RR 2007, 1551.

200) OLG Oldenburg, Urt. v. 14.11.2012 – 5 U 56/11.

201) BGH, Urt. v. 29.1.1969 – IV ZR 545/68, NJW 1969, 875; BGH, Urt. v. 17.12.1992 – III ZR 133/91, NJW 1993, 1704; BGH, Urt. v. 17.1.2007 – VIII ZR 135/04, NJW-RR 2007, 705 = ZIP 2007, 667; BGH, Urt. v. 11.2.2009 – VIII ZR 274/07, NJW 2009, 1341; OLG Düsseldorf, Urt. v. 28.9.2001 – 5 U 13/99, rkr. durch Nichtannahmebeschl. d. BGH v. 12.7.2000 – VIII ZR 236/99; OLG Düsseldorf, Urt. v. 26.11.2010 – I-22 U 97/10, BeckRS 2011, 07134; a. A. Erman-*Buck-Heeb*, BGB, § 362 Rz. 17.

202) OLG Düsseldorf, Urt. v. 25.1.1990 – 10 U 134/89, Zeller IV, OLG Düsseldorf, Urt. v. 28.9.2001 – 5 U 13/99, rkr. durch Nichtannahmebeschl. d. BGH v. 12.7.2000 – VIII ZR 236/99; OLG Düsseldorf, Urt. v. 26.11.2010 – I-22 U 97/10, BeckRS 2011, 07134.

che ergeben, wenn der Gläubiger im Rückzahlungsprozess zwar nicht die Voraussetzungen für die Kündigung, der Schuldner aber keinerlei Zahlungen beweisen kann. Daher gehen Rechtsprechung und Literatur im Falle einer fristlosen Kündigung wegen Zahlungsverzuges gem. § 543 Abs. 2 Satz 1 Nr. 3 BGB ohne weiteres und ausdrücklich davon aus, dass der Vermieter die Rückstände nur darlegen und der Mieter die (rechtzeitige) Erfüllung beweisen muss. Nichts anderes kann aber im Falle der Darlehensrückforderung nach Kündigung derselben wegen Nichterfüllung gelten. In beiden Fällen handelt es sich um Dauerschuldverhältnisse. Zudem ist der Darlehensnehmer nicht schutzbedürftiger als der Mieter.[203)]

3.173 **b) Konsequenzen.** Der Darlehensgeber hat daher nur die Entstehung (Ausreichung des Darlehens), nicht aber die Fortdauer eines Darlehensrückzahlungsanspruchs darzulegen und zu beweisen. Demgegenüber muss der Darlehensnehmer vortragen, ob und in welchem Umfang er den Anspruch erfüllt hat.[204)] Der sich aus diesen beiden in verschiedene Richtungen weisenden Grundsätzen ergebende Widerspruch ist zu Lasten des für die Erfüllung Beweis belastenden Schuldners aufzulösen.[205)]

3. Zinsen

3.174 **a) Vertragszinsen.** Zu beachten ist, dass eine vertragliche Zinsabrede durch die fristlose Kündigung ex nunc ihre Wirksamkeit verliert.[206)] Der Vertragszins ist also bereits dann nicht mehr zu zahlen, wenn die Valuta etwa nach § 488 Abs. 3 Satz 1 BGB durch Ablauf der Laufzeit des Darlehensvertrages bzw. einer Kündigung oder aufgrund einer Vorfälligkeitsklausel zur Rückzahlung fällig gestellt worden und der Darlehensnehmer mit der Rückzahlung in Verzug ist.[207)]

3.175 **b) Verzugszinsen. aa) Allgemein.** Der Darlehensgeber kann gem. § 289 Satz 2 BGB bei Verzug des Darlehensnehmers mit der Rückzahlung der Valuta Verzugszinsen nach §§ 288 Abs. 4, 286 BGB sowie Ersatz des Verzögerungsschadens i. S. v. § 280 Abs. 2 BGB, ggf. auch pauschaliert, verlangen. Dies gilt auch bei Verzug mit einer einzelnen Rate.

203) OLG Düsseldorf, Urt. v. 25.1.1990 – 10 U 134/89, Zeller IV, OLG Düsseldorf, Urt. v. 28.9.2001 – 5 U 13/99, rkr. durch Nichtannahmebeschl. d. BGH v. 12.7.2000 – VIII ZR 236/99; OLG Düsseldorf, Urt. v. 26.11.2010 – I-22 U 97/10, BeckRS 2011, 07134.

204) BGH, Urt. v. 17.1.2007 – VIII ZR 135/04, NJW-RR 2007, 705; OLG Düsseldorf, Urt. v. 28.9.2001 – 5 U 13/99, rkr. durch Nichtannahmebeschl. d. BGH v. 12.7.2000 – VIII ZR 236/99.

205) OLG Düsseldorf, Urt. v. 28.9.2001 – 5 U 13/99, rkr. durch Nichtannahmebeschl. d. BGH v. 12.7.2000 – VIII ZR 236/99.

206) Vgl. für Verbraucherdarlehen die Vorschrift des § 497 Abs. 1 BGB.

207) BGH, Urt. v. 18.3.2003 – XI ZR 202/02, BGHZ 154, 230 = ZIP 2003, 841; LG Köln, Urt. v. 10.10.1996 – 22 O. 126/96.

bb) Anspruchsgrundlage. Anspruchsgrundlage sind die §§ 288, 286 BGB. 3.176

cc) Voraussetzungen. Verzugszinsen (§ 288 BGB) und nicht nur Prozesszinsen (§ 291 BGB) sind nur dann zuzusprechen, wenn die Voraussetzungen für diese hinreichend dargetan sind. Enthält das Kündigungsschreiben zwar eine Fristsetzung, so begründet dies noch keinen Verzug. Es fehlt an einer nach dem Eintritt der Fälligkeit erfolgten Mahnung (§ 286 Abs. 1 Satz 1 BGB). Die Voraussetzungen des § 286 Abs. 2 Nr. 1 BGB sind trotz der Fristsetzung nicht erfüllt. Die einseitige Bestimmung einer Leistungszeit durch den Gläubiger fällt nicht unter diese Vorschrift. Hierzu bedarf es einer Leistungsbestimmung durch Gesetz, Rechtsgeschäft oder Urteil.[208)] Auch dann gerät der Schuldner aber nicht in Verzug, wenn der Gläubiger einen zu hohen Betrag festsetzt und der Schuldner den wirklich geschuldeten Betrag bis zum Leistungszeitpunkt nicht zuverlässig ermitteln kann.[209)] 3.177

dd) Höhe. Darlehensforderungen wie etwa der Darlehensrückzahlungsanspruch sind keine Entgeltforderungen i. S. d. § 288 Abs. 2 BGB und daher nach § 288 Abs. 1 BGB zu verzinsen.[210)] Der Begriff „Verzugszinsen" meint nämlich der Sache nach Schadensersatz für den Verzugsfall in Form eines Verzögerungsschadensersatzes nach § 280 Abs. 2 BGB und nicht Verzugszinsen i. S. v. § 288 Abs. 1 BGB. Dies zeigt auch die Sondervorschrift des § 497 Abs. 1 Satz 1 BGB. 3.178

c) Vertragszins als Schadensersatz. Für Geldschulden stellt § 288 Abs. 4 BGB klar, dass über den gesetzlichen Verzugszins hinausgehende Verzögerungsschäden ersetzt verlangt werden können. Durch den Verzug des Darlehensnehmers hat er schuldhaft eine Vertragsverletzung begangen, die die Gegenseite des Darlehensvertrages berechtigt, anstelle des Verzögerungsschadens nach §§ 280 Abs. 2, 286 BGB in entsprechender Anwendung des Rechtsgedankens des § 628 Abs. 2 BGB den bisherigen Vertragszins (hier 6 %) als Schadenersatz wegen Nichterfüllung des vorzeitig beendeten Darlehensvertrages zu verlangen. Dabei ist die Summe der noch ausstehenden Entgelte unter Umständen um einen Abzinsungsfaktor, ersparte Aufwendungen und die Erträge aus einer anderen Verwertung des Vertragsgegenstandes zu vermindern. Dieser Zinsanspruch beschränkt sich auf das noch offene Darlehenskapital und ist weiter auf den Umfang beschränkt, in dem der Darlehensgeber eine rechtlich geschützte Zinserwartung hatte.[211)] 3.179

---

208) BGH, Urt. v. 25.10.2007 – III ZR 91/07, NJW 2008, 50; OLG Oldenburg, Urt. v. 14.11.2012 – 5 U 56/11.

209) BGH, Urt. v. 12.7.2006 – X ZR 157/05, NJW 2006, 3271.

210) LG Freiburg, Urt. v. 28.7.2006 – 12 O. 118/05.

211) BGH, Urt. v. 8.2.2000 – XI ZR 313/98, NJW 2000, 1408; BGH, Urt. v. 28.4.1988 – III ZR 57/87, NJW 1988, 1967; LG Berlin, Urt. v. 29.1.2002 – 10 0. 367/01.

4. Zuschuss

3.180 a) **Rückforderbarkeit.** Fraglich und umstritten ist, ob grundsätzlich eine Rückforderbarkeit anzunehmen ist. Vereinzelt wird dies bei Fehlen einer ausdrücklichen Abrede verneint.[212] Andere Entscheidungen sind insofern großzügiger.[213]

3.181 b) **Anspruchsgrundlage.** Bei Kündigung aufgrund von Vertragsverletzungen kann die Rückzahlung eines anteiligen Zuschusses gem. §§ 346, 323 BGB verlangt werden.

3.182 Hat der Getränkelieferant dem Gastwirt einen „verlorenen Zuschuss" als Leistung dafür gewährt, dass er seine Getränke in der Gaststätte anbietet und verkauft, so kann ihm bei berechtigter vorzeitiger Kündigung des Vertrages ein anteiliger Rückzahlungsanspruch nach den Grundsätzen über den **Wegfall der Geschäftsgrundlage** (§ 313 BGB) zustehen. Der Gastwirt ist sonach zur Rückzahlung verpflichtet und zwar in Höhe des Anteils, der der restlichen nicht erfüllten Vertragsdauer oder Gesamtabnahmemenge im Vergleich zur Gesamtgetränkebezugsverpflichtung entspricht.[214]

5. Abschreibungsdarlehen

3.183 a) **Rückforderung.** Kündigt ein Getränkelieferant den Bezugsvertrag zu Recht vorzeitig, so kann die Rückführung durch Gutschriften für jeden bezogenen hl bzw. für jede vereinbarte Periode, insbesondere im Jahr, nicht mehr erfolgen. Dann kann der Getränkelieferant Rückzahlung des Geldbetrages verlangen, der nicht durch den Kauf und damit die Abnahme von Getränken abgegolten wurde.[215]

3.184 b) Bei **Insolvenz** eines Getränkefachgroßhändlers kann der Insolvenzverwalter einen zu diesem Zeitpunkt beiderseits noch nicht vollständig erfüllten Getränkelieferungsvertrags nach § 103 InsO kündigen und Rückzahlung des nicht

---

212) LG Siegen, Urt. v. 21.12.1989 – 3 S 333/89, NJW-RR 1990, 632 = Zeller IV, 287 (Automatenaufstellvertrag); ähnlich zurückhaltend OLG Köln, Urt. v. 26.10.1983 – 16 U 52/83, Zeller III, 263 (Automatenaufstellvertrag).

213) KG, Urt. v. 22.6.1987 – 2 U 4205/86, Zeller IV, 240 (Vergleich); OLG Zweibrücken, Urt. v. 15.1.1998 – 4 U 213/96, OLG-Report 1998, 161, rkr. durch Nichtannahmebeschl. d. BGH v. 15.12.1998 – VIII ZR 250/98; OLG Frankfurt/M., Urt. v. 30.11.2000 – 16 U 230/99, BGH – VIII ZR 5/01, Revisionsrücknahme nach Nichtannahmebeschl., der ausnahmsweise begründet worden ist; LG Berlin, Urt. v. 31.1.1990 – 99 O. 206/89, NJW-RR 1990, 820 = Zeller IV, 288; LG Tübingen, Urt. v. 4.9.1991 – 6 S 167/91, NJW-RR 1992, 112; LG Köln, Urt. v. 7.6.1994 – 27 O. 7/94.

214) OLG Zweibrücken, Urt. v. 15.1.1998 – 4 U 213/96, OLG-Report 1998, 161, rkr. durch Nichtannahmebeschl. d. BGH v. 15.12.1998 – VIII ZR 250/98; LG Berlin, Urt. v. 31.1.1990 – 99 O. 206/89, NJW-RR 1990, 820 = Zeller IV, 288; LG Tübingen, Urt. v. 4.9.1991 – 6 S 167/91, NJW-RR 1992, 112.

215) BGH, Urt. v. 26.10.2000 – IX ZR 227/99, NJW 2001, 1136 = ZIP 2001, 31; LG Berlin, Urt. v. 31.1.1990 – 99 O. 206/89, NJW-RR 1990, 820 = Zeller IV, 288.

durch Getränkebezug abgeschriebenen Betrags verlangen. Der durch die vorzeitige Fälligkeit des Darlehens entstandene Zinsgewinn ist durch **Abzinsung** auszugleichen. Im Rahmen eines Gesamtvermögensvergleichs ist zu prüfen, ob dem Gastwirt durch die vorzeitige Rückzahlung ein Schaden entstanden ist und ob dieser durch Wegfall der Abnahmeverpflichtung gleichwertige Leistungen von einem anderen Getränkelieferanten erhalten kann.[216)]

6. Schadensersatzansprüche

Aufgrund einer wirksamen Kündigung bestehen keine Schadenersatzansprüche über den Kündigungszeitpunkt hinaus.[217)] 3.185

VIII. Rücktritt beim Teilzahlungsgeschäft

1. Wahlrecht

Bei Zahlungsverzug kann der Getränkelieferant kündigen und nach Ablauf der gesetzten Nachfrist die gesamte Restschuld verlangen oder gem. § 323 Abs. 1 BGB nach Fristsetzung vom Vertrag zurücktreten.[218)] 3.186

2. Verfallklausel

Eine Verfallklausel, bei der bei Eintritt des Zahlungsverzuges die gesamte erbrachte Leistung verfällt und der Getränkelieferant entschädigungslos vom Vertrag zurücktreten kann, ist nach § 307 BGB unwirksam und nach § 138 Abs. 1 BGB sittenwidrig, wenn in allen Fällen bei unpünktlicher Zahlung ein Rücktrittsrecht in Verbindung mit dem Einbehalt des bis dahin gezahlten Kaufpreises vorgesehen ist, weil dies weder der Druckfunktion noch der erleichterten Schadensausgleichsfunktion gerecht wird und den eher vertragstreuen Vertragspartner stärker belastet als den weniger pünktlichen.[219)] 3.187

3. Fälligkeit und Fristsetzung

Zu beachten ist, dass die Fristsetzung unwirksam ist, wenn sie vor Fälligkeit erfolgt ist. Eine vor Fälligkeit erklärte Fristsetzung wird auch nicht mit Eintritt der Fälligkeit wirksam. § 323 Abs. 4 BGB ist wörtlich zu nehmen; der Gläubiger kann also nur vor dem Eintritt der Fälligkeit zurücktreten und das Rücktrittsrecht entfällt mit dem Eintritt der Fälligkeit.[220)] 3.188

216) BGH, Urt. v. 26.10.2000 – IX ZR 227/99, NJW 2001, 1136 = ZIP 2001, 31.

217) OLG Köln, Urt. v. 12.7.2000 – 5 U 164/94, rkr. durch Nichtannahmebeschl. d. BGH v. 17.9.2001 – VIII ZR 345/00 (Brauerei-Getränkefachgroßhändler).

218) NK-BGB/*Krämer/Müller*, § 508 Rz. 6.

219) BGH, Urt. v. 8.10.1992 – IX ZR 98/91, NJW-RR 1993, 243 (zu § 138 Abs. 1 BGB).

220) BGH, Urt. v. 14.6.2012 – VII ZR 148/10, BeckRS 2012, 15274.

4. Folgen des Rücktritts

3.189 Mit Rücktritt entfällt ebenso wie mit der Kündigung die Teilzahlungsabrede. Wird der Rücktritt erklärt, sind die beiderseitigen Leistungen zurückzugewähren. Das Recht zum Besitz aus dem Kaufvertrag kommt mit erklärtem Rücktritt (§ 449 Abs. 2 BGB) zum Wegfall.[221] Verzug mit der Kaufpreisschuld genügt nicht.

3.190 Auf Grundlage des Eigentumsvorbehalts kann der Getränkelieferant die Sache nach § 985 BGB herausverlangen.[222] Bis zur vollständigen Bezahlung bleibt die Sache nämlich in seinem Volleigentum. Zwar erwirbt der Gastwirt ein Anwartschaftsrecht. Dieses ist aber auflösend bedingt durch den Rücktritt des Getränkelieferanten.

5. Durchsetzung des Kaufpreisanspruchs

3.191 Kommt der Verbraucher bei Teilzahlungsgeschäften seinen Ratenzahlungsverpflichtungen nicht nach, so stehen dem Getränkelieferanten verschiedene Möglichkeiten zur Verfügung.

3.192 **a) Zahlungsklage. aa) Grundlagen.** Der Getränkelieferant kann trotz Zahlungsverzugs den Kunden am Vertrag festhalten, einen Vollstreckungstitel über die restliche Kaufpreisforderung erwirken und wegen der titulierten Kaufpreisforderung in die unter Eigentumsvorbehalt gelieferte Sache zu vollstrecken suchen. In Ermangelung anderer Vermögenswerte kann er das Teilzahlungsgut verwerten lassen. In Betracht kommen die Verwertung durch Versteigerung (§§ 815–824 ZPO) und die Verwertungsform des § 825 ZPO.

3.193 **bb) Pfändung in die eigene Sache. aaa) Zulässigkeit der Pfändung eigener Sachen.** Vor einer Überpfändung schützt § 803 ZPO. Aus § 811 Abs. 2 ZPO lässt sich die Zulässigkeit der Pfändung eigener Sachen ableiten. Die Pfändung eigener Sachen ist somit grundsätzlich zulässig.[223]

3.194 **bbb) Sinnhaftigkeit.** Die Vollstreckung in die eigene, unter Eigentumsvorbehalt finanzierte Sache verspricht für den Getränkelieferanten dann eine hinreichende Befriedigung, wenn einerseits ein entsprechend hoher Anteil des Kaufpreises bereits vom Gastwirt beglichen ist und andererseits ein Versteigerungserlös zu erwarten ist, der die noch offenstehende Restkaufpreissumme annähernd ausgleichen wird.

3.195 Durch die Vollstreckung in die gläubigereigene Sache löst der Getränkelieferant psychischen Druck auf den Gastwirt aus, die Forderung doch noch freiwillig zu begleichen und sich somit den Besitz und die Nutzung der Sache zu er-

---

221) BGH, Urt. v. 19.12.2007 – XII ZR 61/05, NJW-RR 2008, 818.

222) Erman-*Grunewald*, BGB, § 449 Rz. 14.

223) BGH, Urt. v. 10.11.1954 – II ZR 21/54, BGHZ 15, 171 = NJW 1955, 64.

halten. Bei Nichtbegleichung der Forderung wird die Sache verwertet und der Schuldsaldo des Gastwirts vermindert, ohne dass der Getränkelieferant eine Klage auf Herausgabe der Sache anstrengen muss, die den Gastwirt mit neuen Kosten belasten würde.

ccc) Vollstreckungsaussichten. Eine Pfändung der eigenen, unter Eigentumsvorbehalt gelieferten Sache wird vor allem dann in Betracht kommen, wenn der Gastwirt kein nennenswertes sonstiges Vermögen besitzt. Grundlage der Verwertung ist nach der herrschenden gemischten Theorie allein die Verstrickung, so dass es nicht auf das – nicht vorhandene – Eigentum des Gastwirts als Vollstreckungsschuldner am Vollstreckungsgegenstand ankommt. Ein besonderes Rechtschutzinteresse muss bei der Pfändung nicht festgestellt werden, weil diese die notwendige Voraussetzung für die Zwangsverwertung ist. 3.196

b) Herausgabeklage. Genügt es dem Getränkelieferanten als Verkäufer nicht, seinen Zahlungsanspruch zu titulieren, so muss er zurücktreten. Nach erfolgtem Rücktritt kann er die zwangsweise Durchsetzung seines Herausgabeanspruchs im Wege der Herausgabevollstreckung gem. §§ 883 f. ZPO beantragen. Zuständig ist ebenfalls der Gerichtsvollzieher. Das Verbot der Kahlpfändung gilt insofern nicht. Dieser nimmt dem Schuldner das Teilzahlungsgut weg und übergibt es direkt an den Gläubiger. 3.197

IX. Kündigung bei leihweiser Inventargestellung

1. Kündbarkeit

Ist ein Leihvertrag nicht befristet und das ordentliche Rückforderungsrecht des Verleihers nach § 604 Abs. 3 BGB vertraglich ausgeschlossen, so ist er wegen Eigenbedarfs nach § 605 Nr. 1 BGB kündbar. Der Eigenbedarf des Verleihers kann auch darin begründet sein, dass er aus wirtschaftlichen Gründen auf die Verwertung der Leihsache angewiesen ist. Bei der außerordentlichen Kündigung wegen Eigenbedarfs nach § 605 Nr. 1 BGB muss der Verleiher zwar auf die Belange des Entleihers in billiger Weise Rücksicht nehmen, zumal dann, wenn dieser sich auf eine lange Dauer des Leihverhältnisses eingerichtet hat. Dabei ist er aber nicht verpflichtet, seine Interessen denen des Entleihers unterzuordnen.[224)] 3.198

2. Abräumklausel

a) Grundsatz. Die Formularklausel in einem Getränkelieferungsvertrag, die es dem Getränkelieferanten gestattet, bei Vertragsverletzungen des Gastwirts auch ohne Kündigung des Vertrages die Rückgabe des leihweise überlassenen Gaststätteninventars zu verlangen (Abräumklausel), hält der Inhaltskontrolle nach § 307 Abs. 1 Satz 1 BGB nicht stand. Für den Gastwirt hätte sie zur Fol- 3.199

224) BGH, Urt. v. 11.11.2011 – V ZR 231/10, BGHZ 191, 285 = NJW 2012, 778.

ge, dass er die Vorteile des Getränkelieferungsvertrages – zumindest zum Teil – verliert, die Nachteile (Bezugsbindung) aber weiterhin tragen muss und dass ihm darüber hinaus die Grundlage für den Betrieb der Gaststätte und damit den Verkauf der bezogenen Getränke entzogen wird. Ein anerkennenswertes Interesse des Getränkelieferanten an einer derartigen Rechtsfolge ist nicht ersichtlich.[225)]

3.200 b) **Einschränkung.** Die vorstehend vom BGH geäußerten Bedenken dürften allerdings einer Regelung nicht entgegengehalten werden können, nach der die Bezugsverpflichtung (Ausschließlichkeit) nach erklärter Kündigung erst dann endet, wenn der Getränkelieferant das leihweise überlassene Inventar vollständig zurückerhalten hat. Dem Getränkelieferanten kann nämlich nicht zugemutet werden, mit ansehen zu müssen, wie Mitbewerber von ihm unter Nutzung des vom Getränkelieferanten vorfinanzierten Inventars Absätze und damit Gewinne tätigen. Ist der Getränkelieferant aus wichtigem Grund zur Kündigung seiner Leistung berechtigt, bleibt der Gastwirt jedenfalls so lange an die vereinbarte Getränkebezugsverpflichtung gebunden, als er nicht die ihm erbrachten Vorleistungen vollständig zurückgewährt hat. Anderenfalls könnte dem Gastwirt der Einwand rechtsmissbräuchlichen Verhaltens entgegengehalten werden. Der Getränkelieferant würde nämlich rechtlos gestellt, wenn er bei schuldhaftem Verhalten des Gastwirts sein Recht zur Kündigung der Inventarleihe nur bei einem gleichzeitigen Verzicht auf seine weitergehenden Rechte aus dem Vertrag, insbesondere aus der Getränkebezugsverpflichtung, ausüben könnte.[226)]

3.201 Ebenfalls AGB-rechtlich unbedenklich sind Abräumklauseln, bei denen die Verpflichtung zum Weiterbezug ausdrücklich **verschuldensabhängig** gestaltet ist und die Herausgabe des Inventars von einer vorherigen Kündigung abhängig ist. Dass die Kündigungsgründe nicht abschließend aufgezählt sind, ist unschädlich, denn jedenfalls ist eine außerordentliche Kündigung nur aus besonderen Gründen zulässig, die mit den ausdrücklich genannten vergleichbar sind. Durch eine entsprechende Regelung wird auch nicht das dem Gastwirt im Falle einer „Räumung" zustehende **Sonderkündigungsrecht** abbedungen.[227)]

3.202 c) **Rechtsfolge.** Bei Nichtigkeit einer Abräumklausel gilt allerdings dispositives Recht mit der Folge, dass jedenfalls ein Schadenersatz begründendes Recht zur außerordentlichen Kündigung des Dauerschuldverhältnisses nach § 314

225) BGH, Urt. v. 27.2.1985 – VIII ZR 85/84, NJW 1985, 2693 = Zeller III, 80; OLG Nürnberg, Urt. v. 5.2.2002 – 1 U 2314/01, NJW-RR 2002, 917; OLG Köln, Urt. v. 20.10.2011 – 7 U 65/11, BeckRS 2012, 15923.

226) BGH, Urt. v. 25.4.2001 – VIII ZR 135/00, BGHZ 147, 279 = NJW 2001, 2331 = ZIP 2001, 1245, zur Situation bei Darlehensgewährung.

227) LG Köln, Urt. v. 15.3.2011 – 21 O. 95/10.

BGB gegeben ist. Eine etwaige Unwirksamkeit würde also aus diesem Grunde nicht zur Gesamtnichtigkeit des Vertragswerkes führen müssen.[228)]

X. Auswirkungen auf die Bezugsverpflichtung

1. Einführung

Fraglich ist, welche Auswirkungen die Kündigung der Leistung(en) des Getränkelieferanten, insbesondere die Rückforderung des ausgereichten Darlehens, auf die Getränkebezugsverpflichtung hat. Getränkelieferungsverträge sehen insofern häufig vor, dass die Bezugsverpflichtung fortbesteht, wenn die Kündigung aus von dem Kunden zu vertretenden Gründen erfolgt ist. Darin könnte eine Teilkündigung des Getränkelieferungsvertrages liegen. 3.203

2. Teilkündigung

a) **Abgrenzung.** Man unterscheidet zwei Arten der Teilkündigung. Eine Teilkündigung wird insoweit praktisch, als etwa der Getränkelieferungsvertrag als Dauerschuldverhältnis gegenüber mehreren Vertragspartnern besteht, nicht aber mit allen beendet werden soll (sog. subjektive Teilkündigung).[229)] Nachfolgend wird die praktisch bedeutsamere Fallgruppe der objektiven Teilkündigung angesprochen. 3.204

b) **Begriff.** Eine (objektive) Teilkündigung dient der einseitigen Änderung eines Vertrages gegen den Willen des(r) Vertragspartner(s). Mit ihr will der Kündigende sich unter Aufrechterhaltung des Vertrages im Übrigen von Vertragspflichten lösen und dem anderen Teil die entsprechenden Vertragsrechte nehmen.[230)] Früher wurden entsprechende Regelungen auch als **Verfallklauseln** bezeichnet.[231)] Im Zusammenhang mit Getränkelieferungsverträgen stellt sich die Frage nicht nur bei dem hier angesprochenen Aspekt der Kündigung eines Darlehens wegen Ratenverzuges etc., sondern auch bei der Kündigung wegen Minderbezuges.[232)] 3.205

3. Einordnung

Möglicherweise liegt eine solche Vereinbarung in der Regelung, dass durch die vorzeitige Darlehensrückzahlung die nachfolgende Bezugsvereinbarung nicht berührt wird, wenn darin ein Recht zu einer Teilkündigung wegen Zahlungsverzugs eingeräumt und nicht nur sichergestellt werden soll, dass es bei einer 3.206

228) OLG Köln, Urt. v. 20.10.2011 – 7 U 65/11, BeckRS 2012, 15923.

229) Siehe unten § 40 X 6 c dd m. w. N.

230) OLG Dresden, Urt. v. 29.10.2009 – 8 U 195/09.

231) BGH, Urt. v. 7.10.1970 – VIII ZR 202/68, NJW 1970, 2243 = Zeller I, 202.

232) Siehe unten § 40 X 6 c jeweils m. w. N.

vorzeitigen (vertragsgemäßen) Ablöse des Darlehens bei der Bezugsvereinbarung verbleibt.[233)]

4. Einbeziehung

3.207 In diesem Zusammenhang ist ggf. zu berücksichtigen, ob nicht aufgrund der Umstände des jeweiligen Individualvertrages (!) eine so enge Verbindung zwischen Darlehensvertrag und Getränkelieferungsverpflichtung besteht, dass ein Einheitlichkeitswille[234)] vorliege. Ist dies der Fall, dann verstoße eine formularmäßig auf den Darlehensvertrag beschränkte Kündigungsregelung gegen das Vorrangprinzip des **§ 305b BGB**.[235)]

3.208 Bei der Formulierung von Teilkündigungsklauseln ist auf eine klare Formulierung der Alternative Teilkündigung Wert zu legen. Der häufige Einschub – „auch teilweise" – ist unklar und geht gem. **§ 305c Abs. 2 BGB** zu Lasten des Getränkelieferanten. Wie soll nämlich dieser Teil berechnet werden? Soll etwa die Formulierung bedeuten, dass nur das Darlehen gekündigt werden kann und die Bezugspflicht weiter besteht? Welcher Teilungsmaßstab soll zugrunde gelegt werden?

5. Inhaltskontrolle

3.209 Umstritten ist, ob der Getränkelieferant berechtigt ist, ein Darlehen bei Zahlungsverzug des Gastwirts zu kündigen bzw. fällig zu stellen und diesen gleichzeitig vollumfänglich an der Getränkebezugsverpflichtung festzuhalten.

3.210 a) **Meinungsstand.** Objektive Teilkündigungen sind jedenfalls dann zulässig, wenn sie durch das Gesetz vorgesehen sind. Zu nennen sind u. a. §§ 489 Abs. 1, 573b Abs. 1 Nr. 1 und 2, 608 Abs. 2 BGB und § 355 Abs. 3 HGB. Insofern dürfte allenfalls § 489 Abs. 1 Nr. 2 BGB allerdings nur theoretisch eine gewisse Bedeutung haben. Im Übrigen wird eine objektive Teilkündigung in Rechtsprechung und Literatur überwiegend für grundsätzlich unzulässig angesehen, weil hiermit eine Vertragsänderung zu Lasten der Gegenseite verbunden sei.[236)] Sei eine Vertragsänderung sachlich geboten, stelle das Gesetz mit § 313 BGB das Institut der Störung der Geschäftsgrundlage zur Verfügung. Für eine Teilkündigung bestehe zudem kein Bedarf, weil sie zu keinen anderen Ergebnissen als eine Vertragsanpassung nach § 313 BGB führen könne.[237)]

3.211 Diese Rechtsprechung wird auch im Zusammenhang mit Getränkelieferungsverträgen vertreten. Nach wohl überwiegender Meinung halte eine formularmäßig

233) BGH, Urt. v. 25.4.2001 – VIII ZR 135/00, BGHZ 147, 279 = BGHZ 147, 279 = NJW 2001, 2331 = ZIP 2001, 1245; OLG Dresden, Urt. v. 29.10.2009 – 8 U 195/09.

234) BGH, Urt. v. 30.4.1976 – V ZR 143/74, NJW 1976, 1931.

235) So im Ergebnis wohl KG, Urt. v. 22.12.1988 – 2 U 1915/88, NJW-RR 1989, 630 = Zeller IV, 267.

236) BGH, Urt. v. 5.11.1992 – IX ZR 200/91, NJW 1993, 1320; BGH, Urt. v. 6.10.1999 – VIII ZR 125/98, BGHZ 142, 358 = NJW 2000, 515 (unangemessene Benachteiligung in AGB).

237) MünchKomm-*Gaier*, BGB, § 314 Rz. 19.

auf den Darlehensvertrag beschränkte Kündigungsregelung der Inhaltskontrolle nicht stand. Zumeist wird ein Verstoß gegen § 307 Abs. 1 Satz 1 BGB, vereinzelt[238] wegen Verstoßes gegen das Vorrangprinzip des § 305b BGB nach § 307 Abs. 2 Nr. 1 BGB als unwirksam angesehen. Die Hingabe bzw. die Gewährung eines zinslosen Darlehens und die Bezugsverpflichtung stellten eine wirtschaftliche Einheit dar. Dies gelte insbesondere dann, wenn die Getränkelieferung auf einen bestimmten Zeitraum als Leistung für die Darlehensgewährung vereinbart wurde. Solle in einem Formularvertrag, nach dem der lang andauernden Verpflichtung zum Warenbezug als Leistung die Gewährung eines – unter Umständen – zinslosen Darlehens gegenübersteht, die Bezugspflicht auch dann bestehen bleiben, wenn der Bezugsverpflichtete die Voraussetzungen für die Darlehensgewährung aus von ihm nicht zu vertretenden Gründen (§ 280 Abs. 1 Satz 2 BGB) nicht zu erfüllen vermag, so verstoße eine derartige Regelung gegen das **Äquivalenzprinzip** und sei nach § 307 Abs. 1 Satz 1 BGB unwirksam. Die Verpflichtung zur vorzeitigen Rückzahlung des Darlehens nach Kündigung bzw. Teilkündigung halte nur dann einer Inhaltskontrolle nach § 307 Abs. 1 Satz 1 BGB stand, wenn sich an der Bezugsbindung des Gastwirts zeitlich oder bezüglich der Menge etwas ändere.[239] Der Gastwirt sei nicht in der Lage, sich das vollumfänglich gekündigte Darlehen (oder eine sonstige Leistung) bei einem anderen Getränkelieferanten zu beschaffen. Faktisch habe er eine solche (Re-)Finanzierungsmöglichkeit auch dann nicht, wenn – wie typischerweise bei diesen Klauselkonstellationen – die Ausschließlichkeitsbindung unverändert bestehen bleibt. Eine Beschaffung der zur Rückzahlung fällig gestellten Valuta über einen anderen Kreditgeber, insbesondere Kreditinstitute, werde dem Gastwirt in der Regel mangels hinreichender Sicherheiten kaum möglich sein. Soweit dem Gastwirt nicht hinreichendes Eigenkapital zur Verfügung stehe, bleibe ihm zur Erfüllung der Rückzahlungsverpflichtung lediglich die Möglichkeit zur Verwertung des in seinem (Voll-)Eigentum stehenden Gaststätteninventars. Letzteres könne von dem Gastwirt als überobligationsgemäß nicht verlangt werden.

Dieser Auffassung wird in Rechtsprechung[240] und Literatur[241] mit folgender Begründung zutreffend entgegengetreten: Das Gegenseitigkeitsverhältnis zwischen Leistung (finanziellem Engagement des Getränkelieferanten) und Ge- **3.212**

238) *von Westphalen*, Vertragsrecht und AGB-Klauselwerke, B Rz. 37.

239) RG, Urt. v. 23.9.1935 – VI 146/35, JW 1935, 3217 Nr. 1; BGH, Urt. v. 17.10.1973 – VIII ZR 91/72, WM 1973, 1360 = Zeller I, 232; BGH, Urt. v. 16.10.1996 – VIII ZR 54/96, WM 1997, 131 (Tankstellenvertrag); KG, Urt. v. 22.12.1988 – 2 U 1915/88, NJW-RR 1989, 630 = Zeller IV, 267 (lässt offen); OLG Düsseldorf, Urt. v. 27.10.2004 – VI-U (Kart) 41/03, BeckRS 2005, 06685; OLG Zweibrücken, Urt. v. 6.7.2009 – 7 U 180/08; OLG Dresden, Urt. v. 29.10.2009 – 8 U 195/09.

240) KG, Urt. v. 22.12.1988 – 2 U 1915/88, NJW-RR 1989, 630 = Zeller IV, 267; OLG Düsseldorf, Urt. v. 28.5.2004 – 15 U 193/03 – sowie – 15 W 103/03; LG Freiburg, Urt. v. 28.7.2006 – 12 O. 118/05; LG Marburg, Urt. v. 14.2.2007 – 2 O. 243/06.

241) *Gödde*, in: Martinek/Semler/Habermeier/Flohr, Vertriebsrecht, § 52 Rz. 210.

genleistung (Bezugsverpflichtung) des Gastwirts müsse zwar grundsätzlich in einem Äquivalenzverhältnis stehen. Insofern komme es aber auf den Zeitpunkt des Vertragsabschlusses an. Werde das Äquivalenzverhältnis durch einen Umstand gravierend verändert, der allein einer Vertragspartei, hier dem Gastwirt, zuzurechnen sei, so sei die Rechtsfolge (Darlehensrückzahlung) angemessen. Die langfristige Bindung des Gastwirts bestehe also nicht nur bis zum Zeitpunkt der Darlehensrückzahlung, sondern auch darüber hinaus bis zum Vertragsablauf fort.[242] Dies gelte erst recht für den weitaus gravierenden Fall, in dem der Getränkelieferant zur Kündigung aus wichtigem Grund berechtigt sei. Anderenfalls würde er rechtlos gestellt, wenn man eine Kündigung seinerseits nur bei gleichzeitigem Verzicht auf die Durchsetzung der vertraglichen Rechte, insbesondere im Zusammenhang mit der Bezugsverpflichtung, verlangte. Zahlungsverzug hat der Schuldner immer zu vertreten.[243] Gegen ein anderes Ergebnis spreche auch, dass der mit seiner Zahlungsverpflichtung säumige Gastwirt für sein pflicht- und damit vertragswidriges Verhalten noch belohnt würde, wenn er als Veranlasser der fristlosen Kündigung als Folge derselben von seiner Bezugsverpflichtung befreit würde. Damit würde das Rechtsinstitut der Kündigung aus wichtigem Grund in diesem Fall ab absurdum geführt.

3.213 **b) Stellungnahme.** Der Gesetzgeber erkennt mit den Bestimmungen der §§ 489 Abs. 1, 573b Abs. 1 Nr. 1, 608 Abs. 2 BGB, § 355 Abs. 3 HGB und § 29 Abs. 1 VVG bei Dauerschuldverhältnissen das Recht an, diese teilweise zu kündigen, um sie im Übrigen bestehen zu lassen. Dieser allgemeine Rechtsgedanke kann auch auf Getränkelieferungsrecht übertragen werden. Im Übrigen hat die Rechtsprechung sowohl für Bauträgerverträge[244] als auch für Kreditverträge[245] Ausnahmen anerkannt. Aber auch darüber hinaus sollte man einer vertraglichen Teilkündigungsabrede nicht die Wirksamkeit versagen. Entsprechend dem Rechtsgedanken des § 323 Abs. 5 Satz 1 BGB kann sich die Teilkündigung sogar als milderes Mittel im Verhältnis zur Gesamtkündigung und zum Anspruch auf Ersatz des Nichterfüllungsschadens darstellen. Bei der erforderlichen Abwägung der Interessen ist auch zu berücksichtigen, ob der Getränkelieferant seine berechtigten Interessen nur per Teilkündigung effektiv durchsetzen kann und ob dies auch der Gegenseite zumutbar ist.[246] Führt die Teilung des Vertrages aufgrund einer berechtigten Teilkündigung zu unangemes-

242) BGH, Urt. v. 25.4.2001 – VIII ZR 135/00, BGHZ 147, 279 = BGHZ 147, 279 = NJW 2001, 2331 = ZIP 2001, 1245.

243) Palandt-*Grüneberg*, BGB, § 313 Rz. 30.

244) BGH, Urt. v. 21.11.1985 – XI ZR 366/83, BGHZ 96, 275 = NJW 1986, 925; BGH, Urt. v. 20.8.2009 – VII ZR 212/07, NJW 2009, 3717.

245) BGH, Urt. v. 4.5.1999 – XI ZR 137/98, NJW 1999, 2269 = ZIP 1999, 1093; BGH, Urt. v. 20.1.2009 – XI ZR 504/07, BGHZ 179, 260 = NJW 2009, 2046 = ZIP 2009, 507.

246) BGH, Urt. v. 21.11.1985 – VII ZR 366/83, BGHZ 96, 275 = NJW 1986, 925 (Bauträgervertrag).

senen Nachteilen für die Gegenseite, so stellt sich die Frage, ob diese ihrerseits das gesamte Vertragsverhältnis aus wichtigem Grund (§ 314 BGB) kündigen kann.[247] Hat der Gastwirt die Kündigung aus wichtigem Grund zu vertreten und handelt es sich insbesondere um einen Vertragsverstoß von einigem Gewicht, so dürften Teilkündigungsklauseln auch im Hinblick auf § 307 Abs. 1 Satz 1 BGB Bestand haben.

Jedenfalls sollten nach hier vertretener Auffassung[248] dann keine Wirksamkeitsbedenken gegen eine Teilkündigungsklausel bestehen, nach der der Getränkelieferant den Gastwirt nach berechtigter Kündigung aus wichtigem Grund solange an der Getränkebezugsverpflichtung festhalten kann, bis jener das zur Sicherung des Darlehens übereignete Gaststätteninventar vollständig zurückgegeben hat bzw. eine aktive Verwertung durch den Getränkelieferanten unter entsprechender Mitwirkung des Gastwirts (Bereitstellung, Herausgabe etc.) noch nicht abgeschlossen ist. 3.214

c) Inventarvorfinanzierung. Finanziert der Getränkelieferant Inventar unter Eigentumsvorbehalt vor (§ 449 Abs. 1 BGB, ggf. i. V. m. § 507 BGB) und macht er nach Rücktritt bzw. Kündigung (§ 449 Abs. 2 BGB bzw. § 508 Abs. 2 BGB) sein Herausgabeverlangen geltend, so stellt sich die vorstehend skizzierte Frage ebenfalls. Anders ist wiederum zu entscheiden, wenn die Kündigungs-/Rücktrittsregelung zwar eine Herausgabe vorsieht, das Erlöschen der Getränkebezugsverpflichtung aber auf den Fall der vollständigen Rückgabe der vorfinanzierten Gegenstände hinausgeschoben ist. Dies dürfte bei Kündigungs-/Rücktrittserklärungen im Zweifel anzunehmen sein (§§ 157, 133 BGB). Bei entsprechenden vertraglichen Regelungen dürfte einer entsprechenden Auslegung allerdings ggf. § 305c Abs. 2 BGB entgegenstehen. 3.215

6. Minderbezug

a) Vollkündigung. Bei Nichterreichen der vereinbarten periodischen Mindestabnahmemenge steht dem Getränkelieferanten regelmäßig vertraglich ein Recht zur Kündigung des Vertrages zu. Kündigungsklauseln wegen Unterschreitung der wirksam vereinbarten Getränkeabnahmemenge sind jedenfalls dann rechtlich unbedenklich, wenn sie dem Getränkelieferanten das Recht zur Aufkündigung des Vertrages bei Unterschreitung der vereinbarten Getränkemenge um den vertraglich festgelegten Prozentsatz mit angemessener Frist zur Rückzahlung der Darlehensvaluta geben und die Getränkebezugsverpflichtung mit (vollständiger) Rückzahlung der erbrachten Leistung erlischt. Hinreichend ist, wenn die Klausel jedenfalls die Auslegung zulässt, dass die Getränkebezugsverpflichtung mit Rückführung der erbrachten Leistungen erlischt (Vollkündi- 3.216

247) NK-BGB/*Krebs*, § 314 Rz. 49.

248) Siehe oben § 40 IX 2 b.

gung). Diese Kündigungsklausel ist interessengerecht. Der Gastwirt kann sich dann bei anderen Getränkelieferanten gegen Übernahme einer neuen Getränkebezugsverpflichtung ein finanzielles Engagement zur Fortführung seines Betriebes beschaffen. Eine entsprechende Regelung stellt sich nicht als nach §§ 138 Abs. 1, 307 Abs. 1 Satz 1 BGB unzulässige Einschränkung der wirtschaftlichen Bewegungsfreiheit des Gastwirts dar.[249)]

3.217 **b) Leistungsanpassung.** Keinen Bedenken im Hinblick auf § 138 Abs. 1 BGB bzw. § 307 Abs. 1 Satz 1 BGB begegnet auch eine Regelung zur Leistungsanpassung, mit Hilfe derer dem Getränkelieferanten ein Teilkündigungsrecht hinsichtlich seiner finanziellen Vorleistungen bei entsprechender Anpassung des Bindungsumfangs ((vereinbarte Jahres-/Gesamt-)Menge und/oder Dauer) eingeräumt wird.[250)]

3.218 **c) Teilkündigung. aa) Einführung.** Gelegentlich finden sich (vertragliche) Teilkündigungsklauseln, nach denen Verstöße gegen die (Mindest-)Abnahmeverpflichtung den Getränkelieferanten berechtigen sollen, unter unveränderter Fortgeltung der Bezugsbindung die gewährte Leistung (leihweise Inventargestellung, Darlehen etc.) vollständig oder auch nur teilweise zurückzufordern. Fraglich ist, ob solche Regelungen Bestand haben können.

3.219 **bb) Inhaltskontrolle.** Im Rahmen der Inhaltskontrolle nach § 307 Abs. 1 Satz 1 BGB ist das **Äquivalenzprinzip** von Bedeutung. Dagegen wird verstoßen, wenn infolge einer von dem Getränkelieferanten erklärten (Teil-)Kündigung die Leistung desselben vorzeitig zurückzugewähren wäre, ohne dass sich die Bezugsbindung, sei es zeitlich, sei es mengenmäßig, änderte. Im Ergebnis würde dann der Bezugsbindung keine Leistung mehr gegenüberstehen, was zu einer Störung der zwischen Leistungsgewährung und Bezugsverpflichtung bestehenden Äquivalenz (wirtschaftliche Einheit) führte. Argumentativ begründen lässt sich die Rechtsprechung zur Unzulässigkeit vorstehend skizzierter Teilkündigungsregelungen damit, dass der Gastwirt nicht sämtliche negativen Absatzentwicklungen zu vertreten hat. Absatzrückgänge, die auf nachweislich festgestellten Änderungen des Publi-

---

249) BGH, Urt. v. 15.11.2000 – VIII ZR 322/99, NJW-RR 2001, 987; OLG Celle, Urt. v. 10.6.1998 – 13 U 158/97, NJW-RR 1999, 1143; OLG Frankfurt/M., Urt. v. 30.11.2000 – 16 U 230/99, BGH, VIII ZR 5/01, Revisionsrücknahme nach Nichtannahmebeschluss, der ausnahmsweise begründet worden ist; LG Freiburg, Urt. v. 28.7.2006 – 12 0. 118/05.

250) BGH, Urt. v. 3.7.1996 – VIII ZR 92/95, NJW-RR 1996, 1394 (Zuschuss- und Getränkelieferungsvertrag); BGH, Urt. v. 16.10.1996 – VIII ZR 54/96, WM 1997, 131 (Tankstellenvertrag); KG, Urt. v. 22.12.1988 – 2 U 1915/88, NJW-RR 1989, 630 = Zeller IV, 267; OLG Düsseldorf, Urt. v. 25.1.1990 – 10 U 134/89, Zeller IV, 287; OLG Düsseldorf, Urt. v. 28.5.2004 – 15 U 193/03 sowie – 15 W 103/03 (Brauerei-Getränkefachgroßhändler); OLG Düsseldorf, Urt. v. 27.10.2004 – VI-U (Kart) 41/03, BeckRS 2005, 06685; OLG Zweibrücken, Urt. v. 6.7.2009 – 7 U 180/08; OLG Dresden, Urt. v. 29.10.2009 – 8 U 195/09; LG Berlin, Urt. v. 31.1.1990 – 99 O. 206/89, NJW-RR 1990, 820 = Zeller IV, 288; LG Duisburg, Urt. v. 7.6.1998 – 17 O. 134/89; LG Heidelberg, Urt. v. 20.2.2007 – 2 O. 294/06, NJW-RR 2007, 1551.

kumsgeschmacks oder nicht voraussehbaren Änderungen der Verkehrslage zum Zeitpunkt des Vertragsschlusses beruhen, geben dem Gastwirt zwar kein Recht zur außerordentlichen fristlosen Kündigung. Sie sind von ihm aber gleichwohl nicht zu vertreten. Eine Teilkündigung aus wichtigem Grund wird vielfach auch daran scheitern, dass für den Kündigenden die Fortsetzung des Vertrages nicht unzumutbar ist, wenn er selbst sich vom Vertrage nur teilweise lösen will. Die Teilkündigungsklausel nimmt keine Rücksicht darauf, dass Rechte und Pflichten der Vertragsparteien aus dem Gesamtvertrag in der Regel in einem inneren Zusammenhang stehen. Durch die Teilkündigung will sich ein Vertragspartner seiner lästigen Vertragspflicht entledigen, jedoch die andere Partei in ihren Verbindlichkeiten vollständig festhalten und selbst die sich daraus ergebenden Rechte bewahren. Eine solche einseitige, nachträgliche Änderung des Vertrages zu Lasten des Vertragspartners ist regelmäßig nach Treu und Glauben nicht gerechtfertigt.

Eine formularvertragliche Teilkündigungsklausel, nach der der Getränkelieferant für den Fall der Nichteinhaltung der Getränkebezugsverpflichtung, insbesondere den Fall des Minderbezuges, zur Kündigung bzw. Fälligstellung der noch offenen Darlehensvaluta bzw. eines gewährten Zuschusses bei gleichzeitigem Fortbestand der Getränkebezugsverpflichtung berechtigt sein soll, ist unangemessen (§ 307 Abs. 1 Satz 1 BGB).[251] Allerdings dürften nach hier vertretener Auffassung[252] keine Wirksamkeitsbedenken gegen die Teilkündigungsklausel vorgebracht werden können, solange diese den Fortbestand der Getränkebezugsverpflichtung unter den Vorbehalt der vollständigen finanz- und sicherheitstechnischen Abwicklung des Finanzierungsteils des Getränkelieferungsvertrages stellt. 3.220

Für den Fall eines (Gesamt-)**Mengenvertrage**s mit automatischer Verlängerung der Abnahmeverpflichtung bei Nichterreichen der **Gesamtabnahmemenge** blieben bei Unwirksamkeit der Teilkündigungsklausel nach § 307 Abs. 1 Satz 1 BGB die Interessen des Getränkelieferanten gewahrt. Im Übrigen stehe es diesem ggf. frei, den Verpflichteten auf Abnahme und Bezahlung in Anspruch zu nehmen und bei einem entsprechenden Verzug Ersatz zu verlangen.[253] 3.221

cc) Objektive Reichweite. Gem. § 139 BGB beschränkt sich die Unwirksamkeit allerdings auf die betreffende Vertragsregelung und erfasst nicht den Ver- 3.222

251) RG, Urt. v. 23.9.1935 – VI 146/35, JW 1935, 3217 Nr. 1; BGH, Urt. v. 17.10.1973 – VIII ZR 91/72, WM 1973, 1360 = Zeller I, 232; OLG Düsseldorf, Urt. v. 28.5.2004 – 15 U 193/03, sowie – 15 W 103/03 (Brauerei-Getränkefachgroßhändler); OLG Zweibrücken, Urt. v. 6.7.2009 – 7 U 180/08; LG Hamburg, Urt. v. 13.12.1989 – 5 O. 270/89, Zeller IV, 285; LG Heidelberg, Urt. v. 20.2.2007 – 2 O. 294/06, NJW-RR 2007, 1551.

252) Siehe oben § 40 X 6 c bb m. w. N.

253) LG Heidelberg, Urt. v. 20.2.2007 – 2 O. 294/06, NJW-RR 2007, 1551.

trag im Ganzen.[254] Etwas anderes ergebe sich – äußerst ausnahmsweise – nur dann, wenn die Getränkebezugsverpflichtung durch eine berechtigte Kündigung (§ 314 BGB) seitens des Gastwirts entfallen sei.[255]

3.223 **dd) Subjektive Reichweite.** Ist der Getränkelieferungsvertrag allenfalls insgesamt kündbar, so können die Kündigungen auch nur einheitlich gegenüber sämtlichen Vertragspartnern wirksam ausgesprochen werden.

3.224 Bei der Kündigung handle es sich nicht um eine bloße Fälligstellungskündigung, sondern um ein in ein Dauerschuldverhältnis eingreifendes und dieses verändernde Gestaltungsrecht, das nur einheitlich allen Vertragspartnern gegenüber ausgeübt werden könne. Sei die Kündigung also nicht gegenüber sämtlichen Vertragspartnern wirksam erklärt worden, so sei sie ggf. auch aus diesem Grunde unwirksam.[256]

7. Geltungserhaltende Reduktion

3.225 Umstritten ist, ob bei Unwirksamkeit einer Teilkündigungsregelung eine Aufrechterhaltung des Getränkelieferungsvertrages – sei es über § 139 BGB analog, sei es nach den Grundsätzen der geltungserhaltenden Reduktion – möglich ist. Überwiegend wird diese Möglichkeit unabhängig von der Begründung bejaht.[257] Gem. § 139 BGB (analog) würde sich die Unwirksamkeit auf die betreffende Vertragsregelung beschränken und nicht den Vertrag im Ganzen erfassen. Das entspreche regelmäßig auch dem erklärten Vertragswillen, insbesondere wenn dieser ausdrücklich die Fortgeltung des Vertrages im Übrigen vorsehe, wenn einzelne Klauseln nichtig sein sollten. Nach der Gegenauffassung,[258] soll eine geltungserhaltende Reduktion ausscheiden, weil das Risiko der Klauselverwendung anderenfalls auf den Gastwirt verlagert würde.

8. Kündigungserklärung

3.226 **a) Auslegung.** Vorab ist ggf. zu fragen, ob sich die Kündigung durch den Getränkelieferanten auf den Vertrag insgesamt oder ausschließlich auf den Finanzierungsteil (Darlehen etc.) beschränkt. Mag auch das Interesse des Getränkelieferanten auf einen Fortbestand der Getränkebezugsverpflichtung gehen, so lässt sich daraus nicht die Annahme ableiten, im Regelfall werde nur der Finan-

---

254) OLG Koblenz, Urt. v. 21.2.2002 – 5 U 677/01, NJOZ 2002, 837; OLG Düsseldorf, Urt. v. 28.5.2004 – 15 U 193/03 – sowie – 15 W 103/03 (Vertrag Brauerei-Getränkefachgroßhändler).

255) OLG Koblenz, Urt. v. 21.2.2002 – 5 U 677/01, NJOZ 2002, 837.

256) LG Hamburg, Urt. v. 13.12.1989 – 5 O. 270/89, Zeller IV, 285.

257) KG, Urt. v. 22.12.1988 – 2 U 1915/88, NJW-RR 1989, 630 = Zeller IV, 267; OLG München, Urt. v. 30.9.1994 – 21 U 1742/94, BB 1995, 329; OLG Koblenz, Urt. v. 21.2.2002 – 5 U 677/01, NJOZ 2002, 837; OLG Düsseldorf, Urt. v. 28.5.2004 – 15 U 193/03 sowie – 15 W 103/03 (Brauerei ./. Getränkefachgroßhändler).

258) *Niebling*, Anm. zu OLG München, Urt. v. 30.9.1994, BB 1995, 330.

zierungsteil des Vertrages gekündigt.[259] Räumt der Vertrag ein fristloses Kündigungsrecht ein und wird hinsichtlich der einzelnen Kündigungsgründe nicht unterschieden, ob die darauf gestützte Kündigung zu einer Beendigung nur des jeweils betroffenen Vertragsteils Darlehensgewährung bzw. Getränkebezugsverpflichtung oder des ganzen Vertrages führt, so ergibt die Auslegung gem. §§ 133, 157 BGB, dass das Kündigungsrecht des Getränkelieferanten einheitlich für den gesamten Vertrag geregelt ist und somit nur einheitlich für den ganzen Vertrag ausgeübt werden kann. Dafür spreche auch, dass das Darlehen im Falle einer fristlosen Kündigung sofort rückzahlbar sei.[260]

Eine Einordnung als Teilkündigung ist aber dann möglich, wenn der Getränke- 3.227
lieferant sich in dem Getränkelieferungsvertrag ausdrücklich das Recht vorbehalten hat, den Gastwirt nach Kündigung des Darlehens an seiner Bezugsverpflichtung festzuhalten.[261] Erst wenn letzteres festgestellt werden kann, stellt sich die Frage nach der Zulässigkeit einer dann vorliegenden Teilkündigung.[262]

b) Umdeutung. Ggf. ist zu prüfen, ob eine unwirksame Teilkündigung nicht 3.228
in eine wirksame Kündigung des Gesamtvertrages umgedeutet werden kann. Gegen eine solche Umdeutung spricht aber, dass der Kündigende im Kündigungsschreiben ausdrücklich auf den Fortbestand des Getränkelieferungsvertrages bestanden hat, den Gastwirt in der Folgezeit weiterbeliefert hat und – jedenfalls erstinstanzlich – für die Folgejahre wegen Nichtabnahme der vereinbarten Bezugsmenge Schadensersatz geltend gemacht hat.[263]

9. Konsequenzen einer unwirksamen Teilkündigung

a) Fortbestand. Bei der Kündigung handelt es sich um ein Gestaltungsrecht. 3.229
Ist die Teilkündigung unwirksam, so ist die Kündigung (insgesamt) unwirksam.[264] Der Finanzierungsvertrag ist damit als Teil des Getränkelieferungsvertrages ebenfalls nicht beendet, sondern besteht fort.[265] Die Kündigung des Getränkelieferungsvertrages führt nicht dazu, dass der fortbestehende Finanzierungsvertrag als Teil desselben nunmehr rückwirkend mit Datum der unwirksamen Teilkündigungserklärung beendet wird, sondern allenfalls zu einer Beendigung für die Zukunft.[266] Damit kann der Getränkelieferungsvertrag erneut außerordentlich gekündigt werden.

259) LG Freiburg, Urt. v. 28.7.2006 – 12 O. 118/05; LG Heidelberg, Urt. v. 20.2.2007 – 2 O. 294/06, NJW-RR 2007, 1551.

260) KG, Urt. v. 22.12.1988 – 2 U 1915/88, NJW-RR 1989, 630 = Zeller IV, 267.

261) RG, Urt. v. 23.9.1935 – VI 146/35, JW 1935, 3217 Nr. 1; BGH, Urt. v. 17.10.1973 – VIII ZR 91/72, WM 1973, 1360 = Zeller I, 232.

262) KG, Urt. v. 22.12.1988 – 2 U 1915/88, NJW-RR 1989, 630 = Zeller IV, 267.

263) OLG Dresden, Urt. v. 29.10.2009 – 8 U 195/09.

264) LG Hamburg, Urt. v. 13.12.1989 – 5 O. 270/89, Zeller IV, 285.

265) KG, Urt. v. 22.12.1988 – 2 U 1915/88, NJW-RR 1989, 630 = Zeller IV, 267.

266) OLG Dresden, Urt. v. 29.10.2009 – 8 U 195/09.

3.230 b) **Einwand unzulässiger Rechtsausübung.** Der Getränkelieferant soll sich allerdings dann nicht auf die Unwirksamkeit der (Teil-)Kündigung und damit auf die fortbestehende Getränkebezugsverpflichtung mit Erfolg berufen können, nachdem das Darlehen aufgrund der Kündigung in vollem Umfang zurückgezahlt worden ist. Dies stelle eine unzulässige Rechtsausübung (§ 242 BGB) unter dem Gesichtspunkt des widersprüchlichen Verhaltens dar. Der Getränkelieferant habe durch seine (unzulässige) Teilkündigung den Vertragspartner zur Rückzahlung des Darlehens veranlasst. Mit diesem Verhalten setze er sich in Widerspruch, wenn er sich jetzt auf die Unwirksamkeit der Kündigung berufe. Dies sei rechtsmissbräuchlich. Der Vertragspartner habe auch darauf vertrauen dürfen, dass mit der Rückzahlung des Darlehens aufgrund der Kündigung auch seine Getränkebezugsverpflichtung erfüllt sei. Dafür spreche auch, dass sich der Getränkelieferant nicht das Recht vorbehalten habe, den Vertragspartner nach Kündigung des Darlehens an seiner Getränkebezugsverpflichtung festzuhalten. Hierfür lasse sich auch das Recht des Getränkelieferanten anführen, im Falle der fristlosen Kündigung als Ausgleich für die infolge der Kündigung des Vertrages wegfallende Getränkebezugsverpflichtung eine Nachverzinsung geltend machen zu können.[267)]

XI. Kündigung durch den Darlehensnehmer

1. Ordentliche Kündigung

3.231 a) **Konkurrenzen.** Neben vertraglichen Kündigungsrechten des Darlehensnehmers ist an die allgemeinen Kündigungsrechte nach § 488 Abs. 3 Satz 3 BGB (gesetzlicher Ausnahmefall) und § 489 Abs. 1 Nr. 1 und 2 sowie Abs. 2 BGB zu denken.

3.232 b) **Kündbarkeit.** Der Ausschluss des ordentlichen Kündigungsrechts nach § 489 Abs. 1 und 2 BGB durch AGB ist nach § 307 Abs. 2 Nr. 1 BGB unwirksam. Er ist aber durch Individualvereinbarung nur bis zur Grenze des § 138 Abs. 1 BGB zulässig.[268)]

3.233 c) **Abdingbarkeit.** Gem. § 489 Abs. 4 Satz 1 BGB können keine abweichenden Regelungen vereinbare werden. Entgegenstehende Vereinbarungen sind nach § 134 BGB nichtig. Vereinbarungen, die das Kündigungsrecht ausschließen oder erschweren, sind daher nichtig (§ 134 BGB). Dazu gehören auch die Vereinbarung einer Vertragsstrafe und eine Vorfälligkeitsentschädigung (§ 490 Abs. 2 Satz 3 BGB), die sich auf den Zinsverlust des Darlehensgebers erstreckt. Praktisch bedeutsam kann dies im Zusammenhang mit **Malus**regelungen werden.

---

267) KG, Urt. v. 22.12.1988 – 2 U 1915/88, NJW-RR 1989, 630 = Zeller IV, 267.

268) BGH, Urt. v. 7.5.1975 – VIII ZR 210/73, BGHZ 64/88 = NJW 1975, 1268.

d) § 489 Abs. 1 Nr. 2 BGB. aa) Temporaler Anwendungsbereich. Die Neufassung gilt nach Art. 229 § 22 Abs. 2 und 3 EGBGB nicht für Altverträge. Allerdings enthielt § 489 Abs. 1 Nr. 3 BGB a. F. eine entsprechende Regelung. 3.234

bb) Persönlicher Anwendungsbereich. Da es sich hier um eine allgemeine Darlehensvorschrift handelt, kommt es nicht darauf an, ob der Darlehensnehmer Unternehmer, Existenzgründer oder Verbraucher ist. 3.235

cc) Zehnjahresfrist. Das Kündigungsrecht nach § 489 Abs. 1 Nr. 2 BGB gilt für alle Arten von Festzinsdarlehen, unabhängig von der vereinbarten Laufzeit, dem Zweck des Darlehens, der Person des Darlehensnehmers, dem Zinssatz und der Länge der Zinsbindung. Die Regelung des § 489 Abs. 1 Nr. 2 BGB könnte bei lang laufenden, insbesondere unbefristeten Darlehensausreichungen, etwa auch gegenüber nicht betreibenden Hauseigentümern, bedeutsam werden. 3.236

e) Rückzahlungsgebot. Sämtliche Kündigungsalternativen, nicht nur die des § 489 BGB und im Übrigen auch Kündigungen von Verbraucherdarlehen, stehen unter der Bedingung, dass der Darlehensnehmer den geschuldeten Betrag binnen zwei Wochen nach dem Wirksamwerden der Kündigung an den Darlehensgeber zurückzahlt (§ 489 Abs. 3 BGB).[269] Das Rückzahlungsgebot soll nicht nur die Ernsthaftigkeit des Kündigungsbegehrens untermauern, sondern vor allem verhindern, dass der Darlehensnehmer auf den Neuabschluss eines Darlehensvertrags zu günstigeren Konditionen spekulieren kann. Unterbleibt die von § 489 Abs. 3 BGB geforderte Rückzahlung ganz oder teilweise, fällt die vom Darlehensnehmer erklärte Kündigungswirkung ex tunc weg. Der Darlehensvertrag wird dann unverändert fortgesetzt. 3.237

f) Reichweite. Steht dem Darlehensnehmer ein Kündigungsrecht nach § 489 (Abs. 1 Nr. 1, Abs. 1 Nr. 2, Abs. 2) BGB zu und hat er die Kündigung wirksam erklärt, so bezieht sich eine solche Kündigung allein auf die darlehensrechtliche Komponente des Darlehens- und Getränkelieferungsvertrages, nicht dagegen auf die bezugsrechtliche Komponente. Insofern stellt sich – allerdings nur theoretisch – die Frage, ob dem Darlehensnehmer insofern ein Recht zur außerordentlichen Kündigung nach § 314 BGB zusteht.[270] 3.238

2. Vorzeitige Rückzahlung

a) Zinslose Darlehen. Bei einem Vertrag über ein unverzinsliches Darlehen kann der Darlehensnehmer das Darlehen nach § 488 Abs. 3 Satz 3 BGB entsprechend der Auslegungsregel des § 271 Abs. 2 BGB unabhängig von Zeitablauf oder Kündigung jederzeit, also auch schon vor Fälligkeit des Rückzahlungsanspruchs, zurückerstatten. Das ist keine vorzeitige Rückzahlung, weil 3.239

269) BT-Drucks. 16/11 643, S. 75.

270) Siehe hierzu oben § 34 V 9 m. w. N.

der Darlehensvertrag beendet wird. § 488 Abs. 3 Satz 3 BGB gilt unabhängig davon, ob der Darlehensnehmer Unternehmer, Existenzgründer oder Verbraucher ist. Eine Kündigungserklärung ist nicht erforderlich.

3.240 **b) Verzinsliches Darlehen.** Abweichend von § 271 Abs. 2 BGB ist beim verzinslichen Darlehen das Recht des Schuldners zur vorzeitigen Tilgung vorbehaltlich abweichender Parteivereinbarungen ausgeschlossen, weil der Gläubiger ein Interesse an der Kapitalanlage hat.[271)] Das folgt für unbefristete Darlehen aus einem Umkehrschluss aus § 488 Abs. 3 Satz 3 BGB. Eine Ausnahme gilt bei Verbraucherdarlehen (§ 500 Abs. 2 BGB).

3.241 **c) Abschreibungsdarlehen.** Ist der Gastwirt oder sonstige Betreiber befugt das Darlehen durch einen Aufpreis auf die abgenommene Biermenge zu tilgen, so wird darin zumeist ein stillschweigender Ausschluss des Rechts zur vorzeitigen Darlehensrückzahlung (vgl. § 271 BGB) liegen.[272)]

3.242 **d) Ratendarlehen.** Nach Wortlaut und Systematik handelt es sich bei der Regelung in § 500 Abs. 2 BGB um eine Ausnahmebestimmung, die einen Gegenschluss zulässt.[273)]

3.243 **e) Praxishinweis.** Es liegt daher im Interesse der Beteiligten, im Darlehens- und Getränkelieferungsvertrag im Zusammenhang mit den Regelungen über das Darlehen unter Beachtung der Einbeziehungs- und Inhaltsvorgaben der §§ 305c Abs. 1, 307 Abs. 1 Satz 2 BGB ausdrücklich klarzustellen, dass die vorzeitige Darlehensrückzahlung auf den Getränkebezugsvertrag keine Auswirkungen hat. Dies sowohl hinsichtlich der vereinbarten Vertragsdauer als auch der vereinbarten Menge.

3. Außerordentliche Kündigungsklauseln und Inhaltskontrolle

3.244 **a) § 305 Abs. 1 BGB.** Zum AGB-Charakter einer Kündigungsklausel vergleiche die Entscheidung des OLG Zweibrücken vom 6.7.2009.[274)]

3.245 **b) Einbeziehung. aa)** Um nicht an der Einbeziehungshürde des **§ 305c Abs. 1 BGB** zu scheitern, sollten Kündigungsgründe nicht unter der Überschrift „Schadensersatz“ aufgeführt werden und umgekehrt.[275)]

3.246 **bb)** Zu beachten sind weiter **§ 305c Abs. 2 BGB** und das Transparenzgebot des **§ 307 Abs. 1 Satz 2 BGB.** Daher sollte die Kündigungsbefugnis eindeutig geregelt werden. Mangels Bestimmtheit ist die Kündigungsbefugnis „bei ungünstigen Auskünften“ unwirksam.[276)]

---

271) BGH, Urt. v. 24.4.1975 – III ZR 147/72, BGHZ 64, 278 = NJW 1975, 1507.

272) BGH, Urt. v. 20.3.1953 – V ZR 123/51, BB 1953, 339 = Zeller I, 146.

273) Siehe im Übrigen unten § 42 III 15 b bb m. w. N.

274) OLG Zweibrücken, Urt. v. 6.7.2009 – 7 U 180/08.

275) *Gödde*, in: Martinek/Semler/Habermeier/Flohr, Vertriebsrecht, § 52 Rz. 46.

276) BGH, Urt. v. 29.2.1984 – VIII ZR 350/82, NJW 1985, 53 = ZIP 1984, 841 = Zeller III, 281 (Automatenaufstellvertrag).

c) Inhaltskontrolle. aa) Ausschluss. Das Recht zur außerordentlichen Kündigung aus wichtigem Grund (§§ 490, 314 BGB) darf bei Dauerschuldverhältnissen selbst individualvertraglich nicht vollkommen ausgeschlossen werden. Es kann daher erst recht nicht durch AGB derogiert oder eingeschränkt werden (**§§ 307 Abs. 2 Nr. 1, 314, 309 Nr. 8 a BGB**). Gleiches gilt für Klauseln, die die Ausübung des Rechts zur außerordentlichen Kündigung mehr als nur unwesentlich erschweren.[277] 3.247

d) Kündbarkeit. Ein Verstoß gegen § 307 Abs. 1 Satz 1 BGB liegt nicht schon darin, dass nicht ausdrücklich auf die Möglichkeit der Kündigung aus wichtigem Grund hingewiesen wurde. Das Recht zur Kündigung eines Dauerschuldverhältnisses aus wichtigem Grund folgt nämlich aus dem allgemeinen Prinzip von Treu und Glauben und greift als Ausfluss dieses Prinzips bei Vorliegen eines wichtigen Grundes unabhängig davon ein, ob es in dem Vertrag ausdrücklich geregelt ist.[278] 3.248

Zweiter Abschnitt: Finanzierung von Existenzgründern und Verbrauchern

§ 41 Anwendungsvoraussetzungen des Verbraucherkreditrechts

I. Temporaler Anwendungsbereich

1. Bedeutung der Alt- und Übergangsvorschriften

Für die Beurteilung eines Verbraucherkreditvertrages sind wegen der in der Regel langen Laufzeit der Verträge die aufgehobenen (Alt-)Vorschriften sowie die Übergangsvorschriften von erheblicher Bedeutung.[279] Wurde beispielsweise der Darlehensvertrag im Jahre 1999 geschlossen, so ist gem. Art. 229 § 5 EGBGB das bis zum 31.12.2002 geltende VerbrKrG maßgeblich. Für den Zeitraum ab dem 1.1.2003 ist auf das BGB in der bis zum 30.6.2010 gültigen Fassung abzustellen (Art. 229 § 22 EGBGB).[280] Eine Änderung von Altverträgen führt nur dann zu einem Neuvertrag und damit zur Anwendung der jeweils aktuellen Verbraucherkreditvorschriften, wenn eine Änderungskündigung vor- 3.249

277) BGH, Urt. v. 29.2.1984 – VIII ZR 350/82, NJW 1985, 53 = ZIP 1984, 841 = Zeller III, 281 (Automatenaufstellvertrag); BGH, Urt. v. 13.2.1985 – VIII ZR 154/84, NJW 1985, 2328; BGH, Urt. v. 26.5.1986 – VIII ZR 218/85, NJW 1986, 3134; BGH, Urt. v. 15.11.2007 – III ZR 247/06, NJW 2008, 360; OLG Zweibrücken, Urt. v. 15.1.1998 – 4 U 213/96, OLGReport 1998, 161, rkr. durch Nichtannahmebeschl. d. BGH v. 15.12.1998 – VIII ZR 50/98.

278) BGH, Urt. v. 5.11.1998 – III ZR 226/97, NJW 1999, 276 = ZIP 1999, 72; BGH, Urt. v. 25.4.2001 – VIII ZR 135/00, BGHZ 147, 279 = BGHZ 147, 279 = NJW 2001, 2331 = ZIP 2001, 1245; OLG Düsseldorf, Urt. v. 8.11.1999 – 1 U 42/99, zu § 138 Abs. 1 BGB; OLG Koblenz, Urt. v. 21.2.2002 – 5 U 677/01, NJOZ 2002, 837.

279) Palandt-*Weidenkaff*, BGB, Vorbemerkungen vor § 491 Rz. 1.

280) LG Düsseldorf, Urt. v. 11.5.2011, BeckRS 2011, 24525.

liegt oder bei nicht unwesentlichen Änderungen des Vertragsinhalts aufgrund von Neuverhandlungen.[281)]

2. 11. Juni 2010

3.250 a) **Inkrafttreten.** Vorschriften, die in Umsetzung der Verbraucherkreditrichtlinie durch das **VerbrKrRL-UG** geändert worden sind, aber nicht Zahlungsdienste betrafen, traten am **11.6.2010** in Kraft (Art. 229 § 22 Abs. 1 EGBGB). Dies entspricht der Umsetzungsfrist für die Verbraucherkreditrichtlinie 2008, deren Art. 27 nachträglich entsprechend korrigiert wurde.

3.251 b) **Inhalt.** Art. 247 EGBGB regelt nunmehr die Einzelheiten der umfangreichen Informations-, Unterrichtungs- und Belehrungspflichten vor und während des Vertragsverhältnisses (§ 491a BGB i. V. m. Art. 247 §§ 1–5 EGBGB, § 492 Abs. 2 BGB i. V. m. Art. 247 §§ 6–13 EGBGB). Die §§ 1, 3 und 14 BGB-InfoV sowie die Anlagen 2 und 3 zu § 14 Abs. 1 und 3 BGB-InfoV wurden aufgehoben.

3.252 c) **Übergangsrecht. Art. 229 § 22 Abs. 2 EGBGB** bestimmt als Grundsatz, dass für Verbraucherdarlehensverträge und Ratenlieferungsverträge die bis dahin geltenden Bestimmungen des BGB und der BGB-InfoV anzuwenden sind.[282)] Also ist grundsätzlich von einem **Bestandsschutz** für Altverträge auszugehen. Wie die Formulierung „entstanden“ zeigt, musste die letzte Willenserklärung bis zum 10.6.2010 zugegangen (§ 130 BGB) sein.

3.253 Als Ausnahme dazu ordnet **Art. 229 § 22 Abs. 3 EGBGB** an, bestimmte neue Vorschriften auch auf vor dem 11.6.2010 entstandene Verbraucherdarlehensverträge anzuwenden, wenn diese unbefristet sind. Hierzu zählen auch Abschreibungsfinanzierungen, bei denen die Vertragsbeendigung ausschließlich von der Abnahme abhängt. Erfasst werden Informations- und Auskunftspflichten des Darlehensgebers wie § 492 Abs. 5 BGB sowie die Rechte des Darlehensgebers und des Verbrauchers gem. §§ 499 und 500 Abs. 1 BGB.[283)]

3. 30. Juli 2010

3.254 a) **Inkrafttreten und Inhalt.** Das **VerbrKrRLUÄndG** änderte mit Wirkung zum **30.7.2010** die §§ 358 Abs. 2 BGB a. F. sowie § 359a BGB erneut. In Art. 247 EGBGB wurden die §§ 2, 6 und 10–13 EGBGB geändert und neben Klarstellungen und Berichtigungen vor allem ein von der Verbraucherkreditrichtlinie 2008 nicht gefordertes Muster für eine Information über das Widerrufsrecht für Verbraucherdarlehensverträge mit **Gesetzlichkeitsfiktion** als Anlage 6 zu Art. 247 EGBGB eingefügt, verbunden mit Anpassungen beim Widerrufsrecht (§§ 492 Abs. 6, 494 Abs. 7, 495 BGB) und Klarstellungen.

---

281) Zu Änderungsvereinbarungen zu einem Altkreditvertrag, der vor dem 1.1.1991 geschlossen worden war, *Bühler*, Brauerei- und Gaststättenrecht, 13. Aufl. 2011, Rz. 2743, m. w. N.

282) BT-Drucks. 16/11 643, S. 119 f.

283) Palandt-*Ellenberger*, BGB, Art. 229 § 22 EGBGB Rz. 3.

b) Auslauffrist. Um den Darlehensgebern die Verwendung schon gefertigter Muster zu ermöglichen, wurde eine Auslauffrist bis zum **31.12.2010** gesetzt. In diesem Zeitraum fingierte das Gesetz, dass der Kreditgeber seinen Unterrichtungspflichten sowohl durch Verwendung der alten als auch der neuen Muster nachkam (Art. 247 § 2 Abs. 3 Satz 3 EGBGB).[284] 3.255

4. 4. August/4. November 2011

a) Inkrafttreten. Die bislang letzte Änderung der gesetzlichen Grundlagen erfolgte mit dem Gesetz zur Anpassung der Vorschriften über den Wertersatz bei Widerruf von Fernabsatzverträgen und über verbundene Verträge vom 27.7.2011,[285] das am 4.8.2011 in Kraft trat. 3.256

b) Inhalt. § 358 Abs. 2 BGB stellt nunmehr durch die Einfügung der Formulierung „auf Grund des § 495 Absatz 1" klar, dass ein Widerruf der auf den Darlehensvertrag gerichteten Willenserklärung nur noch möglich ist, sofern dem Verbraucher insoweit auch ein Recht zum Widerruf zusteht.[286] Der Gestaltungshinweis 12 zum Muster einer Widerrufsbelehrung nach Art. 246 EGBGB wurde entsprechend angepasst. In Art. 247 § 12 Abs. 1 EGBGB wurde die fehlerhafte Einrückung der Sätze 3–6 korrigiert. Entsprechend Art. 229 § 27 EGBGB wurden in Art. 247 § 6 Abs. 2 Satz 4 und § 12 Abs. 1 Satz 4 EGBGB Übergangsvorschriften eingefügt. Im Übrigen wurde § 357 Abs. 3 BGB zur Frage des Wertersatzes für eine Verschlechterung der Sache neu gefasst. Auch die Gestaltungshinweise zu Anlage 6 zu Art. 247 § 6 Abs. 2 und § 12 Abs. 1 EGBGB wurden geändert. 3.257

c) Übergangsrecht. Die Altvorschriften hatten noch bis zum **4.11.2011** Gültigkeit (Art. 229 § 27 EGBGB). Die **Übergangsfrist** bezweckte den Schutz des Unternehmers und sollte eine Anpassung der Geschäftspraxis an die neuen Muster ermöglichen. Entsprechend Art. 229 § 22 Abs. 2 EGBGB ist allerdings zu fordern, dass die verwendeten Muster vor dem 4.8.2011 hergestellt worden sind; die Beweislast trägt der Verwender. Für Verträge, die nach dem 4.11.2011 abgeschlossen werden, gilt die Norm nicht; maßgeblich ist das Wirksamwerden der Annahmeerklärung.[287] 3.258

II. Zielvorgaben der Gesetzesänderungen insbesondere des Jahres 2010

1. Stufenmodell

Aktuell sind **vier Stufen der vorvertraglichen Information** zu unterscheiden. 3.259
Auf der ersten Stufe hat der Darlehensgeber, sofern er dort überhaupt Zahlen

284) Bülow/Artz-*Bülow*, Verbraucherkreditrecht, § 491a Rz. 34.

285) BGBl I, 1600.

286) BR-Drucks. 17/5819, S. 6 IV zu Nr. 2 b; BR-Drucks. 288/11, S. 4.

287) Palandt-*Grüneberg*, BGB, Art. 229 § 27 EGBGB Rz. 1.

erwähnen will, bereits in der **Werbung** nach § 6a PAngV in auffallender Weise den Sollzinssatz (§ 489 Abs. 5 BGB), den Nettodarlehensbetrag (Art. 247 § 3 Abs. 2 Satz 2 EGBGB) und den effektiven Jahreszins (§ 6 PAngV) anzugeben und anhand eines repräsentativen Beispiels zu erläutern. Das soll Lockvogelangebote und die irreführende Herausstellung isolierter Konditionen verhindern. Insofern dürften Getränkelieferanten in der Regel nicht betroffen sein.[288)]

3.260 Zum Zweiten haben auch Getränkelieferanten als Darlehensgeber den Verbraucher gem. § 491a Abs. 1 BGB rechtzeitig vor Vertragsschluss umfassende **vorvertragliche Informationen** zur Verfügung zu stellen. Hinzu treten der Anspruch auf Vermittlung eines Vertragsentwurfs (§ 491a Abs. 2 BGB) und weitere vorvertragliche Erläuterungen nach § 491a Abs. 3 BGB.

3.261 Drittens hat der Vertrag nach § 492 Abs. 2 BGB i. V. m. Art. 247 §§ 6–13 EGBGB umfängliche **Pflichtangaben** einschließlich einer **Widerrufsinformation** zu enthalten.

3.262 Schließlich treffen den Getränkelieferanten ggf. viertens während eines bestehenden Vertragsverhältnisses nach §§ 493, 496 Abs. 2, 504 Abs. 1, 505 BGB **weitere Informationspflichten.**

2. Europarechtlicher Hintergrund

3.263 In konzeptioneller Hinsicht wird die **Verbraucherkreditrichtlinie 2008/48/EG** weiterhin durch den Übergang zum **Grundsatz der Vollharmonisierung** geprägt. Nach deren Art. 22 Abs. 1 sowie den Erwägungsgründen 9 und 10 dürfen die Mitgliedstaaten nämlich, soweit die Richtlinie harmonisierte Vorschriften enthält, keine Bestimmungen in ihrem nationalen Recht aufrechterhalten oder einführen, die von den Bestimmungen der Richtlinie abweichen. Anders als unter Geltung der **Verbraucherkreditrichtlinie 87/102/EWG** mit Änderungsrichtlinien 90/88/EWG und 98/7/EG, die noch dem Grundsatz der Mindestharmonisierung verpflichtet war, dürfen die Mitgliedstaaten damit über das in der Richtlinie vorgesehene Verbraucherschutzniveau nicht mehr hinausgehen. Sie haben die Vorgaben der Richtlinie vielmehr „eins zu eins“ umzusetzen.[289)]

III. Sachlicher Anwendungsbereich

1. Verbraucherdarlehensvertrag

3.264 a) **Entgeltlichkeit.** Von einem Verbraucherdarlehensvertrag i. S. d. § 491 Abs. 1 BGB kann man nur bei Entgeltlichkeit sprechen.

3.265 b) **Generelle Bereichsausnahmen.** Mit dem Verweis in § 491 Abs. 1 BGB auf § 491 Abs. 2 und 3 BGB sowie §§ 503–505 BGB sind sämtliche Ausnahmen

---

288) Siehe unten § 42 II 9.

289) Bülow/Artz-*Bülow*, Verbraucherkreditrecht, Einführung, Rz. 1 und 2.

von der Anwendbarkeit der §§ 491–512 BGB abschließend aufgeführt.[290] Die in § 491 Abs. 2 BGB genannten Verträge sind keine Verbraucherdarlehensverträge; es ist nicht mehr nur die Anwendung der Vorschrift ausgeschlossen. Die Verträge bleiben aber Verbraucherverträge i. S. v. § 310 Abs. 3 BGB, so dass ggf. §§ 312 ff., 355 f. BGB anzuwenden sind.[291]

c) Bereichsausnahme Immobiliardarlehensverträge. Die praktische Bedeutung der Vorschrift des § 503 Abs. 1 Halbs. 1 BGB dürfte bei Existenzgründer- und Verbraucherfinanzierungen eher gering sein. 3.266

2. Entgeltlicher Zahlungsaufschub

a) Zahlungsaufschub. Unter einem „Zahlungsaufschub" i. S. d. § 506 Abs. 1 Fall 1 BGB versteht man jede – entgeltliche – Vereinbarung zwischen Gläubiger und Schuldner einer Geldforderung, durch die die Fälligkeit oder Durchsetzbarkeit der Forderung auf einen späteren Zeitpunkt hinausgeschoben wird, als dies den allgemeinen Regeln (§§ 271 Abs. 1, 320 BGB) entspricht. Es macht keinen Unterschied, ob der Zahlungsaufschub – wie beispielsweise bei einem Kauf- und Getränkelieferungsvertrag – schon bei der Begründung der Forderung vereinbart oder eine bestehende Forderung vor oder nach Fälligkeit gestundet wird.[292] 3.267

Zu denken ist an **Aufgeld-/Aufpreis-/Aufschlagvereinbarungen.** Allerdings dürfte es hier zumeist einerseits im Hinblick auf die fehlende Verzinslichkeit an der Entgeltlichkeit und andererseits dem persönlichen Anwendungsbereich des Verbraucherkreditrechts fehlen.[293] Das gilt zweitens auch für **Stundungen,** soweit es sich nicht um solche zu Beginn der Geschäftsbeziehung handelt. Drittens scheiden **Schuldanerkenntnisse** eines Unternehmergastwirts aus den vorgenannten Gründen gleichfalls aus. Dies dürfte viertens auch für **Umschuldungen** gelten, soweit es sich nicht um die Umwandlung einer Inventarkaufpreisvorfinanzierung in ein Darlehen handelt. 3.268

b) Entgeltlichkeit. Ein Zahlungsaufschub ist entgeltlich, wenn der Verbraucher dem Unternehmer eine einmalige Vergütung zahlt, Kosten übernimmt oder der Unternehmer dem Verbraucher einen Teilzahlungszuschlag auferlegt.[294] Maßgeblich ist, ob die Summe der Raten höher ist als ein hypothetisch einmalig zu zahlender „Barzahlungspreis".[295] 3.269

290) Palandt-*Weidenkaff*, BGB, § 491 Rz. 2.

291) Palandt-*Weidenkaff*, BGB, § 491 Rz. 12.

292) Palandt-*Weidenkaff*, BGB, Vorbemerkungen vor § 506 Rz. 3.

293) Etwas anderes kann sich dann ergeben, wenn die unternehmerische Tätigkeit durch Geschäftsaufgabe beendet ist. Vgl. hierzu § 23 I 17 jeweils m. w. N.

294) Palandt-*Weidenkaff*, BGB, Vorbemerkungen § 506 Rz. 6.

295) Bülow/Artz-*Bülow*, Verbraucherkreditrecht, § 506 Rz. 31.

3. Sonstige entgeltliche Finanzierungshilfe

3.270 a) **Allgemein.** Bei einer „sonstigen Finanzierungshilfe" i. S. d. § 506 Abs. 1 Fall 2, Abs. 2 BGB handelt es sich um die zeitweilige, entgeltliche Überlassung von Kaufkraft an den Verbraucher in einer nicht als Darlehen oder Zahlungsaufschub zu qualifizierenden Form zur vorzugsweisen Verwendung künftigen Einkommens für konsumtive oder investive Zwecke.[296)] Unter den Begriff der entgeltlichen Nutzung eines Gegenstandes fallen alle Formen von Kauf-, Miet-, Dienst- und Werkverträgen,[297)] auch der Mietkauf,[298)] nicht dagegen der „verlorene" Zuschuss. Der Begriff des **„Gegenstandes"** ist weit zu verstehen (§ 90 BGB). Er umfasst also bewegliche und unbewegliche Sachen.[299)]

3.271 b) **§ 506 Abs. 2 Satz 1 BGB.** Voraussetzung der Nr. 1 ist eine **Erwerbsverpflichtung** des Verbrauchers. § 506 Abs. 2 Satz 1 Nr. 2 BGB greift, wenn der Unternehmer das Recht hat, den Erwerb durch den Verbraucher zu verlangen, insbesondere ein **Andienungsrecht** nach Ablauf des Nutzungszeitraumes besteht. Entsprechende Optionen können sich sowohl im Vertrag als auch in den AGB finden. Voraussetzung des § 506 Abs. 2 Satz 1 Nr. 3 BGB ist eine **Restwertgarantie/-ausgleich** des Verbrauchers mit einem bestimmten Betrag, die im Ergebnis eine Vollamortisation sichern soll.[300)]

3.272 c) **§ 506 Abs. 2 Satz 2 BGB.** Im Fall des § 506 Abs. 2 Satz 1 Nr. 3 BGB sind gem. § 506 Abs. 2 Satz 2 BGB das Recht des Verbrauchers auf vorzeitige Rückzahlung (§ 500 Abs. 2 BGB) und der dadurch ausgelöste Anspruch des Unternehmers auf Vorfälligkeitsentschädigung (§ 502 BGB) ausgeschlossen.[301)]

4. Teilzahlungsgeschäfte

3.273 Im Zusammenhang mit den **§§ 506 Abs. 1 a. E., Abs. 3, 507, 508 BGB** ist insbesondere an Kauf- und Getränkelieferungsverträge zu denken.[302)]

5. Vertragsübernahmen und -beitritte

3.274 a) **Grundsatz.** Im Getränkelieferungsrecht haben Vertragsübernahmen und Vertragsbeitritte im Zusammenhang mit Betreiberwechseln eine große Bedeutung. Nicht selten handelt es sich bei dem neuen Vertragspartner des Getränkelieferanten um Existenzgründer. Dann ist das Verbraucherkreditrecht auch hinsichtlich

---

296) BGH, Urt. v. 24.4.1996 – VIII ZR 150/96, NJW 1996, 2033 = ZIP 1996, 1170.

297) BT-Drucks. 16/11 643, S. 92.

298) BGH, Urt. v. 24.4.1996 – VIII ZR 150/95, NJW 1996, 2033 = ZIP 1996, 1170.

299) BT-Drucks. 16/11 643, S. 92.

300) Erman-*Saenger*, BGB, § 506 Rz. 17 m. w. N.

301) Bülow/Artz-*Artz*, Verbraucherkreditrecht, § 506 Rz. 85.

302) Siehe unten § 45 I jeweils m. w. N.

des finanztechnischen Teils in vollem Umfang (Schriftform,[303]) Pflichtangaben, vorvertragliche Informationen, aber auch Kündigung etc.) zu beachten. Zu weiteren Einzelheiten kann verwiesen werden.[304])

IV. Persönlicher Anwendungsbereich[305])

1. Verwendungszweck

a) Maßgebend ist nicht der innere Wille des Handelnden, sondern der durch Auslegung zu ermittelnde Inhalt des Rechtsgeschäfts. Erforderlichenfalls sind die Begleitumstände einzubeziehen.[306]) Eine besondere Bedeutung hat dabei die **vertragliche Angabe** des Verwendungszwecks. Spricht beispielsweise der Inhalt des Vertragsangebotes ausdrücklich von einer bereits ausgeübten beruflichen Tätigkeit, indem dort von dem „bestehenden Geschäftsbetrieb" die Rede ist, so kommt dem maßgebliche Bedeutung zu.[307]) Das Merkmal „nach dem Inhalt des Vertrages" bedeutet nicht, dass die Zweckbestimmung (des Darlehens) ausdrücklich in den Vertragstext aufgenommen sein muss. Es soll die Vertragspartei im Interesse der Rechtssicherheit lediglich zu einer solchen Klarstellung anregen. 3.275

b) Soweit später vorgetragen wird, dass entsprechende Angaben unzutreffend seien, kommt es hierauf im Hinblick auf die **Vermutung der Vollständigkeit und Richtigkeit** der Urkunde (§§ 440 Abs. 2, 292 ZPO) nicht an.[308]) 3.276

Allerdings bleibt jeder Partei die Möglichkeit offen, den Nachweis zu erbringen, dass die Angaben in der Vertragsurkunde anfänglich nicht der Richtigkeit entsprochen haben. So kann der Verbraucher einwenden, die unzutreffende Bezeichnung als gewerblicher Kredit sei seitens des Darlehensgebers zur Herbeiführung eines Umgehungstatbestandes veranlasst worden (§ 511 Satz 2 BGB). Ebenso kann der Darlehensgeber geltend machen, dass der vermeintliche Existenzgründer sich durch unzutreffende Angaben und die Verschleierung der wahren Zweckbestimmung die Stellung als Verbraucher/Existenzgründer erschlichen hatte, um in den Genuss der für ihn günstigeren Bestimmungen der §§ 491–512 BGB zu kommen. Hat der Kreditnehmer im umgekehrten Fall bei Vertragsabschluss erklärt, der Kredit diente gewerblichen oder selbständigen 3.277

303) BGH, Urt. v. 26.5.1999 – VIII ZR 141/98, BGHZ 142, 23 = NJW 1999, 2664 = ZIP 1999, 1199.

304) Siehe oben § 16 III 6 und 7 jeweils m. w. N.

305) Siehe oben § 23.

306) BGH, Urt. v. 3.11.1999 – VIII ZR 35/99, NJW-RR 2000, 719 = ZIP 2000, 670 – (Vertrag Automantenaufsteller-Getränkefachgroßhändler); OLG Düsseldorf, Urt. v. 22.11.2005 – 24 U 44/05, BeckRS 2005, 14749.

307) BGH, Urt. v. 22.12.1999 – VIII ZR 124/99, NJW-RR 2000, 1221 = ZIP 2000, 491.

308) OLG Celle, Urt. v. 10.6.1998 – 13 U 158/97, NJW-RR 1999, 1143; OLG Düsseldorf, Urt. v. 22.11.2005 – 24 U 44/05, BeckRS 2005, 14749.

beruflichen Zwecken, so ist er daran festzuhalten, selbst wenn er den Kreditbetrag von Anfang an privaten Zwecken zuführen wollte (§ 242 BGB). Die **Darlegungs- und Beweislast** trägt jeweils die Partei, die einen vom Urkundeninhalt abweichenden Sachverhalt behauptet. Maßgeblich ist, was von beiden Parteien bei Vertragsschluss tatsächlich gewollt war.[309)]

3.278 c) **Vereinbarungswidrige Verwendung.** War eine gewerbliche Verwendung vereinbart, wird das Darlehen aber trotzdem zu privaten Zwecken verwendet, so bleibt das Gesetz nicht anwendbar. Unbenommen bleibt die Möglichkeit, den Verwendungszweck nachträglich durch **Änderungsvertrag** neu zu bestimmen. Dann dürfte es allerdings zumeist an der Verbraucher-/Existenzgründereigenschaft fehlen. Im Übrigen hat die Urkunde die Vermutung der Vollständigkeit und Richtigkeit für sich.[310)]

2. Maßgeblicher Zeitpunkt

3.279 a) **Allgemein.** Das Gesetz regelt nicht ausdrücklich, wann die Verbrauchereigenschaft des Kreditnehmers vorliegen muss. Anerkannt ist, dass Veränderungen nach Vertragsschluss grundsätzlich irrelevant sind. Anwendbar ist das Verbraucherkreditrecht jedenfalls dann, wenn der Kreditnehmer zum Zeitpunkt des Abschlusses des Vertrages Verbraucher ist.[311)]

3.280 b) Obgleich der Wortlaut des § 491 Abs. 1 BGB („Darlehensverträge", „Darlehensvertrag") es nahelegen könnte, die Verbrauchereigenschaft des Kreditnehmers im Zeitpunkt des Vertragsabschlusses zu fordern und damit auf den Zugang der Annahmeerklärung abzustellen, dürfte es entscheidend auf den Zeitpunkt der Entäußerung (Abgabe) seiner auf Abschluss des Kreditvertrages gerichteten Willenserklärung ankommen. Für eine solche Auslegung sprechen sowohl die Verbraucherkreditrichtlinie als auch der Schutzzweck der Bestimmungen. Die Warn- und Aufklärungsfunktion zum Schutz des Verbrauchers wird nur erreicht, wenn dieser im **Zeitpunkt der Abgabe (Entäußerung)** seiner Willenserklärung über die erforderlichen Informationen, aktuell die Pflichtangaben nach § 492 Abs. 2 BGB i. V. m. Art. 247 §§ 6–13 EGBGB, verfügt.[312)]

3.281 c) **Verlust der Verbrauchereigenschaft.** Verliert der Darlehensnehmer nach Abschluss des Verbraucherdarlehensvertrages seinen Status als Verbraucher, hat dies auf die Rechtsnatur des Vertrages als Verbraucherdarlehensvertrag keinen Einfluss. Gleiches gilt naturgemäß erst recht, wenn der Getränkelieferant

---

309) Staudinger-*Kessal-Wulf*, BGB, § 491 Rz. 43.

310) OLG Celle, Urt. v. 10.6.1998 – 13 U 158/97, NJW-RR 1999, 1143; OLG Düsseldorf, Urt. v. 22.11.2005 – 24 U 44/05, BeckRS 2005, 14749.

311) BGH, Urt. v. 14.12.1994 – VIII ZR 46/94, BGHZ 128, 156 = NJW 1995, 722 = ZIP 1995, 105.

312) LG Düsseldorf, Urt. v. 11.5.2011 – 7 O. 285/09, BeckRS 2011, 24525.

als Darlehensgeber nachträglich seine Unternehmereigenschaft verlieren sollte, etwa weil er die gewerbliche Tätigkeit einstellt.

3. Einzelbetrachtung

Hinsichtlich jedes gesamtschuldnerisch (§ 421 BGB) mit auf die Darlehensrückzahlung Haftenden ist individuell zu prüfen, ob es sich um einen Unternehmer oder einen Verbraucher/Existenzgründer handelt.[313] 3.282

4. Unternehmerfinanzierungen

Darlehensverträge zwischen Getränkelieferanten und Personen, die eine Gaststätte betreiben, werden durchweg von Unternehmern (§ 14 BGB) abgeschlossen. Daher sind die besonderen Schutzvorschriften der §§ 491–509 BGB nicht anwendbar. Nach diesseitiger Einschätzung ist dies in mehr als 90 % der Finanzierungsanfragen der Fall. 3.283

5. Verbraucherfinanzierungen

a) **Grundsatz.** Als Verbraucher i. S. d. § 13 BGB ist der nicht gewerblich tätige, vom Getränkelieferanten finanzierte private **Hauseigentümer** zu nennen. 3.284

b) **Konsequenzen. aa) Unanwendbarkeit der 75.000,00 €-Grenze.** Die Wertgrenze von 75.000,00 € gilt nicht für Verbraucher.[314] Während die Vorgängervorschrift des § 3 Abs. 1 Nr. 2 VerbrKrG noch für die Finanzierung sämtlicher Kreditnehmer galt, adressiert sich die Ausnahmevorschrift des § 512 BGB ausschließlich an Existenzgründer.[315] 3.285

bb) Im Übrigen. Soweit Finanzierungen im Rahmen von Getränkelieferungsverträgen oder etwa **Eigentümererklärungen** ausgereicht werden, ist das Verbraucherkreditrecht in seiner ganzen Breite und zumeist auf Dauer zu beachten. Zu denken ist insbesondere an die Vorschriften über die vorvertraglichen Informationen nach § 491a BGB, die Pflichtangaben und damit auch die Widerrufsinformation. Dies gilt unabhängig davon, ob es sich um Finanzierungen in kleinerem Umfang (Ausnahme § 491 Abs. 2 Nr. 1 BGB) oder um Anschlussfinanzierungssituationen, Nachträge und Änderungsvereinbarungen handelt, ob eine klassische Ratentilgung oder eine Abschreibung oder eine Rückführung über Rückvergütungsgutschriften vereinbart ist. Schließt der Hauseigentümer in Vollzug der Hauseigentümervereinbarung mit einem Pächter als Existenz- 3.286

---

313) Für den Fall eines Existenzgründungsdarlehens i. S. d. § 3 Abs. 1 Nr. 2 VerbrKrG vgl. BGH, Urt. v. 25.2.1997 – XI ZR 49/96, NJW 1997, 1443 = ZIP 1997, 642; BGH, Urt. v. 30.7.1997 – VIII ZR 244/96, NJW 1997, 3169 = ZIP 1997, 1694; OLG Stuttgart, Beschl. v. 2.12.1993 – 6 W 46/93, NJW 1994, 867; OLG Hamm, Urt. v. 2.12.1998 – 12 U 146/98, OLGReport Hamm 1999, 202.

314) Siehe bereits oben § 23 IV 5.

315) Staudinger-*Kessal-Wulf*, BGB, § 512 Rz. 2.

gründer einen Pachtvertrag zu Gunsten des Getränkelieferanten, so bedarf es allerdings nur dann einer Widerrufsbelehrung hinsichtlich der bezugsrechtlichen Teile des Pachtvertrages, wenn die 75.000,00 €-Grenze des § 512 BGB nicht überschritten ist.

3.287 c) **Ausnahme.** Etwas anderes wird nur dann anzunehmen sein, wenn ein Hauseigentümer eigengewerblich als Existenzgründer auftritt, etwa als Vertragspartner oder im Wege des Vertragsbeitritts bzw. der Vertragsübernahme und damit nicht nur mithaftet, sondern auch eigenverantwortlich die Erfüllung des Getränkelieferungsvertrages insgesamt (als Existenzgründer oder ggf. auch bereits als Unternehmer) schuldet. Gleiches gilt für Hauseigentümer, bei denen nach Art und Umfang eine gewerbliche Vermietung oder Verpachtung vorliegt. § 512 BGB setzt nämlich nicht eine gastro-gewerbliche Tätigkeit voraus; hinreichend ist jede gewerbliche Tätigkeit.[316)]

6. Existenzgründerfinanzierungen

3.288 a) **Grundsatz.** Das Verbraucherkreditrecht ist bis zur 75.000,00 €-Grenze des § 512 BGB anwendbar.

3.289 b) **Bezug.** Bei der Berechnung der 75.000,00 €-Grenze ist bei Verbraucherdarlehen vom Nettodarlehensbetrag auszugehen.[317)]

3.290 c) **Darlegung und Beweis.** Ist streitig, ob die Grenze überschritten wurde, ist nicht der im Vertrag festgeschriebene Betrag ausschlaggebend, sondern die Summe, die tatsächlich ausgezahlt wird.[318)]

3.291 d) **§ 512 BGB und Zinslast.** Die Einbeziehung der Zinslast in den Nettodarlehensbetrag ist schon deshalb nicht fernliegend, weil Zinsen in der Regel das im Rahmen des § 491 BGB geschuldete Entgelt des Darlehens darstellen (vgl. § 488 Abs. 1 Satz 2 BGB).[319)] Der Kreditnehmer muss Zinsen im Rahmen seiner Kalkulation mit berücksichtigen, weil sie von ihm aufzubringen sind und Teil des von ihm zurückzuzahlenden Betrages sind. Daher könnte es auch aus Transparenzgründen geboten sein, dem Existenzgründer den Gesamtumfang seiner Kreditaufnahme zu verdeutlichen. Im Rahmen der Gesamtsystematik spricht dagegen allerdings der Umstand, dass es gem. § 491a Abs. 1 BGB i. V. m. Art. 247 § 3 Abs. 1 Nr. 4 und 5 EGBGB der getrennten Angabe des Nettodarlehensbetrages einerseits und des Sollzinssatzes andererseits bedarf. Hinzukommt, dass der Nettodarlehensbetrag der Betrag ist, auf den der Verbraucher aufgrund des Darlehensvertrages Anspruch hat.[320)] Auf Zinsen hat aber nicht

316) Siehe oben § 23 II 3.

317) Erman-*Saenger*, BGB, § 512 Rz. 8.

318) MünchKomm-*Schürnbrand*, BGB, § 507 Rz. 8.

319) Palandt-*Weidenkaff*, BGB, § 491 Rz. 3.

320) Palandt-*Weidenkaff*, BGB, Art. 247 § 3 EGBGB Rz. 4.

der Kreditnehmer, sondern der Kreditgeber einen Anspruch. Auch lässt sich der Gesichtspunkt der Rechtssicherheit im Zusammenhang mit variablen Zinssätzen dagegen anführen, Zinsen im Rahmen des Schwellenwertes des § 512 BGB mit zu berücksichtigen.

e) **Zusammenrechnung und § 512 BGB.** Insofern sind verschiedene Fallkonstellationen zu unterscheiden. **aa)** Unstreitig dürfte sein, dass im Rahmen eines Vertrages, also bei Identität der Vertragsparteien und des Abschlussdatums, mehrere Finanzierungen zusammengerechnet werden können. Zu denken ist an eine Gesamtfinanzierung im Rahmen eines Getränkelieferungsvertrages mit einem Tilgungsanteil von 60.000,00 € und einem Abschreibungsanteil von 18.000,00 €. **3.292**

bb) Umstritten ist, ob eine Zusammenrechnung und damit eine wirtschaftliche Betrachtungsweise möglich ist, wenn **ein Kreditgeber** einem Existenzgründer **mehrere Kredite** aufgrund verschiedener Verträge gewährt, die insgesamt über dem Schwellenwert von 75.000,00 € liegen. **3.293**

aaa) Meinungsstand. Zur Vorgängervorschrift des § 3 Abs. 1 Nr. 2 VerbrKrG wurde die Zusammenrechnung überwiegend abgelehnt. Ohne Zusammenhang gewährte Darlehen oder Finanzierungshilfen **anderer** (*Hervorhebung vom Verf.*) Unternehmer dürften nicht zusammengerechnet werden.[321] Bei der Feststellung der für den Wegfall des Verbraucherschutzes maßgeblichen Wertgrenze des § 512 BGB von 75.000,00 € sei daher nicht auf eine wirtschaftliche Betrachtungsweise abzustellen, die das Gesamtengagement aus den vom Widerruf betroffenen Verträgen wertmäßig zusammenfasst, sondern jede auf den Abschluss eines Vertrages gerichtete Willenserklärung sei gesondert zu bewerten. Jedenfalls ohne Zusammenhang gewährte Darlehen oder Finanzierungshilfen könnten nicht zusammengerechnet werden.[322] Im Ergebnis sei daher aktuell die Vorschrift des § 512 BGB für jeden Vertrag gesondert zu prüfen **(Einzelbetrachtung).** Dies entspricht auch der heute überwiegend vertretenen Auffassung.[323] **3.294**

Demgegenüber wurde und wird vertreten, dass mehrere, eine wirtschaftliche Einheit bildende Darlehensverträge, bei denen einzeln der Betrag von 75.000,00 € nicht erreicht wird, die aber zusammengerechnet darüber liegen, den Ausnahmetatbestand erfüllen können, wenn der Darlehensgeber derselbe ist und sie gleichzeitig oder in unmittelbarem zeitlichem Zusammenhang gewährt werden.[324] **3.295**

---

321) OLG Brandenburg, Urt. v. 5.5.1999 – 13 U 135/98, WM 1999, 2208; OLG Dresden, Urt. v. 13.7.2000 – 13 U 2964/99, rkr. durch Nichtannahmebeschl. d. BGH v. 9.1.2002 – VIII ZR 343/00.

322) OLG Brandenburg, Urt. v. 31.8.2005 – 3 U 17/05, NJW 2006, 159.

323) Statt vieler Erman-*Saenger,* BGB, § 512 Rz. 8.

324) So u. a. MünchKomm-*Schürnbrand*, BGB, § 512 Rz. 7.

3.296 **bbb) Stellungnahme.** Der **Wortlaut** des § 512 BGB stellt auf den einzelnen Kreditvertrag zum Zwecke der Existenzgründung ab. Obwohl es nach der **Gesetzesbegründung** nahegelegen hätte, die Zusammenrechnung anzuordnen, hat der Gesetzgeber diesen Schritt nicht getan. Vielmehr ist der Gesetzgeber davon ausgegangen, dass der Kreditbedarf in einem Kredit gedeckt wird.[325] Anhaltspunkte dafür, ob es sich dabei um eine bewusste oder unbewusste Lücke handelt, liegen nicht vor. Der historische Gesetzgeber hatte dagegen die Frage der Wertgrenze bei der Aufnahme mehrerer Kredite bewusst offengelassen, obgleich es einer gesonderten Regelung im BGB bedurft hätte.[326]

3.297 § 512 BGB stellt durch seinen Verweis auf die §§ 491–511 BGB erkennbar auf das Widerrufsrecht des § 355 BGB ab. Dieses bezieht sich auf den Widerruf der einzelnen, auf den Abschluss eines einzelnen Vertrages gerichteten Willenserklärung (§ 355 Abs. 1 Satz 1 BGB), insoweit in Übereinstimmung mit allgemeinen Regeln zur Willenserklärung. Soweit das Verbraucherkreditrecht weitere Verträge anspricht als die widerrufsgegenständlichen (vgl. etwa § 358 BGB), so erfolgt dies auf der Rechtsfolgenseite und mit verbraucherschützender Zielrichtung. Die Einbeziehung mehrerer Verträge zur Begründung eines den Verbraucherschutz ausschließenden Ausnahmetatbestandes, wie ihn § 512 BGB seinem Wortlaut nach formuliert, hätte daher einer besonderen gesetzlichen Regelung bedurft.

3.298 Andererseits behandelt und regelt das Gesetz einzelne Kreditverträge ersichtlich gesondert. Wenn dabei von einer Obergrenze gesprochen wird, so kann sich dies nur auf den Nettokreditbetrag des jeweiligen einzelnen Kreditvertrages beziehen. Die Gesetzessystematik könnte einer Zusammenrechnung der Nettokreditbeträge entgegenstehen. Bei § 512 BGB handelt es sich um eine Ausnahmevorschrift, die nach den für die Normauslegung geltenden Grundsätzen eng auszulegen ist.

3.299 Eine Zusammenrechnung könnte sich auch wegen des Umgehungsverbots des § 511 Satz 2 BGB verbieten. Diese Norm verfolgt den Zweck, dem vom Gesetz beabsichtigten Verbraucherschutz eine möglichst umfassende Geltung zu verschaffen und der Normvermeidung zu Lasten des Verbrauchers durch die **Erschleichung** von Ausnahmetatbeständen zu begegnen. Wenn der Kreditgeber dem Existenzgründer durch eine **Aufspaltung** des Kredits auf mehrere Kreditverträge den Verbraucherschutz freiwillig einräumt, bleibt er an die Vorschriften des Gesetzes gebunden (§ 511 Satz 2 BGB). Diesem Zweck würde eine Addition der Nettokreditbeträge zuwiderlaufen.[327] Die Frage einer Umgehung oder Erschleichung der Betragsgrenze des § 512 BGB durch Aufspaltung des Kreditbetrags des Verbrauchers in mehrere Einzelverträge stellt sich allerdings hier

325) Begründung des Rechtsausschusses, BT-Drucks. 11/8274, S. 24.

326) OLG Brandenburg, Urt. v. 5.5.1999 – 13 U 135/98, WM 1999, 2208.

327) OLG Brandenburg, Urt. v. 5.5.1999 – 13 U 135/98, WM 1999, 2208.

nicht. Wer eine Gesamtfinanzierung bewilligt und den Betrag in mehrere Raten aufteilt, verwirklicht nicht den Umgehungstatbestand des § 511 Satz 2 BGB.[328)]

Eine sinngemäße Anwendung der Bestimmungen des KWG kommt nicht in Betracht. Die §§ 18 Satz 1, 19 Abs. 2 KWG stehen in einem anderen Regelungszusammenhang. Abgesehen davon, dass § 18 Satz 1 KWG durch Verwendung des Wortes „insgesamt" die Zusammenrechnung ausdrücklich gebietet, führt die Addition der Kreditbeträge in diesem Fall zur Anwendung von Schutznormen, während sie im Fall des § 512 BGB ein Verlassen des vom BGB vorgesehenen Verbraucherschutzes zur Folge hätte. Im Übrigen könne die Einbeziehung mehrerer Verträge zu Rechtsunsicherheit führen. Da jeder Vertrag ein eigenes Schicksal besitzt, würden die sich ergebenden Rechtsfolgen in Fällen, in denen die Verträge sich als nichtig, schwebend unwirksam, auflösend oder aufschiebend bedingt oder sonst wie nicht voll wirksam erweisen, bei Einbeziehung zur Beurteilung einer Willenserklärung in einem getrennten Vertrag als dogmatisch nicht hinreichend bewältigbar erscheinen.[329)] 3.300

Gleichwohl verdient das immer wieder vorgetragene Schutzzweckargument, der Verbraucherschutz gebiete eine möglichst umfassende Geltung und der Normvermeidung zu Lasten des Existenzgründers durch die Erschleichung von Ausnahmetatbeständen sei zu entgegnen, keine Gefolgschaft. Hier geht es nämlich um die objektiv-einschränkende Funktion der Wertgrenze und nicht um die erweiternde personale Funktion des § 512 BGB. Auch das immer wieder vorgetragene Argument, der Kreditgeber habe bewusst und gewollt eine Aufspaltung eines Großkredites vorgenommen, trägt nicht. Außerhalb des Bereichs des § 511 Satz 2 BGB läuft dieser Ansatz auf eine Unterstellung zu Lasten des Kreditgebers hinaus. 3.301

cc) Stehen **auf Existenzgründerseite mehrere Personen**, etwa als Gesamthandsgemeinschaft oder im Übrigen gesamtschuldnerisch Haftende, so scheidet nach h. M. eine Werteaddition ebenfalls aus. Insbesondere kann der einheitliche Kreditnehmerbegriff des § 19 Abs. 2 Satz 2 Nr. 2, 3 KWG nicht herangezogen werden.[330)] 3.302

dd) Verwendungszeitpunkt. Ein zur Existenzgründung aufgenommenes Darlehen ohne zwischenzeitliche Verlängerung oder ähnliches fällt nicht allein dadurch aus dem Anwendungsbereich des Verbraucherkreditrechts heraus, dass nach Vertragsschluss die Existenzgründung unter Einsatz der Darlehensvaluta erfolgt ist.[331)] 3.303

---

328) MünchKomm-*Schürnbrand*, BGB, § 512 Rz. 7 Fn. 29 mit zutreffender Kritik an der vorgenannten OLG-Entscheidung.

329) OLG Brandenburg, Urt. v. 5.5.1999 – 13 U 135/98, WM 1999, 2208.

330) Staudinger-*Kessal-Wulf*, BGB, § 512 Rz. 4.

331) MünchKomm-*Schürnbrand*, BGB, § 512 Rz. 3.

3.304 ee) Durch **Nachfinanzierungen**, etwa in Form einer **Aufstockung** des ursprünglich gewährten Kredits, wird der Anwendungsbereich des § 512 BGB nicht eröffnet, auch wenn die Grenze von 75.000,00 € später überschritten wird. Maßgeblich ist nämlich allein der Zeitpunkt des Abschlusses des Vertrages.[332] Das Erfordernis einer nachträglichen Aufstockung eines Kredits dürfte für Kreditgeber und Existenzgründer zumeist nicht von vornherein absehbar sein.[333] Im Zeitpunkt der späteren Kreditgewährung dürfte im Übrigen die Existenzgründungsphase regelmäßig abgeschlossen sein. Der Kreditnehmer ist dann als Unternehmer anzusehen, so dass sich die hier diskutierte Frage nicht (mehr) stellen dürfte.

3.305 ff) Ebenfalls umstritten ist die Zulässigkeit einer Werteaddition in Fällen, in denen der Existenzgründer **mehrere Kredite bei verschiedenen Kreditgebern** aufnimmt. Praktische Relevanz hat diese Frage dann, wenn ein Existenzgründergastwirt hinsichtlich der Finanzierung und Bindung eines Getränkesortiments mit verschiedenen Brauereien zusammenarbeitet oder das Bier-/Biermischsortiment über eine Brauerei finanzieren und binden lässt, wohingegen die Finanzierung und Bindung des afG-Sortiments über einen Getränkefachgroßhändler erfolgt.

3.306 aaa) **Meinungsstand.** Überwiegend werden auch insofern eine wirtschaftliche Betrachtungsweise und damit eine Addition der Einzelkreditwerte abgelehnt.[334] Andere Stimmen fordern eine Zusammenrechnung dann, wenn eine wirtschaftliche Einheit vorliegt.[335] Wieder Andere stellen auf den letzten, die Wertgrenze übersteigenden Kreditvertrag ab mit dem Ergebnis, dass der Gesamtnettokreditbetrag über § 512 BGB aus dem Anwendungsbereich des Verbraucherkreditrechts falle.[336]

3.307 bbb) **Stellungnahme.** Insofern kann zunächst auf die Ausführungen zur Gewährung mehrerer Kredite durch einen Kreditgeber verwiesen werden.[337] Jedenfalls bei Identität des zu finanzierenden Objektes und der Vertragspartner erscheint eine Zusammenrechnung möglich. Hierfür spricht, dass eine einheitliche Zweckbestimmung vorliegt, so dass der von der Literatur geforderte Zusammenhang der verschiedenen gewährten Darlehen zu bejahen ist.

3.308 gg) **Umgehung.** Im Hinblick auf § 511 Satz 2 BGB sind Missbrauchsfälle anzusprechen. Zu denken ist daran, ohne hinreichenden Anlass mehrere einzelne

332) Siehe oben § 41 IV 2.

333) OLG Dresden, Urt. v. 13.7.2000 – 13 U 2964/99, rkr. durch Nichtannahmebeschl. d. BGH v. 9.1.2002 – VIII ZR 343/00.

334) OLG Brandenburg, Urt. v. 5.5.1999 – 13 U 135/98, WM 1999, 2208; OLG Brandenburg, Urt. v. 31.8.2005 – 3 U 17/05, NJW 2006, 159.

335) Palandt-*Weidenkaff*, BGB, § 512 Rz. 5.

336) *Vortmann*, ZIP 1992, 229.

337) Siehe oben § 41 IV 6 e bb bbb.

Kreditverträge in einem Vertrag zusammenzufassen, um den Schwellenwert des § 512 BGB zu übersteigen. Dies erst recht dann, wenn kein wirtschaftlicher Zusammenhang besteht. Umgekehrt kann auch eine geringfügige Überschreitung der Obergrenze im Hinblick auf § 511 Satz 2 BGB zu würdigen sein, wenn hierfür keine nachvollziehbaren Sachgründe erkennbar sind. Dies könnte dann der Fall sein, wenn sich aus den Belegunterlagen zum Inventarkaufvertrag ein Finanzierungsbetrag unter dem Schwellenwert ergibt, der durch eine nicht in Sachzusammenhang stehende Zusatzleistung auf einen Euro-Betrag über dem Schwellenwert aufgestockt wird.[338)]

Denkbar ist umgekehrt auch der Fall, dass ein Kreditnehmer unter Vorspiegelung falscher Tatsachen Einzelkredite eben mit dem Ziel aufnimmt, jeweils unter der betragsmäßigen Obergrenze zu bleiben. In diesem Fall kommt es zu einer Addition der Kreditbeträge, um den missbräuchlich Handelnden nicht mit dem Schutz des Gesetzes zu belohnen.[339)] 3.309

§ 42 Schriftformerfordernis, Pflichtangaben und Widerrufsinformation

I. Schriftformerfordernis

1. Anwendbarkeit

Grundsätzlich bedarf der Verbraucherdarlehensvertrag der Schriftform (§§ 492 Abs. 1 Satz 1, 126 BGB), soweit nicht eine strengere Form vorgeschrieben ist. Der Abschluss in elektronischer Form (§ 126a BGB) ist entgegen dem Schutzzweck und der gesetzlichen Überschrift wie bislang schon beim Ratenlieferungsvertrag seit dem 30.7.2010 auch beim Verbraucherdarlehensvertrag möglich (§ 492 Abs. 1 Satz 3 BGB).[340)] Elektronische Medien, insbesondere E-Mails, genügen nur dann, wenn eine qualifizierte elektronische Signatur verwendet wird. Textform (§ 126b BGB) scheidet dagegen aus, weil sie in § 492 BGB nicht zugelassen ist.[341)] 3.310

2. Normzweck

Ziel des Schriftformerfordernisses des § 492 Abs. 1 BGB für Verbraucherdarlehensverträge ist eine umfassende Information über alle wesentlichen Kreditkonditionen, die Warnung vor übereilten und unüberlegten Vertragsabschlüssen und die Absicht, dem Verbraucher die Entscheidung über die Ausübung des Widerrufsrechts zu erleichtern.[342)] 3.311

338) MünchKomm-*Schürnbrand*, BGB, § 512 Rz. 7.

339) Staudinger-*Kessal-Wulf*, BGB, § 512 Rz. 4.

340) Eine Ausnahme enthält § 507 Abs. 1 Satz 2 BGB für Teilzahlungsgeschäfte.

341) Palandt-*Weidenkaff*, BGB, § 492 Rz. 2.

342) BGH, Urt. v. 26.5.1999 – VIII ZR 141/98, BGHZ 142, 23 = NJW 1999, 2664 = ZIP 1999, 1199; BGH, Urt. v. 24.6.2003 – XI ZR 100/02, NJW 2003, 2742 = ZIP 2003, 1494; BGH, Urt. v. 6.12.2005 – XI ZR 139/05, NJW 2006, 681 = ZIP 2006, 224.

3. Umfang

3.312 a) **Antrag.** Bei Blankounterzeichnung liegt kein formwirksamer Antrag vor.[343)]

3.313 b) **Annahmeerklärung per Telefax.** Wird die Annahmeerklärung per Telefax übermittelt, so ist das Formerfordernis des § 126 Abs. 2 BGB nicht gewahrt, weil das zugegangene Empfängerfax nur eine Kopie der Originalurkunde darstellt. Damit ist die Willenserklärung nach § 125 Satz 1 BGB nichtig.[344)]

3.314 c) **Schreibtablett.** Die Unterzeichnung eines Verbraucherdarlehensvertrages auf einem elektronischen Schreibtablett wahrt weder die gesetzliche Schriftform nach §§ 492 Abs. 1 Satz 1, 126 BGB noch die elektronische Form nach § 126a BGB. Letzteres würde voraussetzen, dass die Unterschrift nicht lediglich mit einem elektronischen Stift auf dem Schreibtablett geleistet worden wäre, sondern dass das elektronische Dokument mit einer qualifizierten elektronischen Signatur versehen worden wäre. Wie ein Umkehrschluss aus §§ 126 Abs. 3, 126a BGB zeigt, fehlt es an der nach § 126 BGB erforderlichen dauerhaften Verkörperung von Schriftzeichen auf einem Schreibmaterial. Da keine planwidrige Regelungslücke vorliegt, scheidet eine Gesamtanalogie zu §§ 126, 126a BGB aus. Vielmehr liegt eine abschließende Regelung vor, die einen Umkehrschluss fordert.[345)]

3.315 d) **Zugang gem. § 151 BGB.** § 151 BGB gilt grundsätzlich auch, wenn die Annahme die Schriftform erfordert, weil weder § 126 BGB noch § 127 BGB den Zugang der formwirksamen Erklärung ausnahmslos voraussetzen. Das Schriftformerfordernis steht sonach dem konkludenten Verzicht auf den Zugang der Annahmeerklärung gem. § 151 BGB nicht entgegen, z. B. bei einem auf der Darlehensurkunde unterzeichneten **Beitritt**. Ein konkludenter Zugangsverzicht ist auch bei Rechtsgeschäften, die der Schriftform unterliegen, möglich, sofern nicht gerade der mit dem Schriftformerfordernis verfolgte Zweck einen Zugang der Annahmeerklärung verlangt. Das ist bei dem mit § 492 Abs. 1 BGB verfolgten Zweck nicht der Fall. Das Schriftformerfordernis hat Informations- und Warnfunktion für den Verbraucher. Dieser ist ausreichend Rechnung getragen, wenn die vom Verbraucher unterzeichnete Erklärung alle erforderlichen Pflichtangaben enthält.[346)]

3.316 e) **Verspäteter Zugang.** Ein Schriftformmangel kann auch dann vorliegen, wenn die Annahmeerklärung nicht mehr rechtzeitig i. S. d. § 147 Abs. 1 BGB

343) BGH, Urt. v. 19.5.2005 – III ZR 240/04, NJW-RR 2005, 1141 = ZIP 2005, 1179; BGH, Urt. v. 25.4.2006 – XI ZR 193/04, BGHZ 165, 252 = NJW 2006, 1788 = ZIP 2006, 940.

344) BGH, Urt. v. 30.7.1997 – VIII ZR 244/96, NJW 1997, 3169 = ZIP 1997, 1694; BGH, Urt. v. 6.12.2005 – XI ZR 139/05, NJW 2006, 681 = ZIP 2006, 224.

345) OLG München, Urt. v. 4.6.2012 – 19 U 771/12, BeckRS 2012, 12079, m. N. zur Entstehungsgeschichte.

346) BGH, Urt. v. 27.4.2004 – XI ZR 49/03, ZIP 2004, 1303; BGH, Urt. v. 6.12.2005 – XI ZR 139/05, NJW 2006, 681 = ZIP 2006, 224.

zugeht. Zu denken ist etwa an die Situation, dass der Darlehens- und Getränkelieferungsvertrag von dem Getränkelieferanten erst mehrere Wochen nach Zeichnung durch den Gastwirt gegengezeichnet wird.

f) Mündliche Nebenabreden. Zweifelhaft ist, ob von der Nichtigkeit einzelner Nebenabreden – im Anwendungsbereich des Art. 247 §§ 7 und 8 EGBGB – auf die Gesamtnichtigkeit des gesamten Verbraucherdarlehensvertrags geschlossen werden kann.[347] Dabei kommt es nicht mehr darauf an, ob es sich um eine wesentliche oder um eine unwesentliche Nebenabrede handelt. Art. 247 § 6 Abs. 1 Nr. 6 EGBGB schreibt eindeutig vor, dass sämtliche weitere Vertragsbedingungen klar und verständlich in die Vertragsurkunde aufzunehmen sind. Für eine Gleichbehandlung sämtlicher Nebenabreden spricht auch Art. 10 Abs. 2 lit. u der zugrunde liegenden Richtlinie. Die Frage der Gesamtnichtigkeit des Vertrages wegen Teilnichtigkeit einer solchen Abrede beurteilt sich nach dem ansonsten verdrängten § 139 BGB. Maßgeblich ist also der hypothetische Parteiwille. 3.317

g) Vertragsänderung. Dem Schriftformerfordernis unterliegt auch eine Änderung des Verbraucherdarlehensvertrages.[348] 3.318

h) Vollmacht. Die Vollmacht zum Abschluss eines Verbraucherdarlehensvertrages bedarf zum einen entgegen § 167 Abs. 2 BGB der Schriftform (§ 492 Abs. 4 Satz 1 BGB), zum anderen muss sie die Pflichtangaben nach § 492 Abs. 2 BGB aufführen.[349] 3.319

II. Pflichtangaben, Grundfragen

1. Rechtsgrundlage

Welche Pflichtangaben im Verbraucherdarlehensvertrag enthalten sein müssen, ergibt sich im Einzelnen aus **§ 492 Abs. 2 BGB i. V. m. Art. 247 §§ 6–13 EGBGB.** Der gesetzlichen Systematik liegt der Gedanke zugrunde, das BGB schlank zu halten.[350] 3.320

2. Anwendungsbereich

Das Pflichtangabenerfordernis gilt auch für Teilzahlungsgeschäfte (§ 507 Abs. 2 Satz 1 BGB). 3.321

347) Bülow/Artz-*Bülow*, Verbraucherkreditrecht, § 494 Rz. 14, 19.

348) So bereits zur früheren Rechtslage BGH, Urt. v. 6.12.2005 – IX ZR 139/05, NJW 2006, 681 = ZIP 2006, 224.

349) Siehe nachfolgend § 42 II 8 m. w. N.

350) BT-Drucks. 16/11 643, S. 207.

3. Doppelung

3.322 Nach § 492 Abs. 2 BGB i. V. m. Art. 247 § 6 Abs. 1 Nr. 1 EGBGB müssen fast alle vorvertraglichen Basisinformationen nach Art. 247 § 3 Abs. 1 EGBGB wiederholt werden. Um Doppelungen im Gesetzestext zu vermeiden,[351] bezieht Art. 247 § 6 Abs. 1 Nr. 1–6 EGBGB kraft Verweisung dem Angabenkatalog des Art. 247 § 3 Abs. 1 Nr. 1–14 EGBGB ein. Die damit verbundene zweifache Überlassung zahlreicher identischer Informationen mag rechtspolitisch bedenklich sein, sie ist aber als geltendes Recht hinzunehmen.[352]

3.323 Da in der Vertriebs- und Vertragspraxis der Getränkelieferanten die vorvertraglichen Informationen naturgemäß erst dann erteilt werden, wenn ein Vertragsabschluss ansteht und der angedachte Vertrag aus-/endverhandelt ist, werden nachfolgend die Hauptinformationen zu den erforderlichen Pflichtangaben im Zusammenhang mit der Vertragsgestaltung[353] gemacht. Im Zusammenhang mit der Gestaltung der vorvertraglichen Informationen nach § 491a Abs. 1 BGB[354] beschränken sich die Ausführungen auf die insofern zu beachtenden Besonderheiten.

4. Rechtsfolgenwille

3.324 Die Pflichtangaben brauchen nicht vom rechtsgeschäftlichen Willen umfasst zu sein wie typischerweise der effektive Jahreszins, der ungeachtet seiner Bedeutung als Vergleichsgrundlage nur eine Rechengröße ist, die sich aus Vertragszins und Kosten ergibt.[355]

5. Verwendungszweck

3.325 Zu den Pflichtangaben nach § 492 Abs. 2 BGB rechnet nicht der Verwendungszweck des Darlehens, von dem gem. §§ 512, 13, 14 BGB abhängt, ob der Darlehensnehmer überhaupt Verbraucher/Existenzgründer ist und die Sondervorschriften über Verbraucherdarlehen anwendbar sind. Der Verbraucher, der sich auf die Anwendung dieser Vorschriften beruft, z. B. darauf seinen Widerruf stützt, trägt die Beweislast für den entsprechenden Verwendungszweck.[356] Die schlichte Falschangabe des Verwendungszwecks führt daher auch nicht zur Nichtigkeit.[357]

---

351) BT-Drucks. 16/11 643, S. 208.

352) MünchKomm-*Schürnbrand*, BGB, Art. 247 Rz. 21, dort auch Hinweise zu den Ausnahmen.

353) Siehe unten § 42 III.

354) Siehe unten § 43 II.

355) *Gödde*, in: Martinek/Semler/Habermeier/Flohr, Vertriebsrecht, § 52 Rz. 56, 57.

356) BGH, Urt. v. 14.10.2003 – XI ZR 134/02, NJW 2004, 154 (unzureichende Angabe des Bestimmungszwecks).

357) Erman-*Saenger*, BGB, § 494 Rz. 4.

6. Zeitpunkt

Maßgeblicher Zeitpunkt ist der Vertragsabschluss (Rechtsgedanke des Art. 247 § 6 Abs. 3 EGBGB). 3.326

Bei veränderlichen Konditionen ist in der Vertragsurkunde die jeweils anfängliche Kondition anzugeben. Ferner ist der Verbraucher darüber zu unterrichten, unter welchen Voraussetzungen die Konditionen geändert werden können und auf welchen Zeitraum einmalige Belastungen verrechnet werden.[358] 3.327

7. Verständlichkeit

Die Pflichtangaben müssen aus sich heraus auch für einen geschäftlich unerfahrenen Darlehensnehmer verständlich sein.[359] 3.328

8. Vollmacht[360]

Die Vollmacht muss auch den inhaltlichen Erfordernissen (Pflichtangaben nach § 492 Abs. 2 BGB) entsprechen (§ 492 Abs. 4 Satz 1 BGB). Ausgenommen sind nach § 492 Abs. 4 Satz 2 BGB lediglich notarielle Vollmachten (§ 128 BGB) und Prozessvollmachten (§§ 80–89 ZPO).[361] 3.329

In der Vertriebs- und Vertragspraxis ist daher bei Abschluss von Verbraucherdarlehensverträgen unter Einschaltung von Vertretern, etwa selbständigen Handelsvertretern, höchste Vorsicht geboten. Diese Verträge können im Regelfall nur dann von einem Bevollmächtigten rechtswirksam unterzeichnet werden, wenn die Vollmacht alle Pflichtangaben nach § 492 Abs. 2 BGB enthält. Der Abschluss von Verbraucherdarlehensverträgen unter Einschaltung von Vertretern birgt daher erhebliche Gefahren. 3.330

9. Werbung

Wer gegenüber Letztverbrauchern für den Abschluss eines Verbraucherdarlehensvertrages mit Zinssätzen oder sonstigen Zahlungen, die die Kosten betreffen, wirbt, muss in klarer, verständlicher und auffallender Weise näher bestimmte Pflichtangaben machen (§ 6a Abs. 1 PAngV). Diese Regelung ist aber nicht einschlägig. Einerseits werben Getränkelieferanten nicht für die von ihnen gewährten Darlehen. Andererseits handelt es sich bei den von Getränkelieferanten finanzierten Personen nicht um Letztverbraucher. 3.331

---

358) *Gödde*, in: Martinek/Semler/Habermeier/Flohr, Vertriebsrecht, § 52 Rz. 89.

359) BT-Drucks. 16/11 643, S. 127.

360) Zur Altrechtslage nach VerbrKrG *Bühler*, Brauerei- und Gaststättenrecht, 13. Aufl. 2011, Rz. 2902 m. w. N.

361) Bülow/Artz-*Artz*, Verbraucherkreditrecht, § 492 Rz. 67–76 m. w. N.

10. Unterlassungsansprüche

3.332 Verstößt ein Unternehmer planmäßig gegen seine Informationspflichten des § 492 BGB (Schriftform, Pflichtangaben), so kann er nach § 2 UKlaG im Wege der Verbandsklage (§ 3 UKlaG) auf Unterlassung in Anspruch genommen werden. Daneben können Verstöße zugleich einen Unterlassungsanspruch nach § 8 UWG i. V. m. §§ 3, 4 Nr. 11 UWG begründen. Dies gilt anders als nach dem UKlaG auch im unternehmerischen Geschäftsverkehr (Art. 246 § 3 EGBGB, Art. 248 EGBGB), so dass Unterlassungsansprüche auch von einem Mitbewerber (andere Getränkelieferanten), aber auch von Verbraucherverbänden, Industrie- und Handelskammern geltend gemacht werden können. Der Anspruch ermöglicht nach §§ 9, 10 UWG weitergehende Schadensersatzansprüche und eine Gewinnabschöpfung.[362)]

III. Zu den Pflichtangaben im Einzelnen

1. Name und Anschrift des Darlehensgebers

3.333 a) **Rechtsgrundlage** ist § 492 Abs. 2 BGB i. V. m. Art. 247 §§ 6 Abs. 1 Nr. 1, 3 Abs. 1 Nr. 1 EGBGB.

3.334 b) **Wissenswertes.** Die Angabe des Namens und der genauen Postanschrift des Getränkelieferanten ist eine Pflichtangabe. Postfach- und Internetanschriften sind nicht ausreichend. Vielmehr muss eine Anschrift angegeben werden, die es ermöglicht, dem Darlehensgeber Schriftstücke zuzustellen.[363)] Ggf. bedarf es auch der Angabe eines Darlehensvermittlers (Art. 247 § 13 EGBGB).

2. Name und Anschrift des Darlehensnehmers

3.335 a) **Rechtsgrundlage** ist § 492 Abs. 2 BGB i. V. m. Art. 247 § 6 Abs. 1 Nr. 2 EGBGB.

3.336 b) **Wissenswertes.** Gefordert wird die zustellungsfähige Postanschrift[364)] des Darlehensnehmers.

3.337 c) **Praxishinweis.** Um die konkrete Schreibweise der Vertragsdaten sicherzustellen, sollte man sich den Personalausweis oder den Reisepass des Kunden vorlegen lassen und hiervon ggf. eine Kopie ziehen. Bei Vertragspartnern, die nicht aus EU-Mitgliedstaaten stammen, gilt gleiches für Dokumente deutscher Behörden wie die Aufenthalts- und Gewerbeerlaubnis. Praktisch macht es Sinn, das Geburtsdatum mitanzugeben. Soweit es sich bei dem Kunden um im Handelsregister eingetragene Kaufleute und Gesellschaften handelt, ist der Handelsregisterauszug vorzulegen bzw. Einsicht in das Handelsregister zu nehmen.

---

362) Palandt-*Grüneberg*, BGB, Einführung vor Art. 238 EGBGB Rz. 12.

363) BT-Drucks. 16/11 643, S. 123.

364) Palandt-*Weidenkaff*, BGB, Art. 247 § 3 EGBGB Rz. 2.

Unter „Anschrift des Kunden“ sollte jedenfalls bei Neukunden nicht die neue Objektanschrift, sondern die letzte Geschäfts- oder Wohnanschrift des Kunden als Adresse angegeben werden. Nur so ist gewährleistet, dass die postalische Zustellung von Schriftverkehr und insbesondere Vertragsausfertigungen auch vor Eröffnung des Betriebs möglich ist. Hinzukommt, dass nach § 495 Abs. 2 Satz 1 Nr. 2 a BGB die Widerrufsfrist erst mit dem Vertragsschluss und damit mit Zugang des unterzeichneten Vertrages beginnt. **3.338**

3. Art des Darlehens

a) **Rechtsgrundlage** ist § 492 Abs. 2 BGB i. V. m. Art. 247 §§ 6 Abs. 1 Nr. 1, 3 Abs. 1 Nr. 2 EGBGB. **3.339**

b) **Wissenswertes.** Diese Angabe hat eine doppelte Bedeutung. Zum einen bezieht sie sich auf die VertragsArt. Insofern kann unterschieden werden zwischen Darlehensverträgen (§§ 488, 491 BGB) und anderen entgeltlichen Finanzierungshilfen, wie Ratenkaufverträgen (§ 507 BGB), Zuschussverträgen, Mietkauf- oder Leasingverträgen.[365)] Zum anderen bezieht sich die Angabe aber auch auf die nähere Ausgestaltung des Vertrages, z. B. Darlehen mit oder ohne bestimmter Laufzeit und/oder regelmäßiger Tilgung oder Tilgung am Laufzeitende (Endfälligkeit), so etwa bei Abschreibungsdarlehen oder Rückvergütungsgutschriftendarlehen. In Betracht kommen befristete oder unbefristete Darlehen.[366)] Ggf. kann man angeben, ob es sich um ein Tilgungs- oder Annuitätendarlehen handelt. **3.340**

4. Effektiver Jahreszins

a) **Rechtsgrundlage** ist § 492 Abs. 2 BGB i. V. m. Art. 247 §§ 6 Abs. 1 Nr. 1, 3 Abs. 1 Nr. 3, Abs. 2 Satz 3, 6 Abs. 3 EGBGB i. V. m. § 6 PAngV. **3.341**

b) **Zweck.** Die Angabe des effektiven Jahreszinses dürfte die wohl wichtigste Informationsquelle für den Verbraucher sein. Sie führt ihm die aus der Kreditaufnahme erwachsende gesamte Zinsbelastung vor Augen und bietet eine verlässliche und aussagekräftige Grundlage für Preis- und Konditionenvergleiche.[367)] **3.342**

c) **Begriff.** Unter effektivem Jahreszins versteht man die in einem Prozentsatz des Nettodarlehensbetrages anzugebenden Gesamtkosten pro Jahr, also die Summe aller jährlich anfallenden Zinsen und Kosten.[368)] **3.343**

d) **Positionen.** Kosten für Versicherungen und Sicherheiten sind nunmehr in der Regel mit einzurechnen (§ 6 Abs. 3 Nr. 4 PAngV).[369)] Dagegen sind No- **3.344**

365) Palandt-*Weidenkaff*, BGB, Art. 247 § 3 EGBGB Rz. 2.

366) Palandt-*Weidenkaff*, BGB, Art. 247 § 3 EGBGB Rz. 2.

367) BT-Drucks. 11/5462, S. 19.

368) Erman-*Saenger*, BGB, § 491a Rz. 32.

369) Palandt-*Weidenkaff*, BGB, Art. 247 § 3 EGBGB Rz. 8.

tarkosten sowie die Kosten für Sicherheiten bei Immobiliardarlehensverträgen nach § 503 BGB nicht in die Berechnung einzustellen (§ 6 Abs. 3 Nr. 5 und 6 PAngV).

3.345 e) **Berechnung.** Der effektive Jahreszins bringt die Gesamtbelastung in einem jährlichen Prozentsatz des Nettodarlehensbetrages zum Ausdruck.[370)] Anknüpfungspunkt für seine Berechnung sind die Gesamtkosten. Die Berechnung richtet sich gem. Art. 247 § 3 Abs. 2 Satz 3 EGBGB nach § 6 der PAngV i. V. m. Anhang 2 zur PAngV. Die in der Anlage zu § 6 Abs. 2 PAngV enthaltene Formel basiert auf der laufenden Wiederanlage von Zahlungen und verwendet eine laufende Kapitalisierung der Zinsen. Die Berechnung hat taggenau nach der 365-Tage-Methode (aktuarische oder AIBD-Methode) zu erfolgen.[371)] Dabei wird von 365 Tagen, in Schaltjahren von 366 Tagen, ausgegangen. Ein Standardmonat hat sonach im Regelfall 30,41666 Tage. Die Angabe des genauen Prozentsatzes hat nach § 6 Abs. 2 Satz 1 PAnGV i. V. m. dem Anhang zu § 6 PAngV auf zwei Dezimalstellen hinter dem Komma zu erfolgen.[372)]

3.346 f) **Toleranz.** Der Genauigkeitsmaßstab ergibt sich aus § 6 Abs. 2 Satz 5 PAngV. Danach ist der anzugebende Prozentsatz mit der im Kreditgewerbe üblichen Genauigkeit zu berechnen.[373)] Ist die Ziffer der darauf folgenden Dezimalstelle größer oder gleich 5, so erhöht sich die Ziffer der ersten Dezimalstelle um den Wert 1. Abweichungen bis höchstens 0,05 Prozentpunkten sollen zulässig sein.[374)]

3.347 g) **Inhalt.** Wie sich der effektive Jahreszins errechnet, bedarf im Vertrag keiner Erläuterung.[375)] Sollte das Verbraucherdarlehen zinslos ausgereicht worden sein, so empfiehlt es sich, den effektiven Jahreszins vorsorglich mit „0,00 %“ anzugeben. Anderenfalls könnte der Einwand einer fehlenden Pflichtangabe erhoben werden mit der Folge des Nichtbeginns der Widerrufsfrist (§ 495 Abs. 2 Satz 1 Nr. 2 b BGB).

3.348 h) **Standort.** Der effektive Jahreszins ist in der Vertragsurkunde selbst anzugeben. Angaben in einer beigehefteten Tabelle oder in einer Anlage im Übrigen genügen nicht.[376)]

3.349 i) **Bezeichnung.** Selbst wenn sich der effektive Jahreszins während der Laufzeit verändern kann, wird nicht mehr zwischen dem effektiven Jahreszins und dem anfänglichen effektiven Jahreszins unterschieden. Eine Änderung ist da-

---

370) Vgl. dazu die Legaldefinition des § 492 Abs. 2 Satz 1 BGB a. F.

371) Einzelheiten bei Staudinger-*Kessal-Wulf*, BGB, § 492 Rz. 66.

372) Erman-*Saenger*, BGB, § 491a Rz. 43.

373) Palandt-*Weidenkaff*, BGB, § 494 Rz. 13 m. w. N.

374) Palandt-*Weidenkaff*, BGB, a. a. O.

375) Palandt-*Weidenkaff*, BGB, Art. 247 § 6 EGBGB Rz. 2.

376) Erman-*Saenger*, BGB, § 492 Rz. 33.

durch nicht eingetreten.[377] Um Verwechslungen mit dem Sollzinssatz zu vermeiden, ist der effektive Jahreszins als solcher zu bezeichnen. Andere Bezeichnungen wie „Effektivzins" oder „jährlicher Belastungssatz" sind verwirrend und unzulässig.[378] Leicht verständliche und gängige Abkürzungen, wie beispielsweise „effekt. Jahreszinssatz", die vom Verbraucher wie die ausgeschriebene Bezeichnung verstanden wird, sind zulässig.[379]

j) **Rechtsfolgen bei Verstoß.** Fehlt die Angabe des effektiven Jahreszinses in einem Verbraucherdarlehensvertrag, so ist der Vertrag nach § 494 Abs. 1 Fall 2 BGB nichtig, solange nicht eine Heilung durch Empfang oder Inanspruchnahme des Darlehens eingetreten ist (§ 492 Abs. 2 Satz 1 BGB). Dann ermäßigt sich allerdings der vereinbarte Sollzins nach § 494 Abs. 2 Satz 2 BGB auf den gesetzlichen Zinssatz (§ 246 BGB: 4 %). Wird der effektive Jahreszins zu hoch angegeben, so ist dies unerheblich. Bei zu niedriger Angabe wird der Sollzins der Falschangabe entsprechend in der absoluten Zinsdifferenz, nicht etwa nur in der relativen, gem. § 494 Abs. 3 BGB herabgesetzt.[380] 3.350

5. Nettodarlehensbetrag

a) **Rechtsgrundlage** ist § 492 Abs. 2 BGB i. V. m. Art. 247 §§ 6 Abs. 1 Nr. 1, 3 Abs. 1 Nr. 4 EGBGB. 3.351

b) **Zweck.** Mit Angabe des Nettodarlehensbetrags wird der Verbraucher über den Geldbetrag unterrichtet, der ihm nach Abzug aller Abzüge (z. B. eines Disagios und aller Kosten) effektiv verbleibt und den er für den vereinbarten Darlehenszweck, in diesem Zusammenhang etwa den Kauf von Gaststätteninventar oder Umbaumaßnahmen, verwenden kann. 3.352

c) **Begriff.** Der Begriff des Nettodarlehensbetrages ist in Art. 247 § 3 Abs. 2 Satz 2 EGBGB legal definiert als der (Höchst-)Betrag, der aufgrund des Darlehensvertrages ausgezahlt wird, auf einmal oder in Teilbeträgen.[381] Das ist der (Auszahlungs-)Betrag, auf den der Darlehensnehmer aufgrund des Darlehensvertrages Anspruch hat. Der Betrag gibt an, welche Summe dem Kunden nach Vorliegen der Auszahlungsvoraussetzungen gewährt bzw. ausgezahlt wird.[382] Darunter fallen nicht nur Barauszahlungen, sondern in gleicher Weise auch Überweisungen, Verrechnungen sowie Zahlungen an Dritte. 3.353

d) **Zahlungsmodalitäten.** Es kommt nicht darauf an, dass der Betrag tatsächlich dem Darlehensnehmer zufließt, sei es im Wege der Barauszahlung, sei es 3.354

377) BT-Drucks. 16/11 643, S. 82.

378) BGH, Beschl. v. 8.2.1996 – I ZR 147/94, NJW 1996, 1759.

379) BGH, Urt. v. 20.10.1988 – I ZR 5/88, NJW-RR 1988, 233.

380) Str., wie hier Bülow/Artz-*Artz*, Verbraucherkreditrecht, § 492 Rz. 125.

381) Palandt-*Weidenkaff*, BGB, Art. 247 § 3 EGBGB Rz. 4.

382) Palandt-*Weidenkaff*, BGB, Art. 247 § 3 EGBGB Rz. 4.

durch Überweisung oder Verrechnung.[383] Ebenfalls umfasst sind Zahlungen an Dritte, die vom Verbraucher als Empfangsbevollmächtigte benannt sind.[384] Praktische Bedeutung hat dies bei Getränkelieferungsverträgen mit Überweisung des Nettodarlehensbetrages an den Verkäufer des Gaststätteninventars oder an den Vorbetreiber bei Ablösung.

3.355 e) **Höchstgrenze.** Weiter kommt es nicht darauf an, ob der Betrag dem Darlehensnehmer in voller Höhe zufließt.[385] Gelegentlich stehen Umfang oder Höhe des Finanzierungsvolumens noch nicht fest, weil etwa die zu finanzierende Gaststätteneinrichtung noch nicht vollständig verhandelt oder Umbaumaßnahmen noch nicht abschließend beurteilt bzw. abgerechnet werden können. Dann ist die Angabe der Höchstgrenze des Darlehens ausreichend.[386]

6. Sollzinssatz

3.356 a) **Rechtsgrundlage** ist § 492 Abs. 2 BGB i. V. m. Art. 247 §§ 6 Abs. 1 Nr. 1, 3 Abs. 1 Nr. 5, Abs. 4 EGBGB, § 489 Abs. 5 BGB.

3.357 b) **Sollzinssatz.** Der Begriff des Sollzinssatzes ist an die Stelle des bisher benutzten Begriffes Nominalzinssatzes getreten. § 489 Abs. 5 BGB enthält die **Legaldefinition.** Mit Sollzinssatz ist der in Prozent anzugebende auf das zu verzinsende Kapital bezogene Zins zu verstehen. Angegeben werden kann sowohl der Jahreszins als auch der Monatszins.[387] Sind die Zinsen ausnahmsweise veränderlich, so sind die Zeiträume und die Bezugsbasis anzugeben.[388] Berechnet der Getränkelieferant für die Zurverfügungstellung der Darlehensvaluta keine Zinsen, so ist bei Verbraucherdarlehen ein entsprechender Hinweis („zinslos", „0 % Zinsen") erforderlich.

3.358 c) **Bedingungen und Zeitraum der Anwendung.** Praktisch wird dieses Angabeerfordernis im Zusammenhang mit Getränkelieferungsverträgen wohl nicht (mehr), weil variable Zinssätze sowohl im Allgemeinen als auch im Zusammenhang mit der Erfüllung der Getränkeabnahmeverpflichtung aktuell kaum mehr zum Einsatz gelangen.

3.359 d) **Rechtsfolgen bei Verstoß.** Werden die vereinbarten Sollzinsen bei Verbraucherdarlehen nicht angegeben, so ist der Vertrag nach § 494 Abs. 1 Fall 2 BGB nichtig, soweit nicht eine Heilung durch Empfang oder Inanspruchnahme des Darlehens nach § 494 Abs. 2 Satz 1 BGB eingetreten ist. Allerdings ermä-

---

383) BT-Drucks. 16/11 643, S. 125.

384) BT-Drucks. 16/11 643, S. 125.

385) BT-Drucks. 16/11 643, S. 125.

386) *Gödde*, in: Martinek/Semler/Habermeier/Flohr, Vertriebsrecht, § 52 Rz. 82.

387) Erman-*Saenger*, BGB, § 491a Rz. 15.

388) *Gödde*, in: Martinek/Semler/Habermeier/Flohr, Vertriebsrecht, § 52 Rz. 86.

ßigt sich dann der vereinbarte Sollzinssatz nach § 494 Abs. 2 Satz 2 BGB auf 4 % (§ 246 BGB).

7. Vertragslaufzeit

a) Rechtsgrundlage ist § 492 Abs. 2 BGB i. V. m. Art. 247 §§ 6 Abs. 1 Nr. 1, 3 Abs. 1 Nr. 6 EGBGB. 3.360

b) Wissenswertes. Gemeint ist die Laufzeit des Darlehensvertrages. Unter Vertragslaufzeit versteht man den Zeitraum bis zur vollständigen Rückführung des Darlehens. Dieser ist nach Jahren oder nach Monaten anzugeben. Angegeben werden können entweder das Enddatum oder die Laufzeitdauer.[389] Bei unbefristeten Verträgen ist „unbefristet" anzugeben.[390] 3.361

Allein die Angabe einer bestimmten Anzahl von (Annuitäten-)Raten reicht als Laufzeitangabe nicht aus. Dies jedenfalls dann, wenn sich der Zeitpunkt der Fälligkeit der letzten Teilzahlung (Schlusszahlung) nicht ausdrücklich aus dem Vertrag ergibt. Gleiches gilt aber auch dann, wenn sich das Enddatum nur errechnen lässt, weil sich der Tilgungsbeginn erst ab dem unbekannten Zeitpunkt der Auszahlung des Darlehens ermitteln lässt („rückzahlbar in monatlichen Raten in Höhe von … € ab dem … des Monats, der auf die Zahlung der Darlehensvaluta folgt"). 3.362

Steht der Laufzeitbeginn bei Vertragsabschluss noch nicht fest, etwa weil die Zahlung von der noch nicht bekannten Lieferung des Inventars durch Dritte abhängt, so ist die Vertragslaufzeit als Zeitraum möglichst genau zu umschreiben. 3.363

Bei Getränkelieferungsverträgen kann der Rückführungszeitraum für die Finanzierung vor dem Ende der Bezugsverpflichtung liegen. Auszugehen ist von der Prognose im Zeitpunkt des Vertragsschlusses (Rechtsgedanke des Art. 247 § 6 Abs. 3 EGBGB). 3.364

Wird das Verbraucherdarlehen durch Abschreibung oder Rückvergütungsgutschriften getilgt, so bedarf es ebenfalls einer gesonderten Angabe der Laufzeit des Darlehensvertrages. Die bloße Errechenbarkeit aus der Laufzeit des bezugsrechtlichen Teiles des Getränkelieferungsvertrages genügt nicht mehr. Dies gilt auch unabhängig davon, ob hl-bezogene Gutschriften oder Festabschreibungsbeträge vereinbart sind. 3.365

c) Rechtsfolgen eines Verstoßes. Dem Darlehensnehmer steht ein jederzeitiges uneingeschränktes Kündigungsrecht zu (§ 494 Abs. 6 Satz 1 Fall 1 BGB). 3.366

8. Betrag, Zahl und Fälligkeit der einzelnen Teilzahlungen

a) Rechtsgrundlage ist § 492 Abs. 2 BGB i. V. m. Art. 247 §§ 6 Abs. 1 Nr. 1, 3 Abs. 1 Nr. 7 EGBGB. 3.367

389) Bülow/Artz-*Artz*, Verbraucherkreditrecht, § 492 Rz. 102b.

390) Begründung RegE BR-Drucks. 848/08, S. 204.

3.368 **b) Ratendarlehen. aa) Grundsatz.** Zu den im Gegenseitigkeitsverhältnis stehenden Pflichten des (Verbraucher-)Darlehensnehmers rechnet es, den geschuldeten Zins zu zahlen und bei Fälligkeit das zur Verfügung gestellte Darlehen zurückzuzahlen (§ 488 Abs. 1 Satz 2 BGB). Erfasst sind Ratendarlehen.[391)]

3.369 **bb) Inhalt.** Anzugeben sind die **Höhe** der einzelnen Raten, deren **Anzahl**[392)] und die **Termine der Fälligkeit**. Für die Fälligkeit genügt ein nach dem Kalender bestimmbarer Zeitpunkt. Dies ist die im Muster Europäische Standardinformationen für Verbraucherkredite genannte „Periodizität".[393)]

3.370 **cc) Tilgungsplan.** Zwar gehört ein Tilgungsplan nach dem Gesetzeswortlaut nicht zu den zwingend vorgeschriebenen Informationen. Er muss daher dem Darlehensvertrag nicht beigefügt werden.[394)] Aus praktischen Gründen ist die Beifügung aber sinnvoll.

3.371 **c) Endfällige Darlehen.** Obgleich Art. 247 § 3 Abs. 1 Nr. 7 EGBGB von „einzelnen Teilzahlungen" spricht, werden auch endfällige Darlehen erfasst.[395)] Von „Teilzahlungen" und „Zahl" kann nur bei Ratenfinanzierungen (auch Annuitäten) gesprochen werden, nicht dagegen bei Abschreibungs- und Rückvergütungsgutschriftenfinanzierungen als Beispielen für endfällige Darlehen. Gleiches gilt ggf. auch bei Mischmodellen, wie dem Jahresratenmodell, für den nicht durch Raten zurückzuführenden Teil des Darlehens. Vorrangig anzugeben sind die vertraglich vereinbarten Endfälligkeiten. Fehlt es an entsprechenden Regelungen, ist das Darlehen bei Fälligkeit zurückzuzahlen unter Beachtung der gesetzlichen Kündigungsfristen nach §§ 489, 499, 500 BGB. Bei Darlehen, die durch Abschreibung oder Rückvergütungsgutschriften getilgt werden, könnten die entsprechenden Angaben lauten „bis zur vollständigen Abschreibung des Darlehens" bzw. „bis zur vollständigen Tilgung des Darlehens". Dann ist der Zeitpunkt der Fälligkeit des Darlehens anzugeben.[396)]

3.372 **d) Rechtsfolgen bei Verstoß.** Da der Wortlaut des § 494 Abs. 2 Satz 2 BGB eindeutig ist, scheidet eine richtlinienkonforme Auslegung aus. Die Nichtangabe der Anzahl der einzelnen Teilleistungen bleibt daher ohne Folgen.[397)]

9. Gesamtbetrag

3.373 **a) Rechtsgrundlage** ist § 492 Abs. 2 BGB i. V. m. Art. 247 §§ 6 Abs. 1 Nr. 1, 3 Abs. 1 Nr. 8, 3 Abs. 2 Satz 1, 6 Abs. 3 EGBGB.

391) Palandt-*Weidenkaff*, BGB, Art. 247 § 3 EGBGB Rz. 2.

392) OLG Karlsruhe, Urt. v. 27.10.1998 – 17 U 316/97, WM 1999, 222.

393) BT-Drucks. 16/11 643, S. 124.

394) NK-BGB/*Krämer/Müller*, § 492 Rz. 13.

395) BGH, Urt. v. 19.10.2004 – XI ZR 337/03, NJW-RR 2005, 354 = ZIP 2004, 2373; BGH, Urt. v. 25.4.2006 – XI ZR 106/05, NJW 2006, 1955 = ZIP 2006, 1084.

396) Palandt-*Weidenkaff*, BGB, § 492 Rz. 11.

397) BGH, Urt. v. 19.10.2004 – XI ZR 337/03, NJW-RR 2005, 354 = ZIP 2004, 2373, lässt offen.

b) Zweck. Durch den Gesamtbetrag wird der Verbraucher über den insgesamt zurückzuzahlenden Betrag unterrichtet. Durch den Vergleich des Gesamtbetrages mit dem Nettodarlehensbetrag kann der Verbraucher die von ihm zu erbringende Gesamtleistung richtig einschätzen. Subtrahiert man nämlich den Nettodarlehensbetrag vom Gesamtbetrag, so zeigt sich für den Darlehensnehmer die vollständige Gegenleistung für den Kredit über die gesamte Laufzeit. Die Angabe des Gesamtbetrages soll ihm einen Konditionenvergleich ermöglichen.[398] **3.374**

c) Begriff. Unter Gesamtbetrag versteht man nach der Legaldefinition die Summe aus Nettodarlehensbetrag und Gesamtkosten (Zinsen und sonstigen Kosten) (Art. 247 § 3 Abs. 2 Satz 1 EGBGB).[399] Der Gesamtbetrag umfasst alle finanziellen Verpflichtungen, die der Darlehensnehmer bei regulärem Vertragsverlauf über die Rückzahlung des Darlehens hinaus zu tragen hat.[400] Daher ist von einer vertragsgemäßer Erfüllung und einem normalem Tilgungsverlauf auszugehen. **3.375**

d) Einzubeziehende Kosten. aa) Grundlagen. Die (nicht gesondert anzugebenden) Gesamtkosten bestimmen sich nach § 6 Abs. 3 PAngV. Sie umfassen neben den vom Darlehensnehmer zu entrichteten Zinsen auch alle sonstigen Kosten einschließlich etwaiger Vermittlungskosten, die der Darlehensnehmer im Zusammenhang mit dem Darlehensvertrag zu entrichten hat und die dem Darlehensgeber bekannt sind.[401] **3.376**

Erforderlich ist danach einerseits eine kausale Verbindung zwischen den Kosten und dem Darlehensvertrag; diese ist allerdings weit auszulegen.[402] Nach der Gesetzesbegründung müssen die sonstigen Kosten ihren rechtlichen Ursprung zwar nicht zwingend im Kreditvertrag haben.[403] Die sonstigen Kosten müssen aber im Zusammenhang mit dem Darlehensvertrag stehen.[404] Somit fallen hierunter auch die Kosten eines Kauf- oder Versicherungsvertrages, der Bedingung für den Abschluss eines Darlehensvertrages ist.[405] **3.377**

Andererseits sind nur solche Kosten zu berücksichtigen, die dem Darlehensgeber bekannt sind. Die **Kenntnis** des Darlehensgebers ist gemäß Erwägungsgrund 20 der Verbraucherkreditrichtlinie 2008/48/EG objektiv nach den Anforderungen an die berufliche Sorgfalt des Darlehensgebers zu beurteilen.[406] **3.378**

---

398) *Gödde*, in: Martinek/Semler/Habermeier/Flohr, Vertriebsrecht, § 52 Rz. 83.

399) BT-Drucks. 16/11 643, S. 125.

400) BT-Drucks. 16/11 643, S. 141.

401) Die Definition folgt der Vorgabe aus Art. 3g der Verbraucherkreditrichtlinie 2008.

402) BT-Drucks. 16/11 643, S. 141.

403) BT-Drucks. 16/11 643, S. 234.

404) Bülow/Artz-*Artz*, Verbraucherkreditrecht, § 492 Rz. 103.

405) Palandt-*Weidenkaff*, BGB, Art. 247 § 3 EGBGB Rz. 7.

406) Palandt-*Weidenkaff*, BGB, Art. 247 § 3 EGBGB Rz. 7.

Entscheidend ist demnach der Kenntnisstand eines ordentlichen Unternehmers. Ausgenommen sind die in § 6 Abs. 3 Nr. 1–6 PAngV gesondert aufgeführten Kosten.

3.379 Dem Darlehensgeber obliegt die **Beweislast** dafür, dass die entsprechende Verknüpfung nicht besteht. Dies ist nach den Vorstellungen des Gesetzgebers gerechtfertigt, weil bei einer risikoadäquaten Vergabe zu vermuten sei, dass der Abschluss etwa eines Versicherungsvertrages die Vertragsbedingungen beeinflusst habe.[407)]

3.380 **bb) Denkbare Kostenpositionen.** Da bei der Finanzierung durch Getränkelieferanten typischerweise keine **Bearbeitungskosten** und **Restschuldversicherungen** anfallen, sind die Abweichungen vom Sollzinssatz erheblich geringer.

3.381 **e) Berechnung.** Bei Darlehens- und Getränkelieferungsverträgen stehen die Konditionen in der Regel bei Vertragsschluss für die gesamte Laufzeit fest. Daher lässt sich der Gesamtbetrag ohne weiteres errechnen. Bei veränderlichen Verbraucherdarlehensfinanzierungen ist ein fiktiver Gesamtbetrag auf der Basis der bei Vertragsschluss maßgeblichen Konditionen zu berechnen.

3.382 **f) Inhalt.** Der Begriff des Gesamtbetrages ist im Vertrag nicht zu erläutern.

3.383 **g) Aufschlüsselung.** Nach dem eindeutigen Wortlaut der Bestimmung bedarf es keiner weiteren Aufschlüsselung der Einzelpositionen in Tilgungsraten, Zinsen und Kosten, weil für das Informationsbedürfnis des Verbrauchers die Angabe des Gesamtbetrages ausreichend ist.[408)] Der Gesamtbetrag kann danach in einer Summe genannt werden. Nach Sinn und Zweck dieser Vorschrift ist vorrangig die Information über die sich aus der Kreditaufnahme ergebende finanzielle Gesamtbelastung. Hierfür ist die Angabe des Gesamtbetrages ausreichend.[409)]

3.384 **h) Fehlen der Angabe.** Die Angabe des Gesamtbetrages fehlt auch dann, wenn der angegebene Betrag erkennbar nur für die Zeit der Zinsfestschreibung und nicht für die Gesamtlaufzeit berechnet worden ist.[410)]

3.385 **i) Rechtsfolgen bei Verstoß.** Im Falle der Nichtangabe des Gesamtbetrages ist der Vertrag an sich nichtig (§ 494 Abs. 1 Fall 2 BGB). Allerdings besteht wiederum die Möglichkeit der Heilung durch Empfang oder Inanspruchnahme des Darlehens (§ 492 Abs. 2 Satz 1 BGB) mit der Konsequenz der Reduktion des Sollzinssatzes auf 4 % gem. §§ 494 Abs. 2 Satz 2, 246 BGB.

10. Auszahlungsbedingungen

3.386 **a) Rechtsgrundlage** ist § 492 Abs. 2 BGB i. V. m. Art. 247 §§ 6 Abs. 1 Nr. 1, 3 Abs. 1 Nr. 9 und 10 EGBGB.

---

407) Begründung RegE BR-Drucks. 848/08, S. 239.

408) BGH, Urt. v. 19.10.2004 – XI ZR 337/03, NJW-RR 2005, 354 = ZIP 2004, 2373.

409) Bülow/Artz-*Artz*, Verbraucherkreditrecht, § 492 Rz. 87a.

410) BGH, Urt. v. 25.4.2006 – XI ZR 106/05, NJW 2006, 1955 = ZIP 2006, 1084.

b) Leistungsvorbehalt. Mit Vertragsabschluss stehen dem Kunden des Getränkelieferanten daher grundsätzlich alle vertraglichen Ansprüche auf Erfüllung zu.[411] Daran ändert auch eine Widerruflichkeit des Vertrages nichts. 3.387

aa) Leistungsvorbehalt i. e. S. Im Falle des Widerrufs droht eine Rückabwicklung der erbrachten Leistung im Falle eines Widerrufs. Üblicherweise werden daher Vertragsklauseln aufgenommen, wonach das Darlehen erst nach Ablauf der Widerrufsfrist (unter Einrechnung der Postlaufzeit) ausgezahlt wird (Leistungsvorbehalt i. w. S.). Wirksamkeitsbedenken bestehen insofern, auch im Hinblick auf § 308 Nr. 1 Halbs. 2 BGB, nicht. 3.388

bb) Leistungsvorbehalt i. w. S. In der Praxis wird die Auszahlung der Darlehensvaluta vertraglich von weiteren Voraussetzungen abhängig gemacht (sog. Leistungsvorbehalt i. w. S.). Als Beispiele können genannt werden: Stellung der Sicherheiten, Freisein der Sicherheiten von Rechten Dritter (Verpächter-/Vermieterpfandrechtsverzichtserklärung, Zubehörhaftungsverzichtserklärung, Eigentumsvorbehalt des Inventarlieferanten oder eines sonstigen Voreigentümers), Vorlage aktueller Grundbuchauszüge, Nachweis des der Beleihung zugrunde liegenden Verkehrswertes z. B. durch Wertgutachten, Nachweis des Bestehens eines Miet- oder Pachtvertrages für die Dauer der Laufzeit der Getränkebezugsverpflichtung, Vorlage einer Kopie der Gewerbeanmeldung, Nachweis der Umsatzsteuernummer insbesondere bei nicht selbst bewirtschaftenden Hauseigentümern und Vereinen, Vorlage der (vorläufigen) Gaststättenerlaubnis (Konzession) der zuständigen Ordnungsbehörde, Vorlage einer qualifizierten Selbstauskunft nach § 34 BDSG sowie einer SCHUFA-Eigenauskunft nach § 19 BDSG, die im Zeitpunkt Vertragsunterzeichnung nicht älter als einen Monat ist, Vorlage der vom Kunden unterzeichneten Inventarrechnungen etc. 3.389

c) Praxishinweis. In der Vertrags- und Vertriebspraxis können sich Abgrenzungsschwierigkeiten zur Pflichtangabe „Sämtliche weitere Vertragsbedingungen"[412] sowie zur Pflichtangabe „Weitere verlangte Sicherheiten und Versicherungen"[413] ergeben. Drei Sachverhaltskonstellationen sind jedenfalls denkbar. Erstens werden die Gestellung von Sicherheiten und/oder der Abschluss von Versicherungen vertraglich als Auszahlungsbedingung definiert und entsprechend abgewickelt. Dann sind die insofern gemachten Ausführungen maßgeblich. Finden sich im Vertrag keine Hinweise auf die Verpflichtung zur Bestellung von Sicherheiten und/oder den Abschluss von Versicherungen, so handelt es sich zweitens weder um sonstige weitere Vertragsbedingungen noch um weitere verlangte Sicherheiten und Versicherungen in diesem Sinne. Soweit es sich nicht um Darlehen über 75.000,00 € handelt, können die Gestellung von Sicherheiten und/oder der Abschluss von Versicherungen nicht gefordert werden 3.390

---

411) Siehe oben § 26 IX 2 m. w. N.

412) Siehe unten § 42 III 18.

413) Siehe oben § 42 III 20.

(§ 494 Abs. 6 Sätze 2 und 3 BGB, ggf. im Wege des Erst-Recht-Schlusses). Drittens ist an den in der Praxis nicht seltenen Fall zu denken, dass entsprechende Verpflichtungen zwar im Getränkelieferungsvertrag enthalten sind, die Auszahlung davon aber letztlich ganz oder zumindest teilweise nicht abhängig gemacht wird. Dieser Fall dürfte im Ergebnis wie die Sachverhalte der ersten Fallgruppe zu behandeln sein.

3.391 **d) Auszahlung. aa) Grundsatz.** Die Leistungen des Getränkelieferanten sind grundsätzlich sofort mit Vertragsschluss fällig (§ 271 Abs. 1 BGB).

3.392 **bb) Auszahlungsempfänger.** Als Auszahlungsempfänger kommt zunächst der Darlehensnehmer selbst in Betracht. Erfolgt die Auszahlung auf Weisung des Kunden an einen Dritten, den dieser als Empfangsbevollmächtigten benannt hat, so etwa bei der Überweisung der Darlehensvaluta an den Verkäufer des Gaststätteninventars, so ist auch dieses zu regeln. Gleiches gilt in der Situation der Ablösung bei Zahlung an den Vorbetreiber. In den beiden letztgenannten Fällen sind auch die Voraussetzungen (Bestätigung des ordnungsgemäßen Empfangs etc.) anzugeben. Beispiel: „Die Auszahlung/Zahlung erfolgt an den Inventarverkäufer, nachdem dem Getränkelieferanten die auf den Kunden ausgestellten oder von diesem zum Zeichen des ordnungsgemäßen Empfangs unterzeichneten Rechnungen vorliegen.“ Anzugeben ist auch, dass der Darlehensnehmer etwas anderes erhält, z. B. einen Gegenstand oder die Befreiung von einer Verbindlichkeit.[414)]

3.393 **cc) Verrechnung.** Anzugeben sind Verrechnungsklauseln der Darlehensvaluta mit Kaufpreisforderungen oder sonstigen Forderungen des Lieferanten etwa aus Inventarkauf, Warenlieferung oder Pacht/Miete. Beispiel: „Die Verrechnung der Darlehensvaluta erfolgt mit Kaufpreisforderungen oder sonstigen Forderungen des Getränkelieferanten.“, „Die Auszahlung wird dadurch ersetzt, dass das gewährte Darlehen dem Kaufpreiskonto (alternativ dem Warenkonto) des Kunden gutgeschrieben wird.“

3.394 **dd) Kosten der Auszahlung.** Im Gegensatz zu Bankdarlehen werden die von Getränkelieferanten ausgereichten Darlehen ohne Abzug (eines Disagios) und damit zu 100 % ausgezahlt. Auch werden im Zusammenhang mit der Auszahlung keine Kosten erhoben. Hierauf sollte hingewiesen werden.

3.395 **e) Bestellung von Sicherheiten. aa) Inventarsicherheiten.** Zum Schutz des Verbraucherdarlehensnehmers muss in der Vertragsurkunde die schuldrechtliche Verpflichtung zur Bestellung von Sicherheiten aufgenommen werden. Der Vollzug dieser Verpflichtung und damit die dingliche Bestellung können außerhalb der Vertragsurkunde erfolgen. Dabei müssen die zu bestellenden Sicherheiten so konkret wie möglich benannt werden.

414) BT-Drucks. 16/11 643, S. 124.

In diesem Zusammenhang ist zu denken an Bestellung oder Abtretung eines Grundpfandrechts, Sicherungsübereignung von Inventar oder Kraftfahrzeugen, Eigentumsvorbehalt an Gaststätteninventar, Lohn- und Gehaltsabtretung, Abtretung des Rückkaufwertes von Lebensversicherungen oder beispielsweise notarielle Schuldanerkenntnisse. 3.396

Für den eher seltenen Fall, dass bereits Sicherheiten bestellt und damit vorhanden sind, genügt ein allgemeiner Hinweis auf den Fortbestand der bestehenden Sicherheiten. Nicht erforderlich ist die Aufzählung der bereits bestehenden Sicherheiten. 3.397

Im Fall von entgeltlichen Finanzierungshilfen, insbesondere Teilzahlungsgeschäften (§ 507 BGB), ist ein Hinweis auf den Eigentumsvorbehalt aufzunehmen. Soll ein Austausch der verlangten Sicherheiten möglich sein, genügt die Angabe des Anspruchs auf Absicherung in bestimmter Höhe durch bestimmte Sicherheiten.[415] Die konkrete Sicherungsvereinbarung kann dagegen auch außerhalb des eigentlichen Darlehensvertrags erfolgen.[416] 3.398

bb) Grundbuchsicherheiten. Insofern ist zu differenzieren. **Grundpfandrechte** sind erfasst, nicht dagegen die Bestimmung von **Dienstbarkeiten.** 3.399

cc) Bankbürgschaften. Auch insofern besteht ein Angabeerfordernis. 3.400

dd) Rechtsfolgen bei Verstoß. Soweit es sich dabei nicht um Darlehen über 75.000,00 € handelt, können die Sicherheiten dann nicht gefordert werden (§ 494 Abs. 6 Sätze 2 und 3 BGB). 3.401

Eine Sicherheit, die im Darlehensvertrag nicht angegeben ist, aber vom Verbraucher bereits eingeräumt worden ist, muss der Darlehensgeber, wenn die Verbindlichkeit durch Heilung wirksam wird, nicht gem. § 812 Abs. 1 Satz 1 Fall 1 BGB zurückgewähren.[417] Die Sicherheit sichert in diesem Fall mit Rechtsgrund eine wirksame Verbindlichkeit aus einem Verbraucherdarlehensvertrag. 3.402

11. Sonstige Kosten und die Bedingungen der Anpassung

a) Rechtsgrundlage ist § 492 Abs. 2 BGB i. V. m. Art. 247 §§ 6 Abs. 1 Nr. 1, 3 Abs. 1 Nr. 10 EGBGB. 3.403

b) Sonstige Kosten. Unter „sonstigen Kosten“ versteht man zunächst alle dem Darlehensgeber selbst geschuldeten Kosten, die bei planmäßiger Abwicklung des Darlehensvertrages zu Lasten des Verbrauchers anfallen.[418] Sonstige Kosten 3.404

415) BT-Drucks. 16/11 643, S. 128.

416) MünchKomm-*Schürnbrand*, BGB, Art. 247 Rz. 23 m. w. N.

417) BGH, Urt. v. 22.7.2008 – XI ZR 389/07, NJW 2008, 3208 = ZIP 2008, 1669; a. A. Erman-*Saenger*, BGB, § 494 Rz. 24.

418) BGH, Urt. v. 7.10.1997 – XI ZR 233/96, NJW 1998, 602 = ZIP 1998, 66.

sind somit alle Gebühren, Kosten und Auslagen, die der Verbraucher im Zusammenhang mit dem Vertrag, vor Vertragsabschluss und bei Durchführung zu tragen hat.[419] Kosten, die durch einen weiteren Vertrag anfallen, sind hier nicht anzugeben. Die Muster sehen vor, die einzelnen Kosten getrennt anzugeben; gesetzlich vorgeschrieben wird dies durch Art. 247 § 3 Abs. 1 Nr. 10 EGBGB aber nicht.[420]

3.405 c) **Anpassung.** Anzugeben ist, unter welchen Bedingungen die Kosten angepasst, d. h. einseitig verändert werden können.[421]

3.406 d) **Sicherheiten.** Zu denken ist an die **Kosten der Gestellung von Sicherheiten**, z. B. Avalprovisionen bei Bürgschaften, Gerichts- und Notarkosten bei Grundbuchsicherheiten, Kosten der Versicherung etwa von Inventar gegen die jeweils versicherten Risiken, ggf. auch die Prämien von Lebensversicherungen.

3.407 aa) **Inventarsicherheiten.** Die Kosten der Versicherung von Inventar sind im Hinblick auf einen Umkehrschluss aus § 6 Abs. 3 Nr. 4 PAngV aufzunehmen. Dort heißt es: „Kosten für solche Versicherungen oder für solche anderen Zusatzleistungen, die keine Voraussetzung für die Kreditvergabe oder für die Kreditvergabe zu den vorgesehenen Vertragsbedingungen sind.“[422]

3.408 bb) **Grundbuchsicherheiten.** Hinzuweisen ist insbesondere auf sämtliche mit der Bestellung, Abtretung, Löschung und Verwertung von **Grundpfandrechten** verbundenen Kosten, soweit es sich nicht um Notarkosten handelt. Anzugeben sind also nur Einmalkosten wie Notar- und Gerichtsgebühren für die Eintragung von Grundpfandrechten und die vorausgehenden Geschäftskosten zur Ermittlung des Beleihungswertes, Kosten eines **abstrakten Schuldanerkenntnisses**, von dessen Erteilung die Darlehensgewährung anhängig gemacht wird, sowie Kosten für die Freigabe von Sicherheiten. Nicht anzugeben sind dagegen Kosten, die unabhängig von der Darlehensgewährung entstehen wie Notar- und Grundbuchkosten für den Grundstückserwerb oder Schätzkosten für den mit dem Darlehen zu erwerbenden Gegenstand zur Bemessung des Kaufpreises.[423]

3.409 Allerdings dürfte insofern wohl zu differenzieren sein. Notarkosten sind nach § 6 Abs. 3 Nr. 5 PAngV ausgenommen. Für Gerichtskosten dürfte nach § 6 Abs. 3 Nr. 4 PAngV („Kosten der Sicherheiten bei Immobiliardarlehensverträgen i. S. d. § 503 des Bürgerlichen Gesetzbuchs“) etwas Anderes gelten.

3.410 e) **Versicherungen. aa) Grundlagen.** Ein mittelbarer Zusammenhang mit dem Kreditvertrag liegt vor, wenn eine Versicherung abgeschlossen wird, die

---

419) Palandt-*Weidenkaff*, BGB, Art. 247 § 3 EGBGB Rz. 2.

420) BT-Drucks. 16/11 643, S. 124.

421) Erman-*Saenger*, BGB, § 491a Rz. 27.

422) Bülow/Artz-*Artz*, Verbraucherkreditrecht, § 492 Rz. 85, 92.

423) Bülow/Artz-*Artz*, Verbraucherkreditrecht, § 492 Rz. 103d.

die Werterhaltung eines Guts bezweckt, das der Sicherung des Kredits dient. Wird vom Darlehensnehmer der Abschluss oder der Nachweis von Versicherungen als Bedingung verlangt, so sind die entsprechenden Kosten – soweit bekannt, im Übrigen dem Grunde nach – anzugeben. Dabei kommt es nicht darauf an, um welche Versicherung es sich handelt. Gleichgültig ist auch, ob sie bei Abschluss des Darlehensvertrags bereits bestanden hat. Allein maßgeblich ist, ob der Darlehensgeber sie verlangt.

bb) Einzelfälle. Üblicherweise wird im Zusammenhang mit Darlehens- und Getränkelieferungsverträgen nicht der Abschluss einer **Restschuldversicherung** verlangt, so dass insofern keine Angabepflicht besteht. Anders bei tilgungsersetzenden **Kapitallebensversicherungen.**[424)] Ob auch **Risikolebensversicherungen** als Sicherheit hierzu gehören, ist zweifelhaft. Bisher wurde die Frage lediglich für Tilgungsaussetzungen während der Laufzeit von Festkrediten sowie im Rahmen einer Baufinanzierung diskutiert und bejaht.[425)] 3.411

Erfasst werden auch solche **Sachversicherungen,** die der Werterhaltung der vom Darlehensnehmer gestellten Sicherheiten dienen, soweit der Abschluss der Versicherung gesetzlich vorgeschrieben oder – wie in diesem Zusammenhang – vom Darlehensgeber verlangt wird.[426)] Findet sich die Verpflichtung zur Sachversicherung des Inventars nicht im Getränkelieferungsvertrag, sondern in dem Sicherungsübereignungsvertrag, einer eigenständigen Vertragsurkunde, dann dürfte eine Angabepflicht entfallen, weil Kosten, die durch einen weiteren Vertrag anfallen, hier nicht anzugeben sind.[427)] 3.412

Eine **Vollkaskoversicherung** ist anzugeben, wenn sie bei Kfz-Sicherungsübereignungen als zusätzliche Sicherheit vorausgesetzt wird. Allerdings gilt auch insofern die vorstehend gemachte Einschränkung. 3.413

Bei **sonstigen Versicherungen** sind die Einzelprämie und der Zahlungsmodus anzugeben. 3.414

f) Rechtsfolgen bei Verstoß. Im Falle des Verstoßes besteht keine Zahlungspflicht (§ 494 Abs. 4 Satz 1 BGB). Bei bereits erfolgten Zahlungen hat der Verbraucher Rückgriffsansprüche aus Geschäftsführung ohne Auftrag oder aus ungerechtfertigter Bereicherung. Kosten, die an einen Dritten zu entrichten sind, sind trotz fehlender Vertragsangabe zu begleichen, wenn sie auf ein gesondertes Vertragsverhältnis zu dem Dritten zurückzuführen sind. 3.415

---

424) BGH, Urt. v. 8.6.2004 – XI ZR 150/03, NJW 2004, 2820 = ZIP 2004, 1445; BGH, Urt. v. 18.1.2005 – XI 17/04, NJW 2005, 985, 986 = ZIP 2005, 339; BGH, Urt. v. 25.4.2006 – XI ZR 193/04, BGHZ 165, 252 = NJW 2006, 1788 = ZIP 2006, 940.

425) BGH, Urt. v. 8.6.2004 – XI ZR 150/03, BGHZ 159, 270 = NJW 2004, 2820 = ZIP 2004, 1445; BGH, Urt. v. 14.9.2004 – XI ZR 11/04, NJW-RR 2005, 483 = ZIP 2004, 280; BGH, Urt. v. 25.4.2006 – XI ZR 106/05, BGHZ 167, 239 = NJW 2006, 1955 = ZIP 2006, 1084.

426) *Gödde*, in: Martinek/Semler/Habermeier/Flohr, Vertriebsrecht, § 52 Rz. 90.

427) BT-Drucks. 16/11 643, S. 124.

12. Verzugszinssatz und die Art und Weise seiner etwaigen Anpassung sowie ggf. anfallende Verzugskosten

3.416 a) **Rechtsgrundlage** ist § 492 Abs. 2 BGB i. V. m. Art. 247 §§ 6 Abs. 1 Nr. 1, 3 Abs. 1 Nr. 11 EGBGB.

3.417 b) **Formulierung.** Hinsichtlich des Verzugszinssatzes und ggf. anfallender Verzugskosten ist Ziff. 3 a. E. des Musters der Europäischen Standardinformationen für Verbraucherkredite (Anlage 3 zu Art. 247 § 2 EGBGB) maßgeblich. Dort wird formuliert „Für verspätete Zahlungen wird Ihnen [...(anwendbarer Zinssatz und gegebenenfalls Verzugskosten)] berechnet." Anzugeben ist der Verzugszins als solcher und ggf. eine vorgesehene Anpassung. Verzugszinsen und -kosten, z. B. eine Vertragsstrafe wegen Nichterfüllung der darlehensrechtlichen Verpflichtungen, sind gesondert angeführt, weil sie durch Leistungsstörungen anfallen und deshalb nicht zu den Gesamtkosten gehören (§ 6 Abs. 3 Nr. 1 PAngV).[428)]

3.418 c) **Art und Weise einer etwaigen Anpassung.** In der Praxis wird für Verzugszinsen in der Regel keine Anpassungsmöglichkeit vorgesehen.

13. Warnhinweis zu den Folgen ausbleibender Zahlungen

3.419 a) **Rechtsgrundlage** ist § 492 Abs. 2 BGB i. V. m. Art. 247 §§ 6 Abs. 1 Nr. 1, 3 Abs. 1 Nr. 12 EGBGB.

3.420 b) **Wissenswertes.** Die Formulierung des Warnhinweises ergibt sich wörtlich aus dem Muster der Europäischen Standardinformationen (Ziff. 3 a. E. der Anlage 3 zu Art. 247 § 2 EGBGB). Seit dem 5.11.2011 heißt es dort, fälschlicherweise unter dem Betreff „Kosten des Zahlungsverzuges, „Ausbleibende Zahlungen können schwerwiegende Folgen für Sie haben (z. B. Zwangsverkauf) und die Erlangung eines Kredits erschweren."

3.421 Damit dem Verbraucher die von ihm zu vergegenwärtigenden Folgen deutlich werden und die Warnfunktion erfüllt wird, wird teilweise erwogen, den Hinweis den Gegebenheiten des jeweiligen Produkts anzupassen.[429)] Weitere Hinweise, z. B. auf das Recht des Darlehensgebers zur außerordentlichen Kündigung bei Zahlungsverzug, sind im Übrigen nicht erforderlich.[430)]

3.422 Im Zusammenhang mit Getränkelieferungsverträgen dürfte die Folge „Zwangsverkauf" eher selten sein. Im Regelfall führen ausbleibende Zahlungen zur Kündigung des Darlehens und der Verwertung von Sicherheiten. Folgt man dieser Auffassung, so kann man im Interesse der Information des Verbrauchers zusätzlich auf diese Verzugsfolgen hinweisen. Zwingend dürfte eine entsprechende Ergänzung allerdings nicht sein.

---

428) Bülow/Artz-*Artz*, Verbraucherkreditrecht, § 492 Rz. 126b.

429) MünchKomm-*Schürnbrand*, BGB, Art. 247 Rz. 10.

430) Palandt-*Weidenkaff*, BGB, Art. 247 § 6 EGBGB Rz. 3.

14. Widerrufsrecht

Wegen der herausragenden Bedeutung der Pflichtangabe Widerrufsrecht bedarf es einer umfänglicheren Darstellung, die im späteren Text erfolgt.[431] 3.423

15. Recht des Darlehensnehmers zur vorzeitigen Rückzahlung

a) Rechtsgrundlage ist § 492 Abs. 2 BGB i. V. m. Art. 247 §§ 6 Abs. 1 Nr. 1, 3 Abs. 1 Nr. 14 EGBGB. 3.424

b) Wissenswertes. aa) Vorzeitige Rückzahlung. Die Angabe bezieht sich auf § 500 Abs. 2 BGB.[432] Danach ist der Darlehensnehmer zwingend auf sein Recht zur jederzeitigen vorzeitigen vollständigen oder teilweisen Rückzahlung des Darlehens hinzuweisen. 3.425

bb) Reichweite. Das Recht zur vorzeitigen Erfüllung des Darlehensvertrages bezieht sich ausschließlich auf den Verbraucherdarlehensvertrag. Hierfür sprechen sowohl Wortlaut als auch Systematik der §§ 500 (Abs. 2), 502, 510 Abs. 1 Satz 1, 511 BGB als auch Art. 16 Abs. 1 der Verbraucherkreditrichtlinie 2008/48/EG, wo ausdrücklich von „Verbindlichkeiten aus einem Darlehensvertrag" gesprochen wird. Eine vorzeitige Rückführung der Darlehensfinanzierung beendet daher die Getränkebezugsverpflichtung nicht. Dies sollte im Hinblick auf §§ 305c Abs. 1, 307 Abs. 1 Satz 2 BGB im Darlehens- und Getränkelieferungsvertrag im Zusammenhang mit den Vorschriften über die Rückführung (Tilgung) ausdrücklich klargestellt werden.[433] 3.426

cc) Vorfälligkeitsentschädigung. Die Angabe nach Art. 247 § 4 Abs. 1 Nr. 3 EGBGB ergänzt Art. 247 § 3 Abs. 1 Nr. 14 EGBGB. Die Muster gem. Anlagen 3 und 4 enthalten entsprechende Hinweise zu § 502 BGB.[434] Getränkelieferanten vereinbaren allerdings regelmäßig keine Vorfälligkeitsentschädigung, so dass insofern keine Angabeverpflichtung besteht. Auch bei vorzeitiger Rückzahlung besteht die Getränkebezugsverpflichtung nämlich fort.[435] Die Vereinbarung einer Vorfälligkeitsentschädigung würde auch weder wirtschaftlich noch rechtlich Sinn machen, erst recht bei zinslosen oder niedrig verzinslichen Krediten. Anders ist die Situation möglicherweise, wenn der Getränkelieferant dem Kunden vertraglich die Möglichkeit zur vorzeitigen Rückführung des Darlehens unter Verzicht auf die Lieferrechte einräumt. Dann könnte die Vereinbarung einer Vorfälligkeitsentschädigung zum Teilausgleich des entgangenen Gewinns im Rahmen der gesetzlichen Höchstgrenzen nach § 502 BGB Sinn machen. Insofern bestünde eine Angabepflicht. 3.427

---

431) Siehe unten § 42 IV m. w. N.

432) Palandt-*Weidenkaff*, BGB, § 495 Rz. 2.

433) Siehe oben § 34 V 9 c m. w. N.

434) Palandt-*Weidenkaff*, BGB, Art. 247 § 4 EGBGB Rz. 2.

435) Siehe unten § 46 III 5 f jeweils m. w. N.

16. Anspruch auf einen Tilgungsplan

3.428 a) **Rechtsgrundlage** ist § 492 Abs. 2 BGB i. V. m. Art. 247 § 6 Abs. 1 Nr. 4 EGBGB.

3.429 b) **Wissenswertes.** Bei befristeten Verbraucherdarlehen hat der Darlehensnehmer nach Vertragsabschluss zu jedem beliebigen Zeitpunkt Anspruch auf einen Tilgungsplan, auch wiederholt. Voraussetzung ist, dass ein Zeitpunkt für die Rückzahlung des Darlehens bestimmt ist.[436)]

17. Verfahren bei Kündigung des Darlehensvertrages

3.430 a) **Rechtsgrundlage** ist § 492 Abs. 2 BGB i. V. m. Art. 247 § 6 Abs. 1 Nr. 5 EGBGB.

3.431 b) **Wissenswertes.** Das Angabeerfordernis bezieht sich nach der Gesetzesbegründung[437)] nur auf das Kündigungsrecht des Darlehensnehmers. Ihm soll im Verbraucherdarlehensvertrag verdeutlicht werden, wann eine Kündigung des Darlehensgebers wirksam ist. Demgegenüber wird im Schrifttum vertreten, auch eine Kündigung des Darlehensgebers sei erfasst.[438)] Aus unternehmerischer Vorsicht wird hier der strengeren Auffassung gefolgt.

3.432 Anzugeben ist die Kündigungsmöglichkeit, bei einem befristeten Darlehensvertrag zumindest die Möglichkeit der Kündigung nach § 314 BGB.[439)] Wie sich ausdrücklich aus der zitierten Begründung des Regierungsentwurfs ergibt, kann abstrakt auf die Vorschrift des § 314 BGB verwiesen werden. Weder muss der Wortlaut der Bestimmung wiederholt noch der wichtige Grund näher definiert werden. Damit die Rechte des Darlehensnehmers nicht verkürzt werden und er sein Kündigungsrecht fristgerecht ausüben kann, wird ein Hinweis auf § 314 Abs. 3 BGB im Vertrag für erforderlich erachtet. Die Formulierung könnte lauten „… Die Kündigung ist nur innerhalb angemessener Frist nach Kenntnis des Kündigungsgrundes möglich.“

3.433 Steht dem Verbraucherdarlehensnehmer darüber hinaus im Einzelfall bei gebundenem Sollzinssatz ein Kündigungsrecht nach § 489 Abs. 1 Nr. 1 oder Nr. 2 BGB oder bei veränderlichem Sollzinssatz nach § 489 Abs. 2 BGB zu, so ist auch auf diese Kündigungsmöglichkeit hinzuweisen. Gleiches gilt für die Kündigungsmöglichkeit nach § 500 Abs. 1 BGB bei unbefristeten Darlehen.[440)]

3.434 c) **Rechtsfolgen bei Verstoß.** Fehlen die Angaben zur Laufzeit oder zum Kündigungsrecht des Darlehensnehmers, kann der Darlehensnehmer trotz

---

436) Palandt-*Weidenkaff*, BGB, § 492 Rz. 5.

437) BT-Drucks. 16/11 643, S. 82.

438) Palandt-*Weidenkaff*, BGB, Art. 247 § 6 EGBGB Rz. 2.

439) BT-Drucks. 16/11 643, S. 128.

440) Palandt-*Weidenkaff*, BGB, Art. 247 § 6 EGBGB Rz. 2.

Heilung gem. § 494 Abs. 2 BGB uneingeschränkt kündigen (§ 494 Abs. 6 Satz 1 BGB).

18. Sämtliche weiteren Vertragsbedingungen

a) **Rechtsgrundlage** ist § 492 Abs. 2 BGB i. V. m. Art. 247 § 6 Abs. 1 Nr. 6 EGBGB. 3.435

b) **AGB.** Zu den „weiteren Vertragsbedingungen" gehören auch in Bezug genommene AGB, soweit sie sich ausnahmsweise auf den Darlehensvertrag beziehen (können).[441] 3.436

c) **Preise. aa) Preisvereinbarung.** Haben die Parteien eines Getränkelieferungsvertrages keinerlei Vereinbarungen über den zu entrichtenden Getränkepreis getroffen **(Preisvorbehalt)**,[442] so besteht – naturgemäß – auch keine Angabepflicht.[443] 3.437

Gleiches dürfte grundsätzlich auch für **Preislisten** und **Rückvergütungssätze** gelten.[444] Insbesondere im Vertriebsmodell 2, bei dem der Getränkelieferungsvertrag zwischen der Brauerei und dem Kunden geschlossen wird, während die Belieferung über den selbständig tätigen, nach seinen Preisen und Konditionen fakturierenden Getränkefachgroßhändler erfolgt, besteht keine Angabeverpflichtung im Vertrag Brauerei-Kunde. 3.438

Anders wird wohl bei tilgungsersetzenden, ggf. auch nur ergänzenden Gutschriften von Rückvergütungen in den Vertriebsmodellen 1, 3 und 4 zu entscheiden sein. Sowohl die Rechtsnatur des Getränkelieferungsvertrages als bloßem Rahmenvertrag als auch die vorstehend angesprochene Problematik lassen es als angezeigt erscheinen, insofern mit einem Preisvorbehalt zu arbeiten. 3.439

bb) Praktisch bedeutsam sind weiter **Preisänderungsklauseln**, seien sie genuiner Vertragsbestandteil oder in Bezug genommen und ggf. auch beigefügt als AGB.[445] Aus § 494 Abs. 4 Satz 2 BGB wird man allerdings auch dann nicht ableiten können, dass keine Möglichkeit zur Preisänderung besteht. Bei dieser Vorschrift handelt es sich nämlich um eine singuläre Ausnahmevorschrift, die unter Berücksichtigung des Inkrafttretens im Jahre 2010 als bewusste Ausnahmeregelung für den vom Wortlaut erfassten Einzelfall ohne überschießenden Zweck zu verstehen ist. 3.440

---

441) Palandt-*Weidenkaff*, BGB, Art. 247 § 6 EGBGB Rz. 2.

442) Siehe oben § 13 II.

443) Zum Parallelproblem bei § 34 GWB a. F. *Bühler*, Brauerei- und Gaststättenrecht, 12. Aufl. 2009, Rz. 1973, 2009–2012, jeweils m. w. N.

444) Vgl. zu § 34 Satz 3 GWB a. F. *Bühler*, Brauerei- und Gaststättenrecht, 12. Aufl. 2009, Rz. 1983, 2002, 2007, jeweils m. w. N.

445) Zu § 34 GWB a. F. *Bühler*, Brauerei- und Gaststättenrecht, 12. Aufl. 2009, Rz. 2002 f., 2007 f., jeweils m. w. N.

3.441 Preisänderungsklauseln rechnen zwar nicht zu den weiteren darlehensrechtlichen Vertragsbedingungen. Sie sind darlehensrechtlich auch nur zugunsten des Darlehensnehmers von Bedeutung. Eine Angabepflicht besteht selbst dann, wenn sich die Änderungssituation erst später realisiert (Rechtsgedanke des Art. 247 § 6 Abs. 3 EGBGB), also zu einem Zeitpunkt, indem der Darlehensnehmer bereits Unternehmer ist. Man könnte insofern an eine teleologische Reduktion, im Übrigen an die bereits aufgezeigte Möglichkeit des Preisvorbehalts denken.

19. Notarkosten

3.442 a) **Rechtsgrundlage** ist § 492 Abs. 2 BGB i. V. m. Art. 247 § 7 Nr. 1 EGBGB.

3.443 b) **Wissenswertes.** Die Vorschrift verlangt nur die Angabe der Kostenpflicht. Die Höhe der Kosten steht nämlich in der Regel noch nicht fest.[446)]

3.444 c) **Rechtsfolgen bei Verstoß.** Die Nichtbeachtung ist folgenlos, insbesondere zieht sie nicht die Nichtigkeit nach sich (Größenschluss aus § 494 Abs. 4 Satz 1 BGB). Die Rechtsfolge einer Vertragsnichtigkeit wäre hier auch unverhältnismäßig.

20. Weitere verlangte Sicherheiten und Versicherungen

3.445 a) **Rechtsgrundlage** ist Art. 247 § 7 Nr. 2 EGBGB.

3.446 b) **Abgrenzung.** Insofern geht es um die Gestellung von Sicherheiten und/ oder den Abschluss von Versicherungen, ohne dass diese Auszahlungsbedingungen sind.

IV. Widerrufsinformation

1. Rechtsgrundlage

3.447 Das Erfordernis einer Information über ein Widerrufsrecht folgt aus § 492 Abs. 2 BGB i. V. m. Art. 247 § 6 Abs. 2 Sätze 1 und 2 EGBGB.

2. Erforderlichkeit

3.448 a) **Verbraucherdarlehensvertrag.** Bei Verbraucherdarlehensverträgen treten an die Stelle der Widerrufsbelehrung die Pflichtangaben nach Art. 247 § 6 Abs. 2 EGBGB (§ 495 Abs. 2 Satz 1 Nr. 1 BGB). Gleiches gilt für verbundene Geschäfte (§ 358 BGB) sowie für Verträge nach § 359a Abs. 1 und 2 BGB.

3.449 § 495 BGB räumt in Abs. 1 dem Darlehensnehmer als Verbraucher und nach § 512 BGB auch dem Existenzgründer das Widerrufsrecht ein, das nach § 355 BGB besteht. Eine Widerrufsbelehrung ist nicht vorgesehen und nicht erfor-

446) Palandt-*Weidenkaff*, BGB, Art. 247 § 7 EGBGB Rz. 2.

derlich. § 360 BGB ist in § 495 Abs. 2 BGB nicht in Bezug genommen und daher nicht anwendbar. An ihre Stelle tritt gem. § 495 Abs. 2 Satz 1 Nr. 1 BGB die Pflichtangabe zum Widerrufsrecht im Vertrag. Dies entspricht dem ausdrücklichen Willen des Gesetzgebers.[447] Die Widerrufsinformation bezieht sich lediglich auf den (Verbraucher-)Darlehensteil des Getränkelieferungsvertrages.

b) Bereichsausnahme gerichtlicher Vergleich. Widerrufsfrei ist nach geltendem Recht nur noch der gerichtliche protokollierte Vergleich (§ 491 Abs. 3 BGB. 3.450

c) Notarielle Verträge. aa) Rechtsgrundlage ist § 495 Abs. 3 Nr. 2 BGB. 3.451

bb) Wissenswertes. Voraussetzung ist, dass die notarielle Beurkundung (§ 128 3.452
BGB) des Darlehensvertrages vorgeschrieben ist und der Notar die Wahrung der Rechte des Darlehensnehmers gem. §§ 491a, 492 BGB in eigener Verantwortung bestätigt.[448] Der Wortlaut „zu beurkunden sind" verdeutlicht, dass sich die Ausnahme nur auf beurkundungspflichtige Verträge bezieht. Bereits nach früherem Recht (§ 491 Abs. 3 Nr. 1 BGB a. F.) bestand kein Widerrufsrecht bei notarieller Beurkundung. Der Gesetzgeber sah keinen Anlass, hiervon abzuweichen.[449] Der Anwendungsbereich wird allerdings gering sein. Zum einen ist weder für Darlehensverträge im Allgemeinen noch für Immobiliardarlehensverträge nach § 503 BGB die notarielle Form vorgeschrieben. Insofern ist die Vorschrift nicht mit der Ausnahme nach § 491 Abs. 3 Nr. 1 BGB a. F. zu verwechseln, für die es ausreichte, wenn notarielle Form gewählt worden war. Diese Ausnahme ist gestrichen worden. Allenfalls ist ein Anwendungsbereich für die Ausnahme vom Widerrufsrecht nach geltender Rechtslage bei einem Grundstückskaufvertrag mit Ratenzahlung nach § 506 Abs. 1 BGB denkbar. Zum anderen wird die inhaltliche Bestätigung der Richtigkeit der Angaben, etwa im Hinblick auf die Kreditkosten, dem Notar kaum möglich sein.[450]

d) Finanzierung und Bindung. Im Regelfall eines Darlehens- und Getränke- 3.453
lieferungsvertrages liegt ein gemischter Vertrag vor. Daher bedarf es einerseits einer vertraglichen Widerrufsinformation hinsichtlich des Darlehensteils, andererseits einer Widerrufsbelehrung hinsichtlich der Getränkebezugsverpflichtung.[451] Abweichend vom bisherigen Recht entfällt also eine gesonderte Widerrufsbelehrung für den darlehensrechtlichen Teil des Getränkelieferungsvertrages. Die Verbraucherkreditrichtlinie 2008/48/EG erwähnt eine solche nicht explizit. Eine gesonderte Widerrufsbelehrung würde auch mit Art. 10 Abs. 2 p i. V. m. Art. 14 der vorgenannten Verbraucherkreditrichtlinie kollidieren und

447) BT-Drucks. 16/11 643, S. 126.

448) BT-Drucks. 16/11 643, S. 84.

449) BT-Drucks. 16/11 643, S. 84.

450) Erman-*Saenger*, BGB, § 495 Rz. 9 m. w. N.

451) Siehe oben § 25 V 14 b bb m. w. N.

damit dem Ziel einer Vollharmonisierung des Verbraucherrechts widersprechen. Daher hat der deutsche Gesetzgeber auf sie verzichtet.[452] Soweit es sich bei dem Vertragspartner des Getränkelieferanten allerdings um einen Verbraucher oder Existenzgründer handelt, ist hinsichtlich der bezugsrechtlichen Komponente des Vertrages an eine zusätzliche Widerrufsbelehrung zu denken. Diese erfolgt im Anschluss an den Vertrag.

3.454 Soweit ausnahmsweise getrennte Finanzierungs- und Bindungsverträge geschlossen werden, haben beide Verträge – der Finanzierungsvertrag im Rahmen der Pflichtangabe erweiterte Widerrufsinformation und der finanzierte Vertrag (Getränkebezugsvertrag) im Rahmen der Widerrufsbelehrung – über das Widerrufsrecht zu informieren.[453] Für den Darlehensvertrag ist die Musterinformation mit den Gestaltungshinweisen 8 a-f einschlägig.

3. Standort

3.455 In Ergänzung des § 495 Abs. 2 Nr. 1 BGB werden Angaben zum Widerrufsrecht verlangt. Nach Art. 247 § 6 Abs. 2 Satz 1 EGBGB müssen die Angaben zum Widerrufsrecht „im Vertrag" erfolgen. Gleiches gilt für verbundene Verträge nach Art. 247 § 12 Abs. 1 Satz 1 EGBGB. Damit lebt die Tradition des § 1b Abs. 2 Satz 2 AbzG mit seinem **Ein-Urkunden-Modell** im Zusammenhang mit der Widerrufsinformation hinsichtlich der kreditrechtlichen Komponente wieder auf.

4. Gestaltung

3.456 Art. 247 § 6 Abs. 2 Satz 3 EGBGB und Art. 247 § 12 Abs. 1 Satz 3 EGBGB heben die Bedeutung des **Deutlichkeitsgebots** besonders hervor, indem dort von „… in hervorgehobener und deutlich gestalteter Form, …" gesprochen wird. Auch für die Widerrufsinformation gilt das Erfordernis der Klarheit und der Verständlichkeit (Art. 247 § 6 Abs. 1 Nr. 1 EGBGB). Das Muster der Anlage 6 zu Art. 247 § 6 Abs. 2 Satz 3 EGBGB nennt als Form der Hervorhebung die Umrahmung. Lediglich in Format und Schriftgröße kann von dem Muster abgewichen werden (Art. 247 § 6 Abs. 2 Satz 4 EGBGB).

5. Inhaltsanforderungen im Überblick

3.457 Die Formulierung „und anderen Umständen" in der Sonderregelung des Art. 247 § 6 Abs. 2 Satz 1 EGBGB dürfte sich i. S. der bekannten üblichen Voraussetzungen einer Widerrufsbelehrung nach § 355 Abs. 1 Satz 2 BGB verstehen lassen. Während in der vorvertraglichen Information nur ein Hinweis auf das Bestehen oder Nichtbestehen eines Widerrufsrechts gem. § 495 BGB

---

452) Begründung RegE BR-Drucks. 848/08, S. 130.

453) Siehe oben § 25 V 14 a m. w. N.

erforderlich ist (Art. 247 § 3 Abs. 1 Nr. 13 EGBGB), müssen daher im Vertrag klar und verständlich Angaben zu folgenden Umständen enthalten sein: Widerrufsrecht (Beginn, Dauer, Fristwahrung) und andere Umstände für die Erklärung (Empfänger mit Name und Anschrift, Form, Entbehrlichkeit einer Begründung), die sich aus §§ 495 Abs. 2 Nr. 2, 355 BGB ergebenden Hinweise auf die Rückabwicklung, die Verpflichtung zur Zinszahlung mit Angabe des täglichen Zinsbetrages und unter Umständen den Anspruch auf Aufwendungsersatz (§§ 346, 347, 495 Abs. 2 Nr. 3 BGB).[454]

6. Widerrufsfrist

Die Widerrufserklärungsfrist beträgt **14 Tage** (Art. 247 § 6 Abs. 2 Satz 1 Fall 1 EGBGB i. V. m. § 355 Abs. 1 Satz 2 Halbs. 1, Abs. 2 Satz 1 BGB). 3.458

7. Beginn der Widerrufsfrist

a) **Grundsatz.** Beginnzeitpunkt für die Widerrufsfrist sind der Vertragsschluss 3.459
und der vollständige Erhalt der Pflichtangaben.

b) **Vertragsschluss. aa) Voraussetzungen.** Ein Vertragsschluss liegt vor, wenn 3.460
beide Vertragsparteien den Vertrag unterschrieben haben. Wird vom Getränkelieferanten der Vertragsabschluss so praktiziert, dass zunächst der Gastwirt in Abwesenheit eines (Abschluss-)Unterschriftsberechtigten des Getränkelieferanten unterschreibt, so beginnt die Widerrufsfrist erst mit dem (nachweisbaren) Zugang des von dem Getränkelieferanten gegengezeichneten Darlehens- und Getränkelieferungsvertrages beim Gastwirt.

bb) Nachweis. Im Hinblick auf die Beginnvoraussetzung „Vertragsschluss" ist 3.461
der Nachweis desselben von besonderer Bedeutung. Bei persönlicher Übergabe des Vertrages ist an eine Dokumentation durch Empfangs- oder Aushändigungsbestätigung zu denken. Wird der Weg der Übersendung mit der Post gewählt, so empfiehlt sich eine Zustellung per Einschreiben mit Rückschein. Insofern genügt zum Nachweis der Zustellung der Rückschein (§ 175 Satz 2 ZPO). Durch ein Einwurfeinschreiben kann der Beweis des Zugangs einer Briefsendung ebenfalls geführt werden.[455] Voraussetzung dieses Anscheinsbeweises ist allerdings, dass der Briefkasteneinwurf ordnungsgemäß dokumentiert worden ist.[456]

cc) Konsequenzen. Im Ergebnis kann je nach Vertragsabschlussmodell die 3.462
Widerrufsfrist für den Finanzierungsteil des Getränkelieferungsvertrages später als die Widerrufsfrist für den Bindungsteil (§§ 510 Abs. 1 Satz 1, 355 Abs. 2 Satz 1, Abs. 3 Satz 1 BGB: Abgabe der Willenserklärung des Kunden) zu laufen beginnen.

---

454) Palandt-*Weidenkaff*, BGB, Art. 247 § 6 EGBGB Rz. 3.

455) BGH, Urt. v. 6.12.2011 – XI ZR 401/10, NJW 2012, 1066.

456) Str., vgl. Palandt-*Ellenberger*, BGB, § 130 Rz. 21 m. w. N.

3.463 **c) Erhalt der Pflichtangaben. aa) Grundsatz.** Weitere Voraussetzung ist der vollständige Erhalt der Pflichtangaben (§§ 495 Abs. 2 Satz 1 Nr. 2 b, 492 Abs. 2 BGB i. V. m. Art. 247 §§ 6–13 EGBGB). Beispielhaft werden in der Musterinformation die Angaben zur Art des Darlehens, zum Nettodarlehensbetrag und zur Vertragslaufzeit genannt.

3.464 **bb) Rechtsfolgen bei Verstoß.** Der Erhalt der Pflichtangaben erlangt dann eine eigenständige Relevanz für das Einsetzen der Widerrufsfrist, wenn im Verbraucherdarlehensvertrag entgegen dem gesetzlichen Erfordernis Pflichtangaben fehlen und dieses Fehlen entweder nicht zu einer Nichtigkeit des Vertrages führt, so in den Fällen des Art. 247 §§ 7 und 8 EGBGB, oder der Vertrag infolge der Darlehensvalutierung nach § 494 Abs. 2 Satz 1 BGB geheilt wird. Der Verbraucher darf über den Beginn der Widerrufsfrist nicht im Unklaren gelassen werden.[457] Daher muss die Widerrufsinformation einen entsprechenden Hinweis enthalten. Dieses Angabeerfordernis erschließt sich allerdings erst aus der Zusammenschau verschiedener Vorschriften.

3.465 Werden die erforderlichen Informationen nicht erteilt, tritt keine Heilung gem. § 494 Abs. 2 Satz 1 BGB ein. Dies folgt aus einer richtlinienkonformen Auslegung des Art. 14 Abs. 1 Satz 2 b Verbraucherkreditrichtlinie 2008/48/EG.

3.466 Die vollständige Erteilung aller erforderlichen Pflichtangaben nach Art. 247 §§ 6–13 EGBGB ist deshalb so bedeutsam, weil dem Kunden bis zur Nachholung der fehlenden Angabe(n) auf die gesamte Vertragsdauer ein „ewiges Widerrufsrecht“ zusteht. Der Verbraucher kann dann den Vertrag während der gesamten Laufzeit widerrufen. Ein Erlöschen des Widerrufsrechts ist ausgeschlossen. Gem. § 495 Abs. 2 Satz 2 BGB ist § 355 Abs. 4 BGB nicht anzuwenden, weil die Verbraucherkreditrichtlinie weder eine Verlängerung noch ein Erlöschen des Widerrufsrechts vorsieht. § 495 Abs. 2 Satz 1 Nr. 2 b BGB stellt hinsichtlich des – zunächst – dauerhaften Widerrufsrechts eine vorrangige Spezialvorschrift zu § 355 Abs. 4 Satz 3 BGB dar.[458] Fehlen Pflichtangaben im Vertrag, ist, wenn dieser gleichwohl wirksam ist, ein Widerruf möglich, solange keine Verwirkung vorliegt.[459]

3.467 **d) Aushändigung der Vertragsunterlagen.** Die Widerrufsfrist beginnt nicht, bevor dem Verbraucher auch eine Vertragsurkunde, der schriftliche Antrag des Verbrauchers oder eine Abschrift der Vertragsurkunde oder des Antrags zur Verfügung gestellt wird.

3.468 Verbraucherdarlehensverträge bedürfen der Schriftform (§ 492 Abs. 1 Satz 1 BGB). Daher ist ergänzend § 355 Abs. 3 Satz 2 BGB zu beachten. § 492 Abs. 3 Satz 1 BGB und § 495 Abs. 1 Satz 2 BGB stehen dieser Interpretation nicht

457) BGH, Urt. v. 1.12.2010 – VIII ZR 82/10, NJW 2011, 1061 = ZIP 2011, 178.

458) Palandt-*Weidenkaff*, BGB, § 495 Rz. 2.

459) Palandt-*Weidenkaff*, BGB, § 495 Rz. 3.

entgegen. Allerdings wird man im Hinblick auf die Sondervorschrift des § 495 Abs. 2 Satz 1 Nr. 2 a BGB (Fristbeginn nicht vor Vertragsschluss) § 355 Abs. 3 Satz 2 BGB dahingehend einschränkend auslegen müssen, dass lediglich die erste Alternative (Vertragsurkunde) und die dritte Alternative (Abschrift der Vertragsurkunde) genügen.[460] Bei entgeltlichen Finanzierungshilfen ist zusätzlich der Gestaltungshinweis 1 zu Anlage 6 zu beachten. Sind die Pflichtangaben vollständig, so liegt dem Verbraucher wegen der Schriftform – auch bei Abschluss in elektronischer Form – eine Unterlage gem. § 355 Abs. 3 Satz 2 BGB vor, die die erforderlichen vertraglichen Informationen enthält und den Lauf der Frist in Gang setzt.

e) **Nachholung.** In dem Ausnahmefall der Heilung nach § 492 Abs. 2–6 BGB beginnt die Widerrufsfrist erst mit Aushändigung einer Abschrift des Vertrages, die die Vertragsänderungen berücksichtigt (§ 494 Abs. 7 Satz 2 BGB). 3.469

Der nach § 492 Abs. 6 Satz 5 BGB vorgeschriebene Hinweis auf die auf einen Monat verlängerte Widerrufsfrist ist keine formale Voraussetzung für den Beginn der Widerrufsfrist. Es handelt sich aber um eine Nebenpflicht des Darlehensgebers, bei deren Verletzung der Darlehensgeber sich in der Regel nicht auf den Fristablauf berufen kann (§ 242 BGB) und einem Anspruch aus § 280 BGB ausgesetzt sein kann.[461] 3.470

8. Modalitäten der Ausübung

a) **Rechtzeitige Absendung.** Zur Wahrung der Widerrufsfrist genügt die rechtzeitige Absendung des Widerrufs. Dieses Angabeerfordernis folgt aus §§ 355 Abs. 2 Satz 1, 360 Abs. 1 Satz 2 Nr. 4 BGB. 3.471

b) **Widerrufsempfänger und Anschrift.** Anzugeben sind Name bzw. die Firma und die ladungsfähige Anschrift des Widerrufsempfängers. Dies folgt aus §§ 355 Abs. 2 Satz 1, 360 Abs. 1 Satz 2 Nr. 3 BGB. Auch die Europäischen Standardinformationen für Verbraucherkredite (Anlage 3 zu Art. 247 § 2 EGBGB) sprechen unter Ziff. 1 von „ladungsfähiger Anschrift". Die Angabe des Postfachs ist nicht (mehr) zulässig.[462] Gemäß Gestaltungshinweis 3 können zusätzlich die Telefaxnummer, die E-Mail-Adresse oder auch eine Internet-Adresse angegeben werden. 3.472

9. Hinweis auf Verpflichtung zur Rückzahlung

a) **Rechtsgrundlage** ist § 492 Abs. 2 BGB i. V. m. Art. 247 § 6 Abs. 2 Satz 1 Fall 3 EGBGB. 3.473

---

460) So im Ergebnis auch *Derleder*, NJW 2009, 3195, 3200.

461) BT-Drucks. 17/1394, S. 18.

462) Siehe oben § 25 VIII 4 b m. w. N.

3.474 b) **Wissenswertes.** In der Widerrufsinformation ist als erste Widerrufsfolge anzugeben, dass der Darlehensnehmer das Darlehen, soweit es ausbezahlt wurde, innerhalb von 30 Tagen ohne Mahnung zurückzuzahlen und gezogene Nutzungen herauszugeben hat (§§ 357 Abs. 1 Satz 1 und 2, 346 Abs. 1 Satz 1 Fall 1 BGB).[463)] Diese Frist und der Fristbeginn ergeben sich aus § 357 Abs. 1 Satz 2 BGB und dem Verweis auf § 286 Abs. 3 Satz 1 BGB. Die Frist von 30 Tagen beginnt mit der Absendung der Widerrufserklärung (§ 357 Abs. 1 Satz 3 BGB).

3.475 Der Hinweis auf die Widerrufsfolge ist wie stets nach dem Rechtsgedanken des § 312 Abs. 2 Satz 3 BGB sowie dem Gestaltungshinweis 5 der Musterbelehrung nach Anlage 1 zu Art. 246 § 2 Abs. 3 Satz 1 EGBGB[464)] entbehrlich, wenn die beiderseitigen Leistungen erst nach Ablauf der Widerrufsfrist erbracht werden.

10. Hinweis auf Verpflichtung zur Verzinsung und Angabe des Tageszinses

3.476 a) **Rechtsgrundlage** ist Art. 247 § 6 Abs. 2 Satz 1 Fall 4 EGBGB.

3.477 b) **Wissenswertes.** In der Widerrufsinformation ist anzugeben, dass der Darlehensnehmer für den Zeitraum zwischen der Auszahlung und der Rückzahlung des Darlehens den vereinbarten Sollzins, nicht den marktüblichen Zins, zu entrichten hat. Zudem ist der genaue Zinsbetrag als Tagespreis anzugeben (Art. 247 § 6 Abs. 2 Satz 2 EGBGB). Dazu muss der bei vollständiger Inanspruchnahme des Darlehens zu zahlende Zinsbetrag taggenau berechnet werden. Centbeträge sind als Dezimalstellen auszuweisen. Zur Klarstellung hat die Information den Hinweis zu enthalten, dass sich dieser Betrag verringert, wenn das Darlehen nur teilweise in Anspruch genommen wurde.

3.478 Nur bei einem grundpfandrechtlich gesicherten Darlehen wird dem Verbraucher der Nachweis gestattet, dass der Wert seines Gebrauchsvorteils niedriger war als der Vertragszins. Der Verbraucher muss dann nur den marktüblichen Zins zahlen, soweit er nachweist, dass dieser geringer war als der vertraglich vereinbarte Sollzins (§ 495 Abs. 2 Satz 1 Nr. 3 Satz 2, 346 Abs. 2 Satz 2 BGB i. V. m. Gestaltungshinweis 6 zu Anlage 6 zu Art. 247 § 6 Abs. 2 und § 12 Abs. 1 EGBGB).

11. Ersatz von Aufwendungen an öffentliche Stellen

3.479 Umstritten ist, ob auf den Aufwendungsersatzanspruch nach § 495 Abs. 2 Satz 1 Nr. 3 BGB hingewiesen werden muss. Teilweise wird dies bejaht.[465)] Dem wird mit Hinweis auf die abschließende Vorgabe der zugrunde liegenden Verbraucherkreditrichtlinie (Art. 10 Abs. 2 p) widersprochen.[466)] Will sich der

---

463) Palandt-*Grüneberg*, BGB, § 357 Rz. 4b.

464) Begründung RegE BT-Drucks. 16/11 643, S. 69. BGH, Urt. v. 2.2.2011 – VIII ZR 103/10, NJW-RR 2011, 785 = ZIP 2011, 572 (§ 312 BGB).

465) Palandt-*Weidenkaff*, BGB, Art. 247 § 6 EGBGB Rz. 3.

466) MünchKomm-*Schürnbrand*, BGB, § 492 Rz. 28.

Getränkelieferant einen entsprechenden Aufwendungsersatz vorbehalten, so empfiehlt es sich, entsprechend Gestaltungshinweis 7 zu Anlage 6 zu Art. 247 § 6 Abs. 2 und § 12 Abs. 1 EGBGB einen entsprechenden Vorbehalt aufzunehmen. Praktisch kann der Hinweis werden im Zusammenhang mit Notarkosten, die bei Abschluss des Getränkelieferungsvertrages und seiner Durchführung angefallen sind, etwa für die Bestellung von Sicherheiten.

12. Rechtsfolgen bei Verstoß

Fehlt die Widerrufsinformation als Pflichtangabe, so ist der Vertrag grundsätzlich nichtig (§ 494 Abs. 1 Fall 2 BGB). Zwar kann der Vertrag, wenn er nicht durch erneuten formgerechten Vertragsschluss mit allen Pflichtangaben ersetzt wird, durch Empfang oder Inanspruchnahme des Darlehens geheilt werden (§ 494 Abs. 2 Satz 1 BGB). Daraus folgt aber nicht, dass auch die Widerrufsfrist beginnt (§ 495 Abs. 2 Satz 1 Nr. 2 a und b BGB). Dazu müssen die Pflichtangaben nachgeholt werden (§§ 492 Abs. 6, 495 Abs. 2 Satz 1 Nr. 2 b BGB).[467] 3.480

13. Besonderheiten bei Nachholung

a) Monatsfrist. Bei Nachholung von Pflichtangaben beträgt die Widerrufsfrist einen Monat nach Erhalt der nachgeholten Angaben (§ 492 Abs. 6 Satz 4 BGB). 3.481

b) Hinweispflicht. Der Darlehensgeber ist verpflichtet, den Vertragspartner mit den erforderlichen Pflichtangaben ausdrücklich und in Textform (§ 126b BGB) darauf hinzuweisen, dass die Widerrufsfrist von einem Monat nach Erhalt der nachgeholten fehlenden oder unvollständigen Angaben beginnt (§ 492 Abs. 6 Satz 5 BGB). 3.482

c) Pflichtverletzung. Die Hinweispflicht stellt eine Sanktion i. S. d. Art. 23 Verbraucherkreditrichtlinie 2008/48/EG dar. Ein Verstoß gegen diese Nebenpflicht hindert nicht den Beginn der Widerrufsfrist. Dies folgt schon aus Art. 14 Abs. 1 der vorgenannten Richtlinie, der den Fristbeginn lediglich von dem vollständigen Erhalt der Pflichtangaben abhängig macht. Dem Darlehensgeber wird es aber nach Treu und Glauben regelmäßig verwehrt sein, sich auf den Ablauf der Widerrufsfrist zu berufen. Zudem stehen dem Darlehensnehmer ggf. Schadensersatzansprüche aus § 280 BGB zu.[468] 3.483

d) Ausschluss des § 355 Abs. 2 Satz 3 BGB. Die Anwendbarkeit der Vorschrift des § 355 Abs. 2 Satz 3 BGB wird gem. § 495 Abs. 2 Satz 2 BGB ausgeschlossen. Grund hierfür ist, dass die Verbraucherkreditrichtlinie 2008/48/EG in Art. 14 Verbraucherkreditrichtlinie 2008/48/EG nicht nach den einzelnen Pflichtangaben unterscheidet und deshalb keine unterschiedlichen Rechtsfolgen zulässt. Die gesetzliche Regelung trägt den Grundgedanken der Verlänge- 3.484

---

467) Palandt-*Weidenkaff*, BGB, § 495 Rz. 2.

468) Erman-*Saenger*, BGB, § 492 Rz. 35.

rung der Widerrufsfrist auf einen Monat Rechnung. Daher ist die Monatsfrist, die grundsätzlich für eine Widerrufsinformation nach Vertragsschluss gelten würde, nicht maßgebend. Die Erfüllung der Hinweispflicht nach § 492 Abs. 6 Satz 5 BGB bedingt somit den Beginn der Widerrufsfrist nicht.

14. Gesetzlichkeitsfiktion

3.485 a) **Rechtsgrundlage** ist § 492 Abs. 2 i. V. m. Art. 247 § 6 Abs. 2 Satz 3 EGBGB i. V. m. Anlage 6.

3.486 b) **Temporaler Anwendungsbereich.** Die Fiktion gilt nur für die Zeit seit Inkrafttreten des VerbrKrRLUÄndG, also seit dem **30.7.2010.**[469]

3.487 c) **Konkurrenzen.** Auch auf Verbraucherdarlehensverträge findet die Gesetzlichkeitsfiktion des § 360 Abs. 3 BGB wegen Bestehens einer gesonderten Regelung keine Anwendung. § 495 Abs. 2 BGB verweist und dies auch nur mit Modifikationen (§ 495 Abs. 2 Satz 1 Nr. 1, Satz 2 BGB) lediglich auf §§ 355–359a BGB und verlangt für die Widerrufsbelehrung die Beachtung der Pflichtangaben aus Art. 247 § 6 Abs. 2 EGBGB.[470]

3.488 d) **Inhalt.** Nimmt der Darlehensgeber das Muster der Anlage 6 zu Art. 247 EGBGB unter richtiger Verwendung der Gestaltungshinweise (GH) in den Darlehensvertrag auf, genügen die Angaben den gesetzlichen Anforderungen.[471] Die Fiktion bedeutet, dass die Angaben Art. 247 § 6 Abs. 2 Satz 1 und 2 EGBGB, also dem Gesetz, entsprechen und bewirkt Rechtssicherheit für den Darlehensgeber und eine angemessene Information des Darlehensnehmers.[472]

3.489 e) **Freiwilligkeit.** Der Getränkelieferant muss das gesetzliche Muster nicht verwenden.[473] Setzt er es jedoch ordnungsgemäß ein, gelten die gesetzlichen Anforderungen gem. Art. 247 § 6 Abs. 2 Satz 3 EGBGB als erfüllt. Gerichte können keine zusätzlichen oder abweichenden Angaben verlangen.

3.490 f) **Überprüfbarkeit.** Da auch das Muster selbst am Rang des formellen Gesetzes teil hat, darf es von den Gerichten im Grundsatz nicht auf seine inhaltliche Richtigkeit überprüft und womöglich als gesetzeswidrig verworfen werden.[474] Möglich bleibt allerdings eine **richtlinienkonforme Auslegung,** so dass das Muster mittelbar an den Vorgaben der Verbraucherkreditrichtlinie 2008/48/EG zu überprüfen ist.

---

469) Bülow/Artz-*Bülow*, Verbraucherkreditrecht, § 495 Rz. 89l.

470) Erman-*Saenger*, BGB, § 495 Rz. 4.

471) BT-Drucks. 17/1394, S. 21.

472) Palandt-*Weidenkaff*, BGB, Art. 247 § 6 EGBGB Rz. 4.

473) OLG Düsseldorf, Hinweisbeschl. v. 2.3.2010 – 24 O. 136/09, BeckRS 2010, 22287 = ZIP 2010, 2104.

474) MünchKomm-*Schürnbrand*, BGB, Art. 247 Rz. 22.

g) Voraussetzungen. aa) Vertragliche Regelung. Die Gesetzlichkeitsfiktion tritt nur bei Verwendung des Musters im Verbraucherdarlehensvertrag, d. h. in der Vertragsurkunde oder einer sonstigen Unterlage i. S. v. § 355 Abs. 3 Satz 2 BGB ein, nicht hingegen bei einer Nachholung der Widerrufsinformation.[475)] **3.491**

bb) Mit dem Begriff **„Vertragsklausel"** wird eine AGB nicht vorausgesetzt, aber zumeist vorliegen.[476)] **3.492**

cc) Die Gesetzlichkeitsfiktion tritt nur ein, wenn der Darlehensgeber das Muster **richtig ausfüllt** und wie für den betreffenden Vertrag vorgegeben verwendet worden ist.[477)] Durch die Gestaltungshinweise nicht geforderte Weglassungen oder Ergänzungen führen zum Verlust der Gesetzlichkeitsfiktion.[478)] **3.493**

Will der Darlehensgeber für den Fall der Ausübung des Widerrufsrechts über die bloße Information hinausgehende Rechtsfolgen vereinbaren (z. B. **Durchschlagsklauseln**), so ist dies – soweit rechtlich zulässig – nur an anderer Stelle möglich.[479)] Die zusatzfreundliche Rechtsprechung im Zusammenhang mit Widerrufsbelehrungen dürfte angesichts des erkennbar entgegenstehenden Willens des Gesetzgebers nicht auf Widerrufsinformationen übertragbar sein. Gleiches gilt für sonstige Informationen, welche im Muster nicht ermöglicht werden.[480)] **3.494**

dd) Form. Im Hinblick auf Art. 247 § 6 Abs. 1 vor Nr. 1 EGBGB, der klare und verständliche Angaben verlangt, müssen die Angaben gem. Art. 247 § 6 Abs. 2 Satz 3 EGBGB in der Form **hervorgehoben** und **deutlich** gestaltet in den Vertrag aufgenommen werden. Dies entspricht § 355 Abs. 2 Satz 1 und § 360 Abs. 1 Satz 1 BGB.[481)] **3.495**

ee) Zulässige Abweichungen. Abweichungen sind nur im Rahmen des Art. 247 § 6 Abs. 2 Satz 5 EGBGB i. V. m. Gestaltungshinweis 8f zulässig. Unter Beachtung dieser Vorgabe kann der Darlehensgeber gem. Art. 247 § 6 Abs. 2 Satz 5 EGBGB, der § 360 Abs. 3 Satz 3 BGB entspricht, in Format und Schriftgröße von den Mustern abweichen, also das Layout des Vertrages anpassen.[482)] Dabei muss aber das Deutlichkeitsgebot gewahrt bleiben. Inhaltlich ist das Muster vollständig und richtig auszufüllen und dabei nach Maßgabe der Gestaltungshinweise den tatsächlichen Besonderheiten des Vertragsverhältnisses anzupas- **3.496**

---

475) BT-Drucks. 16/11 643, S. 22.

476) BT-Drucks. 16/11 643, S. 21.

477) BT-Drucks. 16/11 643, S. 22.

478) BT-Drucks. 17/1394, S. 22.

479) Palandt-*Weidenkaff*, BGB, Art. 247 § 6 EGBGB Rz. 4.

480) BR-Drucks. 157/10 v. 26.3.2010, S. 33 Mitte.

481) Palandt-*Weidenkaff*, BGB, Art. 247 § 6 EGBGB Rz. 4.

482) Palandt-*Weidenkaff*, BGB, Art. 247 § 6 EGBGB Rz. 4.

sen.[483)] Gerade im Hinblick auf die Einbettung der Widerrufsinformation in den Vertrag erscheint es gerechtfertigt, den Darlehensgeber und den Darlehensnehmer entsprechend der Bezeichnung im Vertrag im Übrigen zu benennen. Daher ist die Verwendung der Ersatzbegriff „Brauerei" bzw. „Getränkefachgroßhändler" sowie „Kunde" nicht nur aus Verständnisgründen sinnvoll, sondern auch zulässig.

V. Heilung

1. Grundsatz

3.497 Die strikte Sanktion der Gesamtnichtigkeit des Verbraucherdarlehensvertrages (§ 494 Abs. 1 Fall 2 BGB) steht unter dem Vorbehalt einer Heilung nach § 494 Abs. 2 Satz 1 BGB bzw. für Teilzahlungsgeschäfte nach § 507 Abs. 2 Satz 2 BGB.

2. Anwendungsbereich

3.498 a) **Schriftform.** Anders als nach dem unklaren Wortlaut des § 6 Abs. 2 Satz 1 VerbrKrG ergibt sich nunmehr aus dem eindeutigen Wortlaut des § 494 Abs. 2 Satz 1 BGB („Ungeachtet eines Mangels nach Absatz 1 …"), dass auch eine Verletzung des Schriftformerfordernisses durch Empfang oder Inanspruchnahme des Darlehens geheilt wird.[484)]

3.499 b) **Vollmacht.** Formmängel bei einer Vollmacht können nicht geheilt werden (Gegenschluss aus § 494 Abs. 2 Satz 1 BGB).

3.500 c) **Schuldbeitritt oder Schuldübernahme.** Eine entsprechende Anwendung des § 494 Abs. 2 Satz 1 BGB mit der Maßgabe, dass bei Auszahlung der Darlehensvaluta an den Darlehensnehmer Heilung eintritt, ist nach dem Normzweck der Bestimmung nicht gerechtfertigt. Der Beitretende läuft Gefahr, bei Nichtigkeit das Darlehen zurückzahlen zu müssen. Ihm würde gerade der Schutz des Verbraucherrechts entzogen, wenn bei einem nicht formgültigen Beitritt die Heilung zugelassen würde. Hier kann aber die Berufung auf den Formmangel unter Umständen eine unzulässige Rechtsausübung (§ 242 BGB) sein, wenn z. B. der Verbraucher als GmbH-Gesellschafter aus dem Vertrag längere Zeit mittelbar beträchtliche Vorteile gezogen hat und der Darlehensgeber den Vorteil im Vertrauen auf die Wirksamkeit des Vertrages erbracht hat.[485)]

3.501 d) **Vertragsübernahme oder Vertragsbeitritt.** Bei einer Vertragsübernahme übernimmt der Verbraucherdarlehensnehmer die Rechtsstellung seines Vorgängers insgesamt. Dies könnte dafür sprechen, auch ihm gegenüber die Hei-

483) MünchKomm-*Schürnbrand*, BGB, Art. 247 Rz. 22a.

484) BGH, Urt. v. 6.12.2005 – XI ZR 139/05, NJW 2006, 681 = ZIP 2006, 224.

485) Siehe unten § 49 V 4 e jeweils m. w. N.

lungswirkung eintreten zu lassen.[486] Nach geltender Rechtslage ist dies zweifelhaft (geworden). Aus Gründen unternehmerischer Vorsicht sollte in der Vertriebspraxis die strengere Auffassung zugrunde gelegt werden und eine Heilungsmöglichkeit verneint werden. Im Ergebnis dürften damit die Rechtsinstitute Vertragsübernahme/-beitritt bzw. Schuldübernahme/-beitritt im Zusammenhang mit Darlehens- (und Getränkelieferungs-)Verträgen an Bedeutung verloren haben.

e) **Im Übrigen.** Zu beachten ist, dass sich der Anwendungsbereich der Heilungswirkung nach § 494 Abs. 2 Satz 1 BGB nur auf die beiden Alternativen der fehlenden Schriftform und des Fehlens zwingender Pflichtangaben bezieht. Hinsichtlich weiterer Nichtigkeitsgründe, wie etwa nach §§ 134, 138 BGB, scheidet eine Heilung nach § 494 BGB aus. Gleiches gilt für etwaig bestehende Anfechtungsrechte nach §§ 119, 123 BGB. 3.502

3. Zweck

Nach der Gesetzesbegründung soll der Darlehensnehmer, der sich auf die Nutzung des Darlehenskapitals eingestellt hat, dadurch davor geschützt werden, das Darlehen nach § 812 BGB sofort zurückzahlen zu müssen.[487] Das Gesetz geht davon aus, dass in diesen Fällen die sofortige Rückzahlung des Darlehensbetrages nicht im Interesse des Verbrauchers liegt.[488] 3.503

4. Voraussetzungen

Voraussetzung einer Heilung ist entweder der Empfang des Darlehens oder dessen Inanspruchnahme (§ 494 Abs. 2 Satz 1 BGB). 3.504

a) **Empfang des Darlehens.** Ein Empfang des Darlehens liegt vor, wenn der Darlehensnehmer das Kapital für seine Zwecke nutzen kann. Dafür muss das Darlehen vollständig aus dem Vermögen des Darlehensgebers ausgeschieden und dem des Darlehensnehmers absprachegemäß endgültig zugeführt worden sein.[489] Ein Empfang des Darlehens liegt neben der Barauszahlung an den Verbraucher insbesondere vor bei **Überweisung** und Gutschrift[490] auf ein vom Darlehensnehmer bezeichnetes Konto.[491] 3.505

486) BGH, Urt. v. 26.5.1999 – VIII ZR 141/98, BGHZ 142, 23 = NJW 1999, 2664 = ZIP 1999, 1169.

487) BT-Drucks. 11/5462, S. 21.

488) Erman-*Saenger*, BGB, § 494 Rz. 1.

489) BGH, Urt. v. 7.3.1985 – III ZR 211/83, NJW-RR 1986, 140; BGH, Urt. v. 25.4.2006 – XI ZR 193/04, BGHZ 165, 252 = NJW 2006, 1788 = ZIP 2006, 940; BGH, Urt. v. 9.5.2006 – XI ZR 119/05, NJW-RR 2006, 1419 = ZIP 2006, 1238.

490) Erman-*Saenger*, BGB, § 494 Rz. 7; a. A. MünchKomm-*Schürnbrand*, BGB, § 494 Rz. 21.

491) Bülow/Artz-*Bülow*, Verbraucherkreditrecht, § 494 Rz. 48.

3.506 Bei absprachegemäßer **Verrechnung** des Valutierungsanspruchs mit bestehenden Verbindlichkeiten des Verbrauchers gegenüber dem Darlehensgeber liegt ebenfalls ein Empfang vor.[492] Bei **Umbuchung** auf ein Darlehenskonto ist insbesondere an die Fälle der Umwandlung einer Forderung aus Inventarverkauf unter Eigentumsvorbehalt oder sonstige Fälle der Umbuchung, etwa von Warenforderungen oder Forderungen aus Miet- oder Pachtverhältnissen, zu denken.

3.507 Wird die Darlehensvaluta auf Weisung des Darlehensnehmers an einen **Dritten** gezahlt, z. B. an den Einrichter und Verkäufer des finanzierten Gaststätteninventars, so hat der Darlehensnehmer den Darlehensbetrag gleichfalls empfangen.[493] Bei **verbundenen Verträgen** empfängt der Darlehensnehmer das Darlehen durch weisungsgemäße Auszahlung an einen Dritten, z. B. den Verkäufer.[494]

3.508 b) **Inanspruchnahme des Darlehens.** Inanspruchnahme erfordert eine Disposition des Verbrauchers als Darlehensnehmer mit Wirkung gegenüber dem Darlehensgeber zumindest als das an den Darlehensgeber gerichtete Verlangen, das Geld zur Verfügung zu stellen, dem der Darlehensgeber entspricht, indem er auszahlt, überweist oder einen Scheck einlöst. Bei Einverständnis des Verbrauchers genügt auch eine Auszahlung an einen Dritten.[495] Praktisch relevante Fälle sind die Einlösung des übergebenen Schecks und die Nutzung des mit dem Darlehen finanzierten Gaststätteninventars.[496]

3.509 Werden die Konditionen eines bereits ausgezahlten Verbraucherdarlehens durch eine **Nachtragsvereinbarung** geändert, so liegt die Inanspruchnahme in der Fortsetzung der Darlehensnutzung.[497]

5. Allgemeine Wirkungen der Heilung

3.510 a) **Grundsätze.** Sind die Heilungstatbestände des § 494 Abs. 2 Satz 1 BGB erfüllt, so erlangt der Verbraucherdarlehensvertrag ex nunc voll umfängliche Gültigkeit wie vereinbart, allerdings unter teilweiser Modifikation des Vertragsinhalts (§ 494 Abs. 2 Satz 2 bis Abs. 6 BGB).

3.511 b) **Mehrere Verstöße.** Fehlen mehrere Pflichtangaben, tritt im Fall einer Heilung der Formnichtigkeit des Verbraucherdarlehensvertrages eine Kumulation

---

492) BGH, Urt. v. 4.4.2000 – XI ZR 200/99, NJW 2000, 2816.

493) BGH, Urt. v. 4.4.2000 – XI ZR 200/99, NJW 2000, 2816; BGH, Urt. v. 12.11.2002 – XI ZR 47/01, BGHZ 152, 331 = BeckRS 2002, 30292933; BGH, Urt. v. 21.3.2006 – XI ZR 204/03, BeckRS 2006, 04893 = ZIP 2006, 846; BGH, Urt. v. 25.4.2006 – XI ZR 106/05, BGHZ 165, 239 = NJW 2006, 1955 = ZIP 2006, 1084.

494) BGH, Urt. v. 25.4.2006 – XI ZR 106/05, BGHZ 167, 239 = NJW 2006, 1952; BGH, Urt. v. 16.5.2006 – XI ZR 6/04, NJW 2006, 2099 = ZIP 2006, 1187.

495) BGH, Urt. v. 25.4.2006 – XI ZR 193/04, BGHZ 165, 252 = NJW 2006, 1788 = ZIP 2006, 940.

496) BGH, Urt. v. 11.10.1995 – VIII ZR 325/94, NJW 1995, 3386 = ZIP 1995, 1808; OLG Schleswig, Urt. v. 14.6.2001 – 1 U 76/2000.

497) BGH, Urt. v. 6.12.2005 – XI ZR 139/05, NJW 2006, 682.

der in § 494 Abs. 2 Satz 2, Abs. 4–6 BGB genannten Einzelsanktionen ein.[498] Bei verschiedenen Verstößen können die jeweiligen Sanktionen namentlich allesamt dann eintreten, wenn der Darlehensvertrag nur mündlich abgeschlossen worden war, andererseits aber nicht, wenn der Vertrag zwar schriftlich, aber nicht den Anforderungen an die Schriftform nach § 492 Abs. 1 BGB abgefasst wurde, z. B. bei fehlender Unterschrift des Verbrauchers.[499]

c) Besonderheiten bei Verstoß gegen das Schriftformerfordernis. Ist ausschließlich die Schriftform verletzt, weil es an einer schriftlichen Annahmeerklärung durch den Darlehensgeber fehlt, so kann Heilung durch Erfüllung ohne die Sanktionen nach § 494 Abs. 2 Satz 2 bis Abs. 6 BGB eintreten.[500] **3.512**

Im Übrigen sieht das Gesetz eine Ermäßigung des Zinssatzes vor (§ 494 Abs. 2 Satz 2 BGB).[501] Nach dem Schutzzweck des Schriftformerfordernisses und der Erheblichkeit des jeweiligen Formverstoßes ist aber zu differenzieren:[502] **3.513**

Nicht hinreichend über die wesentlichen Darlehenskonditionen informiert und nicht ausreichend vor ungünstigen Vertragsregelungen gewarnt ist der Verbraucher, wenn die Vereinbarung nur mündlich getroffen wurde, der Verbraucher die Vertragserklärung nicht unterzeichnet hat oder wenn der Grundsatz der Urkundeneinheit nicht gewahrt ist. Dann kann er sich auf die Rechtsfolgen des § 494 Abs. 2 Satz 2 bis Abs. 6 BGB, insbesondere die Zinsermäßigung nach § 494 Abs. 2 Satz 2 BGB, ebenso wie ein Verbraucher berufen, der einen Vertrag ohne die notwendigen Pflichtangaben i. S. d. §§ 494 Abs. 1 Fall 2, 492 Abs. 2 BGB i. V. m. Art. 247 §§ 6–13 EGBGB abgeschlossen hat. **3.514**

Wurde dagegen lediglich die Vertrags-/Annahmeerklärung des Darlehensgebers nicht formwirksam abgegeben oder fehlt es an deren Zugang, so zieht die Heilung des Vertrages nach § 494 Abs. 2 Satz 1 BGB weder eine Zinsreduktion nach sich noch gelten die Sanktionen nach § 494 Abs. 3–6 BGB, wenn eine formgültige, alle nach den verbraucherdarlehensrechtlichen Vorschriften erforderlichen Pflichtangaben enthaltende Vertragserklärung des Verbrauchers vorliegt, durch die er im Sinne des Verbraucherkreditrechts auch ohne förmlichen Zugang der Annahmeerklärung des Darlehensgebers hinreichend informiert und gewarnt ist.[503] In diesem Fall ist nämlich dem Verbraucher die Rechtsfolge seiner Erklärung mit formgültiger Abgabe deutlich vor Augen geführt worden. **3.515**

498) BGH, Urt. v. 6.12.2005 – XI ZR 139/05, NJW 2006, 682; Erman-*Saenger*, BGB, § 494 Rz. 14.

499) BGH, Urt. v. 6.12.2005 – XI ZR 139/05, NJW 2006, 682.

500) BGH, Urt. v. 6.12.2005 – XI ZR 139/05, NJW 2006, 682.

501) OLG Dresden, Urt. v. 13.7.2000 – 13 U 2964/99, rkr. durch Nichtannahmebeschl. d. BGH v. 9.1.2002 – XIII ZR 343/00.

502) BGH, Urt. v. 6.12.2005 – XI ZR 139/05, NJW 2006, 682.

503) BGH, Urt. v. 6.12.2005 – XI ZR 139/05, NJW 2006, 682.

6. Zinsreduktion

3.516 a) **Grundsatz.** Den Interessen des Darlehensgebers wird dadurch Rechnung getragen, dass er die Darlehensvaluta auf die vereinbarte Laufzeit nicht zinslos zur Verfügung stellen muss. Ihm steht bei Fehlen der Angabe des Sollzinssatzes, Fehlen der Angabe des effektiven Jahreszinses oder Fehlen der Angabe des Gesamtbetrages ein Zinsanspruch zu, wenn auch in ermäßigter Höhe (sog. Zinsreduktion des Sollzinssatzes auf den gesetzlichen Zinssatz (§§ 494 Abs. 2 Satz 2, 246 BGB)).[504]

3.517 b) Umstritten ist, was bei **unverzinslichen Finanzierungen** oder solchen Finanzierungen gilt, bei denen der vertragliche Sollzinssatz unter dem gesetzlichen Zinssatz von 4 % (§ 246 BGB) und bei Existenzgründern von 5 % (§ 352 HGB) liegt. Mit der Begründung, dass die unrichtige Angabe des Effektivzinses nicht strenger geahndet werden soll als eine fehlende Angabe, die gem. § 494 Abs. 2 Satz 2 BGB zur Anwendung des gesetzlichen Zinssatzes führt, wird eine Kürzung unterhalb des gesetzlichen Zinssatzes teilweise als ausgeschlossen angesehen.[505] Demgegenüber kann nach h. M. der Sollzinssatz gem. § 494 Abs. 3 BGB auch unter dem gesetzlichen Zinssatz „heruntergerechnet“ werden. Da § 494 Abs. 2 Satz 2 BGB von „ermäßigt“ spricht, komme keine Anhebung auf 4 % in Betracht. Ein Tatbestand der Heilung mit entsprechenden „Ersatzregeln“ gem. § 494 Abs. 2 Satz 2 BGB liege bei der Falschangabe des Effektivzinssatzes gerade nicht vor. Auch entspreche es grundsätzlich dem Willen des Gesetzgebers, den Darlehensgeber an seine Falschangaben binden zu wollen.[506] Des Weiteren könne eine falsche Angabe des Effektivzinssatzes im Vergleich zur Nichtangabe umso mehr geeignet sein, den Verbraucher über die maß- und für ihn entscheidungsrelevanten Konditionen des Darlehens zu täuschen.[507] Ergibt sich ein heruntergerechneter Zinssatz, der unter dem gesetzlichen Zinssatz liegt (negativer Zinssatz), so sei dieser soweit auf die im Effektivzinssatz beinhalteten Einmalkosten zu verrechnen,[508] bis diese „aufgebraucht“ sind. Ergäbe sich eine Überzahlung der Zinsen, so habe der Darlehensnehmer einen Anspruch auf Rückzahlung nach Bereicherungsrecht. Eine Minderung des Nettodarlehensbetrages erfolge nicht.[509]

7. Neuberechnung von Teilzahlungen

3.518 Da der Verbraucher weniger schuldet, sind bei Teilzahlungsdarlehen die (Annuitäten-)Raten, ausgehend von einer verminderten Gesamtschuld unter Be-

504) OLG München, Urt. v. 4.6.2012 – 19 U 771/12, BeckRS 2012, 12079.

505) MünchKomm-*Schürnbrand*, BGB, § 494 Rz. 39.

506) BT-Drucks. 11/5462, S. 21.

507) Bülow/Artz-*Bülow*, Verbraucherkreditrecht, § 494 Rz. 75.

508) Erman-*Saenger*, BGB, § 494 Rz. 19.

509) Erman-*Saenger*, BGB, § 494 Rz. 19.

rücksichtigung der verminderten Zinsen oder Kosten vom Darlehensgeber in Textform neu zu berechnen (§ 494 Abs. 5 BGB). Der Verbraucher hat kein Wahlrecht, die überzahlten Zinsen auf die Darlehenstilgung zu verrechnen.[510)]

8. Wegfall von Rechten

a) **Fallgruppen.** Zu denken ist an fehlende Angaben der **Kosten** (§ 494 Abs. 4 Satz 1 BGB) oder der Voraussetzungen der **Kosten-/Zinsanpassung** (§ 494 Abs. 4 Satz 2 BGB) oder fehlende Angaben zu **Sicherheiten** (§ 494 Abs. 6 Satz 2 BGB, Ausnahme § 494 Abs. 6 Satz 3 BGB bei Darlehen über 75.000,00 €). 3.519

b) **Konsequenzen.** Es tritt keine Nichtigkeit ein. Vielmehr werden die entsprechenden Positionen nicht geschuldet. Anpassungsmöglichkeiten bestehen nicht bzw. die Positionen können nicht gefordert werden. Solange eine Heilung nach § 494 Abs. 2 Satz 1 BGB nicht eingetreten ist, sind beide Vertragspartner nicht gebunden und können keine Erfüllung verlangen.[511)] 3.520

c) **Drittkosten.** Soweit auch Kosten anzugeben sind, die rechtlich nicht dem Darlehensgeber, sondern einem Dritten, z. B. einem Darlehensvermittler, einem Versicherungsunternehmen, Notar, Grundbuchamt, Schätzer etc. „geschuldet" werden, fragt es sich, wie sich die Sanktion auswirken soll. Ist der Vertrag mit dem Dritten, z. B. dem Darlehensvermittler, Lebensversicherer, wirksam – ggf. in gesonderter Urkunde wie z. B. durch § 655b Abs. 1 BGB vorgeschrieben – geschlossen, kann die unterlassene Angabe der betreffenden Kosten im Darlehensvertrag nicht zu Lasten des Dritten gehen. Vielmehr kann sich die Sanktion nur im Verhältnis des Verbrauchers zum Darlehensgeber auswirken. § 494 Abs. 4 Satz 1 BGB ist dann entsprechend dem Gesetzeszweck dahingehend auszulegen, dass der Darlehensgeber den Verbraucher so zu stellen hat, als ob dieser die Kosten nicht schulde (Freistellungsanspruch). Der Verbraucher kann also im Rahmen des § 242 BGB Erstattung oder Gutschrift eines entsprechenden Geldbetrages verlangen.[512)] 3.521

d) **Sicherheiten.** Insofern kann verwiesen werden.[513)] Die Sicherheiten sichern in diesem Fall mit Rechtsgrund eine wirksame Verbindlichkeit aus einem Verbraucherdarlehensvertrag. 3.522

---

510) BGH, Urt. v. 20.1.2009 – XI ZR 504/07, BGHZ 179, 260 = NJW 2009, 2046 = ZIP 2009, 507.

511) *Gödde*, in: Martinek/Semler/Habermeier/Flohr, Vertriebsrecht, § 52 Rz. 92, 98.

512) Erman-*Saenger*, BGB, § 494 Rz. 20; a. A. BGH, Urt. v. 18.1.2005 – XI ZR 17/04, BGHZ 162, 20 = NJW 2005, 985 = ZIP 2005, 339; BGH, Urt. v. 18.12.2007 – XI ZR 76/06, NJW-RR 2008, 643 = ZIP 2008, 357; a. A. Bülow/Artz-*Bülow*, Verbraucherkreditrecht, § 494 Rz. 59, wonach der Darlehensgeber die Kosten dem Dritten unmittelbar schuldet.

513) Siehe oben § 42 III 10 c dd m. w. N.

9. Jederzeitiges Kündigungsrecht

3.523 Fehlen Angaben zur **Laufzeit** (§ 494 Abs. 6 Satz 1 Fall 1 BGB i. V. m. § 492 Abs. 2 BGB i. V. m. Art. 247 §§ 6 Abs. 1 Nr. 1, 3 Abs. 1 Nr. 6 EGBGB) oder zum **Kündigungsrecht**, etwa gem. §§ 489, 500, 314 BGB (§ 494 Abs. 6 Satz 1 Fall 2 BGB i. V. m. § 492 Abs. 2 BGB i. V. m. Art. 247 § 6 Abs. 1 Nr. 5 EGBGB), kann der Verbraucher jederzeit kündigen (§ 494 Abs. 6 Satz 1 BGB), soweit nicht der Schwellenwert von 75.000,00 € überschritten ist (§ 494 Abs. 6 Satz 2 BGB). Auch im Falle der Heilung nach § 494 Abs. 2 Satz 1 BGB bleibt es bei dieser Rechtsfolge.[514)]

10. Anspruch auf Vertragsabschrift

3.524 Nach § 494 Abs. 7 Satz 1 BGB hat der Darlehensgeber den Darlehensnehmer im Falle der Formunwirksamkeit eine Abschrift des Vertrages mit den geänderten Bedingungen zur Verfügung zu stellen.[515)] Ziel ist es, den Verbraucher über die tatsächliche Höhe der Darlehensschuld und der zu leistenden Teilzahlungen in Kenntnis zu setzen. Die Abschrift des Vertrages muss die sich aus § 494 Abs. 2 Satz 2 bis Abs. 6 BGB ergebenden Änderungen beinhalten. Diese Pflicht ergänzt die sich aus § 424 Abs. 3 Satz 1 BGB ergebende Verpflichtung zur Überlassung einer Vertragsabschrift.[516)] Die Verpflichtung zur vollständigen Neuunterrichtung des Darlehensnehmers dürfte in der Praxis in der Regel dazu führen, dass der Darlehens- und Getränkelieferungsvertrag insgesamt neu zu erstellen ist.

11. Nichtbeginn der Widerrufsfrist

3.525 Eigenständige Bedeutung erlangt die Vorschrift des § 495 Abs. 2 Satz 1 Nr. 2 b BGB, wenn im Verbraucherdarlehensvertrag abweichend von den gesetzlichen Vorschriften Pflichtangaben nach § 492 Abs. 2 BGB fehlen. Dann ist der Vertrag zunächst gem. § 494 Abs. 1 Fall 2 BGB nichtig. Bei und mit Heilung fällt das Verdikt des § 495 Abs. 2 Satz 1 Nr. 2 b BGB ex nunc weg und die Widerrufsfrist beginnt zu laufen. Dies stellt § 494 Abs. 7 Satz 2 BGB nochmals klar.[517)] Anders, wenn der Darlehensgeber die Pflichtangaben noch vor der Auszahlung erteilt hat.

3.526 § 495 Abs. 2 Satz 1 Nr. 2 b BGB erfasst auch die Sachverhalte, in denen der Darlehensnehmer nicht die nach Art. 247 §§ 7 und 8 EGBGB erforderlichen Pflichtangaben erhält. Das Fehlen dieser Angaben löst zwar nach § 494 Abs. 1 BGB nicht die Nichtigkeitsfolge aus. Die Widerrufsfrist beginnt nunmehr aber

514) Erman-*Saenger*, BGB, § 494 Rz. 23.

515) OLG München, Urt. v. 4.6.2012 – 19 U 771/12, BeckRS 2012, 12079.

516) Erman-*Saenger*, BGB, § 494 Rz. 26.

517) OLG München, Urt. v. 4.6.2012 – 19 U 771/12, BeckRS 2012, 12079.

nicht zu laufen, bevor der Darlehensnehmer auch diese Informationen erhält.[518)]

VI. Nachholung

1. Anwendungsbereich

Ist ein Verbraucherdarlehensvertrag wegen Fehlens aller oder einzelner Pflichtangaben (§ 492 Abs. 2 BGB) in der erforderlichen Form (§ 492 Abs. 1 BGB) unwirksam (§ 494 Abs. 1 BGB), kann dieser Mangel grundsätzlich nur durch erneuten formgerechten Vertragsschluss mit den Pflichtangaben beseitigt werden. Ein einseitiges Nachholen von Pflichtangaben ist ausschließlich bei wirksam abgeschlossenen Verträgen und bei geheilten Verträgen (§ 494 Abs. 6 Satz 1 BGB) möglich. Voraussetzung ist die Nichtangabe (das Fehlen) einer Pflichtangabe oder die nicht vollständige Angabe einer solchen. Ein wirksamer Vertrag kann trotz fehlender Pflichtangaben vorliegen, wenn das Fehlen nicht zur Nichtigkeit führt oder die Wirksamkeit auf eine Heilung des Vertrages nach § 494 Abs. 2 Satz 1 BGB beruht. In allen anderen Fällen ist eine Nachholung nicht möglich, sondern der Abschluss eines neuen Vertrags erforderlich, der alle geforderten Angaben enthält. Hinsichtlich der fakultativen Angaben nach Art. 247 §§ 7 und 8 EGBGB, deren Fehlen nicht zur Nichtigkeit führt, bedeutet dies in dem hier interessierenden Zusammenhang, dass nur die Angabe über die Notarkosten (Art. 247 § 7 Nr. 1 EGBGB) nachholbar ist.[519)] 3.527

2. Praktische Bedeutung

Gleichwohl dürfte die praktische Bedeutung des § 492 Abs. 6 BGB im Zusammenhang mit Getränkelieferungsverträgen durchweg gering sein. Die Vorschrift findet nur als Existenzgründer Anwendung (§ 512 BGB). In der Situation der Nachholung dürfte regelmäßig die Existenzgründungsphase abgeschlossen sein, so dass nunmehr ein Unternehmerdarlehensvertrag i. S. d. §§ 488–490, 14 BGB geschlossen werden kann. 3.528

3. Voraussetzungen

Voraussetzung für ein Nachholen ist das wirksame Zustandekommen oder Gültigwerden eines Verbraucherdarlehensvertrages. Durch dieses Erfordernis eines wirksamen Vertrages können nur Pflichtangaben nachgeholt werden, die nicht zu einer nachträglichen einseitigen Vertragsänderung führen. Bezüglich der Angaben nach Art. 247 §§ 7 und 8 EGBGB, deren Fehlen nicht zur Nichtigkeit führt, bedeutet dies, dass insofern nur die Angabe über die **Notarkosten** (Art. 247 § 7 Nr. 1 EGBGB) nachholbar ist. Die entsprechende Verpflichtung 3.529

---

518) Begründung zum Referentenentwurf, S. 15.

519) BT-Drucks. 17/1394, S. 16.

zur Kostentragung besteht – unabhängig vom Inhalt des Verbraucherdarlehensvertrags – gegenüber dem Notar, so dass die Nachholung des entsprechenden Hinweises erforderlich ist.[520] Um die Widerrufsfrist auszulösen, müssen nur solche Angaben nachgeholt werden, die für das konkrete Vertragsverhältnis (noch) von Relevanz sind.[521]

4. Form

3.530 Liegt ein wirksamer Vertragsschluss vor, ist das (Text-)Formerfordernis des § 126b BGB zu beachten (§ 492 Abs. 6 Satz 1 BGB).

5. Rechtsfolgen

3.531 a) **Nachholung der Information.** Hinsichtlich der Rechtsfolgen bei Nachholung von fehlenden oder unvollständigen Pflichtangaben ist danach zu unterscheiden, ob die Nachholung zu einer Vertragsänderung nach § 494 Abs. 2 Satz 2 bis Abs. 6 BGB geführt hat oder nicht (§ 492 Abs. 6 Sätze 2 und 3 BGB).

3.532 aa) **Vertragsänderung.** Das Gesetz gewährt in diesem Fall einen Anspruch auf eine Abschrift des Vertrages, die sämtliche Vertragsänderungen berücksichtigt (§§ 492 Abs. 6 Satz 2, 494 Abs. 7 BGB). Zur Nachholung der Pflichtangaben ist also erforderlich, dass der Verbraucher eine der in § 355 Abs. 3 Satz 2 BGB genannten Unterlagen (Vertragsurkunde, schriftlicher Antrag des Verbrauchers oder Abschrift eines der Dokumente) spätestens im Zeitpunkt der Nachholung erhalten hat. Damit soll die Erlangung aller relevanten Informationen sichergestellt werden.[522]

3.533 bb) **Keine Vertragsänderung.** Bei einem geheilten Vertrag, bei dem sich die Vertragsbedingungen nicht gem. § 494 Abs. 2 Satz 2 bis Abs. 6 BGB geändert haben, reicht die bloße Mitteilung der unterlassenen Angaben, sofern der Verbraucher spätestens im Zeitpunkt der Nachholung eine der in § 355 Abs. 3 Satz 2 BGB genannten Unterlagen erhalten hat (§ 492 Abs. 6 Satz 3 BGB).

3.534 b) **Widerrufsfrist.** Die Widerrufsfrist beträgt dann ein Monat (§ 492 Abs. 6 Satz 4 BGB), worauf in der Widerrufsinformation hinzuweisen ist (§ 492 Abs. 6 Satz 5 BGB). Die Widerrufsfrist beginnt mit Erhalt der nachgeholten Unterlagen (§ 492 Abs. 6 Satz 5 BGB, vgl. auch § 497 Abs. 7 Satz 2 BGB).

520) Palandt-*Weidenkaff*, BGB, § 492 Rz. 8.
521) BT-Drucks. 17/1394, S. 16 zu Nr. 4b.
522) Erman-*Saenger*, BGB, § 492 Rz. 33.

VII. Rechtsfolgen fehlender Pflichtangaben

1. Grundlagen

Der Verbraucherdarlehensvertrag ist von Anfang an nichtig, wenn eine der in Art. 247 §§ 6, 9–13 EGBGB vorgeschriebenen Angaben fehlt (§ 494 Abs. 1 Fall 2 BGB). Bei Fehlen einer oder mehrerer Pflichtangaben tritt stets Gesamtnichtigkeit ein, für die Anwendung des § 139 BGB ist kein Raum.[523] 3.535

2. Unbeachtlichkeit

a) Auslegung. Der Gesetzgeber normiert in § 494 Abs. 2–6 BGB einen abschließenden Katalog der gesetzlichen Sanktionen. Nur die dort angeführten Rechtsfolgen kommen zur Anwendung. Systematisch folgt hieraus, dass andere als die durch Verweisung auf die Vorschrift des Art. 247 §§ 6 und 9–13 EGBGB mögliche Formverstöße gerade nicht zur Nichtigkeit des Vertrages führen. Diese Formverstöße bedürfen auch keiner etwaigen Heilung, wie sie für andere Formmängel in § 494 Abs. 2–7 BGB speziell vorgesehen sind. Dann bleibt der Verbraucherdarlehensvertrag wirksam, auch wenn einzelne Angaben fehlen. Inhaltlich handelt es sich um Formverstöße von geringerem Gewicht, die die Interessen des Verbrauchers nur unwesentlich beeinträchtigen. 3.536

b) Sanktionslos bleibende Mängel. Keineswegs zieht das Fehlen sämtlicher Angaben, deren Nichtberücksichtigung zur Nichtigkeit nach § 494 Abs. 1 BGB führt, im Falle der Heilung weitere Sanktionen nach sich. Keine besonderen Folgen nach § 494 Abs. 2–6 BGB haben insbesondere das Fehlen folgender Angaben: Name und Anschrift des Darlehensnehmers, die Art des Darlehens, der Nettodarlehensbetrag, Betrag, Zahl und Fälligkeit der Teilzahlungen, die Nichtangabe des effektiven Jahreszinses (mit 0,00) bei zinslosen Darlehen, die Auszahlungsbedingungen, der Verzugszinssatz, der Warnhinweis zu den Folgen ausbleibender Zahlungen sowie das Recht zur vorzeitigen Rückzahlung.[524] 3.537

c) Konsequenzen. Kommt es zur Auszahlung des Darlehensbetrages, bleiben die Leistungspflichten nach Verbraucherdarlehensvertrag beiderseits unverändert. Allerdings stellt sich lediglich die Frage der Vertragswirksamkeit nicht. Dagegen sind bei Vorliegen der entsprechenden Voraussetzungen Schadensersatzansprüche aus Verschulden bei Vertragsschluss oder positiver Vertragsverletzung nach §§ 311 Abs. 2, 280 Abs. 1 BGB denkbar, auch wenn die Angaben gem. § 492 Abs. 6 BGB nachgeholt werden.[525] 3.538

523) Erman-*Saenger*, BGB, § 494 Rz. 4.

524) BGH, Urt. v. 19.10.2004 – XI ZR 337/03, NJW-RR 2005, 354 = ZIP 2004, 2373, mit Ablehnung einer richtlinienkonformen Auslegung.

525) BT-Drucks. 167/1 394, S. 15.

3. Angaben gemäß Art. 247 §§ 7 und 8 EGBGB

3.539 Die Rechtsfolge der Nichtigkeit tritt weiter dann nicht ein, wenn Angaben gem. Art. 247 §§ 7 und 8 EGBGB fehlen. Insofern reicht es für den Verbraucherschutz, dass der Darlehensgeber seinen entsprechenden Anspruch verliert, wenn er die gesetzlich geforderten Pflichtangaben hierüber unterlässt. Käme es stattdessen zur Nichtigkeit des Darlehensvertrages, wäre dies für den Verbraucher nachteilig.

3.540 Allerdings sind Angaben zu Sicherheiten und vom Darlehensnehmer zu tragenden Notarkosten nach Art. 247 § 7 Nr. 1 EGBGB als „für den Vertrag bedeutsam" in der Regel und Angaben zu Zusatzleistungen gem. Art. 247 § 8 EGBGB stets Voraussetzung für das Zustandekommen eines Darlehensvertrages und damit weitere Vertragsbedingungen gem. Art. 247 § 6 Abs. 1 Nr. 6 EGBGB.[526] Fehlen sie, müsste der Darlehensvertrag nichtig sein. Aus § 494 Abs. 4 Satz 1 und Abs. 6 Satz 2 BGB ergibt sich aber, dass die Nichtigkeitsfolge in diesen Fällen nicht eintritt und lediglich Kostensicherheit nicht verlangt werden kann.[527] Dies gilt auch, wenn dadurch nicht alle sonstigen Kosten gem. Art. 247 § 6 Abs. 1 Nr. 1, § 3 Abs. 1 Nr. 10 EGBGB angegeben sind.[528]

4. Widerruflichkeit

3.541 Fehlen Pflichtangaben im Vertrag, ist, wenn dieser als solcher gleichwohl wirksam ist, ein Widerruf möglich (§ 495 Abs. 2 Satz 1 Nr. 2 b BGB), solange keine Verwirkung vorliegt.[529] Gleiches ergibt sich für Teilzahlungsgeschäfte aus § 507 Abs. 2 Satz 1 Fall 2 BGB.

VIII. Rechtsfolgen fehlerhafter Pflichtangaben

1. Unproblematische Fallgruppen

3.542 a) **Effektiver Jahreszins.** Die Situation der unrichtigen Angabe des effektiven Jahreszinses ist vom Gesetzgeber in § 494 Abs. 3 BGB ausdrücklich geregelt worden. Das Gesetz ordnet eine Anpassung an. Weder wird der Vertrag für nichtig erklärt noch dem Darlehensnehmer ein dauerhaftes Widerrufsrecht eingeräumt.

3.543 b) **Zinsanpassung.** Eine Zinsanpassungsklausel, aus der die Änderungsvoraussetzungen nicht nachvollziehbar sind, ist als nichtssagende Klausel so wie eine fehlende zu behandeln mit der Folge, dass der Vertrag zwar wirksam ist, Zinsänderungen zum Nachteil des Verbrauchers aber gem. § 494 Abs. 4 Satz 2 BGB nicht einseitig bestimmt werden können.[530]

---

526) BT-Drucks. 16/11 643, S. 129.

527) Palandt-*Weidenkaff*, BGB, § 494 Rz. 11.

528) Palandt-*Weidenkaff*, BGB, § 494 Rz. 7.

529) Palandt-*Weidenkaff*, BGB, § 495 Rz. 3.

530) Bülow/Artz-*Artz*, Verbraucherkreditrecht, § 492 Rz. 125.

c) Gesamtbetrag. Die Angabe eines unrichtigen Gesamtbetrags ist im Unterschied zum Fehlen des Gesamtbetrags grundsätzlich unschädlich und führt nicht zum Eingreifen des § 494 Abs. 2 Satz 2 BGB. Die Sanktion der Nichtigkeit tritt allerdings ein, wenn die Gesamtbetragsangabe fehlt.[531)] **3.544**

d) Verwendungszweck. Die schlichte Falschangabe des Verwendungszwecks führt nicht zur Nichtigkeit.[532)] **3.545**

2. Pflichtangaben im Übrigen

§ 494 BGB sanktioniert das Fehlen der darin genannten Pflichtangaben. Zweifelhaft ist, ob dem Fehlen einer Pflichtangabe auch die Unrichtigkeit von Pflichtangaben gleichgesetzt werden kann. **3.546**

a) Meinungsstand. Eine erste M. M. nimmt auch insofern Nichtigkeit an. Seien Pflichtangaben fehlerhaft und gehörten sie gleichzeitig zu den essentialia negotii des Darlehensvertrages, so könne eine Einigung über einen solchen Punkt und dessen fehlerhafte Niederlegung im Darlehensvertrag die Nichtigkeit wegen Verstoßes gegen das gesetzliche Schriftformerfordernis nach § 494 Abs. 1 Fall 1 BGB nach sich ziehen.[533)] Eine Widerruflichkeit nach § 355 Abs. 4 Satz 3 BGB sei nicht gegeben. **3.547**

Nach einer zweiten M. M. sei zu differenzieren. Grundsätzlich führten unrichtige Angaben nicht zur Nichtigkeit. Anders bei erheblicher Abweichung vom wirklich Vereinbarten und bei grober Unrichtigkeit ohne Informationsgehalt.[534)] **3.548**

Eine dritte und h. M. verneint ebenfalls grundsätzlich die Nichtigkeit. Fehlerhafte Pflichtangaben würden nicht sanktioniert. Ergebe sich keine Formnichtigkeit nach § 494 Abs. 1 Satz 1 Fall 1 BGB und weise die fehlerhafte Angabe auch nicht auf eine fehlende andere Pflichtangabe hin, die sanktioniert sei – so könne etwa ein fehlerhafter Gesamtbetrag gem. § 494 Abs. 2 BGB i. V. m. Art. 247 § 6 Abs. 1 Nr. 1 EGBGB seinen Grund in einer fehlerhaften Kostenposition gem. § 494 Abs. 2 BGB i. V. m. Art. 247 § 6 Abs. 1 Nr. 1 EGBGB haben, was durch § 494 Abs. 4 BGB sanktioniert werde –, so bleibe die fehlerhafte Angabe folgenlos. Nach h. M. sei weder eine Nichtigkeit noch ein Nichtbeginn der Widerrufsfrist anzunehmen. Fehlerhafte Pflichtangaben im Übrigen seien sanktionslos. Die fehlerhafte Pflichtangabe verfüge zwar nicht über den gleichen Informationswert wie eine zutreffende. Dies sei aber gerade nicht der fehlenden Pflichtangabe gleichzusetzen. Die Sanktion der Nichtigkeit trete nur ein, wenn eine der vorgeschriebenen Pflichtangaben vollständig fehle.[535)] **3.549**

---

531) KG, Urt. v. 5.4.2005 – 4 U 91/04, BeckRS 2005, 09262.

532) Erman-*Saenger*, BGB, § 494 Rz. 4.

533) OLG Celle, Urt. v. 20.12.2000 – 3 U 69/00, BeckRS 2002, 04450.

534) MünchKomm-*Schürnbrand*, BGB, § 494 Rz. 12.

535) BGH, Urt. v. 9.5.2006 – XI ZR 119/05, ZIP 2006, 1238.

3.550 **b) Stellungnahme.** § 494 Abs. 1 BGB stellt eindeutig auf das Fehlen der vorgeschriebenen Angaben ab. Neben dem Wortlautargument aus § 494 Abs. 1 BGB kann im Rahmen der systematischen Interpretation die Regelung des § 494 Abs. 3 BGB zur fehlerhaften Angabe des effektiven Jahreszinses angeführt werden. Dabei handelt es sich um eine Sonderregelung für das Vorliegen einer Falschangabe. Das Gesetz enthält in § 494 Abs. 2 Satz 2, Abs. 3, Abs. 4 und Abs. 6 BGB eine differenzierende Rechtsfolgenanordnung, die weder den Schluss auf eine Nichtigkeit noch auf eine dauerhafte Widerruflichkeit zulässt. § 494 Abs. 3 BGB legt den Schluss nahe, dass der Gesetzgeber allein unter den dort genannten Voraussetzungen eine Sanktionierung fehlerhafter Angaben vorsehen wollte. Da andere Fälle der unrichtigen Angabe weder in der konkreten Norm noch aus der Gesamtsystematik des Regelungszusammenhangs ersichtlich sind, ist von einer abschließenden Regelung auszugehen. Dies auch vor dem Hintergrund, dass die Reform des Jahres 2010 in Kenntnis der Auslegungsdifferenzen erfolgt ist und jeden Hinweis auf die von den Mindermeinungen vertretenen Ansätze vermissen lässt. Abweichend von der Rechtslage nach § 1a Abs. 3 AbzG gilt sonach für sonstige unrichtige Angaben, dass sie die Wirksamkeit des Verbraucherdarlehensvertrages grundsätzlich unberührt lassen.[536)] Eine zu weite Ausdehnung der Nichtigkeitsgründe könnte beiderseits Interessenwidrigkeiten begründen. Unklar bliebe, ab welchem Grad der Unrichtigkeit ein Vertrag so gefährdet wäre, dass seine Rechtsbeständigkeit im Zweifel stünde. Die Konfliktlösung liegt nicht in der Nichtigkeit, sondern ergibt sich aus dem Umfang der Leistungspflichten, die sich ihrerseits an den gegenseitigen Abhängigkeiten der einzelnen Angaben ausrichtet. Sie liegt außerdem in Ersatzansprüchen des Verbrauchers. Sollte der Verbraucher vorsätzlich falsche Pflichtangaben erhalten haben, so verbleibt ihm die Anfechtungsmöglichkeit nach §§ 123, 119 BGB. Sonach führt nur die fehlende Angabe zur Nichtigkeit nach § 494 Abs. 1 Fall 2 BGB, nicht jedoch eine falsche Angabe.[537)]

3.551 **c) Widerrufsrecht.** Diese Erwägungen gelten auch im Falle einer fehlerhaften Angabe des Widerrufsrechts. Nach der ausdrücklichen, vorrangigen und in Kenntnis der Problematik erlassenen Regelung des § 495 Abs. 2 Satz 2 BGB ist die allgemeine Vorschrift des § 355 Abs. 4 BGB und folglich auch § 355 Abs. 4 Satz 3 BGB nicht anzuwenden.

3.552 Aus § 495 Abs. 2 Satz 1 Nr. 2 b BGB ergibt sich nichts anderes. Der Darlehensnehmer hat die Pflichtangabe zum Widerrufsrecht auch dann im Sinne dieser

---

536) BGH, Urt. v. 14.10.2003 – XI ZR 134/02, NJW 2004, 154 (unzureichende Angabe des Bestimmungszwecks); BGH, Urt. v. 25.4.2006 – XI ZR 193/04, BGHZ 165, 252 = NJW 2006, 1788 = ZIP 2006, 940; BGH, Urt. v. 9.5.2006 – XI ZR 119/05, ZIP 2006, 1238.

537) BGH, Urt. v. 2.12.2003 – XI ZR 53/02, WM 2004, 417; BGH, Urt. v. 25.4.2006 – XI ZR 193/04, BGHZ 165, 252 = NJW 2006, 1788 = ZIP 2006, 940.

Vorschrift erhalten, wenn jene fehlerhaft ist.[538] Dagegen spricht aber fortiori die Regelung in § 492 Abs. 6 BGB über die Möglichkeit der Nachholung, insbesondere § 492 Abs. 6 Satz 1 BGB („nicht oder nicht vollständig").[539]

d) **Haftung.** Denkbar ist ein Anspruch auf Schadensersatz aus Verschulden bei Vertragsschluss gem. §§ 311 Abs. 2, 241 Abs. 2, 280 Abs. 1 BGB.[540] 3.553

§ 43 Vorvertragliche Informationen

I. Europäische Standardinformationen für Verbraucherkredite, Grundlagen

1. Rechtsgrundlage

Grundlage der ersten Stufe der vorvertraglichen Informationen ist § 491a Abs. 1 BGB i. V. m. Art. 247 §§ 1–4 EGBGB i. V. m. Anlage 3 zu Art 247 § 2 EGBGB. Die Verwendung des Musters der Europäischen Standardinformation gemäß Anlage 3 zu Art. 247 § 2 EGBGB ist zwingend (Art. 247 § 2 Abs. 1 EGBGB). 3.554

2. Temporaler Anwendungsbereich

Die vorvertraglichen Informationspflichten nach § 491a BGB erfasst nur Schuldverhältnisse, die nach dem **11.6.2010** entstanden sind. Bereits vor diesem Datum begründete Verbraucherdarlehensverträge sind nach der Übergangsbestimmung des Art. 229 § 22 Abs. 2 EGBGB von den vorvertraglichen Informationspflichten nicht betroffen. Um den Kreditgebern die Verwendung schon gefertigter Musterdrucke zu ermöglichen, wurde eine **Auslauffrist** bis zum **31.12.2010** gesetzt. In diesem Zeitraum fingierte das Gesetz, dass der Kreditgeber seinen Unterrichtungspflichten sowohl durch Verwendung der alten, also bereits vorhandenen, als auch der neuen Muster nachkam (Art. 247 § 2 Abs. 3 Satz 3 EGBGB).[541] 3.555

3. Erforderlichkeit

a) Diese Informationspflicht besteht auch bei Darlehensfinanzierungen in Form von **Briefzweitschriften.** 3.556

b) Hinsichtlich der **bezugsrechtlichen Komponente** des Getränkelieferungsvertrages gibt es keine entsprechenden Informationspflichten. Zwar scheint hierfür der umfassende Verweis in § 512 BGB auf die §§ 491–511 BGB zu sprechen. Nach dem Normzweck bezieht sich § 512 BGB aber lediglich auf die 3.557

538) a. A. Bülow/Artz-*Bülow*, Verbraucherkreditrecht, § 494 Rz. 39a, § 495 Rz. 142, der entgegen § 495 Abs. 2 Satz 2 BGB dann § 355 Abs. 4 Satz 3 BGB anwenden will.

539) *Gödde*, in: Martinek/Semler/Habermeier/Flohr, Vertriebsrecht, § 52 Rz. 94.

540) Palandt-*Weidenkaff*, BGB, § 494 Rz. 13.

541) Bülow/Artz-*Artz*, Verbraucherkreditrecht, § 491a Rz. 34.

Vorschriften der § 510 BGB (teleologische Reduktion). Auch gibt es insofern keine Standardinformationen i. S. d. § 491a Abs. 1 BGB.

4. Verpflichtung

3.558 Bereits aus dem Wortlaut des § 491a Abs. 1 a. E. BGB („... hat ... zu unterrichten") und dem des Art. 247 § 1 EGBGB („... muss ... enthalten") ergibt sich deutlich die gesetzliche Verpflichtung zur vorvertraglichen Information. § 491a Abs. 1 BGB begründet eine vorvertragliche Informationspflicht und setzt ein vorvertragliches Schuldverhältnis i. S. v. § 311 Abs. 2 BGB voraus. Der Unternehmer muss der Informationspflicht unabhängig von einem Verlangen des Verbrauchers nachkommen. Die Informationspflicht wird durch einen Vertragsentwurf i. S. v. § 491a Abs. 2 BGB nicht erfüllt.[542)]

5. Verzicht

3.559 Ein Verzicht dürfte nicht möglich sein. Dies folgt auch aus § 511 Satz 1 BGB.

6. Bindung

3.560 a) **Angebot.** Die Standardinformationen stellen kein vertragswirksames Angebot dar. Vielmehr befindet man sich noch im vorvertraglichen Bereich, allerdings unmittelbar vor Vertragsabschluss. Vorsorglich kann auf die Unverbindlichkeit durch ein Anschreiben und eine sonstige Erklärung ausdrücklich hingewiesen werden.

3.561 Der Kunde liegt somit auch (noch) nichts Annahmefähiges vor. Eine entsprechende Willenserklärung des Kunden stellt daher lediglich ein (erstes) Angebot dar. Ohne ausdrückliche Annahmeerklärung bleibt es rechtsfolgenlos.

3.562 Zwar kann die Bindungsbefristung in Ziff. 4.5 als Bestimmung einer „Annahmefrist" (analog) § 148 BGB angesehen werden. Die Fristbestimmung als einseitiges Rechtsgeschäft kann, muss aber nicht Teil des Angebotes sein.[543)] Folge wäre dann nach § 150 Abs. 1 BGB, dass eine verspätete Annahme eines Antrages als neuer Antrag anzusehen wäre. Gem. § 150 Abs. 2 BGB würde sich eine Annahme unter Erweiterung, Einschränkungen oder sonstigen Änderungen ebenfalls als Ablehnung verbunden mit einem neuen Antrag darstellen. Mangels eines entsprechenden Rechtsbindungswillens bei dem Getränkelieferanten lässt sich aber aus der Bestimmung einer „Annahmefrist" in Ziff. 4.5 nichts dafür ableiten, dass es sich um ein Angebot handelt.

3.563 b) **Vertragsentwurf.** Wohl unstreitig dürfte ein im Entwurf mit vorgelegter Vertrag unverbindlich sein und kein bindendes Angebot darstellen. Um einen

542) Palandt-*Weidenkaff*, BGB, § 491a Rz. 2.

543) Palandt-*Ellenberger*, BGB, § 148 Rz. 2.

anderen – rechtsirrigen – Eindruck zu vermeiden, sollte ein ggf. mit ausgehändigter Vertragsentwurf (§ 491a Abs. 2 BGB) deutlich (Stempelaufdruck, Wasserzeichen etc.) als solcher gekennzeichnet sein und insbesondere noch nicht seitens des Getränkelieferanten gezeichnet sein.

7. Zeitpunkt

a) **Grundsatz.** Der Darlehensnehmer muss rechtzeitig vor jeder vertraglichen Bindung und damit vor Vertragsabschluss die Möglichkeit haben, in Abwesenheit des Darlehensgebers verschiedene Angebote eingehend zu überprüfen und miteinander zu vergleichen, um eine eigenverantwortliche Entscheidung über Für oder Wider des Vertragsschlusses treffen zu können.[544] 3.564

b) **Weitere Fragen von Interesse.** Fraglich ist, wann dem Verbraucher die Informationen zu erteilen sind. Sowohl Art. 5 Abs. 1 Verbraucherkreditrichtlinie als auch Art. 247 § 1 EGBGB sprechen lediglich davon, dass die Information **rechtzeitig** zu erfolgen hat. Der Vertragsschluss sollte der Information zeitnah folgen. Dies zum einen um die Information beim Verbraucher noch „wachzuhalten". Zum anderen, um nachträglichen Änderungen mit der Folge einer Neuinformationspflicht vorzubeugen. 3.565

Dem Verbraucher müssen die Materialien im Vorfeld des Vertragsabschlusses oder einer anderen rechtlichen Bindung, etwa durch Abgabe eines Angebots nach § 145 BGB, zur Verfügung gestellt werden, so dass es ihm möglich ist, die Unterlagen mitzunehmen. Dabei muss er die Gelegenheit haben, die Prüfung räumlich getrennt und damit an einem anderen **Ort** in **Abwesenheit des Darlehensgebers**[545] durchzuführen. Solange die Prüfungsmöglichkeit bestand, ist es unschädlich, wenn der Vertragsschluss am **selben Tag** vollzogen wird.[546] Eine Mindestbedenkfrist muss nicht eingehalten werden. 3.566

c) **Konsequenzen.** Aus praktischen Erwägungen heraus sollte die Abgabe der Unterrichtung erst zu einem möglichst späten Zeitpunkt der vorvertraglichen Verhandlungsphase erfolgen, wenn die wesentlichen Vereinbarungen des Verbraucherdarlehensvertrages weitgehend feststehen. Daher sollte der Vertrag aber **aus-/endverhandelt** sein. 3.567

Der Verbraucher muss die Information vor einer rechtlichen Bindung, d. h. auch vor seinem eigenen verbindlichen Angebot, erhalten. Dies hindert einen **Vertragsschluss unmittelbar nach Erteilung** der Informationen nicht.[547] 3.568

d) **Inhaltsabweichungen bzw. Zeitablauf.** Unabhängig davon müssen die Informationen zutreffend sein. Bei unvollständigen Informationen bzw. nach- 3.569

544) BT-Drucks. 16/11 643, S. 197.

545) Vgl. Erwägungsgrund 19 der Verbraucherkreditrichtlinie 2008/48/EG.

546) BT-Drucks. 16/11 643, S. 121, 122.

547) BT-Drucks. 16/11 643, S. 197.

träglich unvollständig bzw. fehlerhaft gewordenen Informationen müsste der Informationsvorgang neu anlaufen. Aus unternehmerischer Vorsicht empfiehlt sich eine erneute Unterrichtung, wenn ein Vertrag geschlossen werden soll, dessen Inhalt völlig anders gestaltet ist als die zeitlich vorhergehende Unterrichtung. Gleiches dürfte auch dann anzunehmen sein, wenn zwar keine Inhaltsdifferenz festzustellen ist, aber eine sehr lange Zeit nach der ursprünglich gegebenen vorvertraglichen Information vergangen ist. Unterbleibt der zunächst beabsichtigte Vertragsschluss und wird dieser zu einem späteren Zeitpunkt, nachdem sich der Verbraucher doch noch zum Vertragsabschluss entschieden hat, nachgeholt, so dürfte nach den gesetzlichen Bestimmungen keine erneute Informationsverpflichtung bestehen. Aus unternehmerischer Vorsicht dürfte aber auch hier eine erneute Unterrichtung angezeigt sein.

3.570 e) **Probleme im Nachgang der Information. aa) Fallgruppen.** Zu denken ist an eine erforderliche Genehmigung durch einen Aufsichtsrat, zwischenzeitlich veranlasste Änderungen, die keiner Partei zuzurechnen sind, oder kundenseitig veranlasste nachträgliche Änderungen oder Rückdatierungen.

3.571 **bb) Konsequenzen.** Bei darlehensrechtlicher Relevanz, insbesondere zum Nachteil des Kunden, dürfte eine erneute Information angezeigt sein.

8. Vermeidung von Drucksituationen

3.572 Drucksituationen (objektiv) bzw. der Eindruck (subjektiv) derselben sind zu vermeiden. Ggf. ist auch an Drucksituationen zu denken, die vom Verbraucher/Existenzgründer veranlasst werden, weil dieser etwa auf eine baldige Zahlung drängt.

9. Inhalt

3.573 a) **Grundlagen.** Die Inhaltsanforderungen an die vorvertraglichen Informationen folgen aus Art. 247 §§ 3–5 EGBGB. Entsprechend den erforderlichen Pflichtangaben im Vertrag (Art. 247 § 6 Abs. 1 Nr. 1 EGBGB) statuiert das Gesetz in Art. 247 § 3 Abs. 1 Nr. 1–14 EGBGB den gesetzlich notwendigen Inhalt der Informationen. Darüber hinaus ist der Verbraucher nach Art. 247 § 3 Abs. 1 Nr. 15 EGBGB über sein Recht auf einen Vertragsentwurf nach § 491a Abs. 2 BGB zu unterrichten. Zudem schreibt Art. 247 § 3 Abs. 1 Nr. 16 EGBGB vor, dass ihm der Inhalt einer negativen Auskunft mitzuteilen ist, wenn infolge dieser Auskunft der Vertragsabschluss abgelehnt wird. Weitere Informationspflichten können sich im Einzelfall aus Art. 247 § 4 EGBGB ergeben.

3.574 b) **Vertragsübernahme/-beitritt.** Das Muster der Europäischen Standardinformationen für Verbraucherkredite ist nicht auf die Übernahmesituation zugeschnitten. Daher bedarf es einer sprachlichen Umgestaltung und der Aktualisierung der Angaben in einzelnen Positionen der rechten Spalte. Die Übernahmevereinbarung hat sämtliche Pflichtangaben zu enthalten. Anderenfalls ist sie nichtig (§ 494 Abs. 1 Fall 2 BGB). Da der Vertragsübernehmer/-beitretende regelmäßig keine finanzielle Leistung mehr erhält, dürfte eine Heilung der Nichtigkeit nach § 494 Abs. 2 Satz 1 BGB ausscheiden. Ob die Nichtigkeit durch die Weiterbenutzung des mit dem ursprünglich gewährten Darlehen angeschafften Anlagevermögens analog § 492 Abs. 2 Satz 1 BGB als geheilt werden kann, ist umstritten.[548] Dem Übernehmer/Beitretenden steht bei Fehlen der Pflichtangaben, insbesondere der Widerrufsinformation, ein dauerhaftes Widerrufsrecht zu (§ 495 Abs. 2 Satz 1 Nr. 2 b BGB). Dieses originäre Widerrufsrecht hinsichtlich der Übernahme-/Beitrittserklärung tritt ggf. neben ein abgeleitetes Widerrufsrecht wegen dauerhafter Widerruflichkeit des übernommenen Getränkelieferungsvertrages.[549]

10. Vermittlung

Das ausgefüllte Muster ist in **Textform** an den potentiellen Darlehensnehmer zu übermitteln.[550] 3.575

11. Beweislast

Die Beweislast für eine nicht ordnungsgemäße Verwendung des Musters trägt der Verbraucher.[551] 3.576

12. Nachweis

Zum Nachweis der Übermittlung empfiehlt sich ein gesondertes Empfangsbekenntnis. Die gesetzlichen Anforderungen ergeben sich aus § 309 Nr. 12 BGB und Art. 247 § 4 Abs. 2 EGBGB. Dieses Empfangsbekenntnis sollte mit genauen Orts- und Datumsangaben versehen werden und sowohl von dem/den Kunden als auch – getrennt davon – von dem Außendienstmitarbeiter des Getränkelieferanten unterzeichnet werden. 3.577

13. Gesetzlichkeitsfiktion

a) **Rechtsgrundlage** ist Art. 247 § 2 Abs. 3 Satz 1 EGBGB i. V. m. Anlage 3. 3.578

b) **Wirkung.** Die Verwendung und Übermittlung eines ordnungsgemäß und vollständig ausgefüllten Musters fingiert die Erfüllung der vorvertraglichen Informationspflichten (Art. 247 § 2 Abs. 3 Satz 1 EGBGB i. V. m. Anlage 3). Damit ist aber noch nicht das Belehrungserfordernis erfüllt.[552] 3.579

---

548) BGH, Urt. v. 26.5.1999 – VIII ZR 141/98, BGHZ 142, 23 = NJW 1999, 2664 = ZIP 1999, 1199.

549) BGH, Urt. v. 26.5.1999 – VIII ZR 141/98, BGHZ 142, 23 = NJW 1999, 2664 = ZIP 1999, 1199.

550) Bülow/Artz-*Artz*, Verbraucherkreditrecht, § 491a Rz. 33.

551) Erman-*Saenger*, BGB, § 491a Rz. 7.

552) Bülow/Artz-*Artz*, Verbraucherkreditrecht, § 491a Rz. 33.

3.580 c) **Voraussetzungen.** Es müssen die tatsächlichen Darlehensbedingungen wiedergegeben und die Wünsche des Verbrauchers, soweit bekannt, berücksichtigt werden.[553)]

3.581 d) **Verwendung.** Die Verwendung des Musters ist zwingend (Art. 247 § 2 Abs. 1 EGBGB), sofern nicht die Bestimmungen der §§ 495 Abs. 3 Nr. 1 (vertragliche Umschuldung), 503 (Immobiliardarlehensvertrag) oder 504 Abs. 2 BGB (Überziehungsmöglichkeit) eingreifen. Bei gewöhnlichen Verbraucherdarlehensverträgen ist somit die Verwendung anderer Formulare oder Vordrucke nicht erlaubt.[554)]

3.582 e) **Gestaltung. aa) Freiwillige Angaben des Kreditgebers.** Das Muster enthält eine Reihe freiwilliger Angaben des Kreditgebers, kenntlich gemacht durch den Klammerhinweis „[Amtl. Anm.:] Freiwillige Angaben des Kreditgebers". Zu nennen sind die Ziffern 1.1, 1.2 und 5.1 mit den Fußnoten 2–13. Insofern können und sollten auch links die entsprechenden Angaben weggelassen werden.

3.583 **bb) Angabeerfordernisse „falls zutreffend".** Mehrere Optionen sind denkbar. Einerseits kann die Information für den Kreditvertrag relevant sein; dann muss der Kreditgeber das betreffende Kästchen – logischerweise rechts – ausfüllen. Andererseits kann die betreffende Information für die infrage kommende Kreditart nicht relevant sein. Dann muss der Kreditgeber die betreffende Information bzw. die gesamte Zeile streichen. Insofern sind wieder mehrere Möglichkeiten denkbar. Zum einen könnte man vertreten, den Text links zu streichen; hierfür spricht das Wortlautargument, dagegen aber die Gefahr, dass zu viel gestrichen wird und das Standardblatt nach und nach verändert wird. Zum anderen könnte der Text links und rechts durchgehend oder diagonal gestrichen werden; die Pro- und Kontraargumente sind dieselben wie vorstehend skizziert. Schließlich ist daran zu denken, den Text links stehenbleiben zu lassen und lediglich rechts Angaben wie „Entfällt" oder die Ankreuzalternativen ( ) Ja und ( ) Nein zu machen.

3.584 **cc) Vermerke in eckigen Klammern.** Die Vermerke in eckigen Klammern dienen zur Erläuterung und sind durch die entsprechenden Angaben zu ersetzen.

3.585 **dd) Ziffer 3.** Darauf zu achten ist, dass der Spaltentrennstrich hinter den Wörtern „Kosten im Zusammenhang mit dem Kredit" seit dem 4.11.2011 gelöscht worden ist.[555)] Folglich dürfen hier keine Angaben gemacht werden. Früher waren hier die Zinsen für die gesamte Laufzeit anzugeben.

3.586 **ee) Ziffer 5.** Hinsichtlich dieser Angaben spricht Einiges dafür, bei Getränkelieferungsverträgen die gesamte Ziffer ohne Gefährdung der Gesetzlichkeitsfiktion streichen zu können. Im Zusammenhang mit Getränkelieferungsver-

553) Palandt-*Weidenkaff*, BGB, Art. 247 § 2 EGBGB Rz. 2.

554) MünchKomm-*Schürnbrand*, BGB, Art. 247 Rz. 17.

555) Siehe oben § 41 I 4 b und c.

trägen ist die Ziff. 5 der Standardinformationen tatbestandlich durchweg nicht gegeben. Weder geht es um Finanzdienstleitungen noch erfolgen diese im Fernabsatz. Wortlaut und Systematik des Art. 247 § 2 Abs. 2 Satz 3 Sätze 1 und 2 EGBGB zeigen, dass Abweichungen möglich sind. Auch ist zu beachten, dass der BGH im Zusammenhang mit den Ausschlusstatbeständen des § 312d Abs. 4 BGB darauf hingewiesen hat, dass Ausschlusstatbestände, die von vorneherein in den Geschäftsbetrieb des Unternehmers nicht relevant werden können, aus Gründen der Klarheit und Übersichtlichkeit nicht in die Belehrung aufgenommen werden müssen. Dies fordert auch der Grundsatz der Belehrungsklarheit. Unnötig komplizierte Belehrungen (hier Informationen) sind zu vermeiden. Dies folgt auch aus dem Transparenzgebot des § 307 Abs. 1 Satz 2 BGB.[556] Die Gegenposition wäre formalistisch, während die hier vertretene Einschränkung auch aus Schutzzweckgesichtspunkten zur Vermeidung von Irreführung durch Überinformation geboten erscheint. Nach vermittelnder Auffassung könnte aus Gründen unternehmerischer Vorsicht der Text des Musters vollständig wiedergegeben werden und die Ziffer 5 insgesamt als nicht relevant gekennzeichnet werden.

ff) Im Übrigen. Keinesfalls verändert werden darf der Wortlaut der linken 3.587
Spalte. Jedenfalls die Schriftgröße ist beizubehalten. Unbedenklich dürfte es sein, dem Muster das Logo des Getränkelieferanten voranzustellen.

14. Rechtsfolgen bei Verstoß

Das Gesetz selbst sieht keine unmittelbaren Sanktionen für den Fall der Ver- 3.588
letzung der vorvertraglichen Informationspflichten vor. Da es an einer ausdrücklichen gesetzgeberischen Anordnung fehlt, haben Verletzungen der Pflicht zur Information nach § 491a Abs. 1 BGB ebenso wie der Pflichten zur Information nach § 491a Abs. 2 und 3 BGB keine unmittelbaren Auswirkungen auf die Wirksamkeit des Vertrages.[557] In Betracht kommt ein Schadensersatzanspruch aus Verschulden bei Vertragsschluss (§§ 280 Abs. 1, 311 Abs. 2 BGB) i. V. m. § 249 Abs. 1 BGB.[558]

II. Zu ausgewählten Angabeerfordernissen der Europäischen Standard-informationen

Bei einem gewöhnlichen Verbraucherdarlehensvertrag müssen im Grundsatz 3.589
zumindest die Basisinformationen nach Art. 247 § 3 EGBGB genannt werden. Je nach Lage der Dinge sind Modifikationen zu beachten.

556) BGH, Urt. v. 4.7.2002 – I ZR 55/00, NJW 2002, 3396 = ZIP 2002, 1730; BGH, Urt. v. 9.12.2009 – VIII ZR 219/08, NJW 2010, 989 = ZIP 2010, 734.

557) Palandt-*Weidenkaff*, BGB, § 495 Rz. 2.

558) BT-Drucks. 16/11 643, S. 123.

1. Namen und Kontaktangaben des Kreditgebers/Kreditvermittlers

3.590 a) **Rechtsgrundlage** ist § 491a Abs. 1 BGB i. V. m. Art. 247 §§ 3 Abs. 1 Nr. 1, 13 Abs. 1 EGBGB. Das Erfordernis der Angabe der ladungsfähigen Anschriften folgt aus Ziff. 1 des Musters Europäischer Standardinformationen für Verbraucherkredite. Im Übrigen sind als Rechtsgrundlagen zu nennen § 360 Abs. 1 Satz 2 Nr. 3 BGB bezüglich der Angabe des Widerrufsempfängers und der Gestaltungshinweis 4 des Musters für die Widerrufsbelehrung (Anlage 1 zu Art. 246 § 2 Abs. 3 Satz 1 EGBGB).

3.591 b) **Wissenswertes.** Eine Verpflichtung zur Information über Namen und Anschrift eines Kreditvermittlers (Art. 247 § 13 Abs. 1 EGBGB), der nicht ein solcher i. S. d. § 655a BGB sein muss, dürfte im Zusammenhang mit Getränkelieferungsverträgen nur ausnahmsweise praktisch werden.[559)]

2. Kreditart

3.592 a) **Rechtsgrundlage** ist § 491a Abs. 1 BGB i. V. m. Art. 247 § 3 Abs. 1 Nr. 2 EGBGB.

3.593 b) **Wissenswertes.** Gefragt ist eine kurze Umschreibung der Art des Darlehens. Eine detaillierte Beschreibung ist nicht erforderlich. Diese soll im Rahmen der Erläuterungen nach § 491a Abs. 3 BGB vorgenommen werden können.[560)]

3.594 Zur Art gehört auch die nähere Ausgestaltung des Vertrages, z. B. Darlehen mit oder ohne bestimmte Laufzeit und/oder mit regelmäßiger Tilgung oder Tilgung am Laufzeitende (Endfälligkeit) einschließlich des Differenzratenmodells ebenso wie Tilgung durch Rückvergütungsgutschriften oder Abschreibung (hl-bezogen, pro rata temporis).[561)]

3.595 Das Muster ist auf Bankfinanzierungen zugeschnitten. Bei den in der Getränkewirtschaft üblichen Finanzierungsarten[562)] ist darauf zu achten, dass entsprechend dem Schutzzweck der Informationen die Vergleichbarkeit mit den von Banken erstellten Mustern gewahrt bleibt. Besonderheiten der Finanzierung durch Getränkelieferanten sind somit hier nicht anzuführen. Sie können ggf. im Rahmen der Ziff. 2.5, im Übrigen bei den Erläuterungen nach § 491a Abs. 3 BGB erfolgen. Hier genügen Angaben zur Befristung des Darlehens und zur Fälligkeit der Zahlungen (Endfälligkeit, Raten).

3.596 Nicht angegeben werden muss der **Verwendungszweck** des Vertrages, also seine Kennzeichnung als Verbraucherdarlehensvertrag.[563)]

---

559) Siehe unten § 45 II.

560) Bülow/Artz-*Bülow*, Verbraucherkreditrecht, § 492 Rz. 83c.

561) Palandt-*Weidenkaff*, BGB, Art. 247 § 3 EGBGB Rz. 2.

562) Siehe oben § 39 II.

563) OLG Düsseldorf, Urt. v. 22.11.2005 – 24 U 44/05, BeckRS 2005, 14749 = ZMR 2006, 363.

3. Gesamtkreditbetrag

a) Rechtsgrundlage ist § 491a Abs. 1 BGB i. V. m. Art. 247 § 3 Abs. 1 Nr. 4 EGBGB. **3.597**

b) Wissenswertes. In den Standardinformationen der Anlage 3 zu Art. 247 EGBGB wird in Ziff. 2 in Übereinstimmung mit Art. 3l und 5 Abs. 1 Satz 4c der Verbraucherkreditrichtlinie 2008/48/EG der weitergehende Begriff des Gesamtkreditbetrags verwendet. Dieser umfasst auch entgeltliche Finanzierungshilfen i. S. d. §§ 506, 507 BGB. Der Gesamtkreditbetrag ist identisch mit dem Begriff des Nettodarlehensbetrages.[564] Auf diese Begriffsidentität ist nicht hinzuweisen. Der Begriff des Gesamtkreditbetrages darf nicht mit dem Gesamtbetrag i. S. d. Art. 247 §§ 6 Abs. 1 Nr. 1, 3 Abs. 1 Nr. 8, Abs. 2 EGBGB verwechselt werden.[565] **3.598**

4. Bedingungen für die Inanspruchnahme

a) Rechtsgrundlage ist § 491a Abs. 1 BGB i. V. m. Art. 247 § 3 Abs. 1 Nr. 9 EGBGB. **3.599**

b) Wissenswertes. Unter den Bedingungen für die Inanspruchnahme sind die Auszahlungsbedingungen für das Darlehen zu verstehen. Anzugeben ist, dass der Darlehensbetrag nicht dem Darlehensnehmer, sondern unmittelbar einem Dritten zufließt oder der Darlehensnehmer etwas anderes erhält, z. B. einen Gegenstand oder die Befreiung von einer Verbindlichkeit.[566] Nicht genügend ist es, lediglich auszuführen, dass die Inanspruchnahme des Darlehens an Bedingungen geknüpft ist und diese im Darlehensvertrag geregelt sind. **3.600**

5. Vertragslaufzeit

a) Rechtsgrundlage ist § 491a Abs. 1 BGB i. V. m. Art. 247 § 3 Abs. 1 Nr. 6 EGBGB. **3.601**

b) Wissenswertes. Insofern kann verwiesen werden.[567] **3.602**

6. Teilzahlungen

a) Rechtsgrundlage ist § 491a Abs. 1 BGB i. V. m. Art. 247 § 3 Abs. 1 Nr. 7 EGBGB. **3.603**

b) Wissenswertes. Hier sind Art und Weise der Rückzahlung des Darlehens anzugeben. Bei den Raten wird ggf. zwischen Regelraten, Umsatzsteuersondertilgungsrate(n) und Schlussrate zu unterscheiden sein. Ebenso ist auch die Rei- **3.604**

---

564) BT-Drucks. 16/11 643, S. 125.

565) Bülow/Artz-*Artz*, Verbraucherkreditrecht, § 492 Rz. 84.

566) BT-Drucks. 16/11 643, S. 124.

567) Siehe oben § 42 III 7 b m. w. N.

henfolge, in der Teilzahlungen angerechnet werden, anzuführen. Im Hinblick auf die Fälligkeit ist es dabei ausreichend, wenn die Angaben auf einen nach dem Kalender bestimmbaren Zeitpunkt bezogen sind.[568)]

7. Gesamtbetrag

3.605 a) **Rechtsgrundlage** ist § 491a Abs. 1 BGB i. V. m. Art. 247 § 3 Abs. 1 Nr. 8, Abs. 2, Abs. 3 Satz 1 EGBGB.

3.606 b) **Wissenswertes.** Zunächst kann verwiesen werden.[569)] Vor Vertragsschluss ist die Höhe des Gesamtbetrags anhand eines **repräsentativen Beispiels** zu erläutern. Üblicherweise bedient man sich insofern eines Tilgungsplans.

8. Gegenstand und Barzahlungspreis bei verbundenen Verträgen

3.607 a) **Rechtsgrundlage** ist § 491a Abs. 1 BGB i. V. m. Art. 247 § 12 Abs. 1 Satz 2 Nr. 1 EGBGB.

3.608 b) **Wissenswertes.** Liegt ein verbundener Vertrag vor, sind auch die Ware oder Dienstleistung zu bezeichnen sowie der „Barzahlungspreis" zu benennen.[570)] Zur „Bezeichnung der Ware (oder Dienstleistung)" genügt die Angabe der Gattungsbezeichnung; eine genauere Spezifizierung beispielsweise nach Hersteller oder Modell ist nicht erforderlich. Als Barzahlungspreis ist der (Kauf-)Preis anzugeben, den der Darlehensnehmer insgesamt zu entrichten hat.

3.609 Wird also seitens des Getränkelieferanten ein Inventarkauf darlehensweise finanziert, so bedarf es hier eines Hinweises auf den jeweils finanzierten Mobiliarkaufvertrag. Ein Hinweis auf einen vereinbarten Eigentumsvorbehalt ist möglich, aber nicht zwingend.

3.610 Werden ausnahmsweise statt eines einheitlichen Getränkelieferungsvertrages getrennte Darlehens- und Bezugsverträge geschlossen, so fragt es sich, ob auch insofern ein entsprechender Hinweis erforderlich ist. Dafür könnte sprechen, dass es sich um verbundene Verträge i. S. d. § 358 Abs. 3 Satz 1 Fall 2 BGB handelt. Dagegen lässt sich anführen, dass an dieser Stelle wohl nur die Konstellationen des § 358 Abs. 3 Satz 1 Fall 1 BGB erfasst sind. Weiter bestehen bezüglich des bezugsrechtlichen Teils keine Informationspflichten, wie § 510 BGB im Gegenschluss zeigt.

9. Sicherheiten

3.611 a) **Rechtsgrundlage** ist § 491a Abs. 1 BGB i. V. m. Art. 247 § 4 Abs. 1 Nr. 2 EGBGB.

---

568) Begründung RegE BR-Drucks. 848/08, S. 204.

569) Siehe oben § 42 III 8 m. w. N.

570) Im Übrigen § 44 I 7 m. w. N.

b) **Wissenswertes.** Der Begriff Sicherheit (vgl. § 232 BGB) ist **weit** zu verstehen.[571] Hier müssen sämtliche verlangten Sicherheiten **stichwortartig** angegeben werden. Die Angabe der **Art** der zu stellenden Sicherheit ist hinreichend. Die Verpflichtung zur Angabe eines **Eigentumsvorbehalt**s ist zwar nur von Art. 247 § 7 Nr. 2 EGBGB erfasst.[572] Sie dürfte aber im Wege der Auslegung auch aus Art. 247 § 4 Abs. 1 Nr. 2 EGBGB folgen. 3.612

Zusätzliche Angaben zur **Höhe** der Sicherheit sind nicht erforderlich, schaden aber nicht. 3.613

10. Unmittelbare Kapitaltilgung

a) Eine spezielle **Rechtsgrundlage** ist insofern nicht ersichtlich, insbesondere ist 247 § 3 Abs. 1 Nr. 7 EGBGB nicht einschlägig. 3.614

b) **Wissenswertes.** Dass die Zahlungen nicht unmittelbar der Kapitaltilgung, sondern der Vermögensbildung dienen, dürfte bei den hier interessierenden gastronomietypischen Verträgen nicht vorkommen. Sinn macht die Regelung nur, wenn man sie so versteht, dass es sich um sonstige Tilgungswirkungen, etwa hinsichtlich der Zinsen, handeln soll. 3.615

11. Sollzinssatz

a) **Rechtsgrundlage** ist § 491a Abs. 1 BGB i. V. m. Art. 247 § 3 Abs. 1 Nr. 5 EGBGB. 3.616

b) **Wissenswertes.** Danach wird der Sollzinssatz, früher Nominalzinssatz, Zinssatz oder Vertragszinssatz genannt, als der gebundene (nicht veränderliche) oder ungebundene (veränderliche) Prozentsatz definiert, der pro Jahr auf das in Anspruch genommene Darlehen aufgewendet wird. Nach Art. 247 § 3 Abs. 4 EGBGB ist die Angabe zum Sollzinssatz um die Bedingungen und den Zeitraum seiner Anwendung sowie die Art und Weise seiner Anpassung zu ergänzen. Ist der Sollzinssatz von einem **Index** oder einem **Referenzzinssatz** (§ 675g Abs. 3 Satz 2 BGB) abhängig, so ist dieser anzugeben. Die Notwendigkeit der Angabe eines **repräsentativen Beispiel**s dürfte mit dem konkreten, auf den Kunden zugeschnittenen Darlehen erfüllt sein. Nur wenn wesentliche Angaben noch nicht verfügbar sind, müsste wohl ein Beispiel angeführt werden, das im Bereich des Möglichen liegt und für den Kunden relevant ist. Maßstab hierfür ist, dass das Beispiel nicht irreführend sein darf. 3.617

12. Effektiver Jahreszins

a) **Rechtsgrundlage** ist § 491a Abs. 1 BGB i. V. m. Art. 247 § 3 Abs. 1 Nr. 3, Abs. 3 EGBGB. 3.618

571) BT-Drucks. 16/11 643, S. 126.

572) Palandt-*Weidenkaff*, BGB, § 507 Rz. 9.

3.619 **b) Wissenswertes.** Insofern kann zunächst verwiesen werden.[573)] Art. 247 § 3 Abs. 3 Satz 1 EGBGB schreibt vor, dass der Gesamtbetrag und die Höhe des effektiven Jahreszinses anhand eines **repräsentativen Beispiels** zu erläutern sind. Da dabei die vom Darlehensnehmer genannten Wünsche zu berücksichtigen sind, wird dieses repräsentative Beispiel mit einem in der Werbung verwendeten regelmäßig nicht identisch sein.

13. Kreditversicherung/Nebenleistung

3.620 **a) Rechtsgrundlage** ist § 491a Abs. 1 BGB i. V. m. Art. 247 § 3 Abs. 1 Nr. 10 EGBGB.

3.621 **b) Wissenswertes.** Kreditversicherungen sind bei der Gastronomiefinanzierung durch Getränkelieferanten nicht üblich. Unter dem Begriff der „Nebenleistung" dürften sich Versicherungsprämien nur ausnahmsweise subsumieren lassen. Hierfür besteht auch kein Bedürfnis im Hinblick auf die vorstehenden Ausführungen zur Errechnung des effektiven Jahreszinses unter Einbeziehung dieser Position(en).[574)] **Freiwillige Leistungen** brauchen ebenfalls nicht aufgenommen zu werden.

14. Führung eines oder mehrerer Konten

3.622 **a) Rechtsgrundlage** ist § 491a Abs. 1 BGB i. V. m. Art. 247 § 3 Abs. 1 Nr. 10 EGBGB.

3.623 **b) Wissenswertes.** Die Bestimmung hat im Zusammenhang mit Getränkelieferungsverträgen keine Bedeutung. Wenn auch die Getränkelieferanten intern verschiedene Kundenkonten führen, so werden hierfür doch keine Kosten berechnet.

15. Verwendung eines bestimmten Zahlungsmittels

3.624 **a) Rechtsgrundlage** ist § 491a Abs. 1 BGB i. V. m. Art. 247 § 3 Abs. 1 Nr. 10 EGBGB.

3.625 **b) Wissenswertes.** Die Bestimmung hat für Getränkelieferungsverträge keine Bedeutung.

16. Sonstige Kosten im Zusammenhang mit dem Kreditvertrag

3.626 **a) Rechtsgrundlage** ist § 491a Abs. 1 BGB i. V. m. Art. 247 § 3 Abs. 1 Nr. 10 EGBGB.

3.627 **b) Wissenswertes.** Hier sind mit Ausnahme der Zinsen alle sonstigen Kosten anzugeben, die bei der Berechnung des effektiven Jahreszinses zu berücksichtigen

573) Siehe oben § 42 III 4 b-h jeweils m. w. N.

574) Siehe oben § 42 III 4 h und III 11 b, jeweils m. w. N.

sind und die damit zu den Gesamtkosten gehören.[575] Das Muster sieht vor, die einzelnen Kosten getrennt anzugeben. Gesetzlich vorgeschrieben wird dies durch Art. 247 § 3 Nr. 10 EGBGB aber nicht.[576]

17. Bedingungen zur Änderung von Kosten

a) **Rechtsgrundlage** ist § 491a Abs. 1 BGB i. V. m. Art. 247 § 3 Abs. 1 Nr. 10 EGBGB. **3.628**

b) **Wissenswertes.** Die Bestimmung hat für Getränkelieferungsverträge keine Bedeutung. **3.629**

18. Notarkosten

a) **Rechtsgrundlage** ist § 491a Abs. 1 BGB i. V. m. Art. 247 § 4 Abs. 1 Nr. 1 EGBGB. **3.630**

b) **Wissenswertes.** Notarkosten entstehen nur im Zusammenhang mit einigen der typischen Sicherheiten. **Beispiele:** Bestellung oder Abtretung von Grundpfandrechten, vollstreckbare notarielle Schuldanerkenntnisse. Notarkosten können in der Regel nicht vorher mit einem bestimmten Betrag angegeben werden. Deshalb genügt der Hinweis auf die Kostenübernahmepflicht an sich.[577] **3.631**

19. Verzugszinssatz und die Art und Weise seiner etwaigen Anpassung sowie ggf. anfallende Verzugskosten

a) **Rechtsgrundlage** ist § 491a Abs. 1 BGB i. V. m. Art. 247 § 3 Abs. 1 Nr. 11 EGBGB. **3.632**

b) **Wissenswertes.** Auch insofern kann verwiesen werden.[578] **3.633**

20. Warnhinweis zu den Folgen ausbleibender Zahlungen

a) **Rechtsgrundlage** ist § 491a Abs. 1 BGB i. V. m. Art. 247 § 3 Abs. 1 Nr. 12 EGBGB. **3.634**

b) **Wissenswertes.** Auch insofern kann verwiesen werden.[579] **3.635**

21. Widerrufsrecht

a) **Rechtsgrundlage** ist § 491a Abs. 1 BGB i. V. m. Art. 247 § 3 Abs. 1 Nr. 13 EGBGB. **3.636**

---

575) Bülow/Artz-*Artz*, Verbraucherkreditrecht, § 492 Rz. 103.

576) BT-Drucks. 16/11 643, S. 124.

577) Palandt-*Weidenkaff*, BGB, Art. 247 § 4 EGBGB Rz. 2.

578) Siehe oben § 42 III 12 b und cjeweils m. w. N.

579) Siehe oben § 42 III 13 b m. w. N.

3.637 b) **Wissenswertes.** Der Verbraucher ist bereits vor Vertragsschluss über das Bestehen eines Widerrufsrechts zu unterrichten Die Angabe bezieht sich nur auf § 495 BGB. Der Hinweis auf ein „Nichtbestehen" befremdet, ist in doch diesen Fällen das Verbraucherkreditrecht aus sachlichen und/oder persönlichen Gründen gar nicht zu beachten. Die Verletzung der Pflicht zur vorvertraglichen Information über ein Widerrufsrecht berührt die Wirksamkeit des Vertrages und das Widerrufsrecht nicht.[580)]

3.638 c) **Rechtsfolgen bei Verstoß.** Die Verletzung dieser Pflicht, die im Übrigen nur aus einem Hinweis auf Bestehen oder Nichtbestehen eines Widerrufrechts bestehen muss, berührt die Wirksamkeit des Vertrages und das Widerrufsrecht aber nicht.[581)]

22. Vorzeitige Rückzahlung

3.639 a) **Rechtsgrundlage** ist § 491a Abs. 1 BGB i. V. m. Art. 247 § 3 Abs. 1 Nr. 14 EGBGB (vorzeitige Rückzahlung) bzw. Art. 247 § 4 Abs. 1 Nr. 3 EGBGB (Vorfälligkeitsentschädigung).

3.640 b) **Wissenswertes.** Wegen der Einzelheiten kann verwiesen werden.[582)] Das Muster gem. Anlage 3 zu Art. 247 § 2 EGBGB enthält entsprechende Hinweise zu § 502 BGB.[583)]

23. Datenbankabfrage

3.641 a) **Rechtsgrundlage** ist § 491a Abs. 1 BGB i. V. m. Art. 247 § 3 Abs. 1 Nr. 16 EGBGB.

3.642 b) **Wissenswertes.** Der Unternehmer hat, wenn er den Abschluss eines Vertrages über einen Verbraucherdarlehensvertrag oder eine entgeltliche Finanzierungshilfe aufgrund einer Auskunft einer Stelle i. S. v. § 29 Abs. 2 BDSG ablehnt, den Verbraucher grundsätzlich unverzüglich hierüber und über die erhaltene Auskunft zu unterrichten (§ 29 Abs. 7 Satz 1 BDSG). Darauf erstreckt sich der fakultative, klarstellende Hinweis.[584)] Anwendungsfälle sind die qualifizierte Selbstauskunft nach § 34 BDSG und die SCHUFA-Eigenauskunft nach § 19 BDSG.

24. Recht auf Kreditvertragsentwurf

3.643 a) **Rechtsgrundlage** ist Art. 247 § 3 Abs. 1 Nr. 15 EGBGB, § 491a Abs. 2 BGB.

---

580) Palandt-*Weidenkaff*, BGB, § 495 Rz. 2.

581) Palandt-*Weidenkaff*, BGB, § 495 Rz. 2.

582) Siehe oben § 42 III 15 b m. w. N.

583) Palandt-*Weidenkaff*, BGB, Art. 247 § 4 EGBGB Rz. 2.

584) Palandt-*Weidenkaff*, BGB, Art. 247 § 3 EGBGB Rz. 2.

b) Wissenswertes. Die Bezugnahme auf § 491a Abs. 2 BGB erfasst das Recht auf einen Vertragsentwurf und dessen Ausschluss.[585] Hierauf kann ein klarstellender Hinweis erfolgen. 3.644

25. Bindungszeitraum

a) Rechtsgrundlage ist Art. 247 § 4 Abs. 1 Nr. 4 EGBGB. 3.645

b) Wissenswertes. Eine gesetzliche Verpflichtung zur Einhaltung eines Mindestzeitraums verbindet sich damit nicht.[586] Hierauf kann ein klarstellender Hinweis erfolgen. 3.646

III. Anspruch auf Vertragsentwurf

1. Rechtsgrundlage

Rechtsgrundlage ist § 491a Abs. 2 BGB. 3.647

2. Wissenswertes

Der Verbraucher hat unabhängig von der Erfüllung der Informationspflichten i. S. v. § 491a Abs. 1 BGB durch den Unternehmer einen eigenen klagbaren Anspruch auf Übergabe eines Vertragsentwurfs (§ 491a Abs. 2 Satz 1 BGB). Der Entwurf ersetzt weder die vorvertragliche Information i. S. v. § 491a Abs. 1 BGB noch die Pflichtangaben nach § 492 Abs. 2 BGB.[587] 3.648

Die Informationspflicht muss der Darlehensgeber unabhängig davon erfüllen, ob der Verbraucher dies verlangt oder ob ein Vertragsentwurf i. S. d. § 491a Abs. 2 BGB vorliegt. 3.649

Der Anspruch entsteht erst, wenn der Unternehmer zum Vertragsschluss bereit ist (§ 491a Abs. 2 Satz 2 BGB). Daran fehlt es zum Beispiel, wenn der Unternehmer den Abschluss von einer positiven Bonitätsprüfung abhängig macht.[588] 3.650

Ein **Entgelt** für den Entwurf kann nicht verlangt werden, weil eine gesetzliche Pflicht des Unternehmers besteht. 3.651

Eine bestimmte **Form** ist gesetzlich nicht vorgeschrieben, so dass Textform (§ 126b BGB) ausreicht, aber auch zumindest erforderlich sein dürfte, weil ein Entwurf Schriftzeichen voraussetzt. 3.652

Für den **Inhalt** des Vertragsentwurfs gilt auch, wie für den Vertrag, die Verweisung in § 492 Abs. 2 BGB auf Art. 247 §§ 6–13 EGBGB.[589] Die Verpflichtung 3.653

---

585) Palandt-*Weidenkaff*, BGB, a. a. O.

586) MünchKomm-*Schürnbrand*, BGB, Art. 247 Rz. 12.

587) BT-Drucks. 16/11 643, S. 78.

588) Erman-*Saenger*, BGB, § 491a Rz. 46.

589) Palandt-*Weidenkaff*, BGB, § 491a Rz. 3.

erstreckt sich darüber hinaus aber auf alle weiteren Vertragsbestandteile. Auszuhändigen ist somit ein vollständiger Textentwurf.

IV. Erläuterungspflicht

1. Rechtsgrundlage

3.654 Grundlage der Verpflichtung zu vorvertraglichen Erläuterungen ist **§ 491a Abs. 3 BGB.**

2. Entwicklung

3.655 a) Nach **früherer Rechtslage** waren lediglich die **Vertragsbedingungen** nach § 492 Abs. 1 Satz 5 BGB a. F. (früher § 1a Abs. 1 Satz 2 AbzG, § 4 Abs. 1 Satz 4, 5 VerbrKrG) deutlich zu machen. Hinzukam das **Schriftformerfordernis** nach § 492 Abs. 1 Satz 1–4 BGB a. F. (früher § 1a Abs. 1 Satz 1 AbzG, § 4 Abs. 1 Satz 1–3 VerbrKrG). Als drittes Element ist an die **Widerrufsinformation** nach § 495 BGB a. F. (früher § 1b AbzG, § 7 VerbrKrG) zu denken. Allgemeine Aufklärungspflichten des Darlehensgebers gegenüber seinen Kunden gab es nicht. Insbesondere war der Darlehensgeber nicht verpflichtet, einen möglichen Informationsbedarf seines Kunden zu erforschen.[590)]

3.656 b) **Verbraucherkreditrichtlinie 2008/48/EG.** Im ursprünglichen Vorschlag der Kommission war noch eine Beratungspflicht dahingehend vorgesehen, dass dem Verbraucher der für seine Zwecke und Möglichkeiten günstigste Tarif angeboten werden müsste. Diese heftig umstrittene Pflicht wurde allerdings nicht in die Richtlinie aufgenommen.[591)]

3. Rechtsprechung des BGH

3.657 a) **Grundlagen.** Nach der Rechtsprechung des BGH im Zusammenhang mit der Darlehensgewährung durch **Banken** können sich unter gewissen Voraussetzungen vorvertragliche Aufklärungs-, Informations- und ausnahmsweise auch Beratungspflichten der Bank ergeben.[592)] Während die Aufklärungs- und Informationspflichten den vorvertraglichen Bereich zuzuweisen sind, geht es bei Beratungspflichten in erster Linie um das Vorliegen eines Beratungsvertrages.

3.658 b) **Pflichtenstellung. aa) Aufklärung und Information.** Bei Aufklärungspflichten geht es um die Frage, ob und ggf. unter welchen Voraussetzungen eine kreditgewährende Bank gehalten ist, einen Kreditinteressenten von sich aus auf Bedenken gegen die Zweckmäßigkeit der gewählten Kreditart oder gar auf

---

590) BGH, Urt. v. 19.12.2000 – XI ZR 349/99, NJW 2001, 962 = ZIP 2001, 230; BGH, Urt. v. 20.3.2007 – XI ZR 414/04, NJW 2007, 2396 = ZIP 2007, 954.

591) Erman-*Saenger*, BGB, § 491a Rz. 47.

592) *Heße/Niederhofer*, MDR 2010, 968.

günstigere Angebote anderer Banken hinzuweisen.[593] Im Zusammenhang mit Informationspflichten steht die Frage im Vordergrund, ob und ggf. unter welchen Voraussetzungen der um die Gewährung eines Darlehens ersuchte Darlehensgeber verpflichtet ist, dem Darlehensnehmer auch auf spezielle Risiken des mit dem Darlehen zu finanzierenden Geschäfts hinzuweisen.[594]

Aufklärungs- und Informationspflichten der Kreditinstitute ergeben sich nur in begrenzten Ausnahmefällen, wenn sich ein besonderes Aufklärungs- und Schutzbedürfnis des Darlehensnehmers feststellen lässt. Eine kreditgebende Bank darf regelmäßig davon ausgehen, dass die Kunden über die notwendigen Sachkenntnisse und Erfahrungen verfügen oder sich bei Fachleuten informiert haben. Nur bei Vorliegen besonderer Umstände ist dies anders. Etwa dann, wenn die Bank über die Rolle als Kreditgeberin hinausgeht, wenn sie einen besonderen Gefährdungstatbestand schafft, wenn sie in Interessenkonflikte verwickelt ist oder wenn sie einen konkreten Wissensvorsprung vor dem Darlehensnehmer hat und dieses auch erkennen kann.[595] Die ausnahmsweise aufgrund eines konkreten Wissensvorsprungs hinsichtlich des zu finanzierenden Geschäftes bestehenden Aufklärungs- und Informationspflichten beziehen sich ausschließlich auf das zu finanzierende Geschäft und nicht etwa auf den Kreditvertrag.[596] Allerdings ist die Bank nicht verpflichtet, von sich aus festzustellen, ob ein Informationsdefizit des Kreditbewerbers vorliegt. Banken sind grundsätzlich nicht verpflichtet, einen Darlehensnehmer über Gefahren und Risiken aufzuklären, die mit der Verwendung des Darlehens verbunden sind; daher besteht auch keine entsprechende Warnpflicht.[597] Das Risiko der Finanzierbarkeit des Darlehensvertrages liegt somit grundsätzlich beim Darlehensnehmer. Er muss prüfen, ob er zur Rückzahlung des Darlehens in der Lage sein wird. Der Darlehensnehmer ist nämlich grundsätzlich in erster Linie selbst verantwortlich für seine Entscheidung. Erkennt er Informationsdefizite bei sich oder hat er Einschätzungsschwierigkeiten hinsichtlich etwaiger Risiken, so muss er Auskunft und fachkundigen Rat einholen. Auch muss die Bank den Darlehensnehmer nicht in Fragen der Zweckmäßigkeit und der zutreffenden Kreditart bei der Kreditaufnahme informieren.[598] Anders ist dagegen zu entscheiden, wenn ein offenkundig besonders unerfahrener Kunde mit der Bank verhandelt. **3.659**

---

593) BGH, Urt. v. 4.12.1990 – XI ZR 340/89, WM 1991, 179.

594) BGH, Urt. v. 11.2.1999 – XI ZR 352/97, NJW 1999, 2032.

595) BGH, Urt. v. 21.9.2010 – XI ZR 232/09, NJW-RR 2011, 124.

596) Heße/Niederhofer, MDR 2010, 968, m. w. N.

597) BGH, Urt. v. 28.11.1995 – XI ZR 37/95, NJW 1996, 663; BGH, Urt. v. 28.1.1997 – XI ZR 22/96, NJW 1997, 1361 = ZIP 1997, 580; BGH, Urt. v. 11.2.1999 – IX ZR 352/97, NJW 1999, 2032 = ZIP 1999, 574.

598) OLG Düsseldorf, Urt. v. 4.7.1996 – 6 O. 151/95, NJW-RR 1997, 426.

3.660 bb) **Beratung.** Aus den durch Beginn der Vertragshandlungen entstehenden vorvertraglichen Schuldverhältnissen erwächst dem Kreditgeber dagegen grundsätzlich keine allgemeine Pflicht zur Beratung, Warnung oder Aufklärung des Darlehensnehmers über den angestrebten Vertrag. Dies folgt aus dem Grundsatz der Vertragsfreiheit, nachdem jeder Vertragspartner frei und eigenverantwortlich darüber zu entscheiden hat, ob und mit welchem Inhalt er einen Vertrag schließen will. Darüber hinaus kennt der Darlehensgeber die persönlichen Verhältnisse des Kreditbewerbers nicht hinreichend. Weiter ist sein legitimes Eigeninteresse an Abschluss und Gestaltung des Darlehensvertrages zu berücksichtigen.[599)]

3.661 Anders ist dagegen zu entscheiden bei einem erkennbaren Informationsdefizit des Kunden. Dann ist eine Bank bei einer Kreditvergabe schon nach bisheriger Rechtsprechung verpflichtet, den Darlehensnehmer auf die Risiken des mit dem Darlehen finanzierten Geschäfts hinzuweisen.[600)]

3.662 cc) **Bonitätsprüfung.** Im Bankrecht wird diskutiert, ob das Ergebnis der ordnungsgemäßen Bonitätsprüfung nach § 14 Abs. 2 Satz 1 KWG künftig die Grundlage für die Erläuterungen des Kreditinstituts zu der Frage bildet, ob der Vertrag den Vermögensverhältnissen des Darlehensnehmers gerecht wird.[601)] Dabei handelt es sich aber um eine bankaufsichtsrechtliche Prüfungspflicht des Kreditinstituts im Rahmen einer positiven Kreditentscheidung. Diese öffentlichrechtliche Verpflichtung besteht gerade nicht gegenüber dem späteren Darlehensnehmer. Zivilrechtlich ist die Bank nicht gegenüber dem Darlehensnehmer verpflichtet, dessen Kreditwürdigkeit und Leistungsfähigkeit zu prüfen.

4. Modell des § 491a Abs. 3 BGB

3.663 a) **Europarechtlicher Hintergrund.** § 491a Abs. 3 BGB setzt die Vorgaben des Art. 5 Abs. 6 der Verbraucherkreditrichtlinie 2008/48/EG[602)] um.

3.664 b) **Zweck.** § 491a Abs. 3 BGB begründet **ausschließlich kreditvertragsbezogene** Aufklärungspflichten des Darlehensgebers. Dies gilt auch, soweit es um die Beurteilung der Frage geht, ob der Vertrag dem vom Darlehensnehmer verfolgten Zweck gerecht wird. Vertrag in diesem Sinne ist nämlich der Darlehensvertrag und nicht etwa ein ggf. mit im Darlehensvertrag zu finanzierender weiterer Vertrag.[603)]

---

599) *Heße/Niederhofer*, MDR 2010, 968, 969.

600) BGH, Urt. v. 14.6.2004 – II ZR 393/02, NJW 2004, 2741.

601) *Heße/Niederhofer*, MDR 2010, 968, 969.

602) ABl. EU Nr. L 133/66 vom 22.5.2008.

603) *Heße/Niederhofer*, MDR 2010, 968, 969.

c) **Rechtsnatur.** § 491a Abs. 3 Satz 1 BGB statuiert eine im deutschen Recht bislang nicht normierte Pflicht.[604] Die Erläuterungspflichten nach § 491a Abs. 3 BGB sind mehr als die bloße Mitteilung der Vertragsinhalte nach § 492 BGB und weniger als eine Beratungspflicht (aufgrund eines separat zu schließenden Beratungsvertrages) (Mittelding). Sie dürften am ehesten den sich bisher auch schon als vorvertragliche Nebenpflicht zur Aufklärung aus § 241 Abs. 2 BGB ergebenden Schutzpflichten entsprechen.[605] **3.665**

d) **Konkurrenzen.** Fraglich ist, ob die von der Rechtsprechung entwickelten Aufklärungs- und Informationspflichten sowie Beratungspflichten[606] weiterhin Geltung beanspruchen können. Nach der Gesetzesbegründung soll dies der Fall sein.[607] Andere Erläuterungs- und Aufklärungspflichten bestehen weiter wie auch die Formulierung „ggf." zeigt. Gemeint sind hiermit insbesondere Aufklärungspflichten, die die Rechtsprechung bereits ausgearbeitet hat bzw. noch entwickeln wird.[608] Hieran hat sich durch die Einfügung der Erläuterungspflicht nach § 491a Abs. 3 BGB nichts geändert.[609] Dagegen spricht aber, dass die Verbraucherkreditrichtlinie auf dem Gedanken der Vollharmonisierung beruht und hinsichtlich der vorvertraglichen Informationen abschließend gedacht ist (Art. 5). Anderenfalls würden sich die Pflichten in Deutschland von denen in anderen Mitgliedstaaten unterscheiden. Allerdings werden in Art. 5 Abs. 1 a. E. Verbraucherkreditrichtlinie zusätzliche Informationen angesprochen, die der Darlehensgeber dem Verbraucher in einem gesonderten Dokument erteilen kann. Dies könnte dafür sprechen, dass in Einzelfällen eine von den Vorgaben der Verbraucherkreditrichtlinie 2008/48/EG abweichende Informationspflicht des Darlehensgebers besteht.[610] **3.666**

e) **Inhalt.** Der Darlehensgeber hat den Vertrag und die wesentlichen Vertragskonditionen verständlich zu machen sowie auf die vertragstypischen Auswirkungen und die Folgen bei Zahlungsverzug hinzuweisen. **3.667**

5. Angemessene Erläuterungen

a) **Zweck.** Der Darlehensgeber hat keine Beratung zu leisten, sondern lediglich die Entscheidungsgrundlage vorzubereiten. Jede andere Interpretation stünde im Widerspruch zur Verbraucherkreditrichtlinie und verstieße gegen das Prinzip der Vollharmonisierung. Der Verbraucher selbst soll den Vertrag oder dessen Nachteile und Risiken beurteilen können. Ob der Abschluss des Vertrages für **3.668**

604) BT-Drucks. 16/11 643, S. 78.

605) BT-Drucks. 16/11 643, S. 79.

606) Siehe oben § 43 IV 3 a aa und bb, jeweils m. w. N.

607) BT-Drucks. 16/11 643, S. 78 f., 119.

608) Bülow/Artz-*Artz*, Verbraucherkreditrecht, § 491a Rz. 52.

609) Palandt-*Weidenkaff*, BGB, § 491a Rz. 4.

610) Erman-*Saenger*, BGB, § 491a Rz. 9 m. w. N.

ihn wirtschaftlich sinnvoll ist, hat der Verbraucher sonach auf der Grundlage von Information und Erläuterung selbst zu entscheiden.[611)] Der Kreditsuchende soll wissen, was er unterschreibt, wenn ihm der fertige Vertrag vorgelegt wird. Dieses Ziel wird schon dann erreicht, wenn der Darlehensnehmer erkennen kann, ob der Vertrag den von ihm verfolgten Zwecken gerecht wird,[612)] und auf dieser Grundlage entscheiden kann, ob er dem Vertragsangebot des Darlehensgebers zustimmen will oder nicht.[613)] Dagegen verpflichtet die Erläuterungspflicht den Darlehensgeber nicht dazu, dem Kreditsuchenden den für seine Zwecke und Vermögensverhältnisse am besten passenden Vertrag vorzulegen.[614)]

b) Erläuterungen. Erläutern bedeutet Aufklärung und damit mehr als Information, nicht aber Beratung des Verbrauchers, die auf einen eigens abgeschlossenen Beratungsvertrag gestützt wird.[615)] Dies verdeutlicht auch der Wortlaut „Erläuterungen". Der Unternehmer hat dem Verbraucher nach der Vorstellung des Gesetzgebers die Vertragsbedingungen verständlich zu machen, weshalb die Erläuterungspflicht bedeutend weitergeht als die Unterrichtungspflicht nach § 491a Abs. 1 BGB.[616)] Die bloße Überlassung der vorvertraglichen Informationen genügt nicht.[617)]

3.669 Die produktbezogene Erläuterungspflicht dient vor allem dazu, dem Darlehensnehmer technische Fachbegriffe wie etwa den des effektiven Jahreszinses oder der Annuität verständlich zu machen; es handelt sich dagegen nicht um die Statuierung einer umfassenden Beratungspflicht. Der Darlehensgeber hat somit nicht die Sinnhaftigkeit des mit der Kreditaufnahme verfolgten Zwecks zu hinterfragen.[618)] Eine Pflicht zum Hinweis auf eine günstigere Gestaltung, auf eine für die Zwecke und Vermögensverhältnisse des Darlehensnehmers optimal zugeschnittene Vertragsgestaltung oder auf andere Verträge des Unternehmers besteht auch im Rahmen des § 491a Abs. 3 Satz 2 BGB nicht, denn das stellte eine Beratungsleistung dar.[619)] Die Verantwortung für die Kreditentscheidung bleibt beim Verbraucher.[620)]

3.670 **c) Informationsbedarf. aa) Grundlagen.** Eine Verpflichtung zur Erläuterung nach § 491a Abs. 3 BGB besteht nur, wenn bei dem Verbraucher ein Bedarf

---

611) Palandt-*Weidenkaff*, BGB, § 491a Rz. 4.
612) BT-Drucks. 16/11 643, S. 79.
613) Bülow/Artz-*Artz*, Verbraucherkreditrecht, § 491a Rz. 49.
614) BT-Drucks. 16/11 643, S. 79.
615) Palandt-*Weidenkaff*, BGB, § 491a Rz. 4.
616) Bülow/Artz-*Artz*, Verbraucherkreditrecht, § 491a Rz. 48.
617) MünchKomm-*Schürnbrand*, BGB, Art. 247 Rz. 18.
618) MünchKomm-*Schürnbrand*, BGB, Art. 247 Rz. 18.
619) Palandt-*Weidenkaff*, BGB, § 491a Rz. 4.
620) BT-Drucks. 16/11 643, S. 79.

nach weiterer Aufklärung gegeben ist. Dies ist nicht gegeben, wenn der Darlehensnehmer die vorvertragliche Information verstanden hat.[621]

bb) Der Umstand, dass bei den Vertragsverhandlungen ein **Rechtsanwalt** anwesend war, dürfte keine andere Beurteilung rechtfertigen. § 166 Abs. 1 BGB ist nicht anwendbar. 3.671

cc) Was den Umfang und die Zielrichtung der Erläuterung angeht, so kann der Darlehensgeber vom **Verständnishorizont** eines Durchschnittsverbrauchers ausgehen bzw. sich an der für den Unternehmer im Einzelfall erkennbaren Verständnismöglichkeit des Darlehensnehmers ausrichten.[622] Im Einzelfall können freilich Modifikationen geboten sein. Ist etwa aufgrund von Rückfragen erkennbar, dass der Verbraucher überfordert ist, oder handelt es sich um ein besonders komplexes oder innovatives Produkt, so ist dem Rechnung zu tragen.[623] Etwaige Kosten sowie Haftungsrisiken sind darzulegen, wenn es sich um eine vom Standard abweichende Vertragsgestaltung handelt, die für den Verbraucher weit reichende Folgen haben kann. Ist von Beginn an absehbar, dass der Darlehensnehmer kaum in der Lage sein wird, die Raten zu tilgen, ist davon auszugehen, dass der Darlehensgeber auf diesen Umstand hinzuweisen hat.[624] **Im Zweifel** dürfte ein entsprechender Bedarf wohl zu bejahen sein, insbesondere dann, wenn das Gegenüber der deutschen Sprache nicht hinreichend mächtig ist und/oder nur über eine eingeschränkte Auffassungsgabe verfügt. Problematisch ist dies insofern, als das Gewinnerzielungsinteresse des Darlehensgebers dem Interesse des Darlehensnehmers am günstigsten Vertrag zuwiderläuft. Hier gilt es ein ausgewogenes Verhältnis zu finden. Der Darlehensgeber ist – anders als noch im ersten Entwurf der Kommission vorgesehen, jedoch nicht zur Prüfung verpflichtet, ob der Zweck, den der Verbraucher mit der Kreditaufnahme verfolgt, für diesen auch sinnvoll ist.[625] 3.672

d) Angemessenheit. aa) Grundlagen. Was nach Auffassung des Gesetzgebers angemessene Erläuterungen sind, macht der Wortlaut des Gesetzes nicht klar. In Satz 2 des § 491a Abs. 3 BGB gibt das Gesetz lediglich einige Hinweise. Ausweislich der Gesetzesbegründung sollen dem Kreditbewerber Gestaltungsalternativen hinsichtlich einzelner Vertragsbestandteile aufgezeigt werden.[626] Inhalt und Umfang der „angemessenen" Erläuterungen richten sich nach der Komplexität des Darlehensgeschäfts, den durchschnittlichen oder für den Un- 3.673

621) BT-Drucks. 16/11 643, S. 79.

622) BT-Drucks. 16/11 643, S. 79.

623) MünchKomm-*Schürnbrand*, BGB, Art. 247 Rz. 19.

624) Erman-*Saenger*, BGB, § 491a Rz. 52 m. w. N.

625) Erman-*Saenger*, BGB, § 491a Rz. 48.

626) BT-Drucks. 16/11 643, S. 79.

ternehmer erkennbaren konkreten Verständnismöglichkeiten des Verbrauchers und dessen Bedarf nach Erläuterungen.[627]

3.674 **bb) Grenzen.** Besteht kein Anlass dafür, die vorvertragliche Information zu erläutern, etwa weil sie der Darlehensnehmer verstanden hat, so kann eine zusätzliche Erläuterung nicht verlangt werden.[628] Werden, etwa durch Rück- oder Anfragen des Kunden, keine Besonderheiten erkennbar, kann der Darlehensgeber die Erläuterung durchaus **standardisiert** vornehmen.[629]

3.675 Eine Pflicht zum Hinweis auf eine günstigere Gestaltung oder auf andere Verträge des Unternehmers besteht auch im Rahmen des § 491a Abs. 3 Satz 2 BGB nicht, denn das stellte eine Beratungsleistung dar. Das Wort „gegebenenfalls" lässt Spielraum für eine weniger aufwändige Formulierung, wenn diese im Einzelfall nicht erforderlich ist.[630]

3.676 **e) Zeitpunkt.** Die Erläuterungen müssen nach Wortlaut (§ 491a Abs. 3 Satz 1 BGB „... vor Abschluss eines Verbraucherdarlehensvertrags ...") und Schutzzeck vor Vertragsabschluss erfolgen.

3.677 **f) Vom Verbraucher verfolgter Zweck.** Zweck ist das vom Verbraucher mitgeteilte oder für den Darlehensgeber erkennbare Ziel des Verbrauchers.[631]

3.678 **g) Vermögensverhältnisse.** Vermögensverhältnisse bezeichnen die gesamte wirtschaftliche und finanzielle Lage des Verbrauchers.[632] Dass der Darlehensnehmer darauf hingewiesen werden müsse, dass er die Raten nach seinen (persönlichen) Einkommens- und Vermögensverhältnissen nur unter erkennbarer Beeinträchtigung seines Existenzminimums aufbringen könne,[633] ist zu weitgehend. Bereits der Wortlaut des § 491a Abs. 3 Satz 2 BGB sieht allein eine Erläuterung der vertragstypischen Auswirkungen der Hauptmerkmale des Vertrages vor und blendet damit die konkreten wirtschaftlichen Folgen für den betreffenden Darlehensnehmer gezielt aus.

3.679 **h) Konkretisierungen nach § 491a Abs. 3 Satz 2 BGB. aa) Überblick.** Das Gesetz benennt als Formen der Information die Erläuterung der vorvertraglichen Informationen gem. § 491a Abs. 1 BGB, der Hauptmerkmale der vom Darlehensgeber angebotenen Verträge sowie der vertragstypischen Auswirkungen auf den Darlehensnehmer, einschließlich der Folgen bei Zahlungsverzug.

627) Palandt-*Weidenkaff*, BGB, § 491a Rz. 4.

628) BT-Drucks. 16/11 643, S. 79.

629) Bülow/Artz-*Artz*, Verbraucherkreditrecht, § 491a Rz. 48.

630) Palandt-*Weidenkaff*, BGB, § 491a Rz. 4.

631) Palandt-*Weidenkaff*, BGB, § 491a Rz. 4.

632) Palandt-*Weidenkaff*, BGB, § 491a Rz. 4.

633) So Erman-*Saenger*, BGB, § 491a Rz. 52 m. w. N.

bb) Rechtsnatur. § 491a Abs. 3 Satz 2 BGB enthält nur Beispiele zur Konkretisierung der Erläuterungspflichten, keine abschließende Regelung („ggf.").[634] Die Aufzählung ist nur beispielhaft zu verstehen. Das Wort „sowie" kann sowohl alternativ als auch kumulativ verstanden werden. 3.680

cc) Erläuterung der **Hauptmerkmale der angebotenen Verträge** (§ 491a Abs. 3 Satz 2 2. Alt. BGB) bedeutet, dass die Hauptleistungspflichten, die Besonderheiten und die im Vertrag vorhandenen Gestaltungsmöglichkeiten für den Verbraucher aufzuzeigen sind.[635] Ebenso wie die Verbraucherkreditrichtlinie (Art. 5 Abs. 6) verwendet auch § 491a Abs. 3 Satz 2 BGB den Plural. Der Darlehensgeber hat den Verbraucher auf verschiedene, ihm zur Verfügung stehende Gestaltungsvarianten hinzuweisen und diese zu erläutern. Die Erläuterungspflicht ist dabei produktbezogen, so dass gerade keine Beratung und Bewertung hinsichtlich der zur Verfügung stehenden Möglichkeiten erfolgen muss.[636] 3.681

Ein Getränkelieferant beantwortet allerdings Finanzierungswünsche nicht, indem er ein Tableau an denkbaren Vertragstypen aufzeigt. Vielmehr wird der Finanzierungswunsch im Wege längerer, zunehmend konkreter werdender Gespräche nach und nach zu einem konkret-individuellen, an Konzept, Betreiber und Objekttyp ausgerichteten Gesprächsergebnis verdichtet, das dann in einer vertraglichen Regelung umgesetzt wird. Daher dürfte die zweite Alternative des § 491a Abs. 3 Satz 2 BGB kaum praktisch werden. 3.682

dd) Vertragstypische Auswirkungen sind die finanziellen Belastungen und Risiken durch die Aufnahme des Darlehens und die Folgen des Zahlungsverzuges.[637] Auch Haftungsrisiken sind anzusprechen. Der Unternehmer hat die Bedingungen des Vertrages verständlich zu machen, so dass der Pflicht Genüge getan ist, wenn der Darlehensnehmer die Erläuterungen erfasst hat und auf deren Grundlage die angebotenen Produkte im Hinblick auf seine Bedürfnisse beurteilen kann. Der Umfang richtet sich nach der Komplexität des konkreten Geschäfts und den Möglichkeiten des Darlehensnehmers, die Regelungen zu verstehen. Die Erklärung ist an einem durchschnittlichen Verbraucher auszurichten. Die Anforderungen an die Pflicht steigen mit zunehmender Schwierigkeit, bei Neugestaltung oder bei Ungewöhnlichkeit der Regelung. Ist ein besonderer Erläuterungsbedarf des konkreten Darlehensnehmers erkennbar, muss auf dessen Bedürfnisse eingegangen werden.[638] Besteht kein Anlass dafür, die vorvertragliche Information zu erläutern, etwa weil sie der Darlehensnehmer verstanden hat, so kann eine zusätzliche Erläuterung nicht verlangt werden.[639] 3.683

634) BT-Drucks. 16/11 643, S. 79.

635) BT-Drucks. 16/11 643, S. 79.

636) Erman-*Saenger*, BGB, § 491a Rz. 52.

637) Palandt-*Weidenkaff*, BGB, § 491a Rz. 4.

638) Erman-Saenger, BGB, § 491a, Rz. 48 m. w. N.

639) BT-Drucks. 16/11 643, S. 79.

3.684 Selbstredend bestehen keine Informationspflichten zu dem bezugsrechtlichen Teil des Getränkelieferungsvertrages. Eine andere Handhabung stellte eine nicht geschuldete **Überinformation** dar. Damit wäre die Parallele zur nicht geschuldeten Widerrufsbelehrung/Widerrufsinformation indiziert, was vermieden werden sollte.

3.685 i) **Repräsentatives Beispiel.** Nach Art. 247 § 3 Abs. 3 Satz 1 EGBGB sind der Gesamtbetrag und der effektive Jahreszins anhand eines repräsentativen Beispiels zu erläutern. Da die vom Darlehensnehmer genannten Wünsche zu den einzelnen Vertragsbedingungen zu berücksichtigen sind, wird dieses repräsentative Beispiel insbesondere mit dem in einer Werbung verwendeten regelmäßig nicht identisch sein.[640)] Je nach dem Fortschritt der Vertragsverhandlungen hat sich der Darlehensgeber dabei an den Vorgaben des Darlehensnehmers zu orientieren, um ihm eine realistische Einschätzung der auf ihn zukommenden Belastung zu ermöglichen. Zu einer Offenlegung seiner Geschäftsstruktur zur Überprüfung ist der Darlehensgeber gegenüber dem Darlehensnehmer nicht verpflichtet.[641)] Berechnungen, die auf einer unvollständigen oder unrichtigen Grundlage beruhen, sind nicht repräsentativ i. S. der Vorschrift, so dass der Informationspflicht nicht genügt wird.[642)]

6. Verzicht

3.686 Ein selbst bestimmt und ausdrücklich erklärter Verzicht des Darlehensnehmers gegenüber dem Angebot des Darlehensgebers auf weitere Informationen („Ich wünsche keine weiteren Erläuterungen.") ist zulässig und stellt keinen Fall des § 511 Satz 1 BGB dar. Allerdings darf sich der Verzicht nicht auf sämtliche drei Stufen der vorvertraglichen Information beziehen.[643)]

3.687 Jedenfalls dann, wenn der Getränkelieferant die Standardinformationen (§ 491a Abs. 1 BGB) erläutert (§ 491a Abs. 3 Satz 2 Fall 2 BGB) und die darin in Bezug genommenen Anlagen, insbesondere den Vertragsentwurf (§ 491a Abs. 2 BGB) und den Tilgungsplan, ebenfalls mit angesprochen hat, dürfte ein entsprechendes Bedürfnis nach weiterer Aufklärung wohl zu verneinen sein. Bei Verbrauchern mit offenkundigen Verständnisschwierigkeiten mag dies anders zu beurteilen sein. Dann dürfte auch ein ausdrücklich erklärter Verzicht unbeachtlich sein.

7. Form

3.688 Eine Form ist nicht vorgeschrieben, insbesondere gilt nicht das Textformerfordernis des § 492 Abs. 5 BGB für nachvertragliche Erläuterungen. Somit kann

640) Begründung RegE BR-Drucks. 848/08, S. 207.

641) BT-Drucks. 16/11 643, S. 125.

642) Erman-*Saenger*, BGB, § 491 Rz. 20.

643) Palandt-*Weidenkaff*, BGB, § 491a Rz. 4.

schriftlich, auch per E-Mail, aber auch (fern-)mündlich erläutert werden. Aus Nachweisgründen ist jedenfalls die Einhaltung der Textform des § 126b BGB sinnvoll.

Eines persönlichen (direkten) Gesprächs, bei dem ein Mitarbeiter des Getränkelieferanten und der Verbraucher körperlich anwesend sind, bedarf es sonach nicht zwingend. Hintergrund sind die Erwägungsgründe 6 und 7 der umzusetzenden Verbraucherkreditrichtlinie 2008/48/EG, wonach insbesondere auch der Abschluss grenzüberschreitender Verbraucherkredite erleichtert werden sollte, bei denen es aber oftmals schon wegen der Entfernung nicht zu einem direkten Gespräch kommen kann.[644] Diese Überlegungen lassen sich auf die Distribution in Ferngebieten übertragen. Schriftliche oder telefonische Erläuterungen sind daher möglich. **3.689**

Im Hinblick auf Wortlaut, Normzweck und auch aus Gründen der Praktikabilität ist eine **standardisierte** Erläuterung, allerdings zugeschnitten auf den konkreten Fall, ausreichend. Allerdings ist es geboten, dass der Darlehensgeber auf **konkrete Fragen** des jeweiligen Verbrauchers eingeht (sog. **individueller Einschlag**) und sich vergewissert, ob Unklarheiten und Unsicherheiten bestehen. Der Umfang der Information hat sich daher zu orientieren an den offenbar werdenden Problemen des konkreten Kunden, Einzelvertragsbestandteile zu begreifen, und am Grad der Komplexität des konkreten Vertrages. Das bedeutet wiederum nicht, dass die Erläuterung stets individuell vorzunehmen wäre. Werden, etwa durch Rück- oder Anfragen des Kunden, keine Besonderheiten erkennbar, kann der Darlehensgeber die Erläuterung durchaus standardisiert vornehmen. **3.690**

8. Nachweis

Bei persönlichen Gesprächen sollte auf eine Kopfparität geachtet werden; Gesprächsinhalt und –verlauf sollten möglichst in einer gegengezeichneten Gesprächsnotiz festgehalten werden. Den Erhalt der Erläuterungen sollte man sich quittieren lassen. Beim Postversand ist an ein Einschreiben mit Rückschein zu denken. **3.691**

9. Keine Vertragsnichtigkeit

Eine Verletzung des § 491a Abs. 1–3 BGB durch den Unternehmer hat keine unmittelbare Wirkung auf den Darlehensvertrag wie bei einem Mangel im Falle des § 494 Abs. 1 BGB.[645] **3.692**

---

644) BT-Drucks. 16/11 643, S. 78 f.

645) Palandt-*Weidenkaff*, BGB, § 491a Rz. 5.

10. Schadensersatz

3.693 a) **Anspruchsgrundlagen.** Ansprüche wegen nicht oder nicht ordnungsgemäßer Information, insbesondere Erläuterung des Vertrages, ergeben sich wie bisher aus Verschulden bei Vertragsschluss (§§ 311 Abs. 2, 280 Abs. 1, 241 Abs. 2, § 491a (Abs. 3) BGB) oder wegen Vertragsverletzung (§§ 280 Abs. 1, 491a (Abs. 3) BGB), wobei die Darlegungs- und Beweislast den Verbraucher trifft.[646)]

3.694 b) **Voraussetzungen. aa) Pflichtverletzung.** Denkbare Fallgruppen sind die Nichtinformation, die Falschinformation, die unvollständige Information, die zu frühe Information oder die verspätete Information.

3.695 **bb) Verschulden.** Jede einfache (leichte) Fahrlässigkeit schadet (§ 276 Abs. 2 BGB). Ein Verschulden der Bank war regelmäßig schon dann gegeben, wenn diese den Kunden fahrlässig nicht informiert hatte. Allerdings war nicht erforderlich, dass der Bank die Aufklärungsbedürftigkeit des Kreditbewerbers auch tatsächlich bekannt war.[647)]

3.696 **cc) Schaden.** Der Schaden kann in dem Abschluss oder dem ungünstigen Inhalt des Vertrages liegen. Dieses gilt etwa, wenn die Leistung für die Zwecke des Kunden nicht voll brauchbar ist.[648)]

3.697 **dd) Haftungsausfüllende Kausalität.** Der Verbraucher hat nachzuweisen, dass ihm durch den schuldhaften Verstoß des Unternehmers gegen § 491a BGB kausal ein Vermögensschaden entstanden ist. Auch insofern bedarf es genauer Feststellungen. Bei den Informationspflichten, die die Grundlage für die Entscheidung des Kunden über den Vertragsabschluss sichern sollen, ist streitig, ob eine Vermutung besteht, dass sich der Kunde aufklärungsgerecht verhalten hätte.[649)]

3.698 **ee) Mitverschulden.** Weiter ist zu berücksichtigen ist, dass der Darlehensgeber nach § 492 Abs. 2 BGB vertraglich umfangreiche Informationspflichten zu erfüllen hat und das Gesetz hinsichtlich auf dieser Ebene eintretender Verstöße ein feinmaschiges Rechtsfolgensystem bereithält (§§ 492, 494 BGB: Nichtigkeit und Heilung).

3.699 Hinzukommt, dass dem Verbraucher das Widerrufsrecht aus § 495 BGB zusteht und auch diesbezüglich an fehlerhafte Erklärungen spezielle Rechtsfolgen, anders als im übrigen Verbraucherkreditrecht die Vertragsnichtigkeit, geknüpft sind. Somit kann ggf. einem geltend gemachten Schadensersatzanspruch durchgreifend der Einwand des Mitverschuldens (§ 254 Abs. 2 Satz 1 BGB) entgegengehalten werden.

---

646) Palandt-*Weidenkaff*, BGB, § 491a Rz. 5.

647) BGH, Urt. v. 1.6.1989 – III ZR 277/87, NJW 1989, 2881.

648) BGH, Urt. v. 8.3.2005 – XI ZR 170/04, BGHZ 162, 306 = NJW 2005, 1579 = ZIP 2005, 802.

649) Verneinend MünchKomm-*Schürnbrand*, BGB, § 491a Rz. 61.

c) Rechtsfolge. aa) Schadensersatz (bei Nicht- bzw. Schlechterfüllung). Im Rahmen des Schadensersatzes haftet der Darlehensgeber nicht für den gesamten Schaden des fehlgeschlagenen Vorhabens des Darlehensnehmers.[650] Der Schadensersatz umfasst somit nur die dem Darlehensnehmer tatsächlich entstandenen Mehrkosten, begrenzt auf das negative Interesse.[651] 3.700

bb) Anspruch auf Vertragsaufhebung. Die Schadensersatzverpflichtung aus Verschulden bei Vertragsschluss wegen Verletzung einer Informationspflicht geht in der Regel nur auf Vertragsanpassung.[652] Allerdings ist dieser kraft spezieller Regelungen ausgeschlossen, soweit sich die Verletzung einer Informationspflicht auf das Widerrufsrecht auswirkt. So beginnt beim Fernabsatzvertrag gem. § 312d Abs. 2 BGB die Widerrufsfrist erst mit Erfüllung der nachvertraglichen Informationspflichten nach Art. 246 § 2 EGBGB. Die Entscheidung des Gesetzgebers, dass die Verletzung einer vorvertraglichen Informationspflicht nach Art. 246 § 1 EGBGB diese Sanktionen nicht vorsieht, hat zur **Vermeidung von Wertungswidersprüchen** zur Folge, dass auch ein Anspruch auf Vertragsaufhebung aus Verschulden bei Vertragsschluss ausscheiden muss. Insoweit stellt der Unterlassungsanspruch eine ausreichende Sanktion dar. Da die Informationen aufgrund des beibehaltenen Schriftformerfordernisses (§ 492 Abs. 1 BGB) auch weitgehend Vertragsinhalt werden müssen, fragt es sich, ob unabhängig von der Nichtigkeitssanktion eines Formmangels und den Heilungsfolgen (gem. § 494 Abs. 2 Satz 2 BGB mit ermäßigtem Zins) ein Schadensersatzanspruch gem. § 311 Abs. 2 BGB auf Rückgängigmachung des (eventuell geheilten) Vertrages und Erstattung der getätigten Aufwendungen bestehen kann.[653] 3.701

11. Rechtsbehelfe nach UWG

Sieht man § 491a BGB als Marktverhaltensregelung an, so stellte eine fehlerhafte Information einen Verstoß gegen §§ 3, 4 Nr. 11 UWG dar, so dass außerdem Ansprüche aus § 8 UWG, ggf. aus §§ 9, 10 UWG gegeben wären.[654] 3.702

12. Unterlassung

Unterlassungsansprüche ergeben sich bei fehlender oder fehlerhafter Information aus § 2 Abs. 2 Nr. 1 UKlaG.[655] 3.703

---

650) BGH, Urt. v. 3.12.1991 – XI ZR 300/90, NJW 1992, 555.

651) Heße/Niederhofer, MDR 2010, 968, 969.

652) Palandt-*Grüneberg*, BGB, Einführung vor Art. 238 EGBGB Rz. 11 m. w. N.

653) Palandt-*Grüneberg*, BGB, Einführung vor Art. 238 EGBGB Rz. 11.

654) Bülow/Artz-*Artz*, Verbraucherkreditrecht, § 491a Rz. 61.

655) Bülow/Artz-*Artz*, Verbraucherkreditrecht, § 491a Rz. 62.

§ 44 Verbundene Verträge und ähnliche Geschäfte

I. Verbundene Verträge

1. Praktische Relevanz

3.704 Die praktische Relevanz der Vorschriften über verbundene Verträge in der Gastronomiefinanzierung sollte nicht unterschätzt werden. Nicht abschließend seien folgende Fallkonstellationen genannt, in denen das Vorliegen verbundener Verträge sorgfältig zu prüfen sein wird. Voraussetzung hierfür ist, dass in Verbindung mit einem Ratenlieferungsvertrag (hier Getränkelieferungsvertrag) ein – getrennter – Darlehensvertrag geschlossen wird, der mit jenem eine wirtschaftliche Einheit i. S. v. § 358 Abs. 3 BGB bildet oder einer der Tatbestände des § 359a Abs. 1 und 2 BGB vorliegt.[656]

- Vom Getränkelieferanten darlehensweise finanzierter Kauf von Gaststätteninventar, Schanktechnik, Außenwerbung etc. durch einen Verbraucher-/Existenzgründerkunden beim Lieferanten, Vorbetreiber oder anderen Dritten.
- Vom Getränkelieferanten darlehensweise finanzierter Kauf von Inventar etc. von diesem, das sich im Objekt oder auf dem Lager des Getränkelieferanten befindet, durch Verbraucher-/Existenzgründerkunden.
- Trennung zwischen Darlehensvertrag und Bezugsvertrag seitens des Getränkelieferanten bei Selbstfinanzierung durch den Getränkelieferanten oder Drittfinanzierung (**Umwegfinanzierung**).

3.705 Gleichwohl hatte die Rechtsprechung nur selten Gelegenheit, zur Frage des Vorliegens eines verbundenen Geschäfts (§ 358 BGB, § 9 VerbrKrG, § 6 AbzG) in diesem Zusammenhang Stellung nehmen zu müssen.[657]

2. Persönlicher Anwendungsbereich

3.706 Die §§ 358–359a BGB gelten nur gegenüber Verbrauchern, nicht gegenüber Unternehmern.[658] Hingegen sind sie auf Existenzgründer entsprechend anzuwenden.[659] Konsequenz ist, dass im Hinblick auf die abschließenden Regelungen etwa des § 359 BGB Unternehmern ein Einwendungsdurchgriff über § 242 BGB nicht zusteht.[660]

---

656) MünchKomm-*Schürnbrand*, BGB, § 510 Rz. 33.

657) OLG Karlsruhe, Urt. v. 28.4.1998 – 1 U 252/97, rkr. durch Nichtannahmebeschl. d. BGH v. 22.9.1999 – VIII ZR 373/98; OLG Schleswig, Urt. v. 14.6.2001 – 1 U 76/2000; OLG Düsseldorf, Urt. v. 24.8.2004 – 21 U 19/04.

658) LG Neubrandenburg, Urt. v. 1.4.2011 – 2 O. 244/09, BeckRS 2012, 07193, zu § 359 BGB.

659) OLG Hamm, Urt. v. 8.9.2005 – 28 U 60/05, BeckRS 2006, 02632, zu §§ 358 f. BGB.

660) LG Neubrandenburg, Urt. v. 1.4.2011 – 2 O. 244/09, BeckRS 2012, 07193, zu § 359 BGB.

Obwohl das im Gesetzestext nicht ausdrücklich gesagt wird, ist Voraussetzung, dass auch der verbundene Vertrag mit einem Unternehmer (§ 14 BGB) geschlossen worden ist.[661)] 3.707

3. Verknüpfung

a) **Grundsatz.** Nach der **Legaldefinition** des § 358 Abs. 3 Satz 1 BGB sind der Verbraucherdarlehensvertrag und der andere Vertrag miteinander verbunden, wenn das Darlehen ganz oder teilweise der Finanzierung des anderen Vertrags dient und beide Verträge eine wirtschaftliche Einheit bilden.[662)] Es genügt, wenn sich die Verknüpfung der beiden Verträge aus den Umständen ergibt. 3.708

b) **Indizien.** Für eine Verknüpfung beider Verträge i. S. d. § 358 Abs. 3 Satz 1 Fall 1 BGB spricht:[663)] **aa)** Das Darlehen muss zu dem **Zweck** gewährt werden, dass das vom Verbraucher für die Ware oder sonstige Leistung geschuldete Entgelt ganz oder teilweise beglichen wird. 3.709

bb) Bedingtheit. Die Zweckbindung des Darlehens braucht nicht als rechtliche Voraussetzung für die Wirksamkeit des Darlehensvertrages, etwa als Bedingung i. S. v. § 158 Abs. 1 BGB, ausgestaltet zu sein. Es kommt vielmehr nur darauf an, ob nach den Vorstellungen der Beteiligten die Verwendung der Valuta zur Tilgung des Kaufpreises geplant war, der Verbraucher über die Valuta also nicht frei verfügen sollte. 3.710

cc) Inbezugnahme. Ebenfalls unerheblich ist, ob die Finanzierung in den Kaufvertrag integriert oder getrennt vereinbart ist.[664)] Es genügt, wenn sich die Verknüpfung der beiden Verträge aus den Umständen ergibt. Eine wechselseitige Inbezugnahme ist nicht erforderlich. Diese hat aber Indizfunktion.[665)] 3.711

dd) Die **zeitliche Reihenfolge der Verträge** ist ohne Bedeutung.[666)] Daher ist es unerheblich, ob das Bargeschäft vom Darlehensnehmer bereits getätigt worden ist oder erst noch abgeschlossen werden muss.[667)] Weder ist es entscheidend, ob die Valutierung des Darlehens unmittelbar zu Gunsten des Unternehmers 3.712

---

661) Palandt-*Grüneberg,* BGB, § 358 Rz. 5. Vgl. auch OLG Karlsruhe, Urt. v. 28.4.1998 – 1 U 252/97, rkr. durch Nichtannahmebeschl. d. BGH v. 22.9.1999 – VIII ZR 373/98; OLG Schleswig, Urt. v. 14.6.2001 – 1 U 76/2000.

662) BGH, Urt. v. 8.7.2009 – VIII ZR 327/08, NJW 2009, 3295; OLG Düsseldorf, Hinweisbeschl. v. 2.3.2010 – 24 U 136/09, BeckRS 2010, 22287 = ZIP 2010, 2104.

663) Palandt-*Grüneberg,* BGB, § 358 Rz. 11.

664) Bülow/Artz-*Bülow*, Verbraucherkreditrecht, § 495 Rz. 241.

665) Palandt-*Grüneberg,* BGB, § 358 Rz. 11.

666) BGH, Urt. v. 13.6.2006 – XII ZR 432/04, NJW-RR 2006, 1715 = ZIP 2006, 1626; BGH, Urt. v. 11.7.2006 – VI ZR 340/04, ZIP 2006, 1764; BGH, Urt. v. 18.12.2007 – XI ZR 76/06, NJW-RR 2008, 643 = ZIP 2008, 357; BGH, Urt. v. 15.12.2009 – XI ZR 45/09, NJW 2010, 531 = ZIP 2010, 220; BGH, Urt. v. 18.1.2011 – XI ZR 356/06, NJW 2011, 1063 = ZIP 2011, 656.

667) BGH, Urt. v. 13.6.2006 – XI ZR 432/04, NJW-RR 2006, 1715 = ZIP 2006, 1626.

erfolgt oder zunächst eine Gutschrift beim Verbraucher erfolgt, noch ist die zeitliche Reihenfolge der Vertragsabschlüsse von Bedeutung.

3.713 Nimmt der Verbraucher nach Abschluss des Bargeschäfts ein Darlehen auf, ist § 358 Abs. 3 BGB allerdings nur anwendbar, wenn der Unternehmer damit einverstanden ist, dass sein Anspruch gegen den Verbraucher durch einen Anspruch gegen den Darlehensgeber ersetzt wird.[668)]

3.714 ee) **Zahlungsfluss.** Gleichgültig ist auch, ob der Darlehensgeber unmittelbar an den Unternehmer zahlt, so wenn der Darlehensgeber den Kaufvertrag zwischen Unternehmer und Verbraucher finanziert, oder ob er das Geld an den Verbraucher zur Weiterleitung an den Unternehmer gutschreibt oder ausbezahlt.[669)]

3.715 c) **Subsumtion.** Ein Inventarkaufvertrag zwischen Getränkelieferanten und Verbraucher bzw. zwischen Inventarlieferanten und Verbraucher dürfte als ein Vertrag über die Lieferung einer Ware i. S. d. § 358 Abs. 3 Satz 1 Fall 1 BGB anzusehen sein. Jedenfalls dürfte § 358 Abs. 3 Satz 1 Fall 2 BGB („Vertrag über die Erbringung einer anderen Leistung") erfüllt sein.

4. Wirtschaftliche Einheit

3.716 a) **Grundlagen.** Nach der **unwiderleglichen Vermutung** des **§ 358 Abs. 3 Satz 2 BGB**, die eng auszulegen ist,[670)] ist eine wirtschaftliche Einheit nicht nur, aber insbesondere dann gegeben, wenn der Unternehmer selbst die Finanzierung übernimmt (Fall 1) oder wenn der Darlehensgeber und der Unternehmer bei der Vorbereitung oder Abschluss des Darlehensvertrages arbeitsteilig zusammenwirken (Fall 2).

3.717 Die **notarielle Beurkundung** des finanzierten Geschäfts hindert die Anwendung des § 358 Abs. 3 Satz 2 BGB nicht.[671)]

3.718 b) **Personenidentität.** Gem. **§ 358 Abs. 3 Satz 2 Fall 1 BGB** wird eine wirtschaftliche Einheit unwiderleglich vermutet, wenn Personenidentität zwischen dem kreditgebenden Unternehmer und dem Verkäufer besteht. Sonach finden die §§ 358, 359 BGB auch außerhalb der sonst typischen Dreipersonenverhältnisse Anwendung.[672)] Dies ist dann der Fall, wenn der Getränkelieferant als Verkäufer selbst die Finanzierung des Kaufpreises übernimmt, indem er das

668) NK-BGB/*Ring*, § 358 Rz. 29.

669) NK-BGB/*Ring*, § 358 Rz. 24.

670) Palandt-*Grüneberg*, BGB, § 358 Rz. 12.

671) BGH, Urt. v. 25.4.2006 – XI ZR 193/04, BGHZ 165, 252 = NJW 2006, 1788 = ZIP 2006, 940.

672) BGH, Urt. v. 21.7.2003 – II ZR 387/02, NJW 2003, 2821, 2822 = ZIP 2003, 1592, zu § 9 VKG; BGH, Urt. v. 25.4.2006 – XI ZR 193/04, BGHZ 165, 252 = NJW 2006, 1788 = ZIP 2006, 940.

Inventar unter Eigentumsvorbehalt verkauft und gleichzeitig unter Umwandlung der Kaufpreisschuld in ein Darlehen den Kaufpreis finanziert.[673)]

Nicht verwechselt werden darf diese Fallgruppe mit dem praktisch relevanten Fall, dass Getränkelieferanten Inventar unter Eigentumsvorbehalt vorfinanzieren und ohne Umwandlung in ein Darlehen nach den Vorschriften des Ratenkaufvertrages (§ 507 BGB) finanzierungstechnisch ein Teilzahlungsgeschäft i. S. d. § 507 BGB in Kombination mit einem Bindungsvertrag (§ 510 Abs. 1 Satz 1 Nr. 3 BGB) abschließen. 3.719

c) **Personenverschiedenheit.** Gem. **§ 358 Abs. 3 Satz 2 Fall 2 BGB** besteht eine unwiderlegliche Vermutung einer wirtschaftlichen Einheit weiter dann, wenn sich der Darlehensgeber bei der Vorbereitung oder dem Abschluss des Verbraucherdarlehensvertrages der Mitwirkung des Unternehmers bedient. Hier liegen eine Personenverschiedenheit und damit ein Dreiecksverhältnis vor. 3.720

Hierunter kann die in der Getränkewirtschaft häufiger anzutreffende Fallkonstellation fallen, dass der Darlehensgeber (Getränkelieferant) bei Vorbereitung oder bei Abschluss des Inventarkaufvertrages mitwirkt.[674)] 3.721

Fehlt es an einer Finanzierungszusage, so kommt es auf das **planmäßige und arbeitsteilige Zusammenwirken** zwischen Darlehensgeber und Unternehmer an. Dies ist nicht nur bei Bestehen eines **Rahmenvertrages**, sondern auch bei rein tatsächlichem planmäßigem und arbeitsteiligem Zusammenwirken, nicht notwendig auf Dauer, zwischen Darlehensgeber und Unternehmer anzunehmen.[675)] 3.722

Für das Vorliegen einer wirtschaftlichen Einheit soll bereits eine ein **einmaliges Zusammenwirken** regelnde Vereinbarung zwischen dem Darlehensgeber und dem Unternehmer ausreichen.[676)] Dies setzt voraus, dass der Unternehmer und der Darlehensgeber aus der Sicht des Verbrauchers gemeinsam wie eine Partei auftreten.[677)] 3.723

Fehlt es an einer Finanzierungszusage, kann sich aus Indizien ergeben, dass der Darlehensgeber zumindest tatsächlich planmäßig und arbeitsteilig. 3.724

Beim Kauf von Gaststätteninventar ist eine Reihe von weiteren Indizien für eine wirtschaftliche Einheit denkbar. So kann der Getränkelieferant den Gastwirt auf bestimmte Inventarverkäufer hingewiesen haben. In Betracht kommt auch die sachkundige Beratung bei der Auswahl des Inventars, bei der Angebotsprüfung, den Verhandlungen über Preise und Konditionen sowie bei der Überprüfung des Lieferumfangs und der Lieferqualität. 3.725

---

673) *Gödde*, in: Martinek/Semler/Habermeier/Flohr, Vertriebsrecht, § 52 Rz. 127.

674) *Gödde*, in: Martinek/Semler/Habermeier/Flohr, Vertriebsrecht, § 52 Rz. 127.

675) BGH, Urt. v. 21.7.2003 – II ZR 387/02, NJW 2003, 2821, 2822 = ZIP 2003, 1592; BGH, Urt. v. 28.6.2004 – II ZR 373/00, NJW 2004, 3332 = ZIP 2004, 1543; BGH, Urt. v. 31.1.2005 – II ZR 200/03, ZIP 2005, 565.

676) OLG Brandenburg, Urt. v. 2.4.2009 – 5 U 53/08, NJW-RR 2009, 810.

677) BGH, Urt. v. 5.5.1992 – XI ZR 242/91, NJW 1992, 2560.

5. Wirtschaftliche Einheit im Übrigen

3.726 a) **Grundlagen.** Sind die Voraussetzungen des § 358 Abs. 3 Satz 2 BGB nicht gegeben, kann eine wirtschaftliche Einheit nach § 358 Abs. 3 Satz 1 a. E. BGB aufgrund der Umstände des Einzelfalls anzunehmen sein.[678)]

3.727 Nach der Rechtsprechung muss die Verbindung zwischen den beiden Verträgen so eng sein, dass sich beide als Teilstücke zu einer rechtlichen oder zumindest wirtschaftlich-tatsächlichen Einheit ergänzen.[679)] Dies verlangt einerseits ein Mittel-Zweck-Verhältnis und andererseits, dass das eine Geschäft nicht ohne das andere abgeschlossen worden wäre.[680)] Damit ist allerdings für die Konkretisierung des Begriffs der wirtschaftlichen Einheit noch nicht viel gewonnen.[681)]

3.728 b) **Verbindungselemente. aa) Einführung.** Die wirtschaftliche Einheit kann sich aus festzustellenden Verbindungselementen ergeben.[682)] Bereits der Wortlaut des § 358 Abs. 3 Satz 2 BGB („insbesondere") zeigt, dass die Vorschrift keine abschließende Aufzählung der eine wirtschaftliche Einheit begründenden Umstände enthält.[683)] Allerdings besteht dann keine unwiderlegliche Vermutung für die Annahme einer wirtschaftlichen Einheit. Den genannten Verbindungselementen kommt lediglich ein – im Einzelfall festzustellender unterschiedlicher – **Indizwert** zu. Mag der indizielle Charakter noch so groß sein, so fließen sie damit lediglich in die Gesamtbetrachtung nach § 358 Abs. 3 Satz 1 BGB ein und sind dort widerlegbar.[684)]

3.729 **bb) Überblick.** Als denkbar relevante **Verbindungselemente** sind insbesondere zu nennen:

- Kreditgeber und Verkäufer erwecken durch zurechenbares Verhalten den Eindruck, sie stünden dem Verbraucher gemeinsam als Vertragspartner gegenüber.[685)]

---

678) BGH, Urt. v. 18.12.2007 – XI ZR 324/06, NJW-RR 2008, 1436 = ZIP 2008, 962.

679) BGH, Urt. v. 6.12.1979 – III ZR 46/78, NJW 1980, 938; BGH, Urt. v. 23.9.2003 – XI ZR 135/02, NJW 2003, 3703 = ZIP 2003, 2111; BGH, Urt. v. 15.12.2009 – XI ZR 45/09, NJW 2010, 531 = ZIP 2010, 220.

680) BGH, Urt. v. 15.12.2009 – XI ZR 45/09, NJW 2010, 531 = ZIP 2010, 220.

681) BGH, Urt. v. 29.4.1981 – VIII ZR 184/80, NJW 1981, 1960; BGH, Urt. v. 18.12.2007 – XI ZR 324/06, ZIP 2008, 964; BGH, Urt. v. 15.12.2009 – XI ZR 45/09, NJW 2010, 531 = ZIP 2010, 220.

682) MünchKomm-*Habersack*, BGB, § 358 Rz. 37.

683) BGH, Urt. v. 15.12.2009 – XI ZR 45/09, NJW 2010, 531 = ZIP 2010, 220; BGH, Urt. v. 18.1.2011 – XI ZR 356/06, NJW 2011, 1063 = ZIP 2011, 656.

684) BGH, Urt. v. 18.12.2007 – XI ZR 324/06, ZIP 2008, 964.

685) BGH, Urt. v. 25.3.1982 – XIII ZR 198/80, BGHZ 83, 301 = NJW 1982, 1694; BGH, Urt. v. 5.5.1992 – XI ZR 242/91, NJW 1992, 2660; OLG Köln, Urt. v. 5.12.1994 – 12 U 75/94, NJW-RR 1995, 1008 = ZIP 1995, 22.

- Einschaltung derselben Vertriebsorganisation durch Darlehensgeber und Unternehmer.[686)]
- Verwenden Darlehensgeber und Unternehmer aufeinander abgestimmte Formulare, ggf. mit konkreten wechselseitigen Hinweisen auf den jeweils anderen Vertrag, oder besitzt der Darlehensgeber auf finanzierte Geschäfte zugeschnittene Formulare, so ist dies ein Indiz für eine wirtschaftliche Einheit.[687)]
- Gleiches gilt für den Fall, dass der Darlehensgeber dem Unternehmer oder dessen Vermittler Büroräume überlässt.[688)]
- Bezeichnung des Verbrauchers im Vertrag als „Käufer und Darlehensnehmer".[689)]
- Zeitgleicher Abschluss der Verträge.[690)]
- Darlehensgeber und Unternehmer erwecken durch zurechenbares Verhalten den Eindruck, sie stünden dem Verbraucher gemeinsam als Vertragspartner gegenüber.[691)]
- Abhängigmachen des Wirksamwerdens des Erwerbsvertrages vom Zustandekommen des Darlehensvertrages.[692)]
- Auch die Mithaftung durch den Unternehmer für die Verbindlichkeit des Verbrauchers gegenüber dem Darlehensgeber, sei es in Form einer selbstschuldnerischen Bürgschaft, einer garantiemäßigen Ausfallhaftung oder eines kumulativen Schuldbeitritts, indiziert eine wirtschaftliche Einheit.[693)]

---

686) BGH, Urt. v. 18.12.2007 – XI ZR 324/06, ZIP 2008, 964; BGH, Urt. v. 15.12.2009 – XI ZR 45/09, NJW 2010, 531 = ZIP 2010, 220; BGH, Urt. v. 18.1.2011 – XI ZR 356/06, NJW 2011, 1063 = ZIP 2011, 656.

687) BGH, Urt. v. 9.2.1978 – III ZR 31/76, NJW 1978, 1427; BGH, Urt. v. 15.1.1987 – III ZR 222/85, NJW 1987, 1698; BGH, Urt. v. 23.9.2003 – XI ZR 135/02, NJW 2003, 3703 = ZIP 2003, 2111; BGH, Urt. v. 18.12.2007 – XI ZR 324/06, ZIP 2008, 964; BGH, Urt. v. 15.12.2009 – XI ZR 45/09, NJW 2010, 531 = ZIP 2010, 220; BGH, Urt. v. 18.1.2011 – XI ZR 356/06, NJW 2011, 1063 = ZIP 2011, 656.

688) BGH, Urt. v. 16.5.2006 – XI ZR 6/04, NJW 2006, 2099 = ZIP 2006, 1187.

689) BGH, Urt. v. 18.12.2007 – XI ZR 324/06, ZIP 2008, 964.

690) BGH, Urt. v. 23.9.2003 – XI ZR 135/02, NJW 2003, 3703 = ZIP 2003, 2111.

691) BGH, Urt. v. 25.3.1982 – III ZR 198/80, NJW 1982, 1694; BGH, Urt. v. 5.5.1992 – XI ZR 242/91, NJW 1992, 2560; OLG Köln, Urt. v. 5.12.1994 – 12 U 75/94, NJW-RR 1995, 1008 = ZIP 1995, 22.

692) BGH, Urt. v. 18.12.2007 – XI ZR 324/06, ZIP 2008, 964; BGH, Urt. v. 15.12.2009 – XI ZR 45/09, NJW 2010, 531 = ZIP 2010, 220; BGH, Urt. v. 18.1.2011 – XI ZR 356/06, NJW 2011, 1063 = ZIP 2011, 656.

693) BGH, Urt. v. 8.11.1979 – III ZR 115/78, NJW 1980, 782.

- Als weitere Indizien können die Vermittlung der jeweils anderen Vertragspartei oder die Beratung bei Abschluss und Abwicklung des anderen Vertrages angeführt werden.[694)]
- Eine wirtschaftliche Einheit ist unter anderem auch dann anzunehmen, wenn jeder der Verträge seinen Sinn erst durch den anderen erhält.[695)]
- Ein Verbindungselement ist der Ausschluss des Verbrauchers von der freien Verfügung über die Darlehensvaluta, etwa durch Direktüberweisung an den Unternehmer.[696)]
- Zweckbestimmung der Leistung im Darlehensvertrag.[697)]
- Sicherungsübereignung.[698)]

3.730 cc) **Gegenindizien.** Der für die Annahme einer wirtschaftlichen Einheit notwendige innere Zusammenhang der Verträge besteht dann nicht, wenn der Darlehensnehmer sich das Darlehen unabhängig von dem Unternehmer beim Darlehensgeber aus eigenem Antrieb „besorgt“.[699)]

3.731 c) **Subsumtion.** Für eine wirtschaftliche Einheit spricht im Zusammenhang mit dem (Ver-)Kauf von Gaststätteninventar, wenn der Einrichter (Verkäufer des Gaststätteninventars) bzw. der Getränkelieferant über die Abwicklung des Kauf- bzw. des Darlehensvertrages hinaus Funktionen auch des jeweils anderen Vertragsteils mit wahrnehmen. Dafür dürfte der allgemeine Hinweis auf verschiedene Einrichter, mit denen ein Getränkelieferant zusammenarbeitet, nicht ausreichen. Anders dagegen, wenn der Getränkelieferant einen Gastwirt insofern eingegrenzt und zielführend informiert. Gleiches gilt für Gespräche über das Getränkeangebot (Umfang, Preise, Konditionen etc.). Hat der Gastwirt dagegen das Inventar bereits gekauft, so ist eine nachträgliche Zusammenrechnung nicht möglich.[700)]

---

694) BGH, Urt. v. 23.9.2003 – XI ZR 135/02, NJW 2003, 3703 = ZIP 2003, 2111.

695) BGH, Urt. v. 19.5.2000 – V ZR 322/98, NJW 2000, 3065; BGH, Urt. v. 15.12.2009 – XI ZR 45/09, NJW 2010, 531 = ZIP 2010, 220; BGH, Urt. v. 18.1.2011 – XI ZR 356/06, NJW 2011, 1063 = ZIP 2011, 656.

696) BGH, Urt. v. 6.12.1979 – III ZR 46/78, NJW 1980, 938; BGH, Urt. v. 25.5.1983 – VIII ZR 16/91, NJW 1983, 2250; BGH, Urt. v. 23.9.2003 – XI ZR 135/02, NJW 2003, 3703 = ZIP 2003, 2111; BGH, Urt. v. 18.12.2007 – XI ZR 324/06, ZIP 2008, 964; BGH, Urt. v. 15.12.2009 – XI ZR 45/09, NJW 2010, 531 = ZIP 2010, 220; BGH, Urt. v. 18.1.2011 – XI ZR 356/06, NJW 2011, 1063 = ZIP 2011, 656.

697) *Gödde*, in: Martinek/Semler/Habermeier/Flohr, Vertriebsrecht, § 52 Rz. 128.

698) BGH, Urt. v. 6.12.1979 – III ZR 46/78, NJW 1980, 938.

699) BGH, Urt. v. 25.3.1982 – XIII ZR 198/80, BGHZ 83, 301 = NJW 1982, 1694; BGH, Urt. v. 13.1.1983 – III ZR 30/82, WM 1983, 317; BGH, Urt. v. 23.9.2003 – XI ZR 135/02, NJW 2003, 3703 = ZIP 2003, 2111.

700) So auch *Gödde*, in: Martinek/Semler/Habermeier/Flohr, Vertriebsrecht, § 52 Rz. 127.

d) Beweiswert. aa) Grundsatz. Der Beweiswert festgestellter Indizien ist sowohl im Einzelnen als auch in der Zusammenschau mit anderen sorgfältig zu würdigen. 3.732

bb) Ein gewichtiges Verbindungselement soll nach h. M. der **Ausschluss des Verbrauchers von der freien Verfügung über die Darlehensvaluta**, etwa durch Direktüberweisung an den Unternehmer, sein.[701] Dem ist zu widersprechen. 3.733

Aus den in den Materialien zum VerbrKrG[702] zum Ausdruck gekommenen und durch die Schuldrechtsreform unangetastet gebliebenen gesetzgeberischen Absichten, die bis dahin zu AbzG entwickelte Rechtsprechung im Wesentlichen unverändert Gesetz werden zu lassen, ergibt sich, dass eine Vereinbarung, nach welcher der Verbraucher über die Valuta nicht frei verfügen darf, nur eine alternative Gestaltung zur Begründung der wirtschaftlichen Einheit darstellt.[703] Der Verwendungszweck brauchte noch nicht einmal genannt zu werden. Auf der anderen Seite würde eine gänzlich freie Verfügung durch den Verbraucher über die Valuta nicht nur eine rechtliche, sondern auch eine wirtschaftliche Trennung der Verträge bedeuten, so dass der Begriff des verbundenen Geschäfts nicht erfüllt wäre. Gegen die Annahme einer hohen Gewichtung dieses Verbindungselementes spricht zudem, dass die Auszahlung des Darlehens unmittelbar an den Verkäufer des Inventars nur dem legitimen Sicherungsinteresse des Getränkelieferanten dient. Sie kann daher keine weitergehende Indizwirkung für ein Zusammenwirken darstellen als die Sicherungsübereignung als solche[704] oder die Zweckbestimmung des Darlehens.[705] 3.734

Der These, der Darlehensgeber verfolge mit dem Ausschluss des Verbrauchers von der freien Verfügung über die Valuta lediglich ein legitimes Sicherungsinteresse, kann auch aus einem anderen Grund nicht zugestimmt werden. Weicht der Darlehensgeber von der gesetzlichen Ausgestaltung des Darlehens als zweckfreier Überlassung der Valuta ab, so mag man dies zwar als Verfolgung eines berechtigten Sicherungsinteresses qualifizieren. Doch hat die Beschränkung der Dispositionsfreiheit des Verbrauchers insofern eher den Preis, dass die Valuta zu keinem Zeitpunkt als solche in das Vermögen des Verbrauchers fließt und von daher das Verwendungsrisiko nicht diesem, sondern dem die Verwendung steuernden Darlehensgeber zuzurechnen ist.[706] 3.735

---

701) BGH, Urt. v. 6.12.1979 – III ZR 46/78, NJW 1980, 938; BGH, Urt. v. 25.5.1983 – VIII ZR 16/91, NJW 1983, 2250; BGH, Urt. v. 23.9.2003 – XI ZR 135/02, NJW 2003, 3703 = ZIP 2003, 2111; BGH, Urt. v. 18.12.2007 – XI ZR 324/06, ZIP 2008, 964; BGH, Urt. v. 15.12.2009 – XI ZR 45/09, NJW 2010, 531 = ZIP 2010, 220.

702) BT-Drucks. 11/5462, S. 23.

703) BGH, Urt. v. 23.6.1988 – III ZR 75/87, NJW 1989, 136.

704) So zu Recht *Gödde*, in: Martinek/Semler/Habermeier/Flohr, Vertriebsrecht, § 52 Rz. 128, m. w. N.

705) BGH, Urt. v. 23.9.2003 – XI ZR 135/02, NJW 2003, 3703 = ZIP 2003, 2111.

706) MünchKomm-*Habersack*, BGB, § 358 Rz. 47.

3.736 cc) **Sicherungsübereignung.** Sowohl der Sicherungsübereignung des Inventars an den Darlehensgeber im Darlehensvertrag als auch die Übereinstimmung des Nettodarlehensbetrages mit dem Kaufpreis – dies kann bei jedem anderen Darlehen auch der Fall sein – kommen nur ein geringer Indizwert zu. Die Sicherungsübereignung ist nicht schlechthin geeignet, im Interesse der Rechtssicherheit eine zuverlässige und allgemeingültige Abgrenzung zwischen dem finanzierten Abzahlungskauf und anderen Verträgen zu gewährleisten. Die Sicherungsübereignung des Kaufgegenstandes an einen Darlehensgeber stellt ein Mittel der Kreditsicherung dar, das auch für ein Darlehen in Betracht kommt, das nicht als Teilstück eines finanzierten Teilzahlungsgeschäfts (§ 507 BGB)/ Kauf (§ 433 BGB) anzusehen ist, z. B. weil der Darlehensnehmer es sich „auf eigene Faust" zur eigenen freien Verfügung oder Verwendung verschafft hat. Nach dem Schutzzweck des Verbraucherkreditrechts kann daher der Sicherungsübereignung keine entscheidende Bedeutung beigemessen werden. Weder ist die Sicherungsübereignung notwendige Voraussetzung noch überhaupt für sich allein ein wesentliches Indiz, dass sich finanzierter Vertrag und Darlehensvertrag zu einer wirtschaftlichen Einheit ergänzen.[707)]

3.737 dd) **Erweiterte Widerrufsinformation.** Die Verwendung der umfänglicheren Widerrufsinformation soll zu Recht nur eine schwache Indizwirkung haben und nicht von einer Prüfung der materiellen Voraussetzungen einer wirtschaftlichen Einheit im Einzelfall entbinden.[708)]

3.738 ee) **Kündigungsvorbehalt bei zweckwidriger Verwendung.** Zu den schwachen Indizien gehört auch der Vorbehalt des Darlehensgebers, für den Fall einer zweckwidrigen Verwendung der Valuta das Darlehen kündigen zu können oder eine gleichwertige Sicherheit zu verlangen.[709)]

6. Pflichtangaben

3.739 a) **Rechtsgrundlage** ist Art. 247 § 12 Abs. 1 Satz 2 Nr. 2 a und b EGBGB.

3.740 b) **Wissenswertes.** Im Vertrag müssen enthalten sein der **Gegenstand** und – außer in den Fällen des § 507 Abs. 3 BGB – der **Barzahlungspreis**. Darunter ist der Preis zu verstehen, den der Verbraucher zu entrichten hätte, wenn er bei Übergabe der Sache oder Erbringung der Leistung in voller Höhe fällig würde.[710)] Hat der Unternehmer den Gegenstand für den Verbraucher erworben, tritt an die Stelle des

707) BGH, Urt. v. 6.12.1979 – III ZR 46/78, NJW 1980, 938; OLG Köln, Urt. v. 5.12.1994 – 12 U 75/94, NJW-RR 1995, 1008 = ZIP 1995, 21.

708) BGH, Urt. v. 23.9.2003 – XI ZR 135/02, NJW 2003, 3703 = ZIP 2003, 2111; KG, Urt. v. 9.11.2007 – 13 U 27/07, WM 2008, 401.

709) MünchKomm-*Habersack*, BGB, § 358 Rz. 49.

710) BT-Drucks. 16/11 643, S. 92, 132.

Barzahlungspreises der **Anschaffungspreis** (Art. 247 § 12 Abs. 2 Satz 3 EGBGB). Darunter fällt grundsätzlich auch die zu entrichtende Umsatzsteuer.[711)]

Weiter bedarf es der Informationen über die sich aus den **§§ 358, 359 BGB** ergebenden Rechte und über die Bedingungen über die Ausübung dieser Rechte (§ 12 Abs. 1 Satz 2 Nr. 2 b EGBGB) **(erweiterte Widerrufsinformation)**. **3.741**

7. Europäische Standardinformationen für Verbraucherkredite

Gem. Art. 247 § 12 Abs. 1 Satz 2 Nr. 2 a EGBGB muss bei Verbraucherdarlehensverträgen, die mit einem anderen Vertrag gem. § 358 BGB verbunden sind oder in denen eine Ware oder eine Leistung gem. § 359a Abs. 1 BGB angeboten ist, die vorvertragliche Information, auch in den Fällen des Art. 247 § 5 EGBGB, den **Gegenstand** und den **Barzahlungspreis** enthalten.[712)] Hat der Unternehmer den Gegenstand für den Verbraucher erworben, tritt an die Stelle des Barzahlungspreises der **Anschaffungspreis** (Art. 247 § 12 Abs. 2 Satz 3 EGBGB). **3.742**

II. Geschäfte nach § 359a BGB

1. Situation

Auch wenn die Voraussetzungen für ein verbundenes Geschäft nicht vorliegen, greift der Widerruf des finanzierten Vertrages auf den Verbraucherdarlehensvertrag unter den Voraussetzungen des § 359a Abs. 1 BGB durch und die Bestimmungen des § 358 Abs. 1 und 4 BGB sind entsprechend anwendbar. Bei Verträgen über Zusatzleistungen, die der Verbraucher in unmittelbarem Zusammenhang mit der Verbraucherdarlehensvertrag abgeschlossen hat, sind die Regelungen des § 358 Abs. 2 und 4 BGB entsprechend anzuwenden (§ 359a Abs. 2 BGB). **3.743**

2. Kritik

Zutreffend wurden Erforderlichkeit, Sinn und Richtlinienkonformität der gesetzlichen Regelung § 359a BGB bezweifelt.[713)] Häufig wird ein verbundenes Geschäft i. S. d. § 358 Abs. 3 BGB vorliegen, so dass es auf § 359a Abs. 1 und 2 BGB nicht ankommt. Fälle, die nicht unter § 358 Abs. 3 BGB fallen, lassen sich denken, wenn bei Abschluss des Verbraucherdarlehensvertrages der Vertragspartner für den finanzierten Vertrag noch nicht feststeht. **3.744**

3. Angegebenes Geschäft

a) Tatbestand. Nach § 359a Abs. 1 BGB ist § 358 Abs. 1 und 4 BGB entsprechend anzuwenden, wenn die Ware oder die Leistung des Unternehmers aus **3.745**

---

711) BT-Drucks. 16/11 643, S. 93.

712) Siehe oben § 43 II 8 jeweils m. w. N.

713) Statt vieler Bülow/Artz-*Bülow*, Verbraucherkreditrecht, § 495 Rz. 232e. Die fehlende Richtlinienkonformität folgt daraus, dass Art. 3 n ii die genaue Angabe von Ware oder Leistung als eine von drei Alternativen verbundener Verträge auflistet.

dem widerrufenen Vertrag in einem Verbraucherdarlehensvertrag genau angegeben ist. Dies erfordert eine Identifizierbarkeit des Vertragsgegenstandes, z. B. beim Pkw die Angabe der Marke; eine bloße Typenbeschreibung genügt nicht. Vielmehr bedarf es bei Stückschulden einer eindeutigen Identifizierbarkeit im Sinne des sachenrechtlichen Bestimmtheitsgrundsatzes.[714)]

3.746 **b) Praktische Relevanz. aa) Getränkebezugsverpflichtung.** Denkt man an den praktischen Ausnahmefall des Abschlusses getrennter Darlehens- und Getränkelieferungsverträge, so lässt sich diese Konstellation nach hier vertretener Auffassung unter § 358 Abs. 3 Satz 1 Fall 2 BGB subsumieren.[715)] Damit wäre der Anwendungsbereich des § 359a Abs. 1 BGB mangels „Lücke" nicht eröffnet.

3.747 Für den Regelfall des einheitlichen Darlehens- und Getränkelieferungsvertrages fehlt es an der geschriebenen Tatbestandsvoraussetzung getrennter Verträge. Im Übrigen wäre so wie noch die Wertgrenze des § 512 BGB mitzudenken, was zum Ausschluss der Widerruflichkeit insbesondere hinsichtlich der Bindungskomponente führen könnte.[716)]

3.748 **bb) Sicherungsübereignung.** Soweit eine genaue Angabe der sicherungsübereigneten Gegenstände bereits im Darlehens- und Getränkelieferungsvertrag enthalten ist, fehlt es bereits an der freien Verfügbarkeit über die Darlehensvaluta, so dass ein verbundenes Geschäft vorliegt.[717)] Damit ist § 359a Abs. 1 BGB nicht anwendbar. Es erscheint daher angeraten, die finanzierten Gegenstände in dem Darlehensvertrag nicht genauer zu bezeichnen. Sonst besteht die Gefahr des Widerrufsdurchgriffs.

3.749 Ob die Tatbestandsvoraussetzungen des § 359a BGB auch dann gegeben sind, wenn in einem separaten Sicherungsübereignungsvertrag die Gegenstände genau angegeben sind, ist offen, wohl aber zu verneinen.

4. Verträge über Zusatzleistungen

3.750 **a) Situation.** Wird die Zusatzleistung, z. B. eine Restschuldversicherung, aus dem Darlehen finanziert, so liegt in der Regel ein Verbundgeschäft i. S. d. § 358 Abs. 3 BGB vor, so dass die Anwendung des § 359a Abs. 2 BGB von vorne herein ausscheidet. Dies ist nur dann nicht der Fall, wenn der Verbraucher die Zusatzleistung z. B. aus Eigenmitteln bezahlt. Dann greift § 359a Abs. 2 BGB.

3.751 **b) Zusatzleistung.** Unter Zusatzleistungen versteht man Nebenleistungen zur Hauptleistung, die im Zusammenhang mit dem Darlehensvertrag abgeschlossen werden. Der Begriff der Zusatzleistung ist wie in Art. 247 § 8 Abs. 1 EGBGB

714) BT-Drucks. 16/11 643, S. 108 ff.

715) Siehe oben § 23 IV 9 a.

716) Siehe oben § 23 IV 12 a jeweils m. w. N.

717) Siehe oben § 44 I 5 b bb m. w. N.

zu verstehen.[718] Zusatzleistung ist danach die zusätzliche Verpflichtung, eine weitere Leistung des Darlehensgebers in Anspruch zu nehmen oder einen weiteren Vertrag abzuschließen, die Voraussetzung dafür ist, dass das Darlehen überhaupt oder zu bestimmten Konditionen gewährt wird.[719] Hier muss der Vertrag über die Zusatzleistung mit dem Darlehensvertrag eine direkte kausale Verknüpfung aufweisen.[720]

§ 359a Abs. 1 BGB setzt nicht voraus, dass der Unternehmer als Vertragspartei bereits feststeht. Nach dem Willen des Gesetzgebers soll genau die Konstellation, in der der Verbraucher sich den Unternehmer nach dem Abschluss des Finanzierungsgeschäfts erst noch heraussucht, ein maßgeblicher Anwendungsfall des § 359a Abs. 1 BGB sein.[721] 3.752

c) Praktische Relevanz. aa) Finanzierung. Nach dem Willen des Gesetzgebers sollen Kosten und Bedingungen transparent werden, die die Darlehensgewährung voraussetzen und den Darlehensnehmer belasten. Im Zusammenhang mit der Gastronomiefinanzierung geht es dagegen um die Gewährung sonstiger Leistungen (Rückvergütungen, Außenwerbung, Schanktechnik, Leihmobiliar). Damit liegt kein vergleichbarer Sachverhalt vor. 3.753

bb) Getränkebezugsverpflichtung. Fraglich sein könnte, ob die Bindungskomponente als „Zusatzleistung“ i. S. d. Art. 247 § 8 Abs. 1 Satz 1 EGBGB angesehen werden kann. Der Gesetzgeber geht davon aus, dass Darlehen zum Teil nur bzw. nur zu bestimmten Konditionen gewährt werden, wenn der Darlehensnehmer noch weitere Leistungen des Darlehensgebers in Anspruch nimmt oder gleichzeitig ein weiterer Vertrag abgeschlossen wird. Beide Fallgestaltungen werden nach der Begründung von dem Oberbegriff „Zusatzleistungen“ erfasst.[722] 3.754

Im praktischen Ausnahmefall des Abschlusses getrennter Darlehens- und Getränkelieferungsverträge lässt sich diese Konstellation nach hier vertretener Auffassung bereits unter § 358 Abs. 3 Satz 1 Fall 2 BGB subsumieren.[723] Damit wäre der Anwendungsbereich nunmehr des § 359a Abs. 2 BGB mangels „Lücke“ nicht eröffnet. 3.755

Weiter scheitert die Subsumtion daran, dass bei dem Regelfall des einheitlichen Darlehens- und Getränkelieferungsvertrages gerade nicht mehrere Verträge i. S. d. § 359a Abs. 2 BGB bzw. i. S. d. Art. 247 § 8 Abs. 1 Satz 1 Fall 2 EGBGB vorliegen. Der Bezug ist gerade die und nicht lediglich eine weitere Leistung, 3.756

718) Palandt-*Grüneberg*, BGB, § 359a Rz. 4.

719) BT-Drucks. 16/11 643, S. 129.

720) Palandt-*Grüneberg*, BGB, § 359a Rz. 4.

721) BT-Drucks. 16/11 643, S. 73.

722) BT-Drucks. 16/11 643, S. 129.

723) Siehe oben § 23 IV 9 a.

zumal nicht des Getränkelieferanten als Darlehensgebers. Er ist die vom Getränkelieferanten intendierte Hauptleistung des Gebundenen, die zudem noch im Gegenseitigkeitsverhältnis zum Finanzierungsteil steht. Auch entstehen durch die Bezugsverpflichtung keine „zusätzlichen Kosten“. Im Übrigen lässt sich der Bezugsvertrag wohl kaum als „weiterer Vertrag“ i. S. d. Art. 247 § 8 Abs. 1 Satz 1 Fall 2 EGBGB deuten, wie auch die fehlende Vergleichbarkeit mit den benannten Regelbeispielen zeigt.

3.757 cc) **Inventarversicherung.** Zu denken ist an die Kosten des Abschlusses eines Versicherungsvertrages, so im Zusammenhang mit Sicherungsübereignungen bezüglich Inventar oder dem Verkauf von Inventar unter Eigentumsvorbehalt mit Versicherungspflicht. Dies wohl unabhängig davon, ob sich die Versicherungspflicht unmittelbar aus dem Getränkelieferungsvertrag, so etwa bei Kauf- und Getränkelieferungsverträgen, oder mittelbar aus einem getrennten, ggf. als Anlage beigefügten Sicherungsübereignungsvertrag, so in der Regel bei Darlehens- und Getränkelieferungsverträgen, ergibt.

3.758 **d) Vorvertragliche Information.** Sollte § 359a BGB ausnahmsweise zur Anwendung kommen, so bestehen erweiterte vorvertragliche Informationspflichten nach Art. 247 § 8 Abs. 1 Satz 1 und 2 EGBGB.

3.759 e) **Pflichtangaben.** Kosten für Zusatzleistungen sind in den effektiven Jahreszins einzurechnen.

III. Erweiterte Widerrufsinformation

1. Rechtsgrundlage

3.760 Nach §§ 495 Abs. 2 Satz 1 Nr. 1, 358 Abs. 5 BGB und Art. 247 § 12 Abs. 1 Satz 2 Nr. 2 b EGBGB verlangt der Gesetzgeber für verbundene Geschäfte nach § 358 BGB und bei Verträgen nach § 359a Abs. 1 BGB eine erweiterte Widerrufsinformation.

2. Zweck

3.761 Der Hinweis nach § 358 Abs. 5 BGB stellt in einem verbundenen Geschäft eine sinnvolle Ergänzung der Widerrufsinformation dar, weil er den Verbraucher auf die weiteren Rechtsfolgen eines Widerrufs hinweist und damit dessen besondere Tragweite verdeutlicht.

3. Europarechtlicher Hintergrund

3.762 Die Verbraucherkreditrichtlinie regelt Durchgriffskonstellationen nicht. Art. 15 Abs. 1 sieht lediglich vor, dass der Verbraucher bei Ausübung eines jeden Widerrufsrechts, das auf Unionsrecht beruht, an einen damit verbundenen Kreditvertrag nicht mehr gebunden ist.

4. Belehrungspflicht

a) **Grundsatz.** Die Widerrufsinformation mit dem zusätzlichen Hinweis nach § 358 Abs. 5 BGB ist beim finanzierten Vertrag durch den Unternehmer als Vertragspartei mitzuteilen.[724)] Allerdings kann sich der Unternehmer der Mitwirkung des Darlehensgebers insoweit bedienen, als der Darlehensvertrag bei den Pflichtangaben nach Art. 247 § 6 Abs. 2 EGBGB zugleich die Angaben nach § 358 Abs. 1 und 5 BGB enthält.[725)] Dies soll aber nur hinreichend sein, wenn im finanzierten Vertrag eine deutliche Bezugnahme enthalten ist.[726)] Daran dürfte es in der Praxis zumeist fehlen. **3.763**

b) **Weitere Fragen von Interesse. aa) Benennung des verbundenen Vertrages.** Der Darlehensgeber muss den verbundenen Vertrag in der Widerrufsbelehrung nicht konkret benennen.[727)] **3.764**

bb) **Missverständliche Belehrung.** Die Belehrung ist fehlerhaft, wenn sie beim Verbraucher das Missverständnis weckt, er bleibe bei einem Widerruf des finanzierten Geschäfts an den Darlehensvertrag gebunden.[728)] **3.765**

cc) **Vage oder abstrakte Belehrung.** Die Belehrung muss bestimmt und konkret sein. Ein allgemeiner Hinweis des Inhalts, dass im Falle verbundener Verträge der Widerruf auch den verbundenen Vertrag erfasse, genügt nicht.[729)] Auf den verbundenen Kaufvertrag muss ausdrücklich hingewiesen werden. Ein vager Hinweis auf „weitere mitfinanzierte Geschäfte" reicht ebenso wenig aus wie ein abstrakter Hinweis etwa des Inhalts, dass im Fall einer wirtschaftlichen Einheit zwischen Kauf- und Darlehensvertrag der Widerruf auch den Kaufvertrag hinfällig mache.[730)] **3.766**

5. Gegenstand und Zeitpunkt der Belehrung

a) **Einzelkaufverträge.** Hinsichtlich der Einzelkaufverträge bedarf es keiner Zusatzbelehrung nach § 358 Abs. 5 BGB.[731)] **3.767**

b) **Zeitpunkt.** Bei Getränkelieferungsverträgen als Rahmenverträgen kommt es auf den Abschluss der verbundenen Verträge i. S. d. § 358 BGB an, nicht dagegen auf die Vornahme der späteren Ausführungsgeschäfte.[732)] **3.768**

---

724) BGH, Urt. v. 11.11.2008 – XI ZR 269/06, NJW-RR 2009, 768 = ZIP 2009, 64.

725) MünchKomm-*Habersack*, BGB, § 358 Rz. 68.

726) Bülow/Artz-*Bülow*, Verbraucherkreditrecht, § 495 Rz. 123.

727) BGH, Urt. v. 11.11.2008 – XI ZR 269/06, ZIP 2009, 64.

728) BGH, Urt. v. 23.6.2009 – XI ZR 156/08, NJW 2009, 3020 = ZIP 2009, 1512.

729) OLG Düsseldorf, Urt. v. 6.11.1992 – 14 U 66/92, NJW 1993, 741 = ZIP 1993, 1069.

730) Erman-*Saenger*, BGB, § 358 Rz. 22.

731) In diesem Sinne auch Erman-*Saenger*, BGB, § 358 Rz. 18; MünchKomm-*Habersack*, BGB, § 358 Rz. 63.

732) MünchKomm-*Habersack*, BGB, § 358 Rz. 63.

6. Beurteilungsrisiko

3.769 Die Belehrung hat derjenige zu erteilen, der den widerruflichen Vertrag mit dem Verbraucher abgeschlossen hat. Das Beurteilungsrisiko hinsichtlich der Voraussetzung „verbundene Verträge" und der daraus folgenden Ausgestaltung der erweiterten Widerrufsinformation liegt bei der für die Erteilung der Widerrufsbelehrung zuständigen Partei, also im Fall des § 358 Abs. 1 BGB beim Unternehmer, im Fall des § 358 Abs. 2 BGB beim Darlehensgeber.[733] Dies verdeutlicht auch die grundlegende Beweislastregelung des § 355 Abs. 3 Satz 3 BGB.

7. Überbelehrung

3.770 a) **Situation.** Gelegentlich lässt sich die Frage nicht eindeutig beantworten, ob eine wirtschaftliche Einheit i. S. d. § 358 Abs. 3 BGB besteht. Insofern sind zwei Fragestellungen zu unterscheiden.

3.771 **b) Vorsorglicher Hinweis. aa) Meinungsstand.** Die ältere Rechtsprechung vertrat die Auffassung, dass eine entsprechende Belehrung nicht ordnungsgemäß, weil inhaltlich unrichtig, sei, wenn der Darlehensgeber/Unternehmer qualifiziert belehre, ohne dass eine wirtschaftliche Einheit gegeben sei.[734] Nach § 355 Abs. 4 Satz 3 BGB beginne die Widerrufsfrist nicht zu laufen und das Widerrufsrecht erlösche auch nicht.[735] Dem wird im aktuellen Schrifttum widersprochen.[736] Ähnlich diejenigen Stimmen, die keine Einwände gegen eine vorsorgliche Verwendung der erweiterten Widerrufsinformation erheben. Wolle der Darlehensgeber/Unternehmer das bei einer fehlerhaften Gestaltung der Widerrufsinformation/Widerrufsbelehrung aus § 355 Abs. 4 Satz 3 BGB folgende Risiko einer dauerhaften Widerruflichkeit vermeiden, so könne er entsprechend dem Einleitungssatz des Gestaltungshinweises 12 („..., wenn kein verbundenes Geschäft vorliegt: ..." – so das Muster für die Widerrufsbelehrung zu Art. 246 § 2 Abs. 3 Satz 1 EGBGB) aus unternehmerischer Vorsicht ohne rechtliche Nachteile die umfassendere Form der Widerrufsinformation wählen. Die Verwendung der erweiterten Widerrufsinformation im Zweifelsfall könne sich nicht nachteilhaft für den Unternehmer auswirken, weil dem Verbraucher weitergehende Rechte als erforderlich eingeräumt würden.[737]

---

733) Streitig, wie hier *Gödde*, in: Martinek/Semler/Habermeier/Flohr, Vertriebsrecht, § 52 Rz. 129; a. A. MünchKomm-*Habersack*, BGB, § 358 Rz. 71.

734) BGH, Urt. v. 14.6.1984 – VIII ZR 81/83, NJW 1984, 2292 = ZIP 1984, 933 (§ 6 AbzG); BGH, Urt. v. 23.9.2003 – XI ZR 135/02, NJW 2003, 3703 = ZIP 2003, 2111.

735) BGH, Urt. v. 23.9.2003 – XI ZR 135/02, NJW 2003, 3703 = ZIP 2003, 2111; BGH, Urt. v. 23.6.2009 – XI ZR 156/08, NJW 2009, 3020 = ZIP 2009, 1512.

736) MünchKomm-*Habersack*, BGB, § 358 Rz. 71.

737) *Gödde*, in: Martinek/Semler/Habermeier/Flohr, Vertriebsrecht, § 52 Rz. 129.

bb) Stellungnahme. Für die zuletzt genannte Auffassung spricht die Begründung zur dritten BGB-InfoV.[738] Darin heißt es wörtlich, „dass der Unternehmer den Textbaustein auch dann verwenden kann, wenn die Verträge rechtlich nicht verbunden sind. Damit wird dem Umstand Rechnung getragen, dass die Beurteilung, ob ein verbundenes Geschäft vorliegt oder nicht, im Einzelfall schwierig sein kann." Allerdings soll sich der Unternehmer nach der Begründung der aktuellen Gesetzesfassung bei der Verwendung der umfänglichen Musterinformation dahingehend festgelegt haben, dass im konkreten Fall ein verbundener Vertrag vorliege.[739] Ob sich diese Überlegungen im Anwendungsbereich der Musterwiderrufsinformationen gemäß Anlage 1 zu Art. 246 § 2 Abs. 3 Satz 1 EGBGB i. V. m. Gestaltungshinweis 12 sowie Anlage 6 zu Art. 247 § 6 Abs. 2 und § 12 Abs. 1 EGBGB noch aufrechterhalten lassen, wird zu Recht bezweifelt.[740] Die Informationsmuster gehen nämlich davon aus, dass die Feststellung, ob verbundene Verträge vorliegen, dem Verbraucher obliegt, und begnügen sich demgemäß mit Belehrungen allgemeiner Art für den Fall, dass der Verbundtatbestand erfüllt ist. Dies soll auch für Sachverhalte außerhalb des Anwendungsbereichs der genannten Musterinformationen sowie für Fälle gelten, in denen der Unternehmer oder Darlehensgeber von der Möglichkeit der Musterverwendung keinen Gebrauch macht. Vorsorgliche Widerrufsbelehrungen gehen daher nicht zu Lasten des Unternehmers/Darlehensgebers. 3.772

c) Drittwirkung. Die vorsorgliche Erteilung einer Widerrufsbelehrung bindet den Partner des anderen Vertrages, z. B. den Verkäufer, nicht.[741] 3.773

8. Alternative Belehrung

Eine alternative Belehrung sowohl nach § 358 Abs. 5 BGB als auch nach § 355 BGB wäre ebenfalls unzulässig. Der Darlehensgeber/Unternehmer muss bei Abschluss des Vertrages entscheiden, ob der Tatbestand einer wirtschaftlichen Einheit gegeben ist, der ergänzenden Belehrungsbedarf nach § 358 Abs. 5 BGB zur Folge hat.[742] Solche Belehrungen verschaffen dem Verbraucher keine Gewissheit über seine Rechtsstellung und sind deshalb nicht ordnungsgemäß.[743] 3.774

9. Allgemeine Inhaltsanforderungen

Es gilt grundsätzlich § 360 Abs. 1 BGB.[744] 3.775

738) Bundesanzeiger v. 14.3.2008, S. 962 unter Ziff. B II 2 i) (2).

739) BT-Drucks. 16/11 643, S. 44, 45.

740) MünchKomm-*Habersack*, BGB, § 358 Rz. 71.

741) Erman-*Saenger*, BGB, § 358 Rz. 22.

742) BGH, Urt. v. 23.6.2009 – XI ZR 156/08, NJW 2009, 3020 = ZIP 2009, 1512.

743) Bülow/Artz-*Bülow*, Verbraucherkreditrecht, § 495 Rz. 273; a. A. MünchKomm-*Habersack*, BGB, § 358 Rz. 71.

744) Palandt-*Grüneberg*, BGB, § 358 Rz. 9.

Aus der Eingangsformulierung des § 495 Abs. 2 Satz 1 vor Nr. 1 BGB ergibt sich, dass § 495 Abs. 2 BGB ausdrücklich auch für verbundene Verträge und Geschäfte nach § 359a BGB gilt. Daher ist der Darlehensnehmer auf seine Rechte und die Bedingungen für die Ausübung dieser Rechte (Art. 247 § 12 Abs. 1 EGBGB) und die Rechtsfolgen des Widerrufs für beide Verträge nach §§ 358, 359a BGB bereits bei Abschluss des Vertrages hinzuweisen. Einzelheiten hinsichtlich des Widerrufsrechts und der Widerrufsfolgen finden sich in den Gestaltungshinweisen 4–4c und 8–8f der Anlage 6 zu Art. 247 § 6 Abs. 2 und § 12 Abs. 1 EGBGB.

10. Widerrufserstreckung

3.776 a) **Gesetzeslage.** Bei finanzierten Verträgen muss der Verbraucher gem. § 358 Abs. 5 BGB zusätzlich über die Rechtsfolgen des § 358 Abs. 1 und Abs. 2 BGB, also darüber belehrt werden, dass mit dem Widerruf des Hauptvertrages auch die Bindung an den damit verbundenen Verbraucherdarlehensvertrag entfällt und umgekehrt bei Widerruf des Darlehensvertrages zwingend auch die Bindung an den damit finanzierten Vertrag. Ebenso ist darüber zu informieren, dass allein der Liefervertrag widerruflich ist, wenn auch für ihn ein Widerrufsrecht besteht.[745)]

3.777 b) **Praktische Relevanz.** In dem hier interessierenden Zusammenhang kann dies Bedeutung erlangen, wenn abweichend vom Regelfall des Getränkelieferungsvertrages als einem gemischten Vertrag **getrennte Verträge** über Finanzierung bzw. Bindung geschlossen werden. Gleiches gilt in der Situation der **Umwegfinanzierung.**

3.778 c) **Grundlagen.** Kraft Gesetzes (§ 358 Abs. 5 BGB) hat die Widerrufsinformation einen Hinweis auf die Erstreckung zu enthalten bei verbundenen Verträge (§ 358 Abs. 1, 2 BGB), Geschäften nach § 359a BGB (§ 359a Abs. 1, 2 BGB) und Verträgen über Zusatzleistungen (Art. 247 § 12 Abs. 1 Satz 2 Nr. 2 b EGBGB). Der Darlehensgeber muss im Vertrag darüber belehren, dass der Widerruf des Darlehensvertrages auch zur Rückabwicklung des Liefervertrages führt (§ 358 Abs. 2 BGB) und dass allein der Liefervertrag widerruflich ist, wenn auch für ihn ein Widerrufsrecht besteht (§ 358 Abs. 1 BGB).[746)]

3.779 Daher ist auf verständliche Art der Mechanismus des Einwendungs- und des Widerrufsdurchgriffs zu erläutern. Auf den Vorrang der Nacherfüllung gem. § 359 Satz 3 BGB ist hinzuweisen.[747)] Der entsprechende Absatz der Musterwiderrufsinformation entfällt allerdings, wenn der Darlehensgeber zugleich Vertragspartner des Darlehensnehmers aus dem weiteren Vertrag ist (Gestal-

745) BGH, Urt. v. 23.6.2009 – XI ZR 156/08, NJW 2009, 3020 = ZIP 2009, 1512.

746) Palandt-*Grüneberg*, BGB, § 358 Rz. 9.

747) MünchKomm-*Schürnbrand*, BGB, Art. 247 Rz. 24.

tungshinweis 8i Satz 2 der Musterwiderrufsinformation). Praktisch kann dies werden, wenn der Getränkelieferant dem Kunden das Gaststätteninventar unter Eigentumsvorbehalt verkauft und dieses gleichzeitig finanziert hat.

d) Hinweis. Der gem. § 358 Abs. 5 BGB im Verbraucherdarlehensvertrag erforderliche Hinweis ist mangels Anwendbarkeit des § 360 BGB nicht Inhalt der Belehrung über das Widerrufsrecht.[748] Er wird deshalb auch in der Musterbelehrung nicht aufgeführt. Vielmehr ist er Bestandteil der Pflichtangaben nach Art. 246 § 6 Abs. 2 EGBGB, der nach § 495 Abs. 2 Satz 1 Nr. 1 BGB an die Stelle der Widerrufsbelehrung i. S. i. d. §§ 355 Abs. 2 Satz 1, Abs. 3 Satz 1 BGB mit § 360 BGB treten. 3.780

e) Umfang der Belehrung. Insofern hat die neuere Rechtsprechung strikte Anforderungen definiert.[749] Nach der gesetzlichen Regelung (§ 358 Abs. 1 BGB, § 358 Abs. 2 BGB) darf die dem Verbraucher erteilte Widerrufsbelehrung, die ihm seine Rechte verdeutlichen soll, kein Missverständnis dahin wecken, der Verbraucher bleibe bei einem wirksamen Widerruf des finanzierten Geschäfts entgegen den vorgenannten Bestimmungen an den Darlehensvertrag gebunden. Dabei kommt es auf die konkrete Ausgestaltung der Belehrung und das Zusammenspiel der einzelnen Sätze aus Sicht eines unbefangenen durchschnittlichen Verbrauchers (Empfängerhorizont) an.[750] Legt die Widerrufsbelehrung das Fehlverständnis nahe, der Verbraucher könne sich in bestimmten Fällen ausschließlich von den Bindungen des finanzierten Geschäfts, nicht aber von den Bindungen des Darlehensvertrags lösen, weil sein Widerrufrecht in Bezug auf den Darlehensvertrag wegen des nach der gesetzlichen Regelung vorrangigen Widerrufs in Bezug auf das finanzierte Geschäft ausgeschlossen sei, so ist die Widerrufsbelehrung fehlerhaft. Dabei kommt es nicht auf eine isolierte Betrachtungsweise der einzelnen Formulierungen bzw. Sätze an. Auch genügt es nicht, dass der Wortlaut der gesetzlichen Regelung (hier der Vorrangregelung des § 358 Abs. 2 Satz 2 BGB a. F.) entspricht. Zu prüfen ist im Kontext des Belehrungstextes, ob eine Irreführung vorliegt. Letzteres ist etwa dann anzunehmen, wenn der Belehrungstext das Verständnis nahelegt, es gebe Fälle, in denen der Darlehensvertrag trotz einer gegen den finanzierten Vertrag bestehenden Widerrufsmöglichkeit in jedem Fall wirksam bleibe. Insbesondere bedarf es eines Hinweises auf die Erstreckungswirkung des Widerrufs.[751] 3.781

---

748) Staudinger-*Kaiser*, BGB, § 360 Rz. 80; a. A. Erman-*Saenger*, BGB, § 358 Rz. 22.

749) BGH, Urt. v. 13.1.2009 – XI ZR 118/08, NJW-RR 2009, 709 = ZIP 2009, 362; BGH, Urt. v. 10.3.2009 – XI ZR 33/08, BGHZ 180, 123 = NJW 2009, 3572 = ZIP 2009, 952; BGH, Urt. v. 23.6.2009 – XI ZR 156/08, NJW 2009, 3020 = ZIP 2009, 1512; BGH, Urt. v. 18.1.2011 – XI ZR 356/09, WM 2011, 451.

750) BGH, Urt. v. 13.1.2009 – XI ZR 118/08, NJW-RR 2009, 709 = ZIP 2009, 362; BGH, Urt. v. 10.3.2009 – XI ZR 33/08, BGHZ 180, 123 = NJW 2009, 3572 = ZIP 2009, 952; BGH, Urt. v. 23.6.2009 – XI ZR 156/08, NJW 2009, 3020 = ZIP 2009, 1512.

751) BGH, Urt. v. 23.6.2009 – XI ZR 156/08, NJW 2009, 3020 = ZIP 2009, 1512.

3.782 Die Widerrufsbelehrung mit dem zusätzlichen Hinweis nach § 358 Abs. 5 BGB ist beim finanzierten Vertrag durch den Unternehmer als dessen Vertragspartei mitzuteilen.[752] Allerdings kann sich der Unternehmer der Mitwirkung des Darlehensgebers (Bank) insoweit bedienen, als der Darlehensvertrag bei den Pflichtangaben nach Art. 247 § 6 Abs. 2 EGBGB zugleich die Angaben nach § 358 Abs. 1 und 5 BGB enthält. Dieses Verfahren ist aber nur hinreichend, wenn im finanzierten Vertrag eine deutliche Bezugnahme enthalten ist.[753]

11. Rechtsfolgen bei Verstoß

3.783 Ein ausdrücklicher Sanktionsmechanismus für eine fehlende bzw. unzureichende Belehrung nach § 358 Abs. 5 BGB fehlt. Unterlässt der Darlehensgeber/Unternehmer eine qualifizierte Belehrung, obwohl es sich um ein verbundenes Geschäft handelt, tritt die Rechtsfolge des § 355 Abs. 4 Satz 3 BGB ein. Die Widerrufsfrist beginnt nicht zu laufen und das Widerrufsrecht erlischt nicht.[754] Dies dürfte im Hinblick auf § 495 Abs. 2 Satz 2 BGB im Ergebnis anders zu beurteilen sein. Liegt ein gesetzlicher Belehrungsfall vor, so hat die Belehrung den gesetzlichen Vorgaben zu genügen.[755]

12. Rückzahlung des Darlehens

3.784 Der Widerrufsdurchgriff setzt – wie auch der Widerruf des isolierten Verbraucherdarlehens – nicht die fristgerechte Rückzahlung des Darlehens voraus. Daher darf in der Widerrufsbelehrung ein entsprechender Vorbehalt nicht enthalten sein. Eine ausdrückliche Belehrung des Inhalts, dass die Wirksamkeit des Widerrufs von der Rückzahlung des Darlehens unabhängig ist, bedarf es freilich nicht.[756]

13. Beginn der Frist für die Erstattung

3.785 Aufgrund der Streichung der Kollisionsnorm in § 358 Abs. 2 Satz 2 BGB a. F. ist der Verbraucher auf den Sonderfall des § 357 Abs. 1 Satz 3 BGB hinzuweisen.[757]

14. Wertersatzpflicht

3.786 a) **Grundsatz.** Auch im Zusammenhang mit verbundenen Geschäften kann ein Hinweis auf die Wertersatzpflicht des Verbrauchers erfolgen.[758] Nach § 357

---

752) BGH, Urt. v. 11.11.2008 – XI ZR 269/06, NJW-RR 2009, 769 = ZIP 2009, 64.

753) Bülow/Artz-*Bülow*, Verbraucherkreditrecht, § 495 Rz. 123.

754) BGH, Urt. v. 23.6.2009 – XI ZR 156/08, NJW 2009, 3020 = ZIP 2009, 1512.

755) BGH, Urt. v. 23.6.2009 – XI ZR 156/08, NJW 2009, 3020 = ZIP 2009, 1512; BGH, Urt. v. 9.12.2009 – VIII ZR 219/08, NJW 2010, 989 = ZIP 2010, 734.

756) MünchKomm-*Habersack*, BGB, § 358 Rz. 69.

757) BR-Drucks. 157/10 v. 26.3.2010, S. 53.

758) Siehe oben § 25 XI 3 m. w. N.

Abs. 3 Satz 1 BGB hat der Verbraucher für eine Verschlechterung der Sache, die auf einen bestimmungsgemäßen Gebrauch zurückzuführen ist, Wertersatz nur zu leisten, wenn er spätestens bei Vertragsschluss auf die Rechtsfolge und eine Möglichkeit, sie zu vermeiden, hingewiesen worden ist. Der Gestaltungshinweis 8c letzter Absatz der Musterwiderrufsinformation (Anlage 6 zu Art. 247 § 6 Abs. 2 und § 12 Abs. 1 EGBGB) sieht eine entsprechende Ergänzung vor. Sie ermöglicht es dem Darlehensgeber, die Rechtsfolge des § 357 Abs. 3 Satz 1 BGB herbeizuführen, ohne Gefahr zu laufen, dass ihm dadurch die Gesetzlichkeitsfiktion des Art. 247 § 6 Abs. 2 Satz 3 EGBGB verloren geht. Dies kann bei verbundenen Geschäften bedeutsam werden. Allerdings besteht keine Wertersatzpflicht bei Prüfung der Eigenschaften und der Funktionsweise (Gestaltungshinweis 8c Abs. 2 zur Musterwiderrufsinformation).

b) Meinungstand. Ob der Verbraucher hierüber zu belehren ist, ist allerdings 3.787
umstritten. Für eine Belehrungspflicht lässt sich anführen, dass sich der Gestaltungshinweis 8c hierzu verhält. Auch spricht hierfür die frühere Rechtsprechung.[759] Dagegen lässt sich allerdings vorbringen, dass diese Rechtsprechung nicht zu verbundenen Verträgen ergangen ist. Auch verweist § 360 Abs. 1 BGB nicht auf § 357 BGB. § 358 Abs. 5 BGB schreibt darüber hinaus nicht vor, dass auch Angaben über die Rechtsfolgen nach § 358 Abs. 4 BGB gemacht werden müssen. Ob § 495 Abs. 2 BGB auch insofern eine Sperrwirkung entfaltet, erscheint zweifelhaft. Aus Gründen unternehmerischer Vorsicht erscheint es geboten, im Zweifel auch eine Belehrung über die Wertersatzpflicht vorzunehmen, um einer eventuellen dauerhaften Unangreifbarkeit nach § 355 Abs. 4 Satz 3 BGB zu entgehen.[760]

c) Konsequenzen. Um nicht Gefahr zu laufen, dass dem Getränkelieferanten 3.788
die Gesetzlichkeitsfiktion des Art. 247 § 6 Abs. 2 Satz 3 EGBGB verloren geht, sollte entsprechend dem letzten Absatz des Gestaltungshinweises 8c eine Ergänzung der erweiterten Widerrufsinformation erfolgen. Gerade im Zusammenhang mit verbundenen Geschäften kann sich nämlich die Frage des Wertersatzes stellen.

15. Besonderheiten bei angegebenen Geschäften

a) Grundsatz. Die Widerrufsinformation für das angegebene Geschäft nach 3.789
§ 359a Abs. 1 BGB unterscheidet sich von dem Muster für verbundene Geschäfte. § 359a Abs. 1 BGB verweist nicht auf § 358 Abs. 5 BGB, so dass es nicht einer Ergänzung der Widerrufsinformation bedarf.

759) BGH, Urt. v. 12.4.2007 – VII ZR 122/06, BGHZ 172, 58 = NJW 2007, 1946 = ZIP 2007, 1067.

760) Bülow/Artz-*Bülow*, Verbraucherkreditrecht, § 495 Rz. 112a.

3.790 **b) Keine Widerrufserstreckung.** Die Wirkung eines Widerrufs des Verbraucherdarlehensvertrages (§ 495 Abs. 1 BGB) erstreckt sich nicht auf das finanzierte und damit verbundene Geschäft, weil § 358 Abs. 2, Abs. 4 und 5 sowie § 359 BGB nicht anwendbar sind.

3.791 **c) Einwendungsdurchgriff.** Da § 359a Abs. 1 (und 2) BGB auch nicht auf § 359 BGB verweist, bedarf es nach h. M. keiner Information zu einem etwaigen Einwendungsdurchgriff.[761)] Ein anderes Ergebnis wäre auch nicht sachgerecht, weil der Einwendungsdurchgriff für den Darlehensgeber ein unberechenbares Risiko birgt, wenn er den Lieferanten gar nicht kennt. Deshalb soll in Fällen, in denen eine wirtschaftliche Einheit fehlt, aber der zu finanzierende Gegenstand konkret im Vertrag bezeichnet ist, nur hinsichtlich des Widerrufsrechts eine Gleichstellung mit den verbundenen Geschäften erfolgen. Dies genüge der Vorgabe des Art. 15 Abs. 1 Verbraucherkreditrichtlinie 2008/48/EG,[762)] steht aber nicht mit Art. 15 Abs. 2 Satz 1 Verbraucherkreditrichtlinie 2008/48/EG in Einklang.[763)]

3.792 **d) Rückabwicklung.** Beide Verträge sind nach Maßgabe des § 358 Abs. 4 BGB (§ 359a Abs. 1 BGB) rückabzuwickeln, also im Verhältnis zwischen Verbraucher und Darlehensgeber, der in dem finanzierten Vertrag mit dem Unternehmer eintrifft.

16. Besonderheiten bei Verträgen über Zusatzleistungen

3.793 **a) Grundsatz.** Die Widerrufsinformation für das angegebene Geschäft nach § 359a Abs. 2 BGB unterscheidet sich von dem Muster für verbundene Geschäfte. Allerdings verweist § 359a Abs. 2 BGB wiederum nicht auf § 358 Abs. 5 BGB, so dass es nicht einer Ergänzung der Widerrufsinformation bedarf.

3.794 **b) Widerrufserstreckung.** Wird der Verbraucherdarlehensvertrag widerrufen, ist der Verbraucher nach §§ 359a Abs. 2, 358 Abs. 2 (analog) BGB auch nicht mehr an die auf den Abschluss des Vertrages über die Zusatzleistung gerichtete Willenserklärung gebunden.[764)]

3.795 **c) Rückabwicklung.** Für die Rückabwicklung eines Vertrages über eine Zusatzleistung gelten die Bestimmungen über das verbundene Geschäft nach § 358 Abs. 4 BGB entsprechend,[765)] so dass der Verbraucher sich auch insoweit an den Darlehensgeber halten kann.

3.796 **d) Einwendungsdurchgriff.** Insofern kann verwiesen werden.[766)]

761) Palandt-*Grüneberg,* BGB, § 359a Rz. 7.

762) BT-Drucks. 16/11 643, S. 108.

763) Palandt-*Grüneberg,* BGB, § 359a Rz. 3 m. w. N.

764) Palandt-*Grüneberg,* BGB, § 359a Rz. 5.

765) Palandt-*Grüneberg,* BGB, § 359a Rz. 5.

766) Siehe oben § 44 III 15 c m. w. N.

17. Gesetzlichkeitsfiktion

a) **Rechtsgrundlage.** Auch im Rahmen des § 358 Abs. 5 BGB gilt, dass bei Verwendung der **Musterwiderrufbelehrung** gemäß Anlagen 1 und 2 zu Art. 246 § 2 Abs. 3 Satz 1 EGBGB (Gestaltungshinweis 11 bzw. 7) und Anlage 6 zu Art. 247 § 6 Abs. 2 und § 12 Abs. 1 EGBGB (Gestaltungshinweise 4a, 8a, 8b, 8c, 8e, 8f) die gesetzlichen Anforderungen an die Widerrufsbelehrung als erfüllt gelten. **3.797**

b) **Art. 247 § 12 Abs. 1 Sätze 3 und 4 EGBGB.** Enthält der Verbraucherdarlehensvertrag eine Vertragsklausel in hervorgehobener und **deutlich** gestalteter Form, die dem Muster in Anlage 6 entspricht, genügt diese bei verbundenen Verträgen sowie Geschäften gem. § 359a Abs. 1 des BGB den in Satz 2 Nr. 2 Buchstabe b gestellten Anforderungen. **3.798**

c) **Art. 247 § 12 Abs. 1 Satz 5 EGBGB.** Bei Verträgen über entgeltliche Finanzierungshilfen ist zudem Art. 247 § 12 Abs. 1 Satz 5 EGBGB zu beachten. Danach sind die Angaben dem jeweiligen Vertragstyp anzupassen. Die Gesetzlichkeitsfiktion tritt nur ein, wenn die Angaben in dem jeweiligen Vertrag dem Einzelfall entsprechend in zutreffender Weise geändert werden, beispielsweise wenn anstelle der Begriffe „Darlehensnehmer" und „Darlehensgeber" jeweils die Begriffe „Teilzahlungskäufer" und „Teilzahlungsverkäufer" verwendet werden.[767)] Anzupassen ist in diesem Zusammenhang auch die Bezeichnung des Vertrags.[768)] In der Vertragsklausel können die Vertragsparteien auch direkt angesprochen werden, z. B. „Sie", „Wir". **3.799**

d) **Art. 247 § 12 Abs. 1 Satz 6 EGBGB.** Unter Beachtung von Satz 3 darf in Format und Schriftgröße von dem Muster abgewichen werden.[769)] **3.800**

e) **Wirkung.** Wie im Falle von Art. 247 § 6 Abs. 2 Satz 3 und 5 EGBGB bewirkt der Gebrauch des Musters der Anlage 6 zu Art. 247 EGBGB unter richtiger Verwendung der Gestaltungshinweise in einem Verbraucherdarlehensvertrag, der mit einem anderen Vertrag verbunden ist (§ 358 BGB) oder in dem ein anderes Geschäft angegeben ist (§ 359a BGB), oder in einem Vertrag über eine entgeltliche Finanzierungshilfe (§ 506 Abs. 1 BGB), dass die Angabe den gesetzlichen Anforderungen über die Rechte gem. §§ 358, 359 BGB genügen.[770)] **3.801**

767) BT-Drucks. 17/1394, S. 23; BR-Drucks. 157/10 v. 26.3.2010, S. 37.

768) BR-Drucks. 157/10 v. 26.3.2010, S. 37, 58.

769) BR-Drucks. 157/10 v. 26.3.2010, S. 37.

770) Palandt-*Weidenkaff*, BGB, Art. 247§ 12 EGBGB Rz. 1, 3.

§ 45 Weitere Fragen von Interesse

I. Teilzahlungsgeschäfte

1. Rechtsgrundlage

3.802 Grundlage sind die Regelungen in §§ 506 Abs. 3, 507 Abs. 1 Satz 1, Abs. 2 und 3, 508 BGB.

2. Sachlicher Anwendungsbereich

3.803 a) Praktische Bedeutung können die vorgenannten Regelungen bei **Kauf- und Getränkelieferungsverträgen** haben, bei denen die Getränkelieferanten hinsichtlich des von ihnen vorfinanzierten Gaststätteninventars als **Warenkreditgeber** auftreten. Die Voraussetzung, dass das vom Verbraucher geschuldete Entgelt in mindestens drei Raten zu entrichten ist, dürfte durchweg erfüllt sein.

3.804 b) **Abgrenzung.** Wird der Kaufpreis oder das Entgelt für eine andere Leistung nicht vom Verkäufer/Leistenden selbst, sondern von einem Dritten (Darlehensgeber) kreditiert, wird der Kaufpreis bzw. das Entgelt in der Regel alsbald und in voller Höhe durch Zahlung des Darlehensgebers an den Verkäufer/Leistenden beglichen. Es liegt dann kein entgeltlicher Zahlungsaufschub vor, sondern ein mit einem Darlehen verbundenen (Kauf-)Vertrag i. S. d. § 358 Abs. 3 Satz 2 Fall 2 BGB.[771)] Die Finanzierung des Kaufpreises durch ein Darlehen, das der Darlehensgeber an den Verkäufer leistet und das durch Darlehensraten des Verbrauchers an den Darlehensgeber getilgt wird, stellt den klassischen Fall des verbundenen Geschäfts dar.

3.805 Durch diese Art der Finanzierung verliert der finanzierte Vertrag, z. B. ein Kaufvertrag, die Teilzahlungsabrede, er wird vielmehr sogleich durch die Zahlung der Darlehensvaluta an den Verkäufer erfüllt. Der finanzierte Kaufvertrag ist dann kein Teilzahlungsgeschäft mehr. Deshalb ist der Verweis auf die §§ 358, 359, 359a BGB obsolet; die Anwendung dieser Bestimmungen ergibt sich unmittelbar aus § 358 Abs. 3 BGB. Kein Teilzahlungsgeschäft ist sonach ein finanzierter Kaufvertrag, bei dem Darlehensvertrag und Kaufvertrag ein verbundenes Geschäft i. S. v. § 358 BGB darstellen.[772)]

3. Schriftformerfordernis

3.806 a) **Grundsatz.** § 507 Abs. 2 Satz 1 BGB ist die Parallelvorschrift zu § 494 Abs. 1 BGB bezogen auf Teilzahlungsgeschäfte.

3.807 b) **Rechtsfolgen bei Verstoß.** Die Formnichtigkeit folgt bereits aus § 125 Satz 1 BGB. § 507 Abs. 2 Satz 1 BGB ist insofern eine Spezialvorschrift, die eine Gesamtnichtigkeit des Teilzahlungsgeschäfts anordnet.

771) Erman-*Saenger*, BGB, § 506 Rz. 4.

772) Palandt-*Weidenkaff*, BGB, § 506 Rz. 6.

4. Europäische Standardinformationen für Verbraucherkredite

a) Rechtsgrundlage sind §§ 507 Abs. 3 Satz 1 BGB, 491a Abs. 1 BGB i. V. m. Art. 247 § 12 Abs. 1 Satz 2 Nr. 1 a EGBGB. 3.808

b) Erforderlichkeit. Auch im Zusammenhang mit Inventarvorfinanzierungen durch einen Kauf- und Getränkelieferungsvertrag bedarf es somit der Erfüllung der vorvertraglichen Informationen. Hierfür spricht, dass § 507 BGB lex specialis zu § 506 BGB ist. In § 506 Abs. 1 BGB wird § 491a BGB insgesamt in Bezug genommen.[773] 3.809

c) Wissenswertes. Bei **beweglichen Sachen,**[774] warum der Gesetzestext von „bestimmten" Sachen spricht, bleibt unklar, wird in Parallele zu 312d Abs. 1 Satz 2 BGB das Rückgaberecht auf bewegliche Sachen beschränkt, weil eine Lieferung vorausgesetzt wird und das Rückgaberecht gem. § 356 Abs. 2 Satz 1 BGB) nur durch Rücksendung oder Rücknahmeverlangen ausgeübt werden kann.[775] Voraussetzung ist, dass die Voraussetzungen des § 356 Abs. 1 Satz 2 BGB eingehalten werden. 3.810

d) Ausnahme. Nicht angegeben werden müssen der Barzahlungspreis und der der effektive Jahreszins, wenn der Unternehmer Sachen nur gegen Teilzahlung liefert oder Leistung erbringt (§ 507 Abs. 3 BGB). Das Vorliegen der Voraussetzungen der Ausnahmevorschrift muss der Unternehmer darlegen und beweisen.[776] 3.811

5. Pflichtangaben

a) Rechtsgrundlage. Zu prüfen ist § 507 Abs. 2 Satz 1 BGB i. V. m. Art. 247 §§ 6, 12 und 13 EGBGB. 3.812

b) Wissenswertes. Der **Barzahlungspreis** entspricht dem Nettodarlehensbetrag. Dementsprechend ist Barzahlungspreis der übliche Preis bei Barzahlungsgeschäften (Listenpreis) einschließlich Umsatzsteuer. Rabatte und Skonto sind nicht abzuziehen. Hat der Unternehmer den Gegenstand für den Verbraucher erworben, tritt an die Stelle des Barzahlungspreises der **Anschaffungspreis** (§ 506 Abs. 4 Satz 2 BGB i. V. m. Art. 247 § 12 Abs. 2 Satz 3 EGBGB), zu dem ebenfalls die Umsatzsteuer gehört.[777] Letztere ist immer dann maßgeblich, wenn der Unternehmer den finanzierten Gegenstand für den Verbraucher erwirbt, ihn mithin also erst anschafft, nachdem der Verbraucher ihn gezielt ausgewählt hat. Die Vorschrift über die Befreiung von der Verpflichtung zur An- 3.813

773) Palandt-*Weidenkaff*, BGB, § 507 Rz. 2; a. A. wohl Bülow/Artz-*Artz*, Verbraucherkreditrecht, § 491a Rz. 33.

774) BT-Drucks. 16/11 643, S. 95.

775) Palandt-*Weidenkaff*, BGB, § 508 Rz. 3.

776) Bülow/Artz-*Artz*, Verbraucherkreditrecht, § 507 Rz. 17.

777) BT-Drucks. 16/11 643, S. 93.

gabe der **Sicherheiten**bestellung, hier: Eigentumsvorbehalt, bei Überschreitung der 75.000,00 €-Grenze gilt ausdrücklich nicht (§§ 507 Abs. 1 Satz 1, 494 Abs. 6 Satz 3 BGB).

3.814 **c) Rechtsfolgen bei Verstoß. aa) Überblick.** Die in § 507 Abs. 2 BGB genannten Sanktionen ergeben sich aus einer nicht einfachen Verweisungstechnik. So wird die entsprechende Anwendung von § 494 BGB zunächst in § 506 Abs. 1 BGB angeordnet, dann über § 506 Abs. 3 BGB durch § 507 Abs. 1 Satz 1 BGB hinsichtlich des § 494 Abs. 1–3, Abs. 6 Satz 3 BGB aufgehoben, um dann in § 507 Abs. 2 BGB eine eigene Anwendungsanordnung zu treffen. Letztlich sind damit § 507 Abs. 2 BGB sowie § 494 Abs. 4, Abs. 5, Abs. 6 Sätze 1 und 2, Abs. 7 BGB anzuwenden.[778)]

3.815 **bb) Nichtigkeit.** Ist die Form gem. §§ 507 Abs. 2 Satz 1, 492 Abs. 1 BGB erforderlich und nicht eingehalten oder fehlt eine der von Art. 247 §§ 6, 12 und 13 EGBGB vorgeschriebenen Angaben in dem Vertrag, so ist dieser nichtig. Das Fehlen von Angaben gem. Art. 247 §§ 7, 8 EGBGB zieht nicht die Rechtsfolge des § 494 Abs. 1 BGB (Nichtigkeit) nach sich. Unrichtige Angaben führen ebenfalls nicht zur Nichtigkeit.[779)]

3.816 **cc) Heilung.** Unter den in § 507 Abs. 2 Satz 2 BGB genannten Voraussetzungen wird jeder Formmangel i. S. d. §§ 507 Abs. 2 Satz 1, 492 Abs. 1 BGB i. V. m. Art. 247 §§ 6, 12, 13 EGBGB geheilt, also nicht nur das Fehlen von Pflichtangaben, sondern auch die Nichtbeachtung von Schriftformerfordernissen.[780)] Bei Teilzahlungsgeschäften ist die Übergabe der Sache oder die Erbringung der Leistung an den Verbraucher Heilungstatbestand (§ 507 Abs. 2 Satz 2 BGB). Die Eigentumslage ist für die Heilungswirkung ohne Bedeutung.

3.817 Bei Vereinbarung von Übergabesurrogaten muss unterschieden werden: Ist ein Besitzkonstitut (§ 930 BGB) vereinbart, so bleibt der Unternehmer unmittelbarer Besitzer, weshalb von „Übergabe" i. S. d. § 507 Abs. 2 Satz 2 BGB nicht ausgegangen werden kann.[781)] Der Verbraucher muss durch Ansichnahme der Sache seinen Kaufentschluss erneut bekunden.[782)] Dies erlangt Bedeutung, wenn der Verbraucher die Sache bei Vertragsschluss bereits im Besitz hat. Auch führt dies dazu, dass eine Abtretung eines Herausgabeanspruchs gegen einen Dritten (§ 931 BGB) vor Vertragsschluss nicht ausreicht.[783)]

---

778) Palandt-*Weidenkaff*, BGB, § 507 Rz. 6.

779) Bülow/Artz-*Bülow*, Verbraucherkreditrecht, § 507 Rz. 19.

780) Erman-*Saenger*, BGB, § 507 Rz. 18.

781) Str., wie hier Palandt-*Weidenkaff*, BGB, § 507 Rz. 8.

782) BGH, Beschl. v. 11.5.1977 – VIII ZR 32/76, NJW 1977, 1632 (zu § 1a AbzG).

783) Erman-*Saenger*, BGB, § 507 Rz. 18.

6. Widerrufsinformation

a) Rechtsgrundlage. Das Widerrufsrecht des Verbrauchers beruht auf §§ 506 Abs. 1, 495 Abs. 1 BGB. 3.818

b) Abgrenzung. Der finanzierte Kauf- oder Leistungsvertrag bedarf keiner Belehrung. Vielmehr ist Ort der Unterrichtung über das Widerrufsrecht das Teilzahlungsgeschäft. 3.819

c) Inhalt. Der Vertrag muss die entsprechenden Angaben i. S. v. Art. 247 §§ 12 Abs. 1 Satz 1, 6 Abs. 2 Satz 1 EGBGB enthalten.[784] Den gesetzlichen Anforderungen ist aufgrund Art. 247 § 12 Abs. 1 Sätze 3 und 4 EGBGB genüge getan, wenn die Angaben dem Muster der Anlage 6 zu Art. 247 § 6 Abs. 2 und § 12 Abs. 1 EGBGB entsprechen und dem Vertragstyp des Teilzahlungsgeschäfts angepasst worden sind.[785] Für die Verwendung des vorgenannten Musters sprechen sowohl der Verweis des § 507 Abs. 2 Satz 1 BGB auf Art. 247 EGBGB als auch der systematische Zusammenhang der im zweiten Untertitel geregelten Teilzahlungsgeschäfte zu den im ersten Untertitel normierten Verbraucherdarlehensverträgen. Da die Formulierungen zu den Widerrufsfolgen auf den Darlehensvertrag zugeschnitten sind, könnte überlegt werden, sich insofern vorsichtig an den Bestimmungen zu den Rückgabefolgen gemäß Anlage 2 zu Art. 246 § 2 Abs. 3 Satz 1 EGBGB zu orientieren. 3.820

d) Praxishinweis. Bei der Formulierung ist darauf zu achten, dass der Eigentumsvorbehalt nicht gefährdet wird bzw. unbewusst ein an sich nicht gegebenes verbundenes Geschäft indiziert wird mit der Folge, dass eine erweiterte Widerrufsinformation erforderlich wird. 3.821

7. Prüfung der Kreditwürdigkeit

a) Sachlicher Anwendungsbereich. § 509 BGB schreibt die Prüfung der Kreditwürdigkeit (Bonität) nur für die Fallgruppen der sonstigen Finanzierungshilfen i. S. v. §§ 506–508 BGB vor. Nach Wortlaut, Systematik und Gesetzesbegründung[786] wird der **Verbraucherdarlehensvertrag** nicht erfasst.[787] Der deutsche Gesetzgeber hat insofern eine gespaltene Umsetzung gewählt. Von Kreditinstituten abgeschlossene Darlehensverträge werden von § 18 Abs. 2 des Gesetzes über das Kreditwesen (KWG) erfasst. Dies gelte aber nicht für Unternehmen, die nicht der Kreditwesenaufsicht unterliegen.[788] 3.822

---

784) Erman-*Saenger*, BGB, § 508 Rz. 2.

785) Palandt-*Weidenkaff*, BGB, § 508 Rz. 3; BGH, Urt. v. 9.12.2009 – VIII ZR 219/08, NJW 2010, 989 = ZIP 2010, 734.

786) BT-Drucks. 16/11 643, S. 95 f.

787) Erman-*Saenger*, BGB, § 509 Rz. 1.

788) BT-Drucks. 16/11 643, S. 96.

3.823 Demgegenüber wird diese Vorschrift nach zunehmend vertretener Auffassung[789] im Hinblick auf die Gesetzesbegründung[790] im Wege richtlinienkonformer Auslegung auch auf Unternehmer außerhalb des Anwendungsbereichs des KWG (§§ 1 Abs. 1 Satz 1 b, 18 Abs. 2 KWG) und des Zahlungsdiensteaufsichtsgesetz (§ 2 Abs. 3 ZAG) angewandt.

3.824 Dies kann aber nur gegenüber Verbrauchern gelten. Da Existenzgründer von der Verbraucherkreditrichtlinie nicht erfasst sind, scheidet insofern eine richtlinienkonforme Auslegung aus. Konsequenz ist, dass es gegenüber Verbraucherdarlehensverträgen im engeren Sinne (§ 491 BGB) einer Kreditwürdigkeitsprüfung bedürfte, nicht dagegen gegenüber Existenzgründerdarlehensverträgen (§§ 512, 491 BGB). Unabhängig davon sollte aus unternehmerischer Vorsicht gleichwohl bei jeder Kreditvergabe an Verbraucher und Existenzgründer vorab geprüft werden, ob und mit welcher Wahrscheinlichkeit diese Kreditnehmer den gewährten Kredit zurückzahlen können.

3.825 b) **Persönlicher Anwendungsbereich.** Über § 512 BGB werden auch Existenzgründer erfasst, wie der Wortlaut der Verweisung verdeutlicht.[791]

3.826 c) **Bonitätsprüfung. aa) Kreditwürdigkeit.** Unter Kreditwürdigkeit i. S. d. § 509 Satz 1 BGB versteht man die Wahrscheinlichkeit, mit der der Verbraucher seine Zahlungsverpflichtungen aus dem Vertrag über die entgeltliche Finanzierungshilfe vollständig erfüllen wird.[792]

3.827 **bb) Auskünfte.** § 509 Satz 2 BGB kombiniert die Möglichkeit, Auskünfte von Auskunfteien, die gem. § 29 Abs. 2 BDSG tätig sind, einzuholen mit der Option, eigene Kenntnisse zu nutzen oder Auskünfte des Verbrauchers zu erfragen.[793]

3.828 **d) Folgen eines Verstoßes. aa) Ordnungswidrigkeit.** Wer vorsätzlich oder fahrlässig gegen § 29 Abs. 7 Satz 1 BDSG einen Verbraucher nicht, nicht richtig, nicht vollständig oder nicht rechtzeitig unterrichtet, handelt ordnungswidrig (§ 43 Abs. 1 Nr. 7 b BDSG). Die Ordnungswidrigkeit kann gem. § 43 Abs. 3 Satz 2 BDSG mit einer Geldbuße bis zu 50.000,00 € geahndet werden. Die Geldbuße soll gem. § 43 Abs. 3 Satz 2 BDSG den wirtschaftlichen Vorteil, den der Täter aus der Ordnungswidrigkeit gezogen hat, übersteigen. Reichen die in Satz 1 genannten Beträge hierfür nicht aus, so können sie nach § 43 Abs. 3 Satz 3 BDSG überschritten werden.

3.829 **bb) Nichtigkeit.** Ein die Nichtigkeit des Vertrages nach § 134 BGB begründendes Abschlussverbot würde schon wegen der damit verbundenen Missbrauchsgefahr dem Zweck des Verbraucherschutzes zuwiderlaufen. Der die Bonitätsprü-

789) Bülow/Artz-*Artz*, Verbraucherkreditrecht, § 509 Rz. 9 f.

790) BT-Drucks. 16/11 643, S. 95.

791) Bülow/Artz-*Artz*, Verbraucherkreditrecht, § 512 Rz. 3a.

792) BT-Drucks. 16/11 643, S. 96.

793) BT-Drucks. 16/11 643, S. 96.

fung unterlassende oder jedenfalls nicht dokumentierende Darlehensgeber könnte sich jederzeit auf die Nichtigkeit des Vertrages berufen, ohne die strengeren Kündigungsvorschriften beachten zu müssen. Demgegenüber wäre der Darlehensnehmer nahezu schutzlos, der den empfangenen Betrag zur Rückabwicklung des nichtigen Vertrages umgehend zurückzahlen müsste.[794)]

cc) Schadensersatz. aaa) Anspruchsgrundlage. Verletzt der Unternehmer eine ihm gegenüber dem Verbraucher obliegende Pflicht, hier die zur Bonitätsprüfung nach § 509 BGB, so kommt als Anspruchsgrundlage § 280 Abs. 1 BGB in Betracht.[795)] § 823 Abs. 2 BGB scheidet als Anspruchsgrundlage aus, wenn man § 509 BGB als eine Vorschrift ansieht, die im öffentlichen Interesse besteht und daneben keinen individualschützenden Charakter hat.[796)] **3.830**

bbb) Umfang. Vom Umfang her kann sich der Schadensersatzanspruch des Verbrauchers auf die Befreiung von Zinsen und Kosten erstrecken. Wäre neben der gewählten eine andere Vertragsgestaltung in Betracht gekommen, kann die Differenz zwischen den Geschäften den ersatzfähigen Schaden bilden. In Betracht kommt auch ein Anspruch des Darlehensnehmers auf Rückabwicklung des Vertrages. Hierzu muss der Verbraucher nachweisen, dass er bei erfolgter Bonitätsprüfung und Offenlegung des Ergebnisses dem Vertrag nicht geschlossen hätte. Im Wege der Naturalrestitution ist der Verbraucher dann von der Verbindlichkeit zu befreien gegen Herausgabe etwa erlangter Vermögensvorteile. Problematisch bleibt dann die Belastung des Verbrauchers mit der sofortigen Rückzahlungsverpflichtung. Indes wird man nicht soweit gehen können, diesem – wie bei Sittenwidrigkeit – das Darlehen bis zum Ende der Vertragslaufzeit zinslos zu belassen.[797)] **3.831**

II. Darlehensvermittler

1. Praktische Relevanz

Denkbar ist, dass der Getränkefachgroßhändler als Vermittler für Brauereien angesehen werden könnte, etwa in den Vertriebsmodellen 1 und 2. Die umgekehrte Situation – Vermittlung der Brauerei für den Getränkefachgroßhändler – ist ebenfalls denkbar, so in den Vertriebsmodellen 3 und 4. In der Situation der **Umwegfinanzierung** vermittelt der Getränkelieferant dem Kunden eine Bankenfinanzierung.[798)] Automatenaufsteller vermitteln ebenfalls Finanzie- **3.832**

794) Erman-*Saenger*, BGB, § 509 Rz. 7.

795) Str., wie hier Erman-*Saenger*, BGB, § 508 Rz. 8.

796) Str., wie hier Palandt-*Weidenkaff*, BGB, § 509 Rz. 1.

797) Erman-*Saenger*, BGB, § 509, Rz. 9 m. w. N.

798) BGH, Urt. v. 14.6.1972 – VIII ZR 14/71, NJW 1972, 1459 = Zeller I, 212; OLG München, Urt. v. 24.5.1968 – 8 U 2517/67, NJW 1968, 1880; OLG Düsseldorf, Urt. 23.10.2001 – 4 U 57/01, BeckRS 2001, 30213450 = NJOZ 2003, 2554, rkr. durch Nichtannahmebeschl. d. BGH v. 7.5.2003 – VIII ZR 271/91.

rungswünsche aus ihrer Kundschaft an Getränkelieferanten. Daneben ist noch die Tätigkeit von Getränkeagenturen und selbständigen Handelsvertretern zu nennen. Auch Hauseigentümer oder etwa eingetragene Vereine als Verpächter/Vermieter eines Objektes könnte man als erfasst betrachten, wenn sie einen Finanzierungswunsch ihres Pächters/Mieters an den Getränkelieferanten weiterleiten.

2. Darlehensvermittlungsvertrag

3.833 Stets bedarf es der Prüfung, ob ein Darlehensvermittlungsvertrag i. S. d. § 655a BGB vorliegt.

3.834 **a) Persönlicher Anwendungsbereich. aa) Darlehensvermittler.** Der Darlehensvermittler muss ein in Ausübung seines Gewerbes handelnder Unternehmer i. S. v. § 14 BGB sein.[799)] Somit scheiden nicht betreibende Hauseigentümer in der Regel aus.

3.835 Erfasst wird der Händler, dessen Kaufvertrag mit dem Darlehensnehmer kreditiert wird. Ausgenommen sind jeweils Fälle der Verflechtung mit dem Darlehensgeber, wobei die bloße Vertretung des Darlehensgebers gegenüber dem Darlehensnehmer nicht genügen dürfte (vgl. Art. 3 Buchstabe f iii Verbraucherkreditrichtlinie 2008/48/EG).[800)]

3.836 **bb) Auftraggeber** kann der Darlehensnehmer als Verbraucher oder als diesem gleichgestellter Existenzgründer (§ 655e Abs. 2 BGB) bzw. der Empfänger der Finanzierungshilfe, der Darlehensgeber oder ein Dritter sein. Letzterer muss, wie sich aus der Änderung der Überschrift des Untertitels durch das VerbrKrRL-UG ergibt, nicht Verbraucher sein. Auf seine Schutzbedürftigkeit kommt es nach dem nunmehr im Gesetz zum Ausdruck kommenden Willen des Gesetzgebers nicht an.[801)]

3.837 **b) Vermitteln.** Vermitteln ist die bewusste Herbeiführung der Abschlussbereitschaft des Darlehensgebers. Darunter fällt auch eine Hilfeleistung bei der Kreditaufnahme.[802)] Der Abschluss eines Verbraucherdarlehensvertrages oder einer sonstigen entgeltlichen Finanzierungshilfe muss Ziel der Tätigkeit sein.[803)]

3.838 **c) Gegenstand der Vermittlung.** Zwar hat der Gesetzgeber auch auf eine Wiederaufnahme der entgeltlichen Zahlungsaufschübe und damit auch der Teilzahlungsgeschäfte in den Wortlaut des § 655a BGB verzichtet. Die Norm 2008/48/EG dürfte aber richtlinienkonform (Art. 3f i. V. m. c Verbraucherkre-

---

799) Bülow/Artz-*Artz*, Verbraucherkreditrecht, § 655a Rz. 3, 8.

800) Palandt-*Sprau*, BGB, § 655a Rz. 5.

801) Palandt-*Sprau*, BGB, § 655a Rz. 6.

802) Bülow/Artz-*Artz*, Verbraucherkreditrecht, § 655a Rz. 10.

803) Bülow/Artz-*Artz*, Verbraucherkreditrecht, § 655a Rz. 10.

ditrichtlinie 2008/48/EG) dahingehend auszulegen sein, dass auch der **entgeltliche Zahlungsaufschub** jedenfalls seit dem 30.7.2010 erfasst wird.[804)]

Als Gegenstand der Vermittlungstätigkeit nicht in Betracht kommen hingegen **Ratenlieferungsverträge** gem. § 510 BGB, die lediglich in einigen Bereichen ihrer rechtlichen Behandlung den Verbraucherdarlehensverträgen gleichgestellt werden. Die Regelungen, denen die Ratenlieferungsverträge unterstellt werden, sind in § 510 BGB abschließend enthalten; die §§ 655a f. BGB gehören nicht dazu. Das entspricht der früheren Rechtslage zu den §§ 15 f. VerbrKrG.[805)] **3.839**

d) Entgeltlichkeit. Erfasst werden nur entgeltliche Finanzierungshilfen. Die Kreditvermittlung erfolgt für den Verbraucher entgeltlich, wenn er unmittelbar vom Vermittler auf Zahlung der Provision in Anspruch genommen wird bzw. wenn der Dritte zur Zahlung verpflichtet ist. **3.840**

Der Begriff des Entgelts ist allerdings weit zu verstehen. Abgesehen von Bagatellbeträgen mit eher symbolischem Charakter genügt ein geringfügiger wirtschaftlicher Vorteil, um die Entgeltlichkeit der Vermittlung zu begründen.[806)] In Betracht kommt jede Art von Gegenleistung, nicht nur Geld. Gleichgültig ist, ob das Entgelt als einmalige Vergütung oder eingerechnet in Zinsen, Teilzahlungsaufschlag oder Rückzahlungsraten bezahlt werden muss, oder wie es bezeichnet wird. **3.841**

Die aktuelle Gesetzesfassung des § 655a Abs. 1 Satz 1 BGB stellt klar, dass die Zahlung eines Entgelts durch den Darlehensgeber genügt.[807)] Auch der Fall, dass zuerst der Kreditgeber die Vermittlungstätigkeit finanziert, indem er eine Provision an den Vermittler leistet, die dadurch entstandenen Kosten aber offen oder verdeckt, z. B. durch Aufschlag auf die Darlehenszinsen, auf den Verbraucher abwälzt (sog. offenes bzw. verdecktes **Packing**), werden seit der Reform des Jahres 2010 erfasst. **3.842**

e) Ausnahme: untergeordnete Vermittlungstätigkeit. Nach § 655a Abs. 2 Satz 3 BGB besteht eine Ausnahme für untergeordnete Vermittlungstätigkeiten. Eine untergeordnete Vermittlungsfunktion liegt vor, wenn der Vermittler bei Anbahnung oder Abschluss des Darlehensvertrages nur eine unbedeutende Rolle spielt, es sich also nicht um das typische Hauptgeschäftsfeld handelt.[808)] Darunter fallen alle Vermittlungstätigkeiten, die lediglich als **Nebenleistung** (§ 655a Abs. 2 Satz 3 a. E. BGB) zu einer Warenlieferung erbracht werden, also insbesondere mit dem Ziel, dem Verbraucher die Finanzierung der Gegenleis- **3.843**

---

804) Palandt-*Sprau*, BGB, § 655a Rz. 3.

805) Staudinger-*Kessal-Wulf*, BGB, § 655a Rz. 6.

806) OLG Dresden, Urt. v. 29.2.2000 – 14 U 2551/99, BeckRS 2000, 30098795 = ZIP 2000, 830.

807) Palandt-*Sprau*, BGB, § 655a Rz. 4.

808) BT-Drucks. 16/1143, S. 97.

tung durch die Vermittlung entsprechender Hilfen zu erleichtern, z. B. beim verbundenen Geschäft i. S. v. § 358 Abs. 3 BGB oder ähnlichen Geschäften, und dadurch den eigenen Absatz zu fördern.[809] Hieran ist in dem hier zu interessierenden Zusammenhang zu denken.

3.844 **Untergeordnet** ist die Tätigkeit weiterhin, wenn die Vermittlungsleistung nach den Umständen des Einzelfalles von lediglich untergeordneter Bedeutung ist. Im Anschluss an den Erwägungsgrund 24 der Verbraucherkreditrichtlinie 2008/48/EG und das nicht abschließende Regelbeispiel des § 655a Abs. 2 Satz 3 a. E. BGB kann von einer untergeordneten Funktion dann gesprochen werden, wenn die Tätigkeit als Vermittler nicht den Hauptzweck der gewerblichen oder beruflichen Tätigkeit bildet. Gleiches gilt für Vermittler, die bei Anbahnung und Abschluss des Kreditvertrages nur eine unbedeutende Rolle spielen.[810] Der Grund für diese Ausnahme ist auch, dass solchen Vermittlern häufig die notwendigen Sach- und Rechtskenntnisse fehlen. Folglich lässt sich eine „Vermittlungs-“ bzw. besser „Zuführungstätigkeit“ eines Getränkefachgroßhändlers im Vertriebsmodell 2 durchweg allenfalls als untergeordnete Vermittlungstätigkeit einordnen.

3. Schriftform

3.845 In dem hier interessierenden Zusammenhang wird die Anwendbarkeit der Vorschriften über den Darlehensvermittler durchweg weiter daran scheitern, dass der Darlehensvermittlungsvertrag nicht die Schriftform des § 655b Abs. 1 Satz 1 BGB einhält. Damit wäre der Vertrag nichtig (§ 655b Abs. 2 BGB). Ein Verstoß gegen das Gebot der Mitteilung in Textform (§ 655b Abs. 1 Satz 3 BGB) berührt die Wirksamkeit des Darlehensvermittlungsvertrages dagegen nicht.

4. Pflichtangaben im Verbraucherdarlehensvertrag

3.846 a) **Rechtsgrundlage** ist Art. 247 §§ 13 Abs. 1, 6 Abs. 1 EGBGB.

3.847 b) **Wissenswertes.** Der Darlehensvertrag muss den Namen und die Anschrift des beteiligten Darlehensvermittlers neben den entsprechenden Angaben des Darlehensgebers enthalten.

3.848 c) **Rechtsfolgen bei Verstoß.** Fehlen die vorgenannten Angaben im Darlehensvertrag, so ist dieser nichtig (§§ 494 Abs. 1, 506 Abs. 1 Fall 2 BGB).

5. Vorvertragliche Informationen

3.849 a) **Verbraucherdarlehensvertrag.** aa) **Rechtsgrundlage** ist Art. 247 §§ 13 Abs. 1, 3 Abs. 1 Nr. 1 EGBGB.

---

809) Staudinger-*Kessal-Wulf*, BGB, § 655a Rz. 19.

810) BT-Drucks. 16/1143, S. 97.

bb) Wissenswertes. Anzugeben sind der Name und die Anschrift des beteiligten Darlehensvermittlers. 3.850

cc) Rechtsfolgen bei Verstoß. Insofern gilt das Rechtsfolgenregime des § 494 BGB. 3.851

b) Darlehensvermittlungsvertrag. aa) Rechtsgrundlage ist §§ 655a Abs. 2 Satz 1 und 2, 491a BGB i. V. m. Art. 247 § 13 Abs. 2 EGBGB. 3.852

bb) Wissenswertes. Rechtzeitig vor Abschluss des Darlehensvermittlungsvertrages i. S. d. § 655a Abs. 1 BGB sind bei Verbraucherbeteiligung die Angaben nach Art. 247 § 13 Abs. 2 EGBGB zu machen und in Textform (§§ 655b Abs. 1 Satz 3, 126b BGB) zur Verfügung zu stellen. Die Formulierung „gegebenenfalls" geht auf die zugrunde liegende Verbraucherkreditrichtlinie 2008/48/EG zurück. Sie erklärt sich aus dem Umstand, dass nicht bei jedem Abschluss eines Kreditvertrages ein Vermittler eingeschaltet wird. Nach der Begründung zum Regierungsentwurf[811)] sei primär der Darlehensgeber verpflichtet. In der Literatur wird demgegenüber eine Gleichstufigkeit und damit eine gesamtschuldnerische Haftung von Darlehensgeber und Darlehensvermittler i. S. v. § 421 BGB angenommen.[812)] Erfülle einer der beiden die Informationspflicht, so habe das nach § 422 BGB auch für den anderen schuldbefreiende Wirkung. Einer doppelten Überlassung von Unterlagen bedürfe es mit anderen Worten nicht. Nach der Wertung des § 425 BGB erfolge keine wechselseitige Zurechnung von Verschulden. Erteile der Darlehensvermittler dem Verbraucher unrichtige Informationen oder Erläuterungen, treffe den Darlehensgeber mithin keine Schadensersatzpflicht. Stelle der Darlehensgeber für die Unterrichtung fehlerhafte Unterlagen zur Verfügung, treffe ihn aber ein eigenes Verschulden. Im Übrigen hafteten Darlehensvermittler und Darlehensgeber gemeinsam, wenn eine Unterrichtung gänzlich unterbleibe. 3.853

Der Darlehensvermittler hat den Verbraucher nicht mehr über die Einzelheiten der Vermittlung zu informieren (§ 655a Abs. 2 Satz 1 BGB), sondern auch nach § 655a Abs. 2 Satz 2 BGB auch im Hinblick auf den zu vermittelnden Kredit zusätzlich wie ein Darlehensgeber gem. § 491a BGB zu informieren. Somit hat er kraft eigener Verpflichtung den Verbraucher mittels der Pflichtangaben zu unterrichten (§ 491a Abs. 1 BGB), ihm auf Verlangen einen Entwurf des vermittelten Kreditvertrages zu überlassen (§ 491a Abs. 2 BGB) sowie die vorvertraglichen Informationen zu erläutern (§ 491a Abs. 3 BGB). 3.854

c) Rechtsfolgen bei Verstoß und Vertragswirksamkeit. aa) Darlehensvermittlungsvertrag. Die Auswirkungen einer Verletzung der vorvertraglichen Pflichten gem. Art. 247 § 13 Abs. 2 EGBGB auf den Darlehensvermittlungsvertrag bestimmt § 655b Abs. 2 Fall 2 BGB. Danach ist der Darlehensvermittlungs- 3.855

811) BT-Drucks. 17/1 394, S. 20.

812) MünchKomm-*Schürnbrand*, BGB, § 655a Rz. 23 m. w. N.

vertrag nichtig. Dadurch wird sichergestellt, dass die durch die Darlehensvermittlung bewirkte Verteuerung, ggf. auch die Stellung als Doppelmakler, dem Verbraucher bewusst ist.

3.856 Grundsätzlich schadet auch eine inhaltlich fehlerhafte Information, außer bei den (zulässigen) Nebenentgelten. Insoweit gilt § 655d Satz 3 BGB. Weichen jedoch die vereinbarte Vergütung und die Angabe in der Information voneinander ab, so hat der Vermittler den Verbraucher im Ergebnis so zu stellen, dass dieser nur den jeweils niedrigeren Betrag schuldet. Der Rechtsgedanke des § 494 Abs. 3 BGB kann herangezogen werden, weil auch die Vergütung im Vertrag anzugeben ist. Dieses Regime ist zwingend zu Gunsten des Verbrauchers (§ 655e Abs. 1 Satz 1 BGB).[813)]

3.857 Darüber hinaus macht sich ein Vermittler bei einem Verstoß gegen die ihm durch § 655a Abs. 2 BGB auferlegten Verpflichtungen schadensersatzpflichtig. Dabei ist noch nicht ausreichend geklärt, ob dann, wenn der Vermittler seine Pflichten gem. § 655a Abs. 2 Satz 2 BGB i. V. m. § 491a BGB verletzt, nur er oder zusätzlich auch der Darlehensgeber haftet.[814)]

3.858 **bb) Darlehensvertrag.** Werden die vorvertraglichen Pflichten nach Art. 247 § 13 Abs. 2 EGBGB verletzt, berührt dies die Wirksamkeit des Darlehensvertrages grundsätzlich nicht, wenn § 494 Abs. 1 BGB eingehalten ist. Dies stellt § 494 Abs. 1 BGB in der aktuellen Fassung durch die Worte „für den Verbraucherdarlehensvertrag" klar.[815)]

III. Weitere Erläuterungspflichten während des Vertragsverhältnisses

1. Abschrift des Vertrages

3.859 Der Darlehensgeber ist gem. § 492 Abs. 3 Satz 1 BGB verpflichtet, den Partnern des Darlehensvertrages sofort (§ 271 Abs. 1 BGB) nach Vertragsschluss ein Dokument, das den Vertragsinhalt wiedergibt, ggf. auch eine Abschrift beider erforderlicher Urkunden, jedenfalls in Textform, auch durch Übersenden per Post („zur Verfügung stellen")[816)] zu überlassen. Die Aushändigung ist für den Vertragsschluss nicht notwendig, denn § 492 Abs. 3 Satz 1 BGB setzt diesen gerade als zeitlich vorhergehend voraus. Die Pflicht bezieht sich auf die zum Darlehensvertrag von beiden Seiten abgegebenen Erklärungen und Hinweise. Sie können in einem Schriftstück zusammengefasst werden. Dieses muss alle Bestandteile gem. § 492 Abs. 2 BGB enthalten. Unterschriften muss es nicht aufweisen. Ein elektronisches Dokument genügt. Kosten für die Abschrift kann der Darlehensgeber nicht verlangen. Die Übersendung oder persönliche

813) Palandt-*Sprau*, BGB, § 655a Rz. 5.

814) NK-BGB/*Wiechert*, § 655a Rz. 20.

815) BT-Drucks. 17/1394, S. 18.

816) BT-Drucks. 14/7052, S. 201.

Aushändigung ist nicht Wirksamkeitsvoraussetzung des Darlehensvertrages (vgl. § 494 Abs. 1 BGB).[817] Die Widerrufsfrist beginnt erst mit Überlassung der entsprechenden Abschrift zu laufen (§ 355 Abs. 3 Satz 2 BGB). Darüber hinaus kann der Darlehensnehmer den klagbaren Anspruch nach § 492 Abs. 3 Satz 1 BGB einredeweise im Wege des Zurückbehaltungsrechts nach § 273 BGB Zahlungsansprüchen des Darlehensgebers entgegensetzen. Schließlich begründet die Vorschrift eine vertragliche Nebenpflicht, deren schuldhafte Verletzung zu Schadensersatzansprüchen des Darlehensnehmers führen kann. Sinnvoll ist es, sich die Übergabe der Vertragsabschrift vom Darlehensnehmer in Form eines gesondert unterschriebenen Empfangsbekenntnisses (§ 309 Nr. 12 b BGB) bestätigen zu lassen.

2. Tilgungsplan

a) Anspruch. Voraussetzung ist, dass das Darlehen eine bestimmte Laufzeit hat. Dann kann der Darlehensnehmer vom Darlehensgeber jederzeit, auch wiederholt, einen Tilgungsplan nach Art. 247 § 14 EGBGB in Textform verlangen (§ 492 Abs. 3 Satz 2, Abs. 5 BGB; Art. 247 § 14 Abs. 3 Satz 1 EGBGB). **3.860**

Bei Abschreibungsdarlehen und Finanzierungen mit Rückvergütungsgutschriften besteht der Anspruch naturgemäß nicht. Dies gilt auch für damit kombinierte Tilgungsrückführungen, soweit es sich nicht um den Tilgungsteil handelt. Anwendungsfälle sind Stundungen, das „Dranhängen von Raten", die Reduzierung von Raten oder etwa Zinsanpassungen. Allerdings setzt der Anspruch des Darlehensnehmers nicht voraus, dass einer der genannten Fälle vorliegt. **3.861**

b) Inhalt. Aus dem Tilgungsplan muss nach Art. 247 § 14 Abs. 1 EGBGB im Einzelnen hervorgehen, welche Zahlungen in welchen Zeitabständen zu leisten sind, ferner die Zahlungsbedingungen und der jeweilige Tilgungs-, Zins- und ggf. Kostenanteil und welche Bedingungen für diese Zahlungen gelten. Dabei ist aufzuschlüsseln, welche Zahlungen wofür erfolgen. Sind der Sollzinssatz oder die sonstigen Kosten variabel, ist nach Art. 247 § 14 Abs. 2 EGBGB darauf hinzuweisen, dass die Daten des Tilgungsplans nur bis zur nächsten Anpassung gelten. **3.862**

c) Erfüllung. Der Anspruch ist als erfüllt anzusehen, wenn dem Darlehensnehmer ein Tilgungsplan überlassen wurde und sich die darin enthaltenen Angaben nicht verändert haben. Die Kredithistorie muss nicht dargestellt werden. Aus dem Wortlaut des Art. 247 § 14 Abs. 1 Satz 1 EGBGB, dass nur die noch zu leistenden Zahlungen anzugeben sind folgt, dass ein Hinweis auf mögliche Sondertilgungen entbehrlich ist. **3.863**

d) Erneuter Tilgungsplan. Wie § 492 Abs. 3 Satz 2 BGB mit der Formulierung „jederzeit" verdeutlicht, genügt ein anfänglich erstellter Tilgungsplan ggf. nicht. Hierfür spricht auch die Regelung des Art. 247 § 14 Abs. 3 Satz 2 **3.864**

817) Palandt-*Weidenkaff*, BGB, § 492 Rz. 4.

EGBGB, in der klargestellt wird, dass der Anspruch nicht erlischt, solange das Vertragsverhältnis besteht. Ob ein mehrmaliges Verlangen des Darlehensnehmers nach einem Tilgungsplan innerhalb eines Jahres rechtsmissbräuchlich ist, erscheint jedenfalls dann zweifelhaft, wenn vom Verbraucher nicht verantwortete Änderungen im Rahmen der Berechnung zwischenzeitlich erfolgt sind.

3.865 e) **Entgelt.** Da der Darlehensgeber in Erfüllung einer gesetzlichen Verpflichtung handelt, kann er für die Aushändigung eines Tilgungsplans kein Entgelt verlangen.[818)]

3. Unterrichtungspflichten während des Vertragsverhältnisses

3.866 a) **Fallgruppen.** Das Gesetz gibt einen Informationsanspruch des Darlehensnehmers in vier Konstellationen.

3.867 aa) **Ablauf der Sollzinsbindung.** Die Vorschrift des § 493 Abs. 1 BGB dürfte auch bei den angesprochenen befristeten Darlehensfinanzierungen kaum praktische Bedeutung haben. Anders vielleicht in der Situation der **Umwegfinanzierung**; informationspflichtig wäre dann das Kreditinstitut.

3.868 bb) **Nahes Vertragsende.** Während § 493 Abs. 3 BGB auf Art. 11 Verbraucherkreditrichtlinie 2008/48/EG zurückgeht, basieren § 493 Abs. 2 und auch Abs. 1 BGB nicht auf der Verbraucherkreditrichtlinie. Gleichwohl stehen sie nicht zum europäischen Recht im Widerspruch. Wie aus Erwägungsgrund 9 der Richtlinie hervorgeht, regelt diese die Informationspflichten während des Vertragsverhältnisses nicht abschließend.[819)] Unter „Beendigung" dürfte entgegen dem zu weiten Wortlaut nicht die Kündigung zu verstehen sein. In gleicher Weise ist auch das in § 493 Abs. 2 Satz 1 BGB verwendete Wort „Darlehensverhältnis" eingeschränkt i. S. v. „Darlehensvertrag" zu interpretieren. Geht es um die Bereitschaft des Darlehensgebers zur Fortführung des Vertrags, muss den Anforderungen des § 491a BGB an die vorvertraglichen Informationen Genüge getan werden. Nach den Vorstellungen des Gesetzgebers handelt es sich um die Mitteilung der aktuellen Konditionen, nicht um einen verbindlichen Folgeantrag.[820)]

3.869 Praktische Probleme, die allerdings vermeidbar sind, könnten bei Nachträgen oder Anschlussvereinbarungen entstehen. Richtigerweise wird hier ein neuer Vertrag geschlossen unter Abrechnung und Aufhebung des bestehenden. Insofern ist dann der persönliche Anwendungsbereich des Verbraucherdarlehensrechts nicht mehr gegeben.

3.870 cc) **Zinsanpassung.** Da Darlehens- und Getränkelieferungsverträge in der Regel keinen veränderlichen Sollzinssatz aufweisen, hat § 493 Abs. 3 BGB keine Bedeutung.

---

818) Palandt-*Weidenkaff*, BGB, § 492 Rz. 5.
819) BT-Drucks. 16/1143, S. 97.
820) BT-Drucks. 17/1394, S. 17.

dd) Abtretung. aaa) Inhalt. Wird eine Forderung des Darlehensgebers aus einem Verbraucherdarlehensvertrag an einen Dritten abgetreten oder findet in der Person des Darlehensnehmers ein Wechsel statt, so ist der Darlehensnehmer wie nach der (Ausnahme-)Vorschrift des § 409 BGB unverzüglich darüber sowie über die Kontaktdaten des neuen Gläubigers nach Art. 246 § 1 Abs. 1 Nr. 1–3 EGBGB zu unterrichten (§ 496 Abs. 2 Satz 1 BGB). Die Unterrichtung ist bei Abtretungen entbehrlich, wenn der bisherige Darlehensgeber mit dem neuen Gläubiger vereinbart hat, dass im Verhältnis zum Darlehensnehmer weiterhin allein der bisherige Darlehensgeber auftritt (§ 496 Abs. 2 Satz 2 BGB). Fallen die vorgenannten Voraussetzungen fort, ist die Unterrichtung unverzüglich nachzuholen (§ 496 Abs. 2 Satz 3 BGB). 3.871

bbb) Praktische Bedeutung. Die Erweiterung der Passivlegitimation hinsichtlich der Informationspflicht nach § 493 Abs. 1–3 BGB auf den Zessionar gem. § 496 Abs. 2 BGB kann durchaus von praktischem Interesse sein. Zu denken ist an Übernahmen von Verträgen durch Andere, insbesondere andere Getränkelieferanten, und dies auch gruppen- bzw. konzernintern. Gleiches gilt für Refinanzierungen mit Sicherungsabtretungen im Vertriebsmodell 3, bei denen in Ermangelung entsprechender Sicherheiten des Getränkefachgroßhändlers als Sicherheit die jeweilige Darlehensvaluta aus dessen Verhältnis zum Darlehensnehmer ggf. neben weiteren Ansprüchen an die Brauerei abgetreten wird. 3.872

ccc) Auslegung. In diesem Zusammenhang wirft auch § 493 Abs. 2 BGB Auslegungsfragen auf.[821)] Bezüglich der Unterrichtungspflicht nach § 493 Abs. 4 BGB sei § 404 BGB anzuwenden, weil nach dieser Vorschrift Leistungsbestimmungsrechte mit auf den neuen Gläubiger übergehen.[822)] Dies mag schon dem Wortlaut nach zweifelhaft sein. Auch kann man § 493 Abs. 4 BGB als vorrangige Spezialvorschrift zu § 404 BGB interpretieren. Letztlich kann die Streitfrage dahinstehen, weil keine unterschiedlichen Ergebnisse aufzuzeigen sind. 3.873

Ob nur offene[823)] oder auch stille Zessionen erfasst sind, ist umstritten. 3.874

ddd) Konsequenzen. Das in § 493 Abs. 4 BGB verwendete Wort „auch" macht deutlich, dass kraft Gesetzes zu Lasten des Zessionars eine gesamtschuldnerische Mitverpflichtung begründet wird. Konsequenz ist, dass der Darlehensnehmer über die Abtretung sowie die Kontaktdaten des neuen Gläubigers unverzüglich zu unterrichten ist (§ 496 Abs. 2 Satz 1 BGB i. V. m. Art. 246 § 1 Abs. 1 Nr. 1–3 EGBGB). Die Unterrichtung ist bei Abtretungen lediglich dann entbehrlich, wenn der bisherige Darlehensgeber mit dem neuen Gläubiger vereinbart hat, dass im Verhältnis zum Darlehensnehmer weiterhin allein der bisherige Darlehensgeber auftritt (§§ 493 Abs. 4, 496 Abs. 2 Satz 2 BGB). Soweit der Geset- 3.875

821) Bülow/Artz-*Artz*, Verbraucherkreditrecht, § 493 Rz. 15.

822) Bülow/Artz-*Artz*, Verbraucherkreditrecht, § 493 Rz. 16.

823) So Bülow/Artz-*Artz*, Verbraucherkreditrecht, § 494 Rz. 15, allerdings ohne Begründung.

zeswortlaut jeweils vom „bisherigen“ Darlehensgeber spricht, ist das ungenau, weil ein Wechsel in der Person des Vertragspartners in dieser Konstellation nicht eintritt.[824)]

3.876 **b) Rechtsfolgen bei Verstoß.** Wird gegen die Verpflichtungen nach § 493 BGB verstoßen, indem der Darlehensnehmer nicht oder nicht rechtzeitig unterrichtet wird, so stellt dies eine Pflichtverletzung dar, die einen Schadensersatzanspruch des Darlehensnehmers gem. § 280 Abs. 1 BGB zur Folge haben kann, wenn ihm ein Schaden entstanden ist.[825)]

3.877 Unterbleibt eine Unterrichtung seitens des Forderungsinhabers, entsteht der Schadensersatzanspruch des Verbrauchers mangels Schuldverhältnisses zwischen Zessionar und Verbraucher unter dem Gesichtspunkt, dass der Zessionar die ihn treffende Pflicht zur Unterrichtung aus § 493 BGB nicht erfüllt hat.[826)]

§ 46 Widerruf, Kündigung und Rücktritt

I. Widerruf

1. Konkurrenz zum Widerrufsrecht bei Haustürgeschäften

3.878 Sowohl für Verbraucherdarlehensverträge als auch für Finanzierungshilfen gehen jene Widerrufsrechte, wenn sie wirklich bestehen (Wortlaut „zusteht“), dem Widerrufsrecht nach § 312 BGB vor.[827)] Der in einer Haustürsituation abgeschlossene Verbraucherdarlehensvertrag bzw. das vom Verbraucher abgegebene Vertragsangebot ist folglich nicht nach § 312 BGB widerruflich (§ 312a BGB). Die Widerruflichkeit richtet sich vielmehr nach § 495 BGB. Soweit die Schutzvorschrift für Verbraucherdarlehensverträge z. B. nach § 491 Abs. 2 und 3 BGB oder nach § 495 Abs. 3 BGB nicht anzuwenden ist, ist der Verbraucher bei Haustürgeschäften nach §§ 312, 355 BGB zum Widerruf berechtigt (Auffangtatbestand).[828)] Anders als nach früherem Recht kann es also kein Haustürgeschäft ohne Widerrufsmöglichkeit mehr geben.[829)]

2. Widerrufsberechtigung

3.879 Jeder **Gesamtschuldner**, der die persönlichen Voraussetzungen eines Verbrauchers gem. § 13 BGB erfüllt, hat ein eigenes, selbständig auszuübendes Widerrufsrecht.[830)]

824) MünchKomm-*Schürnbrand*, BGB, § 496 Rz. 14.

825) Palandt-*Weidenkaff*, BGB, § 493 Rz. 2.

826) Bülow/Artz-*Artz*, Verbraucherkreditrecht, § 494 Rz. 17.

827) BT-Drucks. 14/9266, S. 44.

828) Palandt-*Grüneberg*, BGB, § 312a Rz. 2; Palandt-*Weidenkaff*, BGB, § 495 Rz. 7.

829) Erman-*Saenger*, BGB, § 312a Rz. 6.

830) BGH, Urt. v. 26.4.1994 – XI ZR 184/93, ZIP 1994, 793; BGH, Urt. v. 5.6.1996 – VIII ZR 151/95, BGHZ 133, 71 = NJW 1996, 2156 = ZIP 1996, 1209.

3. Widerruf und Rückzahlung

Nach geltendem Recht ist die Rückzahlung des Darlehensbetrages – auch bei verdungenen Verträgen – nicht Voraussetzung für die Wirksamkeit des Widerrufs. Dies gilt selbst dann, wenn die Parteien etwas Abweichendes vertraglich bestimmt haben sollten (§ 511 Satz 2 BGB).[831] 3.880

4. Rechtsfolgen eines Widerrufs

Die Rechtsfolgen des Widerrufs richten sich nach §§ 355 Abs. 1 Satz 1, 357 Abs. 1, 346 BGB.[832] 3.881

a) Pflichten des Darlehensnehmers. aa) Rückzahlung der Nettodarlehenssumme. Nach ausgesprochenem Widerruf muss der Darlehensnehmer spätestens innerhalb von 30 Tagen die empfangene Darlehensvaluta zurückzahlen (§§ 357 Abs. 1 Satz 1 und 2, 346 Abs. 1 Satz 1 Fall 1 BGB).[833] 3.882

bb) Herausgabe von Zinsvorteilen.[834] Für den Zeitraum zwischen der Valutierung und der Rückzahlung schuldet der Darlehensnehmer dem Darlehensgeber Zinsen in Höhe des vertraglich vereinbarten Sollzinssatzes, sonst marktübliche Zinsen (§ 346 Abs. 2 Satz 2 Halbs. 1 BGB).[835] Rechtsgrundlage sind §§ 495 Abs. 2 Satz 1 Nr. 3 Halbs. 2, 346 Abs. 2 Satz 2 BGB. Entsprechend den Vorgaben der Verbraucherkreditrichtlinie ist der Sollzinssatz als Maßstab für den Wertersatz heranzuziehen. 3.883

Der Verbraucher hatte nach § 346 Abs. 2 Satz 2 Halbs. 2 BGB bis zum **29.7.2010** stets die Möglichkeit nachweisen zu können, dass der objektive Wert des Gebrauchsvorteils eines Darlehens niedriger als die vereinbarte Gegenleistung und damit der vereinbarte Vertragszins war. Das war etwa dann der Fall, wenn der Marktzins niedriger war als der Vertragszins oder das Darlehen ohne Inanspruchnahme auf dem Konto verblieb. Bei einem geringeren Gebrauchsvorteil brauchte der Verbraucher also auch nur einen geringeren Zins zu zahlen und die Zinspflicht entfiel, wenn er keinen Gebrauchsvorteil hatte.[836] Dies sei nach Auffassung des Gesetzgebers von der Verbraucherkreditrichtlinie gefordert gewesen.[837] Dieses Recht steht dem Verbraucher seit dem 30.7.2010 nur noch dann zu, wenn es sich um grundpfandrechtlich gesicherte Verbraucher- 3.884

---

831) Palandt-*Grüneberg*, BGB, § 358 Rz. 6, zur Altrechtslage *Bühler*, Brauerei- und Gaststättenrecht, 13. Aufl. 2011, Rz. 2973 f. m. w. N.

832) Palandt-*Weidenkaff*, BGB, § 495 Rz. 5.

833) BGH, Urt. v. 16.5.2006 – XI ZR 6/04, BGHZ 168, 1 = NJW 2006, 2099 = ZIP 2006, 1187. Siehe oben § 26 XI 4 a m. w. N.

834) Siehe oben § 26 XI 4 b m. w. N.

835) BGH, Urt. v. 16.5.2006 – XI ZR 6/04, BGHZ 168, 1 = NJW 2006, 2099 = ZIP 2006, 1187.

836) BT-Drucks. 14/9266, S. 45.

837) BT-Drucks. 16/11 643, S. 83.

darlehensverträge handelt (§ 495 Abs. 2 Satz 1 Nr. 3 Halbs. 2 BGB). Daneben hat er Ansprüche aus §§ 355, 357, 346 BGB.

3.885 cc) **Ersatz von Aufwendungen an öffentliche Stellen.** Darüber hinaus kann der Darlehensgeber seit dem 30.7.2010 vom Verbraucher in Abweichung von § 346 Abs. 1 BGB auch die Aufwendungen verlangen, die er an öffentliche Stellen erbracht hat, wenn er gegen diese keinen Rückerstattungsanspruch hat (§ 495 Abs. 2 Satz 1 Nr. 3 Halbs. 1 BGB). Erfasst werden auch Notarkosten für Grundbuchsicherheiten (etwa für Grundschuldbestellungen, nicht aber im Zusammenhang mit Dienstbarkeiten), an Einwohnermeldeämter oder Kraftfahrzeugzulassungsstellen zu zahlende Kosten, nicht aber Kosten für Anfragen bei privaten Auskunfteien.[838]

3.886 b) **Pflichten des Darlehensgebers.**[839] aa) **Empfangene Leistungen** auf Seiten des Getränkelieferanten als Darlehensgeber sind die vom Darlehensnehmer entrichteten **Zins- und Tilgungszahlungen** sowie die **Sicherheiten**. Der Darlehensnehmer kann daher nach Widerruf der Darlehenserklärung vom Darlehensgeber die aus seinem eigenen Vermögen erbrachten Zins- und Tilgungsleistungen zurückfordern sowie die Rückabtretung gewährter Sicherheiten, etwa der Rechte aus einer Kapitallebensversicherung, verlangen. Etwaige Zahlungen sind innerhalb von 30 Tagen zurückzugewähren. Für den Zeitraum zwischen Empfang und Rückzahlung besteht eine Verpflichtung zur Verzinsung in Höhe des gesetzlichen Verzugszinssatzes.[840]

3.887 **bb)** Bei unzureichenden Pflichtangaben bzw. unrichtiger Widerrufsinformation bleibt die Widerrufsfrist über einen längeren Zeitraum offen. Dann hat der Darlehensgeber ungerechtfertigt einen Geldbetrag (Tilgungen, Zinsen) erlangt. Umstritten ist, ob der Darlehensgeber eine **Überlassungsentschädigung** für die an ihn geleisteten Zinsen und Tilgungen schuldet. Dagegen könnte § 346 Abs. 2 Satz 1 Nr. 1 BGB sprechen. Nach Auffassung des BGH sollen Banken als Darlehensgeber verpflichtet sein, für die Gebrauchsvorteile Zinsen in Höhe von fünf Prozentpunkten über dem Basiszinssatz nach § 247 BGB zu zahlen. Der Anspruch folge aus §§ 357 Abs. 1 Satz 1, 346 Abs. 1 Fall 2 BGB. Zwar seien nach § 346 Abs. 1 Fall 2 BGB nur tatsächlich gezogene Nutzungen herauszugeben. Bei Zahlungen an eine Bank bestehe aber eine tatsächliche Vermutung dafür, dass die Bank Nutzungen im Wert des üblichen Verzugszinssatzes in Höhe von 5 Prozentpunkten über dem Basiszins (§ 288 Abs. 1 Satz 2 BGB), gezogen habe, die sie als Nutzungsersatz (§ 818 Abs. 1 BGB) herauszugeben

838) BT-Drucks. 16/11 643, S. 83.

839) Siehe oben § 26 XI 3 m. w. N.

840) BGH, Urt. v. 24.4.2007 – XI ZR 17/06, BGHZ 172, 147 = NJW 2007, 2401 = ZIP 2007, 1200; BGH, Urt. v. 10.3.2009 – XI ZR 33/08, BGHZ 180, 123 = NJW 2009, 3572 = ZIP 2009, 952.

habe.[841] Da es sich dabei wohl um eine widerlegliche Vermutung handelt, kann sie durch den Beweis des Gegenteils erschüttert werden.[842]

5. Besonderheiten bei verbundenem Geschäft

a) Widerrufsberechtigung. Werden im Rahmen der Gastronomiefinanzierung Finanzierung (hier Darlehen) und Bindung in getrennten Verträgen geschlossen und ist der Getränkelieferungsvertrag mit einem Verbraucherdarlehensvertrag verbunden (§ 358 Abs. 3 BGB), so bestehen die Widerrufsrechte nebeneinander.[843] Dann soll Gegenstand des Widerrufs der Ratenlieferungs- und nicht der Darlehensvertrag sein.[844] 3.888

b) Beginn der Widerrufsfrist. Der Beginn der Widerrufsfrist ist an die üblichen Voraussetzungen (Vertragsschluss, Erteilung der Pflichtangaben, Aushändigung der Vertragsunterlagen) geknüpft.[845] 3.889

c) Widerrufserklärung. Bei einem verbundenen Geschäft kann der Widerruf nicht durch **Rücksendung**, z. B. durch Rückgabe des Inventars, erfolgen. Ausweislich Gestaltungshinweis 1 zur Musterwiderrufsinformation Anlage 6 zu Art. 247 § 6 Abs. 2 und § 12 Abs. 1 EGBGB kann der Widerruf durch Rücksendung nur bei entgeltlichen Finanzierungshilfen gem. §§ 506, 507 BGB erklärt werden. Der Gestaltungshinweis 2 zur Musterwiderrufsbelehrung gemäß Anlage 1 zu Art. 246 § 2 Abs. 3 Satz 1 EGBGB lässt den Widerruf durch Rücksendung nur bei Leistungen zu, die in der Überlassung von Sachen bestehen. Zu denken ist etwa an die Überlassung von Leihinventar. Im Zusammenhang mit Darlehens- und Getränkelieferungsverträgen dient der Darlehensvertrag aber zur Finanzierung des Kaufpreises für das Inventar. Vorrangig wird eine Sache finanziert, so dass die Leistung nicht in der Überlassung dieser Sache besteht. 3.890

d) Rückabwicklung. Die Rückabwicklung erfolgt nach **§§ 358 Abs. 4 Satz 1 Halbs. 1, 357 Abs. 1, 346 ff. BGB.**[846] § 357 BGB gilt auch für den verbundenen (nicht widerrufenen) Vertrag. Hinsichtlich des widerrufenen Vertrags versteht sich die Geltung des § 357 BGB von selbst. Besonderheiten können sich aus § 358 Abs. 4 Satz 2 und 3 BGB ergeben.[847] 3.891

---

841) BGH, Urt. v. 24.4.2007 – XI ZR 17/06, NJW 2007, 2401 = ZIP 2007, 1200; BGH, Urt. v. 10.3.2009 – XI ZR 33/08, BGHZ 180, 123 = NJW 2009, 3572 = ZIP 2009, 952. Zu Getränkelieferungsverträgen vgl. BGH, Urt. v. 4.12.1996 – VIII ZR 360/95, NJW 1997, 933.

842) Bamberger/Roth-*Wendehorst*, BGB, § 818 Rz. 13.

843) Palandt-*Weidenkaff*, BGB, § 510 Rz. 8.

844) Bülow/Artz-*Artz*, Verbraucherkreditrecht, § 510 Rz. 11.

845) Siehe oben § 42 IV 7 m. w. N.

846) OLG Karlsruhe, Urt. v. 28.4.1998 – 1 U 252/97, rkr. durch Nichtannahmebeschl. d. BGH v. 22.9.1999 – VIII ZR 373/98.

847) Erman-*Saenger*, BGB, § 358 Rz. 25.

3.892 e) **Eintritt (§ 358 Abs. 4 Satz 3 BGB).**[848] aa) **Grundlagen.** Ist der Darlehensbetrag dem Verkäufer vor Zugang des Widerrufs beim Darlehensgeber bereits zugeflossen, so tritt der Darlehensgeber hinsichtlich der Rechtsfolgen des Widerrufs nach § 358 Abs. 4 Satz 3 BGB im Verhältnis zum Verbraucher (Käufer) in die Rechte und Pflichten des Verkäufers aus dem Kaufvertrag ein. Es erfolgt also eine bilaterale Rückabwicklung zwischen Darlehensgeber und Verbraucher, so dass der Verbraucher nicht erst den Darlehensbetrag dem Darlehensgeber zurückzuerstatten und dann seinerseits vom Verkäufer die Rückzahlung des Kaufpreises verlangen muss.

3.893 Dieser Eintritt des Darlehensgebers in die Rechte und Pflichten des Leistungserbringers ist nicht als gesetzlicher Schuldbeitritt, sondern als Konzentration der Rückabwicklung allein auf das Verhältnis Verbraucher-Darlehensgeber anzusehen.[849] Der Darlehensgeber wird anstelle des Verkäufers – nicht neben diesem – Gläubiger und Schuldner des Verbrauchers und demgemäß für einen Prozess aktiv- und passivlegitimiert.

3.894 bb) **Praxishinweis.** Im Zusammenhang mit Inventarfinanzierungen durch Getränkelieferanten bei gleichzeitigem Verkauf der Gegenstände durch den Getränkelieferanten zeigt sich, dass § 358 BGB und damit auch § 358 Abs. 4 Satz 3 BGB auf der Rechtsfolgenseite nicht passt. Hier droht dem Gastwirt nach Widerruf des Finanzierungsvertrages aus dem weiteren Vollzug des Kaufvertrages gar keine Gefahr.[850]

3.895 f) Ein **Zufluss** i. S. d. § 358 Abs. 4 Satz 3 BGB liegt erst dann vor, wenn der Verbraucher seine Verpflichtung gegenüber dem Unternehmer erfüllt, d. h. Auszahlung oder Gutschrift erfolgt ist. Bei einem Scheck ist somit die Hingabe nicht ausreichend, vielmehr ist insoweit auf die Einlösung abzustellen.

3.896 Maßgeblicher **Zeitpunkt** für die Frage, ob der Darlehensbetrag dem Verkäufer „bereits" zugeflossen ist, ist der Zugang des Widerrufs beim Widerrufsempfänger.[851]

3.897 g) Der Verbraucher kann somit von dem Darlehensgeber nicht nur die auf das Darlehen schon entrichteten Teilzahlungen einschließlich der auf das Darlehen geleisteten Zins- und Tilgungsleistungen zurückverlangen, sondern auch die Rückgabe einer von dem Verbraucher aus eigenen Mitteln an den Verkäufer geleisteten **Anzahlung** verlangen.[852]

---

848) OLG Karlsruhe, Urt. v. 28.4.1998 – 1 U 252/97, rkr. durch Nichtannahmebeschl. d. BGH v. 22.9.1999 – VIII ZR 373/98.

849) BGH, Urt. v. 10.3.2009 – XI ZR 33/08, BGHZ 180, 123 = NJW 2009, 3572 = ZIP 2009, 952; a. A. Bülow/Artz-*Bülow*, Verbraucherkreditrecht, § 495 Rz. 294.

850) So auch OLG Düsseldorf, Hinweisbeschl. v. 2.3.2010 – 24 U 136/09, BeckRS 2010, 22287 = ZIP 2010, 2104, zum Finanzierungsleasing.

851) BGH, Urt. v. 11.10.1995 – VIII ZR 325/94, ZIP 1995, 1808.

852) BGH, Urt. v. 11.10.1995 – VIII ZR 325/94, ZIP 1995, 1808; BGH, Urt. v. 10.3.2009 – XI ZR 33/08, BGHZ 180, 123 = NJW 2009, 3572 = ZIP 2009, 952.

h) Anspruchsgrundlage. In § 358 Abs. 4 BGB findet sich keine ausdrückliche Regelung für die Frage, auf welche Weise der Darlehensgeber das bereits ausgezahlte Darlehen zurückerhalten kann. Vorrangig sind daher besondere vertragliche Regelungen. Im Übrigen ist die Herleitung eines Anspruchs umstritten. Nach früher vertretener Rechtsprechungsansicht stand dem Darlehensgeber auch für die Rückabwicklung verbundener Haustür- und Verbraucherkreditverträge eine Durchgriffskondition zu.[853)] Nach dieser Auffassung sei der Ausgleich nach Bereicherungsrecht (§ 812 Abs. 1 Satz 1 Fall 2 BGB, Nichtleistungskondiktion) vorzunehmen. Der Darlehensgeber habe gegen den Verkäufer einen Bereicherungsanspruch (Durchgriffskondiktion) auf Rückzahlung der Darlehensvaluta. Die Auszahlung der Valuta stelle eine Vermögensmehrung dar, die dem Darlehensgeber zurechenbar sei und die der Erbringer der finanzierten Leistung auf das Kausalverhältnis zum Verbraucher beziehen dürfe, wobei ein rechtlicher Grund nicht vorliege. Mache der Darlehensgeber diesen Anspruch geltend, so sei er selbst hinsichtlich der vom Verbraucher erlangten Sachen nebst Nutzungsentschädigung in sonstiger Weise auf Kosten des Verkäufers bereichert. 3.898

Nach aktueller Rechtslage dürfte dies zweifelhaft sein. Daher könnte man an eine entsprechende Anwendung des § 358 Abs. 4 Satz 3 BGB dergestalt denken, dass der Darlehensgeber im Verhältnis zum Unternehmer in die Stellung des Verbrauchers einrückt. Der Darlehensgeber hätte dann einen Anspruch auf Rückzahlung des Nettodarlehensbetrages sowie einer eventuellen Anzahlung, wohingegen der Unternehmer Anspruch auf die finanzierte Leistung mit ggf. bestehenden Nutzungs- und Wertersatzansprüchen hätte. 3.899

Die heute h. M. vertritt dagegen die Auffassung, dass dem Darlehensgeber kein Anspruch gegen den Verbraucher auf Rückzahlung des Nettodarlehensbetrages (und damit auch kein Anspruch auf Zinsen) zusteht, weil dieser Anspruch mit dem Anspruch des Verbrauchers (in seiner Rolle als Vertragspartner des Unternehmers) gegen den Darlehensgeber (in der Rolle des Unternehmers) auf Rückzahlung des geleisteten Entgelts kraft Gesetzes saldiert werde. Eine Rückabwicklung im Umweg über beide Kausalverhältnisse komme nicht in Betracht, weil es im Rahmen der Rückabwicklung nach §§ 357, 346 ff. BGB keine „Kondition der Kondition“ gibt. Wegen der Rückzahlung des Darlehens könne der Darlehensgeber sich daher allein an den Unternehmer (hier: Inventarlieferant etc.) halten.[854)] 3.900

853) BGH, Urt. v. 17.9.1996 – XI ZR 164/94, BGHZ 133, 254 = NJW 1996, 3414 = ZIP 1996, 1940.

854) Ständige Rechtsprechung, u. a. BGH, Urt. v. 16.6.2009 – XI ZR 539/07, NJW 2009, 2671; BGH, Urt. v. 18.1.2011 – XI ZR 356/06, NJW 2011, 1063 = ZIP 2011, 656.

3.901 i) **Überlassungsentschädigung.** Streitig ist darüber hinaus, ob der Unternehmer zudem eine Vergütung für die Überlassung der Darlehensvaluta schuldet. Die Rechtsprechung lehnt dies ab.[855)]

II. Kündigung durch den Darlehensgeber

1. Überblick

3.902 Einschränkungen des Kündigungsrechts des Getränkelieferanten als Darlehensgeber ergeben sich bei Verbraucherdarlehen aus § 498 BGB. Bei einer fristlosen Kündigung wegen Ratenverzugs müssen **kumulativ drei Voraussetzungen** erfüllt werden. Zunächst kann auf die früheren Ausführungen verwiesen werden.[856)]

2. Temporaler Anwendungsbereich

3.903 Voraussetzung der Anwendung des § 498 BGB ist, dass der Darlehensvertrag nach dem 31.12.2001 abgeschlossen worden ist.[857)]

3. Sachlicher Anwendungsbereich

3.904 § 498 BGB regelt nur die Kündigung wegen Zahlungsverzuges bei Verbraucherdarlehen und ist nur insoweit eine **Sonderregelung** gegenüber dem allgemeinen Recht zur außerordentlichen Kündigung.[858)]

3.905 Wird die Kündigung allein oder zusätzlich auf **andere Kündigungsgründe** gestützt, zu denken ist an die Fallgruppen des Fremdbezuges, der Einstellung des Getränkebezuges, der Schließung der Gaststätte, des Vermögensverfalls, der Insolvenz oder anderer wesentlicher Verletzungen vertraglicher Verpflichtungen, macht eine Fristsetzung nach § 498 Satz 1 Nr. 2 BGB keinen Sinn. Hier ist der Gläubiger zur sofortigen Kündigung berechtigt.[859)] Die außerordentlichen Kündigungsrechte aus § 490 Abs. 1 BGB und § 314 BGB, soweit sie nicht auf Verzug beruhen, bleiben sonach unberührt.[860)]

3.906 Ein Gegenschluss aus dem Wortlaut („in Teilzahlungen zu tilgen ist") (§ 498 Satz 1 a. A. BGB) ergibt, dass **Abschreibungs-** und **Rückvergütungsgutschriftendarlehen** nicht erfasst sind.[861)]

---

855) BGH, Urt. v. 25.5.1993 – XI ZR 140/92, NJW 1993, 1912 = ZIP 1993, 994.

856) Siehe oben § 40 I-II.

857) KG, Urt. v. 26.1.2004 – 8 U 117/03.

858) OLG Dresden, Urt. v. 13.7.2000 – 13 U 2964/99, rkr. durch Nichtannahmebeschl. d. BGH v. 9.1.2002 – VIII ZR 343/00.

859) BGH, Urt. v. 27.9.2000 – VIII ZR 155/99, NJW 2001, 292; OLG Hamm, Urt. v. 5.6.1998 – 30 U 163/97, WM 1998, 2155.

860) BGH, Urt. v. 27.9.2000 – VIII ZR 155/99, NJW 2001, 292; OLG Hamm, Urt. v. 5.6.1998 – 30 U 163/97, WM 1998, 2155.

861) *Gödde*, in: Martinek/Semler/Habermeier/Flohr, Vertriebsrecht, § 52 Rz. 206.

4. Persönlicher Anwendungsbereich

Soweit der Vertragspartner ausnahmsweise ein Existenzgründergastwirt (§ 512 BGB) oder als Hauseigentümer Verbraucher (§ 13 BGB) bzw. ein diesen Personen gleichgestellter Mithaftender[862] ist, müssen zusätzlich noch die Voraussetzungen des § 498 BGB geprüft werden. 3.907

Die besonderen Kündigungsvoraussetzungen des § 498 BGB müssen nur bei mithaftenden Verbrauchern/Existenzgründern erfüllt werden, weil es sich um einzelwirkende Tatsachen i. S. d. § 425 Abs. 2 BGB („insbesondere") handelt.[863] 3.908

5. Kündigungs- und Leistungsverweigerungsrecht

Ein (ordentliches) Kündigungs- und Leistungsverweigerungsrecht des Darlehensgebers kann nur bei unbefristeten Darlehensverträgen vereinbart werden (§ 499 Abs. 1 Fall 1 BGB). Bezüglich unbefristeter Verträge ist in Abweichung von § 488 Abs. 3 BGB eine Verkürzung der Kündigungsfrist auf höchstens zwei Monate möglich (§ 499 Abs. 1 Fall 2 BGB). Dies gilt auch für sonstige Verbraucherfinanzierungen (§ 506 Abs. 1 BGB). 3.909

6. Verzugszinsen

a) Grundsatz. Zu beachten ist, dass § 497 BGB betreffend die Rechtsfolgen des Zahlungsverzuges des Verbrauchers nur hinsichtlich des verbraucherdarlehensrechtlichen Teils Anwendung findet, nicht hinsichtlich des bezugsrechtlichen Teiles.[864] 3.910

b) Inhaltskontrolle. Klauseln, die im Zusammenhang mit Verzugszinsen von § 497 BGB abweichende Regelungen enthalten, sind unwirksam (§ 307 Abs. 2 Nr. 1 BGB). Dies gilt insbesondere auch für die Berechnung der Verzugszinsen (§ 497 Abs. 1 BGB). Hinsichtlich der Verzugszinsen gilt § 289 Satz 2 BGB mit der Maßgabe, dass der Darlehensgeber Schadensersatz nur bis zur Höhe des gesetzlichen Zinssatzes (§ 246 BGB) verlangen kann (§ 497 Abs. 2 Satz 2 BGB). 3.911

c) Verbuchung. Nicht immer beachtet wird, dass die nach Eintritt des Verzugs anfallenden Zinsen auf einem gesonderten Konto zu verbuchen sind und nicht in ein Kontokorrent mit dem geschuldeten Betrag oder anderen Forderungen des Darlehensgebers eingestellt werden dürfen (§ 497 Abs. 2 Satz 1 BGB). 3.912

d) Anrechnung von Teilleistungen. Nach allgemeinen zivilrechtlichen Grundsätzen wäre der Darlehensgeber nicht verpflichtet, Teilleistungen des Darlehensnehmers anzunehmen (§ 266 BGB). Zu beachten ist, dass § 497 3.913

---

862) BGH, Urt. v. 28.6.2000 – VIII ZR 240/99, BGHZ 144, 370 = NJW 2000, 3133 = ZIP 2000, 1493; OLG Hamm, Urt. v. 14.2.1997 – 7 U 60/96, OLGReport 1997, 101.

863) BGH, Urt. v. 28.6.2000 – VIII ZR 240/99, BGHZ 144, 370 = NJW 2000, 3133 = ZIP 2000, 1493.

864) MünchKomm-*Habersack*, BGB, § 510 Rz. 33.

Abs. 3 Satz 1 BGB eine von § 367 Abs. 1 BGB abweichende Verbuchung vorschreibt.

3.914 § 497 Abs. 3 Satz 1 BGB steht der Vereinbarung eines Annuitätendarlehens nicht entgegen, weil diese Vorschrift Ratenverzug des Kreditnehmers voraussetzt.[865)]

7. Verjährung

3.915 Die Verjährung der Ansprüche auf Darlehensrückzahlung und Zinsen ist gem. § 497 Abs. 3 Satz 3 BGB vom Eintritt des Verzuges an bis zur Feststellung in einer in § 197 Abs. 1 Nr. 3–5 BGB bezeichneten Art gehemmt,[866)] jedoch nicht länger als zehn Jahre von ihrer Entstehung an. Aus der Systematik des Gesetzes ergibt sich, dass der Hemmungstatbestand des § 497 Abs. 3 Satz 3 BGB nur für den zwar notleidend gewordenen Verbraucherdarlehensvertrag, aber noch seitens des Darlehensgebers ungekündigten Vertrag gilt.[867)]

3.916 Auf die Ansprüche auf Zinsen findet § 197 Abs. 2 BGB keine Anwendung (§ 497 Abs. 3 Satz 4 BGB). Die Verjährungshemmung gem. § 497 Abs. 3 Satz 3 BGB erfasst sowohl die Tilgungsraten einschließlich darin enthaltener Tilgungsanteile, Vertragszinsen und Bearbeitungsentgelte als auch die Verzugszinsen.[868)]

8. Kündigungsgrund Ratenverzug

3.917 a) **Verzug mit zwei aufeinander folgenden Teilzahlungen.** Aus § 498 Satz 1 Nr. 1 BGB folgt, dass § 498 BGB nur auf Verbraucherdarlehensverträge anwendbar ist, die in mindestens drei Ratenzahlungen zu tilgen sind. Der Verbraucher kann somit nicht nur jede zweite Rate tilgen.[869)]

3.918 Es ist ausreichend, wenn nur ein auch **geringfügiger Teil der Rate** offen ist. Nach h. M. liegt in der Teilzahlungsvereinbarung die Abrede, dass die Zahlung auf die jeweils älteste offene Rate verrechnet wird.[870)]

3.919 Der Darlehensnehmer kann das Aufeinanderfolgen nicht durch **Tilgungsbestimmung** (§ 366 BGB) vermeiden.[871)]

---

865) OLG Dresden, Urt. v. 13.7.2000 – 13 U 2964/99, rkr. durch Nichtannahmebeschl. d. BGH v. 9.1.2002 – VIII ZR 343/00.

866) Zu § 497 Abs. 3 Satz 3 BGB a. F. vgl. OLG Frankfurt/M., Urt. v. 19.11.2012 – 23 U 68/12, NJW-RR 2013, 566.

867) OLG Frankfurt/M., Urt. v. 19.11.2012 – 23 U 68/12, NJW-RR 2013, 566.

868) BGH, Urt. v. 5.4.2011 – XI ZR 201/09, BGHZ 189, 104 = NJW 2011, 1870 = ZIP 2011, 996.

869) Palandt-*Weidenkaff*, BGB, § 498 Rz. 3.

870) BGH, Urt. v. 20.6.1984 – VIII ZR 337/82, NJW 1984, 2404.

871) Palandt-*Weidenkaff*, BGB, § 498 Rz. 3.

Eine **„nachgeholte Zahlung"** des rückständigen Betrages muss innerhalb der gesetzten Frist auf dem Konto des Gläubigers **gutgeschrieben** worden sein. Der Schuldner trägt bei Geldschulden das Risiko der Verzögerung. Im Interesse einer einheitlichen Auslegung des § 270 BGB gilt dies auch für Verbraucher.[872)] 3.920

b) Rückstandsquote. Bei Vertragslaufzeiten von mehr als drei Jahren muss der Zahlungsrückstand mindestens 5 % des Nennbetrags des Darlehens betragen, bei einer Laufzeit bis zu drei Jahren 10 % des Nennbetrags (§ 498 Satz 1 Nr. 1 BGB). 3.921

Wird die Rückstandsquote durch eine **Teilzahlung**, die den geschuldeten Betrag unter die 10 oder 5 % der Nr. 1 des § 498 Satz 1 Nr. 1 BGB drückt, unterschritten, bleibt der Gläubiger zur Kündigung berechtigt. Nur die Leistung des vollen rückständigen Betrags beseitigt das Kündigungsrecht, wie das auch für die mietrechtliche Parallele nach §§ 543 Abs. 2 Satz 1 Nr. 3, 569 Abs. 3 Nr. 1 BGB gilt. Teilzahlungen bewahren den Verbraucher demgemäß nicht vor der Kündigung.[873)] 3.922

c) Rückvergütungsgutschriften mit Mindesttilgung. Zur Tilgung durch Einbehalt der Rückvergütung und zu einem Anspruch auf Zahlung der Differenz zu einer vereinbarten Mindesttilgung (**Jahresrate** mit **Differenzrate**) bei Belieferung durch einen Getränkefachgroßhändler (Vertriebsmodell 2) kann ein Urteil des OLG Karlsruhe aus dem Jahre 1998 berichtet werden. In diesem (Ausnahme-)Fall ist es Sache der Brauerei, ggf. das Gegenteil darzulegen und zu beweisen. Im Gegensatz zu dem Eigentümer/Verpächter, der darüber keine Kenntnis haben könnte, könnte und müsste die Brauerei wissen, welche Erzeugnisse der Betreiber (Pächter) über den Getränkefachgroßhändler beziehe. Jedenfalls bei Kündigung des Darlehens nach § 498 BGB müsste die Brauerei den Eintritt des Ratenverzuges darlegen.[874)] 3.923

d) Darlegung der Forderungshöhe. Hierzu kann eine Entscheidung des OLG Dresden aus dem Jahre 2000 zu einem Annuitätendarlehen berichtet werden.[875)] 3.924

9. Qualifizierte Mahnung mit Kündigungsandrohung und Nachfristsetzung

a) Erforderlichkeit. Vor der Kündigung muss der Darlehensgeber dem Verbraucher erfolglos eine Frist von zwei Wochen zur Zahlung des rückständigen Betrages gesetzt haben (§ 498 Satz 1 Nr. 2 BGB). Die Frist beginnt mit Zugang 3.925

---

872) EuGH, Urt. v. 3.4.2008 – C-306/09, NJW 2008, 1935 = ZIP 2008, 732.

873) BGH, Urt. v. 26.1.2005 – VIII ZR 90/04, NJW-RR 2005, 1410 = ZIP 2005, 406.

874) OLG Karlsruhe, Urt. v. 28.4.1998 – 1 U 252/97, rkr. durch Nichtannahmebeschl. d. BGH v. 22.9.1999 – VIII ZR 373/98.

875) OLG Dresden, Urt. v. 13.7.2000 – 13 U 2964/99, rkr. durch Nichtannahmebeschl. d. BGH v. 9.1.2002 – XIII ZR 343/00.

des Schreibens beim dem Darlehensnehmer. Dieses ist bei der Fristberechnung und Fristangabe im Schreiben zu berücksichtigen.[876)]

3.926 b) **Entbehrlichkeit.** Verweigert der Verbraucher ernsthaft und endgültig, weitere Leistungen zu erbringen, so ist eine Nachfristsetzung in Rechtsanalogie zu den §§ 281 Abs. 2, 323 Abs. 2 Nr. 1 BGB entbehrlich. Eine Fristsetzung nach § 498 BGB wäre in diesem Falle sinnlos und nur eine „nutzlose, durch nichts zu rechtfertigende Förmelei".[877)]

3.927 c) **Verbindungsverbot.** Die Verbindung einer durch nicht rechtzeitige Zahlung des Darlehensnehmers aufschiebend bedingten Kündigungserklärung mit der Fristsetzung nach § 498 Satz 1 Nr. 2 BGB ist nicht statthaft.[878)]

3.928 d) **Rückständiger Betrag.** In der Erklärung muss der rückständige Betrag beziffert werden, der sich auf dasjenige erstreckt, was der Darlehensnehmer nach § 497 Abs. 1 und 2 BGB zum Zeitpunkt der Abgabe der Erklärung schuldet.

3.929 Der rückständige **gesamte geschuldete (offene) Betrag** (§ 498 Satz 1 Nr. 2 BGB) muss also ausgerechnet angegeben werden einschließlich Nebenforderungen wie Verzugszinsen (auch Tageszinsen) und bereits aufgelaufener Rechtsverfolgungskosten.[879)] Nach Absendung des Schreibens anfallende Verzugszinsen können entweder bei entsprechendem Hinweis, ggf. auch bis zum Ablauf der gesetzten Frist, eingerechnet werden oder aber als Zusatzposition, etwa durch die Formulierung „Hinzukommen Tageszinsen in Höhe von … €." angegeben werden.

3.930 Darunter soll aber nicht der im Falle der Kündigung fällige **Restschuldbetrag** i. S. d. § 501 BGB zu verstehen sein.[880)] Der Wortlaut des § 498 Satz 1 Nr. 2 BGB „rückständiger Betrag" ließe auch eine gegenteilige Interpretation zu.[881)]

3.931 Auch nur geringfügige **Zuvielforderungen** führen zur Unwirksamkeit der Fristsetzung, es sei denn, es handelt sich um geringe Cent-Beträge oder offensichtliche „Zahlendreher".[882)]

3.932 Im Rahmen der qualifizierten Mahnung ist Vorsicht mit der Angabe von weiterberechneten **Gebühren** für Rücklastschriften bzw. in Rechnung gestellten Mahnkosten angebracht. Wird nämlich, wie zumeist, die abstrakte Schadensberechnung gewählt, kann der Kreditgeber nicht zusätzlich Mahnkosten oder

---

876) LG Berlin, Urt. v. 29.1.2002 – 10 0.367/01.

877) BGH, Urt. v. 5.12.2006 – XI ZR 341/05, NJW-RR 2007, 1202 = ZIP 2007, 414.

878) OLG Düsseldorf, Urt. v. 17.7.1997 – 24 W 80/96, OLG-Report 1997, 274; OLG Düsseldorf, Urt. v. 20.11.1998 – 22 U 104/98, NJW-RR 1999, 259.

879) BGH, Urt. v. 26.1.2005 – VIII ZR 90/04, NJW-RR 2005, 1410 = ZIP 2005, 406.

880) OLG Köln, Urt. v. 21.7.1999 – 11 U 21/99, OLG-Report 1999, 412; OLG Nürnberg, Urt. v. 27.4.2009 – 14 U 1037/08, ZIP 2009, 1801.

881) OLG Düsseldorf, Urt. v. 17.1.1995 – 24 U 81/94, WM 1995, 1530.

882) BGH, Urt. v. 26.1.2005 – VIII ZR 90/04, NJW-RR 2005, 1410 = ZIP 2005, 406.

etwaige erhöhte Verwaltungskosten als Gemeinkosten verlangen. Tut er dies dennoch, so besteht die Gefahr, dass nicht berechtigte Kosten zur Unwirksamkeit der nachfolgenden Kündigung führen können.[883)]

e) **Nichtzahlung.** Bei der Fristsetzung in der Kündigungsandrohung ist nach § 498 Satz 1 Nr. 2 BGB zu beachten, dass nur die Zahlung, nicht jedoch der **Eingang des Geldes** innerhalb der Zwei-Wochen-Frist verlangt werden darf. Ansonsten würde eine unzulässige Verkürzung der gesetzlich vorgeschriebenen Zwei-Wochen-Frist mit der Rechtsfolge eintreten, dass eine aufgrund der Androhung ausgesprochene Kündigung unwirksam ist.[884)] 3.933

f) **Erklärung.** Die Verwendung des Wortes „Kündigung" ist nicht Voraussetzung einer wirksamen Androhung.[885)] 3.934

g) **Personenmehrheit.** Sofern der Darlehensnehmer eine Personenmehrheit ist, z. B. Mitdarlehensnehmer als Gesamtschuldner, ist die qualifizierte Mahnung jedem Einzelnen davon gesondert zu erklären.[886)] 3.935

h) **Frist.** In der Vertragspraxis werden vom Gläubiger im Hinblick auf den normalen Postlauf unterschiedliche Fristen gesetzt. Eine Frist von zwei Wochen nach Briefdatum (Datum der Nachfristsetzung) dürfte genügen.[887)] 3.936

10. Gesprächsangebot

Das Angebot eines Gesprächs über die Möglichkeiten einer einverständlichen Regelung etwa im Sinne einer Reduzierung der Raten, einer Tilgungsaussetzung oder einer Prolongation, ist keine Wirksamkeitsvoraussetzung für die Kündigung. Schon dem Wortlaut des § 498 Satz 2 BGB nach handelt es sich nämlich um eine bloße Sollvorschrift.[888)] 3.937

11. Rechtsfolgen eines Verstoßes

a) **Gefahren.** Das Risiko des Verstoßes gegen § 498 Satz 1 BGB ist groß. Erfüllt die Kündigungsandrohung nicht die gesetzlichen Anforderungen, so ist die sich daran anschließende Kündigung des Darlehensvertrages unwirksam.[889)] 3.938

---

883) BGH, Urt. v. 26.1.2005 – VIII ZR 90/04, NJW-RR 2005, 1410 = ZIP 2005, 406.

884) Str., wie hier OLG Düsseldorf, Urt. v. 20.2.1997 – 24 U 54/96, NJW-RR 1998, 780.

885) OLG Köln, Urt. v. 21.7.1999 – 11 U 21/99, OLG-Report 1999, 412.

886) BGH, Urt. v. 26.1.2005 – VIII ZR 90/04, NJW-RR 2005, 1410 = ZIP 2005, 406.

887) OLG Köln, Urt. v. 21.7.1999 – 11 U 21/99, OLG-Report 1999, 412; a. A. *Gödde*, in: Martinek/Semler/Habermeier/Flohr, Vertriebsrecht, § 52 Rz. 206: drei Wochen.

888) BGH, Urt. v. 14.2.2001 – VIII ZR 277/99, NJW 2001, 1249 = ZIP 2001, 641.

889) OLG Celle, Urt. v. 26.10.2004 – 3 W 96/04, BKR 2005, 65.

Damit die Kündigung insgesamt rechtswirksam ist, müssen alle Einzelkündigungen wirksam sein.[890)]

3.939 b) **Schadensersatz.** Liegen die Voraussetzungen für eine auf Ratenverzug gestützte Gesamtfälligstellung des Darlehens nicht vor, so stellt die Kündigung des Darlehensvertrages eine Vertragsverletzung dar, die bei schuldhaftem Handeln des Gläubigers einen Schadensersatzanspruch begründen kann.[891)]

12. Abdingbarkeit

3.940 Abweichende Regelungen zu Lasten des Verbrauchers sind gem. § 511 Satz 1 BGB unzulässig.[892)] So darf die Zwei-Wochen-Frist nicht verkürzt werden. Auch kann die Kündigung nicht mit einer Nachfristsetzung verbunden und unter die aufschiebende Bedingung der nicht rechtzeitigen Zahlung gestellt werden.[893)]

13. Kündigungsberechtigung

3.941 Nach Ablauf der gesetzten Nachfrist können sich folgende Situationen ergeben:

3.942 Hat der Darlehensnehmer den geforderten Betrag **vollständig gezahlt**, so ist der Verzug ex nunc beseitigt. Die Fristüberschreitung ist entsprechend § 543 Abs. 2 Satz 2 BGB unbeachtlich. Die Kündigungsvoraussetzungen sind entfallen, das Darlehensverhältnis wird unverändert fortgesetzt. Zins- oder Schadensersatzansprüche i. S. d. § 497 Abs. 1 BGB bleiben allerdings unberührt.

3.943 Das Darlehensverhältnis wird ebenfalls unverändert fortgesetzt, wenn der Darlehensnehmer erst nach Fristablauf, aber noch vor dem Ausspruch der Kündigung zahlt.

3.944 Erbringt der Darlehensnehmer entgegen der Zahlungsaufforderung nur **Teilleistungen**, dann bleiben im Hinblick auf den noch offenen Betrag die Kündigungsvoraussetzungen erhalten. Der Darlehensgeber kann zu Recht kündigen. Das gilt erst recht, wenn nach Fristablauf keine vollständige Zahlung zu verzeichnen ist.[894)]

14. Kündigungserklärung

3.945 a) **Allgemein.** Weder in der Gesamtfälligkeit noch in der Androhung der Kündigung liegt die Kündigung. Vielmehr muss der Darlehensgeber nach fruchtlosem Fristablauf die Kündigung besonders, allerdings nicht formgebunden und damit auch konkludent, erklären.[895)]

890) Urt. v. 28.6.2000 – VIII ZR 240/99, BGHZ 144, 370 = NJW 2000, 3133= ZIP 2000, 1493; BGH, Urt. v. 12.11.2002 – XI ZR 3/01, DB 2003, 201.

891) Erman-*Saenger*, BGB, § 498 Rz. 34 m. w. N.

892) Erman-*Saenger*, BGB, § 511 Rz. 2.

893) LG Bonn, Urt. v. 14.4.1997 – 13 O. 54/97, NJW-RR 1998, 979.

894) BGH, Urt. v. 24.4.1996 – VIII ZR 150/95, NJW 1996, 2033 = ZIP 1996, 1170.

895) Bülow/Artz-*Artz*, Verbraucherkreditrecht, § 498 Rz. 29.

b) Kündigungserklärung bei Gesamtschuldnern. aa) Grundsatz. Bei einem Darlehensvertrag mit mehreren gesamtschuldnerisch haftenden Darlehensnehmern kann das Vertragsverhältnis nur **einheitlich** gegenüber allen Darlehensnehmern gekündigt werden. Ist nur einer von mehreren Darlehensnehmern Verbraucher, so ist auf die einheitliche Kündigung § 498 BGB anzuwenden, wenn bei ihm die Voraussetzungen des § 498 Satz 1 BGB vorliegen.[896] Anderenfalls geht die Kündigung ins Leere.[897] Eine durch AGB bestimmte gegenseitige Empfangsbevollmächtigung ist gem. § 307 BGB unwirksam.[898] Allerdings müssen die Kündigungsvoraussetzungen des § 498 Satz 1 Nr. 1 und 2 BGB nur in der Person all derjenigen Gesamtschuldner vorliegen, die dem persönlichen Anwendungsbereich des Verbraucherkreditrechts als Verbraucher bzw. Existenzgründer (§ 512 BGB) unterliegen. Auf sonstige, nicht in den Schutzbereich des § 498 BGB unterliegende Darlehensnehmer kann die Kündigung dagegen schon dann erstreckt werden, wenn die Voraussetzungen einer Kündigung in der Person eines anderen Gesamtschuldners erfüllt sind; auch eine Androhung nach § 498 Satz 1 Nr. 2 BGB ist insoweit entbehrlich.[899] 3.946

bb) Vertrags-/Schuldbeitritt. Nach h. M. kommt eine Inanspruchnahme des Beitretenden nur unter der Voraussetzung in Betracht, dass ihm gegenüber die Voraussetzungen des § 498 BGB erfüllt sind.[900] Dann ist allerdings abweichend von dem vorstehend skizzierten Grundsatz auf das Erfordernis einer einheitlichen Ausübung des Kündigungsrechts zu verzichten und stattdessen die isolierte Kündigung zuzulassen.[901] Anderenfalls würde sich, wie sich am Beispiel des Beitritts des GmbH-Geschäftsführers oder -Gesellschafters zur Schuld der Gesellschaft deutlich wird, die Besicherung der Schuld zum Nachteil des Gläubigers auswirken, der nunmehr auch gegenüber der GmbH nur unter den Voraussetzungen des § 498 BGB kündigen könnte.[902] 3.947

15. Kündigungserklärungsfrist

Die Kündigung eines Verbraucherdarlehensvertrages durch den Darlehensgeber wegen Ratenverzuges des Darlehensnehmers hat entsprechend § 314 Abs. 3 BGB innerhalb angemessener Frist nach Ablauf der Nachfrist zu erfolgen. Bei der einzelfallabhängigen Bestimmung dieser Frist ist die Zweiwochenfrist des 3.948

---

896) BGH, Urt. v. 28.6.2000 – VIII ZR 240/99, BGHZ 140, 370 = NJW 2000, 3133 = ZIP 2000, 1493 (Leasingvertrag); BGH, Urt. v. 9.7.2002 – XI ZR 323/01, NJW 2002, 2866 = ZIP 2002, 1524 (Darlehensvertrag).

897) OLG Hamm, Urt. v. 23.3.1999 – 7 U 81/98, BeckRS 1999, 04292.

898) Bülow/Artz-*Bülow*, Verbraucherkreditrecht, § 499 Rz. 27 m. w. N.

899) A. A. Bülow/Artz-*Bülow*, Verbraucherkreditrecht, § 498 Rz. 32.

900) BGH, Urt. v. 12.9.2001 – VIII ZR 109/00, NJW 2002, 133 = ZIP 2001, 1992.

901) Bülow/Artz-*Bülow*, Verbraucherkreditrecht, § 498 Rz. 32.

902) MünchKomm-*Schürnbrand*, BGB, § 498 Rz. 22.

§ 626 Abs. 2 BGB weder direkt noch entsprechend anzuwenden.[903] Die anderenfalls einzuhaltende Zwei-Wochen-Frist für den Kündigungsausspruch ist insbesondere auch deshalb zu kurz, weil die gesetzlichen Kündigungsvoraussetzungen über Wochen bereits herbeigeführt werden müssen.

3.949 Aus Gründen unternehmerischer Vorsicht sollte nach Ablauf der in der Kündigungsandrohung gesetzten Frist möglichst schnell, spätestens innerhalb von zwei Wochen gekündigt werden.

3.950 Wird die Kündigung nicht innerhalb angemessener Frist ausgesprochen, muss die Kündigungsandrohung unter erneuter Fristsetzung wiederholt werden.[904]

16. Verzug mit Restschuld

3.951 Nach Ausspruch der Kündigung bedarf es hinsichtlich der Restschuld einer Leistungsaufforderung i. S. einer Mahnung nach § 286 Abs. 1 BGB. Eine Erfüllungsverweigerung und damit eine Entbehrlichkeit der Mahnung nach § 286 Abs. 2 Nr. 3 BGB kann zwar auch in der Nichterfüllung der Restschuld oder auch in der Zahlung bloßer Teilbeträge liegen. Die bloße Zahlungsverweigerung kann auch konkludent erklärt werden, was aber aufgrund der strengen Anforderungen an die Voraussetzungen des § 286 Abs. 2 Nr. 3 BGB nicht genügt. Ggf. hilft ein Hinweis nach § 286 Abs. 3 Satz 1 Halbs. 2 BGB.[905]

III. Kündigung durch den Darlehensnehmer

1. Allgemeine Kündigungsrechte

3.952 Zu den allgemeinen Kündigungsrechten, die auch für Verbraucher und Existenzgründer gelten, kann verwiesen werden.[906]

2. § 489 Abs. 1 Nr. 2 BGB a. F.

3.953 § 489 Abs. 1 Nr. 2 BGB a. F. gewährte dem Darlehensnehmer ein ordentliches Kündigungsrecht für grundpfandrechtlich gesicherte Darlehen nach Ablauf von sechs Monaten nach dem vollständigen Empfang unter Einhaltung einer Kündigungsfrist von drei Monaten. Praktisch konnte diese Regelung nur bei der Finanzierung nicht selbst bewirtschaftender Hauseigentümer werden. Für Existenzgründer galt sie nicht, verwies doch § 507 BGB a. F. nicht auf § 489 Abs. 1 Nr. 2 BGB a. F. Daher fand § 489 Abs. 1 Nr. 2 BGB a. F. nur zu Gunsten von Verbrauchern, nicht aber zu Gunsten von Existenzgründern Anwendung.

---

903) OLG Nürnberg, Urt. v. 27.4.2009 – 14 U 1037/08, BeckRS 2009, 12472 = ZIP 2009, 1801; a. A. OLG Köln, Urt. v. 21.7.1999 – 11 U 21/99, OLG-Report 1999, 412.

904) Bülow/Artz-*Bülow*, Verbraucherkreditrecht, § 498 Rz. 29.

905) OLG Frankfurt/M., Urt. v. 19.11.2012 – 23 U 68/12, NJW-RR 2013, 566.

906) Siehe oben § 40 XI jeweils m. w. N.

3. § 494 Abs. 6 Satz 1 BGB

Fehlen im Vertrag entgegen Art. 247 § 6 Abs. 1 Nr. 1 i. V m. § 3 Abs. 1 Nr. 6 EGBGB die Angaben zur Laufzeit oder entgegen Art. 247 § 6 Abs. 1 Nr. 5 EGBGB Angaben zum Kündigungsrecht des Darlehensnehmers, kann der Darlehensnehmer trotz Heilung gem. § 494 Abs. 6 BGB jederzeit kündigen. 3.954

4. § 500 Abs. 1 BGB

a) **Kündigungsrecht.** Der Darlehensnehmer kann nach § 500 Abs. 1 Satz 1 BGB, anders als der Darlehensgeber, einen unbefristeten Darlehensvertrag abweichend von § 488 Abs. 3 BGB jederzeit ganz oder teilweise kündigen. Eine gesetzliche Kündigungsfrist ist nicht vorgesehen.[907)] Praktisch werden könnten diese Bestimmungen bei Verbraucherdarlehensverträgen ohne festes Laufzeitende, insbesondere bei Rückführungen über Abschreibungen oder Rückvergütungsgutschriften, ggf. auch bei Mengenverträgen, Verlängerungsklauseln sowie in Nachtrags- sowie Anschlussfinanzierungssituationen. 3.955

b) **Abdingbarkeit.** Eine Vereinbarung über eine Kündigungsfrist von mehr als einem Monat ist unwirksam (§ 500 Abs. 1 Satz 2 BGB). 3.956

c) **Kündigungsfrist.** In Abweichung von § 488 Abs. 3 Satz 2 BGB gilt insofern für den Darlehensnehmer grundsätzlich keine Kündigungsfrist.[908)] 3.957

d) Die **Fiktion unterbliebener Kündigung** bei Unterbleiben der Rückzahlung nach § 489 Abs. 3 BGB gilt für alle ordentlichen Kündigungen des Darlehensnehmers, auch des Verbrauchers in den Fällen der §§ 494 Abs. 6, 500 Abs. 1 BGB, jedenfalls bei ausdrücklich erklärter Kündigung.[909)] Nach Anpassung des Wortlauts und im Hinblick auf das Fehlen eines Verweises auf § 489 Abs. 1 und 2 BGB a. F. bezieht sich die aktuelle Regelung nicht nur auf die von § 489 BGB erfassten Kündigungstatbestände. Der gesetzgeberische Wille ist eindeutig.[910)] Fraglich ist allein, ob die Regelung mit Art. 13 Abs. 1 Verbraucherkreditrichtlinie in Einklang steht.[911)] Allerdings trifft die Verbraucherkreditrichtlinie keine Vorgaben für das Unterbleiben der Rückzahlung nach der Kündigung. Fehlen aber harmonisierende Vorgaben, erlaubt Erwägungsgrund 9 der Verbraucherkreditrichtlinie den Mitgliedstaaten eigene Regelungen. Überdies steht die Anwendung von § 489 Abs. 3 BGB im Rahmen von § 500 Abs. 1 BGB mit den Grundsätzen des Verbraucherschutzes in Einklang. Der Verbraucher kann jederzeit und grundsätzlich ohne Einhaltung einer Frist eine erneute 3.958

907) Erman-*Saenger*, BGB, § 500 Rz. 2.

908) BT-Drucks. 16/11 643, S. 131.

909) Palandt-*Weidenkaff*, BGB, § 489 Rz. 12.

910) BT-Drucks. 16/11 643, S. 75.

911) Bejahend: Palandt-*Weidenkaff*, BGB, § 500 Rz. 2, m. N. zur Gegenauffassung.

Kündigung aussprechen. Auch ist er bei Fortbestand des Vertrages nach § 489 Abs. 3 BGB gerade vor der Entstehung überhöhter Verzugszinsen geschützt.[912)]

5. Vorzeitige Rückzahlung

3.959 a) **Temporaler Anwendungsbereich.** Gem. Art. 229 § 22 Abs. 3 EGBGB gilt § 500 Abs. 1 BGB auch für vor dem 11.6.2010 entstandene unbefristete Schuldverhältnisse.

3.960 b) **Sachlicher Anwendungsbereich.** Die Vorschrift erfasst sowohl befristete als auch unbefristete Darlehensverträge.[913)]

3.961 c) **Berechtigung.** Der Darlehensnehmer ist jederzeit und ohne Kündigung bzw. Angabe der Gründe zur vorzeitigen vollständigen oder teilweisen Erfüllung berechtigt (§ 500 Abs. 2 BGB). Auf dieses Recht ist er im Vertrag hinzuweisen (§§ 492 Abs. 1, Abs. 2, 494 Abs. 1 BGB, Art. 247 §§ 6 Abs. 1 Nr. 1, 3 Abs. 1 Nr. 14 EGBGB).

3.962 d) **Verhältnis zur Kündigung.** Die vorzeitige Rückzahlung i. S. v. § 500 Abs. 2 BGB ist keine Kündigung ebenso wie die Kündigung keine vorzeitige Rückzahlung ist.[914)]

3.963 e) **Umfang.** Die vorzeitige Rückzahlung bezieht sich nicht nur auf die Rückzahlungsforderung, sondern auch auf andere Verpflichtungen, die Verbindlichkeiten aus dem Verbraucherdarlehensvertrag sind. Dies ist insbesondere die Verpflichtung zu Teilzahlungen aus einem Teilzahlungsgeschäft (§ 506 Abs. 1 BGB).[915)]

3.964 f) **Rechtsfolgen.** Rechtsfolge der vorzeitigen Rückzahlung ist einerseits eine Kostenermäßigung (§ 501 BGB), andererseits die Zahlung einer Vorfälligkeitsentschädigung, soweit eine entsprechende vertragliche Regelung vorliegt (§ 500 Abs. 2 BGB). Insbesondere beeinflusst eine vorzeitige Rückzahlung des Darlehens grundsätzlich nicht den Bestand der Getränkebezugsverpflichtung.[916)]

IV. Rücktritt[917)]

1. Situation

3.965 Bei Teilzahlungsgeschäften – seien es Kaufverträge, seien es sonstige Leistungsverträge – kann der Kreditgeber (Getränkelieferant, Verkäufer) nicht nur die Teilzahlungsabrede gem. §§ 508 Abs. 2, 498 Satz 1 BGB kündigen und damit

---

912) Erman-*Saenger*, BGB, § 500 Rz. 4.

913) Palandt-*Weidenkaff*, BGB, § 494 Rz. 10.

914) Palandt-*Weidenkaff*, BGB, § 494 Rz. 10.

915) BT-Drucks. 16/11 643, S. 85.

916) Siehe oben § 40 XI 2 jeweils m. w. N.

917) Vergleiche bereits allgemein § 40 VIII.

Anspruch auf die mit Kündigung fällige gesamte Restvergütung erlangen, ohne sich von den vertraglichen Rechten und Pflichten im Übrigen zu lösen,[918] sondern er hat wahlweise – naturgemäß nicht kumulativ – auch ein gesetzliches Rücktrittsrecht.[919] Der Getränkelieferant kann die Sache aufgrund des Eigentumsvorbehalts nur dann gem. § 985 BGB herausverlangen, wenn er zuvor vom Vertrag zurückgetreten ist (§ 449 Abs. 2 BGB).

2. Voraussetzungen

a) **Berechtigung.** Die Berechtigung zum Rücktritt folgt den allgemeinen Regeln des Leistungsstörungsrechts. Dem Gastwirt muss also eine Pflichtverletzung vorzuwerfen sein und es muss ggf. eine angemessene Nachfrist verstrichen sein (§ 323 Abs. 1 und 2 BGB). Praktisch besonders relevant ist der Rücktrittsgrund des Zahlungsverzuges des Käufers (§§ 508 Abs. 2, 286 BGB). **3.966**

b) **Normenverhältnis.** Zwischen § 498 BGB und § 508 Abs. 2 BGB besteht ein enger Zusammenhang. Beide Normen regeln, welche Rechtsbehelfe dem Kreditgeber und damit dem Getränkelieferanten zur Verfügung stehen, wenn der Kunde seinen Zahlungsverpflichtungen aus einem Verbraucher-/Existenzgründerkreditvertrag nicht nachkommt. **3.967**

c) Die **Voraussetzungen** für diese beiden Gestaltungsrechte sind identisch. § 508 Abs. 2 Satz 1 BGB enthält für Teilzahlungsgeschäfte i. S. d. § 507 BGB eine Sonderregelung, die den Rücktritt nach §§ 449 Abs. 2, 323 Abs. 1 BGB von den besonderen Voraussetzungen des § 498 Satz 1 BGB (Kündigung wegen **Zahlungsverzugs**) abhängig macht. Der Getränkelieferant kann als Vorbehaltseigentümer seinen auf der Sicherungsabrede ableitbaren **Auskunftsanspruch** über die noch im Besitz des Schuldners befindliche Eigentumsvorbehaltsware in Wege der **einstweiligen Verfügung** verfolgen.[920] **3.968**

d) **Verjährung.** Angesichts des Sicherungszwecks des Eigentumsvorbehalts ist der Rücktritt ausnahmsweise auch dann noch möglich, wenn die gesicherte Forderung, der Kaufpreiszahlungsanspruch, bereits verjährt sein sollte (§§ 216 Abs. 2 Satz 2, 218 Abs. 1 Satz 3 BGB). **3.969**

e) **Rücktrittsrecht im Übrigen.** Von § 508 Abs. 2 Satz 1 BGB unberührt bleiben sonstige, d. h. nicht auf Zahlungsverzug, gründende Rücktrittsrechte. In Betracht kommt insbesondere ein Rücktritt nach § 324 BGB, etwa wegen nachlässiger Behandlung der Sache.[921] **3.970**

---

918) BGH, Urt. v. 25.9.2001 – XI ZR 109/01, BGHZ 149, 43 = NJW 2002, 137.

919) BT-Drucks. 11/5462, S. 28; BGH, Urt. v. 25.9.2001 – XI ZR 109/01, BGHZ 149, 43 = NJW 2002, 137.

920) OLG Bamberg, Beschl. v. 18.9.2006 – 2 W 13/06, BeckRS 2007, 07167.

921) MünchKomm-*Schürnbrand*, BGB, § 508 Rz. 1.

3. Risiko Rücktrittsfiktion

3.971 a) **Situation.** Ein Rücktritt i. S. d. Rücktrittsfiktion des § 508 Abs. 2 Satz 5 BGB durch den Kreditgeber kommt vor allem dann vor, wenn dieser die verkaufte Sache ohne Kündigungs-/Rücktrittserklärung zum Zwecke der Verwertung abholen lässt. Dies kann auch außerhalb der Zwangsvollstreckung geschehen.

3.972 b) **Wiederansichnahme.** Der Begriff der „Wiederansichnahme" der Sache durch den Unternehmer ist weit auszulegen und anhand einer wirtschaftlichen Betrachtungsweise zu konkretisieren. Das Wiederansichnehmen kann geschehen, indem der Kreditgeber selbst unmittelbaren Besitz an der zuvor gelieferten Sache ergreift, also die tatsächliche Gewalt daran erlangt (§ 854 BGB). Denkbar ist aber auch die Begründung mittelbaren Besitzes durch Herausgabe an einen Dritten, der mit dem Kreditgeber in einem Besitzmittlungsverhältnis steht oder einen sonstigen vom Kreditgeber bestimmten Dritten. So wie noch muss das Handeln des Kreditgebers darauf gerichtet sein, den Verbraucher zur Aufgabe der Nutzungsmöglichkeit zu zwingen. Ein Wiederansichnehmen liegt demnach beispielsweise vor, wenn der Unternehmer die Sache „zur Sicherung" seiner Ansprüche zurücknimmt, wenn die Abnahme der sicherungsübereigneten Sache zum Zwecke der Verwertung erfolgt oder wenn der Unternehmer Klage auf Herausgabe der Sache erhebt.

3.973 c) **Rechtsprechung. aa) Gaststättenpacht.** Die Rücktrittsvermutung greift, wenn ein Gaststättenpächter (Existenzgründer) die Sache dem Verpächter anlässlich der Aufgabe der Gaststätte übergibt und dieser als Kreditgeber nachträglich damit in einer Weise verfährt, dass er dem bisherigen Pächter nur die Möglichkeit nimmt, sich den Besitz wiederzubeschaffen und die Sache weiter zu nutzen.[922] Zu denken ist insbesondere an einen Weiterverkauf.

3.974 Aus der Inbesitznahme des verkauften Inventars kann ohne weiteres nur dann gem. § 508 Abs. 2 Satz 5 BGB auf einen Rücktritt des Verkäufers geschlossen werden, wenn das Verbraucherkreditrecht auch auf das Vertragsverhältnis zwischen dem Verkäufer (Hauseigentümer) und den Nachpächtern Anwendung findet. Ob dies der Fall ist, hängt u. a. davon ab, ob der Verkäufer bei Abschluss des teilfinanzierten Ratenzahlungsvertrages über den Verkauf des Inventars in Ausübung seiner selbständigen beruflichen oder gewerblichen Tätigkeit handelte i. S. d § 13 BGB handelt.[923]

3.975 Nimmt der Getränkelieferant (Kreditgeber) **einzelne Teile** einer Sachgesamtheit, z. B. eines Gaststätteninventars, an sich, wird die Rücktrittsvermutung ausgelöst, wenn die verbliebenen Sachen den zusammenhängenden Zweck

922) BGH, Urt. v. 7.2.1966 – VIII ZR 240/63, BGHZ 45, 112; BGH, Urt. v. 23.6.1988 – VIII ZR 75/87, NJW 1989, 163.

923) OLG Karlsruhe, Urt. v. 28.4.1998 – 1 U 252/97, rkr. durch Nichtannahmebeschl. d. BGH v. 22.9.1999 – VIII ZR 373/98; OLG Schleswig, Urt. v. 14.6.2001 – 1 U 76/2000.

nicht erfüllen können. Auch in dem Wiederansichnehmen einzelner Teile der aufgrund des Teilzahlungsgeschäfts gelieferten Sache kann ein Rücktritt liegen, weil die in den einzelnen Raten enthaltenen Zinsanteile sich auf die Möglichkeit vorgezogener Nutzung der gesamten Sache beziehen. Dies muss jedenfalls dann gelten, wenn der Wert der Sache sich gerade in ihrer Verbindung zu einer Sachgesamtheit verkörpert, also der Besitz an einzelnen Sachen letztlich wertlos ist.[924] Um einen derartigen Fall handelt es sich insbesondere bei Gaststätteninventar, das speziell auf bestimmte Räumlichkeiten angefertigte Elemente enthält. Hier wird der Wert nicht durch den Sachwert einzelner Teile, sondern gerade dadurch geprägt, dass die Sachgesamtheit in einer bestimmten Gaststätte genutzt werden kann. Der Umstand, dass der Gastwirt (Käufer) einen Teil des Inventars bei Aufgabe der Gaststätte mitgenommen haben soll, steht der Rücktrittsfiktion nicht entgegen.[925]

Ist der Verkäufer (Hauseigentümer/Verpächter), der sich bis zur Zahlung des Restkaufpreises das Eigentum an dem verkauften Inventar vorbehalten hat, wieder im Besitz der verkauften Gegenstände, gilt dies im Verhältnis zum Getränkelieferanten dennoch nicht als Ausübung des Rücktrittsrechts. Die Fiktion der Ausübung des Rücktrittsrechts nach § 508 Abs. 2 Satz 5 BGB tritt auch bei verbundenen Geschäften nur dann ein, wenn der Kreditgeber die gelieferte Sache wieder an sich nimmt. Ist dagegen – wie im vorliegenden Fall – die Kaufsache nur zum Teil von dritter Seite finanziert worden und nimmt der Lieferant die Sache wieder an sich oder erklärt den Rücktritt, kann ein Rückabwicklungsverhältnis grundsätzlich allein zwischen ihm und dem Käufer entstehen.[926] 3.976

bb) Finanzierung. Dient das Darlehen der Finanzierung des Kaufpreises für den Erwerb von Gaststätteninventar und veräußert der Getränkelieferant dieses weiter, so wird die Rücktrittsfiktion des § 508 Abs. 2 Satz 5 BGB ausgelöst. Die anderweitige Verwertung von Gaststätteninventar durch den Kreditgeber stellt nämlich einen typischen Fall einer Wiederansichnahme einer aufgrund des Teilzahlungsgeschäftes gelieferten Sache dar.[927] 3.977

d) Verbundenes Geschäft. Ist ein Vertrag über die Lieferung einer Sache mit einem Verbraucherdarlehensvertrag i. S. d. § 358 Abs. 3 BGB verbunden, so hat der Verkäufer typischerweise die Vergütung schon erhalten, und zwar vom finanzierenden Darlehensgeber (Getränkelieferanten). Gerät der Verbraucher mit der Rückzahlung des Darlehens in Verzug, so kann der Verkäufer nicht 3.978

924) Str. wie hier OLG Köln, Urt. v. 5.12.1994 – 12 U 75/94, NJW-RR 1995, 1008 = ZIP 1995, 22.

925) OLG Karlsruhe, Urt. v. 28.4.1998 – 1 U 252/97, rkr. durch Nichtannahmebeschl. d. BGH v. 22.9.1999 – VIII ZR 373/98.

926) OLG Karlsruhe, Urt. v. 28.4.1998 – 1 U 252/97, rkr. durch Nichtannahmebeschl. d. BGH v. 22.9.1999 – VIII ZR 373/98.

927) BGH, Urt. v. 7.10.1982 – VII ZR 334/80, NJW 1983, 162 zu § 5 AbzG; OLG Köln, Urt. v. 5.12.1994 – 12 U 75/94, NJW-RR 1995, 1008 = ZIP 1995, 22, zu § 13 Abs. 3 VKG.

vom Vertrag zurücktreten, weil ihm gegenüber der Verbraucher nicht in Verzug ist. Der Getränkelieferant als Darlehensgeber kann in diesem Fall an dem Darlehensvertrag festhalten und seinen Verzugsschaden nach § 497 BGB liquidieren. Er kann aber stattdessen auch den Darlehensvertrag nach § 498 BGB kündigen und die Restschuld fällig stellen. In beiden Fällen behält der Verbraucher die gelieferte Sache.

3.979 Der Getränkelieferant könnte die sicherungsübereigneten Gegenstände an sich nehmen. Dies ist dann von besonderem Interesse, wenn er zur Sicherung der Forderungen aus dem Darlehensvertrag eine Sicherungsübereignung der Sachen vereinbart hat. § 508 Abs. 2 Satz 6 Halbs. 1 BGB bestimmt für diesen Fall, dass die Rücktrittsvermutung des § 508 Abs. 2 Satz 5 Halbs. 1 BGB und die Ausnahme hierzu nach § 508 Abs. 2 Satz 5 Halbs. 2 BGB entsprechend gelten, wenn der Darlehensgeber die Sache an sich nimmt. Tut er dies, so wird er also Partei des Rückabwicklungsverhältnisses mit dem Verbraucher. Für diesen Fall bestimmt § 508 Abs. 2 Satz 6 Halbs. 2 BGB, dass für das Verhältnis zwischen Darlehensgeber und Verbraucher § 508 Abs. 2 Sätze 3 und 4 BGB gelten. Der Verbraucher muss also dem Darlehensgeber die vertragsspezifischen Kosten ersetzen und bei der Nutzungsvergütung einen Entwertungszuschlag leisten. Das gilt wiederum nicht, wenn sich der Darlehensgeber (Getränkelieferant) und der Verbraucher über den gewöhnlichen Verkaufswert einigen (§ 508 Abs. 2 Satz 5 Halbs. 2 BGB). Dann wird der gewöhnliche Verkaufswert von der Restschuld abgezogen.[928)]

3.980 e) **Sicherungsübereignung.** Risikobehaftet ist auch die Wiederansichnahme der sicherungsübereigneten Gegenstände, wenn der Getränkelieferant Sicherungsgegenstände wieder an sich nimmt, ohne dass die Voraussetzungen des § 498 Satz 1 BGB erfüllt sind. Praktisch wird dies, wenn der Getränkelieferant das Sicherungsgut zum Zwecke der Verwertung an sich nimmt. Aufgrund des der dinglichen Sicherungsübereignung zugrunde liegenden obligatorischen Sicherungsvertrages und des darin vereinbarten Sicherungszwecks darf der Getränkelieferant als Sicherungsnehmer die Gegenstände nur verwerten, wenn der Sicherungsfall eingetreten ist. Dies setzt aber typischerweise Verzug voraus. Dient die Sicherungsübereignung der Absicherung von Forderungen aus einem Verbraucherkreditvertrag, so bestimmen §§ 498 Satz 1, 508 Abs. 2 Satz 1 BGB darüber hinaus die weiteren Voraussetzungen des Sicherungsfalls. Sind diese auch nur teilweise nicht gegeben, kann der Getränkelieferant als Sicherungsnehmer die Sache nicht verwerten und damit auch nicht wieder an sich nehmen.

4. Rechtsfolgen unberechtigter Wiedersansichnahme

3.981 Da die Rücktrittsfiktion des § 508 Abs. 2 Satz 5 BGB nur durch eine berechtigte Wiederansichnahme ausgelöst wird, entsteht kein Rückabwicklungsverhältnis (§ 346 BGB), wenn der Getränkelieferant die Sache, die er im Rahmen eines

928) Bülow/Artz-*Bülow*, Verbraucherkreditrecht, § 508 Rz. 78, 96 f.

Teilzahlungsgeschäftes finanziert hat, wieder an sich nimmt, obwohl die Voraussetzungen der §§ 508 Abs. 2 Satz 1, 498 Satz 1 BGB nicht vorliegen. In diesem Fall bleiben die beiderseitigen vertraglichen Erfüllungsansprüche bestehen und der Verbraucher-/Existenzgründergastwirt ist nach wie vor zum Besitz der Sache berechtigt.[929)]

Folgt man der h. M., so kann der Verbraucher anderenfalls **Wiedereinräumung des Besitzes** verlangen und bis dahin seine Raten gem. § 273 BGB zurückbehalten, also insoweit nicht in Verzug geraten. Nimmt der Unternehmer dem Verbraucher die Sache weg, ohne dass die Voraussetzungen des § 498 Satz 1 BGB gegeben sind, so begeht er verbotene Eigenmacht gem. § 858 Abs. 1 BGB. **3.982**

Im Übrigen stellt die Wegnahme der Sache eine Verletzung des Vertrages dar, die den Getränkelieferanten zum Schadensersatz nach §§ 280 Abs. 1, 241 Abs. 2 BGB verpflichtet.[930)] **3.983**

5. Reichweite der Fiktion

§ 508 Abs. 2 Satz 5 BGB fingiert nach h. M. nur die Rücktrittserklärung.[931)] Da die Wegnahme der Sache als Ausübung des Rücktrittsrechts gilt, dieses aber in § 508 Abs. 2 Satz 1 i. V. m. § 498 Satz 1 BGB beschränkt ist, löst die Wegnahme der Sache durch den Unternehmer nur dann die Rücktrittsfiktion aus, wenn zugleich ein Rücktrittsgrund vorliegt, d. h. wenn die Voraussetzungen des § 508 Abs. 2 Satz 1 BGB i. V. m. § 498 Satz 1 BGB erfüllt sind.[932)] **3.984**

6. Vergütung des Verkaufswertes

Einen Fall, in dem die Wiederansichnahme der Sache nicht zur Entstehung eines Rückabwicklungsverhältnisses führt, hat der Gesetzgeber in § 508 Abs. 2 Satz 5 Fall 2 BGB geregelt. Die Fiktion greift nicht ein, wenn der Unternehmer sich – bei Abschluss des Vertrages oder später – mit dem Verbraucher einigt, diesem den gewöhnlichen Verkaufswert der Sache i. S. d. § 813 Abs. 1 Satz 1 ZPO im Zeitpunkt der Wegnahme zu vergüten. Der Verbraucher schuldet nach wie vor den vereinbarten Kaufpreis, von dem der gewöhnliche Verkaufswert abzuziehen ist. Die Differenz entspricht dem Wertverlust, der durch die bloße Ingebrauchnahme der Sache, die der Unternehmer natürlich behalten darf, entstanden ist. Mit diesem Verfahren wird die Durchführung der Rückabwicklung nach §§ 346 f. BGB ersetzt. **3.985**

---

929) Erman-*Saenger*, BGB, § 508 Rz. 79.

930) Erman-*Saenger*, BGB, § 508 Rz. 79.

931) OLG Oldenburg, Urt. v. 30.8.1995 – 2 U 136/95, NJW-RR 1996, 564, zu § 13 Abs. 3 VerbrKrG.

932) OLG Oldenburg, Urt. v. 30.8.1995 – 2 U 136/95, NJW-RR 1996, 564; OLG Köln, Urt. v. 5.9.1997 – 19 U 83/97, BB 1997, 2502.

3.986 Die **Beweislast** für die Einigung trägt, wer sich darauf beruft, dass die Rücktrittsfiktion nicht eintrat („es sei denn").

7. Einzelzwangsvollstreckung

3.987 a) **Grundlagen.** Die Rücktrittsfiktion des § 508 Abs. 2 Satz 5 BGB greift, wenn der Getränkelieferant die Zwangsvollstreckung aus einem Zahlungstitel in seine unter Eigentumsvorbehalt gelieferte Sache betreibt, insbesondere den Gerichtsvollzieher beauftragt, in die gelieferte Sache zu vollstrecken und er auf diese Weise die Sache erwirbt.[933)] Wird die Sache nur gepfändet, aber nicht verwertet[934)] oder wird sie zwar verwertet, aber eher zufällig aufgrund eines allgemeinen Vollstreckungsauftrages des Kreditgebers, liegt darin keine Handlung, durch die sich der Kreditgeber den Wert der Sache zuführt, so dass die Rücktrittsvermutung nicht eingreift.[935)] Werden die Vollstreckungsmaßnahmen von einem Dritten ausgeführt, dann tritt die Fiktionswirkung des § 508 Abs. 2 Satz 5 BGB nicht ein.[936)] Sie tritt ebenfalls nicht ein, wenn bei Zwangsvollstreckung eines Dritten der Kreditgeber die Erhebung der Drittwiderspruchsklage gem. § 771 ZPO unterlässt. Erwirkt der Kreditgeber aber wegen vertragswidrigen Gebrauchs der Sache durch den Verbraucher eine einstweilige Verfügung auf Herausgabe an einen Sequester, wird damit der Rücktritt vermutet.[937)]

3.988 Bewirkt dagegen der Getränkelieferant eine Anschlusspfändung gem. § 826 ZPO, so muss er sich so behandeln lassen, als hätte er die Zwangsvollstreckung von Anfang an betrieben.[938)]

3.989 b) **Zeitpunkt des fingierten Rücktritts im Rahmen der Zwangsversteigerung nach § 814 ZPO.** Die Frage des Zeitpunktes der Rücktrittsfiktion i. S. d. § 508 Abs. 2 Satz 5 BGB bei der Zwangsversteigerung gem. § 814 ZPO ist erheblich für die Möglichkeit des Verbrauchers, Einwendungen gem. §§ 508 Abs. 2 Satz 5, 348 BGB zu erheben. Insofern bedarf es einer Differenzierung.

3.990 aa) **Zeitpunkt der Pfändung.** Nach Auffassung des BGH[939)] gilt die Pfändung noch nicht als Ausübung des Rücktritts des Getränkelieferanten vom Kaufvertrag, auch dann, wenn der Gerichtsvollzieher die Sache dem Verbraucher wegnehme. Die Pfändung solle den Verbraucher unter Druck setzen, die offenen

933) BGH, Urt. v. 10.11.1954 – II ZR 21/54, BGHZ 15, 171 = NJW 1955, 64; BGH, Urt. v. 30.10.1956 – VIII ZR 77/56, BGHZ 22, 123 = NJW 1957, 20; BGH, Urt. v. 25.11.1970 – VIII ZR 2/69, BGHZ 55, 59 = NJW 1971, 191.

934) BGH, Urt. v. 11.10.1962 – VII ZR 156/61, WM 1962, 1263.

935) BGH, Urt. v. 15.5.1963 – VIII ZR 20/62, BeckRS 1963, 31190320.

936) OLG Celle, Urt. v. 24.11.1958 – 1 U 43/58, NJW 1959, 1414.

937) RG, Urt. v. 13.1.1933 – II 236/32, RGZ 139, 205.

938) Staudinger-*Kessal-Wulf*, BGB, § 508 Rz. 60.

939) BGH, Urt. v. 6.2.1963 – VIII ZR 140/62, BGHZ 39, 97 = NJW 1963, 763.

Raten doch noch zu begleichen. Die Praxis zeigt, dass in vielen Fällen der Verbraucher nunmehr die Raten zahlt und die Sache anschließend zurückerhält.

bb) Zeitpunkt des Versteigerungstermins. Vereinzelt wurde in der Instanzrechtsprechung vorgeschlagen, den Zeitpunkt als maßgeblich zu erachten, in dem der Gerichtsvollzieher im Auftrag des Gläubigers den Versteigerungstermin öffentlich bekannt macht.[940] Dagegen spricht jedoch, dass der Schuldner im Zeitpunkt der Anberaumung des Versteigerungstermins immer noch die Möglichkeit hat, sich um erneute Zahlungsfristen zu bemühen, beispielsweise im Wege des § 813a ZPO, oder eine Stundungsbewilligung durch den Gläubiger. Jedenfalls dann, wenn der Gläubiger sich hierauf einlässt, besteht kein Anlass, eine Rücktrittsfiktion anzunehmen, weil der Nutzungsverlust nicht unmittelbar bevorsteht. 3.991

cc) Zeitpunkt der Verwertung. Jedenfalls im Zeitpunkt der Pfandverwertung greift die Rücktrittsfiktion, weil in diesem Fall der endgültige Besitzverlust ausgelöst und damit die Sache dem Verbraucher entzogen wird.[941] 3.992

c) Verwertung nach § 825 ZPO. Erst die endgültige Übergabe der Pfandsache an den Getränkelieferanten (oder einen Dritten) löst die Rücktrittsfiktion aus.[942] Damit besteht eine Parallelität zum Falle der Versteigerung. Rechtlich macht es auch keinen Unterschied, ob der Getränkelieferant für die Verwertung den Weg der Versteigerung oder den der Zuweisung an sich selbst wählt. In beiden Fällen liegt ein endgültiger Besitzentzug vor. 3.993

§ 47 Recht der Haustürgeschäfte

I. Anwendungsbereich

1. Sachlicher Anwendungsbereich

a) Finanzierung. Zu denken ist an den Abschluss insbesondere von Darlehensverträgen mit nicht betreibenden privaten Hauseigentümern. 3.994

b) Sicherheiten. Das Recht der Haustürgeschäfte kann im Zusammenhang mit der Absicherung von Gastronomiefinanzierungen dann praktisch werden, wenn nicht aktiv im Geschäft mit tätige Personen, wie etwa (Ehe-)Partner, Familienangehörige, Gesellschafter oder Geschäftsführer einer GmbH, als **Drittsicherungsgeber** und Verbraucher (§ 13 BGB) eine Mithaftungserklärung abgeben. Zu nennen sind insbesondere die Fälle des Schuldbeitritts, der Bürgschaft, der Garantie, der Abgabe von Schuldanerkenntnissen, der Gestellung von (Grund-)Pfandrechten sowie der Sicherungsabtretung von Ansprüchen aus Sparguthaben oder von Rückkaufswerten bei Lebensversicherungen. 3.995

---

940) LG Lüneburg, Urt. v. 6.5.1958 – 5 S 105/58, NJW 1958, 1143.

941) BGH, Urt. v. 25.11.1970 – VIII ZR 2/69, BGHZ 55, 59 = NJW 1971, 191.

942) BGH, Urt. v. 6.2.1963 – VIII ZR 140/62, BGHZ 39, 97 = NJW 1963, 763.

2. Persönlicher Anwendungsbereich

3.996 a) **Unternehmergeschäfte.** Treten nicht die vorgenannten Personen, sondern Unternehmer (§ 14 BGB), insbesondere Getränkefachgroßhändler, als Sicherungsgeber gegenüber den Getränkelieferanten auf, ist § 312 BGB nicht anwendbar.

3.997 b) Wegen der auf typische Fälle zugeschnitten Regelungen des Rechts der Haustürgeschäfte kommt es nicht darauf an, ob der selbständig erwerbstätige Kunde im Einzelfall wegen seiner Unerfahrenheit schutzwürdig erscheint oder den Vertrag in einer konkreten Überrumpelungssituation abgeschlossen hat.[943)]

3.998 c) **Situation des Hauptschuldners.** Das Widerrufsrecht des Sicherungsgebers hängt nach aktueller Rechtsprechung des BGH nicht von der Verbrauchereigenschaft des persönlichen Schuldners oder einer auf diesen bezogenen Haustürsituation ab.[944)] Die Bestellung eines Pfandrechts und anderer akzessorischer Sicherungsrechte fällt daher auch dann unter § 312 Abs. 1 Satz 1 Nr. 1 BGB, wenn sie der Absicherung eines **gewerblichen Kredits** dienen.[945)] Entgegen der Ansicht des EuGH[946)] ist sonach allein entscheidend, ob sich der Drittsicherungsgeber in einer Haustürsituation befand, nicht dagegen, ob auch die Hauptschuld ein Verbrauchergeschäft oder der Hauptschuldner in einer Haustürsituation zum Vertragsschluss bestimmt worden ist.

II. Tatbestandsvoraussetzungen des Haustürgeschäfts

1. Haustürsituation

3.999 Als praktisch relevante Haustürsituationen sind zu nennen: Verhandlungen am **Arbeitsplatz** (§ 312 Abs. 1 Satz 1 Nr. 1 Fall 1 BGB), insbesondere bei Beitritts und Übernahmeerklärungen, oder im Bereich einer **Privatwohnung** (§ 312 Abs. 1 Satz 1 Nr. 1 Fall 2 BGB), so insbesondere bei Beitritts-, Übernahme- und Bürgschaftserklärungen von Familienangehörigen oder sonstige Drittsicherungsgebern.

3.1000 Es muss irgendeine Privatwohnung sein, nicht notwendig die des Verbrauchers. Dabei ist nicht der Ort entscheidend, an dem die Unterschrift geleistet wurde. Vielmehr ist der Ort maßgeblich, an dem die Verhandlungen stattgefunden haben, auf denen der Entschluss der Unterzeichnung beruht.[947)]

---

943) BGH, Urt. v. 4.5.1994 – XII ZR 24/83, NJW 1994, 2759 = ZIP 1994 1189.

944) BGH, Urt. v. 10.1.2006 – XI ZR 169/05, BGHZ 165, 363 = NJW 2006, 845 = ZIP 2006, 363; BGH, Urt. v. 27.2.2007 – XI ZR 195/05, BGHZ 171, 180 = NJW 2007, 2106 = ZIP 2007, 619; BGH, Urt. v. 2.5.2007 – XII ZR 109/04, NJW 2007, 2110 = ZIP 2007, 1373.

945) BGH, Urt. v. 10.1.2006 – XI ZR 169/05, BGHZ 165, 363 = NJW 2006, 845 = ZIP 2006, 363 (Bürgschaft); OLG Koblenz, Urt. v. 29.1.1998 – 11 U 1690/96, NJW-RR 1999, 1178 (Grundschuld).

946) EuGH, Urt. v. 17.3.1998 – Rs. C-45/96, NJW 1998, 1295 – Dietzinger.

947) BGH, Beschl. v. 22.9.2008 – II ZR 257/07, NJW 2009, 431 = ZIP 2008, 2359.

2. Zum Vertragsabschluss bestimmt worden sein

a) **Grundsatz.** Ggf. bedarf es besonderer Prüfung, ob der Verbraucher zum Abschluss des Vertrages i. S. d. § 312 Abs. 1 Satz 1 BGB „bestimmt worden ist". Diese Voraussetzung ist nur zu bejahen, wenn der Vertrag wegen der bestimmenden Einwirkung einer der in § 312 Abs. 1 Satz 1 Nr. 1–3 BGB beschriebenen besonderen Situationen auf das Entschlussverhalten des Verbrauchers eingegangen wird, insbesondere also das Überraschungsmoment bei Abgabe der Erklärung nach dem Umständen des Einzelfalles noch fortwirkt und den Verbraucher in seiner Entschließungsfreiheit beeinträchtigt.[948] 3.1001

b) **Ursächlichkeit.** Eine Haustürsituation muss lediglich bei der **Vertragsanbahnung** vorliegen, wenn diese für den späteren Vertragsschluss jedenfalls mitursächlich war.[949] Denn die Überrumpelungswirkung kann auch noch nach dem Ende der in § 312 Abs. 1 Satz 1 Nr. 1–3 BGB genannten Schutzsituationen anhalten und die Schutzbedürftigkeit des Verbrauchers begründen. Auch wenn der eigentliche Vertragsschluss nicht in einer Schutzsituation erfolgt, kann der Verbraucher durch eine „Einwirkung an der Haustür" im Vorfeld zum Abschluss bestimmt worden sein und somit eine Widerrufsmöglichkeit bestehen.[950] Es reicht also aus, dass der Verbraucher durch die Kontaktaufnahme in der Privatwohnung in eine Lage gebracht worden ist, in der er in seiner Entschließungsfreiheit, den ihm später angebotenen (Bürgschafts-)Vertrag zu schließen oder davon Abstand zu nehmen, beeinträchtigt war.[951] Wo der Verbraucher letztlich seine Willenserklärung abgibt, ob dies (später) in Abwesenheit des Unternehmers oder dessen Vertreters geschieht oder ob der Verbraucher das Vertragsangebot bzw. die Annahme erklärt, spielt keine Rolle. Bei bereits bestehender Geschäftsverbindung kommt ein Haustürgeschäft allerdings nicht in Betracht. 3.1002

c) **Zeitlicher Zusammenhang.** Die Bestimmung des Verbrauchers zur Erklärungsabgabe wird nicht dadurch ausgeschlossen, dass Überrumpelungshandlung und Erklärungsabgabe zeitlich oder räumlich auseinanderliegen.[952] Entscheidend ist, dass die Überrumpelung zum Zeitpunkt der Erklärung noch **fortwirkt.** Ein enger zeitlicher Zusammenhang zwischen der mündlichen Verhandlung und der Vertragserklärung ist nicht erforderlich, indiziert aber die Ursächlichkeit der Haustürsituation für den späteren Vertragsschluss.[953] Die 3.1003

948) BGH, Urt. v. 20.1.2004 – XI ZR 460/02, NJW-RR 2004, 1126 = ZIP 2004, 500.

949) BGH, Urt. v. 28.6.2011 – XI ZR 349/10, NJW-RR 2012, 183 = ZIP 2011, 1858; OLG Koblenz, Hinweisbeschl. v. 10.1.2011 – 5 O. 1353/10, NJW-RR 2011, 1203.

950) BGH, Urt. v. 16.1.1996 – XI ZR 116/95, BGHZ 131, 385 = NJW 1996, 926 = ZIP 1996, 370; BGH, Urt. v. 12.12.2005 – II ZR 327/04, NJW 2006, 497 = ZIP 2006, 221; BGH, Beschl. v. 22.9.2008 – II ZR 257/07, NJW 2009, 431 = ZIP 2008, 2359.

951) BGH, Urt. v. 26.10.2010 – XI ZR 367/07, NJW-RR 2011, 403.

952) BGH, Urt. v. 26.10.1993 – XI ZR 42/93, BGHZ 123, 380 = NJW 1994, 262 = ZIP 1993, 181; BGH, Urt. v. 18.10.2004 – II ZR 352/02, NJW-RR 2005, 180 = ZIP 2004, 2319.

953) BGH, Urt. v. 28.6.2011 – XI ZR 349/10, NJW-RR 2012, 183 = ZIP 2011, 1858.

Indizwirkung für die Kausalität nimmt allerdings mit zunehmendem zeitlichem Abstand ab und kann nach einer gewissen Zeit ganz entfallen.[954] Die Fortwirkung kann auch durch das zwischenzeitliche Verhalten des Verbrauchers, etwa durch die Inanspruchnahme anwaltlicher Beratung, entfallen.[955]

3.1004 Welcher Zeitraum hierfür erforderlich ist und welche Bedeutung möglicherweise auch anderen Umständen zukommt, ist Sache der tatrichterlichen Würdigung des konkreten Einzelfalls, die in der Revisionsinstanz grundsätzlich nur eingeschränkt überprüft werden kann.[956] So soll eine Zeitspanne von zehn Wochen zwischen der Haustürsituation und dem Vertragsschluss nicht die Annahme des Ursachenzusammenhangs hindern.[957]

3.1005 Dabei ist zu beachten, dass es keinen Rechtssatz gibt, nach dem mit Ablauf einer bestimmten Frist die Kausalität ohne Rücksicht auf die Umstände des Einzelfalls entfällt.[958] Insbesondere haben sich bislang keine festen Zeitgrenzen herausgebildet.

3.1006 Der insoweit **darlegungs- und beweispflichtige Verbraucher** muss hinreichende Tatsachen zum Vorliegen einer Überrumpelungssituation vortragen und ggf. beweisen. Ist die Unterschriftsleistung lediglich der Endpunkt vorausgegangener längerer anderweitiger Gespräche über den Darlehenswunsch des Ehepartners des Verbrauchers, so kann diese Voraussetzung nicht festgestellt werden.[959]

3.1007 **d) Unterbrechung des Kausalzusammenhangs.** Bei ordnungsgemäßer **Belehrung** kann der Kausalzusammenhang zwischen der Haustürsituation und dem späteren Abschluss des Vertrages unterbrochen werden. Dies beruht auf der Erwägung, dass ein Verbraucher, der ein Widerrufsrecht trotz ordnungsgemäßer Belehrung nicht ausübe, dies regelmäßig bewusst tue.[960] Der Schluss auf eine bewusst getroffene Entscheidung des Verbrauchers verbietet sich indes von vornherein, wenn die vorangegangene Widerrufsbelehrung etwa wegen fehlerhafter Zusätze (hier verbundenes Empfangsbekenntnis) mit einer Beeinträchtigung der Verdeutlichung des Widerrufsrechts verbunden war.[961]

---

954) BGH, Urt. v. 18.9.2008 – XI ZR 157/07, BeckRS 2008, 26951; BGH, Urt. v. 24.3.2009 – XI ZR 456/07, NJW 2009, 3433 = ZIP 2009, 1054; BGH, Urt. v. 26.10.2010 – XI ZR 367/07, NJW-RR 2011, 403; BGH, Urt. v. 28.6.2011 – XI ZR 349/10, NJW-RR 2012, 183 = ZIP 2011, 1858.

955) OLG Frankfurt/M., Urt. v. 15.8.2007 – 9 U 29/07, BeckRS 2007, 15560.

956) BGH, Urt. v. 24.3.2009 – XI ZR 456/07, NJW 2009, 3433 = ZIP 2009, 1054; BGH, Urt. v. 26.10.2010 – XI ZR 367/07, NJW-RR 2011, 403; BGH, Urt. v. 28.6.2011 – XI ZR 349/10, NJW-RR 2012, 183 = ZIP 2011, 1858.

957) OLG Koblenz, Hinweisbeschl. v. 10.1.2011 – 5 U 1353/10, NJW-RR 2011, 1203.

958) BGH, Urt. v. 18.12.2007 – XI ZR 76/06, ZIP 2008, 357; BGH, Urt. v. 26.10.2010 – XI ZR 367/07, NJW-RR 2011, 403.

959) Zu diesem in der Kreditwirtschaft gebräuchlichen Begriff OLG Nürnberg, Urt. v. 10.1.2012 – 14 U 1314/11, BeckRS 2012, 01727.

960) BGH, Urt. v. 9.5.2006 – XI ZR 119/05, NJW-RR 2006, 1419 = ZIP 2006, 1238.

961) BGH, Urt. v. 26.10.2010 – XI ZR 367/07, NJW-RR 2011, 403; BGH, Urt. v. 28.6.2011 – XI ZR 349/10, NJW-RR 2012, 183 = ZIP 2011, 1858.

III. Widerrufsbelehrung

1. Temporaler Anwendungsbereich

Im Falle von Haustürgeschäften war von § 355 BGB in der geänderten Fassung lediglich § 355 Abs. 3 Satz 3 BGB a. F. rückwirkend auf alle Verträge anwendbar, die seit dem 1.1.2002 geschlossen worden waren (Art. 229 § 9 Abs. 1 Satz 2 EGBGB). Für die ab dem 2.8.2002 abgeschlossenen Haustürgeschäfte, seien sie zugleich Verbraucherdarlehensverträge oder nicht, galten die §§ 355, 358 BGB in der Fassung des OLG-VertretungsänderungsG (Art. 229 § 9 Abs. 1 Satz 1 Nr. 1 EGBGB).[962) 3.1008

2. Belehrungspflicht

§ 312 Abs. 2 Satz 1 BGB stellt nunmehr ausdrücklich klar, dass es sich um eine Rechtspflicht des Unternehmers handelt.[963) Das Recht zum Widerruf ist nicht abdingbar (§ 312g Satz 1 BGB). 3.1009

3. Inhaltsanforderungen

a) Grundsatz. Das Gesetz legt für die Belehrung keine inhaltlichen Anforderungen fest. In der Situation des § 312 Abs. 1 Satz 1 BGB sind die §§ 355, 360 Abs. 1 BGB zu beachten.[964) Das Muster gemäß Anlage 1 zu Art. 246 § 2 Abs. 3 Satz 1 EGBGB kann herangezogen werden. Verwendet der Unternehmer dieses, genügt die Belehrung den gesetzlichen Anforderungen, obwohl die karge, nicht auf das konkrete Vertragsobjekt abstellende Formulierung schwerlich ausreichend informiert. Eine Belehrung unter Verwendung der Musterinformation nach Anlage 6 zu Art. 247 § 6 Abs. 2 und § 12 Abs. 1 EGBGB setzt den Fristenlauf nicht in Gang.[965) Die Belehrung muss spätestens bei Vertragsschluss in Textform (§ 126b BGB) erfolgen.[966) 3.1010

b) Datumsangabe. Gem. Art. 4 Abs. 2 Satz 1 Haustürwiderrufsrichtlinie wird in richtlinienkonformer Auslegung des § 360 BGB eine Datumsangabe gefordert.[967) 3.1011

c) Deutlichkeitsgebot. aa) Grundlagen. Eine Widerrufsbelehrung mit dem einleitenden Satz „Verbraucher haben das folgende Widerrufsrecht" verstößt nicht gegen das Deutlichkeitsgebot des § 312c Abs. 1 BGB i. V. m. Art. 246 § 1 Abs. 1 Nr. 10 EGBGB.[968) 3.1012

---

962) BGH, Urt. v. 13.6.2006 – XI ZR 94/05, NJW 2006, 3349 = ZIP 2006, 1942.

963) So bereits zur früheren Rechtslage wie folgt: BGH, Urt. w. 19.9.2006 – XI ZR 204/04, BGHZ 169, 109 = NJW 2007, 357 = ZIP 2006, 2262; BGH, Urt. v. 26.2.2008 – XI ZR 74/06, NJW 2008, 1585 = ZIP 2008, 686.

964) Erman-*Saenger*, BGB, § 312 Rz. 3.

965) BGH, Urt. v. 8.6.2004 – XI ZR 167/02, NJW 2004, 2744 = ZIP 2004, 1639; BGH, Urt. v. 21.11.2006 – XI ZR 347/05, NZM 2007, 170 = ZIP 2007, 264; jeweils zum VerbrKrG.

966) Palandt-*Grüneberg*, BGB, § 357 Rz. 10.

967) Str., a. A. OLG Frankfurt/M., Beschl. v. 11.6.2007 – 9 U 109/06, BeckRS 2007, 10183.

968) BGH, Urt. v. 9.11.2011 – I ZR 123/10, NJW 2012, 1814 = ZIP 2012, 981.

3.1013 **bb) Zusätze.** Problematisch können Zusätze in der Widerrufsbelehrung sein.[969] Eine Belehrung nach § 2 Abs. 1 HausTWG a. F. ist unwirksam, wenn sie den Zusatz enthält „wenn für diesen Vertrag die Voraussetzungen des § 1 Abs. 1 HausTWG (...) erfüllt sind". Damit werde in unzulässiger Weise dem Kunden aufgebürdet, selbst zu prüfen, ob der sachliche Anwendungsbereich dieses Gesetzes eröffnet sei.[970]

3.1014 Dazu rechnet weiter der Hinweis, der Widerruf des Darlehensvertrages gelte als nicht erfolgt, wenn der Darlehensnehmer das Darlehen nicht binnen zwei Wochen nach Erklärung des Widerrufs oder nach Auszahlung des Darlehens zurückzahlt.[971]

3.1015 cc) Enthält die schriftliche Belehrung über die Einhaltung der Widerrufsfrist die Formulierung „Zur Fristwahrung genügt die rechtzeitige Absendung des Widerrufs ..." den **Klammerzusatz „(Datum des Poststempels)"**, so ist die Belehrung irreführend und löst daher nicht den Ablauf der Widerrufsfrist aus. Die Belehrung ist unwirksam, weil es nur auf die rechtzeitige Absendung (§§ 360 Abs. 1 Satz 2 Nr. 4, 355 Abs. 1 Satz 2 Halbs. 2 BGB), z. B. den Einwurf in den Briefkasten, nicht auf den Poststempel ankommt.[972] Zudem verstößt sie gegen das Deutlichkeitsgebot (§ 360 Abs. 1 Satz 1 BGB).

3.1016 **d) Widerrufsfolgen. aa) Grundsatz.** Bei Haustürgeschäften muss die Widerrufsbelehrung über § 360 BGB hinausgehend gem. § 312 Abs. 2 Satz 2 BGB grundsätzlich auch auf die Rechtsfolgen § 357 Abs. 1 und 3 BGB hinweisen.[973]

3.1017 **bb) Ausnahme.** Der an sich nach § 357 Abs. 2 Satz 2 BGB vorgeschriebene Hinweis auf die Rechtsfolgen kann entfallen, wenn eine Rückabwicklung nach der konkreten Vertragsgestaltung tatsächlich ausgeschlossen ist (§ 312 Abs. 2 Satz 3 BGB).[974] Dies gilt auch dann, wenn die beiderseitigen Leistungen erst nach Ablauf der Widerrufsfrist erbracht werden.[975] Ein Interesse des Verbrauchers an der Belehrung über Widerrufsfolgen kann nämlich nur bestehen, wenn und soweit diese Folgen tatsächlich eintreten können. Bei § 312 Abs. 2 Satz 3 BGB handelt es sich um eine klarstellende Regelung.[976] Ausweislich der Ent-

969) BGH, Urt. v. 24.7.2007 – XI ZR 191/06, BGHZ 172, 157 = NJW 2007, 2762 = ZIP 2007, 1152; BGH, Urt. v. 11.3.2008 – XI ZR 317/06, NJW 2008, 1728 = ZIP 2008, 871; BGH, Urt. v. 13.1.2009 – XI ZR 118/08, NJW-RR 2009, 709 = ZIP 2009, 364.

970) OLG Frankfurt/M., Urt. v. 2.8.2000 – 9 U 5/00, MDR 2001, 77.

971) BGH, Urt. v. 26.10.2010 – XI ZR 367/07, NJW-RR 2011, 403; BGH, Urt. v. 28.6.2011 – XI ZR 349/10, NJW-RR 2012, 183 = ZIP 2011, 1858.

972) OLG Oldenburg, Urt. v. 9.3.2006 – 1 U 134/05, NJW 2006, 3076.

973) BGH, Urt. v. 12.4.2007 – VII ZR 122/06, BGHZ 172, 58 = NJW 2007, 1946 = ZIP 2007, 1067; BGH, Urt. v. 13.1.2009 – XI ZR 118/08, NJW 2009, 709 = ZIP 2009, 362; BGH, Urt. v. 2.2.2011 – VIII ZR 103/10, NJW-RR 2011, 785; BGH, Urt. v. 22.5.2012 – II ZR 1/11, NJW-RR 2012, 1197.

974) BGH, Urt. v. 2.2.2011 – VIII ZR 103/10, NJW-RR 2011, 785 (§ 312 BGB).

975) OLG Dresden, Urt. v. 25.1.2011 – 5 U 1058/10, NJW-RR 2011, 921.

976) Begründung RegE BT-Drucks. 16/11 643, S. 69.

stehungsgeschichte zur aktuellen Gesetzesfassung war schon vor Inkrafttreten der aktuellen Gesetzesfassung ein Hinweis auf die Rechtsfolgen aus § 357 Abs. 1 und 3 BGB a. F. nicht erforderlich.[977)]

cc) **Umfang.** Der Unternehmer muss ggf. erstens über die Pflicht des Verbrauchers zur **Rückgewähr der Sache** (§§ 357 Abs. 1, 346 Abs. 1 BGB) belehren. Wenn die Rückgewähr, wie bei Dienstleistungen, ausgeschlossen ist, muss zweitens auf die Verpflichtung zum **Wertersatz wegen Unmöglichkeit der Rückgabe oder der Herausgabe** (§§ 357 Abs. 1, 346 Abs. 2 Satz 1 Nr. 1 BGB) hingewiesen werden. Ebenfalls belehrt werden muss über die **Wertersatzpflicht wegen Verschlechterung oder Untergang der Sache** (§§ 357 Abs. 1, 346 Abs. 2 Satz 1 Nr. 3, 357 Abs. 3 Satz 1 BGB); gleiches gilt in den in § 346 Abs. 2 Satz 1 Nr. 2 BGB angesprochenen Fallgruppen. Drittens umfasst das Belehrungserfordernis auch die Verpflichtung zur **Herausgabe gezogener Nutzungen.**[978)] Bei Unmöglichkeit der Herausgabe von Nutzungen ist insofern viertens **Wertersatz für nicht gezogene Nutzungen** zu leisten, worüber ebenfalls zu belehren ist. **3.1018**

Wie der Verbraucher die drohende Wertminderung vermeiden kann, ist entgegen der nach § 357 Abs. 3 Satz 1 BGB a. F. geltenden Gesetzesfassung nicht mehr Gegenstand der Belehrung. **3.1019**

4. Mitteilung der Belegunterlagen

Fraglich ist, ob der Anwendungsbereich des § 355 Abs. 3 Satz 2 BGB eröffnet ist. Das Gesetz sieht von der Ausnahme des § 350 HGB abgesehen, die hier über § 14 BGB zur Unanwendbarkeit des Haustürrechts führt, Schriftformerfordernisse für die Erklärung des Bürgen (§ 766 Satz 1 BGB) bzw. des Schuldanerkennenden bzw. -versprechenden (§§ 781 Satz 1, 780 Satz 1 BGB) vor. Allerdings handelt es sich dabei nur um einseitige Formvorschriften. Der Schutzzweck des § 355 Abs. 3 Satz 2 BGB dürfte eine Gleichstellung mit den vollumfänglich einem gesetzlichen Schriftformerfordernis unterliegenden Verträgen gebieten. **3.1020**

5. Nachträgliche Widerrufsbelehrung

Gem. § 355 Abs. 2 Satz 2 BGB i. V. m. Art. 229 § 9 Abs. 2 EGBGB ist eine nachträgliche Widerrufsbelehrung auch im Bezug auf vor dem Inkrafttreten des Schuldrechtsmodernisierungsgesetzes beschlossene Altverträge möglich.[979)] **3.1021**

977) KG, Beschl. v. 16.7.2010 – 14 U 75/10, BeckRS 2011, 11090; OLG München, Beschl. v. 1.7.2010 – 27 U 322/10; OLG Dresden, Urt. v. 25.1.2011 – 5 U 1058/10, NJW-RR 2011, 921.

978) BGH, Urt. v. 12.4.2007 – VII ZR 122/06, BGHZ 172, 58 = NJW 2007, 1946 = ZIP 2007, 1067; BGH, Urt. v. 2.2.2011 – VIII ZR 103/10, NJW-RR 2011, 785.

979) BGH, Urt. v. 13.6.2006 – XI ZR 94/05, NJW 2006, 3349 = ZIP 2006, 1942; BGH, Urt. v. 26.10.2010 – XI ZR 367/07, NJW-RR 2011, 403; BGH, Urt. v. 28.6.2011 – XI ZR 349/10, NJW-RR 2012, 183 = ZIP 2011, 1858.

Vierter Hauptteil: Sicherheiten

§ 48 Inventarsicherheiten

I. Grundfragen

Zur Absicherung ihres finanziellen Engagements können Getränkelieferanten häufig allein auf das Inventar von Gaststätten als eine Art der Kreditsicherheit zugreifen. Die Gestellung von Inventarsicherheiten ist nicht nur zeitaufwändig und mit zahlreichen denkbaren Rechtsfehlern behaftet; sie bedarf auch in wirtschaftlicher Hinsicht hinsichtlich eines erzielbaren Erlöses aus einer Verwertung einer eingehenden rechtlichen und betriebswirtschaftlichen Prüfung. 4.1

Dabei ist unter anderem zu fragen, ob es **andere Sicherheiten** gibt. Insbesondere ist an die Gestellung von Drittsicherheiten zu denken. Auch erscheint es sinnvoll, anstatt einer Absicherung durch eine (Inventar-)Sicherheit nebeneinander **verschiedene Sicherheiten** zur Absicherung entsprechender Anteile der Gesamtfinanzierung zu bestellen. Selbst innerhalb der Inventarsicherheiten ist zwischen der Hereinnahme von Altinventarien, seien sie bereits im (inventarisierten) Objekt vorhanden, seien sie vom Gastwirt neu eingebracht, und der Absicherung durch neu zu finanzierendes Inventar zu unterscheiden. 4.2

II. Sonderrechtsfähigkeit

Gaststätteninventar steht nur dann als Sicherheit zur Verfügung, wenn es sonderrechtsfähig ist. 4.3

1. Wesentliche Bestandteile

Sachteile, die das BGB als wesentliche Bestandteile (§ 93 BGB) bezeichnet, sind sonderrechtsunfähig. § 94 BGB erweitert diesen Grundsatz für andere wesentliche Bestandteile an Grundstücken und Gebäuden. Gleiches erfolgt durch § 96 BGB für Rechte. Bei Grundstücken sind die feste Verbindung bzw. die Einfügung der Sachen zur Herstellung des Gebäudes (§ 94 BGB) von Bedeutung. Folge ist, dass eine Sonderrechtsfähigkeit und damit Übereignungsfähigkeit ausscheidet.[1] Dingliche Rechtsgeschäfte über wesentliche Bestandteile eines Grundstücks sind ebenso wie eine Übereignung nach § 825 ZPO[2] nichtig. Jeder auch im Übrigen rechtlich wirksam gestaltete Sicherungsübereignungsvertrag geht ebenso wie ein Verkauf unter Eigentumsvorbehalt ins Leere, auch wenn Dritte den Gegenstand bestellt oder bezahlt haben. Gleichwohl sicherungsübereignetes Inventar wird in der Zwangsversteigerung mitversteigert, ohne dass der Getränkelieferant ein Widerspruchsrecht hat. 4.4

---

1) Anders nach Maßgabe des WEG.

2) BGH, Urt. v. 20.5.1988 – V ZR 269/86, BGHZ 104, 298 = NJW 1988, 2089.

2. Scheinbestandteile

4.5 a) **Grundsatz.** Die Sonderrechtsunfähigkeit wesentlicher Bestandteile (§ 93 BGB) wird in § 95 BGB für sog. Scheinbestandteile eingeschränkt. Wenn die Voraussetzungen der Vorschrift vorliegen, sind die verbundenen oder eingefügten Sachen weder wesentliche noch einfache Grundstücksbestandteile, sondern Scheinbestandsteile. Sie bleiben, auch wenn sie tatsächlich unbeweglich sind, im Rechtssinn bewegliche Sachen und unterliegen den für diese geltenden Regeln. Handelt es sich bei einem Inventargegenstand um einen Scheinbestandteil, so ist eine Übereignungsfähigkeit grundsätzlich gegeben. Die Sicherungsübereignung erfolgt analog §§ 929, 930, 868, 688 BGB.[3] Dann ist allerdings die Auslegungsregel des § 926 BGB zu beachten und es stellt sich in besonderem Maße die Problematik der kollidierenden Haftung als Sicherheit für ein Grundpfandrecht.

4.6 Zu den Scheinbestandteilen rechnen Bestandteile eines Grundstücks, die nur zu einem **vorübergehenden Zweck** mit Grund und Boden verbunden sind. Für die Anwendung des § 95 BGB kommt es auf vertragliche Regelungen nicht an. Maßgebend ist vielmehr, ob die Sache nach dem inneren Willen des Verbindenden bei einem normalen Lauf der Dinge nicht wieder abgetrennt werden soll.[4] Die Verbindung ist vorübergehend, wenn sie begriffsmäßig oder nach dem Willen des Einfügenden zeitlich begrenzt ist. Nicht zu einem vorübergehenden Zweck, sondern auf Dauer erfolgt die Verbindung, wenn an ihre spätere Wiederaufhebung nicht gedacht ist. Vom Mieter oder Pächter eingebrachte Baulichkeiten und eingebrachte Sachen sind daher Scheinbestandteile.[5] Dies kann Anlass geben, zwischen der Beurteilung von Eigentümer- und Mieter-/Pächterfinanzierungen zu differenzieren.

4.7 b) **Ausnahmen.** Allerdings sind ausnahmsweise abweichende Fallkonstellationen denkbar, in denen selbst Scheinbestandteile nicht zur Sicherungsübereignung zur Verfügung stehen. Erstens ist dies dann der Fall, wenn der Verbindende die positive Absicht hatte, die Sache nach Beendigung des Nutzungsverhältnisses dem Grundstückseigentümer zu überlassen. Dies gilt auch dann, wenn das Gebäude sowohl den Zwecken des Mieters als auch nach Beendigung des Mietverhältnisses den Zwecken des Vermieters dienen soll.[6] Auszusondern sind zweitens Sachverhalte, in denen es zwischen den Parteien von vorne herein feststeht, etwa aufgrund einer ausdrücklichen Vereinbarung, dass der Grundstückseigentümer nach Beendigung des Nutzungsverhältnisses die Sache über-

---

3) Ständige Rechtsprechung, u. a. BGH, Urt. v. 31.10.1986 – V ZR 168/85, NJW 1987, 774; OLG Celle, Urt. v. 21.12.1951 – 4 U 107/51, MDR 1952, 744.

4) BGH, Urt. v. 11.11.2011 – V ZR 231/10, BGHZ 191, 285 = NJW 2012, 778.

5) BGH, Urt. v. 4.7.1984 – VIII ZR 270/83, BGHZ 92, 70 = NJW 1984, 2878; BGH, Urt. v. 12.7.1984 – IX ZR 124/83, NJW 1985, 789.

6) BGH, Urt. v. 31.10.1952 – V ZR 36/51, BGHZ 8, 1 = NJW 1953, 137; BGH, Urt. v. 27.5.1959 – V ZR 173/57, NJW 1959, 1487.

nehmen soll.[7] Drittens kann ein vorübergehender Zweck ausnahmsweise auch dann ausscheiden, wenn grundsätzlich nach Ablauf der jeweiligen Nutzungszeit eine automatische Verlängerung des Vertragsverhältnisses in Aussicht gestellt war.[8]

c) **Konsequenzen.** Scheinbestandteile können als selbständige Sachen grundsätzlich Gegenstand besonderer Rechte sein.[9] Da sie nur zu einem vorübergehenden Zweck mit dem Grund und Boden verbunden sind oder in das Gebäude eingefügt sind, sind sie weder wesentliche noch unwesentliche Bestandteile der Hauptsache. Sie sind auch kein Zubehör des Grundstücks.[10] 4.8

3. Nicht wesentliche Bestandteile

Nicht wesentliche Bestandteile sind sonderrechtsfähig. 4.9

4. Zubehör

Als selbständige bewegliche Sachen sind Zubehörstücke i. S. d. § 97 BGB sonderrechtsfähig, d. h. sie können grundsätzlich ohne die Hauptsache übereignet oder belastet werden. Ist Inventar als Zubehör einzuordnen, so steht es grundsätzlich als Inventarsicherheit zur Verfügung. Hat der Kunde das neue Inventar vom Lieferanten unter Eigentumsvorbehalt oder vorhandenes Inventar unter Eigentumsvorbehalt vom Vorbetreiber gekauft und ist der Kunde seinen Zahlungsverpflichtungen noch nicht vollständig nachgekommen, muss sich die Sicherungsübereignung auch auf die Übertragung des Anwartschaftsrechts auf Eigentumserwerb beziehen. Sollte der Getränkelieferant das Inventar an den Kunden unmittelbar unter Eigentumsvorbehalt verkauft und die Kaufpreisfinanzierung im Rahmen eines Darlehens- und Getränkelieferungsvertrages geregelt haben, wird häufig im Kauf- oder Darlehensvertrag ein umfassenderer Sicherungszweck dahingehend vereinbart, dass das Sicherungsgut auch für alle Ansprüche aus dem Liefervertrag haftet. 4.10

III. Rechtliche Einordnung von Gaststätteninventar

Ganz wesentlich für die Hereinnahme als Inventarsicherheit ist die rechtliche Qualifikation des Gaststätteninventars. Nur nicht wesentliche (einfache) Bestandteile sowie Scheinbestandteile sind sonderrechtsfähig. Selbst dann bedarf die Zubehöreigenschaft weiterer Prüfung. 4.11

---

7) BGH, Urt. v. 20.5.1988 – V ZR 269/86, BGHZ 104, 298 = NJW 1988, 2789; BGH, Urt. v. 18.1.1990 – IX ZR 71/89, NJW-RR 1990, 411; BFH, Urt. v. 22.10.1986 – II R 125/84, NJW 1987, 2702.

8) OLG Köln, Urt. v. 13.5.1960 – 4 U 58/59, NJW 1961, 461.

9) BGH, Urt. v. 23.5.1962 – V ZR 238/60, NJW 1962, 1498.

10) BGH, Urt. v. 23.5.1962 – V ZR 238/60, NJW 1962, 1498.

1. Bestandteilsrecht

4.12 a) **Rechtlicher Rahmen.** Grundlage der rechtlichen Beurteilung sind die §§ 93–95 BGB. (Wesentliche) Bestandteile einer Sache sind diejenigen körperlichen Gegenstände, die entweder von Natur aus eine Einheit bilden oder die durch die Verbindung miteinander ihre Selbständigkeit dergestalt verloren haben, dass sie fortan, solange die Verbindung dauert, als eine einzige Sache erscheinen. Maßgebend dafür ist die **Verkehrsanschauung** und – wenn diese fehlt oder nicht festgestellt werden kann – die natürliche Betrachtungsweise eines verständigen Beobachters, wobei Zweck und Wesen der Sache und ihrer Bestandteile vom technisch wirtschaftlichen Standpunkt aus zu beurteilen sind.[11] Insofern kommt es oft auch auf die (regional zu beurteilenden) Umstände des Einzelfalles an, was die Einordnung nicht erleichtert. Beurteilungskriterien sind Art und beabsichtigte Dauer der Verbindung, der Grad der Anpassung bisher selbständiger Sachen aneinander und ihr wirtschaftlicher Zusammenhang.

4.13 b) **Abgrenzungsfragen.** aa) Danach kommt es allgemein auf Aspekte wie **Trennbarkeit** der Bestandteile und dadurch bedingte Zerstörung oder **Wesensveränderung** (§ 93 BGB) an. Bei einer **festen Verbindung**, zu der eine Befestigung durch Schrauben nicht rechnet,[12] wird wohl häufig eine Bestandteilseigenschaft anzunehmen sein. Doch handelt es sich insofern nur um ein äußeres Merkmal. Eine vorübergehende Trennung hebt die Bestandteilseigenschaft nicht auf. Eine Wesensveränderung ist zu verneinen, wenn der abgetrennte Bestandteil in gleicher oder in ähnlicher Weise in einer anderen Anlage integriert werden kann und damit wieder seine Funktion erfüllen kann.

4.14 bb) **Nutzbarkeit.** Für die Wesentlichkeit eines Bestandteils ist nach § 93 BGB auch entscheidend, ob die Restsache nach der Abtrennung des Bestandteils noch in der bisherigen Weise benutzt werden kann, sei es auch erst, nachdem sie zu diesem Zweck wieder mit anderen Sachen verbunden wird. Kann das auszubauende Teil durch ein gleiches oder ähnliches Aggregat ersetzt und dadurch die Gesamtsache in gleicher oder ähnlicher Funktion wieder hergestellt werden, ist der abzutrennende Bestandteil grundsätzlich als unwesentlich anzusehen.[13]

4.15 cc) Ein Aggregat ist nicht schon deshalb wesentlicher Bestandteil der Gesamtsache i. S. d. § 93 BGB, weil es nicht **serienmäßig** (auf Vorrat), sondern nur auf Bestellung produziert wird. Entscheidend ist, ob die abtrennbare Sache an die Gegenstände, mit denen sie verbunden ist, **besonders angepasst** ist und ob sie durch andere gleichartige desselben oder eines anderen Herstellers ersetzt werden kann. Nur dann ist sie als wesentlicher, nicht sonderrechtsfähiger Bestand-

11) BGH, Urt. v. 11.11.2011 – V ZR 231/10, BGHZ 191, 285 = NJW 2012, 778.

12) RG, Urt. v. 2.6.1915 – V 19/15, RGZ 87, 43; BGH, Urt. v. 3.5.1956 – IV ZR 301/55, BGHZ 20, 154 = NJW 1956, 945.

13) BGH, Urt. v. 11.11.2011 – V ZR 231/10, BGHZ 191, 285 = NJW 2012, 778.

teil anzusehen. Das individuelle Interesse des Besitzers einer solchen Sache, nach einer Abtrennung eines Bestandteils von den Aufwendungen für eine Ersatzbeschaffung verschont zu bleiben, wird vom Schutzzweck des § 93 BGB nicht erfasst. Ebenso kommt es nicht darauf an, ob sich nach dem jetzigen Zustand der Restsache der Einbau eines neuen Moduls noch lohnen sollte.[14)]

dd) Maßgeblicher Beurteilungszeitpunkt ist der **Zeitpunkt der Verbindung. Nachfolgende Wertveränderungen** sind für die Eigentumsverhältnisse an dem Bestandteil auch dann ohne Bedeutung, wenn sie dazu führen, dass im Zeitpunkt des Ausbaus sich die **Kosten** der Trennung im Vergleich zu dem Wert des abzutrennenden Bestandteils als unerheblich darstellen.[15)] **4.16**

ee) Eine Sache wird auch nicht deshalb ein wesentlicher Bestandteil, weil der für den Ausbau erforderliche **Aufwand** hoch wäre. Selbst wenn man ein entsprechendes weiteres (ungeschriebenes) Tatbestandsmerkmal in § 93 BGB hineininterpretieren würde, kommt es darauf nicht an. Auch ein hoher Aufwand kann verhältnismäßig sein, weil sich die damit verbundenen Kosten rentieren.[16)] **4.17**

c) Beispiele. aa) Wesentliche Bestandteile. Folgende Gegenstände kommen nach der Rechtsprechung als wesentliche Bestandteile i. S. v. § 94 Abs. 2 BGB nicht für eine Sicherungsübereignung in Betracht: Be- und Entlüftungsanlagen in Gaststätten,[17)] ein dem Gebäude besonders angepasster (Hotel-)Aufzug,[18)] ein zugeschnittener und auch nur lose verlegter Teppichboden, sofern er im Auftrag des Eigentümers verlegt worden ist,[19)] ausnahmsweise die Gaststätteneinrichtung, wenn Gebäude und Einbauten bereits in der Bauplanung aufeinander abgestimmt sind und wenn die Einrichtung speziell angefertigt und angepasst wurde,[20)] ein Notstromaggregat,[21)] im Boden 2,60 m tief verankerte Baumstämme.[22)] **4.18**

bb) Nicht wesentliche Bestandteile. Folgende Gegenstände wurden lediglich als nicht wesentliche Bestandteile angesehen: Thekenanlage, Rückschrankanlage, Flaschenboard im Verlauf der Theke mit Einbaustrahlern, Serviceinstalla- **4.19**

---

14) BGH, Urt. v. 11.11.2011 – V ZR 231/10, BGHZ 191, 285 = NJW 2012, 778.

15) BGH, Urt. v. 11.11.2011 – V ZR 231/10, BGHZ 191, 285 = NJW 2012, 778.

16) BGH, Urt. v. 11.11.2011 – V ZR 231/10, BGHZ 191, 285 = NJW 2012, 778.

17) OLG Hamm, Urt. v. 26.11.1985 – 27 U 144/84, NJW-RR 1986, 376; OLG Düsseldorf, Urt. v. 16.12.1998 – 11 U 33/98, ZMR 1999, 474.

18) RG, Urt. v. 5.5.1917 – Rep. V 11/17, RGZ 90, 198.

19) LG Frankenthal, Urt. v. 20.9.1978 – 2 S 136/78, VersR 1978, 1106; LG Köln, Urt. v. 15.6.1979 – 11 S 385/78, NJW 1979, 1608.

20) OLG Schleswig, Urt. v. 14.7.1994 – 2 U 4/94, MDR 1995, 1212 = WM 1994, 1639.

21) BGH, Urt. v. 10.7.1987 – V ZR 285/86, NJW 1987, 3178 (Hotel); OLG Saarbrücken, Urt. v. 2.5.2001 – 1 U 682/00-145, NJW-RR 2001, 1632 (Diskothek).

22) OLG Koblenz, Beschl. v. 4.8.2009 – 5 U 333/09, MDR 2009, 1157.

tionsschrank, Podestanlagen, Wandvertäfelungen (zw.), Garderobenablage und Bänke,[23] Kegelbahnanlage,[24] Kühlzellen in einem Hotel[25].

2. Gaststätteninventar als Zubehör

4.20 a) **Voraussetzungen.** Zubehör i. S. d. § 97 Abs. 1 BGB (und i. S. d. § 865 ZPO sowie der §§ 20 Abs. 2, 21 Abs. 1, 55 Abs. 2, 146 und 148 ZVG) sind rechtlich selbständige bewegliche Sachen, die, ohne Bestandteil der **Hauptsache** zu sein, dem wirtschaftlichen Zwecke der Hauptsache auf Dauer zu dienen bestimmt sind[26] und zu ihr in einem dieser Bestimmung entsprechenden räumlichen Verhältnis stehen (§ 97 Abs. 1 Satz 1 BGB). Erst die Herstellung dieses räumlichen Verhältnisses zur Hauptsache begründet die Zubehöreigenschaft. Eine Sache ist nicht Zubehör, wenn sie im Verkehr nicht als Zubehör angesehen wird (§ 97 Abs. 1 Satz 2 BGB).

4.21 b) **Abgrenzung.** Zur Ermittlung der **Verkehrsauffassung**[27] werden durch die Industrie- und Handelskammern Umfragen durchgeführt. Beteiligt sind sowohl Hotel- oder Gaststättenbetriebe als auch (Getränke-)Lieferanten, Vermieter und Leasinggeber.

4.22 Wie sich aus § 97 Abs. 2 Satz 1 BGB ergibt, muss die Zugehörigkeit dem Zweck der Hauptsache **auf Dauer** zu dienen bestimmt sein. Kein Zubehör sind daher solche Sachen, die sich nur vorübergehend auf dem Grundstück befinden.[28] Scheinbestandteile (§ 95 BGB) fallen daher in der Regel nicht unter § 97 BGB.[29] Die **vorübergehende Benutzung** einer Sache für den wirtschaftlichen Zweck einer anderen begründet nicht die Zubehöreigenschaft (§ 97 Abs. 2 Satz 1 BGB). Daher ist dasjenige, was ein Mieter/Pächter in die Miet-/Pachtsache einbringt, wegen der nur vorübergehenden Zweckbestimmung als Zubehör von der Versteigerung nicht erfasst.[30] Die vorübergehende Trennung eines Zubehörstücks von der Hauptsache hebt die Zubehöreigenschaft nicht auf (§ 97 Abs. 2 Satz 2 BGB). Soweit § 55 Abs. 2 ZVG den Besitz des Vollstreckungsschuldners verlangt, genügt hierfür der mittelbare Besitz.[31]

4.23 Zweifelhaft kann sein, ob eine vorübergehende Verbindung i. S. v. § 95 Abs. 1 Satz 1 BGB und damit eine Scheinbestandteilseigenschaft nicht einer dauerhaf-

23) LG Essen, Urt. v. 15.10.1997 – 16 O. 312/37.
24) LG Saarbrücken, Urt. v. 29.9.1986 – 1 O. 341/85, NJW-RR 1987, 11.
25) LG Ansbach, Urt. v. 24.7.1989 – 3 O. 279/89, WM 1989, 1777.
26) Zum Inventar von Gewerbebetrieben vgl. auch § 98 BGB.
27) LG Flensburg, Urt. v. 3.6.1999 – 5 O. 26/98, BeckRS 2008, 19898.
28) *Stöber*, ZVG, § 20 Rz. 3.4.
29) BGH, Urt. v. 23.5.1962 – V ZR 238/60, NJW 1962, 1498.
30) OLG Rostock, Beschl. v. 12.12.2011 – 3 W 193/11, NJW-RR 2012, 222.
31) *Stöber*, ZVG, § 20 Rz. 3.3.

ten Zweckbindung i. S. v. § 97 Abs. 2 BGB widerspricht. Scheinbestandteile können auch immer Zubehör einer anderen Sache als der, deren Scheinbestandteile sie sind, sein.[32)]

c) **Beispiele.** Auch insofern gibt es eine umfangreiche Rechtsprechung, die im Hinblick auf die örtlich bzw. regional zu ermittelnde Verkehrsauffassung durchaus nicht immer zu denselben Ergebnissen führt. Die Zubehöreigenschaft wurde bejaht für die Einrichtung einer Gaststätte[33)] oder eines Cafés, wenn das Grundstück auf eine dauernde Benutzung eingerichtet ist[34)], die kühltechnische Einrichtung einer Gaststätte[35)], eine Telefonnebenstellenanlage[36)] sowie einen Hotelbus.[37)] 4.24

3. Bierausschankanlage

Die Bierausschankanlage in einer Gastwirtschaft kann in der Regel ohne weiteres entfernt werden. Sie ist daher kein wesentlicher Bestandteil nach § 94 Abs. 2 BGB und damit grundsätzlich Zubehör.[38)] Angesichts der Besonderheiten des Einzelfalles betrachtete das OLG Schleswig folgende Teile einer Gaststätteneinrichtung ausnahmsweise als wesentliche Bestandteile i. S. d. § 94 Abs. 2 BGB: Biertresen, soweit darin keine technischen Anlagen eingebaut waren; Tresenbaldachin, Kellnerschrank, Bänke, Garderobenschränke und Garderobeneinbau. Als Zubehör i. S. d. § 97 BGB wurden dagegen angesehen Tische, Barhocker, Sessel, Stühle und Biertresen, soweit darin technische Anlagen (Tiefkühlschrank, Kühlanlage und Bierdruckanlage) eingebaut waren.[39)] 4.25

4. Zwischenergebnis

Im Ergebnis steht Gaststätteninventar nur dann unproblematisch als Inventarsicherheit zur Verfügung, wenn es sich um unwesentliche Bestandteile oder 4.26

---

32) RG, Urt. v. 19.9.1903 – V 106/03, RGZ 55, 281.

33) Im Hinblick auf die Verkehrsauffassung wurde das Inventar einer Gastwirtschaft dagegen für Schleswig-Holstein (LG Kiel, Urt. v. 26.6.1980 – 30 O. 183/79, Rpfleger 1983, 167) sowie für Hamburg (Recht 1913 Nr. 2690; OLG Hamburg, Urt. v. 30.4.1918 – 3. Zivilsenat, OLGE 38, 30) und für Bremen (OLG Hamburg, Urt. v. 15.6.1915 – 6. Zivilsenat, OLGE 31, 192 für 1912) verneint.

34) BGH, Urt. v. 14.12.1973 – V ZR 44/72, BGHZ 62, 49 = NJW 1974, 249 (Baugeschäft); OLG Schleswig, Urt. v. 21.8.1987 – 14 U 77/84, Rpfleger 1988, 76 (Schleswig-Holstein); OLG Celle, Urt. v. 27.7.1979 – 4 M 41/79, OLGZ 1980, 13; OLG Schleswig, Urt. v. 21.8.1987 – 14 O. 77/84, Rpfleger 1988, 76.

35) OLG Hamm, Urt. v. 28.11.1985 – 27 U 144/84, NJW-RR 1986, 376.

36) LG Flensburg, Urt. v. 3.6.1999 – 5 O. 26/98, BeckRS 2008, 19898.

37) RG, Urt. v. 26.1.1901 – V 353/00, RGZ 47, 200.

38) OLG Celle, Urt. v. 27.7.1979 – 4 M 41/79, OLGZ 1980, 13; OLG Celle, Urt. v. 12.9.1997 – 4 U 34/96, MDR 1998, 463.

39) OLG Schleswig, Urt. v. 14.7.1994 – 2 U 4/94, MDR 1995, 1212.

Scheinbestandteile handelt, die nicht als Zubehör einer Hauptsache anzusehen sind.

IV. Rechtliche Gestaltungsoptionen

4.27 Steht zur Absicherung des finanziellen Engagements des Getränkelieferanten Gaststätteninventar zur Verfügung, so sind verschiedene Alternativen denkbar.

1. Sicherungsübereignung

4.28 Bei einer Sicherungsübereignung erwirbt der Getränkelieferant als Sicherungsnehmer infolge eines Sicherungsübereignungsvertrages das Sicherungseigentum (Volleigentum) an dem Inventar vom Darlehensnehmer als Sicherungsgeber, obgleich dem Sicherungsnehmer wirtschaftlich nur ein Verwertungsrecht zustehen soll.[40)] Die Sicherungsübereignung nach §§ 929 Satz 1, 930, 868, 688 BGB hat sich gegenüber dem Pfandrecht an Sachen durchgesetzt, weil sie auf die wirtschaftlich unsinnige Voraussetzung der Übergabe an den Pfändungspfandgläubiger (Publizitätserfordernis) verzichtet und Verfügungen über die sicherungsübereigneten Gegenstände leichter als beim vertraglichen Pfandrecht an beweglichen Sachen ermöglicht.

2. Eigentumsvorbehalt

4.29 Denkbar ist auch, dass der Getränkelieferant das Eigentum an dem Inventar selbst erwirbt oder bei Bestandsinventar behält und die Gegenstände unter Eigentumsvorbehalt an den Kunden (weiter-)verkauft.[41)] Der Eigentumsvorbehalt muss ausdrücklich, sei es im Kauf- und Getränkelieferungsvertrag, sei es in den AGB,[42)] vereinbart, jedenfalls spätestens bei Übergabe der beweglichen Sache erklärt werden. Für die Abwicklung stehen zwei Modelle zur Verfügung. Einerseits schließt der Getränkelieferant mit dem Kunden einen Kauf- und Getränkelieferungsvertrag, im Rahmen dessen der finanztechnische Teil sich als Teilzahlungsgeschäft, ggf. nach § 507 BGB, darstellt. Andererseits wird das Inventar dem Kunden im Rahmen eines Kaufvertrages unter Rechnungsstellung verkauft und der Kaufpreis über einen Darlehens- und Getränkelieferungsvertrag finanziert.[43)] In beiden Alternativen ist der Getränkelieferant sei es unmittelbar, sei es über § 359 BGB, den Gewährleistungsansprüchen des Käufers ausgesetzt. In der letztgenannten Variante ist darauf zu achten, dass der Eigen-

40) OLG Frankfurt/M., Urt. v. 29.6.2007 – 19 U 142/06, NJOZ 2007, 5354 = BeckRS 2007, 16524.

41) BGH, Urt. v. 7.10.1970 – VIII ZR 202/68, NJW 1970, 2243 = Zeller I, 202. Siehe oben § 39 II 5.

42) BGH, Urt. v. 20.3.1985 – VIII ZR 342/83, BGHZ 84, 105 = NJW 1985, 1836; BGH, Urt. v. 22.5.1986 – I ZR 11/85, NJW 1987, 437.

43) OLG Brandenburg, Urt. v. 23.11.1994 – 1 U 11/94, NJW-RR 1995, 1517.

tumsvorbehalt nicht verloren geht. Für den Herausgabeanspruch aus dem Eigentum gilt die 30-jährige Verjährungsfrist (§ 197 Abs. 1 Nr. 1 BGB). In der Insolvenz besteht ein Aussonderungsrecht (§ 47 InsO).

3. Direktübereignung/Lieferantenvereinbarung

In dieser Variante kauft der Darlehensnehmer das Inventar ebenso wie bei der Sicherungsübereignung vom Einrichter. Dieser überträgt allerdings in Abänderung/Ergänzung des Kaufvertrages das (Voll-/Vorbehalts-)Eigentum an dem Gaststätteninventar unmittelbar und direkt und damit ohne Zwischenerwerb des Käufers auf den Getränkelieferanten.[44] Aufgrund einer zwei- oder auch dreiseitigen Vereinbarung wird im Gegenzug das Darlehen an den Einrichter unter ggf. vollständiger Anrechnung auf den Kaufpreis gezahlt. Ein Vorteil ist, dass gewährleistungsrechtlich das Verhältnis zwischen Verkäufer (Einrichter) und Käufer maßgeblich bleibt. 4.30

4. Dreiersicherungsübereignung

Ähnlich kann die Situation bei Abschluss eines Dreiersicherungsübereignungsvertrages sein. Insofern entsteht allerdings ggf. unvermeidbar ein Anwartschaftsrecht des finanzierten Kunden, so dass diese Konstruktion weder im Bereich der Pfandrechte (Vermieter-/Verpächterpfandrecht, Zubehörhaftung) noch in der Insolvenz Vorteile mit sich bringt. 4.31

5. Leihe

Stellt der Getränkelieferant Inventar – sei es bereits vorhandenes (Bestands-) Inventar seines aktuell von ihm neu angeschafftes Inventar –, leihweise (also unentgeltlich) zur Verfügung, so handelt es sich zwar um eine Finanzierungsart. Das ggf. dauerhaft fortbestehende (Voll-)Eigentum des Getränkelieferanten ist aber rechtlich nicht als Inventarsicherheit zu sehen.[45] 4.32

V. Werthaltigkeit

1. Einführung

Schon vor der Hereinnahme von Inventarsicherheiten muss sich der Getränkelieferant über die Werthaltigkeit derselben bewusst werden. Zu fragen ist, mit welchem voraussichtlichen Erlös bei einer Verwertung realistisch gerechnet werden kann. Diese ex ante-Beurteilung ist naturgemäß schwierig. Der **Beleihungswert** wird von vielen Faktoren beeinflusst. Nachfolgend werden einige wesentliche angesprochen. 4.33

---

44) BGH, Urt. v. 15.12.2012 – VII ZR 99/10, NJW 2013, 678.

45) Siehe oben § 39 II 6.

2. Vorhandenes Inventar

4.34 Die Sicherung durch vorhandenes, insbesondere gebrauchtes Inventar ist regelmäßig mit erheblichen Bewertungsabschlägen zu versehen. Nur bei Fortführung des Objektes/Konzeptes mag im Einzelfall eine etwas günstigere Einschätzung angezeigt sein. Alt-/Bestandsinventar kann daher grundsätzlich nur entgegenkommenderweise und als ergänzende (Teil-)Sicherheit und dies allenfalls mit erheblichen Bewertungsabschlägen hereingenommen werden.

3. Neuinventar

4.35 a) Auch bei der Bewertung von neu angeschafftem Gaststätteninventar ist durchweg nicht der Anschaffungspreis zugrunde zu legen. Zu berücksichtigen ist ein häufig rapider Wertverlust. Dies gilt insbesondere für individuell an die Örtlichkeiten angepasstes bzw. angefertigtes Gaststätteninventar, das im Falle der Nichtfortführung wohl überwiegend nicht mehr mit einem Wert in Ansatz gebracht werden kann. Je mehr Inventar einem technischen Wandel unterliegt, desto höhere Bewertungsabschläge sind angezeigt. Auch ist zu berücksichtigen, dass ggf. bei Abbau, Transport und Lagerung Beschädigungen und damit Wertverluste eintreten können. Im Übrigen unterliegt Gaststätteninventar angesichts der Schrumpfung des Gesamtmarktes und der Veränderung der Konsumgewohnheiten mangels Nachfrage erheblichen Bewertungsabschlägen.

4.36 b) Maßgeblich ist der **Nettorechnungsbetrag**.

4.37 c) **Weitere Abzugspositionen.** Sollte die Lieferantenrechnung Positionen enthalten, die als wesentliche Bestandteile gar nicht sicherungsübereignungsfähig sind, so sind diese Positionen vollständig herauszurechnen. Gleiches gilt für nicht werthaltige Positionen. Sollte die Lieferantenrechnung darüber hinaus **Werklohn**positionen aufweisen,[46)] so gilt das Vorgesagte.

4. Zubehör

4.38 Soweit das Gaststätteninventar als Zubehör einzuordnen ist, kann nur dann von einer werthaltigen Sicherheit gesprochen werden, wenn Zubehörhaftungsverzichtserklärungen der Grundbuchgläubiger vorliegen.

5. Kundeninsolvenz

4.39 In der Kundeninsolvenz ist zwischen dem Aussonderungsrecht (§ 47 InsO) bei einfachem Eigentumsvorbehalt mit enger Zweckabrede und dem Recht zur abgesonderten Befriedigung (§§ 51 Nr. 1, 49 InsO) bei Sicherungsübereignung sowie weiter Zweckabrede zu unterscheiden. Die Sicherungsübereignung ist insbesondere deshalb nachteilhaft, weil die Verwertung grundsätzlich durch

46) OLG Brandenburg, Urt. v. 23.11.1994 – 1 U 11/94, NJW-RR 1995, 1517.

den Insolvenzverwalter erfolgt (§ 166 Abs. 1 InsO) und der Verwertungserlös in der Regel mit Kostenbeiträgen in Höhe von 28 % belastet ist (§ 171 Abs. 1 Satz 2, Abs. 2 Sätze 1 und 3 InsO).

6. Im Übrigen

Der Eigentumsvorbehalt geht dauerhaft gesetzlichen Pfandrechten, insbesondere des Vermieters/Verpächters, vor. Zu bedenken ist allerdings die Problematik etwaiger Gewährleistungsansprüche im Hinblick auf eine vermeintliche Abdingbarkeit, Durchsetzbarkeit (Verjährung), des Wertverlustes durch Zeitablauf und Fragen der praktischen Abwicklung. Liegen die Voraussetzungen verbundener Verträge (§ 358 Abs. 3 BGB), etwa im Fall der Umwegfinanzierung, vor, so ergeben sich Probleme sowohl hinsichtlich der Vertragsgestaltung als auch der Abwicklung. Dies alles will gründlich und vorab bedacht sein und in die Beurteilung der Werthaltigkeit einbezogen sein. 4.40

7. Konsequenzen

Angesichts der skizzierten realistischen Bewertung der Inventarsicherheit bei Hereinnahme erscheint es sehr gut nachvollziehbar und vertretbar, dass schon in der Bestellungsphase nach den von den Getränkelieferanten zugrunde gelegten **Finanzierungs-/Sicherungsrichtlinien** selbst bei Hereinnahme von Neuinventarien **Bewertungsabschläge** erfolgen. In der Praxis arbeitet man mit pauschalen Bewertungsansätzen auf der Grundlage individueller oder allgemeiner Erfahrungssätze. Neues Inventar wird dabei höchstens mit einem Beleihungswert von 30–50 % des bereinigten Nettorechnungsbetrages in Ansatz gebracht. 4.41

Dies führt im Ergebnis dazu, dass dann, wenn der Finanzierungsbetrag lediglich durch eine Inventarsicherheit abgesichert werden soll, von vorne herein eine Untersicherung des Getränkelieferanten vorliegt. Das Vorliegen einer solchen **Sicherungslücke** kann unterschiedliche Konsequenzen haben. Zu denken ist an eine Ablehnung des Finanzierungsantrages, an einen Sprung in den Entscheidungskompetenzen nach oben, an die Forderung nach Beibringung weiterer Sicherheiten durch den Kunden oder Dritte ((Ehe-)Partner, Geschäftsführer, Getränkefachgroßhändler etc.) oder etwa an die realistische interne Bewertung als teilweise ungesicherten Kredit. 4.42

VI. Gefahr des Bestehens eines gesetzlichen Verpächter-/Vermieterpfandrechts

1. Einführung

Die Sicherheit ist wirtschaftlich nur dann wirksam gestellt, wenn die Übereignung der Gegenstände frei von Rechten Dritter erfolgt ist. Insofern droht bei der Finanzierung von Pächtern das Damoklesschwert des gesetzlichen Pfandrechts nach §§ 578, 562 BGB. Wenn das Objekt, in dem sich die sicherungs- 4.43

übereigneten Gegenstände, insbesondere das Gaststätteninventar, befinden, von dem Kunden gepachtet ist, unterliegen diese Gegenstände grundsätzlich **automatisch** dem gesetzlichen Verpächterpfandrecht (§§ 581 Abs. 2, 562 BGB). Gegenstand des Pfandrechts sind alle eingebrachten Sachen des Mieters/Pächters vom Zeitpunkt der Einbringung an.[47)]

2. Entstehung

4.44 a) Kein Pfandrecht entsteht zwar grundsätzlich an Sachen, die im **Eigentum eines Dritten** stehen. Das gesetzliche Pfandrecht umfasst aber auch solche Sachen, die der Gastwirt unter Eigentumsvorbehalt erworben hat und die bereits vor vollständiger Kaufpreiszahlung sicherungsübereignet worden sind.[48)] Dieser Vorrang gilt selbst dann, wenn die Sachen erst zukünftig in die Geschäftsräume verbracht werden, aber bereits im Rahmen eines sog. **Raumsicherungsvertrages** sicherungsübereignet wurden.[49)] Überträgt der Mieter/Pächter sein Anwartschaftsrecht – auch im Rahmen einer Sicherungsübereignung – noch vor Bedingungseintritt auf einen Dritten, so erwirbt dieser bei Bedingungseintritt das Eigentum an der Sache unmittelbar von dem Veräußerer, allerdings belastet mit dem in der Zwischenzeit begründeten Vermieter-/Verpächterpfandrecht. Die praktische Bedeutung dieses „Pfandrechts" erschöpft sich freilich darin, dass der Vermieter/Verpächter durch Zahlung des Restkaufpreises auch gegen den Widerspruch des Mieters/Pächters (§ 267 Abs. 2 BGB) den Bedingungseintritt herbeiführen kann, wodurch er dann ein Pfandrecht an der Sache erwirbt, und zwar mit Vorrang vor in der Zwischenzeit begründeten Pfändungspfandrechten Dritter.[50)] Dies gilt auch in der Insolvenz des Nutzungsberechtigten, so dass der Vermieter/Verpächter mit Bedingungseintritt nach Insolvenzeröffnung immer noch ein Pfandrecht und damit ein Absonderungsrecht erwirbt.

4.45 b) **Unpfändbarkeit.** Fraglich ist, ob das Pfandrecht trotz anfänglicher Unpfändbarkeit der eingebrachten Sache von vorne herein anhaftet oder ob vor dem Zeitpunkt, zu dem feststeht, dass der Geschäftsbetrieb nicht fortgeführt wird und die Sache somit pfändbar ist, wirksam Sicherungseigentum begründet werden kann. Für die letztgenannte Sichtweise spricht der Wortlaut des § 562 Abs. 1 Satz 2 BGB.

---

47) BGH, Urt. v. 14.12.2006 – IX ZR 102/03, BGHZ 170, 196 = NZM 2007, 212 = ZIP 2007, 191.

48) BGH, Urt. v. 12.2.1992 – XII ZR 7/91, BGHZ 117, 200 = NJW 1992, 1156.

49) BGH, Urt. v. 12.2.1992 – XII ZR 7/91, BGHZ 117, 200 = NJW 1992, 1156.

50) BGH, Urt. v. 12.2.1992 – XII ZR 7/91, BGHZ 117, 200 = NJW 1992, 1156; OLG Düsseldorf, Urt. v. 16.12.1998 – 11 U 33/98, BeckRS 1998, 30995167.

3. Gestaltungsoptionen

a) Einführung. Fraglich ist, ob die Problematik des Durchgangserwerbs bei vollständiger Zahlung des Kaufpreises mit den negativen Konsequenzen der Entstehung eines Vermieter-/Verpächterpfandrechts, durch vertragliche Abreden vor Einbringung vermieden werden kann. Zu denken ist an Lieferantenvereinbarungen und Dreiersicherungsübereignungsverträge.[51] 4.46

b) Meinungsstand. Bei entsprechender Vertragsgestaltung und Abwicklung könnte man der Auffassung sein, dass von vorneherein kein Anwartschaftsrecht des Käufers entstehe. Wenn das Gaststätteninventar bereits vor Einbringung in das Objekt mit dem Sicherungseigentum des Getränkelieferanten belastet sei, dann erwerbe der Vermieter/Verpächter kein Pfandrecht, weil die Sache schon vor Einbringung nicht im Eigentum des Mieters gestanden habe. 4.47

Dem widerspricht die wohl h. M. Auch die vorweggenommene (antezipierte) Sicherungsübereignung noch nicht ausgelieferter und noch im Eigentumsvorbehalt des Inventarlieferanten stehender Gegenstände werde vom Vorrang des gesetzlichen Pfandrechts erfasst.[52] Habe der Gastwirt das Eigentum selbst vom Einrichter gekauft, so sei er bei Einbringung zwar noch nicht Eigentümer, so dass an der (vorerst) noch fremden Sache bei Einbringung kein Pfandrecht des Vermieters/Verpächters entstehen könne. Allerdings erlange der Vermieter/Verpächter ein Pfandrecht an dem Anwartschaftsrecht des Gastwirts. 4.48

4. Alternativen

Möchte der Getränkelieferant eine Kollision mit einem Pfandrecht des Vermieters/Verpächters vermeiden und ist ein Verzicht darauf nicht erhältlich, so stehen dem Getränkelieferanten verschiedene Alternativen zur Verfügung. Zu denken ist erstens an einen Leih- und Getränkelieferungsvertrag mit Eigentumsübergang nach Vertragsende bzw. nach Erfüllung der vereinbarten (Jahresmindestbezugs)Menge. Zweitens kommt ein (Raten-)Kaufvertrag in Betracht, in dem die Inventargegenstände unter Eigentumsvorbehalt veräußert werden. Teilweise wird drittens auch der Verkauf unter Eigentumsvorbehalt (unter Rechnungsstellung durch den Getränkelieferanten) und Finanzierung des Rechnungsbetrages durch einen Darlehensvertrag praktiziert;[53] insofern ist darauf zu achten, dass das vorbehaltene Eigentum nicht durch Erfüllung (§ 362 BGB) untergeht. Soweit eine Mindermeinung viertens eine antezipierte Übertragung des Eigentumsvorbehaltes des Inventarlieferanten (vor Einbringung) mit einer 4.49

---

51) Siehe oben § 48 IV 3 und 4, jeweils m. w. N.

52) BGH, Urt. v. 12.2.1992 – XII ZR 7/91, BGHZ 117, 200 = NJW 1992, 1156, 1157 zu 4 b lässt offen; BGH, Urt. v. 20.6.2005 – II ZR 189/03, NJW-RR 2005, 1328; OLG Köln, Urt. v. 28.6.1995 – 17 U 114/94, BeckRS 1995, 31051356; OLG Düsseldorf, Urt. v. 16.12.1998 – 11 U 33/98, BeckRS 1998, 30995167.

53) Siehe oben § 39 II 5 m. w. N.

zusätzlichen Erklärung desselben und Abtretung des Inventarlieferanten an den Getränkelieferanten (sog. **Direktübereignung**) praktiziert, wurde auf die Bedenken bereits hingewiesen.[54)]

5. Konsequenzen

4.50 Primäres Anliegen des Getränkelieferanten sollte es sein, den Sicherungsübereignungsvertrag (vollständig) vor Einbringung des Inventars in das Objekt bzw. auf das Grundstück abgeschlossen zu haben, um den Vorrang des gesetzlichen Pfandrechts bzw. eine Zubehörhaftung nach § 1120 BGB auszuschließen. Gelingt dies nicht, so ist die Sicherheit erst dann jedenfalls wirtschaftlich gestellt, wenn der Vermieter/Verpächter auf dieses Pfandrecht gegenüber dem Getränkelieferanten verzichtet hat oder sich ein Verzicht aus dem Miet- oder Pachtvertrag ergibt (**Pfandrechtsverzichtserklärung**). Letztere hat allerdings den Nachteil, dass der Verzicht durch Vertragsänderung zwischen Vermieter/Verpächter und Mieter/Pächter aufgehoben werden kann. Aufgabe des Getränkelieferanten ist es, auf die Abgabe einer entsprechenden Erklärung hinzuwirken.

6. Konkurrenzen

4.51 Für die Konkurrenz des Pfandrechts zu anderen Rechten gilt der Grundsatz der **Priorität**. Für den Rang ist der Zeitpunkt maßgeblich, in dem der Gegenstand in die Räume eingebracht wird.[55)] Die Einbringung steht der Bestellung des vertraglichen Pfandrechts i. S. d. § 1209 BGB gleich.

7. Pfandrechtswidrige Verfügungen

4.52 a) **Grundsatz.** Ist ein Pfandrecht entstanden und verfügt der Getränkelieferant nicht über eine Pfandrechtsverzichtserklärung zu seinen Gunsten, so will jede Zustimmung über eine Verfügung über das Sicherungseigentum durch den Sicherungsnehmer, etwa eine Veräußerung an einen Nachfolgebetreiber, sorgfältig geprüft sein.

4.53 b) **Schadensersatz.** Dem Inhaber eines vorrangigen Pfandrechts steht gegen den Sicherungsnehmer ein deliktischer Schadensersatzanspruch zu, wenn jener dadurch jedenfalls fahrlässig eine Verkehrspflichtverletzung begeht, dass er einer Veräußerung des Sicherungsgutes ohne Prüfung eines möglicherweise bestehenden vorrangigen Pfandrechts zustimmt. Der Schaden i. S. d. §§ 823, 249 BGB liegt in dem Verlust des ungehinderten Zugriffs auf die dem Pfandrecht unter-

---

54) Siehe oben § 48 IV 3 m. w. N.

55) BGH, Urt. v. 4.12.2003 – IX ZR 222/02, NJW-RR 2004, 772 = ZIP 2004, 326; BGH, Urt. v. 14.12.2006 – IX ZR 102/03, BGHZ 170, 196 = NJW 2007, 1588 = ZIP 2007, 191; BGH, Beschl. v. 3.2.2011 – IX ZR 332/10, NZM 2011, 275 = BeckRS 2011, 05520.

liegenden Gegenstände. Der nach § 287 Abs. 1 ZPO zu beziffernde Verlust kommt dem Wert der Pfandobjekte gleich, den sie für den Pfandrechtsberechtigten hatten. Insoweit genügt der bei der Veräußerung durch den Mieter/Pächter erzielte Kaufpreis als hinreichende Schätzungsgrundlage, selbst unter Berücksichtigung etwaiger mit einer gesetzlichen Pfandverwertung ggf. verbundener Kosten.[56)]

VII. Bestellung

1. Differenzierung

Nicht nur bei Inventarsicherheiten in Form der Sicherungsübereignung, sondern auch bei Grundbuchsicherheiten (Sicherungsgrundschuld) und der Sicherungszession von Rechten und Forderungen ist zwischen zwei Rechtsgeschäften zu unterscheiden. Zunächst bedarf es einer schuldrechtlichen Vereinbarung (§ 311 Abs. 1 Fall 1 BGB) zwischen dem Schuldner als Sicherungsgeber und dem Getränkelieferanten als Sicherungsnehmer. Dieser formlose schuldrechtliche Vertrag wird **Sicherungsabrede** (Sicherungsvertrag) genannt. In Vollzug dieses einseitig verpflichtenden Vertrages werden dann die entsprechenden dinglichen Verträge, bei der Sicherungsübereignung nach §§ 929 Satz 1, 930, 868, 688 BGB, geschlossen. **4.54**

2. Regelungsort

Die Sicherungsübereignung von Gaststätteninventar kann einerseits durch eine entsprechende Sicherungsabrede im Darlehens- und Getränkelieferungsvertrag erfolgen, der dann durch einen eigenen Sicherungsübereignungsvertrag ergänzt wird. Andererseits kann die Sicherungsübereignung auch vollumfänglich im Darlehens- und Getränkelieferungsvertrag mitgeregelt werden. **4.55**

3. Allgemeine Fehlerquellen

Wie stets sind die maßgeblichen Unterlagen, etwa Auftragsbestätigungen oder spezifizierte Rechnungen, auf Vollständigkeit und Aktualität hin zu prüfen. Insbesondere bei juristischen Personen wie etwa einer GmbH und eingetragenen Vereinen müssen die Vertretungsverhältnisse festgestellt werden; nur Vertretungsberechtigte sind unterschriftsbefugt. **4.56**

4. Sicherungszweckabrede

a) **Umfang.** Teil der Sicherungsabrede ist zumeist eine Zweckabrede, in der die zu sichernden Forderungen genannt werden. Darin wird genau festgelegt, welche Forderung(en) durch die Bestellung des Sicherungseigentums gesichert werden soll(en). Die Zweckerklärung kann eng sein, weil sie lediglich die Siche- **4.57**

56) OLG Stuttgart, Hinweisbeschl. v. 17.2.2011 – 13 U 211/10, BeckRS 2011, 14285.

rung einer oder mehrerer genau bestimmter Forderungen des Getränkelieferanten gegen den Gastwirt, etwa aus Darlehen, nennt. Bei einer **weiten Zweckerklärung** soll die Sicherheit für sämtliche wirksam begründeten und ggf. unbestimmt viele künftige Forderungen des Getränkelieferanten aus dem Vertragsverhältnis bzw. aus laufender Geschäftsbeziehung zum Kunden dienen. Sie sichert den Getränkelieferanten sowohl hinsichtlich seines finanziellen Engagements als auch hinsichtlich der Ansprüche auf Erfüllung der übernommenen Ausschließlichkeitsbindung und etwaiger Ansprüche wegen Nicht- oder Schlechterfüllung der Getränkebezugsverpflichtung.[57)] Soll die Inventarsicherheit – wie in der Regel – auch Ansprüche des Getränkelieferanten im Falle eines Widerrufs absichern, so macht es Sinn, ausdrücklich zu regeln, dass die Sicherheit erst nach vollständiger Erfüllung der Zahlungsansprüche des Getränkelieferanten an den Sicherungsgeber zurückübertragen wird.

4.58 b) **Klauselwirksamkeit.** Die Vereinbarung eines weiten Sicherungszwecks ist im Zusammenhang mit Getränkelieferungsverträgen nicht nur branchenüblich, sie ist auch AGB-rechtlich unbedenklich. Selbst eine Erweiterung des Sicherungszwecks auf alle Ansprüche aus der Geschäftsbeziehung ist mit § 307 BGB vereinbar.[58)]

5. Bedingung

4.59 a) **Liefervorbehalt i. w. S.** Es dürfte unternehmerischer Vorsicht entsprechen, dass die Auszahlung des Kreditbetrages im Darlehens- und Getränkelieferungsvertrag unter der aufschiebenden Bedingung der vollständigen Stellung der Sicherheit(en) formuliert ist. Ohne eine solche Vereinbarung ist die Sicherungsübereignung immer unbedingt vereinbart. Eine Verpflichtung zur Valutierung des Darlehens Zug-um-Zug wäre ebenfalls nicht hinreichend. Die Auszahlung sollte also erst dann erfolgen, wenn sowohl der Sicherungsübereignungsvertrag als auch die ergänzenden Abreden, insbesondere Zubehörhaftungsverzichtsbzw. Pfandrechtsverzichtserklärung vorliegen.[59)]

4.60 b) **Inhaltskontrolle.** Unabhängig von den gewählten Gestaltungsoptionen[60)] handelt es sich bei den Regelungen über die Sicherungsübereignung zumeist um vorformulierte Vertragsbedingungen und damit um AGB. Die Rechtsprechung des BGH zu Sicherungsklauseln in AGB der Kreditinstitute kann allerdings wegen der besonders gelagerten Interessenkonstellation grundsätzlich

57) OLG Düsseldorf, Urt. 23.10.2001 – 4 U 57/01, BeckRS 2001, 30213450 = NJOZ 2003, 2554, rkr. durch Nichtannahmebeschl. d. BGH v. 7.5.2003 – VIII ZR 271/91.

58) BGH, Urt. v. 17.12.1980 – VIII ZR 307/79, NJW 1981, 756 = ZIP 1981, 147; BGH, Urt. v. 8.5.1987 – V ZR 89/86, BGHZ 101, 29 = NJW 1987, 2228 = ZIP 1987, 829.

59) OLG Düsseldorf, Urt. v. 24.8.2004 – 21 U 19/04.

60) Siehe oben § 48 IV.

nicht auf Getränkelieferungsverträge übertragen werden.[61] Mit § 307 BGB vereinbar ist, dass die Sicherungsübereignung ebenso wie die Sicherungsabtretung nicht auflösend bedingt ausgestaltet ist.[62]

6. Konkretisierung

a) **Grundsatz.** Nach allgemein sachenrechtlichen Grundsätzen (Bestimmtheitsgrundsatz) müssen die zu übereignenden Sachen **vor Einbringung** im Einzelnen bestimmt sein. Folglich ist die Einigung i. S. d. § 929 Satz 1 BGB nur wirksam, wenn sie auf den Übergang des Eigentums an individuell bestimmten Gegenständen gerichtet ist.[63] Der Bestimmtheitsgrundsatz gilt nicht nur für die Einigung, sondern auch für das Besitzmittlungsverhältnis (§§ 930, 868 BGB). **4.61**

b) Die Sicherungsübereignung von **mehreren Gegenständen** im Sinne einer Sachgesamtheit ist nur wirksam, wenn die zu übereignenden Gegenstände im Zeitpunkt der Einigung durch einfache äußere Merkmale so bezeichnet sind, dass jeder Kenner des Vertrages sie zu dem Zeitpunkt, in dem das Eigentum übergehen soll, unschwer von anderen gleichartigen Sachen des Sicherungsgebers oder eines Dritten deutlich unterscheiden kann.[64] Dabei muss also ein außenstehender und damit unbeteiligter Dritter in der Lage sein, allein aufgrund der Sicherungsabrede ohne zusätzliche Unterlagen und ohne Hilfe des Veräußerers den Umfang der sicherungsübereigneten Gegenstände eindeutig zu identifizieren. Bloße **Bestimmbarkeit** insbesondere aufgrund außervertraglicher Umstände, genügt nicht.[65] Keine außervertragliche Erkenntnisquelle ist ein zum Zeitpunkt der Sicherungsübereignung tatsächlich existierendes **(Inventar-)Verzeichnis**, auf das im Vertrag Bezug genommen wird. Einer körperlichen Verbindung der Vertragsurkunde bedarf es nicht.[66] Gleiches dürfte für spezifizierte Rechnungen gelten.[67] **4.62**

c) Soll nur ein **Teil** einer aus nicht individuell bestimmten Gegenständen zusammengesetzten **Sachgesamtheit** übereignet werden, so bedarf es zur Bestimmtheit der Sicherungsübereignung einfacher äußerer Abgrenzungskriterien, auf- **4.63**

---

61) LG Köln, Urt. v. 15.3.2011 – 21 O. 95/10.

62) BGH, Urt. v. 2.2.1984 – IX ZR 8/83, NJW 1984, 1184.

63) BGH, Urt. v. 4.10.1993 – II ZR 156/92, NJW 1994, 133 = ZIP 1994, 39.

64) BGH, Urt. v. 21.11.1983 – VIII ZR 191/82, NJW 1984, 803; BGH, Urt. v. 11.5.1995 – IX ZR 170/94, NJW 1995, 2348 = ZIP 1995, 1078; OLG Düsseldorf, Hinweisbeschl. v. 17.1.2012 – 14 U 10/12, NJW-RR 2012, 689.

65) BGH, Urt. v. 11.5.1995 – IX ZR 170/94, NJW 1995, 2348 = ZIP 1995, 1078.

66) BGH, Urt. v. 17.7.2008 – IX ZR 96/06, NZI 2008, 558.

67) Sehr streng zum Teil die Rechtsprechung, u. a. OLG Celle, Urt. v. 9.1.1970 – 13 U 169/69, OLGZ 1971, 40.

grund derer die übereigneten Sachen eindeutig feststellbar und von dem durch die dingliche Einigung nicht erfassten Teil abgrenzbar sind.[68)]

4.64 d) Ausnahmsweise ist der zu übereignende Gegenstand auch ohne spezifische Angaben wie eine Seriennummer dann hinreichend bestimmt, wenn der Sicherungsgeber zum Zeitpunkt der Übereignung **nur eine Sache** besaß, die der Beschreibung entsprach.[69)]

4.65 e) **Praxishinweis.** Die Sicherungsübereignung darf weder blanko – also ohne ausgefülltes Inventarverzeichnis – noch abstrakt – etwa dergestalt, dass sämtliche im Objekt befindlichen Gegenstände übereignet werden sollen –[70)] erfolgen. Soweit keine speziellen Inventarverzeichnisse aufgestellt werden, kann zwar auf aussagekräftige (spezifizierte) Belege im Zusammenhang mit der Abwicklung eines vorhergehenden (Kauf-/Übernahme-)Vertrages Bezug genommen werden. Bei der erforderlichen Beifügung der Belegunterlagen ist darauf zu achten, dass diese hinreichend aussagekräftig sind und nicht lediglich Rechnungsbeträge ausweisen. Nach Auftragserteilung erfolgte Änderungen des Orderumfangs (Um- oder Abbestellungen) können der erforderlichen Spezifizierung entgegenstehen, wenn bestimmte Gegenstände tatsächlich gar nicht geliefert worden sind.

7. Übersicherung

4.66 Von einer Übersicherung spricht man, wenn der Wert der Sicherheiten das zu sichernde Risiko deutlich übersteigt. Allerdings führt nicht jede Übersicherung zur Sittenwidrigkeit und damit zur Nichtigkeit des Darlehensvertrages.

4.67 a) **Anfängliche Übersicherung.** In der Praxis wird gelegentlich, selten aber mit Erfolg, vorgetragen, die Sicherheitenbestellung sei wegen anfänglicher Übersicherung angreifbar. Von einer anfänglichen Übersicherung ist nur auszugehen, wenn im Zeitpunkt des Vertragsschlusses feststeht, dass im noch ungewissen Verwertungsfall zwischen dem realisierbaren Wert (Sicherungswert) und der oder den gesicherten Forderungen ein auffälliges Missverhältnis besteht.[71)] Dann kann die Sanktion der Sittenwidrigkeit und damit Nichtigkeit (§ 138 Abs. 1 BGB) drohen. Der Sicherungsvertrag und die entsprechende Verfügung sind nichtig, wenn das Geschäft nach seinem Gesamtcharakter mit den guten Sitten unvereinbar ist.[72)] Diese Voraussetzung ist erfüllt, wenn der Schätzwert oder, sofern kein Marktpreis vorhanden ist, der Einkaufs- bzw. Herstellungspreis der Sicherheit die zu sichernde Forderung um mehr als 200 % übersteigt.

---

68) BGH, Urt. v. 3.7.2000 – II ZR 314/98, NJW 2000, 2898.

69) OLG Saarbrücken, Urt. v. 7.12.2010 – 4 U 602/09, NJW-RR 2011, 638.

70) Die Rechtsprechung zum Raumsicherungsvertrag hilft insofern nicht weiter.

71) Ständige Rechtsprechung, u. a. BGH, Urt. v. 12.3.1998 – IX ZR 74/95, NJW 1998, 2047 = ZIP 1998, 684; BGH, Urt. v. 19.3.2010 – V ZR 52/09, NJW-RR 2010, 1529.

72) BGH, Urt. v. 12.3.1998 – IX ZR 74/95, NJW 1998, 2047 = ZIP 1998, 684.

Hierfür ist erforderlich, dass im Verwertungsfall ein auffälliges Missverhältnis zwischen dem realisierbaren Wert des Sicherungsguts und der gesicherten Forderung bestehen wird. Entscheidend ist der erzielbare Wert nach den ungewissen Marktverhältnissen im Zeitpunkt einer künftigen Insolvenz des Schuldners, der nur anhand der Umstände des Einzelfalls und ggf. durch Sachverständigengutachten unter Berücksichtigung von Bewertungsrisiken und – unschärfen ermittelt werden kann. Hinzutreten muss eine verwerfliche Gesinnung des Sicherungsnehmers.[73] Als Fallgruppe ist eine unerträglich rücksichtslose Eigensucht des Sicherungsnehmers zu nennen.

b) Nachträgliche Übersicherung. Das auffällige Missverhältnis zwischen der gesicherten Forderung und dem im noch ungewissen Zeitpunkt der Verwertung frei realisierbaren und nach seinen Besonderheiten zu ermittelnden Wert des Sicherungsgutes (Sicherungswert) kann auch nachträglich entstehen. Gründe können das vollständige oder teilweise endgültige Erlöschen der Forderung oder die Erhöhung des Sicherungswertes infolge einer allerdings mit dem Sicherungsnehmer abzustimmenden Veränderung des Sicherungsgutes sein. **4.68**

Eine eventuelle nachträgliche Übersicherung lässt die Wirksamkeit der Sicherungsübereignung unberührt. Weder muss in der Sicherungsabrede eine ausdrückliche Freigaberegelung enthalten sein, noch bedarf es der Aufnahme einer zahlenmäßig bestimmten Deckungsgrenze und einer Bestimmung über die Bewertung der Sicherungsgegenstände. Vielmehr ergibt sich aus dem Sicherungsvertrag ohne weiteres und damit vertragsimmanent ein ermessensunabhängiger Freigabeanspruch für den Fall, dass der Gesamtwert der Sicherheit die sog. Deckungsgrenze nicht nur vorübergehend übersteigt. Dieser Anspruch entsteht, wenn der Sicherungswert die noch gesicherte Forderung (Hauptforderung und Zinsen) zuzüglich 10 % (Deckungsgrenze) übersteigt und in der Klausel hierüber keine konkrete Regelung enthalten ist. Maßgebend ist, ob im Zeitpunkt der Entscheidung über den Anspruch der geschätzte aktuelle Verkaufswert des Sicherungsguts mit Marktpreis bzw. der Einkaufs-/Herstellungspreis eines Sicherungsguts ohne Marktpreis die noch gesicherte Forderung um 50 % übersteigt. Nach dem Rechtsgedanken des § 237 Satz 1 BGB ist bei der Bewertung des Sicherungsguts ein Abschlag von einem Drittel vorzunehmen. Die Grenze für das Entstehen eines Freigabeanspruchs liegt daher regelmäßig bei 150 % des Schätzwerts des Sicherungsguts.[74] Die 150 % enthalten bereits eine Verwertungs-/Rechtsverfolgungskostenpauschale in Höhe eines Zuschlages von 10 % auf die Deckungsgrenze. Die Kosten rechtfertigen daher keinen Zuschlag auf **4.69**

73) BGH, Urt. v. 12.3.1998 – IX ZR 74/95, NJW 1998, 2047.

74) BGH, Beschl. v. 27.11.1997 – GSZ 1 und 2/97, BGHZ 137, 212 = NJW 1998, 671 = ZIP 1998, 235.

die 150 %.[75] Dabei handelt es sich um eine Bewertungsvermutung und Orientierungshilfe. Bei der Bewertung von Gaststätteninventar ist die durch die starke Abnutzung eingetretene hohe Wertminderung konkret zu ermitteln.[76] Beide Parteien können daher jeweils den Nachweis erbringen, dass im konkreten Einzelfall eine höhere (Sicherungsnehmer) oder niedrigere (Sicherungsgeber) Deckungsgrenze angemessen ist.

8. Eigentumsvorbehalt

4.70 Ist das Inventar beim Inventarlieferanten oder einem anderen Vorbehaltseigentümer, etwa auch einem Vorbetreiber, einem Hauseigentümer oder einem anderen Getränkelieferanten, noch nicht vollständig bezahlt worden, so steht es weiterhin in dessen Eigentum, soweit ein Eigentumsvorbehalt vereinbart worden ist. Dies gilt auch dann, wenn mehrere Sachen unter Eigentumsvorbehalt zu einem Gesamtpreis geliefert worden sind.[77] In diesem Fall ist die Sicherheit erst dann wirtschaftlich bestellt, wenn der Vorbehaltseigentümer schriftlich gegenüber dem Getränkelieferanten auf seinen Eigentumsvorbehalt verzichtet hat.

9. Insolvenzbeschlag

4.71 Gegenstände der Insolvenzmasse stehen als Sicherungsgut nicht zur Verfügung (§§ 35 Abs. 1, 80 Abs. 1, 81 Abs. 1, 148 Abs. 1 InsO). Dies ändert sich mit Zugang einer Freigabeerklärung durch den Insolvenzverwalter. Übt der Schuldner als natürliche Person eine selbständige Tätigkeit aus, kann der Insolvenzverwalter gem. § 35 Abs. 2 Satz 1 InsO erklären, dass Vermögen aus der selbständigen Tätigkeit des Schuldners nicht zur Insolvenzmasse gehört und Ansprüche aus dieser Tätigkeit nicht im Insolvenzverfahren geltend gemacht werden können.[78] Freigegebenes Inventar steht daher als Sicherungsgut zur Verfügung.[79]

10. Verbraucherkreditrecht

4.72 Auf den **Sicherungsvertrag** als obligatorische Grundlage einer Sicherungsübereignung ist das Verbraucherkreditrecht nicht anwendbar.[80]

---

75) BGH, Urt. v. 15.11.2000 – VIII ZR 322/99, NJW-RR 2001, 987; BGH, Urt. v. 25.4.2001 – VIII ZR 135/00, BGHZ 147, 279 = NJW 2001, 2331 = ZIP 2001, 1244.

76) BGH, Urt. v. 17.12.1980 – VIII ZR 307/79, NJW 1981, 756 = ZIP 1981, 147; BGH, Urt. v. 8.5.1987 – V ZR 89/86, BGHZ 101, 29 = NJW 1987, 2228 = ZIP 1987, 829.

77) Erman-*Grunewald*, BGB, § 449 Rz. 38.

78) BGH, Urt. v. 9.2.2012 – IX ZR 75/11, NZI 2012, 409.

79) BGH, Beschl. v. 9.6.2011 – IX ZB 175/10, NZI 2011, 633.

80) BGH, Urt. v. 28.1.1997 – XI ZR 251/95, NJW 1997, 342 = ZIP 1997, 643.

11. Recht der Haustürgeschäfte

Der BGH gewährt dem Sicherungsgeber in Haustürsituationen (§ 312 Abs. 1 BGB) ein eigenes Widerrufsrecht unabhängig von der zu sichernden Forderung.[81) 4.73

12. Leistungsverweigerungsrecht bei Direktübereignung

Bei der Direktübereignung fehlt in den vertraglichen Regelungen zwischen Getränkelieferant, Käufer (Gastwirt, Eigentümer) und Einrichter regelmäßig eine Regelung zu einem Zurückbehaltungsrecht des Getränkelieferanten bei Mängeln am gelieferten Inventar. Bei dreiseitigen Verträgen kann sich ein solches Zurückbehaltungsrecht des Getränkelieferanten gegenüber dem Einrichter (Lieferanten) im Wege ergänzender Vertragsauslegung des dreiseitigen Vertrages ergeben.[82)] Haben Getränkelieferant, Einrichter und Käufer im Zusammenhang mit einer darlehensweisen Finanzierung gegen Sicherungsübereignung von Einrichtungsgegenständen für eine Gaststätte vereinbart, dass das Eigentum an den vom Einrichter gelieferten Einrichtungsgegenstände direkt und ohne Zwischenerwerb des Käufers auf den Getränkelieferanten übertragen werden soll und der Getränkelieferant im Gegenzug den Nettorechnungsbetrag zu Lasten des Darlehensvertrages erhält und dies unter die Bedingung gestellt, dass der Darlehensvertrag wirksam geworden und nicht widerruflich ist, so gilt für den Fall des nachträglichen Auftretens berechtigter Mängel: Die Auslegung individueller privatrechtlicher Willenserklärungen unterliegt der Nachprüfung insoweit, als es darum geht, dass die gesetzlichen Auslegungsregeln, anerkannten Auslegungsgrundsätze, Erfahrungssätze oder Denkgesetze berücksichtigt wurden. Schon dem Wortlaut der Vereinbarung nach und dem Grundsatz der beiderseitigen interessengerechten Auslegung dürfen die Vertragsverhältnisse der Parteien gerade nicht getrennt, sondern nur gemeinsam bewertet werden. Es bleibt dem Getränkelieferanten unbenommen, die Schlüssigkeit der Forderung des Einrichters zu bestreiten, indem er sich auf eine Zuvielabrechnung beruft. Das Abhängigmachen der Zahlung des Nettorechnungsbetrages an den Einrichter von der Wirksamkeit des Vertrages und dessen Unwiderruflichkeit ist aus Sicht des Einrichters lediglich als Fälligkeitsvoraussetzung zu verstehen. Die Vereinbarung kann nicht dahingehend interpretiert werden, dass weitergehend materiell-rechtliche Verteidigungsmittel des Getränkelieferanten, hier im Hinblick auf die gegebenen Sachmängel, ausgeschlossen werden sollten. Daher kann der Getränkelieferant sich auch in der Weise gegen den Zahlungsanspruch des Einrichters verteidigen, dass er einredeweise Sachmängelrechte geltend macht. Dies unabhängig davon, dass er zwar nicht Gläubiger der Lieferverpflichtung des 4.74

81) BGH, Urt. v. 10.1.2006 – XI ZR 169/05, BGHZ 165, 363 = NJW 2006, 845 = ZIP 2006, 363.

82) BGH, Urt. v. 15.11.2012 – VII ZR 99/10, NJW 2013, 678.

Einrichters ist und auch nicht mit dem Gastwirt die Abtretung der Sachmängelansprüche vereinbart hat. Der dreiseitige Vertrag weist insofern eine Lücke auf, wenn sich erst nach Fälligkeit der Zahlungsforderung Sachmängel der gelieferten Einrichtung herausstellen. Diese Lücke ist durch ergänzende Vertragsauslegung (§ 157, 133 BGB) dahingehend zu schließen, dass dem Getränkelieferanten im Fall nicht ordnungsgemäßer Lieferung ein vertraglich vereinbartes Zurückbehaltungsrecht zusteht. Dieses Leistungsverweigerungsrecht kann ggf. zu einer Zug-um-Zug-Verurteilung wegen Mängelbeseitigung führen (§§ 320 Abs. 1, 322 Abs. 1 BGB). Ein formeller Antrag des Getränkelieferanten ist prozessual nicht erforderlich.

VIII. Enthaftung

1. Sicherungsübereignung

4.75 Ist der Sicherungsgeber Eigentümer des Gaststättenzubehörs und befindet sich dieses auf dem Gaststättengrundstück, so kann er das Zubehör zwar nach §§ 929, 930 BGB zur Sicherheit an den Getränkelieferanten übereignen. Dies führt aber noch nicht zum Erlöschen der Zubehörhaftung. Die Sicherungsübereignung stellt als solche keinen Enthaftungstatbestand dar.[83] Eine Enthaftung kommt nur unter den Voraussetzungen des § 1121 Abs. 1 BGB zustande. Dazu genügt nicht die Veräußerung des Zubehörs. Vielmehr bedarf es einer dauerhaften Entfernung vom Grundstück.[84] Insofern besteht eine Parallele zu § 933 BGB. Damit verbleibt das Zubehör für den Fall der Verwertung im Haftungsverband.

2. Vorübergehendes Entfernen

4.76 Ein zunächst mit einem gesetzlichen Pfandrecht belastet erworbenes Sicherungseigentum an einem Inventargegenstand kann nicht durch ein anschließendes vorübergehendes Entfernen der Sache vom (Miet-)Grundstück zu einem unbelasteten Sicherungseigentum erstarken.[85]

3. Wegfall der Sicherheit infolge gutgläubigen Erwerbs

4.77 a) **Ausgangslage.** Praktisch bedeutsam sind Sachverhalte, in denen der Gastwirt als Sicherungsgeber das in seinem Besitz befindliche und ihm vermeintlich gehörende Gaststätteninventar an behauptet gutgläubige Dritte, insbesondere Nachfolgebetreiber, veräußert. Hier sollte der Getränkelieferant hellhörig sein und durch unverzüglich entsprechend schriftlich formulierte Hinweise auf die zivil- und strafrechtlichen Folgen an den Sicherungsgeber und den Dritten senden.

83) BGH, Urt. v. 6.11.1986 – IX ZR 125/85, NJW 1987, 1266.

84) BGH, Urt. v. 17.9.1979 – VIII ZR 339/78, NJW 1979, 2514.

85) OLG Frankfurt/M., Urt. v. 25.8.2006 – 2 U 247/05, NJW-RR 2007, 230.

Gelegentlich versucht der Sicherungsgeber sich durch den Verkauf ihm nicht gehörender Inventarien und eines vermeintlichen Geschäftswertes, nicht selten auch umsatzsteuerfrei, entsprechende steuerfreie Einkünfte im Übrigen zu erzielen.

b) Gefahren. Eine wirksam bestellte Inventarsicherheit steht unter dem Damoklesschwert des Wegfalls wegen gutgläubigen Erwerbs durch einen Dritten (§§ 929 Satz 1, 932 Abs. 1 Satz 1 und Abs. 2 BGB). Hier zeigt sich das Risiko der Sicherungsübereignung, bei der der Getränkelieferant als Sicherungsnehmer im Hinblick auf den nicht gegebenen unmittelbaren Besitz selbst keine Inventarsicherheit erwerben kann (§ 933 BGB), während der Sicherungsgeber zu Lasten des Sicherungsnehmers an gutgläubige Dritte wirksam verfügen kann. 4.78

Richtigerweise kann der Sicherungsgeber nicht das Eigentum, sondern allenfalls ein Anwartschaftsrecht an der Rückübereignung des Sicherungsgutes übereignen. Aktuell ist er hinsichtlich des Eigentums nicht verfügungsbefugt. Sind die Inventargegenstände als Eigentum des Getränkelieferanten gekennzeichnet, so scheidet ein gutgläubiger Erwerb von vorne herein aus. Gleiches dürfte für Gegenstände gelten, die offenkundig nicht im Eigentum des Veräußerers stehen. 4.79

c) Gutgläubigkeit. aa) Grundlagen. Allerdings ist Voraussetzung, dass der Erwerber gutgläubig ist. Maßgebend ist die Kenntnis von der Rechtslage, so dass der Erwerber auch gutgläubig sein kann, wenn er die seinem Erwerb entgegenstehenden Tatsachen kennt, sie aber ohne grobe Fahrlässigkeit falsch würdigt.[86] Es schadet nicht nur positive Kenntnis, sondern auch **grob fahrlässige Unkenntnis** (§ 932 Abs. 2 BGB). Der Erwerber lässt die im Verkehr erforderliche Sorgfalt in ungewöhnlich hohem Maße und damit grob fahrlässig außer Acht, wenn er dasjenige unbeachtet lässt, was im gegebenen Fall sich jedem anderen hätte aufdrängen müssen.[87] Davon kann gesprochen werden, wenn für den Erwerber bei nur durchschnittlichen Merk- und Erkenntnisvermögen ohne besondere Aufmerksamkeit und besonders gründliche Überlegungen aufgrund der Gesamtumstände erkennbar war, dass der Veräußerer nicht Eigentümer war.[88] Ein im Rahmen des Sicherungsübereignungsvertrages begründetes Besitzmittlungsverhältnis reicht nämlich für einen gutgläubigen Erwerb nicht aus.[89] 4.80

bb) Einzelfälle. Hat der Getränkelieferant hochwertiges Inventar unter Eigentumsvorbehalt veräußert, so scheidet ein gutgläubiger Erwerb aus, wenn dieser innerhalb der üblichen Finanzierungsdauer erfolgt.[90] Grobe Fahrlässigkeit ist 4.81

86) BGH, Urt. v. 21.12.1960 – VIII ZR 145/59, NJW 1971, 777.

87) BGH, Urt. v. 9.2.2005 – VIII ZR 82/03, NJW 2005, 1365.

88) Palandt-*Bassenge*, BGB, § 932 Rz. 10.

89) BGH, Urt. v. 20.6.2005 – II ZR 189/03, NJW-RR 2005, 1328.

90) BGH, Urt. v. 9.11.1998 – II ZR 144/97, NJW 1999, 425 = ZIP 1998, 2155.

etwa auch zu bejahen, wenn der Erwerber Anhaltspunkte dafür besitzt, dass der Voreigentumserwerb noch nicht abgeschlossen ist, weil der Vorerwerber nicht in der Lage ist, den Kaufpreis aus eigenen Mitteln vorzufinanzieren. Bei Veräußerungen außerhalb des gewöhnlichen Geschäftsbetriebs sind erhöhte Anforderungen an den guten Glauben zu stellen.[91] Als weitere Indizien sind zu nennen eine bekannt schlechte Vermögenslage des Veräußerers, bekannte Unkorrektheit im Geschäftsverkehr etc.; sie geben Anlass, die Eigentumssituation zu hinterfragen.[92] Bestehen entsprechende Anhaltspunkte, begründen diese eine Obliegenheit des Erwerbers, nachzufragen. Unterlässt er entsprechende Nachfragen, so ist der Vorwurf grober Fahrlässigkeit begründet. Ein gutgläubiger lastenfreier Erwerb scheidet ebenfalls aus, wenn die Sachen im Besitz des Sicherungsgebers verbleiben (§ 936 Abs. 1 Sätze 2 und 3 BGB).

4.82 Wer in Kenntnis eines bestehenden Mietverhältnisses in den Mieträumen befindliche Gegenstände erwirbt, ohne sich nach einem Pfandrecht zu erkundigen, handelt ebenfalls grob fahrlässig und erwirbt damit nicht gutgläubig das Eigentum (§§ 936 Abs. 2, 932 Abs. 2 BGB).[93]

4. Endgültiger Wegfall des Sicherungszwecks

4.83 Dem Sicherungsgeber steht ein Anspruch auf Rückübereignung des Sicherungsgutes für den Fall des endgültigen Wegfalls des Sicherungszwecks zu.[94]

IX. Versicherung

1. Bestellung

4.84 Die Werthaltigkeit des Sicherungsgutes ist nur dann annähernd dauerhaft gesichert, wenn die Problematik des Eintritts eines eventuellen Versicherungsfalles miterfasst ist. Geregelt werden sollten daher insbesondere die Versicherungspflicht des Gastwirts dem Grunde nach, die abzusichernden Risiken und der Umfang der Ersatzpflicht (möglichst gleitender Neuwert). Das Sicherungsgut sollte gegen alle Risiken versichert werden, mit denen erfahrungsgemäß zu rechnen ist. Zu nennen sind insbesondere Feuer, Leitungswasserschäden und Einbruch. Jedenfalls sollte sich der Getränkelieferant vom Sicherungsgeber dessen Ansprüche unter Anzeige an die Versicherungsgesellschaft abtreten lassen.

---

91) BGH, Urt. v. 9.11.1998 – II ZR 144/97, NJW 1999, 425 = ZIP 1998, 2155.

92) Palandt-*Bassenge*, BGB, § 932 Rz. 12.

93) BGH, Beschl. v. 3.2.2011 – IX ZR 132/10, BeckRS 2011, 05520.

94) KG, Urt. v. 26.1.2004 – 8 U 117/03, BeckRS 2005, 03422; OLG Düsseldorf, Urt. 23.10.2001 – 4 U 57/01, BeckRS 2001, 30213450 = NJOZ 2003, 2554, rkr. durch Nichtannahmebeschl. d. BGH v. 7.5.2003 – VIII ZR 271/9.

2. Sicherungsbestätigung

Die Getränkelieferanten sollten durch entsprechende Regelungen gegenüber der Versicherung einbezogen werden. In diesem Zusammenhang ist auch die Abgabe einer Sicherungsbestätigung zu denken. Hierdurch hat der Sicherungsgeber nachzuweisen, dass er dem Getränkelieferanten als Sicherungsnehmer alle gegenwärtigen und künftigen Ansprüche aus dem Versicherungsvertrag abgetreten hat. Im Fall einer Feuerversicherung wird ein **Sicherungsschein** ausgestellt. 4.85

3. Laufende Kontrolle

Ist der Sicherungsgeber zur Versicherung der Inventargegenstände verpflichtet, so liegt es im Interesse des Getränkelieferanten, nicht nur den Abschluss, sondern auch die Aufrechterhaltung des Versicherungsschutzes im Umfang der abzusichernden Risiken (Feuer, Wasser etc.) sowie der Werte (etwa gleitender Neuwert) zu prüfen. Die Einhaltung der Verpflichtung des Sicherungsgebers zur Aufrechterhaltung des Versicherungsschutzes durch Zahlung der Versicherungsprämien sollte in regelmäßigen Abständen durch Einsicht der Unterlagen und Vorlage der Prämienquittungen geprüft werden. 4.86

4. Zahlungsverzug

Bei Zahlungsverzug mit Folgeprämien kann die Versicherungsgesellschaft die Leistung verweigern (§ 38 Abs. 2 VVG) und den Vertrag kündigen (§ 38 Abs. 3 VVG). Bei Nichtzahlung der Prämien sind Sachverhalte denkbar, in denen der Getränkelieferant ein Interesse daran haben kann, die fälligen Prämien zu verauslagen, um den Versicherungsschutz aufrechtzuerhalten. Daher sollte der Getränkelieferant mit der Versicherungsgesellschaft vereinbaren, Mitteilungen, etwa Durchschriften der qualifizierten Mahnungen, zu erhalten. Dann hat er die Möglichkeit, den drohenden Wegfall des Versicherungsschutzes durch Zahlung der Versicherungsprämie zu verhindern (§ 267 BGB). Naturgemäß steht ihm dann ein Rückgriffsanspruch gegen den Sicherungsgeber zu. 4.87

X. Verwaltung

Selbst wenn der Getränkelieferant bei der Bestellung keinen Fehler gemacht hat, treffen ihn während der laufenden Vertragsbeziehung zum Sicherungsgeber in seinem eigenen Interesse verschiedene Pflichten (Obliegenheiten). Zu prüfen ist, ob das sicherungsübereignete Inventar noch vorhanden ist. Sollte das Sicherungsgut gegen neue Gegenstände eingetauscht worden sein, so ist der vertraglich vereinbarte Übergang der Ersatzgegenstände in das Sicherungseigentum zu prüfen. Hat das Sicherungsgut an Wert verloren, ist über eine Nachbesicherung zu verhandeln. Änderungen des Darlehens- und Getränkelieferungsvertrages sollten immer auch die Frage eines Änderungsbedarfes der Sicherheiten- 4.88

verträge mit einschließen. Das gilt insbesondere in Übernahme- und Beitrittssituationen. Jedenfalls geht das Sicherungseigentum nicht gleichsam automatisch auf einen neuen Vertragspartner über.

XI. Verwertung

1. Voraussetzungen

4.89 a) Die Verwertung des Sicherungsgutes hat drei Voraussetzungen. Erstens bedarf es der **Fälligkeit** der gesicherten Forderung (**Verwertungs-/Pfandreife**, § 1228 Abs. 2 Satz 1 BGB analog). Die gesicherte Forderung muss ganz oder zum Teil (einzelne Raten oder Zinsen) fällig sein. Dagegen kommt es zunächst nicht auf den Schuldnerverzug an. Denn nach der Grundregel des § 1234 BGB muss der Verkauf des Pfandes zuvor angedroht werden. Dies bringt notwendigerweise eine Inverzugsetzung des Schuldners mit sich. Sind Inventargegenstände unter Eigentumsvorbehalt geleistet worden, kann die Verwertung auch nach Rücktritt durch Rücknahme der Sache bzw. Klage auf Herausgabe erfolgen.[95]

4.90 Die Verjährung der gesicherten Forderung lässt gem. § 216 Abs. 2 Satz 1 BGB die Stellung des Sicherungsnehmers unberührt und hindert ihn insbesondere nicht an der Verwertung.[96]

4.91 b) Zweitens muss bei drohender Wertminderung grundsätzlich die **Androhung der Verwertung** hinzukommen, wobei der Geldbetrag anzugeben ist, wegen dessen der Verkauf stattfinden soll (§ 1234 Abs. 1 BGB analog). Der Androhung bedarf es nicht, wenn der Sicherungsgeber durch das Herausgabeverlangen hinreichend gewarnt ist.[97]

4.92 c) Drittens ist eine **Wartefrist** von grundsätzlich einem Monat (§ 1234 Abs. 2 BGB analog), unter Kaufleuten von einer Woche (§§ 368 Abs. 1, 371 Abs. 2 Satz 2 HGB), einzuhalten. Nach dem Rechtsgedanken des § 1229 BGB wäre die Vereinbarung einer Verfallklausel nichtig.

2. Verwertungsklauseln

4.93 a) **Sicherungsabrede.** Die Voraussetzungen sowie die Art und Weise der Verwertung richten sich zunächst nach den Vereinbarungen im Sicherungsübereignungsvertrag.[98] Häufig fehlen in Sicherungsübereignungsverträgen Bestimmungen über das Verwertungsrecht des Getränkelieferanten. Zu regeln ist die Frage der Verwertungsreife. Diese ist eingetreten, wenn der Gastwirt seine vertraglichen Pflichten verletzt hat, insbesondere in Verzug mit der Rückführung der

95) Siehe oben § 46 IV 1 m. w. N.

96) BGH, Urt. v. 7.12.1977 – VIII ZR 168/76, BGHZ 70, 96 = NJW 1978, 417.

97) MünchKommBGB-*Oechsler*, Anh. §§ 929–936 Rz. 50.

98) BGH, Urt. v. 24.10.1979 – VIII ZR 298/78, NJW 1980, 226 = ZIP 1980, 40.

gesicherten Forderung geraten ist. Um die damit eintretenden Zeitverzögerungen und wirtschaftlichen Nachteile zu vermeiden, empfiehlt es sich, dass Sicherungsgeber und Sicherungsnehmer (Getränkelieferant) einen freihändigen Verkauf der Pfandsache vereinbaren (vgl. §§ 1221, 1245 BGB analog). Darüber hinaus kann es Sinn machen, die Sicherheit auch durch Vermietung des Inventars verwerten zu können. Ggf. ist es sinnvoll, Fragen der Kostentragung zu regeln.[99)]

b) Inhaltskontrolle aa) Grundsatz. Die Verwertung sicherungsübereigneter Gegenstände orientiert sich an den Vorschriften über den Pfandverkauf. So gelten insbesondere die §§ 1220, 1221, 1243, 1244 BGB entsprechend. Hinzu tritt die Verpflichtung des Sicherungsnehmers zur bestmöglichen Verwertung des Sicherungsgutes.[100)] Dies bleibt nicht ohne Konsequenzen für die Möglichkeit zur Gestaltung abweichender Regelungen in Sicherungsübereignungsverträgen. **4.94**

bb) Konsequenzen. Verwertungsklauseln dürfen weder das Recht zur Verwertung vor der **Fälligkeit** der gesicherten Forderung(en) (§ 1228 Abs. 2 BGB analog) noch unter Verzicht auf eine vorherige Androhung (§ 1234 Abs. 1 BGB analog) vorsehen.[101)] Die Wirksamkeit der Verpfändung wird davon aber nicht berührt.[102)] Dagegen kann die **Wartefrist** des § 1234 Abs. 2 BGB analog abgekürzt (§ 1245 Abs. 1 BGB), nicht aber ausgeschlossen werden.[103)] Eine Klausel, die dem Sicherungsnehmer nach Erfüllung seiner Androhungs- und Wartepflichten ein freihändiges Verwertungsrecht einräumt, ist regelmäßig nicht nach § 307 (Abs. 2 Nr. 1) BGB zu beanstanden. **4.95**

cc) Rechtsfolgen. Sollten einzelne Verwertungsklauseln unwirksam sein, gelten die gesetzlichen Verwertungsregeln (entsprechend). Allerdings tritt keine Gesamtnichtigkeit nach § 306 Abs. 3 BGB ein.[104)] **4.96**

3. Verwertungsbefugnis

Den Getränkelieferanten trifft als Sicherungsnehmer keine Verwertungspflicht.[105)] Er hat aber das Interesse des Sicherungsgebers an günstigster Verwertung zu beachten.[106)] Die Befriedigung darf nur im notwendigen Umfang erfolgen.[107)] **4.97**

---

99) Siehe unten § 48 XI 6.

100) BGH, Urt. v. 9.1.1997 – IX ZR 1/96, NJW-RR 1997, 749 = BB 1997, 539.

101) BGH, Urt. v. 7.7.1992 – XI ZR 274/91, NJW 1992, 2626.

102) BGH, Urt. v. 17.1.1995 – XI ZR 192/93, BGHZ 128, 295 = NJW 1995, 1085.

103) BGH, Urt. v. 14.6.1994 – XI ZR 210/93, NJW 1994, 2754 = ZIP 1994, 1350; BGH, Urt. v. 17.1.1985 – XI ZR 192/93, BGHZ 128, 295 = NJW 1995, 1085 = ZIP 1995, 367.

104) BGH, Urt. v. 27.6.1995 – XI ZR 8/94, NJW 1995, 2221 = ZIP 1995, 1167.

105) BGH, Urt. v. 24.10.1979 – VIII ZR 298/78, NJW 1980, 226 = ZIP 1980, 40.

106) BGH, Urt. v. 9.1.1997 – IX ZR 1/96, NJW 1997, 1063 = ZIP 1997, 367; BGH, Urt. v. 5.10.1999 – XI ZR 280/98, NJW 2000, 352 = ZIP 2000, 69.

107) BGH, Urt. v. 14.12.1960 – NJW 1961, 1252.

4. Arten der Verwertung

4.98 Die Verwertung des Sicherungsgutes kann durch öffentliche Versteigerung, freihändigen Verkauf sowie im Wege der Zwangsvollstreckung gem. §§ 808 ff. ZPO erfolgen. Der Getränkelieferant wird dabei den Weg wählen, der den größtmöglichen Erfolg verspricht.

4.99 a) **Öffentliche Versteigerung.** Grundsätzlich erfolgt die Verwertung von Sicherungseigentum durch Verkauf im Wege öffentlicher Versteigerung (§§ 1233, 1235 Abs. 1 BGB analog). Zeit und Ort der Versteigerung müssen öffentlich bekannt gemacht werden (§ 1237 BGB analog). Diese Verwertungsart ist nicht nur sehr formal ausgestaltet. Sie ist auch mit einem hohen Aufwand verbunden, der selten durch den erzielten Versteigerungserlös gerechtfertigt wird.

4.100 b) **Freihändiger Verkauf.** Ist nach der Sicherungsabrede ein freihändiger Verkauf möglich, so ist der Getränkelieferant im Rahmen seiner Verpflichtung zur bestmöglichen Verwertung des Sicherungsgutes[108] ggf. gehalten, zur Vermeidung des Verschleuderungseinwandes aus Gründen unternehmerischer Vorsicht eine Inventarschätzung durch einen Sachverständigen vornehmen zu lassen. Diese sollte zwischen dem Fortführungszeitwert (Standwert) und dem Zerschlagungszeitwert (Einzelveräußerungswert) unterscheiden.

4.101 c) **Im Übrigen.** Sinnvoll ist es, wenn sich der Getränkelieferant im Sicherungsvertrag vorbehält, die Sicherheit auch durch Vermietung des Inventars verwerten zu können.

5. Aneignung durch Überlassung an den aktuellen Betreiber

4.102 Gelegentlich wird vorgetragen, der Getränkelieferant habe sich ihm sicherungsübereignete Gegenstände dadurch angeeignet und verwertet, dass er diese, ohne ein Entgelt dafür zu fordern, dem aktuellen Betreiber der Gaststätte überlassen und übereignet habe. Damit ein entsprechender Vortrag sowohl rechtserheblich als auch substantiiert ist, müsste unter Beweisantritt vorgetragen werden (können), dass der Getränkelieferant die Räume, in denen sich das Inventar befindet, weitervermietet oder die Gaststätte weiterveräußert habe oder das Inventar veräußert oder verschenkt habe. Anderenfalls muss davon ausgegangen werden, dass der Getränkelieferant das ihm zur Sicherheit übereignete Inventar niemandem überlassen und auch nicht verwertet hat.[109]

108) BGH, Urt. 9.1.1997 – IX ZR 1/96, NJW-RR 1997, 749 = BB 1997, 539.

109) KG, Urt. v. 26.1.2004 – 8 U 117/03, BeckRS 2005, 03422.

Hierzu ist der Getränkelieferant auch nicht verpflichtet, allenfalls könnte dem Sicherungsgeber ein Anspruch auf Rückübereignung des Sicherungsgutes für den Fall des endgültigen Wegfalls des Sicherungszwecks zustehen.[110] 4.103

6. Kosten

Die Kosten der Verwertung hat der Sicherungsgeber entsprechend § 788 ZPO jedenfalls dann zu tragen, wenn der Sicherungsübereignungsvertrag durch eine von ihm veranlasste Kündigung beendet worden ist. Hierzu rechnet auch die Umsatzsteuer, die bei Verwertung des Sicherungsguts anfällt. Eine Klausel, die dem Sicherungsgeber die Umsatzsteuer auferlegt, ist nicht nach § 307 BGB zu beanstanden.[111] Der Sicherungsgeber wird dadurch nicht belastet. Denn bei Tragung der Umsatzsteuer durch den Sicherungsgeber kann der Bruttoerlös auf die gesicherte Forderung verrechnet werden und kommt deshalb ebenfalls mittelbar dem Sicherungsgeber zugute.[112] Eine Weiterbelastung an den Sicherungsgeber ist allerdings nur möglich, wenn der Bruttoerlös dem Sicherungsgeber gutgebracht wird. Hier zeigt sich die Sinnhaftigkeit abweichender vertraglicher Regelungen. 4.104

7. Herausgabe

Ist der Verwertungsfall eingetreten, kann der Getränkelieferant gestützt auf den Sicherungsvertrag oder § 985 BGB die Sache vom Sicherungsgeber herausverlangen. § 803 Abs. 1 Satz 2 ZPO steht dem nicht entgegen.[113] Die Verjährung von Zinsforderungen steht dem Anspruch auf Rückgabe des Sicherungsgutes ebenfalls nicht entgegen (§ 216 Abs. 3 BGB).[114] 4.105

Weigert sich der Sicherungsgeber, die Sache herauszugeben, so muss der Getränkelieferant einen Herausgabetitel erwirken und nach § 883 ZPO vollstrecken. Der Getränkelieferant ist dagegen nicht berechtigt, sich den Besitz der sicherungsübereigneten Gegenstände gegen den Willen des Gastwirts als Sicherungsgeber zu verschaffen. Dies wäre verbotene Eigenmacht (§ 858 BGB). Dagegen stellt die Weigerung der Rückgabe, Herausgabe oder Räumung durch den Gastwirt keine verbotene Eigenmacht dar, wenn der sich Weigernde Besitzer ist. Eine Änderung der Besitzlage oder auch nur Verschlechterung tritt da- 4.106

110) KG, Urt. v. 26.1.2004 – 8 U 117/03, BeckRS 2005, 03422; OLG Düsseldorf, Urt. 23.10.2001 – 4 U 57/01, BeckRS 2001, 30213450 = NJOZ 2003, 2554, rkr. durch Nichtannahmebeschl. d. BGH v. 7.5.2003 – VIII ZR 271/91.

111) BGH, Urt. v. 12.5.1980 – VIII ZR 167/79, BGHZ 77, 139 = NJW 1980, 2473 = ZIP 1980, 520.

112) BGH, Urt. v. 12.5.1980 – VIII ZR 167/79, BGHZ 77, 139 = NJW 1980, 2473 = ZIP 1980, 520.

113) BGH, Urt. v. 28.11.1960 – VIII ZR 211/59, WM 1961, 243.

114) BGH, Urt. v. 5.10.1993 – XI ZR 180/92, NJW 1993, 3318 = ZIP 1993, 1703.

durch nämlich nicht ein. Daher muss der Getränkelieferant im Falle der Weigerung, die Gegenstände herauszugeben, auf Herausgabe klagen. Zu denken ist auch an einstweiligen Rechtsschutz in Form der einstweiligen Verfügung. Verfügungsgrund ist der Gefährdungstatbestand des erheblichen Wertverlustes durch Weiterbenutzung oder Weitergabe an Dritte. Vertrieblich nachteilig ist allerdings, dass die Herausgabe stets nur an den Gerichtsvollzieher als **Sequester** erfolgt.[115] Die Herausgabe an den Gläubiger selbst scheidet wegen der Befriedigungswirkung aus.

XII. Zubehör und Zwangsvollstreckung

1. Rechtlicher Rahmen

4.107 Da Zubehör aus wirtschaftlicher Sicht in engem Zusammenhang mit der Hauptsache steht, ordnet das Gesetz in einer Reihe von Vorschriften an, dass Zubehörstücke im Zweifel das rechtliche Schicksal der Hauptsache teilen. Zu nennen sind insbesondere § 311c BGB (notarielle Beurkundung), § 926 Abs. 1 BGB (Grundstücksveräußerung), § 1120 BGB (Hypothekenhaftungsverband), § 865 ZPO (Zwangsvollstreckung in das unbewegliche Vermögen) und §§ 20 Abs. 2, 21 Abs. 1, 55 Abs. 2, 90 Abs. 2 ZVG (Beschlagnahme und Versteigerung). Nach § 74a ZVG ist der Wert des mitversteigerten Zubehörs in die Berechnung der 7/10-Grenze einzubeziehen.[116]

2. Haftungsverband

4.108 Ist der Gastwirt (Sicherungsgeber) zugleich Hauseigentümer, kann das Sicherungseigentum zwar keinem gesetzlichen Vermieterpfandrecht unterliegen. Dann ist aber die Grundpfandhaftung von Zubehörstücken zu beachten. Das im Eigentum des Grundstückseigentümers stehende Inventar der Gaststätte haftet automatisch für Grundpfandrechte. Selbst wenn das Objekt, in dem die Gegenstände sich befinden, im Eigentum des Kunden steht, unterliegen die Gegenstände, die sicherungsübereignet werden sollen, dem Haftungsverband zugunsten der im Grundbuch in den Abteilungen II und III eingetragenen Grundbuchgläubiger (§§ 1191 Abs. 2, 1120, 93, 94, 95 BGB).

4.109 Zubehör haftet, wenn es in das Eigentum des Grundstückseigentümers „gelangt" ist. Eigenbesitz genügt nicht. Unmaßgeblich ist, ob der Grundstückseigentümer das Eigentum an der Zubehörsache vor oder nach Entstehung des Grundpfandrechts erworben hat. Entscheidend ist nur, dass Zubehöreigenschaft und Grundpfandrecht zu irgendeinem Zeitpunkt zusammentreffen.[117]

115) OLG Celle, Beschl. v. 26.7.2000 – 2 W 58/00, NZM 2001, 194; LG Stralsund, Beschl. v. 14.3.2002 – 7 O. 95/02, WM 2002, 1504.

116) BGH, Urt. v. 9.1.1992 – IX ZR 165/91, BGHZ 107, 8 = NJW 1992, 1702.

117) BGH, Urt. v. 17.9.1979 – VIII ZR 339/78, NJW 1979, 2514.

3. Entfernung

Da die Sicherungsübereignung von Zubehör nicht zum Erlöschen der Zubehörhaftung führt, verbleibt das Zubehör für den Verwertungsfall im Haftungsverband des Grundstücks, soweit nicht eine Enthaftung nach §§ 1121, 1122 BGB eingetreten ist. 4.110

4. Zwangsvollstreckung

Zubehör unterliegt danach, soweit es bei Grundstücken für die Hypothek haftet, nicht der Zwangsvollstreckung in das bewegliche Vermögen (nach den §§ 803 f. ZPO); insbesondere kann es nicht durch den Gerichtsvollzieher gepfändet werden (§ 865 Abs. 2 Satz 1 ZPO).[118] Vielmehr wird es gem. § 865 Abs. 1 ZPO von der Zwangsvollstreckung in das unbewegliche Vermögen umfasst und damit nach § 20 Abs. 2 ZVG auch von der Beschlagnahme des Grundstücks, wenn dessen Zwangsversteigerung angeordnet wird. 4.111

5. Dritteigentum

a) **Grundsatz.** In der Zwangsversteigerung des Grundstücks erwirbt der Ersteher aufgrund öffentlich-rechtlichen Übertragungsaktes mit Verkündung (§ 89 ZVG) des Zuschlagsbeschlusses (§ 87 Abs. 1 ZVG) Eigentum am versteigerten Grundstück (§ 90 Abs. 1 ZVG).[119] Durch den Zuschlag ändert sich die dingliche Zuordnung unmittelbar und ohne Rücksicht auf die bisherige Eigentumslage und den guten Glauben des Erstehers. Die Eintragung des Erstehers im Grundbuch (§ 130 Abs. 1 ZVG) stellt deshalb lediglich eine Grundbuchberichtigung dar. 4.112

Dieser Eigentumserwerb umfasst über das Grundstück hinaus sämtliche Gegenstände, auf die sich die Versteigerung erstreckt hat (§ 90 Abs. 2 ZVG). Dies sind alle Gegenstände, deren Beschlagnahme noch wirksam ist (§§ 55 Abs. 1, 20, 21 ZVG) und folglich auch die abstrakt im Hypothekenhaftungsverband stehenden Gegenstände des Vollstreckungsschuldners (§ 20 Abs. 2 ZVG i. V. m. §§ 1120 f. BGB) einschließlich schuldnerfremden Grundstückszubehörs (§ 55 Abs. 2 ZVG i. V. m. §§ 97, 98 BGB). Auf Zubehörstücke, die sich im auch mittelbaren Besitz des Schuldners oder eines neu eingetretenen Eigentümers befinden, erstreckt sich die Zwangsversteigerung gem. § 55 Abs. 2 ZVG damit auch dann, wenn sie einem Dritten gehören, es sei denn, dass dieser sein Recht nach Maßgabe des § 37 Nr. 5 ZVG geltend gemacht hat.[120] Anderenfalls erwirbt der Ersteher des Grundstücks mit dem Zuschlag zugleich die Zubehörstücke, auf die sich die Zwangsversteigerung erstreckt hat (§ 90 Abs. 2 ZVG). 4.113

---

118) LG Traunstein, Beschl. v. 23.9.2008 – 4 T 3274/08, BeckRS 2009, 06905.

119) BGH, Urt. v. 4.7.1990 – IV ZR 174/89, BGHZ 112, 59 = NJW 1990, 2744.

120) OLG Rostock, Beschl. v. 12.12.2011 – 3 W 193/11, NJW-RR 2012, 222.

4.114 Entsprechendes gilt, wenn die **Zwangsverwaltung** eines Grundstücks angeordnet wird (§§ 146 Abs. 1, 148 Abs. 1 ZVG). Allerdings gilt die Erweiterung des § 55 Abs. 2 ZVG auf Zubehör, das im Eigentum eines Dritten steht, insofern nicht.

4.115 b) **Freigabe.** Eine Freigabe wird dem Getränkelieferanten dann gelingen, wenn er dem Gericht eine **Zubehörhaftungsverzichtserklärung** vor dem Zwangsversteigerungstermin vorlegen kann. Nur dann steht dem Getränkelieferanten ein uneingeschränktes Verwertungsrecht an dem Inventar zu. Gibt der betreibende Drittgläubiger den Gegenstand nicht frei, so muss der Getränkelieferant als Eigentümer des Zubehörs gem. §§ 769, 771, 775, 776 ZPO vorgehen. Jedenfalls genügt die bloße Anmeldung des Berechtigten nicht. Vielmehr muss das Vollstreckungsverfahren insoweit ausdrücklich eingestellt oder aufgehoben werden.

4.116 Da die zugrunde liegende Regelung insbesondere des § 1120 BGB zwingendes Recht ist, bleiben demgegenüber **nachträgliche Verzichtserklärungen** eines Grundpfandrechtsgläubigers ohne dingliche Wirkung. Entsprechende Freigabeerklärungen haben lediglich schuldrechtliche Bedeutung. Nach der Erteilung des Zuschlags ist eine Freigabe nicht mehr möglich. Der Eigentümer muss dann seine Rechte im Verteilungsverfahren geltend machen (§ 92 ZVG).

XIII. Insolvenz

1. Insolvenzanfechtung

4.117 a) **Bestellungszeitpunkt.** Wie stets bei Sicherheiten sollten diese im Zusammenhang mit der Finanzierung bestellt werden. Werden Sicherheiten erst bei drohender Überschuldung bzw. Zahlungsunfähigkeit bestellt, so droht das Damoklesschwert der Insolvenzanfechtung.

4.118 b) **Gläubigerbenachteiligung.** Übereignet der Schuldner Bestandteile seines Geschäftsbetriebes zur Sicherheit an einen Darlehensgeber und veräußert er danach den gesamten Geschäftsbetrieb unter Eigentumsvorbehalt an einen Dritten mit der Weisung, den Kaufpreis direkt an den Darlehensgeber zu zahlen, werden die Gläubiger benachteiligt, sofern die Höhe der Zahlung den Wert des dem Darlehensgeber insolvenzfest übereigneten Sicherungsgutes übersteigt. Tritt der Schuldner im Rahmen einer Sicherungsübereignung die aus einem Verkauf des Sicherungsguts entstehenden Forderungen an seinen Darlehensgeber ab und veräußert er sodann seinen gesamten Geschäftsbetrieb einschließlich des Sicherungsguts für einen Einheitspreis an einen Dritten, so geht die eine solche Forderung nicht erfassende Vorausabtretung mangels Individualisierbarkeit der auf das Sicherungsgut entfallenden Forderungsteile ins Leere.[121)]

121) BGH, Beschl. v. 19.3.2009 – IX ZR 39/08, ZIP 2009, 817.

2. Absonderungsrecht

a) Grundlagen. In der Insolvenz des Sicherungsgebers zeigen sich die eingangs skizzierten Nachteile der Inventarsicherheit.[122] Der Insolvenzverwalter darf das in seinem Besitz befindliche Sicherungsgut verwerten (§ 166 Abs. 1 InsO). Dem Getränkelieferanten steht lediglich ein Absonderungsrecht am Verwertungserlös zu (§§ 51 Nr. 1 Fall 1, 49 InsO).[123] Dieses Verwertungsrecht steht damit grundsätzlich nicht dem Getränkelieferanten zu. Vom Verwertungserlös werden jedenfalls Kostenpauschalen für Feststellung und Verwertung (§§ 170 Abs. 1, 171 InsO) im Umfang von insgesamt 9 % sowie die Umsatzsteuer in Abzug gebracht (§ 171 InsO). Der Insolvenzverwalter ist berechtigt, die dem Absonderungsrecht des Getränkelieferanten unterliegende bewegliche Sache zu nutzen, wobei er für einen eventuell entstehenden Wertverlust ausgleichspflichtig ist. 4.119

b) Mitwirkungspflicht. Will ein Insolvenzverwalter ein sicherungsübereignetes Fahrzeug nach § 166 Abs. 1 InsO verwerten, so kann er zu diesem Zweck von dem Sicherungsnehmer die Herausgabe der Zulassungsbescheinigung II verlangen. Aus den §§ 166 ff. InsO, § 241 Abs. 2 BGB ergibt sich insoweit eine Pflicht des absonderungsberechtigten Gläubigers (Sicherungsnehmers), an der Verwertung durch den Insolvenzverwalter mitzuwirken, wenn diese ansonsten erschwert wäre.[124] 4.120

3. Vermieterpfandrecht

a) Grundsatz. In der Insolvenz des Mieters/Pächters erwirbt der Vermieter/Verpächter mit Bedingungseintritt nach Insolvenzeröffnung immer noch ein Vermieter-/Verpächterpfandrecht und damit ein anfechtungsfreies Absonderungsrecht, soweit die von dem Pfandrecht erfassten Gegenstände bereits vor der Krise eingebracht worden.[125] 4.121

b) Direktübereignung/Lieferantenvereinbarung. In der Kundeninsolvenz wird die Direktübereignung allerdings lediglich wie eine Sicherungsübereignung behandelt, so dass dem Getränkelieferanten lediglich das Recht zur Absonderung zusteht.[126] Begründet wird dies damit, dass das Eigentum des Darlehensgebers wie bei der Sicherungsübereignung lediglich abgeleitetes Eigentum sei. Damit bestehe ein abweichender Sicherungszweck. Während der Eigentumsvorbehalt einen Warenkredit sichere, sichere die Sicherungsübereignung einen Geldkre- 4.122

122) Siehe oben § 48 V 5 m. w. N.

123) BGH, Urt. v. 17.7.2008 – IX ZR 96/06, NJW 2008, 3142 = ZIP 2008, 1638.

124) OLG Stuttgart, Urt. 26.6.2012 – 6 U 45/12, BeckRS 2012, 15242.

125) BGH, Urt. v. 14.12.2006 – IX ZR 102/03, BGHZ 170, 196 = NJW 2007, 1588 = ZIP 2007, 191.

126) BGH, Urt. v. 27.3.2008 – IX ZR 220/05, BGHZ 176, 86 = NJW 2008, 1803 = ZIP 2008, 342.

dit. Letzteres sei auch bei der Direktübereignung anzunehmen. Offen ist, ob diese Überlegungen auch auf den Fall der Kollision mit Vermieter-/Verpächterpfandrechten und Grundpfandrechten zu übertragen sind.

§ 49 Schuldbeitritt

I. Grundlagen

1. Rechtsnatur

4.123 Gesetzlich nicht geregelt, aber nach dem Grundsatz der Vertragsfreiheit (§ 311 Abs. 1 Fall 1 BGB) zulässig ist der auch Schuldmitübernahme bzw. kumulative Schuldübernahme genannte Schuldbeitritt. Hier tritt der neue Schuldner neben den/die verbleibenden „Altschuldner“ im Wege einer kumulativen (bestärkenden) Schuldübernahme. Da der Getränkelieferant beim Schuldbeitritt nach dem Parteiwillen regelmäßig nur einmal die Leistung erhalten soll, handelt es sich um einen Fall rechtsgeschäftlich begründeter Gesamtschuldnerschaft von Erstschuldner und Beitretendem im Wege einer **Sicherungsgesamtschuld.**[127] Grundlage ist eine einseitige Verpflichtungserklärung.

2. Abschluss

4.124 Der Schuldbeitritt kann zum einen zwischen Gläubiger und Beitretendem selbst verhandelt werden (Regel). Zum anderen kann er zwischen dem Beitretenden und dem Erstschuldner gem. § 328 BGB vereinbart werden.[128] Anders als bei der (befreienden) Schuldübernahme nach § 414 BGB bedarf es hierbei nicht der Zustimmung des Gläubigers, weil dieser nichts verliert. Gemäß § 333 BGB hat er allerdings ein Zurückweisungsrecht.

II. Abgrenzung

1. Vertragsbeitritt und Vertragspartnerschaft

4.125 Insofern kann verwiesen werden.[129]

2. Bürgschaft

4.126 Zwar hat der Beitretende oftmals ein eigenes wirtschaftliche Interesse an der Erfüllung der Verbindlichkeit. Für die Bejahung einer Schuldmitübernahme ist dieses aber weder erforderlich noch ausreichend. Auf die Art des Interesses kommt es nicht an, wenn die abgegebene Erklärung eindeutig den Willen zum Schuldbeitritt erkennen lässt.

---

127) BGH, Urt. v. 9.7.2007 – II ZR 30/06, NJW-RR 2007, 1407 = ZIP 2007, 1602.

128) BGH, Urt. v. 26.10.1978 – VII ZR 71/76, BGHZ 72, 246 = NJW 1979, 157.

129) Siehe oben § 39 VI jeweils m. w. N.

Da es sich beim Schuldbeitritt nur um eine anfänglich akzessorische Kreditsicherheit handelt, setzt nur die Entstehung des Schuldbeitritts eine Hauptschuld voraus; anderenfalls geht der Schuldbeitritt ins Leere. Nach wirksamer Begründung des Schuldbeitritts bildet er dagegen eine eigene Verpflichtung des Beitretenden, die – anders als bei der Bürgschaft – ein eigenständiges rechtliches Schicksal nehmen kann. Ob eine Erklärung als Schuldbeitritt oder als Bürgschaft auszulegen ist, hängt im Wesentlichen davon ab, ob die Zusage eine selbständige oder eine der Hauptforderung angelehnte Schuld begründen soll. **4.127**

Im Zweifel ist die Erklärung als Bürgschaft auszulegen, damit § 766 BGB nicht umgangen wird.[130] Hat der Geschäftsführer einer GmbH telefonisch zugesagt, er werde für offene Lieferantenrechnungen „persönlich einstehen", liegt daran kein Schuldbeitritt; vielmehr handelt es sich um eine formnichtige Bürgschaft.[131] Die Erklärung des Ehemanns, alle Verpflichtungen „selbstschuldnerisch" zu übernehmen, die für seine Ehefrau aus einem Gaststättenmietvertrag entstehen, ist mangels anderer Umstände als Mietbürgschaft und nicht als Schuldbeitritt auszulegen.[132] Eine Mietbürgschaft umfasst im Gegensatz zum Schuldbeitritt nicht den Mietzins für die Zeit einer stillschweigenden Verlängerung des Mietverhältnisses gem. § 545 BGB.[133] **4.128**

III. Wirksamkeit

1. Sittenwidrigkeit

Die Grundsätze zur Beurteilung einer Sittenwidrigkeit im Zusammenhang von Bürgschaften sind auf einen Schuldbeitritt übertragbar. Daher wird hier auf weitere Ausführungen verzichtet.[134] **4.129**

2. Klauselwirksamkeit

Bei Verträgen mit GmbHs wird im Hinblick auf die beschränkte Haftung der Gesellschaft häufig eine persönliche Haftungsübernahme des Geschäftsführers bzw. der Gesellschaft im Wege des Schuldbeitritts vereinbart. § 309 Nr. 11 a BGB, der auch im Unternehmerverkehr gilt, verlangt eine ausdrückliche und gesondert unterzeichnete Haftungserklärung. Nur wenn die Übernahme der Mithaftung auf einer ausdrücklichen gesonderten Erklärung beruht, greift das Klauselverbot nicht.[135] **4.130**

---

130) OLG Hamm, Urt. v. 15.1.1988 – 20 U 195/87, NJW 1988, 3022. LG Gießen, Urt. v. 19.10.1994 – 1 S 376/94, NJW-RR 1995, 586 (Mietbürgschaft).

131) OLG Hamm, Urt. v. 15.1.1988 – 20 U 195/87, NJW 1988, 3022.

132) LG Gießen, Urt. v. 19.10.1994 – 1 S 376/94, NJW-RR 1995, 586 (Mietbürgschaft).

133) LG Gießen, Urt. v. 19.10.1994 – 1 S 376/94, NJW-RR 1995, 586 (Mietbürgschaft).

134) Siehe unten § 50 IV jeweils m. w. N.

135) BGH, Urt. v. 5.6.1996 – VIII ZR 151/95, BGHZ 133, 71 = NJW 1996, 2156 = ZIP 1996, 1209.

IV. Verbraucherkreditrecht

1. Abgrenzung

4.131 Beim Beitritt von (Ehe-)Partnern, Familienangehörigen, (GmbH-)Geschäftsführern oder sonstigen Dritten ist zunächst im Wege der **Auslegung** zu prüfen, ob ein Vertragsbeitritt oder lediglich ein Schuldbeitritt vorliegt. Im erstgenannten Fall handelt es sich um ein Unternehmer- bzw. Existenzgründergeschäft, im zweitgenannten Fall dagegen um ein Verbrauchergeschäft. Bedeutung hat diese Differenzierung zum einen für die Anwendbarkeit des § 512 BGB, zum anderen für die Problematik der Haustürgeschäfte.

2. Sachlicher Anwendungsbereich

4.132 a) **Sonstige Finanzierungshilfe.** Der kumulative Schuldbeitritt stellt keine sonstige Finanzierungshilfe i. S. d. § 506 Abs. 1 BGB dar, weil dem Beitretenden trotz voller Mitverpflichtung keinerlei Kaufkraft überlassen wird, insbesondere kein Anspruch auf Auszahlung des Kredits eingeräumt wird.

4.133 b) **Unmittelbare Anwendbarkeit des § 491 Abs. 1 BGB.** Da der Beitretende nur die Mithaftung für einen gewährten Kredit übernimmt, aber keinen Anspruch auf Auszahlung erlangt, stellt der Schuldbeitritt seinem Wesen nach keinen Darlehensvertrag i. S. d. § 491 BGB dar. Einen Kredit erhalte der Beitretende selbst dann nicht, wenn es sich bei dem Vertrag, zu dem er beitrete, um einen Kreditvertrag handele. Denn der Beitretende übernehme lediglich die Mithaftung für die Verpflichtung des Kreditnehmers aus diesem Vertrag, ohne jedoch dessen Anspruch gegen den Kreditgeber auf Auszahlung des Kredits zu erlangen.[136)]

4.134 c) **Analoge Anwendbarkeit des § 491 Abs. 1 BGB.** Der Schuldbeitritt zu einem Verbraucherdarlehensvertrag fällt im Wege der Analogie zu § 491 Abs. 1 BGB unter die entsprechenden Schutzvorschriften. Im Falle des Schuldbeitritts sei das Schutzbedürfnis des Verbrauchers nicht geringer, sondern eher größer als das des Kreditnehmers, weil der Beitretende trotz voller Mitverpflichtung keine Rechte gegen den Kreditgeber erlange, insbesondere keinen Anspruch auf Auszahlung des Kredits habe, vielmehr mit nach Höhe und Dauer unübersehbaren Verpflichtungen belastet werde. Entscheidend ist die für den Übernehmenden erstmalige Begründung einer Darlehensverpflichtung, ohne die Darlehensvaluta erhalten zu haben. Aber auch aus der Sicht des Kreditgebers sei die entsprechende

---

136) Ständige Rspr., u. a. BGH, Urt. v. 5.6.1996 – VIII ZR 151/95, BGHZ 133, 71 = NJW 1996, 2156 = ZIP 1996, 1209; BGH, Urt. v. 24.6.2003 – XI ZR 100/02, NJW 2003, 2742 = ZIP 2003, 1494; BGH, Urt. v. 8.11.2005 – XI ZR 34/05, BGHZ 165, 43 = NJW 2006, 431 = ZIP 2006, 68; BGH, Urt. v. 24.7.2007 – XI ZR 208/06, NJW-RR 2007, 1673 = ZIP 2007, 1850; BGH, Urt. v. 9.12.2008 – XI ZR 513/07, NZG 2009, 273 = ZIP 2009, 261; BGH, Urt. v. 25.10.2011 – XI ZR 331/10, NJW-RR 2012, 166 = ZIP 2012, 18.

Anwendung des Verbraucherkreditrechts gerechtfertigt, weil er durch den Schuldbeitritt einen weiteren Schuldner für den Kreditvertrag erhalte.[137)]

d) Situation des § 415 BGB. Umstritten ist, ob eine analoge Anwendung auch für die Fälle der Vertrags- oder Schuldübernahme zu befürworten ist, wenn diese zwischen altem und neuem Darlehensnehmer zunächst ohne Beteiligung des Gläubigers mit späterer Genehmigung (§ 185 Abs. 2 Satz 1 Fall 1 BGB) durch letzteren (§§ 415, 416 BGB (analog)) vorgenommen wird. Dabei handelt es sich um eine in der Praxis der Gastronomiefinanzierung nicht seltene Konstellation. **4.135**

Bei der juristischen Beurteilung ist zu differenzieren. Wird der Übernahmevertrag zwischen dem bisherigen Betreiber und dem neuen Betreiber geschlossen, so scheidet eine analoge Anwendung der §§ 491 f. BGB aus.[138)] § 491 BGB setzt nämlich einen Vertrag zwischen dem Darlehensgläubiger (hier Getränkelieferant) als Unternehmer und dem Übernehmer als Verbraucher respektive Existenzgründer voraus, woran es hier fehlt. Erfolgt dagegen eine Schuld- oder erst recht Vertragsübernahme auf Initiative des Getränkelieferanten als Darlehensgeber,[139)] sind die §§ 491 f. BGB zu beachten, um eine Umgehung der Verbraucherschutzbestimmungen i. S. d. § 511 Satz 2 BGB abzuwenden.[140)] **4.136**

3. Persönlicher Anwendungsbereich

a) Einführung. Praktische Bedeutung im Zusammenhang mit Getränkelieferungsverträgen hat die Frage, ob anfänglich mitverpflichtete oder später im Wege der Übernahme bzw. des Beitritts mitverpflichtete Personen, insbesondere (Gesellschafter-)Geschäftsführer, als Verbraucher bzw. als Existenzgründer einzuordnen sind. **4.137**

b) Einzelbetrachtung. Da der Schuldbeitritt – hier zumeist für die Person des mitverpflichteten Geschäftsführers der GmbH – ein selbständiges Schuldverhältnis zwischen dem Beitretenden und dem Darlehensgeber begründet, ist in allen die §§ 491–512 BGB betreffenden Fragen im Wege der Einzelbetrachtung **4.138**

---

137) BGH, Urt. v. 5.6.1996 – VIII ZR 151/95, BGHZ 133, 71 = NJW 1996, 2156 = ZIP 1996, 1209; BGH, Urt. v. 10.7.1996 – VIII ZR 213/95, BGHZ 133, 220 = NJW 1996, 2865 = ZIP 1996, 1657; BGH, Urt. v. 26.5.1999 – VIII ZR 141/98, BGHZ 142, 23 = NJW 1999, 2664 = ZIP 1999, 1169; BGH, Urt. v. 24.6.2003 – XI ZR 100/02, NJW 2003, 2742 = ZIP 2003, 1494, zur GmbH & Co. KG; BGH, Urt. v. 9.12.2008 – XI ZR 513/07, NZG 2009, 273 = ZIP 2009, 261; BGH, Urt. v. 25.10.2011 – XI ZR 331/10, NJW-RR 2012, 166 = ZIP 2012, 18; OLG Rostock, Urt. v. 25.2.2009 – 2 U 5/08 (Zuschussvertrag).

138) Erman-*Saenger*, BGB, § 491 Rz. 23.

139) Daran dürfte es erfahrungsgemäß fehlen.

140) Bülow/Artz-*Artz*, Verbraucherkreditrecht, § 491 Rz. 87.

auf die Person des Beitretenden abzustellen.[141] Dies gilt auch dann, wenn zwar der Beitretende, nicht aber der Darlehensnehmer selbst Verbraucher ist.[142] Ebenso kam es bei der Prüfung nach § 8 AbzG nur darauf an, ob der Beitretende eingetragener Kaufmann war; ob der ursprüngliche Vertragspartner des Getränkelieferanten eingetragener Kaufmann i. S. d. § 8 AbzG war, war unerheblich.[143]

4.139 Da die Schutzbedürftigkeit des Beitretenden unabhängig davon zu beurteilen ist, ob der Kreditnehmer selbst Verbraucher (§ 13 BGB) oder Unternehmer (§ 14 BGB) bzw. Existenzgründer (§ 512 BGB) ist, ist die Schutzbedürftigkeit des Beitretenden isoliert auch dann zu prüfen, wenn der Beitritt zu einem Existenzgründungskredit von mehr als 75.000,00 € erfolgte.[144]

4.140 c) **Maßgeblicher Zeitpunkt.** Abzustellen ist auf den Zeitpunkt der Abgabe der Mithaftungserklärung.[145]

4.141 d) **Mitverpflichtete Personen, insbesondere Gesellschafter und Geschäftsführer einer Gmb. aa) Grundsatz.** Wenn der Beitretende nicht eigengewerbliche Zwecke verfolgt und damit nicht als Existenzgründer anzusehen ist, bleibt er als lediglich Mithaftender schutzwürdiger **Verbraucher.** Damit gelten die §§ 491–509 BGB vollumfänglich. Die Anwendung des § 512 BGB kommt nicht in Betracht. Ggf. kann auch eine Haustürsituation i. S. d. § 312 Abs. 1 Satz 1 Nr. 1 BGB gegeben sein.

---

141) BGH, Urt. v. 5.6.1996 – VIII ZR 151/95, BGHZ 133, 71 = NJW 1996, 2156 = ZIP 1996, 1209; BGH, Urt. v. 28.1.1997 – XI ZR 251/95, NJW 1997, 342 = ZIP 1997, 643; BGH, Urt. v. 30.7.1997 – VIII ZR 244/96, NJW 1997, 3169 = ZIP 1997, 1694; BGH, Urt. v. 24.7.2007 – XI ZR 208/06, NJW-RR 2007, 1673 = ZIP 2007, 1850; OLG Hamm, Urt. v. 8.6.1998 – 31 U 4/98, rkr. durch Nichtannahmebeschl. d. BGH v. 15.9.1999 – VIII ZR 333/98; OLG Köln, Urt. v. 1.10.1999 – 19 U 14/99, BB 1999, 2576.

142) BGH, Urt. v. 26.4.1994 – XI ZR 184/93, ZIP 1994, 773; BGH, Urt. v. 5.6.1996 – VIII ZR 151/95, BGHZ 133, 71 = NJW 1996, 2156 = ZIP 1996, 1209; BGH, Urt. v. 10.7.1996 – VIII ZR 213/95, BGHZ 133, 220 = NJW 1996, 2865 = ZIP 1996, 1657; BGH, Urt. v. 12.11.1996 – XI ZR 202/95, BGHZ 134, 94 = NJW 1997, 654 = ZIP 1997, 197; BGH, Urt. v. 28.1.1997 – XI ZR 251/95, NJW 1997, 1442 = ZIP 1997, 643; BGH, Urt. v. 25.2.1997 – XI ZR 49/96, NJW 1997, 1443 = ZIP 1997, 642; BGH, Urt. v. 30.7.1997 – VIII ZR 244/96, NJW 1997, 3169 = ZIP 1994, 1694; BGH, Urt. v. 27.6.2000 – XI ZR 332/98, NJW 2000, 3496; BGH, Urt. v. 24.7.2007 – XI ZR 208/06, NJW-RR 2007, 1673 = ZIP 2007, 1850; OLG Stuttgart, Beschl. v. 2.12.1993 – 6 W 46/93, NJW 1994, 867; OLG Köln, Urt. v. 1.10.1999 – 19 U 14/99, BB 1999, 2576.

143) *Paulusch*, Brauerei- und Gaststättenrecht, 9. Aufl. 1996, Rz. 191; anders für den letztgenannten Sachverhalt zu Unrecht OLG Oldenburg, Urt. v. 16.10.1981 – 6 U 82/81, MDR 1982, 756.

144) BGH, Urt. v. 28.1.1997 – XI ZR 251/95, NJW 1997, 1442 = ZIP 1997, 643; BGH, Urt. v. 24.7.2007 – XI ZR 208/06, NJW-RR 2007, 1673 = ZIP 2007, 1850; BGH, Urt. v. 9.12.2008 – XI ZR 513/97, BGHZ 179, 120 = ZIP 2009, 261.

145) BGH, Urt. v. 24.7.2007 – XI ZR 208/06, NJW-RR 2007, 1673 = ZIP 2007, 1850; BGH, Urt. v. 25.10.2011 – XI ZR 331/10, NJW-RR 2012, 166 = ZIP 2012, 18.

Der BGH hat sich seit 1996 in gefestigter Rechtsprechung für die Gleichbehandlung der Gesellschafter oder der Geschäftsführer einer GmbH, die für einen gewährten Kredit die Mithaftung übernommen haben, als Verbraucher ausgesprochen und daran auch nach intensiver Auseinandersetzung mit der im Schrifttum vorgetragenen Kritik festgehalten. Das **bloße Halten eines GmbH-Geschäftsanteils** ist unabhängig von dessen relativer Größe der Beteiligung, dem Stimmgewicht und den Kompetenzen keine gewerbliche Tätigkeit, sondern nur Vermögensverwaltung und die Geschäftsführung einer GmbH keine selbständige, sondern eine angestellte berufliche Tätigkeit. Wegen der gebotenen typisierenden Betrachtung ist es ohne Bedeutung, dass der Geschäftsführer einer GmbH in aller Regel **geschäftserfahren** ist. Denn auch geschäftskundige Verbraucher, die einen Kredit nicht zu Zwecken des Konsums, sondern zu investiven Zwecken, wie etwa zum Erwerb einer Immobilienfondsbeteiligung, aufnehmen, genießen den Schutz des Verbraucherkreditrechts.[146)] **4.142**

bb) GmbH-Geschäftsführer. Die **gewerbliche Zweckbindung** des aufgenommenen Darlehens steht der analogen Anwendung des § 491 Abs. 1 BGB auf Beitrittserklärungen nicht entgegen.[147)] Der Beitritt des privat handelnden GmbH-Geschäftsführers als Sicherungsgeber zu einem gewerblich motivierten Kreditvertrag der eigenen Gesellschaft stellt Verbraucherhandeln dar,[148)] unabhängig davon, ob jener als Mitdarlehensnehmer auftritt (Vertragspartnerschaft) oder im Wege des Schuldbeitritts (kumulative Schuldübernahme) eine Mitverpflichtung in Bezug auf die Darlehensrückzahlung übernimmt. Dies gilt auch dann, wenn der GmbH-Geschäftsführer zur Verbindlichkeit der **eigenen Gesellschaft** im Wege einer Anschubfinanzierung beitritt oder sich für sie verbürgt.[149)] Im Interesse der Rechtssicherheit und Rechtsklarheit wird nicht danach differenziert, ob der Mithaftende Mehrheitsgesellschafter oder gar Alleingesellschafter der GmbH ist und welche **Beteiligungsquote** und **Kompetenzen** **4.143**

146) So bereits zum VerbrKrG BGH, Urt. v. 5.6.1996 – VIII ZR 151/95, BGHZ 133, 71 = NJW 1996, 2156 = ZIP 1996, 1209; BGH, Urt. v. 10.7.1996 – VIII ZR 213/95, BGHZ 133, 220 = NJW 1996, 2865 = ZIP 1996, 1657; BGH, Urt. v. 28.6.2000 – VIII ZR 240/99, BGHZ 144, 370 = NJW 2000, 3133 = ZIP 2000, 1493; BGH, Urt. v. 4.9.2002 – VIII ZR 251/01, NJW 2002, 3464; BGH, Urt. v. 8.11.2005 – XI ZR 34/05, BGHZ 165, 43 = NJW 2006, 431 = ZIP 2006, 68; BGH, Urt. v. 24.7.2007 – XI ZR 208/06, NJW-RR 2007, 1673 = ZIP 2007, 1850 (Geschäftsführer einer GmbH & Co. KG); OLG Stuttgart, Hinweisbeschl. v. 17.7.2009 – 6 U 79/09, BeckRS 2009, 25264.

147) BGH, Urt. v. 24.7.2007 – XI ZR 208/06, NJW-RR 2007, 1673 = ZIP 2007, 1850; BGH, Urt. v. 25.10.2011 – XI ZR 331/10, NJW-RR 2012, 166 = ZIP 2012, 18.

148) BGH, Urt. v. 5.6.1996 – VIII ZR 151/95, BGHZ 133, 71 = NJW 1996, 2156 = ZIP 1996, 1209; BGH, Urt. v. 10.7.1996 – VIII ZR 213/95, BGHZ 133, 220 = NJW 1996, 2865 = ZIP 1996, 1657; BGH, Urt. v. 28.6.2000 – VIII ZR 240/99, BGHZ 144, 370 = NJW 2000, 3133 = ZIP 2000, 1493; BGH, Urt. v. 8.11.2005 – XI ZR 34/05, BGHZ 165, 43 = NJW 2006, 431 = ZIP 2006, 68.

149) BGH, Urt. v. 8.11.2005 – XI ZR 34/05, BGHZ 165, 43 = NJW 2006, 431 = ZIP 2006, 68; BGH, Urt. v. 24.7.2007 – XI ZR 208/06, NJW-RR 2007, 1673 = ZIP 2007, 1850.

er hat.[150)] Ob der Beitretende **geschäftserfahren** oder **Verbraucher i. S. d. § 304 Abs. 1 InsO** ist, ist ebenfalls unerheblich.[151)]

4.144 cc) **Ausnahme.** Der GmbH-Geschäftsführer ist allerdings auch nach der h. M. dann nicht als Verbraucher anzusehen, wenn „der Kredit nach dem Inhalt des Vertrages für (seine) bereits ausgeübte gewerbliche Tätigkeit bestimmt ist".[152)]

4.145 **dd) Stellungnahme.** Dies entspricht zunächst der Rechtsprechung zum AbzG. Dass der Gastwirt eingetragener Kaufmann war, ergab sich weder aus seiner Stellung als **Kommanditist** einer GmbH & Co. KG noch als **Gesellschafter** und **Geschäftsführer** der Komplementär-GmbH.[153)] In all diesen Fällen war es allein konsequent, nach dem Schutzzweck des § 1c AbzG darauf abzustellen, ob die auf den Schuldbeitritt gerichtete Willenserklärung die Voraussetzungen der Vorschrift erfüllte.

4.146 Gleichwohl ist **Kritik** anzuzeigen. Die Rechtsprechung übersieht, dass der (Gesellschafter-)Geschäftsführer die Mithaftung in der Regel zu beruflichen Zwecken erklärt (§ 14 Abs. 1 a. E. BGB), weil die GmbH sonst keinen Kredit erhält. Außerdem wird vernachlässigt, dass jedenfalls bei Kumulation von Mehrheitsbeteiligung und Geschäftsführung beide Elemente zusammen eine selbständige berufliche Tätigkeit vermitteln und damit die Anwendung des Verbraucherkreditrechts ausschließen. Abzustellen sei auf die Art der Gesellschafterstellung, die seitens des Kreditnehmers erstrebt werde. Entscheidend soll sein, ob der Kreditnehmer selbst unternehmerisch tätig werden möchte oder ob er zum Zwecke der Vermögensanlage eine reine Kapitalbeteiligung beabsichtige.[154)]

4.147 **e) Existenzgründer und § 512 BGB. aa) Grundsatz.** Personen die im Wege des Schuldbeitritts oder der (kumulativen) Schuldübernahme mithaften wie GmbH-Geschäftsführer[155)] und GmbH-Gesellschafter, (Ehe-)Partner und Familienangehörige, fallen grundsätzlich nicht in den persönlichen Anwendungsbereich des § 512 BGB. Etwas anderes wird nur dann anzunehmen sein, wenn

150) BGH, Urt. v. 5.6.1996 – VIII ZR 151/95, BGHZ 133, 71 = NJW 1996, 2156 = ZIP 1996, 1209; BGH, Urt. v. 25.2.1997 – XI ZR 49/96, NJW 1997, 1443 = ZIP 1997, 642; BGH, Urt. v. 28.6.2000 – VIII ZR 240/99, BGHZ 144, 370 = NJW 2000, 3133 = ZIP 2000, 1493; BGH, Urt. v. 8.11.2005 – XI ZR 34/05, BGHZ 165, 43 = NJW 2006, 431 = ZIP 2006, 68.

151) BGH, Urt. v. 22.9.2005 – IX ZB 55/04, NJW 2006, 917.

152) BGH, Urt. v. 5.6.1996 – VIII ZR 151/95, BGHZ 133, 71 = NJW 1996, 2156 = ZIP 1996, 1209; BGH, Urt. v. 10.7.1996 – VIII ZR 213/95, BGHZ 133, 220 = NJW 1996, 2865 = ZIP 1996, 1657; OLG Hamm, Urt. v. 8.6.1998 – 31 U 4/98, rkr. durch Nichtannahmebeschl. d. BGH v. 15.9.1999 – VIII ZR 333/98.

153) BGH, Urt. v. 30.9.1992 – VIII ZR 196/91, BGHZ 119, 283 = NJW 1993, 64 = ZIP 1992, 1573; OLG Koblenz, Urt. v. 25.3.1994 – 2 U 1573/92, NJW 1994, 2099.

154) Zu Recht wird in der Literatur daher Kritik an der h. M. geübt, u. a. von Bülow/Artz-*Artz*, Verbraucherkreditrecht, § 491 Rz. 68, m. w. N.

155) OLG Köln, Urt. v. 28.6.1989 – 2 U 93/88, NJW-RR 1989, 1336.

diese Personen eigengewerblich als Existenzgründer zeichnen, etwa als Vertragspartner oder im Wege des Vertragsbeitritts bzw. der Vertragsübernahme und damit nicht nur mithaften, sondern auch eigenverantwortlich die Erfüllung des Getränkelieferungsvertrages insgesamt (als Existenzgründer oder ggf. auch bereits als Unternehmer) schulden.

bb) Ausnahme. § 512 BGB gilt daher nach h. M. nicht, auch nicht über § 511 Satz 2 BGB, wenn lediglich eine **Einmann-GmbH** das Geschäft vornimmt, wohl aber, wenn ihr Gesellschafter für das Existenzgründungsgeschäft den Schuldbeitritt erklärt.[156] **4.148**

4. Schriftform

a) (Schuld-)Beitrittsvereinbarungen zu einem dem Verbraucherkreditrecht unterfallenden Vertrag haben dem Schriftformerfordernis der §§ 492 Abs. 1, 126 BGB (jedenfalls analog) in der für den Beitrittszeitpunkt maßgeblichen Gesetzesfassung (!) zu genügen, wobei die Erleichterung nach § 126 Abs. 2 Satz 2 BGB (Vertragsschluss im Korrespondenzweg) gilt.[157] Der Beitretende muss vor Begründung seiner Mithaftung über alle Darlehenskonditionen unterrichtet werden. Zwar kommt es insofern nicht mehr auf einen Konditionenvergleich an. Es bedarf aber der Aufklärung über die mit seiner Mithaftung verbundene finanzielle Gesamtbelastung unter Einbeziehung sämtlicher relevanter Kosten.[158] **4.149**

Zur Vorgängervorschrift des § 4 Abs. 1 Satz 4 VerbrKrG hat der BGH es genügen lassen, dass sich die Pflichtangaben nicht unmittelbar aus der Mithaftungserklärung des Beitretenden ergaben. Es soll genügen, dass die Pflichtangaben sich auch aus einer Urkunde (hier dem Darlehensvertrag) ergeben, die mit der Haftungsvereinbarung durch Ösung fest verbunden war.[159] Ob die Voraussetzung der festen Verbindung durch Ösung im Einzelfall gegeben sein mag, wird zu prüfen sein. Jedenfalls sollte aus unternehmerischer Vorsicht daran festgehalten werden, dass die aktualisierten Pflichtangaben zum Verbrau- **4.150**

---

156) Palandt-*Weidenkaff*, BGB, § 491 Rz. 10; a. A. MünchKomm-*Schürnbrand*, BGB, § 491 Rz. 37.

157) BGH, Urt. v. 25.10.2011 – XI ZR 331/10, NJW-RR 2012, 166 = ZIP 2012, 18.

158) BGH, Urt. v. 5.6.1996 – VIII ZR 151/95, BGHZ 133, 71 = NJW 1996, 2156 = ZIP 1996, 1209; BGH, Urt. v. 12.11.1996 – XI ZR 202/95, BGHZ 134, 94 = NJW 1997, 654 = ZIP 1997, 197; BGH, Urt. v. 25.2.1997 – XI ZR 49/96, NJW 1997, 1443 = ZIP 1997, 642; BGH, Urt. v. 30.7.1997 – VIII ZR 244/96, NJW 1997, 3169 = ZIP 1997, 1694; BGH, Urt. v. 26.5.1999 – VIII ZR 141/98, BGHZ 142, 23 = NJW 1999, 2664 = ZIP 1999, 1169: § 4 Abs. 1 Satz 2 VerbrKrG trat beispielsweise erst am 1.1.1993 in Kraft; BGH, Urt. v. 24.6.2003 – XI ZR 100/02, NJW 2003, 2742 = ZIP 2003, 1494; Stuttgart, Urt. v. 2.12.1993 – 6 W 46/93, NJW 1994, 867.

159) BGH, Urt. v. 25.10.2011 – XI ZR 331/10, NJW-RR 2012, 166 = ZIP 2012, 18.

cherdarlehen (§ 492 Abs. 2 BGB i. V. m. Art. 247 §§ 6–13 EGBGB) sich aus der Schuldbeitrittsurkunde entnehmen lassen.

4.151 **b) Blankoerklärungen** sind formnichtig.[160)]

4.152 **c) Telefax.** Eine Schuldbeitrittserklärung zu einer Darlehensforderung, die dem Getränkelieferanten lediglich per Telefax zugegangen ist, ist nicht wirksam.[161)] Bloße Textform ist nämlich nicht ausreichend. Vielmehr ist jedenfalls die Verwendung einer qualifizierten elektronischen Signatur (§§ 126 Abs. 3, 126a BGB) erforderlich.

4.153 **d) Zugang gem. § 151 BGB.** Das Schriftformerfordernis steht dem konkludenten Verzicht auf den Zugang der Annahmeerklärung gem. § 151 BGB nicht entgegen, z. B. bei einem auf der Darlehensurkunde unterzeichneten Beitritt.[162)]

4.154 **e) Heilung.** Der Schuldbeitretende bzw. Schuldübernehmende hat das Darlehen selbst nicht empfangen. Er hat es auch nicht in Anspruch genommen. Beide Tatbestände sind in Person des Erst-/Hauptschuldners verwirklicht. Auch spricht gegen eine Heilung, dass die Vorschrift des § 494 Abs. 2 Satz 1 BGB den Darlehensnehmer vor einer direkten Inanspruchnahme auf Rückzahlung des vollständigen Darlehensbetrages aus Kondiktion bewahren soll. Der Kondiktionsanspruch wird den Schuldbeitretenden nicht betreffen, weil der Schuldbeitritt sich auf den vertraglichen Darlehensrückzahlungsanspruch bezieht. Daher scheidet eine Heilung in Analogie zu § 494 Abs. 2 Satz 1 BGB bzw. § 507 Abs. 2 Sätze 2–5 BGB des unwirksamen Vertrages aus. Bei Auszahlung der Darlehensvaluta an den Darlehensnehmer steht der Normzweck der entsprechenden Anwendung entgegen. Der Beitretende liefe Gefahr, bei Nichtigkeit das Darlehen zurückzahlen zu müssen. Ihm würde gerade der Schutz des Verbraucherkreditrechts entzogen, wenn bei einem nicht formgültigen Beitritt die Heilung zugelassen würde.[163)] Folglich bleibt der Beitritts-/Übernahmevertrag nach § 494 Abs. 1 Fall 1 BGB dauerhaft nichtig. Diese Rechtsprechung wird

160) BGH, Urt. v. 30.7.1997 – VIII ZR 244/96, NJW 1997, 3169 = ZIP 1997, 1694; BGH, Urt. v. 19.5.2005 – III ZR 240/04, ZIP 2005, 1179; BGH, Urt. v. 25.4.2006 – XI ZR 193/04, BGHZ 165, 252 = NJW 2006, 1788 = ZIP 2006, 940.

161) BGH, Urt. v. 30.7.1997 – VIII ZR 244/96, NJW 1997, 3169 = ZIP 1997, 1694.

162) BGH, Urt. v. 27.4.2004 – XI ZR 49/03, NJW-RR 2004, 1683 = ZIP 2004, 1303; BGH, Urt. v. 6.12.2005 – XI ZR 139/05, BGHZ 165, 213 = NJW 2006, 681 = ZIP 2006, 224.

163) BGH, Urt. v. 12.11.1996 – XI ZR 202/95, BGHZ 134, 94 = NJW 1997, 654 = ZIP 1997, 197; BGH, Urt. v. 30.7.1997 – VIII ZR 244/96, NJW 1997, 3169 = ZIP 1997, 1694; BGH, Urt. v. 8.11.2005 – XI ZR 34/05, BGHZ 165, 43 = NJW 2006, 431 = ZIP 2006, 68; OLG Karlsruhe, Urt. v. 27.10.1998 – 17 U 316/97, WM 1999, 222; OLG Rostock, Urt. v. 25.2.2009 (Zuschussvertrag).

auch auf den gesamtschuldnerisch mithaftenden Mitdarlehensnehmer erweitert, wenn das Darlehen an diesen nicht ausgezahlt wurde.[164)]

Allerdings kann die Berufung auf den Formmangel unter Umständen eine unzulässige Rechtsausübung (§ 242 BGB) sein, wenn z. B. der Verbraucher als **GmbH-Gesellschafter** aus dem Vertrag längere Zeit mittelbar beträchtliche Vorteile gezogen hat und der Darlehensgeber den Vorteil im Vertrauen auf die Wirksamkeit des Vertrages erbracht hat.[165)] **4.155**

f) **Praxishinweis.** Bei Vereinbarung eines Schuldbeitritts ist die Schriftform gewahrt, wenn die vom Verbraucher unterzeichneten Schriftstücke den Inhalt des zu übernehmenden Vertrages ggf. auch durch Inbezugnahme und Beifügung wiedergeben. Nimmt der Zweitvertrag auf den Erstvertrag Bezug und ist ihm eindeutig zu entnehmen, dass es hinsichtlich der nicht in die neue Urkunde aufgenommenen Vertragsbestandteile bei dem früher Vereinbarten bleiben soll, so bestehen keine Wirksamkeitsbedenken.[166)] Entsprechend dem Schutzzweck des Schriftformerfordernisses wird dem Verbraucher in der Vertragspraxis der Getränkelieferanten der vollständige Vertragsinhalt schriftlich mitgeteilt, indem in der Beitrittserklärung die entsprechenden „Grundverträge" in Bezug genommen und als Anlage beigefügt werden. **4.156**

5. Pflichtangaben

a) **Grundsatz.** Das Schutzbedürfnis des Übernehmers einer Darlehensverpflichtung ist nicht geringer als das eines Verbrauchers, der durch den Abschluss eines neuen Darlehensvertrages mit nach Höhe und Dauer unübersehbaren Verpflichtungen belastet wird. Entscheidend ist die für den Übernehmenden erstmalige Begründung einer Darlehensverpflichtung. Hinzukommt, dass er die Darlehensvaluta nicht erhalten hat. Dem Übernehmer muss der Umfang der finanziellen Belastung durch Inbezugnahme und Beifügung des zu übernehmenden Vertrages und durch Anführung sämtlicher sich aus § 492 Abs. 2 BGB i. V. m. Art. 247 §§ 6–13 EGBGB ergebenden Pflichtangaben vor Augen geführt werden, um das Risiko der Schuldübernahme richtig einschätzen zu kön- **4.157**

164) BGH, Urt. v. 12.11.1996 – XI ZR 202/95, BGHZ 134, 94 = NJW 1997, 654 = ZIP 1997, 197; BGH, Urt. v. 28.1.1997 – XI ZR 251/95, NJW 1997, 1442 = ZIP 1997, 643; BGH, Urt. v. 25.2.1997 – XI ZR 49/96, NJW 1997, 1443 = ZIP 1997, 642; OLG Stuttgart, Beschl. v. 2.12.1993 – 6 W 46/93, NJW 1994, 867; OLG Karlsruhe, Urt. v. 27.10.1998 – 17 U 316/97, WM 1999, 222; OLG Dresden, Urt. v. 13.7.2000 – 13 U 2964/99, rkr. durch Nichtannahmebeschl. d. BGH v. 9.1.2002 – XI ZR 343/00.

165) BGH, Urt. v. 8.11.2005 – XI ZR 34/05, BGHZ 165, 43 = NJW 2006, 431 = ZIP 2006, 68.

166) BGH, Urt. v. 25.2.1997 – XI ZR 49/96, NJW 1997, 1443 = ZIP 1997, 642; BGH, Urt. v. 26.5.1999 – VIII ZR 141/98, BGHZ 142, 23 = NJW 1999, 2664 = ZIP 1999, 1199.

nen und die Entscheidungsfindung über einen Widerruf des Schuldübernahmevertrages zutreffend vornehmen zu können.[167)]

4.158 b) **Konsequenzen.** Schon nach § 4 Abs. 1 Satz 5 VerbrKrG musste die Beitrittsurkunde zumindest (aktualisierte) Angaben zur Art des Darlehens, zum effektiven Jahreszins, zur Höhe des ursprünglichen Nettodarlehensbetrages bzw. Barzahlungspreises, zum Sollzinssatz, zur Höhe der bisher erfolgten Verrechnungen, zur Höhe des noch offenen Kreditbetrages, zu den Regelungen hinsichtlich der Rückzahlung des Finanzierungsrestes und zu den Sicherheiten enthalten.[168)]

4.159 c) **Verbundene Urkunde.** Die gesetzlich vorgeschriebenen Pflichtangaben sollten grundsätzlich in der Schuldbeitrittserklärung enthalten sein. Im Übrigen hilft vielleicht die aktuelle Rechtsprechung des BGH, wonach sich die gesetzlich vorgeschriebenen Pflichtangaben auch aus einer Urkunde (konkret: Darlehensvertrag) ergeben kann, die mit der Haftungsvereinbarung durch Ösung fest verbunden ist.[169)]

6. Widerrufsinformation

4.160 a) **Altrecht.** Im Fall des Schuldbeitritts zu einem Kreditvertrag i. S. d. § 491 Abs. 1 BGB durfte die Widerrufsbelehrung des Beitretenden nicht den Inhalt des § 495 Abs. 2 BGB a. F. aufnehmen. Anderenfalls hätte der Beitretende sein Widerrufsrecht praktisch kaum durchsetzen können.[170)] Diese Rechtsprechung wurde durch § 495 Abs. 2 Satz 3 BGB a. F. abgelöst, der einen obligatorischen Hinweis auf die Rechtsfolge des § 495 Abs. 2 Satz 1 BGB a. F. vorschrieb.

4.161 b) **Geltendes Recht. aa) Widerrufsrecht.** Aktuell kann sich eine Widerrufsbefugnis des Beitretenden originär bezogen auf den Schuldbeitritt ergeben (§ 495 BGB analog). Hinzu tritt ggf. eine abgeleitete Widerrufsbefugnis hinsichtlich der übernommenen Verbindlichkeit (§ 495 BGB).[171)] Dem Beitretenden ist eine eigene Widerrufsinformation zu erteilen. Ebenso dürfte zu entscheiden sein, wenn der Darlehensnehmer (hier: GmbH) bei Vertragsschluss von dem Ge-

---

167) BGH, Urt. v. 27.6.2000 – XI ZR 322/98, NJW 2000, 3496 = ZIP 2000, 1523; BGH, Urt. v. 27.4.2004 – XI ZR 49/03, WM 2004, 1381; BGH, Urt. v. 24.7.2007 – XI ZR 208/06, NJW-RR 2007, 1673 = ZIP 2007, 1850; BGH, Urt. v. 25.10.2011 – XI ZR 331/10, NJW-RR 2012, 166 = ZIP 2012, 18.

168) BGH, Urt. v. 7.10.1997 – XI ZR 233/96, NJW 1998, 602; OLG Dresden, Urt. v. 13.7.2000 – 13 U 2964/99, rkr. durch Nichtannahmebeschl. d. BGH v. 9.1.2002 – XI ZR 343/00; OLG Schleswig, Urt. v. 14.6.2001 – I U 76/2000; OLG Rostock, Urt. v. 25.2.2009 – 2 U 5/08.

169) BGH, Urt. v. 25.10.2011 – XI ZR 331/10, NJW-RR 2012, 166 = ZIP 2012, 18, zu § 4 Abs. 1 Satz 4 VerbrKrG.

170) BGH, Urt. v. 12.11.1996 – XI ZR 202/95, BGHZ 134, 94 = NJW 1997, 654 = ZIP 1997, 197.

171) Erman-*Röttel*, BGB, Vorbemerkung § 414 Rz. 22.

schäftsführer vertreten wird, der für die Schuld auch den Schuldbeitritt mit erklärt.[172)]

bb) Gestaltung. Seit dem 30.7.2010 gilt daher das Muster der Anlage 6 zu Art. 247 § 6 Abs. 2 und § 12 Abs. 1 EGBGB (entsprechend). Erfolgte der Schuldbeitritt in einer Haustürsituation i. S. d. § 312 Abs. 1 Satz 1 BGB, sind die entsprechenden Sondervorschriften (§§ 312 Abs. 1 Satz 2 und Abs. 2 BGB) nicht zu beachten (§ 312a BGB). 4.162

cc) Widerrufsfolgen. Im Hinblick auf das Schutzbedürfnis des Beitretenden[173)] bedarf es unter entsprechender Anwendung des Gestaltungshinweises 5 Satz 2 zu Anlage 1 Art. 246 § 2 Abs. 3 Satz 1 EGBGB grundsätzlich keines Hinweises auf etwaige Widerrufsfolgen. 4.163

Bei einem Beitrittsvertrag zu einem Darlehen ist aber ggf. nach § 358 Abs. 5 BGB eine Information darüber erforderlich, dass ein wirksamer Widerruf des Beitrittsvertrages die Bindung an das Darlehen beendet, ebenso wie auch umgekehrt, dass der Widerruf des Darlehensvertrages zu einer Beendigung der Bindung an den Beitrittsvertrag führt.[174)] 4.164

7. Vorvertragliche Informationen

Auch im Zusammenhang mit Schuldbeitrittserklärungen zu Verbraucherfinanzierungen sind die vorvertraglichen Informationspflichten nach § 491a BGB zu erfüllen. 4.165

8. Widerruf

a) Widerrufsrecht. Im Falle des Schuldbeitritts steht dem Beitretenden ein eigenes Widerrufsrecht zu, auch dem GmbH-Geschäftsführer, soweit in der Person des Beitretenden die Voraussetzungen des § 512 BGB oder des § 13 BGB gegeben sind.[175)] Dies unabhängig davon, ob der Hauptschuldner widerrufsberechtigt ist oder ein solches Recht ausgeübt hat.[176)] 4.166

b) Widerrufsfrist. Für den Beitretenden beginnt die Widerrufsfrist erst mit seinem Beitritt zu laufen.[177)] 4.167

---

172) a. A. noch LG Essen, Beschl. v. 6.11.1997 – 6 O. 279/79, NJW-RR 1998, 1526.

173) Siehe oben § 49 V 2 c und § 49 V 4 e, jeweils m. w. N.

174) OLG Jena, Urt. v. 28.9.2010 – 5 U 57/10, BeckRS 2010, 25722.

175) BGH, Urt. v. 26.4.1994 – XI ZR 184/93, ZIP 1994, 773; BGH, Urt. v. 5.6.1996 – VIII ZR 151/95, BGHZ 133, 71 = NJW 1996, 2156 = ZIP 1996, 1209; BGH, Urt. v. 10.7.1996 – VIII ZR 213/95, BGHZ 165, 43 = NJW 1997, 1443 = ZIP 1996, 1657; OLG Köln, Urt. v. 1.10.1999 – 19 U 14/99, BB 1999, 2576.

176) BGH, Urt. v. 10.7.1996 – VIII ZR 213/95, BGHZ 165, 43 = NJW 1997, 1443 = ZIP 1996, 1657.

177) BGH, Urt. v. 10.7.1996 – VIII ZR 213/95, BGHZ 133, 220 = NJW 1996, 2865 = ZIP 1996, 1657.

4.168 c) **Widerruf der Ursprungsverbindlichkeit.** Wird die übernommene Verbindlichkeit durch Widerruf seitens des Erstschuldners unwirksam, so geht der Schuldbeitritt ins Leere.[178)] Gleiches gilt bei einer Nichtigkeit des Hauptvertrages wegen Formmangels. Auch dann wäre der Beitritt gegenstandslos, ginge ins Leere und entbehrte ebenso wie der Hauptvertrag der Rechtswirkung.[179)]

4.169 Analog § 770 Abs. 1 BGB kann der Beitretende die Erfüllung verweigern, solange der ursprüngliche Schuldner zum Widerruf des Verbraucherdarlehensvertrages berechtigt ist.

9. Kündigung

4.170 a) **Darlehensgeber.** Bei einer Mehrheit von Darlehensnehmern und damit auch nach erfolgtem Vertrags- oder Schuldbeitritt muss die Kündigung gegenüber jedem einzelnen Darlehensnehmer erklärt werden. Bei einer gemeinsamen Anschrift ist jedenfalls bei Eheleuten bzw. Partnern ein einheitlich adressiertes Schreiben ausreichend.[180)]

4.171 Bei einem Darlehensvertrag mit mehreren gesamtschuldnerisch haftenden Darlehensnehmern kann das Vertragsverhältnis nur einheitlich gegenüber allen Darlehensnehmern gekündigt werden.[181)] Ansonsten könnte sich der Verbraucher, dem gegenüber nicht wirksam gekündigt wurde, gleichwohl (Regress-)Forderungen der Gesamtschuldner nach § 426 BGB ausgesetzt sehen. Gleiches gilt, wenn eine Mithaftung durch Schuldbeitritt begründet worden ist.[182)]

4.172 b) **Beitretender.** Hat der Fremdgeschäftsführer einer GmbH für diese eine persönliche (Miet-)Sicherheit im Wege der Schuldmitübernahme/des Schuldbeitritts begeben, stellt sein Ausscheiden aus dem Geschäftsführeramt zwei Monate bevor die Miete bei der Gesellschaft uneinbringlich wird, keinen wichtigen Grund zur Kündigung der Sicherheit gegenüber dem Vermieter i. S. d. § 314 Abs. 1 BGB dar.[183)]

V. Recht der Haustürgeschäfte

4.173 Zu denken ist insbesondere an § 312 Abs. 1 Satz 1 Nr. 1 Fall 1 BGB (Arbeitsplatz) und Fall 2 BGB (Privatwohnung).[184)]

---

178) BGH, Urt. v. 15.1.1987 – III ZR 222/85, NJW 1987, 1698.

179) BGH, Urt. v.15.1.1987 – III ZR 222/85, NJW 1987, 1699; BGH, Urt. v. 10.5.1995 – VIII ZR 264/94, BGHZ 129, 371 = NJW 1995, 2290 = ZIP 2995, 996; OLG Frankfurt/M., Urt. v. 6.12.1994 – 11 U (Kart) 73/94.

180) BGH, Urt. v. 22.6.1989 – III ZR 72/88, NJW 1989, 2383 = NJW-RR 1989, 1206.

181) BGH, Urt. v. 28.6.2000 – VIII ZR 240/99, BGHZ 144, 370 = NJW 2000, 3133= ZIP 2000, 1493; BGH, Urt. v. 9.7.2002 – XI ZR 323/01, NJW 2002, 2866 = ZIP 2002, 1524.

182) BGH, Urt. v. 12.9.2001 – VIII ZR 109/00, NJW 2002, 133 = ZIP 2001, 1992.

183) BGH, Urt. v. 20.7.2011 – XII ZR 155/09, NJW-RR 2011, 1518 = ZIP 2011, 1718.

184) Siehe oben § 47 II 1 m. w. N.

§ 50 Bürgschaft

I. Grundlagen

1. Person des Bürgen

Bei der Bürgschaft verpflichtet sich eine andere Person gegenüber dem Getränkelieferanten, für die Verpflichtungen des Kunden des Getränkelieferanten aus dem abgeschlossenen Getränkelieferungsvertrag einzustehen. Daher kann der Kunde selbst nicht auch gleichzeitig Bürge sein. 4.174

Als Bürge kommen in Betracht **Kreditinstitute**, in den Vertriebsmodellen 2–4 **Getränkefachgroßhändler** (als (Ausfall-)Bürgen), im Übrigen **Privatpersonen,**[185] seien es Geschäftsführer einer GmbH,[186] Familienangehörige oder sonstige Dritte. 4.175

2. Inhalt

Nach § 765 Abs. 1 BGB verpflichtet sich der Bürge durch den Bürgschaftsvertrag gegenüber seinem Vertragspartner, dem Gläubiger, für die Erfüllung der Verbindlichkeit eines am Abschluss des Bürgschaftsvertrages nicht beteiligten Dritten, des sog. Hauptschuldners, einzustehen. 4.176

Entgegen der irreführenden Formulierung in § 766 Satz 2 BGB verspricht der Bürge weder die Erfüllung der Hauptverbindlichkeit noch die Erfüllung durch den Hauptschuldner, sondern ein „Einstehen" (§ 765 BGB), d. h., dass er selbst dem Gläubiger möglichst das Gleiche verschafft wie die Erfüllung der Hauptschuld, und damit insofern „Befriedigung" (§ 772 Abs. 1 Satz 1 BGB). Ein Erlöschen der Hauptschuld gem. § 362 Abs. 1 BGB ist damit nicht zwingend verbunden. 4.177

3. Vertrag

Voraussetzung ist ein Vertrag zwischen dem Bürgen und dem Gläubiger eines Dritten. Der Bürgschaftsvertrag kann auch zwischen dem Bürgen und einem Dritten zu Gunsten des Gläubigers (§ 328 Abs. 1 BGB) abgeschlossen werden. Daraus verpflichtet ist lediglich (einseitig) der Bürge.[187] 4.178

4. Form

Die Erklärung des Privatbürgen bedarf grundsätzlich der einfachen gesetzlichen Schriftform (§§ 766 Satz 1, 126 BGB). Ist die Bürgschaft auf Seiten des Bürgen ein Handelsgeschäft (§§ 343 Abs. 1, 344 HGB), gilt das Schriftformerfordernis 4.179

185) OLG Frankfurt/M., Urt. v. 29.6.2007 – 19 U 142/06, NJOZ 2007, 5354 = BeckRS 2007, 16524.

186) OLG Köln, Urt. v. 28.6.1989 – 2 U 93/88, NJW-RR 1989, 1336.

187) BGH, Urt. v. 19.3.1989 – IX ZR 171/88, NJW 1989, 1605 = ZIP 1989, 629.

nicht (§ 350 HGB). Praktisch wird dies bei Bürgschaften von Kreditinstituten und Getränkefachgroßhändlern. Die Annahmeerklärung des Gläubigers, also hier des Getränkelieferanten, ist formlos gültig und kann auch stillschweigend gem. § 151 Satz 1 BGB erfolgen.[188)] Aus Beweisgründen sollte sie jedenfalls in Textform zur Akte festgehalten werden. Wesensnotwendig für eine Bürgschaft sind die Erklärung des Bürgen, für eine fremde Schuld einstehen zu wollen, die genaue Bezeichnung der verbürgten Hauptschuld sowie Name und Anschrift des Hauptschuldners und des Gläubigers.[189)]

5. Werthaltigkeit und Bonität

4.180 a) **Privatbürgschaften.** Anders als der Grundschuldgläubiger haftet der Bürge mit seinem gesamten Vermögen. Die Realisierung von Bürgschaften hängt von der **Zahlungsfähigkeit** des Bürgen ab. Überschuldete, mittellose Personen, insbesondere auch Familienangehörige, scheiden daher nicht nur aus Rechtsgründen als taugliche Bürgen aus. Im Übrigen kann sich die Bonität des Bürgen, also seine Vermögens- und Einkommenssituation, nach Gestellung der Bürgschaft verändert haben. Im Interesse des Getränkelieferanten als Sicherungsnehmer liegt es, sich an den Grundsätzen der Sicherheitsleistung durch Bürgen zu orientieren. Danach ist ein Bürge tauglich, wenn er ein in der Höhe der zu leistenden Sicherheit angemessenes Vermögen besitzt und seinen allgemeinen Gerichtsstand im Inland hat (§ 239 Abs. 1 BGB). Im Übrigen sollte die Bürgschaftserklärung den Verzicht auf die Einrede der Vorausklage enthalten (§ 239 Abs. 2 BGB).

4.181 b) **Bankbürgschaften.** Der im Regelfall gegebenen erhöhten Bonität jedenfalls einer inländischen Bank stehen zu beachtende Fallstricke in der Vertragsgestaltung seitens der Kreditinstitute gegenüber. Es ist darauf zu achten, dass die Bürgschaft unbedingt und möglichst unbefristet ist. Interessengerecht ist die Hereinnahme einer selbstschuldnerischen Bürgschaft (§§ 771, 239 Abs. 2 BGB); dies ist bei Banken als Kaufleuten kraft Gesetzes (§ 349 Satz 1 HGB) durchweg der Fall.

4.182 Der Vertragstext, häufig auch die AGB der Banken, enthalten nicht selten das Recht derselben zur **Hinterlegung.** Diese Hinterlegungsklausel ist als nachteilig zu streichen, um Durchsetzungsschwierigkeiten zu vermeiden. Der Getränkelieferant ist nämlich im Falle der Hinterlegung verpflichtet, gegen den Sicherungsgeber auf Freigabe des hinterlegten Betrags zu klagen. Dieses verzögert nicht nur die Befriedigung, sondern lässt auch Anwalts- und Gerichtskosten entstehen.

---

188) OLG Frankfurt/M., Urt. v. 1.12.2004 – 17 U 166/04, MDR 2005, 919.

189) BGH, Urt. v. 30.3.1995 – IX ZR 98/94, NJW 1995, 1886 = ZIP 1995, 812.

II. Bürgschaftsformen

Entsprechend dem Inhalt der Bürgschaftserklärung unterscheidet man verschiedene Bürgschaftsformen. Praktische Relevanz haben insbesondere folgende Formen der Bürgschaft: 4.183

1. Selbstschuldnerische Bürgschaft

Bei der selbstschuldnerischen Bürgschaft steht dem Bürgen nicht das Recht der Einrede der Vorausklage gem. §§ 771, 772 BGB zu (§ 773 Abs. 1 Nr. 1 BGB). Wenn der Hauptschuldner die verbürgte Verbindlichkeit bei Fälligkeit nicht begleicht, ist der Bürge zur sofortigen Zahlung an den Gläubiger verpflichtet. Voraussetzung ist eine entsprechende Verzichtserklärung des Bürgen, die der Schriftform nach § 766 Satz 1 BGB bedarf. Ist der Bürge Kaufmann und die Bürgschaft für ihn ein Handelsgeschäft (§§ 343 Abs. 1, 344 HGB), so steht dem Bürgen das Recht zur Einrede der Vorausklage kraft Gesetzes (§ 349 Satz 1 HGB) nicht zu. 4.184

2. Höchstbetragsbürgschaft

Ist die Haftung des Bürgen betragsmäßig begrenzt, so spricht man von einer Höchstbetragsbürgschaft. Insofern wird für noch unbestimmte, insbesondere künftige Verbindlichkeiten aus laufender Geschäftsverbindung oder für feststehende Verbindlichkeiten die Haftung übernommen, wobei das Risiko des Bürgen durch Vereinbarung eines Höchstbetrages beschränkt ist. Dabei kann die Bürgschaft selbst summenmäßig begrenzt oder auf eine durch Höchstbetrag begrenzte Hauptschuld bezogen werden. Bei Vereinbarung einer Höchstbetragsbürgschaft werden die über den Höchstbetrag hinausgehenden Zinsen, Zinsrückstände und Nebenforderungen grundsätzlich nicht miterfasst, weil es dem Wesen des Höchstbetrags entspricht, die höchste verbürgte Summe anzugeben. Durch individualvertragliche Vereinbarung kann die Haftung des Bürgen darüber hinaus auf Nebenforderungen zur verwirkten Hauptschuld, insbesondere auf den Höchstbetrag übersteigende Zinsen, Zinseszinsen, Provisionen und Kosten, ausgedehnt werden.[190] Als AGB-Klausel hätte ein entsprechender **weiter Sicherungszweck** dagegen keinen Bestand, wenn dadurch der vereinbarte Höchstbetrag überschritten wird (§§ 305c Abs. 1, 307 Abs. 1 Satz 1, Abs. 2 Nr. 2 BGB).[191] 4.185

---

190) BGH, Urt. v. 11.6.1980 – VIII ZR 164/79, BGHZ 77, 256 = NJW 1980, 2131 = ZIP 1980, 529.

191) BGH, Urt. v. 18.7.2002 – IX ZR 194/00, BGHZ 151, 374 = NJW 2002, 3167 = ZIP 2002, 1611; OLG Hamm, Urt. v. 29.9.1995 – 5 U 45/95, BeckRS 2008, 0178; OLG Stuttgart, Urt. v. 24.7.1996 – 9 U 40/96, NJW-RR 1997, 301 = ZIP 1996, 1508.

3. Zeitbürgschaft

4.186 Bei der Zeitbürgschaft ist die Haftung des Bürgen auf eine bestimmte Zeit begrenzt. Allerdings sind zwei Sachverhaltsgestaltungen denkbar. Zum einen lässt sich die Erklärung des Bürgen dahin verstehen, dass er nur für die Schulden des Hauptschuldners haftet, die in einem bestimmten Zeitraum fällig werden. Sind diese entstanden, haftet er unbefristet. Insofern liegt eine **gegenständliche Beschränkung** der Bürgschaft vor (**Zeitbürgschaft i. w. S.**). Zum anderen haftet er für eine bestimmte Forderung, allerdings nur bis zum Ablauf der genannten Frist (Endtermin, §§ 163, 158 Abs. 2 BGB, **zeitliche Beschränkung, Zeitbürgschaft i. e. S.**). Daher bedarf es einer eindeutigen Regelung.

4. Mitbürgschaft

4.187 Bei der Mitbürgschaft haften mehrere Personen gemeinschaftlich für dieselbe Hauptverbindlichkeit als Gesamtschuldner und dies auch dann, wenn sie die Bürgschaft nicht gemeinschaftlich übernommen haben (§ 769 BGB). Damit kann der Gläubiger jeden Mitbürgen nach seiner Wahl ganz oder teilweise in Anspruch nehmen (§ 421 Satz 1 BGB). Da § 769 BGB abdingbar ist,[192)] kann eine sog. **Nebenbürgschaftsklausel** vereinbart werden. Dann führt die Leistung eines Bürgen nicht zur Befreiung der anderen Mitbürgen. Sollten die Mitbürgen nur für jeweils selbständige Teile der Hauptschuld haften, macht es Sinn, den Ausschluss der gesamtschuldnerischen Haftung und damit des § 769 BGB zu vereinbaren. Dann haften die Mitbürgen nur als **Teilbürgen** mit der Folge, dass sich die Bürgschaftsbeträge der verschiedenen Bürgen addieren.[193)]

5. Ausfallbürgschaft

4.188 Auch hier liegt eine Beschränkung der Haftung des Bürgen auf einen Teil der Forderung vor. Insofern ist der Bürge nicht auf die Einrede der Vorausklage angewiesen, weil der Ausfall des Schuldners bereits zum anspruchsbegründenden Tatbestand gehört.

6. Bürgschaft auf erstes Anfordern

4.189 Bei der Bürgschaft auf erstes Anfordern werden dem Bürgen vorübergehend sämtliche Einwendungen und Einreden (§§ 768, 770, 771, 776 BGB)[194)] aus dem Hauptschuldverhältnis abgeschnitten. Insbesondere kann er bei Zahlungsaufforderung und im **Anforderungs- oder Erstprozess** nicht geltend machen,

---

192) BGH, Urt. v. 14.7.1983 – IX ZR 40/82, BGHZ 88, 185 = NJW 1982, 242 = ZIP 1983, 1041.

193) BGH, Urt. v. 7.11.1985 – IX ZR 40/85, NJW 1986, 928; BGH, Urt. v. 27.2.1989 – II ZR 182/88, NJW 1989, 2386.

194) BGH, Urt. v. 24.9.1998 – IX ZR 371/97, BGHZ 139, 325 = NJW 1999, 55 = ZIP 1998, 1907.

die Hauptschuld sei gar nicht entstanden oder bereits erloschen. Eine entsprechende Erklärung, auf „erstes Anfordern zu zahlen", ist nur bei Bürgschaften von Banken, nicht aber bei Privatpersonenbürgschaften möglich. Sie bedeutet, dass die Bank auf erstes Anfordern zu zahlen hat, ohne die nähere Berechtigung der Forderung zu prüfen oder Einwendungen erheben zu können. Letztere kann der Bürge erst ist einem nachfolgenden **Rückforderungsprozess** gem. § 812 Abs. 1 Satz 1 Alt. 1 BGB[195] geltend machen, in dem über den Eintritt des materiellen Bürgschaftsfalls zu entscheiden ist.

III. Zweckerklärung

1. Auslegung

Der sachliche und persönliche Umfang der Bürgschaftsverpflichtung einschließlich der Bestimmbarkeit richten sich nach der Zweckerklärung (Sicherungsabrede, Zweckvereinbarung) und dem jeweiligen Umfang der Hauptverbindlichkeit (§ 767 Abs. 1 (Satz 1) BGB). 4.190

2. Umfang

Im Ergebnis kann eine **enge Zweckerklärung** vorliegen, nach der die Bürgschaft eine oder mehrere genau bestimmte (bestimmbare) Forderungen des Getränkelieferanten gegen den Hauptschuldner sichern soll. Eine **weite Zweckerklärung** liegt vor, wenn die Bürgschaft zur Sicherung sämtlicher bestehender und unbestimmt vieler künftiger Forderungen des Getränkelieferanten gegen den Hauptschuldner aus der Geschäftsbeziehung dienen soll. Dann können AGB-Wirksamkeitsbedenken bestehen. 4.191

3. Klauselwirksamkeit weiter Zweckerklärungen

a) Einbeziehung. aa) Wenn der Verwender bei Globalbürgschaften von dem gesetzlichen Leitbild des § 767 Abs. 1 Satz 3 BGB abweicht und dem mit dem Hauptschuldner nicht identischen Sicherungsgeber aus Anlass der Verbürgung für einen bestimmten, der Höhe nach begrenzten Kredit eine Klausel vorlegt, nach der dieser auch für künftige Forderungen einzustehen hat, dann liegt darin bereits eine überraschende Wirkung (**§ 305c Abs. 1 BGB**).[196] Allerdings entfalle das Überraschungsmoment, wenn sich der Bürge bei der Übernahme der Bürgschaft die Schulden, für die er einzustehen verspreche, überhaupt nicht konkret vorstelle. So müsse er sich wenigstens hinsichtlich der Größenordnung Gedanken gemacht haben, weil jemand, der sich blindlings verbürge, nicht überrascht sein könne, wenn die Haftung auch auf künftige Forderungen erstreckt 4.192

195) BGH, Urt. v. 2.5.1979 – VIII ZR 157/78, BGHZ 74, 244 = NJW 1979, 1500.

196) BGH, Urt. v. 18.5.1995 – IX ZR 108/94, BGHZ 130, 19 = NJW 1995, 2553 = ZIP 1995, 1244; (Hinweis-)Beschl. v. 17.1.2011 – 5 U 138/10, BeckRS 2011, 18445.

werde. Eine Überraschung kann nämlich nach dem Wortsinn nur eintreten, wenn ein Vergleich zwischen erwarteten und eingetretenen Ereignissen oder Umständen einen Unterschied ergibt. Hat der Bürge – wie häufig – keine konkreten Erwartungen an die Verpflichtung geknüpft, so kann die Klausel auch nicht von seinen Erwartungen abweichen.[197] Personen, die sich als **Geschäftsführer, Allein- oder Mehrheitsgesellschafter des Hauptschuldners** verbürgen und über Art und Höhe der Verbindlichkeit informiert sind, können **regelmäßig nicht überrascht** sein. Dann ist also eine weite Zweckerklärung unbedenklich. Etwas anderes soll jedoch für den „einfachen" Kommanditisten gelten.[198]

4.193 **bb)** Bei der Frage, ob eine Bürgschaft nach dem Inhalt der vorformulierten Bedingungen auch künftige Forderungen gegen den Darlehensnehmer sichert, darf eine Unklarheit i. S. v. **§ 305c Abs. 2 BGB** nicht zu Lasten des finanziell erheblich überforderten Bürgen oder Mithaftenden gehen.

4.194 **b) § 307 Abs. 3 BGB.** Diese Vorschrift sperrt nicht die Prüfung einer (Global-)Bürgschaft nach den §§ 307–309 BGB. Hierfür ist die Abweichung vom gesetzlichen Leitbild des § 767 Abs. 1 Satz 3 BGB ausschlaggebend.[199]

4.195 **c) § 307 Abs. 2 Nr. 1 und 2 BGB.** Im Zusammenhang mit Globalbürgschaften hat der BGH – unter Änderung seiner langjährigen Rechtsprechung – entschieden, dass der Verwender von dem gesetzlichen Leitbild des § 767 Abs. 1 Satz 3 BGB und dem Erfordernis einer Begrenzung der Bürgschaft abgewichen sei. Das Gesetz setze eine summenmäßige Beschränkung der Bürgschaft als selbstverständlich voraus. Der Rechtsgedanke des § 767 Abs. 1 Satz 3 BGB überlagere die gesetzlichen Regelungen der §§ 765 Abs. 2, 767 BGB, wonach eine Bürgschaft auch für künftige, der Höhe nach nicht feststehende Forderungen zulässig sei, wenn sie von vornherein für künftige, aus einer bestimmten Geschäftsverbindung entstehende Ansprüche übernommen worden sei.[200] Konsequenz der Sichtweise des BGH zur Globalbürgschaft ist, dass jede Abweichung von § 767 Abs. 1 Satz 3 BGB einen Anwendungsfall des § 307 Abs. 2 Nr. 1 und 2 BGB darstellt.[201]

4.196 **d) § 307 Abs. 1 BGB.** Eine unangemessene Benachteiligung i. S. d. § 307 Abs. 1 BGB im Übrigen ist nicht anzunehmen.[202]

---

197) BGH, Urt. v. 1.6.1994 – XI ZR 133/93, BGHZ 126, 174 = NJW 1994, 2145.

198) BGH, Urt. v. 18.5.1995 – IX ZR 108/94, BGHZ 130, 19 = NJW 1995, 2553 = ZIP 1995, 1244.

199) BGH, Urt. v. 18.5.1995 – IX ZR 108/94, BGHZ 130, 19 = NJW 1995, 2553 = ZIP 1995, 1244; BGH, Urt. v. 7.3.1996 – IX ZR 43/95, NJW 1996, 1470.

200) BGH, Urt. v. 18.5.1995 – IX ZR 108/94, BGHZ 130, 19 = NJW 1995, 2553 = ZIP 1995, 1244.

201) Palandt-*Sprau*, BGB, § 765 Rz. 20.

202) OLG Köln, (Hinweis-)Beschl. v. 17.1.2011 – 5 U 138/10, BeckRS 2011, 18445.

e) Rechtsfolge. Die formularmäßige Ausdehnung der Bürgenhaftung auf alle Forderungen aus einer Vertragsverbindung führt nur (Reduktion) dazu, dass dieser Teil nicht Bestandteil des Vertrages wird. Die Zweckerklärung ist vielmehr in der Form aufrechtzuerhalten, dass die Bürgschaft sich auf alle bestehenden Forderungen gegen den Hauptschuldner aus dem gesicherten Hauptschuldverhältnis bezieht (**Anlassrechtsprechung**).[203] Im Ergebnis bleibt somit die Sicherungszweckklausel regelmäßig in dem Umfang wirksam, als die Sicherung derjenigen Ansprüche erfasst wird, die Anlass der Übernahme der Bürgschaft (bzw. der Stellung der Sicherheit, insbesondere der Grundschuld) waren.[204] **4.197**

f) Einzelfälle. Die vorstehend skizzierten Grundsätze der Anlassrechtsprechung gelten zwar grundsätzlich auch für Bürgschaftsverpflichtungen, die zur Besicherung von durch Getränkelieferanten ausgereichten Darlehen mit Getränkebezugsverpflichtung dienen.[205] Durch die Formulierung „… alle bestehenden und künftigen Forderungen der Brauerei gegen Herrn … aus der zwischen den Vorgenannten über die Absatzstätte … geschlossenen Vereinbarungen von …" ergibt sich aber, dass beliebige künftige Forderungen aus neuen Verträgen oder aus erweiternden Änderungen des bestehenden Vertragsverhältnisses nach dem insoweit eindeutigen Wortlaut der Bürgschaft nicht gesichert sind. Zu den gesicherten künftigen Forderungen aus dem streitgegenständlichen Getränkelieferungsvertrag zählen der Darlehensrückzahlungsanspruch sowie Ansprüche auf Ausgleich und Schadensersatz im Falle der Nichterfüllung der vom Hauptschuldner übernommenen Getränkebezugsverpflichtung. Eine solche Erstreckung des Sicherungszwecks auf künftige Forderungen in Gestalt von Ausgleichs- und Schadensersatzansprüchen bei Nichterfüllung der Getränkebezugspflicht ist auch nicht ungewöhnlich i. S. d. § 305c Abs. 1 BGB.[206] **4.198**

Ähnlich verfährt auch die Rechtsprechung im Zusammenhang mit **Mietbürgschaften.** Danach sichert eine Mietbürgschaft den Vermieter bis zum vereinbarten Vertragsende auch dann, wenn dem Mietvertrag nachträglich ein zweiter Mieter beigetreten ist, für den sich der Bürge nicht verbürgt hat.[207] **4.199**

---

203) BGH, Urt. v. 18.5.1995 – IX ZR 108/94, BGHZ 130, 19 = NJW 1995, 2553 = ZIP 1995, 1244; BGH, Urt. v. 28.10.1999 – IX ZR 364/97, BGHZ 143, 95 = NJW 2000, 658 = ZIP 2000, 65; LG Köln, Urt. v. 14.9.2010 – 22 O. 38/10.

204) BGH, Urt. v. 13.11.1997 – IX ZR 289/96, BGHZ 137, 153 = NJW 1998, 450 = ZIP 1998, 16.

205) OLG Köln, Beschl. v. 9.3.2011 – 5 U 138/10, BeckRS 2011, 18428; dazu bereits OLG Köln, (Hinweis-)Beschl. v. 17.1.2011 – 5 U 138/10, BeckRS 2011, 18445.

206) OLG Köln, Beschl. v. 9.3.2011 – 5 U 138/10, BeckRS 2011, 18428; dazu bereits OLG Köln, (Hinweis-)Beschl. v. 17.1.2011 – 5 U 138/10, BeckRS 2011, 18445.

207) OLG Stuttgart, Urt. v. 30.11.2009 – 5 U 86/09, BeckRS 2010, 1767.

IV. Sittenwidrigkeit der Bürgschaft von (Ehe-)Partnern und Familienangehörigen

1. Krasse Überforderung

4.200 a) **Finanzielle Leistungsfähigkeit.** Ist ein (Ehe-)Partner oder Angehöriger durch die von ihm übernommene Bürgschaft (Mithaftung) krass überfordert, so besteht eine tatsächliche **widerlegliche Vermutung** für die Sittenwidrigkeit, wenn die Mithaftung ohne rationale Einschätzung der Interessenlage und der wirtschaftlichen Risiken aus emotionaler Verbundenheit übernommen worden ist und das Kreditinstitut als Gläubiger die emotionale Beziehung oder das besondere Näheverhältnis zwischen Hauptschuldner und Mithaftendem in anstößiger Weise ausgenutzt hat. Der Sittenwidrigkeitsvorwurf besteht in diesen Fällen allein in der Ausnutzung der emotionalen Verbundenheit des finanziell überforderten Bürgen. Dieser hat kein eigenes persönliches oder wirtschaftliches Interesse an der Kreditaufnahme.[208)]

4.201 b) **Nichterfüllbarkeit.** Darüber hinaus ist eine finanzielle Überforderung auch dann anzunehmen, wenn die Verbindlichkeit, für die der Bürge zu haften hat, so hoch ist, dass bereits bei Vertragsschluss feststeht, dass er diese in wesentlichen Teilen nicht wird erfüllen können.[209)] Dies ist insbesondere dann der Fall, wenn der Bürge noch nicht einmal die laufenden Zinsen der Hauptschuld mit eigenen Mitteln aufbringen kann.[210)] Dann führt die Bürgschaftsübernahme häufig zu einer lebenslang andauernden Überschuldung des Bürgen.

2. Beurteilungskriterien

4.202 a) **Allgemein.** Für die Beurteilung der „krassen finanziellen Überforderung" sind allein die Einkommens- und Vermögensverhältnisse bei Abschluss des Bürgschaftsvertrages entscheidend, nicht hingegen diejenigen zum Zeitpunkt der Inanspruchnahme des Bürgen.[211)] Dabei bedarf es zunächst einer Prognose über die **Leistungsfähigkeit.** Insofern sind Ausbildung, Fähigkeiten und familiäre Belastungen zu berücksichtigen. Weiter muss der Bürge in der Lage sein, die übernommene Leistungspflicht mit Hilfe seines pfändbaren Einkommens und des pfändbaren Vermögens einschließlich eines selbst genutzten Eigen-

---

208) Ständige Rechtsprechung, u. a. BGH, Urt. v. 25.1.2005 – XI ZR 28/04, NJW 2005, 971 = ZIP 2005, 432; OLG Koblenz, Beschl. v. 4.10.2012 – 2 W 523/12, WM 2013, 882.

209) BGH, Urt. v. 24.2.1994 – IX ZR 93/93, NJW 1994, 1278 = ZIP 1994, 520.

210) BGH, Urt. v. 27.1.2000 – IX ZR 298/98, NJW 2000, 1182 = ZIP 2000, 351; OLG Koblenz, Beschl. v. 4.10.2012 – 2 W 523/12, WM 2013, 882.

211) BGH, Urt. v. 24.11.1992 – XI ZR 98/92, BGHZ 120, 272 = NJW 1993, 322 = ZIP 1993, 26.

heims zu decken.[212] Ist das Vermögen belastet, so kann es nur mit dem verfügbaren Sicherungswert angesetzt werden.

b) Einzelaspekte. Zumindest der monatlich pfändbare Betrag des Einkommens muss deutlich über der Zinsbelastung aus der Hauptschuld liegen. Zur Ermittlung der finanziellen Leistungsfähigkeit des Bürgen sind zunächst sein laufendes Einkommen und sein Vermögen festzustellen. Davon ist der unpfändbare Teil abzuziehen. Anschließend wird das pfändbare Vermögen von der bestehenden Bürgschaftsschuld abgezogen. Erst wenn der Zins, der auf den verbleibenden Saldo entfällt, aus dem pfändbaren Einkommen des Bürgen nicht mehr abgedeckt werden kann, liegt eine relevante finanzielle Überforderung vor.[213] Kann der Bürge die Zinsen, nicht aber die Hauptforderung selbst bezahlen, so liegt zwar kein Fall krasser finanzieller Überforderung vor. Dann stellt sich aber die Frage einer eventuellen Sittenwidrigkeit wegen einfacher finanzieller Überforderung. Bei vorhandenem Vermögen müssen daher dingliche Belastungen in Abzug gebracht werden. 4.203

3. Widerlegung

a) Allgemein. Die Vermutung der Sittenwidrigkeit wegen Ausnutzung einer psychischen Zwangslage kann widerlegt werden. Zu denken ist insbesondere an den Nachweis der Unkenntnis der krassen finanziellen Überforderung oder der emotionalen Verbundenheit. 4.204

b) Eigeninteresse. Der Nachweis eines eigenen persönlichen oder wirtschaftlichen Interesses des Bürgen an der Darlehensaufnahme durch den Hauptschuldner kann ebenfalls zur Widerlegung der Vermutung der Sittenwidrigkeit führen. Dabei kommen allerdings nur eigene gewichtige geldwerte Vorteile in Frage, welche unmittelbar aus der Darlehensaufnahme herrühren.[214] Mittelbare Vorteile wie etwa die Verbesserung der Lebenssituation des Bürgen durch das auszureichende Darlehen, hierdurch mögliche höhere Unterhaltszahlungen etc., reichen nicht aus.[215] 4.205

c) Vermögensverlagerungen zwischen Ehegatten. Das Interesse des Gläubigers, durch die Hereinnahme einer Ehegattenbürgschaft später möglichen Vermögensverschiebungen des Hauptschuldners auf den vermögenslosen Ehepartner vorzubeugen, schließt die Sittenwidrigkeit nicht aus. Anders ist nur bei einer ausdrücklichen Haftungsbeschränkung zu entscheiden.[216] Hierfür trägt 4.206

---

212) BGH, Urt. v. 18.9.1997 – IX ZR 283/96, NJW 1997, 3372 = ZIP 1997, 1957; BGH, Urt. v. 26.4.2001 – IX ZR 337/98, NJW 2001, 2466 = ZIP 2001, 1190.

213) Ständige Rechtsprechung, u. a. BGH, Urt. v. 16.6.2009 – XI ZR 539/07, NJW 2009, 2671 = ZIP 2009, 1462.

214) BGH, Vorlagebeschl. v. 29.6.1999 – XI ZR 10/98, NJW 1999, 2584 = ZIP 1999, 1257.

215) BGH, Urt. v. 25.1.2005 – XI ZR 28/04, NJW 2005, 971 = ZIP 2005, 432.

216) BGH, Urt. v. 14.5.2002 – XI ZR 81/01, NJW 2002, 2230 = ZIP 2002, 1190.

der Gläubiger die Darlegungs- und Beweislast, ebenso für die dann erfolgte Vermögensverschiebung. Wirksam ist eine derartige Bürgschaft nur dann, wenn sie inhaltlich hinreichend deutlich von vorne herein so formuliert ist, dass sie nur dann in Anspruch genommen werden kann, wenn nach Vertragsschluss Vermögen vom Hauptschuldner auf den Bürgen verschoben wurde.

4.207 d) Die **Möglichkeit einer Restschuldbefreiung** gem. §§ 286 ff. InsO schließt eine Anwendung des BGB auf ruinöse Bürgschaften oder Schuldbeitritte finanzschwacher Ehepartner bzw. Lebenspartner nicht aus.[217)]

4.208 e) Eine **anderweitige Sicherheit** steht der Sittenwidrigkeit von Bürgschaften oder Mithaftungsübernahmen finanziell erheblich überforderter Ehepartner bzw. Lebenspartner für eine Darlehensschuld des anderen Teils nur dann entgegen, wenn tatsächlich und rechtlich gewährleistet ist, dass der Mithaftende nach Verwertung der anderen Sicherheit nur auf das im Zeitpunkt der Haftungsübernahme bestehende Ausfallrisiko in Anspruch genommen wird.[218)]

4. Rechtsprechung im Übrigen

4.209 Selbst unter Heranziehung der strengeren Bewertungsmaßstäbe in der neueren Rechtsprechung wurde in dem hier interessierenden Zusammenhang bislang soweit ersichtlich in keinem Fall eine Sittenwidrigkeit der streitgegenständlichen Bürgschaftsverpflichtung angenommen. So wurden die Voraussetzungen des § 138 Abs. 1 BGB in folgendem Fall verneint: Die Bank hatte dem Ehemann der Beklagten, der als Pächter eine Gaststätte betrieb, den dafür benötigten Kredit gewährt. Die Beklagte, die einen kaufmännischen Beruf erlernt hatte, hatte im Jahr 1987 die selbstschuldnerische Bürgschaft in Höhe von 87.000,00 DM übernommen. Zu diesem Zeitpunkt hatte sie sich der Betreuung ihres einjährigen Kindes gewidmet. Im Jahre 1991 wurde die Ehe der Beklagten geschieden.[219)]

V. Verbraucherkreditrecht

1. Sachlicher Anwendungsbereich

4.210 a) **Grundsatz.** Mit überzeugender Begründung hat der BGH entschieden, dass das Verbraucherkreditrecht der §§ 491–509 BGB nicht für Bürgschaften gilt, die Kredite sichern, welche für eine bereits ausgeübte gewerbliche oder selbständige berufliche Tätigkeit bestimmt sind. Nach dem eindeutigen Wortlaut des § 491 Abs. 1 BGB und dem Schutzzweck der Vorschrift müssen die Grundsätze dieser Entscheidung in gleicher Weise für den Fall gelten, dass die Bürgschaft für einen Verbraucherkredit übernommen wird; eine Differenzie-

217) BGH, Urt. v. 16.6.2009 – XI ZR 539/07, NJW 2009, 2671.

218) BGH, Urt. v. 16.6.2009 – XI ZR 539/07, NJW 2009, 2671.

219) BGH, Urt. v. 25.4.1996 – IX ZR 177/95, NJW 1996, 2088 = ZIP 1996, 1126.

rung nach der Art der gesicherten Schuld – Unternehmer- oder Verbraucherkredit – ist auch beim Schuldbeitritt nicht vorgenommen worden. Mit Übernahme der Bürgschaft wird nämlich kein entgeltlicher Kredit gewährt oder versprochen. Die Bürgschaft ist vielmehr ein Vertrag zur Absicherung fremder Verbindlichkeiten und somit ein Kreditsicherungsmittel.[220)] Für diese Auslegung spricht auch, dass ein Bürgschaftsvertrag auch dann nicht in den Geltungsbereich der Verbraucherkreditrichtlinie 87/102/EWG fällt, wenn weder der Bürge noch der Kreditnehmer im Rahmen ihrer Erwerbstätigkeit gehandelt haben. Sowohl Wortlaut als auch Systematik und Normzweck der Richtlinie sprechen dagegen, diese analog auf Bürgschaften anzuwenden.[221)]

b) Umgehung. Im Schrifttum wird die Frage aufgeworfen, ob die durch eine Bürgschaft des Gesellschafters und/oder des Geschäftsführers gesicherte Kreditgewährung an eine haftungsbeschränkte Unternehmergesellschaft ein unzulässiges Umgehungsgeschäft i. S. d. § 511 Satz 2 BGB darstelle. Dies sei der Fall, wenn die bei einer Kreditvergabe vorzulegende und auf Plausibilität zu überprüfende Liquiditätsplanung eine offensichtlich unzulängliche Kapitaldienstfähigkeit ergebe.[222)] **4.211**

2. Persönlicher Anwendungsbereich

Außerhalb des Anwendungsbereichs des § 512 BGB bleiben auch Dritte, die eine Bürgschaft stellen.[223)] Insofern ist das Verbraucherkreditrecht im Besonderen nicht anwendbar. **4.212**

3. Schriftformerfordernis

Die Vorschriften über Verbraucherdarlehensverträge und damit insbesondere auch § 492 Abs. 1 BGB sind nach h. M. auf Bürgschaften weder unmittelbar (kein Kreditvertrag) noch analog (keine schließungsbedürftige Regelungslücke: ausreichender Schutz des Bürgen durch § 766 BGB und die Akzessorietät) anzuwenden.[224)] **4.213**

Bürgschaftserklärungen per Telefax erfüllen das Schriftformerfordernis nicht. Sie sind daher nichtig (§ 125 Satz 1 BGB). Gleiches gilt für die Erteilung einer Bürgschaftserklärung in elektronischer Form, insbesondere durch E-Mail (§§ 766 Satz 2, 125 Satz 1 BGB). **4.214**

---

220) BGH, Urt. v. 21.4.1998 – IX ZR 258/97, BGHZ 138, 321 = NJW 1998, 1939 = ZIP 1998, 949; BGH, Urt. v. 23.10.2001 – XI ZR 63/01, NJW 2002, 368 = ZIP 2001, 2224.

221) EuGH, Urt. v. 23.3.2000 – Rs C 208/98, NJW 2000, 1323 = ZIP 2000, 524; ebenso bereits der Generalanwalt in seinen Schlussanträgen v. 28.10.1999, NJW 2000, 566.

222) *Artz/Thielemann*, BKR 2010, 58.

223) OLG Köln, Urt. v. 28.6.1989 – 2 U 93/88, NJW-RR 1989, 1336.

224) BGH, Urt. v. 21.4.1998 – IX ZR 258/97, BGHZ 138, 321 = NJW 1998, 1939 = ZIP 1998, 949.

VI. Recht der Haustürgeschäfte

1. Betroffenheit

4.215 Soweit die Absicherung des finanziellen Engagements des Getränkelieferanten nicht durch Bankbürgschaften oder Bürgschaften eines Getränkefachgroßhändlers gegenüber einer Brauerei, sondern durch private Dritte, etwa Familienangehörige oder sonstige Drittsicherungsgeber, und damit Verbraucher (§ 13 BGB) geschieht, kann im Einzelfall eine Haustürsituation nach § 312 Abs. 1 Satz 1 BGB vorliegen. Dies insbesondere bei Verhandlungen im Bereich einer Privatwohnung (§ 312 Abs. 1 Satz 1 Nr. 1 Fall 2 BGB).[225)]

2. Vertrag über eine entgeltliche Leistung

4.216 Die Bürgschaft ist nach der gesetzlichen Regelung des § 765 BGB ein einseitig verpflichtender unentgeltlicher Vertrag. Gleichwohl kann sie aber auch als gegenseitiger und damit entgeltlicher Vertrag in dem Sinne ausgestaltet werden, dass die Übernahme der Bürgschaft die Gegenleistung für eine vom Gläubiger zu erbringende Leistung bildet. Die dem Gläubiger obliegende Leistung besteht meist darin, dass er dem Hauptschuldner vereinbarungsgemäß weiteren Kredit gewährt oder ein bereits gekündigtes, zur Rückzahlung fälliges Darlehen stundet. In der Praxis bildet eine solche Verknüpfung von Übernahme der Bürgschaft durch den Bürgen und Verpflichtung des Gläubigers, dem Schuldner Kredit zu gewähren oder wegen eines zur Rückzahlung fälligen Kredits stillzuhalten, die Regel. Die auf den Abschluss eines Bürgschaftsvertrages gerichtete Willenserklärung des Bürgen stellt sich sonach regelmäßig als eine auf den Abschluss eines Vertrages über eine entgeltliche Leistung – hier an den Getränkelieferanten als Dritten – gerichtete Willenserklärung dar.[226)]

3. Haustürsituation

4.217 Für das Widerrufsrecht des Bürgen kommt es allein darauf an, ob der Bürge Verbraucher ist und der Bürgschaftsvertrag in einer Haustürsituation begründet worden ist. Die Verbrauchereigenschaft des Hauptschuldners oder einer auf ihn bezogene Haustürsituation sind nicht maßgeblich. Der Anwendungsbereich des § 312 BGB ist sowohl dann eröffnet, wenn der Bürgschaftsvertrag zur Absicherung eines gewerblichen Kredits geschlossen wird, als auch dann, wenn der Hauptschuldner den Kredit nicht im Rahmen einer Haustürsituation aufge-

225) Siehe oben § 47 II jeweils m. w. N.

226) BGH, Urt. v. 9.3.1993 – XI ZR 179/82, NJW 1993, 1594; BGH, Urt. v. 14.5.1998 – IX ZR 56/95, NJW 1998, 2356; BGH, Urt. v. 10.1.2006 – XI ZR 169/05, BGHZ 165, 363 = NJW 2006, 845 = ZIP 2006, 363; Urt. v. 27.2.2007 – XI ZR 195/05, BGHZ 171, 180 = NJW 2007, 2106 = ZIP 2007, 619.

nommen hat.[227] Die Akzessorietät der Bürgschaft rechtfertigt keine andere Beurteilung. Sie eröffnet dem Bürgen zwar die Möglichkeit, sich entsprechend § 770 Abs. 1 BGB auf ein etwaiges Widerrufsrecht des Hauptschuldners zu berufen, solange sich dieser darüber nicht erklärt hat.[228] Die Begründung eines etwaigen Widerrufsrechts des Bürgen wird aber nicht von der Verbrauchereigenschaft des Hauptschuldners oder einer auf diese bezogene Haustürsituation abhängig gemacht.

4. Widerrufsbelehrung

a) Grundsatz. Soweit die Absicherung des finanziellen Engagements des Getränkelieferanten durch private Dritte (§ 13 BGB) geschieht und eine Haustürsituation nach § 312 BGB vorliegt, ist der Bürge über sein Widerrufsrecht zu belehren.[229] Auch wenn das Bürgschaftsvolumen den Betrag von 75.000,00 € überschreiten sollte, ist der Schwellenwert des § 512 BGB mangels Existenzgründereigenschaft nicht einschlägig. 4.218

b) Inhalt und Umfang. aa) Grundsatz. Für die Gestaltung der Widerrufsbelehrung kommt es nicht – auch nicht in entsprechender Anwendung – auf § 495 BGB, sondern auf die §§ 355, 360 BGB an (§§ 312 Abs. 1 Satz 1, Abs. 2, 355 BGB). Dabei kann man selbstverantwortlich gestaltete Muster verwenden oder das Muster der Anlage 1 zu Art. 246 § 2 Abs. 3 Satz 1 EGBGB heranziehen.[230] 4.219

bb) Belegunterlagen. Die Bürgschaftserklärung ist grundsätzlich gem. § 766 Satz 1 BGB schriftformbedürftig, nicht aber der Bürgschaftsvertrag insgesamt. Gleichwohl dürfte **§ 355 Abs. 3 Satz 2 BGB** im Wege des Erst-recht-Schlusses einschlägig sein. Zwar besteht lediglich ein Schriftformerfordernis für die Erklärung des Bürgen (§ 766 Satz 1 BGB). Unter den Voraussetzungen des § 350 HGB ist für § 355 Abs. 3 Satz 2 BGB kein Raum. Allerdings dürfte der Schutzzweck des § 355 Abs. 3 Satz 2 BGB eine Gleichstellung mit den vollumfänglich einem gesetzlichen Schriftformerfordernis unterliegenden Verträgen gebieten. Dies auch deshalb, weil der Beginn der Widerrufsfrist zugunsten des Bürgen hinausgeschoben wird. 4.220

---

227) BGH, Urt. v. 10.1.2006 – XI ZR 169/05, BGHZ 165, 363 = NJW 2006, 845 = ZIP 2006, 363; BGH, Urt. v. 27.2.2007 – XI ZR 195/05, BGHZ 171, 180 = NJW 2007, 2106 = ZIP 2007, 619.

228) BGH, Urt. v. 10.1.2006 – XI ZR 169/05, BGHZ 165, 363 = NJW 2006, 845 = ZIP 2006, 363 (obiter).

229) BGH, Urt. v. 10.1.2006 – XI ZR 169/05, BGHZ 165, 363 = NJW 2006, 845 = ZIP 2006, 363; BGH, Urt. v. 27.2.2007 – XI ZR 195/05, BGHZ 171, 180 = NJW 2007, 2106 = ZIP 2007, 619.

230) Siehe oben § 47 III 3 jeweils m. w. N.

4.221 cc) **Widerrufsfolgen.** Da bei Hereinnahme einer Bürgschaft eine Rückabwicklung nicht in Betracht kommt, kann gem. § 312 Abs. 2 Satz 3 BGB auf eine Rechtsfolgenbelehrung verzichtet werden. Dies ergibt sich bei Verwendung der Musterbelehrung auch aus dem Gestaltungshinweis 5 Satz 2 zu Anlage 1 zu Art. 246 § 2 Abs. 3 Satz 1 EGBGB.

4.222 dd) **Unterschrift.** Die Bezeichnung des Bürgen als „Kunde" ist unzutreffend.

VII. Verwaltung

4.223 Hat der Getränkelieferant zu seinen Gunsten wirksam eine Bürgschaft bestellt, so gilt es, während der laufenden Vertragsbeziehung zum Sicherungsgeber und zum Bürgen Fehler zu vermeiden.

1. Haftungserweiterung

4.224 Der Bürge haftet nicht für Erweiterungen der Hauptschuld durch ein Rechtsgeschäft des Hauptschuldners nach dem Zeitpunkt der Übernahme der Bürgschaft (§ 767 Abs. 1 Satz 3 BGB, vgl. auch § 1210 Abs. 1 Satz 2 BGB). Dies gilt insbesondere auch bei einer Auswechslung der Person des Hauptschuldners. Damit sind sämtliche Vertragsänderungen, die das Haftungsrisiko des Bürgen erweitern bzw. erhöhen, dem Bürgen gegenüber unwirksam. Um das Risiko der Enthaftung des Bürgen abzuwenden, sollte der Getränkelieferant sich von diesem schriftlich bestätigen lassen, dass der Bürge mit der Erweiterung der Haftung einverstanden ist. Ob der Getränkelieferant sich dabei des Weges einer Einzelerklärung des Bürgen, eines Nachtrages zum bestehenden Bürgschaftsvertrag, einer Briefzweitschrift oder eines Bürgschaftsvertrages im Übrigen bedient, ist unerheblich. Zu beachten ist, dass die fortbestehende Verbrauchereigenschaft des Bürgen dazu führt, dass es insofern einer erneuten Belehrung über das Widerrufsrecht des Bürgen bedarf.

2. Stundung und Tilgungsaussetzung

4.225 Auch Stundungen[231)] oder Tilgungsaussetzungen gegenüber dem Hauptschuldner können gefährlich werden. Zwar bleibt hier die ursprüngliche Identität der Hauptforderung gewahrt. In der zeitlichen Verlängerung der Möglichkeit zur Bürgeninanspruchnahme liegt aber ein höheres Risiko und damit ein zu Lasten des Bürgen gehendes Rechtsgeschäft. Damit droht das Damoklesschwert einer Erweiterung der Bürgenhaftung i. S. d. § 767 Abs. 1 Satz 3 BGB mit der Folge des Wegfalls der Haftung des Bürgen. Vorsorglich sollte entwe-

231) Eine Stundung schiebt die Fälligkeit hinaus und beendet damit den Verzug des Hauptschuldners. Sie ist ggf. von einer vollstreckungsbeschränkenden und insofern unschädlichen Vereinbarung abzugrenzen. Dazu BGH, Urt. v. 29.4.1987 – VIII ZR 258/86, NJW-RR 1987, 907.

der der Bürge hierzu seine Zustimmung schriftlich erteilen oder insgesamt eine neue Bürgschaft zum aktuellen Sachstand verhandelt werden.

3. Umschuldung

Jede Form der Umschuldung (Novation) kann dem Getränkelieferanten als Gläubiger gefährlich werden. Hier wird nachträglich anstelle der verbürgten Forderungen, etwa aus dem Liefergeschäft, eine neue Verbindlichkeit, etwa aus Darlehen, gesetzt. Ebenso gefährlich werden kann die Umwandlung eines Abschreibungsdarlehens in ein Tilgungsdarlehen. Im Hinblick auf die Akzessorietät der Bürgschaft und das Erfordernis einer grundsätzlich engen Zweckerklärung besteht das Risiko, dass die Bürgschaftshaftung nach § 767 Abs. 1 Satz 3 BGB erlischt. 4.226

4. Schuldübernahme

Im Zusammenhang mit Schuldübernahmen, insbesondere bei Betreiberwechseln, ist das Risiko zu bedenken, dass der Getränkelieferant mit der Einwilligung in die Schuldübernahme durch den Nachfolgebetreiber gleichzeitig bewirkt, dass der Bürge frei wird (§ 418 Abs. 1 Satz 1 BGB). Also ist die Bürgschaft vorher neu zu verhandeln oder gleichwertige andere Sicherheiten sind zum Abschluss zu bringen. 4.227

5. Isolierte Abtretung

Der Gläubiger der Hauptforderung und der Bürgschaftsgläubiger müssen, wie auch §§ 765, 774 BGB zeigen, ein und dieselbe Person sein (Gläubigeridentität).[232] Daher ist die Abtretung der Rechte aus der Bürgschaft ohne die Hauptforderung unwirksam. Sie führt analog § 1250 BGB zum Erlöschen der Rechte aus der Bürgschaft.[233] Im Insolvenzverfahren über das Vermögen des Hauptschuldners ist § 254 Abs. 2 InsO zu beachten. 4.228

6. Haftung des Gläubigers

a) Grundlagen. Den Gläubiger treffen grundsätzlich keine besonderen Schutz-, Aufklärungs- oder Rücksichtnahmepflichten gegenüber dem Bürgen.[234] So ist 4.229

---

232) BGH, Urt. v. 20.6.1985 – IX ZR 173/84, NJW 1985, 2528 (Vertragsübernahme); BGH, Urt. v. 15.8.2002 – IX ZR 217/99, NJW 2002, 3461 = ZIP 2002, 1897 (Bürgschaft für bereits abgetretene künftige Forderung); BGH, Urt. v. 15.8.2002 – IX ZR 217/99, NJW 2002, 3461 = ZIP 2002, 1897 (Erteilung der Bürgschaft an Zedenten nach Vorausabtretung der künftigen Hauptforderung nebst künftiger Sicherheiten); BGH, Urt. v. 3.4.2003 – IX ZR 287/99, NJW 2003, 2231 = ZIP 2003, 1033 (Bürgschaft auf erstes Anfordern); BGH, Urt. v. 3.5.2005 – XI ZR 287/04, BGHZ 163, 59 = NJW 2005, 2157 = ZIP 2005, 1064 (Titelgläubiger).

233) BGH, Urt. v. 19.9.1991 – XI ZR 296/90, BGHZ 115, 177 = NJW 1991, 3025; BGH, Urt. v. 3.4.2003 – IX ZR 287/99, NJW 2003, 2231 = ZIP 2003, 1033.

234) OLG Köln, (Hinweis-)Beschl. v. 17.1.2011 – 5 U 138/10, BeckRS 2011, 18445.

es nicht Aufgabe des Gläubigers, das Interesse des Bürgen etwa an der Sicherung seines Regressanspruches durch Informationen zu wahren. Ausnahmen ergeben sich nur dann, wenn der Gläubiger ohne billigenswertes Eigeninteresse die Belange des Bürgen schwerwiegend verletzt.[235)]

4.230 So kann der Bürge vom Gläubiger nach Zustandekommen der Bürgschaft Auskunft über den Stand der Hauptschuld und die wirtschaftliche Lage des Hauptschuldners verlangen, ohne das Einverständnis des Hauptschuldners einholen zu müssen. Voraussetzung ist, dass der Gläubiger über einen erkennbaren Wissensvorsprung hinsichtlich einer bevorstehende Zahlungsunfähigkeit des Hauptschuldners verfügt.[236)] Den Gläubiger trifft darüber hinaus eine Verpflichtung zur Rücksichtnahme ausnahmsweise dann, wenn er ohne billigenswertes eigenes Interesse die Belange des Bürgen schwerwiegend verletzt. Beispielsweise handelt der Gläubiger pflichtwidrig, wenn er den Hauptschuldner zur Nichtleistung auffordert[237)] oder schuldhaft den wirtschaftlichen Zusammenbruch des Hauptschuldners herbeiführt[238)] und so den Regress des Bürgen verhindert.

4.231 **b)** Dem Bürgen hilft es nicht, wenn er auf angeblich nicht erzielbare **Umsätze** des Hauptschuldners hinweist. Selbst wenn man ihm eine entsprechende Einwendung zugestehen wollte, müsste er sich entgegenhalten lassen, dass es auch dem Hauptschuldner zunächst vor allem selbst oblag, die wirtschaftlichen Erfolgsaussichten seiner Gaststätte zu prüfen. Den Gläubiger trifft eine solche Aufklärungspflicht über die wirtschaftliche Situation des Hauptschuldners nicht.[239)]

4.232 **c) Einwand der Verschleuderung.** Entsprechende Einwände haben zumeist keinen Erfolg. Häufig fehlt es an einer Bezifferung eines etwaigen Schadensersatzanspruchs oder einer Aufrechnungserklärung mit diesem Schadensersatzanspruch. Feststellungen eines (Privat-)Sachverständigen etwa des Inhalts, das Mobiliar sei zum Teil schadhaft gewesen und habe erhebliche Gebrauchsspuren aufgewiesen, so dass von einem Neuwert nicht auszugehen sei, müsste widersprochen worden sein. Beweisangebote auf Zeugenvernehmung muss jedenfalls dann nicht nachgegangen werden, wenn keine Belegunterlagen für einen eventuellen Kaufvertrag vorgelegt oder die Höhe des gebotenen Kaufpreises nicht im Übrigen dargetan worden ist; anderenfalls käme die Zeugenvernehmung einer unzulässigen Ausforschung gleich.[240)]

---

235) BGH, Urt. v. 30.5.1962 – VIII ZR 173/61, NJW 1962, 1381.

236) MünchKomm-*Habersack*, BGB, § 765 Rz. 91.

237) BGH, Urt. v. 7.2.1966 – VIII ZR 40/64, BeckRS 1966, 31179780.

238) BGH, Urt. v. 6.7.2004 – XI ZR 254/02, BeckRS 2004, 07556 = ZIP 2004, 1589.

239) OLG Köln, (Hinweis-)Beschl. v. 17.1.2011 – 5 U 138/10, BeckRS 2011, 18445.

240) OLG Frankfurt/M., Urt. v. 29.6.2007 – 19 U 142/06, NJOZ 2007, 5354 = BeckRS 2007, 16524.

d) **Praxishinweis.** Nicht selten ist entsprechendes Vorbringen verspätet (§ 531 Abs. 2 Satz 1 ZPO) und damit nicht zuzulassen, jedenfalls aber nicht schlüssig dargetan. Da es Sache des Bürgen ist, sich über das Risiko seiner Inanspruchnahme auf dem Laufenden zu halten geht die Behauptung, der Bürge habe bei rechtzeitiger Benachrichtigung zur Weiterführung der Gaststätte beitragen können, ins Leere.[241] 4.233

VIII. Verwertung

Auch im Zusammenhang mit Bürgschaften ist ein zeitnahes Forderungsmanagement erforderlich. 4.234

1. Wahlrecht

Soweit nicht etwas anderes vereinbart ist, hat der Getränkelieferant (Sicherungsnehmer) im Außenverhältnis ein Wahlrecht, welche Sicherheiten er zuerst in Anspruch nimmt. Es gibt grundsätzlich keine Pflicht des Gläubigers zur vorrangigen Verwertung von Immobiliarsicherheiten. Die Inanspruchnahme eines Bürgen vor der Verwertung von für den gleichen Zweck bestellten Immobiliarsicherheiten stellt daher keine unzulässige Rechtsausübung dar.[242] 4.235

2. Aufgabe einer Sicherheit

a) **Abgrenzung.** Bei Ausübung des vorstehend angesprochenen Wahlrechts sollte sich der Getränkelieferant allerdings davor hüten, ausdrücklich oder konkludent die anderweitige Sicherheit mit aufzugeben. Jene Sicherheit würde nämlich kraft Gesetzes (§§ 774 Abs. 1 Satz 1, 412, 401 BGB) auf den Bürgen übergehen, wenn er den Getränkelieferant befriedigt. 4.236

b) **Freiwerden.** Eine die Bürgenstellung i. S. d. § 776 Satz 1 BGB beeinträchtigende Aufgabe der Sicherheit durch den Bürgschaftsgläubiger begründet im Umfang des Verlustes des Sicherungsrechts („soweit“) nicht lediglich ein Leistungsverweigerungsrecht des Bürgen, sondern zieht den Wegfall und damit das unmittelbar eintretende Erlöschen der Bürgschaftsforderung nach sich. Dies entspricht der Regelung des § 777 Abs. 1 Satz 1 BGB. Auch dann, wenn der Bürgschaftsgläubiger später den identischen oder einen gleichartigen oder gleichwertigen Sicherungsgegenstand (zurück-)erlangt, lebt die nach § 776 Satz 1 BGB untergegangene Bürgschaftsforderung nicht wieder auf.[243] Daher sollten 4.237

241) OLG Köln, (Hinweis-)Beschl. v. 17.1.2011 – 5 U 138/10, BeckRS 2011, 18445; OLG Frankfurt/M., Urt. v. 29.6.2007 – 19 U 142/06, NJOZ 2007, 5354 = BeckRS 2007, 16524.

242) OLG Schleswig, Beschl. v. 4.10.2010 – 5 U 34/10, BeckRS 2010, 29377.

243) BGH, Urt. v. 4.6.2013 – XI ZR 505/11, NJW 2013, 2508; OLG Bamberg, Urt. v. 17.11.2011 – 1 U 88/11, BeckRS 2011, 28787 = ZIP 2012, 613. Aufgabetatbestand war hier die Abtretung eines erstrangigen Teils einer vom Schuldner gestellten Sicherungsgrundschuld.

Sicherheiten nicht ohne ausdrückliche und schriftlich nachgewiesene Zustimmung des Bürgen freigegeben werden.

4.238 c) **Inhaltskontrolle.** Ein formularmäßiger genereller Verzicht auf die Rechte aus § 776 BGB ist nach § 307 Abs. 2 Nr. 1 BGB unwirksam.[244)]

3. Fälligkeit der Bürgschaft

4.239 a) **Grundlagen.** Der Bürgschaftsanspruch wird grundsätzlich nicht erst mit der Inanspruchnahme des Bürgen, sondern bereits mit Eintritt des vertraglich definierten oder von den Parteien vorausgesetzten Bürgschaftsfalls (Fälligkeit der Hauptschuld nach § 271 Abs. 1 Fall 2 BGB, „Umstände") fällig. Dies gilt sowohl für den in der Praxis vorherrschenden Fall der selbstschuldnerischen Bürgschaft[245)] als auch für die Bürgschaft auf erstes Anfordern.[246)] Allerdings steht es den Parteien frei, formularvertraglich die Geltendmachung der Forderung als vertragliche Fälligkeitsvoraussetzung zu vereinbaren.[247)] Eine Vertragsklausel, wonach der Bürge nach Aufforderung des Gläubigers Zahlung zu leisten habe, kann zweifelsfrei dahin ausgelegt werden, dass der Anspruch des Gläubigers aus der Bürgschaft erst entsteht und fällig wird, wenn die Bank den Bürgen zur Zahlung auffordert.[248)]

4.240 Der Gläubiger kann vom Bürgen die Leistung verlangen, sobald der vertraglich definierte oder von den Parteien vorausgesetzte **Bürgschaftsfall**, d. h. grundsätzlich die Fälligkeit der geltend gemachten Hauptschuld, eingetreten ist.[249)] Einer zusätzlichen **Zahlungsaufforderung** des Gläubigers und der Vorlage von die Hauptschuld belegenden Unterlagen bedarf es dazu nicht.[250)] Auf die Geltendmachung der Bürgschaftsverpflichtung kommt es nicht an.[251)] Dem Getränkelieferanten als Bürgschaftsgläubiger ist daher anzuraten, gegenüber dem Bürgen den Anspruch gegenüber dem Hauptschuldner hinreichend nachvollziehbar darzulegen und die zum Verständnis notwendigen Anlagen beizufügen.

---

244) BGH, Urt. v. 2.3.2000 – XI ZR 328/98, BGHZ 144, 52 = NJW 2000, 1566 = ZIP 2000, 656.

245) BGH, Urt. v. 29.1.2008 – XI ZR 160/07, BGHZ 175, 161 = NJW 2008, 1729 = ZIP 2008, 733; BGH, Urt. v. 23.9.2008 – XI ZR 395/07, NJW 2009, 587 = ZIP 2008, 2167; BGH, Urt. v. 26.2.2013 – XI ZR 417/11, NJW 213, 1803.

246) BGH, Urt. v. 8.7.2008 – XI ZR 230/07, NJW-RR 2009, 378 = ZIP 2008, 1762.

247) BGH, Urt. v. 26.2.2013 – XI ZR 417/11, NJW 213, 1803.

248) BGH, Urt. v. 26.2.2013 – XI ZR 417/11, NJW 213, 1803.

249) BGH, Urt. v. 8.12.2009 – XI ZR 181/08, NJW 2010, 1284 = ZIP 2010, 264; OLG München, Urt. v. 19.6.2012 – 5 U 3445/11, BeckRS 2012, 13146 = ZIP 2012, 1703.

250) BGH, Urt. v. 29.1.2008 – XI ZR 160/07, NJW 2008, 1729 = ZIP 2008, 733; BGH, Urt. v. 10.2.2011 – VII ZR 53/10, NJW 2011, 2120 = ZIP 2011, 559; OLG München, Urt. v. 19.6.2012 – 5 U 3445/11, BeckRS 2012, 13146 = ZIP 2012, 1703.

251) BGH, Urt. v. 29.1.2008 – XI ZR 160/07, BGHZ 175, 161 = NJW 2008, 1729 = ZIP 2008, 733; BGH, Urt. v. 23.9.2008 – XI ZR 395/07, NJW 2009, 587 = ZIP 2008, 2167; OLG München, Urt. v. 19.6.2012 – 5 U 3445/11, BeckRS 2012, 13146 = ZIP 2012, 1703.

b) Konsequenzen. aa) Selbstschuldnerische Bürgschaft. Bei einer selbstschuldnerischen Bürgschaft erfolgt die Verwertung durch Inanspruchnahme des Bürgen. Ihm wird mitgeteilt, dass gegen den Hauptschuldner eine fällige Forderung besteht. 4.241

bb) Ausfallbürgschaft. Dagegen muss bei einer Ausfallbürgschaft zunächst gegen den Hauptschuldner geklagt und fruchtlos vollstreckt worden sein. 4.242

c) Sicherungsübereignung. Zur Behauptung mangelnder Fälligkeit der Bürgschaftsforderung des Getränkelieferanten im Hinblick darauf, dass dieser nicht hinreichende Befriedigung aus dem ihm sicherungsübereigneten Inventar des Gastwirts oder sonstigen Betreibers gesucht habe, kann auf ein Urteil des OLG Frankfurt verwiesen werden.[252] 4.243

4. Vertretenmüssen

Da der Bürge zumeist nicht Vertragspartner des Getränkelieferanten ist, fehlen ihm häufig Informationen. Um den Bürgen gleichwohl ordnungsgemäß in Verzug zu setzen, sollte der Getränkelieferant (als Bürgschaftsgläubiger) dem Bürgen Grund und Höhe seines Anspruchsbegehrens unter Beifügung entsprechender Belegunterlagen verständlich darlegen. Zwar kommt der Bürge gem. § 286 Abs. 1 BGB grundsätzlich in Verzug, wenn er auf eine Mahnung des Gläubigers nicht leistet. Etwas anderes gilt aber gem. § 286 Abs. 4 BGB, der die Regelung des § 280 Abs. 1 Satz 2 BGB modifiziert, ausnahmsweise dann, wenn die Leistung aufgrund von Umständen unterbleibt, die der Bürge nicht zu vertreten hat. Das Vertretenmüssen des Bürgen ist keine Verzugsvoraussetzung, sondern sein Fehlen begründet einen Einwendungstatbestand. Dass solche den Verzugseintritt ausschließende Umstände vorliegen, hat der Bürge darzulegen und ggf. zu beweisen. Wurden dem Bürgen die notwendigen Informationen zur Hauptschuld vom Gläubiger nicht erteilt, so gerät er nicht in Verzug, wenn ihn kein eigenes Verschulden daran trifft, dass er sie nicht erhalten hat. Ein eigenes Verschulden trifft den Bürgen dann, wenn er nicht selbst ausreichende, ihm zumutbare Anstrengungen unternimmt, die ihm fehlenden Informationen zu erlangen.[253] 4.244

5. Verjährung

Möglicherweise kann der Bürge im Zeitpunkt der Inanspruchnahme mit Erfolg die **Einrede der Verjährung** hinsichtlich älterer Raten (Darlehenstilgung, Zinsen, Pacht etc.) erheben. Wird im Verhältnis zwischen Gläubiger und Hauptschuldner eine **Stundung** vereinbart, so ist die Verjährung der Hauptforderung 4.245

---

252) OLG Frankfurt/M., Urt. v. 29.6.2007 – 19 U 142/06, NJOZ 2007, 5354 = BeckRS 2007, 16524.

253) BGH, Urt. v. 10.2.2011 – VII ZR 53/10, NJW 2011, 2120 = ZIP 2011, 559.

gehemmt, ohne dass sich dies auf die Verjährung der Bürgschaftsforderung auswirkt. Im Ergebnis kann daher die Bürgschaftsforderung vor Ablauf der Hauptforderung verjähren. Sachwidrige Ergebnisse sollten durch Vereinbarungen zur Fälligkeit vermieden werden.

6. Darlegung der Hauptforderung

4.246 Aufgabe des klagenden Getränkelieferanten ist es, die Forderung gegen den Hauptschuldner nachvollziehbar und schlüssig darzulegen. Hat der Bürge sich für eine Verbindlichkeit des Hauptschuldners aus laufender Rechnung verpflichtet und liegt ein Saldoanerkenntnis nicht vor, liegt die Darlegungs- und Beweislast für den Fortbestand der verbürgten Hauptschuldner beim Gläubiger.[254] Dann ist der beklagte Bürge gefordert, dem in prozessual erheblicher Weise entgegenzutreten. Für die Erfüllung der Hauptschuld ist er darlegungs- und beweisbelastet. Ist der klagende Getränkelieferant seiner sekundären Darlegungslast nachgekommen, kann sich der beklagte Bürge nicht auf ein einfaches Bestreiten des Saldos zurückziehen, zumal dann nicht, wenn der Hauptschuldner über die Klagesumme bereits ein gerichtliches Anerkenntnis abgegeben hat.[255]

4.247 Unerheblich im Verhältnis zum Bürgen ist, ob der Getränkelieferungsvertrag eine Rückführung des Darlehens durch Anrechnung einer Rückvergütung vorsieht. Insofern handelt es sich lediglich um eine Tilgungsabrede. Auch insoweit haftet der Bürge nicht für neue Verbindlichkeiten.[256]

7. Ausfallbürgschaft

4.248 Der Auffassung, der Ausfallbürge könne bereits bei einem objektiven Forderungsausfall in Anspruch genommen werden, ist entgegenzutreten. Der Gläubiger muss hier vielmehr zunächst alles Mögliche und Zumutbare tun, um Befriedigung vom Hauptschuldner zu erlangen, ehe er sich an den Ausfallbürgen halten kann (gesteigerte Subsidiarität). Der Ausfallbürge haftet in der Regel, wenn der Gläubiger trotz Anwendung gehöriger Sorgfalt, insbesondere durch Geltendmachung seines Anspruchs gegen den Hauptschuldner, Verwertung anderer Sicherheiten und rechtzeitige Zwangsvollstreckung in dessen Vermögen, keine Befriedigung erlangen kann.[257] Ein nicht hinreichendes Forde-

254) BGH, Urt. v. 4.7.1985 – IX ZR 135/84, NJW 1985, 3007 = ZIP 1985, 984; OLG Frankfurt/M., Urt. v. 29.6.2007 – 19 U 142/06, NJOZ 2007, 5354 = BeckRS 2007, 16524.

255) LG Bonn, Urt. v. 13.8.2010 – 3 O. 132/10, als Vorinstanz zu OLG Köln, Beschl. v. 9.3.2011 – 5 U 138/10, BeckRS 2011, 18428, nach OLG Köln, (Hinweis-)Beschl. v. 17.1.2011 – 5 U 138/10, BeckRS 2011, 18445.

256) LG Bonn, Urt. v. 13.8.2010 – 3 O. 132/10, als Vorinstanz zu OLG Köln, Beschl. v. 9.3.2011 – 5 U 138/10, BeckRS 2011, 18428, nach OLG Köln, (Hinweis-)Beschl. v. 17.1.2011 – 5 U 138/10, BeckRS 2011, 18445.

257) BGH, Urt. v. 2.2.1989 – IX ZR 99/88, NJW 1989, 1484.

rungsmanagement geht zu Lasten des Gläubigers. Kommt es durch eigene Nachlässigkeit des Gläubigers zum Ausfall, so haftet der Bürge nicht.

Der Gläubiger muss bei dem Versuch, die Forderung gegen den Schuldner durchzusetzen, mit der auch im Interesse des Bürgen erforderlichen Sorgfalt vorgehen. Die Einhaltung der gebotenen Sorgfalt durch den Gläubiger gehört zu den Haftungsvoraussetzungen, deren Vorliegen der Gläubiger darzulegen und zu beweisen hat. Der Gläubiger, der einen fälligen Zahlungsanspruch gegenüber dem Schuldner hat und bei Anzeichen von Liquiditätsproblemen sich mit der Titulierung nahezu zehn Monate Zeit lässt, verhält sich in aller Regel sorgfaltswidrig. Er kann sich bei endgültigem Ausfall seiner Forderung nicht mehr an den Ausfallgläubiger halten.[258] **4.249**

8. Zeitbürgschaft und § 777 BGB

a) **Risiko.** Bei einer **Zeitbürgschaft i. e. S.**[259] droht das Risiko des Verlustes des Bürgschaftsanspruchs nach § 777 Abs. 1 Satz 1 BGB. Darauf zu achten ist, dass die Hauptforderung spätestens gleichzeitig mit dem Ende der Bürgschaft fällig wird. Der Gläubiger einer Zeitbürgschaft erhält somit einen durchsetzbaren Bürgschaftsanspruch nur, wenn die Hauptschuld innerhalb der Bürgschaftszeit fällig wird. Nur dann erfüllt die in § 777 Abs. 1 Satz 2 BGB vorgesehene Anzeige des Gläubigers ihren Zweck.[260] Hält der Getränkelieferant das nach § 777 Abs. 1 BGB einzuschlagende Verfahren der Inanspruchnahme ein, haftet der Zeitbürge im Umfang des § 777 Abs. 2 BGB. Treten die Voraussetzungen der Inanspruchnahme, insbesondere die Fälligkeit der gesicherten Forderung, nicht innerhalb der bestimmten Frist ein, so erlischt die Haftung des Bürgen mit Zeitablauf (§§ 163, 158 Abs. 2 BGB).[261] Die Parteien können zudem abweichend von § 777 Abs. 1 Satz 1 a. E. oder Abs. 1 Satz 2 BGB vereinbaren, dass der Bürge mit Zeitablauf in jedem Falle frei wird, wenn er nicht zuvor in Anspruch genommen wurde.[262] **4.250**

b) Liegt – wie im Regelfall – eine **selbstschuldnerische Bürgschaft** vor, so muss der Gläubiger zur Wahrung der Rechte ohne vorherige Inanspruchnahme des Hauptschuldners den Bürgen nach Ablauf der bestimmten Zeit ohne schuldhaftes Zögern unverzüglich anzeigen, dass er ihn in Anspruch nehme (§ 777 Abs. 1 Satz 2 BGB). Versäumt der Gläubiger die Anzeige, so wird der Bürge **4.251**

258) OLG Hamm, Urt. v. 17.1.2012 – I-7 U 56/11, BeckRS 2012, 10834.

259) Siehe oben § 50 II 3.

260) BGH, Urt. v. 14.6.1984 – IX ZR 83/83, BGHZ 91, 349 = NJW 1984, 2431; BGH, Urt. v. 24.9.1998 – IX ZR 371/97, BGHZ 139, 325 = NJW 1999, 55 = ZIP 1998, 1907.

261) KG, Urt. v. 29.5.1995 – 24 U 7885/94, NJW-RR 1995, 1199.

262) BGH, Urt. v. 24.9.1998 – IX ZR 371/97, BGHZ 139, 325 = NJW 1999, 55 = ZIP 1998, 1907.

frei. Allerdings sind Zwischenverhandlungen zu berücksichtigen.[263)] Bei rechtzeitiger Anzeige beschränkt sich die Haftung des Bürgen auf den Umfang der Hauptverbindlichkeit. Erweiterungen der Hauptschuld gehen somit nicht zu Lasten des Bürgen; dies gilt auch für danach fällig werdende Zinsen und Kosten.

4.252 c) **Im Übrigen.** Steht dem Bürgen ausnahmsweise die Einrede der Vorausklage zu und leitet der Getränkelieferant (Sicherungsnehmer) die Einziehung der Hauptforderung gegen den Hauptschuldner ein und betreibt nach § 772 BGB unverzüglich die Zwangsvollstreckung in das bewegliche Vermögen des Hauptschuldners, so kann er den Bürgen nach fruchtlosem Ablauf der Bürgschaftsfrist in Anspruch nehmen (§ 777 Abs. 1 Satz 1 BGB). Der Gläubiger muss die Inanspruchnahme dem Bürgen unverzüglich nach Beendigung des (Vollstreckungs-)Verfahrens anzeigen. Anderenfalls droht ein Verlust des Sicherungsrechts. Der Zeitbürge mit einer Einrede nach § 771 BGB stellt sich somit unter Umständen schlechter als der selbstschuldnerische Zeitbürge, weil er erheblich länger haften kann als vertraglich vorgesehen.

9. Herausgabe der Bürgschaftsurkunde

4.253 Im Sonderfall der **Mietkautionsbürgschaft** steht dem Mieter nach Wegfall des Sicherungszwecks nach Beendigung des Mietverhältnisses ein Anspruch gegen den Vermieter auf Herausgabe der Kautionsbürgschaft entsprechend § 371 BGB grundsätzlich nur an den Bürgen zu, sofern sich nicht aus den vertraglichen Beziehungen unter Einbeziehung der Interessenlage der Beteiligten etwas anderes ergibt.[264)]

IX. Einreden des Hauptschuldners, die vom Bürgen geltend gemacht werden können

1. Grundsatz

4.254 Trotz Feststellung der gesamten Darlehensforderung des Getränkelieferanten aus einem Abschreibungsdarlehens- und Getränkelieferungsvertrag zur Insolvenztabelle und deren Eintragung in die Insolvenztabelle ist der Bürge nicht gehindert, Einwendungen und Einreden gegen die Hauptschuld – soweit er auf diese in seiner Bürgschaftsverpflichtung nicht wirksam verzichtet hat – gegenüber dem Getränkelieferanten geltend zu machen. Die Eintragung einer vom Insolvenzverwalter festgestellten Forderung in die Insolvenztabelle wirkt zwar gem. § 201 Abs. 2 InsO wie ein rechtskräftiges Urteil gegen den Schuldner. Wenn aber die Rechtskraft eines zwischen Gläubiger und Hauptschuldner gegen Letzteren ergangenen Urteils nicht gegen den Bürgen wirkt,[265)] so muss

263) BGH, Beschl. v. 28.5.1979 – II ZB 4/79, WM 1979, 833.

264) OLG Frankfurt/M., Urt. v. 15.6.2012 – 2 U 252/11, BeckRS 2012, 16599.

265) BGH, Urt. v. 12.3.1980 – VIII ZR 115/79, NJW 1980, 1460 = ZIP 1980, 355.

dies auch bei einer Eintragung einer Forderung in die Insolvenztabelle gelten.[266)]

2. Erfüllung der Hauptforderung

Zum Einwand des Bürgen, die Hauptforderung aus Abschreibungsdarlehen habe sich nicht durch Gutschriften für vertragsgemäß bezogene Biere vermindert, siehe das Urteil vom LG Bonn vom 13.8.2010.[267)] 4.255

3. Verjährung

a) Hauptforderung. aa) Grundsatz. Dem Bürgen steht die Einrede der Verjährung der Hauptforderung zu (§ 768 Abs. 1 Satz 1 BGB). Der Bürge kann einwenden, dass die Hauptschuld nach Übernahme der Bürgschaft verjährt ist, und zwar auch dann, wenn vor Ablauf der Verjährung der Hauptschuld der Hauptschuldner als Rechtsperson wegen Vermögenslosigkeit und/oder Löschung untergegangen und die gesicherte Hauptforderung dadurch weggefallen ist.[268)] 4.256

bb) Konsequenzen. Vorsorglich sollte daher gleichzeitig mit der gerichtlichen Inanspruchnahme des Bürgen Zahlungsklage gegen den Hauptschuldner erhoben werden. Diese hemmt die Verjährung (§ 204 Abs. 1 Nr. 1 BGB). Eine gegen den Bürgen erhobene Klage hemmt auch bei einem späteren Untergang des Hauptschuldners als Rechtsperson gem. § 204 Abs. 1 Nr. 1 BGB die Verjährung der Hauptschuld.[269)] Daher muss der Gläubiger, um dem Bürgen den Einwand der Verjährung zu nehmen, trotz Ausschlusses der Einrede der Vorausklage den Hauptschuldner verklagen, um so die Hemmung der Verjährung der Hauptschuld herbeizuführen bzw. Maßnahmen nach § 204 Abs. 1 BGB ergreifen oder wenn möglich den Bürgen zu einer entsprechenden Verzichtserklärung bewegen. Die Kosten eines entsprechenden Prozesses hat der Bürge zu tragen.[270)] Verhandeln der Hauptschuldner und der Gläubiger miteinander und ist auf diese Weise die Verjährung nach § 203 Satz 1 BGB gehemmt, so liegt 4.257

---

266) OLG Frankfurt/M., Urt. v. 29.6.2007 – 19 U 142/06, NJOZ 2007, 5354 = BeckRS 2007, 16524.

267) LG Bonn, Urt. v. 13.8.2010 – 3 O. 132/10, als Vorinstanz zu OLG Köln, Beschl. v. 9.3.2011 – 5 U 138/10, BeckRS 2011, 18428, nach OLG Köln, (Hinweis-)Beschl. v. 17.1.2011 – 5 U 138/10, BeckRS 2011, 18445.

268) BGH, Urt. v. 28.1.2003 – XI ZR 243/02, BGHZ 153, 337 = NJW 2003, 1250 = ZIP 2003, 524; BGH, Urt. v. 14.7.2009 – XI ZR 18/08, BGHZ 182, 76 = ZIP 2009, 1608.

269) BGH, Urt. v. 14.7.2009 – XI ZR 18/08, NJW-RR 2010, 975 = ZIP 2009, 1608; BGH, Urt. v. 26.1.2010 – XI ZR 12/09, BeckRS 2010, 03384.

270) BGH, Urt. v. 12.3.1980 – VIII ZR 115/79, BGHZ 76, 222 = NJW 1980, 1460 = ZIP 1980, 355.

kein Fall des § 768 Abs. 2 BGB vor.[271)] Lediglich bei Insolvenz des Hauptschuldners bedarf es dieser Vorgehensweise nicht.

4.258 cc) Eine durch **ernsthafte Verhandlungen** des Hauptschuldners mit dem Gläubiger gem. § 203 Satz 1 BGB bewirkte Hemmung der Verjährung ist auch gegenüber dem Bürgen wirksam. Anders als ein Einredeverzicht des Hauptschuldners bedroht dessen Verhandeln mit dem Gläubiger den Bürgen nicht mit einem vollständigen Einredeverlust. Es führt lediglich dazu, dass der Bürge die Einrede der Verjährung erst später geltend machen kann, und ist daher für den Bürgen weit weniger nachteilig. Im Gegenteil können die Verhandlungen für ihn sogar von Vorteil sein.[272)]

4.259 **dd)** Sind die Verpächteransprüche, zu deren Absicherung die vom Pächter beschaffte **Pachtbürgschaft** gegeben worden ist, verjährt, so kann sich auch in einem solchen Fall der Bürge gem. § 768 Abs. 1 Satz 1 BGB auf Verjährung berufen. Bei einer solchen Fallgestaltung sind zugunsten des Verpächters weder § 216 Abs. 1 BGB noch § 390 Satz 2 BGB analog anwendbar.[273)]

4.260 b) **Klauselwirksamkeit.** Klauseln, die den Verjährungsbeginn in das nicht kontrollierbare Belieben des Gläubigers stellen, verstoßen gegen §§ 305c Abs. 1 und 307 Abs. 1 Satz 2 BGB.[274)] Dagegen soll eine Klausel, die die Verlängerung der Verjährung einer Bürgschaftsforderung von drei auf fünf Jahre regelt, einer Inhaltskontrolle standhalten, wenn es sich um eine Bürgschaft eines GmbH-Geschäftsführers für die GmbH handelt. Hierfür spreche § 202 Abs. 2 BGB und die wirtschaftlich vergleichbare Nachhaftung eines ausscheidenden Kommanditisten i. S. d. § 160 Abs. 1 Satz 1 HGB.[275)] Dies ist im Hinblick auf die Leitbildfunktion der §§ 195, 199 BGB zweifelhaft. Auch hat der BGH[276)] die Verkürzung dieser Fristen auf zwei Jahre im Unternehmerverkehr beanstandet (§ 307 Abs. 2 Nr. 1 BGB).

4. Verzicht auf Einreden des Hauptschuldners

4.261 Ein genereller und endgültiger Ausschluss der Einreden aus § 768 BGB kann formularmäßig selbst in einer Bürgschaft auf erstes Anfordern[277)] nicht wirk-

271) BGH, Urt. v. 26.1.2010 – XI ZR 12/09, NJW-Spezial 2010, 157.

272) BGH, Urt. v. 14.7.2009 – XI ZR 18/08, NJW-RR 2010, 975.

273) OLG Hamm, Urt. v. 24.2.1995 – 30 U 222/94, NJW-RR 1995, 939.

274) OLG München, Urt. v. 19.6.2012 – 5 U 3445/11, BeckRS 2012, 13146 = ZIP 2012, 1703.

275) OLG München, Urt. v. 19.6.2012 – 5 U 3445/11, BeckRS 2012, 13146 = ZIP 2012, 1703.

276) BGH, Urt. v. 6.12.2012 – VII ZR 15/12, NJW 2013, 525.

277) Unzulässig ist es, wenn der Verzicht sich auch auf den Rückforderungsanspruch des Bürgen bezieht.

sam vereinbart werden (§ 307 Abs. 1 Satz 1, Abs. 2 Nr. 1 BGB).[278] Dies ist damit zu begründen, dass die Akzessorietät zum Wesen der Bürgschaft gehört.

5. Verzicht auf Einreden des Bürgen

a) Der Verzicht auf die **Einrede der Anfechtbarkeit** (§ 770 Abs. 1 BGB) dürfte wohl noch zulässig sein.[279] **4.262**

b) Ein Verzicht auf die **Einrede der Aufrechenbarkeit** gem. § 770 Abs. 2 BGB soll gem. § 307 Abs. 1 und Abs. 2 Nr. 1 i. V. m. § 309 Nr. 3 BGB jedenfalls dann unwirksam sein, wenn der Ausschluss auch für den Fall gelten soll, dass die Gegenforderung des Hauptschuldners unbestritten oder rechtskräftig festgestellt ist.[280] Eine solche Regelung benachteiligt den Bürgen entgegen den Geboten von Treu und Glauben, wie sie in § 309 Nr. 3 BGB zum Ausdruck kommen, unangemessen und ist mit wesentlichen Grundgedanken der §§ 765 ff. BGB nicht zu vereinbaren. Dies führt allerdings nicht zur Gesamtnichtigkeit der Bürgschaft gem. § 306 Abs. 3 BGB.[281] Praktische Konsequenz kann sein, dass der Bürge noch aufrechnen darf, obwohl der Hauptschuldner bereits rechtskräftig verurteilt wurde. **4.263**

c) Die Einrede der Vorausklage (§ 771 BGB) kann in bestimmten Fällen (§ 773 BGB) und bei Handelsgeschäften durchweg (§ 349 HGB) ausgeschlossen werden. Der klauselmäßige Verzicht auf die **Einrede der Vorausklage** hält zwar der Inhaltskontrolle (§ 307 Abs. 1 Satz 1, Abs. 2 Nr. 1 BGB) stand.[282] Im Hinblick auf das Transparenzgebot (§ 307 Abs. 1 Satz 2 BGB) wird aber in der Literatur[283] gefordert, dass der Bürge klar und unmissverständlich darauf hingewiesen wird, dass die von ihm übernommene Haftung nicht subsidiär ist. Insofern soll weder die Bezeichnung der Bürgschaft als „selbstschuldnerisch" noch eine Klausel genügen, die sich in einem Hinweis auf die Abbedingung des § 771 BGB erschöpft. **4.264**

---

278) BGH, Urt. v. 8.3.2001 – IX ZR 236/00, BGHZ 147, 99 = NJW 2001, 1857 = ZIP 2001, 833; BGH, Urt. v. 12.2.2009 – VII ZR 39/08, BGHZ 179, 374 = NJW 2009, 1664 = ZIP 2009, 814; BGH, Urt. v. 16.6.2009 – XI ZR 145/08, BGHZ 181, 278 = NJW 2009, 3422 = ZIP 2009, 1703.

279) BGH, Urt. v. 19.9.1985 – VIII ZR 214/83, BGHZ 95, 390 = NJW 1986, 43 = ZIP 1985, 1257; zweifelnd BGH, Urt. v. 21.4.1998 – XI ZR 258/97, BGHZ 138, 321 = NJW 1998, 1939 = ZIP 1998, 949.

280) BGH, Urt. v. 16.1.2003 – IX ZR 171/00, BGHZ 153, 293 = NJW 2003, 1521 = ZIP 2003, 621; BGH, Urt. v. 14.10.2003 – XI ZR 121/02, BGHZ 156, 302 = ZIP 2003, 2193.

281) BGH, Urt. v. 16.1.2003 – IX ZR 171/00, BGHZ 153, 293 = BeckRS 2003, 30301481 = ZIP 2003, 621; LG Wiesbaden, Urt. v. 22.2.2012 – 10 O. 92/11, BeckRS 2012, 07000.

282) BGH, Urt. v. 26.4.2001 – IX ZR 337/98, NJW 2001, 2466; BGH, Urt. v. 24.9.1980 – VIII ZR 291/79, NJW 1981, 748; OLG Frankfurt/M., Urt. v. 29.6.2007 – 19 U 142/06, NJOZ 2007, 5354 = BeckRS 2007, 16524.

283) MünchKomm-*Habersack*, BGB, § 773 Rz. 3.

6. Vollstreckungsbeschränkende Vereinbarung

4.265 Eine Vereinbarung zwischen Gläubiger und Hauptschuldner, bis zu einem bestimmten Zeitpunkt aus einem gegen den Hauptschuldner ergangenen Urteil nicht zu vollstrecken, kann dem Bürgen nach dem in §§ 765, 767, 768 BGB zum Ausdruck kommenden Grundsatz der Akzessorietät keine weitergehenden Rechte verleihen als dem Hauptschuldner. Das bedeutet, dass die mit dem Hauptschuldner vereinbarte Vollstreckungsbeschränkung im Verhältnis zum Bürgen allenfalls dazu führt, dass der Gläubiger binnen der festgelegten Frist auch aus einem gegen den Bürgen gerichteten Titel nicht vollstrecken darf. Für die Prüfung und Feststellung des Bürgschaftsanspruchs im Erkenntnisverfahren ist eine zwischen Gläubiger und Hauptschuldner getroffene Vollstreckungsvereinbarung dagegen bedeutungslos.[284)]

§ 51 Grundschuld

I. Grundlagen

1. Zweck

4.266 Bei der Grundschuld wird dem Getränkelieferanten (Fremdgrundschuld) zur Absicherung der Ansprüche aus dem Vertrag ein (dingliches) Pfandrecht (Grundschuld = Grundpfandrecht) an einem bebauten oder unbebauten Grundstück bestellt. Dieses gewährt ihm das Recht, eine Forderung, in der Regel eine bestimmte Geldsumme mit Zinsen und anderen Nebenleistungen (§ 1191 Abs. 1 und 2 BGB), oder einen sonstigen Anspruch (§ 1192 Abs. 1a BGB) aus dem Grundstück zu verlangen. Im Gegensatz zu Hypothek und Pfandrecht setzt die Grundschuld aber keine Gläubigerforderung voraus (**fehlende Akzessorietät**). In der Praxis überwiegt jedoch die **Sicherungsgrundschuld**, wobei die Verbindung mit der gesicherten Forderung nur schuldrechtlicher Natur ist. Der Eigentümer des zu belasteten Grundstückes muss nicht identisch mit dem Vertragspartner des Getränkelieferanten sein (**Drittsicherheit**), wirtschaftlich sollte er es auch nicht sein.

2. Grundbucheinsicht

4.267 Eine Grundschuld stellt nur dann ein taugliches Kreditsicherungsmittel dar, wenn sie mit einem guten Rang ausgestattet ist, die Vorbelastungen und Verfügungsbeschränkungen in Abteilung III und II bekannt und bewertet sind sowie die Beleihungsgrenze vorab ermittelt, jedenfalls eingeschätzt worden ist. Bei Wohnungseigentum macht es Sinn, Einblick in die Teilungserklärung zu nehmen, bei einem Erbbaurechtsgrundstück in den Erbbaurechtsvertrag. Ziel ist es, etwaige Zustimmungsvorbehalte zu ermitteln.

---

284) OLG Köln, (Hinweis-)Beschl. v. 17.1.2011 – 5 U 138/10, BeckRS 2011, 18445.

3. Werthaltigkeit

Es entspricht einer gelegentlichen Fehleinschätzung, dass Grundschuldeintragungen bereits an sich werthaltig seien. Dem ist nicht so. Da sich der zu vereinbarende Grundschuldbetrag regelmäßig an der Werthaltigkeit des Sicherungsobjektes, in aller Regel des belasteten Grundstücks, bemessen sollte, kommt es entscheidend auf die Risikoposition des Getränkelieferanten an. Daher ermitteln Kreditinstitute mit Hilfe von Sachverständigen den **Beleihungswert**[285)] der Immobilie unter Berücksichtigung der Gebäude- und Nutzungsart nach der Sachwert- oder der Ertragswertmethode. Dabei werden auch die Voreintragungen nicht nur in Abteilung III, sondern auch in Abteilung II berücksichtigt. 4.268

Zur Einschätzung der Wertigkeit einer angebotenen Eintragung in Abteilung III des Grundbuchs bedarf es der **Verkehrswertermittlung/-schätzung**. Üblicherweise wird mit einer **Beleihungsgrenze** von 60 % des Verkehrswertes (vgl. den ähnlichen Rechtsgedanken der §§ 237 Satz 1, 234 Abs. 3 BGB) gearbeitet. Um die tatsächlich zur Verfügung stehende „freie Spitze“ zu ermitteln, sind von der Beleihungsgrenze noch die **vorrangigen Belastungen** abzuziehen. In die Vorprüfung einzustellen sind nicht nur die bereits abgesicherten Forderungen, die im Zweifel durch Neu-/Nachvalutierungen noch voll in Ansatz zu bringen sind, sondern auch die rückständigen Zinsen von nicht selten bis zu 18 % für einen Zeitraum von bis zu drei Jahren. Nicht zu vernachlässigen sind die dinglichen Lasten in Abteilung II, insbesondere Dienstbarkeiten, Reallasten, Nießbrauche und dingliche Vorkaufsrechte. Hinzukommen Risiken aus öffentlichen Lasten wie Baulasten, Umweltlasten, Anlieger- und Erschließungsbeiträgen sowie aus dem Baurecht insgesamt. Wird die Beleihungsgrenze nicht erreicht, so sollte sich der Getränkelieferant von den vorrangigen Grundpfandgläubigern zusätzlich eine **Einmalvalutierungserklärung** geben lassen. 4.269

4. Regelungsbedürftige Fragen

Im Darlehens- und Getränkelieferungsvertrag ist nicht nur die Verpflichtung zur Bestellung einer Grundschuld als solcher zu regeln, sondern auch sämtliche insofern relevanten ergänzenden Fragen. Dazu rechnet die Rangstelle der Eintragung. Die häufig verwendete Formulierung „an rangbereiter Stelle“ ist nicht geeignet, weil sie bei Eintragung nicht mitbedachter weiterer Grundpfandrechte dem Sicherungsgeber nicht als vertragswidriges Verhalten entgegengehalten werden kann. Auch sind die Vorbelastungen in den Abteilung II und III ab- 4.270

285) Im Realkreditgeschäft der Banken werden die Sicherheiten der Höhe nach durch Beleihungsgrundsätze festgelegt. Für Bausparkassen gibt es landesrechtlich aufgrund spezieller Ermächtigungen der Bausparkassen Aufsichtsbehörden, die „Beleihungsgrundsätze für Sparkassen“. Bei Hypothekenbanken finden sich Beleihungsrichtlinien in den §§ 12 ff. HypothekenbankG. § 7 BausparkassenG definiert die Beleihungsgrenze bei bis zu 60 % des Wertes des beliehenen Grundstücks.

schließend aufzuzählen. Eine Auszahlung der Darlehensvaluta kann erst erfolgen, wenn sämtliche Eintragungsvoraussetzungen nachweislich erfüllt sind.

II. Sicherungsabrede

1. Einführung

4.271 § 1192 Abs. 1a Satz 1 Halbs. 1 BGB definiert die Sicherungsgrundschuld.

2. Zweckabrede

4.272 Wie noch zu zeigen sein wird,[286] macht es Sinn, den Sicherungszweck umfassend, insbesondere auch unter Einschluss etwaiger bereicherungsrechtlicher Rückgewährsansprüche, zu formulieren.

3. Schadensersatzpflicht

4.273 Der Sicherungsnehmer ist nach Maßgabe des allgemeinen Schuldrechts zum Schadensersatz verpflichtet, wenn er den durch den endgültigen Wegfall des Sicherungszwecks aufschiebend bedingten Anspruch auf Rückgewähr einer Sicherungsgrundschuld nach Bedingungseintritt schuldhaft nicht erfüllt. Ist der Rückgewährsanspruch – etwa an einen nachrangigen Grundpfandgläubiger – abgetreten worden, steht der Anspruch auf Schadensersatz dem Zessionar zu. Ob der Sicherungszweck endgültig weggefallen ist, richtet sich nach der Sicherungsvereinbarung; auch wenn diese eine Revalutierung der Grundschuld erlaubt, tritt die aufschiebende Bedingung jedenfalls mit dem endgültigen Ende der Geschäftsbeziehung ein. Nach einer dem Sicherungsnehmer angezeigten Abtretung kann die Sicherungsvereinbarung nur unter Mitwirkung des Zessionars inhaltlich geändert werden, soweit die Änderung den Rückgewährsanspruch einschließlich der aufschiebenden Bedingung betrifft, unter der dieser steht.[287]

III. Persönliche Haftung

1. Grundlagen

4.274 Sind Grundstückseigentümer und Schuldner des Getränkelieferanten identisch, so enthält die Sicherungsabrede zu Gunsten des Getränkelieferanten in der Regel zusätzlich die Erklärung, wonach der Sicherungsgeber den Getränkelieferanten einen dem jeweiligen Grundschuldkapital nebst Zinsen entsprechenden Betrag persönlich schuldet oder dass er die persönliche Haftung für den Betrag der Grundschuld nebst Zinsen erfüllungshalber (§ 364 Abs. 2 BGB) übernimmt (selbständiges, nicht akzessorisches abstraktes Schuldversprechen bzw. Schuld-

286) Siehe unten § 51 IX 1 m. w. N.

287) BGH, Urt. v. 19.4.2013 – V ZR 47/12, BeckRS 2013, 08905.

anerkenntnis i. S. d. §§ 780, 781 BGB).[288] Die Übernahme der persönlichen Haftung für den Grundschuldbetrag bzw. für den Geldbetrag in Höhe der Grundschuld (in der Regel mit Nebenleistungen) dient der erleichterten Rechtsdurchsetzung. Praktisch wird das persönliche Sicherungsversprechen, wenn der Gläubiger in der Zwangsversteigerung einen Ausfall mit der Grundschuld erfährt. Dann kann er aus dem abstrakten Schuldanerkenntnis/-versprechen gleichsam als ergänzende Sicherheit gegen den Grundstückseigentümer vorgehen und in sein sonstiges Vermögen vollstrecken. Auch hierüber wird eine vollstreckbare Urkunde und damit ein Titel i. S. d. § 794 Abs. 1 Nr. 5 ZPO ausgefertigt. Hierfür haftet der Eigentümer mit seinem gesamten Vermögen. Ein Grundstückserwerber erwirbt diesen Anspruch nur bei Mitübertragung.[289]

Die Unterwerfung unter die sofortige Zwangsvollstreckung ist – im Hinblick auf eine künftige Abtretung des Rechts – auch schon bei dessen Eintragung möglich. Sie kann auch in der Form geschehen, dass der Eigentümer einem künftigen Gläubiger ein Schuldversprechen i. S. v. § 780 BGB anbietet und sich wegen dieser künftigen persönlichen Forderung (und zugleich der Grundschuld) der Zwangsvollstreckung unterwirft.[290] **4.275**

2. Inhaltskontrolle

Hinsichtlich der AGB-Wirksamkeit[291] dürfte dann nichts zu erinnern, wenn die Sicherungsabrede so ausgelegt werden kann, dass der Getränkelieferant als Gläubiger den Betrag nur einmal verlangen kann, auch wenn die gesicherte Forderung höher ist. Im Übrigen sind zwei Fallgruppen zu unterscheiden. **4.276**

a) Personengleichheit von Schuldner und Sicherungsgeber. Eine formularmäßige Übernahme der persönlichen Haftung **für eigene Verbindlichkeiten** sowie die Unterwerfung unter die sofortige Zwangsvollstreckung halten einer Inhaltskontrolle (§§ 305c Abs. 1, 307 Abs. 2 Nr. 1, 307 Abs. 1, 309 Nr. 12 BGB) stand.[292] Insbesondere erfasst zwar das Verbot überraschender Klauseln (§ 305c Abs. 1 BGB) auch Überschriften.[293] Diese sind wie auch Gliederungen Wegweiser für den Kunden zum Verständnis des Klauselwerks. Wird ein persönliches Schuldanerkenntnis aber mit Unterwerfungsklausel unter „Form der Si- **4.277**

---

288) BGH, Urt. v. 22.10.2003 – IV ZR 398/02, NJW 2004, 59 = ZIP 2003, 2346.

289) BGH, Urt. v. 3.4.2003 – IX ZR 113/02, NJW 2003, 2386.

290) BGH, Urt. v. 21.1.1976 – VIII ZR 148/74, NJW 1976, 567; BGH, Urt. v. 22.6.1999 – XI ZR 256/98, BeckRS 1999, 30063863 = ZIP 1999, 1591; BGH, Urt. v. 21.6.2005 – XI ZR 88/04, NJW 2005, 2985 = ZIP 2005, 1357.

291) BGH, Urt. v. 5.3.1991 – XI ZR 95/90, BGHZ 104, 9 = NJW 1991, 1677; BGH, Urt. v. 26.11.2002 – XI ZR 10/00, NJW 2003, 85 = ZIP 2003, 247.

292) BGH, Urt. v. 26.11.2002 – XI ZR 10/00, NJW 2003, 885 = ZIP 2003, 247; BGH, Urt. v. 30.3.2010 – XI ZR 200/09, BGHZ 185, 133 = NJW 2010, 2041 = ZIP 2010, 1072.

293) Siehe oben § 5 I 2 d m. w. N.

cherheiten" und nicht noch an anderer Stelle angegeben, so ist dies nach Auffassung des BGH noch als zulässig anzusehen. Eine Klausel, in der sich ein Darlehensnehmer „der sofortigen Zwangsvollstreckung in sein gesamtes Vermögen" unterwirft, ist nicht als überraschend einzustufen.[294)]

4.278 **b) Personenverschiedenheit von Schuldner und Sicherungsgeber**. Zwar verstößt ein formularmäßig erteiltes abstraktes Schuldversprechen wiederum nicht gegen § 309 Nr. 12 BGB. Zu Gunsten des Dritten greifen aber die Einbeziehungs- und Inhaltskontrollhürden der §§ 305c Abs. 1, 307 Abs. 2 Nr. 1 BGB ein.[295)] Die schuldrechtliche Sicherungsabrede darf sich daher in dem wirtschaftlich interessanteren Fall der Personenverschiedenheit von Schuldner und Sicherungsgeber nicht auf alle bestehenden und künftigen Verbindlichkeiten (**weite Zweckerklärung**) beziehen.[296)] Bei Divergenz zwischen Grundstückseigentümer und persönlichem Schuldner wäre eine formularmäßige Übernahme der persönlichen Haftung in Form eines zusätzlichen abstrakten Schuldanerkenntnisses/-versprechens in einer Grundschuldbestellungsurkunde wegen Verstoßes gegen §§ 305c Abs. 1, 307 Abs. 2 Nr. 1 BGB unwirksam, weil es sich bei der Haftungsübernahme um eine dem Grundgedanken der Grundschuldbestellung zuwiderlaufende unangemessene Haftungserweiterung handelt.[297)] Möchte der Getränkelieferant dennoch die Übernahme der persönlichen Haftung mit Unterwerfung unter die sofortige Zwangsvollstreckung, muss dies durch eine urkundlich gesonderte Vereinbarung getrennt mit dem Grundschuldbesteller vereinbart werden.[298)]

IV. Bestellung

4.279 Voraussetzung einer wirksamen Bestellung ist zunächst die Eintragungsbewilligung des Voreingetragenen. Im Übrigen ist zu unterscheiden.

1. Buchgrundschuld

4.280 Die Buchgrundschuld ist bestellt, sobald sie gem. notarieller Beurkundung der Einigung (Bestellung, § 873 Abs. 2 Alt. 1 BGB) im Grundbuch eingetragen worden ist.

294) BGH, Urt. v. 22.11.2005 – XI ZR 226/04, NJW-RR 2006, 490 = ZIP 2006, 119.

295) BGH, Urt. v. 5.3.1991 – XI ZR 95/90, BGHZ 114, 9 = NJW 1991, 1677.

296) BGH, Urt. v. 20.3.2002 – IV ZR 93/01, NJW 2002, 2710 = ZIP 2002, 932; OLG Saarbrücken, Urt. v. 11.5.2006 – 8 U 449/05, NJOZ 2006, 2798.

297) BGH, Urt. v. 20.3.2002 – IV ZR 93/01, NJW 2002, 2710.

298) BGH, Urt. v. 5.3.1991 – XI ZR 75/90, NJW 1991, 1677.

2. Briefgrundschuld

Bei einer Briefgrundschuld ist für den Erwerb neben der Einigung und Eintragung noch zusätzlich erforderlich, dass der Eigentümer den Getränkelieferanten den Grundschuldbrief körperlich übergibt (§§ 1192 Abs. 1, 1117 Abs. 1 BGB). Zuvor hat das Grundbuchamt den Brief nach § 60 Abs. 1 GBO an den Eigentümer ausgehändigt. In der Praxis wird dabei die Übergabe durch den Eigentümer durch eine **Übergabeersatzvereinbarung** abgekürzt. Diese ist formlos wirksam. Dadurch wird der Gläubiger vom Eigentümer berechtigt, sich den Brief unmittelbar vom Grundbuchamt aushändigen zu lassen (**Aushändigungsabrede**, § 1117 Abs. 2 BGB analog, § 60 Abs. 1 GBO). Selbst wenn der Grundschuldbrief noch nicht gebildet worden sein sollte, ist eine solche Vereinbarung bereits möglich. Mit Vollzug der Briefbildung durch das Grundbuchamt erwirbt der Getränkelieferant als Gläubiger aufgrund der Vereinbarung gem. §§ 1192 Abs. 1, 1117 Abs. 2 BGB sodann das Eigentum am Brief.[299] Dann händigt das Grundbuchamt den Brief unmittelbar dem Gläubiger oder dem Notar aus mit der Folge, dass die Grundschuld bereits entsteht, wenn sie eingetragen und die Valutierung (Entstehung der gesicherten Forderung, § 1163 Abs. 1 BGB) erfolgt ist. Hierüber wird eine **vollstreckbare Ausfertigung der Grundschuldbestellungsurkunde** (Titel, § 794 Abs. 1 Nr. 5 ZPO) vom Notar gefertigt und im Regelfall der **Fremdgrundschuld** dem Getränkelieferanten übersandt. Von der Übergabeersatzvereinbarung abzugrenzen ist die einseitige Weisung des Eigentümers nach § 60 Abs. 2 GBO. Der Eigentümer kann das Grundbuchamt veranlassen, den Grundschuldbrief unmittelbar an den Gläubiger auszuhändigen. Die entsprechende Anweisung muss öffentlich beglaubigt oder notariell beurkundet sein (§ 60 Abs. 2 GBO). Bis zur Übergabe des Grundschuldbriefes steht die Grundschuld dem Grundstückseigentümer als vorläufige, verdeckte Eigentümergrundschuld zu (§§ 1192 Abs. 1, 1163 Abs. 2, 1177 Abs. 1 Satz 1 BGB). 4.281

V. Abtretung

1. Allgemein

Wirtschaftlich interessant kann es sein, sich von einem vorrangigen, insbesondere erstrangigen anderen Grundschuldgläubiger einen hinsichtlich seiner Eintragung nachrangigen, auch rangmittleren Teilbetrag abtreten zu lassen. Dieser Anspruch geht, wenn nichts anderes vereinbart ist, nach Wahl des Gläubigers (§ 262 BGB) auf Übertragung an sich oder einen Dritten, Verzicht (§§ 1192 Abs., 1, 1168 Abs. 1 BGB) oder Aufhebung.[300] Eine Buchgrundschuld wird im Rahmen der Abtretung gem. §§ 1192 Abs. 1, 1154 Abs. 3, 873 Abs. 1 BGB 4.282

299) BGH, Beschl. v. 5.10.2006 – V ZB 2/06, NJW-RR 2007, 165.

300) OLG Hamburg, Urt. v. 1.6.2011 – 13 U 128/10, BeckRS 2012, 13823.

durch Einigung und Eintragung übertragen. Die Briefgrundschuld wird außerhalb des Grundbuchs durch die schriftliche Abtretungserklärung und Übergabe des Grundschuldbriefes übertragen (§§ 1192 Abs. 1, 1154 Abs. 1 Satz 1 BGB).

2. Zwischenverfügungen

4.283 Die Abtretung von Grundpfandrechten ist allerdings nicht ohne Risiko. Erstens können beeinträchtigende Zwischenverfügungen getroffen worden sein. Deshalb sollte vorab Einsicht in die Grundbuchakte genommen werden.

4.284 Zweitens bedarf es eines zeitnahen Antrages an das Grundbuchamt auf Umschreibung. Der Eingang der Abtretungserklärung und der Eintragungsbewilligung genügen nicht. Sollte nämlich eine benachteiligende Zwischenverfügung erfolgt sein, so steht dem Getränkelieferanten kein Schadensersatzanspruch wegen der Erteilung der Löschungsbewilligung zu. Dies weder aus Vertrag noch aus der vereinbarten Abtretung der Teilgrundschuld, weil insofern kein echter Vertrag zu Gunsten Dritter vorliegt. Deliktische Ansprüche (§§ 823 Abs. 1, 826 BGB) scheiden aus, insbesondere setzt ein Anwartschaftsrecht die Stellung eines Eintragungsantrages voraus, woran es hier fehlt. Nach allgemeiner Auffassung ist der Erwerber bzw. Abtretungsempfänger ohne Eigeneintragungsantrag auch bei bindender Auflassung (§ 873 Abs. 2 BGB) nicht gegen Zwischenverfügungen des Veräußerers (Abtretenden) geschützt und hat deshalb noch kein durch § 823 BGB geschütztes Anwartschaftsrecht.[301]

3. Löschungsanspruch

4.285 a) **Einführung.** Weiter kann der Getränkelieferant als Sicherungsnehmer bei Fremdbriefgrundschulden oft nicht erkennen, ob diese in Wirklichkeit zwischenzeitlich zu einer Eigentümergrundschuld geworden sind und dem gesetzlichen Löschungsanspruch nach § 1179a BGB gleich- und nachrangiger Grundpfandrechtsgläubiger ausgesetzt sind.

4.286 b) **Grundlagen.** Das Gesetz (§§ 1192 Abs. 1, 1179a BGB) gewährt gleich- und nachrangigen Grundbuchgläubigern einen gesetzlichen Anspruch auf Löschung, richtig auf Aufhebung. Dies gilt grundsätzlich auch für die Eigentümergrundschuld.

4.287 c) **Gefährdungslagen.** Die Problematik des Löschungsanspruchs nachrangiger Grundbuchgläubiger kann sich in drei Situationen stellen: Zu denken ist an die Umwandlung einer Fremdgrundschuld in eine Eigentümergrundschuld, an die wiederholte Abtretung einer anfänglichen Eigentümergrundschuld und an die erstmalige Abtretung einer nachträglichen Eigentümergrundschuld, obwohl gleich- oder nachrangige Gläubiger eingetragen sind. Dann besteht die Gefahr, dass die „Abtretung einer Eigentümergrundschuld“ einem latenten Löschungs-

---

301) OLG Hamburg, Urt. v. 1.6.2011 – 13 U 128/10, BeckRS 2012, 13823.

anspruch nach § 1179a BGB ausgesetzt ist und damit keine taugliche Kreditsicherheit darstellt. Es muss befürchtet werden, dass der Getränkelieferant selbst bei bester Rangstelle ausfällt und keinen Erlös erzielt, weil nachrangige Grundbuchgläubiger ihren Löschungsanspruch geltend machen. Zu denken ist an Fälle, in denen der Grundstückseigentümer Inhaber der zu löschenden Grundschuld geworden ist, sei es im Wege der Abtretung der Grundschuld an ihn, durch Verzicht im Rahmen der Rückgewähr der Grundschuld oder durch Leistung auf die Grundschuld. Ist der Löschungsanspruch entstanden, wird er nicht dadurch beeinträchtigt und geht auch nicht dadurch unter, dass das betreffende Recht abgetreten wird. Allerdings bedarf es insofern der differenzierten Betrachtung.

d) **Optionen.** Zumeist unproblematisch ist es, wenn sich eine Fremdgrundschuld in eine Eigentümergrundschuld gewandelt hat und als solche fortbesteht. Dann kommt die **Abtretung von Rückgewährsansprüchen** in Betracht, soweit diese nicht bereits an gleich- oder nachrangige Grundbuchgläubiger abgetreten sind. § 1179a BGB verbietet eine Neuvalutierung der Grundschuld nicht.[302] Die Rückgewährsansprüche des Eigentümers bei Nichtentstehung oder Tilgung der persönlichen Schuld sind nicht vom gesetzlichen Löschungsanspruch des § 1179a BGB erfasst. 4.288

Ebenfalls weniger problembehaftet ist die erstmalige Abtretung einer ursprünglichen Eigentümergrundschuld (§ 1196 BGB). Hinsichtlich der ursprünglichen Eigentümergrundschuld, die noch nicht abgetreten ist, besteht allerdings kein gesetzlicher Löschungsanspruch nach §§ 1179a Abs. 1, 1179b Abs. 1 BGB. Bei Briefgrundschulden ist auf die Abtretungsgeschichte zu achten (§§ 1196 Abs. 3, 1179a, 1179b BGB). Die Eigentümergrundschuld ist nach § 1196 Abs. 3 BGB dem Löschungsanspruch erst dann unterworfen, wenn sie zumindest einmal Fremdgrundschuld geworden ist, also zur Kreditsicherung eingesetzt worden ist, und dann wieder dem Eigentümer zusteht. Nach Rückkehr der Grundschuld zum Eigentümer ist sie ohne Einschränkung dem gesetzlichen Löschungsansprüchen gleich- oder nachrangiger Grundpfandrechtsgläubiger ausgesetzt. Hintergrund dieser Regelung ist, dass die originäre Eigentümergrundschuld als, auch verdecktes, Sicherungsmittel zur Kreditaufnahme nutzbar sein soll. Gleiches gilt, wenn eine nachträgliche Eigentümergrundschuld erstmalig an gleich- oder nachrangige Gläubiger abgetreten wird. 4.289

4. Abtretung von Rückgewährsansprüchen

a) **Einführung.** Im Zusammenhang mit Grundschuldsicherheiten ist es gängige Praxis, dass sich der Sicherungsnehmer vom Sicherungsgeber Rückgewährsansprüche hinsichtlich vor- und gleichrangiger Grundschulden bei Erledigung 4.290

302) BGH, Urt. v. 6.7.1989 – IX ZR 277/88, BGHZ 108, 237 = NJW 1989, 2536.

der Sicherungszwecke abtreten lässt, die jener gegen die Gläubiger vor- oder gleichrangiger Grundschulden hat oder haben wird. Hintergrund ist, dass ein etwaiger späterer Gläubiger der Grundschuld grundsätzlich nicht verpflichtet ist. Infolge einer Abtretung der Grundschuld und der gesicherten Forderung tritt der Zessionar nämlich nicht automatisch in den Sicherungsvertrag ein. Sollte es an einem ausdrücklichen Beitritt fehlen, trifft den Zessionar auch keine Rückgewährsverpflichtung.

4.291 **b) Konkret.** Bei der Sicherungsgrundschuld steht dem Sicherungsgeber aufgrund der Sicherungsabrede und nach Eintragung der Grundschuld im Grundbuch ein Rückgewährsanspruch zu. Der Grundstückseigentümer hat die Möglichkeit, diesen Rückgewährsanspruch zu Kreditsicherungszwecken abzutreten. Er kann damit den Eintritt des § 1179a BGB verhindern. Dem Gläubiger des nachrangigen Grundpfandrechts schuldet er insoweit keine Rücksichtnahme.[303)] Voraussetzung ist, dass sich der Sicherungszweck endgültig, d. h. nicht nur vorübergehend, erledigt hat.[304)] Da die Kenntnis des Rückgewährsberechtigten für den Sicherungsnehmer als Schuldner des Rückgewährsanspruchs von besonderer Bedeutung bei Eintritt der Rückgewährsreife ist, unterliegt die Abtretung vielfach einem Zustimmungserfordernis (§ 399 Fall 2 BGB)[305)]. Aus Sicht des Getränkelieferanten macht es Sinn, dass die Abtretung offengelegt wird. Andernfalls (stille Abtretung) besteht die Gefahr, dass der Sicherungsnehmer der Grundschuld die Abtretung nicht positiv kennt, die Grundschuld zurückgewährt oder sonstige Vereinbarungen in Bezug auf den Rückgewährsanspruch trifft. Hinzutreten sollte die Einholung einer **Einmalvalutierungserklärung** des vorrangigen Grundbuchgläubigers. Darin verpflichtet sich dieser, nach Erledigung der gesicherten Forderungen keine neuen Forderungen mehr in die Haftung der Grundschuld einzubeziehen. Die Vorlage einer entsprechenden Erklärung sollte zur Bedingung für die Finanzierung gemacht werden. Nur so kann verhindert werden, dass eine vorrangige Grundschuld trotz Tilgungen des zugrunde liegenden Darlehens wegen Erstreckung auf andere Forderungen unverändert bleibt.

5. Insolvenz

4.292 Unter Aufgabe seiner erst wenige Jahre alten Rechtsprechung hat der BGH entschieden, dass der Anspruch aus § 1179a Abs. 1 Satz 1 BGB insolvenzfest ist. Der Anspruch mit den Wirkungen des Satzes 3 der Vorschrift ist auch gegeben, wenn der vorrangige oder gleichrangige Grundrechtspfandgläubiger auf

303) BGH, Urt. v. 9.2.1989 – IX ZR 145/87, BGHZ 106, 375 = NJW 1989, 1349.

304) BGH, Urt. v. 14.5.1996 – XI ZR 257/94, BGHZ 133, 25 = NJW 1996, 2092 = ZIP 1996, 1164.

305) BGH, Urt. v. 9.2.1980 – V ZR 200/88, BGHZ 110, 241 = NJW 1990, 1601.

sein Recht erst nach erfolgter Versteigerung des Grundstücks im Verteilungsverfahren verzichtet.[306)]

VI. Verbraucherkreditrecht

1. Sachlicher Anwendungsbereich

Weder auf den Sicherungsvertrag noch auf die Bestellung der Sicherungsgrundschuld ist das Verbraucherkreditrecht anwendbar. Die **Grundschuld** stellt keinen Kreditvertrag oder ein diesem Vertrag gleichstehendes Geschäft dar. Die grundpfandrechtliche Absicherung durch Dritte und die damit verbundene Zweckabrede werden nicht vom Zweck des Verbraucherkreditrechts erfasst.[307)] Dies selbst dann, wenn es sich bei der durch die Grundschuld gesicherten Forderung um eine solche aus einem Verbraucherdarlehensvertrag handelt oder die Grundschuld von einem Dritten bestellt wird. Das Verbraucherkreditrecht ist ebenfalls nicht auf den **Sicherungsvertrag** anwendbar. 4.293

2. Persönlicher Anwendungsbereich

Außerhalb des Anwendungsbereichs des § 512 BGB bleiben auch Dritte, die eine Grundschuld bestellen. Insofern ist das Verbraucherkreditrecht nicht anwendbar. 4.294

VII. Recht der Haustürgeschäfte

1. Persönlicher Anwendungsbereich

Abzustellen ist auf die Verbrauchereigenschaft des Grundstückseigentümers (Sicherungsgebers), nicht auf die des persönlichen Schuldners. Auch muss sich lediglich der Grundstückseigentümer in einer Haustürsituation i. S. d. § 312 Abs. 1 Satz 1 BGB befinden. 4.295

2. Vertrag über eine entgeltliche Leistung

Leistet ein Ehepartner als Alleineigentümer einer Immobilie zur Sicherung eines Darlehens, das dem anderen Ehepartner gewährt worden ist, Unterschriften zur Abtretung des Rückgewährsanspruchs hinsichtlich einer Grundschuld, die auf dem Grundstück zu Gunsten einer anderen Bank bestellt worden war, und gibt er eine Erklärung ab, wonach er sich verpflichtet, auf Verlangen der Gläubigerin eine sofort fällige und vollstreckbare Grundschuld an nächst offener Rangstelle auf dem Grundstück eintragen zu lassen und erhält er ergänzend eine 4.296

---

306) BGH, Urt. v. 27.4.2012 – V ZR 270/10, BeckRS 2012, 11076 = ZIP 2012, 1140.

307) BGH, Urt. v. 28.1.1997 – XI ZR 251/95, NJW 1997, 1442 = ZIP 1997, 643; BGH, Urt. v. 21.4.1998 – IX ZR 258/97, BGHZ 138, 321 = NJW 1998, 1939 = ZIP 1998, 949.

„Widerrufsbelehrung für Haustürgeschäfte“, so ist das Vorliegen einer Haustürsituation zu prüfen.[308)]

4.297 a) **Sicherungsvereinbarung.** Die auf Bestellung einer Sicherungsgrundschuld gerichtete (schuldrechtliche) Vereinbarung stellt einen Vertrag über eine entgeltliche Leistung i. S. d. § 312 BGB dar, wenn die Verpflichtung zur Bestellung der Grundschuld vom Sicherungsgeber für den Sicherungsnehmer erkennbar in der Erwartung übernommen wird, dass dem Sicherungsgeber selbst oder einem bestimmten Dritten daraus irgendein Vorteil erwächst. Dies gilt auch dann, wenn die Grundschuld einen gewerblichen Kredit sichert.[309)] Anders wird zu entscheiden sein, wenn es sich um eine notarielle Urkunde handelt.

4.298 b) **Grundschuldbestellung.** Dagegen ist die abstrakte Grundschuldbestellung als solche als dingliches Rechtsgeschäft nicht auf eine entgeltliche Leistung i. S. d. § 312 BGB gerichtet, sondern lediglich auf Abänderung der dinglichen Rechtslage; sie fällt somit nicht in den Anwendungsbereich des § 312 BGB.[310)]

3. Widerrufsbelehrung

4.299 Da Grundschulden notariell zu bestellen sind, dürfte der Anwendungsbereich des § 355 Abs. 3 Satz 2 BGB erst recht eröffnet sein (Rechtsgedanke der §§ 126 Abs. 4, 129 Abs. 2 BGB).

4.300 Zur wohl eher nicht erforderlichen Belehrung über Widerrufsfolgen kann verwiesen werden.[311)]

4. Widerruf

4.301 Übt der Darlehensnehmer sein Widerrufsrecht aus, hat ihm der Darlehensgeber zwar die auf das Darlehen entrichteten Tilgungs- und Zinsleistungen zu erstatten; dem Darlehensgeber seinerseits ist allerdings der ausgezahlte Nettodarlehensbetrag zu erstatten und marktüblich zu verzinsen.[312)] Dieser Anspruch bleibt durch die Grundschuld gesichert.[313)]

---

308) OLG Nürnberg, Urt. v. 10.1.2012 – 14 U 1314/11, BeckRS 2012, 01727.

309) BGH, Urt. v. 26.9.1995 – XI ZR 199/94, BGHZ 131, 1 = NJW 1996, 55 = ZIP 1995, 1813.

310) OLG Koblenz, Urt. v. 29.1.1998 – 11 U 1690/96, NJW-RR 1999, 1178.

311) Siehe oben § 47 III 3 d m. w. N.

312) BGH, Urt. v. 12.11.2002 – XI ZR 47/01, BGHZ 152, 331 = NZM 2003, 171 = ZIP 2003, 64; BGH, Urt. v. 26.9.2006 – XI ZR 283/03, NZM 2007, 57.

313) BGH, Urt. v. 28.10.2003 – XI ZR 263/02, NZM 2004, 73 = ZIP 2004, 64.

VIII. Verwaltung

1. Allgemeines

Soweit neue Personen Partner des Darlehens- und Getränkelieferungsvertrages werden, also insbesondere in der Situation des Betreiberwechsels und anderen Formen der Übernahme, ist zu prüfen, ob die Grundschuldsicherheit nicht neu verhandelt werden muss. Je nach Sachlage genügt auch eine Anpassung der Sicherungsabrede. **4.302**

2. Veräußerung

Das belastete Grundstück kann – solange noch Ansprüche des Getränkelieferanten bestehen – nur mit der eingetragenen Grundschuld verkauft werden. Der Sicherungsvertrag bleibt davon grundsätzlich unberührt, so dass der Sicherungsgeber grundsätzlich den Rückgewährsanspruch behält. Einredungen aus dem Sicherungsvertrag, insbesondere die Einrede der Rückgewähr, können dann dem dinglichen Recht nicht mehr entgegengehalten werden. Der alte Eigentümer kann es nicht, weil sich gegen ihn der dingliche Anspruch nicht richtet. Der neue Eigentümer kann es nicht, weil die Einrede nur inter partes besteht. Der neue Eigentümer ist somit nur gesichert, wenn er entweder zur Einziehung des Rückgewährsanspruches ermächtigt ist oder wenn ihm dieser abgetreten wurde.[314] Letzteres kann auch stillschweigend geschehen. **4.303**

IX. Grundschuld und Getränkelieferungsvertrag

1. Abstraktionsprinzip

Hinsichtlich einer wirksam bestellten Grundschuld[315] kann die Frage einer eventuellen Sittenwidrigkeit des abgeschlossenen Getränkelieferungsvertrages zumeist als unerheblich dahinstehen. Selbst wenn der Getränkelieferungsvertrag an der Wirksamkeitshürde des § 138 Abs. 1 BGB scheitern sollte, ist das Abstraktionsprinzip zu beachten. Die Grundschuldbestellung als dingliches Verfügungsgeschäft ist von dem zugrunde liegenden Verpflichtungsgeschäft in ihrem Bestand unabhängig. Zu den insofern durchweg nicht einschlägigen Ausnahmen gehört das wucherische Darlehen (§ 138 Abs. 2 BGB).[316] Bei diesem liegt in der Bestellung der Sicherheit gerade die Erfüllung des sittenwidrigen Geschäfts. Dagegen werden im Anwendungsbereich des § 138 Abs. 1 BGB das Verfügungsgeschäft von der Sittenwidrigkeit zugrunde liegender Verpflichtungsgeschäfte grundsätzlich nicht berührt. Dies ergibt sich insbesondere aus ihrer in der Regel bestehenden Neutralität. Gegen die Annahme einer Sittenwidrigkeit spricht auch, dass eine Nichtigkeit des dinglichen Verfügungsge- **4.304**

---

314) Siehe oben § 51 V 4 m. w. N.

315) Dies gilt naturgemäß auch gegenüber wirksam bestellten Dienstbarkeiten.

316) BGH, Urt. v. 8.7.1982 – III ZR 1/81, NJW 1982, 2767 = ZIP 1982, 1181.

schäftes nur dann angenommen wird, wenn sich dieses darin erschöpft, die wegen Wuchers nichtige Forderung zu sichern.[317)]

2. Einrede der ungerechtfertigten Bereicherung

4.305 Grundsätzlich ist es denkbar, dass dem Duldungsanspruch die Einrede der ungerechtfertigten Bereicherung nach § 821 BGB entgegenstehen kann. Voraussetzung ist, dass der Getränkelieferant als Sicherungsnehmer die Grundschuld (bzw. die Dienstbarkeit) zurückzugewähren hätte. Dies setzt jedoch eine Nichtigkeit des Getränkelieferungsvertrages nach § 139 BGB voraus. Im Übrigen steht der Einrede der ungerechtfertigten Bereicherung nach § 821 BGB auch entgegen, dass die Grundschuld in der Regel nach dem Getränkelieferungsvertrag einen umfassenden Sicherungszweck hat und alle sonstigen gegenwärtigen und künftigen Forderungen des Getränkelieferanten sichern soll. Die Verpflichtung zur Rückgewähr der Grundschuld kann daher so lange nicht bestehen, wie noch der bereicherungsrechtliche Anspruch des Getränkelieferanten aus Rückzahlung der ausgezahlten Darlehensvaluta besteht und durch die Grundschuld gesichert werden soll.[318)]

X. Verwertung

1. Anspruch auf Duldung der Zwangsvollstreckung

4.306 Der Anspruch des Getränkelieferanten auf Duldung der Zwangsvollstreckung folgt aus §§ 1192 Abs. 1, 1147 BGB.

2. Verwertungsreife

4.307 a) **Grundlagen.** Nach dem Zweck der (Sicherungs-)Grundschuld ist das Verwertungsrecht auch ohne besondere Abrede bei **Fälligkeit** der Forderung (Pfandreife, § 1193 Abs. 1 BGB) und nur zur Befriedigung der gesicherten Forderung gegeben. Das Verwertungsrecht entfällt durch endgültigen Fortfall des Sicherungszwecks. Daneben kann der Getränkelieferant auch die gesicherte Forderung geltend machen.

4.308 b) Dem Getränkelieferanten steht ein Recht auf Verwertung des haftenden Grundstücks erst nach vorgängiger **Kündigung** des Kapitals der Grundschuld zu (§ 1193 Abs. 1 Satz 1 BGB). Soweit nicht die vertraglichen Voraussetzungen für die Kündigung gegeben sind, kann jedenfalls in der Zustellung einer Klageschrift die konkludente Kündigung gesehen werden.[319)]

---

317) BGH, Urt. v. 8.7.1982 – III ZR 1/81, NJW 1982, 2767 = ZIP 1982, 1181.

318) LG Köln, Urt. v. 20.11.2012 – 4 O. 455/11.

319) LG Köln, Urt. v. 20.11.2012 – 4 O. 455/11.

c) Die **Kündigungsfrist** beträgt sechs Monate (§ 1193 Abs. 1 Satz 3 BGB). Abweichende Bestimmungen sind bei Sicherungsgrundschulden seit dem 20.8.2008 nicht mehr zulässig (§ 1193 Abs. 2 Satz 2 BGB i. V. m. Art. 229 § 18 Abs. 3 EGBGB, § 307 Abs. 2 Nr. 1 BGB). Diese Einschränkungen (Kündigungsfrist, Unabdingbarkeit) gelten allerdings nicht für Grundschulden, die bis zum 19.8.2008 bestellt worden sind. 4.309

3. Arten der Verwertung

Die Grundschuld belastet als beschränkt dingliches Recht das Eigentum an einem oder mehreren Grundstücken (§§ 1131 f. BGB). Sie gewährt dem Gläubiger ein dingliches Verwertungsrecht im Sicherungsfall, welches durch Zwangsvollstreckung in das Grundstück und mithaftende Gegenstände (§§ 1120–1127, 1131 BGB) ausgeübt wird. 4.310

Sollte der Vertragspartner seinen Zahlungsverpflichtungen aus dem Getränkelieferungsvertrag nicht nachkommen, kann sich der Getränkelieferant durch **Zwangsverwaltung** und/oder **Zwangsversteigerung** des belasteten Grundstücks befriedigen (§§ 1192 Abs. 1, 1147 BGB). 4.311

4. Überlegenswertes

Unabhängig davon, ob der Betreiber Hauseigentümer oder Pächter ist, muss sich der Getränkelieferant vor der Stellung eines Antrages auf Zwangsversteigerung über die Konsequenzen Gedanken machen. Laufende Getränkelieferungsverträge und die daraus resultierenden Lieferrechte können gefährdet sein. Gleiches gilt für bestehende Sicherheiten. Umgekehrt ergeben sich daraus auch Chancen für die Neuakquisition einer Absatzstätte. Zu denken ist an die Kontaktaufnahme mit einem potentiellen Ersteher oder auch der Eigenerwerb durch den Getränkelieferanten. 4.312

5. Ausbietungsgarantie

a) **Inhalt.** Bei drohenden Zwangsversteigerungen insbesondere auf Antrag von Drittgläubigern wird gegenüber dem betreibenden Gläubiger gelegentlich eine Ausbietungsgarantie abgegeben. Der Garant verpflichtet sich damit gegenüber dem Grundpfandgläubiger, für einen etwaigen Ausfall bei einer Zwangsversteigerung ganz oder teilweise einzustehen. Er übernimmt die Verpflichtung, in dem Zwangsversteigerungstermin ein Gebot in bestimmter Höhe abzugeben. Ziel ist es, dass der Grundpfandgläubiger aus der Zwangsversteigerung ohne Verlust hervorgeht. Ob der Garant auch zum Ausbieten verpflichtet ist, ist im Wege der Vertragsauslegung zu klären.[320] 4.313

---

320) BGH, Urt. v. 16.3.2004 – XI ZR 335/02, BGHZ 158, 286 = NJW-RR 2004, 1128 = ZIP 2004, 968.

4.314 b) **Form.** Die Ausbietungsgarantie ist gem. § 311b BGB notariell zu beurkunden.[321] Das Beurkundungserfordernis bezieht sich nicht nur auf die Veräußerungs- bzw. Erwerbsverpflichtung, sondern auf den Vertrag im Ganzen. Formbedürftig sind alle Vereinbarungen, aus denen sich nach dem Willen der Parteien das schuldrechtliche Veräußerungsgeschäft zusammensetzt. Haben der Getränkelieferungsvertrag und der aufgrund einer Ausbietungsgarantie im Zwangsversteigerungsweg zustande gekommene Erwerb eines Gaststättengrundstücks ebenso wie die sonstigen „freiwilligen" Leistungen (Vermittlung der Finanzierung, Übernahme der Insertionskosten bzw. Steuerberaterkosten, Darlehen) in einem unauflösbaren Zusammenhang in der Weise gestanden, dass die Verträge miteinander stehen und fallen sollten, so vermag dies allenfalls eine wirtschaftliche Einheit unter dem Gesichtspunkt des Vorliegens einer Geschäftsgrundlage für den Abschluss des Getränkelieferungsvertrages zu begründen. In diesem Zusammenhang kann nicht von einer rechtlichen Einheit in dem Sinne ausgegangen werden, dass nach dem Parteiwillen die Verpflichtung aus dem Getränkelieferungsvertrag auch Teil der aus der Abgabe der Ausbietungsgarantie erfolgenden Erwerbsverpflichtung werden sollte. Dann kann dahinstehen, ob von der Heilung der nicht beurkundeten Vertragsverhältnisse auszugehen ist. § 311b Abs. 1 Satz 2 BGB ist nämlich über seinen Wortlaut hinaus nicht nur auf den „klassischen Fall" der Auflassung und Eintragung anzuwenden, sondern auch entsprechend auf andere Verträge mit einer Pflicht zum Erwerb bzw. zur Übertragung von Grundstückseigentum.

6. Kosten

4.315 Für ein Wertgutachten, die Grundschuldbestellung, die Eintragung sowie Löschung der Grundschuld können erhebliche Kosten entstehen, die der Grundstückseigentümer zu tragen hat. Die Höhe der Kosten richtet sich nach dem Einzelfall. Maßgeblich ist der Geschäftswert.

§ 52 Sicherungsabtretung/Verpfändung

I. Allgemeines

1. Abgrenzung

4.316 a) **Übergabe.** Die Sicherungsabtretung verzichtet in Abweichung von § 1274 Abs. 1 Satz 2 BGB auf die ggf. erforderliche Übergabe der Sache.

4.317 b) **Offenlegung.** Der wesentliche Grund für die Präferenz der Sicherungsabtretung gegenüber der Verpfändung liegt darin, dass die Verpfändung einer Forderung nur wirksam ist, wenn der Gläubiger sie dem Schuldner anzeigt (§ 1280 BGB). Die Abtretungsanzeige ist eine konstitutive Wirksamkeitsvoraussetzung der Verpfändung. Im Gegensatz zur Abtretung ist somit eine „stille

321) OLG Köln, Urt. v. 20.10.2011 – 7 U 65/11, BeckRS 2012, 15923.

Verpfändung“ nicht möglich. Davon wird nur dann eine Ausnahme gemacht, wenn der Pfandgläubiger zugleich Schuldner der verpfändeten Forderung ist.[322)]

Die Verpflichtung zur Anzeige obliegt dem Gläubiger als Verpfänder. Allerdings kann er den Pfandgläubiger zur Anzeige bevollmächtigen. 4.318

2. Abtretbarkeit

Unverzichtbare Voraussetzung eines Abtretungsvertrages ist, dass die abgetretene Forderung als Verfügungsobjekt auch tatsächlich besteht. Eine nicht existente Forderung kann nicht abgetreten werden; ein gutgläubiger Erwerb ist nicht möglich. 4.319

Als Gegenstand einer Sicherungsabtretung scheiden zudem sämtliche nicht abtretbaren Ansprüche aus. Hierzu rechnen insbesondere höchstpersönliche oder zweckgebundene Ansprüche (Unterhalt, Nießbrauch etc.).[323)] 4.320

Weiter zu nennen sind Forderungen, deren Abtretung durch eine Vereinbarung mit dem Drittschuldner ausgeschlossen ist (§ 399 Fall 2 BGB). Ein solches Verbot kann bei Begründung der Forderung, aber auch später vereinbart werden. Auch eine Vereinbarung mittels AGB ist möglich.[324)] Abtretungen, die gegen ein Abtretungsverbot verstoßen, sind gegenüber jedermann (absolut) unwirksam.[325)] Die Forderung verbleibt dann im Vermögen des Zedenten und geht nicht auf den vermeintlichen Zessionar über. Allerdings kann der Schuldner die Abtretung genehmigen. Hierin liegt ein Angebot zum Abschluss eines entsprechenden Änderungsvertrages. Erst wenn der Gläubiger der Aufhebung des Abtretungsausschlusses zugestimmt hat, wird die Abtretung wirksam. Die Zustimmung des Drittschuldners ist Wirksamkeitsvoraussetzung (Ausnahme: § 354a HGB). 4.321

Weitere nicht abtretbare Ansprüche sind unpfändbare Forderungen (§ 400 BGB) sowie unselbständige Nebenrechte wie Ansprüche aus (jedweden) Bürgschaften, Hypotheken und Pfandrechten (§ 401 Abs. 1 BGB). 4.322

Praktisch bedeutsame Kreditsicherheiten sind insofern die Abtretung/Verpfändung von Rückübertragungsansprüche bei nicht- oder teilvalutierenden Grundschulden,[326)] Ansprüche auf Lohn- oder Gehaltszahlung, Ansprüche aus Lebensversicherungen und Bausparverträgen sowie Ansprüche auf Automateneinspielerlöse. Denkbar, wenn auch in Bestellung und Durchsetzung problematisch, sind Ansprüche auf Steuererstattung. 4.323

---

322) BGH, Urt. v. 12.2.2004 – IX ZR 98/03, NJW 2004, 1660 = ZIP 2004, 620.

323) BGH, Urt. v. 7.6.2011 – VI ZR 260/10, BeckRS 2011, 17149.

324) BGH, Urt. v. 11.3.1997 – X ZR 146/94, NJW 1997, 3434 = ZIP 1997, 1052.

325) BGH, Urt. v. 9.7.1987 – II ZR 100/87, BGHZ 102, 172 = NJW 1988, 969 = ZIP 1988, 22.

326) Siehe oben § 51 V 4 m. w. N.

3. Bestellung

4.324 a) **Abtretung.** Bei der Sicherungsabtretung (Zession, § 398 BGB) tritt der Sicherungsgeber (Zedent) Forderungen oder andere Rechte, die ihm als Gläubiger gegen seine(n) Schuldner (Drittschuldner) zustehen, zur Sicherung der Ansprüche des Getränkelieferanten als Sicherungsnehmer (Zessionar) vorübergehend an diesen ab. Mit der Sicherungszession wird der Getränkelieferant im Außenverhältnis und dinglich Vollrechtsinhaber und damit alleinverfügungsberechtigter Gläubiger. Sofern für die abgetretene Forderung akzessorische Sicherheiten wie Bürgschaften und Pfandrechte bestellt wurden, gehen diese mit der Abtretung kraft Gesetzes auf den Getränkelieferanten über (§ 401 Abs. 1 BGB). Da § 401 BGB dispositiv ist,[327] können die Parteien des Abtretungsvertrages einen Sicherheitenübergang ausschließen.

4.325 b) **Bestimmbarkeit.** Die abzutretenden Forderungen müssen bestimmt, zumindest bestimmbar sein. So ist die Abtretung einer Forderungsmehrheit in Höhe eines Teilbetrages unwirksam, wenn nicht erkennbar ist, auf welche Forderungen oder Teilforderungen sich die Abtretung in welcher Höhe bezieht.[328]

4.326 c) **Form.** Die Verpfändung von Rechten ist grundsätzlich formfrei. Eine Ausnahme besteht bei der Verpfändung von Geschäftsanteilen an einer GmbH (§ 1274 Abs. 1 Satz 1 BGB i. V. m. § 15 Abs. 3 und 4 GmbHG (notarielle Beurkundung).

4.327 d) **Zustimmung des Schuldners.** Die Abtretung zur Sicherung von Forderungen und Rechten (Sicherungszession) bedarf nicht der Zustimmung des Schuldners.

4.328 e) **Offenlegung.** Im Gegensatz zur Verpfändung (§ 1280 BGB) setzt die Wirksamkeit einer Sicherungsabtretung grundsätzlich keine Anzeige an den Drittschuldner voraus. Eine **stille Zession** ist daher möglich. Auch dann erhält der Zessionar die Gläubigerstellung bezüglich der abgetretenen Forderung. Er darf aber erst im Sicherungsfall von der Zession Gebrauch machen. Der Zedent bleibt bis zur Offenlegung der Zession befugt, die Forderung beim Drittschuldner einzuziehen. Erlöse hat er sodann an den Zessionar auszukehren. Der Zessionar behält sich selbst das Recht zur Offenlegung der Zession durch Anzeige an den Drittschuldner vor. Dabei darf er allerdings nicht willkürlich verfahren. Die Voraussetzungen werden im Sicherungsvertrag geregelt. Das Recht zur Anzeige der Zession besteht in der Regel dann, wenn der Zedent mit fälligen Zahlungen auf die gesicherte Forderung in Verzug ist, seine Zahlungen eingestellt hat oder in Vermögensverfall geraten ist. Solange der Zedent seinen Zahlungsverpflichtungen aus dem Grundgeschäft pflichtgemäß nachkommt,

---

327) BGH, Urt. v. 19.9.1991 – IX ZR 296/90, NJW 1991, 3025 = ZIP 1991, 1350.

328) OLG Köln, Urt. v. 26.8.1997 – 9 U 226/96, LSK 1999, 340848.

darf der Zessionar die Abtretung nicht aufdecken.[329] Für den Getränkelieferanten birgt die stille Zession insofern Risiken, als er keine Kenntnis davon hat, ob die Forderung nicht anderweitig abgetreten worden ist, Abtretungsverbote eingreifen oder Drittschuldner Einwendungen gegen die Forderung geltend machen.

Folglich ist eine Offenlegung durch Anzeige der Abtretung (§ 409 BGB) sinnvoll. Die Offenlegung ist allerdings insofern nicht unproblematisch, als hierdurch Ruf und Kreditwürdigkeit des Zedenten Schaden nehmen können. Sinnvoll ist es, eine erforderliche Zustimmung frühzeitig einzuholen. Spätere Zustimmungen wirken nämlich nicht auf den Zeitpunkt der Abtretung zurück. Somit besteht das Risiko, dass eine zwischenzeitlich erfolgte Pfändung einer früheren Abtretung gegenüber vorrangig ist. Die Anzeige ist formfrei, wobei sich aus Beweisgründen die Schriftform empfiehlt. Nach erfolgter Anzeige kann der Schuldner nur mit schuldbefreiender Wirkung an den Zessionar zahlen (§§ 407 Abs. 1, 409 Abs. 1 Satz 1 BGB).[330] 4.329

4. Sicherungsabrede

Inhalt und Umfang der Befugnisse des Sicherungsnehmers ergeben sich aus der schuldrechtlichen Sicherungsabrede. Darin werden insbesondere die Einzelheiten, unter deren Voraussetzungen der Sicherungsnehmer von seinem Verwertungsrecht Gebrauch machen kann, geregelt. So muss die (Lohn-)Abtretungsklausel in einem Ratenkreditvertrag die Voraussetzungen enthalten, unter denen die Sicherheit verwertet, bzw. die zunächst stille Zession offengelegt werden darf. Hierbei ist zumindest Verzug mit wenigstens einer Monatsrate zu fordern; eine uneingeschränkte Verwertungsbefugnis macht die Abtretungsklausel AGB-rechtlich unwirksam (§ 307 Abs. 1 Satz 1, Abs. 2 Nr. 1 BGB).[331] Soweit sich die Verwertungsklausel auch auf Verbraucherdarlehensverträge (§ 491 BGB) bezieht, hat sie sich am Leitbild (§ 307 Abs. 2 Nr. 1 BGB) des § 498 BGB zu orientieren. Aber auch außerhalb des Anwendungsbereichs des § 498 BGB ist eine Verwertungsklausel nur dann wirksam, wenn sie nicht auf das Erfordernis einer Verkaufsandrohung (§ 1234 Abs. 1 BGB analog) und einer angemessenen Wartefrist (§ 1234 Abs. 2 BGB analog) verzichtet. 4.330

5. Werthaltigkeit

a) Allgemein. Gerade bei Sicherungsabtretungen, aber auch bei Verpfändungen von Ansprüchen, sollten die Wertigkeit des abgetretenen Anspruchs und seine Durchsetzbarkeit besonders sorgfältig geprüft werden. Ausgangspunkt 4.331

329) BGH, Urt. v. 14.6.1994 – XI ZR 210/93, NJW 1994, 2754.

330) Für beiderseitige Handelsgeschäfte gilt gem. § 25 Abs. 1 Satz 2 HGB etwas anderes.

331) OLG Nürnberg, Beschl. v. 22.6.1990 – 4 W 1453/90, NJW-RR 1990, 1461.

ist der Betrag der abgetretenen Forderung bzw. des verpfändeten Rechts. Bei Ansprüchen aus Lebensversicherungen oder Bausparverträgen ist der Rückkaufswert zu ermitteln. Größte Vorsicht ist bei der Hereinnahme und Bewertung angeblicher Steuererstattungsansprüche angebracht.

4.332 b) **Insolvenz.** Insolvenzrechtlich bietet die Verpfändung dagegen durchaus Vorteile. Im Gegensatz zu abgetretenen Ansprüchen darf der Insolvenzverwalter verpfändete Ansprüche nicht einziehen (§§ 173 Abs. 1 Fall 2, 171 Nr. 1 Fall 2 InsO im Gegensatz zu § 166 Abs. 2 InsO). Daraus resultiert eine Ersparnis der Verwertungspauschale (5 % des Verwertungserlöses, § 171 Abs. 2 Satz 1 InsO).

6. Recht der Haustürgeschäfte

4.333 Im Zusammenhang mit Verpfändungserklärungen ist ggf. das Vorliegen einer Haustürsituation zu prüfen[332)] mit der Konsequenz, dass ggf. wie bei der Bürgschaft eine Widerrufsbelehrung zu erteilen ist.

7. Verwaltung

4.334 Bei Vertragsübernahmen, insbesondere Betreiberwechseln, ist zu prüfen, ob die bestehenden Abtretungen und Verpfändungen nicht durch neue Sicherheiten zu ersetzen sind.

8. Abtretung/Verpfändung und Getränkelieferungsvertrag

4.335 Selbst bei klauselmäßiger Globalabtretung mit Übersicherung tritt keine Unwirksamkeit des Getränkelieferungsvertrages ein. Vielmehr ist ein Schadenersatz begründendes Recht zur außerordentlichen Kündigung des Dauerschuldverhältnisses gegeben.[333)]

9. Verwertung

4.336 Abgetretene Ansprüche werden durch Einziehung der Forderung bzw. Verkauf des Rechts verwertet. Bei verpfändeten Ansprüchen bedarf es einer öffentlichen Versteigerung, im Übrigen kommt eine freihändige Verwertung in Betracht.

---

332) BGH, Urt. v. 10.1.2006 – XI ZR 169/05, BGHZ 165, 363 = NJW 2006, 845 = ZIP 2006, 363.

333) OLG Köln, Urt. v. 20.10.2011 – 7 U 65/11, BeckRS 2012, 15923.

II. Abtretung/Verpfändung von Sparguthaben

1. Gestellung

Hier tritt der Kunde als Inhaber eines Sparguthabens gem. schriftlicher Abtretungs-/Verpfändungserklärung seinen Anspruch gegen das Kreditinstitut unter Übergabe des Originalsparbuchs, ersatzweise eines Legitimationspapiers, an den Getränkelieferanten ab. Die Abtretung des Anspruchs auf Rückzahlung der Spareinlage ist ohne Eintragung im Sparbuch möglich. In der Übergabe des Buches liegt regelmäßig die stillschweigende Abtretung. Voraussetzung der Wirksamkeit der Abtretung ist nicht die Mitwirkung des Kreditinstituts als (Dritt-)Schuldner (§ 398 Satz 1 BGB). Abgetreten und verpfändet werden sowohl das Guthaben aus einem Sparkonto als auch alle Gestaltungsrechte (§ 401 BGB) aus dem zugrunde liegenden Sparvertrag. Das Sparbuch oder ein gleichwertiges Legitimationspapier ist dem Getränkelieferanten im Original auszuhändigen und wird bei diesem aufbewahrt. Würde die Spareinlage dagegen verpfändet, wäre die Anzeige an das Kreditinstitut nach § 1280 BGB zusätzlich zu beachtende Wirksamkeitsvoraussetzung. **4.337**

Der Getränkelieferant bittet das Kreditinstitut um Bestätigung des Wertes des Sparkontos sowie um Notiz, dass die Abtretung/Verpfändung von dem Kreditinstitut erstrangig vorgemerkt wurde, insbesondere keine Vorpfändungen etc. vorliegen. **4.338**

2. Verwertung

Sollte der Kunde seinen Verpflichtungen aus dem Getränkelieferungsvertrag nicht mehr nachkommen, kann der Getränkelieferant zwecks Realisierung seiner Forderungen und Ansprüche den Sparvertrag kündigen und das Sparguthaben einziehen. **4.339**

III. Abtretung des Rückkaufswertes bei Lebensversicherungen

1. Gegenstand

Ansprüche aus privaten Lebens- oder Rentenversicherungen kommen als Sicherheit in Betracht. Ansprüche aus staatlich geförderten Altersvorsorgen wie etwa der „Rürup-Rente“ oder der „Riester-Rente“ scheiden dagegen als Sicherheit aus. Insofern besteht ein Beleihungs- und Übertragungsverbot. **4.340**

2. Werthaltigkeit

Entscheidend für die Werthaltigkeit einer Lebensversicherung als Kreditsicherheit ist, ob bereits vorher über die Ansprüche verfügt worden ist **(Prioritätsprinzip)** und ob Abtretungsverbote bestehen. Daher ist im Vorfeld der Sicherungsabtretung zu prüfen, ob Abtretungsverbote gegeben sind oder die Versicherungsgesellschaft hilfsweise mit einer Abtretung einverstanden ist. Ebenso **4.341** zu prüfen sind Vorausabtretungen und Verpfändungen an Dritte bzw. das Bestehen sonstiger Rechte Dritter an den abgetretenen Ansprüchen, etwa durch Pfändungsmaßnahmen im Rahmen der Einzelzwangsvollstreckung.

3. Gestellung

4.342 a) **Grundlagen.** Für die Abtretung von Rechten und Ansprüchen aus einer Lebensversicherung gilt das allgemeine Abtretungsrecht (§§ 398–410 BGB), ergänzt um die Versicherungsbedingungen (vgl. § 13 Abs. 3 und 4 Musterbedingungen). Die Abtretung des Rückkaufwertes von insbesondere Kapitallebensversicherungen erfolgt durch eine schriftliche Abtretung durch den Versicherungsnehmer als Sicherungsgeber an den Getränkelieferanten unter Übergabe des Originalversicherungsscheins. Vorher ist unter Vorlage einer Vollmacht des Versicherungsnehmers durch Anfrage bei der Versicherungsgesellschaft der aktuelle Rückkaufwert zu ermitteln. Nach § 13 Abs. 4 Musterbedingungen ist eine Abtretung der Versicherungsgesellschaft nur und erst dann wirksam, wenn sie dieser vom Sicherungsgeber als bisher Berechtigtem schriftlich an den Vorstand der Versicherungsgesellschaft angezeigt worden ist (§ 1280 BGB analog).[334] Ohne bedingungsgemäße Anzeige ist die Abtretung absolut unwirksam.[335] Die Abtretung einer Lebensversicherung umfasst sämtliche gegenwärtigen und künftigen Rechte und Ansprüche aus dem Lebensversicherungsvertrag, also neben der Hauptforderung sämtliche Gestaltungsrechte.

4.343 Der Getränkelieferant bittet die Versicherungsgesellschaft um Bestätigung des aktuellen Rückkaufwertes sowie um Bestätigung, dass die Abtretung von der Lebensversicherung erstrangig vorgemerkt wurde, insbesondere keine Vorpfändungen etc. vorliegen.

4.344 b) **Inhalt der Abtretungsvereinbarung.** Vor diesem Hintergrund sollte die Abtretung von Ansprüchen aus Lebensversicherungen jedenfalls wie folgt formuliert werden: Gegenstand der Abtretung sind grundsätzlich sämtliche Ansprüche und Rechte, die dem Versicherungsnehmer (Sicherungsgeber) aufgrund des Versicherungsvertrages gegen die Versicherungsgesellschaft zustehen bzw. sich daraus noch ergeben können. Dazu rechnen insbesondere das Recht auf Bestimmung, Änderung und Widerruf der Bezugsberechtigung, das Recht zur Kündigung des Versicherungsvertrages, das Recht zur Entgegennahme des Rückkaufswertes[336] sowie ggf. Ansprüche aus einem für die Lebensversiche-

334) BGH, Urt. v. 10.3.2010 – IV ZR 207/08, NJW-RR 2010, 904; OLG Brandenburg, Urt. v. 28.8.2012 – 11 U 120/11, BeckRS 2012, 19716. Dasselbe gilt bei Warenkreditversicherungen.

335) BGH, Urt. v. 24.2.1999 – IV ZR 122/98, NJW-RR 1999, 898.

336) LG Bonn, Urt. v. 14.11.2011 – 5 S 137/07, NJW-RR 2008, 475: Wird auf den Rückkaufswert im Vertragstext kein Bezug genommen, so wird der Anspruch auf Auszahlung des Rückkaufswertes regelmäßig nicht mit abgetreten.

rung unterhaltenen Beitragskontos (oder Beitragsdepots), unabhängig davon, ob dieses bei der Versicherungsgesellschaft selbst geführt wird oder nicht.

4. Sicherungsabrede

Wie stets bedarf es einer Sicherungszweckabrede sowie Klauseln zur Verwertung. Der Widerruf von Bezugsrechten ist für die Dauer der Abtretung aufzunehmen. Weiter muss der unwiderrufliche Bezugsberechtigte sein Einverständnis mit der Abtretung etwa durch Mitunterzeichnung erklärt haben. **4.345**

Üblicherweise finden sich Regelungen zur Übergabe des Versicherungsscheins und etwaiger Nachträge an den Sicherungsnehmer, eine Beauftragung des Sicherungsnehmers zur Anzeige der Abtretung bei der Versicherung sowie ein Hinweis an den Versicherungsnehmer auf die eigenverantwortliche Prüfung einer Steuerschädlichkeit der Abtretung. **4.346**

5. Verwertung

a) **Grundsatz.** Sollte der Vertragspartner seinen Verpflichtungen aus dem Vertrag nicht nachkommen, kann der Getränkelieferant zwecks Realisierung seiner Forderungen und Ansprüche den Versicherungsvertrag kündigen und den Rückkaufswert einziehen. **4.347**

b) Tritt der Versicherungsnehmer seine Ansprüche aus einer Lebensversicherung zur Sicherung der Schuld eines Dritten an dessen Gläubiger ab, so sprechen die Interessen der Beteiligten regelmäßig dafür, dass der vereinbarte Sicherungszweck sich nicht mit dem Tod des Versicherungsnehmers erledigt haben soll. Eine vor der Sicherungsabtretung widerruflich getroffene **Bezugsrechtsbestimmung** steht dann auch in der Zeit nach Eintritt des Versicherungsfalls – bis auf weiteres – im Rang hinter den Rechten des Sicherungsnehmers zurück.[337)] **4.348**

c) **Unpfändbarkeit. aa) § 851c ZPO.** Unter den vier in § 851c Abs. 1 ZPO genannten Voraussetzungen können die auszuzahlenden Ansprüche nur wie Arbeitseinkommen gepfändet werden (Pfändungsfreigrenzen). Kapitallebensversicherungen werden zwar von dieser Vorschrift nicht erfasst (§ 851c Abs. 1 Nr. 4 ZPO). Allerdings ist insofern § 167 VVG zu beachten. Danach kann der Versicherungsnehmer einer Lebensversicherung jederzeit für den Schluss der laufenden Versicherungsperiode die Umwandlung der Versicherung in eine Versicherung verlangen, die den Anforderungen des § 851c Abs. 1 ZPO entspricht. Sind die Ansprüche aus der Versicherung jedoch bereits gepfändet bzw. verpfändet oder abgetreten worden, so besteht die Umwandlungsmöglichkeit nicht **4.349**

337) BGH, Urt. v. 27.10.2010 – IV ZR 22/09, BGHZ 187, 220 = NJW 2011, 307 = ZIP 2011, 68.

mehr.[338] Nach § 851c Abs. 1 Nr. 2 ZPO, einer Spezialvorschrift zu § 400 BGB, darf über Ansprüche aus dem Vertrag nicht verfügt werden, insbesondere dürfen diese nicht als Kapitalsicherungsmittel eingesetzt werden (**Kapitalisierungsverbot**). Im Hinblick auf das Kapitalisierungsverbot zeigt sich, welche Zurückhaltung bei der Hereinnahme von Lebensversicherungen als Kreditsicherheit angezeigt ist. Dies gilt nicht für eine Zahlung auf den Todesfall. Gleiches gilt im Fall der Sicherungsabtretung.

4.350 Es hindert den Pfändungsschutz nach § 851c Abs. 1 ZPO nicht, wenn dem Schuldner vertraglich ein Kapitalisierungsrecht eingeräumt war, dieses Recht zur Zeit der Pfändung aber nicht mehr bestand.[339]

4.351 Während der Ansparphase und damit vor Eintritt des Versicherungsfalls sind nach § 851c Abs. 2 ZPO die anzusparenden Beträge in einem gewissen Umfang, gestaffelt nach Lebensalter, unpfändbar (§ 851c Abs. 2 Sätze 1 und 2 ZPO). Übersteigt der Rückkaufswert der Versicherung den unpfändbaren Betrag, sind 3/10 des überschießenden Betrages unpfändbar (§ 851c Abs. 2 Satz 3 ZPO).

4.352 Ob die Voraussetzungen des § 851c Abs. 1 ZPO gegeben sind, sollte vor Hereinnahme der Sicherheit durch Einsichtnahme in den Versicherungsschein und die Versicherungsbedingungen ermittelt werden. Im Zweifel sollte die Sicherheit nicht akzeptiert werden. Jedenfalls sollte die Sicherungsabtretung unter ausdrücklichem Hinweis auf die Regelung des § 851c ZPO zumindest auf die pfändbaren Anteile der Ansprüche bezogen werden.

4.353 **bb) § 850b ZPO.** Wird zusammen mit einer Kapitallebensversicherung eine Berufsunfähigkeitszusatzversicherung abgeschlossen, steht die Einheitlichkeit des Vertrages in der Regel weder der Abtretung von Ansprüchen allein aus der Lebensversicherung noch einer Übertragung des Kündigungsrechts für die Lebensversicherung entgegen.[340]

6. Insolvenz des Sicherungsgebers

4.354 Hat der Versicherungsnehmer Ansprüche aus einer Lebensversicherung zur Sicherheit an einen Dritten abgetreten und wird über das Vermögen des Versicherungsnehmers das Insolvenzverfahren eröffnet, so ist der Insolvenzverwalter gem. § 166 Abs. 2 InsO befugt, die Versicherung zu kündigen und den Rückkaufswert einzuziehen. Der absonderungsberechtigte Abtretungsempfän-

338) BT-Drucks. 16/866, S. 14; BFH, Urt. v. 31.7.2007 – VII R 60/06, BeckRS 2007, 24003069 = ZIP 2007, 2008.

339) BGH, Beschl. v. 25.11.2010 – VII ZB 5/08, NJW-RR 2011, 493; BGH, Beschl. v. 22.8.2012 – VII ZB 2/11, BeckRS 2012, 18912.

340) BGH, Urt. v. 18.11.2009 – IV ZR 39/08, NJW 2010, 374.

ger hat einen Anspruch auf Auskehrung des Rückkaufswertes abzüglich der Feststellungs- und Verwertungskosten des Insolvenzverwalters gem. § 171 InsO.[341)]

IV. Abtretung von Ansprüchen aus Bausparverträgen

Die Abtretung von Ansprüchen aus einem Bausparvertrag bezieht sich sowohl auf den Anspruch auf Auszahlung des Bausparguthabens als auch auf den Anspruch auf Zuteilung und Auszahlung der Bausparsumme. 4.355

§ 53 Schuldanerkenntnis

I. Grundlagen

Die Erfahrungen aus dem Forderungsmanagement zeigen, dass auch angesichts erhöhter Mobilität mancher Schuldner das Ausfallrisiko des Getränkelieferanten zunimmt. Im Wettlauf der Gläubiger sind zudem die Forderungen des Getränkelieferanten häufig nachrangig oder werden – ggf. auch insolvenzrechtlich – nicht mehr anerkannt. Daher macht es Sinn, über anfängliche, insbesondere notarielle Schuldanerkenntnisse nachzudenken. Notarielle Schuldanerkenntnisse mit Vollstreckungsunterwerfungsklausel geben dem Getränkelieferanten von Anfang an einen Vollstreckungstitel (§ 794 Abs. 1 Nr. 5 ZPO).[342)] Ein langwieriges gerichtliches Erkenntnisverfahren (gerichtliches Mahnverfahren, Klageverfahren) entfällt. Die Notarkosten sind günstiger als die Gerichts- und Anwaltskosten für ein gerichtliches Verfahren. Allerdings entbindet die Hereinnahme notarieller Schuldanerkenntnisse, sei es anfänglich, sei es später, nicht von einer Bonitätsprüfung des Schuldners. 4.356

II. Inhalt

1. Allgemein[343)]

In einem notariellen Schuldanerkenntnis mit Vollstreckungsunterwerfungserklärung (§ 781 BGB, § 794 Abs. 1 Nr. 5 ZPO) erkennt der Schuldner zunächst an, eine bestimmte Verpflichtung, insbesondere zur Zahlung eines Geldbetrages, als selbständige weitere Verpflichtung konstitutiv zu übernehmen und sich insofern zur Zwangsvollstreckung in sein gesamtes Vermögen zu unterwerfen. Geregelt werden weiter die Voraussetzungen für die Erteilung der vollstreckbaren Ausfertigung und die Frage der Kostentragung. Ergänzt wird das Schuldanerkenntnis durch eine Belehrung des Notars über die Rechtswirkungen sowohl des Schuldanerkenntnisses als auch der Unterwerfung unter die sofortige Zwangsvollstreckung. Abschließend wird der Inhalt des Antrages formuliert 4.357

341) OLG Hamm, Urt. v. 25.8.2008 – 20 U 89/07, NJW-RR 2008, 982.

342) BGH, Urt. v. 17.10.1973 – VIII ZR 91/72, WM 1973, 1360 = Zeller I, 232.

343) Vergleiche im Zusammenhang mit der Grundschuld oben § 51 III 1 m. w. N.

und die sofortige Erteilung einer Ausfertigung an den Getränkelieferanten vorgesehen.

2. Exkurs Räumungstitel

4.358 Im Gewerberaummietrecht ermöglicht § 794 Abs. 1 Nr. 5 ZPO die Erstreckung eines auch anfänglichen notariellen Schuldanerkenntnisses auf Räumungsansprüche hinsichtlich des gewerblichen Teils des Nutzungsverhältnisses. Zwar liegt insofern auch hinsichtlich der Absicherung etwaiger Zahlungsansprüche aus Pacht, Betriebskosten etc. kein klassischer Fall der Kreditsicherheit vor. Im Hinblick auf die große praktische Bedeutung der Verpachtungsfähigkeit eines Objektes macht ein entsprechendes Vorgehen aber sowohl bei der Verpachtung eigener als auch insbesondere angepachteter Objekte Sinn.

III. Wirksamkeit

1. Sittenwidrigkeit

4.359 Ein notarielles Schuldanerkenntnis, das den Versprechenden krass überfordert und ausschließlich gegen den Ehepartner bestehende Ansprüche sichert, ist nach § 138 Abs. 1 BGB nichtig. Ausreichende Einkünfte aus nichtselbständiger Arbeit schließen eine derartige Überforderung nicht aus, wenn sie auf den Geschäftsbetrieb gründen, für den der Kredit gezahlt wurde.[344)]

2. AGB-Kontrolle

4.360 Insofern kann auf die Ausführungen im Zusammenhang mit der Grundschuld verwiesen werden.[345)]

IV. Verbraucherkreditrecht

1. Sachlicher Anwendungsbereich

4.361 Ein Schuldanerkenntnis mit ratenweiser bzw. endfälliger Rückzahlungsvereinbarung fällt in den sachlichen Anwendungsbereich des Verbraucherkreditrechts. Dazu sind die §§ 491–500 BGB zu beachten.

2. Persönlicher Anwendungsbereich

4.362 Wird ein Schuldanerkenntnis mit (Rück-)Zahlungsvereinbarung abgeschlossen, so hängt die Anwendbarkeit des Verbraucherkreditrechts entscheidend davon ab, ob der Anerkennende bereits Unternehmer oder Existenzgründer bzw. Verbraucher ist. Dies dürfte allenfalls bei anfänglichen, ggf. auch notariellen Schuld-

344) OLG Koblenz, Beschl. v. 1.9.2003 – 5 W 568/03, NJW-RR 2003, 1559.

345) Siehe oben § 51 III 2 jeweils m. w. N.

anerkenntnissen praktisch werden. In den beiden letztgenannten Fällen bedarf es dann im Hinblick auf § 512 BGB der üblichen Differenzierung.

3. Pflichtangaben

a) **Sonstige Kosten und die Bedingungen der Anpassung** sind anzugeben. 4.363

b) **Art und Weise einer etwaigen Anpassung des Verzugszinses.** In der Praxis wird für Verzugszinsen in der Regel keine Anpassungsmöglichkeit vorgesehen. Im Übrigen handelt es sich um nachträgliche Schuldanerkenntnisse, so dass die Unternehmereigenschaft der Anwendbarkeit des Verbraucherkreditrechts entgegensteht.

4. Widerrufsbelehrung

Bei **notariellen Schuldanerkenntnissen** dürfte der Anwendungsbereich des 4.364
§ 355 Abs. 3 Satz 2 BGB **erst recht** eröffnet sein (Rechtsgedanke der §§ 126 Abs. 4, 129 Abs. 2 BGB). Daher ist die Widerrufsbelehrung nur dann ordnungsgemäß, wenn die in § 355 Abs. 3 Satz 2 BGB genannten Belegunterlagen zur Verfügung gestellt worden sind.

V. Recht der Haustürgeschäfte

Bei einer Haustürsituation ist an § 312 BGB zu denken.[346)] 4.365

346) Palandt-*Grüneberg*, BGB, § 312 Rz. 9.

Fünfter Hauptteil: Weitere Verträge von Interesse

Erster Abschnitt: Verträge im Verhältnis Brauerei-Getränkefachgroßhändler

§ 54 Getränkelieferungsverträge Brauerei-Getränkefachgroßhändler

I. Individualverträge

1. Prüfung nach § 138 Abs. 1 BGB

a) **Beurteilungsgrundlagen.** Wiederum bedarf es einer **Gesamtbetrachtung.**[1] 5.1

b) **Beurteilungskriterien.** Bei der Prüfung der Ausgemessenheit der beiderseitigen Leistungen kommt dem Umfang der Ausschließlichkeitsbindung besondere Bedeutung zu.[2] 5.2

2. Laufzeit

a) **Grundsatz.** Die Dauer der zulässigen Bezugsbindung hängt auch wesentlich vom **Umfang** der von dem Getränkelieferanten erbrachten Leistung(en) ab. Werden höhere Leistungen erbracht, so ist auch eine längere Laufzeit zulässig.[3] 5.3

b) **Anschlussvertrag.** Die **Auflösung** des vorhergehenden Vertrages steht einer Zusammenrechnung der Bezugsbindungszeiten der Verträge entgegen.[4] 5.4

3. § 139 BGB

Zu den Voraussetzungen eines einheitlichen Rechtsgeschäfts zwischen verschiedenen Darlehens- und Getränkelieferungsverträgen sowie Bürgschaftsverträgen siehe das Urteil des OLG Düsseldorf vom 28.5.2004.[5] 5.5

II. Grundlagen der Prüfung nach AGB-Recht

1. Einbeziehung und Auslegung

a) Zur Prüfung der Voraussetzungen des **§ 305 Abs. 1 Satz 1 BGB** kann auf das Urteil des OLG Düsseldorf vom 28.5.2004 verwiesen werden.[6] Haben die Parteien die Vertragsbedingungen zuvor über einen längeren Zeitraum hinweg 5.6

---

1) BGH, Beschl. v. 14.7.1999 – VIII ZR 60/99, BeckRS 1999, 30066756; OLG Düsseldorf, Urt. v. 19.1.1999 – U (Kart) 17/98, rkr. durch Nichtannahmebeschl. d. BGH v. 22.3.2000 – VIII ZR 60/99.

2) OLG Naumburg, Urt. v. 7.9.1995 – 2 U 6/93, rkr. durch Nichtannahmebeschl. d. BGH v. 3.7.1996 – VIII ZR 281/95.

3) OLG Düsseldorf, Urt. v. 19.1.1999 – U (Kart) 17/98, rkr. durch Nichtannahmebeschl. d. BGH v. 22.3.2000 – VIII ZR 60/99.

4) OLG Düsseldorf, Urt. v. 19.1.1999 – U (Kart) 17/98, rkr. durch Nichtannahmebeschl. d. BGH v. 22.3.2000 – VIII ZR 60/99.

5) OLG Düsseldorf, Urt. v. 28.5.2004 – 15 U 193/03.

6) OLG Düsseldorf, Urt. v. 28.5.2004 – 15 U 193/03.

im Einzelnen ausgehandelt (**§ 305 Abs. 1 Satz 3 BGB**), so scheidet eine Inhaltskontrolle nach den AGB-Bestimmungen aus.[7)]

5.7 Zur Unklarheitenregelung des **§ 305c Abs. 2 BGB** nimmt das OLG Düsseldorf in der Entscheidung vom 28.5.2004 ebenfalls Stellung.[8)]

2. Inhaltskontrolle

5.8 a) **Transparenzgebot.** Ein Verstoß gegen das Transparenzgebot liegt nicht vor, wenn die Rechte und Pflichten des Getränkefachgroßhändlers eindeutig und verständlich dargestellt sind und sich dieser bei Vertragsschluss hinreichend über die rechtliche Tragweite der Vertragsbedingungen klar werden konnte.[9)] Dies gilt umso mehr, als im Unternehmerverkehr die Anforderungen an die Formulierungsstringenz und die Transparenz einer Regelung nicht so hoch sind wie bei Verträgen mit Verbrauchern.[10)]

5.9 b) **Unangemessenheit (§ 307 Abs. 1 Satz 1 BGB).** Das **Äquivalenzverhältnis** ist auch insofern zu beachten.[11)]

III. Ausgewählte Klauseln

1. Ausschließlichkeitsverpflichtung

5.10 Zwar verlangt das Transparenzgebot (§ 307 Abs. 1 Satz 2 BGB) zur Vermeidung einer unangemessenen Benachteiligung, dass die vertraglichen Bestimmungen klar und verständlich sind, insbesondere der Verwender die Rechte und Pflichten seines Vertragspartners in den AGB möglichst klar, einfach und präzise darstellt. Auch muss die Klausel wirtschaftliche Nachteile und Belastungen für einen durchschnittlichen Vertragspartner insoweit erkennen lassen, wie dies nach den Umständen gefordert wird. Insofern äußert das OLG Hamm in einem Urteil vom 10.5.2012 aber zu Recht keine Bedenken.[12)]

2. Laufzeit

5.11 a) **Grundsatz.** Laufzeiten von **fünf**[13)] bzw. **zehn** Jahren[14)] sind zulässig.

---

7) OLG Köln, Urt. v. 12.7.2000 – 5 U 164/94, rkr. durch Nichtannahmebeschl. d. BGH v. 17.9.2001 – VIII ZR 345/00. Anders aber in der Entscheidung OLG Düsseldorf, Urt. v. 28.5.2004 – 15 U 193/03 – sowie – 15 W 103/03.

8) OLG Düsseldorf, Urt. v. 28.5.2004 – 15 U 193/03 – sowie – 15 W 103/03.

9) OLG Hamm, Urt. v. 10.5.2012 – I-22 U 203/11.

10) OLG Düsseldorf, Urt. v. 28.5.2004 – 15 U 193/03 – sowie – 15 W 103/03.

11) OLG Düsseldorf, Urt. v. 28.5.2004 – 15 U 193/03 – sowie – 15 W 103/03.

12) OLG Hamm, Urt. v. 10.5.2012 – I-22 U 203/11.

13) OLG Köln, Urt. v. 12.7.2000 – 5 U 164/94, rkr. durch Nichtannahmebeschl. d. BGH v. 17.9.2001 – VIII ZR 345/00.

14) OLG Düsseldorf, Urt. v. 28.5.2004 – 15 U 193/03 – sowie – 15 W 103/03. Dort auch zum Gedanken der **Amortisation.**

b) Unzulässig ist eine **Verlängerung der Laufzeit** eines Getränkelieferungsvertrages für den Fall des Nichterreichens der vereinbarten periodischen (Mindest-)Abnahmemenge.[15] 5.12

c) Soll in einem Formularvertrag, nach dem der lang andauernden Verpflichtung zum Warenbezug als Leistung die Gewährung eines – unter Umständen – zinslosen Darlehens gegenübersteht, die Bezugspflicht auch dann bestehen bleiben, wenn der Bezugsverpflichtete die **Voraussetzungen für die Darlehensgewährung** aus von ihm nicht zu vertretenden Gründen nicht zu erfüllen vermag, so verstößt eine derartige Regelung gegen das Äquivalenzprinzip und ist nach § 307 Abs. 1 Satz 1 BGB unwirksam.[16] 5.13

3. Mindestabnahmemenge

Die formularmäßige Festlegung von Mindestabnahmemengen und Bezugspflichten ist auch nach § 307 BGB grundsätzlich nicht zu beanstanden.[17] 5.14

4. Nachfolgeklauseln

Ebenfalls nicht auf Bedenken stößt das **nachträgliche Auseinanderfallen von Schuldner der Darlehensverpflichtung und Schuldner der Getränkeabnahmeverpflichtung**, etwa im Rahmen des Vollzuges einer Rechtsnachfolgeklausel.[18] In der Entscheidung auch zur Auslegung als **Vertragsübernahme.** 5.15

5. Schadensersatzpauschalierungsklauseln

Gegen eine Pauschalierung auf **60,00 €/hl** wurde nichts erinnert.[19] Ein zulässiges Bestreiten mit Nichtwissen gemäß § 138 Abs. 4 ZPO scheidet von vorne herein aus, soweit es um den von der Brauerei behaupteten Abgabepreis an den Getränkefachgroßhandel geht. Als ehemaliger Getränkefachgroßhändler, über den zudem die Getränkelieferungen an die streitgegenständliche Absatzstätte zumindest zeitweise erfolgt sind, hätte der in Anspruch genommene ggf. einen hiervon abweichenden Wert benennen können.[20] 5.16

6. Vertragsstrafenklausel

Hinsichtlich einer Vertragsstrafenregelung für den Fall des **Fremdbezuges** bedarf es zunächst der Feststellung, ob überhaupt eine AGB i. S. d. **§ 305 Abs. 1 BGB** vorliegt.[21] 5.17

---

15) OLG Düsseldorf, Urt. v. 28.5.2004 – 15 U 193/03 – sowie – 15 W 103/03.

16) OLG Düsseldorf, Urt. v. 28.5.2004 – 15 U 193/03 – sowie – 15 W 103/03.

17) BGH, Urt. v. 13.7.2004 – KZR 10/03, GRUR 2005, 62.

18) OLG Düsseldorf, Urt. v. 28.5.2004 – 15 U 193/03 – sowie – 15 W 103/03.

19) OLG Hamm, Urt. v. 10.5.2012 – I-22 U 203/11.

20) OLG Hamm, Urt. v. 10.5.2012 – I-22 U 203/11.

21) OLG Düsseldorf, Urt. v. 28.5.2004 – 15 U 193/03 – sowie – 15 W 103/03.

7. Mindermengenausgleichsklauseln

5.18 a) **Haftung dem Grunde nach.** Unwirksam ist eine **verschuldensunabhängige** Verpflichtung zur Zahlung eines **Deckungsausgleich**sbetrages bei Minderbezug.[22] Sollte die Ausgleichsregelung im Ergebnis darauf hinauslaufen, dass der Getränkefachgroßhändler insbesondere **verschuldensunabhängig** und auch ohne **Möglichkeit des Gegenbeweises** gleichsam garantieartig in Anspruch genommen werden könnte, so muss eine Klauselnichtigkeit nach §§ 307 Abs. 2 Nr. 1, 309 Nr. 5 a und/oder b, 309 Nr. 6, 339 Satz 1 BGB geprüft werden.[23]

5.19 b) Dadurch wird indes die Wirksamkeit des Vertrages im Ganzen nicht berührt. Dies jedenfalls dann, wenn die Parteien ausdrücklich vereinbart haben, dass die Unwirksamkeit einzelner Vertragsbestimmungen die Gültigkeit des Vertragswerkes im Übrigen unberührt lassen soll. Erkenntnisse, dass diese **(salvatorische) Klausel** einschränkend gemeint war und sie nach dem Willen der Parteien nicht den Fall umfassen soll, lagen nicht vor.[24]

5.20 c) **Höhe.** Gegen die Höhe des vereinbarten Deckungsausgleichsbetrages (**Pauschalierung** im Umfang von **20 %** des an die Brauerei zu zahlenden Einkaufspreises) wurde nichts erinnert.[25]

5.21 d) Unangemessen ist eine **Kumulation** von Sanktionen bei Unterschreitung der jährlichen Mindestabnahmemenge, konkret eine Ausfallentschädigung in Höhe von 15,00 € nicht abgenommenen hl, das Recht zur Teilkündigung des Darlehens sowie eine Verlängerung der Abnahmeverpflichtung bis zum Erreichen der Gesamtmindestabnahmemenge.[26] Dort auch zur Auslegung des Begriffs der „**Entschädigung**“.

8. Teilkündigungsklauseln

5.22 Bedenken wurden ebenfalls geäußert hinsichtlich einer Teilkündigung der Finanzierung bei Fortbestand der Bindung.[27]

---

22) OLG Naumburg, Urt. v. 7.9.1995 – 2 U 6/93, rkr. durch Nichtannahmebeschl. d. BGH v. 3.7.1996 – VIII ZR 281/95; OLG Düsseldorf, Urt. v. 19.1.1999 – U (Kart) 17/98, rkr. durch Nichtannahmebeschl. d. BGH v. 22.3.2000 – VIII ZR 60/99, sowie hierzu BGH, Beschl. v. 14.7.1999 – VIII ZR 60/99, BeckRS 1999, 30066756; OLG Düsseldorf, Urt. v. 28.5.2004 – 15 U 193/03 – sowie – 15 W 103/03.

23) OLG Naumburg, Urt. v. 7.9.1995 – 2 U 6/93, rkr. durch Nichtannahmebeschl. d. BGH v. 3.7.1996 – VIII ZR 281/95.

24) OLG Düsseldorf, Urt. v. 19.1.1999 – U (Kart) 17/98, rkr. durch Nichtannahmebeschl. d. BGH v. 22.3.2000 – VIII ZR 60/99.

25) OLG Düsseldorf, Urt. v. 19.1.1999 – U (Kart) 17/98, rkr. durch Nichtannahmebeschl. d. BGH v. 22.3.2000 – VIII ZR 60/99.

26) OLG Düsseldorf, Urt. v. 28.5.2004 – 15 U 193/03 – sowie – 15 W 103/03.

27) OLG Düsseldorf, Urt. v. 28.5.2004 – 15 U 193/03 – sowie – 15 W 103/03.

Bei Unwirksamkeit der Teilkündigungsklausel wurde eine Aufrechterhaltung des Vertrages im Übrigen – sei es über § 139 BGB analog, sei es nach den Grundsätzen der geltungserhaltenden Reduktion – bejaht.[28)] 5.23

IV. Kartellrecht

Zu den Anforderungen an eine schlüssige und nachvollziehbare **Darlegung** der Anwendungsvoraussetzungen des Art. 101 Abs. 1 AEUV kann auf die OLG-Rechtsprechung verwiesen werden.[29)] Nach der Rechtsprechung bestanden hinsichtlich der streitgegenständlichen Situationen und Verträge keine EU-kartellrechtlichen Bedenken.[30)] 5.24

V. Verbraucherkreditrecht

Im Hinblick auf die Unternehmereigenschaft des Getränkefachgroßhändlers sind die Bestimmungen des Verbraucherkreditrechts nicht zu beachten.[31)] 5.25

VI. Mindermengenausgleich

1. Wirksame Bezugsverpflichtung

Ersatzansprüche wegen Nichtabnahme von Getränken setzen eine wirksame Getränkebezugsverpflichtung voraus.[32)] 5.26

2. Anspruchsgrundlage

Hinsichtlich eines Schadensersatzanspruches wegen Minderbezuges ist – bei Fehlen einer vertraglichen Regelung – auf § 281 Abs. 1 i. V. m. § 280 Abs. 1 BGB (Schuldnerverzug) abzustellen.[33)] 5.27

3. Voraussetzungen

a) Zu prüfen ist der **Tatbestand** des § 281 Abs. 1 Satz 1 BGB. 5.28

---

28) OLG Düsseldorf, Urt. v. 28.5.2004 – 15 U 193/03 – sowie – 15 W 103/03.

29) OLG Düsseldorf, Urt. v. 19.1.1999 – U (Kart) 17/98, rkr. durch Nichtannahmebeschl. d. BGH v. 22.3.2000 – VIII ZR 60/99; OLG Köln, Urt. v. 12.7.2000 – 5 U 164/94, rkr. durch Nichtannahmebeschl. d. BGH v. 17.9.2001 – VIII ZR 345/00.

30) OLG Düsseldorf, Urt. v. 19.1.1999 – U (Kart) 17/98, rkr. durch Nichtannahmebeschl. d. BGH v. 22.3.2000 – VIII ZR 60/99.

31) Zur Altrechtslage nach AbzG siehe *Bühler*, Brauerei- und Gaststättenrecht, 12. Aufl. 2009, Rz. 2397 f.

32) OLG Düsseldorf, Urt. v. 19.1.1999 – U (Kart) 17/98, rkr. durch Nichtannahmebeschl. d. BGH v. 22.3.2000 – VIII ZR 60/99.

33) OLG Düsseldorf, Urt. v. 19.1.1999 – U (Kart) 17/98, rkr. durch Nichtannahmebeschl. d. BGH v. 22.3.2000 – VIII ZR 60/99.

5.29 b) Hat der Schuldner **ernstlich und endgültig die Abnahme verweigert**, so bedarf es keiner mit einer Nachfristsetzung verbundenen **Ablehnungsandrohung.**[34)]

5.30 Im missverständlichen Verlangen, für ein bestimmtes Jahr Schadensersatz zu begehren, liegt zugleich eine **Ablehnungserklärung.**[35)]

5.31 c) **Vertretenmüssen. aa)** Trägt der Getränkefachgroßhändler vor, er habe die Minderabnahme nicht zu vertreten, so trägt er hierfür die **Darlegungs- und Beweislast** (§ 280 Abs. 1 Satz 2 BGB). Ist im Vertrag ausdrücklich die Belieferung einer bestimmten Gaststätte benannt, so kann der Getränkefachgroßhändler nicht mit Erfolg vortragen, das Nichterreichen der vereinbarten Mindestabnahmemenge sei darin begründet, dass er auch verschiedene andere Gaststätten beliefert sowie darüber hinaus Flaschenbier im Lagerverkauf verkauft habe. Dies erst recht dann, wenn im Vertrag die Möglichkeit zur Belieferung weiterer Gaststättenobjekte bei Übertragung derselben zur Belieferung mit einer entsprechenden Erhöhung der Mindestabnahmemenge verbunden war.[36)]

5.32 bb) **Einzelfälle.** Ein Vertretenmüssen ist zu bejahen, wenn die Möglichkeit zum Abschluss der erforderlichen Lieferverträge besteht. Der Umstand, dass der Getränkefachgroßhändler nicht in der Lage war, das Bier weiter zu veräußern, fällt in seinen Risikobereich.[37)] Dazu rechnet auch der Fall, dass der Getränkefachgroßhändler eine von einem Familienmitglied als Unterpächter betriebene Gaststätte aufgegeben hat, ohne mit einem Dritten einen neuen Unterpachtvertrag zu schließen oder das Objekt selbst zu betreiben.[38)]

5.33 d) **Schadensberechnung.**[39)] Als Schadensersatz kann die **Differenz** zwischen dem Interesse an der Vertragserfüllung und der ersparten Gegenleistung, d. h. der Unterschied zwischen Vertragspreis und billigerem Herstellungspreis, verlangt werden.[40)]

5.34 Im Übrigen ist anerkannt, dass im Falle eines Streites über die Schadenshöhe, insbesondere auch zur Frage des entgangenen Gewinns, wenn es denn auf

34) OLG Köln, Urt. v. 12.7.2000 – 5 U 164/94, rkr. durch Nichtannahmebeschl. d. BGH v. 17.9.2001 – VIII ZR 345/00.

35) OLG Köln, Urt. v. 12.7.2000 – 5 U 164/94, rkr. durch Nichtannahmebeschl. d. BGH v. 17.9.2001 – VIII ZR 345/00.

36) LG Köln, Urt. v. 3.5.2000 – 28 O. 377/99.

37) OLG Köln, Urt. v. 12.7.2000 – 5 U 164/94, rkr. durch Nichtannahmebeschl. d. BGH v. 17.9.2001 – VIII ZR 345/00.

38) OLG Hamm, Urt. v. 10.5.2012 – I-22 U 203/11.

39) BGH, Urt. v. 22.2.1989 – VIII ZR 45/88, NJW 1989, 1669.

40) OLG Düsseldorf, Urt. v. 19.1.1999 – U (Kart) 17/98, rkr. durch Nichtannahmebeschl. d. BGH v. 22.3.2000 – VIII ZR 60/99; OLG Köln, Urt. v. 12.7.2000 – 5 U 164/94, rkr. durch Nichtannahmebeschl. d. BGH v. 17.9.2001 – VIII ZR 345/00.

einen Durchschnittsgewinn ankommt, eine Wertung gem. **§ 287 ZPO** in Betracht kommt.[41)]

In Ausübung des ihm zuerkannten Ermessens gem. § 287 Abs. 1 ZPO schätzte das Gericht die Schadenshöhe entsprechend der von der Brauerei vorgetragenen Berechnung als zutreffend und angemessen (Gewinnspanne von knapp unter **40,00 €** pro verkauftem Hektoliter Bier).[42)] 5.35

4. Wegfall der Geschäftsgrundlage

a) **Einwand.** Gegenüber einem **Mindermengenausgleich**anspruch kann ggf. der Einwand der außerordentlichen Kündigung nach § 313 Abs. 3 Satz 2 BGB greifen.[43)] 5.36

b) **Tatbestand.** Zur **Geschäftsgrundlage** (§ 313 Abs. 1, 2 BGB) – hier Umzug der Regierung aus dem Rheinland nach Berlin – kann wiederum das Urteil des OLG Köln aus dem Jahre 2000 berichtet werden.[44)] 5.37

Dort auch zur Voraussetzung der **Störung** der Geschäftsgrundlage und zum **Vertretenmüssen.**[45)] 5.38

c) **Rechtsfolge.** Ist der Getränkefachgroßhändler wegen eines Wegfalls der Geschäftsgrundlage zu einer außerordentlichen Kündigung berechtigt, so ist ihm ein Festhalten am Vertrag nicht zumutbar. Dem Getränkefachgroßhändler blieb auch nur die fristlose Kündigung, weil sich die Brauerei einer wie auch immer gearteten **Vertragsanpassung** an die sich tatsächlich ergebenden, von den Vorstellungen der Parteien stark abweichenden Umstände in Bezug auf die Absatzmöglichkeiten von … (regionale Biersorte mit Herkunftscharakter) im Berliner Raum unstreitig strikt verweigerte. 5.39

5. Kündigung

Ggf. ist zu prüfen, ob die Voraussetzungen eines wichtigen Grundes i. S. d. § 314 Abs. 1 BGB auf Seiten des Getränkefachgroßhändlers vorliegen. Zu denkbaren Vorbringen (nicht selten bloße Behauptungen!) insbesondere des Getränkefachgroßhändlers in diesem Zusammenhang, u. a. Umsatzeinbuße wegen mangelnder Nachfrage infolge einer Änderung des Publikumsgeschmacks, 5.40

41) OLG Köln, Urt. v. 12.7.2000 – 5 U 164/94, rkr. durch Nichtannahmebeschl. d. BGH v. 17.9.2001 – VIII ZR 345/00.

42) OLG Köln, Urt. v. 12.7.2000 – 5 U 164/94, rkr. durch Nichtannahmebeschl. d. BGH v. 17.9.2001 – VIII ZR 345/00.

43) OLG Köln, Urt. v. 12.7.2000 – 5 U 164/94, rkr. durch Nichtannahmebeschl. d. BGH v. 17.9.2001 – VIII ZR 345/00.

44) OLG Köln, Urt. v. 12.7.2000 – 5 U 164/94, rkr. durch Nichtannahmebeschl. d. BGH v. 17.9.2001 – VIII ZR 345/00.

45) OLG Köln, Urt. v. 12.7.2000 – 5 U 164/94, rkr. durch Nichtannahmebeschl. d. BGH v. 17.9.2001 – VIII ZR 345/00.

Nichterreichbarkeit der Mindestabnahmemenge, schlechte Unternehmenspolitik der Brauerei, schlechter Ruf der Biermarke, Unzumutbarkeit der weiteren Durchführung des Vertrages, Unmöglichkeit der Lieferung anderer führender Marken durch die Brauerei, Hausverbot, Umsatzrückgang, Direktbelieferung, Preisgestaltung, kann auf die Rechtsprechung verwiesen werden.[46)]

5.41 **b) Folgen einer Kündigung.** Aufgrund einer wirksamen Kündigung bestehen keine Schadensersatzansprüche über den Kündigungszeitpunkt hinaus.[47)]

§ 55 Weitere Verträge im Verhältnis Brauerei-Getränkefachgroßhändler

I. Bierverlagsverträge

1. Zweck

5.42 Der Brauerei geht es beim Abschluss von Bierverlagsverträgen um die Erschließung und Sicherung eines Absatzgebietes, nicht – wie bei Getränkelieferungsverträgen – einer einzelnen Absatzstätte. Dies zumeist in Gebieten, in denen eine eigene Niederlassung (Depot) oder der Aufbau eines eigenen Außendienstes betriebswirtschaftlich nicht lohnend erscheint.[48)]

2. Abgrenzung

5.43 Im Zusammenhang mit der hier angesprochenen Problematik der Bierverlagsverträge können sich ggf. auch viele Fragen zur Wirksamkeit und Durchsetzung von Getränkelieferungsverträgen zwischen Brauereien und Getränkefachgroßhändlern im Allgemeinen[49)] stellen. Das Gleiche gilt für die rechtliche Beurteilung von Partnerschafts- oder Vertriebsabkommen.[50)] Insofern ist nicht nur die Abgrenzung zu prüfen. Auch können sämtliche in diesem Zusammenhang dargestellten Fragen virulent werden. Paradigmatisch dafür ist die Entscheidung des OLG Düsseldorf vom 19.1.1999, die zweifach – sowohl im Rahmen eines Nichtannahmeverfahrens als auch im Übrigen – dem BGH vorlag.[51)]

---

46) BGH, Urt. v. 31.5.1965 – VIII ZR 110/63, BB 1965, 809 = Zeller I, 367; OLG Düsseldorf, Urt. v. 19.1.1999 – U (Kart) 17/98, rkr. durch Nichtannahmebeschl. d. BGH v. 22.3.2000 – VIII ZR 60/99; OLG Köln, Urt. v. 12.7.2000 – 5 U 164/94, rkr. durch Nichtannahmebeschl. d. BGH v. 17.9.2001 – VIII ZR 345/00.

47) OLG Köln, Urt. v. 12.7.2000 – 5 U 164/94, rkr. durch Nichtannahmebeschl. d. BGH v. 17.9.2001 – VIII ZR 345/00; OLG Düsseldorf, Urt. v. 28.5.2004 – 15 U 193/03 – sowie – 15 W 103/03.

48) *Paulusch*, Brauerei- und Gaststättenrecht, 9. Aufl. 1996, Rz. 435.

49) Siehe oben § 54.

50) Siehe unten § 55 II.

51) OLG Düsseldorf, Urt. v. 19.1.1999 – U (Kart) 17/98, rkr. durch Nichtannahmebeschl. d. BGH v. 22.3.2000 – VIII ZR 60/99; hierzu auch BGH, Beschl. v. 14.7.1999 – VIII ZR 60/99, BeckRS 1999, 30066756.

3. Vertriebsrecht

a) Umfang. Der Stellung und dem Selbstverständnis des Getränkefachgroßhändlers mit Vollsortiment (sog. Sortimenter) entspricht es, dass Getränkeverlagsverträge schon seit langem in der Regel keine Ausschließlichkeitsbindungen an eine bestimmte Brauerei mehr enthalten. 5.44

Bierverlagsverträge sind wie Getränkelieferungsverträge in der Regel nicht als Alleinvertriebssysteme ausgestaltet.[52] Die Einräumung eines Alleinvertriebsrechts in einem bestimmten Gebiet (**Gebietsschutz**)[53] stellt lediglich eine historische Tatsache dar.[54] 5.45

b) Konsequenzen. Zu Fragen des **Kundenschutz**es ist ein Urteil des OLG Stuttgart aus dem Jahre 1972 zu berichten.[55] 5.46

Zu einem – Ausnahme! – Alleinvertriebsvertrag und den Rechtsfolgen der bei derartigen **Dauerschuldverhältnis**sen auftretenden **Leistungsstörungen** vergleiche die BGH-Entscheidung vom 13.3.1996.[56] 5.47

4. Parallelvertrieb

Brauereien und Getränkefachgroßhändler treten beim Vertrieb von Bier und anderen Getränken nebeneinander auf. Sowohl Brauereien als auch Getränkefachgroßhändler haben als Unternehmer grundsätzlich das Recht, darüber zu entscheiden, wie sie den Vertrieb von Bier und anderen Getränken organisieren. Weder ist eine Brauerei dauerhaft gezwungen, unter Einschaltung von Getränkefachgroßhändlern in den Vertriebsmodellen 2, 3 und 4 zu arbeiten, noch kann ein Getränkefachgroßhändler seitens der Brauereien und anderer Getränkehersteller rechtlich gezwungen werden, in den Vertriebsmodellen 2 oder 3 statt in dem von ihm vielleicht präferierten Vertriebsmodell 4 zu arbeiten. Den Brauereien steht es frei, den Absatz ihrer Erzeugnisse so zu organisieren, wie es ihnen am zweckmäßigsten erscheint. Brauereien sind weder im Hinblick auf ihre tradierte Absatzpolitik noch mit Rücksicht auf ihre Absatzmittler verpflichtet, unternehmerische Entscheidungen und insbesondere Neuausrichtungen der Absatzpolitik zu unterlassen oder zurückzustellen. Letztlich ist dies ein Beleg für die zwischen Brauereien und Getränkefachgroßhändlern bestehende Wettbewerbssituation. 5.48

---

52) *Paulusch*, Brauerei- und Gaststättenrecht, 9. Aufl. 1996, Rz. 177; *v. Braunmühl*, in: Ahlert, S. 412.

53) BGH, Urt. v. 21.1.1987 – VIII ZR 169/86, WM 1987, 542 = Zeller III, 323.

54) a. A. wohl nach damaliger Einschätzung *Paulusch*, Brauerei- und Gaststättenrecht, 9. Aufl. 1996, Rz. 435. Überholt daher insofern u. a. OLG Stuttgart, Urt. v. 24.3.1972 – 2 U 3/71, BB 1972, 548 = Zeller I, 373.

55) OLG Stuttgart, Urt. v. 24.3.1972 – 2 U 3/71, BB 1972, 548 = Zeller I, 373.

56) BGH, Urt. v. 13.3.1996 – VIII ZR 186/94, NJW 1996, 1541.

5. Stellung des Getränkefachgroßhändlers

5.49 a) **Absatzmittler.** Der Getränkefachgroßhändler ist als **selbständiger** Absatzmittler zwischen Brauerei oder anderen Getränkeherstellern einerseits und Gastwirten, Einzelhändlern oder ausnahmsweise auch Letztverbrauchern andererseits tätig. Angesichts des von ihm im eigenen Namen und auf eigene Rechnung vertriebenen umfangreichen Sortiments und der Möglichkeit, neue Artikel in sein Sortiment aufzunehmen, tritt er dem Herstellerunternehmen regelmäßig als selbständiger und unabhängiger Absatzmittler gegenüber.

5.50 b) **Rechtliche Einordnung.** Wie seine Stellung juristisch zu qualifizieren ist, bedarf einer eingehenden Prüfung im Einzelfall. Da er im Regelfall im eigenen Namen und für eigene Rechnung handelt, ist er als **Eigenhändler** anzusehen.[57] Nur ausnahmsweise wird er als **Handelsvertreter,**[58] **Kommissionsagent** oder als **Vertragshändler** einzuordnen sein. Letzteres etwa bei der Verpflichtung eines Getränkefachgroßhändlers gegenüber einer Brauerei, die von ihr hergestellten Biere in bestimmten Regionen zu vertreiben. Die Vereinbarung wurde als einem **Vertragshändler**verhältnis zumindest nahestehend eingeordnet.[59]

5.51 Allerdings ist vor vorschnellen Verallgemeinerungen zu warnen. Insbesondere bedarf es für die Einordnung als Handelsvertreter oder gar als Vertragshändler eines entsprechenden Sachvortrages und darauf basierender Feststellungen, ob die insbesondere von der Rechtsprechung entwickelten allgemeinen Einordnungskriterien tatsächlich erfüllt sind.

6. Konsequenzen

5.52 a) **Kündigung. aa) Allgemein.** Zur Anwendbarkeit des § 89 HGB kann die bereits angesprochene Entscheidung des OLG Stuttgarts aus dem Jahre 1972 berichtet werden.[60]

5.53 **bb) Kündigungserklärungsfrist.** Unter besonderen Umständen kann das Verhältnis zwischen Getränkefachgroßhändler und Brauerei einem Vertragshändlerverhältnis nahestehen. Kündigt eine Brauerei dann einen Vertrag mit einem Getränkefachgroßhändler, gem. § 314 BGB fristlos, dann muss sie diese Kündigung innerhalb einer angemessenen Frist nach Kenntnisnahme von dem Kündigungsgrund erklären (vgl. § 314 Abs. 3 BGB). Ein zweimonatiges Zuwarten ist in der

57) OLG Stuttgart, Urt. v. 24.3.1972 – 2 U 3/71, BB 1972, 548 = Zeller I, 373.

58) OLG Düsseldorf, Urt. v. 19.1.1999 – U (Kart) 17/98, rkr. durch Nichtannahmebeschl. d. BGH v. 22.3.2000 – VIII ZR 60/99; hierzu auch BGH, Beschl. v. 14.7.1999 – VIII ZR 60/99, BeckRS 1999, 30066756.

59) BGH, Urt. v. 15.12.1993 – VIII ZR 157/92, NJW 1994, 722 = ZIP 1994, 293.

60) OLG Stuttgart, Urt. v. 24.3.1972 – 2 U 3/71, BB 1972, 548 = Zeller I, 373.

Regel nicht mehr als angemessene Zeitspanne zur Aufklärung des Sachverhaltes und zur Überlegung der daraus zu ziehenden Folgerungen anzusehen.[61)]

b) Ausgleichsanspruch. Mit der Belastung durch ein nachvertragliches Konkurrenzverbot und der Verpflichtung zur Überlassung des – auch hinzuerworbenen – Kundenstammes ohne Ausgleichsanspruch gem. den §§ 89b, 90a HGB setzte der BGH sich in einer Entscheidung aus dem Jahre 1987 auseinander.[62)] 5.54

c) Wettbewerbsverbot. Zur Frage eines Wettbewerbsverbots analog § 90a HGB kann auf ein Urteil des OLG München verwiesen werden.[63)] Zu den Voraussetzungen einer Anwendung des § 90a Abs. 1 Satz 3 HGB auf einen **„Heim-Getränkedienst-Vertrag"** liegt eine Entscheidung des BGH aus dem Jahre 1986 vor.[64)] 5.55

7. Nationales Vertriebskartellrecht

a) Grundsatz. Da es sich bei Bierverlagsverträgen um lang laufende, wenn nicht unbefristete Vereinbarungen handelt, können die Bestimmungen des GWB in den jeweils maßgeblichen Fassungen durchaus noch von Bedeutung sein. 5.56

b) Zu § 18 Abs. 1 Nr. 1 GWB a. F. kann auf die BGH-Entscheidung vom 14.1.1997 und auf das Urteil des OLG Düsseldorf vom 19.1.1999 verwiesen werden.[65)] 5.57

c) Schriftformerfordernis nach § 34 GWB a. F. Der Vertrag unterlag in seinem **gesamten Inhalt** dem Erfordernis der Schriftform des § 34 GWB a. F.[66)] 5.58

Das im Zusammenhang mit einem Alleinbezugs- und Vertriebsvertrag zwischen einer Brauerei und einem Getränkefachgroßhändler unterzeichnete **Aktionsprogramm** für die Einführung bestimmter Biere in einem bestimmten Gebiet bedurfte dagegen nicht der Schriftform.[67)] 5.59

Insbesondere musste die mit der Aufstellverpflichtung in unmittelbarem wirtschaftlichem Zusammenhang stehende **Darlehensgewährung** schriftlich gefasst 5.60

61) BGH, Urt. v. 15.12.1993 – VIII ZR 157/92, NJW 1994, 722 = ZIP 1994, 293; *Paulusch*, Brauerei- und Gaststättenrecht, 9. Aufl. 1996, Rz. 178 m. w. N.

62) BGH, Urt. v. 21.1.1987 – VIII ZR 169/86, WM 1987, 542 = Zeller III, 323.

63) OLG München, Urt. v. 11.4.1963 – 6 U 588/63, BB 1963, 1194 = Zeller I, 364.

64) BGH, Urt. v. 12.11.1986 – I ZR 209/84, WM 1987, 507 = Zeller III, 478.

65) BGH, Urt. v. 14.1.1997 – KZR 36/95, NJW 1997, 2182 = ZIP 1997, 1169; OLG Düsseldorf, Urt. v. 19.1.1999 – U (Kart) 17/98, rkr. durch Nichtannahmebeschl. d. BGH v. 22.3.2000 – VIII ZR 60/99.

66) BGH, Urt. v. 14.1.1997 – KZR 36/95, NJW 1997, 2182 = ZIP 1997, 1169.

67) BGH, Urt. v. 14.1.1997 – KZR 36/95, NJW 1997, 2182 = ZIP 1997, 1169; OLG Köln, Urt. v. 12.7.2000 – 5 U 164/94, rkr. durch Nichtannahmebeschl. d. BGH v. 17.9.2001 – VIII ZR 345/00.

sein, wobei eine Verweisung auf eine in einer anderen Urkunde fixierte Absprache genügte.[68)]

5.61 Es schadete nicht, wenn bei einem Alleinbezugs- und Vertriebsvertrag zwischen einer Brauerei und einem Getränkefachgroßhändler die **Karte**, die das geschützte Absatzgebiet sprachlich umschrieb, nicht beigefügt war. § 34 GWB a. F. stellte nämlich keine Inhaltsanforderungen auf. Im Übrigen handelte es sich nicht um eine Frage mangelnder Schriftform, wenn eine Vereinbarung unklar oder lückenhaft ist.[69)]

5.62 Ebenso wenig verstieß es gegen das Erfordernis der Schriftform, dass das Vertragswerk der Parteien nur für Fassbier die Maßgeblichkeit der als Vertragsanlage beigefügten – **Preisliste** bestimmte und dass für das daneben zu beziehende Flaschenbier eine vergleichbare Regelung fehlte.[70)]

8. Inhaltskontrolle nach § 138 Abs. 1 BGB

5.63 a) **Einführung.** Bierverlagsverträge sind – wohl nicht nur wegen ihrer geringeren wirtschaftlichen Bedeutung gegenüber den Getränkelieferungsverträgen i. e. S.[71)] – im Hinblick auf die angesichts der (Macht-)Verhältnisse im Wirtschaftsleben und die daraus sich ergebenden Zurückhaltung, tatsächliche oder auch nur vermeintliche Ansprüche gerichtlich geltend zu machen, bislang erst selten Gegenstand der veröffentlichten Rechtsprechung gewesen.[72)] Vorrangig werden vertriebliche Lösungen gesucht.

5.64 b) **Beurteilungskriterien.** Insofern kann auf die BGH-Entscheidung vom 21.1.1987 und auf die Entscheidung des OLG Düsseldorf vom 19.1.1999 verwiesen werden.[73)]

---

68) BGH, Urt. v. 29.6.1982 – KZR 19/81, NJW 1982, 2872 = Zeller III, 136; BGH, Urt. v. 11.3.1997 – KZR 44/95, ZIP 1997, 938.

69) BGH, Urt. v. 14.1.1997 – KZR 36/95, NJW 1997, 2182 = ZIP 1997, 1169; OLG Düsseldorf, Urt. v. 19.1.1999 – U (Kart) 17/98, rkr. durch Nichtannahmebeschl. d. BGH v. 22.3.2000 – VIII ZR 60/99; OLG Köln, Urt. v. 12.7.2000 – 5 U 164/94, rkr. durch Nichtannahmebeschl. d. BGH v. 17.9.2001 – VIII ZR 345/00.

70) OLG Düsseldorf, Urt. v. 19.1.1999 – U (Kart) 17/98, rkr. durch Nichtannahmebeschl. d. BGH v. 22.3.2000 – VIII ZR 60/99.

71) Anders die Einschätzung von *Paulusch*, Brauerei- und Gaststättenrecht, 9. Aufl. 1996, Rz. 434.

72) BGH, Urt. v. 31.5.1965 – VIII ZR 110/63, BB 1965, 809 = Zeller I, 367; BGH, Urt. v. 21.1.1987 – VIII ZR 169/86, WM 1987, 542 = Zeller III, 323; BGH, Urt. v. 14.1.1997 – KZR 36/95, NJW 1997, 2182 = ZIP 1997, 1169; OLG München, Urt. v. 11.4.1963 – 6 U 588/63, BB 1963, 1194 = Zeller I, 364; OLG Stuttgart, Urt. v. 24.3.1972 – 2 U 3/71, BB 1972, 548 = Zeller I, 373.

73) BGH, Urt. v. 21.1.1987 – VIII ZR 169/86, WM 1987, 542 = Zeller III, 323; OLG Düsseldorf, Urt. v. 19.1.1999 – U (Kart) 17/98, rkr. durch Nichtannahmebeschl. d. BGH v. 22.3.2000 – VIII ZR 60/99.

c) **Gesamtnichtigkeit.** Mit der Frage der Wirksamkeit eines individuellen – auf zehn Jahre abgeschlossenen Bierverlagsvertrages setzt sich ein BGH-Urteil aus dem Jahre 1987 auseinander.[74)] Darin wird eine Vertragsgestaltung behandelt, die infolge der **Kumulation** weitgehender Abhängigkeit des Getränkefachgroßhändlers in seinen Verdienstmöglichkeiten von dem Wohlwollen der Brauerei (ausschließliche Bezugsbindung, fehlendes Alleinvertriebsrecht, Direktbelieferungsrecht der Brauerei, fehlende „Meistbegünstigungsklausel") mit erheblichen Belastungen für die Zeit nach der Vertragsbeendigung (Konkurrenzverbot und Verpflichtung zur Überlassung des – auch hinzuerworbenen – Kundenstammes ohne Ausgleichsanspruch gem. §§ 89b, 90a HGB eine so starke Beschränkung der wirtschaftlichen Bewegungsfreiheit des Getränkefachgroßhändlers zur Folge hatte, dass der BGH den Vertrag insgesamt wegen Verstoßes gegen die guten Sitten (§ 138 Abs. 1 BGB) für nichtig erklärte. Ob besondere Gegenleistungen der Brauerei die übermäßig starke Benachteiligung des Getränkefachgroßhändlers auszugleichen geeignet gewesen wären, konnte offenbleiben, weil sie in nennenswertem Umfang nicht festzustellen waren. Sind zahlreiche Vertragsbestimmungen unwirksam und erhielte der Vertrag durch Auslegung oder Fortfall der nichtigen Klausel einen wesentlich anderen Inhalt, so kann der gesamte Vertrag nichtig sein.[75)] **5.65**

II. Partnerschafts- oder Vertriebsabkommen

1. Rechtsnatur

Partnerschafts- oder Vertriebsabkommen sind auf eine langfristige Belieferung ausgerichtete **(Rahmen-)Verträge** zwischen einer Brauerei oder einem anderen Hersteller von Getränken und einem Getränkefachgroßhändler. **5.66**

2. Inhalt

a) **Allgemein.** In diesen Verträgen wird die Zusammenarbeit bei der Distribution der vertragsgegenständlichen Getränke geregelt. Konkret-individuelle Fragen der Belieferung einer bestimmten Absatzstätte oder eines bestimmten Kunden sind nicht Vertragsgegenstand. Vielmehr werden in Kenntnis offener Fragen aus der bisherigen Zusammenarbeit bzw. unter „prognostischer Vorwegnahme" denkbarer künftiger Diskussionspunkte im Vorfeld einer angedachten partnerschaftlichen Zusammenarbeit Probleme aus der täglichen Geschäftsabwicklung „abstrakt-generell vor die Klammer gezogen", um nicht im Einzelfall darüber streiten zu müssen. **5.67**

---

74) BGH, Urt. v. 21.1.1987 – VIII ZR 169/86, WM 1987, 542 = Zeller III, 323;

75) BGH, Urt. v. 21.1.1987 – VIII ZR 169/86, WM 1987, 542 = Zeller III, 323; OLG Düsseldorf, Urt. v. 19.1.1999 – U (Kart) 17/98, rkr. durch Nichtannahmebeschl. d. BGH v. 22.3.2000 – VIII ZR 60/99.

5.68 b) **Typologie.** Der Regelungsinhalt ist vielfältig. Insbesondere ergeben sich unterschiedliche Inhaltsanforderungen daraus, ob es sich um einen Vertrag handelt, der eher Grundlage einer Gastronomiedistribution sein soll, oder ein Vertrag vorliegt, der – auch – der Belieferung der (Groß-)Formen des Lebensmittelhandels dient.

Je nach Struktur und Intensität der Zusammenarbeit zwischen Brauerei und Getränkefachgroßhändler kann die Brauerei dem Letzteren den Status eines **Haupt- oder Leitverlegers** einräumen.

5.69 c) **Einzelheiten.** Zu den typischen Inhalten rechnen u. a. Fragen der Wahrung der legitimen Markt-/Markeninteressen der Brauerei, der Umfang der Distribution insbesondere hinsichtlich des Sortiments, Modalitäten der Bereitstellung der Vertragsprodukte, die Regelung der Frage, unter welchen Voraussetzungen die Brauerei von einem Lieferantenbenennungsrecht Gebrauch machen kann, soweit sich hierzu nicht im jeweiligen Getränkelieferungsvertrag Ausführungen finden, die Zusammenarbeit bei der Finanzierung von Gaststättenobjekten, die Qualitätssicherung im Rahmen der Lieferkette oder der Datenaustausch.[76] In Partnerschaftsvereinbarungen werden weiter Fragen der Kundenbetreuung, insbesondere die Besuchsrechte der Brauereiaußendienstmitarbeiter, Fragen der Laufzeit und der Kündigung des Partnerschaftsvertrages, der Schutz der Vertriebswege einschließlich etwaiger Sanktionen, Rechtsnachfolgefragen, Auswirkungen von Veränderungen der Beteiligungsverhältnisse auf Seiten der Vertragspartner und die Weiterbelieferung nach Vertragsende geregelt. Ebenfalls angesprochen werden – soweit nicht bereits in den AGB, insbesondere in den Allgemeinen Liefer- und Zahlungsbedingungen, vereinbart – noch Fragen im Zusammenhang mit dem Leergut wie Rückgabe, Flaschensortierung, Anerkennung von Salden und Schadensersatz für nicht zurückgegebenes Leergut.

III. Beteiligungsvereinbarung

1. Situation

5.70 Kostenbeteiligungen werden praktisch, wenn die Brauerei zwar weiterhin das Finanzierungs- und Bindungsgeschäft unmittelbar (Direktgeschäft) mit dem Kunden in Händen hält, die Belieferung aber über einen benannten Getränkefachgroßhändler erfolgt (Indirektbelieferung). Strukturell liegt zumeist das Vertriebsmodell 2 vor. Allerdings finden sich gelegentlich auch in Refinanzierungsverträgen (Vertriebsmodell 3) Regelungen über eine finanzielle Beteiligung des Getränkefachgroßhändlers.

76) OLG Düsseldorf, Urt. v. 19.1.1999 – U (Kart) 17/98, rkr. durch Nichtannahmebeschl. d. BGH v. 22.3.2000 – VIII ZR 60/99.

2. Wirtschaftlicher Hintergrund

Ziel einer Kostenbeteiligung ist es, den mit der Belieferung der Gaststätte betrauten Getränkefachgroßhändler an den Finanzierungskosten zu beteiligen. Zwecks **Senkung der hl-Belastung** der Brauerei hinsichtlich der von dieser zur Verfügung gestellten Finanzierung wird durch den Getränkefachgroßhändler an die Brauerei eine Vergütung gezahlt. Weiteres Ziel der Kostenbeteiligung ist es, **Rückvergütungspotentiale zu reduzieren.** **5.71**

3. Formen

In der Praxis beteiligt sich der mit der Belieferung der Gaststätte beauftragte Getränkefachgroßhändler an dem wirtschaftlichen Risiko des Geschäfts durch Refinanzierung der gesamten Leistung oder einer Teilleistung, durch Absicherung des Ausfallrisikos oder durch Zahlung einer Vergütung für jeden gelieferten hl. Weitere Formen des finanziellen Engagements des Getränkefachgroßhändlers als Gegenleistung für die eingeräumte Lieferchance sind denkbar. Zu denken ist etwa an die Übernahme einer **Ausfallbürgschaft**[77]. Wegen dieser Beteiligungszusagen zu Gunsten der Brauerei ist der Getränkefachgroßhändler darauf angewiesen, dass er im Vertrag als Getränkelieferant auch bestimmt wird. 5.72

4. Inhalt

a) **Allgemein.** Kostenbeteiligungen können hl-bezogen oder auch in festen Eurobeträgen vereinbart sein. **5.73**

b) **Bindung.** Zwar beziehen sich Kostenbeteiligungen auf ein bestimmtes Objekt und in der Regel auch einen bestimmten Kunden. Regelungen hinsichtlich der Erfüllung der Bindung durch den Kunden sind aber insofern unüblich. So fehlen durchweg Bestimmungen über Mindestabnahmemengen, ein Mindermengenausgleich (Malus) oder eine Honorierung für die überplanmäßige Erfüllung der Getränkebezugsverpflichtung (Bonus). Die Inbezugnahme der Bindung erfolgt allenfalls mittelbar durch die hl-Bezogenheit der Abrede. **5.74**

5. Vertragsgestaltung

Im Vertriebsmodell 2 obliegt der Brauerei weiterhin die Verpflichtung zur Finanzierung und rechtskonformen Gestaltung des Leistungs- und Bindungsvertrages. Ebenso hat sie das Bonitätsrisiko zu prüfen und Sicherheiten rechtskonform hereinzunehmen, zu verwalten und ggf. zu verwerten. **5.75**

77) OLG Düsseldorf, Urt. v. 28.5.2004 – 15 U 193/03 – sowie – 15 W 103/03, allerdings ausnahmsweise in umgekehrter Konstellation.

6. Stellung des Getränkefachgroßhändlers

5.76 Folge der Lieferantenbenennung und ggf. auch der der Beteiligungsvereinbarung ist, dass der benannte Getränkefachgroßhändler eine **Lieferchance** bezüglich des von der Brauerei finanzierten und gebundenen Kunden erhält. Darin mag man die „Übertragung der Belieferung eines Kunden“ sehen. Diese Formulierung darf aber nicht zu der Fehleinschätzung veranlassen, der benannte Getränkefachgroßhändler erlange irgendwelche Lieferrechte.

5.77 Selbst bei einer unwiderruflichen Benennung eines Lieferanten (Festschreibung), insbesondere eines Getränkefachgroßhändlers, oder Einräumung eines Haupt- oder Leitverlegerstatus liegt regelmäßig ohne besondere Anhaltspunkte kein echter Vertrag zugunsten Dritter i. S. d. § 328 BGB vor. Vielmehr handelt es sich lediglich um eine reflexartige faktische Begünstigung i. S. einer Lieferchance.

5.78 Dies zeigt sich schon daran, dass bei Beendigung des Getränkelieferungsvertrages zwischen Brauerei und Gastwirt, sei sie einvernehmlich erklärt odereinseitig durch eine berechtigte Kündigung einer der Vertragsparteien oder berechtigten Widerruf des Gebundenen ausgesprochen worden, das Lieferverhältnis mit Jetztwirkung entfällt. Auch eine Festschreibung des benannten Verlegers verbessert dessen Rechtsposition nicht. Diese steht unter der Damoklesschwert der allgemeinen gesetzlichen Wegfallgründe gem. §§ 313 und 314 BGB sowie §§ 495, 810, 355, 139 oder §§ 495, 510, 355, 358 Abs. 1 und 2 BGB. Ausgleichsansprüche des Getränkefachgroßhändlers wegen Wegfalls einer Lieferchance bestehen daher grundsätzlich nicht. Dies gilt im Übrigen auch in der Situation der Rechtsnachfolge auf Betreiberseite, insbesondere bei Betreiberwechsel. Dann ist der Rechtsnachfolger grundsätzlich frei, Preise, Rückvergütungen und sonstige Konditionen mit einem Getränkefachgroßhändler seiner Wahl zu verhandeln. Selbst dann, wenn der benannte Getränkefachgroßhändler – wie heute kaum noch üblich – den Vertrag mit unterschrieben haben sollte oder zustimmend „gegengezeichnet“ haben sollte, treffen die vorstehend skizzierten Überlegungen zu.

7. Unwiderruflichkeit der Lieferantenbenennung?

5.79 a) **Situation.** In der Vertragspraxis finden sich im Vertriebsmodell 2 häufig Formulierungen wie z. B. „Lieferant ist bis auf Weiteres …“, „Lieferant ist zur Zeit/derzeit …“ oder „Die Übertragung der Belieferung erfolgt bis auf Weiteres/bis zum jederzeitigen Widerruf auf …“.

5.80 b) **Interessenlage.** Seitens des Getränkefachgroßhandels wurde und wird immer wieder die Forderung erhoben, die Lieferantenbenennung müsse unwiderruflich sein. Eine unwiderrufliche Lieferantenbenennung sei sogar zwingend, wenn der Getränkefachgroßhändler den Kunden akquiriert habe, sich intern im Verhältnis zur Brauerei bzw. zur Getränkewirtschaft im Übrigen an den Investitionen beteiligt habe, sei es en bloque, sei es hl-bezogen, und/oder Sicherheiten wie etwa eine (Ausfall-)Bürgschaft gestellt habe.

Dem steht freilich das anerkennungswürdige Interesse der Brauerei entgegen, aus Sachgründen eine Getränkefachgroßhändlerneubenennung vornehmen zu können (§§ 307 Abs. 2 Nr. 1, 313, 314 BGB). Solche Sachverhalte können sich aus von dem Getränkefachgroßhändler zu vertretenden (§§ 276, 278 BGB) Umständen, wie etwa nachweislich wiederholter Lieferunpünktlichkeit, strafrechtlich relevante Verhaltensweisen bei der Belieferung wie Umsatzsteuer vermeidende Schwarzverkäufe, Unterschlagungen etc., Verhaltensweisen, die die Qualität der Getränkelieferung negativ beeinflussen, oder Verstöße gegen die Beteiligungsvereinbarung, ergeben. 5.81

Aber auch aus der Sicht des belieferten Gastwirts kann es objektiv nachweisliche Sachgründe geben, die eine Auswechslung des benannten Getränkefachgroßhändlers angezeigt erscheinen lassen. Zu denken ist etwa – neben den bereits vorstehend aufgezeigten Sachverhalten – an ein sich im Verhältnis zum Zeitpunkt des Vertragsschlusses und damit der Getränkefachgroßhändlerbenennung zunehmend verschlechterndes Preis- und Konditionensystem, das sich nachweislich bei vergleichbarer Belieferung durch einen dritten Getränkefachgroßhändler und unter Berücksichtigung der vorstehend angesprochenen „Mitfinanzierungen" seitens des Getränkefachgroßhändlers wirtschaftlich nicht mehr darstellen lässt und die Voraussetzungen eines wichtigen Grundes i. S. d. § 314 Abs. 1 BGB erfüllt. 5.82

Im Übrigen ist die seitens des Getränkefachgroßhandels gelegentlich vertretene These vom unwiderruflichen Lieferrecht auch im eigenen Interesse nicht zielführend. Sie gäbe dem Gastwirt ein Vetorecht gegen eine Neubenennung im Falle der Veräußerung des Unternehmens des zunächst benannten Getränkefachgroßhändlers. Dies würde den Unternehmenswert des Verlegerunternehmens erheblich mindern, wenn nicht gar eine Veräußerung unmöglich machen. Insofern liegt in der widerruflichen Lieferantenbenennung eine allseits interessengerechte immanente Vereinbarung der Zustimmung des Gastwirts zum Lieferantenwechsel im Sinne einer „kleinen Übertragungsklausel". 5.83

8. Absatzmeldungen

Absatzmeldungen über die an die Absatzstätte gelieferten Getränke nach Marke, Sorte, Menge und Gebinde sind bei Belieferung über Dritte von grundlegender Bedeutung für die bindungs- und finanztechnische Abrechnung des Getränkelieferungsvertrages durch die Brauerei gegenüber dem Kunden. Es liegt im Interesse des Getränkelieferanten und des Gastwirts, Klarheit über die bezogenen hl und die sich daran anknüpfenden Konsequenzen zu haben. Beispielhaft sind zu nennen die Aspekte der Anrechnung auf eine vereinbarte Jahresmindestbezugsmenge bzw. eine Gesamtabnahmemenge, den Stand der Rückführung von 5.84

Abschreibungs- bzw. Rückvergütungsgutschriftenfinanzierungen und der Anfall bzw. die Abrechnung von Malus- oder Bonus. Daher gehört es zum Obligo des Getränkefachgroßhändlers, zeitnah und wahrheitsgemäß, insbesondere vollständig, die tatsächlichen Absätze des jeweiligen Kunden zu melden. Zumeist erfolgen Absatzmitteilungen nach Ablauf eines Quartals.

5.85 Manipulationen sind nicht nur theoretisch möglich. Daher enthalten Beteiligungsvereinbarungen und insbesondere auch Partnerschaftsabkommen gelegentlich auch Regelungen über Vertragsstrafen bei Verstößen gegen die Absatzmeldepflicht. Ggf. zahlt die Brauerei auch eigene Vergütungen unmittelbar an den Kunden gegen unmittelbare Übermittlung der Absatzzahlen durch den Kunden. Ein Abgleich dieser Zahlen mit denen vom Getränkefachgroßhändler zugelieferten zeigt nicht nur erzieherische Wirkung. Neben den zivilrechtlichen Sanktionen wie etwa Schadensersatz und Vertragsstrafe können fehlerhafte Absatzmeldungen auch den Straftatbestand des (Steuer-)Betruges erfüllen. Im Wiederholungsfall und bei fortgesetzten Falschmeldungen dürfte die Zusammenarbeit insgesamt in Frage stehen. Dann kommt auch eine Aufkündigung der Zusammenarbeit, insbesondere des Partnerschaftsvertrages, in Betracht.

9. Risiken bei ergänzenden Getränkelieferungsverträgen des Getränkefachgroßhändlers

5.86 a) **Doppelbindung.** Ein gelegentlich anzutreffender Fehler des Getränkefachgroßhändlers ist es, bei Bestehen eines Leistungs- und Getränke-, insbesondere Bierbezugsvertrages zwischen der Brauerei und dem Kunden hinsichtlich des weiteren Sortiments, insbesondere des afG-Sortiments, nicht lediglich einen entsprechenden Leistungs- und Getränkelieferungsvertrag abzuschließen, sondern gesamtumfänglich unter Einschluss des nicht mehr verfügbaren Bindungsvolumens hinsichtlich Bier und/oder Biermischgetränke einen weiteren (zweiten) Leistungs- und Getränkelieferungsvertrag mit dem Kunden zu vereinbaren.[78]) Verständlich ist diese Vorgehensweise insofern, als der Getränkefachgroßhändler versucht, auf diese Weise ein nicht bestehendes Lieferrecht zu erlangen. Rechtlich schlägt sein Anliegen aber fehl.

5.87 Zum einen dürfte hinsichtlich der Sortimentsanteile Bier und ggf. auch Biermischgetränke kein erreichbares Bindungsvolumen mehr zur Bindung zur Verfügung stehen. Konsequenz ist eine Nichtigkeit nach §§ 307 Abs. 1 Satz 1, 138 Abs. 1 BGB wegen anfänglicher Nichterreichbarkeit. Zum anderen müsste der Getränkefachgroßhändler sich insofern jedenfalls adäquat zur Brauerei noch einmal finanziell engagieren. Doppelbindungen sind daher grundsätzlich nach

78) Zu einem ähnlichen, allerdings umgekehrten Fall OLG Koblenz, Urt. v. 21.2.2002 – 5 U 677/01, NJOZ 2002, 837. Vgl. auch OLG Brandenburg, Urt. v. 23.11.1994 – 1 U 11/94, NJW-RR 1995, 1517, allerdings bei teilweise zeitgleich laufenden, von dem Getränkefachgroßhändler geschlossenen Verträgen.

§§ 307 Abs. 1 Satz 1, 138 Abs. 1 BGB nichtig. Dabei handelt es sich allerdings um einen für den Getränkefachgroßhändler vermeidbaren Fehler. Stellt er in dem von ihm abgeschlossenen Leistungs- und Getränkelieferungsvertrag ausdrücklich klar, dass es sich bei dem gebundenen Bier-/Biermischsortiment hinsichtlich Laufzeit und ggf. vereinbarter Jahresmindestbezugsmenge um dasselbe Getränkevolumen handelt, das bereits von der Brauerei finanziert und gebunden worden ist, bestehen keine Wirksamkeitsbedenken gegen den vom Getränkefachgroßhändler geschlossenen Leistungs- und Getränkelieferungsvertrag.

b) Ausfallbürgschaft. Soweit sich der Getränkefachgroßhändler gegenüber der Brauerei für die Übertragung der Belieferung finanziell, etwa in Form einer Ausfallbürgschaft, engagiert hat, stellt die Übernahme dieses Risikos keinen Ansatzpunkt im Rahmen der gem. §§ 138 Abs. 1, 307 Abs. 1 BGB vorzunehmenden **Gesamtbetrachtung** im Verhältnis Getränkefachgroßhändler-Kunde dar. Zum einen ist Empfänger dieser Leistung die Brauerei und nicht der Kunde. Zum anderen handelt es sich bei der Ausfallbürgschaft nur um eine Eventualverbindlichkeit. Damit fehlt es an einer **Vorleistung** des Getränkefachgroßhändlers, einer typusnotwendigen Voraussetzung zum Abschluss eines wirksamen Getränkelieferungsvertrages (§ 307 Abs. 2 Nr. 2 BGB). 5.88

IV. Refinanzierungsvereinbarung

1. Situation

Refinanzierungsvereinbarungen[79] finden sich im Vertriebsmodell 3. Hier wird der Getränkelieferungsvertrag von Dritten im eigenen Namen und auf eigene Rechnung geschlossen. Sie erwerben unmittelbar ein Lieferrecht. Dies geschieht nicht nur gegenüber Brauereien, sondern auch im Verhältnis zu Unternehmen, die alkoholfreie Erfrischungsgetränke herstellen. Ganz überwiegend handelt es sich bei diesen Dritten um Getränkefachgroßhändler. Eine Refinanzierungssituation findet sich aber auch dann, wenn kleinere Brauereien oder Automatenaufsteller mit Getränkeherstellern zusammenarbeiten. Die Zusammenarbeit kann dabei sowohl einzel- und damit objekt-/subjektbezogen als auch „neutral“ sein. Im Vordergrund der nachfolgenden Ausführungen steht der Regelfall der Zusammenarbeit zwischen der Getränkewirtschaft und einem Getränkefachgroßhändler. 5.89

Die Anlässe für diese Form der Kooperation sind vielfältig. Gründe für die Dritten zur Zusammenarbeit mit einem refinanzierenden Getränkehersteller können fehlendes Eigenkapital, mangelnde Liquidität oder auch der Wunsch des Kunden etwa nach einem „Fernsehbier“ sein. Aus Sicht der refinanzierenden Getränkehersteller macht diese Form der Zusammenarbeit Sinn, um neue 5.90

79) Dort aus der nicht sehr ergiebigen Rechtsprechung OLG Naumburg, Urt. v. 17.8.1998 – 1 U 53/98, NJW-RR 1999, 1144.

und weiter entfernt gelegene Märkte zu erschließen, ohne dort einen eigenen Außendienst aufbauen zu müssen.

5.91 Da sich in den letzten Jahren viele Brauereien wieder von der Monobrauerei zur Sortimentsbrauerei ggf. mit einer breiten Palette an Biermischgetränken entwickelt haben, braucht der Getränkefachgroßhändler sich zunehmend nicht mehr wie in der Vergangenheit an mehrere Brauereien und andere Getränkehersteller wenden, um die Refinanzierung entsprechend den von ihm ausgehandelten Sortimentsanteilen zu sichern.

2. Rechtsnatur

5.92 Die Refinanzierungsvereinbarung stellt einen konkret-individuellen, dem klassischen Darlehens- und Getränkelieferungsvertrag durchaus ähnlichen Vertrag dar. Der Getränkefachgroßhändler verschafft sich insofern – ggf. mehrere – Darlehen oder Zuschüsse von dem/den Getränkehersteller(n).

3. Vertragsgestaltung

5.93 Die Verpflichtung zur rechtskonformen Gestaltung der Getränkelieferungsverträge mit den Kunden obliegt im Vertriebsmodell 3 allein dem Getränkefachgroßhändler. Zwar werfen insbesondere refinanzierende Brauereien gelegentlich zur Risikovermeidung „einen Blick“ auf die vom Getränkefachgroßhändler vorgelegten Verträge, bevor sie ihre Refinanzierungsentscheidung treffen. Hierauf oder gar auf eine vollumfängliche Prüfung etwaiger Risiken wie Rechtskonformität, Bonität, ordnungsgemäße Bestellung, Verwaltung und Verwertung von Sicherheiten, hat der Getränkefachgroßhändler aber keinen Anspruch. Gleiches gilt naturgemäß für das Forderungsmanagement nicht nur hinsichtlich der Ansprüche aus Lieferung, sondern insbesondere auch aus Finanzierung und Bindung.

4. Refinanzierungsvolumen

5.94 Gerade im Zusammenhang mit Refinanzierungen kommt es gelegentlich zur **Überfinanzierung**, wenn der Getränkefachgroßhändler „mehr Gelder bei der Getränkewirtschaft einsammelt, als er konkret-individuell an den Kunden weitergibt.“

5. Finanzierungskonditionen

5.95 In der Vergangenheit erfolgte die Refinanzierung häufig zu dem Getränkefachgroßhändler äußerst günstigen Zinssätzen, nicht selten zinslos. Vereinzelt bestand dauerhaft („verlorener“ Zuschuss) oder jedenfalls verhalten (Abschreibungsfinanzierung mit Festabschreibung) keine Rückzahlungsverpflichtung des Getränkefachgroßhändlers. Nach und nach wurden Refinanzierungen betriebswirtschaftlich zu Recht mit der Einhaltung von periodischen oder Gesamtmengenabsprachen verknüpft.

In der Regel wird der Getränkefachgroßhändler die eingesammelten Gelder zu den Konditionen weitergeben, die er selbst zu zahlen hat. Anderenfalls läge zwischen Getränkehersteller und Getränkefachgroßhändler eine nicht zu erklärende Überrefinanzierung vor. Der Erzielung von Erlösen aus dem (Re-) Finanzierungsgeschäft dürfte faktisch der Umstand entgegenstehen, dass die Getränkewirtschaft durchweg die Vorlage des vom Getränkefachgroßhändler geschlossenen Getränkelieferungsvertrages verlangt, um dessen Refinanzierungsfähigkeit zu prüfen. Leistung und Gegenleistung dürften für den von der Getränkewirtschaft – jeweils – refinanzierten Sortimentsanteil nicht nur betriebswirtschaftlich, sondern auch juristisch ausgeglichen sein. Dem Erwirtschaften von positiven Zinsdifferenzen dürfte der rechtliche Einwand entgegenstehen, dass sich die vom Getränkefachgroßhändler erbrachte Leistung um nicht weitergereichte Zinsvorteile mindern würde, was im Rahmen der Betrachtung nach §§ 138 Abs. 1, 307 BGB zu würdigen wäre (ggf. Unterfinanzierung). **5.96**

6. Bindung

Im Gegenzug verpflichtet sich der Getränkefachgroßhändler für die Laufzeit des Refinanzierungsvertrages die Belieferung des Kunden vertragsgemäß sicherzustellen und jedwede Form von Fremdbezug, also sowohl die Belieferung mit anderen Getränken (**Schwarzbezug**) als auch mit den benannten Getränken, aber unter Abweichung von dem Vertriebs- und Konditionenmodell (**Graubezug**), zu unterlassen. **5.97**

Zu weiteren typischen Vertragsinhalten einer Refinanzierungsvereinbarung rechnen eine Mengenvereinbarung, Sanktionen für den Fall der Mindererfüllung (Malus), die Honorierung einer etwaigen Übererfüllung (Bonus), die Stellung eigener oder abgetretener Sicherheiten für die Refinanzierungsleistung sowie Kündigungsregelungen. **5.98**

7. Kontrollrechte

Die bei einigen Getränkefachgroßhändlern geübte Praxis, ihren eigenen Getränkelieferungsverträgen Formulierungen der Brauereien aus deren Direktgeschäft bzw. aus Refinanzierungsvereinbarungen zugrunde zu legen, begründet nicht nur den Tatbestand des § 305 Abs. 1 Satz 1 BGB. Sie führt auch zu gelegentlich widersinnigen Regelungen, so zur Aufnahme eines „Kellerkontrollrechts" der Brauerei im Vertrag Getränkefachgroßhändler-Gastwirt. Damit soll aber ersichtlich kein eigenes Recht der Brauerei i. S. d. § 328 BGB begründet werden. Eine unangemessene Benachteiligung des Gastwirts kann hierin nicht erblickt werden.[80] **5.99**

80) LG Köln, Urt. v. 15.3.2011 – 21 O. 95/10.

V. Sicherheiten

5.100 Die Bereitstellung von Finanzierungsmitteln durch die Getränkewirtschaft, zumal noch zinsvergünstigt oder gar zinslos, erfolgt durchweg nur dann, wenn der Getränkefachgroßhändler Sicherheiten für die Refinanzierung stellt.

1. Eigene Sicherheiten

5.101 Zunächst ist daran zu denken, dass der Getränkefachgroßhändler eigene Sicherheiten stellt. Zu nennen sind beispielhaft Bürgschaften, sei es durch den Getränkefachgroßhändler selbst (**Verlegerbürgschaft**), sei es durch Kreditinstitute, die Sicherungsübereignung von Inventar oder etwa Grundschulden. Hier bestehen die üblichen rechtlichen und insbesondere branchenspezifischen Risiken.[81)]

2. Abgetretene Sicherheiten

5.102 a) **Situation.** Im Vertriebsmodell 3 (Indirektgeschäft mit Refinanzierung) ist die Refinanzierungsleistung der Brauerei gegenüber dem Getränkefachgroßhändler abzusichern. Grundsätzlich kommen alle Kreditsicherheiten in Betracht. Nicht selten verfügt der Getränkefachgroßhändler aber über keine, jedenfalls keine wertigen eigenen Sicherheiten. Dann stellt sich die Frage einer Abtretung der Ansprüche des Getränkefachgroßhändlers gegen seinen Kunden an die Brauerei.

5.103 b) **Gegenstand und Umfang.** Die Abtretung kann sich erstens auf die **Lieferrechte** hinsichtlich des refinanzierten Sortimentsanteils des Getränkefachgroßhändlers aus dessen Leistungs- und Getränkelieferungsvertrag beziehen. Zweitens können Gegenstand der Abtretung die **Finanzierungsforderungen** des Getränkefachgroßhändlers aus seiner Geschäftsbeziehung zum Kunden sein, insbesondere die Rückzahlungs- und Verzinsungsansprüche aus gewährten Darlehen. Drittens ist an die Abtretung und Übertragung der vom Getränkefachgroßhändler autonom mit dem Kunden vereinbarten **Sicherheiten** zu denken. Im engeren Sinne ist darunter die Übertragung bzw. Abtretung der vom Getränkefachgroßhändler hereingenommenen Sicherheiten zu verstehen. Voraussetzung ist naturgemäß eine wirksame Bestellung derselben. Auch insofern gilt es die bekannten rechtlichen und insbesondere branchenspezifischen Risiken zu vermeiden. Anderenfalls läuft die Abtretung ins Leere. In allen genannten Fällen bedarf es einer hinreichenden Konkretisierung der abzutretenden Ansprüche.

5.104 c) **Lieferrechte.** Hinsichtlich der Abtretung der Lieferrechte sollte klarstellend vermerkt werden, dass die Brauerei bereit ist, die Lieferverpflichtung, sei es in eigener Person, sei es durch Dritte, zu übernehmen. Regelmäßig handelt es sich

81) Siehe oben §§ 48 – 54.

um eine stille Zession. Die Offenlegung und damit Anzeige an den Gastwirt ist mit besonderer Sorgfalt zu prüfen. Widerspruchsrechte des Gastwirts gegen die Abtretung bestehen wie auch bei der Abtretung im Allgemeinen nicht. Inhaltliche Änderungen zu Lasten des Gastwirts sind naturgemäß nicht möglich. Das gilt insbesondere für Inhalt und Umfang der Getränkebezugsverpflichtung, Preise und Konditionen sowie Liefertage. Um etwaigen Widersprüchen des Kunden von vorne herein den Boden zu entziehen, kann es angezeigt sein, in den AGB des Getränkefachgroßhändlers das Einverständnis des Kunden mit einer Vorausabtretung der vorgenannten Ansprüche festzuhalten.

d) Sicherheiten. Insofern krankt die Realität nicht nur daran, dass es nicht selten an der Bestellung wertiger Sicherheiten und damit abtretungsfähiger Rechte fehlt. Auch ergeben sich Schwierigkeiten, wenn etwa die Verwertung von Sicherungseigentum im Bezug auf mehrere refinanzierende Unternehmen nicht klar geregelt ist. Zudem droht das Damoklesschwert einer unwirksamen Aufspaltung des Kredit- und des Sicherungsgeschäfts. So wurde entschieden, dass ein Herausgabeverlangen aufgrund einer Sicherungsübereignung, mit der sich eine Brauerei die Rückzahlung der Refinanzierung eines Darlehens eines Getränkefachgroßhändlers an einen Gastwirt durch den Gastwirt hatte sichern lassen, als rechtsmissbräuchlich anzusehen sei, wenn die Inanspruchnahme des Gastwirts erfolgen sollte, obwohl er selbst seinen Kredit an den Getränkefachgroßhändler zurückgezahlt hatte und dieser die Refinanzierung nur wegen seiner eigenen Insolvenz nicht mehr bediene. In einem solchen Fall ergebe sich umgekehrt ein Rückübereignungsanspruch des Sicherungsgebers (Kunden) aus § 813 Abs. 1 Satz 1 BGB, weil der Einwand aus Treu und Glauben einer dauernden Einrede im Sinne dieser Vorschrift gleichzustellen sei.[82] 5.105

3. Poolsicherheiten

a) Grundlagen. Im Vertriebsmodell 3 (Indirektgeschäft mit Refinanzierung) beschafft sich der Getränkefachgroßhändler die fehlenden Finanzmittel nicht selten bei einer Brauerei. Hinsichtlich der Sicherungsübereignung von Gaststätteninventar kann dann zwischen ihm und einer Brauerei, aber auch zwischen mehreren refinanzierenden Brauereien und anderen Getränkeherstellern eine Poolvereinbarung geschlossen werden. 5.106

b) Inhalt. Regelmäßig besteht zwischen den Mitgliedern des Pools eine Gesellschaft bürgerlichen Rechts. Dies schließt aber nicht aus, dass ihnen die Sicherungsrechte auch zu Bruchteilen i. S. d. § 741 BGB zustehen. Es liegt dann eine Innengesellschaft vor, die mit Bruchteilsberechtigung der Poolbeteiligten verbunden ist. Übernimmt einer der Beteiligten die „Federführung“, so ist er im Innenverhältnis treuhänderisch gebunden. Geregelt werden sollten insbesondere die 5.107

82) OLG Naumburg, Urt. v. 17.8.1998 – 1 U 53/98, NJW-RR 1999, 1144.

Fragen der Verwertung und der Verteilung des Erlöses. Sinnvoll ist eine Erlösverteilung im Verhältnis der jeweils refinanzierten Darlehensforderungsanteile.

5.108 c) Nicht selten schwebt über Poolvereinbarungen das Damoklesschwert der **Insolvenzanfechtung.** Sowohl im Hinblick darauf als auch die Schwierigkeiten einer interessengerechten Vertragsgestaltung dürfte die Vereinbarung eines Sicherheitenpools aktuell eher die Ausnahme sein.

5.109 d) In der Praxis findet sich daher auch der so genannte **Konsortialkredit.** Dabei verbleiben die Sicherheiten beim Getränkefachgroßhändler. Fragen der Verwertung und der Verteilung des Erlöses werden wie in einem Poolvertrag geregelt.

5.110 e) **Insolvenz des Sicherungsgebers.** Sicherungspoolvereinbarungen stellen im Insolvenzfall nur dann eine hinreichende Absicherung dar, wenn die Sicherheiten auf die Gläubiger dinglich übertragen worden sind. Anderenfalls besteht das Risiko, dass in der Insolvenz des Sicherungsgebers kein Recht der weiteren Gläubiger auf abgesonderte Befriedigung gegeben ist. Selbst eine Zustimmung des Sicherungsgebers zum Sicherheitenpoolvertrag ändert daran nichts. Die Verpflichtung der Poolführerin, die ihr übertragenen Sicherheiten zugleich treuhänderisch für die übrigen Poolmitglieder zu verwalten, begründet für diese kein eigenes Recht auf abgesonderte Befriedigung.[83)]

VI. Risikobeteiligung

1. Situation

5.111 Im Vertriebsmodell 3 hat der Getränkefachgroßhändler nicht nur wie stets das Risiko von Ausfällen aus dem Liefergeschäft zu tragen. Hinzukommen die Risiken wegen Ausfällen aus der Finanzierung (Rückzahlung der Valuta, Zinszahlungen) und der Bindung, etwa Malus. Sollte der Getränkefachgroßhändler das Objekt angepachtet haben, trifft ihn auch das Risiko, seinen Verpflichtungen aus dem Anpachtungsvertrag nachkommen zu müssen, obgleich sein (Unter-)Pächter seinen verschiedenen Verpflichtungen zur Zahlung aufgrund des Pachtvertrages (Pachtzins, Betriebskostenvorauszahlungen, Betriebskostennachzahlungen etc.) nicht nachkommt. Letzteres gilt naturgemäß auch dann, wenn der Getränkefachgroßhändler ein eigenes Objekt verpachtet.

2. Inhalt

5.112 Vor diesem Hintergrund finden sich in Refinanzierungsverträgen gelegentlich Regelungen über eine Risikobeteiligung. Danach beteiligt sich die refinanzierende Brauerei prozentual oder absolut an dem Forderungsausfallrisiko des Getränkefachgroßhändlers aus seinem Vertrag mit dem Kunden.

83) BGH, Urt. v. 2.6.2005 – IX ZR 181/03, NZI 2005, 622 = ZIP 2005, 1651.

3. Regelungsbedürftige Fragen

Gelegentlich besteht bereits Streit, wann und unter welchen Voraussetzungen der Refinanzierungsanspruch der Brauerei gegenüber dem Getränkefachgroßhändler **fällig** ist. Eine Gesamtfälligstellung des Refinanzierungsdarlehens durch die Brauerei kommt jedenfalls bei Insolvenz des vom Getränkefachgroßhändler belieferten Kunden in Betracht. Für die Abrechnung der Risikobeteiligung ist dann der voraussichtliche Ausfall des Getränkefachgroßhändlers auf seine Finanzierung gegenüber dem Kunden zu ermitteln. **5.113**

Insofern bedarf es einer klaren und eindeutigen vertraglichen Regelung, welche **Forderungen** erfasst sind und unter welchen Voraussetzungen die Einstandspflicht der Brauerei begründet ist. Im Hinblick auf die Rechtsnatur der Refinanzierungsvereinbarung erstreckt sich die Risikobeteiligung in der Regel lediglich auf den Ausfall hinsichtlich des finanziellen Engagements des Getränkefachgroßhändlers. **5.114**

Zur Vermeidung von späteren Streitigkeiten sollten auch klar und unmissverständlich die Zulässigkeit der **Verwertung der Sicherheiten** und insbesondere die Anrechnung etwaiger Verwertungserlöse geregelt sein. Entsprechend der Rechtsnatur der Refinanzierungsvereinbarung und dem Sicherungszweck können Erlöse durchweg nur auf die Finanzierungsforderung des Getränkefachgroßhändlers angerechnet werden. **5.115**

VII. Allgemeine Geschäftsbedingungen

1. Einführung

Unabhängig von den praktizierten Vertriebsmodellen stützt sich die Zusammenarbeit zwischen Brauereien und Getränkefachgroßhändlern auf im Unternehmerverkehr übliche Allgemeine Geschäftsbedingungen, insbesondere in Form von Allgemeinen Lieferungs- und Zahlungsbedingungen. Dies gilt naturgemäß auch für das Verhältnis Brauerei-Kunde im Vertriebsmodell 1, ggf. auch im Vertriebsmodell 2. Nachfolgend soll der Schwerpunkt allerdings auf dem Verhältnis Brauerei-Getränkefachgroßhändler liegen. **5.116**

2. Praktische Bedeutung

a) Allgemeine Geschäftsbedingungen wie vor allem Lieferungs- und Zahlungsbedingungen haben in der Praxis größte Bedeutung. Im Absatzweg **Gastronomie** können sie bei der finanzierten und gebundenen Gastronomie zu einer inhaltlichen Verschlankung der Leistungs- und **Getränkelieferungsverträge** führen, wenn sie als Anlage in Bezug genommen werden. Gleiches gilt im Zusammenhang mit **Briefvereinbarungen.** Aber auch gegenüber **freien Wirten** sollten die Allgemeinen Geschäftsbedingungen des Getränkelieferanten Grundlage der Zusammenarbeit sein. **5.117**

5.118 Naturgemäß gilt dies weiter im Vertriebskanal **Lebensmittelhandel** sowie für das **Export**geschäft. Weitere Anwendungsfelder sind **Lohnbrau- und Lohnabfüllverträge, (Leergut-)Sortierverträge** und **Zulieferverträge** nicht nur für Rohstoffe.

5.119 b) Allgemeine Geschäftsbedingungen sind zumeist nur von untergeordneter Bedeutung. Erst im Streitfall, insbesondere bei Beendigung der Zusammenarbeit, besinnt man sich ihrer.

3. Einbeziehung

5.120 a) **Vereinbarung.** AGB gelten auch für Verträge mit Unternehmern (§ 14 BGB) nur, wenn sie durch rechtsgeschäftliche Einbeziehung Vertragsinhalt geworden sind. Entscheidend ist, ob sich die vertragliche Einigung der Parteien auch auf die Einbeziehung der AGB erstreckt. Soweit für Verträge im unternehmerischen Bereich eine Einbeziehung von AGB in Rede steht, ist gem. § 310 Abs. 1 Satz 1 BGB nicht auf § 305 Abs. 2 und 3 BGB, sondern auf die §§ 145–156 BGB, ggf. die Vorschriften des HGB, zurückzugreifen.[84] Dies ist, soweit erforderlich, durch Auslegung (§§ 133, 157 BGB, § 346 HGB) festzustellen.[85]

5.121 Die Einbeziehungsvereinbarung ist **kein besonderes Rechtsgeschäft,** sondern Teil des jeweiligen Vertrages, der sich im Falle der Verwendung von AGB aus dem individuell ausgehandelten Vertragskern und den global einbezogenen AGB zusammensetzt. Die AGB werden nicht inhaltlich ausgehandelt. Es wird lediglich ihre Geltung vereinbart. Der Einbeziehungsvereinbarung fehlt daher die klassische Vertragsfunktion der Richtigkeitsgewähr. Nicht ausreichend ist, dass beide Parteien davon ausgehen, dass die AGB Inhalt des Vertrages geworden sind.[86]

5.122 b) **Ausdrückliche Einbeziehung.** Es macht Sinn, AGB ausdrücklich einer Kundenbeziehung zugrunde zu legen und das entsprechende Versendungsschreiben, jedenfalls aber entsprechende Reiseberichte, sollten zur Vertrags-/ Kundenakte genommen werden.

5.123 c) **Konkludente Einbeziehung. aa) Grundsatz.** Da § 305 Abs. 2 BGB im unternehmerischen Geschäftsverkehr nicht gilt, muss der Hinweis auf die AGB nicht ausdrücklich erfolgen. Damit können auch konkludente Willenserklärungen, denen nach §§ 133, 157 BGB hinreichender Erklärungsgehalt beigemessen werden kann, ausreichen.[87] Eine Einbeziehung durch schlüssiges Verhalten setzt voraus, dass der Verwender erkennbar auf seine AGB und damit seinen

84) BGH, Urt. v. 12.2.1992 – VIII ZR 84/91, BGHZ 117, 190 = NJW 1992, 1232; BGH, Urt. v. 13.3.2007 – XI ZR 383/06, NJW-RR 2007, 982 = ZIP 2007, 905.

85) Palandt-*Grüneberg*, BGB, § 305 Rz. 49.

86) BGH, Urt. v. 19.5.1994 – VII ZR 26/93, NJW 1994, 2547.

87) OLG Bremen, Urt. v. 11.2.2004 – 1 U 68/03 = 7 O. 733/03, BeckRS 2004, 02810.

Einbeziehungswillen hinweist und der andere Teil ihrer Geltung nicht widerspricht.[88)]

bb) Hinweis. aaa) Grundsatz. Eine Einbeziehung durch schlüssiges Verhalten durch unterhalb der Unterschrift angebrachte Hinweise selbst auf umseitig abgedruckte AGB hat der BGH als nicht ausreichend angesehen.[89)] Aus Gründen unternehmerischer Vorsicht sollte der Getränkelieferant den Hinweis auf die beigefügten bzw. umseitig abgedruckten AGB daher im Brieftext aufnehmen. 5.124

bbb) Entbehrlichkeit. Ein Hinweis ist dann entbehrlich, wenn es entweder **branchenüblich** ist, bestimmte AGB zu verwenden und beide Parteien branchenkundig sind[90)] oder wenn es eine Geschäftsübung zwischen den Parteien gibt, die einzelnen Verträge auf der Grundlage der AGB einer der Parteien abzuschließen.[91)] 5.125

ccc) Laufende Geschäftsbeziehungen sind für sich genommen noch kein Grund für eine stillschweigende Einbeziehung, sofern der Verwender nicht klarstellt, dass er künftige Geschäfte ausschließlich zu seinen AGB abschließen will.[92)] 5.126

Eine konkludente Einbeziehung von Liefer-AGB soll ausnahmsweise dann anzunehmen sein, wenn die Parteien über zehn Jahre Geschäfte miteinander abgeschlossen haben, die AGB stets auf den Rechnungen, nicht auf Lieferscheinen, aufgedruckt waren (was unbeanstandet blieb) und jährliche Verkäufertreffen stattgefunden haben.[93)] 5.127

ddd) Zeitpunkt. Hinweise auf Lieferscheinen, Rechnungen (sog. „Fakturenvermerke"), Leergutabrechnungen, Saldenbestätigungen und andere Hinweise, die nach Vertragsschluss gegeben werden, können grundsätzlich nur für künftige Verträge Bedeutung erlangen. Da der Vertrag hier bereits geschlossen ist, fehlt es an der Tatbestandsvoraussetzung des § 305 Abs. 1 Satz 1 BGB („bei Abschluss des Vertrags"). Ihrer Funktion nach sind sie nicht dazu bestimmt, Angebote auf Änderung eines bereits geschlossenen Vertrages aufzunehmen. Auch der unternehmerische Klauselgegner hat daher im Handelsverkehr keinen Ansatz, Rechnungen daraufhin zu prüfen, ob sie AGB oder einen Hinweis hierauf enthalten.[94)] 5.128

---

88) BGH, Urt. v. 24.10.2002 – I ZR 104/00, NJW-RR 2003, 754.

89) BGH, Urt. v. 3.7.1981 – I ZR 190/80, BeckRS 1981, 31065460 = ZIP 1981, 1220.

90) Erman-*Roloff*, BGB, § 305 Rz. 49.

91) BGH, Urt. v. 12.2.1992 – VIII ZR 84/91, BGHZ 117, 190 = NJW 1992, 1232.

92) BGH, Urt. v. 19.9.2001 – I ZR 343/98, NJW-RR 2002, 1027.

93) BGH, Urt. v. 1.6.2005 – VIII ZR 256/04, NJW-RR 2005, 1518. Vgl. auch BGH, Urt. v. 15.6.1964 – VIII ZR 305/62, BGHZ 42, 53 = NJW 1964, 1788; BGH, Urt. v. 6.12.1990 – I ZR 138/89, NJW-RR 1991, 570.

94) BGH, Urt. v. 15.6.1964 – VIII ZR 305/62, NJW 1964, 1788 (Hinweis in Rechnungen); BGH, Urt. v. 7.6.1978 – VIII ZR 146/77, NJW 1978, 2243 (Hinweis in Lieferscheinen); OLG Karlsruhe, Urt. v. 9.10.1992 – 15 U 67/92, NJW-RR 1993, 567; OLG Karlsruhe, Urt. v. 18.5.2011 – 15 U 23/10, BeckRS 2011, 14151.

5.129 **cc) Möglichkeit der Kenntnisnahme. aaa) Grundlagen.** Allerdings muss auch im Verkehr zwischen Unternehmern der Verwender dem anderen Teil die Möglichkeit verschaffen, vom Inhalt der AGB in zumutbarer Weise Kenntnis zu nehmen.[95)]

5.130 **bbb) Anforderungen.** AGB brauchen im nationalen Rechtsverkehr[96)] dem für den Vertragsschluss maßgebenden Schreiben nicht beigefügt zu werden. Dies gilt auch dann, wenn der Kunde den Inhalt der AGB nicht kennt.[97)] Der Hinweis, dass die AGB auf Wunsch übersandt werden, genügt ebenso wie die Benennung einer Fundstelle.[98)] Dem Verwender trifft also keine Kenntnisverschaffungsobliegenheit, sondern den Klauselgegner eine **Kenntnisbeschaffungsobliegenheit.** Der andere Teil hat, soweit es sich nicht um gebräuchliche, leicht zugängliche Klauselwerke handelt, einen **Anspruch auf Überlassung oder Einsicht**. Will er die AGB zur Kenntnis nehmen, muss er aktiv werden. Kommt der Verwender der Bitte um Übersendung der AGB oder Benennung einer Fundstelle nicht nach, scheitert allerdings die Einbeziehung. Übersendet der Verwender die AGB trotz Aufforderung nicht, kann er sich gem. § 242 BGB (Verwirkung durch pflichtwidriges Verhalten) nicht mehr auf die AGB berufen.[99)]

5.131 **ccc) Lesbarkeit, Verständlichkeit und Sprache**. Die Möglichkeit der Kenntnisnahme in zumutbarer Weise setzt auch im unternehmerischen Geschäftsverkehr Lesbarkeit voraus.[100)] Formularmäßige Bedingungen, die **drucktechnisch** so **gestaltet** sind, dass sie „nur mit der Lupe und selbst dann nicht ohne Mühe zu lesen sind", werden nämlich gar nicht Vertragsbestandteil; dies soll(te) auch dann gelten, wenn die fragliche Klausel sehr gebräuchlich ist und gegenüber einem Unternehmer verwendet wird (**Transparenz**).[101)] Lesbarkeit und Verständlichkeit sind an der Geschäftserfahrung zu messen, wie sie von Unternehmern der jeweiligen Branche erwartet werden kann.[102)] Ein in der **Verhandlungssprache** gehaltener Hinweis genügt.[103)]

---

95) BGH, Urt. v. 3.12.1987 – VII ZR 374/86, NJW 1988, 1210 = ZIP 1988, 175; BGH, Urt. v. 11.5.1989 – VII ZR 150/88, NJW-RR 1989, 1104; BGH, Urt. v. 12.2.1992 – VIII ZR 84/91, BGHZ 117, 190 = NJW 1992, 1232.

96) BGH, Urt. v. 31.10.2001 – VIII ZR 60/01, BGHZ 149, 113 = NJW 2002, 370 = ZIP 2002, 133.

97) BGH, Urt. v. 30.6.1976 – VIII ZR 267/75, NJW 1976, 1886; BGH, Urt. v. 3.2.1982 – VIII ZR 316/80, NJW 1982, 1749.

98) BGH, Urt. v. 3.2.1982 – VIII ZR 316/80, NJW 1982, 1749; BGH, Urt. v. 31.10.2001 – VIII ZR 60/01, BGHZ 149, 113 = NJW 2002, 370 = ZIP 2002, 133.

99) OLG Hamm, Urt. v. 11.7.1983 – 2 U 86/83, DB 1983, 2619.

100) BGH, Urt. v. 30.5.1983 – II ZR 135/82, NJW 1983, 2772.

101) BGH, Urt. v. 30.5.1983 – II ZR 135/82, ZIP 1983, 1466; BGH, Urt. v. 3.2.1986 – II ZR 201/85, WM 1986, 769; BGH, Urt. v. 7.5.1986 – VIII ZR 238/85, ZIP 1986, 866.

102) BGH, Urt. v. 6.6.1979 – VIII ZR 281/78, WM 1979, 918; BGH, Urt. v. 6.10.1982 – VIII ZR 201/81, NJW 1983, 159 = ZIP 1982, 1449 = Zeller III, 231: branchenkundiger Gastwirt.

103) BGH, Urt. v. 26.6.1986 – III ZR 200/85.

ddd) Beispiele. Werden im Prozess Fotokopien sämtlicher übersandter Lieferscheine und Rechnungen vorgelegt, aus denen sich ergibt, dass diese stets als Computerausdruck auf dem Geschäftspapier des Verwenders erfolgt waren, das auf der Vorderseite einen grafisch deutlich abgesetzten Hinweis auf die rückseitig abgedruckten AGB des Verwenders enthielt, so bestehen keine Bedenken hinsichtlich der wirksamen Einbeziehung der AGB. Für eine rechtsgeschäftliche Einbeziehung durch schlüssiges Verhalten spricht auch der Umstand einer lang andauernden Geschäftsbeziehung. Denn bei einer ständigen Geschäftsbeziehung mit einer gewissen Häufigkeit von Verträgen können AGB durch wiederholte, auch für den flüchtigen Leser ohne weiteres erkennbare Hinweise in Rechnungen oder ähnlichen Belegunterlagen zum Vertragsbestandteil werden.[104] 5.132

dd) Zurechnung. Voraussetzung einer Geltung für künftige Vertragsabschlüsse ist, dass die Erklärung auf Seiten des Empfängers auch der für Vertragsabschlüsse zuständigen Person zur Kenntnis gelangt. Das ist der Lagerhalter oder Buchhalter, an den der Lieferschein oder die Rechnung geht, in der Regel nicht. Nach Auffassung der Rechtsprechung besteht hier eine interne „Vorlagepflicht" an die für Vertragsabschlüsse zuständigen Personen.[105] 5.133

ee) Einverständnis. Die Rechtsprechung zur Einbeziehung **branchenüblicher AGB** ist uneinheitlich. Teilweise wird gefordert, dass Umstände hinzutreten müssen, die den Schluss zulassen, dass der Kunde stillschweigend mit der AGB-Regelung einverstanden war.[106] Andererseits ergebe sich ein Indiz für einen stillschweigenden (konkludenten) Einbeziehungswillen ohne besonderen Hinweis oder besondere Bezugnahme bei Vertragsabschluss aus der Branchenüblichkeit, falls nicht besondere Umstände entgegenstehen oder nicht erkennbar widersprochen wird.[107] 5.134

d) Denkbar ist darüber hinaus auch, dass in einer bestimmten Branche die Verwendung von AGB-Klauseln **Handelsbrauch** (§ 346 HGB) ist, so dass eine rechtsgeschäftliche Einbeziehung nicht erforderlich ist.[108] Ein Handelsbrauch setzt nach ständiger Rechtsprechung voraus, dass sich eine im Verkehr der Kaufleute untereinander verpflichtende Regelung herausgebildet hat, die auf einer gleichmäßigen, einheitlichen und freiwilligen tatsächlichen Übung beruht, die sich innerhalb eines angemessenen Zeitraumes für vergleichbare Geschäftsvorfälle gebildet hat und der eine einheitliche Auffassung der Beteiligten zu- 5.135

---

104) OLG Köln, Urt. v. 30.9.1998 – 5 U 106/98.

105) BGH, Urt. v. 6.12.1990 – I ZR 138/89, NJW-RR 1991, 570.

106) BGH, Urt. v. 4.2.1992 – X ZR 105/90, NJW-RR 1992, 626.

107) BGH, Urt. v. 20.3.1985 – VIII ZR 327/83, NJW 1985, 1838.

108) BGH, Urt. v. 13.12.1992 – III ZR 30/91, NJW 1993, 1798; BGH, Urt. v. 22.9.2003 – II ZR 172/01, ZIP 2003, 2211.

grunde liegt.[109] Für das Vorliegen eines Handelsbrauchs kann sprechen, dass Branchen-AGB's als Konditionenempfehlung (§§ 24–27 GWB) gelten.

4. Kollidierende AGB

5.136 a) **Einführung.** Sowohl im Verhältnis verschiedener Getränkelieferanten zueinander als auch im Verhältnis derselben zu den Großformen des Lebensmitteleinzelhandels wird häufig eine Geschäftsbeziehung aufgenommen und auch durchgeführt, obwohl sich die jeweiligen AGB, auf die auch wiederholt verwiesen worden ist, einander jedenfalls in Teilaspekten widersprechen. Konsensuale Lösungen im Rahmen der §§ 305 Abs. 1 Satz 3 und 305b BGB sind eher selten. Dann fragt es sich, ob ein Vertrag überhaupt zustande gekommen ist und falls ja, welche Regelungen gelten.

5.137 b) **Lösung.** Die praktische Durchführung des Vertrages trotz des Streits um die Einbeziehung der kollidierenden AGB steht nach allgemeiner Auffassung im Ergebnis der Annahme eines wirksamen Vertragsschlusses nicht entgegen.

5.138 c) **Begründung.** Lediglich die Begründungen unterscheiden sich. aa) **Rechtsprechung.** Die (ältere) Rechtsprechung geht von § 150 Abs. 2 BGB aus. Danach stellt die Annahme eines Angebots unter inhaltlichen Abweichungen eine Ablehnung des Antrages verbunden mit einem neuen Antrag dar, der wiederum vom anderen Teil angenommen werden muss. Die Annahme der Gegenofferte könne nicht schon darin gesehen werden, dass der Kunde die Auftragsbestätigung widerspruchslos entgegengenommen hat. Wohl aber könne der Kunde seinen Annahmewillen dadurch zum Ausdruck bringen, dass er die Vertragsleistung des Verwenders ohne Vorbehalt ganz oder teilweise annimmt und Zahlungen an den Verwender leistet. (§ 151 Satz 1 BGB, **„Theorie des letzten Wortes"**).[110]

5.139 Die Rechtsfolgen richten sich danach, ob die beiderseitigen AGB eine **Abwehrklausel**, wonach die fremden AGB nicht anerkannt werden, eine **Ausschließlichkeitsklausel**, wonach der Vertrag nur mit den eigenen AGB geschlossen werden soll, oder keinerlei **Geltungsklausel** enthalten. Finden sich in den kollidierenden AGB Abwehr- oder Ausschließlichkeitsklauseln[111] oder wurde ausdrücklich ein Widerspruch erklärt, soll ein Teildissens insofern vorliegen, als die AGB einander widersprechen. Dann scheitert aber nur die Einbeziehung der kollidierenden AGB, während der Vertrag im Übrigen, also soweit die AGB übereinstimmen, Bestand hat (§ 306 Abs. 1 Fall 1 BGB) und die nicht

---

109) BGH, Urt. v. 25.11.1993 – VII ZR 17/93, NJW 1994, 659; BGH, Urt. v. 25.4.2001 – VIII ZR 135/00, BGHZ 147, 279 = NJW 2001, 2331 = ZIP 2001, 1244 (zehnjährige Bierbezugsverpflichtung).

110) BGH, Urt. v. 26.9.1973 – VIII ZR 106/72, BGHZ 61, 282 = NJW 1973, 2106.

111) Beispiel „Anderslautende Bestimmungen gelten auch im Fall der widerspruchslosen Annahme der Leistung des Vertragspartners nicht."

Vertrag gewordenen AGB durch das dispositive Gesetzesrecht ersetzt werden (§ 306 Abs. 2 Fall 1 BGB).[112] Lediglich dann, wenn in einer der kollidierenden AGB eine allgemeine Abwehr- oder Ausschließlichkeitsklausel[113] ist, soll dies anders sein.[114]

bb) Schrifttum. Zu dem gleichen Ergebnis – Annahme eines wirksamen Vertragsabschlusses – gelangt das überwiegende Schrifttum unabhängig vom Vorliegen einer Abwehr- oder Ausschließlichkeitsklausel. In Umkehrung der Auslegungsregel des § 154 Abs. 1 BGB[115] sollen die beiderseitigen AGB Vertragsbestandteil werden, soweit sie einander nicht inhaltlich widersprechen. Ein entsprechender Parteiwille ist z. B. anzunehmen bei Andienung und Abnahme von Teilleistungen. Haben die Parteien ihre Vertragserklärungen ausgetauscht, ohne ihren Dissens über die AGB zu bemerken, folge das gleiche Ergebnis aus § 155 BGB. Im Übrigen scheitere eine Einbeziehungsvereinbarung insoweit und die widersprechenden AGB würden nicht Vertragsbestandteil bei Aufrechterhaltung des Vertrages im Übrigen (§ 306 Abs. 2 BGB). Entgegen der Rechtsprechung sollen Abwehrklauseln keine oder jedenfalls keine entscheidende Bedeutung haben.[116] **5.140**

d) Einseitige Regelung. Praktisch bedeutsam werden kann auch der Sonderfall, dass sich in den AGB der einen Seite eine Regelung findet, während die AGB der anderen Seite hierzu schweigen. Mangels Entsprechung in dem anderen Klauselwerk liegt insofern kein Widerspruch vor. Teilweise wird angenommen, solche einseitigen Regelungen könnten dann Geltung erlangen, wenn sich im Wege der Auslegung der Wille des Klauselgegners ermitteln lasse, mit der Geltung dieser seine AGB ergänzenden Regelungen einverstanden zu sein. Dies könne insbesondere bei begünstigenden Klauseln angenommen werden, wenn kein erkennbarer Zusammenhang mit einer anderen Klausel bestehe, die nach Kollisionsgrundsätzen keine Geltung erlangt. Entsprechendes gelte, wenn die einseitig regelnde Klausel im Rahmen solcher Geschäftsbeziehungen handelsüblich sei. Darauf, ob die AGB des anderen Teils eine allgemeine Abwehrklausel enthalte, komme es nicht an.[117] Die Rechtsprechung verweist auf das fehlende Einverständnis des Vertragspartners mit der Geltung der AGB des **5.141**

112) BGH, Urt. v. 3.2.1982 – VIII ZR 316/80, NJW 1982, 1749; BGH, Urt. v. 20.3.1985 – VIII ZR 327/83, NJW 1985, 1838; BGH, Urt. v. 19.6.1991 – VIII ZR 149/90, NJW 1991, 2633; BGH, Urt. v. 22.3.1995 – VIII ZR 20/94, NJW 1995, 1671 = ZIP 1995, 843, OLG Düsseldorf, Urt. v. 24.4.1996 – 11 U 54/95, NJW-RR 1997, 946.

113) Beispiel nach BGH, Urt. v. 19.6.1991 – VIII ZR 149/90, NJW 1991, 2633, und BGH, Urt. v. 24.10.2000 – X ZR 42/99, NJW-RR 2001, 484: „Anderslautende Bedingungen, soweit sie nicht in dieser gesamten Bestellung festgelegt sind, gelten nicht."

114) BGH, Urt. v. 3.2.1982 – VIII ZR 316/80, NJW 1982, 1749.

115) MünchKomm-*Basedow*, BGB, § 305 Rz. 106.

116) Staudinger-*Bork*, BGB § 150 Rz. 18.

117) Ulmer-Brandner-*Habersack*, BGB § 305 Rz. 194 m. w. N.

anderen Vertragsteils. Daran scheitere die Einbeziehung der nicht deckungsgleichen AGB, so dass dispositives Gesetzesrecht an die Stelle der einseitigen Regelung trete.[118)]

5.142 e) **Kaufmännisches Bestätigungsschreiben.** Werden im Rahmen eines konstitutiven kaufmännischen Bestätigungsschreibens AGB erstmals und damit ohne Ankündigung in den vorangegangenen Verhandlungen einbezogen, so fragt sich, ob nicht § 305c Abs. 1 BGB einer Einbeziehung entgegensteht. Der erstmalige Verweis des Bestätigenden auf seine AGB stellt allerdings keine so schwerwiegende („krasse") Abweichung vom zuvor Besprochenen dar, dass der Bestätigende redlicherweise nicht mit dem Einverständnis des Empfängers rechnen kann.[119)] Die Übermittlung der AGB wird als nicht notwendig angesehen.[120)] Anders ist zu entscheiden, wenn der Bestätigende nach der Verhandlungssituation im konkreten Fall nicht mit einem Einverständnis des Verhandlungsgegners mit der Einbeziehung der nunmehr vorgelegten AGB rechnen kann. Dann verfehlt das Bestätigungsschreiben hinsichtlich der Einbeziehung der AGB seine Wirkung. Der Empfänger muss nicht widersprechen. Dieses ist dann anzunehmen, wenn der Empfänger des Bestätigungsschreibens in den Vertragsverhandlungen bereits auf seine AGB hingewiesen hat[121)] oder wenn der Empfänger seinerseits ein Bestätigungsschreiben unter Verweis auf seine AGB abgesendet hat (sich kreuzende Bestätigungsschreiben).

VIII. Leergut

1. Einführung

5.143 Zu den rechtlich außerordentlich umstrittenen, praktisch aber besonders bedeutsamen Fragen des Getränkelieferungsrechts gehören Fragen des Leerguts und der Bepfandung.

2. Rechtsnatur der Überlassung von Leergut

5.144 Ist die Überlassung von Mehrwegverpackungen an den Abnehmer als darlehensähnliches Geschäft zu verstehen, so hat der Getränkelieferant unabhängig von der Eigentumslage einen schuldrechtlichen Rückgabeanspruch entsprechend seinen AGB, im Übrigen analog § 607 BGB.[122)] Bezieht sich die Überlassung der Gebinde nicht nur – wie bei der Leihe – auf die Übertragung des Besitzes, sondern auch auf die des Eigentums, so sind nur Sachen gleicher Art,

118) BGH, Urt. v. 24.10.2000 – X ZR 42/99, NJW-RR 2001, 484.

119) BGH, Urt. v. 24.9.1952 – II ZR 305/51, BGHZ 7, 187 = NJW 1952, 1369; OLG Düsseldorf, Urt. v. 30.12.1964 – 5 U 237/62, NJW 1965, 761.

120) BGH, Urt. v. 24.9.1952 – II ZR 305/51, BGHZ 7, 187 = NJW 1952, 1369.

121) BGH, Urt. v. 26.9.1973 – VIII ZR 106/72, BGHZ 61, 282 = NJW 1973, 2106.

122) OLG Braunschweig, Urt. v. 8.12.1995 – 4 U 13/94, NJW-RR 1996, 566.

Güte und Menge zurückzuerstatten (§ 607 Abs. 1 Satz 2 BGB). Soweit ein Pfand vereinbart ist, handelt es sich um ein Sachdarlehen.[123] Fehlt es an der Vereinbarung eines Pfandes, so liegt juristisch eine Leihe vor.

Man könnte aber auch an die Einordnung als **irreguläres Pfand** denken. Voraussetzung wäre, dass der Pfandgläubiger die Pfandsache wie sein Eigentum verwenden darf und erst später eine gleichwertige zurückzugewähren hat. Diese Unterart des Pfandes ist gesetzlich nicht geregelt; sie wird aber unter Hinweis auf § 700 BGB allgemein für zulässig erachtet. So bei besonders gekennzeichnetem (Individual-)Leergut. Bei Einheitsflaschen, wie etwa der Eurobierflasche, könnte der Verkauf der Flasche vorliegen verbunden mit der Abrede, die gleiche Flaschenart zum gleichen Preis zurückzukaufen. **5.145**

Der BGH hat die **Zahlungspflicht** in zwei Entscheidungen vom gleichen Tag aus einem Rechtsgeschäft entnommen.[124] Er hat aus der Bezeichnung „Pfand" eine Willenserklärung at incertam personam zur Rücknahme der Flasche gegen Rückzahlung der **Barkaution** (Angebot auf Abschluss eines Rechtsgeschäfts sui generis) geschlossen. Mangels Übereignung liegt kein Sachdarlehensvertrag i. S. d. § 607 BGB vor. Der Getränkelieferant kann also gegenüber jedermann nach §§ 985, 1004 BGB vorgehen. **5.146**

3. Rückgabe[125]

a) **Pfanderstattung.** Sind Gebinde bepfandet herausgegeben worden, so ist bei Rückgabe der Gebinde der entsprechende Pfandsatz zu erstatten. **5.147**

b) **Mehrrückgabe.** Gibt ein Getränkefachgroßhändler Gebinde an die Brauerei zurück, ohne sie zuvor unmittelbar von dieser bezogen zu haben, sondern handelt es sich dabei um im normalen Geschäftsgang von Kunden des Getränkefachgroßhändlers an diesen zurückgegebene Gebinde, so dürfte gegen diese Mehrrückgabe wohl nichts zu erinnern sein.[126] **5.148**

4. Rücknahmeverpflichtung

Der Begriff „Pfand" auf einer individualisierten – dauerhaft von den Produkten anderer Hersteller/Vertreiber unterscheidbaren – Getränkeflasche beinhaltet das Angebot des dort namentlich benannten Getränkeherstellers/-vertreibers an jedermann, die Flasche gegen Zahlung des Pfandbetrages zurückzunehmen.[127] **5.149**

---

123) BGH, Urt. v. 5.7.1995 – XII ZR 246/93, NJW-RR 1996, 56.

124) BGH, Urt. v. 9.7.2007 – II ZR 233/05, BGHZ 173, 159 = NJW 2007, 2913; BGH, Urt. v. 9.7.2007 – II ZR 232/05, NJW 2007, 2912.

125) BGH, Urt. v. 5.7.1995 – XII ZR 246/93, NJW-RR 1996, 56; OLG Karlsruhe, Urt. v. 10.4.1987 – 14 U 5/85, NJW-RR 1988, 370; OLG Köln, Urt. v. 13.11.1987 – 20 U 54/87, NJW-RR 1988, 373; OLG Köln, Urt. v. 30.9.1998 – 5 U 106/98; LG Köln, Urt. v. 3.5.2000 – 28 O. 377/99; LG Augsburg, Urt. v. 31.1.2012 – 2 HK O. 3724/10.

126) Sowohl obiter dictum LG Köln, Urt. v. 3.5.2000 – 28 O. 377/99.

127) BGH, Urt. v. 9.7.2007 – II ZR 232/05, NJW 2007, 2912.

5. Nichterfüllung der Rückgabeverpflichtung

5.150 a) **Grundsatz.** Der Eigentümer einer individualisierten – aufgrund einer dauerhaften Kennzeichnung als sein Eigentum ausgewiesenen – Mehrwegpfandflasche verliert das Eigentum an der Flasche weder durch den Verkauf des Getränks noch durch den weiteren Vertrieb des Getränks bis zum Endverbraucher. Er kann von seinen Konkurrenten Herausgabe seiner leeren Flaschen fordern und sie wegen der Vernichtung seiner Flaschen auf Unterlassung und grundsätzlich auch auf Schadensersatz in Anspruch nehmen.[128)]

5.151 b) **Anspruchsgrundlage.** Erfüllt der Abnehmer des Getränkelieferanten seine Rückgabepflicht, ggf. auch nur teilweise, nicht, so schuldet er Schadensersatz nach § 280 Abs. 1 BGB.

5.152 c) **Nachfristsetzung.** Kommt der Rückgabeverpflichtete seiner Rückgabeverpflichtung nicht nach, so hat der Anspruchsberechtigte eine angemessene Frist zur Nacherfüllung nach § 281 Abs. 1 Satz 1 BGB zu setzen. Ist diese erfolglos verstrichen, so kann nach § 280 Abs. 1 Satz 1 BGB Schadensersatz statt der Rückgabe verlangt werden.[129)]

5.153 d) **Verschulden.** Gibt der Getränkefachgroßhändler Leergut nicht zurück, so hat er dies regelmäßig zu vertreten; sein Verschulden wird vermutet (§ 280 Abs. 1 Satz 2 BGB). Die Vermutung kann auch nicht dadurch i. S. d. § 292 ZPO widerlegt werden, dass dem Rückgabeverlangen der Brauerei unter Hinweis auf eine spätere Rückerlangung der fehlenden Fässer zu einem unbekannten Zeitpunkt über andere Kunden der Brauerei entgegengetreten wird.

5.154 Ein Vertretenmüssen ist erst recht dann anzunehmen, wenn der zur Rückgabe Verpflichtete im Vertrieb für die Fässer Pfand vereinnahmt hat, obwohl er an den rückgabeberechtigten Getränkelieferanten kein Pfand bezahlt hat.[130)]

5.155 e) **Umfang der Rückgabeverpflichtung.** Der vereinbarte Kaufpreis bezieht sich regelmäßig ausschließlich auf den Inhalt der Flaschen und Fässer. Damit besteht jedenfalls eine schlüssig vereinbarte Verpflichtung zur Rückgabe des Leergutes. Hierfür spricht auch, dass der Käufer wiederholt Leergut zurückgeliefert hat.

5.156 Ist eine Zeit für die Rückgabe nicht vereinbart, so ergibt sich die Fälligkeit des Anspruchs aus § 604 Abs. 2 Satz 1 BGB. Danach hat der Entleiher die Sachen zurückzugeben, nachdem er den aus dem Zweck der Leihe sich ergebenden Gebrauch gemacht hat. Darunter ist der Vertrieb der Getränke durch den Käufer zu verstehen. Dieser Zweck ist jedenfalls dann weggefallen, wenn die Geschäftsbeziehung beendigt ist. Damit wird die Rückgabeverpflichtung fällig.[131)]

---

128) BGH, Urt. v. 9.7.2007 – II ZR 232/05, NJW 2007, 2912.

129) OLG Braunschweig, Urt. v. 8.12.1995 – 4 U 13/94, NJW-RR 1996, 566.

130) LG Augsburg, Urt. v. 31.1.2012 – 2 HK O. 3724/10.

131) LG Augsburg, Urt. v. 31.1.2012 – 2 HK O. 3724/10.

f) Unmöglichkeit. Der Umstand, dass die Rückgabe der Fässer möglicherweise nicht objektiv unmöglich ist, ist unerheblich, weil das subjektive Unvermögen der Unmöglichkeit gem. § 275 Abs. 1 BGB gleichgestellt ist. Dieses Unvermögen zur Rückgabe der Fässer besteht auch dann auf Dauer, wenn der zur Rückgabe Verpflichtete behauptet, die noch fehlenden Fässer würden irgendwann durch andere Kunden der Brauerei an diese zurückgelangen. Denn dies bedeutet nicht, dass der Schuldner irgendwann sicher in der Lage sein wird, die ihm obliegende Rückgabeverpflichtung zu erfüllen, sondern drückt lediglich eine bloße Hoffnung aus.[132) 5.157

6. Darlegung der Fehlmengen

Der Rückgabeanspruch ist durch Vorlage der entsprechenden Rechnungen und Lieferscheine darzutun. Einer darüber hinausgehenden Darlegung der Entwicklung des Leergutsaldos bedarf es jedenfalls dann nicht, wenn in den wirksam einbezogenen AGB der Brauerei eine Bestimmung enthalten ist, wonach die auf den Rechnungen der Brauerei dem jeweiligen Kunden mitgeteilten Leergutsalden dann als anerkannt gelten, wenn dieser nicht innerhalb von acht Tagen ab Rechnungsdatum schriftlich widersprochen hat.[133)] 5.158

7. Saldenbestätigungen

a) Grundsatz. Grundlage der Schadensberechnung sind die durch die AGB der Brauerei abgesicherten Saldenbestätigungen. Voraussetzung eines wirksamen Saldoanerkenntnisses ist, dass der mitgeteilte Leergutsaldo ohne Widerspruch geblieben ist. Dann ist er wirksam und kann der Fehlmengenberechnung zugrunde gelegt werden. 5.159

b) Inhaltskontrolle. aa) Die darin enthaltene Erklärungsfiktion i. S. d. **§ 308 Nr. 5 BGB** ist auch im Unternehmerverkehr (§ 310 Abs. 1 Sätze 1 und 2 BGB) zu beachten.[134)] 5.160

Die Frist zum Widerspruch gegen den mitgeteilten Kontokorrentsaldo von acht Tagen ist in Anbetracht des Bedürfnisses der Brauerei nach möglichst kurzfristiger Klärung der Verhältnisse durchaus als angemessen anzusehen. Zwar fehlt die nach § 308 Nr. 5 b BGB grundsätzlich im Falle einer klauselmäßig vereinbarten Erklärungsfiktion aufzunehmende Verpflichtung des Verwenders zur Erteilung eines gesonderten Hinweises auf die möglichen Folgen einer widerspruchslosen Entgegennahme. Ein solcher Hinweis ist aber entbehrlich, denn es kann davon ausgegangen werden, dass in dem entsprechenden Geschäftszweig (Getränkebranche), in dem sowohl die klagende Brauerei als auch die beklagten Getränke- 5.161

132) OLG Köln, Urt. v. 30.9.1998 – 5 U 106/98.

133) OLG Köln, Urt. v. 30.9.1998 – 5 U 106/98.

134) BGH, Urt. v. 6.10.2008 – XI ZR 283/07, BGHZ 177, 69 = NJW 2008, 3348.

fachgroßhändler tätig sind, die Verwendung derartiger Erklärungsfiktionen als bekannt vorausgesetzt werden kann. Dies ergibt sich bereits aus den von den Parteien in Bezug genommenen Entscheidungen,[135] die beide eine ähnliche Vertragsgestaltung zum Gegenstand hatten. Auch in diesen Fällen enthielten die dort von den Getränkelieferanten verwendeten branchentypischen AGB vergleichbare Erklärungsfiktionen hinsichtlich des Leergutsaldos.[136]

5.162 **bb)** Gegen die Saldenbestätigungsklausel ist auch im Hinblick **§ 307 Abs. 1 Satz 1 BGB** nichts zu erinnern, weil ein sachlich anzuerkennendes Bedürfnis der Brauerei an deren Verwendung besteht. Der Brauerei wird es bei der großen Zahl des ständig im Umlauf befindlichen Leerguts sowie der bei jeder Lieferung erfolgten Änderung des Leergutsaldos ohne Verwendung einer derartigen Erklärungsfiktion nur sehr schwer, wenn nicht gar unmöglich sein, im Bestreitensfall die Entwicklung eines solchen Leergutsaldos von Beginn der Geschäftsbeziehung an lückenlos durch Darstellung sämtlicher Bewegungen dieses Kontos darzulegen und ggf. zu beweisen. Praktikabel ist allein die Abrechnung des Leerguts im hier praktizierten Wege, die nicht zuletzt auch im Interesse der Kunden der Brauerei, denen das Leergut kostenfrei überlassen wird, erfolgt. Aus diesem Grunde bestehen gegen die Wirksamkeit der Vertragsklausel letztendlich keine durchgreifenden Bedenken, denn der Schwerpunkt bei der Inhaltskontrolle im Hinblick auf Erklärungsfiktionen im Unternehmerverkehr sollte grundsätzlich nicht bei der Einhaltung der formalen Kriterien des § 308 Nr. 5 BGB, sondern bei der materiellen Überprüfung liegen, ob an der Fiktion angesichts ihrer Anknüpfungspunkte und Rechtsfragen ein sachlich anzuerkennendes Interesse des Verwenders besteht.[137] Dies auch vor dem Hintergrund, dass dem Schweigen im Rechtsverkehr unter Kaufleuten auch in einer Anzahl von gesetzlich ausdrücklich geregelten Fällen eine andere Bedeutung beigemessen wird, als dies im nichtkaufmännischen Verkehr der Fall ist.

5.163 **c) Rechtsmissbrauch.** Im Übrigen stellt sich das Verhalten des Getränkefachgroßhändlers, der offenbar erstmals im vorliegenden Rechtsstreit die auf der Grundlage ihrer AGB geübte Praxis der Brauerei bestritten hatte, als rechtsmissbräuchlich und damit als Verstoß gegen den Grundsatz von Treu und Glauben i. S. von § 242 BGB dar. Soweit der Getränkefachgroßhändler pauschal vorträgt, der von der Brauerei angegebene Leergutsaldo sei im Verlauf der Geschäftsbeziehung mehrmals beanstandet worden, ist dies unbeachtlich. Eine nähere Substantiierung dieses Vortrages ist nicht erfolgt. Voraussetzung dafür ist auch nicht, dass die Brauerei zunächst ihrerseits ihren Vortrag zur Darlegung der Gesamtentwicklung des Kontokorrentkontos substantiiert hat. Die

135) OLG Karlsruhe, Urt. v. 10.4.1987 – 14 U 5/85, NJW-RR 1988, 370; OLG Köln, Urt. v. 13.11.1987 – 20 U 54/87, NJW-RR 1988, 373.

136) OLG Köln, Urt. v. 30.9.1998 – 5 U 106/98.

137) OLG Köln, Urt. v. 30.9.1998 – 5 U 106/98.

Brauerei beruft sich nämlich zu Recht auf die Richtigkeit des durch Schweigen des Getränkefachgroßhändlers anerkannten Saldos. Will der Getränkefachgroßhändler hiergegen geltend machen, er habe einzelne, von der Brauerei mitgeteilte Salden als unrichtig beanstandet, so ist wiederum er hierfür darlegungs- und beweispflichtig. Eine Darlegung dahingehend, wann und auf welche Weise ggf. welche Mitteilung der Brauerei beanstandet worden ist, ist nicht erfolgt, das bloße pauschale Bestreiten ist durch den Getränkefachgroßhändler mithin insoweit unbeachtlich.[138)]

8. Konkrete Schadensberechnung

a) Darlegung. Eine Brauerei hatte einen Getränkefachgroßhändler auf Schadensersatz mit der Begründung verklagt, dieser habe nach Beendigung der Geschäftsbeziehungen 729 der gelieferten Aluminiumfässer nicht leer zurückgegeben. Jener besaß zu diesem Zeitpunkt auch keine Fässer der Brauerei mehr. Zu diesem Zeitpunkt benutzte die Brauerei bereits KEG-Fässer (große Stahlfässer mit einem Spezialverschluss). Im Jahre 1991 hatte sie die Benutzung von Aluminiumfässern eingestellt. Mit der Klage verlangte sie den „mittleren Wiederbeschaffungswert" für ein 20-Liter-Fass, den sie mit 75,00 DM ansetzte, für größere Fässer mit 108,60 DM, jeweils ohne Umsatzsteuer.[139)] 5.164

Der BGH nahm zu den Anforderungen an die Substantiierung des Klagevortrags Stellung. Werden diese überspannt, so ist das Gebot, alle erheblichen Beweismittel heranzuziehen (§ 286 ZPO) verletzt. Für einen schlüssigen Klagevortrag ist es ausreichend, wenn die Brauerei Tatsachen vorträgt, die in Verbindung mit einem Rechtssatz geeignet sind, das mit der Klage geltend gemachte Recht als in der Person der Klägerin entstanden erscheinen zu lassen. Die Angabe näherer Einzelheiten ist nur dann erforderlich, wenn diese für die Rechtsfolgen von Bedeutung sind. Das Gericht muss in der Lage sein, aufgrund des tatsächlichen Vorbringens zu entscheiden, ob die gesetzlichen Voraussetzungen für das Bestehen des geltend gemachten Anspruchs vorliegen. Der Sachvortrag bedarf im Hinblick auf die Einlassung des Gegners nur dann der Ergänzung, wenn er infolge dieser Einlassung unklar wird und nicht mehr den Schluss auf die Entstehung des geltend gemachten Rechts zulässt. Eine Beweisaufnahme zu einem bestrittenen erheblichen Vorbringen darf nicht abgelehnt werden, wenn die Behauptung konkret genug ist, um eine Stellungnahme des Gegners zu ermöglichen und die Erheblichkeit des Vorbringens zu beurteilen.[140)] 5.165

b) Wiederbeschaffungswert. Die Höhe eines Schadensersatzanspruchs wegen Verlustes gebrauchter Gegenstände richtet sich in der Regel nach den Kosten der 5.166

138) OLG Köln, Urt. v. 30.9.1998 – 5 U 106/98.

139) BGH, Urt. v. 5.7.1995 – XII ZR 246/93, NJW-RR 1996, 56.

140) OLG Frankfurt/M., Urt. v. 19.11.2012 – 23 U 68/12, NJW-RR 2013, 566.

Wiederbeschaffung einer wirtschaftlichen gleichwertigen Ersatzsache. Dieser Wiederbeschaffungswert ist nicht gleichzusetzen mit dem Preis, den der Schadensersatzberechtigte beim Verkauf der gebrauchten Sache am Markt hätte erlösen können (Zeitwert). Maßgebend ist vielmehr der Preis, den er beim Kauf einer gleichwertigen gebrauchten Sache aufzuwenden hätte, eventuell einschließlich der üblichen Händlergewinnspanne.[141)] Hat die klagende Brauerei bei Berechnung ihrer Klageforderung pro Fass entsprechend einer Verbandsempfehlung den „mittleren Wiederbeschaffungswert" zugrunde gelegt und insofern Beweis durch Sachverständigengutachten angetreten, so behauptet sie damit gleichzeitig, dass die von ihr auf Empfehlung des Brauereiverbandes eingesetzten Werte dem Wiederbeschaffungswert entsprechen, den sie am Markt für vergleichbare gebrauchte Fässer hätte zahlen müssen. Mehr braucht die Brauerei nicht vorzutragen, um die Klageforderung der Höhe nach zu begründen. Das von ihr beantragte Sachverständigengutachten ist ein geeignetes Beweismittel.[142)] Auch aus der Gebindeumstellung lässt sich nichts anderes herleiten. Es mag sein, dass wegen der Umstellung auf KEG-Fässer die Nachfrage nach Aluminiumfässern gering und das Angebot groß war. Das kann zur Folge gehabt haben, dass schon damals der Wiederbeschaffungswert von Aluminiumfässern gefallen ist, möglicherweise sogar in der Nähe des reinen Materialwertes für Aluminium lag. Sollte eine solche Entwicklung eingetreten sein, so wäre sie von dem Sachverständigen bei der Ermittlung des Wiederbeschaffungswertes zu berücksichtigen. Dazu bedarf es zunächst der Einholung des Gutachtens. Der Umstand der Leergutumstellung begründet daher keinen hinreichenden Anlass zu der Behauptung, ein Schaden sei überhaupt nicht eingetreten. Insbesondere rechtfertigt er es nicht, das Gutachten erst gar nicht einzuholen. Vielmehr stellte dies eine unzulässige vorweggenommene Beweiswürdigung dar.[143)]

5.167 Das LG Köln hatte sich in einem Urteil vom 3.5.2000[144)] mit einer hilfsweise seitens eines Getränkefachgroßhändlers gegenüber einem begründeten Zahlungsanspruch der Brauerei erklärten Aufrechnung mit einem vermeintlichen Anspruch auf Ersatz des Wiederbeschaffungswertes für insgesamt (zuviel) zurückgegebenes Leergut auseinanderzusetzen. Die Brauerei hatte das Leergut (Fässer), soweit es bepfandet war, gegen Erstattung des Pfandbetrages entgegengenommen. Für den von dem Getränkefachgroßhändler darüber hinaus geltend gemachten Wiederbeschaffungswert für die Fässer verneinte es aber eine Grundlage.

141) BGH, Urt. v. 10.7.1984 – VI ZR 262/82, BGHZ 92, 85 = NJW 1982, 1864; OLG Frankfurt/M., Urt. v. 19.11.2012 – 23 U 68/12, NJW-RR 2013, 566.

142) BGH, Urt. v. 10.7.1984 – VI ZR 262/82, BGHZ 92, 85 = NJW 1982, 1864; OLG Frankfurt/M., Urt. v. 19.11.2012 – 23 U 68/12, NJW-RR 2013, 566.

143) BGH, Urt. v. 10.7.1984 – VI ZR 262/82, BGHZ 92, 85 = NJW 1982, 1864; OLG Frankfurt/M., Urt. v. 19.11.2012 – 23 U 68/12, NJW-RR 2013, 566.

144) LG Köln, Urt. v. 3.5.2000 – 28 O. 377/99.

Auf die Geschäftsbedingungen der Brauerei, nach denen der Kunde bei Beendigung der Geschäftsbeziehung für nicht zurückgegebene Fässer der Brauerei den Wiederbeschaffungswert ersetzen musste, konnte sich die Beklagte nicht berufen, weil er insofern das einbehaltene Pfand zurückerhalten hatte. Selbst wenn die Brauerei von dem Kunden, der zu wenig Fässer zurückgegeben hat, hierfür Ersatz entsprechend ihren AGB verlangen konnte, obwohl sie von einem anderen Kunden (hier dem Getränkefachgroßhändler) zuviel Fässer gegen Erstattung des Pfandes zurückerhalten hatte, wäre die Brauerei durch den Erhalt des Wiederbeschaffungswertes von dem ursprünglichen Abnehmer der Fässer jedenfalls nicht auf Kosten des Getränkefachgroßhändlers unzulässig bevorteilt und bereichert. 5.168

c) Interessant sind die Ausführungen des OLG Köln in einem Urteil vom 30.9.1998. Das Gericht beanstandet die Schadensberechnung der Brauerei nicht, soweit sie hinsichtlich der nicht zurückgegebenen Fässer von einem Wiederbeschaffungswert in Höhe des von ihr für eine Neuanschaffung der Fässer aufzuwendenden Betrages ausgegangen ist. Das Gericht lässt die Frage der Wirksamkeit einer entsprechenden Neuwertklausel in den AGB der Brauerei offen. Vielmehr stützt es seine Entscheidung auf die allgemeinen gesetzlichen Vorschriften, hier § 251 Abs. 1 BGB. Danach ist grundsätzlich eine Entschädigung in Geld in Höhe des Wiederbeschaffungswertes zu leisten.[145)] Da die Behauptung der Brauerei, die betreffenden Fässer seien aufgrund ihrer technischen Beschaffenheit von einer nahezu unbegrenzten Lebensdauer und es gäbe für diese keinen Gebrauchtmarkt, von dem Getränkefachgroßhändler nicht bestritten worden war, begegnete es nach Auffassung des Gerichts keinen Bedenken, als Wiederbeschaffungswert den Neupreis derartiger Fässer anzusetzen. Unter den gegebenen Voraussetzungen sei eine Wiederbeschaffung nur durch Neukauf zu realisieren. Ein Abzug „neu für alt“ erscheine nicht gerechtfertigt. Dies insbesondere deshalb, weil die Brauerei mit Rücksicht darauf, dass sie die Größe der einzelnen Fässer nicht mehr nachvollziehen könne, jeweils nur den Preis für die kleinstmögliche Größe in Ansatz gebracht hat, obwohl es durchaus wahrscheinlich sei, dass sich auch eine Anzahl größerer und damit teurerer Fässer unter den bislang nicht zurückgegebenen Leergut befindet. Auch aus diesem Grund erscheine letztlich eine Benachteiligung des Getränkefachgroßhändlers durch die von der Brauerei vorgenommene Schadensberechnung ausgeschlossen.[146)] 5.169

d) Hat der Rückgabegläubiger seinen Geschäftsbetrieb zwischenzeitlich eingestellt, so kann er einen Schaden wegen Fehlens des Leergutes im Betriebsablauf grundsätzlich nicht geltend machen. Als Schaden kommt nach § 252 BGB aber 5.170

---

145) Palandt-*Grüneberg*, BGB, § 251 Rz. 10.

146) OLG Köln, Urt. v. 30.9.1998 – 5 U 106/98.

auch ein entgangener Gewinn in Betracht. Bei bepfandetem Leergut ist dieser in Höhe der Pfandwerte anzusetzen.[147)]

9. Wiederbeschaffungsklauseln

5.171 **a) Schranke des § 309 Nr. 5 a BGB. aa) Erforderlichkeit eines Abzuges.** Umstritten ist, ob und in wieweit der Neuwert[148)] geltend gemacht werden kann oder ein **Abzug „neu für alt"** vorzunehmen ist.[149)]

5.172 **bb) Pauschalen.** Die Zulässigkeit von Klauseln in Allgemeinen Geschäftsbedingungen der Getränkelieferanten, wonach für nicht zurückgegebenes Leergut dessen Wiederbeschaffungswert bzw. ein prozentualer Anteil hiervon als Ersatz zu zahlen ist, ist seit langem umstritten. Nur selten gelingt es Getränkelieferanten, zur Höhe des Schadens konkret vorzutragen. Im Rahmen der dann von den Gerichten vorzunehmenden Schätzung nach § 287 Abs. 1 ZPO fragt es sich, welche Pauschalen im Hinblick auf das aus § 309 Nr. 5 a BGB abgeleitete Bereicherungsverbot in Wiederbeschaffungsklauseln zugrunde gelegt werden können.[150)]Wird im Getränkehandel für den Fall der Nichtrückgabe von Leergut der Neupreis oder beispielsweise 80 % des Neupreises pauschal als Schadensersatz berechnet, so soll eine entsprechende Klausel wegen des fehlenden Abzuges „neu für alt" unwirksam sein.[151)] Da die Rechtsprechung in Anwendung der Vorschrift des § 287 Abs. 1 ZPO unter Anwendung des Grundsatzes Abzug „neu für alt" einen Zeitwert des nicht zurückgegebenen Leergutes in Höhe von 50 % des Neuwertes und damit ein Schaden des Getränkelieferanten in Höhe der Differenz zum Pfandbetrag zugrunde gelegt hat,[152)] dürften entsprechende Schadensersatzpauschalierungen zulässig sein.

---

147) LG Augsburg, Urt. v. 31.1.2012 – 2 HK O. 3724/10.

148) So OLG Düsseldorf, Urt. v. 29.7.1994 – 21 U 219/93; OLG Köln, Urt. v. 30.9.1998 – 5 U 106/98; LG Nürnberg-Fürth, Urt. v. 8.1.1991 – 2 HK O. 1184/90, Zeller, IV, 379.

149) Bejahend OLG Karlsruhe, Urt. v. 10.4.1987 – 14 U 5/85, NJW-RR 1988, 370; OLG Köln, Urt. v. 13.11.1987 – 20 U 54/87, NJW-RR 1988, 373; OLG Braunschweig, Urt. v. 8.12.1995 – 4 U 13/94, NJW-RR 1996, 566; LG Köln, Urt. v. 13.11.1987 – 20 U 54/87, NJW-RR 1988, 373; verneinend OLG Köln, Urt. v. 30.9.1998 – 5 U 106/98; OLG Düsseldorf, Urt. v. 29.7.1994 – 21 U 219/93; LG Nürnberg-Fürth, Urt. v. 8.1.1991 – 2 HK O. 1184/90, Zeller, IV, 379.

150) Bejahend OLG Köln, Urt. v. 30.9.1998 – 5 U 106/98; LG Nürnberg-Fürth, 2 HK O. 1184/90, Zeller, IV, 379; verneinend OLG Köln, Urt. v. 13.11.1987 – 20 U 54/87, NJW-RR 1988, 373; OLG Düsseldorf, Urt. v. 29.7.1994 – 21 U 219/93.

151) OLG Karlsruhe, Urt. v. 10.4.1987 – 14 U 5/85, NJW-RR 1988, 370; OLG Köln, Urt. v. 13.11.1987 – 20 U 54/87, NJW-RR 1988, 373; OLG Braunschweig, Urt. v. 8.12.1995 – 4 U 13/94, NJW-RR 1996, 566; LG Köln, Urt. v. 13.11.1987 – 20 U 54/87, NJW-RR 1988, 373.

152) OLG Köln, Urt. v. 13.11.1987 – 20 U 54/87, NJW-RR 1988, 373; OLG Düsseldorf, Urt. v. 29.7.1994 – 21 U 219/93; OLG Braunschweig, Urt. v. 8.12.1995 – 4 U 13/94, NJW-RR 1996, 566.

Eine unzulässige Bereicherung ist dann anzunehmen, wenn Pfand, Mietzins und Kaufpreis für Leergut gezahlt werden müssen.[153)]

b) Schranke des § 309 Nr. 5 b BGB. Auch bei Vereinbarung eines pauschalierten Schadensersatzes ist dem Schuldner der Nachweis eines geringeren Schadens zuzulassen. 5.173

Zweiter Abschnitt: Sinnverwandte Verträge

§ 56 Automatenaufstellverträge

I. Grundlagen

1. Einführung

Automatenaufstellverträge haben die Rechtsprechung in mehrfacher Hinsicht besonders beschäftigt. Der Grund mag einmal darin liegen, dass in der Gaststätte aufgestellte Automaten (Musikautomaten, Spielautomaten) in besonderem Maße geeignet sind, den Charakter der Gaststätte festzulegen und den Gastwirt oder sonstigen Betreiber damit in seiner Betriebsführung einzuengen, oft ohne dass ihm nennenswerte Gegenleistungen zufließen. Zum anderen handelt es sich bei Automatenaufstellverträgen um komplexe Vertragstypen, so dass der Aufrechterhaltung von Verträgen, die in Einzelbestimmungen gegen die guten Sitten verstoßen oder unangemessen sind, möglicherweise Grenzen gesetzt sind. 5.174

2. Charakteristika

Mittels eines Automatenaufstellvertrages gestattet der Inhaber, z. B. Eigentümer/Pächter/Mieter von Aufstell- oder Anbringflächen, dem Automatenaufsteller einen oder mehrere Automaten, z. B. Warenautomaten mit Getränken, Tabakwaren, Süßwaren, Lebensmitteln, Blumen, Filmen, Schutzmitteln oder Unterhaltungsautomaten sowie Musik- und Spielautomaten, gegen Beteiligung am Umsatz in zu seinem gewerblichen Betrieb (häufig einer Gastwirtschaft) gehörenden Räumen anzubringen bzw. aufzustellen und für eigene Rechnung zu betreiben. Die Gestattung bezieht sich auch darauf, dass dem Aufsteller erlaubt wird, seine Waren, d. h. solche des Automatenaufstellers und nicht des Wirts, zu verkaufen bzw. (eigene) Musik- oder Vergnügungsleistungen anzubieten. Die Gegenleistung des Automatenaufstellers für die Gestattung der Aufstellung besteht gewöhnlich in einer **Umsatzbeteiligung** des Wirts. Anlass für den Betriebsinhaber, dem Automatenaufsteller die Aufstellung der Geräte zu gestatten, ist oft ein manchmal anderweitig nicht zu befriedigendes **Kreditbedürfnis.** Der Automatenaufsteller gibt dann ein zumindest mit Teilen der **Einspielerlöse** zu tilgendes **Darlehen** und erhält dafür in zeitlichem und wirt- 5.175

153) LG Köln, Urt. v.12.11.1986 – 26 O. 70/86, MDR 1987, 672.

schaftlichem Zusammenhang auf bestimmte Zeit das **ausschließliche Automatenaufstellrecht.** Der Abschluss derartiger Verträge macht den eigentlichen Inhalt der unternehmerischen Tätigkeit des Aufstellers aus, während die Aufstellung von Automaten für den Gastwirt oder sonstigen Betreiber regelmäßig nur eine **Nebenerwerbschance** eröffnet.[154)]

3. Rechtliche Einordnung

5.176 a) Die rechtliche Einordnung der Automatenaufstellverträge ist umstritten. Sie enthalten zwar eine Zusammenfassung von miet-, gesellschafts-, dienst- und werkvertragsrechtlichen Pflichten **(gemischter Vertrag)**, sind aber in erster Linie auf die Eingliederung der Automaten in den Gewerbebetrieb des Gastwirt oder sonstigen Betreibers zum Zwecke einer gemeinsamen Gewinnerzielung gerichtet.[155)]

5.177 Die Rechtsprechung qualifiziert den Automatenaufstellvertrag daher zumeist als **Gestattungsvertrag**, der neben mietvertraglichen Elementen auch personenbezogene Merkmale aufweist.[156)]

5.178 b) Der Automatenaufstellvertrag rechnet zu den gesetzlich nicht vertypten **Dauerschuldverhältnissen.**[157)]

5.179 c) Jedenfalls handelt es sich bei dem Automatenaufstellvertrag um einen **gegenseitigen Vertrag.**[158)]

4. Entsprechende Anwendung des Mietrechts

5.180 a) **Schriftform.** Da Automatenaufstellverträge nicht in erster Linie Mietverträge sind, findet auf sie die Formvorschrift des **§ 550 BGB** keine Anwendung.[159)]

---

154) BGH, Urt. v. 22.3.1967 – VIII ZR 10/65, BGHZ 47, 202 = NJW 1967, 1414; BGH, Urt. v. 6.6.1979 – VIII ZR 281/78, WM 1979, 918 = Zeller II, 53; BGH, Urt. v. 6.10.1982 – VIII ZR 201/81, NJW 1983, 159 = ZIP 1982, 1449 = Zeller III, 231.

155) BGH, Urt. v. 22.3.1967 – VIII ZR 10/65, BGHZ 47, 202 = NJW 1967, 1414; BGH, Urt. v. 15.3.1978 – VIII ZR 254/76, NJW 1978, 1155 = Zeller II, 261; OLG Düsseldorf, Urt. v. 18.12.1984 – U (Kart) 16/84, WuW 1985, 430: aber kein **partiarisches Rechtsverhältnis**.

156) BGH, Urt. v. 22.3.1967 – VIII ZR 10/65, BGHZ 47, 202 = NJW 1967, 1414; BGH, Urt. v. 15.3.1978 – VIII ZR 254/76, NJW 1978, 1155 = Zeller II, 261; BGH, Urt. v. 6.10.1982 – VIII ZR 201/81, NJW 1983, 159 = ZIP 1982, 1449 = Zeller III, 231; BGH, Urt. v. 29.2.1984 – VIII ZR 350/82, NJW 1985, 53 = ZIP 1984, 841 = Zeller III, 281; BFH, Urt. v. 18.4.2000 – VIII R 68/98, NZM 2001, 395; OLG Frankfurt/M., Urt. v. 5.3.1963 – 5 U 232/62, NJW 1964, 256; OLG Celle, Urt. v. 31.1.1967 – 10 U 225/66, NJW 1967, 1425; OLG Düsseldorf, Urt. v. 18.12.1984 – U (Kart) 16/84, WuW 1985, 430: Mietvertrag über Grundstücksteile.

157) OLG Hamburg, Urt. v. 28.1.1976 – 5 U 144/75, MDR 1976, 577.

158) LG Stuttgart, Urt. v. 7.7.1976 – 9 O. 12/76, Münzautomaten-Recht (MAR) April 1977.

159) BGH, Urt. v. 22.3.1967 – VIII ZR 10/65, BGHZ 47, 202 = NJW 1967, 1414.

b) **Übertragung.** Wird das Betriebsgrundstück/der Betriebsraum veräußert, so tritt der Erwerber nicht in den Automatenaufstellvertrag ein. **§ 566 BGB** passt aus den gleichen Gründen wie § 550 BGB – beide Vorschriften stehen in engem Zusammenhang –[160)] für den Automatenaufstellvertrag nicht. Ist der Vertragspartner des Automatenaufstellers ein Mieter/Pächter der Betriebsräume, so scheidet § 566 BGB auch deshalb aus, weil diese Bestimmung ohnehin auf den Wechsel des Hauptmieters/-pächters nicht anwendbar ist.[161)] 5.181

Beim **Automatenanbringungsvertrag** wird dies freilich anders gesehen. Denn dort steht die Miete des Raum-, Grundstücks- oder Gebäudeteils im Vordergrund, was sich mit der Rechtsprechung zur Aufstellung von Werbetafeln deckt. Diese Differenzierung überzeugt im gedanklichen Ansatz, auch wenn sie wegen der Nähe der beiden Vertragsarten schwer durchzuführen sein mag; denn eine Vertragsüberleitung gem. § 566 BGB ließe das personenbezogene Element (gemeinsamer Nutzen) außer Acht.[162)] 5.182

c) **Kündigungsfrist.** Dominieren die mietvertraglichen Elemente, so gelten die allgemeinen Kündigungsvorschriften für Mietverträge.[163)]Eine Geschäftsraummiete nach **§ 580a Abs. 2 BGB** ist gegeben, wenn einem Automatenaufsteller ein ganzer Raum vermietet wird, in dem er eine **Automatenspielhalle** einrichten will.[164)] 5.183

II. Verdikt des § 138 Abs. 1 BGB

1. Beurteilungsgrundsätze

a) **Grundlagen.** Bei der **Abwägung** im Rahmen des § 138 Abs. 1 BGB ist die unterschiedliche Risikobeteiligung des Automatenaufstellers, für den der Abschluss derartiger Verträge der eigentliche Inhalt seiner unternehmerischen Tätigkeit ist, gegenüber derjenigen des Betriebsinhabers zu berücksichtigen, für den sich die Automatenaufstellung nur als Nebenerwerbschance darstellt.[165)] 5.184

b) Sittenwidrigkeit eines **Automatenkaufvertrag**es ist auch dann zu bejahen, wenn entsprechend der Rechtsprechung des BGH zur Sittenwidrigkeit von Grundstücksgeschäften der (objektive) Preis für den käuflichen Erwerb des 5.185

---

160) BGH, Urt. v. 22.3.1967 – VIII ZR 10/65, BGHZ 47, 202 = NJW 1967, 1414; BGH, Urt. v. 21.10.1992 – VIII ZR 99/91, NJW-RR 1993, 562; BGH, Urt. v. 17.7.2002 – XII ZR 86/01, NJW 2002, 924.

161) BGH, Urt. v. 22.5.1989 – VIII ZR 192/88, NJW 1989, 2053.

162) OLG München, Urt. v. 14.2.1972 – 21 U 2941/71, NJW 1972, 1995.

163) LG Koblenz, Urt. v. 28.1.2005 – 11 S 119/04, NJW-RR 2005, 991.

164) BGH, Urt. v. 22.3.1967 – VIII ZR 10/65, BGHZ 47, 202 = NJW 1967, 1414.

165) BGH, Urt. v. 6.10.1982 – VIII ZR 201/81, NJW 1983, 159 = ZIP 1982, 1449 = Zeller III, 231.

Automaten mehr als doppelt so hoch wie der vom Gastwirt geschuldete Gegenwert (etwa: Verkehrswert 30.000,00 DM – Kaufpreis 80.000,00 DM) ist.[166)]

2. Rechtsfolgen eines Verstoßes

5.186 a) Vor Bejahung eines Sittenverstoßes i. S. d. § 138 Abs. 1 BGB muss versucht werden, die zur Überprüfung anstehende Individualvereinbarung mittels einer an § 242 BGB orientierten Auslegung auf ein vertretbares Maß **zurückzuführen.**[167)]

5.187 b) Gem. **§ 139 BGB** ist zu prüfen, ob nach dem jeweiligen Parteiwillen der „Rest" des Rechtsgeschäfts aufrechterhalten werden kann.[168)] Voraussetzung ist, dass sich der Vorwurf der Sittenwidrigkeit auf einen abtrennbaren Teil des Rechtsgeschäfts i. S. d. § 139 BGB beschränken lässt. Ob die Nichtigkeit einer Vertragsbestimmung zur Unwirksamkeit des gesamten Vertrages führt, ist eine **Frage des Einzelfalles** und anhand der in der Rechtsprechung aufgestellten Kriterien zu beantworten.[169)]

5.188 Lässt der Vertrag sich nicht im Wege einer nach beiden Seiten interessengerechten Auslegung auf einen vertretbaren Sinngehalt **zurückführen,** so nutzt auch eine **salvatorische Klausel** nichts.[170)]

5.189 c) Die **Gesamtnichtigkeit** ist zu verneinen, wenn die wesentlichen Rechte und Pflichten der Parteien auch bei Wegfall der unwirksamen Klauseln erhalten bleiben. An der durch § 138 Abs. 1 BGB indizierten Gesamtnichtigkeit fehlt es insbesondere dann, wenn die Hauptpflichten der Parteien – Gestattung der Aufstellung von Automaten in der Gaststätte gegen Beteiligung am Einspielergebnis – eindeutig festgelegt und rechtswirksam sind, so dass dann der Wegfall etwaiger Nebenabreden nicht zu einer Umgestaltung des Vertrages führt.[171)]

---

166) BGH, Urt. v. 26.11.1997 – VIII ZR 322/96, WM 1998, 932.

167) BGH, Urt. v. 3.3.1971 – VIII ZR 55/70, NJW 1971, 1034; BGH, Urt. v. 14.11.2000 – XI ZR 248/99, NJW 2001, 815 = ZIP 2001, 189.

168) BGH, Urt. v. 14.11.2000 – XI ZR 248/99, NJW 2001, 815 = ZIP 2001, 189.

169) BGH, Urt. v. 11.11.1968 – VIII ZR 151/66, NJW 1969, 230 = Zeller I, 118; BGH, Urt. v. 6.10.1982 – VIII ZR 201/81, NJW 1983, 159 = ZIP 1982, 1449 = Zeller III, 231.

170) BGH, Urt. v. 6.6.1979 – VIII ZR 281/78, WM 1979, 918 = Zeller II, 53.

171) BGH, Urt. v. 29.2.1984 – VIII ZR 350/82, NJW 1985, 53 = ZIP 1984, 841 = Zeller III, 281; BGH, Urt. v. 21.3.1990 – VIII ZR 196/89, NJW-RR 1990, 1076.

III. Grundlagen der AGB-rechtlichen Betrachtung

1. Praktische Relevanz

Höchstrichterliche Entscheidungen, die Automatenaufstellverträge auf ihre Vereinbarkeit mit den Vorschriften des AGB-Rechts zu prüfen hatten, sind zahlreicher als solche zu Getränkelieferungsverträgen.[172] 5.190

2. Anwendungsbereich

a) Sachlicher Anwendungsbereich. Allein die Tatsache, dass sich der Gastwirt bzw. der Spielhalleninhaber mit einer bestimmten – für unabdingbar erklärten – Klausel für einverstanden erklärt, begründet keineswegs, dass er auch seine rechtsgeschäftliche Gestaltungsfreiheit eingesetzt hat. Denn die Risikoverteilung solcher Verträge ist oft einseitig zugunsten des AGB-Verwenders. Ungeachtet der Frage, ob der Gastwirt oder sonstige Betreiber Unternehmer ist, wird man berücksichtigen müssen, dass der AGB-Verwender den Automatenaufstellvertrag im Rahmen seiner eigenen unternehmerischen Tätigkeit abschließt, und dass dieser Kontrakt für den Gastwirt oder sonstige Betreiber lediglich eine Nebenerwerbschance darstellt. Darin äußert sich ein Machtgefälle, welches bei der Bejahung einer Individualabrede gem. **§ 305 Abs. 1 Satz 3 BGB** im Auge behalten werden muss. Im Ergebnis wird man die Voraussetzung einer Individualabrede gem. § 305 Abs. 1 Satz 3 BGB nur zurückhaltend annehmen dürfen.[173] 5.191

b) Persönlicher Anwendungsbereich. Automatenaufstellverträge unterliegen, wenn der Betriebsinhaber – wie fast durchweg – Unternehmer i. S. d. **§§ 310 Abs. 1 Satz 1, 14 BGB** ist, der Inhaltskontrolle nach § 307 BGB. Wenn ein Gastwirt einen Automaten in dem von ihm betriebenen Räumen einer Gaststätte aufbauen lässt, dann handelt er als Unternehmer i. S. v. § 14 BGB; denn er wird bereits mit dem Abschluss des Vertrages gewerblich tätig.[174] 5.192

---

172) BGH, Urt. v. 18.5.1982 – KZR 14/81, BB 1983, 662 = Zeller III, 225; BGH, Urt. v. 6.10.1982 – VIII ZR 201/81, NJW 1983, 159 = ZIP 1982, 1449 = Zeller III, 231; BGH, Urt. v. 14.6.1983 – KZR 19/82, WuW/E BGH 2037 = Zeller III, 251; BGH, Urt. v. 29.2.1984 – VIII ZR 350/82, NJW 1985, 53 = ZIP 1984, 841 = Zeller III, 281; BGH, Urt. v. 11.7.1984 – VIII ZR 35/83, ZIP 1984, 1093 = Zeller III, 298; BGH, Urt. v. 21.3.1990 – VIII ZR 196/89, NJW-RR 1990, 1076. Zur **Instanzrechtsprechung** OLG Düsseldorf, Urt. v. 2.11.1972 – 10 U 84/72, MDR 1973, 224; OLG Hamburg, Urt. v. 2.11.1978 – 3 U 103/78; OLG Hamburg, Urt. v. 9.3.1983 – 5 U 114/82, NJW 1983, 1502 = ZIP 1983, 588; OLG Celle, Urt. v. 25.9.1987 – 2 U 267/86, NJW-RR 1988, 946 = Zeller IV, 248; OLG Braunschweig, Urt. v. 20.4.1989 – 2 U 210/88, VersR 1990, 426; OLG Düsseldorf, Urt. v. 5.5.1994 – 10 U 238/93, MDR 1994, 118; OLG Rostock, Urt. v. 17.3.2003 – 3 U 107/02, BeckRS 2010, 27462; LG Ulm Münzautomaten-Recht (MAR) Januar 1987; LG Aachen, Urt. v. 25.3.1987 – 7 S 445/86, NJW-RR 1987, 948; LG Essen, Urt. v. 14.7.1989 – 1 S 177/89, MDR 1989, 996 = Zeller IV, 283; LG Konstanz, Urt. v. 28.1.2005 – 11 S 119/04, NJW-RR 2005, 991.

173) *von Westphalen*, Vertragsrecht und AGB-Klauselwerke, A Rz. 3, 4.

174) *von Westphalen*, Vertragsrecht und AGB-Klauselwerke, A Rz. 9 i. V. m. B Rz. 19.

3. Einbeziehung und Auslegung

5.193 Insbesondere bei Automatenaufstellverträgen kann sich im Einzelfall die Frage stellen, ob einzelne Klauseln nicht mangels Einbeziehung keine Geltung haben. Bei manchen Automatenaufstellverträgen könnte es bereits an einer wirksamen Einbeziehung hinsichtlich formularmäßiger Bedingungen fehlen, die **drucktechnisch** so **gestaltet** sind, dass sie „nur mit der Lupe und selbst dann nicht ohne Mühe zu lesen sind". Das soll auch dann gelten, wenn die fragliche Klausel sehr gebräuchlich ist und gegenüber einem Unternehmer verwendet wird.[175)]

5.194 Für die **Auslegung** einer Klausel in einem Automatenaufstellvertrag ist maßgebend die Verständnismöglichkeit der Gastwirte als typischerweise an Geschäften dieser Art beteiligten Kunden.[176)]

4. Inhaltskontrolle

5.195 a) Je stärker der Gerechtigkeitsgehalt der vom Gesetzgeber aufgestellten Dispositivnormen ist, ein desto strengerer Maßstab muss an die Vereinbarkeit von Abweichungen in AGB nach dem Grundsatz von Treu und Glauben angelegt werden (**§ 307 Abs. 2 Nr. 1 BGB**).[177)]

5.196 Soweit Klauseln in Rede stehen, welche ausschließlich mietvertraglichen Charakter aufweisen, wird man im Rahmen des § 307 Abs. 2 Nr. 1 BGB an die §§ 535 ff. BGB anknüpfen können.[178)]

5.197 b) Zu etwaigen Zweifeln im Hinblick auf die **Transparenz** (§ 307 Abs. 1 Satz 2 BGB) vergleiche die BGH-Entscheidung vom 6.10.1982.[179)]

5.198 Nach Inhalt und Wortlaut der Vertragsbedingungen sollte deutlich werden (können), ob die Vertragsbedingungen nur auf Verträge mit Gaststätteneigentümern oder auch auf Verträge mit Pächtern zugeschnitten sind. Aus der Formulierung „Vermieter" lässt sich nicht schließen, in welcher Rechtsposition die Gaststätte, in der die Automaten aufgestellt sind, betrieben werden muss.[180)]

5.199 c) Derjenige, der einseitig die Bedingungen eines Formularvertrages aufstellt, hat nach dem Grundsatz von Treu und Glauben schon beim Abfassen derartiger Bedingungen die Interessen seiner künftigen Vertragspartner angemessen

175) BGH, Urt. v. 7.5.1986 – VIII ZR 238/85, ZIP 1986, 866; *Paulusch*, Brauerei- und Gaststättenrecht, 9. Aufl. 1996, Rz. 16.

176) BGH, Urt. v. 29.2.1984 – VIII ZR 350/82, NJW 1985, 53 = ZIP 1984, 841 = Zeller III, 281.

177) BGH, Urt. v. 11.11.198 – VIII ZR 151/66, NJW 1969, 230 = Zeller I, 118.

178) *von Westphalen*, Vertragsrecht und AGB-Klauselwerke, A Rz. 1.

179) BGH, Urt. v. 6.10.1982 – VIII ZR 201/81, NJW 1983, 159 = ZIP 1982, 1449 = Zeller III, 231.

180) BGH, Urt. v. 10.11.1976 – VIII ZR 84/75, WM 1977, 112 = Zeller II, 23.

zu berücksichtigen (**§ 307 Abs. 1 Satz 1 BGB**).[181] Wie sehr formularmäßige Bestimmungen eines Automatenaufstellvertrages geeignet sein können, den Gastwirt ohne nennenswerte Gegenleistung in grotesker Weise in seiner Bewegungsfreiheit einzuengen, verdeutlicht die Rechtsprechung. So wurde die völlige Nichtigkeit des Formularvertrages angenommen, so etwa bei einer **Kumulation** von **Nachfolgeklausel, Rentabilitätsklausel, Erweiterungsklausel** und **überlanger Kündigungsfrist** angenommen.[182]

5. Gesamtnichtigkeit

a) Problemstellung. Automatenaufstellverträge waren in der Vergangenheit häufig unübersichtlich, unklar oder verwirrend formuliert oder verschafften dem Gastwirt oder sonstigem Betreiber keine zumutbare Möglichkeit der Kenntnisnahme, so dass sie bereits nicht Vertragsbestandteil wurden. Nicht selten war eine Vielzahl von AGB-Klauseln wegen Verstoßes gegen die (nunmehrigen) §§ 307–310 BGB unwirksam. Damit stellte sich die Frage der Gesamtnichtigkeit. Dies gestaltete sich dann schwierig, wenn eine Vielzahl einzelner Bestimmungen in einem Automatenaufstellvertrag zu beanstanden war, die teils ersatzlos wegfielen, teils auf einen angemessenen Inhalt zurückgeführt werden mussten. Dann ließ sich häufig der Vertrag mit einem angemessenen Inhalt deswegen nicht aufrechterhalten, weil nicht festgestellt werden konnte, was die Parteien bei Kenntnis der Nichtigkeit dieser Bestimmungen vertraglich vereinbart hätten, und eine dispositive Regelung als Auffangnorm nicht zur Verfügung stand. 5.200

b) Ältere Rechtsprechung. Einige wenige anstößige Vertragsklauseln führten nicht zwingend zur Nichtigkeit des Vertrages. Diese Rechtsfolge trat nur ein, wenn der Vertrag – abgesehen von der Dauer der Aufstellverpflichtung – wegen des inhaltlichen Umfangs und einer Vielzahl zu beanstandender Regelungen insgesamt überzogen war und er den Gastwirt oder sonstigen Betreiber in seiner Selbständigkeit und wirtschaftlichen Bewegungsfreiheit unzulässig einschränkte.[183] 5.201

Ist eine Vielzahl von AGB-Klauseln mangels Einbeziehung, etwa weil sie der Verwender bewusst unübersichtlich, unklar oder verwirrend formuliert und 5.202

181) BGH, Urt. v. 6.10.1982 – VIII ZR 201/81, NJW 1983, 159 = ZIP 1982, 1449 = Zeller III, 231.

182) BGH, Urt. v. 11.11.1968 – VIII ZR 151/66, NJW 1969, 230 = Zeller I, 118; BGH, Urt. v. 3.3.1971 – VIII ZR 55/70, NJW 1971, 1034; BGH, Urt. v. 6.10.1982 – VIII ZR 201/81, NJW 1983, 159 = ZIP 1982, 1449 = Zeller III, 231.

183) BGH, Urt. v. 11.11.1968 – VIII ZR 151/66, NJW 1969, 230 = Zeller I, 118, in einem Fall, indem das AGB-Recht (damals AGBG) keine Anwendung fand; BGH, Urt. v. 9.12.1970 – VIII ZR 6/69, WM 1971, 243; BGH, Urt. v. 3.3.1971 – VIII ZR 55/70, NJW 1971, 1034; BGH, Urt. v. 6.10.1982 – VIII ZR 201/81, NJW 1983, 159 = ZIP 1982, 1449 = Zeller III, 231.

daher dem Verbraucher keine zumutbare Möglichkeit der Kenntnisnahme verschafft hat, oder wegen Verstoßes gegen die §§ 307–310 BGB unwirksam, so soll sich die Nichtigkeit des Vertrages nicht aus § 306 BGB, sondern aus § 138 Abs. 1 BGB ergeben.[184)] Zwar sei das Merkmal der Sittenwidrigkeit primär auf die Beurteilung von Individualverträgen zu beziehen, während die Kontrolle nach § 307 BGB auf vorformulierte Klauseln beschränkt werde. Doch solle es die Möglichkeit nicht ausschließen, auch dann auf § 138 Abs. 1 BGB abzustellen, wenn eine Vielzahl von AGB-Klauseln der richterlichen Kontrolle nach den §§ 307–310 BGB nicht gewachsen sind.

5.203 In Anwendung dieser Prinzipien gelangte der BGH erstmals in einem Urteil vom **29.1.1984** zu dem Ergebnis, dass die in dem der Entscheidung zugrunde liegenden Vertrag enthaltenen Klauseln über das **Abräumrecht** des Aufstellers, sein **Recht zur Vertragsübertragung** und über die **Vertragsverlängerung bei Austausch von Musikautomaten** ersatzlos wegfallen müssen, während die **Nachfolgeklausel** bei interessengerechter Auslegung zum überwiegenden Teil wirksam bleibt, die Bestimmung über die **Darlehensrückzahlungspflicht bei ungünstigen Auskünften** in eingeschränkter Form **aufrechterhalten** und die Regelungen über den **Vertragsstrafenanspruch** und die **Abrechnungszeiträume** durch gesetzliche Vorschriften oder im Wege **ergänzender Vertragsauslegung** ersetzt werden können.[185)] Ebenso ließ es der BGH in einer Entscheidung vom **21.3.1990** trotz Unwirksamkeit von fünf wichtigen Klauseln bei der Wirksamkeit des Vertrages bewenden.[186)]

5.204 **c) Heutiger Ansatz. aa) § 306 Abs. 3 BGB.** Sind einzelne AGB-Klauseln eines Automatenaufstellvertrages aufgrund von § 305–310 BGB nicht einbezogen oder unwirksam, so kommt eine Nichtigkeit des ganzen Vertrages gem. § 138 Abs. 1 BGB nicht in Betracht. Vielmehr bleibt gem. § 306 Abs. 1 BGB der Vertrag im Übrigen wirksam. Jedoch kann auch in diesem Falle der Vertrag im Ganzen unwirksam sein, wenn die Voraussetzungen des § 306 Abs. 3 BGB vorliegen.[187)]

5.205 **bb)** Entgegen der früheren Rechtsprechung kann in Fällen, in denen der Vertrag eine Vielzahl von unzulässigen Bedingungen enthält oder völlig unübersichtlich gestaltet ist, nicht von vornherein Gesamtunwirksamkeit des Vertrages angenommen werden. Denn dies hätte zur Folge, dass § 306 Abs. 1 BGB nicht eingreift. Es würde der gesetzlichen Risikoverteilung widersprechen, gerade dem Verwender, der ohne Rücksicht auf §§ 307–310 BGB eine Vielzahl unangemesse-

184) BGH, Urt. v. 6.10.1982 – VIII ZR 201/81, NJW 1983, 159 = ZIP 1982, 1449 = Zeller III, 231.

185) BGH, Urt. v. 29.2.1984 – VIII ZR 350/82, NJW 1985, 53 = ZIP 1984, 841 = Zeller III, 281.

186) BGH, Urt. v. 21.3.1990 – VIII ZR 196/89, NJW-RR 1990, 1076.

187) Erman-*Roloff*, BGB, § 306 Rz. 16.

ner und unübersichtlicher Regelungen verwendet, durch Zubilligung der Gesamtunwirksamkeit zu erlauben, ohne die mit der Begrenzung nach § 306 Abs. 2 BGB verbundenen Gefahren vom Vertrag loszukommen.

cc) Besteht bei Dauerschuldverhältnissen ein außerordentliches Kündigungsrecht (**§ 314 BGB**), so müssen die Parteien im Übrigen zunächst von dieser vertraglich vorgesehenen Lösungsmöglichkeit Gebrauch machen, sofern dadurch die Unzumutbarkeit entfällt. Eine Berufung auf die Unzumutbarkeit i. S. d. § 306 Abs. 3 BGB ist dann nicht möglich.[188] 5.206

Soweit bei Dauerschuldverhältnissen AGB-Klauseln, die dem Verwender ein Lösungsrecht einräumen, nicht Vertragsinhalt werden, reicht im Allgemeinen aus, dass von dem nicht abdingbaren Recht zur Kündigung aus wichtigem Grund (§ 314 BGB) Gebrauch gemacht werden kann. Anderes gilt freilich, wenn sich die Unzumutbarkeit i. S. v. § 306 Abs. 3 BGB nur durch eine – im Wege außerordentlicher Kündigung nicht möglichen – ex tunc-Nichtgeltung des Vertrages abwenden lässt. Grundsätzlich rechtfertigt die Unwirksamkeit einzelner oder auch einiger vertraglicher Regelungen nach dem Grundsatz des § 306 Abs. 3 BGB die Annahme einer Gesamtnichtigkeit noch nicht.[189] 5.207

IV. Inhalt und Umfang des ausschließlichen Aufstellrechts

1. Inhalt

Die Ausschließlichkeitsklausel hat zum Inhalt, dass der Vertragspartner in den bei Vertragsschluss vorhandenen Räumlichkeiten keine anderen Automaten aufstellen darf.[190] 5.208

2. Zulässigkeit nach § 307 Abs. 1 Satz 1 BGB

a) Entscheidend ist, dass der Aufsteller ein berechtigtes Interesse am rentablen Einsatz der regelmäßig recht teuren Geräte hat, was durch eine Ausschließlichkeitsbindung tendenziell eher erreicht wird.[191] 5.209

Bei der Interessenabwägung sind die beiderseitigen Interessen zu bilanzieren und zu balancieren. Dabei ist im Unterschied zum Getränkelieferungsvertrag auch die unterschiedliche Risikoverteilung zu berücksichtigen, die darin zum Ausdruck kommt, dass der Automatenaufsteller im Rahmen seines Unternehmens tätig wird und der Abschluss derartiger Verträge den eigentlichen Inhalt 5.210

---

188) Ulmer/Brandner/Hensen-*Schmidt*, AGB-Recht, § 306 Rz. 44.

189) BGH, Urt. v. 11.11.1968 – VIII ZR 151/66, NJW 1969, 230 = Zeller I, 118.

190) BGH, Urt. v. 6.10.1982 – VIII ZR 201/81, NJW 1983, 159 = ZIP 1982, 1449 = Zeller III, 231; OLG Düsseldorf, Urt. v. 18.12.1984 – U (Kart) 16/84, WuW 1985, 430.

191) BGH, Urt. v. 6.10.1982 – VIII ZR 201/81, NJW 1983, 159 = ZIP 1982, 1449 = Zeller III, 231.

seiner unternehmerischen Tätigkeit ausmacht, während der Gastwirt Betreiber nur einen **Nebenerwerb** erstrebt.[192)]

5.211 Weiter ist von Bedeutung, dass der Aufsteller sich in der Regel nicht an dem Risiko der Führung der Gaststätte beteiligt.[193)]

5.212 b) **Amortisation.** Zu fragen ist, ob der Automatenaufsteller einen Anspruch darauf hat, innerhalb der Laufzeit des Erstvertrages seine Anschaffungskosten zu amortisieren. Dies wird mit der Begründung verneint, dass diese Teil seines eigenen unternehmerischen Risikos sind.[194)]

5.213 Bereits diese Erwägungen zeigen, dass die Beurteilung der Wirksamkeit der die gegenseitigen Rechte und Pflichten regelnden Bestimmungen in derartigen Verträgen oft nicht leicht fällt. Die Ausschließlichkeitsbindung des Gastwirts, also das ihn treffende Verbot, andere als die Automaten seines Vertragspartners in der Gaststätte aufzustellen, ist mit dem Wesen des Automatenaufstellvertrages fast notwendig verbunden, entspricht dem berechtigten Interesse des Aufstellers an einer **Amortisation** und einem Ertrag seiner – oft recht teuren – Geräte und ist daher grundsätzlich nicht zu beanstanden, solange sich eine Unbilligkeit nicht aus einer Verknüpfung mit einer anderen Vertragsbestimmung – wie etwa einem **„Abräumrecht"** des Aufstellers – ergibt. Eine Ausschließlichkeitsklausel, die den Gastwirt verpflichtet, keine anderweitigen Automaten aufzustellen, ist daher grundsätzlich zulässig.[195)]

3. Auswahl der Automatenart bzw. des Automatentyps

5.214 Haben beide Parteien sich über die Automatenart verständigt, so bestehen im Hinblick auf § 307 BGB keine Bedenken. Dann benachteiligt die dem Aufsteller vorbehaltene Entscheidung über den Automatentyp den Gastwirt oder sonstige Betreiber regelmäßig nicht unangemessen. Dementsprechend hat der BGH auch das von vornherein vereinbarte Recht des Aufstellers zur Auswahl des Automatentyps nicht beanstandet, sofern die Vertragsparteien sich über die Art der aufzustellenden Geräte geeinigt hatten.[196)]

5.215 Nicht von § 307 Abs. 1 BGB ist dagegen die Klausel gedeckt, dass sich der Automatenaufsteller das Recht ausbedingt, die Automatenart – Musikautomat/Zigarettenautomat/Flipper etc. – selbst festzulegen **(Bestimmungsvorbehalt)**.[197)]

---

192) BGH, Urt. v. 6.6.1979 – VIII ZR 281/78, WM 1979, 918 = Zeller II, 53; BGH, Urt. v. 6.10.1982 – VIII ZR 201/81, NJW 1983, 159 = ZIP 1982, 1449 = Zeller III, 231.

193) BGH, Urt. v. 11.11.1968 – VIII ZR 151/66, NJW 1969, 230 = Zeller I, 118.

194) *von Westphalen*, Vertragsrecht und AGB-Klauselwerke, A Rz. 12.

195) BGH, Urt. v. 6.10.1982 – VIII ZR 201/81, NJW 1983, 159 = ZIP 1982, 1449 = Zeller III, 231.

196) BGH, Urt. v. 6.6.1979 – VIII ZR 281/78, WM 1979, 918 = Zeller II, 53; BGH, Urt. v. 21.3.1990 – VIII ZR 196/89, NJW-RR 1990, 1076.

197) BGH, Urt. v. 6.6.1979 – VIII ZR 281/78, WM 1979, 918 = Zeller II, 53.

Bedenklich ist daher eine Bestimmung, nach der es in das freie Belieben des Aufstellers gestellt ist, wie viele **Geräte** und welche **Art** von Geräten er aufstellt und welche **Aufstellplätze** er sich dafür aussuchen will.[198] 5.216

Gleiches gilt für die **Verknüpfung mit einem Abräumrecht.**[199] 5.217

4. Austausch der Automaten

Ein Austausch der Geräte innerhalb der vereinbarten Automatenart – etwa Flipper gegen Flipper – darf stattfinden.[200] Das Recht des Aufstellers, die Geräte nach seinem Ermessen auszuwechseln **(Änderungsvorbehalt)**, ist nicht als übermäßig schwerwiegende Beeinträchtigung der wirtschaftlichen Bewegungsfreiheit des Gastwirts angesehen worden,[201] solange nur die Klausel in dem Sinne ausgelegt werden kann, dass der Aufsteller jedes Gerät nur gegen ein gleichartiges auswechseln darf.[202] 5.218

Jede Ausschließlichkeitsbindung findet ihre Grenze dort, wo einzelne Geräte unrentabel sind **(Rentabilitätsklausel).**[203] 5.219

Die Erstreckung der Aufstellbefugnis durch eine Klausel, die es dem Aufsteller erlaubt, bis zu zwei Spielautomaten mit Gewinnmöglichkeiten und darüber hinaus nach Bedarf Musikautomaten, Unterhaltungsautomaten und Billardgeräte aufzustellen **(Bedarfsklausel)**, ist nicht zu beanstanden.[204] 5.220

Unbedenklich ist auch eine Regelung, in der sich der Aufsteller verpflichtet, anstelle einer durchzuführenden **Reparatur** die Geräte auszutauschen, sofern dadurch die Geräteart – etwa Flipper gegen Flipper – nicht verändert wird.[205] 5.221

198) BGH, Urt. v. 11.11.1968 – VIII ZR 151/66, NJW 1969, 230 = Zeller I, 118.

199) BGH, Urt. v. 6.10.1982 – VIII ZR 201/81, NJW 1983, 159 = ZIP 1982, 1449 = Zeller III, 231.

200) BGH, Urt. v. 6.6.1979 – VIII ZR 281/78, WM 1979, 918 = Zeller II, 53; BGH, Urt. v. 6.10.1982 – VIII ZR 201/81, NJW 1983, 159 = ZIP 1982, 1449 = Zeller III, 231; BGH, Urt. v. 29.2.1984 – VIII ZR 350/82, NJW 1985, 53 = ZIP 1984, 841 = Zeller III, 281.

201) BGH, Urt. v. 3.3.1971 – VIII ZR 55/70, NJW 1971, 1034; BGH, Urt. v. 6.6.1979 – VIII ZR 281/78, WM 1979, 918 = Zeller II, 53; BGH, Urt. v. 6.10.1982 – VIII ZR 201/81, NJW 1983, 159 = ZIP 1982, 1449 = Zeller III, 231; BGH, Urt. v. 29.2.1984 – VIII ZR 350/82, NJW 1985, 53 = ZIP 1984, 841 = Zeller III, 281.

202) BGH, Urt. v. 3.3.1971 – VIII ZR 55/70, NJW 1971, 1034; BGH, Urt. v. 6.6.1979 – VIII ZR 281/78, WM 1979, 918 = Zeller II, 53; BGH, Urt. v. 29.2.1984 – VIII ZR 350/82, NJW 1985, 53 = ZIP 1984, 841 = Zeller III, 281.

203) BGH, Urt. v. 6.10.1982 – VIII ZR 201/81, NJW 1983, 159 = ZIP 1982, 1449 = Zeller III, 231.

204) BGH, Urt. v. 21.3.1990 – VIII ZR 196/89, NJW-RR 1990, 1076.

205) *von Westphalen*, Vertragsrecht und AGB-Klauselwerke, A Rz. 24.

5. Musikdarbietung

5.222 Nicht zu rügen ist, dass der Gastwirt oder sonstige Betreiber, der Musikautomaten wünschte, nur aus diesen Automaten Musik darbieten darf.[206)]

5.223 Das mit der Aufstellung von Musikautomaten verknüpfte **Verbot anderweitiger Musikdarbietungen (Ausschließlichkeit i. w. S.)** hält für sich betrachtet der Inhaltskontrolle stand.[207)]

6. Erweiterung

5.224 a) **Inhalt.** In der Erweiterungsklausel verpflichtet sich der Wirt für den Fall, dass er während der Laufzeit des Aufstellvertrages eine andere Gaststätte erwirbt oder pachtet, den Vertrag auch in dieser neuen Gastwirtschaft fortzusetzen und zu erfüllen.

5.225 b) **Zulässigkeit.** Eine „Erweiterungsklausel", die zur Mitnahme der Automaten bei Gaststättenwechsel verpflichtet, ist nur dann sittenwidrig (**§ 138 Abs. 1 BGB**), wenn die wirtschaftliche Bewegungsfreiheit in nicht vertretbarer Weise eingeengt wird, z. B. weil in den meisten Gastlokalen Automaten übernommen werden müssen.[208)]

5.226 Klauseln, die die Ausschließlichkeit auch in Fällen der Veränderung, Erweiterung oder Verlegung der Gaststätte auf künftig konzessionierte Objekte und Räume erstrecken, sollen dagegen einer Inhaltskontrolle nach **§ 307 Abs. 1 Satz 1 BGB** jedenfalls dann nicht stand halten, wenn sie die Ausschließlichkeitsbindung auf Objekte erstrecken, die der Gastwirt oder sonstige Betreiber während der Laufzeit des konkreten Automatenaufstellvertrages anderweitig erwirbt oder pachtet/mietet. Darin liegt ein unangemessener Eingriff in die wirtschaftliche Bewegungsfreiheit des Gastwirts, weil ihm der Erwerb aller derjenigen Gastwirtschaften verschlossen ist, in denen die Inhaber durch Automatenaufstellverträge und Nachfolgeklauseln bereits gebunden sind, und er außerdem gezwungen sein könnte, selbst dort Automaten aufzustellen, wo es

---

206) BGH, Urt. v. 6.6.1979 – VIII ZR 281/78, WM 1979, 918 = Zeller II, 53; BGH, Urt. v. 6.10.1982 – VIII ZR 201/81, NJW 1983, 159 = ZIP 1982, 1449 = Zeller III, 231; OLG Celle, Urt. v. 25.9.1987 – 2 U 267/86, NJW-RR 1988, 946 = Zeller IV, 248; LG Ulm, Urt. v. 7.7.1987 – 2 O. 83/87, MAR 1987 Januar.

207) BGH, Urt. v. 11.11.1968 – VIII ZR 151/66, NJW 1969, 230 = Zeller I, 118; BGH, Urt. v. 3.3.1971 – VIII ZR 55/70, NJW 1971, 1034; BGH, Urt. v. 6.6.1979 – VIII ZR 281/78, WM 1979, 918 = Zeller II, 53, BGH, Urt. v. 6.10.1982 – VIII ZR 201/81, NJW 1983, 159 = ZIP 1982, 1449 = Zeller III, 231.

208) BGH, Urt. v. 6.6.1979 – VIII ZR 281/78, WM 1979, 918 = Zeller II, 53.

wegen des Charakters der Gaststätte gastronomischer Erfahrung zuwiderliefe.[209)]

Keine Bedenken dürfte dagegen eine entsprechende **„Statusklausel“** dann auslösen, wenn sie lediglich Fallgruppen des Umbaus und wohl auch Anbaus sowie Änderungen des Konzepts erfasst. **5.227**

7. Betriebspflicht, Spielbereitschaft und Öffnungszeiten

Wirksam ist die dem Gastwirt oder sonstigen Betreiber auferlegte Betriebspflicht, die Geräte während der gesamten Öffnungszeiten spielbereit eingeschaltet zu halten. Sie stellt noch keine unbillige Beeinträchtigung seines unternehmerischen Freiraums dar.[210)] **5.228**

8. Zutrittsrecht

Automatenaufstellverträge sehen oft das Recht des Aufstellers vor, die Gaststätte innerhalb der allgemeinen Öffnungszeiten zu betreten. Dafür bestehen sachliche Gründe, weil der Aufsteller Betriebsstörungen beseitigen muss sowie Geräte austauschen und Platten auswechseln darf.[211)] **5.229**

9. Service und Wartung

a) **Inhalt.** Der Aufsteller ist nicht nur verpflichtet, die Geräte zu liefern, aufzustellen und anzuschließen, sondern sie auch regelmäßig zu warten. Defekte Automaten muss er unverzüglich instand setzen oder austauschen. **5.230**

b) **Zulässigkeit.** Es ist unbedenklich, den Gastwirt oder sonstigen Betreiber zur Durchführung von Service- und Wartungsarbeiten auf eigene Kosten zu verpflichten **(Freizeichnungsklausel)**.[212)] **5.231**

10. Betriebsstörungen

Wirksam ist die dem Gastwirt oder sonstigen Betreiber aufgelegte Pflicht, Störungen dem Aufsteller mitzuteilen.[213)] **5.232**

---

209) BGH, Urt. v. 11.11.1968 – VIII ZR 151/66, NJW 1969, 230 = Zeller I, 118; BGH, Urt. v. 7.4.1982 – VIII ZR 323/80, NJW 1982, 1693 = ZIP 1982, 698 = Zeller III, 220; BGH, Urt. v. 6.10.1982 – VIII ZR 201/81, NJW 1983, 159 = ZIP 1982, 1449 = Zeller III, 231; BGH, Urt. v. 14.6.1983 – KZR 19/82, WuW/E BGH 2037 = Zeller III, 251; a. A. noch OLG Hamburg, Urt. v. 2.11.1978 – 3 U 103/78.

210) BGH, Urt. v. 11.11.1968 – VIII ZR 151/66, NJW 1969, 230 = Zeller I, 118; BGH, Urt. v. 3.3.1971 – VIII ZR 55/70, NJW 1971, 1034; BGH, Urt. v. 6.6.1979 – VIII ZR 281/78, WM 1979, 918 = Zeller II, 53.

211) OLG Hamm, Urt. v. 29.5.1991 – 30 U 105/91, NJW-RR 1991, 1526.

212) a. A. Staudinger-*Emmerich*, BGB, Vorbemerkungen zu § 535 Rz. 45.

213) BGH, Urt. v. 21.3.1990 – VIII ZR 196/89, NJW-RR 1990, 1076.

5.233 Soweit der Aufsteller sich verpflichtet, etwa auftretende Betriebsstörungen an dem Automaten auf eigene Kosten zu beseitigen, bestehen gegen eine solche Klausel keine Bedenken; sie fügt sich in das Raster von § 535 Abs. 1 BGB.[214)]

11. Reparatur und Instandsetzung

5.234 Eine verschuldensunabhängige Haftung des Betriebsinhabers für Instandsetzungskosten **(Freizeichnungsklausel)** dürfte gem. §§ 307 Abs. 2 Nr. 1, 286 Abs. 4 BGB unwirksam sein.

12. Beschädigungen

5.235 Die Sachgefahr für die Automaten, z. B. für Diebstahl oder Beschädigung durch Gäste, kann nicht ohne weiteres auf den Gastwirt übertragen werden, weil der Aufsteller die Bestimmung über den Aufstellort trifft und er das Risiko seiner Entscheidung tragen muss. Da es auf das Kriterium der Zumutbarkeit ankommt, ist es mit § 307 Abs. 2 Nr. 1 BGB unvereinbar, wenn eine Klausel die Haftung des Gastwirts für jegliche Drittbeschädigung einfordert. Reparaturkosten schuldet der Wirt nur, wenn er vertreten muss, dass der Schädiger nicht ermittelt wird. Ohne eigenes Verschulden darf der Wirt nicht für Schäden an den Geräten haftbar gemacht werden.[215)]

5.236 Unbedenklich i. S. v. § 307 Abs. 2 Nr. 1 BGB ist es jedoch, dass der Wirt für alle Beschädigungen aufkommen muss, die er zu vertreten hat.[216)]

13. Versicherung

5.237 Unwirksam ist es, wenn der Aufsteller den Gastwirt oder sonstigen Betreiber verpflichtet, die Automaten gegen Brand- und Wasserschäden zu versichern. Darin liegt eine unangemessene Benachteiligung des Gastwirts oder sonstigen Betreibers.[217)]

5.238 Das gilt nicht minder für die Überwälzung der Kosten einer umfassenden **Kaskoversicherung**, weil der Aufsteller die Position des Eigentümers nicht inne hat und damit auch ein eigenes Sacherhaltungsinteresse wahrzunehmen verpflichtet ist.[218)]

214) *von Westphalen*, Vertragsrecht und AGB-Klauselwerke, A Rz. 24.

215) BGH, Urt. v. 6.10.1982 – VIII ZR 201/81, NJW 1983, 159 = ZIP 1982, 1449 = Zeller III, 231; BGH, Urt. v. 6.4.2005 – XII ZR 158/01, NJW 2006, 766.

216) BGH, Urt. v. 6.10.1982 – VIII ZR 201/81, NJW 1983, 159 = ZIP 1982, 1449 = Zeller III, 231; BGH, Urt. v. 6.4.2005 – XII ZR 158/01, NJW 2006, 766.

217) OLG Braunschweig, Urt. v. 20.4.1989 – 2 U 210/88, VersR 1990, 426.

218) BGH, Urt. v. 6.10.1982 – VIII ZR 201/81, NJW 1983, 159 = ZIP 1982, 1449 = Zeller III, 231.

Ebenso wenig kann dem Gastwirt oder sonstigen Betreiber ohne **Ersatz seiner Auslagen** eine Versicherungspflicht auferlegt werden. Der Aufsteller hat im Regelfall mit seiner Vielzahl von Geräten bessere Möglichkeiten zur Versicherung als der Gastwirt oder sonstige Betreiber.[219] 5.239

14. Garantie einer ununterbrochenen ganzjährigen Nutzung

Unwirksam ist die Garantie einer ununterbrochenen ganzjährigen Nutzung der aufgestellten Automaten mit der Ausnahme eines wöchentlichen Ruhetages, weil sie den Betriebsinhaber hindert, Betriebsferien zu machen.[220] 5.240

V. Dauer des Aufstellrechts

1. Schranke des § 138 Abs. 1 BGB

a) Eine lange Laufzeit dürfte in der Regel individuell ausgehandelt worden sein (§ 305 Abs. 1 Satz 3 BGB).[221] 5.241

b) **Beurteilungsgrundsätze.** Der Gesichtspunkt der Sittenwidrigkeit gem. § 138 Abs. 1 BGB hat insbesondere dann praktische Bedeutung, wenn – unter Berücksichtigung der **Umstände des Einzelfalles** – eine so lange Laufzeit des Automatenaufstellvertrages vereinbart ist, dass dadurch eine unangemessene Beschränkung der **wirtschaftlichen Bewegungsfreiheit** des Gastwirts eintritt.[222] 5.242

c) **Beurteilungskriterien.** Welche Vertragsdauer noch hinnehmbar ist, lässt sich nicht generell beantworten. Vielmehr hängt die dem Betriebsinhaber zumutbare Belastung nicht nur von der Länge der Vertragszeit, sondern auch von **Art und Höhe** der ihm zukommenden **Gegenleistung** ab. 5.243

Die Vereinbarung mit einem Gastwirt oder sonstige Betreiber über eine **Darlehensfinanzierung** unter Absicherung einer gewissen Laufzeit des Aufstellvertrages ist nicht sittenwidrig. Durch die Gewährung eines Darlehens kann möglicherweise die durch andere Klauseln des Vertrages eingeschränkte wirtschaftliche Bewegungsfreiheit des Gastwirt oder sonstige Betreibers wieder – jedenfalls teilweise – hergestellt worden sein **(Kompensation)**.[223] 5.244

219) Bamberger/Roth-*Ehlert*, BGB, § 535 Rz. 32.

220) BGH, Urt. v. 11.11.1968 – VIII ZR 151/66, NJW 1969, 230 = Zeller I, 118.

221) BGH, Urt. v. 11.11.1968 – VIII ZR 151/66, NJW 1969, 230 = Zeller I, 118.

222) BGH, Urt. v. 10.11.1976 – VIII ZR 84/75, WM 1977, 112 = Zeller II, 23; BGH, Urt. v. 15.3.1978 – VIII ZR 254/76, NJW 1978, 1155 = Zeller II, 261; BGH, Urt. v. 6.6.1979 – VIII ZR 281/78, WM 1979, 918 = Zeller II, 53; BGH, Urt. v. 6.10.1982 – VIII ZR 201/81, NJW 1983, 159 = ZIP 1982, 1449 = Zeller III, 231.

223) OLG Düsseldorf, Urt. v. 2.11.1972 – 10 U 84/72, OLGZ 73, 11; LG Konstanz, Urt. v. 28.1.2005 – 11 S 119/04, NJW-RR 2005, 991.

2. Wirksamkeitskontrolle nach AGB-Recht

5.245 a) **§ 309 Nr. 9 a BGB.** Eine Überschneidung mit dienstvertraglichen Elementen ist beim Automatenaufstellvertrag gegeben, der auch dann entgegen Überschrift und Wortlaut nicht § 309 Nr. 9 BGB unterliegt, wenn der Verwender den Automaten zu befüllen hat.[224)]

5.246 b) **§ 307 Abs. 1 Satz 1 BGB.** Stets sind die **Umstände des Einzelfalles** maßgebend, insbesondere sind auch die jeweiligen Vertragsklauseln im Rahmen einer **Gesamtbetrachtung** zu bewerten. Vor einer schematischen Beurteilung der noch hinnehmbaren Laufzeit muss aber auch hier gewarnt werden. Die dem Gastwirt zumutbare Belastung – auch und gerade durch die Länge der vertraglichen Bindung – hängt immer nicht zuletzt von **Art und Höhe der ihm zugutekommenden Gegenleistungen,** so etwa von seinem **Gewinnanteil (Wirteanteil),** ab.[225)]

5.247 Auch hier gilt: Je erheblicher die Gegenleistungen des Automatenaufstellers sind, desto einschneidender können die in dem Formularvertrag vereinbarten Bedingungen des anderen Vertragspartners sein.[226)]

5.248 Die Zulässigkeit einer Laufzeit hängt aber grundsätzlich nicht davon ab, dass der Aufsteller dem Gastwirt im Zusammenhang mit dem Abschluss des Aufstellvertrages ein **Darlehen** einräumt.[227)] Gewährt der Automatenaufsteller dem Gastwirt ein Darlehen, so ist regelmäßig vereinbart, dass der Gastwirt durch die Einspielergebnisse amortisiert. Ähnlich wie beim Getränkelieferungsvertrag besteht also ein **Äquivalenzverhältnis** zwischen der Laufzeit des Automatenaufstellvertrages und der Dauer des Darlehensvertrages.[228)]

3. Laufzeiten

5.249 a) **Individuallaufzeit.** Eine lange Laufzeit begründet für sich allein keinen Sittenverstoß i. S. d. § 138 Abs. 1 BGB.[229)] Wirksamkeitsbedenken bestehen nicht bei einem auf **drei Jahre** abgeschlossenen Automatenaufstellvertrag mit im Einzelnen genau vereinbarter Beteiligung an den Einspielergebnissen und im Übri-

---

224) BGH, Urt. v. 22.3.1967 – VIII ZR 10/65, BGHZ 47, 202 = NJW 1967, 1414; Erman-*Roloff*, BGB, § 309 Rz. 125.

225) BGH, Urt. v. 29.2.1984 – VIII ZR 350/82, NJW 1985, 53 = ZIP 1984, 841 = Zeller III, 281.

226) BGH, Urt. v. 6.10.1982 – VIII ZR 201/81, NJW 1983, 159 = ZIP 1982, 1449 = Zeller III, 231.

227) BGH, Urt. v. 21.3.1990 – VIII ZR 196/89, NJW-RR 1990, 1076.

228) BGH, Urt. v. 6.10.1982 – VIII ZR 201/81, NJW 1983, 159 = ZIP 1982, 1449 = Zeller III, 231; BGH, Urt. v. 29.2.1984 – VIII ZR 350/82, NJW 1985, 53 = ZIP 1984, 841 = Zeller III, 281.

229) BGH, Urt. v. 11.11.1968 – VIII ZR 151/66, NJW 1969, 230 = Zeller I, 118.

gen nicht zu beanstandender Vertragsgestaltung.[230] Eine Individuallaufzeit von **zehn Jahren (Erstlaufzeit)** ist nicht sittenwidrig.[231]

b) **AGB-Laufzeiten.** Eine Erstlaufzeit von **drei Jahren** ist grundsätzlich nicht unangemessen.[232] **5.250**

Soweit das gewählte Darlehen durch die Einspielergebnisse des Automaten **amortisiert** werden soll, wird man eine Laufzeit von **fünf Jahren** als angemessen ansehen dürfen.[233] **5.251**

Gegen Laufzeiten von **zehn Jahren** hat die höchstrichterliche Rechtsprechung zwar zunächst Bedenken angemeldet,[234] sie schließlich aber doch mit der Begründung unbeanstandet gelassen, der Gastwirt habe sich bei Abschluss des Vertrages der damit verbundenen Entscheidung über den Charakter der Gaststätte bewusst sein müssen. Im Hinblick auf das langfristige Gewinninteresse des Aufstellers ist eine Vertragsdauer von zehn Jahren noch nicht unangemessen, wenn ein nicht unerhebliches Darlehen gewährt wird und der Gastwirt oder sonstige Betreiber überdurchschnittlich an den Einspielergebnissen beteiligt wird und solange nicht weitere belastende Klauseln hinzutreten.[235] **5.252**

4. Rückführung

a) **Individuallaufzeit.** Eine übermäßig lange Laufzeitvereinbarung ist mit angemessenem Kern aufrechtzuerhalten, d. h. auf ein tolerierbares Maß zurückzuführen, wobei von der längsten zulässigen Laufzeit auszugehen ist.[236] Voraussetzung ist, dass der Vertrag hinsichtlich seines weiteren Inhalts nicht zu beanstanden ist und der Vertrag im Übrigen unverändert bleibt. **5.253**

b) Eine unangemessene **Formularvereinbarung** über die Laufzeit des Vertrages hat der BGH mit angemessenem Kern aufrechterhalten, d. h. auf ein tolerierbares Maß zurückgeführt, und dabei offengelassen, ob dies im Wege der geltungser- **5.254**

---

230) LG Stuttgart, Urt. v. 7.7.1976 – 9 O. 12/76, Münzautomaten-Recht (MAR) April 1977.

231) BGH, Urt. v. 11.11.1968 – VIII ZR 151/66, NJW 1969, 230 = Zeller I, 118; BGH, Urt. v. 9.12.1970 – VIII ZR 6/69, WM 1971, 243; BGH, Urt. v. 3.3.1971 – VIII ZR 55/70, NJW 1971, 1034; BGH, Urt. v. 6.10.1982 – VIII ZR 201/81, NJW 1983, 159 = ZIP 1982, 1449 = Zeller III, 231.

232) BGH, Urt. v. 21.3.1990 – VIII ZR 196/89, NJW-RR 1990, 1076; OLG Düsseldorf, Urt. v. 2.11.1972 – 10 U 84/72, MDR 1973, 224.

233) BGH, Urt. v. 6.6.1979 – VIII ZR 281/78, WM 1979, 918 = Zeller II, 53.

234) BGH, Urt. v. 11.11.1968 – VIII ZR 151/66, NJW 1969, 230 = Zeller I, 118; BGH, Urt. v. 18.5.1982 – KZR 14/81, BB 1983, 662 = Zeller III, 225.

235) BGH, Urt. v. 11.11.1968 – VIII ZR 151/66, NJW 1969, 230 = Zeller I, 118; BGH, Urt. v. 3.3.1971 – VIII ZR 55/70, NJW 1971, 1034; BGH, Urt. v. 10.11.1976 – VIII ZR 84/75, WM 1977, 112 = Zeller II, 23; BGH, Urt. v. 6.10.1982 – VIII ZR 201/81, NJW 1983, 159 = ZIP 1982, 1449 = Zeller III, 231; BGH, Urt. v. 29.2.1984 – VIII ZR 350/82, NJW 1985, 53 = ZIP 1984, 841 = Zeller III, 281.

236) BGH, Urt. v. 18.5.1982 – KZR 14/81, BB 1983, 662 = Zeller III, 225.

haltenden Reduktion oder der ergänzenden Vertragsauslegung geschehen könne.[237] Auf die nach AGB-Recht möglichen Bedenken wurde bereits hingewiesen.[238]

5. Verlängerungsfiktionen

5.255 **a) Zulässigkeit. aa) Grundsatz.** Grundsätzlich zulässig sind Verlängerungsklauseln, wonach sich der Vertrag nach Ablauf seiner Laufzeit automatisch verlängert. Ähnlich wie eine Kündigungsklausel muss auch eine formularmäßige Verlängerungsklausel aber in angemessener Relation zur Erstlaufzeit stehen. Zu den umstrittenen Fragen der zeitlichen Grenzen siehe *von Westpfahlen*.[239] Sie birgt für den Gastwirt die Gefahr, dass er wegen der noch weit entfernt liegenden Zeit der Vertragsbeendigung den Kündigungstermin übersieht, während aufseiten des Automatenaufstellers, der alle sechs bis neun Monate die Geräte austauscht, kein Interesse erkennbar ist, dass diese Gefahr für den Gastwirt rechtfertigen könnte.

5.256 Das Ausmaß der Vertragsverlängerung muss aber angemessen sein. Dabei ist § 309 Nr. 9 b BGB die Wertung zu entnehmen, dass der Verlängerungszeitraum nur dann angemessen ist, wenn er nicht mehr als die Hälfte der Erstlaufzeit beträgt.[240]

5.257 **bb) Einzelfälle.** Eine **der Erstlaufzeit entsprechende Verlängerung** – also: drei oder fünf Jahre – scheitert regelmäßig an § 307 Abs. 1 BGB. So ist die stillschweigende Verlängerung eines auf 66 Monate abgeschlossenen Vertrages um die gleiche Zeit unangemessen. Gerade wenn man davon ausgeht, dass der Automatenaufsteller kein berechtigtes Interesse daran hat, dass die Erstlaufzeit so bemessen wird, dass er in jedem Fall die Anschaffungskosten seines Gerätes durch die Einspielergebnisse amortisiert, ist i. S. v. § 307 Abs. 1 BGB nicht zu erkennen, dass der Gastwirt – im Rahmen einer Verlängerungsklausel – erneut so lange gebunden wird, wie dies der Erstlaufzeit entspricht.

5.258 Eine Verlängerungsklausel von maximal 12 (bis 18) Monaten wird man auch dann als nach § 307 Abs. 1 BGB angemessen bewerten können, wenn der Automatenaufsteller dem Gastwirt ein Darlehen gewährt, weil dessen Amortisation primär auf die Erstlaufzeit des Vertrages zugeschnitten ist.[241]

---

237) BGH, Urt. v. 7.4.1982 – VIII ZR 323/80, NJW 1982, 1693 = ZIP 1982, 698 = Zeller III, 220; BGH, Urt. v. 18.5.1982 – KZR 14/81, BB 1983, 662 = Zeller III, 225; BGH, Urt. v. 6.10.1982 – VIII ZR 201/81, NJW 1983, 159 = ZIP 1982, 1449 = Zeller III, 231; BGH, Urt. v. 29.2.1984 – VIII ZR 350/82, NJW 1985, 53 = ZIP 1984, 841 = Zeller III, 281.

238) Siehe oben § 10 IV 3 jeweils m. w. N.

239) *von Westphalen*, Vertragsrecht und AGB-Klauselwerke, A Rz. 15.

240) Wolf/Lindacher/Pfeiffer-*Dammann*, AGB-Recht, Klauseln A Rz. 311.

241) *von Westphalen*, Vertragsrecht und AGB-Klauselwerke, A Rz. 15.

b) Verlängerung bei Aufstellung eines neuen Musikautomaten. Als **überraschend** (§ 305c Abs. 1 BGB) ist die Bestimmung in einer Klausel anzusehen, nach der eine zehnjährige (neue) Vertragslaufzeit zu laufen beginnen soll, wenn der Klauselverwender auf Wunsch des Gastwirts oder sonstigen Betreibers einen neuen Musikautomaten aufstellt.[242] 5.259

Die Klausel ist auch unangemessen (§ 307 Abs. 1 Satz 1 BGB), weil an ein rein tatsächliches Verhalten – den Wunsch des Gastwirts oder sonstigen Betreibers nach Aufstellung eines neuen Musikautomaten – eine schwerwiegende Rechtsfolge – hier eine langjährige Vertragsverlängerung – angeknüpft wird (zu derartigen Erklärungsfiktionen vergleiche auch § 308 Nr. 5 BGB).[243] 5.260

6. Kündigungsfristen

a) § 138 Abs. 1 BGB. Eine unvertretbare Einschränkung der Bewegungsfreiheit des Gastwirt oder sonstige Betreibers i. S. d. § 138 Abs. 1 BGB kann sich auch aus der Vereinbarung sehr langer Kündigungsfristen mit Verlängerungsklauseln ergeben.[244] 5.261

b) § 307 Abs. 1 BGB. Eine solche Klausel kann auch gegen § 307 Abs. 1 BGB verstoßen. Das Erfordernis der Einhaltung einer Kündigungsfrist von **drei Monaten** für eine ordentliche Kündigung ist noch zulässig.[245] Die Klausel, dass sich der Vertrag um jeweils ein Jahr verlängere, wenn er nicht **sechs Monate** vor seinem Ablauf gekündigt werde, ist hingenommen worden.[246] Dagegen hat der BGH Kündigungsfristen von **zwei** oder gar **zweieinhalb Jahren** als völlig aus dem Rahmen fallend und durch keine beachtlichen Interessen des Aufstellers mehr gerechtfertigt für unwirksam erklärt. Insbesondere genügt nicht die Gewährung eines Darlehens.[247] 5.262

---

242) BGH, Urt. v. 29.2.1984 – VIII ZR 350/82, NJW 1985, 53 = ZIP 1984, 841 = Zeller III, 281.

243) BGH, Urt. v. 29.2.1984 – VIII ZR 350/82, NJW 1985, 53 = ZIP 1984, 841 = Zeller III, 281.

244) BGH, Urt. v. 11.11.1968 – VIII ZR 151/66, NJW 1969, 230 = Zeller I, 118; BGH, Urt. v. 10.11.1976 – VIII ZR 84/75, WM 1977, 112 = Zeller II, 23; BGH, Urt. v. 6.10.1982 – VIII ZR 201/81, NJW 1983, 159 = ZIP 1982, 1449 = Zeller III, 231; OLG Hamm, Urt. v. 26.1.1961 – 23 S 427/60, NJW 1961, 1034.

245) BGH, Urt. v. 6.10.1982 – VIII ZR 201/81, NJW 1983, 159 = ZIP 1982, 1449 = Zeller III, 231; LG Köln, Urt. v. 5.7.1972 – 9 O. 129/72, NJW 1972, 2127.

246) BGH, Urt. v. 14.6.1983 – KZR 19/82, WuW/E BGH 2037 = Zeller III, 251; BGH, Urt. v. 29.5.1991 – VIII ZR 71/90, ZIP 1991, 960.

247) BGH, Urt. v. 11.11.1968 – VIII ZR 151/66, NJW 1969, 230 = Zeller I, 118; BGH, Urt. v. 7.4.1982 – VIII ZR 323/80, NJW 1982, 1693 = ZIP 1982, 698 = Zeller III, 220; BGH, Urt. v. 6.10.1982 – VIII ZR 201/81, NJW 1983, 159 = ZIP 1982, 1449 = Zeller III, 231; BGH, Urt. v. 29.2.1984 – VIII ZR 350/82, NJW 1985, 53 = ZIP 1984, 841 = Zeller III, 281.

7. Fragen im Zusammenhang mit zugrunde liegenden Nutzungsverhältnissen

5.263 Schließt der Gastwirt einen Automatenaufstellvertrag mit einer Laufzeit, die länger ist als die des Gaststättenpachtvertrages, so rechtfertigt selbst der Umstand, dass der Automatenaufsteller von der kürzeren Laufzeit des Pachtvertrages unterrichtet ist, es nicht, den Automatenaufstellvertrag dahin auszulegen, dass er entgegen seinem klaren Wortlaut der Pachtvertragsdauer angepasst werden müsse.[248)]

8. Anschlussvertrag

5.264 Zum Anschlussvertrag ist ein Urteil des LG Konstanz aus dem Jahre 2005 zu berichten.[249)]

9. Laufzeitendivergenzen

5.265 Die Bindungsfrist sollte in angemessenem **Verhältnis zur Tilgungszeit** des Darlehens stehen.[250)] Nicht unangemessen sind Bindungsfristen, die in ein Verhältnis zur Dauer der Tilgung eines regelmäßig den Gastwirt oder sonstige Betreibern gewährten Darlehens gesetzt werden, und zwar in der Weise, dass der Vertrag auf die doppelte Frist der vorgesehenen Tilgungszeit geschlossen wird, höchstens aber auf fünf Jahre.[251)]

VI. Entgeltregelungen

1. Nutzungsentgelt

5.266 a) **§ 307 Abs. 2 Nr. 1 BGB.** Ist z. B. das um eine wie auch immer gestaltete (zusätzliche) „Gebühr" erhöhte Entgelt für die Gebrauchsüberlassung/Nutzung unabhängig davon zu bezahlen, ob eine **Reparatur/Wartung** der Automaten erforderlich ist, dann liegt bereits darin eine Abweichung vom dispositiven Recht des § 535 Abs. 1 BGB, weil der Gastwirt als Mieter in diesen Fällen zur Mietminderung gem. § 536 BGB berechtigt wäre. Folglich verstößt eine solche Entgeltklausel gegen § 307 Abs. 2 Nr. 1 BGB und ist unwirksam.[252)]

5.267 Dabei kommt es auf die jeweilige Klauselgestaltung an, weil es darum geht, eine i. S. v. § 307 Abs. 2 Nr. 1 BGB festzustellende unangemessene Benachteiligung

---

248) BGH, Urt. v. 9.12.1970 – VIII ZR 9/69, WM 1971, 273.

249) LG Konstanz, Urt. v. 28.1.2005 – 11 S 119/04, NJW-RR 2005, 991.

250) LG Konstanz, Urt. v. 28.1.2005 – 11 S 119/04, NJW-RR 2005, 991.

251) OLG Frankfurt/M., Urt. v. 1.10.1987 – 6 U 38/87, NJW-RR 1988, 177 – Münzautomaten-Recht (MAR) Januar 1987; OLG Naumburg, Urt. v. 7.1.1994 – 3 U 84/93, Münzautomaten-Recht (MAR) Januar 1995: fünf Jahre Laufzeit bei Darlehenshingabe von 20.000 DM. a. A. LG Konstanz, Urt. v. 28.1.2005, Urt. v. 28.1.2005 – 11 S 119/04, NJW-RR 2005, 991, wonach es unzulässig sei, wenn die Vertragsdauer die vorgesehene Tilgungszeit um mehr als das Doppelte überschreitet.

252) OLG Hamburg, Urt. v. 9.3.1983 – 5 U 114/82, NJW 1983, 1502 = ZIP 1983, 588.

des Gastwirts oder sonstigen Betreibers zu konkretisieren. Diese ist u. a. abhängig von der Stör- und Reparaturanfälligkeit der zur Verfügung gestellten Automaten sowie davon, innerhalb welcher Zeit der Aufsteller die Reparatur bzw. ein Ersatzgerät schuldet. Ist die Frist sehr kurz – etwa kürzer als eine Woche –, so mag der Ausschluss des Minderungsrechts des Gastwirts noch akzeptabel erscheinen. Eine Frist von 30 Tagen ist jedoch allemal i. S. v. § 307 Abs. 2 Nr. 1 BGB unangemessen.[253)]

2. Wirteanteil

a) Die Entgeltregelung muss dem **Transparenzgebot** von § 307 Abs. 1 Satz 2 BGB entsprechen. Das gilt vor allem auch dann, wenn es sich um Entgeltregelungen handelt, die inhaltlich auseinandergerissen und an verschiedenen Stellen verankert sind.[254)] **5.268**

Gleiches gilt dann, wenn die Berechnung des Wirteanteils – z. B. Abzug des Amortisationsbetrages, der Vergnügungssteuern und der GEMA-Gebühren, Ermittlung des Tagesdurchschnitts, Anwendung von Tabellen etc. – nur schwer verständlich ist, so dass der Gastwirt die ihm zufließende Gewinn- und Renditechance nur mit großer Mühe – wenn überhaupt – kalkulieren kann.[255)] **5.269**

b) Im Übrigen wird man nur mit Zurückhaltung einen relativ hohen Wirteanteil als entscheidend i. S. v. § 307 Abs. 1 Satz 1 BGB dafür ansehen können, eine als unangemessen einzustufende Benachteiligung des Gastwirt oder sonstige Betreibers zu **kompensieren.**[256)] **5.270**

3. Entgeltgarantie

a) **Einbeziehung.** Garantieklauseln, die unabhängig vom tatsächlichen Einspielergebnis dem Aufsteller einen bestimmten Mindestbetrag sichern sollen, sind überraschend (§ 305c Abs. 1 BGB), sofern sie an versteckter Stelle im Vertrag stehen.[257)] **5.271**

b) **Inhaltskontrolle.** Die Kontrolle solcher Garantieklauseln wird nicht durch **§ 307 Abs. 3 BGB** ausgeschlossen.[258)] **5.272**

Regelmäßig liegt ein Verstoß gegen den durch **§ 307 Abs. 2 Nr. 2 BGB** geschützten **Vertragszweck** vor, wenn Einspielrisiken, vor allem die vom Wirt **5.273**

---

253) BGH, Urt. v. 6.10.1982 – VIII ZR 201/81, NJW 1983, 918 = ZIP 1982, 1449 = Zeller III, 231.

254) BGH, Urt. v. 1.7.1992 – II R 12/90, NJW 1983, 159.

255) BGH, Urt. v. 6.6.1979 – VIII ZR 281/78, WM 1979, 918 = Zeller II, 53; BGH, Urt. v. 6.10.1982 – VIII ZR 201/81, NJW 1983, 159 = ZIP 1982, 1449 = Zeller III, 231.

256) BGH, Urt. v. 6.6.1979 – VIII ZR 281/78, WM 1979, 918 = Zeller II, 53.

257) OLG Hamburg, Urt. v. 9.3.1983 – 5 U, NJW 1983, 1502 = ZIP 1983, 588.

258) OLG Hamburg, Urt. v. 9.3.1983 – 5 U 114/82, NJW 1983, 1502 = ZIP 1983, 588.

nicht zu vertretenden Ausfälle der Automaten oder durch Straßenbauarbeiten verursachte Unzugänglichkeiten der Gaststätte, auf den Wirt verlagert werden. Hier werden seine angemessene Gewinnbeteiligung und damit die Erreichung des Vertragszwecks gefährdet, wenn nicht vereitelt.[259)]

5.274 Eine Entgeltgarantie verstößt auch gegen **§ 307 Abs. 2 Nr. 1 BGB.**[260)]

5.275 Eine Klausel, der zufolge der Gastwirt oder sonstige Betreiber bestimmte Einspielergebnisse garantiert bzw. unabhängig vom Einspielergebnis einen bestimmten Mindestbetrag zu zahlen hat, verstößt weiter gegen **§ 307 Abs. 1 Satz 1 BGB**, weil sie den Gastwirt oder sonstigen Betreiber mit allen Unternehmerrisiken des Aufstellers belastet und damit dem von der Rechtsprechung formulierten Leitbild des Automatenaufstellvertrages widerspricht. Dies gilt insbesondere dann, wenn der Gastwirt auch für den Zeitraum das ungekürzte Entgelt schuldet, in dem Ausfallzeiten vorliegen, deren Ursache nicht vom Gastwirt oder sonstigen Betreiber zu vertreten ist, z. B. bei Vorliegen eines Ereignisses höherer Gewalt.[261)]

4. Mietvergütung und § 138 Abs. 2 BGB

5.276 Ein Automatenaufstellvertrag ist wegen Wuchers (§ 138 Abs. 2 BGB) nichtig, wenn sich der Automatenaufsteller neben einer der Vorfinanzierung dienenden „Sicherheit" eine Mietvergütung versprechen lässt, die den Anschaffungswert des Automaten um das Doppelte übersteigt.[262)]

5. Abrechnungsklauseln

5.277 a) **Berechnung.** Die Entgeltabrechnung des **Wirteanteils** darf nicht im Ermessen des Aufstellers stehen. Unwirksam nach § 307 Abs. 1 Satz 1 BGB sind sonach Abrechnungsklauseln, wonach der Aufsteller einseitig den Zeitraum für die jeweilige Abrechnung bestimmt. Die Klausel berücksichtigt nicht die Interessen des auf seinen Anteil an den Einspielergebnissen angewiesenen Gastwirts oder sonstigen Betreibers. So liegt eine unbillige Bevorzugung der Interessen des Automatenaufstellers vor, wenn er sich das Recht vorbehält, bei **Berechnung des Bruttoerlöses** wahlweise sechs aufeinander folgende Monate für die Feststellung der Bruttoeinnahmen zugrunde zu legen. Dies gibt ihm die Möglichkeit, sich aus der gesamten Vertragszeit die Serie der besten, möglicherweise schon lange zurückliegenden Monate auszusuchen, die mit den

259) OLG Hamburg, Urt. v. 9.3.1983 – 5 U 114/82, NJW 1983, 1502 = ZIP 1983, 588.

260) OLG Hamburg, Urt. v. 9.3.1983 – 5 U 114/82, NJW 1983, 1502 = ZIP 1983, 588.

261) OLG Hamburg, Urt. v. 9.3.1983 – 5 U 114/82, NJW 1983, 1502 = ZIP 1983, 588.

262) KG, Urt. v. 25.5.1964 – 8 U 2207/63, NJW 1964, 1475. Vgl. aber BGH, Urt. v. 24.1.1979 – VIII ZR 16/78, NJW 1979, 758; BGH, Urt. v. 22.11.1995 – VIII ZR 57/95, NJW 1996, 455.

letzten Einspielergebnissen und damit mit dem dem Aufsteller tatsächlich entstandenen Schaden nicht vergleichbar sind.[263)]

b) Im Zweifel – insbesondere bei Unwirksamkeit einer Abrechnungsklausel – ist gem. §§ 133, 157 BGB davon auszugehen, dass eine **monatliche Abrechnung** durchzuführen ist.[264)] 5.278

c) **Änderung der Verteilung der Einspielerlöse.** Aufgrund einer Vollmachtsklausel kann zwar die monatliche Abrechnung des Automatenaufstellers mit einem von mehreren Vertragspartnern allen gegenüber wirksam vorgenommen werden, nicht aber die Änderung der Verteilung der Einspielerlöse. Differenzieren die Klauseln nicht hinreichend nach den einzelnen Regelungstatbeständen, so sind sie insgesamt unwirksam.[265)] 5.279

VII. Übertragungsrecht

1. Inhalt

Bei dieser Klausel handelt es sich um eine Bestimmung, mit der der Aufsteller sich vorbehält, seine Rechte und Pflichten aus dem Automatenaufstellvertrag auf einen Dritten zu übertragen. 5.280

2. Wirksamkeit

a) **§ 309 Nr. 10 BGB.** Eine Verbrauchereigenschaft ist allenfalls bei **Eigentümererklärungen** oder Mithaftungserklärungen Dritter denkbar. Allerdings gilt § 309 Nr. 10 BGB im Übrigen auch im **Unternehmerverkehr** (§ 310 Abs. 1 Satz 2 BGB).[266)] 5.281

b) **§ 307 Abs. 1 Satz 1 BGB.** Im Zusammenhang mit einem auf mehrere Jahre abgeschlossenen Automatenaufstellvertrag, der neben mietvertraglichen Elementen auch personenbezogene Merkmale aufwies, führte der BGH aus, dass eine Vertragsübertragungsklausel ohne Widerspruchsrecht des Gastwirts oder sonstigen Betreibers unwirksam sei, weil dieser typischerweise ein besonderes Interesse daran habe, sich über die Zuverlässigkeit und Solvenz des neuen Vertragspartners Gewissheit zu verschaffen. Der Gastwirt oder sonstige Betreiber muss daran interessiert sein, dass der Automatenaufsteller bei der Auswechslung der Geräte und Schallplatten den Publikumsgeschmack zu treffen verstehe, aufgrund seiner betrieblichen und organisatorischen Voraussetzungen den Reparatur- und Stö- 5.282

263) BGH, Urt. v. 29.2.1984 – VIII ZR 350/82, NJW 1985, 53 = ZIP 1984, 841 = Zeller III, 281.

264) BGH, Urt. v. 29.2.1984 – VIII ZR 350/82, NJW 1985, 53 = ZIP 1984, 841 = Zeller III, 281.

265) OLG Schleswig, Urt. v. 22.3.1983 – 6 REMiet 4/82, NJW 1983, 1862; LG Berlin, Urt. v. 13.7.1988 – 26 O. 71/88, ZIP 1988, 1311.

266) BGH, Urt. v. 29.2.1984 – VIII ZR 350/82, NJW 1985, 53 = ZIP 1984, 841 = Zeller III, 281.

rungsdienst zu gewährleisten imstande sei und die Einnahmen zuverlässig abrechne. Auch wurde die Einseitigkeit der Klausel zu Lasten des Gastwirts beanstandet.[267)]

5.283 Dabei hat der BGH offengelassen, ob das Übertragungsrecht dann hingenommen werden kann, wenn es auf Fälle begrenzt ist, in denen ein berechtigtes Interesse des Aufstellers, wie etwa bei der Gesamtübertragung seines Geschäfts, ersichtlich ist.[268)]

VIII. Nachfolgeklauseln

1. Inhalt

5.284 Mit Hilfe der Nachfolgeklauseln verpflichten die Aufsteller den Gastwirt oder sonstigen Betreiber, bei Aufgabe der Gaststätte für den Eintritt eines Rechtsnachfolgers zu sorgen. Gibt der Wirt aus Gründen auf, die in seinem Risikobereich liegen, bleibt er an die Klausel gebunden. Aufgrund der Nachfolgeklausel kann sich der Gastwirt oder sonstige Betreiber bei Aufgabe der Gaststätte von seinen Verpflichtungen aus dem Aufstellvertrag nur lösen, wenn er den neuen Inhaber der Gastwirtschaft zum (schriftlichen) Eintritt in den Vertrag verpflichtet.

2. Wirksamkeit von Nachfolgeklauseln im Allgemeinen

5.285 **a) Grundsatz.** Gegen eine Nachfolgeklausel ergeben sich keine grundsätzlichen Wirksamkeitsbedenken.[269)] Anders dann, wenn die Nachfolger des gebundenen Gastwirts oder sonstigen Betreibers ihrerseits noch Verpflichtungen aus früheren Automatenaufstellverträgen haben können oder auch nur den Abschluss neuer Verträge als Mittel zur Kreditbeschaffung nutzen möchten oder durch Abschaffung oder Ersetzung der Automaten Einfluss auf den Charakter der Gaststätte nehmen wollen.[270)]

---

267) BGH, Urt. v. 29.2.1984 – VIII ZR 350/82, NJW 1985, 53 = ZIP 1984, 841 = Zeller III, 281; BGH, Urt. v. 11.7.1984 – VIII ZR 35/83, ZIP 1984, 1093 = Zeller III, 298; BGH, Urt. v. 21.3.1990 – VIII ZR 196/89, NJW-RR 1990, 1076.

268) BGH, Urt. v. 29.2.1984 – VIII ZR 350/82, NJW 1985, 53 = ZIP 1984, 841 = Zeller III, 281.

269) BGH, Urt. v. 24.1.1973 – VIII ZR 147/71, WM 1973, 388 = Zeller I, 300; BGH, Urt. v. 10.11.1976 – VIII ZR 84/75, WM 1977, 112 = Zeller II, 23; BGH, Urt. v. 6.6.1979 – VIII ZR 281/78, WM 1979, 918 = Zeller II, 53; BGH, Urt. v. 6.10.1982 – VIII ZR 201/81, NJW 1983, 159 = ZIP 1982, 1449 = Zeller III, 231; BGH, Urt. v. 29.2.1984 – VIII ZR 350/82, NJW 1985, 53 = ZIP 1984, 841 = Zeller III, 281; OLG Düsseldorf, Urt. v. 2.11.1972 – 10 U 84/72, MDR 1973, 224.

270) BGH, Urt. v. 24.1.1973 – VIII ZR 147/71, WM 1973, 388 = Zeller I, 300; BGH, Urt. v. 10.11.1976 – VIII ZR 84/75, WM 1977, 112 = Zeller II, 23; BGH, Urt. v. 6.6.1979 – VIII ZR 281/78, WM 1979, 918 = Zeller II, 53; BGH, Urt. v. 6.10.1982 – VIII ZR 201/81, NJW 1983, 159 = ZIP 1982, 1449 = Zeller III, 231.

b) Keine Differenzierung nach der Rechtsstellung des Gastwirts oder sonstigen Betreibers. Der BGH differenziert im Rahmen der Interessenabwägung zu Recht nicht zwischen Grundstückseigentümern einerseits und Pächtern einer Gaststätte andererseits. Es gibt keinen Erfahrungssatz, dass die Verpflichtung zur Übertragung der Aufstellverpflichtung auf einen Geschäftsnachfolger für den Eigentümer besonders gravierend ist. Damit geht die aktuelle Rechtsprechung in bewusster Abweichung von früheren Entscheidungen,[271)] wonach die Belastung für den Pächter größer als für den Eigentümer sei, weil der Pächter für die Fortführung der Gaststätte nicht sorgen könne, nunmehr von einer gleichartigen Belastung für Eigentümer und Pächter aus. Auch wenn ein Geschäftsnachfolger in aller Regel an der Anpachtung eines bindungsfreien Gaststättenobjekts interessiert sei, um Finanzierungsmittel des Getränkelieferanten in Anspruch nehmen zu können, falle die Suche nach einem Pächter, der eine bestehende Aufstellungsverpflichtung zu übernehmen bereit sei, dem Eigentümer des Grundstücks nicht schwerer als dem ausscheidenden Pächter.[272)] 5.286

Der Pächter hat auf den Vertrag, den der Verpächter mit einem Pachtnachfolger schließt, regelmäßig keinen Einfluss; er ist nicht einmal in der Lage, dafür zu sorgen, dass der Betrieb fortgeführt wird. Der Gastwirt oder sonstige Betreiber als Pächter kann nicht verbindlich über den Nachfolger entscheiden. Die Klausel ist für einen Pächter also nur dann wirksam, wenn er wie ein Eigentümer den Nachfolger auswählen kann.[273)] 5.287

c) Zulässigkeitsvoraussetzungen. In Parallele zum Getränkelieferungsvertrag wird man fordern müssen, dass das Recht zur außerordentlichen Kündigung unberührt bleiben muss (1) und die sonstige Vertragsgestaltung dem Gastwirt oder sonstigen Betreiber einen ausreichenden Freiheitsraum belässt, was vor allem auch die Möglichkeit einschließt, ohne Zustimmung des Aufstellers die Verpflichtungen auf einen Rechtsnachfolger übertragen zu können (2). 5.288

d) Fehlen einer expliziten Kündigungsbefugnis. Die Wirksamkeit der Nachfolgeklausel dürfte auch insofern nicht dadurch in Frage gestellt werden können, dass die Klausel ein solches Kündigungsrecht aus wichtigem Grund nicht ausdrücklich einräumt. Vielmehr besteht die Möglichkeit zur vorzeitigen Vertragsbeendigung auch dann, wenn eine vertragliche Regelung fehlt. Eine Nachfolgeklausel, die nur bei freiwilliger Überlassung der Gastwirtschaft an Dritte gelten 5.289

---

271) BGH, Urt. v. 24.1.1973 – VIII ZR 147/71, WM 1973, 388 = Zeller I, 300 (Pächter); BGH, Urt. v. 6.6.1979 – VIII ZR 281/78, WM 1979, 918 = Zeller II, 53 (Pächter).

272) BGH, Urt. v. 6.10.1982 – VIII ZR 201/81, NJW 1983, 159 = ZIP 1982, 1449 = Zeller III, 231 (Eigentümer).

273) BGH, Urt. v. 6.6.1979 – VIII ZR 281/78, WM 1979, 918 = Zeller II, 53 (Pächter); BGH, Urt. v. 6.10.1982 – VIII ZR 201/81, NJW 1983, 159 = ZIP 1982, 1449 = Zeller III, 231 (Eigentümer).

will, ist dahin auszulegen, dass der Gastwirt oder sonstige Betreiber zur außerordentlichen Kündigung aus wichtigem Grund berechtigt bleiben soll.[274)]

5.290 e) **Kündbarkeit.** Ein aus § 314 BGB resultierendes Kündigungsrecht kann dem Gastwirt oder sonstigen Betreiber nicht in wirksamer Weise genommen werden, sofern ihm die weitere Erfüllung des Vertrages schlechterdings nicht mehr zugemutet werden kann. Dabei ist unter Beachtung aller **Umstände des Einzelfalls** auch der **Umfang der Aufstellpflicht** von Belang, weil sonst der Nachfolger möglicherweise keine Chance hat, seine eigenen Vorstellungen von der Gestaltung einer Gaststätte durchzusetzen und die Chancen des veräußerungswilligen Gastwirt oder sonstigen Betreiber unangemessen i. S. v. § 307 Abs. 1 Satz 1 BGB eingeschränkt werden.[275)] Ist § 314 (insbesondere § 314 Abs. 1 Satz 2) BGB materiell erfüllt, so läuft die Nachfolgeklausel faktisch ins Leere.[276)]

5.291 f) Die Wirksamkeit von Nachfolgeklauseln hängt davon ab, dass der Wirt jedenfalls für den Fall entpflichtet wird, dass er die Gastwirtschaft infolge außergewöhnlicher und nicht in seinem **Risikobereich** fallender Umstände aufgibt.[277)]

5.292 Daher muss eine nach § 307 Abs. 1 BGB wirksame Nachfolgeklausel auf solche Ereignisse abstellen, die nicht in der Risikosphäre des Gastwirts oder sonstigen Betreibers liegen, so dass dieser ohne sein **Verschulden** einen Nachfolger nicht finden kann. Jedenfalls muss die Nachfolgeklausel **zumindest einer derartigen einschränkenden Auslegung zugänglich** sein, um Bestand zu haben.[278)]

5.293 Unwirksam ist eine Nachfolgeklausel, nach der der Gastwirt oder sonstige Betreiber für den Eintritt eines Rechtsnachfolgers in den Vertrag zu sorgen hat,

---

274) BGH, Urt. v. 29.2.1984 – VIII ZR 350/82, NJW 1985, 53 = ZIP 1984, 841 = Zeller III, 281; a. A. BGH, Urt. v. 6.10.1982 – VIII ZR 201/81, NJW 1983, 159 = ZIP 1982, 1449 = Zeller III, 231 (Eigentümer), wonach der Vertrag explizit eine Enthaftungsmöglichkeit vorsehen müsse.

275) *von Westphalen*, Vertragsrecht und AGB-Klauselwerke, B Rz. 29.

276) Siehe oben § 16 II 3 c.

277) BGH, Urt. v. 24.1.1973 – VIII ZR 147/71, WM 1973, 388 = Zeller I, 300; BGH, Urt. v. 10.11.1976 – VIII ZR 84/75, WM 1977, 112 = Zeller II, 23; BGH, Urt. v. 6.6.1979 – VIII ZR 281/78, WM 1979, 918 = Zeller II, 53; BGH, Urt. v. 6.10.1982 – VIII ZR 201/81, NJW 1983, 159 = ZIP 1982, 1449 = Zeller III, 231; BGH, Urt. v. 29.2.1984 – VIII ZR 350/82, NJW 1985, 53 = ZIP 1984, 841 = Zeller III, 281; OLG Düsseldorf, Urt. v. 2.11.1972 – 10 U 84/72, MDR 1973, 224.

278) BGH, Urt. v. 18.5.1982 – KZR 14/81, BB 1983, 662 = Zeller III, 225; BGH, Urt. v. 14.6.1983 – KZR 19/82, WuW/E BGH 2037 = Zeller III, 251; BGH, Urt. v. 29.2.1984 – VIII ZR 350/82, NJW 1985, 53 = ZIP 1984, 841 = Zeller III, 281. In diesem einschränkenden Sinne hatte der BGH derartige Klauseln auch schon vor Inkrafttreten des AGBG ausgelegt; vgl. BGH, Urt. v. 9.12.1970 – VIII ZR 9/69, WM 1971, 243 = Zeller I, 75; BGH, Urt. v. 29.2.1984 – VIII ZR 350/82, NJW 1985, 53 = ZIP 1984, 841 = Zeller III, 281.

falls sie auch für den Fall einer unverschuldeten Betriebsaufgabe gilt oder er bei der Suche nach einem Nachfolger unverschuldet erfolglos bleibt.[279)]

In seinem Urteil vom **6.10.1982** hatte der BGH eine Nachfolgeklausel als unangemessen angesehen, wonach sich der Gastwirt oder sonstige Betreiber, auch bei von ihm nicht verschuldeter Aufgabe der Gaststätte, von seinen Pflichten aus dem Automatenaufstellvertrag nur befreien konnte, wenn er selbst den Automatenaufstellvertrag in einer anderen Gaststätte fortführte oder aber den neuen Gaststätteninhaber zur Vertragsübernahme verpflichtete. Maßgebend sollte der Gesichtspunkt sein, dass die Nachfolgeklausel die **wirtschaftliche Bewegungsfreiheit** des Gastwirt oder sonstigen Betreibers bei einem Verkauf oder bei einer Weiterverpachtung stark beeinträchtigt, weil Interessenten ihrerseits nicht selten an Automatenaufstellverträge gebunden sind oder die Freiheit haben wollen, Bindungen dieser Art zu vermeiden oder doch zumindest zur Kreditschöpfung zu nutzen. Offengelassen wurde diese Frage dagegen in einer Entscheidung vom **21.3.1990**.[280)] **5.294**

g) Eine **geltungserhaltende Reduktion** scheidet regelmäßig aus, es sei denn, die Klausel ist teilbar.[281)] **5.295**

h) § 306 Abs. 1 BGB. Die Unwirksamkeit einer Rechtsnachfolgeklausel berührt die Wirksamkeit des Vertrages im Übrigen nicht. **5.296**

3. Gesamtschuldklauseln

Unzulässig ist eine Formularbestimmung, nach der der Gastwirt oder sonstige Betreiber auch noch nach Eintritt eines Nachfolgers gesamtschuldnerisch selbst dann weiter haften soll, wenn der Aufsteller der Nachfolge zugestimmt hatte. Die gesamtschuldnerische Haftung von Gastwirt oder sonstigem Betreiber und Rechtsnachfolger ist deshalb unangemessen, weil sie den Aufsteller deutlich bevorteilt **(Übersicherung)** gegenüber dem Wirt oder sonstigem Betreiber, der Mühe genug hat, den Vertrag zu übertragen, wenn er denn dazu bereit ist. Der Betriebsinhaber kann nicht für Handlungen des Nachfolgers verantwortlich gemacht werden. Dabei ist entscheidend, dass das **Bonitäts-** und **Insolvenzrisiko** des Nachfolgers ausschließlich Sache des Automatenaufstellers ist. Der ausscheidende Gastwirt oder sonstige Betreiber hat hierauf – weder direkt noch indirekt – irgendeinen Einfluss, zumal Gaststätten, wie die Erfahrung lehrt, in ihrem wirt- **5.297**

279) BGH, Urt. v. 6.10.1982 – VIII ZR 201/81, NJW 1983, 159 = ZIP 1982, 1449 = Zeller III, 231; BGH, Urt. v. 29.2.1984 – VIII ZR 350/82, NJW 1985, 53 = ZIP 1984, 841 = Zeller III, 281; LG Köln, Urt. v. 24.5.1982 – 23 O. 25/82, Münzautomaten-Recht (MAR) März 1988; LG Ulm, Urt. v. 7.7.1987 – 2 O. 83/87, Münzautomaten-Recht (MAR) Januar 1987.

280) BGH, Urt. v. 21.3.1990 – VIII ZR 196/89, NJW-RR 1990, 1076.

281) BGH, Urt. v. 29.2.1984 – VIII ZR 350/82, NJW 1985, 53 = ZIP 1984, 841 = Zeller III, 281.

schaftlichen Erfolg in entscheidendem Maße von Ruf und Ansehen des Gastwirts oder sonstigen Betreibers abhängen.[282)]

4. Subsidiäre Ausfallhaftung

5.298 In gleicher Weise dürfte die Begründung einer subsidiären Ausfallhaftung des – ausscheidenden – Gastwirts oder sonstigen Betreibers mit § 307 BGB unvereinbar sein.[283)]

5. Bürgschaftsklauseln

5.299 Zu Weiterhaftungsklauseln in Form von Bürgschaftsklauseln siehe *von Westphalen*.[284)]

6. Erklärte Zustimmung

5.300 Eine Inanspruchnahme des Gastwirt oder sonstigen Betreibers aus einer von seinem Nachfolger begründeten Verbindlichkeit ist jedoch rechtsmissbräuchlich, soweit die Brauerei der Nachfolge zugestimmt oder ihre Zustimmung in rechtsmissbräuchlicher Weise verweigert hat. Eine entsprechende Klausel wäre unwirksam.[285)]

IX. Schadensersatzklauseln

1. Schadensersatz

5.301 Der **Zeitraum**, der für die Berechnung eines Schadensersatzes nach § 281 BGB vorzusehen ist, darf nicht im Belieben des Aufstellers stehen. Dabei kommt es auch hier entscheidend allein auf den Inhalt der Klausel an. In welchem Umfang der Klauselverwender von ihr Gebrauch macht, ist für die Beurteilung ihrer Wirksamkeit ohne Belang.[286)]

2. Schadensersatzpauschalierungen

5.302 **a) Grundsatz.** Schadenspauschalierungsabreden sind auch in Automatenaufstellverträgen grundsätzlich zulässig.[287)]

---

282) BGH, Urt. v. 29.2.1984 – VIII ZR 350/82, NJW 1985, 53 = ZIP 1984, 841 = Zeller III, 281.

283) *von Westphalen*, Vertragsrecht und AGB-Klauselwerke, A Rz. 21.

284) *von Westphalen*, Vertragsrecht und AGB-Klauselwerke, A Rz. 21.

285) BGH, Urt. v. 29.2.1984 – VIII ZR 350/82, NJW 1985, 53 = ZIP 1984, 841 = Zeller III, 281.

286) BGH, Urt. v. 6.10.1982 – VIII ZR 201/81, NJW 1983, 159 = ZIP 1982, 1449 = Zeller III, 231.

287) BGH, Urt. v. 6.10.1982 – VIII ZR 201/81, NJW 1983, 159 = ZIP 1982, 1449 = Zeller III, 231.

b) §§ 307 Abs. 2 Nr. 1, 309 Nr. 5 a BGB. aa) Grundlagen. Im Hinblick auf § 309 Nr. 5 a BGB ist der Aufsteller aber gehalten, die geltend gemachten Schadenspauschalen nach der **Art** der jeweiligen Vertragsverletzung zu differenzieren. Differenziert die Klausel nicht nach den verschiedenen in Betracht kommenden Vertragsverletzungen des Gastwirts oder sonstigen Betreibers (sog. **Einheitspauschale**), so darf die Pauschale den typischerweise geringsten Schaden nicht übersteigen.[288)] 5.303

Stets ist die **Zeitdauer** des jeweiligen – schuldhaften – Verstoßes in der Klausel zu berücksichtigen, weil eine abstrakt-generelle Bewertung der jeweiligen Schadenspauschale vorzunehmen ist. Ein Zeitraum von zwölf Monaten ist gem. § 307 Abs. 2 Nr. 1 BGB unter Berücksichtigung von § 309 Nr. 5 a BGB unwirksam. Auch mit § 307 Abs. 2 Nr. 1 BGB nicht vereinbar ist es, wenn der Aufsteller sich das Recht ausbedingt, die (sechs) Monate „auszuwählen" (**Auswahl der Abrechnungsmonate**), die ihm besonders günstig sind.[289)] 5.304

Unwirksam sind Schadensersatzpauschalierungen, die in einem Missverhältnis zur **Höhe** des **branchenüblichen Gewinns** stehen oder bei denen nicht auf die durchschnittlichen Einspielergebnisse abgestellt wird, sondern dem Aufsteller das Recht eingeräumt wird, den Schaden nach **Bruttoerlösen** zu bestimmen.[290)] 5.305

bb) Absolute Pauschalen. Fehlt es an einer Differenzierung nach der Art der jeweiligen Vertragsverletzung, so ist eine Schadenspauschale in Höhe von **2.500,00 €/Vertragsverletzung** des Gastwirts unangemessen.[291)] 5.306

cc) Prozentuale Pauschalen. Schadenspauschalierungen in Höhe des typischen Schadens sind möglich, z. B. **30 %** des nach Abzug des Wirteanteils verbleibenden durchschnittlichen Einspielergebnisses.[292)] 5.307

Strenger dagegen *von Westphalen*: Gehe man von einem solchen Bruttoerlös des Ausstellers aus, so seien Schadensersatzpauschalen in Höhe von ca. 30 % wohl gerade noch als schadenstypisch einzuordnen, soweit der Gastwirt oder sonstige Betreiber eine **wesentliche Vertragspflicht schuldhaft verletzt** habe, so dass der Aufsteller Anspruch auf entgangenen Gewinn habe, etwa bei **Ver-** 5.308

---

288) BGH, Urt. v. 21.3.1990 – VIII ZR 196/89, NJW-RR 1990, 1076.

289) BGH, Urt. v. 11.11.1968 – VIII ZR 151/66, NJW 1969, 230 = Zeller I, 118; BGH, Urt. v. 8.10.1969 – VIII ZR 20/68, NJW 1970, 29, 32; BGH, Urt. v. 10.11.1976 – VIII ZR 84/75, WM 1977, 112 = Zeller II, 23; BGH, Urt. v. 6.10.1982 – VIII ZR 201/81, NJW 1983, 159 = ZIP 1982, 1449 = Zeller III, 231; BGH, Urt. v. 21.3.1990 – VIII ZR 196/89, NJW-RR 1990, 1076.

290) BGH, Urt. v. 11.11.1968 – VIII ZR 151/66, NJW 1969, 230 = Zeller I, 118; BGH, Urt. v. 8.10.1969 – VIII ZR 20/68, NJW 1970, 29; BGH, Urt. v. 10.11.1976 – VIII ZR 84/75, WM 1977, 112 = Zeller II, 23; BGH, Urt. v. 21.3.1990 – VIII ZR 196/89, NJW-RR 1990, 1076.

291) BGH, Urt. v. 21.3.1990 – VIII ZR 196/89, NJW-RR 1990, 1076.

292) BGH, Urt. v. 6.6.1979 – VIII ZR 281/78, WM 1979, 918 = Zeller II, 53; BGH, Urt. v. 6.10.1982 – VIII ZR 201/81, NJW 1983, 159 = ZIP 1982, 1449 = Zeller III, 231; BGH, Urt. v. 21.3.1990 – VIII ZR 196/89, NJW-RR 1990, 1076.

letzung der Ausschließlichkeitsbindung. Doch sind die **Zeitachse** dabei zu beachten: Es gehe nicht an, stets auf das Jahrergebnis von 30 % Gewinn abzustellen, wenn die Schadenspauschale auch den Fall abdecken solle, dass die Verletzung erst nahe am Ende der Laufzeit eintrete. Denn die Höhe des Nichterfüllungsschadens sei immer durch das Erfüllungsinteresse des Automatenaufstellers begrenzt.[293)]

5.309 Unwirksam ist eine Schadenspauschale in Höhe von **70 % des Bruttoerlöses.** Pauschalen von über **60 %** des Bruttoerlöses sind ebenfalls unwirksam.[294)] Das Gleiche gilt, wenn die Schadensersatzpauschale **35 %** bzw. **42 %** des Bruttoerlöses beträgt, der branchenübliche Gewinn jedoch selbst nur 30 % ausmacht.[295)]

5.310 c) **§§ 307 Abs. 2 Nr. 1, 309 Nr. 5 b BGB.** Zwar muss im Unternehmerverkehr die Möglichkeit des Nachweises eines geringeren Schadens nicht ausdrücklich eingeräumt werden. Der Gegenteilsbeweis darf aber weder konkludent noch ausdrücklich ausgeschlossen werden.[296)]

3. Konkrete Schadensberechnung

5.311 Soweit Schadensersatzpauschalierungs- (oder Vertragsstrafen-)klauseln unwirksam sind, bleibt es dem Aufsteller unbenommen, den Gastwirt auf Zahlung des konkret entstandenen Schadens zu verklagen.

5.312 Das Gericht kann dabei eine **Schadensschätzung** (§ 287 ZPO) vornehmen und ist berechtigt, von einem Bruttoerlös von **30 %** auszugehen.[297)]

5.313 Von Bedeutung ist auch, ob der Aufsteller vertraglich die von ihm übernommene Pflicht, die Geräte dem Gastwirt zu überlassen und aufzustellen, an ein **Rentabilitätsminimum** geknüpft hat. Danach kann der Aufsteller die Geräte nach einer **Anzeigefrist** abräumen, wenn der Kasseninhalt der Geräte nicht das erforderliche Rentabilitätsminimum erreicht. Dieses ist bei den unterschiedlichen Gerätearten auf die jeweiligen vierwöchigen Nettoumsätze berechnet worden. Für die streitgegenständlichen Automaten ergab sich damit ein Mindestnettoumsatz von 50,00 € im Monat. Diese Regelung verdeutlicht den **branchenüblichen Gewinn**, den der Aufsteller mit der Aufstellung der Geräte bei dem Gastwirt zu erzielen beabsichtigte, so dass darin der ihm entstehende

293) *von Westphalen*, Vertragsrecht und AGB-Klauselwerke, A Rz. 35.

294) BGH, Urt. v. 21.3.1990 – VIII ZR 196/89, NJW-RR 1990, 1076.

295) BGH, Urt. v. 21.3.1990 – VIII ZR 196/89, NJW-RR 1990, 1076.

296) BGH, Urt. v. 12.1.1994 – VIII ZR 165/92, NJW 1994, 1060.

297) BGH, Urt. v. 21.3.1990 – VIII ZR 196/89, NJW-RR 1990, 1076.

Schaden bei Nichterfüllung des Vertrages als ein Minimum seinen Ausdruck findet.[298)]

X. Vertragsstrafenklauseln

1. § 307 Abs. 2 Nr. 1 BGB i. V. m. §§ 339 Satz 1, 286 Abs. 4 BGB

a) **Grundsatz.** Unwirksam ist eine Vertragsstrafenregelung, wenn sie **verschuldensunabhängig** gestaltet ist (§§ 307 Abs. 2 Nr. 1, 280 Abs. 1 Satz 1 BGB) oder die Vertragsstrafe **überhöht** ist.[299)] Dabei ist nicht erforderlich, dass die vertragliche Regelung nach dem Wortlaut Verschulden voraussetzt. Ist sie jedoch so formuliert, dass die Vertragsstrafe vom Gastwirt nur verwirkt wird, wenn er die dafür maßgeblichen Gründe zu vertreten hat, dann wird an ein Verschulden des Verpflichteten angeknüpft. Eine verschuldensunabhängige Vertragsstrafe ist dann nicht zu erkennen.[300)] 5.314

Zwar kann das Verschuldenserfordernis durch AGB abbedungen werden, wenn bei dem betreffenden Vertragstyp gewichtige Gründe für eine schuldensunabhängige Haftung vorliegen. Dies dürfte aber bei Automatenaufstellverträgen ausgeschlossen sein.[301)] 5.315

b) Soweit eine Vertragsstrafe gem. § 307 Abs. 2 Nr. 1 BGB unwirksam ist, kommt eine **Herabsetzung** der Vertragsstrafe gem. § 343 BGB auch im Unternehmerverkehr nicht in Betracht (§ 348 BGB), und zwar unabhängig davon, ob der Gastwirt oder sonstige Betreiber eingetragener Kaufmann war.[302)] Dem Aufsteller bleibt nichts anderes übrig, als den Gastwirt oder sonstige Betreiber auf den konkret nachzuweisenden Schadensersatz zu verklagen. 5.316

2. § 307 Abs. 1 Satz 1 BGB

a) Die von **§ 309 Nr. 6 BGB** nicht erfassten Vertragsstrafentypen sind nicht im Umkehrschluss generell als zulässig anzusehen. Vielmehr unterliegen Sie auch im **Unternehmerverkehr** der Inhaltskontrolle nach § 307 BGB. Eine unangemessene Benachteiligung i. S. d. § 307 Abs. 1 Satz 1 BGB liegt vor, wenn der Verwender der Klausel missbräuchlich eigene Interessen auf Kosten des Ver- 5.317

298) BGH, Urt. v. 18.5.1982 – KZR 14/81, BB 1983, 662 = Zeller III, 225; BGH, Urt. v. 21.3.1990 – VIII ZR 196/89, NJW-RR 1990, 1076; OLG Rostock, Urt. v. 17.3.2003 – 3 U 107/02, BeckRS 2010, 27462.

299) BGH, Urt. v. 24.1.1973 – VIII ZR 147/71, WM 1973, 388 = Zeller I, 300; OLG Celle, Urt. v. 25.9.1987 – 2 U 267/86, NJW-RR 1988, 946 = Zeller IV, 248; OLG Rostock, Urt. v. 17.3.2003 – 3 U 107/02, BeckRS 2010, 27462; LG Aachen, Urt. v. 25.3.1987 – 7 S 445/86, NJW-RR 1987, 948.

300) OLG Rostock, Urt. v. 17.3.2003 – 3 U 107/02, BeckRS 2010, 27462.

301) LG Aachen, Urt. v. 25.3.1987 – 7 S 445/86, NJW-RR 1987, 948.

302) BGH, Urt. v. 18.11.1982 – VII ZR 305/81, NJW 1983, 815; BGH, Urt. v. 21.3.1990 – VIII ZR 196/89, NJW-RR 1990, 1076.

tragspartners durchzusetzen versucht, ohne die des Vertragspartners von vornherein hinreichend zu berücksichtigen. Dabei ist ein genereller Prüfungsmaßstab, eine von den Besonderheiten des Einzelfalles losgelöste, typisierende Betrachtungsweise, zugrunde zu legen.[303)]

5.318 **b) Kumulationsverbot. aa) Grundsatz.** Vereinzelt enthalten Automatenaufstellverträge Schadensersatz- und Vertragsstrafenklauseln nebeneinander. Dann ist die **Anrechnung**spflicht nach §§ 340 Abs. 2, 341 Abs. 2 BGB zu beachten, unabhängig davon, ob Schadensersatz wegen Nichterfüllung oder wegen Schlechterfüllung verlangt wird. Das Verbot der Kumulation von Schadensersatz und Vertragsstrafen gilt auch im Unternehmerverkehr. Folglich kann die Verpflichtung des Automatenaufstellers, sich auf seinen Schadensersatz wegen Nichterfüllung die aus gleichem Grunde vom Gastwirt verwirkte Vertragsstrafe anrechnen zu lassen (§ 340 Abs. 2 BGB), nicht durch AGB abbedungen werden.[304)]

5.319 **bb) Ausnahme.** Ein Bedürfnis für die Kumulation von Schadensersatz- und Vertragsstrafenansprüchen besteht allerdings im Geschäftsverkehr der Unternehmer bei Dauerschuldverhältnissen wie Automatenaufstellverträgen. Hier will der Verwender sich mit der Kumulation gegen das Abschalten seiner und das Aufstellen fremder Automaten sichern. Ebenso wie in den Bereichen des Wettbewerbsrechts sowie bei Patent- und Lizenzverletzungen ist ein anzuerkennendes Bedürfnis für die Kumulation von Schadensersatz- und Vertragsstrafenansprüchen anzuerkennen, aber nur dann, wenn der Sicherungszweck für die Zukunft nicht entfallen ist.[305)]

5.320 cc) Die Klausel **„Darüber hinausgehende Schadensersatzansprüche des Aufstellers werden hierdurch nicht berührt."** stimmt mit der gesetzlichen Regelung überein. Nach § 340 Abs. 2 Satz 2 BGB ist die Geltendmachung eines weiteren Schadens nicht ausgeschlossen. Hier ergibt die Auslegung, dass es an einer Kumulation von Schadensersatz wegen Nichterfüllung und Vertragsstrafenregelung fehlt.[306)]

5.321 Keine Wirksamkeitsbedenken bestehen bei einer Vertragsstrafenregelung folgenden Inhalts: „Können alle oder einzelne Automaten aus vom Kunden zu vertretenden Gründen nicht oder nicht mehr aufgestellt werden, verwirkt der Kunde je Automat oder nicht erfülltem Vertragsjahr eine Vertragsstrafe von **250,00 €** bei Geld- oder Warenspielgeräten mit Gewinnmöglichkeit und von

---

303) OLG Rostock, Urt. v. 17.3.2003 – 3 U 107/02, BeckRS 2010, 27462.

304) BGH, Urt. v. 27.11.1974 – VIII ZR 9/73, NJW 1975, 163 = Zeller I, 303; BGH, Urt. v. 29.2.1984 – VIII ZR 350/82, NJW 1985, 53 = ZIP 1984, 841 = Zeller III, 281; OLG Rostock, Urt. v. 17.3.2003 – 3 U 107/02, BeckRS 2010, 27462.

305) BGH, Urt. v. 29.2.1984 – VIII ZR 350/82, NJW 1985, 53 = ZIP 1984, 841 = Zeller III, 281.

306) BGH, Urt. v. 21.3.1990 – VIII ZR 196/89, NJW-RR 1990, 1076; OLG Rostock, Urt. v. 17.3.2003 – 3 U 107/02, BeckRS 2010, 27462.

150,00 € bei sonstigen Automatenarten. Darüber hinausgehende Schadensersatzansprüche des Aufstellers werden hierdurch nicht berührt."[307]

dd) Streitig ist, ob eine Klausel, nach der die Strafe den Erfüllungsanspruch unberührt lässt, im Hinblick auf §§ 307 Abs. 2 Nr. 1, 340 Abs. 1 Satz 1 BGB ohne weiteres zulässig ist.[308] **5.322**

c) Höhe. aa) Grundlagen. Unwirksam, weil unangemessen, kann eine Klausel auch dann sein, wenn sie letztlich nur der **Schöpfung einer neuen Geldquelle** dient.[309] **5.323**

Von einer unangemessen hoch angesetzten Strafe, die die Unwirksamkeit zur Folge hat, ist auszugehen, wenn die Sanktion **außer Verhältnis** zum Gewicht des Vertragsverstoßes und dessen Folgen für den Vertragspartner steht. Dies ist dann der Fall, wenn die Höhe der Vertragsstrafe nicht an das Gewicht des Vertragsverstoßes anknüpft, wegen fortschreitender Dauer des vertragswidrigen Zustandes kontinuierlich steigt und wenn weder eine zeitliche noch eine summenmäßige Beschränkung vorgesehen ist. Dann liegt die unangemessene Benachteiligung des Vertragsstrafenschuldners vor allem in der Gefahr, dass die ständig wachsende Vertragsstrafe seine eigenen Vertragsansprüche aufzehren, außer Verhältnis zum möglichen Schaden des Vertragsstrafengläubigers geraten und dem Automatenaufsteller sogar eine von seinem Sachinteresse nicht mehr gedeckte Vermögensquelle eröffnen kann.[310] **5.324**

Umgekehrt ist eine Vertragsstrafe nicht unangemessen hoch angesetzt, wenn sie mit den von ihr verfolgten Zwecken in Übereinstimmung steht. Der Gesetzgeber hat die Vertragsstrafe mit einer **doppelten Zielrichtung** zugelassen. Zum einen soll sie als **Druckmittel** den Schuldner zur ordnungsgemäßen Erbringung der versprochenen Leistung anhalten. Zum anderen eröffnet sie dem Gläubiger im Verletzungsfall die Möglichkeit einer **erleichterten Schadloshaltung ohne Einzelnachweis.** Zur Verfolgung dieses Zwecks ist es sachgerecht und nicht unverhältnismäßig, wenn die Höhe der Strafe an den Umfang der geschuldeten Leistung anknüpft und durch ihn nach oben begrenzt wird. Schuldet der Gastwirt bei Verwirkung der Vertragsstrafe wirtschaftlich nicht mehr als er bei gehöriger Erfüllung der übernommenen Verpflichtung an Leistung zu erbringen gehabt hätte, so bestehen hinsichtlich der Höhe keine Bedenken. Unwirksam wäre die vereinbarte Vertragsstrafenklausel nur, wenn die darin festgesetzte Pauschale den in den geregelten Fällen nach dem gewöhnlichen Lauf der Dinge **zu erwartenden Schaden übersteigen würde** (§§ 307 Abs. 2 Nr. 1, 309 Nr. 5 a BGB). Die Unangemessenheit kann sich also aus einem Ver- **5.325**

---

307) OLG Rostock, Urt. v. 17.3.2003 – 3 U 107/02, BeckRS 2010, 27462.

308) Bedenken bei OLG Düsseldorf, Urt. v. 5.5.1994 – 10 U 238/93, MDR 1994, 118.

309) OLG Rostock, Urt. v. 17.3.2003 – 3 U 107/02, BeckRS 2010, 27462.

310) OLG Rostock, Urt. v. 17.3.2003 – 3 U 107/02, BeckRS 2010, 27462.

gleich des Vertragsstrafenbetrages mit der **Gewinnerwartung** des Automatenaufstellers und dem ihm durch die Nichterfüllung des Vertrages entstehenden Schaden ergeben.[311)]

5.326 Knüpft die Vertragsstrafenklausel alleinig an die Verpflichtung zur Aufstellung der Automaten an und sanktioniert damit die Nichteinhaltung der übernommenen Betriebspflicht, so rekurriert sie auf eine **Hauptpflicht** des Gastwirts. Die Höhe der Vertragsstrafe findet ihr Äquivalent im **Gewicht des Vertragsverstoßes**. Zwar steigert die Vertragsstrafe sich mit der Dauer der Vertragsverletzung. Ist aber eine **summenmäßige Beschränkung** vorgesehen, etwa bemessen auf die Vertragslaufzeit, und steht der Höchstbetrag der Vertragsstrafe nicht außer Verhältnis zu dem dem Aufsteller bei Nichtbetrieb der Automaten entstehenden Schaden und knüpft sie damit an den Umfang der von dem Gastwirt geschuldeten Leistung, seiner **Betriebspflicht**, an, so ergeben sich keine Wirksamkeitsbedenken.[312)]

5.327 **bb) Staffelung.** Soweit Ausschließlichkeitsvereinbarungen durch eine Vertragsstrafe abgesichert werden sollen, ist im Übrigen auch zu bedenken, dass die Höhe des eingetretenen Schadensersatzes entscheidend davon abhängig ist, ob die Vertragsverletzung **zu Beginn oder unmittelbar vor Auslaufen des Vertrages** verübt wird.[313)]

5.328 Deshalb sollte die Vertragsstrafe so bemessen sein, dass sie tendenziell auch die Schäden adäquat widerspiegelt, welche unmittelbar vor Beendigung des Vertrages eintreten, weil und soweit der Gastwirt oder sonstige Betreiber die Ausschließlichkeitsverpflichtung verletzt. Eine **gestaffelte Vertragsstrafenregelung** ist daher angezeigt.[314)] Eine gestaffelte Vertragsstrafe von maximal 4.500,00 € bei einem erwarteten Schadensersatzanspruch wegen entgangenen Gewinns von 18.000,00 € ist zulässig.[315)]

5.329 **cc) Einheitspauschale.** Differenziert eine Vertragsstrafenklausel nicht nach den verschiedenen in Betracht kommenden Vertragsverletzungen des Gastwirts (Einheitspauschale), so darf die Pauschale den typischerweise geringsten Schaden nicht übersteigen.[316)]

311) BGH, Urt. v. 18.5.1982 – KZR 14/81, BB 1983, 662 = Zeller III, 225; BGH, Urt. v. 21.3.1990 – VIII ZR 196/89, NJW-RR 1990, 1076; OLG Rostock, Urt. v. 17.3.2003 – 3 U 107/02, BeckRS 2010, 27462.

312) OLG Rostock, Urt. v. 17.3.2003 – 3 U 107/02, BeckRS 2010, 27462.

313) OLG Celle, Urt. v. 28.6.1989 – 2 U 177/88, NJW-RR 1988, 946 = Zeller IV, 281; LG Essen, Urt. v. 14.7.1989 – 1 S 177/89, MDR 1989, 996 = Zeller IV 283.

314) LG Essen, Urt. v. 14.7.1989 – 1 S 177/89, MDR 1989, 996 = Zeller IV 283.

315) OLG Rostock, Urt. v. 17.3.2003 – 3 U 107/02, BeckRS 2010, 27462.

316) BGH, Urt. v. 21.3.1990 – VIII ZR 196/89, NJW-RR 1990, 1076; OLG Celle, Urt. v. 25.9.1987 – 2 U 267/86, NJW-RR 1988, 946 = Zeller IV, 248; LG Aachen, Urt. v. 25.3.1987 – 7 S 445/86, NJW-RR 1987, 948.

Die Unwirksamkeit einer – überhöhten – Vertragsstrafe wird nicht dadurch **kompensiert**, dass sich auch der Aufsteller gegenüber dem Gastwirt in gleicher Weise verpflichtet.[317] 5.330

dd) Welche **absolute Grenze** für eine Vertragsstrafe anzusetzen ist, wenn der Gastwirt schuldhaft das ausschließliche Aufstellrecht verletzt, ist umstritten. Handelt es sich z. B. um die **Verletzung des Ausschließlichkeitsrechts**, so ist eine Vertragsstrafe in Höhe von 1.000,00 € für jeden Fall der Zuwiderhandlung nicht zu beanstanden.[318] 5.331

Eine in einem Automatenaufstellvertrag vorgesehene Vertragsstrafe in Höhe von **1.500,00 €** kann je nach den Umständen angemessen sein. Entscheidend ist in diesem Zusammenhang die Bifunktionalität der Vertragsstrafe. Die Vertragsstrafe darf nicht völlig losgelöst von dem typischerweise aufgrund der jeweiligen Vertragsverletzung eintretenden Schaden sein. Ihre Angemessenheit ist zu verneinen, wenn sie nur wenig geringer als die Gewinnerwartungen ist und kein Bedürfnis für einen derartigen Ausgleich besteht. So darf von dem Wirt keine Vertragsstrafe verlangt werden (hier 1.500,00 € pro Verstoß), die bei wenigen Verstößen bereits den Nichterfüllungsschaden mehrerer Jahre erreicht. Daher ist eine Vertragsstrafe mit § 307 Abs. 2 Nr. 1 BGB unvereinbar, die für jeden Fall der Vertragsverletzung eine Vertragsstrafe in Höhe von 1.500,00 € vorsieht.[319] 5.332

Vertragsstrafenklauseln für den **Verlust des Aufstellplatzes** oder **sonstige Vertragsverstöße** bis **2.500,00 €** sind nicht gerechtfertigt. So der BGH in dem Urteil vom 21.3.1990, weil die Höhe der Vertragsstrafe in einem völlig unangemessenen Verhältnis zu dem im Höchstfall während der Gesamtvertragslaufzeit durch Nichterfüllung in Betracht kommenden Schaden (3.364,00 €) stand.[320] 5.333

d) Eine **geltungserhaltende Reduktion** findet nicht statt.[321] Dem Aufsteller bleibt dann nichts anderes übrig, als den Gastwirt oder sonstigen Betreiber auf den konkret entstandenen Schaden zu verklagen.[322] 5.334

---

317) OLG Celle, Urt. v. 25.9.1987 – 2 U 267/86, NJW-RR 1988, 946 = Zeller IV, 248.

318) BGH, Urt. v. 6.6.1979 – VIII ZR 281/78, WM 1979, 918 = Zeller II, 53.

319) BGH, Urt. v. 21.3.1990 – VIII ZR 196/89, NJW-RR 1990, 1076; OLG Celle, Urt. v. 28.6.1989 – 2 U 177/88, NJW-RR 1988, 946 = Zeller IV, 281; LG Essen, Urt. v. 14.7.1989 – 1 S 177/89, MDR 1989, 996 = Zeller IV, 283.

320) BGH, Urt. v. 21.3.1990 – VIII ZR 196/89, NJW-RR 1990, 1076; LG Aachen, Urt. v. 25.3.1987 – 7 S 445/86, NJW-RR 1987, 948.

321) BGH, Urt. v. 31.1.2003 – VII ZR 210/01, NJW 2003, 1805.

322) Siehe oben § 56 IX 3 m. w. N.

XI. Kündigungsklauseln

1. Schließung der Gaststätte

5.335 Das dem Gastwirt zustehende außerordentliche Kündigungsrecht (§ 314 BGB), etwa bei nicht zu vertretender Schließung der Gaststätte, kann weder formularmäßig (§ 307 Abs. 2 Nr. 1 i. V. m. §§ 314, 543 BGB) noch individuell (§ 138 Abs. 1 BGB) ausgeschlossen oder eingeschränkt werden.[323)]

2. Abräumrecht bei fehlender Rentabilität

5.336 a) **Begriff.** Die Rentabilitätsklausel stellt der Sache nach ein außerordentliches Kündigungsrecht des Aufstellers dar. Sie berechtigt ihn zur jederzeitigen Abholung der Geräte. Dieses Recht wird häufig Abräumrecht genannt.[324)]

5.337 b) **§ 307 Abs. 1 Satz 2 BGB.** Rentabilitätsklauseln stellen auf ein „erforderliches Rentabilitätsminimum" ab. Sie können leicht dazu führen, dass der Gastwirt oder sonstige Betreiber der Willkür des Automatenaufstellers ausgeliefert wird. Ein jederzeitiges Abholungsrecht des Aufstellers bei Unrentabilität **(Rentabilitätsklausel)** ist als außerordentliches Kündigungsrecht stets unwirksam. Die Klausel ist wegen fehlender **Bestimmtheit** und **Transparenz** nach § 307 Abs. 1 Satz 2 BGB zu beanstanden, weil der Gastwirt oder sonstige Betreiber von sich aus überhaupt nicht in der Lage ist, die Rentabilität eines Automaten aufgrund des Textes der Klausel nachzuprüfen. Er ist aber auch mangels Kenntnis der Kosten und der Kalkulation des Aufstellers hierzu überhaupt nicht in der Lage, von sich aus – ohne Einholung eines Sachverständigengutachtens – festzulegen, unter welchen Voraussetzungen der Automatenaufsteller ein fristloses Kündigungsrecht für sich reklamiert.[325)]

5.338 Fehlende Transparenz ist auch dann zu bejahen, wenn die Rentabilitätsklausel auf **„nicht ausreichende Einnahmen"** abstellt.[326)]

5.339 Mangels hinreichender Bestimmtheit dürfte die Klausel unwirksam sein, wenn – wie häufig – **lediglich auf ein „erforderliches Rentabilitätsminimum" abgestellt wird.**[327)]

---

323) BGH, Urt. v. 29.2.1984 – VIII ZR 350/82, NJW 1985, 53 = ZIP 1984, 841 = Zeller III, 281; OLG Hamburg, Urt. v. 28.1.1976 – 5 U 144/75, MDR 1976, 577.

324) OLG Celle, Urt. v. 25.9.1987 – 2 U 267/86, NJW-RR 1988, 946 = Zeller IV, 248.

325) BGH, Urt. v. 18.5.1982 – KZR 14/81, BB 1983, 662 = Zeller III, 225; BGH, Urt. v. 7.4.1982 – VIII ZR 323/80, NJW 1982, 1693 = ZIP 1982, 698 = Zeller III, 220; BGH, Urt. v. 6.10.1982 – VIII ZR 201/81, NJW 1983, 159 = ZIP 1982, 1449 = Zeller III, 231; BGH, Urt. v. 29.2.1984 – VIII ZR 350/82, NJW 1985, 53 = ZIP 1984, 841 = Zeller III, 281; OLG Celle, Urt. v. 25.9.1987 – 2 U 267/86, NJW-RR 1988, 946 = Zeller IV, 248.

326) BGH, Urt. v. 3.3.1971 – VIII ZR 55/70, NJW 1971, 1034; BGH, Urt. v. 6.6.1979 – VIII ZR 281/78, WM 1979, 918 = Zeller II, 53; BGH, Urt. v. 6.10.1982 – VIII ZR 201/81, NJW 1983, 159 = ZIP 1982, 1449 = Zeller III, 231; BGH, Urt. v. 29.2.1984 – VIII ZR 350/82, NJW 1985, 53 = ZIP 1984, 841 = Zeller III, 281; OLG Celle, Urt. v. 25.9.1987 – 2 U 267/86, NJW-RR 1988, 946 = Zeller IV, 248.

Gleiche Bedenken können sich gegen ein Abräumrecht des Aufstellers erheben im Hinblick auf die Formulierung „wenn der Kasseninhalt nicht das für den Aufsteller erforderliche Rentabilitätsminimum erreicht". Der Gastwirt oder sonstige Betreiber kann die Erfüllung dieser Voraussetzungen kaum nachprüfen, der Aufsteller sie möglicherweise manipulieren.[328] 5.340

c) **§ 307 Abs. 1 Satz 1 BGB.** Obwohl diese und die vorgenannte Klausel wegen der konkreten Umstände der Vertragsgestaltung gelegentlich unbeanstandet gelassen worden ist,[329] bestehen auch unabhängig von ihrer Formulierung im Einzelfall Bedenken.[330] Dies jedenfalls dann, wenn auch bei Abräumung der Geräte die Ausschließlichkeitsbindung des Gastwirt bestehen bleiben soll, so dass dieser Gefahr läuft, unversehens keine Geräte mehr zur Verfügung zu haben. Dann handelt es sich um eine ggf. unzulässige **Teilkündigung**sklausel.[331] Anders ist dagegen zu entscheiden, wenn die Ausschließlichkeitsbindung des Gastwirts mit vollständiger Rückgabe der Automaten endet.[332] Teilweise haben entsprechende Klauseln in der Rechtsprechung Bedenken ausgelöst, ohne jedoch isoliert verworfen worden zu sein.[333] 5.341

3. Negative Auskunft

Zu beachten sind § 305c Abs. 2 BGB und das Transparenzgebot des § 307 Abs. 1 Satz 2 BGB. Daher sollte die Kündigungsbefugnis eindeutig geregelt werden. Mangels Bestimmtheit ist die Kündigungsbefugnis „bei ungünstigen Auskünften" unwirksam.[334] 5.342

327) OLG Celle, Urt. v. 25.9.1987 – 2 U 267/86, NJW-RR 1988, 946 = Zeller IV, 248.

328) BGH, Urt. v. 6.10.1982 – VIII ZR 201/81, NJW 1983, 159 = ZIP 1982, 1449 = Zeller III, 231; BGH, Urt. v. 29.2.1984 – VIII ZR 350/82, NJW 1985, 53 = ZIP 1984, 841 = Zeller III, 281; OLG Celle, Urt. v. 25.9.1987 – 2 U 267/86, NJW-RR 1988, 946 = Zeller IV, 248.

329) BGH, Urt. v. 3.3.1971 – VIII ZR 55/70, NJW 1971, 1034.

330) BGH, Urt. v. 11.11.1968 – VIII ZR 151/66, NJW 1969, 230 = Zeller I, 118; BGH, Urt. v. 6.6.1979 – VIII ZR 281/78, WM 1979, 918 = Zeller II, 53; BGH, Urt. v. 6.10.1982 – VIII ZR 201/81, NJW 1983, 159 = ZIP 1982, 1449 = Zeller III, 231.

331) BGH, Urt. v. 6.10.1982 – VIII ZR 201/81, NJW 1983, 159 = ZIP 1982, 1449 = Zeller III, 231.

332) BGH, Urt. v. 21.3.1990 – VIII ZR 196/89, NJW-RR 1990, 1076, lässt offen.

333) BGH, Urt. v. 11.11.1968 – VIII ZR 151/66, NJW 1969, 230 = Zeller I, 118; BGH, Urt. v. 6.6.1979 – VIII ZR 281/78, WM 1979, 918 = Zeller II, 53.

334) BGH, Urt. v. 29.2.1984 – VIII ZR 350/82, NJW 1985, 53 = ZIP 1984, 841 = Zeller III, 281.

4. Insolvenz

5.343 Unbedenklich i. S. v. § 307 Abs. 2 Nr. 2 BGB ist ein fristloses Kündigungsrecht des Automatenaufstellers, wenn der Gastwirt oder sonstige Betreiber Insolvenz angemeldet hat.[335)]

XII. Schriftformerfordernis nach § 34 GWB a. F.

5.344 Insofern kann für Verträge, die vor dem 1.1.1999 geschlossen worden sind, verwiesen werden.[336)]

XIII. Pflichtverletzungen durch den Gastwirt oder sonstigen Betreiber und ihre Folgen

1. Vertragsbruch

5.345 **a) Pflichtverletzung.** Der Gastwirt verstößt gegen seine vertragliche Treuepflicht, wenn er den Betrieb anderer Automaten in der Gaststätte duldet. Der Vertragszweck erschöpft sich nicht nur in dem Aufstellen (Belassen) der Geräte in der Gastwirtschaft. Vertragszweck ist vielmehr auch, diese Geräte in der Gastwirtschaft zu betreiben, damit sie für den Aufsteller Gewinn abwerfen. Dieser Vertragszweck ist in dem Augenblick gefährdet, wenn nicht gar zunichte gemacht, indem in der Gaststätte die Geräte anderer Aufsteller aufgestellt werden, um einen Teil des Aufkommens am Gewinn bzw. an den Spielermünzen für sich abzuzweigen.[337)]

5.346 **b) Wettbewerbsrecht. aa)** Das **bloße Ausnutzen** eines von dem Gastwirt oder sonstigen Betreibers begangenen Vertragsbruchs verstößt noch nicht schlechthin gegen die guten Sitten.[338)]

5.347 **bb) Verleitung zum Vertragsbruch.** Aus wettbewerbsrechtlichen Gründen ist der Vertrag nichtig, wenn der Automatenaufsteller in Kenntnis der Tatsache, dass in einer Gastwirtschaft bereits ein Unterhaltungsautomat eines Mitbewerbers aufgestellt ist, mit dem Gastwirt oder sonstigen Betreiber einen Automatenaufstellvertrag über Musikautomaten und Spielautomaten abschließt, ohne sich zu vergewissern, dass dem nicht anderweitige vertragliche Verpflichtungen des Gastwirts oder sonstigen Betreibers entgegenstehen. Der Automatenaufsteller darf sich nicht mit der Erklärung des Gastwirt oder sonstigen Betreibers begnügen, er sei vertraglich nicht gebunden. Der Aufsteller muss sich ggf. durch Rückfrage bei dem Mitbewerber vergewissern, ob eine Bindung noch besteht.[339)]

---

335) BGH, Urt. v. 29.2.1984 – VIII ZR 350/82, NJW 1985, 53 = ZIP 1984, 841 = Zeller III, 281.

336) *Bühler*, Brauerei- und Gaststättenrecht, 12. Aufl. 2009, Rz. 2617–2645, jeweils m. w. N.

337) OLG Düsseldorf, Urt. v. 18.12.1984 – U (Kart) 16/84, WuW 1985, 430.

338) BGH, Urt. v. 4.5.1973 – I ZR 11/72, MDR 1973, 739 = Zeller I, 467.

339) BGH, Urt. v. 4.5.1973 – I ZR 11/72, MDR 1973, 139 = Zeller I, 467.

Die Rücksichtnahme des Klauselverwenders auf die Interessen seines Vertragspartners beginnt in den Vertragsverhandlungen und gebietet, den Gastwirt oder sonstige Betreiber jedenfalls nicht durch ihn besonders günstig erscheinende Konditionen zum Vertragsbruch gegenüber einem anderen Automatenaufsteller zu verleiten. 5.348

c) Verletzt der Gastwirt oder sonstige Betreiber die vertragliche Ausschließlichkeit, dann kann er mit einer **einstweiligen Verfügung** gem. § 940 ZPO daran gehindert werden.[340)] 5.349

2. Schadensersatz

a) **Verhältnis zur Vertragsstrafe.** Haben die Parteien in einem formularmäßigen Automatenaufstellvertrag die von einer Partei zu vertretende vorzeitige Beendigung des Vertragsverhältnisses lediglich mit einer Vertragsstrafe sanktioniert, so ist für weitergehende Schadensersatzansprüche des Automatenaufstellers regelmäßig kein Raum.[341)] 5.350

b) **Pflichtverletzung.** Ein Gastwirt, der im Widerspruch zu einem bestehenden Ausschließlichkeitsvertrag mit einem Automatenaufsteller einen weiteren Automatenaufstellvertrag abschließt, ist zum Schadensersatz verpflichtet.[342)] 5.351

Eine Schadensersatz begründende Vertragspflichtverletzung (§ 280 BGB) liegt dann nicht vor, wenn die **Fortführung des Betriebs** überhaupt oder in der vereinbarten Art dem Inhaber – sei er Eigentümer oder Pächter – nicht zugemutet werden kann, weil außergewöhnliche, nicht in seinem Risikobereich fallende Umstände eingetreten sind.[343)] 5.352

Der Gastwirt oder sonstige Betreiber macht sich schadensersatzpflichtig (§§ 241, 280–283 BGB), wenn er den **Charakter der Gaststätte in einer Weise ändert,** dass die Einspielergebnisse der Automaten spürbar zurückgehen. So hat der Betriebsinhaber den Betrieb in unveränderter Form fortzuführen, so dass die bei Vertragsschluss prognostizierten Einspielergebnisse erhalten bleiben.[344)] 5.353

Da der Automatenaufsteller den Besitz an den von ihm aufgestellten Automaten behält, stellt deren Entfernung durch den Gastwirt oder sonstige Betreiber eine **verbotene Eigenmacht** (§ 858 BGB) dar.[345)] 5.354

---

340) OLG Hamm, Urt. v. 29.5.1991 – 30 U 105/91, NJW-RR 1991, 1526.

341) OLG Düsseldorf, Urt. v. 5.5.1994 – 10 U 238/93, BB 1994, 1739.

342) LG Stuttgart, Urt. v. 7.7.1976 – 9 O. 12/76, Münzautomaten-Recht (MAR) April 1977.

343) BGH, Urt. v. 11.11.1968 – VIII ZR 151/66, NJW 1969, 230 = Zeller I, 118; BGH, Urt. v. 15.3.1978 – VIII ZR 254/76, NJW 1978, 1155 = Zeller II, 261; AG Kusel, Urt. v. 10.1.1991 – 1 C 296/90, NJW-RR 1991, 1525.

344) BGH, Urt. v. 15.3.1978 – VIII ZR 254/76, NJW 1978, 1155 = Zeller II, 261; AG Kusel, Urt. v. 10.1.1991 – 1 C 296/90, NJW-RR 1991, 1525.

345) OLG Düsseldorf, Urt. v. 25.10.1984 – 10 U 108/84, MDR 1985, 497.

5.355 Gibt der Betriebsinhaber seinen Betrieb vor wirksamer Beendigung des Automatenaufstellvertrages auf, so macht er sich, soweit ihn ein Verschulden trifft, dem Automatenaufsteller gegenüber wegen positiver Vertragsverletzung schadensersatzpflichtig. Der Automatenaufstellvertrag wird durch die **Betriebsaufgabe** nicht von allein gegenstandslos, an den Verpflichtungen des Betriebsinhabers aus dem Automatenaufstellvertrag ändert sich dadurch grundsätzlich nichts.[346)]

5.356 Der Gastwirt oder sonstige Betreiber hat gegenüber dem Automatenaufsteller die vertragliche Nebenpflicht, die Geräte vor **Diebstahl oder Beschädigung** in zumutbarem Umfang zu schützen; er soll dabei nur für eigenübliche Sorgfalt (§ 277 BGB) einzustehen haben.[347)]

5.357 c) **Vertretenmüssen.** Verstößt der Gastwirt durch Abschluss eines weiteren Automatenaufstellvertrages gegen das ausschließliche Aufstellrecht eines anderen Automatenaufstellers, so hat er die nachträgliche Unmöglichkeit der Erfüllung des ersten Automatenaufstellvertrages auch dann zu vertreten, wenn der vorrangig berechtigte Automatenaufsteller sich weigert, an den Hauseigentümer (Verpächter) des Gastwirts monatlich für die Aufstellung des Automaten ein Entgelt zu bezahlen und der Gastwirt von dem Verpächter bei Aufstellenlassen der Geräte durch den vorrangig berechtigten Automatenaufsteller gekündigt würde. Zunächst wäre es Sache des Gastwirts gewesen, falls in seinem Pachtvertrag mit dem Hauseigentümer ein Zustimmungsvorbehalt bestanden hätte, wonach er für die Aufstellung von Automaten in der Gaststätte der Genehmigung des Hauseigentümers bedurft hätte, bei den Vertragsverhandlungen dafür zu sorgen, dass der Vertrag mit dem vorrangig berechtigten Automatenaufsteller erst nach Zustimmung des Hauseigentümers wirksam geworden wäre. Hat der Gastwirt einen solchen Vorbehalt in den Vertrag nicht aufgenommen, so hat er die nachträgliche Unmöglichkeit voll umfänglich zu vertreten.[348)]

5.358 d) **Schadensersatzberechnung. aa)** Macht der Automatenaufsteller einen monatlichen Einspielverlust für die nicht aufgestellten Geräte in Höhe von 650,00 €/Monat geltend und bestreitet der Gastwirt diese Behauptung nicht (§ 138 Abs. 3 ZPO), so schuldet der Gastwirt für jeden Monat einen entsprechenden Betrag.[349)]

5.359 **bb)** Entfernt der Gastwirt oder sonstige Betreiber die von seinem Vertragspartner aufgestellten Automaten und bringt er stattdessen Geräte eines Drittaufstellers an, so soll sein Vertragspartner neben der **Wiederaufstellung** seiner Automaten, auch den **Abbau** der Geräte des Dritten verlangen können, weil dessen Aufstellvertrag mit dem Gastwirt oder sonstigen Betreiber nach § 138

346) *von Westphalen*, Vertragsrecht und AGB-Klauselwerke, A Rz. 18.

347) AG Kusel, Urt. v. 10.1.1991 – 1 C 296/90, NJW-RR 1991, 1525.

348) LG Stuttgart, Urt. v. 7.7.1976 – 9 O. 12/76, Münzautomaten-Recht (MAR) April 1977.

349) LG Stuttgart, Urt. v. 7.7.1976 – 9 O. 12/76, Münzautomaten-Recht (MAR) April 1977.

Abs. 1 BGB nichtig sein soll.[350] Die Begründung erscheint in Fällen des bloßen Ausnutzens eines fremden Vertragsbruchs ohne Hinzutreten besonderer Umstände nicht unbedenklich.

cc) Entfernt der Gastwirt oder sonstige Betreiber vertragswidrig die Automaten, so können dem Aufsteller auch ohne ein solches Zutrittsrecht besitzrechtliche Ansprüche (§§ 861, 862 BGB) auf Wiederanbringung seiner Geräte zustehen.[351] **5.360**

dd) Wird eine Partei durch schuldhaftes Verhalten der anderen zur Kündigung des Automatenaufstellvertrages veranlasst, so kann sie von der anderen Ersatz des sog. **Kündigungsschaden**s verlangen. Der BGH hat eine Schadensschätzung dahin angenommen, dass dem Automatenaufsteller **30 %** des bisherigen Bruttoerlöses abzüglich Vergnügungssteuer zu ersetzen sind.[352] **5.361**

e) Darlegungs- und Beweislast. Es ist Sache des Aufstellers, gegenüber dem Gastwirt oder sonstigen Betreiber den Nachweis einer objektiven Pflichtverletzung zu führen. Sache des Gastwirts oder sonstigen Betreiber ist es, den Nachweis des Nichtverschuldens zu führen (§ 280 Abs. 1 Satz 2 BGB).[353] **5.362**

Soweit die Darlegungs- und Beweislast zum Nachteil des Gastwirts oder sonstigen Betreibers verändert wird, greift der Verbotstatbestand des **§ 309 Nr. 12 a BGB** ein. Diese Bestimmung ist nach § 310 Abs. 1 Satz 2 BGB auch im **Unternehmerverkehr** zu beachten.[354] **5.363**

f) Der Anspruch **verjährt** in drei Jahren (§§ 195, 199 BGB). **5.364**

3. Vertragsstrafe

Die Vertragsstrafe ist nur verwirkt, wenn der Schuldner die Zuwiderhandlung gegen die übernommene Verpflichtung zu vertreten hat.[355] Der Schuldner kann die Zuwiderhandlung möglicherweise auch dann nicht zu vertreten haben, wenn der Grund in seinen Risikobereich fällt (z. B. Erkrankung von in der Gaststätte mitarbeitenden Verwandten). Ein Verschulden des Kunden eines Automatenaufstellvertrages ist nicht schon darin zu erkennen, dass das Miet-/ **5.365**

---

350) OLG Hamm, Urt. v. 29.5.1991 – 30 U 105/91, NJW-RR 1991, 1526.

351) OLG Hamm, Urt. v. 29.5.1991 – 30 U 105/91, NJW-RR 1991, 1526.

352) BGH, Urt. v. 21.3.1990 – VIII ZR 196/89, NJW-RR 1990, 1076.

353) BGH, Urt. v. 15.3.1978 – VIII ZR 254/76, NJW 1978, 1155 = Zeller II, 261.

354) BGH, Urt. v. 5.10.2005 – VIII ZR 16/05, NJW 2006, 47.

355) BGH, Urt. v. 24.1.1973 – VIII ZR 147/71, WM 1973, 388 = Zeller I, 300; BGH, Urt. v. 18.4.1984 – VIII ZR 50/83, WM 1984, 931 = Zeller III, 342; OLG Rostock, Urt. v. 17.3.2003 – 3 U 107/02, BeckRS 2010, 27462.

Pachtverhältnis aus Gründen aufgelöst wird, die zwar in seinen Risikobereich fallen, die er aber nicht zu vertreten hat.[356)]

5.366 Die **fehlende Konzessionsfähigkeit** der Gaststättenräume fällt in den Risikobereich des Gastwirts und ist von ihm zu verantworten. Auch die unverschuldete persönliche Verhinderung befreit den Mieter grundsätzlich nicht von seinen Vertragspflichten. Diese bestehen allein aufgrund des Vertrages über die Gebrauchsüberlassung, ohne Rücksicht darauf, ob der Mieter/Pächter den Gebrauch ausübt, ausüben kann oder nicht. Er trägt als Sachleistungsgläubiger das Verwendungsrisiko (§§ 581 Abs. 2, 537 BGB). Alles, was von daher in den Risikobereich des Mieters/Pächters fällt, begründet deshalb seine im Grundsatz fortbestehende Leistungspflicht.[357)]

5.367 Dass die Gaststätte nicht eröffnet wurde, weil mangels Konzessionsfähigkeit das Nutzungsverhältnis über die Räume einvernehmlich aufgelöst wurde, fällt ebenfalls in das von dem Gastwirt zu vertretende Verwendungsrisiko. Denn bei der gebotenen wirtschaftlichen Umsicht und Planung durften Mieter/Pächter den Automatenaufstellvertrag mit dem Automatenaufsteller erst eingehen, wenn die Eröffnung der Gaststätte gesichert war. Hierzu genügte nicht der Abschluss des Miet- oder Pachtvertrages über die Räume. Vielmehr bedurfte es der Konzession. Wenn sie ungeachtet der noch nicht erteilten Konzession mit dem Automatenaufsteller kontrahieren, übernehmen sie bewusst das Risiko, diesen Vertrag wegen Versagung der Konzession nicht erfüllen zu können. Demgemäß haben sie die Nichterfüllung zu vertreten. Diese Sachlage ist eine andere als die vorzeitige Beendigung des vollzogenen Miet-/Pachtvertrages über Gaststättenräume aus vom Mieter/Pächter nicht zu vertretenden Gründen. Ob etwas anderes gilt, wenn der Vermieter/Verpächter dem Gastwirt die Konzessionsfähigkeit vor Vertragsschluss zugesichert hat, musste nicht entschieden werden.[358)]

XIV. Kündigung

1. Grundsatz

5.368 Der Automatenaufstellvertrag ist ein Dauerschuldverhältnis, das, soweit es auf bestimmte Zeit befristet ist, durch Zeitablauf endet, falls nicht eine Verlängerung vorgesehen ist.

---

356) BGH, Urt. v. 24.1.1973 – VIII ZR 147/71, WM 1973, 388 = Zeller I, 300; OLG Celle, Urt. v. 25.9.1987 – 2 U 267/86, NJW-RR 1988, 946 = Zeller IV, 248; OLG Rostock, Urt. v. 17.3.2003 – 3 U 107/02, BeckRS 2010, 27462.

357) OLG Rostock, Urt. v. 17.3.2003 – 3 U 107/02, BeckRS 2010, 27462.

358) OLG Rostock, Urt. v. 17.3.2003 – 3 U 107/02, BeckRS 2010, 27462.

2. Kündigung durch den Verpächter

Der Verpächter eines Lokals handelt dann nicht sittenwidrig oder wettbewerbswidrig (§ 1 UWG, § 826 BGB), wenn er das Pachtverhältnis fristgerecht kündigt, um den Pächter zum Abschluss eines neuen Pachtvertrages zu veranlassen, in dem ihm das alleinige Recht zur Automatenaufstellung eingeräumt wird, mit der zwangsläufigen Folge, dass ein ohne seine Beteiligung vom Pächter mit einem Dritten abgeschlossener Automatenaufstellvertrag mit längerer Laufzeit nicht fortgesetzt werden kann.[359] **5.369**

3. Außerordentliche fristlose Kündigung

a) Unabhängig von vertraglich festgelegten Laufzeiten besteht beim Automatenaufstellvertrag wie bei allen Dauerschuldverhältnissen für jede Partei das Recht zur außerordentlichen fristlosen Kündigung, wenn ihr die Fortsetzung des Vertragsverhältnisses aus Gründen unzumutbar wird, die nicht in ihrem Risikobereich liegen (§ 314 BGB).[360] **5.370**

Eine außerordentliche Kündigung ist, auch wenn die AGB darüber nichts aussagen, stets möglich, sofern der Gastwirt oder sonstige Betreiber den Vertrag infolge außergewöhnlicher, nicht in seinem Risikobereich liegender Umstände nicht einhalten kann.[361] Dies gilt unabhängig davon, ob der Gastwirt oder sonstige Betreiber Pächter oder Eigentümer der Gaststätte ist.[362] **5.371**

b) Ein **wichtiger Grund** zur fristlosen Kündigung kann aus schweren Vertragsverletzungen des anderen Vertragsteiles, aber auch aus von keiner Vertragspartei zu vertretenden Umständen abgeleitet werden. **5.372**

c) An sich setzt eine solche Kündigung weder eine Abmahnung noch eine Fristsetzung zur Abhilfe voraus. Jedoch kann eine Pflichtverletzung erst dadurch erheblich und für den anderen Teil unzumutbar werden, dass sie trotz Abmahnung fortgesetzt wird. **5.373**

4. Kündigung durch den Aufsteller

a) Zulässig ist eine Kündigung für den Fall der Beendigung des Nutzungsvertrages.[363] **5.374**

---

359) BGH, Urt. v. 24.4.1997 – I ZR 210/94, NJW 1998, 76.

360) OLG Hamburg, Urt. v. 28.1.1976 – 5 U 144/75, MDR 1976, 577.

361) BGH, Urt. v. 6.6.1979 – VIII ZR 281/78, WM 1979, 918 = Zeller II, 53; BGH, Urt. v. 6.10.1982 – VIII ZR 201/81, NJW 1983, 159 = ZIP 1982, 1449 = Zeller III, 231.

362) BGH, Urt. v. 6.6.1979 – VIII ZR 281/78, WM 1979, 918 = Zeller II, 53; BGH, Urt. v. 6.10.1982 – VIII ZR 201/81, NJW 1983, 159 = ZIP 1982, 1449 = Zeller III, 231.

363) BGH, Urt. v. 29.2.1984 – VIII ZR 350/82, NJW 1985, 53 = ZIP 1984, 841 = Zeller III, 281.

5.375 **b) Nachfristsetzung (§ 314 Abs. 3 BGB).** Eine fristlose Kündigung des Aufstellers wegen Störung des Vertrauensverhältnisses durch den Gastwirt oder sonstigen Betreiber, z. B. durch Nichtaufstellung der vereinbarten Zahl von Automaten, wird, ähnlich wie beim Getränkelieferungsvertrag, regelmäßig erst nach Setzung einer Nachfrist zulässig sein, weil erst eine erfolglose Nachfristsetzung Klarheit darüber schafft, ob das Vertrauensverhältnis unheilbar zerstört ist.

5.376 **c) Rechtsfolgen. aa) Schadensersatz.** Wird der Nutzungsvertrag über die Gastwirtschaft beendet, dann können seitens des Aufstellers Schadensersatzansprüche gegenüber dem Gastwirt oder sonstigen Betreiber geltend gemacht werden, wenn dieser die Kündigung der Gaststätte i. S. d. § 276 BGB zu vertreten hat. Dies ergibt sich aus § 314 Abs. 4 BGB. Doch ist die Dauer der Schadensersatzhaftung des Gastwirts auf die Zeitspanne bis zur nächstmöglichen – ordentlichen – Kündigung des Automatenaufstellvertrages begrenzt. Eine angemessene **Abzinsung** ist zwingend erforderlich, weil der Nichterfüllungsschaden immer durch das Erfüllungsinteresse begrenzt wird.[364)]

5.377 **bb) Darlehensrückzahlung.** Soweit ein Darlehen im Zusammenhang mit der Aufstellung von Automaten gewährt wurde, richtet sich das fristlose Kündigungsrecht des Automatenaufstellers nach den darlehensrechtlichen Bestimmungen (§§ 489, 490; ausnahmsweise: § 498 BGB). Denn in der Regel wird man davon ausgehen müssen, dass trotz der Trennung zwischen Automatenaufstellvertrag und Darlehen die Voraussetzungen eines einheitlichen Rechtsgeschäftes i. S. d. § 139 BGB gegeben sind, was in rechtlicher, nicht wirtschaftlicher Hinsicht voraussetzt, dass beide Parteien einen entsprechenden „Einheitlichkeitswillen" hatten, beide Verträge miteinander zu verbinden.[365)]

5.378 cc) Einem Automatenaufsteller soll gegen den Gastwirt oder sonstigen Betreiber bei vorzeitiger Beendigung des Betriebs der Gaststätte ohne ausdrückliche Abrede kein Anspruch auf anteilige **Rückzahlung eines gewährten verlorenen Zuschusses** nach § 812 Abs. 1 Satz 2 Halbs. 2 BGB zustehen.[366)]

5. Kündigung durch den Gastwirt

5.379 a) Da Automatenaufstellverträge inzwischen fast durchgehend mittels Formularvertrages, die feste Laufzeiten und genaue Kündigungsfristen ausweisen, geschlossen werden, hat die Problematik, mit welcher Frist eine **ordentliche Kündigung** des Automatenaufstellvertrages zulässig ist, in der Praxis an Be-

364) *von Westphalen*, Vertragsrecht und AGB-Klauselwerke, A Rz. 18, 35.

365) BGH, Urt. v. 30.4.1976 – V ZR 143/75, NJW 1976, 1931.

366) LG Siegen, Urt. v. 21.12.1989 – 3 S 333/89, NJW-RR 1990, 632 = Zeller IV, 287); ähnlich zurückhaltend OLG Köln, Urt. v. 26.10.1983 – 16 U 52/83, Zeller III, 263.

deutung verloren. Zu den verschiedenen Ansätzen kann auf die Rechtsprechung verwiesen werden.[367)]

b) Der **Kündigungsbefugnis** des Gastwirts kommt bei Automatenaufstellverträgen entscheidende Bedeutung zu, weil die Auswahl der Geräte den Charakter einer Gaststätte bestimmt und der Gastwirt insoweit – wenn auch bei Vertragsabschluss für ihn erkennbar – weitreichende Bindungen in seiner Betriebsführung übernimmt.[368)] **5.380**

c) **Kündigungsgründe. aa) Grundsatz.** Zu fragen ist, ob dem Gastwirt oder sonstigen Betreiber ein Kündigungsrecht nicht jedenfalls dann einzuräumen ist, wenn ihm durch außergewöhnliche und völlig außerhalb seines Verantwortungsbereiches liegende Umstände die Fortführung der Gaststätte und damit eine Erfüllung des Automatenaufstellvertrages unzumutbar geworden sind.[369)] **5.381**

bb) Mehrfach hat der BGH erwogen, ob der **Fortbestand des Pachtvertrages** über das Gastwirtschaftsgrundstück Geschäftsgrundlage des Automatenaufstellvertrages sein kann.[370)] Dies selbst dann, wenn der Aufsteller die Länge des Pachtvertrages kannte.[371)] An anderer Stelle wurden aber auch Bedenken gegen die Bindung eines Gaststättenpächters an einen langfristigen Automatenaufstellvertrag ohne Rücksicht auf die Dauer des Pachtvertrages angemeldet.[372)] Schließt der Gastwirt einen Automatenaufstellvertrag mit einer Laufzeit, die länger ist als die des Gaststättenpachtvertrages, so rechtfertigt selbst der Umstand, dass der Automatenaufsteller von der kürzeren Laufzeit des Pachtvertrages unterrichtet ist, es nicht, den Automatenaufstellvertrag dahin auszulegen, dass er – entgegen seinem klaren Wortlaut – der Pachtvertragsdauer angepasst werden müsse.[373)] **5.382**

cc) Die fehlende **Rentabilität eines Automaten** ist für den Gastwirt oder sonstigen Betreiber kein Grund zur fristlosen Kündigung des Automatenaufstellvertrages; denn insoweit ist seine eigene Risikosphäre betroffen. Die Entscheidung, ob der Wirt in seiner Gaststätte Automaten aufstellt oder nicht, ist Teil seines Unternehmerrisikos. Die Anforderungen an eine einseitige Beendi- **5.383**

---

367) BGH, Urt. v. 9.12.1970 – VIII ZR 9/69, WM 1971, 243 = Zeller I, 75; LG Nürnberg-Fürth, Urt. v. 30.6.1970 – 7 S 16/70, NJW 1971, 52; LG Köln, Urt. v. 5.7.1972 – 9 O. 129/72, NJW 1972, 2127; LG Konstanz, Urt. v. 28.1.2005 – 11 S 119/04, NJW-RR 2005, 991.

368) BGH, Urt. v. 9.12.1970 – VIII ZR 9/69, WM 1971, 243 = Zeller I, 75; BGH, Urt. v. 6.6.1979 – VIII ZR 281/78, WM 1979, 918 = Zeller II, 53.

369) BGH, Urt. v. 6.6.1979 – VIII ZR 281/78, WM 1979, 918 = Zeller II, 53; BGH, Urt. v. 6.10.1982 – VIII ZR 201/81, NJW 1983, 159 = ZIP 1982, 1449 = Zeller III, 231.

370) BGH, Urt. v. 2.7.1962 – VIII ZR 92/61, MDR 1962, 979 = Zeller I, 41 (verneinend); BGH, Urt. v. 9.12.1970 – VIII ZR 9/69, WM 1971, 243 = Zeller I, 75 (verneinend); BGH, Urt. v. 3.3.1971 – VIII ZR 55/70, NJW 1971, 1034 (verneinend).

371) BGH, Urt. v. 9.12.1970 – VIII ZR 9/69, WM 1971, 273.

372) BGH, Urt. v. 10.11.1976 – VIII ZR 84/75, WM 1977, 112= Zeller I, 306.

373) BGH, Urt. v. 9.12.1970 – VIII ZR 9/69, WM 1971, 273.

gung des Vertrages sind hoch. Die Voraussetzungen von § 314 BGB müssen vorliegen oder die Umstände müssen sich derart grundlegend geändert haben, dass ein weiteres Festhalten an dem Automatentyp dem Gastwirt nicht zumutbar ist. Diese Hürde wird insofern nicht genommen.[374)]

5.384 dd) Selbst ein **wesentlicher Umsatzrückgang** rechtfertigt, auch wenn er zu Verlusten führt, eine sanktionsfreie Geschäftsaufgabe nicht. Dies gilt auch dann, wenn sich die Übernahme einer in ihrem Ruf abgewirtschafteten Gaststätte als unternehmerische Fehlentscheidung erweist.[375)]

5.385 ee) Keinesfalls berechtigt die **mangelnde Rentabilität des Betriebes**, sich vorzeitig vom Automatenaufstellvertrag zu lösen.[376)] Dabei hat – nach Aufhebung des § 279 BGB a. F. – der Betriebsinhaber eine fehlende Rentabilität des Betriebs jetzt erst recht nur dann zu vertreten, wenn sie auf der mangelhaften Betriebsführung oder einer unternehmerischen Fehlentscheidung bei Betriebsübernahme beruht.

5.386 ff) Die fristlose Kündigung der angepachteten/angemieteten Räume wegen **Zahlungsverzug**es des Betriebsinhabers gibt kein Recht, sich vorzeitig vom Automatenaufstellvertrag zu lösen. Hier liegt es nicht anders, als wenn der Gastwirt die Gaststätte wegen ihm nicht ausreichender Rentabilität aufgibt.[377)]

5.387 gg) Ein wichtiger Grund der Kündigung kann in einer **dauernden mangelhaften Betreuung der Automaten** durch den Aufsteller gesehen werden, falls sich dieses auf das Einspielergebnis oder den Betrieb des Vertragspartners negativ auswirkt.[378)]

5.388 hh) Ebenso können zumindest **wiederholte Unredlichkeiten bei der Abrechnung** die Vertrauensbasis auf Dauer zerstören. So liegt ein wichtiger Grund zur fristlosen Kündigung vor, wenn der Aufsteller den Anteil des Betriebsinhabers wiederholt ungerechtfertigt kürzt.[379)]

5.389 ii) Der **Tod des Betriebsinhabers** berechtigt dessen Erben nur dann zur vorzeitigen Beendigung des Automatenaufstellvertrages, wenn sie den Geschäfts-

---

374) BGH, Urt. v. 6.6.1979 – VIII ZR 281/78, WM 1979, 918 = Zeller II, 53; BGH, Urt. v. 29.2.1984 – VIII ZR 350/82, NJW 1985, 53 = ZIP 1984, 841 = Zeller III, 281; OLG Hamburg, Urt. v. 28.1.1976 – 5 U 144/75, MDR 1976, 577.

375) BGH, Urt. v. 9.12.1970 – VIII ZR 9/69, WM 1971, 273.

376) BGH, Urt. v. 3.3.1971 – VIII ZR 55/70, NJW 1971, 1034; BGH, Urt. v. 29.2.1984 – VIII ZR 350/82, NJW 1985, 53 = ZIP 1984, 841 = Zeller III, 281; OLG Hamburg, Urt. v. 28.1.1976 – 5 U 144/75, MDR 1976, 577.

377) BGH, Urt. v. 9.12.1970 – VIII ZR 9/69, WM 1971, 243 = Zeller I, 75; BGH, Urt. v. 3.3.1971 – VIII ZR 55/70, NJW 1971, 1034; BGH, Urt. v. 6.6.1979 – VIII ZR 281/78, WM 1979, 918 = Zeller II, 53; BGH, Urt. v. 21.3.1990 – VIII ZR 196/89, NJW-RR 1990, 1076.

378) OLG Hamburg, Urt. v. 28.1.1976 – 5 U 144/75, MDR 1976, 577.

379) OLG Celle, Urt. v. 22.12.1970 – 14 U 122/70, GewA 1972, 199.

betrieb nicht fortsetzen und die Betriebsfortsetzung ihnen auch nicht zumutbar ist.[380)]

jj) Soweit **neue behördliche Auflagen/Verfügungen** erlassen werden, wird man danach differenzieren müssen, ob der Gastwirt oder sonstige Betreiber **Pächter** oder **Eigentümer** der Gaststätte ist. Ist er Eigentümer, so trägt er das Risiko, wenn z. B. die Baubehörde verfügt, dass die Gaststätte – etwa wegen Baufälligkeit – geschlossen werden muss. Dies gilt jedoch dann nicht, wenn der Gastwirt die Gaststätte gepachtet hat. Behördliche Auflagen/Verfügungen liegen dann grundsätzlich nicht in der von ihm als Pächter beherrschten Risikosphäre, rechtfertigen also ein ihm zuzugestehendes, nicht entziehbares fristloses Kündigungsrecht. **5.390**

kk) Selbst schwere **Erkrankungen** des Betriebsinhabers berechtigten diesen nicht zur fristlosen Kündigung des Automatenaufstellvertrages. Das Risiko, dass seine Arbeitskraft erhalten bleibt, trägt grundsätzlich jeder Unternehmer selbst. Ohne Hinzutreten weiterer Umstände, kann er dieses Risiko auch nicht über § 242 BGB auf seinen Vertragspartner abwälzen. Dies gilt unabhängig davon, ob der Betriebsinhaber in der Lage, einen geeigneten Nachfolger zu finden. **5.391**

ll) Enthält die **Vertragsübertragung**sklausel das Recht, den Vertrag ohne Zustimmung des Gastwirts auf Dritte zu übertragen, so kann dem Gastwirt oder sonstigen Betreiber ggf. ein „Rücktrittsrecht“ zustehen.[381)] **5.392**

mm) Ein **Konzessionsentzug** gibt kein Kündigungsrecht, wenn dieser aus Gründen erfolgt, welche in der Person des Gastwirts oder sonstigen Betreibers liegen. **5.393**

---

380) OLG Hamburg, Urt. v. 28.1.1976 – 5 U 144/75, MDR 1976, 577.

381) Siehe oben § 56 VII 2 m. w. N.

Anhang

Auszüge aus Bestimmungen des Unionsrechts, soweit sie für Getränkelieferungsverträge von Bedeutung sind

		Celex-Nummer[1]
I.	Bekanntmachung der Kommission vom 3.12.1997 über die Definition des relevanten Marktes im Sinne des Wettbewerbsrechts der Gemeinschaft, ABl. EG Nr. C 372/5-13 vom 9.7.1997	31997Y1209(01)
II.	Bekanntmachung der Kommission über Vereinbarungen von geringerer Bedeutung, die den Wettbewerb gemäß Artikel 85 Absatz 1 des Vertrags zur Gründung der Europäischen Gemeinschaft nicht spürbar beschränken (de minimis), ABl. Nr. C 368/13-15 vom 22.12.2001	52001XC1222(03)
III.	Bekanntmachung der Kommission über die Zusammenarbeit innerhalb des Netzes der Wettbewerbsbehörden, ABl. Nr. C 101/43-53 vom 27.4.2004	52004XC0427(02)
IV.	Bekanntmachung der Kommission über die Zusammenarbeit zwischen der Kommission und den Gerichten der EU-Mitgliedstaaten bei der Anwendung der Art. 81 und 82 des Vertrags, ABl. Nr. C 101/54-64, vom 27.4.2004	52004XC0427(03)
V.	Bekanntmachung der Kommission – Leitlinien über den Begriff der Beeinträchtigung des zwischenstaatlichen Handels in den Art. 81 und 82 des Vertrags, ABl. Nr. C 101/81-96, vom 27.4.2004	52004XC0427(06)
VI.	Bekanntmachung der Kommission – Leitlinien zur Anwendung von Art. 81 Abs. 3 EG-Vertrag, ABl. Nr. C 101/97-118 vom 27.4.2004	52004XC0427(07)
VII.	Leitlinien für vertikale Beschränkungen ABl. EU Nr. C 130/1-46 vom 19.5.2010	52010XC0519(04)

1) Dokumente sind abrufbar unter der Internetadresse: eur-lex.europa.eu mit Eingabe der entsprechenden Celex-Nummer.

Stichwortverzeichnis

Abmahnung 2.114, 2.2183, 2.2253 ff., 2.2504 f., 3.116, 3.123 f., 3.159, 3.168
Abräumklausel 3.199 ff.
Abräumrecht 5.203, 5.213 ff., 5.336
Abrechnungsklausel 5.277 f.
Absatzstätte 2.159, 2.250, 2.2306, 2.2442
– Aufgabe 2.2308, 2.2322
– Betriebspflicht 2.15 ff.
Brand 2.295
– Erweiterung 2.405
– Erwerb 2.583
– Führung 2.18
– Investitionskosten 2.103
– Kriegseinwirkung 2.295
– Schließung 2.407
– Übergabe 2.2308
– Veräußerung 2.2309
– Vermittlung 2.1032
– Verpachtung 2.1032
Abschreibung 2.241, 2.277, 2.302, 2.444, 2.2029
– Fest- 3.16
– interne 2.2031
– hl-bezogene 3.15
– steuerliche 2.368
Abschreibungsdarlehen 2.287, 3.15, 3.33 ff., 3.55, 3.113, 3.183, 3.241, 3.906
Abschreibungsfinanzierung 3.78, 3.88
Abstandszahlung 2.545
Abzahlungsgesetz 2.603, 2.994, 2.1032, 2.1114, 2.1154, 2.1186, 2.1237 f., 3.734, 4.145
Abzinsung 2.2040 ff., 2.2200, 2.2229, 3.110, 3.184, 5.376
AGB 1.18 ff., 2.66, 2.395, 2.520 ff., 2.710, 2.749 f., 2.766, 2.851, 2.2141, 2.2412, 3.86, 3.436
– Aushandeln 1.42
– Aushöhlungsverbot 1.187
– Auslegung 1.137 ff., 1.152 ff.
– Ausnahmefälle 1.157
– branchenübliche 5.134
– deklatorische Klausel 1.26
– Einbeziehung 1.24, 1.64
– formularmäßige Erklärung 1.48
– gesetzesfremder Kerngehalt 1.42
– Inhaltskontrolle s. dort
– kollidierende 5.136
– kumulative 1.20
– Laufzeiten 2.383, 5.250
– Mehrfachverwendungsabsicht 1.34
– nachträgliche Änderung 1.69
– Normzweck 1.19
– rechtsfehlerhafte 1.300
– sachlicher Anwendungsbereich 2.520
– Schriftform 1.23
– sonstige Vereinbarung 1.31
– Telefonnummer 2.1394
– Übermaßregelung 1.203, 1.239
– unangemessene 2.80
– unselbständige Ergänzung 2.734
– unwirksame 1.227, 1.285 f., 1.291, 1.293, 1.297, 1.302
– Vorformulierung 1.22
– Wegfall 1.275
– Wirksamkeit 1.24
– Würdigung aller schutzwürdiger Interessen 1.209

– Zusätze 1.22
s. a. Klauseln
Alleinbezugsvereinbarung 2.1680, 2.1759, 2.1860
Alleinvertriebsrecht 5.45, 5.65
Altverträge 1.9, 1.11, 1.16, 2.427, 2.1335, 2.1576, 2.1961, 3.234, 3.249, 3.1021
– Bestandsschutz 3.252
Amortisationsdarlehen 3.23
Annuitätendarlehen 3.23, 3.340, 3.914, 3.924
Anschaffungspreis 2.1235, 3.740, 3.742, 3.813, 4.35
Anschlusspachtvertrag 2.2376
Anschlussvertrag 2.417 ff., 2.435, 2.1195, 5.4, 5.264
– Bezugskontinuität 2.417
– Parteien (Identität) 2.417
Arglisteinwand 2.205
Äquivalenzprinzip 1.263, 2.88, 2.156, 2.464, 3.211, 3.219, 5.13
Aufrechnungsverbotsklausel 2.66, 2.962
Aufstellplatz 5.216, 5.333
Ausfallbürschaft 2.2367, 4.188, 5.72, 5.88
Ausfallrisiko 2.61, 2.451, 3.30, 4.208, 4.356
Ausgleichsanspruch 2.571, 2.792 ff., 2.805, 5.54
– Mindermengen- 5.36
Aushändigungsbestätigung 2.1377, 2.1413, 3.461
Auslegung 1.137 ff., 1.36, 1.106, 1.152 ff., 1.189, 2.205, 2.420, 2.551, 2.565, 2.640, 2.686, 2.869, 2.1128, 2.1259, 2.1274, 2.1534, 2.2134, 2.2401, 2.2448, 3.62, 3.78, 4.131, 5.194
– § 306 Abs. 3 BGB 1.273
– AGB 1.152 ff.
– einschränkende 1.37, 5.292
– ergänzende 1.149
– europarechtsfreundliche 2.1929
– fernliegende 1.157, 1.163, 1.242
– herrschende Anschauung 1.156
– interessengerechte 1.157
– kundenfeindliche 1.139, 1.165
– kundenfreundliche 1.165
– objektive 1.154 ff.
– richterliche 1.198
– richtlinienkonforme 3.490
– Streitverfahren 1.29
– teleologische 2.1942
– Vorrang 1.162
Auslegungsergebnis 1.164
Auslegungsregel 1.164, 2.459
Ausschließlichkeitsbindung 2.3 f., 2.61 ff., 2.131, 2.2083
– Bestimmbarkeit 2.6
– Dauer 2.212 ff.
– Grenzen 2.1 ff.
– Herkunftsbezeichnung 2.2316
– Inhalt 2.70, 2.180
– Kündigung 2.2321
– Laufzeit 2.280
– langfristige 2.524, 2.557
– Marke 2.2083
– Mitbezug 2.9, 2.166
– Rentabilität 5.219
– Sorte 2.2083
– typusbestimmende 2.4
– Umfang 2.70, 2.121, 5.2
– Verletzung 2.699, 5.308
– vertragsimmanente 2.4
– Vertragsstrafe 2.717, 2.778
– wirtschaftliche Bewegungsfreiheit 2.245
– Zeitvertrag 2.3
Ausschließlichkeitsklauseln 2.1680, 5.139 f., 5.208
Ausschlussfrist 2.1560 ff.
– gesetzliche 2.1563

Außerordentliche Kündigung 1.223, 2.43 f., 2.824, 2.2244 ff., 3.114 ff.
– fristlose 3.150, 5.370 ff.
– unwirksame 2.2257
Automatenanbringungsvertrag 5.182
Automatenaufstellplatz 5.216, 5.330
Automatenaufstellrecht, ausschließliches 5.175
Automatenaufstellvertrag 1.3, 2.526, 5.174 ff.
– Abbau 5.359
– Abräumrecht 5.203, 5.213, 5.217, 5.336 ff.
– Amortisation 5.213, 5.251
– ausschließlicher 5.175
– Austauschrecht 5.203, 5.218
– Automatenart 5.214 ff.
– Automatenaufstellplatz 5.216, 5.333
– Auswahlrecht 5.214
– Beschädigung 5.356
– Bestimmungsvorbehalt 5.215
– Betriebsaufgabe 5.355
– Darlehen 5.244, 5.248, 5.377
– Dauerschuldverhältnis 5.178, 5.319, 5.368 ff.
– Diebstahl 5.356
– Einspielerlöse 5.175
– Erstlaufzeit 5.257
– Erweiterungsklausel 5.199
– Freizeichnungsklausel 5.231
– gegenseitiger Vertrag 5.179
– Gesamtnichtigkeit 5.189, 5.200 ff.
– Gestattungsvertrag 5.177
– Geräte 5.216
– Instanzrechtsprechung 1.5
– Kündigung 5.370 ff.
– Kündigungsfrist 5.183, 5.199
– Kündigungsschaden 5.361
– Laufzeit 5.242 ff., 5.249 ff.
– Nachfolgeklauseln 5.199, 5.226, 5.285 ff.
– Rentabilitätsklausel 5.199, 5.383
– Schadensersatzanspruch 5.320, 5.351
– Schriftformerfordernis 5.180
– Sittenwidrigkeit 5.185 ff., 5.201
– Übertragung 5.181
– Umsatzbeteiligung 5.175
– Verlängerung 5.259
– Verlängerungsklausel 5.255 ff.
– Vertragsstrafe 5.350
– Wiederaufstellung 5.359
Automatenkaufvertrag 5.185
Automatenspielhalle 5.183

Bagatellbekanntmachung 2.1749, 2.1820, 2.1829, 2.1833, 2.1891, 2.1943
Bagatellklausel 2.1056
Bagatellregel 2.1700
Bedarfsklausel 5.220
Bankbürgschaft 2.1, 2.970, 3.400, 4.181
Bekanntmachung zur Definition des relevanten Marktes 2.1830
Belieferungspflicht 2.2405
Bereicherungsrecht 2.1625, 2.2526, 3.517, 3.898
Bestätigungsklauseln 2.898 ff., 2.924, 2.1081
Bestätigungsschreiben, kaufmännisches 1.81, 5.142
Bestimmtheitsgebot 1.199, 2.716
Betreiber 2.175, 2.1137, 2.2503, 3.89, 4.102, 5.286, 5.345
Betreiberwechsel 2.2338, 3.77
Betriebsaufgabe 2.442, 2.2179, 5.355
– Automatenaufstellvertrag 5.355
– Veräußerung 2.2179
Betriebspflicht 2.15 ff., 2.2278, 2.2309, 5.228, 5.326
– anfänglich latente 2.2340
– Betriebsferien 2.17
– Ruhetag 2.17

Beurkundung, notarielle 2.1057, 3.717
Beurteilungsgrundsätze 1.196, 1.208 ff., 2.142 ff., 2.214 ff.
– Einzelfallprüfung 2.142, 2.215, 2.350, 2.2346
– Erwartungshorizont 1.196
– richterliche 1.196
– umfassende Abwägung der schutzwürdigen Interessen 2.216, 2.348
– Verkehrskreis 1.196
– Verständnismöglichkeit 1.196
Beurteilungszeitpunkt 2.220, 2.352, 2.1120, 2.1328 f.
Beweislast
s. Darlegungs- und Beweislast
Beweislastumkehr 1.73 f., 2.635, 2.948, 2.1152 f.
Bezugsbindung 1.1, 2.3, 2.74, 2.168, 2.282, 2.1642, 2.1990, 2.2127, 3.218 f.
– Ablauf 2.429
– Anschlussvertrag 5.4
– Art der Leistungen 2.361
– Auflösung 2.431
– ausschließliche 2.20
– befristete 2.74, 2.254 ff.
– Darlehen 2.354, 3.49
– Dauer 2.136, 2.179, 2.212 f., 2.235, 2.259, 2.285
– dingliche Sicherung 2.2442
– Dritter 2.557, 2.2409
– gemischte 2.1886
– Gesamtrechtsnachfolge 2.424
– höchstzulässige 2.104
– Inventar (Leihe) 3.218
– Knebelung 2.91
– Kündigung 2.2286
– langfristige 2.61, 2.64, 2.223, 2.235, 2.272 ff.
– langfristig unkündbare 2.91
– Laufzeit 2.181, 2.247, 2.1827, 2.1967, 2.2304
– Menge 2.172
– neu vereinbarte 2.431
– Rückführung 2.272 ff.
– sittenwidrige 2.148, 2.291, 2.1964, 2.2411 f.
– Übernahme 2.544, 2.555, 2.559
– Umfang 2.136, 2.178, 2.227, 2.238, 2.356, 5.3
– Umzug 2.447
– unbefristete 2.248 ff., 2.2478
– unkündbare 2.132, 2.179
– Verlängerung 2.428, 2.436
– Vertragsbruch 2.1642 ff.
– Widerrufsbelehrung 2.1348
s. a. Getränkebezugsverpflichtung
Bezugsklausel 2.2419
Bezugsverpflichtung
s. Getränkebezugsverpflichtung
Bezugsvertrag 2.24, 2.39, 2.384
– Ablauf 2.2478
– Allein- 2.379, 2.1735
– Darlehen 3.112, 3.243, 3.704
– Doppelbindung 5.86
– Kündigung 3.183
– Laufzeit 2.385, 2.2472, 3.16
– Nachpächter 2.2354
– Übernahme 2.2321
Biermarke 2.252, 5.40
– Änderung 2.258 f., 2.2312
– Ruf 5.40
– Wechsel 2.529 f., 2.535
s. a. Biersorte, Marke
Biermarkt 2.1748, 2.1912 ff.
– deutscher 2.1764, 2.1851, 2.1859, 2.1915 ff.
– Niederländisches Bierkartell 2.1912
– schrumpfender 2.1877
– Zugänglichkeit 2.1910
Biermischgetränk 2.19, 2.124, 2.153, 2.667, 5.86 ff.

Biersorte 2.2007, 2.2447, 5.39
– Publikumsgeschmack 2.527, 2.529
– Wechsel 2.150, 2.525 ff.
s. a. Biermarke, Sorte
Bierverlagsvertrag 1.2, 5.42 ff., 5.63 ff.
– Alleinvertriebsrecht 5.45, 5.65
– Gebietsschutz 5.45
– Getränkefachgroßhändler s. dort
– Kumulation 5.65
– langfristiger 5.56
– unbefristeter 5.56
Bindungsgrad 2.1738 ff, 2.1753.2.1781
Bindungsdauer 1.266, 2.244, 2.257, 2.2414
– höchstzulässige 2.257, 2.261, 2.279
– fünf Jahre 2.370
– fünfzehn Jahre 2.257
– zehn Jahre 2.260
Bonitätsprüfung 3.662, 3.826, 4.180, 5.297
Bonus 2.723, 2.737, 2.827, 2.848, 2.863, 2.876
Brand 2.2280, 5.237
Brauerei 1.2, 2.1758
– Abfüllkosten 2.2019
– Abschreibungen 2.2025
– Biersteuer 2.2019
– Bündeltheorie 2.1758, 2.1763
– Einkaufspreise 2.2020
– Finanzierung 2.2021, 2.2023
– Herstellkosten 2.2019
– Jahresausstoß 2.1816, 2.1818
– kleinere 2.1763
– Marktabschottung 2.1758, 2.1763
– Marktanteil 2.1816
– Niederlassung 2.2027
– Personalkosten 2.2026
– variable Kosten 2.2016 ff.
– Vertrag Getränkefachgroßhändler 1.2, 2.2164, 5.1 ff.
– Zinsvergünstigungen 2.2025
– Zusammenarbeit Getränkefachgroßhändler 2.2287
Brauereidarlehen 3.5 ff.
s. a. Darlehen
Brauereifreiheit 2.2084
Brauereigebundenheit 2.2426
Braustelle 2.523, 2.2297
Bündeltheorie 2.1722 ff., 2.1758, 2.1763, 2.1766, 2.1831
– Fallgruppen 2.1725
– Kumulation 2.1724, 2.1726
– parallele Vertragswerke 2.1726
– Wettbewerber 2.1726
Bürgschaft 2.608, 2.1047, 2.1242, 2.1244, 3.58, 4.126 ff., 4.174 ff.
– auf erstes Anfordern 4.189
– Ausfall- 2.2367, 4.188, 5.72, 5.88
– Avalprovisionen 3.406
– Bank- 2.1, 2.970, 3.400, 4.181
– Ehegatten- 4.206 ff.
– Fälligkeit 4.239
– formnichtige 4.128
– Getränkefachgroßhändler 4.175
– Global- 4.194 ff.
– Haftung 4.229 ff.
– Haftungserweiterung 4.224
– Haustürgeschäft 4.215 ff.
– Höchstbetrags- 4.185
– Kreditinstitut 4.175
– Miet- 4.199
– Mietausfall- 2.2311, 2.2341
– Mit- 4.187
– Nebenbürgschaftsklausel 4.187
– Nichterfüllbarkeit 4.201
– Pacht- 2.2381
– Privatperson 4.175, 4.180, 4.189, 4.215
– selbstschuldnerische 2.574, 3.729, 4.128, 4.184 ff.
– sittenwidrige 4.200 ff.

– Teil- 4.187
– Verbraucherkreditrecht 4.210 ff.
– Verleger- 5.101
– Zahlungsfähigkeit 4.180
– Zweckerklärung 4.191
– Zweit- 4.186
s. a. Darlehen
Bürgschaftsklauseln 2.572 ff., 4.187, 5.299
Bürgschaftsvertrag 2.48, 2.1328, 3.1002, 4.176 ff., 4.202, 4.210

Darlegungs- und Beweislast 2.828, 2.1034, 2.1152, 2.1318, 2.1588 f., 2.1633, 2.1708, 2.1716, 2.1788 f., 2.1947 ff., 2.2066, 2.2073, 2.2168, 2.2199, 3.277, 3.379, 3.986, 5.362
– § 309 Nr. 12 a BGB 5.363
– Erfüllung 3.171
– Existenzgründer 2.1589
– Gebrauchsvorteile 2.1633
– Gruppenfreistellungsverordnung 2. 1716
– Klauselgegner 2.676
– Mindestabnahmemenge 5.31
– Nichtigkeitseinwand 2.97
– sekundäre 3.63
– Umkehr 1.73 f., 2.635, 2.941, 2.948, 2.1152 f.
– Unternehmer 2.1202, 2.1426, 2.1588, 2.1954
– Urkunde 3.277
– Verbraucher 2.1304, 2.1589, 3.576
Darlehen 2.233, 2.1025, 2.1031, 2.1063, 2.2311, 3.1 ff., 3.38 f., 3.51, 5.175, 5.244, 5.248
– Abschreibungs- 2.287, 3.15, 3.33 ff., 3.55, 3.113, 3.183, 3.241, 3.906
– Absicherung 2.368, 3.153
– Amortisations- 3.23
– Annuitäten- 3.23
– Anschrift 3.333 ff.
– Antrag 2.1433
– Art 3.339
– Banklizenz 3.12 ff.
– Brauerei 3.5 ff.
– Differenzrate 4.19
– Dritter 3.507
– Empfang 3.505 f.
– endfälliges 3.24, 3.371
– Höchstgrenze 3.355
– Immobiliar- 3.266
– Inanspruchnahme 3.508
– Kündigung 2.612, 3.112, 3.170 ff., 3.231 ff., 3.430 ff., 3.902 ff., 3.952 ff., 4.170
– Mindestbedenkzeit 3.566
– Mindesttilgung 4.19
– Nachtragsvereinbarung 3.509
– Nachverzinsung 3.20
– Nettobetrag 2.1621, 3.351
– Raten- 3.22, 3.242, 3.368
– Rest- 3.170
– Rückvergütung(s-) 4.19, 3.25
– Rückvergütungsgutschriften- 3.906
– Rückzahlung 2.2278, 3.425, 3.784, 3.882, 5.203, 5.377
– Teilzahlung(s-) 3.21 ff., 3.39
– Tilgung(s-) 2.1619, 3.17, 4.19, 3.21 ff.
– tilgungsfreies 3.24
– Überlassungsentschädigung 3.887
– Überweisung 3.505
– Umbuchung 3.506
– Valuta 3.733
– Verbindlichkeiten 2.2328
– Verbraucher- 3.264 ff., 3.448, 3.822, 3.846 ff.
– verbundener Vertrag 3.507
– Vermittler 3.832 ff.
– -vermittlungsvertrag 3.833, 3.852, 3.855

– Verrechnung 3.506
– verzinsliches 3.240
– Voraussetzungen 5.13
– vorzeitige Rückzahlung 3.425
– Zahlungsmodalitäten 3.354
– Zinsen 2.1622 f., 3.26, 3.883
– zinsloses 3.329
s. a. Bezugbindung, Darlehensvertrag, Finanzierung, Getränkelieferungsvertrag
Darlehensauszahlung 2.1116
Darlehensforderung 2.1623
Darlehensgewährung 2.370, 3.51 ff., 5.13, 5.60
– Umwegfinanzierung 3.52
– Voraussetzungen 3.51
– Zeitpunkt 3.59
s. a. Getränkebezugsverpflichtung
Darlehensnehmer 2.1433, 3.60
– mehrere 3.129
– Mit- 3.60
– Pflichten 3.882
– Sicherheiten 2.1619, 3.886
– Tilgungszahlung 2.1619, 3.886
– Zinszahlung 2.1619, 3.886
Darlehensrückzahlung 2.2278
– vorzeitige 2.729
Darlehensverbindlichkeit 2.2328
Darlehensverpflichtung 5.15
Darlehensvertrag 2.1038, 2.2338, 3.2, 3.53, 3.858
– Dauerschuldverhältnis s. dort
– gleichgründige Gesamtschuld 3.57
– Kündigung 3.131, 3.430 ff.
– Rechtsnatur 3.3
– Sollzinssatz 3.870
– Synallagma 3.7 f.
– typengemischter 2.1038, 3.6
– Vertragsabschrift 3.524
– Vorleistung 3.2
Darlehensvorvertrag 3.49
s. a. Getränkelieferungsvertrag, Sicherheiten, Versicherungen
De minimis-Bekanntmachung 2.1742, 2.1814 ff., 2.1821
De minimis-Regel 2.1693, 2.1700
Dienstbarkeiten 2.2426 ff., 2.2460 ff., 3.399
– befristete 2.2522
– beschränkt persönliche 2.257, 2.2314, 2.2407, 2.2429, 2.2460, 2.2500, 2.2517
– Eigentümer- 2.2428
– eingetragene 2.2509 f., 2.2524
– Einreden 2.2495
– Erzwingungs- 2.2435 f., 2.2468
– Grund- 2.2438 ff., 2.2480, 2.2499 f., 2.2511
– Inhalt 2.2431
– isolierte 2.434 f., 2.2455, 2.2468 f., 2.2474
– Löschung 2.2459, 2.2506, 2.2509, 2.2519, 2.2525
– Sicherungs- 2.1609, 2.2432, 2.2519
– übermäßig lange 2.2457
– unbefristete 2.2457, 2.2459, 2.2464, 2.2522
– Unterlassungs- 2.2431, 2.2443, 2.2452
– Verbots- 2.2436 f., 2.2466 ff., 2.2454, 2.2477
– Verstoß 2.2481 ff.
Drucktechnische Gestaltung (Hervorhebung) 1.148, 2.1396, 2.1408 ff., 5.131, 5.193
– Anlage 2.1411
– Art 2.1408
– Rückseite 2.1410
– Überschrift 2.1409
– verbundene Verträge 2.1412

Durchschlagsklausel 2.1380, 3.494
– personale 2.1599

Ehegattenbürgschaft 4.206 ff.
Eigentümererklärung 2.520, 2.536, 2.743, 2.763, 2.1019, 2.1083 ff., 2.1966, 2.2269, 2.2312 ff., 2.2382 ff., 3.286, 5.281
s. a. Hauseigentümererklärung
Eigentumsvorbehalt 1.21, 3.190 ff., 3.215, 3.612, 4.29, 4.70
Ein-Urkunden-Modell 2.1413, 3.455
Einbeziehungsvoraussetzung 1.24
– negativ gesetzliche 1.140
Einheitspauschale 2.653, 5.303, 5.329
Einkaufspreis 2.2002, 2.2020
Empfangsvollmacht 2.929, 2.933 ff.
Enteignung 2.2362 f.
Entgangener Gewinn 2.637, 2.741 f., 2.1629, 2.2211, 5.34
– Anspruch 3690
– Berechnung 2.1993 ff., 2.2011, 2.2016, 2.2048
– Differenztheorie 2.1999
– Ermittlung 2.1998 ff.
– fehlende Weiterbetriebsmöglichkeit 2.2212
– Fremdbezug 2.1629
– Graubezug 2.1629
– Schadensersatz 2.1629, 2.1993, 2.1998, 2.2049, 2.2174, 5.328
– Schadenspauschale 2.629
– Teilausgleich 3.427
– Umsatzsteuer 2.2038
– Verletzung der Ausschließlichkeitsbindung 5.308
EOP-Methode 2.2422 f.
Erfüllungsübernahme 2.541, 2.580, 2.617, 2.2402
Erhaltungsklausel 1.222, 2.939 ff.
– Begriff 2.940
– Beweislastumkehr 2.941
– salvatorische 1.222
– Wirkung 2.941
Erkrankung 2.2088, 2.2111, 2.2267 f., 5.391
Ersetzungsklausel 1.222, 2.939, 2.943 ff.
– Begriff 2.943
– salvatorische 1.222
– Rechtsfolge 2.947
– Verstoß 2.947
– Wirkung 2.944
Erweiterungsklausel 2.153, 5.199, 5.224 ff.
– Zulässigkeit 5.225
Erwerbsverpflichtung 2.1016, 3.271, 4.314
Existenzgründung 1.133 ff., 1.301, 2.61, 2.130 f., 2.178, 2.222, 2.197, 2.394, 2.602, 2.709, 2.1105 ff., 2.1125, 2.1143 ff., 2.1581, 2.2047, 3.302, 4.147
– Abschluss 2.1058, 2.1122 f., 2.1136, 2.1141 ff.
– Abzahlungsgesetz 2.1106, 2.1147
– Begriff 2.1178, 2.1236
– Darlehen 2.1092
– Einordnung 2.1111
– Finanzierung 3.249 ff., 3.288 ff., 3.303
– Gewerbeanmeldung 2.1128 f.
– Grundausstattung 2.1127
– Kredit 2.1144, 2.1238, 3.293, 3.305
– Nachfinanzierung 3.304
– Schein- 2.1144
– VerbrKrG 2.1107, 2.1148, 2.1159, 2.1172
– Vertragstreue 2.131
– Vor-GmbH 2.1058
– wiederholte 2.1147, 2.1158, 2.1171
– Zuschuss 2.1073

Fernsprechnebenstellenanlage 2.374
Finanzierung 2.588, 2.611, 2.1198, 2.1207 ff., 2.1242, 2.2021, 2.2249, 3.1 ff., 3.453, 3.621, 3.994, 5.93
– Abschreibung 2.239, 2.835, 2.875, 2.2023, 3.30, 3.78 ff., 3.88, 3.371, 5.95
– Anschluss- 2.109, 2.1188
– Banken- 3.595, 3.832
– Bau- 3.411
– Bindung 2.611, 2.773, 2.1198, 2.1207 f., 3.453, 5.93
– Darlehen s. dort
– Existenzgründung 3.249 ff., 3.288 ff.
– Forderungen 5.103
– Fremd- 3.1
– Gastronomie- 3.704, 3.753, 3.888, 3.995, 4.135
– Inventarvor- 2.2271, 2.1459, 2.1591, 3.215, 3.268, 3.809
– Kauf- 3.27
– Konditionen 5.95
– Kredit- 2.61
– Nach- 3.304
– Nichtgewährung 3.52
– Raten- 3.371
– Re- 2.473, 2.2078, 2.2136, 5.89 ff., 5.94 ff.
– Richtlinien 4.41
– Rückführung 2.62, 2.239, 2.363
– Rückvergütungsgutschriften- 3.76, 3.371
– Sicherheiten 2.2249
– Tilgung 2.73, 2.239, 2.835, 3.30, 3.69 ff.
– Über- 2.98, 2.731
– Umschuldung 2.109
– Umweg- 2.51, 2.53, 2.1207, 3.52, 3.704, 3.777, 3.832, 3.867, 4.40
– Unternehmer 3.283 ff.
– unverzinsliche 3.517
– Verbraucher 3.136, 3.249 ff., 3.266, 3.284 ff.
– Vermittlung 2.102
– Vor- 5.276
– Zinsen 2.2023
– Zuschuss- 2.736, 2.875
s. a. Darlehen
Finanzierungshilfe 3.270 ff., 3.878
– entgeltliche 3.270, 3.340, 3.398, 3.468, 3.598, 3.362, 3.799, 3.826, 3.840, 3.890
– sonstige 3.270, 4.132, 3.822, 4.132
Finanzierungskonzept 2.66, 2.465
Fluktuation 2.131, 2.325, 2.553
Formularmäßige Erklärung 1.48
Formulierungsstringenz 1.191, 5.8
Franchisevertrag 1.133, 2.1197
Freizeichnungsklausel 5.231, 5.234
Fremdbelieferung 2.1630 ff.
Fremdbezug 2.622, 2.676, 2.705 ff., 2.799, 2.812, 2.838, 2.849, 2.1629 ff., 2.2077 ff., 2.2166, 2.2493, 5.17
– Abmahnung 2.2108
– Art 2.2090
– Ausschluss 2.162
– Ausschließlichkeitsvereinbarung 2.713
– echter 2.1629, 2.2104
– Gratisbetränke 2.2090
– Graubezug 2.815, 2.1629, 5.97
– Indirektbelieferung 2.2081
– Kündigung 2.2106, 3.141 ff.
– Schadensersatz 2.856, 2.2082
– Schwarzbezug 2.815, 2.1629, 5.97
– unechter 2.815, 2.1630, 2.2104
– Unterlassungspflicht 2.150, 2.2030, 2.2082, 2.2108
– Verstoß 3.144
– Vertragsstrafe 2.676, 2.705 ff., 2.715, 2.2340, 5.17

Garantiehaftung 2.819, 2.843
Gastronomie-Mikromarketing 2.67, 2.827
Gaststättengrundstück 2.103, 2.131 ff., 2.2442, 4.75
– Eigentum 2.225
– Erwerb 2.103, 2.131, 2.136, 2.176, 4.314
– förmliche Enteignung 2.2379
– Grundschuld 2.1628
– Grunddienstbarkeit 2.2496
– Pacht 2.225
– Veräußerung 2.2183, 2.2188, 2.2220 ff.
Gaststätteninventar
s. Inventar
Gaststättenpachtvertrag 2.191, 2.721, 2.779, 2.783, 3.118, 5.263, 5.382
– Kündigung 2.2243, 3.143
– negative Umsatzpacht 2.2176
– Pachtzinshöhe 2.2176
Gastwirt
– Alter 2.135
– Eigentümer 2.225
– Existenzgründer 2.50, 2.71, 2.179
– Gewerbe 1.135
– Geschäftstüchtigkeit 2.171
– (Minder)-Kaufmann 1.127
– Pächter 2.225
– Rechtsstellung 1.1
– Unternehmer 2.71
– Vorkenntnisse 2.715
– s. a. Existenzgründung, Kaufmann, Unternehmer
Gastwirtsrecht 1.4
Gemischter Vertrag 2.48 ff., 2.53, 2.306, 2.1041, 2.1214, 2.1511, 2.1534 f., 2.1597 f., 3.453, 5.176
– Begriff 2.48
– Einordnung 2.49
Generalklausel 1.179 ff., 2.72, 2.371, 2.400, 2.1950 ff., 2.2283
Gerichtsstandsklausel 1.21, 2.66, 2.988 f., 2.990 ff.
Gesamtbedarfsvertrag 2.25 ff., 2.60
– Begriff 2.25
– Einordnung 2.26
Gesamtmarktbetrachtung 2.1772 ff.
– Distributionswege 2.1772
– Struktur Brauwirtschaft 2.1772
– Theorie 2.1772
– Wettbewerbsparameter 2.1772
Gesamtnichtigkeit 1.228, 1.247, 1.269 ff., 2.268, 3.202, 3.497, 5.65, 5.189, 5.200 ff.
– AGB 1.302, 5.200 ff.
– Bürgschaft 4.263
– Darlegungs- und Beweislast 2.248, 2.1959
– Intransparenz 1.303
– Klauselzusatz 1.303
– Nachfolgeklausel 5.203
– Nebenabreden 3.317
– Pflichtangaben 3.535
– salvatorische Klausel 2.1959, 2.2425
– treuwidrige 2.271
– Vertrag
s. dort
– Vertragsdauer 1.303
– Vertragsübertragung 5.203
– Verwertungsklausel 4.96
Gesamtrechtsnachfolge 2.424, 2.511 ff., 2.517, 2.1505
– Betriebsaufspaltung 2.2533
– Umwandlung 2.512
– Verschmelzung 2.511
Gesamtschuldklausel 2.565, 5.297
Geschäft, verbundenes 2.1508, 2.1599, 3.88, 3.978
Geschäftsaufgabe 2.1085, 2.1176
Geschäftsgrundlage 1.189, 2.55, 2.285, 2.472, 2.2157 ff., 2.2176, 2.2276, 4.314
– fehlende 2.2176, 2.2276

– Störung 2.831, 2.2291, 3.161, 3.210
– Wegfall 1.189, 1.271, 2.471, 2.807, 2.2177, 2.2251, 2.2291, 2.2306, 3.182, 5.36 ff.
Gestattungsvertrag 5.177
Getränkebezugsverpflichtung 2.46, 2.70, 2.321, 2.392, 2.605, 2.869, 2.1026, 2.1035, 2.1251, 2.2256, 2.2402, 2.2451, 3.55, 3.200, 3.746, 3.754
– Auferlegung 2.108, 2.1039, 2.2422
– ausschließliche 2.1, 2.5, 2.212, 2.1611, 2.2430, 3.112
– Bonus 5.74
– Darlehen 2.1032, 2.2428, 3.49, 3.55, 3.120, 3.203, 3.426, 4.198
– Dauer 2.112, 2.138, 2.417
– Erkrankung 2.2118
– Finanzierung 3.49
– Grundstück 1.100, 2.2091
– Kündigung 3.214, 3.222, 3.230
– langfristige 2.245
– Laufzeit 2.218, 2.323, 2.351, 2.419, 2.2363, 3.389
– Nichterfüllung 2.2000, 2.2343, 3.20, 4.57
– nichtige 2.2411
– notarielle 1.94, 2.746, 2.1058, 2.1251
– Pacht 2.16, 2.545, 2.1469, 2.2384, 2.2393, 3.143
– ruhende 2.2337
– Schadenspauschalierung 2.2228
– Schließung der Absatzstätte 2.407
– Schuldbeitritt 2.581, 2.1044, 2.1053
– Schuldübernahme 2.315, 2.1050
– Übernahme 2.73, 2.82, 2.167, 2.224, 2.583, 2.596, 2.1197, 2.1535, 2.2226, 2.2334, 3.216, 4.198
– Umfang 2.89, 2.121 ff., 2.227, 2.1285, 2.2343, 3.5 ff., 5.104
– Verstoß 2.624, 2.721, 2.2440
– Widerruf 2.1506, 2.1534, 3.453
– wirksame 2.2132 f., 5.26
– zeitlich beschränkte 2.247
s. a. Bezugsverpflichtung
Getränkefachgroßhändler 1.2, 2.1, 2.168, 2.467, 2.1762, 2.2039, 4.175, 5.25
– Abnahmepreise 2.359
– Absatzmittler 5.49
– Absatzmeldung 3.15
– Aktionsprogramm 5.59
– Änderungskündigung 2.78
– Anschlussvertrag 2.415
– Ausschließlichkeitsbindung 5.44
– Belieferung 2.454 ff., 2.2198
– Brauerei 1.2, 2.16, 2.2173, 2.2302, 5.42 ff.
– Bürgschaft 4.175 ff.
– Darlehen 2.54, 2.107 ff., 2.132, 2.247, 2.433, 3.1 ff., 3.114 ff., 3.170 ff.
s. a. Darlehen
– Eigenhändler 5.50
– Einzelrechtsnachfolge 2.516
– Erstausstattung 2.14
– Fehlinvestitionen 2.132
– Finanzierung 2.98 f., 2.102 f., 2.360
– Forderungsausfall 2.132, 2.451
– Gesamtrechtsnachfolge 2.511, 2.517
– Gewinnminderung 2.243
– Grundstückserwerb 2.102
– Handelsvertreter 5.50
– Hausmarke 2.2039
– Immobilie 1.94, 2.89, 2.102
– Investitionen 2.147, 2.360

– Inventar
s. dort
– Insolvenz 3.184
– kleinerer 2.1638
– Kommissionsagent 5.50
– Kündigung 3.111 ff., 3.114 ff., 3.165 ff., 5.39, 5.40
– Lebensmittelrecht 2.1665
– Leihinventar 2.118
– Leistungen 2.98 ff., 2.216, 2.233 ff., 2.246, 2.283, 2.345
– Lieferbedingungen 2.475
– Lieferungsvermögen 2.406
– Markentausch 2.156
– Mustertexte 1.84 f.
– Nebensortiment 2.158
– Preise 2.662, 2.756, 3.438
– Provisionen 3.19
– Rechtsnachfolge 2.470
– Schadensersatz 2.32
– Sicherungsgeber 3.996
– Sicherheiten 4.1 ff.
– Sortentausch 2.156 f.
– Sortiment 2.5, 2.126, 2.151, 3.305
– Unternehmereigenschaft 5.25
– Vertragserstellungsprogramm 1.93
– verwerfliche Gesinnung 2.202
– Verschmelzung (aktienrechtliche) 2.511
– Vertragshändler 5.50
– Vorleistungen 2.10 f., 2.274
– Wechsel 2.468 f.
– Wertberichtungen 2.132
– Zahlungsbedingungen 2.475
s. a. Vertriebsmodelle
Getränkelieferungsvertrag 1.1, 2.1 ff., 2.26, 2.110, 2.1248, 2.1408
– Absatzstätte 2.159 ff.
– (Allein-)Vertriebsvertrag 2.23
– Äquivalenzprinzip 2.73
– Ausschankverpflichtung 2.10
– Ausschließlichkeitsbindung 2.1 ff., 2.163, 2.2100
– Betriebsferien 2.17
– Betriebsführung 2.18
– Betriebspflicht 2.15 ff.
– Bezugsbindung
s. dort
– Bezugsverpflichtung
s. dort
– Bezugsvertrag
s. dort
– Bordell 2.137
– Darlehen 2.109 f., 2.152, 2.652, 2.1038, 2.1122, 2.1445, 3.57, 3.114, 3.145, 3.381, 4.270
s. a. dort; Darlehensvertrag
– elektronische Form 2.1296
– Erfüllung 2.879
– Finanzierung
s. dort
– Gaststättenbezeichnung 2.159
– Gaststätteninventar
s. Inventar
– Gebindeart 2.217
– Gegenleistung 2.2
– gemischter Vertrag 2.48 ff., 2.1597, 3.777
s. a. dort
– (Gesamt-)Mengenvertrag 2.876
– Gesamtabnahmemenge 2.30
– Gesamtbedarfsvertrag 2.25 ff., 2.35
s. a. dort
– Gesamtnichtigkeit 2.211
– Grundsatz der Vertragsfreiheit 2.96
– Haustürgeschäft 2.2376
– Individualregelung 2.172, 2.301
– Inventar
s. dort
– Kartellrecht 2.1919 ff.
– Knebelungsvertrag 2.91, 2.93 ff.

– Kündigung 2.629, 2.740, 2.862, 2.2202, 2.2237 ff., 2.2261 ff., 2.2294, 2.2323, 2.2378, 3.111, 3.120, 3.199
– Laufzeit 2.301 ff., 2.278, 2.2539, 2.2541
– Leistung 2.2
– Lieferweg
s. dort
– Mindestbezugsmenge 3.146 ff.
– Mindestabnahmeverpflichtung 2.11, 2.172
– Mindermengenausgleich 2.773, 2.858, 2.879
– Mithaftklausel 2.565 ff.
– Nachfolge 2.537 ff., 2.550, 2.2545
– Nachverzinsung 2.882 ff.
– Neuabschluss 2.601
– nichtiger 2.1612, 2.2537, 3.80, 4.305
– Nichtigkeitseinwand 2.97
– notarieller 2.1058, 2.1445
– Parteien 2.2, 2.887, 2.1090
– postalische Anschrift 2.159
– Rahmenvertrag 2.12, 2.29 ff., 2.170, 2.1620, 2.2141
s. a. dort
– Rechtsnatur 2.22
– Ruhetag 2.17
– Schriftform 2.891 ff.
– sittenwidriger 2.86 f., 2.100, 2.130, 2.141, 2.181, 2.190, 2.245, 2.278, 2.2133, 4.304
– sonstige Klauseln 2.886 ff.
– Sortimentsbindung 2.5, 2.122
– Spezifizierung 2.1872
– Sprache 2.1409 f.
– Sukzessivlieferungsvertrag 2.38 ff., 2.1569
s. a. dort
– übernommener 2.603
– unkündbarer 2.248
– unwirksamer 2.599, 2.631, 2.762, 2.1607, 2.2475, 2.2539, 2.2541, 4.335
– Verlängerung 2.878 ff.
– Verstoß 2.90, 2.706, 2.889, 2.2089
– Vertragsstrafe 2.679 ff., 2.763 ff., 2.862, 2.2355, 2.2379
– Vertriebsvertrag 2.23
– Werbung 2.13 f.
– Widerrufsbelehrung
s. dort
– wirksamer 2.747, 2.765, 2.782, 2.1289, 2.2102, 2.2114, 5.88
– Zeitpunkt des Zustandekommens 2.237
– Zeitvertrag 2.3
– Zusicherung 2.2144
– Zuschuss 2.706
s. a. Darlehensvertrag, Klauseln, Pachtvertrag
Gewerbe 2.1149
– Abmeldung 2.2281, 2.2294
– Anmeldung 2.1130, 2.1135 f.
Gewerbesteuer 2.672
Gewinn, entgangener
s. Entgangener Gewinn
Globalbürgschaft 4.192, 4.194 ff.
Graubezug 2.775, 2.821, 2.844, 2.1637 f., 5.97
Grunddienstbarkeit 2.2438 ff., 2.2480, 2.2499 f., 2.2511
Grundpfandrechte 1.119, 3.399, 3.408, 4.5, 4.108 f., 4.122, 4.270
– Abtretung 4.283
– Darlehen 2.1630
– Löschung 2.977
– nachrangige 4.285, 4.291
– Zweckerklärung 1.119
Grundschuld 2.1618, 2.2475, 4.266 ff., 4.293, 4.304 ff., 5.101
– Brief- 4.281
s. a. Grundschuldbrief

– Beleihungswert 4.268
– Bestellung 4.270
– Buch- 4.280, 4.282
– Drittsicherheit 4.266
– Grundbucheinsicht 4.267
– Eigentümer- 4.287 ff.
– Einmalvalutierung 4.291
– Eintragung 4.291, 4.303
– Fremd- 4.281, 4.288
– gleichrangige 4.290
– Löschung 2.1618, 4.287
– Neuvalutierung 4.288
– Revalutierung 4.273
– Sicherungs- 2.2449, 2.2478, 4.54, 4.266, 4.271 f., 4.297, 4.309
– Teil- 2.284
– vollstreckbare 4.296
– vorrangige 4.290
Grundschuldbestellung 2.1249, 3.885, 4.278, 4.298, 4.315
– -surkunde 4.278, 4.281
Grundschuldbrief 4.281
– Aushändigungsabrede 4.281
– Übergabe 4.281 f.
Grundstückskaufvertrag 2.55, 2.1039, 2.1614, 3.452
– Beurkundung 2.2216
– notarieller 2.2216
Gruppenfreistellungsverordnung 2.327 ff., 2.1681, 2.1711 ff., 2.1740 ff., 2.1750, 2.1801, 2.1828, 2.1849, 2.1861 ff., 2.1936, 2.1951 ff.
– Alleinbezugsvereinbarung 2.1861
– Anmeldeerfordernis 2.1864
– Nachrang 2.1876
– nationale Sachverhalte 2.1862
– Schirmcharakter 2.335, 2.1878
– temporaler Anwendungsbereich 2.1867
– Vertikalleitlinien s. dort
– Vertikalvereinbarung s. dort
– Wettbewerbsverbot 2.1881 ff.

Haftung 1.4, 2.610, 2.622, 2.685, 3.41, 3.553
– Ausfall- 3.729, 5.298
– beschränkte 4.130, 4.211
– Bürgschafts- 3.58, 4.185 ff, 4.197, 4.225 f.
– dem Grunde nach 2.265 ff., 5.18
– Ent- 4.75 ff., 4.110
– Garantie- 2.819, 2.843
– gesamtschuldnerische 2.596, 2.887, 3.853, 4.187, 5.297
– Gläubiger 4.229 ff.
– Grundpfand- 4.108
– kollidierende 4.5
– Mit- 1.21, 2.396, 2.522, 2.565, 2.1097, 2.1109, 3.57, 3.65, 3.729, 3.995, 4.130, 4.133, 4.140 ff., 4.200, 5.281
– Nach- 4.260
– persönliche 4.274 ff.
– positive Vertragsverletzung 2.1326
– Rechtsanwalt 2.1326
– Schadensersatz- 2.261, 2.815, 5.376
– schuldhafte 2.1323
– Übernahme 4.208, 4.278
– Umsatzsteuersubsidiär- 2.1640
– Veräußerung 2.2215
– verschuldensunabhängige 2.687, 2.751, 2.820, 2.1323, 5.234, 5.315
– Weiter- 2.611 f., 5.299
– Zubehör- 4.31, 4.38, 4.50, 4.75, 4.110, 4.115
Haftungserklärungen 2.2149, 4.130
– Bürgschaften 2.1249

– Mit- 2.396, 2.522, 3.57, 3.995, 4.140, 4.150, 5.281
– Schuldbeitritt 2.1249
Haftungsverband 4.108 f.
Handelsvertreter 2.1907, 3.330, 3.832, 5.50 f.
Handelsvertreterrecht 1.135, 3.160
Hauptleistungspflicht 2.808, 2.2156, 3.681
Hauseigentümer 2.2317 ff.
– Betriebspflicht 2.2324
– Nachfolgeregelung 2.2322 ff.
– nicht selbst bewirtschaftender 2.2318
– Pflichtenstellung 2.2319 ff.
– Rechtsnachfolgeregelung 2.2325
– selbst bewirtschaftender 2.2317
Hauseigentümererklärung 2.2312 ff.
Haustürgeschäft 2.1155, 2.1164, 2.1262, 2.1273, 2.1322, 2.1391, 2.1476, 2.1552, 2.1563, 2.2375 ff., 3.994 ff., 4.73, 4.131
– Getränkelieferungsvertrag 2.2376
– Widerruf 3.878, 4.73
Haustürsituation 2.1249, 2.1251, 2.1275 f., 2.1333 ff., 4.141
Heim-Getränkedienst-Vertrag 5.55
Herkunftsbezeichnung 2.532, 2.534, 2.2314, 2.2317,
Herstellungspreis 2.2009, 2.2083, 4.67, 4.69, 5.33
Hypothetischer Parteiwille 1.261 ff., 2.270, 2.276, 2.1598, 2.1724, 3.17

Individualabrede 1.50, 1.59 ff., 1.73 ff., 1.105 f., 1.225, 1.288, 2.189, 2.301 f., 2.313, 2.521, 2.678, 2.691, 2.908, 2.912 ff., 2.1082, 3.67, 5.191
– Vorrang 1.137 ff., 1.161, 2.916, 2.925
– wirksame 1.138
Individuallaufzeit 2.277, 2.394, 2.407, 5.249, 5.253
– drei Jahre 5.249 f.
– Erstlaufzeit 5.249
– Höchstgrenze 2.416
– Kappungsgrenze 2.407
– zehn Jahre 5.249
Individualvereinbarung 1.55, 1.67, 1.69, 1.73, 1.82, 1.118, 1.154, 1.222, 1.229, 2.169, 2.392, 2.492, 2.707, 2.731, 2.820, 2.913, 3.232, 5.186
– sittenwidrige 2.80 ff.
– Vorrang 2.921
Inhaltskontrolle 1.24, 1.92, 1.135, 1.268 ff., 1.171 ff., 1.186 ff., 1.207, 2.71, 2.293, 2.304 ff., 2.315, 2.332 ff., 2.371, 2.377, 2.387, 2.458, 2.461, 3.114 ff., 3.209 ff., 4.60, 4.94, 4.238, 4.276, 5.6 ff., 5.63 ff., 5.160, 5.192
– Äquivalenzprinzip 3.219
– eigene Verbindlichkeit 4.277
– Einrede der Vorausklage 4.264
– Klauseln 1.175, 1.181, 1.186, 1.199, 1.306, 2.147, 2.161, 3.199, 3.247, 3.911, 4.260, 5.223 ff., 5.272
– Kündigung 3.111 ff., 3.211, 3.247
– Leistungsbeschreibung 1.176 f., 2.305
– richterliche 1.266
– Schranken 1.169 ff., 1.181
– Sollbezug 3.153
– Transparenzgebot 5.8, 5.197
Insolvenz 2.61, 2.977, 2.1130, 3.184, 3.905, 4.44, 4.117 ff., 4.292, 4.332, 5.105, 5.343
– Absonderung 4.119, 4.354
– Ausfallrisiko 2.61
– Aussonderung 4.29
– Dreiersicherungsübereignungsvertrag 4.31
– drohende 2.823, 2.2277

– Gläubigerbenachteiligung 4.118
– Kunden- 4.39, 4.122, 5.113
– Masse 4.71
– Mieter 4.121
– Pächter 4.121
– Schuldner 4.67, 4.257
– Sicherungsgeber 4.354, 5.110
Insolvenzanfechtung 2.623, 4.117, 5.108
Insolvenzbeschlag 4.71
Insolvenzforderung 2.623
Insolvenzrisiko 2.570, 2.612, 2.967, 5.297
Insolvenztabelle 4.254
Insolvenzverfahren 3.135
– Antrag auf Eröffnung 3.315
Inventar 2.1, 2.2213, 3.975
– Abschreibung 2.277, 2.302, 2.444
– angefertigtes 4.35
– Abstandszahlung 2.545
– Darlehen 2.235, 2.242, 2.611, 2.1467, 3.22, 3.392, 3.508
– Direktübereignung 4.49
– Eigentum 3.211
– Eigentumsvorbehalt 3.389, 3.506, 3.718, 3.757, 3.779, 4.29, 4.49
– Finanzierung 3.894
– gebrauchtes 2.118, 4.34
– Gestellung 2.242, 2.277, 2.473, 2.1470, 2.2326, 3.7, 3.28, 3.198
– Grundstücks- 2.55
– Insolvenz 4.71
– Kauf 2.1038, 2.1615, 3.352, 3.393, 3.725, 3.731, 4.30
– Leihe 2.74, 2.118, 2.235, 2.238, 2.243, 2.734, 2.1467, 2.2289, 3.198 ff., 3.890
– Mängel 4.74
– Neu- 4.35, 4.41
– Rückholung 2.740
– Rücksendung 3.890
– Schätzung 4.100
– sicherungsübereignetes 2.116, 2.368, 2.2328, 3.396, 3.736, 4.4, 4.28, 4.55, 4.243, 5.101, 5.106
– übereignetes 3.214
– unentgeltliche Nutzungsüberlassung 3.38
– Veräußerung 2.1085, 3.506, 3.974, 4.102
– Verwertung 2.977, 3.102, 4.93
– Verzeichnis 4.62 ff.
– vorfinanziertes 2.1599, 2.2286, 3.200, 3.215, 3.268, 3.803
– Wert 2.114, 2.117 f., 2.120, 2.977
– Zubehör 4.20 ff., 4.38
Inventarkaufvertrag 2.1615, 3.308, 3.715, 3.721
Inventarsicherheiten 3.395, 3.407, 4.1 ff., 4.42, 4.77 ff.
Inventarversicherung 3.757

Jahresausstoß 2.1750, 2.1777, 2.1824, 2.1826

Kartellrecht 1.295, 2.65, 2.157, 2.340 ff., 2.489 f., 2.1636 ff., 2.1713, 2.1799, 2.1992, 5.42
– europäisches 2.7 f., 2.323 f., 2.330 f., 2.337 ff., 2.1668 ff., 2.1745, 2.1822, 2.1921 ff., 2.1989, 2.2488 ff.
– deutsches 2.1931, 2.1967 f., 2.1989, 2.1993
– Dezentralisierung der Kartellrechtsanwendung 2.1713, 2.1921
– Generalklausel 2.1950
– nationales 2.1696, 2.1929
– Schriftformerfordernis 2.474, 2.1094, 2.1994
– Schutzzweck 2.264
– Vertriebs- 2.1919 ff., 5.56
– Verbotstatbestand 2.333

Kartellrechtsverstoß 2.1958 ff.
Kartellrechtswidrigkeit 2.1962 f.
Kaufmann 2.198, 2.313
– Begriff 1.125 ff.
– eingetragener 2.1098, 4.138, 4.145, 5.316
– erfahrener 2.224
– Gewerbe 1.125
– Gewinnerzielungsabsicht 1.123
– Handelsregister 1.125, 2.600, 2.1039, 2.1154
– Minder- 1.127, 2.198, 2.313
– -stätigkeit 2.1886
s. a. Gastwirt; Unternehmer
Klauseln 1.29, 1.151, 1.199, 2.66, 2.209, 2.395, 2.502, 2.520, 2.743, 2.749 ff., 2.2141, 2.2359
– Abräum- 3.199 ff.
– Abrechnungs- 5.277 ff.
– Abwehr- 5.139 ff.
– Additions- 2.84
– Aufrechnungsausschluss- 2.961
– Ausgleichs- 2.806
– äußerer Zuschnitt 1.147
– Ausschließlichkeits- 5.139 ff.
– Bearbeitungsentgelt- 2.982
– Bedarfs- 5.220
– Bagatell- 2.1056 ff.
– Bearbeitungsentgelt- 2.977, 2.982
– Bestätigungs- 2.898 ff., 2.924, 2.1081
– Bürgschafts- 2.574 ff., 5.299
– Datenschutzklausel 2.973
– deklaratorische 1.26
– Durchschlags- 2.1387, 2.1608, 3.494
– Einzugsermächtigungs- 2.970
– Erfüllungsort- 2.997
– Erhaltungs- 1.122, 2.947
– Ersetzungs- 1.122, 2.950 ff.
– Erweiterungs- 5.199
– Form von Anzeigen und Erklärungen 2.901, 3.932 ff.
– Freizeichnungs- 5.231, 5.234
– Geltungs- 5.139
– General- 2.72, 2.1950
– Gesamtschuld- 5.297
– Gestaltung 1.199
– „gestellte“ 1.38
– Gerichtsstands- 1.21, 2.989 ff.
– Intransparenz
– kartellrechtswidrige 2.1958, 2.1963
– Kostenelemente- 2.496
– Kündigungs- 2.628, 3.140, 3.244 ff., 5.335 ff.
– Kundengruppenschutz- 2.1894
– Lastschrift- 2.966 ff.
– Lösungs- 3.135
– Mahnkosten- 2.978 ff.
– Malus- 2.750, 2.759, 2.815 ff., 2.873
– Mindermengenausgleichs- 5.18 ff.
– Mit- 2.573
– Mithaftungs- 2.565
– Nachfolge- 2.520, 2.542, 2.547 f., 2.553 ff., 2.567 ff., 2.579 ff., 2.732, 2.1085, 2.2284, 2.2355, 3.167, 5.15, 5.199, 5.203, 5.284 ff.
– Nebenbürgschafts- 4.187
– Neuwert- 5.169
– nichtige 2.809, 2.829, 2.850, 2.1726, 5.65
– Preis- 2.474, 2.476 ff.
– Preisänderungs- 2.186, 2.491 ff., 2.501 ff., 3.440
– Preisanpassungs- 1.264, 2.495, 2.501 ff., 2.755
– Preiserhöhungs- 2.500 ff.
– Preisvorbehalts- 2.484 ff.
– Öffnungs- 2.1769
– Options- 2.300
– Rentabilitäts- 5.199, 5.219, 5.337
– Rückzahlungs- 3.68

– salvatorische 2.992, 2.944, 2.1601 ff., 2.1959, 2.1966, 2.2425, 5.19, 5.188
– Schadensersatz- 2.628 ff., 2.752, 2.812, 2.2002, 5.301
– Schadensersatzpauschalierungs- 2.650, 2.715, 5.16
– Schieds- 2.985 ff.
– Schriftform- 1.30, 2.891 ff., 2.909 ff., 2.922 f.
– Schufa- 2.975
– schwarze 2.1893 f.
– Sicherungs- 4.60, 4.197
– SMG 1.16
– sonstige 1.31, 2.886
– Sortimentsänderungsklausel 2.157
– Status- 2.161, 5.227
– Tagespreis- 1.119, 2.495
– Teilkündigungs- 3.208, 3.313 ff., 5.22
– transparente 2.848
– überraschende 1.140 ff., 2.550, 2.575, 2.870, 2.937 ff., 2.2390, 3.49, 4.277
– Umgestaltung 1.235
– unwirksame 2.935, 2.1963
– Verbund- 2.1837
– Verfall- 3.136, 3.187, 3.205, 4.92
– Verlängerungs- 2.391 ff., 2.1901, 2.2364, 2.2412, 2.2432, 3.955
– Verrechnungs- 3.393
– Vertrags- (Begriff) 3.492
– Vertragsstrafen- 2.548, 2.685, 2.696 ff., 2.711 ff., 2.733, 2.777, 2.813, 2.2355, 5.17, 5.314 ff.
– Vertragsübertragungs- 2.518, 2.524 ff.
– Verwertungs- 4.93 ff., 4.330
– Vollmachts- 2.936 ff.
– Vollmachtsbeschränkungs- 2.900, 2.927 ff.
– Vollständigkeits- 2.896 ff., 2.918 ff.
– Vollstreckungsunterwerfungs- 4.356
– Vorfälligkeits- 3.136, 3.174
– vorformulierte 1.29 ff., 1.77, 2.1081, 2.1258
– Vorleistungs- 2.965
– Weiterhaftungs- 2.572
– wettbewerbsbeschränkende 2.1726, 2.2416
– Wiederbeschaffungs- 5.171 ff.
– Zins- 1.199, 2.885, 3.543
– Zusatz- 1.234, 1.303
– Zwischenstaatlichkeits- 2.1686, 2.1924
Klauselverbote 1.178 ff.
– spezielle 1.178 ff.
Knebelungsvertrag 2.93 ff.
Konzession 2.175
– Entzug 5.393
– Erlöschen 2.2294
– Erteilung 2.1137
– fehlende 5.366
Kosten 2.109, 3.519, 3.859, 4.16, 4.104, 4.315
– Abfüll- 2.2026
– Änderung 3.628 ff.
– Anschaffungs- 5.257
– Bearbeitungs- 2.661, 3.380
– Beteiligung 3.29, 5.70 ff.
– Betriebs- 4.358, 5.111
– Dritt- 3.521
– einzubeziehende 3.376
– Finanzierungs- 2.2030, 571
– fixe 2.2018, 2.2021, 2.2066
– Freizeichnungsklausel 5.231, 5.234
– Grundschuldbestellung 4.315
– Herstellungs- 2.2026
– Investitions- 2.103, 2.831 ff.
– Mahn- 2.978

– Notar 3.442 ff., 3.529, 4.356
– Personal- 2.2033
– Rechtsberatung 1.290
– Rechtsverfolgung 2.661
– Reparatur- 5.235
– Restschuldversicherung 3.380
– Selbst- 2.2008 f., 5.233
– Sicherheiten 3.406 ff., 3.522
– sonstige 3.403 ff., 3.626 f., 4.363
– variable 2.2018, 2.2023 ff.
– Verwertung 4.104, 4.354
– Verzugs- 3.416 ff., 3.631
– Wertgutachten 4.315
– Zinsanpassung 3.519
Kredit
– -aufnahme 1.1
– Betriebsmittel- 3.9
– Geld- 4.122
– Konsortial- 5.109
– Real- 3.23
– Waren- 4.122
s. a. Darlehen
Kreditbedürfnis 5.175
Kreditwürdigkeit 2.133, 2.355
Kumulationsverbot 2.629 ff., 2.691 ff., 2.771 ff.
– Ausnahmen 2.692
Kündigung 2.32, 2.37, 2.56, 2.382, 2.629, 2.824, 2.1519, 2.2113 ff., 2.2202, 2.2237 ff., 2.2377, 3.878 ff., 4.308
– Änderungs- 2.78, 2.493, 3.249
– -androhung 3.126, 3.925 ff.
– aus wichtigem Grund 2.561, 2.1498, 2.2177, 2.2250 ff., 2.2261 ff., 2.2275, 3.157, 3.200, 3.248
– außerordentliche 1.223, 2.43 f., 2.211, 2.560, 2.629, 2.740, 2.2245 ff., 2.2258, 2.2299, 2.2303, 3.114 ff., 3.156, 3.244 ff., 3.421, 3.904, 4.335, 5.370 ff.
– Berechtigung 3.941 ff.
– Dauerschuldverhältnis 2.2098
– Darlehen 2.612, 3.112, 3.170 ff., 3.231 ff., 3.430 ff., 3.902 ff., 3.952 ff., 4.170 ff.
– Einzel- 3.938
– Erklärung 2.2257 ff., 3.127 f., 3.226 ff., 3.239, 3.934, 3.945 ff.
– Fälligstellungs- 3.223
– fristgerechte 2.251, 2.2306
– fristlose 1.306, 2.287, 2.536, 2.799, 2.2253, 2.2261, 2.2282, 2.2298, 2.2309, 3.119, 3.151, 3.230, 5.370 ff.
– frühestmögliche 2.1223
– Gewerbeabmeldung 2.2294
– Nachfristsetzung 3.159
– nicht rechtzeitig erklärte 2.394 ff., 2.2364
– ordentliche 1.302, 2.249, 2.253, 2.310, 2.398, 2.2238, 2.2258, 3.111, 3.231 ff.
– Rechtsfolge 2.2323
– -regelung 5.98
– sofortige 2.1519, 3.905
– Sonderkündigungsrecht 2.76 ff., 2.2242, 3.201
– Teil- 2.741, 2.856, 2.881, 2.2152, 2.2293, 3.204 ff., 3.218, 3.229 ff., 5.22 f., 5.341
– unwirksame 3.229 f.
– Verstoß 2.2253
– Verweigerung 3.909
– Voll- 3.152, 3.216
– Vorschrift 2.37, 2.1275, 3.829
– vorzeitige 2.369, 3.35, 3.182
– Widerruf 2.1547
– wirksame 2.2265, 2.2323
Kündigungsbefugnis 3.161, 3.246 ff.
– Ausschluss 3.162
– Automatenaufstellvertrag 5.380
– bei ungünstigen Auskünften 3.246
– explizite 5.289

– fehlende 5.289
– Wegfall 3.161
Kündigungserklärungsfrist 2.2259, 3.130, 3.160, 3.948, 5.53
Kündigungsfrist 2.78, 2.389, 2.402, 4.309, 5.183, 5.199, 5.261 ff.
– gesetzliche 3.371
Kündigungsgrund 2.2240 ff., 2.2247, 2.2259, 2.2262, 3.117, 3.905, 5.381 ff.
– Abnahmeverzug 3.169
– Anschlussverpachtung 2.2377
– Belieferung von Konkurrenten 2.2296
– Differenzierung 2.2240
– Einstellung des Geschäftsbetriebs 3.165 f.
– Erkrankung 5.391
– Fremdbezug 3.141 ff.
– Insolvenzantrag 3.135
– Konzessionsentzug 5.393
– mangelhafte Betreuung 5.387
– Mengenvertrag 3.147 f.
– Minderbezug 3.145, 3.148, 3.162, 3.205
– Nichtbestellung 3.134
– Nichtweitergabe der Bezugsverpflichtung 3.167
– Pachtvertrag 5.382 ff.
– periodische Mindestbezugsmenge 3.146 ff.
– Ratenverzug 3.132, 3.917 ff.
– Rentabilität 5.385
– Sicherheiten 3.134
– Tod 5.389
– Tilgungsrückstand 3.131 ff.
– Unredlichkeit 5.388
– Umsatz 2.2276, 5.384
– Verschlechterung der Vermögensverhältnisse 3.134 ff.
– vertragliche Regelung 2.2241
– Wegfall der Geschäftsgrundlage 2.2251, 2.2276, 3.182
– Zahlungseinstellung 3.134
– Zahlungsunfähigkeit, drohende 3.134
– Zahlungsverzug 5.386
Kündigungsklausel 2.628, 3.140, 3.244 ff., 5.335 ff.
Kündigungsrecht 2.413, 2.497, 2.629, 2.809, 2.1225, 2.2259, 2.2317 ff., 3.158, 3.163
– allgemeines 3.952
– Ausschluss 2.2321 ff.
– gesetzliches 3.112
– jederzeitiges 3.523
– Sonder- 2.435, 2.532
– Übertragung 4.353
– uneingeschränktes 3.366
– verwirktes 2.2319
Kündigungsschaden 5.361
Kündigungsvorbehalt 3.738
Kündigungszeitpunkt 2.1123 f.
– frühestmöglicher 2.1123, 2.1236
Kundenstamm 2.507, 2.525, 5.54, 5.65
Kundengruppenschutzklauseln 2.1894

Laufzeitregelung 2.294 ff., 2.301 ff.
– AGB 2.293, 2.297 f.
– Aushandeln 2.303
– formularmäßige 2.383
– handschriftliche Ergänzung 2.298
– Individualabrede 2.301 ff.
– Kontrollfähigkeit 2.310
– nachträgliche 2.303
– selbständiger Sinngehalt 2.295
– sittenwidrige 2.219
– unwirksame 2.390, 2.403
– Verstoß 2.388
– vorformulierte 2.299
– Vorgaben 2.297
– Vorschläge 2.299
s. a. Automatenaufstellvertrag, Bezugsvertrag, Getränkelieferungsvertrag

Laufzeitschranken 2.212
– explizite 2.326
– gesetzliche 2.212
– Kartellrecht 2.324
– spezielle 2.324
Leasingvertrag 2.1130, 2.1185
– Widerruf 2.1577
Leistungsbeschreibung 1.173 ff., 2.305
– Begriff 1.173
– Inhaltskontrolle 1.175 f.
– Umfang der Hauptleistung 2.305
– versteckte 1.175
Leistungsbestimmungsrecht 2.459, 2.465, 2.484 ff., 2.487 ff., 2.1536
– einseitiges 2.459, 2.463, 2.466, 2.476, 2.494
– Übertragung 3.873
– Umfang 2.466
– Voraussetzung 2.466
Leistungsstörung 2.624 ff., 2.1560, 2.2271 f., 3.966, 5.47
– außerordentliche Kündigung 2.43 f.
– Kosten 3.417
– Schadensbeweis 2.639
– schuldrechtliche 2.557
– wirksames Durchgreifen 2.132, 2.354
Lieferweg 2.19, 2.151, 2.454 ff., 2.2335, 2.2408
– Änderung 2.457
– Individualregelung 2.455
– Lieferant 2.455
– Neuregelung 2.457
– Nichteinhaltung 2.624, 2.2263

Mahnkostenklauseln 2.978 ff.
Mahnung 2.626, 2.901, 2.2181, 2.2183, 2.2222
– nochmalige 3.132
– qualifizierte 3.925 ff., 4.87
– schriftliche 1.306
– verzugsbegründende 2.979, 3.104
Malus 2.736 f., 2.863, 2.876, 3.233
Malusklausel 2.750, 2.759, 2.815 ff., 2.873
Marke 2.167, 2.2084, 5.84
– Änderung 2.533, 2.1873
– Angabe 3.745
– Auswahlentscheidung 2.122
– Begriff 2.533
– Benennung 2.7
– Bier- s. dort
– Eigen- 2.2039
– führende 5.40
– Handels- 2.1912
– Haus- 2.2039
Markenauftritt 2.155
Markenaustausch 2.156
Markenbezeichnung 2.155, 2.532
Markentreue 2.1761, 2.1763
Markt 2.1143, 2.1674
– Alleinbezugsvereinbarung 2.1760
– Analyse 2.1694
– Gesamtmarktbetrachtung 2.1772
– Getränke- 2.1756
– Konzentration 2.1704
– nationaler 2.1758, 2.1846
– örtlich relevanter 2.1688, 2.1758, 2.1833
– Offenheit 2.1693
– relevanter 2.1686 ff., 2.1854, 2.1940
– sachlich relevanter 2.1687, 2.1756, 2.1832, 2.1855, 2.1886
– schrumpfender 2.1877
– Vertragspartner 2.1767
– Wettbewerbsbedingung 2.1761
– zeitlich relevanter 2.1689, 2.1759
– Zugang 2.1693
s. a. Biermarkt

Marktanteil 2.1705 f., 2.1824, 2.1830, 2.1836, 2.1856
– Berechnung 2.1887
– -sschwelle 2.1838
Marktbeherrschung 2.1989 ff.
Marktpreis 2.2008
Marktstellung 2.1693, 2.1704
– schwache 2.1843
Marktverhältnisse 2.1692, 2.1761
Mehrfachverwendungsabsicht 1.34
– dreimalige Verwendung 1.34
– verschiedene Vertragspartner 1.35
Meistbegünstigungsklausel 5.65
Mengenvertrag 2.28, 2.36, 2.40 f., 2.57 ff., 2.358, 2.410 ff., 2.764, 2.876, 2.2271, 2.2285, 3.147, 3.221
– Begriff 2.57
– Gesamt- 2.57 ff., 2.876, 2.2271
– periodische Mindestbezugsmenge 3.148
– Verlängerung 2.411
Mietausfallbürgschaft 2.2326, 2.2357
Mietbürgschaft 4.128, 4.199
Mieteintrittsrecht 2.2387 ff.
Mietvertrag 2.302, 2.1038, 2.1191, 2.1613, 2.2408, 2.2418, 2.2469
– Laufzeit 2.376, 2.2304
– langjähriger 2.556, 2.1899
– Renovierungsklausel 1.288
– Verlängerung 2.2412
– Vormietrecht 2.2394
– Widerrufsbelehrung 2.1469
Mietzins 2.2437
Minderbezug 2.31, 2.612, 2.714, 2.734 ff., 2.813 ff., 2.872, 2.2132 ff., 2.2175
– Abrechnung 2.869
– Deckungsausgleich 5.18
– Graubezug 2.844
– Kündigung 3.36, 3.145 ff., 3.162 f.
– Leistungsanpassung 2.821, 3.217
– Nachverzinsung 3.105
– Pflichtverletzung 2.2166
– Schadensersatz 2.624, 2.793, 5.27
– verschuldeter 2.850
– Vertragsstrafe 2.679, 2.813, 2.2133
– Vollkündigung 3.216
– wiederholter 3.146
Mindermengenausgleich 2.736, 2.773 ff., 2.868, 2.879, 2.2085 f., 5.26, 5.36
Mindermengenausgleichsklauseln 5.18 ff.
Mindermengenausgleichsregelung 2.742, 2.792, 2.805, 2.859
– Deckungsbeitragsausgleich 2.812
– Deckungskostenbeitragsausgleich 2.812
– klauselmäßige 2.2188
– nichtige 2.762
– Transparenzgebot 2.861
– verschuldensunabhängige 2.845
Mindestabnahmemenge 2.1030, 2.1769, 2.2152, 2.2189, 5.14
– Bonus 2.723
– Erreichbarkeit 2.231
– Fehlen einer vereinbarten Jahresmindestbezugsmenge 2.173
– Individualvereinbarung 2.169, 2.172
– jährliche 2.856, 2.869, 2.1779, 2.1779
– periodische 2.27, 2.169 ff., 2.231, 2.357
– Provision 2.723
– Rückvergütung 2.723
– Unterschreiten 2.158, 2.881, 2.2168
– Vertragsstrafe 2.174, 2.190
Mindestbezugsmenge 2.31, 2.2145, 3.148
– Dauer 3.154
– Differenzrate 3.78

– Doppelbindung 2.128
– hohe 2.172
– Jahres- 2.173, 2.780, 2.2146, 5.84 ff.
– periodische 2.414, 2.877, 2.1221, 2.2162, 3.146 ff.
– Transparenzgebot 2.795
Mindestmengenvereinbarung 2.787, 2.795, 2.797
Missbrauchsaufsicht 2.1919, 2.1925, 2.2365
Mitbewerber 2.469, 2.1654, 2.1755, 2.1761, 2.2080, 3.200, 5.347
– ausländische 2.1798
– Ausspannen von Kunden 2.1645
– Passivlegitimation 2.2504
– Unterlassungsanspruch 3.332
– Wettbewerb 1.297 f., 2.1237, 2.1660
Mitbezugsgestattung 2.9, 2.165 f., 2.230, 2.2175
Mithaftklausel 2.565 ff.
Musikautomat 5.220, 5.347
– Austausch 5.203, 5.221
– Bedarfsklausel 5.220
– neuer 5.259 f.
– Vertragsverlängerung 5.203, 5.259
Musikdarbietung 5.222 ff.
– Ausschließlichkeit 5.223
– Verbot anderweitiger 5.223

Nachfolgeklausel 2.542, 2.553 ff., 2.567 ff., 2.1085, 2.2284, 2.2355, 3.167, 5.15, 5.199, 5.203, 5.284 ff.
– sittenwidrige 2.547 f.
– unangemessene 5.294
– unwirksame 2.577, 5.296
– Verstoß 2.732
– Vollzug 2.579 ff.
– vorformulierte 2.520
– wirksame 2.561, 2.2309, 5.285, 5.291 f.
– Zulässigkeit 2.553 f., 2.560
– Zustimmungsvorbehalt 2.569
Nachfolgeregelung 2.507, 2.589, 2.2341, 3.161
– Betreiberwechsel 2.2338
– potentielle Eigenverpflichtung 2.2399
– Übertragung 2.2310
Nachfolgerevers 2.2387, 2.2396
Nachfristsetzung 2.627, 2.2160, 2.2184, 3.925, 3.940, 5.152, 5.375
– Ablehnungsandrohung 2.2254 ff., 3.116, 3.123 ff., 3.159, 5.29
– Abmahnung 2.254, 3.116, 3.124, 3.159
– Datum 3.936
– entbehrliche 2.2185, 2.2188
– erfolglose 2.2254, 2.2299, 5.375
– erforderliche 2.627
– Schuldnerverzug 2.2181
Nebenabrede 1.77, 2.908, 2.899, 3.896, 5.189
– mündliche 2.900, 2.919, 3.317, 3.897
– Preis- 1.199, 2.477, 2.483, 2.838
Neuvertrag 1.8
Niederländisches Bierkartell 2.1912
Nichtabnahme 2.709, 2.2024, 2.2029
– Ausgleichanspruch 2.747
– Ersatzanspruch 2.2132, 5.26
– Fremdbezug 2.709, 2.714
– Pflichtverletzung 2.2162
– Naturalrabatte 2.2017
– Schadensersatz 3.228
– vertragliche Menge 2.174
– Vertragsstrafe 2.190, 2.2133, 2.2355
Notarkosten 3.442 ff., 3.529, 4.356

Öffnungsklausel 2.1769
OLG-VertretungsänderungsG 2.1000, 2.1002, 2.1314, 2.1340, 2.1424, 2.1563, 3.1008
Optionsklausel 2.300
Optionsrecht 2.2412, 2.2431

Pacht 2.1032, 2.2417, 2.2502
– auf unbestimmte Zeit 2.346
– Anschluss 2.2377
– Gaststätte 3.973
– Nachfolge 2.539, 2.2387
– Nichtzahlung 2.2441
– Umsatz- 2.779, 2.2176
– Unter- 2.2218
– Veranstaltungshalle 2.1999
– Vor- 2.2391 ff.
Pachtaufschlag 2.780
Pachtausfallbürgschaft 2.2326
Pachtbürgschaft 4.259
Pachtentschädigung 2.191, 2.779
Pachteintrittsrecht 2.2387 ff.
Pachtvermittlungsauftrag 2.2398
Pachtvermittlungsvollmacht 2.2398
Pächterwechsel 2.538, 2.2353
Pachtvertrag 2.545, 2.1038, 2.1042, 2.1612
– Fortbestand 5.382
– Gaststätten- 2.2176, 3.7, 3.118
– Gebrauchsüberlassung 2.319, 2.397
– Kündigung 1.306
– Laufzeit 2.250, 2.326, 2.1899, 2.2304, 2.2411
– Nachfolgeklausel 2.542
– Notar 1.100
– Rechtsanwalt 1.100
– Unter- 2.246 ff.
– Vermittlung 2.2327
– Widerrufsbelehrung 2.1469
– wirksamer 2.782
s. a. Bezugsbindung, Getränkebezugsverpflichtung
Pachtzins 2.191, 2.366, 2.2176, 2.2437
– denkbar niedriger 2.366
Pachtzinsanpassungsmechanismus 2.366
Pauschale 2.2235, 5.172
– absolute 2.724, 2.2108, 5.306
– Einheits- 2.656, 5.303, 5.329
– prozentuale 2.668, 2.725, 2.2109, 3.307
– Schadens- 1.119, 2.640
Pfändung 3.193, 3.990
Pflichtangaben 2.597, 2.1274, 2.1297, 2.1307, 3.261, 3.320 ff., 3.333 ff., 3.546 ff., 3.739 ff., 3.812 ff., 4.157 ff., 4.363 ff.
– Darlehen 2.50, 3.66, 3.320 ff., 3.333 ff., 3.846 ff.
– erforderliche 2.1474, 3.323, 3.464 ff., 3.482, 3.515, 3.573
– Erhalt 3.459, 3.463 f., 3.483
– gesetzlich geforderte 3.539, 4.159
– fehlende 3.347, 3.466, 3.502, 3.511, 3.527, 3.535 ff., 3.574, 3.816
– fehlerhafte 3.542 ff.
– Nachholen 3.480 f., 3.529, 3.532
– notwendige 3.514
– Teilzahlungsgeschäft 3.321
– unvollständige 3.531
– verständliche 3.328
– Verwendungszweck 3.325
– Vollmacht 3.329 ff.
– vollständig erteilte 3.468
– Widerruf 3.423, 3.448 f., 3.454, 3.480, 3.525, 3.741
Pflichtverletzung 1.280 ff., 2.32, 2.1234, 2.2000 ff., 2.2044, 2.2215 ff., 3.483, 5.351 f., 5.362
– Beseitigung 3.116
– Bezugsbindung 2.288
– fahrlässige 2.1323
– Fremdbezug 2.2106
– Informationen 3.694

– Leistungspflicht 2.2162 ff.
– Notar 2.2209, 2.2216 f.
– Rücktritt 3.966
– Schaden 2.2065
– Unterverpachtung 2.2218
– Verkehrs- 4.53
– verschuldete 1.284, 1.287, 3.122, 3.156
– vertragliche Treuepflicht 5.345
– Verzug 2.2165, 2.2181
– wiederholte 2.702
Preis 1.102, 1.105, 1.217, 2.185 ff., 2.473 ff.
– Abnahme- 2.359
– Änderung 2.186
– Anfangs- 2.473 ff.
– Aushandeln 1.49
– Bier 2.108
– Erhöhung 2.186, 2.464
– Getränke 2.186
– Höchst- 2.276
– Klausel 2.476
– Leistungsverhältnis 1.175
– Listen- 1.119, 2.187
– Nettoverkaufs- 2.175
– Selbstkosten- 2.107
– Tages- 1.119
– Teilzahlungskauf- 2.63, 2.111
– üblicher 2.480
– Vereinbarung 2.185, 2.307
– Wucher- 2.276
s. a. Anschaffungspreis; Barzahlungspreis; Einkaufspreis
Preisänderungsklausel 2.186, 2.482, 2.491 ff., 2.501 ff., 3.440
Preisanpassungsklausel 1.252, 1.264, 2.495, 2.501 ff., 2.755
– unwirksame 1.252
– Nichtigkeit 1.264
Preisbindung 2.1894
Preiserhöhungsklausel 2.500 ff.
Preisgestaltung 1.114, 2.299, 2.481
Preisklausel 2.474, 2.476 ff.
Preisliste 2.8, 2.153, 2.475, 2.479
Preisnachlass 2.103
Preisnebenabreden 1.199, 2.477, 2.483
Preisvorteil 2.103
Preisvorbehalt 2.476, 2.484, 3.437 ff.
Preisvorbehaltsklausel 2.484 ff.
Publikumsgeschmack 2.152, 2.258, 2.529, 2.2314
– 15-Jahresgrenze 2.258
– Änderung 2.2178, 2.2279
Publikumswunsch 2.168, 2.245

Rahmenvertrag 1.12 ff., 2.12, 2.29 ff., 2.60, 2.170, 2.1284, 2.1479, 2.1620, 2.2141, 3.439, 3.722
– Abgrenzung 2.31
– Begriff 2.29
– Dauerschuldverhältnis 2.33
– Einordnung 2.30
– Einzelkaufvertrag 2.32, 2.1623, 2.2270
– Gesamtabnahmemenge 2.30
– Kündigung 2.32
Rate
– Differenz- 3.19, 3.78, 3.923
– Jahres- 3.923
– offene 3.918
– Verzug 3.132, 3.917
Ratendarlehen 2.1, 3.22, 3.242, 3.368
– Höhe 3.369
– Termine der Fälligkeit 3.369
– Tilgungsplan 3.370
Ratenkaufvertrag 3.340, 3.719
Ratenlieferungsvertrag 2.49 f., 2.60, 2.595, 2.1015, 2.1033, 2.1112, 2.1201, 3.704
– Dauerschuldverhältnis 2.44, 2.60
– elektronische Form 3.310
– Existenzgründung 2.1162 f.
– Finanzierung 2.1635
– mehrere Verträge 2.1512
– Risiko 2.1163

Ratenzahlungsabrede 3.70
Rechtsberatungskosten 1.290
Rechtsverfolgungskosten 2.661, 3.929, 4.69
Rentabilitätsklausel 5.199, 5.219, 5.336 ff.
Rückgabe 5.147 f.
– Automaten 5.341
– Fass 5.157
– Mehrrückgabe 5.148
– Pfanderstattung 5.147
Rückgabeverpflichtung 5.150 ff., 5.155
– Nachfristsetzung 5.152
– Nichterfüllung 5.150
– Schadensersatz 5.150 f.
Rücknahmeverlangen 2.1522, 2.1524
Rücknahmeverpflichtung 5.149
Rücksendung 2.1522 ff.
– Versandfähigkeit 2.1523
– Widerruf 2.1522 ff., 3.890
Rücktrittsrecht 2.1486, 2.1590, 2.2273, 5.392
– Erlöschen 2.1500
– gesetzliches 2.2190
– Leistungsstörung 2.1560
– sofortiges 2.2160
Rückvergütung 2.187, 2.482, 2.737, 2.825, 3.25, 5.71
– erhöhte 2.723
– Gutschrift 2.403 f., 2.445, 3.76, 3.923
– -sätze 3.438
Rückvergütungsdarlehen 2.1629, 3.19, 3.906

Salvatorische Klauseln 2.944 ff., 2.952, 2.956, 2.1601 ff., 2.1959, 2.1966, 2.2425, 5.19, 5.188
– Erforderlichkeit 2.945
– Erhaltungsklauseln 1.222, 2.946, 2.948, 2.954
– Ersetzungsklauseln 1.222, 2.946, 2.954
Schadensberechnung 2.2011, 2.2056 ff., 2.2068 ff., 2.2194, 2.2226, 5.33, 5.159
– abstrakte 2.2060, 3.932
– entgangener Gewinn 2.2226
– fixe Kosten 2.2018 f.
– Durchschnittspreis 2.2014
– Gesamtvermögensvergleich 2.2007
– konkrete 2.632, 2.2045, 2.2058, 5.164 ff., 5.311 ff.
– Nettopreise 2.2045
– Preisänderung 2.2013 ff.
– Rechtsgrundlage 2.2004
– Schadensersatzpauschalierung 2.632, 2.2002
– Schadensschätzung 5.312
– Steuern 2.2045
Schadensersatz 1.290, 2.32, 2.624 ff., 2.719, 2.745 ff., 2.1727, 2.2154 ff., 2.2191, 2.2207 ff., 2.2214, 2.2357, 2.2520 f., 3.939, 4.53, 4.273, 5.30, 5.33, 5.151 ff., 5.301, 5.350 ff., 5.376
– Anrechnung 2.719
– Anspruchsgrundlagen 2.2207 ff., 2.2520, 3.693, 3.830
– echter Fremdbezug 2.2111
– Erfüllungsinteresse 1.291
– gesetzlicher Zinssatz 3.911
– Hauptleistungspflicht 2.2156
– Höhe 2.2012, 5.327
– Kumulationsverbot 2.629 ff., 2.694 f., 2.771, 5.318
– Kündigung 2.2202, 3.245
– Leergut 5.172
– Minderbezug 2.624, 2.793, 5.27
– Mindestabnahme 2.2189
– Nachfristsetzung 2.2160, 2.2184
– negatives Interesse 1.290

– Nichterfüllung 3.700, 4.198, 5.318 ff.
– Nichtweitergabe der Getränkebezugsverpflichtung 2.2228
– Notar 2.2216
– nutzlose Aufwendungen 1.285
– pauschalierter s. Schadensersatzpauschlierung
– Pflichtverletzung 2.288, 2.2106, 3.694, 5.351 f.
– positive Vertragsverletzung 2.2105, 2.2156, 2.2208
– Rechtsberatung 1.290
– statt Leistung 2.732, 2.2005, 2.2169, 3.109, 3.116
– Schlechterfüllung 3.700, 5.318
– Umfang 3.831
– unechter Fremdbezug 2.2111
– Verschulden bei Vertragsschluss 1.227, 1.291, 2.1321, 3.553, 3.288
– Verschuldenserfordernis 2.625, 3.156, 3.695
– Vertragsverletzung 1.278
– Vertragszins 3.179
– wegen Nichterfüllung 2.2162 ff.
Schadensersatzanspruch 2.777, 2.1310, 2.2024, 2.2209, 2.2518, 3.185, 3.876 f.,
– § 309 Nr. 5b 2.672
– Berechnungsgrundlage 2.730, 2.2191
– Beweiserleichterung 2.2056
– Darlegung und Beweis 2.2047
– deliktischer 4.53
– entgangener Gewinn 2.2226 s. a. dort
– Garantieversprechen 2.2155
– gestaffelte Vertragsstrafenregelung 5.328
– Gewerbesteuer 2.671
– Freistellung 2.1644
– Kündigung 2.629
– Pächter 2.2211
– Rauchverbot 2.2280
– Umsatzsteuer 2.671, 2.758
– weitergehender 2.857
– Wiederbeschaffungswert 5.166
s. a. Schadensersatz
Schadensersatzklausel 2.66, 2.628 ff., 2.752, 2.812, 2.2002, 5.301 ff.
Schadensersatzpauschale 2.632 ff., 2.640, 2.646 f., 2.675, 2.745, 2.2002, 2.2071, 5.172, 5.302 ff.
– Durchschnittsschaden 2.655
– generalisierender Maßstab 2.655
– prozentuale 2.668, 2.670
– überhöhte 2.654, 2.2074
– unwirksame 5.305
– verdecktes Vertragsstrafenversprechen 2.638
Schadensersatzpauschalierungsklausel 2.650, 2.715, 5.16, 5.311
– verschuldensunabhängige 2.715
Schadensnachweis 2.720, 2.2056, 2.2195
Schadensschätzung 2.645, 2.2002, 2.2031, 2.2054, 2.2064, 2.2082, 2.2200, 5.312
Scheinunternehmer 1.132, 2.1076, 2.1079
Schiedsklauseln 2.985 ff.
Schriftformerfordernis 2.474, 2.595, 2.1282 ff., 2.1294, 2.1307 f., 2.1993 ff., 3.310 ff., 3.655, 3.806, 4.149, 4.153, 4.213 f.
– einseitige Erklärungen 2.901, 2.933
– gesetzliches 2.1373, 3.547, 4.179, 4.220
– kartellrechtliches 2.474, 2.542 ff., 2.1094, 2.2365 ff., 2.2415 ff., 2.2433 f., 5.58, 5.344
– Nichtbeachtung 3.816
– Schutzzweck 2.1283, 3.1020, 4.156

– Verletzung 3.498, 3.512, 3.807
– Vertragsänderung 3.318
Schriftformklausel 1.30, 2.891 ff., 2.909 ff., 2.921 ff.
– Änderungen 2.984 f.
– Aufhebung 2.907
– deklaratorische 2.922
– doppelte 2.894, 2.915 ff.
– einfache 2.892 f., 2.912 ff.
– konstitutive 2.923
– qualifizierte 2.894, 2.915 ff.
Schufa-Klausel 2.975
Schuldbeitritt 2.579, 2.581, 2.1044, 2.1130, 2.1249, 2.1251, 2.1568, 2.1571, 2.1619, 3.57, 3.61, 3.500, 3.947, 4.123 ff., 4.160 ff.
– Ehepartner 4.131, 4.147
– Einmann-GmbH 4.148
– Familienangehörige 4.131, 4.147
– GmbH-Geschäftsführer 4.130 f., 4.147
– kumulativer 4.132
Schuldnerverzug 2.2157, 2.2165, 2.2170, 2.2181
Schuldübernahme 2.541, 2.579, 2.606, 2.1050 ff., 3.57, 3.61, 3.500, 4.89, 4.123, 4.227
– befreiende 2.541, 2.579, 2.611 f.
– Einzelbetrachtung 2.1050
– Erklärung 3.92
– kumulative 2.579, 4.143, 4.147, 4.157
Schutzbedürftigkeit 2.600, 2.1072, 2.1163, 2.1179, 3.836, 3.1002, 4139
– im Einzelfall 1.210, 2.1158, 2.1179
– persönliche 2.1031
Schwarzbezug 2.821, 2.1637, 5.97
Selbstkosten 2.2008 f., 2.2022
Sicherheiten 2.189, 2.610, 2.1627, 3.445 f., 3.519, 3.522, 3.611, 3.886, 3.995, 4.1 ff., 5.100, 5.103, 5.105
– abgetretene 5.102
– Bestellung 1.93, 3.395, 3.813
– Bürgschaften 2.610, 5.101
– eigene 5.101 f.
– Dritt- 4.2, 4.266
– Finanzierung 2.2264
– Grundbuch- 3.399, 3.408
– Inventar- 3.395, 3.407, 4.1 ff.
– Kredit- 4.1, 5.102
– Kosten der Gestellung 3.406
– Pool- 5.106 ff.
– Verwertung 5.115
– Wegfall 3.134, 4.77
Sicherungsabrede 2.2449 f., 2.2524, 4.54 f., 4.93, 4.271 ff.
– Auskunftsanspruch 3.968
– Dienstbarkeit 2.2449, 2.2473
– Einrede 2.2511
– Freigaberegelung 4.69
– freihändiger Verkauf 4.100
– schuldrechtliche 2.2478, 4.278
– Zweckerklärung 4.57
Sicherungsdienstbarkeit 2.1609, 2.2432, 2.2448, 2.2519
Sicherungseigentum 2.116
Sicherungsgesamtschuld 3.57, 4.123
Sicherungsgrundschuld 2.2449, 2.2478, 4.266, 4.291, 4.293
– Rückgewähr 4.273
Sicherungsübereignung 3.729, 3.736, 3.748, 3.980, 4.10, 4.18 f., 4.28, 4.75, 4.243
– antizipierte 4.48
– Dreier- 4.31, 4.46
– Gaststätteninventar 2.116, 2.368, 2.2328, 3.396, 4.62, 5.101, 5.106
– Grundschuld 5.101

– Kraftfahrzeuge 3.396, 3.413
– mehrere Gegenstände 4.62
– Zubehör 4.110
Sicherungsvereinbarung 2.2449, 2.2474, 2.2545, 3.398, 4.273, 4.297
– Auslegung 2.2542
Sicherungsvertrag 4.72
Sittenwidrigkeit 2.80 ff., 2.187, 2.192, 2.208, 3.64 ff., 4.304
– Alkohol 2.192, 2.784
– Arglisteinwand 2.205, 2.275
– Bezugsbindung 2.274
– Bezugsverpflichtung 2.173
– Bordell 2.137
– Bürgschaft 4.129, 4.200 ff.
– Dienstbarkeit 2.2449, 2.2476 ff.
– Eigeninteresse 4.205
– einseitige 2.247, 2.2348
– Laufzeit 2.219, 2.389, 4.242
– Missverhältnis 2.86, 2.88, 2.785
– Mitbezugsgestattung 2.166
– Mitdarlehensnehmer 3.64
– Mithaftungsübernahme 3.65
– notarielles Schuldanerkenntnis 4.359
– Sondertilgungen 2.112
– Stellung Vertragspartner 2.198
– Übersicherung 4.66 ff.
– Vermögensverlagerung 4.206
– Vertrag 2.137, 2.141, 2.245, 2.254, 4.304, 5.185
– verwerfliche Gesinnung 2.201
– Vollzug der Leistung 2.2449, 2.2478, 2.2486
– Zeitpunkt 2.117
Sollzinssatz 2.1058, 3.259, 3.291, 3.349, 3.356 ff., 3.380, 3.616 ff., 4.158
– fehlender 3.516
– gebundener 3.433, 3.617
– gesetzlicher 3.516 f.
– Index 3.617
– Legaldefinition 3.57
– Referenzzinssatz 3.617
– veränderlicher 3.433, 3.617, 3.870
– Verstoß 3.359
– Zinsreduktion 3.516
Sonderkündigungsrecht 2.76, 2.464, 2.532, 2.2242, 3.149, 3.201
Sorte 2.532 f., 2.2084, 2.2314
– Begriff 2.533
Sortenauswechslung 2.156 f., 2.528
Sortenbezeichnung 2.155
Sortimentsänderung 2.152 ff.
– Erweiterung 2.153
– Publikumsgeschmack 2.152
Sortimentsbindung 2.5 ff., 3.305
– afG-Sortiment 3.305, 5.86
– alkoholfreie Getränke 2.124, 2.229
– Auswahlentscheidung 2.122
– Bier 2.123
– Biermischgetränke 2.125, 5.87
– Doppelbindung 2.128, 5.86
– Gebindeart 2.127
– Nebensortiment 2.158
Sortimentsfestlegung 2.151
Sortimentsliste 2.5, 2.8, 2.475, 2.479
Sparguthaben 3.995, 4.337 ff.
– Abtretung 4.337
– Verpfändung 4.337
– Verwertung 4.339
Sphärengedanke 2.1791
Streitwert 2.2127, 2.2206, 2.2516 f.
– Gerichtsstand 2.988
– Gewinnentgang 2.2128
– Mindermengenausgleichsregelung 2.804
Streitwertfestsetzung 2.2127, 2.2129, 3.100
Strohmann 1.132, 2.1079, 2.1151
Stundung 2.938, 2.1039, 3.93, 3.268, 4.225, 4.245
Stundungsabrede 2.919, 2.1087
Substantiierungslast 2.1790

Sukzessivlieferungsvertrag 2.38 ff., 2.60, 2.1028
– Begriff 2.38
– echter 2.40, 2.44, 2.320, 2.1020, 2.1569
– Höchstmenge 2.38
– Mengenvereinbarung 2.38
– Mindestmenge 2.38
– unechter 2.39, 2.41, 2.43

Tagespreis 2.491, 2.668, 2.725, 2.2110
– - Zins 3.477
Tagespreisklausel 1.119, 2.495
Tankstellenstationär 2.379
Tankstellenvertrag 2.300, 2.335, 2.378
Tarifwahl 1.50, 1.107, 1.114, 2.299
Täuschung, arglistige 2.275, 2.1521, 2.2091
Teilbarkeit 1.231 ff., 2.578, 2.939
– Grenzen 1.235
– Intransparenz 1.234, 1.303
– Kulitest 1.232
– personelle 1.236
– quantitative 2.267, 2.269
Teilkündigung 2.881, 2.2293, 3.204 f., 3.218, 5.341
– Darlehensrückzahlung 2.2293
– unwirksame 3.229 f.
Teilkündigungsklausel 3.213 ff., 5.22 f., 5.341
– formularvertragliche 3.220
– Formulierung 3.208
Teilleistung 2.30, 2.33, 2.38, 3.372, 3.944, 5.72
– Anrechnung 3.913
– erbrachte 2.2273
– Lieferung 2.1015 f.
Teillieferungsvertrag 2.40
Teilnichtigkeit 1.228 ff., 2.1602, 2.1724
– geltungserhaltende Reduktion 1.230, 2.1960
– Grundsatz 1.228
– quantitative 2.265, 2.276
– Vertragslücken 2.1725
– von Amts wegen 1.229
– Voraussetzung 1.230
Teilwiderruf 2.1534 ff.
– objektiver 2.1534
– subjektiver 2.1540 ff.
Teilzahlungsdarlehen 3.21 ff., 3.518, 4.226
– Amortisationsdarlehen 3.23
– Annuitätendarlehen 3.23
Teilzahlungsgeschäft 2.49, 2.1235, 2.1598, 3.39, 3.273, 3.802 ff.
– Eigentumsvorbehalt 3.398, 4.29
– Fälligkeit 3.188
– Fristsetzung 3.188
– Gesamtnichtigkeit 3.807
– Heilung 3.816
– Herausgabe 3.197
– Leihe 3.40
– Pfändung 3.193
– Pflichtangaben 3.321, 3.541
– Rücktritt 3.186 ff., 3.965, 3.968, 3.975
– Verfallklausel 3.187
– Widerruf 3.819
– Wiederansichnahme 3.975, 3.977, 3.981
– Zahlungsklage 3.192
Teilzahlungskauf 3.27
Telekommunikationsanlage 2.377
Teleologische Reduktion 2.1159 f., 2.1174, 2.1245, 2.1397
Tilgung 2.241, 3.17, 5.265
– Aufgeld 3.17
– Aussetzung 4.225
– Bestimmung 3.919
– Mindest- 3.19, 3.77, 3.923
– Rückstand 3.131
– Sonder- 2.112
– Umsatzsteuersonder- 3.27
– unmittelbare Kapital- 3.617 f.

Tilgungsdarlehen
s. Teilzahlungsdarlehen
Tilgungsfinanzierung 3.69 ff.
– Leistung an Erfüllungsstatt 3.71
– Rückführungszeitraum 3.69
Tilgungsplan 3.370, 3.428 f., 3.606, 3.687, 3.860 ff.
– erneuter 3.864
Tilgungszahlung 2.1627, 3.886
Transparenzgebot 1.166, 1.191 ff., 2.689, 2.752, 2.770, 2.911, 5.8, 5.268
– Einbeziehung 1.194
– Bestimmtheitsgebot 2.716
– Kündigungsklausel 2.628
– Verletzung 1.197
– Verstoß 2.795, 2.846, 2.875
– Widerrufsbelehrung 2.1374

Überbelehrung 2.1496, 3.770
Überlegungsfrist 2.1023, 2.1040
– Abzahlungsgesetz 2.1040
– nachträgliche 2.1040, 2.1329
– Widerruf 2.1023
Überraschende Klausel 1.140 ff.
– äußere Erscheinungsbild 1.142
– negative gesetzliche Einbeziehungsvoraussetzung 1.140
Übertragung 2.2310, 5.181
– Aufstellverpflichtung 5.286
– Bestands- 2.524
– Bezugsverpflichtung 2.615, 2.624, 2.679, 2.2344
– Finanzierung 2.590
– Gaststätte 3.8
– Grundeigentum 2.434, 2.1040, 3.314
– Lieferrechte 2.506 ff.
– Schuldverhältnis 2.591
– Umfang 2.589 f.
Übertragungsrecht 2.506 ff., 2.535, 5.280 ff.
– AGB 2.520 f.
– Einzelrechtsnachfolge 2.516
– Gesamtrechtsnachfolge 2.511 ff., 2.517
– Mitbelieferung 2.510
– unbeschränktes 2.528
– Verkauf 2.508
– Wirksamkeit 2.521
Umsatzpacht, negative 2.779 ff., 2.2176
Umsatzrückgang 2.1194, 2.2298, 5.40, 5.384
Umsatzsteuer 2.671, 2.758, 2.1234 ff., 2.2045 ff., 2.2147
Umschuldung 2.110, 2.435, 3.45, 3.268, 4.226
Umwandlung
– Abschreibungsdarlehen 4.226
– Fremdgrundschuld 4.287
– Gutschriftendarlehen 2.740
– Inventarkaufpreisvorfinanzierung 3.268
– Kaufpreisschuld 3.40, 3.718
– Rechtsform 2.512, 2.51, 2.1190 ff.
Umwegfinanzierung 2.52 f., 2.1214, 3.52, 3.704, 3.777, 3.832, 3.867, 4.40
Unklarheitenregel 1.160 ff., 1.194, 1.198, 2.552, 2.870, 2.1263, 5.7
– Auslegung 1.162 ff.
– Bürgschaftsklausel 2.575
– Individualabrede 1.161
Unterlassungsanspruch 2.486, 2.1651 f., 2.1664, 2.2498, 2.2511, 2.2535, 3.332, 3.701
– Eigentumswechsel 2.2501
– Vermietung 2.2502
– Verpachtung 2.2502
– verschuldensabhängiger 2.1659
– Wiederholungsgefahr 2.1651, 2.2093
Unterlassungsdienstbarkeit 2.2431, 2.2443, 2.2452

Unternehmen
- abhängiges 2.343
- Auflösung 2.1085
- ausländische 2.194, 2.1796, 2.1846
- beteiligtes 2.1699, 2.1705, 2.1719
- Drittstaaten 2.1699
- eingetragener Idealverein 1.128, 2.1069 ff.
- Einmann-GmbH 2.1064
- GmbH 2.1063
- Ich-AG 2.1080
- kleine 2.338, 2.1830, 2.1835, 2.1842
- KMU 2.1830, 2.1835, 2.1842, 2.1860
- Konzern 2.543, 2.1677
- Limited 2.1068
- markenführendes 1.295, 2.467
- mittlere 2.338, 2.1830, 2.1835, 2.1842
- öffentlich-rechtliche Einrichtung 2.1074
- Selbstveranlagung 2.1712
- staatliche Einrichtung 2.1675
- Umwandlung 2.512
- Unternehmergesellschaft 2.1066 f.
- verbundene 2.1907
- Verschmelzung 2.511
- Vor-GmbH 2.1065
- Vor-Verein 2.1071
- Wettbewerbliche Vereinbarungen 2.1673 ff.

Unternehmensbegriff 2.1974 ff.
- funktionaler 2.1674, 2.1974
- Europa 2.1070

Unternehmer 1.120 ff., 2.71, 2.198, 2.794, 2.1060 ff.
- Begriff 1.126, 2.1060 f.
- Existenzgründer 1.133 ff., 2.71, 2.315, 2.713, 2.794, 2.1113 ff.
- gesetzliche Vermögensverwalter 1.130
- Gewinnerzielungsabsicht 1.123
- juristische Person des öffentlichen Rechts 2.1073
- Kaufmannsbegriff 1.125
- Minderkaufmann 1.127
- Schein- 1.132, 2.1076
- Scheinselbständige 2.1075
- Strohmann 1.132, 2.1079

s. a. Gastwirt, Kaufmann

Unternehmereigenschaft 2.315, 2.1093 f., 4.363, 5.25
- Annahme 2.1982 f.
- Ende 2.1085
- Verlust 3.281
- vorgetäuschte 2.1078 f.
- Wegfall 2.1085

Unternehmerverkehr 1.54, 1.81, 2.522, 2.696, 2.712, 5.281, 5.317, 5.363
- AGB-Kontrolle 2.651
- Änderungsvorbehalte 2.462
- Durchschnittsschaden 2.657
- geltungserhaltende Reduktion 1.241, 2.731, 2.761
- Gewohnheiten und Gebräuche 2.371
- Inhaltskontrolle 1.207
- Klauselzusatz 2.960
- Kumulation 2.772
- spezielle Klauselverbote 1.178 ff.
- Transparenzgebot 1.191 f.
- überraschende Klauseln 1.141
- Unklarheitenregel 1.160
- Vertragsbedingungen 1.101
- Vertragsstrafe 2.649
- Vollständigkeitsklauseln 2.918, 2.921
- Vorrang der Individualabrede 1.137

– Wettbewerb 1.301
– Zustimmungsfiktion 2.76

Verbandsprozess 1.165
Verbotsdienstbarkeit 2.2436 f., 2.2466 ff., 2.2454, 2.2477
Verbraucherkreditrecht 2.593 ff., 2.994 ff., 2.2369, 2.2419 ff., 2.2435, 3.66, 3.249 ff.
– persönlicher Anwendungsbereich 2.594, 2.2372
– sachlicher Anwendungsbereich 2.593, 2.2369 ff.
Verbraucherpräferenzen 2.1704
Verbraucherrechterichtlinie 2.1566
Verbrauchervertrag 2.1088, 2.1448, 2.1460, 2.1505
Verbundklausel 2.1837
Vergaberecht 2.1996 ff.
– Festwirt 2.1998
– öffentlicher Auftrag 2.1997
– Vergabenachprüfungsverfahren 2.1997
Vergleich, gerichtlicher 2.257
Vergleichswertmethode (indirekte) 2.2439
Verkehrsführung 2.258, 2.2178
Verlängerungsfiktionen 5.255 ff.
Verlängerungsklausel 2.391 ff., 2.1901, 2.2364, 2.2412, 2.2432, 3.955
Vermieterpfandrecht 4.43 ff., 4.108, 4.121 ff.
Vermögensverwaltung 1.130 f., 2.1091 f., 2.1981
Verschmelzung 2.511, 2.2500
Verschuldensvermutung 2504
Versicherung 3.410, 3.445, 4.84 ff., 5.237 ff.
– Feuer- 4.85
– Inventar- 3.757, 4.86
– Kapitallebens- 3.411, 4.340 ff.
– Kredit- 3.620
– Restschuld- 3.380, 3.411
– Risikolebens- 3.41
– Sach- 3.412
– Sicherungsschein 4.85
– sonstige 3.414
– Vollkasko- 3.413
Versicherungspflicht 3.757, 4.84
Vertrag 2.143 f., 4.178
– Abschrift 3.859
– Änderung 1.38, 3.278, 3.318, 3.532 f.
– Anpassung 3.161, 5.39
– Aufhebung 3.701
– Aufklärungspflicht 1.281
– Bestandteile 2.2
– Einzel- 1.13 f.
– entgeltliche Leistung 4.216
– Entwurf 1.87, 3.563, 3.643 f., 3.647 ff.
– Ergänzungen 1.118 f.
– Erstellungsprogramm 1.93
– Formvorschrift 1.238
– formularmäßige Bestätigung 1.74
– einseitiger 1.37
– gegenseitiger 2.87, 3.4, 3.7, 5.179
– gemischter 2.48 ff., 2.1598, 3.453, 5.176
– Gestaltung 5.75, 5.93
– gleichartiger 1.65, 2.1754
– individuell ausgehandelter 1.63
– Inhalt 2.2 ff.
– Intransparenz 1.281
– konkrete Ausgestaltung 2.217, 2.350
– Neugestaltung 2.393
– Teilaspekte 1.49
– Vielzahl 1.32 ff.
– vorformulierter 1.22, 1.29, 1.32

– zusammengesetzter 2.51 ff.
– Zweck 2.143 f., 2.216, 2.349, 5.273
s. a. Automatenaufstellvertrag; Bierverlagsvertrag; Getränkelieferungsvertrag
Vertragsabschluss 1.25, 1.33, 1.49, 2.223, 2.236, 2.245, 2.283, 2.428, 3.460, 3.1001
– Datum 2.439
– Umstände 2.150, 2.226
– Zeitpunkt 1.25
– zweiter 1.82
Vertragsaufhebung 3.701
Vertragsauslegung 2.252, 2.2305
– ergänzende 1.206, 1.249 ff., 2.265, 2.390, 2.1725, 5.203
Vertragsbedingungen 1.26, 1.49, 1.102, 3.655
– Dreifachverwendung 1.34 f.
– einseitige Auferlegung 1.37
– internes Rundschreiben 1.27
– Gesamtwürdigung 2.178
– Mehrverwendungsabsicht 1.34
– rechtliche Tragweite 1.49, 5.8
– sämtliche weitere 3.435 ff.
– Tatsachenbestätigungen 1.28
– Textbaustein 1.29
– Verhandlungsbereitschaft 1.37 f., 1.45
– Vorformulierung 1.18, 1.29 ff., 1.33
Vertragsbeitritt 2.607, 2.1049, 2.1117, 2.1366, 3.62, 3.501, 4.125
Vertragsbruch 2.1646 ff., 5.345 ff.
– bloßes Ausnutzen 5.346, 5.359
– einstweilige Verfügung 5.349
– Pflichtverletzung 5.345
– Verleiten 2.1642, 5.347
Vertragsdauer 1.303, 2.621, 5.243
– Länge 1.303, 2.38, 2.299, 2.1767
– Verkürzung 2.285
– zulässige 2.429
Vertragsfreiheit 1.176, 2.245, 2.1257
– Einschränkung 2.73, 2.88
– Grundsatz 2.96, 3.660, 4.123
Vertragshändler 5.50 f.
Vertragsmuster 1.39, 1.86, 1.99
– selbständige Ergänzung 1.111
– unselbständige Ergänzung 1.111
– Verband 1.88
Vertragsnetz 2.1693, 2.1754, 2.1945, 2.1963
Vertragspartner 1.119, 1.196, 2.484, 2.1030
– Stellung 2.198, 2.887 f., 2.1767
– Streitigkeiten 2.2303
– Unerfahrenheit 2.195
– verschiedene 1.35
Vertragspartnerschaft 2.1389, 3.57, 4.125
Vertragsstrafe 1.119, 2.190, 2.641, 2.679 ff., 2.763 ff., 2.813, 2.2232 ff., 2.2355, 2.2379, 5.365 ff.
– Anspruch 5.203
– Getränkebezug 2.679, 2.2133
– fehlende Konzession 5.366
– Formmangel 2.2234
– Fremdbezug 2.639, 2.679, 2.709 ff., 5.17
– gestaffelte 5.328
– Höhe 2.244, 2.720, 2.2356
– Minderbezug 2.679, 2.714
– Nichteinhaltung des Vertriebswegs 2.679
– Nichtweiterübertragung der Bezugsverpflichtung 2.679
– persönlicher Anwendungsbereich 2.681
– Schadensersatz 2.771, 2.2357, 5.350
– Schadensnachweis 2.720
– Verhältnismäßigkeit 2.721, 2.769
– verschuldensunabhängige 2.685, 2.715

– Zweck 2.680
– Zuwiderhandlung 2.688, 2.690
Vertragsstrafenklausel 2.548, 2.685, 2.696 ff., 2.711 ff., 2.733, 2.777, 2.813, 2.2355, 5.17, 5.314 ff.
Vertragsstrafeversprechen 2.638
Vertragstreue 2.132
Vertragsübernahme 2.448, 2.579, 2.583 ff., 2.1046 ff., 2.1535, 2.1570, 3.274, 3.501, 3.574, 5.15
– Abwicklung 2.585
– Erwerb einer Absatzstätte 2.583
– Finanzierung 2.590
– Kontrahierungsformen 2.586 ff.
– notarielle 2.1047
– Schriftform 2.595
– Sicherheiten 2.610
– Widerruf 2.599 ff.
Vertragsübertragungsklausel 2.518, 2.524 f.
Vertragsverlängerungsklauseln s. Verlängerungsklauseln
Vertragsverletzung 5.306
– positive 2.1326, 2.2105, 2.2156, 2.2208
– Schwere 2.700, 2.705, 2.722
Vertriebsvertrag 2.23
Verwertung 3.992 f., 4.89 ff., 4.97, 4.234 ff.
– Androhung 4.91
– freihändiger Verkauf 4.100
– Inventar 3.102
– öffentliche Versteigerung 4.99
– -reife 4.89
– Sicherheiten 5.115
Verwertungsklausel 4.93 ff., 4.330
Vollmachtsbeschränkungsklausel 2.900, 2.927 ff.
Vollmachtsklausel 2.936 ff.
Vollständigkeitsklausel 2.896 ff., 2.918 ff.
Vollstreckungsbeschränkung 3.94, 3.96, 4.265
Vollstreckungsunterwerfungsklausel 4.356
Vorbehaltsklausel 3.136, 3.174
Vorfälligkeitsentschädigung 3.427
Vorformulierung 1.22, 1.29, 1.84, 1.96, 1.114 ff.
– Begriff 1.29
– Drittmuster 26
– Klausel 1.29 f., 1.77, 1.110, 2.294
– Schriftform 1.30
– selbständige Ergänzung 1.115
– Textbaustein 1.29
– vor Vertragsschluss 1.29
– Zeit 1.29

Wärmelieferungsvertrag 2.249
Warenlieferung 2.618, 2.1997, 3.843
– aperiodische 2.29
– Darlehen 3.11
– Ansprüche 2.433, 2.966, 3.82
– periodische 2.29
Wegfall der Geschäftsgrundlage 1.189, 2.807, 2.2251, 2.2291, 2.2306, 3.182, 5.53 ff.
Weiterhaftungsklausel 2.572, 5.299
Werkvertrag 2.499, 5.176
Wertersatz 2.1013, 2.1486 ff, 2.1631, 3.256, 3.883, 3.1018
Wertersatzpflicht 3.786 ff., 3.1018
Wettbewerb 2.139, 2.1670, 2.1830, 2.1884 f.
– aktueller 2.1686
– Beeinflussung 2.1662
– Einschränkung 2.1690
– Finanzierungs- 2.99
– Freiheit 2.337, 2.339
– harter 2.77
– intensiver 2.340, 2.1796
– inter-brand 2.1681
– intra-brand 2.1681
– Kernbeschränkung 2.1841, 2.1893, 2.1945

– Konditionen 2.467
– Markt 2.337, 2.1704 ff.
– parallele Verträge 2.1734
– potentieller 2.1682 ff., 2.1686, 2.1692, 2.1851, 2.1859
– Parameter 2.1772
– Preis 2.473, 2.499, 2.502
– Übernahmen 2.1913 f.
– Verfälschung 2.1645
– Vertragsbruch 2.1642, 2.1646, 5.347
– Verzicht 2.306
Wettbewerbsbedingung 2.1761
Wettbewerbsbehörde 2.1814 ff.
Wettbewerbsbeschränkung 2.544, 2.1689, 2.1941
– Abschottung 2.1700
– Auswirkungsprinzip 2.1699
– Bewirken 2.1692 ff., 2.1754
– Bezwecken 2.1690 ff., 2.1753
– Bündeltheorie 2.1732
– Einigung 2.1685
– Gebietsschutz 2.1753
– gravierende 2.1860
– Klauseln 2.1726
– materielle 2.1694
– spürbare 2.1686, 2.1702 f., 2.1742 f., 2.1821, 2.1834 f., 2.1852, 2.1942 ff., 2.1970
– Vereinbarung 2.1737, 2.1740, 2.1744, 2.1846, 2.1888, 2.1937 ff.
– vertikale 2.264, 2.1878, 2.1919
– Vertragsdauer 2.1767
Wettbewerbsrecht 1.296 ff., 2.718, 2.1327, 2.1636 ff., 5.346
– Anwendungsvorrang 2.1923
– Durchschnittsverbraucher 2.1656
– europäisches 2.1819, 2.1919 ff.
– Fremdbelieferung 2.1638
– Fremdbezug 2.1637 ff.
– Graubezug 2.1637
– horizontale Vereinbarung 2.1681
– Leitlinien 2.1847
– Prinzip der Doppelprüfung 2.1926
– Schutzzweck 2.1670 ff.
– Schwarzbezug 2.1637
– vertikale Vereinbarung 2.1681
– Vorrangprinzip 2.1928
Wettbewerbsverbot 2.322, 2.1769, 2.1851, 5.55
– Umfang 2.1900
– Verlängerungsklausel 2.1901 ff.
Wettbewerbsverstoß 2.1646, 2.1667, 2.1691, 2.1727
– Beseitigung 2.1727
– Schadensersatz 2.1727
– Unterlassung 2.1727
Wettbewerbswidrigkeit 2.1651, 2.1655 ff., 2.1665
– Ausnutzung der Rechtsunkenntnis 2.1656
– unzulässige Beeinflussung der Entscheidungsfreiheit 2.1655
Widerruf 2.56, 2.599 ff., 2.1497 ff., 2.2436, 3.878 ff., 4.166 ff.
– Absendung 2.1452 ff., 2.1558
– aus wichtigem Grund 2.942
– Bezugsverpflichtung 2.1506, 2.1534, 3.453
– Datenübermittlung 2.976
– Doppelwirkung 2.1497
– Einzelkaufvertrag 2.1621
– Einzugsermächtigung 2.970
– Empfangszuständigkeit 2.1460
– Eventual- 2.1531
– Getränkelieferungsvertrag 2.66
– Haustürgeschäft 2.1164, 2.1251, 2.1563, 3.878, 3.1016
– mündlich zur Gerichtsprotokoll 2.1546
– Neuabschluss 2.601
– Rechtsfolgen 2.1475 ff., 3.881 ff.
– Rücknahmeverlangen 2.1522
– Rücksendung 2.1522

– Rückabwicklung 3.10
– Schuldmitübernahme 2.1572
– Teilwiderruf 2.1534 ff.
– Ursprungsverbindlichkeit 4.168
– Vollmacht 2.942
– Wirksamkeit 3.880
– Zugang 2.1559
– Zwangsvollstreckung 2.1583
Widerruflichkeit 2.457, 2.602
– Ausschluss 3.747
– dauerhafte 2.1003, 2.1272, 2.1313 ff., 2.1496, 3.550
Widerrufsbelehrung 1.93, 2.598, 2.1312 ff., 2.1355 ff., 2.2373, 2.2435, 3.1008 ff., 4.218 ff., 4.299 f., 4.364
– abstrakte 3.766
– anfängliche 2.1430
– Datumsangabe 3.1011
– Deutlichkeitsgebot 2.1375 ff., 3.1012
– Doppelbelehrung 2.1406
– eigenformulierte 2.1372 ff.
– Ein-Urkunden-Modell 2.1420, 3.455
– Empfangsbestätigung 2.1401 ff.
– fehlerhafte 2.193, 2.598, 2.1580, 2.1651 ff.
– fehlende 2.1000, 2.1578, 2.1651 ff.
– gesetzeskonforme 2.1271
– Haftungserklärungen 2.1249
– integrierte (Vertrag) 2.1420 ff.
– ladungsfähige Anschrift 2.1462 ff., 3.472
– missverständliche 3.765
– Muster 2.998, 2.1006 ff., 3.797, 4.219
– nachträgliche 2.1261, 2.1279, 2.1334, 2.1431, 3.1021
– nicht geschuldete 2.1246 ff., 2.1257, 2.1267
– Normennennung 2.1264
– ordnungsgemäße (nicht) 2.1000, 2.1273, 2.1293, 2.1373, 2.1550, 2.1659, 3.1007
– Transparenzgebot 2.1374
– Umfang 3.781
– ungenügende 2.605
– vage 3.766
– vorsorglich erteilte 2.1254
– Zusatz 2.139, 3.1013
Widerrufsberechtigung 2.602 ff., 2.1388 f., 2.1540 ff., 3.888
– Existenzgründer 2.604
– Gesamtschuldner 3.879
– übergegangene 2.604, 2.1504
– Übernahmeerklärung 2.602
– Unternehmer 2.605, 2.1504
– Verbraucher 2.604, 3.879
– Vertragspartnerschaft 2.2389
– Vertreter 2.1541
Widerrufsempfänger 2.1459 ff., 2.1508, 2.2421, 3.590
– Empfangszuständigkeit 2.1460
– Name und Anschrift 2.1459, 2.1462, 3.472
– Postfach 2.1463
Widerrufserklärung 2.1280, 2.1514 ff., 2.1280, 3.890
– Anfechtung 2.1521
– Form 2.1458, 2.1543
– Formular 2.1392
– Frist 2.1373, 3.458, 3.474
– Telefonnummer 2.1394, 2.1466
– Textform 2.1465 f., 2.1544, 2.1551
– Unterschrift 2.1545
– Vertragsübernahme 2.1535
– Zugang 2.1551, 2.1589, 3.896
Widerrufserstreckung 2.1212, 2.1595 ff., 3.776 ff.
– gemischte Verträge 2.1597 f.
– getrennte Verträge 3.777
– Umwegfinanzierung 3.777

– verbundenes Geschäft 2.1508, 2.1538, 2.1599 f., 2.1616, 3.790
– Zusatzleistung 3.794
Widerrufsfolgen 2.1355 ff., 2.1364 ff., 2.1476, 2.1480, 3.474 f., 3.1016 ff., 4.163, 4.221
– Belehrung 3.1017, 4.300
– nachteilige 2.1357
Widerrufsfrist 2.1328, 2.1549 ff., 2.1583, 3.458
– „ab heute" 2.1434
– Ablauf 2.605, 2.1476, 2.1480, 2.1489, 2.1592 ff., 3.475
– Beitritt 4.167
– Beginn 2.1313, 2.1317, 2.1329 ff., 2.1354, 2.1374, 2.1449 f., 2.1549, 2.1555, 2.1659, 3.459 ff., 3.483 ff., 3.889
– Belehrung 2.1345, 2.1347, 2.1391, 2.1428, 2.1437 ff., 2.1550
– Berechnung 2.1451, 2.1554
– Dauer 2.1248
– Durchschrift 2.1440
– Ende 2.1556, 2.1311
– Erstbelehrung 2.1260
– Lauf 2.1289 ff., 2.1474, 2.1488, 2.1578, 3.783
– Monatsfrist 2.1557, 2.1578, 3.470, 3.481 f., 3.534
– nachträgliche Belehrung 2.1261, 2.1279, 2.1334, 2.1431
– Nichtbeginn 3.525 ff., 3.549
– reguläre 2.1313, 2.1315, 2.1318, 2.1373, 2.1429, 2.1561, 2.1588
– Verlängerung 2.1320, 3.484
– Wahrung 2.1452 ff., 2.1558 f., 3.471
– Zugang 2.1551, 2.1559
Widerrufsgegenstand 2.1509 ff., 2.1385 ff.
– Einzelkaufvertrag 2.1513
– gemischte Verträge 2.1511
– Gesamtschuldnerschaft 2.1510
– konkreter Vertrag 2.1386
– mehrere Verträge 2.1512
– verbundenes Verträge 2.1512
– Willenserklärung 2.1509, 2.1385
Widerrufsinformation 1.93, 2.1481, 2.1534, 2.2374, 3.10, 3.66, 3.261, 3.310 ff., 3.447 ff., 3.474, 3.655, 3.818 ff., 4.160
– Beitretender 4.161
– Belehrungspflicht 3.763
– Deutlichkeitsgebot 3.456
– Ein-Urkunden-Modell 3.455
– erweiterte 3.737, 3.741, 3.760 ff., 3.821
– Muster 2.1317 f., 3.772, 3.779, 3.786, 4.162
– Nachholung 3.491
– Pflichtangabe 3.480
– Überbelehrung 3.770
– Verzinsung 3.477
s. a. Widerrufserstreckung, Widerrufsfrist
Widerrufsrecht 2.1023, 2.1362, 2.1497, 3.254, 4.166
– Abtretung 2.1504
– Anfechtung 2.1497 f.
– Auslegung 2.1259, 2.1274
– Ausschluss 2.599
– Berufung 2.1581 ff.
– Beitretender 2.603, 4.160 f.
– BGB-InfoV 2.998, 2.1344 ff.
– dauerhaftes 2.1000, 2.1003, 2.1313, 2.1563 f., 2.1480
– Ehegatte 2.1503
– Erlöschen 2.600, 2.1560 ff., 2.1573, 2.1314
– gesetzliches 2.1255, 2.1266, 2.1271, 2.1275 ff., 2.1314
– isoliertes 2.1389, 2.1499
– Rechtspflicht 2.1322
– Rückdatierung 2.1266
– Schutzzweck 2.1023

– schwebende Wirksamkeit 2.1581, 2.1591
– SMG 2.997
– Überlegungsfrist 2.1023
– Umstandsmoment 2.1574, 2.1579
– unbefristetes 2.1317, 2.1319
– vertragliches 2.1253 ff., 2.1258 ff., 2.1262 ff., 2.1274
– Verwirkung 2.1573 ff.
– Verzicht 2.1319
– Zeitmoment 2.1574 f.

Zahlung
– Abstands- 2.545
– An- 3.897
– ausbleibende 3.419 ff., 3.634
– Ausgleichs- 2.851 f.
– Auszahlung 2.1123, 3.60, 3.386, 3.391 ff.
– Deckungsbeitragsausgleichs- 2.746
– Modalitäten 3.354
– Nicht- 3.933
– nachgeholte 3.920
– Raten- 3.70
– Rück- 2.1483 ff., 2.2151, 2.2293, 3.137 ff., 3.158, 3.237, 3.239 ff, 3.424 ff., 3.473, 3.784, 3.880, 3.882, 5.377, 5.378
– Teil- 3.21, 3.367 ff., 3.518, 3.603, 3.917, 3.922
– Tilgungs- 3.886
– Vergütungsvoraus- 2.366
– vorzeitige Rück- 2.733, 3.639 f., 3.959 f.
– Zahlungsmittel 3.624
Zahlungsaufschub 3.267 ff.
– Aufschlagvereinbarung 3.268
– entgeltlicher 3.269, 3.838
Zahlungsbedingung 2.475
Zahlungseinstellung 3.134
Zahlungsklage 2.1310, 2.2303, 3.192 ff., 4.257
– Darlehensrückzahlung 3.108
Zahlungspflicht 5.146, 5.203
Zahlungsschuldner 3.57 f.
Zahlungsunfähigkeit 4.117
– bevorstehende 4.230
– drohende 3.134
Zahlungsverkehr 2.966 ff.
– Abbuchungsauftrag 2.968
– Einzugsermächtigung 2.967
Zahlungsverzug 2.2225, 3.187, 3.192, 3.212, 4.87, 5.386
– Folgen 3.667, 3.679, 3.683
– Folgeprämien 4.87
– Kosten 3.420
– Kündigung 3.172, 3.186, 3.209, 3.421, 3.904, 3.968, 5.86
– Miete 5.86
– Pacht 5.86
– Rechtsfolgen 3.910
– Rücktritt 3.966, 3.970
– Teilkündigung 3.206
– Verfallklausel 3.187
– wiederholter 3.131
Zeitschriftenabonnement 2.495
Zeitvertrag 2.3, 2.412
Zinsabrede 3.174
Zinsanpassung 2.2205, 3.519, 3.543, 3.861, 3.870
– Pacht 2.366
Zinsen 2.1630 ff., 2.2030, 3.18, 3.34, 3.54
– Abzinsung 2.2041, 2.2201, 2.2230, 3.110, 3.184, 5.376
– effektiver Jahreszins 3.341 ff., 3.542, 3.618 f.
– kalkulatorische Verzinsung 2.2031
– marktübliche 2.1631
– Nachverzinsung 2.882 ff., 2.2205, 3.20, 3.140

– Pacht- 2.366, 2.2176, 2.2437
– Tages- 3.476 ff.
– Vertrags- 3.105, 3.174, 3.179
– Verzugs- 2.2068, 3.106, 3.175 ff., 3.910 ff., 4.363
Zinsklauseln 1.199
Zinslast 3.291
Zinsreduktion 3.516 f.
Zinssatz 2.106 ff., 2.240, 2.364
– Soll- 3.356 ff., 3.616 f., 3.867
– Verzugs- 3.416 ff., 3.632 f.
Zinsvergünstigungen 2.2032
Zinsvorteil 2.364, 3.74, 3.883
Zinszahlung 2.1627, 3.26
Zubehörhaftungsverzichtserklärung 4.115
Zusatzvereinbarungen 1.59
– formularmäßige 1.59
– unterzeichnete 1.59
Zuschuss 2.706, 2.855, 2.2029, 2.2327, 3.33 ff., 3.145, 3.164 f., 3.340
– abgeschriebener 2.367, 2.885
– Existenzgründer- 2.1080
– Finanzierung 2.740, 2.882, 3.20
– Investitionen 2.884, 2.2138, 3.20
– Rückforderung 3.180
– verlorener 3.35 f., 3.182, 3.270, 5.95, 5.378
Zutrittsrecht 5.229, 5.360
Zwangsversteigerung 2.103, 3.989, 4.4, 4.111 ff., 4.274, 4.311 f.
– Anbietungsgarantie 4.313 f.
– drohende 4.313
– Grundstück 4.111 f.
– -termin 4.115
Zwangsverwaltung 4.114, 4.311
Zwangsvollstreckung 2.1583, 2.2131, 4.111, 4.306
– Einzel- 3.987
Zwischenstaatlichkeitsklausel 2.1686, 2.1696 ff., 2.1924
– Auslegung 2.1924